Histoire De La Maison Royale De France, Et Des Grands Officiers De La Couronne - Primary Source Edition

Anselme de Sainte-Marie, Ange de Sainte-Rosalie

180-1

I J

HISTOIRE
GENEALOGIQUE
ET
CHRONOLOGIQUE
DE LA
MAISON ROYALE
DE FRANCE.

STATUTS ET CATALOGUE DES CHEVALIERS
de l'Ordre du Saint Esprit, depuis leur inſtitution juſqu'à preſent,
avec leurs noms & ſurnoms, qualités & poſterités.

HISTOIRE
GENEALOGIQUE
ET
CHRONOLOGIQUE
DE LA
MAISON ROYALE
DE FRANCE,

DES PAIRS, GRANDS OFFICIERS DE LA
Couronne & de la Maison du Roy, & des anciens Barons du Royaume ; avec les
Qualitez, l'Origine, le Progrès & les Armes de leurs Familles : Enfemble les Statuts
& le Catalogue des Chevaliers, Commandeurs, & Officiers de l'Ordre du S. Efprit.

LE TOUT DRESSÉ SUR TITRES ORIGINAUX,
fur les Regiftres des Chartes du Roy, du Parlement, de la Chambre des Comptes, & du Châtelet
de Paris, Cartulaires, Manufcrits de la Bibliotheque du Roy, & d'autres Cabinets curieux,

Par le P. ANSELME, Auguftin Déchauffé : continuée par M. DU FOURNY.

Revûë, corrigée & augmentée par les foins du P. ANGE & du P. SIMPLICIEN, Auguftins Déchauffez,

TROISIÉME ÉDITION.

TOME NEUVIÉME.

A PARIS,
Par la COMPAGNIE des Libraires Affociez.

M. DCC. XXXIII.

AVEC APPROBATION ET PRIVILEGE DU ROY.

SUITE
DE L'HISTOIRE
GENEALOGIQUE
ET CHRONOLOGIQUE
DE LA MAISON ROYALE; &c.

STATUTS ET CATALOGUE
Des Chevaliers, Commandeurs & Officiers
de l'Ordre du Saint Esprit.

ENRY III. du nom, Roi de France & de Pologne, voyant naître dans son Etat beaucoup de factions qui s'efforçoient par toutes sortes de moyens de lui soustraire l'affection de ses Sujets, jugea à propos d'instituer un nouvel Ordre de Chevalerie, sous le nom *DU SAINT ESPRIT*, afin de s'attacher plus étroitement les principaux Seigneurs de sa Cour par une nouvelle profession de Foy & un nouveau Serment de fidelité. Il y fut encore excité par l'avilissement dans lequel étoit tombé l'*Ordre de Saint Michel*, que l'on avoit accordé à toutes sortes de personnes, pendant la Regence de la Reine Catherine de Medicis.

LES differens Statuts de l'Ordre du Saint Esprit qui ont paru jusqu'à present, étant presque tous imprimez sur des copies fautives & sans autorité, on estime que c'est faire plaisir au public de les placer ici tels qu'ils ont esté donnez dans les dernieres impressions qui en ont esté faites au Louvre par ordre du Roi en 1703. & 1724.

AVERTISSEMENT.

N a crû être obligé de remarquer, qu'il se trouve plusieurs exemplaires des Statuts de l'Ordre du Saint Esprit, imprimez depuis l'institution, differens les uns des autres, & qui ont néanmoins tous été suivis, chacun dans leur temps.

Que ces changemens ont été faits par les déliberations du Chapitre de l'Ordre, pour les rendre plus complets, ou pour se conformer aux temps, suivant le dernier Article des Statuts qui le permet ainsi.

Que les changemens les plus considerables sont; sçavoir, dans l'Article faisant mention de l'âge, qui n'étoit d'abord que de xx. ans pour tous les Chevaliers, & qui a été depuis changé à xxv. pour les Princes, & xxxv. pour ceux qui ne sont pas Princes, suivant l'Article xv.

Dans l'Article xxxvii. faisant mention des Etrangers, auquel on a dérogé, en execution de la Declaration du Roi Henry IV. du dernier décembre 1607. donnée sur la remontrance & déliberation du Chapitre.

Dans l'Article faisant mention du nombre de ceux qui doivent composer l'Ordre, qui est à présent de cent, sans compter le Souverain, suivant l'Article xxxix.

Dans l'Article des rangs, lequel suivant les Statuts originaux & les premiers imprimez, donne après les Princes du Sang, la préféance aux Ducs, & qui a été changé suivant l'Article lxxxii. il a été fait des plaintes & remontrances à l'occasion de cet Article, aux promotions de 1619. 1633. 1662. 1688. & 1724. Le Roi a suivi les Statuts qui vont être rapportez, parce qu'il les a jurez à son Sacre; & sa Majesté a permis aux parties interessées en ce changement, de faire des protestations pour la conservation de leurs droits

TABLE

DES ARTICLES CONTENUS DANS LES STATUTS
de l'Ordre du Saint Esprit.

I.

Qu'il y aura en cet Ordre un Souverain Chef & grand Maître, qui aura toute autorité sur les Confreres, Commandeurs & Officiers d'icelui.

II.

Que le Roi sera à jamais Chef & Souverain grand Maître de l'Ordre.

III.

Que les Rois successeurs de sa Majesté, ne pourront disposer dudit Ordre, qu'après avoir reçu le Sacre.

IV.

La forme qui se tiendra, lorsque les Rois successeurs du Souverain, jureront l'observation des Statuts dudit Ordre, & comment ils en recevront l'habit & le collier.

V.

Que la forme du Serment du Roi, Chef & Souverain grand Maître de l'Ordre, sera transcrite au Livre du Sacre.

VI.

La promesse que fait le Roi de prêter ledit Serment entre les mains de l'Archevêque de Reims ou d'un autre Evêque.

VII.

A Le Serment du Roi, chef & souverain grand Maistre de l'Ordre.

VIII.

Les Articles des Statuts, desquels le Roi ne pourra dispenser.

IX.

Le nombre des Cardinaux & Prelats qui seront associez à l'Ordre.

X.

Que le grand Aumônier, & ses successeurs audit Etat, seront aussi associez à l'Ordre.

XI.

Le lieu où les Cardinaux & Prelats seront élus, quels habillemens ils porteront, & quel rang ils tiendront en leur seance.

XII.

B Le Serment des Cardinaux & Prelats à la Reception de l'Ordre.

XIII.

A quelle intention a esté institué ledit Ordre.

XIV.

Que nul n'y sera reçu, qu'il n'ait au prealable fait profession de sa Foy.

XV.

Quelles personnes pourront être reçues audit Ordre, & l'âge requis, & que les Commandeurs seront gentilshommes de trois races au moins.

XVI.

Qu'il ne sera loisible à personne quelconque de requerir & poursuivre ledit Ordre.

XVII.

Qu'il se tiendra Chapitre le penultiéme jour de Decembre, & ce qui s'y fera.

XVIII.

C L'avis des Cardinaux, Prelats & Commandeurs, sur la reception des Proposez.

XIX.

La forme de proceder à l'admission des Proposez, & à la verification de leurs Preuves.

XX.

Qu'il s'expediera commission pour informer de la Religion, vie & mœurs du Nommé pour entrer en l'Ordre, & à qui decernée.

XXI.

Comment se feront les preuves de Noblesse, & en vertu de quoy.

XXII.

Que l'on commettra deux Commandeurs pour informer de la Noblesse de celui qui sera nommé pour entrer dans l'Ordre.

XXIII.

D Ce qui sera fait après les procez verbaux rapportez, pour recevoir ceux qui auront fait leurs preuves.

XXIV.

Que le Chancelier representera en l'Assemblée les charges & grades des nouveaux Commandeurs.

XXV.

Ce qu'auront à faire les Estrangers regnicoles & naturalisez, estant élus & associez à l'Ordre, pour la preuve de leur Noblesse.

XXVI.

A quoy seront tenus les fils, freres, neveux & cousins d'un Commandeur, estant nommez par le Souverain pour entrer dans l'Ordre.

XXVII.

E Que les nouveaux Commandeurs feront faire l'habit de l'Ordre à leurs depens.

XXVIII.

A quel jour l'habit & le collier de l'Ordre seront baillez.

XXIX.

Ce qu'auront à faire les nouveaux Commandeurs, après avoir esté avertis de leur élection.

XXX.

Du lieu où se mettront à l'Eglise les nouveaux Commandeurs, avant que d'avoir reçu l'habit.

XXXI.

Ce que doit faire le Chancelier à la reception d'un nouveau Commandeur.

XXXII.

Que le Greffier baillera au nouveau Commandeur la forme de son Serment.

XXXIII.

La fonction du Prevost & Maistre des Ceremonies de l'Ordre, à la reception d'un nouveau Commandeur.

XXXIV.
Le grand Treſorier doit preſenter au Roi, le collier qui ſera mis au col du nouveau Commandeur.

XXXV.
Ce que dira & reſpondra le nouveau Commandeur, après avoir receu le collier de la main du Roy.

XXXVI.
Serment des Commandeurs.

XXXVII.
Que nuls Etrangers, s'ils ne ſont naturaliſez, ne pourront entrer dans l'Ordre, ny autres qui auront deja reçû d'autres Ordres, excepté les Chevaliers de S. Michel, les Cardinaux, Archevesques & Evesques, & ceux qui par permiſſion du Souverain, auront eſté ou ſeront faits Chevaliers de la Toiſon ou de la Jarretiere.

XXXVIII.
Quels deniers le Souverain affecte à l'Ordre pour l'entretenement des Commandeurs.

XXXIX.
Le nombre des Commandeurs.

XL.
Que le Souverain ne peut accroiſtre la penſion de l'un des Commandeurs, à la diminution des autres.

XLI.
De la collation & proviſion des Commandes.

XLII.
En quel temps & lieu il ſera pourveu aux Commandes vacantes.

XLIII.
De l'office de Chancelier, & qu'il doit faire vœu & preuve de Nobleſſe de même qu'un Commandeur.

XLIV.
Que le Chancelier aura en garde le Sceau de l'Ordre, & de quelle maniere il doit ſceller les Lettres touchant les affaires de l'Ordre.

XLV.
Autres fonctions du Chancelier, & quel ſerment il doit faire.

XLVI.
De l'Office de Prevoſt Maiſtre des Ceremonies, & qu'il doit faire vœu & preuve de Nobleſſe, ainſi qu'un Commandeur.

XLVII.
Autres fonctions du Prevoſt Maiſtre des Ceremonies.

XLVIII.
Ce que devra faire le Prevoſt, quand il ſçaura la mort d'un Cardinal, Prelat, Commandeur & Officier de l'Ordre.

XLIX.
Quel ſerment fera le Prevoſt à ſa reception.

L.
Ce que doivent les Cardinaux, Prelats, & Commandeurs, au Prevoſt de l'Ordre, à leur reception.

LI.
De l'Office de Grand Treſorier.

LII.
Les fonctions du Grand Treſorier.

LIII.
Que c'eſt au Grand Treſorier à faire faire les Colliers de l'Ordre.

LIV.
En quel lieu, & devant qui le Grand Treſorier rendra compte de l'adminiſtration des deniers de l'Ordre.

LV.
Autres fonctions du Grand Treſorier, & quel ſerment il doit faire.

LVI.
De l'Office du Greffier, & de ſes fonctions.

LVII.
Autres fonctions du Greffier.

LVIII.
Que le Greffier eſt tenu de faire un regiſtre à part des informations de ceux qui voudront entrer dans l'Ordre, & le ſerment qu'il doit faire.

LIX.
Que le Chancelier, le Prevoſt, le Grand Treſorier, & le Greffier de l'Ordre ſont Commandeurs.

LX.
De l'Office de Heraut Roy d'armes.

LXI.

A *Autres fonctions du Heraut.*

LXI.

LXII.

De l'Office d'Huissier.

LXIII.

Que c'est au Souverain à remplir les charges vacantes des Officiers de l'Ordre, & de quelle maniere ils feront leur serment.

LXIV.

Pour quels cas les revenus & pensions des Commandeurs, & gages des Officiers peuvent être saisis.

LXV.

Quelles exemptions le Souverain accorde aux Cardinaux, Prelats, Commandeurs & Officiers de l'Ordre.

LXVI.

B *Les Privileges dont jouiront les Cardinaux, Prelats, Commandeurs & Officiers.*

LXVII.

Les Cardinaux, Prelats, Commandeurs & Officiers seront tenus prendre des Lettres de provision.

LXVIII.

Quel nombre de Commandeurs est necessaire pour tenir Chapitre.

LXIX.

Que les Commandeurs feront faire, estant reçûs dans l'Ordre, un Arbre de leur genealogie.

LXX.

Les jours ordonnez pour la celebration de la Feste de l'Ordre.

LXXI.

De la marche, rangs & habits des Cardinaux, Prelats, Commandeurs & Officiers allans accompagner le Souverain à Vespres, la veille de la Ceremonie.

LXXII.

C *Ce que doivent faire les Cardinaux, Prelats, Commandeurs & Officiers le jour de la Ceremonie au matin.*

LXXIII.

Ce que doivent faire les Commandeurs & Officiers, qui seront indisposez les jours de Ceremonie.

LXXIV.

La Messe finie, le Souverain donne à disner aux Cardinaux, Prelats, Commandeurs & Officiers.

LXXV.

Des habillemens du Souverain, des Cardinaux, Prelats, Commandeurs & Officiers, le jour de la Ceremonie à Vespres, & le lendemain à la Messe des Trepassez.

LXXVI.

Les heritiers des Commandeurs decedez assisteront au Service desdits jours ; & de leur seance.

LXXVII.

D *Qu'il se tiendra Chapitre le jour de l'Office des Morts.*

LXXVIII.

Ce qui doit estre observé les jours de Ceremonie, lorsque le Souverain se trouve indisposé.

LXXIX.

De l'élection de trois Commandeurs Commissaires, pour avoir soin de l'observation des Statuts.

LXXX.

Pour quelle cause les Commandeurs & Officiers peuvent être privez de l'Ordre.

LXXXI.

Ce que le Souverain a donné & legué à l'Eglise des Augustins.

LXXXII.

Du rang que le Souverain veut estre observé entre les Chevaliers & Commandeurs.

LXXXIII.

Du rang & seance qu'auront les Commandeurs.

E LXXXIV.

Les Prelats, Commandeurs & Officiers, obligez de porter la Croix brodée sur leurs habillemens.

LXXXV.

De la façon de la Croix que les Cardinaux, Prelats, Commandeurs & Officiers de l'Ordre, porteront au col.

LXXXVI.

Du collier que le Souverain donne aux Commandeurs.

LXXXVII.

Ce que chaque Commandeur doit payer en aumône aux Augustins, lors de sa reception.

LXXXVIII.

Les devoirs & obligations des Cardinaux, Prelats, Commandeurs & Officiers, en ce qui regarde les Prieres.

L X X X I X.

Quand le Souverain & les Commandeurs de l'Ordre seront tenus de porter le collier.

X C.

Autres devoirs des Commandeurs envers le Souverain.

X C I.

Le Souverain exhorte tous les Cardinaux, Prelats, Commandeurs & Officiers de l'Ordre, de vivre ensemble en bonne fraternité & dilection.

X C I I.

Ce que fera le Souverain, quand il arrivera quelque differend entre les Commandeurs & Officiers.

X C I I I.

Les Commandeurs qui auront querelle entr'eux, ne pourront durant icelle assister à la Ceremonie.

X C I V.

Ce que doivent faire les Cardinaux, Prelats, Commandeurs & Officiers, à l'occasion des querelles qui arriveront.

X C V.

Du pouvoir que le Souverain se reserve, & à ses Successeurs, d'établir toutes Loix, Statuts & Ordonnances, qui seront jugées necessaires pour l'accroissement de l'Ordre.

STATUTS

DE L'ORDRE

DU SAINT ESPRIT.

A   ENRY par la grace de Dieu, Roy de France & de Pologne, à tous prefens & à venir. Comme en toutes chofes créées fe reconnoît la Toute-puiffance de DIEU, ainfi en leur difpofition cours & conduite, ne fe peut defavoüer fa fainte & éternelle Providence, de laquelle dépend entierement toute notre felicité : & n'y a rien en ce bas monde, qui de là ne reçoive tout fon bonheur, & le vray moyen de fe bien regir & gouverner. Que fi les moindres creatures ne fe peuvent fouftraire de fa puiffance, les plus grandes & conftituées en plus grande autorité, ne peuvent auffi profperer & fe bien conduire fans fa grace & providence. C'eft pourquoi, dès nos jeunes ans l'ayant ainfi crû & connu, Nous avons adreffé nos vœux & colloqué notre principale & entiere fiance en fa divine bonté : de laquelle reconnoiffant avoir & tenir tout le bonheur de notre vie, il eft bien raifonnable que le remettant en memoire, nous nous efforcions auffi lui en rendre graces immortelles, & que nous témoignions à toute notre Pofterité fes grands bienfaits. Singulierement en ce qu'il lui a

B   plû entre tant de contraires & diverfes opinions, qui ont exercé leurs plus grandes forces en notre temps, nous conferver en la connoiffance de fon faint Nom, avec une profeffion d'une feule Foi Catholique, & en l'union d'une feule Eglife Apoftolique & Romaine, en laquelle nous voulons, s'il lui plaît, vivre & mourir. De ce qu'il lui a plû par l'infpiration du Benoît S. Efprit, au jour & Fête de la Pentecôte, unir tous les cœurs & volontez de la Nobleffe Polonoife, & ranger tous les Etats de ce puiffant & renommé Royaume & Grand Duché de Lituanie, à nous élire pour leur Roi : & depuis à même jour & Fête, nous appeller au regime & gouvernement de cette Couronne très-Chrétienne par fa volonté & droit fucceffif. Au moyen de quoi, tant pour commemoration des chofes fufdites, que pour toujours fortifier & maintenir davantage la Foi & Religion Catholique ; pareillement auffi, pour decorer & honorer de plus en plus l'Ordre & Etat de la Nobleffe en cettuy notredit Royaume, & le remettre en fon ancienne dignité & fplendeur, comme celui auquel, par inclination naturelle & par raifon, nous avons toujours porté très-grand amour & affection ; tant parce qu'en lui confifte notre principale force & autorité Royale, que pour avoir, devant & depuis notre avenement à la Couronne, fait preuve en plufieurs grandes hazardeufes & memorables victoires, de cette ancienne & finguliere loyauté, generofité & valeur, qui la rend illuftre & recommandable entre toutes les Nations Etrangeres : Nous avons avifé avec notre très-honorée Dame & Mere, à laquelle nous reconnoiffons avoir après Dieu, notre principale & entiere obligation, les Princes de notre Sang & autres Princes, Officiers de notre Couronne, & Seigneurs de notre Confeil étant près de nous, d'ériger un Ordre Militaire en cettuy notredit Royaume, outre celui de Monfieur S. Michel, lequel nous voulons & entendons demeurer en fa force & vigueur, & être obfervé tout ainfi qu'il a été depuis fa premiere Inftitution jufqu'à prefent. Lequel Ordre nous creons & inftituons en l'honneur & fous le nom & titre du Benoît

S. Esprit, par l'inspiration duquel, comme il a plû à Dieu ci-devant diriger nos meilleures & plus heureuses actions, nous le supplions aussi qu'il nous fasse la grace que A' nous voyions bien-tôt tous nos Sujets réunis en la Foy & Religion Catholique, & vivre à l'avenir en bonne amitié & concorde les uns avec les autres, sous l'observation entiere de nos Loix, & l'obéissance de nous & de nos successeurs Rois, à son honneur & gloire, à la loüange des bons & confusion des mauvais, qui est le but auquel tendent toutes nos pensées & actions, comme au comble de notre plus grand heur & félicité.

I.

PREMIEREMENT, en cet Ordre il y aura un Souverain Chef & Grand-Maître, qui aura toute autorité sur tous les Confreres, Commandeurs & Officiers d'icelui ; auquel seul, & non à autre, appartiendra la reception de ceux qui y entreront ; toute direction & puissance de faire Statuts, & de dispenser ceux qui seront pour B certains cas dispensables, exceptez certains articles qui seront ci-après specifiez, desquels pour quelque cause & occasion qui se puisse presenter, il ne pourra jamais dispenser, de quoi il sera tenu de prêter serment, & faire vœu solemnel à l'entrée qu'il sera reçû en Grand-Maître ; & faire tout ce que peut de droit & raison un Grand-Maître d'Ordre, & avec toutes les facultez & puissances qui se trouveront y appartenir de droit ou privilege, tout ainsi que si elles étoient cy plus amplement specifiées.

I I.

QUE Nous serons à jamais Chef & Souverain Grand-Maître dudit Ordre, tenu & nommé le premier Fondateur d'icelui. Et laquelle grande & souveraine Maîtrise, nous avons dès-à present unie & incorporée à la Couronne de France, sans qu'elle en puisse jamais être séparée par nous, ni par nos successeurs, pour quelques causes C & considerations qui se puissent presenter.

I I I.

QUE les Rois nos successeurs, ne pourront disposer en façon quelconque dudit Ordre, des deniers affectez à icelui ; ni conferer aucune Commande, encore qu'elle fût vacante, qu'après avoir reçû le saint Sacre & Couronnement.

I V.

AUQUEL jour ils seront requis par l'Archevêque de Reims, ou celui qui le representera audit Sacre, en l'assemblée & presence des douze Pairs, & Officiers de la Couronne qui y seront officians, de jurer l'observation des Statuts dudit Ordre, D selon la forme ci-dessous écrite : ce quils seront tenus de faire, sans en pouvoir être dispensez pour quelque cause que ce soit : & le lendemain dudit Sacre, le Roi recevra l'habit & collier dudit Ordre, par les mains de celui qui l'aura sacré ; à ce assistans les Cardinaux, Prelats, Commandeurs & Officiers dudit Ordre, qui y seront pour cet effet convoquez & tenus s'y trouver.

V.

A Cette fin nous ordonnons que la forme dudit Serment sera inserée & transcrite au livre du Sacre, avec les autres Sermens que les Rois sont tenus de faire avant que d'être couronnez, sans jamais pour l'avenir être ledit Acte & Serment obmis.

V I.

ET d'autant que déja nous avons par la grace de Dieu reçû ledit Sacre & Cou- E ronnement, nous entendons faire & prêter ledit Serment entre les mains dudit Archevêque de Reims, ou autre Evêque qu'il nous plaira commettre en son lieu, en la premiere assemblée que nous tiendrons dudit Ordre, en la présence des Princes, Officiers de notre Couronne, & Seigneurs qui y seront par nous convoquez en l'Eglise où se fera la celebration d'icelui, nos mains touchantes la sainte & vraye Croix, & les saints Evangiles ; duquel serment solemnel, ainsi par nous prêté, sera fait & passé Acte, lequel sera enregistré audit livre du Sacre, pour servir de témoignage à l'avenir de notredit Serment.

V I I.

VII.

Serment du Roy.

'A NOUS Henry par la grace de Dieu, Roi de France & de Pologne ; jurons & voüons folemnellement en vos mains, à Dieu le Createur, de vivre & mourir en la fainte Foy & Religion Catholique, Apoftolique & Romaine, comme à un bon Roi Très-Chrétien appartient, & plurôt mourir que d'y faillir : de maintenir à jamais l'Ordre du Saint Efprit, fondé & inftitué par Nous, fans jamais le laifler décheoir, amoin-drir, ne diminuer, tant qu'il fera en notre pouvoir : obferver les Statuts & Ordonnan-ces dudit Ordre, entierement, felon leur forme & teneur, & les faire exactement ob-ferver par tous ceux qui font, & feront cy-après reçûs audit Ordre : & par exprès ne contrevenir jamais, ni difpenfer, ou effayer de changer, ou immuer les Statuts irré-vocables d'icelui.

VIII.

B SÇAVOIR, eft le Statut parlant de l'union de la grande Maîtrife à la Couronne de France, celui contenant le nombre des Cardinaux, Prelats, Commandeurs & Officiers : celui de ne pouvoir transferer la provifion des Commandes en tout ou en partie à aucun autre, fous couleur d'appanage ou conceffion qui puiffe être. Item, celui par lequel nous nous obligeons en tant qu'à nous eft, de ne pouvoir difpenfer jamais les Commandeurs & Officiers reçûs en l'Ordre, de communier & recevoir le pré-cieux Corps de Notre-Seigneur Jefus-Chrift aux jours ordonnez ; qui font les premier jour de l'An & jour de la Pentecôte. Comme femblablement celui par lequel il eft dit, que Nous, & tous Commandeurs & Officiers ne pourront être autres que Catho-liques & Gentilshommes de trois races paternelles, ceux qui le doivent être. Item, celui par lequel nous nous ôtons tout pouvoir d'employer ailleurs les deniers affectez au revenu & entretenement defdits Commandeurs & Officiers, pour quelque caufe & C occafion que ce foit, ni admettre audit Ordre aucuns Etrangers (*a*), s'ils ne font natu-ralifez & regnicoles. Et pareillement celui auquel eft contenu la forme des Vœux, & l'obligation de porter toujours la Croix aux habits ordinaires, avec celle d'or au col, pendante à un ruban de foye de couleur bleuë celefte, & l'habit aux jours deftinez. Ainfi le jurons, voüons & promettons fur la fainte vraye Croix, & le faint Evangile touchez.

(*a*) Voyez la Declaration du 31. Decembre 1607. cy-après.

IX.

D AYANT principalement fait & créé le prefent Ordre en l'honneur de Dieu ; Nous ordonnons qu'il y aura en icelui quatre Cardinaux & quatre Archevê-ques, Evêques ou Prelats, qui feront choifis entre les plus grands & vertueux perfon-nages du Clergé de notre Royaume : Lefquels feront Commandeurs dudit Ordre : feront preuve de Nobleffe en la forme cy-après ordonnée : auront entrée, féance & voix deliberative aux Chapitres generaux, Affemblées & déliberations qui fe tiendront pour les affaires de l'Ordre, tout ainfi que les autres Commandeurs : Enfemble charge d'informer de la Religion, vie, mœurs & âges des Princes, Seigneurs, Gentilshommes & Officiers qui entreront en l'Ordre. Et de nous faire entendre & remontrer aufdits Cha-pitres, les fautes & abus qui fe commettront par ceux dudit Ordre au fait de ladite Religion.

X.

OUTRE lefquels quatre Cardinaux & quatre Prelats, Nous avons dès-à-prefent incorporé & uni pour l'avenir audit Ordre en titre de Commandeur, notre Grand Aumônier & fes fucceffeurs audit état, lefquels toutefois ne feront tenus faire preuve de Nobleffe.

XI.

E LESDITS Cardinaux, Archevêques, Evêques ou Prelats, feront par nous élus & choifis aux Chapitres & Affemblées dudit Ordre, & recevront de notre propre main la Croix dudit Ordre à l'Eglife, aux jours ordonnez à cet effet & non autrement; comme auffi fera notredit Grand Aumônier, laquelle Croix lefdits Cardinaux feront obligez porter à toujours pendante à leur col, avec un ruban de foye de couleur bleuë celefte. Et lefdits cinq Prelats, outre celle qu'ils porteront au col, comme lefdits Car-dinaux, feront tenus d'en porter une autre coufuë à leurs robbes & manteaux, tout ainfi & en la même forme & maniere que les autres Commandeurs. Seront tenus d'affifter

aux fêtes & Ceremonies qui se celebreront dudit Ordre ; sçavoir est, lesdits Cardinaux A
avec leurs grandes chappes , & lesdits Evêques ou Prelats vêtus de soutanes de couleur
violette , & un mantelet de même couleur, auquel la Croix dudit Ordre sera cousuë ,
leur roquet & camail , & aux jours que le service se fera pour les Trépassez , lesdits
Cardinaux porteront leurs chappes violettes , & lesdits Prelats seront vêtus de noir en
la forme susdite : lesquels Prelats les uns après les autres diront la Messe , & celebreront le Service divin les jours de la Ceremonie , en gardant entr'eux tant pour la celebration dudit Service divin , comme en tout ce qui sera & dépendra de leur séance
en l'Eglise & Assemblée dudit Ordre seulement , le rang qui a accoutumé d'être observé entre les Ecclesiastiques de notre Royaume ; mais si ladite Ceremonie se cele-
bre dans le Diocese de l'un d'entr'eux , celui qui sera en son Diocese précedera les
autres. Et quant audit Grand Aumônier , il demeurera à l'Eglise auprès de notre per- B
sonne , comme le requiert son état, sinon quand il lui écherra de celebrer & faire le
Service divin, lequel il celebrera à son rang comme les autres. Lesdits Cardinaux &
Prelats , feront à leur reception ès mains du Souverain le Serment qui s'ensuit.

XII.

Serment des Cardinaux & Prelats.

JE jure Dieu , & vous promets , Sire , que je vous seray loyal & fidele toute ma vie ,
vous reconnoîtray, honoreray & serviray, comme Souverain de l'Ordre des Commandeurs du saint Esprit, duquel il vous plaît presentement m'honorer , garderay &
observeray les Loix, Statuts & Ordonnances dudit Ordre, sans en rien y contreve- C
nir, en porteray les marques , & en diray tous les jours le service autant qu'un homme
Ecclesiastique de ma qualité peut & doit faire. Que je comparoitray personnellement
aux jours des solemnitez , s'il n'y a empêchement légitime qui m'en garde , dont je
donneray avis à votre Majesté , & ne reveleray jamais chose qui soit traitée ni concluë
aux Chapitres d'icelui. Que je feray , conseilleray & procureray tout ce qui me semblera en ma conscience appartenir à la manutention , grandeur & augmentation dudit
Ordre. Prieray toujours Dieu pour le salut tant de votre Majesté , que des Commandeurs & suppôts d'icelui, vivans & trépassez. Ainsi me soit Dieu en aide & ses saints
Evangiles.

XIII.

ET comme nous instituons le present Ordre en l'honneur de Dieu , & pour de
plus en plus exciter & astraindre nos Sujets à perseverer en sa sainte Religion Catholique, Apostolique & Romaine : & pareillement pour illustrer l'état de la Noblesse D
de notre Royaume, avons dit , statué & ordonné , disons , statuons & ordonnons.

XIV.

PREMIEREMENT , que nul ne pourra être fait Commandeur , & recevoir
l'habit dudit Ordre, si notoirement il ne fait profession de ladite Religion Catholique , Apostolique & Romaine, & n'ait protesté vouloir vivre & mourir en icelle.

XV.

SECONDEMENT , qu'il ne soit Gentilhomme de nom & d'armes de trois races
paternelles pour le moins , sans être remarqué d'aucuns cas reprochables , ni pre-
venu en Justice , & n'ait pour le regard des Princes XXV. ans accomplis, & XXXV ans
pour les autres.

XVI.

NOUS seulement , & après Nous , les Rois nos successeurs , Grands-Maîtres dudit H
Ordre, choisirons & proposerons ceux que bon nous semblera , pour entrer
audit Ordre : & ne sera loisible à personne quelconque , de le requerir & poursuivre
pour soy ou pour autrui ; déclarant dès-à-present indignes à jamais d'y parvenir ceux
qui le demanderont , ou feront demander pour eux : afin que ce grade d'honneur que
nous entendons être distribué par grace & mérite , ne soit sujet à brigues & monopo-
les.

XVII.

ET jaçoit que nous esperions que Dieu nous fera la grace & à nos successeurs ,
par l'inspiration de son Saint Esprit, que nous invoquons à cette fin à notre présente intention , que nous ne choisirons & proposerons personne pour être associé audit

A Ordre, qui ne foit orné des qualitez fufdites : Neanmoins áfin d'obvier à toutes furprifes, & rendre notre choix fans reproche, tant qu'il nous fera poffible, voulons que
tous les ans il foit tenu un Chapitre le pénultiéme jour de Decembre au matin, & après
dîner, fi befoin eft, où affifteront les Cardinaux, Prelats, Commandeurs & Officiers
dudit Ordre, auquel nous propoferons & nommerons ceux que nous aurons avifé choi-
fir pour entrer audit Ordre. Et prierons les affiftans s'enquerir, s'il y aura aucune chofe
à redire fur eux, pour nous en informer fidellement au Chapitre qui fe tiendra à cette
fin le premier jour de l'an devant Vêpres.

XVIII.

B **A**UQUEL Chapitre lefdits Cardinaux, Prelats & Commandeurs, qui auront
affifté à ladite propofition, feront obligez fe retrouver, & nous dire chacun
en leur confcience leur avis fur la reception de ceux qui feront par nous propofez.
De quoy, à l'entrée dudit Chapitre, ils feront adjurez par le Dieu vivant, & fur leur
honneur, par le Chancelier dudit Ordre, de nous dire vérité.

XIX.

C **A**VENANT que ladite propofition qui aura été par nous faite, foit approuvée,
& que ceux qui auront été par nous propofez, foient trouvez & jugez dignes
d'entrer audit Ordre, nous les en ferons avertir. Et fera dès-lors délivré ou envoyé à
chacun d'eux particulierement, les commiffions qui leur feront néceffaires, pour la
vérification tant de leur Religion, âge, vie & mœurs, que de leur nobleffe & extraction.
Par lefquelles commiffions, ils feront bien au long avertis de la forme qu'ils devront
tenir pour la vérification de leurfdites preuves. Enfemble des noms des Commiffaires qui auront été commis & députez audit chapitre, ès mains defquels ils auront
à remettre tous les Contrats & Titres qu'ils voudront produire, comme auffi dans quel
temps ils le devront faire ; afin que lefdits élus obfervent en tout & par tout, ce qui eft
enjoint & ordonné par les Statuts dudit Ordre à ceux qui y défirent entrer & y être affociez, pour la vérification de leurs preuves.

XX.

D **L**ESDITES preuves fe feront toujours pour le regard de ladite Religion, vie
& mœurs, & femblablement pour l'âge, par l'Archevêque ou Evêque du Diocefe, où les nommez & propofez feront leur réfidence : Auquel fera à cette fin décerné Commiffion fcellée du fceau de l'Ordre ; par laquelle lui fera mandé informer
diligemment de la Religion, vie, âge & mœurs dudit nommé, & laquelle information
fera envoyée clofe & fcellée ès mains du Chancelier dudit Ordre, un mois devant le
premier jour de l'an. Outre laquelle information, nous ordonnons que ledit nommé
pour entrer audit Ordre, fera tenu avant que d'y pouvoir être reçu, faire profeffion de
Foy felon la forme prefcrite par le faint Siege Apoftolique, entre les mains de notre
Grand Aumônier, ou de l'un des Prelats incorporez en l'Ordre, étant à notre fuite, &
de fe fouffigner au livre contenant ladite Profeffion, avec les autres.

XXI.

E **L**ES preuves de Nobleffe feront faites par Contrats de Mariages, ou Partages,
Teftamens, Donations, Tranfactions, Aveus, Dénombremens & Hommages, &
extraits de Fondations des Peres, Ayeux & Bifayeux, dont lefdits nommez feront tenus
exhiber les originaux ès mains des Commiffaires qui auront été nommez pour la vérification de leurs preuves, fix mois après qu'ils auront été avertis de leur élection. & en cas
que lefdits nommez ne puiffent recouvrer lefdits originaux, lefdits Commiffaires fe
tranfporteront, s'ils peuvent commodément le faire, fur les lieux où feront lefdites
pieces originales, pour en leur préfence, & de nos Officiers & Procureurs des lieux,
faire faire lefdits extraits. Et où ils n'y pourroient aller, ils feront tenus avertir fa Majefté des noms d'aucuns Seigneurs des Provinces, en préfence defquels ledit nommé &
propofé pourra faire lefdits extraits, & de cela en bailler un acte audit prétendant,
lequel fera après mis ès mains du Chancelier de l'Ordre, qui fera là-deffus expedier par
le Greffier dudit Ordre une commiffion aufdits Gentilshommes fubdeleguez par lefdits Commiffaires ; pour, appellez avec eux nos Officiers & Procureurs des lieux, être
préfens à voir faire lefdites copies collationnées.

XXII.

LES Commiſſions pour la verification deſdites preuves de Nobleſſe, ſeront tou- A
jours adreſſées à deux Commandeurs dudit Ordre, qui ſeront par nous élus auſdits Chapitres, pour, appellez nos Officiers & Procureurs des lieux ſi beſoin eſt, informer diligemment & bien par témoins, qu'ils choiſiront d'office, & qui ne ſeront
produits par leſdits nommez, & par actes authentiques : ſi leſdits nommez pour entrer audit Ordre ſeront Gentils-hommes de trois races paternelles : ſi les ſurnoms &
armes qu'ils portent ont été portez par leurs Peres, Ayeux, & Biſayeux, & de quelles
Terres & Seigneuries ils ont joüi, & pris le titre ; ſi le contenu aux preuves qui auront été repreſentées entre leurs mains eſt veritable : & ſi leſdits nommez ne ſont atteints
& convaincus de cas & crimes contrevenans à Nobleſſe, dont ils dreſſeront procès
verbal, avec un extrait d'icelui, qu'ils envoyeront, un mois avant ledit premier jour
de l'an audit Chancelier, clos & ſcellé du Scel de leurs Armes, affirmé ſur leur foy
& honneur, & ſigné de leur main, avec les titres, Contrats & pieces produites
par leſdits nommez. Deffendant ſadite Majeſté audit Chancelier de les recevoir, B
qu'ils ne lui ſoient preſentez un mois devant ledit premier jour de l'an.

XXIII.

LEDIT Chancelier ayant receu leſdits procès verbaux, en avertira le Roy : lequel s'aſſemblera tous les ans, dix jours devant la fin du mois de Decembre au
plus tard, avec les Cardinaux, Prélats, Commandeurs & Officiers qui ſeront à ſa
Cour : par l'avis deſquels il choiſira & députera juſques à huit deſdits Commandeurs ;
en la preſence deſquels ledit Chancelier ouvrira leſdits procès verbaux. Et ſeront
les titres deſdits nommez viſitez, pour après en faire leur rapport audit Chapitre, qui ſe
tiendra ledit penultiéme de Decembre : du nombre deſquels huit Commandeurs, y
aura toujours l'un deſdits Cardinaux, deux Prelats, les deux Commiſſaires, qui auront C
verifié leſdites preuves, & trois autres Commandeurs qui ſeront, ainſi que dit eſt,
éleus : & où leſdits Commiſſaires ſeroient abſens, deux autres Commandeurs ſeront
ſubrogez en leur lieu. Et ſeront toujours leſdits procès verbaux envoyez par leſdits
Commiſſaires, ſoigneuſement gardez par le Greffier de l'Ordre, pour ſervir où beſoin ſera. Et en cas que tous, ou partie d'iceux, en ſoient jugez dignes par Nous,
& les deux tiers de ladite Aſſemblée : Nous & noſdits Succeſſeurs, comme Grands
Maîtres & Souverains dudit Ordre, ferons choix & élection de celui ou ceux que
bon nous ſemblera, leſquels ſeront ſur l'heure même appellez audit Chapitre par le
Heraut Roy d'armes dudit Ordre, pour être avertis par nous de leur aſſociation audit Ordre, & leur être ordonné ce qu'ils auront à faire.

XXIV.

LEDIT Chancelier rapportant leſdits procès verbaux, nous repreſentera auſſi
en ladite Aſſemblée, les Charges & grades, dont leſdits prétendans auront été D
honorez, & les lieux où ils nous auront ſervi en nos Camps & Armées, ſuivant les
memoires que chacun d'eux joindra à ſes preuves, afin de rendre leur reception
plus honorable.

XXV.

ET comme les Etrangers, Regnicoles & Naturaliſez en notre Royaume, auſquels
nous permettons par la preſente Inſtitution, entrer audit Ordre, tout ainſi que nos
ſujets, en ſe ſoumettant aux Reglemens & Statuts d'icelui, ne pourroient bonnement
accomplir en tout & par tout, ce que nous avons ordonné être obſervé eſdites preuve, il ſuffira qu'ils exhibent & mettent ès mains dudit Chancelier les originaux des
Contrats de mariages, Teſtamens, ou Inveſtitures de leurs Peres, Ayeux & Biſayeux,
ou des Actes extraits des Archives & lieux publics des villes & lieux de l'extraction & E
origine de leur maiſon, ou les copies des Contrats & pieces ci-deſſus dites, dûement
faites avec leſdits extraits, en vertu d'une commiſſion qui ſera expediée de l'Ordonnance du Souverain, & ſcellée du Sceau de l'Ordre, adreſſante à perſonnes qui
ſeront pour cet effet nommez aux Chapitres, ſans qu'ils ſoient tenus faire plus amples
preuves.

XXVI.

XXVI.

A NOUS ordonnons auſſi que les Fils, Freres, Neveux & Couſins germains d'un Commandeur dudit Ordre, portant mêmes noms & Armes, & étant de même extraction, ayant été par nous nommez pour entrer audit Ordre, ne ſeront tenus produire pour le regard de leur Nobleſſe autres preuves que celles que leurs Peres, Freres, Oncles ou Couſins auront faites, avec les titres néceſſaires pour prouver leur degré de parenté; mais ſeront obligez à faire celles de leur Religion, vie, mœurs & âges, tout ainſi que les autres.

XXVII.

A FIN que ceux qui ſeront honorez dudit Ordre comparoiſſent aux Fêtes & ceremonies d'icelui avec l'habit dudit Ordre, comme nous voulons qu'ils ſoient tenus de faire ſans être contraints en emprunter : Nous entendons qu'ils en faſſent faire à leurs depens, avant que de pouvoir être reçus audit Ordre.

XXVIII.

LESDITS habit & collier dudit Ordre, ne pourront jamais être vêtus & baillez par nous & noſdits Succeſſeurs que le dernier jour de Decembre après Vêpres, en l'Egliſe où elles auront été dites en la forme qui s'enſuit.

XXIX.

CEUX qui auront été reçus pour entrer audit Ordre, ſe trouveront ledit jour après dîner au lieu où les Cardinaux, Prélats, Commandeurs & Officiers s'aſſembleront avec nous pour aller à l'Egliſe oüir Vêpres, en laquelle ils ſeront conduits, marchant à part où deux à deux, s'il y en a pluſieurs ſelon qu'ils auront été appellez en leur élection; c'eſt à ſçavoir ceux qui ſeront reçus en même jour ſelon leur âge, vêtus de chauſſes & pourpoints de toile d'argent, pleine, au autre étoffe avec argent, & le plus honorablement qu'ils pourront.

XXX.

ETANT arrivez à l'Egliſe ſe mettront à genoux gardant ledit ordre, auprès des bancs qui ſeront à cette fin poſez dedans le Chœur de l'autre côté de ceux des Officiers. Les Vêpres chantées nous partirons de notre ſiege & irons auprès de l'Autel, les Officiers marchant devant nous; & étant aſſis en la chaiſe y préparée pour cet effet, le Prevôt & Maître des Ceremonies dudit Ordre, les Heraut & Huiſſier marchans devant lui, ira avertir les deux Ducs derniers reçus en l'Ordre, ſi celui deſdits élûs qui devra être reçu eſt Prince ou Duc. Et au cas qu'il ne ſoit Prince ou Duc, ira ſeulement avertir les deux Commandeurs plus anciens reçûs en icelui, d'aller prendre le premier deſdits élûs, lequel ils ameneront & conduiront entr'eux deux, marchant ledit Prevôt devant juſqu'où nous ſerons aſſis : où étant arrivé il ſe mettra à genoux, & lui ſera par nous baillé le manteau & collier dudit Ordre, à ce aſſiſtans les Officiers d'icelui, pour faire chacun leur office ainſi qu'il s'enſuit.

XXXI.

SÇAVOIR eſt ledit Chancelier pour preſenter & tenir l'Evangile, ſur laquelle ledit Gentilhomme aura les deux mains poſées, en faiſant ſon Vœu & Serment.

XXXII.

PUIS après le Greffier baillera audit Gentilhomme la forme des Vœux & Serment qu'il devra faire, écrits en parchemin : leſquels il lira lui-même à haute voix, puis en ſignera la cedule de ſa main, & nous la preſentera. Laquelle cedule ſera après enregiſtrée par ledit Greffier au Regiſtre de l'Ordre, pour ſervir de témoignage du jour de ſa réception. Et l'original d'icelle par lui mis au Treſor des Chartes dudit Ordre, pour y être ſoigneuſement gardé.

XXXIII.

L E Prevôt & Maître des Ceremonies nous prefentera le manteau & mantelet A dudit Ordre, dont nous le vôtirons, en difant : *L'Ordre vous revêt & couvre du manteau de fon amiable Compagnie & union fraternelle , à l'exaltation de notre Foi & Religion Catholique : Au nom du Pere, du Fils , & du faint Efprit :* en faifant le figne de la Croix.

XXXIV.

E N après le grand Treforier dudit Ordre nous prefentera le Collier d'icelui, lequel nous mettrons au col dudit Commandeur, difant : *Recevez de notre main le Collier de notre Ordre du benoift S. Efprit, auquel Nous comme Souverain Grand Maiftre , vous recevons & ayez en perpetuelle fouvenance la Mort & Paffion de Notre-Seigneur & Redempteur Jefus-Chrift. En figne de quoi nous vous ordonnons de porter à jamais coufuë en vos habits exterieurs la Croix d'icelui : & la Croix d'or au col avec un ruban de couleur bleue celefte : & Dieu vous faffe la grace de ne contrevenir jamais aux Vœux & ferment que vous venez de faire : lef-* B *quels ayez perpetuellement en votre cœur : etant certain que fi vous y contrevenez en aucune forte , vous ferez privé de cette Compagnie , & encourrez les peines portées par les Statuts de l'Ordre : Au nom du Pere, du Fils, & du Saint Efprit. Amen.*

XXXV.

A Quoi ledit Commandeur repondra : *Sire , Dieu m'en donne la grace, & plutôt la mort que jamais y faillir : remerciant très-humblement votre Majefté de l'honneur & bien qu'il vous a plû me faire.* Et en achevant nous baifera la main.

XXXVI.

Serment des Commandeurs.

J E jure & vouë à Dieu en la face de fon Eglife, & vous promets, Sire , fur ma foi & C honneur, que je vivrai & mourrai en la Foi & Religion Catholique, fans jamais m'en departir, ni de l'union de notre Mere fainte Eglife, Apoftolique & Romaine. Que je vous porterai entiere & parfaite obéïffance fans jamais y manquer, comme un bon & loyal fujet doit faire. Je garderai, defendrai & foutiendrai de tout mon pouvoir, l'honneur, les querelles & droits de votre Majefté Royale, envers tous & contre tous. Qu'en temps de guerre je me rendrai à votre fuite en l'équipage tel qu'il appartient à perfonne de ma qualité : & en paix quand il fe prefentera quelque occafion d'importance, toutes & quantes fois qu'il vous plaira me mander pour vous fervir contre quelque perfonne qui puiffe vivre & mourir fans nul excepter , & ce jufques à la mort. Qu'en telle occafion je n'abandonnerai jamais votre perfonne, ou le lieu où vous m'aurez ordonné fervir, fans votre exprès congé & commandement figné de votre propre main, ou de celui auprès duquel vous m'aurez ordonné d'être, finon D quand je lui aurai fait apparoir d'une jufte & legitime occafion. Que je ne fortirai jamais de votre Royaume, fpecialement pour aller au fervice d'aucun Prince Etranger fans votredit commandement : & ne prendrai penfion, gages ou état d'autre, Roi, Prince, Potentat & Seigneur que ce foit : ni m'obligerai au fervice d'autre perfonne vivante que de votre Majefté feule fans votre expreffe permiffion. Que je vous revelerai fidelement tout ce que je fçaurai ci-après importer à votre fervice, à l'état & confervation du prefent Ordre du faint Efprit, duquel il vous plaît m'honorer : Et ne confentirai ni permettrai jamais, entant qu'à moi fera, qu'il foit rien innové ou attenté contre le fervice de Dieu, ni contre votre autorité Royale, & au préjudice dudit Ordre : lequel je mettrai peine d'entretenir & augmenter de tout mon pouvoir. Je garderai & obferverai très-religieufement tous les Statuts & Ordonnances d'icelui. Je porterai à jamais la Croix coufuë, & celle d'or au col, comme il m'eft ordonné par lef- E dits Statuts. Et me trouverai à toutes les Affemblées des Chapitres Generaux , toutes les fois qu'il vous plaira me le commander, ou bien vous ferai prefenter mes excufes, lefquelles je ne tiendrai pour bonnes, fi elles ne font approuvées & autorifées de votre Majefté , avec l'avis de la plus grande part des Commandeurs qui feront près d'elle, figné de votre main & fcellé du Scel de l'Ordre, dont je ferai tenu retirer Acte.

XXXVII.

E T d'autant que par le fufdit Serment, il eft expreffement porté que lefdits Commandeurs ne s'obligeront au fervice d'aucun Prince Etranger ; ce qui ne pouvoit être bonnement obfervé par ceux qui font fujets d'autres que de nous : Nous déclarons

A que nuls Etrangers, s'ils ne font regnicoles & naturalifez en cettuy notre Royaume, ne pourront entrer audit Ordre en quelque forte que ce foit, ni pareillement nos fujets qui font déja de quelqu'autre Ordre, excepté toutefois celui de Monfieur S. Michel, lequel defirant remettre & maintenir en fa premiere fplendeur, Nous voulons & ordonnons qu'il fe puiffe porter avec celui-ci par ceux qui feront honorez de l'un & de l'autre. Exceptons auffi de la fufdite exclufion les Cardinaux du faint Siege, Archevêques & Evêques, & pareillement nos Sujets, lefquels par permiffion de Nous, ou des Rois nos Predeceffeurs, auroient été, ou feront ci-après reçûs ès Ordres de la Toifon & de la Jarretiere, en confidération de la proximité, bonne paix & amitié qui eft entre Nous & les Chefs & Souverains defdits Ordres : Tous lefquels Nous entendons pouvoir entrer audit Ordre comme les autres, obfervant les formes & Reglemens prefcrits par la prefente Inftitution.

Voyez la Declaration du 31. decembre 1607.

X X X V I I I.

B **P**OUR entretenir cet Ordre, & donner moïen aux Cardinaux, Prelats & Commandeurs, de fe maintenir en l'état honorable qu'il convient, & nous fervir ès occafions qui fe prefenteront, a été fait un fonds de la fomme de fix vingt mille écus, lefquels leur feront departis pour en être payez par chacun an en plein Chapitre & en notre prefence, felon l'état qui en fera par Nous fait & arrêté, fans que lefdits deniers de quelque nature qu'ils foient, ni autres que Nous & nos Succeffeurs y pourront ci-après ajoûter & deftiner, puiffent être à jamais diftraits, ni emploïez à autre ufage qu'à l'entretenement & païement des penfions defdits Commandeurs, felon le département qui en aura été fait.

X X X I X.

C **V**OULONS & ordonnons le prefent Ordre être compofé & rempli du nombre de cent perfonnes, outre le Souverain ; auquel nombre feront compris les quatre Cardinaux & les cinq Prelats, le Chancelier, le Prevôt Maître des Ceremonies, le Grand Treforier & le Greffier qui font Commandeurs, fans que jamais pour quelque caufe & occafion que ce foit, ledit nombre puiffe être augmenté, ni que vacation avenant de l'une des places defdits Cardinaux, Prelats ou Officiers, l'on puiffe remplir lefdites places, finon de perfonnes pour fervir en la même qualité.

X L.

NE fera auffi permis au Grand Maître Souverain de l'Ordre, accroître la penfion de l'un defdits Commandeurs à la diminution des autres.

X L I.

D **A** Nous feul, & aux Rois nos Succeffeurs, comme Souverains Grands Maîtres de l'Ordre, appartiendra l'entiere collation & provifion de toutes les Commandes, fans que jamais nous puiffions ceder ni tranfporter notre droit en tout ou en partie à perfonne quelconque, fous quelque pretexte d'octroi, conceffion gracieufe, doüaire, appanage ou avancement douairié, en quelque façon que ce foit.

X L I I.

DAVANTAGE, fera auffi étroitement obfervé que vaquant une Commanderie, il n'y fera par nous pourvû, finon aux Chapitres generaux, en la forme fufdite, fans pouvoir pour occafion quelconque avancer ou anticiper le terme.

X L I I I.

E **I**L y aura un Chancelier de l'Ordre, lequel fera vœu & preuve de Nobleffe, ne plus ne moins que lefdits Commandeurs. Aura mille écus fol de gages ordinaires pour fon entretenement, & portera la Croix comme un Commandeur. Il fera toujours prins & choifi entre les plus doctes, notables, dignes & feables perfonnages de notredit Royaume ; afin que ladite Charge foit adminiftrée tant plus honorablement & dignement.

XLIV.

ICELUY Chancelier aura en garde le Scel qui sera fait & ordonné pour ledit Or- A
dre, duquel il scellera toutes Expeditions, Provisions & Mandemens concernans
ledit Ordre, qui seront commandées par nous & nos successeurs en l'Assemblée generale desdits Cardinaux, Prelats, Commandeurs & Officiers, &,non autrement. Et sera
toujours souscrit en la signature desdites Lettres, en ces mots : *Par le Roy Chef & Sou-*
verain Grand Maistre, seant en l'Assemblée Generale des Commandeurs de l'Ordre du S. Esprit.

XLV.

LEDIT Chancelier sera tenu se trouver aux Chapitres Generaux qui se tiendront,
ausquels il aura charge de proposer tout ce qui lui sera commandé par ledit Souverain : Et sera faire fidelle rapport des informations & procès verbaux qui auront été
faits & envoyez par lesdits Cardinaux, Prelats & Commandeurs, ou autres commis à
ce faire, pour servir à la reception des Gentilshommes qui seront nommez pour entrer
en l'Ordre, à quoi il prendra garde qu'il ne soit usé d'aucun abus, fraude ou conniven- B
ce. Tiendra la main que les Statuts & Ordonnances dudit Ordre soient exactement
gardez & observez par lesdits Commandeurs & Officiers, & avertira le Souverain &
l'Assemblée de ceux qui y contreviendront, pour proceder à la correction & punition
d'iceux. Recevra aussi les plaintes & doleances desdits Commandeurs & Officiers. Aura
la Superintendance sur le maniement des deniers dudit Ordre, & assistera toujours
à la reddition des Comptes du grand Tresorier. Ledit Chancelier jurera & promettra
à sa reception, garder & observer tout ce que dessus, sans y faillir.

XLVI.

ET afin que lesdits Statuts, Ordonnances & Ceremonies dudit Ordre soient gardées,
entretenuës & observées comme il appartient ; Nous avons créé, érigé & institué
en icelui, un Office de Prevôt Maître des Ceremonies, & celui qui en sera pourvû C
fera vœu & preuve de Noblesse, ne plus ne moins que lesdits Commandeurs. Il aura
sept cens cinquante écus sol de gages, il prendra garde que les Statuts, Ordonnances
& Constitutions dudit Ordre ne soient aucunement enfraints par les Commandeurs &
Officiers dudit Ordre ; mettra peine de s'informer diligemment & secretement de ceux
qui ne les observeront, pour si la faute est legere, en avertir doucement les défaillans
afin qu'ils se corrigent, sinon la faire enregistrer par le Greffier de l'Ordre, pour en être
fait rapport au premier Chapitre qui se tiendra.

XLVII.

PRENDRA garde aussi qu'aux jours & Fêtes de la celebration dudit Ordre ;
toutes choses soient préparées à l'Eglise comme elles doivent être, tant pour le
parement d'icelle, que pour l'assiette & rang des chaises & bancs du Souverain, Car- D
dinaux, Prelats, Commandeurs & Officiers dudit Ordre. Ensemble des Ambassadeurs
des Rois & Princes, & autres qui doivent assister à ladite Ceremonie. Et que les Armoiries dudit Souverain & desdits Commandeurs, soient rangées & attachées au-dessus des
bancs ausquels ils seront assis. Et pour ce faire, ledit Prevôt sera tenu se trouver où
nous serons, pour le moins huit jours devant ladite Fête sans y faillir.

XLVIII.

QUAND aucuns desdits Cardinaux, Prelats, Commandeurs & Officiers dudit
Ordre iront de vie à trépas, ledit Prevôt sera tenu avoir véritable certification
de leur mort & trépassement, du jour, mois & an : par quel inconvenient naturel, ou
autre accident, & de l'état de leur derniere fin. De quoy il fera bons & véritables memoi- E
res pour nous en avertir, afin de faire faire le Service des Trepassez, ainsi qu'il appartient, puis le fera enregistrer par le Greffier.

XLIX.

LEDIT Prevôt mettra peine aussi de s'enquerir & sçavoir, quand il y aura quelque debat, contention ou querelle entre lesdits Commandeurs & Officiers, pour
incontinent nous en avertir, afin que nous y puissions remedier, & empêcher que les
choses ne passent plus avant, & fera serment à sa reception d'effectuer & observer
soigneusement les choses susdites.

L.

L.

A TOUS les Cardinaux, Prelats, Commandeurs qui feront reçûs audit Ordre, feront tenus à leur reception de bailler audit Prevôt pour les droits de fon Office ce qui s'enfuit. C'eft à fçavoir, lefdits Cardinaux dix aulnes de velours cramoify, lefdits Prelats dix aulnes de velours violet, & lefdits Commandeurs douze aulnes de velours noir : déclarant fi aucun d'eux eft dilayant d'y fatisfaire, qu'il fera retenu autant de ce que cela pourroit monter fur fa Commande, pour être par ledit Grand Treforier baillé & payé audit Prevôt.

L I.

IL y aura pareillement audit Ordre un Treforier, qui s'appellera Grand Treforier dudit Ordre, lequel fera vœu de fa Religion, & aura fept cens cinquante écus fol de gages ordinaires.

L I I.

B IL aura en Garde toutes Chartes, Privileges, Lettres, Mandemens, Ecritures, Regiftres & Enfeignemens touchant la fondation dudit Ordre, fes appartenances & dependances, recevra, maniera, payera & diftribuera les penfions, gages, charges, & toute autre forte & nature de deniers affectez & employez à l'entretenement & frais dudit Ordre, & à l'occafion d'icelui, aura la garde des Ornemens de l'Eglife appartenans audit Ordre : & femblablement les Manteaux & Mantelets des Commandeurs fervans à l'état & ceremonie dudit Ordre : lefquels il fera tenu de reprefenter & délivrer aufdits Commandeurs, aux Chapitres & Ceremonies, & après iceux retirer & garder foigneufement, jufqu'aux autres Chapitres & Ceremonies.

L I I I.

C SERA tenu faire faire les Colliers que nous donnerons aufdits Commandeurs, du poids & façon qu'il fera ordonné, nous les prefentera à l'Eglife à leur reception. Et avenant le trépas ou privation d'aucuns d'eux, fera obligé de les retirer de leurs heritiers. Et où aucuns d'eux feroient refufans, ou trop tardifs à les rapporter & remettre entre fes mains dans le temps ordonné, fera déferné commiffion à la pourfuite dudit Treforier, à tel de nos Juges & Officiers qu'il nous plaira, pour proceder à la faifie & vente des biens, meubles & immeubles, delaiffez par ledit défunt, jufqu'à la concurrence de la valeur dudit Collier: Et en fera le payement preferé à toutes autres dettes & hypotheques, pour privilegiées qu'elles foient.

L I V.

LEDIT grand Treforier fera tenu de rendre bon & loyal compte par chacun an aufdits Chapitres generaux, & non ailleurs, de toute la recette & dépenfe qu'il aura faites des deniers dudit Ordre: lequel Compte fera vû & examiné par ledit Chancelier, & cinq des Commandeurs commis par ledit Chapitre. Où nous voulons auffi qu'affifte l'un des Prefidens de notre Chambre des Comptes à Paris, ou Intendant de nos Finances, ou tel autre de nos Officiers qu'il nous plaira ordonner. Et feront tous lefdits Comptes par eux arrêtez, finez & fignez d'iceux, mis au Trefor des Chartres dudit Ordre, dont il fera délivré copie audit grand Treforier, bien & dûëment collationée, en la prefence defdits Chancelier, Commandeurs, & de celui qui aura, ainfi que dit eft, été par nous choifi; qui lui fervira d'entiere décharge du maniment defdits deniers. Lefdits cinq Commandeurs commis à l'audition defdits Comptes, feront changez tous les ans: & ne pourront affifter deux fois confecutives à la reddition & clôture d'iceux. Et quant à celui defdits Prefident, ou Intendant, ou autre que nous choifirons, il aura quatre cens écus de gages par chacun an, defquels il fera payé par ledit grand Treforier, des deniers qui lui feront par nous ordonnez pour cet effet; avec la joüiffance des mêmes privileges, franchifes, immunitez & exemptions que les Cardinaux, Prelats, Commandeurs & Officiers dudit Ordre: dequoy nous lui ferons expedier Lettres fignées du Greffier dudit Ordre.

L V.

NOUS voulons auffi que ledit Treforier foit tenu faire un livre de tous les dons, legs, augmentations & bienfaits, qui feront donnez & faits à l'Ordre, tant par Nous & nos Succeffeurs, que par lefdits Cardinaux, Prelats & Commandeurs : auquel fera infcrit le nom, furnom, & ce que chacun d'eux aura donné, afin d'avoir memoire perpetuelle des bienfaicteurs, & prier Dieu pour eux. Ledit Treforier à fa reception, promettra & jurera folemnellement, garder & obferver entierement tout ce que deffus, fans y faillir.

LVI.

PAREILLEMENT y aura audit Ordre un Officier appellé Greffier de l'Ordre, qui fera vœu de Religion, & aura cinq cens écus fol de gages ordinaires. Il fera tenu faire deux livres en parchemin, en chacun defquels fera écrite la fondation du préfent Ordre, les Statuts, Caufes & Ordonnances d'icelui. Au commencement defquels livres fera peinte une hiftoire de la reprefentation du Souverain, & de l'affiette defdits Cardinaux, Prelats, Commandeurs & Officiers, le jour de la ceremonie. Defdits livres, l'un fera enchaîné au chœur de l'Eglife où fera ladite fondation, enclos dans un coffre, dont ledit grand Treforier aura la clef : & l'autre fera toujours apporté & reprefenté audit Souverain par ledit Greffier de l'Ordre, aux Chapitres & Conventions qui fe feront par chacun an, pour y avoir recours, s'en fervir & aider en ce que befoin fera. **A**

LVII.

LEDIT Greffier recevra, écrira & enregiftrera bien & fidellement toutes les Provifions, appointemens, Conclufions, Ordonnances qui fe feront aufdits Chapitres, fera & fignera toutes Commiffions, Lettres, Mandemens & Expeditions qui feront néceffaires, touchant & concernant ledit Ordre ; declarant nulles & de nul effet & valeur toutes celles qui pourroient cy-après être fignées par autres que par lui. Lui eft inhibé & défendu auffi d'en figner & expedier aucunes, pour quelque caufe & occafion que ce foit, qu'elles n'ayent été propofées, déliberées & ordonnées par ledit Souverain féant audit Chapitre general de l'Ordre, dont il fera tenu faire Regiftre certain, lequel il apportera, & reprefentera en chacun Chapitre. **B**

LVIII.

IL tiendra auffi un Régiftre à part des informations, procès verbaux & cedules qui feront rapportées audit Chapitre, de ceux qui feront reçûs en l'Ordre, pour rendre témoignage des preuves qu'ils auront faites de leur Religion & Nobleffe ; comme auffi du jour de leur reception. Il enregiftrera pareillement les Memoires qui lui feront délivrez par le Prevôt de l'Ordre, tant des fautes & délits commis par lefdits Commandeurs & Officiers, pour nous les rapporter & lire aufdits Chapitres, que des decès avenus d'iceux. Et promettra & jurera à fa reception d'executer, garder & obferver les chofes fufdites fans y faillir. **C**

LIX.

TOUS lefdits quatre Officiers feront Commandeurs, porteront la Croix coufuë en leurs habillemens, & une autre Croix d'or au col, comme lefdits Commandeurs.

LX.

DAVANTAGE, il y aura audit Ordre un Officier appellé Heraut Roi d'Armes de l'Ordre du Saint Efprit, qui fera choifi, faifant profeffion de la Religion Catholique, homme de bonne renommée, & expert en telle charge ; qui aura quatre cent écus fol de gages ordinaires ; portera une Croix d'or de l'Ordre penduë au col avec fon émail. Il fera tenu faire un livre, auquel feront dépeintes au vrai les Armoiries, timbres, & tenans de tous les Cardinaux, Prelats, Commandeurs & Officiers qui feront reçus en l'Ordre, où fous chacune d'icelles Armoiries feront écrits leurs noms, furnoms, feigneuries & qualitez. Et pour ce faire, chacun defdits Cardinaux, Prelats & Commandeurs, fera tenu lui donner un marc d'argent à fa reception. **D**

LXI.

QUAND il fera befoin de faire quelque fignification, mandement ou dénonciation à quelqu'un defdits Commandeurs & Officiers, ledit Heraut en aura la charge, & de rapporter au Souverain en plein Chapitre, la réponfe qui lui aura été faite, & ce qu'il aura appris en fon voyage concernant le bien, honneur & fervice dudit Ordre. **E**

LXII.

NOUS ordonnons auffi, qu'il y aura un Huiffier audit Ordre, lequel affiftera à la Ceremonie dudit Ordre, avec une Maffe qu'il portera fur le col, laquelle fera faite exprès pour fervir audit Ordre. Il aura trois cens douze écus fol de gages ordinaires, qui lui feront payez, tout ainfi que ceux des fufdits Officiers, par ledit Grand Treforier. Ledit Huiffier fera choifi faifant profeffion de la Religion Catholique : & fera tenu fe trouver aux Chapitres qui fe tiendront, pour garder la porte, & faire ce qui dépend de ladite charge.

LXIII.

A AVENANT le décès de l'un defdits Officiers ; l'élection de celui qui lui fuc-
cedera, fera faite par le Souverain, entre les mains duquel il fera fes vœux, &
recevra l'Habit & la Croix, comme les Commandeurs, excepté les Heraut & Huiffier,
qui feront leur ferment, & recevront leur émail & Croix par les mains du Chancelier, en la prefence dudit Souverain.

LXIV.

L ES penfions defdits Cardinaux, Prelats, Commandeurs ; & les gages defdits
Officiers, ne pourront être hypotequez ni faifis, pour quelque caufe que ce
foit, fi ce n'est pour achapt d'armes & de chevaux, encore par permiffion fignée de
la main du Grand Maiftre, & fcellée du Sceau de l'Ordre.

LXV.

B VOULONS & entendons, que lefdits Cardinaux, Prelats, Commandeurs &
Officiers dudit Ordre, foient ci-après exempts de contribuer au ban & arriereban
de notre Royaume, & de nous payer aucuns rachapts, lots, ventes, quints & requints,
tant des terres qu'ils vendront, que de celles qu'ils pourront acheter, relevant de Nous,
fans que, à l'occafion des Coûtumes de notre Royaume, portant que l'acheteur foit
tenu payer le quint denier du prix de la vendition du Fief, il puiffe être aucune chofe
querellée ou demandée aufdits Cardinaux, Prelats, Commandeurs & Officiers dudit
Ordre, ni pareillement à ceux, defquels ils auront fait lefdites acquifitions.

LXVI.

D AVANTAGE, Nous voulons que lefdits Cardinaux, Prelats, Commandeurs
& Officiers dudit Ordre, ayent leurs caufes commifes aux Requeftes de notre
C Palais à Paris ; & joüiffent de tous & femblables privileges, que font nos Officiers
Domeftiques & Commenfaux, defquels privileges, nous ferons expedier nos Lettres
& Declarations, pour être publiées & enregiftrées, tant en nos Cour de Parlement,
Chambre des Comptes, & Cour de nos Aydes, que par tout ailleurs où il appar-
tiendra, afin de leur fervir & valoir.

LXVII.

C HACUN defdits Cardinaux, Prelats, Commandeurs & Officiers, fera tenu
prendre Lettres de provifion, fcellées du grand Sceau dudit Ordre, & fignées
par le Greffier d'icelui, pour lui fervir de témoignage du jour qu'il aura été affocié
audit Ordre.

LXVIII.

D LES Déliberations, Mandemens & Ordonnances qui fe feront ès Chapitres generaux dudit Ordre, ne pourront être valables, fi elles ne font approuvées & faites par l'avis des deux-tiers des Commandeurs qui feront affemblez ; en comptant
pour deux voix celle du Souverain. Et ne fe pourront tenir lefdits Chapitres, qu'il n'y
ait quatre Cardinaux ou Prelats, & dix-huit Commandeurs prefens, fans lès Officiers.

LXIX.

E T afin que le temps à venir, un chacun puiffe connoître au vrai la Nobleffe ;
vertus & merites de tous ceux que nous appellerons & affocierons audit Ordre,
Nous voulons que tous lefdits Commandeurs, après qu'ils auront été reçûs, faffent
faire en parchemin un Arbre de leur Genealogie, & un Memoire des lieux aufquels
ils nous auront fervi : lefquels Arbre & Memoire, ils feront figner & certifier par ceux
E qui auront été commis à verifier & rapporter leurs preuves. Laquelle certification
contiendra le jour qu'ils en auront fait rapport audit Chapitre, & comme ils auront vû
& verifié bien exactement lefdites preuves ; voulant que ladite Genealogie & ledit
Memoire foient écrits & regiftrez au Greffe de l'Ordre, & que le Greffier d'icelui
certifie auffi, comme lefdits Commandeurs Commiffaires auront en notre prefence
fait ledit rapport, pour à l'avenir y avoir recours, quand l'occafion fe prefentera,
comme à chofe veritable, & à laquelle il fera à jamais ajoûté foi.

L X X.

TOUS les ans, la Fête de l'Ordre se celebrera le premier jour de Janvier ; en l'Eglise des Augustins de notre bonne Ville de Paris, qui est le lieu que nous avons **A** choisi & destiné pour cet effet. Et si les affaires publiques de notre Royaume, ne nous permettoient être en notredite Ville de Paris ledit jour, ladite Fête se celebrera où nous serons, en la plus spacieuse Eglise que faire se pourra, où nous voulons & entendons que se trouvent & assistent tous les Cardinaux, Prélats, Commandeurs & Officiers dudit Ordre, s'ils n'ont autre commandement de nous. Et à mesure qu'ils arriveront en notre Cour & suite ils en avertiront le Prevôt dudit Ordre, afin qu'il fasse preparer leurs Ecussons en l'Eglise où se fera ladite Ceremonie, laquelle commencera la veille dudit jour à Vêpres, où lesdits Cardinaux, Prélats, Commandeurs & Officiers accompagneront le Souverain de l'Ordre, depuis son Palais jusques à l'Eglise, ainsi qu'il s'ensuit.

L X X I.

C'EST à sçavoir, l'Huissier marchera devant, le Heraut après l'Huissier, le Prevôt, **B** le Grand Tresorier, & le Greffier, ledit Prevôt au milieu des deux autres, & le Chancelier seul après. Puis marcheront lesdits Commandeurs, deux à deux, selon le rang qui sera ci-après dit. Après lesquels, ira ledit Souverain & Grand Maître, qui sera suivi des Cardinaux & Prélats qui seront dudit Ordre, ledit Grand Maître & les Commandeurs, vestus de longs manteaux, faits à la façon de ceux qui se portent le jour de la S. Michel, de velours noir en broderie tout autour d'or & d'argent : ladite broderie faite de fleurs de lis & nœuds d'or, entre trois divers chiffres d'argent ; & au dessus des chiffres, des nœuds & fleurs de lis, il y aura des flambes d'or semées. Ledit grand manteau sera garni d'un mantelet de toile d'argent verte, qui sera couvert de broderie faite de même façon que celle du grand manteau ; reservé que au lieu des chiffres, il y sera mis des Colombes d'argent. Lesdits manteaux & mantelets seront **C** doublez de satin jaune orangé. Et se porteront lesdits manteaux retroussez du côté gauche, & l'ouverture sera du côté droit, selon le patron qu'en avons fait faire, & porteront chausses & pourpoints blancs, avec façon à la discretion du Commandeur ; un bonnet noir, & une plume blanche. Sur lesdits manteaux, porteront à découvert le grand Collier de l'Ordre, qui leur aura été donné à leur réception. Pour le regard desdits Officiers, le Chancelier sera vêtu tout ainsi que lesdits Commandeurs : mais il n'aura le grand Collier, ains seulement la Croix cousuë au devant de son manteau, & celle d'or pendante au col. Le Prevôt, le Grand Tresorier & le Greffier, auront aussi des manteaux de velours noir, & le mantelet de toile d'argent verte : mais ils seront seulement bordez à l'entour de quelques flambes d'or, & porteront aussi la Croix de l'Ordre cousuë, & celle d'or pendante au col. Le Heraut & l'Huissier auront des manteaux de satin, & le mantelet de velours vert, bordé de flambes, comme ceux des susdits Officiers. Ledit Heraut portera ladite Croix de l'Ordre avec son émail penduë **D** au col, ainsi que dit est. Et l'Huissier une Croix de l'Ordre, mais plus petite que celle des autres Officiers. Au retour desquelles Vêpres, lesdits Commandeurs & Officiers iront à confesse, pour se preparer à la Communion qu'ils devront faire le lendemain au matin.

L X X I I.

AUQUEL jour lesdits Cardinaux, Prelats, Commandeurs & Officiers, accompagneront derechef ledit Souverain au même ordre & habillemens que dessus, à l'Eglise oüir la Messe : à l'Offerte de laquelle nous offrirons autant d'écus au Soleil comme nous aurons d'années, & lesdits Commandeurs chacun un écu sol ; que nous avons dès à present donnez & affectez à l'entretenement & nourriture des Religieux novices desdits Augustins. Lesdits Commandeurs iront ensemble à l'Offerte, marchans toutefois l'un après l'autre, gardant l'ordre de leur seance. La Messe finie, lesdits Commandeurs & Officiers recevront en notre presence le saint Sacrement du Corps **E** de notre Seigneur. Exhortant lesdits Cardinaux, Evêques & Prelats, de recevoir le precieux Corps de notre Seigneur ledit jour, devant que de venir à la Ceremonie, ou après, ainsi qu'ils aviseront.

L X X I I I.

LES Commandeurs & Officiers qui à cause de leur âge, debilité ou indisposition, ne pourroient attendre à recevoir le saint Sacrement jusqu'à la fin de la grande Messe, en avertiront la veille à Vêpres le Grand-Maître ; lequel commettra quelque homme d'Eglise pour assister le lendemain au matin à leur voir recevoir ledit saint Sacrement.

LXXIV.

LXXIV.

APRE'S ladite Meſſe, ils reconduiront le Grand-Maître en ſon Palais, là où leſdits Cardinaux, Prelats, Commandeurs & Chancelier de l'Ordre ſeront aſſis, & dîneront à la table, & aux dépens dudit Grand-Maître, en ſigne d'amour. Auquel Palais, & en un lieu à part, ſera auſſi dreſſée une table, là où dîneront ledit Prevôt, Grand Treſorier, Greffier, Heraut & Huiſſier.

LXXV.

A L'HEURE de Vêpres, icelui Souverain, Cardinaux, Prelats, Commandeurs & Officiers, par ordre, comme dit eſt, portant manteaux & mantelets de drap noir, excepté celui du Souverain, qui ſera d'écarlate brune morée; ſur leſquels manteaux ſera toujours la Croix dudit Ordre couſuë, comme ſur les autres; iront en la même Egliſe oüir Vêpres pour les Trepaſſez, & le lendemain matin iront oüir la Meſſe & le Service. A l'Offerte de laquelle Meſſe ledit Souverain, & leſdits Commandeurs offriront chacun un cierge d'une livre de cire. Et étant à l'Offerte, ledit Greffier leur dira les noms des Souverains, Cardinaux, Prelats & Commandeurs dudit Ordre, trépaſſez depuis la derniere Ceremonie: pour les ames deſquels celui qui celebrera la Meſſe, dira d'abondant à la fin de l'Offertoire, un *De profundis*, & une Oraiſon des trépaſſez. Et au ſortir de la Meſſe, leur ſera donné à diſner par ledit Souverain, comme le jour de devant.

LXXVI.

ET ſera dreſſé leſdits jours, en ladite Egliſe, des Chapelles ardentes, avec les Ecuſſons de ceux qui ſeront decedez. Au bas & derriere deſquelles Chapelles, ſera poſé un banc couvert d'un drap noir, ſur lequel ſeront mis les Colliers des Commandeurs trépaſſez. Et derriere ledit banc, y en ſera mis un autre où demeureront les heritiers deſdits decedez, ou ceux qui les repreſenteront, vêtus en deüil durant le Service des trépaſſez; & icelui fait, nous apporteront & preſenteront leſdits Colliers qui ſeront reçus par le Grand Treſorier.

LXXVII.

APRE'S diſner ſe tiendra le Conſeil & Chapitre general dudit Ordre, auquel nous aſſiſterons avec tous les Cardinaux, Prelats, Commandeurs, & Officiers, & non autres, de quelque qualité qu'ils ſoient. Et devant que de rien mettre en avant, ſera fait ſerment ſolemnel par Nous & les aſſiſtans, de ne reveler, ni découvrir à perſonne vivante, ce qui ſera dit, traité & conclu en ladite Aſſemblée, à peine d'être privez de l'Ordre, & déclarez traîtres & infames. Ledit Serment fait, qui ſera enregiſtré par le Greffier dudit Ordre, ſera propoſé par la bouche dudit Chancelier, tout ce qu'il penſera & connoîtra être à propos & neceſſaire, pour l'honneur, bien, accroiſſement, & conſervation dudit Ordre.

LXXVIII.

AVENANT (ce que Dieu ne veüille) que le Roy, Chef & Souverain, tombât malade au temps de la celebration de ſadite Fête & Ceremonie, & que pour cette occaſion il n'y pût aſſiſter, en ce cas leſdits Cardinaux, Prelats, Commandeurs & Officiers, ne délaiſſeront de ſe trouver au Service de l'Egliſe; mais ne porteront leurs grands manteaux, ains ſeulement leurs Colliers: & neanmoins durant la Ceremonie, feront leurs reverences au haut Dais qui ſera preparé pour le Roy, tout ainſi que s'il étoit preſent. Et recevront après la penſion de leurs Commandes, tout ainſi que ſi Sa Majeſté avoit été preſente audit Chapitre.

LXXIX.

SERONT élus tous les ans trois deſdits Commandeurs, qui s'appelleront les Commiſſaires pour l'obſervation des Statuts dudit Ordre, dont l'un ſera Eccleſiaſtique, & les deux autres Laïques: leſquels s'aſſembleront tous les trois mois, le premier Dimanche d'un deſdits mois, avec le Chancelier dudit Ordre, pour conferer enſemble, & tenir Sa Majeſté avertie de ce qu'ils trouveront avoir été fait par leſdits Cardinaux, Prelats, Commandeurs & Officiers, contrevenant à l'Inſtitution dudit Ordre; afin de faire le tout rediger par écrit, pour en faire puis après au prochain Chapitre, fidele rapport à ſadite Majeſté: auſquels ſera baillé inſtruction ſignée dudit Souverain & dudit Greffier, de ce qu'ils auront à faire durant ladite année. Leſdits Commiſſaires auront auſſi la charge d'avertir les nommez pour entrer en l'Ordre, de ce qu'ils auront à faire.

LXXX.

A

ET s'il est sçeu, qu'aucuns desdits Commandeurs ayent forfait en leur honneur, ou commis acte indigne de leur profession & de leur devoir : comme s'ils étoient atteints & convaincus de crime d'heresie, trahison, fuite de bataille, sacrilege, volerie, détention de biens Ecclesiastiques, & autres actes indignes de Gentilshommes faisans profession d'honneur & de vertu, & ce par bonnes & suffisantes preuves : en ce cas Nous voulons qu'ils soient privez & dégradez dudit Ordre, & qu'il soit avisé audit Chapitre, à la correction & punition d'iceux, selon que le cas le requerra.

LXXXI.

B

A FIN qu'il soit memoire à toûjours de l'élection que nous avons faite de ladite Eglise du Convent des Augustins de notredite bonne Ville de Paris, pour y celebrer les Fêtes de la Ceremonie dudit Ordre, Nous avons ordonné & ordonnons ausdits Religieux & Convent, la somme de trois cens trente-trois écus un tiers de rente par chacun an ; dont seront expediez & passez les Contrats pour ce necessaires, à la charge qu'ils seront tenus dire par chacun jour de l'année deux Messes, l'une haute pour la prosperité & santé du Souverain, des Cardinaux, Prelats, Commandeurs & Officiers de l'Ordre ; & l'autre basse pour les Trepassez, dont nous chargeons notredit Grand Aumônier avec soin, afin que notre intention soit suivie, & ledit service fait ainsi qu'il appartient.

LXXXII.

C

ET parce que ledit Ordre est institué en l'honneur de Dieu & du Benoît saint Esprit, qui a pour agreables les cœurs plus humiliez, ordonnons qu'il n'y aura au marcher dudit Ordre, ni aux seances aucune dispute pour les rangs ; ains que chacun marchera selon l'antiquité de reception. Sçavoir est, après nos Enfans & Freres, les Princes de notre Sang, les Princes issus de Maison souveraine, qui sont Ducs, puis les Princes qui ne seront Ducs, & après eux les Ducs qui ne seront que Gentilshommes, en gardant l'ordre & rang qui leur est attribué par la creation de leurs Duchez, & après les Commandeurs, selon l'antiquité de leur reception audit Ordre : sauf pour le regard de ceux qui ont été par nous choisis & élus pour entrer au present Ordre dès la premiere institution d'icelui, lesquels garderont le rang de leur reception en l'Ordre de saint Michel, encore qu'ils reçoivent l'Habit dudit Ordre après les autres.

LXXXIII.

D

VOULONS & entendons que lesdits Commandeurs ayent & tiennent ci-après en tous lieux tels rangs, séance, autoritez & prerogatives, que souloient avoir les Chevaliers de l'Ordre de S. Michel : declarant que ceux qui seront Chevaliers dudit Ordre de S. Michel, & Commandeurs de celui du saint Esprit, precederont ceux qui n'auront que l'Ordre dudit S. Michel, attendu qu'ils sont honorez des deux ensemble, s'entendant toutefois ce present article, pour les Seigneurs & Gentilshommes seulement, qui n'ont autre rang, ni séance que celui qui leur est acquis par l'Ordre.

LXXXIV.

TOUS lesdits Prelats, Commandeurs & Officiers porteront à jamais la Croix cousuë sur le côté gauche de leurs manteaux, robes & autres habillemens de dessus : Nous seuls & nos Successeurs la porterons aux habillemens de dessous, au milieu de l'estomac, quand bon nous semblera, & en ceux de dessus au côté gauche, de même grandeur que lesdits Commandeurs. Elle sera faite en la forme d'une Croix de Malte en broderie d'argent, au milieu de laquelle il y aura une Colombe figurée, & aux angles des rais & fleurs de Lis aussi en broderie d'argent, de la grandeur & selon le portrait que Nous en avons fait faire.

E

LXXXV.

LESDITS Cardinaux, Prelats, Commandeurs & Officiers, porteront aussi une Croix dudit Ordre, pendante au col à un ruban de soye de couleur bleuë celeste, ladite Croix aussi faite en la forme de celle de Malte, toute d'or, émaillée de blanc par les bords, & le milieu sans émail. Dans les angles il y aura une fleur de Lis, & sur le milieu, ceux qui seront Chevaliers de l'Ordre de S. Michel, porteront la marque dudit Ordre d'un côté, & de l'autre une Colombe, qui sera portée des deux côtez par lesdits Cardinaux & Prelats, & ceux qui ne seront dudit Ordre de Saint Michel.

LXXXVI.

POUR marque & connoiffance dudit Ordre & des Commandeurs qui en feront, Nous donnerons à chacun Commandeur un collier d'or, fait à fleurs de Lys & trois divers chiffres entrelaffez de nœuds, de la façon de la broderie du manteau ; lequel collier fera toujours du poids de deux cens écus ou environ, fans être enrichi de pierreries ni autres chofes. Et ne le pourront lefdits Commandeurs vendre, engager ni aliener pour quelque néceffité ou caufe, ni en quelque maniere que ce foit, ains demeurera, fera & appartiendra toujours audit Ordre, & feront tenus les heritiers defdits Commandeurs qui feront decedez de le rapporter & remettre ès mains dudit Grand Treforier de l'Ordre, trois mois après leur decès au plus tard, duquel Treforier ils retireront recepiffé pour leur décharge.

LXXXVII.

TOUS lefdits Cardinaux, Prelats & Commandeurs dudit Ordre, feront tenus à leur reception fournir & payer ès mains dudit Grand Treforier la fomme de dix écus d'or fol, lefquels dix écus nous avons dès-à-préfent aumônez au Couvent defdits Auguftins.

LXXXVIII.

ET pour ce qu'il eft raifonnable que ceux qui fe veulent principalement dédier à Dieu & en porter figne exterieur, foient aftraints à plus grandes prieres & exercices fpirituels que les autres : Nous exhortons & prions tant qu'il nous eft poffible tous ceux dudit Ordre, à fe rendre foigneux d'affifter chacun jour dévotement au faint facrifice de la Meffe, s'ils ont le moyen & le loifir, & aux jours de Fêtes, à la celebration du Service divin. Mais fçachent qu'ils font obligez à dire chacun jour *un Chapelet d'un dixain, qu'ils porteront ordinairement fur eux, & les Heures du Saint Efprit, avec les Hymnes & Oraifons qui feront dedans un Livre que nous leur donnerons à leur reception : ou bien les fept Pfeaumes Penitentiaux, avec les Oraifons qui feront auffi dans ledit Livre,* & où ils feront défaillans aux chofes fufdites, feront obligez de donner une aumône aux pauvres. Plus, nous leur enjoignons de ne faillir deux fois l'an pour le moins, fe confeffer à perfonnes conftituées en autorité en l'Eglife, & recevoir le précieux Corps de Notre-Seigneur Jefus-Chrift, aux premier jour de Janvier & Fête de la Pentecôte ; ordonnant que efdits jours & tous autres efquels par dévotion ils communieront en quelque lieu qu'ils fe trouvent, ils foient tenus durant la Meffe & icelle Communion porter le collier dudit Ordre, fur peine contre ceux qui défaudront en une même année à communier efdits deux jours, de perdre le revenu de leur Commande durant ladite année. Et où il aviendroit qu'aucun defdits Commandeurs & Officiers perfeveraffent trois années confecutives à ne communier efdits jours, en ce cas la Croix & l'habit dudit Ordre leur feront ôtez, & pour telle volonté endurcie feront privez de l'Ordre. Mais fi aucun d'eux y faut feulement à l'une defdites deux fois en une année, fera retenu des fruits de fa Commande la cinquiéme partie du revenu d'une année, laquelle nous avons dès-à-préfent aumônée aufdits Auguftins. Partant lefdits Cardinaux & Prelats feront tenus jurer tous les ans au Chapitre fur les faints Ordres, & les Commandeurs & Officiers fur les faints Evangiles, avoir fait leurs Pâques efdits deux jours de Fête.

LXXXIX.

NOUS & lefdits Commandeurs porterons toujours le grand Collier de l'Ordre, aux quatre Fêtes annuelles, quand nous irons à la Meffe, aux Proceffions generales & autres Actes publics qui fe font aux Eglifes, & ès Entrées que nous ferons ès villes de notre Royaume, efquelles il y a Cour de Parlement, & pareillement toutes & quantes fois qu'il leur fera ordonné par le Souverain de l'Ordre.

XC.

TOUS lefdits Commandeurs & Officiers feront tenus nous venir troûver toutes les fois que nous les manderons, accompagnez felon leurs qualitez pour fervir auprès de notre Perfonne, à la défenfe de notre Foy & Religion, & de notre Etat.

XCI.

ESTANT cette Compagnie & Societé inftituée en l'honneur de Dieu, lequel nous commande & enjoint d'exercer toute fraternité & dilection les uns envers les autres, Nous ordonnons aux Cardinaux, Prelats, Commandeurs & Officiers dudit

Ordre, de dépofer dès-à-préfent toute efpece d'envie, inimitié & rancune, qu'ils pour-roient avoir les uns contre les autres, pour dorefnavant & à jamais vivre enfemble-ment en toute vraye & bonne amitié, concorde & union, comme nous déclarons avoir volonté de faire de notre part envers eux, les foutenir, défendre, honorer & gratifier en ce qui fe préfentera, comme leurs qualitez & vertus le méritent, & le lien de fraternité duquel les avons honorez.

XCII.

ET fi aucun debat ou contention furvenoit par ci-après entre aucuns Commandeurs ou Officiers dudit Ordre, dont vrai-femblablement l'on peut douter que voye de fait fe peut enfuivre : Nous promettons que la chofe venüe à notre connoiffance, nous défendrons incontinent par nos Lettres aux Parties, toutes voyes de fait, & que lefdits debats feront par nous vuidez & terminez, par l'avis defdits Confreres & Com-mandeurs qui feront prés de nous le plutôt que faire fe pourra, lefdites Parties oüies en ce qu'elles voudront dire l'une contre l'autre, lefquelles feront tenuës à cette fin d'y comparoir ou Procureur pour elles, & obtemperer à l'appointement qui fur ce fera fait par nous & lefdits Commandeurs. Sauf par tout le droit & hauteffe de notre Juf-tice & autorité Royale, & de nos Succeffeurs.

XCIII.

ET en cas que ladite querelle ou debat ne puiffe être vuidé avant la ceremonie, & qu'il y ait à l'occafion de ladite querelle quelque rancune ou inimitié entre lefdits Commandeurs ; ceux qni auront ladite querelle, ne pourront durant icelle affifter à ladite ceremonie.

XCIV.

NOUS ordonnons auffi aufdits Cardinaux, Prelats, Commandeurs & Officiers, s'il vient à leur connoiffance y avoir querelle, debat ou contention entre deux Confreres dudit Ordre, nous en avertir diligemment afin d'y pourvoir.

XCV.

APRE'S avoir établi & ftatué en cet Ordre, ce qui Nous a femblé être plus né-ceffaire & important, il est mal-aifé d'avoir par même moyen prévû à faciliter toutes les executions qui y feront néceffaires, & que chacun jour aidant Dieu, l'expe-rience nous montrera ce qu'il y faudra ajoûter & interpreter. Au moyen de quoy, avons remis à Nous & à nos Succeffeurs de pouvoir faire & établir toutes Loix, Statuts & autres Ordonnances, qui fe trouveront faintes & raifonnables, & icelles incorporer & ajoûter au Livre de notre Ordre, pourvû toutefois que lefdites Ordonnances ne chan-gent, alterent ou diminuent en rien les chofes ja par Nous établies & ordonnées. Et principalement celles que nous tenons irrévocables, & defquelles nous avons fait ferment de ne nous difpenfer jamais, & qu'elles foient lûës, publiées & regiftrées ès Affemblées generales de l'Ordre qui fe feront par chacun an, & approuvées par les deux tiers des Commandeurs qui s'y trouveront.

Si promettons pour Nous & nos fucceffeurs Rois de Frànce, Chefs, Souverains, Grands-Maîtres dudit Ordre du Saint Efprit, garder & accomplir à notre pouvoir les fuf-dits Points, Articles, Ordonnances & Conftitutions, entierement, inviolablement & à toujours, felon le vœu & ferment folemnel que nous en avons fait.

En témoin de quoy, & afin que ce foit chofe ferme & ftable à toujours, Nous avons figné ces prefentes de notre propre main, & à icelles fait appofer notre Scel.

DONNE' à Paris au mois de Décembre, l'an de grace mil cinq cens foixante-dix-huit, & de notre Regne le cinquiéme.

Ainfi figné, HENRY.

Et fur le reply, Par le Roy, DE NEUFVILLE.

Et plus bas, VISA. *Et fcellé du grand Sceau de cire verte, pendant à lacs de foye verte & rouge.*

ADDITION

ADDITION AUX STATUTS DE L'ORDRE
de Saint Esprit.

EDIT DU ROY HENRY III. POUR LES PRIVILEGES
des Cardinaux, Prelats, Commandeurs & Officiers de l'Ordre du
S. Esprit, du mois de Mars 1580.

ENRY par la grace de Dieu, Roi de France & de Pologne : A tous préfens & à venir, falut. Comme nous ayons puis n'agueres, en l'honneur de Dieu, & pour toujours décorer & illuftrer de plus en plus l'état & ordre de la Nobleffe de notre Royaume, créé, inftitué & établi un Ordre & Milice, fous le nom & titre du Benoist Saint Efprit, auquel nous avons délibere & réfolu appeller & affocier des Cardinaux, Prelats, Princes, Seigneurs & principaux Gentilshommes de notre Royaume, outre les Officiers, defquels notredit Ordre eft compofé. Et tout ainfi que nous efperons que Dieu nous fera la grace de remplir ledit Ordre de plufieurs grands perfonnages, dont les fervices nous font très-recommandables ; auffi notre intention eft de rendre tous ceux que nous y appellerons jouïffans de plufieurs beaux & grands privileges, afin de faire connoître à un chacun en quelle recommandation nous avons, tant ledit nouvel Ordre par nous inftitué, que les perfonnes que nous y appellerons, les faifant en tout ce que nous pourrons reffentir de nos graces & liberalitez. Sçavoir faisons, qu'ayant égard & confideration aux bons, agreables & recommandables fervices que nous efperons à l'avenir recevoir de tous ceux dudit Ordre ; & afin que perfonne ne puiffe prétendre caufe d'ignorance de notre bonne & fincere intention en cet endroit : Avons dit, déclaré, voulu & ordonné, & de notre propre mouvement, grace fpeciale, pleine puiffance & autorité Royale, difons, déclarons, voulons, ordonnons & nous plaît par ces prefentes, que tous les Cardinaux, Prelats, Commandeurs & Officiers qui ont été & feront ci-après reçûs & admis audit Ordre, foient & demeurent toujours & à perpetuité francs, quittes & exempts de tous emprunts, fubfides, impofitions, peages, travers, paffages, fortifications, réparations, gardes & guets de villes, châteaux & fortereffes, ne de comparoir, envoyer ou contribuer au ban & arriereban qui feront levez en cedit Royaume, & jouïffent entierement de tous & chacuns les privileges, franchifes, libertez & exemptions dont jouïffent, doivent & ont accoutumé jouïr nos Officiers, domeftiques & commençaux, nonobftant quelconques Lettres, Ordonnances & mandemens que Nous & nos Succeffeurs pourrions faire expedier pour la levée des chofes fufdites, par lefquelles feroit mandé y comprendre exempts & non exempts, privilegiez & non privilegiez. Et outre, de nos plus ample grace & autorité Royale, voulons, ordonnons & nous plaît, qu'ils foient & demeurent auffi francs, quittes & exempts de nous payer à l'avenir aucuns rachats, fous-rachats, quints, requints, lots, ventes & autres droits & devoirs feigneuriaux, tant des terres & heritages qu'ils vendront & acheteront, que de ceux qui leur aviendront par fucceffion, donation ou autrement, en quelque païs & province qu'ils foient fituez & affis, tenus & mouvans de nous, fans qu'à l'occafion des coutumes de notredit Royaume, portans que le vendeur eft tenu de payer le quint du prix de la vendition du fief, ou autre au contraire, il puiffe être aucune chofe demandée aufdits Cardinaux, Prelats, Commandeurs & Officiers de notredit Ordre, ne à ceux de qui ils auront fait lefdites acquifitions, à quelques fommes de deniers, valeur & eftimation que lefdits droits & devoirs feigneuriaux fe puiffent monter, que nous leur avons dès-à-prefent donnez, quittez & remis ; donnons, quittons & remettons paa cefdites prefentes, pour nous & nos fucceffeurs Rois à perpetuité. Voulons & ordonnons auffi que lefdits Cardinaux, Prelats, Commandeurs & Officiers ayent leurs caufes perfonnelles, poffeffoires & hypothequaires quand bon leur femblera, tant en demandant qu'en défendant, & celles où ils voudront fe joindre ou prendre l'aveu, charge, garantie & défenfes, commifes pardevant nos amez & feaux Confeillers les gens tenans les Requêtes de notre Palais à Paris, fans qu'ils foient tenus plaider ailleurs, fi bon ne leur femble, & qu'à cette fin leur feront expediées nos Lettres vulgairement appellées *Committimus*, ainfi qu'il eft accoutumé faire à nofdits Officiers, domeftiques & commençaux. Si DONNONS EN

MANDEMENT à nos amez & feaux les gens tenans nos Cours de Parlement, Chambre des Comptes, Cour des Aydes, Treforiers generaux de nos finances, Baillifs, Sénéchaux ou leurs Lieutenans, Elus fur le fait de nos Aydes & Tailles, & tous nos autres Juges & Officiers qu'il appartiendra, que ces prefentes ils faffent lire, publier & enregiftrer, garder & obferver de point en point felon leur forme & teneur, fans y faire aucune difficulté, fouffrir ne permettre y être contrevenu en aucune maniere ; & du contenu en icelles faire, laiffer & fouffrir joüir & ufer pleinement & paifiblement lefdits Cardinaux, Prelats, Commandeurs & Officiers dudit Ordre, fans en ce leur faire, mettre ou donner, ne fouffrir leur être fait, mis ou donné aucun trouble ou empêchement au contraire : CAR tel eft notre plaifir: Et pour ce que de cefdites prefentes l'on pourra avoir affaire en plufieurs & divers lieux, Nous voulons qu'au Vidimus d'icelles fait fous fcel Royal, ou düement collationné par l'un de nos amez & feaux Notaires & Secretaires, foy foit ajoûtée comme au préfent Original ; auquel afin que ce foit chofe ferme & ftable à toujours, Nous avons fait mettre notre Scel, fauf en autres chofes notre droit, & l'autruy en toutes. DONNE' à Paris au mois de Mars, l'an de grace mil cinq cens quatre-vingt, & de notre Regne le fixiéme.

Ainfi figné, HENRY.

Et fur le reply, Par le Roy, BRULART.

Et à côté, VISA. *Et fcellé du grand fceau en cire verte, pendant à lacs de foye verte & rouge.*

Et fur ledit reply eft écrit, Lûës, publiées & regiftrées, oüi, & ce confentant le Procureur general du Roy. A Paris en Parlement le 29. juillet 1580. *Signé*, DU TILLET.

Plus eft écrit fur ledit reply, Lûës, publiées & regiftrées femblablement en la Chambre des Comptes, oüi, & ce requerant le Procureur general du Roy, ainfi qu'il eft contenu en l'Arrêt fur ce fait. Le 8. août 1581. *Ainfi figné*, DE LA FONTAINE.

Semblablement eft écrit fur ledit reply, Lûës, publiées & regiftrées, oüi, & ce requerant le Procureur general du Roy, aux charges contenuës en l'Arrêt donné ce jour-d'hui en la Cour des Aydes, le 30. août 1581. *Signé*, PONCET.

DECLARATION

Portant que les Officiers des Ordres de Saint Michel & du Saint Efprit, feront payez de leurs gages fur la Recette des deniers du Marc d'or des Offices de France.

Du 13. Janvier 1601.

HENRY IV.   HENRY par la grace de Dieu, Roi de France & de Navarre. A tous ceux qui ces prefentes Lettres verront, SALUT. Les Officiers de nos Ordres nous ont fait entendre, que fuivant le commandement que nous leur aurions fait, ils fe feroient toujours rendus près de Nous pour le fait de leurs Charges, & qu'après l'année derniere expirée, ils fe feroient adreffez au Grand Treforier de nofdits Ordres, pour être payez de leurs gages, ainfi qu'ils ont toujours été par le paffé ; mais qu'icelui Grand Treforier les auroit remis au premier Chapitre defdits Ordres, s'excufant fur quelques défenfes, qu'il dit lui avoir été ci-devant par nous faites, de ne payer aucuns Officiers, ni autres dépenfes, jufqu'à ce que nous le lui euffions ordonné: fur lequel refus lefdits Officiers fe feroient retirez vers Nous, & par plufieurs fois fupplié commander qu'ils fuffent payez, eu égard aux grands frais qu'ils ont été contraints de faire pour fe rendre près de notre Perfonne, & à ceux qu'il leur convient ordinairement faire, à caufe de leurfdites Charges ; confideré auffi que par les Statuts de l'Ordre ils font fondez en gages ordinaires attribuez à leurs Offices, & par confequent, fuivant l'ordre general des finances de notre Royaume privilegiez au payement de leurs gages, comme ç'a été l'intention du feu Roi fondateur d'icelui Ordre, & qu'ils en ont été toujours ainfi payez, encore que les Commandeurs ne le fuffent pas pour la néceffité de fes affaires. Sur quoi après avoir communiqué aux gens de notre Confeil, qui ont trouvé être plus que jufte & raifonnable que lefdits Officiers foient payez en fin de

A chacune année de leurs gages, comme étant charges ordinaires, sur la dépense de nosdits ordres. Nous avons avisé leur pourvoir sur ce de nos Lettres nécessaires & lever lesdites défenses. A CETTE CAUSE, de l'avis de notredit Conseil, où étoient sieurs Princes & Seigneurs d'icelui, Nous avons par ces Présentes signées de notre main, de grace speciale, pleine puissance & autorité Royale, & comme Chef & Souverain Grand-Maître desdits Ordres, dit & déclaré, disons & déclarons, voulons & nous plaît, que lesdits Officiers soient dorénavant en vertu de cesdites Présentes payez entierement de leurs gages, tant à cause de l'Ordre du Saint Esprit, que de celui de Saint Michel, des deniers provenans de la recette du droit du Marc d'Or, spécialement affecté aux dépenses de nosdits Ordres, à commencer dès-à-présent pour l'année derniere mil six cens, & continuer dorénavant & à l'avenir d'année en année, soit par quartier, démie année, ou en fin de chacune d'icelle, ainsi qu'il s'observoit du tems du feu Roi par le Grand Tresorier de nosdits Ordres, sans aucune Assemblée ni tenüe de Chapitre, ayant en ce faisant levé & ôté, comme nous levons & ôtons par cesdites presentes les défenses par Nous ci-devant faites à notredit Grand Tresorier, de payer aucune chose

B pour le fait de nosdits Ordres sans notre Ordonnance : Et d'autant que la nécessité de nos affaires ne peut plus permettre que les gages desdits Officiers de l'Ordre de Saint Michel soient ni pour ladite année derniere mil six cens, ni pour la présente & les suivantes pris en notre Epargne, ainsi qu'ils l'ont été par le passé. Nous voulons aussi & ordonnons que le fonds nécessaire pour le payement des gages desdits Officiers de l'Ordre de Saint Michel soit dorénavant tant pour ladite année derniere que pour les suivantes, pris sur les deniers de ladite recette du Marc d'Or, ainsi que pour les Officiers de l'Ordre du S. Esprit, afin que notre Epargne soit d'autant déchargée, & ce nonobstant toutes les remontrances & instances faites par lesdits Commandeurs au contraire, & qui pourroient par eux être faites à l'avenir au préjudice de cesdites présentes, par lesquelles nous mandons & très-expressément enjoignons au Grand Tresorier de nos Ordres le Sieur de Beaulieu-Ruzé, que conformément à nos presens vouloir & inten-

C tion, il ait à payer de ladite recette du Marc d'Or les gages attribués & dûs ausdits Officiers, tant à cause de l'Ordre du Saint Esprit que de celui de Saint Michel, à commencer pour ladite année derniere mil six cens, & continuer à l'avenir pour les suivantes, & ainsi qu'il est ci-dessus déclaré. SI DONNONS EN MANDEMENT à nos amez & feaux Conseillers les Chevaliers, Commandeurs de nosdits Ordres, Commissaires commis & à commettre pour l'audition & clôture des Comptes de notredit Grand Tresorier, qu'ils ayent à passer purement & simplement en la dépense d'iceux lesdits gages attribuez ausdits Officiers de l'Ordre du S. Esprit & de S. Michel, déduire & rabatte de ladite recette du Marc d'Or, en rapportant par lui tant seulement le présent & pour une fois, & les Quittances desdits Officiers, sur ce nécessaires, sans aucune difficulté, restriction ni modification, & au Greffier de nosdits Ordres, d'enregistrer cesdites Présentes ès Registres, Papiers & Ecrits d'iceux ; CAR tel est notre plaisir. En témoin de quoi nous avons fait fait mettre notre Scel à cesdites Présentes. DONNE' à Lyon le treiziéme jour de Janvier l'an de grace mil six cens un, & de notre Regne le douziéme. Signé, HENRY ;

D & sur le reply, par le Roi, de NEUVILLE ; Et scellé du grand Sceau en cire jaune.

Extrait des Registres de l'Ordre du Saint Esprit.

EXTRAIT DES LETTRES PATENTES EN FORME
d'Edit données dans l'Assemblée generale du Chapitre le 9. Janvier 1595. portant creation de la Charge de *Genealogiste* de l'Ordre du Saint Esprit, que le Genealogiste dressera toutes les Preuves & les Genealogies des Chevaliers & Commandeurs ; qu'il n'en sera admis

E aucunes qui ne soient faites & dressées par lui, qu'il aura entrée dans les Assemblées & Chapitres, pour y rendre compte desdites Genealogies & soulager le Chancelier, les Chevaliers & Commandeurs qui en feront le rapport, aux gages de quatre cens écus, augmentez jusqu'à neuf cens écus par déliberation du Chapitre, le Roy y étant, en 1619.

DECLARATION DU ROY,

Pour admettre les Rois, Princes & Seigneurs étrangers dans l'Ordre du Saint Esprit. Du dernier Decembre 1607.

HENRY par la grace de Dieu, Roi de France & de Navarre, Chef & Souverain Grand-Maître de l'Ordre & Milice du Benoiſt Saint Eſprit, à tous préſens & à venir, Salut. Deſirans augmenter & illuſtrer ledit Ordre autant qu'il nous ſera poſſible, pour laiſſer quelque marque à la poſterité de l'honneur en quoy nous l'avons tenu; & ayant meurement conſideré avec nos très-chers confreres les Chevaliers, & nos amez & feaux les Chancelier & Officiers de notredit Ordre, combien de préſent il importe pour la réputation d'icelui & pour le bien de notre Royaume, que les Rois & Princes Souverains, voiſins & alliez d'icelui, & les autres Seigneurs étrangers non regnicoles, leſquels ont bien mérité de notre amitié & de notre Couronne, ſoient à l'avenir admis & aggregez en la fraternelle compagnie dudit Ordre, de laquelle ils ont été exclus par les Statuts faits par le feu Roi Henry III. notre très-honoré Seigneur & frere, fondateur dudit Ordre, de très-chrétienne memoire. Pour ces cauſes & autres, à ce nous mouvans, avons dit, ſtatué & ordonné, diſons, ſtatuons & ordonnons, tant pour le préſent que pour l'avenir, que leſdits Rois & Princes Souverains, & leſdits Seigneurs étrangers non regnicoles, étant de la qualité preſcrite par leſdits Statuts pour nos ſujets, pourront doreſnavant être, tant par Nous que par nos Succeſſeurs Chefs & Souverains Grands-Maîtres dudit Ordre, par l'avis des Chevaliers nos ſuſdits Confreres élus, faits & créez Chevaliers & Compagnons de notredit Ordre du Benoiſt Saint Eſprit, y être admis, reçûs & aſſociez comme les autres Princes, Seigneurs & Chevaliers d'icelui, regnicoles & ſujets de notre Couronne, nonobſtant l'excluſion deſdits étrangers ordonnée par leſdits Statuts, auſquels à cette fin, Nous avons pour les conſiderations ſuſdites, dérogé & dérogeons par ces preſentes, par leſquelles nous rendons leſdits Rois & Princes Souverains, & leſdits Seigneurs étrangers capables de notre ſuſdite ſocieté fraternelle, ne plus ne moins, & en la même forme & maniere que noſdits Sujets, à l'effet dequoi ſera parNous & nos Succeſſeurs Grands-Maîtres & Souverains dudit Ordre, commis & député un Commandeur & Chevalier d'icelui, qui ſe tranſportera vers ledit Roi ou Prince Souverain, qui aura été élû & aſſocié audit Ordre, pour lui bailler le Collier & la Croix d'icelui, & lui vêtir le manteau en la forme qui lui ſera preſcrite & ordonnée, tant par le pouvoir qui lui ſera décerné, que par les memoires & inſtructions dont il ſera accompagné & chargé; de laquelle acceptation ledit Roi ou Souverain ſera tenu de Nous remercier & nos Succeſſeurs Grands-Maîtres & Souverains dudit Ordre, par perſonnage qu'il envoyera exprès devers Nous dans l'année de ladite acceptation. Et pour le regard deſdits Seigneurs étrangers non Souverains qui auroient été élûs étant abſens, ils ſeront obligez de nous venir trouver en perſonne dedansl'an de ladite élection, pour recevoir de nos mains le ſuſdit Collier & la Croix dudit Ordre, & y prêter le Serment ordonné par leſdits Statuts, s'ils ne ſont par nous diſpenſez de ce faire; ce que nous ne ferons que pour bonnes & juſtes cauſes, & ce par acte ſigné de notre main, contreſigné du Greffier dudit Ordre, & ſcellé du Sceau d'icelui; auquel cas Nous ordonnerons & députerons auſſi un Commandeur & Chevalier dudit Ordre pour bailler en notre nom ledit Collier audit élû, recevoir & prendre d'icelui le ſuſdit ſerment, & en retirer la cédule ſignée de ſa main & cachetée du ſcel de ſes armes; outre laquelle il dreſſera un acte de la délivrance, qui ſera écrit en parchemin, ſigné de la main & ſcellé du cachet des armes dudit Commandeur & Chevalier, lequel il envoyera au Greffier de l'Ordre, pour être tranſcrit aux Regiſtres d'icelui, ſuivant & conformément à ladite inſtruction & memoires qui lui ſeront envoyez, avec les lettres & pouvoir néceſſaires pour l'effet ſuſdit, qui ſera pareillement ſigné de notre main, contreſigné dudit Greffier, & ſcellé du Sceau de l'Ordre; & ne pourront être expediées en autre forme, pour quelque cauſe & prétexte que ce ſoit; déclarant dès-à-préſent nulles & non valables toutes commiſſions & lettres de pouvoir, ou autres proviſions qui ſeront faites & émanées pour cet effet, qui ne ſeront expediées en la forme ſuſdite. En témoin de quoy Nous avons fait mettre le Sceau dudit Ordre à ces preſentes. Donne' à Paris le dernier Decembre, l'an de grace mil ſix cens ſept, & de notre regne le dix-neuviéme.

Ainſi ſigné, HENRY.

Et ſur le reply, Par le Roi, Chef & Souverain Grand-Maître, ſéant en l'Aſſemblée des Commandeurs de l'Ordre & Milice du Benoiſt S. Eſprit *ſigné,* DE L'AUBESPINE.

Et plus bas, VISA. *Et ſcellé ſur double queuë en cire blanche du grand Sceau de l'Ordre.*

DECLARATION

DECLARATION DU ROY,

Portant confirmation des Privileges des Chevaliers, Commandeurs & Officiers de l'Ordre du Saint Esprit, & de leurs Veuves.

Du 14. Octobre 1711.

LOUIS par la grace de Dieu, Roi de France & de Navarre : A tous ceux qui ces presentes Lettres verront, SALUT. Lorsque le Roi Henry III. institua l'Ordre du Saint Esprit, il accorda à cet Ordre par le Statut qu'il fit expedier au mois de Décembre 1578. & par l'addition qu'il y fit faire par son Edit du mois de Mars 1580. de grands Privileges conformes à sa dignité & à sa splendeur. Il en a encore été accordé d'autres depuis par les Rois Henry IV. & Louis XIII. nos très-honorez Seigneurs Ayeul & Pere de glorieuse mémoire : Nous avons toujours eu un soin particulier, non seulement de maintenir, mais même d'augmenter les Exemptions & Immunitez qui ont été concedées à cet Ordre, afin que cette marque d'honneur serve de témoignage à la posterité de la fidelité & de l'attachement de la Noblesse distinguée de notre Royaume, qui en a été revetuë en consideration des services signalez qu'elle nous a rendus, & qu'elle excite nos Sujets qui méritent par leur naissance d'être associez à cet Ordre, d'imiter les vertus de ceux qui s'en sont rendus dignes Et bien qu'il n'ait été rien oublié pour les mettre en état d'en joüir sans aucune difficulté, & que toutes les fois qu'il en est arrivé, nos intentions ayent été clairement expliquées, cependant nous sommes informez que quoiqu'il soit ordonné par ledit Statut de 1578. Article LXV. que les Cardinaux, Prelats, Commandeurs & Officiers dudit Ordre seront exempts de contribuer au Ban & Arriereban de notre Royaume, & de nous payer aucuns Rachats, Lots, Ventes, Quints & Requints, tant des Terres qu'ils vendront, que de celles qu'ils pourront acheter relevantes de Nous, sans qu'à l'occasion des Coutumes de notre Royaume, portant que l'acheteur sera tenu de payer le quint denier du prix de la vendition du Fief, il puisse être aucune chose querellée ou demandée ausdits Cardinaux, Prelats, Commandeurs & Officiers dudit Ordre, ni pareillement à ceux desquels ils auront fait lesdites acquisitions : Et Article LXVI. que lesdits Cardinaux, Prelats, Commandeurs & Officiers dudit Ordre, auront leurs causes commises aux Requêtes de notre Palais à Paris, & joüiront de tous & semblables Privileges que font nos Officiers, Domestiques & Commensaux ; que par les Lettres en forme d'Edit du mois de Mars de l'année 1580. registrées en nos Cour de Parlement, Chambre des Comptes & Cour des Aydes, les 29. Juillet 1580. 8. & 30. Août 1581. ce qui est porté par lesdits Articles LXV. & LXVI. ait été confirmé, & même augmenté ; que ledit Roi Henry IV. ait aussi par une Declaration qu'il fit rendre à cet effet en l'année 1598. confirmé les Princes, Cardinaux, Prelats, Commandeurs & Officiers dudit Ordre dans les mêmes Exemptions & Privileges portez par ledit Article LXV. dans lesquels nous les aurions pareillement confirmez par notre Declaration du 20. Mars 1658. registrée en notre Chambre des Comptes le 15. Avril de ladite année, & en notre Cour de Parlement le 6. Juin ensuivant ; qu'en consequence desquels Titres lesdits Princes, Cardinaux, Prelats, Commandeurs & Officiers dudit Ordre ayent toujours joüi des Privileges portez par lesdits Articles LXV. & LXVI. dudit Statut, il est néanmoins survenu differentes contestations, pour sçavoir si les Veuves des Princes, Commandeurs, Chevaliers & Officiers dudit Ordre ont droit de joüir des mêmes Privileges : Et bien qu'elles ayent été reglées en leur faveur par plusieurs Arrêts de notre Conseil & de notre Cour de Parlement : & nommément par Arrêt rendu en notre Conseil, Nous y étant, le 7. Decembre 1709. en faveur de la dame Duchesse d'Aumont, en qualité de veuve d'un Chevalier de l'Ordre du Saint Esprit, Nous sommes bien aises, pour éviter de pareilles contestations à l'avenir, d'expliquer quelle est notre intention, & quelle a été celle de nos predecesseurs Rois, tant sur lesdits Articles LXV. & LXVI que sur l'Article LXIV. du Statut dudit Ordre qui concerne les pensions ou distributions desdits Princes, Cardinaux, Prelats & Commandeurs, & les pensions ou distributions & gages desdits Officiers ; par lequel Article il est porté que les pensions desdits Cardinaux, Prelats & Commandeurs, & les gages desdits Officiers ne pourront être hypotequez ni saisis pour quelque cause que ce soit, si ce n'est par permission signée de la main du Grand-Maître, & scellée du Sceau de l'Ordre, en sorte que ces trois Articles dudit Statut puissent être executez à l'avenir sans aucune contestation. POUR CES CAUSES & autres grandes considerations à ce Nous mouvans, après avoir vû en notre Conseil

lefdits Edits, Statuts, Declarations & Arrêts, de notre grace fpéciale ; pleine puiſſance **A**
& autorité Royale, Nous avons dit, déclaré & ordonné, & par ces Prefentes ſignées
de notre main, diſons, déclarons & ordonnons, voulons & nous plaît, que les femmes des Chevaliers, Commandeurs & Officiers dudit Ordre, & leurs Veuves, tant qu'elles demeureront en viduité, joüiſſent de tous les Privileges, Exemptions & immunitez qui ont été accordez auſdits Chevaliers, Commandeurs & Officiers, & notamment
de ceux portez par leſdits Articles LXV. & LXVI. du Statut dudit Ordre, ſans qu'il
puiſſe être fait aucune difference ni diſtinction entr'elles & leſdits Chevaliers, Commandeurs & Officiers leurs maris. Voulons pareillement que conformément à l'Article LXIV. dudit Statut, les penſions ou diſtributions des Princes, Cardinaux, Prelats & Commandeurs, & les gages, penſions ou diſtributions deſdits Officiers ne puiſſent être hypotequez ni ſaiſis pour quelque cauſe que ce ſoit, ſi ce n'eſt en vertu
d'une permiſſion ſignée de notre main en qualité de Chef & Souverain Grand-Maître dudit Ordre, & ſcellée du Sceau d'icelui ; deſquelles ſaiſies faites ou à faire ſans notredite **B**
permiſſion, Nous avons fait & faiſons par ces Prefentes pleine & entiere mainlevée,
tant pour le paſſé que pour l'avenir. SI DONNONS EN MANDEMENT à nos amez & feaux
Conſeillers les gens tenans nos Cour de Parlement, Chambre des Comptes & Cour
des Aydes à Paris, que ces Prefentes ils ayent à faire enregiſtrer, & le contenu en
icelles garder & obſerver ſelon leur forme & teneur, nonobſtant tous Edits, Declarations, Ordonnances, Arrêts & Reglemens à ce contraires ; auſquels Nous avons dérogé
& dérogeons par ceſdites Prefentes pour ce regard ſeulement, & ſans tirer à conſequence : CAR tel eſt notre plaiſir. En témoin de quoy Nous y avons fait mettre notre
Scel. DONNE' à Marly le quatorze Octobre, l'an de grace mil ſept cens onze, & de notre Regne le ſoixante-neuviéme. Signé, LOUIS. Et plus bas, par le Roi, PHELYPEAUX.
Et ſcellé du grand Sceau de cire jaune.

Regiſtrées, oüy & ce requerant le Procureur general du Roy, pour être executées ſelon leur **C**
forme & teneur, & copies collationnées envoyées aux Bailliages & Senechauſſées du Reſſort, pour
y être lües, publiées & regiſtrées : Enjoint aux Subſtituts du Procureur general du Roy d'y tenir
la main, & d'en certifier la Cour dans un mois, ſuivant l'Arrêt de ce jour. A Paris en Parlement
le 27. Novembre 1711.

                                   Signé, DONGOIS.

Regiſtrées en la Chambre des Comptes, oüy & ce requerant le Procureur general du Roy, pour
être executées ſelon leur forme & teneur, le 17. Decembre 1711.

                                   Signé, NOBLET.

Regiſtrées en la Cour des Aydes, oüy & ce requerant le Procureur general du Roy, pour être
executées ſelon leur forme & teneur, & ordonné copies collationnées d'icelles être inceſſamment
envoyées ès Sieges des Elections du Reſſort de ladite Cour, pour y être lües, publiées & regiſtrées, **D**
l'Audience tenant : Enjoint aux Subſtituts dudit Procureur general du Roy d'y tenir la main, & de
certifier la Cour de leurs diligences au mois. A Paris, les Chambres aſſemblées, le 23. Janvier
1712.

                                   Signé, OLIVIER.

Collationné à l'original par nous Conſeiller-Secretaire du Roy, Maiſon, Couronne
de France & de ſes Finances.

EDIT DU ROY,

Qui réunit au Domaine le Droit de Marc d'Or.

Donné à Paris au mois de Janvier 1720.

LOUIS par la grace de Dieu, Roi de France & de Navarre : A tous preſens & **E**
à venir, SALUT. Depuis que l'Ordre & Milice du Saint Eſprit a été inſtitué, les
Rois nos predeceſſeurs ont eu un ſoin particulier de le maintenir dans ſa ſplendeur par
pluſieurs Reglemens qu'ils ont fait, & particulierement par la deſtination, tant du Droit
de Marc d'Or accordé pour faire le fonds de ſix-vingt mille écus promis audit Ordre
par le Roy Henry III. lorſqu'il en fit l'Inſtitution, que par le cinquiéme des dons &
liberalitez que nous faiſons & diſtribuons ordinairement à ceux de nos Sujets que Nous
voulons gratifier, qui a été réduit enſuite au dixiéme deſdits Dons ; mais comme les

A deniers qui sont provenus dudit Droit de Marc d'Or & de celui dû dixiéme dès Dons, n'ont pû jusqu'à présent fournir annuellement de quoi satisfaire à cette fondation & aux dépenses extraordinaires dudit Ordre; & que dans la vûë que Nous avons de diminuer les charges de notre Etat en ôtant la multiplicité des Offices qui y ont été introduits, sur lesquels seuls le Droit de Marc d'Or peut être perçû, ces fonds ne seroient pas suf-fisans pour subvenir aux dépenses de l'Ordre, & qu'à faute d'ordonner un fonds cer-tain pour sa manutention, il seroit à craindre qu'il ne vînt à décheoir de sa premiere dignité. Nous avons été priez par le Chapitre General dudit Ordre, tenu en vertu de nos Lettres Patentes données à notre très-cher & très-amé oncle le Duc d'Orleans Regent, de faire un fonds certain & immuable pour servir aux dépenses dudit Ordre; & à cet effet, conformément à la Déliberation du 14. du présent mois de créer & constituer au profit dudit Ordre pour toujours & à perpetuité Quatre cens mille livres de Rentes annuelles non rachetables, lesquels quatre cens mille livres de rente ne pourront jamais être réduits ni remboursez, attendu qu'ils seront accordez pour tenir

B lieu de la fondation & dotation dudit Ordre, dont les deniers, fonds & revenus ne peu-vent être réduits, remboursez ni divertis aux termes des Articles VIII. & XXXVIII. des Statuts dudit Ordre, & suivant la formule du Serment que les Rois font le jour de leur Sacre; Lesdits quatre cens mille livres à prendre sur les deniers provenans de nos Droits d'Aydes, Gabelles & Cinq Grosses Fermes, Impositions faites ou à faire, Reve-nus Casuels, & tous autres nos Droits & Revenus, presens & à venir generalement quelconques, & specialement sur les Droits d'Aydes & Entrées de notre bonne ville de Paris, aux offres portées par ladite Déliberation de nous remettre, ceder, transpor-ter, retroceder & abandonner le Droit de Marc d'Or en entier & le doublement d'icelui, & le dixiéme des Dons d'une part; ensemble les deux millions cinq cens trente-un mille six cens vingt-deux livres seize sols six deniers que nous devons à l'Ordre d'autre part; sçavoir, deux cens mille livres de principal restant dû de quatre cens cinquante mille livres de prêt fait par l'Ordre & porté à l'Epargne en l'année 1636. pour subvenir aux besoins de l'Etat; autres deux cens mille livres de principal pour autre prêt fait par l'Ordre & porté à

C l'Epargne en l'année 1650. pour employer au payement de la solde des Suisses, & un million trente-un mille six cens vingt-deux livres seize sols six deniers pour ce qui reste par Nous dû des interêts desdites deux sommes de deux cens mille livres chacune, pour le payement desquels interêts le feu Roi notre très-honoré seigneur & bisayeul avoit ordonné par son Edit du mois de Decembre1656. qu'il seroit laissé fonds de vingt mille livres par chacun an dans les Etats des Finances de la Generalité de Paris, à commencer du pre-mier Janvier 1657. & les onze cens mille livres restans provenans de la vente faite par l'Ordre au nommé Duché, de la moitié du produit du Marc d'Or, aussi portez à l'Epargne en l'année 1656. pour secourir l'Etat dans ses besoins & fournir aux dépenses de la guerre: au moyen de quoi les Tresoriers, Controlleurs & Commis du Marc d'Or devenans sans fonction, leurs Offices seroient éteints & supprimez, & les pourvûs d'i-ceux remboursez de la somme de treize cens quatre-vingt-quatre mille livres à quoi monte la finance qu'eux ou leurs predecesseurs ont successivement fournie ès mains

D des Grands Tresoriers de nosdits Ordres, & par lesdits Grands Tresoriers portées en notre Tresor Royal; sçavoir, neuf cens mille livres en l'année 1657. pour les quatre Offices de Tresoriers du Marc d'Or, & quatre Offices de Controlleurs dudit Marc d'Or; quatre-vingt-dix mille livres en 1658. pour les Offices de Premiers & principaux Commis des Tresoriers & Controlleurs du Marc d'Or; deux cens cinquante mille livres en 1694. pour tenir lieu d'augmentation de finance ausdits Tresoriers & Controlleurs; quarante-quatre mille livres en l'année 1705. pour l'acquisition de deux mille sept cens cinquante livres d'augmentation de gages, quarante mille livres en 1710. pour deux mille cinq cens livres d'augmentation de gages, & soixante mille livres en 1713. pour trois mille livres d'augmentation de gages; toutes lesdites sommes revenant à celle ci-des-sus de treize cens quatre-vingt-quatre mille livres, pour raison desquelles ils étoient

E payez de soixante-quatre mille sept cens soixante livres de gages, droits, taxations & augmentations de gages par chacun an sur ledit Droit de Marc d'Or & doublement d'icelui; ledit Ordre esperant néanmoins que Nous voudrons bien que lesdits Droits de Marc d'Or, doublement d'icelui & le dixiéme des Dons; ensemble les deux millions cinq cens trente-un mille six cens vingt-deux livres seize sols six deniers, dont nous lui sommes redevables, demeurent à perpetuité & par privilege special sans aucune déro-gation ni novation affectez & hypotequez à la garantie de ladite rente de quatre cens mille livres; ensemble l'autre moitié du Marc d'Or engagée sous faculté perpetuelle de remeré au Sieur Duché, moyennant la somme de onze cens mille livres, laquelle moi-tié est presentement en nos mains; dans la totalité duquel Marc d'Or & dixiéme des Dons, l'Ordre pourra rentrer de plein droit, sans qu'il soit besoin d'aucune nouvelle concession ni confirmation de notre part, & sans déroger aux autres creances dont

nous fommes tenus envers ledit Ordre, lefquelles fubfifteront dans toûte leur force ; A comme auffi fans que lefdits quatre cens mille livres ni partie d'iceux puiffent être employez à d'autres ufages ou dépenfes qu'à l'entretenement & payement des Commandeurs & Officiers, conformément aux Statuts dudit Ordre, ce que Nous leur avons bien volontiers accordé, tant pour l'affection finguliere que nous avons pour l'accroiffement dudit Ordre dont nous fommes Chef & Souverain Grand-Maître, que pour le maintenir à l'exemple des Rois nos predeceffeurs dans toute fa dignité & fplendeur. A ces causes & autres à ce nous mouvans, après avoir mis l'affaire en déliberation dans notre Confeil, & avoir fait examiner les Statuts de l'Ordre, les attributions & conceffions qui lui ont été faites par les Rois nos predeceffeurs, & les titres des creances ci-deffus mentionnées, dont nous fommes débiteur à l'Ordre, enfemble la Déliberation dudit Ordre du 14. du prefent mois ci-attachée fous le contre-fcel de notre prefent Edit, de l'avis de notre très-cher & très-amé oncle le Duc d'Orleans, petit-fils de France, Regent, de notre très-cher & très-amé oncle le Duc de Chartres, premier Prince de notre Sang, de notre très-cher & très-amé coufin le Duc de Bourbon, de notre très-très-cher & très-amé coufin le Prince de Conty, Princes de notre Sang, de notre très-cher & très-amé oncle le Comte de Touloufe, Prince légitimé, & autres Pairs de France, grands & notables perfonnages de notre Royaume, & de notre certaine fcience, pleine puiffance & autorité Royale, Nous avons par le prefent Edit perpetuel & irrévocable, dit, ftatué & ordonné, difons, ftatuons & ordonnons, voulons & nous plaît, que la Déliberation de l'Ordre du Saint Efprit du 14 du prefent mois foit exécutée felon fa forme & teneur, & en confequence Nous avons accepté & acceptons le transport & la retroceffion faite par notre Ordre du Saint Efprit à notre profit & de nos fucceffeurs Rois, du Droit de Marc d'Or & doublement d'icelui, enfemble du dixiéme des Dons que les Rois nos predeceffeurs avoient accordé audit Ordre, lequel Droit & doublement du Marc d'Or & dixiéme des Dons, Nous avons réuni & réuniffons pour toujours à notre Domaine : Avons pareillement accepté & acceptons la remife qui nous a été faite par ladite Déliberation de l'Ordre du Saint Efprit, de la fomme de deux millions cinq cens trente-un mille fix cens vingt-deux livres feize fols fix deniers que nous devons audit Ordre ; fçavoir, deux cens mille livres de principal reftant dû de quatre cens cinquante mille livres de prêt fait par l'Ordre, & remife entre les mains des Treforiers de l'Epargne en l'année 1636. pour fubvenir aux befoins de l'Etat : Autres deux cens mille livres de principal, pour autre prêt fait par l'Ordre & portez aufdits Treforiers de l'Epargne en l'année 1650. pour employer au payement de la folde des Suiffes ; & un million trente-un mille fix cens vingt-deux livres feize fols fix deniers pour ce qui refte par nous dû des interêts defdites deux fommes de deux cens mille livres de principal chacune, lefdits interêts liquidez par le fufdit Edit du mois de Decembre 1656. par lequel le feu Roi notre très-honoré Seigneur & Bifayeul avoit ordonné qu'il feroit laiffé fonds de vingt mille livres par an dans les Etats des finances de la Generalité de Paris, à commencer du premier Janvier 1657. & les onze cens mille livres reftans provenans de l'alienation faite par l'Ordre au nommé Duché, de la moitié du Droit du Marc d'Or, auffi remife au Treforier de l'Epargne en l'année 1656. pour fecourir l'Etat dans fes befoins & fournir aux dépenfes de la guerre : Avons fupprimé & fupprimons les Offices de Treforiers & Controlleurs du marc d'Or, & ceux de leurs Commis y réunis par Edit du mois de Decembre 1656. & Declaration du mois d'Octobre 1658. En confeqence, ordonnons que les Proprietaires defdits Offices cefferont de faire aucunes fonctions, à commencer du premier Janvier de la prefente année, moyennant le rembourfement de treize cens quatre - vingt - quatre mille livres qui leur feront payez par le Grand Treforier de nos Ordres, des fonds qui lui feront à cet effet remis par le Garde de notre Trefor Royal, dont lefdits Treforiers du Marc d'Or, leurs Controlleurs & Commis donneront leurs Quittances visées par le Chancelier dudit Ordre à la décharge dudit Grand Treforier, au moyen duquel rembourfement leurs gages, taxations, augmentations de gages & ceux de leurs Commis qui étoient pris fur le Droit de Marc d'Or & doublement d'icelui, cefferont d'être payez, à commencer dudit jour premier Janvier. Et pour mettre l'Ordre du Saint Efprit en état de fe foutenir dans fa premiere fplendeur, & donner moyen aux Princes, Cardinaux, Prelats, Chevaliers, Commandeurs & Officiers dudit Ordre de fe maintenir en l'état honorable qu'il convient ; au lieu du Droit de Marc d'Or & doublement d'icelui, & du dixiéme des Dons qui lui ont été cedez par les Rois nos predeceffeurs pour faire le fonds des fix-vingt mille écus accordez à l'Ordre dès fon Inftitution, par les Articles VIII. & XXXVIII. des Statuts dudit Ordre, & encore pour demeurer quittes envers ledit Ordre des deux millions cinq cens trente-un mille fix cens vingt-deux livres feize fols fix deniers dont nous lui fommes redevables, Nous avons créé & conftitué, créons & conftituons pour toujours & à perpetuité au profit dudit Ordre

quatre

A quatre cens mille livres de rentes annuelles & non rachetables, lesquelles ne pourront jamais être réduites, diverties ni remboursées, attendu qu'elles tiennent lieu de la fondation & dotation dudit Ordre, lesdits quatre cens mille livres à prendre sur les deniers provenans de nos droits d'Aydes, Gabelles & cinq grosses Fermes, Impositions faites ou à faire, Revenus Casuels & tous autres nos droits & revenus, présens & à venir, generalement quelconques, & spécialement sur les droits d'Aydes & Entrées de notre bonne ville de Paris, pour en jouir en vertu du present Edit seulement, sans qu'il soit besoin d'autre Titre ni Ordonnance, & en être les arrerages payez de trois en trois mois, à commencer du premier janvier de la presente année par nos Fermiers Generaux, ou autres commis à cet effet, entre les mains du Grand Tresorier de nos Ordres sur ses simples Quittances, rapportant lesquelles & copie collationnée du présent Edit seulement, ladite somme de quatre cens mille livres sera passée & allouée dans les Etats & Comptes des Fermiers Generaux ou autres chargez d'en faire le payement; & les deniers en provenans employez par ledit Grand Tresorier au payement des Gages, Pensions & Appointemens des Officiers, & aux distributions des Princes, Cardinaux, Prelats, Chevaliers, Commandeurs & autres dépenses dudit Ordre, suivant les Etats qui en seront par nous arrêtez comme Chef & Souverain Grand-Maître dudit Ordre, ainsi & de la même maniere qu'il s'est pratiqué jusqu'à présent, dont ledit Grand Tresorier rendra Compte par chacun an pardevant le Chancelier de nosdits Ordres & Surintendant des deniers d'iceux, & les Commissaires nommez à cet effet & non ailleurs, en la maniere accoutumée; & pour plus grande sûreté dudit Ordre, Voulons que lesdits droits de Marc d'Or & doublement d'icelui, le dixiéme des Dons demeurent à perpetuité & par privilege special sans aucune dérogation ni novation affectez & hypothequez à la garantie de ladite rente de quatre cens mille livres, ensorte que l'Ordre puisse rentrer de plein droit non-seulement dans la possession dudit droit de Marc d'Or, mais aussi dans l'autre moitié dudit Marc d'Or qui est présentement en nos mains, sans qu'il soit besoin d'aucune nouvelle Concession ni Confirmation de notre part : Comme aussi sans déroger aux autres créances dont nous sommes tenus envers ledit Ordre, lesquelles subsisteront dans toute leur force pour les pouvoir repeter par ledit Ordre contre Nous & nos successeurs Rois au défaut du payement desdits quatre cens mille livres, ou de partie d'iceux, Nous ôtant tout pouvoir à Nous & à nos successeurs Rois d'employer lesdits quatre cens mille livres ou partie d'iceux à d'autres usages ou dépenses, qu'à l'entretenement & payement desdits Chevaliers, Commandeurs & Officiers, conformément au VIII. & XXXVIIIe Articles des Statuts dudit Ordre. Voulons & ordonnons que les Pensions dont joüissent les Grands Officiers de nos Ordres sur la recette du Marc d'Or en vertu de Lettres Patentes, leur soient payées à l'avenir, à commencer du premier Janvier de la présente année, sur les quatre cens mille livres de rentes que nous avons attribuez à l'Ordre par le present Edit; & ce tant en vertu de leurs Provisions, qu'en consequence des Brevets particuliers qui seront à cet effet expediez par le Greffier, & scellez par le Chancelier desdits Ordres, dont le fonds sera fait d'année en année conjointement avec leurs gages, dans les Etats qui seront par Nous arrêtez comme Chef & Souverain Grand-Maître desdits Ordres, & l'emploi d'iceux fait & passé dans les Comptes qui seront rendus par le Grand Tresorier desdits Ordres, sans aucune autre formalité. Nous avons confirmé & confirmons tous les Statuts, Reglemens, Ordonnances, Privileges & Exemptions accordez audit Ordre par les Rois nos predecesseurs, & le maintenons & conservons dans la possession & joüissance d'iceux. Si DONNONS EN MANDEMENT à nos amez & feaux Conseillers les Gens tenans notre Cour de Parlement, Chambre des Comptes & Cour des Aydes à Paris, que notre present Edit ils ayent à faire lire, publier & enregistrer, & le contenu en icelui garder & executer selon sa forme & teneur, cessant & faisant cesser tous troubles & empêchemens qui pourroient être mis ou donnez, nonobstant tous Edits, Declarations, Reglemens, Ordonnances, Arrêts & autres choses à ce contraires, ausquels nous avons dérogé & dérogeons par ledit présent Edit. CAR TEL EST NOTRE PLAISIR. Et afin que ce soit chose ferme & stable à toujours, Nous y avons fait mettre notre Scel. DONNE' à Paris au mois de Janvier, l'an de grace mil sept cens vingt, & de notre Regne le cinquiéme. Signé, LOUIS. Et plus bas, par le Roi, le DUC D'ORLEANS Regent présent, PHELYPEAUX. Visa, M. R. DE VOYER D'ARGENSON. Vû au Conseil, LAW. Et scellé du grand Sceau de cire verte.

Registrées, oui, ce requerant le Procureur General du Roi, pour être executées selon leur forme & teneur, suivant l'Arrêt de ce jour. A Paris en Parlement le vingt-septiéme jour de Janvier mil sept cens vingt. Signé, GILBERT.

Registrées en la Chambre des Comptes, oui, & ce requerant le Procureur General du Roi, pour

être executées selon leur forme & teneur., à la charge que les grands Officiers de l'Ordre qui
ont des Penſions ſur ledit Ordre n'en pourront joüir qu'en vertu de Lettres Patentes bien & due- A
ment regiſtrées en la Chambre en la maniere accoutumée ; Que le Receveur du Domaine, ou tel
autre qui ſera chargé à l'avenir par ſa Majeſté de la perception du droit de Marc d'or, ſera tenu
d'en compter en la Chambre par un Compte diſtinct & ſeparé, & en outre que les Treſoriers du
Marc d'Or ſupprimez par le preſent Edit, ne pourront recevoir le rembourſement de leurs Offi-
ces qu'après l'entiere reddition & appurement de leurs Comptes, les Semeſtres aſſemblez le vingt-
troiſieme jour de Fevrier mil ſept cens vingt. Signé, RICHER.

Regiſtrées en la Cour des Aydes, oüi , & ce requerant le Procureur General du Roi , pour
être executées ſelon leur forme & teneur. A Paris les Chambres aſſemblées le vingt-cinquieme
jour de Mars mil ſept cens vingt. Signé, OLIVIER.

B

DELIBERATION du Chapitre de l'Ordre du Saint Eſprit, tenu à Paris le 14. Janvier 1720.

Lettres Patentes du Roy, qui commettent Son Alteſſe Royale Monſeigneur le Duc d'Orleans Regent, pour tenir Chapitre.

LOUIS par la grace de Dieu, Roi de France & de Navarre, Chef & Souverain
Grand-Maître des Ordres de Saint Michel & du Saint Eſprit ; A notre très-cher
& très-amé oncle le Duc d'Orleans Regent, Doyen des Chevaliers des Ordres, SALUT. C.
Voulant à l'exemple des Rois nos predeceſſeurs maintenir l'Ordre du Saint Eſprit dans
toute ſa ſplendeur, & le faire joüir à perpetuité du fonds des ſix-vingt mille écus donnez
audit Ordre lors de ſon Inſtitution, pourvoir à l'acquittement des ſommes que Nous
lui devons, & le maintenir dans la poſſeſſion de tous les Droits, Conceſſions, Privileges & Exemptions qui lui ont été accordez par les Rois nos predeceſſeurs ; & étant
neceſſaire & indiſpenſable qu'il ſoit tenu inceſſamment un Chapitre dudit Ordre à cet
effet, & ne pouvant y préſider nous-même en perſonne qu'après que nous aurons été
ſacré & couronné, & prêté le ſerment preſcrit par les Statuts, A CES CAUSES, de
l'avis des Princes, Cardinaux, Prelats, Chevaliers, Commandeurs & Officiers de nos
Ordres, étans près de notre Perſonne, Nous vous avons par ces preſentes ſignées de
notre main, commis & ordonné , commettons & ordonnons pour convoquer inceſſamment en notre nom un Chapitre & y préſider , dans lequel il ſera déliberé des
moyens les plus convenables pour faire joüir notredit Ordre du Saint Eſprit à perpe- D
tuité des ſix-vingt mille écus de ſa fondation par des fonds certains & invariables ;
pourvoir à l'acquittement des ſommes que nous lui devons, & le maintenir dans la
poſſeſſion de tous les Dons, Conceſſions , Privileges & Exemptions à lui accordez
par les Rois nos predeceſſeurs, pour ſur la Déliberation dudit Chapitre . & après avoir
pris l'avis des Princes, Cardinaux, Prelats, Chevaliers, Commandeurs & Officiers de
nos Ordres qui y aſſiſteront, être par Nous ſtatué & ordonné ce qu'il appartiendra :
CAR TEL EST NOTRE PLAISIR. Donné à Paris le onziéme jour de Janvier, l'an de grace
mil ſept cens vingt, & de notre Regne le cinquiéme. *Signé*, LOUIS. Et au deſſous,
par le Roi, Chef & Souverain Grand-Maître des Ordres de Saint Michel & du Saint
Eſprit, le Duc D'ORLEANS Regent préſent. *Signé*, LEBAS, avec grille, & ſcellé du grand
Sceau deſdits Ordres.

Le Dimanche à onze heures du matin 14. *Janvier* 1720.

E

IL a été tenu Chapitre de l'Ordre du Saint Eſprit dans le Cabinet du Roi au Palais
des Thuilleries à Paris, en execution des Lettres Patentes du 11. dudit mois de
Janvier rapportées ci-deſſus, & auquel ont aſſiſté Son Alteſſe Royale Monſeigneur le
Duc D'ORLEANS petit Fils de France, Regent du Royaume, Doyen des Chevaliers &
Commandeurs, qui y a préſidé, & M. le Duc DE BOURBON, M· le Prince DE CONTY,
M. le Comte DE TOULOUSE, M. le Cardinal DE NOAILLES, Archevêque de Paris, M.
le Cardinal DE ROHAN, Grand-Aumônier de France, M. le Duc DE GRAMONT, M. le
Maréchal Duc DE VILLEROY, Gouverneur du Roi, M. le Duc D'AUMONT, M. le Ma-
réchal D'ESTRE'ES, Grand d'Eſpagne, M. le Marechal DE TESSE', Grand d'Eſpagne, M.
le Maréchal Duc DE VILLARS, M. le Maréchal Duc DE TALLARD, M. le Maréchal
D'HUXELLES, M. le Marquis DE DANGEAU, M. le Comte DE MATIGNON, M. le Marquis

DE BERINGHEN, M. le Comte DE GUISCARD, M. le Marquis DE GOESBRIAND, M. l'Abbé
DE POMPONNE, Chancelier, M. LE CAMUS, premier Président de la Cour des Aydes,
A Prévôt Maître des Ceremonies, M. CROZAT, Grand Treforier, & M. LEBAS DE MON-
TARGIS, Secretaire.

Ils étoient tous placez debout découverts autour d'un grand Bureau, au haut duquel
étoit le fauteüil du Roi, vuide.

Derriere les grands Officiers étoient le Sieur de Clairambault Genealogifte, le Heraut & l'Huiffier vers la porte du Cabinet en dedans.

M. l'Abbé de POMPONNE Chancelier, qui étoit au bout du Bureau vis-à-vis le fauteüil du Roi, a dit, adreffant la parole à Son Alteffe Royale.

Que M. le Maréchal DE TALLARD & M. le Marquis DE BERINGHEN Commiffaires pen-
B dant l'année 1719. & lui, s'étoient affemblez plufieurs fois pour veiller à la confervation
tion des Privileges & des Finances de l'Ordre.

Qu'ils avoient eu l'honneur d'en rendre compte à Son Alteffe Royale, & de lui reprefenter que par la fuppreffion de plufieurs Charges & Offices, le Droit de Marc d'Or
qui étoit le principal fonds appartenant à l'Ordre, & qui ne fe perçoit que fur la vente
des Offices, étoit fi confiderablement diminué, qu'il ne fe trouveroit plus à l'avenir
de quoy fatisfaire au payement des Commandes, Gages, Diftributions & Dépenfes
indifpensables de l'Ordre : Que quand même Son Alteffe Royale auroit fait agréer au
Roi que l'Ordre fût rentré en vertu de fon Privilege dans la moitié du Marc d'Or aliené
en l'année 1656. moyennant la fomme d'onze cens mille livres que l'Ordre fit porter
C à l'Epargne, laquelle fait partie des fommes confiderables dûes par Sa Majefté à l'Ordre, le produit du Marc d'Or n'auroit pû fuffire aux dépenfes néceffaires.

Que Son Alteffe Royale toujours attentive à foutenir avantageufement la grandeur
du Roi & de l'Etat, en faifant acquitter les dettes infinies caufées par les precedentes
guerres, & faifant des remifes très confiderables aux peuples, avoit bien voulu auffi
donner fon attention pour foutenir dans tout fon luftre un Ordre fi confiderable, & qui
fait une des plus honorables récompenfes de la haute Nobleffe, & de ceux qui ont rendu
les plus grands fervices à l'Etat.

Que Son Alteffe Royale à la fupplication des Commiffaires, non-feulement avoit
projetté de liquider toutes les fommes dûes par Sa Majefté à l'Ordre, montant à
D 2531622. livres 16. fols 6. deniers, & de faire rembourfer des deniers de Sa Majefté
la fomme de 1384000. livres à quoi monte la Finance des Offices de Treforiers-Con-
trolleurs & Commis du Marc d'Or, qui a été portée à diverfes fois au Trefor Royal,
pour raifon defquels ils font payez de 64760. livres de Gages fur le Droit de Marc
d'Or ; mais auffi qu'au lieu du Droit de Marc d'Or & du Dixiéme des Dons appartenans à l'Ordre, & pour acquitter les 2531622. livres 16. fols 6. deniers dûs par Sa Majefté, elle vouloit bien faire créer & conftituer par Sa Majefté pour toujours & à perpetuité au profit de l'Ordre 400000. livres de rentes annuelles, lefquelles ne pourront jamais être réduites, diverties ni rembourfées, attendu qu'elles tiendront lieu de
cent vingt mille écus de la fondation & dotation faite par Henry III. Fondateur, &
fes fucceffeurs Rois.

E   Qu'à cet effet Son Alteffe Royale a ordonné qu'il feroit dreffé un projet d'Edit
pour être lû au Chapitre & en avoir fon avis, afin de faire d'autant mieux connoître
la folidité & la fûreté des 400000. livres de rentes, & qu'il foit inferé dans la préfente
Déliberation.

LOUIS par la grace de Dieu, Roi de France & de Navarre : A tous prefens & à
venir, SALUT. Depuis que l'Ordre & Milice du Saint Efprit a été inftitué, les Rois nos
predeceffeurs ont eu un foin particulier de le maintenir dans fa fplendeur par plufieurs
Reglemens qu'ils ont fait, & particulierement par la deftination, tant du Droit de Marc
d'Or accordé pour faire le fonds de fix-vingt mille ecus promis audit Ordre par le Roi
Henry III. lorfqu'il en fit l'Inftitution, que par le Cinquiéme des Dons & liberalitez
que nous faifons & diftribuons ordinairement à ceux de nos Sujets que nous voulons
gratifier, qui a été réduit enfuite au Dixiéme defdits Dons. Mais comme les deniers qui
font provenus dudit Droit de Marc d'Or & de celui du Dixiéme des Dons n'ont pû juf-

qu'à préfent fournir annuellement de quoi fatisfaire à cette fondation & aux dépenfes **A** extraordinaires dudit Ordre ; & que dans la vûë que nous avons de diminuer les charges de notre Etat en ôtant la multiplicité des Offices qui y ont été introduits, fur lefquels feuls le Droit de Marc d'Or peut être perçû, ces fonds ne feroient pas fuffifans pour fubvenir aux dépenfes de l'Ordre, & qu'à faute d'ordonner un fonds certain pour fa manutention, il feroit à craindre qu'il ne vînt à déchoir de fa premiere dignité : Nous avons été priez par le Chapitre general dudit Ordre, tenu en vertu de nos Lettres Patentes, données à notre très-cher & très-amé oncle le Duc d'Orleans Regent, de faire un fonds certain & invariable pour fervir aux dépenfes dudit Ordre, & à cet effet conformément à la Déliberation du 14. du préfent mois, de créer & conftituer au profit dudit Ordre pour toujours & à perpetuité 400000. livres de rentes annuelles non rachetables, lefquels 400000. livres de rentes ne pourront jamais être réduits ni rembourfez, attendu qu'ils feront accordez pour tenir lieu de la fondation & dotation dudit **B** ordre, dont les deniers, fonds & revenus ne peuvent être réduits, rembourfez ni divertis aux termes des Articles VIII. & XXXVIII. des Statuts dudit Ordre, & fuivant la formüle du Serment que les Rois font le jour de leur Sacre. Lefdits 400000. livres à prendre fur les deniers provenans de nos Droits d'Aydes, Gabelles & Cinq Groffes Fermes, Impofitions faites ou à faire, Revenus Cafuels & tous autres nos Droits & Revenus préfens & à venir generalement quelconques, & fpécialement fur les Droits d'Aydes & Entrées de notre bonne ville de Paris, aux offres portées par ladite Déliberation, de nous remettre, ceder, tranfporter, retroceder & abandonner ledit Droit de Marc d'Or en entier & le doublement d'icelui, & le Dixiéme des Dons, d'une part, enfemble les 2531622. livres 16. fols 6. deniers que nous devons à l'Ordre, d'autre part ; Sçavoir, 200000. livres de principal reftans dûs de 450000. livres de prêt fait par l'Ordre & porté à l'Epargne en l'année 1636. pour fubvenir aux befoins de l'Etat, autres **C** 200000. livres de principal pour autre prêt fait par l'Ordre & porté à l'Epargne en l'année 1650. pour employer au payement de la folde des Suiffes, & 1031622. livres 16. fols 6. deniers pour ce qui refte par Nous dû des interêts defdites deux fommes de 200000. livres chacune ; pour le payement defquels interêts le feu Roi notre très-honoré feigneur & bifayeul avoit ordonné par fon Edit du mois de Decembre 1656. qu'il feroit laiffé fonds de 200000. livres par chacun an dans les Etats des finances de la Generalité de Paris, à commencer du premier Janvier 1657. Et les 1100000. livres reftans provenans de la vente faite par l'Ordre au nommé Duché de la moitié du produit du Marc d'Or, auffi portez à l'Epargne en l'année 1656. pour fecourir l'Etat dans fes befoins & fournir aux dépenfes de la guerre ; au moyen de quoi les Treforiers, Controlleurs & Commis du Marc d'Or devenans fans fonction, leurs Offices feroient éteints & fupprimez, & les pourvûs d'iceux rembourfez de la fomme de 1384000. livres à quoi monte la finance qu'eux ou leurs predeceffeurs ont fucceffivement fournie ès mains **D** des Grands Treforiers de nos Ordres, & par lefdits Grands Treforiers portée en notre Trefor Royal; fçavoir, 900000. liv. en l'année 1657. pour les quatre Offices de Treforiers du Marc d'Or, & quatre Offices de Controlleurs dudit Marc d'Or, 90000. livres en 1658. pour les Offices de premiers & principaux Commis des Treforiers & Controlleurs du Marc d'Or, 250000. l. en 1694. pour tenir lieu d'augmentation de finance aufdits Treforiers & Controlleurs, 44000. liv. en l'année 1705. pour l'acquifition de 2750. liv. d'augmentation de gages, 40000. liv. en 1710. pour 2500. livres d'augmentation de gages, & 60000. livres en 1713. pour 3000. livres d'augmentation de gages ; toutes lefdites fommes revenant à celle ci-deffus de 1384000. livres, pour raifon defquelles ils étoient payez de 64760. livres de gages, droits, taxations & augmentations de gages par chacun an fur ledit Droit de Marc d'Or & doublement d'icelui, ledit Ordre efperant neamoins que nous voudrons bien que lefdits Droit de Marc d'Or, doublement d'icelui & le Dixiéme des Dons, enfemble les 2531622. livres 16. fols 6. deniers dont nous lui **E** fommes redevables, demeurent à perpetuité & par privilege fpécial fans aucune dérogation ni novation, affectez & hypotequez à la garantie de ladite rente de 400000. livres; enfemble l'autre moitié du Marc d'Or engagée fous faculté perpetuelle de remeré au fieur Duché moyennant la fomme de 1100000. livres, laquelle moitié eft préfentement en nos mains; dans la totalité duquel Marc d'Or & Dixiéme des Dons, l'Ordre pourra rentrer de plein droit fans qu'il foit befoin d'aucune nouvelle Conceffion ni Confirmation de notre part, & fans déroger aux autres creances dont nous fommes tenu envers ledit Ordre, lefquelles fubfifteront dans toute leur force ; comme auffi fans que lefdits 400000. livres, ni partie d'iceux puiffent être employez à d'autres ufages ou dépenfes qu'à l'entretenement & payement des Commandeurs & Officiers, conformément aux Statuts dudit Ordre, ce que nous leur avons bien volontiers accordé, tant pour l'affection finguliere que nous avons pour l'accroiffement dudit Ordre dont nous fommes Chef & Souverain Grand-Maître, que pour le maintenir à l'exemple des

A Rois nos predeceſſeurs dans toute ſa dignité & ſplendeur. A ces causes & autres à ce nous mouvans, après avoir mis l'affaire en déliberation dans notre Conſeil, & avoir fait examiner les Statuts de l'Ordre, les attributions & conceſſions qui lui ont été faites par les Rois nos predeceſſeurs, & les titres de creance ci-deſſus mentionnez, dont nous ſommes débiteurs à l'Ordre; enſemble la Délibération dudit ordre en date du 14. du preſent mois, cy-attachée ſous le contre-ſcel de notre preſent Edit, de l'avis de notre très-cher & très-amé oncle le Duc d'Orleans petit-fils de France, Regent, de notre très-cher & très-amé oncle le Duc de Chartres, premier Prince de notre Sang, de notre très-cher & très-amé couſin le Duc de Bourbon, de notre très-cher & très-amé couſin le Prince de Conty, Princes de notre Sang; de notre très-cher & très-amé oncle le Comte de Toulouſe, Prince légitimé, & autres Pairs de France, grands & notables perſonnages de notre Royaume, & de notre certaine ſcience, pleine puiſſance & autorité

B Royale, Nous avons par le preſent Edit perpetuel & irrévocable, dit, ſtatué & ordonné, diſons, ſtatuons, ordonnons, voulons & nous plaît, que la Déliberation de l'Ordre du Saint Eſprit du 14. du preſent mois ſoit executée ſelon ſa forme & teneur, & en conſequence nous avons accepté & acceptons le tranſport & la retroceſſion faite par notre Ordre du Saint Eſprit à notre profit & de nos ſucceſſeurs Rois du Droit de Marc d'Or & doublement d'icelui, enſemble du Dixiéme des Dons que les Rois nos predeceſſeurs avoient accordé audit Ordre, lequel Droit & doublement du Marc d'Or & Dixiéme des Dons nous avons réuni & réuniſſons pour toujours à notre Domaine; avons pareillement accepté & acceptons la remiſe qui nous a été faite par ladite Déliberation de l'Ordre du Saint Eſprit, de la ſomme de 2531622. livres 16. ſols 6. deniers que nous devons audit Ordre; ſçavoir 200000. livres de principal reſtant dû de 450000. livres de prêt fait par l'Ordre & remis entre les mains des Treſoriers de l'Epargne en l'année 1636. pour ſubvenir aux beſoins de l'Etat; autres 200000. livres de principal, pour

C autre prêt fait par l'Ordre & porté auſdits Treſoriers de l'Epargne en l'année 1650. pour employer au payement de la ſolde des Suiſſes, & 1031622. livres 16. ſols 6. deniers pour ce qui reſte par nous dû des interêts deſdites deux ſommes de 200000, livres de principal chacune: leſdits interêts liquidez par le ſuſdit Edit du mois de Decembre 1656. par lequel le feu Roi notre très-honoré ſeigneur & biſayeul avoit ordonné qu'il ſeroit laiſſé fonds de 20000. livres par chacun an dans les Etats des finances de la Generalité de Paris, à commencer du premier janvier 1657. & les 1100000. livres reſtans provenans de l'alienation faite par l'Ordre au nommé Duché de la moitié du produit du Droit de Marc d'Or auſſi remis au Treſorier de l'Epargne en l'année 1656. pour ſecourir l'Etat dans ſes beſoins & fournir aux dépenſes de la guerre. Avons ſupprimé & ſupprimons les Offices de Treſoriers & Controlleurs du Marc d'Or & ceux de leurs Commis y réunis, créez par Edit du mois de Decembre 1656. & Declaration du mois d'Octobre 1658. En conſequence, ordonnons que les proprietaires deſdits Offices ceſſeront

D de faire aucune fonction, à commencer du premier Janvier de la preſente année, moyennant le rembourſement de 1384000. livres qui leur ſeront payez par le Grand Treſorier de nos Ordres des fonds qui lui ſeront à cet effet remis par le Garde de notre Treſor Royal, dont leſdits Treſoriers du Marc d'Or, leurs Controlleurs & Commis donneront leurs Quittances viſées par le Chancelier dudit Ordre à la décharge dudit Grand Treſorier, au moyen duquel rembourſement leurs gages, taxations, augmentations de gages, & ceux de leurs Commis qui étoient pris ſur le Droit de Marc d'Or & doublement d'icelui, ceſſeront d'être payez à commencer dudit jour premier Janvier. Et pour mettre l'Ordre du Saint Eſprit en état de ſe ſoutenir dans ſa premiere ſplendeur, & donner moyen aux Princes, Cardinaux, Prelats, Chevaliers, Commandeurs & Officiers dudit Ordre de ſe maintenir en l'état honorable qu'il convient, au lieu du Droit de Marc d'Or & doublement d'icelui, & Dixiéme des Dons qui lui ont été cedez par les Rois nos predeceſſeurs, pour faire le fonds des ſix-vingt mille écus accordez à l'Ordre dès

E ſon inſtitution par les Articles VIII. & XXXVIII. dudit Ordre, & encore pour demeurer quitte envers ledit Ordre des 2531622. livres 16. ſols 6. deniers dont nous lui ſommes redevables, Nous avons créé & conſtitué, créons & conſtituons pour toujours & à perpetuité au profit dudit Ordre 400000. liv. de rentes annuelles & non rachetables, leſquelles ne pourront jamais être réduites, diverties ni rembourſées, attendu qu'elles tiennent lieu de la fondation & dotation dudit Ordre, leſdites 400000. à prendre ſur les deniers provenans de nos Droits d'Aydes, Gabelles & Cinq Groſſes Fermes, impoſitions faites ou à faire, Revenus Caſuels, & tous autres nos Droits & Revenus preſens & à venir generalement quelconques; ſpecialement ſur les Droits d'Aydes & Entrées de notre bonne ville de Paris, pour en joüir en vertu du preſent Edit ſeulement, ſans qu'il ſoit beſoin d'autre Titre ni Ordonnance, & en être les arterages payez de trois en trois mois, à commencer du premier janvier de la preſente année, par nos Fermiers Generaux ou autres commis à cet effet entre les mains du Grand Treſorier de nos

Ordres fur fes fimples Quittances, rapportant lefquelles & copie collationnée du prefent Edit feulement, ladite fomme de 400000. livres fera paffée & allouée dans les **A**
Etats & Comptes des Fermiers Generaux ou autres chargez d'en faire le payement, & les deniers en provenans employez par ledit Grand Treforier au payement des gages, penfions & appointemens des Officiers, & aux diftributions des Princes, Cardinaux, Prelats, Chevaliers, Commandeurs & autres dépenfes dudit Ordre, fuivant les Etats qui en feront par nous arrêtez comme Chef & Souverain Grand-Maître dudit Ordre, ainfi & de la même maniere qu'il s'eft pratiqué jufqu'à prefent, dont ledit Grand Treforier rendra compte par chacun an pardevant le Chancelier de nofdits Ordres & Surintendant des deniers d'iceux, & les Commiffaires nommez à cet effet, & non ailleurs, en la maniere accoutumée; & pour plus grande fûreté dudit Ordre, voulons que léfdits Droits de Marc d'Or & doublement d'icelui, & le Dixiéme des Dons demeurent à perpetuité & par privilege fpecial fans aucune dérogation ni novation affectez & hypotequez à la garantie de ladite rente de 400000. livres, en forte que l'Ordre puiffe **B**
rentrer de plein droit non-feulement dans la poffeffion dudit Droit de Marc d'Or, mais auffi dans l'autre moitié dudit Marc d'Or qui eft prefentement en nos mains, fans qu'il foit befoin d'aucune nouvelle conceffion ni confirmation de notre part; comme auffi fans déroger aux autres creances dont nous fommes tenus envers ledit Ordre, lefquelles fubfifteront dans toute leur force, pour les pouvoir repeter par ledit Ordre contre Nous & nos fucceffeurs Rois au défaut du payement defdits 400000. livres ou de partie d'iceux, Nous ôtant tout pouvoir à Nous & à nos fucceffeurs Rois d'employer lefdits 400000. livres ou partie d'iceux à d'autres ufages ou dépenfes qu'à l'entretenement & payement defdits Chevaliers, Commandeurs & Officiers, conformément aux VIII. & XXXVIII⁰ Articles des Statuts dudit Ordre. Voulons & ordonnons que les penfions dont joüiffent les grands Officiers de nos Ordres fur la recette du Marc d'Or en vertu de Lettres Patentes, leur foient payées à l'avenir, à commencer du premier **C**
Janvier de la prefente année, fur les 400000. livres de rente que Nous avons attribuez à l'Ordre par le prefent Edit, & ce tant en vertu de leurs Provifions, qu'en confequence des Brevets particuliers qui feront à cet effet expediez par le Greffier & fcellez par le Chancelier defdits Ordres, dont le fonds fera fait d'année en année conjointement avec leurs gages dans les Etats qui feront par Nous arrêtez, comme Chef & Souverain Grand-Maître defdits Ordres, & l'employ d'iceux fait & paffé dans les Comptes qui feront rendus par le Grand Treforier defdits Ordres, fans aucune autre formalité. Nous avons confirmé & confirmons tous les Statuts, Reglemens, Ordonnances, Privileges & Exemptions accordez audit Ordre par les Rois nos predeceffeurs, & le maintenons & confervons dans la poffeffion & joüiffance d'iceux. Si donnons en Mandement, &c.

Après la lecture faite de l'Edit par le Secretaire de l'Ordre, M. le Chancelier a **D**
pris la parole, & dit:

Que par ce projet d'Edit, Sa Majefté, à la fupplication de l'Ordre, donnoit toute forte de garantie pour la fûreté des 400000. livres de rentes.

Qu'elle y affectoit tous fes revenus generalement quelconques, & qu'elle vouloit bien encore que le Droit de Marc d'Or, le doublement d'icelui, le Dixiéme des Dons qui avoient été attribuez à l'Ordre par fon fondateur, & les creances qu'elle devoit à l'Ordre, demeurent à perpetuité affectez & hypotequez à la garantie de ladite rente de 400000. livres, enforte que l'Ordre puiffe y rentrer de plein droit à défaut de payement defdits 400000. livres ou de partie d'iceux, fans qu'il foit befoin d'aucune nouvelle Conceffion ni Confirmation.
E

Et qu'elle maintenoit & confervoit l'Ordre dans la joüiffance de tous fes Privileges & Exemptions.

Qu'avec toutes ces précautions Son Alteffe Royale vouloit bien encore exhorter l'Affemblée de donner fon avis, pour rendre la chofe plus authentique & plus fûre s'il étoit poffible.

Toute l'Affemblée ayant applaudi par une inclination refpectueufe, Son Alteffe Royale ne laiffa pas de prendre les avis, qui furent de la fupplier de donner les ordres pour l'expedition & l'execution de l'Edit, fuivant & conformément au projet qui venoit d'être lû au Chapitre; comme auffi pour fon enregiftrement dans les Cours, & de continuer fa protection auprès du Roi pour maintenir l'Ordre dans toute fa fplendeur.

A Et artendu la confequence de cette Déliberation, & qu'il a été jugé néceffaire par toute l'Affemblée qu'elle foit jointe & attachée fous le contrefcel dudit Edit, Son Alteffe Royale a voulu la figner, & qu'elle le fût pareillement par tous les Chevaliers & Commandeurs qui y ont affifté. *Signé*, PHILIPPE D'ORLEANS, LOUIS-HENRY DE BOURBON, LOUIS-ARMAND DE BOURBON, LOUIS-ALEXANDRE DE BOURBON, le Cardinal DE NOAILLES, ARMAND Cardinal DE ROHAN, le DUC DE GRAMONT, le Maréchal DUC DE VILLEROY, le DUC D'AUMONT, DANGEAU, MATIGNON, le maréchal D'ESTRE'ES, le maréchal DE TESSE', le Maréchal DUC DE VILLARS, le maréchal DUC DE TALLARD, HUXELLES, BERINGHEN, DE GUISCARD, GOESBRIANT, H. C. ARNAULD DE POMPONNE, LE CAMUS, CROZAT, & LEBAS DE MONTARGIS. *Et au-deffous*, Signé, LEBAS DE MONTARGIS.

ARREST
DU CONSEIL D'ETAT DU ROY,
Concernant l'Ordre du Saint Efprit.
Du 4. Mars 1721.

Extrait des Regiftres du Confeil d'Etat.

B LE ROY s'étant fait repréfenter en fon Confeil l'Edit du mois de Janvier 1720. par lequel Sa Majefté auroit créé & conftitué au profit de l'Ordre du Saint Efprit quatre cens mille livres de rentes annuelles & perpetuelles, à prendre fur fes deniers provenans des Droits d'Aydes, Gabelles & Cinq Groffes Fermes & autres Droits & Impofitions, & fpecialement fur les Droits d'Aydes & Entrées de la ville de Paris, tant pour lui tenir lieu des fix-vingt mille écus accordez audit Ordre pour fa fondation & dotation par le Roi Henry III. lorfqu'il en fit l'inftitution, que pour demeurer quitte par Sa Majefté envers ledit Ordre des deux millions cinq cens trente-un mille fix cens vingt-deux livres feize fols fix deniers, dont Sa Majefté s'eft trouvé lui être redevable en principaux & interêts, à caufe de plufieurs prêts & avances faits par ledit Ordre aux Rois fes predeceffeurs, & portez en fon Epargne dans les années 1636. 1650. & 1656. pour fubvenir aux befoins de l'Etat & aux dépenfes de la guerre : En confideration de laquelle conftitution de quatre cens mille livres de rente, ledit Ordre auroit cédé & abandonné à Sa Majefté le Droit de Marc d'Or, doublement d'icelui & le Dixiéme des Dons pro-

C venans des liberalitez que Sa Majefté fait à fes Sujets, lefquels appartenoient audit Ordre, & faifoient partie de fa fondation & dotation ; lefquels Droits Sa Majefté en confequence de ladite ceffion auroit réunis à fon Domaine par ledit Edit, à condition toutefois, ainfi qu'il eft expreffément porté par icelui, que ledit Droit de Marc d'Or, doublement d'icelui, & Dixiéme des Dons demeureroient à perpetuité & par privilege fpecial, fans aucune dérogation ni novation, affectez & hypotequez à la garantie de ladite rente de quatre mille livres, en forte que l'Ordre au défaut du payement defdits quatre cens mille livres de rente ou de partie d'icelles, pût toûjours rentrer de plein droit dans la joüiffance dudit Droit de Marc d'Or, doublement d'icelui, & Dixiéme des Dons, fans qu'il foit befoin d'aucune nouvelle conceffion ni confirmation de la part de Sa Majefté. Et Sa Majefté s'étant auffi fait repréfenter en fon Confeil les deux Arrêts rendus en icelui les 5. Juillet & 19. Novembre 1720. & les Lettres pátentes intervenuës fur iceux, regiftrées en la Chambre des Comptes, par lefquels les fieurs Moufle de Champigny & Chupin, anciens Treforiers du Marc d'Or, fupprimez

D par ledit Edit, auroient été commis pour en faire la recette ; fçavoir ledit fieur de Champigny pour l'année 1720. & ledit fieur Chupin pour la prefente année 1721. par lefquels Arrêts & Lettres Patentes il eft ordonné que les deniers provenans dudit Droit de Marc d'Or & doublement d'icelui, feroient portez au Trefor Royal ; Sa Majefté voulant affurer & faciliter à l'Ordre du Saint Efprit le payement defdits quatre cens mille livres de rente par chacun an, & que les Droits de Marc d'Or & doublement d'icelui, qui y font affectez par privilege fpécial, ne puiffent être employez à l'avenir à aucun ufage, qu'après que l'Ordre aura été entierement payé defdits quatre cens mille livres par chacune année, & jugeant qu'il eft plus convenable de faire rémettre par les Commis à la recette du Marc d'Or les deniers en provenans, immédiatement entre les mains du Grand Treforier de l'Ordre, que de les faire porter par lefdits Commis au Trefor Royal, & par le Garde du Trefor Royal aux Fermiers ou Regiffeurs de Sa Majefté,

pour être enfuite par eux remis au Grand Trésorier dudit Ordre ; A quoy voulant pourvoir , oui le rapport du fieur le Pelletier de la Houffaye , Confeiller d'Etat ordinaire & au Confeil de Regence pour les Finances , Controlleur General des Finances , SA MAJESTE' ESTANT EN SON CONSEIL , de l'avis de Monfieur le Duc d'Orleans Regent, a ordonné & ordonne ce qui enfuit.

ARTICLE PREMIER.

QU'A l'avenir & à commencer pour la préfente année entiere 1721. le fieur Chupin, Commis à la recette des Droits de Marc d'Or & doublement d'icelui pour ladite année , & ceux qui feront dans la fuite commis & établis par l'Ordre du Saint Efprit pour faire annuellement ladite recette , auquel Ordre Sa Majefté a attribué & attribuë tout pouvoir d'y commettre à l'avenir & au Controlle d'icelle , fuivant les Commiffions qui feront expediées par le Greffier & fcellées par le Chancelier defdits Ordres , feront tenus de remettre de mois en mois les deniers provenans defdits Droits de Marc d'Or, entre les mains du fieur Crozat, Grand Treforier des Ordres de Sa Majefté , & de ceux qui lui fuccederont dans ladite Charge , fur leurs fimples Quittances , & ce jufqu'à concurrence des quatre cens mille livres de rentes annuelles & perpetuelles créées & conftituées par Sa Majefté au profit dudit Ordre par l'Edit du mois de Janvier 1720. lefquelles Quittances defdits fieurs Grands Treforiers defdits Ordres feront paffées & allouées dans les Etats & Comptes defdits commis à la recette du Marc d'Or fans difficulté; & fera neanmoins prealablement pris & prelevé fur ladite recette du Marc d'Or les fommes aufquelles fe trouveront monter les appointemens ou taxations des Commis à ladite recette & controle, & les fonds néceffaires pour les épices , façons, vacations & frais de reddition defdits Comptes du Marc d'Or en la Chambre des Comptes, que les Commis à ladite recette retiendront par leurs mains à cet effet.

I I.

LORSQUE ladite recette du Marc d'Or ne fe trouvera pas monter à la fomme de quatre cens mille livres par an, outre & pardeffus les dépenfes ci-deffus, ce qui défaudra defdites quatre cens mille livres fera payé par les Fermiers & Regiffeurs des Fermes-Unies, entre les mains du fieur Grand Treforier defdits Ordres, & en rapportant par lefdits Fermiers ou Regiffeurs la Quittance dudit fieur Grand Treforier, avec un certificat du Commis à la recette du Marc d'Or, du montant de ladite recette & de ce qui en revient & qui aura été payé à l'Ordre, déduction faite des dépenfes ci-deffus mentionnées, enfemble des copies collationnées ou ampliations des Quittances fournies par ledit fieur Grand Treforier au Commis à ladite recette du Marc d'Or, ce qui aura été payé par lefdits Fermiers ou Regiffeurs audit fieur Grand Treforier, pour le fupplément & parfait payement defdites quatre cens mille livres , fera paffé & alloué dans leurs Etats & Comptes fans difficulté.

III.

LORSQUE la recette du Marc d'Or excedera ladite fomme de quatre cens mille livres , outre & pardeffus les dépenfes ci-devant mentionnées, la fomme à laquelle montera cet excedent fera remife par le Commis à la recette du Marc d'Or entre les mains de celui qui fera en exercice l'année fuivante, qui s'en chargera en recette dans fon Compte, pour être le fonds provenant dudit excedent, avec ceux de l'année courante, employé au payement defdites quatre cens mille livres de rentes dûës à l'Ordre fur les Quittances dudit fieur Grand Treforier, comme il eft ordonné ci-deffus ; & en rapportant par le Commis à ladite recette du Marc d'Or la Quittance de la fomme qui aura été par lui remife au Commis en exercice l'année fuivante, elle fera paffée dans fes Etats & Comptes fans difficulté, & la recette du Commis à l'exercice du Marc d'Or de l'année fuivante, auquel le fonds dudit excedent aura été remis, fera pareillement admife dans fes Etats & Comptes, en rapportant l'ampliation de la Quittance qu'il aura fournie au Commis à ladite recette en exercice l'année précedente.

I V.

ORDONNE Sa Majefté que l'Arrêt du Confeil du 5. Juillet 1720. & Lettres Patentes regiftrées en la Chambre des Comptes, par lefquelles le fieur Moufle de Champigny a été commis à la recette du Marc d'Or pour l'année 1720. feront executez fuivant leur forme & teneur; & en confequence que ledit fieur de Champigny portera, fi fait n'a été, les fonds dudit exercice au Trefor Royal, lefquels feront remis par le Garde du Trefor Royal entre les mains du Fermier des Fermes-Unies de Sa Majefté, pour être par lui employez jufqu'à concurrence, au payement des quatre cens mille livres de rentes créées & conftituées au profit dudit Ordre de Sa Majefté par ledit Edit du mois de Janvier 1720. Et pour l'execution du prefent Arrêt feront toutes Lettres néceffaires expediées. FAIT au Confeil d'Etat du Roi, Sa Majefté y étant, tenu à Paris le quatriéme jour de Mars mil fept cens vingt-un. *Signé*, PHELYPEAUX.

LETTRES

LETTRES PATENTES.

A   LOUIS par la grace de Dieu, Roi de France & de Navarre: A nos amez & feaux Conseillers les gens tenans notre Chambre des Comptes à Paris, SALUT. Nous étant fait representer notre Edit du mois de Janvier 1720. par lequel Nous aurions créé & constitué au profit de notre Ordre du Saint Esprit quatre cens mille livres de rentes annuelles & perpetuelles, à prendre sur les deniers provenans des Droits d'Aydes, Gabelles & Cinq Grosses Fermes & autres Droits & Impositions, & specialement sur les Droits d'Aydes & Entrées de notre bonne ville de Paris, tant pour lui tenir lieu des six-vingt mille écus accordez audit Ordre pour sa fondation & dotation, par le Roi Henry III. lorsqu'il en fit l'institution, que pour demeurer par Nous quitte envers ledit Ordre des deux millions cinq cens trente - un mille six cens vingt - deux livres seize sols six deniers dont Nous nous sommes trouvez lui être redevables en principaux & interêts, à cause de plusieurs prêts & avances faits par ledit Ordre aux Rois nos predecesseurs, & portez en notre épargne dans les années 1636. 1650. & 1656. pour

B   subvenir aux besoins de l'Etat & aux dépenses de la guerre ; en consideration de laquelle constitution de quatre cens mille livres de rentes, ledit Ordre Nous auroit cedé & abandonné le Droit de Marc d'Or, doublement d'icelui, & le Dixiéme des Dons provenans des liberalitez que Nous avons faites à nos Sujets, lesquels appartenoient audit Ordre, & faisoient partie de sa fondation & dotation, lesquels Droits Nous aurions réunis à notre Domaine par notredit Edit, à condition toutefois, ainsi qu'il est expressément porté par icelui, que ledit Droit de Marc d'Or, doublement d'icelui & Dixiéme des Dons demeureroient à perpetuité & par privilege spécial, sans aucune dérogation ni novation, affectez & hypotequez à la garantie de ladite rente de quatre cens mille livres, en sorte que l'Ordre au défaut du payement desdites quatre cens mille livres de rente ou de partie d'icelles, pût toujours rentrer de plein droit dans la joüissance dudit Droit de Marc d'Or, doublement d'icelui & Dixiéme des Dons, sans qu'il soit besoin d'aucune nouvelle concession ni confirmation de notre part. Et nous étant aussi fait

C   representer les deux Arrêts rendus en notre Conseil les 5. Juillet & 19. Novembre 1720. & les Lettres Patentes intervenuës sur iceux, registrées en notre Chambre des Comptes, par lesquels les sieurs Mousle de Champigny & Chupin, anciens Tresoriers du Marc d'Or, supprimez par notredit Edit, auroient été commis pour en faire la recette ; sçavoir, ledit sieur de Champigny pour l'année 1720. & ledit sieur Chupin pour la presente année 1721. par lesquels Arrêts & Lettres Patentes il est ordonné que les deniers provenans dudit Droit de Marc d'Or & doublement d'icelui qui sont affectez par privilege spécial, ne puissent être employez à l'avenir à aucun usage, qu'après que l'Ordre aura été entierement payé desdites quatre cens mille livres par chacune année : Et jugeant qu'il est plus convenable de faire remettre par les Commis à la recette du Marc d'Or les deniers en provenans, immédiatement entre les mains du Grand Tresorier de l'Ordre, que de les faire porter par lesdits Commis en notre Tresor Royal, & par le Garde du Tresor Royal à nos Fermiers ou Regisseurs, pour être ensuite par eux remis au Grand

D   Tresorier dudit Ordre, Nous y avons pourvû par l'Arrêt ci-attaché sous le contre-scel de notre Chancellerie, cejourd'hui donné en notre Conseil d'Etat, Nous y étant, pour l'execution duquel Nous avons ordonné que toutes Lettres necessaires seroient expediées ; & voulant que ledit Arrêt sorte son plein & entier effet. A CES CAUSES, de l'avis de notre très-cher & très-amé oncle le Duc d'Orleans, petit-fils de France, Regent, de notre très-cher & très-amé oncle le Duc de Chartres, premier Prince de notre Sang, de notre très-cher & très-amé cousin le Duc de Bourbon, de notre très-cher & très-amé cousin le Comte de Charollois, de notre très-cher & très - amé cousin le Prince de Conty, Princes de notre Sang, de notre très - cher & très-amé oncle le Comte de Toulouse, Prince legitimé, & autres Pairs de France, grands & notables

E   personnages de notre Royaume qui ont vû ledit Arrêt, & conformément à icelui, Nous avons ordonné, & par ces presentes signées de notre main, ordonnons ce qui ensuit.

ARTICLE PREMIER.

QU'A l'avenir & à commencer pour la presente année entiere 1721. le sieur Chupin, Commis à la recette des Droits de Marc d'Or & doublement d'icelui pour ladite année, & ceux qui seront dans la suite commis & établis par notre Ordre du S. Esprit pour faire annuellement ladite recette, auquel Ordre Nous avons attribué & attribuons tout pouvoir d'y commettre à l'avenir & au Controlle d'icelle suivant les Commissions qui seront expediées par le Greffier & scellées par le Chancelier de nos Ordres, seront tenus de remettre de mois en mois les deniers provenans desdits Droits de Marc d'Or entre les mains du sieur Crozat, Grand Tresorier de nos Ordres, & de ceux qui lui succederont dans ladite Charge, sur leurs simples Quittances, & ce jusqu'à concurrence des quatre cens mille livres de rentes annuelles & perpetuelles par Nous consti-

tuées au profit dudit Ordre par Edit du mois de Janvier 1720. lefquelles Quittances A defdits fieurs Grands Treforiers defdits Ordres, feront paffées & allouées dans les Etats & Comptes defdits Commis à la recette du Marc d'Or fans difficulté; & fera neanmoins prealablement pris & prelevé fur ladite recette du Marc d'Or les fommes aufquelles fe trouveront monter les appointemens ou taxations des Commis à ladite recette & controlle, & les fonds néceffaires pour les épices, façons, vacations & frais de reddition defdits Comptes du Marc d'Or en la Chambre des Comptes, que les Commis à ladite recette retiendront par leurs mains à cet effet.

I I.

Lorsque ladite recette du Marc d'Or ne fe trouvera pas monter à la fomme de quatre cens mille livres par an, outre & par-deffus les dépenfes ci-deffus, ce qui défaudra defdites quatre cens mille livres, fera payé par les Fermiers & Regiffeurs de nos Fermes-Unies, entre les mains du fieur Grand Treforier defdits Ordres, & en rapportant par lefdits Fermiers ou Regiffeurs la Quittance dudit fieur Grand Treforier, avec un B Certificat du Commis à la recette du Marc d'Or du montant de ladite recette, & de ce qui en revient & qui aura été payé à l'Ordre, déduction faite des dépenfes ci-deffus mentionnées, enfemble des copies collationnées ou ampliations des Quittances fournies par ledit fieur Grand Treforier au Commis à ladite recette du Marc d'Or, ce qui aura été payé par lefdits Fermiers ou Regiffeurs audit fieur Grand Treforier pour le fupplément & parfait payement defdites quatre cens mille livres, fera paffé & alloué dans leurs Etats & Comptes fans difficulté.

I I I.

Lorsque la recette du Marc d'Or excedera ladite fomme de quatre cens mille livres, outre & par-deffus les dépenfes, ci-devant mentionnées, la fomme à laquelle montera cet excedent fera remife par le Commis à la recette du Marc d'Or entre les mains de celui qui fera en exercice l'année fuivante, qui s'en chargera en recette dans fon Compte, pour être le fonds provenant dudit excedent, avec ceux de l'année courante, employé C au payement defdites quatre cens mille livres de rentes dûës à l'Ordre, fur les Quittances dudit fieur Grand Treforier, comme il eft ordonné ci-deffus, & en rapportant par le Commis à ladite recette du Marc d'Or la Quittance de la fomme qui aura été par lui remife au Commis en exercice l'année fuivante, elle fera paffée dans fes Etats & Comptes fans difficulté, & la recette du Commis à l'exercice du Marc d'Or de l'année fuivante, auquel le fonds dudit excedent aura été remis, fera pareillement admife dans fes Etats & Comptes, en rapportant l'ampliation de la Quittance qu'il aura fournie au Commis à ladite recette en exercice l'année precedente.

I V.

Ordonnons que l'Arrêt de notre Confeil du 5. Juillet 1720. & Lettres Patentes regiftrées en notre Chambre des Comptes, par lefquelles le fieur Moufle de Champigny a été commis à la recette du Marc d'Or pour l'année 1720. feront executez fuivant leur forme & teneur; & en confequence que ledit fieur de Champigny portera, fi fait n'a D été, les fonds dudit exercice en notre Trefor Royal; lefquels feront remis par le Garde du Trefor Royal entre les mains du Fermier de nos Fermes-Unies, pour être par lui employez jufqu'à concurrence, au payement des quatre cens mille livres de rentes créées & conftituées au profit de notre Ordre par ledit Edit du mois de Janvier 1720.

Si vous mandons, que ces prefentes vous ayez à faire lire, publier & regiftrer, & le contenu en icelles garder, obferver & executer felon leur forme & teneur, ceffant & faifant ceffer tous troubles & empêchemens qui pourroient être mis ou donnez, nonobftant tous Edits, Declarations, Arrêts & autres chofes à ce contraires, aufquels Nous avons dérogé & dérogeons par cefdites prefentes: Car tel est notre plaisir. Donne' à Paris le quatrième jour de Mars, l'an de grace mil fept cens vingt-un, & de notre regne le fixiéme. *Signé*, LOUIS. *Et plus bas*, par le Roi, le Duc d'Orleans, Regent prefent. *Signé*, Phelypeaux. Et fcellé.

DECLARATION DU ROY,

Concernant l'Ordre du Saint Esprit.

Donnée à Paris le 18. May 1721.

Regiſtrée en la Chambre des Comptes le 18. Juin 1721.

A LOUIS par la grace de Dieu, Roi de France & de Navarre : A tous ceux qui ces preſentes Lettres verront, SALUT. Les Rois nos predeceſſeurs ayant eu un ſoin particulier de maintenir l'Ordre & Milice du Saint Eſprit dans toute ſa ſplendeur, ſuivant le ſerment qu'ils font le jour de leur Sacre de ne jamais le laiſſer décheoir, amoindrir ni diminuer, tant qu'il ſera en leur pouvoir ; c'eſt dans les mêmes vûës & pour imiter leur exemple, que Nous nous fimes rendre compte au mois de Janvier de l'année derniere 1720. de l'etat où étoient les fonds attribuez audit Ordre : & ayant reconnu par l'examen que nous en fimes faire en notre Conſeil, que le fonds de la moitié du Marc d'Or dont l'Ordre joüiſſoit ſeulement pour lors, avec celui du Dixiéme des Dons provenans des liberalitez que Nous faiſons à ceux de nos Sujets que Nous voulons gratifier, accordé auſſi audit Ordre, n'étoient pas à beaucoup près ſuffiſans pour ſon entretien & pour remplir la fondation & dotation des ſix-vingt mille écus attribuez audit Ordre par le Roi Henry III. lors de ſon inſtitution, & qu'en outre à **B** cauſe de pluſieurs prêts & avances conſiderables faits aux Rois nos predeceſſeurs par ledit Ordre en deniers comptans, portez en notre Epargne dans les années 1636. 1650. & 1656. pour ſubvenir aux beſoins de l'Etat & aux dépenſes de la guerre, Nous nous trouvions redevables audit Ordre, tant en principaux qu'interêts, ſuivant la vérification qui en fut faite pour lors en notre Conſeil, de la ſomme de deux millions cinq cens trente-un mille ſix cens vingt-deux livres ſeize ſols ſix deniers, ainſi qu'il eſt plus au long expliqué par notre Edit du mois de Janvier 1720. Nous avions ordonné qu'il ſeroit tenu un Chapitre General de l'Ordre, & donné pouvoir à notre très-cher & très-amé oncle le Duc d'Orleans, Regent, d'y preſider, afin d'aviſer aux moyens les plus convenables, tant pour aſſurer un revenu fixe à l'Ordre, proportionné aux ſix-vingt mille écus à lui accordez pour ſa fondation & dotation, que pour Nous acquitter envers ledit Ordre des deux millions cinq cens trente-un mille ſix cens vingt-deux livres ſeize ſols ſix deniers dont nous lui étions redevables, tant en principaux qu'interêts, & dans la vûë que Nous avions de diminuer les charges de notre Etat, en ôtant la multiplicité des Offices qui y ont été introduits, & qui ſont à pre- **C** ſent beaucoup diminuez, ſur leſquels ſeuls le Droit de Marc d'Or peut être perçu, ayant lieu par rapport à ladite diminution d'Offices, d'apprehender que ces fonds ne fuſſent pas à l'avenir à beaucoup près ſuffiſans pour fournir par chacune année les ſix-vingt mille écus de la fondation & dotation dudit Ordre, & qu'à faute d'avoir un fonds toujours certain pour la manutention dudit Ordre, dont nous ſommes le Chef & Souverain Grand-Maître, & qui fût proportionné à la dépenſe néceſſaire pour ſon entretien, il ſeroit à craindre qu'il ne vînt à décheoir de ſa premiere dignité ; Nous jugeâmes à propos d'aſſurer par un Edit irrévocable, un fonds certain & immuable, & qui fût toujours ſuffiſant pour les dépenſes dudit Ordre ; & à cet effet, conformément à la Deliberation de l'Ordre du 14. Janvier 1720. Nous avons créé & conſtitué par notre Edit du même mois au profit dudit Ordre, pour toujours & à perpetuité quatre cens mille livres de rentes annuelles & non rachetables, pour tenir lieu de la fondation & dotation dudit Ordre, à prendre ſur les deniers provenans de nos Droits d'Aydes, Gabelles & **D** Cinq Groſſes Fermes, Impoſitions faites ou à faire, Revenus Caſuels & tous nos autres Droits & Revenus preſens & à venir generalement quelconques, & ſpecialement ſur les Droits d'Aydes & Entrées de notre bonne ville de Paris, pour en joüir par ledit Ordre en vertu dudit Edit ſeulement, & ſans qu'il ſoit beſoin d'autre Titre ni Ordonnance, & en être les arrerages payez de trois mois en trois mois, à commencer du premier Janvier de ladite année 1720. par nos Fermiers Generaux ou autres Commis, & les fonds remis à cet effet entre les mains du Grand Treſorier de nos Ordres ſur ſes ſimples Quittances, & les deniers en provenans employez par ledit Grand Treſorier au payement des gages, penſions & appointemens des Officiers, & aux diſtributions des Princes, Cardinaux, Prelats, Chevaliers, Commandeurs & autres dépenſes dudit Ordre, ſuivant les Etats qui en ſeront par Nous arrêtez comme Chef & Souverain Grand-Maître dudit Ordre, ainſi & de la maniere dont il s'eſt pratiqué juſqu'à preſent, dont ledit Grand Treſorier rendra compte par chacun an pardevant le Chancelier de noſdits Ordres, Surintendant des deniers d'iceux, & les Commiſſaires nommez à cet

effet, en la maniere accoutumée & non ailleurs, aux offres portées par ladite Delibe-   A
ration de Nous remettre & abandonner le Droit de Marc d'Or en entier, le doublement
d'icelui & le Dixiéme des Dons, d'une part ; ensemble les deux millions cinq cens
trente-un mille six cens vingt-deux livres seize sols six deniers, dont Nous étions redevables à l'Ordre, d'autre part, en principaux & interêts, ainsi qu'il est plus au long
porté par notredit Edit du mois de Janvier 1720. à condition toutefois, conformément à ladite Deliberation & à notredit Edit, que pour plus grande sûreté dudit Ordre ledit Droit de Marc d'Or, doublement d'icelui & le Dixiéme des Dons demeureroient à perpetuité & par privilege special, sans aucune dérogation ni novation, affectez & hypotequez à la garantie de ladite rente de quatre cens mille livres, en sorte
que l'Ordre pût toujours rentrer de plein droit, non-seulement dans la possession dudit
Droit de Marc d'Or, mais aussi dans l'autre moitié dudit Droit de Marc d'Or qui étoit
alors en nos mains, avec faculté perpetuelle audit Ordre de le remerer, & aussi de   B
pouvoir toujours rentrer dans la joüissance du Dixiéme des Dons à Nous cedez par
ledit Ordre, sans qu'il fût besoin d'aucune nouvelle concession ni confirmation de
notre part, comme aussi sans déroger par ledit Ordre aux creances des deux millions
cinq cens trente-un mille six cens vingt-deux livres seize sols six deniers, dont Nous
étions tenus envers ledit Ordre, lesquelles subsisteront dans toute leur force, pour
les pouvoir repeter par ledit Ordre contre Nous & nos successeurs Rois, au défaut
du payement desdites quatre cens mille livres ou de partie d'icelles : Et par le même
Edit Nous avons accepté le transport & retrocession faits par notre Ordre du Saint
Esprit à notre profit & de nos successeurs Rois du Droit de Marc d'Or, doublement
d'icelui, ensemble du Dixiéme des Dons, que Nous avons réunis à notre Domaine.
Mais Nous étant fait representer les deux Arrêts rendus en notre Conseil les 5. & 10.
Novembre 1720. & Lettres Patentes intervenües sur iceux, registrées en notre Chambre
des Comptes, par lesquels les sieurs Mousle de Champigny & Chupin, anciens Tresoriers
du Marc d'Or, supprimez par ledit Edit du mois de Janvier 1720. auroient été commis   C
pour faire la recette dudit Droit de Marc d'Or ; sçavoir, le Sr de Champigny pour l'année
1720. & le S. Chupin pour la presente année 1721. par lesquels Arrêts & Lettres Patentes
il est ordonné que les deniers provenans dudit Droit de Marc d'Or & doublement d'icelui
seront par eux portez en notre Tresor Royal, nous avons crû ne pouvoir disposer desdits fonds provenans dudit Droit de Marc d'Or, qui sont expressément & par privilege
special affectez à la garantie desdites quatre cens mille livres de rentes par Nous consti-
tuées à notre Ordre du Saint Esprit, qu'après que notredit Ordre aura été entierement
payé desdites quatre cens mille livres de rentes par chacun an ; & dans cette vûë,
ayant trouvé juste & nécessaire pour la sûreté dudit Ordre, que les deniers provenans
dudit Droit de Marc d'Or en entier, ne puissent être employez à l'avenir à aucun usage, qu'auparavant notre Ordre du Saint Esprit n'ait été entierement payé desdites
quatre cens mille livres de rentes par chacun an, Nous avons pour la sûreté dudit   D
payement desdites quatre cens mille livres de rentes, ordonné par Arrêt rendu en
notre Conseil d'Etat, Nous y étant, le 4. Mars 1721. qu'à l'avenir & à commencer
pour l'année entiere 1721. le sieur Chupin Commis à la recette du Marc d'Or & doublement d'icelui pour ladite année, & ceux qui seront ci-après commis pour faire ladite recette, seront tenus de remettre de mois en mois les deniers provenans dudit
Droit de Marc d'Or entre les mains du sieur Crozat, Grand Tresorier de nos Ordres,
& de ceux qui lui succederont dans ladite Charge, sur leurs simples Quittances, & ce
jusqu'à concurrence des quatre cens mille livres de la rente annuelle & perpetuelle
par Nous créée & constituée à perpetuité au profit dudit Ordre par notre Edit du
mois de Janvier 1720. lesquelles Quittances dudit sieur Grand Tresorier seront passées
dans les Etats & Comptes desdits Commis à la recette du Marc d'Or sans difficulté,
prealablement pris & prelevé sur ladite recette du Marc d'Or les sommes ausquelles   E
se trouveront monter les appointemens ou taxations des Commis à ladite recette &
controlle, & les fonds nécessaires pour les épices, façons, vacations & frais de reddition des Comptes à rendre en notre Chambre des Comptes, que les Commis à ladite
recette retiendront par leurs mains à cet effet ; & avons aussi ordonné que lorsque
ladite recette du Marc d'Or ne se trouvera pas monter par an à ladite somme de
quatre cens mille livres, ce qui défaudra desdites quatre cens mille livres sera payé
par les Fermiers ou Regisseur de nos Fermes-Unies, entre les mains du sieur Grand
Tresorier de nos Ordres, & que lorsque la recette du Marc d'Or excedera ladite somme de quatre cens mille livres, outre & pardessus les dépenses ci-devant mentionnées,
la somme à laquelle montera cet excedent sera remise par le Commis à la recette
du Marc d'Or, entre les mains de celui qui sera en exercice l'année suivante, qui
s'en chargera en recette dans son Compte, pour être le fonds provenant dudit excedent, avec ceux de l'année courante, employé au payement desdites quatre cens
mille

A mille livres de rentes dûës à l'Ordre, fur les Quittances dudit fieur Grand ,Treforier, ainfi qu'il eft plus amplement expliqué par ledit Arrêt , fur lequel Arrêt Nous aurions fait expedier nos Lettres Patentes en datte du même jour 4. Mars 1721. adreffées à notre Chambre des Comptes pour y être enregiftrées. Mais Nous ayant été repre- fenté par notre Ordre du S. Efprit, qu'il feroit intervenu Arrêt de notredite Chambre des Comptes du 15. Mars 1721. qui, en ordonnant l'enregiftrement de nofdites Lettres Patentes, auroit en même temps ordonné par fon même Arrêt d'enregiftrement que les Princes, Prelats, Chevaliers & Officiers de notredit Ordre du Saint Efprit joüiront des mêmes fommes & fur les mêmes fonds du Marc d'Or,& en la même maniere qu'ils avoient accoutumé d'en joüir avant notre Edit du mois de Janvier 1720. regiftré le 23. Fevrier enfuivant en notre Chambre des Comptes, & non autrement, ni pour plus grande fomme, à la déduction des gages, augmentations de gages, taxations & autres droits qui étoient payez aux Treforiers & Controllers du Marc d'Or, lefquels au moyen de la fuppreffion defdits Officiers & des rembourfemens qui leur ont été faits de la finance de leurs Offi- ces, feront portez au Trefor Royal, retenu fur iceux ce qu'il Nous plaira accorder aux

B Commis & Controlleurs à ladite recette du Marc d'Or , & qu'il fera compté dudit Marc d'Or en la même forme & maniere qu'il en étoit compté avant ledit Edit du mois de Janvier 1720. fauf aufdits Princes, Prelats , Commandeurs, Chevaliers & Of- ficiers de l'Ordre du Saint Efprit à fe pourvoir pardevers Nous pour raifon des crean- ces par eux prétenduës fur Nous , lequel Arrêt détruiroit ou diminuëroit confidérable- ment la dotation & fondation de notre Ordre du Saint Efprit, que nous jurons folem- nellement à notre Sacre de maintenir & conferver à jamais, Nous chargeroit d'un rem- bourfement de deux millions cinq cens trente-un mille fix cens vingt-deux livres feize fols fix deniers envers ledit Ordre , dont Nous demeurons quitte au moyen de l'exe- cution de notre Edit du mois de Janvier 1720. détruiroit & annulleroit entierement notredit Edit du mois de Janvier 1720. enregiftré dans toutes nos Cours & en notre

C Chambre des Comptes fans aucune oppofition ni remontrance, ce qui feroit également contraire aux Loix du Royaume, à l'ordre de la juftice, à nos intentions, & aux vûës que Nous avons à l'exemple des Rois nos predeceffeurs de maintenir notre Ordre du Saint Efprit, dont Nous fommes le Chef & Souverain Grand-Maître, dans toute fa dignité & fplendeur. A CES CAUSES & autres à ce Nous mouvans, & après avoir fait voir en notre Confeil notre Edit du mois de Janvier 1720. les deux Arrêts rendus en icelui les 5. Juillet & 19. Novembre 1720. & Lettres Patentes intervenuës fur iceux, regiftrées en notre Chambre des Comptes le 9. Janvier 1721. enfemble l'Arrêt rendu en notre Confeil d'Etat, Nous y étant, le 4. mars 1721. les Lettres Patentes intervenuës fur icelui le même jour, & l'Arrêt d'enregiftrement de notre Chambre des Comptes du 15. du même mois, de l'avis de notre très-cher & très-amé oncle le Duc d'Orleans, petit-fils de France, Regent, de notre très-cher & très-amé oncle le Duc de Chartres, premier Prince de notre Sang, de notre très-cher & très-amé coufin le Duc de Bourbon,

D de notre très - cher & très - amé coufin le Comte de Charollois, de notre très- cher & très-amé coufin le Prince de Conty , Princes de notre Sang, de notre très-cher & très-amé oncle le Comte de Touloufe, Prince légitimé, & autres Pairs de France, grands & notables perfonnages de notre Royaume , & de notre certaine fcience, pleine puif- fance & autorité Royale, Nous avons par ces prefentes fignées de notre main, dit, déclaré & ordonné , difons , déclarons & ordonnons, voulons & nous plaît , ce qui enfuit.

ARTICLE PREMIER.

. QUE notre Edit du mois de Janvier 1720. & l'Arrêt de notre Confeil d'Etat rendu, Nous y étant, le 4. mars 1721. & Lettres Patentes intervenuës fur icelui en datte du même jour, foient executez fuivant leur forme & teneur, & en confequence que notre Ordre du Saint Efprit joüiffe irrévocablement des quatre cens mille livres de rente par chacun an, que Nous lui avons attribuées par notre Edit du mois de Janvier 1720.

E tant pour lui tenir lieu des fix-vingt mille écus de fa fondation & dotation à lui attri- buez lors de fon inftitution, que pour demeurer par Nous quitte envers ledit Ordre des deux millions cinq cens trente-un mille fix cens vingt-deux livres feize fols fix deniers, dont Nous nous fommes trouvé lui être redevables, ainfi qu'il eft porté & expliqué par ledit Edit.

I I.

QU'A l'avenir & à commencer pour la préfente année entiere 1721. le fieur Chupin, Commis à la recette du Droit de Marc d'Or & doublement d'icelui pour ladite an- née, & ceux qui feront dans la fuite commis & établis par l'Ordre du Saint Efprit pour faire annuellement ladite recette, feront tenus de remettre de mois en mois les deniers provenans dudit Droit de Marc d'Or en entier, entre les mains du fieur Crozat, Grand Treforier de nos Ordres , & de ceux qui lui fuccederont en ladite Charge, fur leurs fim-

ples Quittances, & ce jufqu'à concurrence des quatre cens mille livres de rentes annuelles & perpetuelles, par Nous créées & conftituées au profit de notredit Ordre
par notre Edit du mois de Janvier 1720. lefquelles Quittances des Grands Treforiers
de nos Ordres feront paffées dans les Etats & Comptes defdits commis à la recette
du Marc d'Or fans difficulté; & fera neanmoins prealablement pris & prelevé fur la
recette du Marc d'Or les fommes aufquelles fe trouveront monter les appointemens ou
taxations des Commis à ladite recette & controlle, & les fonds néceffaires pour les
épices, façons, vacations & frais de reddifion defdits Comptes du Marc d'Or en notre
Chambre des Comptes, que les Commis à ladite recette retiendront par leurs mains
à cet effet.

III.

LORSQUE ladite recette du Marc d'Or ne fe trouvera pas monter à ladite fomme de
quatre cens mille livres par an, outre & pardeffus les dépenfes ci-deffus, ce qui défaudra defdites quatre cens mille livres fera payé par les Fermiers ou Regiffeurs de nos Fermes-Unies, entre les mains du fieur Grand Treforier de nos Ordres, & en rapportant par
les Fermiers ou Regiffeurs les Quittances dudit fieur Grand Treforier, avec un certificat
du Commis à la recette du Marc d'Or, du montant de ladite recette, de ce qui en
revient, & de ce qui aura été payé à l'Ordre, déduction faite des dépenfes ci-deffus mentionnées, enfemble des copies collationnées ou ampliations des Quittances fournies
par le fieur Grand Treforier au Commis de ladite recette du Marc d'Or, ce qui aura
été payé par lefdits Fermiers ou Regiffeurs audit fieur Grand Treforier, pour le fupplément & parfait payement defdites quatre cens mille livres, fera paffé & alloué dans
leurs Etats & Comptes fans difficulté.

IV.

VOULONS que lorfque la recette du Marc d'Or excedera dans une année la fomme
de quatre cens mille livres, & celle à laquelle monteront les dépenfes ci-devant mentionnées, la fomme à laquelle montera cet excedent, au lieu d'être remife par le Commis à la recette du Marc d'Or, entre les mains de celui qui fera en exercice l'année
fuivante, foit portée en notre Trefor Royal, & qu'en rapportant la Quittance du Garde
du Trefor Royal dûement controllée, le Commis à la recette du Marc d'Or en foit &
demeure bien & valablement déchargé, & ladite Quittance paffée dans fes Etats &
Comptes fans difficulté; laquelle remife au Trefor Royal, ne pourra néanmoins être faite
qu'après que lefdites quatre cens mille livres de rentes conftituées au profit de notredit
Ordre du Saint Efprit par notre Edit du mois de Janvier 1720. auront été entierement
payées par ledit Commis à la recette du Marc d'Or ès mains du Grand Treforier de
nos Ordres, auquel effet Nous avons dérogé & dérogeons à l'Article III. de notre
Arrêt du Confeil du 4. Mars 1721. & Lettres Patentes intervenuës fur icelui le même
jour.

V.

ORDONNONS que l'Arrêt de notre Confeil du 5. Juillet 1720. & Lettres Patentes intervenuës fur icelui, regiftrées en notre Chambre des Comptes, par lefquelles le fieur Moufle
de Champigny a été commis à la recette du Marc d'Or pour l'année 1720. feront executez fuivant leur forme & teneur; & en confequence que ledit fieur de Champigny
portera, fi fait n'a été, les fonds dudit exercice en notre Trefor Royal, lefquels feront
remis par le Garde de notre Trefor Royal entre les mains du Fermier de nos Fermes-
Unies, pour être par lui employez jufqu'à concurrence, au payement des quatre cens
mille livres de rentes pour ladite année 1720. créées & conftituées au profit de notre
Ordre du Saint Efprit par notre Edit du mois de Janvier 1720.

VI.

VOULONS & ordonnons que le contenu en ces prefentes foit pleinement & entierement executé felon fa forme & teneur, & ce nonobftant l'Arrêt d'Enregiftrement de
notre Chambre des Comptes du 15. Mars 1721. lequel au moyen des prefentes demeurera comme nul & non avenu.

SI DONNONS EN MANDEMENT à nos amez & feaux Confeillers les gens tenans notre Chambre des Comptes à Paris, que ces Prefentes ils ayent à faire lire, publier & enregiftrer,
& le contenu en icelles garder, obferver & executer felon leur forme & teneur, &
faire joüir notre Ordre du Saint Efprit pleinement & paifiblement de l'effet & contenu
en icelles, nonobftant tous Edits, Declarations, Reglemens, Ordonnances, Arrêts &
autres chofes à ce contraires, aufquels Nous avons dérogé & dérogeons très-expreffé-
ment: CAR tel eft notre plaifir. En témoin de quoy Nous avons fait mettre notre Scel
à cefdites Prefentes. DONNÉ à Paris le dix-huitiéme jour de may, l'an de grace mil
fept cens vingt-un, & de notre Regne le fixiéme. Signé, LOUIS. Et plus bas, par le Roi,
le DUC D'ORLEANS Regent prefent, PHELYPEAUX. Vû au Confeil, LE PELLETIER DE
LA HOUSSAYE. Et fcellé en queuë de cire jaune.

A *Regiſtrées en la Chambre des Comptes, ouï, & ce requerant le Procureur General du Roi, pour être executées ſelon leur forme & teneur, tant & ſi longuement qu'il plaira au Roi, à la charge que les grands Officiers de l'Ordre qui ont des Penſions ſur ledit Ordre n'en pourront joüir qu'en vertu de Lettres Patentes bien & dûement regiſtrées en la Chambre, & que leſdites Penſions continueront d'être payees par les Commis & Prepoſez à la recette dudit Droit de Marc d'Or, leſquels en feront l'employ en dépenſe par chacun an dans les Comptes de la recette dudit Droit de Marc d'Or, qui ſeront par eux rendus en la Chambre, le tout en la maniere accoutumée; les Bureaux aſſemblez, le dix-huitiéme jour de Juin mil ſept cens vingt-un. Signé* NOBLET.

POUR LE ROY. { *Collationn: à l'Original par Nous Ecuyer-Conſeiller-Secretaire du Roy, Maiſon, Couronne de France & de ſes Finances.*

EDIT DU ROY,

Qui confirme l'Ordre du Saint Eſprit dans tous ſes Privileges.

Donné à Verſailles au mois de Mars 1727.

Regiſtré en Parlement, Chambre des Comptes & Cour des Aydes.

B LOUIS par la grace de Dieu, Roi de France & de Navarre : A tous preſens & à venir, SALUT. Notre intention ayant toujours été depuis notre avenement à la Couronne, de donner à notre Ordre du Saint Eſprit des marques ſingulieres de notre affection, & du deſſein où Nous ſommes d'en conſerver toute la dignité & ſplendeur ; Nous avons par notre Edit du mois de Janvier 1720. pourvû aux fonds néceſſaires pour l'entretien de notredit Ordre, & le payement des diſtributions, gages & penſions des Princes, Cardinaux, Prelats, Chevaliers Commandeurs & Officiers d'icelui : mais quoique les privileges & exemptions accordez juſqu'à preſent audit Ordre par les Rois nos predeceſſeurs ſoient ſi conſtans & ſi bien établis, qu'ils ſemblent n'avoir beſoin d'aucune confirmation de notre part ; Nous avons crû cependant les devoir expliquer d'une maniere plus claire & plus diſtincte, afin de ne laiſſer aucun doute ſur leſdits privileges & exemptions, & prevenir toutes les difficultez & conteſtations qui pourroient ſurvenir ſur le ſujet d'iceux, comme il eſt arrivé en differentes occaſions. A CES CAUSES & autres conſiderations à ce Nous mouvans, de notre certaine ſcience, pleine puiſ-
C ſance & autorité Royale, Nous avons par le preſent Edit perpetuel & irrévocable, dit & ordonné, diſons, ordonnons, voulons & nous plaît.

ARTICLE PREMIER.

QUE l'Edit du mois de Mars 1580. les Déclarations des 20. Mars 1658. 17. Decembre 1691. & 14. Octobre 1711. enſemble notre Edit du mois de Janvier 1720. regiſtrez en nos Cours, qui ont établi & confirmé les privileges & exemptions accordez aux Princes, Cardinaux, Prelats, Chevaliers, Commandeurs, & Officiers qui ont été & ſeront ci-après admis & reçûs dans notre Ordre du Saint Eſprit, ſoient executez ſelon leur forme & teneur ; Voulons & entendons qu'ils y ſoient maintenus & conſervez pour toujours ſans qu'il puiſſe y être apporté à l'avenir aucun trouble ni alteration, conformément au ſerment qui en a été fait, tant par le Roi Henry III. Inſtituteur & Fondateur dudit Ordre, que par tous les Rois ſes ſucceſſeurs, & à celui que Nous en avons fait ſolemnellement à notre Sacre.

II.

D QUE les Princes, Cardinaux, Prelats, Chevaliers, Commandeurs & Officiers de notre Ordre du Saint Eſprit, ſoient & demeurent pour toujours francs, quittes & exempts de Nous payer aucuns rachats, ſous-rachats, reliefs, treiziémes, quints & requints, lods & ventes, & tous autres Droits Seigneuriaux generalement quelconques, ſous quelques titres & dénominations qu'ils ſoient exprimez, tant des terres & heritages qu'ils vendront ou acquerront, ou qu'ils auront pris ou donnez en échange, ou qui leur adviendront par ſucceſſions, donations, legs ou autrement, en quelques Païs & Provinces de notre Royaume, Terres & Seigneuries de notre obéïſſance qu'ils ſoient ſituez & aſſis, mouvans de Nous & de notre Domaine, ou par Nous cedez & délaiſſez à titre d'engagement ou d'uſufruit ; ſans qu'à quelque occaſion que ce ſoit, ni ſous prétexte des differentes diſpoſitions des Coutumes de notre Royaume, il puiſſe être aucune

chose demandée auſdits Princes, Cardinaux, Prelats, Chevaliers, Commandeurs & A
Officiers de notre Ordre du Saint Eſprit, ni à ceux de qui ils auront fait leſdites acqui-
ſitions, ſoit que par les Coutumes leſdits Droits ſoient dûs par les vendeurs ou par
les acquereurs.

I I I.

Voulons & entendons pareillement qu'ils ſoient francs, quittes & exempts de tous
emprunts, ſubſides & impoſitions, de peages, travers, paſſages, logemens de gens
de guerre, tutelles, curatelles, gardes & guets des Villes, Fortereſſes & Châteaux, &
autres charges publiques, comme auſſi de comparoir ou envoyer au ban & arriereban, ni de contribuer aux ſommes qui pourroient être levées en notre Royaume-pour
raiſon de ce.

I V.
B

Les diſtributions des Princes, Cardinaux, Prelats, Chevaliers & Commandeurs, &
les gages & penſions des Officiers de notre Ordre du Saint Eſprit ne pourront être
hypotequez, ni ſaiſis pour quelque cauſe que ce ſoit, ſi ce n'eſt par notre permiſſion
expreſſe, ſcellée du Sceau de l'Ordre.

V.

Voulons qu'ils jouïſſent de tous & ſemblables privileges & exemptions que nos
Officiers Domeſtiques & Commenſaux de notre Maiſon, & du droit de *Committimus*
au grand Sceau, conformément à l'Edit du mois d'Août 1669. & en conſequence,
qu'ils ayent leurs cauſes commiſes pardevant les Maîtres des Requêtes ordinaires de
notre Hôtel, ou les gens tenans les Requêtes de notre Palais à Paris.

V I.
C

Tous leſquels privileges & exemptions accordez aux Chevaliers, Commandeurs &
Officiers de notre Ordre du Saint Eſprit, auront pareillement lieu pour leurs femmes &
leurs veuves, tant qu'elles demeureront en viduité ; enſemble pour ceux qui auront
acquis la veterance, & ceux auſquels il a été accordé, ou à qui Nous accorderons
nos Lettres d'honneur, ſcellées du Sceau de notredit Ordre, leſquels jouïront des
mêmes privileges & exemptions, ſans aucune difference ni diſtinction
Si donnons en Mandement à nos amez & feaux Conſeillers les Gens tenans notre
Cour de Parlement, Chambre des Comptes & Cour des Aydes à Paris, que notre preſent Edit ils ayent à faire lire, publier & regiſtrer, & le contenu en icelui garder, obſerver & executer ſelon ſa forme & teneur, nonobſtant tous Edits, Declarations, Arrêts,
Reglemens, & autres choſes à ce contraires, auſquels nous avons dérogé & dérogeons
par notredit preſent Edit. Car tel est notre plaisir. Et afin que ce ſoit choſe ferme
& ſtable à toujours, Nous y avons fait mettre notre Scel. Donné à Verſailles au mois D
de Mars, l'an de grace mil ſept cens vingt-ſept, & de notre Regne le douziéme. *Signé*,
LOUIS. *Et plus bas*, par le Roi, PHELYPEAUX. *Viſa*, Fleuriau. Vû au Conſeil, Le
Pelletier, & ſcellé du grand Sceau de cire verte, en lacs de ſoye rouge & verte.

*Regiſtré, ouy & ce requerant le Procureur general du Roy, pour être executé ſelon ſa
forme & teneur, & copies collationnées envoyées aux Bailliages & Seneſchauſſées du Reſſort, pour
y être lu, publié & regiſtré : Enjoint aux Subſtituts du Procureur general du Roy d'y tenir la
main, & d'en certifier la Cour dans un mois, ſuivant l'Arrêt de ce jour. A Paris en Parlement le
deux Avril 1727. Signé*, Ysabeau.

*Regiſtré en la Chambre des Comptes, oui & ce requerant le Procureur General du Roi, pour
être executé ſelon ſa forme & teneur, conformément aux Edits, Declarations & Lettres Patentes ci-devant rendus, & concernant ledit Ordre, & Arreſts d'enregiſtremens en la Chambre
intervenus ſur leſdits Edits, Declarations & Lettres Patentes. Les Bureaux aſſemblez le vingt-
quatre Avril 1727. Signé*, Beaupied.
E

*Regiſtré en la Cour des Aydes, ouy & ce requerant le Procureur general du Roy, pour être
executé ſelon ſa forme & teneur, & ordonne copies collationnées d'icelui être envoyées ès
Sieges des Elections du Reſſort de la Cour, pour y être lues, publiées & regiſtrées, l'Audience tenant : Enjoint aux Subſtituts du Procureur general du Roy eſdits Sieges d'y tenir la main, & de
certifier la Cour de leurs diligences au mois. A Paris, les Chambres aſſemblées, le 28. May 1727.*

Signé, Robert.

CATALOGUE

Cazes delin.　　　　　　　　　　　C. N. Cochin sculp.

CATALOGUE

DES

CHEVALIERS,

COMMANDEURS ET OFFICIERS

DE L'ORDRE

DU St ESPRIT.

*N remarquera avant d'entrer dans le détail des Pro-
motions, que ceux que l'on y trouve qualifiez Chevaliers de l'Ordre du Roi, particulierement sous les
regnes des Rois Henry III. & Henry IV. sont ceux
qui étoient Chevaliers de Saint Michel, & qu'il a toujours été d'usage de faire Chevaliers de S. Michel ceux
qui ne l'étoient pas, avant de les recevoir Chevaliers
du Saint Esprit; qu'étant reçûs Chevaliers de Saint Michel & du Saint
Esprit, on les a qualifiez Chevaliers des Ordres du Roi, ou Chevaliers &
Commandeurs des Ordres du Roy; & que les Cardinaux & Prelats associez à
l'Ordre du Saint Esprit, ne sont Commandeurs que de l'Ordre du S. Esprit*

e) non de Saint Michel. C'eſt la raiſon pour laquelle ils portent des deux A côtez de leur Croix d'or attachée au Cordon bleu, la ſeule image du Saint Eſprit; au lieu que les Chevaliers portent d'un côté un Saint Michel & de l'autre un Saint Eſprit. La qualité de Commandeur eſt donnée aux uns *q)* aux autres, à cauſe des Commandes qu'ils devoient avoir & qui n'ont pas encore été créées. En attendant on leur donne à chacun mille écus par an ſur le revenu du Marc d'Or.

Deux écussons accollez, le 1. de France, le 2. de Pologne, parti de Lithuanie.

PREMIERE PROMOTION,

Faite à Paris dans l'Eglise des Augustins , le 31. Decembre 1578.

A **H**ENRY III. Roi de France & de Pologne, premier Chef & Souverain Grand-Maître de l'Ordre du Saint Esprit, fut revêtu du grand Manteau de l'Ordre , & prêta le Serment entre les mains de Jacques Amiot, évêque d'Auxerre, grand-aumônier de France , qui lui mit le grand collier de l'Ordre au col. Il fut assassiné à Saint Cloud le premier août 1589. & mourut le lendemain deuxiéme, *comme il est rapporté au premier volume de cette histoire, page 139.*

CHEVALIERS.

Ecartelé , au 1. d'argent , à une croix patée de gueules, cantonnée de quatre aigles de sable, membrez & becquez de gueules , la croix chargée d'un écusson écartelé de gueules au lieu d'or , & d'or à trois fasces de sable , qui est de Gonzague , au 2. & 3. coupé, le chef parti de 4. le 1. de Cleves , le 2. de la Marck , le 3. d'Artois , le 4. de Brabant , soutenus de Nevers-Bourgogne, de Rethel & d'Albret-Orval , au 4. & dernier grand quartier coupé & parti de trois , au 1. de l'Empire , au 2. de Jerusalem , au 3. d'Arragen , soutenus de Saxe, de Bar & de Constantinople, sur le tout de Mont-ferrat , & sur le tout du tout d'Alençon.

I.

B **L**UDOVIC de Gonzague, duc de Nevers & de Rethelois , pair de France, prince de Mantoue, chevalier de l'Ordre du Roi , capitaine de cent hommes d'armes de ses ordonnances , gouverneur & lieutenant general des provinces de Champagne

& Brie, fut le premier reçû Chevalier du Saint Esprit, après que le Roi eut été reçû ; **A**
& qu'il eut fait prêter serment aux Officiers de l'Ordre, qui firent leur premiere fonction
à la reception de ce Duc.

    Il étoit troisiéme fils de *Frederic* de Gonzague, premier duc de Mantoüe, & de
Marguerite Paleologue, marquise de Montferrat. *Voyez son article & ses descendans tome III. de cette histoire, p. 712. à l'occasion du duché-pairie de Nevers.*

    *Voyez la vie du duc de Nevers, écrite par Antoine Possevin, & les memoires donnez au
public par le sieur de Gomberville.*

De Lorraine-Mercœur.

I I.

PHILIPPES-EMMANUEL de Lorraine, duc de Mercœur & de Penthie- **B**
vre, pair de France, marquis de Nomeny, prince du Saint Empire, chevalier
de l'Ordre du Roi, capitaine de cent hommes d'armes de ses ordonnances, gouverneur de Bretagne, mourut à Nuremberg d'une fiévre pourprée le 19. février 1602.

    Il étoit fils de *Nicolas* de Lorraine, comte de Vaudemont, duc de Mercœur, &
d'*Anne* de Savoye-Nemours sa seconde femme, *comme il a esté dit tome III. de
cette hist. p. 794. à l'occasion du* duché-pairie de Mercœur.

*Ecartelé, au 1. & 4. parti de Crus-
sol & de Levis, au 2 & 3. écartelé,
au 1. & 4. d'azur, à trois étoiles d'or
en pal, qui est Gourdon-Genouillac,
au 2. & 3. de gueules à trois bandes
d'or, qui est de Galiot, & sur le tout
d'Uzés.*

I I I.

JACQUES comte de Crussol, duc d'Uzés, pair de France, seigneur de Levis, d'As- **C**
sier, de Florensac, &c. chevalier de l'Ordre du Roi, conseiller au Conseil d'état
& privé, capitaine de cent hommes d'armes des ordonnances, mourut au mois de
septembre 1584.

    Il étoit fils de *Charles* sire de Crussol, vicomte d'Uzés, & de *Jeanne* Galiot de
Genoüillac, dame d'Assier.

    *Voyez la genealogie de la maison de Crussol, rapportée tome III. de cette hist. page 762. à
l'occasion du* duché-pairie d'Uzés.

I V.

De Lorraine-Aumale.

IV.

ᴬ CHARLES de Lorraine, duc d'Aumale, pair & grand-veneur de France, conseiller du Roi en son conseil d'état & privé, capitaine de cent hommes d'armes des ordonnances, fut l'un des princes de sa maison des plus ardens au parti de la Ligue, qui l'établit gouverneur de Paris en 1589. En 1594. le Parlement de Paris donna un arrêt, par lequel il lui étoit ordonné de rentrer dans son devoir, & de se soumettre au Roi; mais ayant continué dans la rebellion, il fut déclaré criminel de leze-majesté au premier chef, & executé en effigie. Il mourut à Bruxelles en 1631.

Voyez au chapitre des GRANDS-VENEURS, *tome VIII. de cette histoire, p.* 732. *& tome III. page* 492. *où sa genealogie & ses armes sont rapportées.*

Ecartelé, au 1. & 4. de Savoye, au 2. & 3. contr'écartelé, au 1. & 4. de gueules, à l'aigle éployé d'or, au 2. & 3. de gueules au chef d'or.

V.

ᴮ HONORAT de Savoye, marquis de Villars, comte de Tende & de Somme-rive, chevalier de l'Ordre du Roi, conseiller en son Conseil privé, maréchal & amiral de France, gouverneur de Provence, mourut à Paris en l'année 1580.

Voyez au chapitre des MARECHAUX DE FRANCE, *tome VII. de cette hist. p.* 237.

Ecartelé, au 1. & 4. de Cossé, au 2. de Charno, au 3. de Gouffier, & sur le tout de Montmorency.

VI.

ᶜ ARTUS de Cossé, seigneur de Gonnor, comte de Secondigny, maréchal & grand-pannetier de France, chevalier de l'Ordre du Roi, capitaine de cinquante hommes d'armes, gouverneur de Guyenne, de Picardie, de Bearn, de Metz, d'Orleanois, de Touraine, païs Chartrain & Blaisois, senechal d'Agenois, surintendant des finances, mourut de la goutte le 15. janvier 1582.

Voyez son éloge au chapitre des MARECHAUX DE FRANCE, *p.* 236. Il étoit fils puiné de *René* de Cossé, seigneur de Brissac, & de *Charlotte* Gouffier. *La genealogie de cette maison se trouve tome IV. de cette histoire, p.* 321. *à l'occasion du duché-pairie de Brissac.*

Tome IX. O

Ecartelé, au 1. & 4. de Gouffier, au 2. & 3. de Montmorency, sur le tout de Crevecœur.

VII.

FRANÇOIS Gouffier, seigneur de Crevecœur & de Bonnivet, chevalier de l'Ordre du Roi, conseiller au Conseil d'état & privé, lieutenant general au gouvernement de Picardie, capitaine de cinquante hommes d'armes, mourut le 24. avril 1594. *Voyez son article tome V. de cette hist. p. 616. à l'occasion du duché de Rouannois.*

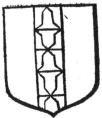

De gueules, au pal de vair.

VIII.

FRANÇOIS comte d'Escars, chevalier de l'Ordre du Roi, capitaine de cinquante hommes d'armes de ses Ordonnances, conseiller au Conseil d'état & privé, lieutenant general au gouvernement de Guyenne, gouverneur de la ville de Bourdeaux.

Il étoit fils aîné de *Jacques* seigneur d'Escars, & d'*Anne* de l'Isle-Jourdain, dame de Merville sa premiere femme, *comme il a esté dit tome II. de cette hist. p. 230.*

D'argent, à trois lions de sable, armez, lampassez & couronnez d'or.

IX.

CHARLES de Hallwin, seigneur de Piennes, marquis de Maignelais, chevalier de l'Ordre du Roi, capitaine de cent hommes d'armes des ordonnances, conseiller au Conseil d'état & privé, gouverneur & lieutenant general de la ville de Metz & païs Messin, depuis duc de Hallwin, pair de France.

Voyez sa genealogie rapportée tome III. de cette hist. p. 913. à l'occasion du duché-pairie de Hallwin.

Ecartelé, au 1. & 4. de la Rochefoucaud*, au 2. & 3. de* Barbesieux*, sur le tout d'or, à deux vaches passantes de gueules, accolées & clarinées d'azur.*

X.

A CHARLES de la Rochefoucaud, seigneur de Barbezieux, de Linieres, de Melleran, de Preuilly, &c. chevalier de l'Ordre du Roi, capitaine de cinquante hommes d'armes, conseiller au conseil d'état & privé, lieutenant general au gouvernement de Champagne & Brie, grand-sénéchal de Guyenne, mourut en 1583.

Voyez sa genealogie tome IV. de cette hist. p. 438. à l'occasion du duché-pairie de la Rochefoucaud.

Ecartele, au 1. & 4. de gueules, au pal de vair, à la bordure engrêlée, au 2. & 3. de Bourbon-Vendôme.

X I.

B JEAN d'Escars, seigneur, puis comte de la Vauguyon, prince de Carency, chevalier de l'Ordre du Roi, conseiller au Conseil d'état & privé, capitaine de cinquante hommes d'armes des ordonnances, maréchal & sénéchal de Bourbonnois, mourut le 21. septembre 1595.

Il étoit fils de *François* d'Escars, seigneur de la Vauguyon, chevalier d'honneur, & premier écuyer de la reine Eleonor d'Autriche, & d'*Isabeau* de Bourbon, dame de Carency, *comme il a esté dit tome II. de cette hist. page 234.*

Bandé d'argent & de gueules de six pieces, au chef d'argent chargé d'une rose de gueules boutonnée d'or, soutenuë d'une fasce de même.

X I I.

C CHRISTOPHE Juvenel des Ursins, seigneur de la Chapelle-Gautier & de Doüe, marquis de Traisnel, chevalier de l'Ordre du Roi, conseiller d'état, capitaine de cent hommes d'armes, lieutenant general au gouvernement de Paris & de l'isle de France, mourut en 1588.

Sa genealogie est rapportée au chapitre des CHANCELIERS DE FRANCE*, tome VI. de cette hist. p. 403.*

Ecartelé, au 1. & 4. d'argent, à la bande de gueules, qui est le Roy, au 2. & 3. de Dreux.

X I I I.

FRANÇOIS le Roy, seigneur de Chavigny, comte de Clinchamp, chevalier A de l'Ordre du Roi, conseiller d'Etat, capitaine de cinquante lances & des cent gentilshommes de la maison du Roi, lieutenant general au gouvernement des provinces d'Anjou, de Touraine & du Maine, mourut fort âgé le 18. février 1606.

Sa genealogie est rapportée au chapitre des GRANDS-AUMOSNIERS DE FRANCE, *tome VIII. de cette histoire, p.* 249.

Il n'en reste plus de cette maison, malgré ce que quelques-uns avoient tenté pour le persuader,

Bandé d'argent & d'azur de six pieces.

X I V.

SCIPION de Fiesque, comte de Lavagne & de Calestan, seigneur de Bressuire B & de Leuroux, chevalier de l'Ordre du Roi, conseiller d'état, chevalier d'honneur des reines Elizabeth d'Autriche, & Louise de Lorraine, femmes des rois Charles IX. & Henry III. mourut à Moulins en 1598. âgé de 70. ans, & est enterré à Saint Eustache à Paris, où l'on voit son tombeau.

Il étoit le quatriéme fils de *Sinibalde* de Fiesque, comte de Lavagne & de Calestan, mort en 1531. & de *Marie* de la Roüere, & épousa *Alphonsine* Strozzi sa parente, qui fut dame d'honneur de la Reine, *comme il a esté dit tome VII. de cette hist. p.* 207. Il en eut,

FRANÇOIS de Fiesque, comte de Lavagne & de Bressuire, qui épousa en 1609. *Anne* le Veneur, dame d'atour de madame duchesse d'Orleans, & gouvernante de Mademoiselle, fille de *Jacques* le Veneur, comte de Tillieres, chevalier des Ordres du Roi (*a*), & fut tué au siege de Montauban à la tête de son regiment en 1621. De ce mariage sortirent CHARLES-LEON comte de Fiesque, C qui suit. *Claude* de Fiesque, abbé de Lonlay. *Jean-Louis* de Fiesque, chevalier de Malte, tué au siege de Mardik le 13. août 1646. *Marie* de Fiesque, femme de *Pierre* marquis de Breauté, tué au siege d'Arras le 24. juin 1640. & deux autres filles.

CHARLES-LEON comte de Fiesque, fut marié en l'année 1643. à *Gillonne* de Harcourt, veuve de *Louis* de Brouïlly, marquis de Piennes, fille de *Jacques* de Harcourt, marquis de Beuvron, & de *Leonor* Chabot-de-Jarnac, (*b*) il en eut *Jean-Louis-Marie* comte de Fiesque, auquel le Roi fit payer par les Genois trois cens mille livres, pour des prétentions qu'il avoit contr'eux. Il mourut sans avoir été marié le 28. septembre 1708. âgé de 61. ans. *Henriette* de Fiesque, religieuse de la Visitation à Saint Denis. *N* ... de Fiesque, religieuse à Joüarre. & *N*.... de Fiesque, abbesse de Notre-Dame de Soissons en 1693.

(*a*) Voyez tome VIII. p. 259.

(*b*) Voyez tome V. p.151.

X V.

*D'argent, à la fasce bandée d'or &
de gueules de six pieces.*

X V.

A NTOINE sire de Pons, comte de Marennes, chevalier de l'Ordre du Roi,
capitaine de la seconde compagnie des cent gentilshommes de sa maison, par
provisions du 21. septembre 1578. conseiller d'état, lieutenant pour le Roi au gouvernement de Xaintonge, mourut l'an 1580.

Il étoit fils aîné de *François* sire de Pons, comte de Marennes & de Montfort,
& de *Catherine* de Ferrieres, & épousa 1°. *Anne* de Parthenay, fille de *Jean* l'Archevêque, seigneur de Parthenay & de Soubize, 2°. *Marie* de Montchenu, dame
de Guercheville. Du premier lit sortirent *François* de Pons, comte de Marennes, mort jeune; *Anne* femme de *François* Martel, seigneur de Lindebeuf; &
Jeanne abbesse de Crisenon : & du second *Henry* de Pons, mort jeune; *Pontus*
tué à Rome sans avoir été marié; *Antoinette* dame de Pons, femme de *Henry*
d'Albret, baron de Miossens, chevalier des Ordres du Roi (*a*); autre *Antoinette* de Pons, marquise de Guercheville, dame d'honneur de Marie de Medicis, reine de France, mariée 1°. à *Henry* de Silly, comte de la Rocheguyon,
chevalier des Ordres du Roi, 2°. à *Charles* du Plessis, seigneur de Liancourt,
comte de Beaumont, chevalier des Ordres du Roi, morte à Paris le 5. Janvier
1632. (*b*) & *Jeanne* de Pons, abbesse de Saint Sauveur d'Evreux.

(*a*) Voyez tome
VI. de cette hist.
p. 110.

(*b*) Tome I V.
p. 756. & tome
VIII. p. 171.

D'argent, fretté de sable.

X V I.

JACQUES sire de Humieres & de Monchy, marquis d'Encre, chevalier de l'Ordre
du Roi, conseiller d'Etat, capitaine de cinquante hommes d'armes des ordonnances, gouverneur de Peronne, Montdidier & Roye, lieutenant general au gouvernement de Picardie, mourut l'an 1579.

Voyez sa genealogie au chapitre des GRANDS-AUMOSNIERS DE FRANCE, *tome
VIII. de cette hist. p.* 274.

D'argent, au chevron de gueules, accompagné de sept merlettes de même, 4. en chef & 3. en pointe.

XVII.

JEAN d'Aumont, comte de Chasteauroux, baron d'Estrabonne, de Chappes, &c. A maréchal de France, chevalier de l'Ordre du Roi, conseiller d'état, capitaine de cent hommes d'armes, gouverneur de Dauphiné & de Bretagne, mourut des blessures qu'il reçut devant le château de Comper qu'il assiegeoit le 19. août 1595. âgé de 73. ans. *Voyez sa genealogie tome IV. de cette hist. p. 870. à l'occasion du* duché-pairie d'Aumont.

D'argent, à cinq burelles de gueules.

XVIII.

JEAN de Chourses, seigneur de Malicorne, chevalier de l'Ordre du Roi, gouver- B neur de Poitou, mourut sans postérité.
  Il étoit fils de *Felix* de Chourses, seigneur de Malicorne, & de *Madelene* Baif, dame de Mangey, & épousa 1°. *Renée* Auvé, dame du Genetay, morte en 1577. 2°. *Françoise* de Daillon, fille de *Jean* comte du Lude, & d'*Anne* de Batarnay (*a*). Il avoit pour sœurs *Marguerite* de Chourses, dame de Malicorne & de Man- gey, première femme de *Charles* de Beaumanoir, seigneur de Lavardin (*b*); *Catherine* de Chourses, abbesse du Pré au Mans; & *Jeanne* de Chourses, mariée 1°. à *Gillon* de Bailleul, seigneur de Longpont, 2°. à *Claude* du Breüil, maître des requêtes.

(*a*) Voyez tome VIII. de cette hist. p. 191.
[*b*] Tome VII. p. 185.

D'or, à deux masses de sable posées en sautoir, & liées de gueules.

XIX.

ALBERT de Gondy, comte, puis duc de Rets, pair, maréchal & general des C galeres de France, chevalier de l'Ordre du Roi, premier gentilhomme de sa chambre, mourut l'an 1602.
  Voyez ses ancêtres & sa posterité tome III. de cette hist. p. 890. à l'occasion du duché-pairie de Rets.

Ecartelé, au 1. & 4. de gueules, à la croix fleurdelisée & alisée d'or, cantonnée de douze billettes de même, au 2. & 3. de Rochechouart, sur le tout d'Amboise.

X X.

A RENE' de Villequier, dit *le jeune & le gros*, baron de Clervaux, d'Aubigny & d'Eury, chevalier de l'Ordre du Roi, premier gentilhomme de sa chambre, conseiller d'état, capitaine de cent hommes d'armes des ordonnances, gouverneur de Paris & de l'Isle de France, se dévoüa entierement aux inclinations & aux plaisirs du roi Henry III. son maître, & s'abîma dans la dissolution & le libertinage. Il tua à Poitiers en septembre 1577. (*a*) par jalousie dans la maison du Roi *Françoise* de la Marck sa premiere femme; de laquelle il avoit eu *Charlotte-Catherine* de Villequier, mariée 1°. à *François* seigneur d'O, de Fresne, &c. maître de la garderobe du Roi & chevalier de ses Ordres, 2°. à *Jacques* d'Aumont, seigneur de Chappes, prévôt de Paris (*b*). RENE' de Villequier épousa en secondes nôces *Louise* de Savonnieres, dont il eut *Claude* baron de Villequier & de Clervaux, vicomte de la Guierche, mort à Fontainebleau sans alliance au retour d'Italie en 1604. à l'âge de 19. ans, & en lui finit la maison de Villequier. Sa veuve se remaria à *Martin* seigneur du Bellay, prince d'Yvetot, chevalier de l'Ordre du Saint Esprit.

[*a*] Voyez le Journal d'Henry III. sur l'an 1577.

(*b*) Voyez tome IV. de cette hist. p. 876.

Ecartelé, au 1. & 4. pallé d'or & d'azur de 6.pieces, au chef chargé d'une vivre ou fasce vivrée d'argent, au 2. & 3. d'Estouteville.

X X I.

B JEAN Blosset, seigneur & baron de Torcy-le-Grand & Torcy-le-Petit, du Plessis-Pasté, &c. chevalier de l'Ordre du Roi, conseiller d'état, capitaine de cinquante hommes d'armes des ordonnances, lieutenant general au gouvernement de Paris & Isle de France, mourut sans posterité le 26. novembre 1587. Son corps est enterré à Bretigny, paroisse du Plessis-Pasté près Montlhery auprès de sa premiere femme, & son cœur aux Cordeliers de Paris.

Il étoit fils de *Jean* Blosset, baron de Torcy, & d'*Anne* de Cugnac, & épousa 1°. *Anne* de Saint Berthevin, 2°. *Marie* de Riants, veuve des seigneurs du Plessis-Marolles, & de Vou-de-Bures, & fille de *Denis* de Riants, seigneur de Villeray, président à mortier au Parlement de Paris, & de *Gabrielle* Sapin, desquelles il n'eut point d'enfans; & eut pour heritieres ses deux sœurs *Claude* Blosset, dame de Torcy, femme de *Louis* de Montberon, seigneur de Fontaines-Chalandray (*c*), & *Françoise* Blosset, mere de *François* d'Orleans, *bâtard* de Longueville, marquis de Rothelin (*d*), & femme de *Jean* de Briqueville, seigneur de Colombieres.

[*c*] Voyez tome VII. de cette hist. p. 25.

(*d*) Tome I. p. 224.

De gueules, à la croix fleurdelisée &
alisée d'or, cantonnée de douze billettes
de même.

XXII.

CLAUDE de Villequier, dit l'aîné, seigneur & baron de Villequier, vicomte de   A
la Guierche en Touraine, capitaine de cinquante hommes d'armes.
    Il étoit frere aîné de *René* de Villequier, baron de Clervaux, *qui a esté rapporté*
ti-devant, p. 59. & fils de *Jean-Baptiste* seigneur de Villequier, & d'*Anne* de Ro-
chechouart-Mortemar. Il se maria à *Rence* d'Apelvoisin, fille de *Guillaume* seigneur de la Roche, & d'*Anastase* de la Beraudiere; dont il eut, GEORGES de
Villequier, vicomte de la Guiérche, *qui sera aussi rapporté dans la suite comme Che-*
valier du Saint Esprit, & testa le 24. avril 1595. en faveur de *Jeanne* l'Hermite sa
tante, dame de Mortagne, & de *Pierre* de Segur, seigneur de Ligonne.

Ecartelé au 1. & 4. d'Estrées,
au 2. de Bourbon-Ligny, au 3. de la
Cauchie.

XXII.

ANTOINE d'Estrées, marquis de Cœuvres, premier baron & sénéchal de Bou-   B
lonois, vicomte de Soissons, chevalier de l'Ordre du Roi, conseiller d'état,
grand-maître de l'artillerie de France, gouverneur de la Fere, de Paris & de l'Isle de France, capitaine de cinquante hommes d'armes.
    Voyez ses ancêtres & sa posterité tome IV. de cette hist. p. 596. à l'occasion du duché-pairie
d'Estrées.

Ecartelé, au 1. & 4. à la fasce échi-
quetée d'argent & de gueules de trois
traits au lion issant de gueules en chef,
qui est la Marck, au 2. & 3. de Brezé.

XXIV.

CHARLES-ROBERT de la Marck, comte de Braine & de Maulevrier, baron   C
de Pontarcy, vicomte de Huissay, seigneur de Rignac, Coilonges & Villomer,
duc de Bouillon, prince de Sedan, chevalier de l'Ordre du Roi, capitaine des cent
Suisses de la Garde, mourut l'an 1622. Il preceda en tous lieux pendant sa vie HENRY
de la Tour, duc de Bouillon, maréchal de France, suivant la transaction qu'ils firent
ensemble le 25. août 1601. *rapportee dans l'hist. d'Auvergne par M. Baluze, tome II. p. 796.*
    Sa genealogie est rapportée au chapitre des MARECHAUX DE FRANCE, *tome VII. de*
cette hist. p. 165.   XXV.

D'azur, à trois fautoirs d'argent;
au chef d'or, à trois fautoirs d'azur.

XXV.

A FRANÇOIS de Balſac, ſeigneur d'Entragues, de Marcouſſis & du Bois-Malher‑
bes, chevalier de l'Ordre du Roi, conſeiller d'état, gouverneur d'Orleans, capi‑
taine de cinquante hommes d'armes.
Il étoit fils aîné de *Guillaume* de Balſac, ſeigneur d'Entragues, de Marcouſſis, &c.
gouverneur du Havre de Grace, & de *Louiſe* de Humieres, *comme il a été dit*
tome II. de cette hiſt. p. 439.

De ſinople, au fautoir d'or.

XXVI.

B PHILBERT ſeigneur de la Guiche & de Chaumont, chevalier de l'Ordre du
Roi, conſeiller d'état, grand‑maître de l'artillerie de France, gouverneur de
Bourbonnois, mourut à Lyon l'an 1607.
Ses ancêtres & ſa poſterité ſont rapportez au chapitre des MARECHAUX DE FRANCE,
tome VII. de cette hiſt. p. 441.

D'or, à la faſce de gueules, chargée
de trois croiſſans d'argent.

XXVII.

C PHILIPPES Strozzi, ſeigneur d'Eſpernay, chevalier de l'Ordre du Roi, conſeil‑
ler d'état, colonel general de l'infanterie Françoiſe, tué le 26. juillet 1582.
Son éloge eſt rapporté au chapitre des COLONELS GENERAUX DE L'INFANTE‑
RIE, *tome VIII. de cette hiſt. p.* 218. *& ſes ancêtres au chapitre des* MARECHAUX
DE FRANCE, *tome VII. p.* 206.

Tous les *Officiers de l'Ordre du Saint Eſprit, ſeront rapportez de ſuite*
après les Chevaliers.
Tome IX. Q

PROMOTION

Faite à Paris dans l'Eglise des Augustins, le 31. Decembre 1579.

IL n'y a point de preuves du jour que les Cardinaux de Bourbon, de Guise & de Birague ont été reçûs Commandeurs de l'Ordre du Saint Esprit. Il est certain qu'ils ne l'ont point été le 31. Decembre 1578. On les met à cette promotion où ils parurent la premiere fois comme Commandeurs, & il y a des preuves que les Prelats y furent reçûs.

CARDINAUX ET PRELATS.

De France, à la bande racourcie de gueules.

I.

CHARLES de Bourbon, cardinal, archevêque de Rouen, légat d'Avignon, mourut en prison à Fontenay-le-Comte le 9. may 1590.

Voyez ce qui est rapporté de lui à la maison Royale, page 329. du premier volume de cette hist. & p. 305. du second, chapitre des EVESQUES ET COMTES de Beauvais, Pairs de France.

De Lorraine-Guise. Voyez tome III. page 478.

II.

LOUIS de Lorraine, Cardinal *de Guise*, archevêque, duc de Reims, premier pair de France, légat né du S. Siege, abbé de Saint Denis, de Fescamp & de Cluny, fut tué au château de Blois le 24. décembre 1588.

Voyez son article tome II. de cette hist. p. 73. & ses ancêtres tome III p. 485.

D'argent, à trois fasces bretecées & contrebretecées de gueules de cinq pieces, chacune chargée d'un trefle d'or.

III.

A R'ENE' de Birague, cardinal, chancelier de France, évêque de Lavaur, abbé de Flavigny, de Longpont, de S. Pierre-le-Vif de Sens, prieur de Souvigny, mourut à Paris le 24. novembre 1583.

Il est rapporté au chapitre des CHANCELIERS, page 492. du VI. volume de cette hist. Art. LXXXV.

D'argent, à la croix engrêlée de gueules.

IV.

B PHILIPPES de Lenoncourt, évêque d'Auxerre & de Châlons, pair de France, abbé de Mouftier-en-Argonne, Mouftier-S.-Jean en Bourgogne, de Rebetz & de Barbeaux, prieur de la Charité-fur-Loire, &c. conteiller d'état, depuis cardinal & nommé archevêque de Reims, mourut le 13. décembre 1591. Voyez son article tome II. de cette hist. p. 380.

Il étoit quatriéme fils d'*Henry* II. du nom, feigneur de Lenoncourt, chevalier de l'Ordre du Roi, & de *Marguerite* de Broyes. Ses ancêtres ont est rapportez ibidem, *page* 52.

D'or, a deux maffes d'armes d' fable paffees en fautoir, liées de gueules.

V.

C PIERRE de Gondy, évêque de Paris, confeiller d'état, chancelier d'Elizabeth d'Autriche, reine de France, depuis cardinal, mourut le 27. février 1616. âgé de 84. ans & est enterré dans la chapelle de Gondy en l'église de Notre-Dame de Paris, où se voit sa fépulture. Voyez son article tome II. de cette hist. p. 227.

Il étoit troifiéme fils d'*Antoine* de Gondy, feigneur du Perron, & de *Marie-Catherine* de Pierrevive. Voyez sa genealogie tome III. de cette hist. p. 890.

De gueules , au pal de vair.

V I.

CHARLES d'Efcars , évêque & duc de Langres, pair de France, confeiller d'état, mourut en 1614. *Voyez fon article & fa genealogie tome II. de cette hift. p. 227.* A

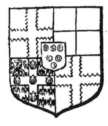

Ecartelé, au 1. & 4. d'azur , à la croix engrêlée d'argent , au 2. écartelé d'or & d'azur , au 3. de Laval, le 1. canton de la croix d'azur femé de fleurs de lys d'or , au lion d'or , & fur le tout d'or , à fix annelets de gueules.

V I I.

RENE' de Daillon du Lude, abbé de Chafteliers, de Chaux & de la Boiffiere, confeiller d'état, avoit auparavant été nommé évêque de Luçon, & n'avoit pas été facré, fuivant un état des évêques de Luçon, imprimé en 1700. Il fut depuis nommé à l'évêché de Bayeux, & mourut le 8. mars 1601. B

La genealogie de fa maifon eft rapportée au chapitre des GRANDS-MAISTRES DE L'ARTILLERIE, *p.* 189. *du tome VIII. de cette hiftoire.*

D'azur, au chevron d'or chargé d'un croiffant de gueules , & accompagné de deux trefles en chef, & d'une etoile en pointe , le tout d'or.

V I I I.

JACQUES Amiot, évêque d'Auxerre, confeiller d'état, grand-aumônier de France, & en cette qualité commandeur de l'Ordre du S. Efprit. Il fut privé de cette charge en 1591. par le roi Henry IV. qui la donna à Renaut de Beaune, archevêque de Bourges. Il mourut le 6. février 1593. C

Voyez au chapitre des GRANDS-AUMOSNIERS, *Art.* LII. *p.* 283. *du VIII. tome de cette hiftoire.*

CHEVALIERS.

Ecartelé, au 1. & 4. de Bourbon, au 2. & 3. d'Alençon.

I.

A FRANÇOIS de Bourbon, prince de Conty, souverain de Chasteauregnaut; seigneur de Bonnestable & de Lucé, chevalier des Ordres du Roi, gouverneur d'Auvergne, de Paris & de Dauphiné, mourut le 3. août 1614.

Voyez ce qui est rapporté de lui à la maison Royale, p. 333. du premier volume de cette histoire.

De Bourbon, au bâton de gueules peri en bande, chargé d'un croissant d'argent en chef.

II.

B FRANÇOIS de Bourbon, prince Dauphin d'Auvergne, duc de S. Fargeau; puis de Montpensier, pair de France, souverain de Dombes, chevalier de l'Ordre du Roi, capitaine de cent hommes d'armes, mourut le 4. juin 1592.

Il est rapporté dans la maison Royale, tome I. p. 356.

De Lorraine-Guise. Voyez tome III. page 478.

III.

C HENRY de Lorraine, duc de Guise, pair & grand-maître de France; prince de Joinville, chevalier de l'Ordre du Roi, gouverneur de Champagne & Brie, capitaine de cent hommes d'armes, dit *le Balafré*, fut tué à Blois le 23. décembre 1588.

Voyez au chapitre des GRANDS-MAISTRES DE FRANCE, Article XXXI. p. 387. du tome VIII. de cette hist. & sa genealogie tome III. p. 478.

Tome IX.   R

Ecartelé, au 1. & 4. d'azur, à la
croix alaifée d'argent, au 2. & 3. burelé
d'argent & d'azur de dix pieces, au
lion de gueules, couronné, armé & lampassé d'or.

I V.

LOUIS de Saint Gelais, dit *de Lezigaem*, baron de la Motte-Sainte-Heraye, fei- **A**
gneur de Lanffac & de Preffy-fur-Oife, chevalier de l'Ordre du Roi, confeiller
d'état, chevalier d'honneur de la reine Catherine, mere du Roi, & furintendant de
fa maison, fut ambaffadeur à Rome en 1554. pourvû en 1568. de la charge de capitaine de la feconde compagnie des cent gentilshommes de la maison du Roi, dont
il fe démit au mois d'avril 1578. & mourut au mois d'octobre 1589. âgé de 76. ans.
Il eft le premier de fa famille qui a pris le nom de Lefignem.

Il étoit fils d'*Alexandre* de Saint Gelais, feigneur de Romefort, chambellan du
roi Louis XII. & de *Jacquette* dame de Lanffac, & époufa 1°. en 1545. *Jeanne*
fille de *Philippes* feigneur de la Roche-Andry en Angoumois, & d'*Anne* de Beau-
mont-Genay, 2°. en 1565. *Gabrielle* fille de *François* de Rochechouart, feigneur
de Mortemart (*a*). Du premier lit fortirent GUY de Saint Gelais, feigneur de
Lanffac, qui fuit; & *Claude* de Saint Gelais, dame de Preffy, femme de *Charles*
comte fouverain de Luffe en baffe Navarre. Du fecond lit vinrent, *Charles* de
Saint Gelais, feigneur de Preffy, mort en 1586. *François* de Saint Gelais, feigneur
de Vernon, abbé de S. Lo, protonotaire du S. Siege, & *Marguerite* de S. Gelais **B**
de Lefignem. *Outre ces enfans il eut un bâtard nommé* Urbain, *qui fut evéque de*
Cominges, & qui mourut en 1613.

(*a*) Voyez tome
IV. p. 679.

GUY de Saint Gelais, dit *de Lezignem*, feigneur de Lanffac, mourut fort âgé en
1622. Il époufa *Antoinette* Raffin, fille & heritiere de *Francois* Raffin, feigneur
d'Azay-le-Rideau, capitaine des Gardes du corps du Roi, fénéchal d'Agenois,
& de *Nicole* le Roy-Chavigny, dame de Balon; dont il eut *Alexandre* de Saint
Gelais, dit *de Lezignem*, tué au fiege de la Fere à l'âge de 22. ans en 1596.
Jeanne de Saint Gelais, dite de *Lezignem*, morte fille; &

ARTUS de Saint Gelais de Lezignem, feigneur de Lanffac, marquis de Balon,
qui laiffa de *Françoife* de Souvré fa femme, fille aînée de *Gilles* de Souvré, marquis de Courtenvaux, maréchal de France (*b*), GILLES de Saint Gelais, qui
fuit, *Marie* de Saint Gelais de Lezignem, femme de *Rêné* de Courtalvert, feigneur de Pezé au Maine; & *Françoife* de Saint Gelais, dite *de Lezignem*, morte
le 29. août 1673. veuve de *Louis* de Prie, marquis de Toucy. *Voyez tome VIII.*
de cette hift. p. 120. **C**

(*b*) Voyez tome
VI. de cette hift.
p. 400.

GILLES de Saint Gelais, dit *de Lezignem*, feigneur de Lanffac, marquis de Balon, fut bleffé à mort au fiege de Dole le 30. juillet 1636. Il avoit époufé 1°.
Françoife Fouquet de Croiffy, de laquelle il eut *Marie Madelene* de Saint Gelais,
dite *de Lezignem*, mariée à *Henry-François* marquis de Vaffé, 2°. *Marie* de Vallée-Foffez, marquife d'Everly, de laquelle il eut *Anne-Armande* de Saint Gelais
de Lanffac, mariée à *Charles* duc de Crequy, pair de France, chevalier des
Ordres du Roi, & morte le 10. août 1709. (*c*) *Marie* de Vallée-Foffez, fe remaria étant veuve en 1639. à *Henry* de Mefmes, prefident à mortier, mort en
1650. Elle mourut le 21. août 1661.

(*c*) Voyez tome
IV. de cette hift.
p. 293.

Ecartelé, au 1. & 4. d'argent, au lion de sable, l'écu semé de croisettes de même, au 2. & 3. d'or à la bande de gueules, & sur le tout d'argent, parti de gueules.

V.

A JEAN d'Ebrard, baron de Saint Sulpice, chevalier de l'Ordre du Roi, conseiller d'Etat, capitaine de cinquante hommes d'armes, mourut le 5. novembre 1581.

Il étoit fils d'*Antoine* d'Ebrard, seigneur de Saint Sulpice, & de *Jeanne* de Levis sa première femme; & épousa *Jeanne* de Gontaut-de-Biron, morte le premier janvier 1587. (*a*) dont il eut *Henry* d'Ebrard de Saint Sulpice, tué à Blois en 1576. étant lors marié à *Catherine* de Carmain, comtesse de Negrepelisse, de laquelle il n'eut point d'enfans, *Armand* d'Ebrard, enseigne-colonel de l'infanterie de France, tué à 17. ans à la Rochelle en 1575. *Antoine* d'Ebrard, évêque & comte de Cahors, mort en 1600. BERTRAND d'Ebrard, baron de Saint Sulpice, qui suit, *Jean-Claude* d'Ebrard, mort jeune, *Marguerite*, *Anne* & *Catherine* d'Ebrard, mortes jeunes; & autre *Catherine* d'Ebrard, mariée en 1587. à *Pons* de Lauzieres, seigneur de Themines, depuis maréchal de France, *Voyez tome VII. de cette hist.* p. 416.

[*a*] Voyez tome VII. de cette hist. p. 304.

B BERTRAND d'Ebrard, baron de Saint Sulpice, mourut d'une blessure qu'il reçut à la bataille de Coutras en 1587. Il avoit épousé en 1579. *Marguerite* de Balaguier, dame de Montsalez, fille de *Jacques* de Balaguier, seigneur de Montsalez, & de *Susanne* d'Estissac, dont il eut *Jean* d'Ebrard, mort âgé de 10. ans en 1589. *Claude* d'Ebrard, qui porta les biens de sa maison dans celle de Crussol par son mariage avec *Emmanuel* de Crussol, duc d'Uzés, pair de France, chevalier des Ordres du Roi (*b*); & *Susanne* d'Ebrard, morte jeune.

(*b*) Voyez tome III. de cette hist. p. 771.

D'or, au lion couronné de gueules.

V I.

C JACQUES Goyon, seigneur de Matignon, comte de Thorigny, chevalier de l'Ordre du Roi, conseiller d'état, maréchal de France, capitaine de cent hommes d'armes, gouverneur de Guyenne, mourut le 27. juillet 1594.

Sa posterité & ses ancêtres sont rapportez au chapitre du duché-pairie de Valentinois, tome V. de cette hist. p. 374.

D'or, à trois bandes de sinople.

VII.

BERTRAND de Salignac, seigneur de la Motte-Fenelon, vicomte de S. Julien, baron de Loubert, chevalier de l'Ordre du Roi, conseiller d'état, capitaine de cinquante hommes d'armes, ambassadeur en Angleterre & en Espagne, mourut en 1599. sans avoir eté marié.

Il étoit fils puîné d'*Helie* de Salignac, seigneur de Fenelon, de la Motte, de Gaulejac, de Mareüil & de Contenac, & de *Catherine* de Segur-de-Theobon ; & avoit pour frere aîné ARMAND de Salignac, seigneur de Fenelon, chevalier de l'Ordre du Roi, *duquel sont issus les autres seigneurs & comtes de Fenelon.*

PROMOTION

Faite dans l'Eglise de Saint Sauveur de Blois, le 31. Decembre 1580.

CHEVALIERS.

D'argent, au lion de gueules, la queue fourchée & passée en sautoir, armé, couronné & lampassé d'or.

I.

FRANÇOIS de Luxembourg, duc de Piney, pair de France, prince de Tingry, comte de Rouffy & de Ligny, baron de Ponthierry, chevalier de l'Ordre du Roi, conseiller d'état, capitaine de cinquante hommes d'armes, ambassadeur extraordinaire à Rome, mourut au château de Pougy le 30. septembre 1613.

Voyez ses ancestres & sa posterité, au chapitre du duché-pairie de Penthievre, page 721. du tome III. de cette histoire.

D'argent, à trois fasces bretecées & contrebretecées de gueules de cinq pieces, chacune chargée d'un trefle d'or.

II.

CHARLES de Birague, conseiller d'état, capitaine de cinquante hommes d'armes.

Voyez ses ancestres & sa posterité au chapitre des CHANCELIERS, p. 493. du VI. tome de cette histoire.

III.

D'azur, à l'épervier d'argent, perché sur une petite fasce d'or.

III.

A JEAN de Leaumont, seigneur de Puygaillard, baron de Brou & de Moré, capitaine de cinquante hommes d'armes, grand maréchal des camps & armées du Roi, ainsi qualifié dans plusieurs titres, & en 1581. & 1583. conseiller au Conseil d'état & privé, & lieutenant pour sa majesté en son armée de Picardie, fut aussi gouverneur d'Anjou en 1584. & n'eut point d'enfans de son mariage avec *Françoise* du Puy-du-Fou, veuve de *N...* de Montalais, seigneur de Chambellay, & mere de *François* de Montalais, seigneur de Chambellay, gentilhomme ordinaire de la chambre du Roi.

Il étoit fils de *Jean* de Leaumont, seigneur de Puygaillard, & d'*Anne* de Nogaret.

De Rochechouart, fascé, ondé d'argent & de gueules.

IV.

B RENE' de Rochechouart, baron de Mortemart, seigneur de Lussac; chevalier de l'Ordre du Roi, conseiller d'état, capitaine de cinquante hommes d'armes, mourut en 1587.

Ses ancestres & sa posterité sont rapportez au chapitre du duché-pairie de Mortemart, tome IV. de cette hist. page 649.

D'argent, à la croix engrêlée de gueules.

V.

C HENRY de Lenoncourt, seigneur de Lenoncourt & de Coupevray; chevalier de l'Ordre du Roi, conseiller en son privé Conseil, capitaine de cinquante hommes d'armes de ses ordonnances, maréchal de ses camps & armées, mourut le 31. décembre 1584.

Sa genealogie se trouve tome II. de cette hist. page 52.

De fable, au fautoir d'argent.

VI.

NICOLAS d'Angennes, feigneur de Rambouillet, vidame du Mans, chevalier A de l'Ordre du Roi, confeiller d'état, capitaine des Gardes du corps du roi Charles IX. gouverneur de Mets & du païs Meffin, ambaffadeur en Allemagne & à Rome.

Il étoit quatriéme fils de *Jacques* d'Angennes I. du nom, feigneur de Rambouil-let, lieutenant pour le Roi en Italie, l'un des favoris du roi François I. & d'*Ifa-beau* Cotereau, dame de Maintenon. *Ses anceftres & fa pofterité font rapportez tome II. de cette hift. p. 421.*

PROMOTION

Faite à Paris dans l'Eglife des Auguftins, le 31. Decembre 1581.

CHEVALIERS.

De Lorraine-Elbeuf.

I.

CHARLES de Lorraine I. du nom, duc d'Elbeuf, pair, grand-écuyer & grand- B veneur de France, chevalier de l'Ordre du Roi, capitaine de cent hommes d'armes, mourut l'an 1605.

Voyez aux chapitres des GRANDS-ECUYERS, *& des* GRANDS-VENEURS, *pages 506. & 733. du VIII. tome de cette hiftoire, & p. 478. du tome III. pour fa genealogie & fes armes.*

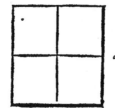

L'écu en banniere, écartelé d'or &
de gueules.

I I.

A ARMAND de Gontaut, seigneur & baron de Biron, chevalier de l'Ordre du Roi, conseiller d'état, maréchal de France, capitaine de cent hommes d'armes, fut tué au siege d'Espernay d'un coup de canon le 26. juillet 1592.

Voyez son eloge au chapitre des MARECHAUX DE FRANCE, p. 294. du tome VII. de cette histoire. Sa genealogie y est aussi rapportée, p. 296.

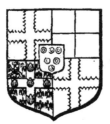

Comme son frere, ci-devant page 64.

I I I.

B GUY de Daillon, comte du Lude & de Pontgibaut, baron d'Illiers, du Chesne-doré & de Magné, chevalier de l'Ordre du Roi, conseiller d'Etat, gouverneur de Poitou & sénéchal d'Anjou, capitaine de cent hommes d'armes, mourut le 11. juillet 1585.

Sa genealogie est rapportée au chapitre des GRANDS-MAISTRES DE L'ARTILLE-RIE, tome VIII. de cette histoire, p. 189.

D'or, à trois chevrons de sable au
chef d'azur, chargé d'un lion naissant
d'argent.

I. V.

C FRANÇOIS de la Baume, comte de Suze, chevalier de l'Ordre du Roi, capitaine de cinquante hommes d'armes en 1563. conseiller d'état, gouverneur & lieutenant general pour le Roi en Provence, fut tué à Montelimart en 1587.

Il étoit fils de *Guillaume* de la Baume, seigneur de Suze en Dauphiné, & de *Catherine* d'Albaron des Allemans; & épousa le 14. juin 1551. *Françoise* de Levis, fille de *Gilbert* de Levis II. du nom, comte de Ventadour, & de *Susanne* de Laire (*a*), de laquelle il eut *Ferdinand* de la Baume, tué au siege d'Issoire en

(*a*) Voyez tome
IV. de cette hist.
p. 11.

1577. ROSTAING de la Baume, comte de Suze, qui fuit, *Antoine* de la Baume, dit *le baron de la Baume*, marié à *Marie* de Laire, dame de Glandage, de laquelle il eut *Charles* baron de la Baume, abbé de Mazan, *Catherine* de la Baume, mariée 1°. à *Jacques* baron de Vinay & de Montany, 2°. à *François* de Chasteauneuf, baron de Rochebonne, comte d'Oing (*a*), & *Françoise* de la Baume, femme de *Louis* Escalin Adhemar, marquis de la Garde. *Georges* de la Baume, baron de Plessian, épousa *Jeanne* de Maugiron, de laquelle il eut *Timoleon* de la Baume, baron de Plessian, marié à *Catherine* de Polignac, mere de *N.* de la Baume, comte d'Aps, mort sans enfans, *Anne* de la Baume, seigneur de Merieu, *Scipion* de la Baume ; & *Marguerite* de la Baume, qui épousa *Charles* de Bourbon, comte de Busset. (*b*) *Louise* de la Baume, mariée à *Antoine* de Saffenage, baron du Pont de Royan, *Catherine* de la Baume, femme de *Claude* Allemand, baron d'Uriage, *Marguerite* de la Baume, femme de *Pompce* de Pontevez, seigneur de Buous, *Charlotte* de la Baume, mariée à *N*.... du Roure, comte de S. Remesc ; & *Françoise* de la Baume, femme de *N.* de Villeneuve, seigneur de Vauclause.

ROSTAING de la Baume, comte de Suze, fit son testament en 1618. & mourut en 1622. Il avoit épousé 1°. *Madelene* des Prez-de-Montpezat, (*c*) 2°. *Catherine* de Grolée de Meuillon. Du premier mariage sortirent, *Jacques-Honorat* de la Baume, comte de Suze, marquis de Villars, marié à *Françoise-Apronne* des Pourcelets, de laquelle il eut un seul fils nommé *Lernard* de la Baume, comte de Suze, tué sans avoir été marié ; & *Marguerite* de la Baume, mariée 1°. le 7. avril 1614. à *Henry* de Beaumanoir, marquis de Lavardin, (*d*) 2°. à *Esprit* Raymond, connu sous le nom de *Comte de Modene*. Du second mariage vinrent, ANNE de la Baume, comte de Rochefort, qui suit, *Louis-François* de la Baume, évêque de Viviers, mort le 5. septembre 1690. étant doyen des prelats de France, *François* & *Charles* de la Baume, chevaliers de Malte. *Françoise* de la Baume, mariée à *Just-François* de Fay, seigneur de Gerlande, *Madelene* de la Baume, religieuse à Sainte Colombe, *Marie* de la Baume, qui épousa *Joachim* de Montaigu, baron de Bouzols, *Charlotte* de la Baume, mariée à *Antoine* de la Garde, marquis de Chambonas, *Anne-Henriette* de la Baume, religieuse ; & *Jeanne* de la Baume, femme de *Jean-Pierre* de Fougasse, seigneur de Taillade & de Beaulieu.

ANNE de la Baume, comte de Rochefort & de Suze, épousa en 1631. *Catherine* de la Croix de Chevrieres. De ce mariage sortirent, LOUIS-FRANÇOIS de la Baume, comte de Rochefort, puis de Suze, marié à *Paule-Hipolite* de Monstiers de Merinville, *Joachim-Gaspard* de la Baume, marquis de Bressieu, *Anne-Tristan* de la Baume, docteur de Sorbonne, évêque de Tarbes, puis de S. Omer, & archevêque d'Auch, mort le 5. mars 1705. en sa 65e année ; & *Marguerite* de la Baume, religieuse à Sainte Colombe.

[*a*] Voyez tome II. de cette hist. p. 457.

[*b*] Tome I. de cette hist. p. 376.

[*c*] Voyez tome VII. de cette hist. p. 190.

[*d*] Ibidem. p. 386.

D'or, à trois chevrons de sable.

V.

ANTOINE de Levis, comte de Quelus, chevalier de l'Ordre du Roi, conseiller d'état, capitaine de cinquante hommes d'armes, gouverneur & sénéchal de Rouergue, mourut le 6. avril 1586.

Ses ancestres & sa posterité sont rapportez au chapitre du duché-pairie de Ventadour, tome IV. de cette hist. p. 11.

D'or, à trois anneleis de sable, 2. 1.

VI.

A JEAN de Thevalle, seigneur dudit lieu, d'Aviré & de Boüillé, comte de Creance, chevalier de l'Ordre du Roi, conseiller d'état, lieutenant general au gouvernement de Mets & païs Messin, capitaine de cinquante hommes d'armes des ordonnances.
Il étoit fils de *Jean* seigneur de Thevalle, premier chambellan du duc d'Alençon, & de *Françoise* de Scepeaux; & épousa *Radegonde* Freíneau, de laquelle il eut plusieurs enfans, dont il ne resta que *Jeanne* de Thevalle, heritiere de sa maison, qui se maria à son cousin *Charles* de Maillé, marquis de Brezé, *comme il a esté dit tome VII. de cette hist. p. 516.*

De sable, au sautoir d'argent.

VII.

B LOUIS d'Angennes, baron de Meslé, seigneur de Maintenon, chevalier de l'Ordre du Roi, conseiller d'état, capitaine de cinquante hommes d'armes, grand-maréchal des logis de la maison du Roi, & ambassadeur en Espagne, frere puíné de NICOLAS seigneur de Rambouillet, aussi chevalier des Ordres du Roi, dont il a esté parlé ci-devant p. 70.
Voyez pour sa genealogie tome II. de cette hist. p. 421.

PROMOTION

Faite à Paris dans l'Eglise des Augustins, le 31. Decembre 1582.

CHEVALIERS.

De Lorraine-Mayenne. Voyez tome *III. page 490.*

I.

C CHARLES de Lorraine, duc de Mayenne, pair, amiral & grand-chambellan de France, chevalier de l'Ordre du Roi, gouverneur de Bourgogne, mourut le 3. octobre 1611.
Voyez aux chapitres des AMIRAUX, page 885. du VII. tome, & des GRANDS-CHAMBELLANS p. 455. du VIII. tome de cette hist. & ses ancestres tome III. p. 490.

Tome IX. X

*Ecartelé, au 1. & 4. de Joyeuse,
au 2. & 3. de S. Didier, tome III.
p. 801.*

II.

ANNE duc de Joyeuse, pair & amiral de France, chevalier de l'Ordre du
Roi, premier gentilhomme de sa chambre, fut tué à la bataille de Coutras le
20. octobre 1587.

*Voyez son article au chapitre des AMIRAUX, p. 886. du VII. tome de cette hist. & sa
genealogie tome III. p. 808.*

*Parti de Nogaret & de l'Isle-Jour-
dain, à un chef chargé d'une croix potencée d'argent, & sur le tout de Lagoursan, tome III. p. 846.*

III.

JEAN-LOUIS de Nogaret de la Valette, duc d'Espernon, pair, amiral & colonel general de l'infanterie de France, chevalier de l'Ordre du Roi, gouverneur de
Mets, d'Angoumois & Xaintonge, mourut le 13. janvier 1642.

*Voyez aux chapitres des AMIRAUX, & des COLONELS GENERAUX DE L'IN-
FANTERIE, p. 887. du tome VII. de cette hist. & 219. du tome VIII. Ses ancestres &
sa posterité se trouvent p. 853. du tome III.*

*D'argent, à la bande d'azur, char-
gée de trois sautoirs d'or.*

IV.

TANNEGUY le Veneur I. du nom, comte de Tillieres, seigneur de Carrou-
ges, chevalier de l'Ordre du Roi, conseiller d'état, & lieutenant general au gouvernement de Normandie, mourut en 1592.

*Ses titres & sa posterité sont rapportés tome VIII. de cette hist. chapitre des GRANDS-
AUMOSNIERS DE FRANCE, p. 256.*

Écartelé, au 1. & 4. de gueules, fretté d'or, qui est de Moy, au 2. & 3. d'Estouteville, & sur le tout de Dreux.

V.

A JEAN de Moy, seigneur de la Mailleraye, chevalier de l'Ordre du Roi, conseiller d'état, vice-amiral de France, & lieutenant general au gouvernement de Normandie, capitaine de cent hommes d'armes, mourut sans posterité.

Il étoit fils de *Charles* de Moy, seigneur de la Mailleraye, & de *Charlotte* de Dreux.

Écartelé, au 1. & 4. bandé d'or & de gueules de dix pièces, qui est de Volvire, au 2. & 3. de Montauban, sur le tout d'Amboise.

V I.

B PHILIPPES de Volvire, marquis de Ruffec, seigneur de S. Brice, vicomte du Bois de la Roche, chevalier de l'Ordre du Roi, conseiller d'état, capitaine de cent hommes d'armes, gouverneur d'Angoumois, mourut le 6. janvier 1585. après avoir servi en plusieurs occasions les rois Henry II. François II. Charles IX. & Henry III.

Il étoit second fils de *René* de Volvire, marquis de Ruffec, & de *Catherine* de Montauban, sa premiere femme, & épousa *Anne* de Daillon, fille de *Jean* de Daillon, comte du Lude, & d'*Anne* de Batarnay. (a) Il en eut huit fils ; sçavoir, *François* de Volvire, mort jeune, PHILIPPES de Volvire, marquis de Ruffec, qui suit, *Philippes* de Volvire, *le jeune*, mort sans alliance, HENRY de Volvire, comte du Bois de la Roche, *qui sera rapporté après son frere aîné*, *René* de Volvire, mort jeune, *Jean* de Volvire, abbé de la Couronne & du Mas d'Asil, *Guy* de Volvire, mort jeune, & *Jacques* de Volvire, baron de S. Brice & de Sens,

(a) Voyez tome VIII. de cette hist. p. 191.

C qu'il eut en partage avec ses annexes & dépendances, situées au pais de Fougeres. Cette terre avoit été erigée en baronie en 1498. par la duchesse Anne, & depuis elle fut érigée en marquisat par lettres du Roi, données à Paris le 8. juillet 1645. *Jacques* de Volvire, épousa *Jeanne* Derbrée, dont il eut *Anne* de Volvire, colonel en 1636. député de la noblesse des Etats de Bretagne en 1645. conseiller d'état d'épée en 1647. mort sans alliance, *Henry* de Volvire, lequel servit avec son frere aux guerres d'Allemagne & d'Hollande, & mourut sans avoir été marié, & *Marie-Anne* de Volvire, heritiere de son pere, femme de *N...* Guerin, chevalier, à qui elle porta le marquisat de S. Brice, que les descendans possedent encore, & dont ils ont pris le nom & les armes.

PHILIPPES de Volvire, marquis de Ruffec, capitaine de cinquante hommes d'armes, mourut le 19. août 1664. des blessures qu'il reçut en un combat particulier, dans lequel il tua le seigneur de Fontaines-Chalandray. Il avoit épousé le 11. juin 1594. *Aymerie* de Rochechouart, fille de *René* de Rochechouart, baron de Mortemart, & de *Jeanne* de Saulx-Tavannes. (b) De son mariage sortirent, *Henry* de Volvire, marquis de Ruffec, mort jeune, *Jeanne* de Volvire, abbesse de S. Laurent de Bourges, & *Eleonore* de Volvire, marquise de Ruffec, mariée à *François* de l'Aubespine, marquis d'Hauterive, frere de

(b) Voyez tome IV. de cette hist. p. 680.

(*) Voyez tome VI. de cette hist. p. 560.

Charles de l'Aubespine, marquis de Châteauneuf, garde des sceaux de France. (*a*)

HENRY de Volvire, chevalier, conseiller du Roi en ses conseils d'état & privé, capitaine de cinquante hommes de ses ordonnances, maréchal de camp de ses armées, chevalier de son Ordre, fils puîné de PHILIPPES de Volvire, marquis de Ruffec, chevalier des Ordres du Roi, & d'ANNE de Daillon du Lude, *mentionnez ci-devant*, p. 75. fut tenu sur les fonts de baptême par le roi Henry III. & la duchesse de Savoye, & eut en partage le vicomté du Bois de la Roche en Bretagne, érigé en comté par lettres du roi Henry IV. du mois de février 1607. Il servit dans les guerres de son tems jusqu'à l'âge de 63. ans, commandoit la noblesse volontaire lorsque M. de Soubise & les Anglois voulurent surprendre le Port-Louis, & fut fait maréchal de camp le 20. septembre 1627. Le maréchal de Themines commandant en Bretagne étant mort, le Roi nomma Henry de Volvire pour le remplacer, par lettres du 8. novembre de la même année. Il fut nommé chevalier de l'Ordre du S. Esprit, & n'ayant pas été reçû il se retira dans ses terres. Il avoit épousé le 28. novembre 1626. *Helene* de Talhoet, fille de *Nicolas* de Talhoet-Kerservant, seigneur de Pontsal, de Querguelin, &c. & de *Beatrix* de Launay. Il eut de son mariage, CHARLES de Volvire, comte du Bois de la Roche, qui suit, *Joseph* & *Hyacinthe* de Volvire, morts sans posterité, & *Helene* de Volvire, morte à Paris en 1709. & enterrée dans l'église de l'abbaye-aux-Bois.

CHARLES de Volvire, chevalier, comte du Bois de la Roche, seigneur de Pontsal, du Loyat, du Dreor, &c. mourut en 1692. Il avoit épousé *Anne* de Cadillac, heritiere de sa maison, de laquelle il eut quatre fils & sept filles ; sçavoir, JOSEPH de Volvire, comte du Bois de la Roche, qui suit, *Philippes* de Volvire, tué au siege de Puicerda, *Charles* de Volvire, mort à Brest : *Clement* de Volvire, capitaine de vaisseau, lequel fut blessé en un combat naval donné près de Malaga en 1704. & n'étoit pas marié en 1726. *Toussainte* de Volvire, enterrée en la paroisse de S. Pierre de Neant, *Marie* de Volvire, religieuse à l'abbaye de S. Georges de Rennes, où est décedée *Therese* de Volvire sa sœur ; *Genevieve-Helene*, *Beatrix* & *Marguerite* de Volvire, religieuses à Ploermel & à Mezuillac ; & *Agathe-Blanche* de Volvire, femme de N... comte de S. Maur, tué à la bataille de Spire en 1703.

JOSEPH de Volvire, chevalier, comte du Bois de la Roche, seigneur du vicomté de la Gabetiere, mestre de camp d'infanterie, gouverneur de la ville de Ploermel, épousa *Madelene* de Baux, fille de *Paul-Henry* de Baux, marquis de Sainte Frique, baron de Romainville, conseiller d'état, maréchal de camp des armées du Roi. Il en eut N. & N. de Volvire, morts en bas âge, JOSEPH de Volvire, comte du Bois de la Roche, qui suit. *Charles* de Volvire, lequel servit long-tems sur mer, & n'étoit pas marié en 1726. PHILIPPES-AUGUSTE de Volvire, *rapporté après son frere aîné*. Henry-Bernard de Volvire, ecclesiastique, mort : *François* de Volvire, mort en l'armée de Flandres âgé de 18. ans, & *Françoise* de Volvire, morte religieuse à l'abbaye de S. Georges.

JOSEPH de Volvire, comte du Bois de la Roche, seigneur du vicomté de la Gabetiere, premier capitaine-souslieutenant des Gendarmes de la garde du Roi, maréchal de camp de ses armées, & son lieutenant general en la haute Bretagne aux évêchez de Rennes, Dol, Vannes & S. Malo, connu sous le nom de *marquis de Volvire*, commanda quelque tems toute la maison du Roi au camp de Carancy, fut blessé de plusieurs coups de sabre à la tête à la bataille de Malplaquet, où il se distingua, fut fait maréchal de camp le premier février 1719. & mourut en may 1731. Il avoit épousé en 1711. *Marie-Anne-Josephe* du Guemadeuc, fille aînée & heritiere de *Jean-Baptiste-Amador* du Guemadeuc, seigneur de Callac, lieutenant general pour le Roi en la haute Bretagne, & gouverneur des ville, château & forteresse de S. Malo. De ce mariage vinrent, *Ingelelme-Joseph* de Volvire, âgé de sept ans le 4. septembre 1725. & deux filles, mortes en bas âge,

PHILIPPES-AUGUSTE de Volvire, frere puîné de JOSEPH, dit *le marquis de Volvire*, *mentionné ci-dessus*, fut colonel d'infanterie pendant quelques années, guidon des Gendarmes de la garde du Roi pendant dix ans, fait brigadier de ses armées le premier février 1719. & commandant en Bretagne après la mort de son frere. Il a épousé le 2. décembre 1721. *Marie-Henriette* Mallier de Chassonville, fille de *Louis* Mallier de Chassonville, maréchal de camp, & de *Marie-Andrienne* de Glimes de Brabant.

VII.

D'argent, à la fasce d'azur.

VII.

A FRANÇOIS de Mandelot, seigneur de Passy, de Lerné & de Vireaux, vicomte de Chalon, chevalier de l'Ordre du Roi, conseiller d'état, gouverneur de Lyonnois, Forez & Beaujolois, capitaine de cent hommes d'armes, mourut à Lyon le 24. novembre 1588.

Il étoit fils de *Georges* de Mandelot, seigneur de Passy, & de *Charlotte* d'Igny, & laissa d'*Eleonore* Robertet sa femme, *Marguerite* de Mandelot, dame de Passy, de Lerné, &c. premiere femme de *Charles* de Neufville, marquis d'Alincourt, seigneur de Villeroy, &c. chevalier du S. Esprit. *Voyez tome IV. de cette hist. page* 641.

D'azur, à la fasce d'or, à une roue de même de huit rais en pointe.

VIII.

B TRISTAN de Rostaing, baron de Brou & de la Guerche, seigneur de Vaux, de Thieux & de Noisy-le-Sec, chevalier de l'Ordre du Roi, conseiller d'état, capitaine de cinquante hommes d'armes, grand-maître des eaux & Forêts de France, mourut le 7. mars 1591.

Voyez au chapitre des GRANDS-MAISTRES DES EAUX ET FORETS DE FRANCE, *tome VIII. de cette hist. p.* 940.

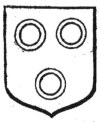

De sable, à trois annelets d'argent.

IX.

C JEAN-JACQUES de Susane, comte de Cerny, chevalier de l'Ordre du Roi, conseiller d'état, capitaine de cinquante hommes d'armes.

Il étoit fils de *Jean* de Susane, baron de Chaumont & de Wiage, seigneur de Cerny,

Tome IX. V.

[a] Archives de
la maison de
Ligne.

(b) Ibid.

A

&c. & de *Françoise* de Stavele; & épousa *Françoise* de la Chambre, fille de *Charles* comte de la Chambre, seigneur de Sermois, & d'*Isabeau* de Messimieu, par contrat passé à S. Germain en Laye en presence du Roi & de la Reine le dimanche 3. mars 1548. (*a*) Il en eut *Catherine* de Susane, femme de *Charles* marquis de Moy, & mere de *Claude* marquise de Moy, mariée 1°. à *Georges* de Joyeuse, seigneur de Saint Didier, 2°. à *Henry* de Lorraine, comte de Chaligny, &c. *Voyez tome III. de cette hist.* p. 839. On trouve une procuration passée au château de Thugny en Rethelois le 31. janvier 1556. par *Jean* de Susane, chevalier, baron de Wiage & de *Chaulmont*, pour le mariage de *Jean-Jacques* de Susane son fils aîné avec *Claude* de Semeur, comtesse du Pont-de-Vaux. (*b*)

PROMOTION

Faite à Paris dans l'Eglise des Augustins, le 31. Decembre 1583.

PRELAT.

De Lorraine-Mercœur, tome III.
p. 787.

B

CHARLES de Lorraine, cardinal de Vaudemont, évêque & comte de Toul, fut fait commandeur de l'Ordre du S. Esprit, après le decès du cardinal de Birague, & mourut le 30. octobre 1587.

Il étoit fils de *Nicolas* de Lorraine duc de Mercœur, pair de France, & de *Jeanne* de Savoye-Nemours. *Voyez tome III. de cette hist.* p. 793.

CHEVALIERS.

Ecartelé, au 1. & 4. contr'écartelé, au 1. & 4. de Bueil, au 2. & 3. de gueu-les, à la croix ancrée d'or, & sur le tout écartelé de Dauphiné & de Cham-pagne, au 2. & 3. grands quartiers de gueules à l'aigle d'or, & sur le tout du tout écartelé, au 1. & 4. d'azur, semé de fleurs de lys d'or au lion de même, au 2. & 3. d'or, au lion d'azur.

I.

C

HONORAT de Bueil, seigneur de Fontaines, chevalier de l'Ordre du Roi, conseiller d'état, vice-amiral & lieutenant general pour le Roi en Bretagne, fut tué à S. Malo lorsque la ville se déclara pour la Ligue le 14. mars 1590. selon M. de Thou.

Il étoit fils aîné de *Jean* de Bueil, seigneur de Fontaines, & de *Françoise* de Montalais. *Voyez la genealogie de cette maison au chapitre des* AMIRAUX, *tome VII. de cette hist.* p. 848.

D'azur, semé de billettes d'or, au chef d'argent, chargé d'un lion passant de gueules.

I I.

A RENE' de Rochefort, baron de Frollois, de la Croisette, &c. chevalier de l'Ordre du Roi, conseiller d'état, lieutenant general au gouvernement des duché de Lodunois, comté & païs Blesois & bailliage d'Amboise, capitaine de cinquante hommes d'armes.

Voyez au chapitre des CHANCELIERS, tome VI. de cette hist. page 413.

D'hermines, au chef de gueules.

I I I.

B JEAN de Vivonne, marquis de Pisany, seigneur de S. Goüard, chevalier de l'Ordre du Roi, conseiller d'état, sénéchal de Xaintonge, s'acquitta dignement de ses ambassades de Rome & d'Espagne, & mourut en 1599.

Voyez la genealogie de cette maison au chapitre des GRANDS-FAUCONNIERS DE FRANCE, tome VIII. de cette hist. p. 762.

D'or, au lion passant de sinople, brisé d'un lambel de gueules.

I V.

C LOUIS Chasteigner, seigneur d'Abain & de la Rochepofay, baron de Preüilly, chevalier de l'Ordre du Roi, conseiller d'état, capitaine de cinquante hommes d'armes, gouverneur & lieutenant general de la haute & basse Marche, signala son courage à la bataille de S. Denis, aux combats de la Roche-Abeille & de Jarnac, à la journée de Montcontour & au siege de la Rochelle, & mourut le 29. septembre 1595.

Il étoit septiéme fils de *Jean* Chasteigner III. du nom, seigneur de la Roche-

pofay, & de *Claude* de Montleon, & époufa par difpenfe du Pape le 15. jan-A vier 1567. *Claude* fille de *Georges* du Puy, feigneur du Coudray, & de *Jeanne* Raffin, dont il eut *François*, mort au berceau, *Henry* baron de Malval, tué dans un combat fans avoir été marié, JEAN IV. du nom, feigneur de la Rochepo-fay, qui fuit; *Germain* & *Claude*, morts jeunes; *Louis*, *Henry-Louis*, évêque de Poitiers, mort fubitement le 30. juillet 1651. âgé de 76. ans; *Ferdinand* abbé de Beauport, mort le 6. juin 1607. *Françoife*, mariée en 1614. à *Anne* d'Aubieres, baron de Clervaux; & *Gabrielle*, fondatrice des religieufes de la Vifitation de Poitiers.

JEAN Chafteigner, feigneur de la Rochepofay, lieutenant general au gouvernement de la haute & baffe Marche, maréchal de camp, époufa *Diane* de Fonfeque, fille de *Charles* de Fonfeque, baron de Surgeres, & d'*Efther* Chabot, dont il eut *Charles* Chafteigner, feigneur d'Abain & de la Rochepofay, marié B à *Charlotte* Jofferan de Londigny, mere d'une fille unique *Marie Gabrielle* Chafteigner, mariée au mois de décembre 1662. à *René* Iforé, marquis de Pleumartis, *Louis* Chafteigner, abbé de Beauport, de la Grenetiere, de la Mercy-Dieu, de Preüilly & de Monftier-d'Ahun, *N...* Chafteigner, né en 1613. mort un mois après, *Jean* Chafteigner né en feptembre 1614. mort en juin 1615. *Anne* Chafteigner, née le 12. juin 1623. *Marie* Chafteigner, morte jeune, *N...* & *N...* Chafteigner, mortes jeunes, *Marie* & *Diane* Chafteigner.

Voyez l'hiftoire de la maifon de Chafteigner, *donnée au public par A. du Chefne en 1634.*

Parti d'argent, au noyer de finople & de gueules, a une demie croix pommetée d'or, qui eft de l'Ifle, & un chef de gueules, chargé d'une croix potencée a'argent, fur le tout de Lagourfan.

V.

BERNARD de Nogaret, feigneur de la Valette, chevalier de l'Ordre du Roi, C confeiller d'état, gouverneur & lieutenant general au-delà des Monts, capitaine de cent hommes d'armes, depuis amiral de France, fut tué en 1592.

Voyez fon article au chapitre des AMIRAUX, *tome VII. de cette hift. p. 904. & fa genealogie tome III. de cette hift. p. 853.*

Ecartelé au 1. & 4. de Joyeufe, au 2. & 3. de S. Dizier, & fur le tout écartelé d'or & d'azur, qui eft Batarnay.

V I.

HENRY de Joyeufe, comte du Bouchage, chevalier de l'Ordre du Roi, confeiller d'état, maître de la garderobe, capitaine de cinquante hommes d'armes, D depuis duc de Joyeufe, pair & maréchal de France, mourut Capucin en 1608.

Voyez fon article au chapitre des MARECHAUX DE FRANCE, *tome VII. de cette hift. p. 390. & la genealogie de cette maifon, tome III. p. 808.*

VII.

Ecartelé au 1. & 4. de gueules,
à trois étoiles d'argent, posées 2. & 1.
au 2. & 3. d'azur, au lion d'or, tenant
en ses griffes un tronçon d'arbre.

VII.

A NICOLAS de Grimonville, seigneur de l'Archant, d'Auteüil & de la Boulaye, chevalier de l'Ordre du Roi, conseiller d'état, capitaine des cent archers de sa garde, mourut le 8. mars 1592. sans laisser d'enfans de *Diane* de Vivonne-la-Chasteigne-raye sa femme, & est enterré dans l'église des Augustins à Paris, où se voit sa sépulture & celle de sa femme.

Il étoit fils de *François* de Grimonville, seigneur de l'Archant, & d'*Anne* d'Estanson.

Pallé d'or & de gueules de six pieces.

VIII.

B LOUIS d'Ambóise, comte d'Aubijoux, baron de Chasteauneuf, de Bonnefont, de Cazaubon, de Sauveterre & de Croüillet, chevalier de l'Ordre du Roi, con-seiller d'état, capitaine de cinquante hommes d'armes, mourut avant l'année 1586.
Ses ancêtres & sa posterité sont rapportez tome VII. de cette hist. p. 119.

Parti au 1. de gueules, au lion d'or,
au 2. de gueules, à l'épervier ou oiseau
de proye, nud d'argent.

IX.

C FRANÇOIS de Valette, dit *de la Valette*, seigneur de Cornusson & de Parisot en Guyenne, chevalier de l'Ordre du Roi, conseiller d'état, gouverneur & séné-chal de Toulouse, capitaine de cinquante hommes d'armes, mourut le 16. février 1586.

Il étoit fils de *Guillot* de Valette, seigneur de Cornusson, de Parisot & de Boisme-non, & d'*Antoinette* de Nogaret, dame de Graniagues, & neveu de *Jean* de Valette, grand-maître de Malte. Il épousa *Gabrielle* de Murat, dame de l'Estang, dont il eut JEAN de Valette, seigneur de Cornusson, qui suit, *François* de Va-lette, évêque de Vabres, & *Jean* de Valette, chevalier de Malte.

Tome IX. X

JEAN de Valette, seigneur de Cornusson, de Parisot, de Monteils, de l'Estang A
& de la Roquette, sénéchal & gouverneur de Toulouse, épousa l'an 1622.
Ursule de Loubens-de-Verdalle, de laquelle il eut *Timoleon* de Valette, mort
sans être marié, FRANÇOIS de Valette, baron de Cornusson, qui suit, *François* de Valette, évêque de Vabres, abbé de Moissac, *Jean* de Valette, abbé
de Beaulieu, *Gabrielle* de Valette, femme de *N.* baron de Pomerols, *Marie* de
Valette, femme de *N.* baron de Senoensa, & *Marguerite* de Valette, mariée
à *N.* baron d'Orgul de Langlée.

FRANÇOIS de Valette, baron de Cornusson, sénéchal de Perigord, épousa
1°. *Helene* d'Astarac de Fontrailles, 2°. *Françoise* de Clary, de laquelle il eut
Gabrielle de Valette, femme de *René* de la Garde, baron de Saignes, 3°. *Antoinette* d'Escorailles, veuve de *Jean-Claude* de S. Martial, baron de Drugeac, &
fille de *François* d'Escorailles, seigneur de Favars, & de *Marguerite* de Barriac;
il en eut *Jean* de Valette, marquis de Cornusson, puis prêtre, & JEAN-BAPTISTE, dit *le marquis de Valette*, lequel n'étoit point marié en 1709.

L'or, à deux lions passans de gueules, à la bordure de sinople, besantée d'argent.

X.

FRANÇOIS de Cazillac, baron de Cessac, seigneur de Millars, chevalier de B
l'Ordre du Roi, conseiller d'état, chambellan ordinaire de sa Majesté.

Il étoit fils d'*Antoine* de Berail, seigneur de Cazillac, de Cessac, &c. & d'*Anne*
de Crussol, & épousa en 1562. *Claude* de Dinteville, dame des Chenets (*a*),
de laquelle il eut CHARLES baron de Cazillac, qui suit, *Louis* de Cazillac,
vicomte de Cessac, marié à *Marie* de Sommievre, dont un fils unique nommé
Charles, mort sans posterité en 1630. *Ferry* de Cazillac, & *Claude* de Cazillac,
mariée en 1591. à *Charles* de Choiseul, marquis de Praslin. *Voyez tome IV. de*
cette histoire, p. 853.

(*a*) Voyez tome
VIII. de cette hist.
p. 710.

CHARLES baron de Cazillac & de Cessac, épousa en 1598. *Susanne* d'Escars (*b*),
de laquelle il eut *Claude* de Cazillac, mariée en 1615. à *Jean-Jacques* de la
Roche, baron de Fontenilles, &

(*b*) Voyez tome
II. de cette hist.
p. 231.

FRANÇOIS baron de Cazillac, marquis de Cessac, marié 1°. en 1625. à *Marie*
de Choiseul, dame de Clémont, morte en 1665. (*c*) 2°. en 1669. à *Anne-Louise*
Broglia. Du premier lit vint *Charlotte-Marie* de Cazillac, mariée en 1651. à *Charles* le Genevois, marquis de Blaigny. *Voyez tome II. de cette hist. p.* 435.

(*c*) Voyez tome
IV. de cette hist.
p. 216.

De sable, à deux leopards d'or.

XI.

JOACHIM de Dinteville, seigneur de Dinteville & de Fougerolles, baron d'Emery, C
de S. Bris, de Spoy, de Murville & de Grignon, chevalier de l'Ordre du Roi, conseiller d'Etat, lieutenant general au gouvernement de Champagne & Brie, capitaine de
cinquante hommes d'armes, mourut en 1607.

Voyez au chapitre des GRANDS-VENEURS, *tome VIII. de cette hist. p.* 717.

Ecartelé, au 1. & 4. d'azur, à 3. fasces ondées d'or, au 2. & 3. d'azur, à une fleur de lys d'or.

XII.

A JOACHIM de Chasteauvieux, seigneur de Verjon, chevalier de l'Ordre du Roi, capitaine des cent archers de sa garde Ecossoise, capitaine de cinquante hommes d'armes de ses ordonnances, conseiller au Conseil d'état & privé, comte de Consolant, chevalier d'honneur de la reine Marie de Medicis, capitaine de la Bastille de Paris, & bailly de Bresse & de Bugey, mourut sans alliance à Paris le 13. janvier 1615.

Ses predecesseurs sont rapportez par le sieur Guichenon, en son histoire de Bresse, p. 139.

Ecartelé, au 1. & 4. de Balsac, au 2. & 3. d'Humieres, sur le tout de Milan.

XIII.

B CHARLES de Balsac, seigneur de Clermont-d'Entragues, chevalier de l'Ordre du Roi, conseiller d'état, capitaine des cent archers de la garde du Corps de sa Majesté, fut tué à la bataille d'Yvry en 1590.

Il étoit troisiéme fils de *Guillaume* de Balsac, seigneur d'Entragues, & de *Louise* de Humieres. *Ses ancêtres sont rapportez tome II. de cette hist. p. 435.*

Ecartelé, au 1. & 4. d'argent, à la croix engrêlée de gueules, au 2. & 3. d'argent, au lion de gueules, armé, lampassé & couronné d'or, qui est Ternay.

XIV.

C CHARLES du Plessis, seigneur de Liancourt, chevalier de l'Ordre du Roi, conseiller d'état, gentilhomme ordinaire de sa chambre, premier écuyer de sa petite écurie, depuis marquis de Guercheville, comte de Beaumont-sur-Oise, gouverneur de Paris, mourut le 20. octobre 1620.

Il étoit fils de *Guillaume* du Plessis, seigneur de Liancourt, maître-d'hôtel du Roi, & de *Françoise* de Ternay. *Ses ancêtres & sa posterité sont rapportez tome IV. de cette hist. p. 744.*

Ecartelé, au 1. & 4. de Chaba-nes, au 2. & 3. de la Tour-Boulogne, & sur le tout d'or à trois tourteaux de gueules.

X V.

FRANÇOIS de Chabanes, marquis de Curton, comte de Rochefort, vicomte **A** de la Roche-Masselin, chevalier de l'Ordre du Roi, conseiller d'état, lieutenant general en Auvergne, capitaine de cinquante hommes d'armes, mourut en 1604.
Voyez ses ancestres & sa posterité, au chapitre des MARECHAUX DE FRANCE, *tome VII. de cette histoire, p. 130.*

D'argent, à la levrette de sable.

X V I.

ROBERT de Combault, seigneur d'Arcy-sur-Aube, chevalier de l'Ordre du Roi, **B** conseiller d'état, premier maître-d'hôtel de sa Majesté, mourut en 1601.
Il étoit fils de *Pierre* de Combault, seigneur des Vasseux, & d'*Anne* de Balore, & épousa l'an 1573. *Louise* de la Beraudiere de l'Isle-Roüet, mere de *Charles*, fils *naturel* d'*Antoine* Roi de Navarre. Il en eut *Louise* de Combault, dame d'Acy-sur-Aube, morte sans enfans de *René* de Maricourt, & *Claude* de Combault, mariée en 1596. à *Charles* baron de Clere en Normandie.

D'azur, à cinq fusées d'argent, po-sées en fasce.

X V I I.

FRANÇOIS seigneur de Saint Nectaire & de la Ferté-Nabert, chevalier de **C** l'Ordre du Roi, conseiller d'état, capitaine de cinquante hommes d'armes, mou-rut en 1596.
Voyez ses ancestres & sa posterité au chapitre du duché-pairie de la Ferté-Senneterre, *tome IV. de cette histoire, p. 887.*

PROMOTION

PROMOTION

Faite à Paris dans l'Eglise des Augustins, le 31. Decembre 1584.

CHEVALIERS.

Ecartelé, au 1. de S. Lary, au 2. d'or à trois pals de gueules, qui est Termes, au 3. de gueules, au vase d'or, qui est Orbessan, au 4. d'azur, à 3. flammes ou demi pals flamboyans d'argent, qui est Fumel, & sur le tout d'azur à la cloche d'argent bataillée de sable, qui est Lagoursan.

I.

A JEAN de Saint Larry, seigneur & baron de Termes, chevalier de l'Ordre du Roi, conseiller d'état, capitaine de cinquante hommes d'armes, maréchal de camp, gouverneur de Mets, mourut en 1586.

Voyez ses ancêtres & sa posterité au chapitre du duché-pairie de Bellegarde, tome IV. de cette hist. p. 303.

De gueules, à l'aigle d'or, & une coquille d'argent sur le cœur de l'aigle.

II.

B JEAN de Vienne, seigneur & baron de Ruffey, chevalier de l'Ordre du Roi, conseiller d'état, gouverneur de Bourbonnois, capitaine de cinquante hommes d'armes, mourut sans enfans,

Voyez la genealogie de cette maison au chapitre des AMIRAUX, tome VII. de cette hist. page 794.

Ecartelé, au 1. d'or, à trois bandes d'azur, qui est Adhemar, au 2. de gueules au château d'argent, qui est Castellane, au 3. de gueules, au lion d'argent, au premier canton d'hermines, qui est Monfort-Campabosse, au 4. de gueules, à la croix alisée d'or, cantonnée de quatre roses de même.

III.

C LOUIS Adhemar de Monteil, comte de Grignan, baron d'Entrecasteaux, chevalier de l'Ordre du Roi, conseiller d'état, capitaine de cinquante hommes d'armes.

Il étoit fils de *Gaspard* de Castellane, baron d'Entrecasteaux, comte de Grignan,

Tome IX. X

& fubftitué au nom & aux armes d'Adhemar, & d'*Anne* de Tournon fa pre- **A**
miere femme, & époufa en 1559. *Ifabelle* de Pontevez, fille de *Jean* comte
de Carces, & de *Marguerite* de Brancas, dont il eut *Jean-Gaucher*, mort avant
l'accompliffement de fon mariage avec la fille du feigneur de Lefdiguieres à
l'âge de 23. ans, LOUIS-FRANÇOIS Adhemar, comte de Grignan, qui fuit,
LOUIS Adhemar de Caftellane, feigneur d'Entrecafteaux, *qui a fait la branche
qui fera rapportée après celle de fon frere aîné*, *Jean* chevalier de Malte, *Marguerite*
abbeffe de la Celle, *Clarice*, mariée 1°. à *Jean* de Guers, baron de Caftelnau
en Languedoc, 2°. à *Jean* de Verac, feigneur de Paulhan, *Lucrece*, qui époufa
en 1606. *Antoine* Fourbin, feigneur de la Gardane, veuf de *Lucrece* de Couet (*a*),
& *Claude*, mariée à *François* de Forefta, feigneur de Rogiez, confeiller au parlement d'Aix.

(*a*) Voyez tome
VIII. de cette hift.
p. 307.

LOUIS-FRANÇOIS Adhemar, comte de Grignan, époufa en 1595. *Jeanne* d'Ancezune, fille de *Louis-Cadart* d'Ancezune, feigneur de Venejan, & de *Louife*
de Saffenage, & en eut onze enfans; fçavoir, LOUIS-GAUCHER Adhemar,
comte de Grignan, qui fuit, *Roftain*, mort à Touloufe au retour du fiege de **B**
Montauban en 1621. *François* archevêque d'Arles, commandeur de l'Ordre
du S. Efprit en 1661. mort en 1689. *Jacques*, évêque de Saint Paul, puis d'Ufez,
mort en 1674. *Philippes*, capitaine aux Gardes, tué au fiege de Mardick en 1657.
Charles & *Jean* morts jeunes, *Jeanne*, qui époufa *Louis* Efcalin des Aimars,
baron de la Garde en 1614. elle mourut le 9. feptembre 1660. *Louife*, mariée
à *Antoine* Flotte, feigneur de la Baftie, *Marguerite*, femme d'*Ange* de Pontevez,
feigneur de Buoux, & *Marie*, alliée à *Honoré* de Brancas, baron de Cerefte. *Voyez
tome V. de cette hiftoire, p. 281.*

LOUIS-GAUCHER Adhemar, comte de Grignan, mourut en 1668. Il avoit
époufé par contrat du 20. may 1628. *Marguerite* d'Ornano, fille de *Henry-Fran-
çois-Alfonfe* d'Ornano, feigneur de Mazargues, & de *Marguerite* de Raymond
de Montlor (*b*), dont il eut FRANÇOIS Adhemar, comte de Grignan, fait chevalier des Ordres du Roi, en 1688. *où il fera rapporté*, *Ange*, abbé d'Aiguebelle, **C**
coadjuteur d'Arles, mort à 26. ans, *Jean*, *Jean-Baptifte* archevêque d'Arles,
mort en 1697. *Jofeph*, dit *le chevalier de Grignan*, maréchal de camp, qui époufa
N..... d'Oraifon, il mourut connu fous le nom de *comte d'Adheymar*, le 15. octobre 1713. âgé de 63. ans fans enfans mâles; *Charles*, chevalier de Malte, mort
à Paris en 1672. *Louis-Jofeph*, nommé à l'évêché d'Evreux en 1680. n'en prit
point poffeffion; fut fait évêque de Carcaffonne en 1681. & y mourut le premier mars 1722. en fa 78ᵉ année, il étoit abbé de S. Hilaire en la même ville;
Jacques, mort jeune; *Marie*, religieufe à Aubenas; *Marguerite*, mariée le 6. juin
1661. à *Laurent* Varadier, marquis de S. Andiol, dont des enfans, & *Therefe*,
mariée à *Charles-François* de Chafteauneuf, comte de Rochebonne. *Voyez tome
II. de cette hiftoire, page 457.*

(*b*) Voyez tome
VII. de cette hift.
p. 392.

LOUIS Adhemar de Caftellane, feigneur d'Entrecafteaux, troifiéme fils de LOUIS
Adhemar, comte de Grignan, chevalier des Ordres, & d'*Ifabelle* de Pontevez,
époufa le 19. novembre 1599. *Anne* de Bouliers, dame de Pierrerue, de Noizelle & de Roffet, fille de *Claude* de Bouliers, & de *Marguerite* de Porcelet; il
en eut CHARLES Adhemar de Caftellane, qui fuit; *Louis* Adhemar de Caftellane, feigneur de Pierrerue, marié à *Gabrielle* Crozet, de laquelle il a eu
Georges de Caftellane, feigneur de Pierrerue, vivant en 1668. & *Anne* Adhemar
de Caftellane, femme de *Jean* de Pontevez, feigneur de Sillans. **D**

CHARLES Adhemar de Caftellane, feigneur de Matheau, de Joye & de Pier-
reruë, époufa le 5. novembre 1628. *Jeanne* d'Eyroux d'Auvergne, & fut pere
de

CHARLES Adhemar de Caftellane, feigneur de Pierrerue. lequel époufa en 1653.
Anne de Pontevez, fille de *François* de Pontevez, & de *Françoife* de Revert,
& a eu pour fils FRANÇOIS Adhemar de Caftellane, cornette dans le regiment du marquis Adhemar.

PROMOTION

Faite à Paris dans l'Eglise des Augustins, le 31. Decembre 1585.

CHEVALIERS.

D'azur, à trois fleurs de lys d'or.
2. & 1. au bâton de gueules péri en ban-
de, & à la bordure aussi de gueules.

I.

A CHARLES de Bourbon, comte de Soissons & de Dreux ; grand-maître de France, mourut en 1612.
Son éloge est rapporté dans la maison de France, tome. I. de cette histoire, chapitre des Ducs de Bourbon, §. VI. des Comtes de Soissons, page 350.

D'or, à trois fasces d'azur.

II.

B JEAN de Vassé, dit *Grognet*, seigneur de Vassé & de Classé, baron de la Roche-Mabile, conseiller d'état, capitaine de cinquante hommes d'armes, se trouva aux combats de Jazenueil & de Pamprou, à la bataille de Montcontour, au siege de la Rochelle, & servit le roi Henry III. en diverses occasions.

Il étoit fils d'*Antoine* Grognet, seigneur de Vassé & de la Roche-Mabile, chevalier de l'Ordre du Roi & gouverneur de Pignerol, si renommé dans les mémoires de M. de Langey, & de *Marguerite* Hatry, dame d'Alligny, & épousa le 26. septembre 1566. *Jeanne* le Vavasseur, dame d'Esgvilly, fille unique de *Pierre* le Vavasseur, seigneur d'Esgvilly, gouverneur de Chartres, de laquelle il eut LANCELOT seigneur de Vassé, chevalier du S. Esprit, *mentionné ci-après,* CHARLES seigneur de la Roche-Mabile, *rapporté après ses freres,* FRANÇOIS seigneur de Classé, *dont la posterité sera rapportée ci-après ; Honoré* seigneur de la Chapelle, puis religieux Feuillant ; *Marie-Madeleine,* femme de *Louis* seigneur de Feugerais au Perche ; *Susanne,* mariée à *René* de Cirier, seigneur de Semur ; & *Marguerite,* religieuse à Laval.

LANCELOT seigneur de Vassé, baron de la Roche-Mabile, &c. chevalier des Ordres du Roi, *qui sera rapporté ci-après en son rang,* épousa *Françoise* de Gondy, fille d'*Albert* de Gondy, duc de Rets, pair & maréchal de France (*a*), de laquelle il eut HENRY seigneur de Vassé, qui suit ; *René* de Vassé, seigneur d'Esgvilly, p. 898.

[*a*] Voyez tome III. de cette hist.

A
Catherine de Vaſſé abbeſſe de Perray près Angers, *Anne* de Vaſſé, femme de *Jacques* Huraut, ſeigneur de Vibraye (*a*), & *Marguerite* de Vaſſé, femme de *Charles* d'Olivet, baron de Sevigné.

[*a*] Voyez tome VI. de cette hiſt. p. 305.

HENRY ſeigneur de Vaſſé, baron de la Roche-Mabile, prit alliance avec *Renée* le Cornu, fille unique de *Nicolas* le Cornu, ſeigneur de la Courbe & de Brée, & de *Jeanne* dame de Sumeraine, & niéce de *Nicolas* le Cornu, évêque de Saintes en 1614. de laquelle il laiſſa HENRY-FRANÇOIS marquis de Vaſſé, qui ſuit, & *Catherine* de Vaſſé, qui épouſa *Henry* de Beaumanoir, marquis de Lavardin. (*b*)

[*b*] Voyez tome VII. de cette hiſt. p. 387.

HENRY-FRANÇOIS marquis de Vaſſé, baron de la Roche-Mabile, vidame du Mans, mort en may 1684. avoit épouſé *Marie-Madelene* de S. Gelais, dite *de Lezignem*, fille de *Louis* de S. Gelais, marquis de Lanſac, & de *Françoiſe* Fouquet de Croiſy. Il en eut LOUIS-ALEXANDRE marquis de Vaſſé, qui ſuit, *Arius-Joſeph* de Vaſſé, ſeigneur d'Eſgvilly, comte de Balon, marié en 1692. à *Louiſe* de Faix, de laquelle il a eu *Armand* de Vaſſé, *Henry Joſeph* de Vaſſé, marié à *N.* de Gentil-d'Upſé originaire de Genes, *Louis-Alexandre* de Vaſſé, *Marie-Madelene* de Vaſſé, née le 10. août 1695. *Louiſe-Simone* & *Marie-Jeanne* de Vaſſé, & *Henry-François* de Vaſſé, nommé *le chevalier de Vaſſé*, marié à Tours.

B

LOUIS-ALEXANDRE marquis de Vaſſé, vidame du Mans, fut reçu chevalier de Malte en 1678. épouſa depuis *Anne-Louiſe* de Crevant d'Humieres, fille de *Louis* de Crevant, duc d'Humieres, maréchal de France (*c*), & mourut de la peſte à Toulon le 17. août 1684. De ce mariage eſt ſorti,

[*c*] Voyez tome V. de cette hiſt. p. 770.

EMMANUEL-ARMAND marquis de Vaſſé, vidame du Mans, baron de la Roche-Mabile, ſeigneur de Balon, &c. gouverneur du château royal du Pleſſis-lès-Tours, né en 1683. colonel d'un regiment de Dragons en 1702. fut fait priſonnier à la bataille d'Hochſtet le 13. août 1704. & conduit en Angleterre; fut nommé brigadier des armées du Roi au mois de janvier 1709. ſervit à la bataille donnée près Mons le 11. ſeptembre ſuivant, & mourut le 30. avril 1710. en ſa 27e année. Il avoit épouſé le 11. juillet 1701. *Anne-Benigne-Fare-Thereſe* de Beringhen, fille de *Jacques-Louis* de Beringhen, comte de Châteauneuf, chevalier des Ordres du Roi, & ſon premier écuyer, & de *Marie-Elizabeth-Fare* d'Aumont. Leurs enfans furent, *Jacques-Armand* marquis de Vaſſé, vidame du Mans, *Charles-Emmanuel* de Vaſſé, & *Mathurin-Armand* de Vaſſé.

C

FRANÇOIS de Vaſſé, ſeigneur de Claſſé, fils puîné de JEAN de Vaſſé, chevalier des Ordres du Roi, *rapporté ci-devant*, p. 87. épouſa en 1618. *Renée* de Couterne, fille de *Claude* de Couterne, ſeigneur de la Barre, dont il eut RENE' de Vaſſé, ſeigneur de Chaſtillon, qui ſuit; *François* de Vaſſé, *Judith* de Vaſſé, religieuſe à la Patience de Laval, *Anne* de Vaſſé, mariée à *Martin* des Loubes (*c*) baron du Saulce, & *Suſanne* de Vaſſé, religieuſe à S. Avit.

[*c*] *Aliàs* Lambes.

RENE' de Vaſſé, ſeigneur de Chaſtillon, épouſa en 1649. *Iſabelle* Pidoux, fille de *Jean* Pidoux, ſeigneur de la Rochefaton, & de *Madelene* du Porc de la Porte de Vezins, dont il eut RENE' de Vaſſé, ſeigneur de la Rochefaton, qui ſuit, *Martin-Dominique* de Vaſſé, reçu chevalier de Malte le 27. mars 1665. *Claude* de Vaſſé, capitaine dans le regiment des fuſiliers en 1691. *Joſeph* de Vaſſé, aide-major au regiment de Picardie en 1691. & *Anne* de Vaſſé.

D

RENE' de Vaſſé, ſeigneur de la Rochefaton, épouſa le premier may 1674. *Marguerite* Bernard, fille de *Jacques* Bernard, ſeigneur de Pemmedy en Bretagne, & de *Perrine* Prou, dont il a eu *François-René* de Vaſſé, garde-marine, *Antoine* de Vaſſé, *Charles* de Vaſſé, mort, *Louis* de Vaſſé, & *Marie-Anne* de Vaſſé.

CHARLES de Vaſſé, ſeigneur de la Roche-Mabile, autre fils puîné de JEAN de Vaſſé, chevalier des Ordres du Roi, *rapporté ci-devant p.* 87. partagea avec ſes freres le 4. novembre 1609. & épouſa le 26. août 1635. *Louiſe* de Marvilliers. Il en eut,

RENE' de Vaſſé, ſeigneur de la Roche-Vaſſé, épouſa par contrat du 20. avril 1659. *Anne* de Rubentel, dont il eut *Charles* de Vaſſé, ſeigneur de Valieres, de Chatay & de Suiry, né en 1661. non marié en 1704. *René* de Vaſſé, eccleſiaſtique, & *Angelique-Marguerite* de Vaſſé.

E

D'argent, à deux tierces d'azur en sautoir, cantonnées de 4. quatre merlettes de sable

III.

A DRIEN Tiercelin, seigneur de Brosses & de Sarcus, conseiller d'état, capitaine de cinquante hommes d'armes, gouverneur de Doullens & de Mouzon, puis lieutenant general en Champagne, se signala aux batailles de Dreux, de S. Denis & de Montcontour, ainsi qu'en d'autres occasions. Il mourut à Mouzon en 1593. & y est enterré dans l'église de l'abbaye de Notre-Dame.

Il étoit fils puîné d'*Adrien* Tiercelin, seigneur de Brosses, chevalier de l'Ordre du Roi, & son chambellan, gouverneur de monseigneur le Dauphin, senechal de Ponthieu, & capitaine des villes & châteaux de Bayeux, d'Argentan & de Loches, mort au château de Blois en 1548. (*a*) & de *Jeanne* de Gourlay, dame de Sarcus, & épousa *Barbe* Rouault, fille aînée de *Thibault* Rouault, seigneur de Riou, gouverneur de Hesdin, & de *Jeanne* dame de Saveuse, (*b*) dont il eut, *Anne* Tiercelin, seigneur de Brosses, mort au château de Sarcus de la blessure qu'il reçut au siege de Bologne en 1589. n'ayant point laissé de posterité de *Jacqueline* d'O sa femme; CHARLES Tiercelin, seigneur de Saveuse, qui suit, *Antoine* Tiercelin, abbé de Fontaines-lès-Blanches & d'Argenteuil, mort vers l'année 1590. *Nicolas* Tiercelin, seigneur de Cailleville, tué au combat de Bonneval en 1589. *Anne* Tiercelin, épouse de *François* de Bigars, marquis de la Londe, & *Gabrielle* Tiercelin, femme de *Jean* de Senemont, seigneur d'Orge en Picardie.

(*a*) D. Marttne, voyage literaire, p. 179.

(*b*) Voyez tome VII. de cette hist. p. 99.

CHARLES Tiercelin, seigneur de Saveuse, embrassa le parti de la Ligue, & mourut à Baugency d'une blessure qu'il reçut à la cuisse au combat donné près de Bonneval en 1589. étant lors âgé de 26. ans. De lui & de *Marguerite* Dodemfort, fille unique de *Jean* seigneur de Grandvilliers, & de *Marguerite* dame de Riencourt, sortirent GEOFFROY Tiercelin, marquis de Brosses, qui suit; CHARLES seigneur de Saveuse, *qui a laissé posterité, rapportée ci-après*, & N... Tiercelin, femme du marquis de Breauté.

GEOFFROY Tiercelin, marquis de Brosses & de Sarcus, servit aux sieges de la Rochelle & de Corbie en 1628. & 1636. Il épousa 1°. *Charlotte* de Monceaux, dite *d'Auxy*, fille de *Gaspard* de Monceaux, dit *d'Auxy*, seigneur de Monceaux, & de *Jacqueline* d'O, 2°. *Marie* de S. Simon, fille de *Pierre* de S. Simon, & de *Marie* Gouget. Du premier lit vinrent ADRIEN-PIERRE Tiercelin, marquis de Brosses, qui suit, *François* Tiercelin, abbé de S. Germer près Gournay, aumônier du Roi, *Gaspard* Tiercelin, seigneur de Houdenc, chanoine d'Amiens, *Louis-Charles* & *Charles-François* Tiercelin, *Louis* Tiercelin, prieur de Poix, puis seigneur de Riencourt, mort le 16. novembre 1691. laissant de *Susanne* Damiette, dame de Bethencourt-Riviere, qu'il avoit épousée le 12. may 1679. *Louis* Tiercelin & *Marie-Louise* Tiercelin, née le 2. décembre 1691. demoiselle à S. Cyr en 1701. *Geoffroy* Tiercelin, *Nicolas* Tiercelin, prêtre, *Madelene* Tiercelin, femme de *Gabrielle* de Meharenc, marquis de S. Pierre en basse Normandie, morte veuve à Sainte Agnès à Paris au mois d'avril 1696. *Angelique* Tiercelin, *Susanne* Tiercelin, & quatre filles religieuses. Du second lit vinrent *Antoine* Tiercelin, *N* Tiercelin, noyé à Montsures prés Breteuil en 1675. & *Angelique* Tiercelin, mariée en 1680. à *Antoine-Aimé* de Bourdin, marquis de Villaines.

ADRIEN-PIERRE Tiercelin, marquis de Brosses, baron de Houdenc, épousa le 21. juin 1646. *Charlotte* de Joyeuse, fille de *Robert* de Joyeuse, baron de Saint Lambert, & d'*Anne* Cauchon de Maupas, (*c*) dont il a eu *Jean-Baptiste* Tiercelin, tué à l'armée, &

(*c*) Tome III p. 842.

HENRY Tiercelin, marquis de Brosses, mort le 26. juillet 1718. lequel épousa 1°;

fa coufine *Anne-Marie-Louise* Tiercelin-Saveufe , 2°. *N.* de la Motte. Du premier lit vinrent *Henry-François* Tiercelin , marquis de Broffes , colonel d'un regiment d'infanterie de fon nom, mort à Fribourg en novembre 1713. laiffant une fille unique de *Marie-Anne* Rouillé , fille de *N.* Rouillé, maître des Requêtes , & de *N.* d'Aquin , qu'il avoit époufée en 1711. & *N.* Tiercelin , âgée de 28. ans en 1701.

CHARLES Tiercelin , marquis de Sarcus, feigneur de Saveufe , fils puîné de CHAR-LES Tiercelin , feigneur de Broffes , *mentionné ci-devant p.* 89. étoit mort en 1664. Il avoit époufé *Marie* de Vienne , dame de Meüillon & de Plateaux , fille de *Jean* de Vienne , intendant des finances, dont il eut *Charles* Tiercelin , feigneur de Meüillon, lequel confentit à la tutelle des enfans de *Louis* Tiercelin fon coufin en 1692. *François* Tiercelin , *Catherine* Tiercelin , mariée à *Louis* d'Efparbez de Luffan, comte de la Serre (*a*) ; quatre religieufes, & *Anne-Marie-Louise* Tiercelin , mariée à *Henry* Tiercelin , marquis de Broffes , fon coufin , *comme il a efté dit ci-deffus.*

[*a*] Voyez tome VII. p. 456.

Ecartelé , au 1. & 4. de Chabor ; au 2. de Luxembourg, au 3. de Baux.

I V.

FRANÇOIS Chabot , marquis de Mirebeau , comte de Charny , feigneur de Brion , confeiller d'Etat , capitaine de cinquante hommes d'armes.

Ses ancêtres & fon article font rapportez tome IV. de cette hiff. p. 556. à l'occafion du du-ché-pairie de Rohan.

B

D'azur , à cinq bandes d'or.

V.

GILLES de Souvré , marquis de Courtenvaux , maréchal de France , mourut en 1626. âgé de 84. ans.

Son éloge & fa posterité font rapportez au chapitre des MARECHAUX DE FRANCE , *tome VII. de cette hiftoire, p.* 397.

C

D'hermines, au chef denché de gueulles.

V I.

A FRANÇOIS d'O, seigneur d'O, de Fresnes & de Maillebois, maître de la garderobe du roi Henry III. premier gentilhomme de sa chambre, surintendant des finances, gouverneur de Paris & de l'Isle de France, mourut à Paris au mois d'octobre 1594. sans enfans de *Charlotte-Catherine* de Villequier, fille de *René* de Villequier, baron de Clervaux, chevalier des Ordres du Roi, &c. & de *Françoise* de la Marck sa premiere femme. Sa veuve se remaria à *Jacques* d'Aumont, baron de Chappes, prévôt de Paris, &c. dont elle eut des enfans.

Il étoit fils aîné de *Jean* d'O, seigneur d'O, de Maillebois, de Fresnes, &c. capitaine de la garde Ecossoise du Roi, & d'*Helene* d'Illiers, dame de Manou; & eut pour freres & sœur JEAN d'O, seigneur de Manou, chevalier du S. Esprit, *mentionné ci-après*, lequel épousa *Charlotte* de Clermont-Tallart, d'où vint *Louise* d'O, femme de *Gabrielle* du Quesnel, seigneur de Coupigny, dit *le marquis d'Alegre*, *René* d'O, seigneur de Fresnes, mort sans lignée, *Louis* d'O, seigneur de Ferriere, mort à Anvers, *Charles* d'O, abbé de S. Etienne de Caën & de Saint Julien de Tours, & *Françoise* d'O, femme de *Louis* d'Angennes, seigneur de Maintenon, chevalier du S. Esprit. (*a*)

(*a*) Voyez tome II. de cette hist. P. 427.

Ecartelé, au 1. & 4. de gueules, à la croix ancrée de vair, qui est la Châtre, au 2. & 3. de gueules, à trois têtes de loup arrachées d'argent, 2. & 1. qui est S. Amadour.

V I I.

B CLAUDE de la Châtre, seigneur & baron de la Maisonfort, depuis maréchal de France, mourut le 18. décembre 1614.

Il est parlé de lui au chapitre des MARECHAUX DE FRANCE, *tome VII. de cette histoire, page 364. où sa genealogie est rapportée.*

De gueules, au lion d'or.

VIII.

GIRAUD de Mauleon, feigneur de Gourdan, confeiller d'état; capitaine de cinquante hommes d'armes, gouverneur de Calais, mourut fans alliance le 14. feptembre 1593.

Il étoit fils unique d'*Espagnolet* de Mauleon, feigneur de Gourdan, & de *Jeanne* de Saman.

De gueules, au loup ravissant d'or.

IX.

JACQUES de Loubens, feigneur de Loubens & de Verdalle; confeiller d'état; capitaine de cinquante hommes d'armes.

Il étoit fils de *Philippes* feigneur de Loubens, baron de Coutras & de Verdalle, & d'*Anne* de Montaut, & époufa le premier octobre 1588. *Guillemette* de Grave de Serignan, fille de *Guillaume* de Grave, feigneur de Serignan, & de *Marquife* d'Arnoie, dont il eut HUGUES feigneur de Loubens, qui fuit, & *Anne-Guillemette* de Loubens.

HUGUES baron de Loubens & de Verdalle, feigneur d'Auriac, mort le 27. may 1669. avoit époufé le 8. juin 1623. *Louife* d'Arpajon, fille de *Jean* baron d'Arpajon, & de *Jacquette* de Caftelnau. *Voyez tome V. de cette hift.* p. 897. Il en eut

JACQUES baron de Loubens & d'Auriac, comte de Verdalle, colonel du regiment de la Reine cavalerie, marié à *Henriette* d'Arpajon, dame de Broquieres (*a*), & pere de

[*a*] *Voyez ibid.* p. 396.

CHARLES-LOUIS baron de Loubens & d'Auriac, qui époufa *N.* de Naucafe, fille de *Claude* baron de Naucafe, & de *Rofe* d'Hautefort-S.-Chamans. Il en eut *N.* de Loubens, dame de Broquieres, Loubens & Auriac, mariée à *N.* du Buiffon, feigneur de Bournalez, veuve en 1715. *Hugues* de Loubens, chevalier de Malte en 1642. HUGUES de Loubens, feigneur de Verdalle, qui fuit; *François*, *Guillemette*, religieufe à Prouille, *Jacquette*, mariée à *N.* de Touges, feigneur de Noaillan; *Jeanne*, mariée le 31. mars 1664. à *Jean-Gabriel* de Gaulejac, feigneur de Ferrals, & *Hippolite*, époufa le 26. feptembre 1683. *François* de Morlhon, feigneur de Laumieres.

HENRY de Loubens, feigneur de Verdalle, capitaine de cavalerie, mort le 4. juin 1705. eut de *Lucrece* d'Auriol-Rovignol fa femme vivante en 1723.

FRANÇOIS-HENRY de Loubens, feigneur de Verdalle, *Gabrielle*, mariée à *N.* feigneur de Montrofier en Rouergue, *Antoinette*, qui époufa en juin 1715. *Jean* Gautier de Boiffet, & *Jeanne-Louife* de Loubens, morte.

X.

Cotticé d'or & d'azur de dix pieces.

X.

A LOUIS de Berton, seigneur de Crillon, baron de S. Jean de Vassous, mestre de camp du regiment des Gardes, mourut sans avoir été marié en l'année 1615. Il étoit fils de *Gilles* Berton, seigneur de Crillon, & de *Philippe* Grillet. Cette famille est originaire de Quiers en Piémont, & établie en Avignon.

De sable, au sautoir d'argent.

XI.

B JEAN d'Angennes, seigneur de Poigny & de Boisorcan, conseiller d'état, capitaine de cinquante hommes d'armes, fut envoyé en ambassade en Savoye & à Vienne, & mourut en 1593.

Ses ancêtres & sa posterité sont rapportez tome II. de cette hist. p. 421.

Ecartelé, au 1. & 4. d'azur, à deux lions affrontez d'or, au 2. & 3. d'argent à la bande d'or, accompagnée de six roses de gueules, parti d'azur à la fasce d'or, & sur le tout d'or au lys de trois branches de gueules.

XII.

C FRANÇOIS de la Jugie-du-Puy-du-Val, seigneur & baron de Rieux, gouverneur de Narbonne, conseiller d'état, capitaine de cinquante hommes d'armes.

Il étoit fils de *Jacques Germain* de la Jugie-du-Puy-du-Val, baron de Rieux, & d'*Antoinette* d'Oraison, & épousa *Anne* d'Ornezan de S. Blancard (*a*), de laquelle il eut plusieurs enfans, & entr'autres *François* du-Puy-du-Val, comte de Rieux, qui eut de *Marguerite* de Narbonne de Fimarcon sa femme (*b*), *Marguerite* du Puy-du-Val, comtesse de Rieux, mariée en 1640. à *François* de Montiers, comte de Merinville, chevalier des Ordres du Roi: *François* de la Jugie, chevalier des Ordres, eut une fille *Anne* de la Jugie-de-Rieux, qui épousa *Jean* comte de Bezolles, seigneur de Beaumont en Condomois, dont deux fils, de l'aîné desquels est venu *Jean-Louis* comte de Bezolles, & du puîné *Alexandre-Xavier* de Bezolles, dit *le comte de Beaumont*, mestre de camp réformé, chevalier de S. Louis, vivant en 1725.

(*a*) Voyez tome VII. p. 916.

(*b*) Ibid. p. 773.

Tome IX. A 3

Ecartelé, au 1. d'Agout, au 2. d'a-
zur, à trois châteaux d'or, qui est de
Montauban-S.-André, au 3. de Vesc,
au 4. de Montlor.

XIII.

FRANÇOIS-LOUIS d'Agout & de Montauban, comte de Sault, seigneur de
Vesc, de la Tour-d'Aigues, de Montlor, de Grimaud, &c.   A
  Il étoit fils aîné de *François* comte de Sault, & de *Jeanne* de Vesc, & épousa
Chrestienne d'Aguerre, veuve d'*Antoine* de Blanchefort, dit *de Crequy*, seigneur
de Crequy, de S. Janvrin, de S. Severe, &c. de laquelle il eut *Louis* d'Agout,
comte de Sault, mort sans alliance, *Philippes* baron de Grimaud, mort sans enfans de *Marie* marquise de Montlor, & *Jeanne*, mariée à *Claude-François* de la
Baume, comte de Montrevel, d'où est issu FERDINAND comte de Montrevel, créé chevalier du S. Esprit en 1661. *Voyez tome VII. de cette hist. p. 53.*

D'azur, au lion rampant d'or, armé
& lamp-ssé de gueules.

XIV.

GUILLAUME de Saulx, seigneur & vicomte de Tavannes, lieutenant pour
le Roi en Bourgogne.   B
  La genealogie de cette maison est rapportée au chapitre des MARECHAUX DE
FRANCE, *tome VII. de cette hist. page* 239.

Burelé, au 1. d'argent, à la fasce fuselée de gueules, au 2. d'azur, à une
croix denchée d'argent, au 3. d'hermines au chef de gueules, au 4. d'or, à
l'aigle éployé de gueules

XV.

MERY de Barbezieres, seigneur de la Roche-Chemeraut & du Bois-le-Vicomte,
grand-maréchal des logis de la maison du Roi, mourut sans enfans de *Claude*   C
de l'Aubespine sa femme, le 5. may 1609. *Voyez tome VI. de cette hist. page* 559.

D'argent, à trois chevrons de gueules.

XVI.

A FRANÇOIS du Pleſſis III. du nom, ſeigneur de Richelieu, conſeiller d'état, grand-prévôt de France, mourut à Goneſſe en 1590.
La genealogie de cette maiſon eſt rapportée au chapitre du duché-pairie de Richelieu, tome IV. de cette hiſt. p. 361.

Tiercé en bande d'or, de gueules & d'azur.

XVII.

B GABRIEL-NOMPAR de Caumont, comte de Lauzun, vicomte de Montbahus, baron de Puy-Guillem, de Vertueil & de la Croüillie, ſeigneur de Tumbebeuf, chevalier de l'Ordre du Roi, conſeiller d'état, capitaine de cinquante hommes d'armes.
Il étoit fils de *François-Nompar* de Caumont, comte de Lauzun, & de *Charlotte* de la Roche-Andry. *Ses anceſtres & ſa poſterité ſont rapportez tome IV. de cette hiſt. chapitre du* duché-pairie de la Force, *p. 467.*

Ecartelé, au 1. & 4. de Caſtillon, au 2. & 3. de Pardaillan, & ſur le tout d'Eſpagne-Monteſpan.

XVIII.

C HECTOR de Pardaillan, ſeigneur de Monteſpan & de Gondrin, conſeiller d'état, capitaine de cinquante hommes d'armes & des Gardes du corps du Roi.
La genealogie de cette maiſon a eſté rapportée chapitre du duché-pairie d'Antin, tome V. de cette hiſtoire, p. 174.

Ecartelé, au 1. & 4. de sable, fretté d'argent de six pieces, au chef d'argent au lion issant de gueules, qui est de Champagne-Suze, au 2. & 3. de Laval-Montmorency, & sur le tout de Champagne-Comté, parti d'azur au lion d'or, l'écu semé de fleurs de lys de même.

XIX.

LOUIS de Champagne, comte de la Suze au Maine, baron de Broüassin & de la Chapelle-Rainsoüin, conseiller d'état, capitaine de cinquante hommes d'armes, né l'an 1555. mourut à la bataille de Coutras en 1587.

Il étoit fils aîné de *Nicolas* de Champagne, créé comte de la Suze en 1566. qui fut tué à la bataille de S. Denis en 1567. Il épousa par traité du 2. mars 1572. *Madelene* de Melun, fille de *Charles* de Melun, seigneur de Normanville (*a*) ; il en eut *Catherine* de Champagne, femme d'*Amaury* Goyon, marquis de la Moussaye (*b*), *Françoise* de Champagne, *Marie* de Champagne, &

LOUIS de Champagne, comte de la Suze, maréchal de camp des armées du Roi, mort en 1636. Il avoit épousé *Charlotte* de Roye de la Rochefoucaud, fille de *Charles* de Roye de la Rochefoucaud, comte de Roucy (*c*), dont il eut GASPARD de Champagne, comte de la Suze, qui suit, *Frederic-Maurice* de Champagne, marquis de Normanville, mort sans alliance, *Josué* & *Louis* Champagne, morts jeunes, *Ursuline* de Champagne, femme de *Cesar*, marquis de la Muce en Bretagne, *Marie*, *Claude*, *Jeanne*, & *Charlotte* de Champagne.

GASPARD de Champagne, comte de la Suze, épousa 1°. *Henriette* de Coligny, fille aînée de *Gaspard* de Coligny III. du nom, comte de Coligny, maréchal de France (*d*), 2°. *Louise* de Clermont-Gallerande, dont il eut *Thibaut*, *Marie-Louise*, *Marie-Gabrielle*, & *Madelene-Françoise* de Champagne de la Suze.

(*a*) Voyez tome V. de cette hist. p. 245.
(*b*) Ibid. p. 397.

(*c*) Tome IV. p. 433.

(*d*) Tome VII. p. 154.

A

B

D'argent, à la fasce de gueules, fretée de sable, accompagnée de deux burelles de gueules.

XX.

RENE' de Bouillé, comte de Creance, seigneur de Bouillé, conseiller d'état, capitaine de cinquante hommes d'armes, gouverneur de Perigueux.

Il étoit fils de *René* de Boüillé, seigneur de Bouillé, & de *Jacqueline* d'Estouteville, comtesse de Creance, & épousa *Renée* de Laval-Lezay, fille de *Pierre* de Laval-Lezay, (*e*), de laquelle il eut URBAIN comte de Creance, qui suit, *François* seigneur du Bourgneuf, *Leonor* seigneur de Chilé, *Lucrece*, femme de *N...* seigneur de la Jousseliniere, *Anne* mariée à *N...* seigneur d'Essigny, *Marguerite*, *Isabelle*, & *Marie*, religieuses.

URBAIN de Boüillé, comte de Creance, épousa *Anne* de Feschal. dame de Tucé, & en eut entr'autres enfans, RENE' de Boüillé, comte de Creance & marquis de Bouillé, qui de *Jacqueline* de la Guiche-S.-Geran (*f*) laissa une fille unique nommée *Eleonor*. premiere femme d'*Henry* de Daillon, duc du Lude, grand maître de l'artillerie de France. *Voyez tome VIII. de cette hist. p. 192.*

(*e*) Tome III. p. 641.

(*f*) Tome VII. p. 445.

C

XXI.

D'or, à l'écusson de gueules, accompagné d'un orle de coquilles de sable.

XXI.

A LOUIS du Bois, seigneur des Arpentis, maître de la garderobe du Roi, gouverneur de Touraine.

Il étoit fils de *Louis* seigneur des Arpentis, & de *Louise* de Surgeres, & épousa *Claude* Robertet, dont il eut *Anne* du Bois son unique heritiere, par la mort sans enfans de ses sœurs, dont l'une *Claude* du Bois avoit épousé *François* le Bacle, baron de S. Medard, seigneur de Soubreüil. Elle fut mariée en 1588. à *Barthelemy* de Balsac, écuyer, seigneur des Chabots.

D'hermines, au chef endenté de gueules.

XXII.

B JEAN d'O, seigneur de Manou & de Courteilles, capitaine de cent archers de la garde du corps du Roi, mourut en 1596.

Il étoit frere puîné de *François* d'O, seigneur d'O, chevalier du S. Esprit, & fut marié à *Charlotte* de Clermont-Tallart, d'où vint *Louise* d'O, femme de *Gabriel* du Quesnel, seigneur de Coupigny, dit *le marquis d'Alegre. Voyez ci-devant p.* 91.

Ecartelé, au 1. & 4. contr'écartelé au 1. & 4. de Silly, au 2. & 3. de la Rocheguyon, au 2. & 3. grands quartiers aussi contr'écartelé au 1. & 4. de Laval, au 2. & 3. d'Evreux, & sur le tout de Sarrebruche.

XXIII.

C HENRY de Silly comte de la Rocheguyon, damoiseau de Commercy, baron d'Aquigny & de Crevecœur, conseiller d'état, capitaine de cent hommes d'armes, mourut en 1586.

Il étoit fils aîné de *Louis* de Silly, seigneur de la Rocheguyon, & *d'Anne de Laval, comme il a esté dit tome VIII. de cette hist. p.* 172.

*Ecartelé, au 1. & 4. vairé d'or &
de gueules, au 2. & 3. de Vienne, fur
le tout de fable à trois têtes de leopards
arrachées d'argent.*

XXIV.

ANTOINE de Baufremont, dit *de Vienne*, marquis d'Arc en Barrois feigneur de   A.
Liftenois.

Il étoit fils aîné de *Claude* de Baufremont, feigneur de Scey, & d'*Antoinette* de
Vienne; & eut pour frere JEAN feigneur de Clervaut, *dont la pofterité fubfifte
dans les marquis de Liftenois*, & *Nicolas* évêque de Troyes, mort en 1593. âgé
de 64. ans. Il époufa *Anne* de Clermont, fille de *René* feigneur de S. Georges, &
de *Françoife* d'Amboife, de laquelle il eut *Anne* de Baufremont, mort fans enfans de *Marie* d'Orgemont fa femme.

*D'or, à la bande de gueules, char-
gée de trois fleurs de lys d'argent.*

XXV.

JEAN du Chaftelet, feigneur de Thons, fouverain de Vauvillars, marquis de Tri-   B
chafteau, maréchal de Lorraine, gouverneur de Langres, furintendant des places
de Baffigny.

Il étoit fils puîné d'*Hugues* du Chaftelet, chevalier, feigneur de Deuilly, & de
Guillemette d'Amoncourt fa troifiéme femme, & époufa 1°. *Marguerite* d'Hauffonville, 2°. *Rence* de Choifeul, fille de *François* de Choifeul, feigneur de Clemont (*a*); il eut de fa premiere femme *Jean* du Chaftelet, feigneur de Thons,
marquis de Trichafteau, maréchal de Lorraine, gouverneur de Langres, mort
fans enfans d'*Anne* de Choifeul-Clemont (*b*), & de *Marie* Bayer fes deux femme, RENE' du Chaftelet, feigneur de Thons, qui fuit, & *Marguerite* du Chaftelet, femme de *Claude* feigneur de Chauvirey. Du fecond mariage fortirent ERARD
V. du nom, marquis du Chaftelet, *mentionné après fon frere aîné*, & *Françoife* du
Chaftelet, abbeffe de Sainte Gloffine de Mets.

RENE' du Chaftelet, feigneur de Thons, époufa *Gabrielle* de Lenoncourt, (*c*) &   C
en eut *Philippes* du Chaftelet, feigneur de Thons, mort à la guerre en Allemagne fans avoir été marié, *Dorothée-Henriette* du Chaftelet, mariée à N. de
Felletans, & *Antoine* feigneur du Chaftelet, qui époufa 1°. *Catherine* de Priefac,
2°. *Gabrielle* de Mailly, fille d'*Africain* de Mailly, baron de Clinchamp, & d'*Anne*
d'Anglure. De la premiere il eut deux fils & une fille.

ERARD du Chaftelet V. du nom, feigneur de Bonnes, maréchal de Barrois &
gouverneur de Gray en Franche-Comté, fils puîné de *Jean* du Chaftelet, feigneur de Thons, chevalier du S. Efprit, prit le titre de *marquis du Chaftelet*, &
époufa *Lucrece* d'Orfan, fille de *Pierre* d'Orfan, feigneur de Loimont, gouverneur de Gray, & d'*Anne* de Maimier, dame de Bourbarin, dont il eut *Gabrielle*
du Chaftelet, mariée 1°. à *Charles* comte d'Efcars, dont elle fut la feconde

(a) Voyez tome
IV. de cette hift.
p. 815.

(b) Ibidem.

(c) Voyez tome
II. p. 60.

femme(a) , 2°. à *Georges* de Monchy, seigneur d'Hocquincourt, grand-prévôt de France (b) , *Anne* du Chastelet, femme de *N.* de Gournay, sénéchal de Lorraine , *Paule* du Chastelet, femme de *David* (c) de Ligneville de Bouxieres, seigneur de Rannes, *Françoise* du Chastelet, femme de *Richard* de Seraucourt, baron de Romain, *Charlotte* du Chastelet, dame à Remiremont, puis mariée, *Henry* marquis du Chastelet, marié le 9. août 1622 à *Claude - Françoise - Angelique* de Poüilly-d'Esne, qui le rendit pere de *Gabrielle* & *Anne* demoiselles du Chastelet, ANTOINE du Chastelet, marquis de Trichasteau, qui suit, & ERARD VI. du nom, marquis du Chastelet, *mentionné après son frere aîné.*

[a] Voyez tome II. de cette hist. p. 230.

[b] Voyez tome VII. de cette hist. p. 518

[c] *Alias* Daniel

ANTOINE du Chastelet, marquis de Trichasteau, fut marié à *Isabelle* de Haraucourt , fille de *Charles* de Haraucourt, baron de Chambly ou Chamblay & de Germini , & de *Gabrielle* d'Ardres, & mourut en 1674. De cette alliance sortirent *Charles* du Chastelet, ecclesiastique , puis comte du Chastelet , marié à *N.* d'Or-san , *Arnoul* du Chastelet, *François-Honoré* du Chastelet, chevalier de Malte, *Charlotte* du Chastelet, dame à Remiremont, *Susanne* dame & secrete à Espi-nal , *Gabrielle* du Chastelet, *alias Christine*, dame à Remiremont, *N.* du Chastelet, mariée à *N.* baron de Marnot, *Erard* du Chastelet, marquis de Trichasteau, & FLORENT du Chastelet, comte de Lomont, qui suit.

FLORENT du Chastelet, comte de Lomont, colonel du regiment de Ponthieu infanterie, gouverneur des ville & château de Semur, bailly d'Auxois, briga-dier des armées du Roi, puis commandant à Namur, ensuite à Dunkerque, maréchal de camp, & enfin lieutenant general des armées du Roi, grand-croix de l'Ordre militaire de S. Louis, mort le 26. janvier 1732. à Semur, avoit épousé par contrat du 15. mars 1692. *Marie-Gabrielle-Charlotte* du Chastelet , fille uni-que & heritiere de *Charles* du Chastelet, marquis de Pierrefite, lieutenant ge-neral des armées du Roi, gouverneur de Gravelines, & de *Marie* de la Neuf-ville. De ce mariage sont nez FLORENT-CLAUDE marquis de Cirey, qui suit, *François* du Chastelet, chevalier de Malte, second cornette des Chevaux-legers de Bretagne en 1732. *Madelene-Susanne* du Chastelet, batisée le 7. fé-vrier 1703. destinée pour être chanoinesse de Remiremont en 1719. épousa en 1731. *N.* marquis de Roussillon, & *Florence* du Chastelet, batisée le 4. avril 1704. aussi chanoinesse de Remiremont en 1719. a épousé *Nicolas-Auguste* de la Baume, comte de Montrevel, brigadier de cavalerie.

FLORENT-CLAUDE du Chastelet, chevalier, marquis de Cirey, mestre de camp du regiment de Haynaut infanterie, épousa le 20. juin 1725. *Gabrielle-Emilie* de Breteuil, fille de *Louis-Nicolas* baron de Breteuil & de Preuilly, premier baron de Touraine, seigneur d'Azay-le-Feron, du grand & petit Feron, &c. introduc-teur des Ambassadeurs , & de *Gabrielle-Anne* de Froulay,

ERARD du Chastelet VI. du nom, marquis de Thons, dit *le marquis du Chastelet*, fils puîné d'ERARD du Chastelet V. du nom, seigneur de Bonnes, & de LU-CRECE d'Orsan, *mentionnez ci-devant, p.* 98. fut maréchal de Lorraine & maré-chal de camp dans les troupes du duc Charles de Lorraine ; a signalé son cou-rage en plusieurs occasions, & a été marié trois fois, 1°. à *Claire-Françoise* Rou-xel de Marey (d) , 2°. à *Anne Elizabeth* d'Aumont, dame d'Aubigny en Poitou (e) , 3°. à *Marie* de la Baume-le-Blanc-de-la-Valliere (f). Du premier mariage est né *N.* du Chastelet, page de la chambre du Roi, puis marquis du Chastelet, aide de camp du maréchal de Crequy, tué en Allemagne en 1678. Du second sont nez *Antoine* du Chastelet, marquis d'Aubigny, tué à la guerre en 1675. sans avoir été marié ; ANTOINE-CHARLES du Chastelet, marquis d'Aubigny, qui suit ; *Henry* du Chastelet, chevalier de Malte, & *Charles* du Chastelet, dit *l'abbé du Chastelet.*

[d] Voyez tome VII. de cette hist. p. 572.

[e] Tome IV. p. 876.

[f] Tome V. p. 491.

ANTOINE-CHARLES du Chastelet, marquis d'Aubigny, dit *le marquis du Chaste-let*, seigneur de Thons, colonel de cavalerie, brigadier en 1696. maréchal de camp en 1702. lieutenant general en 1704. gouverneur de Vincennes, mort en 1720. avoit épousé le 8. janvier 1688. *Therese-Marie* Gigault, fille de *Ber-nardin* Gigault, marquis de Bellefonds, maréchal de France, & de *Madelene* Fou-quet (g), dont il a eu *Antoine-Bernardin*, chevalier de Malte, *Madelene*, *Charlotte*, & *Louise* du Chastelet, &

[g] Tome VII. p. 597.

FRANÇOIS-BERNARDIN du Chastelet, comte de Clemont, mestre de camp de cavalerie, brigadier des armées du Roi en 1719. gouverneur de Vincennes, lequel épousa en 1714. *Catherine-Armande* de Vignerot-du-Plessis-Richelieu. (h)

[h] Tome I V. p. 375.

D'or, parti de gueules, à la bande d'or.

XXVI.

FRANÇOIS d'Efcoubleau, feigneur de Joüy, de Launay & de Montdoubleau, puis marquis d'Alluye, confeiller d'état, capitaine de cinquante hommes d'armes, gouverneur de Chartres, & premier écuyer de la grande écurie du Roi, mourut en 1602.

Il étoit fils aîné de *Jean* d'Efcoubleau, feigneur de Joüy & du Coudray-Montpenfier, gentilhomme ordinaire de la chambre du Roi, & maître de fa garde-robe en 1545. mort en 1569. & d'*Antoinette* de Brives, & époufa *Ifabeau* Babou, dame d'Alluye, fille de *Jean* Babou, feigneur de la Bourdaifiere, & de *Françoife* Robertet, dame d'Alluye (*x*), de laquelle il eut *François* cardinal de Sourdis, archevêque de Bourdeaux, mort le 28. janvier 1628. *Virginal* marquis d'Alluye, mort fans pofterité de *Catherine* Hurault (*b*); CHARLES marquis de Sourdis & d'Alluye, chevalier du S. Efprit, *rapporté dans la promotion de 1633. Henry* Archevêque de Bourdeaux, & commandeur de l'Ordre du S. Efprit; *Marie* alliée 1°. à *Claude* du Puy, feigneur de Vatan, 2°. à *René* de Froullay, comte de Teffé (*c*), *Catherine-Marie*, femme de *Charles-Henry* de Clermont, comte de Tonnerre, chevalier du S. Efprit (*d*), *Madelene* abbeffe de Notre-Dame & de S. Paul-lès-Beauvais, morte le 10. avril 1665. âgée de 85. ans, & *Ifabelle* morte fans enfans de *Louis* Hurault, baron d'Huriel. (*e*)

[a] Voyez tome VIII. de cette hift. p. 182.
(b) Voyez tome VI. de cette hift. p. 508.
(c) Voyez tome VII. de cette hift. p. 670.
(d) Voyez tome VIII. p. 914.
(e) Tome VI. p. 508.

Ecartelé, au 1. & 4. de finople, à la fafce d'hermines, au 2. & 3. d'or à trois chevrons de fable.

XXVII.

CHARLES d'Ongnies, comte de Chaulnes, feigneur de la Hargerie, confeiller d'état, capitaine de cinquante hommes d'armes.

Il étoit fecond fils de *Louis* d'Ongnies, comte de Chaulnes, & d'*Antoinette* de Raffe, dame de la Hargerie, & époufa *Anne* Juvenel des Urfins, fille de *François* baron de Trainel (*f*), de laquelle il eut LOUIS comte de Chaulnes, chevalier du S. Efprit, mort fans pofterité d'*Anne* de Humieres, & *Louife* d'Ongnies, comteffe de Chaulnes, femme d'*Emmanuel-Philibert* d'Ailly, feigneur de Piquigny, vidame d'Amiens.

(f) Tome VI. p. 406.

Ecartelé, au 1. & 4. de gueules, à trois leopards d'or, armez & lampassez d'argent, au 2. & 3. lozangé d'or & d'azur, au chef de gueules,

XXVIII.

A DAVID Bouchard, vicomte d'Auberterre, baron de Pauleon, conseiller d'état, capitaine de cinquante hommes d'armes, gouverneur de Perigord, mourut à Auberterre le 10. août 1593. d'un coup de mousquet qu'il avoit reçu au siege de l'Isle en Perigord.

Il étoit fils de *François* Bouchard, vicomte d'Auberterre, & de *Gabrielle* de Laurenfane sa seconde femme, & épousa par contrat du 16. février 1579. *Renée* de Bourdeilles, fille d'*André* seigneur de Bourdeilles, & de *Jacquette* de Montberon, de laquelle il eut *Hypolite* Bouchard, vicomtesse d'Auberterre, mariée à *François* d'Esparbes, seigneur de Lussan, maréchal de France, *comme il a esté dit tome VII. de cette hist. page 456. Renée* de Bourdeilles testa étant veuve le 30. août 1596.

PROMOTION

Faite à Paris dans l'Eglise des Augustins, le 31. Decembre 1586.

CHEVALIERS.

De gueules, à la croix fleurdelisée & alisée d'or, l'écu semé de billetes de même.

I.

B GEORGES baron de Villequier, vicomte de la Guierche, conseiller d'état, capitaine de cinquante hommes d'armes, fils unique de CLAUDE baron de Villequier, chevalier du S. Esprit, & de *Renée* d'Appelvoisin, *comme il a esté dit ci-devant, page 60.* mourut sans enfans de *Louise* Jay, heritiere de Boisseguin sa femme, laquelle se remaria à *Jacques* comte d'Escars, dont elle fut la premiere femme.

Ecartelé, au 1. & 4. de gueules fretté d'or, au 2. & 3. de Dreux.

I I.

JACQUES de Moy, seigneur de Pierrecourt, conseiller d'état, capitaine de cin- **A** quante hommes d'armes.

Il étoit second fils de *Charles* de Moy, seigneur de la Mailleraye, vice-amiral de France, gouverneur du païs de Caux, & de *Charlotte* de Dreux, dame de Pierrecourt, & petit-fils de *Jacques* sire de Moy, maître des eaux & forêts de Normandie & de Picardie, gouverneur de S. Quentin, & de *Jacqueline* d'Estouteville. Il épousa *Francoise* dame de Betheville, de laquelle il eut LOUIS de Moy, seigneur de la Mailleraye, créé chevalier du S. Esprit en 1633. *Charles* seigneur de Betheville ; *Charles* seigneur de Pierrecourt ; *Antoine* seigneur de Heritot, gouverneur de Honfleur, mort sans enfans de *Madelene* de Moges en 1635. *Charlotte*, mariée à *Jacques* de Gremonville, seigneur des Marests, & *Françoise* de Moy, alliée à *Henry* d'Anquetil, seigneur de S. Waast, fils de *Louis* d'Anquetil, & de *Renée* Carbonnel.

D'hermines, au chef de gueules.

I I I.

CHARLES de Vivonne II. du nom, seigneur de la Chasteigneraye ; conseiller **B** d'état, capitaine de cinquante hommes d'armes, sénéchal de Xaintonge.

Il étoit fils de *Charles* de Vivonne I. du nom, seigneur de la Chasteigneraye, & d'*Isabeau* Chabot, & fut marié à *Renée* de Vivonne, dame d'Oulmes.
Leurs ancestres & leur posterité sont rapportez au chapitre des GRANDS-FAUCON-NIERS DE FRANCE, *tome VIII. de cette hist. p. 762.*

D'argent, à la bande d'azur, chargée de trois sautoirs d'or.

I V.

A JACQUES le Veneur, comte de Tillieres, seigneur de Carouges, conseiller d'état, capitaine de cinquante hommes d'armes, lieutenant general de la haute Normandie, & gouverneur du vieux palais de Rouen, mourut en *1596.*

Il étoit fils aîné de *Tanneguy* le Veneur, premier comte de Tillieres, chevalier du S. Esprit, & de *Madelene* de Pompadour, *comme il a esté dit tome VIII. de cette hist. page 256.*

PROMOTION

Du 31. Decembre 1587.

PRELAT.

Ecartelé, au 1. & 4. de Foix, au 2. & 3. de Bearn.

I.

B FRANÇOIS de Foix-Candale, captal de Buch, baron de Castelnau, seigneur de Puypaulin, évêque d'Aire, préfera l'étude des belles lettres aux établissemens qu'il pouvoit prétendre par sa naissance & par sa proche parenté avec le Roi, & mourut le 5. février *1594.*

Il étoit fils de *Gaston* de Foix, comte de Candale & de Benauges, captal de Buch, & de *Marthe* comtesse d'Astarac, *comme il a esté dit tome III. de cette histoire, page 384.*

REGNE DE HENRY IV. ROY DE FRANCE

Et de Navarre, second Chef & Souverain Grand-Maître de l'Ordre du Saint-Esprit.

PROMOTION

Faite dans l'Eglise de Mante, le 31. Decembre 1591.

Le Maréchal de Biron le pere, présida comme plus ancien Chevalier, en l'absence du Roi.

PRELAT.

De gueules, au chevron d'argent, accompagné de trois besans d'or, 2. & 1.

I.

RENAUD de Beaune, archevêque de Bourges, pourvû le 12. juillet 1591. de la charge de grand-aumônier de France, reçut la croix & le cordon de l'Ordre, après que l'information de ses vie & mœurs eût été faite & rapportée au Chapitre de l'Ordre. Il fut depuis archevêque de Sens, & mourut en 1606.
Voyez au chapitre des GRANDS-AUMOSNIERS DE FRANCE, *tome VIII, de cette hist. p.* 284.

CHEVALIER.

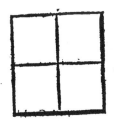

L'écu en bannière, écartelé d'or & de gueules.

I.

CHARLES de Gontaut, baron de Biron, maréchal general des camps & armées du Roy, depuis duc & pair, amiral & maréchal de France, fut décapité le 31. juillet 1602.
Voyez au chapitre des MARECHAUX DE FRANCE, *tome VII. de cette hist. p.* 362.

RECEPTION

Parti de France
& de Navarre.

RECEPTION DU ROY,

Faite dans l'Eglise Cathedrale de Chartres le 28. *Fevrier* 1594.

'A HENRY IV. du nom, Roi de France & de Navarre, reçut le collier de l'Ordre du Saint Esprit des mains de Nicolas de Thou, évéque de Chartres, après avoir fait le serment de Chef & Souverain Grand-Maître de l'Ordre, le lendemain de son Sacre lundy 28. février 1594.

Voyez l'histoire de la Maison Royale, *tome I. p.* 145.

PROMOTION

Faite à Paris dans l'Eglise des Augustins le 7. *Janvier* 1595.

PRELATS.

Ecartelé, au 1. *&* 4. *du* Bec, *au* 2. *&* 3. de Beauvillier, *sur le tout écartelé, au* 1. *de gueules, à la bande d'or, au* 2. *de gueules, à la croix d'argent, au* 3. de Bourgogne - ancien, *au* 4. *d'argent, à deux fasces de gueules, & sur le tout d'azur à six annelets d'argent,* 3. 2. *&* 1.

I.

B PHILIPPES du Bec, successivement évêque de Vannes & de Nantes, maître de la Chapelle du Roi, archevêque & duc de Reims, mourut en l'année 1605. Il étoit second fils de *Charles* du Bec, seigneur de Bourry & de Vardes, vice-amiral de France, & de *Madelaine* de Beauvillier-Saint-Aignan, *comme il a esté dit tome II. de cette histoire, p.* 88.

Tome IX.   D a

D'azur, parti de gueules, à la bande d'or.

I I.

HENRY d'Escoubleau, évêque de Maillezais, mourut en l'année 1615.   A

Il étoit frere puîné de *François* d'Escoubleau, seigneur de Sourdis, de Joüy & d'Alluye, chevalier du Saint Esprit, & de *Louis* d'Escoubleau, duquel sont sortis les seigneurs du Coudray-Montpensier.

CHEVALIERS.

De Bourbon, au bâton de gueules en bande, chargé d'un croissant d'argent en chef.

I.

HENRY de Bourbon, duc de Montpensier, pair de France, & gouverneur de   B
Normandie, mourut en 1608.

Voyez tome I. de cette hist. p. 357.

D'Orleans, au bâton d'argent péri en bande.

I I.

HENRY d'Orleans I. du nom, duc de Longueville, fut tué le 29. avril 1695.   C

Voyez tome I. de cette histoire, p. 221.

Ecartelé, d'Orleans-Longueville, & de Bourbon.

III.

A FRANÇOIS d'Orleans, comte de Saint Paul, depuis duc de Fronſac, mourut en 1631.

Voyez tome I. de cette hiſt. p. 220.

D'azur, à ſix beſans d'argent, 3. 2. & 1.

IV.

B ANTOINE de Brichanteau, marquis de Nangis, colonel du regiment des Gardes Françoiſes, & amiral de France, mourut en 1617.

Il étoit fils de *Nicolas* de Brichanteau, ſeigneur de Beauvais-Nangis, & de *Jeanne* d'Aguerre. *Voyez tome VII. de cette hiſt. p. 887.*

D'azur, à onze billettes d'argent, 4. 3. & 4.

V.

C JEAN de Beaumanoir III. du nom, marquis de Lavardin ; depuis maréchal de France, mourut en 1614.

Ses anceſtres & ſa poſterité ſont rapportez au chapitre des MARECHAUX DE FRANCE, *tome VII. de cette hiſt. p. 379.*

Ecartelé au 1. & 4. des Hayes-d'E-
pinay, au 2. contr'ecartelé, au 1. de
Sains, au 2. de Flavy, au 3. de Cler-
mont-Néelle, au 4. de Rouvroy, au
3. parti de Grouches-Griboval, & de
Coslé.

V I.

FRANÇOIS d'Espinay, seigneur de S. Luc, lieutenant general en Bretagne ; A
depuis grand-maître de l'artillerie de France, & gouverneur de Broüage, fut tué
au siege d'Amiens en 1597.

Voyez au chapitre des GRANDS-MAISTRES DE L'ARTILLERIE, *tome VIII. de
cette hist. p.* 184

Ecartelé, au 1. de S. Lary, au 2.
d'or, à trois pals de gueules, au 3.
d'Orbessan, au 4. de Termes, sur le
tout de Lagourlan.

V I I.

ROGER de S. Lary & de Bellegarde, marquis de Versoy, seigneur & baron de
Termes, duc de Bellegarde, pair & grand-écuyer de France, premier gentil-   E
homme de la chambre du Roi, mourut sans posterité en 1646.

Voyez au chapitre des GRANDS-ECUYERS, *tome VIII. de cette hist. p.* 507.

Ecartelé, au 1. écartelé de France &
d'Albret, au 2. d'Aiguillon, au 3. de
Bourbon, au 4. écartelé de Foix & de
Bearn.

V I I I.

HENRY d'Albret, I. du nom, comte de Marennes, baron de Miossens & de C
Coaraze.

Sa posterité est rapportée au chapitre des CONNETABLES DE FRANCE, *tome VI.
de cette histoire, p.* 219.

Ecartelé, au 1. & 4. de Roque-
laure, au 2. & 3. de Besolles, & sur
e tout du Bouzet-Roque-Epine.

I X.

A ANTOINE seigneur de Roquelaure, maréchal de France, & lieutenant géneral
au gouvernement de Guyenne, mourut en 1625.

Voyez au chapitre des MARECHAUX DE FRANCE, tome VII. de cette hist. p. 401.

D'argent, fretté de sable.

X.

B CHARLES sire de Humieres, marquis d'Ancte, lieutenant géneral en Picardie,
fils de JACQUES sire de Humieres, chevalier du S. Esprit, fut tué à la reprise
de Ham en 1595.

Voyez au chapitre des GRANDS-AUMOSNIERS, tome VIII. de cette hist. p. 274.

Ecartelé, au 1. d'or, à trois fasces on-
dées d'azur, qui est d'Hautemer, au
2. d'or, à la bande vivrée d'azur,
qui est de la Baume-Montrevel, au 3.
de gueules à trois bandes d'argent, qui
est de Montlandrin, au 4. d'azur au
lion d'or, semé de billettes de même,
qui est de Chasteauvillain.

X I.

C GUILLAUME de Hautemer, seigneur de Fervaques, comte de Grancey, &
baron de Mauny, maréchal de France, mourut en 1613.

Voyez au chapitre des MARECHAUX DE FRANCE, tome VII. de cette hist. p. 393.

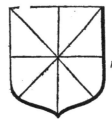

Gironné d'argent & de gueules de huit pieces.

X I I.

FRANÇOIS de Cugnac, seigneur de Dampierre, conseiller d'état, capitaine **A**
de cinquante hommes d'armes, lieutenant general au gouvernement d'Orleannois, & maréchal de camp des armées du Roi, mourut le 5. novembre 1615.

Il étoit fils de *François* de Cugnac, seigneur de Dampierre, & de *Jeanne* d'Avy,
dame de S. Pere-Avy, & épousa 1°. *Gasparde* de Boucart, fille unique de *Fran-*
çois seigneur de Boucart, & de *Marie* de Martigny, 2°. *Anne* le Loup de Beauvoir, fille de *Christophe* le Loup, seigneur de Pierrebrune, & de *Claude* Malain.
Du premier lit vint *François* de Cugnac, marquis de Dampierre, lieutenant
general au gouvernement d'Orleanois, marié à *Gabrielle* Popillon-du-Riau, qui
le rendit pere de *Françoise* de Cugnac, femme d'*Edme* de la Châtre, comte de
Nançay, grand-maître de la garderobe du Roi, & colonel general des Suisses
[*a*] Tome. VII.
p. 369.
& Grisons, morte en 1645. (*a*) Du second lit vinrent ANTOINE de Cugnac,
marquis de Dampierre, qui suit, *Marie-Diane* de Cugnac, mariée en 1609. à
Leonor de Rabutin, comte de Bussy, *Aymée* de Cugnac, femme de *Claude* **B**
de Pathay, seigneur de Pathay, baron de Clereau, & *Paul* de Cugnac, chevalier de Malte.

ANTOINE de Cugnac, marquis de Dampierre, baron d'Huisseau, conseiller
d'état, mort en 1666. avoit épousé *Madelene* du Texier, dame de Bris, fille
d'*Amos* du Texier, seigneur de Bris, & de *Françoise* Huraut du Marais, dont il
eut *Raul* de Cugnac, mort jeune, FRANÇOIS, *dit le marquis de Cugnac*, qui
suit, *Anne* de Cugnac, femme de *Michel* de Champront, conseiller au Parlement, *Marie* de Cugnac, femme de *N.* comte de Beon, *Elizabeth* de Cugnac,
religieuse à la Madelene près d'Orleans, & *N.* de Cugnac, religieuse à Mene-
tou-sur-Cher.

FRANÇOIS marquis de Cugnac, baron d'Huisseau, mort le 21. septembre 1680.
fut marié l'an 1664. à *Anne* de Cugnac, fille de *Gabriel* de Cugnac, seigneur de
Richarville, & de *Marie* du Verail. De ce mariage sont sortis FRANÇOIS de **C**
Cugnac, marquis de Dampierre, qui suit, *Pierre* de Cugnac, ecclesiastique,
François de Cugnac, chevalier de Malte, capitaine de cavalerie, mort en Italie
l'an 1702. *François-Alexandre* de Cugnac, mestre de camp de cavalerie, sous-lieutenant des gendarmes de Berry, brigadier des armées du Roi le premier février
1719. *François* & *Joseph* de Cugnac, morts jeunes, *Marie* & *Denise* de Cugnac,
mortes jeunes.

FRANÇOIS de Cugnac, marquis de Dampierre, enseigne des gendarmes de
Berry, épousa le 11. août 1699. *Marie-Madelene-Henriette* de Lagny, fille de
Jean-Baptiste de Lagny, secretaire du Roi, & de *Paule* Bidaut, dont il a eu *Jean-*
François marquis de Cugnac, né le 30. may 1700. mousquetaire du Roi en 1718.
François & *Felicien* de Cugnac, chevaliers de Malte, *Louis-Achilles* de Cugnac,
destiné à l'état ecclesiastique, *Paule-Gabrielle* de Cugnac, âgée de douze ans en
1718. *Marthe* & *Marie* de Cugnac.

*Ecartelé & contr'écartelé, au 1. &
4. de Silly, & de la Rocheguyon, au
2. & 3. de Laval & d'Evreux, & sur
le tout d'azur au lion d'argent semé de
croix recroisetées au pié fiché d'or, qui
est Sarebruche.*

XIII.

ANTOINE de Silly, comte de la Rochepot, damoiseau de Commercy, baron
de Montmirail, gouverneur d'Anjou, frere puiné d'HENRY de Silly, comte de
la Rocheguyon, chevalier du S. Esprit.

*Voyez au chapitre des GRANDS-MAISTRES DE L'ARTILLERIE DE FRANCE,
tome VIII. de cette hist. p. 169.*

*D'argent, au lion de gueules, armé,
couronné & lampassé d'or.*

XIV.

ODET de Matignon, comte de Thorigny, lieutenant general en Normandie,
mourut sans posterité en 1595. le 7. août.

*Voyez la genealogie de sa maison au chapitre du duché-pairie de Valentinois, tome V.
de cette hist. p. 366.*

*D'azur, à trois vanchiers d'or, 2.
& 1.*

XV.

FRANÇOIS de la Grange, seigneur de Montigny & de Sery, baron des Aix en
Berry, maréchal de France, mourut l'an 1617.

*Voyez au chapitre des MARECHAUX DE FRANCE, tome VII. de cette histoire
page 424.*

Écartelé, au 1. & 4. de Balſac; au
2. & 3. d'Humieres, & ſur le tout parti
de Malet-Graville & de Milan.

XVI.

CHARLES de Balſac, ſeigneur & baron de Dunes, comte de Graville, lieute- **A**
nant general au gouvernement d'Orleans, gouverneur de S. Dizier, capitaine de
cinquante hommes d'armes, dit *le bel Entraguet*, mourut à Toulouſe en 1599. ayant
fiancé une fille du maréchal de Montluc.

Il étoit fils puîné de *Guillaume* de Balſac, ſeigneur d'Entragues, & de *Louiſe* d'Humieres, *comme il a eſté dit tome II. de cette hiſt. p. 439.*

De ſable à trois faſces d'or denchées
par le bas.

XVII.

CHARLES de Coſſé II. du nom, comte, puis duc de Briſſac, pair & maréchal **B**
de France, mourut l'an 1621.
    Voyez au chapitre des MARECHAUX DE FRANCE *, tome VII. de cette hiſtoire,*
page 378.

Faſcé d'argent & de gueules au lion
de ſable armé, lampaſſé & couronné d'or
ſur le tout.

XVIII.

PIERRE de Mornay, ſeigneur de Buhy, de S. Clerc, de la Chaux, &c. maré- **C**
chal de camp, & lieutenant general de l'Iſle de France, ſervit dignement les
rois Henry III. & Henry IV. dans toutes leurs guerres, & mourut d'apoplexie en 1598.
à l'âge de 51. ans.

    Voyez au chapitre des CHANCELIERS *, tome VI. de cette hiſtoire, page 278. où la*
genealogie de cette maiſon eſt rapportée.

XIX.

Ecartelé, au 1. d'hermines, à trois bandes de gueules, chargées de onze coquilles d'or, qui est la Magdelaine, au 2. d'or, à la croix ancrée de gueules, qui est Damas, au 3. de gueules, à trois bandes d'argent, qui est Clugny, au 4. bandé d'or & d'azur de six pieces, à la bordure de gueules, qui est Bourgogne-ancien.

XIX.

A FRANÇOIS de la Magdelaine, marquis de Ragny, gouverneur de Nivernois, lieutenant de roi des païs de Bresse & de Charolois, maréchal de camp & capitaine de cinquante hommes d'armes, né le 23. août 1543. fut élevé page de la chambre du roi Henry II. servit dignement les rois Charles IX. Henry III. & Henry IV. en plusieurs grandes occasions. Il mourut vers l'année 1626. âgé de plus de 80. ans, & son corps fut enterré avec celui de sa femme, dans l'église de Savigny, paroisse de Ragny, où se voit sa sépulture.

B Il étoit fils puîné de *Gerard* seigneur de la Magdelaine, & de *Claude* de Damas, dame de Ragny, & petit-fils d'*Edouard* aussi seigneur de la Magdelaine. Il épousa le 23. décembre 1572. *Catherine* de Marcilly, dame de Cipierre, fille de *Philbert* de Marcilly, seigneur de Cipierre, premier gentilhomme de la chambre du Roi, gouverneur d'Orleans, de Berry, du Blaisois & du païs Chartrain, & de *Louise* de Hallwin. De cette alliance sortirent LEONOR de la Magdelaine, marquis de Ragny, chevalier des Ordres du Roi, *mentionné ci-après en son rang*; JACQUES de la Magdelaine, comte de Ragny, qui suit; *Claude* de la Magdelaine, évêque d'Autun, mort le 21. avril 1652. & enterré dans son église à côté du grand-autel; *Anne* de la Magdelaine, abbesse de S. Jean d'Autun, morte le premier avril 1657. âgée de près de 80. ans; *Louise* de la Magdelaine, abbesse de Notre-Dame de Saint Julien d'Auxerre, morte en 1605. *Gabrielle* de la Magdelaine, nommée abbesse de Notre-Dame de S. Julien d'Auxerre après sa sœur le 27. juin de la même année, morte le 27. août 1656. âgée de 72. ans; *Jeanne* de la Magdelaine, abbesse de Notre-Dame de Reconfort, morte vers l'an 1635. *Françoise* de la Magdelaine, femme de *Jacques-François* de Vienne, comte de Commarin, &c. lieutenant de roi en Bourgogne (*a*); *Marguerite* de la Magdelaine, mariée 1°. à *Louis* de la Riviere, seigneur de Chanlemy, 2°. à *François* de Rabutin, seigneur d'Espiry, morte sans enfans, & *Madelene* de la Magdelaine, morte sans alliance.

(*a*) Voyez tome VII. p. 803.

C JACQUES de la Magdelaine, comte de Ragny, &c. lieutenant de roi en Nivernois, mourut en 1654. âgé de 65. ans, & est enterré dans l'église de S. Emilian, paroisse d'Espiry. Il épousa en 1626. *Elisabeth* de Nicey, fille de *Jean* seigneur de Nicey, & d'*Anne* le Roy-la-Grange, dont il eut *Leonor* de la Magdelaine, mort jeune; CLAUDE de la Magdelaine, comte de Ragny, qui suit; *François* mort à Paris à l'âge de 18. ans, *Roger* de la Magdelaine, mort en bas âge, *Claude* de la Magdelaine, chevalier de Malte, & capitaine de vaisseau, tué au service de la Religion, dans un combat naval donné contre les Infideles; *Antoine* de la Magdelaine, comte de Nicey, bailly de la Montagne, qui signala son courage en plusieurs occasions; *Erard-Anne* de la Magdelaine, abbé de Notre-Dame de Tironneau au païs du Maine, & doyen du chapitre de l'église d'Autun; *François* de la Magdelaine, blessé à mort au siege de Candie en 1668. âgé lors de 28. ans; autre *François* de la Magdelaine, abbé de S. Symphorien d'Autun; *Jacques* & *Jean-Baptiste* de la Magdelaine, ecclesiastiques; *Gabrielle* de la Magdelaine, morte en bas âge; *Anne* de la Magdelaine, abbesse de Notre-Dame de S. Julien d'Auxerre après ses tantes, morte le 10. janvier 1693. *Gabrielle* de la Magdelaine, femme de *Philbert-Alexandre* seigneur du Poyet & de Sainte Colombe, morte à 24. ans, & *Christine* de la Magdelaine, morte sans alliance.

CLAUDE de la Magdelaine, comte de Ragny, bailly de la Montagne, épousa en 1655. *Catherine* de Sommievre, fille de *Jacques* de Sommievre, seigneur de jully, & d'*Anne* de la Grange de Montigny, mourut en 1666. âgé de 35. ans, & est enterré en l'église de S. Emilian, paroisse d'Espiry, laissant de cette

alliance ANNE-BERNARD de la Magdelaine, comte de Ragny, qui fuit ; *Anne-* A
Louife de la Magdelaine, religieufe à S. Julien d'Auxerre ; *Marie-Françoife* de
la Magdelaine, religieufe à la Vifitation de Semur ; *Catherine-Charlotte* de la Magdelaine, dite *mademoifelle de Ragny*, mariée le 11. août 1686. à *François* d'Eftut ;
feigneur de Tracy, mort le 23. mars 1710. *Antoine* de la Magdelaine, *François*
de la Magdelaine, abbé de S. Symphorien d'Autun, en 1683. *Jean* de la Magdelaine, abbé de Sainte Madelene de Bourbon la même année ; *Anne-Louife* de
la Magdelaine, religieufe, puis abbeffe de S. Julien d'Auxerre, & *Marie-Ma-*
delene-Françoife de la Magdelaine, religieufe à Semur.

ANNE-BERNARD de la Magdelaine, comte de Ragny, feigneur d'Efpiry, époufa
Marie-Antoinette Damas, heritiere de Marcilly, fille de *Charles* Damas, baron
de Marcilly, & de *Marie* de Gannay, dont il a eu *N.* de la Magdelaine, âgé
de 17. ans en 1711. *Erard* de la Magdelaine, chevalier de Malte ; deux autres
fils, & *Catherine-Bernardine* de la Magdelaine.

De gueules, à la fafce d'argent,
accompagnée de fept merlettes de même,
quatre en chef & trois en pointe.

XX.

CLAUDE de l'Ifle, feigneur de Marivaut, gouverneur de Laon ; & lieutenant B
general en l'Ifle de France, né le 25. avril 1552. mourut le 17. may 1598.

Voyez au chapitre des GRANDS-LOUVETIERS DE FRANCE, *tome VIII. de cette*
hift. p. 788. où la genealogie de cette maifon eft rapportée.

Ecartelé, au 1. & 4. de Choifeul,
au 2. & 3. de gueules, au lion d'or,
qui eft d'Aigremont, & fur le tout
parti au 1. d'argent, à une fafce de
gueules, au 2. d'argent, au lion de
fable.

XXI.

CHARLES de Choifeul, marquis de Praflin, maréchal de France ; mourut en C
1626.

Voyez fon article au chapitre des MARECHAUX DE FRANCE, *tome VII.*
de cette hift. page 440. & fa genealogie tome IV. p. 817.

Ecartelé, au 1. & 4. de fable , à trois fafces d'or, à la bordure de gueules , qui eft Marcilly, au 2. & 3. d'argent, à trois lions de fable , armé, couronné & lampaffé d'or, qui eft Hallwin.

XXII.

A **H**UMBERT de Marcilly, feigneur de Cipierre, bailly de Semur en Auxois, maréchal de camp des armées du Roi, capitaine de cinquante hommes d'armes.

Il étoit fils de *Philbert* de Marcilly, feigneur de Cipierre, gouverneur du roi Charles IX. premier gentilhomme de fa chambre, gouverneur d'Orleans, mort à Spa, & de *Louife* de Hallwin, dame d'honneur de la Reine, & époufa *Alphonfine* de Gondy, fille de *Charles* feigneur de la Tour, frere aîné du maréchal de Rets, & d'*Helene* Bon (*a*), de laquelle il eut pour fils unique *Charles* de Marcilly, comte de Cipierre, grand-écuyer de la Reine d'Angleterre, capitaine de cinquante hommes d'armes, bailly de Charolois, gouverneur d'Autun, mort fans enfans de *Françoife* de Lantaiges, dame d'atour de la Reine d'Angleterre, qu'il avoit époufée en 1617. morte en 1625. (*a*) Tome III. p. 894.

D'or , au chef denché de trois pointes d'azur.

XXIII.

B **G**ILBERT feigneur de Chazeron, de Chafteauguyon, de la Roche-d'Agoux, de Montfaucon, de Murat, &c. fénechal & gouverneur de Lyonnois, confeiller d'état, maréchal des camps & armées du Roi, capitaine de cinquante hommes d'armes.

Il étoit fils unique d'*Antoine* feigneur de Chazeron & de la Roche-d'Agoux, chevalier de l'Ordre du Roi, & de *Claude* le Maréchal-Fourchaut, & époufa *Gabrielle* de S. Nectaire, fille de *Jean* feigneur de S. Nectaire, & de *Madelene* de Roffignac (*b*), de laquelle il eut *Gabriel* feigneur de Chazeron, mort fans enfans de *Marie-Gabrielle* de la Guiche-de-S.-Geran, remariée à *Timoleon* d'Efpinay, feigneur de S. Luc, maréchal de France (*c*), *Anne* de Chazeron, femme de *François* de Polignac, marquis de Chalençon, *Charlotte* de Chazeron, mariée à *Jacques* de Chabannes, comte de Pionzac (*d*), & *Claude* de Chazeron, mariée 1°. à *Antoine* de Cordebeuf, feigneur de Beauverger, duquel elle n'eut point d'enfans, 2°. à *Gilbert* de Moneftay, feigneur de Forges, dont eft defcendu FRANÇOIS de Moneftay, feigneur de Chazeron, fait chevalier des Ordres du Roi en 1688. (*b*) Tome IV. p. 898.

(*c*) Voyez tome VII. p. 445.

(*d*) Ibidem, p. 137.

*De gueules, à la bande d'or, accom-
pagnée de six merlettes de même, mises
en orle.*

XXIV.

RENE' Viau, feigneur de Chanlivaut & de l'Eftang, capitaine de cinquante hom- A
mes d'armes, gouverneur d'Auxerre.

Il étoit fils de *René* Viau, feigneur de Chanlivaut, & de *Peronne* de la Porte-dé-
la-Peffeliere, & époufa 1°. *Françoife* David, dame du Mefnil, 2°. *Anne* de Barbançon, fille de *François* feigneur de Cany en Picardie, & d'*Antoinette* de Vazieres, de laquelle il eut une fille. Du premier lit vint *Françoife* Viau, dame
de Chanlivaut & du Mefnil, mariee à *Claude* de Menou, feigneur de Mantelan,

D'argent, à trois fafces de fable.

XXV.

CLAUDE Gruel, feigneur de la Frette, de la Ventrouffe & du Feüillet, gouver- B
neur de Chartres, confeiller d'état, capitaine de cinquante hommes d'armes,
mourut à Warty le 18. may 1615. & fut porté à S. Victor de Reno au Perche.

Il étoit fils de *Claude* Gruel, feigneur de la Frette, chevalier de l'Ordre du Roi,
& de *Marguerite* Auvé, dame de la Ventrouffe, & époufa par contrat du 15.
avril 1595. *Louife* de Faudoas, fille de *Francois* feigneur de Serillac, comte de
Belin, & de *Francoife* d'Warty, morte en 1637. dont il eut *François* Gruel, feigneur de la Frette, tué à la guerre, *Charles* Gruel, feigneur de Warty, mort
de maladie au retour du fiege de Montauban fans avoir été marié, PIERRE
Gruel, feigneur de la Frette, qui fuit, *Alexandre*, mort de maladie, *Gilles* Gruel,
reçû chevalier de Malte en 1623. tué au combat de Caftelnaudary, RENE'
Gruel, feigneur de Lonzac, *rapporté après fon frere aîné*, *Gafton* Gruel, *Louife*
Gruel, accordée au maréchal de Grancey, morte à quinze ans avant fes nôces, & deux autres filles, mortes jeunes.

PIERRE Gruel, feigneur de la Frette, gouverneur de Chartres & du Pont-S.-Ef-
prit, capitaine des Gardes du corps de Gafton duc d'Orleans, époufa l'an 1636. C
Barbe Servient, veuve de *Dreux* le Feron, dont il eut *Gafton-Jean-Baptifte* Gruel,
marquis de la Frette, profcrit hors le Royaume pendant long-tems pour duel,
qui mourut à Paris, & *a laiffé quelques bâtards*; *Nicolas* Gruel, marquis d'Warty
& d'Amilly, *Abel* Gruel, feigneur de Cherenfay, *Enemond* Gruel, deftiné chevalier de Malte, *François* Gruel, feigneur de la Ventrouffe, & cinq filles, tous
morts fans pofterité.

RENE' Gruel, feigneur de Lonzac, & de Villequoy, époufa en 1637. *Antoinette* d'Albret, fille de *Henry* d'Albret, feigneur de Pons, & d'*Anne* de Pardaillan
de Gondrin, (*a*), & de ce mariage fortirent *René-Henry* Gruel, comte de Lonzac, mort en 1667. *Louis-Henry* Gruel, dit *l'abbé de la Frette*, *René* Gruel, comte
de Lonzac, qui époufa en 1668. *Marie* Thomas de Boifmorin, qu'il laiffa veuve
fans enfans, & qui s'eft remariée, & *Antoinette-Renée* Gruel, auffi morte fans
enfans d'*Antoine* d'Aidie, vicomte de Riberac. *Voyez tome VII. de cette hift. p.* 862.

(*a*) Voyez tome
VI. p. 220.

XXVI.

Ecartelé, au 1. & 4. d'argent, au bras d'azur tenant une poignée de veſſe en rameau de trois pieces de ſinople, au 2. & 3. de ſinople au pal d'argent, parti de gueules au pal d'argent.

X X V I.

G EORGES Babou, ſeigneur de la Bourdaiſiere, comte de Sagonne, capitaine de cinquante hommes d'armes, & des cent gentilshommes de la maiſon du Roi, A conſeiller d'état.

Sa poſterité eſt rapportée au chapitre des GRANDS-MAISTRES DE L'ARTILLE-RIE, *tome VIII. de cette hiſtoire, p. 180.*

PROMOTION

Faite à Rouen dans l'Egliſe de l'Abbaye Saint Ouen, le 5. Janvier 1597.

C H E V A L I E R S.

De Montmorency.

I.

B H ENRY I. du nom, duc de Montmorency, pair & connétable de France; mourut le 2. avril 1614.

Voyez au chapitre des CONNESTABLES DE FRANCE, *tome VI. de cette hiſt. p. 229. & la genealogie tome III. p. 566.*

Ecartelé, au 1. & 4. de Rohan, au 2. de Navarre, au 3. d'Evreux, & ſur le tout de Milan.

I I.

H ERCULES de Rohan, duc de Montbazon; grand-veneur de France, mourut le 16. octobre 1654. âgé de 86. ans.

Voyez au chapitre des GRANDS-VENEURS, *tome VIII. de cette hiſt. p. 733. & la genealogie tome IV. p. 51.*

Tome IX.   G 2

De Montmorency, *brisé d'un lam-*
bel de gueules de trois pendans.

I I I.

CHARLES de Montmorency, baron, puis duc de Damville, amiral de France; A
mourut en 1612. âgé d'environ 75. ans.

Voyez au chapitre des AMIRAUX DE FRANCE, *tome VII. de cette histoire,*
page 906.

Ecartelé, au 1. & 4. de gueules, à
la tour donjonnée d'or, au 2. & 3.
d'or, au lion de gueules au chef d'a-
zur, chargé d'une fleur de lys d'or.

I V.

ALFONSE d'Ornano, maréchal de France; mourut le 21. janvier 1610. âgé de　B
62. ans.

Voyez au chapitre des MARECHAUX DE FRANCE, *tome VII. de cette hist.*
page 391.

De Montmorency-Laval.

V.

URBAIN de Laval, seigneur de Boisdauphin; marquis de Sablé, maréchal de　C
France, mourut le 27. mars 1629.

Voyez au chapitre des MARECHAUX DE FRANCE, *tome VII. de cette hist.*
page 393.

De Luxembourg, au lambel de gueules de trois pieces,

V I.

A CHARLES de Luxembourg II. du nom, comte de Brienne & de Rouffy, gouverneur de Mets & du païs Meffin, mourut fans laiffer d'enfans d'*Anne* de Nogaret de la Valette fa femme.

Voyez fes ancêtres au chapitre du duché-pairie de Penthievre, tome III. de cette hift. page 721.

Parti de trois coupé d'un qui font huit quartiers, quatre en chef & quatre en pointe, au 1. du chef d'Orleans, au 2. de Milan, au 3. de Bourbon, au 4. de Bretagne-Penthievre, au 5. & 1. de la pointe de Savoye, au 2. de Lefignem, au 3. de Coetivy, au 4. & dernier de Laval, & fur le tout de la Tremoille.

V I I.

B GILBERT de la Tremoille, marquis de Royan, comte d'Olonne, &c. capitaine des cent gentilshommes de la maifon du Roi, & fénéchal de Poitou, mourut le 25. juillet 1603.

Voyez fes ancêtres & fa pofterité au chapitre du duché-pairie de Thouars, tome IV. de cette hift. p. 145.

D'or, à trois chabots de gueules.

V I I I.

C JACQUES Chabot, marquis de Mirebeau, comte de Charny, confeiller d'état, meftre de camp du regiment de Champagne, lieutenant de roi en Bourgogne, mourut d'apoplexie en Bourgogne le Vendredy-Saint 29. mars 1630.

Voyez au chapitre du duché-pairie de Rohan, tome IV. de cette hift. p. 550.

Ecartelé, au 1. & 4. de Bueil, *au 2. & 3. de gueules, à la croix ancrée d'or, sur le tout écartelé, au 1. & 4. de* Dauphiné, *au 2. & 3. de* Champagne.

I X.

JEAN IV. du nom, sire de Bueil, comte de Sancerre & de Marans, grand-eschan- A son de France, mourut en 1638.

Voyez au chapitre des GRANDS-ESCHANSONS DE FRANCE, tome VIII. de cette hist. p. 585.

De gueules, à la croix angrêlée d'or.

X.

GUILLAUME de Gadagne, seigneur de Botheon, baron de Verdun, &c. lieu- B tenant general en Lyonnois, Forez & Beaujolois.

Il étoit fils de *Thomas* de Gadagne, seigneur de Beauregard en Lyonnois, & de *Perrette* de Berty, & épousa *Jeanne* de Sugny, dont il eut *Gaspard* de Gadagne, baron de Verdun, tué en 1594. sans alliance, *Claude* & *Nicolas* de Gadagne, morts jeunes, *Lucrece* de Gadagne, femme de *Charles* d'Apchon, seigneur de Tournelles, *Diane* de Gadagne, mariée à *Antoine* d'Hostun, seigneur de la Baume, sénéchal de Lyon (*a*), *Marie* de Gadagne, alliée à *Charles* seigneur de Monteinard, *Anne* de Gadagne, femme de *Pierre* d'Albon, seigneur de S. Forgeul (*b*), & *Gabrielle* de Gadagne, mariée à *Jacques* Mitte, seigneur de S. Chaumont, chevalier du Saint Esprit.

[*a*] Tome V. p. 266.

(*b*) Tome VII. p. 199.

*Ecartelé, au 1. d'*Anjou-Sicile, *au 2. d'*Arragon, *au 3. de* Volvire-Ruffec, *soutenu de* Montauban, *au 4. de* Rouhaut, *sur le tout de* l'Hôpital, *de gueules au cocq d'argent crêté, bec-qué & membré d'or, ayant à son col un écu d'azur, chargé d'une fleur de lys d'or.*

X I.

LOUIS de l'Hôpital, marquis de Vitry, capitaine des Gardes du corps du Roi & C de cinquante hommes d'armes, gouverneur de Meaux & de Fontainebleau, obtint la concession de porter une fleur de lys d'or sur un écusson d'azur, attaché au col du cocq de ses armes. Il mourut à Londres en Angleterre en 1611.

Voyez au chapitre des MARECHAUX DE FRANCE, tome VII. de cette hist. p. 439.

X I I.

Ecartelé, au 1. de Lauzieres, au 2. de gueules, à 2. chevres passantes d'argent posées l'une sur l'autre, au 3. de gueules, au lion d'argent, à l'orle de besans de même, au 4 fascé d'or & de sable, au chef d'hermines.

XII.

A **P**ONS de Lauzieres-Themines-Cardaillac, marquis de Themines, senechal & gouverneur de Quercy, maréchal de France, mourut en 1627.
Voyez au chapitre des MARECHAUX DE FRANCE, *tome VII. de cette histoire, p. 411.*

Au 1. & 4. de sinople, à la fasce d'hermines, qui est Ongnies, au 2. & 3. d'or, à 3. chevrons de sable, qui est Rasse de la Hargerie.

XIII.

B **L**OUIS d'Ongnies, comte de Chaulnes, gouverneur de Montdidier, Peronne & Roye.
Il étoit fils de *Charles*, comte de Chaulnes, chevalier du S. Esprit, & mourut sans posterité d'*Anne* de Humieres sa femme, dont il fut soupçonné d'avoir avancé les jours. *Voyez ci-devant p.* 100.

Parti au 1. d'azur, au sauvage tenant une masse sur son épaule d'or, au 2. d'argent, au lion de gueules.

XIV.

C **E**DME de Malain, baron de Lux, conseiller d'état, capitaine de cinquante hommes d'armes, lieutenant de Roi en Bourgogne, fut tué dans un rencontre à Paris en la ruë S. Honoré, par le Chevalier de Guise, la veille des Rois de l'année 1613.
Il étoit fils de *Joachim* de Malain, baron de Lux, chevalier de l'ordre du Roi, capitaine de cinquante hommes d'armes, & de *Marguerite* d'Espinac ; & épousa en 1581. *Angelique* de Malain, fille de *Charles* de Malain, seigneur de Misery, & de *Claude* de Choiseul, dont il eut *Claude* de Malain, baron de Lux, tué par le chevalier de Guise qu'il avoit fait appeller en duel pour venger la mort de son pere. *Charles*, mort jeune. *Baltasare* de Malain, qui épousa *Fran-*

çois le Roy, seigneur de la Grange-Montigny, gouverneur de Melun. *Louise* A
de Malain, femme de *Bertrand* de Simiane, seigneur de Montcha, veuve en
1648. (*a*) *Françoise* de Malain, mariée en 1627. à *Jean* Vincent, seigneur de
Genicourt & d'Autry, maître des requêtes, fils de *Jean* Vincent, seigneur de
Genicourt, président de Barrois, & d'*Alix* Lescamoussier. *Madeleine* de Malain, femme de *Jacques* de Choiseul, seigneur de Chevigny (*b*). *Anne* de Malain, dame de Remiremont en 1623. morte en 1684. & *Claude* de Malain,
femme de *Christophe* de Talaru, seigneur d'Escoutay.

(*a*) Voyez tome
II. p. 249.

(*b*) Voyez tomé
IV. p. 848.

*D'argent, au chevron de gueules,
accompagné de 7. merlettes de même,
4. en chef & 3. en pointe.*

X V.

ANTOINE d'Aumont, comte de Chasteauroux, marquis de Nolay, baron B
de Boulignon & d'Estrabonne, gouverneur de Bologne & du Bolonois, mourut sans postérité à Paris le 13. avril 1635. âgé de 73. ans, & est enterré à Pic-
quepus.
Voyez tome IV. de cette histoire. p. 875.

Ecartelé au 1. & 4. de la Châtre,
*au 2. & 3. de S. Amadour, de gueu-
les, à 3. têtes de loup arrachées d'argent.*

X V I.

LOUIS de la Chastre, baron de la Maisonfort, maréchal de France, mourut C
en 1630.
Voyez aux MARECHAUX DE FRANCE, *tome VII. de cette hist. p.* 4.°

*D'azur, à la bande d'or, à la bor-
dure de même.*

X V I I.

JEAN de Durfort, seigneur de Born, conseiller d'état, lieutenant general de l'ar- D
tillerie de France.
Voyez tome V. de cette hist. p. 754.

Ecartelé, au 1. de Bueil, au 2. d'a-
zur, à l'aigle d'or, au 3. d'argent, à
3. chevrons de gueules, à la fasce d'a-
zur, au 4. d'azur, semé de fleurs de
lys d'or, au lion de même.

XVIII.

A **L**OUIS de Bueil, seigneur de Racan, conseiller d'Etat, capitaine de cinquante
hommes d'armes, gouverneur du Croizit, maréchal de camp des Armées du
Roi, frere de *Honorat* de Bueil, seigneur de Fontaines, reçû Chevalier du S. Esprit le
31. decembre 1583.

Il étoit fils de *Jean* de Bueil, seigneur du Bois, & de *Françoise* de Montalais,
comme il a esté dit tome VII. de cette hist. p. 854.

De gueules, à la croix d'argent char-
gée de cinq coquilles de sable.

XIX.

B **C**LAUDE de Harville, seigneur de Paloiseau, baron de Nainville, conseiller
d'Etat, capitaine de cinquante hommes d'armes, gouverneur de Compiegne &
de Calais, mourut le 21. janvier 1636.

Il étoit fils d'*Esprit* de Harville, seigneur de Paloiseau, & de *Catherine* de Levis (*a*), & épousa *Catherine* Jouvenel des Ursins, fille de *Christophe* Jouvenel
des Ursins, marquis de Trainel, chevalier des ordres du Roi (*b*) de laquelle
il eut *Christophe* & *Louis* de Harville, morts jeunes, &
ANTOINE de Harville, marquis de Paloiseau, &c. gouverneur de Calais, lequel a laissé de son mariage avec *Isabelle* Favier du Boulay, FRANÇOIS de
Harville des Ursins, marquis de Paloiseau, qui suit, *Isabelle* de Harville, mariée à *François* de Montmorency, marquis de Fosseux (*c*), *Anne* de Harville,
seconde femme de *François* de Bethune, duc d'Orval, *comme il a este dit tome*
IV. de cette hist. p. 210 & *Claude-Antoine* de Harville, dit le comte de Har-
C ville, seigneur de la Selle, de Beaumoret, &c. lieutenant general du Pays
Chartrain, mort le 24. juin 1719. âgé de 85. ans. Il avoit épousé 1°. *Marie*
Faret, morte au mois de juillet 1670. 2°. *Antoinette* Chassebras, morte veuve
le 25. septembre 1720. De son premier mariage nâquit *Isabelle* de Harville,
mariée à *Eleonor-François*, comte palatin de Dyo, marquis de Montpeyroux &
de Roquefeuil, comte de Saligny, lieutenant general des armées du Roi,
mestre de camp de la cavalerie legere de France, mort le 25. fevrier 1714.
Du second lit vinrent *Louise-Victoire* de Harville, morte sans alliance en 1712.
N... de Harville, mariée au mois de juillet 1721. à *Charles-Antoine*, marquis de
Fontette, ancien capitaine de cavalerie dans le regiment d'Orleans. & *Anne-*
François, dit le marquis de Harville, seigneur de la Selle, brigadier des armées
du Roi, lequel épousa *Marie-Anne* Boucher, fille de *Claude* Boucher, intendant à Bourdeaux, morte à Bourdeaux la nuit du 14. au 15. octobre.....
âgée d'environ 25. ans, mere de *Claude-François* de Harville, né le 27. octobre 1724.

(*a*) Tome V.
p. 34.
(*b*) Tome VI.
p. 406.

(*c*) Tome III.
p. 383.

FRANÇOIS de Harville des Urfins, marquis de Paloifeau, de Doue & de Trainel gouverneur des ville & citadelle de Charleville & Mont-Olimpe, mourut le 12. octobre 1701. en fa 71. année. & fut enterré en l'églife de Paloifeau près Paris au tombeau de fes predeceffeurs. Il avoit époufé 1°. *Ifabelle* Blondel, dite *de Joigny*, fille unique de N.... feigneur de Bellebrûne, gouverneur de Hefdin, morte au mois de may 1667. 2°. *Anne* de Comans, fille de *Thomas* de Comans, feigneur d'Aftrie, & d'*Anne* Forget, morte au mois d'août 1693. 3°. par contrat du 14. feptembre 1699. *Angelique-Cecile* de Montmorin-S.-Herem, *comme il a efté dit tome VIII. de cette hift. p.* 821. Du premier lit eft forti ESPRIT Jouvenel de Harville des Urfins, marquis de Trainel, qui fuit. Du fecond font iffus *Anne-Polixene* de Harville, mariée à *Roger*, marquis de la Tournelle, capitaine au regiment des gardes Françoifes, gouverneur de Gravelines & de Bourbourg, mort le 6. octobre 1700. & *Conftance* de Harville, dame de Paloifeau, mariée le 11. mars 1694. à *Nicolas-Simon* Arnauld, marquis de Pomponne, lieutenant general & commandant pour le Roi au gouvernement de l'Ifle de France.

ESPRIT Jouvenel de Harville des Urfins, marquis de Trainel & de Doue, maréchal de camp en 1704. & lieutenant general des armées du Roi au mois de mars 1710. mort le 9. feptembre 1720. avoit époufé *Marie-Anne* de Gomont, fille de *Nicolas* de Gomont, vicomte de Pottian, gentilhomme ordinaire de la maifon du Roi, gouverneur de Montdidier, morte au mois de novembre 1714. mere entr'autres enfans de

ESPRIT Jouvenel de Harville des Urfins, II. du nom, marquis de Trainel, enfeigne des gendarmes de la garde, puis colonel des dragons d'Orleans, mort le 11. juillet 1726. avoit époufé le 24. may 1717. *Louife-Madelene* le Blanc, fille unique de *Claude* le Blanc, maître des requêtes honoraire, confeiller au confeil de guerre, puis fecretaire d'état, & de *Madelene* le Petit de Paffy, dont il eut *Simon-Marie-Triftan*, mort le 9. juillet 1728. *Claude-Efprit* Jouvenel de Harville des Urfins, marquis de Trainel, âgé de 9. ans en 1732. *Claude-Conftance* de Harville des Urfins, née le 12. mars 1723. & *Ifabelle* Jouvenel de Harville des Urfins, âgée de 7. ans en 1732.

D'azur au lion d'or, femé de billettes de même.

X X.

EUSTACHE de Conflans, vicomte d'Ouchy, &c. gouverneur de Saint Quentin, lieutenant general des armées du Roi, mourut le 19. juin 1628.

Il étoit fils d'*Euftache* de Conflans, vicomte d'Ouchy, chevalier de l'ordre du Roi, & de *Marie* de Scepoix, *comme il a efté dit tome VI. de cette hift. p.* 149.

X X I.

Ecartelé en 1. & 4. de gueules , à 3. étoiles d'argent , au 2. & 3. d'azur, au lion d'or , tenant en ses griffes un tronçon d'arbre de même.

XXI.

A LOUIS de Grimonville , seigneur de Larchant, conseiller d'état , gouverneur d'Evreux , capitaine de cinquante hommes d'armes.

Il étoit frere de *Nicolas* de Grimonville, seigneur de Larchant , fait chevalier du Saint Esprit le 31. decembre 1583. *rapporté ci-dessus p.* 81.

D'azur, au chevron d'or accompagné de 3. croix ancrées de même.

XXII.

B CHARLES de Neufville, baron, puis marquis d'Alincourt , grand-maréchal des Logis de la maison du Roi, gouverneur de Lyonnois , Forez & Beaujollois, mourut en 1642.

Voyez ses ancestres & sa posterité, tome IV. de cette hist. p. 633. & *suiv.*

PROMOTION

Faite à Paris dans l'Eglise des Augustins le 2. *Janvier* 1599.

CHEVALIERS.

Ecartelé au 1. bandé d'or & de gueules de 6. piéces , qui est Villars en Bresse, *au 2. d'or , à 3. chevrons de sable , qui est* Levis , *au 3. de gueules , à 3. étoiles d'or, qui est* Anduze , *au 4. d'argent , au lion de gueules , qui est* Laire , *& sur le tout échiqueté d'or & de gueules , qui est* Ventadour.

I.

C ANNE de Levis, duc de Ventadour, pair de France , gouverneur de Limosin , lieutenant general au gouvernement de Languedoc , mourut le 3. decembre 1622.

Voyez ses ancestres & sa posterité , tome IV. de cette hist. p. 1. & *suiv.*

Ecartelé au 1. & 4. d'argent, au fautoir de gueules, à la bordure de fable chargée de fleurs de lys d'or, qui eft de Mitte, au 2. bandé d'argent & de gueules de 6. pieces, qui eft Miolans, au 3. de gueules, à l'aigle éployé d'argent, fur le tout d'argent, à la fafce de gueules, parti d'azur, qui eft S. Chamond.

I I.

JACQUES Mitte, comte de Miolans, feigneur de Chevrieres & de S. Chamond, confeiller d'état, capitaine de cinquante hommes d'armes, lieutenant general au gouvernement de Lyonnois, &c.

Il étoit fils aîné de *Jean* Mitte, dit de *Miolans*, feigneur de Chevrieres, & de *Françoife* Marefchal ; & époufa 1°. en 1577. *Gabrielle* de S. Chamond, fille & heritiere de *Chriftophe* feigneur de S. Chamond. 2°. *Gabrielle* de Gadagne, fille de *Guillaume*, feigneur de Botheon, chevalier du Saint Efprit. Du premier lit fortirent MELCHIOR Mitte de Miolans, marquis de S. Chamond, chevalier du S. Efprit, *mentionné ci après en fon rang à la Promotion faite en* 1619. & *Gafparde* Mitte, mariée 1°. à *Jean-Thimoleon* de Beaufort, marquis de Canillac. 2°. à *Claude* de l'Aubefpine, marquis de Chafteauneuf (*a*). 3°. à *Henry* de la Châtre, comte de Nancay (*b*). Du fecond lit vint *Jean-François* Mitte de Miolans, feigneur du Parc & de Senofan, baron d'Anges en Dauphiné, mort jeune.

(*a*) Tome VI. p. 560.

(*b*) Tome VII. p. 568.

Ecartelé au 1. & 4. de gueules, à 3. jumelles d'argent, qui eft Averton, au 2. & 3. d'azur, à la croix d'or, qui eft Faudoas, parti d'argent, au lion de gueules.

I I I.

JEAN-FRANÇOIS de Faudoas, dit d'*Averton*, feigneur en partie de Serillac, comte de Belin, gouverneur de Ham, de Paris & de Calais, & depuis de la perfonne de Henry de Bourbon, prince de Condé, premier prince du Sang.

Il étoit cinquiéme fils d'*Olivier* de Faudoas, feigneur de la Motte près Cabanac, & de *Marguerite* de Sedillac, qui eft la même chofe que Serillac, & époufa 1°. *Françoife* dame d'Warty, veuve de *Galiot* de Cruffol, feigneur de Beaudifner, & fille de *Joachim* feigneur d'Warty, & de *Madelene* de Suze, le 14. août 1582. *Renée* d'Averton, dame de Belin, veuve de *Jacques* fire de Humieres, marquis d'Encre, chevalier du S. Efprit ; laquelle obligea fon mari de prendre le nom & les armes d'Averton en lui donnant le comté de Belin. Il eut de fa premiere femme *Louife* de Faudoas, qui époufa par contrat du 15. avril 1595. *Claude* Gruel, feigneur de la Frette, chevalier des ordres du Roi, auquel elle porta les biens de fa mere. Il étoit fils de *Claude* Gruel, feigneur de la Frette, & de *Marguerite* Auvé, dame de la Ventrouffe. *Voyez ci-devant p.* 116. De la feconde vinrent FRANÇOIS de Faudoas-d'Averton, comte de Belin, qui fuit. *Madelene* dite d'*Averton*, mariée à *Louis* de Lamet, feigneur de Pinon. *Françoife* dite d'*Averton*, qui époufa *François* de Vauquelin, feigneur de Saffy, baron de Bafoches en Normandie, bailly d'Argenton. Elle refta veuve à l'âge de 35. ans, fe retira dans l'abbaye de Vignats, où elle prit l'habit de S. Benoift, & mourut profeffe le 3. janvier 1655. en odeur de fainteté. Sa vie a été écrite par le

A fieur Lamy, prêtre, fon directeur, & depuis par M⁰. J. Bouette de Blemur, dite *de S. Benoiſt*, dans un livre intitulé, *Eloges de pluſieurs perſonnes illuſtres de l'Ordre de S. Benoiſt, decedées en ces derniers ſiecles* ; & N.... de Faudoas, religieuſe.

FRANÇOIS de Faudoas-d'Averton, comte de Belin au Maine, épouſa *Catherine* Thomaſſin, fille de *René* Thomaſſin, dit *de S. Barthelemy*, ſeigneur de Montmartin & de Mirabel, & de *Jeanne* de Vaudetar-Perſan. Il eut huit enfans qui furent, *François* de Faudoas dit *d'Averton*, comte de Belin, âgé de 21. ans en 1631. *Emmanuel* de Faudoas dit *d'Averton*, comte de Belin, marié le 27. juillet 1633. à *Louiſe-Henriette* Potier, fille de *René*, duc de Treſmes, pair de France, remariée à *Jacques* de Saulx, comte de Tavannes (*a*), & mere par ſon premier mari d'*Emmanuel-René* de Faudoas-d'Averton, meſtre de camp du regiment Cardinal étranger, mort des bleſſures qu'il reçut au ſiege de Douay en 1667. ſans enfans d'*Antoinette* de Faudoas-d'Averton ſa couſine germaine. *René* de Faudoas d'Averton, comte de Belin, qui épouſa *Claude-Catherine* Bouthillier, fille de *Denis*, ſeigneur de Rancé, remariée à *Gilbert*, comte d'Albon, & mere de *Gaſton* & *Jean-Emmanuel* de Faudoas-d'Averton, morts ſans alliance, & *Antoinette* de Faudoas d'Averton, femme d'*Emmanuel-René* de Faudoas-d'Averton, comte de Belin. *Louis* de Faudoas-d'Averton, baron de Milly. *Leonor* de Faudoas-d'Averton, femme de *François* de Rochechouart, marquis de Bonnivet. (*b*) *Anne*, religieuſe. *Marie*, religieuſe, & *Catherine*, abbeſſe de Vernon. *Voyez l'hiſtoire genealogique de cette maiſon imprimée in 4⁰. en 1724.*

(*a*) Voyez tome IV. de cette hiſt. p. 771.

[*b*] Ibid. p. 584.

Ecartelé au 1. & 4. d'or, au levrier rampant de gueules colleté d'argent, qui eſt Baylens, au 2. & 3. d'azur, à 3. cannettes d'argent, qui eſt Poyane.

I V.

B BERTRAND de Baylens, baron de Poyane, capitaine de cinquante hommes d'armes, gouverneur de la ville & château d'Acqs, & ſenechal des Landes de Bordeaux.

Il étoit fils d'*Etienne* de Baylens, ſeigneur de Poyane, & de *Jeanne* d'Ahtin, & épouſa *Louiſe* de Caſſagnet-Tilladet, de laquelle il eut BERNARD de Baylens, ſeigneur de Poyane, chevalier du S. Eſprit, *mentionné ci-après en la Promotion de 1633.*

Ecartelé au 1. & 4. d'azur, à dix beſans d'or, qui eſt de Rieux, au 2. & 3. de Bretagne, & ſur le tout de gueules, à 2. faſces d'or, qui eſt Harcourt.

V.

C RENE' de Rieux, ſeigneur de Sourdeac, marquis d'Oixant, gouverneur de Breſt, lieutenant de Roi au gouvernement de Bretagne, mourut le 4. decembre 1628.

Voyez la genealogie de cette maiſon au chapitre des MARECHAUX DE FRANCE, p. 763. *du ſixieme volume de cette hiſtoire.*

Ecartelé au 1. & 4. de sable fretté d'argent de six pieces, au chef d'argent chargé d'un lion issant de gueules, qui est Champagne-Suze, au 2. & 3. de Laval, sur le tout de Champagne-comté, parti d'azur, semé de fleurs de lys d'or, au lion de même.

VI.

BRANDELIS de Champagne, marquis de Villaines, conseiller d'état, capitaine de cinquante hommes d'armes des Ordonnances du Roi, frere puîné de A *Louis* de Champagne, comte de la Suze, fait chevalier du S. Esprit en 1585. *Voyez ci-devant p. 96.*

Il étoit fils puîné de *Nicolas* de Champagne, premier comte de la Suze, & de *Françoise* de Laval ; & épousa *Anne* de Feschal, dame de Tucé, fille de *Jean*, seigneur de Tucé, de laquelle il eut *Humbert*, marquis de Villaines, marié 1°. à *Louise* d'Arconna, 2°. à *Catherine* Fouquet de la Varenne, de laquelle il eut plusieurs enfans ; entr'autres *René-Brandelis* de Champagne, marquis de Villaines & de la Varenne, mort à Paris le 5. avril 1723.

Ecartelé au 1. d'Anjou-Sicile, au 2. d'Ecosse, au 3. d'Hongrie, parti d'Arragon, au 4. contrecartelé de la Tour & d'Auvergne, sur le tout de Boulogne, & sur le tout du tout de gueules, au coq d'argent creté, becqué & membré d'or, qui est de l'Hospital.

VII.

B

JACQUES de l'Hospital, comte, puis marquis de Choisy, chevalier d'honneur de la reine Marguerite duchesse de Valois, gouverneur & senechal d'Auvergne. *Voyez ses ancestres & sa posterité au chapitre des* MARECHAUX DE FRANCE, *tome VII. de cette histoire, p. 432.*

D'argent, à sept feuilles de houx de sinople. 3. 3. 1.

VIII.

ROBERT de la Vieuville, baron de Rugle & d'Arseilliers, vicomte de Farbus, C marquis de la Vieuville, grand fauconnier de France, gouverneur de Mezieres & Linchamp.

Sa posterité est rapportée au chapitre des GRANDS FAUCONNIERS, *tome VIII. de cette hist. p. 758.*

D'argent, au lion de gueules, armé, couronné & lampassé d'or.

I X.

A CHARLES de Matignon, comte de Thorigny, lieutenant general en baſſe Normandie, mourut en 1648.

Sa poſterité eſt rapportée au chapitre du duché-pairie de Valentinois, *tome V. de cette hiſt. p. 374.*

Bandé d'argent & de gueules de ſix pieces, au chef d'argent à une roſe de gueules, ſoutenuë d'une faſce d'or, chargée d'une anguille d'azur.

X.

B FRANÇOIS Jouvenel des Urſins II. du nom, marquis de Trainel, ſeigneur de la Chapelle & de Douë, capitaine de cent hommes d'armes, colonel de Reiſtres maréchal des camps & armées du Roi, ambaſſadeur en Angleterre, mourut le 9. octobre 1650. âgé de 81. ans.

Voyez la genealogie de cette maiſon au chapitre des CHANCELIERS, *tome VI. p. 403.*

PROMOTION
Faite en 1606.
PRELAT.

D'azur, au chevron d'argent, accompagné de trois harpes d'or.

I.

C JACQUES Davy, cardinal du Perron, évêque d'Evreux, puis archevêque de Sens, fait grand-aumônier de France, par le decès de Renaut de Beaune, & en cette qualité commandeur de l'Ordre du S. Eſprit, mourut en 1618.

Voyez au chapitre des GRANDS-AUMOSNIERS DE FRANCE, *tome VIII. p. 287.*

PROMOTION

Faite à Rome le 12. Mars 1608.

CHEVALIERS.

D'azur, au lion d'or, tenant en ses pattes de devant une fleur de soucy d'or.

I.

ALEXANDRE Sforce, duc de Segni, prince de Valmonton, marquis de Proseno & d'Oñano, comte de Santa-Fior, mourut le 25. août 1631.
Il étoit fils de *Frederic* Sforce-Conti, prince de Valmonton, duc de Segni, & de *Beatrix* Ursin de Gravine, & épousa *Eleonore* Ursin-de-Bracciane, de laquelle il eut entr'autres enfans, MARIO Sforce, comte de Santa-Fior, marié à *Renée* de Lorraine-Mayenne (*a*), qui le rendit pere de LOUIS Sforce, duc d'Oñano, fait chevalier du Saint Esprit en 1675.

(*a*) Voyez tome III. p. 490.

Bandé d'argent & de gueules de six pieces, au chef d'argent à une rose de gueules, soutenuë d'une fasce d'or, chargée d'une anguille d'azur.

II.

JEAN-ANTOINE Ursin, duc de Santo-Gemini, prince de Scandriglia, comte d'Ercole.
Il étoit fils de *Virginio* Ursin, duc de Santo-Gemini, & de *Jeanne* Caëtano, & épousa *Constance* Savelli, fille du prince de la Riccia, dont il eut *Justinienne* Ursin, duchesse de Santo-Gemini, mariée à *Ferdinand* Ursin, duc de Bracciano.

Parti de France
& de Navarre.

REGNE DE LOUIS XIII· ROY·DE FRANCE

Et de Navarre , troifiéme Chef & Souverain Grand-Maître
de l'Ordre du Saint Efprit.

A **C**E Prince ayant été facré & couronné à Reims le dimanche 17. octobre 1610.
reçut le lendemain 18. le collier de l'Ordre du Saint Efprit de la main de François
cardinal & duc de Joyeufe, après avoir prêté le ferment de Chef & Souverain Grand-
Maître de l'Ordre.

Voyez l'hiftoire de la maifon Royale, tome I. de cette hift. page 151.

PROMOTION

Du même jour.

CHEVALIERS.

De France , *au bâton de guenles
péri en bande.*

I.

B **H**ENRY de Bourbon II. du nom, prince de Condé, premier prince du Sang,
premier pair de France, fut reçû chevalier du Saint Efprit, & mourut le 26.
décembre 1646.

Voyez à la maifon Royale, tome I. p. 336,

PROMOTION

Du ..... Septembre 1618.

CARDINAL.

Burelé d'argent & d'azur, à trois chevrons de gueules sur le tout.

I.

FRANÇOIS de la Rochefoucaud, cardinal, évêque de Senlis, grand-aumônier de France, & en cette qualité commandeur de l'Ordre du Saint Esprit. Il donna sa démission en 1632. obtint des lettres patentes pour conserver les honneurs & prérogatives de l'Ordre, & mourut en 1645.

Voyez au chapitre des GRANDS-AUMOSNIERS DE FRANCE, *tome VIII. de cette hist. p. 288.*

PROMOTION

Faite à Paris dans l'Eglise des Augustins, le 31. Decembre 1619.

PRELATS.

D'or, à deux masses d'armes de sable liées de gueules, passées en sautoir.

I.

HENRY de Gondy; cardinal de Retz, évêque de Paris ; & maître de l'oratoire du Roi, mourut le 16. août 1622.

Voyez la genealogie de sa maison au chapitre du duché-pairie de Retz, *tome III. de cette hist. p. 890.*

LI

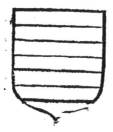

D'azur, à trois fasces d'or.

II.

A BERTRAND d'Echaux, évêque de Bayonne en 1599. puis archevêque de Tours en 1611. premier aumônier du Roi, mourut le 21. may 1641. âgé de 85. ans, & est enterré dans l'église de S. Gatien de Tours derriere le chœur, dans une chapelle du côté de l'épître, où se voit son tombeau.

Il étoit fils d'*Antoine* vicomte d'Echaux en basse Navarre, & de Baigory, & de *Catherine* de S. Esteben. Il avoit un frere nommé *Jean* vicomte d'Echaux, chevalier. *Voyez les memoires historiques d'Amelot de la Houssaye, tome II. p. 219. & ses notes sur les lettres du cardinal d'Ossat, tome III. p. 308.*

Ecartelé, au 1. & 4. d'azur, à deux poissons d'argent, qui est de l'Estang, au 2. & 3. de sable au rocher d'or, qui est de Juié, sur le tout d'or, à la fasce de gueules, accompagnée de trois trestes de sinople.

III.

B CHRISTOPHE de l'Estang, évêque de Carcassonne, & maître de la chapelle du Roi, mourut le 12. août 1621.

Il étoit fils d'*Etienne* Guilhon, dit *de l'Estang*, president au presidial du bas Limosin, & de *Louise* de Juié, & petit-fils de *Denis-Martial* Guilhon, & de *Marie* de l'Estang. Il eut une sœur nommée *Jeanne* de Guilhon, dite *de l'Estang*, qui épousa *François* Mainard, president au presidial du bas Limosin, dont les descendans ont joint le nom *de l'Estang* à celui de *Mainard*.

Ecartelé, au 1. & 4. d'azur, au sautoir d'or, accompagné de quatre billettes de même, qui est l'Aubespin, au 2. & 3. de gueules, à la croix ancrée de vair, qui est la Châtre.

IV.

C GABRIEL de l'Aubespine, évêque d'Orleans, mourut le 15. août 1630. *Voyez au chapitre des* CHANCELIERS *&* GARDE DES SCEAUX DE FRANCE, *tome VI. de cette hist. p. 558.*

Tome IX.   L 2

Ecartelé, au 1. & 4. d'argent, au chevron d'azur, chargé de onze besans d'or, qui est Espinay, au 2. écartelé, au 1. de gueules, à la fasce d'or, au chef échiqueté d'argent & d'azur de trois traits, qui est de Sains, au 2. d'hermines, à la croix de gueules, chargée de cinq quintefeuilles, qui est Flavy, au 3. de gueules semé de trefles d'or, à deux bars adossez de même, qui est Nesle, au 4. d'argent, à la croix de gueules chargée de 5. coquilles d'or, qui est Hangest, au 3. grand quartier de gueules, à 3. fasces d'or, qui est Grouches-Gribouval, parti de Cossé.

V.

ARTUS d'Espinay-de-S.-Luc, nommé évêque de Marseille.
Il étoit fils de *François* d'Espinay, seigneur de S. Luc, chevalier des Ordres du **A** Roi, & de *Jeanne* de Cossé. *Voyez tome VII. de cette hist. page 472.*

CHEVALIERS.

De France, *au lambel de trois pendans d'argent..*

I.

GASTON-JEAN-BAPTISTE de France, duc d'Orleans, de Chartres, de Valois **B** & d'Alençon, avoit reçu la croix & le cordon bleu des mains du Roi son pere dès sa naissance. Il mourut à Blois le 2. février 1660.

D'azur, à trois fleurs de lys d'or; 2. & 1. au bâton de gueules péri en bande, & à la bordure aussi de gueules.

II.

LOUIS de Bourbon, comte de Soissons, pair & grand-maître de France, gou- **C** verneur de Dauphiné, fut tué à la bataille de la Marfée, dite *de Sedan*, le 6. juillet 1641.

Voyez à la maison Royale, tome I. p. 351.

De Lorraine-Guise.

III.

A CHARLES de Lorraine, duc de Guise, pair de France, prince de Joinville, comte d'Eu, &c. gouverneur de Provence, mourut le 30, septembre 1640.

Son éloge est rapporté au chapitre des GRANDS-MAISTRES DE FRANCE, *tome VIII. de cette hist. p. 387.*

De Lorraine-Mayenne.

IV.

B HENRY de Lorraine, duc de Mayenne & d'Aiguillon, pair & grand-chambellan de France, fut tué au siege de Montauban en 1621. & ne laissa point de posterité.

Voyez au chapitre des GRANDS-CHAMBELLANS, *tome VIII. de cette hist. p. 455.*

De Lorraine-Chevreuse.

V.

C CLAUDE de Lorraine, qualifié prince de Joinville, puis duc de Chevreuse, pair de France, gouverneur de la haute & basse Marche, depuis grand-chambellan de France, mourut à Paris l'an 1657.

Voyez au chapitre des GRANDS-CHAMBELLANS, *tome VIII. de cette hist. p. 456.*

De France, à la bande raccourcie de gueules, chargée de trois lionceaux d'argent.

VI.

CESAR duc de Vendôme, de Beaufort, d'Eſtampes & de Penthievre, prince de Martigues, & gouverneur de Bretagne, pair de France, depuis grand-maître, chef & ſurintendant general de la navigation & commerce de France, mourut en 1665.

Voyez tome I. p. 196.

De France, au bâton d'or péri en barre.

VII.

CHARLES de Valois, duc d'Angoulême, pair de France, comte d'Auvergne, &c. colonel général de la Cavalerie-legere de France, mourut en 1650.

Voyez tome I. p. 202.

De Lorraine-Elbeuf.

VIII.

CHARLES de Lorraine II. du nom, duc d'Elbeuf, pair de France, mourut le 5. novembre 1657.

Sa poſterité eſt rapportée au chapitre du duché-pairie de Guiſe, p. 478. du tome III. de cette hiſt.

D'or, à la croix de gueules, cantonnée de seize alerions d'azur.

IX.

A HENRY II. du nom, duc de Montmorency, pair & amiral de France, gouverneur de Languedoc, depuis maréchal de France, eut la tête tranchée à Touloufe en *1632.*

Voyez aux MARECHAUX DE FRANCE, *tome VI. de cette hiftoire, page* 480.

Comme ci-devant, p. 52.

X.

B EMMANUEL de Cruffol, duc d'Uzés, pair de France, &c. chevalier d'honneur de la reine Anne d'Autriche, mourut à Florenfac le 19. juillet *1657.*

Sa pofterité eft rapportée au chapitre du duché-pairie d'Uzés, *tome III. p.* 762.

Ecartelé, au 1. & 4. de Gondy, au 2. & 3. écartelé d'Orleans - Longueville & de Bourbon.

X I.

C HENRY de Gondy, duc de Retz & de Beaupreau, pair de France, mourut à Princé le 12. d'août *1659.* & eft enterré à Machecoul.

Voyez fa pofterité au chapitre du duché-pairie de Retz, *tome III. de cette hiftoire,* page 890.

Ecartelé au 1. & 4. d'or, au lion de gueules couronné d'or, qui est Albert, au 2. & 3. d'azur, à deux louves affrontées d'argent, qui est Segur, sur le tout de gueules à la masse d'arme d'or cloüée d'argent, au chef d'argent chargé d'un gonfanon de gueules, qui est Sattas.

X I I.

CHARLES d'Albert, duc de Luynes, pair & grand-fauconnier de France, gou- **A** verneur de Picardie, depuis connétable de France, mourut en 1621.

Voyez au chapitre des CONNESTABLES DE FRANCE, *tome VI. de cette histoire,* page 230.

Ecartelé, au 1. & 4. de Rohan, au 2. de Navarre, au 3. d'Evreux, sur le tout de Milan.

X I I I.

LOUIS de Rohan, comte de Rochefort, gouverneur des ville & château de Nan- **B** tes, depuis prince de Guemené, duc de Montbazon, pair & grand-veneur de France, mourut en 1667.

Voyez au chapitre du duché-pairie de Montbazon, *tome IV. de cette hist. p. 51.*

D'azur, à la croix d'or, cantonnée de quatre molettes de même.

X I V.

JOACHIM de Bellengreville, seigneur de Neuville-Gambetz, de Bomicourt, &c. **C** conseiller d'état, gouverneur d'Ardres & des ville & château de Meulent, reçû prévôt de l'hôtel du Roi & grande prévôté de France le 20. janvier 1604. mourut le 15. mars 1621. sans enfans.

Il étoit fils de *Melchior* de Bellengreville, chevalier, seigneur des Aleux, & d'*Antoinette* le Vasseur; & épousa 1°. *Claude* de Maricourt, veuve de *Nicolas* Rouhaut, marquis de Gamaches, 2°. *Marie* de la Noüe, laquelle se remaria à *Pons* de Lauzieres, marquis de Themines, maréchal de France.

D'argent, à la bande fuselée de gueules, accompagnée de six fleurs de lys d'azur mises en orle, trois en chef & trois en pointe.

X V.

A MARTIN seigneur du Bellay, prince d'Yvetot, marquis de Thoüarcé, &c. conseiller d'état, lieutenant general en Normandie, puis en Anjou, capitaine de cinquante hommes d'armes des ordonnances, & maréchal de camp, mourut le 5. janvier 1637. âgé de 67. ans.

Il étoit fils de *René* II. du nom, seigneur du Bellay, & de *Marie* du Bellay, princesse d'Yvetot, & épousa 1°. *Louise* de Savonnieres, veuve de *René* de Villequier, baron de Clervaut, chevalier des ordres du Roi, 2°. *Louise*, fille puînée de *Gaspard* de la Châtre, seigneur de Nançay (*a*). De sa premiere femme vinrent, *René* marquis de Thoüarcé, mort sans posterité d'*Antoinette* de Bretagne-Avaugour le 26. novembre 1627. (*b*) & *Charles* marquis de Thoüarcé, prince d'Yvetot, &c. dit *le marquis du Bellay*, mort aussi sans enfans de *Claude-Helene* de Rieux d'Acerac au mois de février 1661. *Voyez tome VI. de cette hist. p. 770.*

(*a*) Voyez tome VII. p. 368.

(*b*) Tome I. p. 470.

Coupé, parti en chef & tiercé en pointe, qui fait cinq quartiers, au 1. d'or, à deux lions de gueules, qui est Blanchefort, au 2. d'or, au loup ravissant & rampant d'azur, armé de gueules, qui est d'Agoult, au 3. & 1. quartier de la pointe de la Tour-Montauban, au 4. d'azur, à trois pals d'or, au chef de même, qui est Vesc, au 5. d'or, à deux lions leopardez d'azur, qui est Montlor, & sur le tout de Crequy, d'or au crequier de gueules.

X V I.

B CHARLES sire de Crequy, prince de Poix, comte de Sault, depuis duc de Lesdiguieres, pair & maréchal de France, fut tué d'un coup de canon en Italie en 1638.

Voyez au chapitre des MARECHAUX DE FRANCE, *tome VII. p. 462. & sa genealogie tome IV. p. 288.*

De gueules, à cinq fusées d'argent mises en bande.

X V I I.

C GILBERT Filhet, seigneur de la Curée & de la Roche-Turpin, conseiller d'état, capitaine-lieutenant des Chevaux-legers de la garde & de cinquante hommes d'armes, maréchal des camps & armées du Roi, mourut à Paris le 3. septembre 1633. âgé de 78. ans, sans enfans.

Il étoit fils de *Gilbert* Filhet, seigneur de la Curée, lieutenant au gouvernement A
de Vendômois, & de *Françoise* Erraut de Chemans, & avoit épousé 1°. *Marie*
Spifame, 2°. *Marie* Hennequin, veuve de *Georges* Babou, seigneur de la Bourdaisiere, dont il n'eut point d'enfans.

*Ecartelé, au 1. & 4. de Melun, au 2.
& 3. des Ursins, sur le tout d'argent
à la fasce de gueules, qui est de Bethune.*

XVIII.

PHILIPPES de Bethune, baron, puis comte de Selles & de Charots, bailly de B
Mante & de Meulent, acquit beaucoup de gloire & de réputation en ses ambassades de Rome, d'Italie, d'Allemagne & d'Angleterre, & mourut en 1649. âgé de
84. ans.

Voyez la genealogie de la maison de Bethune au chapitre du duché-pairie de Sully, *tome IV.
de cette hist. p. 210.*

*Ecartelé, au 1. & 4. de gueules, à
l'aigle éployé d'argent, couronné & membré d'or, qui est* Coligny, *au 2. & 3.
de* Laval, *au canton d'azur, au lion
d'or semé de fleurs de lys de même, qui
est* Beaumont-le-Vicomte.

XIX.

CHARLES de Coligny, marquis d'Andelot, conseiller d'état, maréchal de camp C
des armées du Roi, capitaine de cinquante hommes d'armes, lieutenant general
au gouvernement de Champagne, mourut le 27. janvier 1632.

Voyez au chapitre des MARECHAUX DE FRANCE, *tome VII. page 144.*

De sinople, au sautoir d'or.

XX.

JEAN-FRANÇOIS de la Guiche, seigneur de Saint Geran, comte de la Pa- D
lice, gouverneur de Bourbonnois, & depuis maréchal de France, mourut en 1632.
Voyez au chapitre des MARECHAUX DE FRANCE, *tome VII. p. 441.*

XXI.

Fuſelé d'argent & de gueules.

XXI.

A RENE' du Bec, marquis de Vardes & de la Boſſe, conſeiller d'état, capitaine de cinquante hommes d'armes, gouverneur de la Capelle & du païs de Thierache.

Voyez tome II. de cette hiſt. p. 85.

Ecartelé, au 1. de Caſtillon, au 2. & 3. de Pardaillan, au 4. d'Antin, & ſur le tout d'Eſpagne-Monteſpan.

XXII.

B ANTOINE-ARNAUD de Pardaillan, ſeigneur de Gondrin & d'Antin, marquis de Monteſpan, capitaine des Gardes du corps du Roi, premier maréchal de camp de ſes armées, & lieutenant general au gouvernement de Guyenne.

La genealogie de cette maiſon a eſté rapportée au chapitre du duché-pairie d'Antin, tome V. page 174.

D'or, au lion coupé de gueules, & de ſinople.

XXIII.

C HENRY de Schomberg, comte de Nanteüil, ſurintendant des finances, gouverneur de la haute & baſſe Marche & païs de Limoſin, maréchal de France, mourut ſubitement en 1632.

Voyez au chapitre du duché-pairie d'Hallwin, tome IV. p. 333.

D'argent, à trois chevrons de gueules.

XXIV.

FRANÇOIS de Baffompierre, colonel general des Suiffes ; puis maréchal de **A** France, mourut fubitement en 1646.

Voyez au chapitre des MARECHAUX DE FRANCE, *tome VII. p. 464.*

D'or, à deux pattes de griffon de gueules, onglées d'azur l'une fur l'autre en contrebande.

XXV.

HENRY de Bourdeille, vicomte de Bourdeille, marquis d'Archiac, confeiller **B** d'état, capitaine de cent hommes d'armes, fénéchal & gouverneur de Perigord, mourut le 14. mars 1641.

Il étoit fils d'*André* vicomte de Bourdeille, chevalier de l'Ordre du Roi, fénéchal & gouverneur de Perigord, & de *Jacquette* de Montberon, dame d'Archiac, & époufa *Madelene* de la Châtre, fille aînée de *Gafpard* feigneur de Nançay, capitaine des Gardes du corps du Roi, & de *Gabrielle* de Batarnay (*a*), & en eut *François-Sicaire* marquis de Bourdeille, & *Claude* de Bourdeille, comte de Montrefor, morts fans pofterité.

[*a*] Voyez tome VII. p. 368.

Ecartelé, au 1. & 4. d'azur, à la tour donjonnée d'or, au 2. & 3. d'or, au lion de gueules au chef d'azur, chargé d'une fleur de lys d'or.

XXVI.

JEAN-BAPTISTE d'Ornano, marquis de Montlor, colonel general des Corfes, **C** lieutenant general au gouvernement de Normandie, gouverneur de la perfonne de Gafton, frere unique du Roi, maréchal de France, mourut en 1626.

Voyez au chapitre des MARECHAUX DE FRANCE, *tome VII. de cette hift. p. 391.*

Comme fon frere, ci-devant, p. 134.

XXVII.

A **T**HIMOLEON d'Efpinay, feigneur de S. Luc, comte d'Eftelan, gouverneur
de Broüage, & depuis maréchal de France, mourut en 1644.
Voyez fon article au chapitre des MARECHAUX DE FRANCE, *tome VII.
de cette hift. page* 472.

Ecartelé au 1. de Baillet , *au 2. d'Au-
noy, au 3. de* Montmorency, *au 4. de
Vendôme,- ancien , & fur le tout de
Potier, tome IV. p. 758.*

XXVIII.

B **R**ENE' Potier, comte, puis duc de Trefmes, pair de France, capitaine des Gardes
du corps du Roi, lieutenant general au gouvernement de Champagne, & gouverneur de Châlons, mourut à Paris le premier février 1670. âgé de 91. ans.
Voyez tome IV. de cette hift. p. 763. au chapitre du duché-pairie de Trefmes.

Vairé d'or & de gueules.

XXIX.

C **H**ENRY de Baufremont, marquis de Senecey, lieutenant pour le Roi au comté
de Mâcon, gouverneur des ville & château d'Auxonne, bailly & capitaine de
Châlon-fur-Saône , & auparavant ambaffadeur extraordinaire en Efpagne en 1617.
& 1618. mourut à Lyon de la bleffure qu'il avoit reçüe en 1622. à Royan, où il fervoit en qualité de maréchal de-camp.

Il étoit fils de *Claude* de Baufremont, baron de Senecey, bailly de Châlon-fur-
Saône, & gouverneur d'Auxonne, & de *Marie* de Brichanteau, & époufa le
8. août 1607. *Marie-Catherine* de la Rochefoucaud, comteffe, puis ducheffe de
Randan, première dame d'honneur de la reine Anne d'Autriche, & gouvernante de la perfonne du roi Louis XIV. dans fon bas âge (*a*). Il eut de cette
alliance *Henry* de Baufremont, marquis de Senecey, gouverneur d'Auxonne & [a] Voyez tome
de Mâcon, colonel du regiment de Piémont, mort fans alliance en fa maifon I V. de cette hift.
de Châlon la nuit du 17. au 18. mars 1641. *Louis* de Baufremont, comte de Ran- p. 437.
dan, qui fut pris à la bataille de la Marfée près Sedan, & tué de fang froid par

un Allemand le 6. juillet 1641. & *Marie-Claire* de Bauffremont , marquife de Se- A
necey , premiere dame d'honneur de la reine Anne d'Autriche , mariée fur la
fin du mois de feptembre 1637. à *Jean-Baptifte-Gafton* de Foix , cbmte de Fleix ,
gouverneur de Mâcon , qui fut tué au fiege du fort de Mardick le 13. août
1646. *Voyez tome III. de cette hift.* p. 389.

Ecartelé, au 1. & 4. d'or, à deux
maffes de fable paffées en fautoir & liées
de gueules, qui eft Gondy, au 2. & 3.
de Vivonne, d'hermines au chef de
gueules, chargé de deux clefs d'argent,
de Clermont-Tallart, furmontées d'une
thiare.

X X X.

PHILIPPES-EMMANUEL de Gondy , comte de Joigny , general des ga- B
leres de France , puis prêtre de l'Oratoire , mourut en 1662. âgé de 81. ans.
Voyez au chapitre du duché-pairie de Rets , *tome III. de cette hift.* p. 890.

De fable, au fautoir d'argent.

X X X I.

CHARLES d'Angennes , marquis de Ramboüillet , vidame du Mans , feigneur C
d'Arquenay , &c. ci-devant maître de la garderobe du Roi , capitaine des cent
gentilshommes de fa maifon , & maréchal de camp , mourut à Paris le 26. février 1652.
âgé de 75. ans , après s'être acquitté dignement de l'ambaffade extraordinaire d'Efpagne
en 1627. & avoir ménagé la paix entre le Roi Catholique & le duc de Savoye en
1614.
Voyez fa genealogie tome II. de cette hift. p. 421.

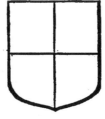

Ecartelé d'argent & d'azur.

X X X I I.

LOUIS de Crevant , vicomte de Brigueil , marquis de Humieres , confeiller d'état, D
capitaine des cent gentilshommes de la maifon du Roi , gouverneur de Compiegne & de Ham , mourut au château d'Azay en Touraine le 2. novembre 1648. en
fa 83ᵉ année , & eft enterré dans l'églife Collegiale de Loches.
Voyez fes anceftres & fa pofterité au chapitre du duché-pairie d'Humieres , *tome V* p 762.
X X X I I I.

Ecartelé au 1. & 4. d'azur, au paon d'or qui est de S. Paul de Ricaut, au 2. & 3. de sable, au sep de vigne d'argent soutenu d'un échalas de même, qui est Vignolles.

XXXIII.

A BERTRAND de Vignolles dit *la Hire*, marquis de Vignolles, seigneur de Càsaubon & de Preschat, capitaine des gardes d'Henry roi de Navarre, depuis IV. du nom roi de France *(a)*, conseiller d'état, lieutenant general pour Sa Majesté en la province de Champagne, capitaine de cent hommes de ses Ordonnances, premier maréchal de ses camps & armées, gouverneur d'Epernay & de sainte Menehoult, commença à porter les armes étant fort jeune, faisant pour lors profession de la Religion Pretendue Reformée, dont il fit dans la suite abjuration. En 1585. à l'âge de 19. ans il secourut la ville de Vic Fesensac assiegée par les Catholiques, ausquels il fit lever le siege ; commanda en 1587. les enfans perdus à la bataille de Coutras, & eut beaucoup de part à la victoire que le Roi de Navarre y remporta. Il acquit en 1588. beaucoup de reputation à la defense de la ville de la Ganache en Poitou ; forma depuis un regiment de son nom, à la tête duquel en 1589. il fut blessé devant la ville de Rouen d'une mousquetade, à une sortie faite par le duc d'Aumale qui y commandoit les troupes de la Ligue ; combattit en 1590. à la bataille d'Ivry avec

B son regiment, à côté de l'Escadron Royal ; se trouva en 1591. à la prise de Chartres, où il fut blessé dangereusement à l'assaut donné par le Roi à cette place ; fut en 1592. un des generaux de l'armée du maréchal de Biron au siege de Rouen ; quelque temps après il defit la compagnie d'hommes d'armes & les gardes du sieur de S. Pol, l'un des maréchaux de la Ligue, surprit par escalade en 1594. la ville de Mareuil ; accompagna en 1621. le duc d'Epernon en Bearn, où il contribua beaucoup à soûmettre toutes les places de cette province à l'obéïssance du Roi ; servit la même année au siege de Nerac, & fut blessé à celui d'Albias d'un coup de mousquet à l'épaule ; se trouva en 1622. au siege & combat de Tonneins, & fut blessé dangereusement en 1625. à celui de Veruë. Il étoit en 1628. premier maréchal de camp dans l'armée commandée par le roi Louis XIII. au siege de la Rochelle, & fut chargé après la prise de cette place d'en faire démolir les fortifications ; il acheva la même année de soûmettre le reste des places que les Religionnaires occupoient en Poitou ; servit en 1630. *(b)* en Savoye dans l'armée que le Roi commandoit en personne à la prise de Chamberry & de Romilly, & à la conquête de la Morienne, où il se rendit maître de

C un corps de troupes qu'il commandoit en chef des places de Miolans & de Montmelian ; en 1632. le Roi lui donna le commandement du Nivernois, Berry, Bourbonnois, Poitou, Aunis, Saintonge, Angoumois, haute & basse Marche, Limousin & haute & basse Auvergne en l'absence du prince de Condé. Il mourut à Peronne de dissenterie le 5. octobre 1636. âgé de 71. ans.

Il étoit fils de *François* de Vignolles-la-Hire, baron de Vignolles, seigneur de Casaubon & de Preschat, gouverneur de Dacqs & de Tartas, & de *Marie* de la Rochebeaucourt, mariée le 20. novembre 1558. fille de *Jean* de la Rochebeaucourt, seigneur de Montagrier, & de *Jacquette* Pouvreau. Il avoit épousé le 4. septembre 1604. *Marguerite* de Balaguier-Montsales, dame de Coulonges-les-Royaux & de Benet, veuve de *Charles* de Montluc, seigneur de Caupene, & fille de *Jacques* de Balaguier, baron de Montsales, chevalier de l'Ordre du Roi,

D gentilhomme de sa chambre, capitaine de cinquante hommes d'armes de ses Ordonnances, & de *Susanne* d'Estissac. Il en eut *Susanne* de Vignolles-la-Hire, dame de Vignolles, de Coulonges-les-Royaux, & en partie de Benet, mariée le 8. septembre 1627. à *Hector* de Gelas de Voisins, marquis d'Ambres, vicomte de Lautrec, chevalier des Ordres du Roi ; elle resta le 30. juin 1682. mourut peu de jours après à Lavaur, & fut enterrée aux Cordeliers de cette ville.

(a) En 1588. Journal d'Henry III. Remarques sur la Confession de Sancy, tome II. p. 288.

(b) Dupleix, p. 368. 370. Bernard, Liv. XIV. p. 202.

Ecartelé au 1. & 4. de gueules, à 3. fasces ondées d'argent, qui est Toulon-jeon, au 2. & 3. de gueules, à 3. jumel-les d'argent, qui est S. Cheron, sur le tout écartelé au 1. d'or, au lion de gueu-les, qui est Gramont, au 2. de gueules, à 3. dards d'or en pal, qui est Aster, au 3. d'argent, au levrier rampant de sable, qui est Aure, au 4. d'argent, au chef emmanché de 3. pieces d'azur, qui est Mucidan.

XXXIV.

ANTOINE de Gramont, souverain de Bidache, comte de Guiche & de Lou-vigny, gouverneur de Bayonne, & depuis duc de Gramont, mourut au mois d'août 1644.   A

Ses ancestres & sa posterité sont rapportez au chapitre du duché-pairie de Gramont, p. 610. du quatrieme tome.

Tiercé en bande d'or, de gueules & d'azur.

XXXV.

FRANÇOIS-NOMPAR de Caumont, comte de Lausun, conseiller d'état,   B capitaine de cinquante hommes d'armes.

Voyez au chapitre du duché-pairie de la Force, p. 467. du quatrieme volume.

Ecartelé, au 1. de la Magdelaine ; au 2. de Damas, au 3. de Clugny, au 4. de Bourgogne ancien, comme ci-de-vant, p. 113.

XXXVI.

LEONOR de la Magdelaine, marquis de Ragny, conseiller d'état, capitaine   C de cinquante hommes d'armes, lieutenant pour le Roi au comté de Charolois, pays de Bresse, Bugey & Geix, mourut le 22. juillet 1628. & est enterré en l'église des Minimes d'Avalon.

Il étoit fils aîné de *François* de la Magdelaine, marquis de Ragny, chevalier du S. Esprit, & épousa *Hypolite* de Gondy, fille puînée d'*Albert* de Gondy, duc de Rets, pair & maréchal de France (a). Il en eut *Claude* de la Magdelaine, marquis de Ragny & de la Brugiere en Languedoc, lieutenant general pour le Roi en Bresse, mort sans enfans en 1631. & *Anne* de la Magdelaine, marquise de Ra-gny, seconde femme de *François* de Crequy, duc de Lesdiguieres, pair de France, morte à Paris le 2. juillet 1656. *Voyez tome IV. p. 292.*

(a) Voyez tome III. de cette hist. p. 896.

Ecartelé au 1. & 4. de Mitte *, au 2. de* Miolans *, au 3. de gueules, à l'aigle éployé d'argent, & sur le tout de* S. Chamond *, comme ci-devant p. 126.*

XXXVII.

A **M**ELCHIOR Mitte, comte de Miolans, marquis de S. Chamond, seigneur de Chevrieres, ministre d'état, lieutenant general des armées du Roi, & au gouvernement de Provence, ambassadeur extraordinaire à Rome, mourut à Paris dans son hôtel le 10. septembre 1649. âgé de 63. ans.

Il étoit fils de *Jacques* Mitte, seigneur de Chevrieres, chevalier du S. Esprit, & de *Gabrielle* dame de S. Chamond, & avoit épousé *Isabeau* de Tournon, fille de *Louis-Just* de Tournon, seigneur de Tournon, comte de Roussillon, & de *Madelene* de la Rochefoucaud, de laquelle il eut *Louis*, marquis de S. Chamond, mort sans alliance à Grenoble le 16. juillet 1639. *Lyon-François* Mitte, abbé de Soraise. *Henry* Mitte, marquis de S. Chamond, & comte de Miolans, mort en 1665. sans enfans de *Susanne-Charlotte* de Gramont. *François* Mitte, chanoine & comte de S. Jean de Lyon. *Armand Jean* Mitte, seigneur de Chevrieres, marquis de S. Chamond, comte de Miolans, épousa *Gasparde* de la Porte-d'Ossun en Dauphiné, dont il eut *Marie-Anne* Mitte de Chevrieres, mariée à *Charles-Emmanuel* de la Vieuville, comte de Vienne. *Voyez tome VIII. de cette hist. p. 759. Françoise* Mitte, religieuse aux Filles de sainte Marie de Lyon, & *Marie-Isabeau* Mitte, femme de *Louis* de Cardaillac, comte de Bioule, chevalier du S. Esprit, & lieutenant general au gouvernement de Languedoc, dont elle n'eut point d'enfans.

*Ecartelé au 1. & 4. d'*Albert *, au 2. & 3. d'*Ailly *, tome VII. p. 447.*

XXXVIII.

B **H**ONORE' d'Albert, duc de Chaulnes, pair & maréchal de France, mourut en 1649.

Voyez au chapitre du duché-pairie *de* Luynes *, p. 263. du quatrième tome.*

De gueules, à 3. chevrons d'argent, à la bordure d'azur.

XXXIX.

JEAN de Varigniez, seigneur de Blainville, conseiller d'état, premier gentilhom- **A'**
me de la chambre du Roi, maître de sa garderobe, lieutenant au gouvernement
du baillage de Caën, ambassadeur en Angleterre, mourut à Issy près Paris le 26. février 1628. sans enfans de *Catherine* Voisin, dame de Tourville & d'Infreville, qu'il
avoit épousée en 1611.

De Luxembourg.

X L.

LEON d'Albert, seigneur de Brantes, capitaine lieutenant de la compagnie des
deux cens Chevaux-Legers de la garde du Roi, gouverneur de Blaye, depuis
duc de Luxembourg, pair de France, mourut le 25. novembre 1630. **B**

*Ses ancestres & sa posterité sont rapportez au chapitre du duché-pairie de Luynes, p.
263. du quatrieme tome.*

*D'azur, à six besans d'argent, 3.
2. & 1.*

X L I.

NICOLAS de Brichanteau, marquis de Nangis, conseiller d'état, capitaine **C**
de cinquante hommes d'armes.

Ses ancestres & sa posterité sont rapportez au chapitre des AMIRAUX DE FRANCE,
p. 888. du septieme volume.

X L I I,

D'hermines, au chef de gueules.

XLII.

A CHARLES de Vivonne, III. du nom, seigneur de la Chastaigneraye, gouverneur de Partenay, mort sans posterité.

Voyez au chapitre des GRANDS FAUCONNIERS, *p. 762. du huitieme volume.*

Ecartelé, au 1. & 4. de gueules, parti d'hermines, qui est Bailleul, au 2. & 3. d'argent, à la croix de gueules, sur le tout d'argent, à deux leopards de gueules, qui est Cochefilet.

XLIII.

B ANDRÉ de Cochefilet, comte de Vauvineux, baron de Vaucelas, conseiller d'état, capitaine de cinquante hommes d'armes, ambassadeur en Espagne & en Savoye.

Il étoit fils de *Jacques* de Cochefilet, seigneur de Vaucelas, &c. & de *Marie Arbaleste*, & épousa *Elisabeth* de l'Aubespine-Chasteau-neuf, dame de Vauvineux (*a*) dont il eut *Maximilien, Guillaume* & *Diego-Leon*, morts sans avoir été mariez, CHARLES de Cochefilet, comte de Vauvineux, qui suit, *Marie-Anne* de Cochefilet, née en Espagne, abbesse de la Bussiere & de S. Loup, & *Madelene* de Cochefilet, religieuse, puis abbesse de la Trinité de Caën, *N.* . de Cochefilet, abbesse de Beaumont-les-Tours & de S. Corentin, morte vers l'année 1671. peut avoir été l'une de ces dames ou leur sœur.   (*a*) Tome VI. p. 560.

CHARLES de Cochefilet de Vaucelas, comte de Vauvineux, &c. mourut en août 1661. Il avoit épousé *Françoise-Angelique* Aubery, morte le 4. septembre 1705. âgée de 64. ans, laissant pour fille unique *Charlotte-Elisabeth* de Cochefilet, mariée le 2. décembre 1679. à *Charles* de Rohan, prince de Guemené, duc de Montbason. *Voyez tome IV. de cette hist. p. 65.*

Ecartelé, au 1. parti de Verman-
dois & de Rouvroy S. Simon, au 2. de
la Tremoille-Dours, au 3. de Mont-
morency, au 4. de Sarrebruche, & fur
le tout bandé de gueules & d'argent de six
pieces, la premiere bande d'argent char-
gée d'un lion de fable, qui eft Dauvet.

XLIV.

GASPARD Dauvet, feigneur des Marefts, confeiller d'état, capitaine de cin- A
quante hommes d'armes, gouverneur de Beauvais & païs de Beauvoifis, ambaffadeur en Angleterre, mourut en 1632.

Voyez fes anceftres & fa pofterité au chapitre des GRANDS FAUCONNIERS *, page*
774. *du huitieme volume.*

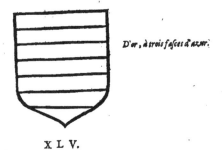

D'or, à trois fafces d'azur.

XLV.

LANCELOT, feigneur de Vaffé, baron de la Roche-Mabile, feigneur d'Ef- B
gvilly, de Claffé, la Chapelle, &c. confeiller d'état, capitaine de cinquante
hommes d'armes.

Il étoit fils aîné de Jean *feigneur de Vaffé, chevalier du S. Efprit; mentionné*
ci-devant p. 87.

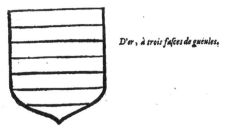

D'or, à trois fafces de gueules.

XLVI.

CHARLES, fire de Rambures, confeiller d'état, capitaine de cinquante hommes d'armes, maréchal de camp, gouverneur des ville & château de Doullens, C
mourut à Paris le 13. janvier 1633.

Voyez fes anceftres & fa pofterité au chapitre des GRANDS MAISTRES DES AR-
BALESTRIERS DE FRANCE *, p. 65. du huitieme tome.*

D'azur, à trois pattes de grifon d'or, 2. & 1.

XLVII.

A ANTOINE de Buade, seigneur de Frontenac, baron de Paluau, conseiller d'état, capitaine des châteaux de S. Germain en Laye, & premier maître-d'hôtel du Roi.

Il étoit fils de *Geoffroy* de Buade, seigneur de Frontenac en Agenois, & d'*Anne* Carbonnier, & épousa *Anne* de Roque-Secondat, de laquelle il eut entr'autres enfans *Roger*, abbé d'Obazine, &

HENRY de Buade, comte de Paluau, & de Frontenac, qui d'*Anne* Phelypeaux, fille de *Raymond* Phelypeaux, seigneur d'Herbaud, tresorier de l'épargne, puis secretaire d'état, & de *Claude* Gobelin, laissa LOUIS de Buade, comte de Frontenac, qui suit. *Anne* de Buade, femme de *François* d'Espinay, marquis de S. Luc, chevalier du S. Esprit, lieutenant general au gouvernement de Guyenne (a), & *Henrye* de Buade, femme de *Henry-Louis* Habert, seigneur de Montmor, doyen des maîtres des requêtes de l'hôtel, & l'un des quarante de l'Academie Françoise, morte le 26. octobre 1676.

LOUIS de Buade, comte de Frontenac & de Paluau, fut nommé gouverneur de la nouvelle France ou de Canada en 1672. & une seconde fois en 1689. & mourut à Kebec le 28. novembre 1698. en sa 78e. année. Il avoit épousé *Anne* de la Grange-Trianon, fille de *Charles* de la Grange, seigneur de Trianon, maître des comptes à Paris, & de *Françoise* Chouagne sa troisiéme femme, morte à Paris le 30. janvier 1707. Il en eut *François* de Buade de Frontenac, tué à l'Estrunvic en Allemagne, servant le Roi dans ses armées.

(a) Tome VII. p. 476.

Ecartelé au 1. d'Anjou-Sicile, au 2. d'Arragon, au 3. de sable, à deux leopards d'or, qui est Rouhaut, parti de fasces d'or & de gueules de dix piéces, qui est Volvire-Russec, soutenu de Montbason, au 4. de la Châtre, sur le tout de gueules, au coq d'argent creté, membré & becqué d'or, soutenant un écusson d'azur chargé d'une fleur de lys d'or.

XLVIII.

B NICOLAS de l'Hospital, marquis, puis duc de Vitry, maréchal de France, mourut en 1644.

Voyez au chapitre des MARESCHAUX DE FRANCE, *page 432. du septiéme volume.*

D'azur, à cinq bandes d'or.

XLIX.

JEAN de Souvré, marquis de Courtenvaux, conseiller d'état, premier gentilhomme de la chambre du Roi, & gouverneur de Touraine, mourut le 9. novembre
1656. âgé de 72. ans.

Sa posterité est rapportée au chapitre des MARESCHAUX DE FRANCE, *p.* 397.
du septième tome.

*Ecartelé, au 1. d'Anjou-Sicile, au
2. d'Arragon, au 3. de Brichanteau,
au 4. de la Chastre sur le tout de l'Hospital, comme ci-devant p. 151.*

L.

FRANÇOIS de l'Hospital, seigneur du Hallier, comte de Rosnay, capitaine
des gardes du corps du Roi & de Fontainebleau, depuis maréchal de France,
ministre d'état, mourut sans posterité en 1660.

Voyez aux MARESCHAUX DE FRANCE, *ibidem.*

*Ecartelé, au 1. & 4. d'or, à la fasce
échiquetée de trois traits d'argent &
de gueules, qui est la Marck, au 2.
d'Auvergne, au 3. de la Tour.*

LI.

LOUIS de la Marck, marquis de Mauny, conseiller d'état, premier écuyer de
la reine Anne d'Autriche, mourut en 1626. sans posterité d'*Isabelle* Juvenel des
Ursins, sa femme, morte le 10. juillet 1644.

Voyez au chapitre des MARESCHAUX DE FRANCE, *p.* 165. *du septieme volume.*

Ecartelé au 1. & 4. d'argent, à sept feuilles de houx de sinople, au 2. & 3. fascé d'or & d'azur de huit pieces, à 3. annelets de gueules brochant sur les deux premieres fasces, qui est la Vieuville des Païs-Bas.

L I I.

A CHARLES marquis, puis duc de la Vieuville, capitaine des Gardes du corps du Roi, lieutenant general en Champagne, surintendant des finances, & grand-fauconnier de France, mourut en 1653.

Voyez aux GRANDS-FAUCONNIERS, *tome VIII. p. 758.*

De gueules, à trois fleurs de lys d'argens.

L I I I.

B LOUIS d'Aloigny, marquis de Rochefort, baron de Craon, bailly de Berry, chambellan de Henry II. prince de Condé, & lieutenant de sa compagnie de Chevaux-legers.

Voyez ses ancêtres & sa posterité aux MARECHAUX DE FRANCE, *tome VII. de cette hist. p. 615.*

Ecartelé, au 1. de S. Lary, au 2. de Termes, au 3. d'Orbessan, au 4. de Fumel, & sur le tout de Bellegarde.

L I V.

C CESAR-AUGUSTE de S. Lary, baron de Termes, grand-écuyer de France, mourut de la blessure qu'il reçut au siege de Clerac en 1621.

Voyez au chapitre du duché-pairie de Bellegarde, tome IV. de cette hist. p. 303.

Ecartelé, au 1. & 4. de Rohan, au 2. de Navarre, au 3. d'Evreux, & sur le tout de Milan.

L V.

A LEXANDRE de Rohan, marquis de Marigny, capitaine de cent hommes A d'armes, frere puîné d'*Hercules* de Rohan, duc de Montbazon, pair & grand-veneur de France, mourut sans posterité de *Lucrece* Tarneau sa femme.

Voyez au chapitre du duché-pairie de Montbazon, tome IV. de cette histoire, p. 51.

Ecartelé & contr'écartelé, au 1. & 4. de Silly & de la Rocheguyon, sur le tout de Sarrebruche, au 2. & 3. de Laval, écartelé d'Evreux, sur le tout de gueules au lion d'argent, qui est Vitté, & sur le tout du tout d'argent, à la fasce bandée d'or & de gueules de six pieces, qui est de Pons.

L V I.

F RANÇOIS de Silly, comte, puis duc de la Rocheguyon, grand-louvetier de B France, mourut le 19. janvier 1628.

Voyez au chapitre des GRANDS-MAISTRES DE L'ARTILLERIE DE FRANCE, *tome VIII. de cette hist. page 169.*

D'azur, à trois bandes d'or.

L V I I.

A NTOINE-HERCULES de Budos, marquis de Portes, lieutenant general C en Gevaudan & païs des Cevenes, vice-amiral de France, fut tué au siege de Privas en 1629.

Il étoit fils de *Jacques* de Budos, baron de Portes, & de *Catherine* de Clermont-Montoison, & eut pour freres & sœurs *Henry* de Budos, comte de S. Prix, marié en 1612. à *Peronne* de la Forest, dont sortit *Philbert* de Budos, mort à Suze en Piémont en 1643. *Balthazar* de Budos, évêque d'Agde, mort le 24. juin 1629. *Louise* de Budos, mariée 1°. à *Jacques* de Granmont, seigneur de Vacheres, 2°. à *Henry* duc de Montmorency, pair & connétable de France, & morte en 1599. *Marie* de Budos, femme d'*Alexandre* Guerin de Chasteauneuf, baron de Tournel; *Marguerite* de Budos, femme de *Cesar* comte de Desimieux, & *Laurence* de

A Budos, abbeſſe de la Trinité de Caën. Il épouſa en 1626. *Louiſe* de Cruſſol-d'Uzés, fille d'*Emmanuel* duc d'Uzés, chevalier des ordres du Roi, &c. & de *Claude* Ebrard, dame de S. Sulpice ſa premiere femme. *Voyez tome III. de cette hiſtoire*, p. 771. Il eut de ce mariage *Marie-Felice* de Budos, marquiſe de Portes, morte la derniere de ſa maiſon au mois de février 1693. & *Diane-Henriette* de Budos, marquiſe de Portes, premiere femme de *Claude* duc de Saint Simon, pair de France, chevalier des ordres du Roi. *Voyez tome IV. de cette hiſt. p.* 411.

Burelé d'argent & d'azur de dix pieces, à trois chevrons de gueules ſur le tout.

L V I I I.

B FRANÇOIS V. du nom, comte, puis duc de la Rochefoucaud, pair de France, gouverneur de Poitou, mourut le 8. février 1650.

Voyez au chapitre du duché-pairie de la Rochefoucaud, où ſes anceſtres & ſa poſterité ſont rapportez tome IV. de cette hiſt. p. 418.

D'azur, à deux girons d'or mis en chevron, au chef d'argent chargé de trois couronnes de gueules.

L I X.

C JACQUES d'Eſtampes, ſeigneur de Valençay, d'Haplincourt, &c. conſeiller d'état, capitaine de cinquante hommes d'armes, grand maréchal des logis de la maiſon du Roi, & lieutenant-colonel de la Cavalerie legere de France, gouverneur de Montpellier & de Calais, fut fait chevalier au lieu de JEAN d'Eſtampes ſon pere, ſeigneur de Valençay, qui avoit été nommé & ne put ſe trouver à la ceremonie. Il mourut à Boſogne le 21. novembre 1639. en ſa 60e année.

Voyez ſes anceſtres & ſa poſterité au chapitre des MARECHAUX DE FRANCE, *tome VII. p.* 543.

PROMOTION

Faite à Grenoble dans l'Eglise Cathedrale, le 26. Juillet 1622.

CHEVALIER.

De gueules au lion d'or, au chef cousu d'azur, chargé de trois roses d'argent.

I.

FRANÇOIS de Bonne, duc de Lesdiguieres, pair & connétable de France, A gouverneur de Dauphiné, mourut le 28. septembre 1626. *Voyez aux chapitres des* CONNESTABLES, *tome VI. p. 232. & des* MARECHAUX DE FRANCE, *tome VII. p. 396. & ses ancêtres tome IV. p. 282.*

PROMOTION

Faite dans la Chapelle de l'Hôtel de Sommerset à Londres en Angleterre, le 28. Juin 1625.

CHEVALIER.

De gueules, au chevron ondé d'argent & d'azur de six pieces, accompagné de 3. lionceaux d'or, deux en chef & un en pointe.

I.

ANTOINE Coeffier, dit Ruzé, marquis d'Effiat & de Longjumeau, baron de B Massy & de Beaulieu, depuis maréchal de France, mourut en 1632.

Voyez au chapitre des MARECHAUX DE FRANCE, *tome VII. p. 491.*

PROMOTION

PROMOTION

Faite en 1632.

PRELAT.

D'argent, à trois chevrons de gueules.

I.

A LFONSE-LOUIS du Pleſſis-Richelieu, cardinal, archevêque de Lyon, grand-aumônier de France ſur la démiſſion du cardinal de la Rochefoucaud, & en cette qualité commandeur de l'Ordre du S. Eſprit, prêta ſerment le 24. mars 1632. & mourut le 23. mars 1653.

Voyez au chapitre du duché-pairie de Richelieu, tome IV. p. 361.

PROMOTION

Faite à Fontainebleau, le 14. may 1633.

PRELATS.

D'argent, à trois chevrons de gueules.

I.

B RMAND-JEAN du Pleſſis, cardinal, duc de Richelieu, pair de France, grand-maître, chef & ſurintendant general de la navigation & du commerce de France, gouverneur de Bretagne, mourut à Paris le 4. décembre 1642. *B Nani, livre XII* dit de lui, *qu'il a reuni la France, secouru l'Italie, confondu l'Empire, divisé l'Angleterre, affoibli l'Espagne, & qu'il a esté un instrument choisi du Ciel pour la revolution de l'Europe.*

Voyez au chapitre du duché-pairie de Richelieu, tome IV. de cette hist. p. 361.

*Ecartelé, au 1. & 4. parti d'argent,
au noyer de sinople & de gueules, à la
croix vuidée & pommetée d'or, au chef de
gueules, à la croix potencée d'argent,
au 2. & 3. écartelé, au 1. & 4. de
Foix, au 2. & 3. de Bearn.*

I I.

LOUIS de Nogaret, cardinal de la Valette, archevêque de Touloufe, mourut **A'** le 28. septembre 1639.

Voyez au chapitre du duché-pairie d'Efpernon, *tome III. p. 853.*

*Ecartelé, au 1. & 4. d'or, à trois
merlettes de sable, 2. & 1. qui est de
Rebé, au 2. & 3. d'or à la fasce ondée
de gueules, qui est de la Liegue, sur le
tout de gueules à trois chevrons d'argent, qui est de Faverges.*

I I I.

CLAUDE de Rebé, archevêque de Narbonne, mourut le 16. mars 1659. âgé **B** d'environ 75. ans.

Il étoit second fils de *Claude* feigneur de Rebé, & de *Jeanne* de Meizé, & petit-fils de *François* de Faverges, auquel *Jean* de Merle fon oncle maternel donna les terres de Rebé & de Chenevoux, à condition de prendre le nom de Rebé. Il avoit pour frere aîné *Zacharie* feigneur de Rebé, baron d'Amplepuis duquel font defcendus les autres feigneurs de Rebé, barons d'Amplepuis, marquis d'Arques, dont l'heritiere nommée *Marie-Jofephe* de Rebé, a épousé le 30. mars 1707. *Leonor* du Maine, marquis du Bourg, meftre de camp du regiment Royal cavalerie, brigadier des armées du Roy. *Voyez tome VII. de cette hift. p. 707.*

De Gondy.

I V.

JEAN-FRANÇOIS de Gondy, premier archevêque de Paris, mourut à Paris **C** le 21. mars 1654. âgé d'environ 70. ans.

Voyez au chapitre du duché-pairie de Rets, *tome III. de cette hift. p. 890.*

Parti d'azur & de gueules, à la bande d'or brochant sur le tout.

V.

A **H**ENRY d'Escoubleau, archevêque de Bordeaux, mourut le 18. juin 1645. en sa 51ᵉ année, & est enterré à Joüy.

C H E V A L I E R S.

D'Orleans, au bâton d'argent péri en bande.

I.

B **H**ENRY d'Orleans II. du nom, duc de Longueville & d'Estouteville, gouverneur de Normandie, mourut à Rouen en 1663.

Voyez l'histoire de la maison Royale, tome I. p. 222.

De Lorraine-Harcourt.

I I.

C **H**ENRY de Lorraine, comte de Harcourt, grand-écuyer de France, mourut le 25. juillet 1666.

Voyez au chapitre du duché-pairie de Guise, tome III. de cette hist. page 496.

De France, *au bâton de gueules péri en barre.*

III.

LOUIS de Valois, comte d'Alets, colonel general de la Cavalerie-legere de A France, depuis duc d'Angoulême, & gouverneur de Provence, mourut le 13. novembre 1653.

Voyez l'histoire de la maison Royale, tome I. p. 203.

Ecartelé, au 1. de la Tremoille, *au 2. de* France, *au 3. de* Bourbon, *au 4. de* Laval,

IV.

HENRY sire de la Tremoille, duc de Thouars, pair de France, prince de Talmond, mourut le 21. janvier 1674.   B

Voyez au chapitre du duché-pairie de Thouars, *tome IV. p. 160.*

Ecartelé, au 1. de Villars-en-Bresse, *au 2. de* Levis, *au 3. d'*Anduse, *au 4. de* Laire, *sur le tout de* Ventadour. *Voyez tome IV. p. 1.*

V.

CHARLES de Levis, duc de Ventadour, pair de France, lieutenant general au gouvernement de Languedoc, & depuis gouverneur de Limosin, mourut à Brives C en Limosin le 18. may 1649. en sa 49e année.

Voyez au chapitre du duché-pairie de Ventadour, *tome IV. de cette hist. p. 11.*

VI.

Ecartelé & contr'écartelé, au 1.
grand quartier écartelé, au 1. & 4. de
Castille, au 2. & 3. de Leon, au 2.
grand quartier écartelé, au 1. & 4. de
Navarre, au 2. & 3. d'Arragon-Sicile, au 3. grand quartier écartelé, au
1. & 4. de France, au 2. & 3. d'Albret, au 4. grand quartier parti d'E-
vreux, contreparti de Nogaret & de
l'Isle Jourdain, au chef de gueules, à
la croix potencée d'argent, & sur le tout
écartelé au 1. & 4. de Foix, au 2. &
3. de Bearn.

V I.

A HENRY de Nogaret de la Valette & de Foix, duc de Candale ; pair de France ; mourut au mois de mars 1639. âgé de 48. ans.

Voyez au chapitre du duché-pairie d'Espernon, tome I I I. de cette histoire, page 853.

D'or, au lion coupé de gueules & de
sinople.

V I I.

B CHARLES de Schomberg, duc de Hallwin, pair de France ; gouverneur de
Languedoc, maréchal de France ; mourut en 1656. en sa 56e année, & est enterré
à Nanteüil-le-Haudoüin.

Voyez au chapitre du duché-pairie d'Halwin, tome IV. page 233.

De sable à trois fasces d'or denchées
par le bas.

V I I I.

C FRANÇOIS de Cossé, duc de Brissac, pair & grand-pannetier de France ; mourut en 1651. en sa 71e année.

Voyez au chapitre du duché-pairie de Brissac, tome IV. p. 320.

Ecartelé, au 1. contr'écartelé de Castille & de Leon, parti d'Arragon, au 2. parti de Navarre, & d'Arragon-Sicile, au 4. parti de Saxe & d'or plein, qui est Bordeaux-Puy-Paulin, au 4. parti, au 1. écartelé, au 1. & 4. d'azur à la fasce d'or, accompagnée de 3. têtes de lions de même, qui est Poll en Angleterre, au 2. & 3. d'azur à la bande d'argent, chargée de trois vols de sable, qui est Suffolc-Candale, au 2. parti, contr'écartelé de Foix & de Bearn, & sur le tout parti de Nogaret & de l'Isle-Jourdain, au chef de gueules, à la croix potencée d'argent.

I X.

BERNARD de Nogaret de la Valette & de Foix, duc de la Valette & d'Espernon, colonel general de l'infanterie Françoise, mourut en 1661. **A**

Voyez au chapitre du duché-pairie d'Espernon, tome III. page 853.

De gueules, à deux clefs d'argent passées en sautoir.

X.

CHARLES-HENRY comte de Clermont & de Tonnerre, marquis de Crusy, **B** baron d'Ancy-le-Franc, premier baron & connétable hereditaire de Dauphiné, mourut à Ancy-le-Franc au mois d'octobre 1640.

Sa posterité & ses ancêtres sont rapportez au chapitre des GRANDS-MAISTRES DES EAUX ET FORESTS, tome VIII. de cette histoire, page 907.

Ecartelé au 1. & 4. d'Estrées, au 2. & 3. de la Cauchie.

X I.

FRANÇOIS-ANNIBAL d'Estrées, marquis de Cœuvres, maréchal de **C** France, & depuis duc & pair de France, mourut en 1670. âgé de 98. ans.

Voyez au chapitre du duché-pairie d'Estrées, tome IV. p. 596.

De gueules, au chevron d'or.

XII.

A JEAN de Nettancourt, comte de Vaubecourt, baron d'Orne & de Choiseul, conseiller d'état, maréchal de camp des armées du Roi, capitaine de cent hommes d'armes, colonel du regiment de Vaubecourt, lieutenant general au gouvernement des ville & évêché de Verdun, gouverneur de Châlons en Champagne, mourut le 4. octobre 1642.

Il étoit fils de *Jean* de Nettancourt, seigneur de Vaubecourt, & d'*Ursule* de Haussonville, & épousa le premier juillet 1599. *Catherine* de Savigny, morte le 21. janvier 1639. fille de *Wary* de Savigny, seigneur de Leymont, & d'*Antoinette* de Florainville, dont il eut NICOLAS de Nettancourt, qui suit ; *Henry* de Nettancourt-de-Vaubecourt, mort au siege de la Rochelle ; *Angelique* & *Catherine* de Nettancourt, religieuses à Verdun.

B NICOLAS de Nettancourt, dit de *Haussonville*, par adoption de *Jean* baron de Haussonville son grand-oncle maternel en 1605. comte de Vaubecourt, baron d'Orne & de Choiseul, lieutenant general des armées du Roi, & au gouvernement des villes & évêchez de Mets & Verdun, gouverneur de Châlons, & auparavant de Landrecy, Perpignan & comté de Roussillon, mourut le 11. mars 1678. Il épousa 1°. le 4. décembre 1623. *Charlotte* le Vergeur, morte le 15. novembre 1653. fille de *Charles* le Vergeur, comte de Saint Souplet, & de *Jeanne* de Fleurigny, 2°. le 23. août 1654. *Claire* Guillaume, fille de *Pierre* Guillaume, vidame de Châlons, & de *Claire* Lepagnol, morte en décembre 1664. Du premier lit vinrent *Jean* de Nettancourt-de-Haussonville, tué à la bataille de Lens ; *Charlotte* de Nettancourt-de-Haussonville, mariée 1°. le 31. août 1649. à *François* Poussart, marquis de Fors & du Vigean, mort le 28. mars 1663. 2°. le 11. octobre suivant à *Charles-Achilles* Mouchet de Battefort, comte de l'Aubespin, mort le 9. avril 1700. & elle le 20. **C** juillet 1703. *Marie-Françoise* de Nettancourt-de-Haussonville, abbesse de Sainte Hould près Bar, morte le 23. septembre 1688. *Jeanne* & *Anne* de Nettancourt-de-Haussonville, religieuses ; & *Anne-Françoise* de Nettancourt-de-Haussonville, dame de Chalerange, & de Pacy en Valois, mariée le 22. juillet 1664. à *Jérôme-Ignace* de Goujon-de-Thuisy, marquis de Thuisy, maître des requêtes, mort le 6. novembre 1704. dont *Jerôme-Joseph* marquis de Thuisy, aussi maître des requêtes. Elle mourut à Châlons le 21. may 1727. & y est enterrée dans l'église des Jacobins auprès de son mari. Du second lit sortirent *Louis-Claude* de Nettancourt-de-Haussonville, comte de Vaubecourt, lieutenant general des armées du Roi en 1696 & au gouvernement des villes & évêchez de Mets & Verdun, gouverneur & vidame de Châlons, tué proche de Vigevano en Milanez le 17. may 1705. sans enfans de *Catherine* Amelot, fille de *Charles* Amelot, seigneur de Gournay, & de *Marie* Lionne ; *François-Joseph* de Nettancourt-de-Haussonville, abbé de la Chassaigne, puis d'Aunay en 1693. sacré évêque de Montau- **D** ban le 30. mars 1704. *Nicolas-Joseph* de Nettancourt de Haussonville, nommé *le chevalier de Vaubecourt*, capitaine dans le regiment de son frere, blessé à Lieektemberg en Allemagne le 12. octobre 1678. mort le lendemain sans alliance ; *Catherine-Angelique* de Nettancourt-de-Haussonville, abbesse de Sainte Hould après sa sœur, morte le 22. février 1694. & *Marie* de Nettancourt de-Haussonville, mariée le 28. avril 1692. à *François* comte d'Estaing, capitaine-lieutenant des Gendarmes de M. le Dauphin, lieutenant general des armées du Roi ; & au gouvernement des ville & évêché de Verdun, gouverneur de Châlons, mort le 20. mars 1732. âgé de près de 81. ans, ayant pour enfans *Charles-François-Marie* d'Estaing, né le 10. septembre 1693. *Louis-Claude* d'Estaing ; *Marie-Antoinette*, & *Marie-Catherine-Euphrasie* d'Estaing ; & deux autres enfans morts en bas âge.

D'azur, à cinq fusées d'argent, posées en fasce.

XIII.

HENRY de Saint Neĉtaire I. du nom, marquis de la Ferté-Nabert, fut envoyé A en ambassade extraordinaire en Angleterre au mois de mars 1635. mourut à Paris dans son hôtel le 4. janvier 1662. âgé de 89. ans, & est enterré au couvent des Minimes de Nigeon.

Voyez au chapitre du duché-pairie de la Ferté-Senneterre, *tome IV. de cette hist. p. 887.*

D'azur, à trois tours d'argent, maçonnées de sable.

XIV.

PHILIBERT vicomte de Pompadour, &c. lieutenant géneral pour le Roi en B Limosin, mourut en novembre 1634.

Voyez ses ancêtres & sa posterité au chapitre des GRANDS-AUMOSNIERS, *tome VIII. de cette histoire, p. 242.*

De Laval, brisé en cœur d'une fleur de lys d'or, qui est aux Espaules.

XV.

RENE' aux Espaules, dit *de Laval,* marquis de Néelle, maréchal de camp, gouverneur de la Fere, mourut le 29. may 1650. âgé de 76. ans.

Il étoit fils de *François* aux Espaules, chevalier, seigneur de Pizy, de Presles & de Ferrieres, & de *Gabrielle* de Laval-Loüé, marquise de Néelle, & épousa *Marguerite* de Montluc, fille aînée de *Jean* de Montluc, seigneur de Balagny, maréchal de France (*a*), dont il eut *Renée* de Laval, premiere femme de *Cesar* d'Aumont, marquis de Clervaux, vicomte de la Guerche, dit *le marquis d'Aumont* (*b*), & *Madelene* de Laval, marquise de Néelle, mariée 1°. par contrat du 9. mars 1627. à *Bertrand-André* de Monchy, marquis de Montcavrel (*c*), 2°. en 1654. à *René* III. du nom, seigneur & baron de Mailly. (*d*)

XVI.

(*a*) Tome VII.
p. 291.
(*b*) Tome IV.
p. 877.
(*c*) Voyez tome
VII. p. 517.
(*d*) Tome VIII.
p. 437.

D'or, semé de tours & de fleurs de lys d'azur.

XVI.

A G UILLAUME de Simiane, marquis de Gordes, capitaine des Gardes du corps
du Roi, gouverneur du Pont-Saint-Esprit, mourut au mois de septembre 1642.
Voyez sa généalogie tome II. p. 238.

D'argent, à trois lions de sinople, couronnez d'or, armez & lampassez de gueules.

XVII.

B C HARLES comte de Lannoy, conseiller d'état, premier maître-d'hôtel du Roi,
& gouverneur de Montreuil, mourut en 1649.
   Il étoit fils aîné de *Christophe* seigneur de Lannoy, gouverneur d'Amiens, & de
Charlotte de Villiers-Saint-Pol, dame d'honneur de la reine Anne d'Autriche.
Il épousa *Anne* d'Aumont, veuve d'*Antoine* Potier, seigneur de Sceaux, & fille de
Jacques d'Aumont, baron de Chappes, prévôt de Paris (*a*), de laquelle il eut
Anne-Elisabeth comtesse de Lannoy, mariée 1°. le 25. novembre 1643. à *Henry-
Roger* du Plessis, comte de la Rocheguyon (*b*), 2°. à *Charles* de Lorraine III.
du nom, duc d'Elbeuf. (*c*)

(*a*) Tome IV.
p. 876.

(*b*) Ibid. p. 717.
(*c*) Tome III.
p. 494.

*D'azur, à trois fusées d'argent, po-
sées en fasce.*

XVIII.

c F RANÇOIS de Nagu, marquis de Varennes, baron de Marzé, maréchal de
camp des armées du Roi, gouverneur d'Aiguemortes, mourut en 1637.
   Il étoit fils de *Jean* de Nagu, seigneur de Varennes, & de *Philberte* des Loges, &
épousa en 1599. *Leonore* du Blé, fille d'*Antoine* du Blé, seigneur d'Uxelles, &
de *Catherine-Aymée* de Baufremont (*d*): il en eut *Charles* de Nagu, mestre de
camp du regiment de Champagne, tué à l'escalade donnée à Louvain en 1635.

(*d*) Tome VII.
p. 666.

& enterré aux Celeftins du grand Eure près Louvain; ROGER de Nagu, marquis de Varennes, qui fuit; *Alexandre* de Nagu, chanoine & comte de Lyon;
Philippes de Nagu, chevalier de Malte; *Françoife* de Nagu, laquelle époufa le 29.
novembre 1636. *Hector* de Monteynard, marquis de Montfrin; *Antoinette & Madelene* de Nagu, abbeffes de Chazeaux; & *Charlotte* de Nagu, archi-prieure de
Lancharre à Chalon.

ROGER de Nagu, marquis de Varennes, lieutenant general des armées du Roi,
gouverneur d'Aiguemortes, lequel époufa le 6. août 1641. *Henriette* d'Hoftun,
fille de *Baltazar* d'Hoftun de Gadagne, marquis de la Baume, & de *Françoife* de
Tournon (*a*); JOSEPH-ALEXANDRE de Nagu, marquis de Varennes, qui
fuit; *Madelene* de Nagu, femme de *Jean* d'Amy, comte d'Alis, & *Anne* de
Nagu.

JOSEPH-ALEXANDRE de Nagu, marquis de Varennes, fénéchal de Lyon,
nommé lieutenant general des armées Roi le 24. février 1702. gouverneur de
Bouchain en octobre 1704. a été marié, & pere de *Joseph* de Nagu, marquis de
Varennes, capitaine des Suiffes de la Reine d'Efpagne doüairiere, mort à Paris âgé de 48. ans le 27. octobre 1730.

D'or, à trois fafces ondées de gueules.

XIX.

URBAIN de Maillé, marquis de Brezé, maréchal de France; mourut le 13.   B
février 1650. dans fa 53e année.

Voyez fes ancêtres & fa pofterité au chapitre des MARECHAUX DE FRANCE, *tome
VII. p. 496.*

*Ecartelé, au 1. d'or, à trois corneil-
les de fable, membrées & becquées de
gueules, qui eft Gallard, au 2. d'azur,
à l'aigle éployé à deux têtes d'or, qui
eft la Roche-Beaucourt, au 3. lofangé
d'argent & de gueules, chaque lofange
d'argent chargée de deux fafces d'azur,
qui eft la Roche-Andry, au 4. de
Bearn.*

XX.

JEAN de Gallard de Bearn, comte de Braffac, confeiller d'état, capitaine de cent   C
hommes d'armes, gouverneur de Nancy & de la Lorraine, puis de Xaintonge &
d'Angoumois, miniftre d'état, furintendant de la maifon de la Reine, & ambaffadeur à
Rome vers le pape Urbain VIII.

Il étoit fils de *René* de Gallard de Bearn, feigneur de Braffac, & de *Marie* de la
Roche-Beaucourt, & mourut à Paris le 14. mars 1645. dans fa 66e année, fans
enfans de *Catherine* de Sainte-Maure fon époufe, dame d'honneur de la reine
Anne d'Autriche, & fille de *François* de Sainte-Maure, baron de Montaufier.
Voyez tome IV. de cette hift. p. 19. & M. de la Barde dans fon hift p. 177. Il eut deux
freres puînez, LOUIS de Gallard de Bearn, qui fuit, & RENE' de Gallard de
Bearn, *qui a fait la branche de la* Vaure-d'Argentine, qui fubfifte.

LOUIS de Gallard de Bearn, chevalier, comte de Braffac, époufa en 1609. *Marie*
de Rancornet, de laquelle il eut *Jean* de Gallard de Braffac, connu fous le
nom de feigneur de Repaire de Braffac, qui fut colonel d'infanterie à 18. ans,

[*a*] Tome V.
p. 167.

A & mourut à 22. d'une bleſſure qu'il reçut à la breche d'un fort que le duc de Saxe-Weimar fit attaquer ſur les frontieres d'Alſace & de Franche-Comté; ALE-XANDRE de Gallard de Bearn, *qui continua la poſterité; Charles* de Gallard de Bearn, ſeigneur de Mirande, ayeul de *Louis* de Gallard de Bearn, marquis de Mirande; *René* de Gallard de Bearn, ſeigneur de Faragorce, pere de *Philippes* de Gallard de Bearn, comte de Gallard, colonel d'infanterie.

ALEXANDRE de Gallard de Braſſac, comte de Braſſac, ſervit très-long-tems dans le regiment de Navarre, & mourut le 8. février 1707. âgé de plus de 90. ans. Il avoit épouſé *Charlotte* de la Rochefoucaud, fille unique de *Jacques* de la Rochefoucaud, baron de Salles & de Genté. *Voyez tome IV. de cette hiſtoire, p. 443.* Il eut de ce mariage FRANÇOIS-ALEXANDRE de Gallard de Bearn de Braſſac, qui ſuit; *Daniel* de Gallard de Bearn de la Rochefoucaud, qui épouſa *Gabrielle* de Raimond.

B FRANÇOIS-ALEXANDRE de Gallard de Bearn de Braſſac, baron de la Roche-Beaucourt, de Salles & de Gente, colonel d'un regiment d'infanterie, a épouſé *Marthe-Madelene* Foullé, fille d'*Etienne* marquis de Prunevaux, conſeiller d'état, & ſœur de *Guillaume* Foullé de Martangis, ambaſſadeur pendant quatorze ans vers les Princes du Nord. Il a eu de ce mariage GUILLAUME-ALEXANDRE de Gallard de Bearn, qui ſuit; & *Rene* de Gallard de Bearn, dit *le Chevalier de Braſſac.*

GUILLAUME-ALEXANDRE de Gallard de Bearn, comte de Braſſac, ci-devant colonel d'un regiment d'infanterie, a épouſé le 26. juillet 1714. *Luce-Françoiſe* de Coſtentin, fille d'*Anne-Hilarion* de Coſtentin de Tourville, maréchal & vice-amiral de France (*a*), de laquelle il a eu *N....* de Gallard de Bearn, comte de Braſſac, mouſquetaire du Roi en 1732.

(*a*) Voyez tome VII. de cette hiſt. p. 630.

De gueules, à la bande d'or.

XXI.

C FRANÇOIS ſeigneur de Noailles, comte d'Ayen, maréchal de camp des armées du Roy, gouverneur d'Auvergne, de Rouſſillon & de Perpignan, ambaſſadeur à Rome en 1634. mourut à Paris le 15. décembre 1645.

Voyez ſes anceſtres & ſa poſterité au chapitre du duché-pairie de Noailles, *tome IV. page 782.*

Ecartelé au 1. & 4. d'or, au levrier rampant de gueules, colleté d'argent, qui eſt de Baylens, au 2. & 3. d'azur à 3 cannettes d'argent, qui eſt de Poyanne.

XXII.

D BERNARD de Baylens, ſeigneur & baron de Poyanne, conſeiller d'état, lieutenant general au païs de Bearn, gouverneur de Navarreins & d'Acqs. Il étoit fils de *Bertrand* de Baylens, ſeigneur de Poyanne, chevalier du S. Eſprit le 2. janvier 1599. & de *Louiſe* de Caſſagnet de Tilladet, & épouſa *Anne* de Baſſabat-Pordeac, de laquelle il eut HENRY de Baylens, marquis de Poyanne, chevalier du S. Eſprit en 1661. *rapporté ci-après.*

Ecartelé, au 1. & 4. de gueules, à trois boucles ou fermeaux d'argent, 2. & 1. qui est de la Vallée, au 2. & 3. écartelé d'un filet en croix de gueules, au 1. & 4. d'azur au château d'argent, au 2. & 3. d'hermines, qui est de Fos-fez.

XXIII.

GABRIEL de la Vallée-Foffez, marquis d'Everly, conseiller d'état, maréchal A de camp, gouverneur de Lorraine & des villes & citadelles de Montpellier & de Verdun, mourut à Paris le 10. juillet 1636.

Il étoit fils de *Guy* de Foffez, seigneur de Foffez & d'Epone, & d'*Helene* de Fontaines, fille de *Florent* de Fontaines, seigneur de Croizilles, & de *Rose* d'Oinville, dame en partie du Puiset. *Gabriel* de la Vallée, seigneur d'Everly, chevalier de l'Ordre du Roi, frere de sa bisayeule, le fit son heritier, à condition de porter le nom & les armes de la Vallée le 28. octobre 1594. Il épousa *Madelene* du Val, fille de *René* du Val, seigneur de Fontenay & de Mareüil, & de *Marie* du Moulinet; il en eut *Marie* de la Vallée-Foffez, marquise d'Everly, mariée 1°. à *Gilles* de Saint Gelais, dit *de Lesignem*, marquis de Lanssac, 2°. le 30. décembre 1639. à *Henry* de Mesmes, seigneur de Roissy, president à mortier au Parlement de Paris, mort le 29. décembre 1650. & elle le 21. août 1661. Elle eut de son premier mariage la duchesse de Crequy, & du second la duchesse de Vivonne.

D'argent, à trois fasces de gueules, au franc canton aussi d'argent, chargé d'un roc d'échiquier de gueules.

XXIV.

CHARLES de Livron, marquis de Bourbonne, maréchal de camp des armées B du Roi, lieutenant general au gouvernement de Champagne, gouverneur de Coiffy & de Montigny, capitaine de cinquante hommes d'armes.

Il étoit fils d'*Erard* de Livron, baron de Bourbonne, chevalier de l'Ordre du Roi, & de *Gabrielle* de Baffompierre, dame de Ville, & épousa le 19. août 1623. *Anne* d'Anglure de Savigny, fille de *Charles-Saladin* d'Anglure de Savigny, vicomte d'Eftauges, & de *Marie* Babou de la Bourdaisiere, de laquelle il eut *François* de Livron, abbé d'Ambronnay, en 1643. mort après l'année 1658. *Erard-Chrestien* de Livron, mort jeune; *Henry-Charles* de Livron, chevalier de Malte; CHARLES de Livron, qui suit; *Henry* de Livron, mort à l'Academie; *Nicolas* de Livron, marquis de Bourbonne, lieutenant general de Champagne, tué au combat de Senef en 1674. laissant de *Marie-Anne* Galland sa femme une seule fille nommée *Marie-Anne* de Livron, religieuse; *Catherine-Marie* de Livron, abbesse de Juvigny, morte en 1705.

CHARLES de Livron, seigneur de Torcenay, puis marquis de Bourbonne, épousa en 1650 *Claude* de Sallenove, dame de Cuile & du Bricot, fille & heritiere de *Claude* de Sallenove, seigneur de Cuile, du Bricot & de Ville en Tardenois, & de *Perrette* de Goujon de Thuisy, laquelle étant morte le 7. may 1663. il se

mit

A mit dans l'état ecclefiaftique, fut pourvû de l'abbaye d'Ambronnay après *François* de Livron, fon frere aîné, & mourut le 28. août 1691. laiffant de fon mariage JOSEPH-REMY de Livron, qui fuit, & *Louife-Gabrielle* de Livron, abbeffe de Juvigny après fa tante, morte le 17. janvier 1711.

JOSEPH-REMY de Livron, dit le marquis de Livron, né le 10. janvier 1653. colonel d'un regiment de cavalerie, mourut en janvier 1687. Il avoit époufé en 1683. *Françoife-Benigne* de Belloy, dame de Villenauxe, fille d'*Hercules* de Belloy, feigneur de Villenauxe, & de *Marie* de Villemontée, morte le 18. juillet 1694. laiffant *Jofeph-Remy* de Livron, feigneur de Villenauxe, dit le marquis de Livron, mort fans alliance le 8. may 1714. JEAN-BAPTISTE-ERARD de Livron, qui fuit, & *Marie-Françoife-Almodie* de Livron, mariée le 21. feptembre 1705. à *Marc-Antoine-Conftantin* Valon, feigneur de Montmain, morte le 24. août 1713. Son mari s'eft remarié à *N...* Fouquet.

JEAN-BAPTISTE-ERARD de Livron, bachelier en Theologie, quitta l'état ecclefiaftique après la mort de fon frere, auquel il fucceda, & époufa le 29. octobre 1714. *Louife-Madelene-Henriette-Charlotte* de Nettancourt, fille d'*Henry* de Nettancourt, baron de l'Echelle & de Fontaine-Denis, & de *Marie-Charlotte* des Forges. Il mourut à Paris le 13. mars 1728. laiffant une fille unique, *Henriette-Charlotte-Anne-Almodie* de Livron.

Fafcé d'argent & de gueules de fix pieces.

XXV.

B GASPARD-ARMAND vicomte de Polignac, marquis de Chalançon, feigneur de Randon, capitaine de cent hommes d'armes, gouverneur de la ville du Puy en Velay.

Il étoit fils aîné de *Louis-Armand* vicomte de Polignac, & de *Françoife* de Montmorin, & époufa *Claudine-Françoife*, fille aînée de *Juft-Louis* feigneur de Tournon, comte de Rouffillon, & de *Madelene* de la Rochefoucaud, de laquelle il eut LOUIS-ARMAND vicomte de Polignac, marquis de Chalançon, chevalier du S. Efprit, *mentionné ci-après en* 1661. *Melchior* de Polignac, feigneur de Beaumont, abbé de Montebourg, mort le 8. juillet 1699. âgé de 88. ans. *Philiberte* de Polignac, alliée à *Chriftophe-Melchior* de Baufremont, comte de Crufilles, & *Ifabeau* de Polignac, mariée 1°. à *Gafpard* d'Efpinchal, feigneur de Dunieres, 2°. à *Jean* de Pefteils de Levis & de Morlhon, comte de Quaïlus.

Ecartelé au 1. de gueules, à la croix vuidée, clechée & pommetée d'or, qui eft de Lautrec, au 2. d'argent, à quatre pals de gueules, qui eft de Severac, au 3. de gueules, à la harpe d'or cordée de même, qui eft d'Arpajon, au 4. de Bourbon-Rouffillon, & fur le tout de gueules, à la croix d'argent, qui eft de Malte.

XXVI.

C LOUIS vicomte, puis duc d'Arpajon, marquis de Severac, lieutenant general au gouvernement de Languedoc, lieutenant-general des armées du Roi, & ambaffadeur extraordinaire en Pologne, mourut à Severac au mois d'avril 1679.

Voyez fa genealogie au chapitre des duchez non regiftrez, p. 887. du cinquiéme tome.

Parti d'azur & de gueules, à la bande d'or.

XXVII.

CHARLES d'Escoubleau, marquis de Sourdis & d'Alluye, meftre de camp de A la cavalerie legere de France, maréchal de camp des armées du Roi, depuis gouverneur de l'Orleannois, pays Chartrain & Blaifois, & confeiller d'état d'épée, mourut à Paris le 21. décembre 1666. âgé de 78. ans, & eft enterré en l'églife de Jouy.

Il étoit fils puîné de *François* d'Escoubleau, marquis d'Alluye, chevalier du S. Efprit, & d'*Ifabeau* Babou, & avoit époufé *Jeanne* de Montluc, comteffe de Carmain, fille & heritiere d'*Adrien* de Montluc, feigneur de Montefquiou, & de *Jeanne* de Foix, comteffe de Carmain (a). Il eut de ce mariage *François* d'Escoubleau, marquis d'Alluye, tué au fiege de Renty au mois d'août 1637. *Paul* d'Escoubleau, marquis d'Alluye & de Sourdis, gouverneur d'Orleannois, pays chartrain & Blaifois, marié le 16. février 1667. à *Benigne* de Meaux du Fouilloux, mort fans enfans le 6. janvier 1690. *Henry* d'Escoubleau, comte de Montluc, qui époufa *Marguerite* le Liévre, fille de *Thomas* le Liévre, marquis de la Grange, préfident au grand confeil, & d'*Anne* Faure, mourut fans enfans le 6. juin 1712. & fa veuve le 10. avril 1720. FRANÇOIS d'Escoubleau, comte de Sourdis, fait chevalier des Ordres à la promotion de 1688. *Ifabel* d'Escoubleau, femme de *Martin* Ruzé, marquis d'Effiat (b). N... d'Escoubleau, coadjutrice de l'abbaye de Montmartre, morte. & *Marie-Madelene* d'Escoubleau, abbeffe de Grigny, puis de Royaulieu près de Compiegne.

(a) Tome VII. p. 293.

(b) Tome VII. p. 494.

Parti de deux traits, coupé d'un, qui font fix quartiers, au 1. de Crequy, au 2. de Blanchefort, au 3. d'Agoult, au 4. & 1. de la pointe d'azur, à trois tours d'or, qui eft Montauban, au 2. de Vefc, au 3. de Maubec, & fur le tout de Bonne.

XXVIII.

FRANÇOIS de Bonne, de Crequy, d'Agoult, de Vefc, de Montlaur & de B Montauban, comte de Sault, depuis duc de Lefdiguieres, pair de France, gouverneur de Dauphiné, mourut le 1. janvier 1677. âgé de 77. ans.

Voyez la genealogie de la maifon de Blanchefort-Crequy, au chapitre du duché-pairie de Lefdiguieres, p. 288. du quatrieme volume.

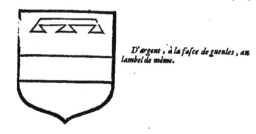

D'argent, à la fasce de gueules, au lambel de même.

XXIX.

A FRANÇOIS de Bethune, comte, puis duc d'Orval, premier écuyer de la Reine Anne d'Autriche, mourut à Paris le 7. juillet 1678. âgé de plus de 80. ans.

Voyez ses ancestres & sa posterité au chapitre du duché-pairie de Sully, *p.* 210. *du quatriéme volume.*

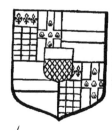

Ecartelé au 1. & 4. parti de S. Simon & de Rouvroy, au 2. & 3. d'or, à la fasce de gueules, qui est Haversquerque, sur le tout losangé d'argent & de gueules, au chef d'or, qui est la Vacquerie.

XXX.

B CLAUDE de Rouvroy, dit *de S. Simon,* duc de Saint Simon, pair de France, premier écuyer de la petite écurie du Roi, grand louvetier de France, gouverneur des villes, châteaux & comté de Blaye, de Senlis, de Meulenc, de S. Germain en Laye & de Versailles, mourut à Paris le 3. may 1693.

Voyez ses ancestres & sa posterité au chapitre du duché-pairie de S. Simon, *p.* 395. *du quatriéme volume.*

De gueules, à trois fasces échiquetées d'argent & d'azur de deux traits.

XXXI.

C CHARLES du Cambout, baron de Pont-Chasteau & de la Roche-Bernard, marquis de Coislin, gouverneur de Brest, & lieutenant general pour le Roi en Basse-Bretagne, mourut en 1648.

Voyez ses ancestres & sa posterité au chapitre du duché-pairie de Coislin, *p.* 801. *du quatriéme tome.*

Ecartelé au 1. de Vignerot *, au 2. du* Pleffis-Richelieu *, au 3. d'azur, à la croix d'or, cantonnée de quatre oifeaux d'argent, au 4. d'or, au lion de gueules.*

XXXII.

FRANÇOIS de Vignerot, marquis du Pont-de-Courlay, gouverneur de la ville & citadelle du Havre de Grace, & depuis general des galeres de France, mourut en 1646. en fa 37e. année.

Voyez fes anceftres & fa pofterité au chapitre du duché-pairie de Richelieu, *p. 372. du quatziéme volume.*

A

De gueules, au croiffant montant d'argent chargé de cinq mouchetures d'hermines.

XXXIII.

CHARLES de la Porte, marquis, puis duc de la Meilleraye, pair, maréchal, & grand-maître de l'artillerie de France, lieutenant general en Bretagne, gouverneur de Nantes, mourut le 8. fevrier 1664. âgé de 62. ans.

Voyez la genealogie de fa maifon au chapitre du duché-pairie de la Meilleraye, *tome IV. p. 624.*

B

Parti de 3. traits coupé d'un, qui font 8. quartiers, au 1. de gueules *, au croiffant montant de vair, qui eft de* Maure *, au 2. de* Bourbon *, au 3. de* Rohan *, au 4. de la* Rochefoucaud. *au 5. & 1. de la pointe, de* Milan *, au 2. de* Navarre *, au 3. d'*Efcars *, au 4. de* Bretagne *, fur le tout de* Rochechouard.

XXXIV.

GABRIEL de Rochechouard, marquis, puis duc de Mortemart, pair de France, premier gentilhomme de la chambre du Roi, gouverneur de Paris, mourut le 26. décembre 1675.

Sa pofterité & fes anceftres font rapportez tome IV. p. 649. chapitre du duché-pairie de Mortemart.

C

XXXV.

Ecartelé au 1. d'Aumont, au 2. de Villequier, au 3. écartelé, au 1. & 4. de Chabot, au 2. de Luxembourg, au 3. de Baux, au 4. grand quartier de Rochechouard, & sur le tout de Rochebaron.

XXXV.

A NTOINE d'Aumont & de Rochebaron, comte de Berzé, baron de Chappes, seigneur de Villequier, capitaine des gardes du corps du Roi, depuis duc, pair & maréchal de France, mourut à Paris le 11. janvier 1669. en sa 68e. année. *Voyez au chapitre du duché-pairie d'Aumont, p. 870. du quatrième volume.*

Ecartelé au 1. & 4. d'azur semé de fleurs de lys d'or, parti de gueules, au lion d'or, qui est de Tournon, au 2. & 3. échiqueté d'argent & d'azur, à la bordure de gueules, qui est de Roussillon, sur le tout de gueules, à trois pals d'hermine, qui est Vislac.

XXXVI.

B JUST-HENRY comte de Tournon & de Roussillon, senechal d'Auvergne, bailly du Vivarez. & maréchal de camp des armées du Roi, mourut le 14. mars 1643.

Il étoit fils de *Just-Louis*, seigneur de Tournon, comte de Roussillon, bailly du Vivarez, senechal d'Auvergne, & de *Madelene* de la Rochefoucaud, & épousa 1°. le 9. juin 1616. *Catherine* (a) de Levis, fille d'*Anne* de Levis, duc de Ventadour, 2°. *Louise* de Montmorency-Boutéville (b). De sa premiere femme vint *Just-Louis*, comte de Tournon & de Roussillon, bailly du Vivarez, senechal d'Auvergne, maréchal de camp des armées du Roi, tué au siege de Philisbourg en 1644. en sa 27. année, n'ayant point laissé d'enfans de *Françoise*, fille aînée de *Nicolas* de Neufville, duc de Villeroy, pair & maréchal de France (c).

(a) Tome IV. p. 52.
(b) Tome III. p. 588.
(c) Tome IV. p. 642.

De gueules fretté d'or de six pieces.

XXXVII.

C LOUIS de Moy, seigneur de la Mailleraye, capitaine de cent hommes d'armes, lieutenant general au gouvernement de Normandie, & gouverneur du vieil palais de Rouen, mourut d'apoplexie en 1637.

Il étoit fils de *Jacques* de Moy, seigneur de Pierrecourt, chevalier des Ordres **A**
du Roi, & de *Françoise* dame de Betheville, & épousa 1°. *Catherine* de Harlay, fille de *Nicolas* de Harlay, seigneur de Sancy, surintendant des finances,
colonel general des Suisses, &c. & de *Marie* Moreau (*a*). 2°. *Genevieve* Res-
taut, desquelles il n'eut point d'enfans.

[*a*] Tome VIII.
P. 805.

D'or, à la croix ancrée de gueules.

XXVIII.

CHARLES Damas, comte de Thianges, maréchal de camp; & lieutenant **B**
general des pays de Bresse & de Charollois, mort le 26. juin 1638.
La genealogie de cette maison est rapportée au chapitre des GRANDS-MAISTRES DE
FRANCE, *p. 317. du huitième volume.*

*Ecartelé au 1. d'azur, au lion d'or
armé, lampassé & couronné de gueules,
qui est de Gelas, au 2. de gueules, à la
croix vuidée, clechée & pommetée d'or
de douze pieces, qui est de Lautrec,
au 3. pallé d'or & de gueules, qui
est d'Amboise, au 4. d'azur, au levrier ou levron d'argent, qui est de Leberon, & sur le tout parti au 1. d'azur, à
un monde d'or, qui est de Pavet-Mont-
peiran, & au 2. d'argent, à trois fusées
en fasce de gueules, qui est de Voisins.*

XXXIX.

HECTOR de Gelas de Voisins, marquis de Leberon & d'Ambres, vicomte **C**
de Lautrec, l'un des barons des états de Languedoc, senechal de Lauragais,
gouverneur de la ville & cité de Carcassonne, lieutenant general & commandant pour
le Roi en la province de Languedoc, maréchal de ses camps & armées, commença
à l'âge de 17. ans à porter les armes dans la compagnie d'Ordonnance de son pere,
dont il fut depuis lieutenant, servit en 1621. en qualité de capitaine d'une compagnie
de chevaux-Legers au siege de Montauban; défit en 1622. un corps de troupes de
Religionaires près de Lavaur, se trouva au dégât fait en 1625. aux environs de la
ville de Castres, & peu de jours après aux sieges de S. Paul & de Lamiatte, de même
qu'aux combats de Vianne, Peyresegade, Calmont & Revel; en 1627. à celui de
Souïlle près de Castelnaudari contre le duc de Rohan, où il fut blessé à un doigt de
la main gauche; forma en 1628. un regiment d'infanterie de son nom, à la tête duquel il servit aux sieges de Realmont, Roqueseriere & la Caune; contribua beaucoup
en 1632. à soumettre quelque places du haut Languedoc qui s'étoient revoltées; fut **D**
pourvû de la charge de lieutenant general de la province de Languedoc, sur la démission du duc de Ventadour, par Lettres données à S. Germain en Laye au mois
d'août 1633. (*b*) & se trouva au mois de septembre suivant au siege & à la prise de Nanci,
de même qu'à l'entrée que le roi Louis XIII. fit en cette ville; il eut beaucoup de part
en 1637. au gain de la bataille de Leucate en Languedoc, où il avoit le principal
commandement de l'armée sous le duc d'Hallwin. Il marcha au secours de cette place
avec 150. gentilshommes qu'il avoit rassemblés de ses vassaux & de ses amis, & fut le
premier qui attaqua & penetra dans le retranchement des ennemis, & nonobstant
deux coups de pistolet qu'il reçut en cette occasion au bras droit, il ne voulut jamais
se retirer que le gros de l'armée ne fût arrivé à l'endroit où il avoit conduit les premieres troupes, après quoi se sentant extrêmement affoibli, il laissa le commandement

(*b*) Michel le
Vassor dans son
histoire de Louis
XIII. liv. 41. p.
243. & suiv. &
253. Mercure
François, année
1637. f. 474.

A des troupes qui étoient à ses ordres à *Melchior* de S. Pastour, baron de Bonrepaus son beau-frere; il eut en 1638. le gouvernement de la ville & cité de Carcassone; fit son testament le premier février 1645. & mourut le 12. du même mois à Narbonne âgé de 54. ans, tenant pour lors les états de la province de Languedoc. Son corps fut porté au château d'Ambres, & dans la suite transferé aux Cordeliers de Lavaur, lieu de sa sepulture.

Il étoit fils aîné de *Lysander* de Gelas, marquis de Leberon, baron d'Ambres, seigneur de Florembel, de Montpeiran & des Emeries, conseiller d'état, capitaine de cinquante hommes d'armes des Ordonnances du Roi, maréchal de ses camps & armées, & d'*Ambroise* de Voisins, fille de *François* de Voisins, baron d'Ambres, vicomte de Lautrec, & d'*Anne* d'Amboise-Aubijoux. Il eut pour freres & sœurs, 1. *Charles Jacques* de Gelas, qui fut évêque & comte de Valence & de Die (*a*) après la mort de *Pierre-André* de Gelas son oncle, & depuis abbé de Bonnecombe, diocese de Rodez, de Florent, diocese d'Auch, & prieur de sainte Livrade, diocese d'Agen, ordre de S. Benoît. Il fut sacré à Toulouse en 1624. fit son entrée à Valence le 6. février de la même année, & à Die le 6. avril de l'année suivante; il travailla très-utilement à rétablir le culte de la religion catholique dans son diocese, qui en étoit presque bannie, fit reparer les palais épiscopaux de Valence & de Die, & soutint avec beaucoup de zele les droits & les interêts de son église; fonda en 1644. le seminaire de Valence, assista aux assemblées generales du Clergé de 1625. 1635. & 1645. & mourut au Mesnil près S. Germain en Laye le 5. juin de l'an 1654. âgé de 62. ans. 2. *Jean* de Gelas, seigneur de Montpeiran, capitaine d'une compagnie de chevaux-Legers, fut d'abord lieutenant de celle du marquis d'Ambres son frere, & servit en 1622. en cette qualité au siege & combat de Tonneins, se trouva en 1625. au degât fait près de la ville de Castres, & peu de jours après aux sieges de S. Paul & de Lamiatte, de même qu'aux combats de Vianne, Peyrelegade & Revel, où il défit la compagnie des gendarmes du duc de Rohan, commandée par le marquis de Lusignan. Les Religionaires dont il étoit grand ennemi lui dresserent en 1628. une embuscade dans les bois de Venés près de Castres, où il fut tué à la fleur de son âge. Barthelemi de Gramont, president au parlement de Toulouse, qui rapporte tous ces faits dans son histoire latine de France, pages 611. 621. & 729. en fait un grand éloge. 3. *Françoise* de Gelas, mariée par contrat du 7. octobre 1618. au château de Florembel en Armagnac à *Antoine* du Chemin, baron de Lauraët & de Puypardin, fils de *Guy* du Chemin, baron de Lauraët & de Puypardin, & de *Charlotte* de Goult, en faveur duquel mariage *Theophile* du Chemin, seigneur de Pontarion ceda à *Antoine* son frere partie des biens de la succession de *Jean* du Chemin, évêque de Condom leur oncle. 4. *Marguerite* de Gelas qui épousa le 17. avril 1621. au château d'Ambres *Corbeiran* d'Astorg, vicomte de Larboust, baron de Montbartier, fils de *Bernard* d'Astorg, seigneur & baron de Montbartier, chevalier de l'ordre du Roi, capitaine de cinquante hommes d'armes de ses Ordonnances, gouverneur du Mas-Verdun, & d'*Isabeau* d'Aure, vicomtesse de Larboust. 5. *Charlotte* de Gelas, mariée le 12. janvier 1622. au château de Florembel à *Melchior* de S. Pastour; seigneur & baron de Bonrepaus, fils de *Savary* de S. Pastour, baron de Bonrepaus, & de *Marguerite* de Lauzieres. Il se trouva en 1637. à la bataille de Leucate, où il fut blessé d'un coup de pistolet à la tête; le marquis d'Ambres son beaufrere lui avoit remis le commandement des troupes qui étoient à ses ordres, lorsque les blessures l'obligerent de se retirer. Il épousa à Villefranche en Rouergue par contrat du 8. septembre 1627. *Susanne* de Vignolles-la-Hire, dame de Vignolles, de Coulonge-lés-Royaux, & en partie de Benet, fille de *Bertrand* de Vignolles, dit *la Hire*, chevalier des Ordres du Roi, premier maréchal de ses camps & armées, lieutenant general au gouvernement de Champagne, gouverneur d'Epernay & de sainte Menehoult, & de *Marguerite* de Balaguier, dame de Montsales & de Coulonges-lés-Royaux: elle testa le 30. juin 1682. & mourut à Lavaur peu de jours après âgée de plus de 80. ans, dont il eut 1. FRANÇOIS comte de Gelas, qui suit. 2. *Marie-Françoise* de Gelas, mariée par contrat du 4. janvier 1658. à *François* de la Rochefoucaud, marquis d'Estissac, maréchal des camps & armées du Roi, fils de *Benjamin* de la Rochefoucaud, marquis d'Estissac, seigneur de Montclar & de Maigné, & d'*Anne* de Villautrayes. *Voyez tome IV. de cette histoire*, p. 432. 3. *Susanne* de Gelas, dite mademoiselle de *Vignolles*, mentionnée au testament de son pere, morte à l'âge de 12. ans, & enterrée aux Cordeliers de Lavaur.

FRANÇOIS comte de Gelas, marquis de Leberon, d'Ambres & de Vignolles,

[*a*] Le P. Columbi dans son livre, *de rebus gestis Valentinorum & Diensium Episcoporum*, p 220. & *Jusv. Gallia Christiana*, 1. édition.

vicomte de Lautrec, seigneur de Coulonges-lés-Royaux & de Blagnac, l'un des barons des états de Languedoc, lieutenant general pour le Roi en la haute Guyenne, fut fait colonel du regiment de Champagne le 6. may 1657. à l'âge de 16. ans sur la demission du marquis de Grignan, & fit ses premieres armes la même année à la tête de ce regiment en Catalogne, où il continua de servir en 1658. & se trouva en 1667. au siege de Douay & du fort de l'Escarpe, à celui de la ville & citadelle de Courtray, de même qu'à ceux d'Oudenarde & de Lille, comme aussi à la défaite d'un corps de troupes Espagnoles commandées par le prince de Ligne & le comte de Marcin ; servit en Lorraine en 1670. aux sieges d'Epinal & de Chatté ; se distingua beaucoup à la campagne d'Hollande de 1672. où il passa le Rhin à la nage près du Tholuys en presence de sa majesté ; suivit le Roi en 1674. à la conquête de la Franche-Comté, & fut pourvû de la charge de lieutenant general de la haute Guyenne par Lettres données à Luzarches le 11. du mois de may 1675. dont il prêta serment le même jour entre les mains du Roi ; reçut ordre en 1682. de faire demolir les temples des Religionaires à Nerac & à Bergerac dans la province de Guyenne, où il commandoit pour lors en chef ; eut en 1692. ainsi que plusieurs autres seigneurs permission de suivre Sa Majesté au siege de Namur. Il testa le 26. août 1715. fit un codicile le 3. novembre 1718. & mourut à Paris le 1. de mars 1721. dans sa 81e. année. Son corps fut transferé aux Cordeliers de Lavaur en Languedoc, lieu de sa sepulture. Il avoit épousé à Paris le 25. février 1671. *Charlotte* de Vernou de Bonneuil, dame de la Riviere, veuve de *Jean-Louis* d'Arpajon, marquis de Severac, fille de *Louis* de Vernou, seigneur de la Riviere, Bonneuil, Melziard & d'Arthenay, & de *Marguerite* de Nossey ; elle testa le 5. novembre 1692. & mourut le 19. du même mois âgée de 54. ans, dont il eut 1. *François* de Gelas-Voisins, vicomte de Lautrec, qui commença à porter les armes dans la seconde compagnie des Mousquetaires du Roi, & servit en 1690. en cette qualité en Allemagne aux ordres de monseigneur le Dauphin ; fut fait capitaine le 3. octobre de la même année, colonel d'un regiment de Dragons de son nom le 1. avril 1696. à la tête duquel il servit depuis en Italie avec distinction, & particulierement au combat de Chiary, à la bataille de Luzara, & au passage de l'Oglio, fut fait brigadier des armées du Roi en 1703. & chargé du commandement de l'avant-garde de l'armée qui marchoit en Piémont à la poursuite du comte de Staremberg, où il fit une grande quantité de prisonniers ; se trouva la même année au combat de Castelnovo de la Bormida, & se distingua beaucoup en 1704. à l'attaque de Trin, dont il se rendit maître à la tête de sa brigade de Dragons & celle du Dauphin. Il commanda depuis en 1705. un corps de cavalerie sur l'Oglio & dans le Bressan aux ordres du grand Prieur de Vendôme, & le 3. février de la même année ayant été détaché avec 500. chevaux du côté de Brescia pour avoir des nouvelles des ennemis, il apprit que le comte de Sereni, general de l'Empereur, marchoit avec un corps considerable de cavalerie & d'infanterie & quelque pieces de canon, dans le dessein de surprendre & d'enlever le quartier qu'occupoit le comte de Medavi à Torboly, & que les ennemis étoient postez au-deçà du pont de Roncadella sur la Mella, occupant e chemin de sa retraite, ce qui lui fit prendre le parti de les charger l'épée à la main, & nonobstant leur superiorité en nombre il les rompit, les renversa & s'ouvrit enfin un passage ; mais dans cette occasion il fut blessé d'un coup de fusil au travers du corps, pris prisonnier & transporté sur sa parole à Brescia, où il mourut le 2. mars 1705. dans la 33. année de son âge, avec la reputation d'un capitaine de grande esperance & d'une extrême valeur, fort regreté du duc de Vendôme & de toute l'armée. Son corps fut porté en grande pompe aux Cordeliers de Brescia le 5. mars suivant, où il fut enterré ainsi qu'il l'avoit ordonné par son testament du 25. du mois de février de la même année. Le comte de Fenerolli l'un des premiers seigneurs du pays Bressan, chez qui il mourut, lui donna des marques memorables de son attachement en lui faisant élever un tombeau de marbre dans ladite église avec une épitaphe. 2. LOUIS-HECTOR de Gelas, qui suit. 3. *Daniel-François* de Gelas, vicomte de Lautrec, colonel du regiment d'infanterie de la Reine, brigadier des armées du Roi, chevalier de l'ordre militaire de S. Louis, lieutenant general pour Sa Majesté en la haute Guyenne, fut d'abord reçû chevalier de l'ordre de S. Jean de Jerusalem de minorité au grand prieuré de Toulouse, & entra en 1701. dans la seconde compagnie des Mousquetaires, alla en 1702. à Malte pour y faire ses caravannes, & eut l'honneur à son retour

en

en 1705. d'apporter au Roi de la part du Grand-Maître Perellos les faucons, de préfent que l'Ordre a coutume d'envoyer tous les ans à Sa Majefté ; il eut la même année une compagnie de Dragons dans le regiment du comte de Lautrec fon frere, & fe trouva en 1706. au fiege & à la bataille de Turin étant pour lors aydé de camp de fon alteffe royale monfeigneur le duc d'Orleans, en 1707. à l'attaque des lignes de Bille & de Stolophen, en 1709. au combat de Rhumersheim ; fut fait colonel d'un regiment d'infanterie de fon nóm le 8. mars 1710. colonel du regiment d'infanterie de la reine le 28. avril 1711. à la tête duquel il fervit en 1712. aux fieges de Marchienne, de Douay, du fort de Lefcarpe & du Quefnoy, de même qu'en 1713. à celui de Fribourg, où il foutint avec fon regiment la fortie que les ennemis firent le lendemain de l'ouverturede la tranchée; il fe trouva en 1714. au fiege & à l'affaut general de Barcelonne ; fe rendit en 1715. à Malte à la citation generale de tout l'Ordre pour la défenfe de cette Ifle menacée d'invafion par les Turcs , où le Grand-Maître Perellos le fit brigadier des troupes qui avoient été levées en cas de fiege par brevet du 17. may 1715. Il fervit depuis en Efpagne en 1719. au fiege de Caftelleon ; fut fait brigadier des armées du Roi le 3. avril 1721. & pourvû de la charge de lieutenant general de la haute Guyenne fur la démiffion du marquis d'Ambres fon frere, par Lettres données à Verfailles le 8. mars 1727. dont il prêta ferment entre les mains de Sa Majefté le 16. du même mois. 4. *Françoife-Louife-Therefe* de Gelas , mariée par contrat du 27. juin 1705. au château de Fremont près Paris à *François-Jofeph* de Gelas de Leberon, comte du Paffage & de S. Georges d'Efperanches, feigneur d'Upie & de Barcelonne fon parent , fils de *Charles* de Gelas de Leberon , feigneur d'Upie & de Barcelonne, & de *Louife* de Grolée Vireville , dame de Chapeaucornu en Dauphiné.

LOUIS-HECTOR, comte de Gelas, marquis d'Ambres & de Vignolles, vicomte de Lautrec , l'un des barons des états de Languedoc, colonel d'un rement de Dragons de fon nom, brigadier des armées du Roi, chevalier de l'ordre militaire de S. Louis, ci-devant lieutenant general pour Sa Majefté en la haute Guyenne, fut d'abord deftiné à l'état ecclefiaftique qu'il quitta en 1693. pour entrer dans la premiere compagnie des Moufquetaires du Roi, & fervit en 1694. en cette qualité au bombardement de Dieppe & du Havre, & la même année étant lieutenant dans le regiment d'infanterie du Roi, au fiege de Diximude , à la prife de Deinfe & au bombardement de Bruxelles ; fut fait en 1696. capitaine de Dragons dans le regiment du comte de Lautrec fon frere , colonel d'un regiment de cavalerie de fon nom le 22. décembre 1704. & eut part à prefque toutes les actions de la guerre d'Italie , à Chiary , au paffage de l'Oglio, à la bataille de Luzara , de même qu'à Caftelnovo de la Bormida , à l'attaque de Trin & au fiege de Veruë. Le Roi lui ayant donné en 1705. le regiment de Dragons du comte de Lautrec fon frere mort des bleffures qu'il avoit reçûës prés de la ville de Brefcia, il combattit à la tête de ce regiment à la bataille de Caffano, où il eut un cheval tué fous lui, en 1706. au fiege & à la bataille de Turin, l'année d'après en Allemagne aux lignes de Bille & de Stolophen , en 1709. au combat de Rhumersheim. Il fut pourvû de la charge de lieutenant general de la haute Guyenne fur la démiffion du marquis d'Ambres fon pere, par Lettres données à Verfailles le 5. avril 1712. dont il prêta ferment entre les mains de Sa Majefté le 11. du mois de may fuivant. Il fe trouva depuis au fiege de la ville & château de Fribourg, & fut fait brigadier des armées du Roi le 1. de février 1719. en laquelle qualité il fervit cette même année en Efpagne pendant les fieges de Fontarabie & de S. Sebaftien. Il époufa par contrat des 16. juillet & 1. août 1715. en prefence & de l'agrément du Roi *Henriette-Antoinette* de Mefmes, fille de *Jean-Antoine* de Mefmes, comte d'Avaux & de Neufchaftel , prevôt , commandeur des ordres du Roi, premier prefident du parlement de Paris, & de *Marie-Therefe* Feydeau de Brou.

Ecartelé au 1. d'or, au chevron d'a-
zur accompagné de 3. macles de gueules,
qui eft Gillier, au 2. d'argent, à 5. ban-
des coticées d'azur, au chef de gueules
chargé d'un cerf paffant d'or, qui eft
Cambiofc, au 3. d'or, au lion de fable,
qui eft Andoüins, au 4. d'argent, à 3.
merlettes ou corneilles de fable fur le tout
d'or, à l'arbre de finople, qui eft de Bau-
dean, écartelé d'argent, à 2. ours en pied
de fable.

X L.

HENRY de Baudean, comte de Parabere, marquis de la Mote-Sainte-He- A
raye, gouverneur du haut & bas Poitou, mourut dans fon château de la Mothe-Sainte-Heraye le 11. janvier 1653. en fa 60. année.

Il étoit fils de *Jean* de Baudean, feigneur de Parabere, lieutenant general au
gouvernement de Poitou, gouverneur de Niort, & de *Louife* Gillier, & époufa
[a] Voyez tome
V. p. 196.
en 1611. *Catherine* de Pardaillan, fille de *François-Jean Charles* de Pardaillan,
baron de Pardaillan, feigneur de Panjas, vicomte de Juillac, & de *Jeanne* de
Monceau de Tignonville (*a*) dont il eut *Jean* de Baudean, comte de Parabere, marié 1°. en 1643. à *Henriette* de Voifins de Montaut, morte à Paris en
1680. 2°. à *Françoife* de Sancerre, & mort fans enfans le 12. mars 1695. âgé
de 80. ans. *Philippes* de Baudean, chevalier de Malte en 1637. mort à Reti-
mo en Candie en 1647. *Achilles* de Baudean, chevalier de Malte, tué en duel.
Cefar de Baudean, abbé de la Reole, de S. Vincent de Mets, & de Notre-
Dame de Noyers, camerier du cardinal Mazarin, mort en 1678. ALEXAN-
DRE de Baudean, qui fuit, *Charles-Louis* de Baudean, comte de Neuillan, B
meftre de camp de cavalerie, mort fans être marié, *Henry* de Baudean, nommé *le chevalier de Parabere*, mort en 1678. *Louife* de Baudean, mariée en 1633.
à *David* de Soüillac, feigneur d'Azerac & de Rouffignac, *Charlotte* de Baudean, religieufe à Cognac, abbeffe de la Mothe-Sainte-Heraye, où elle eft
morte, *Catherine-Berenice* de Baudean, mariée le 1. août 1649. à *Louis* Bouchard
d'Aubeterre, feigneur de S. Martin de la Coudre en Saintonge, & *Dorothée*
de Baudean, religieufe à la Mothe-Sainte-Heraye.

ALEXANDRE de Baudean, comte de Pardaillan, lieutenant general des armées
du Roi, & au gouvernement du haut & bas Poitou, époufa *Jeanne-Therefe* de
Mayaud, & mourut le 28. juin 1702. âgé de 83. ans, ayant eu pour enfans,
Jean-Henry de Baudean, marquis de Parabere, capitaine de cavalerie au regiment du Roi, mort à Namur en 1692. CESAR-ALEXANDRE de Baudean,
comte de Parabere, qui fuit, *Alexandre* de Baudean, comte de Neüillan, ap- C
pellé *le comte de Pardaillan*, meftre de camp de cavalerie, *Henry* de Baudean, *Ef-*
clarmonde & *Jeanne-Therefe* de Baudean, religieufes au couvent des Cerifiers,
ordre de Fontevrault, *Henriette-Dorothée* & *Marguerite* de Baudean, religieufes à
Sainte Croix de Poitiers.

CESAR-ALEXANDRE de Baudean, comte de Parabere, meftre de camp d'un
regiment de cavalerie & brigadier des armées du Roi, a époufé le 8. juin
(b) Voyez tome
VIII. de cette hift.
p. 761.
1711. *Marie-Madelene* de la Vieuville, fille de *René-François* marquis de la Vieuville, & de *Marie-Louife* de la Chauffée d'Eu, fa feconde femme (*b*) mere de
plufieurs enfans.

CHARLES de Baudean, frere puîné de *Henry* de Baudean, comte de Parabere, fut feigneur de Neuillan, gouverneur de Niort, époufa *Louife* Tiraqueau, veuve d'*Eufebe* du Puy-du-Fou, & fille d'*Adam* Tiraqueau, feigneur de D
Laubier, gouverneur de Vouvent & eut pour enfans, *Charles* de Baudean,
feigneur de Neuillan, gouverneur de Niort, tué à la bataille de Lens fans
avoir été marié, *Sufanne* de Baudean, fille d'honneur de la Reine, mariée à *Phi-*
lippes de Montaut de Benac, duc de Navailles, maréchal de France, morte
(c) Tome VII.
p. 607.
le 15. février 1700. âgée de 74. ans. (*c*) & *Angelique* de Baudean, mariée à
Charles comte de Froullay, grand maréchal des logis du Roi, chevalier de fes
Ordres. *Voyez tome VII. p. 672.*

De gueules, à 3. maillets d'or, 2. & 1.

X L I.

A JEAN de Monchy, màrquis de Montcavrel, baron de Sempy & de Rubempré, gouverneur de la ville d'Ardres, mourut en octobre 1638. âgé de 62. ans.

Ses ancestres & sa posterité sont rapportez au chapitre des MARESCHAUX DE FRANCE, *page 554. du septiéme tome.*

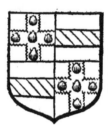

Ecartelé au 1. & 4. d'argent, à la croix engrêlée de gueules chargée de cinq coquilles d'or, qui est du Plessis Lian-court, au 2. & 3. d'argent, à la fasce bandée d'or & de gueules de six pieces, qui est de Pons.

X L I I.

B ROGER du Plessis, seigneur de Liancourt, marquis de Guercheville, comte de la Rocheguyon & de Beaumont, premier gentilhomme de la chambre du Roi, depuis duc de la Rocheguyon, pair de France.

Voyez la genealogie de cette maison au chapitre du duché-pairie de la Rocheguyon, p. 744. du quatriéme volume.

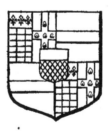

Comme son frere, ci-devant p. 171.

X L I I I.

C CHARLES de Rouvroy, dit *le marquis de S. Simon,* seigneur du Plessier-Choisel, &c. colonel du regiment de Navarre, gouverneur & bailly de Senlis, lieutenant general des armées du Roi, mourut en son château du Plessier le 25. janvier 1690. âgé de 89. ans.

Voyez au chapitre du duché-pairie de S. Simon, p. 395. du quatriéme volume.

PROMOTION

Faite au camp devant la ville de Perpignan le 22. May 1642.

CHEVALIER.

Losangé d'argent & de gueules.

I.

HONORE' Grimaldi, II. du nom, prince de Monaco, premier duc de Valentinois, pair de France, fut honoré de l'ordre du S. Esprit, après s'être mis sous la protection du Roi, & avoir renvoyé le collier de la Toison d'Or au Roi d'Espagne. Il mourut le 19. janvier 1662. en sa 65. année. **A**

Voyez au duché-pairie de Valentinois, p. 489. du quatriéme tome.

REGNE DE LOUIS XIV. ROY DE FRANCE

Et de Navarre, quatriéme Chef & Souverain Grand-Maître
de l'Ordre du Saint Esprit.

PROMOTION

Faite en 1653.

PRELAT.

D'azur, à trois abeilles d'or, 2. & 1.

I.

ANTOINE Barberin, cardinal, évêque de Palestrine, archevêque, duc de Reims, premier pair de France, fut fait grand aumônier, & en cette qualité commandeur de l'ordre du S. Esprit, dont il prêta serment à Paris le 28. avril 1653. Il mourut le 3. août 1671. **B**

Voyez au chapitre des GRANDS AUMONIERS DE FRANCE, p. 290. du huitiéme volume.

RECEPTION

Parti de France & de Navarre.

RECEPTION DU ROY,

Faite dans l'Eglise Cathedrale de Reims, le 8. Juin 1654.

A   LOUIS XIV. du nom, Roi de France & de Navarre, reçut le collier de l'Ordre du Saint Esprit des mains de Simon le Gras, évêque de Soissons, le lendemain de son sacre 8. juin 1654. après avoir prêté le serment de Chef & Souverain Grand-Maître de l'Ordre. Il avoit reçû la croix & le cordon bleu des mains du Roi son pere quelques jours après sa naissance. *Voyez à la Maison Royale, tome I. p. 154.*

PROMOTION

Faite à Reims le même jour 8. Juin 1654.

De France, au lambel de trois pendans d'argent.

I.

B   PHILIPPES de France, duc d'Anjou, depuis duc d'Orleans, de Valois ; de Chartres, de Nemours & de Montpensier, avoit reçû la croix & le cordon bleu à sa naissance en 1640. Il mourut à Saint Cloud le 9. juin 1701.
Voyez à la maison Royale, tome I. p. 187.

PROMOTION

Faite à Paris dans l'Eglise des Augustins, le 31. Décembre 1661.

PRELATS.

D'azur, au chevron d'or, accompagné de trois croix ancrées de même.

I.

CAMILLE de Neufville-de-Villeroy, archevêque & comte de Lyon, primat des Gaules, abbé d'Aisnay, de l'Isle-Barbe, de Foigny & de S. Just, lieutenant general pour le Roi au gouvernement de Lyonnois, Forez & Beaujolois, nommé archevêque en 1653. & sacré l'année suivante, mourut à Lyon le 3. juin 1698. âgé de 92. ans.

Voyez tome IV. de cette hist. au chapitre du duché-pairie de Villeroy, p. 639.

Ecartelé, au 1. d'or, à trois bandes d'azur, qui est Adhemar, au 2. de gueules, au château d'argent, qui est Castellane, au 3. de gueules, au lion d'argent au 1. canton d'hermines, qui est Montfort-Campabosse, au 4. de gueules, à la croix alisée d'or, cantonnée de quatre roses de même.

II.

FRANÇOIS Adhemar-de-Monteil-de-Grignan, archevêque d'Arles, abbé d'Aiguebelle, & auparavant évêque de S. Paul-Trois-Chasteaux, nommé coadjuteur d'Arles en 1643. mourut à Arles le 9. mars 1689. âgé de 86. ans. *Voyez ci-devant, page 86.*

D'or, à la croix ancrée de gueules.

III.

GEORGES d'Aubusson-de-la-Feuillade, évêque de Mets, prince de l'Empire, abbé de S. Loup de Troyes, & de S. Jean de Laon, conseiller d'état ordinaire, auparavant évêque de Gap, archevêque d'Embrun, & ambassadeur pour le Roi à Venise & en Espagne, mourut à Mets le 12. may 1697.

Voyez au chapitre du duché-pairie de Rouannois, tome V. de cette hist. p. 318.

Parti de trois traits coupé d'un qui font huit quartiers, au 1. de la Marck, au 2. de Brezé, au 3. de Croy, au 4. de Bourbon, au 5. & 1. de la pointe de Sarrebruche, au 2. d'Amboise, au 3. du Palatinat de Baviere, qui est écartelé au 1. & 4. losangé en bande d'argent & d'azur, au 2. & 3. de sable au lion couronné d'or, lampassé & armé de gueules, au 4. & dernier de la pointe de Poitiers, & sur le tout d'argent a deux pals de sable, qui est de Harlay.

I V.

A FRANÇOIS de Harlay-de-Chanvalon, archevêque de Paris, duc de Saint Cloud, pair de France, docteur & proviseur de Sorbonne & de Navarre, & abbé de S. Pierre de Jumieges, auparavant archevêque de Rouen, mourut à Conflans près de Paris le 6. août 1695.

Ses ancêtres sont rapportez au chapitre des GRANDS-LOUVETIERS, tome VIII. de cette histoire, page 797.

Ecartelé, au 1. & 4. de Goyon-Matignon, au 2. d'Orleans-Longueville, au 3. de Bourbon-S. Pol.

V.

B LEONOR de Matignon, évêque & comte de Lisieux, ci-devant évêque de Coutances, mourut le 14. février 1680.

Voyez tome V. de cette hist. p. 374.

Ecartelé, au 1. & 4. d'azur, à la croix engrêlée d'argent, qui est Daillon, au 2. & 3. d'or, au lion coupé de gueules & de sinople.

V I.

C GASPARD de Daillon-du-Lude, évêque & seigneur d'Alby, abbé de Chasteliers, prieur de Chasteaux-en-l'Hermitage, ci-devant évêque & comte d'Agen, reçut la croix & le cordon à Pezenas en Languedoc le 25. mars 1662. & mourut le 24. juillet 1676.

Voyez sa genealogie aux GRANDS-MAISTRES DE L'ARTILLERIE, tome VIII. de cette hist. p. 189.

Ecartelé au 1. & 4. d'azur, à la tour crenelée d'argent maçonnée de sable, qui est la Motte - Houdancourt, au 2. & 3. d'argent, au levrier de gueules, au lambel de sable & 3. tourteaux de gueules, 2. en chef & 1. en pointe, qui est du Bois.

VII.

HENRY de la Motte-Houdancourt, archevêque d'Auch, docteur & proviseur de Navarre, abbé de Soüillac, de Froimont & de S. Martial de Limoges, auparavant évêque de Rennes, & grand-aumônier de la reine Anne d'Autriche, nommé à l'église d'Auch le premier juillet 1662. mourut en février 1684. âgé de 72. ans. A'

Voyez sa genealogie au chapitre des MARECHAUX DE FRANCE, tome VII. de cette histoire, p. 531.

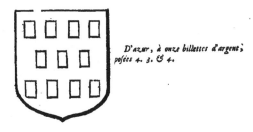

D'azur, à onze billettes d'argent, posées 4. 3. & 4.

VIII.

PHILIBERT-EMMANUEL de Beaumanoir-de-Lavardin, évêque du Mans, abbé de Beaulieu, mourut à Paris le 27. juillet 1671. âgé de 54. ans. B

Voyez sa genealogie au chapitre des MARECHAUX DE FRANCE, tome VII. de cette histoire, p. 379.

CHEVALIERS.

De Bourbon.

I.

LOUIS duc de Bourbon II. du nom, prince de Condé, premier prince du Sang, premier pair de France, duc d'Enghien, de Chasteauroux & de Montmorency, grand-maître de France, gouverneur de Bourgogne & Bresse, mourut le 11. décembre 1686. âgé de 65. ans. C

Voyez à la maison Royale, tome I. p. 338.

De Bourbon.

I I.

A **H**ENRY-JULES de Bourbon, duc d'Enghien, prince de Condé, premier prince du Sang, premier pair & grand-maître de France, gouverneur de Bourgogne, mourut à Paris le premier avril 1709.

Voyez à la maison Royale, tome I. p. 340.

De Bourbon, à la bordure de gueules.

I I I.

B **A**RMAND de Bourbon, prince de Conty, gouverneur de Languedoc, ne reçut le collier que le 24. mars 1662. à Pezenas, & y mourut le 21. février 1666.

Voyez à la maison Royale, tome I. p. 345.

De France, au bâton de gueules péri en barre.

I V.

C **H**ENRY de Bourbon, duc de Verneüil, pair de France, gouverneur de Languedoc, mourut le 28. may 1682. âgé de 81. ans.

Voyez à la maison Royale, tome I. p. 150.

De France, à la bande racourcie de gueules, chargée de trois lionceaux d'argent.

V.

LOUIS cardinal, duc de Vendôme, de Mercœur, d'Eftampes & de Penthievre, **A** pair de France, gouverneur de Provence, mourut le 6. août 1669. âgé de 57. ans.

Voyez à la maifon Royale, tome I. p. 198.

Comme ci-deffus, au lambel de trois pendans d'argent mis en chef.

V I.

FRANÇOIS de Vendôme, duc de Beaufort, pair de France, grand-maître, **B** chef & furintendant de la navigation & du commerce de France, ne reçut le collier qu'en 1662. le 15. août; mais le rang qu'il a ici lui fut conservé, attendu que son abfence étoit pour le fervice du Roi. Il fut tué au fecours de Candie au mois de juin 1669.

Voyez à la maifon Royale, tome I. p. 197.

Comme ci-devant, p. 122

V I L

FRANÇOIS de Cruffol, duc d'Uzés, pair de France, prince de Soyons, comte **C** de Cruffol & d'Apcher, baron de Levis & de Florenfac, feigneur d'Acier, &c. mourut en fon château d'Acier en Quercy le 14. juillet 1680. âgé d'environ 80. ans.

Voyez fes anceftres & fa pofterité au chapitre du duché-pairie d'Uzés, tome III. de cette hiftoire, page 763.

Ecartelé, au 1. & 4. d'Albert, au 2. & 3. de Rohan.

VIII.

A LOUIS-CHARLES d'Albert, duc de Luynes, pair de France, mourut à Paris le 20. octobre 1690. âgé de 69. ans.

Voyez tome W. de cette hist. p. 263. & ci-devant, p. 148.

De gueules, l'écu diapré de deux rinceaux ou branches de laurier d'argent passées en sautoir, au chef échiqueté d'argent & d'azur de trois traits, qui est d'Ailly.

IX.

B CHARLES d'Albert, dit d'*Ailly*, duc de Chaulnes, pair de France, gouverneur de Bretagne, plusieurs fois ambassadeur extraordinaire à Rome, & plenipotentiaire à Cologne, mourut à Paris le 4. septembre 1698. âgé de 74. ans.

Voyez ibidem.

Burelé d'argent & d'azur de dix pieces, à trois chevrons de gueules sur le tout.

X.

C FRANÇOIS VI. du nom, duc de la Rochefoucaud, pair de France, prince de Marsillac, baron de Vertueil, gouverneur de Poitou, mourut à Paris le 17. mars 1680.

Voyez ses ancestres & sa posterité tome IV. de cette hist. p. 418. & ci-devant, p. 155.

De Gondy.

X I.

PIERRE de Gondy, duc de Retz, pair & general des galeres de France, comte A
de Joigny, mourut le 29. avril 1676.

Voyez tome III. de cette hist. page 890. *& tome VII. p.* 935. *& ci-devant, p.* 158.

Ecartelé, au 1. de Gramont, *au 2.
& 3. d'*Aster, *au 4. d'*Aure, *sur le
tout ecartelé, au 1. & 4 de* S. Cheron,
au 2. & 3. de Toulongeon.

X I I.

ANTOINE duc de Gramont, pair & maréchal de France, colonel du regiment B
des Gardes, mourut à Bayonne le 12. juillet 1678.

Voyez son eloge aux MARECHAUX DE FRANCE, *tome VII. de cette histoire, p.* 519.
& sa genealogie tome IV. page 610. *& ci-devant, page* 146.

*Ecartelé au 1. d'*Aigremont, *au 2.
du* Plessis, *au 3. de* Bethune, *au 4. d'or
au lion de sable, & sur le tout de*
Choiseul. *Voyez tome IV. p.* 811.

X I I I.

CESAR de Choiseul, duc de Choiseul, pair & maréchal de France, comte du C
Plessis-Praslin, mourut le 23. décembre 1675. sur les huit heures du matin.

Voyez son eloge aux MARECHAUX DE FRANCE, *tome VII. de cette hist.
p.* 539. *& sa genealogie tome IV. p.* 817. *& ci-devant, p.* 114.

X I V.

D'azur, au chevron d'or, accompagné de trois croix ancrées de même.

X I V.

A NICOLAS de Neufville, duc de Villeroy, pair & maréchal de France, ci-devant gouverneur de la personne du Roi, chef du Conseil Royal des finances, mourut à Paris le 28. novembre 1685. âgé de 88. ans.

Voyez aux MARECHAUX DE FRANCE, *tome VII. de cette hist. p. 541. & ci-devant, p. 125.*

D'or, au crequier de gueules.

X V.

B CHARLES duc de Crequy, pair de France, prince de Poix, premier gentil-homme de la chambre du Roi, gouverneur de Paris, ci-devant ambassadeur extraordinaire à Rome, mourut à Paris le 13. février 1687. en sa 63e année

Voyez la genealogie de cette maison, tome IV. de cette hist. p. 288. à l'occasion du duché-pairie de Lesdiguieres, & ci-devant, p. 139.

D'azur, à deux girons d'or, au chef d'argent, chargé de trois couronnes ducales de gueules mises en fasce.

X V I.

C JACQUES d'Estampes, marquis de la Ferté-Imbaud & de Mauny, maréchal de France, mourut le 20. may 1668.

Voyez au chapitre des MARECHAUX DE FRANCE, *tome VII. de cette histoire, page 542. & ci-devant, p. 154.*

Tome IX.

B 3

D'azur, à cinq fusées d'argent.

XVII.

A

HENRY de Saint-Nectaire, duc de la Ferté, pair & maréchal de France, gouverneur de Mets & du païs Messin, mourut le 27. septembre 1681. âgé de 82. ans.

Voyez au chapitre des MARECHAUX DE FRANCE, *tome VII. de cette hist. p. 567. & sa genealogie, tome IV. p. 887. & ci-devant, page 164.*

Ecartelé, au 1. de Gontaut-Biron, au 2. de Navarre, au 3. de Foix, au 4. de Bearn, & sur le tout écartelé, au 1. & 4. d'azur à deux mortiers de guerre d'argent posez en pal, qui est Montaut, parti de gueules, à la croix patée d'argent, qui est Cominges, au 2. & 3. d'azur, à deux lapins d'or courans l'un sur l'autre.

XVIII.

B

PHILIPPES de Montaut, duc de Navailles, maréchal de France, gouverneur des villes de la Rochelle, Broüage & païs d'Aunis, mourut le 5. février 1684. âgé de 65. ans.

Voyez son éloge & sa genealogie au chapitre des MARECHAUX DE FRANCE, *tome VII. de cette hist. p. 601.*

D'argent, à trois coqs de gueules, becquez, membrez & orestez d'or, 2. & 1.

XIX.

C

JACQUES Rouxel, comte de Grancey & de Médavy, maréchal de France, mourut à Paris, le 20. Novembre 1680. âgé de 77. ans.

Voyez aux MARECHAUX DE FRANCE, *tome VII. de cette hist. p. 568.*

Ecartelé, au 1. & 4. d'azur, à trois rocs d'argent, au 2. & 3. d'argent, à 2. vaches passantes de gueules, accornées & clarinées d'azur, au chef d'azur chargé de trois étoiles d'or, qui est de Bezolles, & sur le tout d'argent au lion d'azur, qui est du Bouzet-Roque-Epine.

X X.

A GASTON-JEAN-BAPTISTE duc de Roquelaure, gouverneur de Guyenne, mourut à Paris le 13. mars 1683. âgé de 68. ans.

Voyez sa genealogie au chapitre des MARECHAUX DE FRANCE, tome VII. de cette hist. page 402. & ci-devant p. 109.

Ecartelé de Mazarini & de Mancini.

X X I.

B PHILIPPES-JULIEN Mazarini-Mancini, duc de Nevers par lettres patentes de l'année 1676. non registrées, capitaine-lieutenant de la premiere compagnie des Mousquetaires de la garde du Roi, gouverneur de Nivernois, de la Rochelle & païs d'Aunis, fut batisé à Rome le 26. may 1641. porta la queuë du manteau du Roi à son sacre en 1654. mourut à Paris le 8. may 1707. âgé de 66. ans, & est inhumé en l'église du college des Quatre-Nations.

Voyez ce qui est rapporté au tome V. de cette hist. p. 462.

D'or, à un ours de sable, attaché par une chaîne d'argent à une colonne d'azur, surmontée d'un aigle de sable, becqué & membré de gueules.

X X I I.

C JULIEN Cesarini, duc de Cittanova, baron Romain, ne reçut le collier à Rome qu'en 1662. & mourut dans cette même ville le 6. novembre 1665. Sa fille unique nommée *Lucia*, a été mariée en 1673. à *Frederic* Sforce, duc de Cesarini, & de Cittanova à cause d'elle.

Fafcé d'argent & de finople , à fix
merlettes de gueules , pofées 3. 2. & 1.

XXIII.

FRANÇOIS de Beauvillier, comte , puis duc de Saint Aignan , pair de France ; **A'**
feigneur de la Ferté-Hubert , premier gentilhomme de la chambre du Roi , gouverneur de Touraine & du Havre-de-Grace , l'un des quarante de l'Academie Françoife,
& protecteur de l'Academie Royale d'Arles , mourut à Paris le 16. juin 1687. âgé de
80. ans ou environ.

Voyez la genealogie de cette maifon tome V. de cette hift. page 701.

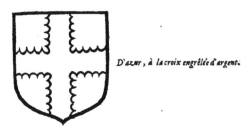

D'azur , à la croix engrêlée d'argent.

XXIV.

HENRY de Daillon , comte , puis duc du Lude , grand-maître de l'artillerie de   **B**
France , mourut le 30. août 1685.

Voyez aux GRANDS-MAISTRES DE L'ARTILLERIE , tome VIII. de cette hift.
page 188. & ci-devant , p. 71.

D'argent , à la fafce de gueules , au
lambel de trois pieces de même.

XXV.

LOUIS de Bethune , duc de Charoft , dit *de Bethune* , gouverneur de Calais , &   **C**
lieutenant general au gouvernement de Picardie , mourut le 20. mars 1681.

Voyez fa pofterité tome IV. de cette hift. p. 210. & ci-devant , p. 140.

XXVI.

De gueules, à la bande d'or.

XXVI.

A ANNE duc de Noailles, pair de France, comte d'Ayen, marquis de Montclar, de Chambres & de Moncy, baron de Malmort & de Carbonnieres, capitaine de la premiere compagnie des Gardes du corps du Roi, gouverneur de Rouſſillon, de la ville & citadelle de Perpignan, mourut le 5. février 1678. & eſt enterré à S. Paul à Paris.

Voyez ſes anceſtres & ſa poſterité tome IV. de cette hiſt. p. 782.

De gueules, à quatre ottelles d'argent; ou d'argent, à la croix pasée de gueules.

XXVII.

B FRANÇOIS de Cominges, ſeigneur de Guitaut, capitaine des Cardes du corps de la Reine mere Anne d'Autriche, gouverneur de la ville & du château de Saumur, mourut ſans avoir été marié à Paris au Louvre d'une apoplexie le 12. mars 1663. âgé de 83. ans, & eſt enterré dans l'égliſe des Recolets de Paris.

Ses anceſtres ſont rapportez tome II. de cette hiſt. p. 663.

De gueules, à deux clefs d'argent paſſées en ſautoir.

XXVIII.

C FRANÇOIS de Clermont, comte de Tonnerre & de Clermont, vicomte de Tallart, mourut en ſon château d'Ancy-le-Franc en Bourgogne le 24. ſeptembre 1679. âgé de 79. ans.

Ses anceſtres & ſa poſterité ſont rapportez au chapitre des GRANDS-MAISTRES DES EAUX ET FORESTS, *tome VIII. de cette hiſtoire, page 907.*

Tome IX.   C 3

D'azur, à sept besans d'or, 3. 3.
& 1. au chef d'or.

XXIX.

ALEXANDRE-GUILLAUME de Melun, prince d'Epinoy, marquis de A
Roubaix, vicomte de Gand, connétable hereditaire de Flandres, sénéchal de
Haynaut, mourut à Antoing le 16. février 1679.

Voyez tome V. de cette hist. p. 221.

Ecartelé, au 1. & 4. de France, au
2. & 3. de gueules, qui est d'Albret.

XXX.

CESAR-PHOEBUS d'Albret, souverain de Bedeilles, sire de Pons, prince de B
Mortagne, comte de Miossans, capitaine-lieutenant des Gendarmes de la garde,
maréchal de France, & gouverneur de Guyenne, mourut le 3. septembre 1676.

Voyez au chapitre des MARECHAUX DE FRANCE, tome VII. de cette hist.
page 581.

Fuselé d'argent & de gueules.

XXXI.

FRANÇOIS-RENE' du Bec, marquis de Vardes, comte de Moret, gouver- C
neur d'Aiguesmortes, & capitaine des cent Suisses de la garde ordinaire du corps
du Roi, mourut le 3. septembre 1688.

Voyez ses ancestres & sa posterité tome II. page 88.

De sable semé de fleurs de lys d'or.

XXXII.

A MAXIMILIEN-ANTOINE de Bellefouriere, marquis de Soyecourt, grand-veneur de France, grand-maître de la garderobe du Roi, mourut le 12. juillet 1679.

Voyez aux GRANDS-VENEURS, *tome VIII. de cette hist. p. 734.*

D'azur, à trois chevrons d'or, celui du chef brisé.

XXXIII.

B FRANÇOIS-DE-PAULE de Clermont, marquis de Monglat, & comte de Cheverny, grand-maître de la garderobe du Roi, mourut le 7. avril 1675.

Il étoit fils aîné de *Hardouin* de Clermont, seigneur de S. Georges, baron de Rupt & d'Amigny, & de *Jeanne* de Harlay, dame de Montglat, & avoit épousé au mois de février 1645. *Cecile-Elizabeth* Hurault, comtesse de Cheverny, morte le 27. février 1695. âgée de 63. ans, de laquelle il eut *Louis* de Clermont, comte de Cheverny, marquis de Monglat, baron de Rupt, né en 1645. envoyé extraordinaire en Allemagne, ambassadeur en Dannemarck, menin de monseigneur le Dauphin, conseiller d'état d'épée, gouverneur du duc de Chartres, depuis duc d'Orleans. Il mourut à Paris âgé de 78. ans le 7. may 1722. sans enfans, après avoir fait heritier *Jean-Baptiste-Louis* de Clermont, marquis de Renel son cousin. Il avoit épousé en 1680. N... Johanne, fille de *Jacques-François* de Johanne, seigneur de Saumery, grand-maître des eaux & forêts de l'isle de France, gouverneur de Chambort, & de *Catherine* Charon de Menars; *Anne Victoire* de Clermont, mariée le 2. septembre 1681. à *Jean-Etienne* de Thomassin, comte de S. Paul en Provence; & *Cecile Claire-Eugenie* de Clermont, née le 8. janvier 1656.

Burelé d'argent & de fable de dix pieces.

XXXIV.

PHILIPPES de Clerembaud, comte de Palluau, maréchal de France; gouverneur & bailly de Berry, mourut le 24. juillet 1665.

Voyez au chapitre des MARECHAUX DE FRANCE, *tome VII. de cette hiſtoire, page 582.*

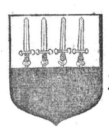

De fable, au chef couſu d'azur, chargé de quatre épées d'argent, les gardes d'or.

XXXV.

JEAN de Schulemberg, comte de Montdejeu, maréchal de France, gouverneur d'Arras, puis de Berry, mourut ſans poſterité en 1671.

Voyez aux MARECHAUX DE FRANCE, *tome VII. de cette hiſtoire, p. 589.*

Ecartelé, au 1. & 4. de gueules, à quatre ottelles d'argent, ou d'argent à la croix patée de gueules, qui eſt Cominges, au 2. & 3. écartelé d'argent & de gueules.

XXXVI.

GASTON-JEAN-BAPTISTE de Cominges, dit *le comte de Cominges*, gouverneur de Saumur, capitaine des Gardes du corps de la reine Anne d'Autriche, ambaſſadeur ordinaire & extraordinaire en Portugal & en Angleterre, mourut à Paris le 25. mars 1670. âgé de 57. ans.

Voyez ci-devant, p. 193. Ses ancêtres ſont rapportez tome II. de cette hiſt. p. 663.

XXXVII.

D'or semé de tours & de fleurs de lys d'azur.

XXXVII.

A FRANÇOIS de Simiane & de Ponteves, marquis de Gordes, comte de Carces, & baron de Caseneuve, chevalier d'honneur de la Reine, lieutenant general & grand senechal de Provence, mourut le 23. novembre 1680. âgé de 58. ans. *Voyez sa genealogie, tome II. de cette hist. p. 238. & ci-devant, p. 165.*

D'argent, à trois pals de gueules, au chef d'azur chargé de deux quintefeuilles d'argent.

XXXVIII.

B HENRY de Beringhen, seigneur d'Armainvilliers & de Grez, fut fait premier écuyer de la petite écurie du Roi le 10. août 1645. & depuis gouverneur des citadelles de Marseille. Il mourut à Paris le 30. avril 1692. âgé de 89. ans, & est enterré dans sa chapelle de l'église des Feuillans, ruë S. Honoré.

Il étoit fils de *Pierre* de Beringhen, natif des Pays-Bas, seigneur d'Armainvilliers & de Grez, premier valet de chambre du Roi, & de *Madelene* Bruneau, & avoit épousé en 1646. *Anne* du Blé, fille de *Jacques*, marquis d'Uxelles, & de *Claude* Phelypeaux *(a)*, de laquelle il eut *Henry* de Beringhen, reçû en survivance de la charge de premier écuyer de la petite écurie du Roi, colonel d'infanterie du regiment Dauphin, tué au siege de Besançon le 18. may 1674. JACQUES-LOUIS de Beringhen, comte de Chasteauneuf & du Plessis-Bertrand, premier écuyer de la petite écurie du Roi, chevalier de ses ordres, *qui sera rapporté à la promotion de 1688.* Jacques-Balthasar de Beringhen, mort jeune le 4. may 1667. *Anne* de Beringhen, abbesse de Faremoustier en Brie en 1685. *Claire-Marie* de Beringhen, aussi religieuse à Faremoustier, & *Marguerite-Françoise* de Beringhen.

(a) Tome VII. p. 666.

D'argent, à deux fasces de sable.

XXXIX.

C JEAN du Bouchet, marquis de Sourches, comte de Montsoreau, seigneur de Launay, &c. prevôt de l'hôtel du Roi & grande prevôté de France, mourut le premier fevrier 1677.

A

Il étoit fils de *Jean* du Bouchet, chevalier de l'ordre du Roi, baron de Sourches, & d'*Anne* Huraut, & avoit épousé en 1632. *Marie* Nevelet, fille de *Vincent* Nevelet, auditeur des comptes, & de *Catherine* le Bret, de laquelle il eut *Dominique* du Bouchet, mort à huit ans le 24 novembre 1643. &

LOUIS-FRANÇOIS du Bouchet, marquis de Sourches, prevôt de l'hôtel du Roi & grande prevôté de France, marié à *Marie-Geneviève* de Chambes, comtesse de Montsoreau, fille de *Bernard*, comte de Montsoreau, & de *Geneviève* Boivin, dont il a eu LOUIS du Bouchet, comte de Montsoreau, qui suit. *Jean* du Bouchet, abbé de Troarn, docteur de Sorbonne, aumônier du Roi, nommé évêque de Dol le 12. janvier 1715. mort en 1731. *Louis-François* du Bouchet, chevalier de Malte, nommé *le chevalier de Sourches*, colonel du regiment de Sanzay en 1703. brigadier en 1709. puis maréchal de camp des armées du Roi le 8. mars 1719. épousa le 23. octobre 1715. *Hilaire-Ursule* de Thiersault, fille de *Pierre* de Thiersault, & de *Marie-Louise* Lully, dont un fils né le 13. septembre 1716. *Vincent-Louis* du Bouchet, chevalier de Malte, nommé

B

le chevalier de Montsoreau, brigadier d'infanterie en octobre 1704. colonel du regiment de Vaudreuil en 1706. *Marie-Louise* du Bouchet, mariée en 1693. à *Louis* Colbert, comte de Linieres, guidon des gendarmes écossois, &c. & *Marie-Louise-Geneviève* du Bouchet, mariée le 16. may 1714. à *Jean Baptiste-Nicolas* d'Esmé de la Chesnaye, comte de Rougemont, grand tranchant du Roi, & gouverneur de Meullant.

LOUIS du Bouchet, comte de Montsoreau, brigadier des armées du Roi en janvier 1702. maréchal de camp en octobre 1704. & lieutenant general des armées du Roi en mars 1710. a prêté serment le 25. août 1714. de la charge de prevôt de l'hôtel du Roi & grande prevôté de France, dont son pere s'étoit demis en sa faveur. Il a épousé en 1705. *Jeanne-Therese* de Pochelle, fille de *Jean-Baptiste*, seigneur du Hamel, mere de *Louis* du Bouchet, pour lequel son pere a obtenu le 8. janvier 1719. la survivance de la charge de grand prevôt, dont il prêta serment le 26. mars suivant à l'âge de 7. à 8. ans. Ce dernier épousa le 7. février 1730. *Charlotte-Antonine* de Gontaut, fille de *Charles-Armand* de Gontaut, duc de Biron, & de *Marie-Antoinette* de Bautru-Nogent.

D'argent, un sautoir de gueules, à la bordure endentée de sable, au lambel d'argent de 3. pieces.

X L.

C

CHARLES comte de Froulay, grand maréchal des logis de la maison du Roi, mourut le 26. novembre 1671.

Voyez au chapitre des MARECHAUX DE FRANCE, tome VII. de cette hist. p. 668.

D'or, à 3. forces de fable.

XLI.

A **J**ACQUES-FRANÇOIS marquis de Hautefort, comte de Montignac & de Beaufort, vicomte de Segur, baron de la Flotte, &c. premier écuyer de la Reine, mourut fans alliance le 3. octobre 1680. âgé de 71. ans, & eſt enterré aux Jacobins, ruë S. Honoré.

Voyez ſes anceſtres, tome VII. de cette hiſt. p. 325.

Ecartelé au 1. & 4. de Goyon-Matignon, au 2. d'Orleans-Longueville, au 3. de Bourbon-S. Paul.

XLII.

B **F**RANÇOIS Goyon de Matignon, comte de Thorigny & de Gacé, marquis de Lonray, lieutenant general pour le Roi en baſſe Normandie, mourut le 19. janvier 1675.

Voyez ſes anceſtres & ſa poſterité, tome V. de cette hiſt. p. 374. & ci-devant p. 129.

D'argent, à la faſce de gueules.

XLIII.

C **C**HARLES de Sainte-Maure, duc de Montauſier, pair de France, marquis de Rambouillet & de Piſany, comte de Talmond-ſur-Gironde, &c. gouverneur de la perſonne de monſeigneur le dauphin & des provinces de Xaintonge, Angoumois & Normandie, lieutenant general de la haute & baſſe Alſace, né le 6. octobre 1620. mourut à Paris le 17. may 1690. & eſt enterré dans l'égliſe des Carmelites du fauxbourg S. Jacques.

Voyez ſes anceſtres & ſa poſterité, tome V. de cette hiſt. p. 1. & ſuiv.

D'argent, au chevron d'azur, chargé de onze besans d'or.

X L I V.

FRANÇOIS d'Espinay, marquis de S. Luc, comte d'Estelan, lieutenant gene- A
ral en Guyenne, mourut en 1670.
Sa posterité & ses ancestres sont rapportez au chapitre des MARECHAUX DE FRAN-
CE, *tome VII. de cette hist. p. 472. & ci-devant, p. 143.*

D'argent, à la fasce de gueules, au lambel de même.

X L V.

HYPOLITE de Bethune, comte de Selles, dit *le comte de Bethune*, marquis de B
Chabris, chevalier d'honneur de la reine Marie-Therese d'Autriche.
Voyez sa posterité, tome IV. de cette hist. p. 210. & ci-devant, p. 192.

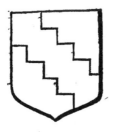

D'or, à la bande vivrée d'azur.

X L V I.

FERDINAND de la Baume, comte de Montrevel, marquis de S. Martin & de C
Savigny, lieutenant general pour le Roi ès pays de Bresse, Bugey, & Valtomey,
mourut à Paris le 20. novembre 1678. âgé de 75. ans.
Voyez ses ancestres & sa posterité au chapitre des MARECHAUX DE FRANCE, *tome*
VII. de cette hist. p. 42.

XLVII.

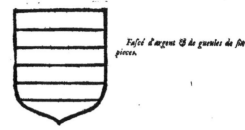

Fascé d'argent & de gueules de six pieces.

XLVII.

A LOUIS-ARMAND vicomte de Polignac, marquis de Chalançon, baron de Chasteauneuf, &c. gouverneur de la ville du Puy, né le 13. décembre 1608. ne reçut le collier de l'Ordre que le 25. mars 1662. à Pezenas en Languedoc, & mourut en la ville du Puy le 3. septembre 1692. en sa 84. année.

Il étoit fils aîné de *Gaspard-Armand* vicomte de Polignac, chevalier du S. Esprit, & de *Claude-Françoise* de Tournon. *Voyez ci-devant p.* 169. & épousa 1°. le 14. février 1638. *Susanne* des Serpens, fille de *Claude*, baron de Gondras, & d'*Antoinette* de Rochebaron. 2°. le 17. février 1648. *Isabelle-Esprit* de la Baume, fille de *Ferdinand* comte de Montrevel, & de *Marie* Olier de Nointel (*a*). 3°. *Jacqueline* de Beauvoir de Grimoard, fille de *Scipion* comte de Roure, chevalier du S. Esprit. Du premier mariage vint *Antoinette* de Polignac, carmelite à Paris, morte le 13. novembre 1690. Du second, *Jean* de Polignac, chevalier de Malte, mort jeune, & *Isabelle* de Polignac, morte jeune. Du troisiéme lit sortirent SCIPION-SIDOINE-APOLLINAIRE-GASPARD marquis de Polignac, gouverneur du Puy, qui suit, & *Melchior* cardinal de Polignac, commandeur du S. Esprit, dont il sera parlé dans la suite de ce chapitre.

SCIPION-SIDOINE-APOLLINAIRE-GASPARD marquis de Polignac, gouverneur de la ville du Puy, lieutenant general des armées du Roi, épousa 1°. le 24. avril 1686. *Marie-Armande* de Rambures, fille d'honneur de madame la dauphine, morte en août 1706. & fille de *Charles* marquis de Rambures, & de *Marie* de Bautru, 2°. en juillet 1709. *Françoise* de Mailly, fille de *Louis* comte de Mailly, & de *Marie-Anne-Françoise* de sainte Hermine. Du premier mariage vint *Louis-Armand* de Polignac, marquis de Chalançon, né le 19. février 1687 mort en 1693. & du second sont issus entr'autres trois fils. *Voyez tome VIII. de cette hist. p.* 69. & 640.

(*a*) Tome VII. de cette hist. o. 54.

D'argent, au lion de sinople armé & lampassé de gueules.

XLVIII.

B ANTOINE de Brouilly, marquis de Piennes, &c. gouverneur de la ville & citadelle de Pignerol, mourut à Paris le 1. novembre 1676. âgé de 65. ans. Il étoit second fils de *Charles* de Brouilly, marquis de Piennes, comte de Lannoy, seigneur de Mesvillers, & de *Rene* de Rochefort-la-Croisette, & épousa en 1661. *Françoise* Godet, fille de *Claude* Godet-des-Marests, & de *Jeanne* Gravé, dont il eut *Olimpe* de Brouilly, mariée le 17. decembre 1690. à *Louis* d'Aumont, marquis de Villequier, depuis duc d'Aumont, pair de France, chevalier des ordres du Roi, & ambassadeur en Angleterre (*b*), & *Marie-Rosalie* de Brouilly, mariée à *Alexis-Henry* marquis de Chastillon, chevalier des ordres du Roi (*c*).

(*b*) Tome IV. p. 879.
(*c*) Tome VI. p. 119.

D'azur, à trois tours d'argent.

XLIX.

JEAN marquis de Pompadour, vicomte de Rochechouart, baron de Treignac & **A**
de S. Cyr, lieutenant general des armées du Roi & au gouvernement du haut &
bas Limofin, mourut en 1684.

Voyez ci-devant, p. 164 & fes anceftres & fa pofterité au chapitre des GRANDS AU-
MOSNIERS, *tome VIII p.* 242.

*Ecartelé au 1. & 4. de gueules, au
lion d'argent armé & lampaßé d'or, à
l'orle de befans d'argent, qui eft de* Cardaillac, *au* 2. & 3. de Levis.

L.

LOUIS de Cardaillac & de Levis, comte de Bioule, marquis de Cardaillac, **B**
&c. lieutenant general en Languedoc, mourut en 1666. fans laiffer d'enfans de
Lucrece d'Elbene, morte en 1622. ni d'*Ifabelle* de Mitte S.-Chamond, fes deux femmes.

Voyez la genealogie de Cardaillac, *imprimée en* 1664.

*Ecartelé au 1. & 4. d'argent, au lion
de fable, qui eft de* Beauvoir, *au* 2. &
3. d'azur, au chef emmanché d'or, qui
eft* Grimoard, *fur le tout d'azur, au
chefne de quatre branches paßées en fautoir d'or, qui eft de* Roure.

LI.

SCIPION de Beauvoir de Grimoard, comte de Roure, marquis de Grifac, ba- **C**
ron de Barjac, confeiller d'état, lieutenant general en Languedoc, & gouverneur
du Pont S. Efprit, mourut à Paris le 18. janvier 1669. en fa 60. année.

Il étoit fils de *Jacques* de Beauvoir de Grimoard, comte de Roure, &c. & de
Jacqueline de Montlor, & époufa 1°. par contrat du premier octobre 1639.
Grafinde de Baudan, fille de *Pierre* Baudan, prefident des comptes à Montpellier, & de *Françoife* Griffy. 2°. en 1664. *Jacqueline* de Born de Laugiere, veuve
de *Charles* marquis de la Fare, morte fans enfans en janvier 1712. âgée de 86.
ans. Du premier lit fortirent PIERRE-SCIPION de Beauvoir de Grimoard,
comte de Roure, qui fuit, & *Jacqueline* de Beauvoir de Grimoard, troifiéme
femme d'*Armand* vicomte de Polignac, chevalier des Ordres du Roi. (a)

[a] ci-devant, p.
191.

A PIERRE-SCIPION de Beauvoir de Grimoard, comte de Roure, lieutenant ge neral au gouvernement de Languedoc, épousa le 10. janvier 1666. *Claude-Marie* du Guaſt, fille d'honneur de madame, ducheſſe d'Orleans, & fi le d'*Achilles* du Guaſt, comte d'Artigny, & de *Marie* Cortelier, dont il eut LOUIS-SCIPION de Beauvoir de Grimoard, comte de Roure, qui ſuit, *Marie-Eliſabeth* de Beauvoir de Grimoard, mariée à *Guillaume* ſeigneur de Longaunay en Normandie, & *Fleurie-Thereſe* de Beauvoir de Grimoard, qui a épouſé *Antoine-Denis-Auguſte* marquis de la Fare-Tornac (*a*). *Louiſe-Dauphine* de Beauvoir de Grimoard, abbeſſe de la Ville-Dieu d'Aubenas, & *Ange-Urbain* de Beauvoir de Grimoard, né en 1682. colonel du regiment du Roure infanterie, lequel s'eſt diſtingué à la bataille de Fredelingue, au ſiege de Briſac, & à la bataille d'Hochtet en 1704.

LOUIS-SCIPION de Beauvoir de Grimoard, marquis de Roure, capitaine de chevaux-Legers, lieutenant general pour le Roi en Languedoc, gouverneur des ville & citadelle du Pont S. Eſprit, épouſa l'an 1688. *Louiſe-Victoire* de Caumont de la Force (*b*), & fut tué à la bataille de Fleurus le 1. juillet 1690. Il a laiſſé *Adelaïde* de Beauvoir-Grimoard, ſeconde femme de *Gabriel* de Laval, dit *le comte de Laval* (*c*) &

LOUIS-CLAUDE-SCIPION de Grimoard de Beauvoir de Montlaur, dit le marquis de Roure, né poſthume, lequel a épouſé le 16. juillet 1721. *Marie-Antoine-Victoire* de Gontaut-Biron (*d*).

(*a*) Tome II. p. 141.

(*b*) Tome IV. p. 474.

(*c*) Tome III. p. 646.

[*d*] Tome. VII. p. 307.

Ecartelé au 1 de gueules, à 3. faſces d'argent, qui eſt de Monſtiers-Merin-ville, au 2. de gueules, à 2. lions paſſans d'or, au 3. d'azur, à 2. lions affrontez d'or, au 4. d'argent, à une bande d'azur accompagnée de 6. roſes de gueules, & ſur le tout d'or, au lys de gueules.

LII.

B FRANÇOIS des Monſtiers, comte de Merinville & de Rieux, baron de la Liviniere, lieutenant general en Provence, ne reçut le collier que le 25. mars 1662. à Pezenas, & mourut en janvier 1672.

Il étoit fils de *Jean* des Monſtiers, vicomte de Merinville, & de *Françoiſe* de Chaſteignier-la-Rochepoſay, & épouſa en 1640. *Marguerite* de la Jugie, comteſſe de Rieux, fille unique & heritiere de *François* de la Jugie, comte de Rieux, & de *Marguerite* de Narbonne de Lomagne de Fimarcon, dont il eut CHARLES des Monſtiers, comte de Rieux & de Merinville, qui ſuit, *Gaſpard* des Monſtiers, chevalier de Malte, puis vicomte de Merinville, gouverneur de Narbonne en 1689. après ſon frere, mort le 29. décembre 1724. Il avoit épouſé en 1695. *Armande-Marie-Madelene* du Cambout, (*e*) de laquelle il a eu *N...* des Monſtiers, comte de Merinville, aide de camp du marquis de Fimarcon, mort de la petite verole à S. Jean de Pages en Rouſſillon au mois d'août 1719. *Paul-Hypolite* des Monſtiers & *François-Louis-Martial* des Monſtiers, marquis de Merinville, capitaine de carabiniers, colonel de cavalerie en 1702. ſoulieutenant des gendarmes de Bourgogne en 1704. capitaine lieutenant des gendarmes de la reine & brigadier en 1709. maréchal de

C camp en 1719. Il a épouſé *Marguerite-Françoiſe* de Jauſſen, dont il a eu *Auguſtin-François-Marie* des Monſtiers, né le 28. août 1727. & *Jeanne* des Monſtiers, née le 26. février 1730. *Paule-Hypolite* des Monſtiers, fille de *François* des Monſtiers, & de *Marguerite* de la Jugie, fut mariée le 22. mars 1664. à *Louis-François* de la Baume, comte de Suze & de Rochefort.

(*e*) Tome IV. p. 809.

CHARLES des Monſtiers, comte de Rieux & de Merinville, capitaine des chevaux-Legers de monſeigneur le Dauphin, gouverneur de Narbonne, épouſa en 1671. *Marguerite* Gravé, fille de *Jean* Gravé, ſecretaire du Roi, & de *Françoiſe* Godet des Mareſts, & mourut le 30. ſeptembre 1689. laiſſant pour enfans, *François* des Monſtiers, *Charles-François* des Monſtiers, évèque de Chartres, abbé de S. Calais, *Joſeph-Denis* des Monſtiers, chevalier de Malte, *Charlotte* des Monſtiers, femme d'*Antoine* Oudart du Biez, marquis de Savigny (*f*). *Deniſe-Françoiſe* des Monſtiers, née le 21. may 1683. religieuſe aux Urſulines de Mante.

(*f*) Tome VII. p. 184.

Comme ci-devant p. 127. & 167.

LIII.

HENRY de Baylens, marquis de Poyane, senechal des Landes de Bordeaux, gouverneur de Navarreins & d'Acqs, & lieutenant general en la principauté de Bearn, mourut en mars 1667.

Il étoit fils de *Bernard* de Baylens, seigneur & baron de Poyane, chevalier du S. Esprit, & épousa *Jeanne-Marie* marquise de Castelnau, fille d'*Antoine* de Castille, marquis de Castelnau, & de *Jeanne* Vallier, dont il eut ANTOINE de Baylens, marquis de Poyane, qui suit, & *Jeanne-Marie-Joseph* de Baylens, mariée en 1683. à *Louis* de Pardaillan, comte de Gondrin. (*a*)

ANTOINE de Baylens, marquis de Poyane, gouverneur de Navarreins & d'Acqs, senechal des Landes de Bordeaux, épousa en 1684. *Marie-Berenice* Avice, fille d'*Aubin* Avice, seigneur de Montgon, & d'*Artemise* de Nesmond, petite-fille de *Marie* d'Aubigné-Surineau. De ce mariage est sorti *N..* marquis de Poyane, marié en 1710. à *N...* Martin, fille de *Jean-Louis* Martin, seigneur d'Auzielles, fermier general.

[*a*] Tome V.
p. 185.

D'argent, à la fasce de gueules.

LIV.

LEON de Sainte Maure, comte de Jonsac, marquis d'Ozillac, lieutenant general des pays de Xaintonge & d'Angoumois, pays d'Aunis, ville & gouvernement de la Rochelle, gouverneur de Coignac, mourut le 22. juin 1671.

Voyez ses ancestres & sa posterité, tome V. de cette hist. p. 1. & ci-devant, p. 199.

Ecartelé au 1. & 4. d'or, au sautoir de gueules, au 2. & 3. d'or, à la fasce echiquetée d'argent & d'azur de deux traits.

LV.

JACQUES-ESTHUER, comte de la Vauguyon, marquis de S. Maigrin, & grand senechal de Guyenne, mourut au château de S. Maigrin en Xaintonge le 18. août 1671. âgé de 83. ans.

Sa posterité est rapportée, tome II. de cette hist. p. 235.

LVI.

Ecartelé, au 1. & 4. de Joyeufe, au 2. & 3. de S. Didier.

LVI.

A CHARLES-FRANÇOIS de Joyeufe, comte de Grandpré, lieutenant general des armées du Roi, meftre de camp d'un regiment de cavalerie, gouverneur
de Mouzon & de Beaumont, mourut à Paris fubitement le 8. mars 1680. âgé de 60.
ans.

Voyez la genealogie de cette maifon, tome III. p. 843. & ci-devant, p. 74. & 80.

De Coffé, au lambel d'or de trois pieces.

LVII.

B TIMOLEON de Coffé, comte de Chafteaugiron, gouverneur de la citadelle de
Mezieres, grand-Pannetier de France, mourut dans fon château d'Ormeilles le
15. janvier 1675.

Voyez au chapitre des GRANDS-PANNETIERS, *tome VIII. de cette hift, p. 675. &
ci-devant, p. 53. 112, & 161.*

D'or, à trois marteaux de gueules.

LVIII.

C CHARLES Martel, comte de Cléré, capitaine des Gardes du corps Françoifes
de Monfieur, frere unique du Roi, mourut à Paris fubitement le 25. avril 1669.
âgé de 46. ans.

Il étoit fils aîné de *François* Martel, feigneur de Fontaines, & de *Jeanne*, heritiere
de la maifon de Cléré, & avoit époufé *Anne* de Baüquemare, qu'il laiffa veuve,
& mere de *Henry* Martel, comte de Cléré, d'*Adrien* Martel, abbé, puis comte
de Cléré, colonel du regiment Royal de la Marine, tué au combat d'Enfheim
le 4. octobre 1674. âgé de 22. ans, fans avoir été marié; de CHARLES Martel, qui fuit; de *Claude* Martel, religieufe à S. Aignan, & d'*Elizabeth* de Cléré.

(a) Tome I.
p. 226.

CHARLES Martel, chevalier de Malte, puis comte de Clére après la mort de
ſes freres, a épouſé en 1693. *Suſanne* d'Orleans (*a*) fille d'*Henry* d'Orleans, marquis de Rothelin, & de *Gabrielle-Eleonore* de Montaut-Navailles, dont il a eu
Marie-Philippe-Henriette Martel, femme d'*Alexandre* d'Orleans, marquis de Rothelin, & *François* Martel, comte de Clére, mort ſans enfans de *Marie-Françoiſe*
Bouton de Chamilly, qui s'eſt remariée le 30. may 1730. à *Louis* Malet de Val-
ſemé de Graville.

*Ecartelé, au 1. & 4. d'azur, à trois
étoiles d'or en pal, qui eſt Genouillac,
au 2. & 3. bandé a'or & de gueules de
ſix pieces, qui eſt de Gourdon.*

L I X.

JEAN-PAUL de Gourdon de Genoüillac, comte de Vaillac, lieutenant general
des armées du Roi, premier écuyer & capitaine des Gardes Françoiſes du corps
de Monſieur, duc d'Orleans, mourut à Paris le 18. janvier 1681. en ſa 61e année.
Voyez aux GRANDS-MAISTRES DE L'ARTILLERIE, *tome VIII. de cette hiſt.
page* 165.

De ſable, à deux leopards d'or.

L X.

NICOLAS-JOACHIM Roüaut, marquis de Gamaches, gouverneur de Saint
Valery & de Rüe, mourut en octobre 1689. âgé de 68. ans.
Voyez ſes anceſtres & ſa poſterité au chapitre des MARECHAUX DE FRANCE, *tome
VII. de cette hiſtoire, p.* 97.

*Ecartelé, au 1. a'Eſtrades, au 2. de
la Pole-Suffolck, au 3. de Mendoze,
au 4. d'Arnoul-S.-Simon.*

L X I.

GODEFROY comte d'Eſtrades, maréchal de France, gouverneur de Dunkerque, maire perpetuel de Bourdeaux, viceroy d'Amerique, gouverneur de la
perſonne de M. le duc de Chartres, depuis duc d'Orleans, mourut à Paris le 26. février
1686. âgé de 79. ans, & eſt enterré à S. Euſtache.
Voyez au chapitre des MARECHAUX DE FRANCE, *tome VII. de cette hiſt. p.* 599.

Ecartelé au 1. de l'Hôpital, au 2. d'Ecosse, au 3. de Coslé, au 4. d'azur au sautoir d'argent, accompagné de quatre fleurs de lys d'or, & sur le tout d'azur à la croix d'or, qui est la Croix-Castries.

LXII.

A RENE'-GASPARD de la Croix, marquis de Castries en 1660. baron de Gourdiéges, gouverneur de la ville & citadelle de Montpellier, lieutenant general au gouvernement de Languedoc en 1668, mourut le 21. août 1674. âgé de 63. ans.

Il étoit fils de *Jean* de la Croix, baron de Castries, & de *Louise* de l'Hôpital, & avoit épousé 1°. *Isabeau* Brachet, veuve de *François* d'Aubusson, comte de la Feüillade, fille de *Guy* Brachet, baron de Perusse, & de *Diane* de Maillé-la-Tour-Landry, morte sans enfans au mois de novembre 1638. 2°. en 1644. *Elisabeth* Bonzi, sœur du cardinal Bonzi, archevêque de Narbonne, fille de *François* comte de Bonzi, & de *Christine* Riari, morte le 13. novembre 1708. âgée de B 82. ans, de laquelle il eut JOSEPH-FRANÇOIS de la Croix, marquis de Castries, qui suit; *Armand-Pierre* de la Croix, docteur de Sorbonne, abbé de Monestier & de Valmagne, aumônier ordinaire de madame la Dauphine, puis premier aumônier de madame la duchesse de Berry, nommé archevêque de Tours & conseiller du conseil de Conscience en 1717. puis archevêque d'Alby au mois de novembre de la même année; *Louis-Languedoc* de la Croix, chevalier de Malte, mort jeune; *Louise* & *Marie* de la Croix, abbesse de Saint Geniez; *Renée-Angelique* de la Croix, abbesse de Gigean; *Marie-Henriete* & *Gabrielle* de la Croix, religieuses à Sainte-Marie de Montpellier; *Elisabeth* de la Croix, mariée à *Joseph* de Pujols de Brunet de Castel-Pers & de Levis, marquis de Villeneuve-la-Cremade, lieutenant de Roy en Languedoc, mort; & *Françoise* de la Croix, femme de *Louis* marquis de Doni en Avignon.

JOSEPH-FRANÇOIS de la Croix, marquis de Castries, goûverneur & sénéchal de Montpellier, chevalier des ordres du Roi, dont il sera parlé ci-après en son rang, & chevalier d'honneur de madame la duchesse d'Orleans, a épousé 1°. le 29. may 1693. *Marie-Elisabeth* de Rochechouart (*a*), fille de *Louis-Victor* duc de Vivonne, pair & maréchal de France, & d'*Antoinette-Louise* de Mesmes, 2°. le 20. janvier 1722. *Marie-Françoise* de Levis, fille de *Charles-Eugene* duc de Levis, pair de France. (*b*) Il a eu du premier lit entr'autres enfans *Jean-François-Joseph* de la Croix, comte de Castries, mort sans posterité le 25. décembre 1716. Il avoit épousé le 20. janvier precedent *Marie-Marguerite-Charlotte* du Mouceau, fille de *Charles* du Mouceau de Nollant, seigneur d'Ollainville & d'Esgly, intendant des armées du Roi, & de *Marie-Charlotte* Camus-des-Touches, morte le 8. août suivant. Du second, *Armand-François* de la Croix, né le 18. octobre 1725.

[*a*] Voyez tome I V. de cette hist. p. 680.

(*b*) Ibid. p. 36.

Ecartelé, au 1. & 4. d'or au lion de sable couronné de gueules, qui est Pechpeirou, au 2. & 3. de Cominges.

LXIII.

C GUILLAUME de Pechpeirou & de Cominges, comte de Guitaud, chambellan & premier gentilhomme de la chambre de M. le prince de Condé, capitaine-lieutenant de sa compagnie de Chevaux-legers, gouverneur des Isles de Sainte

Marguerite, & de S. Honorat de Lerins, mourut le 27. décembre 1685. âgé de 60. A ans.

Il étoit fils de *Louis* de Pechpeirou & de Cominges, feigneur de Guitaud, & de *Jeanne* d'Eigua-de-S.-Martial, & époufa 1°. en 1661. *Madelene* de la Grange, fille d'*Achilles* de la Grange, marquis d'Efpoiffes, comte de Maligny, & de *Louife* d'Ancienville, 2°. le 15. octobre 1669. *Elifabeth-Antoinette* de Verthamon, fille de *François* de Verthamon, confeiller d'état, & de *Marie* Boucher, dame du Breau. Il refte de ce fecond mariage *Louis-Athanafe* de Pechpeirou & de Cominges, comte de Guitaud, colonel d'infanterie, brigadier des armées du Roi en 1710. maréchal de camp en 1719. *Antonin-Cyprien* de Pechpeirou de Cominges, licencié en Theologie ; *Catherine-Emilie* de Pechpeirou de Cominges, fille d'honneur de madame la Ducheffe ; *Marie-Pulcherie* de Pechpeirou de Cominges, religieufe Urfuline à Avalon en Bourgogne ; & *Françoife-Melanie* de Pechpeirou, de Cominges.

PROMOTION

Faite à Paris dans la Chapelle du Louvre, le 4. Novembre 1663.

CHEVALIER.

Ecartelé, au 1. d'or à une tête de bufle pofée en pal & front de fable, accornée & bouclée d'argent, couronnée de gueules, au 2. d'azur au griffon d'argent, au 3. de gueules au bras nud de carnation étoffé d'azur, tenant une bague d'or, au 4. d'or, à la tête de bufle pofée en barre ou fafce de fable, accornée d'argent, languée & couronnée de même, & fur le tout coupé de gueules & d'or.

I.

CHRESTIEN-LOUIS duc de Meckelbourg-Swerin, né le premier décembre B 1623. mourut fans pofterité à la Haye en Hollande le 21. juin 1692.

Il étoit fils d'*Adolfe - Frederic* duc de Meckelbourg-Swerin, & d'*Anne-Marie* comteffe de Ooftfrife, & époufa au mois de février 1664. *Elifabeth-Angelique* de Montmorency, veuve de *Gafpard* de Coligny, duc de Chaftillon, fille de *François* de Montmorency, feigneur de Bouteville, comte de Luxe, & d'*Elifabeth - Angelique* de Vienne (*a*), morte à Paris le 24. janvier 1695. âgée de 69. ans, & enterrée aux Filles du Saint Sacrement fauxbourg S. Germain.

[*a*] Tome III. p. 588.

PROMOTION

Du 12. Décembre 1671.

PRELAT.

Ecartelé, au 1. de la Tour, au 2. de Boulogne, au 3. de Turenne, au 4. de Boüillon, & sur le tout d'Auvergne.

I.

A EMMANUEL-THEODOSE de la Tour de Boüillon, cardinal, évêque d'Ostie, grand-aumônier de France après la mort du cardinal Antoine Barberin. Sa charge fut donnée en 1700. au cardinal de Coislin. Il mourut à Rome le 2. mars 1715. en sa 72e année, étant alors doyen du sacré College.

Voyez au chapitre des GRANDS-AUMOSNIERS, *tome VIII. de cette hist. p. 292. & sa genealogie tome IV. p. 529.*

PROMOTION

Faite à Rome le 29. Septembre 1675.

CHEVALIERS.

Comme ci-devant, p. 130.

I.

B FLAVIO Ursini, duc de Bracciane & de Santo-Gemini, comte de Languillare & de Galere, marquis de Roquance & de la Peñe, prince de Vicouare & de Nerola, prince du Soglio. Le Roi étant broüillé avec le pape Innocent XI. M. le marquis de Lavardin, ambassadeur extraordinaire à Rome, lui envoya demander de la part de sa Majesté le collier de l'Ordre du Saint Esprit au mois d'août 1688. Il mourut à Rome sans enfans en 1698. âgé de 78. ans.

Il étoit fils de *Ferdinand* Ursini, duc de Santo-Gemini, & de *Justiniene* Ursini; & épousa 1°. en 1642. *Hipolite* Ludovisio, 2°. en février 1675. *Anne-Marie* de la Tremoille, veuve de *Blaise* de Taleran, prince de Chalais, & fille de *Louis* de la Tremoille II. du nom, duc de Noirmoustier, & de *Renée-Julie* Aubery. (a) (b) Tome IV. p. 178.

Tome IX.   G 3

De Sforce, *comme ci-devant*, p. 130.

II.

LOUIS Conty - Sforce, duc de Segni & d'Oñane, comte de SantaFiore, marquis A de Proceñe, comte de Torciore & de Villeneuve, mourut fans enfans en 1685. âgé de 67. ans.

Il étoit fils de *Marius* Conty-Sforce, duc d'Oñane, comte de Santa-Fiore, & de *Renée* de Lorraine-Mayenne, & petit-fils d'*Alexandre* Conty-Sforce, duc de Segni, comte de Santa-Fiore, fait chevalier des Ordres du Roi en 1608. & de *Leonore* Urfini. Il avoit époufé 1°. *Artemife* Colonne, fille de *Jules-Cefar* prince de Car- bognano, & d'*Ifabelle* Farneze, 2°. le 30. octobre 1.78. *Louife - Adelaïde* Da- mas, fille de *Claude Leonor* marquis de Thianges, & de *Gabrielle* de Rochechouart- Mortemart. *Voyez tome VIII. de cette histoire*, p. 325.

De gueules, à une colonne d'argent, fommée fur fon chapiteau d'une cou- ronne d'or, les ornemens fculpez d'or.

III.

PHILIPPES Colonne, prince de Sonine, marquis de Patrique, comte de Cir- B canne, batifé dans l'églife des douze Apôtres à Rome le 29. avril 1640. mourut le 21. avril 1686.

Il étoit fils de *Marc-Antoine* Colonne, duc de Taliacot, & de Palliano, connéta- ble hereditaire du royaume de Naples, chevalier de la Toifon-d'Or, mort le 20. janvier 1659. & d'*Ifabel* Gionei, fille & heritiere de *Laurent* Gionei, prince de Gaftiglione en Sicile, morte le 12. janvier 1655. Il époufa en février 1671. *Clara* Cefarini, fille de *Julien* Cefarini, prince de Geniano, morte en avril 1716. dont il eut JULIEN Colonne, prince de Sonine, qui fuit, *Profper* Co- lonne, clerc de la chambre Apoftolique, & referendaire de l'une & l'autre fignature; *Jean-Georges-Virginio* Colonne, mort; *Ifabelle* Colonne, religieufe; & *Therefe-Charlotte* Colonne, mariée en 1699. à *Charles* Caraffe, duc de Madalon, C prince de Guardia.

JULIEN Colonne, prince de Sonine & de Galatra, né en décembre 1671. a époufé en 1688. *Jeanne* Vandein-Einden-Piccolomini, fille de *Ferdinand* Vandein- Einden, marquis de Caftelnovo, & d'*Olinde* Piccolomini, dont il a PHILIPPES- FERDINAND Colonne, qui fuit, *Hierôme, Laurens* & *Virginio* Colonne.

PHILIPPES-FERDINAND Colonne, prince de Stigliano, né à Naples en janvier 1690. a époufé le 9. juin 1723. *Louife* Caraccioli, fille de *N.* Caraccioli, prince de San-Bueno. *Voyez pour cette maifon* Imhof, *en fon livre des* vingt familles d'Ita- lie.

PROMOTION

Faite dans la Chapelle du Château de Saint Germain en Laye, le 22. Decembre 1675.

CHEVALIER.

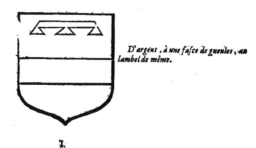

D'argent, à une fasce de gueules, au lambel de même.

I.

A FRANÇOIS de Bethune, marquis de Chabris, ambassadeur extraordinaire en Pologne, conféra au Roi de Pologne les Ordres de S. Michel & du S. Esprit, en vertu de ses pouvoirs en 1676. & mourut en Suede où il étoit ambassadeur extraordinaire, le 4. octobre 1692.

Voyez au chapitre du duché-pairie de Sully, tome IV. p. 210. & ci-devant, p. 200.

PROMOTION

Faite à Zolkieu en Pologne, le 30. Novembre 1676.

CHEVALIER.

Ecartelé, au 1. & 4. de Pologne, au 2. & 3. de Lithuanie, & sur le tout d'azur au bouclier d'or, qui est Sobieski.

I.

B JEAN Sobieski, Roi de Pologne III. du nom, grand duc de Lithuanie, mourut à Varsovie le 17. juin 1696. âgé de 72. ans.

Il étoit fils de *Jacques* Sobieski, Castelan de Cracovie, ambassadeur extraordinaire de Pologne auprès d'Osman, empereur des Turcs, & de *N...* Zolkiewiski, & épousa le 6. juillet 1665. *Marie-Casimire* de la Grange, veuve de *Jacob* de Radziwil, prince de Zamoski, palatin de Sandomir, fille de *Henry* de la Grange, marquis d'Arquien, depuis chevalier des Ordres du Roi & cardinal, & de *Françoise* de la Chastre-Brillebaut (*a*), dont il eut JACQUES-LOUIS-HENRY Sobieski, qui suit; ALEXANDRE-BENOIST-STANISLAS Sobieski, chevalier des Ordres du Roi, *rapporté ci-après*; CONSTANTIN-PHILIPPES-ULADISLAS

(*a*) Voyez tome VII. p. 418.

Sobieski, auffi chevalier des Ordres du Roi ; *Louife - Adelaide* Sobieski , née en A 1671. morte en 1677. & *Therefe-Cafimire-Cunegonde* Sobieski , née le 3. mars 1676. mariée le 15. août 1694. à *Maximilien-Marie* électeur, duc de Baviere , & morte à Venife le 11. mars 1730. Son corps a été porté à Munich.

JACQUES-LOUIS-HENRY Sobieski, chevalier de la Toifon-d'Or, gouverneur de Styrie , &c. né en 1667. a époufé le 10. février 1691. *Hedwige-Elifabeth-Amelie* de Baviere , fille de *Philippe-Guillaume* de Baviere , électeur Palatin , & d'*Elifabeth Hamelte* de Heffe d'Armftad, dont il a eu *Jean* Sobieski , né le 21. octobre 1699. mort en juillet 1700. *Marie-Leopoldine-Eleonore-Jeanne-Charlotte- Petronille-Claude-Madelene* Sobieski , née le 29. may 1693. morte le 12. juillet fuivant ; *Marie Cafimire* Sobieski , née le 20. juin 1695. morte le 28. may 1723. *Marie-Charlotte* Sobieski , née le 15. novembre 1697. mariée 1°. le 20. feptembre 1723. à *Frederic-Maurice-Cafimir* de la Tour-d'Auvergne, prince de Turenne, 2°. à *Charles-Godefroy* de la Tour-d'Auvergne , prince de Boüillon, frere de fon premier mari (*a*) ; *Marie-Clementine* Sobieski , née en 1701. mariée à Rome le 3. feptembre 1719. à *Jacques* d'Angleterre , connu fous le nom de *Chevalier de Saint Georges* ; & *Marie-Madelene* Sobieski , née le 4. août 1704. morte après fon batême.

(*a*) Voyez tome IV. de cette hift. P. 543.

***

PROMOTION

Faite dans la Chapelle du Château de Saint Germain en Laye , le premier Janvier 1682.

CHEVALIER.

Ecartelé ; *au 1. & 4. de* France ; *au 2. & 3. de* Dauphiné.

I.

L OUIS Dauphin , fils unique du Roi & prefomptif heritier de la Couronne, né B le premier novembre 1661. reçut en même tems la croix & le cordon bleu , fuivant les prérogatives des enfans de France , mais fans qu'ils ayent entrée ni voix déliberative dans les Chapitres , qu'après avoir prêté ferment & été reçus chevaliers. Il mourut doyen des chevaliers du Saint Efprit dans fon château de Meudon le 14. avril 1711.

Voyez tome I. page 177.

PROMOTION

Faite dans la Chapelle du Château de Versailles, le 2. Juin 1686.

CHEVALIERS.

De France, *au lambel de trois pens dans d'argent..*

I.

A **P**HILIPPES d'Orleans, duc d'Orleans, de Chartres, de Nemours, de Montpensier, &c. chevalier de la Toison d'Or, né le 2. août 1674.
Voyez à la maison Royale, tome I. p. 189.

De Bourbon.

II.

B **L**OUIS duc de Bourbon, prince du Sang, pair & grand-maître de France; gouverneur de Bourgogne & Bresse, mourut subitement à Paris le 4. mars 1710. en sa 42e année.
Voyez à la maison Royale, tome I. p. 341.

De Bourbon, *à la bordure de gueules.*

III.

C **F**RANÇOIS-LOUIS de Bourbon, prince de Conty; mourut à Paris le 25. février 1709. dans sa 45e année.
Voyez à la Maison Royale, tome I. p. 347.

Tome IX.

H 2

De France, au bâton de gueules péri en barre.

I. V.

LOUIS-AUGUSTE de Bourbon, duc du Maine & d'Aumale, comte d'Eu, pair de France, souverain de Dombes, grand-maître de l'artillerie de France, colonel general des Suisses & Grisons, gouverneur de Languedoc, né le 31. mars 1670.

Voyez à la Maison Royale, tome I. p. 192.

PROMOTION

Faite dans la Chapelle du Château de Versailles, le 31. Decembre 1688.

PLUSIEURS *Commandeurs & Chevaliers étant absens pour le service du Roi, ne purent se trouver pour être reçus pendant les trois jours que dura la Ceremonie, & ne furent reçus que dans le cours de l'année & dans les années suivantes ; mais on leur envoya la Croix & le Cordon bleu ; & leur rang d'ancienneté leur fut conservé du 31. Decembre 1688. dans le même ordre qu'il va être rapporté.*

CARDINAUX ET PRELATS.

Ecartelé au 1. & 4. d'Estrées, au 2. & 3. d'or au lion d'azur, couronné & lampassé de gueules, qui est la Cauchie.

I.

CESAR d'Estrées, cardinal du titre de la Trinité-du-Mont, évêque d'Albano, ci-devant évêque & duc de Laon, pair de France, abbé de Longpont, de S. Germain des Prez, du Mont S. Eloy, de S. Oyen de Joux, dit de *Saint Claude*, de Saint Nicolas-aux-Bois, d'Anchin, & de Staffarde en Piémont.

Voyez au chapitre du duché-pairie d'Estrées, tome IV. p. 596. & ci-devant, p. 69. & 162.

Ecartelé, au 1. & 4. coupé d'azur & d'or, l'azur chargé d'une rose d'or, au 2. & 3. d'argent, à une guivre d'azur couronnée d'or, issante de gueules, sur le tout d'azur à une roue de huit rayons sans cercle d'or.

I I.

A PIERRE Bonzi, cardinal du titre de S. Onufre, archevêque de Narbonne, abbé de S. Sauveur de Lodéve, de S. Pierre de Monestier, de Valmagne, d'Aniane & de Mortemer, ci-devant évêque de Beziers, archevêque de Touloule, grand-aumô-nier de la Reine, ambassadeur à Venise, en Pologne & en Espagne, mourut à Mont-pellier le 11. juillet 1703. agé de 73. ans.

II étoit fils de *François* Bonzi, resident pour le Roi à Mantoüë, & de *Catherine* Riari, mariez en 1624. neveu de *Dominique* Bonzi, cardinal du titre de Saint Jean, coadjuteur de Beziers, mort le 30. avril 1621. & petit-neveu de *Jean* Bonzi, cardinal du titre de S. Clement, évêque de Beziers, premier aumônier de la reine Marie de Medicis, mort à Rome le 4. juillet 1621. & avoit pour sœur *Elisabeth* Bonzi, mariée en 1644. à *René-Gaspard* de la Croix, marquis de Castries, chevalier des Ordres du Roi, morte le 13. novembre 1708. âgée de 82. ans. *Voyez ci-devant*, *p.* 207.

D'azur, à trois lezards d'argent, au chef cousu de gueules chargé de 3. étoiles d'or.

I I I.

B CHARLES-MAURICE le Tellier, archevêque duc de Reims, premier pair de France, doyen des conseillers d'état, maître de la chapelle du Roi, abbé & comte de Lagny-sur-Marne, de Saint Remy de Reims, de Saint Etienne de Caën, de Notre-Dame de Breteuil, de Saint Benigne de Dijon, de Notre Dame de Bonnefon-taine, docteur & proviseur de Sorbonne, nâquit le 12. juillet 1642. mourut subitement à Paris le 22. février 1710. & est enterré à Saint Gervais dans la chapelle de sa fa-mille.

Voyez aux CHANCELIERS DE FRANCE, *tome VI. de cette hist. p.* 578.

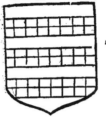

De gueules, à trois fasces échiquetées d'azur & d'argent.

IV.

PIERRE du Cambout-de-Coiflin, cardinal du titre de la Trinité-fur-le-Mont-Pincio, évêque d'Orleans, premier aumônier du Roi, abbé de S. Victor de Paris, de S. Jean d'Amiens, de S. Pierre d'Abbeville, de S. Gildas-aux-Bois, de Notre-Dame du Quay, prieur d'Argenteuil & de Longpont, grand-aumônier de France en 1700, au lieu du cardinal de Bouillon, mourut à Versailles dans sa 70e année le 5. février 1706. A
Voyez au chapitre des GRANDS-AUMOSNIERS DE FRANCE, *tome VIII. p. 292. & sa genealogie, tome IV. p. 801. à l'occasion du duché-pairie de Coiflin. & ci-devant, p. 171.*

CHEVALIERS.

De France, à la bande raccourcie de gueules, chargée de trois lionceaux d'argent.

I.

LOUIS-JOSEPH duc de Vendôme, de Mercœur & d'Estampes, pair & ge-neral des Galeres de France, prince de Martigues, seigneur d'Anet, gouver-neur de Provence, generalissime en Espagne, mourut le 11. juin 1712. âgé de 58. ans, B
Voyez à la maison Royale, tome I. p. 200.

Tous les quartiers de Lorraine, & un lambel à la bordure chargée de huit besans d'or.

II.

LOUIS de Lorraine, comte d'Armagnac, de Brionne & de Charny, grand-écuyer de France, gouverneur d'Anjou, & des villes & château d'Angers & du Pont-de-Cé, sénéchal en Bourgogne, mourut le 13. juin 1718. C
Voyez au chapitre du duché-pairie de Guise, tome III. de cette hist. p. 478.

III.

Comme ci-devant, p. 216.

I I I.

A HENRY de Lorraine, comte de Brionne, reçû en survivance de la charge de grand écuyer de France, mourut le 3. avril 1712. en sa 52. année, & est enterré aux Capucines.

Voyez ibidem.

Comme ci-dessus.

I V.

B PHILIPPES de Lorraine, abbé commendataire de S. Benoist-sur-Loire, de S. Pere de Chartres, de la Trinité de Tiron & de S. Jean des Vignes de Soissons, maréchal des camps & armées du Roi, mourut à Paris le 8. décembre 1702.

Voyez ibidem.

Comme ci-dessus.

V.

C CHARLES de Lorraine, comte de Marsan, sire de Pons, baron de Miossens, seigneur d'Ambleville, prince de Mortagne, souverain de Bedeille, &c. mourut le 13. novembre 1708.

Voyez ibidem.

Ecartelé au 1. & 4. de France, au 2. & 3. d'Arragon-Sicile, & fur le tout de la Tremoille.

V I.

CHARLES-BELGIQUE-HOLANDE fire de la Tremoille, duc de Thouars, A
pair de France, prince de Tarente & de Talmond, comte de Laval & de Montfort, baron de Vitré, &c. premier gentilhomme de la chambre du Roi, mourut à
Paris le 1. juin 1709.

     *Voyez fa genealogie au chapitre du duché-pairie de Thouars, p. 16d. du IV. volume.
& ci-devant, p. 119. & 160.*

Comme ci-devant, p. 137.

V I I.

EMANUEL de Cruſſol, duc d'Uſez, pair de France, comte de Cruſſol, d'Ap- B
cher, de S. Chely & de S. Sulpice, marquis de Florenſac, de Cuſieux & de
Rambouillet, ſeigneur & baron de Levis, de Bellegarde, de Remoulins, d'Aimargues, de S. Geniez, d'Acier & de Cadenac, gouverneur d'Angoumois & de Xaintonge, mourut à Paris le 1. juillet 1692. à l'âge de 50. ans.

     *Voyez ſa genealogie au chapitre du duché-pairie d'Uzez, tome III. p. 763. & ci-devant
p. 52. 137. & 186.*

D'argent, à une faſce de gueules.

V I I I.

MAXIMILIEN-PIERRE-FRANÇOIS de Bethune, duc de Sully, pair C
de France, marquis de Roſny, baron de Bontin & de la Chapelle-d'Angil-
lon, ſeigneur de Conty, de Faloiſe, de Breteuil & de Francaſtel, prince d'Enrichemont & de Boisbelle, gouverneur du Vexin François & des villes de Mante, de
Meulenc & de Pontoiſe, mourut dans ſon château de Sully-ſur-Loire au mois de juin
1694. âgé de 54. ans.

     *Voyez au chapitre du duché-pairie de Sully, tome IV. p. 210. & ci-devant, p. 200.
& 211.*

Ecartelé au 1. & 4. d'Albert, au 2. & 3. de Rohan.

I X.

A CHARLES-HONORE' d'Albert, duc de Luynes, de Chevreuse & de Chaunes, pair de France, comte de Montfort, marquis d'Albert, capitaine-lieutenant des chevaux-Legers de la garde du Roi, gouverneur de Guienne, mourut à Paris le 5. novembre 1712. âgé de 67. ans.
Voyez au chapitre du duché-pairie de Luynes, tome IV. p. 263. & ci-devant, p. 148.
& 187.

D'argent, à 3. chevrons de gueules.

X.

B ARMAND-JEAN de Vignerot, dit du Plessis par substitution, duc de Richelieu & de Fronsac, pair de France, marquis du Pont de Courlay, comte de
Cosnac, ci-devant general des galeres, gouverneur des ville & citadelle du Havre-
de-Grace, chevalier d'honneur de madame la Dauphine.
Voyez au chapitre du duché-pairie de Richelieu, tome IV. p. 372. & ci-devant, p. 172.

Burelé d'argent & d'azur, à trois chevrons de gueules sur le tout.

X I.

C FRANÇOIS duc de la Rochefoucaud, pair & grand veneur de France, prince
de Marcillac, marquis de Guercheville, grand-maître de la gardetobe du Roi,
gouverneur de Berry, mourut à Versailles le 11. janvier 1714. en sa 80. année.
Voyez tome IV. de cette hist. chapitre du duché-pairie de la Rochefoucaud, p. 430.
& ci-devant, p. 155. & 187.

Lofangé d'argent & de gueules.

XII.

LOUIS Grimaldi, duc de Valentinois, pair de France, prince fouverain de Mo- **A'**
naco, marquis de Baux, mourut le 3. janvier 1701.
Voyez au duché-pairie de Valentinois, *tome IV. p. 489. & ci-devant, p.* 180.

*Ecartelé au 1. d'argent, à un ofier
de finople, qui eft Lauzieres, au 2. de
gueules, à 2. chevres d'or paffantes, pofées l'une fur l'autre, au 3. de gueules,
au lion d'argent accompagné de befans
de même mis en orle, qui eft Cardaillac,
au 4. d'or, à 3. fafces de fable, au chef
d'hermines, qui eft Clermont-Lodeve,
& fur le tout écartelé d'Eftrées, & de la
Cauchie.*

XIII.

FRANÇOIS-ANNIBAL d'Eftrées de Lauzieres, duc d'Eftrées, pair de Fran- **B**
ce, marquis de Themines, comte de Nanteuil, gouverneur de l'Ifle de France,
& des villes de Soiffons, Laon, Noyon & Villers-Cotterets, mourut le 11. feptembre 1698.
Voyez au chapitre du duché-pairie d'Eftrées, *tome IV. p.* 596. *& ci-devant, p.* 60. 162.
& 214.

*Ecartelé au 1. de Gramont, au 2. &
3. d'Aftet, au 4. d'Aure, & fur le tout
de gueules, à quatre ottelles ou croix
patiée d'argent, qui eft Cominges.*

XIV.

ANTOINE-CHARLES duc de Gramont, pair de France, comte de Gui- **C**
che & de Louvignies, fouverain de Bidache, gouverneur de la baffe-Navarre
& de Bearn, de la ville & citadelle de Bayonne, & de S. Jean de Pied-de-Port.
Voyez fa genealogie, tome IV. de cette hift. p. 610. *& ci-devant, p.* 149. *& 188.*

X V.

De Mazarini, *tome IV. p. 619.*

X V.

A ARMAND-CHARLES duc de Mazarini-Rethelois, de Mayenne & de la Meilleraye, pair de France, & grand-maître de l'artillerie, prince de Château-portian, marquis de Montcornet, comte de la Fere, de Marlo, baron de Ham, Maixant, &c. lieutenant general des armées du Roi, grand bailly d'Haguenau, gouverneur de la haute & basse Alsace, des ville & château de Brisac, gouverneur & lieutenant general de la haute & basse Bretagne, des villes & citadelle de Nantes, Port-Louis, Hennebon & Quemperlay, capitaine & gouverneur du château de Vincennes & de la Fere, mourut en son château de la Meilleraye le 9. novembre 1713. âgé de 82. ans.

Voyez au duché-pairie de la Meilleraye, tome IV. p. 624. & ci-devant, p. 172.

D'azur, au chevron d'or, accompagné de trois croix ancrées de même.

X V I.

B FRANÇOIS de Neufville, duc de Villeroy, pair & maréchal de France, marquis d'Alincourt, capitaine des gardes du corps du Roi, gouverneur de Lyon, Lyonnois, Forez & Beaujolois, mourut à Paris le 18. juillet 1730.

Voyez ses ancestres & sa posterité au chapitre du duché-pairie de Villeroy, tome IV. p. 639. & ci-devant, p. 125. & 182.

Fascé d'argent & de sinople, à 6. merlettes de gueules, posées 3. 2. & 1.

X V I I.

C PAUL duc de Beauvillier, pair de France, grand d'Espagne, baron de la Ferté-Hubert, premier gentilhomme de la chambre du Roi, chef du conseil royal des finances, ministre d'état, mourut le 31. août 1714.

Voyez ce qui en a esté dit, tome IV. de cette hist. p. 721. au chapitre du duché-pairie de S. Aignan. & ci-devant, p. 192.

Tome IX. K 3

Ecartelé au 1. & 4. de Foix, *au 2.*
& 3. de Bearn.

XVIII.

HENRY-FRANÇOIS de Foix de Candale, duc de Randan, pair de France, A
marquis de Sennecey, comte de Fleix & de Gurson, captal de Buch, mourut
fans pofterité le 22. février 1714.

La genealogie de la maifon de Foix *a efté rapportée, tome III. p.* 343.

Ecartelé au 1. de Luxembourg, *an*
2. de Bourbon, *au 3. tous les quartiers*
de Lorraine *& un lambel de gueules de*
3. pieces, au 4. de Savoye, *& fur le*
tout de Potier.

X I X.

LEON Potier, duc de Trefmes, dit *de Gefvres*, pair de France, premier gentil- B
homme de la chambre du Roi, gouverneur de Paris, de Valois, de Ponteau de
Mer, & du château de Monceaux, mourut le 9. décembre 1704. âgé de 84. ans.

Voyez tome IV. de cette hift. p. 763. *chapitre du* duché-pairie *de* Trefmes. *& ci-devant,*
p. 143.

De gueules, à la bande d'or.

X X.

ANNE-JULES duc de Noailles, pair & maréchal de France, premier capi- C
taine des gardes du corps du Roi, gouverneur de Rouffillon, Conflans & Cerdaigne, & de la ville & citadelle de Perpignan, mourut à Verfailles le 2. octobre
1708.

Voyez fes anceftres & fa pofterité au chapitre du duché-pairie *de* Noailles, *tome IV. p.*
782. *& ci-devant, p.* 167. *& 193.*

De gueules, à trois fasces échiquetées d'argent & d'azur de deux traits.

XXI.

A ARMAND seigneur du Cambout, duc de Coislin, pair de France, comte de Crecy, lieutenant general des armées du Roi, mourut à Paris le 16. septembre 1702.

Voyez ses ancestres & sa posterité au chapitre du duché-pairie de Coislin, tome IV. p. 801. & ci-devant, p. 171.

Ecartelé au 1. d'Aigrèmont, au 2. du Plessis, au 3. de Bethune, au 4. d'or, au lion de sable, & sur le tout de Choiseul.

XXII.

B CESAR-AUGUSTE duc de Choiseul, pair de France, lieutenant general des armées du Roi, gouverneur de Toul, mourut le 12. avril 1705.

Voyez au chapitre du duché-pairie de Choiseul, tome IV. p. 817. & ci-devant, p. 114. & 188.

D'argent, au chevron de gueules accompagné de 7. merlettes de même, 4. en chef & 3. en pointe.

XXIII.

C LOUIS-MARIE-VICTOR d'Aumont de Rochebaron, duc d'Aumont, pair de France, marquis de Villequier, d'Isles & de Nolay, comte de Berzé, baron de Chapes, de Rochetaillé, de Joncy, d'Estrabonne, &c. gouverneur du Boulonois & de la ville de Boulogne, premier gentilhomme de la chambre du Roi, capitaine de ses gardes du corps, mourut subitement à Paris le 19. mars 1704.

Voyez au chapitre du duché-pairie d'Aumont, tome IV. p. 870. & ci-devant, p. 58. 122. & 173.

De Montmorency *à un écu en cœur*
d'argent, au lion de gueules, couronné,
armé & lampassé d'or, la queue fourchée
& passée en sautoir, qui est Luxembourg.

XXIV.

FRANÇOIS-HENRY de Montmorency, duc de Piney-Luxembourg, pair de A
France, prince de Tingry, comte de Ligny, de Bouteville & de Lux, capitaine
des gardes du corps du Roi, gouverneur de Champagne & de Brie, puis de Normandie, mourut à Versailles le 4 janvier 1695.
    Voyez au chapitre du duché-pairie de Montmorency, *tome III. p. 566. & ci-devant, p.*
117. 118. *&* 137.

D'or, à la croix ancrée de gueules.

XXV.

FRANÇOIS vicomte d'Aubusson, duc de Rouannois, comte de la Feuillade, B
maréchal de France, colonel du regiment des gardes Françoises, viceroi de Sicile, gouverneur de Dauphiné, mourut à Paris le 19. septembre 1691.

    Voyez au chapitre du duché-pairie de Rouannois, *tome V. p.* 318.

D'azur, au chevron d'or accompa-
gné de 3. losanges d'argent.

XXVI.

BERNARDIN Gigault, marquis de Bellefons, seigneur de l'Isle-Marie & de Gru- C
chy, maréchal de France, premier maître-d'hôtel du Roi, premier écuyer de madame la Dauphine, mourut au château de Vincennes le 4. décembre 1694.

    Voyez aux MARECHAUX DE FRANCE, *tome VI. p.* 593.

XXVII.

Ecartelé, contr'écartelé au 1. & 4. d'argent & de gueules, qui est Crevant, au 2. & 3. d'Humieres.

XXVII.

A LOUIS de Crevant, duc de Humieres, maréchal & grand-maître de l'artillerie de France, capitaine des cent gentilshommes au Bec de Corbin de la maison du Roi, gouverneur de Bourbonnois, gouverneur general de Flandres, de la ville & citadelle de Lille, d'Armentieres & de Compiegne, mourut à Versailles le 30. août 1694.

Voyez au chapitre du duché-pairie de Humieres, tome V. p. 762. & ci-devant, p. 144.

Ecartelé, au 1. & 4. de gueules, au lion d'argent, qui est Lomagne, au 2. & 3. d'argent à la bande d'azur, qui est Durfort.

XXVIII.

B JACQUES-HENRY de Durfort, duc de Duras, maréchal de France, capitaine des Gardes du corps du Roi, gouverneur du comté de Bourgogne & de la ville & citadelle de Besançon, mourut à Paris le 12. octobre 1704.

Voyez au chapitre du duché de Duras, tome V. p. 720. & ci-devant, p. 122.

Ecartelé, au 1. & 4. de Durfort, au 2. & 3. de Lomagne, & un lambel de gueules sur le tout.

XXIX.

C GUY-ALDONCE de Durfort, comte de Lorges, duc de Quintin, sous le nom de Lorges, maréchal de France, capitaine des Gardes du corps du Roi, mourut à Paris le 22. octobre 1702.
Voyez ibidem.

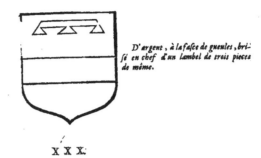

D'argent, à la fasce de gueules, brisé en chef d'un lambel de trois pieces de même.

XXX.

LOUIS-ARMAND duc de Bethune, pair de France, lieutenant general au A
gouvernement de Picardie, gouverneur des ville & citadelle de Calais & du fort
Nieulay, capitaine des Gardes du corps du Roi, mourut le premier avril 1717.

Voyez au chapitre du duché-pairie de Sully, *tome IV. de cette hift. page* 210. *& ci-
devant, p.* 200.

Ecartelé, au 1. & 4. d'Eftrées, *au
2. & 3.* de la Cauchie.

XXXI.

JEAN comte d'Eftrées, feigneur de Tourpes, premier baron du Boulonois, ma- B
réchal & vice-amiral de France, vice-roi de l'Amerique, lieutenant general en Bretagne, gouverneur de Nantes, mourut à Paris le 19. may 1707. âgé de 83. ans.

Voyez au chapitre du duché-pairie d'Eftrées, *tome IV. de cette hiftoire, page* 596. *&
ci-devant, p.* 162.

*Fafcé d'or, & d'azur de huit pieces,
la premiere fafce d'azur chargée de
trois annelets de gueules, qui eft* de la
Vieuville-d'Artois.

XXXII.

CHARLES duc de la Vieuville, chevalier d'honneur de la Reine, gouverneur
de Poitou, & de la perfonne de M. le duc de Chartres, lieutenant general des C
armées du Roi & au gouvernement de Champagne, mourut le 2. février 1689.

Voyez au chapitre des GRANDS-FAUCONNIERS, *tome VIII. de cette hiftoire,
page* 758. *& ci-devant, p.* 128.

D'azur, à la bande d'or.

XXXIII.

A **JEAN-BAPTISTE** de Caffagnet, marquis de Tilladet, capitaine-lieutenant des cent Suiffes de la garde du Roi, maître de fa garderobe, lieutenant general de fes armées, gouverneur de Cognac & de la ville & citadelle d'Arras, lieutenant general au gouvernement d'Artois, fut bleffé d'un coup de Moufquet à la cuiffe au combat de Steinkerque le 3. août 1692. & en mourut le 22. du même mois fans avoir été marié.

Il avoit eu un frere aîné, capitaine aux Gardes, tué à Paris par les gens de la livrée du duc d'Efpernon, & pour freres puînez *Gabriel* de Caffagnet, reçû chevalier de Malte en 1647. connu fous le nom du *Chevalier de Tilladet*, lieutenant general des armées du Roi, gouverneur d'Aire, mort le 11. juillet 1702. & *Michel* de Caffagnet-Tilladet, évêque de Mâcon; & pour fœur *N...* Caffagnet, mariée à *N...* du Bouzet, marquis de Roque-Efpine.

B Ils étoient enfans de *Gabriel* de Caffagnet, feigneur de Tilladet, lieutenant general des armées du Roi, gouverneur de Bapaume, puis de Brifac, & de *Madelene* le Tellier, fœur de *Michel* le Tellier, chancelier de France, & neveux de *Paul-Antoine* de Caffagnet, marquis de Fimarcon, capitaine au regiment de Gardes, meftre de camp du regiment d'Anjou, lieutenant general des armées du Roi, nommé chevalier du Saint Efprit en 1651. marié par difpenfe le 14. may 1623. à *Paule-Françoife* de Narbonne, fille d'*Amaury* de Narbonne, marquis de Fimarcon, & de *Marguerite* d'Ornezan d'Auradé (*a*); & de ce mariage font defcendus les marquis de Fimarcon & de Tilladet en Guienne, qui fubfiftent à préfent.

{*a*} Tome VII. P. 773.

Et leur ayeul étoit *Bernard* de Caffagnet, feigneur de Tilladet & de Chuiffeaux, gentilhomme ordinaire de la chambre du Roi, capitaine aux Gardes, gouverneur de Bourg-fur-Mer, qui avoit époufé par contrat du 15. feptembre 1588. *Jeanne* de Narbonne, fœur de *Jean* de Narbonne-de-Lomagne, marquis de Fimarcon, & fille de *Bernard* de Narbonne, feigneur de Taleiran, marquis de Fimarcon, & de *Françoife* de Bruieres, de Chalabre, fa feconde femme. (*b*)

[*b*] *Ibid.*

D'or, a fix annelets de gueules, pofez 3. 2. & 1.

XXXIV.

C **LOUIS** Caillebot, marquis de la Salle, feigneur de Montpinçon, de Renancourt, de Villemeux, de Premont & de Hannovart, maître de la garderobe du Roi.

Il a eu pour freres *Henry* Caillebot, feigneur de Villemeux, lieutenant au regiment des Gardes, tué en Allemagne en 1673. *Antoine-Claude* Caillebot, chevalier de Malte, lieutenant aux Gardes, tué au fiege de Befançon; *François* Caillebot,

évêque de Tournay, abbé de la Couture du Mans & de Rebais, où il s'est retiré; A
Charles Caillebot, chevalier de Malte, souslieutenant aux Gardes, tué à Paris en
1675. *Pierre* Caillebot, lieutenant de la colonelle du regiment des Gardes,
tué à la bataille de S. Denis en Flandres en 1678. & pour sœur *Marie-Ferdi-*
nande Caillebot de la Salle, mariée au mois de decembre 1683. à *Charles-Bal-*
tasar de Clermont de Chaste, comte de Roussillon, morte le 28. avril 1707. Ils
étoient tous enfans de *Louis* Caillebot, seigneur de la Salle & de Montpinçon,
capitaine-lieutenant des Gendarmes de la garde du Roi, lieutenant general de
ses armées, & d'*Anne-Madelene* Martel, fille de *Charles* Martel, seigneur de Montpinçon, & d'*Alfonsine* de Balsac. *Louis* Caillebot, marquis de la Salle, chevalier des Ordres du Roi, mourut le 7. décembre 1728. Il avoit épousé le 8.
octobre 1712. *Jeanne-Helene* Gillain, fille de *François-Antoine* Gillain, chevalier,
seigneur du Port & de Benouville, & d'*Helene* de Marguerit, dont il a eu *Marie-*
Louis Caillebot, marquis de la Salle, né le 11. février 1716. lequel sert dans les
Mousquetaires du Roi en 1732. Le Roi a changé le nom de Montpinçon en
celui de la Salle, & l'a érigé en marquisat en sa faveur & de ses enfans mâles
en légitime mariage, par lettres données à Versailles au mois de juillet 1730.
registrées en la Chambre des Comptes de Normandie le 16. janvier 1732.

D'argent, à trois pals de gueules,
au chef d'azur chargé de deux roses
d'argent.

X X X V.

JACQUES-LOUIS de Beringhen, comte de Châteauneuf & du Plessis-Ber- B
trand en Bretagne, seigneur d'Armainvilliers & de Grez, premier écuyer du Roi,
gouverneur de la citadelle & du fort de S. Jean de Marseille, president du Conseil du
dedans du Royaume durant la minorité du Roi, directeur general des Ponts & Chauf-
sées de France, mourut le premier may 1723.

(a) Voyez ci-
devant, p. 197.

(b) Tome IV.
p. 878.

(c) Tome VII.
p. 387.

Il étoit fils de *Henry* de Beringhen, comte de Châteauneuf, premier écuyer du
Roy, chevalier de ses Ordres (a), & d'*Anne* du Blé-d'Uxelles. Il avoit épousé
par contrat du 14. octobre 1677. *Marie-Madelene-Elisabeth-Fare* d'Aumont, fille
aînée de *Louis* duc d'Aumont, pair de France, & de *Madelene-Fare* le Tellier (b).
Elle mourut le 18. octobre 1728. âgée de 66. ans, laissant pour enfans *Jacques-*
Louis de Beringhen, marquis de Châteauneuf, comte du Plessis-Bertrand & d'Armainvilliers, premier écuyer du Roi, maréchal de ses camps & armées, gouverneur des citadelle & fort de Saint Jean de Marseille, mort en mil sept cens
vingt-trois, âgé de quarante-trois ans, ayant épousé le 9. février 1708. *Marie-*
Louise-Henriette de Beaumanoir, fille d'*Henry-Charles* de Beaumanoir, marquis de
Lavardin, chevalier des Ordres du Roi, & de *Louise-Anne* de Noailles sa seconde C
femme. (c) De cette alliance est née *Nicole-Louise* de Beringhen, fille unique.
François-Charles de Beringhen, évêque du Puy, abbé de Sainte Croix de Bourdeaux, prévôt de Pignans en Provence; HENRY-CAMILLE de Beringhen,
marquis de Châteauneuf, qui suit; *Anne-Marie-Madelene* de Beringhen, abbesse
du Pré; *Louise-Charlotte-Eugenie* de Beringhen, religieuse à Faremoustier; *Anne-*
Benigne-Fare-Therese de Beringhen, mariée le 11. juillet 1701. à *Emmanuel-Armand*
marquis de Vassé, brigadier des armées du Roi, dont elle resta veuve en 1710.
Olimpe-Felicité de Beringhen, religieuse, puis abbesse à Faremoustier; *Marie-Louise*
de Beringhen, mariée en 1713. à *Guillaume-Alexandre* marquis de Vieux-pont &
de Senecé, lieutenant general des armées du Roi, lieutenant pour sa Majesté au
païs d'Aunis, & gouverneur de Charlemont; & *Lydie* de Beringhen, mariée le
22. novembre 1722. à *Hubert* de Courtarvel, marquis de Pezé, mestre de camp
licutenant & inspecteur du regiment du Roi infanterie, brigadier de ses armées,
gouverneur des châteaux de la Muette & de Madrid, & des ville & château
de Rennes, & morte à Paris le 6. septembre   dans sa 26e année.

HENRY-

A HENRY-CAMILLE marquis de Beringhen, chevalier des Ordres du Roi, meſtre de camp d'un regiment d'infanterie, ci-devant chevalier de Malte, commandeur de Pieton, a prêté ſerment entre les mains du Roi pour la charge de ſon premier Ecuyer le 7. février 1724. Il eſt lieutenant general au gouvernement de Bourgogne, & gouverneur des ville & citadelle de Chalon-ſur-Saône. *Il ſera rapporté en ſon rang, à la promotion du 2. fevrier 1731.*

D'argent, à la bande fuſelée de gueules, au lion d'azur en chef.

XXXVI.

B PHILIPPES de Courcillon, marquis de Dangeau, comte de Meſle & de Civray, baron de S. Hermine, de S. Amant, du Château-du-Loir, de Lucé & de Breſſuire, ſeigneur de Chauſſeroie & de la Bourdaiſiere, menin de monſeigneur le Dauphin, chevalier d'honneur de madame la Dauphine, gouverneur de Touraine & de la ville de Tours, grand-maître des Ordres de Notre-Dame de Montcarmel & de Saint Lazare de Jeruſalem, conſeiller d'état d'épée, mourut le 9. ſeptembre 1720. dans ſa 84ᵉ année.

Il étoit fils de *Louis* de Courcillon, ſeigneur de Dangeau, de la Motte & de Diziers, & de *Charlotte* des Noües de la Tabariere; & épouſa 1°. en 1670. *Françoiſe* Morin, morte le 22. mars 1682. fille de *Jacques* Morin, ſeigneur de Châteauneuf, & d'*Anne* Yvelin, 2°. en 1686. *Marie-Sophie* de Baviere de Leweſtein, fille d'honneur de madame la Dauphine, fille de *Ferdinand-Charles* comte de Leweſtein, & d'*Anne-Marie* de Furſtemberg, ſœur du cardinal de Furſtemberg. Du premier

C lit ſont ſorties *Marie-Anne-Jeanne* de Courcillon, née au mois de décembre 1671. mariée le 18. février 1694. à *Honoré-Charles* d'Albert, duc de Luynes, connu ſous le nom de *Duc de Montfort* (a); & *Thereſe* de Courcillon, morte ſans être mariée. Du ſecond lit il a eu *Philippes-Egon* marquis de Courcillon, né le 19. juin 1687. colonel du regiment de Furſtemberg cavalerie en 1704. lequel eut une jambe emportée à la bataille de Malplaquet en 1709. fut fait brigadier de cavalerie en 1710. fut nommé gouverneur de Touraine au mois de ſeptembre 1712. ſur la démiſſion de ſon pere, & mourut le 20. ſeptembre 1719. laiſſant de *Françoiſe* de Pompadour-Lauriere qu'il avoit épouſée le 17. juin 1708 une fille unique *Marie-Sophie* de Courcillon, laquelle épouſa le 20. janvier 1729. *Charles-François* d'Albert-d'Ailly, duc de Pequigny.

(a) Tome IV p. 262.

Ecartelé au 1. & 4. contr'ecartelé de Gramont & d'Aſter, au 2. & 3. de Montmorency, & ſur le tout de Cominges.

XXXVII.

D PHILIBERT de Gramont, dit *le comte de Gramont*, ſeigneur de Semeac, d'Hibos & de Soroville, gouverneur du pais d'Aunis & de la Rochelle, mourut à Paris le 30. janvier 1707.

Voyez au chapitre du duché-pairie de Gramont, tome IV. p. 610. & ci-devant p. 146. 188. & 220.

D'argent, à trois molettes à 6. rais de gueules, posées 2. & 1. accompagnées de 9. croisettes recroisettées de même, 3. en chef, 3. en fasce & 3. en pointe, ces dernieres posées 2. & 1.

XXXVIII.

LOUIS-FRANÇOIS duc de Boufflers, pair & maréchal de France, chevalier de la Toison-d'Or, capitaine des Gardes du corps du Roi, gouverneur general de Flandres & de Hainault, gouverneur particulier & souverain bailly de la ville & citadelle de Lille, grand-bailly & gouverneur hereditaire de la ville de Beauvais, mourut à Fontainebleau le 22. août 1711.

Voyez au chapitre des MARECHAUX DE FRANCE, tome VII. de cette histoire, page 625.

De gueules, à deux fasces d'or.

XXXIX.

FRANÇOIS de Harcourt, marquis de Beuvron & de la Mailleraye, comte de Sezanne, lieutenant general au gouvernement de la haute-Normandie, gouverneur du vieux Palais de Rouen, mourut à la Mailleraye le 22. avril 1705. âgé de 78. ans.

Voyez ses ancestres & sa posterité tome V. de cette histoire, page 152.

De Mornay , comme ci-devant p. 112.

XL.

HENRY de Mornay, marquis de Montchevreüil, gouverneur & capitaine de Saint Germain en Laye, mourut le 2. juin 1706. âgé de 84. ans.

Voyez au chapitre des CHANCELIERS DE FRANCE, tome VI. de cette hist. p. 286.

D'or, à la couleuvre d'azur, tortillée en pal.

XLI.

A EDOUARD-FRANÇOIS Colbert, comte de Maulevrier, lieutenant general des armées du Roi, gouverneur des ville & citadelle de Tournay, mourut à Paris le 31. may 1693. & est enterré à S. Eustache.

Il étoit fils de *Nicolas* Colbert, seigneur de Vandieres, & de *Marie* Pussort, & épousa par contrat du dernier juillet 1668. *Marie-Madelene* Bautru, morte le 10. mars 1700. fille de *Guillaume* Bautru, comte de Serrant, & de *Marie* Bertrand de la Baziniere, dont il eut *Jean-Baptiste* Colbert, comte de Maulevrier. colonel d'infanterie, tué à la défense de Namur, le 18. juillet 1695. FRANÇOIS-EDOUARD Colbert, marquis de Maulevrier, qui suit; *Henry* Colbert, fait chevalier de Malte en 1688. lequel après avoir passé par tous les degrez militaires, & donné des preuves de sa valeur, fut fait lieutenant general des armées du Roi le 30. mars 1710. & mourut à Cambray de la petite Verole au mois d'août 1711. *Charles-Louis* Colbert, prieur de Reüil; & *Marie-Therese* Colbert, mariée le 12. juin 1685. à *Jacques-Eleonor-Rouxel* comte de Medavy, chevalier des Ordres du Roi, lieutenant general de ses armées, gouverneur de Nivernois. (*a*)

(a) Voyez tome VII. p. 575.

B FRANÇOIS-EDOUARD Colbert, marquis de Maulevrier, &c. fut en sa jeunesse prieur de S. Jean-le-Rotrou; puis ayant pris le parti des armes, fut colonel du regiment de Navarre après la mort de son frere aîné en 1695. servit au siege du fort de Keel en mars 1703. fut nommé brigadier d'infanterie en octobre 1704. servit l'année suivante en Espagne, sous le maréchal de Tessé son beau-pere, & mourut à Paris le premier avril 1706. âgé de 31. ans. Il avoit épousé le 25. janvier 1698. *Marthe-Henriette* Froulay, fille de *Rene* comte de Tessé, maréchal de France, & de *Marie-Françoise* Aubert (*b*), dont *Louis Rene-Edouard* Colbert, marquis de Maulevrier, colonel du regiment de Piémont en 1719. *Rene-Edouard* Colbert, & *Marie-Henriette* Colbert, mariée le 22. août 1722. à *Charles-François* comte d'Estaing, marquis de Saillant, brigadier des armées du Roi, dont elle est la seconde femme.

(b) Ibid. p. 571.

Ecartelé, au 1. d'or au pont couvert de trois arches de sable, au 2. d'azur à deux fasces d'argent, au 3. d'azur au bras dextre sortant d'une nuée, tenant en main une épée nuë d'argent, au lambel de trois pieces de même, au 4. d'or, au lion couronné de gueules, la queue nouée, fourchée & passée en sautoir.

XLII.

C JOSEPH de Pons & de Guimera, baron de Montclar, lieutenant general des armées du Roi, mestre de Camp general de la Cavalerie-legere, Grand-bailly de Haguenau, commandant en Alsace, né en 1625. mourut en avril 1690.

Il étoit fils de *Joseph* de Pons, seigneur de Montclar, & de *Beatrix* de Guimera; & avoit épousé *Jeanne* Ros, fille de *François* Ros, comte de S. Feliens, & de

Marie de Meque, morte à Perpignan le 8. août 1714. dont il eut *Marie-Thérèse* **A**
de Pons de Guimera, fille unique, mariée par contrat du 29. mars 1685. à
Claude-Jacinte marquis de Rebé, mort à Namur le 4. août 1693. des blessures
qu'il avoit reçûës au combat de Steinkerque.

D'azur, à onze billettes d'argent;
4. 3. & 4.

XLIII.

HENRY-CHARLES de Beaumanoir, marquis de Lavardin, lieutenant gene- **B**
ral au gouvernement de Bretagne, ambassadeur extraordinaire à Rome, né le
15. mars 1644. mourut à Paris le 29. août 1701.

Voyez au chapitre des MARECHAUX DE FRANCE, *tome VII. de cette hist. p. 387. &*
ci-devant p. 107. & 184.

D'azur, à trois molettes d'or, au
chef d'argent, chargé d'un lion passant
de gueules.

XLIV.

PIERRE de Villars, nommé le marquis de Villars, baron de Masclas, de Sarras, **C**
de Riverant & d'Oriol, conseiller d'état ordinaire, lieutenant general des armées
du Roi, gouverneur de Besançon, ambassadeur en Espagne, Savoye & Dannemarck,
chevalier d'honneur de madame la duchesse de Chartres, mourut à Paris le 20. mars
1698.

Voyez tome V. de cette histoire, p. 105.

Ecartelé, au 1. d'or, à trois bandes
d'azur, qui est Adhemar, *au 2. de*
gueules, au château d'argent, qui est
Castellane, *au 3. de gueules au lion*
d'argent, au 1. canton d'hermines, au
4. de gueules, à la croix alisée d'or,
cantonnée de quatre roses de même.
Voyez ci-devant, p. 85. & 182.

XLV.

FRANÇOIS Adhemar de Monteil, comte de Grignan, lieutenant general au **D**
gouvernement de Provence, mourut le 30. décembre 1714. âgé de 85. ans.
Il étoit fils de *Louis-Gaucher* Adhemar de Monteil, comte de Grignan, & de
Marguerite d'Ornano, & épousa 1°. *Angelique-Clarice* d'Angennes, fille de *Charles*
d'Angennes, marquis de Rambouillet, (*a*) & de *Catherine* de Vivonne, morte au
mois

(*a*) Tome II.
p. 417.

mois de janvier 1665. 2°. par contrat du 17. janvier 1666. *Marie-Angelique* du Puy-du-Fou, fille de *Gabriel* marquis du Puy-du-Fou, & de *Madelene* de Belliévre, morte en couches au mois de juin 1667. & 3°. par contrat du 28. janvier 1669. *Françoise-Marguerite* de Sevigné, fille de *Henry* marquis de Sevigné, & de *Marie* de Rabutin de Chantal, morte le 13. août 1705. Du premier lit nâquirent *Louise-Catherine* Adhemar de Monteil-de-Grignan, & *Françoise-Julie* Adhemar de Monteil, qui a épousé le 6. may 1689. *Henri Emmanuel* Hurault, marquis de Vibraye, lieutenant general des armées du Roi (*a*). Du second, *Louis* Adhemar de Monteil, né le 17. may 1667. mort quelques mois après, & du troisiéme, *Louis-Provence* Adhemar de Monteil, marquis de Grignan, nommé par les états de Provence assemblez à Lambesc au mois de Novembre 1671. qui épousa *Anne-Marguerite* de S. Amand, & mourut sans enfans en octobre 1704. *Pauline* Adhemar de Monteil, qui a épousé *Louis* de Simiane, marquis de Truchenu & d'Esparron (*b*). & *N...* Adhemar, religieuse à la Visitation à Aix.

(*a*) Tome VI. P. 507.

(*b*) Tome II. p. 251.

D'azur, à une croix d'or cantonnée de dix-huit billettes.

XLVI.

CLAUDE de Choiseul, marquis de Francieres, appellé *le comte de Choiseul*, maréchal de France, gouverneur de Langres & de S. Omer, mourut doyen des maréchaux de France le 11. mars 1711. en sa 78. année, & est enterré à Piquepus. *Voyez au chapitre des MARECHAUX DE FRANCE, tome VII. de cette hist. p. 622. & ci-devant p. 114. 188. & 223.*

Ecartelé au 1. & 4. de Goyon, au 2. d'Orleans-Longueville, au 3. de Bourbon-Saint-Paul.

XLVII.

JACQUES Goyon, sire de Matignon, comte de Thorigny, lieutenant general au gouvernement de la basse Normandie, gouverneur de Cherbourg, de Granville, de S. Lo & de l'Isle de Chauzé, menin de monseigneur le Dauphin, mourut le 14. janvier 1725. *Sa posterité & ses ancestres sont rapportez tome V. de cette hist. p. 390. & ci-devant pag. 129. 183. & 199.*

Ecartelé au 1. & 4. pallé d'or & d'azur de 6. pieces, au chef de gueules chargé de 3. hydres d'or , au 2. & 3. d'azur, au lion d'argent , à la bordure de gueules chargée de 8. fleurs de lys d'or.

XLVIII.

JEAN-ARMAND de Joyeuse, nommé *le marquis de Joyeuse*, baron de S. Jean, seigneur de Ville-sur-Tourbe , maréchal de France, gouverneur de Nancy & des **A** ville, citadelle, pays & évêchez de Mets & de Verdun, mourut à Paris le premier juillet 1710. âgé de 79. ans. & est enterré à S. Paul.

Voyez au chapitre des MARECHAUX DE FRANCE, *tome VII. de cette hist. p. 624. & ci-devant , p. 74. 80. & 205.*

Ecartelé au 1. d'or , à la bande de gueules , qui est Caluo, au 2. d'argent, à trois fasces ondées d'azur , qui est Gualbés, au 3. d'argent , à un rocher sortant de la pointe de l'écu d'azur surmonté d'une comete de gueules , au 4. d'or , à la bande de sable , à la bordure componée de même.

XLIX.

FRANÇOIS de Caluo , lieutenant general des armées du Roi, gouverneur de **B** la ville d'Aire , né à Barcelonne en 1617. mourut à Deinse au mois de may 1690. & est enterré à Aire, *laissant un fils naturel, avocat general au conseil de Perpignan, mort le 2. janvier 1708.*

Il étoit fils de *Joseph* de Caluo, & de *Jeronime* Gualbés, & avoit pour freres *Pierre* de Caluo, abbé de Notre-Dame d'Eu, chanoine & grand archidiacre d'Elne, conseiller honoraire au conseil souverain de Roussillon, mort en 1708. âgé de 75. ans. & JOSEPH de Caluo , mestre de camp d'un regiment de cavalerie, marié à Dona *Marie* de Bassedes & de Marguerit, niece de Dom *Joseph* de Marguerit, marquis d'Aguilar, de laquelle il a eu *Benoist* de Caluo, colonel du regiment royal infanterie, brigadier des armées du Roi, tué à la bataille de Spire le 15. novembre 1703. *Francois* de Caluo , *Josephe* de Caluo , veuve de *N*.... comte d'Illes son cousin, brigadier des armées du Roi, morte en mars 1725. sans enfans ; & *Therese* de Caluo , mariée à *François* de Tord, colonel de Dragons , mort en 1715.

De gueules, au lion d'hermines couronné d'or.

L.

A CHARLES d'Aubigné, dit *le comte d'Aubigné*, feigneur de Surineau, gouverneur de Betfort en Alface, d'Aiguesmortes en Languedoc, de Cognac en Angoumois & de la province de Berry, mourut à Vichy en may 1703. âgé de 69. ans.

Il étoit fils de *Conftant* d'Aubigné, feigneur de Surineau, & d'*Ifabelle* de Cardillac fa feconde femme, fille de *Pierre* de Cardillac, lieutenant du duc d'Efpernon au Château-Trompette, & de *Louife* de Montalambert, & avoit époufé par contrat du 23. février 1678. *Genevieve-Philippe* Pietre, fille de *Simon* Pietre, procureur du Roi & de la ville de Paris, & de *Louife* d'Antal. Elle mourut le 4. août 1728. il en eut *Françoife-Charlotte-Amable* d'Aubigné, fille unique, mariée le 1. avril 1698. à *Adrien-Maurice* duc de Noailles, pair de France, chevalier des Ordres du Roi & de la Toifon d'Or, capitaine des gardes du corps du Roi *(a)*.

(a) Tome IV. P. 795.

De gueules à trois leopards couronnez d'or, l'un fur l'autre.

L I.

B CHARLES de Montfaunin, comte de Montal, châtelain de S. Briffon & d'Ilan, lieutenant general des armées du Roi, gouverneur de Charleroy & de Montroyal, mourut à Dunkerque le 28. feptembre 1696. âgé de 77. ans

Il étoit fils d'*Adrien* de Montfaunin, feigneur des Aubus, & de *Gabrielle* de Rabutin, dame de Montal, & époufa en 1640. *Gabrielle* de Solages, morte le 29. mars 1702. âgée de 89. ans, fille de *Jean-Albert* de Solages, feigneur de Camboularet & de Salles, & de *Caffandre* de la Fare, dont il eut L O U I S de Montfaunin, marquis de Montal, qui fuit, *François* de Montfaunin, chevalier de Malte, capitaine de cavalerie, tué en Flandre en 1672. *François-Ignace* de Montfaunin, abbé de Rigny, depuis capitaine de cavalerie, qui époufa *Charlotte-Marie* Baillet, fille de *Claude* Baillet, feigneur d'Aucourt en Champagne, & de *Marguerite* du Val de Dampierre, & mourut à Landau le 21. feptembre 1691. ayant eu de fon mariage trois fils ; & *Marie-Caffandre* de Montfaunin, mariée à *Euftache* Marion, comte de Druy, lieutenant des gardes du corps du Roi, & lieutenant general de fes armées.

LOUIS de Montfaunin, marquis de Montal, meftre de camp d'un regiment de cavalerie, mourut avant fon pere en 1686. Il avoit époufé *Marguerite-Henriette* de Saulx, fille de *Jacques* de Saulx, comte de Tavannes, & d'*Henriette* Potier-Gefvres *(b)*, dont il eut CHARLES-LOUIS de Montfaunin, marquis de Montal, qui fuit, & trois filles,

CHARLES-LOUIS de Montfaunin, marquis de Montal, colonel du regiment de Poitou, brigadier des armées du Roi le 29. mars 1710. maréchal de camp le 1. février 1719. a époufé le 21. avril 1705. *Anne-Marie* Colbert, fille d'*Edouard* Colbert, marquis de Villacerf, furintendant des bâtimens, & de *Genevieve* l'Archer.

[b] Tome. VII. P. 257.

D'or , à trois écrevisses de gueules en pal , 2. & 1.

L I I.

CLAUDE de Thiard , comte de Biffy , baron de Pierre , de Vauvry & d'Hautume , **A** lieutenant general des armées du Roi & des provinces de Lorraine & Barrois, commandant dans les trois évêchez, de Mets , Toul & Verdun, pays, frontieres & rivieres de Sarre & Mozelle en chef, gouverneur des ville & château d'Auxonne , mourut à Mets le 3. novembre 1701.

{ *a*) Tome VII, .648.

Il étoit fils de *Ponthus* de Thiard , seigneur de Biffy & de Charnay , baron de Pierre & de Vauvry , guidon de la compagnie des gendarmes du duc de Bellegarde , & de *Jeanne* de Bouton de Chamilly , fille de *Christophe* de Bouton de Chamilly , & de *Diane* de Poitiers (*a*) , & frere d'*Henry* & de *N*. . . de Thiard , morts au service sans avoir été mariez , de *Claudine* de Thiard de Biffy , dame de Charnay , morte sans alliance , & de *Claude-Angelique* de Thiard de Biffy , morte religieuse ursuline à Châlon-sur-Saône. Il épousa en 1647. *Eleonor-Angelique* de Neucheze , fille de *Henry* de Neucheze , baron des Francs , & d'*Eleonore* de Turpin de Criffé , dont il a eu JACQUES de Thiard , marquis de Biffy , qui suit , CLAUDE de Thiard , comte de Biffy , baron de Vauvry , mestre de camp d'un regiment de cavalerie , qui suivra , *Claudine-Angelique* de Thiard de Biffy , religieuse de la Visitation à Châlon-sur-Saône , *Henry* de Thiard , mort jeune , *Henry-Pons* de Thiard de Biffy , cardinal du titre de S. Bernard , évêque de Meaux , commandeur de l'Ordre du S. Esprit , abbé de l'abbaye royale de S. Ger- **B** main des Prez, *Claude* de Thiard de Biffy , bailly , grand-croix de l'ordre de Malte , capitaine de galeres , *Joseph* de Thiard de Biffy , abbé de S. Pharon de Meaux, *Gabriel-Ponthus-d'Auxonne* de Thiard de Biffy , chevalier de Malte , mestre de camp d'un regiment de cavalerie , tué le 13. août 1704. à la bataille d'Hochtet , *Françoise* de Thiard de Biffy , abbesse de l'abbaye royale de Beaume-les-Dames en Franchecomté , *Angelique* de Thiard de Biffy , abbesse après sa sœur de l'abbaye royale de Beaume-les-Dames en Franchecomté , *Claude-Angelique* de Thiard de Biffy , religieuse de la Visitation de Châlon-sur-Saône , *Jacqueline* de Thiard de Biffy , morte jeune ; & *Therese* de Thiard de Biffy , religieuse Ursuline à Dijon.

JACQUES de Thiard , marquis de Biffy , comte de Brugny , baron de Pierre & d'Hautume , lieutenant general des armées du Roi , gouverneur des ville & château d'Auxonne , a épousé *Bonne-Marguerite* d'Haraucourt , morte le 11. de mars 1682. fille de *Charles* marquis d'Haraucourt & de Faulquemont , comte de Dalem , baron de Lorquin , seigneur d'Acraignes , maréchal de Lorraine , general des troupes de Baviere , & de *Marguerite* de Baffompierre , de laquelle **C** il a eu *Anne-Claude* de Thiard , marquis de Biffy , d'Haraucourt & de Faulquemont , comte de Dalem , seigneur de Charnay , maréchal de camp des armées du Roi , gouverneur des ville & château d'Auxonne , qui a épousé le 1. de may 1712. *Angelique-Henriette-Therese* Chauvelin , fille de *Louis* Chauvelin , conseiller d'état , & de *Marguerite* Billard , dont il a eu *Jacques-Claude-Charles* de Thiard de Biffy , mort le 24. juin 1719. âgé de 7. ans. *Henriette-Françoise* de Thiard de Biffy , *Anne-Louis* de Thiard , marquis de Biffy , capitaine de cavalerie dans le regiment de Villars , né le 8. may 1715. & *Angelique-Françoise-Josephine* de Thiard de Biffy.

CLAUDE de Thiard, comte de Biffy , baron de Vauvry , mestre de camp d'un regiment de cavalerie, frere de *Jacques*, épousa *Marie* le Ferron, de laquelle il a eu *Claude* de Thiard , comte de Biffy , soulieutenant des gendarmes dauphins , & mestre

de

de camp de cavalerie, mort en 1723. lequel avoit épousé *Silvie-Angelique* de Langeron, fille de *N...* marquis de Langeron, lieutenant general des armées navales, de laquelle il a eu *Claude* de Thiard, comte de Bissy, *Henry-Charles* de Thiard de Bissy, chevalier de Malte, tous deux vivans en 1732.

De gueules, au chevron ondé d'argent & d'azur de 6. pieces, accompagné de 3. lionceaux d'or.

L I I I.

A ANTOINE Coeffier, dit *Ruzé*, marquis d'Effiat, de Chilly & de Longjumeau, vicomte de Nazat, de Massin, de Thuret & de Copet-de-Croc, seigneur de Vichy & de Montrichard, premier écuyer de monsieur duc d'Orleans, gouverneur de Montargis, mourut le 3. juin 1719.

Voyez au chapitre des MARECHAUX DE FRANCE, *tome VII. de cette hist. p. 492. & ci-devant, p. 156.*

Ecartelé au 1. & 4. burelé d'argent & d'azur, au 2. & 3. de gueules.

L I V.

C FRANÇOIS de Montberon, nommé *le comte de Montberon*, lieutenant general des armées du Roi, & au gouvernement de Flandres & d'Artois, successivement gouverneur d'Arras & de Cambray, mourut à Cambray le 16. mars 1708.

Voyez tome VII. de cette hist. p. 30.

D'azur au chevron de sable potencé & contrepotencé d'or, au chef d'or chargé d'un lion passant de gueules.

L V.

D PHILIPPES-AUGUSTE le Hardy, marquis de la Trousse, seigneur de Crepoil, Coucherel, Rademont, Vieilmoulins & Limezy, capitaine-lieutenant des gendarmes-dauphins, lieutenant general des armées du Roi, gouverneur d'Ypres, mourut en octobre 1691.

Il étoit fils de *François* le Hardy , marquis de la Trouſſe, & d'*Henriette* de **A**
Coulanges , & épouſa le 20. avril 1660. *Marguerite* de la Fond, fille de *Jac-*
ques de la Fond, ſecretaire du Roi, garde des rolles des offices de France,
& de *Marguerite* Bannelier, dont il eut pour fille unique *Marie-Henriette* le Hardy, dame de Crepoil & de Liſy-ſur-Ourques, mariée le 16. février 1684. à
Amedée-Alfonſe del Pozzo, marquis de Vogliera, prince de la Ciſterne, grand
veneur & grand fauconnier du duc de Savoye, colonel du regiment de Saluces , mort à Paris le 4. octobre 1698. âgé de 36. ans.

Il avoit deux oncles, le premier nommé *François* le Hardy , ſeigneur de Fay,
gouverneur de Rozes, qui épouſa *Marie* Barthelemy, de laquelle il eut *Ma-*
rie-Henriette le Hardy, veuve de *Jacques-Claude* de la Palu, comte de Bouligneux,
& le ſecond, *Adrien* le Hardy de la Trouſſe, lequel fit ſes preuves pour être
chevalier de Malte, & fut depuis lieutenant colonel du regiment de la Marine,
& épouſa *Françoiſe* de Lamont, dont il eut *François-Paul* le Hardy, marquis de la
Trouſſe, lieutenant aux gardes, chevalier de S. Louis , marié à *Catherine-Fran-*
çoiſe de l'Hoſpital de Choiſy, de laquelle il n'a point d'enfans (*a*).

(*a*) Tome VII.
p. 456.

Ecartelé au 1. & 4. de gueules, à 2.
faſces d'or, au lion d'argent ſur le tout,
au 2. & 3. d'or , au chef denché d'azur
de 3. pointes , qui eſt Chazeron, *ſur le*
tout d'argent, à la bande de ſable char-
gée de deux etoiles d'or , qui eſt Moneſtay.

L V I.

FRANÇOIS de Moneſtay, marquis de Chazeron, baron de Chars, lieutenant **B**
des gardes du corps du Roi, lieutenant general de ſes armées & de la province
de Rouſſillon, gouverneur de Breſt, mourut à Agen au mois de décembre 1697.

Il étoit fils de *Gilbert* de Moneſtay, baron des Forges , & de *Claude* de Chazeron,
fille de *Gilbert* ſeigneur de Chazeron, chevalier des ordres du Roi, & de *Ga-*
brielle de S. Nectaire(*b*), & épouſa par contrat du 16. décembre 1646. *Anne* de
Murat, fille de *Jacques* de Murat, baron de Roulat, ſeigneur de la Fond, & de *Mar-*
guerite de Neuvreze, dont il eut quatre filles, entr'autres, *Gilberte - Charlotte - Fran-*
çoiſe de Moneſtay, femme 1°. de *Charles* de Montpezat, comte de Laugnac,
2°. de *Raymond* de Villardis, comte de Quinſon, morte le 16. ſeptembre 1719.
âgée de 48. ans, & *François-Amable* de Moneſtay, marquis de Chazeron, lieutenant des gardes du corps, lieutenant general des armées du Roi, & gouverneur de Breſt, mort le 28. décembre 1719. Il avoit été marié en may 1693.
à *Marie - Marguerite* Barentin, fille d'*Honoré* Barentin, ſeigneur d'Hardivilliers,
preſident au grand conſeil, dont il eut *François-Charles* de Moneſtay, né le 12.
novembre 1697. enſeigne de la premiere compagnie des mouſquetaires, puis
des gardes du corps, commandant à Breſt.

(*b*) Ci-devant,
p. 115.

De simple, au sautoir d'or.

LVII.

A BERNARD de la Guiche, comte de S. Geran, de la Palisse & de Jaligny, lieutenant general des armées du Roi, né en 1641. mourut subitement le 18. mars 1696. & est enterré à S. Paul à Paris.

Voyez la genealogie de cette maison au chapitre des MARECHAUX DE FRANCE, *tome VII. de cette hist. p. 446. & ci-devant, p. 61. & 140.*

Ecartelé au 1. contrécartelé de Foix & de Bearn, au 2. contrecartelé au 1. & 4. d'argent au lion d'azur, à la bordure de gueules chargée de huit tourteaux de gueules, qui est Carmain, au 2. & 3. fascé d'argent & de gueules, au 3. grand quartier écartelé au 1. & 4. d'azur au loup d'or, au 2. & 3. d'or, au tourteau de gueules, qui est Montluc, au 4. grand quartier écartelé au 1. & 4. de Cominges, au 2. & 3. d'azur, à une plume d'autruche, & sur le tout d'azur, parti de gueules à la bande d'or, qui est Escoubleau.

LVIII.

B FRANÇOIS d'Escoubleau, dit *le comte de Sourdis*, seigneur de Gaujac & d'Estillac, lieutenant general des armées du Roi, gouverneur de la ville d'Orleans, Orleanois & pays Chartrain, capitaine du château d'Amboise, mourut à Gaujac en Guyenne le 21. septembre 1707.

Il étoit fils de *Charles* d'Escoubleau, marquis de Sourdis, chevalier des ordres du Roi, & de *Jeanne* heritiere de Montluc & de Carmain, & épousa *Charlotte* de Beziade, fille de *Theophile* de Beziade, seigneur d'Avaré, grand bailly d'Orleans, dont il eut pour fille unique *Angelique* d'Escoubleau, mariée le 24. mars 1702. à *François-Gilbert* Colbert, seigneur de Chabanois, fils unique de *Gilbert* Colbert, seigneur de S. Poüange, grand tresorier des ordres du Roi, & de *Marie* de Berthemet. *Voyez ci-devant, p. 100. 106. 159. & 170.*

Ecartelé & contrecartelé au 1. & 4. de Croy, au 2. d'Albret, sur le tout de Bretagne, au 3. de Flandres & de Craon, & sur le tout du tout de Croy & de Renty.

LIX.

C PHILIPPES-EMANUEL-FERDINAND-FRANÇOIS de Croy, comte de Solre & de Buren, baron de Beaufort & de Condé, lieutenant general des armées du Roi, gouverneur de Peronne, mort en 1718.

Voyez tome V. de cette hist. p. 658.

Ecartelé au 1. & 4. d'or au sautoir de gueules, qui est Stuert, au 2. & 3. d'or, à la fasce échiquetée d'argent & d'azur de trois traits, qui est Stuert, & sur le tout de sable, au chevron d'argent accompagné de trois chardons d'or, qui est Bethoulat.

L X.

ANDRE' de Bethoulat, seigneur de Fourmenteau, comte de la Vauguyon, conseiller d'état ordinaire, ambassadeur en Espagne, né au mois de février 1630. mourut tragiquement à Paris le 29. novembre 1693. sans posterité, âgé de 64. ans.

Il étoit fils de *René* de Bethoulat, seigneur de la Grange-Fourmenteau, & de *Marie* Jumeau, & épousa le 15. janvier 1668. *Marie* d'Estuert de Caussade, marquise de S. Maigrin, comtesse de la Vauguyon, baronne de Tonneins, Grateloup, Varaignes, &c. veuve de *Barthelemy* Quelen, comte du Broutay, & fille & heritiere de *Jacques* d'Estuert de Caussade, comte de la Vauguyon, marquis de S. Maigrin, capitaine-lieutenant des chevaux-Legers de la Garde, chevalier des Ordres du Roi, & de *Marie* de Roquelaure. Elle mourut le 29. octobre 1693. au château de S. Maigrin. *Voy. tome II. de cete hist. p. 235.*

De gueules, à 3. maillets d'or.

L X I.

GEORGES de Monchy, marquis d'Hocquincourt, gouverneur & bailly des villes & châteaux de Peronne, Montdidier & Roye, lieutenant general des armées du Roi, mourut en decembre 1689.

Voyez ses ancestres & sa posterité au chapitre des MARECHAUX DE FRANCE, *tome VII. de cette hist. p. 558. & ci-devant, p. 179.*

Ecartelé au 1. & 4. d'argent, à la croix de gueules, qui est S. Georges, au 2. & 3. fascé, ondé d'argent & de gueules, qui est de Rochechouart.

L X I I.

OLIVIER de S. Georges, marquis de Coué-Verac, baron de la Roche des Bors & de Châteaugarnier, lieutenant general & commandant pour le Roi en Poitou, mourut en juin 1704.

II

A. Il étoit fils d'*Olivier* de S. Georges, marquis de Coué-Verac, & de *Marguerite* de la Muce, & épousa *Madelene* le Cocq, & en a laissé plusieurs enfans, dont *César* de S. Georges, marquis de Coué-Verac, lieutenant général en Poitou, chevalier des Ordres du Roi en 1724. a épousé *Catherine - Marguerite* Pioger, fille de *Pierre* Pioger, secretaire du Roi, & de *Marguerite* Mariette ; & *Elisabeth-Olive* de S. Georges, mariée à *Benjamin-Louis* Frottier, seigneur de la Coste. *Voyez tome VIII. p.* 486.

D'or, à trois marteaux de gueules.

L X I I I.

B. RENE' Martel, marquis d'Arcy, ambassadeur en Savoye, gouverneur de M. le duc de Chartres, conseiller d'état, frere de *Charles* Martel, comte de Cléré, chevalier des Ordres du Roi en 1661. mourut à Maubeuge au mois de juin 1694. *Voyez ci-devant, p.* 205.

De gueules, à trois pals de vair au chef d'or, & une merlettes de sable au canton dextre.

L X I V.

C. ALEXIS-HENRY de Chastillon, nommé *le marquis de Chastillon*, seigneur de Chantemerle, de la Rambaudiere, de la Crestiniere, de Chanleville, de Novion & de Lannoy, capitaine des Gardes du corps, & premier gentilhomme de la chambre de Monsieur, duc d'Orleans, frere unique du Roi. *Voyez au chapitre des* CONNETABLES DE FRANCE, *tome VI. de cette hist. p.* 91.

De gueules, à trois chevrons d'or, qui est du Blé.

L X V.

D. NICOLAS-CHALON du Blé, marquis d'Uxelles & de Cormatin, maréchal de France, lieutenant général au gouvernement de Bourgogne, gouverneur des ville & citadelle de Châlon-sur-Saône, gouverneur de la haute & basse Alsace, mourut le 10. avril 1730. *Voyez au chapitre des* MARECHAUX DE FRANCE, *tome VII. de cette hist. p.* 661.

D'argent , au fautoir de gueules, endenté en bordure de fable.

LXVI.

RENE' de Froulay, comte de Teffé, maréchal de France, general des Galeres, **A** Grand-d'Efpagne, premier écuyer de madame la Dauphine, lieutenant general au gouvernement des païs du Maine, Perche & Laval, mourut le 30. mars 1725.

Voyez au chapitre des MARECHAUX DE FRANCE *, tome VII. de cette hiftoire, page 668. & ci-devant, p. 198.*

De Mornay , comme ci-devant, p. 112. & 230.

LXVII.

CHARLES de Mornay, marquis de Villarceaux, capitaine-lieutenant de la com- **B** pagnie d'ordonnances de monfeigneur le Dauphin, fut tué à la bataille de Fleurus le premier juillet 1690.

Voyez au chapitre des CHANCELIERS DE FRANCE *, tome VI. de cette hift-page 279.*

D'Eftampes. Voyez ci-devant, p. 154. & 189.

LXVIII.

CHARLES d'Eftampes, marquis de Mauny, feigneur de la Ferté-Imbault, che- **G** valier d'honneur de Madame, duchefse d'Orleans, capitaine des Gardes du corps de Monfieur, duc d'Orleans.

Voyez au chapitre des MARECHAUX DE FRANCE *, tome VII. de cette hiftoire, page 543.*

De fable, à la bande d'argent, accompagnée de deux cotices de même.

LXIX.

A HYACINTE Quatrebarbes, marquis de la Rongère, seigneur de S. Denis, chevalier d'honneur de Madame, duchesse d'Orleans, né le premier janvier 1644. mourut à Paris le 22. décembre 1703. & y est enterré en l'église des grands-Augustins près le Pont-Neuf.

Il étoit fils de *René* Quatrebarbes, seigneur de la Rongère & de S. Denis au Maine, & de *Jacqueline* de Preaux, & épousa 1°. en 1663. *Françoise* du Plessis, dame du Bois-Berenger, morte en 1699. fille d'*André* marquis du Plessis-Chastillon, & de *Renée* le Porc, 2°. *Marie* de Ruellan, fille de *Gilles* de Ruellan, maître des requêtes, & de *Françoise* le Maistre. Il eut de son premier mariage *Henriette-Antoinette* Quatrebarbes, mariée 1°. à *François* Rouxellé, marquis de Saché, pourvû en survivance de son beau-pere de la Charge de chevalier d'honneur de Madame, mort en 1692. 2°. en 1698. à *François-Henry* de Menon, comte de Turbilly; & *Françoise* Quatrebarbes, mariée à *Elenor-Clement-Guillaume* comte de la Motte, lieutenant pour le Roi en la province de Bourbonnois, & brigadier de ses armées.

D'or, au lion de gueules.

LXX.

B JEAN d'Audibert, comte de Lussan, baron de Valrose, seigneur de Saint Marcel, premier gentilhomme de la chambre de M. le prince de Condé, mourut au mois de février 1712.

Il étoit fils de *Jacques* d'Audibert, seigneur de Lussan, & de *Jeanne* de Beauvoit de Roure, & a épousé en 1674. *Marie-Françoise* Raimond, morte le 8. octobre 1716. Elle étoit fille de *Henry* Raimond, seigneur de Brignon, de Senillac & de Rozieres, & de *Marguerite* de Bruez de Sainte Chapte. Il en eut *Marie-Gabrielle* d'Audibert, mariée en 1700. à *Henry* Fitz-James, duc d'Albemarle, chevalier de l'ordre de la Jarretiere, lieutenant general des armées navales du Roi, fils *naturel* de *Jacques* II. roi de la Grande Bretagne, mort à Bagnols en Languedoc le 27. décembre 1702. âgé de 30. ans, dont une fille, *Marie-Gabrielle* d'Audibert se remaria à *N.* Mahoni, colonel Irlandois. Ce mariage fut tenu caché, afin qu'elle pût conserver le titre de duchesse d'Albemarle.

PROMOTION

Faite dans la Chapelle du Château de Versailles, le 29. May jour de la Pentecôte 1689.

PRELAT.

D'or, au chevron d'azur, à trois mufles de lion de sable.

I.

TOUSSAINT de Fourbin, cardinal de Janson, évêque & comte de Beauvais, pair de France, vidame de Gerberoy, abbé de Preüilly, de Savigny & de Saint Pierre de Corbie, grand-aumônier de France en 1706. après le decès du cardinal de Coiflin, mourut à Paris le 24. mars 1713.

Voyez au chapitre des GRANDS-AUMOSNIERS DE FRANCE, tome VIII. de cette hist. p. 293.

PROMOTION

Faite dans la Chapelle du Château de Versailles, le 2. Fevrier 1693.

CHEVALIER.

De France, au bâton de gueules péri en barre.

I.

LOUIS-ALEXANDRE de Bourbon, légitimé de France; comte de Toulouse, duc de Damville, de Penthievre, de Ramboüillet, pair, amiral & grand-veneur de France, marquis d'Albert, chevalier de la Toïson-d'Or, gouverneur de Bretagne.

Voyez à la genealogie de la maison Royale, tome I. de cette hist. p. 176.

PROMOTION

PROMOTION

Faite dans la Chapelle du Château de Versailles, le 2. Fevrier 1694.

PRELAT.

D'or, à l'aigle de gueules, becqué & membré d'azur, à la bordure ondée d'argent & d'azur, sur l'aigle un écusson écartelé au 1. & 4. d'argent au gonfanon de gueules, au 2. & 3. d'argent à la barre vivrée d'azur.

I.

A GUILLAUME-EGON de Furstemberg, cardinal, évêque de Strasbourg, abbé de Saint Germain des Prez, de Gorze en Lorraine, de Saint Evroul près d'Evreux, de Saint Vincent de Laon & de Barbeaux, mourut dans le palais abbatial de Saint Germain des Prez à Paris le 10. avril 1704. en sa 75e année.

Il étoit fils d'*Egon* comte de Furstemberg, & d'*Anne-Marie* princesse de Hohenzollern.

PROMOTION

Faite à Zolkieu en Russie, le 13. Avril 1694.

CHEVALIER.

D'azur, à trois Ranchiers d'or, 2 & 1.

I.

B HENRY de la Grange, marquis d'Arquien, puis cardinal, mourut à Rome le 24. may 1707.

Voyez ses ancestres & sa posterité, au chapitre des MARECHAUX DE FRANCE, tome VII. de cette hist. p. 427. & ci-devant, p. 111.

PROMOTION

Faite dans la Chapelle du Château de Verſailles, le 22. May 1695.

CHEVALIER.

Ecartelé, au 1. & 4. de France, au 2. & 3. de Dauphiné.

I.

LOUIS de France, duc de Bourgogne, puis Dauphin, né le 6. août 1682. mourut le 18. février 1712.
  A

Voyez à la maiſon Royale, tome I. p. 179.

De France, à la bordure de gueules.

I I.

PHILIPPES de France, duc d'Anjou, à préſent Roi d'Eſpagne ; né le 19. décembre 1683.
  B

Voyez à la maiſon Royale, tome I. p. 183.

PROMOTION

Faite dans la Chapelle du Château de Versailles, le premier Janvier 1696.

PRELAT.

De gueules, à deux clefs d'argent passées en sautoir.

I.

A FRANÇOIS de Clermont-Tonnerre, évêque & comte de Noyon ; pair de France, abbé de S. Martin de Tonnerre & de S. Martin de Laon, né en 1628. mourut à Paris le 15. février 1701.

Voyez tome I.I. p. 445. & ci-devant, p. 162. & 193.

CHEVALIER.

D'argent, à la bande de gueules.

I.

B LOUIS de Guiscard, comte de Neuvy-sur-Loire, marquis de Guiscard-Magny ; seigneur de Fourdrinoy & de la Bourlie, gouverneur de Sedan & de Namur, lieutenant general des armées du Roi, né le 27. septembre 1651.

Il étoit fils de *Georges* de Guiscard, seigneur de la Bourlie & de Neuvy-sur-Loire, sous-gouverneur du Roi, gouverneur & bailly de Sedan, & de *Genevieve* de Longueval, dame de Fourdrinoy en Picardie, & avoit épousé le 24. février 1677. *Angelique* de Langlée, fille de *Claude* de Langlée, seigneur de l'Espicheliere au Maine, maréchal general des logis des camps & armées du Roi, & de *Catherine* Roze de Cartabalan, dont il a eu *Louis-Auguste* de Guiscard, né en 1680. colonel d'infanterie en 1696. mort à Vienne en Autriche sans avoir été marié ; & *Catherine* de Guiscard, née en 1688. mariée le 3. juillet 1708. à *Louis-Marie* d'Aumont, marquis de Villequier, fils aîné de *Louis* duc d'Aumont. (*a*)

(*a*) Tome IV. p. 879.

PROMOTION

Faite dans la Chapelle du Château de Versailles, le premier Janvier 1698.

PRELAT.

De gueules, à la bande d'or.

I.

LOUIS-ANTOINE de Noailles, archevêque de Paris, duc de Saint Cloud, pair de France, cardinal du titre de Sainte-Marie-sur-la-Minerve, puis de Saint Sixte *le vieux*, proviseur de Sorbonne, né le 27. may 1651. mourut à Paris le 4. may 1729.

Voyez tome II. de cette hist. p. 387. & ci-devant, p. 167. 193. & 222.

PROMOTION

Faite dans la Chapelle du Château de Versailles, le 2. Fevrier 1699.

CHEVALIER.

De France, à la bordure engrêlée de gueules.

I.

CHARLES de France, duc de Berry, né le 31. août 1686. mourut au château de Marly le 4. may 1714.

Voyez à la maison Royale, tome I. p. 178.

PROMOTION

PROMOTION

Faite dans la Chapelle du Château de Versailles, le jour de la Pentecôte 7. Juin 1699.

CHEVALIER.

D'or, au lion coupé d'écailles de poisson, & de gueules, couronné d'or.

I.

A **G**UIDO Vaini, prince de Cantaloupe, duc de Selci, marquis de Vacone, seigneur de Gavignano, mourut à Rome le 18. may 1720.
Il étoit fils de *Dominique* Vaini, marquis de Vacone, & de *Marguerite* Mignanelli, & avoit épousé en 1672. *Anne* Ceuli, fille de *Tibere* Ceuli, d'une noble famille Romaine ; de laquelle il a eu *N.* marquis de Vaini, marié à la fille du marquis de Santinelli, & une fille, mariée 1°. à *N.* comte de Litro, Milanois, 2°. à *Louis* Lanti-la-Roüere, prince de Belmont, fils aîné du duc Lanti.

PROMOTION

Faite à Rome dans l'Eglise de S. Louis, le 19. Decembre 1700.

CHEVALIERS.

Ecartelé, au 1. & 4. de Pologne, au 2. & 3. de Lithuanie, & sur le tout d'azur au bouclier d'or, qui est Sobieski.

I.

B **A**LEXANDRE Sobieski, prince de Pologne, né à Dantzick le 6. décembre 1677. mourut à Rome le 19. novembre 1714. après une longue maladie en sa 37e année, ayant un peu avant sa mort fait profession de la regle des Capucins, en l'église desquels il est enterré. Quoiqu'il n'eût point vû le Pape depuis son pontificat, à cause qu'on avoit fait difficulté de lui donner le même traitement qu'aux ambassadeurs des Têtes Couronnées qu'il prétendoit, cependant le Pape touché des sentimens pieux de ce Prince, voulut qu'on lui rendît après sa mort les honneurs qui lui

avoient été refusez pendant sa vie, en ordonnant les mêmes ceremonies qui avoient A été pratiquées à la mort de la reine Christine de Suede, & du prince de Monaco, ambassadeur extraordinaire de France, qui furent faites aux dépens de la chambre Apostolique.

Il étoit fils de *Jean* Sobieski, roi de Pologne, & de *Marie-Casimire* de la Grange d'Arquien. *Voyez ci-devant*, *p.* 211.

Comme ci-devant, *p.* 249.

I I.

CONSTANTIN-PHILIPPES-ULADISLAS Sobieski, prince de Pologne, frere du precedent, né le premier may 1680.   B

PROMOTION

Faite dans la Chapelle du Château de Versailles, le 15. May 1701.

PRELATS.

D'argent, au lion de sable, armé, lampassé & couronné de gueules, l'écu semé de molettes ou etoiles de sable.

I.

DANIEL de Cosnac, évêque & comte de Valence en Dauphiné, puis archevêque d'Aix, abbé d'Orbestier, de S. Taurin d'Evreux, & de S. Riquier, premier   C aumônier de Monsieur duc d'Orleans, mourut à Aix le 18. janvier 1708.

Il étoit fils de *François* seigneur de Cosnac, & *d'Eleonore* de Taleran sa premiere femme. *Armand* seigneur de Cosnac, frere aîné de l'archevêque, avoit épousé en 1648. *Marie* de Veilhans de Penacors, de laquelle il eut FRANÇOIS seigneur de Cosnac, qui suit; *Gabriel* de Cosnac, docteur en Theologie, prévôt d'Aix, abbé d'Orbestier, agent general du Clergé de France, nommé évêque de Die le 29. decembre 1701. & *Marie-Susanne* de Cosnac, abbesse de Vernaizon.

FRANÇOIS seigneur de Cosnac, épousa en 1671. *Marguerite-Louise* d'Esparbez, fille de *Louis* comte de la Serre, & de *Catherine* Tiercelin (a); de ce mariage est née *Marie-Angelique* de Cosnac, mariée à Paris le 25. mars 1697. à *Procope-François* comte d'Egmont, mort le 15. septembre 1707. sans enfans: elle est morte le 24. avril 1717. âgée de 43. ans. Cette maison subsiste encore en la personne des seigneurs d'Espeyreve, & de la Marque.

(a) Voyez tome VII. p. 456.

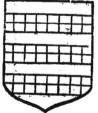

De gueules, à trois fasces échiquetées d'argent & d'azur de deux traits.

II.

A HENRY-CHARLES du Cambout, duc de Coiflin, évêque de Mets, premier aumônier du Roi, né le 15. feptembre 1664.
Voyez tome IV. de cette hift. p. 797. & ci-devant, p. 171. 216. & 22;

CHEVALIER.

De gueules, à la croix engrêlée d'or.

I.

B CAMILLE d'Hoftun, duc de Tallard, marquis de la Baume, baron d'Arlan ;
feigneur de Filais, de Saint Etienne & d'Ifeaux, maréchal de France, gouverneur des comtez de Foix, & de Bourgogne, lieutenant general de la province de
Dauphiné, ambaffadeur extraordinaire en Angleterre, mourut à Paris le 30. mars 1728.
Voyez aux MARECHAUX DE FRANCE, tome VII. de cette hiftoire, p. 674.

PROMOTION

Faite dans la Chapelle du Château de Verfailles, le 2. Fevrier 1703.

CHEVALIER.

*Ecartelé, an 1. & 4. d'argent, au
barbeau de gueules, qui eft Marchin,
an 2. & 3. d'azur a trois fantoirs d'argent, 2. & 1. au chef d'or chargé de
trois fantoirs d'azur, qui eft Balfac.*

I.

C FERDINAND comte de Marchin & du S. Empire, marquis de Clermont ;
comte de Graville, baron de Dunes, feigneur de Mezieres, maréchal de France,
tué devant Turin le 7. feptembre 1706. en fa 51e année fans avoir été marié.
Voyez au chapitre des MARECHAUX DE FRANCE, tome VII. de cette hift. page 676.

PROMOTION

Faite dans la Chapelle du Château de Versailles, le 27. May 1703.

CHEVALIER.

D'or , au fautoir ancré & alifé d'azur,

I.

CHARLES-AMEDE'E Broglia, comte de Revel, lieutenant general des armées du Roi, gouverneur de Condé : fes preuves avoient été admifes dès le 24. A. avril 1702. Il mourut fans pofterité le 25. octobre 1707.

Voyez au chapitre des MARECHAUX DE FRANCE, *tome VII. de cette hist. p.* 693.

PROMOTION

Faite dans la Chapelle du Château de Versailles, le premier Janvier 1705.

PRELAT.

Ecartelé au 1. & 4. d'Eftrées, au 2. & 3. de la Cauchie.

I.

JEAN d'Eftrées, abbé d'Evron, de Preau & de Saint Claude au comté de Bourgogne, ambaffadeur en Portugal & en Efpagne, batifé le 2. avril 1666. mourut le B 3. mars 1718.

Voyez tome IV. de cette hist. p. 603. *& ci-devant p.* 162. *& 226.*

CHEVALIER.

CHEVALIER.

De gueules, à la bande d'or, char-gée d'une traînée de cinq barillets de sable.

I.

A **ROGER** Brulart, marquis de Sillery, vicomte de Puisieux, baron de Fontàine, seigneur de Verzenay & de Ludes, conseiller d'état, ambassadeur extraordinaire en Suisse, lieutenant general des armées du Roi, gouverneur de la ville & des forts de Huningue, bailly & gouverneur d'Espernay, batisé le premier avril 1640. mourut le 28. mars 1719.

Voyez ses ancestres & sa posterité au chapitre des CHANCELIERS DE FRANCE, *tome VI. de cette hist. p. 528.*

PROMOTION

Faite dans la Chapelle du Château de Versailles, le jour de la Chandeleur 2. Février 1705.

CHEVALIERS.

De gueules, à deux fasces d'or.

I.

B **HENRY** duc de Harcourt, pair & maréchal de France, capitaine des Gardes du corps du Roi, lieutenant general au gouvernement de Normandie, gouverneur du vieux palais de Rouen, & de la ville & citadelle de Tournay. Il n'a été reçû pour cause de maladie que le 8. mars, & mourut à Paris le 19. octobre 1718.

Voyez au chapitre des MARECHAUX DE FRANCE, *tome VII. de cette histoire, page 675. & ci-devant, p. 230.*

Ecartelé au 1. & 4. d'Estrées, au 2. & 3. de la Cauchie.

I I.

VICTOR-MARIE comte d'Estrées, puis duc d'Estrées, pair de France, sei- A gneur de Doudeauville, d'Aix, de Porentie, de Coquille, de Tourpes, de Massy & d'Imberville, premier baron de Boulonois, maréchal & vice-amiral de France, Grand d'Espagne, lieutenant general en Bretagne, gouverneur de Nantes, né le 30. novembre 1660.

Voyez au chapitre des MARECHAUX DE FRANCE, *tome VII. de cette histoire, page 649. & ci-devant, p. 160. 226. & 252.*

D'azur, à trois molettes d'or, au chef d'argent, chargé d'un lion passant de gueules.

I I I.

HECTOR de Villars, duc de Villars, pair & maréchal de France, gouverneur B de Provence.

Voyez au chapitre des MARECHAUX DE FRANCE, *tome VII. de cette hist. p. 637. & ci-devant, p. 232.*

De gueules, à la fasce d'or.

I V.

NOEL Bouton, marquis de Chamilly, seigneur de Saint Leger, de Nevy & de C Saint Gilles, maréchal de France, gouverneur de Strasbourg, commandant en chef dans le haut & bas Poitou, mourut à Paris le 8. janvier 1715.

Voyez au chapitre des MARECHAUX DE FRANCE, *tome VII. de cette histoire, page 639.*

D'or ; à un arbre de sinople fruité d'or.

V.

A **F**RANÇOIS-LOUIS de Rousselet, marquis de Chasteaurenaut ; maréchal & vice-amiral de France, lieutenant general au gouvernement de Bretagne, commandant en chef dans la Province, né le 21. septembre 1637. mourut le 15. novembre 1716.

Voyez aux MARECHAUX DE FRANCE, *tome VII. de cette hist. p. 650.*

D'azur au chevron d'or, accompagné de trois trefles de même, à un croissant d'argent mis en chef.

V I.

B **S**EBASTIEN le Prêtre, seigneur de Vauban & de Basoches, de Pierrepetuis, de Pouïlly, de Cervon, de la Chaume & d'Epiry, maréchal de France, commissaire general des fortifications, gouverneur de la citadelle de Lille, mourut à Paris le 30. mars 1707.

Voyez aux MARECHAUX DE FRANCE, *tome VII. de cette hist. p. 653.*

D'or ; à trois roses de gueules, 2. & 1.

V I I.

C **C**ONRAD de Rozen ; comte de Bolweiller, maréchal de France, mourut le 3. août 1715.

Voyez aux MARECHAUX DE FRANCE, *tome VII. de cette hist. p. 656.*

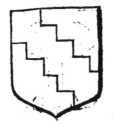

D'or, à la bande vivrée d'azur.

VIII.

NICOLAS-AUGUSTE de la Baume marquis de Montrevel, maréchal de A
France, lieutenant general au gouvernement de Bresse, Bugey, Valromey & Gex,
commandant en chef en Guyenne, mourut le 11. octobre 1716.

Voyez aux MARECHAUX DE FRANCE, *tome VII. de cette hist. p.* 673. *& ci devant, p.* 200.

PROMOTION

Faite dans la Chapelle du Château de Versailles, le premier Mars 1705.

CHEVALIER.

D'or, à 2. pals de gueules, la pointe de l'écu en manteau ou caverne d'argent au dragon de sinople, à la bordure de gueules chargée de sautoirs d'or & d'écussons de Mendoce.

I.

DON ISIDORE-JUAN-JÒSEPH-DOMINGO de la Cueva & Be-   B
navides, IV. marquis de Bedmar, Grand-d'Espagne, conseiller d'état du Roi Catholique, gentilhomme de sa chambre, capitaine d'une compagnie de Cuirassiers à cheval des Gardes anciennes de Castille, commandant general des Païs-Bas, viceroy de
Sicile, dont les preuves avoient été admises dès le 2. septembre 1704.

Il nâquit le 23. may 1652. & mourut le 2. juin 1723. Il étoit fils de Don *Gaspard*
de la Cueva & Mendoca, III. marquis de Bedmar, & de Dona *Manuela* Enriquez-Osorio; & avoit épousé 1°. le 19. novembre 1697. Dona *Manuela* d'Acuña
sa niéce, marquise de Santar, comtesse de Villanova, morte à Bruxelles le 7.
août 1702. 2°. le 24. novembre 1703. Dona *Francisca* Enriquez de Velasco,
sœur uterine de Don *Juan-Francisco* duc d'Uceda, chevalier nommé des Ordres
du Roi. Du premier mariage sont sortis Don *Gaspard* de la Cueva Acuña, mort
enfant; Dona *Maria-Manuella*, morte jeune; Dona *Maria-Francesca* de Acuña, III.
marquise de Santar; & Dona *Maria-Theresa* de la Cueva.

PROMOTION

PROMOTION

Faite dans la Chapelle du Château de Versailles, le premier Janvier 1709.

CHEVALIER.

De Bourbon.

I.

A LOUIS-HENRY de Bourbon, duc d'Enghien, puis duc de Bourbon, &c. prince de Condé, pair & grand-maître de France, gouverneur de Bourgogne & Bresse.

Voyez à la maison Royale, tome I. p. 343.

PROMOTION

Faite dans la Chapelle neuve du Château de Versailles, le premier Janvier 1711.

CHEVALIERS.

De Bourbon, à la bordure de gueules.

I.

B LOUIS-ARMAND de Bourbon, prince de Conty, pair de France, comte d'Alais, de Beaumont-sur Oise & de Pezenas, marquis de Graville & de Portes, vicomte de Teyrargues, seigneur de l'Isle-Adam, mort le 24. may 1727.

Voyez à la maison Royale, tome I. p. 348.

D'argent, à trois cocqs de gueules; membrez, becquez & crêtez d'or, 2 & 1.

II.

JACQUES-LEONOR Rouxel, comte de Grancey, baron de Medavy, lieutenant **A** general des armées du Roi, puis maréchal de France, gouverneur de Nivernois & de Dunkerque, nommé chevalier des Ordres, après avoir gagné la bataille de Castillonne sur les Imperiaux le 9. septembre 1706. Ses preuves furent admises le premier janvier 1707. Il mourut le 6. novembre 1725.

Voyez au chapitre des MARECHAUX DE FRANCE, tome VII. de cette histoire, page 696.

De gueules, à la fleur de lys d'or.

III.

LEONOR-MARIE du Maine, comte du Bourg, baron de l'Espinasse; &c. **B** lieutenant general des armées du Roi, puis maréchal de France, directeur general de la Cavalerie, commandant en Alsace, gouverneur de Bapaume, fut nommé chevalier des Ordres du Roi, après avoir gagné une bataille en Alsace sur les troupes de l'Empereur, commandées par le baron de Mercy le 26. août 1709.

Voyez au chapitre des MARECHAUX DE FRANCE, tome VII. de cette hist. p. 697.

Ecartelé, au 1. & 4. d'or, à la bande losangée de gueules, accompagnée en chef d'une couronne de laurier de sinople, qui est de Bardi, au 2. & 3. fascé d'or & de sable de six pieces au chef de gueules, sur lequel est écrit en or Libertas, qui est Magaloti, & sur le tout bandé de sable & d'or de six pieces, la seconde bande de sable chargée d'une étoile à six rais d'or, qui est Albergoti.

IV.

FRANÇOIS-ZENOBE-PHILIPPES Albergoti, né à Florence le 25. may **C** 1654. lieutenant general des armées du Roi, gouverneur de Sar-Louis, nommé chevalier des Ordres du Roi après avoir soutenu le siege de la ville de Douay pendant cinquante-cinq jours de tranchée ouverte en 1710. mourut à Paris, & fut enterré à S. Eustache le 25. mars 1717.

Il étoit fils de *noble Nerozzo* Albergoti, senateur de Florence, & de *Madelene* Bardi sa premiere femme, sœur de *Bardo* Bardi Magaloti, lieutenant general des armées du Roi, gouverneur de Valenciennes.

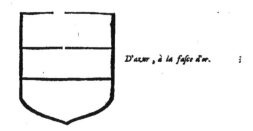

D'azur, à la fasce d'or.

V.

A LOUIS-VINCENT marquis de Goësbriand, né le 4. février 1659. lieutenant general des armées du Roi, gouverneur du fort & château du Thorro près Morlaix, nommé chevalier des Ordres du Roi après avoir défendu la ville d'Aire pendant deux mois de tranchée ouverte en 1710. fut fait gouverneur de Verdun en 1711.

Il étoit fils d'*Yves* marquis de Goësbriand, meftre de camp du regiment du Roi, & gouverneur du château du Thorro près Morlaix, & de *Gabrielle* de Kerguezay, & a époufé en 1695. *Marie-Madelene* des Marets, fille de *Nicolas* des Marets, marquis de Maillebois, miniftre d'état, controlleur general des finances, commandeur des Ordres du Roi, & de *Madelene* Bechameil, de laquelle il a LOUIS-VINCENT marquis de Goësbriant, qui fuit ; & *N.* de Goësbriant, fille.

LOUIS-VINCENT marquis de Goësbriant, colonel de Dragons, a époufé en décembre 1714. *Marie-Rofalie* de Chaftillon, fille de *Alexis-Henry* marquis de Chaftillon, chevalier des Ordres du Roi, & de *Marie-Rofalie* de Broüilly-Piennes. (*a*)

(*a*) Tome VII. p. 119.

PROMOTION

Faite dans la Chapelle du Château de Verfailles le 2. Decembre 1712.

CHEVALIER.

D'argent, au chevron de gueules accompagné de 7. merlettes de même, 4. en chef & 3. en pointe.

I.

B LOUIS duc d'Aumont, pair de France ; marquis de Villequier ; premier gentilhomme de la chambre du Roi, gouverneur de la ville & du château de Bologne & païs Bolonois, ambaffadeur extraordinaire en Angleterre, mourut le 6. avril 1723.

Voyez au chapitre des MARECHAUX DE FRANCE, *tome VI. de cette hift. p. 879. &* ci-devant, p. 58. 122. & 203.

PROMOTION

Faite dans la Chapelle du Château de Versailles le 7. Juin 1713.

PRELAT.

Ecartelé, an 1. & 4. de l'évêché de Strasbourg, au 2. & 3. du Landgraviat d'Alsace, sur le tout parti de Rohan & de Bretagne. Voyez tome VIII. de cette hist. p. 308.

I.

ARMAND-GASTON-MAXIMILIEN cardinal de Rohan, évêque & prince de Strasbourg, prêta serment le 10. juin 1713. entre les mains du Roi, comme commandeur de l'Ordre du S. Esprit, à cause de sa charge de grand-aumônier de France. *Voyez son article tome VIII. de cette hist. p. 308.*

    La genealogie de la maison de Rohan est rapportée tome IV. de cette hist. p. 45. à l'occasion du duché-pairie de Montbazon.

REGNE DE LOUIS XV. ROY DE FRANCE

Et de Navarre, cinquiéme Chef & Souverain Grand-Maître de l'Ordre du Saint Esprit.

PROMOTION

Faite dans la Chapelle du Château de Versailles, le 26. Juillet 1717.

CHEVALIER.

Tous les quartiers d'Espagne, qui est écartelé, au 1. contr'écartelé de Castille & de Leon, au 2. d'Arragon, parti d'Arragon-Sicile, à la pointe de ces deux quartiers de Grenade, au 3. d'Autriche, soutenu de Bourgogne-ancien, au 4. de Bourgogne-moderne, soutenu de Brabant, sur ces deux derniers quartiers de Flandres parti de Tyrol, & sur le tout de France, à la bordure de gueules, qui est Anjou. Voyez tome I. de cette hist. p. 183.

I.

LOUIS I. du nom, prince des Asturies, depuis Roi d'Espagne, mourut à Madrid le 31. août 1724. sans enfans.

    Voyez l'histoire de la maison Royale, tome I. de cette hist. p. 185.

RECEPTION

Parti de France
& de Navarre.

RECEPTION DU ROY,

Faite dans l'Eglise Cathedrale de Reims, le 27. octobre 1722.

A **L**OUIS XV. du nom, Roi de France & de Navarre, reçut le collier de l'Ordre du Saint Esprit des mains d'Armand-Jules de Rohan-Guemené, archevêque duc de Reims, pair de France, aprés avoir fait le serment de Chef & Souverain Grand-Maître de l'Ordre, le surlendemain de son sacre 27. octobre 1722.
Voyez l'histoire de la maison Royale, tome I. p. 181.

PROMOTION

Du même jour.

CHEVALIERS.

De France, au lambel de trois pieces d'argent.

I.

B **L**OUIS duc d'Orleàns, de Valois, de Chartres, &c. premier Prince du Sang & premier Pair de France, ci-devant colonel general de l'infanterie Françoise & Etrangere, grand-maître des Ordres Royaux militaires & hospitaliers de Notre-Dame du Mont-Carmel & de Saint Lazare de Jerusalem, gouverneur du Dauphiné.
Voyez l'histoire de la maison Royale, tome I. p. 190.

Tome IX. V 3

De Bourbon, à la bande raccourcie
chargée d'une fleur de lys d'argent.

I I.

CHARLES de Bourbon, comte de Charolois, gouverneur de Touraine. **A**

Voyez l'histoire de la maison Royale, tome I. p. 342.

PROMOTION

Faite dans la Chapelle du Château de Versailles, le 3. Juin 1724.

PRELATS.

Ecartelé, au 1. de gueules, à trois fleurs
de lys d'or, qui est Montgommery,
au 2. fascé d'or & de sable, qui est
Busseuil, au 3. de gueules, à la fasce d'or,
qui est Bouton, au 4. d'azur à six be-
fans d'argent, 3. 2. & 1. au chef d'or,
qui est Poitiers, sur le tout d'or, à 3.
écrevisses de gueules, qui est Thiard.

I.

HENRY-PONS de Thiard de Bissy, cardinal dû titre de Saint Bernard, évêque de Meaux, abbé de S. Germain des Prez & de Trois-Fontaines. **B**

Voyez ci-devant, p. 236.

Ecartelé, au 1. de Luxembourg, au 2. de Bourbon, au 3. de Lorraine, au 4. de Savoye, sur le tout de Potier

I I.

A LEON Potier de Gesvres, cardinal-prêtre, ci-devant archevêque de Bourges, abbé, comte & seigneur de S. Geraud d'Aurillac, abbé de Bernay, de S. Amand, de S. Nicolas d'Arouaise, conseiller au Conseil de Conscience, a été nommé à l'abbaye de S. Remy de Reims, après s'être démis de son archevêché de Bourges au mois de janvier 1729.

Voyez sa genealogie au duché-pairie de Tresmes, *tome IV. p. 763. & ci-devant, p. 143. & 222.*

D'azur, au chevron d'or, accompagné de trois croix ancrées de même.

I I I.

B FRANÇOIS-PAUL de Neufville-Villeroy, abbé de Fescamp, archevêque de Lyon, commandant dans la ville de Lyon & dans le gouvernement de Lyonnois, mourut le 6. février 1731. dans sa 54e année.

Voyez au chapitre du duché-pairie de Villeroy, *tome IV. p. 639. & ci-devant, p. 125 182. & 221.*

Ecartelé, au 1. & 4. de gueules, au chef d'or, au 2. & 3. de gueules, au lion d'or armé, lampassé & couronné de même.

I V.

C CHARLES-GASPARD-GUILLAUME de Vintimille des comtes de Marseille, archevêque d'Aix, puis de Paris, duc de S. Cloud, pair de France, abbé de S. Denis de Reims & de Belleperche, Dom d'Aubrac, prieur de Flassens, de S. Pierre & de Sainte Catherine du Luç.

Voyez la genealogie de cette maison, tome II. de cette hist. chap. du comté-pairie de Beauvais, *p. 285.*

*L'écu en banniere, d'argent, à qua-
tre lions de gueules, cantonnez, armez,
couronnez & lampassez d'or.*

V.

RENE-FRANÇOIS de Beauvau-du-Rivau, archevêque de Narbonne, abbé **A**
de S. Victor en Caux & de Bonneval en Rouergue, prieur de Pommier-Aigre
en Touraine, nâquit le 11. novembre 1664. Il fut premierement évêque de Bayonne,
puis de Tournay en 1707. ensuite archevêque de Toulouse, & enfin de Narbonne.

Il est fils de *Jacques* de Beauvau, marquis du Rivau, maréchal des camps & armées du Roi, & de *Diane-Marie* de Campet de Saujon.

CHEVALIERS.

*De Bourbon, à la bande de gueules,
brisée d'un croissant d'argent.*

I.

LOUIS de Bourbon comte de Clermont, abbé du Bec, de S. Claude, de Mar- **B**
moutier, de Chalis & de Cercamp.
Voyez Tome I. p. 342.

*Tous les quartiers de Lorraine, avec
un lambel de 3. pendans de gueules, à
la bordure chargée de huit besans d'or.*

I I.

CHARLES de Lorraine, dit *le Prince Charles*, comte d'Armagnac, grand ecuyer **C**
de France, lieutenant general des armées du Roi.
Voyez au chapitre du duché-pairie de Guise, tome III. p. 485.

I I I.

Comme ci-devant , p. 264.

III.

A CHARLES-LOUIS de Lorraine, prince de Mortagne ; fire de Pons ; fouve-rain de Bedeilles, meftre de camp d'un regiment d'infanterie.

Voyez ibidem.

Ecartelé, au 1. & 4. parti de Cruf-fol & de Levis, au 2. & 3. contr'écar-telé au 1. & 4. de Ricard-Gourdon ; au 2. & 3. de Genouillac, fur le tout d'Uzés.

IV.

B JEAN-CHARLES de Cruffol, duc d'Uzés, premier pair de France ; prince de Soyon, comte de Cruffol, feigneur & baron de Florenfac, &c. gouverneur & lieu-tenant general des provinces de Saintonge & d'Angoumois , & gouverneur particu-lier des villes & châteaux de Saintes & d'Angoulême.

Voyez au chapitre du duché-pairie d'Uzés, tome III. p. 773.& ci-devant p. 52. 137. 186. & 218.

D'argent , à la fafce de gueules.

V.

C MAXIMILIEN-HENRY de Bethune ; duc de Sully , pair de France, prince d'Enrichemont & de Boisbelle, lieutenant de Roi au Vexin-François, gouver-neur des villes & châteaux de Mante & de Gyen-fur-Loire, mourut à Paris le 2. février 1729. dans fa 61e année.

Voyez au chapitre du duché-pairie de Sully, tome IV. page 219. & ci-devant , p. 200. 211. 218. & 226.

A

D'azur, au pal d'argent, chargé de trois tours crenelées de gueules, accompagnées de quatre pates de lion affrontées d'or, mouvantes des deux flancs de l'écu.

V I.

LOUIS-ANTOINE de Brancas, duc de Villars, pair de France, comte de Maubec, baron d'Oife, de l'Ifle-Champtercier, marquis d'Apilly, comte de Lauraguais.

Voyez au chapitre du duché-pairie de Villars Brancas, tome V. de cette hift. p. 289.

Burelé d'argent & d'azur, à trois chevrons de gueules fur le tout.

V I I.

FRANÇOIS VIII. du nom, duc de la Rochefoucaud & de la Rocheguyon, pair de France, prince de Marcillac, marquis de Barbefieux, comte de Dureral, &c. grand-veneur de France, grand-maître de la garderobe du Roi, maréchal de fes camps & armées, mourut à Paris le 22. avril 1728. dans fa 65e année.

Voyez au chapitre du duché-pairie de la Rochefoucaud, tome IV. p. 430. & ci-devant, p. 155. 187. & 219.

B

De Montmorency, chargé en cœur de l'écu de Luxembourg.

V I I I.

CHARLES-FRANÇOIS-FREDERIC de Montmorency-Luxembourg, duc de Piney-Luxembourg & de Beaufort-Montmorency, pair de France, prince d'Aigremont & de Tingry, marquis de Bellenave, comte de Bouteville, de Dangu & de Laffé, baron de Mello, gouverneur de Normandie, lieutenant general des armées du Roi, mourut le 4. août 1726.

Voyez au chapitre du duché-pairie de Montmorency, tome III. p. 590. & ci-devant, p. 117. 118. 137. & 224.

D'azur, au chevron d'or, accompagné de trois croix ancrées de même.

IX.

A NICOLAS de Neufville, duc de Villeroy, pair de France, lieutenant général des armées du Roi, capitaine de ses Gardes du corps, gouverneur de Lyonnois, Forez & Beaujolois, & lieutenant general des mêmes provinces.

Voyez au chapitre du duché-pairie de Villeroy, *tome IV. p.* 643. *& ci-devant, page* 125. 182. 221. *&* 263.

Parti de trois traits coupé d'un, qui font huit quartiers, au 1. de Maure, *au 2. de* Bourbon, *au 3. de* Rohan *au 4. de la* Rochefoucaud, *au 5. & premier de la pointe de* Milan, *au 6. de* Navarre, *au 7. d'*Escars, *au 8. de* Bretagne, *& sur le tout de* Rochechouart.

X.

B LOUIS de Rochechouart, duc de Mortemart, pair de France, prince de Tonnay-Charente, lieutenant general des armées du Roi, premier gentilhomme de sa chambre.

Voyez au chapitre du duché-pairie de Mortemart, *tome IV. b.* 682. *& ci-devant, p.* 172.

Fascé d'argent & de sinople, les fasces d'argent chargées de six merlettes de gueules, 3. 2. & 1.

XI.

C PAUL-HYPOLITE de Beauvillier, duc de S. Aignan, pair de France, gouverneur & lieutenant general des ville & citadelle du Havre de Grace & païs en dépendans, des villes & châteaux de Loches & de Beaulieu, bailly d'épée du pais de Caux, brigadier des armées du Roi, l'un des quarante de l'Academie Françoise, ambassadeur à Rome.

Voyez au chapitre du duché-pairie de Saint Aignan, *tome IV. p.* 723. *& ci-devant,* p. 192. *&* 221.

Ecartelé au 1. de Luxembourg, au 2. de Bourbon, au 3. de Lorraine, au 4. de Savoye, & sur le tout de Potier.

X I I.

FRANÇOIS-BERNARD Potier, duc de Tresmes, pair de France, premier **A** gentilhomme de la chambre du Roi, brigadier de ses armées, gouverneur de Paris.

Voyez au chapitre du duché-pairie de Tresmes, tome IV. p. 773. & ci-devant, p. 143. 222. & 263.

De gueules, à la bande d'or.

X I I I.

ADRIEN-MAURICE duc de Noailles, pair de France, Grand-d'Espagne **B** de la première Classe, chevalier de l'Ordre de la Toison-d'Or, premier capitaine des Gardes du corps de sa Majesté, lieutenant general de ses armées, gouverneur & capitaine general des comtez & vigueries de Roussillon, Conflans & Cerdaigne, gouverneur des ville, château & citadelle de Perpignan, gouverneur & capitaine des chasses de Saint Germain en Laye, villes, païs, forêts & autres lieux en dépendans.

Voyez au chapitre du duché pairie de Noailles, tome IV. p. 793. & ci-devant, p. 167. 193. 222. & 248.

De Bethune, brisé d'un lambel de trois pendans de gueules.

X I V.

ARMAND de Bethune, duc de Charost, pair de France, capitaine des Gardes **C** du corps du Roi, lieutenant general de ses armées, & des provinces de Picardie, Boulonois, &c. gouverneur de Calais, & ci-devant de la personne du Roi LOUIS XV. a été nommé chef du Conseil Royal des finances le 23. juillet 1730.

Voyez, au chapitre du duché-pairie de Sully, tome IV. de cette hist. page 226. & ci-devant, p. 265.

X V.

Ecartelé au 1. & 4. contr'ecartelé de France & d'Angleterre, au 2. d'Ecosse, au 3. d'Irlande, à la bordure renfermant tout l'écu, componné de seize pieces ou compons, huit d'azur & huit de gueules, les compons d'azur chargez chacun d'une fleur de lys d'or, & ceux de gueules d'un leopard d'or.

X V.

A **J**ACQUES Fitz-James, duc de Berwick, de Fitz-James, *alias* Warty près de Clermont en Beauvoisis, de Liria & de Xerica au Royaume de Valence, pair de France & d'Angleterre, Grand-d'Espagne de la premiere classe, maréchal de France, gouverneur du haut & bas Limousin, commandant en Guyenne, gouverneur de Strasbourg, chevalier des Ordres du Roi, & de ceux de la Jarretiere, de la Toison-d'Or & de S. Louis.

Voyez son éloge au chapitre des MARECHAUX DE FRANCE, *tome VII. de cette hist. page 679. & sa posterité, tome V. p.* 165.

Coupé, parti en chef de 4. traits, & en pointe de 3. ce qui fait neuf quartiers, au 1. d'Espagne-Montespan, au 2. de S. Lary, au 3. de Lagoursan, au 4. de Fumel, au 5. de Pardaillan, au 6. & 1. de la pointe d'Orbessan, au 7. de la Barthe ou Termes, au 8. d'Antin, au 9. de Rochechouart, & sur le tout de Castillon en Medoc. Voyez l'explication tome V. p. 182.

X V I.

B **L**OUIS-ANTOINE de Pardaillan de Gondrin, duc d'Antin, pair de France, marquis de Montespan, de Gondrin & de Mezieres, lieutenant general des armées du Roi, & au gouvernement de la haute & basse Alsace, de Suntgaw & Brisgaw, gouverneur & lieutenant general des ville & duché d'Orleans, païs Orleanois, Chartrain, Perche-Gouet, Sologne, Dunois, Vendômois, Blesois & dépendances, de la ville & du château d'Amboise, directeur general des bâtimens, protecteur de l'Academie Royale de Peinture & de Sculpture.

Voyez au chapitre du duché-pairie d'Antin *tome V. p.* 182. *& ci-devant, p.* 95. *&* 141.

De gueules, l'écu diapre de deux rinceaux ou branches de laurier d'argent passées en sautoir, au chef échiqueté d'argent & d'azur de trois traits, qui est d'Ailly, sur le tout d'or au lion de gueules, armé & couronné d'or, qui est d'Albert.

X V I I.

C **L**OUIS-AUGUSTE d'Albert-d'Ailly, duc de Chaulnes, pair de France, vidame d'Amiens, capitaine-lieutenant des Chevaux-legers de la garde du Roi, lieutenant general de ses armées, & au gouvernement de Picardie.

Voyez au chapitre du duché-pairie de Luynes, *tome IV. p.* 270. *& ci-devant, p.* 148. 187. *&* 219.

De gueules, à la croix engrêlée d'or.

XVIII.

MARIE-JOSEPH duc d'Hostun, pair de France, comte de Tallart, seigneur du duché de Lesdiguieres, baron d'Arlan, &c. maréchal de camp des armées du Roi, gouverneur du comté de Bourgogne, & gouverneur particulier des ville & citadelle de Besançon.

Voyez au chapitre du duché-pairie d'Hostun, *tome V. p.* 269. *& ci-devant, p.* 251.

Ecartelé au 1. & 4. de Brancas, *au 2. & 3. de gueules, à la croix vuidée, clechée & pommetée d'or, qui est Forcalquier.*

XIX.

LOUIS de Brancas des comtes de Forcalquier, marquis de Cereste, dit *le marquis de Brancas,* Grand-d'Espagne, chevalier de l'Ordre de la Toison-d'Or, commandeur de celui de S. Louis, conseiller d'état d'épée, lieutenant general des armées du Roi & au gouvernement de Provence, ci-devant ambassadeur en Espagne.

Voyez au chapitre du duché-pairie de Villars-Brancas, *tome V. p.* 283. *& ci-devant p.* 266.

D'azur, à trois couronnes d'or, 2. & 1.

XX.

JACQUES Bazin, seigneur de Pézons, maréchal de France, gouverneur des ville & citadelle de Cambray, grand-croix de l'Ordre militaire de S. Louis.

Voyez son éloge & sa genealogie au chapitre des MARECHAUX DE FRANCE, *tome VII. de cette hist. p.* 681.

D'or, à deux tourteaux de gueules posez en pal.

XXI.

A PIERRE de Montesquiou-d'Artagnan, maréchal de France, gouverneur des ville & citadelle d'Arras, lieutenant general en la province d'Artois, directeur general de l'infanterie, mourut le 12. août 1725.

Voyez son éloge au chapitre des MARECHAUX DE FRANCE, *tome VII. p. 684. & sa genealogie,* ibidem, *p. 262.*

Ecartelé, au 1. & 4. de le Tellier, au 2. & 3. bandé d'or & d'azur, qui est Souvré, sur le tout écartelé au 1. & 4. d'azur à la tour d'or, au 2. & 3. d'argent, au cerf d'azur.

XXII.

B LOUIS-NICOLAS le Tellier, marquis de Souvré, lieutenant general au gouvernement de Bearn & de Navarre, maître de la garderobe du Roi, mourut le 10. décembre 1725.

Voyez au chapitre des CHANCELIERS DE FRANCE, *tome VI. de cette histoire, page 581.*

D'azur, à la bande d'or, accompagnée en chef de trois glanas d'or, 2. & 1. & en pointe de deux pattes de griffons & de trois roses perissantes dessous dans le bord de l'écu, le tout d'or.

XXIII.

C LOUIS Sanguin, marquis de Livry, premier maître-d'hôtel du Roi, maréchal de camp de ses armées.

Il est fils de *Louis* Sanguin, marquis de Livry, par lettres du mois de février 1688. mestre de camp de cavalerie, premier maître d'hôtel du Roi, & de *Marie-Antoinette* de Beauvillier (a), & il épousa le 7. décembre 1706. *Françoise* Robert, fille de *Louis* Robert, seigneur de la Fortelle, président en la Chambre des Comptes, & d'*Anne* Maudet, dont il a eu *Paul* Sanguin, comte de Livry; *Louis-Marie* Sanguin; *Hypolite-François* Sanguin; *Louis* Sanguin, batisé le 28. juillet 1723. & *Madelene-Ursule* Sanguin.

(a) Tome IV. p. 711.

*Ecartelé au 1. & 4. de Goyon-Ma-
tignon, au 2. d'Orleans-Longueville,
au 3. de Bourbon-Saint-Paul.*

XXIV.

LOUIS-JEAN-BAPTISTE Goyon de Matignon, comte de Gacé & de Mont- **A**
martin, dit *le comte de Matignon*, baron de Gié, maréchal des camps & armées
du Roi, gouverneur & lieutenant general des païs d'Aunis, ville & gouvernement de
la Rochelle, Isle de Rhé, Brouage, Oleron, &c.

Voyez au duché-pairie de Valentinois, *tome V. p.* 393. & *ci-devant*, p. 129. & 199.

*Ecartelé, au 1. & 4. d'azur à 3 fas-
ces ondées d'argent, surmontées d'un lion
issant d'or, au 2. & 3. d'argent, à la bande
de gueules, accompagnée de 6. coquilles
de même, 3. en chef & 3. en pointe.*

XXV.

ANNE-JACQUES de Bullion, marquis de Fervaques, lieutenant de Roi au **B**
gouvernement d'Orleans, maréchal de camp, gouverneur & lieutenant general
du païs du Maine, est né le 31. décembre 1679.

Il est fils de *Charles-Denis* de Bullion, marquis de Fervaques & de Gallardon, seigneur de Bonnelles & d'Esclimont, gouverneur du Maine, du Perche & du
comté de Laval, prevôt de Paris, & de *Marie-Anne* Rouillé. Il a épousé par
contrat du 26. mars 1708. *Marie-Madelene-Hortense* Gigault de Bellefonds, fille de
Louis-Christophe Gigault, marquis de Bellefonds, gouverneur & capitaine des
chasses du château de Vincennes, & de *Marie-Olimpe* de la Porte-Mazarini. *(a)*

Il a eu de ce mariage *Marie-Anne-Etiennette*, *Jacqueline-Hortense*, & *Auguste-Leonine-
Olimpe-Nicole* de Bullion.

Voyez dans la suite de ce chapitre, aux CHANCELIERS ET COMMANDEURS
des Ordres du Roi.

(a) Voyez tome
VII. de cette hist.
p. 598.

*Ecartelé, au 1. & 4. de gueules, au
chef d'or, au 2. & 3. de gueules, au
lion d'or, armé, lampassé & couronné
de même.*

XXVI.

CHARLES-FRANÇOIS de Vintimille des comtes de Marseille, marquis des **C**
Arcs & de la Marthe, comte du Luc, conseiller d'état d'épée, lieutenant de Roi
en Provence, gouverneur de Porquerolles, ci-devant commandeur des Ordres de
S. Lazare & de S. Louis, ambassadeur vers les ligues Suisses, plenipotentiaire à Bade, & ambassadeur extraordinaire vers l'Empereur.

Voyez sa genealogie au chapitre des Evêques, Comtes & Pairs de Beauvais, *tome II.
de cette hist. p.* 285. & *ci-devant*, p. 263.   XXVII.

De gueules, à trois tiercefeuilles d'or, qui est de Prie, au chef d'or à l'aigle à deux têtes couronnées de gueules, qui est de Busançois.

XXVII.

A LOUIS de Prie, marquis de Planes, dit *le marquis de Prie*, Brigadier des armées du Roi, gouverneur de Bourbon-Lancy, lieutenant general du bas Languedoc, ci-devant ambassadeur à Turin.

Voyez au chapitre des GRANDS-MAISTRES DES ARBALESTRIERS DE FRANCE, *tome VIII. de cette hist.* p. 122.

D'or, à 3. maillets de sinople.

XXVIII.

B LOUIS de Mailly, marquis de Néelle, & de Mailly en Boulonois, prince d'Orange & de l'Isle-sous-Montreal, comte de Bohain, de Beaurevoir & de Bernon, seigneur de Maurup, de Pargny, &c.

Voyez au chapitre des GRANDS-PANNETIERS DE FRANCE, *tome VIII. de cette hist.* p. 639.

D'or, à trois forces de sable.

XXIX.

C FRANÇOIS-MARIE de Hautefort, marquis d'Hautefort, de Pompadour & de Sarcelles, lientenant general des armées du Roi, gouverneur des ville & château de Guise, mourut le 8. juillet 1727.

Voyez ce qui en a esté dit au chapitre des MARECHAUX DE FRANCE, *à la suite de la maison de* Gontaut, *tome VII.* p. 337. *& ci-devant,* p. 199.

Tome IX.

Z 3

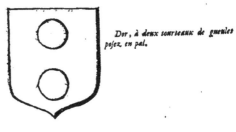

D'or, à deux tourteaux de gueules posez en pal.

X X X.

JOSEPH de Montefquiou, dit *le comte d'Artagnan*, lieutenant general des armées du Roi, capitaine-lieutenant de la premiere compagnie des Moufquetaires, gouverneur de Nifmes, mourut le 4. janvier *1729.* **A**

Voyez au chapitre des MARECHAUX DE FRANCE, *tome VII. p. 277. & ci-devant, page 271.*

D'azur, à 3. fleurs de lys d'or, au chef de même.

X X X I.

FRANÇOIS comte d'Eftaing, marquis de Murole, baron de Spoix, lieutenant general des armées du Roi & du Verdunois, gouverneur de Douay & de Châlons fur-Marne, mourut à Paris la nuit du 19. au 20. mars *1732.* âgé d'environ 81. ans. **B**

Il étoit fils de *Joachim* comte d'Eftaing, & de *Claude-Catherine* le Goux de la Berchere fa premiere femme. Il époufa le 30. avril *1692. Marie* de Hauffonville de Vaubecourt, fille de *Nicolas* de Hauffonville, comte de Vaubecourt, lieutenant general des armées du Roi & au gouvernement des ville. & évêché de Mets, gouverneur de Châlons, & de *Claire* Guillaume fa feconde femme. Il eut de fon mariage *Charles-François-Marie* marquis d'Eftaing, gouverneur de Châlons & de Douay en furvivance de fon pere, né le 10. feptembre *1693.* & mort le 10. décembre *1729.* dans fa 37e année, lequel avoit époufé en *1716. N.* Martel, fille de *N.* Martel, comte de Fontaines, premier écuyer de madame la ducheffe d'Orleans; *Louis Claude* d'Eftaing, marquis de Murole, fervant d'aide de camp du marquis de Guerchy, lieutenant general, fut bleffé au fiege de Fontarabie la nuit du 11. au 12. juin *1719.* & mourut peu de jours après; *Marie-Antoinette* d'Eftaing, femme de *Philippes-Emmanuel* de Cruffol, marquis de S. Sulpice (*a*); *Louife-Antoinette* & *Marie-Catherine-Euphrafie* d'Eftaing.

(*a*) Voyez tome III. p. 776.

Ecartelé, au 1. & 4. tranché d'or & de gueules, au 2 & 3. d'azur au lion d'or, qui est l'Esparre.

XXXII.

A **ARMAND** de Madaillan-de-l'Esparre, marquis de Lassay, lieutenant general au gouvernement de Bresse, Bugey, Gex & Valromey.

Il est fils de *Louis* de Madaillan-de-l'Esparre, marquis de Montataire, & de *Susanne* de Vipart de Sainte-Croix sa premiere femme. Il a épousé 1°. *Marie - Marthe* Sibour, morte au mois de janvier 1675. 2°. *Marie-Anne* Pajot, 3°. le 5. mars 1696. *Julie* de Bourbon, fille légitimée d'*Henry Jules* de Bourbon III. du nom, prince de Condé, & de *Françoise* de Montalais. (*a*) Du premier lit il a eu *Marie-Constance-Adelaïde* de Madaillan-de-l'Esparre, mariée à *Gaspard-Alexandre* comte de Coligny (*b*), morte le 28. février 1725. dans sa 51ᵉ année. Du second mariage est issu LEON de Madaillan - de-l'Esparre, comte de Lassay, qui suit. Du troisiéme mariage sortit, *Anne-Louise* de Madaillan-de l'Esparre, mariée au mois de février 1715. à *Simon-Gabriel* marquis d'O, mestre de camp, lieutenant du regiment de Toulouse infanterie, & morte à Paris le 2. octobre 1723.

(*a*) Voyez tome I. de cette hist. p. 341.

(*b*) Tome VII. p. 159.

LEON de Madaillan-de-l'Esparre, comte de Lassay, colonel d'un regiment d'infanterie de son nom, puis de celui d'Enghien, a commencé de servir en 1695. a été fait prisonnier à la bataille d'Hochstet, & brigadier des armées du Roi le premier février 1719, Il a épousé au mois d'avril 1711. *Reine* de Madaillen-de-l'Esparre sa tante, fille de *Louis* de Madaillan-de-l'Esparre, marquis de Montataire, & de *Marie-Therese* de Rabutin sa seconde femme.

Ecartelé, au 1. d'argent, à la fasce de gueules, accompagnée de 3. merlettes de sable, deux en chef & une en pointe, qui est Esparbez, au 2. de gueules, à trois leopards d'or, qui est Bouchard, au 3. losangé d'or & d'azur, au chef de gueules, qui est Aubeterre, au 4. d'azur, à 3. tours d'argent, qui est Pompadour.

XXXIII.

B **PIERRE** Bouchard d'Esparbez-de-Lussan, seigneur, comte d'Aubeterre & de Jonzac, marquis d'Ozillac, lieutenant general des armées du Roi, gouverneur des ville & citadelle de Collioure & de Port-Vendre.

Voyez au chapitre des MARECHAUX DE FRANCE, *tome VII. de cette histoire, page* 458.

Ecartelé, au 1. & 4. de gueules, à la tour donjonnée d'argent, qui est Montaigu, au 2. & 3. écartelé en sautoir d'argent & de gueules, qui est de Beaune.

XXXIV.

JOACHIM de Montaigu, vicomte de Beaune, marquis de Bouzols, lieutenant **A** general des armées du Roi, & de la basse Auvergne, né le 22. décembre 1662.
Il est fils d'*Antoine-Henry* de Montaigu, marquis de Bouzols, &c. & d'*Anne-Gabrielle* de Montboissier-Canillac, & a épousé 1°. par contrat du 13. may 1696. *Marie-Françoise* Colbert-de-Croissy, fille de *Charles* Colbert, marquis de Croissy, secretaire & ministre d'état, commandeur & grand-tresorier des Ordres du Roi, & de *Françoise* Beraud, morte à Paris sans enfans le 28. septembre 1724. dans sa 54ᵉ année, 2°. le 4. décembre 1726. *Marie-Charlotte* de Montmorency, fille de *Leon* de Montmorency, marquis de Fosseux, & de *Marie-Madelene* de l'Estoile-de-Montbriseuil.

De gueules, à la fasce d'or, chargée de trois étoiles d'azur, & accompagnée de trois croissans montans d'or, deux en chef & un en pointe.

XXXV.

FRANÇOIS de Franquetot, comte de Coignv, Baron de Nogent-sur-Loir, **B** seigneur de Villeray, de Maisoncelles, de Croisilles & de Poligny, lieutenant general des armées du Roi, colonel general des Dragons de France, né le 16. mars 1670.
Il est fils de *Robert-Jean-Antoine* de Franquetot, comte de Coigny, lieutenant general des armées du Roi, directeur general de la Cavalerie, gouverneur de Barcelonne, & de *Marie-Françoise* de Goyon-Matignon, & a épousé par contrat des 3. & 4. décembre 1699. *Henriette* de Montbourcher, fille de *René* de Montbourcher, marquis du Bordage, maréchal des camps & armées du Roi, & d'*Elisabeth* de Goyon la-Moussaye, dont il a eu JEAN-ANTOINE-FRANÇOIS de Franquetot, marquis de Coigny, qui suit ; *Marie-Françoise-Adelaïde* de Franquetot, née le 16. septembre 1700. *Charlotte-Henriette-Bibiane* de Franquetot, née le 11. novembre 1703. mariée à *Jean-Baptiste-Joachim* Colbert, marquis de Croissy, capitaine des Gardes de la porte ; & *Elisabeth-Marie* de Franquetot, née le 30. août 1705.
JEAN-ANTOINE-FRANÇOIS de Franquetot, marquis de Coigny, gouverneur & bailly de Caën, né le 27. septembre 1702. épousa au mois de novembre 1729. *Corentine* de Nevet en Bretagne.

XXXVI.

Ecartelé, au 1. & 4. d'argent, à la bande d'azur, accompagnée de 6. rofes de gueules, 3. en chef & 3. en pointe, qui eft Rogier-de-Beaufort, au 2. & 3. d'azur crenelé d'or, à la levrette rampante d'argent, onglée & colletée de gueules, qui eft Canillac, & fur le tout d'or femé de croifettes de fable, au lion rampant de même, qui eft Montboiffier.

XXXVI.

A JEAN de Montboiffier, comte de Canillac, lieutenant general des armées du Roi, capitaine-lieutenant de la feconde compagnie des Moufquetaires, gouverneur des villes & citadelles d'Amiens & de Corbie, mourut à Paris le 10. avril 1729. âgé de 66. ans, & fut enterré aux Minimes de la place Royale.

Il étoit fils de *Guillaume* de Beaufort-Canillac-Montboiffier, marquis du Pont-Château, & de *Michelle* de Ribeyre, & époufa par contrat du 3. février 1697. *Elifabeth* Ferrand, veuve de *Pierre* Girardin-de Guilleragues, ambaffadeur à Conftantinople.

D'argent, au lion de fable, armé & lampaffé de gueules.

XXXVII.

B JACQUES-JOSEPH Vipart, marquis de Silly, lieutenant general des armées du Roi, confeiller d'état d'épée, mourut en fon château de Silly, âgé de 55. ans le 19. novembre 1727. fans avoir été marié.

Il étoit fils de *Jacques* Vipart, marquis de Silly, & de *Françoife* le Comte-de-Nonant.

Ecartelé au 1. & 4. d'azur à la bande d'or, qui eft Caflagnet, au 2. & 3. de gueules, au lion d'argent, qui eft Lomagne, fur le tout de gueules, qui eft Narbonne.

XXXVIII.

C JACQUES de Caffagnet-Tilladet-Narbonne, marquis de Fimarcon, &c. lieutenant general des armées du Roi & de la province de Rouffillon, commandant en cette province, & gouverneur de Montlouis, mourut à Lectoure âgé de 71. ans au mois de mars 1730.

Il étoit fils de Jean-Jacques de Caffagnet-de-Lomagne-Narbonne, marquis de Fimarcon, & de *Marie-Angelique* de Roquelaure fa premiere femme, & époufa par contrat du 19. avril 1705. *Madelene* de Bafchi-d'Aubais, fille de *Louis* de Bafchi, marquis d'Aubais, & d'*Anne* de Boiffon.

D'azur, à cinq fusées d'argent.

XXXIX.

HENRY de S. Nectaire, comte de Brinon, dit *le marquis de Senneterre*, lieutenant general des armées du Roi, ci-devant ambassadeur extraordinaire en Angleterre.

    Voyez au chapitre du duché-pairie de la Ferté-Senneterre, *tome IV. de cette histoire,
p. 895. & ci-devant, p. 164. & 190.*

A

De Beauvau, *comme ci-devant,
p. 264.*

X L.

PIERRE-MADELENE comte de Beauvau, lieutenant general des armées
du Roi, directeur general de la Cavalerie, gouverneur de Douay.

    Il est fils de *Jacques* de Beauvau, marquis du Rivau, maréchal de camp des ar-
mées du Roi, & de *Diane-Marie* de Campet de Saujon. Il a épousé par contrat
du 7. avril 1711. *Marie-Therese* de Beauvau sa cousine, fille de *Gabriel-Henry*
marquis de Beauvau & de Montgauger, & de *Marie-Angelique* de S. André sa
premiere femme, dont il a eu *Marie-Anne-Elisabeth* de Beauvau, mariée le 4. may
1730. à *Louis-Paul* de Rochechouart, duc de Mortemart, pair de France, mort
à Paris de la petite verole le 4. décembre 1731.

B

De sable, au chef d'argent.

X L I.

LOUIS de Gand-de-Merode-de-Montmorency, prince d'Isenghien, lieutenant
general des armées du Roi & de la province de Picardie, gouverneur des ville
& citadelle d'Arras.

    Il est fils de *Jean-Alphonse* de Gand, prince d'Isenghien, & de *Marie-Therese* de

C

A Crevant-d'Humieres, & a épousé 1°. par contract des 2. & 9. octobre 1700. *Anne-Marie-Louise* princesse de Furstemberg, fille d'*Antoine-Egon*, prince de Furstemberg, & de *Marie* de Ligny, morte le 17. janvier 1706. dont un fils mort jeune, 2°. par contrat du 19. février 1713. *Marie-Louise-Charlotte* Pot de Rhodes, morte en couches le 8. janvier 1715. fille de *Charles* Pot, marquis de Rhodes, grand-maître des ceremonies de France, & d'*Anne-Marie-Therese* de Simiane-Gordes, 3°. le 16. avril 1720. *Marguerite-Camille* Grimaldi, fille d'*Antoine* Grimaldi, prince de Monaco, duc de Valentinois, pair de France, & de *Marie* de Lorraine-Armagnac. *Voyez tome IV. de cette hist. p. 499.*

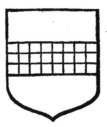

D'or. à la fasce échiqueté d'argent & de gueules de trois traits.

XLII.

B LOUIS-PIERRE de la Marck, baron de Lumain, de Serain, &c. dit *le comte de la Marck*, lieutenant general des armées du Roi.

Voyez sa genealogie au chapitre des MARECHAUX DE FRANCE, *tome VII. page 165. & ci-devant, p. 152.*

Ecartelé au 1. & 4. d'argent, à la croix de gueules, qui est S. Georges, au 2. & 3. fascé, ondé d'argent & de gueules, qui est de Rochechouart.

XLIII.

C CESAR de Saint Georges, marquis de Coué-Verac, &c. lieutenant general des armées du Roi & de la province de Poitou.

Il est fils d'*Olivier* de Saint Georges, marquis de Coué-Verac, chevalier des Ordres du Roi, *mentionné ci-devant*, p. 240. & de *Madelene* le Cocq, & épousa par contrat des 20. & 21. mars 1706. *Catherine-Marguerite* Pioger.

De gueules , à trois écuſſons d'her-mines.

XLIV.

ALAIN-EMMANUEL marquis de Coetlogon ; maréchal & vice-amiral de France , grand-Croix de l'Ordre militaire de S. Louis , mourut le 7. juin 1730.

Voyez au chapitre des MARECHAUX DE FRANCE , *tome VII. de cette hiſt. p. 716.*

D'azur , à un dextrochere d'argent, tenant trois fleurs ou lys de marais auſſi d'argent.

XLV.

JEAN-BAPTISTE-FRANÇOIS des Marets , marquis de Maillebois , du Rouvray & de Blevy , baron de Châteauneuf & de Favieres, ſeigneur de S. Lubin , du Coudray , de Neuville, de S. Meſme , &c. maître de la garderobe du Roi le 22. mars 1712. lieutenant general de ſes armées & de la province de Languedoc , gouverneur de S. Omer , ci-devant envoyé extraordinaire à la cour de Baviere.

Il eſt fils de *Nicolas* des Marets, marquis de Maillebois , &c. controlleur general des finances , miniſtre d'état , commandeur & grand-treſorier des Ordres du Roi, & de *Madelene* de Bechameil de Nointel , & a épouſé par contrat du 19. janvier 1713. *Marie-Emmanuelle* d'Alegre, fille d'*Yves* marquis d'Alegre , maréchal de France , chevalier des Ordres du Roi, & de *Françoiſe* de Garraud de Caminade (M), dont il a *Marie-Yves* des Marets , comte de Bourbonne, & trois filles.

(*a*) Tome VII. p. 711.

D'azur , au lion d'or , armé & lampaſſé de gueules.

XLVI.

CHARLES-HENRY-GASPARD de Saulx ; vicomte de Tavannes ; lieutenant general pour le Roi au duché de Bourgogne dans les bailliages d'Auxois, Auxerrois, Autunois & Mâconnois , brigadier d'infanterie, premier gentilhomme de la chambre du duc de Bourbon.

Voyez la genealogie de cette maiſon au chapitre des MARECHAUX DE FRANCE ; *tome VII. de cette hiſt. p. 239. & ci-devant , p. 94.*

XLVII.

De gueules, à deux clefs d'argent passées en sautoir.

XLVII.

A GASPARD de Clermont-Tonnerre, marquis de Vauvillars, &c. brigadier des armées du Roi, commissaire general de la Cavalerie Françoise & Etrangere, commandeur de l'Ordre de S. Louis.

Voyez la genealogie de cette maison au chapitre des GRANDS-MAISTRES DES EAUX ET FORESTS DE FRANCE, *tome VIII. de cette histoire, page 907. & ci-devant, p. 162. 193. & 247.*

D'or, semé de fleurs de lys d'azur, & de tours de même.

XLVIII.

B FRANÇOIS de Simiane, marquis d'Esparron, &c. dit *le marquis de Simiane*, brigadier des armées du Roi.

Voyez sa genealogie au chapitre des Evêques & Ducs de Langres, pairs de France, *tome II. de cette hist. p. 238. & ci-devant, p. 165. & 197.*

D'azur, à la croix d'or.

XLIX.

C JOSEPH-FRANÇOIS de la Croix, marquis de Castries, chevalier d'honneur de madame la duchesse d'Orleans, maréchal de camp, gouverneur & sénéchal des ville, citadelle & diocese de Montpellier, mourut le 24. juin 1728. dans sa 69ᵉ année, & fut enterré en l'église de S. Sulpice à Paris.

Il étoit fils de *René Gaspard* de la Croix, marquis de Castries, chevalier des Ordres du Roi, *rapporté ci-devant, p. 207. & d'Elisabeth* de Bonzi.

D'azur, à trois chevrons d'or, celui du chef brisé.

L.

PIERRE-GASPARD marquis de Clermont-Gallerande, &c. premier écuyer   A
du duc d'Orleans premier Prince du Sang, meſtre de camp du regiment de Dragons d'Orleans, brigadier des armées du Roi, bailly de Dole.

Il eſt fils de *Charles-Leonor* de Clermont, marquis de Clermont & de Gallerande,
& de *Madelene* Mormés de S. Hilaire, & a épouſé par contrat du 5. avril 1706.
Gabrielle-Françoiſe d'O, dame d'atours de la ducheſſe d'Orleans, fille de *Gabriel-
Claude* d'O, marquis de Franconville, & de *Marie-Anne* de la Vergne de Guilleragues, dont il a eu *Louiſe-Diane-Françoiſe* de Clermont, mariée le 14. janvier
1728. à *Georges-Jacques* de Clermont ſon couſin, marquis de S. Aignan, inſpec-
teur general de l'infanterie, meſtre de camp du regiment d'Auvergne, fils de
Georges-Henry de Clermont, maréchal des camps & armées du Roi, & de *Marie-
Madelene* Britaut de Chizé. *Voyez ci-devant*, p. 195.

PROMOTION

Du premier Janvier 1725.

CHEVALIER.

Ecartelé, au 1. & 4. de Goyon-Ma-
tignon, au 2. d'Orleans-Longueville,
au 3. de Bourbon-S.-Pol.

I.

MARIE-THOMAS-AUGUSTE Goyon de Matignon, marquis de Matignon,   B
baron de Briquebec, &c. brigadier des armées du Roi.

*Ses ancêtres & ſa poſterité ſont rapportez tome V. de cette hiſt. p. 366. à l'occaſion du
duché-pairie de Valentinois. Voyez ci-devant, p. 129. & 272.*

PROMOTION

Faite le premier Janvier 1726.

CHEVALIER.

De gueules , à une hache ou doloire d'argent , emmanchée d'or , posée en pal.

I.

A MICHEL Tarlo de Teczin & Ozekarzowice, comte de Melsztyn & de Zakliczyn, colonel des Gardes du Roi Stanislas de Pologne, lieutenant general des armées du Roi en 1726. mourut à Blois le 24. novembre 1727.

Il étoit fils d'*Adam* Tarlo , comte de Czarzewic, &c. palatin de Smolensko , & de *Françoise* Bnin-Opalinska.

PROMOTION

Faite dans la Chapelle Royale du Château de Versailles , le 2. Fevrier 1728.

CHEVALIERS.

De France , au bâton de gueules péri en barre.

I.

B LOUIS-AUGUSTE de Bourbon , prince de Dombes , colonel general des Suisses , & gouverneur de Languedoc en survivance du duc du Maine son pere.
Voyez l'histoire de la maison Royale , tome I. p. 195.

Comme ci-dessus

II.

C LOUIS-CHARLES de Bourbon , comte d'Eu , gouverneur & grand-maître de l'artillerie de France en survivance du duc du Maine son pere.
Voyez ibidem , p. 194.

Ecartelé, au 1. & 4. de Vermandois-S.-Simon, au 2. & 3. de Rouvroy.

I I I.

LOUIS duc de S. Simon, pair de France, Grand-d'Espagne de la premiere classe, A &c. gouverneur des ville, citadelle & comté de Blaye, bailly & gouverneur de Senlis, ci-devant ambassadeur extraordinaire en Espagne.

Voyez ses ancestres & sa posterité tome IV. de cette histoire, page 389. à l'occasion du duché-pairie de S. Simon. & ci-devant, p. 171. & 179.

Ecartelé au 1. & 4. de Roquelaure, au 2. & 3. de Bezolles, sur le tout du Bouzet-Roque-Epine.

I V.

ANTOINE-GASTON-JEAN-BAPTISTE duc de Roquelaure, marquis de Biran, &c. maréchal de France, gouverneur des ville & citadelle de B Lectoure.

Voyez la genealogie de cette maison tome VII. de cette hist. chapitre des MARECHAUX DE FRANCE, page 402. & ci-devant, p. 109. & 191.

D'azur, à la tour d'argent, accompagnée de six fleurs de lys d'or, trois de chaque côté.

V.

YVES marquis d'Alegre & de Montaigu, comte de Flageac, &c. maréchal de C France.
Voyez la genealogie de cette maison, tome VII. de cette hist. chapitre des MARECHAUX DE FRANCE, p. 702.

V I.

Ecartelé, au 1. d'or au lion d'azur, armé & lampassé de gueules, qui est de Gramont, au 2. & 3. de gueules à 3. fleches d'or mises en pal, flammées d'argent, qui est d'Aster, au 4. d'or au levrier de gueules, colleté d'or, à la bordure de sable besantée d'or, qui est d'Aure, sur le tout de gueules à quatre osteles d'argent, ou d'argent à la croix patée de gueules, qui est de Cominges.

VI.

A LOUIS, comte de Gramont, seigneur de la Motte-Vouson, brigadier des armées du Roi, gouverneur des ville & château de Ham.
Voyez la genealogie de cette maison, tome IV. de cette hist. p. 605. à l'occasion du duché-pairie de Gramont. & ci-devant, p. 146. 188. 220. & 229.

PROMOTION

Faite dans la Chapelle Royale du Château de Versailles, le 16. May 1728.

CHEVALIERS.

De Lorraine-Harcourt, comme ci-devant, p. 265.

I.

B JACQUES-HENRY de Lorraine, prince de Lixin, marquis de Craon & d'Ambleville, grand-maître de Lorraine, mestre de camp d'un regiment de cavalerie au service du Roi.
Voyez ses ancestres tome III. de cette hist. p. 485. à l'occasion du duché-pairie de Guise.

De la Rochefoucaud.

II.

C ALEXANDRE de la Rochefoucaud, duc de la Rocheguyon, puis de la Rochefaucaud, pair de France, grand-maître de la garderobe du Roi, brigadier de ses armées.
Voyez ses ancestres & sa posterité, tome IV. de cette histoire, page 414. à l'occasion du duché-pairie de la Rochefoucaud. & ci-devant, p. 155. 187. 219. & 266.

Tome IX.   C 4

Comme, ci-devant, p. 285.

I I I.

L OUIS-ANTOINE-ARMAND duc de Gramont, pair de France, &c. co- **A** lonel du regiment des Gardes Françoiſes, brigadier des armées du Roi.

Voyez la genealogie de cette maiſon, tome IV. de cette hiſt. p. 605. à l'occaſion du duché-pairie de Gramont, & ci devant p. 146. 188. 220. 229. & 285.

Ecartelé, au 1. de Luxembourg, au 2. de Bourbon, au 3. de Lorraine, au 4. de Savoye, ſur le tout de Potier.

I V.

F RANÇOIS-JOACHIM Potier, duc de Geſvres, pair de France, &c. gou- **B** verneur de Paris, brigadier des armées du Roi.

Voyez ſes ancêtres tome IV. de cette hiſtoire, p. 763. à l'occaſion du duché-pairie de Treſmes. & ci-devant, p. 143. 222. 163. & 268.

De Bethune-Charoſt.

V.

P AUL-FRANÇOIS de Bethune, duc du Charoſt, pair de France, maréchal **C** de camp des armées du Roi, capitaine de ſes Gardes du corps, &c.

Voyez la genealogie de cette maiſon, tome IV. de cette hiſt. p. 210. à l'occaſion du duché-pairie de Sully, & ci-devant, p. 265. & 268.

De gueules, à deux faſces d'or.

VI.

A FRANÇOIS duc d'Harcourt, pair de France, capitaine des Gardes du corps du
Roi, ſon lieutenant general au comté de Bourgogne.

*Voyez la genealogie de cette maiſon tome V. de cette hiſt. p. 124. à l'occaſion du duché-pai-
rie d'Harcourt. & ci devant, p. 230. & 253.*

*D'argent, au ſautoir de gueules,
engrêlé de ſable.*

VII.

B RENE' MANS, ſire de Froulay, comte de Teſſé, &c. Grand-d'Eſpagnê, lieutenant general des armées du Roi, premier écuyer de la Reine.

*Voyez ſes ancêtres tome VII. de cette hiſt. p. 668. au chapitre des MARECHAUX DE
FRANCE, & ci-devant page 198. & 242.*

*D'azur, à ſix beſans d'argent, 3.
2. & 1.*

VIII.

C LOUIS-ARMAND de Brichanteau, marquis de Nangis, lieutenant general des
armées du Roi, chevalier d'honneur de la Reine.

*Voyez ſes anceſtres tome VII. de cette hiſt. p. 888. chapitre des AMIRAUX DE
FRANCE, & ci-devant, p. 148.*

PROMOTION

Faite dans la Chapelle Royale du Château de Versailles, le premier Janvier 1729.

CHEVALIER.

D'argent, à 3. chevrons de gueules.

I.

LOUIS-FRANÇOIS-ARMAND du Plessis; duc de Richelieu; pair de France, &c. gouverneur des ville & château de Cognac, colonel d'un regiment d'infanterie, ci-devant ambassadeur extraordinaire auprès de l'Empereur.
Ses ancêtres sont rapportez tome IV. de cette hist. p. 372. à l'occasion du duché-pairie de Richelieu, & ci-devant, p. 172. & 219.

PROMOTION

Faite dans la Chapelle Royale du Château de Versailles, le 25. Avril 1729.

CHEVALIERS.

Tous les quartiers d'Espagne, & sur le tout de France, à la bordure de gueules, qui est Anjou. Voyez ci-devant, p. 260.

I.

FERDINAND prince des Asturies, fils de *Philippes* de France, duc d'Anjou; puis Roi d'Espagne, & de *Marie-Louise-Gabrielle* de Savoye sa premiere femme.

Voyez à la maison Royale, tome I. de cette hist. p. 185.

II.

Comme son frere, ci-devant, p. 288.

II.

A CHARLES Infant d'Espagne, duc de Parme & de Plaisance, dont il prit possession en décembre 1731.

Il est frere du precedent, & fils de *Philippes* de France, duc d'Anjou, puis Roi d'Espagne, & d'*Elisabeth* Farnese sa seconde femme.

Parti, au 1. coupé, le chef reparti de Castille & de Leon, & la pointe de giron, qui est émanché de trois pieces de gueules d'or, au 2. grand parti écartelé au 1. & 4. de Benavides, qui est d'or au pal de gueules, au lion de mesme, fascé ou lié par tout de bandes d'argent, couronné d'or, à la bordure d'argent, chargée de 8. chaudieres de sable, au 2. & 3. de Castille, sur le tout de ce parti échiqueté d'argent & d'azur, qui est Tolede, & tout l'écu entouré d'une bordure échiquetée d'or & de gueules, chargée de cinq écussons d'azur à cinq besans d'argent, poinsés au milieu d'azur.

III.

B JOSEPH-MARIE Tellez-Giron VIIe duc d'Offonne, Grand-d'Espagne, camarero major du roi d'Espagne, lieutenant general de ses armées, né le 25. may 1685. ambassadeur en France.

Il est fils de *Gaspard* Tellez-Giron Ve duc d'Offonne & d'Uceda, Grand-d'Espagne, & d'*Antoinette* de Benavides, comtesse de Pinto, & a épousé à Madrid le 21. septembre 1722. *Françoise* de Guzman, fille de *Manuel-Alfonse* Perez de Guzman, duc de Medina-Sidonia, & de *Louise-Marie* de Silva-Mendoza, dont *Marie-Faustine* Tellez-Giron, née à Madrid le 15. février 1724.

Ecartelé, au 1. de Benavides, au 2. d'azur à 13. besans d'or, posez 3. 3. 3. 3. & 1. qui est d'Avila-Tolede, au 3. d'or à deux pals de gueules, antés en pointe d'argent, au dragon de sinople langué de gueules, à la bordure de gueules chargée de huit santoirs d'argent, qui est de la Cueva, au 4. de gueules plein.

IV.

C MANUEL-DOMINGUE de Benavides d'Arragon-la-Cueva-Biedma-d'Avila-Corella, Xe comte de S. Istevan, &c. Grand-d'Espagne, gentilhomme de la chambre de sa Majesté Catholique, son premier plenipotentiaire au Congrez de Cambray, nâquit à Palerme le 31. décembre 1682.

Il est fils de *François* de Benavides IXe comte de S. Istevan, viceroi de Sardaigne, de Sicile & de Naples, major-dome-major de la Reine d'Espagne, Grand-d'Es-

Tome IX. D 4

pagne par lettres du 4. janvier 1696. & de *Françoise* d'Arragon des ducs de Se-gorve & de Cardonne. Il épousa à Madrid le 31. décembre 1707. *Anne-Catherine* de la Cueva-Arias-Saaredra-Pardo-Tavera-Ulloa & Henriquez, fille de *Balthasar* de la Cueva & Henriquez, viceroy du Perou, & de *Therese-Marie* Arias de Saaredra, comtesse de Castellar, dont il a eu *Antoine* de Benavides & la Cueva, marquis de Solera, âgé de sept ans en 1725. *Françoise* de Benavides, âgée de 11. ans en 1725. & *Joachime* de Benavides, âgée de deux ans en 1725.

Ecartelé, au 1. tiercé en pal, le premier pal coupé au 1. de gueules au château don-jonné de 3. pieces d'or, qui est de Castille, au 2. d'or à l'aigle éployé de sable, le second pal d'argent au lion de gueules, le troisième de gueules à deux chaudieres d'or en pal, avec têtes de serpens de même sortans des anses, qui est Manrique, le tiercé entouré d'une bordure d'hermines, au 2. d'or au soleil rayon-nant de gueules à la bordure de points équi-pollez d'or & de vair, qui est Solis, au 3. de gueules au croissant renversé d'argent, coupé en pointe d'argent plein, au 4. d'or, à trois fasces de gueules, sur le tout d'or à trois rochers au naturel en fasce, sortant en pointe d'une mer d'azur argentée, sommé chacun d'une branche ou feuille de sinople, qui est Vivero.

V.

ALONSO-MANRIQUE de Solis & de Vivero, duc del-Arco, Grand-d'Espagne, &c. chevalier de la Toison-d'Or, grand & premier écuyer du Roi d'Espagne, premier gentilhomme de sa chambre.

Il est fils de *Pierre* Fernandez Manrique de Luna, seigneur d'Arquillo, & d'*An-toinette* de Silva Ribera, & a épousé le 30. juillet 1695. *Marie-Anne* Henriquez de Cardenas-Portugal XIV.ᵉ comtesse de la Puebla, del-Maestre & de Monte-nuevo, marquise de Bacares, fille unique de *Louis* Henriquez, comte de Mon-tenuevo, chevalier de l'Ordre de S. Jacques, major-dome-major de la Reine d'Espagne Marie-Anne de Baviere, & de *Laurence* de Cardenas de Portugal, dont il n'avoit point d'enfans en 1725.

Tiercé en pal, au 1. tranché d'argent & d'azur à une bande d'argent, au 2. d'argent, à une fasce de sable, au 3. d'argent, à une bande bretessée d'azur, surmontée d'un lambel de trois pendans de gueules.

VI.

ANTOINE-JOSEPH-MICHEL-NICOLAS-LOUIS-FRANÇOIS-GASPARD-BALTHASAR-MELCHIOR-EMMANUEL-JEAN-BAPTISTE Judice & Pa-pacoda III.ᵉ duc de Jovenazzo, prince de Cellamare, Grand-d'Espagne, gentilhomme de la chambre de sa Majesté Catholique, grand écuyer de la Reine d'Espagne, ci-devant ambassadeur en France.

Il est fils de *Dominique* Judice II.ᵉ prince de Cellamare, duc de Jovenazzo, Grand-d'Espagne, & de *Constance* Papacoda, & a épousé en 1694. *Anne-Camille* Borghese, veuve de *François* Pic, prince de la Mirandole, & fille de *Jean-Baptiste* Borghese, prince de Sulmone, chevalier de la Toison-d'Or, Grand-d'Espagne, & de *Leonore* Bon-Compagnon. Il en a eu *Ange* Judice, né en 1694. mort jeune, & *Constance-Eleonore* Judice, née le 4. avril 1697. & mariée le 24. juin 1722. à *François* Ca-raccioli, fils de *Fernand* Caraccioli, prince de Villa-Santa, & de *Therese* Grimaldi.

PROMOTION

Faite dans la Chapelle Royale du Château de Versailles, le 2. Fevrier 1731.

CHEVALIERS.

D'or, à trois chevrons de sable.

I.

A CHARLES-EUGENE de Levis, duc de Levis, pair de France, comte de Charlus & de Saignes, lieutenant general des armées du Roi, & au gouvernement de Bourbonnois, gouverneur des ville & citadelle de Mezieres, commandant en chef dans le comté de Bourgogne.

Voyez la genealogie de cette maison tome IV. de cette hist. p. 1. à l'occasion du duché, pairie de Ventadour, & ci-devant, p. 160.

De Montmorency-Luxembourg.

II.

B CHRISTIAN-LOUIS de Montmorency-Luxembourg, prince de Tingry, souverain de Luxe, comte de Beaumont, &c. lieutenant general des armées du Roi, & au gouvernement de Flandres, gouverneur des villes & citadelles de Valenciennes, Mante & Meulant.

Voyez la genealogie de cette maison tome III. p. 592. à l'occasion du duché-pairie de Montmorency, & ci-devant, p. 117. 118. 137. 224. & 266.

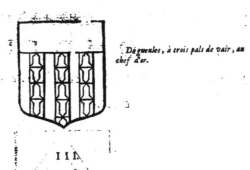

De gueules, à trois pals de vair, au chef d'or.

III.

ALEXIS-MADELENE-ROSALIE de Chastillon, dit *le comte de Chastillon*, A baron d'Argenton, grand-bailly de Haguenau, maréchal des camps & armées du Roi, mestre de camp general de la Cavalerie-legere de France.

Voyez la genealogie de cette maison tome VI. de cette hist. p. 90. au chapitre des CON-NETABLES DE FRANCE, & ci-devant, p. 241.

D'argent, à trois pals de gueules, au chef d'azur chargé de deux quintefeuilles d'argent.

IV.

HENRY-CAMILLE marquis de Beringhen, de Chateauneuf & d'Uxelles, B comte du Plessis-Bertrand, baron de Thenare & d'Orme, seigneur d'Ivry, de Bussy & de Monthelie, premier écuyer du Roi, lieutenant general au gouvernement de Bourgogne, & gouverneur des ville & citadelle de Chalon-sur-Saône, mestre de camp d'un regiment d'infanterie, né le premier août 1693.

Il est fils puîné de *Jacques-Louis* de Beringhen, marquis de Chateauneuf en Bretagne, chevalier des Ordres du Roi, son premier écuyer, *rapporté ci-devant*, *page 228.*

PROMOTION

Faite dans la Chapelle Royale du Château de Versailles, le 13. May 1731.

CHEVALIERS.

Ecartelé, au 1. & 4. d'argent, à la bande d'azur, au 2. & 3. de gueules au lion d'argent.

I.

A **J**EAN-BAPTISTE de Durfort, duc de Duras, &c. lieutenant general des armées du Roi, commandant dans la haute & basse Guyenne.

La genealogie de cette maison est rapportée tome V. de cette hist. p. 715. à l'occasion du duché de Duras. Voyez ci-devant, p. 122. & 225.

D'or, au sautoir ancré d'azur.

II.

B **F**RANÇOIS-MARIE de Broglia, comte de Broglio & de Revel, baron de Ferrieres, &c. lieutenant general des armées du Roi, gouverneur de Montdauphin, directeur general de la Cavalerie & des Dragons, ambassadeur en Angleterre.

Voyez ses ancêtres tome VII. de cette histoire, p. 685. au chapitre des MARECHAUX DE FRANCE, & ci-devant, p. 252.

D'azur, à trois flambeaux d'or allumez de gueules, posez en pal.

III.

C **P**HILIPPES-CHARLES de la Fare, marquis de la Fare, comte de Laugere, maréchal des camps & armées du Roi, chevalier de la Toison-d'Or, lieutenant general de la province de Languedoc, commandant en chef en cette province, gouverneur d'Alais.

Ses ancêtres sont rapportez tome II. de cette hist. p. 135. à l'occasion du duché-pairie de Laon.

✠✠✠✠✠✠✠✠✠✠✠✠✠✠✠✠✠✠✠✠✠✠✠✠✠✠✠✠✠✠✠✠✠✠✠✠✠✠

PROMOTION
Du 26. Juillet 1717.
CHEVALIER.

D'or, au lion de gueules, chargé d'un lambel de trois pieces de même.

Nota. Il avoit été oublié, sa place est à la page 160. après Louis I. prince des Asturies.

ROSTAIN Cantelmi, duc de Popoli, prince de Pettorano, maître de l'artille- **A** rie du royaume de Naples, capitaine de la compagnie Italienne des Gardes du corps du Roi d'Espagne, né en 1653. gouverneur de Louis prince des Asturies, puis grand-maître de sa maison, reçut le collier de l'Ordre du S. Esprit à Madrid le 26. juillet 1717. fut fait Grand-d'Espagne de la premiere classe en 1722. & mourut à Madrid le 16. janvier 1723.

Il étoit fils de *Fabrice* Cantelmi, duc de Popoli, & de *Beatrix* Brancia, & épousa en 1690. *Beatrix* Cantelma sa niéce, princesse de Pettorano, dont il eut *Joseph* Cantelmi, duc de Popoli, &c. lequel prit possession de la grandesse à Madrid le 7. mars 1723. & fut fait brigadier d'armée en Espagne au mois de mars 1724.

CHEVALIERS ET COMMANDEURS NOMMEZ, dont les preuves ont été admises, & qui n'ont pas été reçus; mais qui portent ou ont porté les marques des Ordres en attendant leur reception.

1696.

D'azur, à trois aigles d'or en fasce.

ANTOINE Lanti de la Roere, duc de Bonmars, prince de Belmont, marquis **B** de la Roche Sinibalde, mort à Rome le 5. may 1716.

Il étoit fils d'*Hypolite* Lanti de la Roere, duc de Bonmars, & de *Christine* d'Altemps, morte en 1712. Il avoit épousé en novembre 1682. *Louise-Angelique* de la Tremoille, (sœur de la princesse des Ursins, & fille de *Louis* de la Tremoille, duc de Noirmoustier, & de *Renée-Julie* Aubery (*a*), dont il eut LOUIS Lanti-de la Roere, prince de Belmont, qui suit; *Alexandre* Lanti-de la Roere, prince de la Roche-Sinibalde; *Frederic* Lanti de la Roere, chevalier; & *Marie Anne-Cesarine* Lanti -de la Roere, mariée en juin 1712. à *Jean Baptiste-Joseph* de Croy, duc d'Haurech.

(a) Voyez tome IV. de cette hist. p. 178.

LOUIS Lanti-de la Roere, prince de Belmont, a épousé *Anne* Vaini, veuve de *N.* comte de Litto, Milanois, & fille de *Guido* Vaini, prince de Cantaloupe, chevalier des Ordres du Roi, & d'*Anne* Ceuli.

1703.

D'azur, à deux chaudieres en pal échiquetées d'or & de gueules, les anses terminées par des couleuvres de même, à la bordure componée de Leon & de Castille.

A **D**ON JEAN-CLARO-ALONSO Perez de Gufman el Bueno XI.e duc de Medina-Sidonia, Grand-d'Efpagne, marquis de Cazaça en Afrique, feigneur des cinq Eglifes de Huelba, gentilhomme de la chambre de fa Majefté Catholique, confeiller d'état & fon grand écuyer, né en 1642. mourut en décembre 1713.

Il étoit fils de *Gafpard-Alonfo* Perez de Gufman, duc de Medina Sidonia, comte de Niebla, marquis de Cazaça, feigneur de San Lucar, & de *Jeanne-Fernandez* de Cordoüe-Figueroa fa feconde femme, & époufa 1°. *Antonia* Pimentel, fille d'*Antonio-Alonfo* Pimentel, de Quiñones, comte de Benavente, & d'*Ifabelle-Françoife* de Benavides, marquife de Javalquinto-de-Villa-Real, 2°. en 1678. *Mariana-Simphorofa* de Gufman IV.e ducheffe de Medina-de las Torres. Du premier mariage eft forti,

B MANUEL-ALONSO Perez de Gufman el Bueno XVII.e comte de Niebla, né en 1671. marié en 1687. à *Louife-Marie* de Silva-Mendoce fa coufine, troifiéme fille de *Gregorio-Maria-Domingo* de Silva-Mendoce X.e duc de l'Infantado, & de *Marie* de Haro-de-Gufman, de laquelle il a eu *Domingo* de Gufman, marquis de Cazaça, né en 1691. *Vincent* de Gufman, né en 1698. *Jeanne* de Gufman, née en 1693. *Marie-Jofephe* de Gufman, née en 1696. *Marie-Antoine* de Gufman, née en 1699. *Anne-Catalene* de Gufman, née en 1700. & *Marie-Therefe* de Gufman, née en 1702.

Ecartelé, au 1. & 4. d'or à 3 fafces de gueules, au 2. & 3. de finople à cinq coquilles d'argent, à la bordure componée de Caftille & de Leon.

C DON FRANCISCO-CASIMIRO-ANTONIO-ALFONSO Pimentel de Quiñones de Benavides XII. comte de Benavente, de Luna & de Mayorga, marquis de Javalquinto & de Villa-Real, feigneur de la Cafa-de-Herrera, Grand-d'Efpagne, fommelier du corps du Roi Catholique, né le 4. mars 1653. mourut à Madrid le 15. janvier 1709.

Il étoit fils de Don *Antonio-Alonfo* Pimentel-de-Herrera & Quiñones, XI.e comte de Benavente, & d'*Ifabelle-Françoife* de Javalquinto, marquife de Javalquinto fa premiere femme, & époufa 1°. *Maria-Antonia* de Guevara, fille de Don *Bertrand* Velez de Guevara, marquis de Campo-Real, & de *Catherine* Velez-de-Guevara, comteffe d'Oñate, marquife de Guevara, 2°. en 1677. *Manuela* de Zuniga, fille de Don *Juan* de Zuniga-Mendoça-de-Soto-Mayor X.e duc de Bejar, & de *Therefa* Sarmiento-de-la-Cerda. Du premier lit font fortis *François-Antoine* Pimentel, comte de Luna, mort enfant en 1677. Dona *Ifabella-Maria-Ignacia* Pimentel, dame de la Reine; & Doña *Catelina* Pimentel, dame de la Reine; & du fecond lit Don FRANCISCO-ANTONIO Pimentel de Quiñones, comte de Luna, qui fuit; Don *Juan-Thomas* Pimentel, marquis de Viana, mort jeune;

(a) Alias Marie.

Dona *Manuela* (*a*), mariée en 1700. à Don *Juan-Manuel* de Zuniga-Mendoça-Sotomajor, duc de Bejar son cousin, chevalier de la Toison-d'Or, morte en 1701. Dona *Eugenia* Pimentel, morte jeune en 1699. *Manuela* & *Therese* Pimentel, mortes jeunes.

Don FRANCISCO-ANTONIO Pimentel de Quiñones, comte de Luna, gentilhomme de la chambre du Roi, a épousé le 10. juillet 1695. Dona Iñacia de Borgia, fille de *Pascal-François* de Borgia, duc de Gandie, & de Dona *Juana* Fernandez-de-Cordoüe (*b*), dont il a des enfans.

(b) Tome V.
p. 516,

Parti, au 1. échiqueté d'argent &
d'azur, au 2. d'or, à deux loups pas-
sans de gueules.

DON FABRIQUE de Tolede-Osorio VII.e marquis de Villafranca & de Villanueva, duc de Fernandina, prince de Montaluan, comte de Penna-Ramiro, seigneur de Cabrera-Rivera, Grand-d'Espagne, conseiller d'état, & majordome. Major de sa Majesté Catholique, president du conseil d'Italie, né le 27. février 1635. mourut à Madrid au mois de juin 1705.

Il étoit fils de *Fabrique* de Tolede-Osorio, marquis de Villanueva, & d'*Elvire* Ponce de Leon, & épousa *Manuela* de Cordoüe-Cardona-d'Arragon, morte en 1679. fille d'*Antonio-Fernandez* de Cordoüe-Cardona d'Arragon, duc de Sessa, & de *Therese* Pimentel, dont il eut JOSEPH-FABRIQUE de Tolede-Osorio, duc de Fernandine, qui suit; *Antonio* de Tolede Osorio, commandeur de Aluaza de l'Ordre de S. Jacques, marié à *Anna-Maria* Pimentel-de-Cordoüa, marquise de Javara, fille de *François-Fernandez* de Cordoüa, duc de Sesa, & d'*Anne-Marie* Pimentel, marquise de Javara, & en a eu des enfans. *Louis* de Tolede-Osorio, commandeur de Socuellamos, de Bedmar & d'Albranche de l'Ordre de Saint Jacques, administrateur des commanderies de Zalamea & Ceclavin de l'Ordre d'Alcantara, gentilhomme de la chambre du Roi; *François-Melchior* de Tolede-Osorio, mort en 1696. *Joachim* de Tolede-Osorio, mort à trois ans; *Elvire-Marie* de Tolede-Osorio, née en 1661, mariée en 1685. à *Gaspard-Melchior* de Silva-Mendoça-Sandoval-de la Cerda, comte de Galve, morts sans enfans; & *Theresa* de Tolede-Osorio, mariée en 1696. à *Manuel-Joseph* de Silva-Tolede-de la Cerda, comte de Galve, marquis de Melgar, mort sans enfans en 1701.

JOSEPH-FABRIQUE de Tolede-Osorio, duc de Fernandine, &c. a épousé en 1683. *Cathalina* de Moncada d'Arragon, fille & heritiere de *Fernando* d'Arragon-Moncada, duc de Montalte, & de *Marie-Therese* Faxarda de Requesens, marquise de Los-Velez, dont il a eu des enfans.

Ecartelé, au 1. d'argent, à deux chaudieres
échiquetées d'or & de gueules l'une sur l'au-
tre, avec têtes de serpens d'or sortans des an-
ses, qui est Mantique, au 2. écartelé en sau-
toir, le chef & la pointe de sinople à la bande
d'or chargée d'une autre de gueules, les flancs
d'or, & ces paroles Ave Maria gratia plena,
mises en orie à dextre & à senestre d'azur,
qui est Mendose, au 3. émanché de 3. pieces de
gueules & d'or, à une bordure échiquetée d'or
& de gueules, chargée de cinq écussons d'azur
à 5. besans d'argent, pointés au milieu d'azur,
au 4. tiercé en pal, au 1. d'Arragon, au 2.
coupé en chef de Castille, en pointe de Leon,
au 3. d'Arragon-Sicile, & sur le tout parti,
au 1. échiqueté d'argent & d'azur, au 2.
d'argent, au lion de gueules couronné d'or.

DON JUAN-FRANCESCO Pacheco-Gomez-de Sandoval-Mendoce-Arragon-Tolede-Velasco-Tellez-Giron, comte de Montalvan, duc d'Ucede, Grand-d'Espagne, marquis de Belmonte & de Menasalbas, seigneur des Etats de Galve & Jumela,

A Jumela, treforier perpetuel des maifons Royales de la Monnoye de Madrid , gentil-homme de la chambre, confeiller d'état , prefident des Ordres , & ambaffadeur à Rome pour fa Majefté Catholique , né le 8. juin 1649.

Il étoit fils de *Melchior-Maria-Blas* Pacheco-Mendoca-Arragon, chevalier de Cala-trava, gentilhomme de la chambre de Philippes IV. & de *Jeanne* de Velafco fa troifiéme femme , fœur du duc de Frias, & avoit époufé *Marie* de Sandoval-Giron, ducheffe d'Ucede , marquife de Belmonte, morte à Gennes le 23. juillet 1711. fille aînée de *Gafpard* Tellez-Giron, duc d'Offonne, & de *Felice* de San-doval fa premiére femme , ducheffe d'Uceda. De ce mariage font fortis *Manuel-Gafpard-Jean-François* Tellez-Giron, marquis de Belmonte, marié en 1697. à *Jo-fephe-Antonie* de Tolede de Portugal fa coufine germaine, fille du comte d'Oro-peza; *Jean de Dios* Tellez-Giron; *Antoine* Tellez-Giron ; *Ignace - Nicolas* Tellez-Giron, mort jeune ; *Jofepha* Tellez-Giron; *Pierre-Vincent* Tellez-Giron , chevalier de S. Jean; & *Melchior* Tellez-Giron.

CARDINAL.

Ecartelé, en 1. écartelé en fautoir; le chef d'argent chargé d'une croix de gueules, les deux flancs de gueules & la pointe de finople, à la bande d'or chargée d'une bande de gueules , au 2. de Men-doza , au 3. échiqueté d'or & d'azur , au 4. coupé en chef de gueules au croif-fant renverfé d'argent , en pointe d'ar-gent.

B **D**ON LOUIS-EMMANUEL-FERDINAND Portocarrero ; cardinal ; évêque de Paleftrine, archevêque de Tolede , primat d'Efpagne , grand-chan-celier de Caftille , né le 8. janvier 1635. mourut à Madrid le 14. feptembre 1709. âgé de 74. ans.

Il étoit fils de *Louis-André-Fernandez* Portocarrero , marquis d'Almanara , & de *Leonor* de Gufman.

1708.

CARDINAL.

Ecartelé, au 1. d'azur à trois fleurs de lys d'or , au 2. d'Arragon-Sicile , au 3. de Laval, au 4. de Bourbon, fur le tout de la Tremoille.

C **J**OSEPH-EMMANUEL de la Tremoille-de-Noirmouftier, cardinal fous le titre de la Trinité du Mont-Pincio, abbé & comte de S. Pierre de Lagny ,de Notre-Dame la Blanche , de Notre-Dame de Grand-Selve, de Soraife, de Hautecombe en Savoye, de S. Etienne de Caën & de S. Amand près Tournay, ci-devant auditeur de Rote en 1693. né en 1658. créé cardinal par le pape Clement XI. à la promotion du 17. may 1706. a été chargé des affaires de France à Rome , au départ du cardinal de Janfon; fut nommé évêque de Bayeux au mois de janvier 1716. & au mois d'avril fuivant ar-chevêque de Cambray; & mourut à Rome le 10. janvier 1720.

Voyez la genealogie de cette maifon tome IV. de cette hiftoire, page 160. à l'occafion du duché-pairie de Thouars, & ci-devant, page 119. 160. & 218.

20. *May* 1724.

C A R D I N A L.

D'azur, à trois fasces d'or, au chef d'azur chargé de trois besans d'or.

PHILIPPES-ANTOINE Gualterio, cardinal prêtre du titre de S. Chrysogon, **A** puis de Sainte Cecile & de Sainte Praxede, évêque de Todi, abbé de S. Victor de Paris & de S. Remy de Reims, honoraire étranger de l'Academie Royale des Inscriptions & belles Lettres de Paris, mourut à Rome le 20. avril 1728. dans sa 68e année. Son corps a été transporté en l'église cathedrale d'Orviete.

Il étoit fils de *Gualterius* Gualterii d'Orviete, & d'*Anne-Marie* Cioli de Tuderte.

3. *Juin* 1724.

Fuselé d'argent & de gueules.

ANTOINE Grimaldi, prince de Monaco, duc de Valentinois, pair de France, **B** mourut à Monaco le 20. février 1731. dans sa 71e année.

Voyez tome IV. p. 499. *au* duché-pairie de Valentinois.

3. *Fevrier* 1725.

D'or, à la fasce échiquetée de 3. traits d'argent & de gueules, surmontée en chef d'une épine en forme de clou, mise en pal la tête en haut.

FRANÇOIS-MARIE Spinola, duc de S. Pierre, Grand-d'Espagne, prince de **C** Molfette, gentilhomme de la chambre du Roi d'Espagne, general de ses armées, gouverneur de Valence, & de la personne de l'infant Don Carlos, mourut à Madrid le 15. may 1727.

Il étoit fils de *Jean-Philippes* Spinola, prince de Molfette à cause de sa femme *Veronique* Spinola, & avoit épousé 1°. *Isabelle* Spinola-Colona sa parente, 2°. en 1704. *Therese* Colbert, veuve de *Louis* de Clermont-d'Amboise, marquis de

A Renel, & fille de *Charles* Colbert, marquis de Croiſſy, miniſtre & ſecretaire d'état, commandeur & grand-treſorier des Ordres du Roi, & de *Marguerite* Beraud. Il a eu de ſon ſecond mariage *Lucas* Spinola, marquis d'Alconcha, lieutenant general des armées du Roi d'Eſpagne, gouverneur d'Eſtramadoure.

20. *May* 1725.

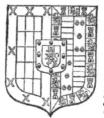

Parti, au 1. ſept points d'argent équipollez à huit de ſable, à la bordure de gueules chargée de huit ſautoirs abaiſſé, d'or, qui eſt Bazan, au ſecond parti écartelé au 1. & 4. d'or à 3. faſces de gueules, au 2. & 3. de ſinople, à 5. coquilles d'argent miſes en ſautoir, qui eſt de Pimentel, ce ſecond parti accompagné d'une bordure componée de Caſtille & de Leon, ſur le tout des deux partis, d'or au pal de gueules au lion de même, faſcé ou lié de bandas d'argent couronné d'or, la bordure de cet écuſſon d'argent à huit chaudiers de ſable, qui eſt Benavides.

B ALVARE-ANTOINE de Bazan-Benavides & Pimentel VII° marquis de Santa Cruz, &c. Grand-d'Eſpagne, chevalier de la Toiſon-d'Or, gentilhomme de la chambre du Roi d'Eſpagne; major-dome-major de la Reine.

Il eſt fils de *Diego* de Bazan-Benavides, marquis de Santa Cruz, Grand-d'Eſpagne, viceroi de Sicile, general des Galeres d'Eſpagne, & de *Françoiſe* Lopez d'Ayala-Velaſco.

19. *Août* 1725.

Ecartelé, au 1. & 4. de gueules à l'aigle d'argent, couronné, membré & becqué d'or, qui eſt de Pologne, au 2. & 3. de gueules à un cavalier armé d'argent, tenant une épée nue en ſa main dextre, & en l'autre un écu d'azur à une double croix d'or qu'on nomme patrarchale, le cheval bardé d'argent, houſſé d'azur & cloué d'or, qui eſt Lithuanie, ſur le tout d'argent à une tête de buffle de ſable, le muffle bouclé d'or, qui eſt Leczinski.

C STANISLAS Leczinski, Roi de Pologne, auparavant nommé Nicolas Leczinski comte de Leſno, ſtaroſte d'Aldenaw, palatin de Poſnanie, né le 18. avril 1677. fut élu Roi de Pologne le 12. juillet 1704. & couronné avec ſa femme à Warſovie par l'archevêque de Leopold le 4. octobre 1705.

Il eſt fils de *Raphael* Leczinski, comte de Leſno, grand-treſorier & palatin de Lenczin, general de la grande Pologne, & d'*Anne* Jablonowski, & a épouſé en 1698. *Catherine* comteſſe de Bnin-Opalinski, dont il a eu deux fils jumeaux, nez & morts en 1698. *Anne* Leczinski, née le 25. may 1699. morte en la ville des Deux-Ponts le 20. juin 1717. & *Marie* Leczinska, Reine de France, femme du Roi LOUIS XV. *Voyez tome 1. de cette hiſt. p. 182.*

1. *Janvier* 1 7 2 9.

Faſcé d'argent & de gueules.

MELCHIOR de Polignac, cardinal prêtre du titre de Notre-Dame des Anges, **A** archevêque d'Auch, primat d'Aquitaine, de la Novempopulanie & du royaume de Navarre, abbé & comte de Corbie, abbé d'Anchin, de Bonport, de Mouzon & de Begard, prieur de la Voute, l'un des quarante de l'Academie Françoiſe, ci devant ambaſſadeur en Pologne, plenipotentiaire au Congrès d'Utrecht, & chargé des affaires du Roi auprès du Pape, nâquit le 11. octobre 1661. & fut nommé par lettres du 3. novembre 1716. general grand-maître de l'Ordre du S. Eſprit de Montpellier.

Il eſt fils de *Louis* vicomte de Polignac, marquis de Chalançon, & de *Jacqueline* de Beauvoir de Roure. *Voyez ci-devant*, p. 201.

13. *May* 1 7 3 1.

Parti, au 1. d'argent au lion de gueules, couronné de même, au 2. d'argent à trois bandes de gueules.

CONRAD-ALEXANDRE comte de Rottembourg, ſeigneur de Moiſſe-**B** vaux, de Rougemont, de Keivenheim, de Seintein & d'Oberbruck, brigadier des armées du Roi, ſon ambaſſadeur extraordinaire en Eſpagne, & ci devant ambaſſadeur extraordinaire & plenipotentiaire au Congrès de Cambray & auprès du Roi de Pruſſe, eſt né le 26. février 1684.

Il eſt fils de *Nicolas Frederic* comte de Rottembourg, maréchal des camps & armées du Roi, & d'*Anne-Jeanne* de Roſen (*a*), & a épouſé par contrat du 10. avril 1721. *Jeanne-Madelene* d'Helmſtat, fille de *Blaicart* comte d'Helmſtat, ſeigneur d'Hingſange & de Bichoſhaine, baron du S. Empire, & de *Marie-Joſephe* de Poitiers.

(*a*) Tome VII. 658.

OFFICIERS

OFFICIERS
DE L'ORDRE
DU SAINT ESPRIT.

LORS DE L'INSTITUTION DE L'ORDRE
du S. Esprit, on choisit pour Officiers ceux qui l'étoient déja
dans l'Ordre de S. Michel; & depuis les Officiers de ces deux
Ordres ont été toujours les mêmes.

ᴀON suivra le même ordre que l'on a observé pour les Chevaliers, en mettant les pere & mere des Officiers, & leur posterité.

CHANCELIERS
ET
GARDES DES SCEAUX,
COMMANDEURS DES ORDRES DU ROY.

D'or, à la croix d'azur, cantonnée
de quatre ombres de soleil de gueules.

I.

ʙPHILIPPES Hurault, comte de Cheverny, garde des Sceaux de France, Chancelier de l'Ordre de S. Michel, fut le premier pourvû de la charge de Chancelier de l'Ordre du S. Esprit, & Surintendant des deniers des Ordres en 1578. Il fut aussi fait en 1583. chancelier de France, & mourut le 30. juillet 1599.

Voyez au chapitre des CHANCELIERS DE FRANCE, *tome VI. de cette hist. p.* 501.

De France, au bâton de gueules, péri en barre brochant sur le tout.

I I.

CHARLES de Bourbon, archevêque de Rouen, abbé de Marmoustier, fils *naturel* A' d'*Antoine* roi de Navarre, fut fait Chancelier des Ordres du Roi à la mort du Chancelier de Cheverny en 1599. Il s'en démit en 1606. à cause de son indisposition, fut nommé l'un des quatre Prelats Commandeurs de l'Ordre du S. Esprit, & mourut en 1610.

Voyez à la maison Royale, tome I. de cette hist. p. 144.

Ecartelé au 1. & 4. d'azur au santoir d'or, accompagné de quatre billettes de même, au 2. & 3 de gueules, à trois fleurs d'Aubespine d'argent.

I I I.

GUILLAUME de l'Aubespine, baron de Chasteauneuf-sur-Cher, seigneur de B Beauvais & de Rossoy, conseiller d'état, chancelier de Louise de Lorraine, reine de France, fut fait Chancelier des Ordres en 1606. & mourut en 1629.

Voyez au chapitre des CHANCELIERS DE FRANCE, tome VII. de cette hist. p. 560.

Ecartelé au 1. & 4. d'azur au santoir d'or, accompagné de quatre billettes de même, au 2. & 3. de la Châtre.

I V.

CHARLES de l'Aubespine, abbé de Preaux, conseiller d'état, fut pourvû de la C charge de Chancelier des Ordres sur la démission de *Guillaume* de l'Aubespine son pere en 1611. & attendu qu'il devoit partir pour aller en ambassade auprès des Archiducs; le pere devoit en faire les fonctions & jouir des gages & honneurs pendant cinq ans, & la charge lui demeurer, si son fils venoit à deceder pendant ce temps. Il fut depuis garde des sceaux de France; & c'est pendant son exil en 1633. que l'on désunit la charge de Garde des Sceaux des Ordres, de celle de Chancelier: la réunion des deux charges fut faite en 1645. & en ayant donné sa démission, il fut nommé pour remplir l'une des places de Prelat-Commandeur, & mourut en 1653.

Voyez ibidem.

Ecartelé au 1. & 4. d'azur, coupé & fascé ondé d'argent & d'azur de six pieces, au lion naissant d'or sur le premier coupé, qui est Bullion, au 2. & 3. d'argent, à la bande de gueules, accompagnée de six coquilles de même mises en orle, qui est Vincent.

V.

A CLAUDE de Bullion, seigneur de Bonnelles, d'Esclimont, de Montloüet, de Longchesne & de Pansou, baron de Maule, marquis de Galardon, conseiller d'état, surintendant des finances, president à mortier au Parlement de Paris, fut fait Garde des Sceaux & Surintendant de l'Ordre du S. Esprit, pour être réuni en sa faveur à la charge de Chancelier, en cas qu'elle vînt à vaquer, par lettres données à Paris le dernier février 1633. Il en donna sa démission en 1636. sur laquelle *Nicolas* le Jay, premier president au Parlement de Paris fut pourvû. Il mourut le 22. décembre 1640.

Il étoit fils de *Jean* de Bullion, seigneur d'Argny, maître des requêtes, & de *Charlotte* de Lamoignon, & épousa *Angelique* Faure, fille de *Guichard* Faure, secretaire du Roi, & de *Madelene* Brulart-Sillery, dont il eut NOEL de Bullion, marquis de Galardon, Greffier commandeur des Ordres du Roi, *qui sera rapporté ci-après avec les Greffiers des Ordres, Article V.* FRANÇOIS de Bullion, marquis de Montloüet, qui suit; *Pierre* de Bullion, abbé de S. Faron de Meaux, mort au mois de novembre 1659. inhumé aux Carmelites du fauxbourg S. Jacques à Paris;

B CLAUDE de Bullion, marquis d'Atilly, *qui a fait la branche rapportée après celle de son frere;* & *Marie* de Bullion, femme de *Pompone* de Bellievre, seigneur de Grignon, premier president au Parlement de Paris, morte en may 1649. *Voyez tome VI. de cette hist. p. 523.*

FRANÇOIS de Bullion, marquis de Montloüet, baron de Maule, premier écuyer de la grande-écurie du Roi, se tua par accident au mois de juillet 1671. Il avoit épousé *Louise - Henriette* Roüaut, dame de Thiembrune, morte le 19. avril 1687. fille d'*Aloph* Roüaut, seigneur de Thiembrune, & de *Marguerite* de Theon sa seconde femme (a), dont il eut *Louis* & *Leon* de Bullion, comtes de Thiembrune, morts en 1688. & 1690. sans avoir été mariez; *Remy* de Bullion, marquis de Montloüet, marié le 27. septembre 1697. à *Françoise* Bailly, morte le 13. octobre 1717. de laquelle il a eu des enfans; *Henry-Charles* de Bullion, mar-

C quis de Saint Amant, qui a épousé le 28. novembre 1694. *Eulalie* Vauvré, & en a eu des enfans; *Claude* de Bullion, seigneur de Preures, nommé *le comte de Montloüet*, avoit épousé *Françoise* le Bel : ils sont tous deux morts, & ont laissé des enfans; *Henry* & *François Philippes* de Bullion, morts; *Claude* de Bullion, morte à marier; *Marguerite-Angelique* de Bullion, mariée en 1674. (b) à *Joseph-Emmanuel-Joachim* Roüaut, marquis de S. Valery; *Marie-Angelique* de Bullion, abbesse de S. Corentin; *Louise Henriette* de Bullion, religieuse à Chaillot; & *Henriette-Françoise* de Bullion, dite *mademoiselle de Montloüet.*

D CLAUDE de Bullion, marquis d'Atilly en Brie, seigneur de Longchesne & de Pansou, mort en 1678. quatriéme fils de CLAUDE de Bullion, surintendant des finances, & Garde des Sceaux des Ordres du Roi, avoit épousé *Perrette* Meusnier, de laquelle il a eu CLAUDE-LOUIS de Bullion, marquis d'Atilly, qui suit; *François* de Bullion, marquis de Longchesne, marié à *Catherine-Henriette* de S. Nectaire, fille de *Henry* II. du nom, duc de la Ferté, maréchal de France, & de *Madelene* d'Angennes sa seconde femme (c), de laquelle il a eu deux fils; *Joseph* de Bullion, seigneur de Villiers, de Launay & du Petit-Mont, dit *le marquis de Mezelan;* & *Angelique* de Bullion, mariée en 1682. à *Christophe* de la Tour-S.-Vidal, marquis de Choisinet, morte sans posterité le 16. may 1716.

CLAUDE-LOUIS de Bullion, marquis d'Atilly, seigneur de Launay, d'Igé, &c. mort le 18. juin 1693. avoit épousé le 18. avril 1680. *Marie-Catherine* de Beauvau, fille de *Jacques* marquis du Rivau, & de *Diane-Marie* de Campet de Saujon, remariée à *Pierre* de Farville, seigneur de Nocey, lieutenant de Roi au fort de Barraux. Elle a eu de son premier mari *Claude-Louis* de Bullion, mar-

[a] Voyez tome VII de cette hist. p. 100.

(b) Ibid. p. 101.

(c) Tome IV. p. 891.

MARQUIS D'ATILLY.

quis d'Atilly ; *Catherine-Marie-Anne* de Bullion , mariée le 11. décembre 1704. A
à *Pierre* Rouxelin , seigneur de Montcourt , grand-maître des Eaux & Forêts de
Touraine , mort sans enfans ; & *Eleonore-Madelene* de Bullion , mariée en 1711.
à *N...* le Sesne de Menille.

D'azur , à l'aigle d'or cantonné de trois asgles de même , & un soleil d'or au franc quartier.

VI.

NICOLAS le Jay , baron de Tilly , de la Maison-Rouge & de S. Fargeau , sei- B
gneur de Villiers-les-Salles , Saint Y , Bretigny-sur-Mont , Malabry , Paray , Conflans & les Carrieres , premier president au Parlement de Paris , fut fait Garde des Sceaux
& Surintendant des deniers des Ordres par lettres du 27. février 1636. mourut sans posterité le 30. décembre 1640. & est enterré aux Minimes près la Place Royale , où se
voit son tombeau.

Il étoit fils de *Nicolas* le Jay , correcteur des Comptes à Paris , & de *Madelene* Gron ,
épousa *Madelene* Marchand , morte en 1625. & *laissa plusieurs bâtards.*

D'azur , au chevron d'or , accompagné en chef de deux étoiles de même , & en pointe d'un mouton passant d'argent.

VII.

PIERRE Seguier , Chancelier de France , pourvû de la charge de Garde des C
Sceaux des Ordres , vacante par la mort du premier President le Jay le 16. janvier
1641. La charge fut supprimée en 1645. & le marquis de Chasteauneuf , Garde des
Sceaux de France rétabli ; & le Roi donna des lettres au Chancelier Seguier pour en
conserver les honneurs.

Voyez aux CHANCELIERS DE FRANCE , *tome VI. de cette hist. p. 563.*

VIII.

*D'azur, au chevron d'or, accompa-
gné de trois croix au pied fiché de même.*

VIII.

A LOUIS Barbier de la Riviere, feigneur de Seinemont, dit *Petit-Bourg*, évêque & duc
de Langres, pair de France, miniftre d'état, premier aumônier de Madame ducheffe
d'Orleans, puis grand-aumônier de la Reine, abbé de Saint Pere en Vallée, de Saint
Benoît-lès-Fleury-fur-Loire, des Roches, de Notre-Dame de la Grace, de la Sauve,
& de Notre-Dame de Lire, fut pourvû de la charge de Chancelier des Ordres du
Roi fur la démiffion de Charles de l'Aubefpine-Chafteauneuf en 1645. Il confentit en
1650 à la defunion de la charge de Garde des Sceaux des Ordres en faveur d'Abel
Servien, qui fut auffi pourvû quelques années après de celle de Chancelier. Il mourut
à Paris le 30. janvier 1670. âgé de 77. ans.

Voyez tome II. de cette hiftoire, p. 237.

*D'azur, à trois bandes d'or, au
chef coufu d'azur, chargé d'un lion
iffant d'or.*

IX.

B ABEL Servien, marquis de Sablé, comte de la Roche-des-Aubiers, feigneur de
Boifdauphin & de Meudon, miniftre d'état, furintendant des finances, fut pourvû
de la charge de Garde des Sceaux & Surintendant des deniers des Ordres défunie de
celle de Chancelier le 3. may 1650. Elle fut réunie à celle de Chancelier, dont il fut
auffi pourvû fur la démiffion de l'abbé de la Riviere les 6. & 7. août 1654. & mourut
à Meudon le 19. février 1659. âgé de 65. ans.
Il étoit fils d'*Antoine* Servien, confeiller au Parlement de Grenoble, & de *Diane*
Bailly, & époufa le 14. décembre 1640. *Auguftine* le Roux, dame de la Roche-
des-Aubiers, veuve de *Jacques* Huraut, comte d'Onzain, & fille de *Louis* le Roux,
feigneur de la Roche-des-Aubiers, & d'*Avoye* Jaillart, dont il eut *Louis - François*
Servien, marquis de Sablé, feigneur de Meudon, mort à Paris fans avoir été
marié le 29. juin 1710. âgé d'environ 66. ans, *pere d'une fille naturelle nommée*
Marthe-Antoinette *Servien, mariée en* 1703. *à François Bellinzani, feigneur de Som-*
puis; Auguftin Servien, abbé de S. Joüin-de-Marne & de Perreneuf, & prieur de
Sainte Catherine-du-Val-des-Ecoliers, mort à Paris le 6. octobre 1716. enterré
à S. Paul en la chapelle des Sully, & *Marie-Antoinette* Servien, mariée en 1658.
à *Maximilien-Pierre-François* de Bethune, duc de Sully, pair de France, chevalier
des Ordres du Roi, morte le 16. janvier 1702. âgée de 58. ans. *Voyez tome IV.*
de cette hift p. 218.

D'argent, à l'écureuil rampant de gueules.

X.

BAZILE Fouquet, conseiller d'état, abbé de Barbeaux & de Rigny, né le 22. **A**
août 1622. Chancelier des Ordres par la démission d'Abel Servien en 1656. Il
consentit à la désunion de la charge de Garde des Sceaux des Ordres, & Surintendant
des deniers des Ordres en faveur de Henry de Guenegaud, seigneur du Plessis, par
traité du 23. décembre 1656. Il donna depuis sa démission de la charge de Chancelier en faveur de l'évêque d'Agde son frere, mourut le 30. janvier 1680. & est enterré
aux Filles Sainte-Marie, ruë S. Antoine à Paris.

    Il étoit fils de *François* Fouquet, maître des Requêtes, & de *Marie* de Maupeou,
& frere de *François* Fouquet, archevêque de Narbonne, né le 26. juillet 1611.
de *Nicolas* Fouquet, surintendant des finances, mort le 20. mars 1680. de LOUIS
Fouquet, évêque d'Agde, *rapporté ci après, Article* XII. de *Gilles* Fouquet, premier écuyer du Roi, né le 11. mars 1637. & mort le 9. juin 1694. sans enfans
d'*Anne* d'Aumont (*a*), & d'*Yves* Fouquet, conseiller au Parlement, né le 30.
juillet 1628. mort le 14. septembre 1651. Il eut aussi plusieurs sœurs religieuses.

(*a*) Tome IV.
p. 877.

Ecartelé, au 1. & 4. d'azur, à la croix d'or chargée d'un croissant mon- tant de gueules en cœur, qui est de la Croix, au 2. grand quartier écartelé au 1. & 4. d'azur, à trois fleurs de lys d'or, à la bordure engrêlée de gueules, au 2. & 3. d'or, à trois tourteaux de gueules, qui est Courtenay, au 3 grand quartier d'argent, à deux pals de sa- ble, qui est de Harlay, & sur le tout de gueules, au lion d'or, qui est Guenegaud.

X I.

HENRY de Guenegaud, seigneur du Plessis, marquis de Plancy, comte de **B**
Montbrison, secretaire d'état, fut pourvû de la charge de Garde des Sceaux &
Surintendant des deniers des Ordres du Roi, désunie de celle de Chancelier le 24. dé-
cembre 1656. ce qui fut ratifié par LOUIS Fouquet, évêque d'Agde, Chancelier des
Ordres après BAZILE son frere le 23. juin 1659. Elle fut réunie à celle de Chancelier
le 29. décembre 1661. Il mourut le 16. mars 1676. âgé de 67. ans, & est enterré à Saint
Paul.

    Il étoit fils de *Gabriel* de Guenegaud, seigneur du Plessis-de-Belleville, tresorier
de l'Epargne, & de *Marie* de la Croix, & avoit épousé *Elisabeth* de Choiseul,
morte le 9. août 1677. fille de *Charles* de Choiseul, seigneur du Plessis-Praslin,
maréchal de France, & de *Claude* de Cazillac (*b*). De ce mariage sortirent *Gabriel* de Guenegaud, comte de Montbrison, tué en Candie âgé de 25. ans en
decembre 1668. *César-Phœbus* de Guenegaud, mort jeune; *Roger* de Guenegaud,
marquis de Plancy, mestre de camp de cavalerie, mort au château de Fresnes
au retour de l'armée le 7. septembre 1672. *Henry* de Guenegaud-de-Cazillac,
marquis de Plancy, guidon des gendarmes de Flandres, avoit été reçu chevalier de Malte, puis marié à *Marie-Anne-Françoise* de Merode, seconde fille de
Claude-François baron, puis comte de Merode, marquis de Treslon, comte de
Beaucarmés, baron d'Argenteau & de *Dieudonnée* de Fabert. Il mourut sans enfans le 22. may 1722. âgé de 81. ans, & sa veuve le 21. janvier 1723. en sa

(*b*) ibid.
p. 854.

A
43e année; *Cefar* de Guenegaud, vicomte de Semoine, mort à 19. ans en 1668. *Emmanuel* de Guenegaud, chevalier de Malte, capitaine-lieutenant des Che- vaux-legers de Bourgogne, maréchal des camps & armées du Roi, mort en avril 1706. *Claire-Benedicte* de Guenegaud, qui époufa *Juft-Joseph-François* d'An- cezune, duc de Caderouffe au comtat Venaiffin, & mourut en décembre 1675. & *Elifabeth-Angelique* de Guenegaud, mariée en 1671. à *Francois* comte de Bouf- flers. *Voyez tome V. de cette hift. p.* 85.

D'argent, à un écureuil de gueules.

XII.

B
LOUIS Fouquet, évêque & comte d'Agde, abbé de Vezelay, de Ham & de So- raize, né le 4. février 1633. fut fait Chancelier des Ordres du Roi fur la refigna- tion de *Bazile* Fouquet fon frere du 24. janvier 1659. Ses provifions font du 15. juin fuivant; il n'en joüit que jufqu'en 1661. & mourut à Agde en février 1702. *Voyez ci-devant, p.* 306.

D'azur, à neuf étoiles d'argent, 3. 3. 2. & 1.

XIII.

C
HARDOUIN de Perefixe de Beaumont, precepteur du Roi, évêque de Rodez, fut fait Chancelier des Ordres le 27. feptembre 1661. La charge de Garde des Sceaux & Surintendant des deniers y fut réunie le 29. décembre fuivant. Il fut nom- mé archevêque de Paris le premier juillet 1662. & mourut le premier janvier 1671. en fa 65e année.

Il étoit fils de *Jean* de Perefixe, feigneur de Beaumont, & de *Claude* de l'Eftang.

D'azur, à trois lezards d'argent en pal, au chef coufu de gueules, chargé de trois étoiles d'or.

XIV.

D
FRANÇOIS-MICHEL le Tellier, marquis de Louvois & de Courtenvaux, fecretaire & miniftre d'état, Chancelier des Ordres du Roi par lettres du 3. janvier 1671. furintendant des Bâtimens, Arts & Manufactures, le 8. feptembre 1683. general

des Poſtes & Relais de France, grand-vicaire des Ordres de Notre-Dame de Mont-Car- A
mel, & de S. Lazare, mourut le 16. juillet 1691. âgé de 50. ans, & eſt enterré aux
Capucines ſous un magnifique tombeau.

Voyez ſes anceſtres & ſa poſterité au chapitre des CHANCELIERS DE FRANCE,
tome VI. de cette hiſtoire, page 578. & ci-devant, p. 215.

D'azur, au cocq d'or, créte & barbé
de gueules.

X V.

L OUIS Boucherat, ſeigneur de Compans, Chancelier de France, fut pourvû de B
la charge de Garde des Sceaux des Ordres du Roi, qui fut déſunie en ſa faveur
de celle de Chancelier le 25. juillet 1691. Il en donna ſa démiſſion peu de jours après ;
& elle fut réunie le 16. août ſuivant à celle de Chancelier, dont le marquis de Barbezieux fut pourvû. Il mourut le 2. ſeptembre 1699.

Voyez au chapitre des CHANCELIERS DE FRANCE, tome VI. de cette hiſt. p. 583.

Comme ci-devant, p. 307.

X V I.

L OUIS-FRANÇOIS-MARIE le Tellier, marquis de Barbezieux, ſecre- C
taire d'état, fut pourvû de la charge de Chancelier des Ordres le 19. août 1691.
Il la poſſeda juſqu'à ſa mort arrivée à Verſailles le 5. janvier 1701.

Voyez au chapitre des CHANCELIERS DE FRANCE, tome VI. de cette hiſt. p. 578.

D'or, à une couleuvre d'azur poſée
en pal.

X V I I.

J EAN-BAPTISTE Colbert, marquis de Torcy & de Sablé, eut la ſurvivance de la
charge de ſecretaire & miniſtre d'état du vivant de ſon pere, après avoir été dans tou- D
tes les Cours de l'Europe chargé des affaires du Roi, fut fait Grand Treſorier des Ordres,

&

A & pourvû de la charge de Chancelier le 16. janvier 1701. s'en démit en 1716. a été grand-maître & surintendant des Postes, & conseiller au Conseil de Regence pendant la minorité du Roi.

Il est fils de *Charles* Colbert, marquis de Croissy, secretaire & ministre d'état; Grand Tresorier des Ordres, & de *Marguerite* Beraud, & a épousé le 13. août 1696. *Catherine-Felicité* Arnauld, fille de *Simon* Arnauld, marquis de Pomponne, secretaire & ministre d'état, & de *Catherine* l'Advocat, & a eu de ce mariage JEAN-BAPTISTE-JOACHIM Colbert, marquis de Croissy, qui suit; *Charles* Colbert, dit *le Chevalier de Torcy*, mort en 1708. *Françoise-Felicité* Colbert, née le 14. may 1698. mariée le 4. avril 1715. à *Joseph-André* d'Ancezune, marquis de Caderousse; *Marguerite-Pauline* Colbert, née le 12. may 1699. mariée le 24. février 1716. à *Louis* du Plessis-Chastillon, marquis de Nonant, ci-devant colonel du regiment de Provence, brigadier d'infanterie, & *Constance* Colbert, née au mois de May 1710. mariée au mois d'avril 1732. à *Augustin-Joseph* de Mailly, fils aîné de *Joseph* de Mailly, seigneur d'Haucourt, baron de S. Amand, &c. & de *Louise-Madelene-Josephe-Marie* de la Riviere, dame de la Roche-de-Vaux-Corbuon. *Voyez tome VIII. de cette hist. p. 643.*

JEAN-BAPTISTE-JOACHIM Colbert, né le 25. janvier 1703. marquis de Croissy, capitaine des Gardes de la Porte, colonel du regiment Royal infanterie en 1719. a épousé au mois de février 1726. *Bibianne* de Franquetot, fille de *François* de Franquetot, marquis de Coigny, chevalier des Ordres du Roi, & d'*Henriette* de Montbourcher-du-Bordage, dont il a eu *Jean-Baptiste-François* Colbert, né le 27. may 1728. *Charles-Felix* Colbert, né le 10. juillet 1729. *Paul-Amaury* Colbert, né le 25. septembre 1730. *Simon-Corentin* Colbert, né le 26. septembre 1731. & *Henriette-Bibianne* Colbert, née au mois de janvier 1727.

D'azur, à un chevron d'or accompagné en chef de deux palmes adossées d'or, & en pointe d'un rocher aussi d'or.

XVIII.

C HENRY-CHARLES Arnauld de Pomponne, abbé commendataire de Saint Medard de Soissons, conseiller d'état ordinaire, ci-devant ambassadeur extraordinaire près de la Republique de Venise, & chargé de differentes négociations auprès du pape Clement XI. du grand duc de Toscane, & autres Princes d'Italie, fut pourvû de la charge de Commandeur-Chancelier-Garde des Sceaux & Surintendant des deniers des Ordres du Roi le 15. septembre 1716. & en prêta serment entre les mains de sa Majesté le 28. novembre suivant. Il est né à la Haye en Hollande pendant l'ambassade de son pere en 1669. est fils de *Simon* Arnauld, marquis de Pomponne, successivement ambassadeur extraordinaire en Suede & en Hollande, ministre & secretaire d'état, surintendant general des Postes & Relais de France, mort en 1699. & de *Catherine* l'Advocat, morte en 1711. & a pour freres & sœur NICOLAS-SIMON Arnauld, marquis de Pomponne, qui suit; *Antoine-Joseph* Arnauld de Pomponne, mestre de camp du regiment de cavalerie de monseigneur le duc de Bourgogne,
D & inspecteur de cavalerie & de dragons, mort en 1693. qui eut l'avantage de passer le premier la riviere de la Sambre à la nage, & de forcer les redoutes qui défendoient le rivage où commença la bataille de Fleurus; & *Catherine-Felicité* Arnauld de Pomponne, mariée en 1696. à *Jean-Baptiste* Colbert, marquis de Torcy, ci-devant ministre & Secretaire d'état, Commandeur-Chancelier des Ordres du Roi, *dont l'article est rapporté ci-dessus.*

NICOLAS-SIMON Arnauld, marquis de Pomponne, ci-devant colonel des regimens de Hainaut & d'Artois, brigadier des armées du Roi, lieutenant general au gouvernement de l'Isle de France, & envoyé extraordinaire de sa Majesté près l'électeur de Baviere, a épousé le 11. mars 1694. *Constance* de Harville, fille de *François* de Harville, marquis de Paloiseau & de Trainel, gouverneur

A

de Charleville & du Mont-Olimpe, maréchal des camps & armées du Roi, &
d'*Anne* de Comans, dont il a eu *Henry-Charles* Arnauld de Pomponne, mort
de la petite verole en 1711. *Jean-Baptiste-François-Felix* de Pomponne, reçû chevalier de l'Ordre de Malte de minorité le 10. juin 1705. aussi mort jeune ;
& *Catherine-Constance-Emilie* Arnauld de Pomponne, mariée le 25. juin 1715.
à *Jean-Joachim* Rouaut de Gamaches, comte de Cayeu, mestre de camp de
cavalerie. *Voyez tome VII. de cette hist. p. 102.*

PREVOSTS, MAISTRES DES CEREMONIES
& Commandeurs des Ordres du Roy.

*D'or, à la fasce d'azur, au lambel
de gueules de trois pieces.*

I.

GUILLAUME Pot, chevalier, seigneur de Rhodes & de Chemaut, Prevôt B
& Maître des Ceremonies de l'Ordre de S. Michel, premier écuyer tranchant
& porte-cornette blanche du Roi, fut aussi fait Prevôt & Maître des Ceremonies de
l'Ordre du S. Esprit lors de l'Institution, & créé Grand-Maître des Ceremonies de France
le premier janvier 1585. Il mourut en 1603.

Il étoit fils de *Jean* Pot, seigneur de Rhodes & de Chemaut, Prevôt & Maître
des Ceremonies de l'Ordre de S. Michel, ambassadeur à Rome, à Vienne &
en Angleterre, & de *Georgette* de Balsac, & épousa *Jacqueline* de la Châtre,
sœur de *Claude* de la Châtre, seigneur de la Maisonfort, maréchal de France (*a*),
dont il eut *Henry* Pot, tué à la bataille d'Yvry en 1590. portant la Cornette
blanche, âgé de 22. ans ; GUILLAUME Pot, seigneur de Rhodes, Grand-
Maître des Ceremonies de France & des Ordres du Roi, *rapporté en l'article qui
suit* ; FRANCOIS Pot, seigneur du Magnet & de Rhodes, aussi Grand-Maître
des Ceremonies de France, *rapporté dans son rang avec sa posterité* ; Guy Pot, chevalier de Malte, nommé *le chevalier de Rhodes*, Commandeur de la Vaufran-
che, de Salins & de la Blodais ; *Antoine* Pot, abbé de S. Georges-sur-Loire,
puis Capucin ; *Louise* Pot, femme de *Claude* de l'Aubespine, seigneur de Ver-
derone, Greffier de l'Ordre du S. Esprit (*b*) ; *Marie* Pot, femme de *François*
Pouget, seigneur de Nadaillac & de Villeneuve en la Marche ; *Catherine* Pot,
prieure de S. Pardoux ; *Anne* Pot, superieure de l'Annonciade à Paris ; *Jeanne*
Pot, femme de *René* de l'Age, seigneur de Puylaurent ; & *Georgette* Pot, religieuse à l'Annonciade à Paris.

(*a*) Voyez tome
VII. p. 370.

(*b*) Tome VI.
p. 562.

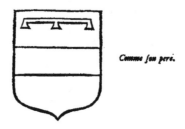

Comme son pere.

II.

A **G**UILLAUME Pot, chevalier, feigneur de Rhodes & de Chemaut, Grand-Maître des Ceremonies de France, premier écuyer tranchant & porte-cornette blanche du Roi, fut reçû en furvivance de fon pere à la charge de Prevôt & Maî-tre des Ceremonies des Ordres du Roi en 1597. & mourut en 1616.

Il étoit fils de *Guillaume* Pot de Rhodes, *dont il vient d'être parlé*, & époufa *Anne* de Broüilly, fille de *François* de Broüilly, feigneur de Mefvilliers, & de *Louife* d'Hallwin, dont il n'eut point d'enfans.

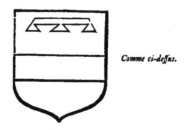

Comme ci-deffus.

III.

B **F**RANÇOIS Pot, chevalier, feigneur du Magnet, de Rhodes & de Chemaut, Grand Maître des Ceremonies de France, premier écuyer tranchant & porte-cornette blanche du Roi, fut pourvû en 1612. de la charge de Prevôt & Maître des Ceremonies des Ordres ; mais il ne l'exerça qu'après la mort de fon frere aîné en 1616. & la garda jufqu'en 1619. que le Roi le nomma chevalier du S. Efprit. Il fut tué au fiege de Montpellier en 1622. fans avoir été reçû.

Il avoit epoufé *Marguerite* d'Aubray, fille de *Claude* d'Aubray, feigneur de Brui-res-le-Chafteau, prevôt des Marchands à Paris, & de *Marie* l'Allement, de la-quelle il eut CLAUDE Pot, feigneur de Rhodes, Grand-Maître des Ceremo-nies de France, premier écuyer tranchant & porte-cornette blanche du Roi, pourvû en furvivance de fon pere le 17. janvier 1617. mort en juillet 1642. Il époufa 1°. *Louife Henriette* de la Châtre fa coufine, veuve de *François* de Va-lois, comte d'Alais, & de *François* de Cruffol, duc d'Uzés, & fille unique de *Louis* de la Châtre, baron de la Maifonfort, maréchal de France, & d'*Elifabeth* d'Eftampes, fa feconde femme (*a*), 2°. *Louife* de Lorraine, fille *naturelle* de **C** *Louis* cardinal de Guife, & de *Charlotte* des Effars (*b*). Du premier lit fortit une fille unique nommée *Marie-Louife Henriette-Aimée* Pot, mariée en 1646. à *Fran-çois Marie* de l'Hôpital, duc de Vitry, morte le 27. may 1684. (*c*) Du fecond lit vinrent HENRY Pot, feigneur de Rhodes, qui fuit ; *Charles* Pot, chevalier de Malte ; *Jacqueline* Pot, religieufe aux Annonciades à Bourges ; *Louife* Pot, mariée à *Edme* du Mefnil-Simon, feigneur de Beaujeu, lieutenant des Che-vaux legers du duc d'Enghien, tué au fiege de Fontarabie en 1638. *Marguerite* Pot, qui époufa 1°. *François* d'Aubuffon, feigneur de la Feuillade & de Chaffin-grimont (*d*), 2°. *Guillaume* de Razes, feigneur de Monimes en Limofin ; *Marie* Pot, religieufe aux Annonciades à Bourges ; *Gafparde* & *Françoife* Pot, religieu-fes à S. Pardoux-la-Riviere.

[a] Tome. VII. p. 371.
[b] Tome III. p. 487.
[c] Tome VII. p. 440.

[d] Tome V. p. 345.

HENRY Pot, feigneur de Rhodes, vicomte de Bridiers, Grand-Maître des Ce- A
remonies de France, époufa *Gabrielle* de Rouville de Clinchamp, & en eut quatre fils & une fille ; fcavoir, CHARLES Pot, marquis de Rhodes, Grand-
Maître des Ceremonies, qui fuit ; *Louis* Pot, abbé de Varennes ; *Henry* Pot,
chevalier de Malte ; *N...* Pot & *Henriette* Pot-de-Rhodes, morte fans alliance
le premier août 1717. & enterrée à S. Sulpice.

CHARLES Pot, marquis de Rhodes, Grand-Maître des Ceremonies de France,
vendit cette charge avec l'agrément du Roi en 1684. à Jules-Armand Colbert,
marquis de Blainville, & depuis époufa *Anne-Therefe* de Simiane, veuve de *Fran-*
çois-Louis-Claude-Edmé de Simiane, comte de Montcha, fille de *François* de Simiane, marquis de Gordes, chevalier des Ordres du Roi, & d'*Anne* d'Efcou-
bleau-Sourdis (*a*). Il mourut le premier juillet 1705. & a laiffé de fon mariage
une fille unique nommée *Marie-Louife-Charlotte* Pot de Rhodes, mariée en mars
1713. à *Louis* de Gand-de-Merode-de-Montmorency, prince d'Ifenghien & de
Mafmines, lieutenant general des armées du Roi le 8. mars 1718. veuf de *Ma-*
rie Anne de Furftemberg. Elle mourut en couches le 8. janvier 1715. en fa 21e
année.

(a) Tome II.
p. 247.

Ecartelé, au 1. & 4. d'or, à l'arbre
de fi. ople. au tonrteau de fable, au chef
d'azur, charge de trois lofanges d'argent,
qui eft Lomenie, au 2. & 3. d'azur, à
trois fafces d'or, qui eft Aubourg-Por-
cheux.

IV.

HENRY-AUGUSTE de Lomenie, chevalier, feigneur de la Ville-aux-Clercs B
comte de Brienne & de Montberon, baron de Pougy, & de Bouffac, fecretaire
d'état, fut pourvû de la charge de Prevôt & maître des Ceremonies des Ordres du
Roi, fur la démiffion de François Pot, feigneur du Magnet & de Rhodes, le 22. mars
1619. Il donna fa démiffion en 1621. en faveur de fon coufin, fut nommé chevalier
du Saint Efprit, mourut le 5. novembre 1666. fans avoir été reçu, étant âgé de 71. ans,
& eft enterré aux Carmelites de S. Denis en France, dont il étoit fondateur.

Il étoit fils d'*Antoine* de Lomenie, feigneur de la Ville-aux-Clercs, fecretaire d'état,
& d'*Anne* d'Aubourg, & avoit époufé en 1623. *Louife* de Beon, morte le 2.
feptembre 1665. âgée de 63. ans, fille de *Bernard* de Beon, feigneur du Maffez, gouverneur de Xaintonge, & de *Louife* de Luxembourg, dont il eut LOUIS-
HENRY de Lomenie, comte de Brienne, qui fuit ; *Charles-François* de Lomenie, évêque de Coutances, mort le 7. avril 1720. *Alexandre Bernard* de Lomenie, chevalier de Malte ; *Marie-Antoinette* de Lomenie, mariée le 4. juin 1642.
à *Nicolas Joachim* Rouault, marquis de Gamaches, chevalier des Ordres du Roi,
mourut le 8. decembre 1704. (*b*) *Jeanne* & *Madelene* de Lomenie, mortes
jeunes.

(b) Tome VII.
p. 101.

LOUIS-HENRY de Lomenie, comte de Brienne, fecretaire d'état, mort dans C
l'abbaye de Chafteaulandon le 14. avril 1698. âgé de 60. ans, avoit époufé en
1656. *Henriette* Bouthillier, morte en janvier 1664. fille de *Leon* comte de Chavigny, fecretaire d'Etat, Grand-Treforier des Ordres, & d'*Anne* Phelypeaux,
dont il eut HENRY-LOUIS de Lomenie, comte de Brienne & de Montberon,
qui fuit ; *Anne-Marie-Therefe* de Lomenie, premiere femme de *Jofeph* d'Angennes, marquis de Poigny, comte de Concreffault, enfeigne des Gendarmes
du Roi (*c*) ; & *Louife Madelene* de Lomenie, mariée à fon coufin germain *Claude-*
Jean-Baptifte Hiacinthe Rouault, comte de Cayeu, lieutenant general des armées
du Roi. (*d*)

(c) Tome II.
p. 430.

(d) Tome VII.
p. 101.

(e) Tome VI.
p. 131.

HENRY-LOUIS de Lomenie, comte de Brienne & de Montberon, époufa le 6. D
février 1689. *Jacqueline-Charlotte* Brulart, fille de *Nicolas* Brulart, premier prefident au Parlement de Bourgogne, & de *Marie* Cazet-de-Vautorte (*e*), de laquelle il a *Nicolas-Louis* de Lomenie, comte de Montberon & autres enfans.

V.

D'or, à l'arbre de sinople aux racines de même, sur un tourteau de sable, au chef d'azur chargé de trois mondes d'argent.

V.

A CHARLES de Lomenie, seigneur de la Faye, vicomte de Planche, baron du Parc, conseiller d'état, secretaire du cabinet du Roi, Prevôt & Maître des Ceremonies des Ordres, pourvû sur la démission de son cousin le 17. juillet 1621.

Il étoit fils de *François* de Lomenie, seigneur de la Faye, & épousa *Anne* du Liscoet, fille de *Benjamin* du Liscoet, seigneur des Planches, & d'*Anne* de Coetrien, dont il eut *Marie-Anne* de Lomenie fille unique, morte religieuse à Charonne.

De gueules, au chevron d'or, accompagné de deux têtes de loup en chef, & d'un loup entier passant en pointe aussi d'or, au chef d'azur.

VI.

B MICHEL de Beauclerc, chevalier, baron d'Acheres en Beausse & de Rougemont, marquis d'Estiau & de Mirebeau, conseiller d'état, Prevôt & Maître des Ceremonies des Ordres du Roi, pourvû sur la démission de Charles de Lomenie, par lettres du 20. may 1627.

Il étoit fils de *Charles* de Beauclerc, baron d'Acheres & de Rougemont, seigneur de Tressonville, secretaire d'état, & de *Gabrielle* Robin, & épousa en 1629. *Marguerite* d'Estampes, dame d'Estiau (*a*), dont il eut CLAUDE de Beauclerc, marquis d'Estiau en Anjou, qui suit; *Dominique* & *Claude* de Beauclerc, chevaliers de Malte; & *Antoinette* de Beauclerc, mariée à *Bernard* des Barres, president au Parlement de Bourgogne.

(*a*) Voyez tome VII. de cette hist. p. 550.

CLAUDE de Beauclerc, marquis d'Estiau en Anjou, & de Mirebeau en Bourgogne, baron d'Acheres, a épousé *Madelene* le Maistre, fille de *Jean* le Maistre, seigneur d'Ardivilliers en Picardie, & d'*Antoinette* d'Espinoy, dont il a eu *Charles* de Beauclerc, baron d'Acheres, conseiller au Parlement de Bourgogne, lequel a épousé *Genevieve-Charlotte* de Marandé, morte le 8. janvier 1709. & enterrée aux Feuillans ruë S. Honoré à Paris, & *Marthe-Madelene* de Beauclerc.

Ecartelé, au 1. & 4. d'azur, semé de quartefeuilles d'or, au canton d'hermines, qui est Phelypeaux, au 2. & 3. d'argent, à trois lezards au naturel, qui est Cottereau.

VII.

LOUIS Phelypeaux, chevalier, seigneur de la Vrilliere, marquis de Château- **A**
neuf & de Tanlay-sur-Loire, comte de S. Florentin, secretaire d'état, Prevôt &
Maître des Ceremonies des Ordres du Roi, par lettres du premier avril 1643. mourut
à Bourbon le 5. may 1681. âgé de 83. ans.

Il étoit second fils de *Raymond* Phelypeaux, seigneur d'Herbaut & de la Vrilliere,
secretaire d'état, & de *Claude* Gobelin, & épousa en 1635. *Marie* Particelle,
morte en août 1670. fille de *Michel* Particelle, seigneur d'Hemery, intendant
des finances, & de *Marie* le Camus, dont il eut *Louis* Phelypeaux, reçu secretaire d'état en survivance de son pere le 15. avril 1654. BALTASAR Phelypeaux, marquis de Chasteauneuf, secretaire d'état, Greffier des Ordres du
Roi, *rapporté ci-après en cette qualité dans son rang; Michel* Phelypeaux, évêque d'Uzés,
puis archevêque de Bourges, abbé de S. Lo & de Nioeil, mort à Paris le 28.
avril 1694. âgé de 52. ans; *Augustin* Phelypeaux, chevalier de Malte, capitaine
de Vaisseau, tué à Vigo en 1673. *Raymond* Phelypeaux, comte de S. Florentin,
cornette blanche du regiment Royal, tué au combat de Steinkerque le 3. août
1692. *Victor* Phelypeaux, mort jeune; *Pierre* Phelypeaux, chevalier de Malte,
brigadier de cavalerie; & *Marie* Phelypeaux, mariée à *Jean-Claude* de Rochechouart, marquis de Tonnay-Charente, morte au mois de février 1681. (*a*)

(*a*) Tome IV.
p. 625.

Ecartelé, au 1. & 4. de gueules, à une colonne d'argent, au chef cousu d'azur, chargé d'un lion passant d'or, qui est Lionne, au 2. & 3. d'azur, à 3. bandes d'or, au chef cousu d'azur, au lion issant d'or, qui est Servien.

VIII.

HUGUES de Lionne, chevalier, marquis de Berny, secretaire & ministre d'état, **B**
Prevôt & Maître des Ceremonies des Ordres du Roi, par lettres du mois de
février 1653. mourut à Paris le premier septembre 1671. âgé de 60. ans, & y est enterré aux Filles S. Thomas, rue neuve S. Augustin.

Il étoit fils d'*Artus* de Lionne, conseiller au Parlement de Grenoble, fait évêque
de Gap après la mort d'*Isabelle* Servien sa femme, & épousa en 1645. *Paule*
Payen, morte le 20. mars 1704. âgée de 74. ans, fille de *Paul* Payen, & de
Marguerite de Rives, dont il eut LOUIS-HUGUES de Lionne, marquis de
Berny, qui suit; *Jules Paul* de Lionne, abbé de Cercamp, de Marmoutiers &
de Châlis, Prieur de S. Martin des Champs à Paris, mort le 5. juin 1721. *Artus* de Lionne, évêque de Rosalie, vicaire apostolique de la province de Su-
chüen dans la Chine, né à Rome en 1655. pendant l'ambassade de son pere
vers les Princes d'Italie, s'engagea dans les Missions d'Orient, où il travailla
avec un grand zele pendant plus de vingt années, & acquit une grande connoissance des lettres & des sciences Chinoises, vint en France en 1686. avec

A

les ambaſſadeurs du Roi de Siam, qu'il remena en leur païs l'année ſuivante; de-là paſſa à la Chine, revint à Rome en 1703. pour les affaires de la Religion, & enſuite à Paris, où il mourut le 2. août 1713. au Seminaire des Miſſions étrangeres, âgé de 58. ans, & y eſt enterré; *Luc* de Lionne, chevalier de Malte; *Eliſabeth* de Lionne, religieuſe à la Viſitation; & *Madelene* de Lionne, mariée le 10. février 1670. à *François-Annibal* duc d'Eſtrées. (*a*)

[*a*] Voyez tome I V. de cette hiſt. p. 601.

LOUIS-HUGUES marquis de Lionne, reçû ſecretaire d'état en ſurvivance de ſon pere, puis maître de la garderobe du Roi, mourut le 22. août 1708. âgé de 62. ans. Il avoit épouſé le 27. avril 1675. *Jeanne-Renée* de Lionne, marquiſe de Claveſon ſa couſine, morte en décembre 1680. à l'âge de 24. ans, fille unique de *Sebaſtien* de Lionne, marquis de Claveſon, gouverneur de Romans, conſeiller au Parlement de Grenoble, laiſſant pour fils unique,

CHARLES-HUGUES marquis de Lionne, colonel d'un regiment, brigadier des armées du Roi.

Parti au 1. d'hermines, à une trompe de ſable enguichée de gueules, qui eſt Rogier, au 2. d'azur à neuf étoiles d'or, 4. en chef, 3. en faſce & 2. en pointe, qui eſt Kerveno.

I X.

B

EUGENE Rogier, comte de Villeneuve & de la Chapelle, marquis de Kerveno & de Cucé, baron de Baud, Prevôt & Maître des Ceremonies des Ordres du Roi, pourvû en 1657.

Il étoit fils de *Jean* Rogier, ſeigneur de Villeneuve, du Coindelor & de Callac; preſident à Mortier au Parlement de Bretagne, & de *Calliope* d'Argentré, & épouſa *Renée* de Bourgneuf, fille de *Nicolas* de Bourgneuf, conſeiller au Parlement de Bretagne, & de *Jeanne* de Sevigné; & de ce mariage nâquit une fille, morte jeune.

D'azur, au chevron d'argent, accompagné de trois roſes d'or, deux en chef & une en pointe.

X.

C

MACE' Bertrand, ſeigneur de la Baziniere, de Clichy-la-Garenne, baron de Vouvant, Mervant, Moüilleron & du grand-Precigny, treſorier de l'Eſpargne, Prevôt & Maître des Ceremonies des Ordres du Roi, par lettres du 12. avril 1661. mourut le 3. novembre 1688. & eſt enterré aux grands-Auguſtins.

Il étoit fils de *Macé* Bertrand, ſeigneur de Clichy-la-Garenne, treſorier de l'Eſpargne, & de *Marguerite* de Verthamon, veuve de *Daniel* Voiſin, greffier criminel au Parlement de Paris, & épouſa en 1645. *Françoiſe* de Barbezieres, fille d'honneur de la Reine, morte le 3. janvier 1679. & fille de *Geoffroy* de Barbezieres, ſeigneur de la Roche-Chemerault, & de *Louiſe* de Marans, dont il eut *Claude* Bertrand, ſeigneur de Courcelles, mort jeune; *Louis* Bertrand, ſeigneur de Precigny, meſtre de camp de cavalerie, mort le 22. décembre 1686. *Alexis*

Bertrand, capitaine d'une compagnie de Chevaux-legers, mort tragique- A
ment le 23. décembre 1681. *Madelene* Bertrand, femme de *Jean-Jacques* de
Mesmes, president à Mortier au Parlement de Paris, Prevôt & Maître des Ceremonies des Ordres du Roi, fur la démiffion de son beau-pere, morte en
octobre 1688. & *Marie-Anne* Bertrand, mariée à *Claude* Dreux, comte de Nancré, lieutenant general des armées du Roi, gouverneur d'Avefnes & d'Arras,
dont elle fut la feconde femme, & lequel mourut en avril 1689.

*Ecartelé, au 1. d'or au croiffant mon-
tant de fable, au 2. & 3. d'argent, à
deux lions paffans de gueules, au 4.
d'or, à une étoile de fable au chef de
gueules, & la pointe de l'écu ondée d'a-
zur.*

X I.

JEAN-JACQUES de Mesmes, chevalier, comte d'Avaux, vicomte de Neuf- B
chaftel, feigneur de Cramayel, president à Mortier au Parlement de Paris, Prevôt
& Maître des Ceremonies des Ordres du Roi, par lettres du 20. feptembre 1671.
mourut le 9. janvier 1688. & eft enterré aux grands-Auguftins à Paris.

Il étoit fils de *Jean-Antoine* de Mesmes, feigneur d'Irval & de Cramayel, comte
d'Avaux, president à Mortier au Parlement de Paris, & d'*Anne* Courtin, & époufa
le 8. mars 1660. *Madelene* Bertrand de la Bafiniere, *mentionnce ci-deffus*,
dont il eut JEAN-ANTOINE de Mesmes, vicomte de Neufchaftel, comte
d'Avaux, premier president au Parlement de Paris, Prevôt & Maître des Ceremonies des Ordres du Roi après fon oncle; *Henry* de Mesmes, abbé de la Val-
roy, diocefe de Reims, & de Hambie, diocefe de Coutances; *Jean-Jacques* de
Mesmes, chevalier de Sommereux en Champagne, commandeur de Sommereux en Champagne, bailly
& Grand-croix de l'Ordre, & ambaffadeur extraordinaire en France; *Judith-
Amafie* de Mesmes, religieufe Urfuline à Sainte Avoye; & *Marie-Therefe* de Mefmes, mariée en 1683. à *François* de la Roche-Monluc-Ceffac-Cazillac, marquis
de Fontenilles, comte de Courtenay, fire de Rambures, feigneur d'Authuy, de
Lambercourt, &c.

*Comme ci-deffus, & un lambel de
gueules de trois pieces.*

X I I.

ANTOINE de Mesmes, chevalier, feigneur d'Irval & de Roiffy, depuis qua- C
lifié comte d'Avaux, confeiller au Parlement en 1661. maître des requêtes en
1667. ambaffadeur à Venife, en Suede & en Hollande, gouverneur de Fifmes, confeiller d'état, Prevôt & Maître des Ceremonies des Ordres du Roi fur la démiffion
du Prefident de Mesmes fon frere, le 17. février 1684. mourut à Paris fans avoir été
marié le 11. février 1709. âgé de 69. ans, & y eft enterré aux grands-Auguftins.

XIII.

Comme fon pere , art. XI. *p. 316.*

XIII.

A JEAN-ANTOINE de Mefmes, chevalier, comte d'Avaux, marquis de Saint Eftienne, vicomte de Neufchaftel, feigneur de Cramayel, &c. prefident au Parlement de Paris, par la démiſſion de M. Pelletier le 5. janvier 1712. conſeiller du Roi en tous ſes conſeils, d'Etat & Privé, l'un des quarante de l'Academie Françoiſe, Prevôt & Maître des ceremonies des Ordres du Roi ſur la démiſſion du comte d'Avaux fon oncle , par lettres du 22. ſeptembre 1703. mourut le 23. août 1723.

Il a épouſé par contrat du 22. may 1695. *Marie - Thereſe* Feydeau , morte le 29. janvier 1705. en ſa 30e année , fille de *Denis* Feydeau , feigneur de Brou, maître des requêtes, prefident au Grand-Conſeil, & de *Marie-Anne* Voiſin, dont il a eu *Marie-Anne - Antoinette* de Mefmes , née le 15. may 1696. mariée à *Guy-Nicolas* de Durfort, duc de Quintin-Lorges, veuf de *Genevieve - Thereſe* Chamillart (*a*) , & *Henriette-Antoinette* de Mefmes, née le 29. avril 1698. mariée par contrat des 16. juillet & premier août 1715. à *Louis-Hector* comte de Gelas , marquis d'Ambres , vicomte de Lautrec , colonel d'un regiment de Dragons , brigadier des armées du Roi , lieutenant general en la haute-Guyenne. (*b*)

(*a*) Tome V, p. 741.

[*b*] Voyez ci-devant, p. 177.

Ecartelé au 1. *& 4. de* Phelypeaux, *au* 2. *& 3. de* Cottereau.

XIV.

C JEROSME Phelypeaux, chevalier, comte de Pontchartrain, feigneur de Meleran, ſecretaire d'état, Prevôt & Maître des Ceremonies des Ordres du Roi , par lettres du 28. octobre 1709.

Voyez au chapitre des CHANCELIERS DE FRANCE, *tome VI. p. 586.*

De gueules, au pelican d'argent en-
sanglanté de gueules dans son aire, au
chef cousu d'azur, chargé d'une fleur
de lys d'or.

X V.

NICOLAS le Camus, né le 9. février 1688. reçu conseiller du Roi en sa Cour
des Aydes à Paris le 29. novembre 1710. puis pourvû de l'Office de conseiller du
Roi en tous ses Conseils, premier President en la même Cour en survivance de *Nico-*
las le Camus son ayeul, par lettres données à Versailles le 10. mars 1714. après la
mort duquel arrivée le 12. mars 1715. il entra en exercice de cette charge par lettres
de dispense d'âge du 20. mars de la même année. Le Roi l'honora quelques jours
après de la charge de Prevôt & Maître des Ceremonies de ses Ordres sur la démission de M. le comte de Pontchartrain ; il s'en est démis en 1721. en faveur de FRAN-
ÇOIS-VICTOR le Tonnellier, marquis de Breteuil, & sa Majesté lui en a conservé
es honneurs.

    Il avoit épousé en premieres nôces par contrat du 13. may 1714. *Madelene-Char-*
lotte Baugier, morte le 2. octobre 1722. âgée de 27. ans sans laisser d'enfans, après
avoir eu sept garçons tout de suite, fille unique & heritiere de feu *Edme* Baugier,
écuyer, seigneur de Voye & de Montrouge près Paris, & de *N.* de Laistre, &
en secondes nôces le 22. décembre de la même année *Marie-Anne* le Maistre,
née le 27. mars 1700. fille unique & heritiere de *Henry-Louis* le Maistre, chevalier, seigneur de Persac, conseiller honoraire en la grand'chambre du Parlement de Paris, & de *Marguerite* Boucher, dont il a des enfans.

    Il est fils de *Nicolas* le Camus, seigneur de la Grange-du-Milieu, de Bligny &
de Wirtemberg, maître des requêtes ordinaire de l'hôtel du Roi, reçû premier
President en la Cour des Aydes en survivance de *Nicolas* le Camus son pere,
mort avant d'avoir exercé le 14. avril 1712. âgé de 59. ans & inhumé aux Minimes de la Place Royale, & de *Marie-Elizabeth* l'Anglois, fille de *Jacques* l'Anglois, seigneur de Villevrard & de Neuilly-sur-Marne, secretaire du Roi.

D'argent, à un chesne arraché de sino-
ple, accompagné de trois roses de gueu-
les, une à chaque flanc, & une en pointe.

X V I.

FELIX le Pelletier seigneur de la Houssaye, conseiller d'Etat ordinaire & au
Conseil de Regence pour les finances, chancelier, garde des sceaux, chef du
conseil & surintendant des maisons & finances de M. le duc d'Orleans, controlleur
general des finances de France le 12. décembre 1720. reçû Prevôt & Maître des Ceremonies des Ordres du Roi le 25. mars 1721. mourut le 20. septembre 1723.

    Il étoit fils de *Nicolas* le Pelletier, seigneur de Chasteau-Poissy & de la Houssaye,
mort au mois de décembre 1674. & de *Catherine* le Picart de Perigny, & avoit
épousé *Marie-Madelene* du Bois, fille de *Sebastien* du Bois, seigneur de Guedreville, maître des requêtes ordinaire de l'hôtel du Roi, & de *Marie* Thier-

fault, dont il a eu *Felix-Claude* le Pelletier de la Houffaye, feigneur de Signy, né le 5. janvier 1692. confeiller au Parlement de Paris le 21. août 1715. puis maître des requêtes, lequel a époufé le 5. novembre 1719. *Marie Charlotte* l'Allemant, fille de *N.* l'Allemant, fecretaire du Roi, fermier general, & de *N.* de Trois-Dames; & *Marie-Madelene-Catherine* le Pelletier de la Houffaye, née le 14. juillet 1689.

D'azur, à l'épervier d'or, le vol étendu, longé & grilleté auffi d'or.

XVII.

FRANÇOIS-VICTOR le Tonnellier-Breteuil, marquis de Fontenay-Trefigny, fire de Villebert, baron de Boitron, feigneur des Chapelles-Breteuil, du Mefnil-Chaffemartin, de Palaifeau, de Vilnevotte, &c. fecretaire d'état au département de la guerre le 4. juillet 1723. chancelier de la Reine le 18. may 1725. fut reçu Commandeur, Prevôt & Maître des Ceremonies des Ordres du Roi le 13. juin 1721.

Il eft l'aîné & le feul vivant des enfans de *François* le Tonnellier-Breteuil, marquis de Fontenay-Trefigny, fire de Villebert, baron de Boitron, &c. confeiller d'état ordinaire, & intendant des finances, decedé le 10. may 1705. & d'*Anne* de Calonne de Courtebourne, fille de *Charles* marquis de Courtebourne, maréchal des camps & armées du Roi, & lieutenant pour fa Majefté au païs d'Artois; *Charles-Louis-Augufte* de Breteuil fon frere, évêque de Rennes, abbé de Chaumes, & maître de la Chapelle du Roi, étant decedé le 24. avril 1732. & *Claude-Alexandre* fon fecond frere, chevalier profés de l'Ordre de Malte, colonel d'infanterie, & capitaine au regiment des Gardes, étant decedé en may 1721. Il a époufé en 1714. *Marie-Anne-Angelique* Charpentier, fille de *Jacques-Thomas-François* Charpentier, feigneur d'Ennery, d'Efpiez, de Leuilliers, de Valangouja, d'Amecourt, &c. dont *François-Victor*, *Marie-Anne-Julie*, *Gabrielle-Rofalie*, & *Florent-Victor* le Tonnellier-Breteuil, en bas âge.

FRANÇOIS le Tonnellier-Breteuil leur pere commun étoit l'aîné de fept garçons & d'une fille, dont le fecond nommé *Antoine*, reçu profés en l'Ordre de Malte en 1649. mourut commandeur de fon Ordre, & chef d'efcadre des Galeres du Roi en 1696. le troifiéme *Louis* de Breteuil, reçu en l'Ordre de Malte en 1659. mourut commandeur du même Ordre, & maréchal des camps & armées du Roi en feptembre 1712. le quatriéme *Jean-Baptifte* de Breteuil, reçu dans le même Ordre de Malte le 18. juin 1662. & mort en 1668. le cinquiéme *Charles-Achilles* de Breteuil, pere de *Claude Charles*, fubftitué au nom & armes de Chantecler, meftre de camp de cavalerie, & capitaine-lieutenant des Chevaux-legers de Bretagne, qui de fon mariage avec *Laure* Obrien de Clare, fille de Mylord Clare, maréchal des camps & armées du Roi, & de *N.* Bukley, a quatre garçons & une fille en bas âge; le fixiéme, *Claude* de Breteuil, évêque de Boulogne en 1681. mort en 1698. le feptième, *Louis-Nicolas* de Breteuil, baron de Preüilly, introducteur des ambaffadeurs, qui de fon mariage avec *Gabrielle-Anne* de Froullay, fille de *Charles* comte de Froullay, chevalier des Ordres du Roi, & grand-maréchal des logis de fa maifon (*a*), a eu *Gabrielle-Emilie* de Breteuil, mariée à *Florent-Claude* marquis du Chaftelet, comte de Lomont, colonel du regiment d'Haynault (*b*); *Elifabeth-Theodofe* de Breteuil, deftiné à l'état ecclefiaftique; & *Charles-Augufte* de Breteuil, baron de Preuilly, capitaine de cavalerie, decedé en may 1731. ayant laiffé de fon mariage avec *Marie-Anne-Françoife* Goujon de Gafville, fille de *Jean-Profper* Coujon, feigneur de Gafville & de Ris, maître des requêtes & intendant de la Generalité de Rouen, & d'*Anne* Faucon de Ris; *Louis-Charles-Augufte* de Breteuil, baron de Preuilly, né le 7.

[a] Voyez tome VII de cette hift. p. 672.
(b) Voyez ci-devant, p. 99.

mars 1730. & *Marie-Elifabeth-Emilie* de Breteuil, née le 24. may 1731. le huitiéme, *Elifabeth* de Breteuil, mariée à *André* marquis de S. Blimont, dont *N.*
marquis de S. Blimont, meftre de camp d'un regiment de cavalerie de fon nom;
il a époufé *N.* d'Auxis-d'Amvoille.

GRANDS TRESORIERS ET COMMANDEURS
des Ordres du Roy.

*D'azur, au chevron d'or, accom-
pagné de trois croix ancrées de même.*

I.

NICOLAS de Neufville, chevalier, marquis de Villeroy, feigneur d'Alincourt
& de Magny, baron de Bury, premier fecretaire d'état, Treforier de l'Ordre de
S. Michel, fut fait Grand Treforier de l'Ordre du S. Efprit le 31. décembre 1578.
Il ceffa de l'être en 1588. lorfqu'il fut éloigné de la Cour, mourut à Rouen pendant
l'affemblée des Notables le 12. novembre 1617. âgé de 75. ans, & eft enterré en
l'églife de Magny.

Voyez fes anceftres & fa pofterité au chapitre du duché-pairie de Villeroy, *tome IV.
de cette hiftoire*, p. 639. & ci-devant, p. 125. 182. 221. 263. & 267.

*De gueules, au chevron fafcé, ondé
d'argent & d'azur, accompagné de 3.
lions d'or.*

I I.

MARTIN Ruzé, Chevalier, feigneur de Beaulieu, de Longjumeau, de Chilly
& de la Preffaye, fecretaire d'état, furintendant des mines & minieres de France,
fait Grand Treforier des Ordres le 10. avril 1589. mourut le 6. novembre 1613. en fa
86. année, & fut enterré en l'églife de Chilly, où l'on voit fon tombeau.

Il étoit fecond fils de *Guillaume* Ruzé, receveur general des finances en Touraine, & de *Marie* Teftu, & époufa *Genevieve* Araby, de laquelle n'ayant point
eu d'enfans, il inftitua fon heritier univerfel *Antoine* Coeffier, feigneur d'Effiat,
fon petit-neveu, lequel étoit petit-fils de *Bonne* Ruzé fa fœur, femme de *Gilbert* Coeffier, feigneur d'Effiat

III;

*De gueules, à la bande d'or, char-
gée d'une traînée de cinq barillets de
fable.*

III.

A **P**IERRE Brulart, chevalier, marquis de Sillery, vicomte de Puifieux, Grand
Treforier des Ordres du Roi en furvivance de Martin Ruzé, par lettres du 8.
décembre 1607. mourut le 22. avril 1640.
Voyez fes anceftres & fa pofterité au chapitre des CHANCELIERS DE FRANCE,
tome VI. de cette hiſt. p. 527.

*Ecartelé, au 1. & 4. d'azur à 3.
cormorans d'argent, qui eſt Morant.
au 2. & 3. de gueules, au griffon d'or,
armé & membré de même, qui eſt de
Cauchon-Trelon.*

IV.

B **T**HOMAS Morant, baron du Mefnil-Garnier, treforier de l'Efpargne, Grand
Treforier des Ordres, fur la démiffion de Pierre Brulart, par lettres données à
Paris le 21. février 1621.

Il étoit fils de *Thomas* Morant, feigneur d'Eftreville & du Mefnil Garnier, treforier
de l'Efpargne, & de *Marciotte* Morel, & époufa 1°. *Jeanne* Cauchon, fille de
Laurent Cauchon, feigneur de Trelon, prefident au prefidial de Reims ; 2°.
Françoife de Vieuxpont, fille de *Jean* baron de Vieuxpont, & de *Catherine* de
Baufremont. Du premier lit fortirent THOMAS Morant, marquis du Mefnil-
Garnier, qui fuit ; & *Anne* Morant, mariée en 1636. à *Louis* Olivier, marquis de
Leuville, morte le 9. feptembre 1698. (a) Du fecond lit nâquirent *Nicolas* Mo-
rant, baron de Courcelles, marié à *Charlotte* de Hacqueville, morte en 1669.
Charles-Roger Morant, dit *le chevalier Morant* ; *Dominique* Morant, dit *le chevalier
de Courcelles* ; *François* Morant, religieux Benedictin ; *N...* Morant, lieutenant
de vaiffeau ; *Marie-Claire* Morant, femme de *Michel* le Loup, feigneur de la
Motte-Glin, morte en 1692. & quatre filles religieufes.

C THOMAS Morant, marquis du Mefnil-Garnier, maître des requêtes, intendant
en Languedoc, en Guyenne, en Normandie & en Touraine en 1659. d'où il
fut révoqué lorfque M. Fouquet fut arrêté, mourut à Paris le 6. octobre 1692.
âgé de 76. ans. Il avoit époufé 1°. *Catherine* Bordier, fille de *Jacques* Bordier,
feigneur de Raincy & de ondy, intendant des finances, & de *Catherine* Libaut,
2°. *Madelene* Aveline, fille de *Jean* Aveline, feigneur de Garenne, auditeur
des Comptes, maître-d'hôtel du Roi, & de *Guionne* Menage, & 3°. *Louife-
Anne* le Meneuft, veuve de *René* marquis de Kergroadez, fille de *Guy* le Meneuft, feigneur de Brequigny, prefident au Parlement de Bretagne, & de *Sufanne* de Coetlogon, morte le premier avril 1700. Du premier lit vint THO-
MAS-ALEXANDRE Morant, marquis du Mefnil-Garnier, qui fuit. Du fecond
fortit *Françoife* Morant, dame de la Garenne & de la Boucherie, née en
1648. mariée à *Louis* du Bois, marquis de Givry, grand-bailly de Touraine,

(a) Voyez tome
VI. p. 486.

lieutenant general des armées du Roi, mort le 13. décembre 1699. & elle le **A**
20. avril 1676. & du troifiéme *Guy-Thomas* Morant, & *Sufanne* Morant, morte
fille en may 1702.

THOMAS-ALEXANDRE Morant, marquis du Mefnil-Garnier, fut confeiller
au Parlement, puis maître des requêtes, intendant en Provence, & premier
prefident du Parlement de Touloufe, dont il fe démit en 1708. Il mourut à Paris le 8. juillet 1713. & eft enterré à S. André des Arcs, laiffant des enfans de
Françoife Jacques, morte le 12. juillet 1706. fille de *Philippes* Jacques, feigneur
de Vitry-fur-Seine, greffier en chef du Parlement de Paris, & de *Catherine* de
Mouy.

D'azur, à trois fufées d'or pofées en fafce.

V.

CLAUDE Bouthillier, chevalier, feigneur de Pons-fur-Seine & de Foffigny, fe- **B**
cretaire d'état, furintendant des finances, Grand Treforier des Ordres du Roi,
fur la démiffion de Thomas Morant, par lettres du 27. mars 1633. mourut en 1651.
& eft enterré à Pons.

Il étoit fils de *Denis* le Bouthillier, fameux avocat, natif d'Angoulême, & de *Claude*
Macheco, & frere de *Denis* Bouthillier, feigneur de Rancé, pere de l'abbé de
la Trappe. Il époufa en 1606. *Marie* de Bragelogne, morte le 26. may 1673.
âgée de 83. ans & fut pere de LEON Bouthillier, fils unique, qui fuit.

Comme fon pere.

VI.

LEON Bouthillier, chevalier, comte de Chavigny & de Bufançois, fecretaire
& miniftre d'état, Grand Treforier des Ordres en furvivance de fon pere, mou- **C**
rut le 11. octobre 1652. âgé de 44. ans, & eft enterré à S. Paul.

Il avoit époufé le 20. may 1627. *Anne* Phelypeaux, morte le 3. janvier 1694.
âgée de 81. ans, fille & unique heritiere de *Jean* Phelypeaux, feigneur de Villefavin, & d'*Ifabelle* Blondeau, dont il eut ARMAND-LEON Bouthillier, comte
de Chavigny, qui fuit; *Gafton-Jean-Baptifte* Bouthillier, dit *le marquis de Chavigny*,
colonel du regiment de Piémont; *Jacques-Leon* Bouthillier, marquis de Beaujeu, confeiller au Parlement, mort le 2. novembre 1712. ayant été marié 1°. le
24. juillet 1668. à *Catherine* Terrat, morte au mois de février 1671. fille de
Jean Terrat, confeiller du Roi en fes confeils, treforier general des maifons
& finances de Gafton de France, duc d'Orleans, & de *Françoife* Huart, 2°. à *Louife-*
Françoife de Megrigny, de laquelle il a eu entr'autres enfans *François-Leon*

Bouthillier, marquis de Beaujeu, mort d'apoplexie à Versailles en 1709. âgé de 20. ans; *Louis* Bouthillier, chevalier de Malte, mort en juillet 1694. *Denis-François* Bouthillier, docteur de Sorbonne, aumônier du Roi, évêque de Troyes, abbé d'Oigny & de Sellieres, prieur de Beaumont & de Choify-au-Bac, qui a remis fon évêché en 1697. eft mort à Paris le 15. feptembre 1731. âgé de 89. ans, & a été enterré à S. Cofme; *Gilbert-Antoine* Bouthillier, grand-vicaire de Troyes, mort en juin 1694. *Louife-Françoife* Bouthillier, mariée à *Philippes* Clerambault, comte de Paluau, maréchal de France (*a*); *Anne-Julie* Bouthillier, religieufe à S. Antoine des Champs à Paris, puis premiere abbeffe d'Iffy, morte le 22. janvier 1694. *Marie* Bouthillier, religieufe à S. Antoine des Champs; *Elifabeth* Bouthillier, religieufe de la Croix, puis abbeffe d'Iffy après fa foeur; *Henriette* Bouthillier, mariée à *Louis-Henry* de Lomenie, comte de Brienne, fecretaire d'état, morte en 1664. âgée de 27. ans; *Renée* Bouthillier, qui époufa *Jean* Beuzelin de Bofmelet, prefident au Parlement de Rouen, mort le 20. mars 1711. & elle le 19. du même mois, âgée de 68. ans; & *Marie* Bouthillier, mariée 1°. le 27. janvier 1669. à *Nicolas* Brulart, premier prefident au Parlement de Dijon, mort en 1698. (*b*) 2°. le 4. may 1699. à *Augufte* duc de Choifeul, chevalier des Ordres du Roi(*c*), & morte le 11. juin 1728. âgée de 82. ans.

(*a*) Tome VII. p. 585.

(*b*) Tome VI p. 531.
(*c*) Tome IV. p. 856.

B   ARMAND-LEON Bouthillier, comte de Chavigny, feigneur de Pons-fur-Seine, maître des requêtes, mourut en 1684. Il avoit époufé *Elifabeth* Boffuet, dont il eut *Armand Victor* Bouthillier, comte de Chavigny, marié en 1703. à *Lucie* Godes, fille de *François* Godes, feigneur de Varennes, & de *Lucie* le Clerc de Sautré, & mort à Paris le 6. août 1729. âgé d'environ 70. ans; *Claude-François* Bouthillier, colonel du regiment d'Auvergne, brigadier des armées du Roi, infpecteur de l'Infanterie, mort à Guaftalle le 14. mars 1703. *Louis* Bouthillier, marquis de Villefavin, marié en 1709. à *Antoinette* le Gouz-Maillard, fille de *Benoift* le Gouz-Maillard, feigneur de Saint Seigne, d'Arnay & de Villefery, prefident à mortier au Parlement de Dijon, & d'*Anne* Berthier; *Denis-François* Bouthillier, évêque de Troyes en 1697. après fon oncle, puis archevêque de Sens, mort âgé de 65. ans le 9. novembre 1730. & *Elifabeth-Marguerite* Bouthillier, religieufe, puis abbeffe des Clerets, diocefe de Chartres, morte le premier feptembre 1729. dans fa 62.e année.

Comme ci-devant, p. 215. & 307.

VII.

C   MICHEL le Tellier, chevalier, feigneur de Chaville, fecretaire & miniftre d'Etat, Grand Treforier des Ordres du Roi par le decès du comte de Chavigny, fut depuis Chancelier de France, & mourut le 30. octobre 1685.

Voyez au chapitre des CHANCELIERS DE FRANCE, *tome VI. de cette hift.* page 578.

D'azur, à l'aigle éployé d'argent.

VIII.

JEROSME de Nouveau, chevalier, baron de Linieres, seigneur de Fromont, surintendant general des Postes & Relais de France, Grand Tresorier des Ordres sur **A**
la démission de Michel le Tellier en 1654. mourut le 24. août 1665. en sa 52ᵉ année,
& est enterré aux Minimes près la Place Royale.

     Il étoit fils d'*Arnoul* de Nouveau, seigneur de Fromont, tresorier des Revenus ca-
suels, surintendant general des Postes, & de *Charlotte* Barthelemy sa premiere
femme, & épousa *Catherine* Girard, fille de *Louis* seigneur de Villetaneuse,
procureur general de la Chambre des Comptes de Paris, & de *Marie* le Royer,
dont il n'eut point d'enfans.

D'or, à une couleuvre d'azur.

IX.

JEAN-BAPTISTE Colbert, chevalier, marquis de Seignelay, seigneur de Seeaux,
de Chasteauneuf-sur-Cher, de Linieres, de Cheny, de Beaumont, &c. secretaire **B**
& ministre d'état, controlleur general des finances, conseiller du Roi en tous ses conseils & au conseil Royal, surintendant des Bâtimens, Arts & Manufactures de France,
pourvû de la charge de Grand Tresorier des Ordres du Roi, par lettres du 26. août
1665. mourut le 6. septembre 1683. âgé de 64. ans, & est enterré à S. Eustache, où
se voit son tombeau.

     Il étoit fils de *Nicolas* Colbert, seigneur de Vendieres, & de *Marie* Pussort, &
épousa en 1648. *Marie* Charon, morte le 8. avril 1687. fille de *Jacques* Charon,
seigneur de Menars, & de *Marie* Begon, dont il eut JEAN-BAPTISTE Colbert, marquis de Seignelay, Grand Tresorier des Ordres, qui suit ; *Jacques-Nicolas*
Colbert, archevêque de Rouen, abbé du Bec, prieur de la Charité, mort à Paris
le 30. décembre 1707. âgé de 53. ans ; *Antoine-Martin* Colbert, reçû chevalier
de Malte, puis grand-croix, general des Galeres de son Ordre, & commandeur
de Boncourt, tué à la tête du regiment de Champagne, dont il étoit colonel,
& brigadier des armées du Roi, au combat de Valcourt en 1689. *Jules-Armand*
Colbert, marquis de Blainville, seigneur d'Ormoy, grand-maître des Ceremonies de France, colonel du regiment de Champagne, lieutenant general
des armées du Roi, gouverneur & commandant en la ville d'Ulm, lequel après
avoir soutenu un long siege à Keiservert en 1702. & y avoir acquis beaucoup
d'honneur, ainsi qu'au passage de la forêt Noire en 1703. lorsque le Roi fit marcher
son armée en Baviere sous le maréchal de Villars, mourut des blessures qu'il reçut
à la bataille d'Hochstet le 13. août 1704. en laquelle il commandoit l'infanterie,
laissant veuve *Gabrielle* de Rochechouart-de-Tonnay-Charente, qu'il avoit épousée
en

A en 1682. (*a*) & de laquelle il a eu *Madelene* Colbert, mariée le 26. may 1706. à *Jean-Baptiste* de Rochechouart, comte de Maure son cousin germain (*b*); *Louis* Colbert, abbé de Bonport, intendant & garde du Cabinet des Medailles & Bibliothequaire du Roi, puis comte de Linieres, officier dans la Gendarmerie, marié à *Marie-Louise* du Bouchet de Sourches, de laquelle il a eu plusieurs enfans, entr'autres un fils mort en juin 1706. & plusieurs filles; *Charles-Edouard* Colbert, comte de Sceaux, colonel du regiment de Champagne, mort des blessures qu'il reçut à la bataille de Fleurus en 1690. *Jeanne-Marie-Therese* Colbert, mariée le 3. février 1667. à *Charles-Honoré* d'Albert, duc de Luynes & de Chevreuse, pair de France, chevalier des Ordres du Roi, morte à Paris le 26. juin 1732. âgée de près de 82 ans (*c*); *Henriette Louise* Colbert, alliée le 21. janvier 1671. à *Paul* de Beauvillier, duc de S. Aignan, pair de France, chef du Conseil Royal, gouverneur des Enfans de France, chevalier des Ordres du Roi (*d*); & *Marie-Anne* Colbert, qui épousa le 14. février 1679. *Louis* de Rochechouart, duc de Mortemart, pair & general des Galeres de France, mort en 1688. (*e*).

Voyez les hommes Illustres par M. Perault.

[*a*] Voyez tome IV. p. 685
(*b*) Ibid. p. 61.

(*c*) Ibid. p. 168.

(*d*) Ibid. p. 711.

(*e*) Ibid. p. 681.

D'or, à une coulenure d'azur posée en pal.

X.

B JEAN-BAPTISTE Colbert, chevalier, marquis de Seignelay & de Chasteauneuf, baron de Linieres, &c. secretaire & ministre d'état, né à Paris en 1651. fut pourvû de la charge de Grand Tresorier des Ordres en survivance de son pere, par lettres du 3. février 1675. mourut à Versailles le 3. novembre 1690. âgé de 39. ans, & est enterré à S. Eustache.

Il épousa 1°. le 3. février 1675. *Marie-Marguerite* marquise d'Alegre, morte le 16. mars 1678. (*f*) mere de *Jeanne-Marguerite* Colbert, morte en 1680. 2°. le 6. septembre 1679. *Catherine-Therese* Goyon de Matignon, marquise de Lonré (*g*), fille de *Henry* seigneur de Matignon, comte de Thorigny, & de *Françoise* le Tellier de la Luthumiere. Elle se remaria le 22. février 1696. à *Charles* de Lorraine, comte de Marsan · chevalier des Ordres du Roi, & mourut le 7. décembre 1699. mere de plusieurs enfans de ses deux mariages. Du premier lit elle eut MARIE-JEAN-BAPTISTE Colbert, marquis de Seignelay,

C qui suit; *Paul-Edouard* Colbert, comte de Creüilly, colonel du regiment Royal des Dragons, qui a épousé le 25. juin 1714. *Anne-Marie-Therese* Spinola, fille de *Jean-Baptiste* Spinola, prince de Vergaigne, Grand-d'Espagne; *Louis-Henry* Colbert, reçû chevalier de Malte en 1688. mort à Strasbourg en janvier 1705 CHARLES-ELEONOR Colbert, comte de Seignelay, qui suivra; & *Theodore-Alexandre* Colbert, né en 1690. mort en 1695.

(*f*) Ibid. p. 711.

(*g*) Tome V. p. 389.

MARIE-JEAN-BAPTISTE Colbert, marquis de Seignelay, maître de la garderobbe du Roi, colonel du regiment de Champagne, brigadier des armées de sa Majesté, mourut le 26. février 1712. en sa 29ᵉ année, & est enterré à Saint Eustache. Il avoit épousé le 10. janvier 1708. *Marie-Louise-Maurice* de Furstemberg, fille d'*Antoine-Egon* prince de Furstemberg & de l'Empire, gouverneur de l'Electorat de Saxe, & de *Marie* de Ligny, dont il eut *Marie-Louise*, morte, & *Marie-Sophie-Emilie-Honorate* Colbert, mariée le 9. janvier 1724. à *Charles-François-Frederic* de Montmorency-Luxembourg II. du nom, duc de Piney, pair de France, &c. *Voyez tome III. de cette hist. p. 591.*

CHARLES-ELEONOR Colbert, abbé, puis comte de Seignelay, lieutenant general au gouvernement de Berry, épousa 1°. le 11ᵉ. mars 1717. *Anne* de la Tour-Taxis, morte en couches le 19. février 1719. fille de *François-Sigismond* de la Tour-Taxis, comte de Valsassine, & d'*Anne* du Val, 2°. le 22. décembre

[a] Voyez tome VII. de cette hist. p. 307.

1726. *Marie-Renée* de Gontaut-Biron, fille de *Charles-Armand* de Gontaut, **A** duc de Biron, pair de France, & de *Marie-Antonine* de Bautru-de-Nogent (a). Il a eu du second lit *Charles-Armand-Jean-Baptiste* Colbert, né le 10. janvier 1728. *Louis-Jean Baptiste-Antonin* Colbert, né le 13. septembre 1731.

Comme ci-devant , p. 325.

XI.

CHARLES Colbert, chevalier, marquis de Croissy, secretaire & ministre d'é- **B** tat, pourvû de la charge de Grand Tresorier des Ordres le 26. novembre 1690. mourut à Versailles le 28. juillet 1696. âgé de 67. ans & est enterré à S. Eustache.

Il étoit second fils de *Nicolas* Colbert, seigneur de Vendieres, & de *Marie* Pussort, & épousa par contrat du 20. janvier 1664. *Marguerite* Beraud, morte le 17. septembre 1719. fille de *Joachim* Beraud, seigneur de Croissy, grand-Audiencier de France , & de *Marguerite* de Laistre , dont il eut JEAN-BAPTISTE Colbert, marquis de Torcy , ministre d'état , Grand Tresorier & Chancelier des Ordres du Roi, *rapporté en l'Article suivant ; Charles-Joachim* Colbert, évêque de Montpellier , abbé de Froidmont, né le 11. juin 1667. *Louis-François-Henry* Colbert, dit *le comte de Croissy*, lieutenant general des armées du Roi, né le 15. fevrier 1677. qui a épousé le 30. décembre 1711. *Marie* Brunet de Rancy, fille de *Paul-Etienne* Brunet de Rancy, seigneur d'Eury-les-Chasteaux , maistre des Requêtes, & de *Genevieve* Colbert ; *Marie-Françoise* Colbert, née le 6. février 1671. mariée le 15. may 1696. à *Joachim* de Montaigu , vicomte de Beaune , marquis de Bouzoles, lieutenant general des armées du Roi, chevalier de ses Ordres, morte le 28. septembre 1724. (b) *Charlotte* Colbert, née le 26. may 1678. religieuse de l'abbaye du Tresor, puis de l'abbaye de S. Antoine à Paris, ab-besse de Penthemont le 7. juillet 1718. puis de Maubuisson en décembre 1719. *Marie-Therese* Colbert, née le 7. juin 1682. mariée 1°. le 8. août 1701. à *Louis* de Clermont-d'Amboise , marquis de Resnel, mort le 17. juin 1702. 2°. le 5. janvier 1704. à *François-Marie* Spinola, duc de S. Pierre, Grand-d'Espagne, mort à Madrid le 15. may 1727. Le Roi a accordé à sa veuve la moitié des pensions dont son mari jouissoit; & *Olimpe-Sophie* Colbert, née le 7. juillet 1686. morte le 18. juin 1705.

(b) Voyez ci-devant, p. 276.

Comme ci-dessus.

XII.

JEAN-BAPTISTE Colbert, chevalier, marquis de Torcy & de Sablé, secre- **C** taire & ministre d'état, fut nommé à la charge de Grand Tresorier des Ordres du Roi après la mort du marquis de Croissy son pere, & pourvû par lettres du 8. décembre 1697. Il a été fait Chancelier des Ordres en 1701 *& est ci-devant rapporté avec les Chanceliers , p. 308.*

Comme ci-devant.

XIII.

A GILBERT Colbert, chevalier, feigneur de S. Pouanges & de Chabanois ; fecrétaire des commandemens de la Reine & du Cabinet du Roi, pourvû de la charge de Grand Trefforier des Ordres fur la démiffion du marquis de Torcy, par lettres du 16. janvier 1701. mourut le 23. octobre 1706. âgé de 64. ans , & eft en-terré aux Capucines à Paris.

Il étoit fils de *Jean-Baptifte* Colbert , feigneur de S. Pouanges & de Villacerf, con-feiller d'état en 1657. & intendant de Picardie, mort le 19. avril 1663. coufin ger-main de *Nicolas* Colbert, feigneur de Vendieres, & de *Claude* le Tellier , fœur de *Michel* le Tellier , Chancelier de France, & avoit époufé *Marie-Renée* Berthemet, fille de *Laurent* Berthemet, maître des comptes, morte à Paris le 28. février 1732. âgée d'environ 85. ans, dont il eut,

FRANÇOIS-GILBERT Colbert , fils unique , feigneur de Chabanois ; meftre de camp de cavalerie, brigadier des armées du Roi en 1704. maréchal de camp le premier mars 1719. mort à Paris le 11. novembre de la même année. Il avoit époufé le 24. mars 1702. *Angelique* d'Efcoubleau , fille unique de *François* comte de Sourdis, chevalier des Ordres du Roi, (*a*) de laquelle il a eu *François-Gilbert* Colbert, né en 1705. &c.

(*a*) Voyez cy-devant, p. 259.

D'azur, à une levrette d'argent , collette de gueules , au chef d'or , char-gé de trois étoiles de fable.

XIV.

B MICHEL Chamillart, chevalier, marquis de Cany , feigneur de Courcelles, né le 6. janvier 1652. confeiller au Parlement en 1676. maître des Requêtes en 1686. intendant à Rouen en 1689, intendant des finances en février 1690. controlleur general des finances le 5. feptembre 1699. miniftre d'état en novembre 1700. fecretaire d'état avec le département de la Guerre le 8. janvier 1701. Grand Trefforier des Or-dres du Roi, par lettres du 22. octobre 1706. fe retira du miniftere en 1708. Le Roi lui accorda 60000. de penfion ; il fe démit de fa charge de Grand Trefforier des Or-dres au mois de novembre 1713. & mourut à Paris le 14. avril 1721. en fa 70e an-née.

Il étoit fils de *Guy* Chamillart , maître des Requêtes , intendant à Caën en 1666. où il mourut en feptembre 1675. & de *Catherine* Compaing , fille de *Louis* Com-paing , feigneur de l'Eftang & de la Tourtaniere, & de *Jeanne* Gourreau. Il avoit époufé le 28. novembre 1680. *Ifabelle-Therefe* le Rebours fa coufine germaine , fille de *Jean* le Rebours , feigneur de Prunelay , maître des comptes , & d'*Eli-fabeth-Anne* Compaing. Elle mourut en fon château de la Suze au Maine le 26. juillet 1731. âgée d'environ 74. ans. Il en eut MICHEL Chamillart , marquis de

Cany, qui fuit; *Catherine-Angelique* Chamillart, mariée le 14. juin 1698. à *Tho-* **A**
mas Dreux, marquis de Brezé, grand maître des Ceremonies de France, lieutenant general des armées du Roi; *Marie Therese* Chamillart, feconde femme
de *Louis* vicomte d'Aubuffon, duc de Rouannois, pair & maréchal de France,
connu fous le nom de Duc de la Feuillade (*a*), & *Genevieve-Therese* Chamillart, premiere femme de *Guy-Nicolas* de Durfort, duc de Quintin Lorges. (*b*)

(*a*) Tome V.
p. 350.
(*b*) Ibid. p. 741.

MICHEL Chamillart, marquis de Cany, reçû en furvivance de fon pere en la
charge de fecretaire d'état, le 3. janvier 1707. puis grand-maréchal des logis
de la maifon du Roi, colonel du regiment de la Marine, mourut à Paris le 23.
juillet 1716. âgé de 27. ans. Il avoit époufé le 12. janvier 1708. *Marie-Fran-*
çoife de Rochechouart, fille de *Louis* de Rochechouart, duc de Mortemart,
pair de France, & de *Marie-Anne* Colbert (*c*), dont il eut LOUIS-MICHEL
Chamillart, marquis de Courcelles, qui fuit; *Louis*, *Henry*, & *Elifabeth* Chamillart.

(*c*) Tome IV.
p. 681.

LOUIS-MICHEL Chamillart, marquis de Courcelles, grand-maréchal des logis
de la maifon du Roi, né le 8. février 1709. colonel d'un regiment de Dragons en 1731.

D'azur, à un dextrochere d'argent,
tenant trois fleurs ou lys de marais
auffi d'argent.

X V.

NICOLAS des Marets marquis de Maillebois, de Blevy & du Rouvray, baron
de Châteauneuf en Thimerais, comte de Bourbonne, feigneur de Couvron, de **B**
Neuville, du Coudray, de S. Mefme, &c. confeiller au Parlement en 1672. maître
des Requêtes en 1674. intendant des finances en 1678. directeur general des finances
en 1703. controlleur general le 12. février 1708. miniftre d'état le 1. octobre de la
même année, fut nommé Grand Treforier des Ordres du Roi, par lettres du mois de novembre 1713. dont il fe démit quelques jours après, & mourut le 4. may 1721. en fa
73e année.

Il étoit fils de *Jean* des Marets, general des finances à Soiffons en 1634. & confeiller d'état, reçû & ayant pris feance au Confeil le 2. septembre 1652. mort
en octobre 1682. & de *Marie* Colbert, morte le 18. avril 1703. en fa 77e année. Il époufa *Madelene* Bechameil, morte le 14. juin   âgée de 76. ans,
fille de *Louis* Bechameil, fecretaire du confeil & furintendant des maifons &
finances de Philippes de France, duc d'Orleans, & de *Marie* Colbert. Il en eut
JEAN-BAPTISTE-FRANÇOIS des Marets, marquis de Maillebois,
chevalier des Ordres du Roi, *rapporté ci-devant p.* 280. *Louis* des Marets, baron
de Chafteauneuf, brigadier des armées du Roi; *Henry* des Marets, marquis de
Marville, capitaine au regiment colonel cavalerie; *Pierre* des Marets, abbé de **C**
S. Benigne de Dijon & de S. Nicolas-aux-Bois, confeiller d'honneur au Parlement de Bourgogne; *N.* des Marets, mort fur mer; *Marie-Madelene* des Marets, femme de LOUIS-VINCENT de Goesbriant, feigneur de Morlay, chevalier des Ordres du Roi, *mentionné ci-devant, page* 259. *Marie-Therese* des Marets, abbeffe d'Hieres en août 1709. *Charlotte-Therese* des Marets, religieufe à
Villarceaux, transferée à Hieres, puis prieure de Vinets diocefe de Châlons
en Champagne en 1718. *Angelique-Charlotte* des Marets, mariée le 21. feptem-
dre 1705. à *Charles-Henry* de Malon, feigneur de Bercy, de Conflans, &c. ci-
devant intendant des finances & confeiller d'état; & *Louife* des Marets, mariée
à *Louis-Pierre-Maximilien* de Bethune, marquis de Courville, puis duc de Sully,
pair de France, chevalier de la Toifon-d'Or. *Voyez tome IV. p.* 221.

D'argent, au choux pommé & arraché de finople, entouré par la tige d'un ferpent d'or la tête en haut.

XVI.

A LOUIS Chauvelin, feigneur de Grifenoire, confeiller au Parlement en 1706. maître des Requêtes en 1707. avocat general au Parlement de Paris en 1709. fut fait Grand Treforier des Ordres du Roi le 4. décembre 1713. mourut à Paris de la petite verole le 2. août 1715. âgé de 32. ans, & eft enterré aux Carmes de la Place Maubert.

Il étoit frere de *Germain-Louis* Chauvelin, Garde des Sceaux de France, & fecretaire & miniftre d'état avec le département des affaires étrangeres (*a*), & fils aîné de *Louis* Chauvelin, feigneur de Grifenoire & de Chandeuil, confeiller d'état ordinaire, mort le 30. juillet 1719. & de *Marguerite* Billard, morte le 16. août 1729. Il avoit époufé le 4. avril 1705. *Madelene* de Grouchy, morte le 4. octobre 1715. âgée de 29. ans, fille de *Jean-Baptifte-René* de Grouchy, fecretaire du Roi, & de *Sufanne* Heron. Il en eut LOUIS Chauvelin, feigneur de Grifenoire, qui fuit; *N.* Chauvelin, morte jeune; *Françoife-Madelene* Chauvelin, née en 1707. mariée en avril 1724. à *Louis-Denis* Talon, marquis du Boulay, avocat general au Parlement de Paris; & *N.* Chauvelin, morte en bas âge.

LOUIS Chauvelin, feigneur de Grifenoire, né en 1706. avocat du Roi au Châtelet en 1725. puis avocat general au Parlement de Paris au mois de feptembre 1729.

(*a*) Tome VI.
p. 607.

Fafcé, ondé d'argent & de gueu'es de fix pieces, au chef d'azur chargé de 3. fleurs de lys d'or en fafce.

XVII.

B GASTON-JEAN-BAPTISTE Terrat, marquis de Chantofme & de Travers, baron de Chaumont, chancelier garde des fceaux de M. le duc d'Orleans, Grand Treforier des Ordres du Roi le 30. feptembre 1715. mourut le 19. mars 1719. fans pofterité.

Il étoit fils de *Jean* Terrat, treforier general des maifons & finances de Gafton de France, duc d'Orleans, & de *Françoife* Huart, & avoit époufé 1°. *Marie-Jufte-Henriette* de Gineftoux de la Tourette, morte en couches le 4. janvier 1705. fans laiffer d'enfans, 2°. le 18. octobre 1706. *Louife-Anne* d'Ambly, fille de *François* d'Ambly, marquis de Chaumont, & de *Catherine-Charlotte* de la Haye de Chaumont.

*De gueules , au chevron d'argent ,
accompagné de trois étoiles de même,
deux en chef & une en pointe.*

XVIII.

ANTOINE Crozat, marquis du Chaftel, feigneur de Moüy, de Vandeuil, &c. receveur general du Clergé, treforier des Etats de Languedoc, reçû Grand A Treforier des Ordres du Roi le 28. feptembre 1715. dont il fe démit en février 1724.

Il eft fils d'*Antoine* Crozat, capitoul à Toulouse, & de *Jeanne* Cardon fa feconde femme, & a époufé en juin 1690. *Marguerite* le Gendre, fille de *François* le Gendre, fecretaire du Roi, & de *Marguerite* le Roux, dont il a eu LOUIS-FRANÇOIS Crozat, marquis du Chaftel, qui fuit; *Joseph-Antoine* Crozat, con-feiller au Parlement, puis maître des Requêtes, lecteur du Cabinet du Roi en juin 1719. marié le 27. mars 1725. à *Michelle-Catherine* Amelot de Gournay, fille de *Charles* Amelot, préfident à mortier au Parlement de Paris, & de *Margue-rite-Pelagie* Danican de l'Efpine; *Louis-Antoine* Crozat, baron de Thiers, capitaine au regiment des Dragons de Languedoc, marié le 19. décembre 1726. à *Marie-Louife-Auguftine* de Laval-Montmorency, fille de *Claude-Charles* marquis de Laval feigneur de Chefnebrun, chevalier d'honneur de S. A. R. madame la ducheffe d'Orleans, & de *Marie-Therefe* d'Hautefort (*a*); *N.* Crozat, auffi capitaine au B même regiment; & *Marie-Anne* Crozat, mariée le 12. avril 1717. à *Henry-Louis* de la Tour-d'Auvergne, comte d'Evreux, colonel general de la cavalerie-legere de France, lieutenant general des armées du Roi, morte à Paris le 11. juillet 1729. âgée de 34. ans. *Voyez tome IV. de cette hift. p.* 542.

LOUIS-FRANÇOIS Crozat, marquis du Chaftel, colonel des Dragons de Lan-guedoc, a époufé par contrat du 5. feptembre 1722. *Marie-Therefe-Catherine-Gouffier* de Heilly, fille de *Charles-Antoine* Gouffier, marquis de Heilly, & de *Catherine-Angelique* d'Albert de Luynes. (*b*)

[a] Tome III, p. 646,

(b) Tome V. p. 614.

*D'azur, à un épervier d'argent,
membré, longé & grilleté de même,
perché fur un bâton de gueules, au
chef d'or chargé de trois glands, feuil-
lés & tigés de finople.*

XXIX.

JOSEPH-JEAN-BAPTISTE Fleuriau, feigneur d'Armenonville, garde des fceaux de France, prêta ferment pour la charge de Grand Treforier des Ordres du Roi le 19. mars 1724. & mourut le 27. novembre 1728.

Voyez fon article & fa genealogie tome VI. p. 605.

D'azur, à la fasce d'or, chargée d'un lion issant de gueules, & accompagnée de trois grenades d'or, fruitées & ouvertes de gueules.

X X.

A CHARLES-GASPARD Dodun, marquis d'Herbault, ci-devant controlleur general des finances, fut pourvû de la charge de Grand Tresorier des Ordres du Roi le 24. mars 1724. & en prêta serment le 26. du même mois.

Il est fils de *Charles-Gaspard* Dodun, conseiller au Parlement de Paris, & de *Marie* Gayardon, & a épousé au mois de mars 1703. *N.* Sachot, fille d'*Etienne* Sachot, avocat au Parlement, & de *Marie* de Valourue, dont il a eu *N.* Dodun, mort à Versailles, âgé de quatre ans le 5. mars 1724.

GREFFIERS ET COMMANDEURS
des Ordres du Roy.

Ecartelé au 1. & 4. de gueules, à trois fleurs d'Aubespine d'argent, au 2. & 3. d'azur à un casque d'argent.

I.

B CLAUDE de l'Aubespine, seigneur de Verdéronne, secretaire des finances du Roi & de la Reine mere, Greffier de l'Ordre de S. Michel, fut destiné Greffier & Commandeur de l'Ordre du S. Esprit dès l'établissement; mais s'étant trouvé absent hors du Royaume pour les affaires du Roi, il ne fut pourvû que le 31. décembre 1579.

Voyez au chapitre des CHANCELIERS DE FRANCE, tome VI. de cette histoire, page 562. & ci-devant, p. 302.

Ecartelé au 1. & 4. de Potier , à la bordure de gueules , au 2. & 3 de Baillet.

I I.

ANTOINE Potier, chevalier feigneur de Sceaux , fecretaire d'état, fut pourvû A de la charge de Greffier des Ordres du Roi , par la refignation de Claude de l'Aubefpine en 1608. & mourut fans enfans le 13. feptembre 1621.

Voyez au chapitre du duché-pairie de Trefmes , tome IV. p. 770. & ci-devant , p. 143. 222. 263. 268. & 286.

D'azur , à 3. diamans taillez en lo-fange d'argent , enchaffez d'or , 2. & 1. & un-fouay d'or mis en cœur , feuillé de même.

I I I.

CHARLES Duret , feigneur de Chevry , confeiller d'état , intendant & control- B leur general des finances , prefident en la Chambre des Comptes de Paris , fut pourvû de la charge de Greffier des Ordres du Roi le 6. mars 1621.

Il étoit fils de *Louis* Duret , docteur regent en la Faculté de Medecine à Paris , & de *Jeanne* Richer ; & époufa 1°. *Elifabeth* Dolu , veuve 1°. d'*Antoine* Guyot , fei-gneur des Charmeaux , prefident des Comptes , 2°. de *Jean* de Vienne , con-trolleur general des finances , & morte le 3. août 1610. 2°. *Françoife* Remy. De ce fecond mariage fortit ,

CHARLES Duret , feigneur de Chevry & de la Grange , confeiller aux Parle-mens de Mets & de Paris , puis prefident des Comptes , auquel la furvivance de la Charge de Greffier des Ordres avoit été promife , mort le 6. janvier 1700. en fa 86e année. Il avoit époufé *Madelene* Gobelin , fille de *Balthafar* Gobelin , prefident des Comptes , & de *Marie* de l'Aubefpine , dont il eut cinq enfans , fçavoir , *Charles* Duret , feigneur de Chevry , confeiller , puis prefident à mor- C tier au Parlement de Mets , mort en 1685. ayant laiffé de *Denife* de Ville fa veuve , *Marie-Madelene* Duret , mariée le 29. décembre 1698. à *Bafile* de Brenne-de Poftel , feigneur de Bonbon , comte de Brenne ; & *Charlotte* Duret , mariée à *Paul* de Rouray , feigneur de Rouray , entre Beaune & Autun , morte le 4. août 1702. *Charles-François* Duret , feigneur de Villeneuve , colonel d'un regi-ment d'infanterie entretenu en Portugal , mort le 16. novembre 1712. qui avoit époufé le 14. janvier 1660. *Marie-Elifabeth* Belier , fille de *Charles* Belier , feigneur de Platbuiffon près Montereau , & d'*Angelique* de Lumagne , de laquelle il a eu pour fille unique *Marie-Elifabeth* Duret , mariée à *Antoine-François* de la Tremoille , duc de Noirmouftier-Royan , pair de France (*a*) ; *Marguerite* , *Louife* , & *Marie-Catherine* Duret , religieufes à l'abbaye-aux-Bois.

(*a*) Tome IV. p. 178.

I V.

*Ecartelé, au 1. d'or au croissant mon-
tant de sable, au 2. & 3. d'argent, à
deux lions passans de gueules, au 4.
d'or, à une étoile de sable au chef de
gueules, & la pointe de l'écu ondée d'a-
zur, au lambel de trois pieces sur le
tout.*

I V.

A CLAUDE de Mesmes, comte d'Avaux, conseiller d'état, ambassadeur dans toutes les Cours d'Italie & du Nord, fut pourvû de la charge de Greffier des Ordres
du Roi, par le décès de Charles Duret, seigneur de Chevry, & sur la démission de
Charles Duret son fils, par lettres du 5. avril 1637. Il fut depuis plenipotentiaire pour
la paix generale à Munster, surintendant des finances & ministre d'état, & mourut sans
avoir été marié le 19. novembre 1650.

Il étoit fils de *Jean-Jacques* de Mesmes, seigneur de Roissy, doyen des conseillers d'état, & d'*Antoinette* de Grossaine, dame d'Irval & d'Avaux. *Voyez ci-devant,
page 316.*

*Ecartelé, au 1. & 4. d'azur à 3. fas-
ces ondées d'argent, surmontées d'un lion
issant d'or, au 2. & 3. d'argent, à la bande
de gueules, accompagnée de 6. coquilles
de même, 3. en chef & 3. en pointe.*

V.

B NOEL de Bullion, chevalier, seigneur de Bonnelles, marquis de Galardon, president à mortier au Parlement de Paris en survivance de son pere, dont il donna
sa démission pour être reçu conseiller d'honneur, & pourvû de la charge de Greffier
des Ordres du Roi le 24. juin 1643. mourut le 3. août 1670.

Il étoit fils de *Claude* de Bullion, seigneur de Bonnelles, baron de Galardon, surintendant des finances, Garde des Sceaux des Ordres du Roi, *rapporté ci-devant,
page 303.* & d'*Angelique* Faure, & épousa le 27. février 1639. *Charlotte* de Prie,
morte le 14. novembre 1700. âgée de 78. ans, fille aînée de *Louis* de Prie, mar- (a) Voyez tome
quis de Toucy, & de *François* de S. Gelais-Lusignan *(a)*, dont il eut *Armand-* VIII. p. 120.
Claude de Bullion, seigneur d'Esclimont, marquis de Galardon, premier écuyer
de la grande écurie du Roi, mort sans avoir été marié le 27. novembre 1671.
âgé de 27. ans ; *Alphonse-Noel* de Bullion, marquis de Fervaques, capitaine-lieutenant des Chevaux-legers de la Reine, gouverneur du Maine, Perche & comté
de Laval, mort sans avoir été marié le 30. may 1698. âgée de 53. ans ; &
CHARLES-DENIS de Bullion, marquis de Galardon, seigneur de Bonnelles,
Esclimont, &c. prévôt de Paris, gouverneur du Maine, Perche & comté de
Laval, marié le 18. décembre 1677. à *Marie-Anne* Rouillé, morte le 29. septembre 1714. âgée de 55. ans, fille de *Jean* Rouillé, comte de Meslay, conseiller d'état, & de *Marie* de Comans d'Astric, dont il a eu *Jean-Claude* de Bullion, marquis de Bonnelles, lieutenant de Roi au païs Chartrain, colonel du
regiment Royal Roussillon cavalerie, brigadier des armées du Roi, tué à la
levée du siege de Turin en 1706. ANNE-JACQUES de Bullion, marquis
de Fervaques, chevalier des Ordres du Roi, *dont il a esté parlé ci-devant,
page 272. Charles-Jean-Baptiste* de Bullion, seigneur de Marly, mort le 14.

décembre 1699. *Auguste-Leon* de Bullion de Bonnelles, reçû chevalier de Malte **A**
en 1697. colonel de Dragons, lieutenant general au gouvernement de
Guyenne en 1725. *Jérôme-Gabriel* de Bullion-d'Esclimont, chevalier de Malte,
puis comte d'Esclimont, colonel du regiment de Provence infanterie en 1718.
prevôt de Paris en 1723. *Anne-Marie-Marguerite* de Bullion, mariée à *Charles*
de Crussol, duc d'Uzés, pair de France; *Elisabeth-Anne-Antoinette* de Bullion,
mariée le 2. décembre 1707. à *Frederic-Guillaume* de la Tremoille, prince de
Talmont, lieutenant general des armées du Roi; *Anne-Therese*, & *Marie-The-*
rese de Bullion, religieuses aux Filles de Sainte-Marie de Chaillot.

De Potier.

VI.

NICOLAS Potier, chevalier, seigneur de Novion, president à mortier au Par- **B**
lement de Paris, fut pourvû de la charge de Greffier des Ordres du Roi sur la
démission de Noel de Bullion en 1656. & ne garda cette charge que jusqu'en 1657.
Il fut depuis premier President au Parlement de Paris, & mourut en sa maison de Grignon le premier septembre 1693.

Voyez la genealogie de cette maison tome IV. de cette hist. p. 763. à l'occasion du duché-
pairie de Tresmes, & ci-devant, p. 143. 222. 263. 268. 286. & 332.

Ecartelé, au 1. & 4. d'azur, au châ-
teau sommé de trois tours d'or, au 2.
& 3. d'azur au croissant d'argent sur-
monté d'une flamme d'or.

VII.

NICOLAS Jeannin de Castille, marquis de Montjeu, tresorier de l'Epargne, **C**
fut pourvû de la charge de Greffier des Ordres du Roi sur la démission de Nicolas Potier de Novion en 1657.

Il étoit fils de *Pierre* de Castille, controlleur general & intendant des finances;
& de *Charlotte* Jeannin, & épousa *Claude* Fieubet, fille de *Gaspard* Fieubet, tresorier de l'Epargne, & de *Claude* Ardier, dont il eut entr'autres enfans *Gaspard*
Jeannin-de Castille, marquis de Montjeu, conseiller au Parlement de Mets, qui
fut marié en 1678. à *Louise-Diane* Dauvet, fille de *Nicolas* comte des Marets,
grand-fauconnier de France, & de *Christine* de Lantages (*a*), mourut le 3. mars
1688. ayant eu de son mariage *Marie-Louise-Christine* Jeannin-de-Castille, fille
unique, mariée le 2. juillet 1705. à *Anne-Marie-Joseph* de Lorraine, prince de
Harcourt. *Voyez tome III. p. 497.*

(*a*) Tome VIII.
p. 778.

*Ecartelé, au 1. & 4. d'azur, semé
de quartefeuilles d'or, au canton d'hermines, qui est Phelypeaux, au 2. &
3. d'argent, à trois lézards de sinople,
qui est Cottereau.*

VIII.

A BALTAZAR Phelypeaux, chevalier, marquis de Chasteauneuf & de Tanlay,
comte de S. Florentin, seigneur de la Vrilliere, secretaire d'état, fut pourvû de
la charge de Greffier des Ordres du Roi par commission le 3. mars 1671. & en titre
le 27. avril 1683. mourut le 27. avril 1700. en sa terre de Chasteauneuf-sur-Loire, âgé
de 62. ans, & y est enterré.

Il étoit fils de *Louis* Phelypeaux, seigneur de la Vrilliere, marquis de Chasteauneuf, secretaire d'état, Prévôt & Maître des Ceremonies des Ordres du Roi,
mentionné ci-devant, p. 314. & de *Marie* Particelle, & épousa *Marie - Marguerite*
de Fourcy, morte le 9. avril 1711. âgée de 55. ans, fille de *Jean* de Fourcy,
seigneur de Chessy, conseiller au Grand-Conseil, & de *Marguerite* Fleuriau d'Armenonville, de laquelle il a eu LOUIS Phelypeaux, seigneur de la Vrilliere,
marquis de Chasteauneuf, secretaire d'état, Greffier des Ordres du Roi, qui
B   suivra ; *Baltasar* Phelypeaux, chanoine regulier de Saint Augustin, abbé de Saint
Vincent de Nioeil en 1695. *Baltasar-Henry* Phelypeaux, chevalier de Malte, colonel de Dragons, mort à Strasbourg en 1709. étant nommé commandeur de
Pisson, & brigadier des armées du Roi; & *Charlotte-Therese* Phelypeaux, mariée
le 8. may 1692. à *Louis* vicomte d'Aubusson, duc de la Feuillade, morte sans
enfans le 5. septembre 1697. âgée de 22. ans. *Voyez tome V. de cette hist. p. 350.*

*D'azur, semé de quartefeuilles d'or,
au canton d'hermines.*

IX.

C LOUIS Phelypeaux, chevalier, comte de Pontchartrain, chancelier de France,
Greffier des Ordres du Roi, par lettres du 9. May 1700. donna sa démission
peu de jours après avoir été nommé. Sa Majesté lui en conserva les honneurs, &
le nomma Chevalier de ses Ordres. Il mourut à Fontainebleau la nuit du 6. au 7.
septembre 1725. dans sa 82e année.

Il étoit fils de *Louis* Phelypeaux, seigneur de Pontchartrain, président des Comptes,
mort en 1685. & de *Susanne* Talon, & avoit épousé en 1668. *Marie* de Maupeou, fille de *Pierre* de Maupeou, président aux Enquêtes, & de *Marie* Quentin de Richebourg, dont il a eu *Louis* Phelypeaux, mort à 18. ans, & JE-
ROSME Phelypeaux, comte de Pontchartrain, qui suit.

JEROSME Phelypeaux, comte de Pontchartrain, Prévôt & Maître des Ceremonies des Ordres, *rapporté ci-devant, p. 317.* a épousé 1°. *Eleonore-Christine* de Roye
de la Rochefoucaud, fille de *Frederic-Charles* de Roye de la Rochefoucaud,
comte de Roye & de Roucy, & d'*Elisabeth* de Durfort-Duras (a), 2°. *Helena-*   (a) Tome IV.
Rosalie-Angelique de l'Aubespine, fille d'*Estienne-Claude* de l'Aubespine, marquis de   p. 435.
Verderonne, & de *Marie-Anne* Festard. (b). Du premier lit sont issus *Louis-Fran-*   (b) Tome VI. p. 563.

çois Phelypeaux, né le 10. may 1700. mort le 23. janvier 1708. JEAN-FRE- A
DERIC Phelypeaux de Pontchartrain, comte de Maurepas, Greffier des Ordres
du Roi, *rapporté ci-après en son rang*, Art XVI. *Paul-Jérôme* Phelypeaux de Pontchartrain, né le 25. avril 1703. chevalier de Malte, sous-lieutenant des Gendarmes de la Reine le premier février 1719. puis capitaine-lieutenant des gendarmes Anglois. *Charles-Henry* Phelypeaux, abbé de Royaumont, docteur de Sorbonne; & *Marie-Françoise-Christine* Phelypeaux, née le 17. janvier 1698. morte
le 21. septembre 1701. Du second lit sont sorties *Marie-Louise-Rosalie* Phelypeaux,
née en juin 1714. mariée le 12. may 1729. à *Maximilien-Emanuel* de Vatteville,
marquis de Conflans, comte de Bussolin, baron de Chateauvillain; & *Helene-An-
gelique-Françoise* Phelypeaux, née en may 1715. mariée le 17. décembre 1731. à
Louis-Jules-Barbon Mazarini-Mancini, duc de Nivernois, pair de France, fils de
Philippes-Jules-François Mazarini-Mancini, duc de Nivernois, pair de France, &
de *Marie-Anne* Spinola. *Voyez tome V. de cette histoire, page* 465.

Comme ci-devant, p. 335.

X.   B

L OUIS Phelypeaux, chevalier seigneur de la Vrilliere, marquis de Chasteauneuf,
secretaire d'état, Greffier des Ordres du Roi, fut pourvû de cette charge le 18.
may 1700.

(a) Tome VIII.   Il étoit fils de *Balthasar* Phelypeaux, *rapporté ci-devant, p.* 335. & avoit épousé le pre-
. 640.   mier septembre 1700. *Françoise* de Mailly, fille de *Louis* comte de Mailly, & de
      Marie-Anne de Sainte Hermine (a), dont il a eu LOUIS Phelypeaux, comte de Saint
Florentin, qui suit; *Helene* Phelypeaux, née le 25. novembre 1702. *Marie-
Jeanne* Phelypeaux, mariée le 29. mars 1718. à *Jean-Frederic* Phelypeaux de
Pontchartrain, comte de Maurepas, secretaire d'état son parent, fils de *Jerôme*
Phelypeaux, comte de Pontchartrain, Commandeur des Ordres du Roi, &
d'*Eleonore-Christine* de Roye de la Rochefoucaud; & *Louise-Françoise* Phelypeaux,
femme de *Louis-Robert-Hypolite* de Brehan, comte de Plelo, mestre de camp d'un
regiment de Dragons de son nom, ambassadeur en Dannemarck.
LOUIS Phelypeaux, comte de S. Florentin, secretaire d'état, épousa le 16. may
1724. *Emilie-Ernestine* de Platen, fille d'*Ernest-Auguste* comte de Platen, & de
Sophie-Caroline d'Offelenson. *Voyez ce qui en a esté dit tome VIII. de cette histoire,
page* 640.

*D'azur, à trois étoiles d'or, posées
deux en chef & une en pointe, & un croissant montant d'argent en cœur.*

X I.

D ANIEL-FRANÇOIS Voisin, seigneur de la Noraye & du Mesnil-Bourré, C
chancelier & garde des sceaux de France, fut pourvû de la charge de Greffier des Ordres du Roi le 3. décembre 1713. & mourut le 2. fevrier 1717.
Voyez son article & sa genealogie au chapitre des CHANCELIERS DE FRANCE,
tome VI. de cette histoire, p. 588.

X I I.

Losangé d'argent & de sable, au franc quartier d'hermines.

X I I.

A CHRESTIEN de Lamoignon, marquis de Basville, président à mortier au Parlement de Paris le 7. may 1707. fut nommé Greffier des Ordres du Roi sur la démission du Chancelier Voisin son oncle le 12. décembre 1713. prêta serment le lendemain, & mourut le 28. octobre 1729. dans sa 54e année.

Il étoit fils de *Chrestien-François* de Lamoignon, marquis de Basville, &c. président à mortier au Parlement de Paris, & de *Marie-Jeanne* Voisin, & a épousé le 5. septembre 1706. *Marie-Louise* Gon de Bergonne, morte à Paris le 3. janvier 1728. dans sa 36e année, fille de *Louis* Gon, seigneur de Bergonne, maître des Comptes, & de *N.* Chaudesolle, dont il a laissé un fils & une fille mineurs au mois d'octobre 1729.

Ecartelé, au 1. de gueules, à un lion passant d'or, au 2. & 3. cinq points d'or équipollez à quatre d'azur, au 4. de gueules plein.

X I I I.

F RANÇOIS-MICHEL de Verthamon, marquis de Breau, conseiller du Roi en tous ses conseils & en son conseil d'Etat, premier président au Grand-Conseil le 24. février 1697. Greffier des Ordres du Roi le 4. février 1716.

C Il est fils de *Michel* de Verthamon, seigneur de Breau, maître des requêtes, & de *Marie* d'Aligre, & a épousé le 7. novembre 1678. *Marie-Anne-Françoise* Bignon, morte à Paris le 26. décembre 1730. dans sa 70e année. Elle étoit fille unique de *Thierry* Bignon, maître des requêtes, premier président au Grand-Conseil, & de *Françoise* Talon, dont il a eu *François-Joseph* de Verthamon de Breau, né le 21. avril 1684. mort le 6. septembre 1705. & enterré aux Minimes de la Place Royale ; *Charles-Estienne* de Verthamon, né le 23. décembre 1685. mort au berceau ; *Denis-Michel* de Verthamon, né le 8. août 1688. reçû conseiller au Parlement & commissaire aux Requêtes du Palais le 12. février 1710. mort subitement au château de Boinvillier près Mante le 27. octobre 1714. sans avoir été marié, & enterré aux Minimes de la Place Royale ; *Marie-Adelaïde* de Verthamon, morte le 27. juillet 1681. & *Françoise-Elisabeth-Eugenie* de Verthamon, née le 4. octobre 1682. mariée en 1715. à *Gabriel-François-Baltazar* de Pardaillan, marquis de Bellegarde. *Voyez tome V. de cette histoire*, p. 185.

D'or, au lion de gueules, accompagné de trois arbres de sinople, deux en chef & un en pointe.

XIV.

CLAUDE le Bas de Montargis, marquis du Bouchet-Valgrand, seigneur de Vanvres, ci-devant tresorier de l'extraordinaire des Guerres, puis garde du Tresor Royal, prêta serment pour la charge de Greffier des Ordres du Roi le 11. février 1716. & a eu un brevet de Conseiller d'état.

Il est fils de *François* le Bas, secretaire du Roi, & de *Catherine* Roger, & a épousé *Henriette* Hardouin-Mansart, fille aînée de *Jules* Hardouin, dit *Mansart*, surintendant des Bâtimens du Roi, & d'*Anne* Bodin, dont il a eu *Catherine* le Bas, née le 18. février 1695. mariée le 30. janvier 1714. à *Charles-Jean-François* Henaut, president aux Enquêtes du Parlement de Paris & *Anne-Charlotte* le Bas, née le 18. décembre 1697. mariée le 28. mars 1715. à *Louis* marquis d'Arpajon, lieutenant general des armées du Roi, chevalier de la Toison-d'Or. *Voyez tome V. de cette hist. p. 900.*

De Potier, *comme ci-devant,* p. 334.

X V.

ANDRE' Potier, seigneur de Novion, marquis de Grignon, premier president au Parlement de Paris, fut fait Greffier des Ordres du Roi, dont il prêta serment le 19. mars 1724. & mourut en son château de Grignon le 22. septembre 1731. âgé d'environ 72. ans.

Voyez sa genealogie tome IV. p. 763.

D'azur, femé de quartefeuilles d'or, au canton d'hermines.

XVI.

A JEAN-FREDERIC Phelypeaux de Pontchartrain, comte de Maurepas, né le 9. juillet 1701. a prêté ferment de la charge de fecretaire d'état & des commandemens de fa Majefté fur la démiffion de fon pere, le 13. novembre 1715. ne devant alors l'exercer qu'à vingt-cinq ans, dont il a eu difpenfe le 17. mars 1718. En 1723. le département de la Marine qui avoit été feparé de fa charge lors de l'établiffement des Confeils, y fut réuni. Il prêta ferment pour la charge de Greffier des Ordres du Roi le 26. mars 1724. & a été reçû Academicien honoraire à l'Academie de Sciences le 11. avril 1725.

Il eft fils de *Jerôme* Phelypeaux, comte de Pontchartrain, commandeur des Ordres du Roi, ci-devant fecretaire d'état, & d'*Eleonore-Chriftine* de Roye de la Rochefoucaud fa premiere femme, & a époufé le 29. mars 1718. *Marie-Jeanne* Phelypeaux, fille de *Louis* Phelypeaux, feigneur de la Vrilliere, marquis de Chafteauneuf, fecretaire d'état, Greffier des Ordres du Roi, & de *Françoife* de Mailly. *Voyez ci-devant, p.* 336.

INTENDANS DES ORDRES DU ROY.

I.

B BENOIST Milon, feigneur de Videville, intendant des finances, fait Intendant de l'Ordre du S. Efprit, par brevet du 27. décembre 1580.

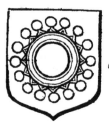

De gueules, au miroir d'argent, garni & pommeté d'or.

II.

C ROBERT Miron, feigneur de Chenailles, confeiller d'état, intendant & controlleur general des finances, Intendant de l'Ordre du S. Efprit, par brevet du 30. décembre 1584.

Il étoit fils de *François* Miron, feigneur de Beauvoir-fur-Cher, premier Medecin du Roi, & de *Genevieve* de Morvillier, & époufa *Marie* Vallée, fille de *Geoffroy* Vallée, feigneur de Chenailles, & de *Girarde* le Berruyer, qu'il laiffa veuve fans enfans en 1594.

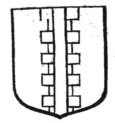

D'azur, au pal d'or muraillé, chargé d'un pal de sable.

III.

M ICHEL Sublet, seigneur d'Heudicourt, conseiller d'état, controlleur general **A** des finances, Intendant de l'Ordre du S. Esprit en 1593. mourut en 1599.

Voyez au chapitre des GRANDS LOUVETIERS DE FRANCE , *tome VIII. de cette hist. p. 823.*

D'azur, au chevron d'or, accompagné en chef d'un croissant d'argent, & en pointe d'une tête de bœuf d'or.

IV.

V INCENT Bouhier, seigneur de Beaumarchais, de Charon, de la Chaise-Gi- **B** raud & de la Chapelle-Hermier, tresorier de l'Epargne , Intendant de l'Ordre du S. Esprit en 1599. jusqu'en 1632.

Il étoit fils de *Robert* Bouhier, seigneur de Rocheguille, & de *Marie* Garrèau, dame de la Brosse, & épousa *Lucrece* Hotman, fille de *François* Hotman , seigneur de Morfontaine , & de *Lucrece* Grangier de Liverdis, dont il eut *Lucrece* Bouhier , mariée 1°. à *Louis* de la Tremoille , marquis de Noirmoustier, 2°. à *Nicolas* de l'Hôpital, marquis de Vitry , maréchal de France (*a*) , & *Marie* Bouhier , femme de *Charles* duc de la Vieufville, chevalier des Ordres du Roy. *Voyez tome VIII. de cette hist. p. 758.*

[*a*] Voyez tome VII. de cette hist. P. 439.

D'azur, à trois fusées d'or posées en fasce.

V.

C LAUDE Bouthillier, secretaire d'état, surintendant des finances, Grand Tre- **C** sorier & Intendant des Ordres du Roi le 15. juillet 1632. mort en 1651.
Voyez ci-devant, p. 322.

VI.

Comme son pere.

VI.

A   LEON Bouthillier, comte de Chavigny ; secretaire & ministre d'état, Grand Tre-
soriet & Intendant des Ordres du Roi en survivance de son pere, mort au mois
d'octobre 1652.

Voyez ibidem.

Comme ci-devant, p. 333.

VII.

B   NOEL de Bullion, seigneur de Bonnelles ; marquis de Gallardon, conseiller
d'honneur au Parlement de Paris, Greffier des Ordres du Roi, pourvû de la
charge d'Intendant des mêmes Ordres après le decès du comte de Chavigny, par
lettres du 10. février 1653.

Voyez ci-devant, p. 333.

*D'or, à une couleuvre d'azur posée
en pal.*

VIII.

C   GILBERT Colbert, seigneur de S. Pouanges, secretaire des commandemens
de la Reine & du cabinet du Roi, Intendant des Ordres après la mort de Noel
de Bullion, par lettres du mois d'août 1671. depuis Grand Tresorier.

Voyez ci-devant, p. 327.

De gueules, au chevron d'or, ac-
compagné de 3. étoiles d'argent, 2. & 1.

I X.

FRANÇOIS Morizet, seigneur de la Cour, tresorier general des. Invalides,
pourvû de la charge d'Intendant des Ordres du Roi, sur la démission de Gilbert A
Colbert, seigneur de S. Pouanges, par lettres du 10. juin 1703.

D'azur, au lion d'or, armé & lam-
passé de gueules, au chef cousu de même,
chargé de trois têtes de levriers d'argent,
accolées de sable, bouclées & clouées d'or.

X.

CHARLES des Chiens, seigneur de la Neuville, maître des Requêtes ordinaire, B
& depuis honoraire de l'hôtel du Roi, president à mortier au Parlement de Pau,
Intendant en Bearn, puis en Roussillon, & ensuite en Franche-Comté, pourvû de la
charge d'Intendant des Ordres sur la démission de *François* Morizet de la Cour son
oncle, par lettres du 30. octobre 1709.

Il est fils de *Pierre* des Chiens, secretaire du Roi, seigneur de Valcourt, & de
Marie Morizet, & a épousé *Jeanne* dès Bordes, morte le 8. décembre 1718.
dont il a eu *Marie* des Chiens, mariée le 12. février 1720. à *Louis-Marie* de Sainte
Maure, marquis de Chaux & d'Archiac (*a*), & *Marie-Anne* des Chiens, née en
1701. mariée en 1725. à *Jean-Baptiste* marquis de Fresnoy.

(*a*) Tome V,
p. 22.

GENEALOGISTES DES ORDRES DU ROY.

Ecartelé, au 1. d'azur, à un mouton
passant d'or, au chef d'or chargé de 2.
quintefeuilles de gueules, au 2. d'argent
à sept losanges de gueules mises en fasce,
3. 3. & 1. au 3. d'or, à un aigle sans
tête arrachée de sable, & des gouttes de
sang jaillissantes du col de gueules, au
4. d'azur, au lion rampant d'argent,
armé, lampassé de gueules, couronné
d'or, accompagné de deux pals fichés d'or.

I.

BERNARD de Girard. seigneur du Haillan, historiographe de France, secretaire C
des finances, fut le premier pourvû de la charge de Genealogiste de l'Ordre du
S. Esprit, par lettres du 9. janvier 1595. Il mourut à Paris le 23. novembre 1610. &
y fut enterré à S; Eustache.

Il étoit fils puîné de *Louis* de Girard, écuyer, seigneur du Bosquet & du Haillan,
& de *Marguerite* Arnoul de S. Simon.

D'azur, au chevron d'or, accompagné de trois coquilles de même, deux en chef & une en pointe.

II.

A **P**IERRE Forget, seigneur de la Picardieré & de Beauvais, secretaire de la chambre du Roi & de ses finances, maître-d'hôtel de sa Majesté, envoyé vers plusieurs Princes étrangers, fut pourvû de la charge de Genealogiste de l'Ordre du Saint Esprit, sur la démission du sieur du Haillan, par lettres du 11. juillet 1607. Il étoit né le premier novembre 1578. & mourut sans enfans de *Celeste* de Maillé sa femme en 1638.

Il étoit fils de *Jean* Forget, seigneur de la Tortiniere & de Beauregard, & de *Madelene* Baret.

D'azur, au sautoir d'or, à la molette d'or en chef.

III.

C **G**ABRIEL Cotignon, seigneur de Chauvry, secretaire du Roi & des commandemens de la reine Marie de Medicis, regente, fut pourvû de la charge de Genealogiste de l'Ordre du Saint Esprit, sur la démission de Pierre Forget, seigneur de la Picardiere, par lettres du 4. octobre 1610. & ne prêta serment que le 10. janvier 1613.

Il étoit fils de *Guy* Cotignon, seigneur de Chaumes, valet de chambre de la Reine, & de *Catherine* Goursaut, & épousa par contrat du 15. juin 1606. *Charlotte* Hochet, fille de *Nicolas* Hochet, seigneur de Chauvry, & de *Charlotte* Mesnard, morte en 1635. dont il eut NICOLAS Cotignon, *rapporté à l'Article suivant;* *Antoine* Cotignon, abbé de Sainte Croix de Guingamp, de S. Pierre de Maure & de Sainte Catherine de Rouvre en 1645. *Guy* & *Marguerite* Cotignon, morts jeunes; *Marie, Elizabeth, Jeanne, Anne, Catherine* & *Gabrielle* Cotignon religieuses; *Charlotte* Cotignon, femme de *Pierre* Bailly, seigneur de Bercheres, & *Françoise* Cotignon, femme de *Pierre* de la Porte, écuyer, maître-d'hôtel & premier valet de chambre du Roi,

D'azur, au sautoir d'or, à la molette d'or en chef.

I V.

NICOLAS Cotignon, seigneur de Chauvry & du Breuil, conseiller au Parlement en 1639. premier president de la Cour des Monnoyes à Paris en 1662. fut pourvû en survivance de *Gabriel* Cotignon, seigneur de Chauvry son pere, de la charge de Genealogiste des Ordres du Roi en 1621. & 1623. & en a été revêtu jusqu'à sa mort arrivée le 22. mars 1692. à l'âge de 87. ans

Il étoit fils du précedent, & épousa par contrat du 25. octobre 1663. *Marie* Royet, dame du Breuil, fille de *Jean* Royer, secretaire du Roi, & de *Marie* Pelain, dont il a eu un fils unique, *rapporté à l'Article suivant.*

Comme ci-dessus.

V.

JOSEPH-ANTOINE Cotignon, seigneur de Chauvry & du Breuil, pourvû de la charge de Genealogiste des Ordres du Roi en survivance de *Nicolas* Cotignon son pere, par lettres du 15. septembre 1677.

(a) Voyez tome VII. p. 504.

Il a épousé en 1695. *Eleonore* de Maillé de la Tour-Landry (*a*), dont il a eu *Jeanne-Madelene-Catherine* Cotignon.

D'argent, à un chêne arraché de sinople.

V I.

PIERRE Clairambault, Genealogiste des Ordres du Roi, pourvû sur la démission de Joseph-Antoine Cotignon-de Chauvry le 26. août 1698. prêta serment le lendemain.

Il est fils de *Pierre* Clairambault, secretaire du Roi, mort en 1695. & de *Jeanne* le Boiteux, & avoit pour freres, *Nicolas* Clairambault, secretaire du Roi & conseiller au conseil de Marine, mort au mois de décembre 1730. & CHARLES Clairambault,

Clairambault, qui fuit, avec lefquels il a été maintenu dans fa noblefle, par jugement des commiffaires-generaux du Confeil le 17. décembre 1699.

CHARLES Clairambault, feigneur de Doulon, controlleur de la Marine en 1670. puis commiffaire general & ordonnateur, mort en fon département du Port-Louis au mois de juin 1720. avoit époufé par contrat du 3. mars 1695. *Gillette-Françoife* de Penfentenio, fille de *Jacques* de Penfentenio, feigneur du Penhoet, du Cofquer, &c. & de *Jeanne* l'Olivier-de-S.-Maur, dont il a eu NICOLAS-PASCHAL Clairambault, feigneur de Doulon, Genealogifte des Ordres du Roi, *rapporté à fon Article* ; CHARLES-ALEXIS Clairambault, qui fuit ; *Marie-Françoife-Charlotte* Clairambault, née le 2. avril 1708. & *Therefe-Charlotte* Clairambault, née le 9. janvier 1711.

CHARLES-ALEXIS Clairambault, commiffaire de la Marine au département de Breft, né le 17. juillet 1701. a époufé par contrat du 28. may 1731. *Hiacinthe* de Chappedelaine, fille unique de *Georges* de Chappedelaine de Bourgneuf, commiffaire de la Marine, & de *Catherine* le Gros, dont il a *Françoife-Perrine* Clairambault, née au mois de may 1732.

Comme fon oncle, ci-devant, p. 344.

VII.

NICOLAS-PASCHAL Clairambault, feigneur de Doulon, Genealogifte des Ordres du Roi en furvivance de fon oncle le 31. mars 1716. eft né le 30. mars 1698.

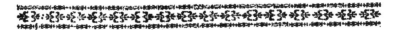

HERAUTS ROIS D'ARMES
des Ordres du Roy.

D'azur, à l'aigle d'or, à trois croix ancrées de même en chef.

I.

MATHURIN Morin, fieur de la Planchette en Brie, fecretaire du Roi, Heraut Roi d'Armes de l'Ordre de S. Michel, fut fait auffi Heraut Roi d'Armes de l'Ordre du S. Efprit lors de fon inftitution en 1578.

D'azur, au cheval débridé d'or, au chef d'or, chargé d'un trefle de gueules.

I I.

JEAN du Gué, valet de chambre du Roi, Heraut Roi d'Armes des Ordres de sa A Majesté, pourvû sur la démission du sieur de la Planchette le 26. février 1586.

Comme son oncle ci-dessus.

I I I.

FRANÇOIS du Gué, pourvû de la charge de Heraut Roi d'Armes des Or- B dres du Roi, sur la resignation de Jean du Gué son oncle en 1611.

D'azur, au demi-vol d'argent, au chef d'or, chargé d'un croissant montant de sable, acosté de deux étoiles de même.

I V.

MATHURIN Martineau, sieur du Pont, Heraut Roi d'Armes des Ordres du C Roi, pourvû sur la démission de Jean du Gué le 13. juillet 1613.

Comme son pere.

V.

BERNARD Martineau, sieur du Pont, eut la survivance de *Mathurin* son pere D en 1633. Il jouissoit de la charge en 1636.

Comme son pere, ci-devant, p. 346.

V I.

A A NTOINE-BERNARD Martineau, sieur du Pont, Heraut Roi d'Armes des Ordres du Roi, sur la démission de *Bernard* son pere le 25. juin 1682.

D'azur, à un soleil d'or en chef, deux brosses ou gerbes d'or en cœur, l'une en bande & l'autre en barre, & en pointe un croissant montant d'argent, surmonté d'un cœur de gueules enflammé d'or.

V I I.

B L OUIS de Beausse, Heraut Roi d'Armes des Ordres du Roi, pourvû par le decès d'Antoine Martineau le 3. may 1693. mourut en 1716.

D'argent, au phenix de sable dans des flammes de gueules, au chef d'azur chargé d'un soleil d'or.

V I I I.

C J EAN Hallé, payeur des gages du Parlement, Heraut Roi d'Armes des Ordres du Roi, par lettres du 16. janvier 1716. prêta serment le 17. du même mois.

D'azur, à une fasce d'argent, accompagnée en chef d'une colombe de même, & en pointe d'un lion d'or.

I X.

CHRISTOPHE-ETIENNE Gueffier, Heraut Roi d'Armes des Ordres du Roi, par provisions du premier juin 1732.

Il est fils de *Louis* Gueffier, seigneur de Beauvais, &c. chevalier de l'Ordre de S. Michel, tresorier general du Marc d'Or, & receveur general des finances du Poitou, & de *Charlotte-Antoinette* de Vigarany, & a pour frere *Louis* Gueffier, écuyer du Roi.

HUISSIERS DES ORDRES DU ROY.

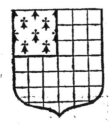

Echiqueté d'or & d'azur, au franc canton d'hermines.

I.

PHILIPPES de Nambu, Huissier de la chambre du Roi & de l'Ordre de Saint Michel, fut fait Huissier de l'Ordre du S. Esprit à l'institution en 1578.

D'argent, au chevron d'azur, chargé de cinq étoiles d'or, accompagné de trois roses de gueules, feuillées de sinople.

I I.

MATHURIN Lambert; pourvû de la charge d'Huissier des Ordres du Roi, sur la démission de *Philippes* de Nambu, par lettres du 22. may 1608. mort en 1614.

III.

Ecartelé, au 1. & 4. échiqueté d'argent & d'azur, coupé de gueules au rameau d'or posé en bande, au 2. & 3. d'argent à la fasce de sable, surmontée d'un lion leopardé de même.

III.

A **P**IERRE de Hanique, dit *Boisjamin*, baron de Cheny & du Pré, écuyer ordinaire de l'écurie du Roi, Huissier de ses Ordres en survivance de *Mathurin* Lambert son beau-pere en 1611.

D'azur, au chevron d'or, accompagné de trois gerbes de même.

IV.

PAUL Aubin, sieur de Bourgneuf, Huissier des Ordres du Roi, à la place de Pierre Hanique, dit *Boisjamin* en 1625. Il avoit épousé *Louise* Mesmin, laquelle étant veuve en 1676. plaidoit contre *Marie* Aubin, veuve de *Nicolas* Havart.

D'azur, à trois pattes de griffon d'or, 2. & 1.

V.

B **R**OGER de Buade, sieur de Cussy, Huissier des Ordres du Roi sur la nomination de la veuve de Paul Aubin, sieur de Bourgneuf en 1649. étoit mort en 1655. lorsque *Louise* Aubin sa veuve certifia la signature de son mari, pour toucher ses gages de l'an 1654.

D'azur, au chevron d'or, accompagné de trois gerbes de même.

V I.

JEAN Aubin, fils de *Paul*, Huissier des Ordres sur la démission de Roger de Buade, **A** & la nomination de *Louise* de Mesmin sa mere en 1655.

D'or, au sautoir de gueules, accompagné de quatre merlettes de sable, & sur le tout d'argent, au lion de sable.

V I I.

VINCENT le Bret-de-Flacourt, conseiller au Parlement, Huissier des Ordres **B** du Roi, par la démission de Jean Aubin & de Louis de Buade le 25. juillet 1656. mourut âgé de 91. ans en 1703.

Il étoit fils puîné de *Cardin* le Bret, seigneur de Flacourt, conseiller d'état, & de *Marguerite* Pelletier de Château-Poissy, & avoit épousé *Catherine* Hierosme, morte en 1651. sans enfans.

V I I I.

JEAN des Prez, Huissier des Ordres du Roi sur la démission de Vincent le Bret, **C** conseiller au Parlement, par lettres du 24. avril 1658.

*D'azur, au chevron d'argent; &
un chef de gueules, chargé de trois
étoiles d'argent.*

I X.

A JEAN Valentin-d'Eguillon; fieur de Benevent, Huiſſier des Ordres du Roi ſur la démiſſion de Jean des Prez, par lettres du 28. janvier 1684.

D'azur, femé d'étoiles d'argent.

X.

B ADRIEN Motel, fieur de Valbrun, Huiſſier des Ordres du Roi ſur la démiſſion de Jean Valentin-d'Éguillon, par lettres du 26. may 1706.

D'azur, à trois glands d'or, 2. & 1.

X I.

C ALEXANDRE Chevard, chevalier de S. Louis, Huiſſier des Ordres du Roi ſur la démiſſion d'Adrien Motel, par lettres du 5. juin 1714.

Il eſt fils de *Germain* Chevard, treſorier general des fortifications de France, & de *Louiſe* Thevenet, & eſt né le 8. mars 1687.

OFFICIERS DU MARC D'OR,
AVEC LES EDITS DE LEUR CREATION.

EDIT DU ROI LOUIS XIII.

Portant Création des Receveurs Generaux du Marc d'Or & du cinquiéme des Dons, attribuez à l'Ordre du S. Esprit.
Du mois d'Août 1628.

LOUIS par la grace de Dieu, Roi de France & de Navarre : A tous presens A & à venir, salut. Le feu Roi Henry III. d'heureuse mémoire, ayant en l'année 1578. institué les Chevaliers de l'Ordre & Milice du S. Esprit, il auroit particuliere-ment établi certain nombre d'Officiers dudit Ordre, & entr'autres un Grand Tresorier, duquel la charge consiste en la garde des Chartes, Registres & enseignemens, tou-chant la fondation dudit Ordre; des ornemens d'Eglise appartenant audit Ordre, man-teaux & mantelets des Commandeurs servant aux Ceremonies, lesquels il est tenu representer ausdits Commandeurs aux Chapitres & assemblées qui se tiennent, & après iceux, retirer & garder jusques à l'autre Chapitre, & en la distribution des pensions des-dits Commandeurs, Chevaliers & Officiers dudit Ordre. Et préjugeant dès lors, que pour les grandes dépenses qu'il convenoit faire, ledit Ordre ne se pouvoit maintenir; s'il ne lui étoit pourvû d'un fonds certain & assûré, & non sujet à divertissement ; il ordonna être pris & levé sur tous les Offices dont les Lettres de Provisions s'expe-dieroient en la grande Chancellerie, un certain droit appellé le Marc d'Or, en la per-ception duquel droit, & maniement desdits deniers en provenans, ledit Grand Treso-rier, pour la dignité & éminence de sa charge, ne s'étant voulu immiscer, ledit droit a été reçû jusqu'à maintenant par des Commis, lesquels ont été par Nous nommez, B sans avoir été adstraints à donner caution, & ausquels nous avons octroyé des récom-penses pour ladite Commission, qui est, avec les gages dudit Grand Tresorier, une double charge sur nous pour même chose, sans en avoir eu aucun secours. Et d'au-tant que la recette dudit droit monte à present à de grandes sommes de deniers, tant à cause du grand nombre d'Offices créez depuis l'institution dudit Ordre, que de ceux que la nécessité de nos affaires nous oblige de créer, lesquels méritent bien d'être reçûs & maniez par de nos Officiers, plutôt que par de simples Commis : d'ailleurs les sommes immenses qu'il nous convient recouvrer, pour satisfaire aux excessives dépenses que le siege de notre ville de la Rochelle nous apporte chacun jour, nous obligeant à rechercher divers moyens pour y subvenir. A CES CAUSES, de l'avis de notre Con-seil, où étoient plusieurs Princes, Ducs, Pairs & Officiers de notre Couronne, & au-tres grands & notables personnages, & de notre grace speciale, pleine puissance & autorité Royale; Nous avons par ce present Edit perpetuel & irrévocable, créé & érigé, C créons & érigeons en titre d'Office formé, trois nos Conseillers & Receveurs gene-raux dudit droit de Marc d'Or, pour y être dès-à-présent par nous pourvûs, & ci-après lorsque vacation écherra, de personnes capables, & faire par eux doresnavant en no-tre Cour & suite, à commencer du premier jour d'octobre prochain, la recette par leurs simples quittances, de tous les deniers dudit droit de Marc d'Or, en vertu des Rolles expediez & à expedier pour raison dudit droit, lesquels deniers ils payeront & délivreront en fin de chacune année ès mains dudit Grand Tresorier de nos Ordres, par ses quittances, lesquelles serviront ausdits Receveurs Generaux de décharges valables à la reddition de leurs comptes, ainsi qu'il est accoutumé, à la réserve toutefois des gages & taxations desdits Receveurs generaux, épices, frais & façons de comptes ci-après déclarées : à chacun desquels Offices nous avons attribué & attribuons quatre mille livres de gages par an. Et pour donner moyen aux pourvûs d'iceux de supporter en l'année de leur exercice les dépenses qu'il convient faire à notredite Cour & suite, tant pour leur entretenement & de leurs Commis, que pour le port & voiture des deniers

A de ladite charge, nous avons auffi attribué & attribuons en titre d'heredité aufdits Officiers en l'année de leur exercice, fix deniers pour livre de taxations, à prendre fur tous les deniers dont ils feront recette, de laquelle taxation ils jouiront & leurs fucceffeurs aufdits Offices, enfemble leurs veuves & heritiers, en heredité, ainfi, & en la même forme & maniere que les Receveurs generaux de nos Finances & du Taillon jouiffent de leurs taxations hereditaires. Moyennant laquelle attribution de taxations en heredité les pourvûs defdits Offices de Receveurs generaux dudit droit de Marc d'Or, demeureront difpenfez & déchargez de bailler caution. Lefquels gages & taxations feront pris & reçûs par chacun an fur les premiers deniers de la recette qu'ils feront dudit droit de Marc d'Or, enfemble les épices, frais & façons de leurs comptes & double d'iceux, & le furplus des deniers de ladite recette fera, comme dit eft, payé au Grand Treforier, fans aucun divertiffement, auquel Treforier nous ne voulons ni entendons être fait aucune diminution des gages à lui attribuez, tant fous fon

B nom, que fous les noms de fes Commis, nonobftant ladite création; ni auffi qu'au moyen de la jouiffance defdits gages, les pourvûs defdits Offices fouffrent aucun retranchement de gages, taxations & droits à eux attribuez par ces prefentes. Et afin qu'il foit informé au vrai du maniement & geftion defdits Receveurs generaux prefentement créez, nous voulons qu'outre le double du compte defdits Receveurs, il en foit fait un autre à nos dépens pour ledit grand Treforier, afin de nous faire voir & connoître, & aux Commandeurs de nofdits Ordres, lorfque nous tiendrons le Chapitre general, ce qui fera provenu des deniers dudit droit de Marc d'Or. Voulons outre, que les pourvûs defdits Offices prefentement créez, & leurs fucceffeurs, jouiffent des mêmes honneurs, autoritez, prééminences, privileges, franchifes & immunitez, dont jouiffent nos Heraut, & Huiffier dudit Ordre, & des droits dont jouit le Commis qui fait à préfent ladite recette, la charge & commiffion duquel nous avons révoqué & révoquons, lui faifant défenfes de s'entremettre au fait d'icelle, après le dernier

C jour dudit mois de feptembre expiré, à peine de faux. Voulons & ordonnons que par ledit Commis il foit délivré & mis ès mains dudit pourvû de l'un defdits Offices, qui aura à exercer le quartier d'Octobre prochain, les copies de tous les Etats & Rolles generaux & particuliers qu'il a pardevers lui, fur lefquels il fait la recette d'icelui droit, & ce à la premiere demande qui lui en fera faite par ledit pourvû, aux peines, en cas de refus ou delay, qu'il appartiendra & font accoutumées. Et d'autant que par divers Reglemens faits par nos predeceffeurs Rois & par Nous, nous avons deftiné *le Cinquiéme denier de tous dons excedans la fomme de trois mille livres*, aux dépenfes de notredit Ordre & Milice du S. Efprit, aufquels néanmoins, par l'importunité de ceux qui les ont obtenus, nous dérogeons par nos Lettres de don, Nous voulons qu'à l'avenir lefdits Reglemens foient exactement obfervez; & à cette fin, que ceux qui obtiendront de nous des dons excedans la fomme de trois mille livres, ne puiffent être difpenfez dudit cinquiéme denier, encore que par nos Lettres la décharge y fût employée, ce que dès maintenant, comme pour lors, nous avons révoqué & révoquons.

C SI DONNONS EN MANDEMENT à nos amez & feaux confeillers les gens tenans notre Cour de Parlement, Chambre des Comptes & Cour des Aydes, chacun en droit foy, que notre prefent Edit ils faffent lire, publier & enregiftrer, & le contenu en icelui inviolablement garder & obferver, joüir & ufer pleinement & paifiblement les pourvûs defdits Offices, nonobftant oppofitions ou appellations quelconques, Edits, Ordonnances, Reglemens, Statuts & Lettres à ce contraires, aufquels & aux dérogatoires des dérogatoires y contenus, Nous avons dérogé & dérogeons par ces prefentes : CAR tel eft notre plaifir: & afin que ce foit chofe ferme & ftable à toujours, Nous avons figné ces préfentes de notre propre main, & à icelles fait appofer notre fcel, fauf en autres chofes notre droit & l'autrui en toutes. DONNE' au camp devant la Rochelle, au mois d'Août l'an de grace mil fix cens vingt-huit, & de notre regne le dix-neuviéme. *Signé*, LOUIS, & plus bas, Par le Roi, *figné* DE LOMENIE. & à côté *Vifa*, & fcellé du grand fceau en cire verte fur lacs de foye rouge & verte.

D Et encore eft écrit : *Regiftré, ouy le Procureur general du Roy, pour être executé felon fa forme & teneur. A Paris en Parlement le 9. janvier 1638. Signé, DU TILLET.*

Lû, publié & enregiftré en la Chambre des Comptes, ouy, & ce confentant le Procureur general du Roy, aux charges contenuës en l'Arreft. Fait le 13. Octobre 1628. Signé, GOBELIN.

Regiftré en la Cour des Aydes, ouy le Procureur general du Roy, pour être executé felon fa forme & teneur, fuivant l'Arreft de ce jourd'hui. Donné à Paris le 29. jour de Janvier 1638. Signé, BOUCHER.

RECEVEURS GENERAUX DU MARC D'OR.

ETIENNE des Champs, pourvû de l'Office de Receveur general du Marc d'Or ancien, par lettres du 22. octobre 1628.

D'azur, au chevron d'or, accompagné en chef de trois roses mal ordonnées d'argent, & d'un lys de même en pointe.

PIERRE Boulin, né à Tours le 17. janvier 1595. fut pourvû de l'office de con-**A** feiller du Roi, Receveur general alternatif du Marc d'Or des Ordres de fa Majefté, créé par Edit du mois d'août 1628. par lettres données au camp devant la Rochelle le 22. octobre de la même année, dont il prêta ferment en la Chambre des Comptes le 19. novembre 1630. Il fut depuis pourvû de l'office de Receveur general Ancien du Marc d'Or, par lettres données à Lyon le 12. may 1630. dont il prêta ferment en la Chambre des Comptes le dernier jour de mars 1634. de celui de Triennal, par autres lettres données à Paris le 25. août 1637. dont il prêta ferment en la Chambre des Comptes le 28. du même mois, & de celui de Quatriennal, créé par Edit du mois d'août 1645. par lettres données à Paris le 28. avril 1653. regiftrées en la Chambre des Comptes le 22. décembre 1654. Il exerça par Commiffion fcellée du grand fceau de l'Ordre du S. Efprit en cire blanche le 24. décembre 1652. la charge de Grand Treforier de cet Ordre, vacante par la mort de Leon Bouthillier, comte **B** de Chavigny. Le Roi en confideration de fes fervices, lui accorda par brevet figné de fa main le 2. janvier 1656. de pouvoir toujours porter la Croix de l'Ordre du S. Efprit penduë à fon col avec un ruban, & la jouiffance des honneurs & privileges attribuez à fes charges en cas qu'il vînt à les réfigner : il fut reçû en l'office de Confeiller fecretaire du Roi, maifon couronne de France & de fes finances, le 28. juin 1657. mourut à Paris le 20. novembre 1670. dans la 76ᵉ année de fon âge, & y fut inhumé le 21. dans l'églife de S. Gervais fa paroiffe..

Il étoit fils de *Pierre* Boulin, originaire de la ville de Tours, pourvû de l'office de fecretaire ordinaire de la chambre du Roi, par lettres du 3. novembre 1614. mort le 5. août 1632. âgé de 70. ans, & de *Michelle* le Sainct, fille de *Martin* le Sainct, controlleur general de la maifon de monfieur duc d'Anjou, fils de France, mariée le 13. mars 1593. morte le 15. février 1636. & inhumée en l'é-**C** glife des religieux Minimes de Tours. Il avoit époufé par contrat du 23. novembre 1631. *Marie* de Louvencourt, fille d'*Antoine* de Louvencourt, maître-d'hôtel du Roi, & treforier general de fa maifon, & de *Marguerite* de Flecelles, fœur de *Jean* de Flecelles, feigneur du Pleffis-aux-Bois, de l'regy, & de Flecelles en Picardie, prefident en la Chambre des Comptes à Paris, elle mourut le 9. juillet 1687. âgée de 71. ans, & fut inhumée le 10. à S. Gervais dans la chapelle de la Communion. De ce mariage nâquirent *Antoine* Boulin, né le 28. janvier 1635. reçû avocat en Parlement en 1663. mort peu après fans alliance ; *Pierre* Boulin, né **D** le 14. février 1636. mort penfionnaire aux Jefuites par accident, le 25. mars 1654. BERNARDIN Boulin, qui fuit ; FRANÇOIS Boulin, qui fuivra *après fon frere ainé* ; *Marie* Boulin, née le 7. janvier 1633. religieufe aux Annonciades du S. Efprit de Popincourt fauxbourg S. Antoine, morte le 14. juin 1711. dans fa 79ᵉ année ; *Madelene* Boulin, née le 30. décembre 1633. mariée le 28. février 1656. à *Nicolas* Graffeteau, feigneur de Breau, de Villiers & d'Orfonville, reçû confeiller au Parlement de Paris, & commiffaire en la feconde Chambre des Enquêtes du Palais le 12. février precedent, fils de *Hugues* Graffeteau, feigneur

des mêmes lieux, conseiller au Parlement, & doyen des Requêtes du Palais, morte le 11. janvier 1672. âgée de 42. ans; *Marie* Boulin, née le 3. janvier 1638. morte religieuse au monastere Royal de S. Louis de Poissy le 26. septembre 1712. en sa 75ᵉ année; *Genevieve* Boulin, née le 28. may 1639. fit profession aux religieuses Annonciades de S. Denis le 20. juin 1655. *Marguerite* Boulin, née le 2. septembre 1640. fit profession au monastere Royal de Saint Louis de Poissy le 8. novembre 1656. & mourut souprieure de cette maison le 2. janvier 1716. dans sa 76ᵉ année; & *Helene* Boulin, née le premier décembre 1642. mariée le 12. février 1668. à *Robert* Bruneau, conseiller au Parlement de Paris en la premiere Chambre des Enquêtes, reçu le 8. mars 1656. mort conseiller en la Grand'Chambre au mois d'avril 1713. âgé de 82. ans. Elle mourut au mois d'avril 1694. en sa 52ᵉ année.

BERNARDIN Boulin, né le 5. août 1644. écuyer, seigneur du fief de Moulineaux au Val de Galie, qui lui étoit échû par la succession de *Marie* de Louvencourt sa mere, & qu'il vendit par acte du 21. mars 1693. à Louis Phelypeaux, comte de Pontchartrain, controlleur general des finances. Il fut premierement prieur commendataire du prieuré de S. Benoît d'Arnicourt en Champagne, & chanoine de l'église de Coutances, puis quitta ses benefices, & mourut le 10. août 1718. âgé de 74. ans. Il avoit épousé par contrat du 22. novembre 1679. *Madelene* Jousset, sœur de *Jean-Pierre* Jousset, conseiller du Roi, auditeur en sa Chambre des Comptes à Paris, dont il eut *Antoine-Nicolas* Boulin, écuyer, né le 22. août 1691. *Marie* Boulin, née le 11. septembre 1680. *Claude* Boulin, née le 15. août 1681. *Susanne-Madelene* Boulin, née le 7. février 1688. & *Marie-Anne* Boulin, née le 11. septembre 1692. a fait profession de religieuse en l'abbaye de Fontaines-lès-Nonains, ordre de Fontevrault.

FRANÇOIS Boulin, quatriéme fils de PIERRE Boulin, Receveur general du Marc d'Or, né le 31. mars 1646. reçu substitut du procureur general du Parlement de Paris, le 10. mars 1670. puis conseiller du Roi en sa Cour des Aydes à Paris, par lettres du 19. septembre 1675. reçu le 12. décembre suivant, dont il obtint des lettres d'honneur le 3. may 1707. mort le 19. mars 1722. âgé de 76. ans, & inhumé le 21. en l'église de S. Gervais à Paris, avoit épousé par contrat du 7. janvier 1676. *Louise* de Faverolles, fille d'*Eustache* de Faverolles, & niéce de *Jean* de Faverolles, Tresorier general du Marc d'Or, morte le 21. octobre 1717. en sa 66ᵉ année, & inhumée le 23. en l'église de S. Gervais, dont il eut FRANÇOIS-BERNARD Boulin, qui suit; *Robert-François* Boulin, reçu bachelier en Theologie de la Faculté de Sorbonne le 7. may 1703. prieur commendataire du prieuré de S. Benoît d'Arnicourt en Champagne, dont il prit possession en 1706. & *Marie-Louise* Boulin, a fait profession de religieuse aux Annonciades du S. Esprit à Popincourt fauxbourg S. Antoine, le 7. août 1696. & fut éluë superieure au mois de juillet 1729.

FRANÇOIS-BERNARD Boulin, pourvû de l'office de conseiller du Roi en sa Cour des Aydes à Paris, sur la resignation de *François* Boulin son pere, par lettres du 2. avril 1707. & reçu le 14. du même mois, épousa par contrat du 10. septembre 1727. *Anne-Radegonde* Henin, fille de *Nicolas* Henin, conseiller du Roi en son Grand-Conseil, & d'*Anne-Henriette* Brice, dont un fils mort.

De gueules, au chevron d'or, accompagné de trois étoiles d'argent, deux en chef & une en pointe.

LOUIS de la Court, pourvû de l'office de Receveur general triennal du Marc d'Or, par lettres du 27. octobre 1628.

EDIT DU ROY,

Portant doublement du Marc d'Or, cedé à perpetuité à l'Ordre du S. Efprit, avec faculté d'établir des Treforiers, Controlleurs & autres Officiers, & fuppreffion des Receveurs créez par Edit de 1628. & depuis; & qu'il fera payé fur la recette generale de Paris, vingt mille livres par an, pour l'interêt de quatre cent mille livres dûs à l'Ordre.

Du mois de Decembre 1656.

LOUIS par la grace de Dieu, Roi de France & de Navarre : A tous préfens A & à venir, Salut. Depuis que l'Ordre Militaire du Saint Efprit a été inftitué, les Rois nos prédeceffeurs ont eu un foin particulier de le maintenir dans fa fplendeur, par plufieurs Reglemens qu'ils ont faits; & particulierement par la deftination qui a été faite depuis plufieurs années, du droit de Marc d'Or, pour faire le fonds de fix vingt mille écus accordez & promis audit Ordre par le feu Roi Henry III. lorfqu'il en fit l'inftitution. Mais comme les deniers qui font provenus dudit droit, n'ont pû jufqu'à prefent fournir cette fomme annuellement, & qu'à faute d'ordonner un fonds certain pour fa manutention, il feroit à craindre qu'il ne vînt à décheoir de fa premiere dignité : Nous avons été priez par le Chapitre general dudit Ordre, de faire un nouveau Reglement pour le payement & augmentation dudit droit de Marc d'Or, afin de n'être plus obligez de prendre ailleurs le fonds néceffaire pour fa fubfiftance; ce que nous leur avons bien volontiers accordé, tant pour l'affection finguliere que nous avons pour B l'accroiffement dudit Ordre, dont nous fommes le Chef & Souverain, que parce que nous reconnoiffons qu'il y a raifon d'augmenter ledit droit; le prix des Offices ayant monté au triple & au quadruple de ce qu'ils valoient anciennement, qui eft un des principaux motifs qui porterent le feu Roi notre très-honoré feigneur & pere, que Dieu abfolve, à augmenter ledit droit en l'année 1633. & d'autant que ce droit de Marc d'Or eft un efpece d'hommage & de reconnoiffance que les Officiers de notre Royaume nous rendent lorfqu'ils font pourvus de leurs Offices, & qu'il eft par confequent raifonnable qu'aucun n'en foit excepté, puifqu'ils font tous également obligez à ce devoir envers nous : Nous avons été pareillement fuppliez de pourvoir à ce que tout prétexte foit levé & ôté à tous Officiers de quelque qualité qu'ils foient, de fe difpenfer (comme quelques-uns ont fait par le paffé) de payer ledit droit, les uns en fe con- C tentant de fimples contrats, quittances de finances, ou matricules, fans prendre nos Lettres de Provifion; les autres par des traitez, furprifes & autres voyes induës, au préjudice de notre fervice, perte & diminution de nos finances. Ce qu'ayant mûrement confideré, & défirant non-feulement pourvoir audit Ordre d'un fonds fuffifant & affuré pour fa fubfiftance; mais encore lui en laiffer la pleine & entiere difpofition pour l'avenir, en forte qu'il ne puiffe être jamais diverti, ni fujet à autre deftination. A CES CAUSES, Sçavoir faifons, qu'ayant mis cette affaire en déliberation en notre Confeil, où étoit la Reine notre très-honorée dame & mere, notre très-cher & très-amé frere unique le duc d'Anjou, plufieurs Princes, Ducs, Pairs & Officiers de notre Couronne, & autres grands & notables perfonnages de notre Confeil, de l'avis d'icelui, & de notre certaine fcience, pleine puiffance & autorité Royale, Nous avons par le préfent Edit, perpetuel & irrévocable, dit, déclaré, ftatué & ordonné, difons, déclarons, ftatuons & ordonnons, voulons & nous plaît, qu'à l'avenir le droit de Marc D d'Or foit payé pour toutes fortes d'Offices cafuels, domaniaux, hereditaires, de Juftice, de Finance, de Police, de Chancellerie, & tous autres generalement quelconques, à l'exception de ceux de notre grande Chancellerie feulement; foit que lefdits Offices foient poffedez en vertu de fimples contrats, quittances de finance, matricules, commiffions, ou autrement, en quelque forte & maniere que ce puiffe être; qu'ils foient dépendans de nos Domaines engagez, donnez & delaiffez en doüaire, appanage ou autrement; qu'ils en ayent été ci-devant exemptez en vertu de Lettres generales ou particulieres, que nous avons révoquées & révoquons, pour quelques caufes & raifons qu'elles puiffent avoir été obtenuës; de tous lefquels Offices, même des Commiffions qui feront par nous données, ledit droit de Marc d'Or fera payé fuivant le

nouveau

A nouveau Rolle que nous avons fait arrêter en notre Conſeil, ci-attaché ſous le con-treſcel de notre Chancellerie, à commencer au premier jour de Janvier de l'année prochaine 1657. & icelui droit generalement ſans en rien réſerver, Nous avons par ceſdites préſentes, de notre même puiſſance & autorité, accordé, donné, cedé & tranſ-porté; accordons, donnons, cedons & tranſportons pour toujours & à perpetuité, à notredit Ordre & Milice du Saint Eſprit, pour lui tenir lieu de fonds, à lui accordé & promis dès le temps de ſa fondation; pour dudit droit de Marc d'Or, ſelon qu'il a été reglé par ledit nouveau Rolle, jouir, uſer & diſpoſer, ainſi qu'il ſera aviſé par les Commandeurs & Chapitre dudit Ordre, ſans que Nous, ni les Rois nos ſucceſſeurs, puiſſions y donner aucun empêchement, en tout, ni en partie, directement, ni indirec-tement, pour quelque cauſe que ce ſoit, avec toute faculté d'établir pour la percep-tion dudit droit, tels Treſoriers, Controlleurs & autres Officiers qu'ils verront bon être, leſquels ne pourront prendre plus grand droit que celui qui eſt porté par ledit

B Rolle, à peine de concuſſion. Et afin que ledit Ordre ait la pleine & entiere diſpoſi-tion dudit droit de Marc d'Or, Nous avons par ceſdites préſentes ſupprimé & ſup-primons les Offices de Receveurs dudit droit, ancien, alternatif & triennal, créez par l'Edit de 1628. enſemble l'Office quatriennal depuis établi; faiſons très-expreſſes dé-fenſes aux pourvûs deſdits Offices de Receveurs de s'entremettre à l'avenir, à com-mencer audit jour premier Janvier 1657. à la recette dudit droit, à peine de faux, & de tous dépens, dommages & interêts, & d'être procedé contre eux, ainſi qu'il ap-partiendra. Voulant que toutes les quittances de Marc d'Or ſoient controllées par les Controlleurs qui ſeront établis par ledit Ordre, à peine de nullité, ſans qu'il ſoit be-ſoin d'autre controlle, & ſans que leſdits Controlleurs puiſſent prendre plus grand droit pour chacune quittance, que celui qui avoit accoutumé d'être payé : entendons néan-moins que les particuliers pourvûs deſdits quatre Offices de Receveurs du Marc d'Or

C ſoient actuellement rembourſez en un ſeul payement, de la finance entrée dans nos coffres pour leſdits quatre Offices, & qu'audit rembourſement il ſoit pourvû par ledit Ordre, ſur les premiers & les plus clairs deniers qui proviendront, tant dudit droit de Marc d'Or, que de la finance des Offices que ledit Ordre pourra établir pour la perception d'icelui. Et afin d'empêcher qu'à l'avenir il ne puiſſe être fait aucune fraude au payement dudit droit de Marc d'Or, & qu'aucun ne s'en puiſſe exempter, Nous défendons très-expreſſément aux Gardes des Rolles des Offices de France, de preſen-ter aucunes proviſions d'Offices ou Commiſſions, de quelque nature qu'elles ſoient, à notre très-cher & feal Chancelier Garde des Sceaux de France, que les quittances du Marc d'Or expediées en bonne forme, & controllées par leſdits Officiers prépo-ſez par l'Ordre, n'y ſoient attachées; & en cas que ci-après il ſoit fait quelques créa-tions d'Offices, le Marc d'Or d'iceux ſera fixé & reglé ſuivant la taxe de ſemblables Offices, qui ſera contenuë audit Rolle; & ſi ce ſont des Offices non employez en icelui, le droit de Marc d'Or en ſera reglé en notre Conſeil pour la premiere fois,

D & la taxe ajoûtée audit Rolle, ſans que nous puiſſions nous en attribuer le droit, qui appartiendra audit Ordre, ainſi que de tous autres Offices generalement quelconques. Et d'autant que les grandes affaires qui nous ſont ſurvenuës, nous ont empêché de remplacer les deux cent mille livres d'une part, que ledit Ordre auroit fourni au feu Roi notredit ſeigneur & pere, dans une occaſion preſſante; & pareille ſomme de deux cent mille livres d'autre, dont il nous a ſecouru dans notre beſoin, Nous voulons & ordon-nons, qu'en attendant que nous puiſſions acquitter leſdites ſommes, il ſoit fait & laiſſé un fonds par chacun an dans les Etats des finances de la Generalité de Paris, à com-mencer audit jour premier janvier 1657. de la ſomme de vingt mille livres, pour les interêts au denier vingt deſdites ſommes; leſquels vingt mille livres ſeront payées par nos Receveurs generaux, & mis ès mains du Grand Treſorier de nos Ordres, ſur les ſimples quittances, & ſeront leſdits payemens continuez juſqu'à l'entier & parfait rem-

E placement deſdites deux ſommes. SI DONNONS EN MANDEMENT à nos amez & feaux Conſeillers, les gens de nos Comptes à Paris, que le preſent Edit ils faſſent lire, publier & regiſtrer, & le contenu en icelui garder & obſerver ſelon ſa forme teneur, ſans permettre qu'il y ſoit contrevenu, pour quelque cauſe & occaſion que ce puiſſe être, nonobſtant tous Edits, Ordonnances, Arrêts & autres choſes à ce contraires, auſquels pour ce regard nous avons dérogé & dérogeons par ces préſentes : CAR tel eſt notre plaiſir. Et afin que ce ſoit choſe ferme & ſtable à toujours, nous y avons fait mettre notre ſcel, ſauf en autres choſes notre droit & l'autrui en toutes. DONNE' à Paris au mois de Decembre, l'an de grace mil ſix cent cinquante-ſix, & de notre regne le quatorziéme. *Signé*, LOUIS, & ſur le reply, Par le Roi, *ſigné*, DE GUENEGAUD, & à côté, *Viſa*, SEGUIER, pour ſervir aux Lettres patentes en forme d'édit, portant doublement pour le Marc d'Or.

Et au deſſous eſt écrit : *Lû, publié & regiſtré en la Chambre des Comptes, ouy, & ce*

confentant le Procureur general du Roy, par le commandement de fa Majefté, porté par Monfieur le Duc d'Anjou, frere unique de fa Majefté, affifté des Sieurs Maréchal du Pleffis-Praflin, d'Ormeffon & de Lauzon, Confeillers en fon Confeil d'Etat, le fixiéme jour d'Avril 1658. Signé, RICHER.

Le Rolle mentionné dans cet Edit contient 630. Articles, & fut arrêté au Confeil d'Etat du Roy, tenu pour fes finances à Paris, fa Majefté y étant, le 23. Decembre 1656. Signé LOUIS, & contrefigné, DE GUENEGAUD: Regiftré à la Chambre des Comptes, le 6. Avril 1658. Signé, RICHER.

Sur un Duplicata du même Edit, adreffé au Chancelier de France, il eft écrit; Lû & publié, le Sceau tenant de l'Ordonnance de Monfeigneur Seguier, Chevalier, Comte de Gien, Chancelier de France, & regiftré, enfemble le Rolle dudit Marc d'Or y attaché, ès Registres de l'Audience de France, par moy Confeiller du Roy en fes Confeils, & Grand-Audiencier de France prefent. A Paris le 30. Decembre 1656. Signé, DE COMBES.

AUTRE EDIT,

Portant alienation de la moitié du Marc d'Or à faculté de rachat par l'Ordre, creation de deux Treforiers & de deux Controlleurs generaux, avec les Privileges attribuez au Heraut, & défenfe de compter ailleurs qu'au Grand Treforier des Ordres.

Du mois de Decembre 1656.

LOUIS par la grace de Dieu, Roi de France & de Navarre, Chef & Souverain Grand-Maître de l'Ordre de Saint Michel & Milice du S. Efprit : A tous préfens & à venir, Salut. Ayant par notre Edit du préfent mois de Decembre ordonné le doublement du droit de Marc d'Or, & par ledit Edit fait don, ceffion & tranfport pour toujours & à perpetuité audit Ordre & Milice du S. Efprit, tant de l'ancien droit de Marc d'Or qui avoit été employé depuis quelques années à l'entretenement d'icelui, que du doublement ordonné par ledit Edit, pour en jouir par ledit Ordre, enfemble de tous les fruits & revenus qui en peuvent provenir, conformément au nouveau Rolle arrêté en notre Confeil d'Etat fans en rien excepter ni referver, & fans que Nous, ni nos fucceffeurs Rois y puiffions jamais prétendre aucune chofe : Nous avons réfolu au dernier Chapitre tenu en notre préfence dans notre Château du Louvre le onziéme de ce mois, par l'avis unanime des Cardinaux, Prelats, Commandeurs & Officiers dudit Ordre qui y ont affifté, d'ordonner & faire l'alienation de la moitié dudit droit augmenté, comme dit eft, dont nous avons eu agreable de faire don audit Ordre, afin qu'il puiffe avoir la gloire dans les néceffitez préfentes d'une longue & fâcheufe guerre, où nous nous trouvons engagez de nous fecourir des deniers qui proviendront de ladite alienation, & nous donner par cette affiftance un nouveau témoignage de l'affection & fidelité que tous ceux qui compofent ledit Ordre ont pour le bien de notre fervice, pour la profperité de nos affaires, & pour défendre contre nos ennemis la dignité de notre Couronne, pour laquelle ils nous ont fait connoître qu'ils feront toujours prêts à l'avenir comme ils ont été par le paffé d'employer leur fang & leur propre vie. Et d'autant que par le même Edit, nous leur avons abandonné l'entiere difpofition dudit droit de Marc d'Or, avec pouvoir d'établir tels Officiers & en tel nombre qu'ils jugeroient à propos, pour en faire la recette & controlle, Nous aurions pareillement réfolu par leur avis, de créer & établir deux Treforiers & deux Controlleurs generaux dudit droit, regler leurs fonctions, gages, taxations & autres droits, afin que ladite recette puiffe être commencée au premier jour de janvier de l'année prochaine. A CES CAUSES, fçavoir faifons, que de l'avis du Chapitre, où étoient notre très-cher & très-amé frere unique le Duc d'Anjou, Commandeur de nos Ordres, & les Cardinaux, Prelats, Commandeurs & Officiers d'iceux, & en vertu de la puiffance fouveraine qui nous appartient par les Statuts & Conftitutions defdits Ordres, Nous avons dit, ftatué & ordonné, difons, ftatuons & ordonnons, qu'il fera fait alienation à faculté de rachat perpetuel, & aux conditions les plus avantageufes qu'il fe pourra, de

A la moitié dudit droit de Marc d'Or, doublé par notredit Édit du préfent mois, & par nous tranfporté & delaiffé audit Ordre, tant pour Nous que pour nos fucceffeurs Rois; pour jouïr par les acquereurs de ladite moitié, par les mains des Treforiers generaux du Marc d'Or, qui feront créez par le préfent Edit, préalablement pris & déduits fur le total du revenu dudit droit, les gages & taxations defdits Treforiers generaux, & des Controlleurs generaux dudit droit, qui feront auffi préfentement créez, pour être les deniers qui proviendront tant de ladite alienation, que de la vente defdits Offices de Treforiers & Controlleurs generaux, payez & mis ès mains du Grand Treforier de l'Ordre, & par lui remis & délivrez au Treforier de l'Efpargne, pour être employez aux dépenfes de la guerre, fur iceux neanmoins préalablement pris ce qu'il conviendra pour le rembourfement des Offices de Receveurs du Marc d'Or, qui ont été fupprimez par ledit Edit à cette condition. Et pour proceder à ladite alienation, en re-

B gler & arrêter le prix, paffer les contrats & tous autres actes qui feront néceffaires, en confequence d'icelle, Nous avons dans ledit Chapitre nommé, commis & député & entant que befoin feroit, Nous nommons, commettons & députons par ces préfentes notre très-cher & feal le Sieur Servien, Commandeur & Chancelier de nos Ordres, & Surintendant des deniers d'iceux; & notre cher & bien-amé coufin le Duc de Trefmes & le fieur de Senneterre, Commandeurs de nofdits Ordres, pour, conjointement avec ledit fieur Servien, proceder à ladite alienation, circonftances & dépendances d'icelle, en paffer tous contrats néceffaires à telles perfonnes, & pour telles fommes qu'ils aviferont, confirmant & ratifiant dès-à-préfent tout ce qui fera par eux paffé, fait & réfolu en vertu des préfentes; à condition toutefois que ledit Ordre aura toujours la faculté de racheter ladite moitié alienée, en rendant le prix de l'alienation; & qu'après ledit rachat, elle demeurera réunie avec l'autre au profit dudit Ordre, fans en pouvoir jamais être démembrée, ni employée ailleurs qu'à l'entretenement dudit Ordre. Et du même avis, puiffance & autorité que deffus, Nous avons par le préfent

C Edit perpetuel & irrévocable, créé & établi, créons & établiffons deux Treforiers generaux, & deux Controlleurs generaux hereditaires du Marc d'Or, chacun defquels fera ancien, alternatif, triennal & quatriennal, & ferviront alternativement, un Treforier & un Controlleur par chacune année, pour jouïr defdits offices par ceux qui en feront pourvûs, hereditairement; enfemble des mêmes honneurs, autoritez, franchifes & immunitez, dont jouit le Heraut Roi d'armes dudit Ordre. Feront lefdits Treforiers generaux la recette de tous les deniers dudit droit de Marc d'Or fur leurs fimples quittances, chacun en l'année de fon exercice, fuivant le nouveau Reglement arrêté en notre Confeil d'Etat le vingt-troifiéme du préfent mois, fans qu'ils puiffent prendre ni exiger plus grand droit que celui qui eft porté par ledit Reglement: ce que nous leur défendons très-expreffémeut, à peine de concuffion; lefquels deniers ils payeront, fçavoir, moitié d'iceux entre les mains du Grand Treforier de l'Ordre, chacun à la fin de l'année de fon exercice, & quinze jours après l'écheance d'icelle; dans lequel temps ils feront auffi tenus de compter de leur maniement audit Grand Treforier, fans qu'ils puiffent être obligez d'en compter ailleurs: & l'autre moitié de fix mois en fix mois, à

D ceux aufquels en aura été fait l'alienation; déduction faite defdits gages & taxations, & ce, jufqu'au rachat & rembourfement d'icelle; lequel étant fait par ledit Ordre, tous les deniers de la recette feront mis ès mains dudit Grand Treforier; & au cas que lefdits Treforiers generaux faffent refus ou difficulté de payer dans les temps ci-devant déclarez, le Grand Treforier pourra décerner les contraintes contr'eux & les faire executer. Et afin qu'ils ayent moyen de foutenir les dépenfes qu'il leur conviendra faire en ladite année d'exercice, tant pour leur entretenement & celui de leurs Commis, que pour le port & voiture des deniers de ladite charge, Nous leur avons attribué & attribuons à titre d'heredité fix deniers pour livre de taxations, à prendre chacun en l'année d'exercice feulement fur tous les deniers de ladite recette; defquelles taxations ils jouïront & leurs fucceffeurs aufdits Offices, leurs veuves & heritiers hereditairement; comme auffi jouïront chacun defdits Treforiers de feize mille livres de ga-

E ges par an, tant en exercice que hors icelui, que nous leur avons pareillement attribuez & attribuons par ces préfentes, & pourront retenir par leurs mains lefdits gages & taxations en ladite année d'exercice; & les autres années ils recevront leurs gages par les mains de celui qui fera en charge fur leurs fimples quittances. Et quant aufdits Controlleurs generaux, ils tiendront Regiftre & Controlle exact de ladite recette, controlleront toutes les quittances qui feront expediées par lefdits Treforiers generaux; & fi par inadvertance ou autrement il en étoit expedié aucune de moindres fommes que celles qui feront dûës fuivant ledit nouveau Reglement, Nous leur défendons de les controller qu'auparavant elles n'ayent été réformées; & afin de les obliger à travailler plus foigneufement à l'exercice de leurs charges, Nous avons attribué & attribuons au même titre d'heredité, fix mille livres de gages par an à chacun d'eux,

tant en exercice que hors d'icelui, & trois deniers pour livre de taxations fur tous les **A**
deniers de ladite recette, en leur année d'exercice feulement, pour jouir de leurfdits
gages & taxations, tant par eux que par leurs fuccelleurs aufdits Offices, leurs veuves
& heritiers hereditairement, à les avoir & prendre par les mains defdits Treforiers
generaux de quartier en quartier auffi fur leurs fimples quittances, outre & par deffus
le droit de vingt-quatre fols, qui a accoutumé d'être payé pour le controlle de chacune quittance de Marc d'Or; voulant que vacation avenant defdits Offices de Treforiers & Controlleurs generaux par mort, refignation ou autrement, celui qui s'y
voudra faire recevoir prenne nouvelles Lettres de provifion, qui lui feront expediées & fcellées, fans pour ce payer aucune finance; & qu'il prête le ferment en tel
cas requis entre les mains du Chancelier dudit Ordre, duquel il recevra la Croix &
émail, ainfi qu'il a accoutumé d'être pratiqué pour le Heraut Roi d'Armes dudit Ordre, fans que les pourvûs defdits Offices puiffent être dépoffedez, finon en cas de
forfaicture feulement, ni leur nombre augmenté pour quelque caufe ou occafion que
ce foit ou puiffe être. Si donnons en mandement à notre très-cher & feal **B**
Commandeur, Chancelier & Surintendant des deniers defdits Ordres, de tenir la main
à ce que notre prefent Edit, que nous voulons avoir force de Loy & Statut inviola-
ble, foit executé de point en point, lefdits Treforiers & Controlleurs generaux payez
de leurs gages & taxations, & maintenus dans leurs fonctions, droits, honneurs &
privileges; Car tel eft notre plaifir. Et afin que ce foit chofe ferme & ftable à toujours, Nous avons fait mettre le fcel de nofdits Ordres à cefdites prefentes. Donne'
à Paris au mois de Decembre l'an de grace mil fix cens cinquante fix, & de notre
règne le quatorziéme. *Signé*, LOUIS. Et fur le reply, par le Roi, Chef & Souverain Grand-Maître de l'Ordre de S. Michel & Milice du S. Efprit. *Signé*, DE BULLION.
Et fcellé du grand Sceau defdits Ordres en cire blanche.

Et plus bas eft écrit: *Là, publié & regiftré en la Chambre des Comptes, ouy, & ce con-*
fentant le Procureur General du Roi, par le commandement de fa Majefté, porté par M. le Duc
d'Anjou, frere unique du Roi, affifté des Sieurs Marechal du Pleffis Praflin, d'Ormeffon & de
Lauzon, Confeillers en fon Confeil d'Etat le 6. jour d'Avril 1658. Signé, RICHER.

TRESORIERS GENERAUX DU MARC D'OR.

Ils font pourvûs par le Roy comme Chef & Souverain Grand-Maître
de l'Ordre du S. Efprit, ainfi que les autres Officiers de l'Ordre.

D'azur, à une branche de trois cof-
fes de feves d'or, foutenue d'un croif-
fant, & deux étoiles en chef de même.

JEAN de Faverolles, né le 12. mars 1606. intendant de la maifon de la reine Anne **C**
d'Autriche, fecretaire du Roi, fut le premier pourvû par lettres du 26. décembre
1656. fcellées du grand fceau de l'Ordre du S. Efprit en cire blanche, de l'un des
deux Offices de Treforiers generaux ancien, alternatif, triennal & quatriennal du
Marc d'Or, créés par Edit des mêmes mois & an. Il mourut le 15. novembre 1672.
âgé de 66. ans, & fut enterré à S. Euftache à Paris.
    Il étoit fils de *Jean* de Faverolles, confeiller du Roi, controlleur general ancien
    des Payeurs des gages des Officiers de la Chambre des Comptes à Paris, pourvû
    de cet Office par lettres du mois de mars 1634. dont il prêta ferment le 8.
    avril fuivant, & de *Noelle* Lombert, & avoit époufé le 26. feptembre 1628. *Ma-*
    rie Herfant, fille de *Laurent* Herfant, & de *Genevieve* Pré defeigle, de laquelle
                                                    il

A il eut vingt-trois enfans, entre lesquels furent *Jean* de Faverolles, sieur de Montdeville, né le 24. may 1645. lieutenant des Gardes du corps de Philippe de France, duc d'Orleans, frere unique du Roi Louis XIV. mort en octobre 1726. âgé de 81. ans; *Nicolas* de Faverolles, religieux Camaldule, mort en 1708. *Catherine* de Faverolles, mariée le 19. octobre 1649. à *Simon* le Febvre, secretaire du Roi; *Elisabeth* de Faverolles, mariée le 3. juin 1658. à *N...* le Gras, lieutenant general à Soissons; & *Marie-Angelique* de Faverolles, mariée au mois de mars 1680. à *Pierre* Parat, lieutenant colonel du regiment d'Artois, tué en Italie en 1690.

D'argent, à la croix échiquetée d'or & de gueules, cantonnée de quatre têtes humaines chauves de sable.

B **N**ICOLAS Chauvel, seigneur de la Martiniere, fut pourvû de l'autre charge de Tresorier general du Marc d'Or, par lettres du même jour 26. décembre 1656. & s'en démit en 1659.

Il étoit fils de *Nicolas* Chauvel, tresorier de France à Bourges, & épousa 1°. *N.* de Villiers, 2°. *Susanne* le Roux. Du premier lit vinrent, *Nicolas* Chauvel, enseigne des Gendarmes d'Orleans, & *Jean* Chauvel, cornette des Chevaux-legers de la Reine; & du second, *Claude* Chauvel, femme en 1690. de *François* le Clerc-de-Lesleville, & *Jeanne* Chauvel.

De gueules, à trois chardons fleuris d'or.

C **J**EAN le Brun, fut pourvû de l'un des deux Offices de Tresorier general du Marc d'Or, par lettres du mois de février 1658. Il fut depuis conseiller au Parlement de Paris en 1662. maître des requêtes ordinaire de l'hôtel du Roi en 1672. president au Grand-Conseil en 1674. & mourut le 5. juin 1676.

Il étoit fils d'*Antoine* le Brun, garde des Rolles de France, & d'*Anne* Paru, & épousa *Helene*, fille de *Bernard* de Besançon, gouverneur d'Auxonne, maréchal de camp, dont est né *Guillaume* le Brun, seigneur du Breuil, marquis d'Inteville, mestre de camp de la colonelle generale de la Cavalerie legere de France, lequel a épousé en 1706. *Elisabeth* Quentin de la Vienne.

Par Déliberation de l'Ordre en forme de Statut du 25. Oĉtobre 1658. il A
fut réfolu *et* arrêté que les Provifions des Offices de Treforiers *et* Controlleurs Generaux du Marc d'Or feroient réformées *et* expediées à l'a-
venir fous les titres d'Ancien *et* Triennal, *et* d'Alternatif *&* Quatriennal, au lieu que chacune des Provifions étoient expediées fous le
titre d'Ancien, Alternatif, Triennal *et* Quatriennal, ce qui fembloit
impliquer contradiĉtion.

D'azur, an chevron d'or, accompagné de trois merlettes d'argent, au
chef d'or, chargé d'un aigle de
gueules.

EMERY Patu, fut pourvû fur la démiffion de *Jean* le Brun fon neveu, de l'Of- B
fice de Treforier general ancien & triennal du Marc d'Or, par lettres du 26.
oĉtobre 1658. fcellées du grand fceau de l'Ordre en cire blanche.

Il étoit fils de *Jacques* Patu, avocat, & de *Denife* Soyer, & époufa *Sufanne* de Fortenay,
dont eft née *Louife-Charlotte* Patu, femme de *N.* Tauxier, auditeur des Comptes,
& *Emery* Patu, auditeur des Comptes, marié à *Anne* de Vaux, & pere de *Su-*
fanne & d'*Emery* Patu.

D'azur, an chevron d'or, accompagné en chef de trois croiffans d'argent, & en pointe d'un aigle éployé d'or.

MICHEL Damond, Treforier general alternatif & quatriennal du Marc d'Or, C
par lettres de Provifions du mois de décembre 1659. fcellées comme les précedentes, fur la démiffion de Nicolas Chauvel, fieur de la Martiniere.

LE même MICHEL Damond, fut encore pourvû de l'Office de Treforier general ancien & triennal après la mort d'Emery Patu, par lettres du 16. août
1672.

Il étoit fils de *Claude* Damond, fecretaire du Roi, & de *Françoife* de la Lande,
& avoir époufé *Anne* Aubourg, fille de *Guillaume* Aubourg, garde des Rolles
des Offices de France, dont il a eu *Nicolas-Auguftin* Damond, fils unique, confeiller au Grand-Confeil, mort fans enfans de *N.* Tamifier.

D'or, au chevron d'azur, surmonté d'un croissant de gueules, & accompagné en chef de deux étoiles de même, & en pointe d'un pin fruité de sinople, accompagné de deux pommes de pin de même.

A JEAN Chuppin, Treforier general ancien & triennal, au lieu de Michel Damond, par lettres du mois de juillet 1690. mourut le 15. août 1694.

Il avoit époufé en 1662. *Eugenie* Galloys, dont il eut *Jean* Chuppin de Montcheny, capitaine des Carabiniers, puis gentilhomme ordinaire de fa Majefté, marié à *N...* Roland, morte fans pofterité ; *Nicolas* Chuppin, receveur des Confignations, & commiffaire aux Saifies réelles du Parlement de Normandie, & *Jeanne* Chuppin, mariée en 1688. à GUILLAUME le Juge, feigneur de Bouzonville, Controlleur du Marc d'Or, *mentionné ci-après en fon rang.*

Comme ci-deffus.

B NICOLAS, Chuppin, Treforier alternatif & quatriennal du Marc d'Or, au lieu de Michel Damond, par lettres du mois de juillet 1690. & reçû fecretaire du Roi le 17. juillet 1699. mourut le 20. novembre 1713.

Il étoit frere de *Jean* Chuppin, *mentionné ci-deffus,* & avoit époufé au mois de juillet 1663. *Nicole-Angelique* Voyfin, morte le 22. may 1712. dont il eut *Nicolas-Claude, Françoife* & *Angelique* Chuppin, morts jeunes ; NICOLAS-AUGUSTIN Chuppin, Treforier du Marc d'Or, *rapporté en fon rang* ; *Jean-Baptifte* Chuppin, né le 27. feptembre 1672. prêtre de la Doctrine Chrétiene en 1690. puis chanoine de l'églife Royale d'Avalon, vivant en 1732. *Charles* Chuppin, confeiller & fecretaire du Roi, garde des Rolles des Offices de France, par lettres du mois d'octobre 1711. né le 28. novembre 1684. a époufé le 28. novembre 1711. *Marie-Madelene* Verrier-Quentin, dont il a eu *Nicolas* Chuppin, né le 12. feptembre 1712. avocat au Parlement ; *Françoife-Angelique* Chuppin, née le 28. février 1666. a été mariée 1°. le 29. novembre 1686. à *Bernard* Ourfel, confeiller du Roy, correcteur ordinaire de fes Comptes, 2°. à LOUIS-FRANÇOIS Mouffle de Champigny, Treforier general du Marc d'Or, *mentionné ci-après.*

C

LE même NICOLAS Chuppin, Treforier du Marc d'Or, ancien & triennal au lieu de JEAN Chuppin fon frere, par lettres du mois de feptembre 1691.

D'azur, au lion d'or, accompagné de trois compes couvertes de même.

LOUIS-FRANÇOIS Mouffle, seigneur de Champigny & de Valence, Tresorier alternatif & quatriennal du Marc d'Or au lieu de *Nicolas* Chuppin son beau-pere, par lettres du mois de février 1693. Tresorier general des Galeres en 1706. puis de la Marine en 1710. étoit né le 5. janvier 1668. & mourut le 7. décembre 1725.

Il avoit épousé le 14. may 1693. *Françoise-Angelique* Chuppin, veuve de *Bernard Ourfel*, correcteur des Comptes, morte le 11. novembre 1729. dont il eut trois enfans, morts jeunes ; LOUIS-AUGUSTIN Mouffle, seigneur de Champigny & de Valence, né le 30. juillet 1700. conseiller au Parlement de Paris en 1720. non marié en 1732. & *Cecile-Angelique* Mouffle, née en 1706. mariée à *François-Guillaume* Briçonnet, conseiller au Parlement de Paris, puis president aux Enquêtes. *Voyez tome VI. de cette hist. p.* 435.

Comme ci-devant, p. 363.

NICOLAS-AUGUSTIN Chuppin, Tresorier general ancien & triennal du Marc d'Or, par lettres du mois de janvier 1701. né le 28. août 1671. & marié le 20. avril 1705. à *Marguerite* le Couteulx, morte le 25. avril 1729. sans posterité. Les Offices du Marc d'Or ayant été supprimez par Edit de janvier 1720. le Roi lui a accordé un brevet & des lettres d'honneur & de veterance pour porter la Croix de l'Ordre sa vie durant, & pour jouir des privileges & exemptions des Tresoriers du Marc d'Or en titre, en consideration des services rendus à l'Ordre par son pere & par lui pendant trente-quatre ans.

CONTROLLEURS

CONTROLLEURS GENERAUX DU MARC D'OR,

créez par le Statut du 26. Décembre 1656.

De gueules, à la croix d'or, char-
gée en cœur d'un écusson d'azur char-
gé d'un lion d'or, armé & lampassé de
gueules.

A FRANÇOIS Bousselin, fut pourvû de l'un des deux Offices de Controlleur general, ancien, alternatif, triennal & quatriennal au mois de décembre 1656.

D'azur, à une fasce d'or, accompa-
gnée en chef de trois croisettes potencées
de même, rangées en fasce, & en
pointe d'un cigne d'argent.

B RAOUL Croiset, fut pourvû de l'autre Office de Controlleur le 26. des mêmes mois & an.

Depuis la réformation en vertu de la Délibération du Chapitre de l'Ordre, passée en forme de Statut du 25. Octobre 1658.

ETIENNE le Vassor, fut pourvû de l'Office de Controlleur alternatif & qua-triennal au mois de janvier 1660. sur la résignation de Raoul Croiset. Il épousa *Elisabeth* de Villiers, dont il eut *Balthasar-Etienne* le Vassor, marié le 14. janvier 1697. à *Elisabeth-Angelique* Drouet, fille d'*Henry* Drouet, avocat au Parlement, & de *Marie* duMay.

C ETIENNE du Monstier, fut pourvû de l'Office de Controlleur general qua-triennal du Marc d'Or, sur la démission d'Etienne le Vassor, par lettres du mois de février 1663.

JACQUES Croiset, fut pourvû de l'Office de Controlleur general quatriennal du Marc d'Or, par lettres du mois de juillet 1663. au lieu d'Etienne du Monstier.

LOUIS Chappelain de Billy, fut pourvû de l'Office de Controlleur general al-ternatif, sur la résignation d'Etienne le Vassor, par lettres du mois de may 1665.

JEAN Goujon, pourvû à la place de Louis Chappelain de Billy, par lettres du mois d'août 1677.

LOUIS Regnard-de Clerbourg, Controlleur general alternatif & quatriennal à la place de Jean Goujon, par lettres du mois de may 1682.

Comme ci-devant, p. 363.

NICOLAS Chuppin, pourvû après la mort de Louis Regnard-de Clerbourg.　A
Il fut depuis Treforier general par lettres du mois de juillet 1686.

D'or, à une branche de laurier de finople en pal.

GUILLAUME le Juge, fieur de Bouzonville, Controlleur general alterna-　B
tif & quatriennal, fur la démiffion de Nicolas Chuppin, par lettres du 6. juillet
1690.

　　Il eft fils de *Guillaume* le Juge, fecretaire du Roi, & de *Genevieve* Hallé, & a
époufé *Angelique-Jeanne* Chuppin, fille de *Jean* Chuppin. *Voyez ci-devant, p. 363.*

Comme ci-devant, p. 365.

EUSTACHE Bouffelin, Controlleur general ancien & triennal par le decès de　C
François Bouffelin fon pere, par lettres du mois de décembre 1692. mourut
au mois de juillet 1711.

*D'azur, au chevron d'or, accom-
pagné en chef de deux molettes de même, & en pointe d'une foy d'argent.*

FRANÇOIS Bance, fecretaire du Roi, Controlleur general dü Marc d'Or　D
après la mort d'Euftache Bouffelin le 30. juin 1712. mourut le 13. janvier
1713. & eft enterré à S. Louis en l'Ifle.

JEAN Guion, payeur des Rentes de l'Hôtel de Ville de Paris, fait Controlleur
du Marc d'Or par la mort d'Euftache Bance le 14. février 1713.

F I N.

TABLE
DU
CATALOGUE DES CHEVALIERS,
COMMANDEURS ET OFFICIERS
DE L'ORDRE
DU S^T ESPRIT.

AVERTISSEMENT. . . . . *page* 2

A TABLE *des Articles des Statuts.* . . . . *ibid.*

STATUTS. 7

ADDITIONS *aux Statuts.* 25

EDIT *du Roi* HENRY III. *pour les Privileges des Cardinaux, Prelats, Commandeurs & Officiers de l'Ordre du Saint Esprit, du mois de Mars* 1680. . . . . *ibid.*

DECLARATION, *portant que les Officiers de Saint Michel & du Saint Esprit seront payez de leurs gages sur la Recette des deniers du Marc d'Or des Offices de France, du* 13. *Janvier* 1601. 26

EXTRAIT *des Lettres Patentes en forme d'Edit, portant creation de la Charge de Genealogiste de l'Ordre du Saint Esprit.* 27

DECLARATION *du Roi, pour admettre les Rois, Princes, & Seigneurs étrangers dans l'Ordre du S. Esprit, du dernier décembre* 1607. . 28

DECLARATION *du Roi, portant confirmation des Privileges des Chevaliers, Commandeurs & Officiers de l'Ordre du Saint Esprit, & de leurs veuves, du* 14. *Octobre* 1711. 29

EDIT *du Roi, qui réunit au Domaine le droit de Marc d'Or, du mois de Janvier* 1720. 30

DELIBERATION *du Chapitre de l'Ordre du Saint Esprit, tenu à Paris le* 14. *Janvier* 1720. 34

LETTRES *Patentes du Roi, qui commettent son Altesse Royale Monseigneur le duc d'Orleans Regent, pour tenir Chapitre.* . . . *ibidem.*

ARREST *du Conseil d'Etat du Roi, concernant l'Ordre du Saint Esprit, du* 4. *Mars* 1721. 39

LETTRES *Patentes.* 41

DECLARATION *du Roi, concernant l'Ordre du Saint Esprit, donnée le* 18. *May* 1721. 43

EDIT *du Roi, qui confirme l'Ordre du Saint Esprit dans tous ses Privileges, donné au mois de Mars* 1727. 47

PROMOTIONS *par le Roi* HENRY III. *Instituteur & premier Chef.*

Du 31. Decembre 1578. 51
Du 31. Decembre 1579. 62
Du 31. Decembre 1580. 68
Du 31. Decembre 1581. 70
Du 31. Decembre 1582. 73
Du 31. Decembre 1583. 78
Du 31. Decembre 1584. 85
Du 31. Decembre 1585. 87
Du 31. Decembre 1586. 101
Du 31. Decembre 1587. 103

PROMOTIONS *par le Roi* HENRY IV. *second Chef.*

Du 31. Decembre 1591. 104
Du 7. Janvier 1595. 105
Du 5. Janvier 1597. 117
Du 2. Janvier 1599. 125
Du 1606. 129
Du 12. Mars 1608. 130

PROMOTIONS *par le Roi* LOUIS XIII. *troisième Chef.*

Du 18. Octobre 1610. 131
Du . . . Septembre 1618. 132
Du 31. Decembre 1619. . . . . ibid.
Du 26. Juillet 1622. 156
Du 28. Juin 1625. . . . . ibid-
De 1632. 157
Du 14. May 1633. . . . . ibid.
Du 22. May 1642. 180

PROMOTIONS *par le Roi* LOUIS XIV. *quatriéme Chef.*

Du 1653. 180
Du 8. Juin 1654. 181
Du 31. Decembre 1661. 182
Du 4. Novembre 1663. 208
Du 12. Novembre 1671. 209
Du 29. Septembre 1675. . . . . . ibidem
Du 22. Decembre 1675. 211
Du 30. Novembre 1676. . . . . . . ibidem.
Du 1. Janvier 1682. 212
Du 2. Juin 1686. 213
Du 31. Decembre 1688. 214
Du 29. May 1689. 244
Du 2. Fevrier 1693. . . . . . . ibidem.
Du 2. Fevrier 1694. 245
Du 13. Avril 1694. . . . . ibidem.

Du

Du 22. May 1695. 246
Du 1. Janvier 1696. 247
Du 1. Janvier 1698. 248
Du 2. Fevrier 1699. . . . ibidem.
Du 7. Juin 1699. 249
Du 19. Decembre 1700. . . . ibid.
Du 15. May 1701. 250
Du 2. Fevrier 1703. 251
Du 27. May 1703. 252
Du 1. Janvier 1705. . . . ibid.
Du 2. Fevrier 1705. 253
Du 1. Mars 1705. 256
Du 1. Fevrier 1709. 257
Du 1. Janvier 1711. . . . ibid.
Du 2. Decembre 1712. . . . 259
Du 7. Juin 1713. . . . . 260.

PROMOTIONS *par le Roi* LOUIS XV. *cinquiéme Chef.*

Du 26. Juillet 1717. 260
Du 27. Octobre 1722. . . . 261
Du 3. Juin 1724. 262
Du 1. Janvier 1725. 282
Du 1. Janvier 1726. 283
Du 2. Janvier 1728. . . . ibid.
Du 16. May 1728. 285
Du 1. Janvier 1729. 288
Du 25. Avril 1729. . . . ibid.
Du 2. Fevrier 1731. 291
Du 13. May 1731. 293

CHEVALIERS & COMMANDEURS *nommez, dont les preuves sont*
admises. 294
CHANCELIERS & GARDES DES SCEAUX *des Ordres.* . . 301
PREVOSTS & MAISTRES DES CEREMONIES. . . 310
GRANDS TRESORIERS. 320
GREFFIERS. 331
INTENDANS. 339
GENEALOGISTES. 342
HERAUTS ROIS D'ARMES. . . . 345
HUISSIERS. 348
CREATION *des Receveurs du Marc d'Or en* 1628. . . 352
RECEVEURS. 354
CREATIONS *des Tresoriers & Controlleurs du Marc d'Or en* 1656. 356
ALIENATION *de la moitié du Marc d'Or.* . . 358
TRESORIERS *du Marc d'Or.* . . . 360
CONTROLLEURS *du Marc d'Or.* . . . 365

TABLE ALPHABETIQUE

DES

CHEVALIERS ET OFFICIERS.

A

ADHEMAR de Monteil de Grignan, 85. 182. 232.
AGOUT de Montauban, 94
ALBERGOTI, 258
ALBERT-Luines, 138. 187
    Chaulnes, 147. 187. 269
    Luxembourg, 148
    Luines-Chevreuse, 219
ALBRET-Miossens, 108. 194
ALEGRE, 284
ALOIGNY-Rochefort. 153
AMBOISE-Aubijoux, 81
AMIOT, 64
ANGENNES-Rambouillet; 70. 144
    Maintenon, 73
    Poigny, 93
Del ARCO, 52
ARNAULD de Pomponne, 309
ARPAJON, 169
L'AUBESPINE. 133
    Chasteauneuf, 302. bis.
    Verderonne, 331
AUBIGNE', 235
AUBIN de Bourneuf, 349. 350
AUBUSSON-la-Feuillade, 182. 224
AUDIBERT, 243
AUMONT, 58. 122. 173. 223. 259
AUX-ESPAULES. 164

B

BABOU la Bourdaisiere, 117
BALSAC-Entragues, 61
    Clermont, 83
    Dunes, 112
BANCE, 366
BARBERIN, 180
BARBEZIERES-Chemeraut, 94
BARBIER de la Riviere, 305
Le BAS de Montargis, 338
BASSOMPIERRE, 142
BAUDEAN-Parabere, 178
BAUFREMONT-Listenois, 98
    Senecey, 143
La BAUME-Montrevel, 200. 256
    Suze, 71
BAYLENS-Poyanne, 127. 167. 204
BAZIN de Bezons, 270

BEAUCLERC 313
BEAUMANOIR-Lavardin, 107. 184. 232
BEAUNE, 104
BEAUSSE, 347
BEAUVAU du Rivau, 264. 278
BEAUVILLIER Saint-Aignan, 192. 221. 267.
BEAUVOIR-Grimoard du Roure, 202
Du BEC-Vardes, 105. 141. 194
Du BELLAY, 139
BELLEFOURIERE-Soyecourt, 195
BELLENGREVILLE, 138
BERINGHEN, 197. 228. 292
BERTON de Crillon, 93.
BERTRAND de la Basiniere, 315
BERTHOULAT-Fromenteau, 240
BETHUNE, 140. 192. 200. 211. 226
    Charost, 268. 286
    Orval, 171
    Sully, 218. 265
BIRAGUE, 63. 68
Du BLE'-d'Uxelles; 241
BLOSSET-Torcy, 59
Du BOIS des-Arpentis, 97
BONNE-Lesdiguieres, 156. 170
BONZY, 215
BOUCHARD-Aubeterre, 101. 275.
BOUCHERAT, 308
Du BOUCHET-Sourches, 197
BOUFFLERS, 230
BOUHIER-Beaumarchais, 340
BOUILLE'-Creance, 96
BOULIN, 352
BOURBON-Cardinal, 62
    Charolois, 262
    Clermont, 264
    Condé, 131. 184. 185. 257
    Conty, 65. 185. 213. 257
    Dombes, 283
    Eu, ibid.
    du Maine, 214
    Montpensier, 65. 106
    Soissons, 87. 134
    Toulouse, 244
    Verneuil, 185
    Bâtard, 302
BOURDEILLE, 141
BOUSSELIN, 365. 366
BOUTHILLIER, 322. bis. 340. 341

BOUTON-Chamilly, 254
BRANCAS-Villars, 266
   Cerefte, 270
Le BRET de Flacourt, 350
BRICHANTEAU-Nangis, 107. 148. 287.
BROGLIA, 252. 293
BROUILLY-Piennes, 201
BRULART-Puifieux, 253. 321
Le BRUN, 361
BUADE, 349
   Frontenac, 151
BUDOS de Portes, 154
BUEIL-Fontaines, 78
   Sancerre, 120
   Racan, 123
BULLION, 272. 303. 333. 341

C

CAILLEBOT de la Salle, 227
CALUO, 234
Du CAMBOUT-Pontchafteau, 171
  de Coiflin, 216. 223. 251
Le CAMUS, 318
CANTELMI-Popoli, 294
CARDAILLAC de Bioule, 202
CASSAGNET-Tilladet, 227. 277
CAUMONT-Lauzun, 95. 146
CAZILLAC-Ceffac, 82
CELLAMARE, 290
CESARINI, 191
CHABANES-Curton, 84
CHABOT-Mirebeau, 90. 119
CHAMPAGNE-la Suze, 96
   Villaines, 128
CHAMILLART, 327
Des CHAMPS, 352
CHAPPELAIN de Billy, 365
CHASTEAUVIEUX, 83
CHASTEIGNER la Rochepofay, 79
Du CHASTELET de Thon, 98
CHASTILLON, 241. 292
La CHASTRE, 91
  la Maifonfort, 122
CHAUVEL, 361
CHAUVELIN, 329
CHAZERON, 115
CHEVARD, 351
Des CHIENS, 342
CHOISEUL, 114. 188. 223. 233
CHOURSES-Malicornes, 58
CHUPPIN, 363. bis. 364. 366
CLAIRAMBAULT, 344. 345
CLEREMBAUD, 196
CLERMONT-Gallerande, 282
   Monglat, 195
   Tonnerre, 162. 193. 247. 281.
COCHEFILET-Vaucelas, 149
COEFFIER-Ruzé-Effiat, 156. 280
COETLOGON, 280
COLBERT, 231. 308. 324. 325. 326. bis. 327. 341.

COLIGNY, 140
COLONNE, 210
COMBAULT-d'Arcy, 84
COMINGES, 193. 196
CONFLANS-Ouchy, 124
CONTY-Sforce, 210
COSNAC, 250
COSSE', 53. 112. 161. 205
COTIGNON, 343. 344. bis.
COURCILLON-Dangeau, 229
La COURT, 353
CREQUY, 139. 189.
CREVANT-Humieres, 144. 225
CROISET, 365
La CROIX-Caftries, 207. 281
CROY-Solre, 239
CROZAT, 330
CRUSSOL-Uzés, 52. 137. 186. 218. 265.
La CUEVA de Bedmar, 256
CUGNAC, 110

D

DAILLON, 64. 71. 183. 191
DAMAS-Thianges, 174
DAMOND, 362
DAUVET des Marets, 150
DAVY du Perron, 129
DINTEVILLE, 82
DODUN, 331
DURET de Chevry, 332
DURFORT de Born, 122
   Duras, 225. 293
   Lorges, 225

E

EBRARD-S.-Sulpice, 67
ECHAUX, 133
ESCARS, 54. 55. 64.
ESCOUBLEAU-Sourdis, 100. 106. 159. 170. 239.
ESPINAY-Saint-Luc, 108. 134. 143. 200.
ESTAING, 274
ESTAMPES, 189
   Valençay, 155
   Mauny, 242
L'ESTANG, 133
ESTHUER la Vauguyon, 204
ESTRADES, 206
ESTRE'ES, 60. 162. 214. 220. 226. 252. 254.

F

La FARE, 293
FAUDOAS-d'Averton-de-Belin, 126
FAVEROLLES, 360
FIESQUE, 56
FILHET-la-Curée, 139
FITZJAMES-Berwick, 269
FLEURIAU-d'Armenonville, 330

FOIX, 103
Randan, 222
FORGET la Picardiere, 343
FOUQUET, 306. 307
FOURBIN de Janson, 244
FRANCE Louis Dauphin, 212
Berry, 248
Bourgogne, 246
Espagne, 246. 260. 288. 289
Gaston D. d'Orleans, 134
Philippes D. d'Orleans, 181
FRANQUETOT de Coigny, 276
FROULAY, 198. 242. 287
FURSTEMBERG, 245

G

GADAGNE de Botheon, 120
GALLARD de Bearn, 166.
GAND de Merode de Montmorency, 278
S. GELAIS, 66
GELAS de Voisins-d'Ambres, 174
S. GEORGES de Verac, 240. 279
GIGAULT de Bellefons, 224
GIRARD du Haillan, 342
GOESBRIANT, 259
GONDY-Rets, 58. 132. 137. 158. 188
le Cardinal, 63
Joigny, 144
GONTAUT-Biron, 71. 104
GONZAGUE-Nevers, 51
GOUFFIER-Crevecœur, 54
GOUJON, 365
GOURDON-Genouillac, 206
GOYON Matignon, 67. 111. 129. 183.
199. 233. 272. 282.
GRAMONT, 146. 188. 220. 229. 285.
286.
La GRANGE-Montigny, 111.
Arquien, 245
GRIMALDI-Monaco, 180
Valentinois, 220. 298
GRIMONVILLE Larchant, 81. 125
GRUEL la Frette, 116
GUALTERIO, 298
Du GUE', 346. bis.
GUEFFIER, 348
GUENEGAUD, 306
La GUICHE, 61
S. Geran, 140. 239
GUION, 366
GUISCARD, 247
GUSMAN-Medina-Sidonia, 295

H

HALLE', 347
HALLWIN, 54
HANIQUE-Boisjamin, 349
HAR OURT, 230. 253. 287
Le HARDY-la Trousse, 237
HARLAY-Chanvalon, 183
HARVILLE-Palaiseau, 123

HAUTEFORT, 273
Montignac, 199
HAUTEMER-Fervaques, 109
HENRY III. Instituteur & premier Chef, 51.
HENRY IV. second Chef, 105.
L'HOSPITAL-Choisy, 128
du Hallier, 152
Vitry, 120. 151.
HOSTUN-Tallart, 251. 270
HUMIERES, 57. 109.
HURAUT-Cheverny, 301.

I

Le JAY, 304
JEANNIN de Castille, 334
JOYEUSE, 74
du Bouchage, 80
Grandpré, 205. 234
L'ISLE-Marivaut, 114
S. ISTEVAN, 289
Le JUGE-Bouzonville, 366
La JUGIE du Puy-du-Val, 93
JUVENEL des Ursins, 55. 129

L

LAMBERT, 348
LAMOIGNON, 337
LANNOY-Boissiere, 165
LANTI, 294
S. LARY-Termes-Bellegarde, 85. 108.
153.
LAVAL-Boisdauphin, 118
LAUZIERES-Themines, 121
LEAUMONT-Puigaillart, 69
LECZINSKI, 299.
LENONCOURT, 63. 69
LEVIS Quelus, 72
Ventadour, 125. 160. 291
LIONNE, 314
LIVRON-Bourbonne, 168
LOMENIE, 312. 313
LORRAINE-Armagnac, 216. 264
Aumale, 53
Brionne, 217
Chevreuse, 135
Elbeuf, 70. 136
Guise, 85. 135
Cardinal, 62
Harcourt, 159. 217
Lixin, 285
Marsan, 217
Mayenne, 73. 135
Mercœur, 52
Pons, 265
Vaudemont Cardinal, 78
LOUBENS de Verdalle, 92
LOUIS XIII. troisième Chef, 131
LOUIS XIV. quatrième Chef, 181
LOUIS XV. cinquième Chef, 261
LUXEMBOURG, 68
Brienne, 119

M

M

MADAILLAN-Lesparre, 275
La MAGDELAINE-Ragny , 113. 146
MAILLE'-Brezé , 166
MAILLY Néelle, 273
Du MAINE du Bourg, 258
MALAIN de Lux, 121
MANDELOT, 77
MARCHIN, 251
MARCILLY-Cypierre, 115
La MARCK-Lumain , 279
  Maulevrier, 60
  Mauny. 152
Des MARETS, . 280. 328
MARTEL de Clere, 205
  d'Arcy, 241
MARTINEAU, 346. bis. 347
MATIGNON. Voyez Goyon.
MAULEON de Gourdan, 51
Sainte MAURE Montaufier, 199
  Jonzac, 204
MAZARINI-Mancini, 191
  Rethelois, 221
MECKELBOURG, 208
MELUN-Espinoy, 194
MESMES, 316. bis. 317. 333.
MILON de Videville, 339
MIRON de Chenailles, ibid
MITTE de Miolans, 126. 147
MONCHY-Montcavrel, 179
  Hocquincourt, 240
MONESTAY de Chazeron, 238
Du MONSTIER, 365
MONSTIERS-Merinville, 203
MONTAIGU de Beaune, 276
MONTAUT-Navailles, 190
MONTBERON, 237
MONTBOISSIER-Canillac, 277
MONTCLAR. Voyez Pons de Guimera.
MONTESQUIOU-Artagnan, 271
274.
MONTMORENCY, 117. 137
  Damville, 118
  Luxembourg, 224. 266. 291
MONTSAUNIN-Montal, 235
MORANT, 321
MORIN, 345
MORIZET de la Cour, 342
MORNAY Buhy, 112
  Montchevreuil, 230
  Villarceaux, 242
MOTEL-Valbrun, 351
La MOTTE-Houdancourt, 184
MOUFFLE de Champigny 364
MOY la Mailleraye, 75. 173
  Pierrecourt, 102

N

NAGU-Varennes, 165
NAMBU, 348

S. NECTAIRE la Ferté, 84. 164. 190.
278.
NETTANCOURT-Vaubecourt, 163
NEUFVILLE-Villeroy, 125. 182. 189.
221. 263. 267. 320.
NOAILLES, 167. 193. 222. 148. 268
NOGARET-Espernon, 74. 162
  la Valette, 80
  le Cardinal, 158
  Candale, 161
NOUVEAU, 324

O

        91
  Manou, 97
ONGNIES-Chaulnes, 100, 121
ORLEANS, 213. 261
  Longueville, 106. 159
  S. Paul, 107
ORNANO, 118. 140
OSSONNE, 289

P

PACHECO d'Ucede, 296
PARDAILLAN-Montespan, 95. 141
  Antin, 269
PATU, 362
PECHPEIROU de Cominges, 207
Le PELLETIER de la Houssaye, 318
PEREFIX, 307
PHELYPEAUX, 314. 317. 335. bis.
336. 339.
PIMENTEL, 295
Du PLESSIS-Liancourt, 83. 179
  Richelieu, 95. 157. bis. 288
POLIGNAC, 169. 201. 300
POMPADOUR, 164. 202
PONS, 57
  de Guimera-Montclar, 231
La PORTE la Meilleraye, 172
PORTOCARRERO, 297
POT-Rhodes, 310. 311. bis.
POTIER-Gesvres & Tresmes, 143. 222.
263. 268. 286.
  Novion, 334. 338
  Sceaux, 332
Le PRESTRE de Vauban, 255
Des PREZ, 350
PRIE, 273.

Q

QUATREBARBES la Rongere, 243

R

RAMBURES, 150
REBE', 158
REGNARD de Clerbourg, 365
RIEUX-Sourdeac, 127
ROCHECHOUART-Mortemart, 69.
172. 267.

ROCHEFORT-la-Croisette, 72
La ROCHEFOUCAUD, 155. 187. 219.
266. 285.
     Barbesieux, 55
     le Cardinal, 132
ROGIER de Villeneuve, 315
ROHAN-Monbason, 117. 138
     Marigny, 154
     Soubise, 260
ROQUELAURE, 109. 191. 284
ROSTAING, 77
ROTTEMBOURG, 300
ROUAUT-Gamaches, 206
ROUSSELET-Chasteaurenaut, 255
ROUVROY-S.-Simon, 171. 179. 284
ROUXEL-Grancey, 190
     Medavy, 258
Le ROY-Chavigny, 56
ROZEN, 255
RUZE', 320

S

SALIGNAC la Motte-Fenelon, 68
SANGUIN de Livry, 271
SANTA-Cruz, 299
SAULX-Tavannes, 94. 280
SAVOYE-Villars, 53
SCHOMBERG, 141
     Hallwin, 161
SCHULEMBERG, 196
SEGUIER, 304
SERVIEN, 305
SFORCE, 130
SILLY-la Rocheguyon, 97. 154
     la Rochepot, 111
SIMIANE-Gordes 165. 197
     Esparron, 281
S. SIMON. *Voyez* Rouvroy.
SOBIESKI-Pologne, 211. 249. 250
SOUVRE', 90
     Courtenvaux, 152
SPINOLA-S.-Pierre, 298
STROZZI, 61
SUBLET-d'Heudicourt, 340
SUSANNE de Cerny, 77

T

TARLO, 285
Le TELLIER, 215. 271. 307. 308. 323
TERRAT, 329
THEVALLE, 73
THIARD de Bissy, 236. 262
TIERCELIN de Brosse, 89
TOLEDE-Villafranca, 296
Le TONNELLI, R-Breteuil, 319
La TOUR de Bouillon, 209
TOURNON, 173
La TREMOILLE, 119. 160. 218.
297.

V

VAINI, 249
VALENTIN-d'Eguillon, 352
De VALLETTE-Parisot, 81
La VALE'E-Fossez-d'Everly, 168
VALOIS-Angoulême, 136
     Alets, 160
VARIGNIEZ, 148
VASSE', 87. 150
Le VASSOR, 365
VENDOSME & Beaufort, 136. 186.
bis. 216.
Le VENEUR-Tillieres, 74. 103
VERTHAMON, 337
VIAU-Chanlivaut, 116
VIENNE-Ruffey, 85
La VIEUVILLE, 128. 153. 226
VIGNEROT-Pontchasteau, 172
     du Plessis-Richelieu, 219
VIGNOLLES la Hire, 145
VILLARS, 232. 254
VILLEQUIER, 59. 60. 101
VINTIMILLE du Luc, 263. 272
VIPART de Silly, 277
VIVONNE-Pisany, 72
     la Chasteigneray, 102. 149
VOISIN, 336
VOLVIRE, 75
URSIN-Sancto-Gemini, 130
     Braociane, 209

Fin de la Table du Catalogue des Chevaliers.

ADDITIONS

ET CORRECTIONS GENERALES

Pour l'Histoire Genealogique , &c.

Tome Premier.

A PAGE 15. lettre C, ligne 6. au lieu de , à Chevriere , *lisez* à Cabrieres , dans le diocese de Beziers.

Page, 53. lettre B, ligne 4. au lieu de lire sa posterité sera rapportée au chapitre des Grands-Louvetiers de France , article 19. *lisez* au chapitre du duché- pairie de Saint Simon.

Même page, lettre C, ligne 6. après ces mots, chef de sable , *ajoutez*, au lieu que les anciens seigneurs de S. Simon avoient porté, &c.

Page 57. au titre , au lieu de §. IX., *lisez* §. VIII.

Page 92. lettre B. ligne 12. au lieu de 1528. *lisez* 1328.

Page 103. lettre B, ligne 11. au lieu de Nogent-le-Rotrou, *lisez* Nogent-le-Roy.

P. 108. lettre A, ligne 2. 1486, *lisez* 1386.

P. 132. lettre B, ligne 11. *lisez*,

B II. Femme, ELEONOR d'Autriche , mariée le jeudy 7. juillet 1530. par le ministere de Jean le Veneur, évêque de Lisieux, qui fut ensuite cardinal, dans l'abbaye de Veries de l'ordre des Urbanistes, diocese d'Aire, à quatre lieuës au Nord-Est de cette ville. La Reine Eleonor fit son entrée à Bordeaux le 11. juillet. Suivant Mencie marquise de Zenete, femme de Henry comte de Nassau, (que le ceremonial François , *tome I. p. 773.* appelle la marquise de Geneve) avoit été chargée de conduire cette Princesse. Elle portoit le deuil, suivant la coutume d'Espagne, qui veut que les femmes soient habillées de cette maniere tant que leurs maris sont à la guerre , ou en péril pour le service du Prince, & jusqu'à leur retour.

P. 134. lettre D, ligne 5. 1489. *lisez* 1589.

P. 147. lettre B. ligne 18. article de Gaston duc d'Orleans , *ajoutez* il fit foy & hommage pour les duchez-pairies d'Orleans & de Chartres, & comté de Blois au château **C** du Louvre à Paris dans le cabinet de la Reine le 8. may 1627. La relation de cette ceremonie en rapporte les circonstances.

P. 149. lettre A, l. 7. après le mot qualité, *ajoutez* Il est lieutenant general des armées du Roi d'Espagne, qui au mois de juillet 1725. lui a donné le gouvernement de Ceuta , & en 1728. la commanderie d'Amarandrel dans l'ordre de Calatrava. Il a suivi en Italie l'Infant Dom Carlos, & y est capitaine general des troupes Espagnoles.

P. 156. A ligne 12. 1554. *lisez* 1654.

P. 160. C, ligne 3. assie, *lisez* assieger.

P. 176. B, ligne 12. après ce mot Guyenne, *ajoutez* commanda la cavalerie en 1696. & fut fait lieutenant general le 3. août de cette année.

Ibid. ligne 13. *effacez cette phrase*, après avoir rendu les respects au Pape, étant présenté par le cardinal de Janson.

D *Ibid.* ligne suivante, *effacez ces mots*, croisa quelque tems dans le canal de Malte.

Même page, lettre C, ligne 3. *effacez depuis ce mot*, lieutenant general, jusqu'à celui-ci, l'année 1704.

A la fin de même page , *ajoutez* alinea,

LOUIS-JEAN-MARIE de Bourbon, duc de Penthievre, né le 16 novembre 1725. à Rambouillet, reçut les ceremonies du Batême dans la chapelle du château de Versailles par l'abbé de Choiseul, en présence du Curé de la paroisse , & fut nommé par le Roi & la Reine.

P. 177. A, ligne premiere, LOUISE-FRANÇOISE de Bourbon, *ajoutez* née le premier juin 1673. batisée à S. Sulpice le premier décembre suivant.

P. 181. en tête XXVI. *lisez* XXVII.

P. 182. A, ligne 8. à la fin de l'article du Roi, *ajoutez* le 16. juin 1726. sa Majesté

déclara dans son Conseil d'état la résolution qu'elle avoit prise de gouverner par elle-même, & de supprimer le titre & les fonctions de principal Ministre.

Ibid. à la fin, *ajoûtez* les enfans qui suivent.

1. N. de France, Dauphin de Viennois, né à Versailles le 4. septembre 1729. à trois heures quarante minutes du matin, fut ondoyé par le cardinal de Rohan, grand aumônier de France, en présence du Curé de la paroisse de Versailles. Le Roi son pere assista à cette ceremonie.

2. N. de France, Duc d'Anjou, né à Versailles vers les neuf heures du matin, le 30. août 1730.

3. & 4. N. & N. de France, nées jumelles à Versailles le 14. août 1727.

5. N. de France, née à Versailles le 28. juillet 1728. vers les huit heures & un quart du matin.

6. N. de France, née à Versailles à cinq heures après midy le 23. mars 1732.

P. 185. à la fin, *ajoûtez*, il épousa par procureur le 11. janvier 1728. *Therese-Josephe-Barbe* infante de Portugal : le contrat fut ratifié le 19. janvier 1729. & le cardinal Borgia leur donna la benediction nuptiale le lendemain dans l'église cathedrale de Badajos. Il a été reçu chevalier des Ordres du Roi le 25. avril de la même année.

P. 186. lettre B, ligne 6. *ajoûtez à la fin de l'article*, il a été reçu chevalier des Ordres du Roi le 25. avril 1729. & a passé en Italie pour y prendre possession des duchez de Parme & de Plaisance en 1732.

Ibidem B, ligne 23. à la fin de l'article de Philippes infant d'Espagne, *ajoûtez*, il a été nommé en novembre 1725. grand-Prieur de Castille & de Leon de l'ordre de Jerusalem, à la place de son frere Don *Ferdinand*, reconnu prince des Asturies.

Ibid. à la fin de la page *ajoûtez*, elle a été accordée par contrat du 25. décembre 1727. à *Joseph-Pierre-Jean-Louis* de Portugal, prince de Bresil, heritier de la Couronne de Portugal, fut fiancée le lendemain, & mariée par procureur le 27. Le contrat de mariage a été ratifié le 19. janvier 1728. & tout de suite alinea, *ajoûtez*,

5. LOUIS-ANTOINE-JACQUES infant d'Espagne, né le 25. juillet 1727. à six heures du matin, fut batisé le même jour.

6. MARIE-THERESE-ANTOINETTE-RAPHAELE infante d'Espagne, née à six heures trois quarts du matin le 11. juin 1726. & batisée le même jour.

7. MARIE-ANTOINETTE-FERDINANDE infante d'Espagne, née le 17. novembre 1729. batisée peu après.

P. 188. lettre C, ligne 12. *ajoûtez à la fin de l'article*, elle est morte à Turin âgée de 59. ans moins un jour le 26. août 1728.

P. 190. lettre C, ligne 9. N. *lisez Louise-Diane* ; & à la fin de cette ligne *ajoûtez*, reçut les ceremonies du batême dans la chapelle du château de Versailles le 19. janvier 1732. le Roi fut son parein & la Princesse de Conty troisiéme doüairiere sa mareine ; & elle a épousé le 22. du même mois par contrat du 21. precedent *Louis-François* de Bourbon, prince de Conty.

P. 191. lettre B, ligne 8. à la fin de l'article, *ajoûtez*, il s'est démis de la charge de Colonel general de l'Infanterie Françoise vers la fin de l'an 1730.

Même page, lettre D, ligne 9. N. *lisez*, *Louis-Philippes*, & *ajoûtez à la fin de la ligne*, reçut les ceremonies du batême dans la chapelle du château Royal de Versailles le 2. juin 1732. après la messe du Roi, des mains de l'abbé de Bellefons, aumônier du Roi en quartier, en présence du Curé de la paroisse du château, & fut nommé par le Roi & la Reine.

Ibid. à la ligne suivante, N. *lisez*, *Louise-Madelene*, & *ajoûtez à la fin*, batisée le 19. janvier 1728. mourut à S. Cloud le 14. may de la même année, & son corps fut porté au Val-de-Grace le 15. du même mois.

P. 194. lettre B, ligne 3. Anne-Louise-Benedicte, *effacez* Anne.

Ibid. lettre C, ligne 9. *ajoûtez à la fin de l'article* : Il fut reçu chevalier des Ordres du Roi le 2 février 1728.

Page 195. *ajoûtez à la fin* : Il a été reçu chevalier des Ordres du Roi le 2. février 1728.

P. 199. lettre D, *ajoûtez à la fin de la ligne* 12. Il mourut à Paris le 24. janvier 1717. âgé de 71. ans cinq mois & un jour, & fut inhumé le 25. au Temple.

P. 208. lettre B, à la fin de l'article de Charles duc d'Orleans, *ajoûtez* : ce fut lui qui institua l'Ordre du Camail, dont la marque d'honneur étoit un mantelet semblable à-peu-près à celui qu'on nommoit dans les anciens tems *Cap-mailles*, & auquel pendoit un porc-épic, avec cette devise : *Cominus*, *eminus*, communiqué par M. Gueret, un des presidens de la Chambre des Comptes de Blois.

P. 219. lettre D, ligne 1. Waltengin, *lisez* Wallengin.

A P. 221. lettre D, premiere ligne, *effacez* des Maréchaux de France, & *lisez* Ducs &
Pairs de France, chapitre du duché-pairie de Valentinois, érection de 1715.

P. 224. lettre E, article d'Henriette d'Orleans, *Malo-Auguste* marquis de Coët-
quen, *ajoutez :* il se remaria en 1723. à N... Loquet de Granville, fille de feu *Charles* Loquet, seigneur de Granville, & de *Gillette* de Rotou. Elle mourut l'année suivante.

Ibid. lettre E, ligne 6. après le mot, fils, *ajoutez,* dit le *Comte de Combourg.*

Ibid. ligne antepenultiéme, ayant eu un fils unique, *lisez,* *Jules-Malo* de Coetquen,
comte de Combourg, mestre de camp de cavalerie & gouverneur en survivance des
ville & château de S. Malo, marié le 29. octobre 1721. à *Marie-Charlotte-Elisabeth* Nicolai, fille de *Nicolas* Nicolai, marquis de Presles, & de *Marie-Louise* de Brion.

Ibid. à la fin de l'article, *ajoutez,* lequel est mort à Paris dans sa 29e année le 13. janvier 1727.

B P. 225. lettre C, ligne 11. *ajoutez à la fin de l'article,* mort le 28. janvier 1728. dans
le château de Neaufle, âgé de 58. ans.

P. 226. à la fin, *ajoutez,* mourut en son château de Moucy-le-Vieux le 3. février
1728. âgée de 32. ans.

P. 228. lettre E, ligne 5. est tenu, *effacez* est.

P. 233. lettre C, ligne 2. ragon, *lisez* d'Arragon.

P. 236. lettre B, ligne 4. mourut à 29. ans en 1527. *effacez* &, *lisez,* elle mourut le
30. juin 1519.

Ibid. ligne 10. après Courtenay, *ajoutez,* mort au siege de Peronne en 1537.

P. 245. qui doit être cottée 243. lettre B, article de Madelene bâtarde de Bourgogne, *ajoutez :* son pere en la mariant lui avoit donné 6000. livres, & pour sûreté de
cette somme lui avoit engagé sa terre de Germigny, l'une des dix-sept châtellenies
C du Bourbonnois. Elle & son mari transigerent avec le duc de Bourbon le 25. novembre 1486. & se désisterent de cette châtellenie & de celle de Neronde, qui leur avoit
été promise en échange, moyennant le payement des 6000. livres, & que le seigneur
de l'Aage auroit la capitainerie d'Heriçon.

P. 257. lettre C, ligne 7. après le mot épouse, *ajoutez,* morte à Malines le 22. avril 1729.

Ibid. lettre D, ligne 4. femme de N. *lisez* de *François* de Guttieres.

P. 260. lettre C, ligne 3. après ces mots comtesse d'Autreppe, *ajoutez,* remariée à *Phi-
lippes-Antoine-Dominique-François* seigneur de Rubempré & d'Evesberge, chevalier de la
Toison-d'Or.

Ibid. ligne 11. au lieu de fille de *Guillaume* de Bette...mariée en 1685. *lisez* d'*Am-
broise-Augustin-François* de Bette, marquis de Lede, commandeur de Biezma dans l'ordre
de S. Jacques, premier gentilhomme de la chambre de Jean d'Autriche, gouverneur
des Païs-Bas, & de *Dorothée* de Croy-Solre, mariée en 1684.

P. 262. lettre B, ligne 9. fille puînée, *lisez* fils puîné.

D P. 263. lettre E, ligne 4. après ces mots comte de Preinet, *ajoutez,* 5. Marie-Celes-
tine de Longueval, laquelle épousa *Ferdinand* de Merode, marquis de Deynse, dont
descendent les marquis de Deynse, princes de Rubempré, comtes de Merode, & la marquise de Wateville.

P. 268. lettre B, ligne 2. après ce mot de Royer, *ajoutez,* dame de Lambermont
au duché de Limbourg.

Ibid. ligne 7. après ces mots, dont la postérité subsiste encore dans la châtellenie de
Lille, *ajoutez ce qui suit.* Henry de Bourgogne se retira dans le païs de Liege, puis dans
la principauté de Sedan, ayant abandonné ses biens pour jouir de quelque repos. Après
quoi son frere *Frederic* de Bourgogne fut mis en possession de sa charge de mayeur de
Wilvorde, & son château de Lambermont fut abbatu & brûlé, tous ses biens confis-
quez & vendus, ce qui ne l'empêcha pas de se marier encore trois fois. Sa seconde
E femme fut *Marguerite* de Dromback, qui le suivit à Liege; la troisiéme fut *Marie* de
Beaumont, & la quatriéme *Rachel* Aubertin. Il eut de ses trois dernieres femmes, sans
qu'il soit marqué de laquelle, 1. *David,* 2. *Pierre,* 3. *Daniel,* 4. *Jean,* 5. *Marie,* 6. *Abraham,* lesquels ne prirent que le nom de Lambermont, & qui eurent pour enfans, 1.
Pierre, 2. *Samuel,* 3. *Abraham,* 4. *David,* 5. *Pierre,* 6. *Daniel,* 7. *Louis,* 8. *Jean,* 9.
Louis, lesquels ayant representé au Roi que depuis la retraite de leur ayeul dans la
principauté de Sedan, ils avoient quitté le nom de Bourgogne, & n'avoient pris que
celui de Lambermont, Louis XIV. leur permit par lettres données à Paris au mois de
may 1657. de reprendre le nom de Bourgogne, pourvû qu'il constât par titres de la
vérité de leur exposé.

P. 288. lettre D, ligne 1. après ces mots, maréchal de Navarre, *ajoutez,* qui fut
pere de *Blanche* de Navarre, dame de Ledosa & de Bañuel, mariée à *Pierre* Gonçalez
de Mendoza, *dit* le fort, seigneur d'Almazan & de Monteagudo, veuf de *Marie* de Luna.

P. 290. lettre E, ligne 1. femme major de la Cueva, *effacez le reste, & mettez en la place*, fille de *Bertrand* de la Cueva, comte de Ledesma, duc d'Albuquerque, & de *Mencie* de Mendoza-Infantado sa premiere femme, fut mariée dans le palais Royal de la Aljaferia le 7. octobre 1498.

Ibid. ligne 11. ôtez *les quatre lignes de cet article*, & mettez, Jeronime marquise de Cortez, maréchale de Navarre, mariée 1°. en 1554. à *Jean* de Benavides, commandeur de Mora & de Socuellamos, gentilhomme de la chambre de Philippes II. Roi d'Espagne, second fils de *Gomes* de Benavides, seigneur de Fromesta, maréchal de Castille, & de *Marie* Chacon-Manrique. Il mourut dans le monastere de S. Martin de Iranzu en Navarre le 15. août 1563. ne laissant qu'une fille *Anne* de Navarre, dame d'honneur d'Anne d'Autriche, Reine d'Espagne, morte dans le palais de Madrid le premier février 1579. Sa veuve prit une seconde alliance à Estella l'an 1565. avec *Martin* de Cordoüe & Velasco, viceroy & maréchal de Navarre, fait president du Conseil des Ordres en 1597. & mort sans enfans.

P. 292. lettre C, ligne 7. Jeanne, fille naturelle de *Charles* III. Roi de Navarre, *ajoutez* & de *Catherine* de Lievresu. Elle fut dame de Seranqui, Sada & Slava, mariée par Blanche Reine de Navarre sa sœur. Elle mourut le premier septembre 1456. étant veuve d'Inigo Ortez de Zuniga, maréchal de Castille.

Ibid. lettre E, ligne 3. après ces mots, dans la ville d'Aranda, *ajoutez* de Xarque en Arragon, au mois de novembre 1708.

P. 293. lettre A, *mettez ainsi le degré* XX.

LOUIS de Beaumont III. du nom, comte de Lerin, baron de Curton, de Guicen, de S. Martin, d'Uxué, de Slava & de Sada, connétable & grand chancelier de Navarre, Alcaide de Viana, de Gavaymo, de Monjardin, du Val-de-S.-Estevan, de Larraga & autres forteresses, fut rétabli dans son comté de Lerin lorsque l'armée de Ferdinand le Catholique s'empara de la Navarre en 1512. ayant suivi son parti contre celui du Roi Jean d'Albret. Il mourut à la fin du mois de janvier 1530. & fut enterré dans l'église de Lerin.

P. 298. lettre B, ligne 9. *effacez* 1360. & *lisez* 1357. *ou* 1358.

P. 318. lettre A, ligne 3. fils du Roi Louis, *effacez ce mot* Roi, & *lisez* fils de Louis.

P. 319. lettre E, ligne 10. Cruvalle en Albigeois & de Monsquocu, *lisez* Curval & Monteuquet, diocese de Castres.

Ibid. ligne derniere, Jean seigneur des Croix, *lisez*, Jean de Bayne, seigneur d'Escroux au diocese de Castres.

P. 320. lettre B, ligne 6. *mettez alinea* 6. Isabeau Bourbon de Vendôme, religieuse à Poissy; elle est peinte au cloître de ce monastere, avec cette inscription audessous; *Sœur Isabeau de Bourbon-Vendôme, étoit fille de Jean de Bourbon & de Catherine de Vendôme. Elle fut Religieuse en ce Monastere de Poissy : c'étoit un exemple de vertu, tant par son humilité, que par la charité qu'elle eut pour son prochain, & l'exactitude à la pratique des regles de son Ordre. Elle mourut.... & est enterrée dans la Chapelle de ce Monastere.*

P. 342. lettre E, ligne 6. *lisez* le 9. juillet 1713.

P. 343. lettre A, ligne 6. *lisez* 8. Henriette-Louise-Marie-Gabrielle de Bourbon... reçut les ceremonies du batême le 14. janvier 1727. dans l'église de l'abbaye de Beaumont-lès-Tours, par les mains de l'archevêque de Tours, chargé de procuration du duc de Bourbon pour la tenir sur les fonts avec la dame de Rochechouart de Mortemart, abbesse de cette abbaye. Elle reçut ensuite les sacrement de Confirmation & la Communion des mains du même Prelat, & prit l'habit de Religion.

Ibid. Avant l'article XXVII. ajoutez Louise-Charlotte de Bourbon, fille naturelle de *Louis* III. duc de Bourbon, née le 19. août 1700. fut reconnüe par acte des 20. & 21. juillet 1726. & mariée à l'Isle-Adam chez le prince de Conty le 29. août suivant, par contrats des 24. & 27. precedent à *Nicolas* de Chaugy, baron de Roussillon, marquis d'Aigrevant, comte de Mussigny, de Soulange & de Longecourt, seigneur de Cussy, de Hannieu, &c. mestre de camp de cavalerie, fils de *Nicolas* de Chaugy, baron de Roussillon, &c. & de *Marie* des Champs de Massilly, remariée à *Raymond-Felix* de Broglio, comte de Revel. Ses armes sont comme celles de Basian.

Ibid. à la fin de la page, *ajoutez* II. Femme, CAROLINE de Hesse-Rheinfels, troisiéme fille d'*Ernest-Leopold* Landgrave de Hesse-Rheinfels, & d'*Eleonore-Marie-Anne* de Loweftein, née le 18. août 1714. fut mariée par contrat du 26. juin 1728. Le prince *Alexandre-François* son frere chargé de la procuration du duc de Bourbon l'épousa le lendemain à Rottembourg-sur-la-Fulde, & l'évêque comte de Châlons, pair de France, leur donna la benediction nuptiale à Sarri la nuit du 23. juillet suivant.

P. 346. lettre A, l'explication des armes, ligne 3. contrebretessées de gueules, *lisez* d'argent.

P. 347. à la fin, *ajoutez* Henriette de Bourbon, fille naturelle de *François-Louis* de

A Bourbon, prince de Conty, veuve du marquis de Prinçay, mourut à Paris le 10. mars 1722. âgée d'environ 70 ans.

P. 348. lettre A, ligne 6. ajoutez à la fin de l'article : Elle mourut à Paris le 22. février 1732. & a été inhumée en l'église de S. André des Arcs auprès de son mari.

Même page à la fin, ajoutez, il mourut à Paris le 4. may 1727, à cinq heures du matin, & fut inhumé en l'église de S. André des Arcs.

P. 349. lettre B, ligne 3. à la fin, ajoutez le Roi lui donna au mois de juin 1726. le regiment d'infanterie de Brie. Il épousa dans l'église du château de Verſailles le 22. janvier 1732. Louïfe-Diane d'Orleans, dite mademoiſelle de Chartres, derniere fille de Philippes d'Orleans II. du nom, petit-fils de France, duc d'Orleans, regent du Royaume, & de Françoiſe-Marie de Bourbon, légitimée de France. Il a été nommé chevalier des Ordres du Roi le premier juin 1732.

Ibid. à la fin de la page, ajoutez, mourut le 7. août 1730. & alinea, N. de Bourbon-Conty, née à Paris le 20. juin 1726.

B P. 353. lettre C, ligne 5. au lieu de 1709. lifez 1509.

P. 360. lettre D, ligne 3. ſeigneur de Maligny, ajoutez, aliàs Maigny.

Ibid. ligne ſuivante, après ces mots, dont le teſtament du..... ajoutez 16. juillet 1529.

P. 372. lettre A, ligne 12. ajoutez 4. N. de Bourbon.

Ibid lettre B, ligne 1. 1719. lifez 1710.

P. 374. lettre B, ligne 5. mariée le 4. juillet 1721. lifez 1671.

P. 375. lettre B, ligne 8. des Maréchaux de France, lifez des Connétables de France.

P. 377. lettre C, ligne premiere, lifez mariée au mois de janvier 1672.

P. 389. lettre A, ligne 3. effacez 1363. & lifez le jour de S. Valentin 14. février 1362. Son tombeau de marbre noir, aſſez ſimple, élevé d'environ 18. à 20. pouces, eſt dans l'enceinte du chœur de l'égliſe Royale & Collegiale de S. Fourcy de Peronne : autour

C de la pierre de marbre qui le couvre, eſt écrit ſur des lames de cuivre incruſtées ſur la bordure, qui eſt en larmier ou en chamfrain, en lettres gotiques bien gravées, ce qui ſuit : Ci giſt Jehan d'Artois, jadis ſeigneur de Peronne, aiſné fils de Monſeigneur Jehan d'Artois, comte de Eu, & de Madame Iſabel de Mellun, comteſſe de Eu & de Dreux ſa femme, qui trepaſſa le jour de Saint Valentin XIIII.e jour de Fevrier l'an M. CCC. LXII. Priez pour ſame, que Diex en ait pitié & mercy.

P. 391. lettre C, ligne 5. Philippes d'Artois, lifez Robert.

P. 395. lettre D, ligne 2. 1295. lifez 1285.

P. 409. lettre D, ligne premiere, 1553. lifez 1353.

P. 436. à la fin de la page, effacez Grands-Maîtres des Eaux & Forêts, & lifez Grands-Veneurs de France.

P. 439. lettre D, lettre premiere, remariée, lifez mariée.

D P. 441. lettre E, ligne 3. après ce mot, épouſa, ajoutez par contrat du 19. janvier 1528.

Ibid. ligne 4. à la fin, ajoutez fils aîné de François de Prunelé, ſeigneur d'Herbaut, de Gaſeran, de Machenainville & de Beauverger, & d'Antoinette le Roy de Chavigny.

Ibid ligne 6. par contrat du 3. juin, lifez du 13. juin.

Ibid ligne 8. mariée le 15. may, lifez par contrat du 19. may.

P. 447. lettre D, ligne 9. lifez près Hennebont, qu'elle avoit fondée.

P. 451. lettre E, ligne premiere, Grands-Maîtres des Eaux & Forêts, lifez Grands-Veneurs de France.

P. 460. lettre D, ligne 12. après ce mot, Cherbourg, ajoutez : Le Roi par ſes lettres données à Tours le dernier mars 1450. donna au comte de Richemont, ſeigneur de Parthenay, connétable de France, en récompenſe des ſervices rendus par lui ès guerres contre les Anglois, tant à la recouvrance du duché de Normandie qu'ailleurs,

E la ville, terre, ſeigneurie & vicomté de Gauray, pour en jouir durant ſa vie ſeulement. Ces lettres furent ſcellées du ſoel de la prevôté de Paris le mercredy 23. juin 1451.

Ibid. lettre E, ligne 2. 1597. lifez 1557.

P. 469. lettre B, ligne premiere, Françoiſe, lifez Jacquette; ligne ſuivante, mariée le 2. mars 1602. lifez le 29. juillet 1589.

P. 474. lettre B. ligne 9. Tanlay, lifez Champignelles.

P. 494. lettre E, ligne 9. après ces mots, dioceſe de Bourges, ajoutez en l'hôtel de François de l'ar, chevalier baron de la Guierche, ſeigneur de Baugy près les Jacobins, le 29. may 1547.

P. 495. lettre D, ligne 7. avant 1566. lifez avant le 13. ſeptembre 1563.

Ibid. ligne 11. après 1°. ajoutez par contrat du 11. août 1582.

P. 496. lettre C, ligne 4. après ce mot, de Pruniers, *ajoutez* fils de *Georges* de l'En- A' fernat, feigneur de Pruniers, & de *Françoife* d'Eftampes. Les armes de l'Enfernat font d'azur, à trois lofanges d'or, 2. & 1.

P. 503. ligne derniere, 1967. *lifez* 1667.

P. 504. lettre D, ligne 3. *ajoutez*, il mourut à Paris le 7. may 1730.

P. 508. lettre A, ligne 5. Fouoard, *lifez* Boucard.

P. 509. lettre B, ligne 4. II. Femme, N. *lifez* Alix, fille de *Raoul* Maneffier, che-valier feigneur de Maneffier, de Dimuin, &c. & d'*Alix* de Meulet.

P. 518. lettre A, ligne premiere, Rivigny, *lifez* Revigny.

P. 534. lettre C, ligne premiere, 1373. *lifez* 1173.

P. 542. mal cottée 520. A ligne 4. *effacez ces mots*, par forme de fupplément, & *lifez* Tome VIII.

P. 545. lettre B, ligne 5. dernier mot Champaigue, *lifez* Champaigne.

Ibid. lettre C, ligne 11. *effacez*, la vicomteffe fa mere vivoit encore le 11. juillet B 1175. fuivant un titre rapporté par Perard, p. 527. & *lifez en la place*, Elle vivoit en-core au mois d'avril 1277. fuivant des lettres de Philippes *le Hardy*, données dans ce mois, & inférées dans d'autres lettres du Roi Jean du mois de may 1356. lefquelles font imprimées dans le troifiéme volume du Recueil des Ordonnances.

P. 550. lettre A, ligne 4. *rayez ce mot* ratifié, & *mettez en fa place celui-ci*, accom-pli; ligne fuivante, *effacez*, on dit que le mariage ne fut pas confommé.

P. 564. lettre B, l. 7. I. Femme, BEATRIX de Sabran-Caftellar, *lifez* Beatrix de Caftlar, fille puinée de *Raymond* feigneur de Caftlar, aujourd'hui le Cayla, diocefe de Nifmes, & de *Garfende* domteffe de Forcalquier, & petite-fille de *Roftang* de Sabran, & de *Rofcie* dame de Caftlar.

P. 577. lettre C, ligne 7. Cantañde, *lifez* Cantañede.

P. 612. lettre A, aux armes d'Emilie de Naffau, *mettez au quatrième quartier*, de Naffau de Dietz, *au lieu de* Brunfwic. C

P. 615. lettre C, ligne 7. Marialv, *lifez* Marialva.

P. 624. lettre A, ligne 11. *ajoutez*, elle mourut à Lisbonne le 16. mars 1729. dans la 36e année de fon âge.

Ibid. lettre D, ligne 5. de Portugal Fereira, *lifez* de Portugal Pereira.

P. 625. lettre B. ligne 9. *ajoutez*, marié le 17. decembre 1727. à *Marie-Anne-Vic-toire* infante d'Efpagne.

Ibid. lettre C, ligne 7. *ajoutez*, il mourut de la petite verole le 2. août 1728. âgé de quatre ans & dix mois. Son corps fut porté le même jour dans l'églife du couvent de S. Vincent de Fora.

Ibid. à la fin de la page, *ajoutez*, elle fut mariée par procureur le 11. janvier 1728. à *Ferdinand* prince des Afturies; le contrat fut ratifié le 19. janvier 1729. & le cardi-nal Borgia leur donna le lendemain la benediction nuptiale dans l'eglife cathedrale de D Badajos.

P. 636. lettre A, ligne 3. & de Georges-Marie, *lifez* fille de *Georges-Marie*.

P. 641. lettre A, ligne premiere, après ce mot, Portugal, *ajoutez*, né le 4. novem-bre 1638.

Ibid. ligne 7. *effacez* au mois d'avril 1712. & *lifez* à Lisbonne le 29. janvier 1727. en fa 89e année.

Ibid. lettre D, ligne 5. *ajoutez*, elle mourut le 16. décembre 1730. âgée de 78. ans & 29. jours.

Ibid. lettre E, ligne pénultiéme, *effacez* de comte Bernard d'Alvor, & *lifez* de Ber-nard, comte d'Alvor.

P. 646. à l'explication des armes d'Ifabel Colomb, *lifez*, *au 3. de finople, à 5. ifles d'or*, *au 4. d'azur, à 5. ancres d'or*.

P. 660. lettre B, *ajoutez*, laiffant veuve *Therefe-Jofephe* de Mendoça, fille de Don *Louis-Manuel* de Tavora, quatriéme comte d'Atalaya, laquelle prit l'habit de religieufe E au monaftere de la Conception à Lisbonne le 28. may 1729. La Reine de Portugal lui donna le voile.

Ibid. ligne 8. 1581. *lifez* 1681.

P. 677. à la fin, *ajoutez* Don Louis de Portugal-Alencaftro, colonel du regiment de Setubal, a eu trois filles, dont la derniere eft née en 1728.

P. 679. à la fin ajoûtez Dona *Marie-Anne* de Portugal-Alencaftro, veuve de *Louis-Cefar* de Menefez, gouverneur de la Baye de tous les Saints & d'Angola, mourut à Lisbonne le 12. juin 1731.

Tome

Tome Second.

A PAGE 36. lettre C, ligne 13. après ce mot, de Montaigu, *ajoutez* feigneur de Sevilley.

P. 38. lettre B, ligne 2. *effacez* & de Monthus, & *lifez* de Galargues-le-Monteux en Languedoc diocefe de Nifmes.

P. 59. D, ligne 2. & *Catherine* de, &c. *lifez*, & de *Catherine* Baïf fa premiere femme.

P. 63. lettre C, ligne 10. marquis de Lauzieres, *lifez* marquis de Lauriere.

P. 64. lettre D, ligne premiere & de N. de Beuzey, *lifez* & d'*Anne* de Pouzey.

P. 88. lettre A, après la ligne 8. *ajoutez* trois filles, dont deux mortes fans alliance, & l'autre mariée à N. de Thieuville.

Ibid. lettre B, ligne 5. de Tracy, *lifez* de Patry; même ligne *effacez* vicomte de Condé fur Noireau.

Ibid. ligne 12. *ajoutez*, il eft mort à Paris le 16. mars 1726. âgé de 79. ans.

Ibid. lettre C, ligne 3. *ajoutez* à la Vifitation de Caen.

P. 109. lettre A, ligne 5. après ces chiffres 1720. *ajoutez* & en 1726. à l'évêché de B Conferans.

P. 117. lettre B, ligne antepenultiéme, *rayez tout ce qui fuit, à commencer à* Sanctiffime, & *lifez* les titres que l'on nous a communiquez, tirez pour la plûpart des archives de l'abbaye de S. Crefpin-le-Grand lès Soiffons, ont donné lieu à faire quelques changemens dans le commencement de cette Genealogie.

Un titre de cette abbaye porte que les Religieux abandonnent à *Robert*, dit *Coffez*, moitié du bois de Belval, qui leur avoit été vendu en partie par les predeceffeurs de ce Robert; cet acte eft fans date & rempli de lacunes; il y eft fait auffi mention de *Guillaume* de Billy, & au dos eft écrit en lettres gotiques : *Charte de Nivelon, évêque, au fujet du bois de Belval.* Nivelon de Cherify fut évêque de Soiffons depuis 1176. jufqu'en 1207. *Voyez l'ancien* Gallia Chriftiana.

Au mois de janvier 1202. *Robert* de Billy, écuyer, s'engagea de faire jouir l'églife C de S. Crefpin-le-Grand de la forêt de Belval.

Un acte de 1211. paffé en préfence de l'abbé de S. Jean des Vignes, du doyen & du fous-chantre de l'églife cathedrale de Soiffons, fait mention de *Geraud* & d'*Elifabeth* de Billy, qui reconnurent que les dîmes de leur maifon de Billy appartenoient à l'abbaye de S. Crefpin-le-Grand. Le même *Geraud* de Billy eft mentionné dans un acte pareil du mois de janvier 1211.

Au mois d'avril 1217. *Nivelon* de Billy, chevalier, fit un échange avec Barthelemy Hocard, & cet acte fut ratifié par *Marie* femme de Nivelon, par *Ade*, *Raoul* & *Robin* fes enfans.

Une charte de 1228. en faveur de l'abbaye de S. Crefpin-le-Grand, fait mention d'*Ade* de Billy fur Ourques, de *Jean*, *Barthelemy* & *Guilbert* fes enfans, qui donnerent en aumône à cette églife un arpent de terre fis entre Billy & Gerofmenil.

I. ROBERT dit *Coffez*, chevalier, eft mentionné avec fon frere *Fulcard* dans deux actes de l'an 1210. l'un en faveur de l'abbaye de S. Crefpin-le-Grand, & l'autre en faD veur de celle de Longpont, & c'eft depuis lui que la filiation eft prouvée.

Femme, SANCTISSIME, eft mentionnée dans les deux actes citez ci-deffus. Dans le premier elle confent que fon douaire, qui étoit affigné fur la forêt de Belval, foit affigné ailleurs. Elle vivoit encore au mois de décembre 1243. lorfqu'elle confirma en préfence de Thibault du Mont, official, la vente que fon fils *Robert* avoit faite à l'abbaye de S. Crefpin-le-Grand.

1. ROBERT de Billy, qui fuit.

2. JACQUES de Billy, chevalier, eft nommé dans deux actes, l'un de 1241. & l'autre du mois de décembre 1243.

II. ROBERT de Billy, chevalier, vendit, conjointement avec fa femme *Ælis* au mois de janvier 1242. pour 90. livres tournois à l'abbaye de S. Crefpin-le-Grand, une moitié de bois qu'il avoit eu par échange de fon frere *Jacques*, lequel, avec fa femme *Ifabel*, confirma cette vente. Ils s'engagerent tous quatre d'avoir le confentement de *Sanctiffime*, mere de *Robert* & de *Jacques* de Billy qui étoit abfente. Les cautions furent Foucard d'Arcy, chevalier, *Jacques* de Billy, frere de *Robert*, & Raoul Fouch, bourgeois de Soiffons. Il fit fon teftament en 1258.

I. Femme, ÆLIS, mentionnée dans l'acte ci-deffus.

II. Femme, ISABEL, nommée dans le teſtament de ſon mari de l'an 1258. On ne **A**
ſçait de laquelle des deux il eut JEAN, qui ſuit

III. JEAN I. du nom, ſeigneur de Billy, *& le reſte, comme il eſt dans la Genealogie*,
au degre IV.

P. 133. lettre B, ligne 12. ſur celles de l'égliſe de Cambray, *liſez* ſur celles de l'archevêché de Cambray.

P. 135. lettre E, ligne premiere, Bertholine, *liſez* Berthoulene.

Ibid. ligne 9. Cadoyle, *liſez* Cadoule.

Ibid. ligne pénultiéme, François de Dony, *liſez* de Bony.

P. 136. lettre A, ligne 8. moiſſon, *liſez* Mauſſon.

Ibid. lettre E, ligne 6. Tubieres de Maubuiſſon, *liſez* Cubieres ; ligne 8. Veſomo-
bre, *liſez* Veſenoble.

P. 139. lettre A, après la ligne 11. *ajoutez* Charlotte-Louiſe bâtarde de la Fare,
fille naturelle de *Charles-Auguſte* marquis de la Fare-Laugere, & de *Louiſe* Moreau, fut
légitimée par lettres du 18. may 1695. **B**

Ibid. lettre B, à la fin de l'article de Philippes-Charles marquis de la Fare, *ajoutez*,
il a été fait chevalier des Ordres du Roi le 13. may 1731.

Ibid. à la fin de l'article de ſa femme, *ajoutez*, elle mourut à Paris le 7. mars 1730.
âgée de 34. ans.

P. 140. lettre B, ligne 10. *effacez* 1. 2. & 3. N. N. & N. & *liſez*.

1. MARGUERITE CHARLOTTE de la Fare, née le 13. ſeptembre 1712.

2. FRANÇOISE-MELANIE de la Fare, née le 23. octobre 1714.

3. THERESE de la Fare, née le 7. may 1716.

Ibid. lettre E, ligne 2. après ce mot, S. Privat, *ajoutez* mariée en 1716. à Bagnols à
N. de Vials, & pere de *N.* de la Fare, mort à ſix ans, & de *N.* de la Fare, âgé de 18.
mois en 1728.

Ibid. ligne ſuivante, après ce mot, Salindre, *ajoutez* Major d'Alais, a épouſé *N.* Mar-
ſillan, laquelle l'a rendu pere de deux garçons, l'un âgé de 8. ans, & le ſecond de **C**
quatre au mois d'avril 1728.

Ibid. ligne ſuivante, 7. N. *liſez* Paul, & *ajoutez* épouſa 1°. à Amiens la comteſſe d'Arrets, 2°. au mois de février 1728. *N.* de Rochemore, fille de *François* de Rochemore,
mort à Alais en 1716. & de *N.* Ginhoux-la-Coſte.

P. 141. lettre A, ligne 11. *liſez*,

1. ANNE de la Fare, mariée en 1713.

2. N. de la Fare, mariée en 1716. dans le dioceſe de Condom à *N.* Domps, capitaine d'Infanterie.

Ibid. lettre C, ligne 7. *ajoutez*, dont l'une eſt abbeſſe de Gigean, & l'autre de Saint
Geniez au dioceſe de Montpellier.

P. 151. lettre A, ligne 7. des Chambriers de France, *liſés* des Connétables.

P. 159. lettre E, avant Marguerite de Geneve, *ajoutés*,

4. JEANNE de Geneve, premiere femme de *Guichard*, ſire de Beaujeu & de Dom- **D**
bes.

P. 161. avant la lettre C, *ajoutés* pour ſeconde femme de Hugues de Geneve, ſeigneur
d'Anthon, *Eleonore* de Joinville-Gex, fille de *Guillaume* de Joinville, ſeigneur de Gex,
& de *Jeanne* de Savoye.

P. 163. lettre E, ligne 11. ſieur de S. Georges, *liſés* ſeigneur de S. Georges.

P. 164. lettre B, ligne 10. Buringe, *liſés* Boringe.

P. 173. lettre C, ligne 7. 1508. *liſés* 1308.

Ibidem lettre C, ſur la fin du quatriéme degré, à l'article d'Arnaud Garſie de Goth,
vicomte de Lomagne, *liſez* ainſi:

Arnaud-Garſie de Goth, vicomte de Lomagne par la donation que le Roi Philippes
le Bel lui fit de ce vicomté en 1305. donna la ſeigneurie de Flamarens à *Regine* ſa fille
en la mariant à *Bernard* de Durfort, chevalier, qui depuis ſe qualifia ſire de Flamarens. **E**

Arnaud-Garſie épouſa en ſecondes nôces le ſeptiéme de *l'iſſue* du mois de may 1309.
Miramonde de Mauleon, dame de Marenſin au dioceſe de Bourdeaux, de la Ferine &
de Saubeuſe, fille d'*Auger* de Mauleon, damoiſeau, & ſœur de *Corbayrand* de Mauleon.
Elle vivoit encore en 1348.

Le même *Arnaud-Garſie* fit ſon teſtament le 6. de janvier 1311. Il y fait mention de
Blanche ſa premiere femme, dont il avoit eu pluſieurs enfans, parmi leſquels il y en
avoit pluſieurs qui alors étoient morts. Il fait auſſi mention de *Galhard* ſon frere, qui
étoit mort ſans enfans après avoir été marié. Il y fait des legs à *Miramonde* ſa femme,
legue à *Regiotte* ſa fille, femme de *noble Gauſaunerius* de Pins la moitié de ſa vaiſſelle
d'argent, à *Elips, Marquiſe, Indie, & Regine* femme de *Bernard* de Durfort, ſes autres filles, à chacune cinquante livres, outre la dot qu'il leur avoit donnée. Il fait des

A legs à *Sarvide*, *Galharde*, *Cauhouse* & *Agnès* ses sœurs, à *Basculus* son fils naturel, à *Alamant* son autre fils naturel, fils de *Perrote* de la Oliere, & à *Anglicus* son autre fils naturel. Il fait aussi des legs à *Marie-Anne* demoiselle, femme de *Vesian* de Lomagne, à *Brayde* sa petite-fille, femme de *Raynaud* de Bruniquel. Il prie le pape *Clement* V. son frere de pourvoir de benefices plusieurs clercs, fils de ses domestiques, pour les récompenser de leurs services; il institue heritier *Bertrand* de Gouth son fils, & fait un legs au posthume de *Miramonde* sa seconde femme; appelle à sa substitution *Arnaud-Bertrand* de Pinhsac, chevalier, surnommé *Soldan* son petit-fils (*a*), & *Amanjeu* de la Mote son petit-fils, par sa fille, & nomme *Amanjeu* d'Albret, chevalier, son executeur testamentaire.

(*a*) *Nepotem.*

Bertrand de Gouth, fils du precedent, fit donation en 1324. à sa sœur *Regine*, femme de *Bernard* de Durfort, sire de Flamarens, de la terre de Dunes, dans le vicomté de Lomagne, mais qui dependoit cependant de la province de Languedoc. Il l'appelle aussi
B à sa substitution par son testament du 19. may 1324. Il se qualifie dans ce testament, *Bertrand* de Gouth, *chevalier, vicomte de Lomagne & d'Auvillar, seigneur de Duras . de Blanquefort, &c.* Il y fait mention d'*Arnaud-Garsie* son frere déja décédé, donne la somme de 2500. livres & la moitié de ses meubles à *Beatrix* de Lautrec sa femme; legue à *Elips*, *Indie*, *Marquise*, *Regine*, & autre *Regine* ses sœurs à chacune 200. livres, à *Braide* sa niéce, femme du vicomte de Bruniquel 500. livres, à *Trenquine* sa niéce, fille d'*Olivier* de *Libbano* 1000. livres, & à *Assaride* sa fille naturelle, femme de *Escobon* de Vicemente* 50. livres tournois de rente; à *Geralde* sa fille naturelle, femme de l'aîné de *Guillaume-Raymond* Loriac autant. Il legue à *Basculo* son frere naturel le château de Puyguilhem, &c. Il fait aussi des legs à ses autres freres naturels, & donne à *Gaihard* son fils naturel le château des Alamans; legue à *Berand* de Gouth, *fils naturel de quelqu'un de sa race* 50. livres Arnaudens de rente pendant sa vie; fait heritiere *Regine* sa fille unique, comtesse d'Armagnac, lui substituant, en cas qu'elle mourût sans enfans, le fils de *Bernard* de Durfort, seigneur de Flamarens son beau-frere, & de *Regine* sa sœur;
C & dans differentes portions de ses domaines *Aymeric* fils d'*Arnaud* de Durfort, & de *Marquise* sa sœur, le fils aîné d'*Amalvin* de Bares, & d'*Indie* sa sœur, *Bertrand* fils d'*Amanjeu* de la Motte, & d'*Elips* sa sœur, & autre *Regine* sa sœur, femme d'*Vnissant* de Pins. Il nomme pour ses executeurs testamentaires *Amanjeu* d'Albret, *Raymond - Guillaume* de Gouth, &c. les témoins sont *Reginald* vicomte de Bruniquel, *Bertrand-Eysii* , & *Guitard* d'Albret, freres.

BERNARD de Durfort, chevalier, eut de *Regine* de Gouth sa femme, dame de Flamarens,

1°. *Jean* de Durfort, qui en 1329. se qualifioit *chevalier, seigneur de Flamarens* (*b*). Il étoit mort sans enfans au mois d'octobre 1336. suivant l'échange qui fut fait alors entre le comte d'Armagnac, *Aymery* de Durfort, seigneur de Duras, & le Roi Philippes *de Valois*; par lequel les deux premiers cederent à ce prince les vicomtés de Lomagne & d'Auvillars, pour les châteaux de Villehaudran & de Blancafort. Il est
D fait mention dans cet acte, tiré d'un registre de la Chambre des Comptes, intitulé *des Dons de Charles le Bel & de Philippes de Valois*, de feu *Jean* de Durfort, fils de *Bernard* de Durfort, chevalier, jadis seigneur de Flamarens, lequel étoit mort sans enfans. *Jean* de Durfort, institua heritiere sa sœur *Indie*.

[*b*] Voyez tome V. de cette hist. p. 715.

2°. *Comtesse Marquise*, femme d'*Arnaud - Guillaume* de Montlezun, comte de Pardiac, laquelle dans son testament de l'an 1369. ordonna que le lieu de Flamarens fût remis au comte d'Armagnac, & que si après son décès les heritiers d'*Indie* de Durfort vouloient racheter le même lieu de Flamarens, il leur fût rendu avec toutes ses dépendances pour la somme de trois mille florins d'or. *Voyez tome V. de cette hist. page 729.*

3°. *Indie*, dame de Flamarens, comme heritiere de *Jean* son frere: elle fut admise en cette qualité par arrêt de l'an 1365. à poursuivre ses droits sur les vicomtez de Lomagne & d'Auvillars. (*Voyez tome II. de cette hist p 711.*) Elle vendit la baronie de Flamarens au comte de Pardiac son beau-frere, & la racheta après la mort de ce dernier, comme on le va voir. Elle épousa *Jourdain* seigneur de l'Isle-Jourdain, mourut
E avant l'an 1375. & eut de ce mariage,

JOURDAIN comte de l'Isle-Jourdain, majeur de quatorze ans, & mineur de vingt-cinq en 1375. suivant une vente qu'il fit alors, comme heritier d'*Indie* de Durfort sa mere du lieu de Mauros, &c. se qualifie *magnifique prince Jourdain , comte de l'Isle , vicomte de Gimoez, seigneur de Flamarens, &c.* dans l'hommage qu'il rendit au mois d'août 1392. au comte d'Armagnac, vicomte de Lomagne, &c. pour la baronie de Flamarens, les terres de Clusel, de Caumont, de Mauros, &c.

AUGER de Lomagne. II. du nom, seigneur de Garcianier & de S. Remy, petit-fils d'*Othon* II. du nom, vicomte de Lomagne par *Auger* I. son pere, *dont il est parlé tome II.*

A

de cette hiſtoire, p. 668. fit hommage en 1299. à Elies Talayran, comte de Perigord, vicomte de Lomagne, pour le château de Caumont & autres terres du vicomté de Lomagne, que Vezian comte de Lomagne avoit données en 1271. à *Auger* I. ſon pere; *Auger* II. mourut ſans enfans, & *Pierre*, dit *Fauvel* ſon frere lui ſucceda dans la baronie de Caumont, laquelle paſſa au quatorziéme ſiecle dans la maiſon de l'Iſle-Jourdain, avec celle de Flamarens, ainſi qu'on vient de le dire.

Comme les terres de Flamarens, de Caumont, &c. leſquelles, ainſi qu'on vient de le voir, furent les partages des Cadets des vicomtes de Lomagne, paſſerent bien-tôt dans la maiſon de Groſſolles, on a cru pouvoir rapporter ici la genealogie de cette maiſon.

GENEALOGIE
DE LA MAISON
DE GROSSOLLES.

B

LA maiſon de Groſſolles (dont les ſeigneurs de Flamarens font une branche) eſt une des plus conſiderables & des plus diſtinguées dans la province de Guienne, où elle a poſſedé des emplois & des dignitez honorables eccleſiaſtiques & militaires, & pris des alliances avec les maiſons les plus illuſtres du Royaume. Elle eſt miſe au nombre des premieres maiſons de Guienne par Davity, lequel dans ſa *Deſcription de l'Europe*, imprimée en 1643. *tome I. p.* 325. au chapitre où il traite de la Guienne, dit : *Il y a pluſieurs maiſons illuſtres dans l'Agenois & Condomois, ſçavoir, Montluc, Caumont, Flamarens, Gurſon, Duras, &c.* Cette maiſon étoit très-conſiderable dans le Perigord dès le XIIIᵉ ſiecle.

D'or, au lion de gueules, naiſſant d'une riviere d'argent, & un chef d'azur chargé de trois étoiles d'or.

I.

C

RAYMOND de Groſſolles, chevalier, vivoit dans le treiſiéme ſiecle. Femme, MARGUERITE fille & heritiere de *Pierre* Vigeriie ou de Vigier, damoiſeau, ſeigneur de S. Ribier en Perigord, étoit veuve en 1313. & conſentit en 1317. à la vente d'un fief de ſa mouvance, ſitué dans la paroiſſe de S. Orſe en Perigord.

1. GUILLAUME de Groſſolles, damoiſeau, qui ſuit.
2. PIERRE de Groſſolles, religieux de l'abbaye de Gramont en Limouſin l'an 1326.
3. BERNARDE de Groſſolles, épouſa *Pierre* de Puymaurel diocéſe de Limoges, & tranſigea à S. Ribier le mardy après la fête de S. André Apôtre, de l'an 1326. avec *Guillaume* de Groſſolles, damoiſeau ſon frere, touchant les biens qui avoient appartenu à *Raymond* de Groſſolles leur pere, & à *Marguerite* leur mere; par cette tranſaction *Guillaume* de Groſſolles ceda à *Bernarde* ſa ſœur les fiefs de Montignac en Perigord.
4. IMBERGIE de Groſſolles, tranſigea l'an 1341. avec *Guillaume* ſon frere, qui lui ceda divers cens, rentes & domaines dans les paroiſſes de S. Ribier & de Granges en Perigord.

II.

I I.

A GUILLAUME de Groffolles, damoifeau. *Marguerite* fa mere lui fit donation le lundy avant la fête de S. Thomas 1313. de tous fes biens meubles & immeubles. Il eut un procès devant le fénéchal de Limoges contre Guillaume d'Hautefort & Michelle *de Luco* fa femme, au fujet de quelques fiefs fituez dans la paroiffe de Granges en Perigord, & reçut le lundy avant la fête-Dieu 1339. un hommage d'un de fes vaffaux de la paroiffe de Noailhac. Il fut affocié en 1340. à la procuration que Roger par la grace de Dieu comte de Perigord, & feigneur de Bergerac, avoit donnée à Guillaume Bonifacii, damoifeau de Ribeyrac, & tranfigea au mois de novembre 1341,

Femme, N. de S. Ribier, fille d'*Arnaud* de S. Ribier, damoifeau.

1. BERTRAND de Groffolles, qui fuit.
2. BERNARD de Groffolles, *qui a fait les branches de* Saint Martin, de Caumont, de Flamarens, &c. *& fera rapporté ci-après* §. I.

I I I.

B ERTRAND de Groffolles, damoifeau. *Arnaud* de S. Ribier, damoifeau, le qualifie, fon petit-fils (*a*) dans la donation qu'il lui fit de tous fes biens le 10. avant les calendes de mars 1343. Il vivoit encore en 1369.   (*a*) *Nepos.*

Femme, GERAUDE *Bermondi* ou de Bermond, fille & heritiere de *Pierre Bermondi*, dit l'*ancien*, damoifeau, & veuve de *Pierre Bermonds*, damoifeau, dit *le jeune*, dont elle avoit eu une fille unique nommée *Helene*, morte jeune, de qui elle avoit herité, ce qui apporta les biens de la maifon de Bermondi dans celle de Groffolles. Elle fut mariée vers l'an 1345.

1. AYMERIC de Groffolles, qui fuit.
2. & 3. PIERRE & PONS de Groffolles, morts fans pofterité.
4. LUCE de Groffolles, époufa *noble Pierre* Botelli de Limeuil en Perigord, & fit heritier *Aymeric* de Groffolles fon frere.

I V.

C AYMERIC de Groffolles, damoifeau, feigneur de Floirac, d'Agude, de la Bermondie, de la Baftide d'Engraulier & de la Martinié, prit le furnom de *Bermondi*, fuivant le teftament de *Pierre* Bermondi, dit l'*ancien*, fon ayeul, daté du vendredy d'après l'Affomption de l'an 1357. qui le fit fon heritier univerfel. *Foulquet* de la Force, damoifeau, de la paroiffe de S. Martin-le-Petit, diocefe de Perigueux, lui vendit le 9. mars 1407. la terre & la maifon de la Bermondie & fes dépendances, qu'il avoit euës par fon mariage avec *Marguerite* Bermondi. Il eft qualifié *Aymeric Bermonds, damoifeau, fils de feu Bertrand de Groffolles ou Bermondi*, dans un acte du 12. may 1411. Il fit un codicile le 27. juillet 1422. par lequel il ajouta les articles fuivans à fon teftament qu'il avoit fait quelque tems auparavant. 1°. Il ordonna que fon heritier nommé dans fon teftament porteroit les noms & armes de Groffolles & de Bermondi. 2°. Il fit des legs pieux à l'églife de Thaunac. 3°. Il legua pour réparer le monaftere de S. Ribier, à condition que le Prieur & les Chapelains de S. Ribier feroient tenus de prier pour fon ame, & pour celle du pere de *noble & puiffant feigneur Bernard de Groffolles fon coufin germain* 4°. Il fait encore des legs pieux aux Cordeliers de Montignac & de Sarlat, &

D aux Freres Prêcheurs de Beauvoir, pour prier pour fon ame & pour celle de feu *noble Valence* de Miraumont fa femme, & pour leurs enfans. 5°. En cas que tous les heritiers & fubftituez nommez dans fon teftament vinffent à deceder fans enfans legitimes, il appelle à fa fucceffion les enfans mâles de *Bernard* de Groffolles, chevalier fon coufin germain, comme fes plus proches parens & heritiers du côté de *Bertrand* de Groffolles fon pere. Aymeric de Groffolles furvêquit long-tems à ce codicile. Il fonda le 5. janvier 1415. une chapelle à Turenne, pour prier Dieu pour fon ame & pour tout fon lignage; & fit le 21. décembre 1436. donation entre-vifs en faveur de *noble Aymeric* de Beynac fon petit-fils des châteaux d'Agude & de Floirac, avec la haute & baffe juftice, dont il fe réferva l'ufufruit pendant fa vie, étant dans un âge très-avancé. Il fit un fecond codicile & un teftament fept jours après, par lequel il choifit fa fépulture dans la paroiffe baffe de la ville de Turenne, ou au couvent des Cordeliers de Brives, au choix de fon executeur teftamentaire. Il fit fon heritiere univerfelle *Jeanne* fa fille, femme de *noble Jean* de Cafenac, lui fubftitua *Jean*, & enfuite *Begon* de Cafenac, fils de *Jeanne* fa fille; & après eux *Ademar* de Beynac, *Raymond* de Sirol ou

A

Sireuil, & *Aymeric* de Beynac fes petits-fils fucceffivement l'un après l'autre; à condition que tous ces fubftituez porteroient fon nom, furnom & armes, & nomme pour
fes executeurs teftamentaires *nobles Aymeris* de Beynac, & *Raymond* de Sirol ou Sireuil
fes petis-fils.

Femme, VALENCE de Miraumont, étoit morte en 1422.

1. N. de Groffolles, femme de *Jean* de Comarque, damoifeau.

2. MARTHE de Groffolles, femme de *noble Seguin* de Sirol ou Sireuil, feigneur de Si-
vrac, damoifeau.

3. PHILIPPIE de Groffolles, époufa *noble Jean* de Beynac, damoifeau, dont elle eut
Ademar & *Aymeric* de Beynac.

4. JEANNE de Groffolles, époufa pendant l'abfence de fon pere le 25. février 1407.
noble Jean de Cafenac, damoifeau. L'acte fut paffé à Beynac en préfence de *noble*
& puiffant homme Ademar de Beynac, chevalier, & de plufieurs autres feigneurs.

§. I.

SEIGNEURS DE S. MARTIN,

DE CAUMONT, DE FLAMARENS, &c.

III.

B ERNARD de Groffolles 1. du nom, damoifeau, fils puîné de GUILLAUME B
de Groffolles, damoifeau, & de N. de S. Ribier *mentionnés ci-devant*, page 385. &
frere de *Bertrand* de Groffolles. L'on trouve dans le trefor des chartes du Roi une rémiffion accordée l'an 1347. par le Roi Philippes *de Valois* à *noble Bernard de Groffolles,*
damoifeau, pour avoir pris le parti des Anglois, dans le tems que *noble Raymond Bernard*
de Durfort, qui tenoit le même parti, s'empara de Veillac en Perigord. Il fut pere
de

1. BERTRAND de Groffolles, encore pupille en 1347. eft mentionné dans les lettres
de rémiffion de fon pere.

2. BERNARD de Groffolles II. du nom, qui fuit.

IV.

B ERNARD de Groffolles II. du nom, chevalier, vicomte de Montgaillard, C
feigneur de Genfac, de S. Martin, d'Afques, &c. eft appellé avec fes enfans
mâles par le codicile d'*Aymeric* de Groffolles de la Bermondie fon coufin germain
de l'an 1422. à la fubftitution de fes biens, & il y eft qualifié *noble & puiffant feigneur.*
On trouve plufieurs actes de lui, entr'autres un contrat d'acquet qu'il fit de la terre &
feigneurie de S. Martin & autres, de l'an 1390. un acte de foy & hommage du 5. mars
1407. rendu au comte d'Armagnac par Jean de Roquelaure, feigneur de S. Aubin,
dans lequel *Bernard* de Groffolles nommé comme préfent eft encore qualifié *noble &*
(a) Nobilis & *puiffant feigneur.* (a) Il rendit le premier octobre 1418. foy & hommage à Jean comte
potens dominus. fouverain d'Armagnac; il y eft qualifié *chevalier,* (b). Cet acte contient un aveu & dé-
(b) Miles. nombrement de plufieurs terres & feigneuries fituées dans le vicomté de Lomagne,
& ces terres & feigneuries font déclarées poffedées par lui en toute juftice, haute,
moyenne & baffe, & en qualité de *feudum nobile & honoratum.* Il joint au dénombre-
ment de fes fiefs directs & immediats la déclaration d'autres féodalitez ou feigneuries, D
tenuës & mouvantes de lui en arrierefiefs; les témoins de cet hommage font Bernard
de la Riviere, fénéchal d'Armagnac, Gerard de Lomagne, Othon feigneur de Montault, Acciou de Montefquiou, & Jean de Baftules. Il fe trouve nommé à la tête de
(c) Militibus. plufieurs feigneurs, tous qualifiez chevaliers (c), préfens au contrat de mariage d'Ifabeau, fille du Roi de Navarre, avec Jean comte d'Armagnac, paffé à Rhodez le 17.
mars 1418. L'on trouve dans les acquits des guerres de la chambre des Comptes de
Paris, une quittance du même Bernard de Groffolles du 10. février 1420. dans laquelle
il eft dit que Bernard de Groffolles, chevalier, fervoit le Roi à la défenfe du Languedoc, avec un chevalier & quatorze écuyers de fa chambre; & fur fon fceau qui eft

A au bas eſt *un lion & un chef chargé de trois étoiles*, qui ſont les armes de la maiſon de Groſſolles. Il fit ſon teſtament le 17. mars 1421. par lequel il paroît qu'il avoit été marié deux fois, qu'il avoit dix enfans de ſes deux lits, qui ſont rappellez dans cet acte; il y inſtituë ſes heritiers univerſels pour toutes ſes terres ſes deux fils ainez des deux lits; ſçavoir, *Bernard* III. aîné du premier lit, & *Etienne* ſeigneur de Caumont, aîné du ſecond, *pour conſerver ſes terres dans ſa famille, & afin de ſoutenir le nom & les armes de ſa maiſon.* Il fit une ſubſtitution graduelle & perpetuelle de mâle en mâle, & d'aîné en aîné de l'un à l'autre; y appellant les naturels au défaut des légitimes, à l'excluſion des filles. Le nom de ſes deux femmes eſt ignoré; ſes enfans furent entr'autres,

1. BERNARD de Groſſolles III. du nom, *a fait la branche des* ſeigneurs de S. Martin, vicomtes de Montgaillard.

2. ETIENNE de Groſſolles, *a donné origine à celle des* ſeigneurs de Caumont.

B   3. JEAN de Groſſolles, *a fait la branche des* ſeigneurs de Flamarens, *rapportés ci-après* §. II.

4. ANTOINE de Groſſolles.

5. JEANNE de Groſſolles, mariée au ſeigneur de Baſtules.

6. JEANNETTE de Groſſolles, femme du ſeigneur de Leaumont.

7. PERRETTE de Groſſolles, épouſa *Antoine* du Fourc, ſeigneur de Montaſtruc. Trois autres filles, dont l'on ignore les alliances.

§. II.

SEIGNEURS
DE FLAMARENS.

V.

C   JEAN de Groſſolles, chevalier, ſeigneur de Flamarens, baron de Montaſtruc en Agenois, ſeigneur de la Chapelle, de Mauroux, ſecond fils du ſecond lit de BERNARD de Groſſolles II. du nom, *mentionné ci-deſſus.* Il étoit déja ſeigneur de Flamarens en 1472. ſuivant le teſtament de *Bernard* III. ſon frere aîné, qui renferme une ſubſtitution en faveur des mâles de la branche de Flamarens au défant des mâles dans la ſienne. Il fut inhumé dans l'égliſe paroiſſiale de Flamarens, en une chapelle qu'il avoit fondée pour lui & les ſiens.

Femme, ANNE d'Abzac, fille de *noble Guy* d'Abzac, ſeigneur de la Douze en Perigord, fut mariée par contrat du 29. may 1466. au château de Lauzun, en préſence de *noble Jean* de Caumont, ſeigneur de Lauzun, & autres ſeigneurs de Perigord.

1. JEAN de Groſſolles II. du nom, ſeigneur de Flamarens, qui ſuit.

2. ANTOINE de Groſſolles, ſeigneur de Buzet, *a continué la branche de Flamarens,* D   *& ſera rapporté ci après*

3. HERARD de Groſſolles, abbé de Simorre, fut élû évêque de Condom l'an 1521. & ſiegea juſques vers l'an 1543. Il fit rétablir ſon égliſe cathedrale, & la conſacra de nouveau en 1531. comme on le voit dans une inſcription gravée ſur une table de marbre dans la même égliſe, dont les clefs des voûtes, les vitres & les ornemens portent les armes de Groſſolles. *Voyez* Gall. Chriſt. *edit. nov. §. II. col.* 968.

4. LOUISE de Groſſolles, femme du ſeigneur de Bezolles.

5. MARIE de Groſſolles, mariée au ſeigneur de Braſſac.

VI.

E   JEAN de Groſſolles II. du nom, baron de Montaſtruc, ſeigneur de Flamarens, de la Chapelle, &c.

Femme, ANTOINETTE de Luſtrac, fille d'*Antoine* de Luſtrac, chevalier, ſeigneur des terres & baronies de Luſtrac, de Gavaudon, &c. & de *Catherine* de Durfort, fut mariée par contrat du 7. novembre 1501, les ſeigneurs de Durfort & de Roquelaure y ſouſcrivirent, & les parties y prennent de part & d'autre les qualitez de *nobles & puiſ-*

fans feigneurs Elle fit fon teftament le 24. février 1527. par lequel elle ordonna fa fépulture dans l'églife paroiffiale de Flamarens, en la chapelle où fes prédeceffeurs avoient
coutume d'être inhumez, & *auprès de fon feu feigneur & mari.* Elle fonda de plus une
chapelle, à la charge de trois meffes par femaine à perpetuité, de laquelle elle attri-
bua la collation à fon heritier *& à fes fucceffeurs fires de Flamarens.*

1. JEAN de Groffolles, embraffa l'état ecclefiaftique, fut protonotaire Apoftolique, &
fit une donation à *Arnaud* fon frere puîné des terres & baronies de Flamarens
& de Montaftruc, *pour l'entretenement des nom & armes de fa maifon.* Après la mort
d'*Arnaud* de Groffolles fans enfans, ce même Jean de Groffolles étant rentré dans
la poffeffion des terres de Flamarens & de Montaftruc, en vertu de la claufe de
reverfion appofée dans la donation, il fit une feconde fois donation des mêmes
mêmes terres le 17. octobre 1543. en faveur d'ANTOINE de Groffolles fon oncle, *dont il fera parlé ci-après.* Voici les termes de cette donation : *Confiderant que
Meffire Antoine mondit oncle eft encore en vie, eftant forti de ma maifon, & porte le nom
& armes d'icelle, ayant auffi enfans mâles de lui procreez, & que la generation & ancienne nobleffe de madite maifon pourra être confervée & gardée ; à ces caufes, me voulant conformer a la volonté de mondit feigneur & pere, je fais la difpofition de mon bien
ainfi qu'il s'enfuit, &c,*

2. ARNAUD de Groffolles, baron de Flamarens, qui fuit.

3. N. de Groffolles, époufa le feigneur de Bolac.

4. N. de Groffolles, époufa *N.* de Pontbriand, feigneur de Montregal en Perigord.

VII.

ARNAUD de Groffolles, baron de Flamarens & de Montaftruc, feigneur de la
Chapelle & de Mauroux en Lomagne, fénéchal de Marfan, bailly de Nivernois, gouverneur de la ville & du château de l'Efparre, fit fon teftament le 15. juillet 1536. fur le point d'aller à la guerre, *confiderant, dit il, le voyage que j'entends faire
au fervice du Roy en la guerre,* &c. il y inftitua heritier univerfel fon frere aîné jean de
Groffolles, protonotaire du S. Siege, & à fon défaut *Antoine* de Groffolles, chevalier,
feigneur de Buzet fon oncle paternel, & les enfans mâles procréez de lui, & par droit
de fucceffion tous les mâles tant directs que collateraux du nom & armes de la maifon de Groffolles. Il fit encore un codicile le 17. octobre 1543. *s'en allant à la guerre
au camp du Roy tenant le fiege devant Perpignan.* Il y confirme les difpofitions qu'il avoit faites dans fon teftament, & mourut fans enfans.

Femme, CATHERINE de la Tour, fille d'*Antoine-Raymond* de la Tour, baron de
Murat, de Cayres, &c. & de *Marie* de la Fayette, fut mariée par traité figné au château de S. Exupery en Limoufin le 26. janvier 1538. *Voyez tome IV. de cette hiftoire,
page* 547.

VI.

ANTOINE de Groffolles, chevalier, feigneur de Buzet, puis baron de Flamarens & de Montaftruc après la mort fans enfans de *Jean* & *Arnaud* de Groffolles
fes néveux, étoit fils puîné de JEAN de Groffolles I. du nom, feigneur de Flamarens,
& d'ANNE d'Abzac, *mentionnée ci-devant, p* 387. Le roi Louis XII. lui fit expedier
le 24. juillet 1514. une commiffion pour faire fortir hors du Royaume les Lanfque-
nets qui étoient venus au fervice de ce Prince, fous la conduite du comte Wolf:
l'intitulé de cette commiffion porte ce qui fuit. Louis par la grace de Dieu, &c. *A
notre très-cher & bien amé Meffire Antoine de Groffolles, chevalier, feigneur de Buzet, falut,
&c.* Il fit fon teftament le 20. juin 1530. par lequel il inftitua heritier univerfel *Herard* de Groffolles fon fils aîné, & au défaut de celui-ci fans enfans mâles, il appella
Renaud de Groffolles fon fils puîné & fes enfans mâles, & fucceffivement tous les mâles
de proche en proche tant qu'il y en aura qui porteront *le nom & les armes de Groffolles.*

Femme, BEATRIX de Noaillan, fils d'*Odet* de Noaillan, & de *Guyonne* d'Efclamail,
fut mariée l'an 1506.

1. HERARD de Groffolles I. du nom, feigneur de Buzet, qui fuit.

2. RENAUD de Groffolles, *qui a continué la branche, & fera rapporté ci-après.*

VII.

HERARD de Groffolles I. du nom, chevalier, feigneur de Buzet, &c. Etant
furvenu une conteftation entre lui & Honorat de Savoye, comte de Villars, au
fujet de la pêche dans la Garonne, ils la terminerent par une tranfaction du 3.
février

A février 1547. dans laquelle les parties se qualifient, sçavoir, *haut & puissant seigneur Honorat de Savoye, comte de Villars, seigneur d'Aiguillon & autres places, d'une part, & haut & puissant seigneur Messire Herard de Grossolles, d'autre, &c.*

Femme, FRANÇOISE de Montpezat, niéce de *Jean* de Montpezat, chevalier, sénéchal de Bazadois, gentilhomme de la chambre du Roi, & sœur de *Bernard* de Montpezat, seigneur de S. Martoire & de Tayan, lequel fut présent au contrat de mariage qui fut signé le 27. avril 1539. Elle n'eut que deux enfans, qui moururent sans postérité.

VII.

RENAUD de Grossolles, chevalier, frere puîné de HERARD de Grossolles, *mentionné ci-devant, p. 388.* fut baron de Flamarens & de Montastruc, seigneur de la Chapelle, de Buzet, de Vignau, &c. sénéchal des païs de Marsan, de Tursan & de Gavardan, gouverneur du mont de Marsan, chevalier de l'Ordre du Roi, gentilhomme de sa chambre. Il étoit sénéchal de Marsan avant 1560. & en 1562. la Reine Jeanne de Navarre, veuve d'Antoine de Bourbon, le destitua pour cause de Religion, mettant en sa place le seigneur de la Case de la maison de Pons en Saintonge, qui étoit Calviniste comme elle ; mais en 1568. le roi Charles IX. ayant reconquis sur les Religionaires rebelles le païs de Marsan & autres, il rétablit *Renaud* de Grossolles dans sa charge de sénéchal, y ajoutant par les mêmes provisions celle de gouverneur du mont de Marsan. Il y est qualifié *Monsieur de Flamarens, chevalier, seigneur dudit lieu, & gentilhomme ordinaire de notre hôtel.*

L'on trouve aussi trois Lettres du Roi Henry III. signées de sa main, écrites à Renaud de Grossolles, dont voici les copies.

Monsieur de Flamarens, tout ainsi que les cœurs genereux de la noblesse Françoise ont acquis & conservé notre Monarchie, aussi avons nous fiance qu'ils continuront, & que toute division ôtée, chacun reconnoissant comme il doit son souverain, estant l'obeissance à lui duë l'une des choses la plus agreable à Dieu, & bienseante entre les hommes, & au contraire des partialités & divisions proviennent infinis maux, & entre autres la destruction de notre noblesse, &c... A Paris le... jour de Fevrier 1580. Signé, HENRY, & plus bas, DE NEUFVILLE. Premiere Lettre.

Monsieur de Flamarens, m'estant informé de ceux qui se sont vertueusement & fidellement employés pour mon service en cette derniere guerre en mon armée de Guyenne, j'ay sçu que vous êtes de ceux qui ont fait paroistre leur valeur, dont je vous sçais fort bon gré, me promettant que vous continuerez toujours en cette bonne volonté, & que la ferez voir en toutes occasions qui s'en presenteront, comme je vous en prie, & même en l'establissement & execution de la paix, pour le bien de laquelle vous apporterez toute l'aide & assistance que vous pourrez, qui me fera le plus grand & le plus agreable service que je desire de vous à present, & s'il s'offre quelque occasion de vous gratifier, assurez-vous que je le feray bien volontiers, priant Dieu, Monsieur de Flamarens, vous avoir en sa sainte & digne garde. Ecrit à Saint Germain en Laye le 11e jour de Fevrier 1581. Signé, HENRY, & plus bas, PINART. Seconde Lettre.

Monsieur de Flamarens, je ne puis que je ne reçoive beaucoup de déplaisir de la blessure de mon cousin le Marechal de Biron, pour la consideration de son particulier premierement, & puis pour le prejudice que cela peut apporter au bien de mon service ; mais j'espere qu'il sera bientôt gueri, & que, suivant qu'il m'a ecrit, il sera bien-tôt rejoint à mon armée, ce que je lui ecris, & de s'en tenir toujours le plus pres qu'il pourra, afin que les choses s'avancent, ainsi que je le desire pour le bien de mes affaires, vous priant de continuer à vous y employer, ainsi que vous avés bien commencé avec les troupes que vous avés menées en madite armée ; & je vous assure que je le reconnoistray fort volontiers l'occasion se presentant, & m'assurant que vous ne manquerés en aucune chose qui se puisse esperer de vous, & de la bonne affection que vous portés à mondit service, je feray fin, priant Dieu, Monsieur de Flamarens, vous avoir en sa sainte & digne garde. Ecrit à Dolainville le 29. Octobre 1582. Signé, HENRY, & plus bas, PINART. La suscription de ces Lettres : A Monsieur de Flamarens, Chevalier de mon Ordre. Troisiéme Lettre.

RENAUD de Grossolles fit son testament le 24. juin 1574. par lequel il établit une substitution perpetuelle des terres de Flamarens, de Montastruc & autres, de mâles en mâles, *en suivant la volonté de ses ancestres pour la conservation de sa maison, & pour l'entretien de la grandeur d'icelle.*

Femme, ANNE de Montlezun, dame & heritiere de la terre, seigneurie & châtellenie de Vignau en Marsan, fut mariée par contrat du 21. avril 1542.

1. HERARD de Grossolles II. du nom, baron de Montastruc, qui suit.
2. JEAN de Grossolles, chevalier de Malte en 1566.
3. JEAN-ARNAUD de Grossolles, aussi chevalier de Malte.

Tome IX. F 5.

VIII.

HERARD de Groſſolles II. du nom, baron de Montaſtruc & de Flamarens, **A**
chevalier de l'Ordre du Roi, gentilhomme de ſa chambre, maréchal de camp
de ſon armée de Guyenne, & capitaine d'une compagnie de cinquante hommes d'armes de ſes ordonnances. Marguerite reine de Navarre, ſœur du roi Henry III. fit expedier le dernier jour du mois d'août 1588. à Herard de Groſſolles une commiſſion,
par laquelle elle le prépoſe à la défenſe des païs d'Agenois & Condomois, à cauſe de
la guerre qui étoit dans ce païs ; *Nous avons aviſé de commettre*, dit cette Princeſſe,
gentilhomme de marque & autorité.

Femme, BRANDELISE de Narbonne, fille de *Bernard* de Narbonne, chevalier de
l'Ordre du Roi, marquis de Fiemarcon, & de *Françoiſe* de Bruyeres-Chalabre ſa ſeconde
femme, fut mariée par contrat paſſé au château de la Garde en Fiemarcon le 14. juin
1574. *Hector* de Pardaillan, ſeigneur de Gondrin, chevalier de l'Ordre du Roi, & **B**
Jean de Groſſolles, ſeigneur de Caumont, auſſi chevalier de l'Ordre du Roi, y ſouſcrivirent. *Voyez tome VII. de cette hiſt. p.* 773.

    1. RENAUD de Groſſolles, mort ſans alliance après avoir fait ſon teſtament le 26.
      juillet 1605. par lequel il inſtitua ſon heritier univerſel *Jean* de Groſſolles ſon frere
      puîné, qui ſuit, & ſubſtitua à perpetuité tous ſes biens de degré en degré en ligne
      maſculine, & de branche en branche, & au défaut de mâles dans la maiſon de Grof-
      ſolles, il ſubſtitua ſes biens à l'aînée des filles du nom & armes de Groſſolles, à
      condition que ſon mari & ſes enfans porteroient le nom & les armes de ſa mai-
      ſon.

    2. JEAN de Groſſolles III. du nom, baron de Flamarens, qui ſuit.

    3. MARGUERITE de Groſſolles, épouſa par contrat du 28. octobre 1614. *Jean-Gaſton*
      de Foix de Candalle, ſeigneur de Villefranche, fils de *Charles* de Foix, ſeigneur de
      Villefranche & de Montcaſſin, & d'*Anne* d'Anticamerata. *Voyez tome III. de cette hiſt.* **C**
      page 385.

IX.

JEAN de Groſſolles III. du nom, chevalier, baron de Flamarens & de Montaſtruc,
ſeigneur de Buzet, &c. meſtre de camp d'un regiment d'infanterie. C'eſt lui qui, ſe
croyant offenſé de quelques diſcours qu'avoit tenus le ſieur de Monteſpan, s'achemina
au château de Gondrin avec un page ſeulement, qu'il envoya au ſieur de Monteſpan,
pour lui dire où il étoit, & qu'il déſiroit avoir de lui un éclairciſſement : le ſieur de
Luſan s'étant trouvé à la porte du château de Gondrin à la deſcente du page, & ayant
reconnu qu'il étoit au ſieur de Flamarens, & ſçu le ſujet qui l'amenoit, il prit ſur le
champ le cheval du page & s'en alla trouver le ſieur de Flamarens, qu'il obligea de
mettre l'épée à la main, prenant le fait & cauſe du ſieur de Monteſpan ; le ſort des armes n'ayant pas été favorable au ſieur de Luſan, il fut tué. Ce fait eſt ainſi rapporté dans **D**
les lettres de grace accordées au ſieur de Flamarens par le roi Louis XIII. la deuxiéme
année de ſon regne, données à Fontainebleau au mois d'octobre 1611.

Femme, FRANÇOISE d'Albret, fille d'*Henry* d'Albret, ſeigneur de Mioſſens, chevalier des Ordres du Roi, gouverneur du païs de Bearn, & d'*Antoinette* de Pons, &
ſœur d'*Henry* d'Albret II. du nom, baron de Pons & de Mioſſens, qui épouſa *Anne* de
Pardaillan, dame d'Eſcandillac, fut mariée par contrat paſſé à Bourdeaux en préſence de
François de Sourdis, cardinal, archevêque de cette ville, le 19. décembre 1609. *Voyez
tome VI. de cette hiſt. p.* 220. Elle fut mere entr'autres enfans de

X.

ANTOINE-AGESILAN de Groſſolles, chevalier, marquis de Flamarens, **E**
baron de Montaſtruc, ſeigneur de Buzet, &c. fut tué à la bataille de S. Antoine
dans le parti de M. le Prince au mois de juillet 1652. *Voyez les memoires de M. de la Rochefoucaud, p.* 432. *ceux de Mᵉ de Motteville, tome IV. p.* 376. *& autres.*

Femme, FRANÇOISE le Hardy de la Trouſſe, fille de *Sebaſtien* le Hardy, ſeigneur
de la Trouſſe, grand-prévôt de France. Ses enfans s'étant trouvés mineurs à ſa mort,
eurent pour tuteurs *Ceſar-Phœbus* d'Albret, maréchal de France.

    1. FRANÇOIS de Groſſolles, mourut ſans alliance l'an 1706. à Burgos en Eſpagne,
      ayant été obligé de ſortir du Royaume à cauſe d'un combat ſingulier. Sa Majeſté
      Catholique lui avoit accordé deux mille écus de penſion, & l'avoit honoré de la
      Clef d'Or. Voici ce qu'en dit un Journal de ce tems-là : *Le Marquis de Flamarens,
      d'une des premieres maiſons de Guyenne, eſt mort de maladie à Burgos. La Reine d'Eſpagne*

POUR LE TOME II.
391

(le Roy estant absent) a donné des ordres pour le faire enterrer d'une manière convenable à sa qualité, afin qu'il ne manquât rien aux funerailles d'un Estranger de distinction, éloigné de son pais & de ceux de sa maison, & que tout respondît à l'estime qu'elle faisoit de lui.

2. FRANÇOIS-AGESILAN de Grossolles, comte de Flamarens, qui suit.

3. JEAN de Grossolles, dit le chevalier de Flamarens, mort sans postérité.

X I.

FRANÇOIS-AGESILAN de Grossolles, comte de Flamarens, premier maître-d'hôtel de Monsieur duc d'Orleans, frere unique du roi Louis XIV.
Femme, MARIE-GABRIELLE le Tillier, fille de Jacques le Tillier, seigneur de la Chapelle, intendant des finances, & sœur uterine du cardinal le Camus, évêque de Grenoble, de Nicolas le Camus, premier président de la Cour des Aydes à Paris, & de Jean le Camus, Lieutenant Civil.

1. EMMANUEL-FELIX de Grossolles, guidon des Gendarmes Anglois, tué en Italie à la bataille de Luzzara sans avoir été marié.

2. AGESILAN-GASTON de Grossolles, marquis de Flamarens, qui suit.

3. MARIE-CLEMENT-JOSEPH de Grossolles, seigneur de Montastruc & d'Aurenque, mestre de camp d'infanterie.
Femme, MARGUERITE-LOUISE de Bruet, fille de Gedeon de Bruet, baron d'Arzens, seigneur de Perecave, de la Garde & de S. Blancard, & de Marguerite de Bar de Mauzac, fut mariée le 24. juin 1722.

I. AGESILAN de Grossolles, de Flamarens, né le 31. octobre 1729. mourut le 31. octobre 1730.

II. JOSEPH-CLEMENT-MARIE de Grossolles, né le 23. janvier 1731. mourut le 26. mars 1732.

III. MARGUERITE-MARIE-GABRIELLE de Grossolles, née le 25. août 1723.

IV. ANNE de Grossolles, née le 14. janvier 1725.

V. FRANÇOISE de Grossolles, née le 23. may 1727.

VI. JULIE-ANNE de Grossolles, née le 25. juin 1728.

X I I.

AGESILAN-GASTON de Grossolles, chevalier, marquis de Flamarens, seigneur de Buzet, de la Barthe & de Mauroux, ci-devant capitaine-lieutenant des Chevaux-legers de Bourgogne, brigadier des armées du Roi le premier février 1719.
Femme, ANNE AGNE'S de Beauvau, fille de Gabriel-Henry de Beauvau, marquis de Montgauger, capitaine des Gardes du corps de Philippes de France, duc d'Orleans, frere unique du roi Louis XIV. & de Marie-Madelene de Brancas, fille de Louis-François de Brancas, duc de Villars.

L'on a crû devoir joindre ici quelques alliances de la maison de Grossolles, qui n'ont point été rapportées dans cette genealogie.
Jeanne de Marsan, fut femme de Blaise de Grossolles, seigneur de S. Martin.
Marthe de Preyssac, fut femme en secondes nôces du même Blaise de Grossolles.
Jean de Lomagne de Fiemarcon, eut pour femme Marie de Grossolles. Voyez tome II. de cette hist. p. 677.
Catherine de Grammont, épousa Joseph de Grossolles.
Jeanne de Lautrec, fut femme de Jean de Grossolles, vicomte de Montgaillard.
Catherine de Gouth, fut femme de Jean de Grossolles, seigneur de S. Martin ; elle étoit de la maison de Gouth ou Goth, dont étoit le pape Clement V. & Regine de Gouth, vicomtesse de Lomagne & d'Auvillars, femme de Jean comte d'Armagnac.
Catherine d'Abzac de la maison de la Douze, fut femme d'Antoine de Grossolles, seigneur de Caumont, & eut pour fils Bernard de Grossolles, chevalier de S. Jean de Jerusalem en 1477.
Bernard de Vabres, marquis de Castelnau, épousa Claude de Grossolles.
Anne de Caumont, fut femme de Jean-Jacques de Grossolles, seigneur d'Asques.
Michel de Faudoas, épousa N. de Grossolles. La genealogie de la maison de Faudoas, parle de cette alliance en ces termes: Michel de Faudoas &c.. s'allia avec une très-noble & très-ancienne maison par son mariage avec N. de Grossolles, fille d'Etienne de Grossolles, seigneur de Caumont. Voyez ibid. tout ce qui est rapporté du nom de Grossolles.

Page 187. lettre D, ligne 2. Beaumont d'Andufe, *lifez* Bermond d'Andofe.

P. 195. lettre E, ligne 9. *ajoûtez*, elle étoit feconde fille de *Robert* vicomte d'Uzés, & de *Guinote* dame de Brouffan & de Bellegarde.

P. 197. lettre E, ligne 5. S. Aubard, *lifez* S. Auban.

Ibid. ligne 8. époufa *N. lifez Pons* de Caylus, veuf d'*Antoinette* de Clermont-Lodeve.

P. 204. lettre C, ligne pénultiéme, *Jacques* de Clement, *lifez* de Clermont.

P. 212. lettre A, premiere ligne, après fa femme, *ajoûtez*, remariée à *Charles-Eugene* de Ligne, prince d'Aremberg.

Ibid. lettre C, ligne 8. II. Femme, N. d'Anglure, *lifez* II. Femme, *Françoife* d'Anglure, heritiere de la branche de Coublans, fille d'*Arnaud* dit *Saladin* d'Anglure. marquis de Coublans, & de *Chriftine* du Chaftelet.

Ibid. à la fin de la page *ajoûtez*, époufa le 13. juillet 1728. *Michel* de Durfort, comte de Lorges, meftre de camp de cavalerie, fils aîné de *Guy-Nicolas* de Durfort, duc de Quintin-Lorges, & de *Genevieve-Therefe* de Chamillart fa femme.

B

P. 229. lettre A, ligne 11. aprè ce mot, Roquefeuil, *ajoûtez*, fille d'*Antoine* feigneur de Blancafort & de Roquefeuil, & de *Dauphine* d'Arpajon.

P. 231. lettre C, aux enfans de la premiere femme de *Jacques* d'Efcars, *ajoûtez*, 1. *Charles* mort fans enfans, 5. *Bertrand*, 6. & 7. *Marguerite* & *Charlotte*.

Ibid. lettre D, ligne 14. *ajoûtez* le 19. feptembre 1593.

P. 232. lettre A, après ce mot, Pompadour, *ajoûtez*, fut mariée le 4. février 1663. Deux lignes au-deffous, *ajoûtez ces enfans*.

1. CHARLES-FRANÇOIS d'Efcars, marquis de Montal, qui fuit.

2. MARIE-ANNE d'Efcars, époufa le 7. mars 1691. *Claude-Antoine* de Mouret, feigneur de Montarnat, dont elle a eu *N.* de Mouret, comte de Peyre, meftre de camp de cavalerie, *Viĉtoire* & *Marie-Anne* de Mouret, mariées.

3. MARIE-ANNE d'Efcars, époufa 1°. au mois d'avril 1692. *Policarpe* de Bejares, feigneur de la Lourie, mort fans enfans, 2°. *Jean-Jofué* Adam, feigneur de Loires & de S. Denis en Poitou.

C

XIII.

CHARLES-FRANÇOIS d'Efcars, marquis de Montal & de la Roquebrou, baron de Carbonnieres, d'Itrac, de Saint Jean-l'Efpinaffe, mourut à Paris le 23. janvier 1707. & fut enterré à l'entrée du chœur de l'églife de Saint André des Arcs.

Femme, FRANÇOISE de la Fonds-de-Jean-de-S.-Projeĉt, fille de *François* de la Fonds-de-Jean, marquis de S. Projeĉt, & de *Françoife* marquife de Rilhac, fut mariée le 7. may 1696.

1. JOSEPH-BONAVENTURE d'Efcars, marquis de Montal, de Merville & de la Roquebrou, baron de Carbonnieres, d'Itrac, de S. Jean de l'Efpinaffe, &c. âgé de 25. ans en 1732.

D

2. FRANÇOISE-THERESE d'Efcars, mariée le 6. juillet 1725. à *Simon* du Garric, baron du Zech en Quercy, comte de Montaftruc, dont elle a eu *Jofeph-Marie* du Garric, *Antoine-Louis* du Garric, *Catherine* du Garric, & *Marie* du Garric.

3. MARIE-ANNE d'Efcars, mariée le 27. février 1729. à *Jacques-François-de Sales* d'Hautefort, marquis de S. Chamans en Limoufin.

Ibidem lettre D, ligne premiere, après ce mot, matié, *ajoûtez* en juillet 1680. & après le mot du Chaftelet, *ajoûtez* encore, fille d'*Henry* marquis du Chaftelet & de Trichafteau, & d'*Angelique* de Pouilly.

Ibid. ligne 8. *ajoûtez*, mort au mois de novembre 1724.

Ligne fuivante, *lifez* ainfi l'article de fa femme, *Marie* de Redon, fille d'*Alexandre* de Redon, marquis de Pranfac, & de *Claude* de Pouilly, marquife d'Efne, fut mariée le 13. feptembre 1682. étant âgée de 25. ans, & mourut le 11. janvier 1726.

Ibid. lettre E, ligne 9. *ajoûtez*, capitaine au regiment de Touloufe cavalerie; trois lignes après, *ajoûtez*, 4. *Louis-Nicolas* d'Efcars, né le 8. juin 1724. chevalier de Malte.

E

P. 233. lettre A, ligne 12. à Catherine, *ajoûtez*, époufa 1°. *Jacques* d'Abzac de la Douze, feigneur de Villars & de Mezieres, 2°. *Pierre* de Bannes, feigneur de Boredon. Elle eft morte.

Ibid. à Henriette, *ajoûtez*, religieufe.

Ibid à Louife-Marie, *ajoûtez*, religieufe.

Ibid. à Gabrielle, *ajoutez*, époufa en 1726. *N.* de la Fonds-de-Jean, marquis de Saint Projeĉt, frere de *Françoife* de la Fonds-de-Jean, qui avoit époufé le 7. may 1696. *Charles-François* d'Efcars, marquis de Merville.

Ibid. lettre B, ligne 5. *ajoûtez* marquis de la Motte, né le 8. août 1711.

Ibid. deux lignes après, *ajoûtez*, Anne d'Efcars, morte fille. Elifabeth d'Efcars, morte fille.

A fille. A Paule, *ajoûtez*, née le 30. mars 1708. A Marie, *ajoûtez*, née le 16. may 1710. religieufe de la Vifitation. A Felice, *ajoutez*, née le 20. février 1719.

Ibid. lettre D, ligne 8. de Joignat, *lifez* de Jonglat.

Ibid. lettre E, ligne premiere, après Montberon, *ajoutez* fut mariée par contrat du 19. février 1602.

P. 238. lettre B, ligne 7. à la fin de l'article, *ajoutez* à Paris, âgé de 70. ans, & fut enterré en l'églife paroiffiale de S. Sulpice.

P. 242. lettre C, ligne 4. Sumidry, *lifez* Sommieres.

Ibid. lettre E, ligne premiere, *lifez*, *Odillon Guerin*.

Ligne fuivante, *lifez* Tournel en Gevaudan, diocefe de Mande.

P. 247. lettre D, ligne premiere, *effacez* depuis ce mot, époufa, jufqu'à la fin, & *mettez*, il vit dans le château de la Chainte en Berry.

P. 248. lettre C, ligne 9. *lifez*, mariée à Genes à *N.* prince de Francavilla, neveu du cardinal Imperiale, vivant à Naples en 1718.

B P. 251. lettre E, ligne 6. *ajoûtez à la fin*, mariée à Aix à *N* de Caftellane, marquis d'Efparron, capitaine de cavalerie, mourut à Aix le 9. octobre dans la 24e année de fon âge, après être accouchée d'un enfant mort.

P. 253. lettre E, ligne 13. de Rochas d'Ayglue, *lifez* d'Ayglun.

P. 254. lettre B, ligne 3. *ajoutez*, tefta le 11. janvier 1613.

Ibid. lettre D, ligne 5. Ifabelle de Simiane, dame de la Cofte, *lifez*, Anne-Ifabel de Simiane, dame de la Cofte & de Châteauneuf; & ligne fuivante, *ajoutez*, morte à Avignon le 8. juillet 1716.

P. 263. lettre A, ligne 6 comteffe de France, *lifez* comteffe de Flandres.

P. 276. lettre B, ligne derniere, des Grands Bouteillers de France, *lifez* Maîtres des Arbaleftriers.

P. 291. lettre A, ligne 5. II. Femme, N. *lifez* Paule-Marie de Peyre, fille du comte de la Cofte, & alinea,

1. JEAN-PAUL Lafcaris de Vintimille de Caftellar.

2. ANNE-LUCRECE Lafcaris de Vintimille de Caftellar.

C P. 296. lettre E, ligne 6. *ajoûtez*, mort le 18. may 1727, âgé d'environ 60. ans.

P. 298. lettre E, ligne 5. *ajoutez*, il fut nommé à l'archevêché de Paris le 12. may 1729. prêta ferment de fidelité entre les mains du Roi, le 4. feptembre prit poffeffion le 6. du même mois, & fut reçu au Parlement en qualité de duc de S. Cloud, pair de France, le 19. décembre de la même année.

P. 299. lettre E, ligne 6. marquis des Arcs *lifez* marquis de Vins.

Ibid. ligne fuivante, N. de Vintimille, *ajoutez*, *Madelene-Charlotte-Guillemine-Leonine*.

P. 309. lettre B, ligne 8. *ajoutez*, mourut à Paris au mois de feptembre 1728. & fut enterré dans fa paroiffe le lundy 20. du même mois.

P. 310. lettre E, premiere ligne, *ajoutez* il s'eft démis de fon évêché en faveur de M. l'abbé de Gefvres, & a été nommé abbé de S. Victor de Marfeille le 18. février 1728.

Ibid. à la fin de la page, *ajoûtez*,

XXXV.

D ETIENNE-RENE' Potier, né le 2. janvier 1697. abbé d'Orcamp, a été nommé évêque & comte de Beauvais, pair de France, vidame de Gerberoy le 18. février 1728. fur la démiffion de François-Honorat-Antoine de Beauvillier. Il a été facré le 6. juin, prêta ferment & prit féance au Parlement en qualité de duc & pair de France le 12. août fuivant. *Voyez fes anceftres tome IV. de cette hift. p. 763. à l'occafion du duché-pairie de Trefmes.*

P. 322. lettre C, ligne 3. *ajoutez*, Jeanne, de Grandpré, dame de Vonc, femme de *Jacques* feigneur de Bohan & de Vaucelles, époufa en fecondes nôces *Jacques* de la Charmoye, écuyer, dont elle étoit veuve en 1467. elle pouvoit être fille de *Jacques* de Grandpré, & de *Catherine* de Hans.

P. 343. lettre E, ligne premiere, *effacez ces mots*, dont elle fut la premiere femme, & *lifez* avec laquelle il étoit marié avant, &c.

P. 344. lettre D, ligne 3. Galigny, *lifez* Jaligny.

P. 345. lettre C, ligne pénultiéme, des Connétables, *lifez* des Maréchaux de France.

P. 367. lettre A, ligne 2. après l'article de Bruniffende, *ajoutez*: On a cru devoir rapporter ici, à l'occafion de cette alliance, la Genealogie de la maifon de Voifins.

GENEALOGIE
DE VOISINS

I.

JEAN de Voisins, seigneur de Couffolans, fut pere de JEAN de Voisins, qui suit ; d'*Elips* de Voisins, religieuse à Vieilmur, & d'*Isnarde* de Voisins, femme de *Jean* de Voisins, chevalier, suivant un acte du 18. juillet 1397.

I I.

JEAN de Voisins, seigneur de Couffolans, devint vicomte de Lautrec en partie, & **A** seigneur d'Ambres par le testament de *Brunissende* de Lautrec, qui lui legua tous ses biens paternels le 22. janvier 1418. Elle étoit restée veuve sans enfans 1°. d'*Eustache* de Mauny, 2°. d'*Yves* de Garancieres, & fille unique & heritiere d'*Amalric* vicomte de Lautrec, seigneur d'Ambres, de S. Gauzens, de Brametorte, & de *Jeanne* de Narbonne. Il commença à se qualifier vicomte de Lautrec le premier octobre 1420. Il fut condamné pour sa part & portion qu'il avoit euë en cette succession, de payer à Hugues de Noës, chevalier, les arrerages de 100. livres de rente qui étoient dûs devant & après la mort de *Brunissende*. par arrêt du 8. may 1431. & mourut le 30. juin 1437.

Femme, JEANNE de Montault, fille d'*Eudes* de Montault, chevalier, du diocese d'Auch, fut mariée le 9. août 1396. & mourut en 1435.

AMALRIC de Voisins-Lautrec, vicomte de Lautrec, seigneur d'Ambres, de Couffo- **B** lans, &c. transigea le 18. juillet 1439. avec *noble Guillaume* de Montault, *alias* de Voisins, damoiseau, seigneur de Montault, pour raison de certaines terres possedées autrefois par noble & puissant homme messire *Jean* de Voisins, vicomte d'Ambres, & *Amalric* donna à *Guillaume* de Montault 100. écus d'or, sur 1550. écus d'or, suivant un accord fait entr'eux : il en reçut quittance au château de Lautrec le 27. juillet 1439. mourut de contagion à Couffolans au mois d'août 1440. & institua son heritier *Jean* son frere.

2. GUILLAUME de Voisins-Lautrec, prit le nom & les armes de sa femme heritiere de Montault, dont il eut *Guillaume* de Voisins-Lautrec, mort sans alliance, *Amalric* de Voisins-Lautrec, chevalier, mort à la guerre, & *Pierre* de Voisins-Lautrec, qui resta heritier, & fit hommage au Roi dans le palais épiscopal de Carcassonne.

3. JEAN de Voisins-Lautrec, qui suit. **C**

4. ODET de Voisins-Lautrec, chanoine regulier de S. Augustin & archidiacre d'Armagnac en l'église d'Auch. Il ceda tous ses droits de successions paternelle, maternelle & fraternelle à *Jean* son frere lors de son mariage, par acte du mois de may 1441.

5. ALIX de Voisins-Lautrec, religieuse de S. Dominique au monastere de Prouille, diocese de S. Papoul.

6. DELPHINE de Voisins-Lautrec, morte sans alliance le 22. août 1440. fit son testament, où elle nomma ses freres *Odet*, *Guillaume* & *Jean*, ausquels elle legua à chacun 10. livres, & à sa sœur *Alix*, religieuse de Prouille, deux livres tournois petits, & institua son heritier messire *Amalric* de Voisins, vicomte de Lautrec, seigneur d'Ambres & de Couffolans son frere.

I I I. **D**

JEAN de Voisins-Lautrec, vicomte de Lautrec, baron d'Ambres & de Couffolans, seigneur de Brametorte, fut maintenu avec son frere *Guillaume* dans la possession de la terre d'Ambres, & de la quatriéme partie du vicomté de Lautrec, par arrêt du Parlement de Toulouse du 12. octobre 1465.

Femme, MARGUERITE de Cominges, fille de *Raymond-Roger* de Cominges, chevalier, vicomte de Bruniquel, & de *Delphine* de Castelpers, fut mariée au mois de may 1441. *Voyez tome II. de cette hist p 646.*

1. JEAN de Voisins-Lautrec IV. du nom, qui suit.

2. MAFFRE de Voisins-Lautrec, gouverneur de l'Isle en Jourdain, mort sans enfans d'*Antoinette* de Rochefort.

3. FRANÇOIS de Voisins-Lautrec, archidiacre de Pardiac, maître de l'œuvre des monasteres de Moissac & de Gaillac

4. BLAISE de Voisins-Lautrec, religieux de S. Benoît.

5. GUILLAUME de Voisins-Lautrec, chanoine de Carcassonne, protonotaire du Saint Siege.

6. BERTRAND de Voisins-Lautrec, chevalier de S. Jean de Jerusalem.

7. HUGUES de Voisins-Lautrec, religieux de S. Benoît.

8. MARGUERITE de Voisins-Lautrec, mariée le 10. septembre 1467. à *Moris* de Bournazel, chevalier, sénéchal de Toulouse.

9. AGNES de Voisins-Lautrec, religieuse à Vieilmur, ordre de S. Benoît, diocese de Castres.

10. CATHERINE de Voisins-Lautrec, alliée le 10. juin 1474. à *Jean* de Pompinhac, chevalier, seigneur dudit lieu, & de Brons, sénéchal de Castres.

11. CECILE de Voisins-Lautrec, mariée le 18. juillet 1489. à *Jean* de Bruyeres, baron de Chalabre.

12. ROSE de Voisins-Lautrec, morte jeune.

13. JEANNE de Voisins-Lautrec, religieuse à Vieilmur.

I V.

JEAN de Voisins IV. du nom, chevalier, vicomte de Lautrec, baron d'Ambres; de Verdalle, &c. sénéchal de Lauraguais, chambellan du duc de Bourbon, à qui Pons du Puy, prevôt de S. Salve d'Alby, rendit hommage par procureur en 1485. (*Voyez* Gal. Christ. *tom. I. ann.* 1715. *col* 51. B.) fit son testament le 27. septembre 1495. & fut enterré dans l'église des Cordeliers de Lavaur.

Femme, HELENE de Levis, fille de *Jean* IV. du nom, seigneur de Mirepoix, & de *Charlotte* de Levis-Quelus sa seconde femme. *Voyez tome IV. de cette hist. p.* 17.

1. MAFFRE de Voisins, chevalier, vicomte de Lautrec, qui suit.

2. JEAN MAFFRE de Voisins, chanoine & prevôt de S. Laurent, puis abbé de Gaillac, ordre de S. Benoît au diocese d'Alby en 1540. & 1544.

3. FRANÇOIS de Voisins, chevalier de S. Jean de Jerusalem, sénéchal de Rhodes.

4. MARGUERITE de Voisins.

V.

MAFFRE de Voisins, chevalier, vicomte de Lautrec, baron d'Ambres & de Verdalle, eut differens procès contre Henry de Foix, aussi vicomte de Lautrec en 1513. 1527. 1532. 1536. 1538. 1540. & mourut en 1544.

Femme, JEANNE de Crussol, fille de *Jacques* sire de Crussol, de Beaudisner, de Florensac, &c. grand Pannetier de France, & de *Simonne* vicomtesse d'Uzés, fut mariée par contrat du 6. juin 1518. *Voyez tome III. de cette hist. p.* 768.

1. FRANÇOIS de Voisins, qui suit.

2. JACQUES de Voisins, chanoine & prevôt de Lavaur, prieur de la Bruyere, protonotaire Apostolique.

3. FRANÇOISE de Voisins, qui étoit en 1547. femme de *Sebastien* de Hautpoul, seigneur d'Auterive.

4. HELENE de Voisins, qui en 1541. étoit mariée à *N.* de la Deveze.

5. & 6. MARGUERITE & ANTOINETTE de Voisins, religieuses à Prouille.

7. N. de Voisins, alliée à *N.* baron de Grou en Auvergne.

V I.

FRANÇOIS de Voisins, chevalier, vicomte de Lautrec, baron d'Ambres, chevalier de l'Ordre du Roi, capitaine de cinquante hommes d'armes des ordonnances, sénéchal de Lauraguais, gouverneur de Castres & de Lavaur, continua le procès commencé par son pere contre Guy comte de Laval & Claude de Foix sa femme, fille unique & heritiere de feu Henry de Foix. Il plaidoit en 1554. 1559. 1560. contre le Roi & la Reine de Navarre, au sujet du vicomté de Lautrec, & obtint le 25. février 1574. un arrêt du Conseil, qui condamna les habitans du Lautrecois à payer au Roi de Navarre, & à lui comme vicomte de Lautrec, le droit de bladage, à chacun la moitié. Il rétablit en 1562. les Cordeliers dans leur couvent de Lavaur.

Femme, ANNE d'Amboise, dame de Puybeton, fille de *Jacques* baron d'Aubijoux, & d'*Hypolite* de Chambes. *Voyez tome VII. de cette hist. p.* 128.

1. LOUIS de Voifins, chevalier, vicomte de Lautrec, qui fuit.

2. JACQUES de Voifins, baron de Salvagnac, dit *le baron d'Ambres*, feigneur des 'Clui-fes, qui d'*Anne* d'Anthoire, vicomteffe de Montclar, n'eut qu'un fils *Louis* de Voifins, vicomte de Montclar, mort au fiege de Thoneins peu avant fon oncle.

3. AMBROISE de Voifins, mariée le 16. juillet 1588. à *Lifander* de Gelas, feigneur de Leberon, dont entr'autres enfans *Hector* de Gelas-Voifins, marquis de Leberon, chevalier des Ordres du Roi, heritier de fon oncle maternel *Louis* de Voifins. *Voyez aux* Chevaliers du S. Efprit, *promotion de 1633. Article* XXXIX. *p.* 174.

V I I.

LOUIS de Voifins, chevalier de l'Ordre du Roi, vicomte de Lautrec, baron d'Ambres, feigneur de S. Gauzens, de Taur, de Fiar, de Brametorte, &c. gentilhomme ordinaire de la chambre de fa Majefté, capitaine de cinquante hommes d'armes, gouverneur d'Albret, Caftres & Lavaur, eut de grands procès à foutenir contre le procureur du Roi, & par arrêt du grand Confeil du 17. décembre 1605. fut maintenu dans une quatriéme portion du vicomté de Lautrec, avec pouvoir de fe qualifier vicomte de Lautrec en partie. Il fut tué au fiege de Thoneins, en 1622. ayant fait par fon teftament fon heritier univerfel *Louis* de Voifins fon neveu, qui fut tué peu avant lui, & lui ayant fubftitué *Hector* de Gelas, fils de fa fœur.

I. Femme, PAULE de Pardaillan, fille d'*Hector* de Pardaillan, feigneur de Montefpan & de Gondrin, chevalier des Ordres du Roi, capitaine de fes Gardes du corps, & de *Jeanne* dame d'Antin, fut mariée le 16. juillet 1583. *Voyez tome V. de cette hiftoire, page* 180.

MARIE-LOUISE de Voifins, femme d'*Antoine* de Cardaillac-de-Levis, comte de Bioule, morte fans enfans avant fon pere.

II. Femme, LOUISE de la Châtre, fille de *Gafpard* de Nançay, chevalier de l'Ordre du Roi, capitaine de l'ancienne compagnie de fes Gardes du corps, & de *Gabrielle* de Batarnay. Elle fe remaria à *Martin du Bellay*, prince d'Yvetot, chevalier des Ordres du Roi. *Voyez tome VII. de cette hift. p.* 300.

P. 369. lettre C, ligne 7. Villeneuve Flamarins, *lifez* Flamaran.

P. 370. lettre B, ligne 12. *lifez ainfi,*

II. Femme, DOROTHE'E de Julien, fille de *Pierre* de Julien, feigneur de Scaupon, confeiller en la chambre de l'Edit à Caftres, tué au château de Scaupon le 9. octobre 1659. par la chûte d'une poutre du pont-levis de ce château.

Ibid. lettre D, ligne 8. février, *lifez* janvier.

Ibid ligne 10. le 3. octobre, *lifez* le 23.

Ibid. lettre E, ligne 4. le 6. juin, *lifez* le 16.

P. 373. lettre D, ligne 7. Branche des feigneurs d'Aunhac, *lifez par tout* d'Aunhca.

P. 385. lettre C, ligne derniere, *ajoutez*, mourut le 6. avril 1729. âgée de 74. ans, & fut portée aux Feuillans de la ruë S. Honoré.

P. 387. lettre B, à la fin de l'article du cardinal de Noailles, *ajoutez*, il a été nommé au titre de S. Sixte *le Vieux*, le 9. mars 1729. mourut le 4. may fuivant à deux heures & demie du matin, & fut enterré dans fa cathedrale devant la chapelle de la Vierge.

P. 390. à la fin, chapitre des Grands-Chambellans, *lifez* des Maréchaux de France.

P. 396. lettre D, ligne premiere, *lifez* Noyon *au lieu de* Châlons.

P. 427. lettre A, ligne 4. *lifez* mourut en 1665.

P. 428. lettre C, ligne pénultiéme, *ajoutez* l'une de ces trois filles eft morte abbeffe de S. Laurent de Bourges, l'autre religieufe à l'abbaye de S. Sulpice en Bretagne, & l'autre mariée à *N.* de Riencourt, feigneur d'Orival.

Ibid. lettre D, ligne 2. *ajoutez* enfeigne des Gendarmes de la garde du Roi.

ibid. après ligne 5. *ajoutez* les enfans de *Gabriel* comte d'Angennes, fçavoir,

1. FRANÇOIS-HERVE' d'Angennes, né le 5. feptembre 1719.

2. N. d'Angennes, né le 5. février 1730.

3. FRANÇOISE-HELENE d'Angennes, née le 5. août 1723.

P. 429. lettre B, ligne 3. après feigneur de Remicourt, *ajoutez* de Monftreuil & de la Neuville-aux-Bois.

Ligne fuivante, après le mot Nettancourt, *ajoutez*, feigneur de Villers-le-Sec, gouverneur de Sedan.

Ibid. ligne 8. *ajoutez*, elle eft du fecond lit, partagea le 9. mars 1671. avec Daniel Raviot, bourgeois de Paris, procureur d'*Anne* d'Angennes, fille majeure, *François* de Roffignac,

A Roffignac, chevalier; officier des Gardes du corps, comme tuteur de *Sufanne* d'Angennes fa femme, & le tuteur de *Marie-Charlotte-Antoinette-Henriette* d'Angennes, fille de feu *Jacques* d'Angennes. Elle mourut veuve à Paris en *1709.*

P. 430. lettre C, ligne 6. morte le 29. mars 1687. *lifez* 1725. âgée de près de 80. ans.

P. 432. lettre A, ligne 10. 1632. *lifez* 1652. Deux lignes après, elle eft morte en 1707. *lifez* le 13. juin 1714.

Ligne fuivante, époufa le 25. avril, *lifez* par contràt du 18. avril.

Trois lignes au-deffous, elle eft morte le 16. mars 1714. *lifez* 1707.

A la fin de la page, mort en 1724. *lifez* le 12. août 1725.

P. 435. lettre A, ligne 2. *lifez* Marie le Genevois, feconde femme de *Jean* de Buchepot, feigneur d'Ormoy-le-Dauvien & de Puy-Boüillard, marquis de Forgerolles, meftre de camp d'un regiment de cavalerie, par commiffion du 8. avril 1652. gentilhomme ordinaire du Roi, par lettres du 20. juillet 1654. puis maréchal de fes camps & armées.

P. 439. lettre D, ligne 3. General des Carabinois, *lifez* Carabiniers.

Ibid. ligne 7. *ajoutez*, il avoit été nommé chevalier des Ordres du Roi le 15. janvier 1629. & mourut avant d'avoir été reçu.

P. 453. ligne 13. Reberte de Confghan, *lifez* Roberte de Conighan.

P. 456. lettre C, à la fin de l'article, *ajoutez*, il a été nommé archevêque de Lyon au mois de juillet 1731.

P. 458. à la fin, *ajoutez*,

XXVII.

CLAUDE de Rouvroy-S.-Simon, évêque & comte de Noyon, pair de France, né le 20. feptembre 1695. fut pourvû le 20. janvier 1716. de l'abbaye de Jumieges, nommé à l'évêché de Noyon au mois de juillet 1731. & facré dans l'églife du Noviciat des Jacobins de Paris le 15. juin 1732. par l'archevêque de Rouen, affifté des évêques d'Uzés & de Bayeux.

Voyez la genealogie de cette maifon tome IV. de cette hift. p. 389. & fuiv.

P. 460. lettre D, ligne 4. faute d'hoirs mâles, *effacez* mâles.

P. 467. lettre A, ligne 8. *lifez, leur pofterité fera rapportée ci-après au chapitre des* anciens comtes de Bretagne.

P. 611. lettre A, ligne 6. Sance Gracie, *lifez* Sance Garcie.

Ibid. ligne antepenultiéme, de la femme nommée Garcie-Oyhenart, *lifez* de fa femme nommée Garcie. Oyhenart en fa notice, &c.

P. 618. lettre C, ligne 2. Amanjea, *lifez* Amanjeu, *corrigez de même* cinq lignes après.

Ibid lettre D, article VI. Centalle, *lifez* Centulle.

P. 619. lettre B, ligne 5. II. Femme, Maubrofe, *lifez* Mafcarofe.

Ibid. lettre E, ligne 2. Foudoas, *lifez* Faudoas.

Ligne 5. Couraffe, *lifez* Coaraffe.

P. 620. lettre B, ligne 7. janvier, *lifez* juillet.

P. 622. lettre D, ligne 11. Gulobie de Panaffat, *lifez* Galobie de Panaffac.

P. 623. lettre A, ligne 5. S. Plancat, *lifez* S. Blancard.

Ibid. lettre D, après ligne 5. *ajoutez* alinea,

5. MARIE d'Aftarac, mariée le premier may 1520. à *Germain* de Levis, feigneur de Leran, fils de *Gafton* de Levis, & de *Marie* de Foix, comteffe de Carmain.

P. 624. lettre D, ligne 6. à la fin de l'article, *effacez*, il mourut le 23. mars 1623. & *lifez*, il étoit Proteftant, & fe fit Catholique, & mourut le 19. mars 1625. âgé de 49. ans, fuivant fon épitaphe, qui eft dans l'églife de Caftillon, diocefe de Lombez, où fa veuve lui fit ériger un tombeau de marbre blanc.

P. 631. lettre E, ligne derniere, *lifez* par traité du 15. juin 1204.

P. 632. lettre D, ligne 9. comte de Paillars, *lifez* comte de Paillas.

P. 637. lettre C, ligne 3. *lifez* dame de Coarafe.

P. 642. lettre B, ligne 4. Dras, *lifez* Dias.

Ibid. lettre D, ligne 3. II. du nom, *lifez* IV. du nom.

P. 643. lettre D, art. XIII. Roger de Cominges IV. du nom, *lifez* V.

Ibid. ligne 7. vicomte de Burniquel, *lifez* vicomteffe.

P. 644. art. XV. Jean-Roger de Caumont, *lifez* de Cominges.

P. 649. lettre D, ligne 5. I. Femme, Efclarmonde, *ajoutez*, de Mirémont.

P. 650. lettre B, ligne 6. feigneur de Ravat, *lifez* Rabat, & de même lettre D, ligne 6.

P. 651. lettre A, ligne derniere, 1384. *lifez* 1504.

P. 653. chiffre 11. *lifez ainfi cet article*, Madelene d'Efpagne, mariée le 3. feptem-

A

bre 1590. à *Jean* de Chaſtanet, ſeigneur de Puyſegur, fils de *noble Bernard* de Chaſtanet, ſeigneur de Puyſegur, & de *Marguerite* de Pins, maiſon dont il y a eu deux
Grands Maîtres de Malte.

P. 655. lettre C, ligne 7. comte d'Agen, *liſez* d'Ayen.

Ibid. lettre D, ligne 4. Pierre d'Auſſun, ou d'Oſſun, *effacez* d'Auſſun.

P. 656. lettre E, ligne 5. Jean de Mauleon, *liſez* Jeanne.

P. 657. lettre E, ligne 2. après ce mot, auſſi, *ajoutez* compris; trois lignes après,
liſez compriſe dans les lettres.

P. 661. lettre A, ligne premiere, ſeigneur de Sievras, *liſez* Cievras, ou *plutoſt* Cie-
vrac, de même qu'à la page precedente au titre & dans la ſuite.

Ibid. ligne 3. *ajoutez*, il épouſa en octobre 1716. *Philiberte* de S. Sivié, fille de *N.* de
S. Sivié, ſeigneur de Montaut, & de *Catherine* de Martres, dame de Loupian. Elle vivoit veuve en 1724. & 1728. puis alinea.

B

L'On trouve *Anne* de Cominges, laquelle épouſa le 20. avril 1671. *François-Louis*
de Durfort, ſeigneur de Leobart & de Coſnac, capitaine dans le regiment de Gramont.

P. 662. lettre C, ligne 2. après 1649. *ajoutez*, elle épouſa 2°. *René* du Bec, marquis
de Vardes, chevalier des Ordres du Roi.

Ibid. lettre E, ligne 2. Claude-François de Marode, *liſez* de Merode.

Ibid. ajoutez à la fin, il mourut ſans alliance le 2. novembre 1725.

P. 663. lettre D, ligne 4. à l'article de Catherine Rogere de Cominges, fille d'*Aymeric* ſeigneur de Montaſtruc, mariée le 6. mars 1497. *ajoutez*; cet *Aymeric - Roger* de
Cominges avoit épouſé en 1478. *Miramonde* d'Orneſan, fille d'*Arnaud - Guilhem* d'Orneſan S. Blancard, & de *Marguerite* de Barthes, dame d'Auradé, & fut encore pere
d'*Anne* de Cominges, qui épouſa en 1495. *Jean* de Villemur, ſeigneur de Saint
Paul.

P. 664. lettre C, ligne 5. *effacez ces mots*, & de Marie de Narbonne.

P. 666. lettre B, ligne premiere, commandeur de.. *ajoutez* de la commanderie de
l'Hôpital-ſur-Coulomiers en Brie.

C

Ibid. ligne antepenultiéme, 1995. *liſez* 1695.

P. 672. lettre D, ligne 8. après ce mot, Caſtillon, *ajoutez*, Gilles de Lomagne, ſeigneur de Correnzan ſon neveu, fut nommé executeur de ſon teſtament en 1471.

P. 687. ligne derniere, l'an 1183. & 1184. *liſez* ou 1184.

P. 701. lettre B, ligne 8. Bernard VII. du nom, *liſez* Bernard III.

P. 719. lettre A, ligne 3. Chapitre IX. *liſez* Chapitre II.

P. 757. lettre A, ligne 4. après ce mot, fille, *ajoutez en parentheſe* (c'étoit ſa ſœur.)

P. 761. ligne antepenultiéme, *liſez*, tranſigea en 1316. avec le ſeigneur de S. Dizier ſon parent, *& effacez le reſte*.

P. 764. lettre C, ligne 7. leur fille unique *Jeanne* de Châtillon, *liſez à la marge en
note*, A. du Cheſne la nomme *Jacqueline*.

P. 768. dans l'explication des armes des ſeigneurs de Drincham, ligne 4. accompagné de deux merlettes d'argent, *liſez* molettes.

D

P. 838. lettre D, ligne premiere, Eudes, *liſez* Hugues.

P. 848. lettre C, ligne 2. S. Maucerre, *liſez* S. Maurice. Ligne ſuivante, Sanmere,
liſez Sancerre.

P. 849. lettre B, ligne derniere, veuve d'*Evrard* de Brienne, *liſez*, *Gauthier*.

P. 850. lettre E, ligne derniere, chapitre des Maréchaux de France, *liſez* du duché
d'Eſtampes.

P. 851. lettre C, ligne 5. *effacez*, & de *Jacquette* de Trie.

Ligne ſuivante, Grandelus, *liſez* Gandelus.

Ibid quatre lignes au deſſous, *liſez* ainſi,

II. Femme, ISABEAU de Roſny, fille de *Guy* de Mauvoiſin III. du nom, ſeigneur
de Roſny, & d'*Iſabeau* de Mello, & veuve de *Pierre* ſeigneur de Chambly, conſeiller & chambellan du roi Philippes *le Bel*, fut mariée l'an 1323. & vivoit l'an 1326.

E

Ibid. lettre E, *retranchez tout l'article*; I. Femme, &c.

Ibid. ligne 8. *retranchez cette phraſe*, la Thaumaſſiere ne lui donne que cette femme.

P. 852. lettre C, ligne 4. *effacez ces mots*, il mourut vers l'an 1368.

P. 858. lettre B, ligne 4. *liſez* vicomte de Mereville.

P. 859. lettre B, ligne 5. l'an 1398. *liſez* 1396.

P. 861. lettre D, après la ligne IV. *ajoutez* :

3. ALIX de Sully, eut la terre de Blet en partage, & fut mariée vers l'an 1360. à
Pierre de S. Quintin, chevalier, ſeigneur de S. Quintin au diocèſe de Clermont,
ſénéchal de la Marche, dont elle étoit veuve l'an 1385. & remariée en 1392. à
Philibert de Thianges. Elle mourut le 2. juillet 1399. & fut inhumée dans l'égliſe

A de Blet. Les defcendans de fon premier mariage font rapportez *tome VII. de cette hift. au commencement , après la table des Chapitres de ce volume.*

P. 862. lettre B, ligne derniere , *ajoutez* , elle fe remaria à *Robert* feigneur de Boizay , fils d'*Adenet de* Boizay , damoifeau , feigneur de Couxcenay , & de *Marguerite* de la Châtre.

P. 864. à la fin ,*ajoutez alinea.*

5. ISABEAU de Sully , époufa *René* feigneur de Vaucenay , fils de *François* feigneur de Vaucenay , & d'*Ambroife* du Chaftelier , veuf de *Françoife* le Fevre , fille d'*Ambroife* le Fevre , feigneur de la Rochere , & de *Guillemime* Hay. Elle tranfigea le 19. juillet 1524. étant veuve avec *Jeanne* de Carbonel , veuve de *Guyon* de Sully fon frere , & tutrice de *Jean* , *Françoife* & *Anne* de Sully leurs enfans. Elle tefta le premier may 1547.

P. 865. lettre A , ligne 6. *lifez* Jeanne de Carbonel vivoit en 1524. étant veuve.

Ibid. lettre B , ligne 7. *ajoutez* , 6. *Anne* de Sully étoit mineure & fous la garde de fa mere en 1524.

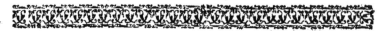

Tome Troifiéme.

B **P**AGE 57. lettre C, ligne 12. alinea , *ajoutez* ,

I. Femme, MAHAUT, fuivant D. Lobineau , *liv. VI. page* 188.

Ibid. Femme , PETRONILLE , *lifez* , II. Femme , PETRONILLE.

Ibid. après l'alinea de la II. Femme , *ajoutez* ,

III. Femme , AHELES , fuivant D. Lobineau , *Preuves* , col. 357. où on lit : MCCXVI. *Obiit Aheles comitiſſa , Alani comitis uxor , mater Henriæ.* Aheles comteſſe , femme du comte Alain , mere de Henry , mourut en 1216.

P. 76. lettre D. février 1251. *lifez* février 1151.

P. 173. lettre B , ligne 3. Haircourt , *lifez* Harcourt.

Ibid. ligne 5. Sully , *lifez* Silly.

Ibid. ligne 10. Herviette , *lifez* Henriette.

P. 179. à la marge. 1961. *lifez* 1361.

P. 196. lettre C. ligne 6. article des Anciens comtes de Vendôme , *lifez* chapitre

C des Grands Veneurs de France.

P. 197. lettre D , ligne 10. l'an 1097. *lifez* l'an 1067.

P. 218. lettre A , ligne 11. page , *ajoutez* 208.

P. 293. lettre D , ligne 9. Perfonelle , *lifez* Perronelle.

Ibid. lettre E , ligne derniere , il peut , *lifez* il ne peut.

P. 315. ligne 2. au Chapitre des Grands-Maîtres des Eaux & Forêts , *lifez* au Chapitre des Grands-Veneurs.

P. 322. lettre D , après l'article du duché-pairie de Touraine , *ajoutez* :

GENEALOGIE
DE LA MAISON
DE DOUGLAS.

I.

JEAN Lord Douglas, eut pour fils,

II.

D **G**UILLAUME lord Douglas , dont la filiation eft prouvée par une charte du roi Guillaume, qui confirma la donation des terres de Dalgarnac , faite par Adger , fils de Dovenald , à l'églife de Sainte Croix d'Edimbourg. Il fut pere de.

1. ARCHIBALD lord Douglas , qui fuit.

2. BRICE Douglas, prieur de Lifmahagoe , puis évêque de Murray.

I I I

ARCHIBALD ou ARCHAMBAUD lord Douglas I. du nom, A
Femme, *N.* fille du baron de Crawfurd, eut pour fils,

I V.

GUILLAUME lord Douglas II. du nom, pere de
1. Hugues Douglas, vivant sous le regne d'Alexandre III. se distingua à la victoire
que les Ecossois remporterent le mardy 2. octobre 1263. sur les Norvegiens à
Largs. Il épousa *Marjory* fille d'*Alexandre*, & sœur de *Hugues* lord d'Abernethy,
& mourut sans enfans.
2. GUILLAUME lord Douglas, qui suit.

V.

GUILLAUME lord Douglas, succeda à son frere, fut gouverneur de Berwick B
en 1295. servit en huit guerres contre les ennemis de l'Ecosse, fut fait prisonnier, & mourut dans sa prison l'an 1303.
I. Femme, N. fille de *N.* de Keith.
1. Jacques Douglas, prit en 1313. le château de Rosburgh sur les Anglois, commanda les Ecossois à la bataille de Bannoekburn le 24. juin 1314. fit la guerre
aux Sarrazins, se trouva au couronnement du roi Robert Brus en 1306. & mourut en 1330.
2. Hugues Douglas, heritier de son frere, se voyant sans enfans, remit en 1343. les
terres de la maison de Douglas à *Guillaume* son neveu, fils d'*Archibald* lord de Gallovay.
II. Femme, MARGUERITE de Darby, fille de *Ferrairs* comte de Darby en An- C
gleterre.
1. ARCHIBALD Douglas, lord de Gallovay, qui suit.
2. JEAN Douglas, *qu'on dit avoir donné origine aux* comtes de Morton, *rapportés ci-*
après §. V.

V I.

ARCHIBALD lord de Gallovay, fut tué à la bataille de Halidon-Hill le 19.
juillet 1333. & eut pour fils,

V I I.

GUILLAUME lord Douglas, auquel le roi David Brus confirma la donation
des terres que *Jacques* Douglas son oncle lui avoit remises, & les vicomtez de
Rosburgh & de Selkirk. Il fut fait gardien des Marches d'Ecosse vers l'Angleterre en D
1346. se trouva avec le roi David II. à la bataille de Durham au mois de septembre
de la même année, & y fut fait prisonnier avec le Roi. Il fut l'un des commissaires
qui traiterent avec les Anglois pour la délivrance du Roi d'Ecosse, se trouva à la
bataille de Poitiers en 1356. Le roi David le créa comte de Douglas, & ratifia l'an 30.
de son regne les donations qu'il avoit faites. Il mourut en 1384. & fut enterré dans l'é-
glise de l'abbaye de Melroff, à laquelle il avoit fait de grands biens.
I. Femme, MARGUERITE fille de *Donald*, & sœur & heritiere de *Thomas* de Marr,
fut séparée de son mari, duquel elle avoit eu deux enfans.
1. JACQUES comte de Douglas, qui suit.
2. ISABELLE de Douglas, comtesse de Marr après la mort de son frere, épousa 1°.
Malcolm Drummond de Cargil, qui à cause d'elle prit le titre de lord Marr, 2°.
Alexandre Stuart, chevalier, auquel elle ceda le comté de Marr en 1404.
II. Femme, MARGUERITE, fille de *Patrice* comte de March, fut mere de E
ARCHIBALD lord Gallovay, puis comte de Douglas, *lequel a continué la branche*
des comtes de Douglas en Touraine, *rapportés ci après §.* I.
III. Femme, MARGUERITE, fille & heritiere de *Thomas* Stuart, comte d'Angus,
eut pour fils,
GEORGES de Douglas, *tige des* comtes d'Angus, *mentionnés ci-après §.* II.

V I I I.

JACQUES Douglas II. du nom, comte de Douglas, commanda l'armée d'Ecosse
à la bataille d'Otteburne donnée le 5. août 1388. qu'il gagna sur les Anglois. Il tua
de sa main Henry, *dit* Hots-Pur, fils du comte de Northumberland, & il fut ensuite
tué.

A tué. Il avoit épousé *Isabelle* Stuart, fille de *Robert* Stuart II. roi d'Ecosse ; & d'*Euphemie* Rosse, & n'en eut point d'enfans. Il étoit seigneur de la Vallée de Lidale & de la baronie de Drumlanrig du chef de sa mere , & il donna cette baronie à *Guillaume* Douglas son fils naturel , qui suit , & la substitua à ses descendans légitimes , & à leur défaut à *Archibald* son autre fils , & à ses descendans légitimes.

Fils naturels de *JACQUES* comte de *Douglas*.

1. GUILLAUME *Douglas* , *baron de Drumlanrig* , *qui suit*.
11. Archibald *Douglas* , *substitué à son frere* naturel par Jacques de *Douglas leur pere*.

I X.

B GUILLAUME *Douglas* , *chevalier* , *I. baron de Drumlanrig* , *d'Hanyk & de Selkirck* , *fut confirmé dans la possession de ces terres par le roi Jacques au mois de novembre 1412. se trouva à la bataille d'Azincourt en 1415. & fut ambassadeur en Angleterre pour solliciter la delivrance de Jacques I. roi d'Ecosse.*

Femme, ELISABETH Stuart , fille de *Robert* Stuart de Durisdeer , & de *Rosyth* , fut mere de

X.

GUILLAUME Douglas II. Baron de Drumlanrig , fut l'un des ôtages envoyez en Angleterre l'an 1427. pour la delivrance du Roi , se distingua en 1448. à la bataille de Sark , & mourut en 1458.

Femme, JEANNE Maxwel , fille d'*Herbert* Maxwel , lord de Carlaverock , eut pour fils ,

C X I.

GUILLAUME Douglas , qui se distingua au siege de Roxburgh , sous Jacques II. & à celui d'Alnwick en 1463. & mourut en 1464.

Femme, MARGUERITE Carlyle , fille de *N.* Carlyle , lord de Torthorad , fut mere de

X I I.

GUILLAUME Douglas , lequel fut tué à la bataille de Kirkonel le 22. juillet 1484.

Femme, ELISABETH Chrichton , fille de *Robert* Chrichston , lord de Sanquhar , ancêtre du comte de Drumfrise.

D
1. JACQUES Douglas , baron de Drumlanrig , qui suit.
2. ARCHIBALD Douglas , a fait là branche des Douglas de Cashogle.
3. GEORGES Douglas , tige de la branche de Pinzik.
4. JEAN Douglas , vicaire de Kirkonel en 1497.
5. MARGUERITE Douglas , mariée à *Jean* lord de Catheart.
6. ELISABETH Douglas , femme de *Jean* Campbell , fils de *Jacques* Campbell de Westerlowdoun , vivant en 1496.
7. JEANNE Douglas , épousa *Alexandre* Gordon , fils de *Jean* Gordon de Lochinvar , ancêtre du vicomte de Kenmure.

X I I I.

E JACQUES Douglas , baron de Drumlanrig , mourut après l'an 1496.

Femme, JEANNE Scot , fille de *David* Scot de Bucklugh , fut mariée le 5. novembre 1470.

1. GUILLAUME Douglas , lord de Drumlanrig , qui suit.
2. JEANNE Douglas , mariée à *Roger* Grierson de Lag.

X I V.

GUILLAUME Douglas , lord de Drumlanrig , fut tué à la bataille de Flodden le 9. septembre 1513.

Femme, ELISABETH Gordon , fille de *Jean* Gordon de Lochinvar.

1. JACQUES Douglas , baron de Drumlanrig , qui suit.
2. ROBERT Douglas , prévôt de Lincladen , a fait la branche de Douglas-Barsurd.
3. JEANNE Douglas , mariée à *Robert* lord Maxwel.
4. AGNES Douglas , épousa *André* Cuningham de Kirksaw.

X V.

JACQUES Douglas, baron de Drumlanrig, vivant en 1526. fut fait gardien de la Province en 1553. & mourut le 27. septembre 1578. **A**

I. Femme, MARGUERITE Douglas, fille de *Georges* Douglas-d'Angus, fut mariée en 1530. puis separée de son mari après en avoir eu deux enfans.

1. JEANNE Douglas, épousa 1°. *Guillaume* Douglas de Cashogle , 2°. *Jean-Charles* d'Aimsfield.

2. MARGUERITE Douglas, femme de *Jean* Jordan d'Applegirth.

II. Femme, CHRETIENNE, fille de *Jean*, fils de *Hugues* comte d'Eglington , fut mariée avec dispense du Legat du Pape.

1. GUILLAUME Douglas de Haick, qui suit.

2. MARGUERITE Douglas, mariée 1°. à *Jacques* Towadie de Drumlezer ; 2°. à *Guillaume* Ker de Cesfoord , ancêtre du duc de Rosburgh. **B**

3. CHRETIENNE Douglas, épousa *Alexandre* Stuart de Garlie , ancêtre du comte de Galloway.

X V I.

GUILLAUME Douglas de Haick , s'opposa aux courses que les Anglois faisoient sur la frontiere, & fut fort attaché au service de Marie Stuart , pour laquelle il se distingua à la bataille de Sangside le 13. may 1568. à Leith & à Edimbourg en 1572. Il mourut en 1574.

Femme, MARGUERITE Gordon, fille de *Jacques* Gordon de Lochinvar.

1. JACQUES Douglas, baron de Drumlanrig, qui suit.

2. MARGUERITE Douglas, mariée à *Robert* Mongomeri de Sketmurli.

3. JEANNE Douglas , épousa *Jacques* Murray de Cockpol.

4. JEANNE Douglas , femme de *Robert* de Darziel , qui fut depuis comte de Carnwath. **C**

X V I I.

JACQUES Douglas , baron de Drumlanrig, fut toujours occupé à la Cour de Jacques VI. à appaiser les factions de la noblesse , ou à repousser les incursions que les Anglois faisoient dans les provinces du Sud-Est de l'Ecosse. Il mourut le 16. octobre 1615.

Femme, MARGUERITE, fille de *Jean* lord Fleeming, & sœur de *Jean* I. comte de Wigtoun.

1. GUILLAUME Douglas, baron de Drumlanrig, qui suit.

2. JACQUES Douglas de Mouswald.

3. DAVID Douglas de Airdoch.

4. JACQUES Douglas-Pinsrie. **D**

5. JEANNE Douglas, mariée à *Guillaume* Liwington de Jerwisnood.

6. HELENE Douglas, femme de *Jean* Menzies de Castle-Hill.

X V I I I.

GUILLAUME Douglas, se distingua fort par sa prudence sous Jacques VI. qui le créa en 1617. baron de Drumlanrig. Le roi Charles I. le fit vicomte de Drumlanrig le premier avril 1628. & comte de Queensberry le 12. juin 1633. Il mourut le 8. mars 1640.

Femme, ISABELLE, fille de *Marc*, comte de Lothian, fut mere de

1. JACQUES Douglas , comte de Queensberry, qui suit.

2. GUILLAUME Douglas de Kilhead.

3. ARCHIBALD Douglas de Dornock.

4. MARGUERITE Douglas, femme de *Jacques* comte de Hartfield. **E**

5. JEANNE Douglas, épousa *Thomas* lord Kirckdbright.

X X I X.

JACQUES Douglas II. comte de Queensberry, servit avec le marquis de Montrose Charles I. fut fait prisonnier à la bataille de Philiphaug, & mourut le 15. août 1671.

I. Femme, MARIE d'Hamilton, fille de *Jacques* marquis d'Hamilton.

II. Femme, MARGUERITE, fille de *Jean* comte de Traquair, grand tresorier d'Ecosse.

1. GUILLAUME Douglas III. comte de Queensberry, qui suit.

A
2. JACQUES Douglas, lieutenant general, mort à Ramur en 1691.
3. JEAN Douglas, tué au siege de Treves en 1675.
4. ROBERT Douglas, tué au siege de Maestricht en 1676.
5. MARIE Douglas, épousa *Alexandre* comte de Galloway.
6. CATHERINE Douglas, femme de *Jacques* Douglas de Kellhead, dont des enfans.
7. HENRIETTE Douglas, épousa *Robert* Grierson de Lagh.
8. MARGUERITE Douglas, femme d'*Alexandre* Jerdaw d'Applegirth.
9. ISABELLE Douglas, mariée à *Guillaume* Lockart de Cariters.

X X.

G UILLAUME Douglas III. comte de Queensberry; fut fait conseiller privé
en 1667. nommé lord-justice general à la place de Georges Mackenzie de Tar-
B bat le premier juin 1680. créé marquis de Queensberry le 12. février 1682. duc le 3.
février 1684. grand tresorier d'Ecosse, gouverneur du château d'Edimbourg, lord de
la Session, commissaire du Parlement d'Ecosse en 1685. & lord-lieutenant des comtez
de Dumfries, de Wigtoun, d'Annandale & de Kirckucdbright & president du Conseil
en 1686. Six mois après il fut dépouillé de tous ses emplois, & mena une vie privée jusqu'à sa mort arrivée à Edimbourg le 28. mars 1695. Il fut enterré avec beaucoup de
pompe dans l'église de Durisdeers, au tombeau de ses ancêtres, où on lui dressa un
magnifique monument.
Femme, ISABELLE Douglas, fille de *Guillaume* marquis de Douglas.
1. JACQUES Douglas, duc de Queensberry, qui suit.
2. GUILLAUME Douglas, créé comte de March le 20. avril 1697. mourut au mois
de septembre 1705.
Femme, JEANNE, fille de *Jean* marquis de Tweedale.
I. GUILLAUME Douglas, comte de March.
C II. N. Douglas, étoit jeune en 1716.
3. GEORGES Douglas, mort en 1693.
4. ANNE Douglas, mariée à *David* comte de Veens.

X X I.

J ACQUES Douglas II. duc de Queensberry, né le 18 décembre 1662. fut du
Conseil d'état sous Charles II. lieutenant colonel d'un regiment de cavalerie en 1688.
colonel de la garde Ecossoise à cheval sous Guillaume III. & gentilhomme de sa chambre. Il fut aussi l'un des lords de la Tresorerie, commissaire au Parlement d'Ecosse après
la mort de son pere, chevalier de la Jarretiere, secretaire d'état, l'un des commissaires pour le traité de l'Union, l'un des seize pairs d'Ecosse, créé baron de Duttoun,
D marquis de Beverly & duc de Douvres en Angleterre le 26. may 1708. & mourut le
6. juillet 1711.
Femme, MARIE Boyle, seconde fille de *Charles* lord Clifford, fils aîné de *Richard*
comte de Burlington & de Corik.
1. JACQUES Douglas, comte de Drumlanrig.
2. CHARLES Douglas, duc de Queensberry, qui suit.
3. GEORGES Douglas.
4. JEANNE Douglas, épousa *François* comte d'Alkeith.
5. ANNE Douglas.

X X I I.

E C HARLES Douglas, duc, marquis & comte de Queensberry, comte de Solivay en Ecosse, vicomte, baron de Drumlanrig & de Rippon, marquis de Beverly, duc de Douvres, l'un des lords de la chambre, & amiral du Nord d'Angleterre.
Femme, CATHERINE Hyde, fille de *Henry* comte de Rochester, fut mariée en
1717. dont,
N. Douglas, fils.

§. I.

COMTES DE DOUGLAS

EN TOURAINE.

VIII.

ARCHIBALD Douglas, lord Galloway, fils aîné de GUILLAUME lord Dou- A'
glas, & de MARGUERITE de March sa seconde femme, *mentionnés ci-devant,*
page 400. fut ambassadeur en France en 1381. fonda le 10. octobre 1388. une église
collegiale à Bothwell, composée d'un prevôt & de huit prebendes, & leur donna pour
leur entretien les terres de Osbairnstoun & Nether-Urd. Il mourut au mois de février
1400. & fut enterré dans l'église de Botwell, où l'on voit son tombeau & son épitaphe.
Il ajouta à ses armes, à cause de sa femme, un *quartier d'azur à trois molettes enfermées*
dans un double trecheur de même.

Femme, ELISABETH, fille & heritiere de *Thomas* Murray, lord Botwell.

1. ARCHIBALD Douglas, qui suit.
2. MAJORY Douglas, épousa *David* prince d'Ecosse, frere du roi Jacques I.

IX.

ARCHIBALD Douglas, commanda en 1401. une armée dans le Sud de l'E- B
cosse contre les Anglois, ravagea les environs de Newcastle, & enleva beaucoup
de munitions. Il fut capitaine general des troupes envoyées en France au secours du
roi Charles VII. qui le créa duc de Touraine, par lettres du 19. avril 1423. *comme il*
a esté dit tome III. de cette hist. p. 322. Il commandoit une partie de l'armée à la bataille
de Verneuil, y fut tué le 17. août 1424. & enterré dans l'église de Saint Gratian de
Tours.

Femme, MARGUERITE, fille de *Robert III.* roi d'Ecosse.

1. ARCHIBALD comte de Douglas, duc de Touraine, comte de Longueville, lord de
Galloway & d'Annandale, conduisit avec *Jean* Stuart, connétable de France son
beau-frere sept mille hommes au secours des François contre les Anglois en 1420.
& fut ambassadeur en Angleterre en 1424. avec Henry évêque d'Aberdeen, &
Guillaume Hay d'Errol, pour le rachat de Jacques I. Il mourut le 26. juin 1438.
& fut enterré dans l'église de Douglas, où on lit son épitaphe.
I. Femme, MATHILDE, fille de *David* comte de Crawfierd.
II. Femme, EUPHEMIE Graham, fille de *Patrice* comte de Strathern, fut mere de C
1. GUILLAUME comte de Douglas, né en 1425. eut differend avec Guillaume lord
Chrichton, chancelier d'Ecosse, lequel engagea le Roi à le faire manger avec
lui dans le château d'Edimbourg, où il fut tué avec *David* son frere, & Ma-
colm Fleeming de Camberald en 1441.
11. DAVID Douglas, tué au château d'Edimbourg en 1441.
111. MARGUERITE comtesse de Douglas, épousa 1°. *Guillaume* Douglas son cousin,
tué en 1452. 2°. *Jean* Stuart, comte d'Athol, frere uterin de Jacques II.
2. JACQUES Douglas, lord Abercorn, qui suit.
3. MARGUERITE Douglas, mariée à *Guillaume* Sinclair, comté d'Orkney.
4. ELISABETH Douglas, femme de *Jean* Stuart, comte de Boucan, connétable de
France, fils de *Robert* Stuart, dit *le Jeune*, duc d'Albanie, regent du Royaume
d'Ecosse. *Voyez tome VI. de cette hist. page* 225. D
5. HELENE Douglas, mariée à *Alexandre* Lander de Hatton.
6. MARIE Douglas, épousa *Simon* Glendining de Glenddinind.

X.

JACQUES lord Albercorn, puis comte de Douglas, seigneur d'Annandale, de
Galloway, de Liddisdale, de la forêt de Jedburgh & de Balveny, succeda à son
neveu, & fut nommé The Gross Earl, pour le distinguer. Il fut gardien des Marches
vers

A vers l'Angleterre fous Jacques II. mourut le 24. mars 1443. & fut enterré dans l'églife de Douglas, où l'on voit fon épitaphe.

Femme, BEATRIX Sinclair, fille du comte d'Orkney.

1. GUILLAUME Douglas, ayant voulu venger la mort de fes coufins, & ayant méprifé les courtifans, s'attira beaucoup d'ennemis, qui le rendirent fufpeét à Jacques II. qui le poignarda lui-même dans le château de Sterling le 13. février 1452. Il avoit époufé *Marguerite* comteffe de Douglas fa coufine, fœur & heritiere de *Guillaume* comte de Douglas.

2. JACQUES Douglas, chevalier, époufa *Marie* l'une des filles de *Jacques* Dumbar, comte de Murray.

B

3. JACQUES comte de Douglas, prit les armes contre le Roi d'Ecoffe, & ayant perdu une bataille contre le comte d'Angus, lieutenant de ce prince en 1455. il fe retira à la cour d'Angleterre, où le roi Edoüard IV. le fit chevalier de l'ordre de la Jarretiere, & lui donna des troupes, avec lefquelles il fe joignit au duc d'Albany. Etant entrez en Ecoffe ils furent défaits à la bataille de Kirkonnel le 22. juillet 1484. Le comte de Douglas y fut pris, & ayant été confiné dans l'abbaye de Lindoves il s'y fit religieux, y mourut le 15. avril 1488. & y fut enterré fous un tombeau de marbre, devant le grand-autel, où l'on voit fon épitaphe.

4. HUGUES Douglas, comte d'Ormond.

5. JEAN Douglas, lord Balveny.

6. HENRY Douglas.

7. MARGUERITE Douglas, époufa *Jacques* Douglas, comte de Morton.

8. BEATRIX Douglas, femme du lord Aubigny.

9. JEANNE Douglas, fut mariée à *Robert* lord Fleeming, ancêtre du comte de Wigtoun.

10. ELISABETH Douglas, femme de *N.* Wallau de Craigi dans le vicomté d'Air.

§. II.

COMTES D'ANGUS.

VIII.

C GEORGES Douglas, étoit fils de GUILLAUME lord Douglas, & de MARGUERITE Stuart, comteffe d'Angus, fa troifiéme femme, *mentionnés ci-devant*, p. 400. Le roi Robert par fes lettres données à Edimbourg le 10. avril 1389. lui confirma la poffeffion du comté d'Angus & la feigneurie d'Abernethy dans les vicomtez de Parth, & à fes defcendans mâles, au défaut defquels ces terres appartiendroient à *Alexandre* Hamilton, chevalier, & *Elifabeth* Stuart fa femme, fœur de *Marguerite* Stuart, comteffe d'Angus. Il fut fait prifonnier avec le comte de Douglas, & mourut en 1402.

Femme, MARIE Stuart, fille de *Robert* III. roi d'Ecoffe, fut mariée 1397. & fe remaria trois fois.

1. GUILLAUME Douglas, fucceda à fon pere en 1423. fut fecond comte d'Angus & l'un des ôtages envoyez en Angleterre pour la rançon de Jacques I. roi d'Ecoffe fon oncle. Il fut fait chevalier au couronnement de ce Prince, qui lui confirma

D l'an 29. de fon regne tous les biens de fes ancêtres, & le fit gardien des Marches d'Ecoffe vers l'Angleterre. Il fit la guerre aux Anglois, leur prit plufieurs villes, défit Percy à la bataille de Piperdeen en 1436. & mourut en 1437.

Femme, ELISABETH, fille de *Guillaume* Huy de Locherret, fut mariée en 1425. avec une difpenfe de Guillaume évêque de Glafgon, & eut pour fils,

JACQUES Douglas, comte d'Angus, qui fut l'un des confervateurs de la paix avec les Anglois la feconde année du regne de Jacques II. & qui époufa *Jeanne*, fille de *Jacques* I. roi d'Ecoffe.

2. GEORGES Douglas, qui fuit.

3. ELISABETH Douglas, fut mariée à *Guillaume* Hay de Lockhart, ancêtre du marquis de Tweedale.

IX.

GEORGES Douglas, fucceda à fon neveu l'an 22. du regne de Jacques II. rendit de grands fervices à fon Prince contre les Anglois, mourut le 14. décembre 1462. & fut enterré à Abernethy.

Femme, ELISABETH, fille d'*André* Sibbald de Balgony.

1. ARCHIBALD Douglas, comte d'Angus, qui fuit.
2. GEORGES Douglas de Bonjedward.
3. JEANNE Douglas, époufa *Guillaume* lord Graham.
4. ELISABETH Douglas, fut mariée à *Robert* Graham de Fintrie.
5. MARGUERITE Douglas, femme de *Duncan* Campbell de Glenurchie, ancêtre du comte de Broadalbin.

X.

ARCHIBALD Douglas, comte d'Angus, dit *le grand Comte*, fut forr diftingué fous les regnes de Jacques III. & de Jacques IV. Il fut gardien des Marches en 1492. confeiller du Confeil d'état & grand chancelier d'Ecoffe jufqu'en 1498. & mourut au commencement de 1514. de chagrin d'avoir perdu fon fils.

I. Femme, ELISABETH, fille de *Robert* lord Boyd, grand chambellan d'Ecoffe.

1. GEORGES Douglas, qui fuit.
2. GUILLAUME Douglas de Braidwood, *a fait la branche des* feigneurs de Glenbervy, comtes d'Angus, *rapportez ci après §. III.*
3. GAVIN Douglas, évêque de Dunkeld, mort en 1522.

II. Femme, CATHERINE, fille de *Robert* Stirling de Keirth, dans le vicomté de Perth.

1. ARCHIBALD Douglas de Kilfpendy.
2. MAJORY Douglas, femme de *Cuthbert* comte de Glencairn.
3. ELISABETH Douglas, mariée à *Robert* lord Lyle-Juftice general d'Ecoffe.
4. JEANNE Douglas, époufa *Robert* lord Herris, ancêtre du comte de Nithfdale.

XI.

GEORGES Douglas, fut tué du vivant de fon pere à la bataille de Floddon le 9. feptembre 1513. avec deux cens gentilshommes de fon nom.

Femme, MARGUERITE, fille de *Jean* lord Drummond.

1. ARCHIBALD Douglas, comte d'Angus, qui fuit.
2. GEORGES Douglas, comte de Pittendrich, *dont la pofterité fera rapportée après celle de fon frere aîné.*
3. GUILLAUME Douglas.
4. ELISABETH Douglas, mariée à *Jean* lord Yefter, ancêtre du marquis de Tweedale.
5. JEANNE Douglas, époufa *Jean* lord Glamis, ancêtre du comte de Stratmer.
6. JEANNE Douglas, mariée à *Guillaume* Douglas, ancêtre du duc de Queensberry.
7. ALISON Douglas, époufa 1°. *Robert* Blackader, de Blackader dans le vicomté de Berwick, 2°. *David* de Vedderburgh, dans le même vicomté.
8. MARGUERITE Douglas, femme de *Robert* Crawfurd d'Achinnains, dans le vicomté de Renfrew.

XII.

ARCHIBALD Douglas, comte d'Angus, fuccedà fon ayeul, paffa en France, & y fut fait chevalier de l'Ordre de S. Michel. Etant retourné en Ecoffe en 1515. il rendit de grands fervices pendant la minorité de Jacques V. fut grand chancelier d'Ecoffe depuis 1521. jufqu'en 1528. qu'il paffa en Angleterre, où le roi Henry VIII. lui donna une place dans fon Confeil. Il retourna encore en Ecoffe après la mort de Jacques V. & fut rétabli dans fes titres & dans fes honneurs. Il commanda l'avant-garde à la bataille de Pinckay le 10. feptembre 1547. mourut dans le château de Tantalon en 1557. âgé de 64. ans, & fut enterré à Abernethy.

I. Femme, MARGUERITE Hefsburn, fille de *Patrice* comte de Bothwell.

II. Femme, MARGUERITE d'Angleterre, née le 29. novembre 1589. fille aînée d'*Henry* VIII. roi d'Angleterre, & d'*Elifabeth* d'Yorck, fut mariée le 6. août 1514. & mere de

MARGUERITE Douglas, qui époufa *Mathieu* Stuart, comte de Lennox, & fut mere d'*Henry* Darnley.

III. Femme, MARGUERITE, fille de *Jean* lord Maxwell, eut pour fils,

JACQUES Douglas, mort jeune.

XII.

GEORGES Douglas de Pittendrich, fecond fils de GEORGES Douglas-d'An-gus, & de MARGUERITE Drummond, *mentionnés ci-devant*, *p.* 406. fut tué à la bataille de Pinckey le 10. feptembre 1547.

Femme, ELISABETH, fille & heritiere de *David* Douglas de Pittendrich, fut ma-riée en 1535.

1. DAVID Douglas de Pittendrich, comte d'Angus, qui fuit.
2. JACQUES Douglas, épousa *Elifabeth* Douglas, fille de *Jacques* comte de Morton & de *Catherine*, fille naturelle de Jacques IV. roi d'Ecoffe, & fut fait comte de Morton à caufe d'elle après la mort de fon beau-pere, arrivée en 1553. Il fut des pairs qui s'affocierent pour l'avancement de la religion Proteftante en 1558. fut ambaffadeur vers la Reine Elifabeth en 1559. & 1561. Après fon retour il eut la charge de chan-celier, dont il fut dépoffedé le 20. mars 1565. fut grand amiral d'Ecoffe, & She-riff d'Edimbourg, chancelier le 24. novembre 1572. & regent d'Ecoffe après la mort du comte de Marr, arrivée le 28. octobre precedent. Il fut obligé d'aban-donner le gouvernement en 1578. & convaincu d'avoir fçu le projet de l'affaffi-nat du lord Darnley mari de *Marie* Stuart: il eut la tête coupée à Edimbourg le 2. juin 1581.
3. ELISABETH Douglas, mariée à *Jean* Carmichael de Carmichael.
4. MARIE Douglas, époufa *Georges* Auchinleck de Balmanno dans le vicomté de Perth.

Fils naturel de GEORGES Douglas de Pittendrich.

Georges *Douglas*, *eut la terre de Parkead de fa femme.*
Femme, ELISABETH, fille & heritiere de *Jacques* Douglas, de Parkhead.

1. JACQUES Douglas de Parkhead, fut tué par Guillaume Stuart le 31. juillet 1608. ayant eu pour fils,
   JACQUES Douglas de Parkhead, créé lord Carlyle de Torthorald du chef de fa femme.
   Femme, ELISABETH Carlyle, fille de *Guillaume*, & petite-fille de *Michel* lord Carlyle, eut pour fils,
   JACQUES lord Carlyle de Torthorald, lequel n'ayant point d'enfans *d'Eli-fabeth* fa femme, fille de *Jean* Gordon de Lochinvar, réfigna fes terres à Guillaume comte de Queensberry en 1638.
2. GEORGES Douglas de Mordington, gentilhomme de la chambre de Jac-ques VI.
   Femme, MARGUERITE fille d'*Archibald* Dundaff de Finzies, fut mére de GEORGES Douglas, ambaffadeur en Pologne & en Suede en 1633. & 1635. pere de
   MARTHE Douglas, mariée à *Jacques* Lockhart de Lée, l'un des Senateurs du College de Juftice, & juftice clerc fous Charles II. mere de *Guillaume* Lockhart de Lée, ambaffadeur de ce Prince en France.
3. JEAN Douglas, docteur en Theologie.
4. N. Douglas, mariée à *Jacques* Douglas d'Arnftoun.
5. MARTHE Douglas, époufa *Robert* Bruce de Kinnerd, l'un des miniftres de la ville d'Edimbourg.
6. MARIE Douglas, femme de *Jean* Cartuters d'Holmains.

XIII.

DAVID Douglas de Pittendrich, devint comte d'Angus par la mort de fon on-cle, arrivée en 1557. & mourut en 1558.

Femme, MARGUERITE Hamilton, fille de *Jean* Hamilton de Clidesdale, frere de *Jacques* duc de Chaftelleraut, & veuve de *Jean* Johnfton.

1. ARCHIBALD Douglas, comte d'Angus, qui fuit.
2. MARGUERITE Douglas, mariée 1°. à Walter Scot de Bucklugh, 2°. à *François* Stuart, comte de Bothwell.
3. ELISABETH Douglas, époufa *Jean* lord Maxwell, qui fut depuis comte de Morton.

XIX.

ARCHIBALD Douglas, comte d'Angus, furnommé *le bon Comte*, fut fait She-riff de Berwick en 1573. & l'un des gardiens des Marches, & s'acquitta de cette charge avec beaucoup de réputation pendant cinq ou fix ans. Après la mort du comte

de Morton son oncle il se retira en Angleterre, où il fut fort bien reçu par la reine A
Elisabeth. Quelque tems après étant rentré en grace auprès de Jacques VI. il fut rétabli
dans toutes ses charges, & fait lieutenant des Marches. Il mourut vers la fin de juillet
1588. & fut enterré dans l'église collegiale d'Abernethy.

I. Femme, MARGUERITE Erskin, fille de *Jean* comte de Marr.

II. Femme, MARGUERITE Lesley, fille d'*André* comte de Rother, & de *Jeanne*
Hamilton d'Evandale.

III. Femme JEANNE Lyon, fille de *Jean* lord Glamis, grand chancelier d'Ecosse,
& d'*Elisabeth* Abernethy de Salton, fut mere de

ELISABETH Douglas, morte jeune.

§. III.

SEIGNEURS DE GLENBERVY,

COMTES D'ANGUS, &c.

X I.

GUILLAUME Douglas de Braidwood, second fils d'ARCHIBALD Dou- B
glas, comte d'Angus, & d'ELISABETH Boyd sa premiere femme, *mentionnez
ci-avant*, *p.* 406. fut tué à la bataille de Floddon le 9. septembre 1513.

Femme, ELISABETH, fille & heritiere de *Jacques* Achinleck, chevalier, lord Glenbervy dans le comté de Kincardin, eut pour fils,

X I I.

ARCHIBALD Douglas, lord Glenbervy.

I. Femme, AGNES Keith, fille de *Guillaume* Keith, comte Maréchal, fut mere
de

ARCHIBALD Douglas, lord Glenbervy, qui suit.

II. Femme, MARIE Irvine de Drurn, fille d'*Alexandre* Irvine de Drurn, eut pour
fils,

1. JACQUES Douglas, curé de l'église de Glenbervy, pere de C
ROBERT Douglas de Kilmouth, pere de
ROBERT Douglas, né en 1626. qui passa docteur dans l'Université d'Aberdeen,
commença à prêcher en 1650. fut curé de Renfrew dans l'Ouest, prevôt
de Botwell, doyen de Glasgon & de la cure d'Hamilton, évêque de Bre-
chain, consacré le 29. juin 1684. transferé à Dumblain, & privé des fonctions épiscopales en 1689. Il mourut âgé de 87. ans.

2. JEAN Douglas.

X I I I.

ARCHIBALD Douglas, lord Glenbervy, accompagna Marie Stuart à son expedition dans le Nord, & se trouva à la bataille de Corrichie le 28. octobre
1562. Il témoigna beaucoup de zele pour l'avancement du Protestantisme, & mourut D
le 14. avril 1591.

Femme, GILLES, fille de *Robert* Graham de Morphie dans le vicomté de Kincardin.

1. GUILLAUME Douglas, comte d'Angus, qui suit.

2. ROBERT Douglas, eut pour son partage la seigneurie de Glenbervy, & fut créé
baronet par Charles I. le 30. may 1625.

Femme, ELISABETH, fille de *Georges* Achinleck de Balmanns.

I. GUILLAUME Douglas, succeda à son pere.

II. GEORGES Douglas, recteur de Stepney, ayeul de
ROBERT Douglas de Glenbervy, baronet, vivant en 1716.

3. GAVIN Douglas de Bridgeford.

4. JEAN Douglas de Barras.

5. MARGUERITE

A   5. MARGUERITE Douglas, femme de *Jean* Farbes de Monimusk dans le vicomté d'Aberſdeen.

    6. ELISABETH Douglas, épouſa *Alexandre* Gordon de Cluny.

    7. JEANNE Douglas, fut mariée à *Jacques* Wishart de Pitavow dans le vicomté de Kincardin.

    8. SARA Douglas, épouſa 1°. *Alexandre* Strachan de Thorntoun, baronet, 2. *Georges* Achinleck de Barmanns.

X I V.

B   GUILLAUME Douglas, comte d'Angus, né en 1594. s'attacha à l'étude de l'hiſtoire d'Ecoſſe, & compoſa une chronique des Douglas, qui fut dédiée en 1644. au marquis de Douglas. Dans un voyage qu'il fit en France ſous le roi Henry III, il renonça à la religion Proteſtante, & retourna enſuite en Ecoſſe, où il commanda l'avant-garde de l'armée; mais ſe voyant perſécuté à cauſe de ſa religion, il revint à Paris, y paſſa le reſte de ſes jours dans les exercices d'une grande pieté, y mourut le 3. mars 1611. & y fut enterré avec beaucoup de pompe dans l'égliſe de l'abbaye de S. Germain des Prez, où on lui éleva un magnifique tombeau, avec une épitaphe.

Femme, ELISABETH Oliphant, fille de *Laurent* lord Oliphant, & de *Marguerite* Hay, fille de *Georges* comte d'Errol.

    1. GUILLAUME Douglas, comte d'Angus, qui ſuit.

    2. JACQUES Douglas, fut créé lord Mordington par Charles I. roi d'Angleterre.

  Femme, ANNE Oliphant, fille de *Laurent* Oliphant, lord Mordington.

C   1. GUILLAUME Douglas, lord Mordington.

    Femme, ELISABETH fille de *Hugues* lord Sempill, fut mere de

      JACQUES Douglas, lord Mordington, qui d'*Anne* de Kingſton, fille aînée d'*Alexandre* vicomte de Kingſton, eut

      GEORGES Douglas, lord Mordington.

    11. ANNE Douglas, mariée à *Robert* lord Sempill.

    3. FRANÇOIS Douglas de Sandilands, chevalier.

    4. MARIE Douglas, ſeconde femme d'*Alexandre* Liwington, comte de Lithgon.

    5. MARGUERITE Douglas, femme d'*Alexandre* Campbell de Calder dans le comté de Murray.

X V.

D   GUILLAUME Douglas, comte d'Angus, lord lieutenant des frontieres, fut créé marquis de Douglas par Charles I. le 17. juin 1633. veille du couronnement de ce Prince. Il leva beaucoup de troupes, & ſe trouva avec le marquis de Montroſe à la bataille de Philiphaugh. Il eut beaucoup à ſouffrir ſous Croniwel, & mourut en 1660.

  I. Femme, MARGUERITE Hamilton, fille de *Claude* Hamilton, lord Paiſly, ſœur de *Jacques* Hamilton, comte d'Abercorn.

    1. ARCHIBALD Douglas, lord Angus, qui ſuit.

    2. JACQUES Douglas, ſervit en France avec beaucoup de diſtinction, & étoit ſur le point d'être fait maréchal de France lorſqu'il fut tué au ſiege de Douay en 1645.

    3. JEANNE Douglas, épouſa *Guillaume* Alexander, fils de *Guillaume* comte de Sterling.

    4. MARGUERITE Douglas, femme de *Jean* Hamilton, lord Bargeny.

    5. GRISEL Douglas, mariée à *Guillaume* Carmichael.

E   II. Femme, MARIE Gordon, fille de *Georges* marquis de Huntley, & d'*Henriette* Stuart de Lennox

    1. GUILLAUME Douglas, comte de Selkirk, *a fait la branche des* ducs d'Hamilton, *rapportez ci-après* §. IV.

    2. GEORGES Douglas, créé comte de Dunbarton dans le comté de Lennox le 9. mars 1675. fut page du roi Louis XIV. & ſervit en France juſqu'à la paix de Nimegue. Jacques II. lui donna le commandement de l'armée qu'il envoya en Ecoſſe contre le comte d'Argile, & l'honora du collier de l'ordre de S. André en 1687. Il ſuivit ce Prince en France, mourut à S. Germain le 21. mars 1692. & fut enterré dans l'abbaye de S. Germain des Prez.

    Femme, N. ſœur de la ducheſſe de Northumberland, mourut le 25. avril 1691. mere de

      GEORGES Douglas, comte de Dunbarton, envoyé en Moſcovie en 1716. vivoit en 1725.

    3. JACQUES Douglas, colonel.

    4. HENRIETTE Douglas, épouſa *Jacques* Ihonſton, comte d'Annandale.

5. CATHERINE Douglas, fut mariée à *Guillaume* Ruthven de Douglas dans le vicomté de Berwick.

6. ISABELLE Douglas, femme de *Guillaume* Douglas, duc de Queensberry.

7. JEANNE Douglas, femme de *Jacques* Drummond, comte de Perth, grand chancelier d'Ecosse sous Charles & Jacques II.

8. LUCIE Douglas, épousa *Robert* Maxwell, comte de Nithsdale.

X V I.

ARCHIBALD Douglas, lord Angus, rendit de grands services à Charles I. & Charles II. qui lui donna la charge de grand chambellan le jour de son couronnement premier janvier 1651. Il mourut en 1655.

I. Femme, ANNE Stuart, fille d'*Edme* Stuart, duc de Lennox, fut mere de JACQUES marquis de Douglas, qui suit.

II. Femme, JEANNE, fille de *David* comte de Veems, se remaria à *Georges* comte de Sutherland.

1. ARCHIBALD Douglas, créé comte de Forfar, lord Wandale & Harside le 2. octobre 1661. conseiller privé en 1689. & sous la Reine Anne, & l'un des commissaires de la Treforerie, mourut le 12. décembre 1712.

Femme, RABINE, fille de *Guillaume* Lockhart de Lée, ambassadeur extraordinaire de Charles II. en France, fut mere de

ARCHIBALD Douglas, comte de Forfar, lieutenant colonel de Dragons, vivant en 1725.

2. MARGUERITE Douglas, quatriéme femme d'*Alexandre* Scatou, vicomte de Kinston.

X V I I.

JACQUES marquis de Douglas, né en 1646. conseiller privé en 1670. mourut le 25. février 1700. & fut enterré avec beaucoup de pompe à Douglas.

I. Femme, BARBE Erskin, fille de *Jean* comte de Marr, eut pour fils,

JACQUES Douglas, lord Angus, né en 1671. tué à la bataille de Steinkerque le 3. août 1692.

II. Femme, MARIE, fille de *Robert* marquis de Lothian.

1. ARCHIBALD marquis de Douglas, qui suit.

2. JEANNE Douglas.

X V I I I.

ARCHIBALD marquis de Douglas, comte d'Angus & d'Abernethy, vicomte de la Forest & de Sedburgh, créé duc de Douglas, marquis d'Angus, marquis & comte d'Abernethy, vicomte de Sedburgh & lord Douglas de Borckle, Prestoun & Roherton le 28. avril 1703. par la reine Anne.

§. I V.

DUCS D'HAMILTON.

X V I.

GUILLAUME Douglas, comte de Selkirk, fils aîné de GUILLAUME Douglas, comte d'Angus, & de MARIE Gordon de Huntley sa seconde Femme, *mentionnés ci-devant, page 809.* nâquit le 24. décembre 1634. fut créé duc d'Hamilton par Charles II. le 20. septembre 1660. & chevalier de la Jarretiere en 1682. sous Jacques II. Il fut du Conseil d'état, lord tresorier & de la session d'Ecosse, & Conseiller d'état d'Angleterre. Le prince d'Orange le fit president du Conseil d'Ecosse & grand amiral de ce Royaume. Il mourut le 18. avril 1694.

Femme, ANNE duchesse d'Hamilton, fille de *Jacques* III. marquis d'Hamilton. Par le contrat de mariage il fut convenu que leurs enfans porteroient le nom d'Hamilton.

A 1. JACQUES comte d'Aran, puis duc d'Hamilton, qui suit.

2. CHARLES comte de Selkirk, lord Deir, sheriff du comté de Lanark, lord lieutenant du comté de Clydefdale, l'un des lords de la chambre du Roi, & des feize
pairs d'Ecoffe députez au Parlement d'Angleterre, fut créé comte de Selkirk
dans le comté de Tweedale, & vivoit en 1687.

3. JEAN Hamilton, comte de Ruglen, baron de Barnton & de Ricartoun, fut créé
comte de Ruglen dans le comté de Lanark le 15. avril 1697.
I. Femme, ANNE, fille de Jean comte de Caffils.
  I. GUILLAUME lord Ricartoun.
  II. & III. ANNE & SUSANNE Hamilton.
II. Femme, ELISABETH, fille de N. Hutchiffon dans le comté de Nettingham, veuve
de lord Kennedy.

B 4. GEORGES comte d'Orkney, lord Sehtland, l'un des lords de la chambre du Roi,
gouverneur de la Virginie, connétable, gouverneur & capitaine du château d'E-
dimbourg, lord lieutenant du comté de Clydefdale, & l'un des feize pairs députez au Parlement, fut créé comte d'Orkney le 3. janvier 1696. fe diftingua
aux batailles de la Boyne, d'Aghrim, de Steinkerque, de Landin & de Blenhein,
& aux fieges d'Athlone, de Limerick & de Namur, & fut fait lieutenant general
de l'Infanterie en Flandres fous le duc d'Ormond.
Femme, ELISABETH, fille d'Edouard Villiers, & fœur d'Edouard comte de Jerzey.
  I. ANNE Hamilton, mariée à N. comte d'Inchizuin en Irlande.
  II. & III. FRANÇOISE & HENRIETTE Hamilton.
5. BASILE Hamilton de Baldoon, mort en 1701.
Femme, MARIE, fille & heritiere de David Dunbar de Baldood, & mere de
BASILE Hamilton de Baldoon.

C 6. ARCHIBALD Hamilton, député au Parlement pour le comté de Lanark, nommé
capitaine general de la Jamaïque en août 1710. époufa Jeanne Hamilton, derniere
fille du comte d'Abercorn.

7. CATHERINE Hamilton, femme de Jean duc d'Athol.

8. SUSANNE Hamilton, époufa 1°. Jean comte de Dundonald, 2°. Charles III. marquis
de Tweedale.

9. MARGUERITE Hamilton, femme de Jacques IV. comte de Panmure.

XVII.

JACQUES comte d'Aran, puis duc d'Hamilton, né le 11. avril 1658. fut envoyé
ambaffadeur extraordinaire en France par Charles II. pour féliciter le Roi fur la naif-
fance du duc d'Anjou, & fut gentilhomme de fa chambre le 9. janvier 1679. Il fut
l'un des gentilshommes de la chambre de Jacques II. maître de la garderobbe, colonel du regiment Royal cavalerie, chevalier de l'ordre de S. André, dit du Chardon en
D avril 1687. Il fut fort perfecuté à caufe de fon attachement aux interêts de ce Prince. Sa
mere étant morte en 1698. il fut créé duc d'Hamilton, l'un des feize pairs d'Ecoffe
députez au Parlement d'Angleterre, lord lieutenant du comté de Lancaftre, confeiller du Confeil privé, nommé ambaffadeur extraordinaire en France, chevalier de la
Jarretiere le 26. octobre 1712. créé baron de Dutton & duc de Brandon en Angleterre, & fut tué en duel par le lord Charles Mohun, qui fut auffi tué dans le même
combat le 15. novembre de la même année.
I. Femme, ANNE Spencer, fille de Robert comte de Sunderland, eut deux filles,
mortes jeunes.
II. Femme, ELISABETH, fille & heritiere de Gerard de Brumley, lord Digoy, & d'E-
lifabeth fœur de Charles comte de Macclesfield.
  1. JACQUES duc d'Hamilton, qui fuit.
  2. & 3. GUILLAUME & N. Hamilton.
  4. ANNE Hamilton.
E 5. CATHERINE Hamilton, morte jeune.
  6. & 7. CHARLOTTE & SUSANNE Hamilton.

XVIII.

JACQUES Hamilton, duc & marquis d'Hamilton, marquis de Clydefdale, comte
d'Aran, & de Lanark, lord Marchinshire, Aven, Innerdale & Polmont, Sheriff
heredidaire du comté de Lanark, gardien du Palais Royal d'Edimbourg, premier duc
de la Bretagne Septentrionale, baron de Dutton, & duc de Brandon en Angleterre,
voyageoit en Italie en février 1729.

Femme, N. de Cochran, fille de *Jean* comte de Dundonald, & d'*Anne* Murray, fille de *Charles* comte de Dummore, mourut à Edimbourg vers le 15. août 1725. âgée de 18. ans, mere de

N. Hamilton, marquis de Clydefdale, né à Edimbourg vers le 10. août 1725.

§. V.

COMTES DE MORTON.

VI.

JEAN Douglas, fecond fils de GUILLAUME lord Douglas, & de MARGUERITE de Darby fa feconde femme, *mentionnez ci devant, p.* 400. a donné origine aux comtes de Morton, felon Crawfurd, & peut avoir eu pour fils,

VII.

JACQUES Douglas de Louden, chevalier, qui fut favori de Robert I. roi d'Ecoffe, après la mort duquel arrivée en 1329. il porta fon cœur à Jerufalem pour le faire mettre dans l'églife du S. Sepulcre. Ce Prince lui avoit donné les terres de Kinkavel & de Caldercleer. Il fut pere de

1. GUILLAUME Douglas, lord de Lyfdale, nommé à caufe de fa bravoure *la fleur de la chevalerie*, & mort en 1353.
2. JEAN Douglas, qui fuit.

VIII.

JEAN Douglas, capitaine du château de Lochelevin, qu'il défendit courageufement fous la minorité de David II. Cette charge refta dans fa maifon pendant 300. ans.

Femme, AGNE'S Monfode.

1. JACQUES Douglas, lord de Dalkeith, qui fuit.
2. HENRY Douglas de Lugton, *a fait la branche rapportée ci-après*, §. VI.
3. NICOLAS Douglas des Mains, dans le comté de Dunbarton, fut fixiéme ou feptiéme ayeul de

MALCOLM Douglas, pere de

ROBERT Douglas de Spot, page du prince Henry, & maître de fon écurie, gentilhomme de la chambre de Jacques I. & de Charles I. maître de leur maifon, confeiller du Confeil privé, créé vicomte de Belhaven pour lui & fes defcendans mâles le 24. Juin 1633. époufa *Nicole*, fille de *Robert* Moray d'Abercairny, mourut le 14. janvier 1639. âgé de 66. ans, & fut enterré dans l'églife de l'abbaye d'Holy-Rood-Houfe, où l'on voit fon tombeau & fon épitaphe.

IX.

JACQUES Douglas, fucceda à fon oncle lord Lyfdale aux baronies de Dalkeith & d'Aberdour.

I. Femme, AGNE'S de Dunbar, fille de *N.* comte de March.
1. JACQUES Douglas, lord Dalkeith, qui fuit.
2. GUILLAUME Douglas, de Mordington.
3. JEANNE Douglas, mariée en 1388. a *Jean* Hamilton de Cadzion.
4. AGNE's Douglas, époufa en 1381. *Jean* Liwingfton de Calendar.
5. MARGUERITE Douglas, époufa en 1372. *Philippes* Arbuthnoth d'Arbutnoth.
II. Femme, GILLES, fille de *Walter*, grand Steewart d'Ecoffe, veuve de *David* Lindfey de Crawfurd, & de *Hugues* d'Eglington.

X.

X.

A JACQUES Douglas, lord Dalkeith.
I. Femme, MARIE Stuart, fille de *Robert* III. roi d'Ecoffe, fut mariée en 1402. &
mere de
JACQUES Douglas, lord Dalkeith, qui fuit.
II. Femme, JEANNE, fille de *Guillaume* Borthwick, eut pour fils,
GUILLAUME Douglas, qui fit la branche de Vittingham, de laquelle étoit AR-
CHIBALD Douglas, *mentionné dans lhonston*, *p.* 71.

XI.

JACQUES Douglas, lord Dalkeith.
B Femme, ELISABETH Giffard de Shiroff-Hall.
1. JACQUES Douglas, comte de Morton, qui fuit.
2. HENRY Douglas, a fait la branche de Corbead & de Land-Niddry.

XII.

JACQUES Douglas, créé comte de Morton par Jacques II. au Parlement le 14.
mars 1457.
Femme, JEANNE, fille de *Jacques* I. roi d'Ecoffe, veuve du comte d'Angus, fut
mere de

XIII.

JEAN Douglas, comte de Morton.
Femme, JEANNE de Chrichton de Cranston-Riddle.
C 1. JACQUES Douglas, comte de Morton, qui fuit.
2. RICHARD Douglas.
3. ELISABETH Douglas, femme de *Robert* lord Keith.
4. AGNES Douglas, époufa *Alexandre* lord Lewingstom.

XIV.

JACQUES Douglas, comte de Morton.
Femme, CATHERINE, fille naturelle de *Jacques* IV. roi d'Ecoffe.
1. MARGUERITE Douglas, mariée à *Jacques* Hamilton, comte d'Aran.
2. BEATRIX Douglas, époufa *Robert* lord Maxwell, mort le 14. feptembre 1552.
3. ELISABETH Douglas, mariée à *Jacques* Douglas de Pittendrick, fils de *Georges* Douglas de Pittendrick, frere du comte d'Angus.

§. VI.

SUITE DES COMTES
DE MORTON.

IX.

D HENRY Douglas de Lugton & de Lochelevin, fecond fils de JEAN Douglas,
capitaine de Lochelevin, & d'AGNES Monfode, *mentionnés ci-devant*, *p.* 412.
vivoit en 1425. & fut quatriéme ou cinquiéme ayeul de

ROBERT Douglas de Lochelevin, que JACQUES Douglas, comte de Morton fit déclarer fon fucceffeur, par une charte du grand Sceau de l'an 1540. qui
n'eut point d'effet.

Tome IX. M 5

Femme, MARGUERITE Erskin, fille de *Jean* lord Erskin, & de *Marguerite* Campbell d'Argyle, fut mere de

1. GUILLAUME Douglas, comté de Morton, qui fuit.
2. GEORGES Douglas, vivant en 1582. *mentionné dans Ihonfton, p. 78.*

G UILLAUME Douglas de Lochelevin, ne put avoir le comté de Morton qu'après la mort d'*Archibald* Douglas, arrivée en 1588. Il mourut le 27. feptembre 1606.

Femme, AGNES Lefley, fille de *Georges* comte de Roffey, eut pour enfans,

1. ROBERT Douglas, qui fuit.
2. JACQUES Douglas, commandeur de Melroff.
3. ARCHIBALD Douglas de Kirkneff.
4. GEORGES Douglas de Killour.
5. CATHERINE Douglas, mariée 1°. à *Laurent* Oliphant, 2°. à *Alexandre* premier comte de Hume.
6. MARIE Douglas, époufa *Walter* Ogilvy de Finlater, lord Dexford.
7. EUPHEMIE Douglas, femme de *Thomas* Lyon d'Aldbar en 1589. grand treforier d'Ecoffe.
8. AGNES Douglas, femme d'*Archibald* Campbell, comte d'Argyle.
9. ELISABETH Douglas, alliée à *François* Hay, comte d'Errot.

R OBERT Douglas mourut avant fon pere en 1583.

Femme, JEANNE, fille de *Jean* lord Glames, eut pour fils,

G UILLAUME Douglas, comte de Morton, grand treforier d'Ecoffe depuis 1630. capitaine des Gardes du Roi, confeiller du Confeil d'état, chevalier de l'ordre de la Jarretiere, mort le 7. octobre 1648.

Femme, AGNES Keith, fille de *Georges*, comte maréchal, fut mere de

1. ROBERT Douglas, comte de Morton, qui époufa *Elifabeth*, fille d'*Edouard* Villiers, fœur du vicomte de Grandifon, & niéce de *Georges* duc de Buckingham, & en eut 1. *Guillaume* Douglas, comte de Morton, mort en 168.. qui avoit époufé *Grifel*, fille de *Jean* comte de Middleton. 11. *Anne* Douglas, mariée à *Guillaume* Keith, comte Maréchal, & 111. *Marie* Douglas, femme de *Donald* Mackdonald de Stato Barth.
2. JACQUES Douglas, comte de Morton, qui fuit.
3. JEAN Douglas, tué au fervice à Carberfdale en 1650.
4. GEORGES Douglas.
5. ANNE Douglas.

J ACQUES Douglas, comte de Morton après la mort de *Guillaume* Douglas fon neveu, mourut le 25. août 1686.

Femme, JEANNE, fille & heritiere de *Jacques* Hay de Smithfield, eut pour enfans,

1. JACQUES Douglas, comte de Morton, l'un des commiffaires pour le traité d'Union, confeiller du Confeil d'état, & prefident de la commiffion d'Ecoffe, mort le 10. décembre 1715.
2. ROBERT Douglas, comte de Morton en 1725.
3. GEORGES Douglas, député au parlement en 1716.

P. 340. lettre A, col. 2. ligne 6. de Gourgues, de Thuify, *lifez* de Thuify, de Gourgues.

Ibid. lettre B, ligne 12. meffieurs de Gourgues, Goujon de Thuify, *lifez* Goujon de Thuify, de Gourgues.

P. 349. lettre C, ligne 2. lui livra combat, *ajoutez*, le 5. décembre 1362.

Ibid. ligne 13. l'an 1391. *ajoutez* le jour de S. Pierre premier août (*a*).

P. 354. lettre E, ligne premiere, JEAN-FRANÇOIS, *ajoutez* THOMAS-LAURENT.

P. 355. lettre A, ligne premiere, au mois de février, *lifez* le 16. février,

Ibid. ligne 5. femme de N. *lifez*, femme en 1675. de *Louis-François-Maurice* Fernandez de Cordoue Figueroa & Aguilar, feptiéme marquis de Priego, duc de Feria, chevalier de la Toifon-d'Or, mort le 23 août 1680. Il étoit fils ainé de *Louis - Ignace*

(*a*) Chronique manufcrite de Montpellier, p. 22.

A Fernandez de Cordoue, Figueroa & Aguilar, marquis de Priego, duc de Feria, & de *Marie-Anne* de Cordoue & Arragon.

P. 364. lettre B, ligne 2. & de *Catherine* de Gontault, fille de *Pons* de Gontault, baron de Biron, *ajoutez*, & de *Barbe* de Cauchon-Maupas.

Ibid. lettre D, ligne 11. Villefranche après la mort de Jean-Pierre-Gaston de Foix. Elle se remaria, *lisez* Villefranche. Après la mort de Jean-Pierre-Gaston de Foix, elle se remaria.

P. 365. lettre B, ligne 3. femme du marquis de Capelle, *lisez* femme de N... de Carbonniere, marquis de Capelle-Biron.

P. 367. lettre A, ligne premiere, 5861. *lisez* 1591.

P. 369. lettre C, ligne 4. Castiston, *lisez* Castillon.

P. 372. *ajoutez* : Outre les cinq enfans marquez dans cette Genealogie, issus du mariage d'*Archambault* de Grailly, & d'*Isabelle* de Foix, on leur en donne encore un fils, (mais on n'en a pas trouvé la liaison) sçavoir,

I.

B JEAN de Grailly, eut en partage la terre de Castillon & de Lavaignac, auquel on donne pour fils,

I I.

JEAN de Grailly, seigneur de Lavaignac, qui acheta la maison noble de Grailly de Jalais en Medoc l'an 1462.

I. Femme, SUSANNE de Lamiraude de Montferrand, mariée en 1485.

II. Femme, MARGUERITE Capdeville, mariée par contrat du 6. juin 1526. De l'une des deux il eut,

1. JEAN de Grailly, seigneur de Castillon, qui suit.

2. JEAN de Grailly, vivant en 1565.

I I I.

JEAN de Grailly, seigneur de Castillon, de Lavaignac & de Jalais, transigea avec son frere *Jean* sur la succession de leurs pere & mere le 8. avril 1565. & eut en
C partage les terres de Castillon & de Lavaignac. Il fut pere de

I V.

PIERRE de Grailly, seigneur de Jalais.

I. Femme, CATHERINE de Campagne, mariée par contrat du 26. janvier 1596.

II. Femme, JEANNE de Seigneuret, mariée par contrat du 31. décembre 16.. fut mere de

JACQUES de Grailly, seigneur de Jalais, qui suit.

V.

JACQUES de Grailly, seigneur de Jalais.
D Femme, MADELENE Croissat, mariée par contrat du 8. janvier 1633. fut mere de

V I.

JEAN de Grailly, seigneur de Jalais.

Femme, BLANCHE de Castaigné, mariée par contrat du 6. janvier 1666.

1. JACQUES de Grailly, seigneur de Jalais, servoit dans la Marine en 1682.

2. JACQUES de Grailly.

3. FRANÇOIS de Grailly.

4. PIERRE de Grailly.

E P. 374. lettre C, ligne 12. Gaston-Phœbus, *lisez* François-Phœbus.

P. 384. mort au siege de Naples, *lisez* mort l'an 1532.

P. 385. lettre A, ligne 10. conseiller en ses Conseils d'état & privé, *ajoutez*, né le premier janvier 1573. à onze heures du matin, & mort à Tournecoupe le 29. janvier 1635.

Ibid. lettre D, ligne 3. Gaston-Bernard de Foix, seigneur de Villefranche, *ajoutez*, assassiné par des chasseurs à Castelnau.

Ibid. ligne 10. *Marguerite-Henriette* de Foix, dame de Villefranche, *ajoutez :*

IV. HENRIETTE de Foix, dame de Tournecoupe, où elle mourut le premier octobre 1689. épousa 1°. le 24. janvier 1639. *Aimeri* de Preissac, baron d'Esclignac, 2°. le 8. juillet 1658. *Charles* de Montlezun & de Lupiac, seigneur de Montcassin, vicomte de Boulognes, mestre de camp de cavalerie en 1652. mort à Tournecoupe le 23. avril 1682. Elle en eut *Charles* de Montlezun, né le 11. août 1661. seigneur de Montcassin, de Tournecoupe, de Cadillac, plaidant au Parlement de Bourdeaux en 1724. contre le chapitre de S. Blaise de Cadillac, fondé par *Gaston* de Foix, comte de Candale son trisayeul. Henriette de Foix avoit eu de son premier mari *Jean-Aimery* de Preissac, marquis d'Esclignac, seigneur de Lorée, de Marestang, de Montferrand, de Fregoville, vicomte de Cogotes, mort au château d'Esclignac, vers le premier août 1721. qui avoit épousé en 1686. *Louise* de Cassagnet, fille de *Jean-Jacques* marquis de Fimarcon, & de *Marie-Angelique* de Roquelaure, & en avoit eu *Jean Henry* de Preissac, marquis de Marestang, marié le 25. novembre 1716. à *Madelene* de Moneins, fille d'*Armand* marquis de Moneins en Bearn, & de *N.* de Gassion, mort le 28. août 1724. laissant plusieurs enfans. *Charles* de Preissac, marquis de Cadillac, marié le 20. janvier 1722. à *N.* de Riquet, fille de *N.* de Riquet, president à mortier au Parlement de Toulouse, & de *N.* de Montagne sa troisième femme. *Charles-Louis* de Preissac, capitaine au regiment de la Couronne, & *Catherine-Henriette* de Preissac, mariée le 22. juin 1714. à *Alexandre* de Percin, marquis de Montgaillard & de la Valette, seigneur de Caumont, de Casaux, de Pompiat, de Jarnac & du quart d'Andofielle.

P. 388. lettre C, ligne 4. Marie de Foix, *lisez* Marie-Catherine de Foix, mariée à *François* de Gironde, seigneur de Montclera, fils aîné de *Brandelis* de Gironde, seigneur de Montclera, & de *Marie* de Touyouse, est nommée dans le testament fait le 4. may 1610. par son mary, qui lui laissa l'usufruit de la terre de Montclera.

Ibid. ligne 6. dans le combat de Montraveau avec deux de ses frères l'an 1586. *lisés* dans le combat de Monterabeau à deux lieües de Nerac, le 21. juillet 1580, *Thuanus*, *lib. LXXII. p.* 362.

P. 394. *ajoutez :* Il y a une branche de cette maison établie en Languedoc, qui en porte les armes, & qui s'en prétend descendüe.

I.

JEAN de Foix, écuyer, seigneur de la Motte & d'Argan, fut père de

I I.

ANTOINE de Foix, seigneur de la Motte, testa le 15. février 1571. Femme, JEANNE de Cavala, mariée le 9. février 1521. dont,

I I I.

ROGER de Foix, seigneur de la Motte, fut père de
1. JEAN-JACQUES de Foix, qui suit.
2. ANTOINE de Foix.
3. GLORIANDE de Foix.

I V.

JEAN-JACQUES de Foix, seigneur de la Motte, pere de

V.

NICOLAS de Foix, seigneur de la Motte, gentilhomme ordinaire de la chambre du Roi, par brevet du premier avril 1633.
Femme, MARIE Encausse, mariée par contrat du 5. juin 1612. dont,

V I.

NICOLAS-EMMANUEL de Foix, seigneur de Fabas, fut déclaré noble par jugement de M. de Bezons Intendant, du 8. juillet 1669.
Femme, PAULE de Hunault, mariée par contrat du 5. décembre 1647.

P. 395. lettre A, ligne 8. Fevers, *lisés* Nevers.
P. 411. lettre A, ligne 2. Loumaque, *lisés* Loumagne.
P. 415. lettre D, ligne 11. fille, *lisés* fils.

P. 419.

A P. 419. lettre C, ligne 9. Salcalle, *lifez* la Scale.

 P. 432. lettre B, après l'article du 2ᵉ fils, *ajoutez*,

 3. ROGER d'Armagnac, marié par pactes du 15. février 1347. à *Efclarmónde* de Pardeilhan, fille unique & heritiere de *Bernard* de Pardeilhan, & de *Ciboye* de Mauvefin, vicomteffe de Juliac. Il y fut ftipulé que leurs fucceffeurs prendróient le nom & les armes de Pardeilhan, & c'eft d'eux que font venus les Pardeillans-Panjas, *rapportez tome V. de cette hiftoire, p. 192. & fuivantes.*

 4. MACAROSE, &c.

 P. 490. lettre A, ligne 6. lieutenant de l'état, *lifez*, lieutenant general de l'état.

 P. 495. lettre C, à l'article de Charlotte de Rochechouart, *ajoutés*, elle mourut à Paris le 28. avril 1729. & fut enterrée en l'églife de Saint Nicolas des Champs fa paroiffe.

B P. 500. lettre D, ligne 9. *ajoutez*, il mourut le 9. juin 1728.

 P. 501. lettre A, ligne 5. *ajoutez*, elle mourut à Lisbonne le 16. décembre 1730. & fut enterrée dans l'églife du monaftere Royal de Xabregas.

 P. 514. lettre D, ligne 2. Saint Sorrin, *lifez* Saint Sorlin.

 P. 573. lettre C, ligne 9. Challouyau, *ajoutez*, fils de *Foulques* de Laval, feigneur de Challouyau.

 P. 575. lettre A, ligne 5. 2°. avant l'an 1363. *lifez* le 15. juin 1472.

 P. 578. lettre D, ligne 5. dans un combat l'an 1568. *lifez* au combat du paffage de la Jette, donné le 20. octobre 1568.

 P. 582. lettre D, ligne 7. & mourut au retour, *ajoutez*, au château de Courtalain le 3. juin 1592.

 Ibid. ligne 9. & d'*Anne* du Mufeau, *lifez* & d'*Anne* de Morlet du Mufeau.

 P. 583. lettre A, ligne premiere, Jacqueline de Montmorency, *ajoutez*, née le 13. novembre 1586. & batifée à Montrichard le 3. février 1587.

C *Ibidem* ligne 6. feigneur de Courtalain, *ajoutez*, né le 23. février 1584. & batifé le 11. mars fuivant.

 Ibid. lettre D, ligne premiere, Anne-Leon de Montmorency, *ajoutez à fon article*, il époufa le 11. décembre 1730. *Anne-Marie-Barbe* de Ville, morte à Paris le 13. août 1731. dans fa 19ᵉ année, fille d'*Armand* baron de Ville, & d'*Anne-Barbe* de Courcelles, dont il eut *N.* de Montmorency, né au mois d'août 1731.

 P. 585. lettre C, à l'article d'*Angelique-Marguerite* Mouchet de Batefort, *ajoutez*, elle mourut le 15. avril 1732. âgée de 51. ans.

 P. 589. lettre B, ligne 9. Tallard de Luxembourg, *lifez* Tonnerre de Luxembourg.

 P. 590. lettre A, ligne 3. de Tingry, *ajoutez*, marquis de L'ellenave, baron de Mello.

 Ibid. lettre E, ligne 3. *oftez* comte de Bouteville, de Dangu & de Luxe.

 Ibid. ligne derniere, *ajoutez*, prêta ferment & prit féance au Parlement le 15. janvier 1728.

D P. 591. lettre A, après l'article de Marie-Sophie-Emilie-Honorate Colbert, *ajoutez pour enfant* :

 ANNE-MARIE de Montmorency-Luxembourg, née au mois de février 1729.

 Ibid. lettre B, ligne 13. 1698 *lifez* 1696. & *ajoutez*, il mourut à Paris le 28. octobre 1731. & y fut enterré en l'églife des Celeftins.

 I. Femme, &c.

 Ibid. lettre C, après les deux enfans, *ajoutez*,

 II. femme, ELIZABETH Rouillé, veuve de *N.* Bouchu, confeiller d'état, fut mariée la nuit du 19. au 20. mars 1731.

 P. 593. lettre B, ligne 3. à l'article d'Eleonore-Marie de Montmorency-Luxembourg, *ajoutez*, mariée au mois d'avril 1729. à *Louis-Leon* Potier, marquis de Gandelus, fecond fils de *François-Bernard* Potier, duc de Trefmes, pair de France, chevalier des Ordres du Roi, & de *Marie-Madelene-Louife-Genevieve* de Seigliere de Boisfranc.

E P. 594. lettre C, ligne 3. Hellun, *lifez* Hellem.

 P. 601. lettre B. ligne 9. 1704. *lifez* 1674.

 P. 603. lettre D, ligne 2. Il mourut, *lifez* Elle mourut.

 P. 605. lettre B, ligne 20. 1595. *lifez* 1593.

 Ibid. lettre C, ligne 2. Marguerite de Montmorency, *ajoutez*, dame de Lers.

 P. 606. lettre C, ligne 7. feigneur de Melonfet, *ajoutez*, tué au combat de Leucate le 29. feptembre 1637. avoit été, &c.

 Ibid. ligne 9. Claude de Meolette de Moranger, feigneur de S. Auban, bailly de Geraudar & gouverneur de Marjerols, *lifez* Claude de Molette de Moranger, feigneur de S. Auban, bailly de Gevaudan, & gouverneur de Marjevols.

 Ibid. lettre D, ligne premiere, *Guillaume* de la Vergne, feigneur d'Antonegue, fille

de *Barthelemy*, lifez, *Guillaume* de la Vergne, feigneur d'Antonegue, mort d'une bleffure **A**
qu'il reçut au bras près du pont de Lunel, vers le 22. février 1575. fils de *Barthelemy*.

P. 612. lettre C, ligne 5. *ajoutez*, mort le 12. feptembre 1730. à Paris âgé de 66.
ans, & enterré à S. Sulpice.

Ibid. lettre D, ligne premiere, Louis-François de Montmorency, *ajoutez*, marié à
Gand à *N*...

P. 614. lettre A, ligne premiere, Curfimgnàn, *lifez* Cuningham.

Ibid. ligne 2. Gomearm, *lifez* Glencairn.

Ibid. lettre E, ligne 8. §. XVII. *lifez* §. XVI.

P. 617. lettre C, ligne 9. femme de *N. ajoutez* Maneffier.

Ibid. lettre D, ligne 3. maréchal de camp, *lifez* lieutenant general, & *ajoutez*, il a
époufé la comteffe du Pocey, veuve du grand general de l'armée de la couronne de
Pologne. **B**

P. 625. lettre C, fils de *Raoul* de Gaucourt, & d'*Ifabeau* de Cramailles, remariée à
Hugues de Chaftillon, feigneur de Germaines, *lifez* fils de *Jean* de Gaucourt, & de *Jeanne*
de Farainville.

P. 642. lettre C, lieutenant de roi en la haute & baffe Marche, par lettres du 18.
mars 1683. *lifez* lieutenant general de la haute & baffe Marche, par provifions du 19.
mars 1681. dans lefquelles le Roi le qualifie *fon très-cher & amé coufin.*

Même page, lettre D, à l'article de *Guy-André* de Laval, *ajoutez*, le Roi lui a donné
comme à fes prédeceffeurs la qualité de *coufin*, dans toutes fes commiffions, dans toutes les lettres qui lui ont été adreffées pour recevoir les Officiers pendant vingt-deux
ans qu'il a été colonel, & dans les ordonnances des penfions qu'il reçoit.

P. 645. lettre D, ligne premiere, par fon valet de chambre, *lifez* par le precepteur
de fes enfans.

P. 646. lettre A, ligne 6. le 2. feptembre, *lifez* le 21. feptembre.

Ibid. ligne 8. Gournan, *lifez* Gournay.

Même ligne, Pontcallain, *lifez* Pontvallain.

Ibid. ligne 9. *oftez*, & fecond exempt des Gardes du corps de la ducheffe de Berry le
premier may 1719. & *ajoutez*, chevalier d'honneur de fon alteffe royale madame la ducheffe d'Orleans. **C**

Ibid. lettre B, ligne 5. environ l'an 1718. *lifez* au mois de feptembre 1717.

Ibid. lettre B, ligne 6. 1. Louis-Charles, *lifez* Guy-Louis-Charles, & à la fin de fon
article, *effacez*, il eft chevalier de S. Lazare, & *ajoutez*, il a époufé le 11. août 1728.
Adelaïde-Louife Salbighoton d'Efpinay, fille de *François* marquis d'Efpinay, brigadier des
armées du Roi, colonel de Dragons, & de *Marie-Anne* d'O, dont eft né le 13. avril
1731. *Louife-Adelaïde-Philippine* de Laval.

Ibid. lettre E, ligne derniere, *oftez* Louis-Charles, &c. & *mettez*,

1. GUY-CLAUDE-LOUIS de Laval-Montmorency, né le 29. mars 1724. mort le jour
de Pâques 1726. **D**

2. CYPRIEN-JOSEPH-ROLLAND de Laval, né le 31. mars 1725. mourut au mois de
feptembre 1730.

3. CHARLES-LOUIS de Laval, né le 12. avril 1727. mort le 21. août fuivant.

4. JOSEPH-PIERRE de Laval, né le 28. mars 1729.

5. MARIE-LOUISE de Laval, née le 31. mars 1723.

6. N. de Laval, née le 18. février 1731. morte le même jour.

P. 647. lettre D, à l'article de Jofeph de Laval-Montigny, *ajoutez*, grand-bailly &
treforier de l'Ordre de Malte en 1731.

P. 648. lettre A, ligne 6. *ajoutez*: De ce mariage font nées trois filles.

P. 650. lettre D, ligne 8. *oftez* Hercules de Rohan, duc de Montbafon, pair
& grand-veneur de France, & *lifez* Louis de Rohan VI. du nom, prince de Guemené.

P. 659. lettre B, ligne 6. Marguerite de Levis, *lifez* Jeanne de Levis.

P. 735. lettre C, ligne 5. époufa 1°. *oftez* 1°.

P. 736. lettre A, ligne 2. *oftez* 2°. le 15. feptembre 1485. *Jacques* Chabot, cheva- **E**
lier, feigneur de Jarnac, de Brion & d'Afpremont.

Ibid. Après la ligne 4. *ajoutez alinea*,

11. MARGUERITE de Luxembourg, mariée le 15. feptembre 1485. à *Jacques* Chabot, chevalier, feigneur de Jarnac, de Brion & d'Afpremont.

P. 762. Au commencement de la genealogie des feigneurs de Cruffol, avant le premier degré, *ajoutez*, GERAUD Baftet, avec Adelbert & Guillaume de Cruffol (*de
Cruciolo*) furent préfens & témoins à l'afte de donation que Meteline fit à Bernard Aton
fon frere l'an 1152. (*Baluze, preuves de l'hift. d'Auvergne*, tome II. liv. IV. p. 489.)

Ibid. lettre B, il fit fon teftament avant la fête de Sainte Luce 1264. *lifez*,

A   *Nota.* Suivant une copie collationnée, qui nous a été communiquée depuis l'impression du troisième Volume de cette histoire, ce même testament est datté du jeudy avant la fête de Sainte Luce 1164. & a été reconnu & publié à Valence au mois de mars suivant. Les mêmes enfans & petits-enfans y sont dénommez, ce qui fait croire qu'il pourroit y avoir quelque confusion dans les premiers degrez de cette genealogie, que l'on pourra rectifier avec le tems.

P. 764. lettre B, ligne 6. Guillaume, seigneur de Crussol, *lisez* Guillaume Bastet, seigneur de Crussol.

Ibid. ligne 6. de Fontanays, *ajoutez*, moyennant 2150. florins d'or.

Ibid. lettre E, ligne 7. à la fin de l'article, *ajoutez*, il mourut le premier avril 1441.

P. 765. lettre D, ligne 9. elle épousa *N.* seigneur de Tournelles, *lisez* elle épousa *Pierre* Guerin, seigneur de Tournel, gouverneur de Charles Dauphin, depuis Roi de France, VIIIe du nom.

B   *Ibid.* lettre E, ligne 5. Meuillan, *lisez* Meuillon en Dauphiné.

P. 766. lettre B, ligne premiere, il mourut au mois d'août 1473. *lisez*, il mourut à Villemagne, diocese de Beziers, le 20. août 1473. & son corps fut porté le 16. septembre suivant aux Cordeliers de Valence.

Ibid. ligne 11. en cette qualité, *ajoutez*, elle testa le 20. octobre 1485.

P. 767. lettre B, ligne 2. 7 janvier 1514. *ajoutez*, acheta de Louis de Joyeuse & de Jeanne de Bourbon sa femme la baronie de S. Geniez de Malgoires, & les châteaux & lieux de S. Baufile & Montignargues, dont il prit l'investiture & paya les lods aux officiers du Roi le 25. juin 1504.

Ibid. ligne 11. Cordeliers d'Uzés, *ajoutez*, il mourut le 24. avril 1525.

Ibid. lettre C, ligne 6. 30. décembre 1514. *ajoutez*, elle étoit née le 26. décembre 1471. & mourut le 4. janvier 1515. Ses enfans furent, 1. *François* de Crussol, né le 20. décembre 1496. 2. *André* de Crussol, vicomte d'Uzés, né le 14. décembre 1497. mort

C   le 20. octobre 1521. &c. 3. *Jacques* de Crussol, né le 28. décembre 1501. 4. autre *Jacques* de Crussol, né le 23. janvier 1505. 5. CHARLES de Crussol, vicomte d'Uzés, qui suit ; 6. *Jean* de Crussol, né le 9. novembre 1511. 7. autre *Jean* de Crussol, né le premier janvier 1515. mort le 22. du même mois ; 8. *Madelene* de Crussol, née en 1491. &c. 9. *Marie* de Crussol, née le 2. novembre 1492. mariée 1°. à *Jean* d'Ancezune, 2. à *Jean* de Pontevez, baron de Cotignac, de Carces & d'Artignose ; 10. *Antoinette* de Crussol, née le 7. septembre 1498. 11. *Jeanne* de Crussol l'aînée, née le 23. octobre 1503. mariée à *Maffre* de Voisins, &c. 12. *Françoise* de Crussol, née le 7. octobre 1506. 13. *Anne* de Crussol, née en 1509. &c. 14. *Jeanne* de Crussol la jeune, &c.

P. 768. lettre C, à l'article de *Charles* de Crussol, *ajoutez*, il nâquit le 29. octobre 1510. fit hommage au Roi entre les mains du Chancelier de France le 4. juin 1528; de son vicomté d'Uzés & de ses terres de Crussol, de Levis, de Florensac, & en donna aveu le 4. mars 1533. 3. août 1540. & 27. septembre 1541.

D   *Ibid.* lettre D, ligne 9. il mourut le 11. *lisez* il mourut à Narbonne le mardy 2.

Ibid. lettre E, ligne 5. Elle testa en 1566. *ajoutez*, & mourut au château d'Acier en Quercy le jeudy premier may 1567.

Ibid. ligne 6. Antoine de Crussol, *ajoutez*, né le 21. juin 1528. & page 769. pour ses freres & sœurs, *lisez*, 2. *Jean* de Crussol, né le 18. mars 1533. mort peu après ; 3. *François* de Crussol, né en 1534. mort le 25. novembre de la même année ; 4. *Jean* de Crussol, seigneur de Levis, né au mois de janvier 1535. mort au siege du Havre de Grace en 1563. 5. *Louis* de Crussol, né le 7. janvier 1538. mort le 2. avril 1539. 6. *Jacques* de Crussol, duc d'Uzés, pair de France, qui suit ; 7. *Charles* de Crussol, né au mois d'avril 1541. abbé de Feuillans en 1550. fut blessé au combat que Fabrice Sorbellon perdit contre les Protestans qui assiegeoient Serignan dans le comtat Venaissin le 18. mars 1563. fut prisonnier, mourut le même jour, & fut enterré dans le cimetiere des Cordeliers d'Orange ; 8. Louis de Crussol né le 7. mars 1542. tué à Mets d'un

E   coup de pistolet en badinant ; 9. *Galiot* de Crussol, né à Acier le 18. juillet 1545. seigneur de Beaudisner, tué à la S. Barthelemy le 24. août 1572. &c. 10. *Jeanne* de Crussol, née le 4. septembre 1529. morte peu après ; 11. *Marguerite* de Crussol, née le 25. juin 1537. testa le 31. juillet 1550. 12. *Marie* de Crussol, née posthume le 14. novembre 1546. mariée 1°. par contrat du 22. may 1564. à *François* de Gardaillac, seigneur de Peyre, tué à la S. Barthelemy en 1572. fils, &c. 2°. le 31. may 1574. à *Guy* de Combret, seigneur de Broquiez en Rouergue, prieur de Saint Leon. Elle transigea en 1594. avec le duc d'Uzés son frere, & le 4. may 1601. avec *Geoffrey-Astorg-Aldebert* baron de Peyre son beau-frere, contre lequel elle avoit long-tems plaidé, & mourut en 1606.

P. 770. lettre A, ligne 2. baron de Levis, *ajoutez*, né le 20. juin 1540.

Ibid. lettre B, ligne 7. *effacez ces mots*, commis le 11. may, jufqu'à la fin, & *mettez*, il mourut à Paris le 3. feptembre 1584.

Ibid. ligne 12. *mettez ainſi les enfans*, 1. *Antoine* de Cruſſol, né le lundy 12. janvier 1573. 2. *Emmanuel* de Cruſſol, qui fuit; 3. *Louiſe* de Cruſſol, née à Tonnerre le 11. décembre 1571. mariée, &c. étoit veuve & fans enfans le 24. avril 1611. 4. *Diane* de Cruſſol, née le 5. février 1574. morte jeune; 5. *Marie* de Cruſſol, née à Avignon le 12. avril 1575. époufa *Chriſtophe* de Chabannes, &c. 6. autre *Diane* de Cruſſol, née le 21. juin 1577. mariée le 23, décembre 1594. à *Jean-Vincent* Cadart-d'Ancezune, &c. vivoit encore le 10. octobre 1657. 7. *Aldonce* de Cruſſol, née à Acier le vendredy 21. novembre 1578. morte au même lieu; 8. *Eliſabeth* de Cruſſol, née à Paris le lundy 14. décembre 1579. mariée à *Jean-Louis* de Loſtanges, &c.

P. 770. lettre D, ligne premiere, pair de France, *ajoutez*, né à Paris le 21. juillet 1587.

P. 771. lettre D, ligne 3. en Catalogne, *ajoutez*, en 1693.

P. 772. lettre B, ligne 14. de Languedoc, *ajoutez*, il mourut à Montpellier à la fin d'octobre 1713. & elle à Beziers au mois d'août 1723. & eſt enterrée à Murviel.

Ibid. lettre C, ligne premiere, pair de France, *ajoutez*, né le 5. janvier 1642.

Ibid. lettre D, ligne 7. au mois d'octobre, *liſez*, né le 17. octobre.

Ibid. ligne 11. d'Aymargues, *ajoutez*, né le 16. décembre 1681.

Ibid. lettre E, ligne 4. Julie-Françoiſe de Cruſſol, *ajoutez*, née le 17. novembre 1669.

P. 773. lettre A. ligne 2. Thereſe-Marguerite de Cruſſol, *ajoutez*, née le 4. décembre 1671. morte le 5. may fuivant.

Ibid. ligne 3. Louiſe-Catherine de Cruſſol, *ajoutez*, née le 29. feptembre 1674.

Ibid. lettre B, ligne 5. & d'Angoulefme, *ajoutez*, né le 29. décembre 1675.

Ibid. lettre D, ligne 9. le lendemain, *ajoutez*, elle époufa le 19. février 1732. *Louis-Ceſar* de la Baume-le-Blanc de la Valliere, duc de Vaujour, fils de *Charles-François* de la Baume-le-Blanc, duc de la Valliere, pair de France, & de *Marie-Thereſe* de Noailles.

Ibid. lettre E, ligne derniere, *ajoutez pour enfans:*

1. FRANÇOIS-EMMANUEL de Cruſſol, né le premier janvier 1718. batiſé le 26. du même mois.

2. CHARLES-EMMANUEL de Cruſſol, né le 29. décembre 1730. a été reçu chanoine de Strasbourg au mois de feptembre 1731.

P. 776. lettre A, ligne 5. Françoiſe de Levis, *liſez*, Louiſe de Levis.

Ibid. entre la ligne 7. & 8. *ajoutez*, 2. *François-Jacques* de Cruſſol, dit *le comte d'Amboiſe*, mort en 1673. avoit époufé *N.* de Baudan, fille de *Jacques* de Baudan, treforier de France au bureau de Montpellier, & de *Violande* de Vignolles, & veuve de *René* de la Tour-Gouvernet, comte de Marennes, morte en 1717. 3. *François* de Cruſſol, dit *l'Abbé de S. Sulpice*, mort vers l'an 1712. 4. *Alexandre-Galiot* de Cruſſol, &c. 5. *N.* de Cruſſol, &c. 6. *Georges* de Cruſſol, feigneur de Montmaur, mort en juillet 1691. 7. *Anne-Henriette* de Cruſſol, époufa *Jean-François* de Boſſuejouls, marquis de Roquelaure en Rouergue, & mourut en 1683. laiſſant cinq enfans; 8.9. & 10. trois autres filles, religieufes ou mortes dans un âge peu avancé.

Ibid. lettre B, ligne 4. pour les enfans, *mettez*, 1. & 2. N. & N. motts au berceau; 3. *Joſeph*, dit *le marquis de Cruſſol*, né en 1679. mort à Paris en 1691. 4. *Etienne* de Cruſſol, comte de Montfort, puis marquis de S. Sulpice en Quercy, feigneur de Caftelnau, la Baftide, Graulhet, &c. baron des états de Languedoc, né en 1685. 5. *Philippes-Emmanuel* de Cruſſol, &c. 6. *Diane* de Cruſſol, marquiſe de Marignane, &c. morte à Montpellier vers le 25. juillet 1707. 7. *Louiſe-Marie* de Cruſſol; 8. *Marguerite* de Cruſſol; 9. *Charlotte* de Cruſſol, née en 1682. toutes trois vivantes en 1706.

P. 777. §. IV. Comtes d'Amboiſe-d'Aubijoux, *ajoutez*: Cette branche porte, écartelé, *au 1. parti de Cruſſol & de Levis, au 2. & 3. parti de* Gourdon-Genouillac *& de* Galiot, *au 4. d'Amboiſe, & ſur le tout d'Uzés.*

Ibid. lettre A, ligne 2. prit dans la fuite la qualité de comte d'Amboiſe, *ajoutez*, conformément au teſtament de fa mere qui l'avoit appellé pour porter le nom & les armes d'Amboiſe & en avoir les terres, ce qui a caufé dans la fuite un procès entre fes heritiers & ceux de fon frere aîné pour les terres qu'on lui difputoit, & lui & fa poſterité ont conſervé le nom d'Amboiſe.

Ibid. Après la ligne 4. *ajoutez*, I. Femme, N. Montal de Coteuſe, dame de Velan, morte fans enfans en 1694.

II. Femme, &c.

Ibid. Après la ligne 11. *ajoutez*: Deux fils & une fille, morts jeunes.

Ibid. lettre B, ligne 4. maître des Requêtes, *ajoutez*, & d'*Anne* Catheu, dame du marquifat de Fors. *Ibid.*

A   *Ibid.* ligne 5. N. de Cruſſol, *liſez* Anne-Emmanuel-François-Georges de Cruſſol-d'Uzés-d'Amboiſe-Aubijoux, né le 30. may 1716. batiſé à Aurillac le 29. juin ſuivant.

P. 808. lettre C, ligne 12. *effacez ces mots*, ou marquiſe du Mas de Grosfaux.

P. 809. lettre A, ligne 14. *effacez ces mots*, ou Ceiſſac.

Ibid. à l'explication des armes, ligne 5. de blé, *ajoutez* d'or.

P. 810. lettre A, ligne 8. de la Pierre, *liſez* de Pierre.

Ibid. lettre C, ligne 2. Montalat, *liſez* Montalet.

Ibid. ligne ſuivante, à S, Ambroiſe, *liſez* à S. Ambroix.

Ibid. ligne 12. Valpurge, *liſez* Valburge.

Ibid. lettre D, ligne 5. Montelus, *liſez* Montclus.

B   *Ibid.* ligne 9. majeur de 20. ans, *ajoutez*, ſon fils.

P. 811. lettre A §. I. Seigneurs du Tournel, *ajoutez* : Les armes qui ſont, *tranché d'argent & de gueules*, & depuis le mariage de Gabrielle dame du Tournel avec Sigiſmond de Chaſteauneuf de Randon, *écartelé* de Chaſteauneuf & *du* Tournel.

Ibid. lettre A, ligne 10. Regardanc, *liſez* Regardan.

Ibid. ligne ſuivante, Malboſc, *ajoutez*, le petit.

Ibid ligne 14. Valpurge, *liſez* Valburge, & *par tout de même.*

Ibid. lettre C, ligne 4. Villevic, *liſez* Vielvic.

Ibid. ligne 7. le Vazeilles, *liſez* la terre de Vareilles.

Ibid. ligne ſuivante, après la Nativité de Notre-Damè, *ajoutez*, 1304.

P. 812. lettre C. ligne 7. en Nivernois, *liſez* en Rouergue.

Ibid. lettre D, ligne première, Cambonet, *liſez* Chambonèt.

P. 813. lettre A, ligne 5. Sigiſmond de Chaſteauneuf, ſeigneur de S. Remeſy, d'Aigues & en partie de Chaſteauneuf-Randon, *ajoutez*, dont on va rapporter la branche (a), quoiqu'on n'en ait pas trouvé la jonction avec les anciens ſeigneurs de Chaſteauneuf-Randon.

(a) Communiquée depuis l'impreſſion du III. volume.

BRANCHE DES SEIGNEURS
DE SAINT REMESY,
DU NOM
DE CHASTEAUNEUFRANDON.

I.

C   **G**UILLÀUME de Chaſteauneuf, dit *de Saint Remeſy*, ſeigneur de S. Remeſy, d'Allou, Miraval, du quart du Chaſteauneuf de Randon, de la Tour de la Tine, s'étant ſaiſi de Chaſteauneuf de Randon, le remit enſuite à Andrieu de Ribes, à Chaudon & à d'autres Anglois; il courut après avec eux le Gevaudan & le Velay, mit le feu aux faubourgs de Pradeles; appartenant à Philippe de Lévis, & au château de Molinneuf, prit la fortéreſſe de S. Paul, appartenant à l'abbé de la Chaiſe-Dieu, & courut juſques aux portes du Puy; cela fut cauſe que Charles VII. donna toutes ſes places en 1424. à Philippes de Levis, vicomte de Lautrec, dont le fils Antoine ſeigneur de Vauvert, les avoit remiſes en l'obéïſſance du Roi, & ſon procureur en fut mis en poſſeſſion en 1429. Il fut pere de

I I.

D   **R**AYMOND de Chaſteauneuf, ſeigneur de S. Remeſy, & en partie de Chaſteauneuf de Randon, épouſa le 20. juillet 1450 *Jeanne* de Seneret, fille de *Meyruys* ſeigneur de Seneret, comptor de Montferrand, & il en eut,

I I I.

SIGISMOND de Chaſteauneuf, conſeigneur de Chaſteauneuf de Randon, ſeigneur d'Aigues & de S. Remeſy, épouſa le 11. mars 1485. *Gabrielle* dame de Tournel, fille de feu *Pierre* Guerin, baron de Tournel, & de *Louiſe* de Cruſſol; elle vivoit en-

73001[object Object]0[object Object]

core au mois de janvier 1529. lorfque fon fils déclara qu'elle ou lui jouiffoient de 500. livres de revenu de bien noble, dont le dixiéme devoit être employé à racheter les enfans de François I. prifonniers en Efpagne.

IV.

ANTOINE-GUERIN de Chafteauneuf de Randon, baron de Tournel, &c. époufa le 23. janvier 1519. *Ifabeau* de Grimaldi, fille de *Lambert* de Grimaldi, & de *Claude* de Grimaldi, dame de Monaco, & remit à fon fils, qui fuit, l'heritage de fa mere le 8. août 1567.

V.

JEAN-GASPARD-GUERIN de Chafteau-neuf de Randon, baron de Tournel, avoit embraffé le Calvinifme, & fervoit contre le Roi en octobre 1575. Il étoit chevalier de l'Ordre du Roi, gentilhomme de fa chambre, comme il paroît par la lettre du Roi, écrite de Paris le 9. mars 1584. Il époufa le 17. mars 1566. *Madelene* de Combret, fille de *Guyon* baron de Broquiez, & de *Barbe* de Caftelpers, & il en eut,

VI.

ALEXANDRE-GUERIN de Chafteauneuf de Randon, baron de Tournel, &c. chevalier de l'Ordre du Roi, capitaine de cinquante Chevaux-legers le 5. mars 1597. époufa 1°. le 30. août 1595. *Anne* de Pelet, fille de *Jacques* feigneur de la Verune, & de *Madelene* de Roquefeuil, dame de Deux-Vierges, &c. 2°. *Marie* de Budos, fille de *Jacques* baron de Portes, & de *Catherine* de Clermont-Montoifon. Il eut de fa premiere femme, 1. ANNE-GUERIN de Chafteauneuf, qui fuit; 2. *Charles-Guerin* de Chafteauneuf de Randon, chevalier de Malte en octobre 1625. 3. *Adam* de Chafteauneuf de Randon, baron de Sainte Helene, époufa en Poitou *Jacquette* de Vinceneau, & il en eut *Marie* de Chafteauneuf de Randon, laquelle époufa le 5. avril 1649. *Jacques* d'Apcher, vicomte de Vabres, mort peu de tems après fon mariage ; 4. *Madelene-Jourdaine* de Chafteauneuf de Randon, époufa le 2. avril 1620. *Charles* de Carcaffonne, feigneur de Soubés, qui tefta le 28. feptembre 1637. & 5. *N.* de Chafteauneuf de Randon, demoifelle de S. Jean.

VII.

ANNE-GUERIN de Chafteauneuf de Randon, marquis de Tournel, colonel d'Infanterie en 1635. époufa le 9. feptembre de la même année *Anne* de Crufy-Marcillac, fille de *Jean* de Crufy-Marcillac, feigneur de Bias, &c. & d'*Anne* de Montrec, niéce de *Silveftre* de Crufy, évêque de Mande, tefta le 25. février 1665. & il eut de fa femme, 1. SILVESTRE-GUERIN de Chafteauneuf de Randon, qui fuit, 2. *Alexandre-Guerin* de Chafteauneuf de Randon, marquis de Tournel, baron d'Allenc, &c. étoit prieur de Saint Enemet en 1669. 3. *Anne* de Chafteauneuf de Randon, époufa le 14. novembre 1653. *Marc-Antoine* Gregoire, feigneur de Lambrandes & la Recoufe, & 4. *N.* de Chafteauneuf de Randon, époufa *N.* de Caulet de Beaumont, & vivoit en juin 1700.

VIII.

SILVESTRE-GUERIN de Chafteauneuf de Randon, marquis de Tournel, maintenu dans fa nobleffe le 15. janvier 1671. fe maria en Normandie & eut des enfans.

P. 816. lettre D, ligne 4. au lieu de étoit mort en 1396. *lifez*, il accompagna le comte d'Armagnac, qui alloit faire la guerre à Galeas, feigneur de Milan, & ce comte ayant affiegé Alexandrie, fut tué dans un combat le 25. juillet 1391. le feigneur d'Apchier y fut auffi tué avec plufieurs autres feigneurs. (*Chronique manufcrite de Montpellier, p. 22.*)

P. 820. lettre C, ligne 2. vicomte de Vazeilles, *ajoutez*, chevalier de l'Ordre du Roi.

Ibid. lettre B, ligne 3. les châteaux de Gorce & de Queras, *lifez* les châteaux de Greze & de Quezac.

Ibid. lettre E, ligne derniere, à la fin, *ajoutez*, il mourut en 1618.

A P. 821. lettre A, ligne 5. Charles de Louvet-Cauviſſon, *liſez* Charles de Louet. Calviſſon.

Ibid. lettre B, ligne 3. de l'Ecluſe, *ajoutez* en Beaujolois.

ibid. lettre C, ligne derniere, *ajoutez alinea :*

Enfans naturels de PHILIBERT, comte d'Apchier.

1. Jean *batard, d'Apchier, legataire de 3000. livres par le teſtament de ſon pere, payables lorſqu'il ſeroit en âge, avec ſon entretien aux études.*
11. Bernard *bâtard d'Apchier, auquel ſon pere legua 1500. livres.*
111. Madelene, *bâtarde d'Apchier, à laquelle ſon pere legua par ſon même teſtament 3000. livres, payables lors de ſon mariage.*

P. 823. lettre C, ligne 7. au lieu de la remarque, *ajoutez*, depuis l'impreſſion de la genealogie de la maiſon de Chaſteauneuf de Randon, qui commence à la page 801. de ce troiſiéme volume, il a été vérifié ſur les titres originaux qu'il n'y avoit aucun ſujet de douter de la deſcendance legitime de *Joſeph* d'Apchier, comte de la Baume, & que Jean d'Apchier, ſeigneur de Billieres & des Beſſons ſon quatrième ayeul, n'avoit rien

B de commun avec un autre *Jean* d'Apchier, frere *bâtard* de Jean, dont il eſt parlé *page 823.* de ce troiſiéme volume. Ce même fait a auſſi été prouvé devant les commiſſaires du Roi en Languedoc, lors de la vérification des titres de nobleſſe de Jean d'Apchier, comte de Vabres, ayeul de *Joſeph* d'Apchier, ſeigneur de la Baume, ſuivant le jugement rendu en ſa faveur par M. de Bezons, intendant de la province, le 14. janvier 1671.

P. 824. lettre B, ligne 8. après ces mots, eut en dot 2000. livres, *ajoutez*, que ſon pere lui conſtitua, du conſentement de *Françoiſe* de Peyre, mere de Jean d'Apchier, pere de *Françoiſe*, ſuivant le contrat de mariage, dont nous avons vû l'original, communiqué à M. Clairambault.

P. 827. lettre D, ligne derniere, *ajoûtez alinea :*

Femme, ANNE-MARIE-MARGUERITE Guenet de Franqueville, fille & heritiere par moitié de *Touſſaint* Guenet, ſeigneur de Franqueville, de Franquevillette, de Tour-

C ville, &c. & de *Madelene* Danviray de Machonville du diocèſe de Rouen, fut mariée à Paris par contrat du 16. ſeptembre 1730. celebré le 23. du même mois.

P. 832. lettre B, ligne 1. Femme, BOURGUINE de Narbonne, *effacez tout cet article, & liſez*, Femme, TIBURGE de Narbonne, fille d'*Amalric* de Narbonne, ſeigneur de Talairan & de Perignan, qui lui legua dans ſon teſtament du 14. juillet 1361. 3000. florins d'or, & de *Guiraude* de Son, fut mariée dans l'égliſe de S. Saturnin de Calviſſon le dimanche 27. juin 1378. en préſence de ſa mere, les pactes de mariage accordez le 12. juin furent rédigez en acte public le 12. juillet ſuivant.

P. 833. au titre, Seigneurs de Lodieres, *ajoutez*, bâtards d'Apchier.

Ibid. lettre B, ligne 3. Charles d'Apchier, &c. *ajoutez*, eſt qualifié *fils naturel de Jacques* baron d'Apchier, dans une quittance de l'an 1505. de la dot que ſon peré lui avoit conſtituée en le mariant avec *Louiſe* de Lodieres.

P. 834. lettre C, ligne 2. Louiſe de Gironde, *ajoûtez*, fille d'*Antoine* ſeigneur de Gironde, & de *Louiſe* du Lac, dame du Monteil. Elle eut en mariage la terre de Gironde.

D P. 835. *oſtez* les degrez IV. & V. & *mettez :*

I V.

G UY de Chaſteauneuf, eut d'*Aſſumens* ſa femme deux fils,
1. GUILLAUME de Chaſteauneuf, mort avant l'an 1265. pere de
   GUIGON de chaſteauneuf, majeur de 25. ans en 1265. lorſqu'il fit le partage du Randon avec ſon oncle.
2. GUIGON de Chaſteauneuf, qui ſuit.

V.

E G UIGON de Chaſteauneuf, partagea le Randonat avec *Guigon* ſon neveu, par acte paſſé au château de Paris le 2. avril 1265. Il étoit déja marié en 1256. lorſqu'il rendit hommage à Randon de Chaſteauneuf, pour Laurac, Chaſteauvieux, Vernon & la Baume.

Femme, RANDONE d'Anduze, dame de Joyeuſe après la mort de *Bernard* ſon frere arrivée en 1238. ſans enfans de *Raimonde* de Roquefeuil. Elle étoit ſeconde fille de *Bernard* d'Anduze, ſeigneur des Portes, & en partie d'Alais, & de *Vierne* du Luc,

dame du Luc, de Pradelles, de Joyeufe, &c. & fit mettre en poſſeſſion le 10. décem- A
bre 1276. B. évêque d'Uzés de la ville & fortereſſe de S. André de Crugiere.

1. DRAGONET de Chaſteauneuf, ſeigneur de Joyeuſe, qui ſuit.

2. IRLANDE de Chaſteauneuf, femme de *Guillaume* ſeigneur d'Eſtaing, morte ſans enfans avant l'an 1272.

VI.

DRAGONET de Chaſteauneuf, ſeigneur de Joyeuſe, de Laurac, de Chaſteauvieux, de Vernon, de la Baume, de S. André de Crugiere, rendit hommage comme
fils de *Guigon* & de *Randone* d'Anduze à G. évêque d'Uzés le 13. décembre 1287. pour
Chaſteauneuf, Crugiere & S. André. *Randone* de Montauban ſa tante, fille de *Dragonet* de Montauban, lui donna par ſon codicile du 20. octobre 1290. cinq mille écus
couronnez provinciaux.

Femme, BEATRIX de Roquefeuil, fille de *Raimond* de Roquefeuil, & d'*Alaſie* de B
Chaſteauneuf de Tournel, teſta le 9. novembre 1287. en faveur d'*Arnaud* de Roquefeuil
ſon frere.

1. BERNARD, &c.

Ibid. lettre C, ligne premiere, Chalano, *liſez*, Cheilane en Auvergne.

Ibid. ligne 3. GUERIN, *ajoutez*, chanoine de Viviers en 1333.

P. 836. lettre A, ligne 4. Flore de Quailus, *liſez* Flore de Caylus, fille de *Deodat* III.
ſeigneur de Caylus, château au diocèſe de Vabres en Roüergue, & d'*Alaſie* de Clermont-Lodeve, mariée par contrat du 4. juin 1346.

P. 837. degré XI. les enfans de *Louis* II. vicomte de Joyeuſe, & de *Jeanne* Louvet,
doivent être rangez dans l'ordre ſuivant.

1. TANNEGUY vicomte de Joyeuſe, qui rendit hommage au Roi en 1465. pour Saint C
Geniez de Melgoires, S. Baufile & Montignargues.

2. GUY de Joyeuſe.

3. JEANNE de Joyeuſe, femme de *Guidon* ſeigneur de Leſtrange & de Boulogne,
au diocèſe de Viviers.

4. LOUISE de Joyeuſe, femme de *Beraud* de la Tour, ſeigneur de S. Vidal.

5. MARGUERITE de Joyeuſe, mariée 1°. le 27. ſeptembre 1464. à *Jean* le Foreſtier,
ſeigneur de Vauvert, de Candiac & de Marguerites au diocèſe de Niſmes, qui
lui donna ces trois terres, qu'elle donna le 25. avril 1500. à *Gaillard* de Montcalm, maître-d'hôtel des rois Charles VIII. & Louis XII. bailly de Marvejols, capitaine du château de Greze, ſixiéme fils de *Jean* de Montcalm, ſeigneur de Saint
Veran, & de *Jeanne* de Gozon-Melac, petite-niéce de *Deodat* de Gozon, grand-
maître de Malte. Marguerite de Joyeuſe avoit épouſé 2°. *Gaillard* de Moncalm,
le 20. janvier 1494. Il eut de grands procès à ſoutenir pour les trois terres qu'elle
lui donna, contre Louis de Levis, ſeigneur de la Voute, avec lequel il tranſigea
le 8. octobre 1515. La terre de Candiac lui reſta, & celles de Vauvert & de Mar- D
guerites retournerent à Louis de Levis, dont les auteurs les avoient engagées ou
venduës à *Jean* le Foreſtier.

P. 838. lettre A, ligne 6. Anne de Joyeuſe, mariée au ſeigneur d'Orlat en Auvergne, *liſez* Anne de Joyeuſe, mariee à *François* ſeigneur de Roſſilles & de Le-
ras.

Ibid. lettre D, ligne 6. à la fin de l'article de Catherine de Joyeuſe, *ajoutez*, elle
ſe remaria à *Claude* de Berton, ſeigneur de Crillon & de S. Jean de Vaſſous, chevalier
de l'ordre du Roi, né le 7. may 1535. lequel fut tué commandant l'infanterie du Pape, & ſa compagnie de Gendarmes le 14. juin 1574. dans un combat donné près de
Menerbe contre les *Rafats* de Provence, commandez par Thadée de Baſchi, ſeigneur
de Stoblon, lequel venoit au ſecours de Menerbe aſſiegée par les troupes du Pape,
& dont il fit lever le ſiege. Catherine de Joyeuſe teſta le 6. avril 1608. E

P. 840. lettre C, degré XIII. à l'article de Louis de Joyeuſe II. *ajoutez*, le roi Louis
XI. le traite de *neveu* dans la ratification de ſon mariage en 1479. par laquelle il lui
donne la terre de la Roche-ſur-Yon.

P. 842. lettre A, à l'article d'Henriette de la Viefville, *ajoutez*, elle ſe remaria à
Jacques de Damas, baron de Chalancey.

P. 843. lettre D, ligne 3. gouverneur de Mouzon & de Beaumont en Argonne,
ajoutez, par proviſions du 6. janvier 1633.

P. 844. lettre B, ligne 3. de Jean ſon frere, *ajoutez*, elle plaidoit en 1729. contre
Anne-Gedeon de Joyeuſe de S. Lambert.

P. 853.

A

P. 8*3. lettre C, ligne 5. Madelene du Eoffat, *lisez* Madelene du Foffat.
P. 869. lettre A, ligne 3. 1720. *lisez* 1620.
P. 892. lettre A, ligne 6. *ajoutez alinea*:
  Leonore Gondy, fille naturelle de *Jerofme* de Gondy, lors veuf, & de *Marie Ga-*
  randeau lors mariée, fut légitimée. (24ᵉ *liv. des Chartes, depuis le mois de juin*
  1559. *jufqu'à la fin de decembre* 1609. fol. 398.)
P. 912. lettre C, ligne 3. Dampierre, *lifez* Dompierre.
  Ibid. même ligne, Berges, *lifez* Berghes.
  Ibid. ligne 7. feigneur de Varennes, *ajoutez*, fils de *Raoul* d'Ailly, feigneur de Piquigny,
vidame d'Amiens, & de *Jacqueline* de Bethune.

B

Tome Quatriéme.

PAGE 12. lettre D, ligne 7. feconde femme, *effacez* feconde; & *lifez* femme.
Même ligne, Montfort I. du nom, *lifez* II. du nom.
  P. 17. lettre C, ligne derniere, *ajoutez à la fin de la ligne*, appellé Jean, auquel *Char-*
lotte de Levis, par fon teftament du premier feptembre 1499. laiffa 200. livres.
  P. 18. lettre D, ligne 10. feigneur de Veillanet. *lifez* feigneur de Lavellanet, mort
le 11. juillet 1601.
  P. 19. lettre A, ligne 5. après ces mots, de Cardaillac de Peyre, *ajoutez* ; morte en
1635.

C

  Ibid ligne 11. vicomte de Fumel en Quercy, *ajoutez*, vivant en 1721.
  Ibid. lettre B, ligne premiere, *lifez* Louife de Levis, mariée le 6. janvier 1619 à *An-*
toine-Scipion de Baffabat, baron de Pordiac, de Campendu, (terre qui donnoit autrefois
entrée aux Etats de Languedoc) & de Fendeilhe, mourut avant l'an 1655. & fut mere de
dix-huit enfans.
  P. 20. lettre B, ligne 4. *effacez* Colette de Cadars, & *lifez* Marguerite de Caulet,
fille de *François* de Caulet, feigneur de Cadars, maître des eaux & forêts de Languedoc, & de *Marie* de Fraxines.
  Ibid. lettre C, ligne premiere, après ces mots, fille de, *lifez ainfi*, fille de *Frnçois*
de Caumels, feigneur de Grefeville, confeiller au Parlement de Touloufe, & de *Bour-*
guine de Garraud.
  Ibid. ligne 5. après ces mots chevalier de Malte, *ajoutez*, le 16. juin 1670.
  Ibid. ligne fuivante, *ajoutez*, aumônier de la ducheffe de Bourgogne, abbé de Gref-
tin au mois d'avril 1702.

D

  P. 24. lettre C, avant le §. III. *ajoutez*:
Femme, JEANNE Baillon, fille de *François* Baillon, fecretaire du Roi, chevalier
de S. Michel, fut mariée en 1723. & mere de
  1. 2. 3. & 4. N. N. N. & N. de Levis-Leran.
  P. 28. lettre B, à la fin de la ligne 5. *ajoutez*, il étoit né d'*Ambroife* Godin, & fut légitimé par lettres données aux Montils-lès-Tours en 1466. (*Reg. des Chartes*, cotté 200. *an-*
née 1466 *&* 1467.)
  Ibid. lettre C, ligne 6. *mettez* avant Ifabel de Chartres:
  I. Femme, LOUISE de Tournon, dame de Beauchaftel, de Servieres, &c. fille d'*Odon*
de Tournon, feigneur de Beauchaftel, & d'*Anne* de Corgenon, dame d'Haruet, fut
mariée au mois d'octobre 1421. & mourut avant l'an 1424.
  Ibid. ligne 10. *lifez*, elle tefta au château de Caftelnau de Bonnefons diocefe d'Alby

E

le 29. juillet 1437.
  Ibid. lettre D, à la fin de la ligne 8. *ajoutez*, laquelle étoit âgée de 40. ans, & fon
mari de 70. lorfqu'elle confentit par acte paffé à Tours le 15. mars 1496. que fon mari
fut promû à l'ordre de Prêtrife.
  Ibid. ligne 13. après ce mot, Polignac, *ajoutez*, & d'*Ifabeau* de la Tour, mariée le
22. août 1443.
  Ibid. lettre E, ligne 6. Sommiers, *lifez* Sommieres.
  P. 29. lettre A, ligne 3. après ces mots, 19. novembre 1458. *ajoutez*, le Roi lui
donna cette même année la capitainerie de la ville & du château de Vire. Il étoit
chambellan & grand-maître-d'hôtel du duc de Guyenne le 25. avril 1469. lorfque ce
Prince lui donna la ville & châtellenie de Macaire.
  Et à la fin de cet article *ajoutez*, il tefta à Porgia le 15. février 1474. laiffa 2000.

livres à *Antoinette* de Levis sa fille bâtarde , & donna les biens qu'il n'avoit pas ven dus à *Gilbert* seigneur de la Voute son cousin germain.

Ibid. lettre B , ligne 4. après ce mot, Mirebel , *ajoutez*, il fit un traité d'alliance & d'amitié en 1440. avec Guillaume de Chalançon , évêque du Puy , & le seigneur de Chalençon. Il servoit avec trente chevaux en Guyenne, comme il paroît par le passeport que le roi Charles VII. lui donna le 20. octobre 1442. Louis XI. le retint pour son chambellan en 1468. & pour son conseiller en 1469.

Ibid. ligne 7. après ces chiffres 1483. *ajoutez*, & un autre le 19. juin 1487.

Ibid. ligne 12. après ces mots, le vicomté de Remond , *ajoutez*, elle testa à Chasteau-morand le 4. novembre 1476.

Ligne suivante, après ce mot pere, *ajoutez* l'an 1465.

Ibid. lettre C , ligne 5. après ce mot , mariée , *ajoutez* le 18. août.

Ibid. ligne 7. après ce mot, Chasteaumorand , *ajoutez*, de Peirefite, de Montarmon-tier, de Chastelus & de Bornet , né en 1491.

P. 30. lettre A, ligne 13. *ajoutez*, né en 1489. & vivant en 1532.

Ibid. lettre B , ligne 8. *ajoutez*, elle l'avoit épousé le 16. janvier 1463. testa en 1477. & son mari en 1480.

Ibid. ligne 10. *ajoutez*, testa à Chasteaumorand le 22. juin 1470.

Ibid. ligne 12. après ce mot, Naples , *ajoutez*, servoit dans l'armée de Bourgogne en 1479.

Ibid. lettre C , ligne 7. *lisez* mariée par contrat passé au château de Ventadour le 12. juillet 1472.

Ibid. lettre D , ligne 3. après ce mot, Bouhaigne , *ajoutez*, transigea avec son frere le 13. mars 1525. & fit un codicile le 23. juin 1536.

Ibid. ligne suivante , *lisez ainsi* :

5. CATHERINE de Levis, mariée par contrat du 9. décembre 1492. à *Joachim* de Brion, seigneur de Cheilar en Vivarez. Elle étoit veuve le 28. février 1506. & religieuse à S. Laurent d'Avignon lorsque son pere testa en 1521.

Ibid. lettre E , à la fin de la page, *ajoutez*, il fit un codicile le premier septembre 1529. & étoit mort le 5. du même mois.

P. 31. lettre A, ligne premiere , *lisez ainsi*, femme, Jacqueline du Mas, née le 4. novembre 1486. & mariée le 5. octobre 1498. étoit fille, &c.

Ibid. ligne 6. 2°. en 1524. *lisez* par acte du 17. janvier 1524.

Ibid. ligne 9. Beslamy, *lisez* Boislamy.

Ibid. ligne suivante , épousa en 1527. *lisez* le 17. août 1527. & deux lignes après *effacez* en 1540. & *lisez* par contrat passé à la Voute le 28. juin 1541. Ligne suivante , *ajoutez*, elle en fut séparée par arrêt du Parlement de Paris du 14. août 1550.

Ibid. lettre B , ligne 3. *ajoutez à la fin de l'article*, il testa au château de Vauvert le 24. avril 1557.

Ibid. ligne 4. mariée en 1538. *lisez* par contrat du 11. février 1528. & à la fin de la ligne suivante, *ajoutez*, elle testa le 17. mars 1550. & fut enterrée dans l'église de la Voute.

Ibid. ligne 8. après le mot, mariée, *ajoutez*, le 11. juillet 1543.

Ibid. ligne 10. après le mot, femme, *ajoutez*, le 14. juin 1551. Deux lignes après, *ajoutez*, il fut tué le 19. août 1588. lorsque les Huguenots reprirent Montelimart.

Ibid. ligne 13. après le mot, alliée, *ajoutez*, par acte du 12. juin 1556.

Ibid. lettre C , ligne 8. après ce mot, Villars , *ajoutez*, il vendit le 15. décembre 1561. la seigneurie de Marguerites à Jacques d'Andron , conseiller au Presidial de Nismes.

Ibid. lettre D , ligne 6. après ces mots, 2000. écus de pension, *ajoutez*, par lettres patentes données à Auxonne le 21. juillet 1595.

Ibid. ligne 10. après ces mots, au sacre de Henry IV. en 1594. *ajoutez*, le Pape lui écrivit le 22. janvier 1600. pour le prier de favoriser Charles de Conti, évêque d'Ancône, qu'il envoyoit vice-légat à Avignon.

Ibid. ligne 12. à la fin de cet article, *ajoutez*, il avoit testé dès le 23. juin 1617. & fit un codicile le 30. décembre 1622. par lequel il institua heritier universel *Henry* son fils aîné, avec substitution, & mourut le 3. décembre 1622. laissant huit enfans.

Ibid. lettre E , ligne premiere, Aleth, *lisez* dans la ville d'Alais.

Ibid. ligne 3. après ce mot, femme, *ajoutez*, elle eut en dot 450000. livres & 12000. livres de doüaire annuel, & 30000. livres de préciput en faveur du survivant, eut les terres de Lers & de Gourville en payement de sa dot, testa le 10. décembre 1650. & fit ses enfans légataires.

P. 32. lettre B , ligne 2. au lieu de ces mots, au mois d'août 1725. *lisez* le 17. septembre 1725.

A   *Ibid.* lettre **D**, ligne premiere, après ce mot, Jesuite, *ajoutez*, à Paris le 11. décembre 1644.

Ibid. ligne 4. après ce mot, mariée, *ajoutez*, le 9. juin 1616. & ligne suivante, *ajoutez à la fin*, le 14. mars 1643.

Ibid. lettre **E**, ligne 3. après ces mots, il y renonça trois ans après, *ajoutez*, il vendit le 22. août 1642. à Jacques d'Auteville, seigneur de Montferrier, la baronie de Vauvert diocese de Nismes, laquelle donnoit entrée aux Etats de Languedoc.

P. 33. lettre **A**, ligne derniere, après ces mots, pair de France, *ajoutez*, gouverneur de Limosin.

P. 35. lettre **D**, ligne 2. *ajoutez à la fin*, elle mourut à Paris le 12. juin 1729.

Ibid. ligne 5. N. *lisez* Marie-Hyacinthe ; & ligne suivante, *ajoutez*, mourut le 4. mars 1731. âgée de 44. ans.

Ibid. ligne derniere, *ajoutez*, Catherine-Agnès de Levis, mariée par contrat du 20. septembre 1720. à *Alexandre-François* de Montberon, fils d'*Alexandre-Robert* de Montbe-
B ron, seigneur d'Esnande, & de *Françoise-Elisabeth* Rougier.

P. 36. à la fin, *ajoutez*, elle mourut à Paris la nuit du 1. au 2. décembre 1728. âgée de 30. ans & fut enterrée en l'église de S. Sulpice sa paroisse.

P. 37. lettre **B**, ligne premiere, *ajoutez à la fin*, & de Valromey, testa le 15. septembre 1675.

Ibid. ligne 3. *ajoutez*, elle étoit fille de *Louis* d'Austrain, seigneur de Graveins, & de *Marguerite* de Bullioud, testa le 11. avril 1684. & déceda le 14. mars 1685.

Ibid. ligne 6. après ce mot, mariée, *ajoutez* par contrat du 19. août 1684.

Ibid. ligne 7. après ce mot, Dombes, *ajoutez*, seigneur de Laval, de Cuires & de la Croix rousse.

Ibid. ligne 8. *ajoutez*, testa le 23. août 1693.

Ibid. ligne 11. *ajoutez*, testa le 10. avril 1692.

Ibid. ligne 12. *ajoutez*, demeuroit à Chasteaumorand en 1714. & étoit morte en
C 1723.

Ibid. lettre **C**, ligne 6. à la fin de la page, *ajoutez*, comte de Levis, colonel d'un regiment de cavalerie de son nom, a épousé *N.* Languet, fille de *Guillaume* Languet-Romelin, seigneur de Rochefort, conseiller d'honneur au Parlement de Dijon.

P. 38. lettre **A**, ligne 12. *effacez*, il vivoit, &c. & *lisez* il testa le 16. septembre 1580.

P. 39. lettre **B**, ligne 2. *effacez*, & de Gaillarde d'Apchier, & *lisez*, & d'*Isabeau* d'Agoust, dame de Tretz.

P. 42. lettre **A**, après la ligne 5. *ajoutez*, Claude de Cousan, fils naturel de *Claude* de Levis baron de Cousan, chevalier de l'ordre du Roi, capitaine de cinquante hommes d'armes de ses ordonnances, & de *Jacqueline* de Courvie, non mariée, fut légitimé en 1599. (*Reg. des Chartes, depuis l'an 1599. jusqu'au mois de decembre 1609.*)

Ibid. lettre **C**, ligne 7. après ce mot, de Lugny, *ajoutez*, il vivoit au mois de mars
D 1714. & alinea à la fin de la même page.

L'on trouve N. Le Levis, marquis de Lugny, lequel épousa *N.* de S. Georges, fille de *Marc* comte de S. Georges, mort à S. André près Roanne le jeudy 15. juin 1719. agé de 94. ans, & de *N.* d'Amanzé-Choffailles, & en eut deux fils comtes de S. Jean de Lyon, vivans en 1719.

P. 43. lettre **A**, ligne 5. *ajoutez*, après avoir testé le 2. mars 1508.

Ibid. lettre **B**, ligne premiere, à la fin, *ajoutez*, après avoir testé le 23. août de la même année.

Ibid. lettre **B**, ligne derniere, *ajoutez*, Marguérite de Levis étoit dame de Villeneuvela Cremade, de Salvian, de Pourqueiragues & de Montredon, elle fut mariée le 31. janvier 1541. & dans le testament qu'elle fit à Avignon le premier juillet 1603. elle se qualifioit doüairiere de la maison de Lers, vicomtesse de Lautrec, baronne de Montfin, de Montredon-Villeneuve, veuve d'*Antoine* d'Arpajon, baron de Lers, ordonna
E sa sépulture aux Celestins du Pont-de-Sorgues, dans le tombeau de *Marguerite* de Clermont, fit son heritier *Antoine* de Cardaillac, baron de Bioule, fils de sa niéce ; elle mourut à Nismes, & son testament y fut ouvert le 12. septembre 1603.

P. 44. lettre **A**, ligne 9. *ajoutez* alinea :

3. JEAN de Levis, aumônier de la reine Marguerite en 1605. & abbé de Locdieu, se fit religieux, rétablit la discipline dans son abbaye, la ceda à *Gabriel* de Tubieres de Caylus son neveu en 1623. & mourut le 30. may 1643. (*Gall. Christ. nov. edit. t. I. col. 266.*)

Ibid. ligne 10. après le mot, femme, *ajoutez*, le 15. décembre 1574.

Ibid. lettre **B**, ligne 1. *lisez* le 16. janvier 1575. & ligne 3. *ajoutez à la fin*, & mourut le 12. octobre suivant.

Ibid. ligne 4. *lifez ainfi:* Anne de Levis, époufa au château de Privazât le 10. avril 1570. *Jean* de Caftelpers, baron de Panat, vicomte de Peirebrune, de Requifta, de Cadars, de Coupiac & de Burlats, fils de *Jean* de Caftelpers, & de *Jeanne* de Clermont-Lodeve. Il mourut le 12. mars 1598. & fut pere de fix enfans.

P. 55. lettre C, ligne 2. *ajoutez,* elle porta à fon mari la terre de Leon, qui donne le rang de prééminence au Parlement & aux Etats de Bretagne au-deffus de plufieurs feigneurs.

P. 56. lettre E, ligne 6. *effacez,* vers le mois de février 1455. & *lifez* par contrat du 14. juillet 1454.

P. 58. lettre B, ligne 13. *lifez* le 12. août 1518.

P. 59. lettre A, ligne 6. de Remefort, *lifez* de Romefort.

P. 61. lettre D, ligne 8. après 1634. *ajoutez,* il portoit d'argent, *au chevron de gueules, accompagné de trois lions de même.* (*28e Reg. des Chartes, fol. 96.*) *Samuel* de Boiffonneau fon fils fut maintenu dans les lettres de légitimation & d'annobliffement accordées à fon pere, par autres lettres du mois de may 1668. vérifiées le 23. feptembre 1669.

P. 62. lettre B, ligne 8. 1693. *lifez* 1633.

P. 64. lettre A, ligne 9. à la fin, *ajoutez,* étant encore fort jeune, & fille unique en 1649. fon pere obtint pour elle par brevet un tabouret chez la Reine.

P. 65. lettre B, ligne 9. le 28. juin, *lifez* le 22.

Ibid. lettre C, après la ligne 12. *ajoutez,* Eleonore-Louife-Charlotte de Rohan, née le 15. janvier 1728.

Ibid. lettre D, ligne 7. *ajoutez,* a époufé en 1729. N. du Breil de Rais.

Ibid. ligne 12. après ces mots, elle eft reftée veuve le 24. mars 1720. *ajoutez,* & s'eft remariée en 1729. à *N.* de Crequy, comte de Canaples, fils puîné de *François-Leonor* de Crequy, baron de Frohans, comte de Canaples, & de *Marie-Antoinette* de Scheueete, dame de Robermez & d'Ardornes.

Ibid. lettre E, ligne 2. *ajoutez,* puis de Jouarre en décembre 1729.

P. 68. lettre A, avant le degré XX. *ajoutez alinea:*
II. Femme MARIE-SOPHIE de Courcillon, veuve de *Charles-François* d'Albert-d'Ailly, duc du Pequigny, pair de France, & fille de *Philippes-Egon* marquis de Courcillon, & de *Marie-Françoife* de Pompadour, fut mariée le 2. feptembre 1732.

Ibid. lettre A, ligne 8. 1667. *lifez* 1697.

Ibid. lettre B, ligne 2. 18. feptembre 1715. *lifez* 1714.

Ibid. ligne fuivante à la fin, 1714. *lifez* 1715.

P. 70. lettre C, ligne premiere, Paule Chabot, *lifez* Anne Chabot.

P. 72. lettre B, ligne 4. en 1586. *ajoutez,* au mois d'avril.

Ibid. ligne fuivante, après ce mot, Soubife, *ajoutez,* née au Parc en Poitou le 22. mars 1554. mariée le 10. feptembre 1575.

Ibid. lettre D, ligne 7. Il mourut en Angleterre après l'an 1640. *lifez* à Londres le 9. octobre 1642.

Ibid. ligne 12. après ces mots, Henriette de Rohan, *ajoutez,* née le 12. avril 1577.

Ibid. ligne 13. après ces mots Catherine de Rohan, *lifez,* née le 20. juin 1578.

P. 73. à la fin de la page, *ajoutez,* elle obtint un brevet avant la paffation de fon contrat de mariage pour la continuation & affûrance des honneurs & avantages dûs à fa qualité.

P. 120. Genealogie des feigneurs de Gontaut. *Voyez pour cette maifon tome VII. de cette hift. p 296.*

P. 164. ligne 2. 1398. *lifez* 1397. comme il paroît par un compte de la Chambre des Comptes de Dijon, commençant le 5. février 1396. & finiffant le dernier janvier 1397. *fol.* 88.

Ibid. Son corps y fut enterré en l'églife de S. Jean, *ajoutez:* Un compte de la Chambre des Comptes de Dijon, commençant le 22. mars 1400. finiffant le 22. du même mois 1491. dit que *Meffire Guillaume de l'Aigle, chevalier, & chambellan de Monfeigneur le Duc, fut envoyé à Rhodes & Athenes par ledit Seigneur, pour faire venir le chief de monfieur S. Georges, & auffi le corps de feu le Seigneur de la Trimouille.*

P. 167. lettre A, ligne 8. 1548. *lifez* 1544.

P. 169. lettre D, ligne 2. en 1559. *lifez* le 23. janvier 1534.

P. 173. lettre A, ligne 8. à la fin, *ajoutez,* colonel du regiment de Champagne au mois de feptembre 1731.

Ibid. lettre B, ligne 2. après ce mot, Taillebourg, *ajoutez,* & de Benaon, premier baron de Saintonge; même ligne, après le mot de Chaftellerault, *ajoutez,* & de Tonnay-Boutonne.

Ibid.

A   *Ibid.* à la fin de la page *ajoutez*, obtint au mois d'octobre 1730. un brevet de Duc fous le nom de Chaftelleraut . . . .

P. 176. lettre B, ligne 9. Jeanne Chabot, *lifez* Anne Chabot.

P. 177. lettre B, ligne 12. le 13. mars, *lifez* par contrat du 13. mars.

P. 178. lettre A. ligne 2. au mois, *lifez* par contrat du 30. novembre 1640. figné par les Prince de Condé & duc d'Enghien le 31. janvier 1641.

Ibid. lettre B, ligne 2. tome II. *lifez* tome III.

Ibid. lettre C, ligne 9. né aveugle, *effacez* né, & *lifez* devenu aveugle à l'âge d'environ 16. ans.

P. 182. lettre B, ligne 8. mort, *lifez* morte.

P. 193. lettre D, ligne 2. N. *lifez* Hardouin.

P. 196. lettre C, ligne 9. fille de Guy, *lifez* fille de Miles.

P. 197. lettre C, ligne premiere, fille de Renaud, *lifez* fille de Briant.

P. 210. avant la Genealogie de la maifon de Bethune, *ajoutez* cette piece.

B
_____

Arreft du Confeil d'État du Roy.

Du 13. Mars 1730.

Extrait des Regiftres du Confeil d'État.

VU par le Roy étant en fon Confeil, les Requêtes & Memoires refpectivement prefentés à Sa Majefté par Armand de Bethune, Comte d'Orval, & Louis-Pierre Maximilien de Bethune; la premiere, par ledit fieur Comte d'Orval, tendante à ce qu'il plaife à Sa Majefté ordonner que fur la conteftation qui eft entre lui & le fieur Marquis de Bethune, pour raifon de la Duché-Pairie de Sully, les Parties procederont à la Grand'Chambre du Parlement de Paris, & où Sa Majefté voudroit juger

C   la queftion par Elle-même, ordonner que l'Edit du mois de Mai 1711. fera executé felon fa forme & teneur, & conformément à icelui, garder & maintenir le Comte d'Orval dans le droit qui lui eft acquis par ledit Edit, & dans la proprieté & poffeffion de la Duché-Pairie de Sully, ladite Requête fignée, ARMAND DE BETHUNE D'ORVAL, & de Me CASTEL fon Avocat; celle du fieur de Bethune en forme de Memoire, intitulée : *Reponfe au Sommaire du Comte d'Orval*, tendante à ce qu'il plaife à Sa Majefté lui donner Acte de ce qu'il prend pour trouble en la poffeffion en laquelle il eft du titre de Duc & Pair par la mort du dernier Duc de Sully, l'oppofition formée à cet égard par le Comte d'Orval, le maintenir & garder en la poffeffion & jouiffance dudit titre de Duc & Pair de Sully à lui advenu par le décès du dernier Duc de Sully, faire défenfes au Comte d'Orval & à tous autres de plus à l'avenir troubler ledit fieur de Bethune en la poffeffion dudit titre de Duc & Pair, fans préjudice de fes autres droits

D   & actions, ladite Requête fignée dudit fieur de Bethune, & de Me Mars fon Avocat; Réfutation de cette Requête, où ledit fieur Comte d'Orval conclut à ce qu'il plaife à Sa Majefté, fans avoir égard aux demandes du Marquis de Bethune, dans lefquelles il fera déclaré non-recevable & mal fondé, maintenir & garder le Comte d'Orval dans la proprieté & jouiffance du Duché & Pairie de Sully, & dans tous les honneurs, droits & prééminences attachées à la dignité de Pair de France, inféparables de ladite Terre; faire défenfes au Marquis de Bethune & à tous autres de le troubler, cette Requête fignée dudit fieur Armand de Bethune d'Orval, & Me Le Roy du Gard fon Avocat; Imprimé de Lettres Patentes du mois de Février 1606. portant érection du Duché-Pairie de Sully en faveur de Maximilien de Bethune, Mar-

E   quis de Rofny, Sire d'Orval; Imprimé de donation paffée devant Notaires au Châtelet de Paris, portant fubftitution faite par Meffire Maximilien de Bethune, Duc de Sully, au profit de Meffire Maximilien de Bethune, marquis de Rofny, & à fes defcendans, du vingt-fept Mars 1609. copie d'un Acte paffé devant Notaires le 19. Decembre 1638. par lequel Meffire Maximilien de Bethune, Duc de Sully, declare qu'au cas que la branche mafculine de fon fils aîné vînt à finir en filles, il entend que le fieur Comte d'Orval fon fecond fils, & fes defcendans en ligne mafculine, puiffent fucceder audit Duché de Sully; Imprimé d'Edit du Roi du mois de May 1711. portant Reglement general pour les Duchés & Pairies; Memoire pour le fieur Abbé d'Orval; premier Memoire pour Armand de Bethune d'Orval contre Louis-Pierre-Maximilien de Bethune; Réponfe de Louis-Pierre-Maximilien de Bethune au fecond Mémoire prefenté au Roi par Armand de Bethune d'Orval; fecond Mémoire fervant de Réponfe au Mémoire du Marquis de Bethune pour Armand de Bethune d'Orval; Réfutation du dernier Mémoire d'Armand de Bethune d'Orval,

pour Louis-Pierre-Maximilien de Bethune Duc de Sully ; troifiéme Mémoire fervant A
de Réponfe aux deux derniers Mémoires du Marquis de Bethune pour Armand de
Bethune d'Orval ; Réponfe du Duc de Sully au troifiéme Mémoire du Comte d'Orval ; quatriéme Memoire fervant de Réponfe au Mémoire du Marquis de Bethune,
intitulé : *Reponfe au troifiéme Mémoire du Comte d'Orval* ; Sommaire pour Armand de Bethune Comte d'Orval , contre Louis-Pierre-Maximilien Marquis de Bethune ; Mémoire pour Louis-Pierre-Maximilien de Bethune Duc de Sully , contre Armand de
Bethune Comte d'Orval ; Réponfe à l'Imprimé du Comte d'Orval, intitulé : *Sommaire*
pour ledit fieur de Bethune , contenant les Conclufions ci-devant rapportées ; Réponfe
à la Requefte du Marquis de Bethune, intitulée : *Reponfe au Sommaire du Comte d'Orval* ;
Obfervations fur cette Réponfe , au bas defquelles font les Conclufions dudit fieur
d'Orval, ci-devant énoncées ; Objections pour la Pairie pour le fieur d'Orval ; Réponfe générale aux quatre Mémoires que le Comte d'Orval vient d'ajoûter à cinq
qui avoient precedé, pour le Duc de Sully ; Obfervations pour le Duc de Sully fur
le dernier Mémoire du Comte d'Orval, intitulé : *Objection fur la Pairie* ; cinquiéme Mémoire fervant de Réponfe au Mémoire du Marquis de Bethune , intitulé : *Reponfe ge-*
nerale aux quatre Memoires ; Sommaire pour Louis-Pierre-Maximilien de Bethune Duc
de Sully, contre Meffire Armand de Bethune Comte d'Orval ; Réponfe Sommaire
aux differens Mémoires du Marquis de Bethune ; Réponfe à une feule Objection qui
actuellement femble faire toute la reffource du Marquis de Bethune ; Obfervations
nouvelles fur le nouveau fyftême que l'on oppofe pour le Marquis de Bethune, qui
eft tout ce qui a été remis par devers le fieur Trudaine , Chevalier , Confeiller du
Roi en fes Confeils, Maître des Requeftes ordinaires de fon Hôtel, Commiffaire député en cette partie, Ouy fon rapport, & tout confideré , LE ROI ESTANT EN
SON CONSEIL, déclare la Dignité de Duc & Pair de France dévolue à Louis-
Pierre-Maximilien de Bethune , à la charge de retirer la Terre de Sully des mains
d'Armand de Bethune fieur d'Orval, fur le pied & aux charges , claufes & conditions portées par l'art. 7. de l'Edit du mois de Mai 1711. & cependant ledit fieur
d'Orval demeurera faifi de ladite Terre jufqu'au jour du rembourfement actuel. Fait
& arrêté au Confeil d'Etat du Roi , Sa Majefté y étant , tenu à Verfailles le treize
Mars mil fept cent trente. *Signé* , PHELYPEAUX.

Monfieur TRUDAINE , Rapporteur.

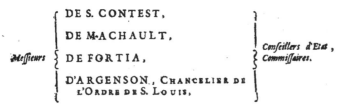

Meffieurs { DE S. CONTEST,

DE M·ACHAULT,

DE FORTIA,

D'ARGENSON , CHANCELIER DE
L'ORDRE DE S. LOUIS,

} *Confeillers d'Etat ,*
Commiffaires.

Me MARS, AVOCAT.

*L*E premier jour d'Avril mil fept cent trente , à la requefte de Monfieur le Duc de Sully ,
nommé , qui a élu fon domicile en la maifon de Me Silvain Mars , Avocat ès Confeils du
Roi , fize à Paris cour du Palais, paroiffe de la Baffe-Sainte Chapelle ; le prefent Arreft du Confeil a été figuifié , & d'icelui laiffé copie aux fins y contenues , à Meffire Armand de Bethune ,
Comte d'Orval, en fon domicile à Paris rue Saint Antoine à l'Hôtel de Sully, parlant au Suiffe ,
à ce qu'il n'en ignore , par nous Huiffier ordinaire du Roi en fes Confeils. Signé , DUVAULX.

P. 217. lettre D. ligne 2. par contrat du 18. may 1582. *lifez* 1592.

P. 219. lettre C, ligne 16. *ajoutez* à la fin de l'article. Il mourut à Paris le 2. février
1729. dans fa foixante-uniéme année, & fon corps a été porté à Sully.

Ibid. lettre D, ligne 2. *lifez* Jeanne-Marie Bouvier.

P. 221. lettre A , ligne 2. *ajoûtez* , il a quitté l'état ecclefiaftique , & a époufé le 14.
mars 1729. *Françoife* Aubery , fille de *N.* Aubery , marquis de Vatan , & de *Madelene-Louife*
de Bailleul, dont il a eu *Maximilien Antoine-Armand* de Bethune-Sully, né le 18. août 1730.

Ibid. lettre C, ligne 2. le duché-paire de Sully lui a été adjugé par arrêt du confeil
d'état du Roy du 30. mars 1730.

P. 223. lettre C, ligne 12. à la fin, *ajoûtez*, il eft mort le 19. octobre 1732. âgé d'environ
105. ans.

Ibid. lettre C, ligne 13. Lefquefrois , *lifez* Lefquifiou.

A *Ibid.* ligne 16. au mois de novembre , *lisez* par contrat du 18. novembre.

  Ibid. lettre D , ligne 7. *ajoutez* , il est mort le 28. février 1728. âgé de 80. ans & a été enterré à S. Sulpice à Paris.

  Ibid. lettre E , ligne 6. après Hypolite marquis de Bethune , *ajoutez alinea* la seconde femme de son pere.

  II. Femme, N. Martin , fille de N. Martin , fermier general.

  P. 224. lettre A , ligne 8. après ce mot vaisseau , *ajoutez* , en 1705. & à la fin de la ligne. Il a épousé le 31. octobre 1708 *Marie-Therese* Pollet de la Combe , veuve de *Pierre* le Moine , seigneur d'Iberville , capitaine de vaisseau , dont il a eu *Marie-Armande* de Bethune , née le 24. Juillet 1709. & baptisée à S. Sulpice.

  Ibid. lettre D , ligne 6. *rayez* ces mots, elle est vivante en 1728. & *lisez* elle mourut à Paris le 11. novembre 1728. âgée d'environ 94. ans , son corps a été enterré aux Capucines, & son cœur a été porté à Selles en Berry aux religieux de la Charité.

B P. 225. ligne 8. à la fin de l'article de Matie Casimire , *ajoutez*, 2°. *Charles-Louis-Auguste* Fouquet, comte de Bellisle, lieutenant general des armées du Roi , mestre de camp general des dragons de France , gouverneur d'Huningue , commandant dans les trois Evêchez , veuf d'*Henriette* de Durfort. De ce mariage est né le 27. mars 1732. *Louis-Marie* Fouquet de Bellisle.

  P. 226. lettre A , ligne 6. *lisez* mariée le 19. avril 1665.

  Ibid. lettre D , à la fin de la ligne 5. *ajoutez* , il a été nommé chef du conseil royal des finances le 23. juillet 1730.

  Ibid. lettre E , ligne 4. à la fin , *ajoutez :* elle s'est remariée le 15. janvier 1732. à *Charles-Philippes* d'Albert, duc de Luynes , Pair de France.

  P. 227. lettre B , à la fin de la ligne 5. *ajoutez* , & nommé chevalier des ordres du Roy le 2. février 1730.

  Ibid. ligne 8. *ajoutez* , né le 15. août 1711. puis *alinea.*

C 2. BASILE de Bethune , né le 2. décembre 1714.

  3. FRANÇOIS-JOSEPH de Bethune , né le 6. janvier 1719.

  Et quatre filles nées en 1710. 1712. 1713. & 1716.

  P. 268. lettre A , ligne 6. à la fin , *ajoutez* , il a acquis toutes les terres & les biens du feu prince de Berghes son beau-frere , & a été créé prince de Grimberghen , par diplome de l'Empereur de l'an 1729.

  P. 269. lettre A , ligne 2. *ajoutez* , elle mourut à Paris le 26. juin 1731. âgée de près de 82. ans.

  Ibid. lettre E , ligne 4. *ajoutez* , & à l'évêché de Bayeux au mois de février 1729. a été sacré le 25. septembre suivant.

  P. 270. avant §. I. *ajoutez alinea.*

  II. Femme, MARIE Bruslart, veuve de *Louis-Joseph* de Bethune , fut mariée le 15. janvier 1732.

  P. 271. lettre B , ligne 1. *ajoutez* , le Roi lui a donné au mois de juillet 1731. la charge de capitaine des chevaux-legers de sa garde , vacante par la mort de son fils.

D *Ibid.* ligne 8. *lisez* ainsi : *Charles-François* d'Albert d'Ailly , comte puis duc de Pequigny , pair de France , vidame d'Amiens après la mort de son frere aîné , mestre de camp d'un regiment d'infanterie de son nom , capitaine-lieutenant de la compagnie des chevaux-legers de la garde du Roi, né le 6. septembre 1707. épousa le 20. janvier 1729. *Marie-Sophie* de Courcillon , fille de *Philippes-Egon* marquis de Courcillon , brigadier des armées du Roi, gouverneur de Touraine & des châteaux de Tours, & de *Françoise* de Pompadour , dame de la Valette. Il mourut à Paris le 14. juin 1731. laissant une fille unique.

  MARIE-THERESE d'Albert d'Ailly , née le 18. novembre 1730.

  P. 290. lettre D , ligne 3. à la fin, *ajoutez* , il fit en 1571. un retrait de droits vendus par ses pere & mere sur la baronie de Mirebeau en 1556. & en 1562. à *Hercules* de Rouffignac, chevalier, seigneur de Jarzay.

  P. 293. lettre B , ligne 10. *Charles-Belgique* , ajoûtez *Hollande.*

E P. 294. lettre A , ligne 2. duc de Lesdiguieres, *effacez* , & *lisez* sire de Canaples.

  P. 305. lettre D , ligne 1. le siege de Mazers en juillet , *lisez* octobre 1569.

  P. 306. lettre A , avant le degré V. *ajoutez*

  4. MARGUERITE de S. Lary , épousa par contrat du 5. juin 1563. *Antoine* de S. Gery , écuyer , seigneur de Magnas & de la Mote-Audo , dont elle eut entr'autres enfans *Jean* de S. Gery , écuyer , seigneur & baron de Magnas , &c. Lieutenant-colonel du regiment de Picardie , tué au siege de Montpellier en 1622. après avoir épousé le 19. septembre 1588. *Marguerite* de Las , dame de la Mothe en Perigord , fille d'*Alain* de Las , écuyer , seigneur du même lieu , & de *Françoise* de Chasotes.

  P. 324. lettre A , ligne 12. au commencement , *efface* Polixene.

P. 327. lettre A, à la fin de la ligne 7. *ajoutez*, agent du clergé en 1730. & nommé abbé de S. Urbain le 19. avril 1732.

Ibid. à la fin de la ligne 8. *ajoutez* duc de Briffac, pair & grand-pannetier de France après la mort de fon frere aîné. Il a époufé le 10. juillet 1732. *Marie-Jofephe* Durey, fille de *Jofeph* Durey de Sauroy, feigneur de Martigny-le-Comte, de Damville, de Montigny, &c. & de *Marie-Claire-Jofephe* du Terrail, fille de *Gafpard* d'Efteing, marquis du Terrail & de Saillant, vicomte de Ravel, & de *Philiberte* de la Tour-Saint-Vidal.

Ibid. lettre B, ligne 1. *ajoutez*, mourut à Paris le 18. avril 1732.

P. 376. lettre A, ligne 2. & d'Armande, *lifez* Therefe.

Ibid. lettre B, ligne 2. *ajoutez*, mourut à Paris dans fa 69. année le 27. octobre 1729.

P. 377. lettre A, ligne 12. N. Quelain, *lifez* Nicolas Quelain.

Ibid. lettre B, ligne 6. *ajoutez*, il mourut à Paris le 22. octobre 1730.

Ibid. ligne 9. *ajoutez*, mourut à Dieppe le 13. may 1729. dans la 68. année de fon âge.

Ibid. lettre C, ligne 3. Après ce mot de Vignerot, *ajoutez*, duc d'Aiguillon, pair de France, & à la fin de la ligne fuivante, *ajoutez*, il prêta ferment au parlement en qualité de duc & pair le 26. may 1731. B

ibid. lettre D, après la ligne 2. *ajoutez alinea.*

4. MARIE-JULIE de Vignerot, née le 29. avril 1723. & morte le 16. may 1728. âgée de 5. ans 18. jours.

Ibid. à la fin de la page, *ajoutez*,

2. ARMAND-LOUIS-JULES de Vignerot, né le 1. may 1729.

3. ARMAND-JULES-CHARLES de Vignerot, né le 5. decembre 1730.

P. 401. lettre A, ligne 10. *ajoutez*, morte le 10. decembre 1698.

Ibid. lettre C, ligne 8. *ajoutez*, nommé évêque & comte de Noyon, pair de France, au mois de Juillet 1731. & facré le 15. juin 1732.

P. 402. lettre A, ligne 11. *ajoutez*, époufa en 1713. *Jeanne* Souchet des Douffets, dont eft né *Louis-Gabriel* de S. Simon.

Ibid. ligne fuivante, *ajoutez*, mort en 1711. C

P. 405. lettre C, ligne 4. *lifez* ainfi.

Femme, LOUISE-MARIE-GABRIELLE de Gourgues, fille de *Jean-François* de Gourgues, marquis d'Aulnay, maître des Requêtes, & de *Gabrielle-Elifabeth* Barillon de Morangis fa première femme, fut mariée en 1717.

ibid. ligne fuivante, *ajoutez* ainfi fes enfans,

1. ARMAND-LOUIS-François de S. Simon, né le 3. decembre 1718. mourut le 4. avril 1719.

2. MAXIMILIEN-HENRY de S. Simon, né au mois de novembre 1720.

3. BALTHASAR-HENRY de S. Simon, né au mois de novembre 1721.

4. CLAUDE de S. Simon, né le 27. decembre 1723. chevalier de Malte de minorité.

5. N. de S. Simon, né en 1725. au mois d'octobre, mourut 15. jours après.

6. SIMEON-FRANÇOIS de S. Simon, né le 5. avril 1727. D

7. ANTOINETTE-LOUISE de S. Simon, née le 17. août 1719.

8. N. de S. Simon, née en 1726. & morte âgée de trois femaines.

9. N. de S. Simon, née le 2. janvier 1731.

P. 408. lettre A, ligne 3. Allazar, *lifez* Sallazar.

P. 412. B. après la ligne 4. *ajoutez alinea.*

MARIE-CHRISTINE-CHRETIENNE de S. Simon, née le 7. may 1728. à fept heures & demie du foir, fut baptifée le même jour à dix heures dans la chapelle de S. Simon, par permiffion du Cardinal de Noailles : elle a eu pour parain le duc de S. Simon fon ayeul, & pour maraine la maréchale de Gramont.

P. 417. à la fin, *mettez* les lettres du duché de la Rochefoucaud.

E

Erection du Comté de la Rochefoucaud en Duché, & Pairie. Fevrier 1732. regiftrée le 12. mars fuivant.

LOUIS par la grace de Dieu, Roi de France & de Navarre : A tous prefens & à venir, Salut. Le Roy Louis XIII. notre très-honoré feigneur & trifayeul auroit par Lettres Patentes du mois d'avril 1622. pour les caufes & juftes confiderations y contenues, créé & érigé en titre & dignité de duché-pairie de France, en faveur de feu notre coufin François V. du nom, comte de la Rochefoucaud, la terre & comté de la Rochefoucaud poffedée en ligne directe dans fa maifon, ainfi dénommée

dès

A dès la fin du dixiéme siecle, auquel temps l'usage des surnoms à commencé en France, pour en jouir & ses hoirs successeurs mâles perpetuellement & à toujours audit titre, avec tous honneurs, autoritez, prérogatives & prééminences appartenant à Duc & Pair, & tels que les autres Ducs & Pairs de France en jouissent, tant en justice & jurisdiction, séance en nos Cours avec voix déliberative, qu'en tous autres endroits quelconques, sous le ressort de notre Cour de Parlement de Paris, en laquelle les appellations des Officiers dudit Duché-Pairie ressortiroient nuëment & sans moyen, à l'effet dequoi ledit comté de la Rochefoucaud, dépendances, seigneuries & baronies y jointes seroient & demeureroient distraits de toutes autres cours & jurisdictions dont elles avoient eu accoutumé de dépendre, tant en premiere instance, que par appel avant ladite érection, & en tous cas, excepté seulement les cas Royaux, dont la connoissance res-

B teroit & appartiendroit à nos Juges devant lesquels ils étoient pareillement portez devant ladite érection, à tenir ledit Duché-Pairie par lui, ses hoirs, successeurs mâles nuement & en plein fief de notre Couronne, à une seule foy & hommage qu'ils seroient tenus de nous porter en ladite qualité de Duc & Pair de France, avec pouvoir à lui & à ses successeurs ducs de la Rochefoucaud d'établir un siège de Duché-Pairie, & le composer d'un Sénéchal, d'un Lieutenant, d'un Procureur fiscal, d'un Greffier, & de tel nombre de Notaires & autres Officiers nécessaires & accoutumez pour l'exercice de pareille justice, à laquelle ressortiroient les appellations des jugemens rendus par les Juges particuliers desdites baronies, seigneuries & terres unies audit Duché Pairie entre tous les justiciables desdites jurisdictions dans toute l'étendûë & selon que les Juges d'icelles ont accoutumé d'en connoître, les appellations duquel Sénéchal ressortiroient, comme dit est, nuëment & sans moyen à notredite Cour de Parlement de Paris, & au surplus que ledit duché de la Rochefoucaud demeureroit perpetuellement à titre d'heritage aux enfans mâles & autres heritiers de notredit cousin Fran-

C çois comte de la Rochefoucaud, sans qu'au moyen de ladite érection en Duché, & de l'Edit de 1566. concernant l'érection des terres & seigneuries en duchez, marquisats & comtez, l'on pût prétendre ledit Duché & Pairie de la Rochefoucaud être uni & incorporé à notre Couronne; à la charge toutefois qu'avenant le décès de notre cousin François comte de la Rochefoucaud, & de ses enfans & descendans en ligne masculine sans hoirs mâles, ladite dignité de Duc & Pair de France demeureroit éteinte & supprimée, & retourneroit en sa premiere nature de comté de la Rochefoucaud, lesdites lettres patentes auroient été enregistrées au Parlement par arrêt du 4. septembre 1631. par lequel, suivant l'usage d'alors, qui ne s'observe plus, il fut dit que lesdites lettres seroient executées, à la reserve de la distraction du ressort qui n'auroit lieu, & fut ordonné que la justice continueroit d'être exercée par nos Officiers, ainsi qu'ils avoient accoutumé, ledit duché de la Rochefoucaud ayant été transmis successivement à nos cousins François VI. du nom, fils aîné de François V. en faveur duquel

D l'érection avoit été faite, à François VII. du nom, fils aîné de François VI. & à François VIII. du nom, fils aîné dudit François VII. qui avoient tous eu plusieurs enfans mâles morts sans posterité, il est parvenu à notre cousin Alexandre de la Rochefoucaud VIe mâle de notredit cousin François VIII. au moyen du décès des cinq mâles aînez de notredit cousin, & ledit Alexandre de la Rochefoucaud ayant perdu dans leur bas âge les deux enfans mâles qu'il avoit eus de son mariage, & ne lui restant que trois filles sans esperance apparente d'avoir d'enfans mâles, la seule qui lui restoit, après la perte de tant de mâles appellez à la Pairie & decedez sans posterité, de voir soutenir sa maison par le mariage que nous avions agréé de notredit cousin Guy de la Rochefoucaud son frere, qui restoit seul appellé à la Pairie, avec notre cousine Louise-Elisabeth de la Rochefoucaud étant pareillement tombez par le décès de notredit cousin Guy de la Rochefoucaud, de maniere qu'il se voyoit privé de la consolation de voir passer à son frere & à sa fille aînée, & à leurs descendans mâles les titres de la terre de son nom, puisque venant à deceder sans enfans mâles, ledit Duché-Pairie de la Rochefoucaud se trouveroit éteint, suivant la clause expressément inserée dans les lettres

E patentes du mois d'avril 1622. s'il n'y étoit par nous pourvû, & désirant conserver dans une maison aussi illustre les titres & les dignitez qu'elle a si justement méritées, mettant en consideration non-seulement les grands & importans services que ceux de cette maison nous ont rendus & aux Rois nos predecesseurs, & ceux en particulier de notre trèscher & bien-amé cousin Alexandre de la Rochefoucaud, chevalier de nos Ordres, & grand-maître de notre Garderobe, mais encore les circonstances particulieres de dix-sept enfans mâles appellez à la Pairie decedez sans posterité depuis l'année 1622. & notamment les deux mâles de notredit cousin Alexandre duc de la Rochefoucaud, au moyen de quoi toutes les esperances qu'il avoit eues de conserver dans sa maison les dignitez dont elle est décorée étoient devenuës inutiles, des considerations aussi puissantes nous ont déterminé à accorder à notre cousin Alexandre de la Rochefoucaud, en cas qu'à

son decès il n'eût aucun enfant ou descendant mâle, ou que ses enfans mâles ou descen- A
dans mâles vinssent à déceder sans posterité masculine, de continuer & étendre ladite Pairie
en faveur d'une de ses filles & de sa descendance mâle seulement, pourvû & non autrement qu'elle eût contracté mariage de notre agrément avec une personne du nom & de
la maison de la Rochefoucaud, sçavoir, en faveur de la fille aînée si son mari ou ses
descendans mâles se trouvent en état de recueillir la Pairie lors de l'extinction de la
posterité mâle de notredit cousin le duc de la Rochefoucaud, sinon en faveur de la seconde fille de son mari & de la descendance mâle, aux mêmes charges & conditions,
& à son défaut en faveur de la troisième fille, & pareillement de son mari & descendance mâle, sans qu'après l'extinction de la posterité masculine de notredit cousin ladite Pairie puisse être recueillie que par une desdites branches qui se trouveroit en
état d'y parvenir, après l'extinction de laquelle la Pairie demeureroit éteinte sans pouvoir parvenir aux autres; & nous avons crû que cette grace bornée aux seules per- B
sonnes du nom de la Rochefoucaud que notredit cousin pourroit choisir dans les branches cadettes de sa maison, qui ne peuvent être réputées moins dignes des honneurs
que la branche aînée, & dont eux & leurs successeurs seront tenus de porter le nom
& les armes pleines, devenant un titre public du cas que nous ferons toujours d'un
nom aussi illustre, & de la satisfaction que nous avons des services agreables que notredit cousin nous rend personnellement dans les fonctions de sa charge, ne pourra jamais être tirée à consequence pour l'avenir par les circonstances singulieres qui nous
y portent, qui n'ont jamais eu & n'auront jamais peut-être d'exemple, & par la juste
esperance où nous sommes que ceux du nom de la Rochefoucaud que notredit cousin
choisira pour épouser sesdites filles, marchant sur les traces de leurs ancêtres, mérite-
ront aussi les mêmes honneurs.

A CES CAUSES, de notre propre mouvement, pleine puissance & autorité Royale, & C
de l'avis de notre Conseil qui a vû lesdites lettres patentes du mois d'avril 1622. & arrêt
d'enregistrement d'icelles, dont copies duëment collationnées sont ci-attachées sous le
contrescel de notre Chancellerie, & confirmant entant que besoin seroit lesdites lettres, Nous avons dit, déclaré & ordonné, & par ces présentes signées de notre main,
disons, déclarons & ordonnons, voulons & nous plaît, qu'au défaut d'enfans ou
descendans mâles de notredit cousin le duc de la Rochefoucaud avant ou après
son decès, l'érection de la terre de la Rochefoucaud en titre & dignité de Duché-Pairie soit continuée & étenduë, la continuons & étendons en faveur de notre très-chere &
bien-amée cousine Louise-Elisabeth sa fille aînée, & de celui desdits nom & maison
qu'elle épousera de notre agrément, & de leurs enfans & descendans mâles par mâles
issus dudit mariage, même à leur défaut des enfans & descendans mâles par mâles qui
seroient nez du mariage subsequent que notredite cousine auroit contracté de notre agrément avec autres personnes du nom & maison de la Rochefoucaud, pourvû qu'un
desdits mariages subsequens subsiste, ou qu'il y en ait des enfans mâles ou descendans
par mâles qui existent dans le tems de l'extinction entiere de la ligne des enfans mâles ou descendans par mâles de notredit cousin le duc de la Rochefoucaud; & en cas D
que ladite Pairie soit parvenuë à quelqu'un des enfans ou descendans mâles par mâles
de ladite fille aînée, & qu'il n'y eût plus dans ladite descendance aucun mâle descendant
par mâle, voulons que ladite Duché & Pairie soit & demeure éteinte & supprimée;
voulons neanmoins qu'en cas qu'au decès de notredit cousin le duc de la Rochefoucaud il ne laissât aucun enfant mâle, ni aucuns descendans mâles par mâles, ou qu'en
ayant laissé, ladite descendance de mâle par mâle vînt à s'éteindre dans un tems où il
ne se trouveroit aucun de la maison de la Rochefoucaud marié de notre agrément à
ladite fille aînée, ni aucun enfant mâle ou descendant mâle par mâle issu d'eux, ladite
érection de ladite terre en Duché-Pairie audit cas seulement, soit pareillement étenduë & continuée, la continuons & étendons en faveur de ladite fille puînée de notredit cousin le duc de la Rochefoucaud, le tout de la même maniere & aux mêmes
charges, clauses & conditions que celles ci-dessus pour la fille aînée: voulons pareillement qu'en cas qu'au decès de notredit cousin le duc de la Rochefoucaud il ne laissât E
aucuns enfans mâles ni aucuns descendans mâles par mâles, ou qu'en ayant laissé ladite
descendance de mâle par mâle vînt à s'éteindre dans un tems où il ne se trouveroit
aucun de la maison de la Rochefoucaud marié de notre agrément à la fille aînée ou
puînée de notredit cousin, ni aucuns enfans mâles ou descendans par mâles issus d'eux,
ladite érection de ladite terre en Duché-Pairie audit cas seulement, soit continuée &
étenduë, comme nous la continuons & étendons en faveur de la troisiéme fille de notredit cousin le duc de la Rochefoucaud, le tout de la même maniere & aux mêmes
charges, clauses & conditions que celles ci-dessus pour les filles aînées & puînées, le
tout à condition que ceux desdits noms & maison de notredit cousin le duc de la Rochefoucaud qui épouseront lesdites filles, & leurs enfans & descendans mâles par

A mâles seront tenus de porter le nom de la Rochefoucaud & les armes pleines de ladite maison, perpetuellement & à toujours, dérogeons à l'effet de tout ce que dessus à la clause desdites lettres patentes du mois d'avril 1622. portant qu'avenant le decès de feu notredit cousin François V. du nom, comte de la Rochefoucault & de ses descendans en ligne masculine sans hoirs mâles, ladite dignité de Duc & Pair de France demeurera éteinte & supprimée, & que ladite terre retournera en sa premiere nature, & à toutes choses contraires; voulons qu'au défaut d'enfans & descendans mâles par mâles de notredit cousin duc de la Rochefoucaud, nosdites cousines ses filles, & ceux desdits nom & maison de la Rochefoucaud qu'elles épouseront de notre agrément, ensemble leurs enfans & descendans mâles qui se trouveront appellez à ladite Pairie, suivant qu'il a été ci-dessus dit, en jouissent, & des terres qui y ont ci-devant été ou y pourront être ci-après unies par notredit cousin, pleinement, paisiblement & perpetuellement, & tout ainsi qu'en ont joui & jouit notredit cousin & ses prédecesseurs ducs de la Rochefoucaud, & dans tous les droits generalement que ses enfans mâles & descendans mâles par mâles auroient & pourroient avoir s'il en avoit, en vertu desdites lettres patentes du mois d'avril 1622. lesquelles avec ces présentes ne serviront que d'un seul & même titre d'érection de ladite terre de la Rochefoucaud en Duché-Pairie; & ce néanmoins suivant & conformément à l'Edit du mois de may 1711. au désir duquel aucuns de ceux qui seront appellez audit Duché-Pairie dans les cas & suivant l'ordre ci-dessus marquez, n'aura rang pour ledit Duché & Pairie que du jour du serment qui aura été prêté en notre cour de Parlement par le mari de la fille de notredit cousin, ainsi qu'il a été ci-dessus dit; & en cas qu'il n'en ait point prêté, du jour que le serment en aura été prêté en notredite Cour par le premier des enfans ou descendans mâles par mâles de la branche qui se trouvera appellée à la Pairie lors de l'extinction de la descendance de mâle par mâle de notredit cousin duc de la Rochefoucaud : ordonnons que lesdits enfans mâles nez de celle de ses filles de notredit cousin duc de la Rochefoucaud, & de celui desdits nom & maison qu'elle aura épousé de notre agrément, & qui se trouveront appellez à la Pairie, ne puissent jouir des titres & qualité de duc & pair du vivant de leur pere sans son consentement exprès & par écrit, & voulons que lesdites lettres patentes du mois d'avril 1622. par nous ci-dessus entant que besoin seroit confirmées, soient executées en tout leur contenu en ce qui n'est point contraire à ces présentes; des mêmes puissance & autorité, ordonnons que notredit cousin le duc de la Rochefoucaud, les enfans & descendans mâles par mâles qu'ils pourront avoir, & à leur défaut ladite fille & celui desdits nom & maison qu'elle épousera de notre agrément & sera appellé à la Pairie, & leurs enfans & descendans mâles par mâles qui seront en droit de recueillir ladite Pairie, suivant ce qui a été dit ci-dessus, jouissent dudit Duché-Pairie de la Rochefoucaud, terres, baronies, châtellenies & seigneuries en dépendantes, & que notredit cousin y pourra réunir dans la suite en toutes justices & jurisdictions, & spécialement du ressort immediat à notredite cour de Parlement de Paris des appellations interjettées des jugemens du Sénéchal dudit Duché, suivant & conformément ausdites lettres patentes du mois d'avril 1622. nonobstant & sans s'arrêter à la restriction portée par l'arrêt de l'enregistrement d'icelles du 4. septembre 1631. concernant la distraction du ressort que nous ne voulons pouvoir nuire ni préjudicier, à la charge néanmoins d'indemniser nos officiers interessez à ladite distraction, lesquelles terres & seigneuries que notredit cousin unira ci-après audit duché de la Rochefoucaud seront tenues avec ledit Duché-Pairie en plein fief à une seule foy & hommage de Nous & de notre Couronne; pour raison duquel Duché-Pairie notredit cousin duc de la Rochefoucaud nous a présentement fait & porté les foy & hommage, & serment de fidelité dont il étoit tenu, tant à cause du décès de feu notredit cousin le duc de la Rochefoucaud son pere, que de notre avenement à la Couronne, ainsi qu'il est accoutumé, & auquel nous l'avons reçu, & en cas de défaut de mâles & descendans mâles par mâles, tant de notredit cousin que de celle desdites filles qui aura, ou sa descendance mâles par mâles recueilli ladite Pairie, suivant l'ordre & aux conditions ci-dessus; voulons, comme dit est, que ledit Duché-Pairie, terres & seigneuries en dépendantes & y uniés soit & demeure éteint & supprimé, & retourne, ainsi que ses dépendances, en leur premiere nature, titres & qualitez qu'elles avoient avant ladite érection, & que ledit duché & toutes les terres qui le composoient appartiennent aux heritiers, successeurs & ayans cause du dernier possesseur dudit duché, par le decès duquel il se trouvera éteint, pour en jouir comme de leurs autres biens en toute propriété. Si donnons en mandement à nos amez & feaux conseillers les gens tenans notre Cour de Parlement & Chambre des Comptes à Paris, & à tous autres nos officiers & justiciers qu'il appartiendra, que ces présentes ils ayent à faire registrer, & de leur contenu jouir & user notredit cousin le duc de la Rochefoucaud & ses enfans mâles & descendans mâles par mâles, & à leur défaut l'une desdites filles, & celui desdits nom & maison de la Rochefoucaud qu'elle

époufera de notre agrément, leurs enfans & defcendans mâles par mâles nez en légitime mariage, fuivant qu'il eft établi en cefdites préfentes, pleinement, paifiblement & perpetuellement, ceffant & faifant ceffer tous troubles & empêchemens, & nonobftant tous Edits, Ordonnances, Arrêts & Reglemens contraires de nous & de nos predeceffeurs Rois, aufquels nous avons dérogé & dérogeons par ces préfentes : car tel eft notre plaifir. Et afin que ce foit chofe ferme & ftable à toujours, nous avons fait mettre notre fcel à cefdites préfentes. DONNE'ES à Marly au mois de février l'an de grace mil fept cens trente-deux, & de notre regne le dix-feptiéme. Signé, LOUIS. Et plus bas, par le Roi, figné, PHELYPEAUX. Et à côté, Vifa, figné, CHAUVELIN, & fcellées du grand fceau de cire verte, en lacs de foye rouge & verte.

Regiftrées, ouy le Procureur general du Roy, pour jouir par l'impetrant, & après fon decès fans enfans mâles & defcendans mâles par mâles, & à leur défaut la fille aînée dudit impetrant le mari qu'elle auroit époufé du nom & maifon de la Rochefoucaud de l'agrément dudit feigneur Roy, & leurs enfans mâles & defcendans mâles par mâles, & autres mentionnées aufdites lettres de l'effet & contenu en icelles, & eftre executées felon leur forme & teneur, aux charges, claufes & conditions portées par l'Arreft de ce jour. A Paris en Parlement le douze mars mil fept cens trente-deux. Signé, ISABEAU.

Collation faite, ISABEAU.

P. 424. lettre D, à la fin *ajoutez*, il étoit chambellan du Roi, fuivant un titre de l'an 1450?

P. 426. lettre B, ligne 5. 1515. *lifez* 1528.

P. 430. lettre E, ligne 2. après ces chiffres 1663. *ajoutez*, né le 17. août de la même année.

P. 431. lettre A, ligne 5. *ajoutez*, mourut à Paris le 22. avril 1728. dans fa 65ᵉ année, & fut enterré le 25. fuivant dans l'églife de S. Sulpice fa paroiffe.

Ibid. lettre C, ligne 6. *ajoutez*, il étoit duc de la Rocheguyon lorfqu'il mourut à Paris de la perite verole le 16. novembre 1731.

P. 432. lettre A, ligne 5. *ajoutez*, & a prêté ferment en qualité de duc & pair de France au Parlement le 22. février 1729.

Ibid. lettre B, ligne 2. *ajoutez*, elle a époufé le 28. février 1732. *Louis-Frederic* de la Rochefoucaud, duc d'Anville, marquis de Roucy.

P. 434. lettre B, ligne 12. *ajoutez*, il mourut à Paris le 4. feptembre 1732. âgé de 67. ans:

Ibid. lettre D, ligne 9. *ajoutez*, duc d'Anville, par brevet du mois de mars 1732. avoit époufé le 28. février de la même année *Marie-Louife-Nicole* de la Rochefoucaud fa coufine, fille d'*Alexandre* duc de la Rochefoucaud.

P. 435. lettre C, ligne 13. *ajoutez à la fin*, grand-vicaire de Rouen, a été nommé archevêque de Bourges, le 27. janvier 1729. fut facré dans l'églife des Theatins à Paris par l'archevêque de Rouen, affifté des évêques de Laon & de Beauvais le 7. août de la même année, & prêta ferment de fidelité au Roi le 14. du même mois.

P. 438. lettre A, ligne 10. en 1522. *lifez* en 1552.

P. 439. lettre A, ligne 5. *ajoutez*, par contrat du 8. novembre 1589.

P. 440. lettre C, ligne 3. *effacez ces mots*, mort à Montpellier en janvier 1720.

Ibid. ligne 7, *lifez ainfi* : N. de la Rochefoucaud, mariée le 8. février 1718. à *Alexandre-Louis* de la Tude, marquis des Ganges, fils d'*Alexandre* de la Tude, brigadier des armées du Roi, & de *Marguerite* de Gineftoux-Moiffac, mort à Montpellier vers le 12. janvier 1720.

Ibid. lettre D, après ce mot, de la Rochefoucaud, *ajoutez*, Lafcaris; & deux lignes après, à la fin, *ajoutez*, le Roi lui a donné au mois de décembre 1731, le regiment de cavalerie, vacant par la mort du duc de la Rocheguyon.

Ibid. à la fin de la page, *ajoutez*, dont entr'autres enfans *Agnès-Marie* de la Rochefoucaud, née le 17. février 1732.

P. 441. lettre C, ligne 6. marquis de Rochebaron, *ajoutez*, a continué la branche, & a époufé une fille de *Charles-Louis* de la Rochefoucaud, comte de Magny.

Ibid. lettre D, ligne 8. *ajoutez*, il a été marié & a eu deux filles, dont l'une a époufé le marquis de Rochebaron, capitaine de cavalerie au regiment de Sully, & l'autre a été religieufe à l'abbaye des Chafes, diocefe de S. Flour.

Ibid. ligne 10. *ajoutez*, mort ; ligne fuivante, à Ambert, *ajoutez*, morte; & ligne derniere, *ajoutés auffi*, morte.

P. 442. lettre B, après la ligne 2. *ajoutez*, cette branche fubfifte.

P. 443. lettre B, ligne 3. *ajoutez*, tué à la bataille de Coutras le 20. octobre 1587?

Ibid. lettre C, ligne 12. *lifez ainfi* : Marie de la Rochefoucaud, mariée par contrat paffé au château de Montguyon le 3. novembre 1600. à *Jofias* de Bremond, feigneur d'Arx & du Chaftelier en Touraine, du Bouchet, de Rochave & de Dompierre

fur

A fur-Charente, de Gimieufe & de Lucé, maréchal de camp des armées du Roi, & député aux états generaux par la fénéchauffée d'Angoumois. Il étoit fils de *Charles* de Bremont, feigneur d'Arx, & de *Louife* de Valfergues.

P. 445. lettre D, ligne 6. *ajoutez*, époufa le 29. juillet 1728. *Jeanne-Therefe* Fleuriau de Morville, fille de *Charles-Jean-Baptifte* Fleuriau, comte de Morville, fecretaire d'Etat, & de *Charlote-Elifabeth* de Vienne.

P. 452. lettre D, ligne 13. mariée en 1594. *lifez* le 13. octobre 1580.

P. 455. lettre C, ligne 3. après ce mot Maumont, *ajoutez*, de Maignac & de Barros, gentilhomme ordinaire de la chambre du Roi.

P. 456. lettre A, ligne premiere, après Magnac, *ajoutez*, & de Barros, chevalier de l'ordre du Roy.

Ibid. ligne 8. *ajoutez*, il mourut fans enfans le 19. mars 1719.

Ibid. effacez les deux lignes fuivantes, & *lifez*

3. Louife de la Rochefoucaud, religieufe Benedictine au couvent de Niort.

4. Angelique de la Rochefoucaud, morte fille en 1713.

Ibid. lettre B, ligne 5. *lifez* ainfi les enfans de *François* de la Rochefoucaud II. du nom, feigneur de Maumont.

1. FRANÇOIS-JOSEPH de la Rochefoucaud, feigneur de Momont ou Maumont, qui fuit.

2. JEAN de la Rochefoucaud, *dont la pofterité fera rapportée après celle de fon frere aîné.*

3. Louis de la Rochefoucaud, mort religieux à Louife, ordre de Grandmont.

4. Eleonore de la Rochefoucaud, née le 29. avril 1675. mourut à S. Cyr, où elle avoit été reçuë le 5. juin 1688.

XXIII.

FRANÇOIS-JOSEPH de la Rochefoucaud III. du nom, chevalier feigneur de Momont, de Maignac & de Barros, capitaine au regiment de Navarre, mourut au mois de juin 1716.

Femme, ANNE Thomas, fille de *Jean* Thomas, écuyer feigneur des Bretonnieres, confeiller, garde des fceaux au préfidial d'Angoulême, & de *Marie* Grelon, fut mariée par contrat de l'an 1685.

1. JEAN de la Rochefoucaud, feigneur de Momont, qui fuit.

2. François-Victorin de la Rochefoucaud, feigneur des Bretonnieres.

3. Marie-Anne de la Rochefoucaud, mariée en 1717. à *Jean* de Ravard, chevalier, feigneur de S. Amand, capitaine au regiment de Bearn.

Douze autres enfans, morts jeunes.

XXIV.

JEAN de la Rochefoucaud, feigneur de Momont, de Maignac, de Barros, de Chetarniac, de Chaumont & de Curfat, chevalier des ordres militaires de Notre-Dame du Mont-Carmel & de S. Lazare.

Femme, MARIE-MARGUERITE des Efcaud, fils de *Gabriel-François* des Efcaud, feigneur du Vivier, & de *Charlote* de la Place, fut mariée en 1722.

1. François-Jean-Charles de la Rochefoucaud, né le 20. may 1724.

2. François-Joseph de la Rochefoucaud, né le 7. août 1727.

3. Marie-Rose-Charlotte de la Rochefoucaud, née le 10. may 1723.

4. Louise de la Rochefoucaud, née le 14. may 1725.

5. Catherine-Hyppolite de la Rochefoucaud, née le 22. may 1726.

6. Louise-Marguerite de la Rochefoucaud, née le 6. octobre 1728.

XXIII.

JEAN de la Rochefoucaud, fils puîné de FRANÇOIS de la Rochefoucaud II. du nom, feigneur de Momont, & de MARIE-ELEONORE Cheinel, & frere de *François-Joseph* de la Rochefoucaud, *mentionnés ci-deffus.*

Femme, ELIZABETH Menaud, fille de *Clement* Menaud, feigneur de Boiffrenaud, avocat au parlement de Paris, & de *Françoife* du Bois.

1. Pierre-Jean-François de la Rochefoucaud, né en 1695. mort moine de Grandmont en 1717.

2. Clement de la Rochefoucaud, feigneur de Maignac, né en 1700. n'étoit point marié le 28. juin 1729.

3. Louis de la Rochefoucaud, mort enfant.

4. Marie-Angelique de la Rochefoucaud, née en 1698. religieufe Hofpitaliere à Angoulême.

5. Marie-Rose-Charlote de la Rochefoucaud, n'étoit point mariée en 1729.

P. 457. à la fin, *ajoutez* ce qui fuit.

L'on trouve FRANÇOISE de Mazieres, fille puînée de *Daniel* de Mazieres, seigneur en partie de Voutron en Aunis, laquelle épousa *N.* de la Rochefoucaud, dont elle eut

1. MARIE-FRANÇOISE de la Rochefoucaud, mariée à *Jacques* de Lambertye, seigneur de la Chapelle-Saint-Robert, de Soufreignat, de Maraval & de Font-pastour.

2. ELIZABETH de la Rochefoucaud, veuve d'*Isaac* Prevost, seigneur de Touchimbert, lieutenant de vaisseau, capitaine d'une compagnie franche de la marine au port de Rochefort.

P. 459. lettre E, ligne 2. après Charles, *ajoutez* il fut capitaine au regiment du Maine, puis dans celui de la marine; quitta le service pour se retirer à S. Magloire, & mourut à la Haye en Touraine.

P. 460. lettre B, après la ligne 4. *ajoutez*, alinea.

4. N. de la Rochefoucaud, mariée à *N* de Fumée.

5. N. de la Rochefoucaud, mariée à *N.* de Bellefonds, chef de brigade des gardes du corps.

Ibid. ligne 5. après Neuilly-le-Noble, *ajoutez*, de la Chatiere & de la Bertaudiere.

Ibid. ligne 11. *ajoutez*, il avoit été capitaine, au regiment du Maine, & ayant été estropié à la bataille de Fleurus d'un coup de mousquet à la cuisse, il fut obligé de se retirer avec une pension.

Ibid. lettre C, ligne 6. après ces chiffres 1710. *ajoutez*, mort.

Ibid. ligne suivante, après ce mot fils, *ajoutez* mort.

Ibid. à la fin, *ajoutez*, mise ensuite par la princesse de Conti troisiéme doüairiere, à l'abbaye royale de Beaumont-lez-Tours, d'où cette princesse la tirée pour l'a marier. Elle a épousé par contrat passé à Paris le premier octobre mil sept cens trente-un, Don *Jean Etienne* comte de Blanes, chevalier d'honneur hereditaire au Conseil superieur de Roussillon, fils de Don *Etienne* marquis de Blanes & de Millas, seigneur de Nesiac, de Regella, de Wlfric, de Polestres, de Barria, & de Volpilleres, membres du marquisat de Millas, seigneur de Font-Couverte, de S. Martin, de Rive, &c. conseigneur d'Estagel, chevalier d'honneur perpetuel au conseil souverain de Roussillon, ci-devant colonel d'infanterie, & de *Françoise* d'Evorard. M. le prince & Madame la princesse de Carignan, ont bien voulu lors du contrat se charger de la procuration du marquis de Blanes, & ont autorisé le comte de Blanes *comme parens*, & fondés de pouvoir. Le mariage s'est fait à Veret chez M. le duc d'Aiguillon; l'archevêque de Tours leur donna la benediction nuptiale. Elle a herité des terres de Neuilly-le-Noble en Touraine, de la Chatiere & de la Beraudiere par la mort de son frere unique depuis qu'elle est mariée.

P. 472. lettre B, lignes 12. & 13. Bellesunce, *lisez*, Belsunce.

Ibid. lettre C, ligne 9. *ajoutez*, remariée à *Alexandre* de Bassabat, marquis de Pordiac, mort en 1699. & elle en 1710.

Ibid. ligne 13. *ajoutez*, morte en 1716.

P. 473. lettre B, ligne 19. mariée en Angleterre, *ajoutez* le 15. avril 1689. avec *Charles* ou *Guillaume* Paulet, fils de *Charles* Paulet, créé duc de Bolton le 21. avril 1689.

P. 475. lettre B, ligne 5. *ajoutez*, il épousa au mois de janvier 1730. *Marie-Louise* de Noailles, fille d'*Adrien-Maurice* duc de Noailles, pair de France, & de *Françoise-Charlotte-Amable* d'Aubigné.

P. 476. à la fin, *ajoutez*, il y a encore une branche du nom de Caumont établie en Languedoc, qui a été déclarée noble, & est connue sous le nom des seigneurs de Gaches. La voici telle que l'on l'a pû avoir.

ARMAND de Caumont, écuyer, fut pere de

RAYMOND de Caumont, seigneur de Gaches, marié le 19. avril 1553. à *Jeanne* de Leaumont, & pere de

ARNAUD de Caumont, seigneur de Gaches, dont le fils fut

PIERRE de Caumont, seigneur de Gaches, lequel testa le 21. avril 1664. & fut pere de

JEAN-CHARLES de Caumont, seigneur de Gaches, lequel fut déclaré noble par jugement du 8. novembre 1670

A P. 477. lettre A, ligne 3. après ce mot Tombeboeuf, *ajoutez*, fecond fils de *Richard* de Caumont, *mentionné tome IV. de cette hift*, p. 468.

P. 479. lettre A, ligne 5. *ajoutez*, ce qui ne fe peut, puifque Clement V. mourut en 1314.

Ibid. lettre B, ligne derniere *Jacquette* de Caumont mariée à *N.* de Montault, *lifez Jacquette* de Caumont mariée à *Guillaume* de Voifins, baron de Couffolens & de Montaut.

P. 482. à la fin, *ajoutez* : On trouve une Françoife de Caumont, nommée abbeffe de Ronceray le 15. août 1706. laquelle fe démit en 1708. & mourut à Angers au mois de Novembre 1714. âgée de 64. ans.

P. 484. à la fin, *ajoutez*, les Lettres du duché-pairie d'Aiguillon pour M. le comte d'Agenois.

___

B LOUIS par la grace de Dieu, Roy de France & de Navarre : Au premier des Huifliers de notre cour de parlement, ou autre fur ce requis : Sçavoir faifons qu'entre Armand-Louis de Vignerot du Pleffis de Richelieu, comte d'Agenois, demandeur aux fins de la requête & exploits des 10. 11. & 19. janvier 1731. à ce qu'il plût à notredite cour ordonner que les fieurs défendeurs ci-après nommez, feroient tenus d'expliquer en notre cour les motifs des oppofitions par eux formées entre les mains de M. le procureur général, à la réception dudit comte d'Agenois, au rang & féance de Duc & Pair d'Aiguillon, ce faifant fans s'arrêter aufdites oppofitions, en faire pleine & entiere main-levée audit comte d'Agenois, & en confequence ordonner qu'il feroit reçu au rang & féance de Duc & Pair d'Aiguillon, pour en jouir conformément aux lettres patentes d'érection du mois de janvier 1638. aux honneurs & prééminences attribuez à la dignité de Duc & Pair, & qu'il auroit rang & féance du jour de l'enregiftrement defdites lettres avec dépens d'une part : & Alexandre Duc
C de la Rochefoucaud, pair de France, prince de Marcillac, comte de Duretal & d'Aubijoux, grand-maître de notre garderobe, & chevalier de nos ordres ; Louis duc de S. Simon, pair de France ; Monfieur le prince de Leon, duc de Rohan, & Louis-Pierre-Maximilien de Bethune, duc de Sully, défendeurs d'autre part ; & entre ledit Armand-Louis de Vignerot du Pleffis Richelieu, comte d'Agenois, demandeur aux fins de la Requête & exploit du 23. janvier de la même année, à ce qu'il plût à notredite cour ordonner que les fieurs défendeurs ci-après nommez, feroient tenus d'expliquer en notre cour le motif de l'oppofition qu'ils ont formée entre les mains de notre Procureur general, à la reception dudit comte d'Agenois en la dignité de duc & pair de France, ce faifant fans s'arrêter à ladite oppofition, dont main-levée pure & fimple feroit faite, recevoir ledit comte d'Agenois au rang & féance de duc & pair d'Aiguillon, pour en jouir conformément aux Lettres Patentes d'érection du mois de Janvier 1638. aux honneurs, prééminences & prérogatives attribuées à la dignité de duc & pair, & avoir rang & féance du jour de l'enregiftrement defdites lettres,
D avec dépens d'une part ; & meffire Etienne de la Fare, évêque duc de Laon, pair de France, meffire Etienne-René Potier de Gefvres, évêque comte de Beauvais, pair de France, meffire Charles-François de Châteauneuf de Rochebonne, évêque comte de Noyon, pair de France, meffire Charles-Philippes-d'Albert duc de Luynes & de Montfort, pair de France, meffire Charles-François de Montmorency, duc de Piney-Luxembourg & de Montmorency, pair de France, meffire Louis-Paul de Rochechouart, duc de Mortemart-Rochechouart, pair de France, meffire François-Joachim-Bernard Potier, duc de Gefvres Pair de France, meffire Guy de la Rochefoucaud, duc de la Rocheguyon, meffire Louis d'Aumont de Crevant duc d'Humieres, meffire Paul-François de Bethune, duc de Bethune-Charoft, pair de France, meffire Guy-Michel de Durfort, duc de Lorges-Durfort, meffire Charles-Paul Sigifmond de Montmorency, duc de Châtillon-Olonne, meffire Jofeph Marie duc de Boufflers, pair de France, meffire Louis-Hector de Villars, duc de Villars, pair & premier maréchal de France, meffire
E Jacques Fitzjames, duc de Fitzjames & de Berwick, pair & maréchal de France, meffire François-Armand de Gontaut, duc de Biron, pair de France, & meffire Charles-Eugene de Levy, duc de Levy, pair de France, défendeurs d'autre part ; & entre meffire Victor-Marie d'Eftrées, pair & maréchal de France, demandeur en requête du 9. février 1731. à ce qu'il plût à notredite cour le recevoir partie intervenante en la caufe qui eft pendante en notredite cour entre Meffieurs les Ducs & Pairs de France oppofans à la réception du fieur comte d'Agenois à la dignité de duc & pair de France, d'une part, & ledit Armand-Louis de Vignerot, comte d'Agenois d'autre part, qu'il fût donné acte audit fieur maréchal duc d'Eftrées, de ce que pour moyens d'intervention il employoit le contenu en ladite requête, fur laquelle faifant droit, il feroit donné acte audit fieur maréchal duc d'Eftrées, de ce qu'il fe joignoit & adheroit aux con-

clufions prifes par Meffieurs les Ducs & Pairs de France oppofans à la réception dudit comte d'Agenois, & dece qu'en tant que befoin eft ou feroit, il formoit pareillement oppofition par ladite requête à la réception dudit comte d'Agenois, dans la dignité de duc & pair d'Aiguillon; condamner ledit comte d'Agenois aux dépens d'une part, & Meffieurs les Ducs & Pairs de France ci-deffus nommez, & ledit Armand-Louis de Vignerot du Pleffis de Richelieu, comte d'Agenois, défendeur d'autre part. Après que Normant avocat de Louis-Armand de Vignerot du Pleffis de Richelieu d'Agenois, & Aubry avocat du duc de Luynes, & autres, ont été ouis pendant fept audiences, enfemble Gilbert pour notre procureur general : Notredite cour reçoit le duc d'Eftrées l'une des parties d'Aubry partie intervenante, fans avoir égard à fon intervention, & fans s'arrêter aux oppofitions des parties d'Aubry, dont pleine & entiere entiere main-levée eft faite; Ordonne qu'il fera paffé outre à la réception de la partie de Normant, en la dignité de duc d'Aiguillon, pair de France, en la maniere accoutumée, pour avoir rang & féance en notre cour du jour de fa réception & preftation de ferment en notredite cour, conformément à l'article trois de l'édit du mois de may 1711. tous dépens compenfez. Si mandons au premier defdits huiffiers de notredite cour de Parlement ou autres nos huiffiers ou fergens fur ce requis mettre le prefent arrêt à duë, pleine & entiere execution, felon fa forme & teneur. De ce faire te donnons pouvoir. Donné en notredite cour de Parlement, les grand'chambre & tournelle affemblées le dix may, l'an de grace 1731. & de notre regne le feize. Collationné, GIRARD. Par la chambre, figné, MIREY.

P. 493. lettre E, ligne pénultiéme, *lifez* Balthafard de Sade, feigneur d'Aiguietes, diocefe d'Avignon en Provence, qui tefta le 30. decembre 1542.

P. 494. lettre B, ligne 3. *Lucrece* Grimaldi, femme de *Gafpard* de Caftellane de Grignan, *lifez* Gafpard de Caftellane, feigneur d'Entrecafteaux, chevalier de l'ordre du Roy, mort en avril 1573.

Ibid. ligne 5. *lifez* Hyppolite Grimaldi, feconde femme de *Jacques* de Faret, feigneur de S. Privat, diocefe d'Uzez, qui tefta le 7. mars 1576.

ibid. ligne 6. feigneur de Douces-Aigues, *lifez* feigneur de Dolce-Aqua, dans le comté de Nice.

P. 496. lettre B, ligne 9. *lifez*, Ifabel Grimaldi, mariée le 23. janvier 1519. à *Antoine-Guerin* de Chafteauneuf de Randon, baron de Tournel en Gevaudan, lequel remit à fon fils l'heritage de fa mere le 8. août 1567.

ibid. lettre C, ligne 5. Bonne de Romagne, *lifez* Bonne de Romagnan.

P. 497. lettre A, ligne 5. Anne de Pontevez, dame de Cabannes, *lifez* Jeanne de Pontevez, fille de *Tannequin* de Pontevez, feigneur de Cabannes, & de *Jeanne* de Villeneuve-Flayofc, fe remaria avec *Antoine-Louis* de Savoye, comte de Pancalier, avec lequel elle vivoit le 15. juillet 1537.

Ibid. lettre D, ligne 1. *lifez* femme de Jean-Jacques-Theodore.

Ibid. ligne fuivante, mort, *lifez* morte en 1620.

P. 499. lettre A, ligne 4. *ajoutez*, il s'en eft démis en 1732. & a été nommé abbé de Vauluifant.

Ibid. lettre B, ligne 6. *ajoutez*, il mourut à Monaco le 20. février 1731. dans fa foixante & onziéme année.

Ibid. lettre C, ligne 5. *ajoutez*, elle eft morte le 29. decembre 1731. dans la trente-cinquiéme année de fon âge.

P. 501. lettre A, ligne 6. des maifons de Cibe & d'Olvie, *lifez* de Ceva & d'Oliva.

Ibid. ligne 11. Valence de Grimaud, *lifez* Valentine Grimaldi, mariée avant 1446. à Aftoaud d'Aftoaud III. du nom, feigneur de Mafan, de Montfuron, de Limaye & de la Baftide-des Jordans.

Ibid. lettre B, ligne 1. Reforciat, *ajoutez*, de Caftellane, feigneur de Salerne.

Ibid. lettre E, ligne 1. *lifez* ainfi, François de Grimaud, feigneur des Croz au comté de Bueil, époufa *Rachel* de Polignac, fille de *François* de Polignac, feigneur de S. Germain, de Fleac & de Fontaines, & de *Marie* d'Anglier, dame de Montes près la Rochelle.

P. 502. lettre A, ligne 2. Anne de Grimaud, époufa *Charles* Provana, feigneur de Leinis en Provence, *lifez* Prohana, feigneur de Leini en Piémont.

Ibid. ligne 6. François de Pont, confeigneur de Scarnafici & de Lambriac, dans le marquifat de Saluces, *lifez* François de Ponte, confeigneur de Scarnafigi dans le Piémont, entre Savigliano & Saluces.

Ibid. lettre C, ligne 8. après ce mot Picamilli, *ajoutez*, tefta le 7. may 1603.

Ibid. ligne 9. *lifez* ainfi : Marguerite de Grimaud, mariée par contrat paffé dans le château

château du Villar le 20. octobre 1581. avec *Jean* de Louet III. du nom , baron de Calvisson, de Massillargues, de Manduel, de Jonquieres, &c. fils de *Pierre* de Louet, baron de Calvisson, & de *Marguerite* de Castellane-Laval , qui testa le 6. juillet 1612. Elle vivoit encore le 14. décembre 1631.

P. 503. lettre A, ligne 2. *lisez* ainsi: Marguerite de Grimaud , mariée au château du Villar le 22. juillet 1518. à *Charles* de Grasse, comte du Bar au diocese de Grasse.

Ibid. ligne 13. comte d'Albàon, *lisez* comte du Bar, & de *Jeanne* de Fortia Piles.

P. 504. lettre A, ligne 2. seigneur de Leventii, de Tourette, de Revesti & de Ramplatii, *lisez* seigneur de Levenzo dans le comté de Nice, du Revest & de Reimplasso dans le comté de Bueil.

P. 529. lettre D, ligne 1. Guillaume de Bretagne, *lisez* de Blois, dit de Bretagne.

P. 539. lettre E, à la fin de la ligne 6. *ajoutez*, il avoit épousé en 1653. *Charlotte* de Caumont, dame de Saveilles, fille d'*Armand* de Caumont, duc de la Force, pair & maréchal de France, & de *Jeanne* de la Rochefaton sa premiere femme. Elle mourut sans enfans le 13. août 1666. *Voyez, tome IV. de cette histoire*, p. 472.

Ibid. lettre D, ligne antepenultiéme, marquis de la Houssaye , *lisez* marquis de la Moussaye.

P. 542. lettre A, ligne 11. *effacez ces mots*, né le 2. août 1679.

Ibid. lettre B, à la fin de la douziéme ligne, *ajoutez*, mourut à Paris le 11. juillet 1729. âgée de 34. ans, & a été enterrée aux Capucines.

Ibid. lettre C, ligne 3. *effacez ces mots*, née le 26. novembre 1679.

Ibid. lettre D, à la fin de la sixiéme ligne , *ajoutez*, il est mort à Paris la nuit du 16. au 17. may 1730.

P. 543. lettre B, ligne 3. après ces mots , Marie-Therese-Delphine , *ajoutez* Eustochie.

Ibid. après la ligne 5. *ajoutez*, dit *le comte d'Auvergne*, mourut à Paris le 29. may 1732.

Ibid. lettre C, ligne 2. N. de la Tour, *lisez* Anne-Marie-Louise.

Ibid. lettre D , ligne premiere, *ajoutez*, grand chambellan de France sur la démission de son pere au mois d'août 1728. & gouverneur de la haute & basse Auvergne en survivance de son pere. Il a prêté serment pour ce gouvernement le 16. septembre de la même année.

P. 545. lettre A, à la fin de la cinquiéme ligne , *ajoutez*, il est mort à Strasbourg le 5. avril 1732.

Ibid. à la fin de la page, *ajoutez* , elle est morte de la petite verole au mois d'août 1728.

P. 557. lettre C, ligne 4. après ce mot, Poitou, *ajoutez*, il offrit même d'en faire preuve par le duel & le fer chaud.

P. 562. lettre A , ligne 3. après ce mot, procès , *ajoutez*, ce démêlé venoit de ce que Guillaume leur pere avoit été condamné en quelques sommes envers le pere de Thibault Chabot. (*Reg. du Tresor*, cotté 142.)

P. 565. lettre B , ligne 4. 1646. *lisez* 1546.

Ibid. ligne suivante, Madelene de Luxembourg, *lisez* Marguerite , & *effacez*, veuve de *Charles* de Sainte Maure, seigneur de Puiseuls.

Ibid ligne 7. seigneur de Piennes , *lisez* seigneur de Fiennes.

P. 566. avant le degré XV. *ajoutez*:

II. Femme, BARBE de Cauchon-Maupas , veuve de *Simphorien* de Durfort, seigneur de Duras, est qualifiée dame de Jarnac & de Pujols, dans son testament du 4. septembre 1577.

P. 568. lettre A, ligne 2. fille unique d'*Adam*, *lisez* d'*Adrien*.

P. 569. lettre B, ligne 7. après ce mot, Bethune-Sully , *ajoutez*, ce mariage fut fait à condition que l'aîné des enfans porteroit le nom & les armes de Rohan : elle fut, &c.

Ibid. à la fin de la page, *ajoutez*, il a pris le nom de Comte de Chabot , & a été marié le 30. janvier 1729. à N. de Breil de Rays, riche heritiere de Bretagne.

P. 570. lettre B, ligne 6. *ajoutez*, prieure de N. D. de Liesse à Paris, morte le 30. octobre 1730.

Ibid. ligne 12. à la fin, *ajoutez* fut reçû au Parlement en qualité de duc & pair de France le 12. août 1728.

P. 572. lettre A , ligne 3. alliée à *Antoine* d'Aumont, *lisez* à *Jean* d'Aumont VI. du nom.

P. 576. à la fin de la Genealogie de la maison de Chabot , *ajoutez* (*en titre.*)

AUTRES BRANCHES
DU NOM ET DES ARMES
DE CHABOT,
Dont on n'a point trouvé la jonction avec les précedentes.
SEIGNEURS DE LALEU.

I.

GUILLAUME Chabot, épousa *Isabeau* des Essars, dont il eut, A
1. & 2. GUILLAUME & JEAN Chabot.
3. PERCEVAL Chabot, seigneur de la Tumeliere.
4. LOUIS Chabot, qui suit.

II.

LOUIS Chabot, écuyer en 1419. & 1430.
Femme, JEANNE Buffeteau, fille & heritiere de *Jean* Buffeteau, seigneur d'Argentieres, & de *Jeanne* de Neufcheze, étoit veuve de *Pierre* ou *Jean* Chasteigner, seigneur de l'Aleu avant 1426. & morte avant 1471.
  1. GUILLAUME Chabot, seigneur de Vaires & de Chezeaux.
  2. ARTUS Chabot, seigneur de l'Aleu, qui suit.
  3. LOUIS Chabot, seigneur de Luc près Chandenier.
Femme, JEANNE de Neufcheze, dame de Luc, fut mere de B
    1. PIERRE Chabot, lequel épousa *Claude* de Chevredens, dont il eut *Charles*,
       Jean & *François* Chabot.
    II. FRANÇOISE Chabot, femme de *Jean* de Genure.
  4. JEANNE Chabot, femme de *Mangot* de S. Gelais-S.-Saligny.
  5. MARGUERITE Chabot, morte sans alliance.

III.

ARTUS Chabot, seigneur de l'Aleu, vivoit en 1470.
Femme, CATHERINE de la Porte, fille de *Hardouin* seigneur, de Vezins, mourut en 1487.
  1. RENE' Chabot, seigneur de l'Aleu, épousa *Jeanne* de Beauchamp, fille de *Pierre*
de Beauchamp, seigneur de Souvigné, & mourut sans lignée. C
  2. ANTOINE Chabot, seigneur de Pressigny en Gastine près Mazieres, qui suit.
  3. CATHERINE Chabot, épousa *François* Bodet, seigneur de la Marterie.

IV.

ANTOINE Chabot, seigneur de Pressigny en Gastine près Mazieres, fut pere
de
  1. RENE' Chabot, mort sans enfans.
  2. ARTUS Chabot, seigneur de Passey, lequel vivoit en 1546. en la paroisse de Vendeuvre, & fut pere de
    1. PAULE Chabot, femme de *Louis* Prevost, seigneur de Chastellier.
    II. CATHERINE Chabot, mariée 1°. à *Marie* Gourjault, seigneur de Mauperier;
    2. à *Gabriel* d'Arambert,

§. I.

SEIGNEURS DU VIVIER,

DE LA MARTINIERE, D'AIGREFIN, &c.

I.

A **M**ICHEL Chabot, feigneur du Vivier & de Chabeuges.
Femme, MARGUERITE Choavefte, fut mere de

I I.

FERRAND Chabot, écuyer, feigneur du Vivier, de la Mauratiere, de la Martiniere & de Chabeuges.

Femme, JEANNE de la Berruyere. Elle eut pour premier ou fecond mari *Jean* le
Maréchal, duquel elle eut *Françoife* le Maréchal, mentionnée au partage fait entre fes
freres uterins le 5. janvier 1490. Elle étoit fille de *Guillaume* feigneur de la Berruyere,
écuyer, & de *Jeanne* de Treffours, & fut mariée par contrat du 29. avril 1459.

B   1. GUILLAUME Chabot, feigneur du Vivier, qui fuit.

   2. Jacques Chabot, écuyer, feigneur du Mefnil-Preftre le 5. janvier 1490. paffa procuration à *Thomas* fon frere le 20. octobre 1499. & fut condamné à donner aveu
ès plaids de la Roche le 24. feptembre 1505.

   3. THOMAS Chabot, feigneur de la Bellehôtellerie, *qui fera rapporté après fon frere
aîné.*

   4. Isabeau Chabot. *Jacques* fon frere s'obligea par le partage du 5. janvier 1490. de
la pourvoir.

I I I.

GUILLAUME Chabot, feigneur du Vivier, & des métairies de Megelou &
de Courtaimbeuf ou de Courtaimbault & du Bordage de Logerie, de la métairie
C de la Mauratiere & du Bordage de la Puatiere par le partage qu'il a fit avec fes freres & fœur le 5. janvier 1490.

Femme, ALLIETTE de Villiers, fille de *Geoffroy* de Villiers, & d'*Alix* d'Illiers.

I I I.

THOMAS Chabot, écuyer, feigneur de la Belle-Hôtellerie paroiffe de Razay,
fils puîné de FERRAND Chabot, & de JEANNE de la Berruyere, *mentionnez
ci-deffus*, eft nommé dans des actes des 5. janvier 1490. & 20. octobre 1494.

Femme, JEANNE Avril, fille de *Jean* Avril, écuyer, & de *Jeanne* d'Evron, fut
mariée par contrat du 4. feptembre 1494.

   1. LOUIS Chabot, feigneur de la Belle-Hôtellerie, qui fuit.

D   2. & 3. N. & N. Chabot, mineurs le 29. may 1516.

   4. Agathe Chabot, femme de *Lienard* Caronel.

I V.

LOUIS Chabot, feigneur de la Belle-Hôtellerie, en fit hommage à la feigneurie de la Roche lez-S.-Calés, où il lui fut enjoint ès plaids qui y furent tenus le
20. mars 1536. de payer un cheval de fervice à caufe de cette métairie.

Femme, CHARLOTTE Raguier ou Racquier, tefta étant veuve le 13. décembre
1572.

   1. MATHURIN Chabot, feigneur de la Belle-Hôtellerie, qui fuit.

   2. & 3. Jean & Jacques Chabot. Leur meré leur fit le 13. décembre 1572. donation de toutes fes dettes & arrerages de douaire, dûs par *Mathurin* Chabot, écuyer
fon fils aîné.

V.

MATHURIN Chabot, écuyer, seigneur de la Belle-Hôtellerie. Le bailly de Vendomois rendit à S. Calez le 9. avril 1587. une sentence entre *Jean* Chabot écuyer, seigneur de l'ourgneuf, & *Mathurin* Chabot, écuyer, seigneur de la Belle-Hôtellerie, pour la succession de *Louis* Chabot leur pere. Il testa avec sa femme le 16. avril 1603.

Femme, ANNE de Savignac, fille de *Jean* de Savignac, seigneur de la Guillerie, & de *Madelene* de Riou, fut mariée par contrat du 2. mars 1550.

    1. MARIN Chabot, seigneur de la Belle-Hôtellerie, qui suit.

    2. HORACE Chabot, écuyer, seigneur d'Aigrefin en 1607.

    3. RENÉ Chabot, écuyer, seigneur de la Tronquetiere en 1607.

V I.

MARIN Chabot, écuyer, seigneur de la Belle-Hôtellerie, transigea le 19. may 1607. avec *Horace* & *René* Chabot ses freres puinez, pour la succession de *Mathurin* leur pere, & fut confirmé dans la possession de sa noblesse par sentence des élus du Mans, du 20. février 1609.

Femme, JEANNE de Lucienne, dame de Bois-Girard, fille de *Louis* de Lucienne, écuyer, seigneur du Buisson, & d'*Isabelle* de Thoreil, fut mariée par contrat du 7. novembre 1583.

    1. FRANÇOIS Chabot, seigneur de Bois-Girard, qui suit.

    2. Louis Chabot, écuyer, seigneur du Vivier, partagea le 10. mars 1632. avec *François* son frere aîné les successions de ses pere & mere. Il fut present au contrat de mariage de *Jacques* son neveu en 1652.

V I I.

FRANÇOIS Chabot, écuyer, seigneur de Bois-Girard, de la Belle-Hôtellerie & des Pastis, rendit aveu le 30. juin 1635. au seigneur de Garenne, à cause de son fief de Bois-Girard.

Femme, ANNE de Courtioux, fille de *Jacques* de Courtioux, écuyer, seigneur du Mesnil, & de *Catherine* de Prevel, dame de la Fontenelle, fut mariée par contrat du 25. may 1627.

    1. FRANÇOIS Chabot, seigneur de Villers, qui suit.

    2. JACQUES Chabot, écuyer, seigneur de Bois-Girard, *dont la posterité sera rapportée après celle de son frere aîné.*

    3. CHARLES Chabot, écuyer, seigneur des Pastis, curé de Cuverville, transporta le 17. mars 1662. à *François* Chabot 850. livres, à prendre sur *Jacques* Chabot, seigneur de Bois-Girard.

    4. Louis Chabot, fut present au contrat de mariage de *Jacques* son frere, du 17. septembre 1652.

    5. RENÉ Chabot, vivoit & étoit marié en 1686.

    6. JEAN Chabot, seigneur de la Brosse, testa le 23. juin 1683. étant capitaine de cavalerie dans le regiment de la Reine, & mourut sans enfans.

    7. CHRISTOPHE Chabot, seigneur de Villers, mort au service.

    8. ABRAHAM Chabot.

    9. CHRISTOPHE Chabot, curé de Berville.

    10. ANNE-LOUISE Chabot, fille d'honneur de madame de Longueville, & femme de *N.* d'Amerval, seigneur de Condecourt.

V I I I.

FRANÇOIS Chabot, écuyer, seigneur de Villers & de Linieres, gentilhomme ordinaire du duc de Longueville, capitaine du château & comté de Tancarville, mourut le 25. août 1693.

Femme, LOUISE-ANGELIQUE le Porquier, fille de *Nicolas* le Porquier, lieutenant general au comté de Chaumont en Vexin, & de *Françoise* Dreux, fut mariée par contrat du 17. novembre 1677. Elle étoit veuve en 1697. lorsqu'elle produisit pour ses enfans les titres de leur noblesse devant M. Bignon, intendant en Picardie, & fut maintenue avec eux par jugement du 26. février de la même année; la filiation n'y remonte qu'à *Thomas* Chabot, qui épousa *Jeanne* Avril, *mentionnés ci devant*, p. 443.

1. FRANÇOIS

A 1. FRANÇOIS Chabot, feigneur de Linieres, de la Juffellerie & de Bourgneuf, né le 24. janvier 1681. reçû page du Roi dans fa grande écurie au mois de feptembre 1695. lieutenant de cavalerie dans le regiment de Condé, n'étoit pas marié en feptembre 1720.

2. JEAN Chabot, né le 20. janvier 1682. non marié en feptembre 1720.

3. LOUIS-FRANÇOIS Chabot, né en 1686. capitaine dans le regiment de Guyenne.

4. HENRY Chabot, né le 17. octobre 1687. lieutenant dans le regiment de Guyenne.

5. JEAN-FRANÇOIS Chabot, né le 24. feptembre 1693. mort jeune.

6. FRANÇOISE-LOUISE Chabot, née le 30. août 1678. mariée le 20. août 1702. à *François* de Latteuvoye, feigneur de la Neuvillette en Picardie, tué le premier feptembre 1714.

7. MARIE-CATHERINE Chabot, née le 7. feptembre 1679. non mariée en feptembre 1720.

8. LOUISE-ANGELIQUE Chabot, née le 21. mars 1683. mariée en février 1713. à *Louis* de Dornan, feigneur de la Vallée.

B 9. MARIE-ANNE Chabot, née le 22. avril 1684. non mariée en feptembre 1720.

10. MARIE-MADELENE Chabot, née le 26. may 1685. reçuë à S. Cyr en août 1695. mariée en décembre 1717. à *N.* Mouton, chevalier de l'ordre militaire de Saint Louis, & major dans la compagnie des Chevaux-legers de la garde.

11. ELISABETH Chabot, née le 20. mars 1691. non mariée en feptembre 1720.

12. MARIE-AGNE's Chabot, née le premier may 1692. morte en 1694.

VIII.

JACQUES Chabot, écuyer, feigneur de Bois Girard & de la Fontenelle, fils puîné de FRANÇOIS Chabot, feigneur de Bois-Girard, & d'ANNE de Courtioux, *mentionnés ci-devant, page 444.* tranfigea le 17. mars 1661. avec *François* Chabot, feigneur de Villers, *Claude* Chabot écuyer, feigneur des Paftis, curé de Cuverville au diocefe

C de Rouen, *Chriftophe* Chabot, écuyer, feigneur de Villers, *Jean* Chabot, écuyer, feigneur de la Broffe, *Abraham* & *René* Chabot, écuyers, & *Anne-Louife* Chabot fes freres & fœur, fur les differends qu'ils avoient pour le partage de la fuccefion de leurs pere & mere. Il rendit hommage le 14. juin 1669. à *Jacques* de Caumont, chevalier, feigneur & marquis de Boeffen, de Cugnac, de Roquepine & de Teffé, feigneur châtelain de Chefnebrun, de Roulée, de la Garenne & de Bonnebos à caufe de Marie de S. Simon fa femme, dame de la Garenne. Il fut maintenu dans fa noblefe, qu'il avoit juftifiée depuis l'an 1490. par jugement de M. Voifin de la Noiraye, intendant en Touraine, le 8. août 1670.

I. Femme, MARGUERITE des Pierres, fille de feu *Louis* des Pierres, chevalier, feigneur du Marttray, & de *Marguerite* du Bouchet, fut mariée par contrat du 17. feptembre 1652.

D 1. RENE' Chabot, feigneur de la Fontenelle, qui fuit.

2. ANNE Chabot, non mariée en 1686.

II. Femme MARGUERITE Eftienne, fille de *Louis* Eftienne, écuyer, feigneur du Taillis, & de *Marguerite* Matropt, fut mariée par contrat du 6. août 1669.

1. ANTOINE Chabot, époufa en 1698. *Anne* Chreftien, fille de *Jacques* Chreftien, Greffier du dépôt civil du Parlement, & de *Catherine* Boucher, dont il eut,

    1. LOUISE-MARIE Chabot, née le 29... 1699. reçuë à S. Cyr au mois de mars 1708.

    11. CATHERINE-SUSANNE Chabot, née le 2. Fevrier 1701. reçuë à S. Cyr au mois de may 1712.

E III. Femme, MARGUERITE de Surmont.

1. MARGUERITE-JEANNE Chabot, née le 12. février 1671. étoit à S. Cyr en 1686.

2. MARIE-MADELENE Chabot, née le 24. juillet 1674. étoit à S. Cyr avec fa fœur.

IX.

RENE' Chabot, écuyer, feigneur de la Fontenelle paroiffe de Lignieres-la-Carelle, fervit pour fon pere à l'arriereban de la noblefe du Maine en Allemagne, fuivant un certificat donné par le fieur de Clinchamps le 22. novembre 1674.

§. II.

SEIGNEURS DE CHAZEAUX ET DE LA CHAPELLE.

I.

LOUIS Chabot, écuyer, seigneur de la Grefve, passa contrat de vente tant A en son nom que comme procureur de *Guillaume* son frere le 28. juillet 1452. & fit une transaction le 24. octobre 1457.

On lui donne pour femme ANNE de Neuf-Cheze, qui a pû être mere de

1. PIERRE Chabot, seigneur de Chazeaux, qui suit.

2. ANTOINE Chabot, écuyer, est mentionné dans un jugement rendu entre lui & sa belle-sœur sur ses prétentions en la succession de feus ses pere, mere & frere du 13. decembre 1533.

II.

PIERRE Chabot, écuyer, seigneur de Chazeaux, transigea le 27. juillet 1524. sur ses prétentions aux biens de feu *Guillaume* Chabot, écuyer seigneur de Vaires, & de feue Jeanne de Janoillac à cause de la donation qui lui en avoit été faite par eux.

Femme, CLAUDE Chevredance, étoit veuve & tutrice de ses enfans le 13. de- B cembre 1533.

    1. CHARLES Chabot, partagea avec ses freres & sœurs en la cour de Fontenay-le-Comte le 5. septembre 1550. la somme de 1875. livres.

    2. & 3. JEAN & FRANÇOIS Chabot l'aîné, écuyers, mentionnés au partage de 1550.

    4. FRANÇOIS Chabot le jeune, qui suit.

    5. & 6. MARGUERITE & CATHERINE Chabot en 1550.

III.

FRANÇOIS Chabot le jeune, partagea avec ses freres & sœurs le 5. septembre 1550.

Femme, ANNE de S. Amel, fut mariée par contrat du 18. octobre 1568.

    1. JACQUES Chabot, seigneur des Maisons-Neuves, qui suit. C

    2. PIERRE Chabot, écuyer seigneur de Maisonselle, nommé au partage du 18. avril 1608.

    3. RENE'E Chabot, étoit mariée en 1608. à *Pierre* Thibaudeau, écuyer.

IV.

JACQUES Chabot, écuyer seigneur des Maisons-neuves & des Coûteaux, partagea avec ses frere & sœur la succession de leur mere le 18. avril 1608.

Femme, ANNE Milsendeau, fille & heritiere de *Louis* Milsendeau, seigneur du Bois-Doussé, & de *Madelene* de Bouslay, fut mariée par contrat du 25. decembre 1601. & partagea ses enfans étant veuve le 24. may 1646. D

    1. JACQUES Chabot, seigneur de la Chapelle, qui suit.

    2. LOUIS Chabot, écuyer, seigneur d'Amberre, épousa *Charlote* le Blanc.

V.

JACQUES Chabot, chevalier, seigneur de la Chapelle, fut maintenu dans sa noblesse avec sa mere & son frere par jugement donné à Loudun le 27. decembre 1634. & fut chevalier de l'ordre de S. Michel le 11. mars 1655.

Femme, RENE'E de Laigre, fille de *Pierre* de Laigre, écuyer, seigneur de Pi-

▲ chon ; fecretaire de la reine doüairiere, & de *Renée* le Fevre, fut mariée par contrat du 6. juillet *1632.* & mere de

VI.

CHARLES Chabot, feigneur d'Olé, écuyer, l'un des chevaux-legers de la garde du Roy, fit preuve de fa noblefle devant M. Voifin de la Noiraye, intendant en Touraine le 14. avril *1669.*

Femme, ANNE Beraudin, fille *Pierre* Beraudin, écuyer, feigneur de la Bourreliere, fenéchal & juge ordinaire civil & criminel de Mirebeau, & d'*Honorée* Henauld, fut mariée par contrat du 20. novembre *1660.*

§. III.

SEIGNEURS

DU CHAIGNEAU.

I.

B JACQUES Chabot, écuyer, feigneur du Chaigneau.

Femme, JEANNE Bonnevin, étant veuve rendit un hommage le 4. juin *1506.*

1. ANTOINE Chabot, feigneur du Chaigneau, qui fuit.
2. YVES Chabot, mort en *1559.*
3. HUBERTE Chabot, époufa par contrat du 27. avril *1500. Forton* Mabruni.

II.

ANTOINE Chabot, écuyer feigneur du Chaigneau, tranfigea le 5. août *1545.* avec Marie Fougeran, veuve d'*Euftache* Riboteau, & avoit reçu un aveu de Gilbert Bichon le 20. juin de la même année.

Femme, CATHERINE Riboteau, nommée avec fon mari dans la tranfaction de C l'an *1545.*

1. CHRISTOPHE Chabot, feigneur du Chaigneau, qui fuit.
2. LEON Chabot, feigneur de Puivançon en *1557.*
3. LOUIS Chabot, écuyer en *1560.*
4. CHARLOTTE Chabot, n'étoit pas mariée le 17. octobre *1559.*

III.

CHRISTOPHE Chabot, feigneur du Chaigneau, écuyer partagea le dernier août *1557.* avec *Leon* fon frere; le 17. octobre *1559.* avec *Charlotte* fa fœur, & la dota; & le 18. novembre *1560.* avec *Louis* fon frere. Il rendit aveu le 18. may *1564.* à René Maffon, écuyer, feigneur de la Vriolle pour la maifon du Chaigneau.

Femme, CLAUDE, Gourdeau, étoit morte & fon mari auffi en *1620.*

1. ISAAC Chabot, feigneur du Chaigneau, qui fuit.
D 2. FRANÇOISE Chabot, nommée au partage de *1591.*

IV.

ISAAC Chabot, écuyer, feigneur du Chaigneau, partagea le 28. may *1591.* avec *Françoife* fa fœur, & reçut le 8. août *1601.* un aveu de Claude de la Haye.

Femme, ELEONORE Bodin, fille de *Jacques* Bodin, feigneur de la Barre, & de la Brancardiere, & d'*Eleonore* Claveau, fut mariée par contrat du 2. janvier *1620.*

1. PHILIPPES Chabot, écuyer, feigneur du Chaigneau en *1654.* & *1684.* mourut fans alliance.

2. CHARLES CHABOT, seigneur du Chaigneau, qui suit.

3. DANIEL Chabot, écuyer seigneur de Fontaine en 1654.

4. THEOPHILE Chabot seigneur de Cadillac, mort avant 1654.

V.

CHARLES Chabot, écuyer seigneur du Chaigneau, fait major du Fort de la Prée par lettres du 29. juin 1652. partagea le 7. juin 1654. avec *Philippes* & *Daniel* ses freres, rendit aveu de la maison du Chaigneau à la duchesse de Nemours le 23. juin 1655. Il demeuroit dans la paroisse du Bourg sur la Roche, élection de Fontenay le-Comte, lorsqu'il obtint le 23. septembre 1667. acte de maintenue dans sa noblesse pour lui & sa posterité née & à naître, par jugement de M. Barentin, intendant en Poitou.

Femme, SUSANNE du Puy, veuve de *Daniel* Chanet, docteur en médecine à la Rochelle, & fille de *Pierre* du Puy, & de *Susanne* Bourreau, fut mariée le 17. août 1652. Elle & son mari étoient morts en 1684.

1. CHARLES Chabot, seigneur du Chaigneau, qui suit.

2. SUSANNE Chabot, mariée au mois de janvier 1676. à *Alexandre* Goyon, seigneur d'Escoulan, mort le 21. février 1688. sans enfans.

3. MARIE-CHARLOTE Chabot, femme de *Louis-François* Kerveno, seigneur de Lauboniere, dont elle étoit veuve en 1706.

4. MARIE-ANNE Chabot, non mariée en 1706.

V I.

CHARLES Chabot, seigneur du Chaigneau, écuyer, testa le 31. août 1700 Femme, SILVIE-EDME'E Tranchant, fille de *Louis* Tranchant, seigneur de la Barre, & d'*Elisabeth* Raufrais, fut mariée le 13. février 1684.

1. CHARLES Chabot, né le 6. juillet 1687. fut reçu page dans la petite écurie du Roy au mois d'avril 1705.

2. LOUIS-FRANÇOIS Chabot, né le 6. octobre 1689. reçu page du Roi dans sa petite écurie en août 1705.

3. MARIE-CHARLOTE Chabot n'étoit pas mariée en 1706.

P. 604. lettre B, ligne premiere ; après ces chiffres 1723. *ajoutez*, il prêta serment, & prit seance au Parlement en qualité de duc & pair de France le 29. août 1729.

P. 617. à la fin de la ligne 4. *ajoutez*, fut accordée par contrat signé par le Roy le 27. may 1731. à *Yves-Marie* de Boulogne de Lens de Licques de Recourt, comte de Rupelmonde, fils unique de *Maximilien-Philippes-Joseph* de Recourt de Lens & de Licques, comte de Rupelmonde, & de *Marie-Marguerite-Elisabeth* d'Alegre. *Voyez tome VII. de cette hist.* p. 831.

P. 625. lettre A, ligne 2. *ajoutez*, & obtint un brevet de 2000. de pension en 1612.

P. 626. lettre B, ligne 3. *ajoutez*, elle mourut le 13. may 1729. à Dieppe dans sa soixante-dix huitiéme année.

Ibid. lettre C, ligne 6. *ajoutez*, mourut à Paris le 7. septembre 1731. âgé de 66. ans, & son corps fut inhumé le 11. dans l'église du College Mazarin.

Ibid. ligne 9. *ajoutez*, & mourut à Paris le 27. décembre 1730. âgé de 58. ans.

Ibid. lettre D, ligne 7. *ajoutez*, elle est morte à Versailles le 14. octobre 1729. dans sa 38e. année, étant l'une des dames du palais de la Reine.

Ibid. après la ligne 9. *ajoutez*, alinea.

II. Femme, FRANÇOISE de Mailly, veuve de *Louis* Phelypeaux, marquis de la Vrilliere, & fille de *Louis* comte de Mailly, & d'*Anne-Marie-Françoise* de Sainte-Hermine : elle est dame d'atour de la Reine.

P. 643. lettre B, ligne 4. *ajoutez*, il mourut à Paris le 18. juillet 1730.

Ibid. lettre C, ligne 2. *ajoutez*, il mourut le 6. fevrier 1731.

P. 644. lettre C, ligne 7. *ajoutez*, il a obtenu le 20. septembre 1729. un brevet du Roy qui lui donne le rang de duc, & à sa femme de duchesse.

Ibid. lettre D, ligne 4. *ajoutez*, mort, puis à la ligne, *ajoutez*,

2. CHARLES-NICOLAS-JOSEPH de Neufville, né le 28. février 1729. mort.

3. GABRIEL-LOUIS de Neufville, né le 8. octobre 1731.

P. 649. lettre B, ligne 3. dans la précedente *érection, lisez* édition.

P. 655. lettre B, après la ligne 6. *ajoutez*, reg. des chart. cotté 227. an. 1493. & 1497.

P. 662.

A   P. 682. lettre C, ligne 5. Claude d'Humieres , *ajoutez* , mariée à Blois le 21. avril 1556.

P, 686. lettre B , ligne 4. *ajoutez* , fit chacune de ses filles légataire de 3000. livres ; inftitua *Bernard* son fils aîné son heritier univerfel , & fa femme ufufruitiere de fes biens.

Ibid. ligne 5. après ces mots, feigneur du Maffez , *ajoutez* , capitaine de cinquante hommes d'armes , lieutenant general en Saintonge.

P. 667. lettre A, ligne 2. *ajoutez* , après avoir tefté le 25. du même mois , & inftitué fa femme heritiere, à condition de rendre l'heritage à fon fils aîné, auquel il fubftitue fes autres fils , & à leur défaut fes filles.

Ibid. lettre D , ligne 10. après ces chiffres 1708. *ajoutez* , abbé de Châteaudun , dio-cefe de Chartres au mois d'août 1731.

Ibid. à la fin de la page , *ajoutez :*

X X X I I I.

B   FRANÇOIS-CHARLES de Rochechouart, dit *le comte de Faudoas* , né le 27. août 1703. capitaine de cavalerie dans le regiment du Roi.
Femme , MARIE-FRANÇOISE de Conflans-d'Armentieres , fille de *Michel* de Con-flans , marquis d'Armentieres , &c. premier gentilhomme de la chambre de Philippes duc d'Orleans II. du nom , regent du royaume , & de *Gabrielle* de Juffac, fut mariée le 13. décembre 1728.

P. 671. lettre A , après la ligne 9. *ajoutez alinea :*

II. Femme , LOUISE Piedefer , dame de Bafoches , veuve de *Jacques* d'Anglure ; vicomte d'Eftoges , fut mariée par contrat paffé à Montargis le 10. avril 1614. Elle n'eut point d'enfans de ce mariage.

Ibid. lettre D , ligne 2. Marie-Sufanne , &c. qui eft mife comme fille du premier lit , eft du fecond.

Ibid. ligne 8. II. Femme, Chriftine de Mahault , *lifez* de Machault.

C   *Ibid.* ligne fuivante, Alexandre , *lifez* Louis-Alexandre , & après la ligne fuivante ; *ajoutez* , mourut au château de Meudon le 12. août 1731. agé de 53. ans.

Ibid. lettre E , ligne 2. Gabrielle-Sophie , *lifez* Julie Sophie , mariée le 3. août 1728. à *Bertrand* vicomte de Rochechouart , fils de *Louis-Joseph-Victor* de Rochechouart , & de *Maris* d'Efcars.

P. 672. ligne premiere , après Louis-Victor , *ajoutez* , enfeigne de Vaiffeau.

P. 681. lettre B , ligne 5. le 3. avril ; *lifez* le 15. feptembre 1688.

Ibid. lettre C , ligne 5. *ajoutez* , elle mourut à Paris le 28. avril 1729. & fut enterrée dans l'Eglife de S. Nicolas des Champs fa paroiffe.

P. 682. lettre C , ligne 8. après ce mot, de Rochechouart , *ajoutez* , duc de Roche-chouart, pair de France.

Ibid. à la fin de la dixiéme ligne , *ajoutez* , il mourut à Paris de la petite verole le 4. décembre 1731.

Ibid. alinea , *ajoutez :*

D   Femme , MARIE-ANNE-ELIZABETH de Beauvau , fille de *Pierre-Madelene* comte de Beauvau , chevalier des Ordres du Roi , & de *Marie-Therefe* de Beauvau , fut ma-riée le 4. may 1730.

P. 687. lettre C , ligne 6. Louis-Jofeph , *ajoutez* , Victor.

P. 688. lettre A , à la fin de la cinquiéme ligne , *ajoutez* , elle eft morte , puis ali-nea :

II. Femme , JULIE-SOPHIE de Rochechouart , fille de *Louis-Alexandre* de Ro-chechouart, marquis de Jars , & de *Marie* de Loheac de Crapado , mariée le 3. août 1728. De ce mariage eft née ,
LOUISE-ALEXANDRINE-JULIE de Rochechouart, née le 10. janvier 1730.

Ibid. à la fin de la page , *ajoutez :*

E   Il y a encore une branche de cette maifon, dite *de Juffac,* dont étoit *N.* de Roche-chouart de Juffac , premier écuyer du duc du Maine. Il fut tué à la bataille de Fleurus en 1690. Son fils guidon des Chevaux-legers Dauphins , mourut en 1707. M. de Saint Preuil-Juffac, fameux par fon malheur fous le cardinal de Richelieu , étoit de cette branche.

P. 721. lettre A , ligne 9. *effacez* chevalier des ordres du Roi.

Ibid. ligne 11. *ajoutez* , elle mourut à Paris le 13. novembre.... âgée de 76. ans.

P. 723. à la fin de la page , *ajoutez* , il arriva à Rome en qualité d'ambaffadeur ex-traordinaire le 13. mars 1732.

A

P. 753. lettre E, ligne 3. Marie de la Voüe, *lifez* de la Vove.

P. 754. lettre A, ligne 9. fils de Philippe, *lifez* petit-fils.

P. 762. à la fin, *ajoutez* les Lettres de commutation de nom du Duché de Trefmes en celui de Gefvres.

Lettres de commutation de nom du Duché de Trefmes en celui de Gefvres.

LOUIS par la grace de Dieu, Roi de France & de Navarre : A tous préfens & B à venir, falut. Notre cher & bien amé coufin Leon Potier, chevalier, Duc de Gefvres, Pair de France, confeiller en nos Confeils, premier gentilhomme de notre chambre, gouverneur & bailly du duché de Valois, nous a remontré que les aînez de fa famille ayant toujours porté la qualité de Marquis de Gefvres, & paru fous ce nom dans nos armées, où ils fe feroient fignalez, & dans les divers autres emplois dont ils ont été honorez par les Rois nos prédecefleurs ou par nous ; ces confiderations donnant audit fieur expofant une affeſtion particuliere pour ce nom, il défireroit pour le perpetuer dans fa famille & le tranfmettre à fa pofterité avec le Duché de Trefmes, qu'il y demeurât pour toujours attaché, fans qu'il pût être ci-après changé pour quelque caufe que ce puifle être, & nous a très-humblement fupplié vouloir lui accorder nos lettres de commutation de nom fur ce nécefliaires. A ces caufes, défirant favorablement traiter ledit fieur duc de Trefmes en confideration des grands & importans fervices que fes ancêtres & lui ont rendu aux Rois nos prédecefleurs & à nous ; C & de notre grace fpeciale, pleine puiflance & autorite Royale, nous avons changé & commué, & par ces préfentes fignées de notre main changeons & commuons le nom de Trefmes, que porte à préfent ledit Duché en celui de Gefvres, duquel voulons & nous plaît que le Duché foit ci-après appellé, & que fous icelui tant l'expofant que fes enfans & pofterité nez & à naitre en loyal mariage, foient reçûs à nous rendre leur foy & hommage, bailler leurs aveus & dénombremens, le cas y échéant, & que toutes les fentences & contrats qui feront paflez dans l'étenduë dudit Duché en foient intitulez. Voulons pareillement que les vaflaux & tenanciers dudit Duché de Gefvres le recomoiflent & ayent à bailler leurs aveus, dénombremens & déclarations fous le même titre, fans toutefois que pour raifon dudit changement de nom il foit innové aucune autre chofe tant audit Duché qu'en fes dépendances, ni que ledit fieur expofant foit tenu à autres ni plus grands droits envers nous, ni fes vaflaux & tenanciers en- D vers lui que ceux qu'ils doivent à préfent, & à la charge que les aveus & déclarations, fentences & autres aſtes faits fous ledit premier nom de Trefmes demeureront en leur force & vertu, & que ces préfentes ne pourront préjudicier à nos droits, ni à ceux d'autrui, ni déroger aux us & coutumes des lieux. Si donnons en mandement à nos amez & feaux confeillers les gens tenans notre cour de Parlement à Paris, & Chambre de nos Comptes audit lieu, que ces préfentes ils ayent à regiftrer, & du contenu en icelles faire jouir & ufer pleinement & paifiblement ledit fieur duc de Gefvres, fes enfans & pofterité, ceflant & faifant cefler tops troubles & empêchemens qui pourroient être mis ou donnez au contraire : car tel eft notre plaifir. Et afin que ce foit chofe ferme & ftable à toujours, nous avons fait mettre notre fcel à ces préfentes. Données à S. Germain en Laye au mois de juillet l'an de grace mil fix cens foixante-dix, & de notre regne le vingt-huitiéme. Signé, LOUIS, & fur le reply, par le Roi, COLBERT. *Viſa*, SEGUIER, pour fervir aux Lettres de commutation de nom de celui du Duché de Trefmes en celui de Gefvres.

Regiftrées, oui & ce confentant le Procureur general du Roy, pour eftre executées & joüir par E *l'impetrant de l'effet & contenu en icelles felon leur forme & teneur, fuivant l'Arreft de ce jour. A Paris en Parlement le 2. Aauft* 1670. *Signé,* DU TILLET.

Et fur le même reply eſt écrit :

Regiftrées en la Chambre des Comptes, oui le Procureur general du Roi, pour joüir par l'impetrant de l'effet & contenu en icelles felon leur forme & teneur, le 15. *mars* 1673. *Signé,* RICHER.

P. 768. lettre B, ligne 9. *ajoutez*, il mourut en fon château de Grignon le 22. décembre 1731. âgé d'environ 72. ans.

P. 772. lettre C, à la fin de la feptiéme ligne, *ajoutez*, il a été nommé à l'abbaye

A de S. Remy de Reims après s'être démis de son archevêché de Bourges au mois de janvier 1729.

P. 773. lettre C, ligne derniere, *ajoutez*, il épousa au mois d'avril 1729. au château de Beaumont diocese de Beauvais, *Eleonore-Marie* de Montmorency-Luxembourg, fille de *Christian Louis* de Montmorency-Luxembourg, prince de Tingry, & de *Louise-Madelene* de Harlay.

Ibid. lettre D, ligne 3. le 30. may, *lisez* le 6. juin suivant, & tout de suite, *ajoutez*, prêta serment & prit séance au Parlement en qualité de Pair de France le 12. août de la même année.

P. 787. lettre A, ligne 4. *ajoutez*, elle donna une procuration étant veuve le 22. septembre 1479.

P. 789. lettre A, ligne 3. 1529. *lisez* 1523.

B P. 791 lettre C, ligne 9. après ces chiffres 1710. *ajoutez*, mourut le 4. may 1729.
Ibid. lettre D, ligne 5. 1699. *aliàs* 1596. & *effacez* âgé de 36. ans.

P. 795. lettre C, ligne 3. *ajoutez*, épousa au mois de janvier 1730. *Jacques-Nompar* de Caumont, marquis de la Force, fils d'*Armand-Nompar* de Caumont, pair de France, & d'*Anne-Elisabeth* Gruel de la Frette.

P. 809. lettre A, ligne 8. *lisez* Armand-Joseph comte du Cambout, par la donation que *Pierre* duc du Cambout son cousin lui en fit.

Ibid. lettre B, ligne premiere, par contrat du 8. février, *lisez*, du 28.

Ibid. ligne 10. *ajoutez*, elle mourut en 1693.

Ibid. ligne antépénultiéme, *ajoutez*, mourut en son diocese au mois de juillet 1729. âgé d'environ 43. ans.

B. 810. à la fin, *ajoutez* : L'on trouve N. du Cambout, religieuse en l'abbaye de S. Georges de Rennes, nommée abbesse de Nidoiseau au diocese d'Angers le 31. décembre 1717.

C P. 819. lettre A, ligne 5. *lisez ainsi* : Anne de la Fitte de Pelaport, mariée par contrat du 6. may 1702. fille de *Pierre* de la Fitte de Pelaport, seigneur de Gouslaincourt en Champagne, & d'*Antoinette* de Mirville, dame de Moret.

Ibid. ligne 6. *ajoutez*, mariée à *Jacques-Philippes-Auguste* de la Tour de Gouvernet, marquis de la Charce, baron de Cornillan en Provence, &c. fils de *Louis* de la Tour de Gouvernet, marquis de la Charce, & de *Claudine* de Mazel, dame de Fontaine-Françoise.

P. 836. lettre B, ligne 6. fille du premier, *lisez* fils.

P. 837. lettre C, ligne 3. mariée le 23. may, *lisez* par contrat du premier juin.
Ibid. ligne 5. Bonne de Courbon, *lisez* Corbon.

Ibid. & ligne suivante, eut de son premier mariage trois enfans, morts jeunes, & du second, *effacez tout cela*, & *lisez ainsi*, eut de son premier mariage entr'autres enfans D Jean baron de Haussonville & d'Orne.

Ibid. ligne 8. neveu maternel, *lisez* paternel.

P. 840. lettre B, ligne 14. tué en 1659. *lisez* 1650.

P. 843. à la fin de la page, *ajoutez* pour enfans :

1. MARIE-GABRIEL-FLORENT-CHRISTOPHE de Choiseul, né à Nancy le 7. décembre 1728.

P. 845. lettre A, après la ligne 5. *ajoutez* :

N. *bâtarde de Choiseul, fille naturelle de Maximilien de Choiseul, baron de Meuze, & de N. baronne de Jouis, épousa N. baron de Beru, gentilhomme Allemand.*

P. 845. avant le S. XII. *ajoutez* les enfans d'*Henry-Louis* de Choiseul, marquis de Meuze.

E 1. MAXIMILIEN de Choiseul, marquis de Meuze, né le 7. juin 1715. capitaine dans le regiment de Meuze en 1729.

2. FRANÇOIS de Choiseul, né le premier octobre 1716. prieur de Notre-Dame de Veilly en Normandie.

Ibid. lettre E, ligne derniere, N. Raillart, *lisez* Nicole. & *ajoutez pour ses enfans* :

1. FRANÇOIS-XAVIER de Boncourt, lieutenant dans le regiment de Meuze.

2. CHARLES de Bressoncourt, aussi lieutenant dans le regiment de Meuze.

P. 849. lettre A, ligne 7. *effacez ces mots*, & mourut en 1726. & *lisez en leur place*, & vit en 1730.

Ibid. lettre C, ligne antépénultiéme, *ajoutez*, a épousé le 30. avril 1732. *Marie* de Champagne, fille de feu *René* Brandelis de Champagne, marquis de Villaines & de la Varenne, & de *Catherine-Therese* le Royer.

P. 856. ligne derniere, *ajoutez*, elle mourut à Paris le 11. juin 1728. âgée de 82. ans, & fut enterrée aux Filles de Sainte-Marie ruë S. Antoine.

A

P. 861. lettre D, ligne 6. second fils, lisez fils aîné.

P. 862. lettre A, ligne 12. vicomte d'Avalon, lisez de Chalon.

P. 872. lettre D, ligne 7. lisez le 3. août 1368.

P. 873. lettre B, ligne première, mort à la bataille de Verneuil en 1423. lisez 1424.

P. 874. lettre E, effacez ces mots, dit de la Tour-Landry.

P. 878. lettre D, ligne 5. lisez Marie-Madelene-Elizabeth, & à la fin de la ligne 8. ajoutez, & mourut à Paris la nuit du 17. & 18. octobre 1728. âgée de 66. ans.

P. 879. lettre B, ligne 4. Femme, N. ajoutez, Miole, dont un fils, ajoutez, & une fille, mariée en 1729. à N. tresorier de France à Dijon.

Ibid. lettre E, ligne antépénultiéme: HenryFitz-James, lisez Jacques, & à la fin de la page, ajoutez alinea:

B

1. Louis d'Aumont, né le 3. avril 1729. & batisé le même jour.

P. 889. lettre A, ligne première, après S. Nectaire, ajoutez, émancipé en 1406.

P. 891. lettre A, ligne 4. Jeanne Robertet, lisez Chabot.

Ibid. lettre D, ligne 9. ajoutez, mort à la Fleche le 7. may 1732.

P. 893. lettre B, à la fin de la sixiéme ligne, ajoutez, il n'eut point d'enfans de Therese de Dortan sa femme.

Ibid. lettre D, ligne première, ajoutez, & mourut en 1693.

Ibid. ligne suivante, lisez ainsi:

6. JEANNE de S. Nectaire, dite mademoiselle de Chasteauneuf, femme de Just-François du Fay, marquis de Gerlande.

P. 894. lettre A, ligne 4. après ces mots, seigneur de Crecy, lisés, & d'Anne de la Marteliere.

C

P. 895. lettre B, ligne 5. ajoutez en son château de Lainville près Mantes.

Ibid. ligne 8. dit le marquis, lisez dit le comte de Senneterre.

P. 896. lettre A, ligne 5. ajoutez, lequel sera rapporté après la posterité de son frere aîné.

Ibid. lettre C, lisez ainsi les deux dernieres lignes:

Femme, ANNE Hoüel, fille de Charles Hoüel, seigneur & marquis de la Guadeloupe, l'une des Isles de l'Amerique, & d'Anne de Morache.

Ibid. à la fin de la page ajoutez les degrez suivans:

XIV.

FRANÇOIS de Saint Nectaire, second fils de Charles de Saint Nectaire, comte de S. Victour, & de Jeanne de Rabaynes.

D

Femme, MARIE de Beghillon, fut mariée en 1685. & mere de

XV.

JEAN-CHARLES de Saint Nectaire, dit le marquis de Senneterre, comte de Saint Victour, baron de Didonne, seigneur de Brilhac, colonel d'infanterie en 1705. brigadier des armées du Roi en 1719.

Femme, MARIE-MARTHE de S. Pierre, fut mariée le 7. octobre 1713.

1. HENRY-CHARLES de Senneterre né en 1714.

A Page 289. ligne 2. *ôtez toute cette ligne,* I. Femme, Jeanne Cologne-Lignerac en Rouergue, *ôtez aussi la ligne suivante, où l'on lit,* Guynot de Blanchefort, suivant l'édition de 1712. & ligne suivante, II. Femme, *ôtez le chiffre II. & lisez* Femme.

Il est à remarquer que nous n'avons omis la branche des Barons d'Asnois, dans la genealogie de la maison de Blanchefort, *page 289. du IV. volume,* que parce que les titres de cette Branche ne nous ont été communiquez qu'après l'impression de ce volume. On a reconnu par ces titres, que l'on a donné mal-à-propos pour premiere Femme à *Antoine* de Blanchefort, l'*aîné,* seigneur de Boissami, *Jeanne* de Cologne, & un fils nommé *Guinot,* l'une & l'autre appartiennent à *Antoine* de Blanchefort *le jeune,* seigneur de Beauregard, frere puîné d'*Antoine* de Blanchefort *l'aîné,* qui n'a point eu d'autre femme que *Gabrielle* de Laire, mere de *Françoise* de Blanchefort, fille unique, qui fut mariée à l'âge de 14. ans par contrat du 24. octobre 1497. passé sous le scel de la Chancellerie de la Marche, avec *Jean* de Chabannes, baron de Curton, de Rochefort & d'Auriere, comtour de Saignes, &c. auquel elle porta les terres de Boissami, &c.

BRANCHE

DES SEIGNEURS ET BARONS D'ASNOIS,

DE LA MAISON

DE BLANCHEFORT.

II.

B ANTOINE de Blanchefort, *le jeune,* seigneur de Beauregard en Rouergue, sixié-me fils de GUY de Blanchefort, seigneur de Boissami, de S. Clement & de Nozerolles, & de SOUVERAINE d'Aubusson sa femme, *mentionnés page 289. vol. IV.* fut marié avec *Jeanne* de Cologne-Lignerac de la province de Rouergue, & en eut, GUY, dit GUINOT de Blanchefort, qui suit.

III.

C GUY, dit GUINOT de Blanchefort, vint s'établir en Nivernois; où il s'étoit marié avant l'année 1513. Il fonda un anniversaire & des services dans l'église paroissiale de Saint Martin de Dornecy dans la même province, pour le repos des ames de ses pere & mere, & de ses ayeul & ayeule paternels, qui sont nommez dans le contrat de cette fondation, passé sous le scel de la prevôté de Metz-le-Comte le 20. janvier 1532. & signé, *Mathé,* prêtre & notaire. Il est qualifié dans cet acte chevalier, seigneur du Châtel-du-Bois & de Beauregard, conseiller & chambellan du Roi. Il ne vivoit plus le 13. mars 1534.

Femme, PERRETTE du Pont, dame du Château-du-Bois, de Villeneau & de Fondelin, fille de *Jean* du Pont, seigneur des mêmes lieux, & de *Perrette* de Mery, est nommée, conjointement avec son mari, dans des actes passez sous le scel du bailliage de Saint Pierre-le-Moutier, en date des 17. octobre & 11. novembre 1514. & dans differentes transactions avec ses coheritiers, des 18. octobre 1515. 13. mars 1518. & 16. février 1519.

1. PIERRE de Blanchefort, seigneur de Château-du-Bois, qui suit.

2. DIEUDONNÉ de Blanchefort, transigea avec son frere aîné, pour raison de la succession de leur mere le 8. juillet 1568.

3. PHILIPPES de Blanchefort, fut destiné à l'état ecclesiastique, comme il paroît par ses lettres de clericature en datte des 13. & 27. mars 1534. Depuis étudiant en

l'Université de Poitiers, il fit fes preuves pour être reçû dans l'ordre de Saint Jean
de Jerufalem, par enquête du 24. janvier 1541. Il étoit en 1544. protonotaire du
S. Siege Apoftolique. Enfuite ayant quitté l'état ecclefiaftique il fe maria, mais il
mourut fans pofterité.

IV.

PIERRE de Blanchefort, feigneur de Château-du-Bois, de Villeneau, de Fondelin & d'Afnois, gentilhomme ordinaire de la chambre du Roi, & enfeigne d'une
compagnie de cinquante hommes d'armes des ordonnances, fous la charge de Louis
de Sainte Maure, marquis de Nefle, comte de Joigny, fut député de la nobleffe du
Nivernois & Donziois, aux Etats generaux du Royaume tenus à Blois au mois de feptembre 1576. & mourut le 15. juin 1591. après avoir tefté le 21. mars precedent. Il
fut inhumé dans l'églife paroiffiale de S. Loup d'Afnois, où fe voit fon épitaphe.

Femme, LEONARDE de Cleves, dame d'Afnois en partie, fille d'*Armand* bâtard
de Cleves, feigneur de S. Germain des Bois, d'Amazy, & de Saligny en Nivernois,
gouverneur de Cuffet en Auvergne en 1510. & de *Leonarde* Perreau, dame en partie
d'Afnois, fut mariée par contrat du premier décembre mil cinq cens cinquante-fix. *Armand* de Cleves qui étoit fils naturel de *Jean* II. duc de Cleves, avoit été légitimé par
lettres du roi Louis XII. qui l'appelle fon *coufin*, données à Blois au mois de janvier
1506. & regiftrées en la chambre des Comptes le 14. du même mois. Le même Roi,
qui, en confideration de fes fervices, & en faveur de fon mariage avec *Leonarde* Perreau, lui avoit donné & promis la fomme de fix mil écus d'or couronnez, lui donna,
ceda & tranfporta pour fûreté de cette fomme les châtel, terre & feigneurie du Fref-
fy, fituée dans le comté de Ponthieu, par fes lettres patentes données à Blois au mois
de décembre 1509.

   1. ADRIEN de Blanchefort, baron d'Afnois, qui fuit.

   2. PIERRE de Blanchefort, feigneur de Château-du-Bois & de Sainte Colombe,
    a fait la branche raportée ci-après.

   3. JEAN de Blanchefort, feigneur de Fondelin, fut tué à l'entreprife d'Anvers en 1582,
    commandant deux compagnies de gens de pied.

   4. GABRIEL de Blanchefort, chevalier de l'ordre de S. Jean de Jerufalem, fut tué
    en duel à Avalon.

   5. EDME'E de Blanchefort, mariée à *Jean* d'Angelier, feigneur de Beze.

   6. CHARLOTTE de Blanchefort, mariée à *Philibert* de Loron, feigneur de Crain &
    d'Argoulois.

   7. & 8. LEONARDE & MADELENE de Blanchefort, religieufes à Saint Julien d'Au-
    xerre.

V.

ADRIEN de Blanchefort, baron d'Afnois & de Saligny, feigneur de S. Germain
des Bois, s'attacha à François fils de France, duc d'Alençon & d'Anjou, comte
de Flandres, qui le chargea de plufieurs commiffions importantes, lui donna le 23. janvier 1583. le commandement des troupes qui fe trouvoient dans la ville de Tenremonde, à la prife de laquelle il avoit beaucoup contribué, augmenta fon regiment
de cinq cens hommes, & lui donna le commandement de cinquante Chevaux-legers,
par commiffion donnée à Dunkerque le 5. juin fuivant, & enfin le fit fon chambellan le 14. décembre de la même année 1583. Après la mort de ce Prince il continua de fervir le roi Henry III. & enfuite le roi Henry IV. qui le fit meftre de camp
du premier regiment d'infanterie de Bourgogne, par brevet du 8. novembre 1589.
& lui donna le gouvernement de la ville de S. Jean de Loîne. Il fut élu le premier
juillet 1614. par la nobleffe du païs de Nivernois & Donziois, pour affifter en qualité de leur député aux Etats generaux convoquez à Paris, & il eut ordre du roi Louis
XIII. le 14. feptembre 1616. de maintenir dans l'obéiffance & le devoir la nobleffe de
fa province, & les troupes qui y étoient. Il avoit fait fon teftament dès le 28. octobre
1603.

Femme, HENRIETTE de Salazar, fille unique d'*Annibal* de Salazar, feigneur de
Gouffavant en Gâtinois, & en partie d'Afnois, & d'*Anne* de Charry, fut mariée par
contrat du 12. feptembre 1583.

   1. FRANÇOIS de Blanchefort, baron d'Afnois, qui fuit.

   2. & 3. PHILBERT & LEONARD de Blanchefort, morts en bas âge.

   4. JEANNE de Blanchefort, née en 1586. religieufe Carmelite.

   5. LEONARDE de Blanchefort, religieufe à S. Benoît de Nevers.

   6. ANNE de Blanchefort, née en 1595. religieufe à Sainte-Marie d'Autun.

A
7. GUILLEMETTE de Blanchefort, née en 1598. religieufe au même lieu.
9. JACQUETTE de Blanchefort, mariée à *Edme* de Gaignieres, feigneur de Magny.
9. 10. 11. 12. & 13. JEANNE, CLAUDE, FRANÇOISE, AVOYE & MARIE de Blanchefort, mortes jeunes.

VI.

FRANÇOIS de Blanchefort, baron d'Afnois, feigneur de Saint Germain des Bois, de Saligny, &c. né le 21. avril 1590. fut capitaine de Gendarmes & de traits Bourguignons, & maréchal des camps & armées du Roi. Il mourut au mois de juillet 1661. dans la 72ᵉ année de fon âge, & fut inhumé dans l'églife de Saint Loup d'Afnois.

Femme, ETIENNETTE Olivier, fille unique & heritiere d'*Antoine* Olivier, feigneur de Chitry, Surpaliz, & Arreaux en Nivernois & de Sergines, de S. Martin & de la Chapelle-fur-Oreuze en Gâtinois, & de *Marie* Hodoart, fut mariée par contrat du 25. février 1611. Elle defcendoit de *Jean* Olivier, oncle de *François* Olivier, chancelier de France, & elle affifta au mariage de fa fille le 15. janvier 1656.
B
1. ROGER de Blanchefort, baron d'Afnois, qui fuit.
2. FRANÇOIS de Blanchefort, baron de Sergines, mort en Allemagne.
3. OCTAVE de Blanchefort, confeiller, aumônier du Roi, abbé commendataire de l'abbaye de S. Jean des Prez, ordre de S. Auguftin diocefe de Saint Malo, mort à Paris le 16. juin 1679. & inhumé le lendemain au foir à S. André des Arcs.
4. GUILLAUME de Blanchefort, mort jeune.
5. FRANÇOIS de Blanchefort, dit *le chevalier de Blanchefort*, gouverneur de la ville & du pais de Gex, mort à Paris fans alliance le 30. mars 1710. âgé de 85. ans, & inhumé le lendemain à S. Sulpice.
6. GILLES de Blanchefort, mort jeune.
C
7. ROGER-ISABEAU de Blanchefort, baron de Saligny, capitaine dans le regiment de Conty, mort dans le fervice.
8. & 9. JEAN & ANTOINE de Blanchefort, morts jeunes.
10. & 11. ANNE & JUDITH de Blanchefort, religieufes Urfulines à Corbigny.
12. BARBE de Blanchefort, mariée à Paris en la Paroiffe de S. André des Arcs le 15. janvier 1656. à *Jean-Augufte* de Chaugy, baron de Mufigny & de Soulonge.
13. & 14. MARIE & MADELENE de Blanchefort, mortes jeunes.
15. ANNE-JEANNE de Blanchefort, mariée à *Claude* Marchant, feigneur de Mouceau & de la Fouchardiere, brigadier, puis exempt des Gardes du corps du Roi, nommé chevalier & commandeur de l'Ordre royal & militaire de S. Louis le 10. may, 1693. mort en 1699.

VII.

D
ROGER de Blanchefort, feigneur & baron d'Afnois, de Saligny, de Saint Germain des Bois, &c. fut capitaine, puis lieutenant-colonel du regiment de Navarre, & maréchal des camps & armées du Roi, & tefta le 14. mars 1684.

Femme, FRANÇOISE de Beze, fille de *Claude* de Beze, feigneur de Talon, de Lis, de Montlaurin, & de Turigny en partie, & de *Marie* de la Porte, fut mariée par contrat du premier avril 1639.
1. ANTOINE de Blanchefort, mort jeune.
2. FRANÇOIS-JOSEPH de Blanchefort, baron d'Afnois, qui fuit.
3. JEANNE de Blanchefort, morte jeune.
4. ANNE-FRANÇOISE de Blanchefort, mariée à *Augufte* Chevalier, feigneur du Coudray & de Ribourdin, duquel elle a eu *Marie-Edmée* Chevalier, mariée en la paroiffe de Chavanne près d'Auxerre, au mois d'août 1714. à *Louis* de Cullant, feigneur de Savias, & de Juftigny, dit *le marquis de Cullant*.
5. JEANNE de Blanchefort, morte jeune.
6. MARIE de Blanchefort, mariée à *Louis* de Boulainvilliers, feigneur de Fouronne.
E
7. ETIENNETTE de Blanchefort, damoifelle de Saligny, morte fans alliance.
8. ROGEON de Blanchefort, religieufe profeffe de l'abbaye de Notre-Dame de Réconfort, de l'ordre de Cîteaux du diocefe d'Autun, & depuis de celui d'Auxerre, fut nommée au mois de may 1705. abbeffe de l'abbaye d'Argenfolles du même ordre au diocefe de Soiffons, puis le premier novembre fuivant de celle de la Joye-Notre-Dame près d'Hennebon, auffi du même ordre, diocefe de Vannes, & elle fut benite le 24. may 1706. dans la chapelle de l'archevêché de Paris par le cardinal de Noailles. Elle mourut dans cette abbaye au commencement de l'année 1719.
9. BARBE-APOLLINE de Blanchefort, morte en 1658.

FRANÇOIS-JOSEPH, dit *le marquis de Blanchefort*, seigneur & baron d'Aſnois, de Saligny, de S. Germain des Bois, de Turigny, de la Chapelle-ſur-Oreuſe,&c. ondoyé le 2. novembre 1648. & batiſé pour les ceremonies en l'égliſe paroiſſiale de S. Loup d'Aſnois le 9. ſeptembre 1653. fut fait gouverneur pour le Roi de la ville & du païs de Gex au lieu du feu chevalier de Blanchefort ſon oncle au mois d'avril 1710. Il mourut à Paris le 17. may 1714. dans la 66e année de ſon âge, & fut inhumé le 18. à S. Sulpice.

Femme, GABRIELLE-CHARLOTTE-ELIZABETH Brulart de Sillery, fille de *Roger* Brulard, marquis de Puiſieux & de Sillery, lieutenant general des armées du Roi, gouverneur d'Huningue, grand-bailly & gouverneur d'Epernay, conſeiller d'Etat ordinaire d'épée, ambaſſadeur ordinaire de France vers les Cantons Suiſſes, & chevalier des ordres de Sa Majeſté, & de *Claude* Godet de Renneville, fut mariée à Paris en la paroiſſe de S. Sulpice le 27. février 1702. *Voyez tome VI. de cette hiſt. p. 529.*

FRANÇOIS-PHILOGENE marquis de Blanchefort, qui ſuit.

Fille naturelle de FRANÇOIS-JOSEPH marquis de Blanchefort.

Thereſe-Françoiſe *de Blanchefort*, mariée à François de Viſdelou, *ſeigneur de Bonamour, chevalier de l'Ordre militaire de S. Louis, & lieutenant-colonel du regiment Royal la Marine.*

IX.

FRANÇOIS-PHILOGENE marquis de Blanchefort, baron d'Aſnois, ſeigneur de Saligny, de S. Germain des Bois, de Turigny, &c. eſt né le 3. juillet 1704. Il a été gratifié par le Roi en 1720. d'une penſion de 4000. livres ſur le Treſor Royal, & a prêté ſerment à Verſailles le 14. avril 1727. pour la charge de gouverneur de la ville & du païs de Gex, dont il avoit été pourvû par lettres du mois de mars precedent, enregiſtrées en vertu de lettres de ſurannation le 29. juillet 1728.

SEIGNEURS
DE SAINTE COLOMBE.

V.

PIERRE de Blanchefort, fils puîné de PIERRE de Blanchefort, ſeigneur de Château-du-Bois & d'Aſnois, & de LEONARDE de Cleves, fut ſeigneur en partie de Château-du-Bois & de Sainte Colombe en Puiſaye, par le partage qu'il fit avec ſes freres le 17. janvier 1586.

Femme, CATHERINE d'Alencourt, fille de *Nicolas* d'Alencourt, ſeigneur de Rute en Picardie, & de *Jacquette* de Clermont, fut mariée par contrat du 9. avril 1580.

1. JACQUES de Blanchefort, ſeigneur de Château-du-Bois, épouſa *Catherine* de Longueville de Champmoreau, dont il n'eut que des filles.
2. CHARLES de Blanchefort, mort ſans alliance.
3. JEAN-BAPTISTE de Blanchefort, ſeigneur de Sainte Colombe, qui ſuit.
4. JACQUES de Blanchefort, mort jeune.
5. HYPOLITE de Blanchefort, vivant en 1637.
6. EDME'E de Blanchefort, religieuſe au monaſtere de S. Julien à Auxerre.
7. ANNE de Blanchefort, mariée par contrat du 5. juin 1616. avec *Edme* de Longueville, ſeigneur de Crain, des Cortils, de la Maiſon Blanche & de Champmoreau.

VI.

JEAN-BAPTISTE de Blanchefort, ſeigneur de Sainte Colombe, capitaine de vaiſſeau.

Femme, ANNE le Foult.

1. GEORGES de Blanchefort, qui demeurant dans le bailliage d'Avalon en Bourgogne, fut mis en tutelle avec ſes ſœurs le 25. octobre 1638. & mourut ſans poſterité. Il fut le dernier mâle de cette branche.
2. 3. & 4. FRANÇOISE, MADELENE & MARIE de Blanchefort, miſes en tutelle avec leur frere en 1638.

Tome

Tome Cinquiéme.

A   PAGE 18. lettre E, ligne 8. au chiffre 5. N. de Sainte Maure, &c. réformez cet article, & *lisez*, Beatrix de Sainte Maure époufa par contrat du 8. mars 1526. *Charles* Tillon, feigneur de Varanes, fils de *Guillaume* Tillon, feigneur de Varanes, de la Guichonniere & de Manthelon, & de *René* Doayron. Elle eut en dot 3500. liv. tournois, dont elle donna quitance avec fon mari le 3. fevrier 1533. Elle étoit veuve le vendredy 8. feptembre 1564. lorfqu'elle tranfigea avec *René* Tillon fon fils aîné en préfence de *Claude* & de *Jeanne* Tillon fes autres enfans, au fujet de la fucceffion de *Charles* Tillon fon mari. Leur fils aîné *René* Tillon feigneur de Varanes-Tillon & de la Touche-Moreau, époufa par contrat du 28. juillet 1561. *Françoife* de Dureil, fille de *Geoffroy* feigneur de Dureil, de Mouline & de la Barbée, & de *Marguerite* de là Chafteigneraye, qui eut en dot la terre de la Roche-Girard avec 500. écus. De ce mariage vint une fille unique *Marguerite* Tillon, dame de Varanes-Tillon, de la Touche-Moreau, de Chavaigne & de la Perochere, laquelle époufa *Louis* de la Chapelle, feigneur de la Ro-

B chegiffart, &c. & fut mere de *Samuel*, *Efther* & *Renée* de la Chapelle. *Renée* de la Chapelle époufa par contrat du 24. octobre 1600. *Charles* d'Avaugour, feigneur de Quergrois, &c *Efther* de la Chapelle fut mariée par contrat du 19. août 1607. à *Paul* feigneur de Chamballan, chevalier de l'ordre du Roi, gentilhomme ordinaire de fa chambre, dont une fille unique *Marguerite* de Chamballan, mariée à *Henry* de la Chapelle fon coufin germain. *Samuel* de la Chapelle, chevalier feigneur de la Rochegiffart, &c. demeura fous la tutelle de *Marguerite* Tillon fa mere, & époufa par contrat du 25. août 1615. *Françoife* Marée, fille aînée de *René* Marée, chevalier feigneur de Montbaret, de la Martiniere, &c. confeiller du Roi en fes confeils d'état & privé, capitaine de 50. hommes d'armes, gouverneur & lieutenant de roy ville & évêché de Rennes, & d'*Efther* du Boays, dame de Careil. Leur fils fut *Henry* de la Chapelle, marquis de la Rochegiffart, &c. meftre de camp d'infanterie, tué au combat de S. Antoine, laif-fant de fa femme *Marguerite* de Chamballan fa coufine, *Henry* & *Henriette* de la Cha-

C pelle. *Henry* de la Chapelle II. du nom, marquis de la Rochegiffart, époufa en 1656. *Marguerite* de Machecoul, fille aînée de *Gabriel* de Machecoul, marquis de Vieille-vigne, baron de Montaigu, de Rocheferviere, &c. & de *Renée* d'Avaugour, dont il eut *Anne* de la Chapelle, femme de *Claude-Philibert* Damas, marquis de Thianges, fils de *Claude-Leonor* Damas, marquis de Thianges, & de *Gabrielie* de Rochechouart, morte fans enfans. *Henriette* de la Chapelle fut mariée au mois de juillet 1680. à *René* du Boays, chevalier, comte de S. Gilles & de Meneuf, fils aîné de *Paul* du Boays, feigneur de S. Gilles, de Meneuf & de la Saugere, & d'*Henriette* de Montbourcher, fille de *René* de Montbourcher, marquis du Bordage, & d'*Elifabeth* du Boays, dame de Poligny, de Meneuf, &c. De ce mariage font nés *Gedeon-Henry*, & *Marguerite-Hen-riette* du Boays, laquelle n'eft pas mariée. *Gedeon-Henry* du Boays fon frere, comte de Meneuf & de Sion, époufa le 21. avril 1703. *Charlote-Polixene* de Goullayne, fille de *François* comte de Goullayne, feigneur de Laudoviniere-le-Châtenay, & de *Mar-guerite* d'Appelvoifin.

D   La maifon de la Chapelle eft éteinte : elle portoit pour armes, *de gueules à la fafce d'hermines.* On trouve des preuves de fon ancienneté dans l'hiftoire de Bretagne dès l'onziéme fiécle ; elle a eu des maréchaux de Bretagne, des gouverneurs des enfans des ducs de Bretagne, & des alliances avec les maifons de Rohan, de Rieux, de Molac, &c.

    P. 21. lettre D, Honoré, dit le comte de Sainte Maure, *ajoutez* à la fin de fon article, il mourut à Paris le 8. novembre 1731. dans fa 79. année.

    P. 22. lettre B, ligne 9. d'Henriette de Breaux, *lifez* d'Henriette de Barrault.

    P. 36. lettre B, ligne 2. après ces chiffres 1696. *ajoutez*, & eft mort le 4. may 1729.

    Ibid. ligne 3. à la fin du chapitre, *ajoutez*, CHARLES-GASPARD-GUILLAUME de Vin-timille des comtes de Marfeille, commandeur de l'ordre du S. Efprit, ci-devant archevêque d'Aix, eft aujourd'hui archevêque de Paris, duc de S. Cloud, pair de France, & a prêté ferment en cette qualité au parlement le 19. decembre 1729. *Voyez la genealogie de la maifon de Vintimille tome II. de cette hift. p. 285.*

    Tome IX.   Z 5

P. 84. lettre E, ligne 6. *ajoutez*, mourut au mois de decembre 1720.

P. 86. lettre C, ligne 3. à la fin de l'article de *Joseph-Marie* duc de Boufflers, *ajoutez*, il prêta serment & prit seance au Parlement en qualité de pair de France le 22. may 1731.

Ibid. pour ses enfans *ajoutez*, 1. *Charles-Joseph* de Boufflers, né le 17. août 1731.

P. 87. à la fin de la page, *ajoutez*, il est marié, & a un fils né en Espagne, lequel a été naturalisé François à Paris en 1729.

P. 90. après l'article de Louise-Antoinette-Charlotte de Boufflers, *ajoutez* pour ses enfans, 1. *Louis-François* de Boufflers-Remiencourt, né le 22. novembre 1714. 2. *Augustin-Maurice* de Boufflers-Remiencourt, né le 24. fèvrier 1719. mourut le 6. mars suivant. 3. *Charles-Louis-Honoré-Victoire* de Boufflers-Remiencourt, né le 13. dece me 1722. est mort le 30. octobre 1724. 4. *Catherine-Charlote* de Boufflers-Remiencourt, née le 28. juin 1716. mourut au mois de septembre 1721. 5. *Marie-Josephine* de Boufflers-Remiencourt, née le 30. mars 1724. 6. *Marie-Louise* de Boufflers-Remiencourt, née le 27 septembre 1725. 7. *Marie-Cecile* de Boufflers-Remiencourt, née le 21. novembre 1726.

P. 128. lettre B, ligne 2. & de Jeanne, *lisez* & d'*Elisabeth*.

P. 138. lettre B, ligne 5. le 27. octobre 1484. & y enterré, *lisez* le 27. octobre 1487. & y fut enterré.

P. 145. lettre C, degré 21. à l'article de Charles de Harcourt baron d'O onde, *ajoutez*, a été mestre de camp, & sous-lieutenant des chevaux-legers de Bourgogne.

Ibid. lettre D, après la derniere ligne, *ajoutez*, son fils, dit le marquis de Harcourt, capitaine de dragons dans le regiment colonel general, mourut à Lille le 20. juin 1730.

Ibid. ajoutez, *alinea.*

On trouve JEAN-FRANÇOIS d'Harcourt, prêtre abbé commandataire de Menat en Auvergne, qualifié cousin germain de *Charles* d'Harcourt, baron d'Olonde.

GUILLAUME de Harcourt, dit le marquis de Harcourt, frere de *Jean-François* de Harcourt, a été capitaine de vaisseau, & s'est retiré à sa terre de Basse-Normandie à cause de ses infirmitez

Femme, ANNE-ROSE de Poesrie, heritiere de la maison de Taillepied.

1. JACQUES dit le comte de Harcourt, faisoit ses exercices à l'academie de Vandeuil à Paris en 1730.

2. MARIE ROSE de Harcourt, pensionnaire au monastere de la Visitation de Caen en 1730.

P. 153. lettre B, ligne 6. à la fin de l'article d'Angelique Fabert, *ajoutez*, elle mourut à Paris le 12. octobre 1730. âgée d'environ 82. ans.

Ibid. lettre D, ligne 1, Catherine Metiviet qu'il avoit épousée vembre, *lisez* Catherine Metivier, qu'il avoit épousée en novembre.

Ibid. lettre E, ligne 6. à la fin de l'article, *ajoutez*, de ce mariage estné le 8. may 1729. *Louis-François* de Talaru.

P. 154. lettre C, ligne 10. 6. Henry-Claude, *lisez ainsi son article.* Henry-Claude de Harcourt, dit le chevalier de Harcourt, né le 1. janvier 1704. a été cornette des chevaux-legers de Berry, puis colonel d'un regiment de dragons de son nom, par provisions du mois de septembre 1728.

Ibid. lettre E, ligne 3. lieutenant general de la province de Franche-Comté, *ajoutez*, qu'il vendit en 1730. au duc de Durfort, fils du duc de Lorges.

Ibid. lettre F, ligne 8. Marie-Therese-Delphine, *ajoutez* Eustochie.

P. 166. lettre A, ligne 1. *changez les chiffres*, & avant 1. Jacques, *ajoutez*, 1. *Charles* Fitzjames, né le 7. janvier 1701. mort. 2. *Anne* Fitzjames, né le 28. decembre 1701. mort.

Ibid. lettre C, ligne 2. *ajoutez* à la fin de l'article, à present veuve de *François-Marie* Spinola, duc de S. Pierre, grand d'Espagne.

Ibid. ligne 3. 9. Laure Fitzjames, *ajoutez* mariée le 11. mars 1732. à *Joachim-Louis* de Montaigu, marquis de Bouzols, lieutenant general de la province d'Auvergne, fils de *Joseph* de Montaigu, comte de Bouzols, maréchal de camp, inspecteur general de la cavalerie & des dragons, & de *Jeanne-Henriette* Doreilhet de Colombines.

Ibid. lettre D, à la fin de la page, *effacez* plusieurs enfans, & *ajoutez*, 1. *Jacques* Fitzjames, né le 11. octobre 1717. mort peu après. 2. *Jacques* Fitzjames, né le 28. decembre 1718. 3. *Pierre* Fitzjames, né le 17. novembre 1720. 4. *Bonaventure* Fitzjames, né le 21. avril 1724. 5. *Catherine* Fitzjames, née le 21. août 1723. mourut peu après. 6. *Marie* Fitzjames, née le 3. may 1725.

P. 174. lettre C. ligne 6. épousa, *lisez* épousa Navarre de Lupé.

A   P. 180. lettre E, ligne derniere, *ajoutez*, il étoit frere de *François* d'Albret, qui époufa par contrat du 19. décembre 1609. *Jean* de Groffolles III. du nom, baron de Flamarens & de Montaftruc, feigneur de Buzet, &c. meftre de camp d'un regiment d'infanterie.

P. 224. lettre B, ligne 9. veuve de Guigues IV. du nom, *lifez* veuve de Guigues V. du nom.

P. 226. lettre E, ligne 7. enterrée, *lifez* enterré.

P. 266. lettre C, ligne 6. Cadagne, *lifez* Gadagne.

P. 267. lettre C, ligne 9. à la fin de l'article de Gilbert d'Hoftun, *ajoutez*, il mourut à Paris le 5. février 1732. dans fa 78° année.

P. 269. lettre D, à la fin de l'article de Marie-Jofeph duc d'Hoftun, *ajoutez*, il a
B été nommé maréchal de camp en 1731.

Ibid. ligne 12. à la fin de l'article de Marie-Ifabelle-Angelique-Gabrielle de Rohan, *ajoutez*, le Roi lui accorda la furvivance de la charge de gouvernante des Enfans de France le 4. feptembre 1729.

P. 282. lettre E, ligne 9. à la fin de l'article, *ajoutez*, il a été nommé à l'archevêché d'Aix le 2. juin 1729.

P. 283. lettre B, ligne 7. à la fin de l'article, *ajoutés*, & a pris poffeffion des honneurs de la Grandeffe d'Efpagne le 14. may 1730.

P. 284. lettre D, ligne 6. N. de l'Arche, *lifez* Jeanne de l'Arche.

P. 288. lettre D, ligne 9. à la fin de l'article, *ajoutez*, elle a été dame d'honneur de fon alteffe Royale madame la ducheffe d'Orleans mere du Regent, & eft morte à Paris le 27. août 1731. âgée de près de 80. ans.

P. 289. lettre E, ligne 2. 1. Louis de Brancas, *ajoutez*, duc de Lauraguais, né le 5. mars 1714. marié le 27. août 1731. à *Adelaïde-Genevieve-Felicité* d'O.
C   *Ibid.* à la fin de la page, *ajoutez*, mariée le 6. février 1730. à *Claude-Guftave-Chretien* marquis des Salles, gouverneur de Vaucouleurs, fils de *François* comte des Salles, marquis de Bucqueville, gouverneur de Pont-à-Mouffon, & de *Catherine* de Fiquelmont.

P. 357. lettre B, ligne 2. *ajoutez* pour fecond fils, 2. *Louis-Gabriel* d'Aubuffon, né le 3. août 1729.

P. 378. lettre D, ligne 4. I. Femme, Jeanne, *ajoutez*, Paynel.

Ibid. lettre E ligne 4. *effacez*, que fon mari fut tué à la bataille de Rofebeque.

P. 392. lettre C, ligne 9. après ce mot, fils, *ajoutez*, il eft mort à Paris le 6. décembre 1729. âgé d'environ 83. ans, & a été enterré aux Carmelites du faubourg Saint Jacques.

P. 397. à la fin de la page, *ajoutez*, Elizabeth & Marie Goyon eurent en partage la Mouffaye de 10000. livres de revenu, Kergouet de 2000. livres, Murhenuen & Guerivert de 4500. livres, & Nygent avec 6000. livres.

P. 399. lettre D, ligne 11. Anne Goyon, mariée à *N. lifez* à *François* Durat.
D   *Ibid.* lettre E, ligne 8. après ce chiffre 1714. *ajoutez*, mort jeune.

Ibid. ligne fuivante, *ajoutez*, N. Goyon, mariée à *Barthelemy* marquis d'Efpinay.

Ibid. à la fin de la page, *ajoutez*, mariée N. de la Touche-Trebry.

P. 415. lettre B, ligne derniere, *ajoutez alinea :*

Le comte de Gouyon-Vauduran a époufé en 1726. *Julie* du Guemadeuc, fille puinée de *Jean-Baptifte-Amador* du Guemadeuc, lieutenant general pour le Roi en Bretagne, gouverneur de S. Malo, & fœur de *Marie-Anne-Jofephe* du Guemadeuc, veuve de *Jofeph* de Volvire, dit *le marquis de Volvire.*

P. 464. * lettre D, ligne 8. fubftitué par fon pere, *lifez* fubftitué par le cardinal Mazarin.

P. 465. lettre B, ligne 8. à la fin de l'article de *Louis-Jules-Barbon*, *ajoutez*, il a époufé le 17. décembre 1731. *Helene-Angelique-Françoife* Phelypeaux, fille de *Jerofme* Phelypeaux, comte de Pontchartrain, prevôt & maître des ceremonies des ordres du Roi, & d'*Helene-Rofalie-Angelique* de l'Aubefpine de Verderonne.
E   P. 496. lettre A, ligne 4. Louis-Cefar de la Baume-le-Blanc, *ajoutez*, duc de Vaujour.

Ibid. après la ligne 8. *ajoutez alinea :*

Femme, ANNE-JULIE de Cruffol, fille de *Jean-Charles* de Cruffol, duc d'Uzés, pair de France, chevalier des ordres du Roi, & d'*Anne-Marie-Marguerite* de Bullion, fut mariée le 19. février 1732.

Ibid. lettre B, à la fin de l'article, *ajoutez*, il mourut à Paris le 30. avril 1731.

P. 498. lettre E. ligne 4. après ces mots lui a fuccedé, *ajoutez*, & prêta foy & hommage-lige au Roi pour le duché de Bar & autres domaines mouvans de la Couronne, à Verfailles le premier fevrier 1730.

P. 508. lettre C, ligne 5. fille aînée de *Guy* I. du nom, *lifez* fille aînée de *Manaffez.*

P. 512. lettre E, à l'article de *Robert*, duc de Bar, *ajoutez*, le roi Jean lui accorda **A**
dispense d'âge pour gouverner le Barrois par lui-même, par lettres patentes du 23 juillet 1352. & il y eut arrêt du Parlement du 5. juin 1353. qui adjugea au Roi la tutelle
de ce Seigneur. Charles VI. lui donna une commission datée du premier août 1410.
pour l'execution d'un arrêt du Parlement contre Charles I. duc de Lorraine, qui avoit
fait entrer garnison à Neufchâteau, au mépris de cet arrêt.

P. 526. lettre C, ligne 5. à la fin de l'article, *ajoutez*, le Roi d'Espagne lui a donné
au mois de novembre 1730. la commanderie de Cabeza del Buey, ordre d'Alcantara.

P. 571. lettre A, ligne 7. fils, *lisez* arriere-petit-fils.

Ibid. lettre B. ligne premiere, Menville, *lisez* Mereville.

P. 614. lettre D, ligne derniere, *ajoutez*, elle mourut d'apoplexie au palais du Luxembourg à Paris le 5. juin 1731.

P. 623. lettre B, ligne antépénultiéme, femme, *lisez* I. Femme, & après la derniere **B**
ligne, *ajoutez :*

II. Femme, MARIE-CHARLOTTE Gouffier, veuve de *Charles* Colbert de S. Mars,
fut mariée le 7. septembre 1730.

P. 644. lettre C, après ce mot, d'Espagne, *ajoutez*, il prêta foy & hommage du duché
de Croy le 18. janvier 1617. entre les mains du Chancelier de France, & par arrêt de
la Chambre des Comptes du 6. février suivant il obtint mainlevée des saisies feodales
qui avoient été faites des revenus de ce duché.

P. 649. après le degré XI. ligne premiere, *ajoutez*, duc de Croy.

Ibid. quinze lignes après, Freseignes, *lisez* Traisignies.

Ibid. lettre A, ligne 4. *effacez*, N. de Croy, fille, & *lisez* Anne-Marie de Croy, épousa
en 1722. *Jean-François* de Bette, marquis de Leyde, Grand d'Espagne, general des ar- **C**
mées du Roi Catholique.

Ibid. ligne 7. *effacez* prince, & *lisez* duc de Croy, & *ajoutez*, prince du S. Empire &
Grand d'Espagne.

P. 652. lettre A, ligne derniere, à la fin de l'article, *ajoutez*, & instrumentorum,
p. 7. où se trouvent les lettres de l'érection de l'évêché de Cambray en duché, dans
lesquelles on lit, *cum & origo nobilitatis tuæ à serenissimis regibus Hungariæ originem trahat*.

P. 653. lettre D, ligne derniere, après ces chiffres 1486. *ajoutez*, ces lettres portent, *nobili* Carolo comiti de Chimay, ex illustribus de Croy descendentibus ex verâ &
legitimâ progenie, seu origine regum Hungariæ. *Voyez* aussi le brevet de l'an 1584. par
lequel l'empereur Rodolphe crea Charles-Philippes de Croy, marquis d'Havrech, &
ses descendans princes du S. Empire, & celui que l'empereur Leopold donna en 1664.
en faveur de Philippes de Croy, cadet d'un comte de Roeux.

P. 658. lettre B, ligne 3. Beth, *lisez* Bette. **D**

Ibid. lettre C, ligne 8. *effacez* N. de Croy, dit *le chevalier de Solre*, & *lisez*, *Albert-*
François de Croy, dit *le chevalier de Croy*.

Ibid. ligne 10. *effacez* N. de Croy, & *lisez*, François de Croy, comte de Beaufort, né
en 1691. & *ajoutez*, à la fin de son article, brigadier des armées du Roi d'Espagne, &
colonel d'un regiment d'infanterie Wallonne.

Ibid. à la fin de la page, *ajoutez*, 5. MARIE-THERESE-ALEXANDRINE de Croy, chanoinesse à Mons. 6. JOSEPHE-CHARLOTTE de Croy, dite *mademoiselle de Beaufort*, chanoinesse à Maubeuge.

P. 659. lettre A, ligne premiere, après ce mot, de Croy, *ajoutez*, dit *le prince de*
Croy-Solre.

Ibid. à la fin de l'article de Philippes-Alexandre-Emmanuel de Croy, *ajoutez*, le Roi
le qualifie de *cousin* dans un brevet de lieutenance pour une compagnie de son regiment, du 2. mars 1693. & dans un ordre du 10. may 1708. pour servir en qualité de bri- **E**
gadier sous le duc de Bourgogne dans l'armée de Flandres.

Femme, MARIE-MARGUERITE-LOUISE comtesse de Millendonck, fille de *Louis-*
Herman-François comte de Millendonck, & d'*Isabelle-Therese* de Mailly. De son mariage
est sorti,

EMMANUEL prince de Croy-Solre, né le 23. juin 1718. pensionnaire au College des
Jesuites à Paris en 1730.

Ibid. lettre C, ligne 3. *ajoutez*, mariée à N. de Brias, comte de Royon.

Ibid. ligne suivante, *effacez*, N... & *lisez* Marie-Philippes, & *ajoutez* à la fin de la
ligne, baron de Pernes en Artois.

Ibid. ligne derniere de la page *ajoutez*, mort vers l'an 1725.

P. 660. lettre C, ligne 4. après ce mot, Wallon, *ajoutez*, fut reçû à faire foy & hommage pour le duché de Croy, par arrêt de la Chambre des Comptes le 12. may 1670.
& obtint mainlevée des saisies feodales des revenus de ce duché par autre arrêt du 12.
juin suivant. Il fut, &c.

P. 661.

A P. 661. lettre B, ligne 2. *ajoutez*, dont elle étoit veuve en 1721.

Ibid. ligne 11. *ajoutez*, obtint le 31. juillet 1728. arrêt de la Chambre des Comptes, comme tutrice de son fils, pour la mainlevée des saisies feodales des revenus du duché de Croy.

Ibid. ligne 12. *effacez*, 1. N. de Croy, & *lisez* :

1. LOUIS-FERDINAND-JOSEPH de Croy, duc d'Havrech & de Croy, prince du S. Empire, Grand d'Espagne de la premiere classe, né en Espagne l'an 1713.

Ibid. lettre C. après la ligne 2. *ajoutez alinea* :

3. JEAN-JUST-FERDINAND-JOSEPH de Croy, dit *le prince de Croy*.

Ibid. ligne suivante, 3. N. *lisez*, 4. MARIE-LOUISE-JOSEPHINE de Croy.

Ibid. ajoutez alinea :

5. & 6. MARIE-ANNE-CHARLOTTE & PAULINE-JOSEPHINE de Croy,

P. 738. lettre B, ligne 2. à la fin de l'article de Felice-Armande-Charlotte de Durfort, *ajoutez*, elle mourut à Paris le 27. décembre 1730.

P. 739. lettre C, ligne 4. 1715. *ajoutez*, lieutenant general au comté de Bourgogne sur la démission du duc d'Harcourt en 1730.

B P. 742. lettre C, ligne 9. *effacez ces mots*, & son mari épousa, & *lisez* elle eut un fils *Pons* de Pons II. du nom, lequel épousa.

P. 743. lettre A, ligne 7. Breaux, *lisez* Barrault.

Ibid. ligne 9. Thuanet, *lisez* Tavannes.

Ibid. lettre C, ligne 2. femme de N. *ajoutez*, Jousserand.

Ibid. ligne 7. Carlie, *lisez* Carles.

P. 756. lettre A, ligne 8. Antoinette, *ajoutez*, épousa *Jean* du Maine, seigneur d'Escandillac.

Ibid. lettre B, ligne 8. eut entr'autres enfans, *ajoutez alinea* :

1. HECTOR-REGNAUD de Durfort, comte de Launac, qui suit.

2. FRANÇOIS de Durfort, chevalier, seigneur de Born, de Bajaumont, de Faguerolles, de Ginac & d'Esparsac, eut grand procès contre *Serenne* (a) de Durfort sa niéce, pour les biens de la maison de Durfort en Guyenne, dont il prétendoit **C** la substitution ouverte en sa faveur, par la mort sans enfans mâles de *Hector-Regnaud* de Durfort, pere de *Serenne*. Il fit légitimer son fils en 1655. & en 1657. il fit donation entre-vifs de tous ses biens à *Charles* de Montpezat, comte de Launac son petit-neveu, à la charge de bailler à son fils naturel la terre de Ginac & d'Esparsac, jusqu'à ce qu'il jouît de celle de Bajaumont. Il mourut peu après sans enfans légitimes.

(a) *Alias* Perrine.

Fils naturel de FRANÇOIS de Durfort.

Jean de *Durfort* fut légitimé par lettres de l'an 1655. vérifiées à la Chambre des Comptes. Son pere l'institua, ainsi qu'il a été dit, heritier des terres de Ginac & d'Esparsac, en attendant qu'il jouît de celle de Bajaumont ; mais quarante ou cinquante hommes armez étant venus au château de Bajaumont où il étoit malade, lui prirent tous ses papiers & meubles, lui mirent les menottes, le firent conduire à six lieuës de **D** là, & attacher à une chaîne de Galeriens que l'on conduisoit à Toulon, dont il fut délivré par arrêt du Parlement de Toulouse, & ensuite il souffrit deux années de prison ; le comte de Launac s'opposa à ses lettres de légitimation, dont il a été débouté en 1661. & comme *Jean* de Durfort vouloit jouir de la terre de Bajaumont à faute de celles de Ginac & Esparsac, il en fut chassé à main armée, condamné aux Galeres pour une violence, & il lui fut fait défense par arrêt du Parlement de Bordeaux, obtenu par défaut du premier septembre 1663. de prendre le nom & les armes de Durfort. Il se pourvut à la chambre de l'Edit, où il fut encore débouté par arrêt du 21. août 1665. contre lesquels arrêts il se pourvut au Conseil, où il en obtint un du 3. avril 1671. qui casse celui de Bordeaux, ordonne l'execution de celui de la chambre des Comptes touchant les lettres de légitimation, & renvoye sa partie au Parlement, ce qui a été **E** confirmé par autre arrêt du 18. may 1672.

P. 757. lettre A, ligne derniere, Philberte, *lisez* Florette.

Ibid ligne derniere de la page, son fils fut, *lisez*, ses enfans furent :

1. MATHURIN de Durfort, seigneur de Goujonnac, qui suit.

2. MARGUERITE de Durfort, épousa le premier mars 1552. *Bertrand* de Lambert, écuyer, seigneur de la Fillolie, conseiller au Parlement de Bordeaux, puis maître des requêtes de Navarre, fils de *Jacques* de Lambert, écuyer, seigneur de Lamourat, de la Mazardie & de la Jarisse, & de *Marguerite-Arnalde* la Faye.

P. 765. lettre A, ligne 5. Anne, *lisez* Anne de Crevant, épousa par contrat du 6.

août 1504. *René* d'Aloigny, feigneur de la Groye, fils de *Jacques* d'Aloigny; feigneur de la Groye, & d'*Anne* le Roux de la Roche-des-Aubiers.

P. 770. lettre A, ligne 6. après 1687. *ajoutez*, elle mourut à Douay le 19. août 1732. âgée d'environ 79. ans.

Ibid. B, ligne 4. à la fin de l'article d'*Anne-Louife* de Crevant d'Humieres, *ajoutez*, elle mourut à Paris le 22. avril 1732. dans fa 72ᵉ année.

P. 831. lettre B, ligne 14. Rolin de Monchy, *lifez* Robert de Monchy.

Ibid. lettre C, ligne 5. Pons de Belleforiere, *lifez*, *Ponthus* de Belleforiere.

Ibid. ligne fuivante, d'Obify, *lifez* d'Olify.

P. 841. lettre C, ligne 10. Femme, Charlotte-Victoire, *lifez*, Femme, Marie-Charlotte-Victoire.

Ibid. lettre E, ligne 6. à la fin de l'article, *ajoutez*, il fut enterré en la paroiffe de la Madelene faubourg S. Honoré à Paris.

P. 862. à la fin de la page, *ajoutez en titre:*

Brevet du Roy Louis XIV. pour l'érection du Comté de Trefmes en Duché-Pairie, fous le nom de Duché de Trefmes.

Du 21. Août 1643.

AUJOURD'HUY vingt-un août 1643. le Roi étant à Paris bien informé, comme de long-temps le feu Roi fon pere avoit réfolu, en reconnoiffance des longs, fideles & recommandables fervices que lui a rendus le fieur comte de Trefmes, tant près fa perfonne pendant trente-deux ans en la charge de capitaine de fes Gardes du corps, qu'ailleurs en plufieurs occafions importantes, de lui accorder l'érection du comté de Trefmes en Duché-Pairie, & que même peu de jours avant fon decès il en avoit fait fa déclaration expreffe, afin de témoigner à la poftérité en quelle eftime & confideration elle avoit toujours eu fa perfonne & fefdits fervices; & comme elle eft très-affurée que fi Dieu lui eût prolongé fes jours, il eût fans doute mis à effet cette bonne intention, fa Majefté voulant à préfent faire connoître audit fieur comte de Trefmes qu'elle n'a pas moins de bonne volonté pour lui, & qu'elle entend lui en faire reffen-tir les effets. De l'avis de la Roine regente fa mere, elle lui a de nouveau, entant que befoin eft ou feroit, octroyé l'érection de ladite terre de May & toutes les dépendan-ces du comté de Trefmes relevans de Sa Majefté, à caufe de fon duché de Valois & comté de Meaux, en titre, nom & prééminence de Duché & Pairie de France, fous le nom & appellation du Duché de Trefmes à lui accordée par ledit feu Roi fon pere, pour en jouir par lui & fes fucceffeurs mâles audit titre, pleinement, paifiblement & à toujours, voulant qu'il foit reconnu en ladite qualité de Duc & Pair de France en tous actes, jugemens & lieux que befoin fera, & qu'il jouiffe des honneurs, prérogatives & prééminences appartenantes à ladite dignité de Duc & Pair, & dont jouiffent les au-tres Ducs & Pairs de France, à la charge qu'au défaut d'hoirs mâles ladite Pairie ceffera, en forte que les femelles jouiront dudit comté de Trefmes & terre de May au même titre qu'elles font à préfent, & tout ainfi que fi ladite érection n'avoit point été faite. Pour témoignage de quoi fa Majefté m'a commandé d'en expedier audit fieur comte de Trefmes toutes Lettres néceffaires en confequence du préfent Brevet, qu'elle a voulu figner de fa main, & être contrefigné par moi fon confeiller fecretaire d'état de fes commandemens & finances. Signé, LOUIS, & plus bas, DE LOMENIE.

P. 888. lettre C, ligne 10. à la fin de l'article de Hugues d'Arpajon; *ajoutez*, le pape Innocent VI. par Bulle de l'an 1352. envoya Hugues d'Arpajon, chanoine de Rodez fon chapelain, nonce du Siege Apoftolique, en Italie & vers la Lombardie, aux gages de trois florins d'or par jour. Ce même Pape lui adreffa en 1353. une lettre, par laquelle il l'envoya vers le Confeil de Sienne, auquel il donne avis qu'il envoye pour Légat à *Latere* en Italie Gilles, cardinal du titre de S. Clement. Surita, *liv. VIII. des Annalles d'Arragon*, *chap.* 55. rapporte que le même Pape l'envoya l'an 1354. en Sicile, pour obliger les Infulaires à recevoir le prince Pierre d'Arragon (qui fe fit depuis Cor-delier) pour regent du royaume de Trinacrie.

P. 889. lettre C, ligne 8. Guy d'Apajon, *lifez* Guy d'Arpajon.

P. 896. lettre E, ligne 7. de Lanne, *lifez* de Launay, *lifez* de même à la ligne fuivante.

P. 899. lettre C, ligne 6. à la fin de la ligne, *ajoutez*, l'an 1673.

P. 900. lettre A, ligne 5. à la fin, *ajoutez*, elle a été dame du palais de madame la ducheffe de Berry.

P. 904. & 919. aux armes de Roquelaure, *mettez*, fur le tout d'*argent au lion d'azur*, qui eſt du Bouzet-Roquepine.

P. 913. lettre C, ligne 13. Cochefillette, *lifez* Cochefilet.

P. 930. lettre B. après la dernière ligne, *ajoutez :*

5. N. de Lenos, né au mois de novembre 1730. mort peu après.

6. N. de Lenos, née au mois de novembre 1731.

Brevet qui donne rang de Duc & de Ducheſſe à Monſieur & Madame d'Alincourt.

Du 20. Septembre 1729.

AUJOURD'HUY vingt ſeptembre mil ſept cens vingt-neuf. Le Roi étant à Verſailles, voulant donner au ſieur marquis d'Alincourt une marque diſtinguée de ſon eſtime & de ſa conſideration, & reconnoître en ſa perſonne les ſervices que le ſieur maréchal duc de Villeroy ſon ayeul a rendus avec tant de zele dans la charge de gouverneur de ſa Majeſté; ſa Majeſté a permis au ſieur marquis d'Alincourt & à la dame ſon épouſe, de prendre leur vie durant la qualité de Duc & de Ducheſſe en tous actes publics & particuliers, tant en jugement que dehors. Veut & entend ſa Majeſté qu'ils jouiſſent des mêmes honneurs & prérogatives dans ſa maiſon & près de ſa perſonne, & entrées au Louvre, dont jouiſſent les autres Ducs & Ducheſſes, & pour aſſurance de ſa volonté, ſa Majeſté a ſigné de ſa main le préſent Brevet, & fait contreſigner par moi conſeiller ſecretaire d'état & de ſes commandemens & finances. Signé, LOUIS, & plus bas, PHELYPEAUX.

Tome Sixiéme.

PAGE 28. ligne première, juſtice, *lifez* de juſtice.

P. 45. lettre C, ligne 2. *effacez*, de Châtillon, & *lifez* comteſſe de Roucy.

P. 60. lettre C, ligne 3. à Robert, *lifez* 2°. à Robert.

P. 85. lettre C, ligne 6. de Mahaut de Bourgogne ſa première femme, *lifez* d'Iſabeau de Courtenay ſa ſeconde femme.

P. 105. lettre D, après la ſeconde ligne, *ajoutez alinea :*

5. JEANNE de Châtillon, femme de *Robert* de Dinan, ſeigneur de Châteaubriant.

P. 111. lettre B, ligne 4. mariée, *ajoutez*, 1°. à *Charles* de Savoiſy, 2°. &c.

P. 113. lettre B, ligne 8. fils de Valeran, *lifez* fils de Jean.

Ibid. ligne ſuivante, Marguerite de Roye, *lifez* Jeanne de Craon.

P. 116. lettre C, ligne 8. la Charte ſur Loir, *lifez* la Charité ſur Loir.

P. 120. lettre B, à la fin de l'article d'Alexis-Madelene-Roſalie de Châtillon, *ajoutez*, il a été reçû chevalier des ordres du Roi le 2. février 1731.

Ibid. ligne 10. 1721. *ajoutez*, mort, & alinea,

2. N. de Châtillon, penſionnaire au couvent de Sainte Eliſabeth à Paris.

Ibid. lettre C, ligne 3. Jacques Anneguy, *lifez* Jacques-Tanneguy.

Ibid. après la dernière ligne, *ajoutez alinea :*

2. ANNE-LOUISE-ROSALIE de Châtillon, née le 19. octobre 1729.

3. GABRIELLE-LOUISE de Châtillon, née le 20. ſeptembre 1731.

P. 123. lettre A, avant le degré XIII. *ajoutez :*

II. Femme, JEANNE de Bucy, veuve 1°. de Jean II. du nom, ſeigneur de Chepoy, 2°. de *Guillaume* de Warny, & fille de *Simon* ſeigneur de Bucy, premier préſident au Parlement de Paris.

P. 138. lettre B, ligne première, Pierre II. du nom, *lifez*, Pierre I. du nom.

Ibid. lettre C, ligne pénultiéme, Marigné-Ferchaud, *lifez* Martigné-Ferchaud.

P. 176. lettre B, ligne 3. Geurmonval, *lifez* Guermonval, *lifez* de même deux lignes après.

Ibid. lettre D, après le degré XII. ligne première, & d'Iſabeau, *lifez* & de Jeanne.

P. 177. lettre B, après la dernière ligne, *ajoutez*, Jeanne du Bois, femme de *Jacques* de Recourt, ſeigneur de la Comté.

P. 194. lettre A, ligne 8. des Nots, *lisez* des Nos.

Ibid. ligne suivante, Menard, *lisez* Hemenard.

Ibid. lettre B, ligne 2. N. *lisez*, Maximilien-Constantin.

Ibid. ligne 7. Guyonne de la Faussille, *lisez* Judith de Soucélles.

P. 197. lettre A, ligne pénultiéme, *effacez* depuis ces mots, fut presenté jusqu'à la fin de l'article, & *mettez*, capitaine de cavalerie dans le regiment de Luynes.

Ibid. lettre B, lignes 4. & 5. grand-vicaire de l'archevêché de Rouen, *lisez* grand-vicaire de Pontoise, aumônier du Roi en 1730.

Ibid. ligne 6. après 1707. *ajoutez*, mort en 1721.

Ibid. ligne 13. gentilhomme ordinaire de M. le duc d'Orleans, *lisez* gentilhomme de la chambre de M. le duc d'Orleans.

Ibid. lettre C, ligne premiere, Marguerite-Rose, *lisez* Elisabeth-Angelique.

Ibid. à la fin de la page, *ajoutez*, 2. Jean-Baptiste du Guesclin, né le 17. mars 1730.

P. 200. lettre C, ligne 6. à la fin de l'article de *René-Olivier* du Guesclin, *ajoutez*, il a épousé par contrat du 25. août 1727. *Marie-Anne* Juigné, dont une fille, morte le jour de sa naissance.

Ibid. à la fin de la page, *ajoutez*, 1. *Bertrand-Louis* du Guesclin, né le 23. juin 1726. 2. *Olivier* du Guesclin, né le 12. janvier 1731.

P. 209. lettre C, ligne 12. à la fin de l'article de Berard d'Albret, *ajoutez*, le 14. décembre de l'an 1385. Jean de Rovinhan, chevalier, & dame, Jeanne de Barbasan sa femme vendirent le château & seigneurie de Buzet diocese de Condom, *à noble & puissant homme & seigneur* Berard d'Albret, seigneur de Sainte Baseilhe.

P. 212. lettre C, ligne 2. à la fin de l'article de Charles II. d'Albret, *ajoutez*, le dernier mars de l'an 1445. *magnifique & puissant seigneur* Charles d'Albret, seigneur d'Albret, comte de Dreux & de Gavre, donna en échange la baronie de Buzet, sénéchaussée d'Agenois diocese de Condom, *à noble* Louis de Noalhan, chevalier, seigneur de Fraische, pour le vicomté de Bologne & la seigneurie de Sainte Maure. Le sire d'Albret se réserva pour lui & pour ses successeurs l'hommage & la fidelité sur la baronie de Buzet, avec un épervier de redevance à chaque mutation.

P. 213. lettre A, ligne 13. épousa, *effacez* depuis Marguerite jusqu'à la fin de l'article, & *mettez*, par contrat du dernier février 1472. *Marguerite* de Luxe, fille de *Jean* seigneur de Luxe, & de *Marie* de Peralte, laquelle se remaria à *Jean* du Lyon, seigneur de Campet, auquel elle porta la terre de Geloux sénéchaussée de Lannes, qu'elle avoit euë en dot.

Ibid. à la fin de la ligne 7. *ajoutez*, Jean d'Albret, vicomte de Tartas, fils aîné de *magnifique & puissant seigneur* Charles d'Albret, comte de Dreux & de Gavre, & captal de Buch, d'une part, & *noble & puissant seigneur* Louis de Noalhan, chevalier, seigneur de Fraische, d'Andiran & de Buzet sur la Bayse sénéchaussée d'Agenois & diocese de Condom, de l'autre, confirmerent ledit échange par acte du 14. septembre de l'an 1464.

P. 214. lettre B, ligne 2. à la fin de l'article d'Alain sire d'Albret, *ajoutez*, le 8. de mars de l'an 1506. *noble* Antoine de Grossolles, au nom de *noble* Guionne d'Esclamal, veuve de feu noble *Odet* de Noalhan, seigneur de Buzet, & comme mari de *Beatrix* de Noalhan, fille desdits *Odet* & *Guionne*, rendit hommage de la baronie de Buzet à *magnifique & très-puissant prince* Alain sire d'Albret, comte de Dreux, de Perigord, de Pentabrie & de Gavre, vicomte de Tartas & de Limoges, seigneur d'Avesnes & captal de Buch ; noble Antoine de Grossolles avoit épousé *Beatrix* de Noalhan, petite-fille de *Louis* de Noalhan, par contrat passé à Buzet le 2. février 1504.

P. 220. lettre C, ligne 3. Charles-Phœbus, *lisez* Cesar-Phœbus.

P. 230. lettre B, ligne 5. tome I. *lisez* tome III.

Ibid. lettre C, *ôtez* l'explication des armes, & *mettez*, d'or au lion de gueules couronné d'or.

P. 264. lettre C, ligne 5. ôtez, il fut pere de, & *ajoutez à la ligne* :
Femme, JEANNE du Chastel, dame du Coudray.

P. 284. au titre, marquis Montchevreuil, *lisez* marquis de Montchevreuil.

P. 289. lettre B, ligne 2. à la fin de l'article d'Henry de Mornay, *ajoutez*, il mourut au Pin près Paris le 30. juin 1731.

P. 301. Art. XL. Gilles Aycelin de Montagu, *lisez* Gilles Aycelin, seigneur de Montagu.

P. 317. lettre D, à l'explication des armes, coticé d'argent & de gueules, *lisez* coticé d'or & de gueules.

P. 370. lettre B, ligne 14. en 1659. Hercules de Rouville, *lisez* en 1639. Hercules-Louis de Rouville.

P. 388. lettre B, ligne 12. le Clete, *lisez* le Clerc.

P. 390.

A P. 390. lettre B , ligne 15. vicomte de Cramailles , *ajoûtez* , bailly de Vermandois.

Ibid. ligne suivante , *effacez* , bailly de Vermandois

P. 393. cette feuille est cottée G 4 , *lisez* G 5.

P. 406. lettre D , ligne 6. Iabel , *lisez* Isabel.

P. 415. lettre D , ligne 9. *effacez* , de Claude de Traves , dame de Givry sa premiere femme , & *lisez* de Claudine de la Baume sa seconde femme.

P. 434. lettre B , ligne 8. Quiquempoix , *lisez* Quinquempoix.

P. 442. à l'article du chancelier de Ganay , *ajoutez* , le chancelier de Ganay , parce qu'il avoit été chancelier de Naples , mit dans ses armes un aigle désarmé de sable sur la fasce de gueules ; elles sont ainsi dans sa chapelle de l'église de S. Merry à Paris. Messieurs de Ganay portent à présent l'aigle désarmé de sable au-dessus de la fasce.

P. 455. lettre B , ligne 3. à la fin de l'article d'Antoine du Prat IV. du nom , *ajoutez* , il est dit chambellan du roi Charles IX. dans l'épitaphe du chancelier du Prat son ayeul , qu'il avoit fait faire.

B P. 456. lettre C , ligne 2. 2. Henry , *lisez* 2. François-Henry.

Ibid. ligne 4. à l'article de François du Prat de Barbançon , *ajoutez* , brigadier des armées du Roi , le premier février 1719.

Ibid. ligne 7. deux fils & trois filles , *lisez* , 1. *Louis-Antoine* du Prat-Nantouillet , âgé d'environ 16. ans en 1730. mousquetaire du Roi dans sa seconde compagnie. 2. *François-Antoine* du Prat-Nantouillet , baron de Viteaux , étudiant en 1730. & trois filles.

P. 457. degré VIII. Louis-Antoine du Prat , baron de Viteaux , *ajoutez* , mort en 1729.

Ibid. lettre D , ligne 4. Jacques du Prat , *ajoutez* , religieux Benedictin à S Benigne de Dijon.

Ibid. ligne suivante , *ajoutez* , prieure des Ursulines de Châtillon sur Seine.

Ibid. à la signature de la page Z 4 *lisez* Z 5.

P. 458. degré III. Anne du Prat , *lisez* Thomas-Anne.

C *Ibid.* degré IV. Paul du Prat , *lisez* Antoine-Paul du Prat.

Ibid. degré V. Claude du Prat , *lisez* Claude-François du Prat.

Ibid. lettre D , ligne 4. Femme , Marguerite de Ribes , fut mariée le 25. novembre 1596.

Ibid. ligne 7. il épousa , *effacez le reste de l'article* , & *lisez* , il épousa le 14. decembre 1638. *Françoise* de Faydide - Saint - Yvoine , dont il eut *Claude-Dominique* du Prat , mort chanoine & comte de Brioude , & *Jean-Joseph* du Prat *l'aîné* , marié à *Françoise* de Bournat-la-Faye , de laquelle il eut *Françoise* du Prat , qui épousa en 1710. *Louis-Joseph* d'Aurele-la-Frediere , seigneur de la Frediere , de Pizé , des Cornais , &c. dont sont venus quatre enfans , sçavoir , *François-Hector* & *Pierre-Antonin* d'Aurele , *Marie-Catherine* & *Françoise-Adriane* d'Aurele.

P. 459. lettre A , après la ligne 8. *ajoutez* , 1. *François* du Prat , dit *le comte du Prat* , n'ayant point d'enfans d'*Adriene-Genevieve* baronne de Cottinville , fille de *N.* seigneur de Pussay , & de *N.* de Maupeou-d'Ableiges , a substitué son bien à la fille unique de son frere puîné , à condition que leur fils unique porteroit le nom & les armes de la maison du Prat.

Ibid. ligne suivante , *lisez* 2. *Jean-Baptiste Gaston* du Prat , mort exempt des Gardes du corps du Roi , eut une fille unique , mariée en 1713.

P. 461. lettre B , ligne 6. Seillans , *lisez* Saillans.

P. 469. à l'explication des armes , ligne 6. au dragon , *lisez* au griffon.

P. 470. au commencement de la genealogie de Poyet , *ajoutez* , ce qui suit.

I.

P IERRE Poyet.
Femme , MARIE de la Riviere.

E 1. CHRISTOPHE Poyet , qui suit.

2. Guy Poyet , seigneurie de la Tourreliere. Son alliance est ignorée.

I I.

C HRISTOPHE Poyet , fit partage à son frere le 14. août 1345. & lui ceda les terres de la Tourreliere & de la Charpenterie. Il fut pere de

I I I.

A NRET Poyet , maître-d'hôtel du duc d'Anjou , qui eut pour fils,

Tome IX.   B 6

Nota. Ces quatre premiers degrez sont ainsi marquez dans un memoire genealogique , communiqué à M. d'Hozier au mois de juin 1715. par M. de Meurcé François Cornuau de la Grandiere , lieutenant aux Gardes Françoises.

I V.

A

P ERRIN Poyet.

Femme, PERRINE Guibert.

1. MACE' Poyet.

2. GUY Poyet, seigneur de Jupilles, par lequel M. du Fourny a commencé cette genealogie.

3. PIERRE Poyet, curé de S. Aubin du Pareil.

4. JEANNE Poyet, épousa *Guillaume* d'Eu.

5. CATHERINE Poyet, femme de *Jean* Truon.

B

P. 473. lettre A, ligne 12. a donné lieu à cette genealogie, *lisez*, qui suit.

P. 476. lettre C, ligne 11. après ces chiffres 1729. *ajoutez*, il mourut à S. Germain en Laye le 13. août 1731.

P. 488. lettre A, après la derniere ligne, *ajoutez* :

5. THERESE Bertrand, femme de *Jean-Roger* de Foix, vicomte de Rabat, *mentionné tome III. de cette hist. p.* 365.

P. 504. lettre B, ligne 11. *bis*, S. Quentin, *lisez* S. Quintin.

Ibid. ligne pénultiéme, elle vivoit, *effacez ces mots & le reste de l'article*, & mettez, elle mourut en 1729. laissant un fils, marié en 1724. à *Marie* Peyrenc de Moras,

P. 507. lettre C. ligne 5. *ajoutez*, en degré, Louis-Henry-Maximilien Hurault, marquis de Vibraye, a épousé *Anne-Renée* Fremont, fille de *Nicolas* Fremont-d'Auneul, maître des requêtes, & d'*Elisabeth* Pucelle.

P. 528. lettre D, ligne premiere, le Camus, *ajoutez*, & mourut étant veuve à Paris le 27. juin 1732. dans sa 83ᵉ année.

C

P. 531. lettre C, ligne derniere, à la fin de l'article de Marie Brulart, *ajoutez*, elle s'est remariée le 15. janvier 1732. à *Charles-Philippes* d'Albert duc de Luynes, pair de France.

P. 532. lettre A, ligne pénultiéme, femme, *Bonne-Marie* Bachelier, *ôtez ce qui suit*, & mettez, remariée à *N.* de Lonpré, vivoit en 1732.

P. 534. lettre C, ligne 5. 1. Charles Brulart, *ajoutez*, comte de Genlis, âgé de 4. ans en 1710. a épousé *N.* de Hallencourt de Drosmesnil, niéce de l'évêque de Verdun, & fille d'*Emmanuel* de Hallencourt, marquis de Drosmesnil, & de *Louise* de Proisy, dont des enfans.

P. 553. à la fin de la page, *ajoutez*, Marie-Madelene d'Aligre, née le 27. août 1731.

P. 556. lettre B, ligne 12. Mecis, *lisez* Medicis.

P. 564. lettre C, ligne 2. à la fin de l'article de *Pierre* Seguier, *lisez*, il avoit pour frere BARTHELEMY Seguier. *qui a fait la branche des* seigneurs de la Verriere, *rapportez ci-après §. V.*

D

P. 568. lettre C, ligne 4. aux enfans de Pierre Seguier II. du nom, & de *Marguerite* Froment, *ôtez tout jusqu'an §. III. & mettez* :

1. JERÔME Seguier, seigneur de S. Cyr, mort sans avoir été marié.

2. PIERRE Seguier, seigneur de S. Cyr, enseigne au regiment des Gardes Françoises, mourut aussi sans avoir été marié.

3. NICOLAS Seguier, seigneur de S. Cyr, qui suit.

4. CHARLOTTE Seguier, femme d'*Antoine* Chomel, maître des requêtes, dont elle étoit veuve en 1664.

V I.

E

N ICOLAS Seguier, seigneur de S. Cyr après ses freres, & de S. Brisson après la mort du prévôt de Paris son cousin.

Femme, CHARLOTTE Pepin, fille de *Jean* Pepin, conseiller au Châtelet de Paris, & de *Marguerite* le Lievre.

1. JEAN-BAPTISTE Seguier, seigneur de S. Brisson, qui suit.

2. CLAUDE-ALEXANDRE Seguier, *qui sera rapporté après son frere ainé.*

3. NICOLAS Seguier, seigneur d'Andé & du Mesnil, mourut sans enfans le 8. avril 1690. Ses freres partagerent sa succession le 31. may 1691.

4. CHARLOTTE Seguier, mariée à *Vrven* l'Abbé, seigneur de Bullonde, lieutenant general des armées du Roi.

A

VII.

JEAN-BAPTISTE Seguier, seigneur de Saint Brisson ; vendit sa terre de Saint
Cyr au Roi.

Femme, MARIE-RENE'E Quelain, fille de *Nicolas* Quelain, conseiller au Parlement
de Paris, & de *Jacqueline* Marin, fut mariée au mois de janvier 1684.

B
1. NICOLAS Seguier, page de la duchesse de Bourgogne en 1703.
2. JEAN-BAPTISTE Seguier, mort au siege de Fribourg sans avoir été marié en 1713.
3. MAXIMILIEN Seguier, mestre de camp d'infanterie réformé, puis capitaine dans
le regiment de Limousin.
4. JACQUELINE-CHARLOTTE Seguier.

VII.

CLAUDE-ALEXANDRE Seguier, second fils de NICOLAS Seguier,
seigneur de S. Cyr, & de CHARLOTTE Pepin, *mentionnés ci devant*, p. 462.
mourut le 4. décembre 1725.

I. Femme, MARIE-JEANNE le Noir, fille de *Charles* le Noir, president à la Cour
des Aydes à Paris, & de *Louise* Targer.

C
1. ALEXANDRE-CHARLES Seguier, clerc, mort le 28. septembre 1711. & enterré à
S. Sulpice.
2. LOUIS-ANNE Seguier, conseiller au Parlement de Paris, qui suit.
3. NICOLAS Seguier, chanoine regulier de la Congregation de France.
4. FRANÇOIS Seguier.

Femme, MARIE-JACQUELINE Ghistelle, fille de *Lievin* Ghistelle, & de *Marie-Jeanne*
de Montbaillard, fut mariée en 1726.
I. CLAUDE-FRANÇOIS-LOUIS Seguier.
II. JEANNE-ANTOINETTE Seguier.

II. Femme, RENE'E-FRANÇOISE de Canonne, veuve de *Jacques* Boulet, seigneur
de Taramesnil, & fille d'*Adrien* de Canonne, secretaire du Roi, & d'*Anne* Seguier,
mourut le 27. janvier 1712.

VIII.

LOUIS-ANNE Seguier, conseiller au Parlement de Paris.

Femme, JEANNE-THERESE-ANTOINETTE Pelletier, fille d'*Antoine-Denis* Pel-
D letier, auditeur des Comptes, & de *Susanne* le Noir, fut mariée le 26. février 1726.
1. ANTOINE-LOUIS Seguier.
2. ALEXANDRE-LOUIS Seguier.

P. 569. lettre D, ligne 8. *ostez*, s'est marié & a eu des enfans, & *mettez* a épousé
Madelene Menou, dont il a eu, 1. *Maurice* Seguier, marié à N. Hareng, vivante en
1722. 2. N. Seguier, fils, 3. *Madelene* Seguier, religieuse à Sainte Glossinde à Mets.
Ibid. ligne 11. 4. Anne, *lisez*, 4. Anne-Dorothée.
Ibid. ligne 14. 1661. *ajoutez*, tué au coin d'un bois, *& tout de suite alinea :*
I. Femme, CATHERINE le Brun, vivoit le 15. juin 1686.
1. Louis Seguier, a épousé 1°. *Louise* Poulain, dont *Louis* Seguier, chanoine d'Es-
tampes, & *François* Seguier, dans le Service, 2°. *Françoise* Paillu, dont *Françoise*
Seguier.
2. DOMINIQUE Seguier, marié.
II. Femme, JEANNE de Rumigny, &c.
P. 570. lettre B, ligne 12. Anne Jacquelin, *lisez*, Anne-Charles Jacquelin.
Ibid. après la derniere ligne du §. IV. *mettez en titre :*

§. V.

SEIGNEURS DE LA VERRIERE.

I.

BARTHELEMY Seguier, frere de BLAISE Seguier ; *mentionné tome VI.* **A**
page 564. acheta de M. le Vacher vers l'an 1520. la terre de la Verriere près
Chevreuse, & étoit lieutenant general au bailliage de Chartres.

Femme, DENISE Poulain, eut pour enfans,

1. PIERRE Seguier, qui suit.
2. MARIE Seguier, femme d'*Etienne* du Plessis, seigneur de la Sauffaye.
3. MARGUERITE Seguier, femme de *Jean* Berziau, seigneur de la Marsiliere, avocat
   general en la Chambre des Comptes à Paris, puis lieutenant general au bailliage de Chartres.

II.

PIERRE Seguier, seigneur de la Verriere, lieutenant criminel, puis president
au Chatelet de Paris.

Femme, CATHERINE Pinot, fut mere de **B**

1. CLAUDE Seguier, qui suit.
2. CATHERINE Seguier, femme de *Jean* d'Apchon, baron de S. Germain des Fossez
   sur Allier.
3. ANNE Seguier, femme 1°. de *François* du Prat, baron de Thiern & de Viteaux ;
   2°. de *Hugues* de la Vergne, seigneur de Mouy. *Voyez tome VI. de cette histoire,*
   page 457.

III.

CLAUDE Seguier, seigneur de la Verriere, maître des Eaux & Forêts.

Femme, JUDITH du Puy. Ses enfans furent,

1. JEAN Seguier, colonel de mil chevaux au service de l'Empereur, mort en Allemagne sans avoir été marié.
2. JACQUES Seguier, seigneur de la Verriere, qui suit.
2. JUDITH Seguier, femme de *Charles* de Tranche-Lion, seigneur d'Ermenonville.
4. MADELENE Seguier, femme d'*Edme* seigneur de Montigny.

IV.

JACQUES Seguier, seigneur de la Verriere & autres lieux. **C**

Femme, MARGUERITE Tardieu, mere de

1. JACQUES Seguier, chanoine de Chartres, aumônier du Roi & évêque de Nismes ;
   ceda ses droits d'aînesse à *Jean* Seguier son frere.
2. GUILLAUME Seguier, enseigne de la colonelle du regiment de Nerestang.
3. CLAUDE Seguier, seigneur de Liancourt, qui suit.
4. JEAN Seguier, seigneur de la Verriere, *dont la posterité sera rapportée après celle*
   de son frere.
5. FRANÇOIS Seguier, chanoine regulier de Sainte Genevieve, abbé de Château-
   Landon.
6. ANNE Seguier, femme de *Jean* Vialart, seigneur de Herses, maître des Eaux &
   Forêts de Normandie. *Voyez tome II. de cette histoire, page 385.*
7. & 8. N. & N. Seguier, religieuses.

V.

V.

CLAUDE Seguier, seigneur de Liancourt, commandeur, secretaire & doyen de l'ordre de S. Lazare.

Femme, FRANÇOISE de Lannoy, eut,

A

1. FRANÇOIS Seguier, capitaine de fregate, chevalier de l'ordre militaire de Saint Louis : il épousa *Marie-Anne* de saint Pol, dont il a eu trois filles, *Adelaïde* Seguier, *Marguerite-Françoise* Seguier, & *Marie-Anne-Victoire* Seguier. Les deux dernieres étoient en 1731. à S. Cyr. Il est mort.

2. CHARLES-ANTOINE Seguier, lieutenant colonel du regiment de Lannoy, puis colonel des milices de Normandie, chevalier de l'ordre militaire de S. Louis. Il a épousé *Marie-Reine* de France, veuve de M. de Carnin, marquis de Saint Leger. Il n'a point eu d'enfans.

3. JEAN-CLAUDE Seguier, qui suit.

4. FRANÇOISE-BONNE Seguier, femme d'*André* de Pinthereau, seigneur de Bachevillier & de Tourly.

V I.

JEAN-CLAUDE Seguier, officier de Dragons, chevalier de l'ordre militaire de Saint Louis, s'est établi à Chaumont.

Femme, FRANÇOISE Chardin.

B

1. & 2. CLAUDE-FRANÇOIS & PIERRE-CHARLES-LEONARD Seguier.

3. REINE Seguier.

V.

JEAN Seguier, seigneur de la Verriere par la cession que *Jacques* Seguier, évêque de Nismes son frere aîné lui fit de ses droits d'aînesse, étoit lequatriéme fils de *Jacques* Seguier, seigneur de la Verriere, & de *Marguerite* Tardieu, *mentionnés ci-devant*, *page* 464.

Femme, GENEVIEVE du Puy, eut un fils unique, qui suit.

V I.

C

LOUIS-CESAR Seguier, seigneur de la Verriere, officier dans le regiment du Roi infanterie, vendit la terre de la Verriere.

Femme, MARIE-ANNE de la Lande, entr'autres biens apporta à son mari la terre de Courtampierre.

1. JEAN-LOUIS Seguier, seigneur de Courtampierre, qui suit.

2. JACQUES-ALEXANDRE Seguier, officier dans le regiment de Soissonnois.

3. MARIE-ANNE Seguier, femme de *David* de Moustelard, seigneur de Maison-Rouge.

4. LOUISE-ELISABETH Seguier, femme de *François* de Voisine.

5. LOUISE-ANNE Seguier.

V I I.

JEAN-LOUIS Seguier, seigneur de Courtampierre, de la Riviere & de Jaillemain.

Femme, CATHERINE-CONSTANCE Hebert, sœur de *N.* Hebert, introducteur des ambassadeurs, & mere de

D

MARIE-CONSTANCE Seguier.

P. 576. lettre C, ligne 3. François-Mathieu Molé, seigneur de Champlastreux, *ajoutez*, president à mortier au Parlement de Paris.

P. 581. lettre B, ligne 10. N. le Tellier, *lisez*, Charlotte-Rosalie le Tellier, morte.

Ibid. lettre C, ligne premiere, François-Cesar, *lisez* François-Michel-Cesar.

Ibid. même ligne, *ostez* de Louvois, & *mettez* comte de Tonnerre & de la Ferté-Gaucher.

Ibid. après la quatriéme ligne, *ajoutez :*

Femme, LOUISE-ANTONINE de Gontaut, fille de *François-Armand* de Gontaut, duc de Biron, pair de France, & d'*Adelaïde* de Gramont, fut mariée le 25. février 1732.

P. 582. lettre A, ligne premiere, *ostez* unique.

Ibid. après la deuxième ligne, *changez les chiffres*, & *mettez*, 1. Charles - Antoine le Tellier, mort à l'âge de 21. ans à Ancy-le-Franc. 2. François-Louis le Tellier, &c. 3. Charles-Maurice le Tellier, dit *le chevalier de Souvré*, &c. 4. Charlotte-Felicité, &c.

Ibid. degré VI. ligne première, marquis de Louvois, *lisez* marquis de Souvré & de Louvois.

Ibid. trois lignes après, 1704. *ajoutez*, maître de la garderobbe du Roi, & colonel d'un regiment d'infanterie de son nom en octobre 1730.

Ibid. lettre C, après la ligne 5. *ajoutez*, 4. N. le Tellier, né le 15. juin 1732.

P. 583. ligne 7. à la fin de l'article de *Madelene* le Tellier, *ajoutez*, elle mourut le 11. décembre 1730. âgée de 96. ans 5. mois 15. jours.

P. 586. lettre C, ligne 4. elle est morte, *ajoutez*, le 23. novembre 1730. dans sa 74ᵉ année.

Ibid. lettre D, ligne 3. jusqu'en 1667. *lisez* jusqu'en 1677.

P. 599. lettre C, ligne 5. 1729. *ajoutés*, Marie-Françoise-Celeste de Voyer de Paulmy, mourut à Paris le 12. juin 1732. âgée de 70. ans.

P. 606. lettre A, ligne derniere, seigneur des Couttes, *lisez* seigneur de Coutte.

Ibid. lettre B. ligne 2. Europée, *lisez* Europé.

Ibid. ligne 5. à la fin, *ajoutez*, mort le 12. avril 1730.

Ibid. ligne 7. à la fin, *ajoutez*, morte le 19. juin 1730.

Ibid. lettre C, ligne derniere, après ce mot, infanterie, *ajoutez*, mort à Versailles le premier septembre 1730.

P. 607. lettre A, à la fin de l'article de Charles-Jean-Baptiste Fleuriau, comte de Morville, *ajoutez*, il mourut à Paris le 3. février 1732.

P. 624. lettre A, ligne 9. à Hubert de Vergeur, *lisez* à Charles de Vergeur.

Ibid. ligne 11. du Drac sa femme, *lisez* du Drac sa mere, & *effacez*, leur petite-fille.

Ibid. ligne 14. après ces mots, par partage, *lisez* du 9. juillet.

Ibid. ligne 16. mort le 4. *lisez* mort le 6. novembre.

P. 633. lettre B, ligne derniere, fille aînée, *ôtez* aînée.

P. 646. lettre D, ligne 3. Marie du Merle, mariée à *N.* Petré, seigneur de Souglaut, *lisez* Catherine du Merle, mariée 1°. à *N.* Petré, seigneur de Souglant en Tierache, 2°. à *N.* seigneur de la Bove près Soissons, 3°. en 1709. à *Henry* de l'Estendart-Bully, seigneur d'Angerville, dont elle fut la seconde femme, & mourut sans enfans à Monstreuil sur Mer le dernier avril 1731.

P. 663. lettre C, ligne 10. ce qu'il, *lisez* ce qu'ils.

P. 675. lettre D, ligne 5. le, *lisez* se.

P. 678. lettre D, ligne 7. vivant en 1730. *lisez* vivant en 1732. sans enfans de *Marie-Anne* Bazin, qu'il a épousé à Paris le 18. janvier 1696.

Ibid. ligne suivante, à Anne-Angelique de la Fontaine-Solart, *lisez* à *Marie-Anne-Angelique* de la Fontaine-Solare.

P. 679. lettre C, ligne 5. pouvoit être de la maison de Trie, *lisez* étoit de la maison de Trie.

P. 680. lettre B, ligne 2. d'azur à la bande d'or, *lisez*, d'or à la bande d'azur.

P. 681. lettre B, Collogon, seigneur de Toucy, *lisez* Coetlogon, seigneur de Thony.

P. 682. lettre B, ligne 10. Collogon, *lisez* Coetlogon.

P. 685. lettre C, ligne 5. *ajoutez*, marié à *Elisabeth* de Fouilleuse, dame des Boispreaux, fille de *Charles* de Fouilleuse, seigneur des Boispreaux, & d'*Elisabeth* de Fontet.

P. 717. lettre D, ligne 5. épousa, *lisez* en 1340. *Gilles* baron de Mailly.

P. 718. Tirel II. du nom, *lisez*, Tirel IV. du nom.

Ibid. ligne suivante, & de *Madelene*, *lisez*, & de Marguerite.

P. 730. lettre B, à la fin de l'article de Guigues VIII. du nom, comte de Forez, *mettez*, & mourut l'an 1357. ou 1358. suivant les lettres de Charles Dauphin, regent du royaume pendant la prison du roi Jean son pere, dattées du 9. janvier 1358. dans lesquelles est le *vidimus* d'autres lettres de ce Prince du 7. septembre precedent : il est dit dans ces dernieres que le comte de Forez étoit mort depuis peu, *tam vivente dilecto & fideli consanguineo comite Forensi, nuper defuncto, patre dicti comitis moderni quam post ipsius obitum*. Ces lettres furent données à l'occasion d'une émeute arrivée dans le Forez par rapport à un subside qui avoit été octroyé dans une assemblée d'états generaux tenus en 1357. (*Tresor des Chartes reg.* 90 *piece* 40. *communiqué en* 1731. *par M. Secousse, curé de S. Eustache.*)

P. 735. lettre B, ligne 3. Philippes seigneur de Linieres, *lisez* Jean V. du nom, seigneur de Linieres.

A P. 745. lettre D, ligne 8. *ostez* Chillerange aujourd'hui, & *lisez* Chalerange.

P. 768. lettre B, ligne 5. *ostez* & de Peronelle d'Amboise, & *mettez* & d'Antoinette de Chauvigny sa premiere femme.

P. 789. lettre B, avant le degré XXI. *ajoutez alinea* :

7. ANTOINETTE de Crequy, nommée abbesse de Villancourt à Abbeville au mois d'avril 1719. vit en 1732.

Ibid. lettre D, ligne 7. 2. Robert chevalier de Crequy-Hemont, *lisez* 2. Robert de Crequy-Hemont, chevalier de Malte.

Ibid. ligne 9. 3 & 4. N. & N. de Crequy, filles, *ajoutez*, l'ainée a épousé N. du Tertre en Boulonois, & la cadette a été mariée à N. Tiercelin de Saveuse.

P. 790. lettre A, *ostez les deux premieres lignes.*

B P. 800. lettre B, ligne 15. Espagne, *ajoutez*, mourut vers le commencement de l'an 1731.

P. 802. lettre D, ligne 7. *ostez* qui suit, & *mettez*, a épousé N. d'Auxy, fille de N. d'Auxy, seigneur de la Bruyere, & de

Ibid. degré XXI. *ostez* Jean-Antoine, & *mettez*, N...

Tome Septiéme.

C PAGE 6. lettre A, ligne 10. à l'acte de tutelle de Louis, *lisez* des enfans de Louis.

P. 21. lettre A, ligne 3. de Bordeille *lisez par tout*, Bourdeille.

Ibid. ligne 13. seigneur de Baillon, *lisez* de Baillou.

Ibid. lettre B, ligne 4. Susanne Prevost, *ajoutez*, de Sansac, dame de Touchimbert.

Ibid. ligne suivante, *effacez*, elle est morte jeune, & *ajoutez*, dont il a eu 1. *Henry-Joseph* de Bourdeille, né le 2. mars 1715. lieutenant de cavalerie. 11. *Henry-Joseph* de Bourdeille, né le 7. décembre 1720. ecclesiastique, & 111. *Marie-Susanne* de Bourdeille, née le 28. avril 1717.

Ibid. lettre E, ligne 4. & 5. Beuveau, *lisez*, Beauvau.

P. 25. lettre B, ligne 4. des ordres de Roi, *lisez* des ordres du Roi.

D *Ibid.* ligne suivante, *lisez* & mourut en 1621. avant d'avoir été reçu, après avoir testé à Paris le 27. avril 1619.

P. 30. lettre A, ligne 7. Chaumont de Cenantes, *lisez* de Conantes.

P. 37. lettre B, ligne 11. après ce mot, mariée, *ajoutez*, 1°. à *Thibaut* bâtard de Neufchâtel, 2°. &c.

P. 46. lettre A, ligne 5. seigneur de Montferrant, *lisez* de Montferrant.

P. 54. lettre B, ligne 11. Servigny, *lisez* Savigny.

P. 61. lettre A, ligne premiere, dernier mot, *lisez* 1558.

P. 71. lettre C, ligne premiere, Jean de la Brosse, *lisez*, JEAN de Brosse, &c.

P. 80. lettre A, ligne 11. en 1347. *lisez* en 1341.

P. 101. lettre E, ligne premiere, *ajoutez à la fin*, conseiller d'état.

P. 102. lettre A, avant le §. I. *ajoutez*, Aloph-Felicité Rouault, né le 16. janvier 1731.

P. 111. lettre E, ligne 4. sire de Ber d'Auxy, *lisez* sire & Ber d'Auxy.

P. 129. lettre C, ligne premiere, après ce mot, de Pacy, *ajoutez*, de Montagu-le-E Blanc, de Chastel-Perron, de Chezel, de Dompierre & de Vandenesse.

Ibid. ligne 3. après ce mot, Lyonnois, *ajoutez*, Rouannois, la Marche, Combrailles; lieutenant general en Guyenne, en Italie & dans le royaume de Naples, gouverneur de la ville de Novarre, & capitaine de cent hommes d'armes des ordonnances.

P. 130. lettre A, ligne 9. après ce mot de Fourquevaux, *ajoutez*, voyez l'hist. de Louis XII. par Godefroy.

Ibid. lettre B, après la quatriéme ligne, *ajoutez*, Pierre de Chabannes fut present à une donation faite à l'abbaye de Montperoux diocese de Clermont en Auvergne l'an 1155. *Gall. Christ. edit. nov. tom. 11. col. 399.*

Ibid. lettre C, ligne 5. *ajoutez à la fin*: L'on trouve encore plusieurs quittances de lui ès années 1388. & 1404. *Cabinet de M. Clairambault.*

Ibid. lettre D, ligne premiere, après ce mot, Charlus le Pailloux, *ajoutez*, il avoit un frere de même nom que lui, lequel étoit prieur de Bort.

P. 131. lettre C, ligne 10. après le mot de Vendeneſſe, *ajoutez*, il commandoit l'infanterie Françoiſe à l'affaire d'Aignadel en 1509. avec le comte de Rouſſillon, & y fit priſonnier l'Alviane un des generaux Venitiens. (*Hiſt. de Louis XII. par Godefroy.*)

Ibid. ligne 11. après ces mots, au mois d'avril 1524. *ajoutez*, où il commandoit l'armée Françoiſe avec Guillaume Gouffier. (*Chron. de du Tillet, p. 91.*)

Ibid. lettre E, ligne pénultiéme à la fin, *ajoutez*, elle fut mere de 1. N. de Chabannes, mort jeune. 2. *Françoiſe* de Chabannes, mariée à *Jacques* de Beaufort.

P. 132. lettre B, ligne 3. après ces chiffres, en 1551. *ajoutez*, chevalier de ſon Ordre.

Ibid. lettre C, ligne derniere, *ajoutez*, fils d'Antoine Maſquarel, & de *Diane* de Serviat.

P. 133. lettre B, ligne 7. à la fin, *ajoutez*, il eſt qualifié *Gilb. de Chabannées, dñ de Curton prorex apud Arvernos ac Lemovicenſes*, dans la fondation qu'il fit de ſix enfans de Chœur pour le chapitre d'Orcival. (*Gal. Chriſt. edit. nov. t. II. col. 530.*)

Ibid. ligne 10. après ce mot, dot, *ajoutez*, par traité du 26. novembre 1459.

Ibid. lettre C, ligne 4. après ce mot, femme, *ajoutez*, il fut ſtipulé dans le contrat de mariage qu'en cas que les enfans de ce mariage vinſſent à la ſucceſſion du comté de Vendôme, celui des heritiers ou heritieres à qui cette ſucceſſion échéroit, prendroit le nom & les armes de Vendôme.

Ibid. ligne 7. à la fin, *ajoutez*, & commandoit avec l'amiral Annebaut l'armée navale que François I. fit deſcendre en Angleterre. (*Hiſt. de Thou, vol. 1.*)

Ibid. lettre D, ligne 8. à Jean de Dian, *liſez* de Dienne.

Ibid. lettre E, ligne 8. *ajoutez*, il avoit été fait priſonnier à la bataille de S. Quentin. (*a*)

(*a*) Hiſt. de M. de Thou, tome I. & le roi François II. le qualifie ſon *très-cher & amé couſin*, dans ſes proviſions de ſenechal de Touloufe.

Ibid. après la ligne 11. *ajoutez alinea:*

1. FRANÇOIS de Chabannes, ſénéchal de Toulouſe en ſurvivance de ſon pere, par lettres du 9. octobre 1559.

P. 134. lettre B, ligne 3. après le mot, épouſa, *ajoutez*, 1°. N. marquis de Beaufort, 2°.

Ibid. ligne 6. *ajoutez* à la fin, baron de Bologne en Vivarez, & deux lignes après à la fin, *ajoutez*, voyez *Gal. Chriſt. edit. nov. t. II. col. 616.*

Ibid. ligne 12. *ajoutez*, elle fut gouvernante des Enfans de France.

Ibid. lettre D, à la fin de la troiſiéme ligne, *ajoutez*, il étoit chevalier d'honneur de la Reine Marguerite, & la Reine mere Catherine de Medicis lui vendit le 2. juin 1583. les terre, ſeigneurie & châtellenie de Tinieres en Auvergne.

Ibid. ligne 4. après ce mot, du Prat, dame d'honneur de la Reine, *ajoutez*, & fonda le 21. avril 1571. le doyenné & chapitre de Pont-Château.

P. 135. lettre A, après la ligne 2. *ajoutez alinea:*

6. MICHELLE de Chabannes, abbeſſe de la Vaſſin après *Helene* de Chabannes ſa tante.

Ibid. lettre C, ligne 6. après ce mot, de Vienne, *ajoutez*, ſeigneur de Paulagnac.

Ibid. lettre D, ligne 9. à la fin, *ajoutez*, du regiment de Coſtentin.

Ibid. lettre E, ligne premiere, *ajoutez*, a épouſé à la fin du mois de novembre 1731. *Marie* de Roquefeuil, fille de *N.* de Roquefeuil, & de *N.* Crois.

Ibid. ligne 6. à la fin, *ajoutez*, morte.

Ibid. ligne ſuivante, *ajoutez*, elle vit en 1732.

P. 136. lettre A, ligne premiere, *ajoutez*, après, &c. colonel du regiment d'Anjou.

Ibid. ligne 2. *ajoutez à la fin*, & a commandé la cavalerie en Eſpagne la même année.

Ibid. lettre B, ligne premiere, après ce mot, Chabannes, *ajoutez*, chevalier de l'ordre du Roi.

Ibid. lettre C, ligne premiere, Anne de Bernard, *liſez*, Diane-Jeanne de Berno, & à la fin de la page, *ajoutez*, par contrat du 6. juillet precedent.

Ibid. lettre E, ligne 9. en 1630. *liſez* le 19. juillet 1630.

P. 137. lettre A, ligne 14. fille de *N. liſez* de *Silvain* de la Marche, & ligne ſuivante, après le mot, Peguillon, *ajoutez*, & de *Marguerite* d'Arnac, fut mariée le 9. février 1683. &

Ibid. lettre B, ligne premiere, B. *liſez*, aliàs Louis.

Ibid. à la fin de la ligne, *ajoutez*, marié le 8. ſeptembre 1717. à *Leonarde-Françoiſe* Galand, dame de la Vareine, dont trois enfans; ſçavoir, *Leonard*, tonſuré en 1732. *Leonard*, mort jeune, & *Marie-Françoiſe*, née le 3. ſeptembre 1727.

Ibid.

A   *Ibid.* ligne 2. *ajoutez alinea :*

3. GABRIEL de Chabannes, mort fans pofterité.

Ibid. lettre C, ligne premiere, à la fin, *ajoutez*, chevalier de S. Louis.

Ibid. ligne 2. *effacez ces mots*, tué au fiege de Douay en 1709. & *lifez*, fait lieutenant de vaiffeau à la promotion de 1731.

Ibid. ligne 4. à la fin, *ajoutez*, enfeigne de vaiffeau, tué au fiege de Bethune en 1709.

Ibid. ligne fuivante, *effacez ces mots*, l'un d'eux eft enfeigne, &c. & *lifez* l'un d'eux a été enfeigne de vaiffeau, & *ajoutez*, ils font morts jeunes.

Ibid. ligne 8. à la fin, *ajoutez*, elle a époufé *Pierre* Feydeau.

Ibid. ligne fuivante, à la fin, *ajoutez*, morte fans alliance.

Ibid. lettre D, ligne premiere, *ajoutez après ce mot*, Sainte Colombe, &c. chevalier de l'ordre du Roi

P. 138. lettre A, ligne 8. après ce mot, du Verger, *ajoutez*, de Sainte Colombe, des Bois & de Chandon.

Ibid. lettre B, ligne 2. après ce mot, chevalier, *ajoutez*, de Malte, puis marié & mort fans pofterité.

B   *Ibid.* à la fin de la quatriéme ligne, *ajoutez*, à S. Fargeau ordre de S. Benoît.

Ibid. lettre C, avant le degré XI. *ajoutez alinea :*

4. GABRIEL de Chabannes, mort jeune au fervice du Roi.

Trois autres enfans, morts jeunes.

Ibid. lettre C, ligne 4. après ce mot, Sallonier, *ajoutez*, dame d'Epiry.

Ibid. ligne 9. né en 1720. *lifez* le 16. janvier 1721.

Ibid. ligne fuivante, né le 19. août, *lifez* le 29. Deux lignes après, née en 1718. *lifez* le 25. octobre, & *ajoutez alinea :*

7. PIERRE-PAUL de Chabannes, né le 28. octobre 1726.

8. LOUIS-ANTOINE de Chabannes, né le 27. juillet 1730.

Ibid. lettre D, ligne 9, *ajoutez*, mort fans enfans.

P. 139. lettre C, ligne 4. fils de François, *lifez* de Jean, & ligne fuivante, *ajoutez*, & de Françoife de Montmorin.

C   *Ibid.* lettre E, ligne 4. le 17. août 1652. *lifez* le 19. octobre 1651. & *ajoutez*, il fut tué au fiege de Mouron.

Ibid. ligne 6. *ajoutez*, elle furvêquit fon mari, & fe remaria à *Edouard*, feigneur de Montmorin. *Voyez tome VIII. de cette hiftoire, p. 822.*

Ibid. ligne antepenultiéme, après ce mot, de Chabannes, *lifés*, morte, & de même à la ligne fuivante.

P. 140. lettre A, ligne premiere, après ces mots, comte de Pionzac, *ajoutez*, feigneur de Preaux, vicomte de Savigny.

Ibid. lettre A, ligne 9. Anne-Françoife de Lutzeibourg, *ajoutez*, dite de Luxembourg.

Ibid. lettre B, ligne premiere, après ce mot, Chabannes, *ajoutez*, feigneur de la Palice.

Ibid. ligne fuivante, après ces chiffres, en 1701. *ajoutez*, & chevalier de S. Louis, & à la fin de la ligne, *ajoute*, il a racheté en 1731. de M. d'Evry, maître des requêtes, la terre de la Palice, fortie depuis long-temps de la maifon de Chabannes. Il avoit
D   été bleffé à la bataille d'Hochftet, &c.

Ibid. ligne 8. après ce mot, regiment, *ajoutez*, a commandé en Hongrie le regiment des Cuiraffiers pour l'Electeur de Baviere, eft revenu en France & fut fait, &c.

Ibid. ligne 11. après ce mot, regiment, *ajoutez*, Royal des Cravates, puis au regiment, & ligne fuivante, *ajoutez*, chevalier de S. Lazare.

Ibid. ligne fuivante, à la fin, *ajoutez*, au mois d'octobre 1730.

Ibid. ligne 18. de N. de la Queille, *lifez* de Claude-François, & à la fin de la ligne, *ajoutez*, & de N. de Ronchivol.

Ibid. lettre C, ligne 2. après de Pionzac, *ajoutez*, feigneur de Vaumiers, de Trizac, d'Apchon, premier baron de la haute Auvergne, fénéchal d'Auvergne, chevalier de S. Louis.

E   *Ibid.* ligne 7. *lifez* Gilbert-Gafpard de Chabannes, né le 3. février 1714. fait enfeigne au regiment des Gardes Françoifes en 1730.

Ibid. ligne fuivante, *lifé* Jean-Baptifte de Chabannes, gentilhomme à drapeau au même regiment en 1730. puis enfeigne en 1731. a eu une gratification en 1732.

Ibid. ligne fuivante, *lifez*, Jofeph de Chabannes, tonfuré en 1731. nommé prieur de Nantua ordre de Cluny en 1732. & *ajoutez alinea :*

4. N. de Chabannes, mort jeune.

Ibid. lettre D, ligne 3. *rayez ces mots*, vivoit le 6. décembre 1688. & *ajoutez*, il a été capitaine dans le regiment de Normandie, & a commandé le ban & arriereban en Auvergne en 1696.

Ibid. ligne fuivante, *lifez ainfi*: Femme, Amable Boyer, fille de *Jacques* Boyer, fei- **A**
gneur de Saunat, baron de Chamiane, du Cerf, feigneur de S. Geneft, & de *Marie* de
Blot, fut mariée en 1695.

ibid. deux lignes après, *lifez* Jacques-Louis de Chabannes, feigneur du Cerf & baron
de Chamiane, né en 1697. capitaine au regiment de Bourbonnois en 1729.

ibid. ligne fuivante, *lifés* Jofeph-Gafpard de Chabannes, né en 1701. abbé de Val-
ficher au mois d'octobre 1723. prieur de Sorbonne en 1724. docteur en 1726. grand-
vicaire d'Aire la même année, puis archidiacre d'Aire, grand-vicaire de Tours en 1730.
& nommé agent du Clergé en 1732.

ibid. ligne derniere, *ajoutez à la fin*, en Auvergne, abbeffe de Beaumont même diocefe, ordre de S. Benoît en 1732.   **B**

P. 141. lettre B, ligne 12. février 1405. *lifez* 1465. & *ajoutez*, fils de *Louis* marquis
de Canillac, & de *Jeanne* de Norry, & à la fin de la ligne fuivante, *ajoutez*, & tome
VI. p. 323.

ibid. lettre C, ligne 8. à la fin, *ajoutez*, les rois Charles VIII. & Louis XII. le qualifient dans leurs lettres *très cher & amé coufin*.

P. 146. lettre D, ligne 8. feigneurs de Creffia, *lifez* de Crelia.

P. 157. lettre E, ligne 11. après ces mots, dont pofterité, *ajoutez : fçavoir*,

JEAN d'Amanzé chevalier, feigneur comte d'Amanzé, dont la pofterité fera
déduite après celles de fes fœurs. *Louife* d'Amanzé, laquelle époufa le 16. novembre
1581. *Antoine* de Montjournal, chevalier, feigneur de Cindré en Bourbonnois, dont
la pofterité eft ignorée. *Marie* d'Amanzé, laquelle époufa le 7. février 1583. *Claude* de
Balore, chevalier, feigneur dudit lieu, dont la pofterité eft ignorée. *Ifabeau* d'Aman-   **C**
zé, laquelle époufa le 13. février 1584. *François* de Bouloigne, chevalier, feigneur de
Salle en Dauphiné, dont la pofterité eft ignorée. *Efther* d'Amanzé, laquelle époufa le
13. août 1595. *François* de Moncoquier, feigneur dudit lieu, chevalier de l'ordre du
Roi, capitaine de cinquante hommes d'armes des ordonnances de fa majefté, dont elle
eut pour fille unique, *Gilberte* de Moncoquier, qui époufa le 20. août 1612. *Etienne* de
la Souche, chevalier, feigneur de S. Auguftin, fils de *Blaife* de la Souche, chevalier,
feigneur de S. Auguftin, de la Souche, de Pravier & autres lieux, & de *Gilberte* Jean
de Bellenave, dont elle eut,

PHILIPPES de la Souche, chevalier, feigneur de Saint Auguftin, de Moncoquier &
autres lieux, qui époufa le 26. octobre 1655. *Marguerite* de Bergier, dont il eut entr'autres enfans, morts jeunes ou fans alliance, *Claude* de la Souche de Saint Auguftin,
chevalier, feigneur de Moncoquier, les Foucaux & autres lieux, dont la pofterité   **D**
fera ci-après déduite. *Gilbert* de la Souche de Saint Auguftin, chanoine de l'églife
royale & collegiale de Notre-Dame de Moulins en Bourbonnois, mort à Crecy le 7.
feptembre 1709. chez *Gilbert* Carpentier, chevalier, feigneur de Crecy fon neveu ;
Gilbert de la Souche de Saint Auguftin, docteur de Sorbonne, prieur & baron commendataire d'Anzy-le-Duc, chanoine de Mâcon, ci-devant aumônier de feuë fon alteffe
royale Madame douairiere d'Orleans ; *Marie-Etiennette* de la Souche de Saint Auguftin,
qui époufa *N.* de Flory, chevalier, feigneur de la Barre, de Billy & autres lieux, dont
elle a eu cinq ou fix enfans, morts jeunes ou fans alliances ; *Marguerite* de la Souche de Saint Auguftin, laquelle a époufé le 18. février 1697 *Jean-François* Carpentier,
chevalier, feigneur de Crecy en Nivernois, fils de Jean-François Carpentier I. du nom,
chevalier, feigneur dudit Crecy, & d'*Anne* Carpentier, dont elle a eu pour enfans,
Nicolas Carpentier de Crecy, mort en bas âge ; *Gilbert* Carpentier, chevalier, feigneur
de Crecy & autres lieux, qui a époufé le 23. février 1724. *Louife* Thoynard, fille de
Barthelemy Thoynard, écuyer, feigneur d'Ambron, de Trouigny & autres lieux, & de
Madelene-Nicole Guymont, dont il a eu pour enfans, *Gilbert* Carpentier de Crecy, chevalier né le 18. mars 1726. *Claude* Carpentier de Crecy, dit *le chevalier de Crecy*,   **E**
né le 7. novembre 1727. *Charles-François* Carpentier de Crecy, né le 22. janvier 1732. &
décedé dans le mois fuivant, *Marguerite* Carpentier de Crecy, née le 3. janvier 1725.
Marie Carpentier de Crecy, née le 15. novembre 1729.

CLAUDE de la Souche de Saint Auguftin, chevalier, feigneur de Moncoquier, les
Foucaux, & autres lieux, fils aîné de *Philippes* de la Souche, chevalier, feigneur de
Saint Auguftin, de Moncoquier & autres lieux, & de *Marguerite* de Bergier, a époufé
Catherine de Bilquin, fille du gouverneur de ce nom de la ville de Dinan en Flandres,
dont il a eu pour enfans, *Gilbert* de la Souche de Saint Auguftin, chevalier, feigneur
des Foucaux & autres lieux, moufquetaire du Roi de la feconde compagnie ; *Marie-
Barbe* de la Souche de Saint Auguftin, religieufe de la Vifitation en la ville de Moulins en Bourbonnois ; *Marguerite* de la Souche de Saint Auguftin, laquelle a époufé
en 1720. Jean des Champs, chevalier, feigneur de Pravier, de Bifferet, les Monteft
& autres lieux, fils aîné de *Victor* des Champs, chevalier, feigneur des Monteft, & de

A   *Jeanne* de la Souche, dont il a pour enfans, *Claude* des Champs, chevalier, seigneur des Montest, & *Marguerite* des Champs.

JEAN d'Amanzé chevalier, comte d'Amanzé, fils unique de *Pierre*, chevalier, seigneur comte d'Amanzé, & d'*Antoinette* de Coligny, épousa le 10. septembre 1595. *Isabeau* d'Escars, dame de Carency, &c. dont il eut entr'autres enfans, morts jeunes ou sans alliances., *Gaspard* d'Amanzé, chevalier, seigneur comte d'Amanzé, baron de Combles en Picardie, gouverneur de Bourbon-Lancy, &c. lequel épousa le 28. juin 1630. au château des Bordes en Nivernois; *Françoise* Jaquot de Mypont, dont il a eu entr'autres enfans, morts jeunes ou sans alliances, *Louis* chevalier, seigneur comte d'Amanzé, gouverneur de Bourbon-Lancy, &c. qui épousa *Marie* Falconis, dont il a eu pour enfans, *Marie-Josephe* d'Amanzé, qui a épousé le 20. mars 1706.
Anne de la Queille, chevalier, seigneur marquis de Châtaugay, de Vendat & autres
B   lieux, auquel le Roi accorda toutes les charges du comte d'Amanzé, son beau-pere, dont des enfans. *Louise* d'Amanzé, laquelle a épousé le 20. juin 1703. *Pierre* de Galeans, chevalier, seigneur marquis de Gadagne, &c. dont des enfans.

P. 166. lettre B, ligne 7. Betsencourt, *lisez* Bethencourt.

P. 174. lettre A, ligne 11. à la fin, *ajoutez*, elle mourut à Aix-la-Chapelle le 17. octobre 1731. dans sa 19e année.

P. 215. lettre C, ligne 8. de Fouha de la Haye, *lisez* de Touges de la Hage.

Ibid. lettre E, ligne 2. seigneur de Sailliere, *lisez* de la Hiliere.

Ibid. ligne derniere, *lisez* de Barboutan de Riviere, vicomte de Labatut.

P. 217. lettre A, ligne 8. *lisez* le 25. avril 1675.

C   *Ibid.* ligne suivante, après Roquelaure, *ajoutez*, -Saint-Aubin.

Ibid. deux lignes après, *lisez* 2. Jean-François de la Barthe.

Ibid. lettre B, ligne 9. au baron de Pontezac, *lisez* de Pontejac.

Ibid. ligne 12. à la fin, *ajoutez*, fille de *François* de Murviel, seigneur de Bauvoix, & de *Catherine* de Touges, dame de la Hage.

Ibid. lettre D, ligne 9. de la Haye-Forgues, *lisez* de la Hage-Forgues.

Ibid. ligne 11. N. d'Esparbez, *lisez* Françoise d'Esparbez, & à la fin de la ligne; *ajoutez*, fille de *François* d'Esparbez, & d'*Anne* d'Antin, & sœur de *Philippes* d'Esparbez.

Ibid. lettre E, ligne premiere, la Haye-Forgues, *lisez* la Hage-Forgues.

Ibid. ligne 3. *lisez* ainsi :

Femme, JEANNE de Guerrier, fille de *Pierre* de Guerrier, seigneur de Beaufort; & de *Marie* de Saintes, fut mariée le 18. octobre 1654.

Ibid. ligne 6. testa le 4. may 1722. *lisez* le 28. mars 1710.

D   *Ibid.* ligne 7. *ajoutez à la fin*, elle étoit fille de *Jean-Henry* d'Escodeca, marquis de Boisse, & de *Marthe* de Cominges-Peguilhem.

Ibid. ligne suivante, 1. N. de la Barthe, *lisez* Joseph-François-Clement de la Barthe, seigneur & baron de la Hage-Forgues, de Gavaret & de Marignac, mousquetaire du Roi dans la premiere compagnie.

P. 218. lettre A, ligne premiere, après ce mot, de la Barthe, *ajoutez*, né le 25. décembre 1701.

Ibid. ligne suivante, N. de la Barthe, *lisez* Jeanne-Marie de la Barthe, épousa en 1723. N. de Seirgan, vicomte d'Erce.

P. 222. à la fin, *ajoutez en titre* :

BRANCHE
DU NOM
DE LA PLATIERE,

Dont on n'a point trouvé la jonction avec les précedens.

I.

PHILIPPES de la Platiere, fut pourvû le 9. mars 1549. de l'office de capitaine de la ville de Nevers, vacant par la mort de *Guillaume* de la Platiere, chevalier, seigneur de Prie. Son fils fut,

I I.

JEAN de la Platiere, qualifié écuyer, homme d'armes de la compagnie du duc **A** de Nivernois, & fils de *noble* homme *Philippes* de la platiere, lieutenant des Toiles du Roi, capitaine de la ville de Nevers, dans son contrat de mariage; il fut capitaine d'infanterie par commission du 9. avril 1576. seigneur de Cheveroux & de Montifaut, & rendit hommage de cette derniere terre au seigneur de Beaumont-la-Ferriere, le 27. juin 1596.

Femme, RENE'E d'Estut, fille de *François* d'Estut, écuyer, seigneur de Saint Pere, exempt des Gardes du corps du Roi, & de *Renee* de Boisselet, fut mariée par contrat du 19. décembre 1575. & fit partage des biens de son mari à *Guillaume* & *Charles* ses enfans le 13. may 1616.

 1. CHARLES de la Platiere, seigneur de Montifaut, qui suit.   **B**
 2. GUILLAUME de la Platiere, chevalier, seigneur de Cheveroux.
 Femme, CLAUDE de Villars, fut mere de
  1. EDME'E de la Platiere, laquelle épousa par contrat du 26. juillet 1639. *François*
   d'Estut, chevalier, seigneur de Tracy & de Maltaverne.
  11. RENE'E de la Platiere, femme de *Thomas* de la Barre, écuyer, seigneur de
   Lorgne & de Chabais, fut presente au contrat de mariage d'*Edmée* sa sœur.

I I I.

CHARLES de la Platiere, écuyer seigneur de Montifaut, dont il fit hommage **C** au seigneur de Beaumont-la-Ferriere le 28. mars 1616.

Femme, ANNE de Thiange, veuve de *Baltasar* de Lean, écuyer, seigneur des Herans, & sœur de *François* de Thiange, seigneur du Creuzet, & de *Paul* de Thiange, chevalier de Malte, fut mariée pat contrat du 26. juin 1631. & étoit morte en 1657.

 1. GILBERT de la Platiere, seigneur de Montifaut, qui suit.
 2. & 3. FRANÇOIS & GABRIEL de la Platiere, furent presens au contrat de mariage
  de leur frere aîné.

I V.

GILBERT de la Platiere, chevalier, seigneur de Montifaut, de Torcy & de **D** Baulon, rendit hommage de la terre de Torcy au duc de Nevers le 26. août 1675.

Femme, MARIE-ANNE d'Estut, fille de *Jacques* d'Estut, écuyer, seigneur d'Inceſche, & d'*Edmée* de Racault, fut mariée par contrat du premier octobre 1657.

GASPARD de la Platiere, né le 4. & batisé le 16. may 1675. fit ses preuves pour être reçû chevalier de Saint Jean de Jerusalem au grand prieuré d'Auvergne le 21. octobre 1686.

L'on trouve encore MADELENE de la Platiere, femme de *Gabriel* de Thiange, chevalier, seigneur du Taillet, laquelle assista au contrat de mariage de *Gilbert* de la Platiere, seigneur de Montifaut, le premier octobre 1657.

A

P. 235. lettre A , ligne 2.ᵉ à la fin , *ajoutez* : L'on a crû devoir inferer ici quelques extraits de titres concernant les feigneurs de la Garlaye de la maifon de le Maiftre en Bretagne , évêché de Nantes. Ils portent pour armes *d'azur au lion d'argent , accofté de deux épées de même.*

François le Maiftre , fut prefent avec les feigneurs de Beaumanoir, de Montauban & plufieurs autres , au partage des enfans de Jean II. duc de Bretagne , & d'Yoland de Dreux fa femme , fait au château de Succeniou l'an 1311. (*Chamb. des Comptes de Nantes , armoire A , n°. 20.*)

Louis le Maiftre , étoit capitaine de Carhàix l'an 1342. lorfque Charles de Blois prit cette ville fur Jean de Montfort. (*Titres de Penthievre*)

Jean le Maiftre , eft compris en qualité d'écuyer dans la montre du fire de Cliffon , chevalier banneret , fait a Ploermel le premier may 1380. (*Hift. de Bertrand du Guefclin* **B** *par Paul Hay du Chaftelet.*)

Alain le Maiftre , feigneur du Boifvert & *Jean* le Maiftre fon frere , font nommez dans le Parlement general que Jean IV. duc de Bretagne tint à Rennes le 9. feptembre 1398. (*Chamb. des Comptes de Nantes , papiers non inventori.s.*)

Jean le Maiftre , eft compris dans le compte de Jean de Mauleon ; qui paya un mois & demi aux chevaliers & écuyers commandez pour accompagner Richard frere du duc de Bretagne l'an 1414. (*D. Lobineau , hift. de Bretagne , preuves , p. 965.*)

ALAIN le Maiftre , chevalier , feigneur du Boifvert , qui paroît le même que celui dont il eft parlé ci-deffus , & depuis lequel la filiation eft prouvée , époufa par contrat du 7. août 1351. *Jacqueline* de Fercé , dont il eut ,

C GUILLAUME le Maiftre , chevalier , feigneur du Boifvert , lequel époufa *Jeanne* de Chamballan par contrat du 18. avril 1389. & fut pere d'OLIVIER le Maiftre , écuyer , feigneur du Boifvert , qui fuit , & de *Robert* le Maiftre , chevalier de l'ordre de S. Jean de Jerufalem , dit de *Rodes* en 1438. commandeur de la commanderie de Faugaret de la ville de Guerrande , qui dans la fuite a été unie à celle de S. Jean de Nantes. Plufieurs actes contenus dans la 22ᵉ liaffe des archives de la commanderie de S. Jean de Nantes font mention de *Robert* le Maiftre , commandeur.

OLIVIER le Maiftre , chevalier , feigneur du Boifvert , frere de *Robert* le Maiftre , chevalier de S. Jean de Jerufalem , fut prefent l'an 1425. avec le comte de Richemont , le feigneur de Châteaubriant , le maréchal & l'amiral de Bretagne , & plufieurs autres , à l'ordonnance que Jean V. duc de Bretagne fit pour une levée & l'affemblée de l'arriere-ban dans tout le duché. (*Titres de Blein.*) Il époufa par contrat du 14. feptembre 1423. *Louife* de la Ferriere , dont il eut ROLAND le Maiftre , chevalier , feigneur du **D** Boifvert , qui fuit , & PIERRE le Maiftre *qui a fait la branche des feigneurs de la Garlaye, rapportie ci-aprés.*

ROLAND le Maiftre , chevalier , feigneur du Boifvert , époufa *Jeanne* de la Fontaine , du païs du Maine , dont il n'eut qu'une fille , nommée *Jeanne* le Maiftre , laquelle époufa *Robert* de la Pommerais , écuyer. François , duc de Bretagne , fit plufieurs dons confiderable à *Roland* le Maiftre , pour reconnoître les grands fervices qu'il lui avoit rendus dans fes guerres.

L'on trouve *Jean* & *Alain* le Maiftre , lefquels prêterent ferment à Guingamp l'an 1437. lorfque le duc Jean V. le fit prêter à toute la nobleffe pour conferver la fucceffion de fon duché de mâles en mâles. (*D. Lobineau , preuves , p. 1437.*)

E PIERRE le Maiftre , écuyer , feigneur de la Garlaye , prêta ferment à Lamballe l'an 1437. (a) Il etoit fils puîné d'OLIVIER le Maiftre , feigneur du Boifvert , & de *(a) D. Lobineau,* LOUISE de la Ferriere , & frere juveigneur de *Roland* le Maiftre , *mentionnés ci-deffus.* *preuves, ibid.* Il époufa par contrat du 19. juin 1466. *Françoife* de Guyheneuc. *Olivier* le Maiftre , feigneur du Boifvert , donna pouvoir le 14. mars 1465. à fon fils puîné Pierre le Maiftre , dit *la Garlaye* , d'affermer les bois de la feigneurie du Boifvert. (*Titres de la Garlaye.*) Pierre le Maiftre fut pere de JEAN le Maiftre , chevalier , feigneur de la Garlaye , qui fuit , & *d'Olive* le Maiftre , dame de la Mordelais , à laquelle *Jean* fon frere , comme fils heritier principal & noble , donna le 7. février 1493. partage à viage dans la fucceffion de meffire Pierre le Maiftre , écuyer , feigneur de la Garlaye , & de *Françoife* de Guyheneuc leurs pere & mere communs.

JEAN le Maiftre, dit la Garlaye, eft employé pour quatre aunes trois quarts de drap parmi les gentilshommes chambellans de la Reine, dans le compte rendu par Victor Gaudin, argentier de la reine Anne de Bretagne, du deuïl & beguin de Charles VIII. son mari. (*a*) Le roi Louis XII. donna le 9. may 1503. un brevet de capitaine de cent hommes d'armes à Jean le Maiftre, chevalier fieur de la Garlaye, & enfuite le gouvernement de Monftreuil-fur-Mer en Picardie. Il époufa par contrat du 3. janvier 1490. *Guyonne* Blanchet du Pleffis de Befné, laquelle fut mere de JACQUES le Maiftre, chevalier, feigneur de la Garlaye, qui fuit, & de *Jean* le Maiftre.

(*a*) D. Lobineau, preuves, p. 1585. &:Bibl. du Roi.

L'on trouve encore *Gilles* le Maiftre, auquel *Jacques* fon frere donna partage à viage des fucceffions de *Jean* le Maiftre & *Guyonne* Blanchet leurs pere & mere, le 16. may 1538. Il fut capitaine de Chevaux-legers, & le roi Henry II. lui donna le 29. juillet 1549. une commiffion pour conduire cent hommes d'armes de Pontoife à Monftreuil-fur-mer, elle eft fignée par le Roi, *de Montmorency, connétable.* (*Titres de la Garlaye.*)

JACQUES le Maiftre, chevalier, feigneur de la Garlaye, traita le 24. novembre 1554. avec *Jean* le Maiftre fon frere puîné pour fon partage, que ce dernier reconnut ne lui être dû qu'à viage. Il epoufa par contrat du 15. octobre 1545. *Françoife* de Keroüallan, dont il eut GUILLAUME le Maiftre, chevalier, feigneur de la Garlaye, qui fuit, *Jacques, Etienne, Ifaye & Louife* le Maiftre; ces enfans puînez n'eurent que des partages à viage, comme étant Juveigneurs.

GUILLAUME le Maiftre, chevalier de l'ordre du Roi, feigneur de la Garlaye, de Launay-Bafoüin, de Cherhal & du Doüet-Garnier, capitaine de Blein, qu'il fut fait prifonnier, & vendit la terre du Doüet-Garnier pour payer fa rançon. Le Roi le fit capitaine des ville & château de Vitré, qu'il défendit contre le duc de Mercœur chef des Liguez, lequel fit brûler une tour du château de la Garlaye aprés avoir levé le fiege de Vitré: le Roi lui donna 3000. livres pour aider à la rebâtir le premier octobre 1594. Henry IV. le nomma en 1595. pour affifter de fa part aux conferences qui devoient fe tenir à Fougeray, pour y traiter de la paix avec le duc de Mercœur, lequel lui accorda le 7. décembre de la même année un paffeport pour lui & dix hommes à cheval de fa fuite ordinaire. Il reçut du Roi le 3. janvier 1596. 3000. liv. pour fes bons & importans fervices. Le 12. avril 1597. le roi le gratifia d'un brevet de capitaine de cinquante hommes d'armes, & lui donna permiffion le 10. janvier 1600. d'affembler fes vaffaux & ceux de fes voifins pour faire des battües dans toutes les forêts. Il époufa par contrat du 18. octobre 1595. *Magdelaine* de Chezelles, fille de *Chriftophle* de Chezelles, chevalier, feigneur de Neüil & de la Loutiere, capitaine de cent hommes d'armes & gouverneur des ville & château de Sedan & de *Marie* de Mauleon. Guillaume eut de fon mariage,

SAMUEL le Maiftre, I. du nom, chevalier, feigneur de la Garlaye, de Launay-Bafoüin & de Cherhal, lequel époufa par contrat du 10. août 1627. *Sufanne* du Bouays, fille aînée de *Pierre* du Bouays, chevalier, feigneur de Meneuf, & de *Sufanne* de la Rouffardiere, dame de la Saugere. Il fervit d'abord en Hollande fous Maurice de Naffau, & fut capitaine d'infanterie en France fous le roi Louis XIII. Il eut de fon mariage,

SAMUEL le Maiftre II. du nom, chevalier, feigneur de la Garlaye, lequel époufa par contrat du 10. avril 1660. *Juduth* Couyer, fille de *Jean* Couyer, chevalier, & de *Juduth* du Chaftelier, feigneur & dame du Tertre, de Trevifet, de Trelouban-lés-Querogé, &c. De ce mariage eft né,

JEAN-RENE' le Maiftre, chevalier, feigneur de la Garlaye, de l'Orme & de Chavigné, lieutenant-colonel du regiment de Laubanie, marié par contrat du 5. décembre 1694. à *Anne Elifabeth* de Scepeaux, fille de *Charles* de Scepeaux, chevalier, feigneur de la Roche-Noyant, de la Gravoyere & de la Corbiniere, & d'*Ifabelle* Menardeau de Maubreil, dont il a eu JEAN-FRANÇOIS-HENRY le Maiftre, feigneur de la Garlaye, qui fuit. *François-Marie* le Maiftre de la Garlaye, né le 22. novembre 1700. reçu chanoine de l'églife & comte de Lion aux fêtes de la Touffaints 1728. & aumonier du Roi en 1730. & *N.* le Maiftre née le 3. août 1698.

JEAN-FRANÇOIS-HENRY le Maiftre, chevalier, feigneur de la Garlaye, de l'Orme, &c. né le 29. janvier 1696. reçu page de la grande écurie du Roi au mois de mars 1712. capitaine de Dragons réformé à la fuite du regiment du colonel general en 1720. a époufé au mois d'avril 1732. *Françoife-Marie* de la Bourdonnaye, fille d'*Yves-Marie* de la Bourdonnaye, chevalier, marquis de la Juliennais, feigneur de Cordemais, de Montluc & de la Valleé-Plemaudan, préfident au parlement de Bretagne & de *Marie-Anne* de Bodoyec de Kervillio. *Voyez tome VII. de cette hift. p.* 234.

A P. 237. lettre C, ligne 3. *lifez* d'*Ifabelle* d'Anglure.

P. 238. *lifez ainfi* l'explication des armes de Gafpard de Saulx, feigneur de Tavânnes, maréchal de France, *d'azur au lion d'or, armé & lampaffé de gueules.*

P. 240, lettre D, ligne 10. après ce mot, Celeftin, *mettez en note à la marge,* Perard, recueil de pieces pour fervir à l'hiftoire de Bourgogne.

P. 247. degré II. Jean de Saulx, &c. après cette date en 1471. *ajoutez,* il avoit fait hommage le 19. octobre 1455. à Jean le Mairet, feigneur de Marcilley, pour le fief de Mignot. (*Palliot, extraits, fol.* 329.

Ibid. lettre C, ligne 7. après ce mot, d'Amoncourt, *ajoutez,* fille d'*Helyon* d'Amoncourt, feigneur de *Preepape* & de Talnay, & de *Guygonne* de Maulain.

B P. 248. lettre B, ligne 3. *lifez ainfi,* Pons de Saulx, a pû être pere de *Guillaume* de Saulx, marié à *Jeanne* de Joinville, fille de *Gaultier* de Joinville, feigneur de Vaucouleurs (*a*), & ayeul, &c.

Ibid. lettre B, ligne derniere, après ces mots, il vivoit encore en 1371. *ajoutez,* lorfqu'il reprit le fief de Mignot le 28. décembre, d'Alexandre fire de Blaifey. (*Extraits de Palliot,* 1. *Regift. fol.* 329.)

P. 251. lettre C, ligne 5. Pierre de Saulx pouvoit être leur fils, *lifez* etoit leur fils, fuivant un acte de tranfport du 7. janvier 1605. & l'infcription, &c.

Ibid. lettre D, à la fin de la fixiéme ligne, *ajoutez,* elle étoit fille de *Claude* de Saulx, feigneur de Ventoux, & de *Chretienne* de Vergy, *rapportés tome VII. de cette hiftoire, page* 251.

C *Ibid.* ligne 11. après ce mot, fur Vigenne, *ajoutez,* à *Aymée* de Balay, feigneur de Longvy: elle étoit fœur d'*Alexandre* de Saulx, feigneur de Montballon, & de *Claude* de Saulx, feigneur de Ventoux, chevaliers.

P. 256. lettre A, ligne 10. enterré à S. Sulpice, *lifez* à S. Jean en Greve.

Ibid. lettre B, ligne 8. Nicolas-Charles de Saulx, *effacez* Charles.

Ibid. lettre C, ligne premiere, marquis de Suilly & d'Arc, *effacez,* de Suilly, & *lifez* marquis d'Arc fur Thil, baron de Lux.

Ibid. ligne 5. après ce mot, Auxerrois, *ajoutez,* capitaine & gouverneur de Tallant.

Ibid. ligne 8. à la fin, *ajoutez,* & en 1727. le Roi lui donna le Brevet de commandant en Bourgogne en 1722. qu'il lui renouvella en 1728.

Ibid. lettre D, ligne 3. à la fin, *ajoutez,* il mourut à Paris le 13. août 1731. dans fa 74e année.

P. 257. lettre B, ligne 6. *effacez ces mots,* confeiller d'honneur au Parlement de Bourgogne.

P. 258. lettre D, ligne 3. lieutenant, *lifés* fous-lieutenant.

D *Ibid.* ligne antepenultiéme, après ces chiffres 1717. *ajoutez,* gentilhomme à drapeau au regiment des Gardes Françoifes.

P. 259. lettre B, ligne 11. Bourgne, *lifez,* Bourgogne.

P. 307. lettre D, ligne 6. après ce mot, Seignelay, *ajoutez,* lieutenant general au gouvernement de Berry.

Ibid. ligne 9. à la fin, *ajoutez,* de fon fecond mariage eft né le 13. feptembre 1731. Louis-Jean-Baptifte-Antonin Colbert.

Ibid. lettre E, à la fin de la page, *ajoutez alinea:*

2. LOUISE-ANTONINE de Gontaut, époufa le 25. février 1732. *François-Michel-Cefar* le tellier, marquis de Montmirail, capitaine-colonel des cent Suiffes de la garde du Roi, fils de *François-Macé* le Tellier, marquis de Louvois, & d'*Anne-Louife* de Noailles. *Voyés tome VI. de cette hiff. p.* 581.

P. 327. lettre A, ligne 11. au mois d'avril precedent, *lifez* par acte paffé dans la chapelle de Sainte Agnès de Rochemour le 14. avril 1388.

E P. 338. lettre A, ligne 3. à la fin, *ajoutez,* il mourut le 17. juillet 1732. âgé de 63. ans.

P. 339. lettre B, ligne 3. à la fin, *ajoutez,* elle mourut à Paris le 22. avril 1732. dans fa 72e année.

Ibid. à la fin de la page, *ajoutez,* mort en 1731.

P. 341. lettre D, ligne premiere, *ajoutez,* & lieutenant de Roi du Perigord. Elle mourut à Paris le 4. février 1731. âgée de 68. ans.

P. 344. lettre E, ligne premiere, Jacques-François, *ajoutez,* de Sales. Même ligne, a époufé en 1729. *lifez* le 27. février *Marie-Anne* d'Efcars, fille de *Charles-François* d'Efcars, marquis de Merville, & de *Françoife* de la Font de S. Projet.

P. 367. lettre A, ligne 10. le 12. juillet 1473. *lifez* 1479.

(a) Voyez tome VI. de cette hift. p. 697.

Ibid. à la premiere note marginale, *ajoutez à la fin*, il paroît par le livre des gages **A** ordinaires en la Chambre des Comptes de Paris, que cette charge avoit été inftituée le 10. juillet 1473. en faveur de Jean Bloffet, feigneur du Pleffis-Pafté.

P. 395. lettre C, ligne 2. femme, *lifez* I. Femme, & *ibid.* après la dixiéme ligne ; *ajoutez alinea :*

II. Femme, GUILLEMETTE de Martainville, fille de *Philippes* de Martainville ; feigneur de Briffey, & de *Françoife* de la Haye, dont les biens furent partagez le 31. janvier 1554. Elle fut mere de

FRANÇOISE de Hautemer, laquelle époufa le 3. may 1573. *François* Malet feigneur de Taillanville, &c. fils de *Pierre* Malet, feigneur de Crafmenil, & de *Madelene* Patrix.

Ibid. à la fin de la genealogie de Hautemer, *ajoutez :*

Lon trouve EDME-LOUIS-JOSEPH de Hautemer, feigneur de Wolfey, capitaine d'in-fanterie, mari de *Louife* de Couché de Lufignan, mere de *Leopold Gafton* de Hautemer, **B** né le 5. août 1732.

P. 436. lettre D, ligne 3. après ce mot, S. Lazare, *ajoutez*, cornette de cavalerie dans le regiment Royal Etranger en 1712. ayde de camp du comte de Beauvau fon oncle à la mode de Bretagne, & moufquetaire du Roi dans la feconde compagnie après la campagne de 1713. fut enfeigne, &c.

P. 438. lettre D, ligne 7. Jean de Seymer, *lifez* de Simié.

P. 448. lettre A, ligne 2. Cadenac, *lifez* Chadenac.

Ibid. ligne 4. château de Blois, *lifez* de Blaye.

P. 457. lettre D, ligne 6. 1. Charles-Louis-Henry, &c. *ajoutez à la fin de fon article* marquis d'Aubeterre ; il entra dans le regiment du Roi infanterie en 1703. où il a fervi fix ans, & y a eu une compagnie.

Femme, MARIE-ANNE-FRANÇOISE Jay, fille de *Jofeph* Jay, feigneur de Mon-tonneau en Angoumois, & de *Marie-Anne-Françoife* de Ferriere, dame de Champigny en Mirabalais en Poitou, fut mariée le premier may 1713. Elle eft dame de compagnie **C** de madame la ducheffe la jeune, & mere de

1. HENRY-JOSEPH Bouchard-d'Efparbez de Luffan, dit *le vicomte d'Aubeterre*, né le 24. janvier 1714. moufquetaire du Roi dans la premiere compagnie en 1730.

2. MARIE Bouchard-d'Efparbez, née en 1715.

3. HENRIETTE-DOROTHE'E Bouchard-d'Efparbez, née en 1717.

4. & 5. LEONTINE & MARIE-HENRIETTE Bouchard-d'Efparbez.

Ibid. ligne 9. *ajoutez à la fin*, dit *le chevalier d'Aubeterre*, meftre de camp d'un regi-ment de cavalerie en 1709. brigadier des armées du Roi en 1719. mourut à Paris le 11. mars 1731.

ibid. ligne fuivante, *ajoutez*, morte, & à la ligne,

4. & 5. N. & N. Bouchard-d'Efparbez, mortes jeunes.

P. 458. lettre A, ligne 12. fille de Philibert *lifez* de Leonard-Philibert.

P. 473. lettre B, après la quinziéme ligne, *ajoutez alinea :*

7. GUILLEMETTE des Hayes, premiere femme d'*Antoine* de Recourt, feigneur des **D** Auteux, fils de *Jean* de Recourt, feigneur des Auteux, & de *Marguerite* de Saint Delis.

P. 514. lettre B, ligne 8. fille de Cefar de la Luzerne, *lifez*, de *Guy-Cefar*.

P. 573. lettre E, ligne 8. comte de Clermont, *lifez* de Clemont.

P. 583. lettre B, ligne 9. *ajoutez*, après cette date 1719. il a été nommé évêque de Soiffons en 1731. & facré le 19. janvier 1732. dans la chapelle de l'archevêché à Paris.

P. 601. lettre D, ligne premiere, à la fin, *ajoutez*, elle mourut à Marly le 10. octo-bre 1731. âgée d'environ 47. ans.

P. 613. lettre A, ligne 10. 1673. *lifez* 1675.

P. 647. lettre E, ligne antepenultiéme, à la fin, *ajoutez*, époufa 1°. *François* Martel ; comte de Clere, 2°. le 30. may 1730. *Louis* Malet de Graville, fous-lieutenant des Che-vaux-legers de Berry, fils de *Louis* Malet de Graville, marquis de Valfemé, lieute- **E** nant general des armées du Roi, & de *Marguerite* Sonning.

P. 653. lettre A, ligne 4. né le 12. may, *lifez* le premier may.

Ibid. ligne 10. *ajoutez*, en 1658. il conduifit en chef les fieges de Gravelines, d'Y-pres & d'Oudenarde.

P. 654. lettre B, ligne 7. tué à l'arriereban du Nivernois en 1635. *lifez* tué à la ba-taille d'Audancourt, étant officier dans le regiment de Rambures.

P. 654. lettre C, ligne 6. à la fin, *ajoutez*, il mourut au bourg de la Ratiere près Rethel en 1635. au retour de la campagne faite l'année precedente à l'arriereban de Nivernois.

Ibid. ligne derniere à la fin, *ajoutez*, elle étoit fille de *Charles* Guefdin, écuyer, fei-gneur de la Montagne.

P. 655.

A P. 655. lettre A, ligne 8. après ce mot, religieuse, *ajoutez*, aux Ursulines d'Auxerre.

Ibid. degré V. *lisez ainsi:*

ANTOINE le Prestre, comte de Vauban, lieutenant general des armées du Roi, grand-croix de l'ordre militaire de S. Louis, ingenieur general ayant la direction des places de la province d'Artois, a servi pendant 58. ans d'une guerre presque continuelle; il commença en 1672. qu'il eut une lieutenance dans le regiment de Normandie, en 1674. dans le Genie au siege de Besançon, fut fait brigadier des armées du Roi, puis maréchal de camp en 1702. lieutenant general & gouverneur de Bethune en 1704. dont il soutint le siege pendant quarante-deux jours de tranchée ouverte en 1710. il avoit servi à la défense de Lille en 1708. & fut choisi en 1714. pour faire en chef le siege de Barcelonne sous le maréchal de Berwick. Il obtint l'érection de la terre de S. Sernin en Mâconnois en comté, avec incorporation de la seigneu-

B rie de Boyer par lettres du mois d'août 1725. & mourut au mois d'avril 1731. âgé d'environ 72. ans.

Ibid. lettre B, ligne 3. fille d'Henry, *lisez* fille de François.

Ibid. ligne 5. après ce mot, le Prestre, *lisez* comte de Vauban; guidon de gendarmerie, & *effacez ces mots*, capitaine au regiment du Roi.

Ibid. ligne suivante à la fin, *ajoutez*, lieutenant au regiment du Roi infanterie.

Ibid lettre C, ligne 10. à la fin, *ajoutez*, il avoit acheté de *Paul* le Prestre de Vauban son cousin germain la terre & seigneurie de Vauban, possedée aujourd'hui par le marquis d'Ussé, après avoir été long-tems dans la maison de Vauban.

P. 664. avant le §. I. *ajoutez ces degrez:*

I.

C HUMBERT de Laye, seigneur de Messigny en Dombes, chevalier, l'an 1300. fut pere de

1. BEGOT de Laye, seigneur de Messigny, qui suit.
2. ETIENNE de Laye, chevalier, executeur du testament de Guichard sire de Beaujeu en 1331. assista en 1348. au traité de mariage fait entre Antoine sire de Beaujeu, & Jeanne d'Antigny.

I I.

BEGOT de Laye, seigneur de Messigny, chevalier, fut present au traité de paix fait entre Aymon comte de Savoye, & Edouard sire de Beaujeu l'an 1337. Son fils fut,

D ## I I I.

MILES de Laye, seigneur de Messigny, chevalier.

Femme, CLEMENCE de Rogemont, fille de *Pierre* seigneur de Rogemont en Bugey, & de *Marguerite* de la Palu.

1. PIERRE de Laye, seigneur de Messigny, qui suit.
2. AGNES de Laye.
3. ANTOINETTE de Laye, épousa *Hugues* seigneur de Franchelins, fils de *Louis* seigneur de Franchelins, & de *Sibille* d'Albon.

I V.

PIERRE de Laye, seigneur de Messigny, chevalier, fut pere de

E ## V.

HUGUENIN de Laye, seigneur de Messigny, chevalier, lequel testa le 20. octobre 1420. Son fils fut,

V I.

ANTOINE de Laye, seigneur de Messigny, chevalier, & pere de

1. PIERRE de Laye II. du nom, seigneur de Messigny, qui suit.
2. & 3. ANTOINE & HUGUENIN de Laye.

Tome IX.

4. CATHERINE de Laye, épousa *Zacharie* de Ternay, seigneur de Vers & de Beza- A
neul, fils de *Guillaume* de Ternay, & d'*Artaude* de Dyoin.

VII.

PIERRE de Laye II. du nom, seigneur de Messigny, testa le 6. septembre
1476.
Femme, AREMBURGE de Saint Amour, fille de *Guy* de Saint Amour, seigneur
de Fonteraine en Beaujolois, & niéce de *Geoffroy* de Saint Amour, évêque de Mâcon,
qui testa le 7. septembre 1430.
1. JEAN de Laye, seigneur de Messigny, qui suit.
2. CLAUDE de Laye, seigneur de Rotilia, *a donné origine aux* marquis d'Uxelles,
rapportés ci-après §. I.
3. LOUISE de Laye, épousa *Guillaume* Hugonet, seigneur d'Espoisses, chancelier de B
Bourgogne.
4. MARIE de Laye, religieuse à Notre-Dame de Nevers.
5. MARGUERITE de Laye, femme de *Claude* seigneur de Marcilly.
6. CATHERINE de Laye, femme de *Pierre* seigneur de Chavannes.
7. ANTOINETTE de Laye, femme de *Jean* de Chalou, seigneur de Feillans.

VIII.

JEAN de Laye, seigneur de Messigny.
Femme, MARIE d'Alinges, fille de *Rodolphe* d'Alinges, seigneur de Condret, &
d'*Isabeau* de Manthon.
1. HUMBERT de Laye, seigneur de Messigny, qui suit.
2. AMABLE de Laye, seigneur d'Arbain, mourut sans enfans de *Marguerite* de Rosset, fille de *Philbert* de Rosset, seigneur d'Arbain, bailly de Beaujolois, & d'*Isabeau* C
de Beaufort.
3. ANTOINETTE de Laye, épousa le 11. août 1492. *Antoine* de Bagié, seigneur de
Bereins, fils de *Jean* de Bagié, & d'*Adrienne* de Tarlet.

IX.

HUMBERT de Laye, seigneur de Messigny.
Femme, GABRIELLE de Boisvert, fille de *Claude* seigneur de Boisvert, & de *Marie*
d'Espinac.
1. LAMBERT de Laye, chanoine & comte de Lyon, mourut le 6. décembre
1575.
2. JACQUES de Laye, seigneur de Messigny, qui suit.
3. MARIE de Laye, femme d'*Antoine* de la Porte, seigneur de Chanagnieu.

X.

D

JACQUES de Laye, seigneur de Messigny & d'Arbain, bailly de Beaujolois; &
lieutenant au gouvernement de Dombes, testa le 14. avril 1556. & n'ayant point d'enfans il substitua son bien à *Charles* de la Porte son neveu, à condition de prendre le
nom & les armes de Laye.
Femme, MADELENE de Saint Symphorien, fille de *Zacharie* de Saint Symphorien,
seigneur de Chamosset, & de *Louise* de Chevriers.

P. 672. lettre B, ligne 3. après ces chiffres, en 1712. *ajoutez*, il s'en est démis au E
mois de septembre 1731.
Ibid. lettre D, ligne penultiéme, à la fin, *ajoutez*, colonel d'un regiment d'infanterie en septembre 1731.
P. 680. lettre B, ligne 10. Roi d'Espagne, *lisez* en Espagne.
P. 683. lettre E, à la fin de la page, *ajoutez alinea:*
4. LOUISE-JOSEPHE Bazin de Bezons, née le 25. janvier 1732.
P. 694. lettre B, ligne 3. N. Broglia, *lisez* 1. N. Broglia, & *ajoutez alinea* avant la
ligne suivante,

A 11. MARIE-THERESE Broglia, née le 11. may 1732.

Ibid. à la fin de la page, *ajoutez,* elle a épousé le 18. août 1732. *Charles-Joseph* de Robert de Lignerac, lieutenant general de la province d'Auvergne, mestre de camp de cavalerie, guidon des Gendarmes de la garde du Roi, fils de *Joseph* de Robert, marquis de Lignerac, brigadier des armées du Roi, bailly, lieutenant general & commandant en Auvergne, & de *Marie-Charlote* de Tubieres de Levis-Cailus.

P. 700. lettre A, après la ligne 9. *ajoutez alinea:*

3. ANNE du Maine, mariée par contrat du 27. septembre 1634. à *Louis* de Gironde, seigneur de Saint Germain, fils de *François* de Gironde, seigneur de Teyssonnac.

P. 701. lettre D, ligne 11. N. *lisez* Adrien-Maurice comte du Bourg, né en 1709.

B capitaine dans le regiment Royal cavalerie.

Ibid. à la fin de la page, *ajoutez alinea:*

3. MARIE-THERESE-LEONORE du Maine du Bourg, épousa le 20. avril 1731. *Claude-François-Leonor* de S. Maurice, comte de Savigny.

P. 767. lettre C, ligne 9. *effacez,* mariée par contrat, &c. avec les deux lignes suivantes.

P. 768. lettre B, ligne 2. le 24. juillet, *lisez* le 14. juillet 1361.

Ibid. ligne 10. Geraude d'Usson, & Tiburge d'Usson, *lisez* Geraude de Son & Tiburge de Son.

Ibid. lettre C, ligne 5. *lisez* 3, Tiburge de Narbonne, à laquelle son pere legua par son testament du 14. juillet 1361. 3000. florins d'or, épousa le 27. juin 1378. *Raymond* d'Apchier, seigneur de Saint Auban, troisiéme fils de *Guerin* VII. du nom, baron d'Apchier, & de *Marie* de Beaufort.

P. 791. lettre A, ligne 2. *ajoutez,* mort.

Ibid. ligne 4. *ajoutez,* mort.

C *,Ibid.* lettre C, ligne 7. seigneur de la Rostige, *lisez* de la Rostide.

Ibid. lettre D, ligne antepenultiéme, après ces mots, docteur en Theologie, *ajoutez,* chanoine d'Alais; ligne suivante, après ce mot, Beaucaire, *ajoutez,* grand-vicaire du diocese d'Arles, & official forain, & à la fin de l'article, *mettez,* prevôt de Beaumont, diocese de Vabres, au mois de novembre 1732.

P. 792. lettre A, ligne 6. second consul de Beaucaire, *lisez* premier consul & viguier de Beaucaire,

Ibid. ligne 11. après ces chiffres 1717. *ajoutez,* ecclesiastique.

P. 813. lettre B, ligne 6. *ajoutez,* il fut pere de *Jean* de Sainte Croix, mort sans posterité.

P. 831. lettre C, ligne 8. à la fin, *ajoutez alinea:*

Femme, N. de Gramont, fille de *Louis* de Gramont, comte de l'Esparre, chevalier des ordres du Roi, & de *Genevieve* de Gontaut-Biron, fut accordée par contrat signé par le Roi le 27 may 1731.

Tome Huitiéme.

PAGE 23. lettre B, après la ligne 14. *ajoutez*, 5. Charlotte-Madelene de Houdetot, née le 29. décembre 1731.   **A**

P. 39. lettre A, ligne 7. Louis-Scipion-Joseph de la Garde, *ajoutez*, enseigne de la
compagnie des Gendarmes de la garde du Roi.

Ibid. ligne 9. à la fin de l'article, *ajoutez*, elle mourut à Paris le 5. novembre 1731.
Melchior-Charles-Scipion de la Garde-Chambonas son fils mourut le 7. juillet 1732. âgé
de huit ans.

P. 191. lettre B, ligne 8. du Roi; *ajoutez*, elle mourut au château du Bois de la Roche le jour de la Touslaint 1618. & fut enterrée en l'église des Carmes de Ploermel.
Elle avoit été éluë tutrice de ses enfans le 9. février 1585.

P. 247. à la fin de la page, *ajoutez*, il mourut à Paris le 17. octobre 1732. âgé d'environ 78. ans.

P. 259. lettre D, après la ligne 3. *ajoutez alinea :*

DIANE le Veneur, femme 1°. de *Jacques* de Rouville, comte de Clinchamp, 2°.   **B**
d'*Etienne* la Roque, baron de la Mare-Venier.

Ibid. lettre E, ligne 9. Cabestan, *lisez*, Calestan.

P. 295. lettre D, ligne 5. en 1648. sans posterité, *lisez* en 1648. laissant posterité.

P. 296. à la fin de la page, *ajoutez* :

1. TOUSSAINT de Forbin de Janson.

P. 322. lettre C, ligne premiere, vicome, *lisez* vicomte.

P. 323. lettre E, ligne 6. S. Privé en Chalmois, *lisez* S. Privé en Chalonnois

P. 327. lettre E, ligne 3. general, *ajoutez*, épousa le 26. may 1732. *Madelene-Ange-
lique* de Gassion, fille de *Jean* marquis de Gassion & d'Alluye, & de *Marie-Jeanne* Fleuriau d'Armenonville.

P. 334. lettre D, ligne premiere, *ostez* veuve de N. seigneur d'Estieuges., & *mettez*
fille de *Claude* Damas, seigneur d'Estieuges, & de *Catherine* de Montdor, étoit mariée
en 1576.   **C**

P. 335. lettre C, ligne 8. 1. Joseph Damas, *ajoutez*, lieutenant dans le regiment du
Roi infanterie en 1732.

P. 341. lettre A, ligne 2. il testa l'an 1402. *lisez* il testa l'an 1502.

Ibid. ligne 8. 1565. *ajoutez*, il étoit fils de *Claude* Damas, & d'*Antoinette* de Lavieu.

Ibid. ligne 10. Chambort, *lisez* Chambost.

Ibid. lettre B, ligne premiere, à l'article de Louis Damas, seigneur d'Estieuges, *ajoutez*, il avoit pour sœur *Aymée* Damas, femme de *Jacques* Damas, seigneur de Verpré
en 1576.

P. 366. lettre C, ligne 4. à la fin de l'article de Jacques de Chabannes, *ajoutez*,
Voyez les vies de messires Jacques & Antoine de Chabannes, tous deux grands mai-
tres de France, extraites des histoires Martiniennes, Castel, Guagui, & autres historiens
anciens, par le sieur du Plessis, gentilhomme Bourguignon, *à Paris chez Jean Libert*,   **D**
rue S. Jean de Latran, devant le Collège Royal en 1617.

P. 446. lettre A, ligne 3. fi, *lisez* fils.

P. 448. lettre B, ligne 4. le 6. may de l'année suivante, *lisez* le 6. may 1446.

P. 510. lettre A, ligne 7. le 3. avril suivant, *lisez* le 3. avril 1712.

P. 516. lettre A, ligne premiere, Montespilluer, *lisez* Montespillouer.

P. 530. lettre B, ligne 10. de la Bouteiller de France, *lisez* de la Bouteillerie de
France.

P. 533. lettre D. ligne 11. Briquenay, *lisez* Brequenay.

P. 538. lettre C, ligne 2. de Crequy, *ajoutez*, mourut le 5. juillet 1731. âgé de 74.
ans.

P. 543. lettre B, ligne 12. com. *lisez* comte de.

P. 604. lettre A, ligne premiere, le, *lisez* fille.

P. 628.

A   P. 628. lettre D, ligne 4. Buire aux Bis, *lifez* Buires aux Bois.

P. 643. lettre B, ligne 8. Auguſtin-Joſeph de Mailly, *ajoutez*, époufa le 21. avril 1732. *Conſtance* Colbert de Torcy, fille de *Jean Baptiſte* Colbert, marquis de Torcy, miniſtre d'état, commandeur des ordres du Roi, & de *Catherine-Felicité* Arnaud de Pomponne.

P. 660. lettre B, à l'article de *Jean* de Mailly, ſeigneur de la Houſſaye, ligne 6. *oſtez*, il laiſſa de *Marguerite* de Brunaulieu, les enfans qui fuivent, & *mettez alinea:*

Femme, MARGUERITE de Brunaulieu, eſt qualifiée, *femme authorifée par juſtice de Jean de Mailly*, écuyer, ſeigneur de la Houſſaye, Aumaret, Silly & Thillard en partie, dans un contrat d'échange qu'elle fit le 18. mars 1598. avec Angrand Jenneau, Roberde Catheu fa femme, & Charles Catheu, devant Nicolas Houpin, notaire royal en la ville de Beauvais. (*a*) Elle eſt nommée avec ſon mari dans le contrat de mariage

B   d'*Adrien* de Mailly leur fils, du vendredy 2. mars 1707. Dans la procuration qu'ils donnerent pour paſſer ce contrat, il eſt dit que, *furent prefens en leurs perfonnes Meſſire Jehan de Mailly, chevalier, ſeigneur d'Aumarets, Silly & Thillard, la Riviere de Vaux, Fay fous le Bois en partie, & de la Houſſaye, y demeurant, & dame Marguerite de Brunaulieu ſon epouſe,* & dans le traité pour les conventions matrimoniales, il y eſt marqué, *que leſdits ſeigneur & dame conſtituans ont toujours reconnu, comme ils reconnoiſſent ledit Adrien de Mailly pour leur legitime fils & heritier, pour fucceder après eux & ſes hoirs en droits & poſſeſſions des terres & ſeigneuries qui de prefent leur appartiennent & leur appartiendront ci-après,* &c.

   Ibid. lettre C, ligne 2. & fils du precedent, *lifez* & fils légitime de *Jean* de Mailly, & de *Marguerite* de Brunaulieu, ſon époufe.

   Ibid. ligne fuivante, à la fin de l'article, *ajoutez*, & étoit mort en 1637. lors du mariage d'*Adrien* de Mailly ſon fils.

C   P. 661. lettre A. ligne 7. ſes biens, *ajoutez*, lieutenant colonel du regiment des Landes à S. Omer en 1732.

   Ibid. ligne fuivante, Robert de Mailly, *ajoutez*, eſt qualifié, *écuyer, ſeigneur de la Houſſaye, demeurant à la Mallemaiſon*, dans le contrat de mariage de *Jean* de Mailly ſon neveu, du 6. novembre 1664.

   Ibid. lettre C, ligne 2. à l'article d'Adrien de Mailly, *ajoutez*, il fit donation le 18. avril 1667. à *Jean* de Mailly ſon fils, de tout ce qu'il avoit à la Landelle & ès environs.

   Ibid. ligne 5. la Houſſaye, *ajoutez*, eſt dit unique & feul heritier d'*Adrien* de Mailly, dans ſon contrat de mariage.

   Ibid. ligne 9. 1571. *oſtez ce qui fuit*, & *mettez*, & au greffe de la ville & élection de Beauvais, le 25. octobre 1692. Il étoit alors Mouſquetaire du Roi, demeurant à la Landelle près Beauvais, & mourut le 23. février 1710. à Trie-Château, doyenné de Chaumont, vicariat de Pontoiſe.

   Ibid. lettre D, ligne 6. Marie-Madelene Popillon, *lifez* Marie-Madelene Papillon,

D   fille de *François* Papillon, lieutenant general au marquifat de Graville, & de *Catherine* des Champs, fut mariée par contrat du 18. juin 1686. & mere de

   Ibid. ligne fuivante, Marie-Madelene de Mailly, *ajoutez*, fut mariée par contrat du mardy 12. juillet 1707. à *Denis François* Glier, lieutenant general de l'Amirauté du Havre en 1726. De ce mariage font nez, 1. *Jean-François-Nicolas* Glier, officier de la Marine, 2. *Denis-François* Glier, ſecond capitaine de vaiſſeau, 3. *Jean-Baptiſte* Glier, tonſuré étudiant en Sorbonne en 1732. 4. *Marie-Françoiſe* Glier, 5. *Marie-Anne-Louiſe* Glier, Cordeliere au faubourg S. Germain à Paris, 6. *Marie-Madelene-Claire* Glier, novice dans l'abbaye de Saint Avit près Chaſteaudun, 7. *Charlotte* Glier, 8. *Marie-Helene* Glier, 9. *Felicité* Glier, tous vivans en 1732.

   IV. Femme, CATHERINE de Pillavoine, fille de *François* de Pillavoine, ſeigneur du Coudray, & de *Catherine* Sublet, fut préfente au contrat de mariage de *Marie-Madelene* de Mailly ſa belle-fille le 12. juillet 1707. *Voyez tome VI. de cette hiſtoire*

E   page 683.

   P. 704. lettre B, ligne 3. Anne Mourande, *lifez* Anne Mouraude.

   Ibid. lettre E, ligne premiere, *ajoutez* pour troifiéme enfant d'Yves ſeigneur du Fou, grand veneur de France, & d'*Anne* Mouraude, 3. *Hilaire* du Fou, mariée par contrat du 10. novembre 1482. à *François* ſeigneur & baron de Bourdeille, de la Tour-Blanche, de Brantofme & de Bourſac.

   P. 720. lettre D, ligne 10. Rechefoucaud, *lifez* Rochefoucaud.

   P. 753. lettre B, ligne 5. d'*Henry* Clauſſe, *lifez* de *Cofme* Clauſſe.

   P. 761. lettre B, ligne 7. à la fin de l'article de *Louis* marquis de la Vieuville, *ajoutez*, il mourut à S. Germain en Laye le 8. juin 1732. & fut tranſporté aux Minimes de la Place Royale à Paris.

   Tome IX.   G f

(*a*) vû l'original, communiqué depuis l'impreſſion du VIII. tome de cette hiſtoire.

P. 765. lettre B, ligne 8. à la fin de l'article de Germain de Vivonne, *ajoutez*, il **A** testa le 15. mars 1493.

Ibid. lettre D, ligne 3. de Beaumont-Bressuire sa femme, *ajoutez*, qu'il avoit épousée par contrat du 3. avril 1475.

P. 766. lettre A, ligne premiere, Anne de Vivonne, mariée, *ajoutez*, par contrat du 9. avril 1518.

P. 791. lettre B, ligne 7. veuve, *lisez* veuf.

P. 803. lettre C, ligne derniere, de Essars, *lisez* dés Essars.

P. 811. lettre A, ligne 2. relevans sa Majesté, *lisez* relevans de la Majesté.

P. 855. lettre E, ligne 10. à la fin de l'article de Françoise-Charlotte de la Fontaine-Solare, *ajoutez*, & a épousé le 20. novembre 1732. *Leonor* Courtin, en l'église de **B** S. Germain l'Auxerrois à Paris.

P. 856. lettre B, ligne derniere, *ôtez*, il vit en 1732. & *mettez*, il mourut à Paris rüe S. Honoré le 18. août 1732.

Ibid. lettre C, ligne 10. après ces mots, de la garde du Roi, *ajoutés*, veuf de *Marguerite* Sevin de Miramion.

Ibid. lettre D, ligne antepénultiéme, après ces chiffres 1728. *ajoutez*, morte à S. Germain en Laye le 26. avril 1732.

P. 857. lettre B, ligne 2. à la fin, *ajoutez*, elle est morte au château de Dieppe le 16. avril 1732.

P. 893. à la derniere ligne de la page, en Bierée, *lisez* en Bieré.

P. 897. à l'explication du second écusson, ligne, premiere, Harcort, *lisez* Harcourt.

P. 899. lettre B, ligne premiere, Vvoy, *lisez* Yvoy.

P. 916. lettre C, ligne 5. à la fin de l'article d'Elisabeth de Massol, *ajoutez*, & mourut le 8. avril 1732. Elle étoit née le premier juin 1649.

Tome Neuvième.

A PAGE 56. ligne pénultième, N. de Fiesque, religieuse à Jouarre, *lisez* Marguerite de Fiesque, religieuse à Jouarre.

P. 84. lettre B, ligne 5. d'Acy, *lisez* d'Arcy.

P. 110. lettre A, ligne 6. 2°. *ajoutez*, le 4. novembre 1593.

Ibid. ligne 8. du premier lit vint, *lisez*, du premier lit vinrent *Henry* de Cugnac, né le 24. mars 1577. mort le 7. juillet 1592.

Ibid. lettre B, ligne 3. de Malte, *ajoutez*, mort le 12. novembre 1611. & *Charlotte* de Cugnac de Dampierre, née le 10. décembre 1597. morte le 10. décembre 1608. dans l'abbaye de S. Laurent de Bourges.

Ibid. ligne 8. Anne de Cugnac, femme de *Michel* de Champront, conseiller au Parlement, *lisez* Anne de Cugnac, femme 1°. de *Michel* de Champront, conseiller au Parlement, 2°. en 1659. de *Loüis* le Cordier, marquis du Tronc, morte en couches en 1660.

B *Ibid.* ligne suivante, femme de N. *lisez* femme de *Jean-Louis.*

Ibid. lettre C, ligne 3. *ostez* ecclesiastique & *mettez* comte de Veuilly, seigneur de Lify-les-Chanoines, capitaine de Dragons, marié en 1707. à *Anne* de Vassan, fille de *François* seigneur de Puiseux, & d'*Anne* Prevost. De ce mariage est né au mois de février 1708. *Anne-Gabriel* de Cugnac, baron de Veuilly, enseigne, puis sous-lieutenant au regiment des Gardes Françoises en 1727. marié en février 1728. à *Jeanne-Marie-Josephe* Guyon, fille d'*Armand-Jacques* Guyon, seigneur de Dixier, & de *Marie* de Beaux-oncles, dont *Marie-Louise* de Cugnac, née à Paris le 19. avril 1732.

Ibid. ligne suivante, François de Cugnac, *lisez* François-Alexandre de Cugnac.

Ibid. ligne suivante, François-Alexandre, *ostez* Alexandre.

C *Ibid.* deux lignes après, 1719. *ajoutez*, grand-bailly honoraire de l'ordre de S. Jean de Jerusalem, premier écuyer de M. le Duc, mort à l'hôtel de Condé à Paris le 10. may 1719. dans sa 52° année.

Ibid. trois lignes après, Berry, *ajoutez*, puis sous-lieutenant des Gendarmes d'Anjou, mestre de camp de cavalerie, mort en 1724.

Ibid. ligne suivante, dont il a eu Jean-François, *lisez*, dont il a eu,

JEAN-BAPTISTE-FRANÇOIS de Cugnac, né le 30. may 1700. capitaine dans le regiment de cavalerie de Condé, connu sous le nom de *marquis de Dampierre*, fut fait mestre de camp de cavalerie, & cornette des Chevaux-legers de Berry en janvier 1726. & s'en démit en 1731. Il a été marié le 7. juillet 1732. à *Françoise-Charlotte* de Langhac, fille de *Marie-François-Roger* de Langhac, marquis de Roquefeuil, baron de Castelnau, comte de Toulonjon, seigneur de Chaceu, & de

D *Jeanne-Marie* Palatine de Dio-Montperoux. *François* de Cugnac, dit *le chevalier de Dampierre*, chevalier de Malte, capitaine dans le regiment de Bourbon cavalerie, fut fait exempt des Gardes du corps du Roi en 1727. & mourut à Paris le 3. aout 1730. *Paule-Gabrielle* de Cugnac de Dampierre, née le 9. janvier 1706. religieuse aux Filles de Sainte-Marie à Saint Denis en France en 1724. *Louis-Achilles* de Cugnac, dit *l'abbé de Dampierre*, né à Paris le 5. janvier 1703. chanoine de l'église cathedrale d'Agde en 1727. *Françoise-Marthe* de Cugnac, née le 6. février 1712. *Eleonore-Madelene* de Cugnac, née le 5. août 1713. & *Louis-Felicien* de Cugnac, dit *le chevalier de Cugnac*, enseigne de Galere l'an 1728.

P. 128. lettre A, ligne 5. Humbert, *lisez* Hubert.

E *Ibid.* ligne 6. 2°. à *Catherine* Fouquet de la Varenne, &c. *lisez* 2°. par contrat du 29. décembre 1644. à *Catherine* Fouquet de la Varenne, fille de *René* marquis de la Varenne, gouverneur des ville & château de la Fleche, & de *Jeanne* de Girard de la Roussiere. Du premier lit vint *Louise-Marie* de Champagne, demoiselle de Villaines, femme de *Claude* marquis de Chalmazel. Du second lit sont sortis *René-Brandelis* de Champagne, marquis de Villaines & de la Varenne, marié par contrat du 29. may 1702. à *Catherine-Therèse* le Royer, fille unique de *René* le Royer, seigneur du

Mefnil-Saint Samfon , & de *Catherine-Therefe* de Pannard , & mort à Paris le 5. avril 1723. laiffant deux filles , fçavoir , *Marie* de Champagne, mariée le 30. avril 1732. à *Cefar-Gabriel* de Choifeul, fils de *Hubert* de Choifeul-la-Riviere, dit *le marquis de Choifeul* , & d'*Henriette-Louife* de Beauvau fa feconde femme; & *Anne-Catherine* de Champagne; HUBERT-JEROSME de Champagne, qui fuit , *Jeanne-Pelagie* , *Anne-Marie* , *Jacqueline* & *Angelique* de Champagne, toutes mortes fans enfans.

HUBERT-JEROSME de Champagne, comte de Villaines , &c. époufa en 1700. *Madelene-Françoife* de Champagne-la-Sufe , fille de *Gafpard* de Champagne, comte de la Sufe , & de *Louife* de Clermont-Gallerande , & en eut *François-Hubert* de Champagne, lieutenant au regiment du Roi , mort à 21. ans, & B

LOUIS-HUBERT de Champagne , Comte de Villaines , marié le 21. feptembre 1731. à *Judith* de Lopriac.

P. 142. lettre B, ligne premiere, vicomte de Bourdeille , *ajoûtez* , premiere baronie de Perigord.

Ibid. ligne 5. gouverneur de Perigord, *ajoutez* , confeiller du confeil privé du Roi ; par lettres du 16. avril 1572. C

Ibid. ligne 8. marquis de Bourdeille , *ajoutez* , fenechal de Perigord le 6. avril 1641. gouverneur le 10. du même mois, confeiller d'état le 21. may fuivant , lieutenant general de l'armée de Guyenne en 1650. tefta le 18. août 1668.

P. 236. lettre C , ligne 8. Villars , *ajoutez* , puis colonel du regiment d'Anjou cavalerie , au mois d'octobre 1732.

P. 251. lettre A , à l'article d'Henry-Charles du Cambout duc de Coiflin , Evêque de Metz , *ajoutez* , il mourut à Paris le 28. novembre 1732.

P. 255. lettre B, ligne premiere, Pierrepetuis, *lifez* Pierrepertuis.

P. 275. lettre A, ligne 2. Valromey , *ajoutez* , né le 28. may 1652.

P. 309. à l'explication des armes, ligne 3. rocber, *lifez* rocher.

P. 385. lettre D , ligne 10. pendant fa vie, étant dans un âge, *lifez* pendant fa vie. Etant dans un âge, &c.

Ibid. ligne fuivante , avancé. Il fit , *lifez* avancé, il fit.

P. 387. aîné du fecond, *pour conferver* , lifez , aîné du fecond. *Pour conferver.*

Ibid. ligne fuivante, de fa maifon. Il fit, *lifez* , de fa maifon , il fit.

P. 430. lettre D , ligne 5. le duché-pairie de Sully, *lifez* le duché-pairie de Sully.

Ibid. ligne 8. âgé d'environ 105. ans, *lifez* âgé d'environ 90. ans, étant né en 1643.

P. 438. lettre C , ligne 4. & de Françoife d'Evorard, *lifez* , & de Françoife d'Ewrard.

Ibid. ligne 9. la Beraudiere, *lifez* la Bertaudiere.

TABLE

GENERALE ALPHABETIQUE

DES NOMS, DES MAISONS ET DES TERRES
mentionnées dans l'Histoire Genealogique de la maison
Royale de France, des Ducs & Pairs, des grands
Officiers de la Couronne, & dans le Catalogue des
Chevaliers du Saint Esprit.

Le chifre Romain dénote le Tome, & le chifre Arabique la Page.

A

'AAGE, seigneurie, tome I.
p. 245. B.
des Aages, IV. 455. C. VII. 578.
C. VIII. 145. E. 149. D. 150.
A.
Aast, seigneurie, VIII. 863. E.
Aaudaux, seigneurie, VIII. 363. C.
Abadie, II. 234. E. VII. 215. B. *de Sancour*, IV.
854. C.
Abaida, comté, V. 531. A.
Abain, VIII. 706. B. seigneurie, VIII. 904. A. IX.
79. C.
Aban, IV. 22. C.
Abancourt, VI. 646. D. seigneurie, II. 211. D.
Abaron, seigneurie, IV. 161. C.
Abassac, seigneurie, VIII. 245. B.
l'Abatut, seigneurie, II. 373. E. 663. C, vicomté,
II. 551. B. 655. A. IV. 611. D.
l'Abbé, IV. 446. E. 844. D. V. 406. B. 423. D.
VI. 568. D. VII. 570. D. IX. 462. E. *Voyez*
Labbé.
Abbeville, III. 735. A. IV. 668. C. V. 229. D.
826. B. VII. 112. A. 561. A. B. VIII. 34. A.
39. C. 74. B. 211. C. 645. B. 746. D. seigneu-
rie, I. 70. C. 217. C. 219. B. 391. C. III. 298.
D. V. 140. F. vicomté, V. 826. B. VI. 532. B. *de*
Bonbers, V. 638. A.
Abbon, chancelier, VI. 244. C.
Abdiac, seigneurie IV. 439. C.
Abecourt, seigneurie, III. 914. A. VI. 533. B.
746. B.
Abencourt, seigneurie. I. 28. B. V. 640. E.
Abenfperg, comté, I. 263. D.
Abercon, comté V. 595. C.
Abercorn, comté. IX. 409. D.

Tome IX.

Aberdour, baronie, IX. 412. D.
l'Abergement, seigneurie, IV. 848. A. VII. 41. D.
44. A.
d'Aberlenc, II. 137. E.
Abernethil, VII. 455. A.
Abernethy, IX. 400. A. comté, 410. C. *de Saltou*,
408. A.
Abertoni, V. 463. E.
Abetot, seigneurie, VII. 875. E.
Ablain, VIII. 650. C.
Ableges, seigneurie, VII. 472. C.
Ablesque, baronie, VI. 367. B.
Ablevoye, V. 133. A.
Ablon-sur-Seine, seigneurie, VIII. 470. D.
Abloux, seigneurie, V. 346. A.
Aboncourt. seigneurie, VIII. 641. C.
Abondances, seigneurie, VI. 795. A
Abonnel, VIII. 80. D.
Aboval, VI. 803. A. VIII. 651. C. 658. B. 850.
D.
Aboym, I. 688. B.
Abra-de-Raconis, II. 111. E.
Abraham, V. 401. DE.
Abrancourt, seigneurie, I. 380. B.
Abrantes (*ducs d'*) sortis des ducs d'Aveiro, I.
673. *& suiv.*
Abrantes, comté, I. 685.
S. Abre, seigneurie IV. 455. A. marquisat, VII.
720. C.
Abret, seigneurie, I. 362. C. 363. A. II. 254. C.
VII. 198. E.
Abreu, I. 689. B. 697. C.
Abringhel, seigneurie, III. 833. D. VII. 712. C.
Absalom, I. 268. A.
Absac, V. 611. E.
Abzac, I. 370. B. IV. 140. E. 144. B. V. 358. F.
359. E. VII. 322. C. 329. B. 354. C. 77. E. D.
A

863. A. IX. 387. C. *de Bellegarde* , IV. 143. B.
VII. 324. D. *de la Douze* , IV. 536. C 567. C.
V. 360. A. VII. 340. A. 341. C. 408. C. 773.
B. IX. 391. E. 392. E.

Abzon , feigneurie , III. 344. A

Acagra , VI. 163. C.

Acarie , III. 635. C. IV. 446. B. 454. B. 656. B.
V. 743. B. 833. C. VII. 552. C. VIII. 212. A.
237. C. 811. B. 903. C.

Acata de Condom , VII. 264. B.

Açay , feigneurie , V. 644. B.

Accon , VI. 367. C. feigneurie , IV. 750. D.

ACERAC (*feigneurs & marquis d'*) VI. 769. *Voyez*
Rieux.

Acerac , feigneurie , III. 627. D. VI. 765. C. 769.
B. marquifat III. 586. A. VI. 558. A. 769. C.
772. CD.

Achan , baronie , II. 646. E.

Achard , III. 88. E.

Achaux , feigneurie , VIII. 281. A.

ACHAYE (*bâtards d'*) IV. 530.

Achaye , principauté , I. 101. E. 298. E. 393. A.
396. D. 397. A. 412. AC. 413. C. 416. B. 418.
A. 478. AB. 547. CD. II. 21. B. 163. B. 187. B.
189. C. 781. A. 782. E. 868. B. V. 574. A. VI.
131. B 730. A.

Aché , I. 493. C. II. 421. E. VI. 644. D. VII. 399.
E. VIII 25. C. 810. * C.

Acheres , I. 431. C. VI. 255. C. 628. D. feigneurie , V. 572. B. VI. 281. B. 429. B. 626. C. 629.
A. VIII. 584. B. 836. A. 837. E. baronie , IV.
673. B. VII. 509. B. IX. 313. B.

Acheu , feigneurie , VI. 51. A. 52. C. 401. A. 661.
A. 667. D. VIII. 156. C. 277. A. 627. B. 630. C.

Acheux , feigneurie , VI. 549. B.

Achey , I. 441. A. II. 210. E. 212. C. IV. 825. E.
V. 161. F. VII. 55. C. 252. A. 572. B 573. E.
811. E. VIII. 169. C. 171. A. feigneurie , V.
161. F. *de Serquigny* , VII. 597. C.

Achicourt , feigneurie , VI. 281. C.

Achies-le-Petit , feigneurie , VIII. 644. B.

Achinleck , IX. 408. BD.

Achy VI. 256. C. feigneurie , VIII. 561. A. 793.
A.

ACIER (*feigneurs d'*) VIII. 166. *Voyez* Ricard.

Acier , feigneurie , III. 768. D. 770. A. 771. E.
772. C. 773. A. V. 748. C. VII. 553. C. VIII.
163. DE. 166. E. 175. AC. 505. A.

Acigné , III. 641. C. IV. 290. D. 375. D. 792. E.
V. 396. CD. VI. 772. B. VII. 19. B. 701. C.
718. B. 854. B. VIII. 361. B. 728. C. feigneu-
rie , IV. 323. D. VI. 784. D. VII. 176. D. 719.
B. comté , IV. 375. E. marquifat , IV. 323. D.
VII. 383. E.

Acofta , I. 690. D. 691. E.

Acqs , vicomté , II. 651. D.

ACQUEST (*feigneurs d'*) III. 616. *Voyez* Montmorency.

Acqueft , feigneurie , III. 607. C.

Acquigny , feigneurie , III. 626 A. 627. B. 628.
ABC. 629. A. V. 638. A. VIII. 91. D.

Acraignes , feigneurie , IX. 236. C.

Acre , II. 602. E. feigneurie , V. 643. A. *Voyez*
Brienne.

Acres , baronie , VII. 89. B. *de Gillefland* , VII. 90. A.

Acton , VIII. 253. C. *de Marfais* , VII. 527. A.

AÇUMAR (*comtes d'*) fortis des marquis de Ferreira , I. 643.

Acumar , comté , I. 694. A.

Acuna , I. 583. C. 585. B. 590. B. 615. A. 659.
B. 682. C. 683. AB. 688. AB. 691. D. 693.
A. 697. B. IX. 256. B.

Acy , VI. 160. B. VIII. 246. D. feigneurie , VI. 56.

D. 111. B. 151. B. 167. D. 272. A. VII. 141. B.
vicomté , I. 488. B. V. 337. A. VI. 52. A. 138.
B. 623. D. VIII. 371. B. 871. A. marquifat ,
III. 487. D. VII. 100. E. *fur-Aube* , feigneurie , VIII. 170. D.

Adalberon , archevêque de Reims . II. 2. C.

Adalberon , chancelier , VI. 245. C.

Adalgaire , chancelier VI. 244. B.

Adam , connêtable , VI. 41. A.

Adam , maître de l'artillerie de Rouen , VIII. 117.
D.

Adam , échanfon , VIII. 514. C.

Adam , queux de France , VIII. 826. A.

Adam , V. 490. C. VII. 630. A. IX. 392. C.

Adelard , bouteiller de France , VIII. 515. A.

Adelelme ou *Aleaume* , connêtable de France , VI.
40. D.

Ademar , II. 186. 2. C. 187. 2. C. 189. A. 193. A.
194. C.

ADHEMAR DE MONTEIL , *Louis* , chevalier du Saint
Efprit , IX. 85. C. *François* , commandeur du Saint
Efprit , 182. B. *François* , chevalier du S. Efprit ,
232. D.

Adhemar , II. 240. E. III. 812. B. 835. C. IV.
860. E. V. 282. A. VI. 300. D. 317. B. VII.
247. B. 763. A. VIII. 919. D. *de Caftelane* , V.
287. B. VIII. 307. B. *de Grignan* , II. 251. D.
457. D. VI. 507. B. VII. 392. D. *de Monteil* ,
II. 251. D. 427. B. 457. D. V. 282. A. VI. 317.
B. VII. 930. D.

Adinfer , feigneurie , VII. 562. A.

Adjoares , feigneurie , IV. 13. D.

Adonville , feigneurie , VIII. 172. B.

Adorne . II. 288. B. 289. A. 294. D. VIII. 504. C.

Adrets , baronie , III. 840 .E.

Adria , royaume , I. 228. C.

Adrichem , VI. 101. D.

l'Advocat , VII. 384. D. IX. 309. AC.

Aelft , I. 268. B.

Affaitady , III. 614. E.

Affrique , comté , IV. 843. A. VI. 263. B.

S. Affrique , feigneurie , II. 675. C.

Agard , II. 386. D. VI. 418. B.

Sainte Agathe , feigneurie , IV. 804. E. près Dinan , feigneurie , V. 610. C.

Agde , comté , II. 685. C.

l'AGE , (*genealogie de*) IV. 387.

l'Age , II. 649. A. IV. 805. E. V. 345. A. VII.
425. B. VIII. 772. D. IX. 310. B. feigneurie ,
IV. 688. C. V. 345. AB. 746. A. VII. 619. C.
VIII. 150. E. 151 'A. près le Dorat , feigneurie ,
IV. 387. C. V. 746. A.

Agen , feigneurie , II. 188. 2. A. VII. 768. E. comté , II. 611. C. 680. E. III. 123. AB.

Agencourt , feigneurie , VIII. 824. A.

Agenois , feigneurie , V. 747. E. comté , II. 684. E.
IV. 377. BC. 626 B.

Ager , vicomté , III. 346. A.

Agernac , feigneurie , III. 126. C.

Ages , feigneurie , IV. 446. D.

Ageffeaux , feigneurie , II. 762. D. 763. B.

Agey , feigneurie , IV. 659. A.

Agimar , chancelier , VI. 142. D.

AGIMONT , (*Seigneurs d'*) II. 334. B.

Agimont , feigneurie , II. 332. A. 508. A. V I L.
926. D. comté , VIII. 633. E.

Agin , feigneurie , III. 89. D. V. 346. A.

Aglan , VII. 496. A.

Aglié , VII. 688. C. feigneurie , VI. 497. D.

S. Agnan de Malherbe , feigneurie , II. 35. D.

S. Agnan . *Voyez* S. Aignan.

Agnane , comté , V. 277. D.

Agneaux , VII. 569. B. feigneurie , VIII. 171. C.

S. Agnes, V. 666. D. feigneurie, II. 762. D. E.
763. B.

Agneux, feigneurie, V. 89. E.

Agnicourt, feigneurie, IV. 405. A, VIII. 281.
A.

l'Agnicourt (feigneurs de) V. 93. Voyez Boufflers.

l'Agnicourt, feigneurie, V. 93. E.

Agnot, VIII. 336. A.

S. Agolin, feigneurie, VIII. 590. B.

Agon, feigneurie, VIII. 171. C.

Agonnay, feigneurie, III. 89. B.

Agonneau, VI. 446. A.

S. Agoulin, feigneurie, VII. 700. D.

Agoult, II. 238. D. 243. B. 293. D. 296. B.
C. D, V. 280. B. 287. C, VII. 392. A, VIII.
305. C. 913. D. marquifat, V. 283. A. de
Montauban, VII. 52. E. de Vofc de Montlaur.
53. B. Voyez Agout.

Agouft, IX. 417. C.

d'Agout de Montauban, François-Louis, chevalier du S. Efprit, IX. 94. A.

Agout, IV. 284. D. 287. A. 291. A. 504. A,
VII. 152. B. d'Agout, V. 290. C. de Montauban, IV. 31. A. Sault, II. 298. A. Voyez Agoult.

Agrech, II. 674. B.

Agrez de Mazerac, VII. 65. B.

Agude, feigneurie, IX. 385. C.

Aguenin, II. 106. D. VI. 465. D.

Aguerre, II. 58. B. 239. E. IV. 291. A. 438. E,
VI. 624. A. 749. A. VII. 93. B. 439. A. 894.
B, IX. 94. A.

Aguefla, V. 730. A. B.

d'Aguesseau, Henry-François, feigneur de Frefne, chancelier de France. VI. 591. D.

d'Aguefteau, II. 388. C. V. 619. A. VI. 152. A.
456. A, VII. 9. D. 256. A. 749. A.

Aguilar, marquifat, III. 354. A. IX. 234. B.

Aguilhane, feigneurie, IV. 22. A.

Aguillat, II. 138. B. 142. A.

Aguilles, feigneurie, VIII. 299. D. 301. C. 307. D.

Aguillon, VI. 771. A.

Aguify, VIII. 851. D. feigneurie, II. 434. B. VIII.
872. C.

Agurande, VII. 84. A. feigneurie, I. 355. A. B.
VIII. 370. D.

Aguré, feigneurie, IV. 443. D. 444. C.

Agurs, feigneurie, VII. 415. C.

Aguyar, I. 664. C. 666. A. 689. C.

Aguzon, feigneurie, V. 569. B. 571. C.

Ahin, VII. 677. C.

S. Ahon en Périgord, V. 748. D.

Ahun, feigneurie, V. 349. B. D. 356. D.

Ajac (feigneurs d') VII. 341. Voyez Hautefort.

Ajac, feigneurie, VII. 340. A. 341. C. 770. B.

Ajaffe, VI. 495. D.

Ajaffon, V. 346. F, VIII. 373. B.

Ajat, feigneurie, IV. 23. C.

Aidie, IX. 116. C. Voyez Aydie.

Aierbo d'Arragon, V. 531. A.

Aiglades, feigneurie, V. 281. C.

l'Aigle, V. 583. A. feigneurie, I. 450. D. E, III.
60. A. 308. C, V. 153. A. 438. A. 574. D.
575. B. 583. A. baronie, VIII. 170. D.

Aigline, feigneurie, VIII. 318. E.

Aigluy, feigneurie, II. 191. A. V. 264. E.

S. Aignan, duché-pairie, érigé en 1663. en faveur de François de Beauvillier, IV. 693.
Pieces concernant cette érection. 694. & fuiv.

S. Aignan (ducs de) pairs de France, IV. 705. &
fuiv. Voyez Beauvillier.

S. Aignan, IV. 576. B. VII. 159. A. 227. B. 742.
E, VIII. 169. C. D. 262. D. feigneurie, I. 80.

E. 576. E. 514. D. II. 181. A. 498. B. 847. E.
III. 161. A. 586. C. 854. B, IV. 60. D. 174. D.
459. A. 473. B, V. 729. C, VI. 94. A. 559. D,
VII. 22. D. 23. A. 384. D, VIII. 417. D. 571.
comté, II. 86. B. IV. 69. E. 867. E. 223.
B. 714. A. VII. 426 C. VIII. 182. B. 912. D.
marquifat, IX. 282. A. duché, II. 310. E. IV.
682. B. pairie, VI. 557. D. 561. B. au Maine,
feigneurie, IV. 334. C. Voyez S. Agnan.

Aigneaux, feigneurie, II. 83. B.

Aigneville, II. 87. A.

Aigrain, VI. 69. A.

Aigrefeuil, feigneurie, VII. 783. B.

Aigrefeuille, feigneurie, II. 234. A. 658. A. VII.
426. A.

Aigrefin (feigneurs d') du nom de Chabot, IX.
443.

Aigrefin, feigneurie, IX. 444. A.

Aigremont (premiers feigneurs d') IV. 830.
(barons d') 836. Voyez Choifeul.

Aigremont, feigneurie, II. 134. E. 170. B. IV.
817. C. 820. B. 822. C. 823. C. VI. 145. C.
653. D. 655. B. 700. D. VII. 171. E. VIII. 67.
E. 493. A. 719. A. 720. E. baronie, II. 60. C.
IV. 824. C. 872. E. comté, VIII. 44. A. C.
principauté, III. 590. A. 732. B. VIII. 44.
B.

Aigrevant, marquifat, IX. 378. D.

Aigreville, N . . . grand-maître de France,
VIII. 310. D.

Aigreville, VII. 123. C. 152. C.

Aigrie, feigneurie, V. 8. F.

Aigualieres, feigneurie, I. 214. A.

Aiguebelette, feigneurie, VIII. 908. B. D.

Aiguemotte. Voyez Chelan.

Aigueperfe, feigneurie, I. 430. C. V. 226. C, VI.
86. A. 89. C.

les Aigues, II. 666. A. feigneurie, III. 813. A.
IV. 493. E. IX. 421. D. Vives, feigneurie, II,
372. A. VII. 188. B. 769. E.

Aiguefe, feigneurie, VII. 392. C.

Aiguieres, feigneurie, IX. 440. B.

Aiguillenqui, VIII. 299. E.

Aiguillon, duché-pairie, érigé en 1600. pour
Henry de Lorraine, IV. 198. Pieces concernant cette érection. 199. & fuiv. Nouvelle
érection fous le nom de Puylaurens en 1634.
pour Antoine de l'Age. 384. Pieces concernant cette érection. ibid. & fuiv. Autre érection
en 1638. pour Madelene de Vignerot, dame de Combalet, niece du cardinal de Richelieu. 483. Pieces concer nt cette érection,
ibid.

Aiguillon, duché, III. 490. C. 713. B. IV. 374. C.
375. B. 377. B. 626. B.

Aiguilly, feigneurie, III. 896. B.

Aigufon, feigneurie, III. 644. B.

Aillac, feigneurie, VII. 415. C, VIII. 271. B.

Aillant, feigneurie, V. 225. C, VII. 151. B.

Aillas, feigneurie, III. 415. C.

Aillebaudieres, feigneurie, II. 150. C. 151. A.
152. B. 153. A. III. 156. A. VI. 404. C. VIII.
572. E.

Aillecourt (feigneurs d') IV. 842. & fuiv.
Voyez Choifeul.

Aillecourt, feigneurie, IV. 839. B, VII.
469. A.

Aillies, feigneurie, V. 623. B.

Ailly, Pierre, aumônier du Roi, VIII. 228. E.

Ailly (feigneurs d') VI. 47. Voyez Clermont en
Beauvoifis.

Ailly, I. 245. A. 253. A. II. 60. A. 235. C. 870.
A, III. 389. C. 450. A. 650. B. 727. E. 912.

C. 915. A, IV. 214. B. 271. B. 410. B. 643. A,
V. 136. A. 237. E. 574. A. 626. B. 830. B. 836.
A. 846. A, VI. 747. A. 781. A. 795. B, VII.
112. A. 153. D. 555. D. 556. D. 560. D.
741. B. 747. D. VIII. 80. B. 100. B. 106. A.
153. E. 283. A. 616. C. 617. A. 634. B. 695. A.
747. C. 854. B. IX. 100. B. 425. A. feigneurie,
I. 33. D. 515. A. II. 321. A. 506. E, V. 218.
D, VI. 47. C. 76. B. 108. B. 739. C, VII. 112.
A, VIII. 34. B. 336. A. vicomté, VI. 382. A.
fur-Noye, feigneurie, II. 743. A. fur-Somme,
feigneurie, II. 508. B.
Aimargues, feigneurie, III. 772. C.
Aimeric, VIII. 889. D.
Aimeries, feigneurie, V. 238. C. VII. 166. C.
Aimsfield, IX. 402. A.
Ainac, VIII. 382. D. feigneurie, V. 750. A. baronie, IV. 142. A. VII. 324. A.
Aine, feigneurie, VII. 826. B. VIII. 29. A.
l'Ainé, IV. 453. A. 454. D.
Ainfeville, feigneurie, III. 566. E.
Ajou, feigneurie, V. 755. A.
Aipe, feigneurie, VIII. 866. C.
Airal de Clenaillet, III. 366. E.
Airaques, feigneurie, VI. 295. B.
Airard, chancelier, VI. 239. C.
Airault, II. 443. B.
ire, VIII. 543. D. feigneurie, I. 381. A. vicomté, III. 596. A. B. 597. A.
d'Aireboudoufe, II. 141. C.
Airenc, feigneurie, V. 136. C.
Airmen de Ofgrodby, VII. 89. E.
Airon, feigneurie, III. 651. A. C, VI. 470. D.
VIII. 174. C.
Airvault, baronnie, IV. 452. B. C.
Ais, feigneurie, I. 360. A.
Aifchot, feigneurie, VII. 829. B.
Aifé, feigneurie, IV. 424. D.
Aifeau, marquifat, VII. 829. C.
Aifié, feigneurie, VIII. 770. C.
Aifnay, feigneurie, I. 136. D, IV. 668. A, VIII.
822. A. comté, VIII. 494. B. le Vieil, feigneurie, VII. 82. C. 434. C. VIII. 372. E. 492. B.
Aifne. I. 209. A.
Aifnel, feigneurie, VIII. 631. A.
Aiffeu, feigneurie, VII. 166. A.
Aiffilan le-Comtal, feigneurie, III. 765. D.
Aify, I. 284. C.
Aix, I. 321. A, IV. 787. C. V. 18. D. 358. F.
VII. 764. E. VIII. 30. A. feigneurie, II. 164.
B. D. 188. 2. A. V. 656. A. VIII. 659. D. 910. E.
911. D. 912. C. baronie, II. 230. C. 232. E.
E. V. 347. A. VII. 805. C. VIII. 82. B. Dam-Gilon,
feigneurie, II. 854. B. 855. D. 856. B. 857.
B. 858. A. 859. A. 878. E. III. 217. A. IV.
719. B, V. 158. C.
Aize, feigneurie, III. 428. D. 429. E. 431. C.
Aiz, feigneurie, IV. 597. A. VIII. 560. A.
Aize, feigneurie, III. 896. C.
Akonio, VII. 706. C.
Alagnac, feigneurie, IV. 547. C. D.
Alairac, II. 134. E. Aigremont, VII. 769. A.
Alais, feigneurie, II. 296. A. VII. 781. C, IX.
423. E. baronie, II. 140. A. C. 141. A. VI. 317.
D. comté, I. 202. A. 203. B. E. 204. C. 348.
B. 349. B. III. 772. A. 819. B. VI. 323. A.
754. C. VII. 141. B. 371. B. 765. D. VIII.
57. B. Voyez la Fare.
Alamanni, III. 891. A.
Alambon, marquifat, VI. 789. A. VII. 592.
A.
Alamont, VII. 592. A.
Alana, III. 344. A.

Alarcon, I. 691. A.
Alard, IV. 640. A, VII. 213. C.
Alart, VII. 53. C.
Alaffac, feigneurie, V. 749. D.
Alaumont, III. 841. B.
Alba, I. 374. A.
Albalifte. Voyez Henriquez.
S. Alban, feigneurie, H. 185. 2. A. VII. 543. A.
Albanhiat, feigneurie, VIII. 593. **** E.
Albanie, feigneurie, I. 416. B. duché, I. 324.
E. IV. 322. B. 530. C. 531. A. V. 592. B. VI.
215. C. VII. 435. A. 854. E, IX. 404. D.
royaume, I. 412. A.
Albaon, comté, IV. 503. A.
Albarazin, feigneurie, I. 588. C. II. 844. D.
Albarens, V. 262. C.
Albaset, comté, VI. 499. A.
Albaron, II. 208. E. des Allemands, IV. 31. B.
IX. 71. C.
Albas, feigneurie, VII. 767. B.
Albaville, IV. 503. D.
Albayda, comté, I. 680. C.
ALBE (ducs d') I. 293. & 294.
Albe de Tormez, feigneurie, I. 684. B.
Albemarle, duché, IX. 243. B.
Albenas, V. 284. C. 285. D.
l'Albenque, feigneurie, IV. 133. A. C. 134. A. C.
135. A.
Albercorn, comté, V. 594. B. IX. 404. D.
Albergement, feigneurie, VIII. 71. D.
ALBERGOTI, François-Zenobe-Philippes, chevalier
du S. Efprit, IX. 258. C.
l'Albergue, feigneurie, II. 368. B.
Alberie, connetable, VI. 40. C.
Alberie, chambrier de France, VIII. 595. C.
Albermale, comté, V. 930. A.
Alberon, feigneurie, V. 894. C.
ALBERT, Charles, duc de Luynes, connetable de
France, VI. 230. C. garde des Sceaux de France.
538. D. Honoré duc de Chaulnes, pair & maréchal de France, VII. 447. D. Charles, grand-Fauconnier de France, VIII. 773. A. Louis-Charles
grand-fauconnier de France, VIII. 773. C. Charles
chevalier du S. Efprit, IX. 138. A. Honoré chevalier du S. Efprit, IX. 147. B. Leon chevalier du
S. Efprit. 148. B. Charles-Honoré, chevalier
du S. Efprit, IX. 219. A. Louis-Augufte, chevalier du S. Efprit, IX. 269. C. Louis-Charles,
chevalier du S. Efprit, IX. 287. A. Charles,
chevalier du S. Efprit, IX. 287. B.
ALBERT-LUYNES & CHAUNES (genealogie de la
maifon d') IV. 263. & fuiv.
Albert, I. 352. C. II. 297. E, III. 389. D. 487.
A. 590. C. 732. E. 733. A. IV. 36. B. 63.
B. 64. A. 65. A. 263. A. 681. C. 792. A, V.
151. D. 287. F. 624. B. 729. C. 841. D. VI.
552. B. 566. C, VII. 170. D. 387. C. comté
IV. 267. A. d'Ailly, IV. 642. E. 643. A.
VII. 387. D, IX. 229. C. 418. C. de
Luynes, IV. 293. A. V. 739. B. 841. D, VII.
369. D, VIII. 638. A, IX. 229. C. 325. A.
330. B. 452. C. de Montdragon, II. 137. B. de
Raymondes, II. 188. D. Voyez Aubert.
Albertas, VIII. 296. B. 300. D. 304. D.
Albiac, VIII. 593. *** E.
Albias, feigneurie, VII. 412. C.
Albie, II. 372. E.
Albignac, VII. 422. C.
Albigny, feigneurie, II. 246. C. 247. D.
Albin, feigneurie, IV. 890. A. de Valfergues, V.
751. A.
S. ALBIN, Charles, évêque & duc de Laon, II.
833. C.

Albizati;

Albizati, comté, VII. 117. A.

Albon (comtes d') VI. 724. Voyés Dauphins de Vicanois.

Albon, Jacques, S. André, maréchal de France, VII. 193. C.

Albon (genealogie d') VII. 194.

Albon, II. 13. B. C. 157. E. 437. C, III. 837. E. IV. 40. C. 41. A. 471. B. 889. B, V. 267. C. 673. A. 771. C, VI. 84. A. 736. C, VII. 194. C. 445. B. 870. D, VIII. 325. C. 493. E. 498. A. 499. D. 500. C. 815. D. 926. D, IX. 120. B. 477. D. seigneurie, II. 207. A. comté, I. 541. C. 563. A. C. 565. A. 567. A. B. 574 A, II. 12. D. 16. D. 18. E. 25. B. 186. D. 187. A. 188. B. 206. E. 687. E, III. 198. A, VI. 76. A. 725. A. 730. A. 736. D, VII. 145. D, VIII. 50. A. 412. B. 421. C, IX. 127. A. de S. Forgeux, II. 456. C. de Galles, VII. 201. A.

Albornozo, seigneurie, I. 636. B.

Albret, duché-pairie, érigé en 1651. pour Frederic-Maurice de la Tour, duc de Bouillon, IV. 505. Pieces concernant cette érection. 506. & suiv.

Albret, duché, érigé en 1556. en faveur d'Antoine de Bourbon, & de Jeanne d'Albret, roi & reine de Navarre, V. 598.

Albret, duché, érigé en 1550. pour Henry d'Albret, roi de Navarre. V. 799.

Albret, Charles, connetable de France, VI. 205. C. Cesar-Phœbus, maréchal de France, VII. 581. D. Henry, roi de Navarre, amiral de de Guyenne, VII. 882. B. Arnaud-Armanjen, grand-chambellan de France, VIII. 445. C. Henry I. du nom, chevalier du S. Esprit, IX. 108. C. Cesar-Phœbus, chevalier du S. Esprit. 194. B.

Albret (genealogie de la maison d') VI. 205. & suiv.

Albret (ducs d') pairs de France, IV. 533. Voyez la Tour.

Albret, I. 107. B, II. 618. A. 619. E. 628. E. 671. D, III. 369. D. 380. A. 391. D. 432. B. 450. D. 502. A. 513. D. 737. E. IV. 18. A. 71. B. 168. B. 375. D. 418. D. 448. B. 470. A. 478. C. 529. D. 652. D, V. 8. F. 180. E. 251. A. 389. C. 523. C. 640. D. 654. A. 728. E. 729. B, VI. 321. A. 379. A, VII. 76. B. 209. E. 211. D, VIII. 91. B. 580. B. 593 * * E. 868. E. 921. A. IX. 57. A. 116. C. 383. A. C. 390. D. 455. A. 460. B. seigneurie, II. 709. D. 859. B. III. 80. D. 117. C. 370. D. 373. C. 376. B. C. 382. A. 383. D. 384. D. 413. D. 415. C. D. 422. A. IV. 482. B. VI. 105. B. 205. B. 206. C. 279. A. VIII. 593 * * E. baronie, IV. 376. B. duché, I. 143. A. 144. B. D. 211. A. 253. C. 277. A. 300. C. 336. E. 338, B. 367. A. 375. B. 376. A. 463. C. 469. B, II. 249. D. IV. 172. C. 173. A, VIII. 291. A. pairie, V. 234. C. 464. A, VI. 580. B. Miossent, III. 385. B, VII. 862. A.

Albuquerque (comtes d') I. 485. A. 588. E.

Albuquerque, duché, I. 290. E. 293. B. 632. D. 651. C. 658. A. 666. B. 669. C. 689. D, III. 354. B. 355. B, V. 530. A, IX. 378. A.

Alby, III. 344. A. seigneurie, II. 160. E. comté. D. 684. E.

Alcala, duché, III. 354. D. E. 355. C.

Alcanede, comté, I. 676. C.

Alcanizes (marquis d') V. 529. Voyez Borgia.

Alcanizes, marquisat, V. 525. 529. A.

Alcanoens (seigneurs d') sortis des seigneurs de Miranda, I. 697. & suiv.

Tome IX.

Alcaudete, comté, I. 290. E. 627. C. 628. A. B.

Alcazova, I. 638. B.

Alcenaut, seigneurie, V. 354. D.

Alcocede, II. 754. C.

Alcoentre, seigneurie, I. 583. B.

Alconcha, marquisat, IX. 298. C.

Alconchez, I. 577. C.

Alco-Vendas, seigneurie, I. 684. B.

Alcoutin, comté, I. 600. C. 669. A.

Alcozer, seigneurie, I. 582. A. D.

sainte Aldegonde, III. 576. D. 910. A. 911. A, V. 229. E. VI. 175. B, VIII. 35. D. 75. B. 79. D. 154. B. 739. A. seigneurie, II. 768. A. VII. 97. D. vicomté. 483. A.

Aldenaw, I. 182. B.

Alderic, chancelier VI. 270. A.

Aldobrandeschi, VI. 78. C.

Aleaume, VII. 530. A. 536. A.

Alegre, Yves, maréchal de France, VII. 702. A. chevalier du S. Esprit, IX. 284. C. François, grand-maître des eaux & forêts de France, VIII. 904. C.

Alegre & Tourzel (genealogie d') VII. 702. & suiv.

Alegre, I. 363. A. 375. B. 376. E. II. 57. D. 234. B, III. 821. A. 834. A, IV. 127. D. 168. B. 223. A. 543. B, V. 12. D 154. F. 347. B. 523. D, VI. 219. D. 262. A. 454. C. 455. A. 511. A. 580. B. VII. 49. A. 61. D. 134. D. 156. C. 172. C. 306. C. 395. E. 494. B. 553. A. 702. C. 831. C. 870. C, VIII. 425. B. 592. A. 635. E, IX. 280. B. 448. C. seigneurie, VII. 131. D. 702. C. baronie, III. 361. B. 817. D. 818. B, IV. 41. A. 164. C. 888. C. 889. C. V. 12. D, VI. 455. A, VII. 707. A, VIII. 99. C. 716. B. marquisat, IV. 807. A. 875. B. V. 389. C, VI. 580. B, VII. 66. A. 159. A. 702. A. 711. E, IX. 325. B.

Alegrette, marquisat, I. 642. A. 666. C.

Aleirac, III. 828. A. seigneurie, V. 330. E. 332. F. 334. A.

Aleman, V. 261. B, VI. 698. D. 699. B, VII. 44. E. VIII. 915. C. Mirabel, VII. 790. B.

Alemanni, VII. 666. A.

Alembon, baronie, VIII. 852. B.

Alemoigne, seigneurie, VI. 690. C. lenay, seigneurie, VIII. 158. E.

Alencastro, I. 662. B. 695. A. Voyez Portugal.

Alençon, Philippes, évêque & comte de Beauvais, pair de France, II. 271. B.

Alençon, duché-pairie, érigé en 1414. pour Pierre de Valois, III. 255.

Alençon, Angoulesme & Ponthieu, duchez & comté-pairie en 1710. pour Charles de France, duc de Berry, V. 108. pieces concernant cette érection. Ibid. & suiv.

Alençon (ducs d') I. 269. & suiv. (anciens comtes d') III. 282. & suiv. (II. race des comtes d') III. 287. & suiv.

Alençon, II. 303. C. 409. B. 507. A, III. 451. B, IV. 80. A. V. 134. A. 138. C, VI. 216. C. 246. D. 766. C. VII. 75. C. 121. C. 866. B, VIII. 14. B. 239. D. 344. B. 451. B. 579. E. comté, I. 86. A. 99. A. 100. D. 102. B. 230. E. 269. B, II. 192. B. C. 272. D. 692. E. 846. E. 849. B, III. 70. C. 299. D. 317. A. 320. C. 570. A. 629. B, IV. 55. D. 461. B. V. 134. A. 582. B, VI. 17. E. 95. A. VII. 735. D. VIII. 7. D. pairie, VI. 164. A. duché, I. 110. E. 117. A. 119. E. 135. A. 147. A. 148. D. 178. D. 179. C. 208. C. 211. A.

B

216. A. 241. B. 271. B. 271. A. B. 286.
D. 313. D. 454. A. 539. B. III. 320. C.
424. A. 489. D, V. 138. C, VI. 216, B.
Ponthieu, VI. 26. D.

Alencourt, IX. 452. * C.

Alenes, seigneurie, IV. 714. D.

Alenet, seigneurie, V. 263. A.

Alennes, V. 835. D. VII. 181. E. 827. D. 833.
D.

Alenquer, marquisat V. 530. A.

Aleray, seigneurie, V. 506. B.

Aleric, II. 447. B.

Ales, seigneurie, VIII. 543. C. baronie, I. 245.
B.

Alesme, II. 231. D, VII. 620. C.

Alessano, duché, VII. 118. B.

Alestranes, seigneurie, V. 835. A.

Alets, seigneurie, II. 700. B. comté, III. 489.
B. 605. B. 835. A, IV. 532. A.

l'Aleu (*seigneurs de*) du nom de Chabot, IX.
442.

l'Aleu, seigneurie, IX. 442. A.

les Aleux, seigneurie, IX. 138. C.

Alexander, IX. 409. D.

Alexandre, VI. 382. D. 721. C, VIII. 714. A.

Alez, II. 304. A, VI. 422. C, VIII. 652. A.

Alfier, II. 689. E. comté, VI. 164. A.

Alfonse, VII. 761. D.

Algaires, seigneurie, III.8 5. A.

Algais, VII. 297. D.

Algance, seigneurie, II. 369. C. E.

Algans, seigneurie, VII. 282. D. *Voyez* Salles.

Algarrobo, seigneurie, I. 685. D.

Alges, seigneurie, VI. 604. A.

Algoufe, seigneurie, IV. 134. D, VII 313. A.

Algrin, chancelier, VI. 269. B.

Aliburton, II. 862. A.

Alichamps, VII. 648. D.

Aliez, IV. 476. B.

Aliffe, comté, V. 661. B.

Aligné, seigneurie, V. 149. A.

Aligny, seigneurie, VI. 430. B. VII. 426. B.

Aligre, IV. 263. C. IX. 337. C. *Voyez* Haligre.

Aligret, VI. 526. A. 556. A.

Alincourt, seigneurie, IV. 639. A. 640. C, VI.
437. C. 450. C, VIII. 803. B. marquisat, IV.
286. D. 291. D. 641. A. C. 642. C. 644. C,
V. 86. B. VI. 527. D. 580, C, VII. 490. D.
541. C.

Alinges, IX. 478. B.

Alingtun, seigneurie, VII. 182. C.

Alis, comté, IX. 166. A.

Alizey, seigneurie, VIII. 709. A.

Alizon, VI. 560. A.

Alkeith, comté, IX. 403. D.

Alkemaer, I. 264. A.

Alkirc, baronie, IV. 626. C.

Allagonia, VIII. 295. C. 299. C.

Allainville, seigneurie, VI. 437. C. 474. A.

Allairoc, seigneurie, IV. 18. B.

Allamani, IV. 837. E.

Allamanni, VII. 830. D.

Allamans, seigneurie, V. 731. E.

Allamont, II. 63. A. B.

Allan, seigneurie, VIII. 294. B.

Allas, seigneurie, VII. 20. C.

Allassac, seigneurie, I. 229. A. 233. C.

Allazac, VII. 331. C.

Allegnies, seigneurie, VIII. 34. B.

Allegrain, II. 306. D. 307. A. IV. 640. B. 669.
A, VIII. 712. E.

Allegrin, VI. 284. C. 383. A. 429. A. 511. D.
514. B. 526. A. 600. D. 722. C, VII. 13. E.

Allemagne (*rois d'*) I. 45. C.

Allemagne, VI. 463. B. seigneurie, VIII. 294.
C. empire, II. 771. A. VI. 20. B.

Allemaigne, seigneurie, VIII. 900. A.

Alleman, I. 123. B, II. 27. E. 246. C. D. 247. E.
364. B, IV. 370. B, V. 262. B, VIII. 148. D.
920. C. 926. C. 930. D. *d'Uriage*, VIII. 936.
A.

Allemand, II. 139. E. 205. A. 353. E. 354. A.
VI. 524. A. VII. 495. D, VIII. 120. B. 919.
B, IX. 72. A. *de Chateauneuf*, VII. 66. A. *de
Montaynard*, II. 251. C.

Allemans (*ducs des*) I. 29. A.

Allemans, seigneurie, II. 174. A. 175. B, VIII.
593. A.

l'Allemant, II. 223. B. *de Marmagne*, III. 895.
A, IX. 319. A.

l'Allement, VI. 439. C. 475. D. 565. C, IX.
311. B.

Allenas, II. 428. A.

Allenc, baronie, IX. 422. D.

Allenes, seigneurie, VIII. 86. A.

Alleret, seigneurie, III. 824. B, VI. 289. E.

Allery, III. 89. C. 90. A.

Allewaigne, seigneurie, VIII. 154. E.

Alleux, seigneurie, II. 742. D. 743. E, VI. 106.
C, VII. 100. C. 230. E.

Alliel, seigneurie, V. 82. C.

Allier, seigneurie, VII. 359. D.

Alligny, seigneurie, III. 452. A, IX. 87.
B.

Alligret, VI. 476. C. *Voyez* Aligret.

Allion, III. 345. B.

les Allods, seigneurie, IV. 287. A.

Allonville, I. 495. A, III. 648. B, VII. 428. D.
532. A. seigneurie, IV. 182. A. 673. A,
VII. 474. D. VIII. 21. D. baronie. 546,
A.

Allou, seigneurie, IX. 421. C.

Alloue, VI. 376. C.

Alluye, seigneurie, I. 235. E. 735. C. 736. B,
III. 430. C. 727. A. 933. B, V. 136. C. 512.
C. D. 513. F. 515. B, VI. 437. C, VII. 753.
B. baronie, IV. 876. B, VI. 533. A, VIII. 182.
A. 943. B, marquisat, IV. 875. E, VI. 508. C.
606. C. VII. 193. E. 539. C. 670. A. VIII.
182. C. IX. 100. A. 170. A. 480. B.

Almada, I. 638. B.

Almaigne, VII. baronie. 153. D.

Almanara, marquisat, IX. 297. B.

Almanesches, seigneurie, IV. 140. C.

Almaneschi, III. 890. C.

Almanza, comté, V. 530. A. B.

Almazan, seigneurie, II. 642. C, IX. 377. E.

Almazun, seigneurie. 638. C. D.

Almecelles, III. 318. C.

Almeda, seigneurie, I. 601. C.

Almenara, comté, V. 524. D.

Almendaric, III. 352. D.

Almenesches, seigneurie, I. 369. A. III. 375. A.
A. B, VI. 673. C. 674. B, VIII. 161. B. 170.
E.

Almestorf, seigneurie, II. 210. C.

Almeyda, I. 638. A. 655. B. 667. B. C. 678.
C. 683. D. 690. D. 698. B. *Mendoze*. 694.
C.

Almonacid, marquisat, I. 651. B.

Almont, baronie, V. 594. E. principauté, III.
834. C.

Almounia, III. 891. C.

Almugnan, marquisat, I. 636. B.

Aloënshove, seigneurie, II. 768. E.

Aloignet, seigneurie, VI. 733. A.

ALOIGNY, Henry-Louis, maréchal de France, VII. 614. D. Louis, chevalier du S. Esprit, IX. 153. B.

ALOIGNY, (genealogie de la maison d') VII. 615. C.

Aloigny, III. 652. A. IV. 162. C. 184. B. 367. D. V. 606. B. 764. A. VII. 615. C. IX. 458. A. seigneurie, VIII. 178. A. de Rochefort, IV. 434. B. VII. 897. E. VIII. 915. E.

Alomne, seigneurie, VI. 401. B.

Alonne, seigneurie, VI. 703. A. V. 159. F. 160. A. VII. 7. C.

Alonyille, II. 126. E. VI. 515. A.

Alorge, VI. 354. D. 375. C.

Alorie, VI. 387. D.

Alory, VIII. 876. A.

Alos, seigneurie, II. 657. C.

Aloft, seigneurie, I. 534. D. II. 744. E. 776. E. III. 569. A. vicomté, III. 596. E. 597. A. VIII. 77. C. comté, II. 718. B. 721. D. 722. E.

Aloyse, VII. 251. A.

Alpen, seigneurie, III. 579. A.

les Alpes, seigneurie, II. 189. A.

des Airies-de-Cornillan, II. 230. E.

Alsac, seigneurie, VII. 419. B.

Alsace, 500. C. 519. A. 755. E. 758. D. 772. C. 785. D. 786. C. 788. D. 790. D. III. 199. D. 200. A. V. 506. E. VI. 18. D. 45. E. 84. C. 249. D. comté, I. 41. B. 44. B. 78. B. 79. B. 89. A. 257. CD. 425. C. 477. A. 554. A. 539. D. 542. D. 574. B. Flandres, II. 777. B.

Altamira, comté, I. 632. B. 639. C. 640. A.

Altavilla, comté, I. 414. B C. 422. B.

Altemare, principauté, III. 727. C.

Altemberg, comté VII. 165. C. Voyez Altene.

Altembourg, comté, IV. 172. A.

Altemps, IV. 178. C. IX. 294. B.

Altemure, principauté, 453. A.

Altena, seigneurie, II. 790. E. III. 578. C.

Altene, comté, III. 449. D. VII. 165. B.

Altermat, VII. 279. A.

Althera, comté, IV. 67. B.

Altier, seigneurie, III. 811. A.

Altorff, baronie, VII. 609. B.

Altoviti, I. 136. C. VI. 771. D.

Alva, I. 291. D. de Alifte, comté, V. 526. D.

S. Alvaire, seigneurie, III. 770. C. IV. 141. C. VII. 27. B. VIII. 164. D.

S. Alvar, seigneurie, VII. 61. E.

Alvaredo, V. 525. C.

Alvarez, VII. 818. E. de Vega, 529. A.

Alvequin, II. 306. B.

Alverdeston, seigneurie, II. 482. B.

S. Alvere, seigneurie, VIII. 594. B.

Alvergaria, I. 617. C.

Alvimbulc, seigneurie, VIII. 18. D. 20. B. 21. A. 24. A.

Alvin, I. 614. A. 690. C.

Alvire, seigneurie, II. 763. B C.

Alvis, seigneurie, IV. 501. C.

Alvito, baronie, I. 662. A. 678. C. 689. C. 699. C. duché, VII. 117. E.

Alvor, comté, I. 641. E. 642. A.

Alzon, II. 436. E. VII. 131. B.

Alzonne, seigneurie, VIII. 249. B.

S. Amadour, I. 470. D. III. 587. B. IV. 62. A. 837. H. VI. 770. A. VII. 367. D.

Amaillou, seigneurie, V. 615. C. VIII. 706. B.

Amalbi, II. 666. A.

Amalon, II. 698. B.

Amance, seigneurie, II. 211. B. VII. 37. D. 47. E. VIII. 353. C.

S. AMAND, (Seigneurs de) IV. 662. Voyez Rochechouart. (Seigneurs de) VII. 81. Voyez Culant.

S. Amand, V. 91. C. 93. C. 328. C. 329. D. IX. 233. A. seigneurie, II. 437. B. III. 363. D. 450. E. 912. C. IV. 368. B. 443. C. 567. A. 873. A. V. 736. C. 841. B. 842. B. VI, 211. C. VII. 77. D. 81. A. VIII. 280. C. 492. D. 822. A. IX. 437 C. baronie, II. 62. D. 438. B. VIII. 641. E. IX. 309. B. l'Aillier, seigneurie, VII. 82. B.

Amanjeu, III. 382. B.

Amans, seigneurie, II. 211. D.

Amanfé, seigneurie, II. 235. A.

S. Amant, seigneurie, VII. 699. A. baronie, IX. 129. B. marquisat, IX. 303. B.

Amanzé, IV. 864. B. VII. 200. C. 446. D. VIII. 334. E. 341. BC. seigneurie, VII. 157. E. VIII. 330. D. 333. A. comté, IX. 470. B. Choffailles, IX. 427. D.

Amargier, III. 820. B.

Amat, II. 397. E. VIII. 305. C.

S. Amat, seigneurie. V. 837. E.

Amaurie, VIII. 178. B.

Amayé, seigneurie, II. 76. C. 77. D. 78. E. 79. D. 80. A.

Amazy, seigneurie, IX. 450. * B.

Ambald ou Ambaud, chancelier, VI. 250. A.

S. Ambard, seigneurie, II. 197. E.

Ambel, IV. 226. A. seigneurie, 285. B.

Amberieu, seigneurie, I. 312. E. II. 165. B.

Amberlieu, seigneurie, VIII. 698. D.

Amberre, IX. 446. C.

Ambez, VII. 455. B.

Ambigny, seigneurie, V. 490. D.

Ambillon, VII. 706. C. seigneurie, 587. E.

Amblainville, III. 581. B. IV. 402. C. 403. 404. A C. 405. A C. VIII. 711. C.

Amblainvilliers, seigneurie, IV. 39. A.

Amblard, III. 824. D.

Amblegny, seigneurie, VI. 87. C. VII. 743. B.

Amblerieux, seigneurie, VII. 714. B.

AMBLEVILLE, (Seigneurs & marquis d') VI. 290. (Seigneurs d') 294. Voyez Mornay.

Ambleville, seigneurie, II. 423. A. III. 89. A. V. 21. A. 155. E. VI. 116. C. 220. C. 281. B. 290. D. 294. B. 296. A. 680. C. 786. C. VIII. 719. E. 784. C.

Amblise, seigneurie, II. 331. B. 763. E. VI. 748. C. principauté, II. 434. C. VII. 52. B. VIII. 36. E. 37. A.

Ambly, III. 841. C. VI. 152. B. VIII. 871. D. 873. B. IX. 329. B. seigneurie, 894. C.

AMBOISE, Jean, évêque & duc de Langres, II. 221. D. Jean II. du nom, évêque & duc de Langres, II. 212. B. Charles, seigneur de Chaumont, maréchal de France, VII. 119. A. amiral de France, VII. 879. C. Charles, grand-maître de France, VIII. 383. D. Louis, comte d'Aubijoux, chevalier du S. Esprit, IX. 81. B.

AMBOISE, (genealogie de la maison d') VII. 119. & suivantes.

Amboise, II. 104. A. 221. E. 222. C. 279. A. 420. A. III. 150. B. 575. A. 639. A. 730. A. 776. A. IV. 23. B. 31. B. 43. B. 57. B. 83. D. 114. E. 164. BC. 290. C. 426. A. 438. A. 537. C. 538. A. 572. A. 676. C. 678. B. 685. D. 825. C. 864. A. V. 10. D. 125. D. 138. C. 380. F. 523. D. 608. B. 639. C. 894. D. VI. 117. C. 137. E. 187. C. 276. C. 340. A. 415. A. 466. D. 494. A. 635. C. 671. D. 697. D. 698. D. 736. A. 746. C. 768. B. 783. D. VII. 8. A. 38. C. 48. A. 80. D. 95. C. 102. D. 120. A. 131. C. 132. C. 141. E. 168. B. 172. B. 176.

B. 190. A. 303. C. 443. C. 491. C. 501 A. 721.
D. 803. C. 810. D. 850. A. 870. E. VIII. 54. B
116. A. 117. E. 172. C. 251. C. 278. E. 280.
B. 481. E. 536. B. 573. C. 667. C. 705. C. 837.
D. 896. E. 922. B D. IX. 395. E. seigneurie, I.
118. A. 127. C. 128. D. 257. D. II. 503. A. 744.
B. 846. A. IV. 55. D. 166. C. 195. E. 196. A.
V. 10. D. 11. A. 131. D. 138. C. 380. F. 584.
B. VI. 15. C. 50. E. 187. C. 671. D. 766. B.
VII. 120. A C. 291. B. VIII. 67. A. 68. D. 199.
B. 835. A. baronie, I. 147. B. 270. D. 376. D.
458. D. 468. D. Aubijoux, II. 366. D. III. 371.
A. IX. 175. A. seigneurie, III. 152. D. Ravel,
VII. 132. B.

AMBONVILLE, (barons d') IV. 836. Voyez Choiseul.

Ambonville, seigneurie, II. 441. B. VII. 868. A.
baronie, IV. 837. D. 838. A.

Ambouville, seigneurie, VII. 870. A.

Ambres, seigneurie, II. 352. E. 354. C E. 355. E.
359. B. 360. A. 361. A. 646. A. III. 768. A.
IV. 17. D. VII. 292. A. 766. D. IX. 394. baronie, VII. 128. B. 271. C. 368. C. vicomté,
II. 619. B. marquisat II. 366. D E. IV. 17. D. V.
180. B. 899. D. IX. 145. D. 174. C. 317. A.
Voyez Gelas & Voisins.

Ambrich.. Voyez Hebert.

Ambricourt, seigneurie, VIII. 562. B. 564.
A.

Ambrieres, seigneurie. VII. 501. B. 669. E. baronie. VII. 667. C. VIII. 583. C.

Ambrieu, seigneurie, VIII. 147. C.

S. Ambrois, seigneurie, VII. 896. A.

Ambron, seigneurie, IX. 470. D.

Ambrué, seigneurie, II. 212. A.

Ambrun, comté, I. 563. B. 564. C. 565. A.
566. B.

Ambrunois, comté, II. 12. D. 25. B.

Amecourt, seigneurie, IX. 319. C.

Amel, seigneurie, V. 831. A.

S. Amel, IX. 446. B.

S. Amelant, seigneurie, I. 264. B.

Amelot, II. 88. B. 384. B. VI. 434. C. 457. C.
531. A. 556. D. VII. 256. C. 439. C. 551. B.
IX. 163. C. de Carnetin, IV. 877. A. de Gournay, IX. 330. A.

Amenard IV. 565. D. V. 244. C. VII. 515. B.

Amenou, seigneurie, IV. 216. A.

Amenron, seigneurie, VII. 16. A.

Ameraucourt, seigneurie, IV. 405. B. VII. 563.
A. 825. A. VIII. 86. B. 539. A. Voyez Lannoy.

Amerval, I. 149. E. IV. 400. D. 600. B, V. 617.
D. 618. E. VI. 196. D. 356. C. VIII. 537. C.
651. A. 809. B. IX. 444. D. seigneurie, VII.
825. A. VIII. 698. C.

Amerville, seigneurie, VIII. 399. D.

Amet, VII. 277. C. de Pins, II. 643. C.

Amezy, seigneurie, VIII. 694. A.

Amfreville, seigneurie, V. 151. B. VI. 367. A.
marquisat, VII. 597. D. Voyez Anfreville, En-
freville.

Amic, II. 196. A. IV. 502. E.

Amiens, II. 266. B C. III. 613. A. VI. 177. A. 780.
C. 781. A. 792. A. VII. 182. B. 447. D. 822
E. VIII. 154. D. 250. E. 628. D. 653. B. 656.
B. seigneurie, VIII. 15. B. 104. C. 153. E. vi-
damé, 50. D. 245. A. 253. A. III. 301. E. 650.
B. IV. 214. B. 270. B. 271. B. 272 A B. 273.
B. V. 136. A. 237. C. VI. 75. D. 135. B. com-
té, I. 48. D. 532. C. 533. A. II. 265. C. 720.
A. III. 171. C. VI. 36. C. VIII. 862. A. de Ba-
chimont, 854. D.

AMIGARD, Etienne, maître de l'artillerie du Louvre, VIII, 126. D.

Amigny, seigneurie, VII, 446. baronie, IX. 195,
B.

Amilly, VI. 280. D. 538. B. III. seigneurie, 648.
C. IV. 403. B. VI. 538. B. VII. 890. D. marquisat, IX. 116. C.

AMIRAUX DE FRANCE (hist. geneal. & chronol. des)
VII. 731.

Ammelunzen, VII. 659. D.

Amon, VII. 538. E.

Amoncourt, II. 66. D. 87. A. IV. 825. B. V. 666.
C. VII. 247. C. VIII. 913. D. IX. 98. B. seigneurie, VI. 538. C. VIII. 355. A.

Amongies, seigneurie, III. 607. C. 608. A B. 609.
B. 611. A. 612. B.

Amonville, seigneurie, II. 77. D. V. 143. E. VI.
359. A.

Amoresan, VII. 715. A. Voyez Damoresan.

Amorolis, V. 278. B.

Amour, seigneurie, VI. 174. A.

S. Amour. VIII. 322. D. IX. 478. A seigneurie,
VIII. 44. D. 45. B. 148. A. 149. C. VIII. 330.
D. 331. A. 342. A. comté, IV. 37. A. Voyez la
Baume.

Amours, II. 431. E. IV. 688. C. 766. B. VII. 587.
A. VIII. 284. B.

Amphoux, I. 504. B. de Vacheres, VII. 573. E.

Ampilly, comté IV. 842. E.

AMPLEPUIS, (Seigneurs d') VI. 734. Voyez Beaujeu.

Amplepuis, seigneurie, II. 864. B. IV. 404. B.
734. D. VII. 82. B. 114. B. 501. D. baronie,
I V. 828. A. IX. 158. B.

Amplernel, IV. 828. A.

Ampoigné, seigneurie, VII. 500. E.

Amproux, V. 398. C.

Ampuis, seigneurie, VIII. 133. C. 941. C.

Ampute, seigneurie, VII. 512. B. VIII. 480. D.
482. B.

Ampurias, comté; II 598. D. VII. 764. C.

Ampuries, comté, III. 348. C.

Ampus, comté, IV. 602. A. marquisat, V. 288,
E.

Amstel, seigneurie, II. 780. D. 781. A.

Amusco, seigneurie, VII. 762. B.

Amuys, seigneurie, V. 673. A.

Amy, II. 431. E. VII. 562. C. IX. 166. A. seigneurie VII. 825. A. VIII. 636. B. 793. C.

Amyart, II. 223. C. VI. 514. A. VIII. 139. B.

AMYOT, Jacques, grand-aumônier de France, VIII.
283. D. commandeur du S. Esprit, IX. 64. C.

Anachalus, chancelier, VI. 238. D.

Anan, seigneurie. VII. 70. C. VIII. 474. C.

Anast, IV. 78. B.

Ancecourt, seigneurie, II. 434. A.

Ancelon, VI. 596. B. VIII. 481. C.

Ancenis, IV. 59. B. VI. 189. C. 203. A. VII. 93.
E. 121. E. VIII. 706. B, seigneurie, I. 354. D.
III. 492. C. IV. 78. B C. V. 380. B. VI. 137. D.
VII. 75. E. VIII. 579. C. 764. C. baronie, IV.
60. B. 226. C. V. 134. B C. 575. A. VI. 765.
C. 769. A. marquisat, V. 233. D.

Ancerville, seigneurie, V. 510. A B. VI. 695. A. VII.
747. C baronie, III. 486. B.

Anceville, seigneurie, VIII. 152. D. baronie, VIII.
153. E.

Ancezune, II. 32. E. 250. A. III. 767. D. IV. 494.
B. V. 281. A. VII. 392. A. 488. E. 930. D. VIII.
912. E. IX. 86. A. 307. A. 309. A. 419. C. de
Caderousse, VII. 713. C. de Venejan, V. 282. A.

Anche, VIII. 654. B.

Anches, seigneurie. V. 365. D.

Anchier, II. 105. B.

Anchin,

Anchin , seigneurie, VII. 740. B. 744. B. VIII. 636. E.
Anchonvilliers, seigneurie, VIII. 282. D.
Ancie. II. 297. A.
ANCIENVILLE, *Claude* , capitaine des Galeres du Roi , VII. 929. B.
Ancienville, I. 500. A. VII. 222. D. 254. D. 374. B. 417. C. 586. D. VIII. 803. C. I X. 208. A. baronie, VI. 454. D.
Ancone, seigneurie, VI. 286. D.
Ançonnay, seigneurie, V. 88. E.
Ancourt, seigneurie, IV. 654. A.
Ancre, seigneurie, 599. A.
Ancrebellemer, seigneurie, III. 643. C.
Ancrede, seigneurie, VIII. 149. A.
Ancredey, seigneurie, VIII. 332. C.
Ancremel , seigneurie, VII. 723. E.
Ancretreville-sur-mer, seigneurie, VIII. 20. A.
Ancy-le-Franc, seigneurie, VI. 60. B. 341. B. VIII. 355. D. 914. A. baronie, VIII. 915. A.
Ancy-le-Serveux, seigneurie, VII. 49. D.
Andalgarius, chancelier, VI. 243. B.
Andande, seigneurie, II. 197. B.
Andantort. VIII. 84. D.
Andaux, IV. 140. B. VII. 321. E. 347. D. seigneurie, IV. 141. B. baronie, VI. 606. C. VII. 539. C.
Ande , seigneurie, IX. 462. E.
Andechy, VIII. 853. D.
Andeglou, seigneurie, IV. 707. E.
ANDELOT, (*seigneurs & marquis d'*) VII. 154. *Voyez* Coligny.
Andelot, I. 265. E. II. 211. B. 871. C. V. 667. B. VII. 51. C. 819. D. seigneurie, IV. 574. B. VI. 769. A. VII. 34. C. 143. C. 711. D. VIII. 215. B. marquisat , III. 589. A. VII. 154. E.
Andely, vicomté , I. 178. D. III. 513. E.
Anderel , I. 490. B.
Anderny , seigneurie, IV. 825. E.
Andeyro , comté, I. 683. A.
Andigné , IV. 863. C. VI. 773. C. VII. 231. D. Andilly , seigneurie, IV. 566. A. *le Marais*, seigneurie, VII. 23. E
Andinfer , seigneurie, III. 915. A B. VIII. 106. D. 617. B. 657. B. 736. B.
S. Audiol , seigneurie, II. 189. A. VIII. 295. C. 299. D. marquisat. IX. 86. C.
Andofield , seigneurie, IX. 416. B.
Andofile , seigneurie, II. 703. C.
Andohielle , seigneurie, II. 181. C.
Andoines , seigneurie, VIII. 81. C.
Andon, seigneurie, II. 295. D.
Andonville , seigneurie, II. 423. B.
Andotte , seigneurie, II. 170. D.
Andoüin, IV. 611. D. V. 18. A. 194. D.
Andoüins, IV. 140. D. 480. C. VII. 264. C. 322. C. 406. D. 604. E. 606. A. seigneurie, I. 469. C. II. 658. C. 673. B. III. 391. C. 393. A. 588. B. IV 18. A. baronie, VII. 606. A.
Andour , seigneurie, VIII. 335. D.
Andrada, I. 590. E. comté, 632. A. 633. D. 634. A C. 635. C. 636. B.
Andras, VII. 549. D.
Andrault, VIII. 337. B.
ANDRE', *Pierre*, évêque & comte de Noyon, pair de France, II. 400. B.
d'André, II. 140. C.
S. ANDRE' (*Seigneurs de*) VII. 201. *Voyez* Albon.
S. André, I. 224. D. 440. D. II. 134. C. III. 842. D. IV. 849. C. VII. 140. C. IX. 278. B. seigneurie, II. 137. B. 254. A. IV. 276. A B C. 471.

Tome IX.

B. 889. B. VI. 522. D. VII. 195. D. 201. F. 258. D. 259. D. 460. A. 643. D. VIII. 99. A B. 889. D. baronie, V. 149. E. 280. B. VIII. 99. C. marquisat, VIII. 296. D. *de Briord*, marquisat, VII. 153. C. *de Crugiere*, seigneurie, IX. 424. A. *de Méssey*, seigneurie, V. 149. E. *en Revermont*, seigneurie, II. 16. A B. *en Royans*, seigneurie, VIII. 912. A. baronie, V. 265. A. *sur Suran*, seigneurie, VII. 145. A. *Voyez* Albon.
Andrea , II. 298. C. VIII. 299. A. marquisat , VIII. 300. A.
Andredieu , VI. 461. A.
Andregnies , seigneurie, VI. 174. D. VIII. 74. C. 75. A.
Andreham, seigneurie, VII. 181. E. 561. B. *Voyez* Audenehan.
Andrehan, seigneurie, VIII. 888. B.
Andrehen, seigneurie, VII. 828. C.
ANDRESY, (*Seigneurs d'*) VIII. 794. *Voyez* de l'Isle.
Andresy, seigneurie , VIII. 787. C. 888. D. marquisat , II. 82. A.
Andrevet, VI. 521. D. VII. 150. C.
ANDREZEL, *Nicolas*, maître des Eaux & Forêts du Roi, VIII. 848. B.
Andrezel , II. 152. E. VI. 34. B. 308. A. VIII. 369. D. seigneurie, III. 625. AB. VII. 469. B.
Andrezey, V. 127. A. seigneurie, *ibid.*
Andrie , I. 159. comté, I. 400. C. 401. B. II. 27. B. duché, I. 414. D. 422. D. III. 726. A. VIII. 453. A. principauté, III. 727. C. VI. 131. D.
Andrinople , I. 77. E. seigneurie, VII. 737. B.
Anduze, II. 192. C. 240. D E. 242. D. III. 347. C. 762. C. 810. B. 812. B. 839. A. IV. 28. A. V. 338. E. VI. 303. A. 322. B. 401. B. VII. 45. D. 763. B. 802. B. I X. 423. E. seigneurie, II. 187. D. 669. B. 689. B. III. 72. C E. VI. 754. C. VII. 780. A. baronie, II. 136. D. VII. 317. D. marquisat, II. 141. C. *de la Voute*, II. 244. A. *Voyez* Bermond.
Anechem , seigneurie, III. 594. A.
Anecy , comté , II. 158. B.
Anerdalle , seigneurie, II. 485. A.
Anery , baronie, V. 626. B.
Anet , seigneurie, I. 119. B. 196. C. 198. C. 200. B. 280. A. 287. D. 291. C. III. 491. B. VIII. 271. B E. 272. C.
Aneules, VIII. 654. A.
Anfernet , seigneurie, VI. 511. A.
Anfreville, VIII. 159. D. seigneurie , III. 839. E. VII. 48. B. 132. A.
l'Anfroicourt, seigneurie, IV. 828. B.
Angaie, seigneurie, VII. 408. D.
Angart, seigneurie, VIII. 13. D.
Ange, II. 792. B. VI. 131. B. VII. 427. B. *Comnene*, I. 397. A. 412. B. 478. B. II. 781. A.
S. Ange, seigneurie, IV. 855. C. VI. 546. A. marquisat, *ibid.*
S. Angeau, seigneurie, VII. 133. C.
Angeja , marquisat, I. 595. E.
Angelbert, seigneurie, VIII. 699. B.
Angelier, IX. 450. * C.
Angeliers , II. 849. A.
Angelliers , II. 423. D.
Angelly , VII. 28. B.
ANGENNES, *Claude*, évêque & comte de Noyon, pair de France, II. 421. D. *Nicolas*, chevalier du S. Esprit , IX. 70. A. *Louis*, chevalier du Saint Esprit, 73. B. *Jean*, chevalier du S. Esprit , 93.
C

B. *Charles*, chevalier du S. Esprit, 144. C.

ANGENNES, (*genealogie d'*) II. 421.

Angennes, II. 68. B. 440. A. 849. A. III. 645. D. 772. C. 914. A. IV. 175. C. 875. E. 891. C. V. 20. C. 288. F. VI. 119. C. VII. 229. C. 516. D. VIII. 25. E. 170. C. 173. A. 729. D. 769. E. 812. * A. IX. 91. A. 232. D. 312. C. *de la Loupe*, VII. 278. C. *Rambouillet*, VI. 151. A. 507. B.

Angenoust, VI. 422. A.

Anger, IV. 55. C. VII. 226. A B. 501. A. VIII. 947. A.

Angerais, II. 456. E.

Angerlande, V. 834. E.

Angers, VII. 792. C.

Angerville, I. 443. C. seigneurie, II. 429. A. V. 156. E. VI. 788. C. 789. A. VIII. 22. B. 592. E. IX. 466. C.

Angervilliers, seigneurie, II. 307. D. VIII. 265. C.

Anges, -baronie, IX. 126. A.

Angeville, seigneurie, II. 669. E.

Angevin, V. 734. D.

Angevinaye, seigneurie, 384. A.

Angicourt, IV. 838. A.

Angiens, seigneurie, VIII. 99. B.

Angivilliers, seigneurie, VI. 351. B. 647. A.

Anglade, III. 382. B. IV. 563. D. VII. 99. C. seigneurie, V. 540. E.

Anglari, seigneurie, V. 359. E.

Anglars, IV. 894. C.

Angle, V. 243. E. seigneurie, IV. 161. D. 676. E. 677. A. baronie, IV. 162. D. vicomté, VIII. 633. C. *de Kerjegu*, seigneurie, VII. 724. E.

Angleberme, III. 495. B.

Anglebermer de Furstemberg, VI. 351. B.

Anglebert, seigneurie, VIII. 83. E.

Anglebervier, seigneurie, VIII. 917. C.

l'Anglée, seigneurie, VII. 233. E.

Angles, seigneurie, II. 672. E. III. 76. D. 421. B. baronie, VII. 290. C. 605. C.

Anglesqueville, seigneurie, VIII. 211. A.

l'Anglet, seigneurie, V. 488. A.

Angleterre, III. 313. D. 655. A. 726. C. IV. 191. A. V. 511. D. 514. D. VI. 17. E. 20. B. 28. E. 32. C. 77. B. 106. B. 249. D. 695. B. VII. 87. E. 106. A. 837. C. 840. D. VIII. 545. D. IX. 212. A. 406. E. royaume, I. 34. B. 36. A. 61. B. 69. A. 76. E. 77. B. 81. D. 88. E. 91. A. 103. A. 112. A. 114. D. 115. B. 129. A. 131. D. 137. D. 149. C. 188. A B. 208. B. 232. B. 242. A B. 246. C. 249. D. 286. E. 382. C. 385. B. 448. D. 453. B D E. 474. C. 578. C. 592. C. II. 466. B. 468. A. 485. E. 486. D. 505. D. 513. D. 521. D. 687. E. 689. B. 691. D. 713. E. 714. C. 716. E. 717. A. 720. D. 722. A. 784. A. 787. B. 796. C. 838. E. 839. A B. 842. D. 844. E. 875. D. 877. E. III. 49. D. 50. B. 54. E. 78. D. 127. E. 197. D. 304. C. 310. A. 568. B. V. 511. D. 581. E. 849. B. VI. 18. A. 20. C. 77. B. 299. D. VII. 130. 837. C. VIII. 424. B. *Lancastre*, I. 592. C.

Anglier, IX. 440. E.

les Angliers, seigneurie, VI. 430. A.

Anglies, seigneurie, VIII. 716. C.

l'Anglois, VII. 570. A. 873. A. 930. B. VIII. 99. B. 641. C. IX. 318. B.

Anglou, VII. 507. B.

Anglure, I. 372. A. 495. A. 523. C. II. 62. B. 85. D. 212. C. 289. A. 344. C. 434. C. II I. 575. A. 639. C. 841. A B D. 842. A. IV. 215. B. 127. C. 566. C. 831. E. 832. C. 839. D. VI. 147. B. 153. C. 257. B. 350. B. 405. D. 508. B. 540. D. 701. B. VII. 8. D. 52. B. 160. D.

189. B. 237. C. 370. C. 588. B. 892. D. 893. C. VIII. 340. B. 355. E. 534. B. 655. B. 720. C. 871. E. 892. B. IX. 98. C. 392. A. 449. B. seigneurie, II. 870. A. IV. 822. E. 823. A. VI. 114. E. 145. B. 257. B. VII. 4. D. 35. C. 737. A. baronie, IV. 228. A. marquisat, VIII. 713. C. *de Bourlemont*, II. 60. C. *de Savigny*, I X. 868. B.

S. Angolin, seigneurie, VI. 304. A.

Angoville, seigneurie, 127. C. 129. C.

ANGOULESME (*comté-pairie*) érigé en 1317. pour PHILIPPES D'EVREUX, III. 103. duché-pairie, érigé en 1514. pour LOUISE DE SAVOYE, III. 465. duché, érigé en 1619. pour CHARLES DE VALOIS, comte d'Auvergne, fils naturel du roi Charles IX. V. 662.

ANGOULESME, duché, & PONTHIEU, comté, échangé pour le duché de Châtellerault en 1582. pour DIANE légitimée de France, veuve de FRANçois duc de Montmorency, pair & maréchal de France, V. 637.

ANGOULESME, *Henry*, grand-prieur, general des Galeres de France, VII. 933. A.

ANGOULESME, (*comtes d'*) I. 209. & suiv. (*Anciens comtes*) III. 122. & suiv.

Angoulesme, II. 441. B. 521. E. IV. 412. C. 571. C. V. 387. A. 568. B. VI. 207. A. comté, I. 44. C. 114. D. 129. E. II. 225. C. 612. C. 580. E. 691. D. 850. C. III. 76. D. 78. A. 79. D. 80. B. 288. C. 442. A. V. 387. A. VI. 8. B. 28. B. 77. B. 104. A. 161 D. 207. A. 208. A. 216. B. VII. 846. C. VIII. 569. B. duché, I. 131. E. 136. D. 137. E. 139. C. 178. D. 202. A. 203. E. 204. C. 205. A. 210. E. 253. C. 277. A. 281. E. 282. A B. 308. C. 355. D. 474. C. 546. B. II. 439. E. III. 489. B C. 605. C. VI. 295. A. 371. D. 444. E.

Angoulevant, V. 401. D E.

Angre, seigneurie, II. 776. C D.

Angu, seigneurie, III. 91. D.

Anguiens, seigneurie, VI. 364. C.

Anguignac, seigneurie, VII. 383. E.

ANGUS (*comtes d'*) IX. 405. *Voyez* Douglas.

Angus, comté, IX. 400. E. 405. C. marquisat, 410. C.

Anguyen, duché, I. 335. C. 421. D. 429. D.

Angy, seigneurie, VI. 626. D.

Anhalt Deslau, IV. 171. D.

Anholt, comté, V. 650. A.

Anialle, VII. 483. B.

Anjo, seigneurie, VIII. 909. A.

Anjoin, seigneurie, VII. 596. A.

Anjoni, seigneurie, III. 366. D.

Anjorant, VI. 335. A. VIII. 137. B.

Anjorran, VI. 473. C.

Aniot, seigneurie, IV. 860. A.

ANJOU, comté-pairie, érigé en 1297. pour CHARLES DE FRANCE, comte de Valois, III. 1. duché-pairie, érigé en 1360. pour LOUIS DE FRANCE, III. 2. Nouvelle érection en 1414. pour JEAN duc de Betfort, III. 322.

ANJOU, *Geoffroy*, I. du nom, senechal de France, VI. 2. A.

ANJOU, (*genealogie des anciens comtes d'*) VI. 3. & suiv. (*Premiere race des comtes d'*) ibid. (*Seconde race des comtes d'*) 12. & suiv.

Anjou, II. 467. E. 502. A. 595. D. 683. B. 719. E. 777. B. 841. E. III. 70. D. 84. A. 291. A. 293. B. 310. C. 726. D. IV. 69. C. 167. A. 290. B. 461. C. 656. B. 686. A. V. 138. C. 400. F. 514. A. VI. 12. D. 133. D. 249. D. 415. A. VII. 74. D. 141. C. 152. A. 512. A. VIII. 48. E. 68. A. 304. C. seigneurie,

II. 207. C. comté, I. 49. D. 71. E. 74. A.
76. B. 80. E. 82. B. 83. B. 99. A. 105. D. 106.
C. 397. E. II. 511. B. 517. E. 519. E. 521. D.
721. E. 735. B. III. 44. C. 45. C. 49. D. 55. E.
123. A. 124. C. 152. CD. 171. A. 174. A. 196.
C. IV. 37. A. 191. B. VI. 1. A. 4. B. 73. B. 242.
E. 243. A. 249. C. VIII. 410. C. 722. B. du-
ché, I. 117. C. 135. A. 139. D. 147. B. 175.
A. 184. A. 187. C. 210. D E. 227. A. 228. A.
229. D. 230. B. 231. B. 232. B. 242. A. 246.
A. 250. A. 252. A. 275. A. 308. A. 312. A.
322. A. 421. A B. 457. D. 527. B. 534. A. 544.
D. II. 218. C. 750. B. V. 514. A. VI. 104. A.
Calabre, I. 122. C. Mezieres, I. 356. E. 368.
A C. VI. 672. A. VIII. 584. C. Naples, I. 236.
D. II. 22. B. 24. E. Sicile, II. 27. B. 681. E.

Anise, seigneurie, III. 724. B.

Aniffan, seigneurie, II. 650. B.

Anisy, VI. 150. C. seigneurie, IV. 214. B. baro-
nie, IV. 839. B. 850. A. comté, I. 332. C. 355.
C. II. 115. B. le Chastel, seigneurie, II. 323.
A B.

ANLEZY (Seigneurs d') VIII. 326. Voyez Damas.

Anlezy, IV. 669. A. 753. C. VII. 6. A. 85. A.
158. B. 434. E. 545. C VIII. 814. D. 847. C.
seigneurie, VI. 69. B. 283. D. 307. C. 418. A.
VIII. 321. B. 326. A.

Annandale, seigneurie, IX. 404. B. comté IX.
409. E.

Anneau, de S. Gilles, VII. 341. C.

ANNEBAUT, Claude, maréchal de France, VII.
177. A. amiral de France, VII. 882. D.

ANNEBAUT, (genealogie d') VII. 178. & suiv.

Annebaut, III. 895. B. V. 384. A. VII. 48. B.
394. D. VIII. 172. D. 258. C D. 923. D. seigneurie, VII. 178. A. marquisat, IV. 770. A. 772. B.
773. B.

Annebroc, seigneurie, VI. 793. D.

Annequin, seigneurie, VI. 169. C. 173. A. VIII.
29. B D E. 30. A. 75. B. 182. A. 543. C.

Anneroux, baronie, VI. 429. D.

Annes-Portel, I. 687. A. 699. A.

Annet, VII. 645. B. baronie, III. 388. A.

Anneville, I V. 712. B. 839. A. seigneurie, V.
140. C. VIII. 102. B.

Anneux, I. 258. A. V. 640. E.

Annoel, seigneurie, IV. 21. A.

Annonais, seigneurie, VII. 787. E.

Annonay, seigneurie, I. 316. C. II. 17. D. 162.
E. 187. 2. B. 197. C. IV. 27. B. 28. B. VI. 729.
A. VII. 33. E. marquisat IV. 32. B. 67. C.

l'Annonciade, ordre, II. 162. B.

Annonville, seigneurie, V. 126. E. 117. A.

Anquetil, IX. 102. A.

Ans, seigneurie, V. 640. C. VII. 340. D.

Ansac, seigneurie, II. 651. C. IV. 368. D. 409.
B C. VIII. 162. A. 163. D.

Ansan, seigneurie, II. 182. B C. VII. 215. C.
450. B.

Ansauvillier-la-Roüe, VIII. 794. C.

Anscherie ou Ascherie, chancelier, VI. 243. C.

Anse-le-Sobra, seigneurie, IV. 526. A.

Ansebon, seigneurie, III. 643. A.

ANSELME, évêque de Laon, II. 98. B.

Anserville, seigneurie, VIII. 810. A. 811. A.

Ansery, seigneurie, VII. 735. C.

Ansoüis, V. 281. C. baronie, II. 243. D. III. 812.
D. VIII. 300. C.

Anstain, seigneurie, VI. 176. B.

Anstaing, seigneurie, VIII. 80. B.

Ansuse ou Ansegise, chancelier, VI. 244. C.

d'Antal, IX. 235. A.

Antan, seigneurie, II. 181. C E.

Antenaise, seigneurie, VI. 138. A.

les Antes, seigneurie, II. 386. A B D.

Anthenaise, VII. 668. D. VIII. 571. D. seigneurie, I. 271. C. 433. A.

Anthigny, seigneurie, I. 552. C D.

Anthoing, VIII. 32. D. 106. E. 275. A B. 543. D.
seigneurie, VI. 104. A. VIII. 153. E. baronie,
VIII. 36. A C. 37. A. Voyez Antoing.

Anthoise, IX. 396. A.

Anthon, seigneurie, I. 237. C. II. 160. C. 161.
A B. VI. 699. A. VII. 41. A. 145. A. 501. D.
baronie, VII. 238. B. VIII. 419. A. marquisat, II. 182. D.

Anthone, seigneurie, VII. 329. C.

ANTHONIS, Philippes, grand louvetier de France,
VIII. 807. A

ANTHONIS, (genealogie d') VIII. 807. & suiv.

Anthonis, VIII. 711. D.

ANTIBES, (seigneurs d') devenus princes de Monaco, IV. 492. & suiv. Voyez Grimaldi.

Anribes, seigneurie, II. 287. B D. 288. D. V. 281.
C D. VIII. 47. A. 297. A.

Anticamerata, II. 646. C. III. 385. A. IX. 390.
C.

Antigneul, seigneurie, VII. 182. D.

Antignies, seigneurie, VI. 783. A.

ANTIGNY, (marquis d') 338. Voyez Damas.

Antigny, II. 763. A. V. 82. D. VIII. 419. D. seigneurie, II. 151. E. 224. C. 870. D. III. 730.
B. IV. 179. B. 180. A B. 185. B. VI. 652. A.
654. B. VII. 36. D. 794. C. 798. B. 801. B.
812. B. VIII. 101. D. 326. C. 416. A. 414.
D. 426. B. baronie, VIII. 338. D. marquisat,
VII. 55. B. 804. A. le Chastel, seigneurie, VII.
157. C. Voyez Vienne & Damas.

Antil, VII. 358. A.

Antilly, seigneurie, II. 124. C. 127. C.

ANTIN, duché-pairie, érigé en 1711. en faveur de
LOUIS-ANTOINE DE PARDAILLAN, marquis d'Antin, V. 167. Pieces concernant cette érection, ibid.
& suiv.

ANTIN, (Ducs d') pairs de France, V. 175. &
suiv. Voyez Pardaillan.

Antin, II. 623. C. 660. C. V. 178. D. 193. C. VII.
217. D. 265. A. 278. C. 462. B. 773. A. 925.
B. IX. 127. B. 471. C. seigneurie, IV. 611. A
D. V. 180. A. VII. 927. D. IX. 396. B. baronie, I. 368. E. V. 178. D. 180. A. marquisat, III.
181. E. 236. E. IV. 681. A. V. 181. E F. VI.
220. B. VII. 457. C. 698. D. duché, II. 181.
E. 258. D. IV. 307. B. 793. B. pairie, III.
171. E. V. 182. D. 183. B F. Voyez Pardaillan.

Antinotti, VI. 771. D.

ANTIOCHE, (princes d') issus des ducs de Guyenne, II. 590. & suiv.

Antioche, IV. 371. B. VI. 79. E. VII. 737. D.
767. C. principauté, I. 174. D. 529. A. 593. E.
II. 595. E. 598. B. 604. E. 605. A C. 693. A.
841. A. III. 84. A B C. VI. 25. C. 79. E. 92.
B C. 137. A. 625. B. VII. 780. A.

Antiphoniti, seigneurie, II. 603. A.

Antist, III. 365. A.

Antlon, V. 488. B.

ANTOGNY, Philippes, garde des Sceaux de France,
VI. 271. C.

Antoigné, seigneurie, IV. 450. B. VII. 385. A.
baronie VII. 386. C.

d'Antoine, VIII. 921. A.

S. Antoine de Cologne, seigneurie, II. 663. B.
664. A.

S. Antoine du Rocher, seigneurie, IV. 185. D.

ANTOING, (seigneurs d') 228. & suiv. Voyez
Melun.

Antoing, VI. 124. A. 159. D. 630. C. 710. A. VIII. 31. E. 652. C. seigneurie, I. 388. D. 391. B. 430. D. II. 436. E. 749. A. 757. D. III. 384. B. 574. B. 725. C. 726. C. 735. A. 911. A. V. 226. B. 228. C. 653. B. VI. 162. C. 379. B. 704. C. 706. A. 713. B. VII. 132. A. VIII. 50. B. 536. A. baronie, III. 498. C. 615. A. V. 231. A. *Voyez* Anthoing.

Anton, seigneurie, II. 735. C. III. 430. C. baronie, VII. 95. B. VIII. 211. E.

Antonegue, seigneurie, III. 606. D.

Antonis, VI. 537. A. *des Perreux*, II. 129. B.

Antray, baronie, III. 502. C.

Antruci-de-Saint-André, II. 303. C.

Antuilly, seigneurie, IV. 861. C.

Antuzan, seigneurie, III. 360. A. 361. A. B. 362. C. 363. B. D. V. 735. A.

Anvers, seigneurie, I. 242. E. 252. E. marquisat, II. 786. D. 787. D. 788. C. 795. D. 797. A.

Anville, seigneurie, IV. 430. E. V. 155. F. 572. E. VIII. 765. A. B. C. duché, IX. 436. C. *Voyez* la Rochefoucaud.

Anvillers, seigneurie, V. 92. B.

Anvoir, seigneurie, VII. 249. D.

Anvoires, seigneurie, VII. 809. A.

Anyse, seigneurie, II. 41. C. D.

Anzecourt, seigneurie, V. 512. A.

Anzeray, II. 431. E. V. 143. A. VI. 194. B.

Anzere, VIII. 364. E.

Anzeré, VII. 526. E.

Anzy-le-Duc, seigneurie, VII. 646. A.

Aost, seigneurie, II. 186. 2. A.

Aoust, VIII. 523. D. 759. C. seigneurie. 870. A. 909. A.

S. Aoust, seigneurie, II. 863. C. E.

Aouste, seigneurie, II. 188. E. duché, V. 574. A.

Aoustin, V. 424. C.

S. Aout, seigneurie, II. 861. D. E.

Apapée, VI. 387. D.

Apcher, I. 376. E. 415. B. III. 362. B. IX. 422. C. seigneurie, II. 135. A. comté, III. 367. A.

APCHIER (*seigneurs d'*) III. 813. *& suiv.*

Apchier, III. 771. C. 775. A. IV. 39. B. 41. A. 440. B. 528. C. 548. B. C. 549. C. 894. B. V. 20. D. 896. B. VI. 300. D. 312. D. VII. 61. E. 83. E. 124. D. 357. C. 645. D. 708. A. 712. C. 767. C. VIII. 593. ** C. 716. B. IX. 479. B. seigneurie, IV. 26. B. VI. 317. A. VII. 61. E. 764. B. VIII. 52. A. baronie, VII. 83. E. 141. B. 357. C. 707. E. comté, III. 771. E. 772. C.

Apchon, IV. 28. A. 37. B. V. 263. D. VI. 318 C. 327. A. VII. 139. B. 140. C. 198. E. 203. C. 514. A. 707. E. 766. B. VIII. 53. D. 942. E. IX. 110. B. 464. B. seigneurie, IV. 527. C. 535. B. 895. A. V. 571. C. 889. B. VIII. 51. A. 499. C. 914. D. IX. 469. D. d'Albon, VII. 259. D.

Apigné, vicomté, VII. 719. E.

Apilly, marquisat, V. 288. C. 289. D. VIII. 561. B.

Appelvoisin, IV. 169. D. 448. C. 564. A. V. 18. D. 23. B. 398. C. 771. C. VI. 118. C. 404. C. VII. 102. C. 200. D. IX. 60. A. 453. D.

Appeville, seigneurie, VII. 178. A.

Appia, VIII. 76. B.

Applaincourt, IV. 290. D. seigneurie, VI. 383. A.

Apremont, seigneurie, VIII. 695. A. baronie. III. 591. B. *Voyez* Aspremont.

Apreseuve, seigneurie, III. 624. C.

Aps, comté, III. 826. C. IX. 72. A.

Apseaume, seigneurie, VII. 842. E.

Apt, seigneurie, II. 238. D. 239. A. 240. C. 241. A. D. 242. A. E. 243. B. 249. D. 293. A. III. 812. B. V. 890. C. VI. 300. C.

Aquaviva, I. 257. D. VII. 192. C. D. VIII. 75. D. 76. B. *Voyez* Arow.

Aquets, seigneurie, VIII. 756. D.

Aquigny, seigneurie, II. 775. B. IV. 322. B. V. 611. B. VI. 137. B. VII. 73. D. VIII. 570. D.

Aquin, VII. 192. C. IX. 90. A. comté, VII. 192. D.

Aquiny, seigneurie, VIII. 172. E. baronie, 173. B.

Aquino, VII. 118. C.

Aquitaine, duché, I. 23. E. 25. E. 62. A. II. 682. D. royaume, I. 33. E. 68. B. III. 122. A.

l'Arable, IV. 709. A. VI. 513. A.

Araby, IX. 320. C.

S. Aragonde, V. 80. C.

Aragouse, IV. 275. C.

Araines, VII. 822. A. seigneurie, II. 503. E. V. 636. A. 638. B. 639. C. VI. 333. D. 678. B. 717. D. VII. 747. D. VIII. 695. A.

Aramayon, comté, V. 527. E.

Arambert, IX. 442. C.

Arambos, VIII. 268. A.

Aramite, IV. 668. A. VIII. 492. A.

Aramon, seigneurie, II. 203. D. 204. A. 206. E. baronie, VI. 390. D.

Aran, comté, V. 592. B. 593. A. C. 594. C. D. 595. A. IX. 411. C.

Arancourt, seigneurie, VII. 822. D.

Aranda-Arenos, V. 522. A.

Arasac, seigneurie, IV. 786. D. 788. A.

Arazola d'Ognate, IV. 473. B.

Arbain, IX. 478. B.

Arbains, seigneurie, VIII. 338. A. B.

Arbaleste, III. 583. A. IV. 217. C. 473. A. VI. 233. B. 383. A. 500. B. 560. C. IX. 149. B.

ARBALESTRIERS (*Histoire genealogique & chronologique des grands-maitres des*) VIII. 1.

Arbechan, seigneurie, VIII. 476. E.

Arbecq, VII. 37. D.

Arbenasse, seigneurie, II. 356. D.

Arbent, seigneurie, VII. 447. A. 811. E. VIII. 84. C.

Arberg, baronie, II. 65. A. C. comté, VIII. 349. B.

Arbet, VII. 37. D.

Arblade, VII. 287. C. seigneurie, V. 177. C. baronie, V. 178. F.

Arbladé-le-Couvel, seigneurie, III. 340. A.

ARBOIS, *Philippes*, évêque & comte de Noyon, pair de France, II. 402. E.

Arbon, VII. 148. C.

Arbonay, VI. 742. C.

Arborée, VII. 765.

Arborio, II. 248. A. *Gatinara*, IV. 498. C. l'Arboust, vicomté, II. 706. D. IV. 610. C. 611. A. 612. A. *Voyez* Larbouft.

Arbouste, seigneurie, VIII. 477. A.

Arbouville, VIII. 903. B. seigneurie, VIII. 821. C. marquisat. 778. C.

Arbouze, seigneurie, VI. 454. A. 555. A.

Arbre au Vivier, seigneurie, II. 106. C. VIII. 138. C.

Arbuissonas, seigneurie, VIII. 942. C.

Arbuthnoth, IX. 412. D.

Arc, *Jeanne*, dite *la Pucelle*, I. 116. B.

Arc, VII. 224. C. 248. C. seigneurie, VII. 35. D. 36. B. 800. E. VIII. 416. B. 427. C. marquisat, VII. 431. D. *en Barrois*, seigneurie, II. 339. E. 341. D. 342. B. 347. C. 732. C. 874. C. V.

C. V. 507. C. marquisat, VI. 342. A. IX. 98.
A. *fur-Ville*, seigneurie, VIII. 333. E. 334.
A.

ARC-SUR-THIL (*seigneurs d'*) VII. 252. *Voyez*
Saulx.

Arc sur-Thil, seigneurie, IV. 659. D. VII. 252. A.
VIII. 716. D. marquisat, IX. 475. C.

Arcamont, seigneurie, IV. 134. D. VII. 313.
A.

Arcelles, VIII. 534. A.

Arcemont, seigneurie, IV. 826. A.

Arcenay, seigneurie, VIII. 424. D.

Arces, V. 281. E. VI. 149. B. 406. D. 407.
D. VIII. 259. B. 280. A. D. 329. C.

Arceys, II. 344. D. VIII. 53. B.

Archamont, seigneurie, VII. 404. D.

Archambaud, VIII. 50. C.

l'Archant, seigneurie, V. 487. E.

Archdekne, VII. 87. B. 840. C.

l'Arche, V. 284. D. VI. 585. B. VIII. 647. C.
seigneurie, IV. 790. C. 793. E. VII. 321. A.
principauté, III. 713. B.

Archembaud, chancelier, VI. 241. A.

l'Archer, IV. 895. D. VI. 604. D. 638. C. IX.
235. B.

l'Archevêque, III. 74. C. IV. 194. D. 421. A.
653. B. V. 130. E. 227. D. VI. 48. C. 732. B.
VII. 19. B. 122. E. VIII. 419. E. 441. B. 705.
C. 769. B. 922. A. IX. 57. A. *Parthenay*, IV.
560. B. VII. 553. B. *Voyez* Parthenay.

Archiac, IV. 449. C. V. 15. A. 16. C. D. 243. E.
765. A. VI. 309. D. VII. 20. B. 189. E. 332.
D. 425. D. VIII. 70. D. 167. A. 483. B. 704.
B. 711. C. 903. B. seigneurie, III. 80. A. 86. A.
125. A. C. IV. 17. C. 651. C. 676. D. 874. B.
baronie, VII. 20. A. 368. C. marquisat, V. 21.
D. 22. C. IX. 142. B. 342. B.

Arcies, seigneurie, II. 202. B. 203. E. 208. A.
209. E. 777. E. VI. 159. B. 695. B. comté
III. 297. E. VIII. 862. C. *fur-Aube*, seigneurie, III. 308. B.

d'Arcioni, V. 461. * A.

Arcis, seigneurie, VII. 651. C.

Arcissas, II. 653. B.

Arckel, VI. 98. C. seigneurie, II. 327. A.

Arckenghien, seigneurie, III. 736. D.

del Arco, duché, IX. 290. B. *Voyez* Solis.

Arcona, IV. 223. A. VII. 711. D. IX. 128. A.

Arconçay, VII. 3. D. seigneurie, 3. C.

l'Arçonneur, VII. 569. B.

Arconsel, VIII. 816. C. seigneurie, VII. 45. A.

Arcos, comté, I. 679. B. duché, I. 293. D.
294. A. 672. B. V. 526. B.

Arcoucier, seigneurie, II. 32. A.

les Arcs, seigneurie, V. 279. F. marquisat, II.
299. A.

Arcussia, II. 294. D. 295. C. 297. D. VIII.
295. B.

ARCY, *Hugues*, archevêque de Reims, I I.
12. B.

ARCY, *Hugues*, évêque de Laon, II. 104. B.

ARCY, *Jean*, évêque & duc de Langres, I I.
215. C.

Arcy, II. 215. C. VIII. 341. C. seigneurie, II. 12.
B. 66. C. 83. B. C. D. III. 915. A. V. 283.
F. VI. 582. A. 718. D. VIII. 896. C. baronie,
VII. 475. B. VIII. 636. D. marquisat, IX. 241.
B. *fur-Aube*, seigneurie, IX. 84. B. *le Ponfars*,
seigneurie, VI. 383. A. VIII. 13. B. 654. C.

Ardambourg, seigneurie, IV. 861. B.

Ardecourt, IV. 290. D.

Ardelay, seigneurie, IV. 471. D. V. 572. E. VIII.
765. B. C. D. E. 766. B.

Ardelon, seigneurie, VI. 505. C.

Ardenac, baronie, VII. 20. C.

Ardenay, VIII. 158. E.

Ardenne, II. 717. B. 755. E. 773. A. 785. E. V.
126. E. VI. 248. B. seigneurie, II. 243. C. IV.
446. E. comté, I. 39. C. 57. D.

Ardennes, seigneurie, VII. 526. B.

Ardenthun, seigneurie, V. 834. B.

ARDENX (*seigneurs d'*) V. 188. *Voyez* Pardaillan.

Ardenx, seigneurie, V. 187. D. 188. F.

Arderais, seigneurie, VIII. 596. A.

Ardernais, seigneurie, VI. 802. D.

Ardeuil, seigneurie, VIII. 872. D.

Ardier, VII. 437. D. IX. 334. C.

Ardivilliers, seigneurie, III. 652. B. VII. 400.
E. IX. 313. B.

Ardonce, seigneurie, VIII. 668. B.

Ardornes, seigneurie, IX. 428. B.

Ardreloup, seigneurie, VII. 544. C. 551. C.

Ardres, VII. 741. C. VIII. 542. B. IX. 99. A.
seigneurie, III. 571. E. VI. 135. C. 167. B.
D. 168. C. VIII. 543. A.

AREMBERX (*ducs d'*) II. 50. B. C. (*seigneurs d'*)
VII. 170. *Voyez* la Marck.

Aremberg, VIII. 182. E. seigneurie, IV. 545. B.
VII. 165. E. 170. E. 819. D. comté. V. 641.
D. VIII. 40. B. duché, I. 257. E. IV. 545. C.
VIII. 42. C. principauté, V. 232. C. F. 525. C.
641. D. 840. E. VIII. 40. C. 41. A. *Voyez*
Ligne & la Marck.

Arest, comté, VIII. 700. D.

Arfeuil, seigneurie, IV. 890. A.

Arfons, seigneurie, II. 863. C.

Argan, seigneurie, IX. 416. C.

Argence, I. 332. E. VIII. 225. A. seigneurie II.
232. C.

Argences, VIII. 258. B. seigneurie 101. A.

Argencourt, seigneurie, V. 14. B. VIII. 889. D.

Argenne, seigneurie, VII. 872. B.

ARGENSON (*seigneurs & comtes d'*) VI. 600. *Voyez*
le Voyer.

Argenson, VII. 385. B. VIII. 160. A. seigneurie, VI. 512. A. 597. A. 600. C. 618. C. VIII.
483. D. marquisat, VI. 545. D. 603. C. *Voyez*
le Voyer.

Argent, seigneurie, II. 855. E. 856. D. 857. B.
858. D. VIII. 694. B.

Argental, seigneurie, VIII. 909. A. 927. E.

Argentan, seigneurie, I. 271. B. III. 572. A.
573. A. C. VI. 115. C. 344. D. 619. C. 620.
D. VII. 743. A.

Argenté, seigneurie, I. 297. A.

Argenteau, II. 320. B. IX. 306. B.

Argentelle, seigneurie, VII. 569. D.

Argenteuil, seigneurie, I. 237. E. II. 68. A.
IV. 804. E.

l'Argentier, IV. 857. A. VII. 617. B. 692. E.

Argentieres, seigneurie, VII. 783. C. IX. 442. A.

Argentin, VIII. 802. C.

Argenton, IV. 677. D. V. 243. E. VI. 117.
A. 310. A. VIII. 71. B. 691. B. 838. C.
seigneurie, I. 355. A. 356. C. 357. A. IV. 563.
A. 678. C. V. 575. C. VI. 117. C. 591. A. VII.
123. C. 368. B. VIII. 667. C. baronie, VI. 118.
D. VIII. 766. C. comté, I. 190. D. marquisat,
V. 612. A. VI. 118. E. *Voyez* Châtillon.

Argentray, V. 403. D.

Argentté, V. 406. D. VII. 509. D. IX. 315.
B.

Argeres, seigneurie, I. 440. D.

Argeüil-la-Puyfaye, seigneurie, III. 643. A.

Argeville, IV. 732. E. seigneurie, VII. 901. C.
vicomté, VI. 551. A.

Argi, VII. 595. E.

Argicourt, III. 643. A. VIII 523. E. 644. C.
746. B. seigneurie, V. 893. B. VIII. 368. A.
855. C.

Argiers, seigneurie, VIII. 870. B.

Argies, II. 321. A. IV. 215. B. VI. 742. A. VII.
110. C. 166. B. 819. D. VIII. 57. A. 629. B.
652. C. 749. A. seigneurie, I. 296. D. 318. C.
364. A. II. 505. B. III. 74. B. 417. D. VI.
59. B. 108. A. 379. A. 744. D. Voyez Dargies.

Argillieres, VI. 356. B. VIII. 850. D. 905. B.
seigneurie, VII. 767. B.

Argilliers, VI. 463. D.

Argilly, VII. 641. B.

l'Argilois, seigneurie, VII. 802. A.

Argiviliers, seigneurie, VII. 560. A.

Argny, seigneurie, IX. 303. A.

Argonne, seigneurie, V. 80. D.

Argos, seigneurie, VI. 132. A.

Argouges, IV. 64. D. 445. B. V. 125. B. 146.
C. VII. 632. D. VIII. 946. D. seigneurie, VI.
545. C.

Argoules, seigneurie, V. 83. A. VIII. 174. B.
D. E baronie, VII. 556. B.

Argoulois, seigneurie, IX. 450. * C.

Argueil, VI. 733. A. seigneurie, I. 463. C. II.
869. E. III. 729. B. VI. 135. C. VII. 180.
A. 801. C. VIII. 420. A.

Arguey, seigneurie, VII. 745. D.

Arguieres, VII. 786. A.

les Arguts, seigneurie, II. 663. C.

Argy, seigneurie, II. 438. A. V. 768. D. 769.
B.

Arjac de Morlhon, IV. 137. B. VII. 315. C.

Arian, comté, II. 242. E. 243. E.

Arias d'Avila, III. 356. A.

Arias Saaredra, IX. 290. A.

d'Arien, VIII. 922. E.

Arignac, seigneurie, III. 360. C. baronie, IV.
664. C.

Arinthos, seigneurie, VIII. 799. D.

Ariza, marquisat, I. 636. B.

Arkel, seigneurie, V. 510. C.

Arlan, baronie, V. 268. C. D. 269. C.

Arlatan, IV. 493. E. V. 279. A.

ARLAY (seigneurs d') VIII. 420. Voyez Chalon.

Arlay, seigneurie, I. 546. D. II. 19. A. 20. E.
24. C. 25. E. 163. E. 333. E. 742. E.
III. 729. B. IV. 180. B. 863. D. VI. 48. C. 63.
A. 135. C. 733. C. VII. 34. E. 801. C. VIII.
420. D.

Arlenc, seigneurie, II. 185. 2. E. VI. 325. C.
VII. 49. B. 768. C. VIII. 814. D.

Arlende, III. 827. C.

Arlens, seigneurie, VII. 461. D.

Arles, II. 837. E. comté, I. 41. D. 42. A. E.
II. 682. E. 683. B. 684. C. III. 70. B. D. VI.
8. B. VIII. 48. E. 410. C. royaume, I. 34.
E.

Arlet, baronie, IV. 441. A.

Arleux, VI. 705. A. vicomté, VIII. 700. A.
738. D.

Arlon, marquisat, II. 759. B. 799. D. V. 508.
D. 509. A.

Arlos, VII. 643. E.

Arlot, IV. 454. D. VII. 620. C.

Arly, III. 654. D. VI. 51. C. 113. A. VIII. 277. A.

ARMAGNAC, Roger, évêque de Laon, II. 103. D.
Bernard, VII. connétable de France, VI. 223.
D. Jean, bâtard, surnommé Lescun, maré-
chal de France, VII. 94. A.

ARMAGNAC (comtes d') III. 411. & suiv.

Autres issus des ducs d'Elbeuf) III. 499. &
suiv.

Armagnac, II. 103. D. 134. E. 528. A. E. 618.
E. 635. B. 637. C. 644. A. 709. D. III. 350.
C. IV. 15. A. 16. D. 41. B. 57. B. 69. C. D. 80.
A. 121 C. 481. B. 529. D. V. 138. C. 186. D.
191. A. 193. B. VI. 97. D. 207. A. 208. D.
209. B. 212. C. VII. 75. C. 95. A. 128. A.
211. B. 268. A. 298. B. 766. B. VIII. 57. B.
423. A. comté, I. 107. A. E. 119. E. 208. C.
214. D. 235. E. 252. B. 273. D. 276. B. 288.
C. 296. E. 304. B. 308. B. 312. A. 320. A.
359. C. 390. A. 454. A. 461. B. 641. D. II.
170. E. 173. E. 174. A. 175. A. C. 177. B.
188. 2. A. B. 613. C. 631. C. 634. C. 636. E.
667. E. 669. B. 671. A. 701. C. D. 711. D.
859. C. III. 74. B. 349. D. 372. B. 375. B.
383. B. IV. 388. D. 469. B. 499. B. 541.
C. 643. A. 795. B. 805. E. V. 193. B.
514. A. VI. 207. B. 408. A. 209. B. 111.
C. 223. D. VII. 209. E. 210. E. IX. 391. E.
Fezensaguet, II. 711. D. V. 747. B. Nemours, I.
275. B. Termes, V. 191. A.

Armainvilliers, seigneurie, IX. 197. B. 228. B.

Armançay, seigneurie, VII. 499. E.

l'Armandie, I. 369. D.

Armantieu de la Palu, VII. 214. C.

Armendaritz, VIII. 267. D.

ARMENIE (rois d') issus des rois de Chypre, II.
604. & suiv.

Armenie, VI. 137. B. VII. 737. D. royaume, I.
306. A. 414. D. II. 593. C. 594. A. 597. B. C.
III. 84. B.

Armenonville, seigneurie, II. 413. C. E. III. 730.
D. VI. 406. A. 606. B. VII. 12. D 339. C. IX.
330. C.

ARMENTIERES (seigneurs d') VI. 148. Voyez
Conflans. (Autres seigneurs d') 407. Voyez Jouvenel des Ursins.

Armentieres, seigneurie, III. 735. A. 736. C.
IV. 404. B. V. 229. D. VI. 145. D. 147. D.
149. B. 404. D. 407. B. 706. B. VIII. 280.
A. marquisat, IX. 449. B.

Armenuyden, VII. 166. B.

Armes, V. 765. D. VI. 438. C. VII. 136. B. VIII.
191. E.

Armeu, seigneurie, I. 508. E.

Armieu, II. 29. B. C. E. 30. A. seigneurie, II.
30. A. 32. E. VIII. 927. D.

Arminvilliers, seigneurie, VII. 666. D.

Armissan, seigneurie. 767. B.

Armoises, II. 55. C. VI. 263. C. 264. A. 774. B.
VIII. 870. C. seigneurie, II. 322. E. 323. A.
IV. 214. E. VII. 466. D. VIII. 90. D. Beurigu,
II. 64. B.

Armoye, baronie, II. 487. B.

Armstrof, II. 874. D.

Arnac, VII. 616. B. IX. 468. E. seigneurie, VIII.
243. A. 244. B. C.

Arnaïon, baronie, II. 251. D. 252. A.

Arnau, baronie, III. 351. A.

Arnaud, III. 617. A. VII. 102. A. VIII. 22. C.
303. A. 327. B. 889. D.

les Arnauds, seigneurie, IV. 286. B.

Arnauld, VII. 63. C. IX. 124. A.

ARNAULD DE POMPONNE, Henry-Charles, chancelier des ordres, IX. 309. C.

Arnauld de Pomponne, VII. 102. A. IX. 309.
A. 431. A.

Arnault, VI. 574. A.

Arnauzé, II. 230. B. E.

Arnay, seigneurie, IX. 323. B. vicomté, IV.
330. D.

Arné, feigneurie, VII. 111. A.
Arnel, VIII. 260. C.
Arnemuyden, VII. 104. C D. *Voyez* Armenuyden.
Arners, feigneurie, II. 111. B.
S. Arnés, feigneurie, VII. 405. A.
Arnefio, VII. 452. E.
Arnoncourt, feigneurie, IV. 839. A.
Arnoie, IX. 91. B.
Arnoul, archevêque de Reims, II. 2. C.
Arnoul, chancelier, VI. 246. B.
Arnoul, IV. 501. E. V. 16. D. VII. 600. C. *de Saint Simon*, IX. 342. C.
Arnoult, VI. 361. D.
Arnoulx, VIII. 139. B.
Arnoye, VII. 486. B. *d'Avant*, VII. 487. B.
Arod, VI. 286. D.
Aronça, feigneurie, I. 585. E.
Aronchese, marquifat, VIII. 137. B D.
ARONCHEZ, (*marquis d'*) du furnom de Soufa, *bâtards* de Portugal, I. 687. & *suiv*.
Aronchez, feigneurie, I. 581. B. marquifat, I. 624. A, 696. B.
Arondel, VIII. 698. A. comté, I. 595. B. 688. E. II. 484. A. 496. C. 787. C. III. 287. C E. 289. D. VI. 27. C. VII. 87. E. 90. A. 837. D. *de Horsisham*, VII. 91. B. *de Taberne*, VII. 840. C. *de Wardour*, VII. 91. B.
Arone, comté, VII. 117. E. VIII. 291. D.
Arot, III. 600. A.
Aroux, feigneurie, IV. 308. B. 309. A
ARPAJON, duché-pairie, érigé en 1650. pour LOUIS d'ARPAJON, marquis de Severac, V. 878. *Pieces concernant cette érection*, ibid. & *suiv*.
ARPAJON, *Louis*, chevalier du S. Efprit, IX. 169. C.
ARPAJON (*genealogie de la maison d'*) V. 887. & *fuivantes*.
Arpajon, II. 361. E. III. 812. B. 821. B. IV. 21. C. 43. B. 471. A. 571. C. 613. C. V. 140. C. 887. D. VI. 300. C. VII. 133. E. 417. A. 483. D. 488. D. 768. B. VIII. 93. E. 370. C. 668. B. IX. 92. B. 176. B. 392. B. feigneurie, II. 341. D. IV. 408. B. V. 140. C. 888. A. 890. B. VII. 70. E. baronie, I. 309. E. 469. B. I I. 219. B. V. 152. E. 341. B. 891. B. 895. A. VI. 454. B. marquifat, V. 899. D. 900. A. IX. 338. A. duché, II. 249. A B. IV. 435. C. V. 152. E. VII. 417. A. pairie, V. 898. A E. *de Berbiguier*, V. 889. C. *de Durenque*, V. 889. D. *de Verrieres*, V. 891. C.
Arpajou. *Voyez* Arpajon.
Arpavon, feigneurie, II. 253. A.
Arpentigny, feigneurie, VI. 555. D.
Arpentilly, feigneurie, VII. 101. A.
les Arpentis, feigneurie, IV. 729. A. IX. 97. A.
Arpin. III. 217. B.
Arquemont, I. 275. D.
Arquenay, VI. 190. D. feigneurie, II. 426. D E.
Arquennes, feigneurie, III. 577. D.
Arques, feigneurie, II. 641. B. III. 302. D. 838. C D. 854. B. IV. 16. E. 17. B. 21. A. V. 287. A. VII. 357. A. 770. D. 776. D. baronie, VI. 220. D. vicomté, II. 766. B. comté, II. 475. C.
ARQUIEN, (*Seigneurs & marquis d'*) VII. 427. *Voyez* la Grange.
Arquien, feigneurie, III. 451. B. IV. 671. B. 673. B. VII. 222. D. 371. A. 374. B. 425. B. 427. A. 903. B. marquifat, IV. 224. D.
Arquier, I. 199. E.
Arquillo, feigneurie, IX. 190. B.
Arquinvillier, IV. 756. A.

ARRABLAY, *Pierre*, chancelier de France, VI. 308. A.
ARRABLAY, (*Seigneurs d'*) I. 507. & *suiv*. (Autres feigneurs) VI. 307. & *suiv*.
Arrablay, III. 172. A. VI. 257. A. feigneurie, I. 492. A. 493. B. VI. 307. B.
ARRAGON (*Bâtards d'*) II. 844.
Arragon, I. 83. A. II. 255. C. 598. C. III. 345. E. 346. D. 351. D. 354. A C. 355. A. 373. C. 383. C. 436. A. IV. 169. A. 192. A. 497. C. V. 513. F. 514. A. 523. E. 524. B C. 525. C. 526. A B D. 527. D. 528. A. 530. E. 531. B. 661. B. VI. 106. C. 164. B. 768. D. VII. 74. D. 75. E. 118. B. 737. D. 763. E. VIII. 38. A. 76. B. IX. 290. A. 377. B. duché, V. 523. E. royaume, I. 88. B. 90. E. 105. B. 117. C. 228. A. 229. D. 230. A B. 231. B. 256. A. 283. D. 286. E. 289. B. 291. E. 316. A. 400. E. 401. A. 408. A B. 411. B. 413. A. 421. A B. 457. C. 478. A. 540. A. 575. D. 582. C. 584. D. 587. A. 588. A C E. 593. C. 596. A. 598. A. 599. D. 602. A. 648. C. 654. B. II. 519. C. 520. B. 597. C. 617. D. 621. A. 634. D. 689. E. 691. D. III. 348. C E. 350. C. 374. C. 377. B. 418. A. IV. 55. D. V. 513. F. VI. 75. D. VIII. 863. E. *Cardonne*, III. 353. E. *Montalie*, I. 639. D. *Sandoval-Folch-de-Cardonne & de Cordone*, III. 354. E. *de Segorbe & Cardona*, I. 653. A. Sicile, I. 288 A. 289. A. II 597. B. 599. B. 606. B. *de Villa-Hermofa*, I. 680. C.
Arragonez, VI. 552. D.
ARRAS, *Nevelon*, maréchal de France, VI. 620. B.
Arras, V. 833. B. VI. 794. A. VIII. 540. E. 604. A.
Arrayolos, comté, I. 614. A. 615. A. 616. A. 619. D. 687. B.
Arreaux, feigneurie, IX. 451. * A.
Arrel, IV. 808. A. VII. 526. D. VIII. 358. A. 364. E.
Arreft, feigneurie, VI. 386. B. 796. C.
Arrets, comté, IX. 382. C.
Arricaut, VII. 279. E.
Arrious, feigneurie, VI. 208. B.
ARRODE, *Eudes*, pannetier du Roi, VIII. 603. B. *Jean*, pannetier du Roi, VIII. 608. A.
Arros, VII. 310. E. feigneurie, IV. 120. C. baronie, IV. 131. A B C. VII. 319. D.
Arrouet, feigneurie, VII. 156. D.
Arrox, III. 393. C.
Ars, II. 864. B. VII. 376. C. feigneurie, I V. 443. C. V. 17. D. VIII. 906. A. marquifat, III. 914. A.
Arfac, VII. 585. B. feigneurie, II. 363. B.
Arfans, feigneurie, IV. 18. B.
Arfchot, VII. 104. D. 172. A. 831. B. feigneurie, II. 797. E. III. 727. B. VIII. 34. D. 451. B. duché, I. 156. D. 158. A D. II. 50. B C. III. 597. A. 910. B. VI. 99. C. VIII. 40. D. 282. A. *Voyez* Croy.
Arfcot, IV. 60. E. II. 794. A B. feigneurie, IV. 195. A. V. 129. F. 130. A E. 131. A. 132. D. 133. F. 134. B. 239. B D. 637. D. 638. B. 639. B. marquifat, V. 638. D. 639. A. 640. C. duché, IV. 545. C. V. 232. C F. 526. A. 640. B C E. 641. C D. 642. A. 644. A. 654. B. 840. E.
Arfinge, feigneurie, VIII. 588. B.
Arfon, VIII. 820. B. feigneurie, I. 362. B. III. 614. D. VII. 697. B.
Arfonval, feigneurie, VIII. 651. C.
d'Arfur, feigneurie, VII. 371. C.
ARSY, (*Seigneurs d'*) bâtards de Mailly, VIII. 662.

Arsy, seigneurie , II. 342. A. VIII. 663. C.

ARTAGNAN , (Seigneurs d') VII. 275. Voyez Montesquiou & Bats.

Artagnan , seigneurie, VII. 275. C. 276. C. 538. C.

Artal de Luna, II. 642. E.

Artams, seigneurie , III. 614. C.

Artane, VI. 594. D.

Artaud, chancelier, VI. 245. A.

Artaud , VII. 505. B.

l'Artaudiere, seigneurie , II. 255. E.

Artaut, archevêque de Reims , II. 2. C.

Artel de Luna, I. 385. D.

Artenhein, seigneurie , III. 768. A.

Artenne, seigneurie, IV. 399. E. 400. C.

Arthane , seigneurie, II. 221. A.

Arthaud, VII. 376. C.

Arthenay , seigneurie, IX 176. B.

Arthes, seigneurie , VIII. 150. C.

Arthus VIII. 772. C.

l'Arthusie , seigneurie , IV. 660 B.

l'Arthusier, seigneurie, IV. 287. C.

l'Arthusiere , seigneurie , IV. 451. A.

Artieulle, seigneurie , VIII. 795. A.

Artige, seigneurie, III. 368. A.

Artignac, seigneurie , VII. 788. A.

Artignose, baronie, IX. 419. C.

l'Artigny , comté , IX. 203. A. Voyez Berenger.

l'Artigole , seigneurie , VII. 218. B.

Artigoty , baronie , IV. 844. C.

l'Artigue , III. 591. B. Dien, seigneurie, VII. 925. C. de Mezin , II. 442. D. 445. B.

ARTILLERIE DE FRANCE , (Histoire genealogique & Chronol. des grands-maitres de l') VIII. 125. & suiv.

Artois, comté-pairie , érigé en 1297. pour ROBERT II , III. 3.

ARTOIS, Robert , connêtable de France, VI. 89. D. Philippes, connétable de France, VI. 204. C.

ARTOIS (comtes d') I. 381. & suiv.

Artois, I. 90. E. 93. A. II. 497. B. 747. A. 797. D. III. 205. C. 348. B. 350. A. 370. A. I V. 195. D. V. 132. A. 226. C. 228. F. 229. E. 510. B. 511. B. 574. A. VI. 89. D. 136. B. 237. E. 163. D. 213. A. 217. D. VIII. 56. E. 57. A. 727. C. 867. E. seigneurie , V. 419. E. VII. 652. C. comté , I. 94. A C. 96. A. 97. C. 108. A. 109. A. 124. A. 239. A. 240. C. 241. B. 242. D. 243. D. 245. D. 246. E. 251. D. 280. C. 281. C. 291. D. 304. A. 318. A. 359. A. II. 741. D. 783. D. 792. B. 844. E. III. 161. C. V. 226. D. VI. 95. C. 104. D. VIII. 417. A. pairie, I. 383. B. 418. A. 430 D. 449. A. 483. B. 545. A. 548. C D E. 549. C. V. 511. B.

Artelle, VI. 777. C.

Artus, VI. 360. D.

Arvert, seigneurie , I V. 448. E. baronie , VIII. 184. A.

Arvigny, seigneurie, VI. 602. C.

Aruilhart, VII. 431. A.

d'Arvillac, II. 199. E.

Arvillars, II. 255. B.

Arville , seigneurie , VII. 547. C.

Arvilliers, III. 734. B.

Arx , seigneurie , IX. 436. E.

Arzac , seigneurie , VII. 359. E

Arzens , seigneurie, III. 813. C. 815. A. 817. A. 818. C. VII. 141. B. IX. 391. B.

ARZILLIERES, (Seigneurs d') VI. 741. Voyez Hautefort.

Arzillieres, VI. 742. A. VIII. 715. B D. seigneurie, VIII. 12. D. baronie , II. 322. C. VI. 742.

B. VIII. 324. E. 757. C.

Arzilliers, VI. 701. B. seigneurie , III. 625. C.

Asay, VII. 168. A.

Asbourg, II. 773. A.

Ascalon, comté, VI. 23. D.

Ascheres, baronie, VII. 550. A.

Ascoli, duché , VII. 191. A. 192. C. principauté, II. 51. C.

Aserac, seigneurie , VII. 772. E

de Asinaris, II. 50. A.

Asnebec , seigneurie , II. 36. D. V. 141. D. 146. B. baronie , II. 36. D. 59. E. V. 146. B. VI. 633. A. VII. 866. C. VIII. 258. C. 271. E.

ASNIERES (Seigneurs d') IV. 754. Voyez du Plessis.-Liancourt.

Asnieres, III. 90. D. seigneurie, II. 78. D. I V. 712. B. 862. B. VII. 10. A. 426. B.

ASNOIS, (Branche des seigneurs & barons d') de la maison de Blanchefort, I X. 449. * & suivantes.

Asnois , seigneurie, V. 761. C. IX. 450. * A B. baronie, VI. 529. B.

Asonne, seigneurie, II. 798. C.

Asparaut, seigneurie, IV. 169. B. Voyez l'Esparre.

Aspart, VI. 795. B.

Aspec, seigneurie , V. 640. C.

Aspect, seigneurie , III. 361. A. baronie , III. 884. D.

Aspet , V II. 265. B.

Aspin , seigneurie , V. 744. C.

Aspre , seigneurie , III. 909. B.

Aspremont, II. 150. E. 228. D. 434. C. III. 392. C. 841. C. IV. 141. A. 611. E. 832. B. 857. A. V. 178. B. 723. C. VI. 105. D. 111. A. 556. B. 671. A. 698. B. 741. A. 748. C. VII. 52. B. 166. C. 267. D. 322. D. 592. A. VIII. 29. A. 31. E. VI. 154. C. 531. C. 533. C. 764. E. 792. D. 870. C D. 874. C. seigneurie , I. 763. E. 858. B. III. 155. D. 736. A. IV. 174. A. 185. A. 356. B. 564. B. 571. A. 653. B. 734. B. 753. B. V. 150. E. 507. A. 511. B. VI. 359. C. 508. B. VII. 6. A. 237. B. 551. A. 881. E. VIII. 753. B. baronie , IV. 712. E. VI. 743. A. VII. 502. B. comté, II. 322. C. VIII. 646. D. Voyez Apremont.

Asques, seigneurie, IX. 386. C.

Asroux , seigneurie , I. 526. B.

Assac, II. 599. A. IV. 653. B.

Asse, III. 649. C. seigneurie, VII. 175. B.

Assé. V. 155. B. VIII. 594. *** E. seigneurie, VIII. 821. C. le Riboulle , seigneurie , VII. 384. B.

Assen, baronie, V. 648. D.

Asselque, VIII. 250. A.

Assenate, IV. 491. A.

Assenet, VI. 403. C. seigneurie, 571. C.

Assendelft , VI. 101. D.

Asserac, VII. 270. Voyez Acerac.

Asset-le-Grand, seigneurie, III. 577. A.

Assevilliers, seigneurie, VIII. 537. C.

Asseure, seigneurie, VIII. 644. C.

Assignan, seigneurie, VII. 767. B.

Assigny, V. 425. E. VII. 30. A. 425. C. 427. B. 428. E. 791. B. V III. 693. A. 777. A. 892. C. seigneurie, II. 78. E. 850. D. VIII. 642. C.

S. Assise , seigneurie, VI. 547. B.

les Assises, seigneurie, IV. 611. A.

Assonville , seigneurie , II. 121. B.

Assue, VIII. 120. B.

Assy , I. 226. A. VII. 55. B. 560. C. VIII. 373. E. 888. E. seigneurie , II. 80. D E. 439. D. 440. C. IV. 611. A. VI. 474. A. 556. B. 681. D. VII. 897. C. de Thienville , VI. 537. D.

Aſt, VIII. 148. C. comté, I. 205.A. 207. E. VIII.
75. C.
ſtabalan de Longuilara, VII. 207. D.
Aſtafort, ſeigneurie, II.437. E.
Aſtagues, V. 744. C.
ASTARAC, (Anciens comtes d') II. 615. & ſuiv.
(Suite des comtes d') II. 617. (Autres comtes d')
III. 381. & ſuiv.
Aſtarac, I. 373. A. 468. A. III. 363. E. IV. 23.
A. 135. C. V. 141. F. 196. D. 744. C. 747. B.
VI. 212. D. VII. 213. D. 271. E. 289. C. 313.
E. 772. C. 860.'A. 925. E. VIII. 634. D. ſei-
gneurie. IV. 427. B. VII. 924. A. comté, II.
562. C D E. 365. B. 632. A. 654. B. 684. E.
705. D. 711. D. IV. 611. C. 805. E. V. 747.
B. VI. 208. B. 212. D. 215. C. VII. 211. B.
263. A. 695. A. 861. C. VIII. 219. A. 220. A.
de Fontrailles, III. 861. B. IV. 665. B. IX. 82.
A. comté, III. 347. E. 369. B. 379. A. 432.
D. 642. B. 856. A B. 857. E. de Mareſtaing,
IV. 136. A.
Aſter, II. 649. E. vicomté, II. 652. C. III. 375.
C. IV. 14. B. 612. B. 613. A B. 614. A C. V.
736. B. VII. 190. C. de l'Arbouſt, III. 305.
B.
Aſticaud, ſeigneurie, IV. 501. A.
Aſtier, V. 286. B.
S. Aſtier, VII. 329. C. 330. A. 340. A. 620. B. ſei-
gneurie, II. 669. E. IV. 827. D.
Aſtoaud, IX. 440. D.
Aſtoin, ſeigneurie, II. 291. E.
Aſtom, ſeigneurie, VIII. 295. C.
Aſtorg, II. 650. B. IV. 612. A. 784. B. IX. 175.
D.
Aſtorga, marquiſat, III. 355. A.
Aſtorgas, marquiſat, I. 630. A.
Aſtouaud, VIII. 294. D.
Aſtrée, Voyez Chenillac.
Aſtrie, ſeigneurie, IX. 124. A.
Aſturies, III. 351. A. VI. 163. A. principauté,
I. 185. E. 190. B. IX. 380. C.
Aſyayn, ſeigneurie, II. 845. B.
Ataïde, I. 630. C. 646. A. 656. A. 657. A.
667. C. 681. A D. 683. D. 689. D. 690. A. 696.
A. de Goyos, 691. A.
Atalaya, ſeigneurie, I. 681. A. comté, I. 690. A
E. 700. B D. IX. 380. E.
Atançon, ſeigneurie, III. 356. D.
Atares, comté, V. 843. E.
Atavanti, V. 461. * A.
Atela, marquiſat, II. 51. C. III. 353. B.
Ateſſo, marquiſat VII. 192. C.
Ath, ſeigneurie, VI. 88. A. VIII. 35. E.
Athagui, VIII. 269. A.
Athelle, marquiſat, VII. 192. C.
Athenes, III. 85. A. duché, I. 281. B. 413. A.
416. B. 547. C. II. 782. C. 849. B. VI. 109.
D. 130. B. 131. C E. 165. A
Athier, ſeigneurie, VII. 709. A.
ATHIES, Guy, vice-chancelier, VI. 270. D. Hu-
gues, maître pannetier de France, VIII. 604.
B. Gerard, pannetier du Roi, VIII. 623. A.
Athies, VI. 719. A. VIII. 523. A E. 632. E.
ſeigneurie, I. 513. A. V. 11. D. VI. 748. C.
777. C.
ATHIEULES, (Seigneurs d') VIII. 890. Voyez Chau-
mont-Quitry.
Athieules, ſeigneurie, VIII. 888. D. 889. D.
Athis, ſeigneurie, III. 645. B.
Athol, comté, IX. 404. C. duché, IX. 411.
C.
Atilly, ſeigneurie, VIII. 471. C. 752. C. mar-
quiſat, IX. 303. C.
Tome IX.

Atmeſnil, ſeigneurie, VIII. 809. * B.
Atougia, comté, I. 656. D. 683. D. 696. A.
Atry, duché, VII. 192. D. VIII. 76. B. Voyez
Aquaviva.
Attalens, en Suiſſe, ſeigneurie, V. 672. D. VII.
45. B. 46. B.
Attart, III. 918. D.
Attendula, VIII. 703. B.
ATTICHI, (Seigneurs d') III. 653. Voyez Montmo-
rency.
Attichy, ſeigneurie, III. 568. B D. 569. C. 570.
B. 626. A B. IV. 721. C. V. 638. A. VI. 44.
A. 51. B. 70. A. 114. C. 556. B. VII. 645.
D. VIII. 91. D. 201. C. 277. A. 402. B. 597. ***
A. 621. C. 630. C. baronie, IV. 680. B. mar-
quiſat, IV. 173. A. Ferrand, III. 303. E. ſur-
Aiſne, ſeigneurie, 137. B.
Attiles, baronie, V. 178. D.
Attilly, ſeigneurie, VI. 350. D. marquiſat, IV.
891. D.
Availles, ſeigneurie, IV. 651. A. 686. E. V. 16.
C. 765. A. VIII. 483. B. 711. C. 903. B. ba-
ronie, II. 231. D.
Avaleuc, IV. 83. B. 804. A.
Avalon, ſeigneurie, II. 28. B. VIII. 415. B. vi-
comté, II. 434. D. 873. A. IV. 862. A. VI.
147. C. VII. 1. A. VIII. 551. comté I. 62. E.
Avalos, I. 681. C. VII. 118. C. VIII. 76. B C.
Avan, ſeigneurie, VIII. 328. E.
Avances, VII. 49. C. ſeigneurie, III. 614. C.
Avanges, ſeigneurie, VII. 200. B.
Avanſon, VII. 484. D. ſeigneurie, II. 246. E.
l'Avantgarde, ſeigneurie, I. 232. C.
Avantigny, VIII. 150. C.
Avantois, I. 501. A.
l'Avanture, ſeigneurie, VII. 383. C.
Avaré, ſeigneurie, IX. 239. B.
Avarzay, ſeigneurie, III. 636. D.
AVAUGOUR, (Comtes d') iſſus des anciens comtes
de Bretagne, III. 56. & ſuiv.
Avaugour, II. 408. C. 418. D. III. 582. A. 586.
A. 641. A. IV. 15. C. 74. B. 537. C. 686.
C. V. 128. E. 141 F. VI. 103. B. 137. B.
342. A. 407. A. 634. C. 770. B. VII. 48. C.
169. D. 506. C. 507. C. 569. C. 584. B. 867.
A. VIII. 287. A. 724. D. 764. C E. IX. 463. B.
ſeigneurie, I. 450. D E. 465. E. IV. 196. B.
VI. 103. B. 104. C. baronie, I. 467. A. 468. A.
469. D. 470. C. 471. A B C. 472. A. II. 610.
B. IV. 62. D. V. 118. E. 573. E. 574. E. VIII.
252. B. 578. D. 747. B. comté V. 17. C. mar-
quiſat, I. 504. D. II. 440, D. marquiſat, VIII.
192. C. Voyez Bretagne.
Avaux, comté, IX. 177. D. 316. B. 317. A. 333. A.
Aubagne, baronie, II. 292. D. VIII. 303. C.
Aubais, ſeigneurie, II. 135. A. III. 828. A. VII. 785.
E. baronie, II. 136. A. marquiſat, IX. 277. C.
S. AUBAN, (Seigneurs de) III. 832. & ſuiv. Voyez
Apchier.
S. Auban, II. 296. B. IX. 391. A. ſeigneurie, II.
138. D. III. 606. C. 814. C. 815. A. 816. B.
VI. 300. D. VII. 767. C. 790. D. baronie,
III. 813. C. 821. A. V. 105. A.
Aube, IV. 283. E.
Aubenas, ſeigneurie, III. 816. A. 817. D. VII.
358. C. 785. B. VIII. 55. F. baronie III. 496.
A. 497. A D. V. 288. D. VII. 392. D.
Aubenton, ſeigneurie, II. 504. C. V. 510. A. VI.
110. A.
Auber, VII. 670. E. VIII. 20. D E. ſeigneurie,
VII. 834. B. de Monteil de Gelat de Chaſlus,
III. 836. D. 837. A.
Aubercourt, ſeigneurie, VII. 749. A.   E

AUBERGENVILLE, (*Seigneurs d'*) II. 411. *& suivantes.* *Voyez* Meulent.

Aubergenville, VI. 271. C.

Auberive, seigneurie, II. 205. A. 370. E.

Auberlieul, seigneurie, III. 577. B C.

Aubermont, VIII. 83. E. 699. B. seigneurie, VIII. 545. E.

uberoche, seigneurie, VII. 322. A.

Auberoque, seigneurie, VII. 65. D.

AUBERT, *Etienne* , évêque & comte de Noyon , pair de France, II. 397. B.

AUBERT, (*Genealogie d'*) II. 397. *& suiv.*

Aubert , I. 362. A. IV. 307. D. 534. E. 653. A. VI. 496. A. 540. D. VII. 58. E. 85. B. 235. D. 560. C. 567. A. 575. A. VIII. 120. C. 648. B. 811. * B. IX. 251. B.

S. Aubert, II. 775. A.

Aubertin , IX. 377. E.

Auberville, II. 431. E. 432. A. V. 149. A. seigneurie, VI. 283. C. 503. A. baronie. II. 81. A.

Aubervilliers, seigneurie, I V. 766. B. V I. 472. B.

Aubery, II. 108. D. IV. 66. A. 178. A. VI. 523. A. VIII. 809. **. E. 818. A. IX. 149. B. 209. B. 430. D.

Aubesigne, seigneurie, VIII. 341. A.

l'Aubespin, I I. 211. A. seigneurie, VII. 447. B. baronie , VII. 200. B. comté III. 585. C I X. 163. C.

l'AUBESPINE, *Charles* , marquis de Chasteauneuf-sur Cher , garde des sceaux de France, VI. 558. B. *Gabriel* , commandeur du S. Esprit, IX. 133. C. *Guillaume* , chancelier des Ordres, IX. 302. B. *Charles* , chancelier des Ordres, IX. 302. E. *Claude* , greffier des Ordres, IX. 331. B.

l'AUBESPINE, (*Genealogie de*) V I. 558. *& suivantes.*

l'Aubespine, IV. 411. A. 641. B. 721. C. V. 740. B. VI. 293. A. 453. D. 485. C. 552. A. 558. D. VII. 25. C. 368 E. 370. B. VIII. 494. C. 805. C. IX. 75 C. 94. C, 310. B. 332. B. 335. C. *Chasteauneuf* , I X. 126. A. 149. B.

AUBETERRE (*Comtes d'*) VII. 457. (*marquis d'*) VII. 455. *Voyez* Esparbez & Bouchard.

Aubeterre, V. 142. D. VII. 24. E. seigneurie, V. 281. D. VII. 17. E. 512. B. VIII. 672. A. baronie, V. 142. D. vicomté, V. 17. A. V I I. 448. A. 456. C. VIII. 247. A. IX. 101. A. comté, V. 17. C. VII. 457. E. marquisat, V. 17. C. 181. D.

Aubeuf, seigneurie, II. 81. A. VII. 560. C. VIII. 20. D E.

Aubeville, seigneurie, II. 108. C. 309. C.

Aubevilliers, seigneurie, VII. 337. A.

AUBIAC, (*Seigneurs d'*) V I I. 774. *Voyez* Narbonne.

Aubiac, seigneurie, VII. 774. A.

Aubiere, VII. 59. B. 139. D. seigneurie, VII. 61. C. VIII. 61. A. 817. C.

Aubieres, IX. 80. A.

les Aubiers, VI. 191. D.

Aubignan, seigneurie, V. 266. A.

AUBIGNE', *Claude-Maur* , évêque & comte de Noyon, pair de France, II. 446. B. *Theodore-Agripa* , vice-amiral, V I I. 907. B. *Charles* , chevalier du S. Esprit, IX. 235. A.

AUBIGNE', (*Genealogie d'*) II. 446.

Aubigné, II. 446. B. III. 601. A. IV. 79. C. 322. D. V. 107. A. VII. 507. B. 584. E. 618. C. VIII. 583. B. 707. E. 945. D. seigneurie, I II. 627. B C. 629. B. 633. A B. 634. A. IV. 79. A. 562. A. VII. 73. D. VIII. 729. A.

baronie , IV. 792. E. comté, IV. 795. A *Surineau* , IX. 204. A.

AUBIGNY - RICHEMONT , duché-pairie , érigé en 1684. pour LOUISE-RENE'E DE PENANCOET DE KEROUALLE, duchesse de Portsmouth, & CHARLES-LENOS , duc de Richemont son fils, V. 919. *Pieces concernant cette érection* , ibid. *& suiv.*

AUBIGNY, (*Ducs d'*) V. 929. *& suiv.*

Aubigny, II. 484. A. 496. C. 787. B. VI. 27. C. VII. 139. E. 201. A. 544. B. VIII. 104. A. 493. C. 822. A. IX. 99. D. 405. B. seigneurie, I. 174. A. 280. D. 318. B. 359. A. 360. A. C E. 361. E. 362. C. 363. B. II. 76. B. C D. 77. A B C. 83. B. 234. B. 400. A. 439. C. III. 817. B. IV. 534. E. 876. D E. V. 132. A. 135. D. 571. E. VI. 95. B. 107. C. 108. A. 113. A. 203. A. 707. D. VII. 131. E. 174. C. 250. C. 708. C. VIII. 763. B. C. 764. B. 765. A B. 942. E. baronie, III. 596. D. V. 656. A. IX. 59. A. duché, V. 928. D. pairie, V. 928. E. 929. D. *sur-Nerre* , seigneurie, VII. 142. A. *la Ronce* , seigneurie, IV. 660. A. *Voyez* Aubigné & Stuart.

AUBIJOUX, (*Seigneurs d'*) VII. 127. *Voyez* Amboise.

Aubijoux, seigneurie, III. 639. A. IV. 31. B. 43. B. VII. 95. C. 117. D. 848. A. baronie, IX. 395. comté, III. 776. A. IV. 23. B. 48. A. VI. 494. A. VII. 132. C. 491. C. *Voyez* Amboise.

AUBIN, *Paul* , huissier des Ordres du Roi , IX. 349. B. *Jean* , huissier des Ordres, IX. 350. A.

Aubin, I. 211. B. II. 41. C. 225. C. IV. 307. D. VIII. 922. E.

S. AUBIN, (*Seigneurs de*) VII. 408. *Voyez* Roquelaure.

S. Aubin, IV. 876. D. V. 422. D. VII. 139. A. 399. A. 496. B. 529. C. 664. A. 807. C. VIII. 59. A. seigneurie, I. 245. A. 272. E. 426. E. 427. D. 428. A. II. 177. B D. 193. E. 856. D. III. 634. B. 635. A. 649. A. B. 650. A. 651. A C. 654. C. IV. 287. B. 404. B. V. 11. B. 140. F. 161. C. 397. E. 487. D. 510. D. VI. 67. B. 644. C. 669. A. VII. 34. A. 221. A. 274. C. 393. B. 399. A. 403. C. 408. B. 444. A. 562. A. 587. B. 646. B. 797. D. 876. B. VIII. 76. C. 102. C. 332. C. 353. B. 569. A. 798. D. 802. A. 873. C. *en Bray* , seigneurie, VI. 659. B. *sur Mer* , seigneurie, VIII. 20. D. *sur Ourcq* , seigneurie, VI. 348. B.

Aubischecourt , seigneurie, VI. 111. D. 277. B.

Aubœuf, seigneurie, VIII. 20. D E.

Aubonne, seigneurie, VI. 699. B. baronie, I V. 473. B.

Auborel, seigneurie, VII. 491. D.

Aubourg , IV. 574. C. VIII. 795. C. 888. C. IX. 312. B. 362. C. *Porcheux* , I. 215. B. VIII. 766. D.

Aubray, V. 351. C. VL. 538. C. V II. 416. D. IX. 311. B.

Aubriot, VII. 245. B.

Aubriote, V. 762. E.

Aubrung, V. 491. C.

Aubry, II. 125. E. IV. 175. E. 683. D. VII. 227. E. seigneurie, VI. 709. A. *le Panton* , seigneurie, III. 645. C. VII. 569. B. *Voyez* Aubery.

Aubus, VIII. 672. D. seigneurie, IX. 235. B.

AUBUSSON, *François* , maréchal de France, VII. 612. B. *Louis* , maréchal de France, VII. 715. C. *Georges* , commandeur du S. Esprit, IX. 182. C. *François* , chevalier du S. Esprit, IX. 224. B.

AUBUSSON, (*Genealogie de la maison d'*) V. 318. *& suiv.*

Aubuſſon, I. 188. D. 495. E. II. 229. B. 230.
C. 231. D. 674. D. III. 89. D. IV. 139. E. 184.
B. C. 289. A. 388. A. 422. A. 526. C. 537. C.
655. C. 656. A. V. 318. B. 612. B. 765. C.
894. C. VI. 36. B. VII. 320. E. 335. B. C.
579. B. 683. D. VIII. 149. C. 164. A. 246.
B. 372. B. 592. A. 594. B. IX. 311. C. ſeigneurie,
VI. 116. C. 323. C. VII. 157. E. 702. A. baro-
nie, III. 820. A. IV. 42. A. VIII. 943. A. vicomté,
V. 318. B. 319. C. E. 349. B. C. 356. D. VI.
86. B. IX. 328. A. de la Borne, V. 569. C. la
Feuillade, IX. 207. A. 335. B. de Mirepoix,
V. 350. C.
'Aubuſſonville, ſeigneurie, II. 314. C. VI. 625.
D. 628. C.
les Aubuys, VI. 595. D. ſeigneurie, IV. 754. B.
861. E. VII. 6. D.
'Aucanville, ſeigneurie, II. 233. A. III. 778.
B.
'Auchinleck-de-Balmanno, IX. 407. B.
Auchtal, ſeigneurie, VII. 871. B.
AUCHY (ſeigneurs d') VIII. 644. Voyez Mailly.
Auchy, ſeigneurie, III. 616. B. V. 828. A. 830. A.
VIII. 178. C. 524. D. 644. C. 645. A. 746. B.
le Chaſtel, vicomté, VI. 148. B. la Neuville, ſei-
gneurie. 523. E.
'Aucion, V. 176. C. ſeigneurie, ibid.
Aucourt, ſeigneurie, II. 862. E. VII. 610. C. IX.
235. B.
Aucquoy, ſeigneurie, VIII. 169. D.
Aucy-Corrain, V. 889. D.
Audagence, ſeigneurie, I. 373. A. B. C.
Audan, baronie, IV. 23. A. VII. 128. E.
Audanne, ſeigneurie, VII. 607. E.
Audars, ſeigneurie, 474. C.
Audelglien, III. 908. C.
Audeloncourt, baronie, IV. 825. A. 826. A.
Audempierre, ſeigneurie, VI. 518. B.
Audenarde, ſeigneurie, II. 507. E.
AUDENEHAM, Arnoul, maréchal de France, VI.
751. D. porte-Oriflame, VIII. 204. A.
'Audeneham, ſeigneurie. 752. D.
Audenfert, III. 844. D.
Audenfort, VI. 151. C. 785. C.
Audengbien, ſeigneurie, VIII. 34. E.
Audenthum, ſeigneurie, VII. 829. 830. A.
Audenthun, ſeigneurie, V. 657. C.
Auderwic, ſeigneurie, VIII. 543. E.
Audet, VII. 594. E.
Audevil, ſeigneurie, VI. 414. C.
Audeyer, II. 256. A.
AUDIBERT, Jean, chevalier du S. Eſprit, IX.
243. B.
'Audibert, II. 137. B. 139. C. 140. B. 141. B.
IV. 276. C.
Audier, VII. 862. C.
Audley, II. 487. A.
Audomez, ſeigneurie, VIII. 282. B.
Audon, baronie, IV. 18. C.
Audonne, IV. 898. C.
Audonville, ſeigneurie, VIII. 114. B. E.
'Audouin, IV. 413. B. 454. B.
Audoume, II. 373. B.
Audregny, ſeigneurie, VI. 175. B.
'Audric, V. 187. B. de Bazillac, ibid.
Audricourt, ſeigneurie, VIII. 36. A.
Audrieu, baronie, 575. A.
Audry de Bazillac, VII. 275. C.
d'Ave, baronie, II. 65. A. comté, ibid.
Avecourt, ſeigneurie, VIII. 641. A.
Avejan, ſeigneurie, IV. 275. B. comté, II. 138.
A. Voyez Banes.
Aveiras, comté, I. 678. B. C.

AVEIRO (ducs d') du ſurnom d'Alencaſtro,
bâtards de Portugal, I. 668. & ſuiv.
Aveiro, duché, I. 294. A. 588. C. 637. C. 654.
A. 662. B. VIII. 37. D.
Avelghem, ſeigneurie, III. 611. B. 736. C.
Avelin, comté, I. 409. C. 414. D. 415. B. II.
20. A. 174. C. 185. A. B. 189. C. III. 815. B.
D. VI. 318. B. 319. A. VII. 192. A.
Aveline, IX. 321. C.
Avelines, ſeigneurie, VI. 794. C.
Avelon, ſeigneurie, VIII. 652. A.
Avelonnes, ſeigneurie, IV. 370. A.
Avelu, ſeigneurie, II. 121. E.
Aveluis, ſeigneurie, III. 644. C. 645. B. V. 637.
C. VI. 707. D.
Aveluye, ſeigneurie, VII. 478. A.
Avencens, VII. 279. E.
Avenel, II. 493. A. VIII. 22. A. 24. A.
Avenes, III. 82. A. 318. C. 911. C. en Vimeu,
ſeigneurie, II. 300. C. Voyez Aveſnes.
Avenefcourt, ſeigneurie, VIII. 9. A. 10. A. 572. A.
Voyez Aveſnecourt.
Aveniere, VI. 69. B.
Avenieres, VIII. 322. A. 326. A.
Avennes, VII. 503. E. ſeigneurie, VIII. 174.
A.
Avens, I. 267. C.
Avenſac, ſeigneurie, V. 179. C. VII. 917. A.
baronie, V. 179. C.
Avenſan, ſeigneurie, VII. 405. D.
Avenſoy, ſeigneurie, IV. 285. B.
S. Aventin, ſeigneurie, VI. 565. C.
Averdoing, IV. 870. B. ſeigneurie, VIII. 106.
E.
Averhoult, IV. 400. B. 828. D. VII. 181. C. 590.
C. 832. B.
Averhouſt, VIII. 83. D. 645. A. 646. B.
697. A.
d'Averhout, V. 638. B.
Averne, ſeigneurie, VI. 295. A.
Avernes, ſeigneurie, VIII. 160. A.
Averoult, III. 615. D. VIII. 870. C. 871. A.
Voyez Averhoult & Averhouſt.
Averton, V. 768. D. VII. 169. D. 190. C. 198.
B. 502. E. VIII. 169. C. 280. E. IX. 116. B.
Aveſnecourt, ſeigneurie, VI. 35. C. 738. C. VIII.
64. A. C. 649. D. Voyez Avenefcourt.
Aveſnes, II. 151. B. 331. A. 732. B. 775. B.
776. C. 778. B. 847. A. VI. 94. D. 779. C.
VIII. 369. C. ſeigneurie, I. 86. A. B. II. 505.
C. 729. D. 754. D. 756. E. 846. A. V. 523.
C. 640. C. D. 641. C. 654. A. B. VI. 94. D.
96. A. B. 97. C. 104. C. 214. B. C. 604. A.
VII. 13. D. VIII. 43. A. C. E. 98. D. 863. E.
pairie, I. 257. E. 416. C. Voyez Avenes.
Aveſnefcourt, ſeigneurie, II. 502. A.
Aveſſan, ſeigneurie, II. 176. E.
Aveurdre, ſeigneurie, VIII. 836. D.
Aufay, baronie, IV. 712. B.
Auffay, ſeigneurie, II. 406. A. VIII. 16. D.
86. B.
AUFFAY-LA-MALET (ſeigneurs d') VIII. 24. Voyez
Houdetot.
Auffay-la-Malet, ſeigneurie, VIII. 18. D. 19.
C.
Aufferville, ſeigneurie, VIII. 176. E.
AUFFEU (ſeigneurs d') VI. 788. Voyez Crequy.
Auffeu, ſeigneurie, V. 621. B. VI. 547. C. 788.
C. 789. A.
Auga, ſeigneurie, VII. 605. C.
Auge, ſeigneurie, IV. 852. A. VIII. 181. D. 286.
A. vicomté, I. 147. D. 354. E. 356. C. 357.
A. 358. B.

Augé, VIII. 753. D. seigneurie, V. 21. B. C.
baronie, 22. B. C. 743. C.

Auger, II. 428. B. seigneurie, VI. 143. D.

Augere, seigneurie, VIII. 550. D.

Augeria, seigneurie, II. 241. D.

Augerville, VII. 742. D. seigneurie, VI. 690. D.
VIII. 210. A.

Augervilliers, seigneurie, VII. 368. C.

Augiecourt, seigneurie, V. 32. C.

Augier, VII. 595. B. VIII. 369. E.

Augimont, VI. 652. B.

Augniers, seigneurie, III. 88. E.

Auguenin, VIII. 265. D.

Augustin, VII. 506. B.

S. Augustin, seigneurie, IX. 470. C.

Augy, seigneurie, VI. 354. D.

Auhos, seigneurie, III. 392. D.

Avice, VII. 539. B. IX. 204. A.

Avignon, comté, I. 564. C. II. 692. E.

Avignonnet, II. 28. A.

Avignot, seigneurie, VII. 6. E.

Avila, III. 354. C. V. 661. A. IX. 289. C. Coëllo
de Castilla, I. 644. B. Voyez Arias.

Aviler, seigneurie, IV. 833. A.

Avilers, IV. 825. B.

Aviré, seigneurie, VII. 217. A. 586. B. IX.
73. A.

Avis (grands-commandeurs d') sortis des seigneurs
d'Aveiro, I. 676. & suiv.

Avise (seigneurs d') II. 280. D.

Avise, seigneurie, VI. 384. A.

Avify, baronie, VI. 591. A.

S. Avit, seigneurie, V. 331. C. VIII. 147. A. B.
C. en la Marche, VIII. 142. E.

Avity, VII. 507. A.

Aulain, seigneurie, V. 285. C.

Sainte Aulaire, seigneurie, VIII. 587. B. comté,
V. 234. B. marquisat, V. 154. C.

Aulan, seigneurie, V. 281. F.

Aulans, seigneurie, VII. 289. C.

SAINTE AULAYE (seigneurs de) IV. 568. & suiv.
S. Aulaye, seigneurie, I. 373. B. C. IV. 73. D.
565. C. 566. A. D. 567. A. en Saintonge, seigneurie, V. 734. B. Voyez Chabot.

Aulcere, seigneurie, VII. 3. B.

Aulchin, seigneurie, VIII. 80. C.

Aulde, VIII. 809 * E.

Aulede, II. 64. C. V. 354. B. de Lestonac, VI.
545. D.

Aulenay, VII. 6. D. d'Arcy. VII. 5. D.

Aulgerolles, VIII. 332. C.

Aulin, VII. 452. B. seigneurie, VIII. 476. C.

Aulmenort, seigneurie, VII. 452. E.

les Aulnais, seigneurie, IV. 82. C. V. 493. A.

Aulnay, seigneurie, III. 649. A. B. 650. A. C.
651. A. C. IV. 387. B. VI. 383. D. VII. 393.
B. VIII. 14. A. marquisat, IV. 405. C. IX.
432. C.

Aulnoy, seigneurie, VII. 430. B.

Ault, VII. 748. B. seigneurie, I. 388. B. 427. A.
428. B. 429. B. D. 430. A. C. sur-Mer, seigneurie, II. 856. D. III. 301. D.

Aultes-Ribes. Voyez Hauterives.

AUMALE, duché-pairie, érigé en 1547. pour
FRANÇOIS & CLAUDE DE LORRAINE, III. 547.
duché-pairie, nouvelle érection en 1695. pour
LOUIS-AUGUSTE DE BOURBON, prince légitimé
de France, duc du Maine, V. 47. Pieces concernant cette érection, ibid. 48. & suiv. duché-
pairie, nouvelle érection en 1631. pour HENRY
DE SAVOYE, V. 857.

AUMALE (comtes d') sortis des comtes de Champagne, II. 875. & suiv. (Anciens comtes d') III.
304. & suiv. 547. (Ducs d') III. 491. & suiv.

Aumale, III. 614. B. 615. B. 777. D. IV. 674.
C. VI. 148. C. VII. 13. C. 63. C. 610. C. VIII.
90. E. 792. D. comté, I. 80. B. E. 236. C. 271.
D. 300. B. 318. A. 388. A. II. 319. E. 410. A.
470. C. 507. D. III. 303. D. 304. A. 485. A.
IV. 80. A. V. 132. A. D. F. 133. F. 134. B. E.
VI. 76. B. 94. B. 690. A. 766. C. VII. 155. C.
501. E. VIII. 402. A. 451. B. 727. C. 866, E.
duché, I. 175. E. 192. B. E. 194. C. D. 341.
B. II. 91. C. 167. B. 207. B. 210. A. D. 877.
E. III. 486. A. 513. E. 514. A. B. D. 732. A.
779. B. 794. B. VIII. 193. B. 271. C.

Aumarest, seigneurie, V. 657. B. VIII. 645.
C. 660. C. IX. 481. A.

Aumenesches, seigneurie, VII. 322. B.

Aumere, seigneurie, III. 574. C.

l'Aumône, seigneurie, V. 399. B. VII. 527. B.

l'Aumônier, VII. 436. D.

AUMÔNIERS DE FRANCE (Histoire genealogique &
chronologique des grands) VIII. 223. & suiv.

AUMONT, duché-pairie, érigé en 1665. pour
ANTOINE d'Aumont de Rochebaron, maréchal de France, IV. 865. Pieces concernant
cette érection, ibid. & suiv.

AUMONT, Jean VI. du nom, maréchal de France, VII. 366. A. Antoine, maréchal de France,
VII. 542. Pierre II. du nom, garde de l'Ori-
flame, VIII. 207. B. Jean, chevalier du S. Esprit, IX. 58. A. Antoine, chevalier du S. Esprit,
IX. 122. B. autre Antoine, chevalier du S. Esprit, IX. 173. A. Louis-Marie-Victor, chevalier du S. Esprit, IX. 223. C. Louis, chevalier
du S. Esprit, IX. 259. B.

AUMONT (genealogie de la maison d') IV. 870.
& suiv. ducs d') pairs de France, IV. 877.
& suiv. differens passages de cette terre, ibid.
870.

Aumont, I. 240. C. II. 78. D. 427. D. 741. A.
865. A. III. 494. C. IV. 181. A. 294. C. 572.
A. 757. B. 770. C. 822. E. V. 770. B. VI. 68. D.
508. C. VII. 48. C. 385. C. 395. C. 533. C. 692.
C. 710. E. 810. B. 811. A. VIII. 38. D. 82.
A. 322. E. 427. D. 445. B. 527. B. 692. B.
711. C. IX. 59. A. 88. C. 91. A. 99. D. 165.
B. 228. B. 247. B. seigneurie, III. 580. E. 581.
A. IV. 403. A. 658. A. VII. 11. C. 501. D.
VIII. 207. B. 208. B. 833. A. marquisat, VI.
509. A. duché, IV. 194. C. pairie, V. 166. A.
739. C. 770. B. VI. 579. C. VII. 542. A. IX.
201. B. de Crevant d'Humieres, IV. 618.
B.

Aunac, seigneurie, IV. 450. B. C. 452. D. VII.
20. A.

S. Aunais, seigneurie, VII. 490. D. Voyez Bourcier & Boursier.

Aunay (vicomtes d') VI. 56. Voyez Clermont
en Beauvoisis.

Aunay, VI. 131. D. seigneurie, II. 67. A. V. 140.
F. VI. 359. D. 453. C. E. 518. B. VIII. 285. B.
baronie, IV. 405. A. VI. 433. C. VII. 670. E.
vicomté, II. 228. E. III. 74. C. 87. B. 124. B.
IV. 190. A. 450. C. 651. E. 678. A. V. 230. D.
VI. 56. D. 176. A. 404. A. VII. 18. C. 19. A.
111. A. 131. E. VIII. 923. A. comté, VI. 561.
A. marquisat, IV. 900. aux Planches, seigneurie, VIII. 871. B.

Auneau, VIII. 622. C. seigneurie, II. 125. B.
IV. 164. C. VI. 111. C. VIII. 171. C. 172.
B. C. 895. D. 896. D. baronie, VII. 670. A.

Auneuil, VIII. 788. D. seigneurie, V. 740. A. VI.
348. B. 791. D. VIII. 646. A.

Auneville, seigneurie, V. 142. D.

AUNEUX (*barons d'*) VI. 516. *Voyez* Hurault.
Auaeux, feigneurie, VI. 489. C. 514. D. baronie,
    VI. 516. C. *de Warlu*, IV. 840. A.
Auney, VII. 839. D.
S. Aunez, feigneurie, II. 138. A.
Aunhax, feigneurie, II. 363. A. D. 373. D. E.
Aunhca, IX. 396. D.
Aunoires, feigneurie, VII. 811. A.
Aunois, feigneurie, VII. 147. C.
Aunou, VI. 73. A. 632. A. feigneurie, I. 272.
    A.
Aunoux, feigneurie, II. 363. D.
AUNOY, *Robert*, general reformateur des eaux &
    forêts de France, VIII. 880. C.
AUNOY (*genealogie d'*) VIII. 881. *& fuiv.*
Aunoy I. 441. B. II. 118. D. 191. B. III. 619. D.
    620. B. IV. 398. B. 597. B. VI. 34. B. 160. B.
    253. E. 260. C. 341. B. 667. A. VII. 113. C.
    566. C. 663. D. VIII. 355. E. feigneurie, IV.
    213. B. C. 874. A. V. 573. A. VI. 253. E. 774.
    B. feigneurie, VIII. 6. B. C. 10. D. 11. A. B.
    12. D. 130. B. 370. C. 536. B. 871. C. 942.
    D. 943. D. baronie, III. 843. C.
l'Avocat, feigneurie, V. 23. F.
Avograde, VI. 495. D.
AVOIR (*barons d'*) VII. 21. *Voyez* Montberon.
Avoir, VII. 848. E. VIII. 63. C. feigneurie, VII.
    21. C. 508. D. VIII. 133. C. baronie, III. 74.
    D. IV. 456. B. V. 16. A. VII. 17. D. 516. B.
    552. D. marquifat, VIII. 918. A.
Avon, feigneurie, III. 592. A. VII. 901. C.
Avons, feigneurie, IV. 673. A.
Avoynes, VII. 597. C.
Aupegart, feigneurie, III. 795. D.
Aups, feigneurie, II. 164. B.
Auquetonville, I. 206. B.
S. Auquille, feigneurie, II. 256. E.
Auquoi, IV. 456. E. VI. 290. D. 680. C. VIII.
    784. C.
AURADE' (*barons d'*) VII. 926. *Voyez* Ornezan.
Auradé, feigneurie, V. 757. A. VII. 334. C.
    406. C. 773. D. 926. D. IX. 398. B. baronie,
    VII. 268. B.
Aurain, feigneurie, VII. 253. C. VIII. 95. E. 716.
    D. 717. C.
Aurains, feigneurie, VII. 49. A.
Avrainville, feigneurie, II. 760. C. 762. C.
Avranche, II. 493. A.
Avranches, VII. 838. B. feigneurie, I. 287. D.
    vicomté, II. 495. A.
Aurat, feigneurie, VIII. 579. C.
Auray, II. 408. C D. feigneurie, VIII. 891. E.
Aure, II. 368. D. 634. B. 639. B. 648. D. 651.
    B. 652. C. 659. D. 706. D. IV. 14. B. 16. C,
    V. 179. B. 736. B. VII. 190. D. IX. 175. D.
    feigneurie, I. 367. C. 369. E. II. 362. B. 617.
    D. 630. E. 632. A. III. 413. E. 417. A. 424. B.
    IV. 26. E. V. 746. C. VII. 209. C. vicomté,
    VII. 210. B, VIII. 44 B. C.
AURE, nom des ducs de Gramont, IV. 610. &c.
Auré, III. 375. C.
Avre, V. 843. A.
Aurec, feigneurie, VIII. 320. D.
Avrech, feigneurie, V. 135. D. *Voyez* Havrech.
Avrecher, feigneurie, I. 443. C.
Aureille, feigneurie, V. 286. A. *de Colombines.*
    365. C.
Aureilles, IV. 889. C.
Aurele-la-Frediere, VII. 67. D. IX. 461. C.
Aurelien, chancelier de France, VI. 238. D.
Avremefnil, feigneurie, VIII. 811 * A.
Aurenque, feigneurie, IX. 391. B.
Auretot, feigneurie, VIII. 19. D.

    Tome IX.

Auteuil, V. 487. B. feigneurie, *ibid.*
    vreville, feigneurie, III. 362. A. IV. 666. B.
    667. C. baronie, IV. 664. A.
AURIAC (*feigneurs d'*) IV. 285. *& fuiv. Voyez*
    Bonne. (*autres feigneurs d'*) VII. 280. *Voyez*
    Montefquiou.
Auriac, VII. 343. B. VIII. 248. B. feigneurie,
    III. 366. A. IV. 286. A. 642. C. V. 268. D.
    VII. 281. E. VIII. 596 ** D. IX. 92. B. baro-
    nie, II. 367. C. VII. 415. C.
Auriagues, feigneurie, VII. 415. C.
Avricher, feigneurie, I. 236. A. VII. 885. A.
    VIII. 251. A.
Auriete, feigneurie, VII. 132. D. 332. D. 848.
    A. VIII. 50. A.
Auties, feigneurie, VI. 113. A.
Aurignac, feigneurie, II. 174. D.
Aurigny, feigneurie, VII. 618. B.
Aurigo, feigneurie, II. 385. C.
Avril, IX. 443. C.
Aurillac, IV. 527. C.
Avrillée, feigneurie, VIII. 251. C.
Aurillot, VI. 515. A. 530. A.
AURILLY (*feigneurs d'*) V. 157. *Voyez* Harcourt.
Aurilly, feigneurie, II. 410. E. IV. 560. C. V.
    127. C E. 157. E. VI. 677. D. VII. 198. A. 395.
    D. VIII. 120. D. 606. C. baronie, III. 913. E.
Auriol, VII. 438. C. *Rovignol*, IX. 92. C. *des*
    Sauvages, feigneurie, VIII. 320. D.
Auriolle, II. 624. B. IV. 135. B. VII. 383.
    D.
Aurival, III. 853. B. feigneurie, V. 758. C.
Avron, feigneurie, VII. 265. E.
Aurofe, feigneurie, III. 816. A. baronie, III.
    838. B.
Aurofle, feigneurie, II. 159. E.
Avroult, III. 841. A. V. 648. A. VI. 468. D.
Auroux, feigneurie, II. 419. C.
Aurouze, feigneurie, V. 330. C. VII. 702. A. VIII.
    53. D.
Auroze, feigneurie, VI. 323. C. 325. B.
Auruffe, VIII. 595. ***** B.
Aufan, feigneurie, II. 363. A. VII. 405. B.
Aufance, feigneurie, IV. 422. B.
Ausbourg, feigneurie, V. 642. C. VII. 467. A.
Aufepans, feigneurie, III. 344. B.
Aufignan, feigneurie, VIII. 248. C.
Aufon, feigneurie, II. 649. B. VII. 767. D.
Aufonville, feigneurie, I. 440. B. IV. 726. C. VII.
    875. C.
Aufouville, feigneurie, VIII. 811. * C.
Aufques, feigneurie, V. 657. E.
Auffay, feigneurie, III. 582. C.
Aufle, V. 621. A. VII. 182. D.
AUSSANOSC (*feigneurs d'*) VIII. 92. *Voyez* Eftou-
    teville.
Auffebofc, feigneurie, V. 12. B. 141. B. VI. 50.
    D. 339. A. VII. 757. E. VIII. 90. A. 92. E.
Auffenes, feigneurie, VII. 556. A. 558. A. 559.
    C.
Auffeville, VI. 681. D. feigneurie, VIII. 98. D.
Auffevilliers, feigneurie, VI. 54. A.
Auffeure, VII. 507. B. VIII. 671. C. 922. C. fei-
    gneurie. 923. A.
Auffigny, VI. 396. B.
Auffon, feigneurie, II. 643. B. *Voyez* Offun.
Auffonne, comté, I. 543. D. 547. A. 548. C.
    549. C. VI. 694. C.
Auffonvillier, feigneurie, III. 624. C.
Auffonvilliers, feigneurie, VI. 346. D. 348. B.
    638. C.
Auffun, VII. 775. B. IX. 398. A. feigneurie, II.
    655. C.

AUSSY, *Jean*, évêque & duc de Langres, II. 220. B.

Aufly, II. 220. B. VI. 393. A. feigneurie, VII. 4. E.

Auft, VII. 748. B. VIII. 523. D.

S. Auftier, feigneurie, I. 440. B.

Auftrain, IX. 427. B.

AUSTRASIE (*rois d'*) I. 26. E.

Auftrafie, duché, I. 2, C.

Auftrefches, feigneurie, IV. 213. A. 214. B, E. VIII. 98. E.

Auftrein, IV. 37. B. 899. A.

Auftrin, VIII. 334. D. 335. A.

Aufuruq, feigneurie, VIII. 268. A C. 269. A B.

Autel, VIII. 352. A. feigneurie, II. 872. A.

Autels, feigneurie, III. 623. A. 914. A. IV. 711. A B.

Auterive, III. 646. E. feigneurie, VII. 247. B. IX. 395. D. marquifat, VIII. 805. C.

Auteroche, VII. 198. E.

uteuil, feigneurie, II. 107. E. IV. 764. D. VI. 434. B. VIII. 802. D. comté, VI. 434. C.

Auteville, feigneurie, III. 574. D. 579. C. 580. C E. 581. E. 820. A. VIII. 106. D. 627. B.

Auteux, feigneurie, VII. 834. A. IX. 476. D.

Autheuil, feigneurie, VIII. 272. C.

AUTHEUILLE (*feigneurs d'*) VIII. 657. *Voyez* Mailly.

Autheuille, feigneurie, VIII. 657. A.

Authie, feigneurie, I. 55. D. V. 637. B. VII. 556. A. VIII. 264. E.

Authierville, feigneurie, VI. 359. C.

Authies, feigneurie, II. 323. D.

Authieu, feigneurie, VIII. 647. D.

les Authieux, feigneurie, VII. 473. B.

AUTHON (*feigneurs d'*) VI. 366. *Voyez* du Bofc.

Authon, VIII. 485. C. 769. A. feigneurie, VI. 366. C. VII. 131. E.

Authpert, chancelier de France, VI. 241. C.

Authuille, feigneurie, I. 55. B. V. 80. F. VII. 827. A.

Authun, VII. 436. B.

Authuy, feigneurie, IX. 316. B.

Authy, feigneurie, VIII. 281. D.

Autieux, feigneurie, VIII. 21. E.

Autifel, feigneurie, III. 913. D.

Autival, VII. 449. A.

Auton, feigneurie, V. 512. D.

Auçur, V. 486. E.

Autray, baronie, 262. B.

Autrêches, VI. 541. B. 622. D. 623. C.

Autrel, VI. 388. B.

Autreppe, comté, L 260. C.

Autrefche, feigneurie, II. 323. A. VIII. 546. A. 855. B.

Autretot, feigneurie, VIII. 27. A.

Autreville, feigneurie, II. 342. A. IV. 749. A. 827. B. 829. B.

AUTREY (*feigneurs d'*) VII. 36. *Voyez* Vergy.

Autrey, feigneurie, II. 760. D. 870. B C. IV. 180. B. VI. 670. B. VII. 5. A. 31. A. 36. B. 114. B. 149. B. baronie, VII. 251. C. 805. A. comté, VI. 606. C.

Autric-de-Vintimille, II. 254. A. B.

AUTRICHE, *Anne*, reine regente & furintendante de la navigation de France, VII. 910. A.

Autriche, I. 89. A. 118. D. 128. D E. 132. A. 139. A. 146. D. 153. D. III. 303. D. 714. B. IV. 541. A. V. 231. B. 512. B. VI. 96. D. 726. B. VII. 166. D. VIII. 545. C. duché, I. 118. B. 240. E. 247. A. 252. A. 308. B. 321. A. 406. B. 409. A. 421. A. 596. B. 604. A. 605. A. 606. A. 625. A.

Autric, II. 162. C.

Autruy, I. 490. B. feigneurie, II. 318. A. *la Ville*, feigneurie, VIII. 120. C.

AUTRY (*feigneurs d'*) VI. 556. *Voyez* Seguier. (*Seigneurs & marquis d'*) VII. 551. *Voyez* Eftampes.

Autry. II. 419. B. IV. 185. A. 186. A. 668. B. 730. B. 839. D. VII. 425. E. feigneurie, I. 486. A. 487. C. E. 493. B. 525. B. II. 377. A. 849. A. 858. D. IV. 673. C. 710. B. E. 711. A. V. 247. B D E. VI. 505. C. 565. B. 566. D. VII. 551. C. VIII. 551. C. IX. 122. A. *lez-Vierzon*, feigneurie, IV. 709. B. VII. 544. B.

Autume, feigneurie, VII. 796. B.

Autun, V. 151. C. VII. 170. B. comté, I. 49. D. 62. A E.

Auval, feigneurie, VI. 375. C. baronie, VIII. 810. ** E.

Awans, II. 333. B.

Auvare, feigneurie. 296. A B. 297. C.

Auvé, V. 142. D. VI. 193. D. VII. 399. C. 583. E. 584. A. VIII. 728. B. IX. 58. B. 116. B.

Auveghem, feigneurie, I. 259. A.

S. AUVENT (*feigneurs de*) IV. 688. *Voyez* Rochechouart.

AUVERGNE, duché-pairie, érigé en 1360. pour JEAN de France, III. 218.

AUVERGNE (*comtes d'*) IV. 529. '& *fuiv*. 544. & *fuiv*. Voyez la Tour. (*Genealogie des anciens vicomtes & comtes hereditaires d'*) VIII. 47. & *fuiv*. (*Suite des comtes d'*) VIII. 54. & *fuiv*.

Auvergne, III. 47. C. 170. B. 811. B. V. 851. B. 893. A. VI. 15. B. 60. D. 257. D. 277. A. 319. A. 550. D. 696. A. 726. C. 754. C. VII. 124. A. 145. E. 765. D. 800. D. VIII. 422. C. 544. A. 569. C. *Dauphins*, I. 147. C D. 302. D. 303. B. 314. B C. 315. B D. 316. B. 353. C. 354. E. 355. C. 356. C. 357. A. 358. B. II. 163. E. 185. 2. C. 188. 2. B. 226. E. 345. A. 702. A. 852. E. 853. A. III. 150. E. 798. A. 816. D. 830. B. IV. 527. C. 528. A. 529. A. C. vicomté, VIII. 47. D. comté, I. 60. B. 76. C. 78. E. 106. C. 108. B. 109. A. 134. C. 202. A. 204. C. 281. C. 296. E. 297. A. 312. B. 324. E. 540. D. 549. A C. 561. C. 562. D. II. 14. D. 158. D. 162. B. 205. B. 329. B. 511. A C D. 512. A. 518. C. 636. D. 682. D. 695. B. 698. A. 743. D. 791. B. 857. E. III. 151. D E. 198. D. 605. C. IV. 164. D. 165. B D. 528. E. 540. A. 541. C. 542. D. VI. 105. B. 217. C. 257. D. 323. C. 782. C. VII. 133. B. VIII. 42. C. 48. D. 54. C. 310. A. duché, I. 141. C. 303. D. 305. C. 311. C. 313. B C. 316. B. 317. B. 390. B. III. 418. A. VI. 97. D. 227. B C.

Auvergny, feigneurie, III. 645. A. VII. 477. C. 478. A.

Auveroughe, III. 611. C.

Auvers, feigneurie, II. 410. E. 411. D. V. 117. C D. 128. A. 129. C. 132. D. 134. F. 157. E. 158. B. VI. 677. D. *le Courtin*, VI. 199. A.

Auvillar, vicomté, I. 276. B.

Auvillars, feigneurie, II. 176. C. 178. C. 184. A. 356. D. 359. B. VII. 642. D. VIII. 778. A. baronie, II. 672. D. vicomté, II. 173. A. B. 174. B. 175. B. 177. B. 360. D. 668. C D E. 669. A B C. IV. 416. A. 417 C. 418. C. 420. A. 421. E. IV. 25. C. V. 731. C. 732. A. IX. 383. B C. 391. E. comté, II. 175. A. VII. 155. C.

Auville, feigneurie, V. 149. F.

AUVILLERS (*feigneurs d'*) VIII. 649. *Voyez* Mailly.

Auvillets, II. 282. C. feigneurie, IV. 409. A. V.

94. C. 140. F. 141. A. VIII. 572. A. 627. B.
636. A. 649. C.
AUVILLIERS (*seigneurs d'*) III. 648. *& suiv.*
Auvilliers, seigneurie, III. 643. B. VII. 435. B.
796. D. 806. C.
AUVRAYMESNIL (*seigneurs d'*) III. 618. *& suiv.*
Voyez Montmorency.
Auvrecher, seigneurie, V. 142. C. 143. B C D E.
144. A D. F.
Auvresmenil, seigneurie, II. 414. A.
Auvricher, II. 112. E. VI. 50. E. 635. B. VII.
125. A. 756. D. VIII. 93. B. 271. D. 272. D.
seigneurie, VI. 50. E. *Voyez* Avricher.
Auvril, VII. 727. B. *de la Roche* 727. C.
Aux, III. 91. E. VII. 213. B. *Voyez* Eaux.
AUXERRE, comté-pairie, érigé en 1435. pour
PHILIPPES III. duc de Bourgogne, III. 324.
AUXERRE (*comtes d'*) VIII. 417. *Voyez* Chalon.
Auxerre, VI. 572. C. comté, I. 72. D. 245. D
273. C. 397. C. 475. C. 476. A B. 544. A B D.
548. A. II. 161. C. 167. D. 725. C. III. 161.
A B. 196. D E. 197. A. 198 B E. 199. B E.
200. A. B. 450. A B D E. 451. B. IV. 164. D.
438. A. V. 582. D. VI. 62. D. 84. B. 94. A.
134. B. 218. B. 634. E. 656. B. 727. B. 729.
A. VII. 45. C. 807. A. VIII. 54. C. 348. E.
416. A. 417. C D. 567. A
Auvigny, VIII. 131. B.
Auxis d'Amvoille, IX. 320. A.
Auxon, seigneurie, VIII. 551. E.
Auxonne, comté, V. 512. B. VIII. 413. A.
AUXY, *Jean*, maître des arbalestriers de France,
VIII. 103. B.
AUXY (*Genealogie de la maison d'*) VIII. 104. *&*
suivantes.
Auxy, II. 39. E. 82. A. 457. A. III 614. B. IV. 834.
E. V. 135. F. VI 782. B. 789. C. 794. D.
VII. 111. E. 560. D. VIII. 67. A 97. E. 103.
B. 919. B. IX. 89. B. 467. B. seigneurie, I.
256. E. 440. A. III. 636. C D. IV. 179. E.
V. 225. D. 640. B. VI. 312. D. 794. D. VII.
111. E. VIII. 103. B. 658. A. 887. A. baro-
nie, V. 135. F. 240. B. vicomté, I. 257. A B.
le Château, seigneurie, VIII. 86. B. *Monceaux*,
VI. 789. A.
Avy, IX. 110. A.
S. Avy, IV. 726. B.
Auzac, seigneurie, VI. 453. C. VII. 18. D.
Auzance, seigneurie, VIII. 769. A.
AUZANCES, (*Seigneurs d'*) VII. 26. *Voyez* Montberon.
Auzances, seigneurie, VII. 23. E. 26. A. baro-
nie, 25. C.
Auzanet, IV. 768. D.
Auzegard, seigneurie, VI. 28. A.
Auzelle, seigneurie, VII. 704. C.
Auzer, VIII. 819. C.
Auzielles, seigneurie, IX. 204. A.
Auzolle, III. 391. A. seigneurie, III. 825. A.
Auzon, VIII. 500. C. 818. D. seigneurie, IV.
442. A. 889. B. VI. 124. B. 327. B. 398.
B. VII. 277. B. VIII. 814. AC. 815. B. 818.
B. *de Montravel*, V. 105. A. *Montrevel*, III. 821. A.
Auzonville, VIII. 471. C.
Ax, VII. 276. B.
Axel, seigneurie, VIII. 697. A.
Axhelme, seigneurie, II. 485. E.
Ay, VI. 410. A. seigneurie, II. 31. D. 32. A. vi-
comté, VI. 468. A.
S. Ay, seigneurie, IV. 683. C.
Aya, seigneurie, IV. 371. C.
Ayala, III. 551. C. VII. 818. D. VIII. 234. B.
comté, I. 652. B. *de Tolede*, V. 166. D.
Aybrand, VII. 786. B.

AYCELIN, *Gilles*, chancelier de France, VI. 301.
B. Autre *Gilles*, chancelier de France, VI. 331. C.
AYCELIN-MONTAGU, (*Genealogie de la maison d'*)
VI. 301. *& suiv.*
Aycelin, III. 111. A. IV. 527. C. 533. C. VI.
67. A. 275. C. 277. A. 301. D. VII. 768. A.
809. B. VIII. 51. C. 52. B. 815. A. IX. 460.
E. *de Montagu*, 730. B.
AYDIE, *Odet*, sire de Lescun, amiral de Guyen-
ne, VII. 858. A.
AYDIE, (*Genealogie d'*) VII. 859.
Aydie, II. 637. C. III. 379. B. 385. D. 388.
D. IV. 442. C, 849. C. V. 196. A. 742. B.
VI. 218. C. VII. 77. C. 395. C. VIII. 590. C.
seigneurie, VII. 280. D. 859. A.
Ayen, seigneurie, III. 428. D. 429. E. 431. C.
comté, II. 655. C. IV. 127. B. 789. D. 790.
C D. 793. D. VII. 306. A. 406. D. IX. 398.
A. *Voyez* Noailles.
Ayerbe, VII. 118. B.
Ayes, seigneurie, VII. 56. A.
Ayette, I. 262. B.
Aygalades, seigneurie, II. 256. E.
Ayglue. *Voyez* Rochas.
Ayglun, IX. 393. B.
Aygufe, baronie, III. 497. C.
Ayllainville, seigneurie, II. 65. E.
Aymar, III. 861. A. IV. 852. A. VIII. 299. E.
305. A. seigneurie, III. 835. C.
Aymargues, baronie, III. 773. A.
Aymé, seigneurie, VIII. 595. B. 765. E.
AYMENON, *Philippes*, aumônier du Roy, VIII.
230. C.
Aymeray, IV. 683. D.
d'Aymere, II. 184. B.
Aymeret, II. 376. C. VIII. 798. B.
d'Aymeric, IV. 476. A.
Aymeries, seigneurie, V. 231. C.
Aymet, seigneurie, IV. 471. D. baronie, III. 388.
E. IV. 472. C. 479. C. VIII. 890. B. marqui-
sat, IV. 472. C.
Aymon, V. 285. B.
Aynac, seigneurie, VI. 319. C. VII. 416. C. ba-
ronie, VIII. 165. D. 167. A.
Aynay-le-Vieil, seigneurie, II. 861. C. 862. C.
Ayraines, seigneurie, I. 352. C.
Ayrval, baronie, VII. 292. A.
Ayss, seigneurie, VIII. 327. A.
Ayscau, seigneurie, II. 798. B. VIII. 35. E.
Ayshoue, seigneurie, II. 769. B
Ayssé, baronie, IV. 411. B C.
d'Ayssac, VI. 459. A.
Ayuches, marquisat, VI. 152. B.
Azac, seigneurie, VII. 578. C.
Azan. *Voyez* des Marins.
Azay, IV. 164. C. V. 610. A. VII. 83. C. seigneu-
rie, IV. 161. D. 167. A. 322. B. 653. B. 656.
A. V. 768. D. VII. 80. A. 505. C. VIII. 181.
D. 251. B. 923. A. *le Feron*, V. 768. B. sei-
gneurie, VIII. 479. C. IX. 99. C. *le Rideau*,
seigneurie, VI. 383. B. VIII. 903. D. IX. 66.
B. *en Touraine*, seigneurie, V. 16. B.
Azemar, VII. 787. D.
Azemeres, seigneurie, VII. 360. A.
Azerable, seigneurie, V. 569. B.
Azerac, seigneurie, VII. 700. A. IX. 178. B.
Azergues, VII. 195. B.
Azille, comté, III. 770. C.
Azilles, comté, IV. 664. C.
Azincourt, V. 828. A. VI. 116. D. 173. A. VII.
13. B. VIII. 30. A. 275. B. 697. B. seigneurie,
III. 614. A. VII. 821. E. VIII. 747. F. 818. D.
Azy, seigneurie, III. 590. C. VI. 443. D.

B.

BAAILLY, seigneurie, IV. 211. E. 215. C.

Baatz, VII. 270. B. 277. B. seigneurie, 271. D. *Voyez* Artagnan.

Babin, II. 509. C. IV. 370. B.

BABOU, *Jean*, maître general de l'artillerie, VIII. 180. C. *Georges*, chevalier du S. Esprit, IX. 117. A

BABOU, (*Genealogie de*) VIII. 181. *& suiv.*

Babou, I. 149. E. III. 451. B. 641. A. IV. 225. A. 399. C. 716. E. 875. E. 876. B. V. 617. D. VI. 444. B. VII. 168. E. IX. 100. A. 170. A. *de la Bourdaisiere*, IV. 453. A. 456. D. 458. C D. V. 288. C. VII. 291. D. 293. E. 670. A. VIII. 156. D. 914. B. IX. 140. A. 168. B.

Baboy, V. 260. B.

Babute, VII. 237. D.

Bacan, I. 680. B.

Bacares, marquisat, IX. 290. B.

Bacelaer, seigneurie, V. 236. B.

Bachaumont, seigneurie, II. 122. B. VIII. 795. A.

la Bachelerie, VIII. 589. C.

Bachelier, VI. 511. C. 532. A.

Bachendorp, seigneurie. VII. 831. A.

BACHETS, (*Seigneurs de*) VIII. 857. *Voyez* la Fontaine.

Bachets, seigneurie, VIII. 857. E.

Bacheville, seigneurie, III. 370. E.

Bacheviller, seigneurie, IV. 755. C.

Bachevillers, seigneurie, VI. 680. D.

Bachevillier, seigneurie, VI. 285. C. IX. 465. A.

Bachevilliers, seigneurie, VII. 477. B. VIII. 888. A.

Bachimont, seigneurie, VII. 181. B. 822. E.

Bachis, III. 854. E.

Bacin, VII. 43. E.

Bacle, I. 237. E. VII. 50. C. IX. 97. A.

Bacon, II. 406. B. III. 723. B. VI. 691. E.

Baconnay, seigneurie, IV. 454. D. 463. A.

Bacou, seigneurie, VIII. 410. B.

Bacouel, seigneurie, VII. 339. D.

Bacq, III. 608. A.

Bacquet, VI. 476. C.

Bacqueville, VIII. 89. C. seigneurie, II. 438. D. IV. 669. A. VII. 870. C. VIII. 16. D. 17. D. 95. A. 98. D. 208. C. 887. C. baronie, VIII. 211. B. marquisat, VII. 119. C.

Badafol, seigneurie, VI. 321. D.

la Badaudiere, seigneurie, VII. 584. E.

Bade, V. 649. A. marquisat, III. 730. B. principauté, I. 118. E. 191. B C.

BADEFOL, (*Seigneurs de*) VII. 316. *Voyez* Gontaut.

Badefol, seigneurie, III. 375. A. IV. 121. D. 138. A. 217. B. V. 356. A. 357. E. VII. 306. A. 316. A. 327. A. 607. B. baronie, IV. 120. B. 127. A. 142. B. V. 331. E.

Badefou-la-Linde, seigneurie, VII. 316. A.

Baden, marquisat, VIII. 415. E.

Badenagh, seigneurie, VII. 87. D.

Badenaw, seigneurie, III. 82. A.

Badenviller, seigneurie, I. 217. E. VIII. 452. A.

Badet, VIII. 299. E.

Baderrant, IV. 363. B.

la Badie, seigneurie, VII. 587. C.

Badin, VII. 569. C.

Badon, seigneurie, VIII. 486. B.

Badou, VII. 567. A.

Badouville, seigneurie, II. 119. E. III. 574. E. VI. 338. D.

Badouvilliers, II. 306. B. VI. 467. C. 573. C. VIII. 138. C.

Baduick, seigneurie, V. 835. B.

Baena, duché, I. 653. A.

Baenghien, baronie, III. 611. B.

Baenst, I. 242. C. 259. E. II. 741. A. III. 918. A. V. 647. B. seigneurie, III. 576. C.

Baerland, seigneurie, I. 258. B.

Baerlandt, VII. 831. A.

la Baffariere, seigneurie, V. 607. A.

Baffart, VII. 547. C.

Baffie, seigneurie, VI. 729. B. VIII. 56. B.

Bagas, seigneurie, V. 495. A.

Bagesmont, seigneurie, VII. 204. C.

Bagicourt, seigneurie, II. 127. B.

Bagié, IX. 478. C.

Bagnasco, marquisat, II. 50. D.

Bagnaux, seigneurie, VIII. 313. C.

Bagneaux, seigneurie, I. 432. A C. 433. C D. 435. B.

Bagneux, seigneurie, VI. 517. C. 596. A. VIII. 903. B.

Bagnollet, seigneurie, II. 409. C.

Bagnols, IV. 276. A. seigneurie, 526. A. 533. E. VI. 318. A. 323. C. VIII. 261. E.

Bahourt, II. 452. C.

Bahuno, VII. 727. A.

Bahus en Chalosse, seigneurie, III. 390. C.

BAJAUMONT, (*Barons de*) V. 755. *& suiv. Voyez* Durfort.

Bajaumont, seigneurie, II. 173. E. IV. 134. E. V. 727. C. 728. B. 729. C. 731. C. VII. 271. A. 698. B. IX. 457. B C. baronie, IV. 135. E. V. 755. D. VII. 314. B.

Baïf, II. 59. D. IV. 62. B. VII. 385. E. VIII. 191. A. IX. 58. B. 381. A. seigneurie, III. 650. D.

Baignan, VIII. 133. D.

Baignaux, VII. 508. B. seigneurie, VII. 152. D. VIII. 563. A.

Baigneaux, II. 385. E. seigneurie, VI. 617. C.

Baigneville, VIII. 811. C.

Baigneul, seigneurie, II. 437. B C.

Baigneux, VIII. 233. B. seigneurie, III. 322. C. 651. A. VI. 517. C. 596. A. VII. 110. C. 482. B. *Courcival*, VII. 514. D.

Baigny, seigneurie, II. 106. C.

Baigory, vicomté, IX. 133. A.

Bail, VI. 289. B. VII. 857. A.

Baile, VIII. 934. A.

Baillart, seigneurie, V. 657. D.

Bailledart, VI. 623.

Baillemont, VI. 711. B C. seigneurie, VIII. 156. B.

Baillet, II. 105. B. 304. D. 307. D. III. 619. D. IV. 765. A. 769. B. 876. E VI. 428. C. 466. B. 530. B. VII. 646. A. VIII. 159. D. 229. D. 884. E. 921. A. IX. 235. E. seigneurie, I. 481. A. 482. C. 484. B C. II. 8. B. V. 150. E. VII. 14. A. *de la Cour*, I V. 617. B. *sur Esche*, seigneurie, III. 580. B.

BAILLEUL, *Charles*, grand-louvetier de France, VIII. 809. C. *Nicolas*, grand-louvetier de France, VIII. 811. * *

BAILLEUL, (*Genealogie de la maison de*) VIII. 810. *& suiv.*

Bailleul, II. 739. A. 768. A. 769. A. III. 82. E. 577. A. 651. C. 774. B. 908. C. IV. 642. A.

V.

V. 90. D. 149. F. 155. BE F. 161. F. 644.
D. 658. A. 660. B. 826. D. VI. 28. B. 106.
C. 710. A. 794. D. VII. 181. B. 344. C. 399.
E. 580. E. 667. A. 823. B. 896. E. VIII. 26.
C. 89. E. 170. A. 281. C. 544. B. 626. C.
641. B. 645. D. 697. C. 726. A. 891. B. IX.
58. B. 430. D. feigneurie, II. 150. D. 331. E.
332. A. 732. E. 749. E. 760. D. III. 650. C.
724. A. V. 90. D. 146. A. 149. F. 155. B.
224. E. VI. 110. B. 121. D. 168. D. 359. A.
VII. 505. B. 757. A. VIII. 85. A. 561. C.
809. * E. vicomté V. 238. B. comté, V. 644.
D. 660. B. VIII. 35. D. 700. D. en Artois,
feigneurie, I. 255. B. Doulieu, VI. 793. A.
lez Fifmes, feigneurie, VI. 383. D. le Mont, feigneurie, IV. 215. B. en Normandie, feigneurie,
129. B. fur Therin, feigneurie, VIII. 744. C D.
en Vimeu, feigneurie. V. 234. B.
Bailleulmont, feigneurie, V. 239. C F. 240. B
D E.
le Bailleul, VII. 514. D.
la Baillie de Blou, feigneurie, VII. 21. C.
le Baillif, IV. 76. A. 871. C. VIII. 360.
D.
la Bailloliere, feigneurie, VI. 600. C.
Baillon, IV. 458. E. VI. 429. B. 568. A. VII.
823. A. IX. 425. D. feigneurie, VII. 21. B.
Baillou, IX. 467. C.
Bailly, VI. 418. C. 474. B. 507. A. 525. B. VII.
159. D. IX. 303. L. 305. B. 343. C. feigneurie,
VI. 429. B. VII. 654. C. 892. C. VIII. 239. D.
261. C. 262. D. 945. A. en Cruyce, II. fei-
gneurie, 126. A.
Bainac, VII. 346. A.
Bainaft-fept-Fontaines, VII. 829. D.
Baine, feigneurie, III. 729. C. 730. A.
Bainfiel, VII. 745. D.
Baing, feigneurie, V. 151. C.
Bainghien, feigneurie, III. 612. A.
Baingthun, baronie, V. 835. E. 845. D.
Bainquetun, VI. 788. C. VIII. 425. B.
Bains, VIII. 145. A. feigneurie, I. 361. C. IV.
547. D. 548. A B. VIII. 236. A. 595. *** A.
918. A.
Bajnville, feigneurie, VI. 696. A. VIII. 347. A.
532. A.
Bajolmont, feigneurie, V. 726. E. Voyez Bajau-
mont.
Bajonne, marquifat, I. 674. C. duché, VIII. 75.
D.
Bais, feigneurie, II. 185. A.
Baifieu, feigneurie, VIII. 283. B.
la Baifontiere, feigneurie, VII. 367. D.
Baiffey, II. 61. E. 230. D E. VII. 805. B. VIII.
903. C.
Baix, feigneurie, II. 206. B.
Bakendorf, feigneurie, VII. 831. B.
Balagny, feigneurie, II. 871. B. 872. B. IV. 600.
A. VII. 291. B. VIII. 68. D. 638. B. 831. C.
marquifat, VII. 407. B. fur Terrain, feigneurie,
IV. 408. B. V. 895. B. VI. 454. B.
Balaguier, III. 781. A. VII. 266. A. 293. B. 416.
E. IX. 67. B. 175. E. feigneurie, IV. 44. B.
Montfalés, IX. 145. C. Voyez Cruffol.
Balaincourt, feigneurie, II. 151. C. VIII. 789.
B.
Balaine, feigneurie, VIII. 110. B.
Balainvilliers, feigneurie, VIII. 483. C.
Balaifon, feigneurie, II. 160. E. 164. A B.
Balan, feigneurie, II. 221. A. IV. 454. B.
Balançon, feigneurie, II. 211. E. 212. A. VII.
47. C. 160. B 802. A. 807. D. baronie, II. 225.
E. VII. 53. A.
Tome I X.

Balanzac, feigneurie, VII. 724. A.
Balaon, feigneurie, VI. 68. D.
Balaftre, feigneurie, II. 748. B.
Balay, IX. 475. C. feigneurie, VIII. 871. A.
Balaynes, feigneurie, VI. 596. C.
Balazac, feigneurie, VII. 488. D.
Balazuc, VII. 343. B. feigneurie, II. 238. C.
Balbani, VII. 107. D.
Balbiane, VII. 117. B.
Balbiano, III. 639. A. VI. 493. C. VII. 128. D.
221. A.
Balbs, II. 285. E.
Balderic, connétable de France, VI. 40. D.
Baldetz, III. 611. A.
Baleine, II. 153. D.
Balency, feigneurie, II. 268. E.
Balene Courtavant, VII. 871. D.
Balenfun, feigneurie, VIII. 268. D.
Balenzae, feigneurie, VI. 537. C.
Balerne, feigneurie, VII. 273. A.
Balefmé, feigneurie, VI. 597. A. 598. A.
Baleffier, VII. 495. B.
Baleftrin en Savoye, marquifat, II. 65. B.
Baleure, feigneurie, I. 558. C.
BALFOUR, (Seigneurs de) IV. 214. E. Voyez Be-
thune.
Balifre, VIII. 771. D.
Balignac, feigneurie, VII. 454. C.
Balifac, feigneurie, IV. 472. E.
la Balle, feigneurie, VI. 358. B.
Balleroy feigneurie, V. 393. A.
Ballodes, III. 89. B.
Ballot, V. 487. E.
Ballote, feigneurie, IV. 828. D. 860. B.
Ballüe, I. 275; C. II. 120. B. VIII. 809;
A.
la Ballüe, feigneurie, IV. 75. A.
Bally, II. 256. C.
la Balme, VII. 43. A. VIII. 594. C.
Balhac, feigneurie, II. 184. B.
Balon, II. 496. D. feigneurie, VI. 105. C. VII.
501. B. IX. 66. B. comté, IX. 88. A. marqui-
fat, IV. 293. B. IX. 66. C.
Balore, VIII. 814. D. IX. 84. B. 470. B. feigneu-
rie, VI. 448. A.
Balorre, feigneurie, I. 562. D. VIII. 149. A.
Balou, feigneurie, II. 84. A. VIII. 372. E.
Baloy, feigneurie, VIII. 539. A.
BALSAC, (Catherine-Henriette de) maîtreffe du
roi Henry IV. I. 150. A.
BALSAC, Charles, évêque & comte de Noyon;
pair de France, II. 435. D. François, chevalier
du S. Efprit, IX. 61. A. Charles, chevalier du
Saint Efprit, IX. 83. B. Charles, chevalier du
S. Efprit, IX. 112. A.
BALSAC, (Genealogie de) II. 436. & fuiv.
Balfac, I. 139. B. 150. E. 471. B. III. 89. D. 837.
E. 894. C. IV. 70. B. 846. D. V. 13. D. 335.
B. 345. C. VI. 484. C. 510. D. 566. B. 567.
C. 796. C. VII. 4. A. 126. B. 131. B. 370.
C. 467. C. 557. A. 565. A. 678. C. 870. D
E. 897. C. VIII. 211. B. 280. B. 329. B. 500.
B. 730. D. 793. E. IX. 97. A. 228. A. 310.
B. feigneurie, VII. 205. A. VIII. 819. E. d'En-
tragues, III. 858. A. IV. 218. C.
Balu, II. 78. A. VIII. 792. B.
BALUE, Jean, aumônier du Roi, VIII. 238. B.
BALUE, (Genealogie de) VIII. 239. & fuiv.
Balue, II. 107. C. VII. 231. C. VIII. 138. A.
Balveny, feigneurie, IX. 404. D.
Bambeke, feigneurie, II. 768. E. III. 916. A.
B.
Bampoele, III. 608. C.

Ban, feigneurie, II. 208. A. 210. E. 211. B.
Bancaux de Chaunoy, II. 386. C.
BANCE, *François*, controlleur du Marc d'or, IX. 366. D.
Banchereau, VI. 442. C. 472. D.
Bancon, II. 631. D.
Bandeville, feigneurie, VIII. 792. B.
Bandinel, VII. 790. A.
Banefroy, feigneurie, VII. 692. B.
Banes, IV. 275. B. feigneurie, II. 136. B. 138. A. IV. 130. C. *Voyez* Avejan.
Banjacourt, feigneurie, VI. 483. C.
Banjeux, feigneurie, V. 349. E. 363. B. 364. A B. *en la Marche*, feigneurie, V. 362. B C D.
Bannay, feigneurie, IV. 216. B.
Bannegon, feigneurie, VIII, 159. C. 899. B.
Bannelier, IX. 238. A.
Bannern, baronie, VII. 658. B.
Bannes, feigneurie, VII. 309. B. IX. 392. E.
Banon, feigneurie, II. 245. E.
Banos, comté, I. 673. B.
Banque, VII. 282. C. baronie, VII. 607. C.
Banquetin, VI. 116. B. VII. 560. A. 709. A. 722. E. VIII. 650. A.
Banquetun, V. 12. D.
Banfac, feigneurie, III. 840. C.
BANSON, (*Seigneurs de*) V. 362. & *fuiv. Voyez* Aubuffon.
Banfon, feigneurie, V. 362. comté, 349. E.
Bantechin, IV. 398. C.
Banteleu, feigneurie, IV. 645. C.
Bantelu, VI. 639. A.
BANTERLU, (*Seigneurs de*) *qu'on croit iffus* de Bouchard I. feigneur de Montmorency, III. 663.
Banterlu, feigneurie, III. 661. C.
Bañuel, feigneurie, IX. 377. E.
Baons, vicomté, VIII. 17. B.
Bapaume, feigneurie, I. 381. A. II. 7. E. 8. A. III. 305. A. IV. 53. C. V. 160. B. VI. 690. D. VIII. 100. A.
Baquelier, VII. 565. D.
BAR, *Louis*, cardinal, évêque & duc de Langres, II. 218. B. *Jean*, évêque & comte de Beauvais, pair de France, II. 281. E. *Louis* évêque & comte de Châlons, pair de France, II. 374. D.
BAR, *Robert* grand-bouteiller de France, VIII. 566. A.
BAR-LE-DUC, (*Genealogie des anciens comtes & ducs de*) V. 505. & *fuiv.*
BAR-SUR-SEINE, *Manaffés*, évêque duc de Langres, II. 145. B.
BAR-SUR-SEINE, (*Comtes de*) VI. 141. *Voyez* Brienne.
Bar, I. 69. D. 116. E. 230. A. 252. A. II. 113. E. 217. B. 268. D. 282. E. 331. B. 340. A. 368. C. 505. D. 674. A. 732. D. 750. C. 764. E. 783. B. 858. B. III. 722. A. 727. A. IV. 185. C. 214. A. 873. C. V. 133. C D. 505. B. 638. C. 653. C. VI. 28. E. 45. E. 94. D. 132. A. 152. C. 411. E. 502. C. 541. B. VII. 22. A. 41. A. 134. A. 431. B. 460. A. 797. E. 808. C. 846. A. 863. D. VIII. 326. B. 372. D. 401. B. 416. E. 427. C D. 491. C. 531. C. 532. A. 533. B. 545. D. 787. A. feigneurie, II. 228. E. 244. B. 294. B. III. 387. B. comté, II. 150. E. 328. B. 730. B. 736. B. 743. B. 840. D E. V. 281. C. 505. C E. 508. A. VI. 28. E. 45. E. 94. D. VII. 735. D. VIII. 411. D. duché, I. 108. C. 115. A. 144. D. 188. E. 231. B. 232. A B. 233. B. 234. B. 275. A. 316.

A. 421. B. 428. E. 451. D. 494. D. 506. A. 548. B. II. 218. C D. 224. B. 753. E. III. 406. C. 498. B. 724. C. 793. A. V. 130. D. VI. 132. A. VIII. 451. C. *fur-Aube*. II. 238. D. feigneurie, II. 149. C. V. 637. D. 638. A B C. 639. C. comté I. 50. C. 51. B. 298. D. II. 267. A B. 838. A. 867. A. IV. 68. C. VIII. 412. B. *Baugy*, VI. 400. C. 541. B. *le Duc*, comté, I. 426. B. *de Manzac*, V I I I. 593. ***** B. IX. 391. B. *fur Seine*, V. 508. C. VI. 94. D. 700. B. feigneurie, II. 149. C. 155. C. 870. E. IV. 818. B. VII. 147. B. VIII. 719. C. comté I. 147. D. 211. B. 355. C. 357. A. 358. B. 424. C. 478. A. 552. A. II. 145. B. 146. E. 157. D. 225. C. III. 197. C. 200. D E. V. 508. C. VI. 127. B. 141. A. *Voyez* Graffe.
le Bar, comté, IX. 441. A.
Barabat, VIII. 562. E.
Barach, VII. 525. D. VIII. 362. B.
BARADAT, (*Henry*) évêque & comte de Noyon, pair de France, II. 442. B.
BARADAT, (*Genealogie de*) II. 442. C.
Baradat, VI. 456. A. VII. 160. D.
Barahe, feigneurie, IV. 802. E.
Baraignes, II. 371. A.
Barail, III. 859. B.
Baralonge, feigneurie, III. 414. B.
Baranton, feigneurie, VIII. 160. A.
Baraftre, feigneurie, VIII. 625. C.
Barat, II. 125. E. 126. D. IV. 729. B. VI. 373. C. VII. 825. D. VIII. 873. C.
Barathon, II. 448. D.
BARATON, *François*, grand-échanfon de France, VIII. 583. A.
BARATON, (*Genealogie de*) VIII. 583. & *fuiv.*
Baraton, I. 238. C. 368. A. V. 12. C. 344. D. VI. 282. A. 584. C. VII. 384. D.
Baraudin, VII. 595. B.
Barbachin, feigneurie, VII. 277. D.
Barbadore, VIII. 290. C.
Barbaise, feigneurie, III. 842. B.
Barbançois, III. 90. A. IV. 367. C. VII. 373. C. VIII. 494. B.
BARBANÇON, (*Ducs & Princes de*) VIII. 44. *Voyez* Ligne.
Barbançon, III. 736. C. 840. E. 844. C. 910. B. V. 135. F. 231. B. 642. A. 652. A. 656. A. VI. 99. C. 100. C. 104. E. 455. B. 566. B. 638. D. 639. D. 707. C. 708. C. VII. 38. D. 368. C. 79. BE. 536. A. 612. C. 747. A. 793. B. IX. 116. A. feigneurie, II. 344. D. 416. E. 501. D. IV. 214. A. 334. C. V. 658. A. VI. 99. A. VII. 561. A. VIII. 74. B. baronie, V. 641. D. VII. 171. C. VIII. 33. D E. 34. B. 39. B. comté, VI. 456. B. principauté, VIII. 44. A. *Cany*, IV. 72. A.
Barbalan, feigneurie, II. 619. D. 628. A. baronie, 660. C. marquifat, 625. B.
Barbarel, feigneurie. VIII 333. C.
Barbarin, VII. 374. C.
Barbazan, V. 193. D. VIII. 446. A. IX. 460. B. feigneurie, I. 367. C D. 568. C D. III. 379. A. IV. 368. B. VII. 266. D. 283. C. baronie, I. 369. E. IV. 664. B. 665. B. V. 193. D. VI. 327. B.
Barbe de Falanges, VIII. 117. C.
Barbe de la Forterie, III. 645. C.
fainte Barbe, feigneurie, VII. 278. B. *en Auge*, feigneurie, 432. B.
la Barbée, feigneurie, IX. 453. A.
la Barben, feigneurie, II. 244. D. 247. B. I V. 501. B.

la BARBENT, , (*Seigneurs de*) VIII. 298. *Voyez* Forbin.

Barberens, feigneurie, II. 618. D.

Barberey, feigneurie, I. 561. B.

BARBERIN, *Antoine*, cardinal, archevêque de Reims, II. 91. E. grand-aumônier de France, VIII. 290. A. cardinal commandeur du S. Efprit, IX. 180. B.

BARBERIN, (*Fragment de la genealogie de la maifon de*) VIII. 290. & *fuiv.*

Barberin, I. 148. E. 175. A. 177. C. 200. B. 340. D. II. 91. E.

Barberouville, feigneurie, VII. 151. B.

Barbery, feigneurie, IV. 847. A. 851. C.

Barbefiere, VIII. 769. A.

Barbefieres, III. 900. E. IV. 659. E. VI. 559. B. VII. 309 E. *Voyez* Barbezieres.

BARBESIEUX, (*Seigneurs de*) de la premiere race, IV. 447. & *fuiv.* de la feconde, V. 437. *Voyez* la Rochefoucaud.

Barbefieux, feigneurie, III. 776. D. IV. 423. D. 425. E. 426. A. 564. A. 571. A. VIII. 71. A. baronie, IV. 375. C. 376. D. marquifat, III. 591. D. IV. 334. E. 430. D. 431. A. 543. B. V. 154. F. VI. 579. B. *Voyez* Barbezieux.

BARBET ou BARBETS, *Pierre*, archevêque de Reims, II. 9. B. chancelier de France, VI. 273. B.

Barbeufe, feigneurie, VI. 638. B.

Barbey, VIII. 809. * C.

BARBEZIERES, *Mery*, chevalier du S. Efprit, IX. 94. C.

Barbezieres, VII. 309. E. IX. 315. C. *Voyez* Barbefieres.

Barbezieux, VII. 81. A. feigneurie, II. 858. B. VII. 102. D. 125. E. 132. B. 301. C E. 803. C. 894. E. baronie, I. 376. B. VII. 936. B. marquifat, VII. 401. A. 713. C. *Voyez* Barbefieux.

BARBIER, *Louis*, dit *de la Riviere*, évêque de Langres, II. 237. B. chancelier des ordres du Roi, IX. 305. A.

Barbier, II. 237. D. V. 928. A. VI. 381. B.

Barbieres, feigneurie, V. 140. F.

Barbiguieres, IV. 131. B. VII. 309. E.

Barbine, IV. 362. B.

Barbify, I. 502. E. VI. 385. D.

Barbofa, I. 611. D.

la Barbotiere, feigneurie, VII. 28. A.

Barboutan de Riviere, VII. 215. E.

BARCELLONNE, *Bernard*, chambrier du Roi, VIII. 394. C.

Barcellonne, I. 77. A. feigneurie, V. 265. B. I X. 177. B. comté, I. 231. B. 233. B. 575. D. II. 612. B. 680. B. 684. C. 696. C. 714. C. III. 70. B. 343. E. 344. A. V. 514. A. VII. 779. B. VIII. 411. A. *en Dauphiné*, feigneurie, II. 230. B.

Barcelles, comté, I. 585. B. 590. B. 614. A. 615. A duché, I. 618. C. 619. A D.

Barcillon, IV. 504. C.

Bardac, feigneurie, III. 72. D.

la Barde, IV. 363. D. 767. E. VIII. 486. C. 591. B. 938. E. feigneurie, IV. 425. C. VI. 528. A. VII. 93. C. 863. E. VIII. 246. C. 486. C. *en Agenois*, feigneurie, IV. 123. D. *de Creiffac*, VIII. 589. A.

Bardi, IX. 258. C. comté, VI. 556. B.

BARDILLY, *Jean*, maître des eaux & forêts de France, VIII. 845. B. *Bertant*, maître des eaux & forêts, VIII. 847. A.

Bardinges, feigneurie, II. 178. A C. 184. A.

la Bardonnelle, feigneurie, VII. 341. A.

Bardonvillier, VI. 367. A. 372. C.

Bardou, VII. 394. C.

Bardouille, feigneurie, VIII. 887. E.

BARDOUL, *Fouquies*, garde des fceaux de France, VI. 331. B.

Batenguierville, feigneurie, VIII. 93. A.

Barentin, III. 652. B. VI. 579. D. VII. 400. E. IX. 238. B.

Barenton, feigneurie, V. 131. B.

Barentoncel, II. 101. B. 151. E.

Bares, II. 173. B. IX. 383. C.

Baret, IX. 343. A. feigneurie, V. 21. B. 22. B 743. C.

Batetge, II. 664. D. VII. 604. E.

Barette, feigneurie, V, 140. C.

Baretto, V. 527. D. 531. B.

Barez, II. 178, D. 646. A.

la Barge, IV. 42. B. VII. 65. G. feigneurie, III. 840. D. VII. 198. C. VIII. 819. D. 822. C. *Voyez* Gaffe.

Bargemes, feigneurie, III. 387. B.

Bargeny, feigneurie, IX. 409. D baronie, V. 595. C.

BARGUETTES, *Pierre*, pannetier du Roi, VIII. 618. C.

Bari, V. 356. D. VI. 375. C.

Barjac, III. 826. A. VII. 341. E. VIII. 932. D. feigneurie, III. 809. A. baronie, IX. 202. C.

Barjat, feigneurie, VII. 45. A.

Baricourt, feigneurie, II. 123. B D E. 128. D.

la Barie, II. 231. C.

Barjetton, VII. 770. A.

Barieux, feigneurie, VI. 190. A.

Barillau, VI. 564. D.

Barillé, feigneurie, VII. 585. B.

Barillon, IV. 843. B. VI. 453. C. 483. C. 538. C. 586. B. VII. 9. B. 286. E. 437. B. 469. A. 551. B. 804. D. VIII. 858. D. *de Morangis*, IV. 405. C. 900. IX. 432. C.

Barin, VI. 286. A.

Barjot, III. 628. A. IV. 891. C. VI. 598. D VII. 506. D. VIII. 646. A. 936, D. *de Moufly*, 633. C.

le Barifet, feigneurie, II. 64. C.

Barifeu, feigneurie, VIII. 629. B.

Barify, VIII. 870. D.

Barkley, VII. 88. A.

Barlaimont, II. 320. B. III. 597. A. 736. A. V. 526. A. 840. E. VIII. 34 A. E. 40. A. 41. B.

Barlais, II. 596. D. III. 85. A.

Barlemont, feigneurie, VII. 171. C.

Barlin, feigneurie, VI. 174. A. VIII. 13. E. baronie, V. 836, D. 841. B. 842. B. vicomté, V. 232. D. 837. A. 839. A.

Barlot. *Voyez* Barjot.

Barly, feigneurie, III. 579. C. 580. C. 583. C. 594. C D. VII. 787. E.

Barmont, feigneurie, IV. 548. B. V. 363. C. VII 85. B. VIII. 803. D.

Barnay, feigneurie, VIII. 334. D E. 335. A. B.

Barnée, feigneurie, VII. 222. B.

Barneuil, feigneurie, VI. 673. C.

Barneville, feigneurie, V. 140. C E. 141. D. VI. 690. C. VII. 179. C.

Barnton, baronie, IX. 411. A.

Baro, IV. 576. C. VII. 506. A.

Barochere, feigneurie, II. 450. D.

Barol, marquifat, VI. 499. A.

Baromefnil, feigneurie, VI. 789. B.

Baron, VI. 548. A.

Baronat, II. 254. E. 255. D. VIII. 338. A. 341. B.

Baroncelli, II. 254, B.

Baronnet, VI. 541. B.

Baronville, feigneurie, II. 386. C. VI. 540. C.

Barou, feigneurie, V. 140. C E.

Barouſſe, feigneurie, II. 618. B C. VI. 222. B.

la Barque, feigneurie, V. 92. C D.

Barras, III. 888. B. VI. 487. C. VIII. 307. E. ſeigneurie, II. 708. A.

Barrau, VI. 452. E.

Barrault, V I. 428. D. IX. 453. D. 457. B. ſeigneurie, VII. 257. C. VIII. 165. E.

Barré, IV. 765. C. VI. 557. B.

la Barre, II. 86. D. 490. E. III. 385. B. IV. 840. E. V. 749. B. VI. 491. C. 547. B. 585. B. 684. C. 710. A. 789. A. 795. A. VII. 7. A. 462. B. 508. A. 513. D. 619. C. 832. B. VIII. 77. C. 805. A B. 810. * C. IX. 472. B. ſeigneurie, I. 244. B. 495. C. II. 83. D. 189. A. V. 160. E. 246. A. VI. 392. C. 471. C. 518. B. 795. A. VII. 382. C. 399. E. 488. B. 640. A B. VIII. 101. C. 265. E. IX. 88. C. 447. D. 470. D. Goupil, VII. 232. C. S. Prix, IV. 403. B. Rongerie, ſeigneurie, VIII. 134. D. en Vivarez, ſeigneurie, II. 186. 2. B.

des BARRES, Jean, maréchal de France, VI. 686. D.

des Barres, I. 431. C. 434. A. III. 486. A. IV. 439. A. 752. B. VI. 74. B. 297. C. 345. C. 457. C. 754. B. VI. 79. C. VIII. 91. E. 159. C. 322. D. 330. A. IX. 313. B. ſeigneurie, I. 497. B. 522. B. 554. A. II. 80. D. III. 452. A. IV. 34. A. VI. 33. C. VII. 424. C. 545. A. 834. C. VIII. 494. D. comté, VI. 391. D.

Barret, ſeigneurie, II. 239. A. V. 18. D. 290. C.

Barreto, I. 687. C.

Barria, ſeigneurie, IX. 438. C.

Barriac, IX. 82. A.

Barriere, III. 818. C. VII. 69. D. 792. C. ſeigneurie, V. 195. B C.

Barrieres, ſeigneurie, 733. D.

la Barrigue, ſeigneurie, II. 360. B.

Barrizy, ſeigneurie, VIII. 652. B.

Barron, ſeigneurie, VIII. 711. D. 807. C. 808. B D E.

Barros, ſeigneurie, IX. 437. A.

Barrouſſe, ſeigneurie, I. 367. C. 369. E. II. 705. D. III. 417. A. 424. B. VII. 211. C.

Barrouſſes, ſeigneurie, II. 672. C.

du Barry, IV. 456. D. V. 16. A.

Barry, ſeigneurie, II. 197. A. 200. B C. 203. E. 204. E. duché, VII. 192. A.

de Batt, VII. 722. B D.

la Barte, III. 610. A. ſeigneurie VII. 301. B.

la BARTHE, Paul, ſeigneur de Thermes, maréchal de France, VII. 208. A.

la BARTHE, (Genealogie des ſeigneurs de) VII. 208. (Anciens vicomtes de) 209. FUMEL, (Seigneurs de) 210. LASSEGAN, (Seigneurs de) 216. MONTCORNEIL, (Seigneurs de) 212. (Branche du nom & des armes de) 218.

la Barthe, II. 175. A D. 648. E. 659. B C D. 671. D. 676. D. III. 345. A. 413. E. IV. 309. B. V. 146. C. VI. 222. B. VII. 93. C. 210. B. 462. B. 772. D. ſeigneurie, I. 369. E. II. 127. C. 362. C. 371. C. 619. B. 621. B D E. 623. A. III. 415. A. IV. 26. E. 287. C. 666. B. 667. C. VII. 270. C. 271. D. 925. E. IX. 391. C. baronie, IV. 664. A. vicomté, 632. A. VII. 209. B. Montcorneil, II. 624. C.

Barthelemy, chancelier, VI. 240. C. Autre du même nom, chancelier, IV. 269. D.

Barthelemy, VII. 789. D. 873. B. I X. 238. A. 324. A.

S. Barthelemy de Canton, baronie, VII. 695. A.

Barthelmont, ſeigneurie, IV. 844. D.

Barthelmy, IV. 283. D. 854. D. VIII. 302. C. 525. C.

S. Barthelmy, ſeigneurie, IV. 480. A.

Barthes, VII. 926. D. IX. 398. B.

Bartholy, V. 103. C. VIII. 327. B.

Barthomier, II. 386. B. VI. 443. C.

Barthon, II. 864. C. IV. 30. A. VII. 513. C, 592. A. de Montbas, II. 457. A.

Bartine, I. 306. C.

Barton, VII. 373. D. Voyez Barthon.

Barval, ſeigneurie, VIII. 858. C.

Barville, I. 526. B., II. 121. B. 282. C. V I. 392. C. 416. B. VIII. 210. E. I X. 303. D. ſeigneurie, VIII. 20. D E. 645. C.

Baruth, II. 509. A. IV. 371. C. ſeigneurie, II. 590. A D. 597. D. 85. A. VI. 24. A. 80. D. principauté, II. 598. B E.

Bas, vicomté, VII. 764. C.

LE BAS DE MONTARGIS, Claude, greffier des ordres du Roi, IX. 338. A.

le Bas de Montargis, V. 900. A.

Baſancourt, ſeigneurie, VII. 590. D.

Baſchaumont, ſeigneurie, VI. 290. A.

Baſché, ſeigneurie, IV. 427. B.

Baſchi, V. 279 F. VI. 78. C. VII. 602. A. d'Aubais, IX. 277. C.

S. Baſcia, ſeigneurie, VII. 116. B.

le Baſcle, II. 68. A.

Baſclet, ſeigneurie, III. 824. B.

Baſée, ſeigneurie, VII. 823. A.

la Baſegue, ſeigneurie, III. 636. A.

ſainte Baſeille, ſeigneurie, VIII. 4. C. IX. 460. B.

Baſemont, II. 256. A. ſeigneurie, VIII. 586. A.

Baſentin, VII. 823. A. ſeigneurie, VIII. 106. E.

la Baſeque, ſeigneurie, VI. 671. C.

BASERNE, (Seigneurs de) VII. 736. Voyez Tocy.

Baſerne VIII. 818. B. ſeigneurie, I. 485. D. IV. 823. A. V. 147. C. VII. 1. A. 4. D. 78. C. 79. B. 736. A.

Baſerque, ſeigneurie, II. 622. D.

Baſeux, ſeigneurie, III. 915. B.

BASIAN, (Barons de) I. 373. & ſuiv.

Baſian, ſeigneurie, VII. 266. A. baronie, II. 624. B. IV. 140. E.

Baſiege, ſeigneurie, V. 758. C.

Baſignan, ſeigneurie, VII. 116. D.

Baſillac, I. 178. D. III. 364. E. IV. 22. E. 23. E. Voyez Bazillac.

Baſinghem, ſeigneurie, III. 609. A.

Baskerwill, VII. 90. C.

S. Baſlemont, ſeigneurie, VI. 263. C.

Baſleroy, ſeigneurie, 544. D.

la Baſoche, ſeigneurie, II. 735. C. III. 430. C. VII. 131. E. baronie, III. 312. D.

BASOCHES, Gerard, évêque & comte de Noyon, pair de France, II. 391. B.

Baſoches, VIII. 12. A. ſeigneurie, II. 391. B. IV. 216. D. VI. 91. C. VII. 1. A. 3. A. 18. C. 63. B. 588. B. 653. A. 654. B. VIII. 235. E. 236. B. 329. A. 544. A. 775. C. 776. B D. 864. B. IX. 449. B. baronie, VI. 292. B. IX. 126. B.

Baſoges, ſeigneurie, IV. 321. E. 864. B. V. 734. B. baronie, VI. 350. B.

Baſourdan, II. 660. B.

Baſpineau, ſeigneurie, VI. 471. B.

Baſſabat, IV. 19. B C. VII. 291. D. 292. B. 405. D. 406. E. VIII. 192. C. IX. 425. C. 438. C. de Pordiac, VII. 453. D. 455. C. 774. B. IX. 167. D.

Baſſan,

Baffan, principauté, VIII. 291. C.

Baffat, feigneurie, V. 355. D.

la Baffe-Cour, feigneurie, VII. 892. C.

la Baffe-Wence, feigneurie, II. 481. E.

Baffedes-de-Marguerit, IX. 234. B.

la Baffée, feigneurie, III. 712. C. IV. 211. D.

Bafferode, feigneurie, III. 508. B. 911. A B. 912. C. 918. A. V. 837. E. 841. B. 842. B.

Baffes, feigneurie, VIII. 250. A B C.

Baffet, III. 566. B. VII. 86. E. VIII. 161. C. 645. A. 649. A. Draiton, I. 452. C. de Wickombe, VII. 86. E.

Baffillon, feigneurie, VII. 606. E.

Baffin, feigneurie, V. 487. E.

BASSOMPIERRE, François, maréchal de France, VII. 464. C. chevalier du S. Efprit, I X. 142. A.

BASSOMPIERRE, (Genealogie de la maison de) VII. 465. & fuiv.

Baffompierre, II. 57. D. 58. D. 439. E. 440. A. III. 915. C. IV. 843. C. V. 152. B. 660. C. VIII. 260. A. IX. 168. B. 236. C. feigneurie, VII. 114. A. 463. A. 476. B. baronie, VII. 467. A. VIII. 161. D. marquifat, IV. 841. B. VII. 468. C.

Baffou, VII. 437. C. feigneurie, 551. E. 803. C.

Baftard, IV. 373. B.

Baftarde, feigneurie, I. 496. B.

Baftardes, feigneurie, IV. 708. A. 709. E. VIII. 120. B.

la Baftardiere, feigneurie, IV. 576. C.

le Bafte, feigneurie, VI. 589. B.

Baftelica, VII. 391. C.

Baftembourg, feigneurie, VI. 689. C.

BASTET, (Surnom des premiers feigneurs de Cruffol) III. 762. & fuiv.

Baftet, IX. 418. E. 419. A.

la Baftide, I. 650. A. II. 369. C. VII. 330. A. feigneurie, II. 651. C. 652. C. 662. A. 707. B. III. 360. A. 815. B. 820. B. 824. E. 825. A. 827. B. IV. 18. E. 23. C. 42. B. 137. B. 838. B. V. 261. C. 266. C. 889. C. VI. 316. VII. 128. C. 273. B. 274. D. 315. C. 331. C. 420. C. 451. D. 489. A. 773. C. 790. C. VIII. 593. **A B. 595. **C D. 596. **A D. IX. 420. D. baronie, IV. 24. A. Capilenas, feigneurie, V. 896. C. d'Engras, feigneurie, II. 137. A. d'Engrolier, feigneurie, I X. 385. C. de Fons, feigneurie, VII. 770. B. des Jordans, IX. 440. D. de Mefplas, feigneurie, III. 361. B. du Reveft, feigneurie, II. 244. A. de Seron, feigneurie, III. 361. A D E. 363, B. de Taner, feigneurie, V. 889. A.

Baftides, feigneurie, VIII. 343. D E.

BASTIE, (Seigneurs de la) VIII. 336. Voyez Damas.

la Baftie, feigneurie, II. 164. B C D. 165. C. 870 D. III. 771. A. IV. 861. V. 261. D. 267. C. 282. F. 669. D. VI. 108. C. 174. VII. 37. D. 201. A. 651. A. 714. A. VIII. 13. E. 252. E. 496. D. 501. A 815. B D E. 816. A C D. 911. E. 915. B. 927. D. IX. 86. B. baronie, II. 166. D E. en Albanois, feigneurie, VIII. 399. B. S. Clement, feigneurie, VII. 65. C. de Gilonay, feigneurie, VIII. 936. A.

la Baftie-neuve, feigneurie, IV. 286. B.

Baftier, IV. 413. B. VIII. 775. A.

Bafties, baronie, II. 165. E

Bafto, comté, I. 665. E.

Bafton, VIII. 807. B.

Baftonneau, II. 308. C. VI. 585. B. VIII. 139. A.

Tome IX.

Baftules, feigneurie, IX. 387. B.

Balville, IX. 337. A. feigneurie, IV. 765. D. VII. 890. C. marquifat, VI. 589. C. VIII. 800. E.

BATAILLE, Jean, maître de l'écurie du Roi, VIII. 465. D.

Bataille, VI. 375. B. VIII. 324. B.

la Bataille, feigneurie, V. 605. A B C. VI. 468. B.

Batarnay, II. 182. D. 203. A. 206. B. V. 141. A. 385. E. VI. 118. B. 560. C. VII. 61. A. 153. C. 238. B. 368. C. 501. D. VIII. 191. A. 272. B. IX. 58. B. 396. B. feigneurie, III. 636. D. 839. A. 855. B.

Batefort, VIII. 799. D. Voyez Mouchet.

Baterne, VIII. 893. A.

Bathilly, feigneurie, VIII. 235. C.

la Batie, feigneurie, III. 895. A.

Batilly, VI. 119. D.

BATIMENT, (Seigneurs & barons du) IV. 687. & fuivantes. Voyez Rochechouart.

Batiment, feigneurie, I. 377. E. II. 64. A. baronie, VII. 477. A.

la Batiffe, feigneurie, V. 334. C. VIII. 594. *** D.

Bats, V. 188. F. VIII. 145. E. feigneurie, VII. 774. B. Voyez Baats & Artagnan.

Battembourg, baronie, V. 650. A.

Bavaut, VIII. 40. A.

Baube, II. 375. C. V. 636. C. VI. 53. D. 333. B.

Baubec, feigneurie, VII. 715. B.

Baubigny, feigneurie, III. 619. A B C. IV. 669. A. VII. 391. E.

Baucamp, feigneurie, VI. 803. A.

Baucauffe, feigneurie, VIII. 25. E.

Bauçay, IV. 196. E. 653. B C. VI. 203. A. VII. 499. D. VIII. 573. C. 615. B. 671. C. 705. B. 763. B. 922. C. feigneurie, VII. 499. D. baronie, IV. 712. C.

Bauchain, feigneurie, V. 637. C. VIII. 152. D. 153. B. D. E.

Bauché, feigneurie, IV. 387. A. V. 763. C D. 764. B. 765. A D E. VI. 485. B. VII. 118. D. VIII. 113. D. marquifat, V. 766. A. en Touraine, feigneurie, VII. 763. B.

Bauche, feigneurie, V. 393. A.

Baucheron, feigneurie, VII. 822. A.

Bauchet, VI. 583. A.

Bauchierville, VIII. 449. C.

Bauchin, VIII. 154. B.

Bauchol, feigneurie, VIII. 329. A.

Baucignies, I. 257. A. feigneurie, II. 790. E. IV. 181. B. VI. 146. B. baronie, V. 647. B. comté, V. 658. A.

Baud, baronie IX. 315. B.

Baudain, III 594. D. VIII. 82. E. de Manville, VIII. 156. A.

Baudan, VI. 196. C. IX. 202. C. 420. C.

Baudart, feigneurie, VIII. 651. B.

Baude, V. 364. E.

BAUDEAN, Henry, chevalier du S. Efprit, IX. 178. A.

Baudean, I. 126. C. V. 196. C. VII. 607. D. 672. A. VIII. 248. A. 761. A. feigneurie, II. 660. A. Neuillan, III. 495. A. Parabere, III. 541. C. VII. 457. D. 772. E.

Baudement, III. 155. B. VI. 33. B 128. B. 141. D. 693. D. feigneurie, I. 423. A. 424. C. II. 340. A. VII. 254. B. 388. C. Braine, VII. 735. B.

Baudemont, feigneurie, II. 411. A. VI. 690. baronie, VI. 292. B. VIII. 260. D.

Baudencourt, baronie, VIII. 101. A.

H

BAUDET, *Guy*, évêque & duc de Langres, II. 214. B. chancelier de France, VI. 324. B.

Baudet, H. 214. C. VIII. 521. A.

Baudeville, seigneurie, II. 110. B. IV. 732. E.

Baudier, VIII. 874. D.

Baudimont, seigneurie, VIII. 80. B.

Baudm, chancelier, VI. 239. A.

Baudiner, baronie, II. 185. 2. D. E.

Baudoche, III. 896. C. V. 645. A. VI. 153. D. VII. 167. B. 446. C. 466. E.

la Baudouainiere, seigneurie, IV. 458. A.

Baudouin, évêque & comte de Noyon, II. 389. E.

Baudouin I. chancelier, VI. 246. A.

Baudouin II. chancelier, VI. 247. A.

Baudouin, I. 262. C D E. II. 375. D. 665. D. IV. 443. B.

Baudour, seigneurie, VIII. 31. B. 37. A.

Baudreuil, II. 62. B. D.

BAUDRICOURT, *Jean*, maréchal de France, VII. 112. D.

BAUDRICOURT, (*Genealogie de*) VII. 113.

Baudricourt, VII. 113. C. 126. D. seigneurie, II. 57. A D. 58. C. III. 650. A. VI. 173. D. 735. C. VII. 82. A. 467. A. VIII. 883. C.

Baudrier, VI. 481. A.

Baudrin de Mauville, VI. 175. D.

Baudry, IV. 434. D.

Bauduchon, VIII. 19. E.

Baudüen, seigneurie, II. 245. A. *Voyez* Ramatuelle.

Bauduin, IV. 412. D.

Bave, III. 910. A.

Bavelenghen, seigneurie, V. 261. C. baronie VIII. 655. A.

Bavent, VIII. 25. B. seigneurie, VI. 161. D.

Baveux, VIII. 257. C. 258. A.

BAUFERMEZ (*Seigneurs de*) *Voyez* Waurin, VI. 709.

Baufermez, VI. 709. C.

BAUFREMONT, *Antoine*, chevalier du S. Esprit, IX. 98. A. *Henry*, chevalier du S. Esprit, IX. 143. C.

Baufremont, II. 872. B. 874. B. III. 729. A. IV. 273. B. 437. B. 825. A. V. 263. B. 653. C. VI. 173. A. 323. A. 342. A. 788. C. VII. 40. C. 51. B. 127. A. 160. D. 168. D. 226. A. 246. B. 252. A. 335. A. 407. D. 666. A. 711. B. 802. B. 805. C. 810. D. 894. D. VIII. 424. A. 425. A. 640. D. IX. 165. C. 169. B. 321. B seigneurie, IV. 859. A. VII. 41. C. VIII. 202. D. 203. E.

Baugé, VI. 63. A. 85. A. 698. D. 729. B. VIII. 418. C. seigneurie, I. 276. B. 350. A, II. 157. D. 160 B. 161. D. III. 651. B. IV. 68. C. V. 418. A. VI. 84. D. VII. 107. A. 854. B. VIII. 61. E. 318. D. 568. D. baronie, I. 330. B. 352. C. comté, I. 210. D. VIII. 425. D. marquisat, IV. 127. D. V. 644. D. VII. 306. C. 712. B. VIII. 500. D.

BAUGENCY, (*Anciens seigneurs de*) III. 170. & suiv. (Ceux entre les mains de qui cette terre a passé) III. 173. A B C.

Baugency, II. 519. B. III. 49. D. VI. 14. B. seigneurie, I. 532. D. III. 170. A. 198. A. V. 136. VI. 14. B. VII. 179. B. VIII. 441. C.

Baugey, VII. 797. B.

Baugier, IX. 318. A.

Baugimont, seigneurie, V. 729. B.

Baugy, seigneurie, I. 494. D. 506. A. VI. 411. E. VII. 22. A. 134. A. 431. B. VIII. 281. A. 372. D. en Berry, seigneurie, VIII. 526. B.

BAVIERE, (*Ducs de*) I. 22. C. 24. A E. 28. B.

BAVIERE, (*Rois de*) I. 45. A. 46. C.

BAVIERE D'INGOLSTAT, (*Louis de*) grand-maître de France, VIII. 544. B.

Baviere, IV. 72. E. 545. C. V. 637. D. VI. 104. D. VII. 106. A. 212. A duché, I. 47. B. 107. D. 110. D E. 112. C. 113. D. 114. B. 178. C. 186. A. 188. D. 194. B. 201. B. 207. A. 208. B. 230. B. 231. E. 240. D. 241. B D. 242. E. 248. E. 249. C. 271. D. 286. D. 305. E. 315. C. 319. E. 348. A. 404. D. 455. A. 461. A. II. 163. B. 327. C. 599. B. 784. C. 792. D. III. 313. D. IV. 541. A B. *de Lewessein*, VII. 248. A. IX. 229. B. *Neufbourg*, duché, I. 623. C. 625. A. IV. 543. A D. *Simeren des deux Ponts*, V. 653. B

Baville, marquisat, V I. 553. B. 694. A. *Voyez* Basville.

Bavinkove, seigneurie, VI. 793. A. 794. C. VIII. 105. C.

Baulac, VII. 264. B. 403. D. seigneurie, VII. 606. D.

Bauldoncourt, VII. 252. D. VIII. 716. D.

Bauldot, IV. 659. B C. VII. 811. A. *de Mailly*, IV. 436. C.

Bauldry, VIII. 850. C.

Baule, seigneurie, IV. 708. A. marquisat, IV. 227. A.

la Baulée, seigneurie, VII. 583. C.

Baulincourt, seigneurie, VI. 144. B. 638. A.

Baulon. seigneurie, IX. 472. D.

Bault, VIII. 593. B.

Baumare, seigneurie, VIII. 27. B D.

Baumat, seigneurie, VIII. 163. D. 164. A.

BAUME, (*seigneurs de la*) III. 823. & & suiv.

la BAUME, *Estienne*, dit *le Galois*, maître des arbalestriers de France, VIII. 5. A *Jacques*, maître des arbalestriers de France, VIII. 71. D.

la Baume, II. 212. C. 224. E. 225. A. 239. E. 418. E. III. 732. D. 771. D. 837. D. IV. 28. B. 31. B. 37. A. 68. A. 144. A. 501. D. 504. B. V. 487. B. 488. C. 670. A. VI. 342. A. VII. 42. C. 49. B. 148. A. 150. A. 190. D. 254. C. 260. B. 354. B. 386. E. 395. C. 443. A. 532. E. 643. B. 709. B. 810. D. 864. B. VIII. 6. A. 36. D. 81. E. 118. A. 305. B. 339. B. 350. C. 354. B. 374. B. 420. A. 428. B. 500. E. 719. C E. 914. C. IX. 461. A. seigneurie, II. 206. E. 250. E. III. 287. A. IV. 259. E. 486. E. F. 487. A C. VII. 488. C. 489. A. VIII. 320. B. 349. D. 499. D. 920. D. IX. 423. E. marquisat, IV. 286. D. V. 269. A. *de S. Amour de Bruges*, I I. 167. B. *en Avendre*, seigneurie, V. 486. D. 489. D. *d'Anthun*, seigneurie, VIII. 316. B. *le Blanc*, I. 175. B D. IV. 793. A. 856. C. V. 487. E. 492. A E. 493. A. *le Blanc de la Valliere*, I. 346. D. IX. 99. D, 420. B. *en Bourbonnois*, seigneurie, V. 491. E. *d'Hostung*, seigneurie, II. 107. C. V. 260. A C. 264. B. VIII. 913. B. marquisat, V. 166. F. 168. C. *Montrevel*, I. 136. E. III. 582. A. IV. 572. C. 573. B. 679. D. 748. B. 874. E. V. 670. A. VII. 37. A D. 179. C. 190. E. 573. C. 872. C. VIII. 572. B. IX. 94. A. 99. C. 201. A. *de Suse*, II. 250. C. 457. C. V. 265. E. VII. 200. A. 670. C. 930. C D. IX. 203. C. *de Trancy*, seigneurie, II. 457. D. baronie, 252. A.

LA BAUME-LE-BLANC, (*Genealogie des seigneurs de*) V. 486. & suiv. *Voyez* la Valliere.

LA BAUME D'HOSTUNG, (*Seigneurs de*) V. 264. & suiv.

LA BAUME-D'HOSTUNG, (*Marquis de*) V. 268.
& *suivantes. Voyez* Tallart.

LA BAUME-MONTREVEL, *Jean*, comte, maréchal
de France, VII. 41. D. *Nicolas-Auguste*, marquis de Montrevel, maréchal de France, VII.
673. C. *Ferdinand*, chevalier du S. Esprit, IX.
200. C. *Nicolas-Auguste*, chevalier du S. Esprit, IX. 256. A.

LA BAUME-MONTREVEL, (*Genealogie de la maison
de*) VII. 42.

LA BAUME-SUSE, *François*, chevalier du S. Esprit, IX. 71. C.

Baumettes, seigneurie, II. 254. A. B. 292.
C.

Baumez, I. 430. A. V. 160. B. 227. A B. VI.
203. B. 628. B. 634. A. seigneurie, IV. 53.
C. V. 234. B. VI. 634. A. *Voyez* Beaumez.

Baumoncel, seigneurie, VI. 355. C.

la Baune, seigneurie, II. 205. B.

Bauneret, seigneurie, VII. 825. A.

Baunton, seigneurie, VII. 840. C.

Bauquemare, I. 225. B. IX. 205. C.

Baure, seigneurie, II. 651. C.

Bauregard, seigneurie, VI. 100. D.

Sainte Baufile, seigneurie, IX. 419. B.

Bauson, comté, II. 285. C.

Bauffan, VII. 413. E.

S. Bauffan, VI. 335. E. VII. 590. B.

Bauffancourt, VI. 572. C.

la Bauffe, IV. 124. C. VII. 303. A.

Baufferaye, seigneurie, VIII. 805. A.

Baufferode, III. 599. A.

Bauffignies, seigneurie, VIII. 74. B. 79. C. comté,
VIII. 38. A. *Voyez* Baucignies.

Bauffoniere, seigneurie, I. 437. D. IV. 538. B.
V. 618. B. VI. 507. A. VIII. 249. C. 250. A.
672. A.

Bautersen, seigneurie, II. 796. D. VII. 105.
D.

Bautot, IV. 874. C.

Bautru, IV. 481. A. VII. 575. D. VIII. 69. A.
IX. 201. A. 231. A. *Nogent*, IV. 64. D. 118.
B. 602. B. 617. D. 618. A. VII. 307. A. 865.
C. IX. 191. B. *Serrant*, IV. 602. B.

Bauves, IV. 857. A. 894. B. 895. B. VIII. 707.
C.

Bauvoix, seigneurie, VII. 217. B. IX. 474. C.

BAUX, *Bernardin*, general des Galeres de France, VII. 923. D.

des Baux, I. 235. E. 401. B. 409. C. 414. C.
415. B. 418. A. 422. D. 461. C. II. 20. A.
27. A. 30. C. 52. A. 158. E. 174. C. 185. 2.
B. 188. A. 189. C D. 195. B. 198. A. 216.
D. 240. B C E. 241. A. 243. A. 400. C. 689.
D. III. 726. A. 772. C. IV. 180. B. 865. D.
V. 12. A 219. D. 515. B. VI. 131. D. 138.
B. 300. D. 317. A. 670. D. 733. C. VII. 34.
A. 800. E. VIII. 412. D. 504. B. 910. C.
IX. 96. C. seigneurie, II. 163. A C. 631. E.
696. E. 701. A. VI. 318. B. baronie, II. 292.
D. III. 815. B. D. IV. 266. C. 497. D. mar-
quisat, II. 248. C. IV. 498. B D. 616. D. V.
391. D. *d'Avelin*, II. 196. A.

Bauyn, II. 307. D. VI. 535. A. 586. A.

Bavyncourt, seigneurie, VIII. 523. D.

Bauza, VIII. 596. *** B.

Bauzat, VII. 65. A.

Bauzé, V. 754 B. seigneurie, *ibid. de Balcaftel,*
ibid.

Sainte Bauzeille, seigneurie, III. 859. B.

S. Bauzele, seigneurie, VII. 489. C.

Bay, VIII. 332. D.

Bayancourt, III. 614. D.

Bayanne, seigneurie, VII. 70. D.

Bayard, I. 129. E. 376. C. VII. 643. A. seigneurie, II. 246. D. 247. AC.

la Bayarderie, seigneurie, 377. C.

BAYE, (*Seigneurs de*) II. 344. & *suiv.*

Baye, IV. 368. C. 804. C. seigneurie, II. 325. A.
338. E. 339. B E. 341. D. 342. B. IV. 214.
C. 215. ABC D. V. 237. VI. 160. C. 405. D.
VIII. 53. B. 612. C. 775. E. baronie, IV. 215.
E. 216. B. 227. C. V. 237. D.

Bayeghem, baronie, V. 647. A.

Bayenconet, VI. 708. A. VII. 833. A. 834. B.
VIII. 558. A. seigneurie, IV. 400. D.

Bayer, IV. 826. A. IX. 98. B.

BAYERS, (*Seigneurs de*) IV. 451. & *suiv. Voyez*
la Rochefoucaud.

Bayers, seigneurie, IV. 421. A. 422. A B C. 423.
A D. 425. B. 426. A. marquisat, III. 642.
D. *de Boppart*, II. 61. E.

Bayeux, vicomté, II. 469. D. 483. C. comté,
II. 463. C. 464. C.

BAYLENS, *Bertrand*, chevalier du S. Esprit, IX.
117. B. *Bernard*, chevalier du S. Esprit, IX.
167. D. *Henry*, chevalier du S. Esprit, IX. 204.
A.

Baylens, VII. 539. B. *de Poyanne*, V. 185. D.

Baynac, VII. 327. C. 335. B. 348. C.

Baypast, seigneurie, V. 89. E.

Bayne, IX. 378. C. seigneurie, V. 653. C.

Baynest, VI. 708. D.

Bayon, seigneurie, IV. 819. D. V. 643. B. VIII.
354. A.

Bays, seigneurie, II. 193. E. 195. B. VII. 830. D.
vicomté, IV. 173. A. *sur-Bais*, seigneurie, II.
204. A.

Bazan, VI. 574. C.

BAZAN-BENAVIDE's, *Alvare-Antoine*, marquis de
Santa-Cruz, nommé chevalier du S. Esprit,
299. A.

Bazan-Benavidés & Pimentel, I. 674. C.

SAINTE BAZEILLE, (*Seigneurs de*) IV. 481. & *suiv.*
Voyez Caumont.

Sainte Bazeille, seigneurie, VI. 209. BC.

Bazeilles, baronie, III. 369. B.

Sainte Bazeilles, seigneurie, II. 619. E. baronie,
II. 706. B. D. *Voyez* Sainte Bazéille.

Bazemont, seigneurie, III. 502. C.

Bazencourt, seigneurie, IV. 408. A.

Bazeque, baronie, I. 332. D.

Bazernes, seigneurie, IV. 754. A. 862. A.

Bazian, baronie, VII. 322. C. *Voyez* Bafian.

Bazien, baronie, I. 370. C. *Voyez* Bafien.

Bazillac, IV. 17. D. V. 178. B. VII. 164. A. 276.
E. 416. B. 528. A. 604. D. seigneurie, IV. 18.
C. baronie, IV. 663. C. V. 185. C. marquisat,
V. 187. B.

Bazilly, VII. 508. A.

BAZIN, *Jacques*, seigneur de Bezons, maréchal
de France, VII. 681. C. chevalier du S. Esprit, IX. 270. C.

Bazin, V. 357. A. VII. 682. D. IX. 466. C. *de*
Bezons, V. 357. A.

BAZIN de Bezons, (*Genealogie de*) VII. 682.

Bazincourt, seigneurie, VIII. 645. C.

Bazinghen, seigneurie, VI. 794. A.

la Baziniere, seigneurie, VI. 589. A. IX. 315.
C.

Bazoche, seigneurie, I. 236. A 514. B. 558. E.
IV. 734. B. V. 512. D. *Gouet*, seigneurie, I.
237. C. *Voyez* Bafoche.

Bazoches, II. 8. D. seigneurie, II. 279. B. VI. 145.
A. 412. B. baronie, III. 648. A. 896. E. *Voyez*
Bafoches.

Basoges, seigneurie, VIII. 596.*** C.
Bazoilles, seigneurie, IV. 838. B.
BAZOLE (seigneurs de la) VIII. 339. D. Voyez Damas.
Bazole, seigneurie, VIII. 321. D. 332. E. 339. D.
Bazoque, seigneurie, II. 34. C. V. 143. A.
Bazordan, seigneurie, VII. 216. A.
Beamude, seigneurie, I. 636. D.
S. Beaon, seigneurie, III. 826. B.
Bearn, II. 652. C. 671. A. 676. B. III. 73. A. 431. E. 834. C. 469. B. 613. A. V. 193. B. 194. D. VI. 164. C. 208. B. 219. C. VII. 210. C. 267. E. 856. D. vicomté, I. 568. D. II. 166. A. 614. D. 618. B. 631. D. 634. B. 707. C. III. 347. B. 348. A. C. 349. A. 370. E. 371. D. 372. A. D. 376. A. B. 411. B. 414. C. VI. 211. E. VII. 762. A. comté, VI. 75. C. principauté, I. 143. A. 144. B. 151. D. 277. A. 287. A. VI. 216. A. de Gerderest, VI. 219. C.
Bears, seigneurie, II. 655. C.
Bear, IV. 75. C.
le Beau, IV. 684. A. VI. 474. C. 537. C D.
Beaubois, seigneurie, VII. 383. C.
Beaubourg, seigneurie, VI. 382. A.
Beaucaire, III. 738. A. 714. B C. seigneurie, III. 664. D. III. 391. D. 423. D. V. 194. D. 748. B. 895. A. VII. 70. B. VIII. 903. D. baronie, V. 898. E. Puy-Guillon , III. 795. A.
Beaucamp, seigneurie, VI. 475. E. VII. 557. A. VIII. 562. A. 888. B.
Beaucarmes, comté, IX. 306. B.
Beauçay, II. 44. E. VI 138. B. 630. D. seigneurie, I. 387. D. III. 633. A. 644. D. VI. 137. E. Voyez Baucay.
BEAUCE (seigneurs de) VI. 198. Voyez du Guesclin.
Beaucé, seigneurie, VI. 198. C. VII. 218. C. 233. B. 389. A.
Beaucen, baronie, I. 369. E.
Beauchaisne de Monchy, seigneurie, V. 230. B.
Beauchamp, IV. 446. D. VII. 87. B. 88. A. seigneurie, I. 561. C. IV. 40. B. 409. B. 453. A. VI. 187. E. VII. 100. A. 555. D. IX. 442. B. Voyez Raulin.
Beauchamps en Boulonois, seigneurie, V. 826. B.
Beauchastel, seigneurie, VI. 344. D. VIII. 927. E. IX. 425. D.
BEAUCHESNE (seigneurs de) VII. 234. Voyez Scepeaux.
Beauchesne, seigneurie, II. 125. C. VI. 192. D. VII. 229. D. 234. A. 385. C. VIII. 97. E. 628. B.
Beauclair, III. 367. B.
BEAUCLERC, Michel, prevost & maître des ceremonies des ordres, IX. 313. B.
Beauclerc, IV. 673. B. VII. 550. A. VIII. 498. A.
BEAUCORPS (seigneurs de) V. 400. & suiv. Voyez Goyon.
Beaucorps, IV. 457. C. V. 400. E. seigneurie, V. 400. E. 401. A.
Beaucourt, seigneurie, IV. 60. D. marquisat, VI. 563. A B.
Beaucroissant, seigneurie, V. 161. C.
Beaudean, V. 19. A. de Parabere, VIII. 761. A. Voyez Baudean.
Beaudeduit, seigneurie, IV. 364. E. VIII. 244. E. 330. A C D. 333. A B.
Beaudesert, seigneurie, V. 126. A.
Beaudiner, seigneurie, III. 763. E. 764. B E. 765. B. 766. A B D. 767. A. 768. C. IV. 31. A. 426. B. V. 151. B. 280. B. VII. 133. E. IX.

395. C. baronie, VI. 526. C. Voyez Baudiner.
Beaudeuil, VIII. 641. C.
Beaudiment, seigneurie, VIII. 295. B.
Beauffernice, seigneurie, III. 609. A.
Beauficel, seigneurie, V. 125. B D. 126. C. 127. C. 128. A. 129. C. F.
Beaufils, II. 121. A. IV. 733. A. V. 11. F. 13. C.
Beauflours, seigneurie, II. 371. C.
BEAUFORT , duché-pairie, erigé en 1597. pour GABRIELLE D'ESTRE'ES & CESAR Monsieur son fils, IV. 84. Pieces concernant cette érection, IV. 85. & suiv.
BEAUFORT-MONTMORENCY, duché, érigé en 1688. en faveur de CHARLES-FRANÇOIS-FREDERIC de Montmorency-Luxembourg , V. 708. Pieces concernant cette érection, V. 709. & suiv.
BEAUFORT (Genealogie de la maison de) VI. 315. Voyez Rogier.
BEAUFORT (barons de) que l'on fait descendre des Grimaldi-Monaco, IV. 489. B.
BEAUFORT-MONTMORENCY (ducs de) III. 587. & suiv.
Beaufort, II. 198. C. 233. D. 634. D. 672. A. 673. D. III. 434. A. 812. D. 831. A. 916. B. IV. 532. A. 535. B D. V. 396. B. 507. C. 641. B. 656. B. VI. 86. D. 300. D. 318. D. 322. A. 560. A. 734. C. 783. A. 803. C. VII. 61. A. 250. A. 368. E. 677. C. 714. D. 765. D. 767. C. 802. B. 810. B. VIII. 4. D. 57. E. 245. B. 738. C. 815. E. IX. 468. A. 478. C. 479. B. seigneurie, II. 151. C. 195. A. 229. B C. 232. C. 268. E. 338. A B D E. 339. B C. 749. A. 754. A. 837. A. III. 58. D. 314. C. 608. B. 910. A. IV. 30. C. 527. D. V. 345. A. 396. B. 507. C. 641. B. 656. B. VI. 127. D. 130. A. 184. A. 695. C. 695. B. VII. 131. E. 160. B. 217. E. 250. C. 343. D. 380. D. 390. A. 830. C. VIII. 74. B. IX. 471. C. baronie, II. 873. C. III. 512. B. 513. E. 514. C. 597. C. V. 657. B D. 658. B. 659. A. VII. 173. A. vicomté, VI. 316. B. comté, I. 210. E. II. 56. C. 197. B. 230. C D. III. 377. C. 380. B. 428. D. 429. A D. 450. E. 451. C. 737. B. 816. IV. 528. B. 792. A. V. 495. A. 611. C. 658. C. VI. 140. A. 300. D. 316. B. 317. D. 319. A. 321. D. 734. C. 754. C. VIII. 142. B. 237. B. 331. C. 386. E. 909. B. VIII. 51. A. 57. B. IX. 456. D. marquisat, IX. 468. C. duché, I. 196. C. 197. B. III. 393. D. 795. B. IV. 600. A. duché-pairie, VII. 910. B. 911. A. en Artois, VIII. 35. D. Seigneurie, V. 641. B. 656. B. en Bretagne, seigneurie, V. 399. D. Canillac, II. 140. D. VIII. 816. E. IX. 126. A. 277. A. Canillac de Montboissier, VII. 67. C. en Champagne, seigneurie, I. 287. D. comté. 335. D. de Gantrin, III. 594. A. sur-Meuse, seigneurie, II. 748. B E. 784. B. V. 228. F. Montboissier, IV. 658. E. VI. 516. A. VIII. 816. B. Montmorency, duché, IV. 644. C. V. 184. A. en Santerre, II. 152. C. seigneurie, VIII. 631. B. Sommerset, IV. 530. C. en Vallée, seigneurie, VI. 316. A. comté. 339. D.
Beaufou, I. 161. C. seigneurie, IV. 576. C. V. 139. C. 161. C. baronie, V. 140. B. 146. A. 147. C. 148. B E. 149. A. marquisat, V. 152. A. VII. 476. B.
Beaufremez, seigneurie, VIII. 77. B. Voyez Baufermez.
Beaufremont, I. 244. E. 245. A. 504. C. 557. A. 559. D. II. 219. D. 224. E. 225. A B. 226. C. 230. B. 872. B. III. 389. B. 731. A. baronie,

baronie, II. 65. A. *Voyez* Baufremont.

Beaugé, II. 185. 2. B. VIII. 414. E. seigneurie, V. 83. D. *Voyez* Baugé.

Beaugency, seigneurie, I. 219. B. *Voyez* Baugency.

Beaugey, marquisat, III. 738. A. *Voyez* Beaujay.

Beauguichel, seigneurie, VII. 894. C.

Beauharnois, VI. 538. B.

Beaujardin, seigneurie, VIII. 237. C.

Beaujay, seigneurie, VIII. 927. C.

BEAUJEU, *Humbert* V. connétable de France, VI. 81. C. *Humbert*, connétable de France, VI. 86. C. *Herie*, seigneur d'Hermenc, maréchal de France, VI. 630. *Edouard*, maréchal de France, VI. 724.

BEAUJEU (*seigneurs de*) issus de la maison de Sully, II. 860. *& suiv.*

BEAUJEU (*anciens seigneurs de*) VI. 81. & *suiv.*

BEAUJEU (*seigneurs de*) issus des comtes de Forez, VI. 731.

Beaujeu, II. 14. C. 15. C. 186. 2. C. 196. B. 852. A. 857. B. 864. B. III. 450. B. IV. 40. A. 822. E. 816. C. 817. C. V. 226. C. 326. C. VI. 50. D. 67. A. 69. C. 80. B. 89. C. 256. E. 304. D. 318. B. 404. B. 656. C. 727. C. 729. B. 731. A. VII. 82. B D. 114. B. 125. C. 126. A. 148. E. 161. D. 377. A. 501. D. 808. B. 809. B. VIII. 50. D. 320. B. 416. A C. 418. A. 760. C. 837. C D. seigneurie, I. 78. C. 121. D. 208. E. 301. D. 305. E. 311. C. 313. B. 320. B. 429. C. 447. D. 559. C. II. 13. B C. 161. C. 162. A. 185. 2. B. 194. A. E. 345. C. D. 725. D. 843. C. III. 157. E. 199. B. 573. B. 666. B. IV. 27. A. 494. A. 654. A. VI. 81. C. 109. D. 318. B. 727. C. 729. B. 731. A. VI. 425. C. VIII. 59. E. 61. D. 198. A. 318. C. 355. A. 414. E. 422. B. 427. B. IX. 311. C. 382. D. baronie, VI. 80. B. VIII. 304. B. comté, II. 186. A. 189. A. IV. 851. B. marquisat, IX. 322. C. *sur-Saone*, seigneurie, IV. 818. C. VI. 733. A.

Beaujolois, baronie, I. 147. D. 302. A E. 303. D. 305. C. 313. B. 316. C. 354. E. 355. C. 356. C. 357. A. 358. B.

BEAULIEU (*seigneurs de*) IV. 144. A. *Voyez* Gontaut.

Beaulieu, V. 408. A B. VI. 359. C. 569. C. VII. 596. A. seigneurie, II. 459. D. IV. 323. C. 367. D. V. 11. D. 12. C. 407. D. VI. 421. C. 422. B. 555. B. 584. D. 745. A. VII. 27. A. 51. B. 198. A. 493. E. 637. B. 631. B. VIII. 285. B D. 663. C. 808. A. IX. 72. 320. C. baronie, III. 826. C. VII. 20. E. VIII. 331. B C. 499. A. comté, IX. 72. C. *en Auvergne*, seigneurie, I. 469. B. 505. A. 506. A B. *Voyez* Belloc.

SAINT BEAULIZE (*Seigneurs de*) VII. 417. *Voyez* Lauzieres.

Saint Beaulize, seigneurie, VII. 339. D. 418. A.

Beaumais, baronie, IV. 217. B. VIII. 259. E. *Voyez* Beaumés.

BEAUMANOIR, *Jean*, marquis de Lavardin, maréchal de France, VII. 379. B. chevalier du S. Esprit, IX. 107. C. *Philibert-Emmanuel*, commandeur du S. Esprit, IX. 184. B. *Henry-Charles*, chevalier du S. Esprit, IX. 232. B.

BEAUMANOIR (*genealogie de la maison de*) VII. 379.

Beaumanoir, II. 125. C. III. 384. A. IV. 83. B. 267. B C. 271. B. 323. D. 450. B. 792. A. 793. B. V. 134. C. 380. F. 398. C. 421. B. VI. 184. B. 496. C. 765. D. VII. 369. D. 670. C. 723.

Tome IX.

D. VIII. 100. C. 360. B. IX. 58. B. 72. B. 88. A. 228. C. seigneurie, IV. 54. D. 57. A. 454. A. VI. 204. A. 213. B. 768. A. VII. 74. E. 76. E. 380. A. 524. D. VIII. 578. D. 579. D E. 580. A B. 736. A. baronie, VII. 226. C. *Eder*, VII. 718. C. *Lavardin*, VIII. 944. B.

Beaumantel, seigneurie, III. 621. A.

Beaumarchais, seigneurie, IV. 177. B. VII. 439. D. VIII. 578. D. IX. 340. B.

Beaumarchez, seigneurie, II. 628. A E. 671. C.

Beaumartin, seigneurie, II. 431. C.

BEAUMESNIL (*seigneurs de*) V. 159. *Voyez* Harcourt.

Beaumesnil, seigneurie, II. 406. C. III. 493. A B. 612. E. V. 126. C D. 127. C. 159. C. 611. D. VI. 740. A. baronie, V. 160. A.

BEAUME's, *Thomas*, archevêque de Reims, I I. 7. E.

Beaumes, seigneurie, II. 7. E.

Beaumez, II. 851. C. 857. B. III. 305. A. 573. B. VI. 86. C. 115. A. 124. D. 204. C. 313. B. 671. D. V. 736. C. VIII. 15. B. 419. C. 726. E. 867. C. seigneurie, III. 574. B. 722. B. VIII. 658. D. baronie, 774. B. *Voyez* Baumais, Baumez, & Beaumés.

Beaumoncel, seigneurie, VI. 358. B.

BEAUMONT (*Geoffroy*) évêque de Laon, II. 100. B. *Guillaume*, maréchal de France, VI. 624. B. *Jean*, maréchal de France, VI. 658. B. *Jean*, maître-d'hôtel du Roy, VIII. 311. D. *Mathieu*, chambrier de France, VIII. 376. A. *Mathieu* II. du nom, chambrier de France. VIII. 401. D. *Mathieu* III. du nom, chambrier de France, VIII. 403. B. *Jean*, chambrier de France, VIII. 405. A. *Raoul*, maître Queux du Roy, VIII. 826. A. *Guyard*, Queux du Roy, VIII. 828. A.

BEAUMONT au Maine, duché, érigé en 1543. pour FRANÇOISE d'Alençon, sœur & heritiere de CHARLES duc d'Alençon, pair de France, V. 577. pieces concernant cette érection, V. 578. *& suiv.*

BEAUMONT-LE-ROGER, comté-pairie, érigé en 1328. pour ROBERT D'ARTOIS, III. 163.

BEAUMONT (*Genealogie des anciens vicomtes de*) V. 581. *& suiv.*

BEAUMONT AU MAINE (*vicomtes de*) VI. 136.

BEAUMONT-SUR-OYSE (*Genealogie des anciens comtes de*) VIII. 396.

Beaumont, II. 40. E. 150. D E. 205. A. 405. A. 408. A. III. 86. A. 170. D. 287. B. 358. D. 567. E. 627. B. 637. A. 653. B. IV. 74. C. 125. C. 186. B. 196. E. 453. C. 558. C. 562. D. 576. C. 596. B. 615. A. 677. C. 852. A. V. 128. B. 243. E. 247. C. 356. C. 383. D. VI. 33. A. 34. C. 51. B. 74. A B C. 86. D. 137. B. 185. B. 253. A. 255. C. 265. A. 176. E. 401. A. 654. B. 658. D. 670. C. 700. C. 739. C. 758. D. 764. A. 777. C. VII. 24. D. 32. A. 83. E. 97. B. 98. A. 99. B. 123. A. 214. A. 227. C. 304. C. 398. B. 433. A. 500. C. 501. D. 523. C. 824. B. 840. C. 846. A. 870. C. VIII. 7. D. 52. B. 71. B. 73. C. 164. C. 311. A B C D. 370. C. 578. C. VIII. 596. ** '*D. 626. C. 723. C. 767. C. 768. C. 886. D. IX. 377. E. 378. B. seigneurie, I. 113. A. 214. C. II. 107. A. 404. A B. 405. A. 406. A C. 505. B. 726. D. E. 752. B. 754. B. 778. C. 783. C. 861. D. III. 28. A. 186. E. IV. 166. E. 493. E. 710. D. V. 126. D. 279. F. 280. B. 576. A. 581. B. 834. A. VI. 96. D. 260. A. 376. A. VII. 19. A. 141. E. 255. C. 389. D. 391. B. 427. D. 473. B. 525. B. 652. C. 771. A. 773. A. 774. B. 807. B. 851. C. 860. C. VIII. 36. A. 77. D.

I

95. E. 97. E. 100. B. 210. E. 212. A. 245. B.
307. E. 318. E. 333. C. 552. C. 595. * ** A.
798. B. 852. C. 904. B. IX. 93. C. 169. B.
324. B. baronie, V. 286. E. 328. E. 638.
B. vicomté, I. 271. B. 273. B. 274. C.
276. B. 286. D. II. 503. A. 594. C. 794. B.
III. 59. B. 320. C. 627. C. 629. B. V. 581. B.
VII. 123. A. 671. C. 683. D. VIII. 569. C.
comté, I. 97. E. 257. D. 288. D. 290. D. 387.
E. 433. A B. 487. E. III. 197. D. 305. B. 592. B.
593. A. 861. A. IV. 427. A. 535. C. 849. B.
V. 185. D. 637. D. 658. D. 639. A. 640. B.
641. C. 641. A. VI. 33. A. 255. C. 262. B.
312. A. 523. C. VII. 407. A. VIII. 40. D. 43.
A C D. 563. B. 779. B. duché, I. 143. A. 328.
E. en Auge, feigneurie, VI. 690. D. Breffuire,
IV. 479. E. VIII. 765. D. Brienne, I. 271. C.
III. 59. B. V. 128. E. 129. E. VII. 12. C. Bri-
fais, IV. 368. B. de Brifon, II. 141. D. fur Ce-
rain, feigneurie, II. 224. B. IV. 179. E. VII. 41.
B. le Charlet, feigneurie, VIII. 98. B. en Dau-
phiné, feigneurie, II. 204. B. Gennay, 66. A. en
Lexadois, feigneurie, VII. 603. A. 606. B. au
Maine, VI. 698. B. vicomté, I. 271. B C. 318.
C. II. 192. B. V. 130. C. 134. A. VI. 136. E.
VIII. 344. B. 728. A. duché, I. 144. B. en Nor-
mandie, III. 308. C. fur Oife, II. 100. B. vi-
comté, VI. 58. C. comté, I. 205. A. 207. E.
309. D. 347. B. 348. D. 534. C. II. 409. A. 501.
B. 721. B. 848. A. III. 199. D. 567. D. 569. C.
603. E. IV. 756. A. VI. 32. E. 45. C. VII. 530.
D. VIII. 396. B. 789. A. Piedebœuf, feigneurie,
II. 408. A. VII. 21. C. le Roger, feigneurie, II.
406. E. 407. A. comté, I. 101. E. 274. A. 279.
A. 284. C. 291. C. 386. B. 387. A. 417. E. IV.
540. A. 541. C. 542. D. VI. 137. E. 556. B.
VII. 588. A. comté-pairie, V. 226. D. Roque-
fort, feigneurie, III. 578. A. fur Sardolle, fei-
gneurie, IV. 753. D. le Vicomte, V. 581. B.
VIII. 728. A. fur Vigenne, feigneurie, VII. 32. A.
Beaumoret, feigneurie, IX. 132. C.
Beaumoulins, feigneurie, V. 487. E.
Beaumy, feigneurie, III. 599. A.
Beaunay, VII. 473. B. VIII. 273. D. 810. * E.
811. * A.
BEAUNE, Renaud, grand-aumônier de France,
VIII. 284. B. Jean, fauconnier du Roy, VIII.
743. B. Renaud, commandeur du S. Efprit,
IX. 104. B.
BEAUNE (Genealogie de) VIII. 285. & fuiv.
Beaune, III. 582. D. 584. A. IV. 177. A. V.
610. D. VI. 427. B. 440. A. 450. C. 451.
C. 502. D. 505. D. VIII. 255. B. feigneurie,
VIII. 817. B. vicomté, I. 69. C. III. 583. D.
IX. 276. A. 326. B. comté, I. 49. D. 62. E.
en Auvergne, feigneurie, IV. 889. C. Voyez
Montagu.
Beauneux, II. 502. D.
BEAUPOIL DE SAINTE AULAIRE, Louis, grand-
échanfon de France, VIII. 586. C. Marc-An-
toine-Front, grand-échanfon de France, VIII.
595. C.
BEAUPOIL (Genealogie de) VIII. 587.
Beaupoil, IV. 126. B. 446. D. 471. D. V. 154.
A. 354. A. 358. F. 750. E. VI. 283. C. VII.
305. D. VIII. 765. D. de Sainte Aulaire, V.
154. C. 317. B. VII. 862. D. de Castelnou-
vel, VIII. 164. B.
Beaupoirier, feigneurie, VII. 198. A.
Beaupont, feigneurie, VII. 147. D. 161. B.
BEAUPRE' (barons de) IV. 839. & fuiv. Voyez
Choifeul.
BEAUPRE' (Seigneurs de) VI. 696. Voyez Joinville.

Beaupré, VI. 116. B. feigneurie, II. 187. 2. B.
IV. 837. B. VI. 696. B. VIII. 425. B. 549.
D. 632. E. 650. A. baronie, VII. 660. C. 721.
A.
BEAUPREAU, duché, érigé en 1562. pour CHAR-
LES DE BOURBON, prince de la Roche-fur-Yon,
V. 599. pieces concernant cette érection, V. 599.
& fuiv.
Beaupreau, II. 447. A. V. 11. A. 581. E. VII.
500. E. feigneurie, III. 634. B. IV. 643. B. 677.
C. V. 11. A. VII. 174. B. 176. D. 225. C. 226.
B. baronie, VI. 772. B. duché, I. 353. D E.
354. A B. II. 226. B D E. III. 606. E. 897. B.
IV. 325. A. VII. 226. C D.
Beaupuy, feigneurie, III. 639. C. VI. 508. B.
VII. 406. B. 451. E.
Beauquemare, VI. 372.
Beauquefne, feigneurie, I. 352. C. VII. 668. D.
Beauquin, VII. 729. D.
Beaurain, feigneurie, II. 413. C E. 429. B. III.
618. C. V. 231. A. 637. D. 642. B. 645. A.
646. A. 648. D. 649. A. VI. 780. B. vicom-
té, V. 828. B.
Beauraing, feigneurie, VIII. 77. D.
Beaurains, feigneurie, VI. 430. A. vicomté, VII.
827. E.
BEAUREGARD (Seigneurs de) V. 358. Voyez
Aubuffon.
BEAUREGARD (Seigneurs de) VII. 27. Voyez Monta
beron.
Beauregard, VI. 424. C. feigneurie, I. 308. E.
506. A. 525. A. II. 106. A. III. 89. C. 92. A.
653. C. 820. B. IV. 34. A. V. 103. E. 175. D.
264. B E. 354. C. 355. B C. 358. A. F. 359.
A C D. 360. A E. 425. C. 765. B. VI. 392.
C. 436. D. 438. B. VII. 28. A. 51. B. 62. B.
158. D. 335. C. 507. B. 527. E. 704. A. VIII.
246. B. 583. B. 621. B. IX. 120. B. 343.
A. 449. * B. dans la Baffe Marche, feigneu-
rie, V. 346. A.
Beaurenne, feigneurie, VIII. 591. D.
Beaurepaire, VI. 391. D. VII. 398. C. feigneu-
rie, II. 106. A. III. 580. D. 611. A C. 612.
B. 908. B D. IV. 374. B. 756. A. V. 12. F. 23.
A. VI. 369. D. 532. A. VII. 113. C. 150. C.
VIII. 36. A. 101. C. 232. E. 233. A. 352. A.
593. A. comté, V. 268. E. VIII. 82. B.
Beaurevel, feigneurie, V. 894. D.
Beaurevoir, feigneurie, I. 325. E. 326. B. 328.
B. III. 722. B C. 723. A C. 725. A. 726. A.
728. A C. 505. B. IV. 68. C. 214. A. V.
229. C. 515. B. VI. 132. A. VIII. 638. B.
Beaureward, feigneurie, III. 906. A.
Beaurieu, comté, VII. 173. A. VIII. 35. E.
Beauroche-la-Heureufe, feigneurie, VIII. 551.
D.
Beauroire, VII. 345. A.
Beauroy en Artois, feigneurie, V. 835. A.
Beaufac, feigneurie, I. 324. D.
Beaufart, VIII. 880. A. feigneurie, VII. 750. C.
Beaufault, VI. 55. B. 254. B. VIII. 616. C. fei-
gneurie, V. 131. C. 160. F. 573. A. VI. 50.
B. 254. B. 781. D. VIII. 13. C. 93. E. 895.
A.
Beaufaur, feigneurie, II. 281. E.
Beaufeault, III. 572. B. feigneurie, III. 382. B.
Beaufemblant, VII. 3. C. feigneurie, 785. C.
Beaufoleil, feigneurie, VII. 181. B.
Beauffant, feigneurie, I. 332. D.
BEAUSSART (feigneurs de) I. 436. Voyez Dreux.
BEAUSSART (feigneurs de) V. 90. Voyez Boufflers.
Beauffart, V. 160. D. 228. F. feigneurie, III.
574. B. 590. D. 611. A. IV. 410. C. V. 90. C.

229. C. VI. 795. D. VII. 181. B. VIII. 272. B.
343. E. 628. E. 633. D. 729. C. E. 806. A. vi-
comté, I. 443. A. 322. E. comté, V. 236. A. D.
BEAUSSAULT (seigneurs de) III. 620. Voyez Mont-
morency.
Beauffault, seigneurie, VI. 604. A. Voyez Beaufault.
BEAUSSE, Louis, heraut roy d'armes des ordres,
IX. 347. B.
Beauffe, IV. 729. C.
la Beauffe, seigneurie, II. 865, B.
Beauté, seigneurie, I. 119. A. sur-Marne, sei-
gneurie, VIII. 701. C.
BEAUVAIS, évêché, comté-pairie, II. 259. &
suiv.
BEAUVAIS (Mathieu) maître de l'artillerie, VIII.
129. D. Guillaume, grand-queux de France,
VIII. 831. A.
BEAUVAIS (genealogie des châtelains de) VIII. 831.
Beauvais, IV. 377. A. 626. B. VI. 65. C. 115.
A. 312. B. 388. A. 780. D. VII. 12. B. 110.
D. 554. C. VIII. 152. C. 471. B. 616. A. 753.
D. 788. B. 827. E. seigneurie, I. 310. E. II. 81.
E. 233. A. 439. E. V. 11. F. 143. B. 142. F.
155. E. 768. C. VI. 384. A. 427. C. 645. B.
795. A. VII. 21. D. 426. C. 591. A. VIII.
9. A. 98. C. D. 133. B C D. 207. A. 373. B.
IX. 343. A. 348. A. charellenie, II. 151. A.
IV. 872. D. baronie, II. 261. E. III. 639. C.
comté, II. 259. D. E. 280. A. 836. C. en Au-
xois, V. 768. C. seigneurie, VI. 416. A. Nangis,
seigneurie, II. 126. B. IV. 438. E. VI. 147. C.
VII. 439. A. 892. B. en Touraine, seigneurie,
V. 764. E.
Beauval, IV. 367. C. 845. C. V. 828. A. VII. 181.
A. 182. A. 505. E. VIII. 150. E. 272. E. sei-
gneurie, V. 225. D. VI. 113. A. 720. A. 784.
A. VII. 560. B. VIII. 77. D. 896. D.
Beauvarlet, VI. 440. C. 509. D.
BEAUVAU DU RIVAU, René-François, commandeur du S. Esprit, IX. 264. A. Pierre-Madelene
chevalier du S. Esprit, IX. 278. B.
Beauvau, I. 232. E. 234. A. 311. A. 312. B.
324. C. 353. B. II. 61. B. 64. E. 429. A. III.
385. C. 450. B. 502. B. 636. E. 649. B. 840.
D. IV. 369. C. 374. C. 450. C. 531. A. 714.
D. 841. B. 844. A. 849. C. 853. A. V. 83. D.
289. A. 491. E. 493. A. 829. D. VI. 551. C.
598. D. 599. B. 735. C. VII. 8. B. 20. A. 21.
E. 133. C. 167. B. 225. A. 238. C. 253. B.
291. B. 435. E. 446. C. 468. C. 511. A.
619. D. 853. C. VIII. 117. C. 482. A. 499.
E. 573. C. 707. A. 755. D. IX. 391. C. 449.
D. 467. C. seigneurie, VII. 21. E. 82. B. VIII. 270. D.
E. baronie, VIII. 100. E. marquisat, V. 493. A. VII.
55. D. de Craon, VII. 55. D. de Montgauger, VI.
418. D. Passavant, IV. 834. C. du Rivau, IV.
671. D. VI. 599. B. VII. 170. C. 228. C.
VIII. 914. D. IX. 303. D.
Beauverger, VII. 139. C. VIII. 146. C. 572. C.
824. B. seigneurie, I. 442. E. IV. 854. D. VI.
114. C. 262. B. VII. 139. C. VIII. 623. D.
IX. 115. B. 379. D. Menigon, seigneurie, IV.
441. E. Voyez Cordebeuf.
Beauvernay, seigneurie, VII. 46. B.
Beauvillar, seigneurie, IV. 476. C.
Beauville, IV. 477. A. 478. A. 664. B. VII.
271. B. 777. D. VIII. 593. **** A. seigneurie, II. 231. B. VII. 192. C. 699. VIII.
246. E. 470. A. 594. ***** D. baronie,
VIII. 593. D.
BEAUVILLIER, François-Honorat-Antoine, évêque & comte de Beauvais, pair de France,
II. 310. D.

BEAUVILLIER, François, chevalier du S. Esprit,
IX. 192. A. Paul, chevalier du S. Esprit, IX.
221. C. Paul-Hypolite, chevalier du S. Esprit,
IX. 267. C.
BEAUVILLIER (genealogie des seigneurs de) ducs
de S. Aignan, pairs de France, IV. 701.
differentes maisons dans laquelle a passé cette
terre, & divers sceaux, IV. 701. & 702. Bran-
ches qui sont éteintes, & dont la jonction
n'est pas affez prouvée, IV. 724.
Beauvillier, II. 86. A B C. 310. E. IV. 69. E. 223.
B. 682. VI. 283. A. 426. B. 491. C. 557. D.
561. B. 645. D. VII. 371. A. 426. C. 544. A.
549. D. VIII. 95. D. 182. B. 420. C. 713.
D. 912. D. 917. A. IX. 271. C. 325. A. sei-
gneurie, IV. 729. A. VIII. 233. C. S. Aignan,
VII. 428. B.
BEAUVOIR, Claude, maréchal de France, VII. 1.
A. Georges, amiral, VII. 834. D.
BEAUVOIR (genealogie de) VII. 3.
BEAUVOIR (Seigneurs de) VII. 713. Voyez
Alegre.
BEAUVOIR DE GRIMOARD, Scipion, chevalier du
S. Esprit, IX. 202. C.
Beauvoir, II. 14. E. 16. C. 212. A. 224. D. III. 150.
A. V. 637. C. 829. C. 847. B. VI. 409. C. VII. 149.
A. 737. A. VIII. 79. C. 551. D. 654. A. 927. D.
seigneurie, I. 53. A. II. 236. D. III. 608. D.
IV. 56. C. 71. B. 721. C. 725. C. 726. A. V.
572. D. 642. A. VI. 99. C. 201. B. 126. C.
389. B. 506. A. 561. A. 637. C. 707. D. 733.
A. VII. 3. C. 40. B. 892. D. baronie, V. 829. C.
VIII. 654. D. sur-Arnon. 84. D. seigneurie,
VIII. 500. A. en Bourbonnois, seigneurie, IV.
30. B. sur-Cher, seigneurie, II. 308. C. de Gri-
moard, II. 138. D. IV. 474. de Grimoard de
Montlaur, VII. 307. de Grimoard du Roure,
IX. 201. A. sur-Mer, seigneurie, III. 80. A.
618. C. VI. 203. C. comté, VIII. 364. E. le
Nocle, seigneurie, VIII. 730. E. du Roure, II.
138. C. III. 826. A. IV. 293. A. 374. C.
681. D. VII. 392. C. IX. 243. B.
Beauvoisen, II. 431. B.
Beauvoisien, VIII. 170. B.
Beauvoisin, seigneurie, II. 253. B. VIII. 301. E.
le Beauvoisin, VII. 22. B.
Beauvoisir, seigneurie, VIII. 890. A.
Beaux-Oncles, III. 582. C. IV. 35. B. 683. B.
731. B. VII. 437. A. VIII. 166. A. IX. 483.
B.
Bebry, seigneurie, I. 257. B.
DU BEC, Philippes, archevêque de Reims, II. 84.
E. Charles, vice-amiral, VII. 882. C. Philippes,
commandeur du S. Esprit, IX. 105. B. René,
chevalier du S. Esprit, IX. 141. A.
DU BEC-VARDES, François-René, chevalier du saint
Esprit, IX. 194. C.
du Bec, I. 150. D. II. 81. C. IV. 569. D. 715.
A. V. 389. A. VI. 233. A. VII. 24. B. 423.
B. 527. D. 852. D. VIII. 101. C. 159. D. 795.
D. IX. 398. B. seigneurie, VI. 363. A. VIII.
419. C. Crespin, VII. 866. C. seigneurie, II.
112. C. E. 848. B. V. 126. A. 227. A. VI.
73. A. 631. D. baronie, I. 119. A V 126. A.
VI. 73. A. 632. A. VIII. 8. A. 271. D. E. 272.
A B. de Fayel, seigneurie, IV. 407. D. de Mar-
tagne, seigneurie, I. 327. A. de Vardes, VII.
173. E. 408. A.
petit Bec, seigneurie, VI. 368. D.
Bec-de-Lievre, VIII. 21. D. 23. B. 285. C. 809. *
le Becaire, VII. 385. D.
Becas, VII. 496. A.

Beçay, (*Seigneurs de*) IV. 808. *Voyez* du Cambout.

Beçay, feigneurie, III. 159. C E. 160. A. I V. 367. A C. 368. B D. 805. A. VII. 75. B. 526. D. *en Bourbonnois*, feigneurie, I. 298. B. 485. C. *Voyez* Beffey.

Becdal, feigneurie, VI. 521. D.

Becerel, V. 267. C. VII. 193. C.

Beceres, VIII. 337. D.

Bechameil, IV. 327. A. IX. 259. A. 328. B. *de Nointel*, IV. 121. C. IX. 280. B.

Bechenent, feigneurie, VIII. 281. A.

Becherel, feigneurie, III. 629. B. 633. B C. 634. A. VI. 186. B. 708. D. VII. 73. D. baronie, IV. 793. A. V. 494. F.

Bechet, VII. 97. A.

Bechillon, IX. 451. D.

Becon, feigneurie, VII. 175. A. baronie, VIII. 259. E.

Becourt, (*Seigneurs de*) V I I. 182. *Voyez* du Biez.

Becourt, feigneurie, VII. 181. A.

Becquencourt, VII. 819. E. feigneurie, VII. 824. B. VIII. 277. E. 278. C. 279. A. 280. C. 281. A.

Becquet, feigneurie, VI. 740. B.

Becquignies, feigneurie, VI. 740. B.

Becquincourt, feigneurie, V. 13. B.

Bedarides, feigneurie, V. 287. F.

Bedas, IV. 133. B. VII. 311. D.

Bedat, feigneurie, II. 442. D. VII. 288. C.

Bedée, V. 414. A.

Bedelles, fouveraineté, III. 502. A.

Bedillo, chancelier de France, VI. 240. C.

Bedmar, marquifat, VI. 185. A. IX. 256. B. *Voyez* la Cueva.

Bedos, VII. 420. A.

Bedou, IV. 802, A. V. 378. B.

Bedouaire, feigneurie, V. 835. E. 845. B.

Bedouin, feigneurie, II. 253. C.

Beduer, feigneurie, VIII. 164. D. vicomté, VII. 340. A.

Beduin, II. 509. C.

Beeloy, feigneurie, VIII. 616. B.

Beffroy, VIII. 872. B.

Begeon, VI. 260. C.

Begles, feigneurie, V. 841. B.

Begole, I. 370. B.

Begon, IV. 549. D. VI. 438. D. IX. 324. B.

Begouin. *Voyez* Bougouin.

Begoule, feigneurie, VIII. 595. ** C D. 596. ** A D.

le Begue, IV. 747. C. VI. 417. D.

Behela, VII. 263. C.

Behem, feigneurie, IV. 503. A.

Behericourt, feigneurie, VII. 339. D.

Behuhart (N. D. de) en Anjou, L. 121. A.

Behuchet, *Nicolas*, maître des eaux & forêts, VIII. 845. A.

Behuchet, I. 436. B. *Voyez* Beuchet.

Beja, duché, I. 600. B. 601. C.

Bejar, duché, I. 636. A C. 637. C. V. 526. E. IX. 295. C.

Bejares, IX. 392. C.

le Beichel, VI. 427. B.

Beigne, feigneurie, VI. 72. E. *en Piedmont*, comté, VI. 416. A.

Beignon, feigneurie, VI. 29. A.

la Beille, feigneurie, II. 230. D. 232. C.

Beinac, VII. 410. A. *Voyez* Bainac.

Beine, feigneurie, IV. 215. A. VII. 439. B. 533. D. 710. C.

Beire, feigneurie, IV. 669. B.

Bekerke, feigneurie, I. 258. D.

le Bel, III. 642. D. IV. 455. D. VI. 296. D. VII. 532. C. 641. B. VIII. 691. D. 918. C. IX. 303. C. *de la Boiffiere de Sery*, I. 190. D.

Belabre, feigneurie, V. 754. D.

Belac, feigneurie, I. 320. C. III. 81. C. VI. 48. C.

Belaiftre, VI. 438. C.

Belarbre, feigneurie, IV. 183. A. 228. C. 266. B. 860. E. VII. 140. C. VIII. 141. C. 339. E.

Belbefe, feigneurie, II. 664. B.

Belcacar, comté, I. 637. B.

Belcaire, feigneurie, VII. 68. A.

Belcaftel, VII. 275. B. VIII. 594. ** E. feigneurie, II. 619. A. III. 763. D. 859. B. IV. 28. B. 124. C. 611. C. V. 754. B. V I. 212. D. VII. 303. A. VIII. 371. A. 596. *** B. baronie, II. 167. D. *Voyez* Saugniac.

Belcharmoy, feigneurie, IV. 821. D.

Belchite, comté, V. 530. A.

Belcier, III. 390. C. IV. 454. D. 679. E. VII. 863. B. VIII. 593. B.

Belcoiras, feigneurie, II. 189. A.

Belebat, feigneurie, II. 105. D. 121. D. 122. A. *Voyez* Belefbat.

Belenglife, feigneurie, II. 120. C.

Belesbat, (*Seigneurs de*) VI. 513. *Voyez* Hurault.

Belesbat, feigneurie, IV. 131. C. VI. 489. C. 491. B. 513. D. VII. 310. B. *Voyez* Belebat.

Belefme, VI. 246. D.

Beleftat, II. 371. A. 663. C. feigneurie, VII. 491. A.

Belfaguer, I. 687. A.

Belfoffe, feigneurie, VIII. 260. E.

Belfourtez, feigneurie, II. 355. D.

Belhaven, vicomté, IX. 412. C.

Belhermite, feigneurie, VIII. 171. C.

Beljambe, feigneurie, VI. 544. B.

Beliard, VIII. 286. C.

Belier, *Guillaume*, grand-veneur de France, VIII. 700. E.

Belier, IX. 332. C.

Beligné, feigneurie, VII. 235. C.

Beligny, feigneurie, VIII. 893. A.

Belin, V. 246. B. VI. 427. C. 450. A. VIII. 888. D. 891. A. feigneurie, III. 769. B. V. 768. D. VII. 502. E. VIII. 280. E. 906. C. comté, IV. 684. B. 771. D. VII. 198. B. 255. E. VIII. 280. E. 487. B. IX. 116. B. 126. B.

S. Belin, II. 122. C. IV. 838. D. 848. C. 851. A. VII. 113. E. 126. D. 644. B. VIII. 324. C. feigneurie, VI. 794. A. VII. 169. D.

Beline, feigneurie, VIII. 147. C.

Belisle, VII. 75. D.

Bellafare, II. 367. C.

Bellanger, V. 11. E F. 12. F. VII. 856. C. VIII. 171. A.

la Bellangerie, feigneurie, VI. 190. A.

Bellaffis, baronie, V. 929. D.

du Bellay, *Mathieu*, pannetier du Roi, VIII. 617. B. *Mathieu*, chevalier du S. Efprit, IX. 139. A.

Bellay, I. 470. E. III. 637. B. IV. 62. D. 322. A. 576. C. 671. D. 854. C. V. 223. E. VII. 117. D. 549. D. 770. C. 783. C. VII. 99. A. 336. A. 399. D. VIII. 181. D. 494. A. 871. D. 913. B. IX. 396. B. feigneurie, II. 414. C. 426. D. III. 769. B. VII. 368. C. IX. 59. A. comté, III. 598. A. marquifat, VI. 770. C. VIII. 713. C. *la Flotte*, VIII. 701. C. *Langey*, VII. 516. C. VIII. 182. D

Belle;

Belle, seigneurie, IV. 404. C. VII. 562. B.

Belleaffaire, seigneurie, VIII. 307. A.

Bellearbre, VII. 81. D.

Belleau, V. 88. B.

Bellebeuf, seigneurie, VI. 355. C. VIII. 160. G.

Bellebrune, seigneurie, IV. 402. A. VI. 795. A. VII. 550. B. IX. 124. A. baronie, V. 621. E. 836. A. 845. C. VI. 540. B.

Bellecombe, II. 135. A. 252. E.

Bellecroix, seigneurie, VI. 470. D.

Belleéglise, seigneurie, III. 573. D.

Bellefaye, III. 817. D. VIII. 51. D. seigneurie, V. 605. A C. 606. A B E. 607. A. VII. 428. D. VIII. 61. B. baronie, III. 92. A. VIII. 902. C. Voyez Besse.

Bellefille, seigneurie, VII. 356. A.

Bellefiolle, seigneurie, VII. 551. D.

Bellefond, seigneurie, VI. 448. A.

BELLEFONDS, (Seigneurs & marquis de) VII. 597. Voyez Gigault.

Bellefonds, IX. 438. B. seigneurie, V. 105. F. VII. 594 D. marquisat, IV. 626. E. VII. 597. C.

Bellefons. Voyez la Fare.

Bellefont, seigneurie, VII. 822. A.

Bellefontaine, VIII. 119. D. seigneurie. II. 408. C. IV. 683. B. 754. B. V. 10. A. VI. 429. D. VIII. 113. A. 484. E. 643. A. 784. B.

Belleforest, VII. 408. D.

Belleforiere, V. 831. C. VI. 721. A. VII. 549. A. VIII. 77. D. seigneurie, VI. 721. A. VIII. 524. D. 636. C. 698. B. Soyecourt, IV. 775. A. Voyez Bellefouriere.

Bellefosse, seigneurie, V. 621. A. VI. 681. D.

Bellefort, seigneurie, VIII. 415. E.

BELLEFOURIERE, Charles - Maximilien - Antoine, grand-veneur de France, VIII. 734. Maximilien-Antoine, chevalier du S. Esprit, IX. 195. A.

BELLEFOURIERE, (Genealogie de la maison de) VIII. 734.

Bellefouriere, VII. 851. E. seigneurie, 734. C Voyez Belleforiere.

BELLEGARDE, duché-pairie, érigé en 1619. en faveur de ROGER DE S. LARY, IV. 295. Pieces concernant cette érection, ibid.

BELLEGARDE, (Seigneurs de) IV. 305. (ducs & pairs de France) IV. 303. Voyez S. Lary.

Bellegarde, seigneurie, II. 362. D. 363. A. III. 772. C. 855. A. IV. 305. B. V. 182. D. VI. 69. C. 292. E. VII. 213. A. 216. B. 339. D. 408. B. 507. A. 765. A. VIII. 259. B. I X. 392. A. baronie, III.773. A. IV. 574. C. duché, I. 336. E. 338. B. 340. B. 341. E. 343. C. pairie, V. 181. A. VII. 854. C.

Belleghen, seigneurie, I I I. 910. A. V. 641. D.

Belleglise, seigneurie, VII. 12. A.

Bellehart, seigneurie, I. 378. C.

Bellehostellerie, seigneurie, IX. 443. C.

Belleisle, marquisat, I. 221. A. III. 318. D. 778. A. 897. A B. 898. A B. IV. 35. D. Voyez Bellisle.

Bellemare, VI. 645. B.

Bellenave, II. 442. E. VIII. 322. D. 331. D. seigneurie, I. 232. E. III. 590. C. IV. 661. D. 856. A. V. 263. E. marquisat, IX. 417. C.

Bellenaux, seigneurie, I. 300. D.

Bellencombre, seigneurie, III. 839. D. VII. 755. C. VIII. 98. D.

Bellenger, II. 153. D E. IV. 755. C. de Vautourneux, VII. 855. A.

Bellenglise, seigneurie, VIII. 561. A.

Tome IX.

BELLENGREVILLE, Joachim, chevalier du S. Esprit, IX. 138. C.

Bellengreville, VII. 100. C. 417. A.

Bellengues, V. 140. A. VI. 673. B. VII. 869. D.

BELLEPERCHE, Pierre, chancelier de France, VI. 298. A.

Belleplaine, seigneurie, VIII. 4. B.

Bellerive, seigneurie, II. 165. B. VIII. 813. D.

Belleroche, seigneurie, III. 768. B. VI. 85. B. en Baujolois, seigneurie, II. 185. 2. B. 186. 2. C.

Belleruche, V. 669. B.

Belles, seigneurie, VI. 166. B.

Belleserre, seigneurie, II. 233. A.

BELLESME, dit, de Château du Loir (Gervais) archevêque de Reims, II. 2. D.

BELLESME, (Seigneurs de) comtes d'Alençon, III. 283.

Bellesme, comté, III. 76. C. 299. D. 317. A. V. 582. B.

Bellesteins, seigneurie, IV. 481. A.

Bellestat, III. 450. C. baronie, IV. 18. C. 23. A. VII. 118. E. Voyez Belestat.

BELLESTRE, (Seigneurs de) V. 410. Voyez Goyon.

Bellestre, seigneurie, V. 410. C. VI. 803. A. VIII. 887. C.

Belleteau, VI. 427. A. VIII. 285. C.

Belletruche, V. 683. A.

Belleval, VIII. 642. A. seigneurie, VIII 106. A. Angerville, seigneurie, V. 563. D.

Bellevesure, seigneurie, IV. 660. B.

Belleville, IV. 54. D. 193. D V. 735. D. 736. C. VI. 203. C. 765. A. VII. 18. E. 20. C. 499. B. seigneurie, I. 115. C. 150. A. 201. A. I I. 439. B. III. 80. A. 735. C. IV. 559. A. 660. A. 663. A. VI. 201. B. 203. C. 510. B. 731. C. VII. 82. D. 106. A. 876. A. VIII. 421. B. 536. A. 641. C. 922. E. Harpedanne, V. 734. B.

Bellevoye, VIII. 264. C.

BELLEUSE, (Seigneurs de) VIII. 525. Voyez Soyecourt.

Belleuse, seigneurie, VIII. 523. B. 525. C.

Bellezart, VII. 460. B.

Bellicr, IV. 377. A. VII. 510. C. de Plac-Buisson, IV. 178. D.

la Belliere, seigneurie, VI. 768. A. 772. B. via comté, VII. 176. C. VIII. 359. D. 361. B. 489. A. 580. A. comté, I. 224. D.

BELLIEVRE, Pompone, seigneur de Grignon, chancelier de France, VI. 520. B.

BELLIEVRE, (Genealogie de) VI. 521.

Bellievre, IV. 19. D. VI. 261. B. 521. B. VIII. 799. C. 800. A. IX. 233. A. 303. B.

Belligny, seigneurie, II. 450. D

Bellin, VIII. 594. * * * D.

Bellinghes, seigneurie, VI. 704. A.

Bellinzani, IX. 305. B.

Bellisle, seigneurie, V. 770. A. comté, VII. 575. E. IX. 431. B. marquisat, VIII. 761. C. Voyez Belleisle.

BELLOC ou BEAULIEU, (Seigneurs de) VII. 460. Voyez Esparbez.

Belloc, seigneurie, II. 651. B. VII. 273. B. 451. B. 457. B. 460. B. baronie, I V. 24. A. Bernard, seigneurie, II. 643. B.

Bellon de Turin, V. 463. * A. 465. E.

Bellon, seigneurie, VI. 641. D. VII. 399. A.

Bellone, seigneurie, VI. 718. B.

Bellot en Brie, seigneurie, I. 332. D.

Bellou, baronie, VI. 645. A.

Belloy, I. 268. C. 503. A. II. 128. E. III. 615. A. 623. A. IV. 828. A. VI. 369. E. 370. B.

K

548. D. VII. 531. E. 560. B. 562. C. 825. A.
VIII. 68. C. 156. B. 538. D. 557. A. 635.
A. 636. B. 713. B. 746. B. 793. C. 851. C.
IX. 169. A. seigneurie, IV. 596. B. VI. 254.
D. VII. 111. A. VIII. 399. B.

Belly, V. 267. E.

Belmare, IV. 178. C.

Belmont, seigneurie, IV. 834. A C. V. 669. A.
670. A. 673 A. VI. 442. B. 443. A. VII. 44.
A. 215. E. baronie, V. 266. F. 671. A. principauté, V. 661. B. IX. 294. B.

Belmonte, seigneurie, I. 261. E. marquisat, II.
628. D. I X. 296. D. principauté, II. 285. C.

Belo, seigneurie, VIII. 543. E.

Belœil, seigneurie, VIII. 32. C. 33. B. baronie,
35. A.

Belon, IV. 729. A. seigneurie, VI. 423. C. baronie, VII. 374. C.

la Beloniere, seigneurie, II. 685. A.

Belot, VI. 418. A. VII. 648. D.

Beloteau, II. 81. E

Belouan, seigneurie, VII. 390. A.

Belpech, seigneurie, IV. 133. B. VII. 311. D.
VIII. 166. B.

Belpeuch, seigneurie, VII. 330. C.

Belpuech de Guardagés, seigneurie, IV. 22. C.

Belquin, seigneurie, VI. 176. B.

Belregard, seigneurie, VII. 43. C.

Belrieu, VII. 587. C.

Belsades, seigneurie, V. 181. F.

Belsunce, IV. 472. B. VII. 538. B. vicomté, IV.
140. D. VII. 322. C. marquisat, IV. 481. A.

BELSUNCE DE CASTELMORON (Henry-François-Xa-
vier) nommé à l'évêché de Laon, II. 133.
C.

Belval, seigneurie, VI. 330. A.

Belvent, seigneurie, I. 300. C.

Belvezé, III. 831. C. baronie, III. 821. A.

Belvezer, IV. 890. C. VI. 458. C. baronie, V.
896. B. Voyez Belvezé.

Belvialar, seigneurie, VII. 359. B.

Belvoir, VII. 161 B. seigneurie, II. 874. C. VI.
67. A. VII. 32. C. 45. E. 254. A. 809. D. VIII.
343. C. 349. A D. baronie, VIII. 42. A.

Bemolins, seigneurie, V. 279. B.

Benac, II. 648. C. VII. 264. B. 265. E. 604. B.
baronie, VII. 323. A. Voyez Bainac.

Benais, seigneurie, III. 633. A. 634. B. 635. B.
636. A. 637. A C. 638. B. 639. B. V. 11. B. 13.
B. 575. D. VII. 500. D. 501. A D. baronie, IV.
400. C D. 410. C. VIII. 806. A.

Benane, seigneurie, VII. 391. C.

Benaon, seigneurie, IV. 195. D E. V. 131. D.
comté, III. 379. D· IV. 167. C. 168. B. 169.
A B. 170. A B. 171. A. 173. A. 677. C. 899.
A. V. 11. A D. VI. 401. B. VII. 121. B. 121.
A. 880. A. VIII. 94. A. en Aulnis, seigneurie,
VI. 161. D.

Benard, V. 157. B. 493. E. VII. 547. C. 619.
A. 683. E.

Benasque, comté, VII· 692. E.

Benast, seigneurie, III. 632. A. IV. 559. A. 562.
C. VIII. 573. C. 574. A.

la Benastiere, seigneurie, V. 144. D.

Benaud de Villeneuve, IV. 266. A.

Benavent, baronie, II. 698. B.

Benavente, V. 526. E. comté, I. 627. A. V. 526.
E. 530. B. IX. 295. A B.

BENAUGES, (Comtes de) III. 381. Voyez Foix.

Benauges, IV. 461. C. seigneurie, III. 125. E.
vicomté, II. 706. B D. III. 368. A. 369. A C.
370. A. IV. 423. D. 427. B. VI. 209. D. 211.
A. 421. D. comté, III. 370. E. 424. D. 857.

E. VI. 211. A. 214. D. 215. C. VII. 863. C.
VIII. 220. A.

Benavides, I. 200. E. 629. A. 685. C. III. 355.
B. V. 526. E. VIII. 38. A. IX. 289. B. 378.
A.

BENAVIDES-D'ARRAGON, Manuel-Domingue, chevalier du S. Esprit, IX 289. C.

Benay, seigneurie, II. 125. E.

Benchen, baronie, VI. 789. C.

Bencherel. Voyez Banchereau.

Benefici, VIII. 304. C.

Benegon, seigneurie, VII. 90. A.

BENEHART, (Seigneurs de) VII. 511. Voyez
Maillé.

Benehart, VII. 512. C. baronie VIII. 946. B.

Benessac, seigneurie, VIII. 53. D.

Benet, seigneurie, IX. 145. C. 175. E.

Benevent, IX. 351. A.

Benezet, seigneurie, VII 488. C. 490. C.

Bengian, VII. 688. E.

Benjamin, seigneurie, VIII. 891. E.

Benieres, seigneurie, II. 361. E.

Benlade, II. 177. E.

Bennassac, seigneurie, VI. 388. D.

Benne, seigneurie, VI. 676. A en Piedmont ;
comté, IV. 228 A.

le Benneraye, seigneurie, VII. 872. C.

Bennes, seigneurie, VIII. 352. A B.

Benneville, V. 143. A B. 144. B. seigneurie, V.
143. A. VII. 872. A.

Benoît, VII. 903. D.

S. Benoît, I. 500. A. VIII. 858. A. seigneurie, II.
298. B. 361. E. 366. A. 675. C. baronie, IV.
24. E. la Chandiere, seigneurie, V. 265. E. sur
Vanve, seigneurie, II. 434. A.

Benon, seigneurie, I. 458. D. comté, I. 462. A.
III. 636. B. Voyez Benaon.

Benouville, seigneurie, IX. 228. A.

Benque, IV. 304. A. V. 176. A 191. E. VII.
214. D. 775. A. 926. A. VIII. 474. D.

Benquethun, III. 914. D.

Bensac, seigneurie, II. 437. B.

Bensville, seigneurie, VI. 272. C.

Bentivoglio, II. 51. D. marquisat, V. 648.
D.

Beny, seigneurie, II. 408. D. V. 143. B.

Benzy, VI. 162. D.

Beon, II. 184. C. III. 361. C. 364. E. 371. A
B. IV. 18. E. 304. A. 664. A. 666. B. V.
185. C. VII. 214. A. 604. D. 925. C. 926.
A. IX. 312. B. comté, I X. 110. B. de Ca-
zaux, IV. 665. A. du Massez, IV. 308. B.
VII. 101. C.

Beonie, V. 156. E.

Beorleguy, seigneurie, I. 287. A.

Bequier, seigneurie, IV. 35. C.

Bequinais, seigneurie, VI. 471. C.

Berail, IV. 133. B. 138. B. VII. 311. D. 319.
B. VIII. 720. E. IX. 82. B.

Beranger de Nantilly, VIII. 485. D.

Berangeville, seigneurie, VIII. 101. A.

Berard, II. 255. E. IV. 432. A. VI. 412. B. VII.
491. B. VIII. 557. E. 889. D. de Montalet,
II. 136. D. 140. A.

la Berardiere, seigneurie, III. 630. B C. VII. 227.
C.

Berart, II. 452. A V. 395. B.

Beras, seigneurie, III. 415. D.

Betat, seigneurie, II. 657. A. V. 179. B. VII. 605.
A.

Beraud, V. 747. B. IX. 276. A. 309. A. 326.
B· seigneurie, VI. 82. A.

LA BERAUDIERE, Louise, maîtresse d'Antoine de

Bourbon, roi de Navarre, I. 144. D.
a Beraudiere, IV. 42. A. 428. B. 680. D. VII.
595. C. VIII. 433. C. 704. D. 769. A. IX. 60.
A. seigneurie, II. 453. E. IV. 36. B. 429. C. VI.
585. B. VII. 762. B. 766. B D. de l'Isle-Rouet,
IX. 84. D. du Rouet, VI. 335. D.
Beraudin, IX. 447. A.
Beraudon, baronie, VIII. 593. **** C.
Berault, VI. 522. C.
Beraut, II. 231. C. VII. 811. A.
Berbent, seigneurie, VIII. 294. A B C D.
Berbery, VIII. 797. B.
Berbier du Mets, VI. 120. A. VII. 683. C.
Berbieres, seigneurie, V. 654. C.
BERBIGUIERES, (Seigneurs de) du nom de Cau-
mont, IV. 475.
Berbiguieres, seigneurie, IV. 470. B. 471. A. V.
729. E. VII. 606. B.
Berbizy, VI. 415. B. 455. C.
Berch-Molent, seigneurie, II. 798. C.
la Berchere, seigneurie, II. 83. A. 108. E. VI.
530. C.
Bercheres, seigneurie, VII. 424. C. IX. 343. C.
Berchon, seigneurie, II. 36. A.
Bercus, seigneurie, III. 598. C.
Bercy, VII. 641. B. seigneurie, I V. 767. D. V.
337. D. VI. 562. C. 565. D. 571. D. VII. 12.
A. IX. 328. C. lez-Charenton, seigneurie, III.
573. D. Voyez Berbizy.
Bere, seigneurie, VII. 247. C. 250. A. 252. D.
Bereins, seigneurie, VIII. 149. B. IX. 478. C.
la Berengeais, seigneurie, VII. 29. A.
Berenger, I. 371. A. II. 30. E. 187. E. 251. E. IV.
284. B. 291. C. VI. 85. B. du Guast d'Artigny,
II. 141. D.
Berfradelly, III. 890. C.
Berg, V. 133. C. comté, II. 426. A. duché, V.
133. C. Op-Zoom, VII. 105. D. 171. C. seigneu-
rie, II. 333. B. marquisat, IV. 544. B. 545. B.
V. 232. E F. 640. A VIII. 40. E.
le Berge, VI. 477. A.
Bergerac, V. 749. E. seigneurie, 481. D. 652. B.
comté, V. 148. D.
Bergere, seigneurie, , VII. 538. B.
Bergeresse, seigneurie, VI. 404. D. VII. 616. A.
baronie, IV. 452. B.
LA BERGERIE, (Seigneurs de) IV. 451. Voyez la
Rochefoucaud.
la Bergerie, seigneurie, IV. 449. B C.
la haute Bergerie, seigneurie, VI. 471. B.
les Bergeties, seigneurie, III. 774. A. VI. 468.
D.
Berges, III. 912. C.
Bergh, III. 494. C. V. 133. C. 464. * A. 651. A.
VIII. 292. A. comté, IV. 540. C. V. 232. E.
VI. 151. B.
Berghem, seigneurie, I. 268. D.
BERGHES, Jean, grand - veneur de France,
VIII. 695. B.
BERGHES-S.-WINOX, (Genealogie de) VIII. 695.
Berghes, I. 255. E. II. 768. A. IV. 211. C. V.
640. E. 641. B. 649. A. 657. E. 893. B. VII.
278. E. VIII. 39. D. 67. C. 68. C. 83. E. 370.
C. 643. D. 654. E. 695. C. IX. 425. A. sei-
gneurie, I. 256. B. 257. A. V. 640. A. 893. B.
VIII. 668. B. marquisat, VII. 171. C. VIII. 79.
E. principauté, II. 796. D. IV. 268. A. 570.
A. V. 649. A. sur-l'Escaut, seigneurie, IV. 398.
C. Saint-Winox, VI. 707. D. VII. 181. C. sei-
gneurie, III. 905. E. 915. C. VIII. 12. D.
Berghette, VIII. 632. E.
Bergier, VIII. 335. C. 595. *** A. IX. 470. C
E.

Bergile, seigneurie, I. 265. E.
Bergognan, seigneurie, III. 362. A C.
Bergoignan, VII. 128. E. seigneurie, IV. 23. E.
Bergonne, seigneurie, VIII. 50. B. 820. B IX.
337. A.
Bergues, I. 263. B. III. 578. C. VI. 716. D. VII.
165. C. 286. C. 587. D. vicomté, VII. 182.
A. comté, VII. 165. C.
Berguettes, seigneurie, V. 833. B.
Berguin, VII. 510. C.
Berieux, seigneurie, I. 226. A. VI. 153. D.
BERINGEL, (Seigneurs de) sortis de Sousa, I. 699.
Beringel, seigneurie, IV. 643. C.
BERINGHEN, Henry, chevalier du S. Esprit, IX. 170.
B. Jacques-Louis, chevalier du S. Esprit, IX.
228. B. Henry-Camille, chevalier du S. Esprit,
IX. 292. B.
Beringhen, IV. 474. B. V. 398. D. VII. 387. D.
666. D. VIII. 754. A. IX. 88. C. marquisat,
IV. 878. D.
Berkeim, comté, V. 19. F.
Berkley, II. 486. C. comté, V. 919. E.
Berlaer, seigneurie, VI. 102. A.
Berlaimont, III. 917. A. V. 231. D. 637. B.
672. B. seigneurie, V. 646. B. comté, V.
657. A.
Berlam, III. 91. E.
Berlan, VIII. 854. C.
Berland, IV. 897. B.
Berlanga, marquisat, V. 530. B.
Berlaymont, VIII. 73. C. 78. C. seigneurie, II.
776. C. de Floyon, VII. 828. E.
Berle, VII. 590. B.
Berleghem, seigneurie, 268. E.
Berles, VII. 747. B.
Berlettes, seigneurie, VI. 705. C. VII. 747. B.
VIII. 80. B.
la Berliere, seigneurie, II. 323. D. 419. C. III.
734. A. VII. 360. A.
Berlinguet, VI. 475. A.
Berlize, seigneurie, VI. 335. E. Voyez Faure.
Berlo, VII. 829. D. baronie, ibid.
Bermainville, seigneurie, II. 384. D. VI. 565. D.
Berman, VIII. 235. B.
Bermand, II. 662. C. IV. 834. C.
Berment, VIII. 819. D.
Bermezaing, seigneurie, V. 656. A.
Bermond, II. 135. A. 187. D. 243. B. 704. C. III.
828. A. IV. 178. D. VII. 485. B. 781. D. 782.
A. 786. A. 789. A. IX. 385. D. seigneurie, VI.
327. A. baronie, VII. 895. E. d'Anduse, II.
187. D. IV. 481. C. IX. 392. A. du Caylard
de Toiras d'Amboise, IV. 432. A. de Sauve,
II. 669. B.
Bermondet, I. 377. C. IV. 687. D. d'Oradour,
II. 235. D. V. 622. D.
Bermondi. Voyez Bermond.
la Bermondie, seigneurie, IX. 385. C.
Bernacouture, seigneurie, VIII. 559. E.
Bernage, VI. 431. D. 512. D. 602. C. 803. C.
seigneurie, VIII. 334. E.
Bernaige, VIII. 45. C.
Bernapré, seigneurie, VIII. 663. B.
BERNARD, Guy, évêque & duc de Langres, II.
220. D.
Bernard, I. 525. A. II. 220. E. 221. A. B. V.
359. E. VI. 429. B. 502. D. 509. D. 511. B.
546. C. 547. D. VII. 65. A. 136. C. 509.
E. 548. E. 786. D. 804. C. VIII. 437. A.
492. C. IX. 88. D. de Montessus, IV. 574. A.
828. D. VI. 448. A. des Quelmes, VIII. 700.
D.
S. Bernard, seigneurie, VII. 223. B.

la Bernardie, feigneurie, IV. 287. C
la Bernardiere, feigneurie, IV. 403. B
BERNARDIERES, (Seigneurs des) VII. 862. Voyez Aydie.
Bernardieres, feigneurie, IV. 140. B. 446. B. VII. 322. A. 861. D. 862. C. VIII. 591. D.
les Bernardines, feigneurie, II. 128. A.
des Bernards, VII. 591. D.
Bernardville, feigneurie, VI. 719. C.
Bernardy, II. 256. E.
Bernarpré, feigneurie, VIII. 888. C.
Bernarville, feigneurie, I. 426. E. 430. C. II. 856. D. III. 301. D. V. 636. C. VI. 125. A. 784. A. VIII. 570. E. 572. D. 573. A B.
Bernas, feigneurie, VII. 410. A.
Bernatré, feigneurie, VII. 833. B.
Bernaud, VII. 646. B. VIII. 331. D E.
Bernaville, V. 638. A. feigneurie, VIII 91. D.
Bernaulieu, feigneurie, VIII. 661. A.
Bernault, VII. 250. B. 251. A.
Bernaut, IV. 864. A. VII. 644. A. 645. A.
Bernay, VIII. 562. C. 795. B. feigneurie, II. 376. B. VII. 503. E. 865. A. 866. C. VIII. 90. C. 748. C.
la Berne, feigneurie, V. 495. A.
Berneen, II. 448. B.
Bernels, IV. 597. B.
Bernes, VI. 796. B. feigneurie, IV. 597. B. VIII. 884. D.
Bernet, VII. 270. A. feigneurie, VII. 287. A.
Bernets, I. 495. D. V. 90. E. 94. B. VII. 825. A. VIII. 884. D.
Berneval, IV. 408. A. feigneurie, I. 327. A. VI. 339. A. VIII. 13. B. 90. A C. 93. C. en Caux, feigneurie, III. 572. D. 573. B.
Berneuil, feigneurie, IV. 403. B. 439. B. VI. 466. C. 557. C. 582. B. 784. A. VIII 777. C D E. baronie, 779. D. vicomté, IV. 173. A.
Berneville, feigneurie, VIII. 622. B.
Bernezay, II. 447. C. 450. C. 451. D. 454. A. D. VII. 507. C. feigneurie, VIII. 922. B.
Bernicourt, feigneurie, VIII. 621. B. 735. B.
Bernier, V. 421. C. VI. 699. C. VIII. 876. A. en la Marche, feigneurie, IV. 161. D.
Berniere, feigneurie, VII. 179. E.
Bernieres, feigneurie, II. 774. B. 407. A. C. 408. C D. VI 788. A.
BERNIULLES, (Seigneurs de) VI. 785. Voyez Creouy.
Bernieulles, II. 769. A. IV. 182. C. V. 80. E. 826. D. 835. A. VII. 111. E. 112. A. VIII. 659. C. feigneurie, IV. 403. D E. V. 80. E. 618. B. VI. 783. B. VIII. 699. C. baronie, V. 618. B. VI. 785. D.
Bernimicourt, III. 353. B. 599. A. V. 240. C. VIII. 738. C. D.
Bernimont, feigneurie, IV. 413. A.
Bernin, feigneurie, V. 264. B E. de Valentiné, VII. 655. D.
Bernis, II. 141. E. feigneurie, IV. 432. A. VII. 491. B. D.
Berniffart, feigneurie, VIII. 644. A.
Berno, IX. 468. E.
Bernon, II. 372. A. comté, VIII. 639. C.
Bernoville, feigneurie, VII. 532. C.
Bernftein, V. 642. A.
Bernus, II. 297. E.
Bernuy, I. 469. A. V. 897. B.
Berny, feigneurie, VI. 526. A. marquifat, IV. 602. A. IX. 314. B.
S. Beron, Seigneurie, VIII. 910. E.
Beron, VIII. 606. B.

Beroufe, feigneurie, VI. 641. D.
Berquein, feigneurie, III. 301. D.
la Berquerie, IV. 413. A. feigneurie, VI. 285. A. B. 384. A.
Berquetot, VIII. 18.
Berrangon, feigneurie, VIII. 361. D.
Berre, II. 224. E. 290. A. 291. D. III. 387. B. IV. 493. E. feigneurie, IV. 501. B. VII. 799. D. baronie, I. 230. A.
Berreville, feigneurie, I. 438. B C D. 439. B.
Berrie, V. 7. F. feigneurie, II. 744. B. VII. 119. C.
Berrien, feigneurie, IV. 835. D.
Berrier, IV. 768. A.
BERRON, Garnier, aumônier du Roi, VIII. 217. B.
Berruyer, IV. 397. C. 459. A. V. 346. F. 765. A. VII. 505. A. 512. E. 551. C. feigneurie, VI. 558. C.
la Berruyere, IX. 443. A.
BERRY, duché-pairie, érigé en 1360. & 1416. pour JEAN DE FRANCE, III. 208. Nouvelle érection en 1461. pour CHARLES DE FRANCE, III. 396.
Berry, IV. 164. A. 373. A. 529. C. V. 129. E. VI. 97. D. 212. C. VIII. 52. E. 344. B. 651. D. comté, I. 44. B. duché, I. 106. C. 110. E. 114. A. 115. E. 117. E. 121. B E. 128. B. 132. B. 135. A. 141. C. 178. D. 190. A. 208. C. 211. A. 243. D. 251. D. 268. C. 277. A. C. 304. A. 314. B. 319. E. 359. A. 390. A. II. 636. D. 784. D. III. 418. A. 421. E. IV. 165. B. VI. 97. D. 216. B. VIII. 57. B.
le Berry, VII. 517. D. au Bacq, feigneurie, VII. 819. E.
la Berrye, feigneurie, II. 448. B.
Berryer, VI. 511. A.
Berfa, feigneurie, VIII. 11. B.
Berfaces de Tournay, feigneurie, I. 259. E.
Berfan, feigneurie, VI. 586. A.
Berfée, III. 593. A. 594. A C. 595. A. 596. A D. IV. 398. A. 406. A. 408. C. 409. B.
Berfelle, III. 909. E. 917. B.
Berfy, vicomté, IV. 599. C.
Bert, VI. 420. C.
Bertagne, VIII. 192. C.
Bertancourt, feigneurie, VII. 700. A.
Bertangles, feigneurie, III. 643. D. VII. 856. C. VIII. 917. D.
Bertatis, II. 295. A.
Bertaucourt, II. 123. E.
la Bertaudiere, feigneurie, IV. 460. A. VIII. 438. B.
Bertault, feigneurie, IV. 752. B.
Bertecourt, feigneurie, IV. 871. E. VI. 257. B.
Berthancourt, feigneurie, VIII. 658. C.
Berthaucourt, VIII. 851. A.
Berthelemer, V. 423. B.
S. Berthelemy, feigneurie, VIII. 812. C.
Berthelin, IV. 767. D.
Berthelon, IV. 753. D.
Berthelot, II. 48. B. 115. D. IV. 768. D. V. 391. A. 392. C. VI. 383. B. 421. C. 428. B. 478. B. VII. 277. C. 652. D. VIII. 122. C. 285. C. D. 335. D.
Berthelou, VIII. 694. B.
Berthemer, IX. 327. B.
Berthemet, IX. 239. B.
Berthen, VIII. 559. A.
Berthereau, VI. 438. B.
la Bertherie, VI. 595. A. feigneurie, VIII. 707. A.

S. Berthevin,

S. Berthevin, IX. 59. B.
Berthier, VI. 642. E. VIII. 240. B. IX. 323. B.
Berthinval, seigneurie, VIII. 850. A.
Bertho, VIII. 363. E.
la Bertholiere, seigneurie, VI. 595. A.
Bertholine, seigneurie, II. 135. E.
Bertholon, VI. 521. D.
Bertholone, II. 135. E.
S. Berthomieu, seigneurie, IV. 477. A. 478. B. D. 479. A B C D.
Berthou, V. 417. E.
Berthoul, VI. 473. C.
Berthoulene, IX. 382. A.
Berthout, II. 328. C. 333. A.
Berticheres, seigneurie, VIII. 794. D. 887. D.
Berticourt, seigneurie, VIII. 654. D.
Bertier, III. 366. A.
la Bertiere, seigneurie, IV. 322. D.
Bertillon, II. 306. B.
Bertin, VII. 345. B. du Burq, VII. 346. B.
Bertincourt, seigneurie, V. 234. B.
Bertify, seigneurie, VI. 472. C.
BERTON, Louis, chevalier du S. Esprit, IX. 93. A.
Berton, II. 254. D. V. 287. B. IX. 424. D. d'Aigueville, VII. 347. C. de Balbis, VII. 689. B. 690. B.
Bertonanches, seigneurie, VII. 446. D.
Bertonne, seigneurie, VI. 630. C.
Bertoud, VIII. 569. C.
Bertovilla, VII. 762. C.
Bertoul, VIII. 56. B.
Berroule, seigneurie, II. 370. D.
Berrout, II. 794. B. IX. 544. A.
Bertrancourt, seigneurie, VIII. 634. E. 662. A.
BERTRAND, Guillaume, évêque de Beauvais, comte & pair de France, II. 271. D. Guillaume, évêque & comte de Noyon, pair de France, II. 396. D. Jean, chancelier de France, VI. 486. C. Robert, VII. du nom, baron de Briquebec, maréchal de France, VI. 688. C.
BERTRAND, (Genealogie de) VI. 487.
BERTRAND DE BRIQUEBEC (Genealogie de) VI. 689. & suiv.
BERTRAND DE LA BAZINIERE, Macé, prevôt & maître des ceremonies des ordres, IX. 315. C.
Bertrand, II. 187. 2. B. 396. D E. 406. C. 876. B. III. 365. E. 388. A. IV. 18. E. 134. B. 560. C. VI. 487. A. 589. A. 663. B. 674. A. VII. 8. C. 312. C. VIII. 89. D. 96. A. 145. C. E. 165. C. 495. C. 594. **** B 621. D. 811. ** A. 812. A. 932. C. 933. E. seigneurie, V. 843. C. de Briquebec, V. 129. F. VIII. 570. D. du Lis, VII. 596. A. de la Bazinicre, IX. 231. A. 316. B.
Bertrangle, VII. 745. B.
Bertreau, VI. 436. D. VIII. 859. A.
Bertrem, seigneurie, II. 622. D.
Bertrify, seigneurie, VIII. 315. E.
Bertry, seigneurie, VIII. 588. C. 591. A. 707. B.
Berty, IX. 120. B.
Beru, baronie, IX. 451. D.
Berue, III. 92. A. VII. 382. B. seigneurie, VII. 382. C.
Beruges, seigneurie, II. 376. B D.
Berville, VI. 660. D. seigneurie, I. 442. C. VIII. 20. B. vicomté, I. 443. A.
Berulle, IV. 669. C. VI. 429. B. 511. D. 566.
Tome IX.

A. VII. 30. B. 588. B. VIII. 119. C. 777. A.
Berwick, I. 652. C. duché, IV. 879. E. V. 165. D. pairie, V. 739. C. VII. 679. A.
Bery, seigneurie, VII. 833. D.
Berzay, seigneurie, VII. 733. C.
Berzé, seigneurie, IV. 825. A. comté, IV. 861. E. 876. A. 878. C. 879. E. le Chatel, seigneurie, I. 247. C. en Sarladois, seigneurie, V. 356. E.
Berzeau, VII. 399. B. 508. A.
Berziau, II. 381. E. V. 142. E. VIII. 171. A. IX. 464. A.
Berzieux, seigneurie, VII. 894. B.
Berzilles, seigneurie, VIII. 78. A.
Bés, seigneurie, II. 371. D.
Besale, seigneurie, II. 696. A.
Besançon, I. 504. B. II. 37. D. III. 648. A. IV. 225. A. 764. A. VI. 429. D. 555. C. VII. 574. E. IX. 362. C. vicomté, IV. 859. A. VIII. 424. B.
Besanne, VI. 384. B.
Besaudun, seigneurie, II. 187. 2. C. 292. B.
Beschard, seigneurie, VIII. 103. A.
Beschefer, VIII. 872. E.
Bescheron, seigneurie, I. 203. D.
Besdaun, seigneurie, VI. 686. A.
le Besdon, VII. 618. A.
Besgue, seigneurie, VII. 358. B. VIII. 658. B.
Besiers, IV. 275. A.
petit Besieu, seigneurie, V. 830. A.
Besignan, II. 243. C. principauté, VII. 69. D.
Besigny, seigneurie, VII. 566. A. VIII. 830. D.
Besil, seigneurie, IV. 213. B. 214. C. 215. D.
Besit, seigneurie, VIII. 529. D.
Besle, seigneurie, V. 837. E.
Beslon, VIII. 482. D.
Besmaux, marquisat, IV. 724. A.
Besnard, VIII. 661. B. de Rony, III. 645. B.
Besne, VI. 81. A.
Besollés, VII. 406. A B. seigneurie, VII. 773. A. Voyez Bezoles.
Besonville, seigneurie, I. 525. C. VI. 535. A.
Besque. Voyez Besgue.
Beslan, II. 595. E. III. 84. A.
Bessay, seigneurie, VII. 434. B.
Besse, I. 359. B. VI. 315. D. VIII. 61. B. seigneurie, 706. D E. de Bellefaye, II. 400. A.
Bessé, seigneurie, VI. 28. C.
Besset, baronie, VII. 488. E.
Bessette, seigneurie, III. 824. D. Voyez Beçay.
Beslevejoux, III. 776. A
Bessey, V. 260. E. VII. 253. C. VIII. 487. B. seigneurie, II. 68. E. III. 894. D.
la Bessiere, seigneurie, II. 362. D. 450. C. 714. D. VII. 619. D. 770. C. VIII. 482. A. 755. D.
Bessignes, seigneurie, V. 346. A.
Bessigny. Voyez Besigny.
Besso (seigneurs & vicomtes du) VII. 381. Voyez Beaumanoir.
Besso, seigneurie, VII. 381. D. vicomté, IV. 323. D. 382. A.
BESSONNEAU, Pierre, maître de l'artillerie du Roy, VIII. 131. B.
Bessonneau, V. 145. E.
Bessons, seigneurie, III. 823. D. 824. C.
Bessou, seigneurie, VIII. 593. ***** C.
Bessunel, seigneurie, II. 371. A.
Bestin, VII. 114. A.
Bestre, VIII. 294. A.
Besu, Pierre, Louvetier du Roy, VIII. 782. A.
Besul, seigneurie, VII. 665. D.
la Besure, seigneurie, VIII. 696. C.

Betac, seigneurie, II. 399. A.

Betanges, seigneurie, VII. 665. B.

Betauld, VII. 647. E.

Betault, VI. 576. A.

Betaut de Chemeaux, VII. 344. D.

Berbeze, seigneurie, II. 653. B.

Betela, seigneurie, I. 636. B.

Betencourt, seigneurie, V. 831. B. VI. 173. D. 339. A. 533. D. 543. B. 720. D. VII. 111. A. 475. C. VIII. 616. D.

Betfort, II. 404. D. comté, IV. 626. C. duché, III. 322. E. 726. C.

Beth, V. 658. A.

Bethanie, VII. 722. C.

Bethemont, seigneurie, II. 107. E. VII. 63. A.

Bethencourt, I. 54. D. II. 123. A. VII. 817. D. 818. A. VIII. 100. D. 886. B. IX. 471. B. seigneurie, III. 609. E. IV. 399. E. VI. 173. D. 339. A. 533. D. 543. B. 720. D. VII. 816. C. 819. D. VIII. 10. C. 13. B. 108. C. 504. D. 658. A. 696. D. 710. B. Riviere, IX. 89. C.

Betheville, V. 147. B. VII. 395. A. 258. D. seigneurie, V. 147. B. IX. 102. A.

Bethfort, duché, I. 242. B. Voyez Betfort.

Bethisy, Hugues, chancelier de France, VI. 270. D. Philipes, maître des eaux & forêts de France, VIII. 844. B.

Bethisy, IV. 35. C. 65. C. 269. C. VI. 270. D. VII. 29. C. VIII. 39. B. 231. C. 232. A. de Mezieres, IV. 37. C.

Bethmont, seigneurie, VIII. 264. B. D.

Bethom-Basoches, seigneurie, I. 502. A.

Bethomas, seigneurie, VI. 659. A. baronie, IV. 213. A. VI. 359. C. VII. 711. E.

BETHOULAT, André, chevalier du S. Esprit, IX. 240. A.

Betham, H. 509. A.

BETHUNE, Maximilien, maréchal de France, VII. 318. C. idem, grand-maître de l'artillerie, VIII. 185. E. autre Maximilien grand-maître de l'artillerie de France, VIII. 186. C. Philipes, chevalier du S. Esprit, IX. 149. B. François, chevalier du S. Esprit, IX. 171. A. Louis, chevalier du S. Esprit, IX. 192. C. Maximilien-Pierre-François, chevalier du S. Esprit, IX. 218. C. Louis-Armand, chevalier du S. Esprit, IX. 226. A. Paul-François, chevalier du S. Esprit, IX. 286. C.

BETHUNE (Genealogie de la maison de) IV. 210. (marquis & comtes de) IV. 222.

BETHUNE-CHAROST, duché-Pairie, érigé en 1672. en faveur de LOUIS-ARMAND de Bethune, V. 30. Pieces concernant cette érection, V. 31. & suivantes.

BETHUNE-ORVAL, duché-pairie, érigé en 1652. pour FRANÇOIS de Bethune, comte d'Orval, V. 909. Pieces concernant cette érection, ibid.

BETHUNE-CHABRIS, François, chevalier du Saint Esprit, IX. 211. A.

BETHUNE-CHAROST, Armand, chevalier du Saint Esprit, IX. 268. C.

BETHUNE-SELLES, Hypolite, chevalier du S. Esprit, IX. 200. B.

BETHUNE-SULLY, Maximilien-Henry, chevalier du S. Esprit, IX. 265. C.

Bethune, I. 150. C. 253. A. 344. A. 506. B. II. 183. D. 322. C. 323. A. 343. A. 507. D. III. 725. B. 727. A. IV. 19. B. 73. C. 127. A. 141. B. 151. D. 473. A. 600. C. 616. C. 718. D. 807. A. 853. B. 891. A. V. 153. D. 228. E. 233. C. 237. D. 515. A. B. 754. D. VI. 98. D. 110. D. 262. A. 405. D. 510. B. 531. C. 567. B. 704.

B. 706. A. 713. C. VII. 306. A. 322. E. 407. A. 428. B. 549. D. 575. E. 807. B. 796. C. VIII. 12. C. 15. A. 90. D. 98. E. 186. E. 192. D. 543. A. 546. A. 715. D. 775. E. 778. C. 804. A. 810. ** A. 946. D. IX. 318. C. 425. A. 431. C. seigneurie, I. 544. C. II. 730. C. 731. C. 742. D. 744. E. 752. A. 795. A. 877. A. IV. 810. C. V. 514. A. VI. 48. B. 94. B. 781. D. comté, IV. 773. D. 774. A. V. 153. D. Congy, I. 503. B. Orval, IX. 123. B. marquisat, I. 226. A. Rosny, IV. 895. B. Selles, II. 132. A. VII. 417. B. 711. E. comté, VII. 575. E. Sully, IV. 569. A. IX. 305. B. 430. D.

Beton, V. 593. B C. seigneurie, IV. 408. A. Basoges, seigneurie, VII. 856. B.

Betoncourt, seigneurie, VII. 648. B. 809. A. 811. A.

Betoulat-Fromenteau. Voyez Bethoulat.

Bets, VII. 587. E. seigneurie, VIII. 775. D.

Betsencourt, seigneurie, VII. 166. B.

Bettaivillier, II. 53. B.

Bette, I. 260. C. IX. 377. E.

Betteville, VII. 875. IX. 456. B.

Betting, seigneurie, VIII. 873. D.

Betton, seigneurie, VIII. 855. B.

Betz, II. 265. C. 269. B. 451. D.

Beu (seigneurs de) I. 431. & suivantes. Voyez Dreux.

Beu, II. 44. E. seigneurie, I, 426. E. 427. B. III. 316. C. VI. 48. B. 109. C. 625. D. 626. C. 627. C. VIII. 313. C. 526. C. comté, VI. 516. A.

Bevat, seigneurie, II. 659. C.

BEUCHET, Nicolas, amiral, VII. 750. A.

Beucourt, seigneurie, VII. 664. B.

Beverange, seigneurie, IV. 403. D.

Bevere, seigneurie, II. 467. B E. V. 136. E.

Beverly, marquisat, IX. 403. D.

le Beuf, I. 444. A. IV. 832. C.

Beugne, VII. 7. B.

Beugnon, II. 450. C.

Beugny, VIII. 659. C. seigneurie, VI. 794. A.

BEUIL, Jean, maître des arbalestriers, VIII. 62. D. Voyez Bueil.

Beuil, I. 341. D. II. 211. E. VIII. 171. B. 270. C. seigneurie, VIII. 51. D. 63. B. baronie, II. 244. D. 250. D. V. 290. Voyez Bueil.

Bevilaqua, VII. 115. D.

Bevilliers, seigneurie, VIII. 537. D.

Beuminis, seigneurie, VI. 674. B.

Beunes, seigneurie, VII. 383. E.

Bevons, seigneurie, V. 282. B.

Beures, VI. 780. B. 781. A. VIII. 653. B. seigneurie, III. 908. C. V. 640. E. 641. B. VII. 105. B. 835. C. aux Bois, seigneurie, V. 658. A. en Flandres, VI. 140. C.

Beureville, seigneurie, I. 327. A.

Beurges, III. 499. C. IV. 388. C. 805. C. VII. 567. B.

la Beuriere, seigneurie, VIII. 746. B.

BEURRES (seigneurs de) I. 254. & suiv.

Beurres, seigneurie, II. 244. A. 256. C. 258. C. Voyez Beures.

Beusseville, seigneurie, VIII. 260. B D E. comté, VIII. 261. A. marquisat, VIII. 260. E.

Beussieres. Voyez Boissieres.

Beusté, seigneurie, VII. 279. E.

Beuve, VII. 277. B.

Sainte Beuve, V. 12. A. 137. A. 141. B. VII. 757. E. seigneurie, III. 622. E. VIII. 13. C. 93. E. 930. E.

Beuverimes, seigneurie, IV. 755. A.

Beutille, feigneurie, IV. 804. E. V. 164. F. VII. 570. D.

Beuvrayé, feigneurie, VIII. 281. B.

la Beuvriere, feigneurie, I. 505. D. VII. 513. E. VIII. 495. C.

BEUVRON, (Barons de) V. 146. (Marquis de) V. 146. & fuiv. Voyez Harcourt.

Beuvron, feigneurie, V. 132. B. 139. C D. 146. A. 161. C. VII. 8. C. 596. A. baronie, V. 146. A. 148. B. E. 386. B. marquifat, IV. 225. A. 567. B. V. 142. E. 149. B. 150. B. 251. B. D. 152. A. 386. B. 644. D. 899. B. VI. 534. A. VII. 170. D. 476. B. 592. C.

Beuvry, VI. 660. A. feigneurie, III. 593. C. 594. C. 595. A. 596. A B.

Bouvry, feigneurie, VII. 512. A.

Beuzelin, VIII. 642. E. de Bufmelet, IV. 474. E. IX. 323. B.

Beuzeville, feigneurie, VIII. 90. A 110. A B. 795. A. marquifat, VI. 374. A. la Guerard, VIII. 812. B.

Beuzon, feigneurie, VI. 335. D.

Beuzoy, II. 64. C.

Bey, VIII. 235. C.

Beynac, V. 355. A. VIII. 385. D. 386. · A. baronie, VII. 24. C.

Beyne, feigneurie, VII. 846. A. VIII. 97. A E. 99. A B. 428. B. marquifat, VIII. 300. A.

Beyniers, VII. 42. E.

Beyviers, V. 664. feigneurie, V. 664. D. 667. B. VIII. 501. B.

Bez, VI. 594. A. 595. B. feigneurie, IV. 24. A. VI. 595. B.

Bezalu, comté, VII. 779. B.

Bezancourt, feigneurie, VI. 604. A.

Bezaneul, feigneurie, IX. 478. A.

Bezoudun, feigneurie, VIII. 302. A.

Beze, III. 651. B. VI. 465. B. 529. B. IX. 451. D. feigneurie, IX. 450. * C.

Bezbe, feigneurie, V. 643. D.

Bezemeaux, feigneurie, VII. 135. D.

Beziade, VII. 538. D. IX. 239. B.

Beziers, II. 630. D. 642. B. 688. A. 689. A. 695. E. 704. C. VII. 343. B. VII. 69. E. vicomté, III. 344. E. V I. 74. B. comté, II. 685. C.

Bezieux, feigneurie, IV. 754. A. VIII. 917. D. 918. B.

Bezis, VIII. 562. E.

Bezit-le-Long, feigneurie, III. 581. C. IV. 408. A.

Bezolles, II. 182. C. VII. 275. A. 277. D. 408. C. 456. B. 917. C. feigneurie. I. 370. D. VII. 606. C. IX. 387. D. comté, IX. 93. C. Voyez Befolles.

Bezons, feigneurie, V. 357. A. VII. 681. C. 682. B. Voyez Bazin.

Bezu, feigneurie, VI. 156. C. VII. 567. B.

Biach, VIII. 662. A.

Biancourt, VI. 294. B.

Biars, feigneurie, VII. 777. D. VIII. 11. C D. baronie, VII. 132. A.

Bias, feigneurie, 421. C.

Biaurois, feigneurie, VI. 84. D.

Biay, feigneurie, VI. 445. A.

Bibona, duché, III. 353. E.

Biche, VI. 786. D. VIII. 278. C. feigneurie, VII. 340. B.

Biches, feigneurie, VI. 531. D.

la Bichetiere, feigneurie, III. 601. A.

Bichofhaine, feigneurie, IX. 300. B.

Bicon, feigneurie, VIII. 593. *** E.

Bidache, VI. 153. A. feigneurie 188. C. III. 391. B. 588. B.

Bidage, feigneurie, IV. 514. B E.

Bidan, VIII. 808. C.

Bidault, VI. 468. D.

Bidaut, IX. 110. C. feigneurie, V. 288. F.

Bidiers, vicomté, VIII. 119. D.

Bidon, II. 141. E.

BIDOUX, Pregent, general des Galeres de France, VII. 923. A.

Biedma, I. 305. D. IX. 289. C.

Bielbe, comté, IV. 851. A.

Bielle, feigneurie, VII. 644. B.

Bielo, V. 425. D.

du Bien, VI. 477. C.

Bienaffis, feigneurie, VII. 174. A. 527. C. 530. B.

Bienay, feigneurie, VIII. 642. A.

Biencourt, I. 225. C. VI. 436. B. 463. C. feigneurie, VI. 801. C. VII. 561. B. 564. D. VIII. 281. A. 282. D.

Bienfait, feigneurie, VI. 549. B.

BIENFAITE, Efienne, maître des eaux & forêts du Roi, VIII. 842. A.

Bienfaite, feigneurie, II. 480. B D. VIII. 265. B. 842. B. 889. E. baronie, VI. 645. B.

Bienque, feigneurie. VI. 173. B. VIII. 695. C. 695. D.

Bienville, feigneurie, VIII. 281. A.

Bienvilliers, feigneurie, VIII. 658. B.

BIERBACK, (Seigneurs de) VI. 805. Voyez Crequy.

Bierback, feigneurie, VI. 778. A. 805. B. VIII. 627. A.

Bierbeck, feigneurie, V. 637. D. 638. D. 641. B.

Bierne, V. 487. E.

Bierre, feigneurie, III. 368. A.

Bierry, feigneurie, VIII. 549. A.

Biete, IV. 857. B.

Bievre, II. 209. A. feigneurie, III. 609. D. V. 637. B. 643. A. 646. C. le Chaftel, feigneurie, II. 107. A. VI. 335. B.

Bievres, feigneurie, VI. 783. B.

du Biez, Oudart, maréchal de France, VII. 180. A.

du Biez, (Genealogie de) VIII. 180.

du Biez, V. 87. C. 90. F. 621. A. VI. 370. A. 794. B. VII. 180. C. VIII. 642. D. 738. D. 888. B. feigneurie, V. 90. F. 657. A. 835. D. VII. 180. C. 747. A. VIII. 697. A.

Bigan, IV. 409. C. VI. 288. C.

Bigant, VI. 543. C. VIII. 560. A. 662. C.

Bigars, VI. 389. B. VII. 572. D. VIII. 101. E. IX. 89. B.

la Bigeotiere, feigneurie, III. 641. A. VII. 224. B. comté, III. 642. B C.

Biglia, I. 263. D. de Milan, V. 657. E.

Bigney, baronie, IV. 456. A.

Bignicourt, feigneurie, III. 734. C D.

Bignon, V. 183. C. 416. A B. IX. 337. C. feigneurie, II. 426. D. 450. C. VI. 382. B. 471. G.

BIGNY, Charles, grand-maître de l'écurie du Roi, VIII. 490. C.

BIGNY, (Genealogie de) VIII. 490.

Bigny, I. 122. B. 497. B. IV. 668. A. 837. E. VI. 560. D. VII. 198. A. 454. C. VIII. 142. B. 372. E. feigneurie, VIII. 356. G. 491. B. 694. B. d'Aifnay, VIII. 822. B.)

Bigod, VI. 697. B.

BIGORRE, Louis, capitaine general des Galeres, VII. 923. C.

Bigorne, VII. 240. D.

Bigorre, II. 160. A. VI. 73. C. vicomté, III.

414. C. comté, I. 483. E. II. 631. D. III. 346. C. 347. B. 370. A E. 373. A. 375. D. 376. A. VI. 75. C. 211. E. 215. B.

Bigot, II. 429. C. III. 630. B. 641. A. IV. 78. D. 453. A. V. 421. E. 927. D. VI. 27. B. 529. B. 582. A. VII. 529. C. 724. E. VIII. 490. B. *de S. Quentin*, feigneurie, VIII. 594. ***** B.

la Bigotiere, feigneurie, VII. 636. A.

Biguerogue, feigneurie, IV. 121. B.

Bihorel, feigneurie, VIII. 18. B. 19. C.

S. Bihy, feigneurie, VIII. 364. C

Bilair, feigneurie, IV. 76. B.

Bilhaven, baronie, V. 595. C

Billeftein, IV. 834. B.

Billard, IX. 236. C. 329. A. *de Laurieres*, IV. 401. A.

la Billardaye, feigneurie, V. 395. D.

Billart, IV. 803. C.

Billau, III. 509. A.

la Billaudaye, feigneurie, VII. 729. D.

Billaye, feigneurie, VII. 823. C.

Bille, VII. 90. B. feigneurie, II. 449. E. 455. B.

Billemont, VIII. 82. D. 84. A. 85. A. feigneurie, VIII. 83. B.

Billengton, feigneurie, II. 496. D.

Billeron, feigneurie, VIII. 787. A.

Billes, VII. 514. A.

Billezaix, feigneurie, VI. 60. C.

Billieres, feigneurie, III. 818. C. 823. A B D. 824. C.

Billion, feigneurie, II. 431. B. VIII. 370. C.

Billon, VIII. 858. D.

Billoria, feigneurie, III. 353. E.

BILLY, Geoffroy, évêque, de Laon, II. 116. E.

BILLY, (Genealogie de) II. 117.

BILLY, (feigneurs d'Antilly) II. 127. B.

BILLY, (feigneurs de Courville & d'Yvor) II. 124. C.

BILLY, (feigneurs de l'Hôtel & de Fransourville) II. 122. C.

BILLY, (feigneurs de la Motte) II. 123. B.

BILLY, (feigneurs de Prunay-le-Gillon) II. 126. B.

Billy, II. 449. E. IV. 494. A. VI. 122. A. 327. B. 340. C. 525. A. VII. 12. E. 385. B. 893. C. VIII. 264. C. 481. B. 523. C. 656. C. 904. B. IX. 381. B. 470. D. feigneurie, I. 363. A. II. 182. E. 871. D. III. 590. C. IV. 838. C. VII. 83. C. VIII. 902. D. baronie, II. 236. D. VII. 830. D. *fur-Ourcq*, feigneurie, II. 117. A. VIII. 656. C.

Biloftein, feigneurie, III. 841. C

Bilquin, IX. 470. E.

Bilftein, comté, V. 649. A.

Binan, feigneurie, II. 225. D. VIII. 351. D.

Binans, feigneurie, VII. 807. A.

Binarville, feigneurie, VII. 590. D.

BINAS, (feigneurs de) IV. 705. *Voyez* Beauvillier.

Binas, feigneurie, IV. 703. D. 704. B. VIII. 95. E.

Binckaert, II. 795. C.

Binet, VI. 417. C. VII. 596. C.

Binfac, feigneurie, II. 436. E.

Bintin, feigneurie, IV. 71. C.

Bioncourt, feigneurie, VII. 468. B.

Biord, VIII. 299. C.

Bioule, feigneurie, II. 359. E. 673. E. III. 811. D. IV. 43. A. 44. A. 471. C. V. 748. B. VII. 187. C. comté, V. 180. B. IX. 147. A. 801. B. 396. B.

Bique de Ottion, III. 352. D.

Birac, IV. 478. A. feigneurie, IV. 799. C. VII. 773. A. 774. A.

BIRAGUE, René, chancelier de France, VI. 491. B. *idem*, cardinal commandeur du S. Efprit, IX. 63. A. Charles, chevalier du S. Efprit, IX. 68. C.

BIRAGUE, (Genealogie de la maifon de) VI. 493.

Birague, III. 639. A. VI. 493. A. VII. 116. C. 128. D. 222. A. 388. A. 504. A.

Biran, V. 175. E. VI. 374. A. VII. 217. D. 266. D. 271. A. 405. A. feigneurie, III. 430. D. 434. D. V. 175. E. VI. 212. B. baronie, VII. 401. D. 406. C. 927. C. marquifat, III. 642. B. VII. 407. B. 695. A.

Birgand, I. 371. D.

BIRON, duché-pairie, érigé en 1598. pour CHARLES DE GONTAUT, IV. 115. *Pieces concernant cette érection*, ibid.

BIRON, duché-pairie, nouvelle érection en 1723. pour CHARLES-ARMAND DE GONTAUT marquis de Biron, V. 467. *Pieces concernant cette érection*, ibidem.

BIRON (Fragmens de Genealogie de) VII. 349. *Voyez* Gontaut.

Biron, III. 88. D. VII. 350. B. 353. E. feigneurie, II. 666. D E. IV. 372. A. 433. B. V. 748. A. VII. 290. B. 296. D. 297. B. VIII. 183. A. baronie, II. 234. D E. III. 364. B. IV. 120. B. 141. B. 471. C. 678. C. 790. B. V. 735. C. 749. B. VII. 926. C. VIII. 594. ****D. marquifat, IV. 324. D. 502. A. duché, IV. 126. D. 617. D. 618. A. pairie, VII. 305. A. 905. C. *de Montferrand*, IV. 125. A. 341. D. 348. C.

Biry, feigneurie, II. 209. D.

Bifaccia, duché, V. 739. A. VIII. 41. D.

Bifcaires, feigneurie, II. 706. B.

Bifcaroffe, vicomté, IV. 789. D.

Bifcaye, feigneurie, III. 348. E VII. 761. C. comté, I. 87. A. 281. A. 580. A. 582. C. VI. 164. A B.

Bifceglia, duché, V. 739. E.

Bifeuil, feigneurie, VI. 531. A.

Biffac, feigneurie, VIII. 266. C.

Biffey, feigneurie, IV. 732. E.

Biffeaux, feigneurie, VI. 383. B. VIII. 240. B.

Bifferet, feigneurie, IX. 470. E.

la Biffiere, feigneurie VII. 22. B.

Biffipat, VII. 14. A. 168. A. VIII. 792. D.

Biffot, VII. 362. A.

Biffy, feigneurie, V. 669. D. VIII. 643. D. 648. D. 663. A. comté, IX. 236. A. marquifat, VII. 468. A. IX. 236. B. *Voyez* Thiard.

la Biftrade, IV. 806. D.

Bitche, comté, V. 508. B.

Bitches, feigneurie, IV. 729. A.

Bitham, feigneurie, II. 876. D

Bitonte, marquifat, VII. 192. C.

BITRY, (Seigneurs de) VIII. 853. *Voyez* la Fontaine.

Bitry, feigneurie, VI. 557. C. VIII. 560. E. 854. D.

Biverre, feigneurie, II. 633. B.

Bivil, feigneurie, VIII. 642. E.

Biville, V. 620. B. VIII. 888. D. vicomté, I. 443. A. *la Baignard*, feigneurie, II. 76. E.

Bivilles, feigneurie, VI. 789. B.

Bizan, II. 182. B. 671. C. feigneurie, II. 617. E. 618. A.

Bizay, feigneurie, IV. 448. C. VI. 573. C. 540. D.

Bize, IV. 304. B.

Bizemont,

.Bizemont , IV. 640. E.
Bizet , feigneurie , VI. 260. D. 565. C.
Bizy , feigneurie , VIII. 240. B.
Blacas , II. 242. B. D. 293. A. IV. 504. C. V.
890. D.
la Blaché , comté , IV. 37. A.
Blackader , IX. 410. D.
Blackenere , feigneurie , VII. 87. E.
Blacon , feigneurie , I. 480. B.
Blacons , feigneurie , II. 187. 2. C.
Biadignac , feigneurie , V. 734. D. 735. C.
Blaefweld , feigneurie , III. 614. E.
Blaefwelt , feigneurie , II. 741. C. 796. D.
Blagnac , IX. 176. A. feigneurie , IV. 425. E.
VIII. 475. A. baronie , IV. 307. A. comté , VII.
160. A.
Blaignac , feigneurie , V. 743. A.
BLAIGNY , Gabriel , dit le Genevois , évêque &
comte de Noyon , pair de France , II. 433. C.
Blaigny , feigneurie , II. 60. C. 289. A. IV. 826.
A. VI. 66. C. 304. D. VII. 160. D. VIII. 716.
C. 730. B. vicomté , VI. 125. D. VIII. 350.
B. 354. C. 422. E. Voyez le Genevois.
Blain , feigneurie , VI. 201. B. 203. D. marqui-
fat , IV. 569. D. 570. B.
Blaines , feigneurie , VI. 514. B.
BLAINVILLE , (Seigneurs de) VI. 757. Voyez Mau-
quenchy.
Blainville , feigneurie , II. 427. E. 428. A. IV.
215. A. 414. E. 542. B. V. 129. C. VI. 757.
A. VII. 710. C. 868. A. VIII. 97. D. 211. D.
258. D. 614. C. IX. 148. A. marquifat , II.
63. B C. 64. B C D. IV. 682. D. 685. A. V.
19. F. IX. 324. B.
Blair , VI. 549. D. VII. 585. B. baronie V. 595.
A.
Blaire , VI. 592. C.
Blairenghien , feigneurie , VIII. 13. A.
Blaireville , VIII. 278. B.
Blais , feigneurie , IV. 803. B D E. 804. B C D.
805. C. VI. 108. B.
Blaife , feigneurie , VI. 735. C. 741. B. VII. 112.
D. 113. C. VIII. 12. D.
S. Blaife , VII. 559. D. VIII. 523. D. 651. A. 738.
C. 894. B.
Blaifiers , feigneurie , II. 670. C D.
Blaify , IV. 530. D. 823. A. feigneurie , VIII.
318. A. Voyez Blefy & Blezy.
Blairel en Boulonnois , feigneurie , V. 847. A.
Blaiz , II. 419. A.
Blamont , II. 331. D. 333. C E. IV. 830. A. VI.
159. B. VII. 35. D. VIII. 416. A. feigneurie ,
I. 257. A. comté , II. 331. B. III. 425. D. V.
509. B. VII. 801. A.
BLANC , Berenger , amiral de France , VII. 742.
A.
Blanc , II. 211. B. 871. C. III. 611. A. V. 263.
A. 486. C. 488. C. VI. 188. C. 357. D. 565.
C. VII. 683. B. VIII. 307. E. IX. 124. B. 446.
D. feigneurie , III. 652. A. VII. 65. E. 583. A.
VIII. 370. C. marquifat , VII. 617. D. en Ber-
ry , feigneurie , IV. 163. A. 438. C. 439. A.
V. 571. E. 893. E. VIII. 479. C. 665. B. mar-
quifat , VIII. 761. de Champeeuil , II. 256. D
l'alenchinois , feigneurie , II. 332. A.
Blancafort , II. 170. D. 171. A. V. 893. C. VI.
110. C. 157. C. feigneurie , I. 493. E. H. 363. A.
430. A. III. 74. B. 813. A. IV. 125. A. 213. D.
V. 893. C. VII. 141. B. 434. C. 545. B. VIII.
581. B. IX. 392. A. baronie , II. 430. B. Voyez
Blanchefort & Blanquefort.
S. BLANCARD , (Seigneurs de) VII. 308. Voyez
Gontaut.
Tome IX.

S. Blancard , IX. 397. D. feigneurie , II. 663. B.
IV. 433. B. 790. B. VII. 305. A. 308. A. 925.
A. baronie , IV. 120. C. 126. D. 127. A. 324.
B. VII. 924. A.
S. Blançay , feigneurie , I. 273. B.
Blancbafton , VI. 262. B. 356. A. 359. B.
BLANCBUISSON , (Seigneurs du) VI. 644. Voyez du
Merle. (Suite des feigneurs du) VI. 646.
Blancbuiffon , feigneurie , VI. 644. C. VII. 560.
A. VIII. 890. A.
Blancey , feigneurie , IV. 851. A.
Blancfoffé , feigneurie , I. 439. B. IV. 756. A. VII.
825. B. marquifat , IV. 227. A.
Blanchard , II. 455. C. VIII. 236. A.
Blanché , VII. 413. D.
Blanchecourt , feigneurie , II. 124. B.
Blancheface , VIII. 234. B C. 235. D. E.
Blanchefort , I. 256. A. II. 178. C. IV. 31. A.
284. B C. 288. A. 426. E. 864. B. V. 340. C.
VI. 529. B. 559. D. 624. A. 785. B. VII. 99.
B. 135. C. 157. D. 332. D. 376. D. feigneu-
rie , V. 153. A. VII. 303. E. 334. B. VIII. 118.
A. 144. C. 372. D. 635. D. 836. A. baronie ,
VII. 304. C. marquifat IX. 452. * B. d'Afnois ,
IX. 449. * B. de Boiflamy , VIII. 245. C. de
Bonne de Crequy , III. 899. D. de Crequy , IV.
218. A. VI. 567. B. IX. 94. A.
Blanchelande , feigneurie , VII. 626. D. VIII. 364.
E.
Blanchely , feigneurie , V. 126. E.
Blancher , II. 41. E.
BLANCHET , Hugues , aumônier du Roi , VIII 219.
C.
Blanchet , VI. 381. D. IX. 474. A. du Pleffis de
Befné , ibid.
Blanckenheim , comté , V. 638. A.
Blancmefnil , feigneurie , II. 304. D. 307. B. IV.
763. A B. 764. A D. 765. C E. 766. A. VI.
553. B. VII. 356. D. Voyez Potier.
Blandannay , feigneurie , III. 638. A.
Blande , III. 92. A.
BLANDE' , (Seigneurs de) VI. 424. D. Voyez Fu-
mée.
Blandé , I. 271. E. V. 768. C. VI. 423. A. 424.
B. 597. A.
Blandecque , feigneurie , VIII. 535. E.
la Blandinaye , feigneurie , VI. 202. D. en Breta-
gne , feigneurie , VI. 190. A.
la Blandiniere , feigneurie , V. 129. F.
Blandy , feigneurie , I. 219. B. 350. A. 493. E. V.
227. D. VIII. 535. E.
Blanes , comté , IX. 438. B. marquifat , IX. 438. C.
Blangerval , VI. 177. A.
Blangis , feigneurie , I. 256. D. IV. 214. E.
Blangy , feigneurie , V. 160. C. 658. A. VIII. 643.
D. fous-Poix , feigneurie , V. 136. B. fur-Som-
me , feigneurie , VIII. 653. E
Blangues , feigneurie , VIII. 812. C.
Blankenheim , VIII. 532. E.
Blanmont , II. 763. E. VIII. 532. D. feigneurie ,
VIII. 349. B. 428. A. comté , VIII. 352. A.
Blannaye , feigneurie , I. 307. B.
Blannavés , feigneurie , II. 136. C.
la Blanque , feigneurie , III. 906. A.
Blanquefort , V. 731. D. 733. A. feigneurie , II.
174. B C. 175. B C E. 182. C E. IV. 537. B.
V. 733. C D. 734. C. 735. C. VI. 303. D.
927. A. IX. 383. A. baronie , V. 376. D E.
marquifat , V. 737. B. VI. 329. E. Voyez Blanca-
fort & Blanchefort.
Blanquenben , comté , VIII. 33. B.
Blanzac , feigneurie , IV. 420. B C. 421. A B. 422.
A C. 423. A D. 425. B D. 426. E. 427. A.
M

VIII. 148. A. baronie, IV. 433. C. 767. C. V. 737. C. VII. 20. C. VIII. 146. B. comté, IV. 434. B. VII. 617. E. *Voyez* la Rochefoucaud.

Blanzy, seigneurie, IV. 362. D. 863. A.

Blaru, VI. 673. A. 717. C. VIII. 62. B. 791. B. seigneurie, V. 83. E. 134. E. 142. E. 160. D. VI. 673. A. VIII. 880. A.

Blasin, II. 177. E. *bis*, 178. A.

Blasnet, seigneurie, VII. 595. D.

Blason, seigneurie, II. 407. C. III. 573. B. 631. B. 632. A.

Blasort, III. 906. B.

Blasqueville, VIII. 18. B. seigneurie, VIII. 17. D.

Blasy, seigneurie, II. 153. C D E.

la Blatiere, seigneurie, VII. 548. A.

Blaton, seigneurie, I. 244. D.

Blavette, III. 582. C.

Blauf de Gilbertez, II. 456. D.

Blausac, II. 155. E.

Blaye, seigneurie, IV. 164. D. 448. B. V. 225. E. 226. E. VI. 222. A. 321. A. vicomté, III. 125. B.

Blayres, VIII. 237. B.

Blazon, seigneurie, II. 857. C. IV. 197. C. VI. 86. C. 115. C. 124. C. 203. B. 628. B. VII. 72. A. VIII. 574. A. 867. C.

Blazy, VII. 455. C.

Blé, *Nicolas*, marquis d'Huxelles, maréchal de France, VII. 661. D. *idem*, chevalier du S. Esprit, IX. 241. D.

Blé, (*Genealogie de la maison du*) VII. 662.

Blé, VII. 416. D. 661. C. 664. D. 897. A. VIII. 800. E. *d'Huxelles*, IV. 878. D. V. 267. B. VIII. 809. * C. IX. 165. C. 197. B. 228. B.

Blecourt, II. 53. C. IV. 399. E. 753. B. VI. 384. B. 529. B. 533. D. VII. 592. C. VIII. 108. C. 537. B. seigneurie, VI. 783. A.

Blegny, seigneurie, VI. 572. B.

Bleheben, seigneurie, IV. 75. C. 78. C.

Bleigny, baronie, VI. 540. D. 590. B. vicomté, IV. 215. C. VI. 742. C.

Blein en Bretagne, seigneurie, II. 193. B.

Bleky, seigneurie, VIII. 652. A.

Blembec, III. 796. B.

Blemur, VIII. 138. C.

Blenac, seigneurie, IV. 448. D. 449. A. comté, IV. 453. B. 454. D.

Blenchefeld, seigneurie, II. 405. E.

BLENEAU, (*Seigneure du*) I. 492. *Voyez* Courtenay.

Bleneau, seigneurie, I. 438. C D. 489. D. 492. A. 499. C. 503. B. V. 242. C. 742. D. VI. 145. A. VII. 433. E. VIII. 494. D. 804. B.

Blenost, VIII. 333. B.

Blequencourt, seigneurie, VIII. 793. C.

Blequin, seigneurie, III. 580. D. 611. A. C. 612. B. IV. 403. D. V. 79. F. 80. A. 90. F. 229. D. VI. 783. B. VIII. 161. D. baronie, VI. 785. D.

Blerancourt, seigneurie, VIII. 265. C.

Blere, II. 121. C.

Bleré, seigneurie, II. 503. A. 846. B. VI. 412. A. VII. 120. A. VIII. 557. E.

Blerencourt, seigneurie, IV. 770. A. VII. 475. D. marquisat, IV. 771. B. 772. D. *Voyez* Potier.

la Blerie, seigneurie, VII. 232. C.

Blessac, baronie, V. 495. A.

Blesset, III. 450. C.

Blessonville, seigneurie, VI. 48. B.

Blest. *Voyez* Blais.

Blésy, I. 515. D. seigneurie, I. 561. B C. IV. 659. B. *Voyez* Blaisy.

Blet, VIII. 692. C. seigneurie, II. 860. B D. 861. C. IX. 398. E. baronie, VIII. 255. C. 904. A. comté, VI. 504. B. 521. C.

Blevy, marquisat, IX. 280. B. 328. B.

Blezy, IV. 658. D. VII. 811. A. *Voyez* Blaisy.

Bligny, seigneurie, IX. 318. B.

S. Blimont, V. 235. A. 621. B. VII. 563. B E. VIII. 888. C. marquisat, IX. 320. A.

Blincourt, seigneurie, II. 128. E.

Blines, seigneurie, VI. 382. C.

Bliquetuit, seigneurie, V. 159. C E. 160. A.

Blismes, seigneurie, VIII. 822. C.

Blismes, seigneurie, VI. 463. B.

Blobocan, seigneurie, II. 128. E.

Bloire, seigneurie, V. 605. B.

BLOIS, *Thibaut*, I. senechal de France, VI. 37. A.

BLOIS, (*Comtes de*) II. 845. *Voyez* Champagne.

BLOIS, (*Autres comtes de*) VI. 95. (*Barons de*) VI. 98. *Voyez* Chastillon.

Blois, II. 687. E. 722. A. III. 594. C. V. 573. A E. 584. B. 642. A. VI. 26. D. 214. B. 249. D. 270. C. VII. 74. D. VIII. 52. E. 79. C. 282. A. 356. C. 402. A. 464. E. vicomté, III. 171. A. 314. D. VIII. 723. E. comté, I. 49. C E. 71. D. 75. E. 77. A. 86. A. 101. C. 147. A. 205. A. 207. E. 229. A. 242. A. 253. B. 447. E. 448. A. 451. A. II. 259. E. 338. A. 464. D. 467. A. 472. C. 505. C. 515. D. 687. E. 726. D. 734. B. 752. B. 754. D. 783. C. 835. C E. 838. A D. 840. A. III. 44. C. 47. C. 151. E. 170. B. 293. E. 316. B. 318. C. V. 507. D. 512. B. VI. 37. A. 46. B. 94. C. 95. B. 96. A. 97. C. 162. D. VII. 815. C. VIII. 48. E. 575. B. *Bretagne*, III. 383. D. *Chastillon*, VIII. 39. C.

Blomay, seigneurie, III. 737. A.

Blomes, seigneurie, VIII. 91. E.

Blonaincourt, seigneurie, IV. 821. D.

le Blond, V. 23. F. 24. A. 623. B. VI. 543. C. VIII. 24. A. 482. C.

la Blonde, VI. 388. A. VIII. 471. B. 831. B.

Blondeau, VI. 291. B. 552. D. IX. 322. C.

Blondel, II. 296. E. III. 576. D. 588. D. 909. B. IV. 212. C. 824. VI. 783. A. VII. 550. B. 556. B. 558. B. VIII. 662. C. IX. 124. A. *de Joigny*, IV. 402. A. V. 828. E. 836. A.

Blossac, seigneurie, IX. 474. E. baronie, VII. 583. E.

BLOSSET, *Jean*, chevalier du S. Esprit, IX. 59. B.

Blosset, I. 224. C. VI. 282. D. VII. 6. B. 25. A. 111. B. 178. D. VIII. 24. D. 98. D. 102. D. 165. A. 258. A D.

Blosseville, seigneurie, VI. 631. B. baronie, V. 392. A. VII. 68. C. vicomté, VI. 631. B.

Blot, IV. 890. C. 891. B. IX. 470. A. seigneurie, I. 375. B. VII. 59. D. 83. A. baronie, VI. 485. D.

la Blotiere, seigneurie, VII. 669. C.

Blou, baronie, I. 328. C.

Blouville, seigneurie, V. 128. A.

Blouunt, VII. 841. A.

Blouyn, VII. 601. C.

Bluet, VIII. 850. B.

Blugneville, seigneurie, IV. 215. D.

Bnin-Opalinska, IX. 283. A. Opalinski, IX. 299. B. comté, I. 182. B.

Board, I. 331. B.

Boas, seigneurie, II. 445. B.

Boastel, seigneurie, VI. 197. A.

Bobacina-Cavalieri, V. 463. C.

Boba, seigneurie, I. 683. E. 700. A. *Cabrera*, I. 633. A.

Bobi , VII. 118. C.

Bobigny, seigneurie , II. 107. B. IV. 409. B.

Bobinville, seigneurie, VIII. 710. C.

Bobril, VII. 724. C.

Bocacha, comté , VI. 476. C.

Bocage, seigneurie, VI. 350. D.

Bocans, seigneurie, III. 622. C.

Boccon, VIII. 938. E.

Bocé, seigneurie, VIII. 490. A.

Bochard, IV. 378. D. 624. B C. 649. D. VIII. 156. E. 712. E. 808. D. *de Sarron*, IV. 721. C. VII. 62. C.

Bochart, II. 106. B. 107. B. 121. E. VI. 474. B. 557. C. 574. B.

la Boche, seigneurie, III. 593. C. 594. A C. 595. A. 596. D.

Bochereuil, IV. 182. B.

Bochonet, IV. 285. B.

Bochetel, VI. 491. C. 559. C. VII. 370. B. 572. D. 588. A.

Bocholt, V. 618. A. VI. 487. B. VII. 557. C.

Boconnok, VII. 840. C.

le Bocq, seigneurie, IV. 803. E.

Bocquet, III. 648. C. seigneurie, VIII. 852. D.

Bocsozel, VIII. 909. A.

Bodart, VII. 722. A.

Bode , I. 520. C.

Bodegat, VII. 722. A D. seigneurie, IV. 75. A. 82. C. 83. A. VIII. 568. E.

Bodet , IX. 442. C.

Bodin, IV. 374. D. VI. 438. A. IX. 338. A. 447. D.

la Bodinatiere, seigneurie, V. 23. B.

la Bodiniere, seigneurie, VI. 481. C. VII. 228. B.

Bodio, IV. 186. A.

Bodrier, seigneurie, VIII. 364. D.

Boeffes, seigneurie, VIII. 659. D.

du Boele, II. 165. E.

Boesay, seigneurie, V. 149. F.

Boesse, seigneurie, IV. 741. A. VII. 607. B. baronie, IV. 473. B. marquisat, IV. 473. D. 474. A D.

Boessel, seigneurie, VI. 56. D.

Boesses, seigneurie, VIII. 372. C.

Boessev, V. 125. A. seigneurie, 490. D. 491. B. 493. C D. *le Chastel*, seigneurie, 125. A B D. 126. C. 128. B.

la Boessiere, seigneurie, VIII. 363.

Boessot , VI. 390. C. VII. 50. C.

le Boeuf, VI. 438. A. 764. B. VII. 584. B.

Boeuil, VII. 538. B.

Bofau, seigneurie, IV. 526. A.

Boffardiere, seigneurie, VI. 470. C.

Boffle , seigneurie, VIII. 561. C.

Boffles, seigneurie , IV. 409. C. V. 93. C.

Boghewost , seigneurie, II. 741.

Bogribout , seigneurie, VIII. 20. E. 22. A.

Bogy, seigneurie, IV. 398. C.

Bohaim , I. 325. E. 326. B. 328. B.

Bohain, seigneurie, III. 728. A. VI. 223. B. 126. C. VIII. 638. B.

S. Bohaire, seigneurie, II. 431. C. 440. A. IV. 734. A. V. 610. D. VIII. 776. E.

Boham , VI. 456. C.

Bohan, II. 42. B. III. 842. B. IV. 554. A. VIII. 814. B. seigneurie, IX. 393. D.

Bohardy, baronie, VII. 509. D.

Boheme , Royaume , I. 89. A. 106. B. 118. D. 298. D. 406. B. II. 186. A. 799. D. III. 383. D.

Bohen, VII. 135. C.

Bohier, I, 351. B. VI. 440. B.

Bohun, II. 448. D. III. 54. C. 83. B. VI. 169. A. VII. 87. E. 839. C.

Bohyer, VI. 450. C. 453. C D. VII. 61. C. VIII. 818. A. *de S. Cierge*, VI. 484. C.

Boiaval, seigneurie , III. 608. C.

Boicé, seigneurie , VIII. 707. A.

Boid , V. 594. B.

BOIEFFES (Seigneurs de) VI. 176. *Voyez* Fiennes.

Boieffes, seigneurie , VI. 176. D.

Boijes, seigneurie, V. 159. E.

Boilancourt , seigneurie , VI. 395. C.

Boile, seigneurie, V. 492. E. VII. 435. E. 853. B.

Boinville, seigneurie, IV. 765. B. VI. 525. D. VII. 170. B.

DU BOIS, *Louis*, chevalier du S. Esprit , IX. 97. A.

DU BOIS (seigneurs) VII. 878. *Voyez* Malet.

DU BOIS (Autres seigneurs) VIII. 869. *Voyez* Roucy.

Bois, II. 83. B. 209. C. 377. C. III. 87. C. 88. C. 616. A. 617. 648. 906. B. IV. 41. C. 399. E. 729. A. 828. B. V. 21. F. 186. F. 239. D. 394. E. VI. 172. B. 378. D. 485. C. 543. C. 710. D. VII. 21. B. 98. B. 112. A. 134. A. 202. E. 203. C. 250. A. 531. D. 705. D. 711. E. 748. D. 854. C. 902. B. VIII. 13. E. 29. B. 30. A. 45. B. 75. B. 81. A. 84. D. 139. B. 199. A. 260. B. 282. A. 481. C. 486. B. 633. C. 932. C. IX. 318. C. 321. C. 437. E. 459. D. seigneurie, II. 863. E. IV. 426. D. V. 608. A. 742. C. VI. 432. C. VII. 231. D. 848. E. 853. B. 878. A. VIII. 15. B. 863. C. 869. B. *d'Annequin*, seigneurie, VII. 827. C. *d'Ais*, seigneurie, IV. 458. E. *Batard*, seigneurie, VII. 224. D. *Bernard*, seigneurie, VII. 876. C. *de Bosc*, seigneurie, VIII. 336. B. *de la Carte*, seigneurie, IV. 162. B. *de Commeaux*, V. 143. D. seigneurie, V. 143. B. *des Cours*, VIII. 891. D. *d'Ennebout* , seigneurie , VIII. 713. B. *de Fiennes*, V. 847. B. *d'Illiers*, seigneurie, VIII. 159. D. *de la Lande*, seigneurie , V. 411. B. *de Macquessy*, seigneurie, VIII. 643. B. *de la Motte*, seigneurie, V. 380. F. *d'Offemont*, seigneurie, VIII. 281. A. *des Querdes*, seigneurie , VIII. 30. A. *le Roy*, V. 488. A. *de Vedé*, seigneurie, IV. 472. B. *le Vicomte*, seigneurie, VIII. 192. B. *Voyez* du Bosc.

petit Bois, VI. 453. A.

du Bois des Arpentis, VI. 360. B.

BOIS DE LA ROCHE (Seigneurs du) IV. 82. *Voyez* Rohan.

Bois de la Roche, seigneurie, IV. 78. B. 79. C. III. 766. C. IV. 83. C. 679. B. VII. 390. B. vicomte, IX. 75. B. comté, IX. 76. C. *Baffet*, seigneurie, IV. 78. B. 82. A B. *Bouton*, seigneurie, IV. 322. D.

Le Bois-Larcher, seigneurie, II. 129. B.

Boisbarbot, seigneurie, VI. 641. D. 644. C. 646. C.

Boisbelle, seigneurie, II. 856. B. 857. B. 858. D. IV. 166. B. principauté, II. 859. A. III. 450. E. IV. 117. C. 218. B E. 219. B C. VIII. 185. E.

Bois-Berenger, seigneurie, IX. 243. A.

Bois-Bernard, seigneurie, V. 841. B.

Bois-Blequin, VIII. 659. D.

Bois-Bigault, seigneurie, II. 852. C.

Boisbilly, seigneurie, VII. 384. A.

Bois-Boisseau, seigneurie, IV. 22. A.

Bois-Boudran, seigneurie, VII. 895. A. VIII. 850. D.

Bois-Braut , seigneurie , VI. 193. D.
Bois-Briart, seigneurie , VIII. 812. * C.
Bois-Buart, seigneurie , VII. 85. A.
Boisby , seigneurie , VI. 196. A.
Boischambault, seigneurie , VIII. 799. D.
Boischapleau , seigneurie , VI. 404. C.
Boischeron , seigneurie , IV. 412. D.
Boischevenon , seigneurie , VII. 443. C.
Boischevreüil , seigneurie , VII. 459. E.
Bois de Chisay , seigneurie , II. 859. A.
Boisclereau , seigneurie VII. 514. D.
Bois de Comeaux , seigneurie , VII. 878. D.
Bois d'Augny, seigneurie , III. 734. C.
Bois DAUPHIN , (Seigneurs de) III. 649. Voyez
    Laval & Montmorency.
Boisdauphin , seigneurie . II. 59. D E. III. 640. B.
    IV. 62. B. 387. B. VI. 790. C. VII. 393. B.
    399. A. 400. B. IX. 305. B.
Boisdeffre , seigneurie , V. 87. E.
Boisderie , V. 491. A.
Boisdouffé , seigneurie , IX. 446. C.
Boisdroulin , seigneurie , VII. 395. B.
Boisé , seigneurie , VI. 598. B.
Boisecon , VII. 728. B.
Boise-Dyoin , I. 310. D.
BOISEMONT , (Seigneurs de) VI. 684. Voyez Trie
    & Pillavoine.
Boisemont , seigneurie, II. 82. A. 404. D. IV. 408.
    A. V. 349. B. VI. 281. B. 283. A. 296. A.
    674. B. 681. B C. 684. D. 717. B. VIII. 635.
    D. 787. C. 791. B D. 795. C. en Thierache ,
    seigneurie , V. 244. E.
Boisencourt, seigneurie , VI. 510. C.
BOIS D'ENNEBOUT , (Seigneurs du) VI. 368. Voyez
    du Bosc.
Bois d'Ennebout , VI. 353. E. 368. D. seigneu-
    rie , VII. 182. C. 566. D.
Boisensoul , seigneurie , IV. 717. C
Boisecon , I. 224. D.
BOIS D'ESQUERDES , (Seigneurs du) VI. 172.
    Voyez Fiennes.
Bois d'Esquerdes , seigneurie , VI. 171. D.
Boisfeillet , seigneurie , VII. 725. E.
Boisfeu , seigneurie , II. 308. D.
boisfeuillet , seigneurie , V. 421. B.
Boisfevrier , seigneurie , IV. 753. E. marquisat, VI.
    528. C.
Boisdefiennes , VI. 485. C. 591. A B. II. 833. C.
    Olivier , VI. 591. A.
Boisfoucher , seigneurie , VI. 429. B.
Boisfranc , seigneurie , IV. 773. C. VIII. 737. D.
Boisfronc , seigneurie , VI. 503. A.
Boisganiere , seigneurie . IV. 729. C. 731. A. D.
Boisgarnier , seigneurie , VI. 150. C. VIII. 810. C.
    886. E.
Bois-Garsis , seigneurie , VIII. 358. C.
Bois-Gautier , seigneurie , II. 80. D.
Bois-Gauvin , seigneurie , VI. 155. B.
Bois-Geffroy , seigneurie , VI. 286. A.
Bois-Gelin , VII. 529. C. 724. D.
Boisgency , seigneurie , I. 492. C. II. 854. B. Voyez
    Baugency & Beaugency.
Boisglé , seigneurie , V. 383. B.
Bois-Gibaut , seigneurie , III. 777. D. VI. 115. B.
Bois-Gillet , seigneurie , VIII. 481. C.
Bois-Girard , seigneurie , IX. 444. B.
Bois-Grenier , seigneurie , VIII. 235. C. 809. **
    A.
Bois-Grenon , seigneurie , VII. 84. D.
BOIS-GRIBOUT , (Seigneurs du) VIII. 24. Voyez
    Houdetot.
Boisgribout , VIII. 22.
Bois-Guerin , seigneurie , VII. 724. B.

Boisgueroult , seigneurie , I. 443. C. VI. 419. C.
    VII. 834. B. VIII. 21. D.
Boisgueroust , seigneurie , VII. 472. C.
Boisguiheneuf , IV. 809. B.
Boisguinot , seigneurie , VII. 235. C.
Boisguyon , I. 275. D.
Boishamon , VII. 382. A. seigneurie , VI. 193.
    C.
Boishardy , V. 423. D.
Boisherpin , vicomté , III. 493. E.
Boishymont , seigneurie , VIII. 811. * A.
Boisjan , VII. 719. A.
Boisjardeu , seigneurie , VIII. 356. C.
Boisjean , V. 394. E.
Boisjegu , seigneurie , VII. 526. A.
Boisjerôme , seigneurie , VI. 681. A.
Bois d'Illiers , seigneurie , II. 85. A B.
Boisjoly , seigneurie , VI. 784. D. VII. 587. D.
Boisjourdain , seigneurie , VII. 876. C.
Boisjourdan , VII. 851. A.
Boissamy , IX. 426. C. seigneurie , IV. 31. A.
    39. A B. 426. E. V. 340. C. VII. 133. C.
    136. B. IX. 449. * B.
Boislandry , seigneurie , V. 829. D. VI. 416. B.
    552. C. VIII. 100. E. 191. B.
Bois-de-Lessines , seigneurie , I. 259. D.
Boisleve , IV. 365. C. VI. 428. C. 443. C.
    484. B. 514. C.
Bois-l'Evêque , VI. 556. B.
Boisliet , seigneurie , IV. 624. B C.
Bois-Louverchy , V. 90. E.
Bois-du-Lys , seigneurie , VII. 547. C.
Bois-Malesherbes , seigneurie , II. 325. C. 437.
    C. 439. C. VI. 378. B. VII. 865. A. 870.
    A. VIII. 344. C.
Bois des Maréchaux , seigneurie , III. 769. B.
Boismelet , seigneurie , III. 839. E. VIII. 642.
    E.
Boismenart , seigneurie , VII. 95. D. 97. A.
Boismenon , seigneurie , IX. 81. C.
Boismestre , seigneurie , VII. 586. D.
Boismilon , VI. 297. A.
Boisminart , seigneurie , VII. 891. E.
Boismorand , seigneurie , IV. 624. B C. VIII.
    616. E.
Boismortier , seigneurie , VI. 410. C.
BOIS-DE-LA-MOTTE (seigneurs du) VII. 389. B.
    Voyez Beaumanoir.
Bois de la Motte , seigneurie , VII. 389. B. 506.
    C. 710. D. 847. A.
Boismoté , seigneurie , II. 449. C E. 450. A B.
    VIII. 945. D.
Boisnay , VII. 587. B.
Boisnoblet , seigneurie , VII. 231. D.
Bois-Norment , seigneurie , VI. 410. C.
Bois-Ogier , seigneurie , VII. 385. D.
Bois-Olivier , seigneurie , VIII. 260. C.
Boisorcamp , seigneurie , VII. 22. C.
Boisorcan , seigneurie , II. 429. C D E.
Boisoreant , seigneurie , V. 396. B.
Boisot , VI. 801. B.
Bois-au-Parc , seigneurie , III. 651. A C. VI. 470.
    D.
Bois de Pincé , seigneurie , VI. 435. D.
Bois-le-Plessis , seigneurie , VI. 597. C.
les Boispreaux , seigneurie , IX. 466. D.
Boisrache , seigneurie , IV. 852. A.
Bois-Raoul , seigneurie , VIII. 359. D.
Bois-Renard , seigneurie , IX. 437. E.
Bois-Richard , seigneurie , VII. 385. D.
Boisrien , seigneurie , V. 417. E.
Boisriou , V. 405. E. seigneurie , IV. 83. B. 804.
    A.

Bois-del-Rive ,

Bois-del-Rive, VII. 830. D.
Bois-Robert (*seigneurs de*) II. 455. D. *Voyez* Aubigné.
Bois-Robert, seigneurie, VII. 565. D.
Bois-Robin, seigneurie, VI. 194. D.
Bois-Roger, seigneurie, II. 441. C. VI. 312. A.
Bois-Rogues, seigneurie, III. 635. C. VI. 118. B. 119. B. VII. 368. C. VIII. 903. C.
Bois-Rosier, seigneurie, III. 159. D.
Bois-Rouart, seigneurie, VII. 565. D.
Bois-Rouvray, VII. 459. C.
Bois-Rufin, seigneurie, III. 582. A C. VII. 48. C.
Boiſſat, VIII. 937. B.
Bois de la Salle, VII. 729. A.
Bois de Sauzay, seigneurie, VII. 303. E.
Boiſſay, VI. 659. A.
Boiſſe, IV. 895. B. VII. 217. E. VIII. 134. A. seigneurie, VII. 213. D. 344. B. baronie, VIII. 249. A. marquiſat, IX. 471. D. *Pericard*, seigneurie, VII. 700. A.
la Boiſſe. *Voyez* la Bouëſche.
Boiſſé, seigneurie, V. 613. D.
Boiſſec, seigneurie, IV. 677. A. VII. 17. C.
Boiſſeguin, IX. 101. B. seigneurie, II. 130. C. IV. 721. C. VI. 561. A. VIII. 767. A.
Boiſſeleau, seigneurie, II. 309. C.
Boiſſelet, IX. 471. A.
Boiſſelot, seigneurie, II. 432. A.
Boiſſeran, I. 500. C.
Boiſſeret, IV. 896. C.
Boiſſes, seigneurie, VI. 117. A.
Boiſſet, VII. 312. C. seigneurie, II. 240. D. III. 87. B. 388. C. VIII. 164. D.
Boiſſettes, seigneurie, VI. 548. B.
Boiſſeul, VII. 348. B.
Boiſſeux, VII. 336. B.
Boiſſey, VI. 784. B. seigneurie, V. 156. A. VI. 502. D.
LA BOISSIERE (*Vermond*) évêque & comte de Noyon, II. 395. C. *Florent*, évêque & comte de Noyon, II. 395. C. *François*, grand-louvetier de France, VIII. 783. *Jean*, grand-louvetier, VIII. 784. B. autre *Jean*, grand-louvetier de France, VIII. 785. B.
LA BOISSIERE (*Seigneurs de*) VIII. 856. *Voyez* la Fontaine.
la Boiſſiere, II. 392. E. 395. C D. IV. 732. A. V. 16. E. VI. 678. D. VII. 15. B. VIII. 596. ****B. 786. B. 856. C. seigneurie, I. 190. D. 218. B. II. 425. B. 849. E. III. 916. A. IV. 421. B. 425. C. 448. C. V. 225. C. 753. B. VI. 148. B. 153. A. 406. B. 510. A. 544. B. VII. 232. B. 233. D. 509. D. 532. C. VIII. 178. A. 747. E. 854. D. 856. B. *Bitry*, seigneurie, VI. 289. B. *la Grande*, seigneurie, IV. 60. C. *Voyez* Lannoy.
BOISSIERES(*seigneurs de*) V. 745. *Voyez* Durfort.
Boiſſieres, V. 360. A. C. seigneurie, IV. 125. D. V. 747. A. baronie, IV. 141. A. VII. 301. B. 304. C. VIII. 245. E. *en Quercy*, baronie, IV. 123. E. V. 747. D.
Boiſſieu, seigneurie, VII. 646. A.
Boiſſieux, III. 734. C. seigneurie, V. 106. B. marquiſat, *ibid.*
Boiſſire-Amé, VII. 426. B. seigneurie, VIII. 694. A.
Boiſſirien, VII. 98. B.
Boiſſlie, seigneurie, VI. 583. B.
Boiſſon, II. 257. A. V. 766. A. VI. 387. C. VIII. 890. A. IX. 277. C.

la Boiſſonade, VI. 496. C. VII. 388. B.
Boiſſonnel, seigneurie, VIII. 322. C.
Boiſſy, VIII. 523. C. 656. D. seigneurie, II. 345. B. III. 620. A. V. 620. B. VI. 378. B. 391. C. 404. B. 586. A. 589. C. 603. C. VIII. 112. C. 124. E. 543. E. 887. D. *le Bois*, seigneurie, VIII. 886. D. *le Chaſtel*, seigneurie, I. 493. B. VI. 544. B. VIII. 702. B. *le Sec*, seigneurie, I. 524. E. IV. 669. D. VI. 392. D.
Boiſſymon, seigneurie, IV. 222. A.
BOISTAILLE', (*Seigneurs de*) VI. 513. *Suite des seigneurs de*) VI. 518. *Voyez* Hurault.
Boiſtaillé, VI. 489. D. seigneurie, VI. 491. B. 513. D. 518. A. VII. 232. A.
Boiſteaux, seigneurie, VIII. 100. C.
Boiſtel, V. 136. E. VIII. 576. D. 595. ***C.
Bois-Thibault, seigneurie, II. 424. D.
Bois-Thomas, seigneurie, VI. 196. B.
Bois-Tillier, seigneurie, IV. 453.
Boiſtonneau, IV. 61. D. IX. 428. A.
Bois-Trelon, seigneurie, VII. 832. A.
Bois-Trouſſeau, seigneurie, VII. 373. C.
Bois-Vauvray, seigneurie, VII. 853. C.
Boiſvers, seigneurie, VII. 495. C.
Bois-Vert, IX. 478. C. seigneurie, VII. 234. D. IX. 473. B.
Bois-le-Vicomte, seigneurie, VI. 559. A. IX. 94. C.
Boiſvin, V. 606. B. VI. 119. C.
Boiſvoſon, seigneurie, III. 896. C.
Boiſward, seigneurie, VII. 84. A.
Boiſy, seigneurie, III. 575. A. IV. 167. A. 321. C. V. 244. D. 606. B E. 607. B. 609. C. 638. E. VI. 674. B. VIII. 251. C. 252. C. baronie, V. 610. A. marquiſat, I. 516. B. IV. 164. C. 322. B. V. 349. B. 350. B. 575. E. 609. E. 610. A. 611. A B. 612. A. VII. 747. A. *Voyez* Gouffier.
Boiſſyvon, VI. 772. B.
Boiteaux, seigneurie, IV. 668. B. V. 765. A. VII. 384. C.
Boiteux, IX. 344. D.
Boitifrais, seigneurie, IV. 458. E.
Boitron, baronie, IX. 319. B.
Boivin, VI. 119. C. VIII. 778. B. IX. 198. A.
Boix, VII. 677. D.
Boiz, VIII. 921. A.
Boizal, VIII. 146.
Boizay, seigneurie, IX. 399. A.
Bolac, seigneurie, IX. 388. B.
Bolacre, V. 613. E.
Bolandre, seigneurie, II. 67. D. baronie, VIII. 874. C.
Bolard, VI. 434. B.
Bolbone, seigneurie, II. 638. C. VI. 754. D.
Bolhard, seigneurie, VIII. 640. A.
Boliers, VIII. 499. C.
Bolinars, IV. 186. B.
Bolleville, seigneurie, VIII. 18. B D.
Bologne, VIII. 310. A. seigneurie, IV. 570. A. vicomté, VII. 341. A. comté, III. 199. D. 297. C. 298. C D. *Voyez* Boulogne.
Bolomier, V. 261. C. seigneurie, V. 261. D E.
Bolton, duché, IX. 438. D.
Bolweiller, comté, VII. 656. A. 658. C. 659. D.
les Bomans, seigneurie, II. 158. A.
Bombanville, seigneurie, V. 143. C D.
Bombeck, marquiſat, V. 234.
Bombert, seigneurie, II. 181. D.
Bombier, VIII. 361. D.
Bomblais, seigneurie, VI. 445. C.

Bombon, seigneurie, I. 497. A. VIII. 493. E.
comté, V. 392. C E.}

Bomés, seigneurie, II. 861. C.

Bomez, II. 410.|B. *Voyez* Baumez & Beaumez.

Bomicourt, seigneurie, IX. 138. C.

Bomiers, seigneurie, IV. 165. D. 166. D. IX. 53. A.

Bommelles, I. 258. D.

Bommieres, seigneurie, VII. 141. E.

Bomont, seigneurie, VIII. 265. B. *en Thieracbe*, VIII. 264. E.

Bomontel, seigneurie, VI. 585. A. VIII. 649. B.

Bon, II. 440. B. III. 694. V. 850. E. VI. 682. A. VII. 153. C. IX. 115. A. *de Mouillon*, VII. 438. A.

Bonac, seigneurie, V. 728. A. 729. B. 758. C.

Bonacorsi, III. 891. D. VIII. 748. A.

Bonafos, IV. 135. A. 789. B. VII. 313. C.

Bonajutti, III. 891. A.

Bonamour, seigneurie, IX. 452. B.

la Bonardiere, seigneurie, VI. 427. D.

Bonay, II. 849. E. VIII. 326. C.

Bonbon, seigneurie, VII. 892. D. IX. 2. C.3

Bonchaux, seigneurie, II. 448. D.

Bon Compagnon, VIII. 291. E. IX. 290. C.

BONCOURT, *Guillaume*, maître de l'artillerie du Roy, VIII. 466. D.

BONCOURT (*seigneurs de*) issus d'un *bâtard* de Choiseul-Meuze, IV. 845.

Boncourt, seigneurie, V. 87. D. VI. 263. D. 796. C. VII. 182. A. VIII. 76. C. 154. C. D.

la Bonde, seigneurie, VII. 856. B.

Bonderoy, seigneurie, VI. 438. C.

Bondeville, seigneurie, II. 78. A.

Bondius, V. 592. B.

Bondoroy, seigneurie, VIII. 696. D.

BONDOUFLE (*Seigneurs de*) I. 520.

Bondoufle, seigneurie, I. 516. A B.

Bondu, seigneurie, V. 837. A E. 839. D. 841. B.

Bondues, seigneurie, VIII. 658. A.

Bondus, seigneurie, I. 441. C. VII. 562. A. VIII. 658. A.

Bondy, seigneurie, IX. 321. C.

Boneer, III. 611. B.

Bonel, seigneurie, VII. 600. C.

Bonelles, seigneurie, I. 510. II. 863. A.

Bonencontre, seigneurie, VII. 808. B. 809. B.

Bonenfant, VII. 723. D.

Bonery, seigneurie, II. 370. C.

Bones, seigneurie, VII. 456. C.

Bonespoir, seigneurie, V. 495. A.

Bonesses, seigneurie, II. 861. A.

Bonet, seigneurie, VI. 552. A.

S. Bonet, seigneurie, V. 268. C.

Boney, seigneurie, VII. 821. E.

Bonfils, II. 455. C.

Bonfosse, seigneurie, II. 83. B.

Bongars, VIII. 692. C.

Bongay, comté, V. 392. C.

Bonier, VII. 726. C. *de la Coquerie*, V. 419. E.

Boniface, IV. 502. A. V. 260. B. 265. C. VIII. 304. C. 306. D.

S. *Boniface*, chancelier, VI. 240. B.

Bonin, III. 917. C. VI. 411. B. VII. 478. C. 547. C. seigneurie, II. 856. D.

Boninghe, seigneurie, VII. 829. A.

Bonissent, VI. 359. D.

S. Bonit, seigneurie. II. 398. E.

Bonlieu, VII. 787. A.

Bonmarchiet, seigneurie, VIII. 738. E.

Bonmars, duché, V. 661. B. IX. 294. B.

Bonmercat, VIII. 854. D.

Bonnac, marquisat, IV. 128. C. VII. 307. B.

Bonnaide, VII. 50. A.

Bonnail, VII. 489. A.

Bonnaire, VI. 375. B.

Bonnard, II. 121. A. VI. 427. D. 477. D. seigneurie, VIII. 803. C.

Bonnay, III. 371. D. 372. A. VI. 334. E. VII. 266. C. VIII. 336. A. seigneurie, IV. 668. A. VIII. 492. A.

BONNE DE LESDIGUIERES, *François*, connétable de France, VI. 232. B. *idem*, maréchal de France, VII. 396. A. *idem*, chevalier du S. Esprit, IX. 156. A. *autre François*, chevalier du Saint Esprit, IX. 170. B.

BONNE (*Genealogie de la maison de*) IV. 282. (*Branche de*) IV. 204.

Bonne, II. 140. A. 372. D. IV. 218. A. 291. C D. 292. A. 642. C D. V. 268. D. VII. 468. E. seigneurie, IV. 876. E. VI. 518. B. *d'Anriac*, V. 268. D. *de Crequy*, V. 738. B. *Voyez* Blanchefort, *Fontaine*, baronie, V. 151. C. *de Romagnan*, IX. 440.

Bonneau, V. 285. B. *de Rubelles*, II. 455. A. VII. 890. D.

Bonnebaut, VIII. 814. B.

Bonnecourt, seigneurie, IV. 228. A. 838. D.

Bonnefay, VII. 26. A.

Bonnefon, seigneurie, III. 823. A.

Bonnefonds, seigneurie, IV. 124. A. VII. 301. A.

Bonnefons, seigneurie, II. 361. B. V. 187. E. VII. 118. C. baronie, V. 178. D.

Bonnefont, seigneurie, IV. 611. A.

Bonnefontaine, baronie, IV. 792. E.

Bonnefoy, seigneurie, III. 633. B.

Bonneil, seigneurie, VI. 338. B.

Bonnel, VII. 420. A.

Bonnelle, seigneurie, III. 773. C. VI. 450. D. VII. 849. E.

Bonnelles, VI. 512. D. seigneurie, I. 510. D. IV. 173. B. seigneurie, VI. 523. E. VII. 598. C. VIII. 121. A. IX. 272. B. 303. A. 333. B. 341. B.

Bonnemaison, seigneurie, V. 140. F.

Bonnemare, seigneurie, VI. 154. D. 282. D.

Bonnes, seigneurie, II. 230. D. VI. 121. B. VII. 60. D. 457. E. IX. 98. C.

Bonnesches, seigneurie, VIII. 726. A.

BONNESTABLE (*seigneurs de*) V. 139. *Voyez* Harcourt.

Bonnestable, seigneurie, I. 333. C. 334. A. 350. C. V. 130. E. 132. A B. 139. B. 146. A. 894. A. VII. 820. A. baronie, I. 352. C. VII. 869. D. VIII. 93. E. 95. E.

BONNET, *Jean*, queux du Roy, VIII. 828. E.

Bonnet, V. 245. E. 246. A. VI. 360. C. 380. A. VIII. 930. B. seigneurie, VI. 696. B. VII. 770. D. VIII. 108. C. 318. D.

S. BONNET, *Jean*, seigneur de Toiras, maréchal de France, VII. 481. B.

S. BONNET (*seigneurs de*) II. 233. *Voyez* d'Escars.

S. Bonnet, seigneurie, II. 228. B. D. 229. A. 231. C. E. IV. 40. C. 526. C. 536. A. VI. 656. A. 731. D. VII. 22. C. 23. D. 129. A. 351. C. 487. D. 697. B. 760. B. 768. C. VIII. 320. D. 333. C D E. 819. D. 820. B. 831. B. baronie, V. 397. D. *de Bermond du Caylar*, VII. 489. D. *le Chateau*, seigneurie, V. 269. C. *lezOulles*, seigneurie, II. 456. E. *des Quarres*, VIII. 333. D.

Bonneteau, seigneurie, VIII. 107. A.
Bonneregue, seigneurie, IV. 526. A.
Bonnetot, seigneurie, I. 444. A B. marquisat, VI. 119. C.
des Bonnets, seigneurie, VI. 196. C.
Bonnette, III. 635. C.
Bonneval, II. 232. C. V. 153. E. 352. A. 749. B. VI. 392. C. VII. 137. A. 304. C. 307. C. 334. B. 338. B. 578. C. 926. C. VIII. 183. A. seigneurie I. 323. C. 324. B. 378. A. III. 572. C. IV. 266. B. 293. A. 471. C. 599. B. V. 153. E. VII. 112. C. 303. E. 499. E. 504. D. 741. B. VIII. 174. C. baronie, IV. 189. B. comté, IV. 128. D. marquisat, III. 372. C.
BONNEUIL, (Seigneurs de) VI. 123. Voyez Châtillon.
BONNEUIL, (Seigneurs de) VIII. 801. Voyez Harlay.
Bonneuil, seigneurie, I. 352. C. II. 267. B. VI. 123. D. 332. B. 518. D. 586. C. 665. A. VIII. 799. B. 801. A.
Bonneville, seigneurie, I. 444. A C. V. 613. E. VI. 359. A. 586. A. VII. 211. B. VIII. 96. C. 647. A.
Bonnevin, II. 226. D. IX. 447. B.
Bonnier, IV. 804. D. de la Motte, IV. 219. D.
la Bonniere, seigneurie, II. 323. C.
Bonnieres, III. 916. B. V. 240. B. 836. D. VI. 803. A. VII. 31. A. VIII. 658. C. seigneurie, V. 84. C E. VIII. 29. B. Souastre, I. 259. C E. IV. 402. A. VIII. 81. B.
Bonniers, seigneurie, VIII. 889. B.
Bonnin, VII. 509. C.
BONNIVET, (Marquis de) IV. 684. Voyez Rochechouart.
Bonnivet, I. 333. A. seigneurie, III. 575. A. 913. A. V. 84. A. 605. A C. 606. A B D E. 607. B C. 608. A. 615. C D. 616. B. 617. D. 618. D. VII. 112. C 557. C. 880. B. marquisat, VI. 538. A. 787. A. VIII. 487. B.
Bonnœil, seigneurie, V. 17. D.
Bonnot, VIII. 770. D.
Bonnoval, seigneurie, VIII. 726. C.
Bonny de Guebraque, VIII. 649. B.
Bonœil, seigneurie, VI. 508. A.
Bonouvrier, III. 91. A. 92. B.
Bonrepaux, seigneurie, VIII. 474. C. baronie, IX. 175. D.
Bonrepos, seigneurie, IV. 28. A. 304. B. VII. 45. C. 53. A. 171. C. 287. A. 694. C. VIII. 420. A.
Bonretrait, seigneurie, III. 818. C.
Bonsac, seigneurie, III. 837. E.
Bonsens, VI. 361. A.
Bonsfreres, VII. 544. E.
BONTIN, (Seigneurs de) I. 505. Voyez Courtenay.
Bontin, seigneurie, I. 499. A B. IV. 217. C. 227. C. baronie, IV. 217. E. VIII. 186. C. marquisat, IV. 218. E.
Bonvert, seigneurie, VII. 258. C.
Bonvoisin, IV. 371. B. VII. 727. B.
Bony, VIII. 26. D. IX. 382. A. seigneurie, VIII. 326. C.
Bonzi, Pierre, cardinal, commandeur du S. Esprit, IX. 215. A.
Bonzi, IV. 681. C. IX. 207. A. 281. C.
Bonzincourt, seigneurie, V. 13. B.
Bonzy, seigneurie, VIII. 61. C.
Boomon, seigneurie, VI 750. D.
Boppart, baronie, IV. 826. A.
Boquet, VI. 375. D.
Boran, seigneurie, VII. 477. D.

Borant, seigneurie, IV. 124. C. VII. 303. A.
la Borch, seigneurie, II. 798. B.
Borcht, seigneurie, III. 576. A.
Borchuliet, seigneurie, II. 798. D.
Bordage, seigneurie, V. 380. E. VII. 383. A. IX. 276. B. marquisat, V. 397. B. IX. 453. C. de Logerie, seigneurie, IX. 443. B. de la Pualiere, seigneurie, IX. 443. C.
LA BORDE, (Seigneurs de) V. 241. Voyez Melun. (Autres seigneurs de) VI. 529. Voyez Brulart.
la Borde, III. 391. D. seigneurie, I. 490. A. II. 215. A. 306. C. 308. A. III. 583. A. IV. 670. B. 677. D. V. 241. C. 771. A. VI. 283. B. 383. A. 417. B. 503. D. 529. D. 572. D. VII. 30. B. VIII. 71. C. 265. B. 551. C. baronie, VI. 530. B. VII. 255. B. 646. A. 803. D. marquisat, IV. 216. E. 856. D. VI. 531. A. Chailly, seigneurie, VI. 148. B. le Vicomte, V. 243. C. seigneurie, V. 242. A C.
Bordeaux, VI. 207. D. seigneurie, II. 182. 2. C. Voyez Bourdeaux.
Bordeille, VI. 21. A. vicomté, II. 233. D. VI. 21. A. Voyez Bourdeille.
Bordeilles, VII. 100. C. VIII. 588. C. seigneurie, VII. 18. E. vicomté, VIII. 776. A. Voyez Bourdeilles.
Bordeix, I. 331. B.
Bordellano, marquisat, VI. 470. D.
la Bordelle, VII. 645. C.
Bordelles, seigneurie, VI. 597. A.
Borderas, baronie, II. 642. E.
Borderia, VIII. 478. A.
la Borderie, seigneurie, II. 453. B.
DES BORDES, Guillaume, porte-oriflamme de France, VIII. 106. A.
des Bordes, II. 661. C. V. 22. C. VIII. 80. B. 853. B. IX. 342. B. seigneurie, II. 399. D. III. 651. A. IV. 163. A. 653. B. 726. C. 897. A. V. 425. E. VI. 475. A. 493. C. 531. D. 634. B. 786. B. 790. C. VII. 30. A. 60. D. 122. E. 123. D. 220. D. 427. C. 434. E. 892. A. 926. E. VIII. 60. D. 107. A. 794. A. Meslun, seigneurie, IV. 728. A. 729. A. 730. A C.
Bordier, VII. 321. C.
Bordieres, seigneurie, II. 648. C.
la Bordiliere, seigneurie, VI. 417. D.
Bordillon, seigneurie, IV. 713. B.
Bordin, II. 654. D.
les Bords, seigneurie, V. 21. B.
Boreac, VII. 269. B.
Boredon, V. 358. A. seigneurie, IX. 392. E.
Borel, V. 263. C. VII. 560. A.
Borelle, seigneurie, VII. 703. A.
Borello, comté, V. 531. B.
Boremont, II. 269. B.
Borenc, seigneurie, IV. 408. A.
Bores, I. VIII. 909. C.
Borfery, seigneurie, VIII. 138. B.
Borgarella, VI. 499. A.
Borgaro, VI. 498. C.
du Borget, comté, II. 17. A.
Borgerheide, seigneurie, II. 798. D.
Borges de Castro, I. 698. C.
Borghese, IX. 290. C.
BORGIA, (Genealogie de la maison de) V. 521. & suivantes.
Borgia, I. 185. B. 259. E. 376. A. 633. E. 635. C D. 653. A. 655. C. IV. 186. B. V. 521. B. 531. B. VI. 214. D. VIII. 41. E. IX. 296. A.
Borgival, seigneurie, VIII. 107. C.
le Borgne, IV. 83. D. 370. C. VII. 390. B. 530. A. 825. D. VIII. 86. B. 150. B. 702. D. d'A-

VAUGOUR, VII. 727. A. *de Lefquifiou*, IV. 123. C. VIII. 800. C.

Borgouſt, ſeigneurie, V. 133. E.

la Borie, ſeigneurie, VII. 28. C. 329. C. 340. A.

Boringe, IX. 382. D. ſeigneurie, II. 164. B C. 165. C E.

Boris, V. 521. E.

Borme, baronie, VIII. 301. C.

la Bormondie, VII. 322. A.

Bormont, VIII. 605. C.

BORN, (*Seigneurs de*) V. 753. *Voyez* Durfort.

Born, VII. 318. B. 327. A. ſeigneurie, IV. 223. D. 125. E. 228. C. 472. B D. V. 747. E. 748. A. 755. E. 754. A. VII. 501. B. 504. E. 579. B. VIII. 457. B. *Hautefort*, VIII. 244... C. *de Langiere*, IX. 202. C.

Bornac, VIII. 596. ** A. baronie, IX 426. B.

Bornant, ſeigneurie, II. 158. D.

LA BORNE, (*Seigneurs de*) V. 327. *Voyez* Aubuſſon.

Borne, II. 138. C. V. 407. E. ſeigneurie, IV. 239. E. 422. A. 526. C. V. 327. A. VII. 301. B. baronie, V. 349. B. C. 365. A. 856. D. VII. 335. B. VIII. 305. B.

Bornehem, ſeigneurie, V. 511. D.

Bornes, II 798. C.

Bornet, IX. 416. A.

Borneville, ſeigneurie, I. 507. A.

Bornhem, ſeigneurie, II. 867. E.

Borniken, ſeigneurie, IV. 333. C. 334. A.

Borraſſier, VIII. 475. A.

Borre, ſeigneurie, II. 766. E.

Borrel. ſeigneurie, VIII. 4. C D. *de Chenouillet*, V. 889. D.

Bortes, ſeigneurie, III. 908. B C.

Borromée, VII. 117. B. E. VIII. 291. D. 304. A. comté, VIII. 37. E.

BORSELLE, *Wolfart*, maréchal de France, VII. 103. C.

BORSELLES, (*Genealogie de*) VII. 104. (*ſeigneurs de*) VII. 105.

Borſelle, I. 114. C. 245. A. 249. D. 255. B D. 314. E. III. 919. A. ſeigneurie, II. 784. E. VII. 105. C. baronie, IH. 578. D. VII. 104. A.

la Borſt, ſeigneurie, II. 785. C.

Bort, VII. 64. D. 130. D. ſeigneurie, VII. 59. B.

Borrwick, IX. 413. A.

Bos, II. 851. A. 874. D. V. 89. D. VIII. 163. E. 166. E. 175. C. 523. D. 659. C. ſeigneurie, III. 724. A. IV. 182. B. VI. 100 D. 629. D. 630. B. *d'Annequin*, IV. 182. B. VII. 111. D.

Boſbeck, ſeigneurie, III. 723. B.

DU BOSC, *Nicolas*, chancelier de France, VI. 352. B.

DU Bosc en Normandie, (*genealogie de*) VI. 353. (*Bâtards de*) VI. 362.

Boſc, IV. 473. A. VI. 197. C. 353. C. 363. A. 371. A. VII. 182. C. 340. D. 560. E. 566. D. 875. D. VIII. 260. E. 283. B. 641. C. 713. B. 739. C. ſeigneurie, VI. 623. D. VII. 420. A. VIII. 90. C. 273. D. vicomté, II. 370. C. *Achard*, ſeigneurie, VII. 471. C. 867. B. VIII. 94. C. 95. A. 160. B C. 161. A. 245. D. 259. C. comté, VIII. 891. C. *de Berneval*, ſeigneurie, III. 724. A. *le Borgne*, ſeigneurie, V. 82. A. VII. 427. B. *Bourdin*, ſeigneurie, VIII. 810. D. *de Canteloup*, VII. 348. E. *Guerard*, ſeigneurie, VI. 355. B. *Guillaume*, ſeigneurie, VIII. 93. D. *Hericher*, ſeigneurie, VI.

363. C. *Roger*, VIII. 97. E. 105. A. *Wimont*, VIII. 17. C. *Voyez* Guilhem.

Boſefranc, ſeigneurie, VII. 329. E.

Boſefranchet, ſeigneurie, VII. 64. C.

Boſches de Vors, VIII. 299. D.

Boſchet, ſeigneurie, VII. 664. C. 665. A. VIII. 666. D.

Boſchetel, IV. 641. B.

Boſchier, V. 408. B.

Boſchin, VIII. 102. C.

Boſchut, IV. 548. B.

de Boſco, I. 419. B.

Boſcole, ſeigneurie, II. 429. A.

Boſjan, ſeigneurie, VI. 414. D. VII. 643. C. comté, II. 212. B.

Boſies, ſeigneurie, VII. 312. A.

Boſigues, V. 287. E.

Boſjouen, ſeigneurie, VIII. 355. A.

Boſjuan, ſeigneurie, VII. 802. D.

Boſmelet, ſeigneurie, IV. 474. E.

Boſmoteux, ſeigneurie, VII. 459. E.

Boſnie, royaume, I. 406. A.

Boſnier, VIII. 734. A.

Boſny, ſeigneurie, VII. 719. A.

Boson, évêque & comte de Châlons, pair de France, II. 336. E.

Boſqueaux, V. 15. D.

Boſquel, III. 609. A. V. 238. B.

Boſquet, VII. 114. D. VIII. 164. E. ſeigneurie, II. 363. B. Hh 577. D. 915. C. V. 103. D. IX. 342. C.

Boſredon, V. 364. B.

Boſlan, VI. 541. C.

Boſſancourt, VII. 430. A.

la Boſſaye, V. 607. A.

la Boſſe, ſeigneurie, II. 87. A B C. IV. 732. A. VII. 755. A. marquiſat, II. 88. A.

Boſſerie, ſeigneurie, II. 86. E.

la Boſſiere, ſeigneurie, VII. 891. C.

Boſſighehem, ſeigneurie, VI. 711. D.

Boſſignol, ſeigneurie, IV. 805. B.

Boſſis, VII. 115. D.

Boſſoſt, III. 861. B. IV. 665. E. VII. 135. D.

Boſſu, II. 209. D. IV. 401. A. 404. C. 636. B. 900. VI. 350. B. 483. B. 494. B. 537. C. 544. C. VIII. 79. B. comté, I. 259. A B D. 497. B. VIII. 43. A. *de Longueval*, I. 216. A. *Voyez* Boſſut ci-après.

Boſſuejols, IX. 420. D.

Boſſuet, IX. 323. B.

Boſſut, II. 78. B. 322. D. III. 842. A. 896. B. V. 829. D. VI. 122. A. 153. D. VII. 559. C. VIII. 324. E. 494. D. 578. C. ſeigneurie, IV. 214. E. V. 652, C. VIII. 39. D. comté, III. 488. D. V. 641. D. 642. A. *Avelnys*, V. 829. D. *Lierval*, II. 80. C. *Longueval*, V. 736. A.

Boſtbelle, IV. 889. B.

Boſtum, I. 323. C.

Boſworth, baronie, V. 166. D.

du Bot, IV. 804. A. VIII. 364. A.

Botancourt, ſeigneurie, VIII. 537. B.

Botelli, IX. 385. B.

Boterel, ſeigneurie, IV. 81. C.

Botheon, ſeigneurie, I. 312. C. 323. E. 324. D. II. 399. E. V. 266. E. 267. B. VII. 59. A. VIII. 819. C. IX. 110. B. 126. A. baronie, V. 266. C. 267. C D. 269. A. *en Forez*, ſeigneurie, III. 837. A. 840. C D. 909. D.

Botherel, VII. 719. E.

Bothillon, ſeigneurie, VIII. 20. D.

Bothwell, comté, IX. 406. E.

Boti, I. 647. A.

la Botie, ſeigneurie, II. 363. E.

Botigné;

Botigné, VII. 282. E.
Botland, VI. 102. A.
Bots, seigneurie, II. 83. D. VII. 538. C.
Botti, II. 241. A.
Borzelaer, IV. 473. A. V. 239. C.
Bou, Pierre, capitaine des Galeres, VII. 930. E.
Bou, seigneurie, VI. 525. D.
Boval, I. 558. C.
Bouan, V. 395. F. VIII. 474. D.
la Bouardiere, seigneurie, V. 10. A.
du Bouays, IX. 453. B. 474. C.
Bouberck, VIII. 275. C. seigneurie, VI. 780. D.
Boubesg, VII. 824. B.
Boubers, V. 82. B. 229. D F. VI. 113. B. VII. 833. B. VIII. 22. B. 23. C. seigneurie, II. 7. E. 851. C. III. 384. B. 735. A. 909. A. 915. C. V. 231. A. 620. A. VI. 783. D. VIII. 34. A. 77. D. 642. A. 735. E. sur-Canche, seigneurie, VIII. 106. A. 697. C. en Ponthieu, seigneurie, V. 219. D.
Boubert Veugenlieu, VIII. 636. C.
Boubiac, seigneurie, V. 333. B.
Boubiers, seigneurie, II. 78. D. III. 771. C. IV. 409. B. 410. A.
Bouc, seigneurie, VIII. 302. D.
Boucagny, seigneurie, VIII. 661. C.
Boucan, comté, I. 255. D. 315. A. VI. 225. B. VII. 105. A. IX. 404. C.
Boucard, VII. 545. B. I X. 380. A. seigneurie, VII. 369. A. 434. C.
Boucart, I. 493. D E. VI. 747. C. IX. 110. A. seigneurie, V. 769. C. VI. 747. C.
Boucault, seigneurie, II. 165. C.
Boucaut, seigneurie, III. 644. A.
Bouçay, baronie, I. 376. E.
Boucey, seigneurie, VIII. 202. C.
Bouchage, seigneurie, II. 200. E. 201. E. 203. A. 206. B. VII. 501. D. baronie, VIII. 191. A. comté, I. 358. A. IV. 488. B C. 839. A B C. 855. B C. VII. 153. C. 238. B. 368. B. 390. C. VIII. 920. D.
Bouchain, II. 335. D. 775. A. seigneurie, V I. 169. D. comté, II. 778. C.
BOUCHARD, David, chevalier du S. Esprit, IX. 101. A.
BOUCHARD D'ESPARBEZ DE LUSSAN D'AUBETERRE, Pierre, chevalier du S. Esprit, IX. 275. B.
Bouchard, IV. 400. B. 730. C. V. 142. D. 181. D. VI. 365. A. VII. 17. E. 456. C. 512. B. VIII. 672. A. 678. B. seigneurie, VI. 385. E. d'Auberterre, IV. 72. B. 306. D. 446. B. V. 17. A. 142 C. VII. 66. E. 399. C. 772. D. IX. 178. B. d'Esparbez de Bussan, V. 181. C. VIII. 247. A.
la Bouchardiere, seigneurie, VII. 496. C.
Bouthardon, VI. 595. A.
Bouchart, VIII. 525. A.
Bouchavannes, seigneurie, III. 614. B. VI. 708. A. 787. A. VII. 833. A.
Bouchaud, seigneurie, III. 736. B.
Bouchaut, V. 652. C. VII. 170. E. VIII. 78. B. seigneurie, V. 571. A. VII. 831. A.
Bouche d'Ulure, seigneurie, VII. 224. A.
la Boucheliere, seigneurie, V. 490. D.
Boucher, II. 119. D. VI. 331. A 340. B. 381. D. 410. B. 433. C. 514. B. VII. 587. C. VIII. 490. A. 914. D. 918. D. IX. 123. C. 208. A 318. B. 445. D. d'Orsay, VI. 286. B. 293. C. 545. B. 568. A.
BOUCHERAT, Louis, comte de compans, chancelier de France, VI. 583. D. Idem, chancelier des Ordres, IX. 308. B.
Tome IX.

BOUCHERAT, (Genealogie de) VI. 584.
Boucherat, IV. 843. A. VI. 535. A. 546. D. 571. C. 584. B. VII. 7. B. 549. B. 801. B. 809. * D.
la Boucherie, seigneurie, IX. 321. C.
Boucheron, seigneurie, VI. 193. B.
BOUCHET, (Seigneurs du) VIII. 95. Voyez Estouteville.
DU BOUCHET DE SOURCHES, Jean, chevalier du S. Esprit, IX. 297. C.
du Bouchet, II. 86. D. 453. E. III. 379. C. 452. A. 604. D. IV. 169. B. 322. A. 755. C. V. 487. B. 611. B. VI. 156. C. 281. A. 506. D. V I I. 4. B. 235. C. 435. D. 584. E. 646. E. 853. D. VIII. 251. B. 595. *** A. 768. A. IX. 445. C. seigneurie, IV. 473. B. 682. A. VII. 3. E. 30. E. 67. A. 515. D. VIII. 90. B. 95. B. 99. C. 131. B. 133. A B E. 643. B. IX. 436. E. baronie, IV. 834. A. en Brenie, seigneurie, IV. 679. B. 714. E. d'Estouteville, seigneurie, IV. 710. C D. 711. C. 712. C. 713. B. 715. C. de Sourches, IX. 325. A. de Sourches-Montsoreau, VIII. 918. A. Valgrand, marquisat, IX. 338. A. en Vendomois, V I. 140. A.
Bouchevilliers, seigneurie, VI. 786. B.
Bouchoir, seigneurie, V. 829. C. 830. B. 831. B. VII. 560. C.
du Bouchon, II. 344. E.
Bouchove, comté, III. 596. E.
Bouchout, seigneurie, II. 798. E.
Bouchu, VI. 479. D. VII. 67r. D. IX. 417. D.
Boucicault, I. 251. C. Voyez le Meingre.
Boucoiran, seigneurie, VII. 782. E. baronie, VII. 792. C.
Bouconville, seigneurie, I. 367. VIII. 874. C. vicomté, IV. 849. B.
Bouconvilliers, III. 621. A. seigneurie, IV. 640. A C. VIII. 887. A.
Bouçou, seigneurie, VIII. 66. A.
BOUDART, Jean, pannetier, VIII. 619. A. Autre Jean, pannetier du Roi, ibid. Mahiet, pannetier du Roi, ibid. Mathieu, premier pannetier du Roi, ibid.
Boudart, VIII. 710. A.
Bouder, VII. 180. A.
Boudereuil, VI. 351. C.
BOUDET, Michel, évêque & duc de Langres, II. 221. D.
Boudet, II. 223. A B C. 440. D. V. 473. C. 502. C. 565. B D.
Boudeville, seigneurie, II. 79. D. VI. 433. C. 526. D. VII. 818. E.
Boudilhon, IV. 264. E.
Boudins, II. 739. D.
Boudrac, VI. 341. A. VIII. 774. D. seigneurie, II. 643. C.
Boudret, VIII. 914. C.
la Boüe, seigneurie, IV. 814. D.
la Bove, IV. 576. C. V. 131. E. 829. A. VI. 114. A. 749. C. V I I. 182. C. VII I. 356. B. 534. D. 537. B. seigneurie, II. 764. C. 798. D. IX. 466. C. baronie, II. 80. D. VI. 122. A. 512. B. 534. B.
Boüé, VII. 594. D.
Boueix-la-Motte, seigneurie, VIII. 493. C.
Boüelles, VIII. 636. C.
Boüelte, II. 371. A.
Boüer, IV. 576. C. VII. 84. D.
Boves, II. 504. C. IV. 770. B. seigneurie, V. 239. C. 510. A. VI. 110. A. 282. B. 384. A. 406. D. VIII. 861. A. marquisat, VII. 283. D. Voyez Bauves.

Q

Boüiefche, feigneurie, I. 323. E.
Boüieffes, feigneurie, VI. 416. B.
Boüieffey, feigneurie, V. 399. D.
Boüet d'Arier, VIII. 938. D.
Boüettard, V. 420. E.
LA BOÜETTARDAYE, (Seigneurs de) V. 420.
la Boüettardaye, feigneurie, V. 420. E.
Boüexe, VIII. 779. A. de Villemor, VIII. 770.
C.
la Boüexiere, V. 411. E. feigneurie, ibid.
Bouffan, VII. 565. D.
Bouffard, VII. 371. A.
la Bouffardiere, feigneurie, VII. 228. C.
Bouffart, IV. 707. B.
Bouffay, feigneurie, V. 148. B. VI. 386. B.
Bouffé, feigneurie, VIII. 778. A.
Boufferay, feigneurie, VI. 426. B.
la Boufferie, feigneurie, VI. 373. A.
BOUFFLERS, Louis-François, maréchal de France,
VII. 625. C. idem, chevalier du S. Efprit, IX.
230. A.
BOUFFLERS, érigé en 1695. en duché, & en 1708.
en pairie pour LOUIS-FRANÇOIS de Boufflers,
V. 69. Pieces concernant cette érection, ibid. &
fuivantes.
BOUFFLERS, (Genealogie de la maison de) V. 77.
Boufflers, I. 379. A. III. 580. D. IV. 412. D.
V. 617. C. VII. 181. B. 183. D. VIII. 561.
B. 659. C. IX. 307. A. feigneurie, V. 77. F.
VIII. 174. B. 746. C. comté, V. 85. F. duché,
IV. 617. B. 644. B. D. pairie, V. 85. D.
Bouge, feigneurie, III. 424. A.
Bouges, feigneurie, VI. 357. C.
Bougis, feigneurie, VII. 636. A.
Bougnon, feigneurie, V. 670. A. 671. A.
Bougny, feigneurie, I. 362. C.
Bougoin, feigneurie, VIII. 755. B.
BOUGOUIN, (Seigneurs de) VIII. 770. Voyez Vi-
vonne.
Bougouin, feigneurie, III. 185. D. VIII. 763. A.
769. B.
Bougteroude, feigneurie, IV. 764. C.
Bouguier, VI. 425. B. 556. A. 575. A.
Bougy, VII. 863. D. feigneurie, VIII. 811. **
E.
Bouha, feigneurie, VII. 160. C.
Bouhaille, VII. 427. D.
BOUHIER, Vincent, intendant des ordres du Roi,
IX. 340. B.
Bouhier, IV. 177. B. 453. B. 454. C. 456. E.
VI. 391. C. 533. A. VII. 53. E. 439. D. 527.
E. 811. A. VIII. 708. A. 758. D. de fainte Ge-
nevieve, V. 838. E.
Boubou, feigneurie, VI. 292. E.
Boujaille, feigneurie, VII. 149, D.
BOVIGNY, (Seigneurs de) VI. 263. Voyez le Bou-
teiller.
Bovigny, feigneurie, VI. 263. B.
Bouilhac, feigneurie, VIII. 167. A.
Bouillancourt, feigneurie, VII. 101. B.
Bouille, III. 641. A.
BOUILLÉ, René, chevalier du S. Efprit, IX. 96.
C.
Bouillé, VI. 189. A. 481. B. VII. 386. A. VIII.
92. C. 192. D. feigneurie, II. 454. B. IV.
686. C. VII. 227. A. 515. B. IX. 73. A. 96.
C. marquifat, VII. 445. A. VIII. 188. B.
Bouillencourt, feigneurie, VIII. 631. B
Bouilli, VII. 529. E.
la Bouillie, feigneurie, II. 223. B. V. 565. B.
Bouilliers, feigneurie, VII. 170. E.
BOUILLON, (Ducs de) IV. 533. & fuiv. Voyez
la Tour.

Bouillon, I. 203. A. II. 839. B. V. 151. C. 234.
C. 397. C. 464. * A. 653. C. 737. A. VI. 18.
E. 248. C. VIII. 121. D. duché, I. 355. D.
II. 210. A D. 249. D. 426. B. 871. E. III. 451.
B. 424. C. 605. B. 730. E. IV. 65. B. 171. C.
172. C. 173. A. 266. C. 433. C. 537. C. 589.
A. VI. 580. B. VII. 168. B. 361. A. VIII. 182.
B. 272. B. 292. A. 537. A. 804. C. 914. A.
principauté, IX. 212. A. de Malherbe, VII.
631. A. Voyez la Tour.
du Bouillonné, VII. 571. A.
Bouillou, feigneurie, VI. 645. A.
Bouilly, feigneurie, IV. 854. B. VII. 336. D.
Bouin, feigneurie, III. 301. D.
Bouint, feigneurie, I. 426. E.
Boujols, feigneurie, IV. 537. D. 538. C.
Bouis, feigneurie, VIII. 145. D E. 146. B C.
Bouju, VI. 569. C. VII. 427. B.
Boulages, feigneurie, I. 500. C.
Boulain, VIII. 642. A.
Boulainvilliers, IV. 408. A. V. 119. E. 645. B.
VI. 282. D. 511. A. 541. A. 672. A. VII. 20.
D. 80. E. 562. A. VIII. 68. E. 94. B. 283. C.
469. B. 650. D. 702. B. 792. A C. 857. C. 888.
E. IX. 451. * D. feigneurie, I. 238. B C. 309.
D. 493. B. 494. C. II. 129. E. VII. 141. D.
comté VII. 715. D. 857. C.
Boulancourt, feigneurie, II. 223. C. 449. D. IV.
290. A. Voyez Boullencourt.
Boulancy-le-Pleffier, feigneurie, VI. 259. D.
Boulanger, II. 377. B. IV. 721. C. VI. 481. B.
554. B. 561. A. VIII. 265. E. 945. C. de
Montigny, VI. 183. D.
la Boulangerie., feigneurie, II. 117. E. 118. E.
Boulanges, feigneurie, V. 263. B.
Boulant, feigneurie, IV. 596. B. 597. A.
Boular, feigneurie, II. 767. A.
Boulart, VI. 150. C. VIII. 871. E. 891. A.
Boulay, VIII. 352. A. feigneurie, II. 121. C. VI.
418. A. 532. D. VII. 439. E. 597. C. marqui-
fat, VI. 576. B. IX. 329. A. Thierry, feigneu-
rie, VI. 291. C. 673. C. 674. B. 680. A. 681.
A. VIII. 261. C.
la Boulaye, VI. 555. C. VII. 811. B. VIII. 802.
C. feigneurie, II. 386. B D. 873. B. III. 150.
A. VII. 134. C. 312. E. baronie, IV. 474. D.
475. A. VI 416. D. 510. B. VIII. 704. D. mar-
quifat, IV. 626 B. VI. 416. D. VII. 170. C. 598.
B.
Boulbon, baronie, V. 281. E. comté, VIII. 298. A.
Bouleau, II. 385. C.
Boulchart, VII. 902. D. 903. A. VIII. 891. D.
Boulenc de Crevecœur, VIII. 737. C.
Boulencourt, feigneurie, VI. 484. A. VIII. 206.
C.
Boulengier, II. 767. C.
Boulers, feigneurie, III. 736. B. VIII. 78. B.
Boulet, VI. 568. D. 570. C. IX. 463. C du Gout,
IV. 308. C.
Bouleriere, feigneurie, VII. 697. B.
des Boulets, feigneurie, VI. 555. D.
Boulevêque, feigneurie, VI. 773. C. baronie, VI.
773. D.
Bouleuze, feigneurie, VI. 153. C.
la Boulie, feigneurie, VI. 473. C.
Boulter, VI. 503. C. VII. 63. D. VIII. 147. A.
823. B. du Chariol, VII. 67. B.
la Bouliere, feigneurie, VIII. 769. C.
Bouliers, II. 287. D. 636. B. VIII. 195. A. IX.
86. D. Cental, IV. 493. A D.
Boulieu, VIII. 819. D.
Bouligneux, feigneurie, IV. 28. B. VII. 574. C,
comté, IX. 238. A.

la Bouligniere, IV. 443. C.

Bouligny, seigneurie, VIII. 645. A.

BOULIN, *Pierre*, receveur general du marc d'or,
IX. 354. A.

Boulin, VII. 509. D. seigneurie, VI. 88. D. 694. D.

BOULLENC, I. 444. D.

Boullencourt. *Voyez* Boulancourt & Luillier.

Boullers, seigneurie, VIII. 9. B.

Boulliers, II. 152. A.

Boulligneux, VIII. 325. A.

Boully, seigneurie, VIII. 551. E.

BOULOGNE, *Baudouin*, évêque de Noyon, II. 389.
E. *Godefroy*, chancelier de France, VI. 247. C.

BOULOGNE (comtes de) IV. 529. & suiv. *Voyez*
la Tour, (anciens comtes de) VI. 247. & suiv.

Boulogne, II. 163. D. 329. A. 335. B. 879. B.
V. 824. C. VI. 21. B. 54. A. 94. B. 277, B. VII.
765. C. VIII. 52. B. 57. B. IX. 448. C. seigneu-
rie, II. 189. A E. 193. A. 195. A E. IV. 893.
D. VII. 173. E. IX. 424. C. vicomté, IX. 416.
A. comté, I. 78. E. 80. B. C. 106. C. 108. B.
109. A. 134. C. 140. D. 281. C. 296. E. 534. B.
549. A D. 561. C. 562. D. 581. C D. II. 162.
B. 205. B. 269. C. 636. D. 714. B C D. 715.
C. 722. A. 743. D. 785. E. 790. B. 791. A.
794. C. 839. A B. 862. D. IV. 164. D. 165. B.
D. 528. E. V. 504. B. 824. C. VI. 26. B. 94. B.
105. B. 168. B. 217. C. 247. D. 249. D. 257.
D. 270. C. 319. A. 523. C. 663. A. 777. C.
782. C. VII. 133. B. VIII. 56. B. 57. A.

Bouloigne, IX. 470. C.

Boulongier, VIII. 81. C.

Boulot, II. 41. E.

la Boulouere, seigneurie, VII. 502. E.

Boulouse, I. 374. A.

le Boult, VI. 552. D.

Boultz, VIII. 595. *** C.

Bouluc, seigneurie, VII. 267. E.

Bouquainville, seigneurie, V. 283. D.

Bouquehaut, seigneurie, VI. 155. E.

Bouquen, seigneurie, V. 606. C.

Bouquerie, III. 581. B. 599. B. VIII. 851. A.

Bouquet, seigneurie, III. 826. A.

Bouquerot, IV. 471. C. VI. 646. A. VII. 872.
B. VIII. 20. A. 889. B. E. seigneurie, VII. 874 A.

Bouqueval, seigneurie, II. 435. A. III. 619. A C.
VI. 590. A.

Bonquinville, seigneurie, VIII. 561. B.

le Bourachers, VIII. 661. B.

Bourbal, VIII. 933. A.

Bourbarin, seigneurie, IX. 98. C.

Bourbel, VIII. 283. A.

Bourbelain, seigneurie, VII. 805. C.

Bourberc, seigneurie, VIII. 34. B.

Bourbilly, seigneurie, I. 562. D. VI. 63. B. baronie, VIII. 324. C.

BOURBON, duché-pairie, érigé en 1327. pour
LOUIS, comte de Clermont, III. 135. Nouvelle érection en 1661. pour Louis de Bourbon, II. prince de Condé, IV. 577.

BOURBON, *Charles*, cardinal, évêque & comte
de Beauvais, pair de France, II. 303. B. *Jacques*, connétable de France, VI. 164. D. *Jean* II.
connétable de France, VI. 227. B. *Charles*,
cardinal de Vendôme, garde des sceaux de
France, VI. 519. D. *Antoine* Roi Navarre, amiral de Guyenne, VII. 884. A. *Henry* Roy de
Navarre, amiral de Guyenne, *ibid*. *Louis* comte de Vermandois, amiral de France, VII.
911. C. *Louis-Alexandre*, comte de Toulouse,
amiral de France, VII. 912. A. *François*, comte d'Enghien, general des galeres, VII. 929.
B. *Louis-Auguste*, duc du Maine, general des

galeres, VII. 938. B. *Louis*, comte de Roussillon, amiral de France, VII. 857. *Louis-Auguste*, grand-maître de l'artillerie de France
VIII. 193. B. *Louis-Charles*, grand-maître de
l'artillerie de France, VIII. 194. A. *Louis*, souverain de l'hôtel du Roy, VIII. 346. B. *Charles*,
grand-maître de France, VIII. 389. A. *Louis*,
grand-maître de France, VIII. 389. B. *Henry* II.
grand-maître de France, VIII. 389. C. *Louis*
grand-maître de France, VIII. 390. A. *Armand*,
grand-maître de France, VIII. 391. A. *Henry-
Jules*, grand-maître de France, VIII. 391. B. *Louis*
III. grand-maître de France, VIII. 391. C.
Louis-Henry, grand-maître de France, VIII.
392. A. *Louis* I. chambrier de France, VIII.
407. B. *Pierre* I. chambrier de France, VIII.
407. C. *Louis* II. chambrier de France, VIII.
408. A. *Jean* I. chambrier de France, VIII.
408. C. *Charles* I. chambrier de France, VIII.
429. A. *Jean* II. chambrier de France, *ibid*.
Pierre II. chambrier de France, VIII. 429.
B. *Charles* III. chambrier de France, *ibid*.
Jacques II. grand-chambellan, VIII. 446. B.
Louis, grand-chambellan de France, VIII.
447. A. *Jacques* grand-bouteiller de France,
VIII. 547. B. *Louis-Alexandre*, grand-veneur de
France, VIII. 740. C. *Charles*, cardinal, commandeur du S. Esprit, IX. 62. B. *Charles*, chevalier
du S. Esprit, IX. 87. A. *Henry* II. du nom, chevalier du S. Esprit, IX. 131. A. *Louis*, chevalier du S. Esprit, IX. 134. *Louis*, chevalier du
S. Esprit, IX. 213. B. *François-Louis*, chevalier du S. Esprit, IX. 213. C. *Louis-Auguste*,
chevalier du S. Esprit, IX. 214. A. *Louis-Alexandre*, chevalier du S. Esprit, IX. 244. B. *Louis-
Auguste*, chevalier du S. Esprit, IX. 283. B. *Louis-
Charles*, chevalier du S. Esprit, IX. 283. C.
Charles, archevêque de Rouen, chancelier des
ordres, IX. 301. CHAROLOIS, *Charles*, chevalier du S. Esprit, IX. 262. A. CLERMONT, *Louis*,
chevalier du S. Esprit, IX. 264. A. CONDÉ,
Louis II. du nom, chevalier du S. Esprit, IX.
184. C. *Henry-Jules*, chevalier du S. Esprit,
IX. 185. A. *Louis-Henry*, chevalier du S. Es-
prit, IX. 257. A. CONTY, *François*, chevalier
du S. Esprit, IX. 65. A. *Armand*, chevalier du
S. Esprit, IX. 185. B. *Louis-Armand*, cheva-
lier du S. Esprit, IX. 257. B. MONTPENSIER,
François, chevalier du S. Esprit, IX. 65. B.
Henry, chevalier du S. Esprit, IX. 106. B.
VENDÔME, *Louis*, cardinal, évêque & comte de
Beauvais, pair de France, II. 303. B. VERNEUIL,
Henry, chevalier du S. Esprit, IX. 185. C.

BOURBON (ducs de) pairs de France, I. 295. &
suiv. (anciens seigneurs de) premiere race; III.
149. & suiv. Seconde race, sortis des seigneurs
de Dampierre, III. 154. & suiv.

Bourbon, I. 85. E. 102. C. 107. C. D. II. 185.
2. C. 226. E. 400. A. 735. B. 753. B. 799.
D. 843. D. 859. B. 870. B. III. 320. C. 375.
B. 376. C. 382. A. 428. A. 450. B. 451. B.
D. 466. A. 485. B. 516. C. 589. C. 603. B.
606. A. 629. A. 840. D. 877. A. 897. A.
IV. 41. B. 118. C. 471. C. 793. B. V. 132. E.
138. E. 141. F. 142. A. 183. E. 247. D. 386.
D E. 466. C. 514. B. 523. D. 574. A. 622. D.
641. B. 737. C. 895. A. VI. 15. B. 65. D. 76.
C. 108. A. 138. B. 210. E. 216. C. 218. B.
219. D. 304. C. 379. A B. 567. C. 669. A.
728. D. VII. 3. B E. 4. B. 74. A. 131. D. 141.
B D. 169. B. 172. C. 227. B. 322. C. 517. B.
557. B. 663. C. 708. C. 765. B. 852. D. VIII.
14. B. 51. B. 52. B E. 68. B. 75. A. 90. E.

91. D. 112. C. 133. C. 170. E. 174. B C. 193.
B. 221. A. 330. B. 344. B. 417. D. 424. A.
451. D. 569. A. 727. D E. 747. D. 867. A.
868. E. 869. A. 896. B. feigneurie, II. 150. E.
729. E. 746. E. 843. D. 856. C. 878. D. III.
156. D. 200. B. VI. 15. B. 94. B. 728. D. VIII.
425. C. duché, I. 108. A. 110. B. 118.
C. 122. D. 123. C. 131. E. 136. D. 147.
C. 148. A. 177. A. 179. B. 185. B. 186.
B. 189. E. 192. B C. 194. B. 201. A. 208.
E. 210. D. 211. C. 214. C. 218. A C. 219. C.
220. B. 233. D. 240. E. 242. B. 246. B.
276. B. 295. B. 296. B. II. 26. C. 61. A.
273. A. 277. C. 598. A. 783. E. 797. E. 858.
C. III. 431. B. IV. 529. C. 531. A. 533. A. V.
132. E. 574. A. VI. 108. A. 210. A. 227. B.
pairie, I. 297. D. E. 303. B C. 306. B. 313. D.
314. C. 517. B. 324. B. 341. E. 348. C. 358.
A. 359. A C D. 360. A B C D E. 367. A. 373.
A. 375. A. 384. D. 390. B. 397. C. 413. E.
427. D. 456. B. 477. A. 485. C. 514. B. 540.
D. 544. A. 545. A B D. 558. E. 562. A. V. 132.
E. 133. D. VI. 730. B. principauté, V. 244. C.
l'Archambault, IV. 859. C. VII. 736. B. VIII.
49. B. feigneurie, I. 317. A. Bafian, IV. 140.
E. Beaujeu, I. 320. B. Bonneval, VIII. 185. D.
Buffet, II. 57. D. 235. D. III. 821. A. IV. 168.
B. 438. C. 687. D. VII. 61. E. 138. D. 258. B.
IX. 72. A. Carency, I. 320. A. 390. C. II. 234.
B. IV. 534. E. VIII. 426. A. Condé, I. 223. A.
343. E. 348. A. 345. A. 350. A. IV. 170. B.
537. B. VI. 672. A. VIII. 194. A. IX. 275. A.
Conty, I. 341. A. 342. E. 343. E. III. 487. E.
IX. 376. C. Duifant, I. 360. A. 361. A. Lancy,
feigneurie, I. 313. B. 316. C. 317. A. II. 342.
B D. 344. E. 345. D. III. 150. A. IV. 179. B D.
180. A. VI. 64. D. baronie, VII. 38. A. Lavedan, I. 238. C. 351. A. 375. C. Ligny, VIII.
83. D. 182. C. Malanfe, II. 212. D. 231. E.
624. B. 660. C. III. 777. C. IV. 140. E. V. 741.
B. VII. 322. C. 606. C. la Marche, I. 288. C.
421. A. II. 599. D. Montpenfier, I. 238. E. 255.
E. II. 225. D. III. 486. C. 488. C. 492. C.
632. C. 793. A. 797. A. 839. C. IV. 168.
B. 539. A B. VI. 769. A. VII. 105. A. 846.
C. Nemours, I. 288. C. Penthievre, IX. 375.
D. la Roche-fur-Ton, II. 226. B. Rouffillon, I.
248. B. IV. 166. E. 533. A. 538. A. VI.
454. B. VIII. 117. D. Rubempré, V. 618. D.
VI. 359. C. VIII. 637. C. Soiffons, I. 222. E.
327. D. IV. 270. A. V. 463. * D. Vendôme, I.
221. B. 275. B. 277. A. 312. B. 335. B. 344.
A. 353. B. 378. A. II. 73. C. 114. E. 303. C.
HI. 486. D. 713. A. 728. C. IV. 599. B. V.
639. D. 640. E. VI. 788. B. VII. 112. C. 126.
A. 133. C. 168. E. 291. C. VIII. 174. C.
172. C. comté, V. 83. D.
Bourbo[r]ne, VI. 456. B. feigneurie, II. 233. D. IV.
821. C. 825. A. V. 510. E. VI. 416. C. 695. D.
700. C. VII. 40. D. 41. A. 467. A. comté,
280. B. 328. B. marquifat, IV. 785. E. VII.
539. A. IX. 168. B.
Bourbonnois (Charles duc de) connétable de
France; VI. 227. D.
Bourbonnois, duché, I. 139. D. 141. C. 313. C.
316. B. 338. B. 340. B. 343. C. VI. 227.
C.
Bourboulas, V. 190. C.
Bourbourg, VI. 94. D. VIII. 543. A. feigneurie,
II. 735. C D. 736. B. III. 571. E. 727. A. 728.
V. 227. B. 512. C D. 515. A. VI. 226. C. vi-
comté, V. 140. E. 656. B.
Bourcaville, feigneurie, II. 79. C.

Bourchier, VII. 88. C.
Bourcier de Barry, VII. 490. D.
Bourck, II. 485, D. 487. B D.
Bourdainville, feigneurie, VII. 873. B.
Bourdaifiere, feigneurie, I. 149. E. IV. 599. C.
716. E. 876. B. VII. 168. E. VIII. 180. C.
181. B C. 182. A D E. IX. 229. B. Voyez Ba-
bou.
Bourdaloüe, VII. 377. D.
Bourdé, feigneurie, VIII. 247. A. marquifat,
ibid.
Bourdeau, feigneurie, VII. 512. E.
Bourdeaux, I. 514. A. 558. D. III. 124. D. 150.
A. 369. D. 762. B. VI. 221. D. feigneurie, II.
194. D. VII. 1. A. 5. B. comté, II. 517. B C.
611. C. 612. 2. C. 618. A. Voyez Bordeaux.
Bourdeille, Henry, chevalier du S. Efprit, IX.
142. B.
Bourdeille, I. 370. B. IV. 127. A. 139. B. 140.
B. 479. B. 663. B. VII. 320. A. 322. A. 351.
B. 554. A. IX. 467. B. vicomté, VII. 368. C.
IX. 142. B. Voyez Bordeille.
Bourdeilles, V. 21. A. VII. 456. C. 861. A. VIII.
591. D. IX. 161. A. feigneurie, VIII. 261. B.
593. *** C. Voyez Bordeilles.
LA BOURDELAYE (feigneurs de) VII. 729. Voyez
Coëtlogon.
la Bourdelaye, feigneurie, VII. 729. C D.
Bourdelles, feigneurie, VI. 425. B.
Bourdelot, VI. 384. B. 385. B.
Bourdemy, feigneurie, I. 225. B.
BOURDET (feigneurs du) IV. 655. Voyez Roche-
chouart.
Bourdet, feigneurie, I. 257. D. IV. 167. B. 454.
B. 541. C. 743. B. VIII. 903. C. en Perigord,
V. 343. E.
Bourdeuil, feigneurie, VIII. 891. E.
Bourdez, feigneurie, IV. 480. B.
Bourdicq, IV. 276. C.
Bourdillon, IV. 897. A. feigneurie, III. 639.
A. VI. 493. C. VIII. 329. A.
Bourdin, I. 510. D. IV. 221. B. VI. 357. C. 518.
D. 519. D. 549. C. VIII. 181. A. IX. 89. C.
d'Affy, I. 226. A.
Bourdineau, II. 434. D. VI. 540. C.
la Bourdiniere, feigneurie, II. 78. A. IV. 726. A.
VIII. 776. A. 889. B.
le Bourdier, II. 68. E.
Bourdon, VI. 360. B. 366. C. VIII. 464. D. fei-
gneurie, II. 637. C. VIII. 889. E. baronie, IV.
472. C. marquifat, IV. 841. C.
la Bourdonnaye, feigneurie, V. 419. C D. IX.
474. E.
Bourdonnin, VIII. 485. B.
Bouré, feigneurie, VI. 518. A.
Bourée, VII. 459. D.
Bourel, VIII. 490. B.
Boureuze, feigneurie, IV. 831. D.
DU BOURG, Antoine, chancelier de France, VI.
459. C.
DU BOURG (Genealogie de) VI. 460.
BOURG (Barons du) VII. 698. Voyez du Maine.
Bourg, II. 489. E. III. 860. E. V. 107. E. VI.
108. C. 460. A. feigneurie, III. 649. A. IV.
22. E. 676. E. VIII. 134. B. 596. **** C.
932. E. baronie, VII. 698. B. 699. A.
VIII. 259. C. 325. C. comté, VII. 697.
D. 772. E. Achard, feigneurie, VIII. 90.
B. l'Abbé, VII. 552. B. Archambault, feigneu-
rie, V. 573. D. Affelin, feigneurie, VIII. 164.
A. Cavagnes, feigneurie, VI. 461. D. Cha-
rente, feigneurie, V. 575. D. 609. C. 610.
B. 613. C. 741. C. VIII. 824. B. baronie, V.
575. E.

575. E. 895. C. l'Espinasse, VII. 700. B. de Genevray, V. 101. E. en Quercy, baronie, V. 754. D. la Reine. Voyez Vaux-la-Reine. Touronde, seigneurie, II. 407. A. VI. 376. C. 485. B. Voyez Bourck.

Bourgdurant, seigneurie, V. 411. B.
Bourge, comté, II. 511. E. 512. A.
Bourgeois, V. 157. C. 487. E. VI. 414. C. 530. C. VII. 255. C. de Crespy, VII. 427. C. de Mouileron, VI. 457. C.
BOURGES (anciens comtes de) V. 216.
Bourges, IV. 734. B. VI. 488. A. VII. 376. C. 425. D. vicomté, II. 45. A. 878. E. 881. A. B. VI. 422. B. VIII. 838. B. comté, I. 58. B.
le Bourget, seigneurie, IV. 765. E. 766. A. VI. 557. C.
Bourghielle, seigneurie, VI. 175. D.
Bourgmainiere, vicomté, VII. 116. B.
Bourgneuf, VII. 724. A. VIII. 775. C. IX. 315. B. seigneurie, V. 562. C. VI. 481. B. VII. 383. B. IX. 96. C. 344. A. 345. A. de Cucé, II. 426. D. en Rais, seigneurie, VIII. 573. C. 574. A.
Bourgnon, seigneurie, VII. 58. E.
Bourgnouvel, seigneurie, III. 651. B.
BOURGOGNE, Gautier, évêque & duc de Langres, II. 144. B. Robert II. chambrier de France, VIII. 406. D. Philippes, chambrier de France, VIII. 408. B.
BOURGOGNE, duché-pairie, II. 450. & suivantes. Nouvelle érection en 1363. pour PHILIPPES de France, III. 232.
BOURGOGNE (ducs de) Raoul, II. 459. A. Robert, de France, II. 460. A. Eudes III. du nom, ibid. Henry, ibid. Hugues, ibid. Eudes IV. du nom, ibid. B. Philipes de Rouvres, ibid. Philipes de France, ibid. Jean, ibid. Philipes III. du nom, ibid. Charles le Hardy, III. 461. A.
BOURGOGNE (anciens ducs de) I. 537. (ducs de la basse) I. 57. B. Transjurane (ducs de la) I. 37. B. 41. C. (Rois de la) I. 37. B. 42. C. 46. D. 71. D.
BOURGOGNE (Rois de) I. 4. B. E. 5. B E. 15. A. 26. E. 57. A.
BOURGOGNE (comtes de la Haute) I. 62. C. (genealogie des comtes de) VIII. 409. (suite des comtes de) VIII. 412.
Bourgogne, I. 37. E. 69. B. 88. C. 93. B. 109. A. 113. A. 114. B. 207. A. 208. D. 233. D. 243. D. 246. B. 249. C. 263. C. 264. A. 265. D. 267. A. B. C. 268. A. B. C. D E. 281. C. 295. A. 296. B. 397. C. 416. B. 425. D. 426. B. 449. D. 450. C. 476. A E. 477. A. 478. A. II. 14. D. 148. D. 213. E. 244. A. 270. E. 683. B. 718. D. 722. C. 735. B. 746. B. 767. D E. 757. D. 845. C. III. 156. D. 200. A B. 390. A. 449. E. 450. D. 610. E. 724. B. 729. A. IV. 55. D. V. 506. A. 512. A. 513. D. 573. A. 574. A. 615. D. 640. E. 641. B. 737. C. 895. A. VI. 7. D. 12. B. 48. A C. 62. D. 76. A. 84. B. 85. C. 89. A. 104. D. 213. A. 217. D. 218. B. 725. D. 893. A. VII. 39. D. 105. B. 106. A. 112. B. 251. C. 795. E. 797. B. 805. A. 806. D. 825. A. VIII. 13. E. 50. A E. 56. B E. 79. B. 348. E. 349. C. 418. C E. 545. D. 634. B. 722. C. 785. A. IX. 377. D E. comté, I. 37. A. 69. C. 75. B. 85. E. 94. A C. 96. A. 114. A. 239. B. 241. B. 242. B. 244. D. 245. D. 246. E. 383. E. 384. C. 416. C. 484. C. 485. B. 538. B. 539. B. 542. A. 546. B D. 547. B. 548. C D E. 549. C. II. 23. D. 160. B. 186. 2. D. 187. A. 467. E. 517. E. 519. C. 692. E. 719. C. 738. E. 787. C. 843. D. 867. C. III. 153. A D. 196. C. 291. D. 568. D. IV. 819. C. V. 506. A. 508. A. 511.
Tome IX.

B. VI. 11. D. 85. C. 140. E. 694. C. VIII. 62. A. 409. B. 426. C. 861. C. marquisat, II. 511. D. duché, I. 36. D. 49. D. 57. D. 62. E. 64. A. 87. A. 89. E. 92. A. 94. C E. 101. D. 103. D. 108. B. 113. D. 115. B. 116. A. 118. B. 119. E. 122. C. 144. A. 181. A. 191. A. 194. C. 234. B. 239. B. 240. A C. 251. D. 305. D. 308. A. 390. C. 427. B. 461. A. 477. E. 570. D. 574. C. II. 13. C. 16. D. 23. E. 144. E. 148. C. 187. B. 225. B. 465. D. 519. C. 692. E. 723. B. 742. A. 771. D. 782. D. 784. D. 793. D. 798. A. 840. E. 844. E. III. 81. A. 83. B. 133. B. 161. A B. 197. D. 291. D. 299. E. 908. C. V. 507. D. 512. A. VI. 3. E. 4. A B. 48. C. 84. B. 104. D. VII. 106. D. 145. D. VIII. 55. A. 57. A. 61. D. 352. E. 411. A. pairie, V. 132. E. 133. D. VI. 726. C. VII. 32. C. principauté, V. 444. C. royaume, II. 770. C. Chalon, V I. 630. C. Dauphin, II. 503. D. III. 568. D. Falais, VIII. 40. A. Fromont, I. 158. E. Haute, comté, 846. A. royaume, 338. A. 836. D. Montagu, VIII. 911. B. Nevers, III. 442. B. 912. D. Noyelle, I. 255. B. Transjurane, royaume, II. 156. C. 715. B. Viennois, VI. 76. A.
Bourgoignons, seigneurie, VIII. 352. A. 354. B.
le Bourgoin, III. 586. B. VI. 457. C. VIII. 702. A. seigneurie, 522. C.
BOURGOISE, Pierre, pannetier du Roy, VIII. 718. B. autre Pierre, pannetier du Roy, VIII. 718. D.
Bourgoise, VIII. 618. E.
Bourgomeaux-l'Evêque, seigneurie, I. 462. B.
Bourgon, IV. 456. E. VIII. 471. C. seigneurie, III. 651. A B C. VII. 852. D.
la Bourgonniere, seigneurie, IV. 323. D. 450. A. V. 141. F. VII. 98. C. 229. B.
Bourgouin, VI. 847. D. seigneurie, IV. 424. D.
Bourgué, comté, VI. 498. C.
Bourguerin, seigneurie, III. 582. C.
la Bourguermigne, seigneurie, VIII. 922. B.
Bourguet, VIII. 259. B. seigneurie, II. 298. B.
Bourguignon, VII. 196. C. seigneurie, VII. 605. E. baronie, VII. 52. C.
les Bourguignons, seigneurie, VIII. 719. C.
Bourguillemont, seigneurie, VI. 562. D.
Bourjat, VIII. 655. B.
Bourjau, seigneurie, III. 634. C.
Bouricourt en Caux, seigneurie, IV. 403. C.
la Bourie, seigneurie, VII. 594. E.
Bourier, VI. 710. B.
la Bouriere, seigneurie, IV. 688. C.
Bourigale, seigneurie, II. 296. B.
Bourin, IV. 729. A.
Bourlabé, II. 122. E.
Bourlaimont, seigneurie, III. 579. A. VIII. 655. B.
Bourlatier, baronie, IV. 893. B.
Bourlande, II. 319. D.
Bourlandon, seigneurie, III. 620. C.
Bourlaïque, II. 139. A.
Bourlaymont, seigneurie, IV. 830. A. VI. 894. A.
Bourlemont, VI. 701. B. baronie, II. 434. C. VII. 52. B. comté, VI. 701. C. Voyez Bourlaimont & Anglure.
la Bourlie, IX. 247. B. comté, IV. 879. D.
Bourlon, V. 240. E. VI. 286. B. VIII. 825. C.
Bourmont, seigneurie, IV. 70. C. 176. B. VII. 502. B. 583. E.
Bournaguese, seigneurie, II. 675. C.
Bournalez, seigneurie, IX. 92. C.
la Bournaliere, seigneurie, II. 376. B C E. 377.
P

A B. VI. 566. D.

Bournan, I. 308. C. VI. 68. D. seigneurie, II. 449. A. IV. 448. C.

Bournancel, seigneurie, VII. 135. B.

Bournat-la-Faye, VIII. 461. C.

Bournazel, IV. 136. D. IX. 395. A. marquisat, VII. 315. A. Voyez Bessunel.

Bournée, seigneurie, VI. 471. D.

Bournehem, seigneurie, V. 515. A.

BOURNEL, Guillaume, maître de l'artillerie de France, VIII. 151. D.

BOURNEL, (Genealogie de la maison de) VIII. 152. A.

Bournel, I. 275. E. III. 916. A. IV. 600. A. V. 79. C. 250. B. 637. C. VI. 113. B. 710. B. 796. C. VII. 12. B. 100. A. 555. D. VIII. 278. A. seigneurie, V. 143. E.

Bourneuf, IV. 560. A. seigneurie, III. 632. B.

Bourneville, seigneurie, VI. 360. A.

Bournezeau, seigneurie, IV. 169. D. baronie, IV. 170. C.

Bournezeaux, baronie, VII. 102. C D.

Bournhem, seigneurie, III. 727. A.

Bournoncle, seigneurie, III. 366. E. IV. 440. A. baronie, VII. 444. E.

Bournonde, seigneurie, III. 821. C.

BOURNONVILLE, duché-pairie, erigé en 1600. pour ALEXANDRE DE BOURNONVILLE, comte de Henin, V. 806. C. pieces concernant cette érection, ibidem, nouvelle érection en 1652. pour AMBROISE-FRANÇOIS de Bournonville, V. 914.

Bournonville (Ducs de) V. 834. (Princes de) ibid.

Bournonville (Genealogie de la maison de) V. 824. & suiv.

Bournonville, I. 176. E. 224. E. III. 597. C. IV. 408. B. 604. B. 617. C. 879. E. V. 80. A. 166. A. 183. E. 232. D. 464. * E. 495. F. 658. C. 739. B. 824. C. VI. 146. D. 167. C. 177. B. 581. B. 721. B. VII. 12. D. 181. C. 339. E. 387. D. 556. D. 560. C. 590. A. 652. E. 833. C. VIII. 156. A C. 275. C. 283. A. 638. A. 736. E. seigneurie, II. 153. A. IV. 824. C. VI. 120. A. 146. D. 170. A. VII. 646. E. VIII. 101. A. 793. C. baronie, VIII. 644. C. duché, IV. 792. B. V. 232. D. 658. C. 837. D E. 843. A B. pairie, V. 838. C. VIII. 759. B. principauté, IV. 268. B. 412. B. 618. A. V. 739. B. 839. D. 840. B. VIII. 41. C. en Boulonois, seigneurie, V. 824. C.

Bouron, VII. 890. C. seigneurie, VIII. 784. B.

Bourre, VI. 709. D. 710. A. seigneurie, IV. 596. B.

Bourré, VII. 516. A.

Bourreau, IX. 448. B.

la Bourreliere, seigneurie, IX. 447. A.

Bourretot, VIII. 550. A.

Bourreuses, seigneurie, VI. 655. B.

Bourris, VI. 672. C. VIII. 398. D. seigneurie, II. 81. C D. 85. E. 86. A B E. IV. 715. A. V I. 283. A. VIII. 790. A B C D. 791. C. 795. D. marquisat, II. 82. B. 83. B.

Bourron, seigneurie, VIII. 752. 753. A B D E. 846. C.

BOURS (Jean) Evêque de Laon, II. 116. B.

BOURS (Seigneurs de) III. 613. Voyez Montmorency.

Bours, I. 379. E. II. 36. D. V. 94. C. VI. 782. C. 788. B. VII. 182. C. 741. C. VIII. 68. B. 641. B. 651. B. seigneurie, III. 607. C. IV. 400. B. V. 230. B. VI. 193. B. 782. C. VII. 100. A. 597. A. VIII. 75. B. 77. B. 171. A. 632. C. 656. C. baronie, IV. 574. A.

Boursault, VI. 479. C. seigneurie, VIII. 356. A. baronie, II. 85. D. III. 639. C. VI. 147. C. 582. B. VIII. 774. B. 778. B. 779. C D.

Bourse, seigneurie, VI. 174. A. 177. A.

Bourseul, V. 424. C.

Boursier, V. 18. C. VI. 117. B.

Boursin, seigneurie, V. 833. A.

Boursonne, vicomté, VII. 562. C. VIII. 660. C.

Boortz, seigneurie, VI. 190. B.

Bourville, VIII. 794. D.

Boury, seigneurie, VII. 882. C. baronie, II. 81. C. VIII. 101. C.

Bourzac, comté, VIII. 593. C.

Bourzolles, IV. 473. B. VII. 811. C. seigneurie, IV. 894. C.

Bousde, seigneurie, VI. 458. A.

Bousies, I. 263. E. III. 609. D. VIII. 13. B. 278. A C. 282. A. seigneurie, II. 776. D. VII. 314. E.

Bousols, seigneurie, II. 195. E. VI. 321. D.

Bouson, IV. 502. C.

Bousquet, III. 138. A. 362. D. 363. B. 371. A. VII. 189. A. VIII. 249. A. seigneurie, III. 609. D. VII. 392. C. 785. A. Roquefeuil, vicomté, VII. 416. D.

Bousquillon, seigneurie, VIII. 476. B.

BOUSSAC (Seigneurs de) V. 570. Voyez Brosse.

Boussac, seigneurie, II. 672. A B C. 850. E. IV. 165. C. 174. A. 528. A. 530. B. V. 131. C. 569. B. 570. B. 573. B. VI. 105. E. VII. 71. C. 81. C. VIII. 668. C. 765. B. baronie, IV. 31. D. IX. 312. B.

Boussagues, VII. 768. C. seigneurie, I. 469. B.

Boussancourt, seigneurie, II. 433. C E. 434. C. la Boussardiere, seigneurie, VII. 481. D.

BOUSSARGUES (Seigneurs de) IV. 275. Voyez Albert.

Boussargues, seigneurie, IV. 265. A B.

Boussart de Nieppe, VI. 709. D.

Boussay, IX. 446. C. seigneurie, VI. 423. A. VII. 370. B. 553. C. VIII. 558. B.

Bousse, IV. 197. A. 652. C. VII. 526. B. 700. B.

BOUSSELIN, François, controleur general du marc d'or, IX. 365. A. Eustache, contrôleur du marc d'or, IX. 366. A.

Boussenac, seigneurie, VIII. 475. D.

Bousserin, I. 268. B.

Bousseron, II. 451. C.

Bousset, seigneurie, V. 195. A.

Boussicaud, VI. 755. B.

Boussoir, seigneurie, VIII. 107. A.

Boussolts, II. 625. A.

Bousson, seigneurie, VII. 3. E.

Boussost de Campeils, VII. 275. C.

Boustault, VIII. 555. D.

Boussu, comté, I. 256. D.

le Bout, VIII. 735. C.

la Boutardaye, seigneurie, V. 410. D.

Boutarvilliers, seigneurie, VI. 434. A.

Boutavant, seigneurie, VI. 634. B. VII. 149. D. 156. D. VIII. 419. C. 918. E.

Bout du Bois, seigneurie, VII. 825. A.

Bouteaux en Berry, seigneurie, II. 419. A B. la Bouteille, II. 449. D.

Bouteiller, VI. 115. B. 124. A. 345. C. 619. A. VI. 433. A. 513. D. 897. D. VIII. 372. A. 397. D. 775. E. 776. A. 777. B. 812. B. de Senlis, I. 225. E. 441. E. 599. B. III. 572. B. 620. B. IV. 221. B. 222. B. 600. C. 718. D. VI. 33. A. 55. B. 153. D. 253. B. 276. E. 310. A. 433. D. 658. D. VII. 607. E. 711. E. VIII. 57. E. 312. B D. 399. B. 604. E. 798. A. 800. A. 882. A. 884. E. 886. D.

la Bouteillere , VII. 818. C.
la Bouteilletie , feigneurie , III. 425. A. 426. B.
IV. 322. D. VI. 144. C. 665. D. VIII. 809. * E.
812. B.
BOUTEILLERS DE FRANCE , (*Histoire genealogique
& Chronologique des Grands*) VIII. 513.
BOUTEILLERS DE SENLIS , *Genealogie de la Maison
des*) VI. 250. & *fuiv.*
Boutencourt , feigneurie , VI. 675. A.
Bouter , VII. 11. B. VIII. 493. B.
Bouteveillaye , vicomté , VI. 773. D.
BOUTEVILLE , (*Seigneurs de*) III. 587. & *fuiv.*
Voyez Montmorency.
Bouteville , VIII. 360. C. 363. C. feigneurie , III.
115. A. C. 360. C. IV. 308. B. VI. 359. C. VII.
154. C. 550. D. comté , II. 590. A. 733. A. IV.
615. B. VIII. 914. B.
Boutheiller , V. 375. D.
Bouthier , VI. 682. D.
BOUTHILLIER , *Claude* , grand Treforier des ordres ,
IX. 322. B. *Leon* , grand Treforier des ordres ,
IX. 322. C. *Claude* , Intendant des ordres du
Roi , IX. 341. C.
Bouthillier , IV. 226. E. 856. D E. VI. 531. B. VII.
198. B. 585. C. *de Chavigny* , II. 430. B. IV. 474.
E. VI. 531. B. VII. 101. D. IX. 312. C. *de Ran-
cé* , V. 267. D. IX. 127. A.
Boutier , IV. 79. D. VII. 382. A. *de Chateau d'Affy* ,
VII. 720. B.
la Boutiere , VIII. 921. A.
Boutigny , VI. 585. D. feigneurie , VII. 14. B.
Boutillac , III. 614. D. 615. D. IV. 450. B. VII.
6. A. VIII. 646. C.
BOUTON , *Noel* , marechal de France , VII. 639. B.
idem , chevalier du S. Elprit , IX. 254. C.
BOUTON ((*Genealogie de la maifon de*) VII. 640.
Bouton , II. 211. A. III. 611. B. VI. 414. C. 530.
B. VII. 447. B. 640. A. VIII. 79. A. 331. E. *de
Chamilly* , VII. 873. E. IX. 206. A. 236. A. *de
Corberon* , VI. 416. C.
Boutonargues , feigneurie , VIII. 56. C.
Boutonnet , baronie , III. 821. A.
Boutonville , III. 599. B. feigneurie , VII. 559. D.
Boutonvilliers , feigneurie , VIII. 232. D.
Boutron , feigneurie , II. 592. E. 593. A.
Bouttancourt , feigneurie , VII. 101. B.
Bouvaincourt , feigneurie , VIII. 523. A.
Bouvancourt , feigneurie , VII. 101. B.
Bouvans , VI. 155. E.
Bouvard , VI. 199. B.
la Bouvardiere , feigneurie , V. 384. C.
la Bouveraye , VII. 231. B.
Bouvelinghen , feigneurie , VIII. 278. C.
la Bouverie , feigneurie , V. 228. F. VI. 188. C.
190. A.
Bouvery , II. 79. E. VII. 470. B. VIII. 747. E.
Bouvet , IV. 835. B. *Voyez* le Bout.
Bouvier , IX. 430. D.
Bouvignies , feigneurie , III. 905. D. V. 847. B.
VI. 107. A. 170. A. 177. B. VII. 181. B. 818.
B. VIII. 83. D. baronie , VIII. 697. D. 735. C.
vicomté , VIII. 651. B.
Bouville , II. 410. B. VI. 203. B. 676. B. 698. B.
VII. 79. C. VIII. 100. D. 836. C. 867. C fei-
gneurie , IV. 563. B. 766. C. V. 125. E. 126.
128. D. 158. C. VI. 116. C D. 117. A. 203.
B. 281. B. VI. 79. C. baronie , VI. 117. C.
Bouxieres , II. 61. A.
Bouy , feigneurie , I. 506. A.
la Bouyardiere , feigneurie , IV. 83. B.
Bouys , feigneurie , IV. 753. B.
Bouz-le-Chatel , feigneurie , IV. 858. C.
Bouzanton , VIII. 83. B.

Bouzeran , IV. 473. D.
Bouzet , VI. 535. B. VII. 215. E. 405. C. 406. A.
453. D. 455. B C. 461. E. VIII. 165. E. fei-
gneurie , IV. 308. C. *Caftera* , IV. 667. C.
Bouzey , IX. 381. A.
Bouzies , feigneurie , VI. 144. C. VIII. 735. C.
Voyez Bouties.
Bouzigues , VII. 768. C.
Bouzincourt , feigneurie , VI. 794. C. VIII. 275. C.
281. A.
Bouzinghen , (*Seigneurs de*) III. 916. *Voyez* Hall-
win.
Bouzinghen , feigneurie , III. 918. A.
Bouzingue , feigneurie , VII. 430. C.
Bouzoles , marquifat , IX. 326. B.
Bouzols , baronie , IX. 72. C. vicomté , III. 581.
D. marquifat , IX. 276. A. 454. E.
Bouzonville , feigneurie , VI. 384. B. IX. 363. A.
Bouzoy , feigneurie , IV. 833. C.
Bouzy , feigneurie , VI. 383. D.
Boxtel , baronie , VIII. 79. B.
Boyani , duché , VII. 116. A.
Boyau , IV. 731. C.
Boyd , IX. 406. B.
Boyeffes , feigneurie , V. 657. E. 847. B.
Boyeghem , II. 741. B.
Boyer , II. 370. D. 387. C. IV. 791. B. V. 838. E.
VI. 350. B. 598. D. VII. 140. D. 387. D. 486.
D. 700. B. VIII. 301. C. 325. C. 808. E. IX.
470. A. feigneurie , VII. 895. B. IX. 447. B.
de Chalancy , II. 872. C. VIII. 332. A.
Boyere , VII. 636. A. feigneurie , III. 633. A.
S. Boyere , feigneurie , II. 868. C.
Boyes , feigneurie , VI. 779. B.
Boyetet , VI. 553. B.
Boyle , IX. 403. D.
Boyvin , VII. 183. C. VIII. 642. D. *de Bonnetot* ?
VI. 553. B. *de Vauroux* , VIII. 156. E.
Boz , feigneurie , V. 90. E.
Bozen , II. 135. A. 136. A. III. 828. A.
S. Bozille , feigneurie , III. 826. A.
Braban , II. 328. E.
Brabant , II. 19. B. 507. E. 758. E. 779. A. 844.
E. 850. B. IV. 195. A. V. 130. A. 132. F. VI.
95. C. 135. A. 138. A. VII. 745. B. VIII. 32.
C. 51. A. feigneurie , III. 912. B. VIII. 698. B.
comté , I. 43. C. II. 328. A. 717. B. 719. C.
757. A. 773. B. 786. D. 787. D. 788. C.
VIII. 411. D. duché , I. 80. E. 87. A. 88. C.
97. A. 104. E. 108. C. 114. B. 135. A B. 230. E.
240. C. 241. D E. 245. D. 246. E. 248. C.
249. B E. 252. E. 281. G. 300. A. 382. B.
403. D. 545. B. 550. A. II. 329. A. 722. A.
730. B. 732. B. 740. D. 755. E. 784. C D.
789. C. 791. D E. 792. A. 794. C. 797. A.
799. A. III. 714. B. V. 513. D. VI. 95. C.
VII. 106. A. VIII. 56. A. 310. A. *Voyez* Breban.
Bracamonte , VI. 186. C. VII. 818. E.
Bracciano , duché , III. 607. A. IV. 178. B. IX.
B. 209. B. *Voyez* des Urfins.
Brach , feigneurie , II. 708. A.
Brachet , IV. 34. B. 167. B. 290. B. 764. B.
850. B. V. 334. D E. 335. D. 337. A. 340.
D. 341. C. 343. E. 346. A. 347. D. 348 D E.
352. A. 764. B. 765. C. VI. 438. A. VII. 93.
C. 427. B. 428. E. 503. C. 708. C. VIII. 119.
D. IX. 207. A. *d'Aubuffon* , V. 348. D. *de Ma-
gnac* , V. 612. D. *de la Milletiere* , V. 17. C.
de Portmoran , VI. 551. C.
Bracque , III. 619. B.
Bracy , feigneurie , VIII. 539. A.
Bradénix , II. 739. A.

Braé, VI. 759. D.

BRAGANCE (*Ducs de*) d'où font fortis les derniers Rois de Portugal, I. 614. & fuiv.

Bragance, VII. 762. B. feigneurie, I. 574. E. 683. B. duché, I. 594. D. 600. C. 603. B. 631. D. 639. A. 676. B.

Bragelonne, II. 123. C. IV. 440. D. 846. B. VI. 386. A. 476. B. 549. C. 564. D. 568. C. IX. 321. B. feigneurie, I. 513. D. VI. 60. C.

Bragerac, feigneurie, III. 73. A. VI. 208. D. 208. A.

Bragny, feigneurie, VII. 305. B.

Brago, I. 644. C.

Braibant. *Voyez* Provins.

Braigne, feigneurie, VI. 99. A.

Braignon, feigneurie, IV. 530. D.

Brailhet, feigneurie, VIII. 115. D.

Brailly, V. 83. E. feigneurie, V. 79. D. 84. C E.

Braine, feigneurie, I. 416. C. VI. 141. D. VIII. 281. A. 544. D. comté, I. 423. A. 424. C. 425. B. 426. E. 427. D. 428. B. 429. B D. 478. B. II. 111. B. 857. C. III. 501. C D. 573. B. 735. C. IV. 819. C. V. 151. C. 226. C. 230. A. 509. D. 738. C. VI. 86. A. 124. C. 209. C. 379. A. 406. D. 669. A. 728. C. 783. D. VII. 125. E. 168. B. 172. B. 193. A. VIII. 14. A. 172. C. 279. B. 535. C. 867. B. *le Comte*, feigneurie, I. 547. C. II. 781. A. 782. C. *Lalen*, feigneurie, III. 909. E. *fur Vefle*, feigneurie, III. 155. B. VI. 128. B.

Brainne, VII. 748. D.

Brainville, feigneurie, V. 146. C. VI. 358. B. 372. C.

Brainvilliers, marquifat, VI. 538. C.

Brais, feigneurie, VIII. 113. B.

Bralecourt, feigneurie, VIII. 654. E.

Bramebaque, feigneurie, II. 672. D.

Bramehac, feigneurie, II. 705. E.

Brametourte, feigneurie, II. 363. E. IX. 394. A.

Branaas, I. 77. E.

Branas, VII. 737. D.

Brancacio, V. 277. A.

la Brancardiere, feigneurie, IX. 447. D.

BRANCAS (*André-Jean-Baptifte*) amiral de France, VII. 906. A. *Louis*, chevalier du S. Efprit, IX. 270. B. VILLARS, *Louis-Antoine*, chevalier du S. Efprit, IX. 266. A.

BRANCAS (*Genealogie de la maifon de*) V. 277. & fuiv.

Brancas, II. 68. C. 254. D. III. 767. C. 813. B. 838. D. IV. 494. B. 504. A. 600. B. V. 277. D. VI. 582. B. VIII. 295. D. 303. B. 305. A. IX. 86. A B. comté, III. 497. B. *Cerefte*, II. 256. E. *Villars*, IX. 391. D.

Branche, feigneurie, III. 640. A.

Brancia, IX. 294. A.

Brancion, II. 68. D. IV. 848. A. V. 655. C. VII. 643. D. feigneurie, III. 154. A. IV. 859. B. VII. 643. B. VIII. 61. E. 425. D. comté VII. 260. B. VIII. 81. E.

Brancourt, feigneurie, VI. 639. A.

Branday, feigneurie, II. 86. D.

Brandebourg, II. 792. E. VIII. 44. B. marquifat, I. 128. E. 248. E. 406. B. *Anfpach*, III. 377. A

Brandelou, feigneurie, IV. 714. D.

Brandenbourg, III. 597. A.

Brandin, VII. 530. A.

Brandis, II. 291. C.

Brandois, feigneurie, IV. 169. A D. baronie, VII. 853. A.

Brandon, I. 129. A. III. 583. A. VIII 902. D. feigneurie, VIII. 571. E. duché, IX. 411. D.

Brandouin, II. 370. C.

Brandswersbamen, feigneurie I. 258. D.

Branges, feigneurie, VII. 46. D. 797. B.

Brangolo, feigneurie, VII. 529. B.

Branguier, VII. 66. A.

Brano, feigneurie, IV. 711. C. 712. B C. 714. A.

Branques, feigneurie, II. 17. A.

Brant, II. 798. B. V. 652. C.

BRANTES, (*Seigneurs de*) IV. 274. & fuiv. *Voyez* Albert.

Brantes, feigneurie, III. 732. E. IV. 265. D. baronie, VIII. 296. B.

Branuon, feigneurie, II. 874. A.

Braon, feigneurie, II. 342. A.

Braque, I. 490. D. IV. 397. B D. VI. 112. D. 115. C. 257. B. 265. C. 335. A. 439. C. VII. 151. C. 432. E. VIII. 399. D.

BRAQUEMONT, *Robert*, amiral de France, VII. 816. C.

BRAQUEMONT, (*Genealogie de la maifon de*) VII. 817.

Braquemont, V. 139. D. VI. 55. E. VII. 824. A. VIII. 17. B. 104. E. 710. E. feigneurie, V. 139. D. VII. 166. B. 817. C. 820. A. 821. A. VIII. 103. A. 104. E.

Brard, VIII. 142. B.

Bras, V. 281. F.

BRASEUX, (*Marquis de*) V. 523. *Voyez* Gouffier.

Brafeux, feigneurie, II. 123. A. V. 616. E. 617. A. 620. A. 623. A. VIII. 748. A. marquifat, V. 623. D.

Braffac, feigneurie, II. 355. D. IV. 439. D. V. 19. C. VII. 699. D. 777. C. VIII. 164. E. IX. 387. D. comté, IV. 443. A. V. 19. C. VII. 637. D. IX. 166. C.

Braffart, VII. 730. B.

BRASSFUSE, (*Seigneurs de*) VI. 266. *Voyez* le Boutéiller.

Brafleufe, feigneurie, VI. 152. C. 254. D. 259. A. 266. B. VII. 63. B. VIII. 889. A.

Brauback, VII. 660. C. baronie, IV. 840. A.

Braubain, II. 63. D.

Braudamiere, feigneurie, VII. 527. D.

la Braude, feigneurie, VII. 322. A.

Braudin, VII. 234. A.

Braulh, feigneurie, VIII. 302. A.

Brault, III. 90. C.

Braus, I. 267. C.

Braut, feigneurie, IV. 366. B.

BRAUVILLE, (*Seigneurs de*) VI. 357. *Voyez* du Bofc.

Brauville, feigneurie, VI. 355. C. 357. B. 690. D. VIII. 641. C.

Braux, VIII. 713. C.

BRAY, (*Seigneurs de*) iffus des feigneurs de Mont-morency, III. 664.

Bray, II. 8. B. III. 622. C. feigneurie, II. 839. D. III. 154. D. 171. A. 193. A. IV. 397. B. 398. A. 406. A. 408. C. 409. B. V. 119. F. 131. B. 159. C E. 160. A E. 572. A. VI. 30. B. 53. A. 748. C. VII. 12. A. VIII. 97. E. 280. E. 281. A. vicomté, VI. 155. A. *Brocke*, VII. 836. C. *fur Onette*, feigneurie, VI. 46. A. 151. B. *fur Seine*, feigneurie, I. 287. D. 527. B. IV. 681. B. *fur Somme*, feigneurie, VI. 52. E.

Braye, II. 118. B. feigneurie, I. 424. D. *Voyez* Brie.

la Brayelle, feigneurie, VIII. 738. D.

Brayeres, VII. 768. D.

Brayle, VIII. 642. A.

BRAZAIS,

BRAZAIS, (Seigneurs de) VII. 459. Voyez Esparbez.
Brazais, seigneurie, VII. 459. C.
Brazé, seigneurie, II. 429. B.
Brazeux, seigneurie, VI. 582. B. Voyez Braseux.
Bré, VII. 188. C. seigneurie, II. 399. D E. VII. 23. E. 27. A. VIII. 142. A. baronie, VIII. 245. B. 246. A.
Breau, seigneurie, IV. 325. C. VI. 552. A. 588. B. VII. 601. B. VIII. 240. B. IX. 208. A. 354. B. baronie, VI. 545. B. marquisat, V. 183. C. IX. 337. C.
Breauté, seigneurie, I. 490. C. II. 36. E. V. 148. B. 826. B. VI. 683. C. 780. D. VII. 561. A. 818. D. VIII. 90. C. 803. E. marquisat, IX. 56. C. 89. B.
Breaux, V. 22. B.
BREBAN, Pierre, dit Clignet, amiral de France, VII. 814. C.
Breban, II. 153. D. VII. 815. D. VIII. 13. A.
Brebant, II. 754. E. IV. 804. C. VIII. 654. C.
Brebieres, seigneurie VIII. 29. B.
Brecart, I. 461. D.
Brecé, VII. 852. B.
Brecel, VII. 22. D.
Brechart, seigneurie, VI. 61. B.
BRECHE, (Seigneurs de) bâtard de la Tremoille, IV. 185.
Breche, seigneurie, IV. 180. A.
Brechereau, seigneurie, VII. 890. D.
la Brechetiere, seigneurie, VII. 230. E.
Brechignac, seigneurie, III. 826. A.
Brechures, seigneurie, VII. 431. A.
Brecourt, seigneurie, VII. 437. A.
BRECY, (Seigneurs de) VI. 628. Voyez Nemours.
Brecy, seigneurie, II. 77. A B. 314. C. IV. 180. A. VI. 628. C. 733. A. VII. 82. B. 83. E. VIII. 693. C. 836. A. baronie, III. 452. B. Montchevillon, VI. 148. B.
Breda, seigneurie, II. 798. D.
BREDAM, (Seigneurs de) I. 265. & 266. Voyez Bourgogne. (Autres seigneurs de) V I I. 106. Voyez Borselle.
Bredam, seigneurie, I. 261. C. 263. A B. 264. A. 265. C D E. V. 641. B. VII. 104. C. 106. A.
Brede, seigneurie, V. 733. D.
Bredefeld, seigneurie, II. 487. D.
Bredenarde, seigneurie, VIII. 543. E.
Brederode, I. 244. B. 263. B. IV. 323. B. V. 837. C. seigneurie, IV. 473. B. VII. 105. B. 168. B.
BRE'E, (Seigneurs de) III. 654.
Brée, III. 649. B. VII. 224. E. 669. B. seigneurie, III. 627. D. IV. 367. C. VII. 850. C. VIII. 729. A. IX. 88. A.
Bregançon, seigneurie, II. 285. D.
Bregerac, VIII. 596. C.
Bregier, V. 80. F.
Bregny, seigneurie, VIII. 66. E. 105. A.
Bregsent, baronie, VIII. 562. B.
Bregy, seigneurie, VI. 259. B. 516, A. IX. 554.
Brehabert, seigneurie, III. 640. A C. 641. B. 642. A. V. 576. C.
Brehan, VII. 719. D. 729. D. IX. 336. B.
Brehant, IV. 76. B. VI. 518. D.
Brehat, seigneurie, I. 461. D.
Brehencourt, I. 319. D.
Brehent, VIII. 22. A.
Brehier, V. 750. B.
BREICHE, Michel, aumônier du Roi, VIII. 227. A.

du Breil, IV. 78. B. 322. C. V. 401. F. 748. B. seigneurie, IV. 446. E. VII. 804. A. de Rais, IX. 428. B. 441. E.
Breillac, seigneurie, IV. 446. C.
Brelarey, seigneurie, II. 43. A.
Bremare, seigneurie, VIII. 809. * B.
Bremond, V. 17. D. IX. 436. E.
Bremont, IV. 443. C.
Brenac-la-Fite, seigneurie, VII. 455. B.
Brene, seigneurie, II. 229. A. III. 915. B.
Brengues, seigneurie, II. 674. C. IV. 470. E. 471. A. VII. 300. C. VIII. 329. D.
Brenieu, VII. 600. E.
Brenne, I. 497. A. II. 260. E. V. 392. E. VIII. 493. D. seigneurie, VI. 33. B. comté, IV. 266. C. VII. 436. B. de Pestel, V. 392. E. IX. 332. E.
Brenouille, seigneurie, I. 190. D. III. 773. B.
Brenton, baronie, II. 65. A.
Breon, IV. 888. B. V. 330. B. VII. 230. D. 234. B. 704. E. seigneurie, VI. 345. C. 471. C. VIII. 60. C. 668. C. 819. E. 820. A.
Brequenay, seigneurie, VIII. 533. D.
Brequigny, seigneurie, VI. 370. B. VII. 720. C. 725. A. IX. 321. C.
Bresche, seigneurie, VII. 503. C. 854. E.
Bresches, VII. 198. D.
Bresdoul, VII. 876. B.
Bresil, I. 229. D. principauté, IX. 376. B.
Bresille, VII. 552. D.
Bresle, II. 270. E. VIII. 772. C. seigneurie ; V. 830. A.
Bresmont, VIII. 789. C.
Bresnes, VII. 892. D.
Bresnormant, I. 319. E.
Bresoles, IV. 41. A. VIII. 815. C. seigneurie, I. 474. E. II. 223. E. IV. 140. E. V. 150. E. VI. 491. D. VIII. 25. C. baronie, VII. 61. C.
Bresolin, seigneurie, VI. 275. C.
Bresons, seigneurie, IV. 438. B.
Bresones, VIII. 936. A.
Bressac, seigneurie, VIII. 474. D.
Bresse, VII. 663. C. seigneurie, I. 210. A. V. 574. A. VIII. 61. E. 318. D. comté VIII. 425. D. 494. A.
Bressempoui, baronie, II. 390. C.
la Bresseriere, VI. 589. A.
Bressieu, II. 14. B. 30. C. 31. D. 32. B. 187. E. V. 261. C. VIII. 911. D. 919. A. seigneurie, II. 187. 2. E. VIII. 909. E. 926. E. baronie VII. 190. D.
Bressieux, baronie, III. 838. A.
Bressigny. Voyez Besigny.
Bressinan, seigneurie, V. 263. A.
Bressolie, seigneurie, VI. 302. A.
Bressols, seigneurie, II. 675. A C D.
Bresson, III. 825. A. seigneurie, II. 255. B. IV. 185. B.
Bressoncourt, IV. 845. C D.
Bressons, IV. 494. A.
Bressuire, seigneurie, III. 637. A C. 638. B. IV. 196. E. 562. D. 677. C. V. 13. B. 243. E. 383. D. 575. D. VII. 98. A. 500. C. VIII. 71. C. 218. A. IX. 56. B. baronie, III. 638. C. 639. B. V. 151. F. VIII. 259. E. IX. 229. B. comté, VII. 107. C. Voyez Beaumont.
Bresteau, seigneurie, III. 640. B. 650. A. comté III. 651. A C. VII. 393. B.
Brestot, seigneurie, V. 384. A. VII. 178. A.
Bret, baronie VII 337. D.
le Bret, VI. 552. A. 562. C. 804. B. VIII. 823. C. IX. 198. A.
LE BRET DE FLACOURT, Vincent, huissier des

Ordres, IX. 350. B.

BRETAGNE, duché-pairie, érigé en 1297. pour JEAN DE BRETAGNE, III. 37.

BRETAGNE, (Ducs de) I. 445. & fuiv. I. 462. & fuiv. (Anciens comtes de) III. 44. & fuiv. ibidem, 51. & fuiv.

Bretagne, II. 47. E. 187. C. 744. A. 747. A. III. 73. D. 348. B. 637. C. IV. 56. E. 61. A. 63. B. 71. A. 192. A. 470. D. 529. D. V. 138. C. 380. E F. 512. C. 523. C. 573. D E. 574 E. 654. A. VI. 95. A. 103. D. 106. B. 138. C. 169. D. 203. D. 204. A. 213. B. 447. B. 479. B. 639. C. 767. A. VII. 722. D. 868. D. VIII. 410. D, 423. C. 541. B. 580. B. comté, I. 80. E. II. 467. A E. 472. B. 520. A. 719. E. 838. A. III. 170. B. IV. 52. A. 192. B. VI. 6. C. 8. B. 14. B. 95. A. duché, I. 34. D. 82. B. 86. B. 89. E. 100. D. 101. C. 102. B. 103. B. 113. B. 114. D. 125. A. 127. A. 131. C. 133. B. 180. D E. 207. C. 209. D. 229. A. 230. B E. 232. C. 241. E. 286. E. 385. B. 428. E. 465. B. 545. C. 548. A. II. 217. A. 736. A. 737. A. 738. A. 837. A. 843. D. III. 375. B. 422. D. 628. B. 726. D. IV. 56. D. 58. B. 166. C. 192. B C. V. 378. B. 574. E. 638. D. VI. 103. B. 106. B. 162. D. 204. A. 213. A. 225. E. VII. 74. B. 722. D. VIII. 568. E. 727. A. pairie, VII. 122. B. Avaugour, I. 504. D. II. 183. C. 247. C. 440. D. IV. 267. C. IX. 139. A. Voyez Blois.

Grande-Bretagne, royaume, I. 621. E. V. 165. D.

la Bretagne, feigneurie, VIII. 651. B.

Bretaincourt, feigneurie, VIII. 727. B.

Bretaucourt feigneurie, VI. 505. C. 506. A. VII. 437. D.

la Bretaudiere, feigneurie, IV. 459. D. 706. A.

BRETECHE (Seigneurs du Château de) V. 848. Voyez Bournonville.

Breteche, feigneurie, V. 848. C.

Bretel, VI. 586. B. VII. 430. B. 566. A. VIII. 174. A. feigneurie, VII. 569. B. de Gremonville, VI. 475. E. VIII. 801. C.

Bretemere, feigneurie, VIII. 449. C.

Bretencourt, feigneurie, I. 219. E. 380. B. VII. 811. B.

Bretenoux, feigneurie, II. 438. A. VII. 82. B.

Bretefche, feigneurie, VI. 450. D. en Vallée, II. 447. A.

Breteucourt, feigneurie, VIII. 727. B.

BRETEUIL, (Seigneurs de) III. 620. Voyez Montmorency.

Breteuil, I. 284. C. II. 846. C. VI. 47. C. IX. 99. C. feigneurie, I. 424. B. II. 150. B. 717. C. 773. D. IV. 217. C. VI. 46. A. 47. C. 49. A. 50. B. 93. A. 548. C. 640. D. 717. D. 781. D. VII. 111. B. VIII. 13. C. 92. E. 258. D. 887. E. baronie, VI. 548. D. vicomté I. 332. D. IV. 218. E. 219. C. 874. A. VI. 111. B. 338. C. 672. A. VII. 141. B. comté, II. 266. D. 838. C.

Breteville, VI. 376. A. feigneurie, V. 147. F. VI. 353. C. en Caux, VII. 375. B.

Brethe, II. 309. D. VI. 509. D. VII. 548. E.

Brethencour, feigneurie, VIII. 263. D. 264. A.

BRETHENIS, (Seigneurs de) VI. 366. Voyez du Bofc.

Brethenis, feigneurie, VI. 366. B.

Brethes, feigneurie, VII. 844. E.

Bretignolles, feigneurie, II. 221. A. III. 634. C. VI. 502. D. VII. 500. D.

Bretigny, VIII. 881. B. feigneurie, IV. 705. B. 706. A. VI. 51. B. 401. A. 661. A. VII. 126. A. 740. E. 741. A. fur Mant, feigneurie, IX. 304. B.

la Bretiniere, feigneurie, VI. 754. B. VIII. 836. E.

la Bretoche, feigneurie, IV. 671. B. VII. 428. D.

Bretolenc, III. 854. A.

le Breton IV. 861. E. V. 399. D. VI. 383. A. VII. 505. D. VIII. 22. D. Goulas, II. 455. A. de Villandry, II. 455. A. IV. 178. A.

Bretoncelles, feigneurie, II. 427. D. 428. A. VIII. 159. E.

Bretonne, feigneurie, II. 465. E. 406. A.

LA BRETONNIERE, Pierre, grand-maître des eaux & forêts de France, VIII. 905. A.

LA BRETONNIERE, (Genealogie de) VIII. 905.

la Bretonniere, VII. 231. D. 547. C. feigneurie, V. 150. A. 262. E. 899. E. VI. 291. A. 503. A. 716. D. VII. 891. E. VIII. 791. B. 936. A. Warty, VIII. 850. D.

les Bretonnieres, feigneurie, IX. 437. C.

Bretonvilliers, feigneurie, VII. 199. A. VIII. 809. ** D. 811. A.

Brettes, feigneurie, VIII. 133. A.

Brevagnes, feigneurie, V. 92. B.

BREVAL, (Marquis de) VIII. 804. Voyez Harlay.

Breval, feigneurie, I. 119. B. 280 A. 287. D. II. 404. E. VIII. 271. B E. 326. A. 804. C D. marquifat, VI. 561. A.

Brevanes en Brie, feigneurie, III. 583. A.

Brevannes, feigneurie, VI. 349. C.

Brevant, feigneurie, VIII. 262. B.

Breuck, feigneurie, V. 231. A.

BREVEAUX, (Seigneurs de) VII. 876.

Breveaux, feigneurie, VII. 877. C.

Brevedent, feigneurie, V. 152. B.

Brevel, VII. 720. B.

BREVES, (Seigneurs de) VIII. 329. Voyez Damas.

Breves, feigneurie, VII. 222. A. VIII. 110. D. 111. A. 328. E. 329. A. marquifat, IV. 640. B.

Breviande, feigneurie, II. 858. B. IV. 653. D E. 655. A. 656. C. 668. A. 669. B. 673. A. 750. A. VII. 425. E. 428. D. VIII. 119. C. 328. E. 492. A.

BREUIL, (Seigneurs du) VI. 467. Voyez Longuejoue. (Autres feigneurs du) VIII. 273. Voyez Brezé. (Autres feigneurs du) VIII. 338. Voyez Damas.

Breuil, II. 665. B. III. 92. A. 738. A. 845. A. IV. 526. E. 663. A. V. 286. A. VI. 430. A. 646. D. VII. 21. A. 70. C. 714. B. VIII. 150. D. 165. C. 490. B. 499. B. 562. E. 590. B. 891. B. IX. 58. B. feigneurie, I. 263. A. 274. B. 497. B. 504. B. II. 419. A. 418. D. III. 644. B. IV. 446. D. 452. E. 454. A. 456. D. 566. A. 597. C. 707. E. 710. B. VI. 117. B. 301. D. 341. B. 385. C. 491. B. 514. B. 541. B. 734. A. VII. 504. B. 508. C. 628. D. 628. D. 729. D. VIII. 50. D. 134. A. 148. D. 149. B. 337. B D. 589. C. 819. C. 820. B. 889. B E. 891. A. IX. 344. A. 361. C. d'Anfigné, feigneurie, VII. 28. C. des Barres, feigneurie, VIII. 492. E. de Beauvilliez, feigneurie, I V. 734. A. Bernard, feigneurie, V. 19. F. Bertin, feigneurie, VII. 23. D. en Brie, feigneurie, VI. 468. B. de Chives, feigneurie, VII. 28. A. Coftentin, feigneurie, VI. 282. A. Ebbo, feigneurie, VII. 371. C. Goulard & Milon, feigneurie, IV. 728. E.

Breuildoré, feigneurie, VI. 754. B.

Breuilhez, vicomté, IV. 654. D. Voyez Breuillez & Breuillois.

Breuillez, vicomté, IV. 685. C. 686. A.

Breuillois, vicomté, IV. 726. D.

Breul, II. 65. E. 66. A. VIII. 273. A. 322. E. feigneurie, V. 510. E. comté, VIII. 323. E.

Breuldoré, feigneurie, II. 10. B. 101. C.
Breulles feigneurie, I. 300. D.
Breufc, feigneurie, V. 240. B. VIII. 76. D. *en Hainant*, feigneurie, V. 240. E.
Breux, feigneurie, III. 914. D. IV. 361. A C. 362. B C. 363. A C. 364. A B. 365. A C.
Brexin, VII. 525. B.
S. Brez, feigneurie, II. 136. B. VII. 392. C.
Brez, II. 61. A. 205. E. 207. B C. 210. A D. 871. E.
Brezé', *Louis*, grand-aumônier de France, VIII. 269. C. *Louis*, grand veneur de France, VIII. 714. A.
Brezé', (*Genealogie de la maifon de*) VIII. 269.
Breze', (*Seigneurs de*) VII. 511. (*Marquis & ducs de*) VII. 515. *Voyez* Maillé.
Brezé, I. 119. A. 214. D. 439. D. III. 425. C. 491. B. 605. B. 636. E. 731. A. 732. A. 794. B. IV. 537. C. VI. 635. B. VII. 168. C. 225. A. 511. A. 849. C. 870. D. VIII. 182. B. 251. A. 579. A. 730. C. 804. C. 914. A. feigneurie, III. 635. B. V. 144. C. VI. 749. A. VII. 22. E. 511. B. 515. B. VIII. 269. E. marquifat, I. 339. D. 441. D. IV. 369. C. VI. 197. C. VII. 227. A. 517. B. 909. B. IX. 328. A.
Brezolles, feigneurie, II. 429. E. III. 712. B. VII. 322. C. baronie, VII. 139. A. comté, II. 430. A. marquifat, VI. 591. A. VII. 685. B. 694. A. *Voyez* Brefolles.
Brezons, feigneurie, III. 838. B. *Jurlande*, III. 820. B.
Brial, feigneurie, II. 675. C D.
Briançon, VII. 585. B. VIII. 101. C. 296. B. feigneurie, VI. 528. A. 780. D. VII. 54. C. 175. A. VIII. 191. A E. baronie, VIII. 188. B. comté, IV. 876. D. VI. 509. A. VIII. 192. B.
Briançonnois, comté, VII. 94, A principauté, II. 12. D. 25. B.
les Briandes, feigneurie, V. 418. A.
Briant, V. 606. E. 607. A. feigneurie, I. 501. D. 502. D. 503. B.
Briante, feigneurie, VII. 373. E. 374. B.
Briantes, feigneurie, VIII. 902. D.
Briare, feigneurie, I. 494. A. 508. A. 515. A.
Brias, VIII. 822. D. IX. 456. E. feigneurie, VI. 706. C. 796. D. 805. A.
Briaftre, VIII. 85. C.
Briauté, feigneurie, VIII. 663. A.
Briay, comté, I. 233. E.
Bricard, VIII. 307. A.
Brice, IX. 355. B.
S. Brice, feigneurie, 567. B. 568. D. VII. 224. A. 225. B. 450. E. IX. 75. B. baronie, IV. 83. C. marquifat, IX. 75. C.
Brichâmptel, VII. 890. *Voyez* Brichanteau.
Brichanteau, *Benjamin*, évêque & duc de Laon, II. 130. B. *Philibert*, évêque & duc de Laon, II. 130. E. *Antoine*, amiral de France, VIII. 387. B. *Antoine*, chevalier du S. Efprit, IX. 107. B. *Nicolas*, chevalier du S. Efprit IX. 148. C. *Louis-Armand*, chevalier du S. Efprit, IX. 287. C.
Brichanteau, (*Genealogie des feigneurs de*) VII. 888.
Brichanteau, I. 225. E. II. 130. C. 440. E. III. 91. B. 625. C. IV. 35. A. 434. B. 437. B. 438. E. VI. 262. C. 419. D. VII. 40. C. 426. B. 439. A. 619. D E. 667. A. 888. C. VIII. 552. D. 809. ** D. 810. E. IX. 143. C. feigneurie, II. 126. B. IV. 847. C.
Brichantel, VII. 890 A. 901. C. feigneurie, VII. 889. A. 890. A. *Voyez* Brichanteau.
Brichesfa, feigneurie, VIII. 271. E.

la Bricogne, VI. 146. C.
S. Briçon, IV. 707. E. 710. D E. feigneurie, I. 484. C. 486. A. 488. B. 489. A D. 490. D. 491. A. II. 501. C. 731. A. 848. C. V. 241. B. 247. A. VI. 112. D. *Voyez* S. Brisson.
Briçonnet, *Robert*, archevêque de Reims, II. 48. B. *Guillaume*, cardinal, archevêque de Reims, II. 48. D. *Robert*, chancelier de France, VI. 426, D.
Briçonnet, (*Genealogie de*) VI. 417.
Briçonnet, I. 127. A. II. 48. B. 119. A. 432. E. 434. B. IV. 216. D. 221. B. 640. A. VI. 261. D. 427. A. 450. C. 466. D. 505. C. 511. D. 583. A. VIII. 285. B C. 287. A. 775. B D. 802. B. 818. A. 859. A. IX. 364. A.
le Bricot, feigneurie, IX. 168. B.
Bridewel, marquifat, VII. 841. A.
Bridieres, III. 584. B. IV. 135. C D.
Bridiers, VII. 313. E. 376. B. vicomté, I. 491. C. V. 10. C. 572. E. 573. B D. 574. D. 575. B. 610. B. VIII. 101. C. 370. C. 666. B. IX. 312. A.
Bridieu, II. 122. A B. V. 352. A.
Bridôire-Bretagne, feigneurie, V. 187. B.
Bridoré, IV. 139. B. VII. 319. E. feigneurie, VII. 368. D.
Brie, II. 125. E. 426. A. 509. B. III. 724. C. IV. 181. C. 370. B. 371. A C. VI. 192. C. 366. D. VII. 160. B. 329. E. 512. C. VIII. 448. B. 702. B. feigneurie, II. 415. E. IV. 501. E. VII. 24. E. VIII. 707. C. comté, I. 90. D. 131. E. 382. C. 434. E. 447. D. 493. B. 540. C. II. 184. E. 595. E. 726. D. 788. A. 838. A D. 840. A. 841. C D. 842. C. 843. B E. 844. B. 845. B. III. 84. C. 160. B. VI. 24. D. 84. D. 140. B. *Comte-Robert*, feigneurie, I. 280. C. 385. C. 423. A. 425. C. 445. A. 447. E. VI. 95. A. *fur Marne*, feigneurie, VIII. 555. B. *Sablonniere*, VII. 221. C.
Brié, comté, V. 506. D. 507. C D. 508. A.
Briel, feigneurie, VIII. 427. D.
Brielle, comté, VII. 852. C.
Brienne, duché-pairie, érigé en 1587. pour Charles de Luxembourg, comte de Brienne, chevalier des ordres du Roi, V. 803. *Lettres concernant cette érection*, ibid.
Brienne, *Raoul*, connêtable de France, VI. 126. C. *Raoul* II, connêtable, VI. 161. B. *Gauthier* VI. connêtable, VI. 165. A. *Alfonfe*, chambrier de France, VIII. 405. B. *Jean*, dit *d'Acre*, bouteiller de France, VIII. 518. A.
Brienne, (*Genealogie de la maifon de*) VI. 126. (*Comtes de*) iffus des comtes de Saint Paul, III. 719. *Voyez* Luxembourg.
Brienne, II. 319. C. 497. B. 594. C. 752. D. 761. B. 842. A. III. 59. B. 83. B. 316. B. 320. C. 571. D. 572. A. 624. A. 627. C. IV. 194. D. V. 130. C. 507. C. 584. A. VI. 25. A. 62. D. 76. B C. 96. A. 144. C. 169. B. 650. D. 651. C. 663. D. 693. C. VIII. 104. C. 201. B. 414. C. 543. E. 569. C. 867. E. comté, I. 74. D. 235. D. 245. A. 270. A. 281. B. 413. A. 426. C. 474. E. 479. B. 485. A. 511. A. II. 145. C. 339. C. 430. B. 498. C. 849. B. 871. E. III. 84. C. 200. E. 605. A. 725. A. 726. A D. 732. D. 855. C. IV. 818. D. V. 229. C D. 513. B. 515. B. 638. C. 653. C. VI. 109. D. 127. A. 131. C E. 226. C. 406. C. 531. B. 693. C. VII. 101. B. 125. E. 128. C. 168. D. 238. B. 803. B. 846. A. VIII. 99. C. 424. A. 863. B. IX. 312. B. duché, III. 731. B. *En*, II. 761. B. VI. 110. B. 131. B. 651. C.

/8,

Briente, seigneurie, VI. 594. C.
Brier, seigneurie, VI. 208. D.
la Briere, seigneurie, IV. 144. D. VII. 876. C.
　lez-Selles, VIII. 262. C.
Brieres, seigneurie, VIII. 266. A.
Brieſt, V. 623. B. d'Aillies, V. 623. B 626. B.
Briet, VI. 549. B.
Brieux, seigneurie, V. 147. F. VI. 644. A.
Briffaut de Breſſy, VIII. 21. D.
la Briffe, IV. 767. C. seigneurie, VII. 450. E,
Baiſſœil, VIII. 31. B. 32. D.
Brigalier, VI. 376. C.
Brigançon, marquiſat, VII. 929. C.
Brigandin, VII. 39. D.
Brigdam, seigneurie, I. 245. A.
Brignac, VII. 413. D. Montarnaud, VII. 489.
　B.
Brigniac, seigneurie, IV. 142. C.
Brignolle, VIII. 294. A.
Brignon, seigneurie, IV. 863. D. VII. 490. D.
　IX. 243. A.
Brigny, seigneurie, VIII. 191. B.
BRIGUE, (Comtes de la) II. 289.
la Brigue, seigneurie, IV. 491. A. 502. A.
Brigueil, seigneurie, V. 768. B. VI. 423. C. vi-
　comté, IV. 565. A. V. 16. E. 768. B. 769. D.
　VII. 598. E. VIII. 193. A. 281. B. 481. E.
　comté, V. 770. A.
Brigues, seigneurie, II. 287. A B.
Briguet, V. 586. B. VIII. 869. D.
Brihon, VIII. 811. C.
Briis, seigneurie, VI. 510. C.
Brilhac, seigneurie, IX. 451. D.
Brillac, II. 85. B. 376. D. 438. A. IV. 183. B.
　399. A. 453. A. VIII. 481. E. 768. D. sei-
　gneurie, IV. 896. A. V. 616. E.
Brillard du Perron, IV. 475. B.
Brillebault. Voyez Bruillebault.
Brillon, seigneurie, IV. 453. A.
Brillouet, VIII. 584. D. 705. B.
Brimeu, I. 256. B. 515. A. V. 78. F. 231. A. 636.
　A. 640. B. 642. B. 645. B. VI. 113. A. 174.
　C. VIII. 67. C. 632. C E. 656. C. seigneurie,
　II. 873. D. III. 576. C. V. 225. C. VII. 822.
　A. VIII. 34. B. 74. A. 105. E. 560. D. 564.
　A vicomté, V. 228. B.
Brimeux, seigneurie, IV. 79. D.
Brin, seigneurie, VI. 263. C. ſur Aulnois, sei-
　gneurie, V. 10. D.
Brinay, seigneurie, VIII. 326. C.
Briniac, seigneurie, VII. 347. D.
BRINON, (Comtes de) IV. 894 Voyez Senne-
　terre.
Brinon, I. 275. C. II. 115. D. III. 891. D. V.
　245. B. VI. 335. B. 428. C. 474. A. 529. D.
　555. A. 566. A. VIII. 234. D. 550. A. 808. B.
　945. D. seigneurie, II. 871. C. III. 622. C.
Brinſon, seigneurie, V. 827. B.
Brinville, seigneurie, VI. 541. C.
Brinvilliers, seigneurie, VI. 562. C. VII. 533. A.
Briois, VI. 585. A. VIII. 649. B.
Briolay, baronie, I. 217. B.
Briolé, VIII. 574. C. seigneurie, III. 319. B. 320.
　D. VI. 63. A. VIII. 568. E. 569. C D. 573. C.
　574. A C. 575. A.
Briolz, seigneurie, VII. 420. C.
BRION, Simon, garde des ſceaux de France, VI.
　272. C.
BRION (Seigneurs de) IV. 571. Voyez Chabot.
Brion, IV. 30. D. 41. C. V. 573. C. VII. 215. D.
　825. A. 876. B. IX. 377. A. 426. C. seigneu-
　rie, I. 124. E. 490. C. 500. B. II. 225. C. 229.
　D. III. 736. A. 815. B. 913. D. IV. 180. A.

564. B. 565. B. 653. B. 670. C. V. 572. C.
　VI. 438. C. 468. B. 547. D. 572. A. VII. 255.
　A. 259. C. 502. C. 513. D. 801. D. 881. E.
　VIII. 484. C. 567. C. 575. B. 934. C. baro-
　nie, 717. D. comté, IV. 32. B.
Brione, V I. 73. A. 632. A. seigneurie, II. 403.
　D. 405. A. V. 126. D. 117. AC. 129. C F. 130.
　E. 132. A D. 134. B. VIII. 451. B. baronie,
　II. 407. A. comté, I. 641. D. II. 478. A. 479.
　E. 492. D. III. 499. C. 500. C. 501. B C. IV.
　388. D. 643. A. 793. B. 805. E. V. 73. C.
　VIII. 410. E.
Brions, VIII. 331. C.
Briore, seigneurie, V. 384. C.
Briort, seigneurie, IV. 83. B.
Brios, seigneurie, II. 472. E. 743. D. VI. 48.
　B. 90. A. baronie, VIII. 281. B.
Brioſne, seigneurie, VI. 636. C. Voyez Brione.
Briou, IV. 474. A. VII. 631. D.
Briouſe, seigneurie, V. 146. B C. VIII. 271. E.
　baronie, II. 36. D. V. 146. C.
Trois-Brioux, seigneurie, VII. 552. D.
Briquebec, VIII. 96. A. seigneurie, II. 858. A.
　876. B. IV. 560. C. V. 638. A. VI. 338. C. VIII.
　91. B. baronie, I. 327. A. II. 271. E. V. 392.
　C D. VI. 663. B. 689. D. VII. 680. C. VIII.
　89. D.
Briquemaut, IV. 472. E. seigneurie, I. 226. D.
　III. 591. B.
Briquenay, seigneurie, VI. 695.
Briqueville, I. 224. C. II. 36. C. 408. A. V.
　147. D. 148. E. VI. 359. C. VII. 562. A. 628.
　C. 671. D. IX. 59. B. seigneurie, V. 148. E. VI.
　690. B. VII. 835. C. VIII. 210. E. Colombiers,
　seigneurie, III. 582. C.
Briroy, V. 144. B C.
Bris, seigneurie, II. 865. B. IX. 110. B.
S. Bris (Seigneurs de) VI. 66. Voyez Mello.
S. Bris, seigneurie, III. 155. D. VI. 66. C. 86.
　A. 304. D. 655. C. 665. C. VII. 154. E. 434.
　C. 586. B. 809. C. VIII. 730. B.
Briſambourg, seigneurie, IV. 125. E. 471. C. VII.
　304. E. marquiſat, IV. 127. B. 128. B.
Briſay, I. 218. B. IV. 166. E. 676. E. VII. 98. A
　141. E. seigneurie, VIII. 838. C.
la Briſette, seigneurie, II. 441. B. VIII. 580.
　A.
les Briſoettes au Perche, seigneurie, IV. 79. A.
Briſon. Voyez Beaumont.
BRISSAC, duché-pairie, érigé en 1611. pour
　CHARLES DE COSSA' II. du nom, comte de
　Briſſac, 310. pieces concernant cette érection,
　IV. 310.
Briſſac, seigneurie, II. 297. D. V. 609. B. VII.
　849. C. VIII. 270. B D. 271. A E. comté, I.
　333. A. IV. 335. A. V. 837. C. VII. 383. E.
　475. E. VIII. 178. D. 217. C. duché, III.
　897. B. duché-pairie, IV. 127. C. 323. C.
　411. A. 625. C. 643. B. VI. 552. A. VII.
　306. B. 378. A. 720. C. Voyez Coſſé & Grillet.
Briſſart, VIII. 693. D.
Briſſe, seigneurie, IV. 132. B. VII. 310. E.
Briſley, seigneurie, IX. 476. A.
Briſſon, IV. 848. C. VI. 589. B. VIII. 95. D.
S. Briſſon, V. 140. C. VI. 281. A. seigneurie,
　VI. 565. B. 569. A. VIII. 793. E. IX. 235.
　B. 462. E. baronie, II. 441. D. VI. 566. A.
　Voyez S. Briçon.
Briſſy, seigneurie, VIII. 634. D.
Briſtel, seigneurie, VI. 805. A.
Brita, seigneurie, VII. 450. A.
Britault, VI. 627. C.
BRITAUT, Jean, pannetier de France, VIII. 605. A.
　　　　　　　　　　　　　　　　　　　　BRITAUT

BRITAUT (*genealogie de*) VIII. 605.
Britaut, III. 624. B. V. 222. A. VII. 892. E. VIII. 605. B. *de Chixé*, IX. 282. A.
Briteyros, I. 583. AB. 585. E. 687. B.
Brive-Caftel, feigneurie, II. 674. C.
Brives, VI. 508. C. VIII. 182. C. 373. A. IX. 100. A. feigneurie, IV. 789. D. 790. C. 791. A. 793. E.
S. Brix, feigneurie, V. 144. A.
Brizay, feigneurie, III. 653. C.
la Brizoliere, feigneurie, VI. 194. A.
la Bro en Rouergue, feigneurie, IV. 135. D.
Broadalbin, comté, IX. 406. A.
Broc., IV. 599. B. VI. 86. C. VII. 504. B. 704. E. 853. D. VIII. 753. B. feigneurie, III. 582. C. VI. 86. C E. 87. A. VIII. 50. B. 60. B. 820. B.
Brocard, VI. 479. B.
la Broce, VI. 627. B. feigneurie, I. 515. A.
Brocel, VI. 427. D.
la Broceraye, VIII. 837. E.
Broces, feigneurie, VII. 43. B. 796. A.
Brochard, VII. 227. D. 345. D. IX. 121. A.
la Brocherie, feigneurie, VI. 200. D.
Brochefac, feigneurie, VIII. 270. B. 271. B.
Brocheriere, feigneurie, III. 90. D.
Brochufen, VI. 102. C.
Brodeau, V. 490. D. VIII. 285. B.
Broé, II. 108. C. VI. 589. B.
BROGLIA, *Victor-Maurice*, maréchal de France, VII. 685. B. *Charles-Amedée*, chevalier du S. Efprit, IX. 252. A. *François-Marie*, chevalier du S. Efprit, IX. 293. B.
BROGLIA (*Genealogie de*) VIII. 686.
Broglia, IV. 773. A. VI. 499. B. 591. A. VII. 686. B. VIII. 38. D. IX. 82. D. 378. E. comté, IV. 878. B.
Brognier, II. 400. C.
Broichard, VII. 3. D.
Broignon, feigneurie, I. 561. B. baronie, IV. 658. D. 660. B.
Broigny, feigneurie, III. 161. A.
Broille, feigneurie, VI. 280. B.
la Broife, IV. 767. C.
Broiffard, IV. 459. C.
Broiffia, feigneurie, VII. 147. D.
Bromeilles, feigneurie, V. 488. A.
Bron, V. 149. A. 266. B D. VII. 197. C▪ VIII. 333. D. 501. B. feigneurie, VIII. 756. A. *de la Lieque*, VII. 159. C.
Bronay, feigneurie, VIII. 337. A.
Bronchorft, I. 260. B. V. 648. D. 650. A. VI. 101. D.
Bronc, VI. 263. D.
Brons, feigneurie, IX. 395. B.
Broon, VI. 183. D. 185. A. VII. 523. C. VIII. 578. C. 587. B. feigneurie, III. 634. A. VI. 178. C. 185. A. VII. 176. D. 227. C. 385. B. VIII. 270. D. 271. D. baronie, IV. 62. B. marquifat, III. 501. B.
Broquieres, feigneurie, III. 769. C. V. 896. A. VII. 415. C. IX. 92. B. baronie, V. 896. D. 897. C.
Broquiez, feigneurie, IX. 419. E. baronie, IX. 422. B.
Broffac, feigneurie, II. 362. E. 363. B. 436. E.
Broffamin, IV. 767. A.
Broffard, IV. 524. A.
Broffardiere, VII. 24. D.
Broffay, feigneurie, VI. 196. C. comté, VIII. 738. A. marquifat, V. 495. C. VI. 196. C.
BROSSE, *Jean*, feigneur de fainte Severe, maréchal de France, VII. 71. C.

Tome IX.

BROSSE (*Genealogie des feigneurs de*) V. 568.
LA BROSSE, *Pierre*, chambellan de France, VIII. 440. A.
LA BROSSE (*Genealogie de*) VIII. 440.
LA BROSSE (*Seigneurs de*) IV. 672. *Voyez* Roche-chouart.
Broffe, II. 850. E. III. 171. C. 637. C. IV. 174. A. 528. A. V. 130. D. 131. C. 568. A. 610. B. VI. 105. E. 218. B. 318. C. 768. B. VII. 74. D. 123. A. 500. A. VIII. 13. E. 97. E. 217. B. 440. C. 668. C. 747. A. 765. B. 838. A. IX. 444. D. feigneurie, II. 126. A. 419. B. III. 777. C. IV. 42. A. 60. D. 185. A. 458. C. 459. C. 668. B. 669. B. 731. B. V. 12. C. 365. B. VII. 282. A. 418. D. 550. D. 644. D. VII. 25. A. 110. D. 456. C. 510. A. 513. D. 585. B. 588. B. 617. C. 892. C. VIII. 307. E. 584. B. 931. A. 933. B. IX. 340. B. baronie, V. 897. A. VII. 559. D. VIII. 795. A. vicomté, I. 217. B. 219. B. 253. B E. 254. E. 356. C. 357. A. 358. B. 467. B. 484. B. 491. D. 522. A. III. 127. C. 632. C. 637. C. 638. B C. 639. B. IV. 173. A. 558. C. 712. E. V. 13. B. 568. A. 574. D. 893. D. VI. 207. A. 318. C. VII. 74. A. 501. C. VIII. 320. A. marquifat, III. 842. B. *d'Afnieres*, feigneurie, VIII. 772. D. *Bretagne*, III. 715. B. 737▪. A. IV. 322. B. *Mignon*, feigneurie, I. 525. A. *de Montigny*, feigneurie, I. 525. B. *Morlet*, VII. 138. B. feigneurie, I. 376. B.
Broffes, feigneurie, II. 307. C. 309. A. IV. 474. B. V. 742. C. VII. 63. B. 99. E. 508. B. 849. B. VIII. 484. B. IX. 89. A.
Broffet, VI. 450. D. VII. 570. B. VIII. 285. B. feigneurie, II. 122. D.
Broffia, VII. 20. C.
Broffin, IV. 459. A D. V. 382. B. VI. 770. A.
Brotel, feigneurie, V. 264. D E.
Brothonne, feigneurie, VIII. 810. * A.
Brotonne, feigneurie, II. 77. C.
Brou, IX. 317. A. feigneurie, II. 735. C. III. 430. C. V. 512. D. 513. F. VI. 437. D. 590. B. VIII. 160. A. baronie, VI. 509. C. VIII. 182. A. 943. B. IX. 69. A. 77. B. *au Perche*, feigneurie, I. 235. E.
Brouaffin, feigneurie, VII. 850. A. VIII. 490. B. 596. *** C. baronie, V. 245. B. 397. A. IX. 96. A.
Brouay, feigneurie, VIII. 35. C. comté, III. 597. B. VIII. 41. A.
Brouchot, IV. 851. B.
Brouchoven, VIII. 699. A.
Broucy le Grand, feigneurie, II. 341. C. *le Petit*, feigneurie, IV. 216. E.
Brove, VII. 430. A. feigneurie, II. 428. E. IV. 526. A. VII. 322. A.
Brouelles, feigneurie, IV. 136. C.
Brouillamenon feigneurie, VII. 588. A.
Brouillard, I. 468. C. II. 119. E. 124. D. 422. E. VII. 741. C.
Brouillart, V. 613. E. VI. 338. D. 341. D. VIII. 324. C. 648. E. 747. B. 892. B.
Broville, feigneurie, I. 519. A.
Brouillés, vicomté, III. 431. E. 432. D E. 434. B.
BROUILLY-PIENNES, *Antoine*, chevalier du S. Efprit, IX. 201. B.
Brouilly, II. 429. E. III. 914. A. IV. 879. C. V. 151. F. 619. B. VI. 119. C. 418. A. 419. D. VII. 63. D. 560. B. 825. E. VIII. 851. C. IX. 311. A. *de Piennes*, VI. 119. C.
Broullard, II. 574. E.
Broullart, II. 425. A. 418. E.

R

Broune, III. 796. B.

Brouffan, feigneurie, VI. 300. D. IX. 392. A.

la Brouffe, IV. 130. B. V. 15. B. VII. 309. A. 341. A. 862. D. VIII. 307. B. feigneurie, II. 362. C. VII. 309. C. 589. B. *de Vertillac*, VII. 341. C.

Brouffelles, feigneurie, VIII. 644. C.

BROUSSIN (*Seigneurs du*) VI. 534. *Voyez* Brulart.

Brouffin, feigneurie, VI. 534. D. VII. 583. E.

Broutay, feigneurie, IV. 803. D. VII. 728. C. comté, I. 377. D. II. 235. C. D. IX. 240. A.

Broutelles, feigneurie, VII. 561. D.

Brouvilliers, feigneurie, IV. 829. B. 832. B C. VII. 160. D.

Brown, VII. 91. B.

la Broye, feigneurie, V. 237. C. VIII. 617. A. 634. B. baronie, VII. 825. C.

BROYES (*Genealogie des feigneurs de*) II. 338.

Broyes, II. 58. E. 260. B. 337. E. 380. D. III. 650. D E. IV. 61. D. V. 146. C. 224. B. VI. 72. D. 632. B. 695. C. 728. D. VII. 100. B. 146. C. VIII. 348. C. 421. B. 532. A. 747. D. feigneurie, I. 332. D. 424. E. II. 152. D. 837. A. III. 665. B. V. 507. C. VI. 72. D. 217. D. 693. C.

Bruan, I. 259. C.

Bruc, III. 364. D. IV. 294. A. VIII. 703. B.

Brucamp, I. 497. D.

Brucamps, feigneurie, VI. 721. B.

Bruce de Kinnerd, IX. 407. D.

Bruch, feigneurie, V. 177. E. 178. A. D.

Bruchampteau, VII. 901. C. *Voyez* Brichanteau.

Bruchamptel, VII. 901. C. *Voyez* Brichanteau.

Bruchard, IV. 785. A.

Bruche, feigneurie, II. 619. A.

Brucherente, feigneurie, III. 727. D.

Brucheville, feigneurie, VIII. 92. E.

Bruck, VI. 351. C.

Brucourt, feigneurie, V. 150. A. VI. 674. C. VIII. 102. B. 710. A.

Brudenelle, V. 929. D.

Brudnel, VII. 91. C.

Brue, marquifat, VIII. 301. D.

Bruehl, V. 787. C.

de Brueis, II. 141. A.

Bruet, VII. 93. C. IX. 391. B.

Brueye, feigneurie, V. 657. D.

Bruez de Sainte-Chapte, IX. 243. B.

Brugeac, feigneurie, I. 376. C. VIII. 702. B.

Brugelettes, feigneurie, II. 769. C.

Bruges, II. 767. B. III. 736. C. 508. A. VIII. 106. C. feigneurie, V. 230. D. 640. B. VI. 47. D. 52. E. *la Gruthufe*, III. 912. B. *Voyez* la Baume.

le Bruget, feigneurie, VII. 343. A.

Brugheat, feigneurie, VII. 714. C.

Brugiere, feigneurie, VIII. 163. E. marquifat, IX. 146. C.

Brugneaux, feigneurie, II. 178. A.

Brugny, feigneurie, VIII. 738. C. comté, IX. 236. C.

Bruguerolles, feigneurie, VII. 787. B.

Bruguieres, feigneurie, I. 371. E. VIII. 474. C.

Bruyeres, de Chalabre, IX. 227. B. *fur-Cher*, feigneurie, II. 859. A.

Bruignieres, feigneurie, II. 347. B.

Bruilhois, vicomté, III. 632. C. 635. B. 701. C.

Bruillac, feigneurie, IV. 75. E. VIII. 358. E.

Bruillart, I. 509. B.

Bruille, feigneurie, I. 361. B. VIII. 616. B.

BRUILLEBAULT (*feigneurs de*) VII. 371. *Voyez* la Chaftre.

Bruillebault, VII. 428. A. feigneurie, VII. 371. C.

Bruilles, feigneurie, V. 771.

Bruillez, vicomté, VII. 92. B.

Bruillois, VII. 403. A. vicomté, I. 276. B.

Bruires-le-Chateau, IX. 311. B.

BRULART, *Nicolas*, marquis de Sillery, chancelier de France, VI. 524. B. *Roger*, chevalier du S. Efprit, IX. 253. A. *Pierre*, grand treforier des ordres IX. 321. A.

BRULART (*Genealogie de*) VI. 525.

Brulart, II. 106. B. 427. D. III. 914. A. IV. 226. E. 429. B. 641. E. 644. A. 765. B. 771. D. 856. D. V. 153. B. 154. A. VI. 523. A. 525. B. 580. B. 582. A. VII. 170. B. 255. B. 439. E. 545. E. 550. A. 591. C. 646. A. VIII. 777. E. 800. A. IX. 312. C. 323. B. 431. C. feigneurie, I. 498. A. *de la Borde*, VIII. 331. E. *Sillery*, IX. 303. A. 457. * A.

Brulhois, feigneurie, VII. 403. A. vicomté, III. 411. C.

Brulin, feigneurie, VIII. 658. B.

Brumenard, feigneurie, III. 617. D.

BRUMEZ, *Jean*, aumônier du Roy, VIII. 226. B.

Brumley, IX. 411. D.

LE BRUN ou BRUS, *Bernard*, évêque & comte de Noyon, pair de France, II. 400. D.

LE BRUN, *Jean*, treforier, general du marc d'or, IX. 361. C.

le Brun, I. 504. B. III. 388. C. IV. 873. A. V. 354. E. VII. 25. A. 57. D. 58. C. 198. D. 756. D. VIII. 164. D. 243. C. IX. 463. D. *du Perchin*, III. 837. A. *de Troadio*, IV. 810. A. *de la Vallade*, IV. 537. C. *Voyez* Aruny.

Brunatel, feigneurie, VIII. 11. C D.

Brunaulieu, V. 82. F. VIII. 660. B. IX. 481. A.

la Brunaye, feigneurie, VII. 516. C.

Brunc, feigneurie, VI. 795. A.

Bruneau, II. 232. A. V. 493. B. VI. 450. A. VII. 666. D. VIII. 247. C. IX. 197. B. 355. A.

Brunecofte, feigneurie, VI. 369. B.

Brunel, feigneurie, VIII. 302. C. 905. B. *le Vert*, feigneurie, VIII. 850. D.

Brunelles, feigneurie, II. 125. E. VI. 503. A.

Brunet, I. 370. C. IV. 840. VI. 293. D. *de Rancy*, IX. 326. B.

Brunetel, V. 829. D. VIII. 101. A. feigneurie, VIII. 572. A.

la Brunetiere, feigneurie, VI. 425. B. VIII. 672. B.

BRUNEVAL, *Nicolas*, grand-Fauconnier, de France, VIII. 750. C.

Brunevoz, feigneurie, IV. 598. A.

Brunhac, feigneurie, IV. 364. E. VIII. 244. E.

Brunier, III. 826. C. VIII. 936. C. 937. A.

Bruniere, II. 372. D.

Brunieres, II. 41. D.

Bruniers, II. 41. D.

Bruniets, feigneurie, VI. 114. A.

Bruniquel, I. 434. B. IX. 383. A. vicomté, IX. 394. D.

Brunfwick, II. 791. A. V. 643. B. duché, I. 256. E. 308. B. II. 792. E. V. 642. C. *d'Hanover*, duché, I. 256. E. *Grabenbague*, I. 411. C.

Brunvil, feigneurie, VIII. 642. E.

Bruny, II. 135. B.

Brus, II. 485. A. 876. B.
Brufieres, feigneurie, VI. 144. C.
Bruflé, VI. 696. C.
Bruflon, feigneurie, V. 269. B.
Brufolles, feigneurie, IV. 708. A.
Bruffac, feigneurie, IV. 124. B. 130. B. 131. A.
VI. 515. A. VII. 309. A C. VIII. 162. A. 163. C.
Bruffel, VI. 585. C.
Bruffon, feigneurie, III. 586. A C.
Bruxelles, vicomté, I. 256. E. 257. A B. VII. 170. E. comté, II. 719. A.
Bruy, feigneurie, IV. 34. A.
la Bruyere, II. 858. B. VII. 188. B. feigneurie, II. 350. B. 351. D. 353. B. 361. A B D E. 367. D. 369. B. IV. 23. D. V. 892. C. VI. 717. E. VII. 137. D. IX. 467. B. baronie, II. 368. A B C D E. III. 817. E. le Chatel, feigneurie, III. 648. B.
Bruyeres, III. 838. C. IV. 13. A. 17. B. 18. C. 396. D. VI. 638. C. 695. C. 744. D. VIII. 206. C. IX. 395. B. feigneurie, II. 363. B E. 857. B. IV. 654. A. V. 215. D. VI. 407. B. 708. A. 744. D. VIII. 207. A. baronie, III. 841. E. Chalabre, VII. 772. D. IX. 390. A. le Chaftel, VIII. 93. C. feigneurie, VI. 50. C. fur-Cher, feigneurie, 211. C.
Bruyers-lez-Montois, feigneurie, II. 322. E.
• Bruzac (feigneurs de) VII. 340. Voyez Hautefort.
Bruzac, IV. 124. A. VII. 302. A. feigneurie, VII. 340. A. marquifat VII. 48. E.
Bry, feigneurie, VI. 122. C. VIII. 136. C. fur-Marne, feigneurie, VI. 121. D. 796. C. VIII. 136. C.
Brye Serrant, II. 453. C.
du Bu, feigneurie, VI. 643. B.
Bua, feigneurie, VI. 283. D.
Buade, Antoine, chevalier du S. Efprit, IX. 151. A. Roger, huiffier des ordres, IX. 349. B.
Buade, V. 749. C. VII. 476. D. VIII. 247 B. 476. C.
Buat, VI. 496. A. feigneurie, III. 645. A. VII. 338. C.
Buatier, VI. 567. A. VIII. 146. C.
Buats, I. 444. B.
du Buc, Jean, amiral de Flandres, VII. 813. C.
Buc, II. 429. A.
Bucelli, II. 136. A B.
Buch (Captaux de) III. 369. & fuiv. III. 381. & fuiv. Voyez Foix & Grailly.
Buch, Captalat, III. 348. C. 350. C. 424. D. 857. C E. IV. 427. B.
Buchepot, VII. 504. A. IX. 397. A.
Buchold, baronie, VII. 610. B.
Buchot, VII. 636. B.
Buchy, feigneurie, II. 409. C.
Bucianos, feigneurie, I. 687. C.
Buckingam, comté, II. 480. D. VII. 88. E. duché, VII. 87. E. IX. 414. C.
Bucourt, feigneurie, VI. 761. C.
Bucqueville, marquifat, IX. 455. C.
Bucquoy, comté, VI. 175. C. VIII. 644. B. 918. B. Voyez Buquoy.
Bucy, Cru bâtard du Roy Louis XII. I. 129. B.
Bucy, IV. 409. D. VII. 122. E. 740. B. VIII. 556. D. 698. A. feigneurie, VIII. 538. A. IX. 459. D.
Budekenbach, feigneurie, II. 733. E.
Budes, Jean-Baptifte, maréchal de France, VII. 523. A.
Budes (Genealogie de la maifon de) VII. 523.
Budes, II. 87. C. IV. 74. B. 808. B. VI. 185.

C. VII. 523. C. VIII. 364. C. feigneurie, V. 378. E. 399. E. f
Budos, Antoine-Hercules, chevalier du S. Efprit, IX. 154. C.
Budos, I. 337. D. II. 134. C D. 174. D. III. 605. C. 771. C. 837. D. IV. 410. B. 411. A. VI. 561. A. VII. 226. D. 768. A. VIII. 920. B. IX. 422. B. baronie, II. 173. A. de la Porte, IV. 325. C.
Bueil, Jacqueline, maittreffe du Roy Henry IV. I. 150. D. Jean, V. du nom, amiral de France, VII. 847. Louis, grand échanfon de France, VIII. 585. B. Jean VII. grand-échanfon de France, ibid. C. Jean VIII. grand-échanfon de France, ibid. D. Honorat, chevalier du S. Efprit, IX. 78. C. Jean IV. du nom, chevalier du S. Efprit, IX. 120. A. Louis, chevalier du S. Efprit, IX. 123. A.
Bueil (Genealogie de la maifon de) VII. 848. (Branche du nom & des armes de) dont on n'a point trouvé la jonction, VII. 855. (barons & comtes de) IV. 500. Voyez Grimaldi.
Bueil, II. 87. E. 210. E. III. 91. B. 635. D. 641. C. IV. 24. D. 165. B. 169. D. 307. C. 427. A. 433. A. V. 608. B. VI. 635. D. 746. C. VII. 124. A. 584. B. 848. B. VIII. 705. C. feigneurie, I. 119. C. 150. D. 468. D. II. 853. A. VII. 124. A. 176. A. 848. B. VIII. 586. B. baronie, VIII. 306. E. comté, II. 296. C. VII. 260. B. de Sancerre, IV. 678. B. Voyez Beuil.
Buelna, comté, I. 683. A.
Buenc, VIII. 134. A. 498. D. feigneurie, VII. 149. D. 156. D.
Buendia, feigneurie, I. 683. A.
Bueffeton, feigneurie, VII. 455. A.
Buffalini, V. 461. * D. 463. * A. 464. C F.
Buffard, feigneurie, V. 669. A C. 670. A. 671. A.
Buffe, VIII. 32. E.
Bufferant, VIII. 892. C. 893. A.
Buffet, feigneurie, VIII. 60. B.
Buffeteau, feigneurie, IX. 442. A.
Buffiere, VI. 381. C.
Buffignecourt, VII. 38. D. VIII. 852. C.
Buffon, vicomté, VII. 474. A.
Buffons, VII. 242. C.
Bugenhoult, feigneurie, III. 908. B. 909. A. 911. A. baronie, III. 915. B.
Bugerac, feigneurie, VII. 276. B.
Buget, V. 763. A.
Bugey, feigneurie, VI. 80. B. 136. B. VIII. 498. D.
Bughenoc, III. 917. B.
Bughenouft en Brabant, feigneurie, V. 837. E. 840. B.
le Bugle, IV. 708. A. 709. E.
Buglife, feigneurie, IV. 323. A. VIII. 161. A.
Bugnicourt, feigneurie, III. 578. B. VIII. 75. A B. 532. E.
Bugnenboult, feigneurie, VIII. 785. A.
Bugnon, feigneurie, V. 242. E. VII. 15. A. VIII. 892. C. en Gatinois, feigneurie, V. 242. E. Potereau, V. 245. E.
Buhy, VII. 694. A. feigneurie, II. 86. B. VI. 281. C. 674. B. 675. A. VII. 83. E. 813. D.
Buicourt, V. 82. D. feigneurie, V. 83. C. E. 84. C E.
Buignet, VI. 470. C.
Buignicourt, feigneurie, VI. 705. C. 782. A.
Buignon, feigneurie, VII. 103. A. Girard, feigneurie, VII. 102. E.

Buines, feigneurie, VIII. 101. A.
Buir de Drel , feigneurie, V. 88. F.
Buire . feigneurie , VI. 708. A. 801. C. *au Bois*, feigneurie', VI. 781. A.
Buires, feigneurie , VII. 564. D. *aux Bois*, feigneurie, VIII. 628. D. 643. D. 652. C.
Buis, feigneurie , VII. 65. E. baronie . IV. 497. D.
la Buiffe, feigneurie, VII. 53. A.
Buiffieres, feigneurie, V. 746. C.
Buiffon, I. 33. E. IV. 136. D. VI. 122. C. 425. B. VII. 315. A. VIII. 337. C. 475. D. IX. 92. C. feigneurie, II. 153. D. IV. 640. E. V. 488. A. VI. 348. B. 642. A. 681. D. VII. 343. D. 804. A 892. D. VIII. 545. A. 632. A. IX. 444. B. *en Dombes*, feigneurie, VIII. 338. A.
Buiffu, feigneurie, VIII. 11. C.
Buiffy, IV. 598. B. V. 93 E.
Bukelin, comté . VIII. 354. B.
Bukley, IX. 319. D.
Bulan, feigneurie, II. 664. D.
BULBON , (*Seigneurs de*) II. 400. B.
Buleau, feigneurie, II. 400. C.
Bulegneville, feigneurie ,VIII. 537. C.
Bulgarie, royaume, II. 286. C. 725. A. *Empire*, I. 414. E.
Bullecourt, feigneurie, VIII. 651. C.
Bullegneville, marquifat, IV. 824. B.
Bullen, VI. 395. A.
Bulles, VI. 43. C. 59. B. VIII. 788. B. feigneurie, VI. 47. C. 59. B. VIII. 105. C D. 106. B.
Bulleux ,VII. 748. A. feigneurie , IV. 599. B.
Bulligneville, VIII. 778. C.
Bullio de Gribaudenges, VII. 687. E.
BULLION, *Claude*, chancelier des Ordres, IX. 303. A. *Noel*, greffier des Ordres , IX. 333. B. *Noel*, intendant des Ordres, IX. 341. B. DE FER-VAQUES, *Anne-Jacques* , chevalier du S. Efprit, IX. 272. B.
Bullion, III. 773. C. IV. 173. B. 431. C. 683. C. 891. D. 899. D. VI 523. E. VII. 100. C. 101. C. 598. C. VIII. 120. E. feigneurie, VIII. 149. A.
Bulhoud, II. 108. A. VI. 511. C. IX. 427. D.
Bullonde . feigneurie, VI. 568. D. IX. 462. E.
Bullou, feigneurie, V. 159. F. 160. A E. VIII. 159. D.
Bully , feigneurie, II. 246. C. 247. D. baronie , V. 788. C.
la Bulotte, feigneurie, II. 386. A.
Bulou, II. 586. A.
Bunaud de Lubieres, V. 286. E.
Buneau IV. 333. C. feigneurie VIII. 903. B.
Bunemare, feigneurie, VII. 473. B.
Bunette, feigneurie, VI. 803. A.
Bunince, feigneurie, III. 617. A.
Buor, VIII. 706. B
Buord, VI. 194. A.
Buoue, feigneurie, IX. 72. B.
Buoux , feigneurie, II. 253. B. IX. 86. B.
Buquoy, feigneurie, II. 505. B. VI. 107. C. 108. A. VII. 182. A. comté, I. 163. C D E. 264. B. 318. B. 359. A. 360. A. 361. E. 362. C. 363. B. V. 657. C E.
Buranluce, feigneurie, VIII. 787. A.
Burcé, feigneurie , VII. 341. A.
Burcher, III. 726. C.
Burck , V. 165. E.
Burcy en Nivernois, feigneurie, VI. 113. A.
Burdelot, VI. 421. C. 444. A.
Bure, feigneurie , VI. 60. B. VII. 340. A.
BUREAU, *Jean*, commis au gouvernement de l'artillerie, VIII. 135. A. *Jaffard*, maître de l'ar-
tillerie du Roi, VIII. 140. A.
BUREAU , (*Genealogie de*) VIII. 136.
Bureau, I. 275. C. II. 107. C. 306. B. VI. 123. A. VIII. 239. C. 774. D. 798. B.
Burée, en Pesigord , feigneurie, V. 354. D.
Buren, comté , III. 597. C. V. 657. E. 658. B. 659. A. VII. 105. D. 131. C. VIII. 78. B.
Bures, VII. 433. E. feigneurie, III. 578. B. VIII. 171. A. comté, II. 475. C.
Buret, VIII. 171. C.
BURGENSIS , *Jerôme*, évêque & comte de Châlons, pair de France, II. 380. E.
BURGENSIS, (*Genealogie de*) II. 381.
Burgenfis, II. 382. C. IV. 640. E. V. 610. D. VIII. 286. D. 753. B. 946. A
Burgondion, II. 250. B.
Burgos, comté, VI. 178. C.
Burgreff, V. 849. C.
le Burguet, feigneurie, IV. 401. B. 402. A.
Burkley, IV. 879. E.
BURLAS , *Jean* , maître des arbaleftriers du Roi , VIII. 2. D.
Burlats, vicomté, IX. 428. A.
la Burliere, feigneurie, VII. 727. B.
Burlington, comté, IX. 403. D.
Burly, feigneurie, VII. 547. C.
Burnell, VII. 88. C.
BURNIQUEL , (*Vicomtes de*) H. 645.
Burniquel, VII. 69. C. feigneurie, II. 689. C. vi-comté, II. 175. B C. 181. A. 623. D. III. 361. C. 363. E. IV. 665. D. V. 731. C. VII. 698. C.
BURON) *Seigneurs de*) en Auvergne, VIII. 595. **. *Voyez* Gironde.
Burom, feigneurie, IV. 176. B C. VIII. 594. *** B. comté, VIII. 596. A.
Burffem, baronie, V. 618. B.
Burtel, III. 734. C.
Burtio de la Tour, VII. 601. A.
Bury, feigneurie, VI. 99. B. 626. C. VII. 876. C. VIII. 943. B. baronie, IV. 641. C. comté , IV. 175. A. 641. A.
S. Bury, VII. 641. E.
du Bus, V. 80. C. VI. 686. B. VII. 83. B. VIII. 307. C. feigneurie, I. 310. E. V. 80. C, V I. 489. C. 514. D.
Bufançois, VI. 4. E. VIII. 111. B. feigneurie, V. 9. A. VII. 48. A. 123. E. 131. C. 141. E. VIII. 110. A B D. IX. 322. C. baronie, VIII. 117. A. comté, VI. 530. C. VII. 234. E. *Voyez* Bu-zançois.
Bufancourt . feigneurie, VII. 475. D.
Bufancy, feigneurie, I. 253. E. II. 43. A. 318. A. 320. E. 340. E. III. 622. E. V. 573. A. VI. 174. A. 748. C. VII. 166. C. VIII. 13. D. 14. A. vicomté, II. 434. C. VI. 630. B. VIII. 11. A B. *Voyez* Buzancy.
Bufc, VI. 354. C. feigneurie, VI. 357. C.
Bufca, feigneurie, V. 178. A.
la Bufecharpentier, feigneurie, VII. 505. C.
Bufenval, feigneurie, I. 510. B. 521. A.
Bufeval, feigneurie, I. 441. B.
Buflecke, baronie, V. 647. B.
Bufqua, feigneurie, III. 913. D. *Voyez* Bufca.
Bufquet, VIII. 794. A.
la Bufquiere, feigneurie, II. 653. D.
Bufriou, feigneurie, III. 913. D.
Buffac, feigneurie, V. 734. A.
Buffaguet, feigneurie, V. 734. A.
la Buffardiere, feigneurie, VII. 22. C.
BUSSERADE, *Paul*, maître de l'artillerie, VIII. 173. D.
BUSSERADE, (*Genealogie de*) VIII. 174.
Bufferade;

Busserade I. 379. A. V. 83. A. VII. 856. B.
Busserne, baronie, II. 285. C.
BUSSET, (*Comtes de*) I. 375. *Voyez* Bourbon-Bâtard.
Busset, seigneurie, I. 363. A. 375. B. II. 57. D. III. 41. A. 168. B. V. 123. D. VI. 219. D. VII. 707. D. baronie, I. 376. C. comté, I. 376. C. III. 438. C. 687. D. V. 622. D.
Busseuil, VII. 655. B. seigneurie, VII. 594. *** D.
Busseul, V. 669. C. seigneurie, VII. 648. D. VIII. 322. D.
la Bussiere, VI. 506. B. VII. 6. E. seigneurie, III. 612. A. IV. 425. A. V. 107. E. VI. 442. B. 566. A. VII. 319. C. 493. B. VIII. 39. C. 40. B. 318. C. 484. C. *Voyez* Menard.
BUSSIERES, (*Seigneurs de*) IV. 851. *Voyez* Choiseul.
Bussieres, seigneurie, II. 119. D. IV. 687. B. 822. E. 831. D. 850. A. 861. A. VI. 69. C. VIII. 350. B. *d'Allsac*, seigneurie, III. 861. D. 862. A B C.
Bussignies, seigneurie, III. 796. B.
Bussigny, seigneurie, III. 839. E.
Bussillet, V. 614. A.
Bussillon, seigneurie, II. 67. A.
Bussolin, comté, IX. 336. A.
Busson, VII. 383. A.
Busslu, VII. 856. C. VIII. 101. A. seigneurie, III. 643. C. VII. 753. C. VIII. 153. C.
Bussluet, seigneurie, VI. 789. C.
Bussy, (*Seigneurs de*) VII. 176. *Voyez* Amboise.
Bussy, IV. 413. A. VII. 255. A. VIII. 156. B. 658. B. 717. B. 787. B. 911. D. seigneurie, II. 222. C. 223. C. III. 638. C. IV. 321. A. 438. A. V. 639. C. VI. 414. B. 548. C. 565. D. VII. 8. B. 47. C. 48. E. 123. E. 126. C. 291. B. 800. D. 810. D. 901. A VIII. 422. D. 481. A. 851. E. IX. 292. B. baronie, IV. 825. C. VIII. 324. C. comté VII. 666. D. VIII. 712. D. IX. 110. B. marquisat, I. 504. A. *sur Aisne*, seigneurie, II. 323. A B. *d'Amboise*, VII. 291. B. *le Repos*, seigneurie, VI. 741. A. *de Vaires*, marquisat, VIII. 748. A. *Voyez* Bucy.
Bustron, II. 603. E.
Butault, V. 418. A.
Buteux, VIII. 232. D.
Butigny, VII. 888. C.
Burkley, V. 165. E. 739. C.
Butler, IV. 615. D. V. 594. B. VIII. 88. C E.
Butrago, seigneurie, III. 351. C.
Button, V. 527. E.
Buttetort, II. 490. A.
Bux, seigneurie, V. 856. C.
Buxeil, seigneurie, IV. 365. C. 825. A. 826. A.
Buxey, seigneurie, II. 69. B.
la Buxiere. *Voyez* la Bussiere.
Buxieu, seigneurie, VIII. 11. D.
Buxy, seigneurie, VII. 112. B.
Buyres, seigneurie, V. 829. D.
Buys, II. 195. B. seigneurie, IV. 27. A.
Buz, VIII. 136. C.
BUZANÇOIS, (*Comtes de*) IV. 570. *Voyez* Chabot.
Buzançois, seigneurie, II. 864. A. IV. 166. E. 864. A. V. 569. C. comté, I. 196. E. II. 212. A. 225. C. III. 493. B. IV. 438. D. 682. B. 721. C. 771. D. V. 610. B. VII. 40. A. 881. E. *Voyez* Butançois.
Buzancy, seigneurie, VIII. 870. C. vicomté, IV. 537. A. *Voyez* Busancy.
la Buzardiere, seigneurie, V. 424. C. VII. 589. A.

Buzaudon, seigneurie, VII. 695. A
la Buzeliere, seigneurie, IV. 751. E.
Buzenval, seigneurie, II. 306 C D. 307. A B C D E. IV. 765. B. *Voyez* Busenval.
Buzet, VIII. 260. B. III. 385. B. V. 289. A. VI. 220. A. VII. 773. B. IX. 388. D. 454. A. baronie, IV. 428. D.
la Byolée, seigneurie, VII. 160. C.

C.

CABANEL, III. 452. A.
CABANES, *Jean*, grand fauconnier des Perdrix du Roi, VIII. 754. A.
Cabanes, seigneurie, II. 245. A B C 246. E. 247. D. vicomté, III. 587. B. VII. 787. D. 788. A.
Cabannes, VIII. 298. B. 300. C. seigneurie, IV. 497. A.
Cabaniol, seigneurie, II. 367. C.
Cabaré, VII. 214. D.
Cabdac, seigneurie, VII. 703. A.
Cabeça de Baca, I. 685. D.
Cabellion, VIII. 85. C.
Cabestan, seigneurie, VIII. 259. E.
Cabillau, III. 908. B.
Caboche, V. 88. B. VIII. 663. D.
Cabourg, seigneurie, V. 161. D.
Cabrega, marquisat, V. 528. B.
Cabreirolles, seigneurie, VII. 484. C.
Cabrens, VII. 765. C.
Cabrera, III. 350. A. comté, V. 530. C. VII. 760. C. *Rivera*, seigneurie, IX. 296. B. *de Vergas*, V. 661. E. *Voyez* Henriquez.
CABREREZ, (*Seigneurs & comtes de*) VII. 312. *Voyez* Gontaut.
Cabrerez, seigneurie, IV. 789. B. V. 756. D. baronie, II. 624. B. comté, VII. 417. A. *Voyez* Gontaut.
Cabrieres, VII. 769. C. seigneurie, I. 15. B. II. 294. C. IV. 276. A B. VII. 490. D. 770. E.
Cabriez, seigneurie, II. 293. D. 294. A C. 295. E. 296. A.
Cabris, seigneurie, II. 291. B. IV. 504. B. *Voyez* Grasse.
Cabujol, seigneurie, VII. 915. E.
Cacheleu, II. 151. B C. VI. 789. C.
Cacqueray, VIII. 891. A.
Cadarache, seigneurie, VIII. 299. C.
Cadars, IV. 20. B. seigneurie, IX. 425. C. vicomté, VII. 71. A. IX. 428. A.
Cadart, seigneurie, VII. 133. E. *d'Ancezune*, II. 247. B. III. 770. C. VIII. 295. E. *de Tournon*, VIII. 69. B.
CADAVAL, (*Ducs de*) sortis des ducs de Bragance, I. 637. *& suiv.*
Cadaval, seigneurie, I. 615. A. 624. B. 663. A. 664. D. 666. C. 689. E. duché, III. 496. B. 501. A.
Cadeau, V. 289. D.
Caden, seigneurie, VII. 525. D.
Cadenac, seigneurie, VII. 455. D. baronie, VII. 448. A.
Cadenat, seigneurie, III. 771. E. 772. C.
Cadenet, II. 322. C. VI. 743. A. seigneurie, IV. 265. D. vicomté, VIII. 301. B.
Caderousse, VIII. 295. E. seigneurie, II. 250. C. VIII. 912. E. baronie, V. 281. A. marquisat, II. 247. B. IX. 309. A. duché, VIII. 69. B. IX. 307. A.
Cadet, V. 410. E.
Cadier, VI. 502. C.
Cadiere, seigneurie, VIII. 148. D.
Cadilhack, seigneurie, V. 727. D. 728. A.

Cadillac, V. 15. C D. IX. 76. B. seigneurie, III. 370. E. V. 14. D. VII. 862. B. IX. 416. A. 448. A. baronie III. 857. E. VIII. 220. A.

CADIOT, *Gobert*, maître de l'artillerie de France, VIII. 151. C.

Cadiot, IV. 76. B. VI. 255. D. VIII. 136. D.

Cadiou, V. 401. B. 402. A.

Cado, V. 414. E.

Cadoelan, seigneurie, VII. 529. B.

Cadogan, V. 930. A. comté, *ibid.*

Cadoine, VII. 488. B.

Cadolet, seigneurie, V. 281. A.

Cadoret, VII. 524. D.

Cadot, VII. 597. A.

Cadoule, IX. 382. A.

Cadoyle, II. 135. E.

Cadris de Cayres, IV. 265. A.

Cadrousse, seigneurie, III. 770. C.

Cadsen, seigneurie, III. 909. B.

Cadurc, chancelier, VI. 269. C.

Caen, II. 405. A.

Caenton, seigneurie, VI. 663. B.

Caerdiff, baronie, VII. 89. E.

Caesden, seigneurie, IV. 808. B C.

Caetan, VI. 104. A.

Caetano, IX. 130. B.

Caffarelle, VIII. 291. D.

Caffarelli, V. 464. E.

CAFFORT, *Trouillart*, maître de l'écurie du Roi, VIII. 468. B.

Caffran, IV. 370. C.

Cagne, seigneurie, IV. 490. A. 492. A C. 493. A B C D. 494. A B C. V. 281. D. VII. 738. C. VIII. 47. A. baronie, IV. 494. D. 495. B.

Cagnette, marquisat, V. 528. B.

Cagnosc, seigneurie, II. 297. D. 299. A.

Cagny, seigneurie, V. 81. C E. 82. D. 83. C E. 617. C. VI. 784. B. comté IV. 617. B. V. 84. A C D E. 85. A. *le Grand*, seigneurie, VIII. 736. B D E. *le Petit*, ibidem.

la Cabarraye, seigneurie, V. 412. E.

Caheufac, seigneurie, IV. 430. E.

Cahideuc, VII. 719. D.

Cahier, seigneurie, VII. 729. C.

Cahiette, seigneurie, VI. 367. A.

Cahouet de Beauvais, VII. 140. B.

Cahors, comté, II. 682. D. 684. E.

Cahusac, seigneurie, II. 363. B. 441. E. 443. A.

Cajetan, VIII. 291. D.

Caignicourt, seigneurie, III. 594. D.

Caigny, seigneurie, V. 831. C. VIII. 524. D.

Caila, seigneurie, II. 135. A. III. 828. A. baronie, II. 136. A. 243. B.

Cailharel, seigneurie, VIII. 475. D.

Caillart, V. 243. C.

Caille, I. 439. C. VI. 194. A. VII. 124. A. VIII. 19. D. 161. B. seigneurie, VI. 502. D.

Caillé, seigneurie, VII. 229. B.

CAILLEBOT, *Louis*, chevalier du S. Esprit, IX. 227. C.

Caillebot, VIII. 793. E. *de la Salle*, VIII. 935. C.

la Caillere, seigneurie, VII. 23. E. 26. A.

Caillerot, IV. 373. A.

Cailleville, seigneurie, V. 125. B D. 126. C. 127. C F. 128. A. 129. C F. 132. C D. VI. 636. C. IX. 89. B.

la Cailliere, seigneurie, VIII. 769. B.

Caillo, VII. 790. B.

Caillon, VII. 155. E.

Cailloué, seigneurie, V. 149. C.

Caillouet, VI. 153. D. 355. D.

CAILLY, (*Seigneurs de*) VI. 547. *Voyez* le Fevre de Caumartin.

Cailly, seigneurie, I. 319. D E. VIII. 161. A. baronie, VI. 410. B. VII. 13. C. marquisat, VI. 547. B.

Cailus, vicomté, V I I. 860. C. marquisat, V I I. 592. D. *Voyez* Caylus & Quailus.

Cainay, seigneurie, V. 136. D.

Cairech, seigneurie, VII. 213. D.

Cairon, seigneurie, II. 708. E.

Cais, IV. 502. C.

Caissac, III. 367. B. seigneurie, V. 359. E.

Caissagne, seigneurie, VII. 93. C.

Caissargues, seigneurie, VI. 300. A.

Caissie, IV. 504. B.

Calabre, III. 198. D. VII. 141. C. duché, I. 102. C. 223. A. 217. A. 229. B. 233. B. 234. B. 308. A. 404. B. 407. A. 409. E. 414. B. 415. B. 417. D. II. 719. A. III. 377. C.

Caladrüe, seigneurie, IV. 665. A.

Calais, VII. 875. E.

S. Calais, seigneurie, VII. 847. A. 849. D. VIII. 62. C.

Calard, VIII. 816. B.

Calatajud, I. 685. A. 686. B.

Calberte, baronie, VI. 316. C.

Calcer, III. 393. D.

Caldercleer, seigneurie, IX. 412. B.

Caldora, VII. 191. A.

Calestan, comté, IX. 56. B.

Calhanet, seigneurie, VII. 265. A.

Calignon, II. 252. C

Calinhac, seigneurie, II. 672. A.

Calipeau, II. 115. D.

CALLAC, *Guillaume*, grand-veneur de France VIII. 703. B.

Callac, VII. 529. A D. seigneurie, IV. 60. B. VII. 719. D. VIII. 703. B. IX. 76. D. 315. B.

Callart, VII. 61. C.

Calleta, comté, I. 676. B.

Calleto, III. 571. D. VI. 114. C. 635. A. 732. C. 774. B. VII. 12. A. 867. E.

Calleville, VIII. 691. B.

Calliege, VII. 472. E.

Calligny, seigneurie, II. 83. D.

Calmont, seigneurie, V. 88. C. 890. B. *Voyez* Caumont.

Calonges, seigneurie, III. 384. C. marquisat, VII. 863. D.

Calonne, III. 614. B. V. 828. D. VI. 161. C. VII. 182. B. 560. B. 748. A. VIII. 155. C. 278. A C. 282. A. seigneurie, III. 908. C. IV. 182. C. V. 618. A C. VI. 173. B. 177. A. 787. A. VII. 111. D. 832. B. *de Courtebourne*, IX. 319. B.

Calvi, II. 290. C.

Calviere, II. 370. E. VII. 200. C,

Calvignac, VII. 327. A.

Calvimont, V. 356. B. 359. E. 360. A. 742. E. Calvinet, baronie, I. 303. E. IV. 497. D.

Calvisac, seigneurie, IV. 788. A.

Calvisson, seigneurie, III. 816. B. 832. A B. VI. 299. A. 300. B. 317. A. baronie, IV. 502. C. VII. 491. B. IX. 441. A. marquisat, VIII. 794. B.

CALVO, *François*, du S. Esprit, IX. 234. B.

Camaiani, V. 462.* B.

CAMAIL, (*Ordre du*) I. 701. B.

Camara I. 660. B. 676. B.

Camarade, seigneurie, VII. 289. B.

Camaret, seigneurie, II. 252. D.

Camarde, seigneurie, VI. 539. D.

Cambe, II. 257. A.

Cambebonnet, seigneurie, II. 655. C.

Cambefort, II. 370. B.
Camberet, II. 119. B.
Cambernon, V. 386. B. VIII. 260. D.
Camberonne, seigneurie, IV. 400. B. 409. A.
Cambert, seigneurie, V. 739. B.
Cambeville, seigneurie, VII. 287. A.
Cambis, II. 140. A C. 251. B. V. 282. B. VIII. 296. B. seigneurie, VII. 308. C.
CAMBLAIN, (Seigneurs de) VII. 831. Voyez Recourt.
Camblain, seigneurie, III. 595. D. VII. 826. B. 831. D. VIII. 28. C. 29. ABC D.
Camble, VIII. 84. B. 86. B.
Camblegneuil, seigneurie, VI. 801. D.
Cambon, seigneurie, VIII. 697. E. vicomté, IV. 126. B.
Camboneau, seigneurie, VI. 512. B.
Camboularet, seigneurie, II. 137. A. IX. 235. B.
DU CAMBOUT, Pierre, grand-aumônier de France, VIII. 292. B. Charles, chevalier du S. Esprit, IX. 171. C. Pierre , cardinal, commandeur du S. Esprit , IX. 216. A. Armand, chevalier du S. Esprit , IX. 223. A. Henry - Charles , chevalier du S. Esprit, IX. 251. A.
DU CAMBOUT, (Genealogie de la maison de) I V. 801. & suiv. (Marquis de) 808. & suiv.
du Cambout, III. 499. C. 651. D. 858. C. IX. 219. B. 388. C. 643. A. V. 610. C. VI. 221. B. 567. B. VII. 526. D. 713. A. 718. A. VIII. 166. A. IX. 203. B. seigneurie, IV. 74. C. 368. C. V. 378. D. duché-pairie , VIII. 293. A Coislin, I. 175. C. V. 389. C.
Camboy, seigneurie, IV. 805. B.
CAMBRAY, (Roy de) I. 4. C.
Cambray, IV. 673. B. V. 624. A. VI. 349. C. 382. D. VII. 427. B. VIII. 807. B. Archevêché , II. 71. A. comté II. 713. E. 714. A. 718. C VI. 72. A.
Cambray , college à Paris, II. 215. E.
Cambrede seigneurie, II. 449. E.
Cambremont, seigneurie, IV. 764. C.
Cambresais, seigneurie, VIII. 159. C.
Cambridge, comté, V. 594. DE. 595. A.
Cambrin, seigneurie, VIII. 645. A.
Cambron, V. 80. D.
Cambronne, seigneurie, VIII. 651. D. 655. A.
Cameleze, comté VIII. 41. A.
Camellier, seigneurie, II. 211. B.
Camelo, I. 693. A.
Camely, seigneurie, III. 620. B.
Camera I. 681. C. 694. E. 695. A. IV. 67. B.
Cameret, seigneurie, VII. 652. C.
Camuly, seigneurie, II. 211. B.
Camina, duché , I. 615. C. 618. E. 661. B. 662. C.
Caminade, VII. 713. B.
Camiño , seigneurie, I. 689. A.
Camoermont, seigneurie, IV. 35. C.
Camou, baronie, VII. 539. D.
CAMPAGNAC, (Seigneurs de) VII. 324. Voyez Gontaut.
Campagnac, seigneurie, III. 359. B D. VII. 273. B. 314. B. 600. C. VIII. 594. * * E. vicomté, 348. B.
Campagne, VI. 167. D. IX. 415. C. seigneurie, II. 233. A. VI. 646. C. VII. 860. E. VIII. 281. D.
Campaigne, seigneurie, VII. 217. B. 408. C.
CAMPANES , (Seigneurs de) VII. 268. Voyez Montesquiou.
Campanes, seigneurie, VII. 268. D.
Campania, marquisat, IV. 497. A C. VII. 117. D.

Camparnaud , seigneurie, IV. 664. A.
Campbell d'Argile, IX. 414. A B. de Calder IX. 409. C. de Glenurchie , IX. 406. A.
CAMPDAVAINE, Jean , maître de la fauconnerie du Roi, VIII. 744. C.
Camp-d'Avene, II. 500. B. 506. D.
Campeaux , seigneurie, VIII. 918. D.
Campeils, seigneurie , VIII. 50. A.
Campell , IX. 401. D.
CAMPENDU, (Barons de) VII. 775. Voyez Narbonne.
Campendu, II. 202. B. VI. 344. D. VII. 70. C. 766. D. seigneurie , II. 178. D. VII. 188. B. baronie, III. 838. C. IV. 19. B. IX. 425. C. Voyez Capendu.
Campenesville, seigneurie ; VI. 369. E.
CAMPENEUSSEVILLE , (Seigneurs de) VII. 566. Voyez Monchy.
Campeneuseville, seigneurie, VII. 566. C.
Campesar, seigneurie, 438. B.
Campet, II. 666. C. IX. 460. C. de Saujon , IX. 278. B.
Campigneulles, V. 77. F. 78. B C. 79. B D F.
Campion, VIII. 618. D.
Campo, V. 661. D. Mayor , seigneurie, I. 582. D. Real, marquisat, IX. 295. B.
Campos, seigneurie, I. 261. E.
Campranhac. Voyez Campagnac.
Campredon, III. 394. C. VIII. 237. A.
Campremy, I. 53. A. IV. 396. A. VI. 55. E. VII. 166. B. 824. A. VIII. 905. B. seigneurie, V. 139. D. VII. 819. D.
Camptenant, seigneurie, II. 659. E.
Camprond, VII. 633. C.
Camps, seigneurie, IV. 134. C. VII. 823. B.
Campsac, seigneurie, II. 675. AC D.
Campsillon, baronie, VII. 726. A.
Campuac, seigneurie, II. 701. D.
Campulley, V. 621. B. seigneurie, ibid.
LE CAMUS, Nicolas, prévôt & maître des ceremonies des Ordres, IX. 318. A.
le Camus, II. 141. B. III. 385. B. IV. 440. D. V. 107. F. VI. 528. C. 556. A. VII. 377. B. 544. E. VIII. 915. E. IX. 314. A. 391. B. de Jambleville, IV. 32. B C. des Touches, IX. 207. B.
Can, II. 287. B.
Canabissos, seigneurie, VII. 271. D.
Canalis en Ast, comté, IV. 502. E.
CANAPLES, (Comtes de) IV. 293. & suiv. Voyez Blanchefort & Crequy.
Canaples, V. 340. C. seigneurie, IV. 182. A. 284. B. 290. D. 291. B. 530. A. 641. D. V. 159. E. VI. 69. A. 720. B. 780. C. 781. A. 792. A. VII. 462. C. VIII. 12. D. 67. B. 628. D. 652. B. comté, IV. 266. B. 681. D. VI. 802. D. IX. 428. B.
S. Canat, seigneurie, VIII. 304. B C 305. B C.
Canau, seigneurie, I. 373. B C.
Canavet, seigneurie, IV. 802. B. V. 378. D.
Canaux, seigneurie, III. 387. B.
Cançor, baronie, VII. 211. D.
Candale, II. 429. C.
CANDALLE, (Comtes de) III. 381. & suiv. Voyez Foix.
Candalle, comté, II. 620. B. III. 375. B. 376. C. 424. D. 605. A. 856. B. 857. C E. 914. B. IV. 427. B. 805. E. V. 231. A. VI. 214. D. 215. C. VII. 861. C. VIII. 220. A. duché, I. 150. E. pairie, III. 857. C. 858. A.
Candas, seigneurie, III. 613. A. VIII. 561. C.
Candavene, II. 776. D.
Candé, seigneurie , III. 629. A. IV. 193. D. VI. 768. A. VII. 74. E. 76. E. VIII. 568. D.

Candella, I. 268. B.
Candiac, seigneurie, IX. 424. C.
Candiasch, seigneur, II. 286. D.
Candie, marquisat, VI. 499. A. duché, VIII. 41.
  E. royaume, IV. 813. B.
Candille, VI. 367. B.
Candoire, seigneurie, VIII. 853. C.
Candolle, II. 297. C.
Canet, VII. 765. A. seigneurie, II. 289. D. 299.
  A. VIII. 305. B. vicomté, VII. 767. C.
Canette, marquisat, I. 586. B. 633. A. III. 353.
  B. 354. B. comté, I. 660. A.
Cangé, seigneurie, II. 210. E. 223. C. 419. A.
  VII. 21. D.
Cangeis, seigneurie, I. 586. A.
Cangy, seigneurie, VI. 123. B. VIII. 10. B.
Cani, seigneurie, II. 426. E.
Caniel, seigneurie, I. 275. C D. II. 85. B. C. IV.
  715. A. VI. 678. C. baronie, VIII. 239. D.
la Caniere, seigneurie, V. 344. E.
Canilhac, seigneurie, V. 726. A.
CANILLAC (Seigneurs de) VI. 322. & suiv. Voyez
  Roger & Beaufort.
Canilhac, III. 819. B. VI. 317. A. VII. 70. D.
  141. B. 764. C. VIII. 595. *** A. seigneu-
  rie, II. 185. 2. E. 698. D. III. 812. D. 814.
  B D. IV. 275. C. VI. 317. A. VII. 802. B. VIII.
  52. A. comté, IX. 277. A. marquisat, IV. 532.
  A. V. 357. F. 358. B. VI. 116. C. 323. A.
  516. A. 560. A. 783. A. VII. 134. B. 368. E.
  765. D. 805. A. IX. 470. B. Beaufort, VII. 198.
  C. Montboissier, VII. 714. E.
Canjon, IV. 410. A. VIII. 120. B.
Canisy, VII. 741. C. II. 67. D. 68. D. VIII. 270.
  A. 260. D. marquisat, V. 386. B. VII. 788.
  D.
Canlers, seigneurie, VI. 794. D.
S. Cannat, seigneurie, I. 232. D E.
CANNES, (Seigneurs de) VII. 791. Voyez Pe-
  let & Narbonne.
Cannes, seigneurie, VII. 789. A. 791. C.
Cannesson, VIII. 643. A.
Canonne, VI. 568. D. IX. 463. C.
Canonville, IV. 408. B. 616. D. 854. A. V. 621.
  A. VI. 475. E. VII. 395. E. VIII. 25. B.
Canosse, VIII. 698. B.
Canouë, comté, IV. 497. A C.
Canoville, seigneurie, 257. E.
Canso, seigneurie, V. 415. D.
Cantacuzene, I. 412. B.
Cantaing, VIII. 35. C.
Cantaloupe principauté, IX. 294. B.
Cantañede, I. 577. C. IX. 380. B.
Cantaussel, seigneurie, II. 372. B.
CANTE', (Seigneurs de) III. 365. & suiv. Voyez
  Foix.
Cantecroix, seigneurie, II. 873. D. comté, VIII.
  413. E. principauté, III. 498. B.
Canteleu, V. 656. A. VIII. 525. B. seigneurie,
  VIII. 709. C. 776. E.
CANTELMI, Rostain, chevalier du S. Esprit, IX.
  294. A.
Cantelmi, V. 86. A.
Cantelou, VIII. 809. * C. seigneurie, II. 80. D.
  407. A. 432. A. VI. 369. D. VIII. 888. E.
Canteloup, seigneurie, VII. 340. D.
Cantepie, seigneurie, VI. 788. C. VIII. 152. B.
Canteville, VIII. 642. B. seigneurie, V. 828. A.
Cantierode, seigneurie, II. 798. D.
Cantiers, VI. 261. C. 291. B. 680. C. VII. 255.
  B. 871. A seigneurie, I. 310. E. VI. 283. D.
Cantin, seigneurie, VI. 638. C.
le Canu, V. 847. A.

Canville, seigneurie, V. 143. D. 144. C.
S. Canut, VI. 45. E.
Cany, VIII. 32. D. 546. B. seigneurie, I. 207.
  D. 212. C. 375. C D. II. 7. E. 85. B C. IV.
  334. C. 715. A. VI. 50. D. 144. B. 455. B.
  637. C. 678. C. 708. C. 745. A. 804. B. VII.
  79. D. VIII. 79. B. 211. B. 258. D. 536. A. 643.
  A. 747. A. 793. B. 868. C. IX. 116. A. baro-
  nie, VIII. 239. D. marquisat, IV. 682. A.
  894. A. VI. 456. B. VIII. 21. D. 809. * B. IX.
  327. B.
Capaccia, comté, VII. 191. B.
Capdenac, seigneurie, III. 423. D. 773. A. baro-
  nie, VIII. 175. A.
Capdeville, II. 237. D. IX. 415. B.
Capece-Galeotti, I. 613. C.
Capel, VIII. 307. E. baronie, VII. 494. D.
la Capelle, seigneurie, II. 362. D. III. 909. B C.
  IV. 130. A. 140. C. V. 728. B. 746. B. 836. C.
  VII. 308. A. marquisat, III. 365. B. Biron, sei-
  gneurie, VII. 601. A. 700. A. en Condrois, sei-
  gneurie, II. 798. E. Marival, baronie, I. 370.
  E. en Peule, seigneurie, III. 595. A.
Capelles, VII. 104. B.
Capendu, II. 646. A. VIII. 660. C. seigneurie,
  VII. 406. E. baronie, III. 642. B. VII. 695. A.
  Voyez Campendu.
Capisucchi, IV. 838. D.
Caples, seigneurie, VII. 832. A.
Capo de Vier, marquisat, VIII. 75. D.
Capoccia, V. 462. * C E.
Capoccii, V. 462. * C E.
Capolie, principauté, I. 576. A.
Capony, VII. 562. C. 714. B. VIII. 147. C.
Capouë, III. 371. E. principauté, I. 227. A. 393.
  A. 397. E. 407. A. 409. E. 414. C. 422. B
  E.
Cappes, VIII. 857. A.
Caprais, seigneurie, II. 705. D.
Capranica, V. 461. * C.
Capreol, VIII. 476. B.
CAPRES, (Barons de) V. 842. & suiv. Voyez Bout-
  nonville.
Capres, seigneurie, V. 232. D. 834. D. 835. C.
  836. B. 837. A E. 840. E. 842. B.
Capsuis, seigneurie, III. 431. E.
Capy, seigneurie, V. 11. D. VI. 671. C. baronie,
  VII. 338. B.
Caqueray, VIII. 21. E.
Caquerey, VI. 195. B.
Carabeuf, seigneurie, II. 233. C.
CARACCIOL, Jean, prince de Melphe, maréchal
  de France, VII. 191. A.
Caraccioli, I. 634. C. IV. 490. B. IX. 210. C.
  290. C.
Caradas du Heron, VI. 294 D. VIII. 26. A.
Carafa, V. 531. A. VIII. 504. A.
Caraffa. Voyez Guzman.
Caraffe, IX. 210. C.
Caraleu, IV. 452. B.
Caramagne, seigneurie, IV. 875. B.
Caramain, vicomté, II. 355. B C D.
Caramau, VIII. 810. ** A.
Carancy, VII. 79. A.
Caranton, seigneurie, VIII. 67. E.
Carantonne, seigneurie, VII. 477. B.
Caravagio, marquisat, VII. 118. A.
CARAVAS, (Comtes de) V. 613. & suiv. Voyez
  Gouffier.
Caravas, comté, V. 609. B E. 610. C. 613. C.
  614. C. 622. E. VIII. 373. C. 648. E.
Caravonica, II. 285. C.
Carbognano, principauté, IX. 210. A.
                           Carbonel,

Carbonel, IV. 31. A B. 875. B. VI. 635. B. IX. 399. A.
Carbonelle, II. 865. A.
Carboniales, seigneurie, IV. 133. A. VII. 311. C.
Carbonieres, III. 388. B. seigneurie, IV. 135. B. 790. C. baronie, 124. D. 791. A. 793. D. 799. A D.
CARBONNEAU, (Seigneurs de) VII. 454. Voyez Esparbez.
Carbonneau, VII. 217. B. 453. A C. 454. A. seigneurie, VII. 453. C. 454. A. de Ferragut, VII. 168. A.
Carbonnel, I. 440. C. II. 865. A. V. 386. B. VII. 562. A. 788. D. VIII. 92. C. 170. A. 260. D. 270. E. 579. A. 889. C. 899. B. IX. 102. A. de Canisy, VII. 446. B.
Carbonnier, VIII. 594. ***** A. IX. 151. A.
Carbonniere, VII. 700. A. IX. 415. A. seigneurie, V. 150. B.
Carbonnieres, VII. 303. A. 601. A. VIII. 165. C D. 246. C. 589. C. seigneurie, V. 754. C. baronie, I. 469. A. V. 896. A VII. 313. C. 406. C. 927. C. IX. 392. C.
Circado. Voyez Kercado.
Carcassez, III. 344. A baronie, III. 432. D.
Carcassonne, III. 344. A. IX. 422. C. vicomté, VI. 74. D. comté, II. 682. A. 684. E. III. 343. A.
Carces, seigneurie, II. 244. A. V. 287. A. VIII. 304. B. baronie, IX. 419. C. comté, I. 470. E. II. 239. D. 246. E. 247. B C. V. 280. C. VII. 190. E. 617. C. VIII. 295. C. 305. A. IX. 86. A.
Cardailhac de la Capelle-Marival, V. 751. B.
CARDAILLAC, Louis, chevalier du S. Esprit, IX. 202. B.
Cardaillac, I. 370. E. III. 769. C. 812. D. IV. 44. A. 122. D. 133. A. 309. C. 470. E. 471. A. 662. B. V. 180. B. 359. B. 729. E. 748. B. VII. 128. A. 187. C. 212. C. 277. A B. 300. C. 311. C. 414. E. 415. D. 771. D. VIII. 329. D. 594. ** E. IX. 147. A. 419. E. seigneurie, II. 359. E. 651. A. 672. A. 673. E. 675. A C. III. 72. B. IV. 43. A. 471. C D. 610. C. 611. A. 612. A. VII. 414. E. VIII. 167. D. baronie, II. 674. C. V. 265. D. marquisat, IV. 602. C D. V. 184. A. d'Anxon, IV. 309. A. 665. C. S. Cirq, IV. 18. C. de Levis, IX. 396. B. Lommé, IV. 309. A. de Peyre, II. 674. C. IV. 19. A. de Valade, IV. 470. B.
Cardé, seigneurie, IV. 306. B. VII. 238. C. VIII. 340. D.
Cardeilhac, VII. 218. B,
Cardelli, V. 462. * A.
Cardenas, I. 618. A. 647. C. 672. A. III. 353. E. VIII. 43. D. de Portugal, IX. 290. B.
Cardenoy, seigneurie, IV. 507. B. VIII. 884. D.
Cardigan, comté, V. 929. E. VII. 91. C.
Cardighan. Voyez Cardingan.
Cardillac, VIII. 218. C IX. 235. A.
Cardin, seigneurie, VIII. 323. E.
Cardinés, V. 531. B.
Cardingam, comté, II. 481. C. 483. E.
Cardon, IX. 330. A. de Lupé, III. 340. A.
Cardonnay, seigneurie, VIII. 615. E.
CARDONNE, duché-pairie, érigé en 1641. pour PHILIPPES de la Motte-Houdancourt, V. 857. Pieces concernant cette erection, ibid. & suiv.
Cardonne, II. 643. B. III. 354. A. V. 525. B. VII. 763. D. VIII. 36. C. 44. C. 75. D. vicomté, I. 287. A. III. 346. C. comté, III. 345. E. duché, I. 293. B. III. 354. E. 355. C. 373. C. IV. 33. B. 879. A. 892. A. V. 526. B.
Tome IX.

VII. 530. D. VIII. 38. A. 121. A.
la Cardonie, seigneurie, III. 816. A.
Cardonnoy, seigneurie, V. 94. B.
Careil, seigneurie, IX. 453. B.
Carel, VIII. 811. ** E.
Carelle, VI. 156. B.
Carempuy, seigneurie, VI. 637. C.
CARENCY, (Seigneurs de) I. 359. & suiv.
Carency, IV. 422. C. seigneurie, I. 220. D. 318. A B. 319. B. 320. A. 359. A. 360. A. C. 361. E. 390. C. IV. 534. E. VI. 107. C. 108. A. VII. 172. C. VIII. 75. A 761. B. IX. 471. A. principauté, II. 234. B C D E. 235. B. 400. A. 505. B. IV. 471. B C. 680. B. V. 385. A. VII. 131. D. 708. C.
Carendefay, IV. 837. B.
Carentan, vicomté, I. 119. C. IV. 71. A.
Carentonne, seigneurie, VII. 434. A.
CARESME, Pierre, commis au gouvernement de l'artillerie, VIII. 131. D.
Carette, marquisat, VII. 192. D.
Caretto, IV. 489. C D. 491. D. 496. A. 501. B. V. 525. C. VIII. 76. B. 304. A. 503. D. marquisat, VIII. 42. B C. de Grana, IV. 545. C. Voyez Carretto.
Careul, VII. 250. C.
Carfour, V. 24. E.
Cargouet, V. 411. B.
Carheil, seigneurie, IV. 808. B C. comté, IV. 809. B D. 810. A. VIII. 166. C.
Carjac, VII. 21. E.
Cariati, comté, V. 527. D. 530. E. 531. A B. principauté, V. 526. C.
CARIGNAN, duché, érigé en 1662. pour EUGENE-MAURICE de Savoye, comte de Soissons, V. 674. pieces concernant cette érection, ibid. & suiv.
Carignan, principauté, I. 351. A. V. 142. A. 463. * C.
Cariguet, seigneurie, VI. 196. A.
Carillo, seigneurie, I. 636. B.
Carillo de Cordouë, I. 685. D.
Carinthie, I. 77. C. 409. A. 640. C. II. 3. E. III. 311. A. V. 507. D. VI. 84. B. duché, II. 840. C. III. 199. A. V. 505. E.
Carion, IV. 460. C.
Caritaine, seigneurie, VI. 130. C.
Carladés, comté, IV. 497. D. 498. D. V. 391. E.
Carlaguez, V. 179. D.
Catlan, V. 415. A.
CARLAT (vicomtes de) devenus comtes de Rodés par acquisition, II. 695. & suiv.
Carlat, vicomté, I. 313. B. 316. B. 317. A. II. 188. 2. B. 632. C. III. 422. B. 427. A. B. 428. D. 429. A. IV. 164. D.
Carlaverock, IX. 401. B.
Carles, VIII. 337. A.
Carlier, VIII. 150. B.
Carlile, comté, II. 483. C.
Carlins, vicomté, VII. 811. C.
Carlis du Crajet, V. 743. C.
Carlot, II. 372. C.
Carlus, vicomté, IV. 793. D. VIII. 592. A.
Carluy, seigneurie, VIII. 644. A.
Carlyle, IX. 401. C. 407. C.
Carmain, II. 177. A. 181. A. 190. B. 646. A. 651. A. 664. A. III. 384. A. IV. 16. D. 22. C. 307. A. 613. B. VIII. 187. C. 166. C. 386. B. 404. C. 698. C. 771. C IX. 67. A. 239. B. viconté, II. 356. C. 707. E. III. 371. E. 372. B. 433. D. IV. 532. B VI. 209. A. comté, III. 372. B. VII. 293. D. 494. D. IX. 170. A.
Carman, IV. 60. C. Voyez Kerman.
T

Carmené, V. 402. C. 403. A. feigneurie , ibid. VII. 720. C.

Carmeno, II. 122. D.

Carmefel, feigneurie, VI. 439. B.

Carmichael, IX. 407. B. 409. D.

Carmignolles, feigneurie, VII. 655. C.

Carmilan-Dupré, II. 19. C.

Carminow, VII. 840. C.

Carmonne, VI. 427. B.

Carmorand, feigneurie, V. 421. B.

Carnac, feigneurie, VII. 156. A.

Carnas, feigneurie, II. 138. A.

Carnavalet, VII. 516. E. 529. B. feigneurie, VII. 49. B. baronie, VI. 509. D.

la Carnaye, VI. 438. C. VII. 506. B.

Carnazet, III. 915. B. V. 84. A. 616. E. 620. A. 625. D. VI. 282. B. VIII. 136. B.

Carné, VI. 770. A. feigneurie, IV. 76. A.

Carneaux, feigneurie, VII. 854. D.

Carnegie, V. 594. E.

Carneiro, I. 700. C.

Carnevali, VI. 494. B.

Carnide, principauté, I. 624. B.

Carnin, V. 93. E. VIII. 698. B. IX. 465. A.

Carnois, feigneurie, VI. 549. B.

Carnoye, feigneurie, VIII. 81. C.

Caro, VIII. 269. A.

Caromb, baronie, VII. 55. A.

Caron, VI. 359. C. 363. D. VIII. 938. A.

Carondelet, II. 210. B. IV. 835. D.

Caronel, IX. 443. D.

Carougés, feigneurie, II. 282. B. VII. 176. E. 178. D. VIII. 259. B.

Carpaffé, comté, II. 603. A.

Carpentier, VIII. 651. E. IX. 470 D.

Carpio, marquifat, I. 294. A. duché, III. 354. D.

Carr, VI. 405. D.

Carrail, marquifat, II. 290. E. 291. A.

Carranza, I. 605. D.

Carre, VII. 169. A.

Carré, VII. 376. A. 596. A. feigneurie, VII. 7. C.

Carreau, VII. 375. D.

Carreaux, feigneurie, VI. 369. B.

Carrel, VIII. 23. B. 26. C.

la Carreliere, feigneurie, IV. 363. A C. 364. A. B. 365. A C.

Carres, feigneurie, VII. 724. A.

CARRETTO, Charles-Dominique, dit le cardinal de Final, archevêque de Reims, II. 49. C.

CARRETTO (Genealogie de) II. 49. & fuiv.

Carretto, II. 191. D. 286. C. 289. D. V. 278. F. marquifat, II. 49. D. Final, II. 288. E. Grana, II. 50. B. Voyez Caretto.

Carrey, V. 595. D.

Carrier, VI. 351. B. 556. C.

Carriere, feigneurie, II. 451. C. V. 148. F.

Carrieres, VI. 660. A. feigneurie, II. 187. C. VI. 483. C. VII. 344. B. VIII. 857. A. IX. 304. B.

Carrierre, feigneurie, I. 300. C.

Carrillo, III. 352. C.

Carrion, VII. 420. B. de Nizas, ibidem.

Carrou, VIII. 232. D.

Carroube, VIII. 83. B.

Carroux, feigneurie, IV. 290. B.

Carroy, feigneurie, IV. 504. C.

Carruters d'Holmains, IX. 407. D.

Carfes, feigneurie, III. 768. A.

Carte, feigneurie, IV. 177. A B D. V. 610. D. VIII. 285. C. 286. B. 852. E. marquifat, IV. 892. B.

Cartelet, II. 35. A.

Carteron, feigneurie, II. 450. E. III. 828. C

Cartes, feigneurie, VII. 506. A.

Carteville, feigneurie, V. 144. E.

le Cartier, feigneurie, IV. 803. D.

Cartor, V. 425. E.

Cartulat, VI. 368. A.

Carvajal, I. 674. B. 685. A. 686. A.

Carvaillo-Patalin, I. 472. B. 504. D.

Carvallo, I. 659. A. 690. C. 694. A. 698. A. C.

Caruel, II. 385. D. III. 647. C. VIII. 26. B.

Carville, IV. 665. B. feigneurie, VIII. 645. C.

Carvoifin, IV. 670. B. VI. 151. B. VIII. 793. A.

Cas, feigneurie, IV. 123. E. 133. A. VII. 311. C.

Cafa Sola, feigneurie, I. 684. B.

Cafa de Herrera, IX. 295. B.

Cafabonne, VII. 286. D.

Cafcaës, marquifat, I. 665. D. 683. C.

Cafal, feigneurie, II. 603. B.

Cafalibus, feigneurie, V. 727. B. 728. A.

Cafals, feigneurie, VIII. 596. *** B.

Cafan, feigneurie, 83. D. comté, VIII. 706. C.

Cafaris, feigneurie, II. 643. B.

Cafau, VII. 508. C.

Cafaubon, feigneurie, II. 705. E. 706. B. III. 369. B. 416. C. IV. 469. A. V. 746. E. VII. 118. C. 926. B. IX. 145. A. baronie, III. 421. B. 731. A. 776. A. VII. 94. A a

Cafault, VIII. 584. A.

Cafautes, feigneurie, III. 391. B.

Cafaux, V. 190. D. VII. 218. D. feigneurie, III. 445. A. III. 854. B. 855. A. IV. 18. E. 306. A. IX. 416. B. de Gouffas , V. 190. D.

la Cafe, feigneurie, I. 371. A. V. 737. C. comté, I. 371. D. marquifat, VII. 20. C. Recairos, feigneurie, I. 371. D.

Cafelers, VIII. 71. B.

Cafenac, IX. 385. D. 386. A.

Cafenave, VII. 285. D. 286. E.

Cafeneuve, II. 242. B. VIII. 299. C. feigneurie, II. 238. D. 239. A C. 240. A. 241. B C D. 242. A B C D E. 149. D. 253. D. 293. A. V. 107. D E. 890. C. baronie, II. 244. C E. 245. B. 246. A D E. 247. B. 248. C. 294. B. V. 890. C. VI. 300. C. VIII. 294. C D.

CASENOVE , Guillaume , vice-amiral, VII. 855. D. Jean, vice-amiral, VII. 864. C.

Cafenove, II. 671. B. III. 643. C. VIII. 174. B. 646. A. 917. D. feigneurie, IV. 472. E. baronie, IV. 501. C.

Caferant, V. 177. A.

Caferes, feigneurie, II. 650. E.

Caferte, comté, III. 617. B. 628. A B C. VI. 137. B. VIII. 504. B.

des Cafes, VII. 69. B.

Cafeton, IV. 123. E. VII. 301. B.

Caflan, feigneurie, V. 404. D.

Cafolis, feigneurie, IV. 472. E.

Caflagne, IV. 124. C. VII. 267. C. 270. B. 330. C. feigneurie, III. 418. D. IV. 787. C. VIII. 235. C. 889. D.

Caflagné, feigneurie, II. 141. D.

Caflagnes, feigneurie, VII. 782. B.

CASSAGNET, Jean-Baptifte, chevalier du S. Efprit, IX. 227. A. Jacques, chevalier du S. Efprit, IX. 277. C.

Caflagnet, V. 188. A. VI. 579. A. VII. 406. A. 407. B. 606. D. 773. B E. IX. 416. A. Tilladet, IX. 127. B. 167. D.

Caffagnols, feigneurie, VII. 794. B.
la Caffaigne, feigneurie, VII. 274. E.
Caffaignes, feigneurie, II. 437. B.
Caffain, feigneurie, VII. 340. D.
la Caffanie, feigneurie, VII. 344. C.
Caffano, duché, VII. 118. B.
Caffant, feigneurie, III. 608. A.
Caffe, IV. 434. D. feigneurie, III. 896. B.
Caffefort, feigneurie, VII. 309. C.
Caffel, feigneurie, I. 283. B. 451. CD. II. 118. C. 735. CD. V. 512. BCD. 513. BD.
Caffenave, feigneurie, III. 415. C.
Caffeneuil, feigneurie, VIII. 166. C. baronie, VII. 695. A.
S. Caffien, feigneurie, VIII. 480. D. baronie, VIII. 755. D.
Caffignel, VI. 116. A. 125. A. 378. A.
S. Caffignes, baronie, VI. 599. B.
Caffiles, comté, V. 595. C.
Caffilie, I. 403. E.
Caffils, comté, IX. 411. A.
CASSINEL, Ferry, archevêque de Reims, II. 38. B.
CASSINEL (Genealogie de) II. 39. & fuiv.
Caffinel, III. 724. B. IV. 41. A. VIII. 729. E. 817. B. 886. E.
le Caffo, feigneurie, IV. 83. B.
Caffola, marquifat, V. 661. A.
Caffongie, feigneurie, II. 158. E.
S. Caft, feigneurie, V. 402. CD.
la Caftagnere, feigneurie, VIII. 476. E.
Caftagnet, II. 173. D.
Caftagnol, feigneurie, II. 141. A.
Caftaigné, IX. 415. D.
Caftaillac, feigneurie, II. 701. D.
Caftairac, feigneurie, II. 362. B. baronie, II. 368. A.
Caftais, VII. 183. E.
Caftañede, comté, I. 679. A.
Caftanet, feigneurie, II. 135. B. 653. A.
Caftaneyra, feigneurie, I. 690. A. 691. C. comté, I. 681. A.
Cafteau, feigneurie, VI. 740. C. marquifat, VIII. 739. C.
Caftel, II. 327. D. V. 144. D. VII. 597. A.
Caftelaillon. Voyez Caftellion.
Caftelain, feigneurie, VII. 832. A.
Caftelar, feigneurie, VIII. 199. E. 304. A.
Caftelarca, feigneurie, VII. 291. D.
Caftel-Arnaud, feigneurie, II. 206. B. 664. E.
Caftel-Arquato, VIII. 325. E.
CASTEL-BAYAC (Seigneurs de) V. 744. Voyez Durfort.
Caftel-Bayac, III. 731. B. IV. 611. C. VII. 265. E. 267. B. 270. D. 606. A. feigneurie, II. 614. C. 654. E. V. 742. A. 744. A. VII. 265. E. 607. A. baronie, IV. 611. A. V. 744. A.
Caftelberg, feigneurie, VIII. 532. E.
Caftel-Birit, feigneurie, VII. 604. E.
CASTELBON (vicomtes de) comtes de Foix, III. 350. & fuiv.
Caftelbon, vicomté, I. 118. D. III. 345. D. 347. A. 348. A. 370. E. 371. D. 375. C. principauté, II. 285. C. VIII. 291. E.
Caftelbouc, feigneurie, II. 198. E.
Caftel-du-Bouzet, feigneurie, VII. 406. A.
Caftel-Clanco, I. 678. A. 690. A. 696. A.
Caftelet, feigneurie, V. 281. E. VIII. 297. B. baronie, V. 282. C.
Caftteletz, feigneurie, VI. 643. C.
Caftelguyon, feigneurie, III. 817. D.
Caftel-jaloux, feigneurie, VI. 374. A. VII. 215.

C. baronie, III. 431. E.
Caftelier, feigneurie, I. 443. C.
Caftelfolet, feigneurie, V. 358. F. VIII. 595. A.
Caftellane, II. 245. A B. 250. B C. 288. C D. 292. D. 295. D E. 296. A. IV. 283. E. 494. A. 502. C. VIII. 294. C. 295. E. 301. B. 303. D. 900. A. IX. 85. C. 393. B. feigneurie, II. 293. D. baronie, VI. 771. D. de Forcalquier, VIII. 912. B. de Grignan, IV. 494. B. Laval, IX. 441. A.
CASTELLAR (Seigneurs de) II. 290. A.
Caftellar, feigneurie, II. 256. D. comté, IX. 290. A. le Neuf, II. 289. D.
Caftellard, feigneurie, I. 564. B.
Caftellet de Villors, baronie, V. 283. A.
Caftellion, VII. 15. E.
Caftelmarin, feigneurie, IV. 137. B. VII. 315. C.
Caftel-Mayran, feigneurie, II. 673. A.
Caftel-Mendo, feigneurie, I. 683. C.
Caftelmor, comté, I. 689. B.
Caftelmore, feigneurie, VII. 277. B.
Caftelmoron, feigneurie, IV. 861. E. VI. 212. D. Voyez Belfunce.
CASTELNAU, Jacques, maréchal de France, VII. 585. D.
CASTELNAU (Genealogie de la maifon de) VII. 586. (marquis de) VII. 588.
CASTELNAU-CLERMONT-LODEVE (Genealogie de) I. 468.
Caftelnau, III. 364. E. 365. E. 366. A. 823. A. IV. 23. D E. 38. C. 480. B. 611. D. 670. C. 792. D. V. 85. E. 748. D. 891. A. VI. 318. C. 415. B. 455. D. 488. A. VII. 82. B E. 83. E. 213. C. 282. B. 303. D. 352. B. 414. E. 419. E. 572. D. 586. B. 776. B. 870. E. VIII. 115. E. 167. B. IX. 86. A. 92. B. 204. A. feigneurie, II. 182. B. 229. C. 231. D. 351. A. 361. B. 438. A. 643. B. 655. B. 659. C. III. 821. D. IV. 125. E. 126. B. 468. D. 470. A B C E. 471. A D. 472. E. 537. B. V. 195. B C D. 891. A D. VI. 285. C. VII. 203. D. 304. E. 768. E. 772. E. 783. C. 787. B. VIII. 320. A. 476. C. IX. 420. D. baronie, I. 136. C. 276. B. 500. B. IV. 474. D. 475. A. 537. C. 681. C. VI. 415. B. VII. 114. E. 128. A. 698. C. VIII. 910. D. IX. 483. D. vicomté, VII. 764. C E. marquifat, III. 364. D. 365. A. IV. 473. B. 617. A. V. 85. E. 185. D. IX. 39. E. en Armagnac, feigneurie, IV. 309. B. de Bretenoux, II. 619. E. IV. 536. A. feigneurie, III. 819. B. de Caumont, feigneurie, IV. 536. A. baronie, I. 469. B. de Chaloffe, V. 744. B. marquifat, IV. 141. A. VII. 322. D. Clermont, V. 896. A. Clermont-Lodeve, IV. 268. C. 479. C. 662. C. V. 152. E. 894. C. 897. B. VII. 417. A. Baronie, V. 897. B. Coarafe, I. 368. D. le Crez, feigneurie, VII. 490. B. de Levis, feigneurie, VII. 129. A. la Loubere, VII. 280. A. Marmande, III. 385. C. Mauvifiere, IV. 548. A. marquifat, VII. 580. D. de Medoc, feigneurie, III. 369. D. 370. A E. VII. 860. A. en Perigord, VIII. 234. C. du Ratier, baronie, V. 891. B. de Streefons, feigneurie, III. 361. A. Turfan, VIII. 449. C.
Caftel-Saint-Nazare, VII. 50. A. 291. D. VIII. 852. A.
Caftelnet, feigneurie, VII. 129. B.
Caftelnou, V. 522. A. vicomté, III. 815. B.
Caftelnovo, baronie, VII. 117. A. comté, VII. 118. D. marquifat, IX. 210. C.
CASTEL-NOUVEL (Seigneurs de) V. 360. Voyez Aubuffon. (Autres feigneurs de) V. 757.

Voyez Durfort. (*Autres seigneurs de*) VIII.
594. *Voyez* Beaupoil.
Castel-Nouvel, V. 359. A. seigneurie, V. 354.
A C. 356. C. 360. A E. 728. B. 757. B. VII.
927. B. VIII. 594. A. 765. D. baronie, V. 755.
D. *en Limousin*, V. 358. F.
Castelpers, II. 645. E. IV. 44. B. V. 896. A. VI.
410. B. VII. 70. C. 772. B. IX. 394. D. 421. B.
428. A.
Castel-Pugon, VII. 605. B. seigneurie, *ibid.*
Castel-Rodrigo, marquisat, I. 639. D. 666. A.
689. A.
Castels, vicomté, IV. 472. C. VIII. 890. B.
CASTEL-SAGRAT (*Seigneurs de*) VIII. 594. * * * * *
Voyez Gironde.
Castel-Sarrat, seigneurie, VII. 271. B.
Castelverdun, III. 363. A.
Castelvette, marquisat, V. 531. A.
Castel-Vide, seigneurie, I. 582. B. 689. C.
Castel-Viel, VIII. 234. C.
Castenet, VII. 787. A.
Castera, VII. 277. B. seigneurie, IV. 137. A. VII.
315. B. 405. C D. baronie, VII. 455. C.
Casteras, II. 651. E. VIII. 890. B.
Casterviel, seigneurie, II. 351. E.
Casters, seigneurie, VII. 405. D. vicomté, IV.
136. B. VII. 314. D.
Castiglione, V. 463. D. principauté, I. 294. A.
V. 463. * C. IX. 210. B.
Castilbonez, VIII. 594. * * * * * B.
Castilla, VII. 763. E.
Castillac, seigneurie, VIII. 594. * * A.
CASTILLE, *Charles*, connétable de France, VI.
161. D.
CASTILLE (*batards de*) I. 588. E.
Castille, II. 319. E. 486. D. 689. E. 796. C.
842. D. III. 351. A. 373. B. 423. A. IV. 574.
C. V. 226. D. 511. D. 584. A. VI. 94. A. 134.
A. 155. E. 162. A. VIII. 820. C. 891. E. IX.
204. A. comté, VII. 760. B. royaume, I. 77.
A. 85. A. 91. A B. 283. D. 288. A. 289. C.
300. A. 320. E. 381. A. 393. A. 450. B. 479.
B. 538. A B. 571. A. 576. D. 578. C. 582. A
C. 584. E. 585. A. 586. A D. 587. A. 588. A.
590. C. 594. E. 596. A C. 599. D. 602. A.
682. C. 684. A. II. 507. D. 519. B. 686. B.
III. 83. B. 174. A. 304. C. IV. 212. A. V. 226.
B. VI. 76. B. 134. A. 162. B. VII. 762.
A. VIII. 402 B. 411. C. *Jeannin*, VIII. 778.
C. *Montjeu*, IV. 543. C. *Noroña*, I. 614.
C. *Villemareuil*, III. 778. A. *Voyez* Jean-
nin.
Castillo, IV. 644. A. VIII. 707. A.
Castillon, IV. 504. A. V. 8. F. 176. E. 177. A.
E. 195. B. VII. 286. A. VIII. 273. D. 300.
A. 303. C. seigneurie. II. 128. E. 240. C D.
341. A. 659. D. III. 73. C. 379. B. IV. 490.
B. VII. 118. D. 404. A. 451. B. 473. C. 860.
A. VIII. 593. * D. 851. C. IX. 415. B. baro-
nie, II. 623. C. vicomté, III. 369. A C. 370.
A E. 382. C. 383. D. 392. C. 857. E. IV. 423.
D. 539. A. 540. B. 541. C. V. 176. E. 177. E.
178. A. VI. 209. D. 211. E. 221. D. VII. 190.
B. 238. A. 266. D. 290. C. 864. A. VIII.
220. A. comté, VI. 319. A. principauté,
VII. 192. D. *en Medoc*, seigneurie, II. 672.
D. vicomté, V. 177. A. *les Orieux*, sei-
gneurie, VIII. 119. C.
Castillones, seigneurie, VII. 299. B.
Castin, VII. 722. C.
Castlar, IX. 380. B. seigneurie, *ibid.*
Castol, VIII. 307. E.
Castre, IV. 161. B. 489. B.

CASTRES (*Seigneurs de*) VI. 79. *& suiv. Voyez*
Montfort.
Castres, II. 54. E. 861. B. III. 859. B. VII. 37.
D. 49. C E. seigneurie, II. 182. C. III. 572.
B. V. 191. F. 753. B. VI. 729. C. VIII. 726.
D. 727. A B. comté, I. 288. C. 297. D. 319.
A D. 320. A C E. 359. C. II. 633. B. III.
382. D. 427. A C. 428. A D. 429. A. IV.
12. D. V. 523. C. VI. 138. B. VIII. 346. B.
727. C. duché , III. 604. C. *en Albigeois*,
VI. 79. B. seigneurie, VI. 74. C. *de la Baume*,
VI. 391. A.
Castries, comté, V. 347. E. VII. 435. D. mar-
quisat, IV. 36. C. 681. C. IX. 207. A. 281.
C. *Voyez* la Croix.
Castriotti, VIII. 75. D.
CASTRO (*Comtes de*) issus des ducs de Bragance, I.
630. *& suiv.*
Castro, III. 352. B. V. 524. C E. VI. 67. B.
VII. 802. C. VIII. 352. E. comté, I. 634.
C. 635. A C D. 643. B. 652. A. 657. A.
659. B. 662. A. 664. C. 665. D E. 667. D E. 671.
C. 678. A C. 682. A. 683. B C. 684. A.
689. E. 690. A. 693. A. 695. D. 698. C.
700. A. duché, I. 136. C. 293. A. 577. A.
582. D. 588. D. 615. A. 618. C. 655. C.
Fuentes, marquisat, I. 680. B. *Lemos*, I. 649.
A. *Osorio*, I. 630. A. *Tavora*, I. 678. B.
Castrogeriz, comté, III 352. C.
Castronuevo, comté, I. 645. A. V. 528. A.
Castroverda, seigneurie, III. 352. B.
CATALOGUE des chevaliers, commandeurs & offi-
ciers de l'ordre du S. Esprit, IX. 48. *& suiv.*
Catanea, VI. 214. A.
Cataneyra, comté, I. 667. C.
Catar, VII. 527. A.
Carelan, V. 17. C. VII. 458. D.
Caterine, VI. 446. D.
Catheart, IX. 401. D. :
Cathelan, IV. 665. D.
Cathem, seigneurie, I. 259. C.
SAINTE CATHERINE, (*Seigneurs de*) qu'on fait des-
cendre des seigneurs de Grimaldi-Monaco, IV.
490. C.
Sainte Catherine, V. 15. C. seigneurie, VIII. 26.
A.
Catheu, IX. 420. E. seigneurie, I. 55. A. 296. D.
II. 505. B. III. 74. B. 417. D. V. 615. D. 626.
A. VI. 108. A. 719. A. 739. C. VII. 112. B.
VIII. 370. C. 399. C. 649. D.
CATHO, *Angelo*, aumônier du Roi, VIII. 240.
C.
Cathus, VIII. 770. B.
Catignola, seigneurie, VIII. 503. B.
Catillon, seigneurie, I. 503. A.
Catin, IV. 674. A.
CATINAT, *Nicolas*, maréchal de France, VII.
635. A.
CATINAT, (*Genealogie de*) VII. 636.
la Catiniere, seigneurie, I. 505. A B. 506. A.
Catouze. seigneurie, III. 365. E. VI. 488. A.
Cattegny, seigneurie, IV. 770 A.
Catzenelbogen, comté, VIII. 415. E.
Cavaglia, VI. 528. D.
Cavaignac, VII. 301. A.
Cavaillon, seigneurie, VII. 763. C.
Cavala, seigneurie, IX. 416. C.
Cavalier, II. 256. D.
Cavaliere, VII. 792. C.
Cavals, II. 660. E.
Cavasque, VIII. 501. B.
CAUBON, (*Barons de*) comtes d'Escars, II. 232.
& suiv.

Caubon, seigneurie, III. 777. C IV. 687. D. V. 185. E. baronie, II. 230. D. 231. D. 232. C. 233. A.

Cauchet, VII. 825. D.

la Cauchie, VII. 833. C. seigneurie, IV. 598. A. VIII. 274. C.

le Cauchois, VI. 372. A.

CAUCHON, Piere, évêque & comte de Beauvais, pair de France, II. 279. D.

Cauchon, II. 280. B. III. 842. B. 892. A. V I. 383. D. 486. A. 526. B. 527. A. 530. A. 721. A. VIII. 537. D. IX. 321. B. seigneurie, V. 150. A. 736. A. d'Audobiac, VIII. 932. C. Maupas, IV. 566. E. 614. B. 663. A. V. 736. A. VI. 384. B. VII. 159. B. VIII. 639. B. IX. 89. C. 415. A. 441. D. de Sillery, I. 293. A.

Cauchy, III. 574. C.

Caucon, seigneurie, VIII. 166. C.

Caucourt, seigneurie, VIII. 78. C. 697. A.

Caudes-Aigues, baronie, I. 367. A. 368. C. 373. A.

Caudeval, seigneurie, IV. 667. B.

Caudeville, seigneurie, VI. 401. B.

Caudigny, seigneurie, II. 125. B.

la Cive, seigneurie, IV. 753. D.

Cavelier, IV. 766. C. VIII. 811. C.

Cavendish, VII. 89. E. de Chastworth, ibid.

CAVERON, (Seigneurs de) VII. 559. Voyez Monchy.

Caveron, seigneurie, II. 81. A. V. 831. B. VII. 559. C. 851. B. VIII. 735. E. S. Martin, seigneurie, VIII. 275. C

ÇAVES, Arnoulet, premier fauconnier du Roi. VIII. 751. B.

Caujac, seigneurie, V. 758. C E

Cavillargues, seigneurie, II. 136. E. 138. A. 140. A.

Caulaincourt, seigneurie, VII. 182. C.

Caulet, IV. 19. A. IX. 425. C. de Beaumont, IX. 422. D.

Caulier, VIII. 635. D.

Caulincourt, II. 120. C. 123. B. VIII. 650. D. seigneurie, VIII. 657. C. marquisat, IV. 221. A.

Caulliere, V. 621. B.

Cauloy, seigneurie, VII. 826. B.

Caumartin, seigneurie, IV. 215. B. 216. B. V I. 543. B. VIII. 98. A B.

Caumels, IV. 20. C. IX. 425. C.

Caumesnil, VI. 173. C. VIII. 13. E. seigneurie, III. 915. C. VI. 720. D. VII. 112. A. 560. B. 834. A. VIII. 469. B. marquisat, VIII. 808. E.

CAUMONT, Jacques-Nompar, maréchal de France, VII. 463. C. Armand-Nompar, maréchal de France, VII. 576. A. Gabriel-Nompar, chevalier du S. Esprit, IX. 95. B. François-Nompar, chevalier du S. Esprit, IX. 146. B.

CAUMONT, (Genealogie de la maison de) IV. 467. & suiv. (Differens titres du nom de) IV. 482. C D E.

CAUMONT, (Seigneurs de) IX. 387. Voyez Grossolles.

Caumont, II. 173. A. 229. C. 234. D E. 454. D. 644. A. 672. C. III. 74. B. 388. E. 432. C. IV. 122. B. 125. E. 126. B. 139. A. 220. B. 615. A. V. 729. E. 732. E. 740. B. VI. 209. B. 221. D. 283. C. 455. D. 549. C. VII. 286. D. 304. E. 305. D. 319. D. 321. A. 606. B. 607. B. VIII. 4. C. 593. **A. 595. B. 765. E. IX. 391. E. 438. E. 441. A. 451. B. seigneurie, II. 174. A. 249. D. 250. A B. 361. E. 633. C. 705. B. III. 72. C. 348. E. 363. A. 372. C.

Tome I X.

854. B. 855. A. IV. 306. A. V. 229. D. 251. A C. 237. A. 238. C. 341. B. 729. E. 888. B. 890. E. 891. D. 892. B. VI. 222. B. 320. D. VII. 82. BE. 211. D. 874. A. VIII. 39. C. 320. A. 476. B. 657. B. IX. 383. E. 391. E. 416. B. baronie, I. 320. E. III. 857. E. V. 839. D. 841. B. 842. B. 894. B. 897. A. 898. E. VII. 203. D. VIII. 220. A. duché, I. 339. D. 469. B. VII. 517. A. du Breuil, II. 368. E. Castelnau, II. 674. C. la Force, III. 646. D. IV. 128. E. 480. D. 900. A. V. 740. B. VII. 307. D. VIII. 890. B. IX. 203. A. Lausun, I. 148. A. III. 388. A. 393. A. 854. C. IV. 128. B. V. 194. C. VII. 307. A. 863. D. VIII. 147. C. d'Olt, baronie, II. 700. B. d'Ost, seigneurie, VII. 784. C. Voyez Calmont.

CAUMONT, (Seigneurs de) V. 187. & suiv. Voyez Pardaillan.

Caumont, seigneurie, V. 187. D. en Armagnac, seigneurie, ibid.

Cauna, III. 615. A. V. 194. B. VII. 271. E. 293. A. seigneurie, VII. 606. E.

Caunac, seigneurie, V. 758. C. comté, V. 735. D. 736. C.

Caune, seigneurie, VIII. 175. A.

Cavoye, marquisat, VII. 726. A.

Caupene, IV. 612. B. VII. 293. A. seigneurie, VII. 292. D. 416. E.

Cauquielle, seigneurie, VI. 167. D.

Cauquys, seigneurie, VIII. 642. A.

Cavrel, VII. 563. B. VIII. 888. C.

Cauria, comté, VII. 115. D. 164. A.

Cauriani, comté, I. 263. E.

Cavrines, seigneurie, VI. 803. B. VII. 832. B.

Cauroy, VI. 796. C. seigneurie, V. 642. A. VI. 99. C. VIII. 29. D. 79. A B. 154. D. 536. E. 657. A. baronie, VII. 182. B.

Causac, seigneurie, II. 613. E. IV. 537. B.

Cause, seigneurie, IV. 662. B.

Causens, seigneurie, VII. 268. E.

Causideres, seigneurie, VII. 287. A.

Caussade, II. 235. B. 673. E. IV. 217. C. 309. C. VII. 215. A. baronie, I. 276. B. III. 419. B. 425. A B. 426. A. VII. 95. B. 132. D. Voyez Quelen & Estuert.

Caussans, marquisat, VIII. 296. D.

Causse, II. 429. C.

Caustols, seigneurie, II. 140. E.

Cauvigny, seigneurie, IV. 793. E. VI. 375. D.

Cauville, seigneurie, VIII. 888. E.

Cauvisson, seigneurie, II. 625. A.

Cayasso, comté, VIII. 504. C.

Cayeu, VII. 555. C. VIII. 523. A. 633. D. 746. B. seigneurie, VI. 720. D. VII. 101. B. VIII. 206. C. 633. C. baronie, VIII. 156. D E. comté, VII. 101. D. IX. 310. A. 312. C. marquisat, VII. 101. E.

Cayla, seigneurie, II. 356. B, 360. B. 371. B. 372. A. VII. 786. A. IX. 380. B.

DU CAYLAR, (Genealogie de la maison de) VII. 482.

du Caylar, V. 889. A. VII. 482. A. 770. C. 786. E. seigneurie, II. 362. C E. S. Bonnet, VII, 488. C.

Caylus, VII. 770. A. IX. 392. A. 424. B. seigneurie, II. 689. C. comté, I. 371. B. IV. 790. B. Voyez Cailus & Quelus.

Cavres, V. 897. A. baronie, IX. 388. C.

Cazabel, seigneurie, V. 617. E. 618. D.

Cazabelle, seigneurie, II. 236. C.

Cazaça, marquisat, IX. 295. A.

Cazal, seigneurie, II. 603. A.

Cazal-Burgon, comté, VII. 688. C.

V

Cazals , baronie, VII. 320. B.
Cazaux , seigneurie , IV. 309. B.
la Caze , seigneurie, I. 370. B. IV. 446. B C. marquisat , VII. 580. D.
Caze-Neuve , seigneurie , IV. 136. B. VII. 314. D.
Cazenove , I. 502. A.
Cazette , principauté , VIII. 291. D.
Cazes , seigneurie, V. 15. B.
Cazet , VI. 531. B. de Vautorte , IX. 312. C.
Cazeton , 5. 747. D.
CAZILLAC, François , chevalier du S. Esprit , IX. 82. B.
Cazillac, II. 435. A. IV. 826. A. 853. C. VI. 590. B. VII. 336. D. 545. D. VIII. 720. E. IX. 306. B. seigneurie , II. 231. C. VII. 486. C. baronie, II. 646. B. III. 768. A. VII, 187 D.
Cea , comté, I. 583. B. 699. B.
Ceant en Othe , baronie , IV. 669. C.
Cebazat , seigneurie, V. 364. B. D. 365. C.
Cebola , seigneurie, I. 627. A. 628. A.
CECHY, Eustache , maître fauconnier du Roi, VIII. 748. B.
sainte Cecile, seigneurie , III. 826. B.
Cederon , seigneurie , II. 250. E. 251. A B. 252. C. 254. B.
Cedos , VII. 925. D.
Cedron , seigneurie , II. 275. B.
Ceillan , seigneurie, VII. 767. B.
Ceiras , seigneurie, VII. 414. B D. 416. C.
Ceissac , IV. 534. B. Voyez Saissac.
Celairan , seigneurie, VII. 767. B.
Celeran , marquisat , II. 65. B. VIII. 340. C.
S. Celerin , seigneurie, II. 406. C. 407. E. V. 126. C. 127. C. 159. C E. Leger , II. 408. C D.
Celi, seigneurie, VI. 484. A. 508. A.
Celincourt , seigneurie, III. 617. C.
Cellamare , principauté , IX. 290. C. Voyez Judice.
Cellarengo , VII. 691. D.
la Celle , IV. 362. D. VIII. 141. A. seigneurie , VI. 652. C.
Cellefroin , seigneurie , IV. 421. A B D. 422. C. 423. A D. 436. A. baronie, IV. 426. C D.
Cellefroing , seigneurie, , VIII. 216. B.
Celles , seigneurie, IV. 164. D. VII. 420. A. VIII. 538. C. 591. A.
du Cellier , IV. 458. E. VI. 192. D.
Celly, seigneurie, II. 334. C.
Celorico de Basto , seigneurie , I. 683. B.
CELY , (Seigneurs de) VIII. 801. & suiv. Voyez Harlay.
Cely , seigneurie, VI. 443. C. 586. C. VII. 169. A. VIII. 799. B. 801. A. comté, VIII. 801. D. Voyez Celi.
Cemeac , II. 648. C.
Cenami , seigneurie, II. 245. E.
Cenanet , VII. 410. B.
Cenaret , seigneurie , IV. 548. A.
Cendras , seigneurie, II. 141. B.
Cenesme , VII. 84. D. VIII. 890. D.
Cenete , marquisat III. 352. D.
Cental, seigneurie, III. 636. D. VIII. 295. A. marquisat , II. 287. D.
Centellas , V. 525. B C. 526. A D.
Centelles , I. 665. B. V. 524. D.
Centra , comté, I. 23. B.
Centulle IX. 397. C.
Centurione - de-Cordoue-Mendoza-Carillo-Albronos , I. 636. B.
Ceossay , seigneurie, VII. 79. A.
la Cepede , II. 256. E. 257. C. V. 281. C. VIII. 300. D.

Cephalonie , comté , I. 413. C. 414. E.
Cepoy. Voyez Chepoy.
Ceps , VII. 507. D.
Cepy, seigneurie , VII. 856. B. VIII. 173. D. 174. A.
Cerac , seigneurie , VII. 265. D.
Cerais , seigneurie, III. 816. C. 817. A. 818. A. 820. C. baronie, III. 821. D.
Cerbon , seigneurie , III. 523. E.
Cerbonne , seigneurie, VI. 341. A.
Cercigné , seigneurie, IV. 675. B. 676. A C.
Cerey , VII. 195. E.
la Cerda , I. 86. E. 261. D. 280. E. 289. C. 586. A. 634. A. 639. D. 654. C. 655. C. III. 351. A. VI. 104. A. 162. A. VII. 763. E. Voyez Espagne.
la Cerda-Mendosa. I. 633. A.
Cerdagne, comté, I. 124. A. II. 631. D. VI. 75. C.
Cerdaigne , vicomté , III. 345. D.
Cerdes , seigneurie , IV. 426. D.
Cerdon , seigneurie , VII. 146. B.
CERE , (Comtes de) V. 185. Voyez Pardaillan.
Cere , VII. 281. A. vicomté, V, 185. C. comté, V. 185. D.
S. Ceré , seigneurie, VI. 408. A.
Ceres , seigneurie , VI. 260. A. VII. 562. A.
Cereste , seigneurie, VIII. 912. B. baronie, I V. 494. B. V. 278. C. 280. A. 281. A D E. 282. A. IX. 86. B. marquisat , VII. 282. C. 283. A. 289. A. VI. 582. D. Voyez Brancas.
Cerf, baronie, IX. 470. A.
Ceriez , seigneurie , IV. 472. E.
CERIS, Guy , souverain maître de l'hôtel du Roi, VIII. 313. A.
Ceris, II. 340. E. 863. C. VI. 382. D. seigneurie , VIII. 150. D.
Cerisay , II. 441. D. V. 13. D. VI. 484. C. VII. 132. C. 562. B. seigneurie , I. 369. A. 441. D. V. 134. C. 553. B. 589. B. VII. 501. B. 516. C. VIII. 170. D E. 251. A. 271. D.
Cerisiers , VI. 526. D. 532. D. VII. 439. E.
Cerisy , seigneurie , VI. 630. B. VII. 823. B.
Ceriz , VII. 493. B.
Cernal, VII. 20. D.
CERNAY , Michel , aumônier du Roi, VIII. 227. D.
Cernay , IV. 827. C. seigneurie, II. 318. A. 429. A. 454. D. VI. 99. C. VIII. 356. B. 549. D. 802. B. baronie, III. 841. B. 843. C.
Cernon , seigneurie , III. 612. C. 643. A. V. 131. B C. 141. A. VIII. 93. E. 94. A. 97. E. 328. E. 329. A.
Cernoy , seigneurie , I. 523. B. II. 849. A. 858. D. V. 247. D E.
Cerny , comté, II. 86. D. III. 795. D. 839. E. V. 669. B.
Cerqueux , seigneurie , VII. 892. D.
le Cerveau , seigneurie , IV. 625. A.
Cervel , seigneurie , VIII. 716. D.
CERVELLE, Sylvestre , aumônier du Roi, VIII. 227. D.
Cervens , seigneurie , II. 165. C E.
Cervera , VII. 761. D.
Cerveriis, II. 293. C.
Cervieres , seigneurie , III. 645. A. V. 349. B. VII. 475. C.
Cervignasco , comté, II. 167. B.
Cervoise , seigneurie , IV. 180. A.
Cervol , VI. 572. A.
Cervole , II. 343. E.
Cervolles , II. 191. A. seigneurie , VIII. 239. C. 240. A.
Cervon , VII. 515. A. seigneurie , VI. 759. B.

Cery, VIII. 691. D.
Cerzieu, feigneurie, VII. 196. B.
Cefane, marquifat, II. 12. D. 25. B.
Cefaire, III. 85. A.
S. Cefaire, feigneurie, VII. 200. C.
S. Cefaire d'Arles, abbaye, I. 10. C. 18. E.
Cefarée, feigneurie, II. 509. A. comté, VI. 24. A.
S. Cefari, feigneurie, II. 296. B.
CESARINI, Julien, chevalier du S. Efprit, IX. 191. C.
Cefarini, IX. 210. B.
S. Cefort, feigneurie, II. 233. A.
Cefny, baronie, V. 151. A. 152. B.
Ceffac, feigneurie, IV. 853. C. VIII. 720. E. baronie, II. 231. C. IX. 82. B. marquifat, IV. 826. A.
Ceffat, marquifat, II. 435. A.
CESSEVILLE, (Seigneurs de) VIII. 262. & fuiv. Voyez le Veneur.
Ceffeville, feigneurie, VIII. 160. A. 262. C.
Ceffigny, feigneurie, VII. 505. C.
Ceffon, feigneurie, VII. 382. C.
Ceftairolles, feigneurie, II. 372. C.
Ceftairols, baronie, VII. 282. C.
Cefteirols, feigneurie, II. 651. A.
Ceftellimbourg, baronie, V. 22. A.
Ceftre, comté, II. 483. C.
CESY, (Seigneurs de) VIII. 307. & fuiv. Voyez Harlay.
Cefy feigneurie, IV. 180. A. V. 571. C D. VI. 260. A. VIII. 768. B. 803. C. 837. C. 895. D. comté, I. 503. B C E. II. 87. E. IV. 228. B. VIII. 803. D.
Cetis, III. 91. A.
Ceton, feigneurie. I. 275. D. marquifat, VII. 588. C.
Ceva, marquifat, II. 51. D. 285. C.
Ceve, marquifat, II. 49. D. 50. D. IV. 493. A. 496. B. 502. A.
Ceüillette, IV. 640. D.
Cevilly, feigneurie, VII. 591. C.
Ceuli, IX. 294. B.
Ceuriac. Voyez Cemeac.
Ceyleira, feigneurie. I. 681. A C.
Ceyffes, feigneurie, VII. 927. E.
Cez, VI. 445. A.
Cezerac, feigneurie, VII. 340. C.
Chaalons, VII. 815. D. Voyez Châlons.
Chabais, feigneurie, IX. 472. B.
la Chabanne, VII. 453. D.
CHABANNES, Jacques, maréchal de France, VII. 129. C. Jacques, grand-maître-d'hôtel de France, VIII. 365. C. Antoine, grand-maître de France, VIII. 382. A. Jacques, grand-maître de France, VIII. 384. A. Antoine, grand-pannetier de France, VIII. 669. B. François, chevalier du S. Efprit, IX. 84. A.
CHABANNES, (Genealogie de la maifon de) VII. 130. & fuiv.
Chabannes, I. 254. A B. 238. B. 309. D 324. D. 362. E. 368. A C. II. 208. D. 437. A. III. 767. D. 770. C. 819. B. IV. 31. A. 166. E. 289. B. 287. C. 426. E. 438. B. 439. D. 530. C. 538. D E. 666. A. V. 230. D. 344. P. 765. D. 766. A. VI. 111. B. 523. B. 455. A. 485. A. 510. C. 560. C. 672. A. VII. 19. E. 102. D. 128. D. 152. A. 205. A. 238. B. 332. D. 444. D. 445. C. 474. A. 496. A. 708. C. 710. A. 803. A. VIII. 68. A. 116. D. 117. D. 191. E. 245. C. 493. C. 776. B. IX. 115. B. feigneurie, V. 347. B. VI. 67. B. VII. 130. B. VIII. 60. D. 592. A. IX. 327. A. comté, VII. 207. E. Curton, V. 344. E. VII. 342. A. la

Palice, VIII. 500. D. Saigne, I. 376. B.
CHABANOIS, (Princes de) VIII. 728. & fuiv. Voyez Vendôme.
Chabanois, III. 346. C. IV. 123. D. V. 319. D. 323. C. 748. A. VIII. 704. C. feigneurie, I. 483. D. III. 124. B. 125. C. 632. B. IV. 196. E. 197. A B C. 652. C. V. 319. D. VI. 75. C. VII. 175. D. 498. B. VIII. 567. C. 730. A. principauté, V. 609. D. VII. 291. E. 293. D. 870. D.
Chabaffolles, IV. 283. C.
Chabeftan, IV. 283. B.
Chabeftras, feigneurie, III. 814. C.
Chabeuges, feigneurie, IX. 443. A.
Chablais, duché, V. 574. A.
Chables, V. 239. C. VII. 13. E. feigneurie, ibid.
Chabod, V. 264. F.
CHABOT, Philippes, amiral de France, VII. 881. E. Leonor, grand-écuyer France, VIII. 506. A. François, chevalier du S. Efprit, IX. 90. B. Jacques, chevalier du S. Efprit, IX. 119. C.
CHABOT, (Genealogie de la maifon de) IV. 556. & fuiv.
Chabot, II. 225. C E. 219. D. 430. D. 440. A. 620. B. III. 77. B. 320. B. 364. D. 493. B. 573. C. 628. A. 631. A. 736. A. 896. B. 913. D. IV. 64. E. 70. C. 73. D. 176. B. 308. A. 438. D. 443. E. 444. E. 445. C. 448. C 570. A. 653. B C. 663. A. 712. E. 875. D. 876. D. V. 15. D. 151. E. 233. D. 569. A. 610. B E. 611. D. 736. A C. VI. 117. A. 508. D. 533. B. 691. C. 802. A. VII. 19. B. 22. A. 40. A. 97. D. 100. C. 122. C. 156. A. 190. E. 254. E. 259. C. 370. C. 447. A. 502. B. 549. E. 584. A. 894. E. VIII. 173. A. 191. B. 192. B. 236. A. 259. E. 569. B. 572. A. 717. C. 747. B. 763. B. 766. C. IX. 442. A. Charny, IV. 684. A. VI. 530. D. VIII. 259. E. de Sainte-Foy, IV. 443. D. S. Gelais, V. 151. E. Jarnac, VI. 508. B. VII. 427. C. VIII. 261. B. IX. 418. E. Mirebeau, V. 181. B. Pagny, IV. 388. D. 805. E. Rohan, I. 224. D. IV. 66. A. 792. B. V. 233. D. VIII. 308. B.
les Chabots, feigneurie, IX. 97. A.
Chabouneffe, VIII. 770. B.
Chabrevioux, feigneurie, III. 833. B.
Chabrignac, feigneurie, VII. 329. C.
Chabrilland, feigneurie, VII. 342. C. VIII. 920. A.
Chabrinac, feigneurie, II. 229. A.
Chabris, marquifat, IV. 222. A. 223. A D. 224. B. 718. D. 774. A. VII. 418. B.
Chacenay, VI. 728. D. VII. 242. B. feigneurie, VI. 68. A. 695. B. 718. D.
Chacêfaine, V. 127. B.
Chaceu, feigneurie, VII. 483. D.
Chacon-Manrique, IX. 378. A.
Chadenac, IX. 476. B.
Chaderac, feigneurie, V. 359. B.
Chadirac, feigneurie, VII. 344 C.
Chaffaut, feigneurie, VII. 45. E.
Chagny, feigneurie, I. 551. A. 552. A C D. IV. 365. B. VII. 795. C. 801. B. baronie, VIII. 921. C.
Chahaignes, feigneurie, VII. 500. A.
Chahannay, VI. 771. D. VII. 851. E.
Chahu, VI. 431. C.
CHAIGNEAU, (Seigneurs du) du nom de Chabot, IX. 447.
le Chaigneau, feigneurie, IX. 447. B.
la Chaignée, feigneurie, VII. 28 A.
Chaigny, feigneurie, VII. 809. D.
Chaila, feigneurie, II. 136. E.
Chailar, feigneurie, III. 320. C E. 834. A. VII. 61. E. 133. D. vicomté, III. 821. A.

Chailland, VII. 233. C.

Chaillaux, seigneurie, VII. 664. A.

Chaillé, II. 376. A B.

Challeret, seigneurie, V. 16. D.

Chailliau, seigneurie, VI. 340. C.

Chaillonay, seigneurie, VI. 598. C.

Chaillou, III. 92. A. seigneurie, VII. 138. A. 551. B.

Chailloüe, seigneurie, VII. 178. D. 430. A.

Chailloué, seigneurie, IV. 770. AB. V. 139. D. VIII. 100. D.

CHAILLY (Seigneurs de) VII. 14. Voyez Villiers.

Chailly, V. 136. F. VI. 404. C. VIII. 784. B. 785. B. seigneurie, I. 423. A. 424. D. 425. C. 445. A. III. 430. C D. V. 136. F. VI. 78. C. 293. D. 568. A. VII. 15. B. 434. D. 871. D. 892. E. VIII. 786. B.

Chais, seigneurie, VII. 343. D.

la Chaise, seigneurie, I. 306. C. III. 584. B. IV. 744. B C. 745. A D. 746. E. VI. 291. C. 496. B. VII. 198. A. 617. B. VIII. 594. *** D. comté, II. 84. C. marquisat, VII. 507. A. Giraud, seigneurie, IX. 340. B. Tizzon, VI. 500. D. le Vicomte, seigneurie, VIII. 668. B.

Chaisnay, seigneurie, VI. 518. B.

Chalabre, seigneurie, IV. 18. C. baronie, III. 838. C. IV. 23. D. IX. 395. B.

Chalain, seigneurie, III. 629. B. 638. A. V. 10. A. VIII. 705. C. le Comtal, seigneurie, IV. 41. A. 42. A. Voyez Fouquet.

Chalais, seigneurie, VII. 579. C. 815. D. principauté, IV. 178. B. 536. A. 682. A. VII. 252. D. VIII. 246. E.

Chalambier, seigneurie, IV. 640. E.

Chalament, seigneurie, VII. 194. D.

Chalamont, seigneurie, V. 669. A D. 670. A. baronie, V. 671. A.

Chalançay, seigneurie, VII. 485. C.

Chalencey, baronie, VIII. 758. D. IX. 424. E. comté, VIII. 324. E. 325. B C.

Chalançon, IV. 31. B. 41. C. 529. A. VI. 302. B. VIII. 818. D. seigneurie, VIII. 313. E. baronie, VII. 65. D. marquisat, VII. 54. B. Polignac, IV. 24. D. Voyez Chalençon.

CHALANDRAY (Seigneurs de) VII. 23. Voyez Montberon.

Chalandray, seigneurie, VII. 23. C.

Chalano, seigneurie, III. 835. C.

Chalant, VII. 150. C. VIII. 911. B. comté, I. 631. D. II. 65. A.

Chalemaison, seigneurie, VI. 281. B.

Chalençon, III. 819. E. 822. B. 836. B. IV. 533. A. 876. A. 886. A. VI. 321. B. VII. 59. B. 190. A. 704. D. VIII. 942. E. seigneurie, II. 195. B. 196. A. 198. A C E. 200. E. 203. B. 206. B E. 251. B C D. 252. A. III. 812. C. IV. 530. C. 534. D. 890. C. V. 261. C. VI. 318. B. VIII. 51. D. baronie, II. 204. D E. 205. D. V. 267. A. marquisat, VIII. 640. D. IX. 115. B. 169. B. 201. A. Voyez Chalançon.

Chalendras, VI. 458. D.

Chalendray, seigneurie, I. 369. B.

CHALENDRY (Seigneurs de) VIII. 873. Voyez Roucy.

Chalerange, IX. 467. A. seigneurie, VII. 172. C. IX. 863. C.

Chaleranges, seigneurie, II. 323. C. VI. 622. D. 748. B. baronie, VI. 624. B.

Chalereule, seigneurie, VI. 414. C.

Chales, seigneurie, V. 672. B.

Chalette, seigneurie, VII. 83. E.

Chaleu, I. 300. D.

Chaliac, seigneurie, IV. 687. B.

Chalignac, seigneurie, V. 334. D.

Chaligny, seigneurie, V. 18. E. VI. 696. A. VIII. 36. E. 347. A. comté, II. 86. D. III. 793. A. 795. C D. 796. C. 839. D. VIII. 38. C.

Chalifargues, seigneurie, VIII. 596. ** D.

Chalin, seigneurie, VII. 849. B.

Challart, VIII. 233. B.

Challenge, IV. 764. C.

Challenet, seigneurie, VIII. 757. C. 758. B.

Challet, VII. 436. C.

Challier, seigneurie, III. 830. E. 831. A B. S. Challier, seigneurie, III. 830. E.

CHALLON, Pierre, chancelier de France, VI. 273. C.

Challonges, seigneurie, III. 630. A C.

Challuau, seigneurie, V. 576. A. VIII. 142. C D.

Chalmazel, II. 456. D E. seigneurie, II. 457. A. IV. 41. C. 535. A. 888. B. marquisat, V. 153. E. VII. 161. A. IX. 483. E.

Chalmelis, seigneurie, VII. 703. B.

Chalmons, II. 447. A.

Chalmourgues, seigneurie, VIII. 933. B.

CHALON, Jean, évêque & duc de Langres, II. 213. D. Jean, chambrier de France, VIII. 409. A. Jean, III. du nom, grand-bouteiller de France, VIII. 528. B.

CHALON (Comtes de) VIII. 61. & suiv. Voyez Auvergne. (Vicomtes de) VIII. 320. & suiv. Voyez Damas.

Chalon, II. 10. C. 19. A. 20. E. 21. A. 24. C. 25. E. 54. C. 86. C. 161. C. 163. A B C D. 167. D. 213. E. 231. A. 742. E. 752. D. 762. C D. 869. E. III. 424. A. 729. B. IV. 27. A. 28. B. 161. B. 164. D. 180. B. 803. E. 863. D. V. 12. D. 13. C. 133. B. 511. B. 737. C. VI. 48. C. 49. B. 62. D. 63. A. 85. C. 126. A. 135. C. 136. B. 140. E. 346. A. 454. C. 634. B. 636. B. 649. A. 731. D. 733. C. VII. 34. E. 41. B. 44. D. 45. C. 49. A. 709. A. 759. A. 799. C. 800. E. 801. C. 807. A. 808. C. 809. B. 813. B. VIII. 59. B. 117. E. 118. A. 279. A. 348. E. 416. A. 417. B. 532. E. 692. A. 717. B. seigneurie, V. 363. D. 364. A B E. VII. 335. B. vicomté, VI. 69. B. VIII. 317. D. 318. A B. 320. D. 331. B. IX. 77. A. 452. A. comté, I. 49. D. 61. E. 78. C. 262. B. 308. B. 371. A. 463. C. 484. C. 485. B. 538. A. 542. A. 543. D. 544. D. 546. B. 547. A. 548. C. 549. C. 554. D. II. 160. B. V. 512. B. VI. 48. C. 140. E. 417. B. 694. C. 850. C. VIII. 59. B. 61. C. 318. A. 413. C. Bourgogne, II. 159. D.

Chalonge, seigneurie, VII. 231. E. 233. D. 509. A.

Chalonges, seigneurie, V. 12. C. VI. 470. C. VIII. 584. C.

CHALONS, évêché, comté-pairie, II. 311. & suiv.

Châlons, II. 311. D. IV. 161. B. VII. 174. D. 545. E. seigneurie, IV. 830. C. VI. 145. A. VIII. 12. A. 21. D. Voyez Chaalons.

Chalopin, V. 491. A.

Chalou, IX. 478. B.

CHALOUYAU (Seigneurs de) III. 631. Voyez Laval-Montmorency.

Chalouyau, seigneurie, II. 407. E. III. 573. C.

Chaloyau, seigneurie, IV. 560. B D.

Chaltray, seigneurie, IV. 215. C E.

Chalucet, seigneurie, II. 859. A. Messignac, marquisat, VII. 509. C.

Chaludet, IV. 671. B.

Chalvet, VII. 358. E.
Chaluet, seigneurie, VI. 304. A.
Chalumel, seigneurie, VIII. 234. C.
Chalus, VII. 197. C. seigneurie, VII. 77. D.
Chalusset, seigneurie, V. 334. C. 365. B.
Chamagnieu, seigneurie, V. 103. E.
Chamail, seigneurie, III. 641. A.
Chamaillard-d'Antenaise, III. 320. C.
Chamaillart, I. 271. C. 286. D. II. 192. B. V. 134. A. VI. 138. A.
Chamaliere, seigneurie, II. 188. 2. C.
S. CHAMANS (Seigneurs & marquis de) VII. 243. Voyez Hautefort.
S. Chamans, V. 8. C. 357. E. VII. 333. D. 344. A. marquisat, IX. 392. D.
S. Chamant, II. 231. E. 873. A B. IV. 30. B. 34. C. 785. E. VI. 406. D. VII. 169. E. 370. D. VIII. 591. A. 593. ***C. seigneurie, III. 818. E. VI. 68. D. VIII. 812. A. baronie, VIII. 588. B. comté, VII. 9. A. marquisat, VIII. 810. ** D.
Chamarain, seigneurie, IV. 599. B.
S. Chamarant, seigneurie, V. 748. C. 754. B.
Chamarre, VIII. 373. D.
Chamay, VII. 736. D.
Chambalan, V. 413. A. VII. 234. D. seigneurie, VII. 509. D.
Chamballan, IX. 473. C. seigneurie, VIII. 703. B. 777. C. IX. 453. B.
Chambaud, IV. 893. A. VII. 342. D.
Chambelain, VII. 377. C.
Chambelay, seigneurie, VII. 512. C. 851. E. 852. B. 854. A.
Chambellan, IV. 370. A. VI. 415. B. 466. C. VII. 505. D. comté, VI. 670. C.
CHAMBELLANS DE FRANCE (Histoire genealogique & chronologique des grands) VIII. 437. & suiv.
Chambellay, seigneurie, III. 91. C. IX. 69. A.
Chambeon, seigneurie, V. 169. C.
Chamberedonde, III. 829. C.
Chamberet, baronie, VII. 26. A.
Chamberliac, seigneurie, V. 364. D.
Chambes, I. 118. A. III. 384. D. 638. A. IV. 427. A. 563. B. VII. 121. C. 128. A. 508. B. 851. C. VIII. 93. A. 634. D. 706. D. IX. 198. A. 395. E. seigneurie, II. 620. B. Montsoreau, I. 444. C. 468. A. IV. 31. 450. D. V. 575. C. VII. 63. C. 132. C. 507. C. 513. D. VIII. 778. B.
Chamblans, IV. 859. D.
Chambley, I. 324. C. II. 57. A. VII. 113. E. VIII. 906. B. seigneurie, II. 62. A. 63. B. VII. 113. E.
Chambly, I. 89. E. 546. C D. II. 118. D. VI. 54. D. 254. B. 265. A. 532. B. 665. B. 669. B. 735. B C. 759. B. 791. A B. VII. 82. B. 806. D. 812. C. 868. C. VIII. 419. B. 538. A. 604. E. 621. C. 837. D. seigneurie, II. 851. D E. seigneurie, VIII. 95. C. 97. D. IX. 398. D. baronie, IX. 99. A.
Chambole, seigneurie, IV. 849. B. VII. 257. D.
Chambolive, seigneurie, VII. 683. D.
Chambon, II. 195. A. IV. 527. D. 528. B. VI. 300. D. 316. C. VII. 495. A. VIII. 265. C. 821. C. 893. C. seigneurie, II. 229. A. III. 814. C. 816. B. IV. 184. C. V. 352. A. 358. A. VI. 86. E. 316. A. 321. B. 422. B. VII. 64. C. VIII. 55. D. 492. C. 596. **** D.
Chambonas, seigneurie, VI. 603. B. VII. 341. B. marquisat, VIII. 39. A. IX. 72. C.
Chamboneau, seigneurie, VIII. 480. D.
Chambonet, IX. 421. B.

Chambonie, VIII. 55. D.
Chambor, seigneurie, II. 457. C.
Chamborant, V. 333. F. VII. 367. B. VIII. 142. A. 481. E. seigneurie, III. 584. B. Voyez Chamborent.
Chamborel, VII. 283. B.
Chamborent, III. 90. A. IV. 28. D. V. 14. C. Voyez Chamborant.
Chambors, seigneurie, VI. 678. C. VIII. 856. C.
Chambort, seigneurie, IV. 365. B. VIII. 341. A.
Chambourcy, IV. 439. A. seigneurie, VII. 436. D. 437. E. VIII. 265. C. 798. A.
Chamboy, seigneurie, VI. 55. E.
Chambray, VIII. 159. E. seigneurie, VII. 417. A. VIII. 888. C. baronie, II. 431. C. VI. 150. A.
LA CHAMBRE , Etienne , maître des artilleries, VIII. 127. D. Simon , aumônier du Roy, VIII. 225. A.
la Chambre, II. 164. D. 308. B. 872. D. IV. 450. D. 614. D. 660. A. 680. E. V. 12. C. 669. C. VII. 37. C. 200. B. 701. B. VIII. 325. C. 500. E. 771. D. 907. C. 924. E. 927. C. 941. D. seigneurie, IV. 280. A. 459. D. comté, IV. 530. D. VII. 128. A. 141. B. VIII. 421. B. marquisat, VII. 48. E. 254. C. VIII. 970. C.
Chambré, VII. 609. A.
Chambreillac, VII. 922. B.
Chambres, seigneurie, I. 327. A. IV. 135. B. 784. C D. 785. A. 787. B D. 788. A. baronie, IV. 789. A. 790. C. 791. A. 793. D. VII. 313. C.
Chambret, marquisat, VII. 588. C.
Chambrezays, seigneurie, VI. 335. D.
CHAMBRIERS DE FRANCE (Histoire genealogique & chronologique des) VIII. 393. Sous la premiere race de nos Rois, 394. sous la seconde race, ibid. sous la troisiéme race , 395.
CHAMBRILLAC, Jean , capitaine general des galeres , VII. 922. A.
Chambrillac, seigneurie, IV. 653. A. VIII. 593. *** C.
Chambry, seigneurie, IV. 669. A.
Chameau , VII. 140. D.
Chamelles, VIII. 101. D. 102. A B.
Chameraude, seigneurie, IV. 827. C. 829. B.
Chamerlan, comté, I. 433. A. VI. 80. B.
Chamerois, seigneurie, II. 347. B.
Chamery, seigneurie, VI. 52. B. 158. B.
Chamesly, seigneurie, VII. 736. D.
Chamet, seigneurie, VIII. 499. C.
Chamey, seigneurie, VIII. 333. C.
Chamfeu, VII. 496. B.
Chamfleury, seigneurie, II. 426. D.
Champgrand, II. 445. D.
Chamiane, baronie, IX. 470. A.
CHAMIGNY, Jean , vice-amiral, VII. 755. A.
Chamigny, I. 493. E. 494. A. 508. A. 515. A. V. 244. C. seigneurie, V. 243. B. VII. 808. D. VIII. 545. A.
CHAMILLART, Michel , grand tresorier des Ordres, IX. 327. B.
Chamillart, III. 619. B. IV. 682. A. 894. A. V. 350. D. 741. A. VI. 197. C. VIII. 344. B. IX. 317. A.
Chamilly, seigneurie, VI. 530. B. VII. 645. A E. VIII. 322. B. 331. E. comté, VII. 873. E.
CHAMOISY, Jeanne , nourrice du roy Charles VII. I. 115. E.
Chamon, II. 220. B.
Chamond, baronie, VII. 197. A.

S. Chamond, IX. 126. A. feigneurie , IX. 126.
A. marquifat, IX. 147. A.
S. Chamont , feigneurie, VII. 190. A. VIII. 836.
B. 930. A. marquifat, VIII. 759. E. 760. A.
Chamoffet, feigneurie, IX. 478. D.
Chamouffay, feigneurie, III. 649. A.
Chamouffeau, feigneurie, IV. 387. C. 452. E.
V. 345. A. VIII. 492. B.
Chamouffet, feigneurie, VIII. 498. A.
Chamoy, III. 774. B. feigneurie, VII. 7. D. VIII.
234. D. 236. D.
Champ-Aubert, feigneurie, VIII. 871. B.
Champ-de-Bataille, feigneurie, V. 154. D. VI.
787. C.
Champ-Feftu, feigneurie, I. 523. C.
Champ-Fromental , feigneurie, I. 300. D.
Champ-le-Roy, I. 212. E.
Champagnac, feigneurie, III. 81. C. IV. 33. C.
650. A. V. 365. A. VII. 347. B. 348. C. 700.
D. 862. D. VIII. 775. E. marquifat, VII.
458. E.
CHAMPAGNE, Guillaume, cardinal, archevêque de
Reims, II. 3. B. Philippes , évêque de Châ-
lons, II. 311. E. Guillaume, maître de l'écu-
rie du Roi, VIII. 467. B. Louis, chevalier
du S. Efprit, IX. 96. A. Brandelis, chevalier
du S. Efprit . IX. 128. A.
CHAMPAGNE (Genealogie des comtes de) païs de
France, II. 835. & fuiv.
CHAMPAGNE (Comtes de) II. Endes II. 837. B.
Thibaud III. 838. Etienne , dit Henry , ibid.
D. Thibaud, IV. 840. A. Henry , I. 841. C.
Henry II. ibid. D. Thibaud V. 842. C. Thibaud
VI. 843. B. Thibaud , dit le Jeune , ibid. D.
Henry , dit le Gros. 844. D. Jeanne I. 845. B.
Tous dans le même volume II.
Champagne, III. 153. B. 171. C. 302. D. 320.
E. 571. D. 636. A. 640. B. IV. 433. B. V. 223.
F. 245. B. 380. E. 397. A. 507. D. VI. 12. A.
94. D. 129. D. 139. C D. 140. B. 142. B.
144. C. 360. C. 384. A. 644. C. 726. C. VII.
154. B. 384. D. 640. A. 737. B. 795. C. VIII.
55. A. 91. B. 415. B. 426. A. 490. E. 596.***
C. 706. E. 755. D. 891. E. feigneurie, III.
571. D. 650. C. IV. 730. B. V. 159. D. VI.
468. A. VII. 664. A. 850. A. VIII. 707.
C. comté , I. 22. E. 49. A. 50. A. 73.
A. 75. D. 76. E. 77. C. 90. D. 131. E.
282. D. 287. D. 382. C. 447. D. 523. B. 540.
C. 545. D. II. 3. D. 147. E. 150. E. 184. E.
259. E. 166. D. 268. B. 311. E. 313. A. 317.
D. 319. C. 495. D. 499. A. 502. A. 583. D.
595. E. 726. D. 777. C. 788. A. 790. D. III.
84. C. 160. B. 199. A. 311. A. 665. B. IV. 434.
C. V. 507. D. VI. 24. B D. 84. D. 140. B. 142.
A. pairie, II. 835. A. 839. A. 881. B. de Bafe-
che , VIII. 329. D. Blois , II. 503. A. au
Maine , feigneurie, III. 320. A B. Navarre,
V. 129. D. VI. 95. A. la Suze, V. 398.
D. 736. D. IX. 484. B.
Champagné , VIII. 706. A. 728. C. feigneurie ,
IV. 425. C. VII. 512. D. VIII. 747. E. Monfon,
feigneurie, IV. 450. D. comté, IV. 434. C.
le Sec , feigneurie, V. 607. C.
Champaigne, IX. 380. A.
Champaignolles, feigneurie, V. 333. B.
Champaigre, feigneurie, VIII. 373. E.
Champalement, feigneurie, I. 489. B. II. 278. D.
Champanges, VIII. 752. C.
Champarin, feigneurie, II. 408. D.
Champart, feigneurie, VII. 510. A.
Champauzé, feigneurie, VI. 567. A.
Champayen, feigneurie, II. 867. D.

Champchevriers, feigneurie, VII. 501. C. baro-
nie, VII. 695. A.
Champdiré, feigneurie, VIII. 583. B.
CHAMPDIVERS, Simon, maître fauconnier du Roy,
VIII. 744. A.
Champdivers, I. 115. C.
Champdorfeau, feigneurie, VIII. 671. C.
Champdos, feigneurie, V. 151. C.
CHAMPEAUX, Guillaume, évêque de Châlons, II.
311. E. Guillaume, évêque de Laon, II. 111.
D.
Champeaux, I. 119. E. II. 311. E. VII. 22. A.
feigneurie, III. 89. C. IV. 219. B. 403. B. VII.
570. C. VIII. 486. D. baronie, V. 16. A. VII.
552. D.
Champeix, feigneurie, II. 188. 2. C.
Champelle, IV. 264. C.
Champelurier, feigneurie, III. 586. B.
Champeron, feigneurie, VI. 423. D.
Champeroux, feigneurie, I. 524. C. IV. 671. C.
V. 344. D. VIII. 818. D.
CHAMPESTIERES (Seigneurs de) VII. 63. Voyez
Motier.
Champeftieres, feigneurie, VII. 56. A. 57. D. 63.
D. 713. A. VIII. 816. B.
Champfeu, VII. 139. E. 140. D. VIII. 493. C.
822. A.
CHAMPFLEURY, Hugues, chancelier de France,
VI. 270. B.
Champfleury, feigneurie, IV. 453. B.
Champfort, feigneurie, VI. 477. A.
Champfreau, feigneurie, VIII. 944. A.
Champgrillet, feigneurie, VI. 572. C.
Champien, feigneurie, VII. 337. A. 339. D.
Champier, VIII. 337. A.
CHAMPIGNELLES (Seigneurs de) I. 481. & fuiv.
Voyez Courtenay.
Champignelles, feigneurie, I. 473. A. 474. A.
492. A. 493. D. 494. B. 495. C. 497. B. 527.
D. 528. A. II. 10. C. 848. E. 949. D. III. 159.
D. 172. B. V. 242. B. VI. 75. C. 112. D.
139. D. 308. A. 630. C. 664. C. VII. 78.
C. 433. E. 736. B. VIII. 414. C. IX. 379.
E. baronie, IV. 862. B.
Champigneulles, feigneurie, II. 53. E.
Champignolles, VI. 349. B. VII. 654. A.
Champigny, feigneurie, I. 324. C D. 332. A.
III. 840. C. IV. 561. B. 640. B. 753. E. VI.
435. B. 502. D. 574. B. VII. 682. D. VIII.
712. E. 892. C. IX. 364. A. 476. D. en Anjou,
feigneurie, VI. 12. D. fur-Aube, II. 339. E.
fur-Marne, V. 244. A. Noroy, feigneurie,
VIII. 156. E. fur-Vende , feigneurie, I. 1353.
B. 355. A. 356. C. 357. A. 358. B. 387. D.
Champin, feigneurie, VIII. 281. B.
Champiol, feigneurie, III. 824. C.
Champion, feigneurie, VII. 637. C.
la Championne, IV. 165. E.
Champire, feigneurie, V. 12. C.
Champlais, II. 68. D. IV. 286. D. 324. B. 625.
A. 642. C. VII. 494. C. VIII. 187. C.
Champlan, marquifat, VII. 102. A.
CHAMPLASTREUX (Seigneurs de) VI. 574. Voyez
Molé.
Champlaftreux, feigneurie, VII. 530. A. 574. D.
Champlemy, feigneurie, VIII. 552. C. 647. D.
Champlevois, feigneurie, III. 625. B.
Champlevoy, feigneurie, VIII. 329. B.
CHAMPLITE (Seigneurs de) II. 867. & fuivantes
Voyez Champagne.
Champlite, II. 191. A. feigneurie, I. 552. D.
II. 867. C. 873. E. 874. A. IV. 180. B. 678.
C. 821. C. VI. 670. B. VII. 32. D. 149. B.

203. A. 809. A. VIII. 415. D. 422. C. baronie, IV. 572. D. 827. E. comté, II. 872. A. VII. 39. E. VIII. 42. A D.

Champlong, seigneurie, VIII. 941. C.

Champlost, seigneurie, IX. 457. B. VIII. 718. B. 785. B. 786. A. 893. C.

Champluisant, II. 118. D. 119. C. IV. 397. D.

Champmerlain, seigneurie, VII. 4. D.

Champmoreau, seigneurie, IX. 452. *C.

Champmoteux, VI. 517. A. seigneurie, VII. 117. B.

Champniers, seigneurie, VIII. 588. D. 594. D.

Champoleon, IV. 285. A.

Champoulet, seigneurie, IV. 219. D.

Champré, seigneurie, IV. 857. B.

Champregnaud, seigneurie, VII. 810. A.

Champregnard, seigneurie, VIII. 336. A.

Champrepus, VIII. 848. C.

Champrobin, seigneurie, II. 450. B.

Champromain, seigneurie, IV. 731. C.

Champrond, II. 654. D. IV. 175. B. VI. 428. D. VIII. 538. B. 776. A. 889. B. seigneurie, I. 431. C. 513. D. IV. 640. A. V. 669. D. VI. 531. C. VIII. 947. B. vicomté, IV. 217. C. comté, VII. 200. A.

Champront. IX. 110. B. 483. A.

Champropin, IV. 365. B.

Champroux, seigneurie, 36. B.

DES CHAMPS, Gilles, aumônier du Roi, VIII. 230. A. Estienne, receveur general du marc d'or, IX. 354. A.

des Champs, II. 40. B. 67. D. 106. D. III. 614. D. V. 356. E. VI. 363. B. 364. C. 372. C. 372. A. VII. 28. B. 565. D. 590. C. 875. D. VIII. 81. A. 84. C. 156. D. 233. A. 812. B. 874. C. IX. 470. E. 481. D. seigneurie, II. 798. B. III. 820. E. VI. 698. D. 789. D. VIII. 768. A. de Marcilly, VIII. 821. D. sur Marne, seigneurie, II. 119. C. III. 580. E. VI. 340. B. de Maffilly, IX. 378. E. Mauvais, seigneurie, 150. C.

Champsaur, duché, II. 12. D. 25. B.

Champservion seigneurie, VI. 187. E.

Champservon, seigneurie, II. 407. E. III. 631. C.

Champsolles, seigneurie, III. 92. A.

Champtercier, seigneurie, V. 288. B.

Champteuil. Voyez Blanc.

CHAMPVALLON, (Seigneurs de) VIII. 804. Voyez Harlay.

Champvallon, seigneurie, VII. 169. A. 569. C. VIII. 798. B. 803. C. 804. C. marquisat, VIII. 326. A.

CHAMPUANT, (Seigneurs de) VII. 37. Voyez Vergy.

Champuant, IV. 678. C. seigneurie, VII. 36. B. 37. B. VIII. 354. A.

Champuent, seigneurie, II. 870. E.

Champuis, seigneurie, IX. 559. D.

Champy, seigneurie, IV. 42. A.

Chamulca, seigneurie, I. 697. B.

Chamwort, III. 310. C.

Chanac, IV. 676. E. VII. 81. D. 123. E. VIII. 115. C. 243. C. seigneurie, IV. 536. A. VIII. 244. C. baronie, VIII. 245. B.

Chanagnieu, IX. 478. C.

Chanailles, seigneurie, IV. 686. E.

Chananeilles, VII. 343. D.

Chanareille, vicomté, III. 821. A.

Chanat, seigneurie, VIII. 11. C.

Chançay, VI. 442. C.

Chanceaux, VIII. 158. E. seigneurie, VI. 383. A. VII. 76. E. 505. E.

Chancel, VII. 346. A.

Chancelet, seigneurie, VI. 734. D.

Chanceliers de France, sous la premiere race de nos Rois, VI. 238. C.

Chanceliers de France, sous la seconde race de nos Rois, VI. 240. & suiv.

Chanceliers et Gardes des Sceaux de France, sous la troisiéme race de nos Rois, VI. 245. & suivantes.

Chanceliers et Gardes des Sceaux des Ordres du Roi, IX. 301, & suiv.

Chanclos, seigneurie, VII. 170. B.

Chancloux, seigneurie, VIII. 235. D.

Chancoc, seigneurie, VI. 326. C.

Chandée, VII. 161. C.

Chandelan, seigneurie, IV. 125. E. VII. 304. E.

Chandelier, VIII. 809. *C.

CHANDENIER, (Seigneurs de) IV. 656. & suiv. Voyez Rochechouart.

Chandenier, I. 434. C. 561. C. II. 376. A. VIII. 70. D. seigneurie, IV. 425. A. 874. C. VII. 811. A. VIII. 322. E. baronie, IV. 430. C.

Chandes, VIII. 887. C.

Chandeuil, seigneurie, IX. 329. A.

Chandeux, seigneurie, VII. 15. B.

Chandieu, IV. 501. D. VI. 392. B. VII. 443. B. VIII. 331. B.

Chandio, II. 871. A D. III. 638. C. 731. A. VI. 455. C. VII. 40. B. 123. C. VIII. 334. A

CHANDIOU, (Seigneurs de) VIII. 494. Voyez Bigny.

Chandiou, seigneurie, I. 497. B. VIII. 493. A. 494. D.

Chandon, seigneurie, VI. 719. A. VII. 374. C. IX. 469. A.

Chaneac, seigneurie, II. 185. 2. C E. III. 763. E. 4

Chaneau, seigneurie, II. 287. C.

Chanet IX. 448. A.

Chanfreau, seigneurie, II. 48. B. VI. 417. B. 450. D. 505. C.

Changé, seigneurie, V. 418. A.

Changrimont, seigneurie, VII. 508. A.

CHANGY, (Seigneurs de) I. 522. & suiv. Voyez Courtenay.

Changy, III. 625. A B. VI. 312. B. seigneurie, IV. 571. B. VI. 388. B. 572. A. VII. 700. B. VIII. 54. B. 325. C. 465. B. 815. D. baronie, VII. 697. B. VIII. 894. B.

Chanlay, II. 849. E.

Chanlecy, IV. 41. C.

Chanlemy, II. 419. B. seigneurie, VI. 417. D. IX. 113. B.

Chanlesy de Pleuvaut, IV. 349. A.

Chanlen, VI. 156. C.

Chanlivaut, seigneurie, VI. 455. C. IX. 116. A.

Chanlot, VII. 340. D. seigneurie, VI. 142. A. 700. B.

Chanonac, seigneurie, VIII. 50. A.

Chanonat, seigneurie, VIII. 558. C.

Chanort, I. 424. B. Voyez Chamwort.

Chanoux, V. 283. A.

Chansé, seigneurie, VII. 515. B.

Chanseaux, seigneurie, III. 629. B. VII. 825. D.

Chansey, seigneurie, VII. 643. B.

Chansonney, seigneurie, III. 651. B.

Chansseuil, seigneurie, IV. 460. C.

Chant, seigneurie, VII. 648. B.

Chantal, baronie, I. 562. D.

Chantaloé, VII. 15. A.

Chantdoiseau, seigneurie, VI. 470. B.

Chantebuzain, seigneurie, VII. 584. D.

Chante-Buzen, seigneurie, II. 454. D.

Chantecler, VI. 548. C. 584. D. IX. 319 C.

Chantecocq, seigneurie, I. 474. B. 481. A. 527. D. VI. 139. D.

Chante-Foix, II. 665. B.

Chanteheu, seigneurie, III. 502. C.

Chantelle, II. 118. B. seigneurie, II. 662. B.

Chantelles, seigneurie, I. 317. A.

Chantelot, I. 306. C. VII. 198. A. VIII. 149. B.

Chantelou, II. 87. A. VIII. 538. D. 887. E. seigneurie VI. 590. A. VIII. 92. C.

Chanteloup, VII. 284. C. seigneurie, III. 641. A. 647. A. IV. 639. A B. 640. A B. 731. A D. VIII. 112. C.

Chantelouse, seigneurie, VII. 547. D.

Chanteloux, II. 172. A.

Chantemerle, II. 185. 2. D. VIII. 331. C. 332. A, seigneurie, II. 186. 2. E. 187. 2. BC. 189. C. 193. C. 194. D. 198. D E. 205. D. 207. B. 439. D. III. 587. A. 653. C. VI. 117. C. 119. B. VII. 5. B. 591. A. 677. C. VIII. 621. B. baronie, II. 188. E.

CHANTEMESLE, Pierre, échanson du Roi, VIII. 520. D.

Chantemesle, VI. 717. B. VIII. 790. B. 791. B. seigneurie, IV. 561. A. B. 562. E.

Chantemilan, seigneurie, VIII. 902. C.

CHANTEPIE, Gace, premier chapelain du Roi, VIII. 227. C.

Chantepie, seigneurie, II. 117. E.

Chantepinot, VI. 479. C.

Chanteprime, VI. 334. C. 349. B. 484. A. VIII. 229. D. 369. C.

Chantereine, seigneurie, II. 125. B.

Chanterel, VII. 682. D.

Chanterenne, seigneurie, VII. 431. B. 564. A.

Chanterennes, seigneurie, IV. 719. B.

la Chanterie, seigneurie, IV. 745. D.

Chanteville, seigneurie, VII. 436. C.

Chantier, I. 501. A.

Chantillac, seigneurie, V. 16. D.

CHANTILLY, (Seigneurs de) VI. 56. Voyez Clermont en Beauvoisis.

Chantilly, VIII. 543. E. 881. D. seigneurie, II. 118. A B C. 120. E. 311. E. III. 74. C. 572. B. 574. E. 602. A. 603. E. 605. B. 620. B. 645. C. 653. B. 654. A. IV. 533. A. V. 10. F. VI. 33. A. 46. A. 51. C. 55. B. 56. C. 150. D. 337. C. 662. C. 751. A. VIII. 13. B. 201. A.

Chantocé, III. 320. D. seigneurie, I. 453. E. 468. B. 469. D. 470. C. 471. B. III. 319. A. 632. A B. VII. 72. A. 121. E. VIII. 100. B. 568. A D. 569. C. 570. A B. 573. C. 574. A. 580. B.

Chantoceaux, III. 319. B. seigneurie, I. 228. A. VI. 104. C.

Chantoliere, seigneurie, VIII. 704. C.

Chantoliers, seigneurie, III. 92. A. VIII. 902. E.

Chantore, seigneurie, II. 411. B.

Chantosme, marquisat, IX. 329. B.

Chanvalon, marquisat, VI. 561. A.

Chanves, seigneurie, II. 165. D.

Chany, VII. 64. D.

Chanyne, VII. 19. E.

Chanzeaux, seigneurie, III. 635. B.

Chaon, seigneurie, I. 359. E.

Chaource, seigneurie, VII. 141. B. baronie, IV. 853. C. 854. B. VII. 336. D.

Chaourses, VI. 660. A.

la Chape, seigneurie, VII. 900. D.

Chapeau, VI. 417. D. seigneurie, VII. 509. C.

Chapeau cornu, seigneurie, IX. 177. B.

le Chapelain de S. Simon, VII. 629. B.

Chapelaine, baronie, VII. 617. B.

Chapelaines, seigneurie, VIII. 716. A. baronie, IV. 215. C. VI. 549. D.

LA CHAPELLE, Geoffroy, pannetier de France, VIII. 604. D. Jean, pannetier du Roi, VIII. 609. E. Estenne, queux du Roi, VIII. 818. B.

LA CHAPELLE, (Seigneurs de) bâtards des comtes de Brienne, III. 733. & suiv. (Autres seigneurs de) V. 101. Voyez Villars. (Seigneurs de) marquis & ducs de Villars, pairs de France, V. 104. & suiv. (Autres seigneurs de) VI. 287. Voyez Mornay. (Autres seigneurs de) du nom de Chabot, IX. 446.

la Chapelle, III. 608. A. IV. 57. C. 441. C. 548. A. V. 408. A. 487. D. VI. 256. C. 368. D. 384. C. 496. C. 759. D. VII. 335. C. 388. A. 426. B. 548. A. VIII. 604. E. 703. A. 736. A. IX. 453. B. seigneurie, I. 259. B C D. II. 86. B. 184. B. 185. D. 186. 2. E. 376. D. 390. E. 854. B. 855. D. 856. B D. 857. B. 858. D. 859. A. 878. C D E. III. 217. A. 594. B. 652. B. 730. D. 908. B. IV. 28. C. 129. C. 215. E. 409. B. 413. A. 547. B. 788. A. V. 104. B. 158. C. 399. B. 728. A. 730. A. 747. B D. VI. 121. C. 256. C. 350. D. 390. C. 625. B. 647. B. VII. 61. B. 400. E. 501. B. 541. A. 580. B. 597. B. 773. B. 828. E. VIII. 167. D. 169. C. 171. A. 475. D. 874. D. 899. B. 910. A. IX. 87. B. 387. C. 391. A. 446. D. baronie, VII. 383. C. comté, VII. 875. E. VIII. 508. C. VII. 670. A. IX. 315. B. Albareils, seigneurie, VII. 320. C. Angebour, seigneurie, V. 151. B. Balon, IV. 687. B. Barion, seigneurie, VIII. 374. A. Barnison, seigneurie, VII. 579. E. Baynel, V. 161. C. Bellouin, seigneurie, II. 43. C. 44. B. IV. 28. D. VI. 508. C. VIII. 922. D. Bernier, seigneurie, V. 421. C. Bertrand, seigneurie, I. 470. E. V. 245. E. 246. A. VIII. 943. D. Biesnat, seigneurie, III. 90. E. Beron, seigneurie, VIII. 165. C. 246. C. 589. C. baronie, IV. 124. D. en Brie, seigneurie, II. 214. D. de Coquelare, III. 608. B. Damgillon, baronie, IV. 218. E. sur Erdre, seigneurie, IV. 83. B. Farcel, seigneurie, V. 888. B. 890. B. Gastineau, seigneurie, II. 135. C. S. Germain, seigneurie, VII. 66. E. sous Gerberoy, seigneurie, V. 82. A. Hermier, seigneurie, IX. 340. B. Menon, seigneurie, VII. 303. B. Montore, seigneurie, III. 385. B. sur Oreuse, seigneurie, VI. 390. D. IX. 451. A. aux Plats, seigneurie, VII. 344. C. Rainsouin, VII. 227. A. seigneurie, III. 640. B. V. 244. B. baronie, V. 245. B. 397. A. IX. 96. A. la Reine, seigneurie, IV. 640. C. VI. 281. C. baronie, VI. 296. A. S. Robers, seigneurie, IX. 438. A. aux Senechaux, VI. 353. C. en Tierache, seigneurie, II. 320. B. au bas Warneton, seigneurie, V. 240. A. à Weltz, seigneurie, VIII. 36. A.

LA CHAPELLE-GAUTHIER, (Seigneurs de) VI. 627. Voyez Villebeon.

la Chapelle-Gauthier, seigneurie, I. 262. E. 432. A. 433. C. 434. B. 435. B. II. 314. D. IV. 824. E. V. 241. E. VI. 403. D. VII. 18. D.

les Chapelles, seigneurie, VIII. 706. B. baronie, VIII. 360. E. Bretenil, seigneurie, IX. 319. B.

Chapellette, seigneurie, II. 863. C. 864. A. VII. 82. A.

Chapellotte, III. 732. C. seigneurie, II. 860. B D. 861. D. IV. 653. D.

Chaperon, VII. 584. B.

Chapes, II. 152. B. seigneurie, I. 558. B D. VII. 21. C. 258. C. 736. D. baronie, VII. 356. A. marquisat, VII. 542. A.

Chapin, VII. 495. B.

Chaponay, V. 103. E.

la Chaponniere, seigneurie, I. 491. D. 522. B. 523. A.

Chapoton,

Chapoton, V. 101. E.

Chappe, II. 509. B. IV. 371. A C.

Chappedelaine, IX. 345. A.

CHAPPELAIN DE BILLY, Louis, controlleur du marc d'or, IX. 365. C.

Chappellier, VI. 551. B. 579. B.

Chapperon, IV. 563. D.

CHAPPES, Pierre, chancelier de France, VI. 308. C.

Chappes, IV. 834. C. VI. 139. D. 142. B. 700. B. seigneurie, IV. 873. A C D. 874. C. VI. 68 D. 650. C. baronie, II. 427. D. IV. 770. C. 875. C. 876. B. 878. C. 879. E. VI. 509. A. IX. 165. B. marquisat, IV. 877. C. 880. A. V. 770. B.

Chappet, VI. 473. A.

Chaps, seigneurie, II. 140. D.

Chapt, V. 356. D. VII. 20. D. 333. D. 772. E. VIII. 165. B. de Rastignac, V. 356. D. VII. 340. C. 683. D.

Chapuis, V. 102. D.

Char, seigneurie, VIII. 902. D.

Charancé, seigneurie, VII. 631. C.

Charansly, seigneurie, VII. 258. C

Charantonneau, seigneurie, VI. 476. C. 556. A.

Charbonel, IV. 9. A.

Charbonnay, seigneurie, IV. 860. D.

la Charbonniere, seigneurie, III. 734. D. 825. E. vicomté, VI. 404. C.

la Charce, marquisat, IV. 900. A. IX. 451. C.

Chardebœuf, V. 730. C.

Chardin, IX. 465. B.

Chardon, II. 122. D. VII. 199. A.

Chardonchamps, V. 605. A. 606. A.

Chardogne, seigneurie, II. 63. D. 64. B.

Chardoigne, II. 766. B.

Chardonnay, seigneurie, VII. 878. D.

Chareil, seigneurie, VII. 151. D.

Chareix, seigneurie, VII. 357. C. 358. B.

Charencey, baronie, VIII. 324. C.

Charençoy, seigneurie, VIII. 729. B.

Charente seigneurie, IV. 416. E. V. 430. E.

CHARENTON, (Seigneurs de) VI. 267. Voyez Senlis.

Charenton, VIII. 52. C. 902. E. seigneurie, I. 78. C. 300. E. II. 848. D. 851. A D E. 852. E. 855. B. III. 153. A. IV. 401. A. 438. A C. 460. A. 752. C. VI. 104. D. 409. B. 783. D. VII. 119. A. 125. B. 736. A. baronie, VII. 895. E. près Paris, seigneurie, VI. 267. A.

CHARENTONNE, (Seigneurs de) V. 161. & suiv. Voyez Harcourt.

Charentonne, seigneurie, V. 161. D. VIII. 94. C.

Chareton, seigneurie, II. 248. E.

Charette, II. 455. C. IV. 809. A.

Chargé, IV. 365. C. 458. A. VI. 426. A.

Chargeres, VIII. 323. C.

Chariol, VI. 463. C. VII. 63. D. seigneurie, VIII. 147. A.

Charisigile, chancelier de France, VI. 239. A.

la Charité-sur-Loir, seigneurie, VI. 116. C.

Charlemesnil, seigneurie, III. 795. D. VIII. 96. B. 98. D. marquisat, VI. 286. B.

Charles, IV. 614. C. VI. 340. C. VII. 532. A.

Charlet, IV. 229. B. VI. 460. D. VII. 567. C.

la Charletiere, seigneurie, VI. 418. A.

Charleval, seigneurie, VII. 856. B.

Charley, seigneurie, III. 909. C.

Charlier VI. 517. B.

Charlieu, seigneurie, VII. 787. E.

Charlot, VIII. 158. E.

CHARLUS, (Barons & comtes de) IV. 33. Voyez Levis.

Tome IX.

Charlus, seigneurie, I. 362. E. II. 205. C. IV. 29. B. 30. C. VIII. 116. D. 271. B. baronie, IV. 33. C. VIII. 191. D. comté, IV. 37. C. 269. C. VI. 86. D. VII. 29. C. 439. C. Champagnagnes, seigneurie, VI. 321. B. le Pailloux, seigneurie, VII. 130. C.

Charly, VI. 334. B.

Charmailles, seigneurie, VII. 644. A.

Charmant, seigneurie, V. 742. C.

Charmantray, seigneurie, VI. 383. C. 655. A.

la Charme, II. 66. B. seigneurie, VII. 44. D. vicomté, VI. 390. C.

Charmé, seigneurie, IV. 411. C.

les Charmeaux, seigneurie, IX. 331. B.

Charmentré, seigneurie, II. 338. E. 339. B C D.

Charmes, seigneurie, II. 20. D. 251. C E. baronie, V. 266. A F. 268. C. marquisat, IV. 286. D.

la Charmetiere, seigneurie, VI. 438. A.

Charmettes, seigneurie, V. 669. B.

Charmeul, seigneurie, III. 839. D.

Charmoilles, seigneurie, VIII. 331. E.

Charmoisy, seigneurie, II. 165. E.

Charmolüe, IV. 748. A. VI. 385. A. 573. C. 579. A.

Charmond, seigneurie, VI. 35. B. 438. C. VII. 429. B. 438. B.

Charmoy, VIII. 538. C. seigneurie, VI. 386. A. VII. 428. E. 894. C.

la Charmoye, IX. 393. D. seigneurie, VI. 564. C. VII. 475. B. VIII. 285. B.

Charnacé, VII. 516. D. 902. B.

Charnay, seigneurie, II. 307. A. IV. 373. E. IX. 236. A.

Charnaye, seigneurie, VIII. 110. E. 111. E.

Charné, seigneurie, VII. 669. E.

Charnelle, seigneurie, III. 574. C.

Charnevés, II. 141. E.

Charnier, I. 522. B.

la Charniere, seigneurie, VI. 537. A.

Charno, V. 609. B. seigneurie, IV. 321. A.

Charnoye, seigneurie, VIII. 112. C.

Charnulou, seigneurie, I. 522. B.

CHARNY, Geoffroy, porte-oriflamme, VIII. 201. B.

CHARNY, (Genealogie des anciens seigneurs de) VIII. 202. & suiv. (Comtes de) IV. 571 Voyez Chabot.

Charny, II. 199. D. VI. 695. B. VII. 41. A C. seigneurie, I. 383. C E. 473. A. 474. B. 481. A. 482. C. 483. B. 527. D. II. 203. A. 225. A C. VI. 139. D. 265. A. 650. C D. 651. A. VII. 246. B. VIII. 202. B. 555. B. 946. A. comté, I. 148. E. 149. A. 244. E. 245. A. II. 229. D. III. 493. B. 500. C. 729. A B. IV. 438. D. 793. D. V. 610. B. 653. C. VI. 508. D. VII. 40. A. 881. E. VIII. 424. A. marquisat, VII. 184. B. sur Eurre, seigneurie, VIII. 896. D.

Charolle, VI. 444. D.

Charolois, seigneurie, III. 74. B. 161. B C. 417. D E. baronie, II. 505. B. VIII. 57. A. comté, I. 118. B. 124. A. 242. D. 245. D. 295. A. 296. B C. 342. C. 384. D. 543. D. III. 418. E. 421. B.

Charon, IV. 855. C. V. 389. C. VI. 544. D. IX. 324. B. seigneurie, IX. 340. B. de Menars, IX. 195. B. Voyez Charron.

Charontonay, seigneurie, III. 581. B.

CHAROST, (Comtes & ducs de) pairs de France, IV. 225. & suiv. Voyez Bethune.

Charost, seigneurie, IV. 655. C. 656. A. V. 341. C. 343. F. VII. 80. D. comté, IV. 217. A.

220. B. 222. A. 225. B. 600. C. VI. 262. A.
marquisat, VI. 531. C. duché-pairie , V. 233.
C D. VI. 531. C. *Bethune* , duché-pairie, IV.
225. B C.

la Chatouliere, seigneurie , VII. 585. A. VIII.
707. B.

Charpay, seigneurie, II. 185.1.A.

la Charpenterie, seigneurie, V. 416. A. IX. 461. E.

Charpentier, IV. 752. A. VII. 429. B. 631. C.
637. C. VIII. 487. D. IX. 319. C.

Charpey, seigneurie, VIII. 933. E.

Charpignon, seigneurie, VII. 847. D. VIII. 836.
D.

Charpigny, seigneurie, II. 850. DE.

Charpin, II. 140. A. V. 105. D. VIII. 941. B.

Charpinelle, VII. 195. D.

Charrat, seigneurie, IV. 422. B.

Charreton, VII. 648. C. VIII. 795. D.

Charrier, VI. 453. B.

Charritte , VIII. 268. E. 269. A.

Charton, IV. 269. A. 326. A. 681. E. 722. C.
V. 495. B. seigneurie, VII. 157. D. *Voyez* Charon.

Charros, VII. 120. D.

Charroft , seigneurie, I. 474. E.

Charroux, IV. 191. A. seigneurie, I. 236. A. 237.
D. IV. 167. B. 288. A. VIII. 903. C. baronie,
IV. 573. A. 574. A. comté, III. 69. A.

Charruil, seigneurie, VII. 360. D.

Charry, VII. 138. B. IX. 450. * E. *près Lauferte*,
V. 751. B.

Chars, VII. 368. E. seigneurie, I. 505. C. IV.
872. C. 873. C. 874. A B. VIII. 711. C DE.
808. D. baronie, IX. 238. B.

Charsay, seigneurie, IV. 177. D.

Charsonville, seigneurie, III. 582. E. 584. A.

Charte, seigneurie, VIII. 100. C.

Chartier, VI. 473. C. 474. A. 575. A. *de Rou-
vignac*, VII. 714. E.

S. CHARTIER , (*Seigneurs de*) VI. 258. *& suiv.*
Voyez Senlis.

S. Chartier, I. 353. B. seigneurie, VI. 105. A.
256. E. 258. C. 259. A. baronie, VII. 502. A
B C.

Chartogne, VIII. 873. C.

la Chartonniere, seigneurie, V. 103. E.

Chartrain, VI. 796. C.

la Chartre, seigneurie, II. 422. D. III. 618. A.
sur Loire , seigneurie, I. 436. B. VIII. 725. D.
728. D.

CHARTRES, duché-pairie , nouvelle érection en
1661. pour PHILIPPES de France, frere du roi
Louis XIV. IV. 578. A.

CHARTRES, duché, érigé en 1528. pour HERCU-
LES d'Est , duc de Ferrare , & RENE'E de France sa femme , , V. 539. *Pieces concernant cette*
érection , ibid. *& suiv.*

CHARTRES, *Renaud*, élu évêque de Beauvais, II.
277. D. Renaud, cardinal, archevêque de Reims,
II. 45. C. Renaud, chancelier de France, VI.
399. B. *Mathieu*, pannetier de France , VIII.
606. A.

CHARTRES, (*Genealogie de*) VI. 400.

CHARTRES, (*Vidames de*) VIII. 728. *Voyez* Vendôme ancien.

Chartres, II. 42. A. 121. C IV.. 28. C. 732. E.
V. 11. E. 158. B. VI. 50. D. 51. B. 116. C.
400. C. 638. D. 661. A. 677. D. VIII. 97. A.
234. B. 237. C. 921. D. 942. A. seigneurie,
VIII. 343. E. vidamé, I. 333. A. 437. C. II.
152. B. 153. A. III. 631. B. IV. 197. C. 410.
C. 412. A. V. 158. B. VIII. 97. E. 100.
C. 271. D. 343. E. 729. D. 730. A. 806. A.

vicomté, I. 512. D. VI. 141. D. comté, I.
49. E. 86. A. 99. A. 101. D. 102. B. 116. B.
II. 259. E. 338. A 464. D. 467. A. 472. C.
503. A. 515. D. 726. D. 835. C E. 836. C. 837.
B. 838. A. 840. A. 845. D. 846. A B C D E.
881. E. III. 47. C. 170. B. 316. B. 840. C. V.
507. D. 584. B. VI. 37. A. 46. B. 95. A. VII.
120. C. VIII. 48. E. 575. B. duché, I. 128. E.
147. A. 177 A B. 187. C. 189. B. 190. E. 191.
D. 269. A. 322. A. 437. C. 448. A. pairie,
VIII. 220. B.

Chartretes, VII. 244. A.

Chas, seigneurie, VI. 398. B. VIII. 818. B.

Chasan. IV. 860. C. VIII. 203. B.

Chaselles , seigneurie , I. 312. B. 324. E.

Chaseron, VII. 158. E. VIII. 54. B. 499. D. seigneurie, VI. 327. A.

Chaseul, seigneurie , II. 230. E.

Chaslain, seigneurie , VII. 597. C.

CHASLUS, (*Seigneurs de*) VIII. 147. *Voyez* le
Groing.

Chaslus, II. 399. E. III. 837. A. IV. 547. E. V. 365.
B. VI. 456. B. 458. B. VII. 134. B. VIII. 73.
C. 817. D. seigneurie . III. 368. A. VI. 214.
D. VIII. 54. A. 145. C E. 147. A. baronie,
I. 376. C. 377. B C. 515. D. II. 235. D. III.
821. A. VII. 61. E. 258. B. *Lambron*, IV. 888.
C. seigneurie , III. 704. E.

Chasmy , seigneurie, VI. 150. C.

Chasnay , seigneurie , VII. 7. A.

Chasotes , IX. 431. E.

la Chasque, VII. 429. D.

la Chassagne, II. 666. D. VIII. 693. C. seigneurie, VIII. 145. E.

LA CHASSAIGNE, (*Seigneurs de*) VIII. 821. *Voyez*
Montmorin.

la Chassaigne, VII. 84. A. seigneurie, VIII. 921.
A. *Voyez* la Cassagne.

Chassaignes, seigneurie, VII. 67. C. 503. A.

Chassain , seigneurie , V. 364. E. VIII. 142.
C.

Chassameres , seigneurie, II. 649. E.

Chassant, seigneurie, III. 824. E.

Chassaugey - lès - Chalon , seigneurie, VII. 252.
B.

la Chasse, comté, VI. 497. D.

Chassebras, IX. 123. C.

la Chassée, baronie, V. 611. C.

Chassegay, seigneurie, VII. 561. A. VIII. 889.
C.

Chasseignes, seigneurie, V. 23. D E. 24. A.

la Chasseloire, seigneurie, VII. 723. D.

Chassemain, seigneurie, VII. 79. C.

Chassenay, seigneurie, I. 492. A. 510. B. II. 209.
D. IV. 821. E. VI. 69. C. VII. 160. D. VIII.
142. C. 321. B. 892. B. *Voyez* Chacenay.

Chasseneuil, seigneurie, V. 17. D.

Chassey, II. 210. B. seigneurie, VI. 479. A.

Chassiere, VIII. 285. B.

Chassignelles, seigneurie, VIII. 915. A.

Chassignoles, seigneurie, IV. 889. A. V. 761. E.
766. B. VI. 302. B. VIII. 818. D. 933. D. baronie, VII. 63. C.

Chassignols, VIII. 59. B.

Chassigny , seigneurie, VIII. 336. D.

Chassin, seigneurie, VII. 595. E. *Perracé*, seigneurie, VII. 596. B.

CHASSINGRIMONT, (*Seigneurs de*) V. 351. *& suiv.*
Voyez Rouannois-la-Feuillade.

Chassingrimont, seigneurie, II. 417. E. 863. A.
IV. 184. C. 659. B. V. 351. A.

la Chassiniere , baronie, III. 640. B.

Chassins, II. 273. A.

Chaffy, seigneurie, VII. 7. D. 447. B. baronie, IV. 848. D E. VIII. 331. E.

la Chaftaighêraye, VII. 853. D. IX. 453. A. feigneurie, IV. 74 BC. 75. C D. 429. C. 565. A. 567. A. 803. A. VII. 503. B. 524. C. VIII. 190. B. 301. E. 595. B. 762. B. 764. A E. 765. BC. IX. 102. B.

Chaftaignier. Voyez Chataignier.

Chaftanet, IX. 398. A.

Chaftard, feigneurie, VI. 302. C.

CHASTAY (Seigneurs de) VIII. 874. Voyez Roucy.

CHASTE, Aymar, vice amiral, VII. 906. B.

CHASTE (Seigneurs de) VIII. 924. Voyez Clermont.

Chafte, III. 838. C. V. 262. E. feigneurie, II. 233. C. V. 262. B. VIII. 498. D. 924. B. de Geffans, V. 262. E.

du Chafteau, IV. 533. C. VI. 303. A.

Chafteau, VI. 465. A. VIII. 149. D. feigneurie, IV. 367. B. 527. C. d'Affy, feigneurie, IV. 79. D. Baillon, baronie, IV. 86. A. Bardon, feigneurie, IV. 663. A. Bodean, VIII. 494. B. du Bois, feigneurie, VIII. 171 P.

Chafteau-Bal-d'Agoult, feigneurie, II. 243. C.

Chafteau-Baffet, feigneurie, III. 566. B. 558. D. 587. C.

Chafteau-Baynard, fief, II. 488.

Chafteaubelin, feigneurie, VII. 44. D. 801. C.

Chafteau Bleerequies, feigneurie, V. 234. B.

Chafteau-Bornay, feigneurie, VII. 871. C.

Chafteau-Bouc, feigneurie, II. 193. B.

Chafteaubouchet, feigneurie, V. 610. C. VII. 329. D. VIII. 243. B D.

CHASTEAUBRIANT, Georges, maître de la venerie du Roy, VIII. 705. A.

CHASTEAUBRIANT (Seigneurs de) VII. 76. Voyez Laval-Montfort.

CHASTEAUBRIANT (Genealogie des Seigneurs des Roches-Baritant, du nom de) VIII. 705.

Chafteaubriant, II. 63. C. 454. C. III. 638. A. 644. B. 736. D. IV. 55. C. 808. A. 857. A. 891. C. V. 10. A. 19. C. 149. D. 396. B. 418. B. 639. B. 654 B. VI. 184. A C. VII. 98. B. 99. B. 111. C. 127. C. 128. B. 225. D. 380. C. 390. A. 503. D. 505. A. 849. B. VIII. 99. A. 171 A. 247. C D. 705. B. 755. D. 764. A. feigneurie, III. 79. D. 376. D. 624. B. IV. 193. C. 194. B. VII. 74. E. 76. E. 381. A. VIII. 579. D E. 580. B. IX. 459. C. baronie, I. 353. E. 456. A. III. 60. B. 603. E. 604. B. 605. B. V. 134. C. VI. 766. C. VIII. 578. E. Beaufort, VII. 723. A.

CHASTEAUBRIÇON (Seigneurs de) V. 846. & fuiv. Voyez Bournonville.

Chafteaubriçon, feigneurie, V. 817. D. 846. C. VI. 177. B.

CHASTEAUBRUN (Seigneurs de) III. 584. & fuiv.

Chafteaubrun, feigneurie, III. 582. E. V. 572. E. 610. D. VI. 345. D. VIII. 370. C. 665. A.

Chafteau-Cârton, VIII. 464. C.

Chafteauceaux, feigneurie, V. 575. B. VIII. 579. E.

Chafteau-Chalon, IV. 387. A. V. 763. E. VI. 681. A. VIII. 902. D. feigneurie, I. 529. D.

Chafteauchebel, feigneurie, VI. 566. B.

Chafteauchinon, feigneurie, I. 219. B. II. 67. E. III. 79. C. VI. 61. C D. 131. B. 135. C. VII. 735. C. VIII. 421. E. 570. B. baronie, I. 308. C.

Chafteauclos, feigneurie, V. 569. B C. 572. C. VII. 123. A. VIII. 112. B. 666. D.

Chafteau-Dauphin, feigneurie, VII. 930. B.

Chafteau-Dompierre, feigneurie, V. 754. D. VI. 699. D.

Chasteau-Double, VII. 214. C. feigneurie, II. 185. 2. A. 187. C. 201. C. 205. B.

CHASTEAU-DU-LOIR, Gervais, chancelier de France, VI. 246. C.

Chasteau-du-Loir, feigneurie, II. 173. D. 284. B. 316. B. VI. 17. D. 76. C. 134. A. 246. C. VII. 114. D. VIII. 575. B. baronie, I. 228. B. 428. B C D. 429. B D. 430. C. IV. 70. A. VII. 503. B. VIII. 172. D. IX. 229. B. Voyez Bellefme.

CHASTEAUDUN (Vicomtes de) fortis des comtes de Flandres, de la maifon de Dampierre, II. 742. & fuiv. (Vicomtes de) iffus des comtes du Perche, III. 314. C. (Vicomtes de) VIII. 570. Voyez Craon.

Chasteaudun, VI. 76. C. 106. C. 134. A. VIII. 723. E. vicomté, I. 213. A. 428. C. 431. A BC. 433. A. II. 846. E. III. 306. A B. 307. C. IV. 424. C. 562. E. VI. 48. B. 76. C. 106. C. 134. A. 379. B. 626. C. 740. B. VIII. 57. A. 89. C. 575. B. 649. C. 734. A.

Chasteau fur-Epte, feigneurie, VI. 369. C.

Chasteaufetu, feigneurie, VI. 467. C.

Chasteauformont, feigneurie, VIII. 62. C.

Chasteaufort, III. 656. B. 657. D. feigneurie, I. 474. E. III. 658. A. 666. A. IV. 34. C. VI. 29. D. 30. A. 451. A. VII. 513. D. VIII. 299. E. 772. C. baronie, VIII. 920. C. comté, IV. 269. A.

Chasteaufremont, marquifat, III. 601. B.

Chasteaufromont, feigneurie, I. 465. E. VII. 847. A. 848. E. 849. D.

Chasteaufur, marquifat, VIII. 810. * * D.

Chasteaugaillard, feigneurie, V. 732. A. IV. 425. C. VIII. 922. C.

Chasteaugal, feigneurie, VIII. 363. B.

Chasteaugarnier, feigneurie, I. 376. E. VIII. 486. D. baronie, IX. 240. C.

Chasteaugay, feigneurie, II. 234. B. IV. 547. A. VI. 343. B. VIII. 322. D. 668. B. IX. 471. B. vicomté, VII. 140. B.

Chasteau-Geffroy, baronie, VIII. 84. A.

Chasteaugiron, VIII. 251. D. 359. E. feigneurie, IV. 55. C. VII. 77. A. baronie, IV. 325. B. comté, IV. 326. A B.

CHASTEAU-GONTIER (Seigneurs de) iffus vraifemblablement des comtes du Perche, III. 317. & fuiv. (marquis de) VIII. 812. * Voyez Bailleul.

Chasteau-Gontier, feigneurie, I. 221. A. 273. B. III. 313. B. 570. A. 712. B. IV. 559. C. V. 583. C. VI. 137. A C. VIII. 358. A. baronie, I. 328. E. VII. 580. E. 667. A. 897. A. VIII. 567. B. 809. * * A. marquifat, VIII. 809. * * D.

Chasteauguibert, feigneurie, IV. 425. E. 448. E.

Chasteauguillaume, feigneurie, IV. 160. C. 161. A C. 162. ABCD. Voyez la Tremoille.

Chasteauguyon, VIII. 423. A. feigneurie, IX. 115. B.

Chasteaulandon, feigneurie, I. 287. D. V. 225. F. VI. 4. B. 12. D. VII. 595. E.

Chasteaumart, feigneurie, VI. 118. A.

Chasteaumeillan, feigneurie, VI. 218 A.

Chasteaumeillant, feigneurie, II. 857. B. 859. A. VI. 86. C.

CHASTEAUMELIAN (vicomtes de) VIII. 691. Voyez Gamaches.

Chasteaumelian, vicomté, VIII. 373. D. 693. D. comté, VIII. 817. A.

Chasteau-Meliand, feigneurie, V. 569. B. 570. C.

CHASTEAUMORAND (Seigneurs de) IV. 37. &

suiv. Voyez Levis.

Chasteaumorand, seigneurie, IV. 29. B C. 34. B. VII. 553. A. 632. D. VIII. 501. A. baronie, VIII. 497. C. marquisat, IV. 35. D. VI. 86. D.

Chasteaumorin, seigneurie, VII. 768. D.

Chasteau de Mortagne, baronie, VIII. 181. D.

Chasteaumur, IV. 561. A. seigneurie, I. 462. A B. III. 628. C. VI. 203. C.

CHASTEAUNEUF, *Antoine*, grand-chambellan de France, VIII. 499. B. *Antoine*, grand-bouteiller de France, VIII. 581. B.

CHASTEAUNEUF (*Seigneur de*) II. 249. *Voyez* Simiane. (*autres Seigneurs de*) 291. *Voyez* Vintimille. (*marquis de*) IV. 893. *Voyez* Senneterre. (*premiers seigneurs de*) du nom de Rieux, VI. 774. (*Seconds seigneurs de*) du nom de *Rieux*, VI. 771. (*Barons de*) VII. 84. *Voyez* Culant.

Chasteauneuf, II. 29. C. E. 30. A. 31. A. 187. 2. D. 200. B. 242. E. 253. E. 368. C. 658. A. 666. C. 864. D. III. 348. E. 606. B. 764. C. 813. A. 814. B. IV. 26. B. 131. A. 136. B. 421. E. 503. C. 504. C. 536. B. 652. C. 676. C. V. 763. E. VI. 50. A. 300. D. 317. A. 415. C. 509. D. VII. 22. A. 44. E. 314. D. 764. B. 860. D. VIII. 838. B. 924. E. 929. E. seigneurie, II. 39. D. 212. A. 219. B. 248. A. 250. A B. 253. B. 254. B C. 289. B. 343. E. 860. D. 862. E. III. 603. A B E. 627. D. 830. C. 831. C. IV. 16. E. 62. C. 83. D. 176. B. 502. C. 547. A. 548. C. 603. A. 786. A. V. 262. A. 291. C. 332. D. 380. B. VI. 62. C. 110. A. 485. C. 731. C. 765. C. 770. C. 771. C. VII. 45. B. 78. D. 83. B. 84. D. 226. D. 708. D. 750. C. 764. C. 801. C. 835. A. VIII. 53. B. 297. D. 329. A. 331. A. 361. B. 372. B. 475. B. 501. A. 579. C. 729. C. 765 A. 812. * * C. 815. A. 819. B. 820. C. 902. C. 910. C. 911. D. IX. 229. B. baronie, I. 376. C. II. 243. A. IV. 126. B. 176. C. 177. B C. 788. B. 844. A. VII. 305. C. 368. E. 370. C. 667. C. 804. B. IX. 201. A. 280. B. 328. B. vicomté, IV. 566. A. comté, IV. 680. A. V. 644. D. VI. 770. D. IX. 88. C. 228. B. marquisat, II. 290. E. III. 775. A. IV. 218. E. 411. A. 721. C. V. 350. D. VI. 560. B. VII. 343. A. 387. D. VIII. 805. C. IX. 76. A. 292. B. 314. A. 325. B. 335. A. 336. B. *d'Arbres*, VII. 604. B. *de Boutien*, II. 188. E. *sur-Cher*, seigneurie, IV. 422. C. 641. B. baronie, VI. 559. B. IX. 324. B. *de Galaure*, seigneurie, II. 203. A. VII. 785. D. *lez-Grasse-Puis-de-Riez*, seigneurie, II. 288. A. *en Guyenne*, seigneurie, VIII. 726. E. *sur-Loire*, marquisat, VIII. 640. B. *en Maconnois*, seigneurie, VIII. 5. D. *de Mazens*, seigneurie, II. 186. 2. C. E. 188. D. 195. B D. 197. B D E. 203. C. 204. A. *lez-Moustiers*, seigneurie, II. 295. A. *de Pierre-Buffiere*, IV. 306. D. *sur-Sarte*, seigneurie, VIII. 568. E. 574. C. *sur-Siole*, seigneurie, IV. 290. B. *en Thimerais*, seigneurie, I. 426. B. 436. A B. 474. E. II. 411. A. III. 289. C. 620. A. V. 128. D. *de Vernaux*, seigneurie, II. 185. 2. C.

CHASTEAUNEUF-RANDON (*Seigneurs de*) III. 808. & *suiv.*

Chasteauneuf-Randon, III. 826. B. IV. 496. B. seigneurie, IV. 27. D. VII. 785. C. 788. B. IX. 440. C. seigneurie, III. 813. A. 814. C. 815. A B. IX. 421. C.

CHASTEAUNEUF-DE-ROCHEBONNE, *Charles*, évêque & comte de Noyon, pair de France, II. 456.

CHASTEAUNEUF-DE-ROCHEBONNE (*Genalogie de*) 456. & *suiv.*

Chasteauneuf-de-Rochebonne, IX. 72. A. 86. C.

Chasteaupers, IV. 217. C. IX. 133. B. VI. 510. A.

Chasteau-Poissy, seigneurie, II. 325. B. IX. 318. C.

Chasteau-Porcean, seigneurie, II. 269. D. 316. E. comté, II. 757. C.

Chasteau-Portien, principauté, IV. 625, D. 626. C. VIII. 188. A.

Chasteau-Raoul, baronie, III. 216. E. comté, IV. 875. C.

Chasteau-Raoult, seigneurie, II. 861. E.

Chasteau-Recusson, seigneurie, I. 444. A.

Chasteau-Regnard, seigneurie, VI. 75. D. 86. C. 139. C D.

Chasteau-Regnaud, seigneurie, VI. 96. B. 528. A. marquisat, IV. 793. C.

Chasteau-Regnault, I. 213. A. 216. A. souveraineté, I. 333. C.

Chasteau-Renard, I. 74. D. seigneurie, I. 383. C. 473. A. 474. A. 481. A. 482. C. 483. A B 527. D. 528. A. II. 250. A. 856. E. 857. A. III. 664. C. V. 575. E. 671. E. VII. 6. B. 151. A.

CHASTEAU-RENAUD (*Seigneurs de*) issus vraisemblablement des comtes du Perche, III. 317. & *suiv.*

Chasteau-Renaud, seigneurie, V. 225. A. 227. D. VII. 427. B. VIII. 723. B. marquisat, VII. 650. A. 651. C. 652. A. souveraineté, III. 450. E. 451. C. 895. A.

Chasteau-Renault, marquisat, III. 318. D. 583. D. 895. A. V. 393. C.

Chasteau-Rocher, vicomté, II. 232. B.

Chasteau-Rodeau, VIII. 822. B.

Chasteau-Rouge, seigneurie, II. 78. B. IV. 410. B. VII. 112. B. 560. D. VIII. 887. E.

CHASTEAUROUX, duché-pairie, érigé en 1616. pour HENRY de Bourbon, prince de Condé, IV. 243. *Pieces concernant cette érection*, IV. 244. & *suiv.*

Chasteauroux, VIII. 595. *** A. seigneurie, I. 217. B. 315. E. II. 854. D. 865. B. III. 79. C. 632. C. IV. 874. E. 875. A. V. 130. D. 571. D. VI. 96. A. 318. C. 735. B. VIII. 320. A. 727. B. baronie, IV. 565. A. V. 130. D. 569. D. 893. D. VI. 105. A. VII. 74. A. 502. B. VIII. 52. E. comté, II. 427. D. IV. 70. B. 176. B. 572. A. V. 610. E. VI. 509. C. VII. 356. A. 502. C. 503. A. VIII. 182. A. 766. C. duché, I. 336. E. 338. B. 340. B. 341. E. 343. C. 353. C. *Voyez* Chasteau-Raoul.

Chasteau-Roy, seigneurie, I. 529. C.

Chasteau-Senechal, seigneurie, VII. 513. D.

CHASTEAU-THIERRY, duché-pairie, érigé en 1400. pour Louis de France, duc d'Orleans, III. 238. duché-pairie, érigé en 1561. pour FREDERIC-MAURICE de la Tour, duc de Bouillon, IV. 505. *Pieces concernant cette érection*, IV. 506. & *suiv. Voyez* la Tour.

CHASTEAU-THIERRY (*Ducs de*) pairs de France, IV. 533. & *suiv.*

Chasteau-Thierry, II. 56. C. seigneurie, I. 205. A. II. 776. B. VII. 193. A. comté, I. 254. A. VII. 168. C. duché, I. 135. A B. 210. C. II. 234. E. IV. 172. C. 173. A. 471. C. pairie, V. 234. C. 454. * A. VI. 580. B.

Chasteau-Thiers, seigneurie, VII. 65. C.

Chasteau-Tison, seigneurie, VIII. 765. A.

Chasteautro, IV. 803. D. VII. 529. A. seigneurie, IV. 51. B.

Chasteau

Chasteau-de-Vaire, seigneurie, VI. 316. C.
Chasteauverdon, seigneurie, VII. 21. A.
Chasteauverdun, III. 348. E. 372. D. VII. 778.
A. VIII. 475. E. seigneurie, II. 361. C. Casnmont, VIII. 474. D.
Chasteauvert, seigneurie, IV. 889. B. V. 333. E.
Chasteauviel, seigneurie, IV. 161. D.
Chasteauvieux, Joachim, chevalier du S. Esprit, IX. 83. A.
Chasteauvieux, VII. 160. A D. 221. C. 447. A. VIII. 721. B. seigneurie, II. 164. B. 212. D. IV. 686. B. 711. B. V. 148. D. VI. 280. B. VII. 811. E. IX. 423. E. comté, VII. 532. E. 672. C. VIII. 759. E.
Chasteaulain, duché-pairie, érigé en 1703. pour Louis-Alexandre de Bourbon, prince legitimé de France, comte de Toulouse, V. 52. pieces concernant cette éréction, V. 53. & suiv. duché-pairie, érigé en 1650. eu faveur de François-Marie de l'Hopital, marquis de Vitry, V. 866.
Chasteauvillain, Jean, évêque & comte de Châlons, pair de France, II. 337. D. Simon, évêque & comte de Châlons, pair de France II. 347. B. Guillaume, chambrier de France, VIII. 426. D.
Chasteauvillain (Genealogie des seigneurs de) II. 338. & suiv. (Autre genealogie des seigneurs de) VIII. 427. Voyez Thil.
Chasteauvillain, II. 151. E. 167. D. 224. E. 337. D E. 347. C. 732. C. IV. 398. B. 528. A. 873. C. 874. E. VI. 64. B. 123. A. 160. C. 276. A. 732. A. 746. A. VII. 47. D. 48. A. VIII. 10. C. 51. C. 351. A. 416. B. 534. E. 611. C. 652. D. 867. B. seigneurie, II. 24. B. 871. B. IV. 18. A. 164. C. V. 264. D. 507. C. VI. 652. A. 666. A. VII. 179. C. 395. C. 663. B. 800. A. VIII. 99. B. 427. B. 719. E. 897. A. 911. B. 919. A. baronie, IX. 336. A. comté, II. 118. E. III. 581. E. 582. A. IV. 269. B. VII. 431. D. duché, I. 176. A. 424. E. 559. D. VII. 439. E. pairie, VII. 912. A. en Comté, VIII. 548. A. en Dauphiné, seigneurie, II. 202. E.
Chasteauviolet, seigneurie, VII. 84. D.
Chasteaux, VIII. 111. E. seigneurie, IV. 44. E. VII. 847. A. baronie, VII. 851. D. VIII. 585. B. en Anjou, seigneurie, I. 434. B. baronie, V. 494. B. duché-pairie, V. 494. B. 495. F.
Chasteigner, Louis, chevalier du S. Esprit, IX. 79. C.
Chasteigner, IV. 334. C. 364. D. 453. C. VI. 196. C. 423. B. VII. 436. C. 618. C. 619. E. VIII. 137. A. 192. A. 487. D. 764. A. 903. B. 904. A. IX. 442. A.
Chasteigneraye, seigneurie, IV. 471. D. 753. A C. 737. B. V. 151. E. 572. E. 771. C. VI. 118. E. 196. C. VII. 25. B. Voyez la Chastaigneraye.
Chasteignier, III. 644. B. de la Rochepofay, II. 122. A. IX. 203. B. Voyez Chasteigner.
Chastel, Pierre, grand-aumônier de France, VIII. 266. D. Tanneguy, grand-maître de l'hôtel du Roy, VIII. 356. D. grand-maître de l'écutie du Roy, VIII. 489. A.
du Chastel (Genealogie de la maison de) en Bretagne, VIII. 357. & suiv.
Chastel, I. 119. B. 141. C. II. 68. E. 119. C. 260. E. III. 818. C. IV. 147. E. 390. C. 401. F. 421. D E. 648. A. 927. B. VI. 264. D. 265. A. 772. B. 788. C. 801. D. VII. 176. C. 226. D. 832. B. 843. C. 844. C. VIII. 83. D. 85. C. 259. A. 312. B. 357. C. 363. D. IX.
Tome I X.

460. E. seigneurie, IV. 542. B. V. 396. C D. VI. 803. B. VII. 720. A. VIII. 786. A. marquisat, V. 624. C. VII. 526. D. 898. B. IX. 330. A. Achart, seigneurie, V. 341. D. VIII. 482. B. Acher, seigneurie, III. 79. A B. IV. 676. E. 683. B. V. 129. D. 573. D. VI. 62. D. Aillon, seigneurie, I. 213. D. principauté, I. 217. C. 219. B. IV. 571. B. Arnaud, seigneurie, II. 199. E. Andren, seigneurie, I. 450. D E. Andren, seigneurie, I. 467. A. du Bois, seigneurie, IX. 449. * C. Censoy, seigneurie, II. 868. B. VII. 32. B. Chinon, comté, I. 301. B. 350. A. Guyon, seigneurie, VIII. 146. C. Maillet, seigneurie, VII. 808. C. de Marcé, seigneurie, VI. 772. D. sur-Moselle, seigneurie, VI. 696. A. VIII. 347. A. 428. A. lez-Nangis, seigneurie, VI. 383. A. VIII. 613. A. 777. C. Odon, seigneurie, IV. 527. C. VI. 67. A. 302. C. VII. 809. B. Oger, seigneurie, VI. 186. A. VIII. 580. A. Perron, I. 299. A. VI. 65. E. 303. B. VII. 131. B. VIII. 53. A. seigneurie, VII. 132. B. IX. 467. E. Porcien, seigneurie, II. 775. A. Regnault, seigneurie, VII. 645. C. de la Rouvraye, V. 422. D. Sansoy, seigneurie, VIII. 202. B. Servieres, VII. 359. B. Vieil, seigneurie, VIII. 168. A.
Chastelain, V. 184. F. VI. 189. D. VIII. 89. E.
Chastelais, seigneurie, VI. 137. D.
Chastelar, seigneurie, IV. 446. D. VII. 444. B.
Chastelard, VII. 791. B. seigneurie, IV. 28. D. VIII. 815. DE. 816. A E.
Chastelart, seigneurie, VII. 65. C.
Chastelas, seigneurie, VI. 405. B. 416. C. 512. B.
Chastelbelin, seigneurie, VIII. 414. D.
Chastelenis, seigneurie, VIII. 282. B.
du Chastelet, Jean, chevalier du S. Esprit, IX. 98. B.
Chastelet, II. 54. C. 58. A B. 60. C. 62. B. D. 226. C. 230. D. 232. D. 334. C. III. 575. A. 609. A. 649. B. IV. 375. E. 410. C. 443. C. 717. B. 824. B. 837. A. 838. B. 844. A. 876. E. V. 493. B. VI. 405. B. 416. C. 512. B. VII. 217. C. 247. C. 466. E. 558. B. 560. D. 572. C. 811. B. VIII. 537. C. 647. D. 851. B. IX. 392. A. seigneurie, I. 353. B. 355. A. II. 251. D. III. 593. C. 594. A B. 649. A. IV. 184. C. 215. D. V. 351. C. VII. 467. D. VIII. 351. D. baronie, III. 915. C. IV. 825. B D E. 826. A. marquisat, II. 211. A. IV. 376. A. VII. 597. D. IX. 319. D. 392. D.
Chastelets, seigneurie, VIII. 159. D.
Chastelier, I. 470. B. IV. 60. D. 79. B 83. D. V. 105. D. 232. D. 396. C. VI. 195. B. 775. B. VII. 390. A. VIII. 361. A. 586. A. 808. C. IX. 399. A. 474. D. seigneurie, II. 152. A B D E. 450. D. III. 625. B. IV. 443. C. 459. C. V. 609. B. 829. A. VI. 64. A. 471. B. VII. 153. B. VIII. 544. C. IX. 436. E. 442. C. Portault, VI. 424. C. 457. A.
Chasteliers, seigneurie, VII. 596. D. Rouville, II. 122. D.
Chastelineau, seigneurie, III. 610. D.
Chastellar, seigneurie, II. 151. C. VIII. 54. A.
Chastellerault, duché-pairie, érigé en 1514. pour François de Bourbon, III. 469. A. duché, érigé en 1548. pour Jacques-Hamilton comte d'Aran, V. 586. Pieces concernant cette éréction, ibid. & suiv. duché, érigé en 1563. 1571. & 1573. pour Diane legitimée de France, fille naturelle du roy Henry II. V. 602. Pieces concernant ce duché, ibid. & suiv.

Z

CHASTELLERAULT (*Vicomtes de*) IV. 461. & suiv.
Voyez la Rochefoucaud.
Chastellerault, I. 76. E. seigneurie , V. 129. C.
vicomté , II. 520. C. 521. C. 857. C. III.
60. A. 79. B. 126. C. 293. E. 429. C. 430.
D. V. 129. C D F. 130. E. 131. A. 132. A D
F. VI. 62. B. 138. A. 636. C. VII. 866. C. VIII.
94. B. 402. B. duché, I. 131. E. 136. D. 147.
D. 235. C. 236. C. IV. 173. B. V. 593. C. VI.
227. C. VII. 866. C. VIII. 917. A. pairie, I.
315. E. 316. B. 356. C D. 357. A. 358. B.
430. A.
Chastelnau , seigneurie , III. 777. C.
Chasteloison , seigneurie , VI. 603. B.
Chastelot , seigneurie , VIII. 349. E. 415. E.
CHASTELUS (*Seigneurs de*) VII. *Voyez* Beauvoir.
Chastelus, IV. 754. A. 848. B. 862. A. VI. 416.
D. VIII. 323. C. 339. C. seigneurie, I. 514. A.
558. D E. II. 224. D. 873. A. III. 150. A. IV.
651. C. V. 333. E. VI 147. C. VII. 1. A. 3.
B. 579. A. 737. A. VIII. 143. A. 373. D.
551. D. IX. 426. B. comté, II. 434. D. VII.
8. D. 804. D. Beauvoir, III. 150. A.
Chastenus, VIII. 717. D.
Chastenay, I. 496. C. IV. 847. B. VII. 155. A.
646. B. VIII. 893. B. 934. D. seigneurie , IV.
659. B. VII. 43. C. 811. A. VIII. 110. B. *le Van-
dain*, seigneurie , VIII. 325. A.
Chastenel , seigneurie , VIII. 170. D.
Chastenet , V. 16. A. VIII. 668. C. seigneurie ,
IV. 450. A. 455. C.
Chastenoy , seigneurie , V. 226. A. 670. A. VII.
51. B.
la Chastiere , baronie , IV. 85. C.
la Chastigniere , seigneurie , IV. 459. D.
Chastignonville , seigneurie , IV. 674. A. V. 248.
F. 149. E F. VI. 431. D.
Chastigny , seigneurie , II. 166. C.
CHASTILLON, duché, érigé en 1696. pour PAUL-
SIGISMOND de Montmorency-Luxembourg , V.
784. Pieces concernant concernant cette érection,
ibid. & suiv.
CHASTILLON, *Guillaume*, évêque & duc de Laon,
II. 100. D. *Robert*, évêque & duc de Langres,
II. 146. D. *Robert*, évêque de Laon , II. 97.
C. *Milon*, évêque & comte de Beauvais , pair
de France, II. 261. B. *Gaucher*, connétable de
France , VI. 90. E. *Jacques*, sire de Dampierre,
amiral de France, VII. 816. A. *Hugues*, maître
des arbalestriers , VIII. 46. C. *Jean*, souverain
maître de l'hôtel du Roy, VIII. 314. A. *Guy
III.* du nom , comte de S. Paul , bouteiller de
France, VIII. 519. A. *Jacques*, grand pannetier de France, VIII. 669. A. *Jean*, queux de
France, VIII. 829. A. *Charles* , grand-queux
de France, VIII. 833. C. *Guillaume* , grand-
queux de France, VIII. 839. B. *Gaucher*, souverain maître des eaux & forêts de France,
VIII. 875. A. *Charles* , general reformateur
des eaux & forêts de France, VIII. 877.
A. *Alexis-Henry* , chevalier du S. Esprit , IX.
241. C. *Alexis-Madeleine-Rosalie* , chevalier du
S. Esprit , IX. 292. A.
CHASTILLON (*Genealogie de la maison de*) VI. 91.
& suiv. (*ducs de*) issus des ducs de Montmorency-Luxembourg , III. 591. & suiv. (*seigneurs de*)
en Vendelais, III. 633. & suiv. (*Seigneurs de*)
IV. 673. & suiv. (*Seigneurs de*) VI. 111. &
suiv. (*Seigneurs de*) VII. 103. *Voyez* Albon.
Chastillon, I. 80. E. 86. B. 101. B C. 102. B. 108.
A. 104. A. 242. A. 268. C. 296. D. 382. B E.
384. D. 390. A. 409. B. 432. A. 447. E. 448.
A. 449. A. 451. A. 477. A. 491. B. 498. A.
544. B. II. 41. C D. 153. B. 215. C. 262. A.
268. D. 316. E. 318. B. 321. A. 345. A B.
413. E. 505. B. 591. D. 734. B. 744. A.
752. B. 754. D. 761. B. 764. C. 783. C. 792.
B. 846. A. 847. A. III. 82. B. 161. A B.
200. B. 318. C. 573. B. 625. C. 654. B. 723.
B C. IV. 194. D. 213. D. 563. B. 678. C 745
A. 872. D. 873. B. V. 130. C. 132. C. 222. E.
508. C. 512. B. 514. B. 569. D. 573. E. 612.
A. 631. A. 665. A. 848. D. VI. 31. E. 32. E.
45. C. 51. C. 60. B. 65. C. 90. E. 130. D. 132.
A. 135. A. 138. B. 157. D. 162. C. 169. D.
253. A. 276. B D. 277. C. 304. C. 333. B.
338. B. 529. A. 591. A. 625. B. 651. C. 656.
C. 658. D. 665. A. 671. A. 694. B. 698. B.
707. D. 720. A. 732. C. 743. D. 784. A. 806.
A. VII. 12. C. 33. E. 43. D. 81. D. 161. D. 251.
B. 568. B. 740. C. 815. C. 822. D. 823. D. 868.
D. VIII. 10. C. 14. D. 15. B. 53. A. 77. D. 136.
C. 201. B. 312. D. 350. B. 369. B. 397. D. 402.
A. 422. E. 427. B. 469. B. 527. A. 534. B.
543. B. 544. A C. 546. B. 551. B. 571. B. 572.
C D. 579. E. 632. A. 691. E. 766. C. 864. D.
868. C. 880. A. 897. A. IX. 259. A. seigneu-
rie, II. 60. C. 97. D. 101. B. 212. A. 340. E.
386. A. 407. A. 765. E. 851. C. 871. A. III.
626. C. 653. B. IV. 459. D. 828. A. V. 512.
A E. VI. 91. C. 130. D. 137. B. 188. B. 671.
A. 743. D. 769. A. VII. 195. A. 203. E. VIII.
340. C. 344. A. 425. B. 725. A. 729. E. 864.
C. 909. A. IX. 88. D. vicomté , III. 368. A.
IV. 109. C. comté, VIII. 262. A. 500. E. marquisat , IX. 201. B. duché , IV. 176. A. VI.
580. A. VII. 154. C. *d'Argenton*, II. 430. C.
d'Arzagues, seigneurie, III. 837. E. *d'Azergues*,
seigneurie, II. 437. B C. VII. 195. A. 203. E. *sur
Bar* , seigneurie , VI. 681. D. *en Bazois* , seigneurie , I. 252. C. II. 344. D E. 872. &
873. IV. 179. E. VI. 64. B. VII. 7. E. VIII. 51.
C. 318. E. *en Blaisois* , VI. 413. C. *Bloss* , VI.
204. A. 217. C. *Corneille* , seigneurie , VII.
145. C. VIII. 912. C. *Dampierre* , VI. 718.
D. 720. A. VIII. 52. B. 650. A. *sur-Fiens*, seigneurie , IV. 215. E. 216. B. *sur Guyette*, seigneurie, VII. 161. D. *Jaligny*, II. 100. D. *sur
Indre*, seigneurie , II. 850. A. III. 172. D. VI.
4. E. 58. A. 59. D. VIII. 441. B. *sur-Loing* ,
seigneurie, I. 490. D E. II. 501. C. 847. E. 848.
C E. 850. A. III. 603. D. V. 223. F. 224. E.
VI. 115. C. 257. B. 633. C. VII. 76. C. 141.
D. 145. C. 151. C. 432. E. 463. A. 883. A.
905. A. VIII. 215. A B. 399. E. duché , III.
588. D. 589. A. *sur-Marne* , III. 308. B. sei-
gneurie , I. 424. B. II. 56. C. 85. D. 431. E.
III. 573. A D. V. 508. C. VI. 32. C. 90. E 113.
C. 155. C. VIII. 314. A. comté, I. 254. D.
duché , I. 135. B. *S. Paul* , I. 299. C. 318. B.
II. 761. B. V. 228. D. VII. 121. A. VIII. 727.
D E. *Rosoy* , II. 111. B. *le Roy* , seigneurie ,
I. 434. A. IV. 668. B. VII. 428. D.
552. A. *sur-Seine* , seigneurie, II. 146. E. 147.
A B C. 148. C. 155. D. 215. A. *en Vendelais*,
seigneurie , III. 627. B. 629. B. VII. 73. D.
VIII. 729. A.
Chastin , VII. 429. A.
Chastonnay , seigneurie , VI. 304. D. VII. 808.
D. comté , V. 268. E.
Chastreis , seigneurie , IV. 526. A.
Chastre, seigneurie, I. 501. B. II. 441. A B C. IV.
533. B. V. 899. E. VI. 600. D. VIII. 858.
D.
le Chat , VII. 585. B.
Chataignier , V. 420. B.

Chatans, seigneurie, V. 356. B.

S. Chatard, seigneurie, II. 24. D.

Chatauçay, seigneurie, VII. 498. B.

Chatay, IX. 88. E.

Chateigniere, seigneurie, IV. 752. A.

la Chatiere, seigneurie, IX. 438. B.

Chatonay, seigneurie, II. 453. A.

Chatou, seigneurie, VIII. 809. ** E.

LA CHATRE, *Claude*, maréchal de France, VII.
364. A. *Louis*, maréchal de France, VII. 410.
C. *Philippes*, grand-fauconnier de France, VIII.
751. C. *Georges*, grand-fauconnier de France,
VIII. 751. D. *Claude*, chevalier du S. Esprit, IX.
91. B. *Louis*, chevalier du S. Esprit, IX. 122.

LA CHATRE , (*Genealogie de la maison de*) VII.
364. & suiv.

la Châtre, I. 203. B. II. 419. C. 440. A. III. 772.
A. IV. 224. D. 362. C. 388. B. 469. D. 566. C.
669. D. 880. A. 891. A. V. 141. F. VI. 118. B. 485.
C. 560. A B. 562. B. VII. 339. B. 365. A. 387.
C. 428. A. 438. D. 440. A. 549. E. 894. D.
VIII. 836. D. 838. B. IX. 110. A. 126. A.
139. A. 142. B. 310. B. 311. B. 396. B. 399.
A. seigneurie, IV. 874. E.

Chattes, seigneurie, VII. 10. A. 865. A. 870. E.

Chavageroux, seigneurie, VII. 645. E.

Chavagnac, II. 136. E. VII. 67. D. 358. D.
seigneurie, IV. 140. A. 439. E. 898. A. VI.
458. B. 461. A. VII. 321. B. comté, VII. 550.
E. d'Audredieu, III. 831. A. *Mayronne*, seigneurie, III. 822. D.

Chavagneux, seigneurie, V. 669. D.

Chavaigne, seigneurie, V. 19. A. IX. 453. A.

Chavaignie, seigneurie, VII. 30. A.

Chavanay, baronie, V. 104. E.

Chavançon, seigneurie, VI. 321. D.

Chavange, seigneurie, VIII. 871. D. 872. E.

Chavannes, seigneurie, II. 871. D. V. 10. A. 665.
A. VII. 43. E. 44. D. VIII. 705. B. IX. 478.
B.

Chavanon, IV. 287. B.

Chavans, seigneurie, II. 210. B.

Chavanson, seigneurie, VIII. 795. C.

Chavari, II. 295. D.

Chavas, seigneurie, VIII. 910. A.

Chavaux, seigneurie, VII. 43. C.

Chaucaille, seigneurie, III. 825. A.

Chaucer, VII. 837. C.

CHAUCHAT, *Geraud*, pannetier du Roi, VIII. 608.
B.

la Chaud, seigneurie, VII. 342. D.

Chaude, seigneurie, VIII. 793. A.

Chaudebœuf, seigneurie, VII. 669. C.

Chaudenay, II. 275. E. seigneurie, IV. 847. B.
848. E. VI. 732. D. VII. 251. D. 810. B.

Chaudeney, seigneurie, VIII. 808. A.

Chauderon, V. 606. C. VI. 86. E. 700. D.

Chaudery, seigneurie, VIII. 870. E.

Chaudes-Aigues, seigneurie, I. 371. B. VII. 68.
A.

Chaudesolle, IX. 337. A.

Chaudet, VI. 540. B.

Chaudrier, II. 279. B. V. 16. B. 768. A. VIII. 923.
B.

Chaudry, VI. 294. D.

Chaveignes, seigneurie, VII. 383. B.

Chavency-le-Château, seigneurie, II. 331. B.

Chavenel, seigneurie, VIII. 498. D.

Chavenny, seigneurie, VIII. 811. ** A.

Chavenon, seigneurie, VII. 85. B.

Chavercy, seigneurie, VI. 338. C.

Chaveroche, seigneurie, II. 831. A.

Chaufory, seigneurie, VI. 124. C.

Chaufet, VIII. 113. B.

Chauffour, II. 216. B. seigneurie, III. 610. A.
896. B.

Chaufour, VIII. 715. D. seigneurie, II. 65. E.
66. A. C. 68. D E. VI. 641. D.

Chaufourneau, III. 583. B.

Chaugy, IV. 861. D. V. 666. A. VI. 417. B. VII.
8. C. 445. A. VIII. 328. C. 334. AB. 336. A.
339. D. IX. 378. D. 451. * C. seigneurie, VII.
81. B. 84. D. VIII. 329. B.

Chavignac, III. 816. A. seigneurie, V. 333. D.
334. A. 335. B.

Chavignard, VI. 287. B.

Chavignay, seigneurie, VII. 241. E.

Chavignon, vicomté, IV. 229. A C D. 853. B
C. comté, VII. 440. C.

Chavigny, seigneurie, I. 437. D. 438. A. 470.
B. IV. 538. B. V. 608. B. 612. B. VIII. 251.
C. 257. A. 711. A B. comté, VII. 585. C. IX.
322. C. 341. A. en Lodunois. seigneurie, VIII.
250. A. *Voyez* Bouthillier.

Chaville, seigneurie, VI. 579. A.

Chaule, VII. 740. D.

Chaulle, seigneurie, VI. 707. C.

Chaulmasson, baronie, IV. 894. C.

le Chaulme, seigneurie, IV. 387. A.

Chaulmes, seigneurie, V. 767. B. VII. 28. B. VIII.
594. *** B C.

CHAULNES , duché-pairie, érigé en 1621. pour
HONORÉ d'Albert, seigneur de Cadenet, maréchal de France , IV. 336. *Pieces concernant
cette érection*, ibid. & suiv. duché-pairie, nouvelle érection en 1711. pour LOUIS-AUGUSTE
d'Albert, IV. 204. *Pieces concernant cette érection*, ibid. & suiv.

CHAULNES , (*Ducs de*) pairs de France, IV. 172.
(*Seconde branche*) IV. 270. & suiv. *Voyez* Albert.

Chaulnes, V. 818. A. seigneurie, VIII. 523. C.
656. D. 915. A. comté, IV. 272. B. 290. D.
323. D. VI. 406. B. VII. 741. D. VIII. 281. B.
524. B. 646. C. IX. 100. B. 121. B. duché,
II. 235. C. III. 389. C. IV. 268. D. 642. E.
643. A. pairie, IV. 270. B. VII. 387. D. 447.
D.

Chaumasson, seigneurie, IV. 678. B. VII. 543. C.

Chaume, seigneurie, V. 343. A. VII. 653. A.
VIII. 703. A.

Chaumedies, seigneurie, VII. 714. B.

Chaumejan-Fourille, VII. 281. C.

Chaumeres, seigneurie, VII. 83. B.

Chaumes, seigneurie, IX. 343. C.

Chaumesnil, seigneurie, II. 445. A.

CHAUMONT, *Gasce*, connétable de France , VI.
41. B. *Hugues*, connétable de France, VI. 41.
D. *Guillaume*, maître des eaux & forêts de France, VIII. 885. A.

CHAUMONT, (*Genealogie de*) VI. 42. & suivantes. (*Seigneurs de*) du nom d'Amboise, VII.
122.

Chaumont, II. 80. E. 207. E. IV. 139. B. 454. B.
456. A. 472. C. V. 125. D. VI. 41. B D. 42.
C. 59. B. 68. B. 80. B. 150. C. 266. C. 368.
D. 378. B. 503. D. 507. A. 646. A. 661. D.
680. D. VII. 63. B. 532. E. 563. B. 757. C.
VIII. 106. C. 695. A. 794. D. 809. * * A.
seigneurie, I. 204. B. II. 149. C. 204. A B.
211. E. 503. A. 744. B. 846. B. III. 450. B.
489. B. 609. B. 610. C D. 822. C. IV. 335.
B. 438. A. 440. B. 443. A. 572. A. 678. B.
708. C. V. 148. D. 387. A. 608. B. VI. 33.
C. 111. A. 137. E. 291. B. 560. B. 635. C.

671. A. 697. D. 698. B. 736. A. 746. C. 783.
D. VII. 44. E. 80. D. 120. A. 122. D. 334
D. 337. A. 442. C. 443. D. 445. A. 570. B.
810. E. 850. A. 870. E. 876. A. 879. C. VIII.
54. B. 183. B. 191. E. 235. D. 246. C. 483 D.
885. B. 889. A. 922. B. IX. 437. C. baronie,
IV. 573. A. V. 148. D. IX. 329. B. vicomté, VI.
42. C. comté, I. 326. C. 352. C. 468. D. 531.
A. II. 265. C. 266. C. III. 170. A. IV. 721. C. en
Baſſigny, ſeigneurie, VI. 173. C. comté, VI.
175. C. Cenantes, VII. 30. A. IX. 467. D. ſur
Loire, ſeigneurie, IV. 439. A D. 537. A. VII.
358. A C. en Parcean, ſeigneurie, II. 96. D. en
Porcien, ſeigneurie, IV. 213. D. ſur Tonne, ſei-
gneurie, VI. 686. D. 687. A.
CHAUMONT EN VEXIN, (Anciens ſeigneurs de)
I. 535. & ſuiv.
Chaumont en Vexin, ſeigneurie, III. 573. B. 579.
C.
S. Chaumont, VII. 247. B. 368. E. ſeigneurie,
III. 840. D. VIII. 593. C. 819. C. marquiſat,
I. 371. E. IV. 615. D.
Chaumoy, ſeigneurie, VII. 424. C.
Chaumuſy, vicomté, VII. 825. D.
Chaunac, IV. 141. B. VIII. 596. **** C.
Chaunay, IV. 425. A. 657. A. 874. C. VIII.
671. C. ſeigneurie, VIII. 887. C.
Chaunoy. Voyez Bancaux.
Chaurais, V. 417. C.
Chauſlin, ſeigneurie, VII. 161. A.
Chauſſecourte, ſeigneurie, VII. 347. D.
LA CHAUSSE'E, (Seigneurs de) VI, 431. Voyez Bri-
connet.
la Chauſſée, IV. 410. C. 731. C. VII. 183. E.
560. D. 565. A. 853. B. VIII. 662. B. ſei-
gneurie, I. 367. A. 380. B V. 607. C. 652.
C. VI. 386. A. 431. B. 437. D. 796. C. VII.
232. D. 561. D. VIII. 138. A. 798. B. d'En,
VIII. 760. D. IX. 178. C.
Chauſſeins, marquiſat, III. 794. A.
Chauſlein, ſeigneurie, V. 160. E.
Chauſleney, II. 321. E.
Chauſleraye, ſeigneurie, IV. 324. B.
Chauſleroye, V. 606. D. VII. 511. C. VIII. 270.
A. ſeigneurie, IX. 219. B.
Chauſlet, VIII. 483. D.
la Chauſletiere, ſeigneurie, IV. 456. E.
la Chauſlie, ſeigneurie, IV. 688. D.
Chauſlin, IV. 851. A. Voyez Longvy.
Chauſlon, VI. 118. A.
Chauſly, ſeigneurie, VI. 292. C. 680. A.
Chauvaincourt, ſeigneurie, VIII. 795. B.
Chauvance, ſeigneurie, VIII. 819. A.
CHAUVAU, Renaud, évêque & comte de Châlons,
pair de France, II. 348. E.
Chauvau, II. 106. D.
CHAUVEL, Nicolas, treſorier general du marc d'or,
IX. 361. B.
Chauvel, IV. 751. C. VI. 503. C.
CHAUVELET, Geoffroy, échanſon du Roi, VIII.
519. B.
CHAUVELIN, Germain-Louis, garde des ſceaux de
France, VI. 607. C. Louis, grand-treſorier des
Ordres, IX. 329. A.
Chauvelin, II. 434. E. VI. 579. A. IX. 236. C.
Chauveron, IV. 124. C. 536. A. V. 330. E. 332.
B. 346. F. 361. A. 757. B. VII. 303. A. VIII.
245. A.
la Chauviere, ſeigneurie, VII. 303. E. 727. B.
Chauvigné, VI. 503. A. VII. 668. D. ſeigneurie,
VII. 229. C.
Chauvigny, III. 79. C. 632. C. IV. 60. D. 529.
A. 712. E. 833. B. 874. E. V. 140. C. 569. D.

571. D. 893. D. VI. 86. C. 96. A. 105. O
256. E. 310. A. 318. C. 326. D. 485. B. 735.
B. 736. A. 783. D. VII. 62. A. 82. E. 125. C.
501. C. 870. E. VIII. 52. E. 54. B. 115. D.
142. D. 320. A. 482. C. 558. C. 727. B. 815.
C. 820. D. 837. C. IX. 467. A. ſeigneurie, I.
217. B. 303. A. 315. E. 353. C. 375. B. II.
126. A. 438. A. 861. D. V. 129. C F. 130.
D. VI. 194. D. 533. A. VII. 74. A. VIII.
320. C. 904. B. Voyez Chaſteauroux.
Chauvin, IV. 804. C.
la Chauviniere, ſeigneurie, IV. 459. C.
Chauvirey, II. 67. A. IV. 822. E. 831. D. VI.
69. C. VII. 242. B. 247. C. 251. D. 430. C.
ſeigneurie, IV. 834. C D. VII. 806. C. IX. 98.
B.
la Chauvitiere, ſeigneurie, IV. 538. C.
Chauvoy, ſeigneurie, VI. 443. C.
Chauvry, ſeigneurie, VII. 504. B. VIII. 264. B
C. IX. 343. C.
CHAUX, (Marquis de) V. 21. & ſuiv. Voyez Sain-
te-Maure.
Chaux, VIII. 331. C. ſeigneurie, V. 410. D. VI.
353. C. VII. 152. B. 811. A. baronie, V. 15.
E. vicomté, VIII. 168. E. marquiſat, V. 743.
C. IX. 342. B.
Chauzay, ſeigneurie, II. 449. A.
Chay, ſeigneurie, VIII. 137. D.
Chaylane, vicomté, IV. 893. A B.
Chaylus, VI. 458. A. VIII. 145. E. 147. B.
Chazaux, ſeigneurie, VII. 343. B.
Chazay, IV. 426. C.
CHAZEAUX, (Seigneurs de) du nom de Chabot, IX.
446.
Chazelle, ſeigneurie, VII. 365. E. VIII. 333. C.
Chazelles, ſeigneurie, II. 874. A. III. 834. D. IV.
531. A. V. 351. A. VI. 304. C. VII. 493. D
545. C.
Chazelot, ſeigneurie, IV. 387. A C
CHAZERON, Gilbert, chevalier du S. Eſprit, IX.
115. B.
Chazeron, II. 400. A. IV. 442. A. V. 364. A.
896. B. VII. 62. E. 139. C. 357. C. 443. E.
809. C. VIII. 701. C. 816. A. 819. A. 820. D.
ſeigneurie, III. 817. D. 822. B. IV. 898. B.
VII. 114. D. 476. C. baronie, III. 820. D. VII.
445. D. marquiſat, IX. 238. B.
Chazeul, ſeigneurie, VII. 196. C E. 202. A.
VIII. 493. E. comté, V. 267. D.
Chebart, baronie, III. 591. B.
Chebrier, V. 24. E.
Chedder, VII. 88. B.
Chedigné, ſeigneurie, VI. 425. D.
Chef-de-Bien, V. 613. C.
Chef-du-Bois, ſeigneurie, IV. 804. A C D. 805.
A C. V. 928. B C. VII. 509. C.
Chef-Boutonne, ſeigneurie, III. 74. C. IV. 125.
B. 126. B. V. 749. B. VI. 56. D. VII. 18. D.
303. D. 304. C. 308. A. 870. C. 916. C. ba-
ronie, IV. 126. D. 129. C D. 433. C V. 737.
C. comté, IV. 434. D.
Cheffols, ſeigneurie, II. 355. D. 361. A. 364.
E.
Chef-de-May, ſeigneurie, VII. 620. B.
Chef-de-Pont, ſeigneurie, VII. 597. A.
Chef-de-Rüe, ſeigneurie, VII. 509. A.
Chefſtou, ſeigneurie, II. 482. B.
Cheilan, ſeigneurie, III. 814. E.
Cheilar, ſeigneurie, II. 245. E. IX. 426. C.
Cheilard, ſeigneurie, III. 366. E. 815. A. V. 344.
D E.
Cheilus, V. 282. D. de S. Jean, ibidem.
Cheimeaux, ſeigneurie, III. 89. D.

Chelan d'Aiguemortes, I. 374. A.
Chelandre, VIII. 793. A. 889. A.
Chelar, V. 261. D.
Cheles, seigneurie, I. 654. B.
Chelleaux, seigneurie, VIII. 759. E.
Chelles, abbaye, I. 27. D. 190. A.
S. Chely, seigneurie, III. 813. C D. 815. A. 816.
 B. 817. A. 818. A. 821. D. V. 341. C. 897.
 A. baronie, V. 898. E. comté, III. 772. C.
Chemans, VII. 22. B. 508. C. seigneurie, VI. 481.
 A. VII. 227. B. 228. C. 504. A.
Chemansay, IV. 412. C.
Chemaut, VI. 576. A. seigneurie, II. 438. E. IV.
 388. B. V. 345. C. VIII. 753. D. IX. 310.
 B.
Chemeaux, VIII. 337. B. seigneurie, IV. 184. C.
Chemerault, VI. 559. B. seigneurie, VIII. 769.
 A.
Chemericon, seigneurie, VI. 638. A.
Chemerolles, seigneurie, VII. 152. C. 544. E.
 baronie, VIII. 63. C.
Chemery, seigneurie, III. 843. D. IV. 717. D.
 719. B. V. 644. D. 657. A. VI. 403. D. VIII.
 440. A. 646. C. 736. A. baronie, IV. 723. C.
Chemillé, seigneurie, I. 214. D. II. 408. E. III.
 425. C. 617. C. 630. A. 631. B C. VII. 176. D.
 225. C. VIII. 270. B. 272. B. 580. A. comté,
 I. 353. D E. 354. B. III. 606. E. 897. B. IV.
 325. A. VI. 772. B. VII. 226. C D. en Anjou,
 VII. 380. E.
Chemilly, seigneurie, V. 670. A. VII. 802. D.
 VIII. 355. A. baronie, IV. 857. C.
DU CHEMIN, (Seigneurs) VII. 232. Voyez Sce-
 peaux.
du Chemin, VIII. 21. B C. 213. A. IX. 175. C.
 seigneurie, VI. 199. C. VII. 231. C. 232. D.
petit Chemin, seigneurie, VI. 783. C.
Cheminard, VI. 470. C. VII. 231. E. 509. A.
Cheminée, seigneurie, VI 391. C.
Chemiré, seigneurie, III. 582. C baronie , VII.
 504. B.
Chenac, VII. 17. A.
Chenart, II. 384. A. VI. 564. C.
CHENE, (Seigneurs du) I. 522. & suiv. Voyez
 Courtenay.
du Chêne, II. 129. B. seigneurie, II. 121. B.
 III. 89. D. 640. C.
Chenecé, seigneurie, VI. 203. A. VIII. 763.
 E.
Chenecé, seigneurie, IV. 196. C.
Chenelette, seigneurie, VI. 447. C.
Cheneratlles, seigneurie. V. 349. B. 356. D.
Chenery, II. 191. B C. VIII. 870. A.
CHENETS, (Seigneurs des) VIII. 718. Voyez Dinte-
 ville.
Chenets, seigneurie, II. 60. C. 509. A. 870. F IV.
 686. A B. 748. B. 822. C. 837. E. 853. C. VI.
 700. D. VII. 46. D. 160. D. VIII. 428. B.
 718. A.
Chenevelles, seigneurie, VIII. 169. D.
Chenevieres, seigneurie, III. 619. D. VIII. 807.
 C.
Chenevisel, seigneurie , II. 248. E.
Chenevoux, seigneurie, IX. 138. B.
Chenides, II. 602. D.
Chenigy, seigneurie, VIII. 558. C.
Chenillac, seigneurie, IX. 492. C. 501. A.
Chenin, III. 86. B. IV. 415. B. 564. A. 654.
 B. IX. 770. B.
les Chenises, seigneurie, V. 149. F.
Chenisy, seigneurie, VI. 257. B.
Chenoise, seigneurie, III. 497. D. VIII. 820. C.
 marquisat, VI. 155. E.
Tome IX.

Chenonceau, seigneurie, VIII. 818. A.
Chenonceaux, II. 207. E. seigneurie , VI. 440.
 B.
Chenouillet, seigneurie, V. 889. D.
Chenu, II. 78. A. III. 586. B. VI. 284. C. VII.
 386. A. 434. B. VIII. 19. E. 120. C. 711.
 C.
Cheny, seigneurie, VI. 515. A. VII. 456. D. VIII.
 552. C. 803. C. IX. 324. B. baronie, IX. 349.
Cheorchin, VII. 583. C.
Chepigne, seigneurie, VI. 748. C.
CHEPOY, Thibaut, amiral de France, VII. 739.
 A. Jean, amiral de France, VII. 744. B. Thi-
 baud, maître des arbalestriers, VIII. 3. B.
Chepoy, I. 378. B. VII. 135. B. IX. 323. B. sei-
 gneurie, V. 129. E. VII. 216. A. VIII. 3. B.
 94. B. IX. 459. D.
Cher en Auxois, seigneurie, VIII. 334. A.
Cheral, seigneurie, VII. 234. C.
Cherancé, seigneurie, II. 407. E.
Cherante, baronie, VIII. 268. A.
Cheray, baronie, IV. 603. B C.
Cherbonelle. Voyez Chabounesse.
LA CHERBONNERIE (Seigneurs de) VII. 229. Voyez
 Scepeaux.
la Cherbonnerie, seigneurie, VII. 228. D. 219.
 D.
Cherbourg, seigneurie, I. 287. D.
CHERCHEMONT, Jean, chancelier de France, VI.
 309. B.
CHERCHEMONT, (Genealogie de) VI. 309.
Cherchemont, III. 86. A. VI. 257. C. 309. D.
 VIII. 57. E.
Cherchol, seigneurie, IX. 474. B.
Chere, seigneurie, VII. 140. B.
Cheré, VIII. 484. E. seigneurie, VIII. 95. D.
 lés-Meun, seigneurie , IV. 710. C. 711. C. 712.
 C. 713. B. 714. A. 715. C.
Cherelles, seigneurie, VIII. 490. B.
Cherensay, seigneurie, IX. 116. C.
Cherfontaine, seigneurie, VIII. 644. A.
Cherignac, seigneurie, V. 365. A. VII. 335. B.
CHERIGNY, (Seigneurs de) VI. 511. Voyez Hu-
 rault.
Cherigny, seigneurie, VI. 509. D. 512. A. 600.
 D.
Cherines, seigneurie, II. 602. D.
Cheripeau, seigneurie, VII. 513. B.
Cherily, II. 43. A. 391. B. IV. 113. C. VI 49.
 C. VIII. 11. A. seigneurie, III. 620. B. Mu-
 ret , VIII. 200. E.
Cherité, VII. 503. E. 507. D. 619. D.
Chermant, seigneurie, VII. 506. B.
S. CHERON, (Seigneurs de) VIII. 892. Voyez
 Chaumont-Quitry.
S. Cheron, II. 152. D E. VI. 157. D. VII. 35.
 D. 809. A. 815. D. seigneurie, V. 609. E.
 VIII. 891. C.
Cheronne, seigneurie, VII. 851. E.
Cheronvillier, seigneurie, V. 131. F.
Cheroy, seigneurie, I. 287. D.
Chertevre, seigneurie, VII. 29. B.
la Cherue, IV. 753. C.
Cheruel, seigneurie, VII. 730. A.
Cherveux, seigneurie, VII. 19. E. VIII. 904.
 B.
Chervier VIII. 149. B.
Cherviers, seigneurie, VII. 225. B.
Cherville, seigneurie, IV. 732. E. VII. 507. C.
CHERY, (Seigneurs de) IV. 833. & suiv. Voyez
 Choiseul.
Chery, I. 507. A. seigneurie, III. 430. C. IV.

409. B. 822. C. 831. B C. 832. A.
Chefaulx, feigneurie, IV. 825. A.
la Chefe, II. 408. B.
Chefley, feigneurie, II. 434. B.
Chefnay, I. 494. A. 496. D. IV. 663. C. VII.
15. C. VIII. 494. D. feigneurie, VII. 570.
A. VIII. 333. A E. 334. A B. Piglaye, feigneurie,
VII. 727. B.
la Chefnaye, IV. 804. A. VI. 118. D. feigneurie,
IV. 55. C. V. 755. D. au Port, feigneurie, III.
601. A. Volfée, V. 413. A.
du Chefne, V. 355. D E. VI. 355. D. VII. 22.
B. 341. D. 477. C. 504. B. VIII. 852. D. fei-
gneurie, IV. 671. E. VII. 547. D. 619. D. 902.
D. VIII. 121. B.
Chefné, feigneurie, VIII. 812. A. 812. *C.
du Chefneau, VI. 421. A.
Chefne-Becard, feigneurie, VIII. 328. A.
Chefnebrun, feigneurie, III. 645. A. IV. 708. A.
VI. 366. C.
Chefnedoré, feigneurie, I V. 28. C E. 712. D.
baronie, VI. 51. B. 400. C. VIII. 97. A.
Chefnedouet, feigneurie, V. 149. F.
Chefnel, II. 455. B. IV. 75. A. 426. C. 456. B.
V. 15. B. VIII. 286. A. 769. D.
la Chefnelaye, feigneurie, VII. 526. B. 632 A.
marquifat, IV. 773. A. VII. 438. A. VIII. 738.
A. 779. B.
la Chefnoniere, feigneurie, VII. 636. B.
Chefnot, feigneurie, V. 424. D.
Chefnoy, VI. 434. A. feigneurie, V. 419. E. VII.
894. B.
Chefly, feigneurie, VI. 606. A. VII. 494. B. IX.
335. A. comté, VIII. 809. * D.
Chefter, comté, II. 495. A. 839. D. III. 55. D.
IV. 192. B. VI. 45. C. 74. C. Voyez Ceftre.
la Chetardie, feigneurie, III. 635. B.
la Chetardiere, feigneurie, III. 640. C.
Chetarniac, feigneurie, IX. 437. C.
Chetenville, feigneurie, VII. 12. A.
Chetfefeqs, feigneurie, VII. 636. B.
Chetoye, feigneurie, II. 355. E.
Chevalart, feigneurie, VIII. 155. A B.
Chevalerie, feigneurie, VII. 399. D. VIII. 133.
D. 294. E.
Chevalher, VII. 360 B.
Chevalier, III. 452. B C. IV. 221. A. 763. B. VI.
183. B. 532. B. 583. A. VII. 426. A. 473. B.
IX. 451. * D. de la Frapiniere, VIII. 486. A.
la Chevaleraye, feigneurie, III. 600. A C D. VI.
196. D.
Chevalon, feigneurie, IV. 446. C D.
Chevalrigon, feigneurie, VII. 258. B.
Chevanne, feigneurie, IV. 180. B.
Chevannes, VII. 150. D. feigneurie, I. 546. A.
IV. 863. D. VI. 446. D. VII. 3. D. 505. A.
VIII. 332. A. 415. B. 421. B.
CHEVARD, Alexandre, huiffier des Ordres, IX.
351. C.
la Chevaffe, feigneurie, IV. 562. A.
Cheuble, feigneurie, VII. 231. B.
Cheve, VIII. 854. C.
Chevegny, feigneurie, II. 210. C.
CHEVENON, Bernard, évêque & comte de Beau-
vais, pair de France, II. 278. B.
Ghevenon, VIII. 491. A. feigneurie, II. 278. D
E. 279. A B. IV. 546. B. 547. C. VII. 221. D.
Chevens, feigneurie, VI. 176. B
CHEVERNY, (Seigneurs de) VI. 504. (Comtes de)
VI. 507. Voyez Hurault.
Cheverny, VIII. 286. A. feigneurie, VI. 451. A
C. 501. D. 505. A. VII. 588. C. comté, IV.
572. D. 875. E. 876. D. V. 166. B. VI. 507.

D. VIII. 192. B. 944. A. IX. 195. B.
Cheveroux, feigneurie, IX. 471. A.
Cheverry, IV. 135. D. 664. C. V. 756. D. VII.
314. A. 417. A.
Cheverüe VII. 231. C. 234. A.
Chevefarilles, VII. 636. A.
Cheveufe, feigneurie, VIII. 871. D. 872. B. 873.
B.
Chevieres, feigneurie, VIII. 872. E.
Chevigné, VII 584. B. feigneurie, IX. 474. D.
CHEVIGNY, (Seigneurs de) IV. 847. Voyez Choi-
feul.
Chevigny, feigneurie, IV. 827. B. VII. 892. C.
VIII. 349. D. 549. A. 871. D.
Chevillat, feigneurie, II. 457. A.
Cheville, feigneurie, VII. 274. B.
CHEVILLON, (Seigneurs de) I. 501. Voyez Cour-
tenay.
Chevillon, VI. 555. A. feigneurie, I. 492. A. 499.
A. VI. 385. D. VIII. 804. B.
Cheviré, feigneurie, VII. 231. E.
le Chevoir, VII. 719. E.
Chevraignes, feigneurie, VI. 734. D.
Chevrainvilliers, feigneurie, V. 487. D E. 488.
A. près S. Mathurin, V. 487. E.
CHEVREAU, (Barons de) VII. 805. Voyez Vienne.
(Autres barons de) VIII. 338. Voyez Damas.
Chevreau, feigneurie, II. 309. C. VII. 39. D. 146.
D. 801. B D. baronie, II. 230. D. VII. 251. C.
805. A. VIII. 338. D. 353. B.
Chevredens, IX. 442. B.
Chevredevance, IX. 446. B.
Chevrel, V. 672. A.
CHEVREUSE, duché-pairie, érigé en 1612. pour
CLAUDE DE LORRAINE, IV. 341. Pieces con-
cernant cette érection, IV. 342. & fuiv. duché,
érigé en 1545. pour JEAN de Broffe duc d'Ef-
tampes, & ANNE Piffeleu fa femme, puis en 1555.
pour CHARLES de Lorraine, cardinal & arche-
vêque de Reims, pair de France, V. 585.
CHEVREUSE-MONTFORT, duché, érigé en 1667.
pour CHARLES-HONORÉ, marquis d'Albert, V.
677. Pieces concernant cette érection, ibid. &
fuivantes.
CHEVREUSE, Anfeau, porte-oriflamme, VIII. 197.
B. 199. A. Anfeau, queux de France, VIII.
826. C.
CHEVREUSE, (Genealogie des anciens feigneurs de)
VIII. 197. & fuiv.
Chevreufe, II. 643. D. VIII. 396. B. feigneurie,
II 150. C. IV. 146. A. V. 10. D. VI. 187. C.
276. C. 716. B. VII. 120. D. VIII. 93. C. 197.
D. baronie, V. 576. A. duché, I. 149. C. 434.
C. II. 71. B E. III. 487. A. 590. C. IV. 36.
B. 63. B. 166. E. 268. D. V. 576. A. VII. 387.
D.
Chevreux, VII. 584. A.
Chevrier, V. 337. A.
la Chevriere, II. 451. A. VII. 386. C. 619. C.
Chevrieres, VIII. 760. A. feigneurie, I. 371. E.
502. C. II. 200. B. 201. D. 203. E. 204. D.
206. E. 248. D. IV. 615. D. VI. 560. B. VII.
368. E. IX. 126. A. 147. A.
Chevriers, VII. 438. A. VIII. 330. A. 338. C.
IX. 478. D. feigneurie, III. 767. D. marqui-
fat, VII. 438. B.
Chevrolais, feigneurie, VI. 193. D.
la Chevroliere, feigneurie, IV. 716. A.
la Chevronniere, feigneurie, VI. 451. C.
Chevrovais, feigneurie, VI. 189. B.
Chevry, VI. 518. C. feigneurie, IV. 178. D. IX.
332. B.
Cheuffe, feigneurie, V. 624. C. VII. 29. A.

Cheusses, VI. 747. D.
Cheuves, seigneurie, VIII. 716. D.
Chey, seigneurie, I. 226. E.
Cheyla, seigneurie, I. 376. E.
Cheylane, vicomté, VII. 134. B. ;42. A.
Cheylar, seigneurie, IV. 30. D.
Cheylard, seigneurie, VIII. 330. D. 331. C,
Cheylarts, seigneurie, VIII. 304. C.
Cheyradour, seigneurie, VIII. 165. D.
la Cheze, seigneurie, V. 142. E. VI. 135. B. le
   Vicomte, seigneurie, IV. 190. D. 193. C. 194.
   B. 195. A C. 196. A E. VII. 499. B.
Chezeau-Levigny, seigneurie, VII. 493. C.
Chezeaux, seigneurie, II. 279. A B C. IX. 442.
   A.
Chezel, seigneurie, IX. 467. E.
Chezelles, II. 419. A. IX. 474. C. seigneurie, IV.
   873. A. VI. 65. B. 115. A. VII. 510. D. VIII.
   902. E.
Chezy, seigneurie, VIII. 333. A.
Chiasteggio, comté, II. 51. D.
Chicher, seigneurie, II. 305. C. VII. 547. D.
Chien, seigneurie, VI. 712. C.
DES CHIENS, Charles, intendant des Ordres, IX.
   342. B.
des Chiens, II. 428. B. V. 22. C. VII. 257. B.
les deux Chiens, seigneurie, III. 814. C. 815.
   A. 825. C. baronie, III. 826. C D. 827. B
   D.
Chier, seigneurie, V. 362. F. VIII. 819. A.
Chiery, baronie, IV. 853. A.
Chietty, VI. 75. C. comté, I. 483. D E. II. 731.
   E.
Chievres, VIII. 735. A. seigneurie, II. 774. D.
   V. 638. D. 640. C. 641. A.
Chigny, seigneurie, VI. 652. B.
Chilé, seigneurie, IX. 96. C.
Chille-Borne, II. 190. C.
Chilleras, seigneurie, I. 691. C.
Chillington, seigneurie, VII. 90. B.
le Chillon, seigneurie, IV. 321. B. 367. C. 368.
   B D. 663. C.
Chillou, seigneurie V. 608. B. VII. 505. E. VIII.
   131. C. 250. B D. 251. A. 272. E.
Chilloy, seigneurie, VIII. 150. C.
Chilly, seigneurie, I. 211. D. 229. A B. II. 211.
   A. III. 80. A. 614. D. IV. 412. C. 320.
   C. marquisat, IV 625. C. VII. 492. A. 494.
   D. Voyez Chailly.
CHIMAY, (Comtes de) V. 651. (Princes de) ibid.
   Voyez Croy. (Autres princes de) VIII. 43. Voyez
   Ligne.
Chimay, VI. 108. C. seigneurie, II. 502. B D.
   504. C D. 505. B. 754. D. 783. C. IV. 199.
   B. VI. 76. A. 96, D. comté, III. 729. B. V.
   230. B. 640. D E. 651. B. VI. 52. D. VII.
   167. E. principauté, I. 257. B C D. 258. E. III.
   486. A. 910. B. IV. 412. A. V. 464. * E. 641.
   C. 642. A. 652. D. 653. D. VI. 99. C. 2141.
   D. VIII. 40. D E. 41. B. 430. A.
Chimelier seigneurie, III. 573. B.
Chin, seigneurie, VII. 756. D.
Chinchon, comté, I. 633. A.
Chinon, seigneurie, V. 610. A.
Chiny, V. 507. A. VI. 89. A. seigneurie, VIII.
   870. D. comté II. 325. E. 329. B. 330. D.
   331. A B C D. 748. A. 757. A. 799. D. V. 507.
   A. 509. B. VII. 165. D. VIII. 864. A.
Chisay, seigneurie, III. 82. D. 83. A. 422. A. 427.
   A.
Chisoine, seigneurie, V. 135. F.
Chissé, VIII. 484. A. seigneurie, V. 669. C. VII.
   494. D. VIII. 557. E.

Chisseret, VI. 445. D.
Chissey, VII. 648. B. seigneurie, V. 669. A. 670.
   A. 671. A.
Chitain seigneurie, V. 739. B. VII. 132. D. 200.
   A. 445. A.
Chiton VII. 21. B.
Chitry, seigneurie, IV. 863. A. IX. 451. * A. ba-
   ronie, IV. 854. D.
Chiverny, comté, III. 639. C. IV. 175. A.
Chiverson, VII. 811. B.
Chivray, seigneurie, II. 497. A. III. 422. A.
Chivré, IV. 218. C. 498. E. 616. B. 624. D.
   VI. 392. C. VII. 589. A. VIII. 945. D. sei-
   gneurie, III. 619. D. VI. 260. C. VII. 126.
   D. VIII. 884. C.
Chizay, seigneurie, II. 497. A.
Chizé, seigneurie, VIII. 818. A.
Chizelles, seigneurie, VII. 132. B.
Chizeul, seigneurie, VIII. 322. E.
CHOART DE BUZENVAL, Nicolas, évêque & comte
   de Beauvais, pair de France, II. 305. C.
CHOART. (Genealogie de) II. 305. & suiv.
Choart, IV. 765. B. VII. 682. D. VIII. 823. B.
Choavefte, IX. 443. A.
Choegny, seigneurie, VIII. 14. D.
Choen, seigneurie, VIII. 67. C.
Chofailles, seigneurie, IV. 864. B. VII. 446. D.
   VIII. 330. D. 341. C. comté VII. 200. C.
Choffoul, seigneurie, II. 356. B.
Choffreville marquisat, VII. 670. E.
CHOISEUL, duché-pairie, érigé en 1665. pour
   CESAR DE CHOISEUL, comte du Plessis-Praslin,
   IV. 811. Pieces concernant cette érection, ibid.
   & suivantes.
CHOISEUL, Charles, maréchal de France, VII.
   440. C. Cesar, maréchal de France, VII. 539.
   D. Claude, maréchal de France, VII. 622. C.
   Charles, chevalier du S. Esprit, IX. 114. C.
   Cesar, chevalier du S. Esprit, IX. 188. C. Ce-
   sar-Auguste, chevalier du S. Esprit, IX. 223. B.
   Claude, chevalier du S. Esprit, IX. 233. B.
CHOISEUL, (Genealogie de la maison de) IV. 817.
   & suiv. (Ducs de) pairs de France, IV. 854.
   & suivantes.
Choiseul, I. 426. B. II. 60. C. 61. E. 154. C.
   170. B. 249. B. 435. A. 864. C. 873. E. III.
   796. D. IV. 229. D. V. 495. B. 510. E. 829.
   A. VI. 145. C. 405 B. 655. B. 695. D. 700.
   C. 735. D. VII. 6. D. 39. B. 40. D. 127. C.
   336. D. 443. C. 468. D. 545. D. 572. B. 811.
   D. 873. B. 892. C. VIII. 117. E. 323. C. 334.
   C. 425. A. 493. A. 719. A. 720. E. 721. A.
   IX. 121. C. 306. B. 323. B. seigneurie, VI. 69.
   C. 653. D. VII. 112. D. 126. D. VIII. 718. C.
   baronie, IV. 837. C. IX. 163. A. Beaupré, IV.
   841. A. VII. 468. D. 660. C, de Chevigny, VII.
   257. D. IX. 122. A. Clemont, IX. 81. B. 98.
   B. Meuze, IV. 858. B. Praslin, V. 85. A. IX.
   82. B. Traves, IV. 754. B. V. 106. B.
Choisi, V. 19. A. seigneurie, V. 490. E. comté,
   V. 491. E.
Choisin, VII. 500. E.
Choisinet, VIII. 923. C. seigneurie, VII. 790. D.
   VIII. 933. A. marquisat, VII. 343. A. IX. 303.
   D.
Choisne, V. 155. B.
Choisneau, seigneurie, V. 155. B.
la Choisniere, seigneurie, V. 155. B. 156. A.
Choisselat, VIII. 776. E.
Choisy, II. 64. C. III. 734. A. VI. 544. D. VII.
   49. D. seigneurie, VI. 91. D. VII. 99. C. 221.
   C. 433. B. VIII. 281. A. 492. B. 905. B. comté,
   III. 648. C. IV. 62. A marquisat, IV. 322. B.

VII. 170. C. 435. B. 436. B. VIII. 787. B. aux Loges, seigneurie, VI. 265. C. Voyez Soisy.

Choix, seigneurie, II. 225. A B. VII. 46. C.

CHOLET, Jean, maître de l'artillerie de France, VIII. 157. B.

CHOLET (Genealogie de) VIII. 158.

Cholet, IV. 229. B. V. 420. A. seigneurie, V. 574. E. VII. 21. E. 59. A. 174. B. 175. E. 586. B. VIII. 541. B.

la Choletiere, seigneurie, VI. 774. D. VII. 856. C. VIII. 157. B. 158. A B C D.

Chollet, VI. 418. B.

la Cholterie, seigneurie, VI. 474. D.

Chomel, VI. 568. C. IX. 462. D.

Chon, baronie, VII. 7. B.

Chonville, IV. 841. D.

Chopart, VI. 443. D.

la Chopiniere, seigneurie, VII. 426. A.

Choques, seigneurie, II. 877. B. III. 725. A.

Choqueuse, seigneurie, III. 615. B. VIII. 559. C. 563. A.

Chorean, seigneurie, III. 82. B.

Chotard, VII. 235. A.

Chouagne, IX. 151. A.

Chovance, seigneurie, VII. 139. D.

Chouble, seigneurie, VII. 251. B.

Choudon, seigneurie, IV. 502. D.

Chouflé, V. 412. D.

Chovigny, VII. 59. D. 83. A. 196. C. 202. A. VIII. 499 A. Blot, VII. 84. D. 700. C. 714. B. 862. D. VIII. 590. B.

Chovilliers, seigneurie, VI. 550. D. 577. B.

Choul, VIII. 331. E. 1

Choupes, II. 449. B.

Chouppes, II. 376. D.

CHOURSES, Jean, chevalier du S. Esprit, IX. 58. B.

Chourses, II. 451. C. III. 384. A. IV. 564. C 712. D. VI. 137. B. VII. 385. E. 502. B. 845. E. VIII. 190. C. 191. B. 571. B. 711. B. 765. B. Malicorne, II. 424. E. VIII. 160. A.

Choussé. Voyez Chouflé.

Choutagne, seigneurie, VII. 44. E.

Chouvoy, seigneurie, III. 843. A.

Chouzé, seigneurie, VIII. 768. D.

CHRESTIEN, aumônier du Roy, VIII. 224. E.

Chrestien, IX. 445. D.

Chretien, III. 493. A. V. 133. E.

Chrichston, IX. 401. C. de Cranston-Riddle, IX. 413. B.

Christiaens, II. 739. A.

S. Christine, IV. 749. D.

S. Christol, seigneurie, II. 140. E. VII. 783. C.

Christon, VIII. 716. A.

S. Christophe, IV. 654. C. seigneurie, I. 373. B. II. 699. C. 701. C. IV. 785. B. VI. 731. C. VII. 847. A. baronie, V. 494. B. 495. F. duché-pairie, ibidem,

Chuien, VII. 6. E.

Chuisseaux, VI. 579. A. seigneurie, IX. 227. B.

CHUPPIN, Jean, tresorier general du marc d'or, IX. 363. A. Nicolas, tresorier general du marc d'or, IX. 363. B. Nicolas-Augustin, tresorier general du marc d'or, IX. 364. B. Nicolas, contrôleur du marc d'or, IX. 366. A.

Chuppin, VI. 435. B.

Churchill, V. 165. D. de Vooton-Basset, ibid.

CHYPRE (Rois de) issus des princes d'Antioche, II. 595. & suiv. (autres Rois de) de la maison de Lezignem, III. 83.

Chypre, III. 727. C. 728. B. V. 574. A. E. VI. 79. E. 80. D. 129. D. royaume, I. 122. A.

215. A. 298. E. 306. A. 320. B. 413. E. 422. C. 593. E. II. 502. A. 592. D. 593. C D. 605. A E. 606. A. 689. B. 841. E. 842. A. III. 77. D. VI. 24. B. 25. A. 80. D. 129. D. VIII. 426. A.

Chyty, baronie, II. 602. C D E.

Cibeft, VII. 514. C.

Cibo, II. 51. B. IV. 490. B. VIII. 504. C.

la Cicaudaye, seigneurie, IV. 82. B.

Cice, seigneurie, IV. 71. C.

Cicestre, comté, III. 287. C.

Ciclers, VIII. 107. C.

Cicogne, seigneurie, VIII. 216. B.

Cicon, VII. 35. B. VIII. 719. E. 874. C. seigneurie, II. 210. C. 211. E. 212. D. 872. A.

Cicons, VIII. 413. E.

Cideville, seigneurie, VIII. 811. * * B.

S. Ciergue, seigneurie, V. 266. C. VII. 552. D.

S. Ciergues, seigneurie, IV. 678. A. VIII. 818. A. baronie, VI. 440. B. 450. C.

Cieutades, seigneurie, VII. 211. C.

Cifuentes, seigneurie, I. 684. B. comté, III. 353. A. 354. A.

Cigales, seigneurie, I. 683. A.

DU CRONE, Jean, maître de l'écurie du Roy, VIII. 479. A.

Cigogne, seigneurie, IV. 436. A.

Cigournay, seigneurie, II. 453. A.

Cillans, VI. 642. C.

Cimbré, seigneurie, IV. 368. A.

CIMBRE (Rois des) I. 2. E.

Cincourt, seigneurie, VI. 384. B.

Cindré, seigneurie, IX. 470. B.

CINGE' (Seigneurs de) V. 767. & suiv. 771. & suiv. Voyez Humieres.

Cingé, seigneurie, V. 767. A. 771. A. VI. 416. A. 425. C. VIII. 281. B. baronie, V. 771. B. marquisat, V. 772. A.

Cinglais, seigneurie, VI. 690. A.

Cinqmars, marquisat, VII. 494. B.

Cintergabelle, seigneurie, III. 344. B.

Cintray, seigneurie, III. 647. C.

Ciourac, seigneurie, IV. 534. E.

Cipierre, VII. 238. C. seigneurie, IX. 113. A. 115. A.

Cipressac, baronie, V. 739. B. Voyez Cypressac.

Cipriani, VIII. 307. A.

S. Cir, seigneurie, IV. 142. D. la Roche, seigneurie, VIII. 243. A. 244. B C. 245. A.

Ciran, seigneurie, VI. 598. B.

Circanne, comté, IX. 210. B.

Circé, marquisat, II. 248. B.

S. Cire, seigneurie, II. 454. D. IV. 687. B. 764. B. VIII. 922. B.

Ciresme, seigneurie, VI. 570. B.

Cirey, IV. 822. C. VII. 646. D. seigneurie, IV. 215. D. 443. C. VIII. 718. C. baronie, II. 62. D. marquisat, IX. 99. C.

Cirié, marquisat, VI. 499. B.

Cirier, II. 386. A. VI. 261. D. 433. D. VII. 399. A. 426. D. 507. D. VIII. 135. A. IX. 87. B.

Ciriez, seigneurie, VII. 43. A.

Ciron, III. 776. B.

S. Cirq, seigneurie, II. 182. E. V. 753. E. baronie, IV. 471. D. la Poype, seigneurie, II. 675. A C.

Cirq en Rouergue, seigneurie, III. 854. A.

Cisay, comté, V. 151. A B. 152. D. Voyez Tisay.

Cisery, seigneurie, VIII. 716. B.

Cisoing, seigneurie, II. 776. C. V. 231. D. VI. 638. D. baronie, V. 234. A. VIII. 36. A C. 37. A.

Cissague,

Ciffague , seigneurie, IV. 140. D. VII. 322. C.
Ciflé, VII. 740. E. seigneurie, VII. 26. A.
Cissy , seigneurie, VI. 122. A. 155. C.
Cisterne , principauté, IX. 238. C.
Cittrey, seigneurie, VIII. 323. B.
Ciudadreal, III. 356. A. V. 527. E.
Civenc, seigneurie, VII. 195. D.
Civille, VI. 533. A. S. Mars, VIII. 809. * E.
CIVRAC (Seigneurs de) V. 741. Voyez Durfort.
Civrac, seigneurie, I. 498. A. V. 734. D. 735.
     C. 736. B. 741. E. VII. 301. B. 303. D. baro-
     nie, V. 742. B marquisat, V. 21. B. 743. A.
S. Civran, seigneurie, I. 238. A. IV. 165. E.
Civray, seigneurie, I. 210. E. III. 427. A. IV. 123.
     D. comté, IX. 229. B.
Givré , baronie, I. 236. A.
Civria, seigneurie, VII. 162. B.
Ciutades , seigneurie, II. 172. C.
Clacy, VI. 124. C. VIII. 867. D. seigneurie, I.
     219. D. II. 41. C. V. 636. C. VI. 124. C. 159.
     D. 304. C. VIII. 572. D. 573. A B.
Claerhout, III. 918. D.
Clagny, seigneurie, VI. 341. A. 389. A. 466. C.
     VIII. 774. D. 77). A.
Claïe, seigneurie, VII. 340. B.
Clain, seigneurie, III. 588. D.
S. Clair, I. 416. B. seigneurie, VI. 633. B. VIII.
     562. C.
Clairac, seigneurie, VII. 487. B.
CLAIRAMBAULT, Pierre, genealogiste des ordres
     du Roy, IX. 344. B. Nicolas-Paschal; genea-
     logiste des ordres du Roy, IX. 345. B.
Clairefontaine, VI. 471. C. seigneurie, IV. 731.
     B. VIII. 871. B.
Clairette, VIII. 480. C.
Glairieu, II. 29. C.
Clairvaux, seigneurie, VII. 501. baronie. IV.
     878. C. marquisat, IV. 877. A. VIII. 640. D.
Claisse, V. 665. B. seigneurie, ibid.
CLAMART, Gilles, maître de l'écurie du Roy,
     VIII. 465. E.
Glamart, seigneurie, VI. 349. B.
Clambrazell, comté, V. 595. D.
Clamecy, III. 619. B. vicomté, VIII. 819. A.
Clan, seigneurie, I. 495. E.
Glancarty, V. 165. E.
Clancboy, vicomté, V. 595. D.
Clanleu, seigneurie, V. 82. B. baronie, ibid.
Clapiers, II. 296. B. seigneurie, III. 361. D.
     VII. 451. E.
Clapies, VIII. 302. C.
Glapison, V. 104. B.
S. Clar, VII. 333. D. 347. D. seigneurie, V. 88.
     B. 747. D. 753. B.
CLARE (Comtes de) II. 479 & suiv.
Clare, II. 405. A. 877. D. VI. 27. B. IX. 319.
     D. comté, III. 78. E.
Clarence, duché, II. 487. B.
Glarendar, comté, V. 594. E.
Clarens, seigneurie, VII. 300. B.
Claret, II. 251. A. 252. C. VII. 789. B. VIII.
     919. C. seigneurie, II. 296. A. S. Felix, VII.
     486. E. 490. B.
Clareux, seigneurie, IV. 122. C. 124. D. 125.
     B.
Clari', IV. 264. E.
Clarinkar, comté, V. 165. E.
Clarois, seigneurie, VII. 660. D.
Clarques, seigneurie, V. 645. A. 647. A. baronie,
     V. 648. B. comté, V. 647. B.
Clarté, seigneurie, III. 634. C. VI. 318. C. VII.
     500. D.
Clary, VIII. 10. D. 882. D. IX. 82. A. seigneu-
     Tome IX.

rie, VI. 409. B. VIII. 868. D.
Classé, seigneurie, IX. 87. B.
Classy, seigneurie, III. 150. A.
Clastre, vicomté, III. 614. C.
Clastres, vicomté, IV. 397. D. 398. D E. 399.
     A C D. 400. A B C D. 410. A. VIII. 806. A.
S. Clau, seigneurie, IV. 430. E.
Clavaison. Voyez Claveson.
Claveau, IX. 447. D. seigneurie, II. 122. B.
S. Claude, seigneurie, IV. 421. D.
Clavel, VIII. 848. A.
CLAVELIER (Seigneurs de) IV. 897. Voyez Senne-
     terre.
Clavelier, seigneurie, IV. 889. B. VII. 221. A.
     VIII. 818. D.
Claverie, VII. 215. A.
Clavesana, marquisat, II. 52. B.
Claveson, V. 261. C. VIII. 910. E. 928. C. sei-
     gneurie, V. 261. C D. VIII. 909. E. marqui-
     sat, IX. 315. A.
le Clavier, VII. 477. C.
la Claviere, seigneurie, VIII. 481. E.
Clavieres, seigneurie, II. 865. B. III. 822. C.
     VII. 358. B. comté, VII. 67. A.
Claviers, IV. 786. A. seigneurie, VII. 595. B.
Claville, seigneurie, VI. 356. B. VII. 885.
     A.
Claunay, seigneurie, IV. 576. B.
Clauser, seigneurie, VII. 526. A.
Clausier, II. 109. B.
Clausiers, seigneurie, III. 424. B.
CLAUSSE, Henry, évêque & comte de Châlons,
     pair de France, II. 383. B. Henry, grand-
     maître des eaux & forêts de France, VIII.
     944. D. Nicolas, grand-maître des eaux &
     forêts de France, VIII. 947. C.
CLAUSSE DE MARCHAUMONT, Nicolas, évêque &
     comte de Châlons, pair de France, II. 382. C.
     Cosme, évêque & comte de Châlons, pair de
     France, II. 382. D.
CLAUSSE (Genealogie de) VIII. 945.
Clausse, II. 381. E. 382. C. 383. C. 450. B. IV.
     217. A. 640. E. VI. 474. B. VII. 513. C. VIII.
     753. B. de Marchaumont, VI. 392. B.
Claustral. Voyez Castellard.
CLAUX (Seigneurs du) II. 675. A.
Claux, II. 135. D. III. 425. A. seigneurie, II. 674.
     A. IV. 43. A.
Clapzel de Gontaut, seigneurie, IV. 142. D.
la Claye, seigneurie, IV. 576. C. VI. 480. D.
     531. D. VII. 382. A.
Clayes, seigneurie, IV. 804. B.
la Clayette, seigneurie, IV. 528. A. 828. D. V.
     571. D. VI. 68. C. VII. 5. B. VIII. 331. C. 332.
     A B. de Chantemerle. VIII. 324. D.
Claiz, seigneurie, IV. 421. A. 412. B. 423. D.
Cleder, seigneurie, IV. 60. B.
Clefs, seigneurie, III. 641. C.
Cleguence, comté, VII. 726. E.
Cleio, seigneurie, VII. 383. E.
Clemency, seigneurie, VII. 640. B. 643. D.
CLEMENT, Alberic, maréchal de France, VI.
     618. D. Henry, maréchal de France, VI. 620. D.
     Jean, maréchal de France. VI. 621. B. Henry
     II. du nom, maréchal de France, VI. 621. E.
CLEMENT (Genealogie de) VI. 619. & suiv.
CLEMENT, Jacques, I. 140. D.
Clement, II. 204. C. 308. E. VI. 625. D. VIII.
     620. B.
S. Clement, VII. 665. B. seigneurie, II. 437.
     C D. IV. 288. A B C. 289. A D. 290. C. V.
     340. C. VIII. 118. A. 372. D. 815. E. 816.
     A E. IX. 449. * B. marquisat, III. 642. B.

CLEMONT (*Seigneurs de*) IV. 823. *& fuiv. Voyez* Choifeul.

Clemont, feigneurie, II. 855. E. 856. D. 858. D. IV. 831. A. 837. A. baronie, IV. 836. B. V. 829. A. VI. 405. B. VII. 127. C. 443. C. 572. B. 811. D. comté, IV. 375. E. VII. 573. E. IX. 476. D.

Clenrichard. *Voyez* Clarinkar.

Cleon, feigneurie, VII. 24. E. *d'Andran*, feigneurie, II. 186. 2. B.

S. CLER (*Seigneurs de*) VIII. 894. *Voyez* Chaumont Quitty.

S. Cler, feigneurie, I. 493. C. VIII. 93. E. 94. A. 164. D. 165. B. 811. * B. 885. B. 894. D.

Clerambault, II. 454. D. III. 640. C. 641. A. marquifat, III. 590. C.

Cleramont, VIII. 250. A.

Cleray, feigneurie, IV. 804. E.

LE CLERC, *Jean*, chancelier de France, VI. 386. C.

LE CLERC-FLEURIGNY (*Genealogie de*) VI. 387. *& fuiv.*

le Clerc, II. 60. B. 236. D. 278. E. 306. A. 384. D. 428. A. III. 915. C. V. 490. C D. VI. 433. C. 453. E. 570. C. 675. A. VII. 22. D. 63. B. 504. A. 513. A. 616 C. VIII. 471. B. 746. B. 775. B. 797. B. 811. * B. 832. C. 914. C. IX. 460. E. feigneurie, V. 130. C. *Cottier*, VI. 514. C. 518. B. 548. C. *de Courcelles*, VI. 552. B. *de Grandmaifon*, VI. 532. A. *de Leffeville*, IV. 32. C. 401. A. VIII. 809. * * B. IX. 361. B. *de Santre*, VII. 852. B. IX. 323. B.

S. Clerc, VIII. 686. C. feigneurie, VI. 283. C. 348. C. 670. B. 674. A. VII. 870. E. VIII. 250. D.

Clercy, II. 86. C E.

Clere, II. 409. B. V. 133. E. 148. E. VI. 774. B. VII. 755. C. feigneurie, VI. 681. A. baronie, II. 77. C. 282. C. 439. B. VIII. 97. A. 272. C. 491. D. 655. B. IX. 84. B. comté, I. 126. D E. VII. 873. E. IX. 205. C. 476. D. marquifat, VIII. 247. A.

Clereau, IV. 744. C. feigneurie, IV. 730. D. VIII. 809. * * B. Baronie, IX. 110. B.

Clereaux, feigneurie, VII. 254. B.

Clerebois, feigneurie, VIII. 648. A.

CLEREMBAULT, *Philippes*, maréchal de France, VII. 582. A. chevalier du S. Efprit, IX. 196. A.

CLEREMBAULT (*Genealogie de la Maifon de*) VII. 582. *& fuiv.*

Clerembault, IV. 565. A. 686. C. V. 244. F. VI. 309 D. 607. A. 650. C. VII. 251. D. 512. C. 582. B. marquifat, IV. 856. A. *Palnau*, IX. 323. A.

Clerens, feigneurie, VI. 320. D.

Cleret, IV. 657. A. V. 382. B. VII. 515. E. 551. C. VIII. 145. C.

Clerets, feigneurie, V. 423. A.

Clercy, VI. 572. A. VIII. 323. B. feigneurie, IV. 874. C.

Clergeau, VIII. 487. A.

Clerget, VI. 571. C.

Clerieu, feigneurie, II. 185. 2. B D. 187. D. 187. 2. A B C. 188. E. 188. 2. E. 189. B C. 193. B C. 194. D. 196. B C. 198. A D E. 200. B D E. 203. B. 204. A B C D. 207. B. IV. 530. C. baronie, II. 186. 2. A C E. 205. D.

CLERMONT-TONNERRE, duché-pairie, érigé en 1571. pour HENRY comte de Clermont & de Tonnerre, V. 802. *pieces concernant cette érection*. ibid.

CLERMONT, *Raoul*, connétable de France, VI. 90. A. *Guy*, de Neelle, maréchal de France, VI. 640. D. *Jean*, feigneur de Chantilly, maréchal de France, VI. 750. D. *Raoul* II. du nom, chambellan de France, VIII. 441. D. *Antoine* III. du nom, grand-maître des eaux & forêts de France, VIII. 906. D.

CLERMONT DE CHASTE DE ROUSSILLON, *Louis-Annet*, évêque & duc de Laon, II. 132. D.

CLERMONT-GALLERANDE, *Pierre-Gafpard*, chevalier du S. Efprit, IX. 281. A.

CLERMONT-MONGLAT, *François de Paule*, chevalier du S. Efprit, IX. 195. B.

CLERMONT-NEELLE, *Geoffroy*, évêque de Beauvais, comte & pair de France, II. 262. C. *Simon* évêque de Beauvais, comte & pair de France, II. 270. D.

CLERMONT-TONNERRE, *François*, évêque & duc de Langres, pair de France, II. 257. E. *François*, évêque & comte de Noyon, pair de France, II. 445. D. *Charles-Henry*, chevalier du S. Efprit, IX. 162. A. *François*, chevalier du S. Efprit, IX. 193. C. *François*, chevalier du S. Efprit, IX. 247. A. *Gafpard*, chevalier du S. Efprit, IX. 281. A.

CLERMONT (*Seigneurs de*) IV. 666. *Voyez* Rochechouart.

CLERMONT-SOUBIRAN (*Seigneurs de*) V. 745. *Voyez* Durfort.

CLERMONT EN BEAUVOISIS (*Genealogie de la maifon des comtes de*) VI. 45. *& fuiv.*

CLERMONT (*Genealogie de la maifon de*) en Dauphiné, VIII. 907. *& fuiv.*

Clermont, I. 107. A. 238. D. 352. C. 421. B. 431. C. 440. A. 534. C. II. 28. A. 150. D. 228. E. 246. D. 262. D. 268. E. 270. E. 505. B. 506. C. 651. B. 656. C. 720. C. 758. D. 785. D. III. 74. B C. 82. A. 316. C. 417. D. 451. B. 606. A. 637. B. 732. D. 895. B. 914. B. IV. 28. D. 290. C. 403. B. 471. C. 534. B. 614. A B. 678. A. 714. C. 890. C. V. 16. B. 265. A. 266. D. 609. E. 639. C. 736. B. 748. E. 758. A. VI. 58. C. 76. B. 90. A. 152. C. 209. A. 254. B. 300. C. 319. A. 405. A. 460. D. 466. D. 509. B. 559. D. 661. A. 662. C. 791. A. VII. 8. A. 18. B D. 51. C. 126. D. 168. E. 179. C. 291. B. 416. A. 761. C. 767. C. 784. E. 803. B. 819. C. VIII. 57. A. 68. D. 173. A. 182. A. 420. B. 671. C. 765. E. 814. D. IX. 392. A. 452. * C. feigneurie, III. 362. A. 424. A. IV. 662. C. V. 156. D. 724. D. 726. A. 727. A. 732. A. 746. E. VI. 155. B. VII. 127. A. 210. B. 213. B. 267. C. 292. D. 870. C. VIII. 92. A. 350. B. 351. B. 907. B. 925. B. baronie, III. 364. E. IV. 664. A. V. 724. D. VII. 192. B. VIII. 910. D. vicomté, II. 707. B. IV. 715. E. VIII. 47. D. comté, I. 80. B E. 202. A. II. 163. E. 188. 2. B. 206. C. 258. A. 265. B. 273. B. 277. C. 335. A B C D. 345. A. 445. D. 746. E. 846. C D. 852. E. 853. A. III. 150. E. 151. B. 351. A. 497. C. 770. B. 816. D. IV. 434. C. 528. A. 529. A. V. 507. B. VI. 45. B. 46. C. 85. E. 94. B. 105. A. 227. B. 277. A. 322. D. 730. C. VII. 18. A. 7 0. E. 771. C. 800. D. 849. D. VIII. 50. A B. 56. A. D. 57. B D. 402. A. 863. C. 913. C. pairie, I. 297. D. 299. B. 301. B. 313. B. 314. B C. 317. B. 346. E. 342. D. 347. B. 351. D. 434. C. 477. A. 581. C. *d'Amboife*, II. 872. A. IV. 806. A. 859. B. V. 166. B. VI. 454. D. VII. 238. C. 709. B. VIII. 851. E. IX. 326. B. *en Anjou*, I. 437. D. VIII. 802. B. feigneurie, II.

77. B. d'Aunay, IV. 80. C. VII. 870. B. VIII.
728. C. en Auvergne, II. 20. A. comté, I. 302.
A D. 303. A D. 305. C. 311. C. 316. B. en Baffigny, feigneurie, VI. 694. B. en Beauvoifis, feigneurie, VIII. 397. B. 575. B. comté, I. 51.
B. 131. E. 295. A. 316. B. 545. B. II. 266. D.
268. D. 481. D. 721. D. 838. C. III. 161. D
316. B. V. 507. B. VI. 44. C. 58. C. 152. C.
227. C. en Chaloffe, feigneurie, IV. 664. B. de
Chafte, II. 132. E. VIII. 820. A. IX. 228. A.
en Condomois, feigneurie, II. 635. B. en Dauphiné, IV. 69. E. feigneurie, II. 16. C. vicomté, III. 764. E. comté, II. 234. D. Deffus,
feigneurie, II. 185. B C. V. 745. C D. baronie, V. 730. B. 746. A. 747. A B D. d'Entragues, comté, I. 471. B. marquifat, VII.
876. C. 678. C. Gallerande, IV. 473. A.
567. A. VII. 871. A. IX. 96. B. 484. B.
S. Georges, VI. 342. A. IX. 98. A. Lodeve, II.
197. E. 289. B. V. 889. B. 891. C. VI. 301. A.
VII. 124. E. 202. B. 237. C. 414. C. 467. C.
VIII. 499. B. IX. 392. A. feigneurie, III. 832.
B. IV. 480. B. 529. A. 537. C VI. 300. B.
comté, VI. 455. D. Montoifon, III. 605. C.
771. C. IX. 154. C. 422. C. Neelle II. 742. E.
764. B. III. 87. B. 722. C. VI. 106. C. 717. D.
VIII. 421. B. 653. D. Soubiran, III. 347. D.
369. C. 894. C. feigneurie, II. 437. E. 438. B
E. 440. B C D E. 706. A. 710. B. 711. E. V.
723. E. 724. A. 725. E. 726. B C. 727. E. 728.
A D. 745. C. 747. B. marquifat, II. 440. D.
Tallard, VII. 134. D. VIII. 182. B. IX. 91.
A. 97. B. Tonnerre, III. 589. B. 733. A. 769.
B. IV. 176. A. 768. A. 789. C. VI. 599. C. IX.
100. A. Tonnerre-Luxembourg, IV. 269. B.
Traves, VII. 190. D. en Trieves, VII. 699. A.
vicomté, I. 555. A. II. 192. C. 206. C. VIII.
910. B. Vertillac, VII. 863. B. en Viennois,
feigneurie, I. 555. A. baronie, II. 191. C.
206. C. Voyez Caftelnau & Guilhem.
Cleron, II. 871. C. IV. 167. B. VI. 414. C. fei-
gneurie, VII. 258. A.
Clerval en Montagne, feigneurie, II. 879. B.
Clervaut-les Granges, feigneurie, VIII. 707. B.
Clervaut en Montagne, feigneurie, II. 224. C.
Clervaux, feigneurie, I. 559. C D. IV. 564. B.
653. B. 659. B. 712. E. 825. E. VI. 655. C.
VII. 443. D. 499. D. 792. A. 808. B. 811. A.
VIII. 191. B. 818. A. baronie, VII. 172. C.
VIII. 82. A. IX. 59. A. 80. A. 91. A. comté, IV.
76. C.
Clery, IV. 179. D. 403. D. VI. 784. B. VII. 825.
B. VIII. 281. D. feigneurie, II. 852. B. IV.
873. A C. V. 635. B. VI. 65. B. 68. D. 115.
A. 504. B. 784. C. VII. 112. B. VIII. 278. C. ba-
ronie, V. 618. B. comté, VI. 787. A. Crequy,
comté, V. 154. D.
Cleffy, feigneurie, VII. 645. B. 683. D. VIII. 330.
A C D. 331. B. C. 342. A.
Clevant, II. 662. E. feigneurie, VII. 592. B.
Cleves, (Comtes de) iffus de la maifon de Ne-
vers, III. 449. & fuiv.
Cleves, II. 89. B. 330. C. 331. C. III. 377. B.
486. D. 491. A. 577. A. 667. A. 713. A. 728.
B. 862. B. IV. 72. C. V. 510. C. 639. D. VI.
218. B. VII. 84. B. 106. D. 126. A. 168. E.
426. B. VIII. 182. A. 634. E. 914. A. IX. 450.
* B. feigneurie, III. 612. B. C. comté, II. 733.
D. 787. C. 791. B. VI. 97. A. VII. 166. A. du-
ché. I. 208. D. 220. B. 222. A. 242. A. 245.
A. 253. A G. 289. C. 313. B. 304. E. 327. D.
330. E. 334. B. 335. E. 355. E. 594. B. III.
442. B. VI. 216. C. VII. 165. B. IX. 450. *

B. Dinflaken, II. 319. E.
Cleville, baronie, V. 151. B. 152. A B.
Clevifflere, feigneurie, II. 451. A.
Cleuville, baronie, I. 327. A. II. 406. A. VII.
86. D. VIII. 88. E. 89. A B C D. 90. D.
du Cleuz, IV. 76. A.
CLICHY, (Genealogie des feigneurs de) du nom
de Beaumont, VI. 658.
Clichy, VI. 658. D. feigneurie, III. 845. A. V.
128. B. la Garenne, feigneurie, VI. 32. E. 93.
E. 589. A. 659. B. IX. 315. C.
Clifford, II. 490. C. VII. 89. A. IX. 403. D.
Clignon, vicomté, VII. 740. E.
Clinchamp, V. 157. B. VI. 292. E. feigneurie, IV.
826. A. VII. 849. E. VIII. 118. B. 251. E.
comté, IV. 538. B. VIII. 252. A. 712. B C.
IX. 480. B.
Clion-Somfac, feigneurie, IV. 567. D.
Clions, feigneurie, IV. 75. C.
Cliquet de Caillembourg, VIII. 739. D.
la Cliquererie, feigneurie, VIII. 633. C.
CLISSON, Olivier, connétable de France, VI. 201.
B.
CLISSON, (Genealogie des fires de) VI. 201.
Cliffon, II. 217. A. III. 57. A. VI. 104. C. 189.
C. 202. C. 765. A. VII. 380. A E. 501. B. VIII.
255. E. 270. D. 579. E. feigneurie, I. 461. A.
467. A. 468. A B. 469. D. 470. C. 471. A
468. A. II. 620. B. III. 628. C. IV. 54. B.
56. D. VI. 104. C. 201. B. 202. D. 690. B.
765. A. VIII. 569. D. 763. E. Sauveftre, VII.
409. B.
Cliffont, VII. 721. A.
la Clite, III. 840. E. 917. C. V. 229. F. 575. C.
VI. 707. D. VIII. 275. C. 277. D. feigneurie,
V. 656. A. de Comines, IV. 182. B.
Cloé, feigneurie, IV. 181. A.
du Cloître, II. 449. C.
du Clos, VI. 357. C. VII. 461. C. 673. B. fei-
gneurie, II. 372. A. IV. 803. D. V. 406. E.
VII. 150. E. VIII. 540. D. marquifat VII. 673.
B.
Cloïdavy, feigneurie, V. 402. B.
Clos-Mulon, feigneurie, IV. 708. A.
Clos-Poignant, feigneurie, V. 160. F.
Clotomont, feigneurie, VI. 382. A.
S. CLOUD, duché-pairie, érigé en 1674. pour
FRANÇOIS de Harlay, archevêque de Paris, &
fes fuccefleurs archevêques de Paris, V. 36. Piè-
ces concernant cette érection, ibid. & fuiv.
S. Cloud, duché-pairie, I. 5. A.
Cloué, feigneurie, VIII. 769. A.
la Cloufiere, feigneurie, VII. 595. B.
Cloye, feigneurie, IV. 726. C. VI. 340. C.
Cloyes, II. 158. C. feigneurie, I. 481. A. 484.
C E. 485. C. II. 8. B. VI. 664. C. 791.
D.
Clozeau, feigneurie, VII. 892. E.
Clozier, VII. 30. E.
Clugny, IV. 852. B. VIII. 317. A.
Cluis, feigneurie, VIII. 693. D. 902. D.
Gluny, I. 252. C. vicomté, I. 378. B. VII. 112.
C.
Clufeau, baronie, IV. 456. A. le Grand & Petit
feigneurie, IV. 452. D.
des Clufeaux, VIII. 771. B.
Clufel, feigneurie, IX. 383. E.
Clufes, V. 833. A.
Cluffes, feigneurie, IX. 396. A.
Clutin, IV. 334. C. 473. B. 567. A. VI. 335. B.
559. D.
Cluyes-Deffus, feigneurie, II. 861. AB C E. Voyez
Gluys.

Cluys, VII. 136. E. 373. E. seigneurie, I. 299.
A. 353. B. 355. A. V. 569. C. 570. D. VI.
65. E. 416. B. 594. C. VII. 55. B. 82. C. *Des-*
sus, VIII. 372. C. *Voyez* Cluis.
du Cluzel, IV. 441. A. VIII. 942. C.
Clydesdale, marquisat, IX. 411. E.
Cnodara, II. 603. A B D E.
Coaisnon, VI. 193. D. 195. B.
Coalon, IV. 64. D.
Coarase, III. 361. A. V. 179. B. 735. B. VI.
212. D. seigneurie, III. 372. B. IX. 397. D. ba-
ronie, VI. 219. C. E. *Voyez* Castelnau.
Coarasse, II. 619. E. 657. A. 659. A C. VII. 605.
A. IX. 397. C.
Coatredez, VII. 724. B.
Coatudeal, seigneurie, VII. 728. A.
Cobar, VII. 877. A.
Cobbam, baronie, VII. 836. C. 839. C.
Cobiraco, VII. 449. C.
Cocé-le-Vivien, seigneurie, VII. 502. D.
Cochanet, VII. 264. B.
Cochard, IV. 863. A. V. 106. C.
Coche, VIII. 138. D.
Cochefilet, *André*, chevalier du S. Esprit, IX.
149. B.
Cochefilet, IV. 19. B. 65. A. 217. C. 473. A.
542. C. VI. 219. D. 500. B. 560. C. 802. D. IX.
459. A. *de Vauvineux*, II. 45. A. 94. A.
Cochet, VIII. 684. A.
Cochette, VII. 849. E.
la Cochiniere, seigneurie, VII. 518. A.
Cochon, VI. 396. A.
Cochran, IX. 412. A.
Coclois, VI. 391. A. seigneurie, VII. 50. B.
Cocone, VII. 556. C.
LE Cocq, *Robert*, évêque de Laon, II. 104. D.
LE Cocq, (*Genealogie de*) II. 105. *& suiv.*
le Cocq, IV. 411. D. V. 78. B. VI. 335. C. 350.
A. 525. C. VIII. 139. D. 486. D. IX. 241.
A. 279. C.
Cocqlaët, seigneurie, III. 909. B C.
la Cocquardiere, seigneurie, VIII. 440. D.
Cocquerel, *Firmin*, évêque & comte de Noyon,
pair de France, II. 402. C.
Cocquerel, VIII. 561. A.
Cocqueville, VIII. 662. C.
Cocural, III. 831. A.
Codroy, seigneurie, III. 633. B.
Codun, seigneurie, I. 493. B. baronie, III. 891.
D. 892. B.
Coëdic, II. 86. E.
Coeffier, *Antoine*, dit *Ruzé*, maréchal de Fran-
ce, VII. 492. A. *Henry*, dit *Ruzé d'Effiat*,
grand écuyer de France, VIII. 508. B. *Antoi-*
ne, chevalier du S. Esprit, IX. 156. B. *Antoi-*
ne, chevalier du S. Esprit, IX. 237. A.
Coeffier, (*Genealogie de*) VII. 492.
Coeffier, VII. 137. B. 492. C. 714. D. VIII. 146.
A. 187. B. 500. E. *d'Effiat*, IX. 320. C.
Coelan, seigneurie, VII. 719. A.
Coemadeuc, marquisat, IV. 434. C.
Coëme, I. 334. A 350. C. 470. A.
Coësbic, IV. 803. D.
Coëslan, comté, II. 251. D.
Coëslin, marquisat, III 499. C. 651. D.
Coësne, VIII. 20. B. 170. C. 252. B. 747. D.
seigneurie, VIII. 711. B. comté, VIII. 890. A.
Coësmes, II. 424. E. 427. C. IV. 874. B. V. 141.
E F. VII. 371. A. seigneurie, VI. 318. C.
517. A. baronie, VI. 767. A.
Coësnon, VI. 596. B. *Voyez* Coaisnon.
Coësquen, seigneurie, VII. 529. A G.
Coëstret seigneurie, IV. 686. A.

Coetainval, seigneurie, III. 593. A.
Coetanscourt, VII. 724. D.
Coetbic, VII. 728. C.
Coetcanton, seigneurie, IV. 83. D. VIII. 702. D.
Coetdic, VIII. 362. A. seigneurie, VII. 525. E.
526. A.
Coetdolan, seigneurie, VII. 719. E.
Coetdon, seigneurie, IV. 55. C.
Coetelez, *Robert*, maistre enquêteur des eaux &
forêts du Roi, VIII. 859. E.
Coetelez, (*Seigneurs de*) VIII. 362. *Voyez* du
Chastel.
Coetelez, seigneurie, VIII. 358. D. 361. C.
Coetenez, seigneurie, VIII. 364. C.
Coetengars, (*Seigneurs de*) VIII. 361. *Voyez* du
Chastel.
Coetengars, seigneurie, VIII. 358. D. 361. C.
Coetfric, seigneurie, VII. 723. B.
Coetgoureden, VIII. 363. A.
Coetjanval, seigneurie IV. 228. C. marquisat, VIII.
800. C.
Coetivy, *Progent*, amiral de France, VII. 842.
A.
Coetivy, (*Genealogie de la maison de*) VII.
843.
Coetivy, I. 119. B. 209. E. III. 632. B. 729. B.
730. A. IV. 168. E. V. 653. C. VII. 73. E. 76.
A. 710. D. VIII. 99. C. seigneurie, VI. 772. B.
VII. 841. A. 845. B. VIII. 359. B. baronie, VIII.
361. A.
Coetlen, VIII. 579. C.
Coetlogon, *Alain-Emmanuel*, maréchal de Fran-
ce, VII. 716. C. vice-amiral, VII. 912. B. che-
valier du S. Esprit, IX. 280. A.
Coetlogon, (*Genealogie de la maison de*) VII.
717. (*Marquis de*) VII. 723.
Coetlogon, V. 403. D. VII. 717. D. IX. 321.
C. 466. D. marquisat, VII. 716. C. 725.
B.
Coetlongon, IV. 323. D. seigneurie, IV. 801. A.
Coetmen, VI. 184. B. 784. D. VII. 719. B. 723.
B. VIII. 706. B. baronie, IV. 323. D. 325. B.
V. 396. C. VII. 176. D. vicomté, IV. 81. B.
VIII. 363. B.
Coetmenech, seigneurie, VII. 383. B.
Coetmeneck, VIII. 358. D.
Coetmeur, seigneurie, VIII. 360. C.
Coetmur, vicomté, VII. 383. E. marquisat, IV.
62. A. VI. 787. C. VIII. 792. E.
Coetnean, seigneurie, VII. 729. A.
Coetnen, seigneurie, VIII. 362. D.
Coetnisan, seigneurie, VIII. 362 D. baronie, VI.
772. B.
Coetquelin, seigneurie, VII. 722. A.
Coetquen, (*Marquis de*) I. 214. D E.
Coetquen, IV. 62. A. 804. B. VII. 390. A. 719.
E. IX. 377. A. seigneurie, V. 378. E. VI. 185.
C. 286. C. marquisat, IV. 569 C. 792. D.
Coetquenan, vicomté VIII. 360. C.
Coetquenom, VIII. 363. C.
Coetquenon, vicomté, VII. 845. B.
Coetquis, seigneurie, VII. 724. E.
Coetrien, IX. 313. A.
la Coettardaye, seigneurie, VII. 729. D.
Cœvillerie, seigneurie, III. 611. A C 612. B.
Cœur, I. 491. A. II. 376. C. VIII. 138. A. 798.
B.
Cœuvres-Estre'es, duché-pairie, érigé en 1648.
pour François - Annibal d'Estrées, IV. 592.
Pieces concernant cette érection, ibid. *& suiv.*
Cœuvres, (*Seigneurs & marquis de*) IV. 598.
Cœuvres, seigneurie, II. 842. A. VI. 49. C. 716.
C. 758. B. VII. 823. E. VIII. 179. A. 182. C.

185. D. 655. D. vicomté, II. 501. D. 502.
A marquifat , I. 149. E. 379. C. IV. 223. A. V.
288. C. VII. 291 . D. VIII. 156. D. 182. B.
184. B.
Coffrie , II. 384. A.
Coglioni , VII. 118. C.
Cognac, feigneurie , V. 554. C.
Cogollado, feigneurie, III. 352. B. 353. A. mar-
quifat, III. 353. A C. 354. A B C E.
Cogotes , vicomté. IX. 416. A.
la Cogarderie , feigneurie, V. 845. B C.
Cohan, feigneurie, VI. 678. B.
Cohem, VII. 181. C.
COHEN, (Genealogie des feigneurs de la maifon de
Berghes-Saint-Winox) VIII. 695.
Cohen, feigneurie, VIII. 695. B C.
la Cohichaie, feigneurie, V. 423. B.
Cohignac, feigneurie, IV. 76. A.
Cohinac, feigneurie, VI. 770. A.
Coicault, VI. 512. A.
le Coich, VI. 673. D.
Coiffard, VI. 573. A. VII. 377. D.
Coiffy, II. 155. C.
Coignac, feigneurie, I. 136. C. 178. E. 202. B.
II. 486. C. III. 78. D. 80. A. 127. A. VIII.
243. E.
Coignax , feigneurie, VII. 461. C.
Coigné, II. 865. C.
Coignée, feigneurie, VIII. 656. B. au Maine ,
feigneurie, V. 16. D.
Coigneux, I. 525. C. VI. 474. C. 507. A. 535.
A. VII. 617. D.
Coignieres, IV. 12. A.
Coignies, comté, V. 145. C. 388. D. marquifat,
V. 145. C.
Coignon, V. 143. B D.
Coigny, comté, IX. 276. A. 309. B. Voyez Coi-
gnies & Franquetot.
Coimbre, II. 208. D. duché, I. 598. A. 668. A.
II. 600. C.
Coin, feigneurie, VII. 258. D.
Coindelor feigneurie, IX. 315. B.
Coindre, II. 40. C. 41. D.
Cointerel, I. 211. E.
Cointot, VI. 448. B.
Coiron, feigneurie, IV. 426. A B. 448. D. VII.
783. fur Loire, feigneurie, IV. 60. B.
COISLIN, duché-pairie , érigé en 1663. pour
ARMAND du Cambout, IV. 797. Pieces concer-
nant cette érection, ibid. & fuiv.
Coiflin, feigneurie, IV. 368. C. 804. C. marqui-
fat, IV. 388. C. VI. 567. B. VIII. 293. A.
duché, IV. 219. B. pairie, VII. 713. A
Coiffel , feigneurie, V. 140. C. 142. C.
Coifly, VIII. 936. D.
Coivrel, feigneurie, IV. 395. C. 396. A C. 397.
B. VIII. 540. D.
Cola Janni de l'Ifle, V. 463. C.
Colan, VIII. 651. C E.
Colanges, feigneurie, VII. 664. C. VIII. 50. B.
Colarede, feigneurie, III. 362. D.
Colares, feigneurie, I. 577. A.
Colas, II. 426. B. V. 405. D E. VIII. 807. C.
COLBERT, Edouard-François, chevalier du Saint
Efprit, IX. 231. A. Jean-Baptifle, grand-trefo-
rier des Ordres, IX. 324. B. Jean-Baptifle ,
grand-treforier des Ordres, IX. 325. B. Char-
les , grand-treforier des Ordres, IX. 326. B.
Jean-Baptifle , grand-treforier des Ordres IX.
326. C. Gilbert , grand-treforier des Ordres,
IX. 327. A. Gilbert , intendant des Ordres,
IX. 341. C.
Colbert, III. 502. A. 590. C. 591. A. 775. C.
Tome IX.

IV. 36. B. 128. E. 268. E. 327. A. 681. E.
682. B D. 685. A. 721. C. 723. A. 895. D.
V. 389. B C. 624. C. VI. 456. B. 534. D. 579.
A. VII. 307. D. 387. D. 575. B. 671. B. 712.
E. VIII. 477. B. IX. 298. C. Croiffy, III. 581.
D V. 166. C. IX. 276. A B. de Limeres, IX.
198. B. S. Mars , V. 624. C. IX. 456. B.
S. Pouange, IX. 239. B. de Terron, VI. 456.
B. 606. C. VII. 539. A. de Torcy, IX. 309. D.
481. A. de Villacerf, III. 775. C. IV. 724. A.
895. D. IX. 235. B.
Coldun, feigneurie, II. 483. B.
Colemberg, III. 89. D. V. 346. A.
Colembert, baronie , VII. 559. E.
Colerette, feigneurie, VIII. 563. A.
Colefana, comté, II. 285. D.
Colewide, feigneurie, VIII. 543. E.
Colier, II. 108. B.
Coligniere, feigneurie VII. 586. D.
COLIGNY, Odet, cardinal de Châtillon , évêque
de Beauvais, comte & pair de France, II. 300.
E. Gaspard , maréchal de France, VII. 143. C.
Gaspard , maréchal de France, VII. 463. A. Gaf-
pard , amiral de France , VII. 883. A. Fran-
çois, amiral de Guyenne , VII. 905. A. Henry,
amiral de Guyenne, VII. 905. B. Gaspard , ami-
ral de Guyenne , VII. 907. B. Gaspard , colonel
general de l'infanterie Françoife , VIII. 215. A.
François, colonel general de l'infanterie Françoife, VIII. 215. B. Charles , chevalier du Saint
Efprit, IX. 140. C.
COLIGNY, duché-pairie , érigé en 1648. pour
GASPARD de Coligny. V. 861. Pieces concernant
cette érection, ibid. & fuiv.
COLIGNY, (Genealogie de la maifon de) VII. 144.
Coligny, I. 234. B. 559. D. II. 18. B. 187. 2. C.
434. D. 444. C D. IV. 308. A. 574. B. 616.
D. V. 699. C. 732. B. 769. A. 770. B. VII.
45. A. 76. C. 141. D. 395. E. 445. B. 711.
D. 712. E. VIII. 415. B. 639. B. 717. C.
721. A B. 820. B. IX. 96. B. 471. A. fei-
gneurie, II. 15. A. 16. A. 83. C. VII. 34. B.
143. C. 144. B. 801. B. VIII. 215. A. com-
té, II. 302. D. VII. 463. A. IX. 275. A. le
Neuf, feigneurie, I. 541. D. II. 159. D. VI.
726. C.
Colin, VII. 496. A.
Colincamp, feigneurie, VIII. 627. B. 738. D.
739. A.
Colincourt. Voyez Caulincourt.
Colins, IV. 368. C. D. VI. 801. D. VIII. 107. D.
Collas, VIII. 260. C. 663. C.
Collat, feigneurie, III. 765. B.
Collaverdé, feigneurie, II. 208. A D.
Collenton, feigneurie, II. 406. A.
Collefon, VII. 855. B.
Collet, II. 256. B. IV. 82. A. V. 619. C. VI.
565. C.
Colieter, I. 264. A.
Collettes, feigneurie, IV. 504. C.
Collevain, feigneurie, II. 83. B.
Colleville, feigneurie, VII. 868. E.
Colliar, feigneurie, VII. 488. C.
Colliere, IV. 751. A. feigneurie , VIII. 561. B.
Colliers, VI. 788. C. feigneurie, IV. 715. C.
Colligny, III. 603. C. comté, III. 589. A.
Collin, IV. 409. D. VII. 474. D.
Coliogon, VI. 681. B. 682. B. Voyez Coetlogon.
Collot, VII. 715. B.
COLLOURS, Denis, aumônier, du Roi, VIII. 228. B.
Colog27 nac, feigneurie, VII. 770. D.
Cologne, I. 178. C. feigneurie, VI. 449. D. Li-
gnerac, IV. 289. B. IX. 449. * B.

Cologne, III. 86. C.

Coloizy, seigneurie, VI. 557. C.

Colomb, I. 646. B. VII. 43. C. de Tolede, I. 647. B.

S. Colomb, seigneurie, VI. 181. D.

Colombe, seigneurie, V. 127. E.

SAINTE-COLOMBE, (Seigneurs de) VII. 137. Voyez Chabannes. (Autres seigneurs de) IX. 452. * Voyez Blanchefort.

Sainte-Colombe, I. 312. D E. IV. 41. C. VII. 200. B. 447. B. 859. C. VIII. 304. E. seigneurie, II. 369. E. 431. B E. 432. B. III. 825. B. 831. C. V. 127. C. 144. D. VI. 147. B. 151. A. VII. 137. D. 202. E. 280. D. 170. C. 793. E. IX. 113. C. 452. * C. 469. A.

Colombel, seigneurie, VI. 369. E.

Colombelle, seigneurie, VII. 566. D.

Colombes, seigneurie, VII. 600. C.

Colombette, seigneurie, VIII. 337. B C. 338. A.

Colombettiere, seigneurie, VIII. 336. B.

Combey, seigneurie, II. 60. B C. 434. D. IV. 821. D. 837. E. VIII. 720. E. le Choiseul, seigneurie, I. 58. C.

COLOMBIER, Jean, vice-amiral, VII. 759. C.

Colombier, II. 121. A. VII. 665. D. VIII. 928. C. seigneurie, I. 220. B. II. 187. 2. C. V. 160. F. VII. 99. A. 892. B. VIII. 822. A.

Colombieres, seigneurie, I. 224. C. II. 36. C. 182. D. VI. 359. C. VII. 99. C. 562. A. VIII. 706. C. IX. 59. B.

Colombiers, seigneurie, IV. 562. E.

COLOMBY, (Seigneurs de) VIII. 23. B C. Voyez Houdetot.

Colomby, seigneurie, VI. 176. B. VIII. 22. B.

Colomiers, seigneurie, III. 429. D. 450. E. V. 640. C. VIII. 536. E.

Colomne, I. 671. D. VIII. 291. B.

Colon, VII. 677. C.

la Colonge, IV. 660. A. 829. B.

Colonge, VIII. 323. C. seigneurie, VIII. 337. D. 916. C.

Colonges, seigneurie, IV. 860. D. V. 267. C. VI. 678. B.

Colongue, II. 296. B. VIII. 298. B. marquisat, II. 257. C.

Colonna, VIII. 76. B.

COLONNE, Philippes, chevalier du S. Esprit, IX. 210. B.

Colonne, II. 171. B. 705. E. III. 355. B. V. 463. * C. 516. A. IX. 210. A.

Colonster, II. 798. E.

Colorno, comté, VIII. 504. A.

Com, VI. 101. C.

Comacre, II. 373. C.

Comains, VIII. 737. B.

Comans, IX. 124. A. d'Astrie, IV. 376 B. 791. D. IX. 333. B.

Comares, marquisat, III. 354. E.

Comargon, IV. 730. B.

COMARIN (Comtes de) VII. 801. Voyez Vienne.

Comarin, VII. 9. A. seigneurie, VII. 39. B. 46. D. 134. B. 802. D. comté, VII. 803. B D. VIII. 339. C.

Comarque, IX. 386. A.

Combalet, seigneurie, IV. 266. B. 293. A. 374. C.

Combatel, VIII. 492. A.

COMBAS, (Barons de) VII. 789. Voyez Pelet.

Combas, seigneurie, VIII. 243. D. baronie, VII. 789. A C.

Combaud, III. 158. A.

la Combaulde, seigneurie, VIII. 593. * * * E.

COMBAULT, Robert, chevalier du S. Esprit, IX. 84. B.

Combault, IV. 453. B. seigneurie, VIII. 808. E.

la Combe, II. 664. D. V. 747. E.

Combebonnet, seigneurie, VII. 772. D.

Combefort, VIII. 147. D.

Combert, seigneurie, VIII. 775. C.

Combes, seigneurie, I. 360. A. II. 235. A. VIII. 333. C. 589. E.

Combettes, II. 664. E.

las Combez, II. 372. A.

Comblaville, seigneurie, II. 105. C 106. B C.

Combleaut, seigneurie, V. 763. C.

Combles, seigneurie, I. 360. A. 362. C. 363. B. 365. C. baronie, IX. 471. A.

Combligneul, seigneurie, VIII. 659. C.

Comblineux, VIII. 83. C.

Comblisy, vicomté, IV. 32 B. VI. 149. C. 261. B. 562. A. VII. 169. D. VIII. 712. C.

Combon, baronie, VI. 787. C.

Comborn, III. 71. D. IV. 289. A. 450. D. V. 14. B C. 338. D. 895. B. VII. 26. A. 318. C. VIII. 243. C. 541. C. baronie, V. 154. D. 324. B. VII. 588. C. vicomté, I. 276. C. II. 464. D. IV. 193. D. 650. A. 783. D. 788. B. V. 322. D. 324. B. 749. A. VI. 84. A. VII. 305. C. 338. C. 50. B. 161. B. 242. C. 244. C. 245. B C. 246. A. 259. C.

Combort, VI. 660. C.

Combour, vicomté, VII. 176. C. VIII. 359. D.

Combourg, seigneurie, VII. 74. D. comté, I. 224. E. IV. 62. A. 792. E. IX. 377. A.

Comboursier, IV. 438. B. VIII. 820. C.

Combrailles, seigneurie, I. 302. B E. 303. D. 305. C. 314. B. 315. B D. 316. C. 317. A. 355. A C.

Combrée, seigneurie, VI. 194. B.

Combres, VI. 660. C.

Combresse, seigneurie, I. 319. B.

Combret, III. 769. C. V. 891. D. 896. D. 897. C. VII. 415. C. IX. 419. E. 422. B.

Combreuil, seigneurie, VIII. 658. B.

COMBRICNEUL, (Seigneurs de) VIII. 659. Voyez Mailly.

Combron, seigneurie, VII. 366. C.

Combronde, seigneurie, I. 211. B. II. 225. C. IV. 438. B. 439. E. VI. 67. A. 118. C. 304. A VII. 125. D. 132. B. VIII. 53. A. marquisat, IV. 19. D. VI. 523. C.

S. Côme, seigneurie, III. 615. C.

Comeau, VII. 804. E.

Comenan, IV. 83. A.

Comenge, II. 87. D. 181. A B. 197. B. 231. B. Voyez Cominges.

Comere, , VII. 460. B D.

Comin, VII. 756. A.

Comines, III. 637. C. V. 575. C. VI. 54. A. VII. 164. D. seigneurie, I. 256. D. III. 840. E. 909. D. 910. A. IV. 211. B. V. 641. D. 642. B. VI. 99. C. 707. B. VIII. 40. D. 79. D. baronie, I. 257. D. VIII. 43. D. Voyez la Clite.

COMINGES, François, chevalier du S. Esprit, IX. 193. B Gaston Jean-Baptiste, chevalier du Saint Esprit, IX. 196. C.

COMINGES, (Comtes de) II. 629. & suiv.

Cominges, I. 108. B. 368. E. 434. B. 483. E. II. 617. D. 619. B. 650. A B D. 651. E. 656. C D. 663. D. 673. A. 676. D. 705. B. 711. A. III. 344. B. 346. D. 361. C D. 363. E. 415. D. 432. B. 844. A. IV. 25. A. 165. B. 527. B. 536. A. 611. D. 665. D. V. 728. D. 731. C. VI. 75. C. 318. A. 734. C. VII. 212. C. 305. A. 392. B. 592. B. 698. C. 709. C. 916. D. VIII. 477. C. 478. B. 867. C. IX. 394. D. 397. E. seigneurie, IV. 304. A. comté,

I. 540. A. II. 618. C E. 688. B. 701. B. 707.
E. 709. E. III. 345. A. 348. D. 372. A B.
379. B. 380. AB. 414. D. 420. A BD. 422.
C. 423. D. 434. E. IV. 469. B. VI. 75. B C. 80.
B. 218. C. 318. A. VII. 94. A B. 209. C. 766.
B. 858. A. 859. D. 881. D. VIII. 57. A B. *Bur-*
niquel, II. 641. B. *Peguilhem*, IV. 665. A.
VII. 217. E. 926. B. IX. 471. D.
Commanchon, seigneurie, VI. 795. C.
Commargon, VIII. 233. C.
Commargue, VII. 59. C. seigneurie, VII. 348.
C.
Commarin, seigneurie, II. 870. E. VIII. 719.
B C. comté, IX. 113. B. *Voyez* Vienne.
Commarque, seigneurie, VII. 327. C.
Commeau, III. 774. B. VIII. 811. ** D.
Commenan, seigneurie, V. 395. F.
Commenchon, seigneurie, VII. 564. D.
Commenoilles, seigneurie, VII. 807. A.
Commequiers, seigneurie, IV. 576. B. VI. 117.
D. baronie, III. 591. B. VI. 770. C.
Commercy, I. 546. B. II. 160. B. VI. 48. C.
VIII. 348. C. 415. A. seigneurie, II. 340. C.
341. E. 375. A. III. 498. A 499. A. 735.
C. IV. 398. B. 601. A. V. 230. A. 233. F. 387.
B. 511. A. VI. 114. C. 698. B. 746. A. VII.
125. E. 146. C. 179. B. VIII. 172. B E. 427.
D. 532. A B. 865. D. souveraineté, III. 898.
A B.
Commieres, VII. 196. E. seigneurie, VIII. 332. C.
Commin, VIII. 710. A.
Commisson, seigneurie, I. 308. E.
la Commune en Brie, seigneurie, II. 106. B.
Communes, seigneurie, VIII. 332. A.
Communs, baronie, VII. 447. B.
Comnene, I. 77. D E. 540. A. II. 591. D. 592.
C. 606. A 631. E. 541. E. III. 84. A. VI. 11.
D. 22. B. VII. 117. A. *Voyez* Ange.
Compagnes, seigneurie, VII. 778. A.
Compain, seigneurie, II. 108. C.
Compaing, VI. 437. C. IX. 327. B.
Compans, VII. 651. C. seigneurie, III. 580. E.
comté, VI. 586. A. VIII. 801. D.
le Compasseur, VIII. 916. C.
Comper, seigneurie, VII. 73. E.
Compeyre, seigneurie, III. 433. A.
Compeys, V. 575. D. 610. B. seigneurie, II.
164. E. VIII. 820. A. 912. B.
Compiegne, seigneurie, III. 603. E.
Compigny-lez-Bray, sur-Seine, VII. 891. A.
Compors, seigneurie, III. 588. D.
Comps, seigneurie, II. 187. 2. C.
Compton, VII. 89. B.
Comptour, IV. 527. C. V. 571. C. VIII. 51. A.
Coms-la-Ville, seigneurie, I. 516. B C. 517. A
C. 518. B D. 519. A.
le Comtau de Blaye, seigneurie, IV. 410. C.
VIII. 806. A.
le Comte, II. 428. A. 666. B. III. 366. A. IV.
66. A. VI. 384. B. 386. B. 470. D. 503. A.
585. C. VII. 475. C. 629. B. *de Montanglant*,
IV. 767. E. VIII. 916. D. *de Voisinlieu*, VI.
261. C.
LA COMTE' (*Seigneurs de*) VII. 833. *Voyez*
Recourt.
la Comté, seigneurie, VII. 833. A. IX. 459. D.
des Comtes, VI. 803. A.
Comtesse, VII. 419. B.
Comyn, VII. 87. D.
Conac, seigneurie, III. 771. A. IV. 663. A.
VI. 56. D. baronie, VI. 457. A.
Conan, III. 586. A. IV. 616. B. VI. 770. A. 772.
C. seigneurie, IV. 730. B E. V. 610. D.

Conantes, seigneurie, V. 225. D. VIII. 892. B.
les Conardins, seigneurie, VIII. 651. D.
Conas, seigneurie, VII. 414. A. 416. D. 417.
C. 484. D.
la Conche, seigneurie, VII. 360. B.
CONCHES (*Seigneurs de*) VI. 375. *Voyez* du Bosc.
Conches, seigneurie, I. 93. C. 280. C. 284. C.
384. C D. 385. B. 386. B. 449. A. 481. A.
482. C. 483. B. II. 747. A. 775. B. 856.
E. 875. D. III. 348. B. VI. 35. D. 73. A.
249. A. 375. C. VII. 111. B. VIII. 161. B.
Concigney, seigneurie, IV. 816. A.
Concini, VII. 397. B.
CONCINO-CONCINI, maréchal de France, VII.
396. B.
Concorde, principauté, IV. 427. D.
Concorsaut, seigneurie, III. 817. E.
Concoursault, seigneurie, V. 224. E.
Concressaut, seigneurie, I. 508. A. II. 343. E.
V. 160. B. VIII. 120. C. baronie, VII. 588.
A. comté, II. 340. B C. IX. 312. C.
Condac, V. 754. B.
Condamine, seigneurie, VIII. 814. D.
Condancourt, seigneurie, VI. 296. D.
Condar, seigneurie, VIII. 819. D.
CONDE' (*Princes de*) I. 332. *& suiv. Voyez* Bourbon.
Condé, II. 125. B. 332. A. 334. B. III. 724. A.
VI. 108. A. 134. A. 168. D. 383. D. 384. A.
632. B. seigneurie, I. 318. A B. 328. B. 353.
B. 362. B. II. 280. D. 321. A. 331. E. 505. B.
756. E. 783. C. 851. E. III. 429. A. IV. 213. A.
V. 657. B C D. 658. B. 659. A. VI. 95. A. 96.
D. 107. C. 132. B. 168. D. 204. D. 383. D.
530. A. VIII. 32. A C. 33. A. 648. B. princi-
pauté, I. 194. B. 201. A. 219. C. 223. A.
344. A. 345. A B. 500. C. III. 451. D. 606.
A. IV. 170. B. 219. B. 427. D. 537. B. V. 829.
C. VII. 127. B. 517. B. VIII. 14. B. *sur-Aisne*,
seigneurie, VIII. 872. E. *en Barrois*, seigneurie,
V. 512. E. *en Brie*, seigneurie, III. 728. A.
VI. 115. B. 226. C. VIII. 544. B. lez *la-Ferté-*
au-Col, seigneurie, II. 129. B. *sur-Noireau*,
seigneurie, IV. 60. A. 52. A. vicomté, II. 83.
E. 84. B.
Condecourt, seigneurie, IX. 444. D.
Condes, seigneurie, V. 668. A. 670. A.
Condest, IV. 83. B.
Condeville, seigneurie, II. 79. D. 408. D.
Condols, seigneurie, II. 370. C.
Condolet, seigneurie, III. 767. D. 770. C.
Condom, seigneurie, II. 611. B.
Condran, seigneurie, II. 119. E. VI. 339. C. 340. D.
Condreaux, seigneurie, VII. 513. C.
Condret, seigneurie, IX. 478. B.
Condrieu, seigneurie, VIII. 926. D.
Condron, seigneurie, VIII. 492. B.
Conen, V. 403. A.
Confolens, seigneurie, VII. 200. C. 461. A.
Conflandel, seigneurie, VII. 807. C.
CONFLANS, *Eustache*, chevalier du S. Esprit, IX.
124. C.
CONFLANS (*Seigneurs de*) VI. 142. *& suiv. Voyez*
Brienne.
Conflans, I. 226. A. II. 151. A. 153. A B C.
320. D. 344. E. 434. C. 504. B. IV. 213. B.
830. C. V. 829. A. VI. 50. A. 52. B. 110. C.
114. E. 115. B. 118. C. 122. B. 176. B. 334.
C. 407. C. 638. B. 665. D. 671. B. VII. 6. C.
741. D. VIII. 614. C. 871. E. seigneurie, II.
186. A. IV. 639. A. 818. B. V. 512. A. VI.
146. C. 142. D. 168. B. 264. C. 638. B. VII.
399. E. 802. D. VIII. 355. A. IX. 304. B.
328. C. marquisat, IX. 336. A. *d'Armentieres*,

IX. 449. B. *Sainte Honorine*, seigneurie, III. 567. D. 568. B D. 569. C. 570. B. 571. B. 574. A. 575. A. 602. A. 620. A B. 643. A B. IV. 163. C. VI. 44. A. 70. A. VIII. 205. A. 397. A. baronie, II. 434. C.

Confolans, seigneurie, III. 124. B. 632. B. baronie, III. 854. C.

Confolant, seigneurie, I. 483. E. IV. 196. E. 197. AB. 652. C. VI. 67. B. 75. C. VII. 175. D. VIII. 567. C. 730. A. *Chabanois*, seigneurie, IV. 422. C.

Confolens, seigneurie, VII. 763. C.

Confolent, seigneurie, II. 366. B. comté, VII. 812. A.

CONGERVILLE (*Seigneurs de*) VIII. 237. *Voyez* Daussy.

Congerville, seigneurie, VIII. 232. E.

Conges, seigneurie, II. 342. A.

Congis, seigneurie, VI. 144. B.

Congrsierres, seigneurie, VIII. 86. B.

Congolas, vicomté, IV. 135. C. V. 196. D. 744. C. VII. 315. E.

CONGY (*Seigneurs de*) IV. 227. *Voyez* Bethune.

Congy, seigneurie, IV. 215. A B. 216. A. V. 244. F. 754. D. VI. 140. C. VIII. 804. A.

Coniers, VII. 91. C.

Conigan, II. 210. E. 225. C. 419. A. 453. A.

Conighan, VII. 19. E. 21. D. IX. 397. B.

Conigi. seigneurie, II. 129. D.

Conin, III. 82. A.

Conio, seigneurie, II. 289. B.

la Connelaye, VI. 456. B.

CONNESTABLES DE FRANCE, VI. 39. *& suiv.*

Conon, VIII. 498. C.

le Conquerant, IV. 409. B. 671. C.

Conqueras, seigneurie, VII. 450. B.

Conros, marquisat, VIII. 147. A.

CONSERANS (*Vicomtes de*) III. 366. *& suiv. Voyez* Foix.

CONSERANS (*Branche des vicomtes de*) II. 642. *& suiv. Voyez* Cominges.

Conserans, VII. 605. C. seigneurie, V. 748. E. vicomté, II. 672. E. 673. A C. III. 344. B. 346. C D. 361. D E. IV. 536. A. VII. 772. A.

Constain, VIII. 942. D.

Constant, IV. 894. C. VIII. 651. D. 872. A.

Constantin, VI. 690. A.

CONSTANTINOPLE (*Empereurs de*) I. 473. *& suiv. Voyez* Courtenay.

Constantinople, empire, I. 43. B. 71. C. 73. B. 77. D. 101. C D E. 299. A. 397. B. 412. A. 413. B C. 414. D. 415. A. 418. A. 552. B. 576. A. II. 591. D. 592. C. 606. A. 642. D. 724. E. 725. C E. 777. C. 792. B. 842. C. V. 584. A. VI. 21. D. 79. D. 132. C. 134. B. 142. C.

Constaussa, baronie, VIII. 248. B.

Contal, seigneurie, V. 177. C.

Contaville. *Voyez* Comblaville.

Contay, II. 439. A. III. 603. C. 909. E. VI. 790. B. VII. 112. A. seigneurie, IV. 182. C. 662. C. V. 769. D. VI. 52. C. 407. C. VIII. 279. C D. 281. A. 746. E. baronie, V. 769. C.

LE CONTE, *Jeanne*, I. 211. D.

le Conte, VI. 644. C. VIII. 775. E. 778. B. de *Nonant*, III. 545. A. IX. 277. B.

Contecourt, seigneurie, VI. 356. C.

Contenac, seigneurie, III. 768. A. IX. 68. A.

Contenant, seigneurie, IV. 218. B. 891. B C. baronie, IV. 857. A. 895. B. VI. 406. D. VIII. 704. C.

Contenson, seigneurie, VII. 199. E.

Conterem, VIII. 45. D.

S. Contest, seigneurie, IV. 409. B.

Conteville, II. 470. C. 875. C. VI. 167. D. seigneurie, III. 828. B. V. 161. B. 623. A. 827. A. 828. A. 829. B D. 830. A. 857. D. VII. 832. A. VIII. 82. B. 793. C.

Conti, VII. 115. D.

Contour, II. 202. C. VII. 420. B.

Contournat, seigneurie, VIII. 820. B.

Contours, seigneurie, III. 89. C.

Contremoret, VI. 502. C. VII. 84. B. 425. D. 416. B.

Contremoulins, seigneurie, VII. 875. C.

Contteras, I. 645. D. 884. B.

CONTY (*Princes de*) I. 345. *& suiv. Voyez* Bourbon.

Conty, II. 151. A. IV. 409. A. VIII. 523. B. 525. B. 650. D. 651. D. 853. C. 889. D. seigneurie, I. 333. B. IV. 217. C. 427. D. VI. 419. B. 537. C. VIII. 14. B. 653. E. baronie, III. 603. C. VII. 152. D. VIII. 655. C. marquisat, I. 332. C. IV. 218. E. 219. C. principauté, I. 175. E. 333. C E. 341. A C. 342. E. 343. E. II. 183. A. III. 487. E. V. 141. F. 466. C. 494. B C. VIII. 747. D.

CONTY-SFORCE, *Louis*, chevalier du S. Esprit, IX. 210. A.

Conversan, comté, I. 325. E. 326. A. 328. B. V. 513. B. 515. B. VI. 131. E. 126. C.

Conversano, comté, II. 474. B. III. 725. A. 726. A. 728. C. IV. 182. C. marquisat, II. 49. D.

Convez, baronie, IV. 878. C. 879. E.

Conwin, III. 918. B.

Cony, IV. 287. B.

Cookesay, VII. 91. B.

Corlcamp, seigneurie, III 916. D.

Coolle, seigneurie, VIII. 716. A.

Copequerne, VII. 564. B.

Copet, baronie, VII. 811. B.

Copierre, seigneurie, VI. 281. C. 674. B.

Copin, II. 443. A. 445. A.

Copley, VII. 395. A.

Copoly, comté, VII. 198. A.

Coppet, seigneurie, VI. 699. B.

Coppia de Cord, seigneurie, III. 814. B.

Coquainvilliers, seigneurie, VIII. 121. B.

Coquelare, seigneurie, III. 610. C.

Coquereau, VI. 536. D.

COQUEREAUMONT (*Seigneurs de*) VI. 371. *Voyez* du Bosc.

Coquereaumont, VI. 371. A. seigneurie, VI. 353. E. 371. C. VIII. 283. B.

COQUEREL, *Firmin*, chancelier de France, VI. 329. C.

Coquerel, seigneurie, VI. 782. C.

Coquet, VIII. 151. A.

Coquillette, II. 124. B.

Corabœuf, seigneurie, IV. 848. A.

Cotail, I. 511. B.

Corançais, seigneurie, III. 586. B.

Coratil, seigneurie, II. 543. C.

Coraze, seigneurie, VI. 259. C. *Voyez* Coaraze.

Corbais. *Voyez* la Fare.

Corbande, I. 144. A.

Corbanton, seigneurie, VII. 478. E.

Corbarieu, seigneurie, II. 674. B. 675. D.

Corbeau, VIII. 913. E.

Corbessy, seigneurie, IV. 652. E.

CORBEIL, *Pierre*, chancelier de France, VI. 298. D. *Jean*, maréchal de France, VI. 657. A.

Corbeil, I. 517. D. II. 150. C. VI. 629. C. 657. B. VIII. 198. B. vicomté, II. 213. B. III. 683. A. VI. 444. B. VII. 255. B. VIII. 264. A. 527. B.

527. B. comté, II. 465. E. 466. A. III. 666.
A. VI. 33. D. 245. D. VIII. 722. A. 863. A.
le Cerf, seigneurie, III. 587. C.
Corbenaut, seigneurie, VII. 892. E.
Corbenpré, seigneurie, II. 205. D. baronie, II. 206. E.
Corberan, seigneurie, VIII. 79. A. 338. D.
Corberin, seigneurie, II. 859. A.
Corberon, seigneurie, VII. 641. A. Baronie, III. 610. B.
Corbert, seigneurie, VIII. 652. A.
Corbery, seigneurie, IV. 674. D.
Corbespine, seigneurie, III. 91. B.
Corbeville, seigneurie, II. 107. E. 108. ABDE. VII. 63. C.
CORBIE, Arnaud, chancelier de France, VI. 346. D. Huet, commis à la charge de l'écurie, VIII. 472. A.
CORBIE (Genealogie de) VI. 347.
Corbie, II. 106. E. VI. 116. A. 347. D. VIII. 266. B. 423. B. 691. E. 799. A.
Corbie, abbaye, I. 25. A B.
Corbieres, I. 319. D. seigneurie, VII. 342. C. VIII. 170. A.
Corbigny, seigneurie, II. 858. B.
la Corbilliere, seigneurie, VI. 558. D.
Corbinelli, III. 387. C. 890. C.
la Corbiniere, seigneurie, VII. 234. B. 385. E.
Corbon, II. 432. D. IV. 453. B. 454. D. Romagere, VIII. 593. D.
Corbonne, seigneurie, II. 705. B.
CORBONS (Seigneurs de) devenus princes de Monaco, IV. 491. Voyez Grimaldi.
Corbons, seigneurie, V. 281. D. marquisat, IV. 494. D. 495. B. VIII. 303. B. Voyez Courbons.
Corcelles, seigneurie, VII. 811. B.
Corcheval, seigneurie, VII. 446. D.
Cordau, VII. 642. B.
Corday, seigneurie, V. 149. F.
Cordebœuf, IV. 441. A. VIII. 824. B. IX. 115. B. seigneurie, VII. 151. D. de Beauverger de Mantgon, VIII. 822. D.
Cordekin. Voyez Cortygin.
Cordelier, VI. 382. C.
Cordemais, seigneurie, IX. 474. E.
Cordes, III. 594. B. VIII. 73. B. seigneurie, VII. 197. C. VIII. 79. A.
Cordez, seigneurie, VII. 134. B.
le Cordier, II. 124. A. 128. B. VIII. 134. E. IX. 483. A. de Bigars de la Londe, VIII. 810. * E. du Tronc, VII. 393. A.
la Cordille, seigneurie, II. 861. A B.
Cordiron, seigneurie, V. 669. C. 671. A.
Cordon, seigneurie, VI. 110. A. 731. C.
LE CORDONNIER, Jean, pannetier du Roy, VIII. 609. C.
Cordonnoy, seigneurie, VIII. 795. B.
Cordouan, IV. 474. A. VII. 607. C.
Cordoüe, I. 633. B. 648. C. 685. D. III. 355. A. V. 526. B D E. VIII. 38. A. Arragon, I. 293. D. 648. C. Bocanegra-Colomb, I. 686. B. Cardonna d'Arragon, IX. 296. B. Cardonne & Requesens, I. 653. A. Figueroa, IX. 295. A. Velasco, I. 290. E. 627. D. IX. 378. A.
Cordoux, seigneurie, VIII. 551. D. baronie, VII. 435. D.
Core, seigneurie, VII. 925. C.
Corella, IX. 289. C. Mendoza, I. 193. D. V. 528. C.
Corelles, seigneurie, IV. 861. D.
Corenssans, seigneurie, II. 676. B.
Corgenon, VII. 44. E. IX. 425. D. seigneurie, VIII. 331. C.
Tome IX.

Corges, seigneurie, VII. 148. C.
LE CORGNE, Henry, chancelier de France, VI. 380. B.
CORGUILLERAY ; Jean, maître veneur du Roy, VIII. 687. B. Philippes, maître de la vennerie du Roy, VIII. 688. B.
Coria, marquisat, I. 293. C E.
Corigliano, comté, I. 419. B.
Corik, comté, IX. 403. D.
Coriolis, II. 296. C. 299. D.
Corlat, seigneurie, IV. 131. B. VII. 309. D.
Cormatin, seigneurie, VII. 661. D. 662. C. VIII. 810. E.
Cormeille, seigneurie, I. 439. D.
Cormeilles, VI. 355. C. seigneurie, II. 120. B. VI. 596. A. VII. 181. C. VIII. 795. B.
CORMES (Seigneurs de) VI. 437. Voyez Briçonnet.
Cormès, seigneurie, VI. 437. B.
Cormettes, seigneurie, VIII. 645. A. 697. A.
Cormier, VII. 188. A. seigneurie, VIII. 119. D.
Cormillé, seigneurie, VIII. 575. A.
Cormononcle, seigneurie, VII. 430. C.
Cormont, seigneurie, V. 845. D. Voyez Courmont.
Corn, V. 359. E. seigneurie, VIII. 164. D.
Cornabuc, seigneurie, II. 77. B.
les Cornais, seigneurie, IX. 461. C.
Cornaro, II. 601. C. VI. 132. B.
Cornassac, VII. 372. B.
Cornay, seigneurie, IV. 864. B. VIII. 26. C.
Corné, II. 672. A. VII. 575. A.
Corne, seigneurie, I. 370. B.
Corneilhon, II. 372. D.
Cornetllan, VII. 282. A. seigneurie, VII. 271. A.
la Corneille, seigneurie, V. 129. C. F.
Corneilles, seigneurie, IV. 756. A. VIII. 440. A.
Cornel, II. 642. E.
Cornet, seigneurie, I. 263. D.
Cornetz, seigneurie, VI. 458. D.
Corneuil, seigneurie, VI. 758. D. VII. 868. C.
la Cornbeufe, VI. 370. B. VIII. 699. B.
Cotnier, VIII. 811. ** B.
Cornieres, seigneurie, V. 143. A.
Cornil, VII. 268. B. 334. C. 406. C. 927. C. seigneurie, VII. 343. E.
Cornilhan, VI. 198. A. IV. 136. C. VII. 314. E. baronie, IV. 900. A.
la Corniliere, seigneurie, VII. 526. A.
Cornillac, seigneurie, VII. 291. A.
Cornillan, III. 762. C. seigneurie, III. 369. B. baronie, IX. 451. C. Voyez Alrics.
la Cornilliere, IV. 802. C.
Cornillon, VIII. 298. C. 894. A. seigneurie, II. 14. E. 158. D. IV. 31. B. V. 673. A. VI. 391. B. VII. 202. E. 342. B. baronie, IV. 31. D.
Cornod, VIII. 330. C.
Cornon, V. 666. D. seigneurie, ibid.
Cornouaille, V. 126. D. seigneurie, VII. 502. B. comté, II. 406. A E. 485. E. 838. A. III. 44. E. 48. B. 52. A. 289. B.
Cornousec, seigneurie, VII. 791. A.
Cornouteral, seigneurie, VII. 770. D.
le Cornu, VII. 387. A. IX. 88. A.
Cornulier, VIII. 364. E.
Cornullier, III. 601. B.
la Cornulliere, seigneurie, V. 421. B.
Cornus, seigneurie, II. 701. D.
Cornussan, baronie, VI. 220. D.

D 2

Cornusson, seigneurie, III. 859. B. IX. 81. C. baronie, IV. 136. A.

Cornuti, II. 240. C.

Cornuy de S. Jean, seigneurie, II. 318. A.

Cornuy, vicomté, III. 432. B D.

Corolin, IV. 307. D.

Coromeo, III. 608. D.

Coronel, I. 585. D. VI. 163. A.

Coroy, seigneurie, VI. 370. A.

le Corp, I. 262. D.

Corpalay, seigneurie, II. 413. C.

Corpoy, seigneurie, VI. 421. B.

Corquilleray, VIII. 643. A.

Corrabeuf, seigneurie, VI. 419. C. VII. 247. C. 251. A. Voyez Corabœuf.

Correa, I. 691. A. IV. 502. A.

Corregio, VIII. 504. A.

Cortensan, seigneurie, IV. 665. D. V. 177. F. baronie, VII. 213. C. 265. C.

Correo, I. 649. A.

le Correur, V. 89. E.

Courrouet, seigneurie, VII. 176. C. VIII. 359. D.

Corroy, seigneurie, IV. 823. A. V. 652. C. le Grand, seigneurie, ibid.

CORRUCHE (Commandeurs de) sortis des commandeurs d'Avis, I. 678. & suiv. Voyez Portugal.

Cors, seigneurie, II. 863. C. 864. A C. 865. A IV. 233. D. 572. A. 770. C. 875. A B. 876. B. VII. 710. E. VIII. 115. D E. baronie, III. 652. A.

Corsac, seigneurie, V. 265. E.

Corsant, VIII. 149. B. seigneurie, VII. 150. C.

CORSE, Alfonse, dit d'Ornano, maréchal de France, VII. 391. B.

Corse, comté, V. 224. C.

Corsgene, seigneurie, VII. 106. A.

Corsingue, seigneurie, II. 165. B C E.

Corswaren, I. 164. A.

la Cortade, seigneurie, VII. 187. E.

Cortandon, seigneurie, VII. 690. D. comté, IV. 878. B.

Corte, VIII. 84. C.

Cortelery, VI. 414. C.

Cortera, seigneurie, III. 589. A.

Corte-Real, I. 659. C. 666. A. 667. B.

CORTEZ (Comtes de) I. 288. C D. (marquis de) I. 290. D E.

Cortez, seigneurie, V. 524. A. marquisat, IX. 378. A.

les Cortils, seigneurie, IX. 452. * C.

Corton, seigneurie, VI. 190. A.

Cortone, seigneurie, VIII. 96. C.

Corttese, seigneurie, II. 335. G.

Cortygin, II. 796. D.

Corvati, duché, V. 463. * C.

Corvedale, seigneurie, VI. 697. B.

Coruet, VII. 792. D.

Coruna, comté, I. 305. A. 686. B.

Cos, seigneurie, VII. 186. E. 187 D.

Cosambra, seigneurie, VII. 690. D.

Cosme, seigneurie, VII. 502. D.

Coskaer, Voyez la Vieuville.

Cosker. Voyez ibid.

S. Cosme, seigneurie, IV. 468. D. baronie, II. 438. A.

COSNAC, Daniel, commandeur du S. Esprit, IX. 250. C.

Cosnac, VIII. 244. C. 248. B. seigneurie, II. 521. E. IV. 786. D. VII. 82. D. VIII. 590. A. IX. 398. B. baronie, VII. 456. E. comté, IV. 375. C. 376. B. 567. A. V. 151. D E F.

VII. 936. B. VIII. 766. C. Voyez Cognac.

Cosne, VIII. 234. B. seigneurie, II. 498. B.

Cosnoal, VIII. 648. A.

Cosquat, VIII. 810. * * D.

Cosquer, seigneurie, IX. 345. A.

Cosqueron, seigneurie, VII. 530. B.

Cosquier, VIII. 362. B.

Cossa, II. 244. D. IV. 501. B. VIII. 371. A.

Cossart, VIII. 792. D.

Cosse, Charles, maréchal de France, VII. 205. B. Artus, maréchal de France, VII. 236. B. Charles II. du nom, maréchal de France, VII. 378. A. Charles I. du nom, maître de l'artillerie du Roy, VIII. 178. D. colonel de l'infanterie Françoise, VIII. 214. B. Timoleon colonel de l'infanterie Françoise, VIII. 217. C. Philippes, grand-aumônier de France, VIII. 266. C. René, premier pannetier du Roy, VIII. 672. D. Charles, I. du nom, grand-pannetier de France, VIII. 673. B. Artus, grand-pannetier de France, VIII. 674. A. Charles II. du nom, grand-pannetier de France, VIII. 674. B. François, grand pannetier de France, VIII. 675. A Louis, grand-pannetier de France, ibid. Timoleon, idem ibid. Artus-Timoleon-Louis, idem ibid. Charles-Timoleon-Louis, grand-pannetier, VIII. 676. A. René, grand-fauconnier de France 756. B. Charles I. du nom, grand-fauconnier, VIII. 756. C. Timoleon, idem ibid. 757. A. Charles II. du nom, idem, 757. B. Artus, chevalier du S. Esprit, IX. 53. C. Charles, chevalier du S. Esprit, IX. 112. B. François, chevalier du S. Esprit, IX. 161. C. Timoleon, chevalier du S. Esprit, IX. 205. B.

COSSE'-BRISSAC (Genealogie de la Maison de) IV. 310. & suiv.

Cosse' (Comtes de) puis ducs de Brissac, pairs de France, IV. 326.

Cosse, I. 333. A. III. 604. D. 897. B. IV. 127. C. 335. A. 411. A. 566. A. 625. C. 643. B. V. 609. B. 611. B. 837. C. VI. 552. A. VII. 306. B. 383. E. 435. D. 467. C. 475. E. 720. C. VIII. 251. B C. 787. B. seigneurie, VII. 514. D. en Anjou, seigneurie, V. 609. B. Brissac, I. 700. E. VI. 580. C. VIII. 502. A.

Cosselaër, II. 796. C.

Cosseville, seigneurie, V. 149. A.

Cossez, II. 117. D.

Cosson, seigneurie, VII. 159. B.

Costa, IV. 501. B. VI. 416. A.

Costavol, VII. 359. D.

Costaussa, seigneurie, IV. 22. E.

Coste, I. 523. C. IV. 228. A. 453. B. V. 754. D. VII. 787. C. seigneurie, VII. 213. C. 527. D.

LA COSTE (Seigneurs de) II. 253. & suiv.

LA COSTE (Autres Seigneurs de) établis à Grenoble, II. 255. & suiv.

LA COSTE (Autres Seigneurs de) VIII. 486. Voyez Frotier.

la Coste, V. 189. C. VIII. 804. A. seigneurie, II. 243. C. 249. D. 250. A D. 251. A C. 253. B. 294. E. III. 90. B E. 91. B. 915. C. V. 291. C. VI. 572. D. VIII. 164. C. 486. B. S. André, seigneurie, III. 769. B. V. 266. B. d'Avignon, seigneurie, II. 245. A. au Chapt, seigneurie, VIII. 668. D.

LA COSTE-MOYRANNE (Seigneurs de) II. 254. & suiv.

COSTENTIN, Anne-Hilarion, maréchal de France, VII. 627. D. vice-amiral, VII. 911. B.

COSTENTIN (Genealogie de) VII. 628.

Coſtentin, IV. 444. A. V. 742. C. VII. 628. C. IX.
167. B. vicomté, II. 468. D. 76. C. V. 127. E.
Coſtes, ſeigneurie, II. 185. 2. E.
Cotances, ſeigneurie, II. 187. C.
Cotecoſte, ſeigneurie, VI. 376. B.
Cotereau, II. 425. C. 427. B. 428. D.
Cote-Roſſe, ſeigneurie, V. 747. D.
Cotet, VII. 348. A. de Brars, H. 655. C.
Cothereau, VIII. 286. B. 287. A.
Cothet, II. 398. A.
Cotignac, ſeigneurie, II. 244. A. baronie IX. 419.
C.
COTIGNON, Gabriel, genealogiſte des ordres dû
Roi, IX, 343. C. Nicolas, genealogiſte des or-
dres du Roi, IX. 344. A. Joſeph-Antoine, ge-
nealogiſte des ordres du Roi. IX. 344. B.
Cotrel, I. 259. D.
Cotrelle, V. 844. B.
Cotron, marquiſat, II. 202. B C. 204. A B D.
205. A D. IV. 34. A. 530. C.
Cottainville, ſeigneurie, VI. 548. A.
la Cottardaye, ſeigneurie, IV. 793. A. V. 494.
F. VII. 723. C.
Cotte blanche, V. 416. C.
Cotte brune, ſeigneurie. IV. 860. E. VI. 370. A.
VII. 182. B. baronie, VI. 370. B.
Cottebule, ſeigneurie, VIII. 102. C.
Cottelier, IX. 205. A.
COTTENES, (Seigneurs de) bâtards de Melun-
Epinoy, V. 238. & ſuiv.
Cottenes, V. 239. A. ſeigneurie, VI. 704. C.
Cottereau, III. 914. A. V. 610. D.
Cotterel, VIII. 83. B. 85. C.
Cottet, VII. 330. A. 777. D.
Cottier. Voyez le Clerc.
Cottrignon, VII. 504. B.
Cottin, IV. 763. A.
Cottinville, baronie, IX. 461. D.
Cotton, VI. 473. C. 559. B. VII. 90. A B. ſei-
gneurie, VII. 117. D. de Landwade, VII. 90. B.
Coagne, VII. 618. D.
la Couarde, ſeigneurie, VII. 459. B.
Coüart, I. 352. B.
Coubert, ſeigneurie, IV. 216. D. VII. 431. D. 434.
A. 438. D. comté, VII. 609. B. VIII. 487. A.
Coubertin, ſeigneurie, VI. 541. D.
la Coubiere, ſeigneurie, II. 137. A.
Coublans, ſeigneurie, II. 170. C. marquiſat II.
143. E. 212. D. IV. 839. D. IX. 392. A.
Coubron, ſeigneurie, III. 915. B.
Coucault, VIII. 652. A.
Couché de Luſignan, IX. 776. B.
Coucherel, ſeigneurie, IX. 237. D.
COUCHES, (Seigneurs de) I. 560. & ſuiv. Voyez
Bourgogne.
Couches, II. 345. E. ſeigneurie, I. 557. A. IV.
529. A. VI. 66. A. VII. 798. D. baronie, IV.
658. D E. 659. A. 874. C E. VII. 501. E. vi-
comté, IV. 540. A.
Coucy, baronie-pairie, érigée en 1404. pour LOUIS
DUC D'ORLEANS, III. 241. Nouvelle érection
en 1515. pour CLAUDE DE FRANCE, III. 453.
Coucy, Raoul, évêque & comte de Noyon, pair
de France, II. 415. E. Robert, maréchal de
France. VI. 620. D. Enguerand, grand-bou-
teiller de France, VIII. 542. A.
COUCY, (Genealogie des ſeconds fires de) ſortis des
comtes de Guines, VIII. 542. & ſuiv.
Coucy, I. 56. C E. II. 6. B. 7. E. 41. C. 87. D.
149. E. 151. D. 164. A. 320. E. 331. C. 416.
A. 501. C. 505. D. 662. B. 729. E. 743. A.
764. C. III. 83. B. 322. B. 343. D. 907. B.
IV. 53. C. 213 A. 214. A. 819. C. V. 132. C.

118. E. 335. C. 508. E. 514. D. 644. D. 657.
A. VI. 33. A. 51. D. 55. C. 110. D. 114. D.
115. B C. 122. C. 125. A. 126. A. 134. A.
158. B. 160. C. 209. C. 254. C. 276. B. 379.
A. 405. B. 639. A. 665. B. 699. C. 721. A.
728. C. 792. C. VII. 110. C. 181. E. 740. D.
VIII. 12. C. 32. D. 343. E. 413. D. 527. A
E. 543. D. 572. C D. 616. C. 629. A. 632.
A. 646. C. 736. A. 865. A. 866. D. 868. D.
ſeigneurie, I. 136. D. 205. A. 207. E. 251. C.
323. A. 424 E. 425. E. 445. A. II. 96. C.
150. A. 736. D. 774. D. 776. D. 836. C. III.
171. C. V. 132. C. 514. D. VI. 106. C. 126. A.
134. A. VII. 745. A. VIII. 402. B. 544. B.
651. A. 862. A. 872. A. baronie I. 128. D.
203. B E. comté, II. 317. D. ſur-Epte, ſei-
gneurie, VI. 383. D. Veruins, II. 345. A. VIII.
533. C.
Coude, ſeigneurie, IV. 524. B.
Coudercy, VII. 285. D.
Coudeſaygues, ſeigneurie, VII. 303. E.
Coudioux, ſeigneurie, VII. 25. A.
COUDRAY, (Seigneurs du) II. 450. C.
Coudray, VII. 547. B. VIII. 809. * B. ſeigneurie,
I. 487. E. 498. B. II. 377. A. 425. A. IV. 367.
A. V. 582. A. VI. 164. D. 473. C. 483. A.
674. B. 679. D. 681. B. 682. A. VII. 221. C.
230. D. VIII. 116. C. 640. A. 887. A. 891.
A. IX. 80. A. 280. B. 328. B. 451. *D. 460.
E. 481. D. Maconart, ſeigneurie, II. 447. B.
448. A C D. 449. A. Monin, ſeigneurie, III.
92. A. VIII. 693. B. 902. C. Montpenſer, IX.
100. A. Voyez Doyen.
la Coudraye, V. 417. D. VII. 895. D. ſeigneurie,
II. 122. D. III. 643. A. V. 419. C D E. 645.
B.
les Coudrayes, ſeigneurie, III. 649. A B. 650. A
C. 651. A C. IV. 387. B.
la Coudre, V. 418. C. ſeigneurie, IV. 186. A.
V. 418. D. 510. D. VI. 646. C.
Coudreau, VII. 655. D.
Coudron, ſeigneurie, VIII. 694. A.
Coudun, I. 53. A. 55. A. VII. 17. C. VIII. 921.
C. ſeigneurie, IV. 396. C. 397. B D. V. 769.
D. VII. 444. B. VIII. 281. A. 615. D. 701.
Coüe, VIII. 143. A. 490. B. 693. E.
Coué, IV. 162. B. 458. E. V. 147. A. VI. 597.
A. VII. 434. E. 618. B. ſeigneurie, II. 708. B.
IV. 448. D. Verac, marquiſat, IX. 140. C.
279. C. Voyez S. Georges.
Couet, III. 776. B. IV. 495. B. VIII. 301. C.
305. B. 307. B. IX. 86. A.
Couettes, VII. 853. A. VIII. 586. A.
Couffolans, ſeigneurie, IX. 394. A. baronie, IX.
439. A.
Cougny, ſeigneurie, VI. 686. B.
Couhé, II. 417. E. ſeigneurie, III. 80. C.
Coüillan, ſeigneurie, I. 602. C.
Covillan, ſeigneurie, I. 574. B.
Coviſſac, ſeigneurie, III. 838. E. VII. 357. A.
Coulaines, ſeigneurie, III. 490. A.
Coulanes, ſeigneurie, III. 636. A.
COULANGES, (ſeigneurs de) VII. Voyez Beauvoir.
Coulanges, IV. 238. A. ſeigneurie, VI. 418. A.
VII. 1. A. 4. E. 9. E. 342. D. 431. C. VIII.
319. A. 329. A. la Vineuſe, ſeigneurie, IV. 754.
A. VIII. 551. D.
Coulans, baronie, III. 640. B.
Coulches, ſeigneurie, IV. 530. D.
les Couldreaux, ſeigneurie, VIII. 922. B.
Couldroy, ſeigneurie, I. 493. E.
Couleixae, ſeigneurie, VII. 285. D.

Coulens, VII. 175. E.
Coulmiers, seigneurie, IV. 683. C.
Coulombaut, VI. 351. A.
Coulombier, seigneurie, VI. 716. D. VIII. 791. B.
Coulombiers, seigneurie, V. 832. B.
Coulomby, seigneurie, V. 144. D.
Coulomiers, duché-pairie, érigé vers l'an 1556. pour Henry d'Orleans II. du nom, duc de Longueville, V. 900. Pieces concernant cette erection, ibid. & suiv.
Coulomiers, seigneurie, III. 377. D. en Brie, seigneurie, I. 287. D. 352. C. VIII. 14. A.
Coulomne, seigneurie, VIII. 874. C.
Coulon, VI. 564. D. VIII. 69. A. seigneurie, VI. 160. C. VII. 517. C.
Coulon de S. Paul, Jean, panmetier du Roi, VIII. 608. A.
Coulonce, baronie, VII. 514. A.
Coulonge, seigneurie, III. 651. B.
Coulonges, IV. 34. C. 480. B. VII. 7. B. seigneurie, VII. 637. B. les Royaux, V. 140. A. IX. 145. C. 175. D.
Coulonvilliers, seigneurie, V. 830. B. 831. A B. VII. 746. D.
Couloubrés baronie, VIII. 249. A.
Couloutre, seigneurie, IV. 849. B.
Coupainville, seigneurie, VI. 360. D.
Coupe, seigneurie, V. 393. A.
Coupé, seigneurie, VI. 101. B.
Coupel, seigneurie, VIII. 822. C.
Coupevray, seigneurie, III. 650. D. IV. 61. D. 62. B. 63. B. 64. A.
Coupiac, vicomté, IX. 428. A.
Coupignies, comté, III. 614. E. V. 841. A.
Coupigny, I. 255. B. seigneurie, V. 657. E. VI. 174. A. VII. 711. B. VIII. 156. A. 698. B. 912. E. 913. D. IX. 91. A. comté, V. 657. A. marquisat, III. 387. C. IV. 223. D. Voyez Coupignies.
Couprey, seigneurie, VII. 48. B.
la Coupriere, seigneurie, V. 242. E.
Coupvray, seigneurie, II. 59. B. 105. C D. 106. A E. 107. B.
la Cour, H. 386. B. V. 393. A. VI. 541. D. 545. D. IX. 342. A. seigneurie, III. 367. B. IV. 664. A. V. 393. A. VII. 600. D. d'Arcenay, seigneurie, VII. 48. C. d'Arrenay, seigneurie, IV. 874. E. d'Averly, seigneurie, VII. 890. E. 891. D. d'Ausseville, seigneurie, VIII. 810. E. au Berruyer, seigneurie, VII. 505. E. 619. B. VIII. 257. B. des Bois, seigneurie, VIII. 810. B. de Bonet, seigneurie, IV. 809. B. Bourmeville, seigneurie, VI. 358. C. du Broc, seigneurie, IV. 599. B. de Chevenon, VII. 417. B. le Comte, seigneurie, VIII. 21. B E. sur Loire, seigneurie, IV. 710. D. VI. 505. D. d'Oisy, seigneurie, VI. 151. D. Roland, seigneurie, IV. 459. B. d'Usseau, seigneurie, VII. 28. C.
Courail, VIII. 246. C.
Courance, seigneurie, II. 385. B. IV. 640. E. 767. A. 768. D. VIII. 945. E.
Courant, VI. 365. C.
Couraud, IV. 751. A. VI. 573. C.
Couraude, VII. 615. E.
Courault, VIII. 114. C. 486. B.
Couraut, V. 418. A.
Couraux, VI. 194. B.
du Couray, IV. 451. E.
Courbanton, IV. 728. B.
Courbas, seigneurie, VII. 337. A.
Courbat, seigneurie, VI. 418. B. VII. 506. B.
la Courbe, IV. 80. C. V. 382. B. seigneurie, IV.

671. D. 730. C. VII. 526. C. VIII. 80. B. IX. 88. A.
Courbesi, baronie, VII. 335. C.
Courbeville, seigneurie, III. 633. A B. VIII. 729. A.
Courbevoye, seigneurie, IV. 404. C. 763. A.
Courbieres, seigneurie, VIII. 301. B.
Courbon, seigneurie, V. 141. E.
Courbons, (Marquis de) V. 284. Voyez Brancas.
Courbons, marquisat, V. 284. C. Voyez Corbons.
Courboulain, VIII. 150. A.
Courbuisson, seigneurie, V. 415. E. 416. A.
Courcelette VI. 803. A.
Courcelier, seigneurie, III. 636. A.
la Courcelle, VII. 654. B.
Courcelles, Philippes, grand-échanson de France, VIII. 576. C.
Courcelles, (Seigneurs de) II. 406. & suiv.
Courcelles, V. 242. E. 243. C E. VII. 141. D. 151. C F. 642. D. VIII. 128. D. 248. D. 791. B. 860. A. 875. B. IX. 417. C. seigneurie, I. 380. B. 490. A. 491. A. 515. A. II. 167. E. 306. D. 342. A. 344. B. 347. B. III. 577. A. 580. E. 581. B E. 648. A. IV. 163. C. 186. A. 286. D. 642. C. 871. E. 872. E. 894. D. V. 89. C. 656. C. 669. D. 831. B. VI. 147. B. 348. C. 522. C. 540. D. VII. 151. E. 255. C. 438. C. 644. B. 807. C. 825. B. 849. D. VIII. 50. D. 62. C. 205. A. 215. B. 329. A. 341. B. 524. B. 738. D. 791. B. 792. A. IX. 315. C. 327. B. baronie, II. 85. B. VIII. 917. C. IX. 321. B. marquisat, II. 68. D. IX. 328. A. de Chanrose, VII. 647. D. le Roy, seigneurie, VI. 115. C. VII. 151. A. VIII. 647. B. en Santerre, seigneurie, V. 830. B.
Courcelles-la-Garenne, (Genealogie des seigneurs de) du nom de Beaumont, VI. 658.
Courcelles-la-Garenne, seigneurie, VI. 659. C.
Courcelles sur Marne, seigneurie, II. 129. A.
Courcenay, seigneurie, IV. 897. A. IX. 399. A.
Courceriers, seigneurie, VII. 224. B. 583. E.
Courceulles, VI. 551. C.
Courchamp, seigneurie, VIII. 810. ** B.
Courcieux, baronie, VII. 711. A.
Courcillon, Philippes, chevalier du S. Esprit, IX. 229. B.
Courcillon, IV. 269. D. 563. D. 749. E. 750. A C. VIII. 160. A. 870. D. IX. 428. C. 431. D. seigneurie, I. 150. D. II. 87. E. VIII. 586. A. marquisat, VIII. 248. A. IX. 229. C.
Courcondray, seigneurie, V. 669. A C. 670. A C. baronie, V. 669. C. 671. A 672. C.
Courcouronne, seigneurie, VIII. 810. ** D. 812. * C.
Courcy, VI. 257. B. 691. A. VII. 471. C E. 867. E. seigneurie, III. 587. B. IV. 79. V. 84. A. 617. C. baronie, IV. 166. A. VII. 549. D. VIII. 90. B. marquisat, VII. 574. D.
Courdemanche, seigneurie, II. 82. A. VIII. 787. D.
Courdimanche, seigneurie, IV. 402. C.
Courferant, VI. 160. B.
Courgnollée, seigneurie, VII. 28. B.
Courgnoulaud, seigneurie, III. 89. C. 90. A.
Courieres, seigneurie, III. 574. B. 607. C. 613. A B. VIII. 77. B. 155. E. 156. A.
Courlandon, VIII. 869. B. seigneurie, I. 433. C D. VI. 122. A.
Courlanges, VII. 463. C.
Courmelin, I. 498. B.
Courmoncle, seigneurie, VIII. 893. C.
Courmoat, seigneurie, V. 836. A. Voyez Cormont.
Courmehant,

Courmehant, seigneurie, I. 380. B.
Cournil, V. 752. A.
Cournillon, seigneurie, II. 295. A.
Cournon, seigneurie, I. 245. B.
Couronne, VII. 279. B. seigneurie, VIII. 527. D.
Couronneau, IV. 170. C.
Couroy, VI. 443. A. seigneurie, III. 708. B. 727. D. V. 656. A. Voyez Corroy.
Courpalay, V. 347. C. seigneurie, I. 518. B. 519. A B. II. 423. A. V. 346. C. 347. E. 349. B.
Courpoutrain, seigneurie, IV. 448. C. 449. B.
Courras, seigneurie, V. 742. C.
Courrieres, seigneurie, V. 229. A.
Courroy, seigneurie, VII. 15. B.
la Courtoye, seigneurie, V. 845. D.
Cours, VII. 655. B. VIII. 596. **** B. seigneurie, I. 507. A C. V. 831. A. VII. 654. C. 786. D. VIII. 150. A. baronie, VII. 788. D. les Barres, seigneurie, I. 486. A. 487. C E. VI. 387. C.
Coursac, VII. 787. E.
Coursan, seigneurie, VIII. 892. B. baronie, VIII. 324. C. 648. E.
Coursanc, baronie, V. 613. E.
Coursaut seigneurie, I. 509. B.
Courset, baronie VII. 560. B.
Coursin, III. 842. D.
Courson, seigneurie, VII. 5. B. le Faux, seigneurie, VI. 787. A.
le Court, III. 585. A.
LA COURT, Louis, receveur general du Marc d'or, IX. 355. C.
la Court, VIII. 661. B. seigneurie, V. 147. A. VII. 509. D. VIII. 561. C.
Courtabœuf, seigneurie, IV. 41. B.
Courtade, VII. 484. E. seigneurie, II. 177. D.
Courtagnon, seigneurie, V. 84. E.
Courtaimbault, seigneurie, IX. 443. B.
Courtairon, seigneurie, VIII. 916. C.
Courtalain, seigneurie, II. 418. E. III. 581. B. 582. A. 583. A B C. IV. 537. C. 732. C. VI. 342. A. VII. 48. C. 169. D.
Courtalieroüe, seigneurie, III. 896. B.
Courtalvert, IX. 66. B.
Courtampierre, seigneurie, IV. 753. A. IX. 465. C.
Courtanvaux, marquisat, III. 651. C. 652. B. IV. 431. A. 603. C. 642. A. 674. A. 793. D.
Courtarvel, IV. 632. B. V. 494. A E. IX. 228. C.
Courtavant, vicomté, VI. 583. A.
la Courtaubois, seigneurie, III. 617. A C.
Courtaumer, baronie, VII. 22. B.
Courtauville, baronie, VII. 435. E.
Courreau, seigneurie, VIII. 150. A.
Courtebonne, seigneurie, VI. 261. C.
Courtebourne, seigneurie, VIII. 278. C. 282. A. marquisat, IX. 319. B.
COURTECUISSE, Jean, aumônier du Roi, VIII. 230. B.
Courteheuse, VI. 783. A.
Courteilles, seigneurie, V. 141. D E. IX. 97. B.
Courtejoye, VI. 101. A.
Courtemaille, seigneurie, VIII. 698. A.
Courtemanche, seigneurie, II. 82. A. VI. 545. C. VIII. 795. A B C.
Courtembus, seigneurie, VIII. 84. B.
Courtemont, seigneurie, II. 129. B.
Courtempierre, seigneurie, VIII. 793. B.
COURTENAY, Jean, archevêque de Reims, II. 8. B. Robert, archevêque de Reims, II. 9. C.
Tome IX.

Edouard, amiral de France, VII. 838. A. Robert I. du nom, bouteiller de France, VIII. 517. A.
COURTENAY, (Seigneurs de) I. 473. & suiv. (Anciens seigneurs de) I. 527. & suiv. (Seigneurs du nom de) en Angleterre, I. 530. Genealogie de la maison de) en Angleterre, VII. 838.
Courtenay, I. 81. A. 101. C. 383. C D. 397. B. 413. B. 499. C. 524. C. 552. A. II. 10. C. 493. A B. 725. C. 731. E. 848. E. 849. B D. 856. E. 865. E. III. 159. D. 161. B. 172. B. 200. B 664. C. IV. 217. C. 227. C. 368. C. 671. B. 708. C. 834. D. V. 242. B. 511. B. 742. D. VI. 13. D. 22. B. 75. C. 79. D. 94. A. 112. D. 139. D. 142. C. 257. A. 308. A. 385. D. 630. C. 650. D. 657. C. 664. C. 692. D. 729. A. 791. D. VII. 11. C. 78. C. 433. E. 586. D. 756. B. 838. B. VIII. 59. D. 417. A. 494. D. 804. B. IX. 459. C. seigneurie, I. 238. B C. 387. A. 463. C. III. 127. D. 198. A. 658. A. 819. B. VI. 13. D. 79. D. 134. B. 139. D. 541. A. 650. D. 692. B. VIII. 68. A E. 530. A. comté, IX. 316. B. marquisat, VIII. 69. A. Bleneau, V. 346. E. VIII. 493. E. Changy, VII. 30. B. la Ferté-Loupiere. I. 496. A.
Courtenoiges, seigneurie, VIII. 427. D.
Courtenvaux, seigneurie, V. 142. E. VII. 399 B. marquisat, VI. 579. C. VII. 399. E. Voyez Courtanvaux.
Courteraye, seigneurie, VII. 637. B.
COURTARY (Seigneurs de) V. 245. Voyez Melun.
Courtery, seigneurie, V. 242. B C. 245. E. VIII. 943. D.
Courtet, II. 370. B.
Courteuil, seigneurie, VI. 253. B. VIII. 399. B.
Courteville, V. 832. C. 836. A. seigneurie, V. 620. B. 625. D.
Courteuville, III. 578. A.
Courthengeol, seigneurie, IV. 534. A. 546. A.
Courtheson, seigneurie, II. 189. C.
Courtiemble, VII. 46. D. VIII. 719. B.
Courtier sous Montigny, II. 268. E.
Courtieux, seigneurie, II. 269. A. VI. 525. C.
Courtils, II. 27. B. IV. 412. D. VI. 434. D. seigneurie, II. 121. B.
Courtin, V. 106. F. VI. 434. D. VII. 401. B. 552. C. IX. 316. B. 482. A. de la Grange, II. 430. A.
Courtioux, IX. 444. C.
Courtiron, seigneurie, VIII. 917. A.
COURTISOT, Pierre, maître des arbalestriers du Roi, VIII. 3. A.
COURTIVRON, (Seigneurs de) VII. 245. Voyez Saulx.
Courtivron, seigneurie, VII. 245. A.
Courtois, V. 927. B. VI. 571. D. 685. B. VII. 791. D.
Courtomer, marquisat, IV. 474. A. VII. 637. C.
Courton, seigneurie, VIII. 654. C.
Courtramblay, VII. 229. C.
Couttray, seigneurie, III. 904. C.
Courtremblay, VI. 660. A. seigneurie, II. 424. B. V. 491. B. vicomté, VI. 699. C.
Courts, seigneurie, VII. 27. A.
Courval, VIII. 356. B.
Courvaudon, seigneurie, II. 431. E. V. 143. A. VI. 690. D. VII. 526. E. VIII. 364. E. marquisat, VI. 194. B.
la Courvée, seigneurie, V. 510. E.
Courvel, vicomté, VII. 825. D.
Courvie, IX. 417. C.
Courville, seigneurie, II. 124. C D. V. 139. D. VII. 893. C. VIII. 100. D. 420. B. 904. B.

E 2

baronie, II. 125. A B C D E. 126. A. 127. A. IV. 220. A. 221. B. VII. 385. B. marquifat, IX. 328. C.

Cous, feigneurie, II. 69. B.

COUSAGE, (Comtes de) IV. 442. B. Voyez la Rochefoucaud.

Coufages, feigneurie, VII. 416. C.

COUSAN, , (Seigneurs de) IV. 40. Voyez Levis.

Coufan, VII. 74. A. VIII. 319. A B C D E. feigneurie, II. 233. C. IV. 17. C. 528. B. VII. 190. A. 196. C. 708. B. VIII. 61. A. 320. A. baronie, III. 840. D. Voyez Damas & Levis.

Coufance, feigneurie, IV. 844. B. VIII. 871. A. 874. B.

COUSANCES, Henry, maréchal de France, VI. 622. A.

Coufant, IV. 888. B. V. 893. D. VI. 105. A. VIII. 57. E.

Coufelles, feigneurie, VII. 250. C.

Couferans, vicomté, II. 638. E. Voyez Conferans.

Coufin de S. Denis, III. 501. B.

Coufinet, II. 308. D.

Coufinot, VI. 199. B. VII. 233. B. VIII. 792. A.

Coûffarts, feigneurie, VI. 193. B.

la Couffiere, feigneurie, II. 228. B D E. 233. E. 234. A.

Couffin, VIII. 485. C.

Couftances, IV. 750. A. VI. 512. C.

Couftant, VI. 512. B.

Couftard, VII. 232. D.

aux Coufteaux, VI. 543. D. VIII. 918. D.

les Coufteaux, feigneurie, IX. 446. C. baronie, VII. 516. C.

Coufterne, VIII. 255. B.

Couftes, VIII. 688. A.

Couftin, feigneurie, VII. 409. A.

Couftre, VIII. 80. A.

Coufts, feigneurie, VII. 329. D.

le Couftumier, feigneurie, III. 632. B. IV. 559. A. 562. C. VIII. 573. C. 574. A.

Coufture, VI. 438. A. feigneurie, V. 12. F. 189. F. 190. A.

les Couftures, feigneurie, VII. 506. B. VIII. 232. B.

le Couturier, VIII. 810. ** D.

Coutainville, feigneurie. VII. 630. C.

Coutance, VII. 21. A.

Couances, comté, II. 469. A.

la Coutardiere, feigneurie, VII. 22. E.

Coutel, IV. 671. A. VI. 373. C. VII. 546. B. VIII. 772. C.

la Coutelaye, feigneurie, V. 493. E.

Couterne, IX. 88. C.

Coutés, V. 247. A.

Coutes, VII. 891. D. VIII. 19. C. feigneurie, VI. 606. B. VIII. 523. B. Minguet, VIII. 344. A.

le Couteulx, IX. 364. B.

Couiche, feigneurie, VIII. 698. D.

Coûtier, II. 872. B C. VIII. 328. C.

Coutiño, I. 531. B D. 602. D. 655. B. 659. A B. 670. A. 683. B. 689. A E. 692. A. 697. A.

Coutoge, feigneurie, I. 375. D.

Coutras, feigneurie, III. 379. B IX. 92. B.

COUTRES, (Seigneurs de) VIII. 525. Voyez Soyecourt.

Couts, feigneurie, VII. 374. B.

Coutte, feigneurie, IX. 466. B. Tilliers-Carouge, feigneurie, VIII. 259. B.

des Couttes, II. 58. B.

Couture, feigneurie, V. 758. B.

Coutures, feigneurie, V. 347. B. VIII. 150. B. 588. C. 591. A.

le Couturier de Neuville, IV. 767. C.

Couveille, feigneurie, IV. 456. E.

Couviers, feigneurie, VII. 783. C.

Couvignon, feigneurie, II. 433. D E. 434. B.

Couvila, feigneurie, VII. 701. B.

Couvonges, feigneurie, III. 586. C. comté, VII. 468. C.

Couvran, V. 382. C. feigneurie, VII. 524. C.

Couvrigny, feigneurie, VI. 641. B.

Couvron, feigneurie, VI. 370. B. IX. 328. B.

Coux, feigneurie, V. 16. A.

Couyer, VII. 234. C. IX. 474. D.

Couz, II. 149. C.

Couzier de Cefferas, VII. 776. A.

COYE, (Seigneurs de) VI. 264. Voyez le Boüteiller.

Coye, feigneurie, VI. 152. D. 262. C. 670. C. VIII. 809. ** E.

Coyet, feigneurie, II. 623. A.

Coymel, feigneurie, III. 653. C. 654. A C. VI. 51. B. 114. C.

Coze, baronie, IV. 375. C. 376. B.

Cozerieu, II. 419. E. VII. 516. D.

Cozes, feigneurie, VII. 345. B. baronie, VII. 863. B. 936. B.

Crabes, VII. 106. B.

Craconville, feigneurie, V. 144. A.

Craford, comté, V. 595. A.

Crain, feigneurie, IX. 450. * C. 452. * C.

Cramail, feigneurie, IV. 599. B.

Cramailles, II. 152. A B C. 153. A. 508. B. III. 625. C. V. 828. A. VI. 110. D. 146. C. VIII. 369. A. 656. D. feigneurie, V. 828. A. VI. 149. C. 262. B. 384. B. 562. A. VIII. 809. A. baronie, IV. 32. B. VI. 590. C. vicomté, VI. 390. B.

CRAMAUD, Simond, cardinal, archevêque de Reims, II. 43. C.

Cramaud, II. 44. B. feigneurie, II. 43. C. 414. E.

Cramault, feigneurie, VIII. 651. A.

Cramaut. Voyez Tifon.

Cramaye I, feigneurie, IX. 316. B. 317. A.

Crambourne, feigneurie, II. 487. B.

CRAMESNIL, (Seigneurs de) VII. 871. Voyez Malet, 875. Voyez ibid.

Cramefnil, VII. 871. B. feigneurie, II. 112. C. VII. 875. B.

Cramet, feigneurie, VII. 188. A.

Cramoily, feigneurie, II. 741. A. IV. 872. G D E. VI. 65. C. 115. A. VIII. 207. B.

Cramont, feigneurie, VIII. 561. C.

Cramoyau, feigneurie, VI. 292. D. 406. A. 409. B.

Cran, VI. 387. B.

Crancey, feigneurie, VII. 48. B.

Crane, VIII. 107. D.

Crangeac, VIII. 717. D.

Cranhac, feigneurie, VI. 197. A.

CRAON, Jean, archeveque de Reims, II. 33. B. Pierre, maréchal de France, VI. 760. B. Jean, grand-échanfon de France, VIII. 566. B. Antoine, pannetier de France, VIII. 623. D.

CRAON, (Genealogie de) VIII. 567. & fuiv.

Craon, I. 107. B. 267. A. II. 153. B. 744. C. III. 74. D. 80. C. 294. C. 316. C. 319. A. 320. D. 570. A. 632. A C. 636. A. IV. 80. A. 195. D. 197. B C. 424. C. 560. D. 562. E. 653. C. 654. C. 655. A. V. 130. C. 379. C. 514. D. 636. C. 637. A. 825. A. VI. 125. A B. 137. D. 157. D. 201. D. 333. C. 379. B. 690. D. 719. C. 735. C. 740. B. 766. B. 779. B. VII. 17. D. 72. A. 106. A. 111. B. 121. D. 123. A. 175. E. 381. A. 501. A. 735. D.

869. E. VIII. 73. D. 77. A. 104. D. 153. C. 154. A. 579. B. 649. C. 763. E. IX. 459. C. seigneurie, I. 428. A. 433. A. 440. D. II. 33. C. 406. A. 858. D E. 859. A. III. 79. D. 373. C. 628. D. IV. 81. B. 163. C. 164. A B. 176. C. 530. B. V. 9. C. VI. 63. A. 137. D. 157. D. 202. D. 211. C. 669. A. 690. D. 778. B. 779. B. VII. 97. D. 707. E. VIII. 100. B. 205. A. 411. E. 575. B. 867. B. Baronie, III. 197. A. 642. A. IV. 164. D. 165. C. 166. C. 167. C. 170. A. 196. A. VII. 617. E. 880. A. marquisat, III. 402. B. VII. 55. D. *en Anjou*, baronie, VIII. 567. A B.

Crapado, seigneurie, VIII. 947. A. baronie, VII. 226. A B.

S. Crapaix, seigneurie, VI. 427. C.

Crapaumesnil, seigneurie, IV. 213. B. VI. 417. C. VIII. 12. A. 399. B. 789. D.

CRASMESNIL, *Guillaume*, maître des arbalestriers de France VIII. 69. C.

Crasmesnil, seigneurie, VIII. 60. C. IX. 476. A. *Voyez* Cramesnil & Malet.

Crassay, seigneurie, V. 609. B. VII. 853. C. VIII. 755. B C D.

Crastes, seigneurie, VII. 273. A.

Crasville, seigneurie, VIII. 858. C. 889. A.

Cravant, seigneurie, VI. 291. A.

Craven, VII. 91. A. seigneurie, II. 876. D E. 877. C.

Craville, seigneurie, VII. 873. A.

Cravois, seigneurie, IV. 456. C.

Crawfierd, comté, IX. 404. C.

Grawfurd, baronie, IX. 400. A. *d'Achinnains*, IX. 406. D.

la Craye, seigneurie, V. 613. C.

Crazanne, seigneurie, IV. 454. B.

Creance, seigneurie, IV. 686. C. VIII. 92. C. comté, II. 454. B. VII. 227. A. 386. A. 445. D. VIII. 192. D. IX. 73. A. 96. C.

Créancé, comté, III. 641. A.

Creange, seigneurie, VIII. 942. A.

Creanges, comté, VII. 155. B.

Creans, comté, VII. 516. E.

Creant, seigneurie, VII. 496. C.

Crecey, VII. 252. B. seigneurie, I. 561. C.

Crechguerant, VII. 844. B.

Crecia, seigneurie, II. 434. D. 444. C E.

Crecy, IV. 185. C. VIII. 652. A. seigneurie, II. 101. B. 776. D. III. 616. A. IV. 894. A. V. 508. C. VI. 30. A. 31. A. 73. C. 83. C. 90. E. 93. A. 94. C. 109. B. 121. B. 385. C. 651. C VII. 33. E. IX. 470. D. comté, I. 85. C. 203. D. III. 651. D. IV. 806. A C. *en Brie*, seigneurie, III. 666. A. VI. 29. D.

Crehanic, seigneurie, VII. 529. B.

Creil, IV. 765. D. VI. 434. C. 556. D. 582. D. VII. 344. D. VIII. 760. E.

Creisseils, seigneurie, III. 424. B. vicomté, III. 432. B D E. 434. B.

CRELIA (*Seigneurs de*) VII. 162. *Voyez* Coligny.

Crelia, seigneurie, VII. 162. B. IX. 470. B.

la Crellouere, baronie, VII. 496. C.

la Cremade, seigneurie, IV. 13. D. 43. A.

Creme, seigneurie, IV. 80. A.

Cremeaux, VII. 804. A. VIII. 338. D. 500. C. seigneurie, VI. 427. C. *d'Entragues*, IV. 441. C.

Crement, seigneurie, VII. 644. C.

Cremeu, seigneurie, V. 411. D.

Cremeur, VI. 503. A. seigneurie, IV. 76. A.

Cremieu, seigneurie, I. 308. E. VII. 270. D.

Cremilles, IV. 459. C.

Crenan, seigneurie, VI. 192. A. marquisat, VII.

852. B. 853. A. VIII. 586. A.

Crenay, seigneurie, VI. 466. D.

Crenelles, vicomté, VIII. 906. B.

Crenon, seigneurie, VII. 850. A.

Creon, V. 825. A.

Crepoil, seigneurie, IX. 137. D.

Crepy, comté, I. 51. B. 73. C. 526. A. 532. A B. 533. A. 544. C. III. 171. C.

CREQUY, *Charles*, maréchal de France, VII. 462. C. *François*, maréchal de France, VII. 591. D. general des galeres de France, VII. 937. A. *Charles*, chevalier du S. Esprit, IX. 139. B. *Autre Charles*, chevalier du S. Esprit, IX. 189. B. *Voyez* Heilly.

CREQUY (*Genealogie de la maison de*) VI. 777. *& suiv*.

CREQUY (*Seigneurs de*) de la maison de Blanchefort, IV. 291. *& suiv*. (*ducs de*) pairs de France, IV. 293. *& suiv*. (*marquis de*) IV. 294.

Crequy, I. 380. A. II. 239. E. 441. C. 768. E. III. 500. D. 577. C. 580. D. 651. A. 908. E. 911. B. IV. 266. B. 273. B. 325. A. 398. E. 403. DE. 542. D. 568. A. 570. A. 681. D. 879. A. V. 159. E. 340. C. 618. B. 621. B. 657. E. 659. B. 845. C. VI. 69. A. 173. C. 178. A. 323. C. 547. C. 624. A. 704. C. 705. C. 735. C. 777. B. VII. 31. A. 62. C. 99. D. 111. D. 180. C. 554. C. 564. D. 565. A. 825. B. VIII. 83. D. 98. A. 105. C. 154. D. 275. C. 278. A B. 522. D. 560. A. 627. A. 635. D. 653. B. 787. B. 915. A. IX. 146. C. 168. A. 428. B. seigneurie, II. 775 A. IV. 282. A. 284. B C. 290. D. 530. A. 642. D. V. 159. E. VI. 69. A. 323. C. 704. C. 705. C. 720. B. 777. C. VII. 53. C. 126. A. VIII. 12. D. 67. B. 280. B. 536. C. 567. D. 832. C. marquisat, IV. 878. D. VI. 348. A. 789. B. duché, IV. 172. B. pairie, V. 340. C. IX. 66. C. *Voyez* Blanchefort, Bonne & Poix.

Cresençay, seigneurie, VIII. 490. C. 494. D.

Cresency, seigneurie, II. 199. B.

CRESEQUES (*Seigneurs de*) V. 647. *& suiv. Voyez* Croy.

Creseques, II. 416. D. VII. 823. C. VIII. 653. D. 691. E. seigneurie, V. 136. D. 137. D. 645. A. 647. A. VII. 741. C.

Cresmery, seigneurie, VIII. 855. E.

Cresnay, seigneurie, VI. 360. C.

Cresolles, VII. 724. E.

Crespan, seigneurie, II. 874. C. VIII. 716. C.

Crespas, seigneurie, II. 204. D.

Crespieres, seigneurie, VI. 403. D. 436. A.

Crespieul, VIII. 562. B. 564. A. seigneurie, V. 239. F.

CRESPIN, *Antoine*, évêque de Laon, II. 112. C. *Guillaume*, maréchal de France, VI. 631. D.

CRESPIN (*Genealogie de*) VI. 632.

Crespin, I. 364. B. II. 481. C. 773. D. 848. B. IV. 407. B. V. 126. A. 227. A. VI. 73. A. 170. D. 313. B. 430. B. 450. D. 628. B. 632. A. 780. D. VII. 110. D. 125. A. VIII. 8. A. 271. D. 419. C. 730. C. 832. A. 896. B. seigneurie, VI. 50. A.

S. Crespin, seigneurie, IV. 403. D. VII. 111. B. VIII. 793. B.

Crespol, seigneurie, VIII. 907. D. 925. E.

Crespon, seigneurie. IV. 79. A B D. 80. A. VI. 184. D. VII. 856. D. VIII. 360. D. 932. C.

CRESPY, *Guillaume*, chancelier de France, VI. 274. B.

Crespy, II. 311. B. VI. 31. E. 662. A. VIII. 807.

C. feigneurie, VII. 255. C. 709. A. comté, II. 265. C E. 266. D. 267. B. 268. A B C D E. 338. D. 404. C. 715. A. 838. A C. VI. 36. C. 45. D. *en Valois*, II. 118. D.

Creffanville, feigneurie, V. 155. F.

la Creffe, feigneurie, IV. 290. C.

Creffencourt, feigneurie, VI. 718. B.

Creffez, vicomté, I. 276. B. *fur-Thil*, feigneurie, IV. 659. B D.

Creffia (*Seigneurs de*) VII. 159. & 161. *Voyez* Coligny.

Creffia, feigneurie, I. 559. D. VII. 147. D E. 156. D. 160. A. 161. B. VIII. 721. A B.

la Creffonniere, VI. 801. B. feigneurie, II. 183. D. IV. 568. A. V. 234. F. 235. A. VII. 565. A. VIII. 83. D.

Creffonfac, feigneurie, IV. 410. B.

CRESSONSART, *Robert*, évêque de Beauvais, comte & pair de France, II. 262. E.

CRESSONSART (*Genealogie de*) II. 263. & *fuiv.*

Creffy, VII. 11. D. VIII. 204. B. 316. A. fei-gneurie, III. 614. E. VII. 755. A. 756. A.

Creft, VII. 654. D. feigneurie, II. 185. 2. B. 186. 2. A. 188. C. 194. D.

LA CRESTE (*Seigneurs de*) VII. 81. *Voyez* Cu-lant.

Crefte, III. 831. A. feigneurie, II. 863. D. VI. 735. B. VII. 79. C. 81. B. 714. B.

Sainte Creftie, feigneurie, VII. 401. D.

Creftot, VII. 636. A. feigneurie, VIII. 262. C D.

Creteil, feigneurie, VI. 350. A.

Cretembourg, feigneurie, III. 614. E.

Creteville, feigneurie, VIII. 287. B.

Creton, III. 594. D. *d'Eftourmel*, IV. 290. C.

Cretot, feigneurie, VII. 871. C. VIII. 21. D. ba-ronie, VII. 474. D. 546. A.

CREVANT, *Louis*, chevalier du S. Efprit, IX. 144. D. *Louis*, chevalier du S. Efprit, IX. 225. A.

CREVANT-D'HUMIERES, *Louis*, maréchal de Fran-ce, VII. 598. E. *Louis*, grand-maître de l'ar-tillerie de France, VIII. 193. A.

CREVANT (*Seigneurs de*) VII. 510. *Voyez* Maillé.

CREVANT (*Genealogie de la maifon de*) V. 762. & *fuiv.*

Crevant, III. 913. B. IV. 387. A. 718. C. V. 662. B. VI. 416. A. 425. C. 485. B. VII. 200. D. 366. C. 426. C. 618. D. VIII. 113. D. 193. A. 281. B. feigneurie, V. 766. B. VII. 510. B. 512. C. *Cingé*, VIII. 373. B. *d'Humie-res*, IV. 618. C. 880. A. V. 739. D. VII. 339. A. 369. B. 420. E. IX. 88. A. 279; A.

CREVECOEUR, *Philippes*, maréchal de France, VII. 107. D. *Philippes*, grand-chambellan de France, VIII. 452. B. *Antoine*, grand-louvetier de France, VIII. 783. A.

CREVECOEUR (*Genealogie de la maifon de*) VII. 109. & *fuiv.*

CREVECOEUR (*Seigneurs de*) V. 615. & *fuiv.* *Voyez* Gouffier.

Crevecœur, III. 604. C. IV. 753. C. V. 237. C. 615. D. 764. E. VI. 50. B. 173. C. 174. C. 296. B. VII. 431. C. 459. C. VIII. 106. E. 153. E. 278. D. 493. B. 541. A. 571. B. 573. B. 832. E. feigneurie, I. 254. C. 256. C. 378. A. II. 101. B. 431. E. 742. D. 743. E. III. 522. C. 580. E. 581. E. 582. B. 587. A B. 629. A. 913. A. 915. B. IV. 182. B C. 874. A. V. 84. A. 615. C D. VI. 106. C. 109. B. 174. C. 634. D. VII. 52. B. 63. B. 109. A. 121. A. 557. C. 741. B. 880. B. VIII. 783. A. baronie, VII. 475. E. VIII. 184. A. marquifat, II. 248.

B. IV. 401. A. V. 618. D. 619. A. VIII. 801. C. 915. E.

Grevencey, feigneurie, V. 670. A.

Creuilly, feigneurie, III. 289. D. IV. 81. B. V. 147. D. baronie, IV. 62. B. V. 147. D. 150. B. VII. 869. A. VIII. 210. E. comté, IX. 325. B.

Creully, marquifat, II. 83. E.

la Creufe, feigneurie, VIII. 663. D.

Creux, VII. 382. D. feigneurie, IV. 825. A. 826. A.

Crevy, feigneurie, III. 600. C.

Creuzet, feigneurie, I. 497. B. IX. 472. C.

la Creuzette, feigneurie, VII. 77. D. 81. D. VIII. 902. B.

Creyffe, feigneurie, V. 752. A.

Creyffel, vicomté, II. 697. C. 698. B. 700. A. 701. D. V. 891. B. VIII. 54. C.

Crezannes, feigneurie, IV. 656. B.

Cria, feigneurie, II. 638. C.

la Criblerie, feigneurie, VII. 235. D.

Cric, feigneurie, VII. 233. E.

la Crignolée, feigneurie, VII. 27. D.

Crilia, feigneurie, VII. 148. B.

Crillon, feigneurie, V. 287. B. IX. 93. A. 424. D. marquifat, II. 254. D.

Crillouette, feigneurie, II. 410. A.

S. Criq, feigneurie, V. II. 284. C.

LA CRIQUE, *Pierre*, pannetier du Roy, VIII. 617. B. *autre Pierre*, auffi pannetier du Roy, VIII. 617. E.

la Crique, VII. 873. B. VIII. 101. D. 618. A.

CRIQUEBUF, (*Seigneurs de*) VIII. 101. *Voyez* Eftouteville.

Criquebeuf, feigneurie, VII. 871. E. VIII. 89 B. 101. D. *la Champagne*, feigneurie, V. 153. A.

Criquetot, feigneurie, VI. 356. C. 475. E. VIII. 101. D.

Criqueville, feigneurie, II. 385. A.

Crifancy, feigneurie, II. 320. D.

Criffay, feigneurie, V. 493. A.

Criffey, feigneurie, I. 457. C. II. 447. E. 852. D. III. 573. D E. 624. C. 636. A. IV. 196. A. 290. B. 565. A. 677. C. VI. 597. D. VII. 850. B. VIII. 95. E. 622. E. 668. B. comté, V. 764. C.

Sainte Criftie en Armagnac, feigneurie, IV. 308. B.

Cri(ton, IV. 215. C.

Croatie, royaume, I. 406. B.

Croc, III. 581. C. feigneurie, IV. 537. D. 538. C. 539. A. baronie, VII. 494. D.

Crochet, feigneurie, VIII. 96. A.

Crocion, feigneurie, IV. 468. D.

du Crocq, IV. 413. A. V. 94. B. VI. 285. B. 192. D. VIII. 561. B. 851. A. feigneurie, VII. 569. D.

Croctes, feigneurie, II. 653. A.

Crocy, II. 36. E.

Croendeborg, VIII. 654. A.

Crohles, VI. 708. D.

Croinville, feigneurie, II. 411. C. 412. A.

Crois, IX. 468. D.

Croifanville, feigneurie, V. 147. F. 155. E.

Croifenon, feigneurie, VII. 15. A.

CROISET, *Raoul*, contrôleur du marc d'or, IX. 365. B. *Jacques*, contrôleur du marc d'or, IX. 365. B.

Croifet, VI. 435. A. feigneurie, I. 440. B. VI. 690. C.

la Croifette, feigneurie, II. 369. B. IV. 846. A. VI. 509. D. VII. 473. D.

CROISILLES

CROISILLES (*Seigneurs de*) III. 607. *& fuiv. Voyez* Montmorency.

Croisilles , VI. 704. D. 713. C. VIII. 397. A. 776. E. seigneurie , III. 574. B. 909. C. V. 160. B. 228. F. 229. A. VI. 313. B. VII. 636. D. 642. C. VIII. 79. A. IX. 276. B. comté , III. 751. A. VII. 168. D.

Croismare , VII. 651. C. *Voyez* Croixmare.

Croispre , seigneurie, VII. 551. D.

Croissant , ordre militaire, I. 231. C.

Croissat. IX. 415. D.

Croisset , seigneurie , II. 409. D. VIII. 811. * B.

Croisly, VIII. 811. ** E. seigneurie , II. 409. D. III. 620. A. marquisat, IX. 309. B. 326. B.

Croisy, seigneurie , V. 148. C. VIII. 96. B. baronie, V. 148. F. 149. C D. comté , V. 150. B E. 151. A.

la CROIX, *René-Gaspard*, chevalier du S. Esprit. IX. 207. A. *Joseph-François* , chevalier du S. Esprit, IX. 281. C.

la Croix, I. 500. C. II. 256. C. IV. 36. C. 363. D. 401. A. 681. C. 854. B. V. 347. E. 752. A. VI. 100. B. 176. B. 437. C. 450. C. 464. A. 512. B. 538. A. 574. A. 711. B. 712. B. VII. 435. D. 712. B. VIII. 80. B. 84. B. 301. B. 798. D. IX. 506. B. seigneurie, I. 257. E. VI. 370. B. VIII. 81. C. *Chevriers*, VIII. 921. B. IX. 72. C. *en Hainaut*, V. 647. A. *Journée*, VI. 568. A. *Sains Leuffroy* , seigneurie, II. 403. D. 405. A. 408. E. 409. A B. III. 304. E. baronie, IV. 217. B. *Margaro*, seigneurie, V. 406. E. *du Mez*, VIII. 81. E. *Rouffe*, seigneurie, IV. 899. A. IX. 427. B.

les Croix, seigneurie, I. 319. E. 359. C.

des Croix, IV. 185. D.

SAINTE CROIX (*Seigneurs de*) VII. 799. & 811. *Voyez* Vienne. (*autres Seigneurs de*) VIII. 302. *& fuiv. Voyez* Forbin.

Sainte Croix , VI. 277. B. VII. 640. B. 643. D. 796. C. VIII. 302. C 320. A. 321. C. 418. E. seigneurie, I. 217. E. 554. C. II. 292. C. 763. A. V. 124. F. VI. 277. B. VII. 34. B. 129. B. 488. B C. 794. C. 798. B. 799. B. 801. B. 812. B. VIII. 332. A. 416. A. *Cadio* , seigneurie, VII. 528. E. *de Villagrand*, III. 370. E.

Croixmare , VI. 371. C. 373. A. VII. 632. B. VIII. 11. A. seigneurie , VII. 473. A. VIII. 809. * E. *Voyez* Croismare.

la Croixnoye , seigneurie , VII. 528. E.

LA CROIZETTE (*Seigneurs de*) VI. 419. *Voyez* Rochefort.

la Croizette , seigneurie, VI. 419. B. VII. 473. D.

Croizilles , seigneurie, IX. 168. A. *Voyez* Croisilles.

la Croliete , seigneurie, VII. 496. A.

Croly , seigneurie, VIII. 652. B.

Cromieres , seigneurie, IV. 536. A. VIII. 243. A. 244. B C E.

CROMWEL , *Raoul* , VI. du nom , grand-chambrier de France, VIII. 428. D.

Cronce , seigneurie , IV. 548. A.

Cronces , baronie, VII. 589. B.

Cronenberg , II. 68. C.

Cropieres , seigneurie, III. 817. C.

la Cropte, IV. 455. A. 536. C. V. 355. A. VII. 169. E. 610. C.

Cropus , seigneurie, VII. 570. B.

Croqueraine , seigneurie, VIII. 264. B C.

Croquet , VI. 516. C.

Croquettine , VI. 257. A. seigneurie, I. 492. A. 493. A B. II. 384. B. V. 244. E. VI. 257. A.

CROS , *Oudart* , maître enquêteur des eaux & *Tome IX.*

forêts, VIII. 844. A.

Cros, VI. 462. B. VII. 489. C. VIII. 815. C. seigneurie, IV. 283. B D. 285. C. V. 393. E. 554. B. VII. 343. A. 578. D. VIII. 50. A B. *en Perigord* , seigneurie, V. 742. E. *de la Tartiere* , VII. 708. B.

Crosant, comté , VII. 581. A.

Croses, seigneurie, V. 287. F. VII. 788. A.

Croset, seigneurie, I. 300. D E.

Crosland, seigneurie, VIII. 909. E.

Croslard. *Voyez* Crosland.

Crosne, seigneurie, III. 914. A. VI. 529. D.

des Crosnes, VI. 668. B. 673. A. seigneurie, II. 277. B D. 423. A. VIII. 550. D.

des Crosses, VII. 159. D.

Crossiac , seigneurie, III. 818. E.

Crossly , seigneurie, II. 36. A.

Crotonne , seigneurie, V. 161. E.

Crotoy , seigneurie, I. 219. B.

Crotte, seigneurie, VIII. 190. A.

Crottes, seigneurie, VIII. 147. A.

Crouilles , seigneurie, III. 412. A.

la Croupte, seigneurie, VI. 395. B.

Crouser , VIII. 107. D.

Croustes , seigneurie II. 118. A. V. 853. B C. 834. A.

Crouy. *Voyez* Croy.

Crouzillac , seigneurie, VII. 182. A.

CROY , duché , érigé en 1598. pour CHARLES de Croy, duc d'Arschot , V. 631. *Pieces concernant cette érection*, V. 632. *& fuiv.*

CROY , *Antoine*, grand-maître de France , VIII. 373. C. *Jean* , grand-bouteiller de France, VIII. 565. A. *Philippes-Emmanuel Ferdinand-François*, chevalier du S. Esprit , IX. 239. C.

CROY (*Genealogie de la maison de*) V. 634. *& fuiv.* (*ducs de*) V. 643. *& fuiv.* & 650. (*Princes de*) V. 650. *Pieces concernant cette maison*, VIII. 374. *& fuiv.*

Croy, I. 259. D. II. 166. C. III. 451. C. 486. A D. 595. B. 597. C D. 726. C. 729. B. 756. D. V. 159. E. 230. A. 231. A. 232. C F. 634. C. 841. A. VI. 52. D. 214. D. 705. C. 707. D. 717. D. VII. 127. B. 167. E. 828. C. VIII. 34. B D. 42. B. 43. A. 79. D. 282. A. 644. B. IX. 294. B. 457. A. seigneurie, II. 282. B. III. 727. B. 843. D. 910. B. V. 634. C. VI. 99. C. 333. D. VIII. 73. D. 74. C. 91. E. 92. D. 153. C. 451. B. 572. E. 646. D. 706. D. duché, I. 257. B D. 262. B. 267. A. 358. A. III. 915. C. V. 641. D. 642. A. 644. B C. 650. B. VIII. 36. C. 40. D. 41. B. 43. A. 501. C. 648. D. IX. 456. B. principauté, VIII. 644. B. *de Ligne* , VIII. 42. C. *de Ligne-Aremberg* , IV. 545. C. *Peralte* , V. 661. E. *Soire* , V. 659. B. VIII. 644. A. 646. D. IX. 577. C.

Croz , seigneurie, IX. 440. C.

CROZAT , *Antoine* , grand-tresorier des ordres, IX. 330. A.

Crozat, III. 645. B. IV. 541. B. V. 624. C.

Croze, baronie, IV. 276. B.

Crozet, IX. 86. D. seigneurie , V. 349. B. VII. 66. E.

Ctozon, VII. 644. A. seigneurie, VII. 652. C. comté, IV. 793. B.

Crubeque, seigneurie, I. 242. C.

Crugnolée, *Voyez* Courgnollée.

Crugy, V. 749. E. *de Marsillac* , ibid. *Voyez* Crusy.

Crune, II. 741. C.

Crunes, VIII. 143. D.

Crunenghen, seigneurie , III. 110. E.

Cruninghem , seigneurie , VII. 106. C.

Cruninghen, I. 255. E. 256. C. VII. 829. C. 832. C.

Crupé, seigneurie, VI. 100. C.

Crusilles, seigneurie, II. 160. C. IV. 572. E.
861. B. V. 668. A. VII. 54. C. 666. A. comté,
VII. 711. B. IX. 169. B.

CRUSSOL, Louis, commis au gouvernement de
toutes les artilleries, VIII. 151. B. Louis,
grand-pannetier de France, VIII. 670. A.
Jacques, grand-pannetier de France, VIII. 670.
B. Charles, grand-pannetier de France, VIII.
673. A. Jacques, chevalier du S. Esprit, IX.
52. C. Emmanuel, chevalier du S. Esprit, IX.
137. B. François, chevalier du S. Esprit, IX.
186. C. Emmanuel, chevalier du S. Esprit,
IX. 218. B. Jean-Charles, chevalier du S. Esprit, IX. 265. B.

CRUSSOL (Genealogie des Seigneurs de) III. 762.
& suiv.

Crussol, I. 103. C. II. 185. 2. E. 203. A. III. 592.
A. 739. A. 821. D. IV. 31. A. 39. C. 377. C.
410. B. 411. A. 431. C. 499. A. 686. A. 894.
A. V. 20. D. 183. B. 185. E. 896. D. VI. 423.
D. 580. A. 599. C. 699. C. VII. 54. A. 125.
E. 129. A. 133. E. 134. D. 271. C. 371. B.
VIII. 245. D. 305. B. 720. E. 811. * * D.
906. C. IX. 67. B. 82. B. 155. A. 274. B.
395. C. 418. E. 421. D. 455. E. seigneurie,
II. 711. C. III. 813. A. IV. 426. B. V. 279. D.
E. VIII. 151. B. 167. B. comté, III. 822. A.
marquisat, V. 899. D. de Balaguier, II. 231.
E. Uzés, II. 233. B. 258. D. IV. 763. A. V.
281. A. VII. 323. D. 715. C. VIII. 913. BD.
IX. 334. A.

Crusy, seigneurie, VII. 767. B. Marcillac, III.
826. B. IX. 422. C. Voyez Crugy.

Cruval en Albigeois, seigneurie, I. 319. E. 359.
C.

CRUZ (Seigneurs de) VIII. 328. D. Voyez Damas.

Crux, VII. 247. C. VIII. 321. E. 326. C. 770.
B. seigneurie, VIII. 319. C. 322. A. 326. AB
CD. 328. D. comté. I. 377. A. VIII. 327.
B.

Cruy, VI. 295. A.

Cruylles, seigneurie, V. 843. C.

Cruys, seigneurie, V. 263. B.

Cruz, VII. 247. C.

Santa-Cruz, marquisat, IX. 299. A. Voyez Ba-
san-Benavides.

CRUZY (marquis de) VIII. 916. Voyez Clermont-Tonnerre.

Cruzy, II. 184. C. VII. 454. C. seigneurie,
VIII. 355. E. 420. A. baronie, VIII. 914. A.
marquisat, VIII. 916. A.

Cubesac, seigneurie, VII. 347. D.

Cubieres, IX. 382. A.

Cubillac, seigneurie, III. 588. D.

Cucé, marquisat, IX. 315. B. Voyez Bourgneuf.

Cucheval, V. 851. A.

Cuck, seigneurie, II. 743. E.

Cucy, seigneurie, VIII. 884. B.

Cudot, seigneurie, VII. 892. A.

la Cueille, V. 669. C. seigneurie, VII. 46. B.
148. D.

Cueillette, IV. 764. B.

Cueilly, VII. 825. B. seigneurie, VI. 351. B.
VIII. 775. E.

Cuellar, marquisat, I. 293. B. 651. C.

Cuers, seigneurie, II. 193. D. IV. 500. B.

LA CUEVA & BENAVIDES, Don Isidore-Jnan-
Joseph-Domingo, chevalier du S. Esprit, IX.
256. B.

la Cueva, I. 290. D. 293. B. 632. D. 651. C.
669. C. III. 354. A. 355. B. V. 648. A.

VI. 185. A. IX. 290. A. 378. A.

Cuevron, VIII. 306. C.

Cuges, seigneurie, VIII. 295. B.

CUGNAC, François, chevalier du S. Esprit, IX.
110. A.

Cugnac, I. 224. C. IV. 170. C. 672. A. V. 758.
A. VI. 282. A. 370. D. 518. C. VII. 6. B. 25.
A. 333. D. 369. A. VIII. 592. D. IX. 59. B.
baronie, IV. 474. D. 475. A marquisat, IV.
473. B. Dampierre, V. 769. C.

Cugnieres, VI. 254. D. 259. A. seigneurie, VI.
254. D.

Cugny, seigneurie, VI. 146. D. 407. B.

Cugy, I. 501. C.

Cujavie, duché, I. 403. C.

Cuick, seigneurie, II. 796. D.

CUIOY (Seigneurs de) V. 88. Voyez Boufflers.

Cuigy, seigneurie, IV. 412. D. 413. B. V. 86.
F. 87. ABC. 88. B.

Cuick-Mierop, III. 617. A.

Cuille, seigneurie, IX. 168. B.

Cuillé, seigneurie, VI. 190. A.

Cuingen, VIII. 83. A.

Cuinghem, VIII. 655. A.

Cuires, seigneurie, IV. 899. A. IX. 427. B.

Cuisaguet, seigneurie, IV. 452. D.

Cuiseau, seigneurie, VII. 801. C. VIII. 202. B.

Cuiseaux, seigneurie, VI. 415. A. 441. A.

Cuiseux, seigneurie, VII. 54. A.

Cuisy, VI. 286. A. seigneurie, II. 152. B C. VI.
341. B. 589. B.

Cuizon, seigneurie, IV. 196. A.

Culais, seigneurie, VI. 195. D.

CULANT, Philippes, maréchal de France, VII. 77.
D. Louis, amiral, VII. 835. A. Charles, grand-
maître de l'hôtel du Roy, VIII. 365. A.

CULANT (genealogie de la maison de) VII. 78.

Culant, I. 485. D. II. 850. E. 863. D. III. 369. E.
452. B C. 819. C. IV. 479. C. 556. A. V. 572.
A. VI. 282. D. 391. B. 735. B. VII. 114. B.
496. A. 736. A. VIII. 372. B. 693. C. 836.
C. IX. 451. * D. seigneurie, II. 860. D. 862.
E. IV. 179. D. 422. C. VI. 698. B. VII. 78. B.
835. A. VIII. 53. B.

Culdoë, II. 106. A B. VI. 350. A.

Culembourg, III. 736. B. VIII. 41. D. seigneurie, I. 255. A B. comté, I. 255. B. 259. D.
263. E. 264. A.

Culey, seigneurie, VII. 872. E. VIII. 94. D. le
Patrix, seigneurie, VII. 872. B.

Cullié, seigneurie, VII. 873. B.

Cullon, I. 500. C.

Cully, V. 150. A. seigneurie, II. 76. C D E. 77.
A B C D.

Culon, VII. 6. D. 552. D.

Culor, seigneurie, IV. 143. A. VII. 324. C.

Culoy, VIII. 81. C.

Cultz. VIII. 852. B.

Cumalibar, seigneurie, V. 889. B.

Cumberland, comté, II. 483. C. VII. 89. A.

Cumeray, seigneurie, II. 450. B.

Cumont III. 892. B. VII. 27. D. VIII. 772. C.
seigneurie, VII. 230. C. 283. A.

Cumouville, seigneurie, I. 373. C.

Cunac, VIII. 119. C. 220. A.

Cunchy, V. 92. A. VI. 794. B.

Cunée, seigneurie, II. 285. C. 289. D.

Cuningham, V. 594. D E. de Kirksaw, IX. 401.
E.

Curçay, seigneurie, III. 619. C.

la Curée, seigneurie, II. 232. B. V. 619. A. VI.
481. B. VIII. 182. E. IX. 139. C.

Curel, seigneurie, VII. 429. D. baronie, VII. 429. A.

Cureze, seigneurie, IV. 41. B. 42. A.
Curis, seigneurie, VII. 194. C. 201. A.
Curlu, seigneurie, V. 818. A. VI. 259. A. 805.
A. VII. 823. C.
Curnes, seigneurie, IV. 131. B. VII. 309. D.
Curreize, seigneurie, VIII. 815. C.
Cursat, seigneurie, IX. 437. C.
Cursay, IV. 660. A. seigneurie, VII. 98. B.
544. D. VIII. 671. C. 706. C. baronie, V.
349. B. 611. C.
Cursé, baronie, V. 182. D.
Curson, seigneurie, III. 368. A B. comté, IV.
480. C.
Curtafrey, seigneurie, VII. 43. D.
Curte VIII. 144. B.
CURTON, (Seigneurs & marquis de) VII. 132.
Voyez Chabannes.
Curton, I. 292. B. 314. D. VII. 266. D. sei-
gneurie, III. 767. D. IV. 31. A. 289. B. 426.
E. 530. C. VIII. 132. D. 332. D. 803. A. VIII.
245. C. baronie IX. 378. B. marquisat, III.
770. C. IV. 666. A. VI. 455. A. VII. 134. C.
Curval, seigneurie, IX. 378. C.
Cusaguez, baronie, IV. 444. A. VII. 632. C.
Cusance, III. 498. B. IV. 180. D. V. 668. A. VI.
67. A. VII. 36. D. 37. A. 40. B. 254. A. 443.
D. 447. A. 809. D. VIII. 42. A. 348. C. 349.
A. seigneurie, VI. 733. A. VII. 45. E. 160.
D. VIII. 552. B. baronie, IV. 686. B.
Cusani, VI. 494. A.
Cuseau, II. 157. D. seigneurie, VI. 142. A. VII.
147. A.
Cuseaux, seigneurie, II. 163. C.
Cusey, seigneurie, VIII. 717. A.
Cusiac, seigneurie, VI. 222. A.
Cussé, seigneurie, IV. 534. D. VI. 603. B. VIII.
775. C.
Cusset, seigneurie, II. 437. B.
Cussieu, seigneurie, VI. 512. A.
Cussigny, III. 845. B.
Cussy, IX. 349. B. seigneurie, IX. 378. E.
Cussy-la-Colonne, seigneurie, VII. 664. D.
Cussye-le-Franc, seigneurie, VIII. 86. B.
Custine, IV. 857. C.
Custos, VI. 515 B. VII. 545. C.
Cusurras, seigneurie, VI. 691. B.
Cusy, seigneurie, VIII. 925. A.
CUTEREL, (Seigneurs de) VI. 477. Voyez Mon-
tholon.
Cuterelles, VI. 478. B. seigneurie, VI. 477. D.
Cuvergnon, II. 128. B C. seigneurie, II. 127. C.
129. A C.
Cuverville, VIII. 24. C. seigneurie, III. 622. E.
V. 12. B. baronie, VIII. 93. E.
Cuves, seigneurie, IV. 826. A. VII. 629. D.
Cuvillier, seigneurie, IV. 597. C.
Cuvilliers, VI. 385. D. VII. 716. D. seigneurie,
VI. 100. B. 708. D. VII. 824. B. VIII. 81. C.
Cuvilly, seigneurie, VIII. 522. B.
Cuy, baronie, VII. 877. E.
Cuye, seigneurie, V. 140. F. 141. C.
Cuys, seigneurie, II. 41. C D. III. 724. A.
Cuysieux, marquisat, III. 771. D. 772. C. VI.
599. C.
Cuzades, seigneurie, V. 18. F.
Cuzaguez, baronie, V. 742. C.
Cuzery, seigneurie, VII. 797. B.
Cuzieu, seigneurie, III. 614. B.
S. Cybar, comté, II. 232. D.
S. Cyergue, baronie, II. 807. E.
Cypierre, seigneurie, III. 894. C. 913. B.
Cypressac, seigneurie, V. 754. D. 735. C. 736.
E. Voyez Cipressac.

S. Cyr, (Seigneurs de) VI. 567. Voyez Seguier.
(Autres seigneurs de) VI. 712. Voyez Moreul.
S. Cyr, seigneurie, I. 495. A. IV. 673. A. V.
349. D. VI. 32. D. 285. A. 522. C. 567. D.
722. B. VII. 227. E. 289. B. 337. D. 399.
A. 428. D. 902. C. VIII. 791. D. 792. A. IX.
462. E. de Popia, seigneurie, II. 359. E.
S. Cyre, seigneurie, II. 849. E.
Cyrolde, VI. 427. D.
Cyxo, seigneurie, I. 690. E.
Czarzewic, comté, IX. 283. A.

D

DADE, I. 203. D.
Daderou, VII. 484. C.
Dadizelle, seigneurie, II. 741. B.
Daelhem, seigneurie, II. 793. B.
Daen, VII. 510. A. de Lannay-Coesquer, V. 418.
C.
Dagoherie, VII. 719. A.
Dagonat, III. 89. A.
la Dague, IV. 135. E. V. 756. B. VII. 314. B.
Daguier, IV. 751. A.
la Daille, seigneurie, V. 279. F.
DAILLON, Henry, grand-maître de l'artillerie de
France, VIII. 188. A. DU LUDE, René, com-
mandeur du S. Esprit, IX. 64. B. Guy, chevalier
du S. Esprit, IX. 71. B. Gaspard, commandeur
du S. Esprit. IX. 183. C. Henry, chevalier du
S. Esprit, IX. 192. B.
DAILLON, (Genealogie de la maison de) VIII.
289. A.
Daillon, I. 471. B. II. 61. A. III. 318. C. 636.
D. IV. 44. B. 57. C. 218. D. 334 D. 480. A.
616. C. 687. D. V. 150. D. 384. C. 385. B.
610. C. 765. D. VI. 509. A. VII. 15. B. 61.
A. 76. C. 153. A. 407. D. 444. D. 852. A.
VIII. 148. D. 765. C. IX. 58. B. seigneurie,
III. 635. C. du Lude, I. 204. B. III. 389. D.
642. B. IV. 34. D. 58. C. 335. B. 471. D. 565.
A. 680. A. V. 384. C. 385. E. 387. A. 765.
D. VII. 439. C. VIII. 923. C. IX. 75. B. 964.
C. seigneurie, IV. 27. D.
Dalem, VI. 98. C. seigneurie, II. 774. E. 775.
A. comté, II. 788. A. VII. 467. E. IX. 236. B.
Dalet, seigneurie, V. 364. A. VII. 157. E. com-
té, VII. 161. A.
DALIGRE, Estienne, seigneur de la Riviere, chan-
celier de France, VI. 577. B. Voyez Haligre.
Dalkeith, baronie, IX. 412. D.
Dalle, seigneurie, VII. 153. E.
Dalmatie, VIII. 55. D. duché, I. 415. C. royau-
me, I. 406. B.
Dalon, II. 309. E.
Dalphas, II. 255. D.
DAMAS, Guy, IV. du nom, souverain maître de
l'hôtel du Roi, VIII. 316. B. Guy, seigneur de
Cousan, grand-chambellan de France, VIII.
446. C. Guy, grand-échanson de France,
VIII. 546. C. Charles, chevalier du S. Esprit,
IX. 174. A.
DAMAS, (Genealogie de la maison de) VIII. 317.
A.
Damas, I. 377. A. 500. B. 554. D. II. 65. B.
113. A. 233. C. 874. D. IV. 31. A. 40. A.
181. B. 658. B. 680. E. 861. D. 862. A D.
V. 464. * D. 613. E. VI. 69. B. 416. A. 447.
C. 493. C. VII. 200. B. 201. A. 222. A. 251.
E. 442. D. 447. B. 646. A. 804. A. VIII.
61. A. 142. E. 648. E. 758. C. 805. B. IX.
113. A 210. A. 414. E. 455. C d'Anlezy, IV.
753. B. d'Antigny, VII. 804. D. de la Bazolle,

V. 12. F. *du Breuil*, VII. 55. D. *Digoine*, VII.
222. A. *de Marcilly*, IX. 114. A. *de Thianges*,
I. 157. E. IV. 412. A. 602. C. 793. D. V. 464.
* C. 771. C. VII. 574. D. 701. B. *Verpré*, IV.
41. C. *près Aire*, seigneurie, V. 241. E.
Damblain, seigneurie, IV. 821. D.
Damemarie, seigneurie, III. 284. A.
Damerie, seigneurie, III. 82. A.
Damery, VI. 92. B. seigneurie, II. 443. B. 444.
A D. VI. 356. D. 456. A. VII. 160. D. 648.
Dames, seigneurie, III. 81. A.
trois Dames, IX. 319. A.
Damsarize, seigneurie, II. 729. E. III. 81. A.
Damfront, seigneurie, I. 385. B. III. 285. D.
306. A. vicomté, I. 247. D. 357. A.
Damiam, III. 606. B. *de Felton*, VII. 458. D.
Damiane, IV. 370. B.
Damien en Valois, seigneurie, II. 125. D.
S. Damien, marquisat, II. 248. A. VIII. 501.
A.
Damiette, VI. 543. B. IX. 89. C.
Damigny, seigneurie, II 35. D. VIII. 169. D.
Dammarie, seigneurie, IV. 399. D. *Voyez* Dan-
nemarie.
Dammartin, I. 78. E. II. 372. C. 851. C. I V.
212. A. V. 129. D. seigneurie, II. 376. E.
444. C. 507. D. IV. 821. D comté, I. 80.
BC. 113. A. 234. B. 238. B. 309. D. 428.
A. 581. C D. II. 192. A. 268. E. 269. C.
722. A. 877. B. III. 303. D. 569. D. 603. E.
604. B. 605. B. 606. D. 819. BC. IV. 164. C.
166. E. V. 507. B. *en Lyonnois*, V. 103. D.
Voyez Dampmartin.
Damon, V. 740. A.
DAMOND, *Michel*, tresorier general du marc d'or,
IX. 362. C.
Damory, II. 487. B.
Damours, VI. 468. D. *Voyez* Amours.
DAMPIERRE (*Guy*) evêque de Châlons, II.
312. B.
DAMPIERRE, (*Derniers seigneurs de*) sortis des
seigneurs de ce nom, comtes de Flandres, II.
760.
DAMPIERRE, (*Seigneurs de*) III. 154. *Voyez*
Bourbon. (*Autres seigneurs de*) VI. 158. *Voyez*
Brienne & Conflans. (*Autres seigneurs de*) VIII.
923. *Voyez* Clermont.
Dampierre, I. 88. E. 224. C. II. 35. A. 76. E.
151. A. 343. A. 597. D. 792. C. 850. B. III.
84. A. 665. C. V. 94. A. 509. B. 510. C. VI.
48. B. 59. D. 94. B. 96. A. 110. B. 144. A.
160. C. 169. D. 341. B. 693. D. 728. D. VII.
735. A. 740. D. VIII. 174. D. 355. E. 398.
A. 413. D. 414. E. 884. B. seigneurie, I. 491.
B. 508. B. II. 35. D E. 66. D. 150. C. 425. B.
729. E. 856. C. 872. C. 874. D. III. 895. B.
898. A. 912. C. IV. 652. D. V. 16. B. 509.
B. VI. 110. B. 111. D. 135. A. 140. C. 209.
A. 276. D. 277. C. 281. A. 651. C. 693. D.
728. D. 742. D. VII. 18. D. 179. C. 580. C.
816. A. 821. D. 823. D. 835. A. VIII. 46. C.
47. A. 77. D. 169. C D. 298. D. 260. D. 671.
C. 765. E. 897. A. 923. A. IX. 110. A. ba-
ronie, II. 322. C. VIII. 923. B. comté, II.
322. C. marquisat, VII. 369. A. *en Artenois*,
seigneurie, VI. 158. D. *en Aulnis*, seigneurie,
VIII. 921. D. *en Ponthien*, seigneurie, VI. 313.
A. *sur Salon*, seigneurie, II. 871. C. VII. 253.
D.
Dampmart, seigneurie, II. 58. E.
DAMPMARTIN, *Alberic*, chambrier de France,
VIII. 400. D.

DAMPMARTIN, (*Genealogie des anciens comtes de*
VIII. 401. (*Autres comtes de*) VI. 668. *Voyez*
Trie. (*Autres comtes de*) VII. 141. *Voyez* Cha-
bannes.
Dampmartin, VI. 35. B. 74. C. 76. B. 168. B. 259.
C. 573. C. 663. A. 690. B. VIII. 543. C. 866.
E. seigneurie, VI. 530. B. 695. C. comté, V.
10. D. VI. 93. C. 94. B. 111. A B. 115.
A. 323. B. 663. A. 668. C. VII. 34. A E.
121. B. 141. B. 152. A. 480. C. 809. A. VIII.
67. E. 68. A. 117. B D. 401. A. 862. C. 895.
D. 896. E. *Voyez* Dammartin.
Dampon, IV. 639. A.
Dampont, II. 120. B. VII. 473. A. VIII. 802. C.
seigneurie, VI. 550. C.
Dampremont, seigneurie, IV. 821. D.
Damps, seigneurie, II. 708. A.
Dampval, seigneurie, VI. 282. D. VII. 83. E.
DAMVILLE, duché-pairie, érigé en 1610. pour
CHARLES de Montmorency, & en 1648 pour
FRANÇOIS de Levis-Ventadour, comte de Brion,
IV. 235. *Pieces concernant cette érection*, ibid.
Nouvelle érection pour FRANÇOIS-CHRISTOPHE
de Levis, Ventadour, V. 860. Nouvelle érection
en 1694. pour LOUIS-ALEXANDRE de Bourbon,
prince légitimé de France, comte de Toulou-
se, V. 43. *Pieces concernant cette érection*, V.
44. *& suiv.*
DAMVILLE, (*Ducs de*) III. 602. *& suiv. Voyez*
Montmorency.
Damville, seigneurie, I. 484. B. III. 572. A B
C. 573. A. 574. A C. 602. A. 603. A. V. 229.
A. VI. 254. E. VII. 13. D. 733. A. VIII. 440.
A. IX. 432. A. baronie, III. 603. E. 605. B.
duché, I. 176. A B. IV. 32. B. 322 A. VIII.
761. A. pairie, VII. 480. C. 906. C. 912.
A.
Dance, vicomté, III. 821. A.
Dancette, III. 829. A.
Danché, VII. 28. C.
Dandainville, seigneurie, V. 740. A.
Danderleu, baronie, I. 257. D.
Daneau, seigneurie, VI. 195. A.
Danemois, seigneurie, VIII. 946. E.
Danes, VIII. 776. D.
Danesy, VII. 740. A.
Danets, seigneurie, III. 642. A.
Danez, VI. 434. B. 586. B.
Dangeau, seigneurie, IV. 750. A. VIII. 157. B.
158. D. 159. A B E. 160. A. marquisat, IV.
169. D. VIII. 248. A. IX. 229. B.
le Dangereux, III. 639. C. 859. B. VI. 508.
B.
Dangeroux, VII. 406. B.
Dangeul 5 IV. 730. B. VI. 387. D.
Dangu, VI. 312. A. 454. C. seigneurie, I. 364.
A B. 365. C. II. 848. B. III. 580. E. 604. A
D, 605. A. 732. C. IV. 274. A. 374. A. V.
126. A. 131. D. 146. A. 224. B E. VI. 631.
D. 632. D. VIII. 896. B. baronie, III. 589. B.
733. A. comté, III. 590. A.
Danjau, II. 308. E.
Danicant de l'Epine, IX. 330. A.
Daniel, IV. 487. D. V. 332. D. VI. 503. D. VIII.
888. A.
Danjuenne, seigneurie, II. 769. C.
Dannemarck, I. 79. D. 577. A. 578. D. VI. 45.
E. baronie, II. 60. A. royaume, II. 468. A.
718. E. 710. A. VI. 45. E.
Dannemarie, VII. 151. A. seigneurie, IV. 401. A.
VII. 143. C. comté, VI. 119. D. *en Puisaye*,
seigneurie, I. 491. A.
Dannemoine, comté, VIII. 914. C.
Dannemois,

Dannemois, seigneurie, V. 542. A C.
Dannoet, seigneurie, VII. 723. C.
Danois, (Rois des) 115. C. 29. A.
le Danois, Geoffroy, maître des eaux & forêts du Roi, VIII. 843. B.
le Danois, II. 63. A. III. 586. C. IV. 803. C. VIII. 356. C. de Joffreville, V. 84. E.
Danteley, seigneurie, V. 592. B. comté, V. 929. C. 930. A.
Danty, VIII. 799. C.
Danville, seigneurie, II. 309. C. Voyez Damville.
Danvin, V. 834. A.
Danviray de Machonville, IX. 425. B.
Danzay, seigneurie, VIII. 490. A.
Darby, seigneurie, II. 472. C. comté, IV. 171. B. IX. 400. C.
Darcey, seigneurie, VII. 45. E.
Dargies ou d'Argies, Enguerand, maître fauconnier du Roi, VIII. 749. A.
Dargies, VIII. 749. A. Voyez d'Argies.
Darnley, IX. 406. E.
Darot, VII. 632. C.
Darziel, IX. 402. C.
Dasbourg, V. 506. B. comté, I. 70. B. II. 328. B. 787. E. 788. A.
Das Minas,] Marquis de) sortis de Sousa, I. 699. Voyez Portugal.
Das Minas, marquisat, I. 681. C D.
Dat, II. 615. C. IV. 547. C.
Davault, V. 24. B.
Daudieu, VII. 575. C.
Davet, VIII. 82. B.
Daugerant, Jean, évêque & comte de Beauvais, pair de France, II. 274. B
Daugerant II. 274. B C D. VIII. 896. A.
Daugnon, vicomté, VII. 580. A. comté, VIII. 589. B.
Davi, III. 394. B. VII. 597. A D.
Daviau, VII. 619. E.
David, I. 491. C. IV. 54. C. V. 446. D. IX. 116. A.
Davin, IV. 283. D. 287. A.
Daviri, VIII. 937. B.
Daules, seigneurie, II. 798. E.
Daun, seigneurie, VIII. 354. B.
Daunay-le-Châtel, seigneurie, II. 374. E.
Dauphin, Guischard I. du nom, maître des arbalestriers, VIII. 47. C. Guischard, souverain maître de l'hôtel du Roi, VIII. 346. A. Guischard, échanson de France, VIII. 541. D.
Dauphin de Viennois, Humbers, archevêque de Reims, II. 12. D.
Dauphins de Viennois, III. race, (Genealogie des) II. 13. & suivantes.
Dauphin, II. 189. A. 399. E. 862. D. VI. 64. E. 67. A. d'Auvergne, VI. 85. E. 105. A. 322. D.
Dauphine, III. 812. D. IV. 438. A. 538. A.
Dauphiné, I. 103. B. 121. E. province, II. 13. A. 18. A E. 21. A. 25. B.
Dauphins, I. 109. C. 133. B. 180. E. 194. D. 198. E. 249. C. 300. A. de Viennois, I. 113. A B. 114. A. 125. B. 131. C. 177. C. 179. E. 241. E. II. 12. D.
Daurat, VIII. 302. A.
Dauffan, V. 744. C.
Daussy, Jean, aumônier du Roi, VIII. 231 A.
Daussy, (Genealogie de) VIII. 231.
Dauvet, Nicolas, comte des Marets, grand-fauconnier de France, VIII. 774. B. François, grand-fauconnier de France, VIII. 776. C. Henry-François, grand-fauconnier de France, VIII.
Tome IX.
779. C. François-Louis, grand-fauconnier de France, 779. D. Gaspard, chevalier du S. Esprit, IX. 150. A.
Dauvet, (Genealogie de) VIII. 774.
Dauvet, II. 77. A. III. 580. D. IV. 141. B. 206. D. 224. C. 403. B. VI. 261. C. 262. A. 341. A. 389. A. 440. C. 466. C. 527. C. VII. 322. E. 711. E. VIII. 137. D. 186. B. des Marets, III. 497. D. VI. 582. B. VII. 647. C. IX. 334. C. de Rieux, VII. 136. E.
Dauvin, Philippes, seigneur de Sarriquier, fauconnier du Roi, VIII. 744. D.
Dauvin, VIII. 745. A.
Davy du Perron, Jacques, grand-aumônier de France, VIII. 287. B. Idem, commandeur du Saint Esprit, IX. 129. C.
Davy, VI. 471. D. VIII. 287. D. de la Fautriere, VI. 583. B.
Dazy, II. 109. B.
Deça, I. 639. A.
Decez, VI. 448. A.
du Deffand, IV. 753. B. V. 24. D.
Déffays, seigneurie, VI. 199. A.
Deffend, (Seigneurt du) VI. 685. Voyez Pillavoine.
Deffend, VI. 535. A. VII. 30. C. seigneurie, VI. 681. B. 685. D. VIII. 324. C D. 325. B D. Voyez Deffand.
Deffends, marquisat, V. 616. B E. 617. D.
Defforts, seigneurie, VI. 54. A.
Deimier, II. 854. B.
Delain, seigneurie, V. 166. B. 510. D. VII. 797. C.
Delchior, seigneurie, VII. 706. D.
Deleytosa, comté, I. 626. A. 628. A.
Delhoye, IV. 83. A.
S. Delis, VII. 834. B. IX. 476. D.
Delit, seigneurie, III. 608. C.
Delouge, IV. 872. B. VI. 65. C. 115. A. VIII. 208. B.
Delpech, VI. 548. A.
Delpeyronne, VII. 596. **** C.
Delren, VIII. 364. C.
Demaingeville, seigneurie, VII. 35. B.
Demandols, II. 254. B. 288. C.
Demangevelle, seigneurie, VII. 811. D.
Dembroach, VII. 106. B.
Demenge, VIII. 111. D.
S. Demetrie, baronie, II. 602. C.
la Demieville, seigneurie, V. 407. C.
Demont, vicomté, III. 636. D.
Demoret, seigneurie, VII. 137. B.
Demuin, seigneurie, VIII. 154. E. 155. A. 524. B.
Den, comté, II. 877. D E.
Dencourt, seigneurie, I. 378. C.
Denée, V. 192. C.
Denevy, seigneurie, VII. 646. A.
Denia, marquisat, I. 633. E. III. 354. E. V. 525. A.
Denieres, seigneurie, II. 366. A.
Deninvilliers, seigneurie, II. 121. C E.
Denis, V. 424. D.
S. Denis, VI. 31. E. VII. 34. E. 877. D. seigneurie, I. 470. B. II. 183. D. 225. C. III. 572. D. IV. 562. A. 751. B C. 752. A. V. 245. B. VI. 360. D. 388. A. 501. B. VII. 151. B. 455. A. 668. C. 875. D. VIII. 93. C. 134. C E. 135. A. 274. A. IX. 242. A. 392. C. de Chausson, seigneurie, VII. 43. E. du Gast, seigneurie, II. 408. A. VIII. 211. D. 260. C. 712. B. du Maine, seigneurie, VII. 124. E. le Thibouft, seigneurie, III. 395. D. 839. D. VIII. 98. D. 616. A. 832. A.
G 2

Denifet , feigneurie , VII. 645. C.
Denmarcht , VIII. 364. C.
Denonval , feigneurie , VI. 184. B. VII. 381. A.
Denonville , feigneurie , I. 218. B.
S. Denoval , V. 407. B. feigneurie , VI. 184.
D. VII. 524. C. vicomté V. 407. B. VII. 418.
E. *Voyez* la Plance.
Deodati , VII. 482. A B.
Deols , II. 850. E. III. 153. A. 216. E. V. 352.
A. 569. B. 570. C. principauté , II. 854. D.
le Dépenfier. *Voyez* Spincer.
Deramé , II. 604. A.
Derancy , feigneurie , VI. 151. B.
Derbrée , IX. 75. C.
Dercé , feigneurie , VII. 618. A.
Dergues , feigneurie , I. 371. B.
Derliques , feigneurie , VIII. 80. A.
Dernacuilletes , feigneurie , VIII. 248. D.
Dertonne , feigneurie , IV. 490. C.
Derval , VII. 717. D. feigneurie , VI. 765. D.
768. A. VII. 74. D. 77. A. 381. A. 499. E.
Dervant , feigneurie , V. 571. A. VII. 81. A.
Defcamps II. 394. C. & de Tord , III. 394. B.
Defclaus , baronie , II. 165. D.
du Defert , VII. 633. B.
S. Defert , feigneurie , VII. 646. A.
des Deferts , VII. 719. A.
Defimieux , comté , IX. 154. C.
S. Defiré , feigneurie , VII. 78. D. 714. A. baronie ,
III. 819. C. VII. 83. B.
Deflaire , VI. 681. D.
Defmares , VIII. 260. E.
Defne , VIII. 163. E.
Defnoncourt , feigneurie , VIII. 891. A.
Defpaux , feigneurie , I. 60. A.
Defpes , VIII. 268. C.
Defprez de Montpezat , II. 247. A.
Deflu-le-Mouftier , VI. 175. C.
Devain , feigneurie , VIII. 326. B C. 327. A.
328. C.
Devenich , VI. 395. A.
Deventer , feigneurie , II. 488. C.
Devefe , VII. 270. D. feigneurie , II. 624. C D
E. 651. D. III. 861. B. VII. 271. D. VIII. 594.
**** B.
la Devefe IX. 395. D.
Devezeau , V. 17. D.
Deuil , feigneurie , VII. 892. E.
Deuilly , feigneurie , IV. 824. B. 825. B. VII. 227.
C. 247. C. IX. 98. B.
Devize , feigneurie , VIII. 156. E.
Devley , II. 58. B.
Devon , (*Suite des comtes de*) VII. 840. *Voyez*
Courtenay.
Devon , vicomté , II. 492. A E. 493. A. com-
té , II. 406. D. VII. 838. C. 840. D.
Devonshire , comté , II. 485. A. 492. B. 493.
D.
Deurtal , feigneurie , VII. 571. A.
Deux Vierges , feigneurie , IX. 422. B.
Dexmier , VII. 27. D. 28. D. VIII. 772. D.
Deydier , VII. 790. B.
Deyme , feigneurie , V. 726. D. 758. D.
Deynfe , marquifat , IX. 377. D.
Deze , baronie , VI. 316. C.
le Diable , V. 399. D.
le Diacre , VIII. 810. * C.
Diadizelle , VIII. 81. E.
Dian , VII. 133. D. feigneurie , VI. 383. A. 514.
B.
Diano , feigneurie , VII. 13. E.
Diars , VII. 777. D.
Dias , VII. 761. C. IX. 397. C.

Dicé , feigneurie , VI. 762. B. 764. B.
Dicey , feigneurie , II. 211. B. 874. B. VII. 47.
C.
Dicquebeuf , VIII. 234. A.
Dicy , *Jean* , maître de l'écurie du Roi , VIII.
470. D. *Guillaume* , maître enquêteur des eaux
& forêts du Roi , VIII. 843. E.
Dicy , VIII 471. B. 832. C. feigneurie , VI. 387.
C. 388. A.
S. Didier , VII. 410. A. feigneurie , III. 795. D.
836. C. 837. E. 838. D. V. 182. D. 198. D.
357. A. 359. D. VIII. 320. D. 323. E. 500. A.
vicomté , III. 839. D.
Didimotique , feigneurie , VII. 747. B.
Didogne , feigneurie , V. 493. C.
Didonne , feigneurie , VII. 845. B. baronie , IV.
173. A. IX. 451. D.
Die , comté , II. 202. D E. 684. A.
Dienne , I. 310. D. III. 821. C. 829. A. IV. 388.
A. V. 330. B. 344. F. 345. A. VII. 58. A. IX.
468. B. feigneurie , III. 366. D E. IV. 535. A.
V. 330. D. 344. D E. baronie , V. 344. F.
comté , VII. 714. E.
Dienpenbeck , feigneurie , II. 334. E.
Dienville , II. 152. E.
S. Diery , feigneurie , VII. 710. A.
Diefnal , feigneurie , V. 648. D.
Dieft , feigneurie , II. 333. A. 743. D.
Dieval , VI. 795. C. feigneurie , V. 240. D. VIII.
659. D.
Dieudy , (*Seignurs de*) V. 404. *Voyez* Goyon.
Dieudy , feigneurie , V. 404. C. 424. C.
Dieu Pantale , feigneurie , II. 674. B.
Dieufaye près la Hunaudaye , feigneurie , V. 410.
E.
Dieufe , II. 56. A.
Dieuxaide , V. 16. C.
Diez , IV. 844. D.
Digne , IV. 494. D. comté , II. 691. E.
Digoine , (*Seigneurs de*) VIII. 330. A. *Voyez* Da-
mas.
Digoine , II. 279. B. 419. B. VI. 69. B. VII. 201.
B. 258. C. VIII. 321. D. 326. B. feigneurie ,
IV. 31. A. 658. B. VII. 442. E. 646. B. VIII.
326. B. 328. D. 329. A. 330. A. baronie , VIII.
321. D. comté VII. 258. C. *en Charolois* , fei-
gneurie , VI. 83. A.
S. Digor , feigneurie , VII. 875. E.
Diguia , feigneurie , VII. 147. D.
Dijon , IV. 671. B. feigneurie , IV. 674. C. vi-
comté , II. 868. D. comté , VIII. 409. B.
Dilay , feigneurie , II. 666. C.
Dilft , feigneurie , II. 698. D.
Dillet , feigneurie , VI. 697. A.
Dimart , feigneurie , VIII. 711. A.
Dimuin , feigneurie , IX. 380. A.
Dinan , *Jacques* , feigneur de Beaumanoir , grand-
bouteiller de France , VIII. 577. A.
Dinan , (*Genealogie de la maison de*) VIII. 577.
Dinan , II. 409. B. 850. A. III. 52. E. IV. 53. C.
54. D. 57. A. V. 134. C. 379. C. 394. C. VI.
185. B. 186. A. 213. B. 766. C. 768. B. VII.
74. E. 225. C. 380. C. 381. A. VIII. 270. E.
764. A. IX. 459. C. vicomté , III. 58. A B
D. VI. 59. D. 137. B. VIII. 577. A. 725. D.
comté , III. 913. E.
Dinant , I. 287. D. 456. A.
Dinbigh , comté , V. 595. B.
Dines , VIII. 107. C.
Dingié , feigneurie , II. 165. C D.
Dinham , VII. 839. B.
Dinfhken , feigneurie , II. 791. D. *Voyez* Cleves.
Dintaville , *Jacques* , feigneur des Chenets, grand-

veneur de France , VIII. 714. C. *Ponchin*, chevalier du S. Efprit , IX. 82. C.

DINTEVILLE, (*Genealogie des feigneurs de*) VIII. 715.

Dinteville, II. 58. B. 60. B. 870. E. 874. C. III. 730. B. 841. B, IV. 686. A B. 748. B. 822. C. 836. A. 837. E. 839. C. 853. C. VI. 68. B. VII. 6. D. 35. C. 39. B. 46. D. 48. A. 134. B. 160. B. 253. C. 802. D. VIII. 428. B. 493. B. IX. 82. B. feigneurie, II. 342. A. IV. 216. C. V. 13. A. VI. 701. A. VII. 155. A. 255. A. 708. D. VIII. 715. A. Baronie, VII. 684. A. marquifat, VIII. 787. B. *Voyez* Jaucourt.

Dio , VII. 159. A. VIII. 325. A. 331. E. 552. A. IX. 123. C. feigneurie, IV. 861. A. VIII. 324. D. 325. B D. *de Montpeyroux* , VIII. 494. C. 760. D. 827. E. IX. 483. D.

Diodé, VIII. 306. E.

Diois, comté, I. 376. A. II. 187. A. 188. A. 188. 2. C. 194. B 196. A D. 198. C. 199. A C. 200. E. 201. A B E. 203. C. 216. D. 219. A. 514. D. V. 521. D E. VI. 85. B. 318. B. 670. D. 733. D. VII. 34. A. VIII. 51. D. 416. C. duché, II. 208. D. V. 522. D E.

Diombes, feigneurie, IV. 859. C D. 860. A.

Dirchfe Van Augeren, VII. 546. E.

Diriclandt, feigneurie , VII. 831. A.

Diriton, V. 594. E.

Difome , II. 106. D.

Difque , feigneurie, VIII. 697. A.

Difquemue , feigneurie, VI. 781. A. VII. 824. D.

Diffey , feigneurie, II. 225. D.

Dift, VII. 172. A.

Divajeu, feigneurie, II. 186. 2. A. 188. E.

Divant, VII. 633. B.

Divion, III. 611. B. 612. A. feigneurie, V. 836. C. 837. A. 839. D. 841. B. VIII. 657. A. 697. A.

Divifac, baronie, VII. 699. A.

Divifin , feigneurie, VIII. 910. A.

Divonne , feigneurie, VI. 699. C. VII. 148. A.

Dixmude , III. 916. D. 918. C. V. 845. D. feigneurie, III. 595. D. V. 82. E. 136. E. VII. 831. D. VIII. 153. C. 653. B.

S. Dizan , feigneurie, VI. 586. B.

Dizant, II. 666. C.

Dizerand, V. 266. C.

Dizy, VIII. 866. D.

Dizier, feigneurie, IV. 707. C D E. 708. A. VIII. 343. E. IX. 483. B.

S. DIZIER (*feigneurs de*) fortis *des* feigneurs de Dampierre , II. 762.

S. Dizier , VII. 812. C. VIII. 419. B. 549. E. feigneurie, II. 150. C. 399. E. 729. E. 760. B. III. 154. D. 155. A C. 156. A D. V. 347. E. 510. C. VI. 49. B. 110. B. 114. A. 135. A. VII. 35. A. 587. C. 803. A. 808. C. VIII. 414. E.

Diziers, feigneurie, IX. 229. B.

Dizimieu, feigneurie, VIII. 911. B. comté, VIII. 910. B.

Doallon, feigneurie, III. 814. B C. 815. A.

Doayron, IX. 453. A.

Doc , *Jean* , évêque de Laon , II. 115. D.

Doc , II. 115. D.

Docdel, VII. 486. A.

Dodemfort, IX. 89. B.

Dodenville, baronie , IV. 599. A.

Dodol , VII. 688. A.

Dodowert, feigneurie, II. 774. E. 775. A.

Dooun, *Charles-Gafpard* , grand-treforier des ordres, IX. 331. A.

Doeffay, feigneurie, VII. 629. E.

Doet , II. 400. B.

Dognon , feigneurie , V. 332. A B F. 333. D. 334. A. 335. A.

Doignat, II. 115. D.

Doirie, VIII. 46. B.

Dol, *Even* , maître des eaux & forêts du Roy ; VIII. 859. D.

Dol, III. 633. C. comté , III. 48. B.

Dolan , baronie, V. 898. E.

Dolce-Aqua, feigneurie, IX. 440. C.

Dole, VII. 619. D. feigneurie, I. 287. D.

S. Dolé, feigneurie, VI. 187. A.

Dollet, VII. 138. C.

Dollot, feigneurie, III. 592. B.

Dolo, VII. 528. D.

Dolot , feigneurie, VIII. 800. A. baronie, VIII. 799. A.

Doloure, VII. 706. A.

Dolu, III. 588. D. VIII. 268. D. IX. 332. D.

Domagne de la Roche-Hue, VII. 389. A.

Domainville, feigneurie, IV. 727. B.

Domarville, feigneurie , IV. 732. E.

Domatre, feigneurie, VIII. 663. A.

Domballe, feigneurie, VII. 468. B.

Dombes, feigneurie, I. 301. B. 302. A. 303. D. 305. C. 317. B. II. 13. C. 161. C. 707. B. VI. 109. B. 318. B. 731. A. IX. 382. D. baronie, I. 355. C. fouveraineté, I. 147. C D. 148. A. 175. E. 192. B D. 194. C D. 195. B. 341. B. 354. E. 356. C. 357. A. 358. B. VIII. 193. B.

Domer , I. 117. A.

Domerval, VI. 178. B.

Domery , feigneurie, VIII. 692. D.

Domeffin, V. 673. A. VII. 44. A.

Domfront, feigneurie, I. 269. B. 271. B. 272. B. 274. C. 276. B. VI. 663. C. vicomté, I. 271. B. *Voyez* Damfront.

Domin, VII. 859. C.

S. Dominique en Parife, feigneurie, VIII. 318. D.

Dominois, VIII. 174. B. feigneurie , III. 914. D. V. 83. A. 621. A. 740. A. VII. 182. D. 555. C. *le Frefne* , feigneurie, IV. 770. A.

Domjulien, feigneurie , IV. 215. D. VIII. 894. A.

Dommalain, feigneurie , VI. 190. A.

Dommart, feigneurie, I. 426. E. 427. D. 429. B D. 430. C. II. 153. B. 156. D. III. 301. D. 622. A. VI. 125. A. 147. A. 148. B. 355. C. 719. C. 784. A. VII. 111. B. VIII. 11. A E. 570. E. 571. D. 573. A B. 632. E. 645. D.

Dommartin, VIII. 36. C. 74. A. 161. B. 651. C. feigneurie, VII. 823. B. VIII. 354. A. 720. D. baronie, III. 915. C. VIII. 721. A.

Dommeval, feigneurie, VIII. 809. B.

Domont, feigneurie, II. 118. E. 120. D. *Voyez* Aumont.

Dompierre, VIII. 650. C. feigneurie , VII. 132. B. 465. A. 825. D. VIII. 67. A C. 68. B. 97. E. 104. D. 105. A. 106. B. 696. E. IX. 436. C. 467. E. *en Aunis*, feigneurie , II. 279. B. *aux Ormes* , feigneurie, VIII. 335. A B C D. *fur-Urbin* , feigneurie, II. 62. B.

Dompmar, II. 54. B.

Dompmars, feigneurie, V. 636. C. 830. B. 831. B.

Dompmartin, II. 56. A. 57. D. V. 89. C D. 92. B. 642. C. 643. A. VII. 168. A. 466. E. feigneurie, II. 434. D. baronie , V. 643. B. *Voyez* Dommartin.

Dompremy, feigneurie, VII. 429. D.

Domps, IX. 382. C.
Domvaft, feigneurie, V. 229. D. 230. A. baronie, V. 230. A. 653. B. vicomté, V. 238. B.
Domval, feigneurie, VII. 30. D.
Donaifan, feigneurie, II. 708. E.
S. Donat, feigneurie, IV. 526. A. 533. B. baronie, V. 266. A.
Dontourt, VIII. 154. E 872. B. feigneurie, IV. 847. A C D. 848. B. VII. 892. C. 897. B.
Dondeauville, VIII. 617. A.
Dondelainville, feigneurie, VII. 823. C.
Dondeville, III. 726. D.
Doneville, feigneurie, VII. 713. B.
Donezan, feigneurie, III. 345. B. 348. B. Voyez Donaifan.
Dongelberge, VII. 430. C.
Dongelberghes, I. 268. B.
Dongelle, feigneurie, III. 727. C.
Donges, vicomté, IV. 54. A. 60. B. 434. C. 680. A. V. 575. A. VI. 765. C. 770. D. 772. A.
DONGEUX (Seigneurs de) VI. 701. Voyez Joinville.
Dongeux, feigneurie, VI. 701. B.
Donglebert, feigneurie, II. 795. C.
Doni, VI. 556. B. marquifat, IX. 207. B.
Donjeon, feigneurie, VII. 809. C.
Donjon, VI. 95. C. feigneurie, I. 474. D. 528. A. VIII. 810. C.
Donlieu, feigneurie, II. 767. A.
la Donne, III. 907. A.
Donon, VI. 436. D. VIII. 858. D.
Donos, VII. 422. C.
DONQUERRE, Roland, grand-pannetier de France, VIII. 664. A.
Donquerre, III. 645. B. 654. D. VI. 51. C. VIII. 277. A. 631. D. feigneurie, V. 830. B.
Dons, feigneurie, V. 287. F.
Donftienne, feigneurie, VI. 100. C. 101. A.
Dony, II. 135. E. IV. 680. B.
Donzac, feigneurie, II. 174. C. 175. B.
Donzenac, feigneurie, II. 672. A B D. IV. 165. D. 549. B. V. 330. B. 735. B. VI. 317. A. baronie, IV. 31. D. 32. C. 67. C.
Donzenain, feigneurie, VII. 499. E. 504. D.
DONZIOIS (Ducs de) pairs de France, V. 462. Voyez Mancini.
Donziois, duché, I. 257. E. IV. 412. A. V. 465. B.
Donzonat, feigneurie, III. 427. C.
Donzy, V. 223. F. VI. 139. D. feigneurie, I. 82. A. 476. B E. II. 498. B. 841. A. 847. E. III. 161. A B. VI. 94. A. 729. A. baronie, I. 94. C. 251. B E. 252. D. III. 449. E. 450. E. V. 574. A. duché, V. 464. B G. 466. A. VIII. 325. E.
la Dorbiliere, feigneurie, VII. 515. B.
du Doré, V. 423. C.
Dorée, feigneurie, VI. 598. B.
la Dorée, VII. 595. C.
Dorelhet de Colombines, IX. 454. E.
Dorgeoife, V. 269. A. la Tivoliere, II. 256. A.
Dori, VII. 397. B.
DORIA, Ayton, amiral de France, VII. 749. B. André, general des galeres, VII. 928. A.
Doria, I. 365. D. II. 51. B C. IV. 493. B C. 494. B. 496. B. V. 525. C. 526. A. VI. 499. B. VII. 765. E. VIII. 300. C. 306. D. 307. A. marquifat, IV. 498. C. Caretto, V. 25. C. VIII. 41. E. Colomne, I. 671. D. V. 516. A. del Maro, VI. 499. B.
les Dorides, feigneurie, IV. 453. C.
Dorie, IV. 492. A. 495. D. Voyez Doria.

Dorieu, VII. 420. B. 631. D.
Dorlief, VII. 377. A.
DORMANS Jean, évêque & comte de Beauvais, pair de France, II. 272. E. Miles, évêque & comte de Beauvais, pair de France, II. 275. B. Jean, chancelier de France, VI. 332. B. Guillaume, chancelier, VI. 336. A. Miles, chancelier, VI. 342. C.
DORMANS (Genealogie de) VI. 333.
Dormans, I. 113. A. II. 107. A. 273. A C D. 275. C. V. 636. C. VI. 53. D. 158. A. 333. A. 338. B. 349. B. 674. A. VIII. 369. D. 572. E. 883. D. feigneurie, II. 208. A B C. 209. D E. V. 636. C. VI. 53. D. 333. B. 340. C. C. VII. 692. A. baronie, IV. 186. A. marquifat, VII. 691. E. VIII. 38. D. 39. A.
Dormont, VI. 445. D.
Dormoy, feigneurie, II. 125. D.
Dornan, IX. 445. A.
Dorne, feigneurie, VIII. 53. C.
Dornon, feigneurie, VII. 372. B.
Dorp, VI. 801. B.
Dorfieres, feigneurie, VIII. 53. C.
Dortan, IX. 451. B.
Dortans, V. 672. A. VII. 44. B.
Dorthe, VI. 516. C.
Dofches, feigneurie, VI. 572. B.
Dofchies, VII. 737. A.
Dofdefer, VII. 508. C.
Doffemer, feigneurie, VI. 169. B.
Douais, feigneurie, VI. 506. C.
la Douardiere, feigneurie, II. 153. E.
Douart, feigneurie, II. 66. D.
DOUAY, Gerard, évêque & comte de Châlons, pair de France, II. 313. C.
Douay, VIII. 760. E. feigneurie, VIII. 9. E.
DOUAZIT (Barons de) III. 390. Voyez Foix.
Doublet, VII. 581. C.
Doucelin, III. 355. D.
Douchamp, feigneurie, VIII. 593. B.
Doucefaigues, feigneurie, V. 494. B.
Doucet, VI. 151. C. 155. B. 384. C.
la Doucette, feigneurie, IV. 80. A. VI. 184. D.
Doucy, VIII. 526. D.
Doudeauville, IV. 215. A B. feigneurie, VII. 479. B. 565. D.
Doue, feigneurie, III. 730. D. VI. 404. D. marquifat, IX. 124. A.
Doué, II. 446. C. VII. 499. D. feigneurie, IV. 165. B. 169. A. 215. E. VI. 614. D. baronie, VI. 611. C.
Douet, II. 665. A. VII. 377. C. Garnier, feigneurie, IX. 474. B. Sauvage, feigneurie, VII. 225. B.
Dougeru, feigneurie, VI. 360. D.
Douges, vicomté, III. 627. D.
DOUGLAS, Valentin, évêque de Laon, II. 116. D.
DOUGLAS (Genealogie de la maison de) IX. 399. (Comtes de) en Touraine, IX. 404.
Douglas, II. 863. A. IV. 654. A. V. 595. C. VI. 225. IX. 399. D. comté, III. 322. D. VI. 225. B C. IX. 400. D. marquifat, V. 595. C. duché, IX. 410. C.
Douhault, VII. 596. A.
Douhet, VI. 458. C. feigneurie, VII. 376. A. de Marlac, VII. 67. A.
Doujat, VI. 151. D. 589. C.
Douillac, feigneurie, VII. 341. C.
Douilly, feigneurie, I. 55. A. 56. B.
Doulevant, feigneurie, VII. 125. D.
Doulhac, I. 368. E.
Doulieu, feigneurie, III. 577. A. 908. C. VI. 794. D.

Doulieux,

Doulieux, seigneurie, V. 648. B. baronie, VII. 832. D.

Doullé, VI. 436. A. VIII. 495. C.

Doullens, seigneurie, VI. 106. B.

Doullevant, seigneurie, VI. 697. D.

Doulon, seigneurie, IX. 345. A.

le Doulx, VI. 478. C.

la Dourbeliere, seigneurie, V. 246. B.

DOURDAN, Guillaume, maître de l'artillerie du Roy, VIII. 126. B.

Dourdan, II. 57. A. seigneurie, I. 180. D. 281. A.

Dourdin, VI. 525. B. VIII. 131. E.

Dourgne, seigneurie, II. 359. D.

Dourier, seigneurie, VII. 745. B.

Douriers, seigneurie, VI. 782. A. VII. 825. B. comté, VI. 801. B.

Dourlens, seigneurie, VI. 169. D.

DOURS (Seigneurs & barons de) IV. 181. Voyez la Tremoille. (Autres seigneurs de) VI. Voyez Chastillon.

Dours, seigneurie, II. 344. E. III. 724. D. 911. B. IV. 398. E. VI. 69. A. 121. C. 123. B. 174. C. 782. B. VII. 112. A. 740. C. VIII. 10. C. 153. E. baronie, IV. 165. B. VI. 69. A. 173. C. VII. 111. D.

Doussey, seigneurie, IV. 765. C.

Doutgroessart, seigneurie, VIII. 363. E.

la Douve, VI. 710. A. 711. D. VIII. 659. B.

Douvrain. Voyez Canteleu.

Douvre, seigneurie, VIII. 643. B.

Douvres, duché, IX. 403. D.

Douxchanets, seigneurie, VIII. 359. D.

Douy, seigneurie, VI. 122. C. VII. 740. C. VIII. 136. C.

la Douyere, seigneurie, VII. 473. B.

la Donze, VII. 329. B. seigneurie, I. 370. B. V. 358. F. 359. E. VII. 771. D. VIII. 807. B. IX. 387. C. marquisat, V. 611. E. VII. 863. A. d'Abzac, IV. 686. D. Voyez Abzac.

Doyay, comté, II. 773. E.

Dovembrugge de Duras, II. 336. B.

le Doyen, VI. 366. D.

Doympuis, VIII. 584. B.

Dozenac, VIII. 589. E.

Dezenbach, VII. 105. B.

du Drac, VI. 340. C. 381. A. 390. B. 410. A. 429. D. 434. D. 468. A. 624. A.

Drack, V. 165. E.

Dracy, I. 559. B. seigneurie, IV. 163. C. VI. 479. A. VIII. 11. D. baronie, VIII. 205. A. le Fort, seigneurie, IV. 860. A. VIII. 217. E. 425. A.

DRACY-LE-FORT (Seigneurs de) IV. 863. Voyez Choiseul.

Drailliens, seigneurie, II. 165. E.

Draiton. Voyez Basset.

Dramelay, seigneurie, VIII. 799. D.

Dran, seigneurie, VI. 284. C.

Drancourt, VIII. 663. B. seigneurie, VIII. 641. B. en Ponthieu, V. 89. D.

Drancy, seigneurie, VI. 256. A. VIII. 799. A.

Dranoutre, seigneurie, III. 596. B.

Draqueville, VIII. 809. * A.

Dravel, seigneurie, VI. 256. A.

Dravoictre, seigneurie, III. 917. B.

Dré de la Serré, VIII. 335. B.

Drée, IV. 660. B. VII. 201. B. 151. E.

Dreillens, II. 165. C.

Dreins, II. 21. C.

Drenville, seigneurie, II. 872. B.

Dreor, seigneurie, VII. 529. E. IX. 7. B.

Dresnay, VII. 586. B. 719. D. VIII. 811. B.

Tome I X.

Dreslincourt, seigneurie, VIII. 11. E. 281. A.

Drevant, seigneurie, VIII. 822. A.

Drevet, seigneurie, VIII. 659. C.

Dreville, seigneurie, VI. 537. A. VIII. 808. A.

Dreuillon, IV. 753. E.

DREUX, Henry, archevêque de Reims, II. 5. D. Philippes, évêque, & comte de Beauvais, pair de France, II. 260. A. Robert, souverain maître de l'hôtel du Roy, VIII. 313. C. Jean II. du nom, chambrier de France, VIII. 407. A.

DREUX (Comtes de) I. 423.

Dreux, II. 7. E. 44. E. 101. B. 331. B. 341. D. 343. C. 736. B. 742. E. 793. E. 844. C. 848. A. III. 56. B. 80. A. 161. A. 316. C. 569. C. 612. C. 628. B. IV. 192. B. 196. A. 654. D. V. 131. D. 508. E. 509. D. VI. 32. E. 46. B. 47. C. 48. B. 93. A. 109. C. 130. D. 134. D. 197. C. 536. D. 552. C. 623. D. 626. C. 627. C. 669. A. 671. A. 694. A. 728. C. 732. C. VII. 33. E. 34. A. 63. B. 473. B. 500. C. 631. C. 651. C. 735. D. 750. C. VIII. 92. C. 106. D. 161. B. 272. B E. 314. A. 343. E. 397. C. 402. A. 413. D. 421. B. 426. C. 526. C. 569. D. 725. A. 727. A. 729. C E. 746. C. 866. D E. 895. A. 819. B. IX. 75. A. 102. A. 316. A. 328. A. 444. E. seigneurie, V. 131. D. vicomté, III. 643. A. V. 134. F. 645. B. VIII. 94. A. comté, I. 107. B. 135. A. 205. A. 350. A. 351. D. 388. D. 389. B. 436. A. 437. A B. 445. A. 451. B. 459. B. 539. D. 544. A. II. 6. D. 97. D. 150. B E. 260. E. 265. D. 340. A. 501. B. 856. D. 857. C. 859. B. III. 83. B. 160. C. 200. A. 301. D. 310. C. 383. D. 572. B. IV. 57. A. 195. C D E. 196. C. 819. C. IV. 226. C. 508. E. 509. D. 654. A. VI. 31. B. 50. E. 73. D. 76. C. 86. A. 93. A. 141. D. 205. B. 218. A. 225. E. 669. A. 678. B. 728. C. VII. 97. B D. 121. B. 835. C. VIII. 57. E. 569. A. 570. C. 867. B. d'Esneval, V. 82. C. Morainville, VII. 834. B. Redon, II. 232. D.

Drezenay, seigneurie, VIII. 810. ** D.

Driencourt, seigneurie, VII. 337. A.

DRINCHAM (Seigneurs de) II. 768. B. Voyez Flandres.

Drincham, III. 613. B. seigneurie, III. 609. C. VIII. 77. B.

Drinckam, seigneurie, IV. 597. A. VI. 781. B. VIII. 77. B. Voyez Drincham.

Dringhem, seigneurie, III. 915. B.

Drocourt, seigneurie, VI. 660. B.

Droeul, seigneurie, V. 635. B.

Drogon, grand-chapelain du Roy, VIII. 124. C.

Droisy, seigneurie, I. 491. C. VI. 122. C. 749. C. VIII. 545. A. 616. C. 632. A.

Drombach, IX. 377. E.

Dromesnil, VI. 155. D. IX. 462. C. seigneurie, V. 84. D. VII. 549. A. VIII. 182. D. 642. B. 793. C.

Dronay, seigneurie, VIII. 544. E. 616. C. 632. A.

le Drouais, IV. 726. D. VI. 674. C.

Drouart, VII. 608. A.

Droué, seigneurie, II. 432. A. VII. 546. B.

Drouet, IV. 809. D. IX. 365. B.

Drouille, seigneurie, V. 356. B.

Drouilles, seigneurie, V. 349. B D.

Drouillet, VII. 281. C.

Drouilly, seigneurie, VI. 576. B.

Drouin, VI. 149. B. 498. D.

Droumare, seigneurie, VII. 879. B.

Droup, seigneurie, VI. 572. B.

Drouy, seigneurie, VIII. 136. C.

H i

Drozay, VI. 558. C.

Drubec (*Seigneurs de*) VII. 871. *Voyez* Malet.

Drubec, seigneurie, VII. 395. C. 872. A.

Drucat, seigneurie, VIII. 66. B.

Drudas, VII. 449. C.

Drugeac, seigneurie, IV. 786. D. baronie, IX. 82. A. comté, IV. 442. A.

Drumare (*Seigneurs de*) VIII. 811. * * *Voyez* Bailleul.

Drumare, seigneurie, VIII. 811. ** B.

Drumfrise, comté, IX. 401. C.

Drumlanrig, baronie, IX. 401. A.

Drummond, IX. 406. C. 410. A. *de Cargil*, IX. 400. D.

Druval, seigneurie, V. 161. C. baronie, V. 152. B E.

Druy, VI. 387. D. seigneurie, VI. 113. A. VIII. 895. D. vicomté, VIII. 326. C. 327. A C. comté, IX. 235. B.

Druys, marquisat, VII. 257. C.

Dryen, VII. 105. C.

Duartes, I. 689. E.

la Dubliere, seigneurie, IV. 444. B.

Dublin, marquisat, VIII. 545. D.

Le Duc (*Philippe*) maîtresse du Roy Henry I. 136. C.

du Duc, VIII. 889. E.

Duca, VI. 500. B.

Ducaux, VIII. 593. A.

Ducé, seigneurie, II. 407. C E. 408. D. VI. 187. E.

la Duchaye, V. 421. E.

Duchere, seigneurie, VIII. 334. E.

Duchez-Pairies Ecclesiastiques, II. 1. & *suiv*.

Duchez-Pairies Laïcs, II. 459. & *suiv*. III. IV. & V. jusqu'à la page 497.

Duchez non pairies enregistrez, V. 497. & *suiv*.

Duchez-Pairies et non pairies , non enregistrez, V. 795. & *suiv*.

Duchon, VII. 138. A.

Dudelanges, seigneurie, VIII. 352. A.

Dudley, V. 623. A. *Northumberland*, VII. 91. D.

Dudzeelle, seigneurie, II. 766. E. III. 905. C.

Dueil (*Seigneurs de*) III. 624. *Voyez* Montmorency.

Dueil, seigneurie, III. 570. B. VII. 28. B.

Dueilly, seigneurie, VII. 466. E. baronie, IV. 717. B.

Duesden, seigneurie, VI. 801. B.

Duesmes, seigneurie, I. 547. C. II. 782. D.

la Dufferie, VI. 200. D. VII. 389. A.

Dufflé, seigneurie, V. 652. B.

Dufort, seigneurie, V. 188. F. VII. 790. A. baronie, V. 188. F. 189. A.

Duigny de Lery (*Seigneurs de*) II. 280. *Voyez* Cauchon.

Duhé, seigneurie, VII. 722. A.

Duin, VIII. 920. C.

Duisant, seigneurie, I. 359. A. 360. A. 361. A C. V. 231. C. 238. C.

Duisy, II. 277. D. V. 242. D. VIII. 551. A. seigneurie, VIII. 871. A.

Dulphey, seigneurie, V. 667. B.

Dummore, comté, IX. 412. A.

Dummow, baronie, II. 488. C D E.

Dun, II. 61. D. VI. 669. A. seigneurie, I. 428. A. V. 511. B. VII. 167. B. VIII. 569. A. 903. D. baronie, VI. 743. A. *le Palteau*, seigneurie, IV. 874. E. VII. 502. B. 580. B. *le Roy*, seigneurie, II. 56. C. comté, I. 241. E.

Dunbar, IX. 405. A. *de Baldood*, IX. 411. B.

Duncland, seigneurie, I. 258. D.

Dundaff de Finzies , IX. 407. C.

Dundonald, comté, IX. 411. C. 412. A.

Dunes (*Barons de*) II. 440.

Dunes , seigneurie, II. 174. C. 176. B. 438. B. 439. A. 705. E. 707. B. VII. 897. C. IX. 383. A. baronie, II. 440. C. VI. 510. D. VII. 676. C.

Dungarvan , baronie, VII. 86. B.

Dunieres, seigneurie, IX. 169. B. comté, VII. 201. C.

Dunkerque, seigneurie, I. 325. E. 326. B. 328. D. II. 735. C D. 736. B. III. 727. A. 728. A C. V. 512. C D. 515. A B.

Dunois, duché-pairie, érigé en 1525. pour Louis D'Orleans II. du nom , duc de Longueville, V. 796. *Pieces concernant cette érection*, ibid.]

Dunois, comté, I. 108. A. 205. A. 212. C. 213. A. 215. A D. 216. A. 217. C. 218. A B D. 219. D. 221. E. 221. C. 223. E. 224. A. 352. B C. 390. A. 448. A. III. 316. C. 318. D. 589. C. 837. B. V. 136. C. 137. F. 138. E. VI. 95. A. 96. A. 97. C. 639. E. VIII. 535. E. 868. C. duché-pairie, I. 218. C.

Duran, VII. 790. C.

Durance, seigneurie, V. 732. A.

Durancy, seigneurie, VII. 284. A.

Durand, VI. 527. A. 686. A. VII. 478. C. VIII. 237. A.

la Durantais, seigneurie, VI. 197. A.

Duranville, seigneurie, VI. 645. B.

Duras, duché-pairie, érigé en 1668. pour Jacques-Henry de Durfort, marquis de Duras, V. 915. Duché, érigé en 1689. pour Jacques-Henry de Durfort , marquis de Duras, V. 715. *Pieces concernant cette érection* , V. 716.

Duras (*Ducs de*) I. 416. *Voyez* Anjou & Naples. (*Seigneurs de*) V. 731. (*marquis de*) ibid. (*Ducs de*) ibid. *Voyez* Durfort.

Duras, seigneurie, I. 265. D. II. 174. B C. 175. B C. 333. C. 672. A. III. 74. B. 363. A. 364. B. IV. 125. A. 289. C. 566. E. 614. B. 663. A. V. 725. C. 731. C E. VII. 303. D. IX. 383. B. baronie, V. 733. E. VIII. 581. B. vicomté, V. 736. A. 742. D. comté, II. 325. E. 326. D. 328. A. 334. E. 775. A. marquisat, I. 371. C. IV. 434. B. 539. D. duché , I. 291. D. 389. A. 409. C. 412. A. 414. D. 415. B. 419. A. 420. E. 547. D. II. 782. E. III. 501. D. IV. 33. A. 292. C. 616. C. 879. E. V. 166. A. 738. A. 841. E. VII. 339. E. *en Albanie*, duché , III. 73. B. *Voyez* Durfort.

Durat, VII. 157. E. IX. 455. D.

Durban, VII. 771. C. seigneurie, VII. 188. C. baronie , III. 367. B. IV. 23. A. VIII. 475. B.

Durbay, seigneurie, II. 319. E.

Durbeliere, seigneurie , II. 453. B. VII. 291. D.

Durbillac , seigneurie, VI. 303. A.

Durbile, seigneurie, VII. 84. D. VIII. 333. A.

Durbois, seigneurie, VII. 373. E.

Durbuy, seigneurie, II. 758. B E. comté, II. 756. B. 799. D. V. 508. D.

Durcal, VIII. 657. C.

Dureil, IX. 453. A.

Durelande, VII. 106. B.

Duremez, seigneurie, VI. 711. C.

Durenque, seigneurie, V. 888. B. 890. B.

Duret, *Charles*, Greffier des Ordres, IX. 332. B.

Duret, IV. 178. D. *de Chevery*, V. 392. E.

Duretal, seigneurie, I. 214. B. 434. C. II. 316. B. 320. D. VII. 223. A. 227. A. 384. D. VIII. 568. D. comté, IV. 62. B. 334. D E. 335.

A. B. 430. C D. 438. E. VI. 772. A. VII.
336. D. 469. C. VIII. 246. D.
Durey, VI. 553. C. IX. 432. A. de Vienvoure, VI.
553. C.
DURFORT, Guillaume, évêque & duc de Langres,
II. 184. E. Jacques-Henry, duc de Duras, ma-
réchal de France, VII. 610. E. Guy-Aldonce,
duc de Lorges-de-Quintin, maréchal de France,
VII. 620. D. Jean, chevalier du S. Esprit, IX. 122.
C. Jacques-Henry, chevalier du S. Esprit, IX. 225.
B. Guy-Aldonce, chevalier du S. Esprit, IX.
225. C. Duras, Jean-Baptiste, chevalier du S. Es-
prit, IX. 293. A.
DURFORT, (Généalogie de la Maison de) V. 720.
(Branche des seigneurs de) II. 656. Voyez Co-
mines.
Durfort, I. 371. C. 498. A. II. 170. C. 173.
E. 174. E. 175. BC. 185. B C. 624. C. 628.
D. 672. A. 706. A. 708. A. 711. A D. III. 347.
D. 363. A. 364. B. 369. C. 501. D. IV. 22. E.
33. A. 67. E. 123. E. 125. A B D. 135. E. 228.
C. 411. D. 434. B. 470. C. 481. B. 535.
D. 547. B. 566. E. 614. B. 618. A. 626. C.
879. E. V. 22. B. 166. A. 720. B. 841. E.
899. B. VII. 61. B. 210. B. 271. A. 301. B.
303. D. 304. C. 314. B. 334. C. 455. C. 575.
E. 607. A. 632. C. 698 B. 699. D. 927. B. VIII.
245. E. 596. **** C. IX. 317. A. 328. A.
382. E. 587. E. 398. B. 431. B. 457. B. sei-
gneurie, II. 178. A. 195. A. 198. E. 372. B.
518. E. 657. E. 658. B. V. 713. B. 730. C.
VII. 271. B. baronie, II. 651. A. III. 827. C.
V. 220. D E. VII. 343. E. de Berdyll, V. 726.
E. Boissieres, IV. 141. A. VII. 189. A. 312.
D. au comté de Foix, seigneurie, V. 739. B.
baronie, 738. D. de la Court, V. 726. E. Dey-
me, V. 758. C. Duras, IV. 292. C. 443. E. 444.
A. 565. C. 663. A. 664. D. V. 181. A. 770.
B. VI. 488. B. 563. B. VII. 339. E. 617. B.
VIII. 639. D. IX. 335. C. 441. D. Lorges,
I. 258. A. V. 465. A. 842. B. Rosieres, V. 758.
D. IX. 392. B.
Durefort, III. 74. B. Voyez Durfort.
Durlon, VII. 214. D.
Durnay, II. 161. B. 224. B. VII. 807. B. VIII.
205. A. seigneurie, II. 341. B.
Duroforti, V. 720. C. 721. D. 724. B. 725. C.
727. A. 728. A. Voyez Durfort.
Dury, seigneurie, II. 764. C. VI. 114. A. VIII.
15. B.
Durzele, seigneurie, VIII. 77. A.
Duscé, seigneurie, III. 631. C.
Dussac, seigneurie, IV. 124. A. V. 361. A. VII.
303. A.
Dussé, seigneurie, V. 397. D.
Dustou, VII. 214. D.
Dutton, baronie, IX. 411. D.
Duttoun, baronie IX. 403. C.
Duvaine, seigneurie, I. 212. C.
Duvenvorde, II. 796. C.
de Duyn, II. 165. A.
la Duz, VII. 7. B.
Dyoin, IX. 478. A.
Dyon, VII. 44. B. 641. E. seigneurie, ibidem.

E.

EAUBONNE, VI. 351. C. seigneurie, III.
619. C. VII. 170. B. baronie, VII. 189. C.
Eaucourt, VIII. 233. A.
EAUX ET FORETS,) Grands Maîtres des) VIII.
841. & suiv.
Eaux. Voyez Aux.

Eauzan, seigneurie, VIII. 772. E.
Eauze, seigneurie, V. 105. B C D
Ebde, VII. 559. D.
Eberstein, comté, III. 577. E.
Eberville, VII. 546. A.
S. Eble, seigneurie, VII. 66. C.
Ebles, chancelier de France, VI. 244. A.
Ebly, seigneurie, VI. 460. D.
Ebral, IV. 177. D. 178. C.
EBRARD, Jean, chevalier du S. Esprit, IX. 67.
A.
Ebrard, IV. 43. A. 125. E. V. 322. E. 374. C.
894. F. VI. 424. A. VII. 293. B. 304. D. 371.
B. 415. E. 416. E. VIII. 164. A. de S. Sul-
pice, III. 771. A. 776. A. IV. 134. A. 410.
B. 601. A. V. 750. E. 751. C. 755. D. 899.
A. VII. 129. A. 312. C. 314. C. 315. A.
416. E. IX. 155. A.
Ebroin, VIII. 604. A.
Echalard de la Marck, III. 501. D.
Echaufour, baronie, VI. 645. A.
ECHAUX, Bertrand, commandeur du S. Esprit, IX.
133. A.
Echaux, vicomté, IX. 133. A.
Echelle, baronie, IX. 169. A.
Echelles, IV. 783. A. 732. A.
Echiré, seigneurie, VII. 845. E.
Echoure, III. 906. A.
Ecke, seigneurie, VI. 794. C. VIII. 105. C.
l'Ecluse, seigneurie, I. 360. A. II. 452. C 461.
B. 464. A. 745. D. 760. A. III. 594. C. 821.
B. 831. C. V. 510. C. 514. A. 655. E. VI. 49.
B. 110. B.
les Ecluses, seigneurie, III. 638. B. 639. B.
Ecoisce, seigneurie, VI. 481. A.
Ecosse. IV. 192. B. VI. 28. A. 30. B. 249. D.
268. C. VII. 105. A. seigneurie, I. 355. A.
principauté, IX. 404. A. royaume, I. 8. E. 100.
D. 111. D. 132. A. 137. B C. 218. D. 234. A.
330. D. 414. C. 428. E. 451. B. 458. A. II.
570. D. 734. A. 839. B. 875. D. 876. D E.
877. D. III. 54. C. 485. D. IV. 58. B. 530.
C. V. 581. E. 592. B. VI. 28. C. 134. A. 225.
C. 149. D. VII. 105. A. IX. 404. B. Stuart,
I. 465. B.
Ecouys, seigneurie, VI. 312. A.
Ecquevilly, seigneurie, VI. 557. B. VII. 598. C.
Ectot, seigneurie, V. 192. A B. 899. B. VI. 534.
A. VII. 570. A.
les Ecurettes, seigneurie, V. 335. A.
ECUYERS DE FRANCE, (Histoire genealogique &
chronologique des grands) VIII. 463. & suiv.
Ecuyers, VII. 600. D.
Eder, V. 419. D.
EDESSE, (Comtes de) I. 429. & suiv. Voyez Cour-
tenay.
Edesse, comté, VI. 18. E. 22. B.
Edua, VII. 3. B. Voyez Ostun.
Edwin, comté, III. 52. B.
Eechoute, III. 576. C.
Eegem, seigneurie, II. 798. D.
Eenham, comté II. 773. A.
Effiat, seigneurie, VII. 493. D. VIII. 146. A.
187. B. marquisat, IV. 625. C. VI. 486. A.
VII. 492. A. 714. D. VIII. 146. A. 187. B. IX.
170. A. Voyez Coeffier.
Egenheim, comté, II. 772. B.
Eggenberg, II. 65. C.
Eggicourt, seigneurie, II. 323. D.
Epinard, chancelier de France, VI. 241. C.
Egligny, seigneurie, VI. 518. D.
Eglington IX. 411. D. comté, IX. 402. A.
Egmont, I. 141. A. 257. B. 308. A. III. 578.

B. V. 138. E. 231. D. 232. D. 654. C. 739.
A. 837. C. VI. 101. D. 770. A. VII. 171. C.
171. E. VIII. 35. B. 40. B. 43. A. 78. B. 451.
D. comté, II. 50. C. 166. C D. III. 736. C.
793. B. V. 656. C. 657. A. 739. A. 837. C.
VII. 456. E. VIII. 42. B. IX. 250. C. Bully,
VIII. 335. C. l'Eguillat, seigneurie, VIII. 589.
E. de Gueldres, V. 592. B. de Musteem, VI.
101. D.

Egreville, seigneurie, VII. 438. C.

Egue, baronie, VI. 712. C.

Eguillon, seigneurie, V. 142. C. Voyez Aiguillon.

Egually, seigneurie, VIII. 341. C. 392. B.

Eguson, seigneurie, VII. 580. D.

Eigua de S. Martial, VII. 427. C. IX. 208. A.

Einard, chancelier de France VI. 239. C.

Einham. Voyez Eehnam.

Einville, seigneurie, VIII. 536. B E.

Eirte, chancelier, VI. 244. D.

S. Elan. Voyez S. Lau.

Elbene, II. 299. C. V. 621. E. VI. 249. C. 516.
A. VII. 550. D. 646. E. 895. B. VIII. 373. D
IX. 202. B. seigneurie, VIII. 851. E.

ELBOEUF, duché-pairie, érigé en 1581. pour CHARLES DE LORRAINE, III. 877. Pieces concernant
cette érection, ibidem.

ELBOEUF, (Ducs de) III. 492. Voyez Lorraine.

Elboeuf, seigneurie, II. 411. A. V. 126. C. 127.
C E. 128. A B C. 129. F. 130. E. 132. A B
D. 133. F. 134. B. VIII. 451. E. marquisat,
III. 485. A. 492. B. VI. 769. A. VII. 932. C.
duché, I. 150. C. III. 714. D. IV. 388. D.
540. B. 572. C. 601. A. 681. C. 757. B. 805.
E. VII. 392. D. pairie, V. 611. D. VII. 607.
E. en Braye, seigneurie, VI. 604. A.

Elcbe en Castille, marquisat, I. 618. A. 672. B.

Elderen, seigneurie, III. 610. D. baronie, II.
336. B.

Eldre, seigneurie, V. 639. A.

S. Eleuthere, seigneurie, VIII. 927. C.

Elincourt, seigneurie, VIII. 561. C.

Elis, V. 642. C.

Elize, seigneurie, VII. 894. B.

Ellecourt, seigneurie, VI. 390. A.

Ellenhal, seigneurie, V. 126. E.

Elleville, seigneurie, II. 108. B E. 109. C.

S. Ellier, seigneurie, VII. 756. A. VIII. 257. C.

S. Eloff, seigneurie, IV. 840. D.

SAINT ELOY, (Seigneurs de) bâtards de Mailly,
VIII. 662.

S. Eloy, seigneurie, VIII. 662. A.

Elseghem, baronie, VIII. 699. E.

Eltouf-Pradines, VIII. 874. D.

Eltz, baronie, VIII. 81. A.

Elverdinghe, seigneurie, II. 741. A. 767. D.

Elverdingue, seigneurie, I. 244. A. III. 908. C.

Elvizemont, seigneurie, V. 148. B.

Emalieville, seigneurie, VII. 472. E.

Embieves, baronie, VIII. 919. B.

Emboele, seigneurie, I. 433. C.

Embrief, vicomté, VIII. 596. A.

Embry, VI 805. A. seigneurie, V. 828. A. VII.
747. B. VIII. 35. C. baronie, VII. 828. C.

Emden, comté, VII. 51. E. VIII. 36. D.

les Emeries, seigneurie, IV. 366. D. IX. 175.

Emerin, V. 648. A. VII. 832. B. seigneurie, III.
722. C.

Emery, seigneurie, VIII. 425. B. 717. C. baronie, V. 12. D. VIII. 638. B. du Pont-l'Abbé,
V. 928. B.

Trois Emines, seigneurie, VIII. 294. E. 295. C
D. 296. B.

L'EMPEREUR, Jean, maître enquêteur des eaux &
forêts, VIII. 876. C.

l'Empereur, VIII. 83. A.

Empereurs d'Occident, I. 41. A. 102. C.

Empuré, baronie, IV. 411. B C.

Encaussade, seigneurie, II. 649. E. VII. 925. C.

Encausse, IX. 416. D.

Enclauzes, VIII. 919. B.

l'Enclos, II. 88. A. Maunroy, seigneurie, IV. 596.
B.

Encre, II. 141. A. V. 81. E. VI. 794. D. VIII.
105. C. 174. B. seigneurie, II. 415. E. 416. A.
V. 652. D. VI. 52. C D E. 53. A. 95. B. 106.
B. VIII. 279. E. 280. B. 281. A. 544. C. marquisat V. 768. D. VII. 397. B. VIII. 280. E.

Encuens, seigneurie, VII. 892. C.

Ency, seigneurie, V. 89. C.

l'Enfant, II. 126. E. IV. 368. A. V. 406. B C.
VIII. 251. B.

l'Enfernat, I. 496. C. VII. 544. E. VIII. 595.
*** A.

Enfreneck, seigneurie, V. 831. A.

Engaine, II. 490. A. VII. 839. B.

Engalin, seigneurie, VII. 450. E.

Engarebaque, VII. 776. B.

ENGELRAM, chancelier de France, VI. 141. B.

ENGENOUL, bouteiller de France, VIII. 514. B.

Enghelmonstre, seigneurie, VI. 126. A.

ENGHIEN, duché-pairie, érigé entre l'année 1566.
& 1567. pour Louis de Bourbon I. du nom
prince de Condé, V. 800.

Enghien, I. 207. D. 221. C. III. 723. A. 724. A. IV.
214. A. V. 135. F. 137. F 227. D. 219. C. 513.
B. VI. 89. A. 100. C. 129. D. 638. D. 639.
A B. VIII. 32. B. 105. E. 425. A. 867. E. 868.
C. seigneurie, II. 736. D. 743. C. 750. A.
III. 725. A. 726. 728. A B. V. 513. B. VI.
89. A. 131. C E. 226. C. VIII. 40. D. 42. D.
duché, I. 220. B. 268. D.

Englas, seigneurie, II. 136. C.

Englebermer, VI. 292. B.

Englemonstier, seigneurie, IV. 214. A. V. 574.
A.

Englemoustier, seigneurie, I. 153. A.

Engoudessen, seigneurie, III. 911. B. VII. 112. A.
VIII. 106. A. dans le Boulonois, baronie, V.
619. A.

Engoulême, comté, I. 446. D. Voyez Angoulême.

Engoutsen, seigneurie, VI. 69. A. 174. C. 782.
B. baronie, IV. 181. A B. 182. A C. 398. D.
E. VI. 173. C. VIII. 638. B. marquisat, I V.
401. A.

Engras. Voyez la Bastide.

ENGUERAN, amiral, VII. 732. D. chambrier du
Roi, VIII. 394. D.

Enguerran, III. 574. C.

Enguien, VI. 777. C. Voyez Enghien.

Enguiennehaut, seigneurie, V. 87. C.

Enguinehault, seigneurie, VII. 182. A.

Enguiron, seigneurie, II. 643. B.

Enguyen, seigneurie, I. 316. A. comté, I. 327.
D. 329. A. 330. D. duché, I. 188. B. 336. E.
338. B. 340. B. 341. E. 343. C. 544. A. le
François, I. 344. A. en Haynaut, baronie, I.
344. A. Voyez Enghien & Anguien.

Enjarada, comté, I. 674. B.

ENNANCOURT, (Seigneurs de) VI. 150. LE SEC;
(Seigneurs de) VI. 152. D. Voyez Conflans.

Ennancourt, VI. 177. B. le Sec, seigneurie, VI.
150. C. 152. D.

Enne, VII. 642. A.

Ennerdalle, baronie, V. 594. D.

Ennery,

Ennery, seigneurie, IX. 319. C.
Enneville, seigneurie, VIII. 20. E.
Ennezat, seigneurie, VIII. 57. D.
Enrichemont, principauté, IV. 217. C E. 218.
B E. 219. B C. VIII. 185. E. 186. C.
Enriquez, V. 522. C. 524. A. 530. A. de Almanza, V. 529. A C. 530. A. Borgia, V. 529. A.
de Cabrera, V. 530. B. de la Cueva, V. 530.
A. Osorio, IX. 256. B. de Velasco, IX. 256. B.
Enrom, VI. 555. C.
Entragues, seigneurie, I. 130. B. 150. A. 517. B.
II. 399. E. 400. A. 436. E. 437. E. 439. C D.
440. A IV. 70. B. 534. E. VII. 131. B. 205.
A. 370. C. 870. E. VIII. 53. C. 211. B. 280.
B. 500. A B C. 902. E. baronie, II. 438. A
C E. VIII. 280. B. marquisat, IV. 828. E.
Entraigues, seigneurie, III. 606. C. IV. 227. E.
656. A. V. 897. A. VII. 83. C. 197. D. 551. A.
baronie, V. 896. E.
ENTRAMES, (Seigneurs de) VI. 494. Voyez Bizague.
Entrames, seigneurie, VI. 496. A. VII. 504. A.
baronie, VII. 388. B.
Entre II. 119. D.
Entre-Casteaux, seigneurie, II. 250. C. IX. 440.
B. baronie, IX. 85. C.
Entreigues, VIII. 552. B.
Entremont, VII. 438. A. seigneurie, II. 161. B.
196. E. V. 12. B. VI. 699. A. VIII. 908. E.
baronie, VI. 496. B. comté, I. 468. A. II.
620. B VII. 135. C. 437. E. VIII. 75. C.
Entrepeyres, seigneurie, VIII. 307. D.
Entrevaux, seigneurie, VIII. 304. A.
Entrevennes, seigneurie, II. 244. E.
Enzarra-delos-Cavaleros, seigneurie, I. 688. B C.
Epagne, seigneurie, VII. 563. D.
aux EPAULES, René, chevalier du S. Esprit, IX.
164. C.
aux Epaules, I. 440. C. II. 36. D. III. 638. C.
IV. 33. A. VI. 533. B. VII. 6. B. 291. C.
445. E. 446. A. 557. D. 562. A. 597. A. VIII.
637. C. de Laval, IV. 877. A.
Epeigne, V. 398. D.
Epernay, seigneurie, I. 210. C E. duché, I. 135. B.
EPERNON, duché-pairie, érigé en 1581 pour JEAN-
LOUIS DE NOGARET DE LA VALETTE, III. 846.
EPERNON, (Genealogie des seigneurs de Nogaret de
la Valette, ducs d') V. 853.
Epernon, seigneurie, I. 319. B D. 322. A. 324.
B. 325. E. 328. B C. III. 304. D. 305. B C.
V. 182. D. duché, I. 150. C. II. 182. D E.
183. C E. 236. E. III. 386. A. 590. D. 731.
B. IV. 805. D E. pairie, V. 181. E.
l'Eperon, seigneurie, VIII. 933. A.
Eperville, seigneurie, VIII. 636. C.
l'Epichelerie, seigneurie, VIII. 636. D.
Epier, seigneurie, II. 767. D.
Epinac, seigneurie, IV. 852. A. Voyez Espinac.
l'Epinasse, V. 571. D. Voyez l'Espinasse.
Epinay, III. 501. B. IV. 62. B C. 323. B. 568.
C. 688. A. V. 152. B. seigneurie, I. 492. A.
507. A C. 508. A. III. 567. B. IV. 452. D.
576. B. marquisat, III. 915. B. IV. 62. B. 335.
B. 438. E. Boisgueroult, VIII. 810. *C. en Bre-
tagne, seigneurie, IV. 80. C. marquisat, IV.
334. D E. 335. A. Durtal, IV. 438. E. 680.
A. 757. A. marquisat, III. 501. B. S. Luc,
V. 151. B. 152. B. 899. B. sur-Seine, seigneurie,
III. 568. D. Voyez Espinay.
l'Epine, seigneurie, V. 12. B. 89. C. 417. E.
Voyez l'Espine.
Epineraye, seigneurie, VII. 723. A. Voyez Espi-
neraye.
Epineuil, seigneurie, II. 859. A. Voyez Espineuil.
Tome IX.

EPINOY, (Comtes & Princes d') V. 228. Voyez
Melun.
Epinoy, I. 225. C. 259. C. 391. B. 430. D.
seigneurie, II. 757. D. III. 384. B. 574. B.
725. C. 735. A. 911. A. IV. 216. B C. 653.
B. VIII. 153. E. 536. A. comté, III. 384. B.
V. 231. A. principauté, III. 498. C. 579. B.
615. A. IV. 68. A. 226. A D. 543. A. 569.
C. V. 231. B C. 838. C. VIII. 36. A C. 40.
E. 41. B. Voyez Espinoy.
Epire, I. 478. B.
Epiry, seigneurie, I. 562. D. VIII. 324. C. IX.
469. B.
Epone, seigneurie, IX. 168. A.
Eppe, VII. 658. D. 659. D. seigneurie, VIII.
716. D. baronie, VII. 659. D.
Eppeville, seigneurie, VI. 512. D. 534. B.
Eps, seigneurie, VI. 595. A. vicomté, V. 658.
A. VIII. 643. D.
l'Eptapode, seigneurie, II. 603. B.
Equemicourt, seigneurie, VIII. 283. A.
l'Equipée, seigneurie, IV. 639. A B.
Eragny, seigneurie, VII. 825. E.
Erain, seigneurie, V. 657. E. 659. B. baronie,
V. 657. E.
Eraines, seigneurie, VIII. 889. C.
Eraisnes, seigneurie, IV. 216. D.
Erard, VI. 476. D. le Gris d'Echaufour, VIII.
21. C.
Erbessan, II. 668. A.
Erbrée, VI. 496. B. VII. 388. B.
Erbtruchses, VII. 831. A.
Ercambourg, VIII. 888. C.
Ercam, VIII. 134. A.
Erce, vicomté, IV. 667. A. VII. 831. B. VIII.
476. C. IX. 471. D.
Ercilla, V. 524. D. & Zuniga, I. 655. C.
Ercole, comté, IX. 130. B.
Ercourt, seigneurie, VI. 796. A.
Ergouges, seigneurie, VII. 526. B.
Eria, VIII. 717. D. seigneurie, VIII. 911. B.
Ericy, seigneurie, III. 665. C.
Erie, seigneurie, VII. 255. A.
Erignay, seigneurie, VII. 22. B.
Erigné, seigneurie, VII. 504. A. VIII. 945. D.
Eril, V. 843. D.
S. Erin, seigneurie, VIII. 516. B.
Erissé, baronie, VI. 551. A.
Erkinghen, seigneurie, II. 732. E. 743. A.
Erlaut, IV. 749. A.
ERMENONVILLE, (Seigneurs d') VI. 255. Voyez le
Bouteiller.
Ermenonville, seigneurie, III. 618. C. VI. 33. A.
46. A. 125. D. 150. D. 255. B. 310. A. 658.
D. 662. C. VII. 438. E. VIII. 57. E. 492.
D. 555. C. IX. 464. B.
Ermet, seigneurie, VIII. 139. D. 140. A B.
Ermude, seigneurie, I. 244. B.
Ernecourt, II. 429. B. VII. 369. B.
Ernencourt, VIII. 398. B.
Ernes, seigneurie, VII. 570. A.
Erneville, V. 142. E. VIII. 25. A. 710. A.
Erondeghen, seigneurie, III. 610. A.
Erouville, seigneurie, VI 558. D.
Erpe, II. 798. C. seigneurie, II. 741. B. III. 610. A.
ERQUERY, Raoul, dit Harpin, pannetier de Fran-
ce, VIII. 608. C.
Erquery, VIII. 621. C. seigneurie, III. 653. A.
VIII. 199. C. 200. B D. 888. A. Voyez Her-
query.
Erquinghem, seigneurie, III. 735. A.
FRRAULT, François, seigneur de Chemans, chan-
celier de France, VI. 480. B.

I 2

ERRAULT, (Genealogie de) VI. 480.
Errault, VI. 480. D. VII. 228. C. de Chemans, IX. 140. A.
Errondeghen, seigneurie, II. 741. B.
Errol, comté, IX. 409. B.
ERRY, (Seigneurs de) II. 865.
Erry, seigneurie, II. 860. C D. 861. A.
Erskin, IX. 408. A. 410. C. 414. A.
Ervault, seigneurie, II. 418. B. V. 606. D.
Ervaut, seigneurie, VIII. 755. C.
Ervy-le-Châtel, baronie, VIII. 640. B.
Eryxeira seigneurie, I. 688. C. 689. B.
Esbreules, VIII. 904. A.
Esburey, seigneurie, I. 515. B.
Escablou, seigneurie, I. 361. B.
Escaillerent, seigneurie, VIII. 698. B.
Escailloux, seigneurie, V. 354. D.
Escairac, V. 758. B.
Escalares, seigneurie, I. 685. D.
Escalate, principauté, II. 285. C.
Escaleux, seigneurie, VII. 274. A.
ESCALIN DES AIMARS, Antoine, general des Galeres de France, VII. 929. C.
Escalin des Aimars, VII. 930. C. IX. 72. A. 86. B.
Escalie, V. 281. F.
Escalles, seigneurie, IV. 412. B. VI. 372. B. VII. 569. C.
Escalonne, duché, I. 619. C. 684. B.
Escalopier, V. 233. C. VI. 568. A.
Escalup, seigneurie, VII. 286. C.
Escamain, VIII. 85. A.
Escambez, seigneurie, VII. 827. E.
Escames, seigneurie, VIII. 155. B B.
Escandillac, seigneurie, III. 364. D. IV. 22. D. V. 180. E. VI. 20. B. VII. 698. A. IX. 390. D. 457. D.
Escanneville, VIII. 872. A. seigneurie, VII. 869. B.
Escaravages, seigneurie, VIII. 304. E.
Escañuela, seigneurie, I. 685. A B C. 686. A.
Escarbel, seigneurie, VI. 190. A.
Escarpel, seigneurie, III. 577. B C D.
ESCARS, Charles, évêque de Langres, duc & pair de France, II. 227. E. François, chevalier du S. Esprit, IX. 54. B. Jean, chevalier du S. Esprit, IX. 55. B. Charles, commandeur du Saint Esprit, IX. 64 A.
ESCARS, (Genealogie de) II. 228.
Escars, I. 150. B. 220. D. 363. B. 371. B. 377. C. III. 777. C IV. 471. B C. 536. A. 680. B. 687. A D. 789. C. V. 185. E. 360. B. 385. A. VII. 335. A. 344. B E. 406. D. 445. A. 477. A. 580. B. 805. C. VIII. 246. A. 913. D. IX. 81. B. 392. B. 471. 475. E. seigneurie, II. 225. C. IV. 471. A. 571. C. V. 894. E. 895. A. VII. 18. E. 697. B. VIII. 244. A. comté, II. 230. C. V. 347. A. VII. 291. C. 335. A. 558. B. IX. 98. C. 101. B. marquisat, III. 778. B. S. Bonnet, IV. 687. D. de Merville, VII. 620. C. de la Vauguyon, V. 359. D.
Escauberg, seigneurie, VIII. 46. B.
des Escaud, IX. 437. D.
Escavieres, seigneurie, VI. 571. C.
Escausse, seigneurie, II. 372. D.
Escausseville, seigneurie, V. 145. B C.
Escaussines, VIII. 82. B. seigneurie, V. 654. C.
Escayencourt, VI. 315. B.
Escayeul, V. 150. A. VIII. 260. C. seigneurie, VIII. 210. B.
Escepeaux. Voyez Scepeaux.
Eschailloux, VI. 277. A.

Eschalart, IV. 686. E. V. 738. C. VI. 510. B. VII. 170. C. VIII. 204. D. de la Boulaye, VII. 712. E. de la Marck, V. 798. C.
Eschalas, seigneurie, V. 107. F.
l'Eschalusse, seigneurie, VII. 896. B.
ESCHANSONS DE FRANCE, (Histoire genealogique & chronologique des grands) VIII. 583.
Escharbot, seigneurie, VI. 470. B.
Eschargey, seigneurie, VII. 160. D.
Eschauffou, seigneurie, II. 478. A.
Eschaufour, seigneurie, VI. 689. C.
Elche, VII. 173. C.
Echelesweill, seigneurie, VII. 87. A.
l'Eschelle, seigneurie, I. 500. C. IV. 837. E. VIII. 654. C.
Eschelles, II. 720. E.
Eschelot, seigneurie, VIII. 715. D.
Eschenets, seigneurie, VII. 802. D.
Escherbaye, VIII. 270. B.
les Escherolles, seigneurie, VIII. 701. A.
Esches, seigneurie, VI. 293. C. VIII. 795. B.
Eschevannes, seigneurie, VIII. 550. D.
Eschillay, seigneurie, IV 679. E.
Eschisley, seigneurie, VIII. 921. B.
Eschivat, VIII. 567. C.
Esclaibes, baronie, I. 257. E.
Esclainvilliers, seigneurie, V. 90. E.
Esclaires, seigneurie, VIII. 873. B.
Esclamail, IX. 388. E.
Esclamal, IX. 460. C.
ESCLANCES, (Seigneurs d') IV. 832. Voyez Choiseul.
Esclans, seigneurie, II. 296. A B. 874. A.
Esclaron, seigneurie, VI. 651. D.
l'Esclatiere, seigneurie, VII. 829. D.
Esclavoie, VIII. 537. D.
Esclavonie, duché, I. 404. C. 415. C.
Esclaux, VII. 278. A. 538. B. seigneurie, II. 297. C. de Meiplex, VII. 538. A.
ESCLEBECQ, (Seigneurs d') III. 914. Voyez Hallwin.
Esclebecq, seigneurie, II. 768. E. III. 908. D E. 912. B. V. 617. B. VI. 781. B.
Esclignac, baronie, IX. 416. A.
Esclimont, seigneurie, III. 773. C. VI. 451. A. 506. A. 508. D. VII. 598. C. IX. 272. B. 303. A. 333. B. comté, IX. 334. A.
Esclinac, seigneurie, III. 385. C.
Esclinens, seigneurie, VI. 803. B.
E clopeguart, seigneurie, VII. 746. A.
l'Escluse, seigneurie, I. 319. B. 359. A. 360. D. 362. C. VII. 645. D. Voyez l'Ecluse.
Escobeque, seigneurie, V. 93. C. VIII. 658. C.
Sainte Escobille, seigneurie, II. 429. A. VIII. 777. C.
Escoche, seigneurie, VII. 321. B. en Normandie, seigneurie, IV. 140. C.
Escodeca, I. 371. E. IV. 446. C. 471. A. 473. B. 480. D. VII. 217. E. 607. B. IX. 471. D.
Escoivres, seigneurie, VI. 648. A. VIII. 154. A.
Escolans, seigneurie, V. 263. A.
Escolle, seigneurie, V. 110. C. 112. D. 275. D. VIII. 52. B. 312. D.
Escolles, seigneurie, V. 669. D.
Esconfaintmain, seigneurie, VII. 830. D.
Escorailles, V. 345. E. VIII. 588. B. IX. 82. A.
Escorailly, VII. 778. A.
Escorbon, seigneurie, V. 140. F. 141. A.
Escorchebeuf, seigneurie, VII. 86. A.
l'Escorciere, seigneurie, VIII. 483. D. 485. B.

Escornaix, seigneurie, II. 743. A. IV. 213. A B.
873. A. V. 555. E. VI. 704. D. VIII. 33. E.
baronie, II. 741. A. III. 578. C. VIII. 40. C.
Escortignies, seigneurie, VIII. 21e. C.
Escos, marquisat, VII. 897. B.
Escot, VI. 333. A.
Escotais, VII. 399. D. seigneurie, VII. 459. D.
Escotignies, seigneurie, VII. 757. D. baronie,
VIII. 94. A.
Escouan, seigneurie, VII. 733. A. Voyez Escouen.
Escouannes, seigneurie, VII. 827. D.
ESCOUBLEAU, François, chevalier du S. Esprit,
IX. 100. A. Henry, commandeur du S. Esprit,
IX. 106. A. autre Henry, commandeur du S.
Esprit, IX. 159. A. Charles, chevalier du S.
Esprit, IX. 170. A. François, chevalier du
S. Esprit, IX. 239. B.
Escoubleau, I. 470. E. II. 247. C. 453. C. IV.
62. D. 324. A. 441. C. 875. E. V. 246. B. VI.
416. B. 508. A C. 791. B. VII. 293. E. 494.
C. 506. D. VIII. 182. C. 373. A. 779. A.
914. B. 943. D. IX. 327. A. de la Chapelle-
Bertrand, VII. 409. B. de Sourdis, II. 249.
C. VI. 486. A. VII. 387. A. 670. A.
l'Escoublere, seigneurie, VI. 200. B.
Escouché, seigneurie, V. 142. E. 143. E. VII.
672. C. VIII. 767. A. baronie, V. 140. C E.
142. C D E. VII. 399. C.
Escovel, II. 864. C.
Escouelles, seigneurie, VII. 180. A.
Escouen, seigneurie, I. 203. E. 309. D. III. 566.
C. 567. A B. 568. B D. 569. C. 570. B. 571a
B. 572. A C. 573. A. 574 A C. 602. A. 603.
B E. 605. B. IV. 533. A. 538. A. V. 229.
A. VI. 44. A. 70. A. 75. B. 140. C. 254.
B.
Escoui, seigneurie, II. 271. C.
Escoville, VIII. 891. A. Voyez Candalle.
Escoul, seigneurie, VII. 410. B.
Escoulan, seigneurie, IX. 448. B.
Escoulant, VII. 629. E. 630. A.
Escoussan, VI. 222. A. VII. 211. D.
Escoussieu, seigneurie, VI. 522. C.
Escoutay, seigneurie, IX. 122. A.
Escouys, VIII. 67. A C. seigneurie, VIII. 105. A.
Escoyere, seigneurie, VII. 863. C.
Escoyeux, V. 16. F. seigneurie, IV. 456. B. V.
754. C. VIII. 483. A.
Escoyre, seigneurie, VII. 328. C. marquisat,
VII. 340. B.
Escraigne, seigneurie, III. 842. A.
Escranois, seigneurie, II. 418. B.
Escrignelles, seigneurie, I. 494. A.
Escrignolles, seigneurie, VII. 750. A.
Escrines, seigneurie, VII. 827. D.
Escrot, IV. 861. B.
Escroux, seigneurie, IX. 378. C.
Escry, II. 117. D. seigneurie, II. 321. E. 322. E.
III. 896. B C. IV. 214. E. VII. 559. C. VIII.
693. D. baronie, VI. 544. C.
l'Escure, seigneurie, II. 184. C. 618. E.
Escury, seigneurie, V. 84. D. VI. 380. A. VIII.
595. D. 596. A.
Escutigny, seigneurie, VIII. 203. B.
l'Escuyer, II. 377. C.
l'Esdiguieres, duché, VII. 674. B. Voyez Lesdiguieres.
Esens, seigneurie, VII. 52. D.
des Esevelles, VIII. 873. B. seigneurie, VIII.
873. B.
l'Esglanuer, VIII. 691. A.
l'Esglantiere, seigneurie, VIII. 776. D.
Esgligny sur-Seine en Brie, seigneurie, V. 243. B.

Esgly, seigneurie, IX. 207. B.
Esgrenay en Brie, seigneurie, II. 105. B C E. 106.
B. 107. B D E. VI. 350. A. VIII. 239. D.
Esgreville, seigneurie, V. 213. B. baronie, VII.
101. E. 437. C. 440. B.
Esguenon, seigneurie, IV. 409. D.
Esgucrande, seigneurie, V. 667. B.
d'Esguerre, IV. 898. C.
Esguillem, seigneurie, VII. 290. A.
Esguillon, marquisat, IV. 857. A. Voyez Aiguil-
lon.
ESGUILLY (Seigneurs de) IV. 850. Voyez Choi-
seul.
Esguilly, VII. 7. D. 803. D. seigneurie, II. 125.
C. IV. 848. B. VIII. 238. C. IX. 87. B.
Esguisé, VI. 571. A. 572. B.
Eshoue, seigneurie, II. 334. D.
Eslaires, VII. 590. A.
S. Eslan, V. 614. C.
Esmalleville, VI. 774. B.
ESMANDREVILLE (Seigneurs d') VI. 360. Voyez
du Bosc.
Esmandreville, seigneurie, VI. 353. E. 354. C.
358. B. 360. A.
Esmar, IV. 373. D.
Esmé, de la Chesnaye, IX. 198. B.
Esmévilly, seigneurie, VI. 638. B.
Esmiez, VI. 405. B.
Esmoings, IV. 387. A.
Esmondeville, seigneurie, VIII. 17. E. 18. A B.
Esnandes, seigneurie, VII. 29. A. VIII. 764.
D. 765. C. IX. 427. B.
Esnay, seigneurie, VII. 198. A.
Esne, III. 608. B. V. 829. C. VIII. 79. A. seigneu-
rie, IV. 403. D. VI. 784. B. VIII. 278. D. baro-
nie, VI. 173. A. 175. C. VII. 155. B. VIII. 30.
A. marquisat, IX. 392. D. Voyez Delne.
Esnes, baronie, II. 661. C.
Esneval, V. 130. C. VIII. 94. D. seigneurie, I.
439. B D. 441. C D E. III. 644. D. VI. 80. A.
VII. 111. C. VIII. 272. B E. baronie, I. 438.
B D. VI. 262. B. 475. E. VIII. 161. E. 259. B.
272. E. 746. C.
Esnon, seigneurie, IV. 439. D.
Espadaillac, seigneurie, VII. 414. E.
ESPAGNE, Louis, amiral, VII. 751. A.
ESPAGNE (Rois d') I. 183.
Espagne, II. 178. E. 603. A. 638. E. 641. C.
659. B. 662. A. III. 351. A. 361. A. 366. D.
IV. 17. D. 25. A. 55. D. 127. B. 611. C.
813. A. 790. A. V. 179. B. 226. B. 735. B.
VI. 104. A. 135. C. VII. 266. B. 271. B. 273.
B. 287. A. 306. A. 334. C. 406. D. 509. A.
768. B. 775. A. 777. D. IX. 376. C. seigneurie,
II. 642. E. III. 346. D. 733. C. VI. 572. A.
royaume, I. 132. A. 135. E. 149. B. 153.
D. 174. E. 188. C. 190. B C. 270. B. 280.
E. 602. C D. 605. C. la Cerda, II. 272. D.
Durfort, VII. 927. C. de Panassat, II. 646.
D.
Espagnes, seigneurie, II. 164. B.
ESPAGNY (Marquis d') V. 625. Voyez Gouffier.
Espagny, VIII. 277. C. seigneurie, V. 620. B.
près Amiens, seigneurie, V. 625. C D. marqui-
sat, V. 616. B.
Espaigny, seigneurie, III. 622. E. VI. 719. C.
ESPAING (Seigneurs d') VI. 709. Voyez Waurin.
Espaing, seigneurie, VI. 710. A.
Espairac, baronie, V. 895. A. 898. E.
Espaire, seigneurie, V. 385. D. 386. C. en Guyenne,
seigneurie, V. 733. E.
Espalunque, VII. 538. C.
Espanan, comté, II. 625.

Espanez, seigneurie, IV. 567. C.
Espanouse, seigneurie, VII. 642. B.
Elpaon, seigneurie, II. 660. A. 661. E.
ESPARBEZ DE LUSSAN, François, maréchal de France, VII. 448. A.
ESPARBEZ (Genealogie de la maison d') VII. 448.
Esparbez, V. 181. D. VII. 274. E. 392. C. 449. B. IX. 471. C. de Luffan, IV. 667. C. V. 17. A C. VII. 217. D. 607. A. VIII. 165. D. IX. 90. A. 101. A. de la Serre, IX. 250. C. Voyez Bouchard.
l'Esparois, seigneurie, VII. 301. B.
l'Esparre, III. 369. E. IV. 124. A. VII. 290. B. 301. B. seigneurie, III. 379. B C. 420. D. 858. A. IV. 123. D E. 143. C. 524. D. 618. B. 651. C. V. 743. A. VI. 217. B. VII. 355. A. 860. A. VIII. 220. A. baronie, VII. 844. D. comté, IV. 128. D. VII. 307. C. IX. 479. D. de Madaillan, I. 341. D. Voyez l'Espaxxe.
ESPARRON (Seigneurs d') II. 252.
Esparron, seigneurie, II. 251. A B. 288. C. VII. 452. E. VIII. 193. B. 303. D. 919. C. marquisat, II. 251. B C D. 252. A. IX. 233. A. 353. B.
Esparroux, seigneurie, V. 364. A B D.
Esparsac, seigneurie, V. 757. B. VII. 285. C. IX. 457. B C. baronie, V. 756. A. VII. 93. C.
Esparvets, VII. 449. A. Voyez Esparbez.
Esparvez, VII. 450. E. Voyez Esparbez.
aux-Espaules. Voyez aux-Epaules.
Espaux, VIII. 747. D. 796. A. 851. B. seigneurie, III. 844. C. comté, IV. 768. C.
Espeaumesnil, seigneurie, VII. 823. B.
d'Espeaux, VII. 718. A. Voyez Scepeaux.
Espeisses, II. 140. E. seigneurie, VI. 522. A.
Espeluche, seigneurie, II. 198. A. vicomté, VII. 861. A.
Espenan, baronie, IV. 665. E. comté, III. 861. B.
Espenerio, VII. 273. B.
Espenois, seigneurie, II. 211. E.
Espense, VII. 825. C. seigneurie, II. 429. A. VI. 403. D. VIII. 871. B.
Espernay, seigneurie, VII. 206. A. 379. C. VIII. 218. A B. Voyez Epernay.
Espernon, VIII. 467. C. seigneurie, VI. 72. A. 76. B. VIII. 727. C. duché-pairie, VII. 887. A. VIII. 219. A. 220. A. Voyez Epernon.
l'Esperon, seigneurie, VII. 343. A. 790. D.
l'Esperonnier, V. 22. F. seigneurie, ibid.
l'Espervier, IV. 83. B. V. 384. C. VII. 385. C. 509. B. seigneurie, VII. 652. B. VI. 550. B.
l'Esperviére, seigneurie, VII. 648. A.
Espesse, seigneurie, VI. 175. C.
Espessiez, seigneurie, IV. 890. A.
Espey, seigneurie, VIII. 498. E.
Espeyreve, IX. 250. C.
l'Espez, VIII. 595. **** B.
l'Espicheliere, seigneurie, IX. 247. B.
Espiemont, seigneurie, II. 182. D.
Espiennes, seigneurie, VIII. 32. B.
Espierres, seigneurie, VII. 146. B. baronie, VIII. 36. A. 82. B.
Espieux, seigneurie, VIII. 3. D.
Espiez, seigneurie, II. 118. B. IX. 319 C.
l'Espignan, seigneurie, VII. 484. D.
Espinac, VII. 797. B. VIII. 916. A. IX. 121. C. 478. C. seigneurie, III. 837. B. VII. 199. C.
l'Espinace, VI. 68. C. VII. 442. C. VIII. 319. C. seigneurie, V. 764. C. VI. 383. D VII. 61. C. Voyez l'Espinasse.
Espinais, seigneurie, VI. 361 A.

Espinal, seigneurie, VIII. 350. C.
Espinah, seigneurie, III. 365. D.
l'Espinair, seigneurie, VII. 525. C.
Espinas, IV. 665. A.
L'ESPINASSE (Seigneurs de) VII. 700. Voyez du Maine.
l'Espinasse, II. 176. D. 457. D. IV. 216. C. 528 A. 873. A. 888. D. VI. 257. C. VIII. 54. B. seigneurie, I. 489. B. III. 590. C. IV. 788. A. V. 319. D. 345. C. 730. B. VII. 125. D. 150. E. 195. D. 196. C. 527. C. 530. B. 663. A. VIII. 325. C. 329. B. 815. D. 817. B. baronie, VII. 697. B. 700. B. Voyez l'Espinace.
ESPINAY, Timoleon, maréchal de France, VII. 471. C. François, maître de l'artillerie de France, VIII. 184. A. S. Luc, François, chevalier du S. Esprit, IX. 108. A. Artus, commandeur du S. Esprit, IX. 134. A. Thimoleon, chevalier du S. Esprit, IX. 143. A. François, chevalier du S. Esprit, IX. 206. A.
ESPINAY (Seigneurs d') VI. 370. Voyez du Bois. (Autres seigneurs d') VIII. 485. Voyez Frotier.
Espinay, V. 15. E. 382. B C. 383. A. 396. B. 399. D. VI. 348. C. 419. C. 534. B. 586. B. 595. C. 772. B. VII. 83. B. 232. C. 233. C. 338. C. 445. D. 467. C. 472. B. 720. A. VIII. 120. B. 247. B. 652. A. IX. 418. C. seigneurie, VI. 353. E. 369. B. 370. D. 371. C. VII. 45. E. 128. A. 513. B. 563. C. 587. A. 588. C. 619. B. 834. B. VIII. 92. A. 483. E. 484. A. 485. C. marquisat, VI. 771. B. VII. 217. B. 336. E. 469. C. 474. E. VIII. 21. D. 246. D. IX. 418. C. 455. D. Durctal, V. 739. A. VI. 770. C. VII. 444. E. Greffier de seigneurie, VII. 22. B. S. Luc, VI. 534. A. IX. 115. B. 151. A. de Monceaux-Maixrit, V. 399. C. Jous-Odon, seigneurie, VIII. 169. D. 171. C. sur-Seine, seigneurie, II. 305. E. 306. B. Voyez Espinay, & des Hayes.
Espinaye, seigneurie, VIII. 71. B.
Espinchal, IV. 37. A. VI. 290. D. VII. 201. C. 706. E. IX. 169. B. marquisat, VIII. 822. A.
Espinchen, comté, VIII. 647. B.
L'ESPINE (Seigneurs de) VIII. 647. Voyez Mailly.
l'Espine, II. 451. E. IV. 563. D. 730. A. 744. C. V. 644. D. VI. 376. C. VIII. 17. E. 535. E. seigneurie, IV. 413. B. VI. 430. B. VIII. 75. C. 369. E. 647. A. 934. D. aux Bois, seigneurie, VI. 148. B. Gaudin, seigneurie, I. 463. C. Voyez l'Epine.
Espiné, seigneurie, II. 83. A B.
l'Espinelle, baronie, VII. 20. C. Voyez l'Epinelle.
Espineuil, seigneurie, II. 856. D. 857. B. VI. 211. C. Voyez Epineuil.
Espineul, seigneurie, II. 208. B.
Espineville sur-Mer, seigneurie, VIII. 18. C.
l'Espiniere, seigneurie, VIII. 692. D.
l'Espinoliere, seigneurie, VII. 668. D.
l'Espinoux, seigneurie, VIII. 373. D.
Espinouze, seigneurie, VIII. 306. A. marquisat, II. 299. D. Voyez Epinouse.
Espinoy, IX. 313. B. seigneurie, VI. 104. A. 162. C. Voyez Epinoy.
Espiry, VII. 655. C. seigneurie, IV. 859. E. 860. B C. V. 12. F. VII. 653. A. IX. 113. B. baronie, V. 12. F. VII. 654. C. Voyez Epiry.
Esplan, seigneurie, VII. 53. C.
Esplechin, VIII. 83. B D. seigneurie, VI. 788. C. 801. D.
ESPOISSES (Seigneurs d') VI. 63. Voyez Mello.
Espoisses, seigneurie, I. 561. D. 562. A. II. 151. D. 154. B. 345. B. III. 79. C. IV. 179. B C. 528. A. 529. A. 684. B. 861. B. VI. 61. C.
61. D.

82. D. 63. B. 65. D. 276. A. 654. C. VII.
212. A. IX. 478. B. baronie, VII. 22. A. 427.
C. 434. E. marquisat, H. 345. B. VII. 254.
D. IX. 108. A. *Voyez* Epoisles.
Espourdon, seigneurie, VIII. 22. C.
Espoux, V. 486. F.
Espoye, seigneurie, VIII. 255. E.
l'Espran, seigneurie, VII. 723. B.
Esprenne en Brie, seigneurie, I. 490. A B. IV.
655. A. V. 241. C D E. 242. B.
Espreville, seigneurie, V. 127. C VI. 272. D.
VIII. 809. B.
S. Esprit (*Ordre de Chevalerie*) I. 140. A.
Esprit, VII. 485. B.
l'Espronniere (*Seigneurs de*) VII. 228. *Voyez*
Scepeaux.
l'Espronniere, seigneurie, VII. 224. A. 228. D.
Esquaquelan, seigneurie, VIII. 10. A.
Esquedec, baronie, VIII. 644. B.
Esquelot, seigneurie, IV. 323. A.
Esquencourt (*Seigneurs d'*) III. 613. *Voyez*
Montmorency.
Esquerchin, seigneurie, VIII. 154. A.
Esquetot, VII. 475. E. seigneurie, VIII. 161. A.
217. C.
Esquevilly, VIII. 10. C.
l'Esquifiou, seigneurie, VII. 530. A.
Esquille, VI. 582. A.
Esquoy, VI. 665. D.
Esraines, seigneurie, VIII. 775. C D E. *Voyez*
Eraines.
Essars (*Charlotte des*) maîtresse du roy Henry
IV. I. 150. E. *Pierre*, grand-Bouteiller de
France, VIII. 554. A. *idem*, Souverain maî-
tre & reformateur des eaux & forêts de France,
VIII. 879. A.
Essars (*Genealogie des*) VIII. 555. C. *autres branches
des noms & des armes des*) dont on n'a point
trouvé la jonction, VIII. 559.
Essars, I. 151. A. V. 94. B. VII. 101. A. 439. B.
VIII. 178. C. 203. E. 555. A. 707. D. 729.
E. 799. D. 803. C. 855. B. 882. A. 893.
B. IX. 442. A. seigneurie, II. 34. C D. 55. B D. 56.
A B C E. 88. E. V. 19. F. 146. C. 402. D. 569.
A. 575. B. VI. 105. D. 203. A. 281. B. 285.
C. 390. A. 455. A. VII. 27. B. 562. A. VIII.
763. B C E. 764. B D. 765. A 810. C.
Essart, seigneurie, VIII. 121. B.
Essarts, II. 413. E. 423. A. 434. A C. 445. B. II.
487. C. 618. C. IV. 563. B. 575. A. VI. 116.
C. 355. D. 543. D. 549. D. 675. B. 787. B.
VII. 709. A. seigneurie, I. 462. A. II. 429.
B. III. 586. C. IV. 526. A. 558. C D 562.
A. 639. B.
Essaux, VIII. 872. A B. 874. A.
Essay, seigneurie, VIII. 25. D.
Essé, seigneurie, III. 575. A. VIII. 486. C.
Esselen, II. 796. E.
Essertines, VII. 664. C.
Essex, comté, II. 478. B. 489. C. 717. C. 773.
D. 877. A. III. 54. D.
Essey, VI. 145. B. seigneurie, I. 234. A. III.
841. A. *Turqueflein*, seigneurie, VII. 155.
E.
Essigny, seigneurie, IV. 214. B E. IX. 96. C.
Essoye, seigneurie, VII. 807. C.
Essures, II. 253. C.
Est, I. 128. E. 190. D. 259. C. 356. A. 401. B. II.
74. C. III. 486. B. 513. B. 714. B. IV. 498.
C. V. 466. B. 523. C. VI. 92. C. 735. C. VII.
116. B. 117. C. VIII. 291. C. *de Droneiro*,
VI. 499. C. *Ferrare*, VII. 190. C. *Modene*,
VIII. 291. D.
Tome IX.

Estableau, seigneurie, VI. 319. B. 754. B. VII.
836. E.
Estables, seigneurie, VI. 360. B.
Estacagosse, seigneurie, II. 648. E.
Estagel, seigneurie, IX. 438. C.
Estagerie, seigneurie, II. 408. D.
l'Estagnere, seigneurie, VII. 274. B. baronie, VII.
69. D.
Estailleur, VI. 710. B. VII. 564. A.
Estainburges. *Voyez* Estainberghe.
Estainberghe, seigneurie, VIII. 35. C D.
ESTAING, *François*, chevalier du S. Esprit, IX.
274. B.
Estaing, II. 660. C. IV. 787. D. V. 341. C. 354.
C. 364. B D. 894. E. 895. D. VI. 327. A.
461. A. VII. 187. C. 276. C. 415. E. 714.
D. VIII. 764. A. IX. 432. A. seigneurie, I.
367. A. III. 835. A. VII. 133. E. IX. 424. A.
baronie, V. 895. D. vicomté, IV. 438. B.
comté, III. 776. C. IX. 163. D. 237. B.
marquisat, IX. 235. B. *Saillans*, II. 140. D.
Estaires, seigneurie, VIII. 655. B.
Estaleville, seigneurie, I. 444. A.
Estamburges, seigneurie, VIII. 36. A.
Estampes, comté-pairie, érigé en 1327. pour
CHARLES d'Evreux, III. 129. Duché-pairie,
érigé en 1536. pour JEAN de Brosse, dit de
Bretagne, comte de Penthievre, & ANNE de
Pisseleu sa femme, V. 567.
ESTAMPES, *Jacques*, maréchal de France, VII.
542. C. *idem*, chevalier du S. Esprit, IX.
255. C. *autre Jacques*, chevalier du S. Esprit
IX. 189. C. *Charles*, chevalier du S. Esprit,
IX. 242. C. DE VALENÇAY, *Leonor*, archevê-
que de Reims, duc & pair de France, II. 90. D.
ESTAMPES (*Genealogie de la maison de*) VII. 543.
B. (*ducs d'*) V. 570. *Voyez* Brosse.
Estampes, II. 91. A. III. 588. D. 638. C. 777.
A. IV. 30. A. 223. C. 655. C. 673. C. 678. A.
712. A. 713. D. 751. C. 753. B. 853. D. 889.
C. V. 16. A. 621. E. VI. 176. C. 505. C. 528.
A. VII. 21. A. 221. C. 390. A. 371. A. 395. E.
543. C. 558. B. VIII. 167. C. 420. C. 672.
B. IX. 323. B. vicomté, III. 577. A. comté,
I. 106. C. 207. C. 208. E. 219. B. 239. B. 252.
D. 270. B. 279. B. 280. C. 281. A. 459. B.
463. E. 495. C. III. 377. C. 449. E. 450. A. V.
574. A. 609. B. 846. A. VI. 131. B. 225.
E. VII. 101. G. 423. C. Pairie, VI. 135. C.
163. D. marquisat, VI. 176. C. duché, I. 136.
D. 196. C. 197. A. 198. C. 200. B. III. 737.
A. 738. AB. 793. B. V. 325. A. VIII. 747. A.
pairie, VII. 939. A. *la Ferté-Imbault*, I. 524.
A. *Valençay*, I. 203. B II. 183. D. IV. 227. B.
429. B. V. 611. E. 928. E. VI. 170. A. 527.
D. 574. C.
Estampuy, seigneurie, VII. 395. B.
l'Estandart, VII. 434. A. *Voyez* l'Estendart.
Estandeau, VII. 311. B.
l'ESTANG, *Christophe*, commandeur du S. Esprit,
IX. 133. B.
l'Estang, II. 257. B. V. 188. D. 614. C. 622. E.
847. A. VII. 487. C. 511. C. 587. E. VIII.
491. C IX. 133. B. seigneurie, II. 650. B. III.
89. C. 584. B. 643. C. 648. B. V. 16. A. VI.
69. A. 589 C. VII. 289. C. 775. C. VIII. 768.
B. IX. 81. C. 116. C. 327. B. *de Ry*, V. 614.
C. *en Gevaudan*, baronie, II. 136. E. *des Landes*, seigneurie, V. 572. B. *la Ville*, seigneurie, VI. 565. B.
les Estangs, seigneurie, II. 230. C. V. 347. A. VI.
412. A.
Estaus, seigneurie, II. 318. B.

K 2

Estapa, marquisat, I. 656. B.

Estarac, comté, III. 605. A. Voyez Astarac.

Estaucourt, seigneurie, II. 766. B.

Estauges, seigneurie, I. 300. E. III. 575. A. IV. 215. E. VI. 701. C. VII. 892. D. vicomté, I. 495. A. VI. 701. C. VII. 588. B. 891. C. VIII. 182. E. 355. C. IX. 168. B. Voyez Estoges.

Este' (Seigneurs d') batards de la Baume, VII. 50.

Esté, seigneurie, VII. 49. C. 50. A.

S. Esteben, IX. 133.

Esteembecq, seigneurie, VIII. 154. B. 155. C E. 156. C.

Estelan, seigneurie, I. 439. C. VII. 556. B. 869. E. VIII. 160. B C. 161. A. 245. D. comté, VII. 471. C.

l'Estendart, III. 614. D. 658. C. 815. D. IV. 132. C. VI. 51. B. 788. C. VIII. 97. E. 258. B. Bully, VI. 789. A. IX. 466. C.

Esterlin, VII. 429. A.

Esternay, seigneurie, IV. 216. C. VI. 440. C. VIII. 142. C. 613. A. 720. C. marquisat, VII. 591. A.

Esterre, comté, III. 595. D. 596. A D E. 597. AB. V. 656. A. VIII. 41. C.

S. Estevant, comté, V. 661. D.

Estevard, VIII. 693. B.

Estevaux, seigneurie, VII. 654. C.

Esthuer de la Vauguyon, Jacques, chevalier du S. Esprit, IX. 204. C.

Estiau, seigneurie, II. 91. A. VI. 509. D. VII. 548. E. marquisat, IX. 313. B.

Estiembeck, marquisat, VI. 802. A.

Estiembourg, VIII. 651. B. seigneurie, VII. 181. B. VIII. 659. B.

Estienne, II. 298. B. VII. 486 D. 529. E. IX. 445. D.

S. Estienne, III. 362. C. IV. 664. A. VII. 606. C. 893. D. seigneurie, II. 42. A. 362. B. 659. E. 708. E. 709. E. III. 90. A. 647. A. 831. C. IV. 664. A. V. 160. B. 269. C. VI. 585. A. VII. 783. B. 825. D. VIII. 294. E. 484. A. 648. B. 910. A. 921. B. marquisat, IX. 317. A. sur-Barbise, seigneurie, VI. 390. D. du Bois, seigneurie, VII. 49. C. en Bresse, seigneurie, VIII. 323. E. du Brillonet, seigneurie, II. 377. D. de Mombeton, IV. 475. C. le Monis en S. Gerard, seigneurie, III. 89. D. sur-Sigogne, seigneurie, VIII. 923. A. du Val Francesque, VI. 323. C. de Veuil, seigneurie, II. 368. A.

Estiennette, IV. 503. C.

Estieuges en Beaujolois (Seigneurs de) VIII. 341. Voyez Damas.

Estieuges, seigneurie, VIII. 334. C D. 338. A. 341. A. IX. 480. C.

Estignat, V. 91. C.

Estillac, seigneurie, VII. 291. A. VIII. 216. A. IX. 239. B. de Mondenard, VII. 291. A. VIII. 216. A.

Estilly, seigneurie, VI. 603. B.

Estin, VIII. 174. C.

S. Estin, seigneurie, I. 500. C.

Estinaux, seigneurie, VIII. 328. E.

Estiolles, seigneurie, VII. 667. A. VIII. 809. ** A. 810. D. 811. A C.

Estipoy, seigneurie, VII. 263. B.

Estissac (Marquis d') IV. 432. Voyez la Rochefoucaud.

Estissac, I. 269. B. II. 234. E. IV. 565. C. 615. A. 756. D. V. 140. A. VII. 293. B. IX. 67. B. 145. D. seigneurie, II. 669. E. III. 91. C. IV. 428. B. 430. E. V. 140. A. VIII. 190. D. 731. A.

baronie, IV. 44. B. 445. C. 480. A marquisat, IX. 175. E.

Estival, seigneurie, VIII. 643. B.

Estivaux, VI. 681. D.

Estives, VIII. 873. D.

Estoges, seigneurie, II. 289. A. IV. 830. C. VI. 114. E. 140. C. 143. C. vicomté, II. 85. D. IV. 566. C. VI. 147. B. IX. 449. B. Comté, VIII. 713. C. Voyez Estauges.

Estoille, VI. 473. C. seigneurie, II. 166. C. 185. 2. A. 186. D E. 186. 2. A. 188. B. 189. B. 193. D E. 195. C. 206. E. 207. B. III. 414. A. V. 623. B. 626. B. VII. 64. E. VIII. 333. E. 716. B. vicomté, II. 204. D E. 205. A. sur-Somme, seigneurie, V. 623. B. de Montbriseul, IX. 276. A.

Estombles, seigneurie, III. 610. A.

Estoublon, seigneurie, VIII. 305. A.

Estouilly, seigneurie, I. 53. A. IV. 396. A C. 597. B D. 398. D. 399. A. 402. C. 403. D.

Estourbillon, III. 600. A.

Estourmel, II. 80. B. IV. 218. A. 828. C. 891. A. V. 648. B. VI. 175. A. 533. A. 544. A. VII. 178. C. 337. B. 832. D. VIII. 247. B. 657. C. 747. E. seigneurie, VII. 475. D.

Estourneau, IV. 896. B. V. 344. E.

Estoutemont, seigneurie, II. 410. B. V. 131. C. VI. 759. C. VIII. 96. A B. 97. A. 98. A E. 99. D. 470. A.

Estouteville, duché, érigé en 1534. pour Adrienne d'estouteville, & François de Bourbon I. comte de S. Paul, son futur mari, V. 549. Pieces concernant cette érection, V. 550. & suiv.

Estouteville, Thomas, évêque & comte de Beauvais, pair de France, II. 276. B D. Jean, grand-maître des arbalestriers de France, VIII. 87. C. Jean, grand-bouteiller de France, VIII. 575. C. Louis, grand-bouteiller de France, VIII. 581. A. Guillaume, grand-maître & general reformateur des eaux & forêts de France, VIII. 878. B.

Estouteville (Genealogie de la maison de) VIII. 88.

Estouteville, II. 77. B. 86. B. 125. C. 271. D. 276. B. 323. A. 404. B. 410. B. III. 632. A. 641. A. 643. A. 729. B. 730. A. 909. D. IV. 169. D. 214. E. 686. C. 710. C D. 875. B. V. 12. B. 125. B. 129. E. 131. C. 140. B. 141. A B. 161. F. 638. A. 639. B. 653. C. 829. D. VI. 50. D. 51. B. 53. E. 281. A. 339. A. 388. A. 400. D. 455. A. 674. A. 759. C. VII. 110. D. 125. E. 127. B. 225. E. 238. B. 384. C. 544. B. 710. C. 757. A. 796. C. 803. B. 846. A. VIII. 13. B. 16. D. 105. B. 210. A E 272. A. 425. B. 428. B. 470. A. 551. D. 574. A. 644. D. 706. D. 729. D E. 832. E. IX. 96. C. 102. A. seigneurie, III. 301. E. 316. A. 575 C. 621. C. IV. 18. A. 214. D. 215. A. V. 129. E. 133. D. 390. D. 391. B. 638. A. VI. 213. D. 691. A. VIII. 88. C. 172. A. 622. E. duché, I. 219. D. 220. B. 221. C. 222. C. 223. B D 326. C. 327. A B C D. 350. B C. 352. D. 367. A. III. 897. A. V. 386. D. Torcy, VI. 707. D. Villebon, V. 83. D.

Estouy, seigneurie, V. 618. E. VIII. 281. B.

Estouyes, seigneurie, VIII. 106. B.

Estrabon, IV. 658. A. VII. 801. C. seigneurie, IV. 572. A. 874. A C. 875. A. VII. 48. C. 246. E. 385. C. 395. C. 710. E. 813. B. baronie, IV. 875. C. 877. C. 878. C. 879. E. VII. 356. A. 501. D. 542. A.

Estrac, II. 433. E. Voyez Astarac.

Estrachy, seigneurie, VII. 366. B.
Estrade, seigneurie, V. 354. E.
ESTRADES, Godefroy, maréchal de France, VII. 599. C. idem, chevalier du S. Esprit, IX. 206. D.
ESTRADES (Genealogie d') VII. 600.
Estrades, I. 195. B. VI. 435. B. comté, VI. 552. A. VII. 601. B. marquisat, VII. 602. C.
Estraelles, seigneurie, VI. 114. D. 698. A. VII. 80. D. VIII. 534 A.
Estraielles, seigneurie, III. 611. B.
Estrais, seigneurie, IV. 708. B.
Estrambieres, seigneurie, II. 163. B.
Estramel, seigneurie, V. 729. C.
d'Estrange, VII. 320. D.
Estrebœuf, seigneurie, III. 616. A.
Estrechy, seigneurie, IV. 285. C.
Estrée, V. 288. C. 617. D. au Pont, seigneurie, V. 829. A.
Estreelles, seigneurie, IV. 754. C. 823. A.
Estreembecq, seigneurie, IV. 600. A.
ESTREES, Cesar, cardinal, évêque & duc de Laon, pair de France, II. 134. B. Jean, évêque & duc de Laon, pair de France, II. 132. B. François-Annibal, maréchal de France, VII. 470. B. Jean, maréchal de France, VII. 621. D. Victor-Marie, maréchal de France, VII. 649. E. Jean, vice-amiral, VII. 911. B. Victor-Marie, vice-amiral, VII. 912. B. Jean, grand-maître de l'artillerie de France, VIII. 179. A. Antoine, capitaine general & grand-maître de l'artillerie, VIII. 184. B. Antoine, chevalier du S. Esprit, IX. 60. B. François-Annibal, chevalier du Saint Esprit, IX. 162. C. Cesar, cardinal, commandeur du S. Esprit, IX. 214. C. François-Annibal, chevalier du S. Esprit, IX. 220. B. Jean, chevalier du S. Esprit, IX. 226. B. Jean, commandeur du S. Esprit, IX. 252. B. Victor-Marie, chevalier du S. Esprit, IX. 254. A.
ESTREES, (Genealogie de la maison d') IV. 596. (Comtes & Ducs d') pairs de France, IV. 598. & suiv. 603. & suiv.
Estrées, I. 149. E. 196. C. 379. C. 485. C. VI. 403. B. 595. B. IV. 793. D. VI. 580. D. 629. D. 664. C. 718. C. VII. 45. E. 291. D. VIII. 106. D. 156. D. 182. B. 185. D. 662. D. 384. D. IX. 315. A. seigneurie, III. 613. A. 909. A. IV. 824. D. VIII. 81. B. 170. A. 559. B. 697. E. comté VI. 580. D. duché, II. 132. A C. III. 498. B. IV. 223. A. 793. A. pairie, V. 465. A. VII. 417. B. Voyez Cœuvres.
Estrées-la-Blanche. Voyez Liettes.
Estreham, seigneurie, V. 140. F.
Estrelac, seigneurie, VII. 875. E.
Estrelin, IV. 671. E.
Estrelles, II. 374. E. IV. 141. D. VII. 325. D. seigneurie, II. 375. A.
Estrembourg, seigneurie, III. 905. D.
Estremburges, seigneurie, VIII. 32. C. 33. B.
Estrepagny, VI. 365. A. seigneurie, V. 126. A. 227. A D. VI. 170. D. 628. B. 631. D. VII. 419. C. baronie, V. 126. A. 158. B. VI. 632. D.
Estrepilly, seigneurie, VI. 288. A.
Estrepy, II. 776. D. VI. 701. B. seigneurie, II. 191. A.
Estreres, seigneurie, V. 140. C.
les Estres seigneurie, III. 630. B C. IV. 85. D.
Estreselles, III. 734. A.
Estresse en Limosin, seigneurie, IV. 120. C.
Estresses, seigneurie, VIII. 595. *'** E.
Estreville, VIII. 91. E. seigneurie, IX. 321. B.
Estrimont, seigneurie, VII. 565. C.

Estroem, seigneurie, II. 781. A.
Estropenan, seigneurie, I. 688. A.
Estrun, seigneurie, VIII. 35. D.
Estrung, baronie, I. 257. D.
Estuert, IV. 273. D. 450. C. V. 230. D. VII. 19. C. 93 C. 131. E. 406. B D. 502. B. 860. E. 861. A. VIII. 891. D. seigneurie, VII. 524. D. de Caussade, II. 235. B C. IV. 686. B. 896. A. VIII. 247. B. IX. 240. A. Voyez Quelen.
Esturgeul, seigneurie, III. 685. A.
Estut, IX. 114. A. 472. A.
Esves, seigneurie, I. 491. D. 522. A. 523. A.
Etampes. Voyez Estampes.
Etang. Voyez Estang.
Etangs. Voyez Estangs.
Etienne. Voyez Estienne.
S. Etienne. Voyez S. Estienne.
Etoille. Voyez Estoille.
ETOLIE, (Despotes d') I. 412. B. 478. B.
Etrou, VIII. 149. E.
Ets, VIII. 871. D.
Etweiller, comté, VII. 656. A.
Eu, comté-pairie, érigé en 1458. pour CHARLES d'Artois, III. 325. Nouvelle érection en 1694 pour LOUIS-AUGUSTE de Bourbon, prince légitimé de France, duc du Maine, V. 43.
Eu, (Anciens comtes d') II. 493. (Autres comtes d') issus des seigneurs de Lezignem, II. 82. (Autres comtes d') VI. 132. Voyez Brienne.
Eu, II. 830. D. III. 567. A. VI. 135. B. 386. A. VIII. 397. A. IX. 462. A. comté, I. 50. E. 108. A. 147. D. 148. A. 192. B D. 194. C. 243. D. 251. D. 252. D E. 253. A. 281. B. 291. D. 304. A. 334. B. 359. A. 388. B. 418. A. 426. C. 430. D. 343. B. II. 752. D. 761. B. 853. D. III. 301. D. 449. E. 450. D E. 451. B C. 486. D. 488. A D. 572. A. IV. 194. D. 195. D. V. 124. D. 226. C. 574. A. 639. D. VI. 62. D. 96. A. 126. B. 131. B. 134. D. 161. B. 204. C. VII. 193. B. 194. A. 402. B. 543. E. pairie, V. 229. E. 639. D.
Euchigny, seigneurie, VI. 502. D.
Eudelincourt, seigneurie, VIII. 107. C.
Eudin, II. 343. E.
Eudo, V. 417. E.
Evecquemont, seigneurie, IV. 401. A.
Eveillechien, IV. 367. B. V. 12. F. VIII. 251. A.
Evenes, seigneurie, II. 241. D. 242. E. 248. D. 292. A. 293. B. 294. A C D. 295. B E. 296. A. Voyez Marseille.
l'Evêque, II. 296. A. IV. 384. D. VI. 416. B. VII. 395. D. 545. C. VIII. 84. C. 486. C. 650. E. de Marconnay, VII. 571. E. VIII. 120 E.
Everbecg, seigneurie, V. 643. A.
Everly, seigneurie, VIII. 777. C. IX. 168. A. marquisat, IV. 681. B. IX. 66. C. 168. A.
Evesberge, seigneurie, VIII. 377. C.
Euffigney, seigneurie, IV. 826. A.
Sainte Eugenie, seigneurie, III. 394. A B C.
Evignan, II. 35. C.
Eulie, seigneurie, VIII. 40. A.
Eulles, seigneurie, VII. 141. B.
Eullet, I. 488. A.
Evol, seigneurie, III. 393. D.
Evoli, VII. 192. A. vicomté III. 345. B. comté, V. 524. C. principauté, I. 294. B. 655. C.
Evrard, V. 493. A. VI. 537. D. VIII. 661. A. IX. 438. C. de S. Just, VI. 152. B.
Euxe, seigneurie, VI. 435. E.
Euxes, seigneurie, VI. 522. B.

EVREUX, comté-pairie, érigé en 1316. pour Louis de France. III. 93.

EVREUX, (Comtes d') I. 279. (Vicomtes d') II. 411. (Comtes d') issus des ducs de Normandie, II. 477.

Evreux, II. 150. B. 740. D. 784. C. III. 291. B. 310. B. V. 16. B. 31. B. 73. A. 121. B. 135. C. 163. D. VIII. 49. D. 832. C. baronie, II. 490. E. comté, I. 89. E. 92. A. 93. C. 97. C. 104. C. 109. A. 117. E. 270. B. II. 27. C. 61. A. 404. E. 797. D E. 845. C. III. 197. E. IV. 540. A. 541. C. 542. A D. V. 129. B. VI. 73. A B. 74. B. VIII. 56. E. IX. 330. B. pairie, I. 280. A. 282. A. 284. B. 285. A B. 287. B C. 385. C. 424. B. 549. A. Salisbery, II. 301. B.

Evron, IX. 443. C.

d'Evroult, VI. 361. D.

Eurre, IV. 275. B. VII. 930. C. d'Aiguebonne, VIII. 944. B.

Eurville, seigneurie, II. 433. E.

Evry, baronie, IX. 59. A. le Chastel, I. 287. D. IX. 326. B.

Euse, II. 707. E. seigneurie, V. 178. A.

Euskirch, seigneurie, II. 733. E.

Eustache, chapelain du Roi VIII. 224. C.

Euville, seigneurie, VIII. 211. D. principauté, III. 598. B.

Evrard, IX. 484. D.

Evyan, seigneurie III. 737. A.

Exaerde, seigneurie, I. 244. B.

Excester, comté. III. 726. C. marquisat, VII. 841. A.

Exideuil, baronie, II. 230. E. 231. C. marquisat, IV. 178. B. VIII. 246. E.

Exornaix, seigneurie, III. 735. B

S. Exupery, (Seigneurs de) IV. 549. Voyez la Tour.

S. Exupery, I. 370. E. IV. 787. D. seigneurie, III. 822. D. IV. 546. A B. 890. A. VI. 321. D. VII. 358. E.

Eygau, seigneurie, VIII. 589. C.

Eygua, II. 664. B.

Eymeu, seigneurie, V. 268. D. VII. 674. B.

Eyrovennes, seigneurie, II. 243. A.

Eyroux d'Auvergne, IX. 86. D.

Ezanville, seigneurie, III. 580. D E. 581 B.

Ezarville, seigneurie, IV. 669. A.

Ezonville, seigneurie, VI. 340. D.

Ezy, VIII. 593. ** E. seigneurie, VII. 875. D.

F

FABAS, IV. 136. B. VII. 314. D. seigneurie, IX. 416. E.

FABERT, Abraham, maréchal de France, VII. 592. A.

Fabert, II. 662. D E. IV. 225. E. V. 153. B. 154. A. VI. 534. A. VII. 591. D. IX. 306. B.

Fabia, I. 655. B. V. 524. D.

Fabii, V. 464. A.

Fabra, III. 353. D.

Fabresan, seigneurie, V. 771. A.

Fabresse, III. 820. A D.

Fabri, III. 651. D. VI. 567. A.

la Fabri, VIII. 596. **** D.

Fabricazel, VIII. 302. D.

Fabrice, VIII. 181. D.

Fabroni, V. 623. A. de Asini, VIII. 748. A.

FABRY, Benoist, commis aux artilleries du Louvre, VIII. 127. C.

Fabry, II. 257. D. IV. 217. C. 504. C. 687. A. 806. A. VII. 458. A. VIII. 246 B. de Moncault, VI. 606. C.

Fachon, IV. 62. A. VII. 436. A.

le Fact, VII. 786. B.

la Fage, seigneurie, IV. 786. B. IX. 313. A. Montgregnat, seigneurie, III. 829. C.

Fages, IV. 122. B. VII. 292. A. 99. C.

FAGET, (Seigneurs du) VII. 280. Voyez Montesquiou.

Faget, seigneurie, II. 362. C. III. 366. A. baronie, II. 369. E. VII. 281. D.

Fagnet, VI. 436. C.

Fagneulles, VIII. 37. A.

Faguerolles. seigneurie, IX. 457. B.

Fai, seigneurie, VIII. 559. D.

LA FAIGNE, (Seigneurs de) III. 643. Voyez Montmorency & Laval.

la Faigne, seigneurie, III. 586. A. 636. A B. V. 10. E. N. B. VII. 856. C. VIII. 643. B. 747. B. baronie, VII. 338. C. 474. E.

Faigneulles, seigneurie, I. 212. C.

Faignolles, seigneurie, VIII. 868. C.

Faillouel, seigneurie, II. 119. E. V. 10. E. VI. 339. C. VIII. 544. A.

Failly, VIII. 697. B. 698. D. seigneurie, VIII. 645. C.

Fain, seigneurie, VIII. 871. A.

Fainbray, seigneurie, VII. 548. A.

Fains, seigneurie, V. 149. C. VIII. 406. C.

Fairis de Tersac, V. 753. B.

Faix, IX 88. A. seigneurie, III. 730. D. VII. 565. E.

FALAIS, (Seigneurs de) I. 261. Voyez Bâtards de Bourgogne.

Falais, seigneurie, I. 258. E. 262. A. V. 641. B. VII. 39. D. 104. B. VIII. 79. B. comté, I. 264. B. 265. C. V. 670. C.

Falaise, VII. 670. B. seigneurie, III. 621. B C. 622. B. D. 623. B. VI. 616. C. VIII. 13. C. vicomté, VII. 14. A.

Falaris, duché, VII. 898. B.

Falcez en Navarre, marquisat, I. 286. D. V. 661. D E.

Falconis, VI. 477. D. IX. 471. A.

Falcoz, IV. 37. A.

Falerans, VII. 644. C.

Faleron, seigneurie, III. 631. A. IV. 559. A C.

la Falesche, seigneurie, V. 282. B.

Falet, VII. 499. A.

Faley, seigneurie, V. 228. D.

Falguieres, VII. 413. E.

Fallart, VI. 585. A. VIII. 648. B.

Fallavier, I. 212. C.

Falletan, IV. 837. E.

Fallevy, seigneurie, VIII. 642. D.

Falloix, VIII. 485. B.

Falmon, III. 826. B.

Falo, seigneurie, VII. 455. A. 460. B.

la Faluere, seigneurie, VIII. 621. B.

FALVY, (Seigneurs de) du nom de Nesle, II. 506.

Falvy, VI. 401. A. 708. A. seigneurie, II. 329. D. 354. B. 499. C D E. 776. D. 849. B. III. 293. B. 304. C. IV. 212. A. VI. 708. A. VIII. 7. D. sur Somme, seigneurie, IV. 401. A. Voyez Néelle.

Famechon, seigneurie, III. 843. A. VI. 370. D. 549. B.

Famicourt, seigneurie, I. 260. B.

Fampoux, seigneurie, V. 838. C.

Fanjaux, seigneurie, V. 722. C. 725. B. Voyez Durfort.

Fanieres, seigneurie, VII. 902. B.

Fanlac, IV. 144. B D. VII. 354. C E.

Faou, VII. 718. B.

Faoucq, I. 502. D. IV. 412. D. V. 86. F. VI. 285. B. 288. C. 289. E. 385. D. VIII. 260. C.

Faouet, seigneurie, VIII. 360. G.

Faouret, seigneurie, V. 363. C.

Farabel, II. 593. A.

Faragorce, seigneurie, IX. 167. D.

Farainville, IX. 418. B. seigneurie, VIII. 369. C.

Farbes de Monimusk, IX. 409. A.

Farbus, seigneurie, III. 577. A D. VIII. 758. A. B. vicomté, VIII. 757. C.

Farcé en Bretagne, vicomté, V. 398. C.

Farceaux, seigneurie, VI. 368. D. 369. D. VII. 562. A.

Farcheville, seigneurie, IV. 563. B. 678. C. VI. 116. C. 117. A. 281. B.

Farciennes, seigneurie, VIII. 644. B.

Farcourt, seigneurie, II. 78. B.

LA FARE, Etienne-Joseph, évêque & duc de Laon, pair de France, II. 133. E. Philippes - Charles, chevalier du S. Esprit, IX. 293. C.

LA FARE, (Genealogie de) II. 134. (Seigneurs de Montclar) II. 139. (de la Salle d'Alais) II. 140. B. (de Tornac) II. 141. B. (de la Tour) II. 141. E.

la Fare, III. 826. A. VII. 488. B. 769. A. IX. 235. B. seigneurie, II. 134. A. III. 828. A. marquisat, II. 137. A B. 139. A C. IX. 202. C. Alais, II. 140. C. de Bellefons, II. 141. C. de Corbaus, ibidem, de Ganjac, ibidem, Laugere, II. 138. E. 140. B. de Montclar, II. 139. A. VII. 392. C. S. Privat, II. 140. E. de la Salle, II. 142. A. de Salindre, II. 140. E. de Soustelles, II. 140. D. Tornac, II. 141. B. IX. 203. A.

Faret, IV. 494. D. VI. 384. C. IX. 223. C. 440. C.

la Farge, VI. 64. B. VIII. 930. A. seigneurie, V. 333. D. 334. A. VIII. 336. C. baronie, V. 360. B. en Limosin, marquisat, IV. 895. D.

S. FARGEAU, duche-pairie, érigé en 1575. pour FRANÇOIS de Bourbon, III. 797.

S. Fargeau, seigneurie, I. 238. A B C E. 368. A. II. 750. B. IV. 166. B. V. 509. B. VII. 141. B. 735. D. VIII. 116. A. baronie, IX. 304. D. comté, I. 238. C D E. 356. E. IV. 481. B. V. 740. B. duché, I. 147. D. 148. A. 356. C. 357. A. 358. B.

Farges, seigneurie, VII. 700. D. VIII. 341. C.

Fargettes, seigneurie, VII. 66. C.

FARGIS, (Seigneurs du) II. 430. Voyez Angennes.

Fargis, seigneurie, II. 68. B. 172. C. 173. C. 425. B. III. 914. A. VIII. 173. A.

Fargon de Montorin, VII. 712. C.

Fargues, seigneurie, III. 371. B. baronie, VIII. 693. D. Lavedan, IV. 132. C. VII. 311. A.

Faria, I. 651. A. 681. A.

Farinvilliers, seigneurie, IV. 624. B. VI. 556. A.

Farmoutier, abbaye, I. 30. C.

Farnese, I. 136. C. 186. A. 603. C. III. 604. C. V. 522. C. IX. 110. A.

FARO, (Comtes de) issus des seigneurs de Vimiero, I. 661.

Faro, I. 641. B. comté, I. 654. A. 671. C. III. 353. A D. Portugal, V. 524. D.

le Faron, VII. 560. B.

Faronville, seigneurie, VIII. 235. D.

FARRE, (Seigneurs de) VIII. 300. Voyez Forbin.

Farre, seigneurie, VIII. 298. B. 300. C.

Fars, VII. 348. B.

Fasques, seigneurie, VIII. 154. E. 156. A B C.

Tome IX.

Fatonville, seigneurie, IV. 407. C. baronie, VII. 474. B.

Fatouville, seigneurie, VII. 825. B.

Fau, IV. 683. B. VI. 424. B. VII. 73. D. 21. D. seigneurie, II. 334. B. 419. A. IV. 717. B. 719. B. VI. 424. B. 597. A. VII. 727. B. VIII. 133. C. en Touraine, seigneurie, I. 510. E.

Favaines, II. 379. A.

Favariol, seigneurie, VII 700. A.

Favars, IV. 472. E. V. 747. C. VII. 320. C. seigneurie, I. 566. A. II. 650. E. IX. 82. A en Limosin, seigneurie, V. 747. C.

Favas, I. 371. B. VIII. 890. B. seigneurie, IV. 472. C. VII. 926. D.

la Fauche, IV. 831. D. seigneurie, II. 766. A B. IV. 819. D. 821. A. VI. 700. D. VII. 34. E. 142. D. 126. D. VIII. 549. E. baronie, VIII. 38. C. de Dompré, VII. 304. B.

Faucheran, VII. 786. A.

Fauchet, II. 385. D. IV. 287. A.

Faucigny, seigneurie, I. 566. A. II. 21. B. 30. A. baronie, II. 78. B E. 24. C. 25. B 28. D.

la Faucille, VII. 384. D.

Faucogney en Franche-Comté, VI. 694. A. 700. D. VII. 799. B. 801. C. seigneurie, II. 214. A. 763. E. VIII. 42. A. 348. C. baronie I. 94. D.

Faucon, II. 77. C VI. 544. D. VIII. 483. B. seigneurie, II. 272. A. VIII. 296. B. 303. B. baronie, VIII. 295. E. de S. Pardoux, V. 345. E. de Ris, II. 450. A. VI. 119. D. IX. 319. D.

la Fauconnerie, seigneurie, VIII. 636. C.

Fauconnier, III. 644. D.

la Fauconniere, V. 763. B.

FAUCONNIERS, (Histoire genealogique & chronologique des grands) VIII. 743.

Fauconvilliers, seigneurie, VIII. 658. D.

Faucueur, VII. 28. D.

FAUDOAS, (Seigneurs de) IV. 662. Voyez Rochechouart.

FAUDOAS, Jean-François, chevalier du S. Esprit, IX. 126. B.

Faudoas, II. 126. A. V. 179. C. 193. E. 757. A. VI. 327. B. VII. 266. D. 461. E. 927. A. VIII. 808. C. IX. 116. B. 391. E. 397. C. seigneurie, V. 193. D. VII. 266. A. 603. B. baronie, III. 363. D. 364. C. IV. 368. B. V. 293. C. VI. 327. B. VII. 292. D. marquisat, I. 434. C. II. 625. B. 647. B. III. 861. B. VII. 135. D. 285. C. d'Averton, IV. 684. B. 771. D. VII. 255. E. Barbazan, III. 362. B. 363. D. IV. 662. A. VIII. 280. C. de Seriliac, III. 769. B. VIII. 280. E. 906. C.

Faverolles, seigneurie, III. 831. A.

Faveray, seigneurie, IV. 861. A.

Favereau, VIII. 823. D.

Favereultes, seigneurie, V. 510. D.

Faverges IX. 158. B.

Faverie, seigneurie, VI. 116. C.

Faveriles, seigneurie, VII. 878. B.

FAVEROLLES, Jean, tresorier general du marc d'or, IX. 360. C.

Faverolles, IX. 355. A. seigneurie, II. 320. D. VI. 683. A.

Faveyrolles, seigneurie, VII. 712. D.

Fauga, seigneurie, VIII. 474. C.

Faugeres, VII. 769. B E. seigneurie, VII. 486. C. 768. E.

Faugicres. VII. 64. E.

Fauguernon, seigneurie, II. 411. A. VI. 282. B. 690. B.

Favier, IV. 842. C. VI. 576. B. 690. B. VIII.

251. C. du Boulay, III. 585. B. IV. 220. G.
IX. 123. B.
FAVIERES, (Seigneurs de) II. 386. A.
Favieres seigneurie, II. 183. B. VI. 35. D. VIII.
891. D. baronie, IX. 280. B.
Faulangy, seigneurie, IV. 841. A.
Faulcon, VIII 707. E.
Fauleon, IV. 654. A.
Faulque, VIII. 441. A.
Faulquier, IV. 574. A. VIII. 858. C
Faulquemont, marquisat, VII. 467. E. IX. 236.
B. Voyez Fauquemont.
Fauquemberg, V. 80. A. seigneurie , V. 119. F.
comté, I. 255. B. V. 23. D. 638. A. VIII. 543.
D.
Fauquemberghe, seigneurie, VIII. 33 C. comté,
III. 34 A. 98. A. 616. E. principauté, VIII.
35. A. Voyez Fauquemberg.
Fauquembergue, seigneurie, III. 628. A. comté,
III. 736. B. VI. 170. C. Voyez Fauquemberg.
Fauquemont, seigneurie, II. 331. B. 733. E. 751.
A. V. 514. B. VII. 172. D. Voyez Faulque-
mont.
Fauquenberg, seigneurie, II. 329. E. Voyez Fau-
quemberg.
Fauquencourt, seigneurie, VIII. 559. D.
Fauquernon, seigneurie, VIII. 251. A 272. D
E. 570. D. vicomté, VIII. 101. A. Voyez Fau-
guernon.
Fauquier. Voyez Feuquier.
Fauquissart, seigneurie, III. 669. A.
du Faur, IV. 894. D. VI. 487. A. 515. B. VII.
267. E. 455. B. 545. C. 900. B. VIII. 478. A.
de S. Jory, III. 365. B. de la Motte, II. 253.
A. de Pibrac de Tarabel, V. 184. B. de la Ro-
derie, V. 619. A. dit Versois, I. 118. A.
Faure, II. 255. D. VI. 523. E. 527. A. VIII.
121. A. 296. D. 937. D. IX. 170. A. 303. A.
333. B. de Berlize, I. 472. A.
Fawe de Chypre, IV. 286. C.
Fauria, IV. 773. A. comté, VI. 500. C. VII.
693. D,
Faurie, seigneurie, VI. 323. C.
la Faussille, VI. 194. B.
Faussimagne, seigneurie, III. 366. D.
Fautereau, VI. 151. C. de Maisnieres, V. 283. E.
289. A.
Fautreau, VIII. 634. C.
Fautrey, V. 490. E.
la Fautriere, seigneurie, VII. 508. E.
Fautronne, seigneurie, VI. 446. C.
la Fauveriere, VII. 506. B.
Fauvel, II. 84. A.
Faux, seigneurie, V. 342. D. 353. A.
Faxarda de Requesens, IX. 296. C.
Faxardo, I. 617. B. 685. A. 687. C. Mendoza,
I. 652. C.
du FAY, Pierre, pannetier du Roi, VIII. 610.
G.
Fay, II. 77. E. 78. B. III. 494. D. 581. C. 606.
D. IV. 410. B. 822. A. 824. E. 858. B. 873.
B. 896. A. V. 104. E. 262. C. VI. 457. B.
476. C. 549. B. 748. C. 795. D. VII. 112. B.
460. A. 560. D. 565. D. 640. C. 683. C. 711.
E. 876. C. VIII. 10. D. 134. C. 174. E. 176.
B. 211. C. 525. D. 540. A. 662. C. 760. D.
887. E. 890. C. 891. C. 945. D. IX. 72. C.
451. B. seigneurie, II. 136. E. 186. 2. E. 187.
C. 188. D. 191. A. 280. D. 576. C D. IV. 537.
D. 538. C. 539. A. 540. D. 731. B. V. 127.
A. VI. 321. D. 350. D. 414. C. 476. D.
489. C. 503. A. 514. D. 685. B. 730. A. VII.
425. C. 587. E. 640. C. VIII. 26. C. 170. D

E. 351. D. 595. D. 596. A. 623. B. 934. D.
IX. 238. A. baronie, II. 185. 2. D. 187. 2. A.
marquisat, IV. 271. B. d'Athies, VI. 748. C.
VII. 172. C. sous le Bois, seigneurie, IX. 481
B. Châteaurouge, VII. 828. B. aux Loge, sei-
gneurie, VI. 55. A. 290. D. en Nivernois, sei-
gneurie, IV. 888. D.
FAY LE SEC., (Seigneurs de) VI. 156. Voyez Con-
flans.
Fay le Sec, seigneurie, VI. 156. B. près Liesse,
VI. 155. A.
Fayart, VIII. 589. E.
Faydide-S.-Yvoine, IX. 461. C.
la Faydidie, VI. 429. A.
Faydit, VII. 706. E.
Faye, II. 448. E. III. 581. C. V. 334. C. 352.
A. 355. F. VI. 175. C. 522. A. VII. 318. B.
348. A. VIII. 334. E. 589. C. 808. C IX.
457. E. seigneurie, I. 264. E. 369. A. II. 450]
B. IV. 144. B. 161. D. 363. C. 634. A. 448. C.
562. A. 876. D E. V. 335. A. 354. D. 572.
E. 666. A. VI. 203. A. 504. A. 521. B. 586.
B. VII. 59. B. 138. D. 197. B. 201. A. 354.
C. 644. A. VIII. 498. A. 763. B. 764. A.
765. A B. 927. E. baronie, II. 874. D. Bros-
seloise, seigneurie, VII. 156. D. d'Espeisses,
VIII. 801. A. la Vineuse, seigneurie, II. 852. E.
III. 635. D. 641. A. VII. 850. C. VIII. 52.
C.
Fayeal, seigneurie, VII. 29. C.
Fayel, I. 55. A. II. 118. A. IV. 874. A. VI. 111.
B. 283. A. 538. C. 672. A. VII. 141. B. VIII.
398. B. seigneurie, V. 89. C VII. 533. A. 682.
D. VIII. 833. A. comté, VII. 530. D.
Fayet, VI. 439. C. VII. 9. B. 567. C. VIII. 823.
D. seigneurie, III. 614. D. VI. 556. C.
FAYETTE, Antoine, maître de l'artillerie de Fran-
ce, VIII. 175. E. 176. A
la Fayette, I. 52. C. 310. C. 369. A. 376. E. 377.
A. 444. D. III. 575. B. 821. A. IV. 34. D. 334.
D. 537. C. 543. A. 546. B. 897. A. V. 364.
C. 385. C. 765. E. VI. 493. C. VII. 158. A.
443. C. 444. D. 852. A. VIII. 264. E. 776.
B. 818. A. IX. 388. C. seigneurie, III. 837.
A. VII. 57. D. 810. D. VIII. 170. D. 191. D.
comté, VII. 61. B. marquisat, IV. 172. D. VI.
558. A. Voyez Motier.
Fayol, VII. 199. A.
Fayole, VII. 330. C.
Fayolles, VII. 84. A. seigneurie, VI. 549. D. de
Mollet, IV. 439. B.
Fayot, VI. 439. C.
Fayrie, II. 185. 2. E.
Fays, VII. 598. A.
Fayssan, VII. 925. C.
Fea, I. 690. D.
le Febvre, IX. 361. A. de Laubriere, VII. 585.
B.
Fée en Saintonge, IV. 688. C.
Feez, seigneurie, VII. 425. D.
Feideau, VIII. 335. Voyez Feydeau.
Feidith, VII. 429. B.
Feillans, seigneurie, IX. 478. B.
la Feillée, VI. 769. B. seigneurie, VI. 769. B.
772. C.
Feira, comté, I. 641. B. 663. A.
S. Feliens, comté, IX. 231. C.
Felipez de Gusman, V. 530. B.
Felix, VIII. 307. A.
S. Felix, III. 362. D. VII. 276. B. 413. D. 451.
E. 569. C. VIII. 356. A. seigneurie, II. 140
B. VI. 209. A. VII. 189. D. 418. E. 770. E.
VIII. 39. A. baronie, III. 371. D. 372. B. IV.

533. B. VII. 293. D. *de Palver*, seigneurie, VII. 789. B.
la Fellée, V. 466. B.
Felletans, IX. 98. C.
Felletins, seigneurie, V. 326 C. 349. B D. 356. D.
Felleton, III. 653. B.
Fellets, seigneurie, II. 228. C. VIII. 244. A.
Felluy, V. 646. C.
Felton, VI. 364. D.
Feltres, IV. 494. C.
Feltrie de Popiant, VII. 769. C.
Feltrix, II. 135. B.
Fendeilhe, IX. 425. C
Fenelon, seigneurie, IV. 139. C. VII. 521. A. IX. 66. A. comté, III. 642. C. VII. 457. B. VIII. 595. *** D.
Feneftranges, II. 54. C VII. 47. D. 48. A VIII. 353. D. seigneurie, V. 660. C. 661. B. baronie, V. 643. B. comté, VII. 100. E.
Feneftrau, baronie, III. 591. D.
Fenis H. 309. B. seigneurie, VIII. 911. B.
Fenix, seigneurie, VII. 150. C.
Fenofac, seigneurie, VII. 579. A.
Fenoüillac VII. 595. E.
Fenoüillet, V. 287. B. VII. 765. A. vicomté, VII. 761 C.
Feolbet, seigneurie, V. 728. C.
Feolles, seigneurie, VII. 24. C.
Fer, I. 368. C.
Fera, VIII. 238. A. seigneurie, II. 562. D.
Feragut de Pujol, V. 190 C.
Feraille, II. 362. B.
Fercé VII. 234. D. IX. 473. B.
Ferchaud, seigneurie, III. 320. B.
Fercourt, seigneurie, IV. 793. E. VII. 112. B. VIII. 20. D. 174. E. marquisat, VI. 802. D.
la Fere II. 96. C. 756. B. 776 D. seigneurie, I. 36. E. V. 514. D. VIII. 402. B. 543. D. 704. D. baronie I. 345. A. 347. B. 348. E. 423. A. 424. C. 424. C. 445. A. comté, III. 426. B. IV. 625. D. 626. C. V. 515. A. VIII. 188. A. *Champenoife*, seigneurie, VI. 214. E. VIII. 534. A.
Fere en Tardenois, (*Seigneurs de*) VI. 225. *Voyez* Chastillon.
Fere en Tardenois, seigneurie, II. 413. E. III. 80. A. 155. B. VI. 125. C. baronie, III. 603. E. 604. B.
Ferencourt, seigneurie, VI. 178. A.
Ferchfac, VIII. 593. ***** C.
Ferentille, comté, VIII. 504. C.
Fergon, V. 493. A.
Feria, duché, V. 526. D. IX. 214. E.
la Ferine, seigneurie, IX. 582. E.
Ferlingen, seigneurie, IV. 402. A.
Ferment, VIII. 12. B.
Fermerie, V. 262. E.
Fernandes Coronel, VI. 163. A.
Fernandez, V. 526. E. VIII. 811. * C. *de Cordoüe*, V. 526. D. IX. 296. A. 414. E. *de la Cueva*, V. 530. A. *de Hijar*, V. 530. A. *Manrique de Lara*, IX. 290. B.
Fernandina, duché, IX. 296. D.
Fernel, VIII. 646. A.
Ferolles, seigneurie, I. 226. E. II. 658. C.
le Feron, II. 235. C. IV. 19. D. 273. A. VII. 27. B. 420. C. IX. 116. C.
le Ferou, VII. 29. D.
Ferraboc, VII. 401. C.
Ferrals, seigneurie, II. 362. B. VII. 776. C. IX. 91. C.

Ferrand, *Mathieu*, chancelier de France, VI. 310 E.
Ferrand, VII. 581. B. IX. 277. A.
Ferrandine, duché, I. 294. B.
Ferrarit, VII. 495. B.
Ferrare, seigneurie, VI. 92. C. duché, I. 128. B. II. 847. B. III. 486. B. V. 523. E.
Ferrarqués, vicomté, IV. 411. A.
la Fertaye, II. 369. D. 370. A.
Ferré, V. 421. D. VII. 506. B.
Ferreira, (*Marquis de*) sortis des ducs de Bragance, I. 637. *Voyez* Portugal.
Ferreira, marquisat, I. 617. D. 618. A. 688. B.
S. Ferreol, seigneurie, II. 663. B. 664. B.
Ferrere, seigneurie, VII. 690. B.
Ferrero, VI. 470. D. *de Fiesque*, II. 248. B. *de S. Laurent*, VIII. 328. E.
Ferrers, comté, II. 490. A.
Ferret, VI. 468. B.
Ferrette, II. 210. D. VIII. 355. C. comté, V. 505. C E. 506. A. VIII. 416. A.
Ferrets, II. 472. D.
Ferrier, VII. 770. B.
LA FERRIERE, (*Seigneurs de*) II. 663.
la Ferriere, II. 600. A. V. 140. E. VII. 669. D. 698. A. VIII. 159. D. 329. B. IX. 473. D. 476. B. seigneurie, III. 430. C D. 641. A. 765. A. IV. 768. A. VI. 415. C. 416. A. 445. A. VII. 121. D. 224. B. 507. D. 583. E. VIII. 101. A. IX. 91. A. comté, VII. 572. D. *en Baffigny*, VIII. 753. A. *près Joffelin*, seigneurie, V. 425. D.
Ferrieres, *Pierre*, évêque & comte de Noyon, pair de France, II. 394. B.
Ferrieres, (*Seigneurs de*) V. 661. *Voyez* Croy.
Ferrieres, II. 53. A. 54. B. 231. B. 282. C. III. 80. B. 580. E. 621. C. 835. B. IV. 564. B. 789. C. V. 146. A. 148. E. 895. C. VI. 633. B. 659. C. 758. B. 775. A. VII. 19. D. VIII. 11. E. 90. A. 92. E. 191. B. 711. C. 717. A. 730. D. IX. 57. A. seigneurie, I. 237. C. 312. E. 365. C. 523. C. 524. E. II. 60. B 119. E. 411. C. 441. B. III. 420. B. 623. A. 628. C. IV. 275. B. 407. B. 539. A. 562. E. 671. C. 874. A. V. 129. B. 131. D. 661. D. VI. 339. C. 387. C. 510. A. 556. A. 634. C. 780. B. VII. 70. D. 258. B. 791. A. VIII. 98. C. 571. E. 594. **** B. 832. A. baronie, II. 406. A. 407. A. V. 146. A. VII. 150. A. VIII. 259. B. 280. A. comté, IV. 445. D.
S. Ferriol, seigneurie, VIII. 473. C. 477. C.
Ferrollés, VIII. 918. A.
Ferrols, seigneurie, II. 367. E. 368. A.
Ferron, V. 411. E 419. D. IX. 236. C.
la Ferronaye, seigneurie, V. 412. E.
Ferroul, VII. 770. D.
Ferros, VII. 786. B.
Ferruzalchi, seigneurie, IV. 501. A.
Fetfac, seigneurie, VII. 790. A.
la Ferté, IV. 709. E. V. 160. E. VI. 280. A B. 410. A. 477. B. VII. 438. C. VIII. 95. E. 214. A. 441. A. seigneurie, I. 262. E. 514. E. II. 198. C. 208. A D. 209. D E. 210. C D E. 211. B C D. 212. A. 411. B. III. 664. B. 840. E. IV. 180. A. 821. B. V. 135. F. 140. C. VI. 115. B. 744. A. VII. 36. C. VIII. 74. C. 95. D. 178. A. 350. A. 701. A. baronie, VII. 39. B. duché, IV. 19. D. *Aleps*, seigneurie, I. 478. B. II. 633. B. VI. 74. C. 79. B D. VIII. 726. D. *sur Amance*, 350. A. seigneurie, VI. 696. A. II. 872. E. IV. 827. B C E. 828. A B C D. *Ancoul*, seigneurie, III. 572. B. VIII. 546. A. baronie, I. 332. D. vicomté, II. 846. A. *Arnaud*,

seigneurie, I. 474. E. III. 618. A. IV. 410. C.
VII. 870. D. VIII. 729. A C D. 806. A. 904.
B. sur-Aube, seigneurie, II. 149. C. 155. C.
Aurain, seigneurie, VII. 7. D. Beaurain, sei-
gneurie, VIII. 198. A. Bernard, seigneurie, I.
235. C. 236. C. II. 744. C. VI. 125. B.
VIII. 570. E. 572. A. Chauderon, I. 299. A.
561. A. seigneurie, II. 851. A. IV. 179. D. VI.
65. E. VII. 8. D. 254. D. 736. B. VIII. 47.
C. 53. A B. 346. A. 541. D. Daullé, seigneurie, VIII. 537. A. en-Franche-Comté, seigneurie, II. 201. B. Fresnel, seigneurie, VIII. 711.
E. baronie, I. 442. B. VI. 690. D. VIII. 711.
E. Gaucher, seigneurie, III. 572. B. V. 152.
C. VI. 579. B. VII. 168. B. VIII. 537. A. 543.
E. Guibert, seigneurie, VII. 99. B. Hubert, V.
246. F. seigneurie, II. 86. B. IV. 69. E. 708. A.
VI. 280. A. VIII. 95. D. 420. C. d'Huffean,
seigneurie, VIII. 642. C. Imbault, VI. 46. C.
628. A. seigneurie, III. 573. D. 622. C. IV.
30. A. 196. A. 655. C. 753. D. V. 131. B C.
572. A. VI. 50. E. VII. 12. A. 121. B. 395. E.
544. A. 547. B. VIII. 97. E. marquisat, VI.
528. A. VII. 542. C. 545. D. sous-Jouarre,
seigneurie, I. 335. C. VIII. 543. E. Loupierre,
seigneurie, I. 484. E. 486. A. 491. A. II. 10.
C. 848. C. IV. 708. C. VI. 257. A. 308 A.
VII. 586. D. Menou, seigneurie, VII. 367. B.
Milon, seigneurie, I. 463. C. IV. 176. C. 177.
A D. Nabert, dite depuis S. Nectaire ou Senne-
terre, IV. 890. A. V. 246. F seigneurie, II.
852. B. III. 638. C. IV. 678. A. 713. D. 890.
A. VI. 280. A. VII. 370. A. 552. D. VIII. 95.
D. 167. C. marquisat, IV. 218. B. VII. 370.
D. duché, II. 432. B. pairie, VII. 567. D. sur
Perron, seigneurie, IV. 721. C. VI. 557. C.
baronie, IV. 178. A. en Ponthieu, seigneurie,
II. 508. B. IV. 212. B. VI. 113. C. 114. A. 276.
B. 698. B. VIII. 14. D. 344. A. 726. C. sous
Reuilly, seigneurie, IV. 566. C. VII. 370. A.
Senneterre, duché, III. 645. D. pairie, VII.
533. C. au Vicomte, seigneurie, VII. 152. C.
au Vidame, seigneurie, VIII. 729. D. Ville-
neuil, I. 213. A.
LA FERTE'-LOUPIERE, (Anciens Seigneurs de) I.
509. (derniers Seigneurs de) I. 499. Voyez
Courtenay.
LA FERTE'-HUBERT (Seigneurs de) IV. 705.
Voyez Beauvillier.
LA FERTE' EN PONTHIEU (Seigneurs de) VI. 113.
Voyez Chastillon (Autres Seigneurs de) VIII.
14. C. Voyez Roye.
LA FERTE'-SENNETERRE , duché-pairie, érigé en
1665. pour HENRY de S. Nectaire, IV. 881.
Pieces concernant cette érection, ibid.
Ferraques, seigneurie, VIII. 120. D.
Ferrin, VII. 563. E.
Fervals, baronie, III. 817. C.
Fervaques, seigneurie, IV. 853. D. 875. A. V.
147. B. VII. 48. C. 178. A. 394. C. 395. D.
545. C. 571. E. 711. D. 864. B. 872. C. H.
marquisat, III. 773. C. VII. 598. C. IX. 272.
B. 333. B.
Fesc, seigneurie, VII. 490. C.
Fescamp, IV. 873. B. VIII. 691. B. seigneurie,
VI. 313. A. 371. C.
Feschal, IV. 576. B. V. 12. C. VII. 225. D. 228.
A. 386. A. 669. B. VIII. 170. C. 583. C. 706.
E. IX. 96. C. 128. A.
Fesenzaguet, vicomté, V. 139. B. Voyez Fezenza-
guet.
Fesniere, VI. 503. B.
Fespuche, seigneurie, V. 726. A.

Felq, seigneurie, IV. 597. B.
Feslac, seigneurie, V. 345. E.
Feslancourt, VIII. 277. C.
Fessard, vicomte, VII. 545. A.
Fessart, vicomté, V. 488. A.
Festard, VI. 563. A.
Fosterne, seigneurie, III. 797. A.
Festus, seigneurie, VII. 107. A.
Fetigny, seigneurie, VIII. 327. C.
FEUCHEROLLES, Guillaume, aumônier du Roy,
VIII. 226. D.
Feucherolles, seigneurie, VI. 436. B.
Feudé, V. 424. E.
Feudeilles, seigneurie, VII. 772. D. 776. E.
Feudilles, seigneurie, VII. 276. A.
Feversham en Angleterre, comté, V. 737. B.
Feugere, VI. 375. D.
Feugerais, VIII. 717. A. seigneurie, VIII. 212.
A. IX. 87. B.
Feugerolles, seigneurie, IV. 41. A. V. 13. A.
VIII. 716. C. 747. C.
Feugrin, seigneurie, VI. 281. D.
Feugua, seigneurie, VII. 453. A.
Feuguerolles, seigneurie, VI. 690. C. VIII. 811.
C.
la Feuiaye, seigneurie, III. 727. E.
LA FEUILLADE (Seigneurs de) V. 342. (Comtes de)
ibid. (ducs de) pairs de France, ibid. Voyez
Aubusson.
la Feuillade, V. 21. D. seigneurie, III. 89. D. IV.
139. E. 184. B C. 388. A. 655. C. V. 327. A.
329. C. 342. D. 353. A. VII. 320. E.
comté, I. 495. E. H. 230. C. V. 346. C. 349.
B. 356. D. 357. A. 612. B. VII. 745. C.
Feuillé, seigneurie, IV. 75. D.
la Feuillée, seigneurie, III. 586. A. V. 332. E.
362. E. VII. 320. E. comté, VII. 524. C.
Voyez Girouft.
les Feuillées, seigneurie, II. 235. A.
Feuillet, seigneurie, IV. 470. A. VI. 138. C. 188.
D. VII. 399. C. VIII. 158. D. 728. A B. IX.
116. B. baronie, IV. 475. A. du Fay, VII.
26. C.
Feuilloy, VIII. 767. C.
Feuletin, seigneurie, III. 816. A.
Feullarde, seigneurie, III. 566. C. 567. B. 568.
D. 573. B. 575. A.
Feuquerolles, VI. 360. D.
Feuquier, II. 211. D.
Feuquieres, seigneurie, VI. 63. C. VIII. 698. B.
marquisat, III. 617. A. IV. 615. D. VII. 559.
B. VIII. 737. E.
LE FEVRE, Guillaume, premier Queux du Roy,
VIII. 839. C.
le Fevre, II. 308. D. VI. 372. B. 421. A. 537. A
C. 543. B. 789. C. VII. 170. B. 232. B. 642. D.
VIII. 232. A. 811. C. IX. 399. A. 447. A. de
Caumartin, IV. 774. B. V. 393. A. VI. 603.
C. 624. B. 789. A. d'Eaubonne, VI. 590. D.
de Heemstede, VII. 828. C. de Maurepas,
VIII. 871. B. d'Ormesson, VII. 9. B. 140. B.
LE FEVRE, Louis, seigneur de Caumartin, garde
des sceaux de France, VI. 542. B.
LE FEVRE-CAUMARTIN (Genealogie de) VI. 543.
A.
Feussillon, seigneurie, VII. 770. B.
Feusly, VI. 708. A.
Feux, seigneurie, VI. 569. C.
du Fey, V. 648. E.
Feydeau, I. 471. B. IV. 218. D. 516. D. VI. 475.
D. 546. B. 590. B. 646. C. VII. 407. D. 560.
A. 637. B. VIII. 191. B. IX. 317. A. 469. A.
de Brou, V. 741. A. IX. 177. D.

Feydir,

Feydit, VIII. 327. B.
FEZENSAC (Comtes de) II. 613. C.
Fezenfac, II. 170. E. 639. B. VII. 261. C. comté,
I. 276. B. 288. C. III. 411. A. 412. B. 413.
AB. 414. A. 415. A. 416. A. 418. C. 420. A.
421. A. 422. B. 423. A. 424. B. 818. D. VI.
207. B. 208. A. 209. B. 212. C. 223. D. VII.
766. B.
FEZENSAGUET (Vicomtes de) III. 431. Voyez Ar-
magnac.
Fezenfaguet, feigneurie, III. 424. B. vicomté, I.
276. B. II. 134. E. 628. A E. 632. C. 635.
B. 644. A. 701. C. III. 371. B. 413. C. 420.
D. 818. D. IV. 15. A. 16. D. 121. C. 469. B.
VI. 207. A. 208. D. VII. 209. E. 298. B. com-
té, II. 618. E. 636. E.
Fiac, feigneurie, II. 359. B.
Fiar, feigneurie, IX. 396. A.
Fibigerand, III. 82. B.
FICALLO (Comtes de) V. 527. Voyez Borgia.
Ficallo, comté, V. 525. B. 527. C. 531. B.
Ficquelmont, III. 841. C.
Fiefbrun, feigneurie, III. 892. B. VII. 28. A.
Fieffereau de Roquefort, feigneurie, VIII. 811.
B.
Fiefmarcon, feigneurie, III. 414. D. Voyez Fie-
marcon.
Fieffes, I. 56. C. VIII. 106. C. feigneurie, VI.
795. B. VIII. 647. A.
les Fiefs, II. 122. E.
Fieldenq, V. 595. B.
FIEMARCON (Seigneurs de) II. 670.
Fiemarcon, feigneurie, II. 623. E. 628. A. 644.
C. IV. 536. A. V. 177. F. 178. A. 179. C. 733.
B.
Fienne, II. 276. B. IV. 275. B. 565. B.
FIENNES, Robert, connétable de France, VI. 166.
FIENNES (Genealogie de la maison de) VI. 167.
(Seigneurs de) iſſus des comtes de S. Paul, III.
735. Voyez Luxembourg.
Fiennes, V. 131. C. 227. B. 825. C. 827. C. 845.
C. VI. 107. A. 167. B. VII. 546. C. 559. E.
746. A. VIII. 29. E. 30. A. 96. B. 99. D. 543.
C. 630. C. 658. E. feigneurie, II. 734. C. III.
726. A. V. 12. A. 229. D. 640. B. 827. C. VI.
170. A. 223. B. VIII. 34. E. 401. D. 536. A.
baronie, V. 217. B. VI. 107. A. 134. A. 167.
A. 654. A. 655. A.
Fienvilliers, feigneurie, V. 613. E. VIII. 648. C.
Fierville, feigneurie, V. 144. A B. 145. C.
FRESQUE, Scipion, chevalier du S. Eſprit, IX. 56.
B.
Fieſque, II. 36. E. 287. A. 795. B. V. 151. F. VI.
80. B. 731. C. VII. 207. C D. 932. B. VIII.
259. E. comté, VIII. 218. B.
les Fiettes, feigneurie, V. 613. E.
Fieubet, III. 861. A. VI. 546. D. IX. 334. C.
Figanieres, feigneurie, II. 294. C. 295. E. 296.
A B. 297. A C.
Figeac, feigneurie, II. 733. B. IV. 469. B.
Fignier, feigneurie, VIII. 918. C.
Figoux, feigneurie, III. 814. E.
Figueiro, comté, I. 677. A. 689. B.
Figuereido, I. 658. A. d'Alarcaon, I. 695. A.
Figueroa, I. 261. E. 262. A.
Figuerra, V. 526. D.
Filamos, feigneurie, VII. 705. B.
FILHET, Gilbert, chevalier du S. Eſprit, IX.
239. C.
Filhet, II. 232. B. VI. 481. B. VIII. 182. E.
Filhot, VII. 359. B.
Filieres, baronie, V. 240. C.
Filieures, VIII. 29. C.
Tome IX.

Filingera, VII. 192. A.
Fillaſtre, VII. 396. B.
Fillay, feigneurie, I. 510. A. IV. 708. C.
Fillerval, feigneurie, VI. 348. C.
Fillet, II. 243. D.
Filleul, VII. 279. E. 508. B. VIII. 812. C.
Fillioli, VI. 555. A.
la Fillolie, V. 354. D. feigneurie, IX. 457. E.
Fillon de Villemur, VIII. 23. A.
Fimarcon, feigneurie, VII. 605. C. 775. B. mar-
quiſat, VII. 407. B. 772. B. 773. D. 774. D.
927. E. IX. 227. B. 177. C. 390. A. 416. A.
Voyez Fiemarcon.
la Fin, VII. 365. E. VIII. 730. E. 904. B. de
Salins, VII. 428. C.
Final, feigneurie, II. 49. E. marquiſat, II. 50.
D E. 51. B D E. 52. B. 186. C. IV. 489.
D. 491. D. 501. B. V. 178. F. VIII. 76. B.
Fincken, baronie, VII. 658. B.
Finet de Marcognet, VII. 507. A.
Finiac, feigneurie, VII. 383. E.
Santa-Fiore, comté, VIII. 76. B. IX. 130. A. 210.
A.
Fiot, II. 67. C.
Fioux, feigneurie, II. 672. A.
Fiquelmont, IX. 455. C.
Firbeix, feigneurie, V. 356. B.
S. Firmin, feigneurie, II. 367. E. baronie, VI.
566. A.
Fiſaucourt, feigneurie, IV. 403. A.
Fiſcot, feigneurie, VII. 28. C.
Fiſes, feigneurie, VII. 67. D.
Fiſmes, comté, IV. 444. A. V. 742. C. VII. 632.
B.
Fiſter, VIII. 23. D.
la Fite, IV. 334. D. V. 189. F. 889. B. VII. 313.
A. feigneurie, VII. 270. A. 450. E. de Pelaport,
IV. 829. A. 900. A. IX. 451. C F.
Fitou, feigneurie, VII. 767. B. 775. C.
Fittes, VIII. 583. B.
Fitz-Alan, I. 588. E. 595. B. VI. 28. D. VII. 837. D.
Fitz-Gerard, II. 483. A.
FITZ-JAMES, duché-Pairie, érigé en 1710. pour
JACQUES Fitz-James, duc de Berwick, V. 162.
Pieces concernant cette érection, ibid.
FITS-JAMES, Jacques, duc de Berwick, maré-
chal de France, VII. 679. A. idem, chevalier
du S. Eſprit, IX. 269. A.
FITZ-JAMES (ducs de) pairs de France, V. 165.
Fitz-James, IV. 879. E. IX. 243. B. duché, I.
652. C. V. 165. D. 739. C. pairie, V. 165.
D. 739. C.
Fitzmauris, II. 485. D.
Fitz-Patrix, III. 292. B.
FITZ-WALTER (barons de) II. 488.
Fizes, IV. 177. A. VII. 484. A. VIII. 286. E.
Flacé, feigneurie, VIII. 643. B.
Flacey, feigneurie, VII. 160. C. 641. C.
Flacourt, feigneurie, VI. 540. B. VIII. 823. C.
IX. 350. B.
Flageac, V. 185. C. baronie, IV. 42. A.
Flageau, VIII. 501. D. feigneurie, VIII. 819. A.
baronie, VIII. 943. C.
Flagey, feigneurie, VI. 415. A. 441. A. VII. 809.
D. baronie, IV. 827. E.
Flagheac, III. 771. A. VII. 712. A. feigneurie,
III. 771. C. baronie, III. 821. D.
Flagy, feigneurie, I. 287. D. VIII. 784. B.
Flahaut, III. 617. C. V. 845. B.
Flaigey, feigneurie, VII. 39. B.
Flaigy, feigneurie, VII. 809. D.
Flainville, feigneurie, VIII. 102. D.
Flaitel, II. 478. A. 480. D.

Sainte Flaive, IV. 166. A. 576.| B. seigneurie, II. 453. A.

le Flaman, VIII. 854. A.

Flamanville, marquisat, VI. 574. C.

Flamaran, IX. 396. C.

Flamareches, Voyez Flamarens.

FLAMARENS (Seigneurs de) IX. 386. Voyez Groffolles.

Flamarens, seigneurie, III. 173. E. 174. E. V. 731. C. 732. A. VII. 408. C. 773. B. IX. 382. D. 383. C D E. 387. C. baronie, IV. 428. B. 547. B. VI. 220. A. VII. 61. B. IX. 388. B. 455. A. comté, IX. 391. A. marquisat, II. 677. D. V. 289. A. VI. 220. A. IX. 390. E.

Flamarins, Voyez Villeneuve.

Flamberge, VI. 427. D.

LE FLAMENG, Raoul, maréchal de France, VI. 637. B.

LE FLAMENC (Genealogie de) VI. 637.

Flamenc, I. 207. D. 222. C. II. 7. E. VI. 144. B. 637. 745. A. 804. B. VIII. 546. B. 604. A.

Flamenche, VII. 699. C. VIII. 163. C.

la Flamengerie, seigneurie, II. 776. C. III. 599. A.

Flamengrie, II. 329. B.

Flament, IV. 454. D. V. 748. C. VI. 50. D.

Flamerenx, seigneurie, V. 716. D. 727. A.

Flamerselle, seigneurie, VI. 167. D.

Flanden, seigneurie, II. 196. B.

Flandenes, seigneurie, II. 198. C. 202. D. 205. A.

FLANDRES (Anciens comtes de , II. 713. & suiv.

FLANDRES (Comtes de) de la maison de Dannemarck , II. 720. A. de la maison de Normandie, II. 720. D. de la maison d'Alface, II. 721. de la maison de Hainaut, issus des anciens comtes de Flandres , II. 723. (derniers comtes de) sortis de la maison de Dampierre, II. 728.

FLANDRES (Comtes de) Baudouin I. du nom, II. 713. Baudouin II. ibid. 714. B. Arnoul I. ibid. 714. D. Baudouin III. ibid. 715. A. Arnoul II. ibid. 715. C. Baudouin IV. ibid. 715. E. Baudouin V. ibid. 726. B. Baudouin VI. ibid. 717. A. Robert I. ibid. 718. B. Robert II. ibid. 719. B. Charles de Dannemarck, ibid. 720. A. Guillaume le Normand, dit Cliton, ibid. 720. D. Thierry d'Alface, ibid. 721. C. Philippes d'Alface, ibid. 721. D. Marguerite d'Alface, ibid. 723. D. Baudouin IX. ibid. 725. E. Jeanne , ibid. 726. E. Marguerite II. ibid. 728. C. Guy de Dampierre, ibid. 730. C. Robert III. ibid. 734. D. Louis II. ibid. 738. B. Louis III. ibid. 739. D. Marguerite, ibid. 741. D.

FLANDRES , Jean III. du nom , grand queux de France, VIII. 830. C.

FLANDRES (Forestiers de) I. 34. B.

Flandres, II. 319. C. 326. A. 347. A. 710. C. 790. D. 791. C. 838. C. 843. E. III. 316. C. 609. C. 613. B. 723. A. 905. B. V. 10. D. 133. C. 227. B. 228. F. 509. C. 510. B. 512. C. 514. A B. 829. C. VI. 45. E. 48. B. 49. B. 96. A. 106. C. 107. A. 125. A. 135. A. 136. B. 169. D. 247. B. 249. D. 257. D. 651. C. 671. D. 705. B. VII. 121. A. VIII. 56. A. 57. A. 75. A. 77. B. 96. B. 402. A. 471. B. 546. A. 549. E. 867. B. comté, I. 49. E. 71. C. 72. D. 73. 78. B D. 85. E. 88. E. 91. D. 93. C. 94. C D. 95. C. 239. C. 240. C. 241. B. 241. D. 244. B. 245. D. 246. E. 283. B. 297. B. 385. D. 397. B. 429. D. 451. C D. 452. B. 477. A. 483. E. E. 534. A B D. 541. D. 544. C. 550. A. 574. C. 576. A. II. 151. B. 156. C. 199. C. 341.

A. 468. A. 469. B. 471. D. 500. C. 642. C. 758. D. 773. C. 777. A B C D. 778. B. 784. D. 787. C. 792. C. 795. A. 797. E. 839. C. 842. C. III. 49. D E. 157. A. 200. C. V. 509. B C. VI. 18. B. 45. E. 48. B. 96. A. 104. D. 169. D. 713. C. VIII. 411. D. IX. 393. B. pairie, II. 713. & suiv. VI. 96. A. Batard , III. 905. C. Dampierre, II. 343. D. Drincham, III. 916. A. IV. 597. B. VII. 556. A. 831. B. Praet, I. 256. C. III. 919. B. Richebourg, VI. 96. A. Tenremonde, II. 162. B.

Flassans, seigneurie, VII. 391. D. VIII. 304. B.

Flatres, II. 600. A. 603. B.

Flavacourt , seigneurie, II. 85. E. 127. B. VI. 282. B. marquisat, VII. 573. C.

Flaucy en Mâconnois, seigneurie, V. 667. B.

Flavigny, VI. 384. C.

Flaumont, seigneurie, IV. 785. B.

Flauvilliers, seigneurie, VII. 474. C.

Flavy, VI. 51. B. 174. A. 719. C. 746. B. VIII. 355. A. 278. B. 281. C. 883. E. seigneurie, III. 736. E. IV. 403. D. VI. 47. D. VII. 111. E. VIII. 106. E. le Martel , seigneurie, IV. 397. B D. 398. D. 399. A C. 400. A. 402. C. VI. 786. C. Voyez Falvy.

FLAYGEY (Seigneurs de) II. 873.

Flayosc, seigneurie, VIII. 306. A C.

Sainte Flayve, VIII. 764. C. 768. D.

Fleac, II. 665. C D. seigneurie, V. 16. D. VII. 20. C. VIII. 704. C.

Fleard de Preffins, II. 358. A. VIII. 915. B.

Flecelles, IX. 354. B.

LA FLECHE (Seigneurs de) depuis comtes du Maine , issus des seigneurs de Beaugency , III. 173.

la Fleche, VI. 537. D. seigneurie, I. 273. B. 274. C. 276. B. III. 170. B. V. 583. C. VI. 137. A. 246. D. baronie, I. 328. E.

Flechelles, seigneurie, VII. 741. B.

Flecheres, baronie, VII. 258. D.

Flechez, seigneurie, VI. 195. B.

Flechiez, seigneurie, V. 616. D.

Flechin, V. 239. F. 830. B. 831. A. VI. 721. B. 780. A. 795. A. VIII. 525. C. seigneurie, VI. 781. C.

Flechinel, seigneurie, V. 569. B.

Fleeming, IX. 402. C. 405. B.

Fleet , seigneurie, V. 569. B.

Flehard , VII. 170. B.

Flehedel , seigneurie, IV. 474. B.

Fleigny , seigneurie, V. 839. B.

Fleis , comté, III. 605. B.

FLEIX (Comtes de) III. 387. Voyez Foix.

Fleix, seigneurie, II. 706. B D. III. 368. A. 369. B. 370. E. comté, IV. 273. B. 480. C. VII. 407. D. IX. 144. A.

Fleming, V. 594. C.

FLERS (Seigneurs de) II. 83. Voyez Pellevé.

Flers, seigneurie, III. 916. A. VI. 795. C. VII. 564. D. VIII. 276. D. 735. B. baronie, II. 83. D. V. 160. E. comté, II. 83. E. 84. A B C. IV. 62. A.

Fleffelles, seigneurie, III. 614. D.

Floffingué , seigneurie, I. 256. B. 258. C. V. 640. E. 641. B. marquisat, I. 257. D.

la Fletiere, seigneurie, V. 416. B.

Fleville , seigneurie, IV. 828. A. 834. B. VI. 477. A. VII. 153. B. 468. C.

Flevilly, II. 53. E.

Fleurac, seigneurie, I. 375. B. 377. B. IV. 443. B. 537. A. VII. 579. C. en Auvergne , baronie, II. 234. B.

Fleuranges, seigneurie, VIII. 537. A.
la Fleuraye, seigneurie, VII. 22. D.
Fleuré, VII. 513. B.
S. Fleurentin, vicomté, III. 429. A. *Voyez* Saint Florentin.
la Fleuriais, seigneurie, IV. 459. D.
FLEURIAU, *Joseph-Jean-Baptiste*, seigneur d'Armenonville, garde des sceaux de France, VI. 605. A. *Idem*, grand-tresorier des Ordres, IX. 330. C.
FLEURIAU, (*Genealogie de*) VI. 605. C.
Fleuriau, VI. 553. A. 605. D. VII. 539. C. IX. 437. A. d'*Armenonville*, IX. 335. B. 480. B.
Fleurie, VI. 502. B.
Fleutiere, seigneurie, I. 525. A.
Fleurigny, VI. 281. C. 388. B. 624. A. 674. C. 679. D. VII. 561. D. VIII. 449. C. IX. 163. B. seigneurie, II. 60. B. 282. B. VI. 674. C. VIII. 775. B. baronie, VII. 50. C. *Voyez* le Clerc.
Fleurines, seigneurie, V. 510. A.
Fleuriot, VII. 527. A. 724. E.
Fleuron, seigneurie, VIII. 651. C.
Fleurs, II. 508. A.
Fleury, II. 120. A. 128. B. IV. 625. C. VIII. 485. B. 902. A. seigneurie, II. 248. B. 383. C. 443. B. 444. A D. IV. 217. A. 640. E. 732. A. V. 135. A. 766. C. VII. 740. A. VII. 513. C. 802. D. VIII. 166. A C. 324. C D. 327. D. 559. D. 791. B. 945. B. *sur Andelle*, seigneurie, VI. 358. C.
Flex, seigneurie, II. 433. C.
Flexelles, II. 385. D. VI. 434. B. 516. A. 582. D. seigneurie, VII. 111. A.
Flexicourt, seigneurie, VIII. 634. B.
Flexilla, marquisat, I. 626. A. 627. A C. 628. A.
Flibaucourt, seigneurie, VII. 563. E.
Fliest, seigneurie, V. 573. D.
Fines, seigneurie, VIII. 698. C.
la Floceliere, seigneurie, II. 429. E. III. 633. B. IV. 560. A. 654. C. VI. 105. C. VII. 501. B. 516. C. VIII. 584. A. 764. D. 922. B.
Flocques, IV. 407. B.
du Flocquet, IV. 439. D.
Flogny, baronie, VIII. 914. D.
Floigny, seigneurie, V. 561. D.
Floirac, seigneurie, IX. 385. C.
Floire au Maine, seigneurie, VIII. 726. E.
Floquemenil, seigneurie, II. 77. D.
Florac, seigneurie, II. 206. E. VIII. 322. D. 372. C. baronie, II. 204. E. 205. D.
Florainville, IV. 844. B. IX. 163. A. *en Ardennes*, V. 139. D.
Floran, seigneurie, VIII. 475. B.
Floranville, VIII. 871. A. 874. D.
Florat, seigneurie, IV. 547. A.
FLOREAU, *Geoffroy*, évêque & comte de Châlons, pair de France, II. 378. B.
Florembel, seigneurie, II. 366. D. IX. 175. A.
Florence, principauté, I. 408. E.
Florenges, seigneurie, II. 54. D. V. 653. C. VII. 164. B. 166. A. 193. A.
Florens, seigneurie, VIII. 654. A.
FLORENSAC,) *Marquis de*) III. 775. *Voyez* Crussol, (*Seigneurs de*) IV. 38. *Voyez* Levis.
Florensac, seigneurie, II. 203. A. 709. A. III. 659. A. 766. B. 767. A. 768. C. 815. B. IV. 13. B. 14. A. 15. E. 14. D. 25. C. 43. B C. V. 729. D. VIII. 151. B. IX. 395. C. baronie, III. 770. D. 771. C E. 773. A. marquisat, III. 77. C. IV. 377. C. 894. A.
S. Florent, seigneurie, VI. 427. C.

S. Florentin, VIII. 202. B. seigneurie, I. 287. D. comté, IV. 685. A. VIII. 640. B. IX. 314. A. 335. A.
Florenville, seigneurie, V. 846. A. VII. 166. B. 819. A.
Floressac, seigneurie, VII. 344. A.
Florette, VI. 476. C. 548. C. seigneurie, IV. 863. A.
Florez d'Avila, marquisat, I. 644. B.
S. Floirian, comté, VI. 117. A.
Florines, VIII. 31. D. 32. A. seigneurie, II. 315. C. 504. C. 736. E. 774. E. VIII. 862. B.
Florinselles, seigneurie, V. 833. A.
Floringhem, seigneurie, VIII. 698. C.
Floringhestun, seigneurie, V. 835. A.
Floris, V. 834. A.
S. Floris, seigneurie, VII. 833. B.
Flory, IX. 470. D. seigneurie, VI. 334. B. *de Bouvian*, IV. 898. E.
du Flos, VIII. 663. D. 844. D.
Flotay, seigneurie, VII. 510. A.
Flotey, VII. 636. A.
FLOTTE, *Pierre*, chancelier de France, VI. 274. D. *Guillaume*, chancelier de France, VI. 328. B. *Pierre*, amiral de France, VII. 751. B.
FLOTTE, (Genealogie de) VI. 275.
Flotte, II. 217. B. 296. B. III. 826. C. IV. 286. D. 495. D. VI. 64. C. 110. C. 112. C. 115. B. 160. C. 302. A. VII. 121. A. 767. D. VIII. 52. B. 312. D. 319. E. 814. B. IX. 86. B. seigneurie, I. 255. E. IV. 854. C. VIII. 635. A. baronie, VII. 399. D. VIII. 494. A. *Hauterive*, baronie, VII. 336. A. *Revel*, III. 660. A. VI. 115. B. VIII. 729. E. *de Roquevaire*, VIII. 307. D.
Flottemanville, seigneurie, II. 77. B.
Floville, seigneurie, III. 644. C. IV. 83. A.
S. Flour-le-Chastel, seigneurie, VII. 702. A.
Floyon, VIII. 10. A. seigneurie, VIII. 40. A.
Floyras, seigneurie, VIII. 596. *** A.
Fluy, seigneurie, VIII. 616. E. 617. A.
Fodieres, VII. 482. A B.
Fogasses, V. 282. F.
la Fois, seigneurie, II. 377. B.
Foissac, baronie, VII. 300. C. VIII. 175. A.
Foisseau, seigneurie, I. 523. C.
Foissin, VII. 284. C.
Foissy, VI. 466. D. VIII. 717. A. 778. B. 802. B. 893. B.
Foix, comté-pairie, érigé en 1458. pour GASTON comte de Foix, III. 342.
Foix, *Odet*, maréchal de France, VII. 142. B. *Thomas*, maréchal de France, VII. 163. B. *Odet*, amiral de Guyenne, VII. 881. D. CANDALE, *François*, chevalier du S. Esprit, IX. 103. B. *Henry-François*, chevalier du S. Esprit, IX. 221. A.
Foix, (*Comtes de*) I. Race, III. 343. II. Race, sortis de la maison de Grailly, III. 367. (Marquis de) III. 363. (Branche de) établie en Roussillon, III. 393. (Branche de) établie en Languedoc, IX. 416. C.
Foix, I. 125. A. 143. A. 144. B. 150. E. 208. E. 253. C. 283. E. 288. B. II. 29. E. 364. B. 371. C. 598. D. 620. B. 634. D. 644. B. 645. D. 647. A. 650. A D. 655. A. 701. B. III. 369. E. 371. D. 384. D 414. D. 425. B. 490. A. 605. A. 737. B. 821. C. 856. B. IV. 14. D. 22. E. 23. B E. 57. B. 140. D. 169. B. 217. B. 273. B. 427. C. 437. B. 480. C. 527. D. 532. B. 611. C. 663. D. 664. D. 667. A. 805. E. V. 178. D. 181. A. 231. A. 852. D. 735. A. 736. C. VI. 80. B. 209. D. 211. A. 214. D. 215. B C. 218. C. 487. A. 488. B. VII. 76. B. 77. C. 190. B. 238. A C. 282. B.

293. D. 322. D. 494. D. 537. D. 606. C.
709. C. 763. D. 766. B. 826. A. 860. A.
861. C. VIII. 161. B. 165. C. 170. E. 220. A.
594. **** 727. A. IX. 144. A. 170. A. 397.
D. seigneurie, II. 643. B. comté, I. 289. D.
292. E. 316. A. 369. A. 370. C. 385. D.
408. B. 417. A. 465. C. II. 172. E. 618. B.
632. B. 634. B. 636. E. 638. E. 642. B. 707.
C. III. 73. A. 351. A. 370. A E. 371. D.
383. C. 419. C. 423. E. 424. A. IV. 423.
D. VI. 163. A. 164. C. 211. A E. 213. B. VII.
763. A. VIII. 634. E. marquisat, VIII. 282.
B. Candale, II. 63. E. III. 388. C. IV. 480.
C. VII. 386. B. 407. D. IX. 390. B. 416. A.
Lautrec, I. 130. D. Mardoigne, VII. 777. D.
Rabat, II. 663. E. III. 838. C. IV. 305. A.
613. A. VII. 213. B. 287. A. IX. 462. B.
la Folaine, seigneurie, VI. 425. D.
Folaquier, seigneurie, II. 134. A.
Folch, I. 203. B. VIII 38. A.
Foleins, seigneurie, III. 586. B.
Folembray, seigneurie, I. 136. D. baronie, I. 203.
BE.
Folette, VII. 302. A.
Foletye, seigneurie, II. 736. D.
Folgocinno, seigneurie, I. 690. A.
la Folie, seigneurie, VII. 382. D.
Folin, VIII. 307. A. marquisat, VI. 457. C.
Folle, seigneurie, VII. 150. E.
Follet, seigneurie, VII. 5. A E.
Folleté, IV. 124. A.
la Folletiere, seigneurie, V. 142. D.
Folleville, II. 431. C. VII. 823. A. seigneurie, III.
898. B. V. 620. A. VI. 521. D. 686. A. 746.
D. 786. A. VII. 890. D.
la Follie Bouin, seigneurie, VIII. 810. ** D.
Folligny, II. 35. C. 736. D.
la Fon-de-Jean de S. Projet, III. 291. D.
Fonbaudry, seigneurie, VI. 596. B.
Fonblanc, seigneurie, III. 834. C. VIII. 593. ***
C.
Foncelives, seigneurie, V. 768. A.
Fonches, seigneurie, VII. 337. A. 339. D.
la Fond, III. 824. E. VIII. 652. A. IX. 238. A.
seigneurie, IX. 238. B.
Fondelin, seigneurie, IX. 449. * C. 450. * C.
Fondeville, seigneurie, VIII. 937. B.
Fondrement, seigneurie, VIII 416. A.
Fonds, VII. 286. D.
la Fonds-de-Jean de S. Project, IX. 392. C.
Fongery, seigneurie, IV. 683. B.
Fonpatour, seigneurie, II. 232. B.
Fons, I. 516. C.
las Fons, seigneurie, III. 394. C.
Fonsbalin, seigneurie, VII. 28. B.
Fonsega, I. 680. A.
Fonseque, III. 379. C. 637. B. IV. 169. B. 321.
E. 443. D. 566. A. 567. C. V. 742. C. VII.
632. C. VIII. 911. E. IX. 80. A.
Fonsomes, VIII. 100. C.
Fonstat, seigneurie, VIII. 593. ** ** C.
da Font, II. 373. C. IV. 658. D. VI. 602. D.
seigneurie, II. 359. A. VI. 463. B. baronie,
VII. 493. A. de Cannont, VII. 420. C. de S.
Projet, VII. 344. E. IX. 475. E. de la Roche
des Arnaulds, II. 369. D.
la Fontade, V. 747. D. en Quercy, seigneurie, VII.
751. B.
LA FONTAINE, Etienne, maître enqueteur des eaux
& forêts de France, VIII. 849. A.
LA FONTAINE, (Genealogie de) VIII. 849.
Fontaine, I. 118. D. II. 119. A. 128. E. III. 615.
A. 866. A. IV. 324. A. 409. B. 410. A. 804. E.

828. A. 833. C. V. 232. B. 423. B. VI. 289.
B. 293. C. 436. D. 496. B. 553. B. 561. A.
VII. 829. D. 834. B. VIII. 20. B. 285. B. 524.
D. 538. D. 560. E. 790. D. 795. B. 806. C.
810. ** B. 872. C. IX. 473. D. seigneurie, II.
149. B. 229. C. 429. B. 443. C. III. 614. D.
624. B. 724. A. 771. C. IV. 501. E. 848. B.
VI. 496. B. VII. 231. D. 556. C. VIII. 787.
A. IX. 448. A. Beton, seigneurie, IV. 846. A
D. VII. 622. C. aux Bois, seigneurie, I. 257.
E. en Champagne, seigneurie, II. 208. A. le
Chastel, seigneurie, II. 85. D. VII. 86. A. VII.
21. B E. de Cusingham, III. 614. A. Denis, ba-
ronie, IX. 169. A. Françoise, seigneurie, II.
224. B. 225. C. IV. 179. E. 573. B. 821. C.
900. C. VII. 33. E. 40. D. 807. D. IX. 451. C.
Guerard, seigneurie, II. 408. E. 409. D. 410.
A. III. 304. E. 305. B. la Guyon, seigneurie,
IV. 403. C. le Henry, seigneurie, II. 36. D. V.
140. B. 146. B C. l'Hermite, seigneurie, IV.
403. C. sous Jouy, seigneurie, IV. 711. C. 713.
B. l'Abbé, seigneurie, VI. 553. C. Lavagan,
seigneurie, V. 82. C. VIII. 523. E. 746. A. 747.
C. au Maine, VII. 234. D. Martel, seigneu-
rie, II. 441. A. Notre-Dame, seigneurie, VIII.
651. A. du Rezeil, seigneurie, II. 428. A. Riant,
seigneurie, II. 432. A. VIII. 170. B. So'are,
VI. 678. D. VIII. 855. D. sur Somme, seigneu-
rie, III. 915. C. le Sorel, seigneurie, II. 407. C.
Fontainebleau, seigneurie, IV. 673. A.
FONTAINE-RYANT, (Seigneurs de) II. 431. Voyez
Angennes.
FONTAINES, (Seigneurs de) sortis d'un bâtard de
Nevers, III. 452. (Autres seigneurs de) VII. 23.
Voyez Montberon, (Autres seigneurs de) VII.
242. Voyez Saulx. (Autres seigneurs de) VII.
853. Voyez Bueil.
Fontaines, II. 278. D. III. 360. C. 615. A. 617.
C. 636. D. 845. A. IV. 307. C. 324. A. VI.
568. A. 721. A. 803. A. VII. 276. A. 557. C.
640. D. 772. D. 776. E. 823. B. 849. B. 927.
A. VIII. 31. A'BC. 636. E. 651. E. IX. 168.
A. seigneurie, I. 258. B. 268. C. 440. E. II.
776. D. 850. E. III. 736. C. IV. 307. C. 324.
A. V. 150. B. 382. B. VI. 108. C. 388. C. 571.
C. 572. B. 627. C. 709. A. 744. B. 781. B.
782. A. VII. 19. B. 23. C. 33. A. 138. A.
182. A. 242. D. 426. B. 472. E. 561. D. 565.
B. 584. B. 849. A. 853. C. 868. B. VIII. 20.
E. 11. A. 29. B. 74. B. 104. C D. 154. D.
489. D. 490. A. 238. A. 250. E. 605. C. 651.
E. 698. B. 728. C. 850. A. 904 B. 911. B.
944. A. IX. 205. C. comté, VII. 562. C. IX.
274. B. Chalandray, seigneurie, II. 234. A. IV.
661. A. 678. A. VIII. 165 A. 766. C. comté, III. 642. B C. VI. 562. C. près Dijon, sei-
gneurie, VIII. 336. B. l'Evêque, seigneurie, V.
646. B. 655. E. Guerin, seigneurie, VII. 853.
B. Harcourt, seigneurie, II. 419. E. Marans,
seigneurie, IV. 485. C. 591. A.
sept Fontaines, seigneurie, VIII. 699. A.
Fontanas, seigneurie, VII. 926. D.
Fontancier, seigneurie, VII. 373. C.
Fontanés. Voyez Fontaine.
Fontanez, seigneurie, VII. 789. A.
Fontanges, IV. 441. A. VII. 65. D. VIII. 39. A.
seigneurie, IV. 535. B. duché, V. 345. E.
Fontanile, seigneurie, VIII. 249. A.
Fontanon. Voyez l'Escûre.
Fontaraches, seigneurie, VII. 491. D.
Fontarocbe, seigneurie, IV. 265. B.
la Fontasse, seigneurie, VIII. 478. D.
Fontaux, seigneurie, III. 393. B C.

Fontbeton,

Fontbeton , seigneurie, VIII. 299. D.

Fontcouverte , II. 141. A. seigneurie , IX. 438. C.

Fonte-Arcada, seigneurie , I. 667. D E.

Fontebride, VI. 508. C.

Fontenailles, seigneurie , II. 422. B. III. 651. B C. V. 768. A. VI. 674. B. VII. 434. E.

FONTENAY , (Seigneurs de) VI. 675. Voyez Tric.

Fontenay , II. 232. B. VI. 665. B. VII. 221. C. 433. A. VIII. 480. D. 482. A. 620. B. 692. D. 791. C. 900. A. seigneurie, I. 224. D. 489. B. II. 377. B. 410. C. 419. B. 437. D. III. 77. A. 583. A. IV. 116. A. 640. D. 862. A. V. 147. F. 242. E. 334. A. 636. A. VI. 25. D. 35. D. 144. C. 445. D. 556. A. 647. B. 675. C. VII. 5. A. 13. E. 37. D. 47. E. 176. D. 570. C. VIII. 135. C. 148. B. 239. C. 311. A. 328. E. 631. A. 651. C. 653. E. 799. A. 810. *C. IX. 168. A. baronie, VII. 544. A. vicomté , IV. 191. C. comté , III. 915. C. l'Abatu , seigneurie, VI. 161. D. VII. 111. D. 502. A. en Berry, baronie, V. 333. F. en Brie , seigneurie, IV. 398. C. VI. 389. D. 527. B. VIII. 342. C. 343. E. le Comte , comté , I. 241. E. en France , seigneurie, II. 107. C. VI. 116. D. de Guer , seigneurie , IV. 323. D. le Huffon , seigneurie, VI. 283. C. le Louvel, VIII. 170. A. le Marconl, seigneurie, VII. 633. B. Mareuil , seigneurie , VI. 349. C. marquisat, IV. 772. B. 773. B. le Marmion, seigneurie, II. 411. A. vicomté , V. 150. B. Trefigny , marquisat , IX. 319. B.

Fontenaye , seigneurie , IV. 562. B.

Fontenays, IV. 450. A. V. 608. C. VIII. 250. D.

Fonteneau, VIII. 487. C.

Fontenelle , III. 90. D. VII. 250. A E. IX. 444. C.

Fontenelles, seigneurie , II. 451. E. V. 225. C. VI. 358. B. VIII. 665. C.

Fontenez, II. 651. D.

Fonteni , seigneurie, VII. 876. A.

Fontenil , seigneurie , III. 450. C. VI. 681. B. 684. B.

FONTENILLES, (Seigneurs de) IV. 897. Voyez Senneterre. (Autres seigneurs de) VIII. 593. Voyez Beaupoil.

Fontenilles, seigneurie, I. 310. C. II. 134. B E. 135. B. 676. C. VII. 131. A. 222. A. 292. C. 605. D. VIII. 593. B. 595. ****C. 816. B. baronie, VII. 128. D. IX. 82. B. marquisat , VIII. 69. A. IX. 316. B.

Fontenoy, seigneurie, II. 63. D. VI. 67. B. VII. 168. A. VIII. 44. A. 352. C. baronie , VII. 466. E. VIII. 36. C. comté , V. 643. A B. 644. B C. 656. C. 660. C. 661. B.

Fonteny , seigneurie , II. 429. A.

Fonteraine, seigneurie , IX. 478. A.

Fontet, IV. 413. B. IX. 466. D.

Fontetes, VIII. 715. C. IX. 123. C.

Fonteves, seigneurie , VIII. 339. E.

Fontez, seigneurie, VII. 416. D. marquisat, I. 641. C. 679. A.

Fontguyon, seigneurie, IV. 453. B.

FONTHAUGIER , (Sesgneurs de) IV. 186. B C. Voyez la Tremoille.

Fonti, I. 647. A.

Fonties, seigneurie, VIII. 248. D.

Fontlonge, IV. 144. B.

FONTMORAND, (Seigneurs de) IV. 183. Voyez la Tremoille.

Fontmorand, seigneurie, IV. 162. D. 163. A. V. 344. D. 351. B. VII. 616. D.

Tome IX.

Fontmoreau , seigneurie, IV. 221. A. 655. C. 656. A. baronie , V. 341. C. en Berry , V. 343. F.

FONTPASTOUR , (Seigneurs de) IV. 457. B. Voyez la Rochefoucaud.

Fontpaftour, seigneurie, IX. 438. A.

Fontpertuis, seigneurie, V. 512. A.

FONTRAILLES, (Seigneurs de) II. 661.

Fontrailles, seigneurie, I. 373. C. II. 612. C. III. 363. E. IV. 23. A. 756. B. VII. 213. D. 270. C. 772. C. baronie, III. 361. B. IV. 135. C. V. 196. D. 744. C. VII. 271. E. 313. E. marquifat, III. 861. B. IV. 666. A.

Fontrouet, seigneurie , IV. 457. B.

la Fonts de S. Projet. II. 232. A.

Fonvens, seigneurie, II. 147. B. 193. B. 873. E. 874. A. IV. 180. B. 678. C. 821. C. VI. 110. A. 170. B. VII. 32. D. 33. A. 149. B. 798. B. 808. C. VIII. 406. C. 622. D. baronie , IV. 827. E. 828. A B C E.

Foras , seigneurie , VI. 429. B.

FORBIN DE JANSON , Touffaints , cardinal , évêque & comte de Beauvais, pair de France, II. 310. B. Idem , grand - aumônier de France , VIII. 293. B. Idem , commandeur du S. Efprit. IX. 144. A.

FORBIN, (Genealogie de) VIII. 294.

Forbin , II. 244. D E. 247. B. 250. E. 253. D. 298. D. 299. C. 310. C. III. 771. D. IV. 484. C. 501. B C. 502. A. 504. A. VII. 54. A. VIII. 294. A. de Bonneval, VIII. 300. B. Gardane , VIII. 300. C. IX. 86. A. Janson , I. 179. B. 181. E. 191. A. 232. D. Mainier , VIII. 301. A. 302. A. de Soulyers , III. 861. A.

la Forcade, seigneurie, II. 187. C.

Forcadel, VIII. 157. A.

Forcalquier , II. 40. A. 141. A B D. 242. B. V. 278. C. 281. A D E. 282. A C VII. 147. E. seigneurie , II. 243. B. comté , I. 227. A. 229. D. 230. B. 231. B. 232. B. 236. C. 393. A. 396. A. 397. E. 407. A. 409. E. 564. B C H. 240. A. 683. E. 684. A. III. 154. A. VIII. 425. D. IX. 380. B.

LA FORCE , duché - pairie, érigé en 1637. pour JACQUES-NOMPAR de Caumont , maréchal de France, IV. 463. Pieces concernant cette éréction , ibidem.

LA FORCE, (Ducs de) pairs de France, IV. 467. Voyez Caumont.

la Force , II. 667. E. 704. D. seigneurie , III. 411. B. 412. A. IV. 426. B. 471. D. V. 354. A. VIII. 594. A. duché , III. 646. D. IV. 120. B. 480. D. 900. A. pairie, VI. 283. C. VII. 305. D. 607. B.

Forceville, VII. 748. D.

Forcez, VII. 267. B. seigneurie, VII. 267. B.

Forcheville, VII. 823. B.

Forconniere, seigneurie , VIII. 158. D E. 159. A.

Forés, comté , V. 224. Voyez Forets & Foreft & Forez.

LA FOREST, Pierre, chancelier de France, VI. 330.

Forest, I. 527. D. IV. 60. C. 369. C. V. 22. F. VI. 277. A. 331. A. 443. D. 517. C. 730. A. VII. 24. E. 493. C. 529. B. VIII. 25. E. 81. A. 145. A. 147. A. 148. A. 149. A. 418. A. 426. C. 484. E. 492. C. 500. E. 889. B. IX. 154. C. seigneurie, III. 724. A. IV. 352. E. 368. A. 372. C. 374. B. 375. B. 878. C. V. 143. B. 572. C. VI. 52. C. 151. D. 551. C. 577. B. VII. 83. E. 488. B C. 509. A. VIII. 279. C.

N 2

363. B. 471. B.691. D.695. A. 903. A. batonie, II.60. B. VI. 117. D. VII. 506. C. vicomté, IV. 642. B. comté, III. 157. D. 198.
A. IV. 626. C. VIII. 52. B C. 55. E. 60. A.
909. C. marquifat, VIII. 60. A. *Auvray*, baronie, V. 143. B.*Bueillon*, feigneurie, VI.388.
D. *Clerambault*, feigneurie, III. 641. A. *de
Clermaftin*, VIII. 332. C. *des Halles*, feigneurie, V. 105. D. VIII. 942. B. *de Lamberas*,
feigneurie, II. 230. D. 232. D. *le Roy*, feigneurie, VIII. 746. C. 832. B.baronie, VI.
388. A. 675. A. VIII. 775. B. *fur Seure*, III.
637. B. VI. 283. A. *de Svory*, feigneurie, II.
384. B D. 385. A B C D. *de Telles*, feigneurie, II. 81. C. 82. B.83. A. feigneurie, VI. 674.
B. *Thomier*, feigneurie, IV. 641. C. *de fainte
Vierge*, feigneurie, V. 352. C. 453. C. *Voyez*
Forés, Forets & Forez.

Forefta, VIII. 295. E.298. A. 299. E. IX. 86.
A.
Foreftie, feigneurie, VII. 344.B.
Foreftier, III. 837.B. VI. 354. D. VII. 719.D.
IX. 484. C.
la Foreftiere, feigneurie, VIII. 749. B.
Foreftonniere, feigneurie, VIII. 251. B.
Foreftrée en Thierache, feigneurie, IV. 824. D.
V. 829. A.
la Foreftrie près Dinan, feigneurie, V. 410. G.
FORESTS, (*Comtes du*) fortis des dauphins de Vien-
nois, VI. 727. *Voyez* Beaujeu. (*Anciens com-
tes de*) VI. 736.
Forefts, feigneurie, VII. 427. B. 428. E. comté,
VI. 80. B. 83. C.85. A. 86. A. 109. D.227.
B. 317. D. 727. B. 736. B. *Voyez* Forés, fo-
reft & Forez.
Forets, marquifat, V. 649. A. *Voyez* ibidem.
Forez, comté, I. 139. D. 141. C. 298. B. 302.
B. 302. A D E. 303. D. 305. C. 311. C. 313.
B. 316. B., 317. B. 355. B. 426. A. 476. B.
II. 13. B. 20. D. 188. 2. B. 345. D. *Voyez*
Forés, Foreft & Forefts.
Forfar, comté, IX. 410.B.
la Forge, VI. 179. D. 567. D. 573. D. 719. B.
VIII. 86. B. 905. B. feigneurie, V. 19. A. *Fal-
con*, feigneurie, V. 584. B.
Forgemont, feigneurie, V. 140. D.
la Forgerie, feigneurie, VI. 438. B.
Forgerolles, marquifat, II. 435. A. IX. 397. A.
Forges, IX. 169. A. feigneurie, II. 377. B. IV.
363. A B. VI. 604. A. VII. 493. B. 699. D.
896. A. IX. 115. B. baronie, IX. 238. B.
FORGET, *Pierre*, genealogifte des ordres du Roi,
IX. 343. A.
Forget, IV. 717. C.V.490. E. VII. 509.D. VIII.
139. A. IX. 124. A.
S. Forgeul, feigneurie, IX. 120. B.
S. FORGEUX, (*Seigneurs de*) VII. 199. *Voyez* Al-
bon.
S. Forgeux, feigneurie, IV. 40. C. V.771. C. VII.
195. A. 445. B. 697. B. VIII. 325. C. 815.
D. marquifat, V. 771. C. VII. 201. D.
la Forgue. *Voyez* Eaux.
Forgues, VII. 287. C.
Formarville, feigneurie, I. 523. D. 524. A C.
525. A.
Formerie, VIII. 936. D. feigneurie, V. 12. B.
Formeries, feigneurie, VI. 456. D. baronie VI.
457. A.
Formes, VIII. 145. D. 146. A.
Formeville, II. 409. A. feigneurie, V. 125. B. 127.
A.
Formez, feigneurie, V. 748. A.
Formigere, feigneurie, VII. 709. E.

Forminiere, feigneurie, VII. 272. A.
Fornelos, I. 577. A C.
FORNETS, (*Seigneurs de*) III. 360. *Voyez* Foix.
Fornets, feigneurie, IV. 667. A. V. 181. A. 735.
A. 736. C.
Forniei, III. 494. D. VI. 485. C.
Forquieres, II. 370. B.
FORS, (*Seigneurs de*) VIII. 768. *Voyez* Chau-
mont.
Fors, I. 493. C. VII. 479. B. 592. A. feigneurie,
IV. 403. D. VII. 580. C. VIII. 763. B. 764.
D. 770. D. marquifat, IV. 375. D. VI. 220.
B. IX. 163. B. 420. E. *Voyez* Maboul.
Forfelieres, II. 444. C D E.
Fort, feigneurie. *Voyez* Bonretrait, baronie, III.
390. G.
du Fort, feigneurie, VIII. 892. C.
S. Fort, feigneurie, II. 665. C D. VII. 20. E.
Fortaner, VII. 278. D.
la Forte, IV. 745. E.
la Forte-Maifon, feigneurie, II. 424. D. 425. B.
431. A. VII. 583. E.
Fortel, feigneurie, I. 378. A.
la Fortelle, feigneurie, VIII. 779. A. IX. 271.
C.
Fortenay, IX. 362. B.
Forterelle, feigneurie, V. 265. C E. 266. C.
la Forterie, IV. 401. A. VI. 556. C. feigneurie,
III. 645. C. VI. 556. C.
Forteftuc de Salden, VII. 91. A.
Fortia, II. 297. C. VI. 561. A. VIII. 647. G.
805. B. 809. * B. 810. D. *Piles*, 441. A.
S. Fortiel, VII. 772. B.
Fortier, VIII. 805. A. 850. B.
Fortin, VI. 360. C. *de la Hoguette*, VII. 899. D.
la Fortiniere, feigneurie, VI. 564. D.
Forts, V. 150. A. feigneurie, II. 877. A.
Sainte-Fortunade, V. 359. B. feigneurie, VIII. 587.
C.
S. Fortunat, feigneurie, II. 198. E. baronie, III.
827. B.
Fos, feigneurie, II. 245. A. 250. B. 285. B. 293.
E. 294. C. V. 279. A. VII. 529. C. VIII. 304.
D. *en Agenois*, feigneurie, II. 354. A.
du Foffat, III. 853. C. V. 746. A. IX. 425. A.
la Foffe, VII. 386. C. VIII. 698. C. feigneurie,
I. 174. E. IV. 211. A. 753. A. V. 395. F. VII.
502. E. 555. B. 587. A. baronie, II. 336. C.
près Agen, baronie, V. 756. C. *en Artois*, feigneurie, I. 258. C. V. 641. B. 772. A B. *Aubert*,
feigneurie, VI. 481. A. *David*, feigneurie, VII.
529. E. *S. Germain de Preffac*, feigneurie, IV.
162. D. *Landry*, feigneurie, VII. 348. B. *Martin*, feigneurie, VI. 259. D. 260. A. *Voyez*
Nanteuil.
du Foffé, II. 618. B C. 705. D. IV. 443. A. VI.
358. A. feigneurie, VII. 28. C. VIII. 323. E.
549. A.
Foffegilet, feigneurie, VIII. 119. E.
Fofferet, feigneurie, VIII. 474. C.
Fofferies, VII. 215. B.
Foffeteau, feigneurie, III. 608. A.
Foffeufe, VI. 51. C.
FOSSEUX, (*Seigneurs & Marquis de*) III. 579.
Voyez Montmorency.
Foffeux, V. 80. E. VI. 113. A. 667. C. 719. C.
780. C. VIII. 274. C. feigneurie, II. 78. D. III.
574. D. IV. 403. A. 874. B. VI. 113. A. 338.
D. 341. A. 667. C. 708. C. VIII. 573. A.
baronie, IV. 402. C. VI. 795. C. VIII. 255.
B. 287. A. marquifat, IV. 793. C. VII. 652.
E.
Foffez, IV. 314. A. VI. 121. B. 155. C. 384. B.

VII. 30D. feigneurie, III. 909. A. V. 414. A.
851. C. IX. 168. A. *Everly*, IV. 293. B.

Foffigny, feigneurie, IX. 322. B.

DU Fou, *Jean*, grand-échanfon de France, VIII.
582. A. *Yves*, grand-veneur de France, VIII.
703. C.

du Fou, IV. 41. E. 43. B. 50. C. 425. A. VI. 748.
C. VII. 20. E. 172. B. 332. B. 508. D. VIII. 67.
E. 536. C. 588. C. 704. B. feigneurie, IV.
44. B. VII. 189. E. 238. A. vicomté, V. 382.
B. VII. 383. C. VIII. 360. D. 579. C. *du
Vigean*, I. 144. D. VI. 510. B. VII. 26. B.
27. A.

Fouart, II. 54. C.

Foucard, I. 508. A.

Foucart, feigneurie, VII. 473. B. VIII. 25. E. 26.
B C.

Foucaud, VI. 468. B.

FOUCAULT, *Louis*, comte du Daugnon, maréchal
de France, VII. 576.

FOUCAULT, (*Genealogie de la maifon de*) VII.
577.

Foucault, IV. 657. A. VII. 286. B. 577. B. 589.
A. VIII. 246. B. 692. C. 810. ** A. 811. A.

Foucaut, I. 115. E. V. 333. E. VIII. 809. * C.

les Foucaux, feigneurie, IX. 470. E.

la Fouchardiere, feigneurie, IX. 451. * C.

Fouchardrie, feigneurie, VIII. 84. A.

Fouché, feigneurie, VII. 23. A.

Foucher, II. 166. C. VII. 98. B. 367. E. VIII.
171. A. 706. A. 708. A. *de Circé*, II. 248. B.
de Favierieux, IV. 837. D.

Foucheraye, feigneurie, VII. 235. C.

Fouchereau, feigneurie, VI. 414. D.

Foucheres, feigneurie, VI. 572. B.

Foucherolles, feigneurie, II. 411. C. 412. A.
VIII. 54. A.

Fouchety, feigneurie, VII. 63. B.

Foucignes, VIII. 137. A.

Foucigny, VII. 37. D. VIII. 908. E. feigneurie,
II. 156. E. 157. B C. 158. B. 161. D. baronie,
II. 12. D. 201. E. III. 512. B. 513. E. 514.
C.

Foudras, IV. 864. B. 897. A. VII. 65. C. 199. E.
Contençon, VIII. 337. C.

Fougan, feigneurie, IV. 23. A.

Fougaffe, IX. 72. C.

Fougeard, IV. 862. D.

FOUGERAY, (*Seigneurs de*) V. 21. *Voyez* Sainte-
Maure.

Fougeray, feigneurie, V. 19. A B. 21. A. marquifat, VII. 503. E.

FOUGERE', (*Seigneurs de*) VIII. 487. *Voyez* FRO-
tier.

Fougeré, feigneurie, VI. 762. B. 764. B. VIII. 482.
B D. 487. A.

Fougeres, II. 456. E. 850. C. III. 52. E. 55. E.
V. 147. A. feigneurie, I. 269. B. 271. B. 272.
B. 273. B. III. 80. C. IV. 52. B. VI. 208. A.
502. D. 697. C. VII. 494. D. 505. D. 512. E.
513. A. 551. C. VIII. 254. B. 333. C. 568. E.
baronie, II. 406. C. IV. 77. A.

la Fougerolle, feigneurie, VIII. 693. D.

Fougerolles, VII. 495. B. feigneurie, III. 437. A.
874. C. IV. 684. A. VI. 734. A. VII. 35. C.
131. A. VIII. 320. B. 317. D. 817. B. *Voyez*
Feugetolles.

Fougeroux, feigneurie, VIII. 558. C.

Fougieres, VIII. 716. B.

Fouilbou, feigneurie, II. 665. A.

Foville, feigneurie, I. 327. A.

Fouilletourte, vicomté, VII. 504. B.

Fouilleufe, II. 85. D E. 127. B. VI. 282. B.

296. A. VII. 109. D. 573. C. 876. C. VIII.
369. E. 525. C. 852. B. IX. 466. D. feigneurie, II. 426. A. VI. 150. D. 323. C. *Flavacourt*, IV. 755. C.

Fouilloux, I. 251. C. V. 245. E. VII. 669. B. feigneurie, III. 649. B. IV. 450. A. V. 245. E.
VII. 224. E. VIII. 131. C.

FOUILLOY, (*Seigneurs de*) VII. 430. *Voyez* la
Grange.

Fouilloy, feigneurie, V. 846. A. VII. 424. C. 431.
A. VIII. 13. B. 615. D. vicomté, VII. 338. B.

Foulé, VII. 654. A.

Fouleys, feigneurie, V. 355. D.

Foullé, IX. 167. B. feigneurie, IV. 719. B. *de
Martangis*, IX. 167. B.

Foulletorte, marquifat, V. 766. B.

Foulon, VI. 198. D.

Foulques, II. 250. C.

le Foult, IX. 452. * D.

Fouquemberghe, comté, III. 910. A.

Fouquerolles, VIII. 275. D.

Fouques, archevêque de Reims, II. 1. A. chancelier de France, VI. 243. B.

Fouques, VI. 645. D. VII. 571. D. *de Mannetot*,
VII. 395. D. 571. B.

Fouquefolles, II. 439. B. V. 646. A. VII. 828.
C. VIII. 524. B. 888. B. 891. B. feigneurie, V.
827. A. 828. A. VII. 181. E. 557. A. 561.
B. marquifat, VII. 601. C.

FOUQUET, *Bafile*, chancelier des Ordres, IX. 306.
A. *Louis*, chancelier des Ordres, IX. 307. B.

Fouquet, I. 471. A. II. 233. B. III. 778. A IV.
35. D. 219. D. 226. B. 626. B. 877. B. V. 233.
D. 743. B. VI. 417. B. VII. 575. E. 597. C.
671. B. VIII. 192. C. 761. C. IX. 99. E. 169.
A. 431. B. *de Chalain*, II. 251. D. *de Croiffy*,
IX. 66. C. 88. B. *de la Varenne*, IV. 63. B.
IX. 128. A.

Fouquevilliers, feigneurie, VIII. 282. C. 283.
A.

du Four, IV. 321. B. VI. 358. D. VII. 409. A.
877. E. VIII. 21. B E. 902. B. feigneurie, VII.
421. B.

Fourateau, III. 644. A.

Fouratiere, feigneurie, III. 644. A.

Fourbin. *Voyez* Forbin.

Fourc, II. 178. B. 181. E. IX. 387. B.

Fourchaume, feigneurie, V. 24. E.

Fourchaut, feigneurie, VII. 197. B.

Fourché, IV. 226. B.

la Fourcherie, feigneurie, II. 451. A.

Fourcis, feigneurie, VII. 335. B.

Fourcy, IV. 625. C. VI. 546. D. 586. B. 606.
A. VII. 494. A. 714. D. VIII. 640. C. 809. *
D. IX. 335. A. feigneurie, VIII. 243. E.

Fourdrinoy, IX. 247. B.

Fouré de Dampierre, VI. 721. C.

Fourée, VI. 697. C.

la Foureliere, feigneurie, VII. 508. E.

Fourés de Carlincas, VII. 419. D.

Fouret, VI. 534. D.

Fourg, feigneurie, V. 669. A. 827. A. 828. A.

Fourille, marquifat, I. 472. A.

Fourlans, feigneurie, VIII. 324. C.

la Fourmandiere, feigneurie, VII. 398. B.

Fourmenteau, feigneurie, IX. 240. A.

Fourmentieres, feigneurie, III. 649. B. 650. C.

Fourmeries, feigneurie, III. 621. A.

Fourmigny, feigneurie, VI. 376. A.

la Fournaife, feigneurie, V. 149. F.

FOURNEAUX, (*Seigneurs des*) VI. 425. *Voyez* Fumée. (*Autres Seigneurs des*) VI. 643. *Voyez*
du Merle.

Fourneaux, I. 441. A. seigneurie, IV. 458. B.
VI 425. D. 643. B E. baronie, V. 149. A.
Fournels, seigneurie, III. 825. A.
Fournemiere seigneurie, VII. 578. C.
Fournes, seigneurie, V. 836. C.
Fournet, seigneurie, IV. 875. A. V. 147. B. VII.
48. C. 178. A. 394. B.
Fournets, marquisat, III. 364. D. Voyez Fornets.
Fournicourt, seigneurie, VIII. 697. E.
Fournier, II. 584. D. 616. B D. 617. A. V. 425.
D. VI. 290. C 350. A. 521. D. 665. A. sei-
gneurie, VIII. 170. B. 802. D. 807. E. baronie,
VI. 446. B.
Fournillon, VIII. 26. C.
Fournival, seigneurie, VII. 85. D. 88. A.
Fournoux, seigneurie, IV. 547. E.
Fourny, VII. 429. A.
du Fourny, seigneurie, VI. 194. A.
Fouronne, seigneurie, VI. 151. B. IX. 451. *D.
Fourques, seigneurie, VII. 767. B.
Fourquevaux, seigneurie, V. 193. E.
Fourqueux, seigneurie, VI. 565. D. VII. 112. D.
Fourré de Dampierre, IV. 891. B. VII. 580. C.
589. B. Voyez Fourré.
Fourrerye, seigneurie, VI. 470. B.
Fourtier, VII. 59. C.
Fours, VII. 420. B. VIII. 823. B. 886. C. seigneurie,
II. 663. C. VIII. 562. C. 887. E. 946. D.
Voyez Fors.
Fousilhous, VII. 483. A.
Foullac, seigneurie, II. 233. D. VIII. 481. C.
Foussereau, seigneurie, II. 122. E. 123. A.
Fouvens, seigneurie, I. 362. D. VI. 657. B. Voyez
Fonvens.
Foux, seigneurie, VIII. 719. C.
Fouxelles, VIII. 561. A.
Foy, seigneurie, VII. 478. E.
Sainte-Foy, seigneurie, II. 136. C. IV. 565. D.
VI. 523. B. VII. 241. E. 443. C.
Foyal, IV. 731. C.
Foyet, seigneurie, VII. 514. B.
Fozet, seigneurie, VII. 770. B.
Fracmans, seigneurie, VII. 844. B.
Fradet, VIII. 816. C.
Fraga, seigneurie, I. 588. C.
la Fragerie, seigneurie, IV. 576. C.
Fragilieu, seigneurie, II. 80. C. 81. C D. 82. B.
83. A.
Fraguier, I. 525. A. IV. 409. C. 639. B. VI. 119.
D. VII. 637. C.
Fraische, VII. 537. C. IX. 460. C. de S. Genin,
VII. 537. D.
Fraigne, VIII. 816. C.
Fraile, seigneurie, IV. 787. C.
la Fraisse, VIII. 589. C. seigneurie, VIII. 165. C.
248. B D. en Chalosse, seigneurie, III. 392. A.
Fraissinet, seigneurie, IV. 136. C. VII. 314. E.
baronie, III. 827. B.
Fraissonnet, seigneurie, VII. 61. C.
Framainville, seigneurie, IV. 639. A.
Framberge, VI. 438. B.
Frameche, VII. 699. C.
Framecourt, VII. 556. E.
Framericourt, seigneurie, VIII. 645. C.
Framerville, VI. 288. C.
Framezelles, VII. 182. B. seigneurie, VIII. 833.
B. VIII. 641. B.
Franchieu. Voyez Pasquier.
Franay, IV. 839. B. 850. A.
Franc, IV. 444. B. VII. 291. D. 834. A. VIII.
173. C. 568. C.
Francastel, seigneurie, IV. 217. C. VIII. 258. D.
Francavilla, duché, I. 305. D. principauté, IX.
393. A.

FRANCE, Henry, archevêque de Reims, II. 3. B.
Gaston, duc d'Orleans, chevalier du S. Esprit, IX.
134. Philippes, duc d'Orleans chevalier du S. Esprit, IX. 184. Louis, dauphin, chevalier du S. Esprit, IX. 212. Louis, duc de Bourgogne, chevalier du S. Esprit, IX. 246. A. Charles, duc de
Berry, chevalier du S. Esprit, IX. 248. B. Philippes,
duc d'Anjou, puis roy d'Espagne, chevalier du
S. Esprit, IX. 246. Louis I. du nom, prince des
Asturies, puis Roy d'Espagne, chevalier du S. Esprit. IX. 260. Ferdinand, prince des Asturies,
chevalier du S. Esprit, IX. 288. B. Charles, infant d'Espagne, chevalier du S. Esprit IX. 289. A.
France, I. 80. A. 103. A. 105. A. 181. A. 183. A.
188. A. 206. C. 208. B. 234. B. 241. E. 243.
C. 246. A. 273. D. 276. B. 286. A. 299. C.
304. A. 317. B. 358. B. 381. A. 385. C.
387. A. 390. A. 393. A. 397. B. 400. D. 402.
E. 406. A. 409. B. 413. B. 423. A. 448. A. 450.
A. 453. C. 455. A. 461. A. 466. A. 477. A.
480. A. 528. A. 531. A. 573. A. 544. C D.
545. B. 547. A. 548. B D. 550. A. 581. D.
604. A. II. 23. A D. 27. C. 27. E. 150. B. 205.
A. 218. B. 338. A. 389. E. 404. C. 465. D.
469. A. 471. D. 501. B. 513. A. 514. D. 521.
C. 590. C. 636. D. 683. B. 714. E. 715. D E.
724. D. 726. D. 735. B. 738. D. 746. D. 753.
D. 755. E. 772. D. 784. D. 785. E. 791. E.
794. B. 795. A. 797. D. 798. A. 836. A D.
839. B. 841. C. 844. A E. 845. B C E. 847.
A B. 849. C. 867. B. III. 161. D. 295. C. 310.
C. 349. D. 351. A. 375. C. 451. A. 485. B.
486. B. 493. D. 513. B. 569. D. 604. C. 658.
A. 724. C. 858. A. IV. 55. D. 165. B. 450.
D. 541. A. 601. A. V. 137. F. 507. B. 512. D E
574. E. VI. 24. D. 26. D. 31. B. 45. D. 46. B.
73. D. 93. A. 94. A. 95. C. 96. C. 97. D. 104.
A. 106. C. 132. A. 139. D. 141. D. 162. B.
163. D. 215. B. 249. D. 650. D. 726. C.
VII. 74. B. 106. A. 122. B. 737. B. 763. E. 781.
E. VIII. 56. E. 57. A B. 59. D. 272. A. 401. A
B. 567. A. IX. 465. A. duché & marquisat,
III. 122. C. Royaume, III. 196. E. 302. D.
317. C. 665. D. 795. B. 840. A. IV. 531. B.
819. C. V. 216. B C. VI. 8. B. 31. B. 45.
D. 104. A. 106. C. 216. C. VIII. 417. A.
Anjou, IX. 376. A. Batard, IV. 533. A. Dau-
phin, IX. 376. A.
Francescas, seigneurie, VII. 456. D.
Franchelins, VIII. 333. C. IX. 477. D. seigneu-
rie, VII. 443. B. 647. A.
Franche-Montagne, seigneurie, II. 212. A.
Franchet, V. 399. B C. VII. 527. B.
Francheville, seigneurie, IV. 804. C.
S. Franchy, seigneurie, II. 871. D.
Francia, V. 522. E.
Franciere, VI. 548. A.
FRANCIERES (Seigneurs de) IV. 846. Voyez Choiseul.
Francieres, V. 91. B. VII. 585. seigneurie, II. 128.
E. IV. 839. A. 848. D. VI. 548. D. VII. 563.
D. 564. A. 748. D. VIII. 851. C. marquisat,
VII. 622. C.
Francine, Voyez Francini.
Francini, VI. 150. A. 430. B. VII. 344. C. VIII.
810. ** D. 811. E.
Francmanoir, seigneurie, VII. 363. A 369. A.
Franco, IV. 497. C.
François, VI. 536. A 643. E. VII. 786. B.
S. François, VII. 587. B.
Francon, chancelier de France, VI. 240. B. autre
du même nom, chancelier de France, VI. 246. B.
Françon, seigneurie, VIII. 476. B.

Franconie

Franconie, comté, I. 30. A. duché, I. 47. B.

FRANCONVILLE, *Robert*, maître veneur du Roy, VIII. 689. A.

FRANCONVILLE (*Seigneurs de*) VIII. 525. *Voyez* Soyecourt.

Franconville, seigneurie, II. 87. B. VI. 266. B. VII. 438. C. VIII. 172. B. 525. A. marquisat, VII. 474. E. IX. 282. A. *aux Bois*, seigneurie, VII. 14. A.

Francoso, duché, I. 602. D.

Francourt, seigneurie, IV. 403. B. 405. B. VI. 389. A. 582. A. VIII. 621. B.

Francourville, seigneurie, II. 122. E. 123. E.

les Francs, seigneurie, VII. 254. B. baronie, IX. 236. A.

Francvillers, seigneurie, VIII. 656. D.

Frangey, seigneurie, VII. 643. C.

Frangi-Pani, VII. 207. C.

Frankemberg, seigneurie, IV. 333. C.

FRANQUETOT DE COIGNY, *François*, chevalier du S. Esprit, IX. 276. B.

Franquetot, III. 582. C. V. 388. D. VIII. 869. ** E. 811. B. IX. 309. B. *de Coigny*, V. 145. C.

Franqueville, seigneurie, III. 613. A. V. 147. A. 149. F. 155. B D. VI. 355. C. 358. B. VII. 472. D. 565. D. 811. E. IX. 423. B. principauté, IV. 498. C. *Voyez* Francavilla.

Franquevilletté, seigneurie, IX. 423. B.

Franson, seigneurie, VII. 560. C.

Fransou, seigneurie, V. 829. C. 830. B. 831. A B.

Fransquin, III. 734. D.

Fransu, seigneurie, VII. 753. C. VIII. 9. A.

Fransures, seigneurie, VI. 795. C.

Franvillers, seigneurie, VIII. 522. B.

Franvillier, seigneurie, VIII. 746. B.

Franvilliers, seigneurie, VII. 741. B.

Frasne, seigneurie, V. 93. C. VII. 35. D.

la Frasse, II. 164. A.

Frassent, V. 93. C.

Frastrisart, VIII. 84. B.

Fraucourt, seigneurie, VI. 440. D. 466. C. VIII. 775. A. 777. CDE. baronie, VIII. 779. D.

Franville, seigneurie, I. 438. C. 499. A. 501. A D. 502. D. 503. B. *le Petit*, seigneurie, I. 506. A

Fraxines, seigneurie, IX. 425. C.

Frazé, seigneurie, IV. 616. B. VIII. 160. A.

Frazin, seigneurie, VI. 486. C. 487. C.

Freauville, seigneurie, VIII. 615. D. baronie, VIII. 779. D.

Frechines, seigneurie, II. 87. C.

Fredeault. *Voyez* Solages.

Fredefonds, seigneurie, III. 631. A. IV. 539. A.

Frederic, sénéchal de France, VI. 29. B.

la Frediere, seigneurie, IX. 461. C.

Frediéres, seigneurie, VII. 581. A.

Fredol, VII. 784. E. 786. A.

Frefossé, VIII. 25. D. *le Falieul*, VIII. 25. B.

S. Fregal, seigneurie, III. 820. B.

la Fregerie, baronie, V. 611. C.

Fregose, IV. 491. D. 508. C. VIII. 306. E.

Fregonville, seigneurie, IX. 416. A.

Frejeville, baronie, IVI. 24. A.

Freira d'Andrada, I. 655. B. 700. A.

Freire, I. 688. E.

Freiseignes, marquisat, V. 649. A.

la Frelandiere, seigneurie, IV. 576. C. VI. 537. C.

Frellay, seigneurie, VI. 196. D.

la Freloustiere, seigneurie, V. 385. C.

FREMANVILLE (*Seigneurs de*) IV. 841. *Voyez* Choiseul.

Fremanville, seigneurie, IV. 840.

Tome IX.

Fremault, IV. 807. E.

Fremedorf, seigneurie, III. 796. D.

Frementeau, seigneurie, VII. 499. E. 504. D.

Faemerville, seigneurie, II. 409. D. III. 620. A

Fremessen, seigneurie, V. 645. B. 646. B.

FREMESTROF (*Seigneurs de*)IV. 841. *Voyez* Choiseul.

Fremicourt, seigneurie, I. 53. B. III. 594. A.

Fremin, III. 171. E. VI. 599. C. seigneurie, IV. 412. C.

S. Fremin, seigneurie, IV. 412. C.

Fremont, IV. 411. D. 481. D. V. 640. A. VI. 517. A. VIII. 821. C. IX. 462. B.

Fremyn, V. 289. D. *de Moras*, ibid.

Frenay, I. 440. B. II. 164. B.

la Frenelle, seigneurie, VIII. 889. A.

Frenelles, seigneurie, VI. 682. B. VII. 567. B.

Frenes, seigneurie, II. 405. A.

Freneuch, seigneurie, VI. 107. A.

Freneville, seigneurie, VI. 545. C.

Freneuse, seigneurie, VIII. 812. C.

Frenoe, vicomté, V. 238. B.

Frenouville, seigneurie, V. 155. D.

Frenoy, seigneurie, I. 501. B D.

Frentz, seigneurie, III. 596. C. 609. E. baronie, III. 610. D.

Frepier, VI. 387. D.

Frere, VI. 531. A. *de Hourdot*, III. 391. D.

Frerot, V. 621. A C.

Fresche, seigneurie, V. 417. E.

Freschet, seigneurie, II. 659. E.

Freschines, seigneurie, IV. 640. D. 764. B.

Fresin, seigneurie, I. 265. C. VII. 173. A.

Fresnau, V. 764. D.

Fresnaux, seigneurie, VI. 285. B.

Fresnay, IV. 83. B. VII. 508. C. VIII. 159. A. seigneurie, II. 121. B C. 503. A. III. 197. D. V. 144. E. 151. D. 155. F. 583. C. 584. B. VI. 137. A. 764. A. VII. 222. A. 232. B. VIII. 235. E. 236. B. vicomté V. 582. C. *la Mere*, seigneurie, V. 146. A. 147. F. 156. A. *le Puceur*, V. 151. B. *le Samson*, seigneurie, III. 644. C D. 645. B C.

la Fresnaye, IV. 834. C. seigneurie, III. 616. A. 634. C. V. 143. D. 764. D. VI. 182. B. VII. 234. B. 506. D. VIII. 812. C.

Fresne, I. 484. D. VI. 418. B. VII. 435. E. VIII. 810. ** C. 811. D. seigneurie, I. 362. B. II. 453. C. III. 367. C. 564. C. 717. B. 919. B. VI. 545. A. 564. D. VII. 19. D. 513. D. 668. D. VIII. 191. B. 658. C. 725. E. 726. A. IX. 59. A. baronie, I. 440. D. 441. C D. 444. A. *du Cango*, III. 845. A. *le Chastel*, seigneurie, VII. 643. E. *lez-Condé*, seigneurie, VIII. 631. A.

Fresneau, VII. 227. A. 512. C. 516. E. IX. 73. A. seigneurie, II. 61. D. 64. E. IV. 728. C.

FRESNEL, *Pierre*, évêque & comte de Noyon, pair de France, II. 413. B.

Fresnel, II. 411. B. seigneurie, II. 485. D. VI. 674. B.

Fresnes, VIII. 842. E. seigneurie, II. 411. C. IV. 596. B. 876. C. V. 150. E. VI. 41. B. 437. C. 466. B. 662. A. 665. A. 666. D. VIII. 81. B. 946. B. IX. 91. A. baronie, VIII. 39. C. *l'Aiguillon*, VI. 662. A. *Galesin*, seigneurie, I. 263. C.

Fresneus-l'Aubry, seigneurie, VIII. 136. A.

Fresnieres, seigneurie, IV. 410. C. 841. C. VI. 512. B.

FRESNOY, (*Seigneurs de*) IV. 836. *Voyez* Choiseul. (*Autres seigneurs de*) VI. 710. *Voyez* Moreuil.

O 2

Fresnoy , II. 2 6 8. E. VI. 540. B. VII. 715. A. 757.
B. VIII. 265. E. seigneurie , III. 613. C. 905.
D. IV. 831. B. 847. A C. 848. B. V. 89. C.
93. E. 831. B C. VI. 99. A. 173. D. 468. B.
720. D. 745. B. VII. 892. C. VIII. 77. B. 736.
C. vicomté , VII 671. C. marquisat , IX. 342.
B. les Cloyes , seigneurie , IV. 733. E. 734. B.
Frespects , baronie , III. 642. B.
Fresquenc , seigneurie , VI. 356. B,
Fresse , seigneurie , VI. 334. B.
Fressen , seigneurie , IV. 284. B.
Fressencourt , seigneurie , VIII. 281. A.
Fresseneville , seigneurie , VII. 564. B.
Fressenveil , seigneurie , V. 237. C.
Fresslin , seigneurie , II. 775. A. IV. 530. A. VI.
704. A. 705. C. 720. B. 777. D. VII. 554
C. 755. A
Fresslineau , seigneurie , VIII. 902. D.
Fressines , seigneurie , VI. 124. A. 665. A.
Fressinet , I. 371. A. seigneurie , VII. 337. D.
Fressonet , seigneurie , VIII. 816. B.
Fressly , seigneurie , VI. 54. A. IX. 450. * B.
Frestemeules , seigneurie , VIII. 641. B.
Frestweiller , seigneurie , VIII. 533. A.
Frelville , seigneurie , VIII. 663. B.
Fresvinieres , seigneurie , VII. 595. A.
Fretard , V. 606. B. 607. A.
Fretart , II. 449. D. IV. 363. D. 366. B. 368.
B C. 729. C. VII. 175. B.
Fretat , V. 106. B.
Fretay , seigneurie , V. 151. C. VIII. 807. G. 808.
A.
Fretechise , seigneurie , V. 666. D E. 672. A.
Fretel , I. 502. A. VI. 385. D. VII. 856. B. VIII.
275. A. 632. E.
Fretemeule , seigneurie , V. 846. C. 847. A B.
Freteval , I. 213. A. VIII. 606. A. 724. A. sei-
gneurie , III. 314. D.
Freteville , seigneurie , VI. 744. C.
Fretigny , seigneurie , VIII. 101. B.
Fretin , VII. 825. B.
Fretoy , seigneurie , III. 916. A. IV. 290. E. 828.
C. VI. 174. C. VII. 112. B. marquisat , VI.
533. A.
la Frette , seigneurie , VIII. 906. C. IX. 116. B.
Frettecuisse , seigneurie , VIII. 857. A.
Frettemaille , seigneurie VI. 177. B.
Frettes , seigneurie , VIII. 501. C.
Freville , seigneurie VII. 556. C. VIII. 16. B. ba-
ronie , VI. 774. B.
Frevilliers , seigneurie , VI. 386. A.
Preuleville , seigneurie , VIII. 95. B C D.
Frezeau , III. 586. B. VI. 431. D. VII. 504.
C.
Frezel , VI. 192. A.
la Frezeliere , marquisat , III. 586. B. VI. 431.
D. VIII. 504. C
Frezon , VII. 637. B.
Frezin , comté , I. 257. A. VIII. 43. C D.
Friaizes , seigneurie , IV. 728. A. 729. A D.
Friancourt , seigneurie , V. 621. B.
Frias , duché , I. 393. D. 620. A. 629. A. V. 525.
C. 530. B.
la Pribodiere , seigneurie , III. 640. C.
Fribois , I. 117. A. VI. 643. C. VII. 570. B.
878. A.
Fribourg , comté , VII. 35. A. VIII. 422. D. en
Suisse , seigneurie , I. 89. A.
Fricamps , VI. 56. A.
des Friches , VI. 570. B. VII. 63. B. VIII. 889. A.
seigneurie , IV. 730. B.
Fricourt , seigneurie , III. 909. E. IV. 674. B.
VIII. 279. C.

Fridegise ou Fridugise , chancelier de France
VI. 242. A.
Friencourt , seigneurie , VI. 664. B. 717. D. 745.
A. 788. B. VIII. 281. A. 629. D E. 630.
B.
Frinczen , seigneurie , III. 906. D.
Frinicourt , VIII. 615. C.
Frioul , marquisat , II. 840. C. III. 199. A. du-
ché . I. 28. B. 58. B.
S. Frique , marquisat , IX. 76. C.
Friqueville , seigneurie VII. 472. B.
Frise , seigneurie , I. 240. D. 242. E. 245. D. 246.
E. 491. C. II. 783. A E. 784. B.
Frisenheim , VIII. 777. B.
Frisons ,) Ducs des) I. 22. D. 23. B.
Frize , seigneurie , VII. 338. B. 564. D.
Frocourt , seigneurie , IV. 670. B.
la Frogerie , seigneurie , VII. 80. A.
FROHANS , (Seigneurs de) VI. 801. Voyez Cre-
quy.
Frohans , seigneurie , VI. 801. B. VII. 565. A.
VIII. 83. D. 275. A B. baronie , VI. 802. A.
IX. 428. B.
Froides-Fontaines , seigneurie , V. 424. D.
Frois , seigneurie , II. 860. C.
Froissy , seigneurie , VIII. 858. C.
Frolaz , VII. 760. C.
Frolois , II. 42. A. 162. C. 344. C. IV. 29. B.
VI. 63. C. 733. B. VII. 802. A. VIII. 53. B.
427. B. seigneurie , VI. 415. C. VII. 53. A.
VIII. 349. D. baronie , VI. 419. B. 509. D.
VIII. 896. C.
Froment , V. 364. D E. VI. 568. C. VIII. 243.
E. de la Gorse , VII. 335. B.
Fromentac , baronie , IV. 686 B.
Fromental , seigneurie , VII. 848. A. VIII. 245.
B. baronie , VIII. 246. A.
Fromenteau , seigneurie , VII. 504. A. Voyez Bo-
thoulat.
Fromentel , seigneurie , II. 303. A. VIII. 697.
C.
Fromentes , seigneurie , VII. 148. A. 150. A. 811.
B. baronie , VII. 447. A.
Fromentieres , VI. 422. A. VII. 514. C. seigneu-
rie , VII. 389. A.
Fromenton , II. 255. B.
Fromericourt , seigneurie , V. 88. F.
Fromes , seigneurie , III. 594. A.
Fromesta , seigneurie , IX. 378. A.
Fromigeres , seigneurie , VII. 789. C.
Fromont , seigneurie , I. 258. E. 263. A B. 265.
C. 266. A. V. 641. B. VI. 113. A. IX. 324.
E.
Frondebeuf , IV. 373. C.
FRONSAC , duché - pairie , érigé en 1608. pour
FRANÇOIS d'Orleans , comte de S. Paul , IV. 230.
Pieces concernant cette érection , ibidem. Nou-
velle érection en 1634. pour ARMAND - JEAN
du Plessis , cardinal de Richelieu , IV. 383.
Fronsac , III. 388. C. IV. 422. E. VIII. 864. D.
seigneurie , VI. 208. D. VII. 23. E. 95. D. 962
B. 203. D. vicomté , III. 126. A. 379. B. IV.
169. A C. 536. A. VIII. 172. D. marquisat , I.
220. D E. II. 234. E. IV. 471. B. VII. 193.
C. duché . I. 220. C D. 339. D. IV. 471. B.
VII. 227. A. 517. A. pairie , IV. 369. A. 373.
C. 376. B. VII. 908. A. 936. B.
Fronsignac , seigneurie , VIII. 903. B.
Frontebosc , seigneurie , VII. 472. D.
Frontenac , seigneurie , VIII. 476. C. IX. 251.
A. marquisat , VII. 476. D.
FRONTENAY , duché - pairie , érigé en 1626. pour
BENJAMIN de Rohan , V. 856.

FRONTENAY , (Seigneurs de) IV. 71. Voyez Rohan.
Frontenay, seigneurie , IV. 58. C. 66. A. 69. A. VI. 215. C. 479. C. duché-pairie , IV. 72. C. sur Doulx , seigneurie , VII. 809. A. lez-Sagey , seigneurie , VII. 250. A.
Frontignan, seigneurie , II. 663. C. IV. 304. A. 305. B. 309. B C.
S. Frontin, seigneurie , II. 174. D.
FROTIER , Pierre , grand-maître de l'écurie de France , VIII. 479. C.
FROTIER , (Genealogie de) VIII. 480.
Froter, III. 92. A. IV. 452. E. 679. B. 714. E. VI. 597. A. VII. 127. A. 512. B. 618. B. VIII. 480. C. de la Coste , IX. 241. A.
Frouaille , VI. 446. B.
Frouart, I. 498. B. II. 55. B. 60. E.
FROULAY , René , marechal de France , VII. 667. Idem , general des Galeres , VII. 939. B. Charles , chevalier du S. Esprit, IX. 198. C. René , chevalier du S. Esprit, IX. 242. A. René-Mans , chevalier du S. Esprit, IX. 287. B.
FROULAY , (Genealogie de) VII. 668. (Comtes de) VII. 672.
Froulay, I. 233. B. VIII. 761. A. IX. 99. C. 178. B. 231. B. 319. D. seigneurie , VII. 387. A. 668. C. comté VIII 761. B. de Tessé , IX. 100. A.
Froulois, seigneurie , VII. 247. B. Voyez Frolois.
Froumentieres , IV. 746. B. Voyez Fromentieres.
Frouville , VII. 472. D. seigneurie , VIII. 789. B. 792. C.
Frozay , seigneurie , VII. 619. C.
Frubert, VII. 475. B.
Frucourt, seigneurie , VI. 796. A. en Ponthieu , seigneurie , V. 89. A.
Fruges, vicomté , VI. 175. C.
Fruquignono , VI. 498. A.
Fudre , VI. 458. B.
Fuentaiduenna , comté , II. 353. B.
Fuentelsol, seigneurie , VII. 818. E.
Fuentes , comté , I. 327. D. Voyez Fontes.
Fuesomara , seigneurie , I. 686. A.
Fullaire , VII. 360. D.
Fultad , abbé de S. Denis , I. 25. E. 26. D. chapelain du Roi, VIII. 214. A.
Fulcin , seigneurie , III. 824. D.
Fultot , seigneurie , VIII. 19. C. 24. D. 25. A B C D.
Fulvy , seigneurie , VIII. 915. A.
Fumay , souveraineté , I. 257. D.
Fumechon , VIII. 725. B. seigneurie, II. 128. E. 129. A C V. 160. E. VI. 740. A. VIII. 103. B. 108. D. 812. A. 812. C. comté , IV. 891. D.
FUMÉE , Nicolas , évêque & comte de Beauvais, pair de France , II. 303. E. Adam , seigneur des Roches , chancelier de France , VI. 420. A.
FUMÉE , (Genealogie de) VI. 420.
Fumée, II. 304. A. 377. B D. III. 771. C. IV. 458. D. V. 768. C. VI. 420. D. 597. A. IX. 438. B.
Fumeier , seigneurie , II. 28. B.
Fumel , II. 170. B. 707. B. III. 364. D. V. 19. F. 180. F. VII. 209. E. 210. B. 351. A. 698. D. VIII. 390. D. seigneurie, V. 355. F. VII. 95. C. 698. D. baronie , IV. 480. B. V. 356. A. VII. 210. B. VIII. 147. C. vicomté , IV. 19. A. de Montsegur , V. 750. D.
Fundi, comté , VI. 164. A.
Funes de Villalpande Ariano Sans de Latras, V. 843. E.

Furgon , VII. 722. C.
Furnes, VI. 167. seigneurie, V. B. 837. E. 839. D. 841. B. vicomté , II. 209. C. III. 907. B. V. 230. A. 653. B. 655. D. VIII. 41. A.
FURSTEMBERG , Guillaume-Egon , cardinal , commandeur du S. Esprit , IX. 245. A.
Furstemberg , IX. 41. D. 229. B. 312. A. 325. C. comté , V. 642. A. VIII. 352. A. principauté , III. 541. C. IV. 499. C. IX. 279. A.
Fusée , VI. 468. B.
Fustemberg , III. 842. D.
Fussey, IV. 845. A. VII. 648. D. VIII. 716. B.
S. Fussien, VI. 409. D.
Fussigny, seigneurie , VI. 384. A.
Fustier, II. 255. C.
Futardo , I. 692. C.
Fuzée, VI. 518. D.
Fuzelier , IV. 750. A. VIII. 945. B.
Fyot , VII. 804. E.

G

G . . . . évêque de Laon, II. 102. B.
Gabarin , II. 454. C.
Gabaston , VII. 606. E. de Bastilen , IV. 141. B. VII. 323. A.
la Gabetiere , seigneurie , IV. 804. A. vicomté, V. 928. B. IX. 76. C.
Gabian , V. 103. E.
la Gabiliere , seigneurie , VII. 618. C.
GABILLON , (Seigneurs de) VII. 346. Voyez Hautefort.
Gabillon , seigneurie , VII. 341. A. 346. B.
Gabriac, VII. 790. A. seigneurie , IV. 439. E. VII. 488. B. 791. A.
Gabriau , V. 23. A. de Riparfont , II. 454. D.
Gabriel de Sainte-Marie. Voyez Gifford.
GACE , (Comtes de) V. 392. & suiv. Voyez Goyon.
Gacé , seigneurie , II. 477. E. 478. A. baronie ; I. 327. A. comté , V. 387. B C. 388. A. 391. A. 392. C. VII. 652. D. 680. C.
Gacei, seigneurie , VI. 641. D.
de la Gache. Voyez Gregoire.
Gaches, seigneurie , IX. 438. E.
Gachet , VIII. 588. B.
les Gachetieres , seigneurie , IV. 707. C. 708. B. 709. A.
GADAGNE , Guillaume, chevalier du S. Esprit, IX. 120. B.
Gadagne, II. 251. C. V. 263. B. 266. E. VII. 158. D. 199. E. VIII. 920. D. 947. B. IX. 126. A. seigneurie , IX. 471. B.
Gadancourt , seigneurie , VI. 294. C. 295. A.
Gadea de Prades d'Empurias, marquisat , III. 354. E.
la Gadeliere , seigneurie , III. 648. C. VI. 643. D.
Gademoulins , seigneurie , V. 358. A. VIII. 794. D.
Gadencourt, seigneurie , I. 203. D.
Gael , seigneurie , V. 141. E. VII. 74. B.
Gaëbeque , seigneurie , II. 166. D.
Gaesbeck, seigneurie , I. 267. C. 268. A D. II. 753. C. 754. A C. 790. D E. III. 736. B. V. 226. B. 237. B. 655. D. 856. A. VI. 262. VII. 33. E. 74. B.
Gaesbecq , VIII. 659. A.
Gages , seigneurie , III. 288. 2. A.
Gagnac , seigneurie , III. 825. E.
la Gagnerie , seigneurie , VI. 389. A.
Gagny , seigneurie , VIII. 562. A.

Gaignieres, IX. 451. * A.

Gaignon, II. 250. E. 431. C. 440. A. IV. 703. B.
V. 610. D.

GAIGNONVILLE, (Seigneurs de) VIII. 273. Voyez
Brezé.

Gaignonville, seigneurie, VIII. 273. & suiv.

Gail, seigneurie, VII. 73. C.

Gaillard, I. 211. D. II. 441. B. III. 495. D.
614. C. IV. 286. C. 412. C. 576. C. 730. E.
876. B. V. 13. D. 93. C. VI. 484. C. 491. C.
509. A. VII. 63. A. 562. C. VIII. 182. A. 307.
A E. 661. B. 704. D. 753. D. 776. B. 943. B.
de Longiumeau, V. 232. B. VI. 721. A. 796. C.
VII. 370. A. 553. B. 557. A. VIII. 852. A.

Gaillard-Bois, VIII. 464. B. seigneurie, III. 643.
C. VII. 856. B. VIII. 646. A.

la Gaillardiere, seigneurie, IV. 321. A.

GAILLART, Michel, capitaine & grand patron
des Gallées de France, VII. 922. D.

Gaillefontaine, seigneurie, VI. 312. C. 604. A.
baronie, VIII. 184. A.

Gaillon, IV. 321. A. 714. D. V. 148. C. VI. 282.
A. VIII. 90. B. 258. B.

Gaillonel, VIII. 686. C.

Gaillonet, seigneurie, VII. 255. B.

Gaing, V. 359. A. VII. 445. C.

Gainville, seigneurie, III. 839. D.

Gal, seigneurie, VIII. 102. A.

S. Gal, seigneurie, IV. 787. B.

Galan, VIII. 536. B.

Galand, IX. 468. E.

Galande, seigneurie, VIII. 807. C.

la Galanthée, I. 258. D.

Galapian, seigneurie, V. 343. F.

Galard, II. 360. A. 361. C. IV. 482. A. VIII.
164. E. de Bearn, IV. 443. A. 567. D. Voyez
Gallard & Gouallard.

Galargues, seigneurie, II. 38. B. C. 39. C D E.
le Moyeux, seigneurie, IX. 381. A.

GALART, Pierre, maître des arbalestriers du roy,
VIII. 3. D.

Galart, VIII. 4. C D.

Galatra, principauté, IX. 210. C.

Galceran de Pinos, VII. 765. C.

Galean, II. 289. E. 290. B E.

Galeans, IX. 471. B.

Galera, seigneurie, V. 524. A.

Galerande, seigneurie, II. 77. B. VIII. 92. A.

Galere, comté, IX. 209. B.

GALERES (Histoire genealogique & chronologique
des generaux des) VII. 921.

Galias, seigneurie, VII. 287. C.

Galice, comté, I. 538. B. VIII. 411. C. royaume, I. 574. B. 576. C. 580. A. VI. 134. A.
VII. 763. A.

Galichon, VI. 471. B.

Galigny, seigneurie, II. 344. D.

GALILÉE (Princes de) issus des Rois de Chy-
pres, II. 601.

Galilée, principauté, I. 298. E. 299. A. 413. A.
II. 597. C E. 598. A. 693. E.

Galinar de Malleville, seigneurie, V. 772. A.

Galinerits, seigneurie, VII. 449. D.

Galiot, III. 388. B.

Galiote de Losange de S. Alvaire, VI. 504. B.

Galisteo, duché, I. 295. E.

la Gallaisierre, seigneurie, IV. 403. B.

Galland, IX. 168. B.

Gallara, comté, VII. 339. C.

GALLARD DE BEARN, Jean chevalier du S. Esprit,
IX. 166. C.

Gallard, II. 385. B. IV. 535. B. 767. A. 768.
D. VI. 320. D. de Bearn, V. 29. B. VII. 632.

D. de Brassac, VII. 699. D. Voyez Galard.

Gallardon, seigneurie, I. 272. E. III. 306. B.
316. A. 656. A. IV. 653. B C. VI. 32. C.
508. D. baronie, IV. 756. A. marquisat,
III. 773. C. IV. 173. B. VII. 598. C. VIII.
121. A. IX. 272. B. 303. A. 333. B. 341. B.

Galleau, IV. 504. C.

Gallemont, seigneurie, II. 864. C.

Gallerande, seigneurie, IV. 290. C. VII. 127.
A. 870. C. marquisat, I. 437. D. IV. 473. B.
567. A. VI. 454. D. 559. D. VII. 238. C.
709. B. IX. 282. A.

Galles, VII. 53. C. 199. C. principauté, I. 232.
C. VI. 78. A. VII. 87. A.

Galles-la-Buesse, VIII. 937. D.

Galles-Sanguin, IV. 64. D.

Galleville, seigneurie, V. 106. F.

Gallez, VI. 739. C. VIII. 379. C.

Gallie, VIII. 794. B.

Gallien, VIII. 303. B.

Gallier-Garnier, VIII. 708. A.

Galligat, VII. 397. B.

Gallio, VII. 117. E.

la Galliotaye, seigneurie, V. 414. A.

Gallois, VII. 255. C.

Gallon, VI. 200. D.

Gallot, IV. 403. C.

Gallowacq, seigneurie, IX. 400. C. comté, II.
877. D. IX. 403. A.

Galloys, IX. 363. A.

S. Galmier-Verigneux, seigneurie, V. 269. C.

Galobie de Panaffac, IX. 397. D.

Galoia, seigneurie, V. 376. B C D.

Galocheau, VI. 427. D.

Galois, porte-oriflame, VIII. 196. E.

Galois, V. 422. E. VI. 503. C.

la Galopiniere, seigneurie, IV. 459. E.

Galot, VII. 495. A.

Galve, comté, I. 194. B. IX. 298. C.

Gama, I. 664. D. 681. B.

GAMACHES, Guillaume, maître veneur du Roy,
VIII. 690. B. grand-maître des eaux & forêts
de France, VIII. 895. C.

GAMACHES (Genealogie de) VIII. 690.

Gamaches, IV. 29. A. V. 15. B. 341. B. VI.
254. D. A 11. B. VII. 11. C. 28. C. 84. A.
VIII. 373. D. 399. C. 423. B. 495. B. 691.
A. 817. A. 838. C. 903. E. seigneurie, I. 426.
E. 427. A D. 428. B. 429. B. 430. A C. II.
59. E. 856. D. III. 301. D. 614. A. IV. 195.
E. 573. B. VI. 116. A. 348. D. 537.
B. 720. B. VII. 95. D. 97. B. 434. C. VIII. 67.
A 691. A.

Gamain, VI. 540. D.

Gamay, seigneurie, VII. 846. B.

Gambacorta, VI. 495. C.

le Gambier, IV. 674. D.

Gambin, VIII. 335. B.

Gamboa, III. 354. B.

Gamerage, seigneurie, I. 256. D. 257. A.

Gamignez, seigneurie, II. 611. C.

Gamin, VI. 548. D. 556. D.

Gamont, II. 211. D.

GANAY, Jean, chancelier de France, VI. 442.
B.

GANAY (Genealogie de) VI. 442.

Ganay, VI. 442. C. 472. D. 484. A. VIII. 323.
C. IX. 461. A.

GAND (Vicomtes de) V. 237. & suiv. Voyez Melun.

GAND DE MERODE, Louis, chevalier du S. Esprit, IX. 278. C.

Gand, I. 634. D. II. 404. A. 721. D. 741. C.
744. A.

744. A. 776. E. III. 569. A. IV. 823. D. V. 236. A. 657. D. 658. A. 770. A. VI. 167. D. VII. 253. A. 563. A. 648. C. VIII. 323. E. 542. B. feigneurie, II. 716. A. vicomté , III. 735. A. 911. A. IV. 65. A. 216. B. V. 231. C. 232. C E. 233. C. 234. B F. 235. A. 237. A. VI. 379. B. VII. 564. A. comté , II. 314. E. 326. A. VI. 268. D. de Marode de Moutmorency , IV. 499. C. IX. 312. A. Villain , V. 657. B 770. D. 841. A. VIII. 643. D. 739. C. Villain d'Ifenghien , III. 597. C.

Gandelus, IX. 398. D. feigneurie, I. 463. C. II. 764. C 851. C. III. 604. D. 605. A. 732. C. IV. 872. D. VI. 113. C. 143. D. 671. A. VIII. 15. B. 314. A. baronie , III. 604. B. marquifat. IV. 771. C. 772. C. 773. B C. IX. 417. D.

Gandie, duché , I. 256. E. 286. E. 635. D. 655. C. III. 376. A. V. 522. D. 524. A E. 525. C. 526. A D. VI. 215. B. IX. 296. A.

Gandon , VII. 233. A.

Ganes , VI. 595. B.

Ganetiere , feigneurie, III. 586. B.

Ganges , feigneurie, VII. 71. A. marquifat, IV. 440. C. IX. 436. C.

Gannat , feigneurie, VII. 494. D.

Gannay, IX. 114. A.

Ganny , feigneurie, VII. 743. A.

AUX GANS , Robert , pannetier du Roy , VIII. 608. A.

Ganfe en Saxe, IV. 334. A.

Ganfeville , feigneurie , III. 594. D.

Gantie , VIII. 595. ** *** C.

le Gantier , VI. 422. C.

Ganubrio, feigneurie, II. 355. B.

Gap , comté, I. 563. B. 564. C. 565. A. 566. B. II. 21. D.

Gapannes, feigneurie, IV. 229. D. VII. 556. C.

Gapençois , comté , II. 12. D. 25. B.

Gaprée , feigneurie, V. 159. C E. 160. A E.

Garadeur, VII. 645. D.

Garadour , III. 821. B.

Garancieres, VII. 12. B. IX. 394. A. feigneurie, VI. 261. A. 292. E. 434. C. 690. D. baronie , VI. 292. B. 374. A. Voyez Garencieres.

Garand , IV. 171. B.

Garandeau , VI. 450. C. 451. A. 505. B. VII. 548. C. VIII. 254. B. 286. A.

Garanné , feigneurie , III. 361. B.

Garau l , feigneurie , VII. 274. D. de Caminade, VI. 580. B. VII. 713. B. 831. C. IX. 280. B.

Garauton , feigneurie, II. 193. B. 198. E.

Garaut , IV. 19. A.

Garchy, feigneurie, II. 419. B C.

Garcianier, feigneurie, II. 668. E. 669. C. IX. 383. E.

Garcie, IX. 397. C.

Garcin, feigneurie, II. 288. D.

du Gard, VI. 543. C.

GARDANNE (Seigneurs de) VIII. 305. & fuiv. Voyez Forbin.

Gardanne , feigneurie, VIII. 294. A. 299. E. 305. D.

LA GARDE (Seigneurs de) III. 822. & fuiv. 828. & fuiv. VII. 357. & fuiv. Voyez Apchier.

LA GARDE (autres Seigneurs de) V. 107. & fuiv. Voyez Villars.

LA GARDE DUMAS (Seigneurs de) II. 256. Voyez Simiane.

la Garde, IV. 528. D. V. 487. B. 750. A. VII. 64. C 342. B. 556. B. VIII. 39. A. 160. C. 242. D. 295. D. 298. C. 304. C. 336. D. 661.

Tome IX.

B. IX. 72. C. 82. A. feigneurie , I. 312. B. 685. C. II. 291. A. 297. E. 663. C. III. 821. B. IV. 14. A B C. 16. C. 17. A B. 18. B. 440. B. 548. B. 549. C. V. 107. D. 287. F. 344. A. VI. 323. C. VII. 241. E. 274. A. 357. C. 446. D. 455. D. 578. A. 755. B. VIII. 304. B. 334. E. 335. B. 595. **** B. IX. 391. B. baronie , I. 324. E. 439. C. IV. 18. C. 631. A. VI. 317. B. VII. 538. B. 929 C. 930. C. IX. 86. B. marquifat, I. 686. A. VII. 392. B. IX. 72. A. d'Ampuis, feigneurie, VII. 202. E. de Bioulx, feigneurie, VII. 700. B. Marzat, feigneurie , VIII. 341. B. de Morimond, feigneurie , IV. 821. D. de Vins , VIII. 298. C. Voyez la Gardelle.

la Gardelle, feigneurie, III. 829. D. VII. 344. C.

Gardemps , feigneurie, III. 584. B.

les Gardes , feigneurie, V. 410. C.

la Gardette, IV. 897. A. VII. 222. B. VIII. 818. D. feigneurie, VIII. 149. D. 150. A.

Gardies , feigneurie, VII. 491. A.

Gardin, VII. 182. A. VIII. 83. B. 563. E. 852. D.

LA GARDIOLLE (Barons de) III. 365. & fuiv. Voyez Foix.

la Gardiolle , baronie, III. 364. B. VI. 483. B.

Gardon , feigneurie, V. 406. B.

la Gareliere , feigneurie, VII. 471. A.

Garencieres, VIII. 158. B. 170. B. feigneurie, II. 261. B E. 365. D. 366. A B C. 411. A. 435. A. IV. 217. C. 716. C. VII. 125. A. VIII. 90. D. 802. A. baronie , VIII. 101. A. 260. D.

Garendeau, II. 223. A.

le Garengier, VI. 196. A.

la Garenne , VI. 369. E. 680. D. VII. 373. E. VIII. 174. D. feigneurie , V. 409. B. VI. 418. A. VII. 504. A. 529. C. VIII. 25. C. 634. E. IX. 321. C.

Garennes , feigneurie, VI. 460. D. marquifat , VI. 547. C.

Garetemont , feigneurie, VIII. 101. A.

Gareth , feigneurie, VII. 525. D.

Girgant , VII. 683. A.

Gargas , feigneurie, II. 239. A C. 246. D.

Garges, II. 81. C. III. 582. B. VI. 351. B. 723. A. VII. 560. A. feigneurie, II. 128. C D. 209. D. IV. 748. A. VIII. 797. A.

Gargileffe , feigneurie, II. 865. A. IV. 676. C. VI. 415. C. VIII. 115. A E. 665. B.

Gargonzelle , comté, VII. 117. E.

Gargoulay , feigneurie, VII. 73. C.

Garjac , feigneurie, VII. 360. B.

Garifcan , feigneurie, II. 651. D. 653. A B.

Gariffon, I. 374. B.

GARLANDE , Anfeau , fénéchal de France, VI. 30. B. Eftenne, fénéchal , VI. 36. A. Eftenne , chancelier de France, VI. 269. A. Gilbert , bouteiller de France , VIII. 515. C.

GARLANDE [Genealogie des Seigneurs de] VI. 31.

Garlande, I. 424. A. II. 268. D. 318. B. 405. D. III. 571. A. 655. C. 666. B. V. 225. E. VI. 30. B. 62. A. 73. D. 93. C. 140. C. 253. A. 255. C. 658. D. 662. A. 694. B. 695. A. 739. A. 741. A. VII. 753. C. 762. E. VIII. 9. A. 397. D. 789. A. 833. A. 866. E. feigneurie, VI. 31. A. marquifat , IV. 896. A.

la Garlaye, feigneurie , IX. 473. A E. comté , VII. 234. C. Voyez le Maiftre.

la Garmoife, VII. 382. D. 571. C.

Garmotte, feigneurie, II. 121. A.

la Garnache, feigneurie, I. 447. E. III. 513. D.

P 2

628. C. IV. 56. C. 71. B. 72. A. 192. B.
VI. 201. B. 203. C. comté, IV. 57. C. mar-
quifat, III. 899. B. VIII. 364. E.
Garnerans, feigneurie, VII. 446. C.
Garnier, évêque de Laon, II. 98. E.
Garnier, II. 39. C. 106. D. III. 497. B. 642.
D. IV. 454. A E. 687. D. V. 288. C. 289.
C. VI. 538. A. 575. C. VII. 389. A. 431.
C. 855. B. VIII. 341. A. *de Salins*, VII. 581.
C.
Garrabœuf, VII. 340. C.
Garrané, feigneurie, VIII. 477. A.
Garraud, IX. 425. C.
Garraut, VI. 540. C.
la Garraye, feigneurie, V. 421. D.
GARREAU, *Jean*, maître des eaux & forêts du
Roy, VIII. 844. C.
Garreau, IV. 711. B. VI. 280. B. IX. 340. B.
du Gatric, IX. 392. D.
la Garrigue, feigneurie, II. 572. A. VII. 788.
A.
Garrigues, III. 853. A. 859. A. VIII. 593. **
*** D.
Garfoule, II. 372. D.
du Gas, VIII. 893. C. feigneurie, VI. 605. B.
Gasbeque, baronie, II. 873. D.
Gafc, II. 141. E.
la Gafcarie, feigneurie, VII. 771. B.
Gafcé, feigneurie, VIII. 91. B D. 92. D. baro-
nie, VIII. 91. D.
Gafcelin, III. 653. B. VII. 850. C.
Gafcher, VI. 471. C.
GASCOGNE (*ducs de*) II. 607. *& fuiv.*
Gafcogne, comté, II. 519. D. 609. D. duché,
II. 517. B.
Gafcognolles, feigneurie, IV. 678. B. 684. A. V.
243. E. VIII. 71. B.
Gafcourt, feigneurie, VI. 439. C.
Gaferan, feigneurie, I. 441. E. IX. 379. D.
Gafetbeck, comté, III. 612. A.
Gafincourt, feigneurie, VI. 704. C.
Gafpard, VI. 571. D. VII. 804. A. VIII. 148.
C. 337. C. 338. A. 341. B.
la Gafparede, feigneurie, IV. 476. C.
Gafprée, feigneurie, II. 481. B E. VIII. 170. B C.
Gafle, IV. 848. E. *de la Barge*, II. 288. C.
Gaffé, feigneurie, V. 638. A. *Voyez* Gacé.
Gaffelins, II. 452. A. IV. 367. C.
la Gafferie, feigneurie, V. 490. C D. 491. B.
GASSION, *Jean*, maréchal de France, VII. 536.
A.
GASSION (*Genealogie de*) VII. 537.
Gaffion, V. 611. E. VI. 606. C. VII. 278; A.
537. A. IX. 416. B. comté, VII. 538. E. mar-
quifat, VI. 606. C. VII. 539. A. IX. 480. B.
du Gaft, III. 582. C. VIII. 301. D. feigneurie,
VI. 192. D. 450. D. VII. 518. A.
Gafte, III. 838. D. 840. D. IV. 42. A. *de Lupe*,
VII. 190. D.
Gaftel, VIII. 482. C. feigneurie, II. 871. D.
872. A.
Gaftelis, feigneurie, VIII. 354. E.
Gaftevin, IV. 745. B.
Gaftevine, feigneurie, IV. 367. A.
Gaftiere, feigneurie, VIII. 701. C.
Gaftilmor, feigneurie, VII. 767. B.
la Gaftine, feigneurie, V. 829. D. VIII. 100. B C
D. 101. A B. 470. A.
Gaftineau, VII. 13. D. 22. C.
Gaftines, feigneurie, I. 501. B. VII. 509. B. 27.6
A. comté, VI. 12. D E.
Gaftinois, comté, VI. 12. D E.
Gaftot, II. 125. A.

Gaftun, feigneurie, VII. 272. B.
Gafville, feigneurie, VI. 606. B. IX. 319. D.
Gatechair, VII. 726. C.
Gatian, III. 652. B.
Gatien, feigneurie, VIII. 250. D.
S. Gatien, feigneurie, V. 491. E. VIII. 482. A.
Gatinara, I. 634. C. marquifat, II. 248. A.
Gatine, feigneurie, I. 217. D.
Gatinois, vicomté, III. 666. B. comté, I. 527.
A. *Voyez* Gaftinois.
Gats, feigneurie, VII. 508. B.
Gavardun, feigneurie, III. 375. D. vicomté, III.
370. E.
Gavaret, feigneurie, VII. 217. D. IX. 471. D.
vicomté, II. 614. D.
Gavaudon, feigneurie, IX. 387. E. baronie, IV.
547. B. VII. 61. B. VIII. 245. B.
GAUBERT (*Seigneurs de*) VII. 227. *Voyez* Sce-
peaux.
Gaubert, feigneurie, VII. 227. D. VIII. 294.
A.
Gaucelin, VII. 785. B. *de Gravefon*, VI. 317. B.
Gaucher, VI. 568. A.
Gauchery, VI. 530. A. 573. C.
Gauchy, feigneurie, VI. 160. B.
GAUCOURT, *Jean*, évêque de Laon, II. 113. B.
Raoul, VI. du nom, grand-maître d'hôtel de
France, VIII. 366. D. *Euftache*, grand-fauco-
nier de France, VIII. 750. A.
GAUCOURT (*Genealogie de la maifon de*) VIII. 368.
& fuiv.
Gaucourt, II. 121. A. III. 625. B. IV. 398. A. V.
334. C. 337. A. 613. D. 693. B. VI. 416. B.
VII. 84. D. VIII. 449. A. 668. B. 693. B.
feigneurie, II. 113. B. 152. E. IV. 290. B. V. 337.
A. 893. B. VI. 739. C. VIII. 12. D. 368. A. 492.
C. *de Cluys*, VII. 55. B.
Gaudart, VI. 392. C. 547. D.
GAUBE, *Jean*, maître de l'artillerie du Roy, VIII.
130. A.
Gaude, III. 918. D.
Gaudechart, IV. 755. C. V. 89. C. VI. 285. C.
291. C. 680. D. VII. 477. B. VIII. 888. A. *de
Bachevillers*, V. 89. C E.
S. Gaudens, feigneurie, II. 363. E.
Gaudete, VIII. 131. E.
GAUDIEZ (*Marquis de*) IV. 20. B. *Voyez* Levis.
Gaudigny, feigneurie, VIII. 327. A.
Gaudin, IV. 876. B. V. 383. A. VII. 502. B. VIII.
181. B.
la Gaudinaye, feigneurie, IV. 804. D. VII. 722.
B.
la Gaudiniere, feigneurie, III. 90. A. VII. 233. A.
594. E.
Gaudinieres, feigneurie, VII. 198. D.
Gaudoux, feigneurie, VII. 401. D. 404. A.
Gavefton, II. 486. D E.
Gaugray, feigneurie, IV. 792. E.
Gauguier, feigneurie, II. 381. C E.
Gaujac, feigneurie, II. 135. A. 137. E. 622. A B
C D. 623. A. IV. 265. A. VII. 270. C. 484.
D. 487. B. 925. E. IX. 239. B. baronie, VII.
343. A. *Voyez* la Fare.
Gavillargues, feigneurie, II. 135. C.
Gaule, feigneurie, III. 586. A.
Gaule de Boiry, feigneurie, III. 577. A.
GAULEJAC (*Seigneurs de*) VII. 323. *Voyez* Gon-
taut.
Gaulejac, VII. 453. B. 454. A. VIII. 594. ***
** D. IX. 92. C. feigneurie, VII. 321. A.
323. C. IX. 68. A.
Gaulejac de Puy-Caleel, V. 750. A.
Gaulnes, feigneurie, II. 129. B C. VI. 281. A.

Gaulte, III. 860. B.
Gaukier, VIII. 187. B.
Gaultron, VII. 103. A.
Gaumets, seigneurie, VI. 432. C.
Gaumin, IV. 845. C.
Gaune en Valois, seigneurie, II. 127. C. 128. B.
Gauray, vicomté, IX. 379. E.
GAVRE (Seigneurs de) III. 907. & suiv. Voyez Hallwin.
Gavre, I. 257. A. 262. B. 265. C. 271. D. 273. E. 457. A. II. 334. D. III. 607. D. 630. A. 631. A. 735. B. IV. 560. BC. 873. A. V. 655. E. VI. 100. C. 173. B. VII. 173. A. 829. C. VIII. 12. D. 52. C. 53. DE. 35. E. 43. C. 91. B. 370. C. 595. ***** B. seigneurie, III. 618. A BC. 629. A B. 736. A C D. 904. D. VI. 170. C. 704. D. 712. B. VII. 73. D. VIII. 264. D. 570. D. 791. D. comté, II. 613. C. III. 383. D. 416. D. 736. D. V. 523. C. 574. E. 640. B. 654. A. VI. 105. B. 170. A. 213. D. 215. B. VII. 407. B. 695. A. principauté, III. 793. B. V. 656. C. 837. C. VII. 456. E. VIII. 42. B. 43. A. d'Arras, seigneurie, VIII. 264. D. en Limosin, seigneurie, V. 16. A.
Gaure, II. 741. A.
Gaureaul du Mont, II. 84. B.
Gaussan, VIII. 478. C.
la Gauterie, seigneurie, VIII. 889. C.
Gauthier, II. 68. D. IV. 283. A.
Gautier, connétable de France, VI. 40. D.
Gautier, chancelier de France, VI. 244. B.
GAUTIER, Jean, commis aux artilleries, du Louvre, VIII. 127. C.
Gautier, V. 410. C. VI. 470. B. VII. 229. B. 494. A. 670. E. VIII. 146. A. d'Annoy, seigneurie, VI. 261. A. de Boisses, IX. 92. C.
Gauvain, I. 365. C.
Gauville, I. 524. A. 526. A. III. 648. C. IV. 752. C. 754. C. VI. 367. C. 393. A. VII. 10. B. 545. A. VIII. 694. B. seigneurie, V. 142. E. VI. 549. C.
Gauzelin ou Gossin, chancelier de France, VI. 243. A.
S. Gauzens, seigneurie, IX. 394. A.
le Gay, II. 105. C VI. 595. D. VII. 508. E. 651 D. VIII. 151. A. 658. B.
Gaya, VIII. 855. D.
Gayac, seigneurie, IV. 124. C. VII. 303. A.
Gayan, V. 102. D. 104. C.
Gayant, IV. 614. B. VIII. 335. A. 932. E.
Cayardon, IX. 331. A.
Gayasse, seigneurie, VIII. 503. A. comté, VIII. 503. B. 793. B.
Gayclip, VI. 182. D. Voyez du Guesclin.
Gaye, seigneurie, III. 383. B.
Gayers, seigneurie, VIII. 273. D.
Gayrac, V. 748. A.
Gayraud, VII. 276. B.
Gazeau, seigneurie, II. 376. C. VIII. 798. B.
Cazelle, VII. 517. D. VIII. 813. C. seigneurie, VIII. 931. C.
Gazeran, seigneurie, II. 644. D. VI. 262. B.
Gazeton, seigneurie, VIII. 163. A.
Gazon, dit de Champagne, évêque de Laon, II. 101. D.
Gazon, seigneurie, VII. 383. A.
Gazuville, seigneurie, I. 327. A.
Geay, VI. 595. D.
Gebert, III. 587. C.
Gebervillier, seigneurie, IV. 717. B. marquisat, I. 631. D.
Gebraleon, seigneurie, VI. 162. D.
Gedouin des Touches, IV. 773. C.

Gehamd, VII. 27. D.
Gela, seigneurie, II. 68. E.
S. GELAIS, Louis, chevalier du S. Esprit, IX. 66. A.
S. Gelais, IV. 446. CE. 565. C. V. 615. C. 734. B. 736. A. VII. 400. B. 428. C. VIII. 483. A. 766. B. 768. A. IX. 88. A. 168. A. seigneurie, VIII. 755. B. 904. B. S. Jaligny, IX. 442. B. Lansac, III. 588. A. IV. 71. B. 293. B. de Lussignan, V. 772. A. VII. 533. C. VIII. 120. E. 166. D.
Gelans, VII. 640. C.
Gelas II. 366. D E. V. 104. D. 105. A. VII. 266. E. 292. A. IX. 396. A. d'Ambres de Voisins, III. 91. C. seigneurie, VII. 180. C. IX. 317. A.
GELAS DE VOISINS, Hector, chevalier du S. Esprit. IX. 174. B.
Gelas de Voisins, IV. 432. D. V. 899. D. IX. 145. D.
Geldenack, seigneurie, II. 335. D.
Geliart, seigneurie, VIII. 474. D.
la Geliere, seigneurie, VII. 160. B.
Gelin de Tremargues, III. 647. C.
Gellain, III. 644. A.
Gellan, II. 871. E.
Gellat, seigneurie, VIII. 475. D.
Gellet, V. 851. A.
Geloux, seigneurie, IX. 460. C.
GELVES (Comtes de) sortis des marquis de Ferreira, I. 646. & suiv.
Gelves, comté, I. 634. A. 650. A. 652. B. 653. A. 683. E.
Gemages, V. 134. F. VIII. 250. A. seigneurie, I. 437. D. III. 643. A.
Gemearm, comté, III. 614. A.
Gemeaulx, seigneurie, VII. 48. B.
Gemeaux, seigneurie, VIII. 352. A.
Gemenos, VIII. 296. B.
Santo Gemini, duché, IV. 178. B. IX. 130. B. 209. B. Voyez Ursin.
Sainte Gemme, seigneurie, III. 81. C. IV. 561. B. VIII. 768. A. baronie, II. 453. E. 454. A B C. III. 379. C.
Gemmes sur Autie, seigneurie, II. 36. D.
Gemosac, seigneurie, VII. 457. D.
Genac, seigneurie, IV. 430. E.
Genas, VIII. 307. D. 890. A. seigneurie, VIII. 341. A.
la Genaudiere, seigneurie, VII. 386. A.
Gençay, seigneurie, III. 422. A. 427. A. IV. 165. B.
Gencieux, seigneurie, IV. 184. B. V. 344. B.
le Gendre, IV. 327. B. 541. B. 639. A. V. 624. C. VI. 437. C. 440. A. 450. B C. 509. C. 552. D. 556. A. IX. 330. A. de Collandre, VI. 604. A.
Gendrin, IV. 308. A.
Gendron, VI. 471. B.
GENEALOGISTES des ordres du Roy, IX. 342.
Genelard, seigneurie, VI. 446. D. VIII. 823. C.
Geniesson, VI. 475. A.
Genest, VI. 555. A. VIII. 481. C. 810. ** E.
S. Genest, seigneurie, VI. 554. C. IX. 470. A.
Genestay, seigneurie, VIII. 728. B.
GENESTEL, Vernon, commis à la charge de maître de l'artillerie, VIII. 139. D.
Genetais, seigneurie, VIII. 694. B.
Genetay, seigneurie, VII. 504. C. 583. E. 584. A. IX. 58. B.
Geneteuil, seigneurie, V. 491. B.
Genetines en Forest, seigneurie, II. 140. A.
Genetoux, VII. 495. D.
les Genets, seigneurie, VI. 596. B.
GENEVE, Guy, évêque & duc de Langres, II. 255. C.

GENEVE (*Genealogie des Comtes de*) II. 156. &
suiv.

Geneve, II. 16. A. 240. E. 701. A. 874. A. VI.
699. A. 732. B. VII. 41. A. 144. B. 764. E.
765. B. 796. B. 797. C. 800. D. VIII. 51. D.
418. E. 422. CD. comté, I. 467. B. 593. E. II.
14. E. 21. E. 23. A. 156. A. 163. A B. 187. 2.
C. 197. C. 600. C. 715. B. III. 727. B. 737.
A. V. 574. A E. VI. 696. A. 699. A. 732. B.
VII. 145. E. VIII. 57. C. 415. B. principauté, II. 156. C.

Sainte Goneviève, seigneurie, IV. 793. E. VIII.
512. A B C. près *Beaumont*, seigneurie, VI.
261. C. 265. A. 276. E. 385. C. des Bois,
seigneurie, IV. 791. B.

Genevievre, VI. 803. A.

Genevois, comté, III. 503. B. 512. B. duché, II.
91. C. III. 513. E. 514. B D E.

le Genevois, II. 60. C. VI. 540. D. VII. 160. D.
IX. 397. A.

le GENEVOIS-BLAIGNY (*Genealogie de*) II. 433. &
suiv.

le Genevois-Blaigny, II. 444. C. VI. 590. A. VII.
8. D. IX. 82. B.

le Genevoix, IV. 826. A.

S. Genez, seigneurie, VIII. 934. D.

S. Gengoul, seigneurie, VI. 153. B.

Genicourt, seigneurie, IX. 122. A.

S. GENIEZ (*Seigneurs de*) VII. 316. *Voyez* Gontaut.

S. Geniez, seigneurie, I. 324. D. III. 840. C D.
IV. 217. B. VII. 320. B. 606. C. 607. B. baronie, I. 370. C. III. 773. A. IV. 120. B. 127. A.
142. B. V. 331. A. marquisat, IV. 473. C. VII.
607. E. *de Malgoires*, baronie, IX. 419. B. *de
Roue-d'Olt* , seigneurie, III. 418. D.

Genillé, seigneurie, I. 493. B. VI. 420. A.

Geniroy, seigneurie, III. 575. B.

Genis, seigneurie, VII. 335. D.

Genis, marquisat, IV. 37. A.

Genissac, seigneurie, II. 234. E. IV. 124. C. VII.
303. A. marquisat, V. 743. C.

Genissia, seigneurie, VI. 699. C.

Genissieux, seigneurie, VIII. 927. A.

Genits, seigneurie, II. 231. B.

GENLIS (*Seigneurs de*) VI. 532. *Voyez* Brulart.
(*autres Seigneurs de*) VI. 743. *Voyez* Hangest.

Genlis, IV. 398. B. seigneurie, II. 420. A. III.
654. B. 914. A. V. 609. D. VI. 94. C. 406. B.
532. B. 638. C. 653. D. 695. C. 743. C. VII.
311. D. 124. D. VIII. 14. D. 278. E. 526. C.
534. E. 726. C. comté, IX. 462. C. marquisat,
V. 153. B. 154. A. VI. 529. B. VII. 591. C.

Gennac, seigneurie, II. 622. D.

Gennes, III. 627. D. IV. 842. B. seigneurie, I.
440. A. VI. 149. D. 190. A. VII. 382. C. 741.
C. VIII. 106. C.

Genost, seigneurie, VIII. 498. E.

GENOUILLAC, *Jacques*, dit *Galiot*, grand-écuyer
de France, VIII. 505. C.

Genouillac, III. 768. D. V. 748. C. VII. 753.
C. VIII. 162. A. 163. A B C. seigneurie, III.
388. B. V. 354. B. 755. D. VII. 25. A. VIII.
164. A C D. 175. A C. de Gourdon, IV. 809.
B. *Voyez* Gourdon.

la Genouilliere, seigneurie, VI. 481. A.

Genouilly, seigneurie, VII. 15. B.

Gensac, seigneurie, II. 177. B D. 675. E. IV.
426. A. 482. A. VI. 209. A. VII. 271. A.
277. D. 606. C. VIII. 594. B. 821. E. 822.
A. IX. 386. C.

Gensano, principauté, IX. 210. B.

Genté, baronie, IX. 167. A.

GENTIEN, *Pierre*, maître de l'écurie du roy, VIII.
464. B. *Jacques*, maître de l'écurie du Roy,
VIII. 464. C.

Gentien, IV. 397. D. VI. 340. B. 341. A. 544.
C. VII. 504. A. VIII. 945. D.

Gentil, VI. 341. C. VII. 620. B. de la Jonchas, II.
256. A d'Upsé, IX. 88. A.

Gentilly, seigneurie, IV. 306. D. 377. A.

Gentils, VII. 29. A.

Genton, II. 78. E. VII. 587. D. VIII. 694. A.

Genure, IX. 442. D.

Geoffroy, maître veneur du Roy, VIII. 683. B.

Geoffroy, VI. 445. B. VII. 19. D.

S. Geoire, seigneurie, VIII. 907. B.

Geole, seigneurie, VIII. 207. C.

Georgelier, VI. 643. C. VII. 711. E.

S. GEORGES, *Olivier*, chevalier du S. Esprit, IX.
240. C. *Cesar*, chevalier du S. Esprit, IX. 279.
C.

S. GEORGES (*Seigneurs de*) VII. 799. *Voyez*
Vienne.

S. Georges, IV. 443. C. V. 333. A. VII. 334. B.
579. B. 640. D. 796. A. IX. 212. A. 427. D.
seigneurie, I. 217. E. 222. C. 163. A. 362.
C. 505. B. III. 163. E. 321. D. 343. E. 689.
D. 853. A. IV. 655. A. 677. A. V. 333. B. 341.
C. 639. C. VI. 466. D. 509. B. VII. 23. E. 26.
A. 27. C. 34. B. 127. B. 489. B. 505. B. 798.
A. 799. B. VIII. 52. D. 422. D. 532. A. 656. B.
802. B. IX. 195. B. 382. D. baronie, III. 502.
C. 588. D. 650. A. 814. B C. 815. A. VIII.
704. D. vicomté, VII. 552. D. comté, VII.
649. E. 693. D. marquisat, V. 766. B. du
Bois, seigneurie, VII. 521. B. d'Esperanches,
comté, IX. 277. B. de Rexe, seigneurie, VIII.
903. B. de Verac, IV. 473. D. VIII. 486. D.
seigneurie, I. 371. B.

Georges de Fougeres, VIII. 333. E. d'Ollieres,
VIII. 938. C.

Georget, VI. 427. C. 450. D.

Gep, VII. 486. C. 770. B.

Gerace, marquisat, VIII. 291. E.

GERACI (*Seigneurs de*) I. 285. & *suiv.*

Geraci, comté, puis marquisat, I. 285. C.

Geracy en Sicile, comté, V. 825. A. marquisat,
ibid.

S. Geran, seigneurie I. 119. A. III. 766. C. IV.
32. E. VII. 132. C. 158. C. 200. A. 386. A. 441.
A. 444. C. 476. C. VIII. 183. B. 540. E. 701.
A. marquisat, IV. 67. C. le Puy, seigneurie, III.
152. C. VIII. 496. D.

Geranes, seigneurie, II. 320. D.

Gerantes de Senas, VII. 456. A.

Gerard, V. 287. B. VII. 491. A. 789. C.

S. Geraud, seigneurie, II. 233. A.

Gerbais, VIII. 911. D. seigneurie, V. 670. A.
673. A. VII. 44. A. 208. B. baronie, V. 669.
A. 671. A.

Gerberoy, VII. 109. B.

Gerbert, chancelier de France, VI. 245. D.

Gerbervilliers, marquisat, IV. 857. A.

Gerbeville, II. 58. B.

Gerbevilliers, seigneurie, VII. 466. C. marquisat, VII. 467. D. *Voyez* Wisse.

Gerbez, IV. 399. E.

Gerbroy, vidamé, II. 259. E. 260. E. 263. B.
280. A. 876. B.

GERDEREST (*Seigneurs de*) III. 392. & *suiv.*

Gerderest, VII. 605. B. seigneurie, V. 194. D.
baronie, V. 194. D. VI. 219. D.

Geré, II. 310. E. IV. 721. A. VI. 557. D. 561.
B.

Geres, VII. 160. A.
Gerefme, VII. 811. D.
Gerefmes, VI. 405. D.
Gergy, feigneurie, VII. 648. C.
Gerlande, feigneurie, IX. 72. C. marquifat, IX. 451. B.
S. Germain, II. 36. D. 45. A. V. 141. D. 143. B. 146. B. 147. F. 148. F. 149. B. 245. A. 386. B. VI. 283. B. 556. D. 735. A. VII. 179. A. 103. C. 204. A. 872. B. VIII. 169. A. 211. B. 258. C. 260. B. 271. E. 525. B. 716. D. 837. E. feigneurie, I. 275. E. 368. C. II. 78. E. 121. E. 165. B. 181. C D. 248. A. III. 809. A. 896. C. IV. 176. B. 387. C. 651. A. 654. D. 676. C. 677. B. 685. C. 833. B. 852. A. V. 16. C. 148. F. 149. B. 730. A. 747. D. 748. D E. 750. A. 899. E. VI. 309. D. 456. B. 511. D. 646. C. VII. 154. A. 292. A. 340. C. 512. E. 552. B. 577. D. 600. C. 633. C. 698. A. VIII. 11. D. 96. B. 584. A. 871. B. 910. A. IX. 479. A. marquifat, VII. 455. C. d'Apchon, VIII. 930. C. Beaupré, V. 333. E. feigneurie, VII. 579. B. VIII. 246. B. 809. ** C. 812. ** C. des Bois, feigneurie, IX. 450. * B. du Bois-Remy, feigneurie, VI. 343. B. de Cormore, feigneurie, VIII. 921. D. des Effours, feigneurie, VIII. 21. E. des Foffez, feigneurie, VII. 59. B. baronie, IX. 464. B. fur-Indre, feigneurie, VI. 281. A. 675. B. Langos, feigneurie, VIII. 258. C. du Plain, feigneurie, VII. 802. A. le Vicomte, feigneurie, VIII. 169. A. fur Vienne, baronie, II. 233. E. 234. A.
Germaincourt, feigneurie, II. 129. C. Voyez Dufart.
Sainte Germaine, feigneurie, II. 442. E. 443. A.
Germaines, feigneurie, III. 625. C. VI. 114. C. VIII. 869. C.
Germainville, feigneurie, IV. 84. C. VII. 889. A. 891. B.
Germainvilliers, feigneurie, IV. 847. B. V. 82. C.
Germelo, feigneurie, I. 690. A.
S. GERMIER (Seigneurs de) II. 371. & fuiv. Voyez Lautrec.
S. Germier, feigneurie, II. 360. A B. 362. C D E. 363. B. de Cayla, feigneurie, II. 361. C.
Germignon, feigneurie, VIII. 131. C.
Germigny, feigneurie, I. 245. B. 701. D. II. 103. C. III. 581. A. 622. E. 771. E. IV. 683. C. 706. D. 825. A B. 844. A D. 873. A. 874. C. V. 573. A. VI. 35. C. 74. D. 339. A. 432. B. 599. C. 639. C. 740. B. 745. C. VII. 753. C. VIII. 7. C D. 12. D. 93. C. 546. B. 831. C. IX. 377. B. vicomté, VI. 153. C. 156. B.
Germing, V. 643. B.
Germiny, II. 190. A. baronie, IX. 99. A. Voyez Germigny.
Germoles, feigneurie, V. 669. D.
Germon, feigneurie, III. 134. D.
Gerolam, II. 69. C.
S. Geron, feigneurie, VII. 67. B.
Geronda. Voyez Gironde.
Geronde ou Gironne, principauté, I. 233. B.
Gerponville, feigneurie, VII. 427. B. VIII. 211. D. 212. A. 810. * C.
Gerfat, feigneurie, VIII. 813. D.
Gerferefte, feigneurie, III. 348. C.
Gertechien, feigneurie, V. 652. C.
Sainte Gertrude, feigneurie, V. 652. C.
Gervais, fénéchal de France, VI. 29. C.
S. Gervais, VI. 300. C. feigneurie, II. 188. D. 417. E. 428. A. III. 641. A. IV. 686. E. VII. 767. B. VIII. 812. C. 919. D.
Tome IX.

Gervaife, feigneurie, III. 649. A. V. 142. E.
S. Gervafi, feigneurie, IV. 548. D.
Gerun. Voyez Gironde.
Gerund. Voyez Gironde.
S. Gery, VII. 286. A. IX. 431. E. feigneurie, II. 369. E. V. 178. E. VII. 314. E.
Gerzé, IV. 324. A. feigneurie, VI. 512. B.
Gefincourt, feigneurie, VIII. 851. D.
Geffac, VII. 286. A. feigneurie, IV. 304. A. VII. 926. A.
Geffans, feigneurie, V. 262. E. VIII. 927. A D. 936. A.
Geffey, VI. 515. C.
Geftaço, feigneurie, I. 585. B.
Geftaix, feigneurie, I. 691. D.
Geftas, VIII. 475. D.
Geftelle, feigneurie, II. 376. D.
Geftellembourg, baronie, IV. 845. B.
GESVRES (Seigneurs, comtes, puis ducs de) pairs de France, IV. 769. & fuiv. Voyez Potier.
Gefvres, feigneurie, IV. 764. B. baronie, IV. 876. E. duché-pairie, VI. 545. C.
Gevalois, VIII. 921. D.
Gevaudan, comté, II. 669. B. 688. C. 695. B. III. 152. D. VI. 6. D. 7. C. VIII. 49. A.
Geve, V. 178. B.
Gevigney, feigneurie, VII. 35. C. 644. A.
Gevraife, feigneurie, VII. 398. B.
Geurmonval, VI. 176. B.
Geuselin, feigneurie, VIII. 858. B.
GEX (Seigneurs de) VI. 698. Voyez Joinville.
Gez, feigneurie, II. 157. D. 159. B. VI. 698. D. marquifat, III. 737. A.
Gezancourt, feigneurie, VIII. 858. B.
Gezy-lez-Sens, feigneurie, VIII. 189. D.
Ghaines, comté, VII. 504. C.
Ghent, baronie, I. 612. C.
Ghiette, feigneurie, I. 268. B.
Ghifen, feigneurie, I. 491. C.
Ghiftelles, III. 716. C. 905. C. 908. D E. 911. A. 912. B. 917. B. IV. 181. B. V. 218. D. 229. F. 515. B. 573. A. 646. B. VI. 113. B. 126. A. 339. A. 781. B. 802. A. VII. 131. C. 555. D. 563. C. 822. B. VIII. 13. E. 67. E. 77. A B. 95. C. 153. D. 354. C. 647. B. 658. C. 697. A. 735. B. IX. 463. C. feigneurie, III. 614. E. 725. C. 729. C. IV. 214. A. 597. B. V. 228. D. 229. C. VI. 126. A. 780. B. VII. 823. D. VIII. 12. E. baronie, VIII. 730. B.
GIAC, Pierre, chancelier de France, VI. 343.
GIAC (Genealogie de) VI. 344.
Giac, II. 202. A. VI. 755. A. VII. 766. D. feigneurie, IV. 676. B. VI. 344. C. VIII. 668. B.
Gibalin, III. 825. B.
Gibel, feigneurie, V. 640. C.
Gibercour, feigneurie, VI. 544. A.
Gibertez. Voyez Blauf.
Gibieuf, VIII. 495. C.
Giblet, IV. 370. C. 371. A C. VII. 767. C. feigneurie, II. 509. B C. 592. E. 593. A B. 596. A.
Giblin, IV. 370. C.
la Gibotiere, feigneurie, VII. 583. E.
Gibours, II. 280. B.
Gibrat, III. 825. A.
Gidoine, VIII. 905. D.
Gié, feigneurie, I. 219. B. II. 347. B. 439. C D. 440. E. III. 431. A B. 638. B. 639. A. VI. 417. C. VII. 6. D. 897. C. VIII. 917. A.
S. Gié, baronie, V. 393. A.
Gien, feigneurie, I. 280. D. II. 841. A. comté, I. 112. D. 210. D. 219. B. 235. C. 139. A.
Q 2

241. E. 279. A. 281. AB. 313. B. 316. B.
317. A. III. 429. C. 651. D. IV. 219. C. 806.
A. VI. 567. A.
Giera, VII. 403. E.
Gierle, seigneurie, II. 798. A.
Giencourt. *Voyez* Jeucourt.
Giffart, IV. 853. A. V. 151. C. VI. 194. B. VII.
90. B. 170. D. 839. A. 903. E. VIII. 93. D.
556. D. 795. C. *de Shiroff Hall,* IX. 413. B.
GIFFORD, *Guillaume,* archevêque de Reims, II.
89. C.
Gifford, II. 480. D.
GIGAULT, *Bernardin,* marquis de Bellefonds,
maréchal de France, VII. 593. E. *idem,* chevalier du S. Esprit, IX. 224. C.
GIGAULT (*Genealogie de*) VII. 594.
Gigault, IV. 626. B. 105. F. VII. 594. D. *de Bellefonds,* IV. 376. A. 863. B. V. 105. F. IX. 99.
E. 272. B.
Gignac, seigneurie, VII. 414. B. VIII. 820. B.
Gijon, comté, I. 590. C. 614. C. 615. B.
Gijonnet, seigneurie, I. 371. B.
Gil, I. 583. A. 585. E. 687. B. *de Bragance,* I.
586. A.
Gilbert, V. 525. B. VI. 606. C. VII. 539. C.
Gilbertez, VII. 338. E. seigneurie, IV. 548. A B.
comté, III. 831. E. IV. 548. A B. VII. 589.
B.
Gilet, VII. 231. A.
les Gilets, seigneurie, IV. 306. D.
Gillain, IX. 228. A.
Gillebourg, seigneurie, VII. 175. B. 176. A. 503. B.
Gillebourg, seigneurie, IV. 70. B.
Gilles, garde des sceaux de France, VI. 272. A.
S. Gilles, III. 771. D. VI. 197. A. VII. 54. A.
729. D. VIII. 305. B. seigneurie, II. 508. E.
IV. 55. D. V. 144. E. 837. E. 841. B. 842. B.
VII. 645. E. 722. C. comté, I. 541. C. II. 16.
D. VI. 726. C. VII. 145. D. IX. 453. C. *de
Creton,* seigneurie, VIII. 26. B.
Gillesland, baronie, VII. 89. B.
la Gilleterie, seigneurie, VII. 231. A.
Gilley, seigneurie, VII. 809. D.
Gillier, III. 590. C. 641. A. IV. 453. A. 456. D.
458. C D. 567. B. 644. C. V. 19. A. 184. A.
196. D. 754. C. 771. A. VII. 20. C. 23. A.
395. D. 850. C. VIII. 181. D. 767. B. 771.
C. IX. 178. A. *de Puygarreau,* IV. 856. A.
la Gilliere, seigneurie, VII. 384. A.
Gillonay, seigneurie, VIII. 929. D.
Gilot, IV. 227. A. VI. 430. B. VII. 581. B.
la Gilotiere, seigneurie, VI. 439. C.
Gimaçois, seigneurie, II. 676. E. 677. B.
Gimat, seigneurie, II. 676. E. 677. B C D. V.
757. B. VII. 285. C. baronie, V. 756. A. VII.
93. C.
Gimel, IV. 141. A. 535. D. V. 749. D. 757. B.
VII. 322. D. seigneurie, IV. 787. B. VI. 321. D.
baronie, II. 362. A. 873. B.
Gimieuse, seigneurie, IX. 437. A.
Gimoez, II. 362. A. vicomté, IX. 383. E.
GIMOIS (*Vicomtes de*) II. 673. & *suiv.*
Gimois, vicomté, II. 646. A. 672. E. 673. B.
703. E. 704. A. 714. D. III. 425. A. IV. 16. A.
18. C. V. 359. B.
Ginac, seigneurie, IX. 457. B C.
Ginestas, seigneurie, VII. 767. B.
Gineste, VI. 517. B.
la Ginestiere, seigneurie, IV. 476. C.
Ginestoux, III. 827. B. V. 266. C. *Moissac,* IX.
436. C. *de la Tourette,* V. 266. C. IX. 329. B.
Gingin, seigneurie, VI. 699. C.
Ginhoux-la-Coste, IX. 382. C.

Giny, seigneurie, VIII. 493. A.
Gioeni, V. 463. * C.
Gionei, IX. 210. B.
Giorgi, VI. 494. B.
Giou-Cailus, III. 825. E.
Girace, marquisat, I. 274. A.
Giraldet, seigneurie, III. 824. D.
GIRARD, *Bernard,* genealogiste des Ordres, IX.
342.
Girard, I. 501. A. II. 121. C. 279. B. 433. D.
III. 615. B. 651. B. 859. B. IV. 322. E. 617.
A. 864. B. V. 288. F. 734. B. VI. 292. D. 349.
C. 412. B. 434. C. 445. D. 479. D. VII. 18. C.
85. B C. 157. D. 374. A. 384. A. 580. D. 588.
C. VIII. 160. A. 758. C. 809. ** C. 810. ** D.
IX. 324. A. *Bazoches,* I. 236. A. V. 150. F. *de
Bazoges,* IV. 290. B. *de Riverie,* V. 107. F. *du
Tillay,* IV. 877. A. *de Vaux,* VI. 504. B.
Girardin de Guilleragues, IX. 277. A.
Giraud, II. 428. C. IV. 504. B. VIII. 937. B.
Giraudeau, seigneurie, VII. 510. A.
la Giraudiere, seigneurie, VII. 230. D. 651. D.
GIRESME, *Philippes,* grand-maître de l'écurie du
Roy, VIII. 470. A.
Giresme, IV. 367. A. 825. E.
Giresmes, VII. 747. B.
Girolles, VII. 890. E. 902. A.
Giron, I. 620. B. 632. D. 635. A. 652. A. 669.
C. 671. A. III. 353. B. 355. C. *Pacheco,* I.
628. A.
GIRONDE, *André,* comte de Buron, grand échanson de France, VIII. 596. A.
GIRONDE (*Genealogie de*) VIII. 596. & *suiv.*
(*Seigneurs de*) en Auvergne VIII. 595. **
& *suiv.* (*Autre branche de*) dont on n'a point
trouvé la jonction, VIII. 596. *** & *suiv.*
GIRONDE (*Autres Seigneurs de*) III. 834. *Voyez*
Apchier.
Gironde, IV. 126. C. VI. 209. B. VII. 271. D.
305. D. IX. 416. B. 423. C. 479. A. seigneurie,
IV. 469. A. V. 134. D. VI. 209. B. 221. D.
VIII. 588. A. 595. *** B. duché, I. 105. B.
III. 418. A. V. 513. F. principauté, VII. 846.
B.
S. GIRONS (*Vicomtes de*) VII. 775. *Voyez* Narbonne.
S. Girons, vicomté, V. 179. C. VII. 772. B. 775.
A. VIII. 476. A.
Gironville, seigneurie, IV. 726. B. VI. 292. A.
450. C. VIII. 752. C. 776. A.
Giroflens, seigneurie, III. 382. D.
Girouft, II. 87. C. *de la Feuillé,* II. 386. C.
GIRY, *Renaud,* maître de la venerie du Roy,
VIII. 685. C. *Renaud,* maître enquêteur des
eaux & forêts, VIII. 848. C.
Giry VIII. 685. B. seigneurie, II. 873. A. IV.
848. E. VI. 571. D.
Gisaucourt, seigneurie, IV. 823. A.
Giscard, VIII. 596. *** A.
la Giscardie, seigneurie, VIII. 594. ***** A.
GISCARO (*Seigneurs de*) VII. 214. *Voyez* la Barthe.
Giscaro VII. 214. A. seigneurie, II. 182. C.
Giscules, seigneurie, V. 127. A.
Giseux, seigneurie, II. 424. C.
Gislas, seigneurie, VII. 777. A.
GISORS (*Châtelains de*) qu'on croit issus des seigneurs de Montmorency, III. 660. & *suiv.*
Gisors, II. 75. E. III. 663. B. VI. 32. A. 632. D.
661. A. seigneurie, VIII. 788. C. comté, I.
128. E. 135. B. 178. D. III. 486. B. 513. B E.
514. D.
Gislaincourt, V. 512. A.

Giffey, VII. 663. B. feigneurie, IV. 660. B. 822. A.

la Giffiere, feigneurie, II. 452. E.

Givaudeau, feigneurie, VIII. 758. B.

Givency, feigneurie, VIII. 698. C.

Giverlay, IV. 185. A. VII. 10. A. 30. A. 544. B. VIII. 784. B.

Giverfac, feigneurie, VII. 333. D. 346. C. marquifat, VIII. 592. D.

Givés, V. 619. A.

Givet, feigneurie, II. 332. A.

Givray, feigneurie, VIII. 381. A.

Givié, feigneurie, IV. 597. B.

Givroy, baronie, VI. 384. B.

Givroye, feigneurie, VIII. 855. B.

Givry, feigneurie, I. 150. B. 211. B. 245. A. 355. C. 561. A. II. 151. D. 224. C D E. 225. A C D. 229. D E. IV. 179. D E. 528. A. V. 12. F. VI. 63. B. 64. A E. 65. D. 415. D. 591. A. VII. 66. A. 226. A. 807. D. VIII. 117. E. 872. D. baronie III. 639. C. IV. 566. C. 571. C. 572. C. 863. D. 873. A. VI. 147. C. 388. D. 508. B. VII. 370. D. marquifat IX. 321. C. fur le Doux, feigneurie, VIII. 351. D.

GIZENCOURT, (Seigneurs de) VI.157. Voyez Conflans.

Gizencourt, feigneurie, VI. 157. D.

Glajon, feigneurie, III. 609. B. 610. C.

la Glaifiere, feigneurie, VI. 403. D.

Glames, IX. 414. B.

Glamis, IX. 406. D. 408. A.

Glamorgan, feigneurie, I. 487. A. comté, I. 486. A E.

Glandage, V. 262. D. feigneurie, II. 252. A. 457. D. IX. 72. A.

Glandeves, I. 232. D. IV. 265. C. 494. C. 500. B. Fancon, I. 232. D.

Glandevez, II. 244. B. 291. B. 293. D. V. 290. C. VIII. 295. E. 303. D. 304. A B C. 305. C.

Glas, feigneurie, VI. 364. A.

Glatigny, feigneurie, II. 77. C. VI. 262. B. 428. D. 783. C. VIII. 557. A.

la Glayolle, feigneurie, VII. 84. B.

Glayon, feigneurie, VIII. 39. C.

Glé, IV. 793. A. V. 494. F. VII. 723. C. 729. D de la Cotardaye, IV. 856. C.

Glenay, feigneurie, IV. 369. C. 374. B. VII. 24. D. 97. B. 99. B.

GLENBERVY, (Seigneurs de) IX.408. Voyez Douglas.

Glencairn, comté, IX. 406. B.

Glencarne, comté, V. 594. D E.

Glendining, IX. 404. D.

Glennay, feigneurie, VIII. 768. C.

Glennes, VIII. 282. B.

Gleon, feigneurie, VII. 188. C.

Glefchin, VI. 190. C. Voyez du Guefclin.

le Glefil, feigneurie, IV. 283. B C D.

Glefquin, VI. 191. A. Voyez du Guefclin.

Gletteins, feigneurie, VII. 443. B.

Gleynoufe, feigneurie, V. 606. B D.

Gleyfenove, IV. 835. C.

Gleyfolles, feigneurie, VIII. 4. D.

Glier, VIII. 661. D. IX. 481. D.

Gligorianni, feigneurie, II. 781. E.

Glimes II. 488. D. V. 638. B. E. VI. 709. A. feigneurie, II. 796. D. Bergues, III. 488. D. de Brabant, IX. 76. E.

Glifenove, feigneurie, III. 837. E. VII. 870. D.

Glifieu, feigneurie, II. 323. D.

Gliffenoüe, feigneurie, II. 437. B.

Glify, III. 643. D. VII. 856. C.

Glizy, VIII. 917. D.

Glocefter, comté, II. 484. D E. 485. B. 486. A D E. 487. C. duché, I. 114. C. 249. D. VII. 87. E.

Gloceftre, II. 409. E. V. 849. B. VII. 866. B. comté II. 405. A. III. 53. D. 78. E. 80. B. 289. C. V. 849. B. VI. 74. C. duché, II. 784. E. VII. 106. A.

Gloicas, feigneurie, II. 188. C.

Gloife, feigneurie, VI. 564. C.

Glomel, feigneurie, VII. 529. E. VIII. 364. E.

Glorieri, V. 462. E. 463. A. 462. * A C.

Glos, VI. 356. D. feigneurie, V. 740. A.

la Gloudie en Perigord, V. 356. D.

Goamar, VIII. 483. D.

Goarlot, feigneurie, VII. 844. A.

la Goart, feigneurie, IV. 656. A.

Gobé, VII. 571. A.

Gobelin, IV. 226. A. 642. A. 765. E. V. 769. B. VI. 538. C. 561. D. VII. 257. A. 437. D. 666. C. IX. 151. A. 314. A. 332. B.

la Goberge, comté, II. 322. C.

Gobert, VIII. 138. B.

S. Gobert, VI. 124. A. feigneurie, ibid.

Gobillon, II. 219. B.

Gobin, VII. 636. C.

S. Gobin, feigneurie, II. 736. D.

GODARD, (Seigneurs du) II. 280. C.

Godard, VI. 791. A.

Godart, VIII. 787. A.

Godarville, feigneurie, VII. 562. E.

Godde, VIII. 594. * * * E.

Godeau, VIII. 767. D.

Godefroy, III. 585. B. IV. 617. B. VIII. 538. C. feigneurie, VIII. 159. C.

Godelef, II. 755. E.

la Godeliniere, feigneurie, IV. 452. A. 753. D.

Goderich, feigneurie, VII. 87. C.

Goderieu, VII. 277. B.

Godes, IX. 323. B.

Godet, IV. 879. C. VI. 383. D. 529. A. 573. C. VII. 170. A. VIII. 651. E. des Marais, VI. 119. C. des Marets, IX. 201. B. 203. C. de Renneville, IX. 452. * A. de Sondé, III. 592. A. VI. 152. A.

du Godet, VI. 487. B.

Godin, V. 619. C. IX. 425. D.

la Godiniere, feigneurie, V. 265. C.

Godonvilliers VIII. 159. A.

Goedrefo, feigneurie, V. 418. A.

Goello, VI. 104. C. baronie, II. 59. E. 60. A. VI. 137. B. comté, I. 450. D E. 467. A 468. A. 469. D. 470. C. 471. A B. 472. A D. II. 440. D. 620. B. III. 57. A. IV. 62. D. 63. B. V. 574. E. 583. A. VI. 103. D.

Goes, VII. 811. C.

GOESBRIANT, Louis-Vincent, chevalier du S. Efprit, IX. 259. A.

Goesbriant, VII. 530. B. 724. B. IX. 318. C. marquifat, VI. 119. C. IX. 259. A.

Goeflard, VII. 630. E.

Gœulzin, feigneurie, VIII. 644. B.

Goez, I. 691. B.

la Gogue, I. 275. D. VIII. 158. E.

Gohas, VII. 403. D.

Goheau, VII. 22. D. VIII. 136. B.

Goirans, III. 860. C. feigneurie, IV. 304. B.

Goiflard, VII. 535. A.

Goiffy, feigneurie, II. 409. D.

Goix, feigneurie, VIII. 137. E.

Golard, II. 181. B. 656. D.

Golfic, feigneurie, VII. 620. B.

Gollens, V. 176. C.

Golleville, seigneurie, V. 144. D.

Gombarault, feigneurie, VII. 406. A.

Gombafque, marquifat, II. 65. B.

Gombaud, VII. 20. C.

la Gombaudiere, feigneurie, VII. 10. C.

Gombaut, VI. 208. C. de Champfleury, V. 742. C.

Gomberval, II. 69. A.

Gomer, I. 332. D. II. 129. A. III. 908. D. VI. 383. C. 533. D. 712. A. VIII. 296. B. 808. E. feigneurie, VI. 287. A.

S. Gomer, seigneurie, II. 455. E.

Gomerville, feigneurie, VI. 515. A.

Gomes, I. 577. A. 586. A. 602. C. 610. A. de Sylva, I. 583. B. Taveira, I. 688. B.

Gomets, feigneurie, I. 424. A. VI. 30. A. 31. B. 73. D. le Chaftel, feigneurie, VII. 870. E.

Gomez, III. 352. E. VI. 163. A. VII. 762. B. Sarmiento de Villendrado, III. 352. B.

Gomide, I. 689. D.

Gomiecourt, seigneurie, III. 595. C.

Gomeris, feigneurie, III. 845. B.

Gommerville, feigneurie, IV. 673. A.

Gommets, feigneurie, III. 664. B. 666. A.

Gomont, IX. 124. B.

Gon de Bergonne IX. 337. A.

Gonas, feigneurie, IV. 284. B.

Gonçalez, VII. 761. C. 762. B. 818. C. de Mendoza, IX. 377. E.

Gonceville, feigneurie, II. 86. D.

Gondargues, feigneurie, IV. 276. C.

Gondebaut, VII. 583. A.

Gondelin, VII. 524. D. feigneurie, VIII. 362. D.

Gondeville, feigneurie, VI. 265. A.

GONDOLE, (Seigneurs de) VI. 458. Voyez du Prat.

Gondole, feigneurie, VI. 458. A.

S. Gondom, feigneurie, II 859. A.

Gondran, feigneurie, VIII. 855. D.

GONDRAS, (Comtes de) IV. 441. Voyez la Rochefoucaud.

Gondras, feigneurie, II. 457. B. IV. 42. A. VII. 445. C. VIII. 943. C. baronie, IX. 201. A.

Gondrecourt, VIII. 110. E. 325. A. feigneurie, II. 60. E. 61. A B D E. 62. A E. 63. B C D. 64. D. III. 841. D. IV. 827. D. V. 19. F. VI. 159. D. 745. A. VII. 167. B.

Gondreville, feigneurie, II. 53. E. III. 777. D.

GONDRIN, (Seigneurs de) V. 175. Voyez Pardaillan.

Gondrin, III. 772. E. VI. 210. B. feigneurie, II. 651. C. 672. D. III. 364. D. V. 374. C. 175. C. VII. 457. C. 775. A. IX. 396. B. comté, III. 778. A. marquifat I. 176. E. Voyez Pardaillan.

GONDY, Pierre, évêque & duc de Langres, II. 227. B. Albert, duc de Rets, maréchal de France, VII. 260. C. Charles, seigneur de la Tour, general des galeres de France, VII. 933. B. Charles, marquis de Belhisle, general des galeres de France, VII. 934. A. Albert, duc de Rets, general des galeres de France, VII. 934. B. Philippes-Emmanuel, comte de Joigny, general des galeres de France, VII. 935. A. Pierre, duc de Rets, general des galeres de France, VII. 935. B. Albert, grand-maître des eaux & forêts de France, VIII. 940. A. Albere, chevalier du S. Eprit, IX. 58. C. Pierre, commandeur du S. Esprit, IX. 63. C. Henry, cardinal, commandeur du S. Esprit, IX 132. B. Henry, chevalier du S. Esprit, IX. 137. C. Philippes-Emmanuel, chevalier du S. Esprit, IX. 144. B. Jean-

François, commandeur du S. Esprit, IX. 138. C. Pierre, chevalier du S. Esprit, IX. 188. A.

GONDY, (Genealogie de la maison de) III. 890. & fuiv.

Gondy, I. 149. A. 221. A C. 339. E. II. 217. D. 440. B. III. 318. D. 606. E. 842. B. 857. D. 914. B. IV. 292. A B. 325. A. 643. B. V. 623. A. 738. B. VI. 506. D. 544. C. VII. 176. C. 226. D. 651. A. VIII. 172. E. 747. E. 923. D. 942. D. IX. 87. B. 115. A. 146. A.

Gonfaron, feigneurie, II. 297. D. 298. B.

Gonnelieu, VI. 359. C. 708. D. VIII. 855. B. feigneurie, I. 379. B. V. 619. B.

Gonneville, feigneurie, I. 440. B. VIII. 121. B.

Gonnez, I. 368. E.

la Gonmere, feigneurie, VI. 470. C. VII. 231.

Gonnor, VII. 582. B. feigneurie, IV. 321. C. 322. B. V. 611. B. VII. 236. B. 435. D. baronie, III. 604. D V. 611. C. comté, V. 611. E.

Gonor, feigneurie, IV. 576. B.

Gonord, VI. 685. C.

Gons, feigneurie, II. 664. C.

Gontal, VII. 296. D.

Gontard, feigneurie, II. 111. D. VIII. 294. E. 295. D. marquifat, VIII. 296. A.

GONTAUT, Armand, maréchal de France, dit le Boiteux, VII. 194. B. Charles, duc de Biron, maréchal de France, VII. 362. B. Idrm, amiral de France, VII. 905. C. Armand, maître de l'artillerie du Roi, VIII. 183. A. Armand, chevalier du S. Esprit, IX. 71. A. Charles, chevalier du S. Esprit, IX. 104. C.

GONTAUT, (Genealogie de la maison de) VII. 296. & fuiv.

Gontaut, I. 370. C. II. 234. D. 624. B. III. 364. B. 375. B. IV. 217. B. 324. B. V. 331. E. 735. C. 748. A. 749. A C D. 756. D. VII. 190. B D. 296. C. 327. A. 354. A. 416. E. 417. A. 606. C. 607. B. 926. C. VIII. 502. A. 594. * * * * D. 775. E. 917. B. IX. 198. B. feigneurie, IV. 470. A. 471. C. 472. A. 473. C. 617. D. 618. A. 678. C. 789. B. 790. B. VII. 296. B. Biron, IV. 220. B. 433. B. 589. D. 688. B. V. 177. F. 748. A. 749. C. VI. 515. A. IX. 67. A. 203. A. 326. A. 465. D. 479. D. Cabretez, I. 373. C. V. 196. D. VII. 271. E. S. Geniez, IV. 127. A. VII. 306. A. 861. D.

Gontheri, VI. 528. D.

Gonthier, II. 306. D.

GONZAGUES, Ludovic, chevalier du S. Esprit, IX. 51. B.

GONZAGUES, (Ducs de Nevers de la maison de) III. 712. & fuiv.

Gonzagues, I. 222. A. 294. A. 315. C. III. 354. D. 451. D. 488. D. 490. C. 495. A. 667. A. 861. B. 891. B. IV. 427. D. 436. A. 498. A. V. 661. A. VII. 116. B. 117. D. 118. D. 374. A. VIII. 76. B. 504. B. marquifat, VIII. 43. A. Cleves, I. 340. D. III. 491. A. Mantoué, I. 353. D. Nevers, II. 88. E.

Gonzalez-de-Tellez, I. 699. A.

le Goray, feigneurie, IV. 74. A.

Gorbio, feigneurie, II. 290. A.

la Gorce, III. 826. A. V. 337. B. VII. 344. A. 707. E. 708. A D. feigneurie, III. 817. C. 820. C. VIII. 492. A. baronie, III. 828. A.

Gordans, feigneurie, II. 161. A.

Gordes, feigneurie, II. 239. C D. 240. A B. 241. C. E. 242. A B D E. 243. C E. 244. C E. 245. B. 246. A D E. 248. C. 294. B. IV. 501. C. baronie,

baronie, VIII. 294. C D. marquifat, II. 246.
E. 247. B E. VIII. 295. E. 299. B.

Gordiegues, feigneurie, VIII. 164. C.

Gordon V. 594. C. IX. 401. D. 409. E. de Cluny
IX. 409. A. de Lochinvar, IX. 407. C.

Gorge VII. 550. E. feigneurie, VII. 197. E. d'En-
traignes, IV. 227. B. VII. 898. B.

Gorgias VIII. 858. A.

Gorieux VIII. 74. D.

le Gorlier VI. 576. B.

Gorlitz, duché, I. 248. E.

Goron, feigneurie, III. 582. C.

GORREVOD, (genealogie de) V. 664. & fuiv.

Gorrevod I. 264. C. V. 664. D. VII. 51. D.
feigneurie, V. 664. D. 672. C. baronie, V.
669. A. 671. A.

Gorris VIII. 808. A.

Gorfe VI. 735. A.

la Gorfe, feigneurie, IV. 668. A.

la Gort, feigneurie, VII. 23. E.

Goffeau VII. 632. D.

Goffelin, V. 144. E.

Goffon VII. 833. B.

GOTH, Bertrand, évêque & duc de Laon, II.
170. B.

GOTH (genealogie de) II. 170. & fuiv.

Goth, II. 236. E. 650. B. III. 366. D. 417. C.
855. B. IV. 25. C. 223. C. V. 181. E. 194.
C. 234. F. 731. C. VII. 215. C. 273. A. 404.
C. 549. D. de Rouillac, VII. 776. C.

Gothie, marquifat, II. 680. C. 682. D. 694. C.

GOTHS (Rois des) I. 6. E.

Gouaix, feigneurie, VI. 386. A. 544. B. VIII.
239. C. 240. A.

Gouaillard, V. 176. E. feigneurie, ibid. premiere
baronie du Condomois, ibidem.

S. GOUARD (Seigneurs de) VIII. 768. & fuiv.
Voyez Vivonne.

S. Gouard, feigneurie, II. 427. A. VIII. 764.
D. 768. B.

Gouaube, feigneurie, VII. 292. A.

Goubea, feigneurie, I. 583. B.

Goubis, VII. 504. A.

la Goublaye, feigneurie, V. 407. D.

Gouchet, feigneurie, II. 81. A.

Goudargues, feigneurie, II. 137. B.

la Goude, feigneurie, II. 505. B. III. 576. C.

Goudelin, feigneurie, VII. 389. D.

Goudenhove, VIII. 86. A.

S. Goudens, feigneurie, II. 362. D.

la Goudumiere, feigneurie, V. 266. C.

Goueon, Voyez Goyon.

Gouet, II. 840. E.

Gouezaut, VII. 232. D.

Gouffar, feigneurie, V. 132. A.

Gouffer, feigneurie, V. 135. D.

GOUFFIER, Guillaume, amiral de France, VII.
880. B. Adrien, grand aumônier du Roi, VIII.
252. C. Artus, grand maître de France, VIII.
384. B. Claude, grand écuyer de France, VIII.
505. B. François, chevalier du S. Efprit, IX.
54. A.

GOUFFIER (genealogie de la Maifon de) V. 605.
& fuiv.

Gouffier, I. 377. E. III. 433. B. 575. A. 913.
A. 915. B. IV. 164. C. 167. A. 176. B. 268.
B. 321. C. 322. B. 401. A. 572. A B. 614. A.
V. 84. A. 244. D. 350. B. 575. E. 605. A.
928. E. VI. 119. A. 747. A. 787. A. 789. A.
VII. 112. C. 124. E. 254. 503. A. 550.
B. 557. C. VIII. 178. D. 214. B. 251. C. 259.
E. 266. C. 286. D. 373. C. 558. C. 648. E.
730. E. 748. A. 756. A. 874. D. IX. 456. B.
Tome IX.

de Brazeux, VII. 91. D. de Crevecœur, IV.
400. DE. de Heilly, IX. 330. B.

GOUGE DE CHARPAIGNES, Martin, chancelier de
France, VI. 396. C.

GOUGE DE CHARPAIGNES (genealogie de) VI. 398.

Gouge VI. 327. B. de Charpaignes, IV. 889. B.
VI. 398. A. VIII. 818. C.

Gouget IX. 89. C.

GOUGEUL, Jean, II. du nom, maître general &
enquêteur des eaux & forêts de France, VIII.
860. B.

Gougeul VII. 818. D. 870. C. VIII. 709. A. de
Rouville, V. 141. D. Voyez Rouville.

Gougnon, VI. 506. B.

Gouhenans, feigneurie, VII. 807. C.

S. Gouhenon, VIII. 361. C.

Gouhier, VII. 570. AC.

Goujeon V. 419. E. Voyez Goyon.

Goujarde, feigneurie, IV. 287. C.

Govignies III. 577. D.

Gouillons VIII. 251. B.

Gouin VII. 342. C.

Gouion, Voyez Goyon.

Goujon, Jean, controlleur du marc d'or, IX.
365. C.

Goujon, VI. 383. D. 545. D. de Gafville, IX.
319. D. de Thuify, VI. 624. B. IX. 163. C.
168. B. 414. E.

GOUJONNAC (Seigneurs de) V. 757. & fuiv. Voyez
Durfort.

Goujonnac, feigneurie, V. 757. B.

Goul, feigneurie, V. 139. D. 140. CE. VII.
175. B.

Goulaines IV. 679. B. VIII. 364. E. feigneurie,
VII. 176. E. 506. C. 854. A. marquifat, I.
470. B. VIII. 364. E.

Goulancourt, feigneurie, V. 89. C.

Goulard, II. 449. E. IV. 166. B. 374. B. 443.
C. 688. C. 728. E. 789. C. V. 756. B. VII.
272. B. 392. C. 774. A. VIII. 133. C. feigneurie,
VII. 509. E. Caftelnau, VII. 452. A. Cornillon,
comté, VIII. 298. A.

Goulas, VII. 683. A. VIII. 823. B. Voyez le
Breton.

Goulencourt, II. 170. E. feigneurie, VII. 823. B.

Goulet, feigneurie, I. 172. A. VI. 537. C.

Goulioust, feigneurie, VIII. 286. C.

Goullay, VI. 679. D.

Goullayne VII. 227. B. IX. 453. C.

Goulons VIII. 67. A. 97. E. 105. A.

Goult, II. 360. C D. IX. 175. C. feigneurie,
II. 246. DE.

Goulx, VIII. 324. B.

Goumar, III. 89. B.

Goumard. IV. 306. D. 457. A.

Gounens, feigneurie, VII. 288. D.

Goupiac, feigneurie, V. 356. A.

Goupil, VI. 355. D. 358. B. 367. A. feigneurie,
II. 85. D.

Goupille, VIII. 755. A.

Goupillieres, feigneurie, IV. 217. B. VI. 403. D.
VIII. 482. B. marquifat, II. 108. BCE. 109.
A B.

Gouppil, VIII. 20. E. 21. A.

Gouray, VII. 527. D. feigneurie, VII. 710. C.

Gourdagnes, feigneurie, VII. 489. A.

Gourdan, feigneurie, V. 106. C. 263. D. IX.
92. A.

Gourdeau VI. 289. E. IX. 447. C.

Gourdes, feigneurie, I. 442. B. VIII. 449. C.

Gourdieges, baronie, IV. 681. C. IX. 207. A.
Voyez la Combe.

Gourdiegues, comté, VII. 435. D.

GOURDON DE GENOUILLAC, *Jean-Paul*, chevalier du S. Esprit, IX. 206. B.

Gourdon, IV. 123. E. 124. A. VI. 681. A. VII. 300. B. 302. A. 318. B. 416. A. 761. A. VIII. 465. A B C D E. seigneurie, III. 388. B. 423. B. V. 337. B. 354. B. VII. 94. A. 415. B. VIII. 163. A. 164. A. 166. D. 936. C. baronie, VIII. 162. B. vicomté, VIII. 166. A. *de Genouillac*, III. 364. D. 766. C. IV. 130. B. VII. 25. A. 309. A. *Labouriane*, baronie, IV. 602. C. *Vaillac*, IV. 142. A. VII. 324. A.

la Gourdouere, seigneurie, VII. 584. A.

Gourdouze, seigneurie, II. 136. C.

Goure, *Voyez* Gavre.

Gourel, seigneurie, III. 795. D.

Gouret, VI. 197. A.

la Gourfourée, seigneurie, VII. 230. E.

Gourgas, seigneurie, VII. 484. D.

Gourgerie, seigneurie, VIII. 270. E.

Gourgues, IV. 405. C. VI. 567. A. IX. 432. C.

Gourjault, VIII. 771. A. IX. 442. C.

Gourlay, III. 914. D. VI. 803. A. VII. 99. E. VIII. 747. E. IX. 89. A. *Voyez* Gourle.

Gourle, III. 614. A.

la Gourlée, seigneurie, VI. 124. A. 665. A.

GOURNAY (*Seigneurs de*) II. 408. C. *Voyez* Meullent.

Gournay, IV. 835. A. VI. 74. C. 118. C. VII. 87. B. VIII. 118. B. IX. 99. A. 418. C. seigneurie, I. 287. D. 361. C. 378. A. 424. A. 532. D. II. 405. C. III. 591. A. IV. 413. A. V. 158. C. 606. C. VI. 31. B. 73. D. 556. D. VII. 866. C. VIII. 397. C. IX. 163. C. vicomté, VIII. 372. C. marquisat, VII. 256. C. *le Guerin*, seigneurie, III. 644. D. 645. A. B C. VII. 338. C. *sur Marne*, seigneurie, III. 666. A B. VI. 29. D. 30. B.

Gourneson, seigneurie, VI. 176. B.

Gournoy I. 510. D.

Gourreau VI. 470. D. IX. 327. B.

Gours, seigneurie, VII. 25. C.

Gourfac, seigneurie, II. 136. E.

Gourfaut IX. 343. C.

Gourville VI. 310. A. VIII. 768. B.

Gourvilliers, II. 121. B.

Gourvinec, VII. 519. A. 720. D. *Befit*, VII. 529. D.

Goury II. 232. E.

la Goufe IV. 504. D.

Gousillon, V. 928. A.

Gouson V. 749. C.

Goussaincourt, seigneurie, IV. 900. A. IX. 451. C.

GOUSSAINVILLE (*Seigneurs de*) III. 618. *Voyez* Montmorency.

Goussainville, VIII. 296. E. seigneurie, II. 88. B. 126. B. IV. 398. B. 597. B. VI. 260. C. 334. A. 575. B. 666. B. VII. 13. D. VIII. 883. B. 884. B. marquisat, VII. 369. E.

Goussancourt, seigneurie, VI. 154. A. 719. A.

Goussavant, seigneurie, IX. 450. * E.

Gousse de la Roche-Alard, III. 778. B.

Gousseau, VII. 429. B.

Gousseville, seigneurie, II. 86. C. VI. 533. A. VIII. 260. D.

Goussier, VI. 455. A.

la Goussiere, baronie, IV. 454. D.

Gout, II. 646. A. VII. 281. A. 926. D. VIII. 473. A. *de Marsillac*, VII. 454. C. *Voyez* Goth.

la Goute-Bernard, seigneurie, V. 337. C.

Goutenoutouze, seigneurie, VII. 57. E.

Gouth, II. 669. E. IX. 391. E.

Goutier, IV. 165. A.

Gouts, seigneurie, V. 177. E. 178. D.

Goutz II. 356. C. VII. 218. C.

Gouvea, marquisat, I. 639. D.

le Gouvello, V. 417. D.

Gouverne, VII. 556. C.

Gouvernet, marquisat, III. 778. B.

Gouverts, seigneurie, II. 441. A.

Gouvieux, seigneurie, VI. 663. D.

Gouviez, seigneurie, II. 411. D.

Gouville, seigneurie, VII. 885. A. marquisat, VII. 632. D.

Gouvis, seigneurie, V. 151. B. VIII. 102. B.

le Goux, II. 83. A. 108. E. IV. 670. B. VI. 502. D. 530. C. VII. 127. B. 802. D. *de la Berchere*, VI. 590. D. IX. 274. B.

Gouy, I. 380. B. III. 915. A. VII. 833. B. VIII. 523. D. 890. D. seigneurie, V. 136. C. 836. C. 841. B. VII. 556. A. 563. E. VIII. 39. C. 40. B. 657. A. 851. D. 888. A.

Gouyse, seigneurie, VIII. 701. A.

le Gouz-Maillard, IX. 323. B.

Gouzignen, seigneurie, VII. 200. C.

Goy, VII. 493. A. 567. A. seigneurie, VII. 755. C. VIII. 299. D E. 300. B.

Goyencourt, seigneurie, III. 914. D. 915. A B.

Goyer VII. 430. B.

Goyet VI. 421. C.

GOYON, *Jacques*, sire de Matignon, maréchal de France, VII. 355. A. *Charles-Auguste*, comte de Gacé, maréchal de France, VII. 680. C. *Alain*, grand écuyer de France, VIII. 495. D. DE MATIGNON, *François*, chevalier du S. Esprit, IX. 199. B. *Jacques*, chevalier du S. Esprit, IX. 67. C. *Odet*, chevalier du S. Esprit, IX. 111. B. *Charles*, chevalier du S. Esprit, IX. 119. A. *Leonor*, commandeur du S. Esprit, IX. 183. B. *Jacques*, chevalier du S. Esprit, IX. 233. C. *Louis-Jean-Baptiste*, chevalier du S. Esprit, IX. 272. A. *Marie-Thomas Auguste*, chevalier du S. Esprit, IX. 282. B.

GOYON MATIGNON, (*Genealogie de la Maison de*) V. 374. *& suiv.*

Goyon, IV. 58. C. 539. D. V. 150. D. 374. B. VII. 121. D. 389. C. 524. B. 525. B. 729. A. VIII. 170. E. 173. C. 191. B. 361. B. 579. A B. IX. 96. A. 448. B. *Matignon*, III. 502. B. IV. 128. E. 499. B C. 802. B. V. 145. C. 391. A. VII. 307. D. 444. D. 652. D. 712. E. IX. 276. B. 325. B. *la Moussaye*, IX. 276. B. *de Vaurouant*, V. 408. C.

Goyrans, VII. 456. B. seigneurie, IV. 667. C.

Goysant, seigneurie, VII. 365. E.

Gozaucourt, seigneurie, VI. 707. B. 709. A.

Gozeau, VII. 22. D.

Gozeliers, seigneurie, V. 646. C.

Gozon, III. 831. A. *Molac*, IX. 424. C.

Gozzadini, I. 186. A.

Graçay, IV. 387. B. V. 344. D. VII. 367. D. 372. E. VIII. 53. A. baronie, II. 852. B.

Grace, VIII. 305. B. seigneurie, VII. 587. C.

Gradok de Swanley, VII. 89. B.

Graffart, II. 432. E. VI. 435. D.

la Graffonniere, seigneurie, V. 143. B.

GRAFFTON, (*Seigneurs de*) VII. 90. *Voyez* Talbot.

Graffton, seigneurie, VII. 90. B.

Graftot, seigneurie, V. 146. C.

Gragneul, seigneurie, VI. 567. A.

Gragneux, seigneurie, II. 385. A.

Graham, IX. 404. C. 406. A. *de Murphie*, IX. 408. D.

Grajar, comté, V. 529. A.

Graignac, II. 185. 2. E.

Grailhault, seigneurie, VIII. 130. C.

la Grailliere, seigneurie, IV. 657. C.

GRAILLY (*Genealogie de*) III. 367. *& suiv.*

Grailly II. 706. BD. III. 348. C. 350. C. 435. B. IV. 122. C. VI. 209. D. 211. A. 221. D. VII. 83. E. seigneurie , IV. 423. D. 878. C. seigneurie , VI. 221. D.

Grain , IV. 895. A. V. 347. A. VII. 28. B. *de S. Marsault*, II. 230. C. V. 15. E. 347. A 358 A.

Grainbouville , seigneurie , VII. 876. C. VIII. 23. B.

Graincourt, seigneurie, VIII. 86. A.

Graine, seigneurie, II. 196. E. VI. 784. C.

Grainville , IV. 403. D. VII. 825. B. 876. B. seigneurie , I. 379. B. V. 143. A. 151. B. VII. 472. D. 816. C. 818. A. VIII. 20. BC. 100. D. 251. E. 710. BC. 711. BCE, 712. A B. *Sur-Ry*, seigneurie, II. 409. C.

Graisivaudan, comté , II. 12. D. 25. B.

les Graisses, seigneurie, I. 371. B.

la Graitoire, seigneurie, V. 12. C.

la Graliere , seigneurie, III. 640. C.

Gramat, seigneurie, IV. 136. D. 137. A. baronie, IV. 234. AC. 662. B. VII. 311. C. 315. B. comté, V. 750. A. *en Quercy*, baronie, IV. 133. AC.

Grambus, IV. 409. D. seigneurie, V. 847. B. VI. 177. B.

Gramines V. 824. C.

Grammoceau , seigneurie, II. 443. E.

Grammont II. 222. B. 871. B. seigneurie, VIII. 95. E. *Chastillon*, comté, II. 212. C.

GRAMONT , duché - pairie , érigé en 1648. pour *Antoine* , comte de Gramont IV. 605. *Pieces concernant cette érection* , *ibid. & suiv*

GRAMONT , *Antoine* , maréchal de France, VII. 519. C. autre *Antoine* , maréchal de France, VII. 716. A. *Antoine* , chevalier du S. Esprit , IX. 146. A. *Antoine* , chevalier du S. Esprit, IX. 188. B. *Antoine-Charles*, chevalier du S. Esprit, IX. 220. C. *Philibert* , chevalier du S. Esprit, IX. 229. D. *Louis* , chevalier du S. Esprit IX. 285. *Louis-Antoine-Armand* , chevalier du S. Esprit , IX. 286. A.

GRAMONT, (*Genealogie de la maison de*) IV. 610. *& suiv.* (*Comtes & Ducs de*) pairs de France, IV. 612. *& suiv.*

Gramont, II. 184. A. 206. E. 649. D. III. 605. C. 773. C. IV. 473. C. 611. E. 644. BD. V. 85. E. 90. A. 265. DE. 736. B. 842. A. VII. 307. CE. 406. D. 604. D. 659. D. VIII. 192. D. 760. A. IX. 147. A. 391. D. 479. D. seigneurie , III. 392. BC D. 854. C. IV. 480. C. VII. 190. D. 461. A. 604. B. baronie, VII. 789. D. comté , III. 388. E. V. 594. B. VII. 659. B. duché, III. 588. B. IV. 128. D. 129. A. 218. C. 412. B. 498. E. 792. D. 880. A. VII. 406. D. pairie, V. 842. B. VII. 307. C. 589. A. *en Armagnac* , baronie, IV. 666. C.

GRANA (*marquis de*) II. 50. BC.

Grana, marquisat, VIII. 42. BC.

GRANCEY , duché - pairie , érigé en 1611. pour GUILLAUME de Hautemer , comte de Grancey, maréchal de France , V. 852. *Lettres concernant cette érection, ibid. & suiv.*

Grancey, II. 874. C. IV. 822. E. 831. E. 872. E. 873. C. VI. 69. C. 145. C. 159. B. 655. D. 666. A. 733. A. 742. A. VII. 4. C. VIII. 352. D. 551. C. 715 D. 719. B. seigneurie, I. 287. D. 298. D. III. 582. A. IV. 164. D. 821. D. 830. A. V. 510. B. VI. 159. B. 652. A. VII. 48. A. 395. C. VIII. 99. B. 351. E. 426. D. 427. C. comté, VI. 293. B. VII. 393. D. 395. C. 545. C. 558. A. 571. C E. 696. A. VIII. 120. D. marquisat, IV. 225. A. VII. 54. A. 575. C.

Granchamp, seigneurie , II. 306. E.

GRANCHE , *Estienne* , maître fauconnier du Roi, VIII. 744. A.

Granche, III. 625. A. VIII. 465. A.

GRANCHES, *Gilles* , maître de l'écurie du Roi, VIII. 464. E.

Granches , seigneurie, VII. 890. BC.

GRANCHET , (*Seigneurs de*) V. 189. C. 190. C D.

Grancier, seigneurie, VIII. 364. E.

Grançon , VII. 41. A. 60. E. 806. C. 807. D. 810. C. VIII. 349. D. 353. C. seigneurie , VII. 796. D.

le Grand , II. 122. E. III. 905. C. V. 84. D. VI. 696. C. 433. C. 457. C. 590. C. 707. C. VII. 478. B. 552. B. 565. D. 875. C. VIII. 808. E. 812. B.

Grandbois, comté, III. 641. C. IV. 375. D. 686. A. VII. 854. B.

Grand-Broouck, seigneurie, VIII. 33. A.

Grand-Champ, seigneurie , III. 30. C. V. 161. D. VI. 530. A. 571. C. 573. C. VIII. 537. C. 538. D.

la Grand-Court, seigneurie, II. 121. D. 122. A. 495. B.

Grand-Fontaine, seigneurie, IV. 829. C.

Grand-Fossé , seigneurie, IV. 597. A.

le Grand de S. Germain, VIII. 563. B.

la Grandiere, III. 586. B.

Grandison, vicomté, IX. 414. C.

Grandmaison, seigneurie, V. 418. A. VII. 231. D. VIII. 810. ** D. *Voyez* Herman.

Grandmesnil, VIII. 401. C. seigneurie , II. 478. A. VII. 434. A. VIII. 88. D. 396. C.

GRANDMONT (*Seigneurs de*) VII. 874. *Voyez* Malet.

Grandmont II. 872. E. VI. 282. D. VII. 7. E. VIII. 340. C. 646. D. seigneurie, II. 229. D. IV. 827. D. VII. 874. C.

Grand-Moulin , seigneurie , III. 620. B. VII. 113. C.

GRANDPRE', *Geoffroy* , évèque & comte de Châlons, pair de France , II. 314. E. *Jean*, aumônier du Roi , VIII. 225. D.

GRANDPRE', (*Genealogie des Comtes de*) II. 315. *& suiv.* (*Comtes de*) III. 840. & 843. *Voyez* Apchier & Joyeuse.

Grandpré, II. 737. C. VI. 76. B. 160. B. 276. B. 392. B. 695. A. 738. B. 743. A. VIII. 427. A. 870. B. IX. 393. D. seigneurie, VII. 183. C. comte, I. 254. C D. 255. D. 314. B. 324. D. II. 63. C. 501. C. 662. D. III. 304. D. 909. D. IV. 41. B. VI. 33. A. 62. A. 76. B. 108. B. 140. C. 160. B. 694. B. 695. A. VII. 104. C. VIII. 646. D. 871. E.

Grandrang, vicomté, I. 257. E.

Grandru, seigneurie, VII. 339. D.

Grandrué, seigneurie, VIII. 281.

Grandsart, seigneurie, VI. 805. A. VIII. 643. A.

Grandseigne, IV. 680. D. 687. B. V. 182. B. seigneurie, IV. 710. D. VIII. 95. E.

Granson, I. 89. E. II. 766. B. VII. 48. E.

Grands-Beaucamps , seigneurie , III. 651. B.

Grands-Gorges, seigneurie, IV. 186. A.

Grandval, seigneurie, VII. 570. B.

Grandvelle. *Voyez* Perrenot.

Grand-Vialla , seigneurie , III. 829. D. 830. A.

Grandvle , VIII. 332. A.

Grandville, seigneurie, III. 621. C. 795. D. IV. 858. C. V. 396. A. VIII. 92. E.

Grandvilliers , seigneurie, VI. 517. A 785. C. IX. 89. B.

Grandylan, VI. 446. B.

Grane au diocese de Valence, II. 185. 2. A.

LA GRANGE, *François*, seigneur de Montigny, maréchal de France, VII. 424. A.

LA GRANGE, *Jean*, maître de l'artillerie du Roy, VIII. 168. A.

LA GRANGE, *François*, chevalier du S. Esprit, IX. 111. C.

LA GRANGE D'ARQUIEN, *Henry*, chevalier du S. Esprit, IX. 245. B.

LA GRANGE (*Genealogie de*) VII. 424.

LA GRANGE-LE-ROY (*Seigneurs de*) VI. 264. *Voyez* Bouteillers.

la Grange, I. 365. B. 366. A. II. 119. B. 120. A B. 664. E. III. 452. B. IV. 668. C. 673. B. 718. C. V. 764. E. VI. 211. E. 378. D. 433. D. 504. D. 639. A. VII. 222. D. 370. D. 374. B. 667. A. 869. E. 903. B. VIII. 147. A. 809. C. 869. A. IX. 208. A. 211. B. seigneurie, II. 456. C. 861. A B. IV. 41. C. 180. A. 459. D. 671. B. 755. A. V. 241. E. 346. C. VI. 450. C. 451. A. 540. D. 551. A. 673. D. 675. A. 791. A. VII. 59. C. 160. A. 195. D. 196. A. 414. C. 548. C. 567. A. 617. B. VIII. 254. B. 286. A. 369. C. 693. B. IX. 332. B. marquisat, I. 472. A. 490. B E. 494. B D. 495. C D E. IX. 170. A. *d'Ancy*, seigneurie, VII. 510. B. *d'Arquien*, IV. 224. D. 543. D. 774. A. 850. B. V. 153. D. *d'Artuis*, seigneurie, VII. 431. C. *de Bart*, seigneurie, VII. 65. B. 67. A. *en Berry*, seigneurie, VII. 151. A. *Bleneau*, seigneurie, V. 345. B. 346. D. 347. C E. 349. B. *du Bois*, seigneurie, V. 148. E. VIII. 711. B. *en Bretagne*, VII. 678. D. *en Brie*, V. 346. E. *Courberon*, seigneurie, IV. 763. A. *Fossegilet*, seigneurie, VIII. 110. C. *Fournaliere*, seigneurie, VII. 234. A. *de Germoles*, seigneurie, I. 556. B. *Laurent*, seigneurie, IV. 227. C. *du Milion*, seigneurie, IX. 518. B. *Montigny*, IV. 223. B. VII. 84. B. 897. A. IX. 113. C. seigneurie, IV. 719. B. IX. 122. B. *Nevelon*, seigneurie, VI. 382. B. *Quincy*, seigneurie, VI. 435. D. *le Roy*, seigneurie, II. 306. E. IV. 844. B. VIII. 786. C. 787. A B. *Servieres*, seigneurie, V. 889. D. *Trianon*, IV. 178. D. VI. 573. D. VIII. 809. * D. IX. 151. A. *Voyez* Courtin.

DES GRANGES, *Jean*, aumônier du Roy, VIII. 225. G.

GRANGES (*Seigneurs des*) VII. 792. *Voyez* Pelet.

des Granges, III. 88. C. VII. 14. C. VIII. 706. B. seigneurie, II. 35. C. IV. 30. C. 33. C. 34. B E. 454. C. 561. 651. B. 854. B. V. 143. A. 144. B. VI. 321. B. 470. C. 794. D. VII. 4. D. 336. D. 871. C. VIII. 169. C. baronie, IV. 34. A. *Gentardes*, seigneurie, VII. 791. B. *Voyez* Fradet.

la Grangette, seigneurie, III. 374. C.

Grangier, III. 92. A. IV. 688. C. VII. 852. C. VIII. 823. B. *de Liverdis*, IX. 340. B.

la Grangouere, seigneurie, VIII. 707. D.

Graniac, baronie, IV. 135. B. VII. 313. D.

GRANIAGUES (*Seigneurs de*) III. 859. & *suiv. Voyez* Nogaret.

Graniagues, seigneurie, III. 853. A. IX. 81. C.

Granmont, IX. 154. C. seigneurie, II. 717. VII. 161. D. 253. D. 641. A. VIII. 142. D.

Granseville, seigneurie, VIII. 20. C.

Granson II. 158. C. 224. E. IV. 847. D.

Grantrye, seigneurie, VI. 559. B.

Granville, seigneurie, I. 440. B. 701. C. VI. 526. B. 664. B. VII. 526. D. 875. D. IX. 377. A.

Granzay, seigneurie, V. 16. A.

le Gras, I. 456. A. VI. 565. D. VII. 376. &c.

A. VIII. 306. B. 821. A. 938. B. IX. 365.

Grasigny, seigneurie, II. 872. C.

Grasmesnil, VI. 194. A. *Voyez* Crasmenil.

Grassay, seigneurie, V. 19. D. VIII. 707. A.

Grasse, II. 244. B. 291. B. 294. B. III. 387. A. IV. 495. A. 503. A. 504. V. 281. C. VII. 391. D. IX. 441. A. *de Bar*, II. 244. D. IV. 502. A. *de Cabris*, II. 243. A. *Canaux*, III. 387. C. *du Mas*, II. 294. E. *de Pontevez de Flassans*, VII. 391. D.

Grasset, IV. 862. E. V. 23. E.

Grasseteau IX. 354. B.

la Grassiere, seigneurie, VI. 424. C.

Grassignon, VII. 594. D.

Grassion, seigneurie, V. 367. B.

Gratay, seigneurie, V. 669. D.

Gratedon, seigneurie, II. 67. A.

Gratedos, seigneurie, VII. 247. C.

Gratejol, III. 818. E.

Grateloup, seigneurie, III. 497. C. baronie, VII. 502. B. IX. 240. A.

Grateri, baronie, II. 285. D.

Gratet, VIII. 920. D.

Gratian, VIII. 307. E.

S. Gratian, seigneurie, VI. 69. B.

S. Gratien, seigneurie, VII. 635. A. 636. C.

Gratin, seigneurie, IV. 459. C.

Gratot, seigneurie, VII. 528. C.

Gratz, comté, V. 657. C.

Gratzen, comté, I. 263. D. VIII. 644. B.

Grave, V. 393. A. VII. 484. B. seigneurie, I. 53. A. II. 743. E. VII. 767. A. *Serignan*, V. 897. C. IX. 92. B.

Gravé, VII. 184. A. IX. 201. B. 203. C.

Graveins, seigneurie, IV. 37. B. 899. A. IX. 427. B.

Gravelines, seigneurie, I. 325. E. 326. B. 328. B. II. 735. C D. 736. B. III. 727. A. 728. C. V. 512. A B.

la Gravelle, seigneurie, II. 308. C. IV. 218. A. V. 15. A C. VI. 195. B. 535. A.

Gravelles, seigneurie, IV. 891. A.

Gravenchon, seigneurie, V. 129. F. 130. E.

la Graverie, seigneurie, VI. 365. A.

Graveron, seigneurie, VII. 579. D.

Graves, VIII. 890. C.

Graveson, seigneurie, II. 241. C. VII. 785. B.

Gravezon. *Voyez* Robins.

Gravier, VIII. 211. E.

GRAVILLE, duché-pairie, érigé par brevet du 20. Avril 1567. en faveur de CHARLES, cardinal de Bourbon, V. 800. *Brevet pour cette érection*, V. 801.

Graville, V. 131. F. 140. C. VI. 776. B. VIII. 580. A. seigneurie, II. 409. B. 433. A. 437. D. 438. D. III. 293. E. 795. D. IV. 80. C. 461. B. V. 139. D. 140. C. 609. D. VI. 106. D. 379. B. 673. B. 759. B. 776. B. VII. 18. D. 60. E. 636. B. 709. A. 865. A. 866. B. VIII. 18. D. 86. C. 711. A. 730. D. comté, II. 439. A. 440. C. VII. 676. C. marquisat, I. 339. D. 347. B. 348. E. VII. 909. B.

Gravina, duché, VIII. 414. B.

Gravine, comté, I. 400. D. 416. B. 547. D. II. 782. E.

la Graulas, VII. 456. C. 917. A. seigneurie, V. 177. A C.

la Graule, seigneurie, I. 370. D. IV. 140. E. VII. 322. C. 606. C.

Graulejac, seigneurie, VIII. 595. **** E.

la Graulet, seigneurie, VII. 268. D. baronie, VII. 454. A.

Graulhet, seigneurie, II. 351. E. 359. A. IX. 420. D.
Graulhez, seigneurie, VII. 128. C. 129. A.
Graulieu, seigneurie, VIII. 544. B.
la Gravoire, seigneurie, VIII. 584. A.
la Gravoyere, seigneurie, VII. 234. B.
Graux, VII. 254. B.
Gravy, VII. 516. C.
Grayan, seigneurie, II. 171. C.
Greaulieres, seigneurie, II. 293. B.
Greaux, seigneurie, IV. 494. C.
Greboval, VII. 747. C.
la Grée, seigneurie, IV. 83. B. 804. A.
Grefeville, seigneurie, IX. 425. C.
Greffier, seigneurie, VII. 99. A. VIII. 706. B.
la Grefve, IX. 446. A.
Gregnieu, seigneurie, VII. 197. D.
Gregoire, IX. 422. D.
Gregoire de la Gache, II. 253. A.
Gregoire de Gardies, VII. 129. A. VIII. 889. D.
Gregy, seigneurie, I. 497. A.
Grelon, IX. 437. C.
Grelonges, seigneurie, VII. 258. D.
Gremainvilliers, seigneurie, VI. 549. C.
Gremauville, seigneurie, III. 594. D.
Gremian, seigneurie, VII. 787. E.
Gremieu, seigneurie, VIII. 500. A.
Gremonville, VIII. 765. E. IX. 102. A. seigneurie, VI. 586. B. VII. 556. C.
Grenade, I. 618. D. 676. A. III. 352. E.
Grene, VI. 540. D.
Grené, II. 306. E. III. 617. C.
Grenelle, VI. 368. A.
Greneville, seigneurie, IV. 673. A C.
Grenguen, VII. 844. B.
Grenguerville, seigneurie, VI. 272. B.
la Grennerie, seigneurie, VIII. 588. A.
Grenier, IV. 456. A. VII. 420. C. 513. E.
Grenoble, comté, III. 198. A. VI. 725. B. VIII. 412. B.
Grenonville, seigneurie, IV. 79. A B. 82. A B. baronie, IV. 82. C. 83. C D.
Grenoville, seigneurie, VII. 390. B.
Grente, V. 150. A. VII. 475. C.
Grentemesnil, VI. 74. B.
Gresignac, seigneurie, IV. 567. E.
Gresigné, seigneurie, VII. 21. C.
la Gresille, VII. 850. B.
Gresille, seigneurie, II. 40. B.
Gresinac, seigneurie, VII. 27. C.
Gresivaudan, comté, VII. 145. D.
Greslet, IV. 458. B. VII. 595. B D.
Gresly, VII. 347. E. VIII. 693. D.
Gresolles, seigneurie, III. 289. C.
Gresses, seigneurie, VII. 708. B.
LA GREVE (Seigneurs de) IV. 561. & suiv. Voyez Chabot.
la Greve, VIII. 68. C. seigneurie, II. 199. B. 320. D. III. 638. A. IV. 448. C. 557. C. 558. A. 575. A. 653. C. 678. C. V. 569. A. VI. 117. A C. VII. 383. A. VIII. 572. A. baronie, V. 397. E.
Greves, seigneurie, VIII. 234. A.
S. Greville, seigneurie, VII. 218. B.
Greviller, seigneurie, III. 577. A.
Grewembars, baronie, V. 618. A.
Grey, VII. 88. B. 90. A. 841. A.
GREZ, Guillaume, évêque & comte de Beauvais, pair de France, II. 264. E.
Grez, II. 264. E. baronie, I. 287. D. 517. D. IV. 662. B. 664. A. 744. B. V. 243. B. VI. 657. B. VII. 284. A. 666. D. IX. 197. B. 228. B.

la Greze, seigneurie, VII. 282. C.
Grezille, VIII. 250. A. seigneurie, VIII. 270. B.
Gribaldi, seigneurie, VI. 493. C.
Gribaleon, seigneurie, I. 586. A.
Gribaud, II. 288. D.
Gribaudenges, VII. 686. D.
Gribaumesnil, seigneurie, VII. 556. C.
Gribon, VII. 544. E.
Gribou, V. 830. B. seigneurie, I. 257. A. VI. 292. D. VII. 101. A. VIII. 560. B.
Gribouval, seigneurie, III. 615. B. 906. B. VII. 475. D.
Gricourt, seigneurie, III. 608. C.
Grierson de Lag, IX. 401. E. 403. A.
la Griffardiere, seigneurie, VIII. 753. D.
Griffeth, VII. 87. A.
Griffols, V. 360. F.
du Griffon, IV. 751. A. 804. E.
Griffoul, seigneurie, II. 369. B D. 370. A B.
Griffy, IX. 202. C.
Grignan, seigneurie, III. 835. C. IV. 860. E. VI. 300. D. VII. 247. B. comté, I. 722. C. II. 251. E. 427. B. 457. D. V. 282. A. VI. 507. B. VII. 930. D. VIII. 307. B. IX. 85. C. 232. D.
Grignard de Landesay, VI. 260. B.
Grignaux, VII. 456. C. seigneurie, IV. 536. A. VII. 579. C.
Grigné, seigneurie, III. 638. A.
Grignemont, seigneurie, IV. 662. B.
Grigneuseville, seigneurie, VIII. 641. B.
Grignoles, seigneurie, I. 517. A.
Grignolles, IV. 478. E.
Grignols, VIII. 596. **** D. seigneurie, VII. 815. D. comté, VIII. 593. D.
Grignon, VI. 480. D. seigneurie, IV. 767. D. V. 164. E. VI. 522. B. VIII. 424. D. 800. A. IX. 303. B. baronie, V. 13. A. VIII. 717. B C. comté, I. 477. E. II. 722. C. marquisat, IV. 768. B D. VII. 478. B.
Grigny, I. 328. A. VII. 739. C 741. B. VIII. 696. B. seigneurie, VI. 481. B. 522. A D. VIII. 275. A.
Grille, VIII. 305. A.
Grillemont, seigneurie, VIII. 703. A. 837. E.
Grillet, III. 894. D. VII. 52. B. 198. B. IX. 93. A. de Brissac, II. 257. C. des Roches Barisant, VI. 801. B.
Grillo, IV. 497. C.
GRIMALDI, Marc, capitaine general des Arbalêtriers, VIII. 47. B. Honoré, chevalier du S. Esprit IX. 180. A. Louis, chevalier du S. Esprit, IX. 220. A. Antoine, prince de Monaco, chevalier du S. Esprit, IX. 298. B.
GRIMALDI (Genealogie de la maison de) IV. 489. & suiv.
GRIMALDI DE SEVILLE, qu'on fait descendre de Grimaldi-Monaco, IV. 489. B.
Grimaldi, II. 244. D. 248. C. 250. D. 254. C. 287. B D. 288. D. 294. C. 296. C. III. 501. A. 773. C. IV. 616. D. V. 281. C D. 290. E. 391. C D. VII. 117. D. 260. B. VIII. 297. A D. 303. D. 304. A. 306. D. IX. 279. A. 422. A. d'Antibes, V. 281. C.
Grimancourt, seigneurie, III. 486. B.
Grimarés, seigneurie, III. 611. B.
Grimaud, chancelier de France, VI. 239. D.
Grimaud II. 295. B C. III. 823. C. IX. 440. E. seigneurie, II. 651. B. VIII. 295. E. IX. 94. A. comté, VIII. 913. D. Voyez Grimaldi.
la Grimaudaye, seigneurie, VII. 720. B.
Grimaudet, VII. 504. A.
la Grimaudiere, seigneurie, V. 624. C.
Grimault, V. 851. C. VIII. 254. A. seigneurie

S 2

VII. 53. C. baronie, VII. 392. A. marquifat ,
　VII. 53. C.
GRIMAUT, *Reguier*, feigneur de Cagne, amiral,
　VII. 738. C. *Voyez* Grimaldi.
Grimberge, III. 908. A. comté , III. 488. D.
Grimberges, feigneurie, II. 329. C. 332. E. 733.
　E. comté, I. 257. A.
Grimberghen, principauté, IX. 431. C.
Grimberghes, VII. 473. C. VIII. 77. B.
Grimbergue, comté, V. 649. A.
Grimbert, VIII. 873. A.
Grimbofc, feigneurie, V. 145. C. 146. A D. 147.
　D. 148. E. 151. A. 152. B. baronie, VI. 634.
　C. marquifat, V. 150. B. *du Gripon*, V. 423.
　D. 424. A.
Grimoard, II. 136. B. III. 646. D. *de Beauvoir*
　du Roure, II. 141. D. IV. 266. B. VII. 360.
　D. *de Montlaur*, IV. 128. D. *Voyez* Beauvoir,
　Caylus & Mourthon.
GRIMONVILLE, *Nicolas*, chevalier du S. Efprit,
　IX. 81. A. *Louis*, chevalier du S. Efprit, IX.
　125. A.
Grinmoville, IV. 765. A. feigneurie, VIII. 260.
　C. *Voyez* Gremonville.
Grimouville, VII. 256. D.
Gringneval, feigneurie, III. 580. E.
Grinmicourt, feigneurie, VII. 50. E.
Grinols , feigneurie , VIII. 245. A. marquifat,
　VIII. 165. D.
Gripel, II. 83. C. VII. 64. D.
la Gripiere, feigneurie, VI. 367. B.
Grippon, feigneurie, IV. 225. E. VI. 187. E.
　VIII. 170. C. baronie, VII. 225. D.
Grips, VIII. 81. E.
le Gris, VI. 512. B. 645. A.
Grifac , baronie , II. 136. B. marquifat, VII. 360.
　D. IX. 202. C.
la Grife, feigneurie, II. 386. B.
Grifelles, feigneurie, VIII. 915. A.
Grifenoire, feigneurie , IX. 329. A.
Grifieu, feigneurie, VIII. 815. C.
Grifol, III. 824. E. 825. E.
Grifolez, feigneurie, VIII. 210. C.
Grifolles, feigneurie, VIII. 737. C.
Griffe, feigneurie, VIII. 143. A. 492. C. baronie,
　VIII. 142. A. 500. E. *Gouet* , baronie , VIII.
　143. A.
Griffé, feigneurie, VII. 493. C.
Grify, feigneurie, VI. 68. C. VIII. 786. C. 787.
　B.
Grify, feigneurie, VI. 537. D.
Grivel, VIII. 373. A. 693. A.
Grobendonc, feigneurie, II. 798. B.
Groblendonck, feigneurie, V. 652. C.
Groffeliers, vicomté, VI. 803. A.
Grognet, IX. 87. B. *de Vaffé*, III. 896. B.
Grogneul, feigneurie, IV. 793. E.
Groignes, VII. 178. A. 394. C.
le Groin, I. 261. D.
LE GROING, *Helion*, general, maître & vifiteur de
　toutes les artilleries de France, VIII. 141. A.
LE GROING (*Genealogie de*) VIII. 141. B.
le Groing, IV. 366. B. VII. 494. A. 714. D.
Grolay, feigneurie, VI. 557. C.
Grolée, II. 32. A B E. 196. E. 197. D. 198. D.
　201. E. 206. B. IV. 18. A. 893. B. V. 264.
　D. 268 E. VI. 563. B. VII. 665. C. 808. D.
　VIII. 499. C. 911. B E. 919. A. 920. C. fei-
　gneurie, IV. 889. B. VII. 43. b. baronie, II.
　165. D. comté, VII. 392. D. *de Meuillon*, VIII.
　919. D. IX. 72. B. *de Peyre* , VII. 539. C. *de*
　Vireville, VI. 563. B. IX. 177. B. *la Tivoliere*,
　IV. 68. A. V. 268. E.

Groley, feigneurie, III. 568. D.
Grolier, II. 434. B. V. 103. D. VI. 440. A. VIII.
　307. A.
la Groliere, baronie, IV. 894. C. 895. A. comté,
　IV. 895. A. 896. A.
la Grolle, feigneurie, VII. 584. D.
Gromback, feigneurie, VIII. 354. B.
Gron, IX. 304. B.
Gros, I. 360. D. III. 154. A. VII. 253. A. VIII.
　61. E. 425. D. IX. 345. A. *de Brancion*, IV.
　859. B.
Grofat, baronie, II. 651. E.
Grofbois, VII. 700. A B. feigneurie, IV. 642. A.
　860. C. VIII. 487. A. 800. B. 802. D. 803.
　A. baronie, VII. 803. D.
Groflay, III. 495. D.
Grofmefnil, feigneurie, IV. 408. A. VI. 475. E.
　VIII. 22. B C D. 25. B. 95. A.
GROSPARMY, *Raoul*, garde des fceaux de France ,
　VI. 272. A.
Grofparmy, II. 83. D. IV. 62. A. VI. 272. B.
Grofpil, feigneurie, IV. 535. A.
Grofpuy, feigneurie, II. 200. D. 202. B. V. 354.
　E.
Gros-Ropp, feigneurie, VII. 657. E. 659. C.
Groffaine, VII. 291. D.
Groffaines, VIII. 737. B.
Groffay, feigneurie, IV. 763. A B.
Grofferne, feigneurie, VIII. 652. A.
Groffetto, feigneurie, VI. 78. C.
la Groffiere, feigneurie, II. 429. A.
Groffœuvre, feigneurie , VI. 574. A.
GROSSOLLES, (*Genealogie de la maifon de*) IX. 384.
　& *fuiv.*
Groffolles, II. 677. D. III. 385. A B C. IV. 418.
　D. 547. B. V. 289. A. VI. 220. A. VII. 61.
　A. 217. B. 408. C. 773. A. IX. 384. C. 455.
　A. 460. D. *Flamarens*, VII. 772. C. *Voyez* Fla-
　marens.
Groflove, IV. 375. A. VII. 9. E. VIII. 324. C.
　373. A. feigneurie, VIII. 693. A.
Groteil, feigneurie, V. 134. F.
Grou , baronie, IX. 395. D.
Grouches, III. 615. B. IV. 323. B. VI. 292. C.
　485. D. VII. 101. A. 475. D. VIII. 184.
　A. 560. B.
Grouchet, I. 526. B D.
Grouchy, VI. 369. B. IX. 329. A.
Groulart, IV. 720. B. VIII. 811. * D.
Grouffeau, VII. 476. C.
GROUSSET, (*Seigneurs de*) VIII. 102. *Voyez* Eftou-
　teville.
Grouffet, feigneurie, VII. 818. A. VIII. 102.
　C.
Grouvegnies, feigneurie, III. 611. B.
Grouxlot, baronie, VIII. 364. E.
LA GROYE, (*Seigneurs de*) VII. *Voyez* Aloigny.
la Groye, feigneurie, IV. 367. D. V. 764. A. VII.
　618. A. IX. 458. A.
Grubenhague, *Voyez* Brunfwick.
Gruchet, feigneurie, VIII. 811. * B.
Gruchy, feigneurie, VII. 593. E. 597. C.
Grucq, VII. 136. A.
la Gruë, VII. 98. B.
Grué, feigneurie, VIII. 20. C.
GRUEL, *Claude*, chevalier du S. Efprit, IX. 116.
　A.
Gruel, IV. 213. C. 286. C. VII. 549. D. 862.
　A. *de Boifemont*, IV. 475. A B. *la Frette*, VI.
　220. C. VII. 862. A. VIII. 778. A. IX. 126.
　B.
Sainte Gruere, feigneurie, VII. 778. A.
Grueres, VII. 37. B. 39. B. feigneurie, VII. 37.

B. comté, II. 197. GD. VII. 38. D. 740. D.
Gruet, II. 183. D.
Gruffy, Voyez Compeys.
Grugelin, VII. 587. A.
Gruger, VII. 436. C.
Grugny, seigneurie, VII. 885. A.
Gruin, VI. 531. D. VII. 30. E.
GRUMESNIL (Seigneurs de) IV. 412. & suiv. Voyez
Rouvroy-saint-Simon.
Grumesnil, seigneurie, IV. 407. B. V. 86. F.
VIII. 635. D.
Grummery, seigneurie, III. 611. B.
Grusel de Segur, IV. 548. B.
Gruson, seigneurie, III. 613. A. VI. 175. D.
Gruter, IV. 460. C.
Gruters, I. 244. B.
Grutersalle, seigneurie, II. 742. B.
LA GRUTHUSE, Jean, grand maître des arbalê-
triers de France, VIII. 108. D.
là Gruthuse, III. 919. D. VII. 171. A. seigneu-
rie, II. 334. E. 767. B. III. 736. C. 908. A.
V. 230. D. VI. 52. E. VII. 104. D. 131. A.
435. D. 850. E. VIII. 106. E. 108. D.
Gruyere, comté, IV. 827. E.
Gruyn, VI. 456. A. VIII. 760. A. 794. A.
du Gua, marquisat, II. 251. E.
le Gua, seigneurie, IV. 284. B.
Guadalaxara, seigneurie, I. 576. E.
Guadaleste, marquisat, VIII. 44. C.
Guadalez, marquisat, VIII. 36. C.
Guadebois, seigneurie, V. 18. D.
la Guadeloupe, marquisat, IV. 896. C. IX. 451.
C.
Guaix, seigneurie, VIII. 148. D. 149. B.
Gualbes, IX. 234. B.
Gualez, VII. 724. E. de Mezobran, VII. 701. C.
Gualsinace, seigneurie, VIII. 503. C.
Gualtara, I. 571. E.
GUALTERIO, Philippes-Antoine, cardinal, nommé
commandeur du S. Esprit, IX. 298. A.
Guarchy, I. 507. B. VIII. 718. B.
Guarclip, VI. 182. D. 183. A. Voyez du Guesclin.
Guarda, duché, I. 602. B.
Guardia, marquisat, V. 526. C. principauté, IX.
210. C.
Guargetel, seigneurie, V. 835. D.
GUARGUESALLE, Jean, grand-maître de l'écurie
du Roy, VIII. 490. A.
Guarguesalle, seigneurie, V. 383. F.
Guarguesulle, Voyez Guarguesalle.
Guaripault, VII. 103. A.
Guarlot, seigneurie, VIII. 358. A.
Guarneville, seigneurie, VII. 875. E.
Guarplic, VI. 183. B. Voyez du Guesclin.
du Guast, IV. 474. B. IX. 203 A. marquisat,
VIII. 76. B. Voyez Berenger.
Guastalla, principauté, V. 661. A.
Guastalle, duché, III. 714. B.
du Guay, V. 22. A. seigneurie, V. 140. E.
Gubernatis, II. 285. C.
Gudegowen, I. 265. D.
Gudin, II. 105. D. IX. 138. B.
DU GUÉ, Jean, heraut roy d'armes des ordres,
IX. 346. A. François, heraut roy d'armes des
ordres, IX. 346. B.
du Gué, II. 84. C. III. 915. C. IV. 387. A. V.
764. A. VI. 461. C. 552. B. 721. B. VII. 467.
E. 724. A. VIII. 161. E. 373. A. 594. ***
B. seigneurie, V. 424. B. de Bagnols, VI. 120.
E. 286. D. VII. 459. A. de Segur, VII. 620. B.
GUÉ DE L'ISLE, (Seigneurs du) IV. 74. & suiv.
Voyez Rohan, (autres Seigneurs du) VII. 723.
Voyez Coetlogon.

Gué de l'Isle, seigneurie, IV. 53. E. 74. A. 803.
A. VI. 769. B. VII. 383. C. 721. C.
Gueauduc, seigneurie, VII. 721. C.
Guebermaitnil, seigneurie, VIII. 662. B.
Guebriant, V. 401. B. 494. D. comté, II. 87. C.
Guecharrox, VI. 411. E.
Guechart, seigneurie, III. 614. ABCD. 615.
A. 616. A.
Guedes, I. 692. D.
Guedreville, seigneurie, IX. 318. C.
Gueffaud, VIII. 483. D.
Gueffault, VI. 425. B. 512. A. 597. A.
Gueffaut, VII. 618. C.
GUEFFIER, Christophe-Etienne, heraut roy d'armes
des ordres, IX. 348. A.
Gueffier, III. 824. D.
Gueguen, VII. 526. D.
Gueilet, seigneurie, II. 296. A.
Gueldres, III. 485. A. V. 138. E. 508. D. VI.
97. A. 778. C. VIII. 451. D. comté, II. 326.
D. 328. E. 722. A. 734. A. 758. E. 775. A.
791. A. 841. E. VIII. 402. A. duché, I. 245.
D. 308. AB. 375. A. II. 798. A. V. 133. C.
138. E. VI. 97. A. principauté, V. 133. C.
Egmond, II. 70. E. Wassemberg, II. 335. D.
Gueldrop, VI. 555. B.
Gueldtdorf, seigneurie, IV. 570. A. VII. 173. E.
Guemadeuc, IV. 323. D. 791. D. VII. 630. E.
IX. 76. D. 455. D. seigneurie, IV. 804. B. V.
381. A. 382. C. 395. AB. 396. C. 402. A.
VII. 525. B. 729. A. baronie, IV. 375. A.
VII. 385. D.
Guemappe, seigneurie, III. 607. C. 608. AB.
609. B. 610. C.
GUEMENE' (Seigneurs & Princes de) IV. 59. &
suiv. Voyez Rohan.
Guemené, seigneurie, III. 638. B. IV. 55. D. 58.
C. 65. D. 70. B. 425. A. VI. 189. D. VII.
76. C. 107. C. 172. B. 501. D. VIII. 420. C.
principauté, I. 470. E. II. 59. D. 83. E. 94. A.
IV. 64. ABC. 65. A. 268. B. 335. B. 542. C.
V. 235. B. VI. 772. C. VIII. 146. D. Guin-
gamp, seigneurie, IV. 59. A. 81. B. VI. 767.
B. Ponsans, seigneurie, VI. 765. D.
Guemenier, seigneurie, IV. 458. B.
Guemicourt, seigneurie, VIII. 283. C.
S. Guen, seigneurie, VII. 529. A D.
Guenand, II. 859. B. VII. 122. E. 123. D. 850.
A. VIII. 116. A. 205. B. 667. C.
Guenant, II. 399. D. IV. 163. A. 653. B. 716.
A. VI. 65. C. VIII. 60. D. seigneurie, VIII.
60. E.
Guenany, I. 341. D.
GUENAULT, Josias, maître enquêteur des eaux &
forêts, VIII. 846. D.
GUENEGAUD, Henry, chancelier des ordres, IX.
306. B.
Guenegaud, III. 502. A. IV. 854. A B. 856. A.
V. 85. A. VI. 221. A. VII. 683. A. VIII. 69.
B. 794. C.
Gueneme, II. 603. A B.
Guenet de Franqueville, IX. 423. B.
Gueneville, seigneurie, VII. 390. B.
Guenguen, VIII. 359. B.
Guenonville, Voyez Guenouville.
Guenouville, VI. 361. D.
Guepean, seigneurie, VII. 551. B. VIII. 120. B.
Gueprée, baronie, VII. 395. A.
Guer, VIII. 364. C.
la Guerambardiere, seigneurie, VII. 527. B.
Guerapin de Vaureal, II. 433. A.
Guerard, seigneurie, IV. 724. A. baronie, VI. 292.
A. 293. B. 294. B.

Guerbigny, marquifat, VIII. 717. A D.

la Guerche, IV. 193. D. 462. B. VII. 866. B.
VIII. 7. D. 764. A. feigneurie, I. 272. B C.
273. B. 276. B. III. 293. D. 320. B E. VI. 137.
C. 186. D. 297. C. 429. C. VII. 21. E. 75. A.
155. E. VIII. 372. D. 541. B. 568. B. 902.
D. baronie, IV. 325. B. V. 130. C. VI. 509. C.
VIII. 943. B. vicomté, IV. 877. A. VI. 765.
D. comté, VI. 508. B. Voyez la Gnierche &
Petit.

Guercheville, feigneurie, V. 148. D. 222. D. VI.
625. D. IX. 57. A. marquifat IV. 335. A. 428.
D. 430. A. 756. A E. 854. A. V. 387. B. VIII.
175. B. 815. D.

Guerchi, feigneurie, VII. 544. E. baronie, VII.
895. E.

Guerchy, I. 490. A. V. 241. B. VI. 503. B. VIII.
169. D. feigneurie, VIII. 93. C.

Gueribalde, VIII. 235. C. 891. A.

Guerin, chancelier de France, VI. 271. A.

Guerin, I. 448. B. II. 253. E. 254. D. 255. B.
865. B. IV 184. B C. 186. A. 440. C. V. 279.
C. 765. A. VI. 322. D. VII. 20. D. 232. A.
595. A. 616. C. 709. D. 874. A. VIII. 145. D.
265. A. 297. B. IX. 75. C. 419. A. 421. D. de
Chafteauneuf, IX. 154. C. de Torniel, V. 748.
B D.

la Gueriniere, VIII. 892. A.

LA GUERITAUDE, (Seigneurs de) VII. 507. Voyez
Maillé.

la Gueritaude, feigneurie, VII. 505. B. 507. B.

Guerivert, feigneurie, IX. 455. C.

Guermeur, VIII. 359. B. 361. C. feigneurie, VII.
723. E. 729. B.

Guermonval, VII. 546. C.

Guernetot, feigneurie, VI. 642. A.

Guernonval, feigneurie, VIII. 82. A.

Gueroult, VN. 494. A.

Guerpel, VI. 643. E.

Guerplic, VI. 183. B. Voyez du Guefclin.

Guerpont, feigneurie, VIII. 254. D.

la Guerra, I. 660. A. III. 727. C.

la Guerrande, feigneurie, V. 420. A.

Guerreau, IV. 503. A.

des Guerres, VIII. 693. D.

Guerrier, VII. 217. E. IX. 471. C.

Guerry, VII. 29. B.

Guers VII. 768. E. 787. B. IX. 86. A. feigneurie,
VII 776. B.

DU GUESCLIN, Bertrand, connétable de France, VI.
178. D.

DU GUESCLIN, [Genealogie de la maifon de) VI.
187. & fuiv.

du Guefclin, II. 407. E. III. 629. B. 631. C.
634. A. IV. 59. B. V. 378. E. VI. 183. D.
VII. 121. D. 253. B. 381. B. 389. A. 523.
C. de la Roberie, V. 495. C.

Guefdat, VI. 387. D.

Guefdin, VII. 654. D. IX. 47. E.

Guefdon, VII. 59. A.

la Guefle, IV. 267. B. VI. 566. B. VII. 368. D.
811. A. VIII 759. E. feigneurie, VII. 493. A.

Guefnon, VII. 631. B.

Guefpré, baronie, IV. 220. B.

Gueffein, feigneurie, VII. 630. B.

des Guets, VII 560. D.

la Guette, VI. 435. D. VII. 294. A. feigneurie,
II. 108. C. VI. 589. B. VIII. 287. B.

Guetteville, II. 223. B. VI. 491. B. 514. A. feigneurie, VIII. 283. C.

Guevara, VII. 118. A. VIII. 76. B. IX. 295. B.

Guevarra, III. 353. B. Voyez Velez.

Guevarre, VI. 494. B.

Gueutteville en Caux, VI. 372. E.

Gueux, feigneurie, VI. 153. C.

Guiart, VII. 484. B.

Guibert, II. 124. A. 223. C. VI. 565. D. VII.
791. C. VIII. 136. D. 485. C. IX. 462. A.

Guiberteau VII. 682. D.

la Guibougere, feigneurie, IV. 809. A.

Guibourg, VIII. 593. C.

Guibray, feigneurie, VI. 643. B.

la Guibriere, feigneurie, II. 351. E.

Guicarnou, VII. 728. A.

Guicen, baronie, IX. 378. B.

Guichard, I. 369 B 498. C. VII. 495. C.

la Guichardaye, feigneurie, VII. 724. C.

Guichardy de Martigné, VI. 197. A.

LA GUICHE, Jean François, maréchal de France,
VII. 441. A. Philbert, maître de l'artillerie de
France, VIII. 183. B. Philbert, chevalier du
S. Efprit IX. 61. B. Jean-François, chevalier du
S. Efprit, IX. 140. D Bernard, chevalier du
S. Efprit, IX. 239

LA GUICHE, (Genealogie de la maifon de) VII.
441.

la Guiche, I. 104. A B. III. 366. E. 489. B. 821.
C. 821. C. IV. 62. B. 64. C. 440. A. 659.
B. 825. C. 898. A. V. 387. A. VII. 45. E. 158.
C. 200. A. 358. C. 386. A. 476. C. 810. E.
811. D VIII. 191. E. 247. C. 328. E. 330. C.
332. A. 341. C. 702. C. 816. A. feigneurie,
IV. 335. B. 618. B. V. 387. A. VII. 132. C.
441. C. VIII. 191. E. 192. D. 246. B. 816.
A. comté, IV. 218. C. 480. C. 614. C. 615.
A. 616. B. 617. A. S. Geran, IV. 32. E. V.
738. A. IX. 96. C. 115. A.

la Guichonniere, feigneurie, IX. 453. A.

Guiçun, feigneurie, I. 292. B.

Guidebon, baronie, VII. 39. A.

Guido, V. 415. A.

Guiencourt, feigneurie, II. 80. B.

la Guierche, II. 846. E. III. 576. B. feigneurie,
I. 494. D. III. 712. B. vicomté, IV. 679. A.
IX. 59. A. 101. B. de Grofon, IV. 851. A.
Voyez la Guerche.

Guierville, feigneurie, VI. 643. C.

Guiet, feigneurie, II. 334. B C.

Guieville, VIII. 559. A.

Guievry, feigneurie, VI. 339. A. VIII. 12. A.
13. B.

Guiffray de l'Aire, II. 457. D.

Guigan, IV. 806. B.

Guigneaudeau, II. 666. C.

Guigneville, feigneurie, VIII. 26. A.

Guignicourt, feigneurie, VI. 384. B. VII. 590.
B.

Guignies, feigneurie, III. 608. B. 609. B D. 610.
A. VIII. 84. A B.

Guignonville, feigneurie, VII. 902. D.

Guigny, feigneurie, IV. 727. D. 728. A. 729.
A.

Guigou, VIII. 754. A.

Guiguen, vicomté, I. 470. D. IV. 62. D. VI.
770. A.

Guihebert, feigneurie, VI. 144. A B D E.

Guihou, II. 256. B.

Guilhem, VI. 300. B. VII. 414. D. 767. C. de
Clermont, II. 370. E. VII. 281. C. de Clermont-
du-Bofc, II. 373. A.

Guilhon, IX. 133. B.

Guillac, feigneurie, IV. 56. D.

Guillan de la Chapelle, feigneurie VIII. 890.
A.

Guillanche, feigneurie, VIII. 596 ** B.

Guillancourt, feigneurie, II. 54. A. III. 841. A.
Guillard,

Guillard, II. 307 A. IV. 705. A. 776. A. VII. 348. C. 474. B. 525. D.

Guillart, VI. 443. C. 590. C. VIII. 636. D.

Guillaudeu, III. 601. A.

Guillaume, sénéchal de France, VI. 29. A.

Guillaume, chancelier de France, VI. 247. B.

Guillaume, maître de l'artillerie de Montargis, VIII. 126. C.

Guillaume, IX. 163. B. 274. B.

Guillaumet, VIII. 486. B.

la Guillaumie, VI. 475. D.

Guillebat, II. 83. C.

Guillebaut, maître de l'écurie du Roi, VIII. 464. E.

Guillebaut, seigneurie, VII. 24. A. *de Chailly*, VII. 14. D.

Guillebert, VII. 513. E. VIII. 211. C.

Guillebon, VII. 560. A.

Guilledo, seigneurie, VIII. 580. B.

Guilleman, seigneurie, VI. 719. D.

Guillemeau, VI. 605. D.

Guillemin, VI. 606. A. VIII. 810. * * B.

Guillemont, seigneurie, VIII. 697. E.

Guillen, II. 250. E. *de Sala-Montjustin*, II. 292. D.

Guillencourt, seigneurie, VIII. 642. E.

Guillens de Casteller, III. 606. B.

la Guillerie, seigneurie, IX. 444. A.

Guillerme, IV. 600. B.

Guillermi de Varnassal, VII. 65. A.

Guillerville, seigneurie, VIII. 237. B.

Guillie, seigneurie, IV. 371. B.

Guillobé, VI. 505. C.

la Guillotiere, seigneurie, VII. 28. A.

les Guillots, IV. 309. C. VII. 281. E.

Guimarens, duché, I. 603. A. 614. A. 615. A. 617. B. 619. A.

Guimera, IX. 231. C.

Guimerville, seigneurie, VII. 561. B. 563. B.

Guimonet, VI. 444. C.

Guinemicourt, seigneurie, VI. 50. C.

Guinée, seigneurie, I. 598. D. 601. A. 606. C.

GUINES, (*Comtes de*) VI. 132. *Voyez* Brienne.

Guines, VI. 94. D. 106. C. 115. B. 135. C. 167. D. 254. C. 713. B. VIII. 29. D. seigneurie, III. 292. C. 575. A. comté, I. 254. C. II. 715. A. III. 571. E. 572. A. B. V. 637. D. 814. C. VI. 61. D. 94. D. 126. B. 135. C. 161. B. 167. D. 168. C. 247. D. 248. A. 254. C. 704. A. VII. 122. A. 880. A. VIII. 265. A. 402. B. 542. B.

Guinet, VI. 552. B. seigneurie, II. 201. C. 207. A. C.

Guineuf, IV. 166. A.

Guingamp, VII. 724. D. seigneurie, I. 458. C. VI. 189. D. VII. 722. D. comté, III. 52. D. 56. E. V. 583. A.

Guintignie, seigneurie, VII. 640. A.

GUION, *Jean*, controlleur du marc d'or, IX. 366. D.

la Guionniere, seigneurie, VII. 102. E.

les Guiots, VIII. 873. D.

Guip, II. 665. D.

LA GUIRAIE, (*Seigneurs de*) V. 22. *&* *suiv.* *Voyez* Sainte-Maure.

la Guiraie, seigneurie, V. 18. D. 22. F. 23. B.

Guiramand, VIII. 294. A.

Guirand, II. 140. C. 142. A.

S. GUIRAUD, (*Seigneurs de*) VII. 417. *Voyez* Lauzieres, *ibid.* 420.

S. Guiraud VII. 412. D. 417. C. seigneurie, IV. 611. D. VII. 420. A.

la Guiraudaye, V. 16. A.

Tome IX.

la Guiroire, seigneurie, IV. 448. C. 564. A.

Guitry, I. 440. C. 444. B. VI. 152. D. 284. C. 360. B.

Guisancourt, seigneurie, IV. 403. D. 404. A. V. 831. A. VI. 786. B. VIII. 526. A.

GUISCARD. *Louis*, chevalier du S. Esprit, IX. 247. B.

Guiscard, IV. 879. D. V. 166. A. 739. C. VII. 213. C. 780. A. VIII. 164. C. *Magnis*, marquisat, IX. 247. B.

Guiscaret, IV. 76. B.

Guiscarol, VII. 451. A. seigneurie, *ibid.*

GUISE, duché-pairie, érigé en 1527. pour CLAUDE de Lorraine, III. 478. duché-pairie, nouvelle érection en 1704. pour HENRY-JULES de Bourbon, prince de Condé, & ANNE de Baviere, comtesse-palatine du Rhin, sa femme, V. 68.

GUISE (*Genealogie des Ducs de*) de la maison de Lorraine, III. 485. *&* *suiv.*

Guise, I. 241. E. II. 183. A. 729. D. VI. 74. D. VII. 139. D. seigneurie, I. 86. AB. 229. B. 451. A. III. 567. E. VI. 94. D. 103. B. VIII. 7. D. 863. E. comté, I. 231. B. 235. C. 236. C. II. 162. D. 218. C. III. 429. C. 430. B D. 726. D. IV. 69. CD. 214. A. V. 134. B. 138. D. 515. D. VI. 696. A. duché, I. 137. C. 140. C. 148. D. 218. C. 257. A. 277. C. 327. E. 334. B. 343. C. 356. A. II. 73. C. 74. B. 89. B. 90. C. 877. E. III. 451. C. 513. B. 713. D. 839. C. 877. A. VI. 769. A. VII. 154. A. 190. C. VIII. 272. C. 451. B. pairie, V. 639. D. 640. E. principauté, IV. 543. C. *sur la Moselle*, comté, III. 497. D.

Guiselin, VIII. 154. C.

Guisencourt, I. 379. A.

Guisery. *Voyez* Guysery.

Guisigny, seigneurie, VI. 125. C. VIII. 562. B C.

Guisteboust, VI. 427. D.

Guistelles. I. 253. D. II. 766. E. 768. D. III. 622. E. VIII. 418. E. *Voyez* Ghistelles.

Guiraud, comté, IX. 207. C.

GUITAUT, (*Seigneurs de*) II. 663. *&* *suiv.* *Voyez* Cominges.

Guitaut, comté, VII. 427. C.

Guisebonne, seigneurie, II. 411. E. 412. A.

Guiten, VI. 296. D.

GUITINIERRES, (*Seigneurs de*) VII. 864. *Voyez* Aydie.

Guidnieres, seigneurie, V. 742. B. VII. 864. E. vicomté, VII. 395. C.

Guiton de Maulevrier, VII. 348. D.

Guiton, VIII. 595. * * * * B.

la Guitonniere, seigneurie, VII. 855. B.

Guitry, seigneurie, VI. 68. B. VIII. 695. A. 823. D. *Voyez* Quitry.

Guitté, VII. 525. B.

la Guitterie, seigneurie, VII. 336. A.

Guitton, VII. 29. A.

Guivry, seigneurie, VIII. 15. B.

Guizelin, VII. 834. C.

Gulapian, seigneurie, VII. 415. D.

Gumery, seigneurie, IV. 793. E.

Gumiane, baronie, II. 252. A.

Gunant, seigneurie, II. 187. C.

Guny, VI. 638. B.

Guot. *Voyez* Goth.

GURCY, (*Seigneurs de*) VII. 900. *Voyez* Brichanteau.

Gurcy, baronie, VII. 900. A.

Gurgy-le-Chasteau, baronie, II. 143. E.

Guron, VIII. 483. C. seigneurie, VIII. 484. D.

Gutrea, V. 524. C. 528. A. Arragon, V. 528. C. Arragon-Borgia, ibid.

Gurson, (Comtes de) III. 587. & suiv. Voyez Poix.

Gurson, seigneurie, II. 706. B D. III. 369. B. 381. C. baronie, III. 383. C. vicomté. III. 370. E. VI. 211. E. comté. VI. 487. D. VII. 861. E. VIII. 165. C. 594. **** B.

Gursy, seigneurie, IV. 847. C.

Gusman, IX 295. A. 297. B.

Gusselli, comté, VI. 500. B.

Guttieres, IX. 377. C.

Guy, chambrier, VIII. 393. B.

Guy, bouteiller de France, VIII. 524. D.

Guy II. 39. B. 40. C D. VII. 500. A. 586. B. VIII. 195. D.

Guyancourt, seigneurie, V. 621. A. VI. 261. A.

GUYBERMESNIL, (Seigneurs de) VI. 549. Voyez le Fevre Caumartin.

Guibermesnil, VI. 512. B. 544. A. seigneurie, VI. 549. B.

Guyencourt, seigneurie, VI. 429. A. VII. 337. A. VIII. 735. E. 747. E.

GUYENNE, duché-pairie, nouvelle érection, en 1469. pour CHARLES de France, III. 435.

GUYENNE, (Genealogie des ducs de) II. 510. & suiv. (Suite des ducs de) II. 521. & suiv.

GUYENNE, (Rainulfe I. du nom, duc de) II. 512. B. (Guillaume III. du nom, duc de) II. 513. E. (Guillaume IV. du nom, duc de) II. 514. E. (Guillaume V. du nom, duc de) II. 516. B. (Guillaume VI. du nom, duc de) II. 517. A. (Guillaume VII. du nom, duc de) ibid. E. (Guy-Geoffroy, dit Guillaume VIII. du nom, duc de) II. 518. D. (Guillaume IX. du nom, duc de) II. 519. D. (Guillaume X. du nom, duc de) H. 520. D. (Edouard I. du nom, duc de) II. 522. B. (Edouard II. du nom, duc de) ibidem. (Edouard III. du nom, duc de) ibidem. C. (Edouard IV. du nom, duc de) ibid. (Jean Sans-Terre, duc de) ibid.

Guyenne, II. 695. C. 722. B. 723. B. 772. C. 775. A. 845. E. III. 199. D. VIII. 49. C. 397. E. comté. II. 715. C. duché, I. 70. B. 76. E. 95. C. 105. D. 621. B. 626. B. 631. B. 648. A. 657. A. 659. A. 665. B. 684. C. 698. C. II. 156. D. 462. B. 591. A. 612. A. III. 69. D. 127. A. 174. A. IV. 191. E. 450. D. 461. C. VI. 11. D. 12. D. VIII. 410. C. pairie, II. 510. & suiv.

Guyet, VII. 509. A.

Guymont, IX. 470. D.

Guyneheuc, IX. 473. E.

Guynes, comté, IV. 163. C. 164. D. 167. C. 169. A. 170. A. 173. A. Voyez Guines.

Guyneve, VI. 525. C.

Guynewich, VII. 113. C.

la Guyolle, seigneurie, III. 418. D.

Guyon, I. 526. A. IV. 219. D. IX. 483. B.

la Guyonie, seigneurie, VII. 860. C.

la Guyoniere, seigneurie, VII. 506. A.

Guyonvelle, seigneurie, IV. 832. C.

Guyot, III. 452. C. VI. 356. B. 358. D. VII. 49. C. 84. B. IX. 332. B.

Guyot de Charmeaux, IV. 368. D. 763. B.

la Guyouroye, seigneurie, VI. 291. C.

Guysery, seigneurie, VII. 212. A.

Guyrois, VII. 425. B.

Guzman, I. 293. E. 588. A. 603. B. 617. B. 621. B. 626. B. 631. B. 648. A. 657. A. 659. A. 685. B. 684. C. 698. C. II. 351. A. 352. A. 355. A. V. 525. C. 527. E. 528. A. 529. C.

530. B. VI. 163. A. IX. 28 9. B. Caraffa, I. 293. D. Villena, I. 582. A. Zuniga, I. 293. E. Voyez Henriquez.

Guzman de la Paz. Voyez Haro.

GYAC, Louis, seigneur de Chasteaugay, échanson de France, VIII. 547. A.

GYE, (Seigneurs de) IV. 88. & suiv. Voyez Rohan.

Gyé, seigneurie, IV. 55. D. 58. C. 59. B C. 61. B C. 68. C. 71. A. 217. D. 714. C. VII. 503. B. VIII. 172. D.

Gyrond. Voyez Gironde.

Gyrund. Voyez Gironde.

Gyvrou, seigneurie, VI. 422. B.

H

HABARC, III. 578. D. V. 93. F. 833. A. VI. 708. C D. VIII. 84. B.

Habarcq. Voyez Habac.

Habarq. Voyez Habarc.

Habart, I. 361. C. VII. 341. C. VIII. 75. B. 738. C. seigneurie, III. 596. D.

Habecourt, seigneurie, VI. 312. A.

Habencourt, seigneurie, II. 385. E.

Habert, III. 652. A. VII. 617. C. VIII. 810. C. 812. C. 891. C. de Montmor, III. 498. B. IV. 601. A C. V. 387. E. VIII. 417. B. 897. E. IX. 151. A.

Hablouville, seigneurie, V. 141. D E.

Habsbourg, I. 92. B. comté, I. 402. B.

Hac, seigneurie, IV. 71. C.

Hacheville, seigneurie V. 141. D E.

Hachicourt, seigneurie, III. 577. A D. 578. A. VI. 116. A. 712. C. Voyez Achicourt.

Hacqueville, IX. 321. B.

Hadington, comté, V. 595. C. VII. 106. A.

HAFFTEN, (Seigneurs de) VI. 102. Voyez Châtillon.

Hafften en Zelande, seigneurie, VI. 102. A.

Haganon, favori du roi Charles III. du nom, I. 35. D. 36. B C.

la Hage, seigneurie, VIII. 217. B. IX. 471. C. Forgues, IX. 471. C. VIII. 217. D.

Haget, seigneurie, V. 744. C.

Hagnicourt, seigneurie, VIII. 872. C. Voyez Agnicourt.

Haiecourt, seigneurie, V. 493. A.

Haillan, seigneurie, IX. 341. C.

des Haillars VIII. 547. D.

Haillart, seigneurie, VIII. 276. E.

Hainaut, II. 199. D. V. 228. F. VIII. 50. D. 545. D. 567. D. 862. B. 865. A. comté, III. 157. A 569. A. V. 228. F. VII. 106. A. Voyez Haynaut.

Heisival, V. 239. A.

Halart, III. 617. A.

Halbeque, seigneurie, II. 321. A.

Halde, III. 913. E.

Halebroche, VIII. 481. D.

Halenaut, seigneurie, II. 224. D.

Halgoet, IV. 219. B. 806. D. VII. 519. B. 713. A.

Haliburton, IV. 654. A.

Hallier, seigneurie, III. 606. B.

HALLONS, Etienne, seigneur de la Riviere, chancelier de France, VI. 550. B. Voyez Aligre & Daligre.

HALLONS, (Genealogie de) VI. 550.

Haligre, IV. 325. C. VI. 550. D. 562. D. VII. 559. D. 601. B. VIII. 795. A.

Hall, seigneurie, I. 416. C. 478. B. 547. C. II. 781. A. 782. C.

HALLE', *Jean*, heraut roi d'armes des Ordres, IX. 347. C.

Hallé, VI. 287. D. 590. A. IX. 366. B. *d'Orge-ville*, VIII. 811. * D.

Hallemunde, comté, VIII. 640. A.

Hallencourt, V. 84. D. VI. 155. D. VII. 549. A. 601. B. VIII. 642. B. 793. C. IX. 461. C. seigneurie, VIII. 11. A. 281. B. 645. D. 851. D.

Hallenech, seigneurie, VIII. 540. D.

les Halles, seigneurie, III. 91. E.

Hallier, seigneurie, VII. 439. B. 533. D. VIII. 558. E.

Hallies, seigneurie, III. 609. A.

HALLODS, (*Seigneurs des*) IV. 287. *Voyez* Bonne.

HALLOT, (*Seigneurs du*) III. 587. *Voyez* Montmorency

Hallot, VIII. 821. C. seigneurie, III. 591. B. VII. 788. C.

HALLWIN, duché-pairie, érigé en 1587. pour CHARLES seigneur de Piennes, III. 900. Nouvelle érection en 1611. pour HENRY de Nogaret, comte de Candalle, & ANNE, de Hallwin, IV. 240. *Pieces concernans cette érection*, IV. 241. Autre érection en 1620. pour CHARLES de Schomberg, maréchal de France, IV. 330. *Pieces concernant cette érection*, ibid.

HALLWIN, *Antoine*, grand-aumônier de France, VIII. 785. A. *Charles*, chevalier du S. Esprit, IX. 54. C.

HALLWIN, (*Genealogie des seigneurs de*) III. 904. & 907.

Hallwin, I. 144. B. 253. E. 256. D. 257. D. II. 68. B. 127. B. 767. D E. 768. D E. III. 604. B C. 609. C. 613. A. 723. B. 896. B. V. 229. E. 615. D. 617. B. 625. D. 660. C. 764. E. 836. D. VI. 99. A. 370. B. 533. B. 707. D. 719. C. 721. B. VII. 104. D. 112. C. 172. B. 426. C. 467. E. 479. A. 560. A. 562. C. 825. E. VIII. 20. A. 35. D. 39. C. 67. D. 79. A D. 108. B. 179. C. 573. B. 636. B. 693. D. 697. A. IX. 113. A. 311. A. seigneurie, III. 608. A. 840. A. IV. 182. B. V. 229. E. 641. D. 642. B. VI. 99. C. VIII. 40. D. 79. D. baronie VIII. 43. D. duché, II. 429. E. 430. D. III. 857. C. IV. 335. C. 571. A. pairie, IV. 355. B. VII. 336. E. *Piennes*, VIII. 773. A.

Hally, VII. 572. C.

Halmaele, V. 618. C.

HAM, (*Seigneurs de*) I. 54.

Ham, VIII. 657. A. seigneurie, I. 52. C. 258. E. 325. E. 326. B. 328. B. III. 196. C. 728. A C. IV. 68. C. V. 143. C. VI. 226. C. VII. 107. A. baronie, VIII. 188. A. vicomté, IV. 397. D. 398. D. 399. C.

la Hamalde, VII. 830. C. VIII. 32. B. seigneurie, I. 361. B. III. 736. A. VI. 707. C. 782. A.

Hamal, IV. 843. C. V. 231. D. 238. C. 639. A. 649. A. VIII. 77. B. comté, III. 612. A. V. 649. A. VII. 468. E. *de Herstal*, III. 614. E.

Hamale, II. 334. A. VII. 166. E.

Hamars, ! seigneurie, V. 140. F. 141. A.

Hambie, seigneurie, III. 59. D. V. 390. D. 391. B. 638. A. VI. 338. C. VII. 835. C. VIII. 91. B D. 580. A. baronie, I. 317. A. II. 407. A. 411. A. VI. 690. D. 691. B.

Hameau, VI. 511. A.

HAMEAUGRIS, (*Seigneurs des*) VI. 364. *Voyez* du Bosc.

Hameaugris, seigneurie, VI. 363. B. 364. B.

Hamecourt, IV. 402. C. 403. A. 596. B. 597. A. 405. A. 841. C.

Hamel, II. 121. E. VI. 254. C. VII. 110. D. VIII. 24. A B. seigneurie, III. 614. E. V. 157. C. 239. D. VII. 337. A. VIII. 281. D. 698. B.

Hamelet, seigneurie, V. 94. B. VIII. 561. B C D. 563. C D.

Hamelin, VI. 291. C. 680. A. VII. 502. E. 587. A. *de Rochemorin*, V. 356. B.

Hamelincourt, seigneurie, VI. 732. D.

Hameliniere, seigneurie, II. 448. D.

Hames, I. 441. C. III. 609. E. V. 617. B. VII. 562. A. VIII. 29. B. 272. B. 658. A. 736. B. seigneurie, III. 915. A C. V. 660. C. VI. 167. D. VIII. 45. A B C D. 46. A. 696. D.

Hametel, VIII. 876. A.

HAMILTON, (*Genealogie de*) V. 592. (*Ducs de*) IX. 410. *Voyez* Douglas.

Hamilton, V. 592. B. VII. 154. B. IX. 402. E. 407. E. 409. D. comté IV. 615. C. V. 595. D. marquisat, V. 594. C D. 595. A. duché, V. 595. A C. IX. 410. D. 411. D. *de Cadzion*, IX. 412. D.

Hamon, IV. 446. B. VII. 22 D. 516. C.

Hamonon, II. 452. E.

Hamsfede, VIII. 107. D. 108. A.

Han, VII. 652. C. 677. E. 720. B. seigneurie, VIII. 102. B.

Han-sur-Sambre, seigneurie, I. 263. B. V. 641. B.

Hanameny, VII. 38. E.

Hanap, comté, VII. 830. D.

Hanapier, VIII. 327. C.

Hanaples, seigneurie, III. 908. A.

Hanaps, comté, V. 648. C.

Hanaw, comté, I. 612. C. *Mantzemberg*, IV. 172. C.

Hancel, seigneurie, VIII. 653. E.

Hancerel, seigneurie, VIII. 716. C.

Hanches, seigneurie, IV. 175. B C. VI. 507. B. VII. 14. A.

Hanel-du-Bosc, seigneurie, VI. 674. B.

Hanencourt, seigneurie, IV. 853. A.

Haneffe, seigneurie, II. 320. B.

Hangard, IV. 230. D. VII. 721. A. VIII. 10. D. 635. C. 650. D.

Hanges, seigneurie, VII. 486. D.

HANGEST, *Charles*, évêque & comte de Noyon, pair de France, II. 419. D. *Jean*, évêque & comte de Noyon, pair de France, II. 420. C. *Rogues*, maréchal de France, VI. 737. B. *Jean*, maître des arbalestriers de France, VIII. 63. E. *Autre Jean*, maître des arbalestriers de France, VIII. 64. A. *Adrien*, seigneur de Genlis, échanson de France, VIII. 584. E. *Guillaume*, pannetier du Roy, VIII. 609. B. *Rogues*, pannetier de France, VIII. 611. D.

HANGEST, (*Genealogie de la maison de*) VI. 737.

Hangest, II. 322. C. 410. C. 420. A D. III. 577. E. 654. B. IV. 184. C. 398. B. V. 231. E. 609. C. VI. 194. C. 288. A. 406. B. 623. D. 628. B. 638. C. 653. D. 676. C. 677. A. 695. C. 716. C. 718. D. 740. C. VII. 6. D. 63. C. 111. D. 114. D. 172. C. 503. A. 516. A. VIII. 9. E. 12. D. 14. D. 18. B. 278. E. 286. D. 356. C. 370. C. 399. C. 526. C. 534. E. 572. A. 649. C D. 726. C. 753. D. seigneurie, I. 440. A. II. 502. A. IV. 179. E. VI. 25. C. 573. D. 708. C. 719. A. 737. E. VIII. 9. A. 10. A. 64. A C. 643. A. *Argenlieu*, V. 89. C. VI. 286. A. *Genlis*, IV. 167. A. V. 13. B. 575. E. VIII. 630. C. 730. E. *Maynecourt*, IV. 292. A. *sur Somme*, seigneurie, V. 645. A C. IX. 198. B. VIII. 104. C.

HANIQUE, dit BOISJAMIN, Pierre, huissier des Ordres, IX. 349. A.

Hanivel, VI. 686. A

Hanlix, seigneurie, IV. 75. C.

Hannache, vicomté, VIII. 647. A.

Hannart, I. 256. E.

Hanneffe, II. 798. B.

HANNEQUEAU, Pierre, grand louvetier de France, VIII. 784. D.

Hannecourt, seigneurie, VIII. 795. C.

Hannyvel de Menneville, IV. 434. C. de Mennevillette, VIII. 801. C.

Hannovart, seigneurie, IX. 227. C.

Hanoiles, VIII. 746. A.

Hanoncoles, II. 57. E.

Hanqueville, seigneurie, II. 229. C.

HANS, Pierre, évêque & comte de Châlons, pair de France, II. 324. B.

HANS, (Seigneurs de) II. 322.

Hans, II. 321. C. VI. 623. C. 697. D. 743. A. IX. 393. D. seigneurie, II. 317. D. 320. E. 501. C. III. 841. B. IV. 214. B. VIII. 90. D.

Hanfbeck, seigneurie, III. 908. D.

Hantes, seigneurie, VIII. 74. D.

Hanvoile en Beauvoisis, seigneurie, V. 34. B. 87. B.

Hanvoille, comté, VI. 789. A.

Hanus, VIII. 236. D.

Hanuvoile, seigneurie, IV. 404. A B.

Hanyk, baronie, IX. 401. A.

S. Haon, seigneurie, V. 349. D. VI. 388. D. VIII. 319. D. 333. B.

HAPPE, Jean, évêque & comte de Châlons, pair de France, II. 348. B.

Happlaincourt, II. 91. A. VI. 527. D. VII. 371. B. 549. B. 550. A.

Haqueville, II. 106. B. 108. C. 381. E. 382. A.

Har, VIII. 267.

Harach, comté, I. 263. E.

Haraucourt, II. 54. B. 58. B. 61. E. 62. A B. 63. B. III. 482. A. IV. 825. B. 827. D. VI. 263. C. 697. A. VII. 35. B. 253. B. 474. A. VIII. 716. E. 717. B. 870. C. IX. 99. A. 236. B. seigneurie, II. 54. D. 55. A. IV. 599. B. vicomté, VII. 386. B. marquisat, VII. 467. E. Chambeley, VII. 468. B.

Haraudier, VI. 541. C.

Haravesnes, seigneurie, V. 841. B.

Harbacq, VIII. 153. C.

Harbouville, seigneurie, VIII. 273. D. Voyez Arbouville

Harcher, queux de France, VIII. 825. B.

Harcheres, VI. 108. C.

Harchicourt, seigneurie, VI. 78. B.

Harchie au royaume de Naples, duché, V. 640. C.

Harchies, V. 839. B. VIII. 83. A. 86. A. Prevost-le-Comte, III. 906. D.

HARCOURT, duché-pairie, érigé en 1709. pour HENRY duc d'Harcourt, maréchal de France, V. 114. Pieces concernant cette érection, ibidem.

HARCOURT, Jean, II. du nom, maréchal de France, VI. 636. Henry, maréchal de France, VII. 675. B. Jean, amiral de France, VIII. 733. B. Guillaume, queux de France, VIII. 827. A. Christophe, seigneur d'Avrech, maître des eaux & forêts de France, VIII. 897. E. Guillaume, comte de Tancarville, grand-maître des eaux & forêts de France, VIII. 897. D. François, chevalier du S. Esprit, IX. 230. B. Henry, chevalier du S. Esprit, IX. 253. B. François, chevalier du S. Esprit, IX. 287. A.

HARCOURT (Comtes d') sortis des Ducs d'Elbeuf, III. 496. Voyez Lorraine (Genealogie de la mai-son de) V. 124. (Ducs de) pairs de France, V. 146

Harcourt, II. 36. D. 119. D. 406. C. 407. A. 410. E. 411. A. 416. A. 423. D. III. 56. D. 573. D. 622. CE. IV. 825. B. 827. D. V. 130. E. 227. D. 386. B. 514. B. 572. A. 644. D. 894. A. 899. B. VI. 50. E. 51. D. 138. A. 410. C. 534. A. 633. A. 677. D. 749. D. 758. D. 766. C. VII. 12. A. 74. C. 121. B. 122. B. 170. D. 224. A. 399. C. 476. B. 592. C. 745. B. 820. A. 869. D. 892. E. VIII. 8. A. 13. C. 63. D. 93. E. 94. BC. 95. E. 97. E. 106. A. 451. B. 501. C. 535. E. 544. D. 579. E. 606. C. 616. C. 766. C. 868. D. 880. A. IX. 56. C. 399. B. seigneurie, II. 494. A. 794. B. III. 60. A. V. 125. A. VI. 138. A. 633. A. 659. A. 758. A. baronie, VI. 691. A. comté, II. 209. E. 214. B. 236. C. 271. D. 300. B. 305. D. 308. D. 450. E. 470. A. 641. C. II. 753. E. III. 305. C. 492. C. 493. AC. 499. C. IV. 57. A. 60. B. 80. A. 388. D. 540. B. 543. C. 572. D. 643. A. 805. E. V. 132. A. 288. B. 389. C. 514. B. 575. A. 637. D. VI. 211. D. 766. C. VII. 75. E. 155. C. 392. D. VIII. 90. D. 159. E. duché, IV. 644. A. pairie, V. 153. E. VI. 534. A. 580. B. principauté, V. 288. D. Beuvron, II. 59. E. IV. 124. E. 435. C. VI. 534. A. VII. 575. E. VIII. 590. E. Montgommers, VIII. 653. D.

Hardancourt, seigneurie, V. 148. F. 149. D E. 833. D.

Hardecourt, seigneurie, IV. 824. C. VIII. 650. C.

Hardemont, seigneurie, VI. 643.

Hardencourt, seigneurie, VI. 291. B.

Hardentun, VIII. 106. A. 654. A.

Hardeville, seigneurie, IV. 640. A C.

HARDIPLANQUES (Seigneurs de) VIII. 85. Voyez Lannoy.

Hardiplanques, seigneurie, VIII. 82. D. 84. A. 85. A.

Hardivilliers, seigneurie, VI. 291. A. IX. 238. D.

Hardoncourt, VII. 369. B. 387. C.

Hardouin Mansart, V. 900. A. IX. 338. A.

la Hardouinaye, seigneurie, IV. 54. D. VII. 380. B. VIII. 580. B. baronie, III. 899. B.

Hardouville, seigneurie, VIII. 93. B.

Hardwike, VII. 89. E.

LE HARDY, Philippes-Auguste, chevalier du S. Esprit, IX. 237. D.

le Hardy, II. 118. A. VI. 431. C. 485. B. 531. D. 559. B. VII. 540. B. VIII. 799. C. de la Trousse, III. 385. C. VII. 436. B. IX. 390. E.

Harenc, seigneurie, II. 592. C.

Hareng, VIII. 810. B. IX. 463. D.

Harenge, III. 841. A.

Hargand, VI. 102. B.

la Hargerie, seigneurie, VI. 406. B. VII. 831. E. IX. 100. B.

Hargeville, VI. 292. E. 660. A.

Hargicourt, VI. 388. C. seigneurie, II. 150. B.

Harignon, VIII. 71. B.

Harlaus IV. 671. D.

HARLAY, Robert, baron de Montglat, grand louvetier de France, VIII. 796. B. DE CHANVALLON, François, commandeur du S. Esprit, IX. 183. A.

Harlay (Genealogie de la maison de) VIII. 797.

Harlay, I. 500. C. 503. B. II. 87. E. III. 593. A. IV. 128. B. 642. A. VI. 260. A. 262. B. 466. D. 509. B. 523. C. 561. A. 586. C. VII. 169. A. 439. B. VIII. 326. A. 492. E. 553. E. 776. B. IX. 195. B. Chanvallon, I. 151. A. Sancy, IV. 286. D.

Harlebeck,

Harlebeck, vicomté, III. 723. B. 904. CD. 905. ABD.

Harleux, feigneurie, VIII. 854. B.

Harlus, III. 592. A. VI. 350. C. 384. B. VIII. 266. B. 560. E. 809. A. 855. B.

HARLY (Seigneurs de) V. 91. Voyez Boufflers.

Harly, feigneurie, IV. 395. B. V. 92. B.

Harnois, VIII. 809. * A. IV. 812. * B.

Harnolac, III. 564. B.

Harnon, feigneurie, VIII. 652. A.

Haro, I. 582. C. feigneurie, VII. 761. D. comté, I. 628. B. V. 530. B. Guzman, I. 636. A. IX. 295. A. Guzman de la Paz, I. 294. A. III. 354. D. de Toledo, I. 94. B.

Harouel, VII. 466. B. feigneurie, I. 375. B. II. 56. E. 57. AB. VII. 114. A. 466. C. 467. A. 708. B. marquifat, III. 502. B. VII. 55. D.

Harouis, VI. 470. D. VII. 509. C.

Harpedanne, V. 736. C. VI. 203. D. VIII. 764. E. de Belleville, VII. 99. C

Harpedene, l. 115. C. Voyez Harpedanne.

Harponlieu, feigneurie, VIII. 540. D.

Harrington, baronie, VII. 839. B.

Harfide, feigneurie, IX. 410. B.

Hartanes, feigneurie, I. 500. C.

Hartfield, comté, IX. 402. E.

Hartonges, feigneurie, II. 323. A.

Haruet, IX. 425. D.

HARVILLE, Claude, chevalier du S. Efprit, IX. 123. B.

Harville, III. 585. B. IV. 34. A. 320. C. V. 148. E. VI. 406. C. 506. D. VII. 102. A. VIII. 71. A B. 795. A. IX. 309. D. feigneurie, VIII. 19. B. des Urfins, VIII. 821. B.

Harwick, VII. 610. D.

Hafbain, comté, II. 325. D. 326. A. 771. E. duché, II. 770. C.

Hafbourg, II. 22. B. 733. B. comté, II. 757. D. 843. C.

Haffecourt, feigneurie, VII. 741. B.

Haffon, feigneurie, IV. 163. B.

Hafte, IV. 460. A.

Haftings, VII. 89. A. feigneurie, III. 82. C.

Hatry, IX. 87. B.

Hatte, IV. 683. C. de Chevilly, VI. 552. D.

Hattes, VII. 722. D.

Hatton, VIII. 894. A.

Havans, feigneurie, VII. 290. A.

Havart, II. 65. B. III. 643. A. VI. 121. C. 564. D. 674. C. VIII. 94. A. 340. D. 747. B. IX. 349. B. Senantes, VIII. 340. D.

Haubourdin, VIII. 25. A.

HAUCOURT (Seigneurs d') VIII. 641. Voyez Mailly.

Haucourt, VIII. 633. E. feigneurie, V. 83. C. 84. CE. VI. 290. B. 586. A. VII. 63. C. 183. C. 746. C. VIII. 640. A. 641. B.

Haudangeau, feigneurie, III. 652. B.

la Haudiniere, feigneurie, VI. 505. B.

Haudion, VIII. 85. A. comté, V. 844. B.

Haudunieres, feigneurie, VIII. 254. E.

Havelles, feigneurie, VIII. 101. D.

Haverskerke, VIII. 12. D. 100. B. feigneurie, III. 609. E. VIII. 655. B. 660. A. baronie, III. 595. A. 596. A D. Beauval, feigneurie, VIII. 275. A B.

Haverskerque, IV. 397. B.

Haverfquerque, I. 259. C. V. 82. E. VI. 280. D. 711. D. 781. B. feigneurie, V. 225. D. 828. BD. VII. 746. C. en Boulonois, feigneurie, V. 828. D. 829. D. 830. A. 837. D. Voyez Haverskerke.

Haukerke, comté, VIII. 41. A.

Haukerque, comté, II. 873. B.

Tome IX.

Haulbois, VI. 596. C.

Haulbuis, VI. 596. C.

la Haule, VII. 556. C.

la Haulle, III. 594. D.

Hault, VI. 431. C. 571. D.

le Hault-Bois, feigneurie, IV. 847. B.

Haultier, VIII. 593. *** C.

Haumont, feigneurie, II. 669. C.

Havrache, vicomté, V. 644. B.

Havraincourt, feigneurie, II. 736. D. IV. 213. A. VIII. 537. A. 544. D.

Havrec, feigneurie, I. 212. C.

HAVRECH, (Marquis de) V. 643. (Ducs de) V. 660. Voyez Croy.

Havrech, VIII. 855. A. feigneurie, III. 915. C. V. 135. F. 136. A. 227. D. 643. A. VIII. 32. B. marquifat, V. 642. C. 643. A. 644. B C. 656. C. 660. B. VIII. 36. C. 501. C. duché, V. 656. C. 660. B. IX. 294. B.

Hauros, feigneurie, III. 370. E.

Haufebeck, feigneurie, III. 907. AC. 908. CD.

Hauffard, III. 649. A. VIII. 134. B.

Hauffart, VI. 193. A.

Hauffé, feigneurie, IV. 407. B. 412. C. 413. A. V. 86. F.

Hauffecourt, feigneurie, VI. 430. B.

Hauffon, feigneurie, VII. 212. C.

Hauffonville, II. 65. E. III. 585. C. IV. 825. BD. 857. C. VII. 155. E. 467. A. IX. 98. B. 163. A. 274. B. feigneurie, II. 62. B. de Nettancourt, VI. 624. B. Vanbecourt, III. 776. C.

Hautain, feigneurie, II. 798. D.

Hautbourdin, feigneurie, III. 722. C. 724. C. 727. D. IV. 181. C. VI. 709. C. vicomté, V. 648. A. VI. 303. B. VII. 832. B.

Haute-Cloche, feigneurie, VIII. 746. B.

Hautecloque, III. 594. C. Voyez Haute-Cloche.

Hautefay, VIII. 146. A.

Hautefeuille, II. 433. A. feigneurie, III. 821. A. IV. 752. B. 753. A CD. VI. 549. C. VII. 58. C. 61. B. 714. B. VIII. 818. A. baronie, I. 376. E. 377. A. comté, VII. 564. C. 573. C.

Haute-Fontaine, feigneurie, VI. 547. D.

HAUTEFORT (Seigneurs & Marquis de) VII. 325. Voyez Gontaut.

HAUTEFORT, Jacques-François, chevalier du S. Efprit, IX. 199. A. François-Marie, chevalier du S. Efprit, IX. 273. C.

Hautefort, IV. 858. A. 893. A. V. 153. 360. A. 364. E. 739. D. 770. A. VI. 133. D. 420. E. 474. E. VIII. 810. ** D. 812. A. 824. C. IX. 330. B. 392. D. feigneurie, II. 229. C. 233. C. IV. 536. A. V. 360. A. VI. 521. D. VII. 318. B. 325. C. 327. A. VIII. 704. B. 799. C. 910. E. marquifat, II. 231. BE. III. 645. B. IV. 335. C. 854. C. V. 739. D. 770. B. VIII. 247. B. S. Chamans, IX. 92. C. Gabillon, IV. 144. C. VII. 354. D.

Hautekerke, comté, V. 655. D.

Hautekerque, comté, II. 166. C.

HAUTEMER, Guillaume IV. du nom, feigneur de Fervaques, maréchal de France, VII. 393. D. idem, chevalier du S. Efprit, IX. 109. C.

HAUTEMER, (Genealogie de) VII. 394.

Hautemer, IV. 853. D. 874. E. V. 147. B. VI. 293. B. VII. 48. C. 178. A. 394. B. 545. B. 547. B. 558. B. 571. E. 711. D. 864. B. 872. CD. VIII. 120. D. feigneurie, VIII. 121. A. de Fervaques, VII. 588. C.

Hautepenne, baronie, VIII. 40. A.

Hauteperche, feigneurie, III. 586. A C.

HAUTEQUERQUE (Seigneurs de) III. 917. Voyez Hallwin.

Hauterange, seigneurie, VIII. 37. A.
Haute-Ribaupierre, VII., 35. D.
Haute-Ribe, seigneurie, VI. 453. B.
HAUTERIVE (Seigneurs de) VIII. 921. Voyez Clermont.
Hauterive, IV. 401. A. seigneurie, II. 798. E.
IV. 19. A. 662. B. 721. C. V. 263. C. VI.
559. B. VII. 266. A. 282. C. 370. B. VIII.
819. B. 910. A. 921. D. 923. A. baronie, IV.
15. D. marquisat, IV. 273. B. 411. A. 643. A.
IX. 75. C. en Languedoc, seigneurie, V. 640.
C.
Hauterives, seigneurie, VI. 209. A. vicomté, V.
895. A. 898. E.
la Haute-riviere, seigneurie, VII. 232. C.
Hauteferre, seigneurie, VII. 58. C. 62. A.
Hautevefne, seigneurie, VIII. 656. C.
Hauteville, V. 406. B. seigneurie, II. 79. DE.
302. C. 322. C. III. 582. B. 587. A. VI. 742.
D. VII. 741. A. baronie, VIII. 82. B.
Hautfaget, seigneurie, IV. 612. A.
Hauthaëts, seigneurie, II. 333. A.
Hautkerke, seigneurie, III. 576. A D. Voyez Hautequerque.
Hautmarais, seigneurie, IV. 793. E.
Hautmesnil, VII. 666. A.
Hautmont, seigneurie, IV. 366. B. 367. A.
du Hautoy, VIII. 874. B.
HAUTPONT (Seigneurs de) VIII. 85. Voyez Lannoy.
Hautpont, seigneurie, VI. 704. C. VIII. 85. A D.
Hautpoul, IV. 667. B. VII. 587. B. VIII. 248.
D. IX. 395. C. seigneurie, II. 370. E.
la Hautonniere, marquisat, II. 430. C.
Hautrie, II. 39. D.
les Hauts-Bois de Havraincourt, seigneurie, IV.
215. ABD. 216. B. V. 237. D.
Hautvillars, VII. 65. B.
Hautume, baronie, VII. 468. A. IX. 236. A.
Hautvillars, VII. 65. B.
Hauvillar, seigneurie, III. 826. D.
Hauville, seigneurie, VI. 374. C.
Hay, II. 251. D. VI. 155. A. 451. C. 475. C. 626.
E. 759. A. VIII. 812. C. IX. 399. A. 409. B.
414. B. seigneurie, VI. 6. A. 152. A. 474. A.
512. C. 517. C. 598. A. le Comte, seigneurie,
VI. 359. B. de Lockhart, IX. 405. D. de Smithfield, IX. 414. D.
LA HAYE (Seigneurs de) bâtards de Bournonville,
V. 850.
la Haye, I. 214. CD. 443. C. II. 77. B. 79. B
D. 105. C. 107. D. 449. A. III. 425. C. 430.
B. 894. C. IV. 186. A. 422. B. 452. A. 749.
C. V. 15. E. 148. B. VII. 10. A. 176. D. 225.
C. 429. A D. VIII. 251. E. 271. B. 500. A. 537.
D. 644. B. 647. A. 698. B. 706. D. 764. E.
775. A. 811. C. IX. 476. A. seigneurie, III.
77. C. 637. A C. 638. B. 734. D. V. 7. A B.
424. D. 850. A. VI. 6. A. 152. A. 474. A.
512. C. 517. C. 598. A. VII. 501. C. 557. B.
587. B. 747. C. 868. B. 875. C. VIII. 728.
B. 891. A. baronie, IV. 70. B. Auberée, seigneurie, II. 406. A. Baynast, VII. 556. C.
Beaupreau, VIII. 92. A. Bellouze, seigneurie,
II. 76. C. 77. A. Bournan, V. 81. F. de Chaumont, IX. 329. B. Huè, VII. 630. B. Joullain,
seigneurie, IV. 677. C. V. 11. AD. Jutard, seigneurie, VII. 894. C. Passavant, II. 447. C.
du Puy, seigneurie, VIII. 272. E.
DES HAYES D'ESPINAY (Genealogie de la maison)
VII. 472.
des Hayes, I. 352. B. 443. C. III. 651. P. VI. 354.
D. VII. 233. E. 472. A. 834. B. 852. D. Villa

184. A. seigneurie, VI. 574. A. VII. 472. B.
508. A. 513. D. 853. B. d'Espinay, III. 645.
A. IV. 688. A. Gaffelin, seigneurie, II. 452. A.
III. 635. B C. IV. 367. C.
longues Hayes, seigneurie, VI. 291. B.
Haymin, VI. 709. A.
HAYNAUT (Comtes de) sortis des Comtes de Flandres, II. 773. sortis de la maison d'Avesnes &
de celle de Flandres, II. 778. (anciens Comtes de)
fondus dans la maison des Comtes de Flandres,
II. 769.
Hainaut, II. 317. D. 505. B. 506. D. 598. A.
751. B. 858. C. VI. 31. B. 48. C. 72. A. 73.
C. 75. B. 79. D. 84. C. 93. E. 96. D. 108.
A. 134. B. 142. C. 704. B. 730. B. comté,
I. 70. B. 79. B. 80. E. 89. A. 100. E. 110.
D. 114. B. 240. D. 241. D. 242. DE. 245.
D. 246. E. 249. C. 298. A. 518. A. 334. E.
413. E. 416. B. 425. E. 453. B. 477. A. 478.
B. 534. B. 547. C. 552. B. II. 151. B. 311. D.
325. D. 500. B. 717. A. 718. A. 722. BC.
723. E. 725. CE. 726. E. 732. B. 748. E.
755. C. 758. A. 785. D. 786. D. 797. D. 799.
D. 842. C. VI. 48. C. 72. A. 73. C. 84. C.
713. C. 778. C.
Haynin VIII. 699. C. 700. B.
Hayte, VIII. 923. A.
HAZARD, (Seigneurs du) VI. 365. Voyez du Bosc.
Hazard, seigneurie, VI. 365. B.
Hazart, II. 593. A.
du Hazay, seigneurie, VII. 856. C.
Hazeville, II. 203. D. VI. 294. C. 295. A.
Hazoy, seigneurie, VIII. 809. A B.
Heaume, seigneurie, VIII. 158. B.
Hebecourt, seigneurie, I. 493. B. VI. 503. C.
VIII. 822. E. 888. A.
l'Hebergement, seigneurie, IV. 165. E. 166. A B.
Hebergerie, seigneurie, VIII. 259. D.
Hebermont, seigneurie, VII. 166. D.
Hebert, II. 210. E. III. 587. B. IV. 166. A B.
V. 244. E. VI. 476. C. VII. 648. D. 788. C.
VIII. 265. A. IX. 465. C. du Buc, VI. 604. D.
Heberville, seigneurie, VI. 369. B. VIII. 809. B.
Hebrail, VII. 406. E. Voyez Ebrail.
Hebrard, III. 362. D. IV. 275. B. Voyez Ebrard.
Hebuterne, seigneurie, IV. 211. E. 212. A B C.
V. 80. V. 237. B. VIII. 15. A. vicomté, V.
238. B C.
Hecques, VII. 874. C.
Hector, VI. 382. A. de Marle, VI. 433. C.
Hectot, seigneurie, VIII. 21. D.
Hede, seigneurie, II. 628. B.
Hedé, seigneurie, I. 457. B. 465. E.
Hedicourt, seigneurie, VI. 707. B.
Hedineux, seigneurie, III. 731. C.
Hedouville, IV. 398. B. 399. VIII. 906. A.
seigneurie, II. 78. E. III. 581. C. IV. 402. C.
403. A B. 688. C. VI. 802. A.
Heemstede, VII. 828. C.
Heenvliet, seigneurie, IV. 610. E.
Heer, VIII. 108. A.
Heerin, ou Herin, VIII. 76. D.
Heez, seigneurie, VI. 525. C.
Heilly, Jacques, maréchal de France, VI. 776. C.
HEILLY, (Seigneurs de) VI. 791. Voyez Crequy.
(Marquis de) V. 623. Voyez Gouffier.
Heilly, I. 55. D. VI. 664. D. 745. C. VIII. 522.
B. 627. E. seigneurie, I. 440. B. 468. C. II.
60. A. 80. A. 851. C E. III. 607. D. 643.
A. 892. C. V. 576. A. 623. AB. VI. 388. C.
780. C. 791. C. VIII. 265. C. 616. B. 644.
C. 746. A B E. 747. C D E. 748. A. marquisat, IV. 268. B C. 566. C.

Heinſberg, VI. 97. A. VII. 165. D. ſeigneurie,
II. 332. E. 333. C F. 334. A.
Heiſſ, ſeigneurie, I. 267. B.
ſainte Helene, ſeigneurie, V. 669. C. baronie, III.
826. E. IX. 421. C.
Helfaut, ſeigneurie, V. 638. B. VII. 181. D.
Helfenſtein, VIII. 41. D.
Helicourt, ſeigneurie, VII. 99. D. baronie, VII.
100. D.
Helie, II. 228. C. IV. 655. C. 683. B. V. 342.
E. 353. B. VII. 18. E. 330. B. VIII. 242. &
ſuiv. 587. B.
HELIES, Nicolas, vice-amiral de France, VII. 749.
B.
Helies, VII. 749. B.
Helieu, VII. 587. E.
Helin, II. 381. D. VI. 283. D. 514. C. 548. C.
Helinand, évêque de Laon, II. 95. E.
Helſachar, chancelier de France, VI. 241. C.
Helland, VI. 470. B.
HELLANDE, Guillaume, évêque & comte de Beau-
vais, pair de France, II. 281. C.
Hellande, II. 46. A. 281. C. 282. A B C. VIII.
258. D. 650. B. 790. D. ſeigneurie, II. 622.
B.
Hellebe, III. 920. B.
Hellebouſt, VI. 356. B.
Hellecourt, ſeigneurie, IV. 400. B.
Hellem, ſeigneurie, III. 594. A C. 595. A C.
596. D.
Hellende, VII. 176. E.
Hellenencourt, ſeigneurie, VII. 429. A.
Hellenvilliers, I. 435. B. 442. B. II. 36. B. VI.
357. C. VII. 395. D. 477. D. VIII. 25. A. 120.
D. 174. C. 711. E. ſeigneurie, V. 127. F.
Hellicourt, ſeigneurie, VIII. 468. A. 775. B.
Hellinghem, ſeigneurie, V. 827. E.
Helloy, ſeigneurie, V. 833. C. 835. B.
Helmſtat, IX. 300. B.
Heloriere, ſeigneurie, VIII. 94. A.
Helſtrud, ſeigneurie, III. 608. C.
HELTEMARE, (Seigneurs de) VIII. 812. * Voyez
Bailleul.
Heltemare, ſeigneurie, VIII. 812. * A.
Helvis, II. 226. B C.
Hem, III. 599. B. ſeigneurie, VI. 174. A.
Hemenard, IX. 460. A.
Hemery, IV. 847. C. VI. 401. B. VII. 891. D.
VIII. 234. B. 235. D. 552. D. ſeigneurie, VIII.
854. A. IX. 314. A.
Hemin, baronie, III. 390. C.
Hemon, ſeigneurie, VIII. 83. D.
Hemond, ſeigneurie, I. 380. A.
HEMONT, (Seigneurs de) VI. 788. Voyez Cre-
quy.
Hemont, II. 123. A. V. 91. F. VI. 374. C. ſei-
gneurie, V. 833. C. VI. 547. C. 778. C. 788.
C. 789. A. 801. D.
Hemricourt, VI. 100. B. VII. 677. E.
Henancourt. ſeigneurie, V. 830. A. 847. B.
Henard, VI. 460. B.
Henauld, IX. 447. A.
Henault, VII. 458. E.
Henaur, IX. 338. A.
Hendines, ſeigneurie, V. 237. A. vicomté, V.
238. B.
Heneville, ſeigneurie, VI. 680. A.
Henſtode, VIII. 85. B.
Henin, III. 610. B. IV. 214. E. V. 525. C. 641.
D. 642. A. 646. C. 648. A. 655. E. VIII. 74.
B. 739. C. IX. 355. B. ſeigneurie, V. 836. C.
comté, IV. 268. B. V. 231. D. 739. B. 837.
B E. 839. D. 841. B. 842. A. de Boſſut, V.

464. * E. Lietard, VII. 106. C. 177. C. VIII.
39. C. 43. A. 81. C. comté, V. 232. 837. A.
VIII. 41. C. Voyez Hennin.
Henne, V. 83. C D.
Hennemer, VIII. 738. A.
Hennemont, VIII. 685. C.
HENNEQUIN, Aymar, nommé archevêque de Reims,
II. 76. B.
Hennequin, II. 82. E. 376. E. 384. D. 440. E.
441. B. III. 845. A. IV. 752. C. 765. B. 854.
D. V. 84. D. 250. B. 612. B. VI. 382. B. 438.
A. 510. B. 525. D. 530. B. 556. B. 557. B.
565. D. 566. D. 571. C. 572. A. 573. C.
584. C. 770. A. VII. 170. B. 429. A. 539. A.
598. C. 646. A. 897. C. VIII. 182. B. 752.
C. 753. A. 808. B. IX. 140. A. d'Aſſy, II.
439. D.
Henneſy, ſeigneurie, VIII. 174. B.
Henneveux, ſeigneurie, VII. 559. E. VIII. 713.
C.
HENNIN, (genealogie d') comtes de Boſſut, I. 256.
Hennin, I. 256. D E. 257. A. 268. D. II. 776.
D. III. 610. B. IV. 597. C. VI. 98. D. 109.
B. 108. D. de Boſſut, IV. 412. A. Lietard, VI.
98. D. 100. B. 708. D. ſeigneurie, II. 255. E,
257. B C. Voyez Henin.
Henniques, VIII. 897. C.
Hennivel, ſeigneurie, III. 607. C.
Hennocq, ſeigneurie, III. 914. D.
Henonville, ſeigneurie, IV. 409. B.
Henricourt, II. 334. C.
Henriquez, I. 631. B. 658. A. 670. A. 683. E.
684. B. 698. B. 699. C. 700. A. IX. 290. A
B. d'Almanza, V. 525. A. de Cabrera, I. 293.
C. 294. B. III. 354. D. 355. A. de Caſtille, IV.
564. B. VII. 19. B. Eſtevez de Lavega, I. 691.
B. de Guzman, V. 526. D. de Guzman d'Alba-
liſte, I. 293. B. de Ribera, I. 393. C D E.
635. A. de Sarmiento Salvatierra, V. 236. A.
770. A. Suarez, I. 671. A.
HENRY III. roi de France, inſtituteur & premier
chef de l'ordre du S. Eſprit, IX. 51. Henry IV.
roi de France, chef & ſouverain grand-maître
de l'ordre du S. Eſprit, IX. 105. A.
Henry, VI. 522. C.
HENSERODE, (Seigneurs d') III. 919. A B. Voyez
Hallwin.
Henſerode, ſeigneurie, VII. 104. D.
Herail, VII. 422. C.
les Herans, ſeigneurie, IX. 472. C.
Heraugier, I. 268. C.
Herauldy, VI. 538. B.
Herault, V. 144. D. VI. 553. C.
HERAUTS, rois d'armes des ordres du Roi, IX.
345.
Herbamez, ſeigneurie, I. 268. B.
Herbannes, VIII. 98. C.
Herbaud, ſeigneurie, I. 441. E.
Herbaudiere, ſeigneurie, II. 386. A.
Herbauge, comté, II. 510. E.
Herbault, ſeigneurie, VI. 200. D. 262. B. VII.
123. C. 666. C. VIII. 259. B. marquiſat, IX.
331. A.
Herbaut, ſeigneurie, IV. 642. A. 731. C. VI. 159.
F. 769. B. IX. 314. A. 379. D. Voyez Her-
bault.
Herbelay, ſeigneurie, IV. 387. C.
Herbelin, IV. 753. E.
Herbelot, IV. 107. D. 409. A. VI. 485. B. 510.
A. VII. 437. A. VIII. 538. A. 539. A. de Fer-
rieres, VIII. 853. C.
Herberay, IV. 639. B.
Herberſtein, VIII. 42. C. comté, II. 30. B.

Herbert, bouteiller, VIII. 513. B.
Herbert, IV. 452. E. V. 622. B. VII. 88. B. 89. A. 90. A. 91. A. *de Ewyas*, VII. 89. B.
Herbeville, feigneurie, VII. 755. A.
les Herbiers, feigneurie, VII. 20. D. VIII. 171. A. 706. A.
Herbiers, feigneurie, VII. 709. C.
Herbin, VI. 149. D.
Herbouville, VIII. 21. A B E. feigneurie, VIII. 18. C.
Hercanville, feigneurie, II. 282. B.
Herchies, feigneurie, II. 334. D.
Herck, feigneurie, I. 265. D.
Hercourt, feigneurie, VII. 561. B. 770. E.
Herculat, feigneurie, VIII. 145. A C D. 146. A B C. 147. A B.
Hercules, feigneurie, V. 87. D. VII. 183. C.
Herdant, VIII. 75. B.
Heredia, I. 644. B.
Hereford, V. 375. A. comté, II. 717. C. 773. D. III. 54. C. VI. 169. A.
la Herelle, feigneurie, II. 506. C E. 507. B D. 508. A B. III. 304. C. IV. 212. A. VI. 47. D.
S. HEREM, (*Marquis de*) VIII. 818. *Voyez* Montmorin.
S. Herem, feigneurie, III. 840. D. VI. 327. B. 398. B. VIII. 818. B. 820. A. 933. B. baronie, VII. 158. E. marquifat, VIII. 494. C. 812. C. 812.** C. 821. A.
Herfint, VII. 547. D.
Herfort, comté, VII. 839. C. *Voyez* Hereford.
Herfroy, feigneurie, VIII. 96. A.
Hergerie, feigneurie, VIII. 524. B.
Heriçon, feigneurie, IV. 424. D. VIII. 71. B. *Voyez* Heriffon.
Hericourt, IV. 409. D. 876. D. VI. 804. D. VIII. 855. D. feigneurie, I. 327. A. IV. 711. A C. V. 88. F. VI. 795. B. 351. A. 415. E.
Herimels, feigneurie. II. 769. C.
Herimez, feigneurie, II. 334. D. VIII. 32. C.
Heriffon, III. 635. C. 640. A. IV. 62. B. VII. 227. C. feigneurie, I. 136. D.
le Heriffy, VI. 642. D.
Heritot, feigneurie, V. 147. B. VIII. 258. D. IX. 102. A.
Herivée ou *Hervé*, chancelier de France, VI. 243. E.
Herizi, feigneurie, VIII. 76. C.
Herlaer, feigneurie, I. 267. B. 268. A C.
Herland, V. 112. E.
Herleville, feigneurie, VIII. 559. D.
Herlies, feigneurie, III. 722. C.
l'Herm, baronie, VII. 777. D.
Herman, feigneurie, V. 326. C.
Hermancourt, feigneurie, VI. 563. A.
Hermandgrandmaifon, II. 129. B.
Hermant, feigneurie, V. 564. C. baronie IV. 67. C.
Hermanville, feigneurie, I. 443. C. VII. 132. C. VIII. 211. C.
Hermeinville, feigneurie, VI. 642. C.
HERMENC,) *Seigneurs d'*) VI. 320. *Voyez* Rogier & Beaufort.
Hermenc, feigneurie, VI. 86. A. 89. C. 320. C. VIII. 4. D. 50. A C.
Hermenonville, feigneurie, VI. 363. *Voyez* Ermenonville.
Herment, feigneurie, I. 430. C.
Hermenville, VIII. 809. *C.
Sainte Hermine, VIII. 640. A. IX. 201. A. 336. B. 448. D. feigneurie, II. 859. A. III. 79. C. IV. 169. A D. 557. A. VI. 63. A. 628. C.

VIII. 421. E. 570. B. baronie, IV. 163. C. 164. D. VIII. 205. A. IX. 229. B. *en Poitou*, feigneurie, VI. 283. C.
l'Hermitage, feigneurie, VI. 544. C.
l'HERMITE, *Triftan*, commis à la charge de maître de l'artillerie de France, VIII. 132. B.
l'HERMITE, (*Genealogie de.*) VIII. 133.
l'Hermite, I. 310. E. II. 412. E. VII. 21. D. 197. B. 278. B. IX. 60. A. feigneurie, I. 494. B E. 496. D. 497. D. 498. A. V. 742. D. *d'Hieville*. VII. 278. B. *de Soliers*, feigneurie, IV. 413. A.
Hernandez de Cordoue, V. 92. B. VIII. 651. E.
Herne, III. 582. D
Hernonval, feigneurie, VIII. 84. C.
Herodeville, feigneurie, II. 79. B.
Heron, VI. 404. B. 735. C. IX. 329. A.
Heronfart, feigneurie, VIII. 544. B.
Herouft, VI. 483. C.
Herouval, VIII. 525. C. feigneurie, I. 233. E.
Herouville, III. 320. C. feigneurie, III. 320. E. 566. D. 567. B. 826. A. VI. 137. B. 385. D. 455. C.
HERPIN, *Raoul*, porte-oriflamme, VIII. 199. C.
Herpin, IV. 367. A B. 372. A B C. VI. 596. B. VII. 544. B. VIII. 902. B.
HERPINGHEN, (*Seigneurs de*) VIII. 84. *Voyez* Lannoy.
Herpinghen, feigneurie, VIII. 84. B.
la Herpiniere, feigneurie, IV. 367. A. VIII. 808. A.
Herpon, feigneurie, VI. 334. E.
Herquemare, feigneurie, VIII. 18. B.
Herrain, I. 256. E.
Herrera, III. 891. B.
Herris IX. 406. C.
l'Hers, marquifat, IV. 67. C.
Herfant, VIII. 171. A. IX. 360. C.
Herfard, IV. 801. A.
Herfe, feigneurie, II. 384. B D. 385. A B D.
Herfebecq, feigneurie, VIII. 659. A.
Herfelle, III. 577. B.
Herfelles, feigneurie, II. 753. C. 754. A.
Herfes, feigneurie, IX. 464. C.
Herfin, feigneurie, VIII. 698. B.
Herftal, VI. 102. D. feigneurie, II. 790. E. V. 226. B.
Herftingen, feigneurie, VIII. 354. B.
Herfwinen, feigneurie, VI. 102. B.
Hertefort, comté, III. 83. B. *Voyez* Hereford.
Hertein, VIII. 45. D.
Hertfort, comté, II. 483. B C E. 484. B C. 485. B. 486. A D. 487. C. *Voyez* Hertefort.
Hertonges, feigneurie, II. 504. B. VII. 160. B. 650. D.
Hertray, feigneurie, VI. 371. C.
Hertrus, VII. 833. B.
Hervault, baronie, VIII. 181. C.
Hervé, archevêque de Reims, II. 2. C.
Hervé, VII. 677. D.
Hervel, VII. 485. A.
Hervieu, VI. 556. D. 585. D. VIII. 169. B. 811. E.
Herville, VIII. 16. C D. 26. B. feigneurie, III. 648. B. VIII. 18. B. 19. B E. 20. A B C D E. 21. B. 22. A. 711. B.
Hervilly, VII. 562. D. VIII. 156. E. feigneurie, VI. 708. A.
Herzel, feigneurie, V. 231. A.
Herzelles, feigneurie, V. 234. B. 637. D. VIII. 76. D. 635. E.
Hefbay, comté, I. 31. C. *Voyez* Hafbay,

Hefbert,

Hesbert, VIII. 858. C.
Hesburn, I. 137. D. IX. 406. C.
Hesclin, VI. 453. B.
Hesdin, V. 824. C. seigneurie, I. 258. B. 328.
B. 381. A. V. 824. C.
Heseque, comté, VIII. 644. B.
Hesnaut, VII. 233. E.
Hesrode, III. 907. B. Voyez Henserode.
Hesse, I. 188. D. 623. C. VIII. 424. A. 451. C.
lantgraviat, II. 730. B. 792. C D. d'Armstad,
IX. 212. A. Cassel, lantgraviat, IV. 172. A.
Rheinfels IV. 545. C. IX. 378. E.
Hesselin, VI. 437. A. VIII. 137. C. 139. C. 858.
C.
Hessey, seigneurie, V. 149. E. VIII. 211. D.
Hestomenil, seigneurie, VII. 110. A.
Hestray, VIII. 18. B. 21. B. 25. B.
Hestru en Boulonois, seigneurie, V. 832. B.
Hetoudeville, seigneurie, VIII. 642. E.
Heu, III. 614. D. VII. 811. B.
HEUCHIN, (Seigneurs d') VI. 172. Voyez Fien-
nes.
Heuchin, seigneurie, III. 611. A C, V. 845. D.
VI. 172 A. 705. C. VII. 181. A. 746. B.
Heudé, II. 153. D.
Heude du Pelley, V. 156. A.
Heudicourt, seigneurie, VI. 503. C. VIII. 823. B.
comté, II. 65. C. marquisat, VII. 339. B. IX.
822. E.
Heudin, II. 31. D.
Heuditot, seigneurie, VII. 756. B.
du Heudreux, V. 423. C.
Heverlo, seigneurie, V. 637. D. 638. D. 641.
C. baronie, V. 639. A.
Heuges, VIII. 174. B.
Heugleville, VIII. 812. B. seigneurie, VIII. 811.
C.
Hevin, V. 239. F.
Heukelin, baronie, V. 648. C.
Heulle, III. 906. B.
Heullecourt, seigneurie, II. 308. A.
Heulles, seigneurie, VII. 555. E.
Heuqueville, seigneurie, VII. 86. A. 628. C.
Heurnes, VI. 712. C.
Heurtebize, seigneurie, II. 110. D.
Heurtevans, seigneurie, VIII. 892. A.
Heuschin. Voyez Heuchin.
Heuscourt seigneurie, VIII. 647. A.
LA HEUSE, Jean, amiral de France, VII. 754. A.
LA HEUSE, (Genealogie de) VII. 755.
la Heuse, VII. 755. A. VIII. 94. A. 210. C. 809.
* B. 887. A. seigneurie, VII. 754. A. VIII.
96. A.
Heuverte, V. 184. E.
Heux en Ternois, seigneurie, I. 378. A.
la Heuze, seigneurie, VI. 468. D. Voyez Heuse.
Heuzé, V. 850. E. 851. A. VIII. 853. A.
Heymestines, II. 749. A.
Heyne, seigneurie, VI. 712. C.
Hezé, III. 727. E.
Hianville, seigneurie, VI. 517. C.
Hiene, seigneurie, VII. 321. A.
Hienne en Limosin, seigneurie, IV. 140. A.
Hieres, seigneurie, II. 285. D.
Hierges, seigneurie, V. 646. C. VII. 172. C. baro-
nie, VIII. 40. A.
Hierleser en Languedoc, V. 287. E.
Hiermont, seigneurie, V. 132. A. VII. 748. E.
Hierosme, IX. 350. B.
Hierres, V. 165. C.
Hierseke, seigneurie, III. 607. D.
Hierville, seigneurie, VII. 473. B.
Hiesmes, seigneurie, III. 207. B.
Tome IX.

Hiesve, seigneurie, II. 769. B.
Hieville, seigneurie, VII. 278. B.
Hievre-le-Chastel, seigneurie, VII. 586. D.
la Higourdaye, seigneurie, V. 399. D.
Hijar, duché, V. 530. A.
Hilaire, VI. 517. C. 558. D.
S. Hilaire, VII. 796. D. 806. C. seigneurie, I.
505. B. II. 136. A. III. 582. B C. V. 141. C.
239. F. 240. D E. VIII. 817. B. 930. D. Mon-
tournois, seigneurie, IV. 457. B. de Vaujoux,
seigneurie, IV. 559. C.
Hildebold, chancelier de France, VI. 241. B.
Hildnin, chancelier de France, VI. 241. B.
Autre du même nom, chancelier de France,
VI. 241. C. Autre du même nom, archichape-
lain du Roi, VIII. 224. B
la Hiliere, seigneurie, VII. 115. E. 774. D. IX.
471. B.
la Hille, III. 906. C. seigneurie, IV. 664. C.
665. C.
Hillerin, VI. 432. C.
S. Hillier, seigneurie, II. 151. C. 344. E. VI.
122. C. 123. A. VII. 740. C. baronie, III.
604. B.
Hilliguet, seigneurie, VIII. 364. G.
Hincmar, archevêque de Reims, II. 1. A.
Hinderson, III. 366. B.
Hingand de Kerisac, VII. 721. B.
Hingant, IV. 71. C.
Hinges, seigneurie, V. 238. E. 239. F. 240. D
E.
Hingettes, seigneurie, V. 238. E. 239. B F. 240.
B D. VIII. 696. D.
Hingsange, seigneurie, IX. 300. B.
Hinguiettes, seigneurie, VIII. 658. A.
Hins, seigneurie, II. 450. C.
Hinselin, VIII. 857. A.
Hinseville, baronie, VII. 101. B.
Hinsselin, VI. 430. B.
Hionville, seigneurie, IV. 223. E.
S. Hipoly, seigneurie, VII. 485. A.
Hire. Voyez Vignolles.
Hirel, seigneurie, V. 378. E. VII. 525. A.
Histrie, VIII. 498. D.
Hita, seigneurie, III. 351. C.
la Hitau, seigneurie, II. 851. E.
la Hitte, seigneurie, III. 391. C.
la Hoberdiere, seigneurie, VII. 227. C.
Hobokes, comté, V. 236. D. 844. B. duché,
V. 236. D. 844. A.
Hoccourt, seigneurie, II. 64. C.
HOCHBERG, Philippes, grand-chambellan de Fran-
ce, VIII. 452. A.
Hochberg, III. 512. C. IV. 69. E. VI. 147. C.
VII. 6. A. 665. B. VIII. 329. A. seigneurie,
IV. 754. A. marquisat, I. 217. E. VII. 801.
A.
Hochenreichen, comté, IV. 167. C.
Hochet, IX. 343. C.
Hochstrate, comté, III. 578. D. 664. E. V. 837.
C. VIII. 44. B.
Hocqterre, seigneurie, IV. 753. A.
Hocquart, VIII. 84. C.
HOCQUINCOURT, (Marquis de) VII. 558. Voyez
Monchy.
Hocquincourt, II. 239. D. VI. 574. C. seigneu-
rie, VII. 556. E. 558. B. 573. B. marquisat,
VII. 550. C. 558. B.
Hodenc, II. 11. A. IV. 158. C. VI. 677. C. VII.
562. C. seigneurie, IV. 688. C. VI. 574. B.
VIII. 775. C.
Hodic, III. 914. D. V. 620. C. 625. D. 836.
A.

Hodicq, VIII. 258. E.
Hodieres, vicomté, VIII. 149. A.
Hodoart, IX. 451. * B.
Hodon, IV. 731. C. 752. A.
Hoedehenskerke, seigneurie, VII. 831. A.
les Hoges, seigneurie, VI. 470. C.
la Hogue, seigneurie, VII. 630. E.
la Hoguette, marquisat, VII. 899. D.
Hohenberg, I. 402. B.
Hohem-Embs, comté, VII. 319. C.
Hohenzollern, V. 650. A. VII. 175. B. VIII. 42.
D. 42. C. principauté, IV. 544. B. VIII. 42.
D.
Holdernosse, comté, II. 875. C D. 876. D E.
877. C D E.
Holissant, I. 270. E.
Holland, I. 455. C. VII. 839. A.
Hollande, II. 590. D. comté, I. 37. C. 74. B.
100. E. 110. D. 114. E. 240. D. 241. D. 242.
D. 245. D. 246. E. 249. C. 426. C. II. 330.
C. 718. D. 732. B. 748. E. 779. A. 783. A
E. 784. B C D. 791. C. 797. D. 799. D. V.
228. F.
Holle, VIII. 873. C.
Hollenfeltz, seigneurie, VIII. 699. A.
Holzir, II. 796. C.
Homblieres, seigneurie, VIII. 809. B.
Hombligny, seigneurie, IV. 719. B.
Homerville, seigneurie, II. 705. C.
Homet, baronie, VI. 484. D.
l'Homme, VI. 564. D. VIII. 19. D. seigneurie,
V. 160. E. VIII. 257. C. 258. C D. 787. B.
les Hommes, II. 451. D. 452. E. VII. 505. E.
seigneurie, IV. 60. B. VI. 597. B. VII. 506.
A. 595. B.
Hommet, seigneurie, II. 34. C. 282. B. 408.
E. 411. A B. 480. B. III. 630. C. VI. 138. A.
VII. 176. E. baronie, VI. 560. C.
des Hommets, VIII. 811. * * D.
Honcourt, seigneurie, IV. 597. B, VII. 110. C.
VIII. 100. D.
Hondecoustre, seigneurie, VII. 831. D.
Hondeschotte, VIII. 572. C. seigneurie, III.
595. D. 916. A. baronie, VIII. 42. A.
Hondescote, II. 341. C. seigneurie, V. 655.
D.
Hondescotte, IV. 181. B. seigneurie, IV. 212.
C.
Hondescoute, VIII. 278. C.
Hondeskotte, I. 268. A.
Hongeldycq, seigneurie, VII. 831. B.
HONGRIE, (Rois de) I. 402. Voyez Anjou.
Hongrie, II. 792. E. duché, II. 326. E. royau-
me, I. 77. B. 88. B. 92. B. 100. C. 118. D.
397. C. 399. C. 410. E. 412. A. 414. B.
415. C. 416. A. 419. C. 421. C. 478. A. II.
326. B. III. 583. D. 428. A. VI. 92. C. 131.
D.
Honnecourt, II. 101. C. seigneurie, II. 151 B.
152. B. VI. 64. A. 778. A. baronie, VI.
555. B.
Honnefleur, seigneurie, VI. 690. A.
l'Honneur du mont S. Ange, seigneurie, I. 416.
B.
Honoré, VI. 119. B. seigneurie, VII. 725. B.
Honsoy, V. 831. A.
Hontigton, seigneurie, I. 595. B.
Hontoir, seigneurie, II. 336. B.
Hontoye, IV. 409. D.
Honville, II. 84. A. seigneurie, VIII. 265. B.
Hoo, Thomas, chancelier de France, VI. 394.
B.
Hoo, VI. 394. C.

Hoochstrate, seigneurie, I. 255. A. comté, VI.
712. C. VIII. 35. E.
Hoochvoude, seigneurie, III. 617. A.
l'HÔPITAL, Michel, seigneur de Vinay, chancelier de France, VI. 488. C. Nicolas, duc de
Vitry, maréchal de France, VII. 431. A. François,
comte de Rosnay, maréchal de France, VII.
533. D Louis, chevalier du S. Esprit, IX. 120.
C. Jacques, chevalier du S. Esprit, IX. 128.
B. Nicolas, chevalier du S. Esprit, IX. 151. B.
François, chevalier du S. Esprit, IX. 152. B.
l'HÔPITAL, (Genealogie de la maison de) VII.
432.
l'Hôpital, I. 151. A. 492. A. II. 87. B. III. 648.
C. IV. 34. E. 35. 62. A. 76. B. 131. C.
177. B. 322. B. V. 230. E. VI. 265. C. 489.
B. 510. B. 514. D. 533. A. VII. 99. C. 170.
C. 222. C. 370. A. 432. C. 894. D. VIII. 372.
E. 399. D. 492. B. 558. E. 787. B. IX. 207.
A. seigneurie, V. 401. C. 402. A. 423. D. 491.
E. Choisy, V. 347. E. VI. 645. B. IX. 238.
A. Sainte-Mesme, I. 376. E. IV. 35. B. Vi-
try, VII. 101. E. IX. 311. C. 340. B.
Hoqueville, seigneurie, III. 362. D.
Horade, comté, II. 329. A.
Horcourt, seigneurie III. 322. C.
Horfeil, seigneurie, IV. 803. B.
Horin, III. 90. C.
Hormaing, seigneurie, II. 769. B.
Hornaye, seigneurie, III. 577. A.
HORNES, (Comtes de) III. 575. Voyez Montmo-
rency.
Hornes, II. 166. C D. 873. D. III. 595. C.
736. B. 909. C. IV. 181. B. 216. B. V. 230.
B. 237. B. 238. A. 647. B. 655. D. 656. A.
658. A. VI. 146. B. 748. C, VII. 39. B. 171.
A. VIII. 33. E. 41. A. 74. A. 79. B. seigneu-
rie, II. 790. E. III. 604. E. VI. 159. D. comté,
I. 256. D. 257. A. 268. A D. III. 576. A D.
578. C. V. 230. B. 655. D. principauté, V.
658. A. VIII. 38. A. Baucignies, V. 236. D.
844. B. Houtekerke, III. 612. A. Huversterkck,
comté, III. 612. B.
Hornoy, seigneurie, I. 380. A. VIII 68. B. 544.
D. en Vimeu, seigneurie, II. 508. B.
Hortes, vicomté, 322. D.
Hortez, vicomté, IV. 141. A.
Hospitalet, seigneurie, I. 245. E.
Hosta, VIII. 268. A.
Hostame, comté, II. 788. A.
l'Hoste, I. 526. A. VII. 770. E. VIII. 22. C.
23. C.
HOSTEL, (Seigneurs d') IV. 229. Voyez Bethune.
(Comtes d') IV. 857. Voyez Choiseul.
Hostel, seigneurie, II. 344. E. IV. 214. D. 215.
B. 229. A. 853. B. vicomté, II. 320. B. IV.
854. D. VI. 160. A. 176. B. comté, IV. 854.
C.
Hostelneau, VIII. 595. **** B.
Hostephalise, seigneurie, V. 230. C.
HOSTUN, duché-pairie, érigé en 1712. pour
MARIE-JOSEPH duc d'Ostun, comte de Tallard,
V. 248. Pieces concernant cette érection, ibid.
HOSTUN, Camille, comte de Tallard, maréchal
de France, VII. 674. B. Idem, chevalier du
S. Esprit, IX. 251. B. Marie-Joseph, chevalier
du S. Esprit, IX. 270. A.
HOSTUN, (Genealogie de la maison d') V. 259.
(Ducs d') pairs de France, V. 268.
Hostun, IV. 126. B. V. 259. C. VII. 198. C.
926. C. VIII. 920. D. seigneurie, II. 196. B
198. C. 200. D. 207. C. V. 259. C. duché
IV. 67. E. 68. A. 286. D. V. 268. E. VII.

674. B. pairie, V. 289. B. de la Baume, IX. 120. B. de Clavefon, V. 261. D. VIII. 937. D. feigneurie, IV. 661. D. V. 262 A B. de Gadagne, IV. 286. D. V. 269. A. IX. 166. A.

la Hotaye, feigneurie, VIII. 586. A.

Hotel d'Efcos, VII. 897. B. de Peruffe, feigneurie, II. 228. E.

Hotman, II. 384. C. 385. D. III. 515. B. IV. 177. B. VI. 585. B. VII. 459. D. VIII. 759. A. 808. E. IX. 340. B.

Hotot, VI. 758. B. VIII. 95. B. 101. D. feigneurie, I. 327. A. II. 79. D. III. 573. C. IV. 214. D. VIII. 25. E. 90. A. 91. B. 92. E. 94. B. 100. A. vicomté, VIII. 803. B. en Caux, feigneurie, V. 129. B E. 141. C. 148. B. fur Mer, feigneurie, II. 406. A.

Hottot, marquifat, II. 36. E.

Houarderie, VIII. 83. D. feigneurie, V. 648. A. VI. 803. B. VII. 832. B.

Houart de la Poterie, VII. 438. B.

Houchardie, feigneurie, VIII. 85. C.

Houchin, III. 916. B. V. 836. D. feigneurie, III. 612. B. IX. 283. A.

Houchois, V. 416. A.

Houdain, feigneurie, V. 216. B C. 218. C. 229. B. VI. 782. A. en Artois, feigneurie, I. 390. D.

Houdaicville, feigneurie, VIII. 511. B. 522. B.

Houdan, feigneurie, I. 462. A. VI. 48. A. 76. B. VII. 368. A. en Bray, feigneurie, IV. 669. D.

Houdanc, feigneurie, III. 723. B.

Houdancourt, feigneurie, II. 127. B. Voyez Houdencourt.

Houdecoutere, feigneurie, II. 768. E.

Houdelemois, feigneurie, VIII. 93. C.

Houdenc, feigneurie, III. 572. D. VI. 696. A. IX. 89. C.

Houdencourt, feigneurie, VII. 531. D. marquifat, VII. 532. D. VIII. 760. C. Voyez Houdancourt.

Houdens, feigneurie, VIII. 659. C.

HOUDETOT, Robert, maître des arbaleftriers de France, VIII. 15. D.

HOUDETOT,) Genealogie de la maifon de) VIII. 16. (Marquis de) VIII. 22. A.

Houdetot, VII. 514. A. 818. C. VIII. 209. B. 711. B. 821. * B. feigneurie, VIII. 16. B. & fuiv. marquifat, VII. 474. D. VIII. 23. B.

Houdin, feigneurie, II. 867. E.

Hondrevilliers, feigneurie, VIII. 605. B.

Hove VII. 833. B. feigneurie, VIII. 829. D.

Houel, I. 444. D. IX. 451. C. du Parquet, IV. 896. C.

Hoves, feigneurie, I. 265. E.

Houereville, VII. 473. B. VIII. 120. B.

Houfflardiere, feigneurie, VIII. 84. A.

Hougton, baronie, II. 487. E.

Houland, V. 28. E.

Houlbec, feigneurie, I. 437. C.

Houldri, VIII. 891. E.

la Houlette, feigneurie, VIII. 169. A. 171. C. baronie, V. 392. C. VII. 680. C.

Houlle, VII. 517. C. 530. C.

Houllebecq, feigneurie, VI. 750. B. VIII. 166. D E. 261. A. 775. E.

HOULLEFORT, (Barons de) V. 834. Voyez Boutnonville.

Houllefort, III. 836. D. V. 141. A. feigneurie, V. 842. B. baronie, V. 834. E.

Houlles, feigneurie, VII. 565. A. VIII. 83. B. vicomte, IV. 568. A. VI. 801. B. de Hougton, II. 487. E.

Houllier, VI. 363. B. 802. D. de la Poradt, VI. 602. D.

Hoult, feigneurie, III. 969. A.

Houlx, feigneurie, VIII. 697. A.

Houpeville, VI. 362. D.

Houplines, feigneurie, III. 607. C. 608. A. 609. B. 610. C.

Houppeville, feigneurie, VIII. 811. ** C.

Hourdain, feigneurie, III. 578. D.

Hourdes, feigneurie, VIII. 29. D.

Hourdiniere, feigneurie, I. 353. E.

Hourdiz, VI. 708. B.

Hourlier, III. 774. B.

Hourfin, VIII. 126. D.

Hourteus, VII. 567. B.

Houffart. Voyez Hauffart.

Houffay, feigneurie, II. 455. C. VII. 233. A. VIII. 809. ** B. 810. D. marquifat, VIII. 21. B.

LA HOUSSAYE, (Seigneurs de) VIII. 660. Voyez Mailly.

la Houffaye, IV. 596. B. V. 418. A. feigneurie, II. 105. C. 107. B D. 385. B. III. 625. A B. IV. 412. B. 802. C. V. 11. E. VI. 33. C. 34. A. 451. A. 471. B. VIII. 135. B. 137. C D E. 138. C 139. A. 660. B. IX. 318. C. 481. A. marquifat, IV. 539. D. en Brie, feigneurie, III. 614. D.

Houffe, VI. 263. B.

la Houffiere près Rennes, feigneurie, V. 410. D.

Houft, feigneurie, IV. 847. C.

Howard, IV. 615. D. VII. 90. A.

Houvelain, feigneurie, V. 648. D.

Houville, feigneurie, VI. 356. A. 357. C.

HOUVRECH, (Seigneurs d') V. 834. Voyez Boutnonville.

Houvrech, feigneurie, V. 833. B. 834. D.

Houx, feigneurie, VI. 605. B.

Hoyon, comté, V. 238. B.

Hoyos, comté, II. 50. B.

Huart, IX. 322. C. 329. B.

Huault, VI. 386. A. VIII. 743. A.

Hubain, feigneurie, VI. 62. D.

Huban, feigneurie, I. 562. D. baronie, II. 871. C.

Hubermont, feigneurie, III. 575. C. 576. A. 578. B. 579. A. 609. B D. 610. A. V. 231. D. VII. 111. A.

Hubeffen, feigneurie, IV. 181. A B.

Hubert, chancelier de France, VI. 250. A.

Hubert, VI. 551. A. feigneurie, VII. 642. B.

Hubertant, feigneurie, VII. 630. C.

Hucart, feigneurie, VII. 822. A.

Huchet, IV. 413. B.

Huchin, feigneurie, VI. 168. D. Voyez Heufchin.

Huchon, feigneurie, II. 242. B D. 344. D. 345. D. VI. 64. D.

Hue VI. 150. A. VII. 617. C. feigneurie, VI. 387. C.

Huele, III. 668. D.

Hueliers, feigneurie, III. 731. C.

Huelva, feigneurie, III. 351. C.

Huerden, feigneurie, VII. 165. D.

Huefca, marquifat, I. 292. D. duché, I. 293. C D E.

Huez, feigneurie, II. 124. B.

HUFALISE, (Seigneurs d') II. 319.

Hugleville, feigneurie, V. 130. C.

Hugonet, IX. 478. B. de Saillans, IV. 861. B.

Hugues, évêque & duc de Langres, II. 154. B. Autre du même nom, fénéchal de France, VI. 19. C. Autre, chancelier de France, VI. 242. D.

Autre, chambrier de France, VIII. 395. D.

Autre, bouteiller de France, VIII. 524. B.

Huguet, IV. 435. A. de Semonville, VII. 631. E.

Huguetieres, seigneurie, VIII. 539. E.

Hugueville, seigneurie, III. 912. C. V. 131. E. VI. 116. B. 744. C. 749. C. 750. A. VIII. 19. A. 20. A. 63. C D. 710. A. baronie, I. 225. B E. II. 85. D. V. 131. C. VII. 474. B.

Huillé en Anjou, seigneurie, VI. 396. B.

d'Huillier, II. 440. D. IV. 268. C. VI. 385. B. 389. A. 406. A. 410. B. 451. C. 463. C. 544. D. 551. C. 552. C. 556. A. VII. 601. B. VIII. 161. A. 492. B. 717. C. de Boulencours, VI. 527. B. VII. 678. C. d'Interville, VI. 562. D. VII. 678. C.

S. Huin, seigneurie, II. 416. D. VI. 780. C. 781. A.

Huissay, vicomté, VII. 169. C.

Huisse, seigneurie, III. 576. A. 578. B.

Huisseau, baronie, IX. 110. B. sur Maulne, seigneurie, VII. 458. C.

HUISSIERS DES ORDRES DU ROI, IX. 348.

Huleu, seigneurie, VIII. 850. B.

Hulin, VI. 526. D. 567. D.

Hullies, seigneurie, V. 239. B.

Hullus, VIII. 251. B. seigneurie, VI. 828. B.

la Huloñiere, seigneurie, VI. 234. C.

Humbercamp, seigneurie, V. 239. C F. 240. B. en Artois, seigneurie, I. 240. E. S. Pol, seigneurie, ibid.

Humbercourt, seigneurie, II. 761. C. 763. D. V. 642. B. 645. B. VI. 174. C. 356. D. VIII. 67. C. 175. A. 632. C. 656. C.

HUMBERT, Alberic, archevêque de Reims, II. 4. D.

Humbert, II. 68. E.

Hume, seigneurie, I. 259. E. III. 91. B. comté, IX. 414.

Humereuil en Artois, seigneurie, VIII. 274. C. 275. A.

Humerolle, seigneurie, VIII. 281. A.

Humerulles, VIII. 280. D.

HUMIERES, duché-pairie, érigé en 1690. pour Louis de Crevant d'Humieres, maréchal de France, V. 759. A. Pieces concernant cette érection, ibid.

HUMIERES, (Ducs de) V. 767. (Marquis de) V. 767. Voyez Crevant. (Ducs de) de la maison d'Aumont, IV. 880.

HUMIERES, Charles, grand-aumônier de France, VIII. 274. B. André, maître des fauconnier du Roi, VIII. 748. B. Jacques, chevalier du S. Esprit, IX. 57. B. Charles, chevalier du S. Esprit, IX. 109. B.

HUMIERES, (Genealogie de la maison de) VIII. 274.

Humieres, III. 638. B. 651. A. 654. D. 694. C. IV. 70. B. 396. B. 661. C. V. 13. B. 642. A. 768. D. VI. 51. C. 52. E. 53. A. 99. A. 174. A. 371. A. 373. A. 407. D. 484. C. 769. A. 790. B. 794. B. VII. 29. B. 79. C. 256. C. IX. 100. B. 111. B. seigneurie, II. 439. A. III. 603. C. 604. D. V. 13. B. 768. D. VI. 174. A. 746. D. 790. B. 794. C. VIII. 274. & suiv. IX. 126. B. marquisat, V. 768. D. VIII. 193. A. duché, IV. 618. C. V. 769. D. 770. B. VII. 369. B. 598. E. VIII. 193. A. Voyez Crevant.

les Humiers, seigneurie, VII. 872. A.

Humilcault, V. 644. D. VIII. 647. A.

Humia, V. 593. B.

Humius, V. 593. B.

Hun, VI. 100. C. 101. B.

Hunaud de Lanta, IV. 475. C.

la Hunaudaye, seigneurie, IV. 71. C. VI. 770. B. 772. D. VII. 176. A. 381. A. baronie, IV. 60. B. 323. D. VII. 48. B. 77. A. 176. D. 179. B. 383. E. 724. A. VIII. 923. D.

Hunault, IX. 416. E.

Hungant, IV. 83. A.

Hunonville, seigneurie, V. 239. D.

HUNS, (Rois des) I. 3. B. 17. A.

HUNTINGDON, (Comtes d') VI. 268. Voyez Bouteiller.

Huntingdon, VI. 268. C. comté, II. 470. C D. 488. C. 875. D. VI. 268. C.

Huntlay, comté V. 594. C. marquisat, IX. 409. E.

Huot, VI. 430. B.

Huplande, seigneurie, V. 828. D. 829. D. 830. A. 837. D.

Hupoel I. 268. B.

Hupsel. Voyez Hupoel.

Hupy, seigneurie, VII. 821. A.

Huquelieres, seigneurie, VI. 169. C.

HURAULT, Philippes, comte de Cheverny, chancelier de France, VI. 501. B. Idem, chancelier des ordres du Roi, IX. 301. B.

HURAULT, (Genealogie de) VI· 501.

Hurault, II. 440. E. 448. A. III. 639. C. IV. 175. A. 217. C. 572. D. 751. B C. 752. A. VI. 419. B. 450. C. 451. A C. 485. B. 489. C. 491. B. 501. D. 600. D. VII. 473. D. 548. C. VIII. 192 B. 254. B. 286. A. 538. A. 823. C 943. B. 944. A. IX. 88. A. 100 A 195. B. 198. A. 233. A. 305. B. seigneurie, II. 223. C. de Chiverny, IV. 875. 876. D. VII. 387. A. de l'Hôpital, IV. 131. C. VII. 510. B. du Marais, VII. 170. D. 712. E. 715. B. VIII. 857. D. IX. 110. B.

Huriel, V. 569. B. 570. B. 572. D. 573. B. seigneurie, VII. 71. C. baronie, VI. 505. A. IX. 100. A.

Hurionville en Artois, seigneurie, V. 845. D.

Hurle. Voyez d'Oreille.

Hurle-Cocq, II. 228. D.

Hurtado de Mendoza, I. 633. A. 660. A. 668. A. 686. B. III. 352. C. 353. B. V. 528. B. 661. E.

Hurtevant, seigneurie, VIII. 853. A.

Husse, avouerie, IV. 211. C.

Hussier-Alpin, seigneurie, III. 643. D.

HUSSON, (Seigneurs d') IV. 179. B. Voyez la Tremoille.

Husson, II. 86. B. 407. E. 849. A. III. 631. C. 769. B. IV. 60. D. 167. B. 560. D. V. 247. E. VI. 187. E. VII. 553. A. VIII. 913. A. seigneurie, IV. 179. D E. 428. E. 713. D. 841. A. VI. 654. C. VII. 80. D. 121. B. VIII. 106. B. 420. B. Tonnerre, IV. 69. E. 713. D. 714. C. 890. A. V. 265. A.

Hutchisson, IX. 411. A.

Hutaquerque, III. 907. C.

la Hurumiere, seigneurie, VI. 674. C.

HUXELLES, (Marquis d') VII. 664. Voyez du Blé.

Huxelles, baronie, VII. 665. C. marquisat, VII. 426. D. 661. D. 666. C. 897. A.

Huy, duché, II. 326. E. de Locherret, IX. 405. D.

S. Huyn, seigneurie, VIII. 653. B. 656. B.

Hyde, IX. 403. E.

Hyeville, seigneurie, II. 432. E.

S. Hypolite, seigneurie, II. 212. A. III. 853. A B.

I.

I.

JAAN. *Voyez* Jahan.
Jabaud , VIII. 594. *** C.
la Jabliniere, seigneurie, IV. 367. D.
Jablonowischy, IV. 224. E.
Jablonowski , IX. 299. B.
Jacmaert , VII. 678. A.
Jacob , VIII. 235. B.
Jacotot, VII. 804. C.
Jacquart , VI. 685. A.
Jacquelin , VI. 570. B. VII. 645. A.
la Jacqueliniere, seigneurie, VIII. 440. D.
Jacquelot, VII. 575. A.
Jacquemart, IV. 829. C.
Jacques , IX. 322. A. *de la Heurliere* , VII. 651. D.
S. Jacques, seigneurie, VI. 356. B.
Jacquet , III. 824. B.
Jacqueville, VIII. 753. BDE.
Jacquot , VII. 646. D.
Jaffe, II. 602. E. comté, III. 77. D. 84. C.
la Jagaudiere, seigneurie, VII. 666. A.
Jagny, seigneurie, VIII. 266. B. 790. A. 792. A.
Jahan, V. 421. C.
Jaïere , seigneurie, V. 361. A.
Jaigny, seigneurie, II. 106. E. VI. 346. D. 349. A.
Jaillac, seigneurie, IV. 793. E.
Jaillard, VI. 507. A.
Jaillart, IX. 305. B.
la Jaille, II. 448. B. III. 650. B. IV. 458. A. 676. E. 680. A. V. 10. A. 764. D. VI. 118. C. VII. 139. B. 227. A. 512. A. 584 C. 618. D. VIII. 251. C. seigneurie, III. 640. A. IV. 176. B. V. 610. E. 764. D. VI. 766. A. VII. 136. B. 227. A. 502. E. 514 B.
Jaillemain, seigneurie, IX. 465. C.
Jailly, seigneurie, VI. 160. B.
S. Jal, marquisat, VII. 683. D.
Jalais, seigneurie, IX. 415. C.
Jalavoux , baronie, III. 822. A. V. 896. B.
Jalemain, seigneurie, VI. 657. A.
Jalesmes , VII. 503. E. marquisat, VII. 504. B. E.
JALIGNY (*Seigneurs de*) & de Combronde, VIII. 53. *& suiv. Voyez* Auvergne.
Jaligny, IX. 393. D. seigneurie, II. 100. D. 345. A. 852. C. III. 152. D. IV. 179. D. VI. 15. B. 60. B. 64. B. VII. 59. E. 80. D. 120. A. 445. E. VIII. 47. C. 51. C. 53. A. 346. A. 541. D.
la Jallaye , seigneurie, VII. 552. D.
S. Jalle , seigneurie, IV. 286. C.
Jaloignes , seigneurie, III. 819. C. IV. 536. A. VI. 735. B. VII. 79. C. 114. B.
Jaloines , seigneurie, II. 199. B.
Jamaïque, marquisat, I. 650. A.
Jame, seigneurie, I. 371. B.
Jameau jaune, II. 509. C.
sainte James de Beuvron , VIII. 167. D.
Jamets, seigneurie, II. 54. E. 61. D. V. 653. C. VII. 167. A. 193. A. principauté , IV. 539. A. 540. A.
Jamin, VII. 389. A.
les Jammonieres, seigneurie, VII. 22. D.
Janaillac, seigneurie, VII. 329. D.
Janes, seigneurie, II. 353. CDE. 354. E. 361. D.
Janillac, VIII. 561. B.
Janly, seigneurie, VIII. 354. B.
Janoillac, seigneurie, V. 572. C.

Janse, VII. 546. E. seigneurie, IV. 309. C.
Jansön, I. 191. A. II. 247. B. seigneurie, IV. 494. C. VIII. 294. E. 295. A. 297. A. marquisat, II. 310. C. VIII. 295. BCD. 296. A BCD. 302. C.
Janssac, seigneurie, IV. 446. CD.
Janvier, VIII. 253. C. seigneurie, VIII. 149. C.
Janvier du Maine Blanc, III. 493. A.
Janville, seigneurie, VIII. 281. A. 561. C.
S. Janvrin, seigneurie, I. 236. A. IV. 289. D. 290. CD. VI. 785. B. VIII. 118. A. 635. D.
Janvry, seigneurie, VII. 581. B.
Japhe, comté, I. 529. B. II. 603. A. 757. A. 842. A. VI. 21. D. 23. C. 24. A. 141. D. VIII. 864. C.
Jaquot de Mypont, IX. 471. A.
Jaraur, seigneurie, V. 144. C.
Jarchy, seigneurie, VII. 704. E.
Jarcieu, seigneurie, IV. 45. A.
Jardieu, seigneurie, VIII. 337. C.
des Jardins, VII. 592. A. VIII. 487. D.
Jaret , VII. 235. D.
Jarez, VII. 80. A. VIII. 736. B.
la Jarissie, seigneurie, IX. 457. E.
JARNAC (*Seigneurs & Comtes de*) IV. 564. *& suiv. Voyez* Chabot.
Jarnac, IV. 419. D. seigneurie, I. 430. A. II. 857. C. III. 79. A B. 736. A. IV. 419. E. 448. C. 653. BG. 712. E. V. 9. B. 15. D. 129. D. 736. A. VI. 62. C. 63. A. VII. 19. B. 370. C. 584. A. VIII. 571. CE. 747. B. 766. C. IX. 416. B. 441. D. baronie, IV. 663. A. V. 151. E. 736. A. VII. 100. C. comté, IV. 64. E. 443. E. 444. E. 445. B. 570. A. VI. 802. A. *sur Charente* , seigneurie, IV. 561. E.
Jarnages, seigneurie, V. 349. B D. 356. D.
Jarnieu, seigneurie, VII. 787. E.
Jarnoffe, seigneurie, VIII. 335. A.
Jarnouan, V. 421. B.
la Jarosse, seigneurie, VII. 330. B.
Jarre de sainte Livrade, II. 172. C.
Jarrie, VII. 120. B. VIII. 818. A.
la Jartie , seigneurie, IV. 454. ABE. 660. A.
le Jarrier, seigneurie, VIII. 802. C.
Jatris, VIII. 893. A.
JARS, (*Seigneurs de*) IV. 668. *& suiv. Voyez* Rochechouart.
Jars, seigneurie, I. 434. C. II. 857. A. 858. B. IV. 653. D. 656. C. 874. C. VII. 425. E. 588. B. VIII. 119. C. 211. C. 492. A. 746. D. marquisat, VII. 477. A.
Jatville, seigneurie, III. 502. C.
Jarzac, seigneurie, VIII. 57. D.
Jarzat, seigneurie, I. 300. E.
Jarzay, seigneurie, V. 605. B. 606. D. E.
Jarzé, VII. 518. A. seigneurie, V. 10. E. VII. 459. D. 516. A. marquisat, VII. 386. D.
Jassault, VI. 468. D.
Jasseron, seigneurie, VII. 145. C.
Jaterne, seigneurie, VIII. 134. A.
Jau, VII. 27. D. VIII. 237. B.
Javalquinto, marquisat, V. 526. E.
Javalquinto de Villa-Real, IX. 295. A.
Javara, marquisat, IX. 296. B.
Javarennes, seigneurie, IV. 733. DE. 734. AB.
Javarsac, seigneurie, VII. 663. A.
Javarzay, seigneurie, IV. 656. C. 697. C. 658. C. 659. BD. 660. B.
Jaubert, II. 657. A. V. 354. C. VIII. 164. C. 165. E. *d'Allemans*, VII. 861. B. *de Barrault*, IV. 849. B. V. 743. A. *de Nantia*, VIII. 592. B.
Jauche, VIII. 523. B. seigneurie, II. 334. CD.

Jaucourt, I. 434. B. 506. A. II. 429. B. 834.
A. IV. 181. B. 185. C. 217. C. 227. C. 750.
A. 847. A. VI. 283. B. 701. A. VII. 3. CD.
222. A. 443. B. 810. E. 811. C. VIII. 329. A.
seigneurie, VII. 60. D. VIII. 715. A. 658. D.
de Ville-Arnoul, III. 598. A. IV. 825. D. Voyez
Dinteville.

Jauderais, seigneurie, II. 426. B.

Javercy, II. 83. C. seigneurie, I. 494. A. 524.
A. 526. B. IV. 752. C. VI. 393. A. VII. 745.
A.

Javerdon, I. 299. A.

Javerliac, VII. 861. D.

Javieres, seigneurie, II. 78. E.

Jauldin, VII. 874. A.

Jaulzy, IV. 770. A.

Jaunage, seigneurie, II. 248. E. 249. A. III.
895. A. VII. 651. A.

Jaunay, IV. 422. B. 575. B. VII. 175. B. VIII.
441. C.

la Jaunaye, seigneurie, V. 423. C. VII. 722. D.

Javon, seigneurie, II. 254. B.

la Jaurie, seigneurie, V. 356. C.

Jausse, I. 265. E. 268. B. II. 769. B. III. 609.
C. 610. C. V. 237. C. VI. 172. C. VIII. 77.
B. 79. D. de Massain, III. 613. C. VII. 828.
D.

Jaussen, IX. 203. C.

Jauvaigne, seigneurie, III. 896. C.

Jauzac, seigneurie, VIII. 493. C.

LE JAY, Nicolas, chancelier des ordres, IX. 304.
B.

le Jay, I. 376. E. II. 230. C. V. 21. C. 161. D.
762. D. VI. 501. D. VIII. 767. A. IX. 101.
B. 476. B.

Jayer, II. 106. B. VI. 525. C. VIII. 138. B.
139. B. 807. C.

Jayot, VII. 493. B.

Jazenay, seigneurie, IV. 714. D.

S. Ibard, seigneurie, VII. 331. C.

Ibelin, I. 529. B. III. 85. A. VI. 22. B.

Iberghet, seigneurie, VII. 182. D.

Iberville, seigneurie, IV. 899. A. IX. 431. A.

Ibourg, seigneurie, IV. 266. A.

Ibouville, seigneurie, VIII. 794. B.

Iché, seigneurie, IV. 821. D.

Icher, VII. 790. C.

Idagna, comté, I. 638. B.

Ideghem, V. 647. B.

Idiaquez, V. 526. C. 527. E.

JEAN, échanson du Roy, VIII. 516. B.

Jean, seigneurie, VI. 187. E. de Bellenave, IX.
470. C.

de Jean, IV. 134. C. VII. 311. D.

S. JEAN, Remy, dit Sommetourbe, évêque & comte
de Châlons, pair de France, II. 337. B.

S. JEAN, Pierre, maître enquêteur des eaux &
forêts de France, VIII. 848. D.

S. JEAN, (Vicomtes de) VII. 388. Voyez Beaumanoir.

S. Jean, VII. 839. A. VIII. 21. A B. 249. A.
seigneurie, II. 68. A B. 675. A. 707. B. V.
107. F. 266. E. 282. D. 402. C. 403. A B.
VII. 264. E. 342. C. VIII. 211. D. baronie,
VII. 624. D. vicomté, VII. 388. A. comté, I.
641. E. 696. A. d'Angles, VII. 264. D. sei-
gneurie, VIII. 904. B. de Barron, seigneurie,
VII. 767. B. de Bourney, seigneurie, V. 262.
C. de Buigné, seigneurie, VIII. 765. B. del-
Cagien, VII. 419. A. de Cauquisar, seigneurie,
II. 674. C. d'Espinasse, baronie, IX. 392. C.
de la Forest, seigneurie, II. 226. A. VIII. 892.
A. de Gardonenque, seigneurie, VII. 488. B C.

des deux Jumeaux, seigneurie, III. 654. B C.
Loubas, seigneurie, VII. 410. C. de Mamerett,
seigneurie, VII. 503. D. VIII. 707. B. d'Octa-
veon, seigneurie, VIII. 929. D. de Potges, seigneurie, V. 188. D. VII. 406. A. Poigie, seigneurie, VII. 451. C. de S. Project, VII. 700.
A. en Royans, V. 266. A. Steene, seigneurie,
II. 867. E. sur Tourbe, baronie, III. 843. C.
845. B. de Vassous, seigneurie, V. 287. B. IX.
424. D. baronie, IX. 93. A.

S. JEAN DE LA COSTE, (Seigneurs de) VII. 417.
Voyez Lauziere.

S. Jean de la Coste, seigneurie, VII. 414. B.
417. C.

JEANNIN DE CASTILLE, Nicolas, greffier des ordres du Roi, IX. 334. C.

Jeannin, IV. 574. D. de Castille, III. 497. D.

Jeavien, VII. 677. C.

Jegou, VII. 529. E.

Jenardoil, VIII. 190. A.

Jençay, vicomté, II. 376. D.

S. Jengon, seigneurie, III. 416. D.

Jenly, seigneurie, VII. 665. C.

Jensac, II. 443. B.

Jenville, seigneurie, VI. 269. B.

S. Jeran, seigneurie, III. 777. C.

la Jeraye, seigneurie, VIII. 771. A.

Jerdaw d'Applegirth, IX. 403. A.

Jermont, seigneurie, VII. 590. A.

Jervieux, seigneurie, VIII. 819. D.

JERUSALEM, (Rois de) sortis des Comtes d'Anjou,
VI. 21. & suiv.

JERUSALEM (Rois de) VI. 132. & suiv. Voyez
Brienne.

Jerusalem, II. 319. C. 603. A. VI. 16. D. 18.
E. 21. B. 25. A. 79. C. 80. D. 92. C. royaume,
I. 227. A. 229. D. 230. B. 231. B. 232. A.
236. C D. 297. E. 407. A. 409. E. 421. A C.
479. B. 529. B. II. 302. A. 590. A. 593. C D.
595. E. 606. 693. C. 721. E. 839. B. 841. D. III.
77. D. 84. A C. IV. 818. B. V. 138. D. 584. A.
VI. 104. A. 132. C. 133. D. 140. B. 149. A.
VIII. 426. A. 451. C.

S. Jery, seigneurie, V. 538. B.

Jerzey, comté, IX. 411. B.

le Jeu, seigneurie, VIII. 816. C.

Jeucourt, V. 383. F. 384. A. VII. 179. A. VIII.
170. E. 848. C. 883. E. seigneurie, V. 384.
A.

JEUFOSSE, (Seigneurs de) VI. 294. Voyez Mornay.

Jeufosse, VI. 296. A. seigneurie, V. 83. E. VI.
294. B. 674. B. 675. A. 679. D.

Jevinecourt, seigneurie, II. 433. E.

Jeumont, seigneurie, I. 256. D. V. 642. A. VI.
638. D.

le Jeune, VII. 903. D. Voyez le Josne.

S. Jeurs, seigneurie, II. 288. D. VIII. 195. E.

Ifs, seigneurie, VI. 690. C. VIII. 811. E.

Igé, seigneurie, IX. 303. D.

Igle, seigneurie, VII. 157. C.

Iglé, VIII. 527. B.

S. Ignat, seigneurie, VI. 463. A.

Ignaucourt, seigneurie, IV. 35. C. V. 87. D.
850. A. 831. B. VI. 720. D. VII. 182. A.
823. A.

Igny, VII. 51. C. VIII. 716. C. IX. 77. A.
seigneurie, V. 670. A.

Igournay, seigneurie, VII. 254. A. 259. D.

Ihonston, IX. 409. E.

Ilan, seigneurie, IX. 235. B.

Ilha-Principa, comté, I. 700. C.

Ilhac, II. 170. C E. 171. A.

Illeins, seigneurie, VII. 46. B.

Illes, seigneurie, VIII. 271. E. comté, IX. 234. B.

Illiers, I. 223. C. 323. C. II. 427. C. 439. D. III. 636. D. 840. E. IV. 713. A. 730. C. 828. E. VI. 487. D. VII. 76. C. 502. B. 506. A. VIII. 344. A. 649. D. IX. 91. A. 443. C. seigneurie, I. 483. C. III. 564. C. IV. 564. C. 712. CD. VII. 502. B. 870. E. VIII. 190. C. baronie, VIII. 190. D. marquisat, VIII. 188. B. 191. E. 192. B.

Illiés, seigneurie, V. 230. D. 238. E. 239. BCF. 241. E.

Illinghen, VIII. 104. C.

Illins, seigneurie, II. 31. E. 32. A B. 203. A. 225. A. VI. 522. A. VIII. 799. C. 911. E.

S. Ilpise, VII. 131. B. seigneurie, II. 399. E. IV. 440. A. VIII. 53. ACD. 54. AB.

Imbercourt, seigneurie, VII. 132. C.

Imbert, VI. 149. D.

Imling, seigneurie, VII. 140. A.

Immersel III. 596. E. 597. A. VIII. 77. C.

Immerselle, VI. 102. D. 801. B.

Imonville, seigneurie, VI. 370. D. baronie, IV. 170. E. VIII. 119. C.

Impden, baronie, I. 257. C.

Imperiale, IV. 498. C.

Incarville, seigneurie, VIII. 873. C.

Incesche, seigneurie, IX. 471. D.

Inchizuin, comté, IX. 411. B.

Inchoven, seigneurie, III. 905. C.

Inchy, III. 580. D. IV. 398. C. VI. 794. A. 795. C. VII. 111. A. 746. D. 833. A. VIII. 716. D. seigneurie, III. 607. D. 728. A. VI. 748. C. 793. A. baronie, I. 257. A. 265. C. VII. 173. B.

Incourt, seigneurie, V. 845. D. VI. 360. B.

Indebeuf, seigneurie, VII. 437. C.

Infantado, duché, I. 293. C. 636. A. III. 352. B. IX. 295. A.

Infreville, seigneurie, IV. 764. A. VI. 356. B. IX. 148. A.

Infy, seigneurie, VII. 427. A.

Ingerston, seigneurie, VII. 90. C.

Inglemarests, seigneurie, VIII. 84. BC.

Ingrande, seigneurie, I. 453. E. II. 859. A. III. 632. A B. VII. 72. A. 618. B. VIII. 100. B. 484. A. 568. A D. 570. AB. 573. C. 706. E. baronie, I. 469. D. 470. C. II. 127. A. III. 652. A. vicomté, I. 471. A B. 494. B.

Ingolstad, seigneurie, I. 107. D. 112. C. duché, I. 271. D. 286. D. 319. E.

Inhausen, VII. 829. C.

Innocent VI. Pape, II. 397. CD.

Inot, seigneurie, VIII. 873. D.

Inquessen, (Seigneurs de) VII. 559. Voyez Monchy.

Inquessen, seigneurie, VII. 556. A. 558. A. 559. C. 573. B.

Inseville, baronie, V. 831. BC.

Inspruck, archiduché, III. 714. B.

Intendans des ordres du Roy, IX. 339.

Interville, seigneurie, VI. 551. C. 552. C. VIII. 854. B.

Inteville, marquisat, IX. 361. C.

Inverbach de Blecourt, seigneurie, V. 644. B.

Inville, seigneurie, IV. 408. C. 409. BC. 410. A.

Invilliers, seigneurie, IV. 834. B.

S. Iny, baronie, VII. 788. D.

Jobes, VII. 64. A. seigneurie, VII. 57. D.

la Jobliniere, seigneurie, IV. 624. BC.

Joch, vicomté, V. 843. ACE.

Joche, seigneurie, IV. 216. B.

Jocourt, seigneurie, VII. 474. A.

Jodainville, seigneurie, I. 275. E.

Jodar, seigneurie, I. 685. AC. 686. A.

Joderais, seigneurie, II. 429. E. 430. A. V. 146. C. 150. E.

Jodogne, vicomté, VI. 709. A.

la Jodouiniere, seigneurie, VIII. 769. B.

Johanne, VIII. 168. D. IX. 195. B.

Johnston, IX. 407. E.

Joignac, II. 233. D.

Joigny, (Comtes de) depuis Ducs de Retz, III. 898. & suiv. Voyez Gondy, (autres Comtes de) IV. 179. Voyez la Tremoille, (autres Comtes de) V. 9. & suiv. Voyez Sainte Maure, (autres mtes de) VI. 653. Voyez Noyers, (autres Comtes de) VIII. 424. Voyez Châlon.

Joigny, II. 856. E. III. 304. C. 580. B. 609. C. 918. D. V. 225. A. VI. 75. D. 86. C. 128. A. 139. C. 540. B. 667. A. VII. 812. C. VIII. 562. B. seigneurie, VI. 136. B. VIII. 399. B. 421. B. comté, I. 74. D. 269. 270. A. 383. C. 429. B. 474. C. 483. A. 488. D. 528. B. 554. A. 562. B. II. 227. B. 507. A. 839. E. 849. A. 870. D. III. 127. D. 638. B. C. 393. C. IV. 61. B. 180. A. 292. B. 822. B. 863. D. V. 12. D. 126. C. 227. B. VI. 12. D. 13. D. 60. D. 83. B. 86. A. 127. A. 130. C. 139. C. 142. B. 170. D. 455. C. 484. C. 508. B. 653. BD. 692. D. 695. C. 769. A. VII. 36. D. 49. A. 708. E. 709. A. 813. A. 870. C. VIII. 172. E. 279. A. 424. D. 637. C. 717. B. 861. C.

Joinville, Guillaume, archevêque de Reims, II. 5. B. Guy, évêque de Châlons, II. 312. B. Guillaume, évêque & duc de Langres, pair de France, II. 147. E. Ancel ou Anceau, maréchal de France, VI. 692. B.

Joinville, (Genealogie des Sires de) VI. 692. & suiv.

Joinville, II. 148. A. 157. D. 159. B. 162. D. 318. C. 766. B. III. 80. D. IV. 179. D. 821. B. 822. B. V. 227. B. VI. 33. A. 89. A. 114. D. 142. B. 160. A. 208. A. 653. D. 744. D. VII. 41. A. 80. D. 123. D. 148. A. 799. B. VIII. 53. B. 350. A. 427. D. 534. A. 549. C. 718. A. IX. 475. B. seigneurie, I. 512. B. 427. B. 538. E. II. 5. C. 312. C. 339. C. 375. A. 501. C D. III. 155. B. 723. B. V. 134. B. VI. 13. D. 89. A. 128. A. 653. D. 692. D. 693. A. 744. D. VII. 41. B. VIII. 413. D. 416. B. 451. A. 532. A. baronie, III. 485. A. principauté, I. 148. D. III. 486. A D. 488. A C D. 489. C D. Beaupré, II. 766. B. de Fauche, VI. 66. E. 655. B. Gex, II. 161. B. IX. 382. D.

Joisel, VII. 721. B.

S. Jolin de Blesso, VII. 89. A.

la Joliserie, seigneurie, VII. 231. A.

Jolly, II. 108. V. de Champigny, VI. 590. D.

Joly, II. 83. A. VI. 150. A. VII. 469. B.

du Jon, VIII. 485. D.

Jonas, general des galeres, VII. 918. D.

Jonat, seigneurie, IV. 546. A.

Jonbert d'Alemans, IV. 788. D.

Joncey, seigneurie, IV. 861. E.

la Jonchat. Voyez le Gentil.

la Jonchere, seigneurie, VII. 505. A.

Joncheres, II. 136. A. VI. 771. D. VIII. 362. D. baronie, III. 811. A. IV. 890. C. V. 896. B.

Jonchery, seigneurie, VI. 114. C. 123. A. VII. 11. C.

Joncy, baronie, IV. 878. C. 879. E. bâtard d'Aumont, IV. 879. B.

Jonglat, IX. 393. A.
Jonglet, V. 239. D. 240. D.
Jonnas, seigneurie, VII. 343. B.
Jonquet III. 909. A.
la Jonquiere, II. 136. E. 137. E.
Jonquieres, seigneurie, II. 249. D. 250. A B. VI. 300. A. VIII. 11. C.
Jonsac, seigneurie, IV. 423. D. VIII. 923. B. *Voyez* Jonzac.
Jonvelle, VII. 41. C. 802. B. 806. B. seigneurie, IV. 163. C. 164. B C E. 165. C. 166. E. 167. A. V. 610. A. VII. 121. E. 168. A. VHI. 201. D. 205. A. *sur Saône*, seigneurie, VII. 41. C.
Jonville, baronie, VII. 572. D. 588. A.
Jonzac, (*Comtes de*) V. 14. *& suiv.* *Voyez* Sainte-Maure.
Jonzac , seigneurie, IV. 365. A. V. 11. A. 14. B. VII. 22. A. comté, VII. 457. B. 458. D. *Voyez* Jonsac.
Joran, seigneurie , IV. 890. A. baronie, VII. 65. D.
Jorcey, seigneurie, IV. 826. A.
Jordan d'Applegirth, IX. 402. A.
Jordane, seigneurie, VII. 309. A.
Joreau, seigneurie, II. 450. A.
S. Jores, seigneurie, V. 388. D.
S. Jorges, seigneurie, III. 582. C.
S. Jorry, seigneurie, II. 354. B. marquisat, VII. 348. E.
S. Jory, seigneurie, VII. 267. E.
le Josne, VIII. 746. E.
Josserand, seigneurie, VI. 343. B.
Josset, V. 416. A.
Jou, seigneurie, VI. 304. D.
S. Jouan, seigneurie, VII. 382. B.
Joubert, IV. 565. E. V. 101. E. VI. 598. C. VII. 257. C. 260. A. 345. C. VIII. 914. C. *de Barrault*, VII. 257. C. *de la Bastide*, VII. 632. D. *de l'Isle*, VII. 271. A. *Voyez* Jaubert.
Joucas, seigneurie, II. 239. A C.
Joudes, seigneurie, V. 672. A.
Jovenazzo, duché, IX. 290. C.
Jouhan, V. 143. E.
Jouin, V. 401. C. 403. A.
S. Jouin, seigneurie, VIII. 711. C.
Jouis, baronie, IX. 451. D.
Joulet, II. 386. A.
Joumeraye, VIII. 133. D.
Jourdain, III. 89. A. IV. 453. A. V. 727. E. 747. E. VI. 488. A. VIII. 364. C. 661. B. *Perusse*. VIII. 242. B. *de l'Isle*, II. 229. C. 231. C.
Jourdemare, seigneurie, VI. 365. D.
Journe, VIII. 275. C.
Journée, IV. 227. C.
Journi, V. 93. E. seigneurie, V. 831. A. VIII. 525. C.
Joura, VII. 654. D. VIII. 338. B. seigneurie, III. 841. A. B. VI. 350. B. VII. 189. B. VIII. 720. C.
Joursanvaux, seigneurie, VII. 646. B.
Jousseau, seigneurie, VIII. 893. B.
Jousseaume, IV. 166. A. 576. B.
Jousselin, IV. 745. B. VI. 470. B. *Melforts*, VII. 429. C.
la Jousseliniere , seigneurie, II. 451. E. 452. A B D E. 453. C D. 454. A C. IX. 96. C.
Joussen. *Voyez* Jousselin.
Jousseran de Londigny, IX. 80. B.
Jousserand, IX. 457. B.
Jousserant, II. 376. B. VIII. 772. D.
Jousset, IX. 355. A.
Jousseville, II. 86. E.

Jouveignes, seigneurie, VI. 147. D. 407. B.
Jouvelain, VI. 383. C.
Jouvenel, dit *des Ursins, Jacques*, archevêque de Reims, duc & pair de France, II. 45. E. *Jean*, archevêque de Reims, duc & pair de France, II. 46. D. *Jean*, évêque & duc de Laon, pair de France, II. 112. B. *Guillaume*, baron de Traynel, chancelier de France, VI. 401. A. *Christophe*, chevalier du S. Esprit, IX. 55. B. *François*, chevalier du S. Esprit, IX. 129. C.
Jouvenel des Ursins, (*Genealogie de*) VI. 403.
Jouvenel des Ursins, II. 46. B. IV. 215. E. 227. C. V. 237. D. VI. 147. D. 149. B. 342. B. 735. C. VII. 18. D. 169. F. IX. 123. B. *Voyez* des Ursins.
Jouvengues, VI. 145. D.
Jouvenroux, III. 828. C.
Jouvin, II. 126. A. IV. 752. C.
Joux, seigneurie, I. 511. A B. 512. C. II. 871. B. 872. E. VI. 732. D. baronie, V. 613. E. VII. 8. E. *sur Tarare*, seigneurie, VII. 808. B.
Jouy, I. 119. A. 467. A. II. 42. A. 75. E. 77. D E. 78. C. 79. D E. 80. A. 149. D. VII. 575. C. VIII. 541. A. 887. D. seigneurie, III. 581. C. IV. 732. E. V. 493. A. VIII. 182. C. 747. E. 748. A. 790. A. IX. 100. A. baronie, IV. 672. A. *le Châtel*, I. 287. D. seigneurie, II. 199. A. *le Comte*, seigneurie, VIII. 370. C. 398. D. *en Gâtinois*, II. 123. C. *en Josas*, seigneurie, VI. 451. D. *sur Merain*, seigneurie, VI. 392. C.
Joye, seigneurie, IX. 86. D.
Joyeuse, duché-pairie, érigé en 1581. pour Anne vicomte de Joyeuse, III. 801. duché-pairie, érigé en 1714. pour Louis de Melun, prince d'Epinoy, V. 217. *Pieces concernant cette érection*, ibid. *& suiv.*
Joyeuse, *Guillaume* II. du nom , maréchal de France, VII. 357. A. *Henry*, maréchal de France, VII. 390. C. *Jean-Armand*, maréchal de de France, VII. 624. D. *Anne*, amiral de France, VII. 886. A. *Charles*, seigneur d'Espaux, grand-louvetier de France, VIII. 796. A. *Anne*, chevalier du S. Esprit, IX. 74. A. *Henry*, chevalier du S. Esprit, IX. 80. D. *Charles-François*, chevalier du S. Esprit, IX. 205. A. *Jean-Armand*, chevalier du S. Esprit, IX. 234. A.
Joyeuse, (*Genealogie de la maison de*) III. 808. *& suiv.* 835. *& suiv.*
Joyeuse, (*Ducs de*) pairs de France, V. 228. *& suiv.* *Voyez* Melun.
Joyeuse, II. 63. C. 90. C. 321. D. 437. D. 662. D. III. 795. D. 909. D. IV. 14. B. 41. B. 42. A. 600. B. V. 286. E. 287. A. VI. 316. B. VII. 58. D. 189. B. 776. D. VIII. 449. C. 646. D. 758. C. 819. C. 871. E. 931. D. IX. 89. C. seigneurie, II. 399. E. 663. C. IX. 413. E. vicomté, III. 837. B. V. 287. A. duché, I. 147. C. 148. D. 151. C. 323. E. 324. A. 358. A. III. 488. A B C D E. 489. B C D. 731. B. 794. A. 855. C. pairie, V. 234. A. VII. 390. C. *Grandpré*, IV. 19. F. *Voyez* Apchier.
Joze, seigneurie, VII. 57. D.
Irchenfield, baronie, VII. 87. E.
S. Irier, V. 14. C.
Irland, VIII. 484. C. *de la Vau*, ibid.
Irlande, duché, VIII. 545. D.
Irouer, seigneurie, IV. 846. A D. VI. 419. C. VII. 622. C. 811. C.
Irval, seigneurie, IX. 316. B.
Irvin de Drum, IX. 408. B.
Is, seigneurie, VIII. 550. B.

Isalguier,

Isalguier, II. 651. E. III. 361. A. 362. A. 363.
A. V. 193. E. VII. 213. B. 192. D. 785. B.
VIII. 474. D.
Isalquier, IV. 664. A.
Isambert, grand-queux du Roi, VIII. 826. A.
Isambert, V. 488. B.
Isarn, IV. 136. C. VII. 314. E.
Isasca, seigneurie, II. 167. C.
Isaur, seigneurie, IV. 666. C.
Isberg, seigneurie, VIII. 738. D.
Isberghe, VI. 97. A.
Iscar, seigneurie, I. 577. A.
Ische, seigneurie, V. 647. B. 652. C.
ISCHÉ, (Seigneurs de) IV. 833. Voyez Choiseul.
Isché, seigneurie, IV. 828. A.
Iselstein, seigneurie, II. 781. A.
Isembourg, VIII. 352. B. comté, VIII. 40. C.
Isenghien, seigneurie, VII. 828. A. comté, V. 236.
B 647. B. 657. D. 770. A. VIII. 643. D. prin-
cipauté, IV. 499. C. V. 770. A. IX. 278. C.
312. A.
Isengien, seigneurie, III. 916. D.
Iseran, V. 260. E.
Iseure, seigneurie, VI. 423. D.
L'ISLE, Claude, grand-louvetier de France, VIII.
787. C. Jean, grand-maître des eaux & forêts
de France, VIII. 860. A Claude, chevalier du
S. Esprit IX. 114. B.
L'ISLE, (Genealogie de la maison de) VIII. 788. &
suivantes.
l'Isle, I. 263. C. 264. B. 362. B. 433. A. II. 82
A. 353. B. 404. D. 441. D. 490. B. III. 369.
B. 387. C. 854. B. IV. 549. A. 669. D. V. 175
D. 246. F. 742. D. 889. C. VI. 280. A. 566.
B. 717. B. 740. A. VII. 11. D. 265. C. 381. A.
584. A. 837. A. VIII. 631. A. 888. D. sei-
gneurie II. 54. A. 119. D. 208. E. 297. E.
852. B. 867. D. IV. 31. A. 664. C. 673. C.
VI. 34. C. 481. A. 586. A. 662. A. VII. 170.
A. 551. D. VIII. 53. A. 475. D. 588. D.
716. C. 788. & suiv. 899. B. baronie, II. 181.
A. vicomté, VII. 88. B. 765. A. 841. A.
comté, II. 618. E. marquisat, IV. 877. C. 878.
C. 879. E. Adam, II. 151. C. 284. A. 300.
BC. III. 659. E. VI. 256. A 276. B. VIII. 264.
D. 398. D. 399. A. seigneurie, I. 345. A. 346.
C. 347. B. 348. D. III. 603. E. 604. B. 619.
D. V. 148. C. 848. C. VI. 52. C. 114. D.
717. C. VIII. 152. C. 204. B. 315. B. 397.
D. 399. E. 527. E. 789. B. 790. A. en Ar-
magnac, baronie, VIII. 477. B. d'Athée, seigneurie, VII. 224. A. VIII. 92. A. Avart,
seigneurie, V. 396. A. d'Aubusson, baronie, III.
421. B. d'Aurillé, seigneurie, VI. 189. C. 201.
D. 203. A. d'Anville, seigneurie, IV. 59. B.
Bannegon, VI. 747. A. seigneurie, II. 420.
D. Bapaume, VIII. 770. B. seigneurie, IV. 564.
A. Bonin, seigneurie, VII. 22. D. 23. A. Bouchard, II. 859. B. IV. 576. B. V. 23. D. VI.
346. A. VIII. 420. A. 836. E. seigneurie, IV.
165. B. 169. A. 530. B. VII. 112. C. 848. B.
849. C. 880. A. baronie, IV. 164. D. 165. C.
166. C. 167. C. Bonin, III. 653. B. IV. 562.
C. VIII. 573. C. 574. A. Bouvier, seigneurie, II.
80. D. Bozon, seigneurie, VII. 272. B. Champtercier, baronie, V. 289. D. Dieu, seigneurie,
IV. 684. C. VI. 770. A. sur le Doux, seigneurie, VIII. 350. B. S. Georges, seigneurie,
III. 370. E. Loas, seigneurie, II. 212. D. de
Man, souveraineté. IV. 171. B. de Marans,
seigneurie, IV. 167. C. Marie, seigneurie, VII.
593. E. 597. A. Marivaux, VI. 151. A. de
Martignes, seigneurie, VII. 799. D. en Me-
Tome IX.

doc, seigneurie, I. 498. A. sous Montreal, seigneurie, V. 12. D. VIII. 424. D. baronie, III.
638. C. principauté, VIII. 638. B. d'Oixani,
marquisat, VI. 773. A. d'Oleron, baronie, VI.
219. D. de Paillas, II. 661. C. de Rhé, seigneurie, VII. 97. B. 122. A. en Rigans, seigneurie, IV. 324. A. C. Ronhet, seigneurie, IV. 42.
A. VIII. 704. E. Savary, seigneurie, V. 135.
D. VI. 405. C. 411. E. VIII. 481. D. 693. E.
Savoye, seigneurie, VI. 755. A. de Wirghs, sei-
gneurie, II. 877. D.
Belle-Isle ; marquisat, V. 743. B.
L'ISLEBONNE, (Comtes de) issus des ducs d'Elbeuf,
III. 498. & suiv.
l'Islebonne, seigneurie, III. 60. A. V. 129. C D
F. 130. E. 132. A B D. 133. F. 134. B. VIII.
951. B. comté III. 493. A C. 494. D. V. 154
C. 233. F.
L'ISLE-JOURDAIN, (Seigneurs & comtes de) II.
703. & suiv.
l'Isle-Jourdain, II. 633. C. 634. D. III. 815. B.
IV. 241. D. V. 728. D. VI. 209. A. 222.
A. 318. A. VII. 70. A. 764. B. VIII. 593.
** A. seigneurie, II. 684. B. 689. B. III. 92.
A. IV. 14. A. VIII. 350. B. IX. 383. E. ba-
ronie, II. 618. C. III. 341. D. 369. C. IV.
468. E. V. 727. E. 746. E. comté, I. 114.
D. 276. B. 303. E. 305. C. 311. D. 636.
D. 708. B. III. 422. B. 414. B. 425. A. 430.
B. 431. A C. V. 728. D. 747. B. VI. 209. D.
312. B. 319. A.
l'Isleau, seigneurie, VIII. 765. B.
Islemean, seigneurie, V. 103. E.
les Isles, VI. 356. A. seigneurie, VI. 199. A.
IV. 142. B. marquisat I. 335. D E III. 450.
E. 451. B C. VII. 542. A. Fortunées, princi-
pauté, III. 351. A. VI. 163. A. d'Or, mar-
quisat, VII. 914. A VIII. 301. C. de Rhé, sei-
gneurie, IV. 166. D. 167. C.
L'ISLETTE, (Seigneurs de) VII. 504. Voyez Maillé,
l'Islette, seigneurie, VII. 504. D. VIII. 251. B.
Isnard, II. 290. A E. VIII. 305. D.
Isnel VII. 565. D. VIII. 26. B.
Isome, VII. 404. B. 467. B.
Isoré, IV. 215. E. IX. 80. B.
Isque, IV. 597. C. VI. 116. D. seigneurie, VII.
828. D.
Isques, VI. 282. C. VII. 83. E. 473. B. 747.
C. VIII. 888. B.
Issars, seigneurie, VIII. 303. B.
Issembourg, I. 622. C.
Issenard, II. 323. D.
Issenghien, seigneurie, VIII. 655. B.
Isseran, baronie, III. 391. C.
Isserpens, seigneurie, VIII. 595. *** A.
Issertieux, seigneurie, VII. 83. E.
Issigny, VII. 629. D. VIII. 650. D. 652. B.
Issoire, seigneurie, VIII. 50. A.
Issou, seigneurie, VIII. 802. C.
Issoudun, VI. 134. D. seigneurie, I. 119. A. 297.
D. 425. D. 477. E. 539. D. II. 722. C. III.
200. A. IV. 522. E. baronie, I. 344. A. sur
Creuse, seigneurie, III. 585. B. VI. 594. C.
Issy, seigneurie, V. 225. C. VIII. 236. A.
S. Istevan, comté, IX. 289. C. Voyez Benavi-
des.
Istré, seigneurie, VI. 190. B. VII. 799. D. VIII.
524. D. baronie, I. 230. A.
Istres, seigneurie, IV. 596. B. 597. B.
Italie, marquisat, II. 518. C. royaume, I. 37.
E. 42. A E. 71. C. II. 682. E. 715. D. 770.
C.
Iterstein, comté, I. 256. E.

Iteuil, (*Seigneurs de*) VIII. 771. & *fuiv. Voyez* Vivonne.

Iteuil, feigneurie, VIII. 770. A B C D E.

Itfort, (*Barons d'*) V. 849. *Voyez* Bournon-ville.

Itfort, baronie, V. 825. C. 849. B.

Ithier, chancelier de France, VI. 240. C.

Itier, évêque de Laon, II. 99. C.

Ittac, baronie, IX. 392. C.

Ittres, feigneurie, V. 831. C.

Ittre, feigneurie, VIII. 735. B. D. 736. A B D E. 737. A.

Jubert, II. 81. C. 86 E. IV. 766. C. VI. 372. E. 474. A. VII. 437. A. VIII. 776. D.

Jublans, feigneurie, II. 622. B.

du Juch, IV. 75. E. feigneurie, IV. 76. A. V. 396. D. VI. 772. B. VIII. 360. D. baronie, IV. 397. A B C.

Jucoville, feigneurie, VIII. 260. C.

JUDICE, *Antoine-Joseph-Michel-Nicolas-Louis-Fran-çois-Gaspard-Baltazar-Melchior-Emmanuel-Jean-Baptiste*, chevalier du S. Efprit, IX. 290. C.

la Judie, feigneurie, V. 335. E.

Judogne, II. 796. D.

Ive, VIII. 80. C.

Ivermefnil, feigneurie, VIII. 161. B.

Ivernel, VIII. 25. E.

Iverny, feigneurie, VI. 589. B.

S. Ivers, II. 29. D.

Ivetot, VII. 871. C.

Ivette, VI. 193. C.

Juffé, VI. 200. B.

Juge, IV. 24. A. VI. 213. C. 474. D. 569. D. IX. 363. A.

LE JUGE DE BOUZONVILLE, *Guillaume*, controlleur du marc d'or, IX. 366. B.

Juges, feigneurie, VII. 282. A.

Jugeffe, VIII. 243. A.

la Jugie, III. 770. C. IV. 16. A. 22. A. 664. C. 809. B. VI. 315. D. VII. 308. A. 773. C. 775. B. 776. B. 926. C. IX. 203. B. fei-gneurie, IV. 129. C.

LA JUGIE DU PUY DU VAL., *François*, chevalier du S. Efprit, IX. 93. C.

Juel, feigneurie, V. 409. D.

Juié, IX. 133. B.

Juigné, VIII. 583. B. IX. 460. B. feigneurie, VII. 503. D. VIII. 707. B.

Juillac, feigneurie, II. 228. E. 229. B C. 230. C D. 252. C. vicomté, III. 393. A. V. 193. A C E. 194. B C D. 195. D. 196. A. IX. 178. A.

Juillards, II. 386. B.

Juillenay, feigneurie, VI. 733. C.

Juilly, feigneurie, I. 512. B. II. 872. B. VI. 123. A. 142. B. 700. B.

Juines, III. 919. C.

Ivis, feigneurie, II. 438. B.

Iuifly, feigneurie, VII. 84. A.

Julhac, feigneurie, VII. 336. A.

Juliac, feigneurie, I. 42. E. vicomté, IX. 417. A.

S. Julian, feigneurie, VI. 263. D.

Julien, II. 370. B. VII. 134. D. 420. B. 461. D. 570. C. 579. E. 700. D. 803. D. IX. 396. C.

S. Julien. I. 490. C. IV. 289. C. 321. A. 547. E. 565. A. 824. B. V. 335. A. 345. A. VIII. 142. E. 150. B. 493. E. feigneurie, II. 288. C. 296. A B. 297. A. 353. E. 432. C. III. 151. A. 152. C. 600. A. IV. 243. B. 275. A B. 547. D. 674. A. 721. C. 788. A. V. 280. B. 669. D. VI. 561. A. 641. D. VII. 84. B. 150. C. 324. C. 447. C. 782. B. 810. D. 849. E.

861. C. VIII. 301. B. 302. A. 303. D. 349. B. baronie, II. 872. A. VII. 20. C. vicomté, IX. 68. A. *de Bois*, feigneurie, IV. 793. E. *de la Chaffagne*, V. 347. B. *le Chaftean*, V. 358. A. *de Molairet*, feigneurie, II. 355. B. *de Vals*, feigneurie, II. 362. D E.

la Juliennaye, feigneurie, VI. 771. A.

Julienne, VII. 136. A.

Juliers, I. 263. B. II. 433. A. VIII. 33. B. comté, II. 330. A. 331. C. 732. C. 794. B. du-ché, II. 784. A. V. 133. C. VI. 216. C. VII. 165 B.

S. Julia, feigneurie, V. 669. A B. 670. A. baro-nie, V. 671. A.

Julley, feigneurie, IV. 874. A.

fainte Jullite, feigneurie, VIII. 571. B.

Jully, feigneurie, IX. 113. C.

Jumeau, II. 450. E. 455. E. IX. 240. A.

les Jumeaux, feigneurie, IV. 714. D. 726. C. VI. 457. B.

Jumela, feigneurie, IX. 296. D.

Jumeliere, feigneurie, I. 353. E.

Jumelle, marquifat, VIII. 739. C.

Jumelles, V. 136. D. 137. D. feigneurie, III. 906. C.

Jumieges, abbaye, I. 23. A.

JUMIGNY, (*Seigneurs de*) VI. 100. *Voyez* Châ-tillon.

Jumigny, feigneurie, VI. 100. A.

Jumilhac, feigneurie, V. 767. B.

Jumillac, VII. 335. A. 458. B. VIII. 243. D.

Jumont, baronie, VIII. 37. A.

Juneda, feigneurie, VII. 761. D.

Ivoley, VII. 49. C.

Ivoy, feigneurie, II. 408. C. 857. A. 858. B. VI. 747. C. 748. C. VIII. 322. E.

Jupilles, feigneurie, VI. 470. B. IX. 462. A.

Ivry, II. 448. B. III. 573. C. IV. 726. B. V. 160. D. VI. 115. C. feigneurie, II. 316. D. VI. 148. B. VIII. 777. E. IX. 291. B. baro-nie, II. 404. E. V. 160. D. 213. F. VIII. 99. A B C. 729. C. comté, II. 848. B.

JUSANVIGNY, (*Seigneurs de*) VI. 573. *Voyez* Molé.

Jufanvigny, feigneurie, VI. 573. C. VII. 559. A.

Juffac, II. 418. C. V. 21. A. VI. 152. B. IX. 449. B. feigneurie, V. 15. B. comté, VI. 152. B.

Juffan, IV. 610. C.

Juffé, feigneurie, VIII. 416. A.

la Juffelerie, feigneurie, IX. 445. A.

Juffeton, IV. 753. D.

Juffey, feigneurie, IV. 851. B.

JUSSY, (*Seigneurs de*) VIII. 692. *Voyez* Gama-ches.

Juffy, feigneurie, VIII. 692. C. 903. E. *le Grand & le Petit*, feigneurie, I. 491. D.

S. Juft, VI. 294. D. VIII. 870. E. feigneurie, I. 295. A. 296. B C. II. 157. C. 505. B. 729. E. III. 74. B. 154. D. 155. A C. 156. A. 157. A. 161. D. 417. D. IV. 123. D. 165. D. 166. B. 439. E. 530. B. V. 261. D. 747. E. 748. A. 753. E. 754. A C. VI. 335. A. 422. B. 455. A. VII. 156. C. 301. B. 391. C. 395. E. 705. A. VIII. 57. A. 99. C. 116. E. 248. B. 500. A. 870. D. 931. A. baronie, IV. 408. A. 854. A. VII. 319. A. 538. A. comté, VII. 712. B. marquifat, IV. 223. A.

Juftian, feigneurie, V. 177. E. 178. A D.

Juftigny, feigneurie, IX. 451. * D.

Juftiniani, VIII. 291. C.

Jufton, VII. 587. A B.

Juvenel des Urfins III. 649. B. 730. D. VIII.

803. C. 871. B. IX. 100. B. *Voyez* Jouvenel
& des Urfins.
Juvigny, feigneurie, V. 143. A B. 144. B. VI.
641. D. VII. 631. A. VIII. 150. A. 211. B.
baronie . V. 142. C.
Juvify, feigneurie, V. 283. B. VI. 513. D.
le Juy, V. 184. E.
Juyé, II. 124. A.
Juys, baronie, VIII. 337. A.
Ixar, I. 292. C. feigneurie, II. 844. D.
Izambourg, VIII. 858. B.
Izeron, feigneurie, V. 269. B.
Izigny, marquifat, VII. 851. D.

K

KAER, feigneurie, IV. 60. D. VI. 775. A.
en Rais, feigneurie, IV. 59. C.
Kaerbout, VII. 502. E.
Kaergrech, feigneurie, IV. 219. B.
la Kaerie, feigneurie, VI. 428. A. 433. B.
Kaermarker, feigneurie, VII. 526. D.
Kaermartin, feigneurie, V. 395. B. VIII. 364. E.
KAERNIEN, Jean, grand-maître de l'écurie du Roi.
VIII. 470. C.
Kaefden, feigneurie, V. 380. E.
Kahlen, baronie, VII. 657. E.
Kaila, feigneurie, VII. 602. A.
la Kairie, feigneurie, VI. 261. D.
Kais, VIII. 750. C.
Kalorgon, feigneurie, VII. 384. A.
Karendefay, IV. 847. B.
Karew de Bedington, VI. 395. A.
Kargrefe, feigneurie, IV. 806. D.
Karquelevant, VIII. 34. B.
Karuel, IV. 408. A.
Keith, IX. 400. B. 408. B. 413. C. 414. C.
Keivenheim, feigneurie, IX. 300. B.
Kenafte, feigneurie, II. 781. E. 782. A C.
Kendic, V. 595. C
Kenmure, vicomté, IX. 401. D.
Kennedy, IX. 411. A.
Kent, IV. 711. A. comté, I. 453. C. II. 485.
D. 717. A. VII. 90. A. 839. C. royaume en
Angleterre, I. 6. B. 10. C.
Keppel, V. 930. A.
Ker de Cesfoord, IX. 402. C.
Ker en Rais, VIII. 702. D.
Keradreux, IV. 59. C. 82. C. 83. A. VIII. 702.
D.
Keraldance, VIII. 362. A.
Keraly, VII. 727. B. feigneurie, VII. 529. C.
Kerandântée feigneurie, V. 926. C.
Keraret, VII. 722. D.
Keraubois, VII. 724. D.
Keraudré, feigneurie, V. 424. C E.
Kerazret, feigneurie, VIII. 360. E.
Kerazru, feigneurie, VII. 724. E.
Kerbalot, IV. 76. C.
KERBERIO, (Seigneurs de) VII. 710. Voyez Coet-
logon.
Kerberlo, feigneurie, VII. 719. D. 710. D.
Kerborronné, feigneurie, V. 927. B C. 928. A
C.
Kerbriac, feigneurie, VII. 724. D.
Kercadio, feigneurie, V. 415. A.
Kercado, feigneurie, IV. 75. A. marquifat, ibid.
Kerchant, feigneurie, V. 928. A.
Kercoent, VII. 528. A.
Kerdaniel feigneurie, VII. 526. E.
Kerderien, V. 927. C.
Kerdoute, feigneurie, VII. 525. D.
Kerdrean-Mufnillac, feigneurie, VIII. 358. D.

Kerembars, feigneurie, V. 417. D.
Kerenmanache, VIII. 364. A.
Kerenptis, VIII. 358. E.
Kerentais, IV. 83. D. feigneurie, IV. 81. B. 165.
D. Voyez Kaer en Rais.
Kerenroux, feigneurie, VIII. 362. B.
Kerferat, feigneurie, VIII. 362. D.
Kerfily, feigneurie, VII. 729. A.
Kergent, feigneurie, VII. 721. A.
Kergerafer, feigneurie, VIII. 363. B.
Kergo, feigneurie, VI. 772. C.
Kergoaler, feigneurie, VIII. 362. A.
Kergoat, feigneurie, VIII. 364. E.
Kergoet, feigneurie, VIII. 364. A.
Kergolay, VII. 73. C. feigneurie, I. 457. A. III.
619. C. VI. 764. C. VII. 867. A. baronie, VI.
773. D.
Kergonian, feigneurie, V. 928. C.
Kergorlay, marquifat, V. 928. C.
Kergouet, V. 395. E.
Kergournadec, V. 927. D. VII. 528. A. VIII.
358. C. feigneurie, VIII. 360. A. baronie, V.
927. D.
Kergournefec, feigneurie, VI. 678. D.
Kergrech, feigneurie, VII. 519. B.
Kergroades, VII. 844. B. marquifat IX. 321. C.
Kergrofez, feigneurie, VIII. 358. D.
Kergroin, feigneurie, VIII. 362. A.
Kergu, V. 424. B. feigneurie, V. 419. D. 424.
B.
Kerguen, V. 928. A. feigneurie, ibidem.
Kerguefay, IX. 259. A.
Kerguifeau, VIII. 361. D.
Kerhimel, feigneurie, VII. 723. B.
Kerhoent, V. 927. D. VIII. 362. B.
KERHUEL, (Seigneurs de) VII. 728. Voyez Coet-
logon.
Kerhuel, feigneurie, VII. 728 A.
Kerhujes, feigneurie, VII. 719. D.
Kerjagu, feigneurie, V. 927. D.
Kerjam, vicomté, VII. 529. E.
Keribec, feigneurie, VIII. 361. D.
Kerjean, feigneurie, V. 928. A.
Kerjeu, feigneurie, V. 642. B.
Kerimel, VII. 389. D. VIII. 362. D. feigneurie,
IV. 686. A.
Kerjoulay, feigneurie, IV. 64. A. 174. A.
Kerivant, feigneurie, VIII. 362. A.
Kerlay, feigneurie, IV. 803. C.
Kerleau, VIII. 364. D.
Kerlec, VI. 772. C.
Kerlech, feigneurie, VII. 843. C.
Kerleguy, feigneurie, V. 928. B.
Kerlehc, VIII. 357. C. 361. D.
Kerloaguen, V. 928. B.
Kerloaguennic, feigneurie, VII. 529. E.
Kerloet, feigneurie, VII. 724. E.
Kerlouan, VII. 843. D.
Kerlozrec, feigneurie, VIII. 364. B.
KERMAN, (Marquis de) VII. 504. Voyez Maillé.
Kerman, VIII. 357. C. 360. A. comté, II. 871.
III. 713. A. marquifat, VII. 506. B C.
Kermaonan. Voyez Carman.
Kermaouan, VII. 383. B.
Kermarker, feigneurie, IV. 808. B. VII. 529. C.
VIII. 358. A.
Kermelet, VIII. 363. B.
Kermelin, feigneurie, VII. 844. B.
Kermené, VII. 728. C. 729. B. Guingamp, châ-
tellenie, IV. 54. C.
Kermeno, IV. 808. C. VIII. 359. E.
Kermenon, VIII. 362. A.
Kermerhon, VIII. 362. B.

Kermes, seigneurie, VI. 704. D.
Kerminhy, seigneurie, VIII. 364. D.
Kermorvan, seigneurie, VII. 701. C. 724. E.
Kernabaçon, seigneurie, VII. 724. E.
Kernasret, seigneurie, VII. 845. B.
Kernasser, seigneurie, IV. 83. D. VIII. 702. D.
Kernaster, VIII. 358. D.
Kernazrel, seigneurie, VIII. 363. A.
Kernelegon, seigneurie, VIII. 360. E.
Kernevené, seigneurie, VIII. 363. C.
Kernevenoy, VII. 49. B.
Kerninen, VII. 721. B.
Kernisac, V. 928. A.
Keroger, seigneurie, VII. 234. C.
Keroullan, IX. 474. B.
Keroualle, seigneurie, V. 926. A. comté, V. 622.
B. Voyez Pennancoër.
Kerouard, marquisat, VIII. 776. E.
Kerouars, seigneurie, VIII. 364. B.
Keroualvez, seigneurie, V. 927. D.
Kerouaslet, seigneurie, V. 927. A.
Kerouin, VIII. 361. C.
Keroulas, V. 926. B. VIII. 362. C. seigneurie,
VIII. 364. B.
Kerousere, VIII. 364. D.
Kerouseré, seigneurie, VI. 772. B.
Kerousy, VII. 526. E.
Kerpen, seigneurie, IV. 570. A. VII. 173. B.
Kerpoësson, IV. 76. C.
Kerquifinem, VII. 400. E. seigneurie, III. 652.
B.
Ker-Raoul, seigneurie, VII. 383. E. VIII. 360.
C.
Kerriel, seigneurie, VIII. 364. A.
Kersagna, III. 372. D.
Kersaintgili, VII. 530. B.
Kersalguen, VIII. 364. B.
Kersalio, seigneurie, IV. 801. A.
Kersaliou, VIII. 360. C. 579. A.
Kersandi, VI. 417. B.
Kersebeque, VIII. 659. A.
Kersent, seigneurie, V. 928. A.
Kersimon, seigneurie, IV. 76. A. VIII. 360. D.
Kervalio, seigneurie, III. 601. A.
Kervant, seigneurie, V. 424. C.
Kervartin. Voyez Kaermartin.
Kerveguen, seigneurie, VII. 723. E.
Kerveno, V. 737. C. IX. 448. B. marquisat, I.
371. C. V. 737. C. IX. 315. B.
Kervenoy, VI. 509. D.
Kerventoux, seigneurie, V. 928. A,
Kerver, VI. 476. B.
Kerverder, VII. 721. A.
Kervesan, seigneurie, VIII. 647. D.
Kervilher, VIII. 758. A.
Kerviliou, seigneurie, VII. 729. E.
Keryvon, seigneurie, VII. 724. E.
Kestergaët, seigneurie, I. 268. D.
Ketler, V. 648. D. seigneurie, ibid.
Kevenhuller, comté, VII. 658. A.
Kibourg, comté, VII. 815. D. VIII. 416. B.
Kicorelaunnes, seigneurie, VII. 514. D.
Kievrain, V. 509. A. 511. B. seigneurie, II. 765.
E. V. 509. A. VI. 104. E. VIII. 334. B C.
Kilimadec, seigneurie, V. 927. D.
Kilmores, baronie, V. 594. E.
Kingsmoul, comté, V. 595. D.
Kingston, VII. 89. D. IX. 409. C.
Kinkavel, seigneurie, IX. 412. B.
Kinston, vicomté, IX. 410. B.
Kiovie, principauté, I. 73. B.
Kirberg, comté, VII. 174. B.
Kirckdbright, IX. 402. E.

Klein-Roop, seigneurie, VII. 657. C.
Kniphausen, I. 256. C.
Konigseck, comté, VIII. 82. C.
Koussay, seigneurie, VII. 514. A.
Krusen, VII. 657. E.
Kruloret, seigneurie, V. 927. A.
Kunegstein, comté, VII. 166. D.

L

LABARDAT, VII. 405. D.
Labaste, seigneurie, VII. 176. A.
Labat, V. 192. A.
Labatie, seigneurie, VII. 683. D.
Labatu, seigneurie, IV. 124. C. VII. 303. A.
Labatut, seigneurie, V. 359. E. 735. D. VII.
212. C. vicomté, V. 178. B. 735. A. VII. 215. E.
Labbé, IV. 457. A. VII. 544. Voyez l'Abbé.
LABBEVILLE (Seigneurs de) VI. 289. Voyez Mornay.
Labbeville, seigneurie, VI. 284. C. 288. B. 289.
Labergement, seigneurie, VI. 414. B. 441. A.
VII. 643. E. 648. D. Voyez Abergement.
Labersen, baronie, VII. 609. B.
Laboriasse, IV. 309. C.
Labra, seigneurie, I. 631. C.
Lac, V. 894. A. VI. 393. A. VII. 63. C. 152.
C. 213. D. 544. E. VIII. 238. A. 593. ***
B. IX. 423. C. seigneurie, VII. 58. D. baronie, VIII. 248. D. de la Prade, VII. 700. A.
Lacarra, seigneurie, II. 845. A B.
Laccarre, VIII. 267. D.
Lacger, II. 484. B. 485. D.
Lachenal, VII. 377. B.
la Lacherie, III. 609. A.
Lachy, seigneurie, VI 359. A. 698. A.
Lacken, seigneurie, III. 919. A.
Lacy, VI. 697. B. seigneurie, II. 484. B. 485.
D.
Lader, seigneurie, IV. 132. B.
Lados, seigneurie, VII. 280. C.
Ladrada, marquisat, III. 354. A B.
Ladron de Villanova, V. 528. C.
Ladvocat. Voyez l'Advocat.
Laerne, seigneurie, III. 610. A.
Lafoens, duché, I. 624. A. VIII. 37. D.
Lafrené, VIII. 650. D.
Lage, seigneurie, VII. 27. C. baronie, III. 390.
C. Voyez l'Age.
Lagenie. Voyez Leinster.
Lagery, seigneurie, VI. 146. C.
Laggredadt, seigneurie, I. 258. D.
Laghen, seigneurie, V. 648. B. baronie, V. 649.
A.
Lagnes, seigneurie, V. 279. F. 280. A.
Lagneville, II. 263. E.
Lagny, IX. 110. C. seigneurie VI. 292. B VIII.
86. B. marquisat, VI. 531. B. Voyez Laigny.
Lagorsan, IV. 305. B. VII. 213. A. 408. B.
Lagoy, seigneurie, IV. 276. B.
Lague, VIII. 275. A B.
Laguna, marquisat, III. 353. E. 354. D.
Laheicourt, seigneurie, V. 512. A.
Lahontan, VII. 774. D.
Laidet, VIII. 299. B. 306. B.
Laigle, seigneurie, VI. 103. B. 104. A C. 486.
A.
Laigné le Bigot, seigneurie, III. 630. B C.
Laigny, seigneurie, VIII. 10. C. 155. A. 749. A.
les Chasteigners, seigneurie, VI. 123. B. VIII.
10. B.
Laigre, IX. 446. D
Laigues, seigneurie, VIII. 318. D.

Laiguillon, baronie, VI. 425. B. *Voyez* Aiguillon.

Laillier, VII. 234. B.

Lailly, feigneurie, IV. 711. A.

Laingueville, feigneurie, II. 128. C. 129. A.

Laino, marquifat, V. 531. B.

Lains, feigneurie, IV. 831. D. VI. 655. B.

Lainville, feigneurie, I. 440. C. 444. B. IV. 895. B.

Laire, IV. 31. B. VI. 521. D. VII 64. B. 128. C. 133. C. 196. B. 202. E. IX. 72. A. feigneurie, VIII. 195. C.

Lairs, feigneurie, II. 376. B.

Lais, feigneurie, VI. 448. B.

Laife, VII. 377. C.

Laifné, VI. 503. A.

Laifferoy, feigneurie, VII. 241. A.

LAISTRE, *Euftache*, élu évêque de Beauvais, II. 278. E. *Euftache*, feigneur d'Efcury, chancelier de France, VI. 379. C.

Laiftre, IV. 229. B. VI. 365. D. IX. 318. B. 326. B.

Lalain, I. 255. B. 361. B. II. 776. B. III. 604. E. 732. C. IV. 168. A. 570. B. V. 229. B. 231. D. 232. A. 641. A. 644. D. 651. A. 654. C. 656. B. 657. C. 660. B. 837. C. VI. 52. E. 104. E. 705. C. 712. C. 781. A. VII. 34. B C. 35. E. 44. B. 74. D. 75. A. comté, III. 578. C. 736. B. V. 232. A. 641. A. 654. C. VIII. 40. C. 41. B C. 42. D. *Hoochftrate*, VII. 55. E. *Montigny*, I. 263. D.

Lale, VII. 484. D.

LALEU (*Seigneurs de*) du nom de Maillé, VII. 517.

Laleu, VIII. 232. D. feigneurie, III. 766. B. 769. B. IV. 195. D. V. 10. C. VI. 754. A. VII. 98. A. 517. C. 595. A. VIII. 836. D. baronie, VIII. 175. A. *Voyez* l'Aleu.

Laligier, V. 362. F.

la'in, feigneurie, I. 585. B.

Lallemant, II. 109. B. 120. D. *Voyez* l'Allemant.

Lallement, VI. 516. C. *Voyez* l'Allement.

Lallier, VI. 544. A. VII. 601. A. VIII. 137. C. S. Lallier, feigneurie, V. 260. B.

Lallieres, feigneurie, VII. 445. A.

Lallievre, I. 306. A. 354. A C.

Lamac, III. 354. A C.

Lamas, feigneurie, I. 691. D.

Lambaliere, V. 417. E.

Lamballe, comté, III. 52. D.

Lambercourt, feigneurie, IV. 599. B. VI. 801. C. VII. 819. E. 824. A. VIII. 68. B. 151. D. 152. D. 153. A. 155. C E. IX. 316. B. vicomté, I. 379. F. 380. A. VIII. 68. B. 156. C.

Lambermont, feigneurie, IX. 377. D E.

Lamberfac, feigneurie, V. 230. B.

Lamberfart, feigneurie, VII. 555. D.

Lamberfat, II. 506. A. VI. 47. D. VIII. 7. D. feigneurie, V. 637. C. VIII. 152. D. 153. B D E.

LAMBERT, *Mathurin*, huiffier des Ordres, IX. 348. C.

Lambert, V. 154. C. 406. B. VI. 551. A. 561. C. 605. D. VIII. 237. D. 590. E. 919. C. IX. 457. E. feigneurie, VIII. 354. C. *d'Herbigny*, VI. 435. B. VII. 601. C.

S. LAMBERT (*Seigneurs de*) III. 842. *Voyez* Joyeufe.

S. Lambert, feigneurie, VI. 125. C. VIII. 758. C. batonie, II. 322. D.

Lambertcourt, feigneurie, VII. 555. D. *Voyez* Lambercourt.

Lambertye, VIII. 772. D. IX. 438. A. feigneu-
Tome IX.

rie, IV. 686. D. VII. 863. B. comté, IV. 849. C.

Lamberval, feigneurie, I. 380. C. VII. 567. A.

Lamberville, feigneurie, II. 76. C. 282. A B. III. 622. B. V. 140. F. VII. 176. E. VIII. 258. D.

Lambes, IV. 663. B. VII. 277. B D. 773. D. 917. F.

Lambefc, comté, VIII. 451. E. principauté, III. 501. C. V. 758. C.

Lambez, V. 185. C.

LAMBIN, *Etienne*, maître de l'artillerie du Louvre, & vifiteur general de toutes les artilleries de France, VIII. 129. E.

Lambonay, feigneurie, VIII. 319. C.

Lambrandes, feigneurie, IX. 422. D.

Lambriaci, feigneurie, IV. 502. A.

Lambron, II. 606. C. 607. B.

Lambuiffart, feigneurie, III. 610. D.

Lamburay, feigneurie, VII. 82. A.

Lamego, feigneurie, I. 578. C.

Lamenat, feigneurie, I. 500. C.

Lamerofa, feigneurie, I. 659. A.

Lamerville, feigneurie, V. 12. B. VI. 50. D. 295. C. 339. A. VII. 473. B. 757. E. VIII. 93. A C D E. 94. A.

Lamefan, II. 664. B.

Lamet, I. 504. A. II. 432. C. IV. 227. A. 756. A. V. 623. A. 830. A. VI. 407. C. 510. C. 787. A. VIII. 538. A. 793. C. 917. D. IX. 126. B. comté, VIII. 538. B. *Bournonville*, V. 830. A. *Buffy*, VIII. 261. B.

Lamezan, VIII. 478. A. feigneurie, III. 364. E.

Lamford, baronie, VI. 28. D.

Lamiran, III. 617. C.

Lamirand, V. 851. B.

Lamiraude de Montferrand, IX. 415. B.

LAMOIGNON, *Chrétien*, greffier des ordres, IX. 337. A.

Lamoignon, IV. 765. D. VI. 553. B. 589. C. 591. A. VII. 369. E. 694. A. VIII. 196. E. 800. B. IX. 303. A.

Lamoncourt, VIII. 718. B.

Lamont, IX. 238. A.

Lamour, V. 92. C. *Voyez* l'Amour.

Lamourat, feigneurie, IX. 457. E.

Lampier, baronie, IV. 840. A.

Lampognani, VI. 493. B. VII. 116. C.

Lamy, I. 525. B. IV. 671. A. VI. 282. A. VII. 374. A. 428. A. VIII. 584. B. *Voyez* l'Amy.

Lanarck, comté, IX. 411. E.

Lanas, VII. 483. C.

Lanau, V. 742. E.

Lanbreffes, baronie VII. 592. A.

Lancais, feigneurie, IV. 139. B. *Voyez* Lanquais.

Lancaftre, I. 143. E. comté, I. 382. C. 592. C. II. 844. E. 877. E. III. 70. C. 136. C. 288. A. VI. 695. B. *Voyez* Angleterre & Portugal.

Lancelin, bouteiller de France, VIII. 515. A.

Lancelon, VII. 375. C.

Lanche, VII. 392. C.

Lanchife, VI. 385. C.

Lancofme, feigneurie, IV. 387. C. V. 766. A. VI. 485. B. VII. 367. A. VIII. 329. E. 595. * * * A.

Lancy, II. 432. D. VI. 285. C.

Landairon, baronie, II. 706. B D. III. 369. B.

Landal, feigneurie, IV. 59. C. 60. A B C. 79. C E. 80. A. 81. A. V. 382. C. VII. 856. D.

Landas, III. 598. C. 599. B. VI. 712. C. 794. B. VII. 29. A. VIII. 735. C. 739. C. feigneurie, II. 767. A. V. 143. C. VII. 107. A. 170. A. *Voyez* Mortagne.

Landault, VIII. 146. D.
Landauran, seigneurie, III. 626. C.
Landays, V. 384. C.
la Lande, III. 72. C. 363. A. IV. 125. A. 363.
   B C. V. 404. D. 733. D. 754. C. VI. 361. C.
   VII. 526. D. 580. C. 710. B. 723. C. 724. D.
   VIII. 144. B. 266. A. 484. 903. B. IX.
   362. C. 465. C. seigneurie, I. 498. A II. 373.
   C. III 89. C. 637. B. 634. D. IV. 459. C. 670.
   C. 727. A. 750. A. 803. C. V. 424. C. 742.
   E. 754. C. VI. 535. A. 551. C. 577. B. VII.
   409. B. 476. A. 719. D. VIII. 25. E. 146. A
   B. 164. E. 573. B. baronie, V. 22. B. 733. D.
   741. D. 743. B. d'Ayrou, seigneurie, IV. 223.
   E. VIII. 260. C. Chasse, seigneurie, IV. 186.
   A. Cheverné, seigneurie, VII. 234. A, de l'Isle,
   seigneurie, V. 742. D.
Landefay, VI. 260. B.
Landegen, VII. 382. B.
Landelie, seigneurie, VIII. 45. D.
Landelle, seigneurie, II. 83. C D E. 84. B. IV.
   413. B. baronie, IV. 846. B.
Landelles, seigneurie, II. 441. A.
Landemont, seigneurie, VII. 384. A. 385. A.
   VIII. 100. C.
Lander, seigneurie, VII. 310. E. de Hatton, IX.
   404. D.
Landeronde, seigneurie, IV. 186. A.
Landerroy, seigneurie, IV. 481. A. III. C D. 482. B.
Landes, II. 105. E. VI. 369. D. 434. VII.
   770. C. 771. B. seigneurie, IV. 730. C. 765.
   D. V. 243. C D. 375. D. 571. A. VII. 29. A.
   97. A. baronie, III. 575. A. V. 244. A E F.
   245. A. VIII. 381. B.
les Vieilles Landes, seigneurie, II. 123. A.
Landeville, seigneurie, I. 442. B.
Landewick, II. 795. C.
Landevy, III. 634. C. VI. 470. C. 474. D. VII. 224.
   D. 228. A. 231. A. seigneurie, VIII. 92. A.
Landgrave de Hesse Damstat, V. 661. A. de
   Leuchtemberg, VII. 171. C.
Landi, IV. 497. C. VII. 116. E. 117. B.
Landijou, seigneurie, V. 149. E.
Landirans, seigneurie, III. 638. D.
Lando, VII. 116. E.
Landolon, seigneurie, I. 467. A.
Landore, IV. 611. B. VII. 71. A.
Landorre, VII. 786. A. baronie, I. 308. E.
Landousies, seigneurie, II. 776. D.
Landouyniere, seigneurie, IV. 373. A.
Landrada, marquisat, I. 673. D.
Landreau, VI. 537. C. seigneurie, IV. 169. D.
   438. B. VII. 102. C. 132. B.
Landrecies, seigneurie, II. 756. E. V. 640. D.
   641. C. 654. A B. VI. 94. D. 214. C.
Landres, II. 69. C. IV. 825. B. 833. A. VI. 369.
   E. seigneurie, II. 323. D. VI. 369. E.
Landrethun, seigneurie, VI. 570. B. VII. 556.
   C. 748. A.
Landrevesech, seigneurie, VIII. 363. C. 364. E.
Landreville, seigneurie, II. 754. C. VII. 814. C.
Landricourt, seigneurie, II. 522. C. VI. 741. B.
Landronne, seigneurie, IV. 287. C.
Landrouet, baronie, V. 736. E. 739. B.
Landroy, VIII. 594. D.
Lane, V. 742. E. VIII. 268. A. seigneurie, V.
   637. C. VII. 267. A. 604. C. baronie, VII.
   269. A.
Lanerick, comté, V. 594. E.
Lanes, IV. 126. C. 446. D. 452. D. 688. B.
   VII. 305. D.
Lanet, seigneurie, II. 353. E.
Langais, seigneurie, II. 426. D.

Langalerie, seigneurie, II. 256. A.
Langan, IV. 753. E. VI. 528. C. de Boisfevrier,
   VII. 672. D.
Langarreau, seigneurie, IV. 474. B.
Langeac, IV. 534. D. seigneurie, III. 821. C.
   838. B. IV. 439. D. 440. A. marquisat, IV.
   127. D. 440. B C D. Voyez Langheac.
Langeais, seigneurie, I. 484. B. III. 171. C. V.
   381. A. VI. 627. B. VIII. 441.
Langehac, VIII. 595. ** B. Voyez Langeac & Lan-
   gheac.
Langeron, I. 377. B. VII. 700. C. VIII. 337.
   B. IX. 237. A. seigneurie, VII. 122. D.
Langerseau, seigneurie, IV. 75. E.
Langery, seigneurie, II. 872. D. VII. 258. A.
Langes, V. 103. D. VI. 521. D.
Langey, seigneurie, II. 424. D. VI. 783. C. 784.
   B. VII. 99. A. 386. A. marquisat, IV. 474. A.
   VII. 607. C.
Langhac IX. 483. C. seigneurie, VII. 704. B. 705.
   A. Voyez Langehac & Langheac.
Langheac, V. 364. A. VII. 161. A. 202. B. 358.
   A C. 709. B. VIII. 499. B. seigneurie, VI.
   344. D. 398. B. VII. 128. D. 132. C. 445.
   A. marquisat, VIII. 502. A.
Langherode, VIII. 81. A.
Langlade, III. 821. A. seigneurie, II. 665. A.
Langlar, seigneurie, II. 363. B.
Langle, V. 417. D. seigneurie, V. 917. D. VIII.
   543. E. baronie, V. 644. D. vicomté, III. 915.
   C. V. 657. B. 661. B. comté, VII. 527. A.
Langle'e, (Seigneurs de) VI. 711. Voyez Waurin.
Langlée, III. 599. A. IV. 879. B. VII. 828. E.
   829. B. IX. 347. B. seigneurie, VI. 709. D.
   710. B. VIII. 844. C.
Langley, seigneurie, II. 877. C.
Langlois, II. 306. B. V. 411. C. VI. 350. A.
   364. B. VIII. 776. E. 812. * A.
Langoiran, II. 628. E. seigneurie, II. 619. B. VI.
   211. A. 221. D. 222. A. VII. 94. B. 211. D.
Langon, seigneurie, II. 174. A. III. 368. D. 370.
   E. baronie, III. 383. D. V. 182. D.
Langoscia, VI. 497. D.
Langot, seigneurie, V. 149. B.
Langourla, V. 395. E. 417. E.
Langoyran, V. 176. E. Voyez Langoiran.
LANGRES, (évêché duché-pairie) II. 143. (Evêques
   & Ducs de) II. 143. & suiv.
Langres, comté, II. 144. C. V. 507. D. duché-
   pairie, VI. 142. A.
Langrische, VI. 751. B.
Langrune, seigneurie, V. 140. F.
Languedoc, II. 125. A.
Languedoüe, VI. 121. C.
Languenoez, VII. 845. B.
Languerach, baronie, IV. 473. A.
Languerville, seigneurie, VIII. 287. B.
Langueures, VIII. 363. B.
Languet, VII. 648. C. VIII. 916. C. Rosselin,
   IX. 427. C.
Languilare, comté, IX. 209. B. Voyez Anguillara.
Languilla, comté, II. 289. E.
Languillier, seigneurie, II. 453. A.
Langusque, II. 247. E. 248. A.
Langussel, VII. 785. E.
Lanhalla, V. 927. A.
Lanharrée, seigneurie, VII. 591. A.
Lanjouan, seigneurie, VII. 383. E.
LANMARY (Seigneurs & Marquis de) VIII. 591.
   Voyez Beaupoil.
Lanmary, seigneurie, VIII. 591. marquisat, V.
   347. B. VIII. 586. C.
Lanne, V. 896. E.

Lannes, V. 15. E. 18. F.
Lannion, VIII. 918. D. comté, VI. 152. A. 186. A.
Lannon, seigneurie, III. 608. B. 609. D. 610. A.
LANNOY, *Hugues*, maître des arbalêtriers du Roi, VIII. 72. C. *Charles*, chevalier du S. Esprit, IX. 165. B.
LANNOY (*Genealogie de la maison de*) VIII. 73.
Lannoy, II. 208. E. 761. C. 769. A. 873. D. III. 576. D. 608. B. 609. D. 610. E. 613. C. 898. B. 910 B. IV. 429. C. 568. A. 757. A. V. 156. D. 236. B. 620. A. 637. D. 641. BD. 642. A. 647. A. 656. A. 836. D. VI. 99. C. 113. B. 174. D. 175. B. 406. B. 746. D. 786. A. 788. C. 801. D. 802. D. VII. 54. D. 556. A. 563. A. 642. A. 741. C. 823. B. 825. B C. VIII. 11. A. 34. B. 39. D. 172. E. 282. A. 539. A. 699. B. 735. E. 748. A. IX. 465. A. seigneurie, I. 252. A. 253. E. IV. 403. D. V. 133. E. 637. B. 765. B. 826. D. 836. A. VII. 107. D. 111. E. 822. B. VIII. 73. A. IX. 165. B. comté, III. 494. C. IV. 753. B. 770. C. 876. E. V. 649. A. VIII. 44. C. IX. 201. B. *d'Amerancourt*, II. 438. E. *la Boissiere*, I. 371. A C. V. 737. C.
Lannuip, VII. 475. D.
Lanois, seigneurie, VIII. 107. B C.
Lanoy, I. 316. E. 360. D.
Lanquais, seigneurie, IV. 536. C. V. 355. A. VII. 169. E. 320. A. vicomté, IV. 539. A. 540. A. 541. CD. marquisat, IV. 544. A. *Voyez* Lancais.
Lanquenan, seigneurie, V. 376. B C D. 377. B.
LANQUES (*Barons de*) IV. 826. *Voyez* Choiseul.
Lanques, seigneurie, II. 864. C. IV. 832. D. 847. C. 852. C. V. 829. A. VI. 735. B. baronie, II. 62. E. 873. E. IV. 824. A C. 834. B. V. 829. A. VI. 405. B. VII. 39. B.
Lanquetot, VIII. 169. B. seigneurie, VII. 566. A.
Lans, III. 89. C.
Lansac, VI. 385. D. seigneurie, IV. 120. C. 140. D. 141. B C. 293. B. 679. B C. VII. 400. B. VIII. 120. E. marquisat, IV. 141. D.
Lansinga, seigneurie, II. 707. B.
Lanson, seigneurie, VII. 799. D.
Lanssac, V. 752. B. seigneurie, IX. 66. A. marquisat, IX. 168. A.
Lanta, seigneurie, VII. 310. E. baronie, V. 758. C.
Lantaa, seigneurie, IV. 132. B.
Lantage, II. 68. D.
Lantages, IV. 224. A. VIII. 778. B. 873. B. IX. 334. C. seigneurie, IV. 854. B. VIII. 336. D.
Lantaiges, VI. 68. D. IX. 115. A.
Lantar, seigneurie, II. 655. C.
Lantenay, baronie, VI. 530. D.
LANTI DE LA ROÜERE, *Antoine*, nommé chevalier du S. Esprit, IX. 294. B.
Lanti, VII. 654. B. seigneurie, VII. 155. A. baronie, VII. 646. B. VIII. 717. D. duché, IV. 178. C. *de la Roüere*, V. 661. B.
Lantillac, VII. 726. E.
Lantilly, seigneurie, VIII. 328. C.
Lantin, seigneurie, VI. 302. C.
Lantivi, IV. 271. B. V. 425. D.
Lantusque, seigneurie, IV. 492. A C.
Lanvaux, VII. 654. B. seigneurie, IV. 61. C. baronie, IV. 60. A. 61. A.
Lanvin, VIII. 265. C. *de Blerencourt*, VIII. 887. E.
Lanusouary, VIII. 364. B.
Lanwe, seigneurie, III. 908. E. 909. B D.
LANZAC (*Seigneurs de*) VII. 323. *Voyez* Gontaut.
Lanzac, seigneurie, VII. 323. C.
Lanzo, marquisat, IV. 498. C.
Lanzol, V. 522. A.
LAON, évêché dûché-pairie, II. 95. D. (*Evê-*

gnes de) II. 95. *& suiv.*
LAON, *Gilles*, pannetier du Roy, VIII. 609. D.
LAON, (*Vidames de*) VI. 124. *Voyez* Chastillon.
Laon, VIII. 853. D. seigneurie, II. 151. E. VIII. 535. D. vidamé, II. 41. A C. 153. B. IV. 434. A B. 435. D. 539. D. V. 229. C. VI. 124. C. VIII. 14. A. 344. C. 345. A. 372. C D. vicomté, VII. 118. B. VIII. 278. D. comté, I. 20. E. 68. A.
Lapigny, vicomté, VIII. 645. A.
Lapithe, baronie, II. 602. C D E.
Laporée, seigneurie, VII. 176. A.
Lapsault, VI. 277. C. 310. A.
Lapte, seigneurie, III. 836. C. VIII. 933. D.
Laquay, V. 192. A.
LARA, (*Seigneurs de*) VI. 163. B. *Voyez* Lunel.
Lara, III. 657. A. VII. 760. B C. 780. B. seigneurie, I. 87. A. 270. B. 280. E. 293. A B. 582. C. 657. B. 669. A. VI. 163. C. comté, I. 578. C. VII. 760. C. *Portugal Bragance*, I. 600. C.
Larbour, seigneurie, III. 158. A.
Larbouft, baronie, III. 393. A. vicomté, II. 634. B. 648. D. 651. B. 659. D. IX. 175. D. *Voyez* l'Arbouft.
Larbre, III. 827. B. *Voyez* l'Arbre.
Larchant, seigneurie, VIII. 765. E. IX. 125. A. baronie, II. 84. A B C.
Lardeyrol, seigneurie, IV. 439. C.
Lardieres, seigneurie, III. 582. B. 583. A B.
Lardy, seigneurie, VIII. 327. C.
Laret, seigneurie, III. 617. C.
Larcey, seigneurie, VIII. 715. D.
le Large, VI. 449. C.
Largentaye, seigneurie, VI. 184. A.
Largio, seigneurie, II. 675. C.
Largoet, comté, VI. 538. A. 770. B.
Largouet, seigneurie, VI. 768. C. VII. 156. A.
Larlan, *Voyez* Carlan.
Larmandie, V. 611. E. *de Longua*, VII. 347. C.
Larnac, seigneurie, II. 135. E.
Larnage, seigneurie, VIII. 937. *Voyez* Brunier.
Laron, VIII. 144. A.
Larralde, VIII. 268. A.
Larray, seigneurie, VII. 4. C.
Larté, V. 155. E.
Larrey, seigneurie, VII. 447. B. 591. C.
Larriere, seigneurie, IV. 561. A. 562. B.
Larrocan, seigneurie, VII. 217. D.
Larrumieu, seigneurie, V. 176. C.
Larsay, VI. 598. B. seigneurie, *ibid.*
Larsé, baronie, VIII. 816. C.
Lart, IV. 789. C. VII. 774. A.
S. LARY, *Roger*, seigneur de Bellegarde, maréchal de France, VII. 261. B. *Roger*, duc de Bellegarde, grand écuyer de France, VIII. 507. A. *Cesar-Auguste*, baron de Termes, grand-écuyer de France, VIII. 508. A. *Jean*, chevalier du S. Esprit, IX. 85. A. *Roger*, chevalier du S. Esprit, IX. 108. B. *Cesar-Auguste*, chevalier du S. Esprit, IX. 153. C.
S. LARY (*Genealogie des Seigneurs de*) IV. 303.
S. LARY, II. 182. D. 646. E. 660. A. III. 390. B. IV. 479. A. V. 181. A B. VII. 216. B. 854. C. 926. A. seigneurie, II. 627. E. 674. D. IV. 303. C. 611. B. VII. 269. D. baronie, VII. 538. E. *de Bellegarde*, III. 731. B. 839. C. 855. A. IV. 574. C. V. 181. A. VII. 457. C. VIII. 219. C.
Larzicourt, VIII. 529. A.
LAS (*Seigneurs de*) V. 190. *Voyez* Pardaillan.
Las, IV. 306. C. VII. 451. E. IX. 431. E. seigneurie, V. 190. C D. *Ternas*, seigneurie, V. 578. C.

LASCARIS DE TENDE, *Antoine*, évêque & comte de Beauvais, pair de France , II. 284. E.

Lascaris , I. 478. A. II. 284. & *suiv.* 604. E. 642. D. III. 604. B. IV. 127. D. 440. B. 491. A. 493. A B. 503. A C. 732. A. VII. 132. A. 237. E. 306. C. *de Tende* , III. 730. D. IV. 492. C. *d'Urfé* , VII. 712. B.

Lascares , VIII. 164. E.

Laschy , seigneurie , II. 374. E. IV. 323. A.

Lascommes , seigneurie , V. 189. D E.

Lascouet , seigneurie , VII. 719. D.

Lascoupt , V. 361. A.

Lascours , seigneurie , VII. 783. B. baronie , V. 286. A.

Lascous , VIII. 243. C.

Lasnier , VI. 475. B.

Lassay , seigneurie , III. 618. A. VI. 418. A. VIII. 728. D. 729. C D. marquisat , I. 341. D. IX. 275. A.

Lasse , comté , III. 590. A.

Lassegan , VII. 216. C. seigneurie , VII. 462. B.

Lassenay , VI. 340. B.

Lasseran , V. 191. B. VII. 212. A. 273. E. 288. D. *des Cazaux* , IV. 509. B. *de Massencome,* V. 177. F. VII. 290. A. 302. A. 392. B. VIII. 216. A.

Lasseté , seigneurie , IV. 565. A.

Lasserot , seigneurie , IV. 864. A.

Lassey , seigneurie , III. 390. C. marquisat , VII. 159. C.

LASSIGNY (*Seigneurs de*) VIII. 281. *Voyez* Humieres.

Lassigny , seigneurie , V. 769. C. VI. 99. B. 174. A. VIII. 278. B. 281. A.

Lassion , seigneurie , VII. 340. C.

Lasso , VII. 117. A. *de Castille,* VII. 832. C.

Lasson , seigneurie , II. 36. C. E. VII. 562. A.

LASSY (*Seigneurs de*) VI. 574. *Voyez* Molé.

Lassy , seigneurie , VI. 574. D.

Lasté , seigneurie , VII. 287. D.

Lasterie , VII. 329. D.

Lastic , II. 651. C. III. 366. E. 813. A. 820. C. IV. 439. E. 889. A C. V. 12. D. VII. 66. C. 131. D. 444. E. 683. D. 708. E. 870. D. VIII. 151. B. 425. B. seigneurie , III. 362. B. 765. A. 811. C. IV. 440. A. baronie , III. 825. A.

Las-Tours , III. 308. D.

Lastre , *Antoine,* vice-amiral de France, VII. 864. C.

LATAINVILLE (*Seigneurs de*) VI. 266. *Voyez* Bouteiller.

Latainville , seigneurie , II. 77. E. 79. D E. VI. 43. C. 59. B. 266. D. 673. B. 674. B. VIII. 889. B.

Latamb , baronie , V. 650. A.

LATAN (*Seigneurs de*) VII. 508. *Voyez* Maillé.

Latan , seigneurie , VII. 22. B. 508. C. VIII. 107. C.

Latez , seigneurie , II. 663. C.

S. Latier , seigneurie , II. 255. E.

LATILLY , *Pierre,* évêque & comte de Châlons, pair de France , II. 346. B. *Pierre,* chancelier de France , VI. 305. A.

Laton , VIII. 476. C.

Latrau , VII. 276. D. 277. A. 287. C.

Latres , seigneurie , VII. 404. A.

la Latte , seigneurie , VII. 599. A.

Lattes , baronie , V. 393. A.

Latteuvoye , IX. 445. A.

Lattier , VII. 700. D. VIII. 933. E.

S. Lattier , seigneurie , VIII. 927. B.

Lattre , V. 895. C.

Latricourt , II. 56. C.

LAU (*Barons du*) III. 391.

Lau , II. 676. B. V. 187. D. VII. 288. C. sei-gneurie , V. 188. C. baronie , III. 390. C. V. 179. C. VIII. 449. B.

S. Lau , seigneurie , V. 82. C. VIII. 746. C.

Lavagnac , seigneurie , II. 654. C D.

Lavagne , comté , II. 287. A. 796. B. V. 151. F. VII. 207. C. 952. B. VIII. 259. B. IX. 56. B.

Lavagnon , seigneurie , II. 650. B.

Lavaignac , seigneurie , IX. 415. B.

LAVAL , *Pierre,* archevêque, de Reims, II. 47. C. *Gilles,* seigneur de Raiz , maréchal de France, VII. 72. *André,* seigneur de Loheac, maréchal de France , VII. 72. B. *Urbain,* marquis de Sablé , maréchal de France, VII. 393. B. *André,* seigneur de Loheac, amiral de France, VII. 841. C. *François,* dit *Guy XIV.* comte de Montfort, grand maître de France, VIII. 383. C. *Louis,* grand maître des eaux & forêts de France, VIII. 898. C. *Urbain,* chevalier du S. Esprit , IX. 118. C.

LAVAL (*Seigneurs de*) III. 626. *Voyez* Montmorency , (*Comtes de*) VII. 155. *Voyez* Coligny.

Laval, I. 123. C. 271. D. 467. C. 468. C. II. 58. D. 59. D E. 118. B. 407. E. 454. B. 872. B. III. 320. A. 379. D. 502. D. 573. C. 586. A. 616. C. 632. B. IV. 18. B. 54. D. 56. B E. 57. C. 61. B. 62. B. 70. C. 78. D. 197. C. 218. B. 322. B. 367. C. 387. B. 401. A. 455. B. 566. C. 570. B. 573. B. 680. A. 898. B. V. 11. B. 13. B. 82. E. 89. A C. 138. C. 383. D. 509. C. 510. D. 575. D. 611. B. 729. C. 747. C. VI. 35. B. 51. B. 104. C. 114. C. 117. D. 140. C. 186. B. 187. E. 193. B. 203. D. 493. C. 308. A. 533. C. 690. D. 691. C. 768. D. A B D. 790. C. D. VII. 98. A. 112. E. 128. D. 179. B. 338. C. 370. D. 399. A. 400. B E. 407. E. 435. B. 474. E. 478. A. 500. D. 501. C D. 503. A. 512. C. 557. D. 583. B. 584. B. 617. D. 844. D. 850. C. 851. D. 856. C. VIII. 190. A. 200. C. 251. A. 277. A. 574. A. 621. C. 830. C. 637. C. 707. C. 730. A. 747. D. 765. D. 921. B. IX. 128. A. 203. A. seigneurie , I. 323. B. 451. D. II. 47. E. 246. C D. 457. E. 858. E. III. 56. C. 294. C. 570. A. IV. 560. B C D. 889. D. VI. 21. A. 137. B. 203. D. 246. D. 487. C. 763. B D. VII. 73. D. 735. D. VIII. 568. A C. 570. D. 589. E. IX. 427. B. comté, I. 117. E. 232. C. 252. A. 273. E. 456. A C. 457. A. III. 380. B. 603. D. IV. 61. B. 169. A. 171. A C D. 172. B. 173. A. V. 13. D. 138. C. 574. E. 575. D. VII. 153. A. 155. C. 156. B. 395. E. 711. D. VIII. 172. E. 190. B. 580. B. marquisat, IV. 806. A. VI. 567. B. en Auvergne, seigneurie , IV. 890. C. 891. B. *Bois-Dauphin,* IV. 434. B. VII. 898. A. *aux Epaules,* VIII. 638. C. *Lezay,* IX. 96. C. *Loué,* IV. 653. B. *Montmorency ,* IX. 330. A. *Montpezat,* seigneurie, VIII. 249. A B. *Lavardac,* V. 186. F.

Lavardens , seigneurie , VII. 695. A. baronie , IV. 790. D. marquisat , III. 642. B.

LAVARDIN (*Seigneurs & Marquis de*) VII. 384. *Voyez* Beaumanoir.

Lavardin , III. 582. C. VII. 399. D. VIII. 724. C. seigneurie , I. 324. B. II. 125. C. III. 384. A. IV. 450. B. VI. 80. B. 93. C. VII. 384. B. VIII. 100. C. 724. D. 726. B. viconté, VI. 496. C. marquisat , IV. 267. B C. 271. B. 792. A. 793. B. VII. 369. D. 386. B. 670. C. IX. 228. C.

Lavau , VI. 436. C. VII. 284. B. VIII. 478. D. 941. E. seigneurie , III. 91. B. IV. 716. C. 752. C. VI. 483. C. VIII. 324. C. *Gouffier,* sei-gneurie , V. 605. A B. 606. E. 608. A. 615. C.

LAVAUR (*Seigneurs de*) II. 373.

Lavaur,

Lavaur, seigneurie, II. 704. C. III. 382. D. IV.
125. D. V. 749. B. VII. 303. E. 410. A. VIII.
594. **** C. en Agenois, VIII. 142. B.

Lavauz, IV. 834. E. seigneurie, VI. 445. D. comté, III. 370. E. de Verecourt, IV. 857. E.

Laubahiere, VII. 511. B.

Laubardiere, seigneurie, IV. 411. C.

Laubier, seigneurie, IX. 178. B.

Laubinay, seigneurie, VIII. 583. E.

Lauboniere, seigneurie, IX. 448. B.

Laubray, seigneurie, V. 397. E.

Laubriere, marquisat, VII. 585. B.

Laude, VI. 651. C.

Laudean, seigneurie, IV. 125. D. V. 749. C.

Laudier, VII. 570. C.

Laudigere, seigneurie, IV. 75. C.

Laudoviniere-le-Châtenay, seigneurie, IX. 453. C.

Laudun, seigneurie, III. 817. D. 835. B. 836. C. 838. D. IV. 122. A B C. V. 285. C. VII. 299. B. 357. A. comté, III. 772. B.

Lavé, II. 32. A.

LAVEDAN, duché-pairie, érigé en 1650. pour PHILIPPES de Montault, marquis de Benac, V. 871. Pieces concernant cette érection, ibid.

LAVEDAN, (Vicomtes de) I. 367. Voyez Bourbon-Bâtard.

Lavedan, II. 437. B. III. 362. B. IV. 125. A. 143. D. VII. 273. D. 303. D. 353. E. 605. B. seigneurie, VII. 266. D. vicomté, I. 258. C. III. 375. B. 392. B. IV. 140. E. VII. 321. C. 605. B. 606. C. VIII. 170. E.

Lavelée, II. 509. B.

Lavellanet, seigneurie, IX. 425. B.

Lavelle, II. 509. B.

Laverdens, baronie, VII. 401. D. Voyez Lavardens.

Laverdenz, baronie, VII. 406. C. 727. C. vicomté, V. 193. B. marquisat, VII. 407. B. Voyez ibid.

Laverdin, seigneurie, VII. 175. B. Voyez Lavardin.

Laugeois, VII. 632. C.

Laugere, seigneurie, II. 138. C. 139. B. VI. 449. A.

Laugier, VIII. 297. B.

Laugnac, II. 251. D. seigneurie, VII. 285. A. baronie, IV. 22. D. comté, IX. 238. B. Voyez Launac.

Lavieu, II. 41. D. IV. 41. A. 530. C. VI. 734. A. VII. 131. A. 196. C. 203. C. VIII. 54. A. 116. D. 318. D. 319. C. 320. B D. 333. G. 341. A. 817. B. 930. C. vicomté, V. 262. B.

Laulaguet, seigneurie, VII. 343. A.

Laumieres, seigneurie, IX. 92. C.

Laumont, II. 67. D.

Launac, seigneurie, II. 704. A. 707. C. 711. C. baronie, VII. 386. B. comté, IV. 135. E. V. 756. C. VII. 314. B. VIII. 809. * D. IX. 457. C. Voyez Laugnac.

Launaguet, seigneurie, III. 361. D.

Launait, seigneurie, III. 608. B. 609. B D. 610. A. 612. A.

Launay, IV. 186. B. V. 419. C. 611. C. VI. 196. A. 438. B. 451. A. 545. A. VII. 60. B. 131. A. 619. B. 844. B. VIII. 170. B. 557. C. 538. D. 693. A. IX. 76. B. 458. E. seigneurie, II. 121. D. 125. C D E. 452. C D. V. 379. D. 380. A. 421. A C. 423. D. VI. 195. D. 297. A. 435. D. 430. A. 496. A. VII. 170. B. 508. A. 524. C. 669. E. 672. A. VIII. 365. E. 561. D. 778. A. IX. 100. A. 197. C. 303. D.

Tome IX.

Basonin, IX. 474. B. Blancafort, seigneurie, VII. 548. A. Bouquien, seigneurie, V. 378. B. 394. Gr Gourdy, seigneurie, VII. 527. B. Goyon, seigneurie, V. 395. A B C E. 396. B D. 597. A C D. VIII. 579. A. le Grang, seigneurie, VIII. 143. D. Guen, seigneurie, VII. 726. E. Guenguien, seigneurie, IV. 804. E. du Houlle, seigneurie, VII. 530. C. d'Onglée, VII. 388. C. de Thunes, seigneurie, II. 455. C.

LAUNAY-COMATS, (Seigneurs de) V. 419. Voyez Goyon.

Launay-Comats, seigneurie, V. 419. C D.

Launeyquien, seigneurie, IV. 805. B.

Lannoy, II. 385. A. VII. 874. C. VIII. 809. * B. seigneurie, II. 43. A. 44. E. III. 611. E. VIII. 11. E. 12. A. Trouffean, I. 434. B. seigneurie, II. 44. E. 643. B.

Lauoir, baronie, IV. 312. C. Voyez Avoir.

Laupie, seigneurie, VIII. 920. A.

Laur, I. 442. C.

Laurac, seigneurie, VII. 450. E. IX. 423. E.

Lauraet, baronie, IX. 175. C.

Lauraguais, comté. I. 202. A. 203. A E. 204. C. 324. E. IV. 165. D. 530. E. 531. A B. V. 289. D. duché. IX. 455. B.

Laurane, seigneurie, IV. 468. D.

Laurans, VI. 383. B.

S. Laurans, seigneurie, VII. 506. C.

Laure, V. 264. D. 497. B.

Laureau, seigneurie, VII. 368. D. VIII. 711. E.

Laurénan, seigneurie, VII. 719. B.

Laurencin, VII. 235. A.

Laurency, VI. 606. B.

Laurens, II. 86. D. 131. B. 450. A. IV. 602. A. V. 928. B. VI. 445. D. VII. 290. C. VIII. 301. D. 374. A. seigneurie, VII. 483. A. 470. B. de Beauregard, VII. 388. D. de Fougas de la Gartelane, VII. 458. D. de Noyal, IV. 803. C.

Laurensane, IX. 101. A.

Laurent, I. 590. E.

S. Laurent, II. 252. C. seigneurie, I. 268. D. II. 355. D. 361. A. 362. D. 364. E. 648. E. 763. A B. IV. 276. A. 283. B C D. 285. C. 395. D. 425. C. 651. B. V. 152. A. VII. 801. B. 962. D. 901. D. VIII. 23. B. 725. E. de Barris, seigneurie, VIII. 352. E. de Brevedan, seigneurie, VIII. 22. D. en Caux, V. 149. B. seigneurie, V. 382. B. de Cers, seigneurie, IV. 421. D. de Lauze, II. 363. B. de Ribedos, seigneurie, VI. 323. C. de la Roche, seigneurie, II. 761. C D.

Laurenzana, I. 684. B.

Laurenzano, duché, V. 661. B.

DAURESSE, (Seigneurs de) III. 586. Voyez Montmorenty.

Lauresse, seigneurie, III. 581. E. 582. A. 644. B. VI. 770. B.

Laurets, seigneurie, II. 373. E.

Laurette d'Aulmes, IV. 266. B.

Laurie, III. 825. A.

LAURIERE, (Marquis de) VIII. 247. C. Voyez Pompadour.

Lauriere, VIII. 591. A. seigneurie, IV. 809. C. VIII. 245. A B E. baronie, V. 19. F. VIII. 245. A B. 146. A C. marquisat, V. 19. F. VIII. 60. E. VIII. 247. C. IX. 381. A.

Laurieras, seigneurie, IV. 536. A.

Laurigan, seigneurie, VII. 383. C.

Laurin, III. 734. D.

Lauris, VIII. 300. B.

Laurodonniere, VI. 517. C.

Lauron, IV. 479. A. seigneurie, IV. 852. A.

Lavetigny, seigneurie, VI. 646. C. *ou Launois*, seigneurie, VI. 645. A.

la Laulade, seigneurie, II. 297. D. 299. A.

Lause, seigneurie, VII. 284. B.

Lauscourt, seigneurie, I. 287. D.

Lauriere, III. 724. D.

Lausieres de la Capelle, II. 624. C E. *Voyez* Lauzieres.

LAUTREC, *Archambaud*, évêque & comte de Châlons, pair de France, II. 349. B.

LAUTREC, (*Vicomtes, de*) II. 349.(*Autres vicomtes de*) *seigneurs & barons d'Ambres*) II. 363.(*Autres vicomtes de*) *seigneurs & barons de Montfa* (II. 367. (*Autres vicomtes de*) *sortis des comtes de Foix*, III. 378.(*Autres vicomtes de*)IV. 25. *Voyez* Levis.

Lautrec, II. 177. C. 704. C. III. 73. C. V. 889. A. VI. 320. D. 697. B. VII. 211. B. 275. A. 282. D. 325. E. VIII. 4. D. IX. 391. D. seigneurie, IV. 17. B. 23. C. V. 194. A. VII. 76. B. 77. C. 242. B. vicomté, I. 130. D. 255. C. 469. B. II. 174. B E. 229. B. 242. D. 646. A. 677. B. 689. B. III. 370. E. 737. B. 768. A. 815. B. 817. E. IV. 38. B. 432. D. V. 140. C. 180. B. 341. B. 653. D. 890. E. 891. A C. 892. B C. 894. B. VI. 218. C. VII. 202. B. 271. C. 282. D. 368. C. 766. D. 768. B. 860. A. VIII. 727. A. IX. 145. D. 174. C. 317. A. 394. A. *de S. Germier*, II. 359. D.

Launey, V. 755. D.

Lawe, seigneurie. *Voyez* Lauwe.

Lauvergnac, seigneurie, VII. 525. D.

Lauvin, seigneurie, V. 835. D. 836. B.

Lauzane, seigneurie, II. 165. C.

LAUZIERES DE THEMINES DE CARDAILLAC, *Pons*, maréchal de France, VII. 412. A. *Idem*, chevalier du S. Esprit, IX. 121. A. *Guy*, maître, visiteur & general réformateur de l'artillerie de de France, VIII. 167. D.

LAUZIERES, (*Genealogie de la maison de*) VII. 411.

Lauzieres, IV. 32. E. 129. C. 156. A. V. 899. A. VII. 269. D. 271. F. 293. B. 308. A. 314. C. 339. D. 445. E. VIII. 167. D. IX. 67. A. 175. D. seigneurie, IV. 601. C. VII. 411. B. marquisat II. 63. C. *de la Capelle*, V. 744. D. *la Chapelle-Themines*, VII. 271. D. *Themines*, II. 132. C. V. 899. A. IX. 438. C.

Lauzon, IV. 766. B.

LAUZUN, duché, érigé en 1692. pour ANTONIN-NOMPAR de Caumont, V. 871. *Pieces concernant cette érection*, ibid.

LAUZUN, (*Seigneurs, Comtes & Ducs de*) IV. 477. *Voyez* Caumont.

Lauzun, seigneurie, II. 671. C. baronie, V. 194. C. comté, I. 469. B. III. 588. E. IV. 473. C. 615. A. V. 740. B. duché, I. 148. A. V. 740. B. B.

des Lax, II. 181. D.

Laxaque, I. 291. E.

Lay, VI. 69. C. seigneurie, V. 669. A. 670. A. 672. C. 673. A. baronie, V. 671. A.

Laye, IV. 282. E. 283. B C D. 861. B. VII. 664. C. IX. 477. C. seigneurie, II. 68. E. III. 656. B. V. 671. E. *Malconronne*, seigneurie, V. 16. E.

LAYE-D'UXELLES, (*Genealogie de la maison de*) VII. 662.

Layer, seigneurie, IV. 683. C.

Layre. *Voyez* Laire, seigneurie, VI. 459. A.

Layeul, VII. 230. D.

Layssant, seigneurie, VII. 280. C.

S. Laz, II. 470. D.

Laza, baronie, VII. 765. A.

Lazarte, III. 356. D. 357. A.

Laxonay, seigneurie, I. 505. C.

Lazo de Mendoze, III. 352. C.

Lazy, seigneurie, VIII. 874. B.

Leal, IV. 287. A. seigneurie, V. 664. D.

Lean, IX. 472. C.

Leart, seigneurie, II. 125. E.

Leau, vicomté, VI. 358. B. VII. 473. D. comté, VII. 457. B.

Leatie, VIII. 645. A.

Leaulin, VII. 577. A.

LEAUMONT, *Jean*, chevalier du S. Esprit, IX. 69. A.

Leaumont, III. 854. D. VII. 212. D. 408. D. 526. A. seigneurie, IX. 387. B.

Leauparuc, seigneurie, V. 150. A.

Leauvilliers, seigneurie, VIII. 281. A.

Lebecourt, seigneurie, VIII. 889. B.

Leberck, seigneurie, III. 918. D

Leberon, II. 366. D E. seigneurie, VII. 292. A. IX. 396. A. marquisat, IV. 432. D. IX. 174. C.

Lebrettes, seigneurie, VII. 486. B.

Lecé, seigneurie, IV. 459. E.

Lechtervelde, seigneurie, II. 768. D.

Lecke, seigneurie, II. 798. C.

Lecques, seigneurie, VIII. 889. D. baronie, IV. 472. C.

Lectoure, seigneurie, III. 423. B D.

Lecwe, seigneurie, II. 166. D. 790. D E.

Lecuze, seigneurie, III. 831. B.

Leczinska, I. 182. A. IX. 299. B.

LECZINSKI, *Stanislas*, roi de Pologne, nommé chevalier du S. Esprit, IX. 299. B.

Lede, marquisat, I. 260. C. IX. 377. C.

Ledesbecq, baronie, V. 657. A.

Ledesma, comté, IX. 378. A.

Ledinghen, seigneurie, III. 912. B.

Ledosa, seigneurie, IX. 377. E.

Lée, IV. 445. D. V. 624. C. VI. 607. B. VIII. 477. B. seigneurie, VII. 641. A.

Leerdam, seigneurie, III. 578. B.

S. Leger, seigneurie, III. 608. B. 609. B. 610. C. IV. 407. D 408. B. 409. B C. 860. E. V. 354. C E. 834. A. VI. 311. E. 358. C. 431. C. VII. 645. E. VIII. 83. C. 156. A C. 485. C. 641. B. 698. B. 715. B. 890. C. baronie, V. 355. B. marquisat, IX. 465. A. *des Aubez*, seigneurie, IV. 725. C. 726. A B C. *sur Deusne*, seigneurie, IV. 861. C E. *en Yveline*, seigneurie, VI. 74. B. *d'Orenge*, seigneurie, V. 396. B.

Legier, maître chapelain & aumônier du Roi, VIII. 225. B.

Legniec en Forez, seigneurie, II. 456. C.

LEGOUMAR, (*Seigneurs de*) V. 425. *Voyez* Goyon.

Legoumar, seigneurie, V. 425. C.

Leguille, seigneurie, II. 665. B C.

Legurat, seigneurie, IV. 367. D.

Leicestre, II. 485. B. comté, II. 404. B D. III. 568. A. IV. 12. D.

Leiden, vicomté, VII. 172. E. VIII. 35. D.

Leigné, seigneurie, VII. 330. A. VIII. 640. A.

Leignec, seigneurie, II. 457. C.

Leignes, baronie, VIII. 913. A.

Leigniez, seigneurie, IV. 458. E.

Leini, seigneurie, IX. 440. E.

Leinis, seigneurie, IV. 502. A.

Leinster, principauté, II. 482. B D.

Leire, III. 816. A.

Leischot, seigneurie, III. 611. B.

Leiscot, seigneurie, I. 554. D.

Leitoure, vicomté, II. 173. B. *Voyez* Lectoure.

Delmont, seigneurie, VIII. 354. D.
Lembroise, seigneurie, VI. 642. B.
Lemos, (Comtes de) sortis des ducs de Bragance, I. 630. Voyez Portugal.
Lemos, seigneurie, I. 582. D. 588. D. comté, I. 590. E. 618. C. 651. A.
Lemosy, VII. 423. A.
Lemuid, seigneurie, VII. 544. C.
Lenay, II. 448. E. VII. 175. B.
Lenche, VIII. 306. E. 307. C.
Lenchin, seigneurie, V. 87. C.
Lenchoult, seigneurie, VI. 174. A.
Lenet, VI. 457. C.
Lengan, seigneurie, IV. 482. B.
Lenguesie, seigneurie, VII. 79. D.
Lenharée, I. 508. B.
LENONCOURT, Robert, archevêque, de Reims, II. 52. D. Robert, évêque & comte de Châlons, pair de France, II. 379. B. Philippes, évêque & comte de Châlons, pair de France, II. 580. B. Idem, commandeur du S. Esprit, IX. 63. B. Henry, chevalier du S. Esprit, IX. 69. C.
LENONCOURT, (Genealogie de) II. 52.
Lenoncourt, I. 129. E. 375. A. II. 55. B. 74. B. 114. C. 379. E. 380. D. 430. D. 434. D. III. 841. D. V. 19. F. 146. C. 288. F. VI. 390. B. 790. C. VII. 100. B. 114. A. 167. B. 251. D. 708. B. 811. B. 894. B. VIII. 720. E. IX. 98. C. seigneurie, II. 53. C E. 54. A B. 58. C. III. 650. D E. IV. 61. D. 62. B. 63. B. 266. D. 827. D. 837. E. V. 146. C. VIII. 247. D. marquisat, II. 59 C. 65. C. VIII. 340. D. 814. A. 852. B. Gondrecourt, VIII. 903. D.
Lenox, V. 928. E. 929. C. comté, II. 429. C. V. 593. A. VII. 142. A. 851. E. IX. 406. B. duché, V. 929. C. 930. C.
Lens, Baudouin, sire d'Annequin, maître des arbalestriers de France, VIII. 28. A.
Lens, (Genealogie de) VIII. 28.
Lens, III. 596. D. IV. 214. A. V. 656. A. VI. 173. A. VII. 826. B. VIII. 41. C. 43. A. 697. D. 739. A. seigneurie, I. 381. A. VIII. 28. C. 29. A B C D. 658. A. 735. A. baronie, VIII. 40. A.
Lensigne, III. 55. E.
Lentillac, seigneurie, V. 360. F. en Queroy, baronie, V. 359. B.
Lerikot, VI. 363. C.
Lentour, seigneurie, IV. 135. A. 789. D. 790. C. VII. 393. C. baronie, IV. 793. E.
Lenval, seigneurie, III. 580. E.
Lenzoli, V. 521. E.
LEOBARD, (Seigneurs de) V. 750. Voyez Durfort.
Leobard, seigneurie, V. 747. D. 748. D. 750. D. IX. 398. B.
Leodebarne, seigneurie, V. 828. D.
Leomeny, seigneurie, VI. 682. A.
Leomers, seigneurie, VI. 721. C.
Leon, I. 434. D. 586. A. III. 60. B. 319. E. 820. A. IV. 51. B. 53. B. 54. B. 55. C. 133. C. V. 128. D. 926. A. VI. 185. B. 764. A. VII. 843. C. 867. A. VIII. 357. C. seigneurie, I. 270. D. IV. 55. E. 56. C. VI. 203. D. IX. 428. A. vicomté, I. 449. A. II. 83. E. III. 626. C. IV. 53. C. VI. 215. B. 764. A. 767. A. VII. 121. C. 389. B. 501. B. VIII. 578. C. comté, IV. 57. C. 58. B C. principauté, I. 224. E. III. 513. D. IV. 71. B. 73. A C. 217. D. 569. A D 570. B. V. 233. D. VI. 215. C. royaume, I. 558. A B. 574. B. 576. C. 580. A. 582. C. II. 507. D. 586. B. III. 83. B. 174.

A. 304. C. VI. 76. B. 234. A. VIII. 76 L. D. de Gasques VIII. 595. * * * * * A. Voyez Ponce.
S. Leonard, IV. 732. C. seigneurie, II. 674. A 677. C. IV. 340. B. VII. 404. D. Desbouis, seigneurie, IV. 755. C. en Romagne, seigneurie, II. 178. B. de Sedillac, V. 190. D.
Leonarte, II. 279. C.
Leone, seigneurie, V. 159. F. 160. A B.
Leora, VII. 773. C.
Leoroing, VIII. 815. E. 819. B.
Lepagnol, IX. 165. B.
Leques, seigneurie, VI. 646. Voyez Lecques.
Lerable, VIII. 254. E. Voyez l'Erable.
Leran, seigneurie, III. 364. E. V. 891. A. VII. 698. C. 768. C. 771. A. baronie, IV. 18. E. vicomté, II. 369. C. III. 363. E. marquisat, IV. 19. E.
LERAN, (Seigneurs de) IV. 21. Voyez Levis.
LERIN, (Comte de) I. 291. Voyez Evreux & Navarre.
Lerin, seigneurie, VII. 337. C. comté, I. 288. D. 293. C D E. IX. 378. B.
Leris, seigneurie, IV. 789. A.
Lerisse, VII. 342. B.
Lerme, comté, V. 525. A. duché, I. 634. A. III. 354. A E. 355. A C.
Lermesnil, seigneurie, VI. 372. A.
Lern, seigneurie, V. 359. E. 360. A.
Lernac, baronie, IV. 613. B.
Lerné, seigneurie, IX. 77. A.
Leron, baronie, II. 655. B. IV. 790. A.
Leronville, seigneurie, VII. 532. D. 533. B.
Lers, IV. 43. B. V. 894. C. seigneurie, V. 896. C. IX. 417. E. baronie, V. 894. C.
Lery, seigneurie, II. 103. D. VIII. 711. A. Voyez Dugny.
Lesbahy, VI. 449. D.
Lesbaupinaye, seigneurie, IV. 576. B.
Lesborn, seigneurie, VIII. 358. C.
Lescalopier, IV. 226. A. VII. 401. B.
Lescamoussier, IX. 122. A.
Lescar, III. 617. D.
Leschafferie, seigneurie, VI. 597. D.
Leschaus, VIII. 604. A.
Lesche, seigneurie, II. 119. D. III. 771. C. IV. 409. B. 410. A. 748. B.
Lescherenne, III. 486. B. VII. 50. E. seigneurie, V. 264. B.
Lesches, seigneurie, VI. 427. B.
Leschieres, seigneurie, III. 567. B.
Lesclat, II. 106. B.
LESCOET, Roland, grand-veneur de France, VIII. 701. D.
Lescoet, IV. 83. D. 305. D. V. 420. A. VI. 844. C. VIII. 358. E.
Lescois, IV. 852. C
Lescos de Lisy, III. 443. C.
Lescot, VI. 378. B. VIII. 785. C.
Lescoux, VIII. 776. E.
Lescrech, seigneurie, VII. 728. A.
Lescun, VII. 95. A. seigneurie, I. 469. C. II. 637. C. III. 361. E. 579. B. IV. 644. C. VI. 209. D. VII. 858. A. 859. D.
Lescure, II. 358. C. VII. 926. D. seigneurie, II. 656. C. 657. C D. baronie, III. 364. E. IV. 667. A C. vicomté, VII. 281. A. de Fontenon, II. 646. C.
Lescures, VII. 605. E.
LESDAIN, (Seigneurs de) VIII. 84. Voyez Lannoy.
Lesdain, seigneurie, V. 846. A. VIII. 80. B. 82. D. 699. B.
LESDIGUIERES, duché-pairie, érigé en 1611. pour FRANÇOIS de Bonne, maréchal de France, &

CHARLES de Blanchefort , sire de Crequy son gendre, IV. 277. *Pieces concernant cette érection*, ibid.

LESDIGUIERES, (*Genealogie des ducs de*) pairs de France , IV. 288.

Lesdiguieres, II. 151. A. seigneurie , IV. 283. B C. duché , II. 239. E. III. 899. D. IV. 218. A. 291. B C D. 641. D. 681. D. V. 268. D. pairie, IV. 284. A. V. 340. D. 738. B. VI. 232. A. VII. 462. C.

Lesdinghem , seigneurie , III. 914. D.

Lesignac, seigneurie, VII. 770. E.

Lesignan , seigneurie, VII. 490. D.

Lesigne , seigneurie, VII. 384. D.

Lesignes, VII. 736. C.

Lesigny , seigneurie, VI. 392. B. 436. D. 440. A. 450. B. VII. 396. B. VIII. 817. B. 943. C.

Lesinham , seigneurie , VII. 404. E.

Leslein , VIII. 357. C.

Leslin , VII. 725. B.

Lesmays, V. 927. A. vicomté , ibid.

Lesnel, seigneurie , VII. 431. A.

Lesnen , seigneurie, IV. 60. D. 83. D.

Lesnerac , VI. 360. C. 645. A.

Lesneville , seigneurie , III. 648. B.

Lesno , comté , I. 182. B. IX. 299. B.

Lesodevez , seigneurie, VIII. 363. E.

Lesormel, seigneurie , VII. 844. A.

Lesourny , VIII. 358. D.

Lesparre, V. 223. D. VII. 842. A. *Voyez* l'Esparre.

Lesparse, seigneurie, III. 450. E.

Lespicilliere , baronie , VII. 474. B.

Lespoisse , seigneurie , VII. 430. A. *Voyez* Espoisse.

Lesponguen , seigneurie , VII. 524. D.

Lespouey, seigneurie, I. 368. E.

Lesquen , V. 421. B.

Lesquifiou , IV. 223. C. IX. 430. D.

Lesquildry, seigneurie, VIII. 361. C.

Lesquillier , seigneurie, VII. 891. E.

Lesquin , III. 322. C.

Lessar , seigneurie, VI. 479. D.

Lessart, VI. 334. B. seigneurie , IV. 41. D. marquisat , VII. 671. C D.

LESSAY, (*Seigneurs de*) VI. 435. *Voyez* Briçonnet.

Lessay, seigneurie , VI. 435. D.

Lesse de la Rochefaton , IV. 472. B D.

Lessé , II. 182. A B.

Lesseville , seigneurie, IV. 401. A.

Lessey , IX. 408. A. 414. A.

Lestairie du Saillant , IV. 785. D.

Lestang de Ry , VIII. 255. C. *Voyez* l'Estang.

Lestenou , VI. 426. B.

Lestereis , seigneurie , V. 345. E.

Lesterie, VII. 699. A. seigneurie , VIII. 594. B.

Lestodin , II. 121. A.

Lestoing , seigneurie, II. 436. E.

Lestours , seigneurie , VI. 435. A.

Lestrac. *Voyez* Astarac.

LESTRANGE , (*Seigneurs de*) VII. 342. *Voyez* Hautefort.

Lestrange , II. 821. B. VII. 87. E. 134. B. 137. A. 496. A. seigneurie, III. 837. C. VII. 342. A. IX. 424. C. vicomté , III. 775. A. IV. 893. A. VII. 342. A. comté , III. 775. B.

Lestranges , IV. 289. C.

Lestrée , VI. 695. C.

LETTES, *Antoine* , dit *des Prez* , seigneur de Montpezat , maréchal de France , VII. 184. C.

LETTES-MONTPEZAT, (*Genealogie de*) VII. 185.

Lettes , VII. 188. A. VIII. 704. C. *dit Prez* , IV. 41. E. 43. B. 44. A. *Voyez* Montpezat.

S. LEU , (*Seigneurs de*) III. 644. *Voyez* Montmorency.

S. Leu, seigneurie, II. 152. E. 155. A. III. 574. D. 576. A E. 578. B. 607. D. V. 575. D. 610. B. VI. 544. B. VII. 892. E. VIII. 369. D. 751. A. baronie, V. 575. E.

Leva , III. 353. B.

Leval, seigneurie, VIII. 86. A.

Levaré , seigneurie, III. 60. C. VI. 193. D.

Leubert , VII. 648. C.

Leuchtemberg , landgraviat , IV. 541. A.

Levemont , VI. 678. C.

Leventii , seigneurie , IV. 504. A B D. V. 290. E. VIII. 303. D.

Levenzo , seigneurie , IX. 441. A.

Levernois , seigneurie , IV. 819. C. 821. B.

Levescat , IV. 132. A. seigneurie , VII. 310. D.

LEVEVILLE, (*Seigneurs de*) VI. 433. *Voyez* Briçonnet.

Leveville , VI. 429. A. seigneurie, VI. 261. A. 429. A. 433. B.

Levezon de Vezins , VII. 410. C.

Leugny , seigneurie, VIII. 120. B.

Levignac, seigneurie, VIII. 486. B. baronie , III. 388. E.

Levignan , seigneurie, VIII. 858. B.

Levignen , seigneurie , II. 268. E. 269. C D. 170. B.

Levigny , seigneurie, I. 380. B.

Leuil , baronie , VI. 293. B.

Leuilliers , seigneurie, IX. 319. C.

Leuilly , seigneurie , III. 915. C. V. 660. C.

Levinham , seigneurie, II. 708. E.

LEVIS, duché-pairie, érigé en 1723. pour CHARLES-EUGENE marquis de Levis , V. 470. C. *Pieces concernant cette érection* , ibid.

LEVIS, (*Genealogie de la Maison de*) IV. 11. (*Seigneurs de*) IV. 38.

LEVIS, *Charles* , grand-maître des eaux & forêts de France, VIII. 939. C. *Antoine* , chevalier du S. Esprit , IX. 72. D. *Anne* , chevalier du S. Esprit , IX. 125. C. *Charles* , chevalier du S. Esprit , IX. 160. C. *Autre Charles* , chevalier du S. Esprit , IX. 291. A.

Levis , II. 175. A. 203. A. 205. C. 217. D. 233. C. 354. E. 361. B. 369. B. 624. C. 633. B. 654. D. 657. D. 675. A B. 706. B. 708. E. 711. E. 858. A. III. 347. C. 363. E. 366. D. 433. D. 572. B. 605. A C. 659. A B. 732. C. 767. C. 775. A. 815. B. 840. D. IV. 125. E 169. C. 217. D. 426. C. 527. D. 536. A. 626. C. 663. C. 790. B. 892. B. V. 571. D. 738. A. 892. A. 894. C. VI. 74. D. 80. B. 86. D. 162 D. 209. D. 252. C. 316. D. 401. B. 494. A. 506. D. 729. C. 739. A. VII. 20. B. 29. C. 37. A. 45. D. 128. A C. 133. E. 233. E. 189. E. 190. A. 196. C. 211. B. 304. D. 407. A. 416. E. 439. C. 443. A. 445. E. 491. C. 533. C. 553. A. 698. C. 703. B. 766. C. 768. C. 772. A. 785. B. 849. A. VIII. 51. D. 92. C. 167. B. 191. D. 319. E. 310. A C. 331. D. 726. D. 761. C. 789. E. 922. D E. 931. B. IX. 67. A. 71. C. 123. B. 407. B. 395. B. seigneurie, III. 766. B. 767. A. 768. C. 769. B. 772. C. VII. 407. A. VIII. 151. B. baronie , III. 770. A. 771. E. comte , IV. 899. B. duché , IV. 269. C. 681. C. pairie, IV. 35. A. VII. 29. C. *Charles* , IV. 37. C. V. 743. B. VI. 406. C. de *Château-Morans* , VII. 201. C. *Couzan* , I. 363. A. 375. B. II. 57. D. VIII. 943. C. *Leran* , III. 364. E. IX. 397. D. *Mirepoix* ,

II. 77. D. VIII. 943. C. *Lerin*, III. 264. E.
IX. 397. D. *Mirepoix*, II. 206. B. 365. B. 369.
C. IV. 24. B. 40. C. VII. 392. B. 606. A *Quaslin*,
VIII. 92. C. IX. 395. B. *Ventadour*, IV. 65. C.
67. D. 291. C. 541. D. 626. D. 642. E. 878.
A. V. 269. D. 841. E. VII. 190. D. VIII. 899.
B. duché, V. 234. A.
Leviston, maîtresse du Roy Henry II. 1. 136. B.
Leuly, comté, III. 775. B.
Levoncourt, seigneurie, VI. 263. C.
Levraud, VI. 505. C. VII. 544. C.
Levretiere, seigneurie, VIII. 348. D.
Lerveyville, seigneurie, VIII. 159. E.
Leuroux, seigneurie, VI. 86. C. 256. E. IX. 56. B.
Leuse, seigneurie, I. 296. D. 318. B. 319. B. 353.
B. II. 321. A. 505. B. 756. E. III. 419. A.
Voyez Leuze.
Lew, I. 267. C.
Leuve, seigneurie, V. 228. B.
Leweline, VII. 466. B.
Lewerghen, seigneurie, V. 655. D.
Leuville, VI. 510. C. seigneurie, II. 441. D. V.
13. D. 766. A. VI. 393. A. VII. 137. C. 561.
B. baronie, VI. 560. C. marquisat, VI. 486.
A. 591. A. VII. 434. E. souveraineté, IV. 898.
B.
Lewingston, IX. 413. C.
Leuze (Seigneurs de) VI. 107. *Voyez* Chastillon.
Leuze, seigneurie, VI. 94. D. 107. C.
Leycestre, (Comtes de) VI. 77. *Voyez* Montfort,
Lamaury.
Leycestre, II. 484. D. comté, VI. 74. A B D.
77. A. 268. D. VIII. 7. D. 401. C.
Leyde, marquisat, V. 658. A. IX. 456. C.
Leyden, baronie, III. 911. B. IV. 719. D. vicomté,
VIII. 35. B. 36. A. 37. A.
Leydet, III. 89. C. 90. A.
la Leyen d'Adendorff, VII. 468. A.
Leymont, seigneurie, II. 55. C. 63. D. IX. 163.
A. comté, II. 63. D.
Leyné, seigneurie, II. 195. A.
Leyra la Cerda & Cueva, I. 673. B.
Leytla, seigneurie, I. 582. C. duché, I. 652. C.
Leyron, I. 697. A.
Leyva, III. 354. B.
Leyve, II. 51. C.
Lezard, VII. 548. C.
Lezardere, seigneurie, III. 582. C.
Lezay, (Seigneurs de) III. 85. *Voyez* Leignem,
(Autres Seigneurs de) III. 840. *Voyez* Laval-
Montmorency.
Lezay, IV. 161. C. V. 345. E. VI. 56. D. VIII.
482. E. 902. E. seigneurie, III. 637. IV. 677.
B. V. 243. E. VII. 584. B. VIII. 69. D. 70. D.
763. A. baronie, IV. 680. A. marquisat, III.
642. B C. IV. 433. A. 455. B. VII. 852. C.
Lezignem, IV. 433. A.
Lezeau, seigneurie, IV. 683. C.
Lezeville, seigneurie, IV. 819. B.
Lezigné, seigneurie, VII. 223. B.
Lezignem, (anciens Seigneurs de) III. 75.
Lezignem, I. 306. A. II. 691. D. 841. A. 857.
C. III. 127. C. 128. A B. V. 129. D. VI. 23.
D. 24. A. 25. A. 48. C. 61. B. 96. A. 134.
D. 268. A. 697. C. VII. 735. C. seigneurie, I.
319. B. 413. E. 414. D. 426. C. 430. A. 474.
C. 543. B. 546. B. II. 684. C. III. 76. B. IV.
191. B. 192. A. 194. C. 558. A. VI. 23. D.
28. B. 208. A. 697. C. VIII. 569. B. *la
Marche*, III. 415. C. VI. 135. B.
Leziguy, seigneurie, VII. 893. D.
Lezillé, seigneurie, VIII. 109. A. 118. B.
Lezin, seigneurie, V. 841. B.
Lezinhac, seigneurie, II. 709. D.
Tome IX.

Lezines, baronie, VII. 397. D.
LEZONNET, (Seigneurs de) VII. 728. *Voyez* Coet-
logon.
Lezonnet, seigneurie, VII. 718. C.
Lezot, V. 425. D. *de la Ville Geoffroy*, V. 425. D.
L'hôillier, I. 369. B. VI. 484. A. *Voyez* l'Huil-
lier.
LIANCOURT (Seigneurs de) IV. 755. *Voyez* du
Plessis.
Liancourt, II. 75. E. seigneurie, II. 75. E. 77. D.
E. 78. C. 264. C. IV. 400. D. 428. D. 604.
B 747. C E. VIII. 173. B. IX. 463. A. mar-
quisat, IV. 535. A. 430. C. duché, IV. 438.
B.
Lianes, V. 826. E. VI. 170. B. seigneurie, V.
826. E. vicomté, V. 827. A. 828. A B. 679. B.
Lias, seigneurie, III. 834. B.
Libaut, IX. 521. C.
Libertat, II. 310. C. VIII. 396. A.
Libhano, IX. 383. B.
Libornean, seigneurie, IV. 852.
Libourg, seigneurie, VI. 778. C.
Libregrets, seigneurie, VIII. 642. B.
Liche, comté, I. 421. D. III. 724. A. marquisat,
III. 354. D.
Lichés, seigneurie, VI. 165. A. VII. 405. D.
comté, VI. 109. D. 129. B. 136. B. duché, VI.
131.
Lichilina, seigneurie, II. 246. C D.
Lichtels, seigneurie, VIII. 41. A.
LICHTERWELDE (Seigneurs de) III. 919. *Voyez*
Hallwin.
Lichterwelde, III. 906. A. seigneurie, III. 907.
A.
Licques, IV. 548. A. VI. 801. B. VII. 471. B. 56.
A. VIII. 35. C. 83. C. baronie, VI. 712. C.
VII. 723. C. 827. A. *Voyez* Recourt.
Liddisdale, seigneurie, IX. 404. D.
S. Liebaud, seigneurie, IV. 308. A. 574. C. VI.
242. E. 243. C. VII. 151. B. 433. A. baro-
nie, VI. 791. A. VIII. 915. A.
Liedekerke, seigneurie, I. 256. E. III. 575. C.
baronie, I. 257. A B D.
Liée, seigneurie, VIII. 357. C.
la Ligue, seigneurie, V. 166. B D. VI. 197. C.
marquisat, VIII. 501. B.
Liekerke, VIII. 45. C.
Liembronne, seigneurie, VII. 825. E.
S. Lienard, seigneurie, IV. 596. B.
Liencourt, seigneurie, I. 149. E. V. 617. D. VI.
678. C. *Voyez* Liancourt.
Liehhana, VII. 211. A.
le Liepvre, VII. 725. *Voyez* Lievre.
Lier, VIII. 77. C.
Lierde, comté, II. 609. C. 610. C.
Lierre, VIII. 174. A.
Liers, seigneurie, VIII. 84. C.
Lierval, seigneurie, VI. 477. D.
Lierville, seigneurie, IV. 749. C. VII. 153. B.
VIII. 756. A.
S. Liesne, seigneurie, VIII. 943. B.
Liesse, seigneurie, V. 669. A C. 670. A. 671. A.
VII. 714. C.
Liettes, IV. 598. B.
Lieu, II. 768. C. seigneurie, VIII. 176. E.
Lieucourt, seigneurie, III. 577. A. 578. A.
Lieudieu, seigneurie, II. 62. D. IV. 827. D.
Lieufranc, seigneurie, VII. 260. B.
Lievin du Quesnoy, VIII. 739. C.
le Lieur, VII. 875. C. VIII. 26. A.
Lievray, baronie, VII. 597. A.
le Lievre, I. 472. 504. D. VI. 359. A. 434. A.
446. C. 568. C. VII. 559. D. VIII. 795. A.
IX. 170. A. 462. E.

C 3

Lievrefu, IX. 378. B.

Lieurray, VIII. 811. C.

Lieuvilliers, seigneurie, VIII. 651. C.

Liewlet, seigneurie, VII. 828. C.

Lieux, (Seigneurs de) II. 183. E.

Lieux, seigneurie, II. 177. E. 178. C. 181. B. 183. C. VII. 926. D.

Liffermeau, seigneurie, IV. 671. B. le Grand en Brie, seigneurie, I. 458. B.

Ligardes, seigneurie, VII. 268. E.

Ligerettes, VIII. 799. A.

Ligier, VII. 636. B.

S. Ligier, IV. 861. D. VIII. 334. C. seigneurie, VII. 902. E. Voyez S. Leger.

Lignac, seigneurie, IV. 162. D.

LIGNE, Nicolas, seigneur d'Ollignies, maître des arbalétriers de France, VIII. 30. A.

LIGNE (Genealogie de la maison de) VIII. 30. (Branche bâtarde) VIII. 45.

Ligne, I. 624. A. 695. B. III. 594. C. 609. B. 736. D. 915. B. IV. 545. C. V. 232. C. F. 525. C. 638. A. 641. D. 644. C. 646. B. 656. C. 660. B. VI. 99. A. VII. 52. D. 55. A. 171. C. 561. A. VIII. 74. B. 77. D. 78. A. 79. E. 282. A. 649. D. 735. E. seigneurie, III. 450. D. VIII. 546. B. baronie, V. 638. A. VIII. 31. B. comté, III. 910. A. V. 231. D. principauté, I. 672. D. II. 766. B. V. 231. D. 644. C. VII. 53. A. 692. D. VIII. 35. E. Aremberg, I. 257. B. II. 612. B. III. 226. A. 569. C. V. 232. F. 658. A. C. VII. 831. B. VIII. 35. E. IX. 392. A. principauté, III. 597. A.

Lignent, I. 450. C.

Lignerac, seigneurie, IV. 34. C. VII. 334. C. 370. D. marquisat, 479. A.

Lignereuilles, seigneurie, III. 595. C.

LIGNERIS, (Seigneurs de) VII. 478. Voyez Espinay & Deshayes.

Ligneris, II. 226. A. VIII. 181. D. 904. D. seigneurie, VII. 478. E.

Lignerol, seigneurie, II. 366. A.

Lignerolles, seigneurie, II. 361. E. V. 142. C. 143. A.

Ligneville, II. 247. D. 249. B. III. 502. C. IV. 835. A. 844. A. VII. 55. D. 253. A. seigneurie, II. 65. B. VIII. 340. C. comté, II. 64. C. de Bouxieres, IX. 99. A. en Picardie, seigneurie, II. 829. D.

Lignieres, V. 346. D. VII. 596. A. seigneurie, IV. 125. E. VI. 289. D. 320. C. D. VII. 304. E. VIII. 855. B. 857. A. 906. C. marquisat, VI. 787. B. VII. 101. A. en Combrailles, seigneurie, V. 346. D. en Picardie, seigneurie, VI. 254. C. Voyez Linieres.

Lignon, seigneurie, IV. 399. B. V. 149. B D. 386. B. VII. 181. D. 556. B. VIII. 524. A. comté, VI. 533. A.

LIGNY (Seigneurs de) I. 378. Voyez Bourbon. (Comtes de) III. 722. Voyez Luxembourg.

Ligny, II. 41. D. 127. B. 450. D. V. 83. A. 507. D. 508. A E. 509. A. VI. 390. C. 567. A. VIII. 174. B. 646. A. 820. C. 850. A. IX. 279. A. 325. C. seigneurie, I. 515. A. II. 783. B. 840. B. III. 733. C. IV. 599. B. V. 135. A. VI. 107. A. 113. A. 142. B. 546. D. 788. B. VII. 138. B. 291. C. VIII. 46. E. 68. B. 636. C. baronie, VII. 112. C. vicomté, VIII. 148. C. comté, I. 245. A. 248. D. 249. E. 308. C. II. 206. A. 871. E. III. 491. D. 589. B. 590. D. 605. A. 726. D. 729. A B C. 730. C. 731. C. 732. B D. 733. A. 855. C. IV. 165. C. 214. A. 274. C. V. 514. B. 515. B. 638. C. 655. C. VI. 107. A. 122. A. 223. B. 226. C. 406. C. VII. 168.

D. 238. B. 857. D. VIII. 99. C. sur Canche, VIII. 68. B. le Chastel, seigneurie, VII. 43. E. VIII. 203. E. 419. E. vicomté, III. 198. A.

Ligondez, VII. 714. E.

Ligonez, seigneurie, VII. 276. D.

Ligonne, seigneurie, IX. 60. A.

Ligonnez, seigneurie, VII. 21. E. 258. A.

Ligron, I. 462. B.

Liguardez, seigneurie, VII. 456. D.

Liguieres, seigneurie, VII. 783.

Ligurie, marquisat, III. 170. B. 173. D.

Lihon, II. 85. A.

Lihoux, VII. 291. E.

Lihus, seigneurie, VIII. 538. D. 887. E.

Lilaer, VIII. 655. A.

Lilaere, seigneurie, III. 577. B.

Lilers, seigneurie, II. 741. D. VI. 703. D.

Lille, VIII. 39. C. 74. C. 81. C. seigneurie, I. 325. E. 326. B. 328. B. II. 798. A. IV. 211. D. Voyez l'Isle.

Lillebonne, seigneurie, II. 839. C. Voyez l'Islebonne.

Lillers, seigneurie, V. 640. D. 641. C. 852. D. 654. A B. VIII. 769. E. baronie, VIII. 698. B.

Lillette, seigneurie, IV. 403. C. Voyez l'Islette.

Lilly, II. 385. A.

Lilo, seigneurie, II. 209. E. 210. B.

Lima, I. 577. B. 681. B. Pereyra, I. 652. C. Tavora, I. 700. D.

Limagne, VII. 494. B.

Limans, seigneurie, IV. 266. A.

Limanton, seigneurie, VI. 413. C. baronie, I. 496. B. 514. B C.

Limanville, VIII. 18. D.

Limaye, seigneurie, IX. 440. D.

Limbeuf, VII. 875. C. VIII. 170. A.

Limbourg, II. 33. E. 326. A. 791. D. V. 508. D. 509. A. 511. B. VII. 166. A. comté, III. 722. A. duché, I. 104. E. 108. C. 242. D E. 245. D. 246. E. 248. C. 249. B C. 252. E. 534. C. II. 721. D. 759. B. 788. D. 794. C. 795. D. 797. A D E. 799. A. V. 508. D.

Limeil, seigneurie, VIII. 3. D. Voyez Limeuil.

Limery, VI. 150. C. seigneurie, VI. 371. C. 373. A.

Limesy, seigneurie, VII. 472. B. IX. 237. D.

Limeuil, seigneurie, I. 335. A. II. 360. A. 361. C. IV. 535. B D E. 536. C. 537. A. V. 355. A. VI. 320. C D. VII. 169. D. VIII. 4. C D. 655. baronie, IV. 539. A. 540. A. 541. C D.

Limoelan, seigneurie, V. 394. E. VII. 383. E. VIII. 360. C. 578. E. 579. A.

Limoges, III. 77. C. 86. A. IV. 60. C. 641. C. V. 621. C. VI. 385. C. 477. B. vicomté, I. 295. C. 449. D E. 450. D. 452. A. 545. C. II. 516. C. 521. E. III. 89. D. 72. A. 127. A. 150. B. 288. D. 376. B. IV. 470. D. 529. D. 649. B. 651. B. V. 523. C. 573. E. 654. A. VI. 103. B. 104. C. 213. D. 215. VII. 74. D. comté, II. 514. E.

Limon, seigneurie, VI. 706. B.

Limosis, seigneurie, VIII. 729. C.

Limours, VI. 451. A. seigneurie, VI. 121. B. 505. C. 509. C. comté, I. 147. A B. III. 639. C. IV. 175. A. VII. 501. B. 507. D.

Limoux, seigneurie, VII. 463. C.

Limoy, seigneurie, VI. 674. B.

Limus, seigneurie, VI. 197. A.

Limparck, seigneurie, IV. 333. C.

Limport, seigneurie, VII. 454. B.

Linange, VIII. 758. C. comté, VI. 96. D.

Linanges, II. 322. C. VI. 743. A. comté, I. 104.

C. II. 754. C. 782. A. 843. C.
Linas, *Voyez* Lyénas.
Linares, duché, I. 674. ABD.
Linars, seigneurie, V. 359. A.
Linas, baronie, VII. 545. C.
Lincel, seigneurie, VI. 389. B.
Lincolh, comté, II. 485. D. 876. B. VI. 268. D.
Lincourt, seigneurie, VI. 674. B. VIII. 889. B.
Lindebeuf, seigneurie, VIII. 210. B. 211. CE.
212. A. 283. C. IX. 57. A. baronie, VIII. 212. A.
Lindekins, II. 741. B.
Lindois, seigneurie, VI. 310. A.
Lindsey, V. 595. A. *de Crawford*, IX. 412. D.
Lindulfe, évêque de Noyon, II. 389. D.
Liney, seigneurie, VIII. 97. E.
Lingenfeld, comté, I. 48. C.
Linieres, *Philippes*, grand queux de France, VIII.
834. A. *Jean*, V. du nom, grand queux de France, VIII. 838. D.
LINIERES (*Genealogie de la maison de*) VIII. 834.
Linieres, II. 858. B. V. 18. E. 571. C. 572. A.
606. CD. 846. A. VI. 319. A. 733. A. 754.
VII. 99. B. 166. B. VIII. 115. D. 559. A. 621.
C. 691. B. seigneurie, I. 495. D. II. 122. A. 308.
C. 417. E. 850. A. 864. B. III. 450. B. IV.
80. A. 438. E. 446. B. V. 829. B. VI. 184.
D. 285. C. 404. B. 514. B. 735. B. 754. B.
VII. 82. BD. 125. E. 126. A. 168. A. 502.
D. 894. E. VIII. 100. E. 490. B. 834. B. IX. 324.
B. 444. D. baronie, V. 572. A. VI. 629. B.
733. A. IX. 324. A. 325. B. *Airvants*, IV.
452. B. en Gascogne, V. 606. D. *Voyez* Ligniezes.
Liniers, II. 428. B. V. 609. B. VI. 510. A. VIII.
735. C.
Linois, seigneurie, IV. 458. A.
Linques, seigneurie, VII. 834. A.
Linsee, seigneurie, VIII. 552. C.
Linselles, seigneurie, III. 609. E. 610. AD.
Linster, VII. 677. E.
Linzel, VI. 549. E.
Liizot, seigneurie, VIII. 25. A.
Lion, I. 367. C. 372. A. III. 734. D. IV. 303.
D. VII. 312. A. seigneurie, II. 407. A. 408. C.
d'Angers, seigneurie, V. 397. E. VIII. 567. B
C. *sur mer*, seigneurie, II. 407. E. 408. C.
Voyez Lyon.
la Lionnaye, seigneurie, V. 414. B.
LIONNE, *Hugues*, prevôt & maître des ceremonies des ordres du Roy, IX. 314. B.
Lienne, IX. 163. D. marquisat, IX. 315. A.
Lionniere en Bresse, seigneurie, VIII. 335. C.
Lions, II. 60. A. 190. D. 308. A. IV. 768. C.
VIII. 851. B. seigneurie, VIII. 476. C. *Voyez*
Lyons.
Liot, V. 622. B.
Liques, VIII. 155. C. baronie, I. 256. C. V.
646. A.
Liramont, seigneurie, VII. 825. D.
Lire, VII. 590. A.
LIRE' (*Seigneurs de*) IV. 575. *Voyez* Chabot.
Liré, seigneurie, II. 434. A. 451. C.
Lirer, V. 412. E.
Lirey, seigneurie, II. 199. D. 203. A. VIII. 202.
C. 203. ABE.
Liria, duché, V. 165. D. 166. D. pairie, VII.
679. A.
Liry, seigneurie, VIII. 871. A.
Lis, seigneurie, IV. 361. B. 878. C. 879. E. VIII.
323. C. 593. A. IX. 451. * D.
Lisac, I. 491. C. VIII. 545. A. 632. A.
Lisbourg, seigneurie, VI. 804. C. marquisat, VI. 802.
A.

Liscoet, V. 388. D. IX. 313. A.
Lisignes, VIII. 716. A. seigneurie, VI. 60. C.
109. B. VIII. 716. A.
Lisignies, seigneurie, VI. 651. C.
Lisleau, seigneurie, VII. 19. C.
Lislebonne, seigneurie, VI. 636. C. comté, IV.
601. A. *Voyez* l'Islebonne & Lillebonne.
Lisnan, seigneurie, VII. 15. E.
Lisores, seigneurie, VI. 126. A. VI. 633. A.
Lisors, seigneurie, VI. 385. C.
Lisques, VI. 334. E.
Lissac, III. 860. C. seigneurie, II. 659. D.
Lisseras, IV. 825. E.
Lissonac, seigneurie, VIII. 595. ***** A.
LISTENOIS, (*Seigneurs de*) VII. 803. *Voyez* Vienne.
Listenois, seigneurie, IV. 874. B. VI. 67. A. 304.
C. 342. A. 735. A. VII. 48. E. 60. E. 809.
B. IX. 98. A. marquisat, I. 504. C. VII. 160.
D. VIII. 640. D.
Listerville, III. 726. D.
Lisy, seigneurie, VI. 334. A. VIII. 747. B. *les
Chanoines*, seigneurie, IX. 483. B. *sur Ourq*,
seigneurie, VI. 338. B. 341. D. baronie, VIII.
13. B. 775. C. 883. D. *Voyez* Lescot.
Litghon, comté, IX. 409. C.
Lithuanie, duché, I. 406. B. IX. 211. B.
Liti, IV. 500. A.
Litreville, seigneurie, VI. 742. D.
Livarot, seigneurie, V. 281. E. VI. 633. A. baronie, V. 281. E. VII. 866. C.
Liverdis, seigneurie, III. 91. A. VIII. 263. DE.
Liverdy, seigneurie, VII. 434. A.
LIVRY (*Seigneurs du*) VI. 366. *Voyez* du Bosc.
Livet, seigneurie, I. 441. E. VI. 366. C.
Liviers, seigneurie, IV. 16. A.
Livillier, seigneurie, VIII. 616. B.
la Livinlere, seigneurie, VII. 776. B. baronie,
IX. 203. B.
Livorne, seigneurie, II. 248. A B.
Livourne, marquisat, IV. 498. C.
Livrac, seigneurie, IV. 15. E.
Sainte Livrade, II. 373. B. 669. E. seigneurie,
VII. 133. A. *Voyez* Jarie.
Livradois, seigneurie, III. 919. E.
Livradois, seigneurie, VII. 707. B.
Livran, seigneurie, II. 175. B. 353. D.
la Livre, VI. 504. A.
Livres, VI. 549. B. 525. C.
Livrigny, II. 152. D.
LIVRON, *Charles*, chevalier du S. Esprit, IX. 168.
B.
Livron, II. 65. A. 233. D. 398. A. IV. 785. E.
825. A. VI. 416. C. VII. 127. C. 443. C. 467.
A. 644. C. 803. D. *Bourbonne*, II. 230. C.
LIVRY (*Seigneurs de*) VII. 14. *Voyez* Villiers.
Livry, seigneurie, I. 287. D. II. 107. A. 268.
D. 318. B. III. 655. C. V. 131. B. VI. 31.
AC. 32. AC. 33. D. 93. C. 253. A. 367. D.
658. D. 662. A. 665. B. 694. B. VII. 13. A.
14. C. VIII. 397. D. 638. B. 784. B. 786.
B. marquisat, IV. 721. A. IX. 271. C.
Livington, IX. 409. C. *de Calendar*, IX. 412. D.
de Jerwiswood, IX. 402. D.
Lixin, principauté, III. 502. B.
S. Liz, II. 484. A. 488. C.
Lizarde, VI. 683. C.
Lixecourt, seigneurie, V. 81. F. 82. D. 83. C. E.
84. C E.
Lizois, seigneurie, VI. 368. D. 369. C. *Voyez*
Lisors.
Lizy, seigneurie, II. 319. C. *sur Ourq*, seigneurie,
II. 415. A. 428. E. IX. 238. A. marquisat, II.
429. B.

Longbois, VII. 574. B.

Longchamp, seigneurie, VIII. 30. B.

Longchamps, VII. 466. A. seigneurie, VI. 312. A. VII. 35. B. 584. D. 897. B.

Longchesne, seigneurie, IX. 303. A. marquisat, IV. 891. D.

Longeau, seigneurie, VI. 412. D. 414. B.

Longecourt, seigneurie, II. 61. E. VII. 253. C. VIII. 903. C. comté, IX. 378. D.

Longepierre, VII. 812. B. seigneurie, I. 245. A. 559. D. II. 224. C. 225. A D. VI. 479. C. VIII. 354. A. baronie, VII. 8. C.

Longeville, seigneurie, II. 191. D. VII. 644. A. vicomté, I. 500. C.

Longey, seigneurie, II. 867. D.

Longfort, seigneurie, VII. 90. C.

Longfosse, seigneurie, VII. 560. E.

Longin, VII. 830. A.

Longjumeau, VIII. 776. B. seigneurie, I. 211. D. 229. A. 423. A. 425. C. 445. A. II. 441. B. III. 80. A. 430. C D. 614. D. IV. 412. C. VI. 78. C. VII. 63. A. IX. 320. C. baronie, IV. 625. C. VII. 492. A. marquisat, VII. 494. D.

Longlée, seigneurie, V. 493. B.

Longnac, baronie, VII. 187. C.

Longny, baronie, VII. 729. B.

Longpont, seigneurie, IX. 58. B.

Longpray, seigneurie, V. 836. D. en Ponthieu, seigneurie, V. 137. D. Voyez Longpré.

Longpré, seigneurie, II. 751. D. V. 645. B. VI. 385. A. VII. 823. G. VIII. 659. B.

Longray, seigneurie, III. 375. B. VII. 60. B. VIII. 168. B. 169. B. Voyez Lonray.

Longregard, seigneurie, VIII. 595. D. 596. A.

Longroy, seigneurie, VI. 677. D. 720. B. baronie, VII. 101. B.

Longua, seigneurie, IV. 124. C. VII. 303. A. 328. C.

Longué, seigneurie, V. 10. E. VII. 509. D.

Longueau, I. 494. A. seigneurie, VI. 329. A. VII. 866. D. VIII. 13. B. en Bourgogne, seigneurie, II. 869. A.

Longueil, II. 110. A. VI. 335. B. 349. C. 582. B. 410. A. 525. B. 549. C. 550. D. 568. B. VIII. 264. C. 328. C. 737. C. 811. C. seigneurie, VIII. 89. D. Maisons, II. 106. E.

Longuejoue, Mathieu, chancelier de France, VI. 464. B.

Longuejoue, (Genealogie de) VI. 465.

Longuejoue, VI. 440. D. 465. A. VIII. 775. D. 777. C. 802. B. seigneurie, IV. 403. B.

Longuemore, seigneurie, VIII. 642. A.

Longuet, VI. 576. C. seigneurie, VII. 484. B.

Longueval, (Seigneurs de) II. 78. B. (Autres seigneurs de) VII. 564. Voyez Monchy.

Longueval, I. 226. A. 263. C D E. 264. B. 328. A. II. 36. C. 152. A. 409. D. 441. G. III. 577. E. 620. A. 621. A. 775. A. IV. 599. B. 601. B. 870. B. 894. A. V. 81. A. 921. B. 143. C. 648. A. 657. G. 658. A. 670. C. 831. A. VI. 175. C. 254. C. 533. D. 721. B. VII. 13. B. 386. B. VIII. 13. D. 81. E. 154. A. 495. A. 525. C. 562. A. 644. B. 658. A. 698. C. 712. C. 735. D. 858. D. IX. 247. B. 377. D. seigneurie, I. 491. C. 497. B. III. 896. C. V. 143. C. VI. 153. D. 390. A. 484. C. 801. C. VII. 559. C. 561. D. 564. D. VIII. 494. D. 758. C.

Longueville, duché, érigé en 1505. pour François d'Orleans II. du nom, comte de Dunois, V. 532. Pieces concernant cette érection, V. 533.

Longueville, (Ducs de) I. 212. Voyez Orleans.
Tome IX.

Longueville, III. 628. A. IX. 452. * C. seigneurie, I. 423. A. 424. C. 425. C. 426. B. 431. A. 433. C. II. 776. B C. III. 155. B. V. 133. D. 135. F. 508. E. VII. 291. E. VIII. 90. F. 270. A. comté, I. 212. C. 213. A. 281. E. 282. D. 283. A. II. 736. C. III. 370. E. 381. C D. 629. B. 634. A. IV. 56. E. V. 137. F. 138. E. 312. C. VI. 137. E. 178. C. 186. B. 211. A. 212. C. VII. 121. D. VIII. 104. D. 535. E. IX. 404. B. pairie, I. 285 A. 387. C. 451. D. duché, I. 217. C. 218. A B D. 219. D E. 220. A. 221. D. 223. B D. 275. B. 327. D. 328. E. 338. A. 340. E. 351. A. III. 495. D. 512. C. 514. C. 713. C. 897. A. IV. 69. E. 471. C. V. 142. A. 386. D. de Champmorean, IX. 452. * C. en Thimerais, seigneurie, III. 582. D.

Longvilliers, IV. 181. B. VI. 69. A. 782. B. seigneurie, III. 320. B. 913. E. IV. 166. A. 212. C. V. 828. E. 829. B D. VI. 783. A. VIII. 106. A. Cuyen, V. 386. D.

Longwic, III. 451. B. 913. D. seigneurie, III. 493. B. Voyez Longvy.

LONGVY, Claude, dit le Cardinal de Givry, évêque & duc de Langres, II. 223. E.

LONGVY, (Genealogie de) II. 224.

Longvy, I. 211. C. 245. A. 559. D. 561. A. II. 229. D. III. 451. B. 913. D. IV. 179. E. 438. D. 571. C. 572. C. 875. D. VII. 4. D. 41. B. 46. B C. 169. D. 226. A. 741. D. 797. D. VIII. 173. A. 354. A. seigneurie, I. 355. C D. II. 757. D. III. 493. B. V. 510. D. 610. B. VIII. 351. D. 354. A. IX. 475. C. baronie, II. 172. D. sur le Doux, seigneurie, IV. 330. D. Rye, II. 225. D E.

Longwy. Voyez Longvy.

Lonlay, seigneurie, VIII. 485. C.

Lonnois, vicomté, IV. 660. B.

Lonpré, IX. 462. C. Voyez Longpré.

Lonray, seigneurie, I. 369. A. V. 385. G. 386. B. VIII. 169. B C. 170. B D E. 171. A. 622. E. marquisat V. 387. C. 389. A B. IX. 325. B. Voyez Longray.

Lonroy, seigneurie, VIII. 573. A. Voyez Longroy.

Lons, seigneurie, V. 356. A. 359. B. VII. 48. C. 395. C. marquisat, IV. 616. A. le Saunier, seigneurie, VII. 795. D. 806. C.

Lionsselou, IV. 324. A.

Lonvilliers, IV. 352. C. Voyez Longvilliers.

Lonzac, seigneurie, III. 590. G. VII. 862. A. IX. 116. C. baronie, VIII. 167. B. comté, VI. 220. C.

Lonzenac, baronie, VII. 20. C.

Loo, seigneurie, II. 718. D E.

Loos, vicomté, I. 265. D E.

Lopez, II. 844. D. d'Ayala Velasco, IX. 299. A. de Haro, VI. 163. C. VII. 761. C. de Mendoce, V. 661. E. Pacheco, I. 638. B. de Villanova, VII. 642. B.

la Lopie, seigneurie, III. 826. C. V. 260. C E. 261. A B.

Lopihac, seigneurie, II. 669. E.

Loppes, VIII. 753. D.

Loppin, VI. 509. D.

Lopriac, IV. 434. C. IX. 484. B.

Loplat, seigneurie, VI. 303. A. VIII. 815. A.

Loquet, I. 701. C. VI. 578. D. de Grandville, VII. 694. B. IX. 377. A.

Lor, II. 321. E. 322. E. III. 620. B. IV. 214. E. 830. C. VI. 145. C. de Serignan, II. 139. E.

LORAC, (Comtes de) IV. 441. Voyez la Rochefoucaud.

Loraille, feigneurie, VII. 477. C. 478. A. baronnie, VII. 477. B.
Lorain, III. 734. D.
Lorans, IV. 76. B.
Lorant, feigneurie, I. 483. B.
Loras, V. 103. E. feigneurie, IX. 424. D.
Lorbean, feigneurie, V. 928. B.
Lorcy, feigneurie, VIII. 260. B C D.
Lordat, II. 371. D. VII. 927. D E.
Lordiac, feigneurie, VII. 392. B.
Loré, II. 302. C. III. 587. C. VII. 846. A. VIII.
99. A.
Lorée, feigneurie, IX. 416. A.
la Lorencie, VII. 28. E.
Loreffe, feigneurie, VI. 694. B.
Lorette, comté, II. 384. C.
Lorfait, feigneurie, IV. 80. D.
Lorfevre, I. 492. B. Voyez l'Orfevre.
Lorge, feigneurie, VIII. 658. B.
Lorgerie, IV. 373. D.
Lorgeril, feigneurie, IV. 60. C. V. 405. E.
LORGES, (Ducs de) V. 740. Voyez Durfort.
Lorges, I. 258. A. feigneurie, V. 736. D. VII.
183. A. 516. A comté, V. 741. B. marquifat,
IV. 434. B. 539. D. duché, IV. 411. D. Quintin, duché, V. 740. A.
Lorgne, feigneurie, IX. 472. B.
Loriac, IX. 383. B.
LORIAQUE, (Seigneurs de) IV. 370. Voyez du
Pleffis-Richelieu.
Lorilloniere, en Anjou, feigneurie, V. 83. D.
Loriol, V. 672. B. VII. 258. C.
Loriot, feigneurie, VI. 684. A.
Lormaye, feigneurie, VI. 682. B.
Lorme, feigneurie, I. 219. B. III. 79. C. IV. 803.
E. V. 106. B. VI. 131. B. baronie, I. 308. B.
Chalau, baronie, V. 12. F. Voyez l'Orme.
Lormeau, III. 493. A. feigneurie, VII. 98. A.
Voyez l'Ormeau.
Lormet, feigneurie, VII. 425. C. Voyez l'Ormet.
Lormier, VI. 565. B.
Loron, I. 496. B. 524. B C. IV. 671. C. VIII.
692. D. IX. 450. * C.
Loroux, feigneurie, IV. 82. C.
Lorquin, baronie, VII. 467. E. IX. 236. C.
le Lorain, II. 384. C.
LORRAINE, Jean, cardinal, archevêque de Reims,
II. 69. E. Charles, cardinal, archevêque de
Reims, II. 71. B. Louis, cardinal de Guife, archevêque de Reims, II. 73. D. Autre Louis,
cardinal de Guife, archevêque de Reims, II.
88. C. Henry, archevêque de Reims, II. 90.
B. Charles, connêtable de France, VI. 224. C.
Charles, duc de Mayenne, amiral, VII. 885.
C. François, general des galeres, VII. 932. A.
René, marquis d'Elbeuf, general des galeres,
VII. 932. C. François, duc de Guife, grand-
maître de France, VIII. 387. A. Henry, duc
de Guife, grand-maître de France, VIII. ibid.
B. Charles, duc de Guife, grand-maître de
France, VIII. 388. C. René II. du nom, grand-
chambellan de France, VIII. 450. B. François,
grand-chambellan de France, VIII. 455. A.
Charles, grand-chambellan de France, VIII. 455.
B. Claude, grand-chambellan de France, VIII.
456. B. Louis, grand-chambellan de France.
VIII. 457. A. Henry II. du nom, grand-cham-
bellan de France, VIII. 457. B. Charles, duc
d'Elbeuf, grand-écuyer de France, VIII. 506. B.
Henry, comte d'Harcourt, grand-écuyer de
France, VIII. 509. A. Louis comte d'Arma-
gnac, grand-écuyer de France, VIII. ibid. B.
Henry, comte de Brione, grand-écuyer de
France, VIII. 510. A. Charles, comte d'Arma-
gnac, grand-écuyer de France, VIII. ibid. B.
Claude, duc de Guife, grand-veneur de France,
VIII. 731. C. François, duc de Guife, grand-
veneur de France, VIII. 731. A. Claude, duc
d'Aumale, grand-veneur de France, VIII. ibid.
B. Charles, duc d'Aumale, grand-veneur de
France, VIII. ibid. C. Charles, duc d'Elbeuf,
grand-veneur de France, VIII. 733. A. Claude,
duc de Chevreuse, grand-fauconnier de France,
VIII. 773. B. Philippes-Emmanuel, chevalier du
S. Efprit, IX. 52. B. Charles, chevalier du S.
Efprit, IX. 53. A. Louis, cardinal, commandeur du S. Efprit, IX. 62. C. Henry, chevalier
du S. Efprit, IX. 65. C. Charles, chevalier du
S. Efprit, IX. 70. B. Autre Charles, chevalier du
S. Efprit, IX. 73. C. Autre Charles, chevalier
du S. Efprit, IX. 78. B. Autre Charles chevalier du S. Efprit, IX. 135. A. Henry, chevalier du S. Efprit, IX. ibid. B. Claude, chevalier
du S. Efprit, IX. ibid. C. Charles II. du nom,
chevalier du S. Efprit, IX. 136. C. Henry,
chevalier du S.Efprit, IX. 159. C. Louis, chevalier du S. Efprit, IX. 216. C. Henry, chevalier du S. Efprit, IX. 217. A. Philippes, chevalier du S. Efprit, IX. ibid. B. Charles, chevalier du S. Efprit, IX. ibid. C. Charles, chevalier du S. Efprit, IX. 264. B. Charles-Louis,
chevalier du S. Efprit, IX. 265. A. Jacques-
Henry, chevalier du S. Efprit, IX. 285. B.
LORRAINE, (Ducs de Mercœur, de la maison de)
III. 793.
Lorraine, I. 69. B. 137. B C E. 145. C. 148.
A D. 216. A. 232. A. 251. C. 328. E. 641.
C D. 666. C. II. 389. B. 415. E. 736. E. 764.
E. 877. E. III. 451. C. 489. D. 491. D. 492.
B. 494. C. 512. C. 513. B. 514. A E. 713. B. D.
714. B. 732 A B. 738. B. 839. B. 877. A.
IV. 57. B. 63. B. 266. E. 543. C. 643. A. 681.
C. 757. B. 805. E. V. 129. D. 134. B. 233. E
F. 238. D. 389. C. 391. D. 463. B C. 463. *
B. 505. D. 508. B. 509. B. 510. A. 511. B.
514. A. 611. D. 637. D. 639. D. 640. E. 641.
E. 738. C. VI. 125. C. 135. A. 221. A. 248.
B. 696. A. 726. C. 769. A. 785. B. VII. 32.
C. 50. E. 100. E. 154. A. 190. B. 238. A.
253. B. 392. B. 408. A. 607. E. VIII. 34.
D. 36. E. 38. C. 62. A. 91. E. 272. C. 410.
A. 413. A. 414. D. 417. D. 426. B. 531. C.
545. C. 861. B. IX. 311. C. comté, I. 770.
D. marquifat, II. 721. B. VI. 96. D. duché,
I. 37. A. 39. A. 50. A. 101. C. 136. A. 188.
E. 231. B E. 232. A B. 233. B. 234. B. 275. A.
308. B. 316. A. 421. B. 541. B. II. 70. E. 162.
D. 326. D. 331. D. 719. A. 721. B. 748. A.
756. B D. 760. C. 771. A. 785. E. 788. A.
843. C. 844. B. III. 485. A. 486. C. 498. B.
515. A. 787. B C. V. 129. D. 138. D. 908.
B. 510. A. 511. B. 512. B. 514. A. 641. B.
VI. 45. E. 80. B. 96. B. 110. A. 125. C. 224.
C. VII. 33. C. 141. C. 145. B. VIII. 425. D.
451. A. 646. D. 862. B. royaume, I. 41. C.
II. 770. C. Armagnac, IV. 499. B. 795. B. IX.
279. A. Aumale, II. 91. C. III. 794. B. 795.
C. IV. 771. A. Baffe, duché, II. 755. B. 770.
E. VI. 21. B. 248. D. Elbeuf, I. 150. E. III.
514. B. IV. 540. E. 572. E. VI. 119. A. IX.
165. B. Guife, I. 133. C. 139. E. 151. A.
218. C. 257. A. 327. E. 334. B. 356. A. 358.
A. II. 73. C. 74. B. 88. C. 89. B. 90. C. III.
547. C. 779. B. 839. C. Harcourt, IV. 388.
D. IX. 334. C. Haute, duché, II. 755. E.
770. E. V. 505. C. Joyeufe, I. 204. D. Leffebonne,

IV. 62. A. 543. A. 601. A. V. 233. E. Mar-
san, IX. 325. B. Mayenne, II. 207. B. IX. 130.
A. 210. A. Mericour, I. 197. A. II. 85. D. Moy,
IV. 841. D. Nassau & Sousa, I. 624. A. Van-
demont, I. 236. D. 275. A. III. 840. A.
Lorrez, seigneurie, VII. 960. B.
LORRIS, Gilles, évêque & comte de Noyon, pair
de France, II. 416. D.
Lorris, II. 413. III. 628. B. VI. 129. D. VIII.
955. C. seigneurie, I. 287. C.
Lorry, seigneurie, VI. 255. C.
Lorughol, VI. 346. C. seigneurie, VI. 740. C.
VIII. 154. E.
Lort, VII. 485. A. 486. B. 770. C.
Lortez, seigneurie, IV. 672. A.
Lorthon, VI. 576. A.
Lorthoy, seigneurie, VI. 795. C. VII. 564. D.
Los, Arnoul, évêque & comte de Châlons, pair
de France, II. 325. B.
Los, (Genealogie des Comtes de) II. 325.
Los, II. 508. A. 843. C. V. 508. B. 509. B. 838.
A. VII. 166. A. 819. B. comté, II. 748. A. 755.
E. 787. E. 789. B. 791. B. 843. C. V. 508. B.
509. B. VI. 97. A. VII. 165. D. VIII. 56. A.
310. A.
Los-Rios, marquisat, I. 257. D.
Los-Velez, marquisat, I. 517. B. IX. 296. C.
Losse, V. 355. B. seigneurie, ibid. baronie, VII.
607. A. marquisat, VII. 607. C.
Losses, seigneurie, VII. 457. B.
Lostaire, I. 287. Voyez Lortis.
Lostange, IV. 141. C.
Lostanges, III. 770. C. VII. 27. B. VIII. 164. D.
E. 594. B. comté, VII. 701. D. de S. Alvaire,
VII. 323. D. de Limeuil, VII. 340. A. en Li-
mosin, baronie, V. 346. A.
Lothian, comté, IX. 402. D. marquisat, IX.
410. C.
LOTHIER, (Ducs de) II. 787.
Lothier, duché, I. 242. D. B. 245. D. 246. E.
248. C. 249. B. E. 252. E. II. 328. A. 329.
A. 719. C. 721. A. 757. A. 786. E. 791. B.
793. A. 794. C. 795. D. VIII. 56. A.
Lotin, VII. 184. B.
Lottin, VI. 514. A.
Louaillé, seigneurie, III. 649. B. 650. A C. 651.
A C.
Louan, IV. 186. B. 813. A. VI. 158. A. 334.
C. 749. A. VII. 22. E. 515. E. VIII. 356. A.
559. B. seigneurie, VII. 641. A.
Louans, seigneurie, I. 219. B. VI. 429. B.
Loubejac, VII. 415. D.
LOUBENS, Jacques, chevalier du S. Esprit, IX. 92.
B.
Loubens, V. 896. B. 897. C. VII. 486. B. ba-
ronie, V. 896. E. IX. 92. B. de Verdalle, IX.
82. A.
Louberac, seigneurie, V. 748. B.
la Loubere, seigneurie, I. 368. D. III. 364. E.
IV. 611. D. VII. 282. B. baronie, IV. 662. B.
marquisat, III. 365. A.
Loubers, VI. 291. B.
Loubert, II. 386. C. seigneurie, V. 265. C. ba-
ronie, IX. 68. A.
Loubes, IV. 367. A. VIII. 190. A. IX. 88. C.
Loubie d'Incamp, marquisat, VII. 607. C.
Loubigné, seigneurie, IV. 445. C.
Loublarie, seigneurie, VII. 382. D.
Loublon, III. 586. C.
S. Louboüé, seigneurie, III. 391. D.
LOUBRESSAC (Seigneurs de) VII. 315. Voyez Gon-
taut.
Loubressac, seigneurie, II. 655. C. IV. 662. E.

VII. 515. B.
Louchart, VIII. 159. A. 525. A.
Loudat, V. 355. C. 566. B.
Loudieres, seigneurie, VII. 704. D.
Loudon, seigneurie, I. 437. D. VI. 191. A. 481.
C.
Loudres, seigneurie, II. 362. B. 367. E. 368. A.
Loudrere, seigneurie, VII. 153. E.
LOUDUN, duché, érigé en 1579. & 1591. pour
François de Rohan, dame de la Garnache en
Poitou, V. 617. Pieces concernant cette erection,
Ibid.
Loudun, seigneurie, I. 228. B. V. 7. E. duché,
III. 513. D. en Auvergne, seigneurie, II. 419.
C.
Loüé (Seigneurs de) III. 634. Voyez Laval &
Montmorency.
Loüé, seigneurie, III. 627. B C D. 631. A. IV.
61. B. 70. C. 390. B. V. 10. E. 11. B. 13. B.
383. D. 575. D. VI. 494. A. VII. 500. D.
501. D. 514. C. VIII. 190. A.
Lovel, VII. 837. D.
Louelle, IV. 729. C.
Louens, seigneurie, II. 128. A.
Loüet, II. 376. A. III. 593. A. IV. 227. D. V.
145. B. VI. 301. A. 382. B. 423. C. VIII. 249.
D. 794. B. 800. G. IX. 441. A. de Canvisson,
IV. 127. E. IX. 413. A. de Moulnubau, III.
823. B. de Murat de Nogaret, VII. 491. B.
Louette, V. 850. B.
Loueuses, V. 611. VI. 789. A.
Lougey, seigneurie, V. 139. D. 142. E. 144. A.
D. 146. A. 894. A. VII. 869. D. baronie, V.
140. A B E. 142. C. 144. A. VII. 399. C.
Lougormes, seigneurie, VI. 681. A.
LOUIS VIII. Roy de France, Porte-Oriflamme de
France, VIII. 196. E. Louis IX. Roy de France,
Porte-Oriflamme, VIII. 212. Louis XIII. troi-
siéme chef & grand-maître de l'Ordre du S.
Esprit, IX. 131. A. Louis XIV. quatriéme
chef & grand-maître de l'Ordre du S. Esprit,
IX. 181. A. Louis XV. cinquiéme chef &
grand-maître de l'Ordre du S. Esprit, IX. 261.
A. Louis, Dauphin de France, chevalier du S.
Esprit, 212. B. Louis I. du nom, Roy d'Es-
pagne, chevalier du S. Esprit, IX. 166. B.
Louis, chancelier de France, VI. 241. D. Autre
du même nom, chancelier de France, VI. 241. E.
Louis, VII. 509. D.
S. Louis, seigneurie, VIII. 806. A. comté, I.
662. B. de Soulages, seigneurie, IV. 667. B.
Loulans, seigneurie, VII. 642. D.
Loule, comté, I. 602. D. 615. C.
Loulleres, seigneurie, IV. 129. C. VII. 308. A.
Loumagne, III. 413. B. IV. 536. A. VIII. 243.
E. IX. 416. E. vicomté, III. 71. C E. 412. A C.
413. C. 416. A. 417. C. 418. C. 420. A. 422.
413. C. 432. A. Terrides, VIII. 246. E. Voyez Lo-
magne.
Loumées, seigneurie, IV. 453. A B. 454. D.
Loup, IV. 30. B. 856. A. VII. 61. B. 158. A. 714.
A. VIII. 819. B. IX. 321. B. de Beauvoir, V.
263. E. IX. 110. A. de Bollenave, III. 590. C.
IV. 661. D.
S. Loup, V. 913. D. VII. 212. A. seigneurie,
III. 652. B. IV. 836. A. V. 613. C. VII. 30.
C. 35. C. 400. D. 669. B. VIII. 701. A. baronie, V. 610. D. aux Bois, baronie, II. 128.
D.
la LOUPE (Seigneurs de) II. 431. Voyez Angennes
(autres Seigneurs de) V. 246. Voyez Meluh.
la Loupe, seigneurie, II. 423. A. 424. A B D E.
848. B C E. 849. A. 858. D. III. 645. D. IV.

275. C. 891. C. V. 224. B. 246. E. VI. 280.
C. VIII. 170. C.

Loupelande, seigneurie, VI. 134. A. 169. B. VIII.
440. A. 579. B. baronie, III. 640. B.

Loupiac, seigneurie, IV. 126. C. 141. B

Loupian, seigneurie, VIII. 594. * * * C. IX.
398. A.

Loupiat, seigneurie, V. 747. D. VII. 305. D.
323. C.

la Loupiere, VII. 281. D. seigneurie, IV. 180. A.

Louppy, seigneurie, VIII. 259. D.

la Louptiere sur Toulon, seigneurie, I. 487. D E.

Loupuemont, VIII. 716. D.

Loupy, seigneurie, II. 662. C. V. 522. E. VI. 158.
D. VII. 151. B.

Louraille, seigneurie, VIII. 160. C.

Lourcienne, seigneurie, II. 106. D.

Lourdin, VII. 251. B.

Louré, seigneurie, VII. 377. B.

la Lourie, seigneurie, IX. 392. C.

Lourinham, seigneurie, I. 683. B.

Louroy, seigneurie, VIII. 692. C.

Lourquant, seigneurie, VII. 330. C.

Lourvoire, seigneurie, VII. 534. E.

Loury, seigneurie, VI. 282. A. VII. 374. A. VIII.
368. A. 584. B. baronie, IV. 671. A B C.

Lousslans, seigneurie, II. 872. A.

Lousserie, seigneurie, II. 872. A. VI. 470. B.

Louragerie, seigneurie, VI. 496. B.

la Loutarie, seigneurie, II. 362. A.

Loutregoumen, seigneurie, VII. 720. B.

LOUVAIN (Comtes de) depuis duc de Brabant, sortis des Comtes de Hainaut, II. 785.

Louvain, II. 328. B. 329. A. 332. E. 496. C.
IV. 229. A. 456. D. V. 126. B. VI. 73. C.
162. C. 248. B. VIII. 56, A. comté, I. 39.
C. II. 719. A C. 771. B. 774. C. 795. D. 797.
A. VI. 248. B. 778. A. VIII. 411. D.

Louvel ou Lupel, II. 404. E. VI. 357. B. VII.
556. C.

Louvencourt, V. 87. A. IX. 354. B. seigneurie,
VI. 286. A. 288. A. VIII. 643. A.

Louvenstein, comté, VII. 173. B.

Louverchy, seigneurie, V. 94. B.

Louverstein, comté, V. 649. A.

Louverval, seigneurie, V. 92. C D. 93. C.

Louvery, seigneurie, I. 355. B.

Louves, seigneurie, VI. 634. B. VIII. 419. C.

Louvestein, IX. 378. E. seigneurie, VI. 102. B.

Louvet, I. 214. A. III. 837. B. VIII. 753. E. de
Cauvisson, III. 821. A. VII. 306. D. 597. B.
de Murat de Nogaret, IV. 502. C. de Nogaret
Cauvisson, V. 105. A. Voyez Lovet.

LOUVETIERS DE FRANCE, (Histoire Genealogique &
Chronologique des Grands) VIII. 781. & suiv.

Louvey, seigneurie, VII. 641. B.

Louvez, VIII. 29. B C E. seigneurie, VIII. 29. D.

Louvie en Bearn, baronie, III. 390. C.

Louviers, II. 434. C. IV. 674. C. VI. 350. A.
383. A. 443. C. VII. 192. D. VIII. 786. A.
851. B.

Louvignies, VIII. 84. A. 85. C. seigneurie, VIII.
35. A.

Louvigny, IV. 217. B. VII. 902. seigneurie, III.
640. B. IV. 618. B. vicomté, IV. 614. C.
comté, IV. 615. A B. 616. B. 617. A. VIII.
739. C.

Louville, seigneurie, III. 648.

Louvois, seigneurie, IV. 70. B. VI. 579. B. 748.
A. VII. 179. B. VIII. 107. D. 172. B. 427. C.
534. E. baronie, VI. 76. C. VIII. 172. D. vicomté, VIII. 172. C. marquisat, IV. 431. A.
604. A. 644. A. 793. D. V. 283. F. 464. E. VI.

249. C. 582. A. VII. 401. A. 713. C. VIII.
779. B.

LOUVRE, Guillebert, maître de l'artillerie du Roy,
VIII. 126. C. Jean, maître de l'artillerie du
Roy, VIII. 126. E.

Louvres, VIII. 883. D. seigneurie, IV. 598. D.
597. B. en Parisis, seigneurie, III. 619. D.

Louye, seigneurie, I. 428. D. 436. C. 440. D.
441. C D. VII. 750. A.

S. LOYAL (Seigneurs de) V. 411. Voyez Goyon.

S. Loyal, V. 411. C.

LOYAT (Vicomtes de) VII. 727. Voyez Coetlogon

Loyat, seigneurie, IX. 76. B. vicomté, VII. 717.
B.

la Loye, VI. 100. C. 101. B. seigneurie, IV. 27.
D.

Loyembourg, seigneurie, III. 905. D.

Loyer, VI. 682. A. VII. 560. B.

la Loyere, seigneurie, I. 443. B. VII. 729. B.

Loyes, seigneurie, VII. 237. A.

Loyettes, seigneurie, II. 261. A. VII. 117. D.

Loynes, II. 308. D. VI. 481. B. 555. A. 576. C.
VIII. 824. A.

Loyola, V. 525. B. 527. D.

Loypeau, IV. 745. C. 746. C.

Loys, IV. 844. B.

Loysel, IV. 444. C. Voyez Loisel.

Loysia, seigneurie, VII. 148. B.

Loz, vicomté, VII. 829. D. de Kergonton, VII.
723. E.

Lozeray, VI. 194. B.

Lu (Seigneurs du) VI. 296. Voyez Mornay.

Lu, seigneurie, IV. 703. A B C. VI. 296. C.

Luat, seigneurie, I. 502. C. VI. 439. C.

Lubersac, VIII. 348. E.

Lubersal, III. 390. C.

Lubieres, VI. 341. B.

Lubignac, seigneurie, VII. 373. D.

Lubin, seigneurie, VI. 491. B.

S. LUBIN, Jean, premier fauconnier du Roy, VIII.
751. B.

S. Lubin (Seigneurs de) IV. 402. C D. IX. 280. B.

Lublé, seigneurie, III. 586. B.

Lublonieres, seigneurie, VIII. 764. C D.

Luc (Seigneurs & Marquis du) II. 297. Voyez
Vintimille.

Luc, III. 827. C. 835. A. IX. 423. E. seigneurie,
I. 353. B E. III. 810. B D. 821. A. IV. 501. C.
665. E. V. 279. F. VI. 754. D. VIII. 299. C.
304. A B. IX. 142. B. baronie, II. 625. B. III.
861. B. comté, VII. 299. B. 594. * * * * B.
principauté, I. 354. E. Perron, III. 362. B.

S. Luc (Seigneurs & Marquis de) VII. 475. Voyez
des Hayes-Espinay.

S. Luc, seigneurie, IV. 323. B. V. 152. B. VII.
267. A. 467. C. 475. B. 560. D. VIII. 184.
A. marquisat, IV. 688. A. VII. 445. D. VIII.
247. B.

Lucan, comté, V. 165. E.

S. Lucar, duché, III. 354. D.

Lucas VI. 147. B. 407. C. 596. A. VII. 6. C.
434. D. 438. C.

LUÇAY (Seigneurs de) VI. 417. Voyez Rochefort.

Luçay, seigneurie, V. 10. A. VI. 415. C. 417. C.
VIII. 115. E. comté, VI. 418. A. Voyez Lucé
& Lussay.

Luce, II. 308. D. VI. 294. B.

Lucé, seigneurie, I. 333. C. 334. A. 350. C. 470.
A. II. 424. E. III. 582. C. 763. E. IV. 721.
A. V. 141. E. 142. A. VIII. 247. D. 711. B.
IX. 437. A. baronie, V. 141. E F. VI. 767.
A. VII. 386. B. IX. 229. B. Voyez Luçay.

Lucelembourg, V. 505. D. comté, Ibid.

la Lucerie,

la Lucerie, seigneurie, VI. 505. B.
Lucerne, comté, IV. 503. A.
Luceu, seigneurie, VI. 169. D.
Lucheux, baronie, I. 352. C.
S. Lucien, seigneurie, IV. 412. D. VIII. 888. D. 893. D.
Lucienne, IX. 444. B.
Lucinge, II. 28. A.
Luçon, seigneurie, IV. 193. CD. VII. 499. B.
Lucquet, II. 749. C.
Lucy, II. 63. B. 488. D. IV. 834. B.
le Lude, duché-pairie, érigé en 1675. pour Henry de Daillon, comte du Lude, grand-maître de l'artillerie de France, V. 916. *Pieces concernant cette érection*, ibid.
Lude (*Seigneurs du*) IV. 705. *Voyez* Beauvillier.
Lude, I. 204. B. 387. E. 471. B. V. 581. C. seigneurie, II. 192. C. III. 316. B. 636. D. IV. 58. C. 380. C. 384. C. 582. E. 583. ABC. 584. B. VI. 137. A. VII. 19. B. 76. C. 544. B. VIII. 95. D. 189. B. 190. AC. 568. D. 765. C. baronie, VIII. 100. B. vicomté, V. 581. C. VIII. 723. C. comté, IV. 34. D. 334. D. V. 385. E. 765. D. VI. 509. A. VII. 61. A. 407. D. 444. D. 852. A. VIII. 191. ACDE. 192. AB. duché, IV. 218. D. 616. C. VIII. 188. B. 192. D.
Ludlow, seigneurie, VI. 697. B.
Ludovisio, VIII. 291. E. IX. 209. B.
Ludres, II. 65. E. 66. A. IV. 843. E. VI. 263. B. seigneurie, VI. 263. B. VII. 254. B.
Lugan, seigneurie, II. 81. A.
Lugeac, seigneurie, IV. 440. C.
Lugerac, seigneurie, IV. 454. D.
Lugny (*Seigneurs de*) IV. 40. *Voyez* Levis, (*autres Seigneurs & Vicomtes de*) VII. 259. *Voyez* Saulx.
Lugny, VII. 46. D. 47. C. 157. C. 160. B. 147. A. VIII. 552. A. 768. B. seigneurie, IV. 30. B. 528. B. V. 243. C. VII. 190. A. 428. E. 662. C. VIII. 316. B. 319. ABCDE. 320. B. baronie, II. 206. E. vicomté, IV. 34. AC. 503. A. 573. B. 771. D. 860. C. VII. 190. D. 259. B. marquisat, VII. 260. B. *en Maconnois*, V. 666. B.
Luguet, seigneurie, IV. 436. A. VIII. 216. E. baronie, IV. 436. B. 437. A.
Luigné, seigneurie, VIII. 737. E.
Luigny, seigneurie, III. 494. A.
Luille, comté, IV. 530. D. VII. 48. E.
Luilley, seigneurie, VII. 250. A.
Luillier, II. 223. C. 376. C. VI. 262. A. 292. A. 440. C. 450. C. 466. C. VII. 13. C. VIII. 245. D. 775. A. 776. A. 797. D. 833. B. *Boulencourt*, I. 471. B. *Manicamp*, VI. 260. A. VII. 438. C. *Voyez* l'Huillier.
Luirieux, VII. 813. B. 822. E. VIII. 419. A. 719. C. 721. A
Luis en Puchey, seigneurie, II. 754. A.
Luitbert ou *Ludebert*, chancelier de France, VI. 240. D.
Luitre, seigneurie, VIII. 870. B.
Luitward, chancelier de France, VI. 244. A.
Lullier, VIII. 752. C.
Lullin, (*Seigneurs de*) bâtards de Geneve, II. 164.
Lullin, marquisat, II. 165. E. *en Foucigny*, seigneurie, II. 164. B.
Luily, II. 40. D. IX. 198. A. seigneurie, III. 915. C. IV. 182. C. V. 721. B. 794. D. VIII. 105. CD. 281. A.
Lumagne, IX. 332. C.
Lumain (*Seigneurs & Comtes de*) VII. 171. *Voyez* la Marck.
Lumain, I. 259. D. 307. B. seigneurie, II. 331.

Tome IX.

E. IV. 425. A. VII. 166. A. 171. E. 172. D. baronie, IV. 60. E. 570. A.
Lumbin, seigneurie, II. 246. D.
Lumbres, seigneurie, VI. 174. D. comté, VII. 546. C.
Lumiares, comté, I. 639. D.
la Lumiere, baronie, IV. 224. A.
Lumigny, seigneurie, IV. 724. A. V. 243. CD. 244. AE. 245. A. VI. 275. A. 333. C. VIII. 930. C.
Luna, III. 352. B. 353. B. V. 524. A. 526. E. IX. 377. E. comté, III. 350. AB. V. 526. E. 528. C. IX. 295. B. *Peralte*, III. 353. E.
Lunaguet, seigneurie, II. 655. C.
la Lunardiere, seigneurie, IV. 368. D. 624. B. 625. A. VII. 494. C.
Lunas, seigneurie, VII. 486. C. 769. B. baronie, VII. 771. A.
Lunatzgard, seigneurie, V. 726. E.
Lunebourg, duché, I. 256. E.
Lunel (*Seigneurs de*) VI. 162.
Lunel, II. 279. B. IV. 557. D. seigneurie, III. 430. D. VI. 104. A. 135. C. 161. D. baronie, I. 87. A. 230. A. 280. E. 281. A. III. 383. B. 431. C. VI. 104. A. 162. B. vicomté, VIII. 353. A. *en Languedoc*, seigneurie, II. 159. C.
Luneraye la Gaillarde, VIII. 21. A.
Lunesy, seigneurie, VIII. 265. B.
Lupé, II. 177. D. 183. E. III. 340. A. V. 174. C. 178. EF. 189. A. VII. 270. D. 273. C. 274. D. 392. A. VIII. 477. A. seigneurie, III. 838. D. IV. 42. A. VII. 268. C.
Luperdrie, seigneurie, III. 594. A.
Luperoux, seigneurie, VII. 95. C.
Lupiac, VII. 284. A. IX. 416. A.
Lupiat, III. 854. D. seigneurie, VIII. 819. A.
Lupré de la Fond, IV. 841. D.
Luques, VII. 563. D.
Lur, IV. 124. C. 568. C. V. 21. C. 742. D. VII. 503. A. VIII. 693. D. seigneurie, VII. 276. B. *Longa*, V. 354. E.
Lurbe, VII. 287. D.
Lurcy, seigneurie, II. 865. A. baronie, VIII. 336. B. *le Chastel*, seigneurie, VIII. 322. B. *le Sauvage*, seigneurie, IV. 36. B. *le Val*, VIII. 522. B.
Lure, VI. 213. A. *d'Immersel*, VI. 102. C.
Luré, III. 640. B. seigneurie, V. 245. B.
Lureau, I. 472. A. VI. 411. E.
Lurelle, VI. 411. E.
Luroni, seigneurie, V. 510. E.
Lurfengue, seigneurie, VII. 453. B.
Lus, seigneurie, VII. 95. E.
L'ufancy, seigneurie, VI. 382. C. VIII. 808. E.
Lufarches, VIII. 790. A. seigneurie, I. 352. B. 463. C. II. 413. C. III. 618. B. VII. 12. C. VIII. 370. A. 397. B. 398. C. 470. D. 746. C. 890. D. *Voyez* Luzarches.
Lufech, VII. 187. E. 212. E. *Voyez* Luzech.
Lufignan, VI. 391. C. *Voyez* Lefignem.
Lufignem, seigneurie, I. 446. D. 593. E.
Lufitanie, duché, I. 6. E.
Lufot, seigneurie, VIII. 321. BC.
Luffac, seigneurie, II. 233. A. 859. A. III. 91. D. IV. 163. A. 679. B. 680. B. 714. E. V. 325. C. VIII. 142. D. *les Eglifes*, seigneurie, IV. 160. C. 161. CD. 162. BC.
Luffan, VII. 451. A. seigneurie, II. 137. B. IV. 276. C. V. 181. D. VII. 392. C. 448. A. 450. B. baronie, VII. 392. B. comté, IV. 276. C. IX. 243. B.
Luffay, seigneurie, IV. 710. C. 711. C. 712. C. 713. B. 714. A. 715. C. 716. B. 717. AB. 719. B. 721. C. VII. 377. A. *Voyez* Luçay & Lucé

Luffe, comté, IX. 66. A.
Luffere, seigneurie, III. 362. D.
Luffy, seigneurie, I. 259. E.
Lustrac, I. 220. E. IV. 471. B. V. 735. A. VII. 67.
   B. 203. C. VIII. 245. B. 593. ****CE. 596.
   ***C. IX. 387. E. seigneurie, V. 735. A. VIII.
   245. C. IX. 387. E. baronie, II. 234. E. IV.
   547. B. VII. 61. B.
Lusy, seigneurie, II. 151. E. 342. B. VIII. 51. C.
   374. B. 943. C.
Luthier de S. Martin, VI. 477. B.
la Luthumiere, seigneurie, V. 388. E. 389. A.
   VI. 633. C. VIII. 896. C. baronie, II. 86. E.
   marquisat, V. 389. A. Voyez le Tellier.
Lutry, seigneurie, II. 164. B. 165. C.
Lutterel, VII. 859. D.
Lutzelbourg, IV. 828. A. 834. B. VI. 263. B.
   VII. 140. A.
Lux, II. 139. A. IV. 868. B. baronie, II. 249.
   A. IV. 848. DE. 849. B. V. 669. C. VII. 256.
   A. 257. D. VIII. 552. C. 787. IX. 111. C.
   475. C. en Biscaye, seigneurie, V. 193. E. Ven-
   teles, II. 140. B.
Luxan, I. 685. B.
Luxi (Comtes de) III. 587. Voyez Montmorency.
Luxe, I. 291. D. IV. 140. D. 615. B. VII. 322.
   C. IX. 460. C comté, IV. 175. A. VII. 154.
   C. souveraineté, III. 591. B. 592. B.
Luxembourg, Charles, évêque de Laon, II. 113.
   D. Gilles, évêque & comte de Châlon, pair de
   France, II. 378. E. Valeran, connêtable de Fran-
   ce, VI. 223. B. Louis, connêtable de France,
   VI. 226. C. Louis, chancelier de France, VI.
   393. C. Sebastien, colonel general de l'Infante-
   rie Françoise, VIII. 217. A. Louis, grand cham-
   bellan de France, VIII. 453. A. Valeran III.
   du nom, comte de S. Pol, grand bouteiller de
   France, VIII. 564. C. idem. souverain maî-
   tre & réformateur des eaux & forêts de France,
   VIII. 878. A. François, chevalier du S. Esprit,
   IX. 68. B. Charles, chevalier du S. Esprit, IX.
   119. A.
Luxembourg (Ducs & Pairs de France) IV. 274.
   Voyez Albert.
Luxembourg (Genealogie d'une partie de la maison
   de) établie en France, III. 721. C.
Luxembourg, II. 41. D. 61. A. 114. E. 153. C.
   162. D. 206. A. 319. E. 320. A. 379. A. 743.
   B. 745. B. 760. C. 776. A. 790. E. 797. D.
   871. E. III. 380. B. 383. D. 384. B. 418. A.
   429. C. 483. B. 491. D. 578. C. 605. A. 715.
   B. 793. B. 794. A. 795. A. 840. B. 855. C.
   905. B. IV. 174. A. 181. C. 214. A. 424. B.
   438. A. 565. B. 660. B. 771. A. 834. B. V. 12.
   A. 226. B. 229. CD. 230. D. 508. A. 513. A
   D. 514. B. 515. B. 574. E. 575. D. 838. CD.
   640. B. 653. C. 654. C. 655. D. VI. 48. C.
   96. A. 104. A. 107. A. 131. DE. 132. A. 169. D.
   170. A. 406. C. 508. B. 696. A. 793. A. VII.
   38. E. 76. B. 125. E. 128. C. 132. A. 168. B 169.
   E. 238. B. 255. E. 259. E. 803. B. 846. A.
   VIII. 34. E. 92. D. 99. C. 154. E. 217. B.
   350. A. 424. A. 451. B. 536. A. 615. E. 800.
   C. 833. B. 914. C. IX. 312. B. comté, I. 97.
   A. 106. B. 197. A. 227. A. 235. D. 237. C.
   239. A. 245. A. 248. DE. 255. B. 263. A.
   286. A. 298. AD. 326. A. 352. C. 405. C.
   406. B. 461. C. 534. D. II. 716. A. 721. D.
   732. D. 756. D. 757. D. 758. BE. 783. A.
   787. E. 795. B. V. 508. D. 509. A. duché, I.
   128. D. 242. D. 245. D. 246. E. 248. C. 403.
   D. II. 784. C. 799. D. III. 732. E. IV. 32. A.
   644. C. VIII. 914. B. duché-pairie, V. 183.

F. Brienne, IV. 458. B. VI. 342. B. Fienbes,
   VII. 125. E. S. Paul, II. 113. E. VIII. 32. A.
   Piney, duché-pairie, III. 733. A. Richebourg,
   VIII. 79. D. la Tour, II. 55. D. 60. E.
Luxemont, seigneurie, III. 733. C.
Luy, seigneurie, II. 62. E.
Luye, III. 859. B.
Luyeres, seigneurie, IV. 444. C. VI. 129. D.
   572. D.
Luyers, seigneurie, VII. 552. B.
Luynes, duché-pairie, érigé en 1619. pour Char-
   les d'Albert, IV. 252. Pieces concernant cette
   érection, ibid.
Luynes, seigneurie, VII. 170. D. duché, I. 352.
   C. III. 487. A. 590. C. IV. 63. B. 64. A 65.
   A. 270. A. 792. A. pairie, I. 469. B. IV. 36.
   B. 268. D. V. 152. D. 624. B. 841. D. VI.
   230. C. 508. B. 552. B. 566. C. VII. 387. C.
Luyrieux, I. 245. B. VII. 44. C. 46. B. 150. A.
   160. B C. Voyez Luirieux.
Luys, seigneurie, II. 165. D.
Luzancy, seigneurie, I. 352. D. II. 129. A.
Luzarches, VI. 154. D. seigneurie, IH. 589. C.
   V. 507. B. VI. 45. C. 46. A. 152. C. 255. B.
   265. A. 387. C. 388. A B. 632. A. 662. C.
   675. A. 739. C. baronie, IV. 270. A. Voyez
   Lusarches.
la Luzardiere, seigneurie, VII. 230. B.
Luzec, II. 646. B.
Luzech, IV. 133. A. V. 748. A. 754. A. VII.
   311. C. baronie, IV. 133. B. 234. C. V. 754.
   A. VII. 772. E. Voyez Lusech.
Luzeret, seigneurie, VIII. 642. E.
Luzerne, VI. 359. C. 374. A. VII. 514. B. VIII.
   260. BCDE. seigneurie, II. 408. B. comté,
   VII. 671. B. marquisat, I. 224. C.
Luzets, baronie, VIII. 165. B.
Luzignan, seigneurie, VI. 287. VIII. 727. B.
   marquisat, VII. 285. B. Voyez Lezignem.
Luzignem, II. 496. C. 497. A. 502. A. 593.
   CD. 605. A. seigneurie, II. 428. B. 595. C.
   Voyez Lezignem.
Luzinasco, II. 285. C. 288. E.
Luzort, seigneurie, VII. 592. A.
Luzy (Seigneurs de) II. 344.
Luzy, II. 148. C. VII. 365. E. seigneurie, I. 542.
   C. 559. C. II. 345. A CD. 851. E. VI. 64.
   B. 104. D. 732. A. baronie, I. 251. C II.
   143. E.
Lye, seigneurie, VI. 604. C. VII. 6. D.
Lyenas, Henry, maître de l'écurie du Roy, VIII.
   466. D.
Lynay, Guillaume, aumônier du Roy, VIII. 226.
   A.
Lynden, V. 618. B.
Lyniers, seigneurie, III. 85. C.
Lyon, Jean, maître de l'artillerie du Roy, VIII.
   128. B. Milet, maître general & visiteur de
   l'artillerie du Roy, VIII. 128. E.
Lyon, VI. 785. C. VII. 472. E. 823. B. IX. 408.
   A. 460. C. comté, II. 13. B III. 198. A.
   VI. 727. B. 736. B. d'Albon, IX. 412. B.
   d'Angers, seigneurie, III. 629. B. 638. A. IV.
   193. D. V. 10. A. VII. 505. A. baronie, VII.
   225. D. VIII. 99. A. 705. E. Voyez Lion.
Lyonne, IV. 66. A. 602. A. V. 263. D. 465. A.
   Voyez Lionne.
Lyonnes, seigneurie, VIII. 645. D.
Lyons, III. 844. C. VIII. 747. D. seigneurie,
   VI. 311. E. VIII. 161. B. Voyez Lions.
Lyouvart, VIII. 844. A.
Lys, VIII. 73. A B D. seigneurie, II. 452. E.
   V. 637. B. VII. 15. E.

M

S. MAARD, *Lancelot*, maréchal de France, VI. 631. A.

S. Maard, VI. 257. B. 831. B. VIII. 398. D.

Mabille, VII. 233. A.

Maboul de Fors, III. 777. B.

Mabruni, IX. 447. B.

MABRY, *Nicolas*, grand-échanson de France, VIII. 576. C.

S. Macaire, seigneurie, III. 125. E.

Macanan, V. 360. F.

Maclesfield, comté IX. 411. D.

Macé, II. 454. D. *du Vaudanielle*, V. 424. E.

Maceda, seigneurie, I. 699. A.

Macedo, I. 664. B.

Machat, VIII. 146. B. seigneurie, VIII. 594. **** A.

Machau, VI. 277. A.

Machault, II. 106. C. VI. 548. C. 552. C. 585. D. VIII. 138. E. IX. 449. B.

Machaut, VI. 54. D. 265. A. vicomté, III. 729. B C. 730. C. 731. C.

MACHEAU, *Robert*, pannetier du Roi, VIII. 610. B. *Pierre*, maître enquêteur des eaux & forêts du Roi, VIII. 844. D.

Macheco, II. 109. A. IX. 322. B.

Machecou, IV. 193. E. VII. 121. E. 499. B.

Machecoul, IV. 196. E. 562. A. 575. A. VI. 103. C. 764. C. VIII. 578. E. 767. B. IX. 453. C. seigneurie, IV. 569. A. VI. 764. C. VIII. 569. B. 573. C.

Machefer, III. 634. C. 733. C.

Macheferriere, seigneurie, III. 634. C. 636. B C. 640. A C.

Machelen, seigneurie, II. 796. C. VI. 652. C.

Machenainville, seigneurie, IX. 379. D.

Machenanville, seigneurie, VIII. 25. C.

Machennes, seigneurie, VII. 813. D.

Macherainville, V. 159. F.

Machereaumesnil, seigneurie V. 851. C.

Macheron, seigneurie, II. 121. C. VIII. 237. C.

Machery, seigneurie, IV. 712. B.

Machinville, seigneurie, VI. 261. B.

Machy, seigneurie, VI. 543. B.

Mackdonald, IX. 414. C.

S. Macloud, seigneurie, III. 774. B. VIII. 811. ** D.

MASCON, comté-pairie, érigé en 1359. pour JEAN DE FRANCE, III. 204. Nouvelle érection en 1435. pour PHILIPPES II. duc de Bourgogne, III. 324.

Mâcon, VIII. 260 D. comté, I. 106. C. II. 511. D. 842. B. VI. 84. A D. 728. B. VII. 145. B. 795. C. VIII. 410. B. 425. C.

LE MAÇON, *Robert*, baron de Treves, chancelier de France, VI. 395. C.

le Maçon, II. 429. B.

Macquerel, I. 443. C.

Macrasique, baronie, II. 600. A.

Macy, seigneurie, III. 604. A. VII. 12. B. VII. 315. B. 790. A. baronie IV. 625. C. V. 148. C D E. 149. B. VII. 492. A.

MADAILLAN DE L'ESPARRE, *Armand*, chevalier du S. Esprit, IX. 275. A.

Madaillan, IV. 651. C. VI. 120. C. 194. B. 503. A. VII. 159. C. 211. D. VIII. 262. A. seigneurie, VII. 309. C. *de l'Esparre*, VI. 194. B. *de Montataire*, VIII. 525. D. *Voyez* l'Esparre.

Madalon, comté, VIII. 504. A. duché, IX. 210. C.

Madebourg, VIII. 545. C.

Madelaine, IV. 474. A. VIII. 323. D. 329. A.

la Madelene, VII. 665. A.

Madeuc, IV. 804. B. V. 381. A. 382. C. 395. A. 396. C. 402. A. 406. B. VII. 525. B. 526. A. 728. C. 729. A. VIII. 361. B.

Madic, seigneurie, VII. 132. D. 332. D.

Madieres, VII. 762. A.

Madran, VI. 525. C.

Madruce, II. 65. A.

Maduran, baronie, IV. 474. D. 475. A.

Maeda, V. 652. C.

Maen, II. 868. E.

Maengot, VIII. 198. D.

Maers, seigneurie, III. 195. D E. 196. A. VIII. 410. C. 712. C.

Maestre, comté, IX. 290. B.

Maffliers, seigneurie, III. 618. B. 620. A B. VIII. 264. B D. baronie, VII. 62. D.

Maffre de Lunas, VII. 413. B.

Maflers, seigneurie, III. 572. E.

Mafra, seigneurie, I. 683. D E. 688. B C. 689. B.

Magalas, seigneurie, VI. 301. A. VII. 787. B.

Magalos, seigneurie, III. 832. B.

Magaloti, II. 91. E.

LA MAGDELAINE, *François*, chevalier du S. Esprit, IX. 113. A. *Leonor*, chevalier du S. Esprit, IX. 126. C.

la Magdelaine, I. 500. B. II. 896. C. V. 768. C.

la Magdeleine, IV. 292. A.

la Magdelene, VI. 416. A. VII. 222. A. 803. E. seigneurie, VI. 416. A.

Mage, VIII. 248. D.

Magerman, II. 796. E.

Mages, VII. 484. C.

Maginville, IV. 891. B.

Magnac, II. 862. B C. V. 322. A. VII. 372. A. 580. B. VIII. 450. C. seigneurie, III. 766. C. IV. 17. B. 290. B. 455. C. 456. A. V. 748. D. 764. B. VII. 131. A. 444. C. VIII. 702. G. baronie, VII. 708. C. 895. E. VIII. 501. C. marquisat, III. 642. B C. IV. 455. B. VII. 25. D. *en Limosin*, seigneurie, V. 570. D.

Magnanville, seigneurie, VI. 434. B.

Magnas, seigneurie, IX. 431. E.

Magnau, III. 385. A.

Magné, seigneurie, IV. 425. C. VII. 845. E. VIII. 765. A.

Magnelers, seigneurie, I. 119. A.

Magnenville, seigneurie, II. 106. A.

Magnet, seigneurie, IX. 311. B.

Magneville, II. 36. E.

Magney, seigneurie, VIII. 334. A.

de Magnier, V. 850. B.

Magnieres, seigneurie, VIII. 727. B.

Magnitot, seigneurie, VIII. 110. B.

Mognoac, seigneurie, I. 367. C. 369. E. III. 423. E. 424. B. VI. 222. B. vicomté III. 415. C. VII. 209. E.

MAGNY, (*Seigneurs de*) II. 308. & suiv. *Voyez* Choart.

Magny, VI. 745. A. seigneurie, IV. 38. B. 39. A. 43. A. 272. B. 395. C. 639. A. 640. C. 641. A C. 642. C. V. 144. E. 609. C. VI. 388. B. 637. D. 675. A. VII. 541. C. 648. C. 664. C. VIII. 333. B. IX. 451. * A. baronie, II. 874. D. comté, IV. 441. D. S. Lamp, seigneurie, II. 306. B C. 307. A. 308. A B C. 309. A C D E. *sur Thil*, seigneurie, VII. 646. D.

Magon, IV. 75. B.

MAGUARAN, (*Seigneurs de*) V. 291. & suiv. *Voyez* Pardaillan.

Maguaran, feigneurie, V. 192. A.

du Mague, VII. 724. C.

Magueline. *Voyez* Garges.

Maguelon, feigneurie, V. 18. D.

le Maguenat de Courcelles, VIII. 590. E

Maguenon, II. 377. B.

Maguere, VII. 217. A. feigneurie, VII. 217. B.

Maguilly, feigneurie, VIII. 255. B.

Mahault, IV. 671. D. VI. 686. A. VII. 479. B.

Mahé de Kermorvan, VII. 728. A.

Mahiel, VIII. 274. A. 811. B.

Mahoni, IX. 243. B.

MAJALDE, (*Comtes de*) V. 527. *& fuiv. Voyez* Borgia.

Majalde, comté, V. 525. B. 527. C. 531. B.

Majines, baronie, VII. 789. A.

Majaftre, feigneurie, II. 64. A.

Majiftres, feigneurie, II. 188. C.

Maignac, IV. 365. A. feigneurie, IX. 437. A. baronie VII. 137. A.

Maignard, VI. 357. C.

Maignart, VI. 356. A. 788. A. feigneurie, VII. 566. A.

Maignaut, VII. 406. B. feigneurie, V. 180. B.

Maigne, VII. 274. C. *de la Sallenenve*, VII. 274. B.

Maigné, VI. 483. C. VII. 20. D. feigneurie, V. 575. E. IX. 175. E.

MAIGNELAIS, *Jean*, dit *Triftan*, échanfon de France, VIII. 539. A.

Maignelais, VIII. 701. B. feigneurie, III. 912. A C. VI. 105. D. VIII. 785. A. marquifat, III. 913. C D. 914. A B. duché, fous le nom d'Hallwin, III. 913. C. *Voyez* Maignelers.

Maignelay, feigneurie, IV. 572. A.

Maignelers, I. 253. E. V. 574. E. VII. 26. A. feigneurie, I. 467. A. marquifat, III. 857. D. 896. B. *Voyez* Maignelais.

Maigneux, feigneurie, V. 94. B.

Maigney fur Tille, feigneurie, II. 869. C.

Maignieres, feigneurie, II. 61. A. baronie, VI. 784. B.

Maigny, VII. 664. A. feigneurie, IV. 167. A. VIII. 281. B. IX. 379. B. *fur Thil*, feigneurie, II. 870. B.

Maigremont, feigneurie, VIII. 13. D. 120. B.

S. Maigrin, feigneurie, IV. 687. A. marquifat, IX. 140. A. *Voyez* S. Megrin.

Maillac, VII. 769. A. 788. A. feigneurie, VII. 767. B.

la Maillade, feigneurie, VII. 58. C.

Maillane, feigneurie, II. 257. C.

Maillard, VI. 514. B. 530. D. 544. B. 555. D. 711. D. VII. 532. A. VIII. 138. B. 501. A. 747. E. 748. B.

la Maillardiere, feigneurie, IV. 750. A. VII. 21. D.

Maillaft, II. 105. D. V. 150. A. VI. 489. D. 568. B. VII. 514. D. *Gruyeres*, VIII. 871. B.

MAILLE', *Urbain*, maréchal de France, VII. 496. C. *Armand*, fur-intendant de la navigation de France, VII. 909. B. *Urbain*, chevalier du faint Efprit, IX. 166. B.

MAILLE', (*Genealogie de la maifon de*) VII. 497. *& fuiv.*

Maillé, I. 237. E. 359. D. II. 44. B. 869. A. III. 636. A. 649. A. IV. 69. A. 193. D. 369. C. 564. C. 565. A. 874. E. V. 11. B. 13. B. 244. C. 575. D. VI. 105. C. 594. D. 735. B. 749. C. 768. B. VII. 21. B E. 48. C. 98. B. 176. B. 183. A. 227. A. 231. A. 238. B. 426. A. 497. B. VIII. 191. A. 251. B. 261. A. 270. A. 359. E. 430. D. 481. B. 700. E. 707. B.

946. D. IX. 207. A. feigneurie, III. 634. C. 637. C. 638. B. IX. 57. B. 449. A. 890. E. VI. 508. B. 735. B. 768. B. baronie, IV. 68. D. 426. A. 712. E. comté, III. 638. C. 639. C. IV. 61. B. VI. 508. B. marquifat, III. 639. B. duché, fous le nom de Luynes, III. 639. C. *Brezé*, II. 429. E. VII. 503. E. IX. 73. A. *de la Tour-Landry*, V. 347. D. VII. 169. D. VIII. 280. E. 766. C. IX. 344. B.

Maillebois, feigneurie, VI. 341. C. IX. 91. A. marquifat, II. 417. C. IV. 221. C. VII. 713. C. IX. 259. A. 280. B. 328 B

la Mailleraye, VIII. 264. E. feigneurie, I. 442. A. II. 418. E. VII. 61. D. 569. C. 756. D. 882. B. 885. A. VIII. 803. B. IX. 75. A. 102. A. marquifat, IV. 765. E. V. 152. E. VII. 256. D. *Voyez* la Meilleraye.

la Maillerove, feigneurie, V. 606. D.

Maillet, VII. 591. B.

Mailley, feigneurie, II. 501. C.

Mailloc, II. 183. D. V. 234. F. 245. B. VI. 796. C. feigneurie, V. 154. D. VI. 787. C. baronie, VI. 533. A. VII. 556. E. 748. A B. marquifat, VI. 787. C.

Maillot, VIII. 761. B.

Mailloux, feigneurie, IV. 454. D.

MAILLY, *François*, cardinal, archevêque de Reims, II. 93. B. *Jean*, évêque & comte de Noyon, pair de France, II. 416. B. *Robert*, grand-pannetier de France, VIII. 624. B. *Louis*, chevalier du S. Efprit, IX. 273. B.

MAILLY, (*Genealogie de la Maifon de*) VIII. 625. *& fuiv.* (*Comtes de*) VIII. 640.

Mailly, I. 323. C. 333. B. 378. B. II. 93. D. 152. C. 282. C. 416. B D. 428. D. III. 603. C. 654. B. 843. D. IV. 408. D. 409. A D. 427. A. 626. D. V. 80. F. 92. B. 94. C. 239. E. 613. E. 657. A. 658. A. 830. A. 841. A. VI. 51. A. 116. B. 146. C. 240. B. 356. D. 401. A. 465. C. 586. A. 661. A. 667. C. 683. C. 719. B. 740. C. 781. A. 805. C. VII. 112. C. 152. D. 159. B. 180. C. 183. C. 399. D. 474. C. 557. C D E. 711. A. 827. A. 856. B. VIII. 13. A. 14. B. 68. C. 106. D. 118. B. 178. C. 278. C. 333. E. 334. A. 340. C. 425. B. 501. C. 522. A. 523. C E. 524. C. 538. B. 544. E. 558. D. 572. A. 615. C. 625. A. 736. C. 844. A. 851. D. 874. B. IX. 98. C. 201. A. 336. B. 448. D. 456. E. feigneurie, II. 209. A. IV. 290. D. VI. 740. C. 745. A. VII. 50. D. 648. B. VIII. 545. A. 615. B. 746. B. baronie, II. 610. B. VI. 717. D. VIII. 68. C. 633. A. marquifat, V. 841. A. VIII. 637. E. *d'Authuille*, I. 55. B. *du Breuil*, VII. 257. B. *le Chafteau*, feigneurie, I. 511. A. 512. A. *Conty*, V. 829. C. VIII. 281. D. *le Franc*, feigneurie, VIII. 629. D. 917. C. *d'Haucourt*, IX. 309. B. *Mammetz*, V. 81. B. *Mont-Cavrel*, VIII. 638. C.

Maimbier, IV. 387. B. VI. 641. B. VII. 230. A. 399. A. feigneurie, III. 649. A.

Maimbiez, VI. 188. C.

S. Maime, feigneurie, V. 361. A.

Maimont, feigneurie, VIII. 317. D. 318. A.

Maina, VI. 498. A.

Mainac, feigneurie, IV. 160. C.

Mainard, IX. 133. B.

Mainbeville, IV. 872. C. V. 143. D.

Mainbleville, feigneurie, VIII. 851. A.

Mainbourg, feigneurie, IV. 708. B.

Maincy, feigneurie, V. 106. E. VIII. 943. B.

MAINE, comté-pairie, érigé en 1331. pour JEAN & Louis de France, III. 165. Nouvelle érection en 1424. pour JEAN duc de Betfort, III. 321.

MAINE,

MAINE, (*Anciens comtes du*) III. 169. *& fuiv.*
DU MAINE, *Leonor-marie*, comte du Bourg, maréchal de France, VII. 697. B. chevalier du S. Efprit, IX. 258. B.
DU MAINE, (*Genealogie de la maifon de*) VII. 698. *& fuiv.*
Maine, III. 364. D. IV. 22. E. 167. A B. V. 180. E. 754. D. VI. 220. B. VII. 698. A. 772. E. VIII. 325. C. 596. ****. C. IX. 457. B. feigneurie, I. 4. C. 99. A. VII. 286. B. vicomté III. 197. D. 286. E. V. 582. A comté , I. 82. B. 105. D. 117. E. 122. C. 135. A. 194. D. 210. D E. 227. A. 228. A. 229. B D. 235. C. 236. C. 293. A. 297. E. II. 266. C. III. 47. C. 170. D. 173. D. 293. B. 322. D. 419. C. 726. D. IV. 290. B. VIII. 451. C. duché , I. 121. A. 148. A. 175 E. 192. B. 341. B. VII. 938. B. VIII. 193. B. 194. A. *Bâtarde* , IV. 656. B. 686. A. *du Bourg*, IX. 258. B.
Mainemares , II. 424. E.
Maineval, feigneurie, VIII. 545. E.
Maineville, VIII. 359. B. feigneurie, VI. 311. A. VIII. 659. C. 691. A. 832. E. marquifat, II. 87. B.
la Mainferme, feigneurie, IV. 708. B.
Maingot, IV. 197. A. 652. C. VI. 109. A. VIII. 921. D.
MAINGOVAL , (*Seigneurs de*) VIII. 74. *& fuiv. Voyez* Lannoy.
Maingoval , feigneurie, II. 208. E. V. 637. B. VI. 174. D. VIII. 73. B. 76. C.
Mainguy, VII. 228. B.
Maini , VII. 118. D.
Mainier , II. 295. B. VIII. 300. D. 301. A.
Mainieres , III. 322. A B.
Mainofac , feigneurie, VIII. 319. B.
Mainfac , feigneurie, VI. 277. C.
MAINTENAY , (*Seigneurs de*) qui peuvent être iffus des comtes de Ponthieu, III. 321. *& fuiv.*
Maintenay, VII. 110. C. feigneurie, III. 604. A.
MAINTENON , (*Marquis de*) II. 427. *& fuiv. Voyez* Angennes.
Maintenon , II. 278. D. VIII. 286. B. feigneurie, II. 279. E. 425. BC E. IX. 91. A. marquifat, IV. 793. D. 795. A. 876. A.
Mainterne, VI. 360. B. VIII. 25. D.
le Maintier VII. 720. C.
Mainville , baronie, VIII. 711. A.
Mainvilliers, feigneurie, IV. 669. A. V. 151. F. VI. 50. E. VIII. 93. A.
Majorga, comté, V. 526. E.
MAJORQUE (*Infant de*) II. 598. C.
Majorque , I. 411. B. principauté , I. 576. A. royaume, I. 231. B. 401. A. 408. B. III. 345. E. 346. D. V. 513. F.
Majorran, VII. 276. C.
la Majourie , feigneurie, VII. 284. B.
Majourque , feigneurie, VII. 831. A.
Mairac , feigneurie, VII. 416. A.
le Maire, II. 237. D. VI. 470. C. 517. C. VII. 228. B. 384. D. VIII. 884. D.
Mairé , V. 831. B. VI. 721. A. baronie , II. 428. B.
Mairena, marquifat, V. 530. B.
des Maires, V. 144. E.
Mairevant, feigneurie, III. 77. A B C.
la Mairie, feigneurie, II. 451. B. VIII. 807. C.
la Mairie d'Ardré, VIII. 595. ***B.
la Mairie de Crouy, feigneurie, IV. 712. C. 713. B. 715. C. 716. A. 717. A.
Mairroy, feigneurie, I. 490. C.
Maiferolles, feigneurie, VIII. 106. E. 652. C. 932. E.

Maifieres, VIII. 658. D. feigneurie, IV. 874. C. VI. 665. D. VII. 676. C. VIII. 154. E. 164. C. marquifat, IV. 65. C.
Maifmontier, feigneurie , VIII. 636. B.
le Maifnil, feigneurie, VIII. 738. C.
Maifon-Baude , feigneurie, I. 558. D.
Maifon-Blanche, feigneurie, V. 424. E. IX. 451. *. C.
Maifoncelles, feigneurie, II. 426. D. IV. 712. D. V. 144. B. IX. 276. B.
Maifon-Comte, feigneurie, VI. 297. B.
Maifon-Couture, feigneurie, I. 268. C.
LA MAISON-FORT (*Barons de*) VII. 370. *Voyez* la Châtre.
la Maifon-Fort, feigneurie, III. 772. A. IV. 566. C. 676. C. 891. A. VI. 136. B. VII. 122. D. 123. E. 367. B. 438. D. 440. A. VIII. 922. B. 941. C. baronie, I. 103. B. IV. 793. A. V. 141. F. 493. C. 494. D. VI. 560. A. VII. 364. A. 370. A. 427. C. 549. A.
Maifon-Forte, feigneurie, II. 440. A. VII. 197.
la Maifon-Forte de Maucune, II. 256. C.
la Maifon-Forte de Montbivos, feigneurie, II. 255. B.
Maifon-Maugis , feigneurie, III. 320. A B.
Maifonnault , feigneurie, VIII. 772. C.
Maifonnelles fur Adion , feigneurie, V. 140. F.
Maifon-Neuve , feigneurie, VI. 286. A. VII. 595. B. VIII. 145. C. 147. A. 150. C. 593. ****. A.
la Maifon-Noble , feigneurie , V. 354. E. 355. B.
Maifon-Rolland , VI. 511. B. feigneurie, VI. 543. D.
Maifon-Rouge, feigneurie, IX. 465. C. baronie, IX. 304. B.
Maifons, feigneurie, II. 106. E. 236. D. V. 609. D. VI. 335. B. 349. C. 375. C. 382. B. 410. B. 510. C. VII. 683. E. VIII. 106. A. 368. D. 634. A. 730. C. marquifat, VIII. 737. C. *lez-Pontbieu*, feigneurie, III. 622. A.
Maifonfelle, feigneurie, IX. 446. C.
Maifonfeule, III. 826. E.
Maifons-Neuves, feigneurie, IX. 446. C.
Maifonyal, feigneurie, VIII. 26. C.
Maiffe, feigneurie, VI. 513. D.
Maiffy, feigneurie, III. 730. A.
le Maiftre, VII. 234. C. VIII. 307. E. 812. B. IX. 243. A. 313. B. 328. B. 473. A. *Voyez* la Garlaye & le Maître.
MAISY (*Seigneurs de*) VI. 656. *Voyez* Noyers.
Maify, feigneurie, VI. 106. D. 109. B. 545. B. 651. A. 656. B. VIII. 572. A. 647. A.
le Maître, II. 307. C. 441. B. IV. 809. B. V. 619. C. VI. 544. B. VII. 629. D. *Voyez* le Maiftre.
S. Maixant, feigneurie, I. 210. E. IV. 625. B. V. 345. C. VI. 804. B. baronie, VIII. 188. A. marquifat, V. 347. B. VII. 712. B. VIII. 592. A C. *en Bourbonnois*, feigneurie, V. 344. D.
Maizieres, feigneurie, IV. 670. B. VI. 144. C.
Maizeroles, feigneurie, VII. 311. D.
Maizerolles, feigneurie, IV. 133. B.
Malabeil, IV. 502. E.
Malabry, feigneurie, IX. 304. B.
Malagon, feigneurie, III. 353. C. marquifat, I. 616. B. 671. B.
MALAIN, *Edme*, chevalier du S. Efprit, IX. 121. C.
Malain, II. 66. E. 249. A. IV. 848. D. 851. A. 853. A. 861. D. V. 669. C. 899. A. VII. 157. C. 247. C. IX. 110. A. feigneurie, I. 553. B D. 556. A. 557. A C. 558. D. 559. B. VIII. 342. B. 552. C. 787. B.

Malannoy, VIII. 107. D. feigneurie, VI. 703. C. 706. A.

Malarcadie, feigneurie, II. 741. D.

Malafcombe, feigneurie, VII. 410. B.

Malafife, feigneurie, IV. 405. B. VIII. 777. C.

Malaffa, V. 127. F.

Malaffaigne, feigneurie, VII. 360. B.

Malaffis, feigneurie, VI. 363. C. VIII. 709. C.

Malatefta, II. 164. C.

Malatefte, II. 600. B.

Malatour, feigneurie, IV. 825. A B.

Malaunay, feigneurie, VI. 359. A.

Malaunoy, feigneurie, VIII. 369. E.

Malavolti, VIII. 504. A.

MALAUSE (Marquis de) I. 367. & fuiv.

Malaufe, feigneurie, II. 185. B. 437. E. III. 424. B. V. 726. B. 730. A. 746. C D. 747. B. baronie, I. 367. A C. 369. E. marquifat, II. 211. D. 231. E. V. 737. C. fur Garonne, baronie, V. 746. A.

MALAUZAT (Seigneurs de) VI. 462. Voyez du Bourg.

Malauzat, feigneurie, VI. 462. A.

Malbeque, IV. 495. E.

Malberg, baronie, IV. 816. A.

Malbofc, VII. 488. C.

Malboutry, feigneurie, III. 599. A.

Malcamp, feigneurie, V. 836. A.

Maldeghem, III. 611. B. feigneurie, III. 607. D. 916. D. 917. C. 918. ABCD. VI. 705. C.

Maldeghen, II. 741. C. 776. C. feigneurie, IV. 212. C.

Maldefer, feigneurie, V. 641. A.

Maldoigne, baronie, III. 420. E.

Maleloup, feigneurie, IV. 163. A.

Malemains, III. 634. A.

Malemaifon, feigneurie, VI. 51. B.

Malemort, baronie, IV. 789. D. 790. C. 791. A. 793. E. VI. 208. D.

Malenfant, III. 364. B. VII. 455. A. de Gentian, VII. 455. A.

Maleragues, Voyez la Tour.

Maleret. V. 344. A.

la Malerie, feigneurie, V. 364. A B D. 365. C D.

Malesherbes, feigneurie, I. 523. C. VI. 553. B. VIII. 169. C.

Malefmains, VI. 186. A. 394. D.

Malefpine, marquifat, VI. 494. A.

Maleffe, feigneurie, IV. 789. A. 790. C. 793. E.

Maleftroit, IV. 60. C D. VI. 766. B. 775. A. VII. 17. E. 74. D. 382. E. 389. D. 718. D. 719. E. VIII. 258. B. feigneurie, IV. 80. A. VI. 768. A. VII. 77. A. VIII. 359. E. baronie, IV. 325. B.

MALET, Louis, fire de Graville, amiral de France, VII. 865. A. Jean, V. du nom, maître des arbalêtriers, VIII. 86. C. idem. grand pannetier de France, VIII. 624. A. idem. grand fauconnier de France, VIII. 750. A.

MALET (Genealogie de la maifon de) VII. 866. (branche du nom & des armes de) dont on n'a point trouvé la jonction, VII. 871.

Malet, II. 409. B. 438. D. III. 293. E. IV. 80. C. 462. B. V. 139. D. 149. E. 356. C. 609. D. VI. 106. D. 673. B. 776. B. 18. D. 592. A. 709. A. 866. B. VIII. 16. D. 211. D. 500. B. 527. B. 698. B. 711. A. 730. D. 790. A. 809. * A. IX. 476. A. de Crafmenil, V. 144. B. de Graville, IV. 855. B. V. 139. D. 146. A. 894. A. VII 126. B. 472. C. 873. C. VIII. 92. A. 95. E. 97. D. 210. D. 211. B. 280. B. de Valfemé de Graville, I X. 206. A.

Maleval, VIII. 666. D. feigneurie, V. 330. D. VI. 729. D.

Malevieille, feigneurie, VII. 410. C.

Malezze, feigneurie, VI. 196. C.

Malgeneftre, feigneurie, VIII. 850. C.

Malgenette, feigneurie, II. 445. A.

Malherbe, II. 77. A D E. baronie, VII. 698. B.

Malherbes, VI. 502. D. feigneurie, II. 438. E. VII. 30. B.

la Malherbiere, feigneurie, II. 82. D.

Malicorne, feigneurie, I. 211. B. II. 225. C. III. 384. A. IV. 753. A C D. VI. 137. D. 246. D. 264. D. 359. A. 418. A. VII. 178. C. 379. B. 385. E. 386. E. VIII. 191. B. 571. B. 765. B. 922. E. IX. 58. B.

Malicornes. Voyez Chourfes.

Malicotes, feigneurie, VII. 509. D.

Maligiac, feigneurie, IV. 494. C.

Malignes, feigneurie, II. 141. E.

Maligny, feigneurie, I. 360. D. VIII. 730. D. comté, VII. 427. C. IX. 208. A.

Malineau, VII. 518. A.

Malnes, V. 9. C. feigneurie, I. 242. B. 245. D. 246. E. II. 328. B. 333. A. 794. B. 795. C. 797. A D E. VI. 96. A. 137. D. 201. D. VIII. 56. B. 544. A. 569. C.

Malinghem, feigneurie, V. 833. B.

Malingre, VI. 565. A. VIII. 240. A.

Malingris, IV. 265. A.

Malinguehem, VI. 688. B.

Mallandry, feigneurie, II. 63. A.

Mallei, feigneurie, II. 5. C.

Mallemain, II. 282. C.

Mallemains, I. 438. C.

la Mallemaifon, feigneurie, VI. 544. D. VII. 63. A. 894. C. VIII. 137. D. 264. B D.

Mallemouche, VI. 597. B.

Mallepierre, feigneurie, VI. 532. B.

Malleras, IV. 21. B.

Malleray, feigneurie, VII. 896. A.

Malleret, VIII. 148. A.

Malleroy, feigneurie, IV. 821. D.

Mallefecq, VIII. 143. D. 373. B.

Mallet, II. 188. C. 437. D. VI. 553. B. 632. B. 708. A. 759. B. VII. 395. C. VIII. 45. B. 80. B. 164. A.

Malleval, V. 569. C. 572. C. VII. 71. D. feigneurie, V. 569. C. 527. C. VII. 145. E.

Malleville, feigneurie, VIII. 25. B.

Mallier, VII. 514. A. 580. E. 667. A. VIII. 21. B. 809. ** B. de Chaffonville, IX. 76. E. du Houffaye, VII. 897. A.

Mallion, II. 871. C.

Mally, V. 644. D. le Pain, feigneurie, VII. 258. C.

Malmaifon, IV. 413. B. feigneurie, III. 653. A B. 854. A C. IV. 724. A. VI. 291. A. les Effarts, feigneurie, VI. 589. B.

Malmont, V. 672. A.

Malmoucher, VII. 83. C.

Malmoucheres, feigneurie, VII. 399. A.

Malmuffe, feigneurie, IV. 709. E.

Malmy, feigneurie, III. 841. C. VIII. 154. B C. 873. B.

Malnaut, feigneurie, VIII. 50. B.

Malnoyer la Boutonniere, feigneurie, VII. 571. A.

Malomont, feigneurie, V. 652. D. VIII. 533. B.

Malon, V. 387. D. VI. 562. B. 565. D. de Bercy, IV. 667. D. V. 387. D. IX. 328. C.

Malor, IV. 76. A.

Maloran, feigneurie, VII. 344. A.

Malortie, VIII. 794. A.

Malpierre, feigneurie, IV. 839. B.

Malprouvoire, feigneurie, VI. 56. D.

Malroy, seigneurie, VII. 811. B.
Malsac, *Voyez* Rabastens.
Malsergues, VII. 403. B.
Maltaverne, seigneurie, IX. 472. B.
Malterre, VIII. 795. B.
Malteste, VI. 446. A.
Maltitz, IV. 333. C.
Maltrait, seigneurie, II. 209. C.
Malval, baronie, IX. 80. A.
Malvoisin, seigneurie, I. 502. C.
Malvoisine, seigneurie, III. 659. A. IV. 13. C.
  653. D. 656. C. 658. B. VI. 518. C. VII.
  374. A. VIII. 322. E. 809. B.
Malvoost, VI. 594. C.
Mamez, seigneurie, I. 250. B. V. 94. C. VI. 383.
  B. VIII. 154. BCD. 633. C. 660. A.
Mammel, seigneurie, VIII. 643. A.
Mammez, seigneurie, VIII. 650. B.
Manancourt, seigneurie, II. 431. C.
Manart, seigneurie, IV. 481. CD.
Manas, II. 176. E. 178. C. VII. 289. C. *d'Uston*,
  VII. 269. C.
Manassez, chambrier de France, VIII. 395. C.
Manay, VI. 418. D.
Mançanez, seigneurie, VII. 761. C.
Mancel, VI. 283. D. 435. E.
du Mancelle, IV. 670. D.
Manchecourt, I. 510. A. IV. 708. C.
Manchicourt, V. 238. A.
Mancicidor, V. 648. C.
MANCIEUX, (*Seigneurs de*) II. 661. B.
la Mancine, seigneurie, IV. 826. A.
MANCINI (*Genealogie de la maison de*) V. 462.
  & *suiv*.
Mancini, I. 199. A. IV. 65. B. 172. C. 377.
  B. 541. C. 626. A. V. 462. DE. 464. D.
  466. A. VI. 580. B. marquisat, IV. 793. D. V.
  464. E. *Mazarini*, I. 275. E. IV. 42. A. 793.
  D. V. 464. C. VIII. 325. E.
Mancini dii Lucii, V. 462. D.
Mancy, seigneurie, VII. 437. B. VIII. 858. D.
Mandagoul, VII. 785. C.
Mandagout, VII. 487. D.
Mandat, IV. 767. A. VII. 873. C.
Mandatel, seigneurie, III. 821. D.
Mandayonne, seigneurie, III. 352. B.
S. Mandé, seigneurie, VIII. 647. C.
Mandegris, seigneurie, VIII. 808. C.
MANDELOT, *François*, chevalier du S. Esprit, IX.
  77. A.
la Mandelée, I. 529. C.
Mandelot, VI. 527. D. VII. 400. D. 664. C D.
  VIII. 716. B. 906. A. seigneurie, IV. 641. D.
  VIII. 324. B. 336. B.
Manderscheit, VII. 173. A. comté, VII. 171. A.
  VIII. 352. C.
MANDEVILLE, *Jean*, évêque & comte de Châlons,
  pair de France, II. 348. C.
Mandeville, II. 489. C. 877. A.
Mandiné, seigneurie, VIII. 808. C.
Mandorelle, seigneurie, VIII. 248. D. 249. A.
Mandot, VIII. 20. C.
Mandre, seigneurie, VI. 263. D.
Mandres, seigneurie, IV. 824. E. 833. C. VII.
  466. E.
Mandrussac, seigneurie, IV. 124. C. VII. 303. A.
Manducage, seigneurie, VI. 368. D.
Maneau, II. 386. B.
Manerbe, baronie, VII. 560. A.
Manes, marquisat, II. 347. B.
Manessier, VI. 511. B. 543. D. IX. 418. A. sei-
  gneurie, IX. 380. A.
Manestier, IV. 708. C.

Manetot, seigneurie, VII. 571. B.
Maneval, seigneurie, VIII. 90. C.
Manez, seigneurie, VIII. 295. C D. 296. B D.
  marquisat, VIII. 295. E.
Mange, seigneurie, IV. 840. C. 841. A.
Mangé, seigneurie, III. 650. D.
Mangeville, seigneurie, II. 58. A.
Mangey, seigneurie, IX. 58. B.
Mangny, seigneurie, III. 660. A.
MANGOT, *Claude*, garde des sceaux de France,
  VI. 536. C.
MANGOT (*Genealogie de*) VI. 536.
Mangot, IV. 684. A. VI. 536. D. 770. D. VII.
  100. D.
Manhoac, VII. 403. E.
Maniban, seigneurie, IV. 444. B.
Manicamp, seigneurie, IV. 601. B. VI. 410. B.
  VII. 13. C. VIII. 161. A. 371. B. 712. C. 797.
  D. comté, VI. 120. C. VIII. 262. A.
Manin, seigneurie, V. 93. CF.
Manleyse, seigneurie, II. 177. D. 183. E.
Mannay, VI. 789. D. VIII. 857. A.
Mannes, seigneurie, VIII. 915. A.
Manneval, vicomté, VIII. 728. A.
Manneville, I. 293. A. VI. 789. B. seigneurie, II.
  85. D. VI. 375. D. 545. D. VII. 394. C. 375.
  E. VIII. 105. A. comté, VI. 286. D. marqui-
  sat, IV. 268. C. VI. 552. B.
Mannevillette, comté, VIII. 915. D.
Mannoy, VIII. 169. C.
Manoir le Grand, seigneurie, VIII. 523. C.
Manoir-le-Robert, seigneurie, VI. 194. A.
Manonville, seigneurie, VII. 21. E. 113. E. 253.
  B. 446. C. VIII. 100. E. baronie, II. 662. C.
  VII. 155. B.
Manors, VII. 89. D.
Manosque, seigneurie, II. 240. A.
Manou, IX. 91. A. seigneurie, VIII. 913. D. IX.
  97. B.
MANRE (*Seigneurs de*) VIII. 869. *Voyez* Roucy.
Manre, seigneurie, III. 841. C. VIII. 869. D.
Manrique, I. 293. C D E. 683. A. 686. A. III.
  354. A. *de Mendoza*, V. 528. B.
Manrique Cardenas Lara, I. 672. A. VIII. 37. E.
Manrique de Lara, I. 293. AB. 672. A. VIII.
  44. C.
Manrique de Mendoza, I. 660. A. 686. B.
Manrique Osorna, I. 293. D.
Mans, VI. 146. D. vidamé, V. 20. C. VIII. 764.
  E. vicomté, V. 581. B. 582. CE. VIII. 723. E.
  comté, II. 519. C. 721. E. 838. AB. III.
  310. B. VI. 17. D. 246. D.
Mansac, seigneurie, VIII. 588. A.
Mansan, seigneurie, III. 365. A.
Mansel, VI. 796. A. VII. 902. E. VIII. 154.
  D. 563. E.
Mansfeld, comté, III. 578. C. IV. 323. B. V.
  837. C. principauté, IV. 323. B. V. 837. C.
Mansois, VIII. 810. B.
Mansonville, seigneurie, II. 178. CE.
Manssigny, VI. 312. B. VII. 472. B. VIII. 709.
  C.
MANSUARIENS, (*Chefs des*) dignité sous la seconde
  race, I. 43. C.
MANTE, comté-pairie, érigé en 1353. pour CHAR-
  LES II. Roy de Navarre, III. 201.
Mante, seigneurie, VI. 43. A. 150. C. comté,
  II. 265. C. 266. C. 267. B. 268. A. III.
  665. D. VI. 784. C. *Voyez* Mantes.
Mantelan, seigneurie, VII. 13. D. IX. 116. A.
Mantes, I. 280. A. seigneurie, I. 284. BC. 287.
  D. comté, I. 74. D. 135. A. 463. E. *Voyez*
  Mante.

MANTEVILLE, *Nicolas*, general, maître des artilleries du Roy, VIII. 130. B.

Manthelon, seigneurie, IX. 453. A.

Manthon, IX. 478. B.

Mantoche, seigneurie, VII. 36. B.

Manton, V. 281. C.

MANTOUE (*Ducs de*) issus des ducs de Nevers de la maison de Gonzague, III. 712. *& suiv.*

Mantoue, marquisat, I. 315. C. duché, III. 451. C. 490. C. 491. A. 495. A. 667. A. principauté, I. 122. A. *Voyez* Gonzague.

Mantron, seigneurie, II. 211. E.

Mahuáy, VIII. 901. B.

MANUEL ou MANOEL, comtes d'Atalaya, bâtards de Portugal, I. 680. *& suiv.*

Manuel, I. 261. A. 288. A. 588. B. 685. A. 691. D. 699. B. 700. B. III. 353. A D. IV. 645. C. VI. 522. B.

Manuel-la-Cerda, I. 261. D. VIII. 79. B.

Manuel Villena, I. 654. B. 700. B.

S. Manvieux, seigneurie, VIII. 21. C.

Manuy S. Pierre, seigneurie, VIII. 699. B.

Maqueda, duché, I. 618. A. 651. C. 672. A B D.

Maquerel, II. 123. C D. 124. A. VI. 369. B.

Mar, VII. 512. D.

Mirabat, seigneurie, VII. 273. C.

MARAFIN, *Guillaume*, évêque & comte de Noyon, pair de France, II. 417. B.

MARAFIN (*Genealogie de*) II. 417. *& suiv.*

Marafin, IV. 668. B. VII. 505. E.

Maraie, seigneurie, VII. 142. B.

la Marainiere, seigneurie, IV. 454. A.

MARAIS (*Seigneurs de*) sortis des seigneurs de Lezay-Lezignem, III. 87. *& suiv.*

MARAIS (*Seigneurs du*) VI. 509. *Voyez* Hurault.

MARAIS (*Seigneurs du*) VIII. 84. *Voyez* Lannoy.

Maráis, VI. 404. D. seigneurie, II. 440. E. IV. 217. D. 324. A. 403. A. 433. A. 566. A. VI. 419. B. 485. B. 509. C. 535. D. VII. 170. A. 852. C. VIII. 82. D. 84. A. comté, II. 441. A. S. *Simon*, seigneurie, IV. 410. C. VIII. 806. A. *Verdier*, seigneurie, II. 85. D.

Marambat, seigneurie, VII. 269. A. baronie, VII. 277. D.

Marandé, IX. 313. B.

Marans, III. 771. B. IV. 169. A C D. 170. A. VI. 413. D. VIII. 483. B. 488. A. IX. 315. C. seigneurie, IV. 195. D. V. 572. B. VII. 97. B. 121. D. 851. D. 880. A. VIII. 836. E. 837. E. comté, I. 341. D. III. 91. C.

Maranville, seigneurie, IV. 835. C.

Marast III. 364. E. IV. 308. B. 666. B.

Maraval, seigneurie, IX. 438. A.

Marault, seigneurie, II. 153. D. VII. 443. C.

Maray, seigneurie, VIII. 715. D.

Maraze de la Motte, VIII. 32. E.

Marbeline, I. 148. E.

Marbeuf, seigneurie, I. 441. B. V. 743. D E. 160. C. VI. 264. D. 644. D. 659. A. 740. A. VIII. 810. * C.

Marbos, VIII. 419. A. seigneurie, VII. 44. C. 46. B. 145. C. VIII. 71. D.

Marbouë, seigneurie, VII. 386. A. VIII. 170. C.

Marbry, VIII. 791. C.

Marbuty, VII. 5. D.

Marc, II. 295. A. V. 244. D. VIII. 250. C. seigneurie, VI. 529. A. *de la Ferté*, I. 262. E. V. 153. A.

Marc, chancelier, VI. 239. B.

MARC, *Raimond*, commis au gouvernement de l'artillerie de France, 431. D.

S. Marc, V. 322. F. 334. E. 335. A. VII. 28. E. seigneurie, II. 228. E. 291. E. 432. C. IV. 494. C. seigneurie, V. 345. A. VI. 356. D. 544. A. VIII. 488. A. 493. E. 651. A.

Marca, IV. 132. C. VII. 311. A.

Marcadé, VI. 357. C. seigneurie. II. 129. C.

Marcais, seigneurie, VIII. 637. C.

Marcambie, seigneurie, V. 386. C.

Marcatel I. 244. E. seigneurie, VII. 479. A.

Marcault, seigneurie, VI. 565. B.

Mareaut, seigneurie, I. 509. B.

Marçay, VIII. 372. E.

MARCE' (*Barons de*) V. 398. *& suiv. Voyez* Goyon.

Marcé, VII. 509. E. baronie, V. 396. C. 397. A C. 398. C. VII. 390. A. VIII. 361. A.

Marceau-lez Clavy, seigneurie, V. 851. C.

Marceilles, seigneurie, IV. 669. B D E. 670. A.

Marcel, VI. 437. G. 531. B. 590. A. VII. 725. A.

S. MARCEL, *Guillaume*, maître enquêteur des eaux & forêts de France, VIII. 843. D.

S. MARCEL (*Seigneurs de*) VII. 200. *Voyez* Albon.

S. Marcel, VIII. 498. E. seigneurie, II. 137. B. 142. A. 204. A. 246. E. 293. B. III. 764. D. IV. 276. C. VII. 199. C. 200. D. 704. E. 714. A. VIII. 499. D. 915. C. IX. 243. B. *d'Ardeche*, seigneurie, II. 141. E. *sur l'Orse* seigneurie, IV. 660. B. *d'Urfé*, seigneurie, VII. 200. E.

Marcelaines, III. 916. B.

la Marcelle, VII. 743. C.

S. Marcellin, seigneurie, IV. 28. D. VIII. 942. D. 943. D.

Marcellini, V. 463. C.

March, comté, V. 929. C. 930. A. IX. 400. E. 403. B. 412. D.

Marchainville, seigneurie, VI. 374. C. VII. 473. C.

Marchais, seigneurie, II. 447. C D E. IV. 324. A. VII. 15. B. 382. E. 559. C.

Marchais Renaut, seigneurie, II. 447. E. III. 636. E.

Marchaix, IV. 74. B. VII. 718. D. seigneurie, V. 422. C D E.

Marchamalo, seigneurie, V. 525. C.

Marchand, II. 450. D. IV. 223. D. 565. A. 809. D. V. 15. A. 424. D. VI. 586. B. VII. 43. C. 877. C. VIII. 21. C. 823. D. IX. 304. B.

Marchant, VIII. 107. A B. 108. B. IX. 451. * C.

Marchaumont, seigneurie, II. 381. E. 382. C. IV. 640. E. VIII. 753. B. 945. E.

LA MARCHE, comté pairie, érigé en 1316. & 1327. pour CHARLES de France & LOUIS de Bourbon, III. 65.

LA MARCHE (*Comtes de*) I. 318. *& suiv.* (*Anciens comtes de*) III. 69. *& suivantes.* (*Comtes de*) issus des seigneurs de Lezignem, III. 79. *suiv. Autres sortis des* comtes d'Alençon, III. 188.

la Marche, II. 66. B D E. 228. C. 278. E. III. 585. B. IV. 191. B. 668. C. VI. 28. B. VII. 137. A. 247. C. 347. A. 425. D. VIII. 243. B C. 364. D. IX. 468. E. seigneurie, I. 297. A. II. 67. B. 868. C. IV. 71. A. V. 382. G. 512. A E. VII. 341. A. 348. D. 641. A. VIII. 56. E. 820. A. baronie, IV. 849. B. VII. 257. D. comté, I. 82. C. 95. C. II. 267. D. 516. E. 599. D. 683. B. 684. C. 691. D. 850. C. III. 76. A. 116. C. 127. C. 128. A B. 427. A C. 428. A D. 429. A B. IV. 131. A. VI. 28. B. 108. A. 138. B. 164. D. 208. A. 697. C. 730. C. VII.

C. VII. 74. A. 172. C. 708. C. VIII. 344.
B. 569. B. 737. D E pairie, I. 95. C. 107. D.
131. E. 141. C. 288. C. 297. D. 299. B. 313.
B. 386. B. 317. A. 320. A. 322. A. 340. E.
347. B. 349. AB. 359. A C. 360. A. 362. C.
364. A. 421. A. 446. D. 474. C. 499. B.
546. B.
Marche d'Espagne, comté, I. 52. D.
Marche en Hongrie, I. 474. D.
du Marché, II. 508. E.
la Marche-Garnor, seigneurie, II. 361. E.
Marcheix, seigneurie, VII. 524. B. 724. C.
Marchelus, seigneurie, VIII. 177. B.
Marché-Neuf, seigneurie, VI. 859. A.
Marchenois, I. 213. A.
MARCHENY, Pierre, Queux du Roy, VIII. 827.
C.
la Marchere, seigneurie, VII. 847. A. 852.
C.
Marchevolles, seigneurie, IV. 828. A.
Marcheres, seigneurie, VII. 579. A.
Marchereux, VII. 396. A.
les Marches, seigneurie, II. 708. C. VIII. 933.
E.
la Marchette, seigneurie, II. 87. E.
MARCHEVILLE, (Seigneurs de) V. 246. & suiv.
Voyez Melun.
Marcheville, seigneurie, II. 843. B C E. IV. 60.
C. 832. B. V. 224. B. 248. E. VI. 118. C.
280. C. 640. B. VIII. 158. D E. 759. B. 728.
B.
Marchiac, seigneurie, IV. 425. B D. 426. B. prin-
cipauté, IV. 426. B. 427. C. 428. A B. 429.
C. 430. A D. 756. C.
Marchidial, seigneurie, VIII. 594. ** B.
MARCHIN, Ferdinand, maréchal de France, VII.
576. C. idem, chevalier du S. Esprit, IX. 251.
C.
MARCHIN (Genealogie de) VII. 677.
Marchin, VII. 677. C. comté, II. 440. D E. VII.
678. D.
Marchiseul, seigneurie, VI. 445. B.
Merchove, seigneurie, I. 267. B.
Marciac, seigneurie, II. 671. C.
la Marciliere, seigneurie, II. 381. E.
Marcillac, seigneurie, II. 188. 2. A. III. 125.
C. 766. D. 826. B. VI. 63. A. VIII. 571.
C E.
Marcillé, V. 395. C. VII. 668. C. seigneurie,
III. 636. A C. 637. A.
MARCILLY, Humbert, chevalier du S. Esprit, IX.
215. A.
MARCILLY, (Seigneurs de) VIII. 320. Voyez Da-
mas.
Marcilly, III. 894. D. 896. C. 913. A. IV. 535.
A. 888. B. VI. 473. D. VII. 664. D. 803. E.
VIII. 99. A. 497. C. IX. 113. A. seigneurie,
I. 554. D. III. 730. A. IV. 166. B. 171. B.
408. A. 565. A. 658. B. 726. B. V. 15. A.
VI. 69. B. 502. C. VII. 426. B. 460. A. 644.
A. 710. C. VIII. 116. E. 317. D. 320. D. 336.
D. 775. D. 870. D. IX. 478. B. baronie, IV.
862. C. VIII. 331. B. comté, VI. 447. A.
Marcinon, VIII. 236. B.
Marcion, IV. 234. D.
LA MARCK, Robert III. du nom, duc de Bouil-
lon, maréchal de France, VII. 164. B. Robert
IV. du nom, maréchal de France, VII. 193.
A. Charles-Robert, chevalier du S. Esprit, IX.
60. C. Louis, chevalier du S. Esprit, IX. 252.
C. Louis-Pierre, chevalier du S. Esprit, IX. 279.
B.
Tome IX.

LA MARCK. (Genealogie des Comtes de) VII. 165.
& suiv.
la Marck, II. 54. E. 61. D. 207. B. 871. E. III.
451. B. 605. B. 730. E. IV. 31. E. 60. E. 266.
C. 425. A. 537. C. 539. A. 878. C. V. 94.
C. 151. C. 617. D. 641. B D. 643. B. 653.
C. 656. B. VI. 149. C. 406. D. 748. C. VII.
128. C. 166. E. 436. B. 819. D. VIII. 40. B.
43. C. 67. C. 182. A. 272. B. 536. C. 537. A.
712. C. 804. C. 914. A. IX. 59. A. 91. A.
comté, I. 242. A. 253. A. 355. D. II. 331. E.
III. 449. D. E. IV. 570. A. V. 738. C. VII.
165. B. Aremberg, duché, I. 307. C. Bouillon,
I. 203. A. de Lumain, I. 259. D. Mauletrier,
IV. 32. B. Voyez Eschalard.
Marcke, baronie, I. 259. E.
Marckelen, seigneurie, II. 769. C.
Marclan, III. 824. B. seigneurie, V. 263. D.
Marclop, seigneurie, V. 289. C.
Marcogner, comté, VII. 507. A.
Marcoing, seigneurie, VI. 638. C. 777. C.
Marcolin, seigneurie, VII. 785. D.
S. Marcolle, seigneurie, IV. 657. C. VIII. 672.
B.
Masconnay, IV. 687. C. VII. 197. B. 367. E.
619. C. VIII. 500. C. 816. C. 820. B. seigneu-
rie, IV. 363. A. V. 17. D. VI. 416. B. VII.
395. D. baronie, IV. 368. C. Moussans, VII.
197. D.
Marconville, II. 127. E. seigneurie, II. 422. E.
Marcou, seigneurie, VII. 699. A.
Marcouff, seigneurie, VIII. 160. C.
Marcouret, VII. 264. B.
Marcourt, seigneurie, VIII. 279. C. 645. C.
Marcous de Sarrons, VIII. 336. A.
Marcoussis, seigneurie, I. 365. B. 366. A. II.
38. B C. 437. D. 438. E. 439. C. 440. A.
IV. 80. C. VI. 111. E. 379. B. VII. 18. D.
126. B. 865. A. 869. E. 870. E. VIII. 86. C.
344. C. 535. C. 571. E.
Marcouville, seigneurie, IV. 178. D.
Marcy, seigneurie, V. 23. F.
S. Mard, seigneurie, III. 644. A.
Mardagne, seigneurie, IV. 133. A. VII. 311. C.
Mardelfolet, seigneurie, IV. 726. B.
Mardcoigne, seigneurie, VIII. 814. E.
MARDOGNE, (Seigneurs de) III. 366. & suiv.
Voyez Poix.
Mardogne, seigneurie, III. 813. B. IV. 548. D.
baronie, II. 655. A. III. 821. C.
Madoigne, seigneurie, IV. 888. B. VI. 322. D.
VII. 707. E. 763. D. VIII. 814. E. baronie,
VII. 709. C.
la Mare, VIII. 19. E. 861. B. seigneurie, VIII.
27. A. 927. D. Venier, baronie, VIII. 712. B.
IX. 480. B.
Mareau, VI. 438. B.
Marechal, II. 248. D. 482. E. 484. E. 485. A. 782.
D. 877. B. III. 81. C. 651. B. IV. 361. B.
733. A. 852. A. V. 663. C. VI. 27. B. 77. C.
327. B. 357. D. 430. A. 444. B. 479. C D.
VII. 137. B. 197. B. 427. B. 493. D. 653. C.
IX. 443. A. Fourchaux, IX. 115. B.
Marechale, VIII. 343. E
MARECHAUX DE FRANCE, (Histoire genealogique
& chronologique des) VI. 615. & suiv. (Suite
des) VII. 1. & suiv.
Mareclée, seigneurie, II. 593. A.
Marée, IX. 453. B. baronie, IV. 83. D.
Mareil, vicomté, I. 426. B.
Mareille, seigneurie, VI. 674. B.
Mareins, seigneurie, VII. 529. C.
Maseleshaar, VIII. 560. C.

G 3

Marengol, seigneurie, VIII. 50. B.

Marennes, seigneurie, V. 180. E. VI. 220. A. VII. 595. A. comté, IV. 375. D. 756. C. V. 148. D. 180. E. 895. C. VI. 220. A. 221. A. VII. 860. D. VIII. 173. B. 211. E. 212. A. IX. 57. A. 420. C.

Marensin, seigneurie, IX. 382. E.

Mares, I. 529. B. V. 612. A. 621. A. VI. 22. B. 789. A. seigneurie, VI. 356. A.

Mareschal, IX. 126. A.

Marescot, VIII. 695. A. seigneurie, VIII. 561. C. 562. D.

Maressat, VIII. 150. A.

Marest, II. 430. C. seigneurie, VIII. 154. A.

Marestaing, IV. 35. A. seigneurie, VII. 772. C.

Marestang, II. 177. B. 623. C. 646. E. III. 363. E. seigneurie, II. 625. D. 704. D. III. 362. B. IX. 416. A. baronie, II. 614. A D E. IV. 155. C. V. 196. D. 744. C. VII. 271. E. 313. E.

des Marests (Seigneurs de)VIII. 777. (Comtes de) ibid. Voyez Dauvet.

des Marests, IV. 221. C. VI. 119. C. VII. 562. A. 713. C. 873. A. 876. B. seigneurie, II. 81. A. III. 608. B. 609. D. 610. A. 613. A. IV. 399. E. VI. 261. C. 466. C. 527. C. 584. D. 590. C. VII. 97. D. VIII. 660. A. 775. A B. 808. C. comté, IV. 224. A. Voyez des Marets.

Maret, seigneurie, VIII. 699. B. marquisat, II. 247. D E. 248. A.

DES MARETS, Jean-Baptiste-François, chevalier du S. Esprit, IX. 280. B. Nicolas, grand-tresorier des Ordres, IX. 328. B.

des Marets, VIII. 117. D. IX. 259. A. seigneurie, IX. 102. A. Voyez des Marests.

Marets-Vardier, seigneurie, II. 86. A.

MAREUIL, (Seigneurs de) VI. 159. Voyez Conflans.

Mareuil, V. 142. D. VI. 665. C. 683. D. VII. 20. E. 26. B. 27. A. 102. C. 548. A. 594. E. 729. D. 896. A. VIII. 799. A. seigneurie, II. 306. E. 320. D. 323. A. 504. B. III. 583. A. 626. C. 911. B. IV. 169. A. 176. A. 214 C D. 215. A B D E. 217. C. 219. B. 459. A. V. 237. D. 765. D. VI. 66. C. 112. A. 115. B. 143. C. 144. C. 159. C. 160. D. 176. B. 349. A. 405. D. 419. C. 664. D. 674. B. 718. D. 720. A. 780. C. 791. D. VII. 17. C. 101. B. 385. B. 813. D. 819. E. 822. D. 896. C. VIII. 62. B. 90. D. 98. E. 141. E. 246. E. 614. C. 635. D. 755. B. 775. E. 923. B. IX. 68. A. 168. A. baronie, I. 203. C. 224. D. 238. C D E. 356. E. 443. B. IV. 163. C. VIII. 205. A. vicomté, VIII. 402. C. 863. D. 864. E. de Villebois, III. 383. C. VII. 473. B.

Mareul, V. 140. D. baronie, ibid.

Marcy, VII. 244. D. 246. B. VIII. 169. B. comté, I V. 825. E. VII. 572. A. 573. E.

Marfontaine, seigneurie, III. 618. B.

Margailet, II. 256. E.

Margaro, seigneurie, V. 406. D E.

Margas, IV. 766. C.

Margastel, VIII. 712. B.

Margaudier, seigneurie, II. 419. A.

Margaux, seigneurie, II. 64. C. marquisat, VI. 545. D.

Margency, seigneurie, VI. 514. C. 548. C.

la Margeride, seigneurie, III. 822. B C. IV. 548. B D. 549. C. VI. 516. D.

les Margerides, seigneurie, IV. 33. E.

Marget, seigneurie, VII. 509. B.

Margival, III. 914. A. VI. 384. A. VII. 155. A. 741. D. VIII. 495. B. seigneurie, IV. 215. B.

Margon, I. 309. E. VII. 176. A.

Marguemont, seigneurie, II. 122. A.

Marguerie, V. 143. E.

Marguerit, VI. 643. B. IX. 228. A. 234. B.

Marguerite, seigneurie, IV. 287. C.

Marguerites, seigneurie, IX. 424. C. 426. D.

Marguilly, VIII. 696. B.

les Marguils, seigneurie, IV. 308. B. 309. A.

Marjais, baronie, V. 266. A.

Marialva IX. 380. C. comté, I. 602. D. marquisat, I. 679. A. 689. B.

Maricourt, IV. 408. D. 567. A B C. V. 736. C. VI. 537. B. 674. B. 675. B. VII. 100. B. IX. 84. B. 138. C. seigneurie, I. 442. B. IV. 663. A. VIII. 658. D. 884. D.

Maridor, IV. 322. C. V. 385. C. VIII. 252. B.

Marie. Voyez le Diable.

Sainte-Marie, IV. 752. C. V. 143. B D. VIII. 171. C. seigneurie, V. 670. A. VI. 558. C. 530. C. VII. 6. B. 254. B. 748. A. VIII. 324. C. 810. B marquisat, IV. 67. C. des Champs, seigneurie, VIII. 794. D. 795. B. de Gavras, seigneurie, II. 174. D. du Mont, seigneurie, I. 440. C. VII. 445. E. la Robert, seigneurie, V. 143. B D. VIII. 170. A. de Vatetes, seigneurie, VIII. 810. D.

le mazier, VI. 586. A.

Mariette, IX. 241. A.

Marieu, seigneurie, V. 89. A.

Marieux, seigneurie, IV. 597. C.

Mariglier, VII. 654. A.

Marignac, VII. 217. E. seigneurie, II. 663. C. 664. C. IV. 662. B. VIII. 476. E. IX. 371. D.

Marignan, seigneurie, I. 317. A.

Marignane, seigneurie, II. 243. A. VII. 198. D. VIII. 305. B. 371. A. baronie, IV. 495. B. V. 644. D. VIII. 501. B. marquisat, III. 776. A.

Marignargues, seigneurie, VI. 300. C.

Marigné, seigneurie, IV. 68. C. 70. A.

MARIGNY, Enguerand de, I. 91. D.

MARIGNY, Jean, évêque & comte de Beauvais, pair de France, II. 271. B. Jean, chancelier, VI. 311. B. Enguerrand, chambellan de France, VIII. 443. A.

MARIGNY, (Seigneurs de) VI. 121. Voyez Châtillon.

MARIGNY, (Genealogie des Seigneurs de) VI. 311.

Marigny, II. 8. A. 76. C. 271. C. 863. D. V. 160. B. 227. A. 229. A. VI. 660. D. VII. 82. A. 442. A. VIII. 15. B. 104. D. 105. A. 231. B. 328. E. 832. E. 870. A. seigneurie, I. 556. B. 558. E. 559. D. 561. D. II. 41. E. 164. B. 320. D. 343. D. III. 582. A. IV. 59. C. 60. A. 61. C. 79. B D E. 81. A. 164. C. 407. C. 563. B. 658. E. 659. A. 873. A. V. 132. C. 514. D. VI. 60. A. 109. B. 113. C. 116. D. 121. B. 155. C. 311. E. 404. C. VII. 3. E. 7. C. 429. C. 475. B. 544. D. 562. D. 619. E. 642. D. 856. D. VIII. 121. A B. 314 A. 427. A. 719. B. 729. E. 768. D. 913. E. baronie, VI. 406. D. vicomté, VIII. 640. D. marquisat, IV. 61. D. VII. 436. A. les Marins, I. 500. C. en Normandie, seigneurie, IV. 78. E. 79. A. en Touraine, baronie, IV. 70. B.

MARILLAC, Michel, seigneur de Fayet, garde des sceaux de France, VI. 554. B. Louis, comte de Beaumont-le-Roger, maréchal de France, VII. 479. D.

MARILLAC, (Genealogie de) VI. 554.

Marillac, IV. 172. D E. 680. B. 721. C. 765. D.

VI. 554. C. VII. 62. C. 598. C. VIII. 593. ***
E. 595. *** A. feigneurie, II. 655. C. IV. 679.
E. VIII. 337. C D. marquifat, VI. 561. B.
Marimont VI. 156. B.
Marin, II. 244. E. VI. 569. A. VII. 274. B. VIII.
294. A. 301. E. 302. A. 303. C. 305. D. IX.
463. A.
fainte Marine, feigneurie, II. 603. A.
Marines, feigneurie, VI. 338. C. 527. B. marqui-
fat, IV. 254. A. 879. A.
Marineffe, feigneurie, VII. 48. B.
Marinier, II. 230. D. VI. 285. A. VII. 805. C.
des Marins, III. 841. B. IV. 128. B. VIII. 871. B
C. 873. B. d'Azan, II. 253. C.
Marinville, feigneurie, I. 499. C. IV. 834. D.
Mariol, feigneurie, VII. 137. B. 496. A.
Marion, VII. 647. D. IX. 235. B. feigneurie, VIII.
298. C. des Plats, VII. 314. B.
Marify, VI. 572. A. VIII. 716. D.
Maritan, VII. 455. A.
Marival, feigneurie, VII. 743. A.
MARIVAUX, (Seigneurs de) VIII. 791. Voyez
l'Ifle.
Marivaux, feigneurie, VIII. 791. D.
Markais, III. 580. C.
Marlac, feigneurie, VI. 458. C.
Marlay, feigneurie, VIII. 561. B.
MARLE, (Genealogie de) VI. 381. Voyez Corgne.
Marle, I. 502. D. II. 87. A. 115. C. 150. A.
376. A. 736. D. 774. D. 776. C. V. 836. A.
VIII. 240. B. 947. A. feigneurie, V. 132. C.
514. D. VI. 106. C. 126. A. VII. 747. C.
VIII. 153. D. 402. B. 543. D. 862. A. comté,
I. 144. C. 252. A. 325. E. 326. A. 328. B E.
III. 727. A. 728. A C. IV. 68. C. 214. A.
625. D. 626. C. V. 514. D. 515. A B. 638.
C. VII. 107. A. VIII. 188. A. en Brie, feigneurie,
VI. 35. D. Voyez le Corgne.
Marleana, VII. 117. C.
Marleboroug, duché V. 165. E.
Marlemont, feigneurie, VII. 531. E.
Marley, II. 54. D. 61. D. V. 653. C. VII. 167.
B. feigneurie, VIII. 559. B.
Marlie, feigneurie, V. 267. C.
la Marliere, feigneurie, VI. 660. D.
Marlot, VII. 552. B.
Marlotte, feigneurie, VIII. 752. C. 753. B.
Marlou, baronie, III. 588. D. Voyez Mello.
Marloy, feigneurie, V. 830. A.
MARLY, Matthieu, chambellan de France, VIII.
439. C. échanfon de France, VIII. 518. D.
MARLY, (Seigneurs de) III. 655. & fuiv. Voyez
Montmorency. (Autres Seigneurs de) IV. 38.
& fuiv. Voyez Levis.
Marly, III. 345. E. 347. C. 572. B. IV. 13. A.
VI. 276. B. VIII. 686. C. 729. A. feigneurie,
II. 498. C. III. 566. C. 567. A B. 568. B.
IV. 13. C. 41. B. 43. A. VI. 32. C. 44. A.
276. B. VII. 29. E. 762. E. VIII. 789. E. IX.
333. B. le Châtel, feigneurie, VI. 422. C.
Marmagnac, feigneurie, III. 367. B.
Marmagne, feigneurie, II. 223. B.
Marmande, III. 361. B. feigneurie, III. 641. A.
IV. 856. A. baronie, III. 635. D. IV. 453. A.
456. D. 458. D. 567. B. marquifat III. 590.
C.
Marmaffe, feigneurie, II. 342. A.
Marmeaux, I. 515. C.
Marmier, II. 871. D. 872. A. IV. 573. B. IX. 98.
C.
Marmiers, II. 67. B.
Marmieffe, VII. 392. B. 452. B. feigneurie, II.
699. C. IV. 793. E. VII. 709. C.

Marmianeules, feigneurie, VII. 496. A.
Marmol & Tovar, III. 356. B.
Marmonieres, feigneurie, VII. 767. B.
Marnars, feigneurie, V. 264. D.
MARNAY, (Barons de) V. 671. & fuiv. Voyez
Gorrevod.
Marnay, VI. 698. D. feigneurie, II. 157. D. VI.
67. B. 89. A. 699. B. VII. 148. A. 809. D.
VIII. 350. B. 352. C. 353. D. 355. C. 413.
D. 697. E. baronie, V. 669. A. marquifat, I.
264. C. V. 670. A B. 871. A.
Marne, VI. 100. D. 364. A. feigneurie, VIII.
837. D.
Marneaux, feigneurie, V. 140. F.
Marnes, feigneurie, IV. 562. E. 563. A. VIII.
571. C.
Marnix, II. 768. A. de fainte Aldegonde, V. 843.
A. VII. 565. C.
Marnoë, VII. 815. C.
Marnot, baronie, IX. 99. B.
Marois, feigneurie, III. 92. A. Guyot, feigneurie,
VII. 29. B.
Marolles, III. 733. C. VI. 391. A. 418. A. 518.
B. 532. C. 681. A. VII. 50. B. feigneurie, I.
502. B. II. 65. D E. 66. A. 67. D E. 68. A
B D. 422. C E. 430. D. V. 288. F. VI. 257.
A. 262. B. VII. 22. B. 508. D. 672. D. mar-
quifat, II. 68. C D. en Brie, feigneurie, III. 665.
C.
Maroft-Brion, IV. 665. C.
Marouaftes, feigneurie, VII. 27. C.
Marpon, feigneurie, V. 654. C.
Marque. vicomté, VIII. 542. B.
Marquais, feigneurie, IV. 398. C. VII. 337. A.
VIII. 539. B. à l'Eau, feigneurie, VI. 795.
B.
Marqualhes, IV. 567. C.
Marquant, VI. 706. D.
Marquaut, feigneurie, I. 492. A.
la Marque, IX. 250. C. feigneurie, VII. 860.
A.
Marquefave, VII. 216. D. feigneurie, III. 853.
A B. 859. A.
Marquemont, feigneurie, VIII. 265. C.
Marqueraut, feigneurie, III. 452. A.
Marques, VI. 425. D.
MARQUESSAC, (Seigneurs de) VII. 340. Voyez Hau-
tefort.
Marqueffac, VII. 340. A. feigneurie, ibid.
Marquet en Oftrevant, feigneurie, V. 829. C.
le Marquetel, VII. 630. C. VIII. 211. D. feigneu-
rie, VIII. 160. B.
Marquets, VIII. 25. E. feigneurie, VII. 182. A.
les trois Marquets, feigneurie, V. 87. D.
Marquette, feigneurie, I. 256. E. III. 594. D.
IV. 567. C E.
Marquez, V. 833. C. 835. B. feigneurie, V. 845.
B.
Marquieres, feigneurie, VI. 263. C.
Marquillies, feigneurie, VIII. 695. B. 696. B.
Marquifat du S. Empire, I. 242. D E. 245. D. 246.
E. 248. B.
Marquife, feigneurie, IV. 212. C.
Marquiftaud, feigneurie, VII. 128. C.
Marr, IX. 400. D E. comté, IX. 408. A. 410.
C.
Martagon, VII. 484. D.
Martaft, VII. 263. B.
Marrault, feigneurie, VII. 60. D. 222. A.
Marré, baronie, VI. 775. B.
Marreau de Villeregis, VIII. 778. A.
Marreaux, feigneurie, IV. 181. B.
Marrey, VIII. 726. A.

Marro, seigneurie, II. 285. BC. 286. C. 288.
E. VII. 237. A.
Marroan, IV. 264. E.
Marrome, VI. 355. CD.
Marrot, seigneurie, VI. 671. C.
Mars, IV. 687. C. V. 610. C. VIII. 595. ***
A. seigneurie, V. 610. E. 624. C. la Tour, sei-
gneurie, III. 842. C.
Mars de sainte Agathe, IV. 176. B.
S. Mars, seigneurie, III. 582. C. 630. AC. IV.
176. B. VII. 502. E. 637. B. de Couzay, sei-
gneurie, II. 446. D.
Marsa, VII. 423. D.
MARSAC (Seigneurs de) VII. 270. C. Voyez Mon-
tesquiou.
Marsac, IV. 573. D. seigneurie, II. 623. E. 624.
CDE. 651. D. III. 861. B. V. 360. F. VI.
325. D. VII. 20. C. 266. A. 272. A. baro-
nie, VII. 270. D.
Marsais, seigneurie, VII. 527. A.
Marsal, seigneurie, IV. 139. C.
S. Marsal, seigneurie, VII. 342. A.
MARSAN (Comtes de) titrés des comtes d'Armai-
gnac de la maison de Lorraine, III. 502. & suiv.
MARSAN (Seigneurs de) VII. 272. Voyez Montes-
quiou.
Marsan, III. 390. A. VII. 450. D. seigneurie,
III. 375. D. VII. 265. A. 270. C. 272. A. 274.
E. 287. D. baronie, III. 826. C. vicomté, III.
347. B. 370. E. 479. C. 500. C. comté, V.
389. C. VI. 211. A. VII. 20. D. 408. A.
Marsaudiere, seigneurie, V. 23. A.
Marsault, seigneurie, VIII. 902. D.
S. Marsault, seigneurie, IV. 895. A.
Marsay, seigneurie, VIII. 133. C.
Marseille, II. 244. C. 291. A. VIII. 294. D. seig-
neurie, II. 798. D. vicomté, II. 240. D. comté,
VIII. 299. C. d'Evenes, II. 243. A. 249. D.
de Vintimille, II. 293. & suiv. IV. 501. C.
Marseilles, V. 335. D. VIII. 746. D. seigneurie,
I. 440. B. V. 82. C.
S. Marsein, seigneurie, IV. 76. A.
Marsenac, VII. 409. D.
Marsham en Norfolk, seigneurie, VI. 27. C.
Marsiglin, VIII. 802. C.
Marsilhac, seigneurie, II. 184. BC.
la Marsiliere, seigneurie, IX. 464. A.
Marsillac, V. 896. C. seigneurie, II. 437. B. IV.
680. D. V. 8. EF. 9. BC. 363. E. 749. E.
Voyez Marcillac.
Marsillan, IX. 582. C.
Marsillé, vicomté, IV. 173. A.
Marsilly, III. 499. D.
Marsolle, seigneurie, IV. 861. E.
la Marsonniere, seigneurie, VIII. 903. D.
Marssac, VIII. 575. B.
Mart-la-Toureze, II. 69. A.
Martainvelle, seigneurie, VIII. 275. D.
Martainville, VII. 872. D. VIII. 642. E. IX. 478.
A. seigneurie, I. 262. E. IV. 703. ABC. V.
143. E. VIII. 26. A.
Martais, seigneurie, IV. 712. C.
Martangie, V. 622. D.
Marteau, II. 62. C. seigneurie, II. 865. C. VII.
618. D.
MARTEL, Guillaume, porte-oriflame de France,
VIII. 208. C. Charles, chevalier du S. Esprit,
IX. 205. C. René, chevalier du S. Esprit, IX.
241. B.
MARTEL (Genealogie de la maison de) VIII. 209.
& suiv.
Martel, I. 226. CE. II. 36. A. 232. B. 438. D.
455. B. III. 90. A. IV. 669. A. V. 26. A. 149.

E. 742. C. 895. A. VII. 19. A. 21. C. 399.
D. 472. E. 552. D. 561. D. 565. BD. 619.
AE. 870. C. 873. E. VIII. 16. D. 17. C. 20.
DE. 21. A. 95. A. 133. C. 336. D. 794. C.
820. * A. 887. C. 955. G. IX. 57. A. 228. A.
274. B. 476. D. seigneurie, VII. 860. C.
la Marteliere, IX. 451. C.
Martengue, VII. 125. E.
Martereuil, VIII. 98. B.
la Marterie, seigneurie, IX. 442. C.
Marthe, seigneurie, II. 298. G. VIII. 299. K.
marquisat, II. 247 B. 299. ACD. VIII. 295. B.
sainte Marthe, IV. 466. A. VI. 545. A. VII. 570.
C.
Marthon, seigneurie, IV. 420. BC. 421. A E.
422. AC. 423. AD. 425. BCD. 426. CE.
comté, IV. 434. C.
la Marthonie, V. 763. CD. VI. 485. B.
Martial, seigneurie, V. 343. F. de Drugeac, V.
106. D.
S. Martial, IV. 442. A. 786. D. IX. 8e. A. seigneurie, II. 664. E. IV. 439. C. 537. C. VI.
316. C. VII. 699. C. de Puydeval, VIII.
247. A.
S. Martian, seigneurie, II. 50. A.
MARTIGNES, Rayhaud, archevêque de Reims,
2. D.
Martignés, II. 393. C. seigneurie, III. 320. B. VII.
389. A. vicomté, I. 235. C. Briané, seigneurie,
IV. 679. B. Ferchaud, seigneurie, VII. 121. E.
127. E. VIII. 728. A. IX. 459. D. sous Laval,
seigneurie, VI. 200. D.
Martigny, VI. 443. A. 747. C. VIII. 526. A. 552.
D. IX. 110. A. seigneurie, II. 904. C. V. 250.
B. 510. A. VI. 110. A. 369. B. VIII. 322. D.
841. *. B. comté, IV. 825. C D. 826. A. VII.
447. B. le Gomte, seigneurie, VII. 45. E. 443.
A. IX. 432. A.
MARTIGUES (Vicomtes de) sortis des seigneurs de
Fiennes, III. 737. & suiv.
Martigues, baronie, I. 230. A. vicomté, II.
380. B. 430. D. 431. A C. 715. B. 795. A B.
IV. 174. A. V. 575. D. VII. 76. B. VIII. 117.
A B. 303. C. principauté, I. 196. C. 197. A.
198. C. 200. B. V. 106. D.
Martilhac, seigneurie, VII. 329. C.
la Martilliere, seigneurie, IV. 894. A.
Martimont, seigneurie, VI. 150. C.
Martin, III. 610. B. IV. 175. D. 283. D. 600.
A. 727. CD. 731. B. 789. D. 899. A. VII.
232. A. 291. B. 559. B. 786. E. VIII. 326. D.
IX. 204. A. 431. A. des Lages, VII. 504. A.
de la Morandaye, V. 420. A.
S. MARTIN, Yves ou Juel, archevêque de Reims,
II. 6. C.
S. MARTIN (Marquis de) VII. 55. Voyez la
Baume.
S. MARTIN (Seigneurs de) IX. 386. & suiv.
Voyez Grosfolles & Flamarens.
S. Martin, V. 24. B. VI. 195. C. 322. D. 497.
BD. VII. 197. C. 404. C. VIII. 104. E. seigneu-
rie, I. 373. B. II. 240. C D. 242. A. 677. C.
III. 577. A. 657. B. 823. A. IV. 405. B. V.
90. D. 219. B. 151. F. 194. D. 407. A C.
419. C. 832. B C. VI. 229. D. 335. A. 551.
A. 369. D. 643. B. VII. 65. D. 116. B. 392.
A. 457. D. 484. B. 486. D. 507. B. 526. C.
559. C. 863. A. 872. E. VIII. 85. B. 621. B.
647. B. IX. 386. C. 391. D. 438. C. 451. *.
A. baronie, I. 259. D. 376. E. IX 378. B.
comté, VIII. 43. A. marquisat, III. 212. C. IV.
498. C. VII. 55. B. 217. C. 260. B. 774. C.
VIII. 82. E. 339. B. 374. D. d'Ablois, baronie,
III.

III. 730. E. d'Aex , feigneurie, II. 78. D. d'A-
glié , II. 248. A. VI. 498. D. d'Alais , feigneurie , II. 136. D. d'Ardeches , feigneurie, II.
142. A. en Brie , feigneurie, V. 136. E F. le
Chaftel , marquifat, VII. 52. C. de Châtillon ,
II. 242. De la Coudre , IV. 306. D. feigneurie, VII. 17. E. IX. 178. B. d'Efcobin, feigneurie, II. 363. E. le Gaillard , feigneurie , VII.
817. D. VIII. 90. A. le Mault , feigneurie, VII.
374. B. en Morvant , feigneurie, IV. 822. E.
VI. 69. B. VIII. 321. C. de Noé, feigneurie,
II. 265. B. du Plain , feigneurie, VIII. 765. B.
diocefe de Poitiers, feigneurie, IV. 387. A. près
Pontoife , feigneurie, II. 128. C. de Sallala,
feigneurie, VII. 782. B. de Sallon , feigneurie,
V. 140. F. baronie, V. 152. B. lez-Seine, feigneurie, VIII. 307. A. de Souffenas , feigneurie,
VII. 790. C. de Torfa, feigneurie, VII. 767.
B. de Valette, VII. 862. D. de Valgarguis , fei-
gneurie, II. 136. D. au Vexin-Normand , fei-
gneurie, I. 493. C. le Vieil , feigneurie, VII.
260. C. de Virgognoul , feigneurie, VII. 787.
D.
S. MARTIN DE NIGELLE (Seigneurs de) VII. 901.
Voyez Brichanteau.
S. Martin de Nigelles , feigneurie, VII. 426. B.
901. C.
MARTINEAU , Mathurin , heraut roy d'armes des
ordres du Roy , IX. 346. C. Bernard , idem ,
ibid. Antoine Bernard , idem , IX. 347. A.
Martineau, IV. 178. D. 268. C. 322. D. V. 623.
B. VI. 424. C.
S. Martindicke , feigneurie , VII. 105. C.
Martines , VIII. 266. A.
Martinets , VII. 389. A.
Martinez , I. 574. E. 585. A.
Marting , feigneurie, VII. 714. E.
la Martinié , feigneurie, IX. 385. C.
LA MARTINIERE (Seigneurs de) du nom de
Chabot , IX. 443.
la Martiniere , VII. 631. B. feigneurie, IX. 361.
B. 443. A. 453. B.
Martinozzy , I. 346. A. V. 466. B.
Martinfart , VIII. 629. E. feigneurie, VI. 283. B.
Martinville , feigneurie, III. 581. A. VI. 291.
B.
Martiferre , feigneurie, II. 663. C.
Martod , feigneurie, V. 673. A.
S. Martoire , feigneurie, IX. 389. A.
la Martonie , VII. 60. D. VIII. 755. D. feigneurie,
VIII. 591. E.
Martot , feigneurie, VIII. 26. A.
Martragny , feigneurie, V. 143. B.
Martray , feigneurie, IX. 445. C.
la Martrere. Voyez Roffet.
Martres , VIII. 476. B. IX. 398. A.
Martreuil , IV. 424. D. 448. D. 677. A. VIII.
768. C. 770. C. feigneurie, IV. 161. A. ba-
ronie, IV. 411. B C.
Mattringhem , feigneurie, V. 81. B.
Martrois , feigneurie, IV. 850. A. 851. A. VI.
446. C.
Martroy , feigneurie, I. 501. A. S. Denys, I. 506.
A.
Marvan , feigneurie, I. 582. B.
Marvaux , feigneurie, VIII. 871. E.
Marvejou , feigneurie, III. 840. C.
Marville , feigneurie, II. 431. D E. 432. B. IV.
446. C D. VIII. 130. B. marquifat, IX. 328.
C.
Marvilleau , V. 22. F.
Marvillers , feigneurie, VIII. 634. D.
Marvilliers , IX. 88. D.
      Tome IX.

S. Mary , feigneurie, VII. 29. C.
Marzac , II. 186. 2. C. VI. 291. B.
Marzana , V. 523. E.
Marzay , feigneurie, III. 768. B.
Marzé , VIII. 815. C. feigneurie, IV. 547. D E.
VI. 275. D. VIII. 497. D. baronie, V. 267.
B. VII. 666. B. IX. 165. C.
la Marzeliere , I. 224. D. IV. 569. C. VII. 226.
C. feigneurie, V. 151. C. VII. 226. C. mar-
quifat, V. 151. C. VII. 170. D.
la Marzelle , feigneurie, VII. 18. C.
Marzieu , feigneurie, VII. 488. E.
Marzou , feigneurie, IV. 136. C.
DU MAS , Jean, grand-maître des eaux & forêts de
France, VIII. 899. B.
du Mas , II. 372. B. 420. D. III. 600. A. 767.
D. 831. A. IV. 31. A. 136. D. V. 398. C. 411.
D. 495. C. VI. 747. A. VII. 133. E. 227. A.
315. A. VIII. 331. D. IX. 426. C. feigneurie, II.
419. C. VI. 300. B. VIII. 4. D. de Caftellane,
II. 297. E. de Groffaux , III. 808. C. de La-
pille, feigneurie, VIII. 704. D. de Montmartin,
feigneurie, V. 396. D.
Mafan , feigneurie, IX. 440. D.
Mas du Broffay , V. 420. B.
la Mafcaire , feigneurie, I. 444. C.
Mafcarans de Montlezun , VII. 773. B.
Mafcareñas , feigneurie, I. 631. C. 661. A. 678.
A. 695. B. 696. A. 700. B.
Mafcaron , I. 444. C.
Mafchegouz , feigneurie, VIII. 923. A.
Mafclas , feigneurie, V. 104. B D. baronie, V.
105. A E.
Mafclat , feigneurie, VIII. 589. E.
Mafcranny , IV. 174. B. V. 545. C.
Mafduran , feigneurie , V. 354. D. VIII. 594.
A.
Mafdurant , feigneurie , IV. 471. D. 472. C.
Masjezy , vicomté , IV. 471. D.
Mafenghien , VIII. 29. B.
Mafgefir , feigneurie, VIII. 54. C.
Mafter , VIII. 27. B.
Mafia , comté , II. 290. C.
Mas-Laurent , feigneurie, V. 765. C.
le Maffe , II. 381. B. VI. 481. A. 505. B.
Maflo du Boufquet , VII. 551. A.
Mafmines , principauté , IV. 499. C. V. 236,
A. 770. A. IX. 312. A.
Mafoncourt , feigneurie, II. 249. B.
Mafous , feigneurie, VII. 277. D.
Mafparaut , I. 190. D. IV. 688. C.
Mafparrante , feigneurie, VIII. 268. E.
Mafquarel , IV. 468. B.
Mafquerel , VII. 132. C. 757. B.
Maflaguel , feigneurie, II. 363. B. 371. B.
Maffaguet , feigneurie, II. 368. C D.
Maffaguies , feigneurie, II. 371. C.
Maffanes , VII. 770. E.
Maffaque , feigneurie, VIII. 248. D.
la Maffardiere , feigneurie, VII. 506. B. 618. C.
Maffas , II. 178. C. VII. 403. C. 404. A. 405.
B. 451. B.
Maffat , VII. 289. C. feigneurie, III. 361. E. 362.
C. V. 735. A. vicomté , III. 363. B D. 364.
A. comté , III. 364. C. IV. 667. A. V. 181.
A.
Maffen , VIII. 650. E.
MASSENCOMB , (Seigneurs de) VII. 288. Voyez
Montefquiou.
Maffencome , feigneurie, VII. 288. D. de la
Garde , II. 646. E.
Mafferan , principauté , II. 248. B.
les Mafferies , feigneurie, VII. 312. A. 314. E.
                                        H 3

Massez, seigneurie, III. 364. E. 731. B. IV. 666.
   B. IX. 312. B.
Massiac, VII. 486. E. seigneurie, VII. 767. D.
   VIII. 814. C. baronie, IV. 37. A.
Massie, seigneurie, III. 829. A.
Massieges, seigneurie, II. 372. C.
Massignac, seigneurie, V. 326. C.
Massillargues, seigneurie, III. 832. A B.
Massilie, seigneurie, VII. 662. C.
Massillargues, seigneurie, VI. 300. B. baronie,
   IX. 441. A.
Massimi, V. 461. * D. 462. E. 463. A.
Massip, VII. 420. E.
Massoel, vicomté, III. 364. D.
Massol, IV. 768. A. 856. D. VI. 530. D. VIII.
   916. C.
Masson, VII. 279. E.
Massonvillier, seigneurie, IV. 703. C.
Massoris, seigneurie, VIII. 943. D.
Massoures, seigneurie, V. 246. A.
Massouris, seigneurie, VII. 15. A.
Massuel, IV. 322. D.
Massy, seigneurie, VII. 555. D. VIII. 34. B.
   baronie, VII. 11. C. 494. D.
Mastain, I. 265. E. 268. B.
Mastaing, seigneurie, II. 769. B. III. 609. C.
   610. C. V. 237. C. VIII. 77. B. 78. D. 79. D.
Mastas, III. 74. C. 347. B. V. 14. B. 572. E. VI.
   57. B. VII. 17. C. VIII. 575. B. baronie, VII.
   21. A. 131. E. vicomté, VII. 19. A. VIII.
   728. C. comté, III. 124. D. VII. 100. C. VIII.
   261. B.
Mastin, II. 250. A. IV. 445. D. VIII. 755. B.
la Mastre, seigneurie, III. 836. C.
les Mastres, seigneurie, VI. 323. C.
Mastus, II. 631. D.
Masvalcis, seigneurie, VII. 340. C.
la Masure, VIII. 809. * E.
Masuyer, VI. 468. B.
Matagrifon, seigneurie, II. 781. E.
Mataplani, II. 642. D.
Matas, VIII. 765. A.
Matefelon, seigneurie, I. 214. B. 434. C.
Matel, V. 357. F.
Matelan, I. 499. C.
Matencourt, seigneurie, V. 89. C E.
Materon, VIII. 298. C.
Mates, seigneurie, VIII. 248. D.
Matha, II. 448. D.
Mathan, VI. 796. C. VII. 570. B.
Mathas, IV. 196. E. seigneurie, III. 126. C.
   VII. 416. B. baronie, IV. 663. B. V. 250.
   D. Voyez Matas.
Mathau, seigneurie, II. 845. A. VI. 382. B.
Matheau, seigneurie, IX. 86. D.
Mathefelon, II. 6. C. III. 56. C. 626. C. 653.
   A. IV. 450. A. VI. 191. B. 641. A. VII. 225.
   A. 385. A. 583. E. 723. E. VIII. 419. E. 574.
   C. seigneurie, III. 320. D. 644. B. IV. 653.
   D. V. 217. D. VII. 227. A. VIII. 707. A. ba-
   ronie, VII. 223. B. comté, IV. 438. E.
Mathelan, IV. 834. D.
Mathelin de Bosfredon, VIII. 146. B. 147. B.
Mathencourt, seigneurie, VIII. 647. B.
Matheron, VIII. 307. D.
Mathi, II. 439. B.
S. Mathieu, comté, VI. 456. C.
Mathy, I. 139. B.
MATIGNON (Seigneurs de) V. 390. & suiv. Voyez
   Goyon.
Matignon, I. 204. B. 221. D. IV. 567. B. 680.
   B. 802. B. V. 150. D. 375. C. 644. D. VII.
   270. D. 408. A. 476. B. seigneurie, IV. 58.

C. V. 150. D. 375. CE. 377. BCF. 378. A
   BE. 379. B. 390. D. 400. E. 401. CD. VII.
   121. D. 389. C. 524. B. VIII. 170. E. 173. E.
   191. B. 579. B. Voyez Goyon.
Matistart, VIII. 918. A.
Matosiños, comté, I. 698. B.
Matrie, comté, I. 44. B.
Matringhen, seigneurie, VIII. 633. C.
Matropt, IX. 445. C.
Matthæi, V. 462. E. 461. * D.
Matthieu, IV. 862. B.
Mattroy, seigneurie, I. 499. A C.
du Matz, VI. 196. C.
Matzanvilliers, seigneurie, III. 648. C.
Mau, seigneurie, II. 185. 2. E.
Mavau, V. 605. C.
Maubec, VI. 304. D. VII. 35. A. 59. E. 808. D.
   VIII. 350. B. seigneurie, II. 437. D. III. 821.
   A. V. 279. F. 280. A. VII. 58. E. 59. B. VIII.
   59. E. 909. A. baronie, III. 838. D. V. 286.
   E. 287. A. marquisat, II. 496. A. 497. AD.
   V. 288. CD. 289. C. VII. 392. AD.
Maubert, III. 777. D.
Maubranc, seigneurie, V. 413. B.
Maubranches, seigneurie, VII. 366. C.
Maubreil, seigneurie, VII. 234. C.
Maubuisson, principauté, IV. 31. B. 67. C. Voyez
   Tubieres.
Mauchevalier, III. 914. D.
Maucler, VI. 576. D.
Maucomble, seigneurie, II. 87. A. VIII. 21. E.
   marquisat, VIII. 261. C. 262. D.
Maucon, marquisat, VIII 738. A.
Mauconseil, seigneurie, III. 88. E.
Maucune, seigneurie, II. 256. D. Voyez Maison-
   Forte.
S. Maudan, seigneurie, V. 413. B.
Maudec, seigneurie, IV. 662. B.
Maudereux, seigneurie, VII. 20. D.
Maudeftour, seigneurie, III. 653. C.
Maudet, VIII. 779. A. IX. 271. C.
Maudetour, VII. 394. C. seigneurie, VI. 551.
   A. 759. A. VII. 596. A. 636. C. VIII. 621. B.
Maudin, VII. 648. B.
MAUDUNIO, (Marquis de) qu'on fait descendre de
   Grimaldi-Monaco, IV. 489.
Mauduyt, VI. 418. B.
Maufras, IV. 710. D. VIII. 95. E.
Maugastel, I. 271. E.
Maugé, seigneurie, VII. 670. C.
Maugery, marquisat, IV. 472. B.
Maugevel, seigneurie, VIII. 916. C.
Mauginere, IV. 398. C.
Maugiron, I. 377. A. II. 69. C. IV. 855. D. VII.
   392. AD. VIII. 133. C.
Maugivray, seigneurie, II. 865. B.
Mauhic, seigneurie, VII. 288. C.
Mauhugeon, V. 382. A.
Mavieres, seigneurie, VI. 638. C.
Maujusson, II. 445. A B.
Maulain, IX. 475. B.
Maulde, III. 612. A. VI. 712. B. VII. 559. E.
   seigneurie, IV. 34. B. VIII. 31. B. 80. D. ba-
   ronie, VIII. 33. D. sur l'Escaut, VIII. 35. D.
   36. A.
MAULE (Seigneurs de) II. 491. & suiv.
Maule, seigneurie, VIII. 789. C. baronie, VIII.
   802. D. 803. A. IX. 303. A. sur Mandre, sei-
   gneurie, II. 411. A.
Mauleberg, III. 904. D.
MAULEON, Girand, chevalier du S. Esprit, IX.
   92. A.
Maulcon, II. 19. E. 44. B. 170. E. 173. D. 612.

C. 623. E. 656. E. 658. C. III. 362. A. 367.
AB. IV. 22. C. 23. D. 191. A. 439. C. 469.
B. 557. A. 838. B. V. 195. C. 731. C. VII.
270. D. 409. A. 452. D. 511. A. 772. C.
861. B. 925. B. VIII. 475. B. 476. B. IX. 382.
E. seigneurie, II. 650. A. 661. E. IV. 166. D.
169. A C. 194. A. 195. A E. 196. C. VII. 122.
A. 128. C. 141. E. 880. A. 925. B. baronie,
IV. 167. C. 173. A. 613. A C. VII. 94. A.
la Bastide, IV. 840. D.
Maulevaut, VI. 569. C.
Maulevrier, VI. 57. C. VII. 17. D. seigneurie, II.
221. A. 437. D. 852. E. IV. 80. C. 678. A.
V. 141. E. VII. 500. A. VIII. 54. B. 329. B C
D. 571. C. baronie, III. 74. D. V. 230. D.
607. B. 609. B. VI. 635. B. VII. 17. D. 131.
E. 870. B. comté, I. 119. A. 214. D. 371. B.
439. D. II. 207. C. 425. C. 451. B. 491. B.
492. B. 513. E. 514. A. 605. B. IV. 266. C.
537. C. V. 609. E. 611. A. B. 612. A. VI.
406. D. 476. C. VII. 168. C. 193. A. 436. B.
575. B. 671. B. VIII. 271. A. 272. A. 891.
C. IX. 251. A. marquisat, IV. 640. B. VII.
700. C. VIII. 337. B.
Maulonne, seigneurie, IV. 831. C. 832. A B.
Maumechin, VII. 510. A.
Maumez, VI. 716. D.
Maumoine, I. 437. D. VIII. 250. A.
Maumonniere, seigneurie, VIII. 250. A C.
MAUMONT (Seigneurs de) IV. 455. Voyez la Roche-
foucaud.
Maumont, I. 274. A. 523. B. II. 67. A E. III.
820. B. IV. 787. A. V. 330. E. 331. D. VII.
18. D. 83. B. 130. B. 142. A. VIII. 53. C. 60.
D. 91. D. 672. A. 922. E. seigneurie, IV. 34.
C E. 785. B. V. 329. D F. 330. A. VII. 58. A.
810. D. baronie, VIII. 901. E.
Maunoury, I. 440. C. du Tremblay, V. 148. C.
Maunoy, II. 35. D. Voyez Mauny.
Mauny, II. 362. C E. 365. C. 411. B. IV. 74.
C. V. 381. C E. 382. D. 383. A. 413. D. VI.
740. B. VII. 384. D. 513. B. 822. A. VIII.
10. A. 169. C. 251. B. IX. 394. A. seigneurie,
I. 444. C. II. 112. C E. 124. D. 125. B. VI.
185. A. 467. C. 633. B. 634. B. VII.
169. C. 545. C. VIII. 271. D E. 571. B. baronie, I. 119. B. VII. 393. D. 395. C. VIII.
272. A. marquisat, VI. 406. D. 528. A. VII.
542. C. 545. E. en Beauvoisis, V. 245. B-
MAUPAS (Seigneurs de) II. 280. D. Voyez Cau-
chon.
Maupas, seigneurie, I. 505. A. II. 862. E. IV.
653. D. 654. A. V. 736. A. baronie, III.
842. B. 892. A.
Maupeou, II. 307. D. IV. 877. D. 893. A.
VI. 563. B. VII. 343. A. VIII. 778. A. IX.
306. A. 335. C. d'Ableiges, VI. 548. A. IX.
461. D.
Mauperier, seigneurie, IX. 442. C.
Maupertuis, III. 643. D. V. 142. C. 375. D.
VII. 156. D. 629. D. VIII. 870. B. 917.
C.
Mauprevere, seigneurie, III. 87. B.
MAUQUENCHY, Jean, dit Mouton, sire de Blain-
ville, maréchal de France, VI. 756. B.
MAUQUENCHY (Genealogie de) VI. 757.
Mauquenchy, VI. 757. D. VII. 868. B. VIII. 97.
D. 105. B. 614. C. 729. D. seigneurie, V. 129.
C.
S. Maur, VI. 394. D. comté, IX. 76. C.
la Maurague, seigneurie, VII. 286. B.
Maurain, seigneurie, III. 599. A.
la Mauratiere, seigneurie, IX. 443. A.

MAURE (Comtes de) IV. 682. & suiv. Voyez
Rochechouart.
Maure, VII. 603. B. seigneurie, IV. 562. D. VIII.
808. C. comté, II. 235. B. IV. 60. C. 680. B.
V. 386. A. VIII. 245. E.
SAINTE MAURE, Guillaume, chancelier de France,
VI. 313. D. Charles, vice-amiral, VII. 912.
C.
SAINTE MAURE-MONTAUSIER, Charles, chevalier
du S. Esprit, IX. 199. C.
SAINTE MAURE-JONSAC, Leon, chevalier du saint
Esprit, IX. 204. B.
SAINTE MAURE (Genealogie de la maison de) V.
6. & suiv.
Sainte Maure, II. 63. C. 230. C. 427. B. 441.
D. III. 636. B. 638. B. 735. C. 772. C. 774.
A. IV. 61. B. 585. A B. 676. C. 677. C. 845. B.
890. B. V. 347. A. 743. C. VI. 63. A. 340. A.
401. B. 484. C. 494. A. 769. A. VII. 22. A.
47. E. 121. B. 709. A. 172. A. 383. C. 457. B.
458. C. 505. A C. 508. D. 607. E. VIII. 75. C.
93. E. 113. A C. 118. A. 142. A. 190. A. 247.
D. 279. A. 425. B. 584. B. 705. C. 717. B.
923. B. IX. 166. C. 342. B. seigneurie, II.
744. C. 859. A. IV. 60. E. 61. A B. 424. C
D. 425. A. V. 6. D. 9. C. VI. 63. A. VIII.
98. B. 569. D. 570. B E. 571. C D E. 770.
C. comté, IV. 70. B. Jonsac, V. 361. C. Mon-
tausier, V. 183. B. VIII. 707. D.
Maurecourt, seigneurie, VIII. 8. D.
Mauregard, VI. 465. D. seigneurie, I. 119. E.
118. B C E. 119. C E. 120. A B D E. 121. A
C. 122. C E. 123. B C D. 124. C. 126. E. 127.
B. VI. 34. B. 340. C. VII. 12. E. 879. B. ba-
ronie, IV. 34. A.
Mauremont, seigneurie, III. 362. D.
Maurens, VII. 927. B. seigneurie, I. 374. A. VII.
282. A.
Maurenx, VII. 403. C. 450. C.
Maurepas, seigneurie, VI. 178. B. 718. B. 787.
A. VII. 120. D. 825. B. VIII. 150. C. comté,
IV. 435. B. IX. 323. A.
Maurepast, VII. 583. A.
Maurevert, seigneurie, VI. 350. A. VII. 191. D.
Maurez, seigneurie, VIII. 572. A.
Mauriac, III. 830. E. seigneurie, V. 355. E. VII.
134. B.
S. Maurice, IX. 398. D. 479. B. seigneurie, I.
429. C. 430. C. 554. B. II. 189. A. 347. D.
370. C. 386. C. 848. C. III. 150. C. 450. C.
IV. 143. B. 456. B. V. 225. C. 349. B. VI.
86. A. 282. A. 510. A. VII. 66. B. 324. D.
545. A. 730. B. VIII. 60. E. baronie, III. 591.
B. sur Laveron, seigneurie, I. 238. C. 309. E.
490. D. 491. A. V. 225. B. VI. 115. C. 257.
B. VII. 143. C. VIII. 105. E. 117. B. 896.
D. lez-Villemur, seigneurie, III. 854. C.
Maurienne, VI. 73. D. 141. D. vicomté, IV. 530.
D. VII. 48. E. 118. A. comté, I. 75. B. 574.
A. 576. A. II. 156. D. 157. A. 687. B. 722.
C. 723. B. 727. C. III. 153. A. 568. D. VI.
80. B. 84. A. VII. 144. B. VIII. 411. C. 416.
B. 425. D.
la Mauriere, seigneurie, IV. 558. A. 569. A C.
V. 569. A.
Maurin, VI. 369. E.
Maurins, VI. 434. B.
S. Mauris, VII. 644. C. 804. A. seigneurie, VII.
438. A. 785. D. VIII. 329. C. comté, VIII.
338. C.
Maurisson, VIII. 594. *** B.
Maurost, seigneurie, VI. 712. B.
Mauros, seigneurie, IX. 383. E.

Mauroux, VII. 315. C. seigneurie, IV. 137. B.
547. B. VII. 61. B. 773. B. IX. 387. C. ba-
ronie, VIII. 595. ***** B
Mauroy, III. 771. D E. V. 493. E. VI. 572. A
B. 599. C. seigneurie, VIII. 559. B.
Maurup, seigneurie, VIII. 638. B.
Maurusson, VII. 616. B.
Mausac, seigneurie, II. 674. A.
Mauschal, IV. 444. A.
Mausin, V. 385. C.
Mauson, IV. 460. A.
Maussac, seigneurie, VII. 484. C.
Maussigny, I. 437. A. VIII. 685. B. 729. E.
Mausson, IV. 362. A. IX. 382. A. seigneurie, VII.
224. A. 225. E.
Mauterne, VI. 351. B.
Mautheville, seigneurie, VIII. 20. D.
Mautraversier, seigneurie, II. 125. E.
Mautrot, VII. 595. B.
Mauvans, seigneurie, II. 295. A. 296. B.
Mauvassen, baronie, III. 364. D.
Mauveillan, VII. 485. A.
Mauvers, seigneurie, VII. 595. D.
Mauves, comté, VI. 803. C.
Mauvesin, V. 193. A. VII. 298. B. IX. 417. A.
seigneurie, II. 705. B. III. 417. A. IV. 121. C.
baronie, VII. 713. B.
Mauviel, VII. 230. B. VIII. 21. A.
Mauville, seigneurie, III. 594. B.
Mauvilly, seigneurie, VII. 437. B. baronie, VIII.
934. D.
Mauvinere, VI. 774. D.
Mauvinet, VI. 754. B. VIII. 159. C. 572. A. 836.E.
la Mauvisiere, seigneurie, VI. 591. A.
MAUVISSIERE, (Seigneurs de) VII. 588. Voyez
Castelnau.
Mauvissiere, seigneurie, I. 500. B. IV. 670. D.
VII. 572. D. 586. C. 588. A.
Mauvoisiere, seigneurie, II. 449. B.
Mauvoisin, I. 429. E. II. 8. A. 363. E. 851. D.
III. 304. E. 305. A. IV. 368. A. V. 160. B. 161.
F. VI. 61. C. 253. C. 678. C. VIII. 198. B. 695.
A. 789. B. IX. 398. D. seigneurie, VIII. 148.
A. vicomté, IV. 479. A. V. 194. B C D. de
Rosny, III. 632. A. VI. 253. C. 678. B. 791.
D. 792. B.
Mauzac, seigneurie, VII. 460. D.
Mauzay, baronie, V. 771. A.
Mauzé, seigneurie, IV. 654. B C D. 678. D. 685.
C. baronie, IV. 686. E.
Maxens, seigneurie, V. 225. C.
Maxereit, II. 798. B.
Maxouval, seigneurie, VI. 795. C.
Maxval, baronie, V. 594. D.
Maxwell, IX. 401. B. 406. E. 410. A. 413. C.
Maxwella, V. 54. E.
May, IV. 399. E. VI. 473. B. 620. A. IX. 365.
B. seigneurie, III. 610. D. Ciran, seigneurie,
VI. 599. A. de Savary, VIII. 871. B.
Mayans, seigneurie, II. 175. B.
Mayaud, IX. 178. B.
Mayault, VIII. 761. A.
MAYENNE, duché-pairie, érigé en 1573. pour
CHARLES de Lorraine, III. 779. B.
MAYENNE, (Ducs de) sortis des ducs de Guyse,
IH. 490. & suiv.
Mayenne, II. 6 C. 409. A B. V. 465. E. sei-
gneurie, I. 450. D E. II. 850. A. III. 292. A.
430. B. VI. 59. D. 103. B. VIII. 451. B. 575.
A. 725. D. baronie, II. 405. E. III. 58. A B. 59.
E. 60. A. VI. 137. B. VIII. 568. C. comté, III.
170. A. marquisat, II. 207. B III. 485. A.
486. A. duché, I. 145. C. III. 713. B D. IV.

624. D. VI. 785. B. VII. 259. D. pairie, V.
738. B. VII. 190. B. 238. A. 598. B. 885.
C. la Juhez, seigneurie, I. 229. A.
MAYET, (Marquis de) VII. 258. Voyez Saulx.
Mayet, seigneurie, I. 428. C. III. 173. D. IV.
731. E. VII. 258. A. VIII. 575. B. baronie,
VII. 258. B. marquisat, I. 377. C.
du Mayeul, VII. 487. B.
Maymont, seigneurie, VI. 276. E.
Maynard, VI. 429. D.
Maynet, VII. 473. B.
Mayneville, VIII. 271. E.
Mayny, V. 14. C.
Mayorga, comté, IX. 295. B.
Mayrances, seigneurie, II 30. C.
du Maz, VII. 367. D. 383. B. VIII. 738. A.
Maza de Lizana, I. 655. C.
Mazagues, seigneurie, III. 496. A.
Mazaguet, seigneurie, II. 370. E.
Mazairac, seigneurie, VII. 703. A.
Mazan, seigneurie, II. 254. C. VII. 787. C. VIII.
294. D. 303. D.
Mazancosme, seigneurie, II. 623. D. Voyez Mas-
sencosme.
Mazancourt, II. 209. B. seigneurie, IV. 596.
B. VII. 825. D. VIII. 356. B.
Mazarambos, seigneurie, I. 645. A.
la Mazardie, seigneurie, IX. 457. E.
Mazargues, seigneurie, VII. 392. C. IX. 86. B.
Mazarin. Voyez Mazarini.
MAZARINI, Armand-Charles, grand-maître de
l'artillerie de France, VIII. 188. A. Philippes-
Jules, chevalier du S. Esprit, IX. 191. B. Ar-
mand-Charles, chevalier du S. Esprit, IX. 221.
A.
Mazarini, I. 109. A. 346. A. IV. 541. C. 626.
A. V. 463. C. 463. * A. 464. A D. 465. E. du-
ché, IV. 377. B. V. 466. A. Mancini, IV. 602.
C. IX. 336. A. Cardinal, I. 340. B. Voyez
Mancini & la Porte.
Mazaugues, seigneurie, II. 241. D.
Maze, VI. 363. B.
Mazel, III. 825. B. 831. C. IV. 900. A. VII.
939. A. IX. 451. C. seigneurie, V. 332. D.
Mazens. Voyez Chasteauneuf.
Mazerat, seigneurie, VIII. 50. B.
la Mazere, VII. 270. B. baronie, IV. 666. C.
Mazeres, seigneurie, VII. 275. C.
Mazernou, seigneurie, VII. 719. E.
Mazet, seigneurie, VIII. 146. C.
Mazeyrac, seigneurie, III. 824. E.
le Mazier, II. 129. D.
Mazieres, IX. 438. A. seigneurie, II. 376. D. III.
638. A. IV. 707. B. VIII. 495. C.
Mazille, VII. 654. D.
Mazilles, seigneurie, IV. 457. B.
Mazin, comté, II. 166. E. 248. E.
Mazingan, baronie, VIII. 851 E.
Mazis, I V. 671. A. VIII. 262. C. 266. A B.
Mazure, VIII. 273. C.
Mazzy, seigneurie, I. 69. C.
Meage, seigneurie, VIII. 148. C.
Meaglia, VI. 499. D.
Mealet, V. 748. B.
Meant, seigneurie, VII. 547. B.
Meauce, II. 125. A.
Meauce, II. 400. C. VI. 424. C. seigneurie, VIII.
326. C.
Meaulec, seigneurie, IV. 763. B.
Meaulle, seigneurie, VIII. 281. A.
Meaulne, seigneurie, VIII. 492. B.
Meaulx, VIII. 850. D.
Meaune, seigneurie, VIII. 822. A.

Meausse,

Meaulſe, V. 331. A.
Meauſſé, IV. 730. E.
Meaux, (Vicomtes de) VIII. 546. Voyez Coucy.
Meaux, II. 307. A. VI. 350. B. 436. D. VIII.
48. E. 156. C. ſeigneurie, VII. 526. C. VIII.
487. B. vicomté, I. 325. E. 526. A. 328. B.
332. D. II. 61. C. 259. D. 743. A. 835. C.
837. B. 838. C. 875. B. III. 572. B. 725. B.
727. A. 728. A C. IV. 213. A C. 214. A.
217. C. 219. C. 220. B. V. 228. E. 515. A B.
VI. 110. D. 115. B C. 160. C. 276. B. 639.
A. VIII. 32. D. 185. E. 543. E. 546. A. comté, I. 49. A. 135. A. du Bois-Bondran , VII.
895. B. du Fouilloux , IX. 170. A.
Mebernard, VII. 582. C.
Mebezon, ſeigneurie, VII. 398. B.
Mecharicourt, ſeigneurie, VIII. 634. D.
Mechez, ſeigneurie, II. 665. B.
Meckelbourg-Swerin, Chreſtien-Louis, chevalier
du S. Eſprit, IX. 208. B.
Meckelbourg, I. 148. E. duché, III. 588. D. VII.
154. C. Swerin, duché, III. 589. A.
Medan, ſeigneurie, VII. 770. E.
S. Medard, ſeigneurie, II. 181. B. baronie, IX.
97. A.
Medaſſe , ſeigneurie , VII. 420. D.
Medavi, ſeigneurie, VI. 641. D. VII. 569. B. baronie, VI. 293. B. VII. 395. D. 558. A. 571.
C. 588. C. comté , VII. 696. A. Voyez Rouxel.
Mede, ſeigneurie, VI. 697. B.
Medelin, II. 693. C. comté, I. 632. B.
Medicis, I. 134. C. 146. B C. 148. C. 277. C. 314.
E. III. 472. A. 714. B. IV. 531. B. V. 661. A.
VI. 556. B. VII. 207. B D. VIII. 218. B. IX.
462. C.
Medina - Celi, (Ducs de) III. 351. & ſuiv.
Voyez Foix.
Medina-Celi, VI. 163. A. ſeigneurie , III. 351. A.
comté, III. 351. C. duché, I. 289. C. 654. C.
655. C. III. 352. C.
Medina & Guzman, I. 648. A.
Medina de Rioſeco, duché, III. 354. D. 355. A.
V. 430. C.
Medina-Sidonia, ſeigneurie, VI. 163. A. duché,
I. 617. B. 621. B. III. 352. A. IX. 289. B.
295. A.
Medina de las Torres, duché, I. 293. D. IX. 295.
A.
Medina-ſur-Yevre, ſeigneurie, III. 172. B.
Mediné, VI. 361. A. duché, VIII. 291. C.
Medrac, vicomté, VII. 383. B.
Medrane, VII. 287. D.
Medreac, baronie, V. 494. F.
Medrignac , ſeigneurie , IV. 79. B. VII. 380.
B.
Medriniac, ſeigneurie, IV. 54. D.
Medullioni , IV. 500. B.
Mée, ſeigneurie, VI. 417. D.
Meerre, II. 795. C.
Megaudais, VI. 194. A. VII. 668. D. 672. D.
Megelou, ſeigneurie, IX. 443. B.
Meghem, comté, V. 642. B. 645. B. 647. B.
Meghen, comté, VI. 174. C. VIII. 67. C.
Megremont, ſeigneurie , VII. 473. B.
Megrigny, IX. 322. C.
S. Megrin, ſeigneurie, VII. 93. C. baronie , VII.
860. E. comté, II. 235. B C D. marquiſat , I.
377. D. IV. 273. D. VII. 406. D.
Meharenc, VI. 375. C. IX. 89. C. ſeigneurie,
VI. 375 C.
Mehun, II. 8. D. 849. D. IV. 707. E. VII. 371.
B. ſeigneurie, II. 202. A. VI. 344. D. 506. C.
Tome IX.

ſur-Yevre, ſeigneurie. I. 74. D. 383. C. 385.
B. 386. B. 481. A. 482. B. 483. B. III. 172.
B. VI. 75. C. VIII. 414. D.
Meignbux, (Seigneurs de) VIII. 561. Voyez les
Eſſars.
Meigneux, ſeigneurie, VIII. 561. A. 799. D.
Meilhan, ſeigneurie, VI. 213. A. VII. 405. B.
Meillan, ſeigneurie, I. 300. E. III. 450. B. IV.
438. A C. VI. 785. D. VII. 119. A. 123. E.
460. B. baronie, VII. 895. E. comté, VII. 898.
B.
Meillancourt, ſeigneurie, VIII. 10. C.
Maillane, ſeigneurie, VII. 484. A.
Meillant, VIII. 52. C. ſeigneurie, II. 850. A. 851.
A D. 852. E. VI. 735. C. VIII. 590. C.
Meillars, II. 233. E. IV. 785. B.
Meille, (Vicomtes de) III. 387. & ſuiv. Voyez
Foix.
Meille, ſeigneurie, III. 370. E. 381. C. IV. 164.
E. vicomté, III. 124. B. 382. C. 383. C. VI.
487. D. VII. 238. C.
la Meilleraye, duché-pairie , érigé en 1663.
pour Charles de la Porte, ſeigneur de la Meilleraye, IV. 619. Pieces concernant cette érection,
ibid. & ſuiv.
la Meilleraye (Genealogie des ducs de) pairs
de France, IV. 624. & ſuiv.
la Meilleraye. V. 466. A. duché, IV. 67. E. 324.
B. 377. B. VIII. 187. A. 188. A. 640. C. pairie , V. 463. D. 738. A. VII. 494. C. 598.
B. 714. D. Voyez la Mailleraye.
Meilleret, II. 232. C.
Meillon, ſeigneurie, III. 393. A.
Meillonas, ſeigneurie, II. 164. D. VII. 44. E.
Meilly, ſeigneurie, VII. 251. B. 640. C.
Mein, ſeigneurie, VII. 792. C.
Meindrois, ſeigneurie, VIII. 922. B.
le Meingre, Geoffroy, évêque de Laon, II. 109.
D. Jean, dit Bouciault , maréchal de France,
VI. 753. B. Jean II. du nom , dit Bouciault ,
maréchal de France, VI. 760. C.
le Meinge, II. 109. E. 136. D. 200. B C D.
201. C. 228. A. VI. 319. A. VIII. 836. E.
Bouciault , II. 852. E.
Mejorada , comté, I. 673. B. 674. A.
Meiragues, ſeigneurie, VIII. 295. C. 299. C.
Meiſeroles, ſeigneurie, VIII. 627. B.
Mejusseaume (Vicomtes de) VII. 721. Voyez
Coetlogon.
Mejuſſeaume, ſeigneurie, VII. 722. B D.
Meix (Seigneurs du) VII. 247. Voyez Saulx.
Meix, VII. 250. C. ſeigneurie , V. 267. C. VII.
247. A. les Chaſtelus , ſeigneurie , VII. 4.
E.
Meizé, IX. 158. B.
Melac, V. 743. C.
Sainte Melaine, VI. 194. B. 773. C.
Sainte Melanie, ſeigneurie, VII. 383. E.
Melat, ſeigneurie, VII. 408. C.
Melay, ſeigneurie, II. 65. B. VII. 809. D. VIII.
340. B C.
elce , comté , IV. 498. A.
Melcio, comté , VII. 116. D.
Meldert, I. 264. A.
Meleran, ſeigneurie, IX. 317. C.
Meleroy, ſeigneurie, I. 491. A.
S. Meleuc. Voyez S. Meloir.
Melfe, principauté, I. 671. D. II. 51. B. V. 525.
C. 526. A. VII. 928. A. VIII. 414. B.
Melgar, comté, V. 530. C. marquiſat, IX. 296.
C.
Melgueil, (Comtes de) VII. 780. Voyez Narbonne & Pelet.

Melgueil, comté, II. 518. C. 684. D. 689. A. 695. C. VII. 781. C D. VIII. 49. C.

Melian, I. 516. B.

Meliand, VI. 518. D. 604. B.

Meliande, VII. 274. B.

Meliar, VII. 346. C.

Melic, seigneurie, II. 432. E.

Meligny, II. 66. D.

Melin, II. 798. D. seigneurie, VII. 642. B.

Melincourt, seigneurie, VI. 638. B.

Melissey, baronie, II. 211. D.

Melissant, VIII. 809. *.* C. seigneurie, V. 647. A.

Melite, comté, III. 352. C.

Melito, principauté, I. 294. B. 655. C.

Mellay, seigneurie, III. 575. A. 633. A.

Melle, seigneurie, III. 82. D. 83. A. marquisat, V. 105. D.

Mellechatel, IV. 674. B.

Mellencourt, VIII. 398. B.

Mellenville, seigneurie, II. 411. C.

Melleny, seigneurie, VI. 650. C.

Meller, seigneurie, II. 428. D.

MELLERAN, (Seigneurs de) IV. 449. & suiv. Voyez la Rochefoucaud.

Melleran, seigneurie, V. 244. B. VII. 385. A. VIII. 70. D.

Melles, seigneurie, VIII. 78. C.

Melleville, seigneurie, VI. 478. C. VII. 565. D.

Melligny, seigneurie, I. 525. D.

MELLO, Dreux, connêtable de France, VI. 57. E.

MELLO, (Genealogie de la maison de) VI. 58. & suivantes.

MELLO, (Seigneurs de) VI. 49. Voyez Clermont en Beauvoisis.

Mello, I. 55. A. 281. B. 429. C. 562. A. 617. D. 618. A. 631. C. 655. B. 658. A. 664. D. 668. B. 690. A E. 691. D. 694. A. 697. A. II. 151. D. 154. B. 224. C. 345. B. 850. A. 851. E. 859. A. III. 79. C. 155. D. 304. E. 628. D. IV. 179. C. 182. A. 528. A. 822. E. 873. A. V. 128. B. VI. 57. E. 86. A. 109. B. 115. A B. 131. B. 135. C. 160. C. 276. A. 304. C D. 654. C. 655. C. 690. D. 700. C. 782. B. VII. 34. E. 80. D. 122. D. 735. C. 809. B. VIII. 106. B. 322. C. 326. A. 418. C. 421. E. 570. B. 718. B. 730. B. 887. C. seigneurie, III. 603. E. IV. 195. E. V. 131. D. VI. 41. C. 45. C. 49. D. 52. E. 52. A. 58. C. 158. B. 639. B. 661. A. 667. D. VII. 13. A. 121. B. VIII. 93. B. 396. B. 544. E. 629. B. baronie, IX. 417. C. d'A- cuña, I. 683. E. Figueredo, I. 654. B. S. Pa- rise, VIII. 930. A.

Mellot, seigneurie, V. 652. D.

S. Meloir, V. 395. B. 402. B. 405. E. 421. D. 423. B.

Melonil, V. 239. C.

Melonset, seigneurie, III. 606. C.

Melsei, seigneurie, VI. 641. D.

Meltztyn, comté, IX. 283. A.

MELUN, Philippes, évêque & comte de Châlons, pair de France, II. 347. D. Simon, seigneur de la Loupe, maréchal de France, VI. 640. B. Jean, souverain maître de l'hôtel du Roi, VIII. 314. B. Charles, grand-maître de France, VIII. 381. B. Jean I. du nom, chambellan de Fran- ce, VIII. 443. C. Jean II. du nom, chambel- lan de France, VIII. 444. C. Jean III. du nom, chambellan de France, VIII. 445. B. Denis, maître de l'écurie du Roi, VIII. 464. C. Guil- laume, grand-bouteiller de France, VIII. 553.

A. Jean II. du nom, souverain réformateur des eaux & forêts de France, VIII. 860. C. Guil- laume IV. du nom, souverain maître des eaux & forêts de France, VIII. 877. B. Alexandre- Guillaume, chevalier du S. Esprit, IX. 194. A.

MELUN, (Genealogie de la maison de) V. 221. & suiv. (Comtes de) V. 234. & suiv.

Melun, I. 214. B. 288. D. 371. B. 490. A. II. 748. E. III. 384. B. 498. C. 574. B. 575. A. 577. A. 579. B. 615. A. 640. B. 725. C. 726. C. 735. A. 796. B. 911. A. IV. 68. A. 179. E. 195. D. 216. B. 226. A. 438. B. 450. A. 543. A. 565. B. 569. C. 677. D. V. 12. A. 137. E. 138. B. 231. C. 607. E. 608. C. 644. C. 646. A. 653. B. 655. E. 838. C. VI. 170. D. 173. A. 180. C. 338. C. 379. B. 619. C. 625. D. 628. B. 634. A. 654. A. VII. 15. A. 52. D. 74. C. 122. C. 131. E. 238. B. 453. E. 515. C. 564. A. VIII. 36. C. 40. E. 41. B. 71. C. 98. E. 105. E. 106. A. 153. E. 265. B. 275. C. 276. E. 536. A. 551. C. 643. C. 658. A. 852. A. 892. C. vicomté, I. 215. A D. 217. C. 219. B. 430. D. II. 347. E. 848. B. 849. A. 857. A B. 858. D. III. 583. A. 603. E. IV. 219. D. 226. E. V. 106. D E. 137. E. 221. C. VI. 162. C. 170. D. 283. B. 313. B. 625. D. 628. B. 654. A. 728. D. VII. 15. C. VIII. 314. B. 315. A. 535. E. 605. B. comté, IV. 65. A. VIII. 722. A. la Borde, VII. 751. E. Espinoy, IV. 226. D. VI. 531. C. VII. 828. C. VIII. 41. C. de Gand, IV. 182. B. Mau- pertuis, IV. 402. B. Normanville, V. 397. A. IX. 96. A.

Melzeart, seigneurie, VIII. 479. C. 480. C.

Melziard, seigneurie, V. 17. D. IX. 176. B.

Melziars, V. 361. C. seigneurie, V. 899. D.

Membrolle, seigneurie, VII. 584. C.

Membrolles, IV. 705. C.

Memon, seigneurie, VIII. 822. C.

Memoulins, seigneurie, VIII. 812. A.

Memullon, seigneurie, VII. 38. D.

Menage IX. 321. C.

Menainville, seigneurie, IV. 707. E. 708. A. 727. C. VII. 384. C. VIII. 100. C E. 101. B.

Menalbo, seigneurie, VII. 691. D.

Menant, seigneurie, VII. 844. B.

Menard, IV. 732. D. V. 396. E. seigneurie, VI. 194. A.

Menardeau, IV. 854. C. 857. B. VII. 234. C. de Maubreil, IX. 474. D.

la Menardie, seigneurie, VII. 610. C.

Menardo, VII. 727. C.

Menars, seigneurie, IX. 324. B.

Menasalbas, marquisat, IX. 296. D.

Menaud, IX. 437. E.

Menause, V. 191. F.

Mençor, seigneurie, VI. 213. A.

Mendel, seigneurie, I. 698. D.

Mendez, I. 585. C. 586. A. de Sousa, I. 583. A.

Mendoça, IX. 256. B. 380. D. Arragon, IX. 297. A. de Soto-Mayar, IX. 295. C.

Mendoce, I. 580. A. VII. 818. C. VIII. 710. C.

la Mendolée, seigneurie, I. 414. C.

Mendoza, I. 293. C. 305. A. 639. A. 643. A. 650. C. 665. E. 667. B. 676. D. 684. B C. 686. B. 690. C. Caçam, I. 697. C. la Cerda. Voyez Sylva la Cueva & Benavides, I. 633. B. Infan- tado, IX. 378. A. Moura, I. 666. A. Souza, I. 681. C.

Mendoze, I. 617. C. 665. C. 695. D. III. 351. C. 352. B C D. 353. A C. 354. B. Arra-

gen, I. 353. B. Guzman & *Royas*, VIII. 44. D.

Mendozze, I. 290. E. 293. A. VII. 132. B. 600. C.

Mendre, seigneurie, VII. 456. D.

Meneac de la Loge, VIII. 809. B.

Sainte Menehoud, comté, I. 254. C.

Menemare, VIII. 259. B.

Menemarcs, VI. 644. D.

Menerval, seigneurie, V. 621. B.

Manesen, IX. 380. E.

Menessere, seigneurie, I. 152. C. marquisat, IV. 854. A.

Menesses, V. 524. E.

Menesteau, seigneurie, VII. 804. C.

Ménestou-Couture, seigneurie, IV. 753. C.

le Menestrel, VII. 683. B. seigneurie, V. 357. A.

Menetou, seigneurie, VII. 6. A. *Salon*, seigneurie, II. 849. D. 850. A B. V. 351. C. VI. 279. B. 652. C. VIII. 500. A B. *sur Cher*, seigneurie, VII. 99. B. *sur Naon*, seigneurie, VII. 367. A.

Menetreau, comté, VII. 418. A.

Meneval, vicomté, V. 148. B.

Meneuf, seigneurie, IX. 453. C. 474. C.

le Meneust, VII. 720. C. 725. A. IX. 521. C.

Menezes, I. 260. A. 577. C. 585. A B. 600. C. 602. D. 615. C. 616. B. 617. D. 638. B. 643. A. 657. A B. 658. A. 659. A B. 662. A. 664. D. 667. A. 669. A. 676. B. 678. A B. 681. B. 683. D. 689. E. 690. B. 692. A. 693. A. 696. A. 697. B. 698. C. 700. A. *Castaneo*, I. 667. B. *de Castro*, I. 662. C. *Noroüa*, I. 618. E. 631. A. *Pereira*, I. 643. B. *Sylva*, I. 637. B.

Mengden, VII. 657. E. baronie, *ibid.*

Menieres, VII. 233. A.

Menil-aux-Costes, seigneurie, I. 444. B.

Menillé, seigneurie, V. 406. E.

Menillet, seigneurie, III. 582. B.

Meninville, seigneurie, II. 125. A.

Menipeny, I. 508. A.

Menisson, II. 434. B. VI. 537. B. 565. C. 571. D. 572. B.

Menneau, seigneurie, V. 83. D.

Menneville, seigneurie, VII. 434. E. VIII. 636. D. 638. B. 823. D.

Menon, IV. 186. A. VII. 503. C. IX. 243. A. B C.

Menonville, seigneurie, VI. 717. B. VIII. 791. B C.

Menosey, seigneurie, VII. 644. B.

Menou, II. 282. A. IV. 290. A. VI. 55. E. 415. C. 417. D. 418. A. 423. A D. 424. C. VII. 367. B. 370. B. 375. D. 553. C. VIII. 558. B. IX. 116. A. 463. D. seigneurie, IV. 216. A. VI. 55. C.

Menoux, IV. 474. B.

Mensac, seigneurie, IV. 793. E.

Menten, V. 652. C.

MENTENAY, *Enguerand*, amiral de France, VII. 753. D.

Menthon, II. 164. C. 165. A C E. seigneurie, VII. 152. C.

Menton, VI. 118. D. seigneurie, II. 189. A. IV. 490. B C.

Meoubois, seigneurie, V. 425. D.

Menuë, VIII. 323. E. 331. B.

des Menuës, seigneurie, VI. 383. C.

Menville, seigneurie, V. 572. B.

Menuït, seigneurie, IV. 537. C.

Menut, III. 829. D.

Meny, VII. 410. D.

Menzies de Cast-le-Hill, IX. 402. D.

Meoillon, seigneurie, VIII. 911. E.

Meolette de Moranger, III. 606. C.

Meouillon, baronie, III. 894. C. VII. 153. C.

Meque, IX. 232. A.

Merainville, seigneurie, V. 829. D. VIII. 481. E. vicomté, V. 768. B.

Meral, seigneurie, VII. 585. B.

Meran, VII. 654. D.

Meranie, II. 186. 2. D. 724. D. 791. C. V. 511. B. VII. 797. B. duché, I. 80. A. II. 843. D.

Merargues, seigneurie, II. 243. A. baronie, II. 257. D.

Meras, VI. 572. B.

Meraucourt, seigneurie, II. 282. A. III. 622. B. 623. A. VIII. 616. C.

la Meraudiere, seigneurie, II. 452. D. IV. 730. C.

Meraumont, seigneurie, VI. 350. D.

Merbrick, VIII. 871. D. 872. B. 873. B.

Mercadantis, VI. 539. D.

Mercadé, fief, II. 127. E.

Mercado, VII. 311. D.

Mercartel, seigneurie, III. 609. B. 611. A C. 612. B.

Mercastel, VIII. 643. A.

Mercey, seigneurie, VII. 150. B. 251. A. 645. B.

Merchadou, seigneurie, VII. 333. D.

MERCIER, *Jean*, grand-maître d'Hôtel du Roy, VIII. 342. C.

le Mercier, I. 437. C. II. 764. C. VI. 116. A. VII. 264. A. 729. E. 937. D. *de Noviant*, VII. 740. D.

MERCOEUR, duché-pairie, érigé en 1569. pour NICOLAS de Lorraine, comte de Vaudemont, III. 787.

MERCOEUR (Ducs de) de la maison de Lorraine, III. 793. & suiv.

Mercœur, IV. 887. C. VI. 130. C. 769. A. VII. 812. C. VIII. 52. B D. 813. D. seigneurie, II. 270. A. 302. A D. 314. B. 315. B. 316. A C. II. 185. 2. C D. 849. B. 852. E. III. 160. C. VI. 85. C. 130. C. 729. C. 730. C. VII. 18. A. VIII. 50. E. 51. B. 54. C. 414. E. 867. A. baronie, III. 816. D. duché, I. 141. A. 196. C. 197. A. 198. C. 200. B. 348. B. 349. B. III. 491. D. 512. C. 514. E. 732. B. 738. B. V. 463. C. pairie, V. 463. * B. VII. 910. B. 939. A. *de Sauquier*, VIII. 595. *** A.

Mercorioles, seigneurie, II. 140. E.

Mercouet, seigneurie, VIII. 281. A.

Mercurol, seigneurie, V. 261. D E. 262. A B. 263. A E.

Mercusan, II. 196. D.

la Mercy, VI. 460. B.

Mercy, seigneurie, IV. 862. D. baronie, VII. 8. C. comté, VII. 256. A.

Merderet, seigneurie, IV. 854. B. VII. 336. D.

Merdinay, seigneurie, II. 782. A.

Merdogne, seigneurie, VIII. 60. C.

Merdrignac, vicomté, V. 375. E. 376. C.

Meré, seigneurie, IV. 459. A D. 657. A. VIII. 945. C.

Mere-Eglise, seigneurie, IV. 730. B.

Merelessart, VIII. 652. B.

Merelville, IV. 818. C.

Merenchis, seigneurie, VII. 451. B.

MIRENX (Seigneurs de) V. 757. *Voyez* Durfort.

Merenx, seigneurie, V. 757. B.

Merenz, baronie, V. 755. D.

Meres, seigneurie, VI. 680. A D.

Mereuil, seigneurie, I. 506. B. II. 196. B.

Mereville, IX. 456. A.

Merieville, seigneurie, VI. 628. D. VIII. 691. B. 836. A. 837. E. vicomté, IX. 398. E. marquisat, VII. 344. E.

Meery, seigneurie, VI. 770. A.

Mergental, IV. 334. A.

Morgeride, seigneurie, IV. 439. D. VII. 357. C. 358. A. Voyez Margeride.

Mergne, seigneurie, VII. 83. C.

Merichon, VII. 23. D. 26. A.

Merivourt, VI. 634. D. VIII. 275. D. seigneurie, III. 612. A. V. 609. D. VI. 623. D. 745. D. 746. D. VIII. 526. C.

Meriel, seigneurie, V. 10. E. VI. 339. C. 341. B.

Merieu, seigneurie, IX. 72. A.

Merignac, seigneurie, VII. 334. B.

Merignon de Grasse, VIII. 307. D.

Merindol, seigneurie, I. 214. A.

Merinville, vicomté, IV. 565. A. VII. 436. C. comté, IV. 809. B. VII. 184. A. IX. 93. G. 203. B.

Merio, seigneurie, IV. 367. A.

Merionec, seigneurie, IV. 804. C. 805. A.

Meriteux, II. 664. B.

Merken, seigneurie, III. 905. D.

la Merlatierre, seigneurie, IV. 730. B.

Merlay, seigneurie, VI. 158. C. VIII. 628. A.

DU MERLE, Foucaud, dit Foulques, maréchal de France, VI. 641. D.

DU MERLE (Genealogie de) VI. 641.

Merle, IV. 763. A. VI. 641. D. VII. 188. C. 560. A. VIII. 294. A. 890. A. IX. 158. B. seigneurie, IV. 786. D. 787. A. 788. A. 789. A. 790. C. 793. E. VII. 303. A. 529. E. baronie, IV. 124. D.

Merlebeek, baronie, VII. 474. C.

la Merlée, seigneurie, II. 250. A.

Merlers, seigneurie, VIII. 275. A.

Merles, seigneurie, II. 655. C. IV. 122. D. VII. 300. B.

Merlesaut, seigneurie, VI. 641. D.

Merlin, IV. 596. B.

Merlo de Merlongues, VII. 687. B.

Merlo. Voyez Mello.

Merlou, seigneurie, VIII. 279. E. 280. B.

Merlotte, I. 52. C.

Mermande, seigneurie, II. 852. D. IV. 560. E. VII. 18. A. 849. D. VIII. 52. C.

Mernay, seigneurie, III. 644. A.

Merode, I. 265. DE II. 661. E. III. 596. C. 609. E. 610. D. 844. A. 906. D. 918. C. V. 230. C. 232. F. 639. A. 647. B. 657. D. VI. 99. B. VII. 592. C. 819. A. VIII. 41. A. 82. A. 282. A. IX. 306. A. 377. D. 398. D. seigneurie, V. 230. C. VII. 105. C. comté, IX. 377. D.

Merozelle, seigneurie, III. 727. D.

Merpins, seigneurie, I. 136. D. 178. E. 202. B. III. 78. D. IV. 419. B.

Merry, seigneurie, II. 119. C.

Merscalt, III. 918. A.

Mersech, seigneurie, II. 767. D.

Mertola, comté, VII. 609. B.

Meru, VIII. 790. B. seigneurie, III. 580. E. 604. A. IV. 872. C. 873. D. 874. A. VII. 810. B. VIII. 207. B. 370. C. 398. D. 711. C.

Mervant, seigneurie, I. 114. B. 217. D. 219. B. baronie, IX. 315. C.

Mervay, seigneurie, VII. 385. E.

Merveilleau, IV. 373. A.

Merveys, baronie, II. 700. A.

Mervieil, seigneurie, VII. 189. D.

MERVILLE, Urfios, chambrier de France, VIII. 403. C.

MERVILLE (Seigneurs de) II. 232. & suiv. Voyez Escars.

Merville, seigneurie, II. 229. C. 231. C. 660. C. IV. 426. A. V. 283. F. VI. 582. A. VII. 344. B. marquisat, I. 371. B. III. 777. C. IX. 392. C. 473. E.

Mervilliers, VII. 38. D. VIII. 235. C. 279. D.

Mervis, seigneurie, III. 424. B.

MERY-SUR-OISE (Seigneurs de) VI. 339. Voyez Orgemont.

Mery, II. 199. A. 208. A. 374. B. 450. B. III. 573. D. IV. 229. B. V. 131. E. VI. 51. B. 345. A. 642. A. VII. 11. D. VIII. 203. E. IX. 449. * C. seigneurie, III. 580. D. 653. C. 654. A G. IV. 212. C. V. 10. E. 828. E. VI. 54. A. 114. C. 337. C. 339. C. 463 D. 698. A. VII. 80. D. VIII. 281. B. 775. A.

S. Mery, VI. 340. C. seigneurie, VIII. 593. B.

la Merys, seigneurie, VIII. 596. A.

Mesa, seigneurie, VII. 761. E.

Mesalent, VIII. 729. A.

la Mesangere, seigneurie, VII. 711. E. baronie, VII. 460. A.

Mesangeres, seigneurie, III. 650. D.

Meschatain, VII. 201. A.

la Meschauffie, seigneurie, IV. 785. C.

Meschere, seigneurie, VIII. 50. A.

Meschin, II. 483. C. VIII. 175. D.

Meschon, seigneurie, III. 906. B C D.

Mescoutet, seigneurie, II. 174. D.

Mesengneville, seigneurie, VI. 674. B.

Mesenguy, seigneurie, IV. 755. C.

la Meseraye, seigneurie, VIII. 729. D.

du Mesge, VII. 748. D.

Mesgrigny, IV. 684. B. VI. 571. C. 573. A C. 791. A. VII. 655. D. 852. C. VIII. 487. B. 915. A.

Meslajeu, VII. 575. C.

Meslay, seigneurie, II. 425. B C. VII. 514. C. VIII. 729. A. baronie, II. 427. B E. IV. 376. B. VII. 368. C. comté, IV. 791. D. IX. 333. B. marquisat, II. 428. A.

MESLE (Seigneurs de) VIII. 362. Voyez du Châtel.

Mesle, IV. 447. A. VIII. 71. B. seigneurie, II. 497. A. III. 320. A B. 422. A. 427. A. V. 132. A. 135. D. VIII. 595. D. comté, IX. 229. B.

Meslean, seigneurie, V. 927. E.

Meslerault, baronie, I. 327. A.

Mesleraye, seigneurie, VIII. 765. B.

Meslier, III. 425. D.

SAINTE MESME (Comtes de) VII. 436. Voyez l'Hopital.

Sainte Mesme, seigneurie, VI. 510. B. VII. 434. D. 436. D. VIII. 694. C. 887. A. IX. 280. B. 328. B. marquisat, VII. 437. E.

Mesme de Marolles, VIII. 752. C.

Mesmedin, IV. 371. C.

MESMES, Jean-Jacques, prevôt, & maître des ceremonies des ordres, IX. 316. B. Jean-Antoine, prevôt & maître des ceremonies des ordres, IX. 316. C. Jean-Antoine, prevôt & maître des ceremonies des ordres du Roy, IX. 317. A. Claude, greffier des ordres, IX. 333. A.

Mesmes, III. 495. C. IV. 36. C. 295. C. 681. B. V. 741. A. VII. 291. D. VIII. 737. B. 776. D. IX. 66. A. 168. A. 177. D. 207. B. 316. A.

Mesmin, VIII. 945. D. IX. 349. B. seigneurie, VIII. 596. A.

S. Mesmin, I. 369. B. II. 213. C. seigneurie, II. 376. C. VI. 463. C. VII. 768. A.

Mesnac, seigneurie, IV. 456. B.

Mesnager,

Mesnager, VI. 427. B. 565. B.
Mesnagier, V. 489. E.
Mesnard, IV. 576. B. IX. 343. C.
la Mesnardiere, III. 90. B.
le Mesneau, VI. 522. C. seigneurie, VI. 502. D.
Mesnel, seigneurie, VIII. 635. A.
Mesnelies, seigneurie, VIII. 523. A.
Mesneville, seigneurie, VII. 437. A.
Mesniel, VIII. 811. ** C.
DU MESNIL, Martelet, maître de l'écurie du Roy, VIII. 467. D.
Mesnil, I. 500. B. II. 384. B. 445. A. IV. 674. B. V. 37. B. 91. C. 246. A. VII. 586. C. 740. E. VIII. 232. C. 894. A. seigneurie, II. 612. A. 841. C. IV. 395. B. 400. C. 752. C. 870. C. V. 245. E. 836. C D. 837. E. 839. D. 841. B. 845. D. VI. 34. A. 349. C. 358. B. 378. B. 391. B. 431. B. 574. A. 590. B. 783. B. VII. 154 B. VIII. 11. D. 20. C. 210. C. 258. B. 282. BCD. 283. C. 615. C. 641. C. 789. A. 809. *C. 822. E. IX. 116. A. 444. C. 462. E. Adelée, seigneurie, II. 408. C. Argence, seigneurie, VI. 783. C. Aubin, seigneurie, VI. 514. B. Aubry, seigneurie, V. 136. F. VI. 627. C. VII. 15. B. Auger, seigneurie, II. 432. A. Bœuf, VIII. 101. A. Chassemartin, seigneurie, IX. 319. B. la Comtesse, seigneurie, VII. 50. D. David, seigneurie, VII. 478. E. S. Denis, VIII. 858. C. seigneurie, VI. 385. C. Evard, seigneurie, VI. 355. C. S. Firmin, seigneurie, VII. 337. A. 339. D. Froger, VII. 570. D. Garnier, seigneurie, II. 411. A. V. 382. A B. VI. 486. A. VIII. 495. D. baronie, IX. 321. B. marquisat, IX. 321. C. S. Georges, seigneurie, V. 151. F. Habert, seigneurie, VIII. 890. C. Hatte, seigneurie, VIII. 160. B. 161. A. Hermer, seigneurie, V. 143. B. Huchon, VIII. 563. A. S. Jor, seigneurie, V. 355. A. 358. B. Jourdain, VI. 357. C. VIII. 174. C. seigneurie, VIII. 646. B. Lancelevée, seigneurie, VI. 282. D. Lourdaux, seigneurie, V. 246. B. Madame-Rance, seigneurie, IV. 407. B. VI. 53. C. Manger, seigneurie, V. 137. B. VII. 757. E. Mangier, seigneurie, VIII. 93. E. Mold, seigneurie, VII. 494. A. au Mont, seigneurie, II. 36. C. sur Nielle, seigneurie, III. 613. B. Oger, seigneurie, VII. 571. B. lez-Ogier, seigneurie, II. 323. A. Patry, seigneurie, II. 408. A. V. 143. B. VI. 690. C. Paviot, seigneurie, VII. 856. A. VIII. 399. D. Payen, seigneurie, VI. 623. D. Ponceaux, seigneurie, VI. 674. B. Pont, seigneurie, III. 773. C. Prêtre, seigneurie, IX. 443. B. Racoun, seigneurie, VI. 117. B. S. Samson, seigneurie, IX. 484. A. Seran, seigneurie, VIII. 91. B. Simon, I. 505. A. II. 862. E. 873. B. VII. 7. E. 376. A. 425. C. IX. 311. C. seigneurie, IV. 654. A. 669. A. VIII. 99. D. 100. B. 470. A. 729. E. Tisons, seigneurie, VII. 394. B. 570. D. Vaché, seigneurie, V. 82. F. Varin, VIII. 95. A. Vassez, seigneurie, VII. 473. A. Velus, seigneurie, VII. 894. B. Viste, seigneurie, II. 83. C.
MESNIL-TERRIBUS (Seigneurs de) VI. 288. Voyez Mornay.
Mesnil-Terribus, seigneurie, IV. 413. A. VI. 285. B. 288. B. 289. E. 292. E. VIII. 791. B. 857. B.
Mesnilbue, seigneurie, V. 149. C. baronie, V. 150. F. 152. A.
Mesniltate, seigneurie, V. 161. D.
Mesnillet, seigneurie, VIII. 808. D.
Mesnils, seigneurie, IV. 803. E. VIII. 20. D.

Mesnilville, seigneurie, VI. 360. C.
Mesnoallet, V. 927. C. seigneurie, ibid.
Mesnou, VI. 722. C.
Mesonnais, seigneurie, IV. 686. B.
Mespilia, seigneurie, VII. 443. B.
Mespoler, seigneurie, IV. 143. B. VII. 324. D.
Mespoulet, seigneurie, V. 752. C.
Mespuis, seigneurie, VI. 318. C.
Messager, VI. 569. D.
S. Messant, seigneurie, VII. 822. A. VIII. 74. A.
Messay, IV. 862. B.
la MESSELIERE (Seigneurs de) VIII. 482. Voyez Frotier.
la Messeliere, seigneurie, IV. 452. E. VI. 597. A.
Messemé, VI. 418. C. seigneurie, IV. 452. B. 453. B.
Messen, II. 739. A.
Messene, seigneurie, II. 741. C.
Messerenicot, seigneurie, VII. 52. D.
Messey, VII. 252. B. seigneurie, IV. 642. A. V. 149. E. VII. 399. E. VIII. 323. B. baronie, VII. 401. B.
Messi, seigneurie, II. 430. A.
Messigny, seigneurie, IV. 573. C. VII. 250. A. IX. 477. C.
Messin, seigneurie, IV. 843. A.
Messine, duché, VII. 780. A.
Messy, seigneurie, IV. 398. C. V. 161. D. VI. 259. D. 647. B. VII. 13. E.
Mestairie, seigneurie, VIII. 170. A.
les 4. Mestiers, seigneurie, II. 716. A. 718. B. 722. E.
Mestignac, VII. 844. E.
Mesvillers, seigneurie, IX. 201. B.
Mesvillier, seigneurie, VI. 418. A. 419. D.
Mesvilliers, seigneurie, II. 429. E. III. 914. A. VII. 825. E. IX. 311. A.
le Metay, VI. 364. D.
le Metayer, IV. 76. C. VI. 359. B.
la Metayerie, II. 422. A.
Metelin, II. 590. E. en Armenie, VI. 18. E.
Metivier, V. 153. D. IX. 454. C.
la Metrie, seigneurie, V. 422. D. 423. C.
la Haute-Metrie, seigneurie, V. 422. D.
Mets, évêché, I. 22. A B. 31. A.
Mets, seigneurie, V. 83. A. 234. B. VII. 741. A. VIII. 659. A. comté, II. 787. E. 843. E.
MEUDON, Robert, pannetier du Roi, VIII. 606. D. Henry, maître de la venerie du Roy, VIII. 684. E. Jean, maître de la venerie du Roi, VIII. 686. A. Henry, maître enquêteur des eaux & forêts, VIII. 846. D. Jean, maître enquêteur des eaux & forêts du Roi, VIII. 859. C.
Meudon, III. 660. A. VI. 258. C. 276. C. seigneurie, VIII. 264. B. 265. B C. 747. A. IX. 305. B.
Meuillan, seigneurie, III. 765. E.
Meville, seigneurie, VI. 644. D. VIII. 340. C.
Mevilles, seigneurie, II. 65. B.
Meuislon, III. 838. A. VII. 190. D. VIII. 499. C. seigneurie, II. 440. A. IX. 90. A. baronie, II. 12. D. 20. C. 21. E. 25. B.
MEULANT, Adam, pannetier du Roi, VIII. 610. A.
Meulant, seigneurie, V. 641. A. VII. 762. E. comté, I. 139. A. 279. A. 284. B C. 287. D. Voyez Meullent.
Meule, VIII. 522. A.
Meulebeck, seigneurie, III. 907. A.
Meulet, IX. 380. A.
MEULLENT, Jean, évêque & comte de Noyon, pair de France, II. 403. B.

MEULLENT (Genealogie de) II. 403. & suiv.

Meullent, III. 304. E. 610. A. V. 128. D. 158. C. 160. B. VI. 676. B. VII. 866. C. VIII. 96. A. 397. C. comté, I. 532. E. II. 403. E. 482. A. III. 567. E. V. 126. D. VI. 74. A. 787. C. VIII. 568. C. Voyez Meulant.

Meulles, VI. 438. B.

Meully, seigneurie, VIII. 340. A.

Meun, VIII. 356. C. seigneurie, VII. 243. B.

Meung, VII. 7. D. seigneurie, VII. 27. C. sur Charente, seigneurie, VII. 23. E.

Meurat, seigneurie, VII. 595. D.

la Meure, seigneurie, IV. 848. A.

Meurs, II. 331. B.

Meneville, baronie, VIII. 717. B C.

Meuse, baronie, VIII. 721. A.

Meusnier, III. 645. E. IV. 891. D. V. 755. A. IX. 303. E. le Rubelles, VII. 338. D.

MEUSNIERES (Seigneurs de) VI. 436. Voyez Briçonnet.

Meusnieres, seigneurie, VI. 435. D. 436. C. VIII. 859. A.

Meuville, seigneurie, VIII. 81. CE.

Meuvres, seigneurie, VII. 595. E.

Meuvy, seigneurie, IV. 843. C. baronie, IV. 844. A B D.

MEUX (Seigneurs de) VIII. 712. E. Voyez Rouville.

Meux, seigneurie, V. 15. B. VI. 370. B. VIII. 712. E. 769. D.

MEUZE (Barons de) IV. 844. & suiv. Voyez Choiseul.

Meuze, seigneurie, IV. 837. A B. baronie, IV. 839. A.

Mexia, I. 685. C. 686. A B. de Cavillo, V. 526. C.

Meximieux, seigneurie, V. 669. C. VI. 327. B. comté, V. 614. A.

Mey, seigneurie, VII. 631. C.

Meydel, VII. 657. D.

Meymont, VII. 404. E.

Meyrand, VIII. 297. B.

Meyras, baronie, VII. 343. A.

Meyrey, II. 53. E.

Meyrónne, seigneurie, VII. 358. E.

Meyseria, V. 665. B.

du Mez, VII. 110. D. VIII. 80. D. 82. D. 661. A. seigneurie, VI. 619. A. 625. D. le Maréchal, seigneurie, V. 225. F. lez Melun, seigneurie, V. 242. E.

Meza, seigneurie, VII. 760. C.

Mezalen, IX. 303. D.

Mezalent, IV. 744. B.

la Mezangere, marquisat, III. 494. D.

Mezangeres, seigneurie, VI. 457. B.

S. Mezard, VII. 453. B.

Mezengere, seigneurie, VIII. 133. E.

Mezent, seigneurie, II. 198. E.

Mezernets, seigneurie, V. 409. D.

Mezeux, seigneurie, II. 354. B.

la Meziere, seigneurie, seigneurie, IV. 753. D. VIII. 68. A.

MEZIERES (Marquis de) I. 237. & suiv. (Seigneurs de) VII. 477. Voyez Espinay.

Mezieres, III. 643. C. 644. C. 648. B. V. 132. F. seigneurie, I. 236. B. 238. C. 368. C. II. 440. C. 794. A B. IV. 35. C. 167. A. 195. A. 656. B. V. 129. F. 130. A E. 134. F. 135. D. 136. D. 182. D. VI. 138. A. 415. A. 516. C. VII. 141. D. 472. E. 477. B. VIII. 483. B. 661. B. 854. C. IX. 392. E. baronie, I. 237. C. IV. 686. A. marquisat, I. 147. D. 238. C E. 356. C E. 357. A. 358. B. VIII. 39. B.

Meziers, II. 373. A.

Mezin. Voyez l'Atugue.

Mezobran, seigneurie, VII. 705. C. 724. E.

Mezy, seigneurie, II. 129. B.

Mialet, baronie, IV. 849. C.

Miahnay, seigneurie, VI. 801. B C.

S. Micauk, seigneurie, VII. 645. A. VIII. 323. A.

Michau, VIII. 321. A.

Michel, III. 834. A. VI. 439. B. VII. 426. A. 631. B. de la Brosse, IV. 475. B.

S. MICHEL (Premiers chevaliers de l'ordre de) I. 117. E.

S. Michel, II. 28. A. IV. 784. C. VIII. 265. A. seigneurie, I. 376. E. II. 240. C. 650. E. 674. B. IV. 664. C. 688. B. V. 29. A. VII. 875. E. VIII. 295. A. 589. E. 642. E. baronie, IV. 270. D. VII. 314. B. du Bois, VII. 227. A. d'Enfus, seigneurie, IV. 276. A. en Languedoc, seigneurie, IV. 135. D. sur Loire, seigneurie, II. 852. C. ordre de chevalerie, II. 220. E.

Michenon, seigneurie, VII. 547. B.

MICHERY (Seigneurs de) bâtards de la Baume, VII. 49.

Michery, seigneurie, VI. 388. A. 391. A. VII. 49. D.

Michon, VII. 477. A. VIII. 753. A.

Micinelli, V. 461. * B. 464. C.

Middelbourg, seigneurie, III. 609. E. IV. 861. B. comté, III. 610. D. V. 770. A.

Middleton, comté, IX. 414. C.

Midelhervise, seigneurie, VI. 801. B.

Miée, IV. 220. B. VII. 395. A.

MIEGE, Pierre, amiral de France, VII. 744. A.

Mielet, seigneurie, VII. 488. B C.

Mienne, seigneurie, VII. 151. B. 374. A. marquisat, VIII. 801. C.

Micrewaert, seigneurie, V. 641. D.

Miermagne, seigneurie, VIII. 98. C.

Miermalgne, seigneurie, VII. 25. C.

Mieslan, comté, V. 181. E. 182. A.

Mieuvre, VI. 177. A.

Migé, seigneurie, VII. 221. A. 443. C.

Migenet, seigneurie, IV. 754. C. VIII. 613. A. baronie, IV. 752. E.

Miglos, seigneurie, II. 184. C. baronie, III. 361. C. vicomté, VII. 281. A.

MIGNOT, Pierre, aumônier du Roy, VIII. 229. B.

Mignot, IV. 454. C. VII. 439. B. 527. E. seigneurie, IX. 475. A.

Migny, seigneurie, IV. 861. D.

Migré, seigneurie, VIII. 922. B.

Mila d'Arragon, V. 531. A.

Milan, I. 462. C. 680. C. IV. 57. A. VII. 870. B. seigneurie, I. 229. D. II. 598. E. 752. D. III. 419. C. VI. 136. B. vicomté, II. 157. B. duché, I. 108. E. 127. A. 206. C. 107. E. 209. C. III. 377. B. V. 523. E. VIII. 344. B. 503. B D.

la Milaudiere, seigneurie, IV. 364. B. 365. A.

Milavois, V. 192. B.

Mildmay, II. 491. C.

Milegorte, seigneurie, V. 18. C.

Mileran, IV. 458. E.

Milesime, comté, VIII. 42. B.

Milet, III. 920. A.

Milhac, II. 351. C.

Milhan, seigneurie, II. 182. B.

Milhau, comté, II. 688. A C. VII. 781. D.

Milhaud, baronie, VIII. 635. E.

Milieu, seigneurie, V. 105. D.

del Milla, V, 521. C.
Millac, V. 354. B. feigneurie, IV. 232. A. VII.
  309. D.
Millançay, I. 212. E. feigneurie, II. 130. C.
  V. 15. E. 347. A. VI. 96. B. VIII. 592. A.
  vicomté, VII. 547. C.
Millancourt, feigneurie, VI. 123. B.
la Millandiere, feigneurie, IV. 162 D. 284. B.
  VII. 645. C.
Millandres, feigneurie, VII. 587. D.
Millani, VIII. 298. A.
Millars, VI. 590. A. feigneurie, II. 646. B. IX.
  82. B.
Milles, marquifat, IX. 438 C.
Millau, VIII. 51. A. feigneurie, VIII. 99. C. ba-
  ronie, VI. 455. A. vicomté, II. 687. B. com-
  té, II. 669. B. 695. E. 696. B D.
Millaut, feigneurie, VII. 707. B.
Millé, feigneurie, VII. 529. E.
Millefau, feigneurie, VIII. 274. C. 275. A.
Millegem, feigneurie, II. 798. D.
MILLEMONT (Seigneurs de) VI. 433. Voyez Bri-
  çonnet.
Millemont, feigneurie, VI. 434. C.
Millencourt, feigneurie, V. 830. A.
Millendonck, baronie, V. 650. A B. comté,
  VIII. 644. A. 698. D. IX. 456. E.
Millepieds, feigneurie, VII. 585. A.
Milleraye, feigneurie, VIII. 327. C.
Milles, VIII. 576. D.
Millefimo, comté, II. 50. B.
Milleffe, baronie, VII. 385. C. 670. C.
Millevette, feigneurie, II. 209. C.
Millibufc, VII. 876. A.
la Milliere, feigneurie, VIII. 771. A.
Millonnez, feigneurie, VIII. 83. A.
la Millonniere, feigneurie, II. 452. C.
Millouet, feigneurie, VII. 872. B.
Milly, I. 487. A. II. 306. A. V. 247. A. VI. 253.
  B. 255. C. 625. A. VII. 30. B. VIII. 491. B.
  525. B. 851. E. feigneurie, II. 592. E. 593. B.
  410. B C. 411. A. 419. A. 437. D. 732. A.
  848. E. 860. E. 861. E. V. 81. CE. 82. D.
  83. C E. 84. C E. 86. B. 128. D. 158. C.
  160: B. 344. C VI. 203. B. 438. A. 676. B.
  VII. 48. B. 515. C. 865. A. VIII. 11. C D
  E. 788. C. 867. C. baronie, VIII. 592. E.
  en Gatinois, feigneurie, VIII. 280. E. le Mou-
  gon , feigneurie , III. 635. B. VII. 512. B.
MILON , Benoît, intendant des ordres, IX. 339.
  B.
Milon, VII. 596. C. Longchamp , feigneurie, VII.
  367. D.
Milfendeau, IX. 446. C.
Miltinville, feigneurie, IV. 731. B.
Mimande, feigneurie, IV. 861. D. VII. 646.
  B.
Mimars, II. 509. B.
Mimart, IV. 371. A C.
Mimeur, feigneurie, VII. 804. E.
Mimole, feigneurie, VIII. 246. C.
Minard, VI. 435. D. VII. 493. A.
Minardiere, feigneurie, VIII. 337. B.
das Minas , marquifat, IV. 642. C.
Minaucourt, feigneurie, VII. 894. B.
Mincornet, feigneurie, V. 639. C.
Mincy, feigneurie, IV. 219. D. VI. 509. C. VIII.
  11. E.
Mineray, VI. 551. A.
Mineroy, III. 636. D.
Minglos, feigneurie, II. 658. C.
Mingoval, feigneurie, I. 360. D. baronie, V.
  843. A.

MINIAC (Seigneurs de) V. 413. Voyez Goyon.
Miniac, feigneurie, IV. 60. D. 83. D. V. 413. D
  D. VI. 772. B.
Minibriac, châtellenie, IV. 59. A.
Miniere, feigneurie, II. 81. E.
Minimoge, feigneurie, VII. 715. B.
Minkuits, IV. 334. A.
Minut, IV. 137. A. VII. 315. B. de Caftera, ibid.
Miolais, VII. 720. C. feigneurie, IV. 324. A.
Miolans, II. 106. D. IV. 678. C. VII. 131. C.
  710. D. VIII. 190. B. feigneurie, II. 207. C.
  870. E. baronie, IV. 875. B. comté, I. 371.
  E. IV. 615. D. VI. 560. B. VII. 568. E. IX. 126.
  A. 147. A. Voyez Mitte.
Mion , VIII. 778. A.
MIOSSANS (barons de) VI. 219. Voyez Albret.
Mioffans , VI. 220. D. feigneurie, VI. 219. C.
  baronie, IV. 428. D. V. 180. E. VI. 219. C.
Mioffens, VII. 276. B. feigneurie, III. 391. D.
  IX. 390. D. baronie, I. 376. B. IV. 375. D.
  comté, III. 502. A. de Sanfons, III. 365. A.
Mipont, VII. 641. A.
Mira, feigneurie, I. 690. E. comté, III. 353. A
  D.
Mirabeau, feigneurie, VIII. 305. C.
Mirabel, feigneurie, II. 738. A. III. 817. C. 818.
  A. 826. C 827. C. IV. 503. D. VI. 56. D. IX.
  127. A. baronie, V. 166. F. 267. C.
Mirabelle, feigneurie, VII. 410. B.
Miradoux , feigneurie, II. 183. C.
Miraillet, I. 252. C.
Mirambeau, feigneurie, VII. 303. D. VIII. 704.
  A. marquifat, I. 371. B.
Mirambel, IV. 135. B. VII. 313. C.
Miramond, feigneurie, VII. 453. B.
Miramont, IV. 890. A. feigneurie, I. 370. E. IV.
  480. A.
Miranda, feigneurie, I. 582. C. 616. B. comté,
  I. 644. A. 689. D. VIII. 37. D.
Mirande, feigneurie, IX. 167. A. principauté,
  IV. 427. D. 436. A.
Mirandol, feigneurie, III. 837. B.
la Mirandole, feigneurie, VII. 118. D.
Mirapoix, feigneurie, V. 194. C. VII. 767. B.
Miraffor, VIII. 169. B.
Miraval, feigneurie, IV. 27. D. IX. 421. C.
Miraumont, II. 649. B. VII. 604. C. VIII. 80.
  C. IX. 386. A. feigneurie, VII. 330. C. 556.
  B. VIII. 4. C. 280. C. 634. E.
le Mire, II. 128. C. III. 619. B. VI. 740. C.
Mitebal, feigneurie, III. 74. C.
Mirebaux, baronie, III. 819. C.
MIREBEAU (Marquis de) IV. 573. & fuiv. Voyez
  Chabot (Seigneurs de) VII. 40. Voyez Vergy.
Mirebeau, VII. 79. A. feigneurie, I. 123. A. 244.
  E. 245. A. 309. E. II. 160. A. 161. B. 186.
  2. C. 198. C. 204. A. 224. B. 225. AC.
  229. D. 760. D. 857. C. III. 388. A B. 573.
  B. IV. 290. C D. 571. C. 821. C. V. 510. E.
  517. A. 895. A. VI. 86. C. 114. C. 203. B.
  487. C. 628. B. 651. B. 670. B. 695. D. VII.
  30. C. 32. D. 40. D. 83. B. 226. A. 796. B.
  806. C. 807. B. VIII. 203. A. 406. C. 425.
  A. 500. A. 594. **** B. 867. C. baronie,
  I. 357. A V. 610. B. 611. C. VI. 785. B. marquifat, IV. 308. A. VII. 156. A. 190. E. 259.
  C. VIII. 173. C. IX. 313. B.
MIREBEL (Marquis de) VII. 257. Voyez Saulx.
Mirebel, VI. 123. B. VII. 133. A. feigneurie, II.
  139. E. 186. 2. C. IV. 27. B C. 29. B. 214. D.
  VI. 85. A. VII. 18. E. VIII. 90. D. 910. D.
  baronie, VII. 53. C. marquifat, IV. 771. D.
  849. B. VII. 257. C. en Forez, feigneurie, VIII.

318. D. en Montagne. Voyez Mirebeau.
Miredel, seigneurie, V. 743. A.
Miremagne, baronie, VIII. 165. B.
Miremande, seigneurie, III. 496. A. 497. C.
Mirembeau, baronie, IV. 225. A.
MIREMONT (Seigneurs de) V. 353. & suiv. Voyez Aubusson.
Miremont, II. 457. A. 655. C. IV. 897. A. V. 356. B. VI. 153. C. VII. 266. B. 777. B. VIII. 108. C. 870. D. IX. 397. E. seigneurie, I. 226. A. 351. B. 371. B. II. 646. D. IV. 784. E. 787. D. V. 355. F. VI. 320. D. VII. 59. D. 708. D. baronie, IV. 537. C. V. 354. DE. 356. C. VII. 683. D. vicomté, V. 263. E. marquisat, I. 371. C. V. 349. D. 360. F. VII. 392. B. 713. B.
Mirepeil, seigneurie, V. 195. A B.
Mirepeix, seigneurie, VII. 401. D.
Mirepoix, seigneurie, II. 205. C. 354. E. 654. E. 674. C. 675. A. 858. A. III. 347. C. 433. D. 571. B. 659. A B. IV. 12. CD. 13. B. 23. C. 40. C. 527. D. VI. 74. D. VIII. 92. C. IX. 395. B. marquisat, IV. 169. C. 217. D. 892. B. VII. 407. A.
Mireville, VII. 556. D. 565. C. seigneurie, V. 141. DE.
Miribel, VIII. 909. A. seigneurie, II. 188. 2. E. 196. E.
Mirigny, seigneurie, VIII. 498. D.
Mirlemont, seigneurie, V. 843. A.
MIRON, Robert, intendant des ordres, IX. 339. C.
Miron, II. 308. B. 309. A. VI. 491. C. 544. B.
Mirouart, seigneurie, II. 751. D.
Mirville, IV. 900. A. IX. 451. C. seigneurie, VII. 571. A.
Misaumont, seigneurie, VIII. 281. A.
Misecle, seigneurie, IV. 287. C.
Miseré, seigneurie, VIII. 479. C. 480. C.
Miseri. Voyez Malain.
Misery, seigneurie, IV. 848. D. 853. A. VIII. 203. B. 160. E. 470. C. IX. 121. C.
Misochii, principauté, VII. 117. D.
Misochio, principauté, IV. 497. D.
Mison, seigneurie, II. 239. E. V. 290. C.
Missirien, seigneurie, VIII. 364. D.
la Missonniere, seigneurie, VII. 22. B.
Missy, seigneurie, VIII. 102. B.
Mistral, V. 287. F.
Mistrals, IV. 276. B.
Mithisy, seigneurie, VIII. 943. C.
MITTE, Jacques, chevalier du S. Esprit, IX. 126. A. Melchior, chevalier du S. Esprit, IX. 147. A.
Mitte, I. 371. E. II. 248. D. IV. 615. D. VII. 368. E. IX. 120. B. de S. Chamond, VIII. 759. E. IX. 201. B. de Chevriers, II. 212. D. VIII. 336. B. de Miolens, III. 614. B. 767. D. 768. B. VI. 560. A. VII. 368. E.
Mnasy, seigneurie, II. 604. B.
Moans, seigneurie, II. 291. C. III. 387. C.
Mochet, seigneurie, II. 200. A.
le Moczon, VII. 726. C.
Modave, seigneurie, VII. 676. C. 677. E.
Modene, baronie, VII. 66. A. duché, I. 128. E. 190. B. V. 466. B. 523. E.
Modet, VII. 563. C.
Modica, comté, V. 530. C.
Modigo, comté, III. 371. D.
Moedels, seigneurie, II. 798. D.
Moedic, seigneurie, VII. 729. A.
Moerbeke, seigneurie, II. 769. B. VI. 704. B. comté, V. 657. A.
Moerkelre, seigneurie, III. 918. B.
Moerkerke, seigneurie, II. 767. E.

Moerlan, seigneurie, VI. 285. B. 289. E.
Moers, III. 729. B.
Moeurs, III. 576. B. V. 230. B. 653. B. VI. 214. D. VII. 167. E. comté, III. 578. D. 579. A. V. 653. B.
Mogaduro, seigneurie, I. 681. B. 683. B.
Moges, I. 263. A. VII. 477. E. IX. 101. A.
Mogulaye, seigneurie, IV. 805. CD.
Moha, comté, I. 70. B. II. 328. A. 757. D. 787. E. 788. A. 843. C.
Mohun, VII. 840. C. de Dunster, baronie, II. 499. D.
Moiffons, VII. 194. C.
Moigneville, seigneurie, VIII. 232. D. 499. E. marquisat, II. 64. C. IV. 681. B.
Moigny, seigneurie, VIII. 237. B CD. 238. A B.
Moillart, VIII. 232. E. 233. A. 237. B.
Moillerou, seigneurie, IV. 822. A.
MOIMONT (Seigneurs de) VII. 565. Voyez Monchy.
Moimont, seigneurie, VII. 561. B. 565. C. VIII. 663. B.
LE MOINE, André, évêque & comte de Noyon, pair de France, II. 394. C.
le Moine, II. 394. C D E. IV. 370. C. 809. A. V. 380. E. VI. 360. A. 382. B. 476. D. VII. 380. D. 528. E. 560. D. VIII. 358. A. 592. E. IX. 431. E.
Moinerie, VI. 603. B.
Moinet, VII. 570. A.
Moings, seigneurie, V. 15. B.
Moins, seigneurie, VII. 20. C.
Moirans, II. 14. C.
Moire, seigneurie, III. 640. C.
Moiry, VIII. 276. C.
Moisenant, seigneurie, VI. 415. A. VII. 648. A.
Moiseray, seigneurie, VI. 335. D.
Moison, seigneurie, VI. 291. A.
Moissac, VIII. 146. A. seigneurie, IV. 129. C. VII. 59. B. 308. A. 392. C. VIII. 817. C. 820. C.
Moissaguel, baronie, VII. 699. A.
Moissevaut, seigneurie, IX. 300. B.
Moisson, V. 23. E. VI. 479. A. 685. B. seigneurie, II. 136. A.
la Moissonniere, seigneurie, VII. 567. A.
Moissy, seigneurie, VII. 654. B.
Moisy, II. 871. C. VII. 6. B. VIII. 340. B.
Mol, VIII. 46. B.
Molac, baronie, III. 587. B. IV. 75. B. VI. 772. D. VII. 383. C. VIII. 360. E. marquisat, VII. 135. E. 528. A.
Molambos, seigneurie, II. 211. C.
MOLANS, Philibert, maître de l'artillerie du Roi, VIII. 131. A.
Molans, seigneurie, II. 252. C. 253. A.
les Molares, comté, III. 354. D.
Molay, seigneurie, III. 723. B. VII. 227. C. Bacon, VI. 642. A seigneurie, VI. 691. B. baronie, IV. 62. B.
Mole, seigneurie, VIII. 304. C.
MOLE, Mathieu, garde des sceaux de France, VI. 570. D.
MOLE (Genealogie de) VI. 571. & suiv.
Molé, II. 376. E. VI. 530. B. 567. D. 571. B. 572. B. VII. 559. A. VIII. 824. A.
Moledier, IV. 478. B.
Molegez, seigneurie, II. 253. E.
MOLEMBAIS, (Barons de) V. 659. Voyez Croy. (Seigneurs de) VIII. 78. Voyez Lannoy.
Molembais, VIII. 282. B. seigneurie, VI. 641. B. 642. A. 656. A B. VI. 99. C. 711. D. VII. 642. A. VIII. 39. D. 40. A. 76. C. 78. C. baronie, V. 657. B D. 658. B. 659. B.

Molembaix,

Molembaix, seigneurie, I. 261. A. III. 608. B. 910. B. baronie, III. 597. C.

Molembeque, seigneurie, II. 744. E. IV. 211. A B C.

Molent, de la Vernede, VIII. 596. ** D.

Molette de Motanger, IX. 417. E.

Molettes, II. 138. D.

Molfette, seigneurie, IV. 498. B. principauté IX. 298. C.

Molien, VI. 504. D.

Moliens, seigneurie, II. 300. C. VI. 781. B. VII. 13. D.

Moliere V. 400. F. 401. A. VIII. 499. C. 811. ** C. seigneurie, V. 400. F. VIII. 337. B. 811. C. baronie VIII. 821. B.

Molieres, seigneurie, VI. 319. C.

Moliherne, seigneurie, VIII. 440. A.

Molimont, seigneurie, III. 607. C. 608. A B. 609. B. 610. C.

Molin, II. 865. B. III. 918. C. VIII. 920. A. seigneurie, II. 661. E.

Molina, I. 450. B. 582. C. 585. A. 586. D. seigneurie, VI. 163. D. VII. 760. C. 761. E. comté, III. 657. A. marquisat, I. 627. B. duché, VI. 178. C.

Moline, duché, III. 629. B. 634. A.

Molineaux, seigneurie, VII. 870. C. VIII. 780. C E.

Molinet, III. 583. A. seigneurie, II. 344. C. VIII. 166. C.

Molinghen, seigneurie, VI. 794. A.

Molinier VII. 264. D.

Moliniere, seigneurie, VIII. 155. A.

Molinot, seigneurie, IV. 874. C. VII. 654. B.

Molins, seigneurie, VII. 892. E. VIII. 110. B. 113. A D.

Molitard, VIII. 793. E. seigneurie, VIII. 906. A.

Mollaines, VI. 69. C.

Molley, seigneurie, II. 406. E. 407. E. Bacon, seigneurie, II. 407. A. 408. A. Voyez Molay-Bacon.

Molliere, V. 889. B.

Mollomes, seigneurie, VIII. 629. B.

Molon, VII. 43. C.

Momont, seigneurie, IX. 437. B.

Mona, VII. 214. B.

MONACO, (Princes de) IV. 489. (Seigneurs & Princes de) IV. 496. & suiv. Voyez Grimaldi.

Monaco, seigneurie, IX. 422. A. principauté, II. 248. C. III. 501. A. 773. C. V. 391. D. VII. 117. D.

Monard de la Bussiere, III. 585. B.

Monarde, seigneurie, VI. 175. D.

MONASTERIIS, Guillaume, évêque de Laon, II. 99. E.

Monay, seigneurie, VIII. 323. B.

Monbeck, II. 327 C.

Monbis, seigneurie, II. 224. D.

Moncada d'Arragon, IX. 296. C.

Moncade, II. 707. E. III. 345. A. 347. B. IV. 14. D. VII. 762. E. seigneurie, III. 350. A B.

Moncaup, seigneurie, VII. 278. D. 281. A.

Monceau, I. 275. D. V. 196. C. VI. 282. A. 515. A. VII. 891. D. 901. C. VIII. 808. A. seigneurie, I. 495. A. IV. 671. C E. 672. B. de Tignonville, V. 196. B. IX. 178. A.

Monceaux, II. 82. A. 167. E. III. 625. C. IV. 404. B. 669. D. VI. 156. D. VII. 368. A. 699. A. VIII. 524. D. 775. C. IX. 89. B. seigneurie, III. 196. A C. VI. 333. C. 334. A. 674. B. 789. C. VII. 123. C. 815. A. VIII. 105. C. 410. C. 525. B. 716. C. 850. D. 884. A. marquisat, IV. 600. B. d'Auxy, IV. 772. B. V. 84. B. 87. B. VII. 183. D.

Moncel, VI. 364. D. 474. A. VIII. 811. * A. seigneurie, VIII. 636. A.

MONCHA, (Seigneurs de) II. 248. & suiv.

Moncha, comté, II. 247. D. 248. E. V. 899. A.

Monchanin, VIII. 334. E.

Moncheaux, V. 93. F.

Monchensey, III. 81. C.

Monchenu, VIII. 173. B.

la Monchonniere, seigneurie, V. 107. F.

MONCHY, Charles, maréchal de France, VII. 553. D. Jean, chevalier du S. Esprit, IX. 179. A. Georges, chevalier de S. Esprit, IX. 240.

MONCHY, (Genealogie de la maison de) VII. 554. & suiv.

Monchy, I. 379. B. 380. C. II. 36. C D. 80. A B. 81. A. 230. D. 232. B. 441. C. III. 594. A. IV. 399. B. 412. C. 674. C. V. 230. B. 235. C. 236. B. 618. D. 851. B. VI. 293. B. 369. E. 390. A. 484. C. 486. B. 574. C. 647. A. 789. D. 801. C. VII. 159. B. 550. C. 573. B. VIII. 101. A. 161. C. 264. E. 279. A. 713. C. 906. C. seigneurie, V. 826. B. VII. 780. D. VII. 554. B. VIII. 153. C D E. 156. A. 193. A. 280. A C. 281. A. baronie, VIII. 157. A. marquisat, IV. 195. B. V. 768. D. le Breton, VII. 554. B. le Chastel, seigneurie, VI. 51. C. baronie IV. 663. A. 793. D. marquisat, IV. 791. A. près Compiegne, seigneurie, V. 769. D. Hocquincourt, IV. 852. C. VIII. 737. E. Moimont, VII. 560. C. Montcavrel, II. 93. D. IV. 401. A. VIII. 524. A. 637. C. 638. C. Senarpont, V. 146. C. VII. 818. C.

Monclar, seigneurie, IV. 784. D. VI. 463. B. baronie, VII. 358. A.

Monclas, seigneurie, VIII. 319. A.

Monclus, seigneurie, II. 204. D.

Moncocut, VII. 344. B.

Monçon. Voyez Mouson.

Moncoquier, IX. 470. C.

Moncornil, seigneurie, II. 659. B.

Moncoy, seigneurie, VIII. 338. B.

Monculot, seigneurie, VI. 457. B.

Moncy, seigneurie, VIII. 401. D. le Chastel, seigneurie, VII. 100. C. VIII. 884. D. le Neuf, seigneurie, III. 572. B. 653. B. 654. B. la Perreux, VIII. 10. A. seigneurie, VIII. 8. B C.

Mondaille, seigneurie, IV. 468. D.

Mondamer, VII. 459. D.

Mondau, seigneurie, IV. 309. B.

Mondegoura, seigneurie, VII. 277. B.

Mondement, seigneurie, VI. 549. D.

Mondenard, VII. 280. D. 281. A.

Mondescourt, seigneurie, VI. 638. C.

Mondesert, seigneurie, V. 144. E.

Mondeville, seigneurie, VIII. 260. B.

Mondevis, seigneurie, V. 416. A B. VIII. 711. D.

Mondidier, seigneurie, VI. 50. E. 595. B.

Mondiol, seigneurie, VIII. 593. ***** C.

Mondion, VII. 618. A. seigneurie, VIII. 133. B D E.

Mondomale, seigneurie, II. 708. A.

Mondon, seigneurie, IV. 367. C. VI. 597. B. VIII. 250. D. 251. A. 668. B.

Mondragon, seigneurie, VII. 282. C.

Mondreville, seigneurie, III. 658. D. VI. 363. A.

Monduel, seigneurie, VI. 300. A.

Monedon, seigneurie, VII. 839. A.

Moneine, IX. 416. B.
Monesser-sur-Cher, seigneurie, VII. 376. C.
Monessier, seigneurie, VIII. 928. B.
Monestain, VIII. 77. C.
MONESTAY, François, chevalier du S. Esprit, IX. 258. B.
Monestay, IX. 115. B.
Monestey seigneurie, VIII. 318. D. 320. D.
Monetay, seigneurie, I. 361. C.
Monetier, seigneurie, II. 165. B.
Monetoy, seigneurie, IV. 852. A.
Monevit, seigneurie, VII. 629. E.
Money, seigneurie, I. 428. A.
Monfauxel, seigneurie, VIII. 652. E.
Monfode, IX. 412. C.
Monfoucaut, seigneurie VIII. 4. D.
Monglas, seigneurie, VIII. 135. B. 136. A. 137. C D E marquisat, V. 166. B.
Monglat, baronie, VI. 466. D. marquisat, IX. 195. B.
Monheur, seigneurie, IV. 469. D.
Monjay, seigneurie, I. 80. E. II. 118. A.
Monjer, VIII. 299. C. 307. B.
Monjeu, marquisat, IX. 334. C.
Monimes, seigneurie, IV. 223. D. 388. A. V. 346. A. 352. C. IX. 311. C.
Monjoye, baronie, VIII. 249. A.
Monlandon, seigneurie, III. 430. C D.
Monlean, seigneurie, IV. 563. D.
Monleans, seigneurie, VIII. 160. A. comté, IV. 855. D.
MONLEART, Thibaut, maître des arbalestriers du Roi VIII. 2. B.
Monleon, II. 417. E. 767. D III. 644. B. IV. 334. C. seigneurie, V. 734. B.
Monlieu, seigneurie, IV. 565. C. 566. A. marquisat, IV. 569. D. 570. B.
Monlor, II. 185. 2. C. VIII. 51. B.
Monmege, marquisat, V. 352. B.
Monnein, marquisat, VII. 539. B.
Monnot, VII. 138. A.
Monrodier, seigneurie, V. 758. B C.
Mons, II. 795. B. V. 136. E. 137. A. 189. D. 830. B. VI. 312. A. 596. B. VII. 786. D. 844. E. VIII. 31. B. seigneurie, I. 73. D. 496. B. II. 339. A. 400. A. III. 606. C. IV. 22. C. 266. C. 548. B. 653. B. V. 135. D F. 175. D E. VII. 348. C. 561. D. VIII. 231. B. 260. C. 765. A. 943. A. comté, I. 39. C. 70. B. II. 325. D. 717. B. 755. C. 772. A. 773. B. 785. D. en Laudunois, seigneurie, IV. 185. B.
des Mons, I. 96. E.
Monsabat, VIII. 945. D.
Monsalez, marquisat, II. 231. E. 233. B.
Monsanto, seigneurie, VIII. 352. E.
Monsevreux, seigneurie, II. 31. E.
Monsheim, VII. 173. D.
Monsignat, seigneurie, IV. 143. E. 144. A.
Monsigot, V. 240. E.
Monsoher, seigneurie, VIII. 305. A.
Monsoult, seigneurie, II. 107. E III. 610. A.
Monspey, VI. 44. D.
Monsquetu. Voyez Monsquocu.
Monsquocu, seigneurie, I. 319. E.
Monsseur, seigneurie, VIII. 641. C.
Monstastruc, seigneurie, II. 627. C.
DU MONSTIER, Estenne, controlleur du marc d'or, IX. 365. B.
DES MONSTIER, François, chevalier du S. Esprit, IX. 203. B.
Monstiers, III. 88. D E. IV. 809. B. V. 223. B. VII. 436. C. IX. 93. C. en Auge, seigneurie, VIII. 100. D. de Merinville, VII. 184. A. IX. 72.

C. sur Sambre, seigneurie, VI. 101. A.
la Monstre, VI. 315. C.
Monstrelet, V. 82. D. seigneurie, V. 84. C E. 613. E. VIII. 636. E. 647. A.
Monstretoliers, seigneurie, III. 574. C.
Monstreuil, IV. 846. A. 873. B. VIII. 31. C. 32. A. 33. A. 35. C D E. 36. A. 37. A. 46. A. seigneurie, VIII. 167. D. IX. 396. E. Belilay, V. 223. E. seigneurie, II. 848. B. V. 6. E. 137. E. 138. B. 224. A B E. 225. E. 226. E. 227. A C. VIII. 314. B. baronie, IV. 327. A Bonin, seigneurie, V. 609. B. VIII. 755. A. 770. D. de Sauton, VIII. 249. A. le Secq, IV. 832. C. sous Terrain, seigneurie, V. 879. B. Voyez Montreuil
Monstreuil-Berlay. Voyez Montreuil-Bellay
Monstreul, seigneurie, V. 149. E. 155. E.
Monstron, II. 661. D. VII. 410. B.
Monstuejols, VII. 413. D. 488. B.
Monsure, VIII. 539. A.
Monsures, seigneurie, III. 614. A. 914. D. VIII. 573. A.
du Mont, II. 28. C. V. 89. E. VI. 364. A. VII. 287. C. 475. D. 872. A. seigneurie, II. 306. B. IV. 304. A. 612. A. VII. 139. D. duché, V. 514. C. Galhard, seigneurie, V. 725. C. S. Jean, VII. 247. E. 241. D. 796. D. seigneurie, I. 512. A. 545. C. II. 868. B. IV. 823. A. V. 747. D. VI. 60. B. 650. C D. 611. A. VII. 1. A. 4. D. VIII. 56. C. 202. B. Sainte-Marie, seigneurie, II. 36. C. VII. 562. A. de Marsan, vicomté, II. 159. E. 160. A. Notre-Dame, vicomté, VI. 148. C. VII. 13. C. S. Sorlin, seigneurie, II. 225. A. V. 669. E. 670. A. 671. A. VII. 46. B. VIII. 719. C. baronie, VII. 551. B. S. Sulpice, seigneurie, VII. 542. C. Tormentier, IV. 847. B. de la Vigne, seigneurie, I. 440. B. VI. 766. C. S. Vincent, seigneurie, VII. 254. A.
petit Mont, seigneurie, VI. 435. B. IX. 303. D.
Montabert, seigneurie, VI. 572. D.
Montafia, seigneurie, II. 248. A C.
Montafié, VII. 371. A. seigneurie, I. 222. E. IV. 408. B. V. 141. F. 142. A. comté. I. 334. A. 350. C. VII. 371. A.
Montafier, seigneurie, III. 417. A.
Montafilant, seigneurie, III. 58. D. IV. 57. A. V. 134. C. 379. C. 394. E. VI. 185. B. 766. C. 768. A. VII. 74. E. 76. E. 179. B. 380. C. 381. A. VIII. 577. A. 764. A. baronie, VI. 771. A.
MONTAGNAC, (Seigneurs de) II. 676. A. (Autres Seigneurs de) VII. 766. Voyez Narbonne.
Montagnac, III. 70. C. seigneurie, II. 670. D. 671. C. 672. A. 703. A. VII. 414. A. 580. D. 767. A. baronie, VII. 113. C.
Montagman, seigneurie, IV. 308. B. Voyez Montraignan.
Montagne, II. 207. E. 209. D. 592. C. VI. 369. B. VII. 864. B. VIII. 693. D. 889. A. IX. 416. B. seigneurie, VI. 468. B. VII. 93. C. 783. B. VIII. 330. D. IX. 476. E. vicomté, VI. 583. A.
Montagnes, VI. 172. C.
Montagoy, VI. 287. A. VIII. 498. A. le Templier, seigneurie, VIII. 5. D.
Montagrier, VII. 27. C. seigneurie, IV. 567. C. VII. 861. A. IX. 145. C.
MONTAGU, Pierre-Aycelin, cardinal, évêque de Laon. II. 110. B. Guy, évêque de Châlons, II. 511. E. Jean, chancelier de France, VI. 377. A. Jean, souverain maître de l'hôtel du Roi. VIII. 344. C.
MONTAGU, (Genealogie de) VI. 347.
MONTAGU, (Seigneurs de) I. 551. Et suiv. (Autres

Seigneurs de) II. 441. A. (*Autres Seigneurs de*) VIII. 328. *Voyez* Damas.

Montagu, I. 365. B. 366. A. II. 40. C. 41. A B. 244. C. 311. E. III. 150. A. 583. D. IV. 80. E. 529. A. V. 229. C. VI. 66. A. 68. B. 211. E. 734. A. VII. 3. E. 18. E. 86. E. 161. D. 456. B. 789. C. 795. C. 798. D. 812. C. 869. E. VIII. 106. C. 332. E. 348. B. 535. C. 695. A. 815. E. 869. A. 886. E. seigneurie, I. 115. C. 319. B. 320. C. 355. A. 447. A. 478. A. 514. B. II. 225. D. 365. B. 437. D. 438. D. 704. B D. III. 735. C. IV. 24. D. 34. B. 166. B. 176. C. 191. B. 193. D. 527. C. 533. C. 803. A. 860. C. 875. A. V. 13. D. 140. E. 337. A. 343. F. 347. E. 348. D. VI. 67. A B. 201. B. 203. C. 277. A. 377. D. 484. C. 566. B. 735. A. 796. C. VII. 37. D. 47. E. 82. D. 133. B. 168. B. 185. B. 406. B. 510 C. 557. A. 766. C. 801. C. 809. B. 849. A. 865. A. 867. B. 880. A. VIII. 51. C. 52. B. 86. C. 321. C. 328. D. 330. D. 349. C. 352. C. 427. C. 496. D. 501. B. 535. C. 536. A. 571. E 793. E. IX. 460. E. baronie. IV. 167. C. 169. B. 368. B. V. 347. D. VII. 646. C. comté. II. 335. B D. *en Auvergne*, seigneurie, II. 111. A. VI. 302. B. VIII. 319. D. *les Aymares*, seigneurie, VII. 65. E. *le Blain*, VII. 131. B. 365. E. *le Blanc*, seigneurie, V. 334. C. 335. D. 340. D. IX. 467. E. *Boutavant*, VII. 659. B. *en Combrailles*, seigneurie, I. 318. A. III. 429. A. baronie, I. 357. A. *en Laonnois*, seigneurie, II. 835. E. *en Navarre*, seigneurie, I. 292. C. *près Poissy*, seigneurie, VIII. 344. C. *Voyez* Montaigu.

Montagu, college à Paris, II. 110. E.

Montaguillon, VI. 445. A. seigneurie, IV. 824. A C E. baronie, VI. 405. B.

Montagut, . VII. 215. D. 423. D. 570. B. seigneurie, IV. 874. C. V. 735. B. VII. 455. C. 926. A.

Montaignac, seigneurie, IV. 123. D. V. 352. A. VIII. 476. B.

Montaigny, seigneurie, VII. 148. E. 195. B.

MONTAIGU, *Joachim*, chevalier du S. Esprit, IX. 276. A.

Montaigu, II. 36. C. VII. 789. A. IX. 72. C. 276. A. 326. B. 454. E. seigneurie, II. 211. B D. 212. A. 344. A. V. 493. B. VII. 701. A. VIII. 863. D. 865. E. baronie, V. 928. B. IX. 453. C. *Voyez* Montagu.

Montaiguillon, IV. 822. A D E. *Voyez* Montaguillon.

Montainard, VI. 458. C.

Montal, I. 469. A. II. 231. D E. 660. C. IV. 895. E. V. 335. B. 757. B. 896. A D. VII. 344. A. 406. C. 927. C. VIII. 814. A E. seigneurie, II. 438. A. V. 335. B. vicomté V. 897. A. 898. A. comté, II. 137. A. IX. 235. B. marquisat, II. 132. A. VII. 257. C. VIII. 392. C. *de Coteuse*, IX. 420. E.

Montalairac, seigneurie, VII. 357. C.

Montalais, I. 341. D. III. 91. C. VII. 512. C. 851. E. 852. B. IX. 69. A. 275. A. *Fromansieres*, VII. 854. A.

Montalambert, IV. 450. B. IX. 255. A.

Montalant, seigneurie, VI. 741. C.

Montalard, seigneurie, VII. 629. E.

Montalban, seigneurie, IV. 610. C. baronie, II. 25. B.

Montalegre, seigneurie, I. 582. C. 585. A. 619. D. marquisat, V. 528. A.

Montalembert, IV. 443. B. 728. D E. VII. 27. B. 556. A. *Voyez* Montalambert.

MONTALER, (*Barons de*) IV. 503. *Voyez* Grimaldi.

Montaler, IX. 421. A.

Montalet, seigneurie, H. 140. A. *Voyez* Berard.

Montaleyrac, seigneurie, III. 817. A. 818. C. baronie, III. 813. C D. 814. A C. 815. A. 816. B.

Montalin, IV. 283. B.

Montallot, baronie, VII. 803. D.

Montalsaga, IV. 135. A. VII. 313. B.

Montalte, duché, I. 639. D. III. 353. E. 354. A C. VIII. 76. B. IX. 296. C.

Montalvan, comté. I. 618. A. IX. 296. D. marquisat, I. 700. B. principauté, I. 294. B. IX. 296. B.

Montaluc, seigneurie, VII. 284. B.

Montamarc, seigneurie, II. 612. A. V. 355. B. baronie, II. 623. E. 624. B.

Montan, seigneurie, VIII. 854. E.

Montanard, seigneurie, V. 360. B.

Montanay, seigneurie, III. 72. B.

MONTANAY, (*Barons de*) V. 671. *& suiv. Voyez* Gorrevod.

Montanay, seigneurie, V. 669. C. baronie, V. 667. C. 669. A D. 671. C E.

Montanceis, seigneurie, VII. 354. A.

Montances, seigneurie, VII. 341. C.

Montane, II. 181. D.

Montanet, seigneurie, VII. 526. B.

Montaneys, seigneurie, VI. 731. C.

Montani, baronie, II. 457. C. *Voyez* Montany.

Montans, seigneurie, VIII. 698. A.

Montany, baronie, IX. 72. A. *de la Tour*, II. 457. C. *Voyez* Montani.

Montarche, seigneurie, II. 368. E.

Montarchier, seigneurie, VIII. 518. D.

Montardit, seigneurie, IV. 787. A. 788. D.

Montardy, V. 355. A.

Montare, seigneurie, VII. 197. B. VIII. 552. B.

Montarel, seigneurie, VIII. 818. D.

Montaret, seigneurie, VIII. 816. C D E. 820. B.

MONTARGIS, duché, érigé en 1570. pour RENE'e de France, fille du roi Louis XII. V. 801.

Montargis, seigneurie, I. 128. E. 147. A B. 187. C. 473. A. 474. A. 475. C. 527. D. 528. A. II. 8. D. III. 486. B. 513. B. VI. 139. D. VIII. 126. C. comté, I. 241. E.

Montarmin, VII. 654. D.

Montarmontier, seigneurie, IX. 426. B.

Montarnat, seigneurie, IX. 392. B.

Montart, seigneurie, VIII. 590. C.

Montastruc, II. 178. B. seigneurie, II. 181. E. 663. D. IV. 304. A C. 305. B. 309. C. V. 742. A. 758. C. VII. 926. D. IX. 387. B. baronie, III. 385. A B. IV. 428. D. 547. B. V. 744. B D. VI. 220. A. VII. 61. B. 773. A. IX. 387. C. 455. A. comté, IX. 492. C.

Montataire, seigneurie, VI. 503. A. marquisat, VIII. 262. A. IX. 275. A.

MONTAUBAN, *Jean*, amiral de France, VII. 856. D. *Jean*, grand-maître des eaux & forêts de France, VIII. 898. B.

MONTAUBAN (*Seigneurs de*) IV. 77. *& suiv. Voyez* Rohan.

Montauban, II. 139. E. 243. C. III. 809. A. 838. D. IV. 284. D. 679. B. V. 134. B. 280. B. 382. B. VI. 719. C. 766. B. VII. 18. D. 75. D. 107. C. 122. B. 390. B. 718. B. 870. B. VIII. 588. E. 701. D. 912. C. IX. 75. B. seigneurie, II. 253. A. III. 630. C. IV. 52. B. 59. C. 60. A. 77. A. 165. D. V. 382. C D. VI. 766. B. 767. B. 772. C. VII. 875. D. baronie, II. 12. D. 19. C. 20. C. 22. E. VII. 153. C. comté, II. 83. E. IV. 62. C. 64. C. 67. B. 335. B.

Montaubert, seigneurie, V. 617. A. 620. A.
Montaud, baronie, II. 229. D.
Montaudin, seigneurie, III. 651. BC.
Montaudion, VI. 436. D. seigneurie, IV. 497. B.
Montauglan, seigneurie, IV. 767. E. VI. 442. B. 443. A.
Montauglant, III. 621. A.
Montault, IV. 448. B. 479. B. 564. A. VII. 264. C. 323. A. 461. D. 603. A B. seigneurie, II. 362. E. V. 892. C. VII. 198. C. 265. C. 292. C. 300. D. 461. A. 603. B. baronie, IV. 141. B. duché-pairie, VII. 602. B. Voyez Montaut.
Montault-Benac, Philippes, maréchal de France, VII. 602. B. idem, chevalier du S. Esprit, IX. 190. B.
Montault-Benac, (Genealogie de la maison de) VII. 603.
Montault-Benac, IV. 473. C. VII. 267. A. 322. C. duché-pairie, VII. 607. D.
Montault-Navailles, IV. 474. A.
Montaumer, VI. 512. C.
Montaupin (Seigneurs de) II. 450. & suiv.
Montaupis, seigneurie, IV. 125. A.
Montauroux, seigneurie, III. 814. C.
Montausier, duché-pairie, érigé en 1664. pour Charles de Sainte-Maure, marquis de Montausier, V. 1. Pieces concernant cette érection, V. 2. & suiv.
Montausier (Seigneurs de) V. 14. & suiv. (seigneurs & ducs de) pairs de France, V. 18. & suiv. Voyez Sainte-Maure.
Montausier, IV. 421. E. 676. B. VII. 503. D. 584. D. 585. A. VIII. 707. B. IX. 166. C. seigneurie, III. 125. B. 126. A. IV. 421. A. 565. A. V. 14. B. 18. C. baronie, II. 63. C. V. 18. D. VIII. 247. D. comté, III. 774. A. marquisat, V. 20. B. duché, III. 772. C. pairie, II. 427. B. V. 19. F. 20. B.
Montaut, I. 226. C. II. 182. B. 619. D. 646. C. 656. C. 659. C. III. 379. A. IV. 120. B. V. 176. A. VI. 222. A. 321. A. VIII. 475. D. IX. 92. B. 394. A. 439. A. seigneurie, II. 676. A. III. 344. B. IV. 123. D. 124. D. 125. B. 126. D. V. 359. C. 360. E. 727. B. 735. C. 746. D. 747. E. 748. A. 749. B. VIII. 166. B. 726. E. 891. B. IX. 398. A. baronie, III. 854. C. IV. 15. D. 127. A. 140. D. duché VIII. 248. A. Benac, I. 370. C. II. 659. D. IX. 178. D. Benne, IV. 140. D. Voyez Montault.
Montay, seigneurie, III. 737. A.
Montaynard. Voyez Allemand.
Montazet, II. 369. C.
Montbabus, vicomté, IV. 477. A. 478. BD. 479. A B C D. 480. A. comté, IV. 480. E.
Montbaillard, IX. 463. C.
Montbaillon, seigneurie, II. 454. C. baronie, III. 841. C. VII. 183. B.
Montbalen, seigneurie, V. 757. B.
Montbar, seigneurie, II. 155. D. baronie, IV. 307. D.
Montbard, II. 148. C.
Montbardon, II. 178. A E. 660. B. seigneurie, II. 872. B. V. 735. A. VII. 606. A.
Montbaret, seigneurie, IX. 453. D.
Montbarla, seigneurie, II. 664. D.
Montbarlat, seigneurie, V. 748. B.
Montbaron, seigneurie, VII. 654. B.
Montbarot, seigneurie, VI. 721. A.
Montbarré, seigneurie, VII. 804. A.
Montbarrey, seigneurie, VII. 650. B.
Montbarthier, seigneurie, II. 650. B. 674. D.

Montbartier, seigneurie, IV. 612. A. baronie, IX. 175. D.
Montbas, vicomté, II. 864. C. IV. 30. A. VII. 573. D. 513. C. 592. A. VIII. 479. C. Voyez Barton.
Montbasin, seigneurie, V. 16. C.
Montbaud, seigneurie, II. 288. D.
Montbaudry, seigneurie, III. 644. C. 647. A C. 648. A.
Montbazen, seigneurie, VII. 768. C.
Montbazillac, seigneurie, VII. 861. E.
Montbazon, duché-pairie, érigé en 1588. pour Louis de Rohan, prince de Guemené, III. 920.
Montbazon, érigé en comté en 1547. pour Louis de Rohan, seigneur de Guemené, & en duché-pairie, en 1588. pour Louis de Rohan, comte de Montbazon, IV. 45. Pieces concernant cette érection, ibid. & suiv.
Montbazon (Ducs de) pairs de France, IV. 63. & suiv. Voyez Rohan.
Montbazon, VI. 379. B. VII. 500. C. seigneurie, I. 433. A. III. 638. B. IV. 60. E. 61. A. 70. B. 424. C D. 425. A. 448. C D. 562. E. V. 9. B. VI. 63. A. 379. B. 740. B. VII. 76. C. 172. A. B. 175. B. 869. E. VIII. 98. B. 571. C D E. 649. C. duché, I. 471. C. II. 59. D. 94. A. 183. C. III. 487. A. 650. D. IV. 260. D. 267. C. 268. B. 335. B. 542. C. 568. A. 569. B. pairie, IV. 61. C. V. 235. B. VI. 802. D. VIII. 308. B.
Montbeck, II. 336. C.
Montbel, II. 161. E. 620. B. IV. 501. A. V. 12. B. VI. 423. C. 699. A. VII. 153. C. 438. A. VIII. 908. E. comté, I. 468. A.
Montbelliard, I. 552. D. 556. B. II. 151. E. 159. E. III. 84. A. VI. 126. A. 128. D. 652. A. 695. C. VII. 813. A. VIII. 348. B. 350. B. 422. E. 531. D. seigneurie, VII. 807. A. comté, V. 505. C D E. 506. A. VI. 128. D. VII. 154. B. VIII. 411. D. 415. E.
Montberard, seigneurie, VIII. 270. B.
Montberaud, seigneurie, VII. 276. D.
Montberaut. Voyez Tersac.
Montbernanchon, seigneurie, V. 657. E.
Montbernard, seigneurie, VIII. 475. D.
Montbernu, VIII. 525. A.
Montberon, Jacques, maréchal de France, VII. 16. A. François, chevalier du S. Esprit, IX. 237. A.
Montberon (Genealogie de la maison de) VII. 16. & suiv.
Montberon, II. 228. E. 229. C. 233. E. 234. A. IV. 58. C. 80. C. 446. C. 450. C. 458. E. 459. B. 661. A. 824. E. V. 15. E. 16. A. 230. D. VI. 57. C. 404. D. 562. C. VII. 131. E. 368. C. 508. D. 509. A. 516. B. 552. D. 870. B. VIII. 133. C. 165. A. 189. D. 285. B. 326. B. 499. E. 704. D. 711. A. 766. C. 893. A. 923. A. IX. 59. B. 101. A. 142. B. 427. B. seigneurie, II. 851. E. III. 74. D. IV. 421. A. 564. B. 678. A. VI. 57. C. VII. 16. C. VIII. 728. C. baronie, III. 603. E. 604. B D. 605. A. vicomté, VII. 30. C D. comté, VI. 531. B. VII. 101. B. IX. 312. B.
Montbert, seigneurie, VII. 401. D. 406. A.
Montberaut, VII. 824. B.
Montbeton (Branche des seigneurs de) du nom de Caumont, IV. 475. & suiv.
Montbis, seigneurie, II. 874. C. IV. 874. B. VI. 304. D. VII. 443. D. 808. B.
Montbivos, seigneurie, II. 255. C E. Voyez la Maisonforte.

Montblanc,

Montblanc, feigneurie, IV. 303. C. 304. A B. 305. A C. VII. 926. A. vicomté, II. 660. A B. duché, III. 376. A.

Montblaru, VI. 721. B.

MONTBLERU (Seigneurs de) IV. 401. B. & fuiv. Voyez Rouvroy & S. Simon.

Montbleru, feigneurie, IV. 400. A. 401. B.

MONTBOISSIER, Jean, chevalier, du S. Efprit, IX. 277. A.

Montboiffier, I. 310. B, V. 357. F. 358. B. VI. 116. C. 304. B. 323. C. 325. D. VII. 134. B. 135. C. 157. E. 444. B. 803. A. 810. B. VIII. 819. D. feigneurie, IV. 534. D. VI. 116. C. 276. B. VII. 59. A B. VIII. 50. C. 815. E. baronie, III. 820. A. marquifat, II. 140. D. Canillac, VII. 134. A. 514. A. IX. 276. A.

Montboneau, feigneurie, V. 281. C.

Montbonnet, feigneurie, III. 497. C.

Montbonnot, feigneurie, II. 18. E.

Montbourcher, V. 380. E. 395. A. 397. E. VII. 229. D. VIII. 271. A. IX. 276. B. 453. C. feigneurie, VII. 155. E. du Bordage, IX. 309. B.

Montbouzon, VIII. 527. B.

Montboyer, VII. 461. C. feigneurie, IV. 471. D. VIII. 594. C. comté, VI. 606. C. VII. 539. C.

Montbran, feigneurie, IV. 80. A.

Montbrau en Lamballe, feigneurie, VI. 184. A D.

Montbreham, feigneurie, II. 123. C.

Montbreton, feigneurie, VII. 150. C.

Montbrillois, feigneurie, IV. 640. A.

Montbrifeuil, feigneurie, III. 583. C.

Montbrifon, feigneurie, VIII. 423. C. comté, IV. 854. A. IX. 306. B.

Montbriffon, feigneurie, VI. 458. C.

Montbron, III. 388. B. V. 384. C. VIII. 871. B. Fontaine-Chalendray, III. 642. C. Voyez Montberon.

MONTBRUN (Seigneurs & barons de) III. 820. & fuiv. Voyez Apchier. (Autres barons de) IV. 24. E. Voyez Levis.

Montbrun, IV. 307. D. VI. 606. B. VII. 187. C. 281. E. 331. C. 787. C. feigneurie, IV. 24. D. 133. A. 184. C. VI. 162. D. VII. 311. C. 766. C. 849. A. VIII. 243. C D. baronie, IV. 24. E. 471. A. 478. D. 548. C. 686. D. VII. 342. B. 406. D. VIII. 329. D. comté, III. 816. A. marquifat, IV. 291. D 473. C.

Montburon, feigneurie, VII. 645. D.

Moutcaffin, baronie, III. 854. D.

Montcalm, IX. 424. C.

Montcarras, II. 165. D.

Montcaffin, feigneurie, III. 385. A C. VII. 281. C D. 284. A. 460. B. IX. 390. C. 416. A.

Montcavrel, VIII. 77. C. 152. D. feigneurie, I. 379. B. II. 248. A. 441. C. IV. 412. C. V. 618. D. VII. 555. E. 557. A. VIII. 34. B. 161. C. marquifat, VI. 789. D. VIII. 637. C. 638. B.

Montcayeux, comté, II. 27. A. VI. 80. B. 131. D. Voyez Montefcagiofo.

Montcelar, feigneurie, I. 523. D. 524. A C D.

Montcha, feigneurie, IX. 122. A. comté, IV. 543. B.

Montchablon, feigneurie, VI. 114. A.

Montchal, VIII. 938. A.

Montchamp, feigneurie, II. 432. E..

Montchanin, VIII. 341. B.

Montchaude, VIII. 166. D. feigneurie, IV 446. E. V. 772. A.

Tome IX.

Montchaudy, feigneurie, VIII. 486. B.

Montchaveau, VIII. 850. B.

Montchauvet, feigneurie, I. 119. B. 280. A. 287. D. VIII. 271. B E.

Montchenfey, VI. 48. C.

Montchenu, II. 203. A. 206. B. IV. 686. B. 756. C. V. 148. D. 262. A D. VI. 210. A. IX. 57. A. feigneurie, V. 148. D. 262. D. VII. 785. D. VIII. 912. B. 926. D.

Montcheny, IX. 363. A.

Montchefne, VIII. 811. ** B.

Montcheuil, feigneurie, VII. 862. C. 863. B.

Montchevillan, feigneurie, VIII. 656. C.

Montchevray, VIII. 11. B.

MONTCHEVREUIL (Seigneurs & Marquis de) VI. 284. Voyez Mornay.

Montchevreuil, feigneurie, IV. 873. B. VI. 284. C. 722. C. VIII. 540. A. marquifat, VI. 286. C.

Montchevrier, feigneurie, III. 649. B. VII. 224. E. 669. E.

Montcla-Lafferan, II. 623. D.

Montclar, II. 660. A. IV. 305. A. feigneurie, II. 134. A B C D. 138. B. 140. A. 186. 2. B. 663. C. 674. D. 689. C. 701. D. IV. 135. B. 430. E. 665. A. 785. A C. 787. B D. 788. A. V. 265. E. IX. 173. E. baronie, III. 432. B. IV. 439. D. 789. A D. 790. C. VII. 271. D. 313. C. IX. 231. C. vicomté, II. 137. A. 139. C E. 675. E. IV. 305. A. IX. 396. A. marquifat, IV. 126. C. 790. B. 791. A. 793. D. VII. 305. D.

Montclara. Voyez Montclera.

Montclera, feigneurie, VIII. 596. *** A. baronie, IX. 416. D. marquifat, VIII. 595. *****

Montclerat, feigneurie, III. 388. C.

Montclu, feigneurie, VII. 767. B.

MONTCLUS (Barons de) IV. 275. & fuiv. Voyez Albert.

Montclus, IX. 421. A. feigneurie, IV. 264. C. baronie, VI. 317. D.

Montcocut, VIII. 243. A.

Montcollan, feigneurie, V. 141. D.

Montconis, VII. 644. B. 647. A. VIII. 323. E. 332. C. 338. B. feigneurie, VIII. 911. B.

Montcontour, VII. 380. D. feigneurie, IV. 562. E. 563. A C. V. 9. B. 183. E. VI. 63. A. 117. B C. VIII. 571. C E. 579. D. baronie, V. 182. D. 349. B. 611. C.

Montcorbon, feigneurie, IV. 752. B.

Montcorneil, feigneurie, II. 676. D. VII. 212. A. 772. D.

Montcornet, feigneurie, II. 790. E. VI. 146. B. 652. B. VIII. 38. C. comté, V. 515. A. marquifat, IV. 625. D. 626. C. V. 650. B. VIII. 42. D. 188. A.

Montcourt, feigneurie, IX. 304. A.

Montcreffon, feigneurie, VI. 112, C. 265. A. 276. E.

Montcrocher, feigneurie, IV. 752. A.

Montcucq, baronie, III. 388. E.

Montcueil, feigneurie, III. 644. C. 648. B.

Montdejar, marquifat, V. 661. E.

Montdeju, comté, VII. 589. C.

Montdetour, feigneurie, II. 152. B D. 153. B.

Montdeville, feigneurie, IX. 361. A.

MONTDIDIER, (Seigneurs de) fuite des comtes de Roucy, VIII. 862. & fuiv.

Montdidier, feigneurie, II. 197. C. VII. 147. D. comté, II. 772. E. III. 308. B.

Mont-d'Or, II. 456. E.

Montdor, VIII. 334. C. 341. A. IX. 480. C.

Montdoubleau, feigneurie, I. 321. A. 324. B.

M 3

328. A. 431. A C. II. 742. E. 743. A. 744.
A B. III. 315. C D. V. 10. D. VI. 48. B. 134.
A. 671. D. VII. 121. A. VIII. 742. D. 895.
D. 896. E. IX. 100. A. baronie, VIII. 89. C.
MONTDOUCET, Robert, maître de l'écurie du Roy,
VIII. 469. G.
Montdoucet, VI. 392. G. seigneurie, I. 275. D.
V. 809. F. VIII. 100. B C E. 470. A. 729. E.
MONTDRAGON (Barons de) IV. 275. & suiv. Voyez
Albert.
Montdragon, II. 450. C. seigneurie, III. 587. A.
IV. 276. A. V. 287. F. VII. 556. E.
Monte, II. 873. B.
Monte-Agudo, seigneurie, IX. 377. E.
Monteau, III. 820. B.
Montebenne, VIII. 637. D.
Montecler, I. 150. D. III. 651. A B. VI. 771. D.
seigneurie, VI. 53. A. 694. B.
Monteclerc, II. 87. E. 318. C. VII. 224. B. 229.
A. 400. B. 669. E. 852. D.
Montecucully, I. 131. D.
les Montées, seigneurie, VI. 553. B.
Montefeltro, comté, II. 164. C. VIII. 503. C.
Montegu, VIII. 164. E. seigneurie, VII. 775. B.
VIII. 236. B.
Monregut, seigneurie, IV. 665. C. 667. C. V.
193. E. baronie, III. 364. C. IV. 662. B. 663.
B. 664. A B C.
Montejan, III. 632. B. V. 396. D. seigneurie, I.
354. B. III. 634. C. IV. 197. C. baronie, IV.
325. B. Voyez Montejean.
MONTEJEAN, René, maréchal de France, VII. 174.
B. Briant, III. du nom, échanson de France, VIII.
528. A.
MONTEJEAN (Genealogie de) VII. 174.
Montejean, VII. 384. B. 850. B. VIII. 245. E.
361. B. 636. E. 730. A. seigneurie, VI. 174.
B. 179. B. VIII. 259. A. 359. E. 574. A. ba-
ronie, VII. 501. A. Voyez Montejan.
Monteil, VIII. 307. B. seigneurie, I. 362. A. II.
134. A. 189. A. 193. A. 705. A. III. 815. C.
824. D. 835. C. IV. 656. A. V. 328. C. 335.
B. VI. 317. B. VII. 58. D. VIII. 593. *** B.
IX. 423. C. baronie, II. 135. C. III. 820. A.
Adhemar, II. 618. C. 705. B. VII. 764. B. Gelat,
seigneurie, II. 399. D E. 400. A C. III. 837.
A. IV. 534. E. 546. B. 653. B. VII. 56. A.
58. E. 695. A. 810. D. VIII. 175. E. Voyez
Adhemar & Montelimart.
MONTEIL-AU-VICOMTE (Seigneurs du) V. 338. &
suiv. Voyez Aubusson.
Monteil-au-Vicomte, seigneurie, IV. 289. A. V.
329. C. 330. D. 338. D. 341. B. 353. C.
377. A. 894. C. 895. A. VII. 320. E.
Monteilaimar. Voyez Montelimart.
Monteiller, seigneurie, I. 555. A. marquisat, VII.
153. C.
Monteiller, V. 260. A. seigneurie, ibid.
Monteils, seigneurie, IX. 82. A.
Montel, VII. 70. C. VIII. 889. C.
Monteleon, duché, V. 530. B. 531. B. princi-
pauté, I. 613. C.
Montelié, seigneurie, VII. 665. D.
Montelien, VII. 382. A.
Montelier, seigneurie, V. 103. D.
Monteligeon, seigneurie, IV. 730. B.
Montelle, seigneurie, II. 88. A.
Montellier, marquisat, VII. 437. E.
Montelligier, seigneurie, VIII. 594. ***** B.
Montelon, seigneurie, VIII. 854. A.
Montelus, seigneurie, III. 810. D.
Montemayor, marquisat, I. 615. B.
Montemtos, seigneurie, I. 668. A. comté, I. 672. A.

Moutenac, vicomté, III. 576. D.
Montenay, II. 411. A. VI. 292. B. 374. B. VII.
225. A. 475. E. VIII. 90. D. 160. D. seigneu-
rie, V. 135. F. VII. 477. D. VIII. 107. A.
MONTENDRE, (Seigneurs & Marquis de) IV. 442.
& suiv. Voyez la Rochefoucaud.
Montendre, V. 15. A. VIII. 768. B C. seigneurie,
IV. 425. A E. 426. B E. 432. C. 448. B C.
449. A. VI. 203. D. VII. 892. B. VIII. 764.
E. baronie, IV. 567. C. 568. A. V. 742. C.
VII. 632. C.
Montenfroy, seigneurie, VIII. 11. E.
Montenor, seigneurie, I. 582. D.
Montenot, seigneurie, II. 761. C. 763. A D. VII.
35. D. VIII. 414. D.
Montenuevo, comté, IX. 290. B.
Monteoux, II. 293. C.
Montereau, seigneurie, VI. 393. A. VIII. 238.
A.
Monteresson, seigneurie, III. 588. D.
Monteru, II. 400. C.
Monterey, seigneurie, I. 305. A. comté, VIII.
921. E.
Monternault, seigneurie, VI. 421. C.
Montero, duché, I. 294. A.
Montcollier, seigneurie, VIII. 20. D. 202.
D.
Monteros, seigneurie, VII. 783. C.
Monterotondo, duché, II. 91. E. VIII. 291. A.
Montertan, seigneurie, III. 817. E.
Monteruc, II. 397. E. IV. 139. E. 786. A. V.
531. A. VII. 320. E.
Montery, seigneurie, VI. 421. A.
Montescagioso, comté, I. 401. B.
Montesco, II. 386. C.
Montesit, seigneurie, VII. 783. C.
Montesmé, seigneurie, VII. 468. D.
MONTESPAN (Branche des Seigneurs de) II. 648.
& suiv.
Montespan, IV. 307. B. seigneurie, II. 642. E.
643. B. III. 346. D. 362. A. IV. 611. C. 613.
A. V. 179. A. VII. 266. B. 698. D. 768. B.
775. A. IX. 396. B. baronie, V. 179. A F.
marquisat, IV. 681. A. V. 180. B D. 181. A.
182. A D. 184. D. VI. 220. B. VII. 457. C.
Montespedon, I. 354. B. VII. 176. C. VIII. 491.
C. seigneurie, VII. 621. A. VIII. 693. C.
MONTESPILLOUER (Seigneurs de) VI. 264. Voyez
Bouteillers.
Montespillouer, seigneurie, I. 509. B. VI. 152. C.
255. B. 258. D. 264. B. VIII. 312. B D.
MONTESQUIEU (Seigneurs de) VIII. 477. Voyez
Noé.
Montesquieu, IV. 22. E. V. 177. A. 191. C. VIII.
248. B. 699. D. seigneurie, II. 614. A. VII.
210. C. 413. E. VIII. 474. C. 477. C. baro-
nie, III. 642. B. de Deveze, VIII. 594. ****
A. Voyez Montesquiou.
MONTESQUIOU D'ARTAGNAN, Pierre, maréchal de
France, VII. 684. A. idem, chevalier du S. Es-
prit, IX. 271. A. Joseph, chevalier du S. Es-
prit, IX. 274. A.
MONTESQUIOU (Genealogie de la maison de) VII.
262.
Montesquiou, I. 332. E. II. 369. E. 432. E. 622.
E. 624. C D E. 649. B. 650. C. 651. D. 652.
D. 662. A. III. 366. A. 372. A. 861. B. IV.
665. D. 667. B D. VI. 152. C. VII. 538. C.
859. C. 925. E. 927. A. seigneurie, II. 664.
C. baronie, VII. 262. C. 695. A. d'Angles,
VII. 262. C. de sainte Colombe, III. 566. A.
de Faget, VII. 341. D. Voyez Montesquiou.
Montesson, marquisat, VI. 119. A. VII. 174. A.

les Montest, seigneurie, IX. 470. E.
Montet, VII. 158. D. seigneurie, I. 376. B. VIII.
245. D.
Monteton, seigneurie, IV. 480. A. VII. 301. B.
Monterou, seigneurie, IV. 123. D.
Monteuglan, II. 41. C.
Monteuquet, seigneurie, IX. 378. C.
Montevrain, seigneurie, VII. 494. B.
Monteuvriet, seigneurie, VIII. 150. D.
Monteux, seigneurie, II. 193. C. 207. A.
Montreynard, IX. 166. A. seigneurie, V. 104.
D. 262. CE. VIII. 942. E. IX. 120. B. de
Montfrius, VIII. 937. B.
Montez, VIII. 240. B.
Montezon, seigneurie, II. 187. E.
Montfa, seigneurie, II. 356. A. 360. A. 362. DE.
363. CD. 367. D. 372. B. III. 361. B D. IV.
23. E. V. 891. D. baronie, VII. 282. D. vi-
comté, II. 366. E.
Montfalcon, seigneurie, VIII. 911. A.
Montfan, seigneurie, V. 572. D. VIII. 819. B.
Montfaucon, IV. 275. C. 653. B. 714. D. V.
287. E. 506. A. VII. 78. C. 97. B. 161. B.
736. A. 796. B. 797. C. VIII. 249. A. 501.
B. 755. D. 768. A. seigneurie, I. 469. D.
470. C. 471. B. 484. C. 485. D. II. 159. E.
371. C. 659. E. 854. E. 867. C. III. 649. C.
817. D. VI. 104. C. 128. D. 481. C. 625.
B. 628. B. VII. 79. B. 266. C. 663. B. 664.
C. VIII. 415. E. 424. B. 531. D. 594. *** E.
IX. 115. B. baronie, III. 820. D. V. 286. B.
au Maine, seigneurie, V 155. E. de Rogles,
IV. 667. C.
Montfermeil, seigneurie, VI. 385. B. VIII. 22.
CD. 140. A.
MONTFERRAND (Seigneurs de) VI. 85. Voyez
Beaujeu.
MONTFERRANT (Seigneurs de) qui portent le nom
de Biron, & les armes de Gontaut en Perigord,
VII. 350.
Montferrant, III. 392. B. IV. 308. B. V. 734. D.
735. C. VI. 213. D. 222. B. VII. 95. B. sei-
gneurie, II. 174. A. 197. C. 619. B. 857. B.
871. C. 873. Er 874. B. IV. 120. B. 122. D.
124. D. 125. B. 126. D. 309. A. VI. 86. A.
E. VII. 36. C. 37. B. 46. A. 300. D. 350. B.
353. E. 772. C. 860. E. VIII. 50. C. 353. C.
IX. 416. A. 467. D. baronie, VIII. 165. E.
166. AD. comté, I. 233. A. 297. D. 308. A.
III. 151. B. VI. 85. E. 528. C. VII. 781. C.
VIII. 50. B C. Voyez la Taste.
Montferrat, II. 720. A. III. 373. C. VI. 25. A.
133. D. 726. B. VII. 145. B. 179. B. seigneu-
rie, VIII. 910. A. baronie, II. 625. A. marqui-
sat, I. 275. B. 297. A. 564. D. II. 595. D.
600. B. 618. D. 654. B. 725. A. 841. E. III.
375. B. 712. A. 728. B. V. 514. C. 574. B.
VI. 23. C. 14. C. 133. D. 726. B. VIII. 411.
C. duché, III. 490. C. 713. B. 714. AB.
Montferrier, VII. 487. C. seigneurie, VII. 490.
A.
Montfiquet, V. 144. C. seigneurie, II. 35. E.
Montflar, seigneurie, VII. 158. B.
Montflaux, seigneurie, VII. 669. A. 672. A.
Montforché, seigneurie, II. 164. B.
MONTFORT-L'AMAURY, Amaury, VI. du nom,
connêtable de France, VI. 71. A.
MONTFORT-L'AMAURY (Genealogie de la maison de)
VI. 77. & suiv.
MONTFORT EN BRETAGNE (Genealogie de la maison de)
VII. 73. & suiv.
Montfort, I. 68. C. 74. A. 323. B. 433. A. 457.
A. 478. B. 483. A E. II. 217. A. 270. E. 319.

E. 404. A D E. 408. E. 707. A. 592. D. 596.
B. 597. D. 618. C. 632. A. 633. A. 693. A.
857. A. 858. A. III. 293. D. 348. D. 572.
B. 665. D. 666. A. IV. 82. B. 469. B. 560.
B. 652. C. V. 124. D. 126. A. 130. E. VI. 16.
BD. 48. A. 160. A. 396. B. 632. B. 635. B.
699. A. 729. C. 765. C. VII. 122. E. 171. B.
711. D. 829. A. VIII. 568. C. 726. D. seigneurie, I. 123. A. 529. C. 552. D. 589. C.
II. 19. A. 199. D. 205. A. 255. A. 338. D.
403. D. 406. A. 774. D. III. 301. E. 307. E.
619. C. 815. B. IV. 12. D. VI. 31. B. 48. C.
72. A. VII. 19. D. 771. D. 860. C. VIII. 7.
D. 71. D. 90. B. 103. A B E. 140. B. 160. C.
271. B. 449. C. 820. D. baronie, III. 364. D.
vicomté, I. 255. E. VII. 105. B. comté, I.
449. C. 452. A D. 454. C. 457. D. 459. B.
463. E. 465. B. 564. C. II. 187. B. 319. E.
405. D E. 503. D. 846. E. III. 504. D. 379.
C. 603. D. 642. B. 856. A. IV. 61. B. 173.
A. 269. A E. 270. A. 539. A. 540. A. 430.
C. V. 148. D. 509. D. VI. 48. A. 86. A. 225.
E. VII. 155. C. 136. B. 407. B. 695. A. 846.
A. VIII. 57. A. 172. E. 219. A. 325. C. 867.
B. IX. 57. A. 420. D. duché, IV. 269. C. 270.
A. IX. 229. B. l'Amaury, VIII. 909. C. sei-
gneurie, I. 424. A. II. 478. CD. III. 569.
B. VI. 31. B. 36. A. 632. B. comté, I. 428.
B C E. 451. B. III. 316. B. 857. E. V. 509. D.
VI. 71. A. 134. A. VIII. 220. A. en Bretagne,
IV. 77. A. seigneurie, IV. 78. B C. VI. 765. C.
VII. 75. C. en Hollande, V. 655. D. 656. A.
vicomté, V. 637. D. sur Risle, II. 405. A.
478. A. IV. 770. A. V. 124. D. seigneurie,
VI. 689. C. le Rotrou, seigneurie, III. 611.
C. V. 130. E. 131. D. VIII. 191. B.
Montforté, seigneurie, I. 619. D.
Montfouquaisy, seigneurie, VIII. 652. B.
Montfrand, seigneurie, VI. 438. B.
Montfreville, seigneurie, VII. 446. B. 818. A.
Montfrichets, seigneurie, II. 877. C.
Montfrin, seigneurie, II. 206. E. marquisat, IX.
166. A.
Montfrins, seigneurie, V. 262. C. baronie, V.
262. D. 894. C.
Montfrou, seigneurie, VII. 504. A.
Montfuc, seigneurie, IV. 889. A.
Montfuron, seigneurie, IX. 440. D. marquisat,
VII. 200. C.
Montgaillan, seigneurie, III. 369. A.
Montgaillard, seigneurie, II. 373. A. 706. B.
707. B. III. 390. A C. V. 732. A. VII. 506.
E. baronie, VII. 10. D. vicomté, IX. 386. C.
391. D. marquisat, IX. 416. B.
Montgardin, VIII. 76. D. seigneurie, IV. 283.
C. VII. 289. D.
Montgarnau, seigneurie, VII. 493. A.
Montgarnaut, VIII. 53. C.
MONTGASCON (Seigneurs de) IV. 532. & suiv.
Voyez la Tour.
Montgascon, VI. 85. B. VII. 252. B. seigneurie,
I. 309. D. III. 159. E. 603. B. IV. 528. E.
529. A. VI. 257. D. 277. B. 323. C. VIII. 5.
E. 56. D. 57. CD. 271. D. 915. C. en Auver-
gne, seigneurie, VI. 60. C.
Montgauger, seigneurie, I. 128. C. III. 636.
B. VI. 282. A. VIII. 584. B. marquisat, IV.
849. C. V. 289. B. 493. A. IX. 278. B.
391. D.
MONTGAUGIER (Seigneurs de) V. 9. & suiv. Voyez
Sainte-Maure.
Montgaugier, VI. 560. A. seigneurie, III. 582. C.
IV. 677. C. V. 9. F. VI. 340. A. 401. B. VII.

121. B. VIII. 93. E. 705. C.

Montgavoi, seigneurie, VII. 486. B.

Montgaye, seigneurie, III. 433. A.

Montgelu, seigneurie, I. 525. A.

Montgenoust, seigneurie, VIII. 871. B.

Montgermont, VII. 15. A. seigneurie, I. 525. A.

Montgernault, seigneurie, VII. 373. A.

Montgeron, seigneurie, IV. 228. B.

Montgeroul, seigneurie, V. 836. A.

Montgeroult, seigneurie, VIII. 858. D.

Montgerval, seigneurie, VII. 382. B.

Montgibert, seigneurie, VI. 734. A.

Montgiffon, seigneurie, VII. 146. C. 799. C.

Montgilbert, seigneurie, VI. 304. B. baronie, VII. 258. B.

Montgiraud, VIII. 336. A.

Montgirou, baronie, IV. 753. E.

Montgisart, II. 509. D.

Montglas, seigneurie, VIII. 239. C. 774. D. marquisat, VI. 509. B. Voyez Monglas & Montglar.

Montglat, seigneurie, VIII. 798. B C. baronie, VIII. 802. A B. Voyez Monglat & Monglas.

MONTGOBERT (Seigneurs de) VI. 54. Voyez Clermont en Beauvoisis.

Montgobert, seigneurie, III. 840. E. 841. A. 842. D. 844 D. 845. A B. VI. 54. 254. B.

Montgogué, seigneurie, IV. 625. C.

MONTGOMMERY (Seigneurs de) comtes d'Alençon, III. 287. B. (autres Seigneurs de) V. 135. & suiv. Voyez Harcourt.

Montgommery, I. 234. A. II. 685. B. III. 70. C. 116. C. IV. 539. D. V. 397. D. 592. B. 736. D. VII. 183. A. 516. A. VIII. 106. A. baronie, I. 214. B. II. 287. B. 304. D E. 305. B C. V. 132. A. 135. D. 227. D. VII 122. C. comté, I. 215. A D. 216. A. 217. C. 219. D. 469. A. IV. 56. E. V. 736. D. 737. A. VII. 74. C. VIII. 246. D. d'Eglinton, VII. 142. A. de Sketmurli, IX. 402. B.

Montgon, seigneurie, VII. 139. C. 590. A. VIII. 815. E. 819. B. 822. D. IX. 104. A. marquisat, VIII. 824. B.

Montgouaut, seigneurie, IV. 709. B. 710. C. 711. C. VIII. 95. F.

Montgros, II. 136. D. VII. 488. C. 490. C. seigneurie, IV. 303. C. 304. A. 305. B.

Montgry, seigneurie, I. 518. C.

la Montgueriere, seigneurie, VII. 399. D.

Montguerlie, seigneurie, VIII. 60. E. 61. B.

Montguiaut, seigneurie, IV. 714. B.

MONTGUIGNARD ou MONTGUYARD, Pierre, maître fauconnier du Roi, VIII. 744. B.

Montguignard, seigneurie, II. 120. E. 121. A C D F. 122. A B.

Montguillon, II. 129. D.

Montguyon, seigneurie, III. 387. A. IV. 426. A B. 442. C. 443. B D. 444. C. 448. B D. 449. A. baronie, V. 234. A.

Monthebert, seigneurie, IV. 686. A.

Monthelau, seigneurie, II. 640. C.

Monthelie, seigneurie, IX. 292. B.

Montheur, seigneurie, VI. 209. A.

Monthibois, seigneurie, VI. 341. B.

Monthieux, VII. 374. C.

MONTHOLON, François, seigneur du Vivier, garde des sceaux de France, VI. 472. B. François, seigneur d'Aubervilliers, garde des sceaux de France, VI. 519. B.

MONTHOLON (Genealogie de) VI. 472.

Montholon, II. 223. B. IV. 768. C. VI. 443. D. 472. D. 530. C. 575. A. VII. 587. E. VIII. 945. C.

Monthomer, IV. 405. B. V. 89. A.

Monthonaut, seigneurie, VIII. 538. A.

Monthuchon, seigneurie, V. 149. C. baronie, V. 150. F.

Monthulin, seigneurie, V. 24. B. VIII. 638. B.

Monthus, seigneurie, II. 38. B.

Montjallin, seigneurie, IV. 860. A.

Montjan, V. 626. A.

Montjardin, seigneurie, VII. 724. A.

Montjavou, seigneurie, VIII. 886. A.

Montjay, VI. 92. B. seigneurie, I. 85. C. II. 425. A. 428. E. III. 161. A B. 574. E. IV. 771. A. 772. D. V. 508. C. VI. 92. B C. 93. A. 338. A. 341. D. VIII. 13. B. 417. D. baronie, VII. 741. C.

Montierferé, seigneurie, VIII. 149. C.

Montjeu, VII. 247. C. seigneurie, IV. 861. C. VII. 643. E. marquisat, III. 497. D. VIII. 778. C.

Montieulous, seigneurie, II. 136. E.

Montifaut, seigneurie, I. 496. A. 499. C. IX. 472. A.

Montiffray, seigneurie, VII. 596. C.

Montignac, seigneurie, III. 81. C. 82. B. IV. 425. B D. 426. E. 428. A. 430. E. V. 354. E. VI. 48. C. 106. D. 209. A. VII. 301. B. VIII. 571. E. 942. B. baronie, VIII. 943. D. comté, III. 645. B. IV. 854. C. VII. 334. D.

Montignargues, seigneurie, IX. 419. B.

Montignon, seigneurie, VII. 432. C. VIII. 399. D.

MONTIGNY (Seigneurs de) III. 575. & suiv. III. 647. & suiv. Voyez Montmorency & Laval. (autres Seigneurs de) IV. 670. & suiv. Voyez Rochechouart.

Montigny, I. 263. D. 323. E. III. 594. D. IV. 564. C. 569. A. V. 241. C. 465. A. VI. 116. A. 443. B. 718. B. VII. 19. D. 99. A. 376. D. VIII. 191. B. 319. A. 498. C. 540. C. 629. D. 725. C. 726. A. seigneurie, I. 203. E. 255. B. 330. B. II. 58. E. 147. B. 149. C. 282. B. 408. C. III. 320. B. 430. C D. 452. B. 578. A C. 604. E. 643. A B. 644. C. IV. 163. C. 216. D. 217. C. 268. A. 324. A. 570. A. 668. C. 718. C. 720. B. 727. A. 846. A. V. 144. C. 656. B. 657. B C D. 658. B. 764. E. 835. D. 836. B. 850. E. VI. 31. C. 419. C. 496. A. 718. D. VII. 222. A D. 371. A. 424. C. 505. A. 546. B. 588. B. 667. A. 740. E. 811. C. 823. E. 825. D. 903. B. VIII. 77. A. 94. A. 152. D. 156. A. 168. A. 196. E. 205. A. 265. B. 319. C. 326. A C. 327. A C. 539. A. 561. B. 615. C. 650. B. 752. C. 753. B. 775. C. 913. D. IX. 432. A. 464. B. baronie, V. 231. D. 641. A. VIII. 81. B. aux Amoignes, seigneurie, VIII. 322. A. 326. B. 328. D. sur Andelle, seigneurie, III. 622. E. sur Armençon, seigneurie, VIII. 787. B. en Artois, seigneurie, IV. 396. D. sur Aube, seigneurie, IV. 836. C. en Bassigny, II. 147. E. Bohan, VIII. 871. D. en Bretagne, seigneurie, V. 495. B. le Comte, seigneurie, VI. 443. B. le Ganelon, seigneurie, VIII. 906. B. Lancoup, seigneurie, I. 203. B. VII. 434. D. VIII. 521. B. 526. B. sur Loing, seigneurie, VII. 15. E. VIII. 784. B. 785. B. 786. B. sur Oise, seigneurie, VI. 468. A. en Ostrevant, VI. 146. B. seigneurie, V. 230. B. VI. 116. A.

Montihar, VII. 472. B.

Montil le Degelé, seigneurie, VI. 89. C.

le Montilier en Dauphiné, V. 261. C.

Montils, seigneurie, II. 174. C. 175. B. VII. 121. D. les Tours, seigneurie, VII. 501. C.

Montion,

Montion, VI. 483. B. seigneurie, IV. 639. B.

Montjohnet, seigneurie, III. 600. A D. 601. B.

Mont-Jouan, I. 497. B C.

Montnouloux, baronie, III. 816. A.

Montjournal, VII. 158. C. IX. 470. B.

Montjouvent, VII. 664. D. seigneurie, V. 673. A. baronie, IV. 35. B. comté, VIII. 325. A B.

Montjoy, baronie, VII. 841. A.

Montjoye, III. 611. C. seigneurie, I I. 134. B E. 135. C. 136. C. 137. D. 164. A. 733. E. 751. A.

Montirat, vicomté, VII. 700. B.

Montireau, batonie, II. 432. E.

Montjuif, seigneurie, III. 814. B C. 815. A.

Montivilliet, seigneurie, VI. 302. D.

Montjustin, seigneurie, V. 280. A. 283. B. Voyez Guillen.

Montlandrin, IV 875. A. VII. 48. C. 395. B.

Montlau, seigneurie, VII. 772. D.

Montlavard, seigneurie, II. 689. D.

Montlaur, II 187. E. 203. E. 437. D. 699./C. IV. 14. C. 530. C. VII. 785. B. VIII. 815. A. 911. A. seigneurie, III. 811. B. 816. A. 817. D. IV. 528. C. VII. 59. E. VIII. 55. E. baronie, II. 138. A. comté, I. 641. C. III. 496. A. 497. A D. V. 288. D. VIII. 913. D.

Montlaurin, seigneurie, IX. 451. * D.

Montlcal, seigneurie, II. 187. D.

Montleard, VIII. 159. A. seigneurie, V. 25. C.

Montleon, VIII. 904. A. IX. 80. A.

Montlevesque, seigneurie, VIII. 812. B.

Montlevon, seigneurie, VI. 126. A.

Montlezun, II. 181. D. 182. B 221. D E. 233. A. 363. A. 373. E. 671. C. 674. D. III. 434. C. 778. B. IV. 611. B. 724. A. V. 175. E. 729. A. 742. A. VI. 222. B. VII. 135. D. 215. C. 268. E. 269. D. 286. A. 405. B. 406. A. 408. D. 451. B. 460. B. 538. E. 778. A. 860. E. 927. B. IX. 383. D. 389.|E. 416. A. de Besmanx, IV. 666. A. de Campagne, IV. 663. B. de Lupiat, III. 385. C.

MONTLHERY, (Seigneurs de) issus des seigneurs de Montmorency, III. 664. & suiv.

MONTLHERY, Guy, sénéchal de France, VI. 29. D. Hugues, sénéchal, VI. 30. A.

Montlhery, II. 339. A. VI. 21. B. 29. D. 30. A. 31. A 73. C D. 83. B. 127. D. VIII. 862. A. seigneurie, I. 74. D. 527. A. II. 498. B. 839. D. III. 154. D. 198. A.

Montliard, I. 509. A. VI. 308. A. VIII. 799. A.

Montliart, VI. 517. A.

Montlieu, V. 234. A.

Montlitard, II. 432. A. VIII. 492. E. seigneurie, IV. 749. E.

Montlivaut, seigneurie, IV. 728. B D E.

Montlong, VII. 274. B.

Montlor, IV. 284. D. VI 303. A. VII. 703. E IX. 202. C. seigneurie, VI. 303. A. IX. 94. A. VII. 392. A D. 471. A.

MONTLOUET, (Marquis de) II.|423. & suiv.

Montlouet, seigneurie, II. 425. B C. IX. 303. A. baronie, IV. 756. A. marquisat, VII. 100. C.

Montlouis, IV. 142. C. VII. 324. D. seigneurie, IV. 142. D. 363. D. V. 134. D.

MONTLUC, Blaise, maréchal de France, VII. 261. D. Jean, seigneur de Balagny, maréchal de France, VII. 578. B. Blaise, colonel general de l'infanterie au siege de Thionville, VIII. 216. A.

MONTLUC, (Seigneurs de) VII. 290. Voyez Montesquiou.

Montluc, II. 231. B. 439. B. III. 364. C. IV. 32. E. 600. A. 877. A. VII. 213. B. 268. C.

Tome IX.

291. B. 292. B. 407. B. 416. E. 461. B. 494. D. 557. D. IX. 145. C. 170. A. 239. B. seigneurie, III. 771. A. IV. 664. B. V. 177. F. VII. 288. D. 290. A. 302. A. VIII. 216. A. Balagny, VII. 291. C. VIII. 68. D. 637. C.

Montluçon, seigneurie, I. 136. D. 317. B. 427. D. II. 843. D. III. 150. E. 151. A D. 152. B C. 159. C. VI. 94. B. VII. 410. B. VIII. 504. C.

Montluel, VII. 44. E. 801. B. 813. A. VIII. 422. C. 909. A. 920. C. seigneurie, II. 17. D. 20. C. III. 895. A.

Montmain, seigneurie, IV. 860. C. VII. 247. A. IX. 169. A. Voyez Tenarre.

Montmalast, seigneurie, VI. 734. B.

Montmajour, VII. 197. E. 710. D. VIII. 912. A.

Montmarin, seigneurie, II. 871. A. VII. 40. B. VIII. 874. C.

Montmart, II. 142. A.

Montmarta, seigneurie, IV. 223. E.

Montmartin, V. 666. C. VII. 52. C. 190. C. VIII. 36. D. seigneurie, I. 376. D. V. 398. C. VI. 196. B. 773. C. VII. 642 D. IX. 127. A. vicomté, VII. 714. D. comté, V. 393. A. VI. 529. A.

Montmartre, seigneurie, VIII. 636. B.

Montmaron, seigneurie, VIII. 784. B.

Montmaur, seigneurie, II. 624. C. III. 777. A. IV. 23. B. VII. 271. C. IX. 420. D. baronie, III. 821. A.

Montmayeur, comté, IV. 875. B.

Montmayran, seigneurie, II. 185: 2. A. 189. E.

Montmege, V. 758. B. Voyez Monmege.

Montmeige, seigneurie, IV. 785. E.

Montmeigne, seigneurie, VIII. 246. C.

Montmeliant, seigneurie, VI. 55. B. 152. D.

Montmerault, seigneurie, IV. 668. B.

Montmerle, seigneurie, V. 669. A. 670. A. VI 731. C.

Montmeyan, seigneurie, V. 278. C.

Montmeyran, seigneurie, VIII. 910. E. 919. A.

Montmirail, IV. 439. A. 443. A. VI. 134. A. 467. C. 489. C. 510. B. VII. 436. D. VIII. 798. A. seigneurie, I. 237. C. 432. A. 451. C. II. 735. C. 736. B. 840. E. 846. A B. III. 156. A. 430. C. 727. A. V. 132. C. 230. A. 512. C D. 513. F. 515. B. VI. 51. D. 627. C. VIII. 172. C. 550. D. baronie, IV. 322. B. V. 611. B. VIII. 172. E. marquisat, VI. 581. C. IX. 475. D.

Montmiral, seigneurie, VII. 903. A. baronie, I. 276. B.

Montmirant, seigneurie, VII. 764. C.

Montmirat, seigneurie, VII. 789. B.

Montmirault, seigneurie, VIII. 234. C.

Montmirel, VIII. 629. A. seigneurie, II. 415. E. 416. A. 721. C. IV. 177. D. VI. 115. A. 379. A. 715. C. VIII. 536. E. 543. D. 868. D. baronie, III. 898. A. VII. 935. A.

Montmont, seigneurie, VII. 504. C.

MONTMOR, (Seigneurs de) VI. 748. Voyez Hangest.

Montmor, VII. 172. C. seigneurie, IV. 601. A. VI. 526. A. 568. A. 748. B. VII. 447. B. 516. A. 617. C.

Montmoreal, seigneurie, VII. 155. E.

MONTMOREAU, (Seigneurs de) IV. 688. Voyez Rochechouart.

Montmoreau, seigneurie, VII. 26. B. baronie, VII. 27. A.

MONTMORENCY, duché-pairie, érigé en 1551. pour ANNE, baron du même lieu, III. 551. duché-pairie, érigé en 1663. pour HENRY de Bourbon, prince de Condé, IV. 382.

N 3

MONTMORENCY, *Thibault*, connêtable de France, VI. 41. A. *Matthieu*, connêtable, VI. 44. A. *Matthieu* II. du nom, connêtable, VI. 70. A. *Anne*, connêtable, VI. 228. B. *Henry* I. du nom, connêtable, VI. 229. C. *Charles*, maréchal de France, VI. 701. D. *Anne*, maréchal de France, VII. 165. A. *François*, maréchal de France, VII. 219. A. *Henry*, maréchal de France, VII. 236. B. *Henry* II. du nom, maréchal de France, VII. 480. C. *François-Henry*, maréchal de France, VII. 613. D. *Matthieu*, dit *le Grand*, amiral de France, VII. 733. A. *Anne*, capitaine & lieutenant general de mer, VII. 881. C. *Charles*, amiral de France, VII. 906. C. *Henry*, amiral de France, VII. 907. D. *Anne*, grand-maître de France, VIII. 386. A. *François*, grand-maître de France, VIII. 386. B. *Matthieu* IV. du nom, chambellan de France, VIII. 442. A. *Jean* II. du nom, grand-chambellan de France, VIII. 448. A. *Henry*, bouteiller de France, VIII. 514. D. *Erard*, échanson de France, VIII. 519. C. *Bouchard* II. du nom, pannetier de France, VIII. 610. D. *Charles*, pannetier de France, VIII. 611. B. *Bouchard* III. du nom, maître enquêteur des eaux & forêts de France, VIII. 845. C. *Henry* I. du nom, chevalier du S. Esprit, IX. 117. B. *Charles*, chevalier du S. Esprit, IX. 118. A. *Henry* II. du nom, chevalier du S. Esprit, IX. 137. A. *François Henry*, chevalier du S. Esprit, IX. 224. A. *Charles-François*, chevalier du S. Esprit, IX. 266. C. *Christien-Louis*, chevalier du S. Esprit, IX. 291. B.

MONTMORENCY, (*Genealogie de la maison de*) III. 566. & *suiv.* (*Ducs de*) III. 602. & *suiv.* (*Branche qu'on croit descendue de Bouchard I. du nom*) III. 662.

Montmorency, I. 75. B. 223. A. 309. D. 336. A. 345. A. II. 78. D. 97. D. 118. E. 121. C. 151. A E. 153. A. 271. E. 281. E. 282. A. 302. D. 313. A. 405. A. 414. A. 482. A. 498. C D. 501. B. 852. D. III. 301. E. 303. E. 320. E. 631. B. 634. C. 732. C. 733. A. 856. B. 909. C. 910. A. 913. B. IV. 13. C. 32. A. 61. B. 214. D. 274. A. 311. C. 400. B. 402. C. 403. A. 538. A. 597. B. 615. B. 677. C. 793. C. 874. B. V. 131. C. 133. D. 160. D E. 183. F. 231. D. 232. A B. 237. B. 244. C. 509. C. 573. A. 594. B. 608. A C. 641. B. 654. C. 656. A. 658. A C. 829. A. VI. 32. C. 35. B. 50. B. 52. E. 53. A. 75. B. 99. A. 114. C. 115. C. 135. C. 137. B. 260. C. 338. D. 341. A. 663. D. 665. A. 672. A. 698. B. 739. A. 747. A. 748. C. 765. C. 769. A. 770. B. 786. C. 795. C. VII. 13. D. 76. B. 100. A. 112. C. 152. D. 154. C. 169. E. 226. D. 371. B. 416. E. 444. E. 445. E. 517. B. 550. D. 554. C. 642. C. 652. E. 762. E. 788. C. 796. C. 831. D. VIII. 13. C. 14. B. 41. C. 77. B. 79. A. 90. C. 92. E. 93. A E. 95. A. 172. E. 215. A. 255. B. 279. E. 287. A. 369. D. 402. B. 465. B. 543. E. 605. C. 616. C. 635. D. 650. B. 655. D. 735. D. 756. A. 777. D. 789. E. 800. C. 851. B. 852. A. 880. A. 882. D. 884. C. 914. B. 920. A. IX. 154. C. 208. F. seigneurie, I. 428. D. II. 97. D. 150. E. 776. E. III. 294. C. 320. A. IV. 533. A. V. 131. E. 229. A. 244. C. VI. 35. B. 41. A. 44. 70. A. 75. B. 119. C. 140. C. 254. B. 338. D. 663. D. 732. C. 739. A. VII. 12. A. 735. D. VIII. 280. B. 397. A. 751. A. 867. D. baronie, II. 120. E. 121. A. 124. B. 209. D. duché, I. 136. D. 203. A. 336. E. 337. D. 338.

B. 340. B. 341. E. 344. A. II. 134. D. 136. C. III. 386. A. IV. 31. C E. 170. B. 322. A. 538. D. pairie, VI. 229. C. VII. 168. D. 226. D. 238. A. VIII. 920. B. Bours, V. 838. C. VIII. 40. E. 41. B. 155. E. *Enguyen*, duché, I. 343. C. *Fosseux*, VI. 285. B. VIII. 161. B. IX. 123. B. 276. A. seigneurie, IV. 413. A. *Laval*, III. 294. D. *Luxembourg*, IV. 176. A. 269. A. 644. C. V. 183. F. VI. 580. A. IX. 325. C.

MONTMORET, *Etienne*, aumônier du Roi, VIII. 230. C.

Montmoret, VII. 640. B. seigneurie, V. 510. D. VII. 146. B. baronie, VIII. 331. E.

Montmorillon, I. 376. E. VIII. 6. A. 62. A. 434. E. 645. B. seigneurie, I. 491. B. II. 437. B C. VII. 20. A. 82. D. 131. C. VIII. 815. C.

MONTMORIN *François Gaspard*, grand-louvetier de France, VIII. 812. * * *

MONTMORIN, (*Genealogie de la maison de*) VIII. 813. & *suiv.*

Montmorin, III. 840. D. VI. 303. A. 327. B. 398. B. VII. 61. C. 65. C. 158. B. 196. C. 202. E. 444. B. 709. C. 714. B. VIII. 494. C. 500. B. 933. B. IX. 169. B. seigneurie, II. 88. A. IV. 889. A. 898. A. VI. 275. B. 398. B. VII. 767. D. VIII. 813. D. IX. 469. C. *S. Herem*, IX. 124. A. *de Montaret*, VIII. 693. E.

Montmoron, comté, VII. 547. D.

Montmorot, seigneurie, VII. 797. D.

Montmort, VI. 623. D. seigneurie, III. 150. A. 577. E. VI. 143. D. VII. 646. B. VIII. 331. D

Montmouth, I. 592. C. seigneurie, VI. 695. B. comté, V. 595. D.

Montmoyen, VIII. 816. C. seigneurie, VII. 795. B.

Montobert, seigneurie, II. 123. A.

Montoillot, VIII. 242. D.

Montoin, seigneurie, III. 452. A.

Montoire, V. 8. D. seigneurie, I. 324. B. VI. 80. B. VII. 873. D. VIII. 725. B. 726. B.

Montoiron, VIII. 114. E. seigneurie, VIII. 182. C.

MONTOISON, (*Seigneurs de*) VIII. 918. *Voyez* Clermont-Tonnerre.

Montoison, seigneurie, I. 440. A. VIII. 910. E. 919. A. baronie, II. 246. D. III. 606. A. IV. 403. B. V. 266. D. marquisat, VIII. 920. E. le Monton, V. 87. D. seigneurie, VI. 316. C. 323. C.

Montonneau, seigneurie, IX. 476. B.

Montorgueil, seigneurie, I. 440. A. VIII. 106. C.

Montoriol, seigneurie, IV. 122. D.

Montoftre, VII. 374. C.

Montourg, seigneurie, VI. 262. B.

Montoussin, seigneurie, VIII. 474. C.

Montoyron, seigneurie, III. 91. D. 92. A.

Montpaon, seigneurie, VII. 797. A.

Montpeiran, seigneurie IX. 175. A.

Montpeiroux, seigneurie, V. 364. D. VII. 79. B. 161. A. 358. B. 413. E. 736. A. 787. D. 788. A. comté, VII. 159. A. *Voyez* Montperoux.

MONTPELLIER, baronie-pairie, érigée en 1371. pour CHARLES II. roi de Navarre, III. 234.

Montpellier, VII. 781. D. seigneurie, I. 227. A. 284. B. 539. E. 540. A. II. 617. D. 631. E. 691. D. VI. 75. D. VII. 209. D. baronie, I. 285. B.

MONTPENSIER, duché-pairie, érigé en 1538. pour Louis de Bourbon, III. 516. C. duché-pairie, érigé en 1608. pour HENRIETTE-CATHERINE duchesse de Joyeuse, & MARIE de Bourbon, IV. 234. duché-pairie, nouvelle érection en

1695. pour Philippes de France, duc d'Orleans, V. 47.

Montpensier, (Comtes de) I. 314. & suiv. (Ducs de) I. 353. & suiv. Voyez Bourbon. (Seigneurs de) VI. 85. Voyez Beaujeu.

Montpensier, seigneurie, I. 308. E. 425. D. 429. B C. 430. C E. 539. D. III 199. B. 200. A. IV. 166. E. V. 126. C. VI. 60. D. 84. B. 85. E. 89. C. 678. B. VII. 141. D. VIII. 59. E. 6 t. C. comté, I. 107. B C. 302. E. 303. A B D. 313. D. 316. B. 319. E. 353. C D. 355. C. IV. 164. A. 168. B. 529. C. VIII. 52. E. 344. B. duché, I. 147. C. 177. B. 187. C. 188. B. 189. B. 190. E. 211. C. 238. E. II. 225. D. III. 451. B. 486. C. 488. C. 767. A. 839. C. pairie, I. 355. A. 358. A B. VII. 169. B. VIII. 220. B.

Montperoux, seigneurie, I. 514. A B. 558. E. III. 150. A. IV. 861. A. VII. 3. B E. 4. B. comté, VIII. 325. A. 331. E. Voyez Montpeyroux.

Montperreux, seigneurie, VI. 686. B.

Montpeyrant, seigneurie, II. 366. D.

Montpeyroux, seigneurie, IV. 468. D. 524. B. 526. A. marquisat, IX. 123. C. Voyez Montpeiroux.

Montpezat, (Seigneurs) II. 661. B.

Montpezat, (Suite des Seigneurs de) du surnom de Lettes, VII. 188.

Montpezat, II. 231. D. 291. C. 639. A. 661. E. 676. D. IV. 477. B. 663. B. V. 176. D. 756. D. 757. A. VI. 303. B. VII. 20. E. 185. A. 285. A. 927. B. VIII. 190. C. IX. 238. B. 389. A. 457. C. seigneurie, III. 383. D. 490. A. 496. A. 497. C. IV. 41. E. 121. C. 614. B. V. 177. A. VI. 785. B. VII. 185. A. 238. A. VIII. 248. B C D. 249. A. 704. C. marquisat, VII. 259. D. de Lognac, II. 234. E. Voyez Lettes & des Prez.

Montpinçon, seigneurie, II. 441. A. VIII. 810. * A. 935. C. IX. 227. C.

Montpipeau, (Seigneurs & Marquis de) IV. 683. & suiv. Voyez Rochechouart.

Montpipeau, seigneurie, IV. 676. E. 677. A. 678. A E. 685. D. V. 243. E. VIII. 573. C. baronie, IV. 679. C.

Montplaisant, seigneurie, V. 103. E.

Montplaisir, seigneurie, VI. 351. E.

Montplan, seigneurie, VI. 481. A.

Montplantier, seigneurie, VIII. 819. C.

Montplassennn, seigneurie, IV. 42. C.

Montplonne, seigneurie, VIII. 717. C.

Montpont, seigneurie, III. 389. A. VIII. 352. B. baronie, III. 388. E.

Montpouilhan, seigneurie, IV. 125. E. VII. 304. E.

Montpouilian, seigneurie, IV. 468. E. 469. A. 470. A B. 471. A C. 472. D. VIII. 593. * * * A. marquisat, IV. 473. B.

Montpoulain, seigneurie, VIII. 266. A.

Montpoupon, seigneurie, V. 290. C. 676. C. 863. D. V. 9. A. 12. F. VII. 48. A. VIII. 109. A. 116. C. 117. E. 119. D. baronie, IV. 669. C. VI. 415. D. VIII. 120. D E.

Montrabe, VII. 282. B. seigneurie, III. 366. A.

Montraignan, seigneurie, IV. 309. A. Voyez Montagnan.

Montralais, VII. 175. D.

Montrambert, seigneurie, II. 211. E. 212. D.

Montramble, seigneurie, VII. 892. D.

Montramé, seigneurie, VIII. 239. C.

Montravel, V I. 64. A. VIII. 500. C. seigneurie, VI. 51. C. 667. D.

Montraux, seigneurie, VIII. 615. D.

Montreal, Hugues, évêque & duc de Langres, II. 148. B.

Montreal, (Seigneurs de) VII. 342. Voyez Hautefort.

Montreal, II. 147. B. III. 838. D. V. 668. A. VI. 62. A. seigneurie, I. 513. A. 539. E. 543. B. 546. A B. II. 148. D. 318. C D. III. 838. B. IV. 179. D. 438. B. VI. 33. A. 62. A. 327. C. V. 30. A. 80. D. 343. B. VIII. 415. B. vicomté, V. 355. E. marquisat, VII. 341. D. en Piemont, seigneurie, V. 672. D. en Velay, baronie, V. 343. E.

Montrebons, seigneurie, II. 347. B.

Montrec, IX. 422. C.

Montrecourt, seigneurie, VII. 825. A.

Montredon, seigneurie, II. 295. D. 353. E. 355. E. 356. B. 360. A C. 361. A C D E. 362. B C. 367. A D. 368. A. III. 817. E. IV. 43. B. V. 891. A. 892. C. 894. C. D. VIII. 248. C. IX. 427. D.

Montregal, seigneurie, IX. 388. B.

Montregnault, seigneurie, VII. 891. D.

Montregaut, seigneurie, II. 185. 2. D E. baronie, VI. 326. C.

Montrelais, seigneurie, IV. 59. C. baronie, III. 601. B.

Montrelet, seigneurie, IV. 639. A.

Montremantier, seigneurie, VII. 250. B.

Montresor, seigneurie, V. 10. A. VI. 105. C. VII. 501. D. 847. A. 849. D. VIII. 61. C. 541. B. comté, IV. 721. C. 723. C. IX. 142. B.

Montresson, baronie, III. 591. B.

Montrestain, seigneurie, IV. 732. B.

Montret, III. 816. B.

Montrevau, seigneurie, IV. 576. B. vicomté, VII. 584. A. comté, VII. 509. D.

Montreveau, seigneurie, III. 246. C. 641. A. V. 581. C. 582. B E. VII. 160. A. vicomté, V. 581. C D. VIII. 723. C.

Montrevel (Seconds comtes de) VII. 46. (derniers Comtes de) VII. 51. Voyez la Baume.

Montrevel, seigneurie, II. 198. D. 215. A. 239. E. VII. 43. D. 443. A. comté, III. 837. D. IV. 28. B. 874. B. V. 670. A. VII. 37. A. 254. A C. 260. B. 395. C. 709. B. 810. D. VIII. 36. D. 72. B. 81. E. 118. A. 350. C. 354. B. 420. A. 428. B. 719. E. marquisat, III. 771. D. VII. 673. C. VIII. 305. B.

Montreuil, III. 321. A. VI. 623. A. 642. D. seigneurie, II. 517. B. V. 490. D. VI. 12. B. 32. D. 281. C. 283. A. 645. C. 674. B. 689. C. vicomté, III. 603. E. comté, II. 507. D. III. 296. B C D. 297. A B C D. 300. B. 301. E. 302. E. Bellay, seigneurie, I. 216. A. 217. D. H. 347. E. VI. 728. D. Bonin, III. 657. B. seigneurie, III. 655. A. 658. A. VII. 153. B. sur Mer, seigneurie, I. 219. B. vicomté, I. 217. D. II. 413. C. en Perigord, seigneurie, II. 429. B. sur-Saône, seigneurie, II. 58. A. le Sec, seigneurie, IV. 829. B. Voyez Monstreuil.

Montrevoye, seigneurie, IV. 286. C.

Montreux, seigneurie, II. 204. B.

Montreyer, IV. 286. B.

Montriblou, seigneurie, VIII. 307. B.

Montrichard, VIII. 175. A. seigneurie, II. 503. A. 744. B. 846. B. IV. 166. D. V. 10. D. 584. B. VI. 15. C. 187. C. VII. 120. A. 494. D.

Montrichier, seigneurie, IV. 678. C. VII. 37. C.

Montricourt (Seigneurs de) I. 267. & suiv.

Montricourt, seigneurie, VII. 131. E.

Montricoux, seigneurie, IV. 217. C.

Montriel, seigneurie, IV. 477. A. 478. B D. 479. A B C D.

Montrigaud , seigneurie , VIII. 919. D.
Montrochel , IV. 676. A.
Montrochier , V. 763. D.
Montrodat , seigneurie , IV. 548. A.
Montrodon , seigneurie , IV. 531. A.
Montrognon , seigneurie , II. 188. 2. C. VIII. 50. A. 902. D.
Montroignon , VII. 99. D. seigneurie , VII. 58. D.
Montrolier , seigneurie , VI. 261. B.
Montroman , seigneurie , II. 246. C. 247. D.
Montrond , seigneurie , II. 212. D. 857. B. 859. A. VI. 211. C. VII. 203. C. 204. A. 796. C. VIII. 349. C. 354. B. 837. E. 930. C.
Montrosier , seigneurie , III. 425. A. V. 889. A. IX. 92. C.
Montrotier , seigneurie , II. 164. C. comté , VI. 118. D.
Montrouge , seigneurie , IX. 318. B.
Montroul , seigneurie , VII. 225. A.
Montrouliers , seigneurie , VIII. 523. B.
Monts , V. 488. A. VII. 170. D. 451. C. seigneurie , II. 204. A. VI. 369. C. VII. 6. B. 45. B. lez-Vandrey , VII. 251. E.
Montsabert , seigneurie , II. 450. A B. III. 636. A B C. 637. A. V. 11. B.
Montsabre , VIII. 150. C.
Montsanto , comté , I. 665. D. 683. C.
MONTSALEZ (Marquis de) III. 777. & suiv. Voyez Crussol.
Montsalez , IV. 44. B. seigneurie , III. 771. A. VII. 293. B. 416. E. IX. 67. B. 175. E. marquisat , V. 185. E.
Montsalier , seigneurie , III. 861. A.
Montsauge , seigneurie , IV. 852. A.
Montsaugeon , baronie , VIII. 640. D.
Montsaulien , comté , II. 143. E. 222. B.
Montsaulnin , VII. 257. C.
MONTSAUNIN , Charles , chevalier du S. Esprit , IX. 235. B.
Montsaunin , II. 137. A.
Montsegur , seigneurie , II. 174. B. III. 659. A. IV. 12. D. 13. B. 14. AB C. 16. C. 17. A B. 23. C. V. 731. C. 750. D. baronie , IV. 18. C D.
Montserrié , seigneurie , VII. 269. B.
Montservier , VIII. 596. ** A.
Montservin , seigneurie , VII. 36. C.
Montseur , seigneurie , III. 633. A B. 634. A. IV. 12. C.
Montsignat , seigneurie , VII. 354. A.
Montsoreau , IV. 562. E. 563. A. seigneurie , I. 118. A. II. 620. B. III. 384. D. 658. A. V. 637. A. VII. 121. C. 128. C. VIII. 571. C E. 572. D. 573. A. 706. D. comté , VIII. 595. *** A. 778. B. IX. 197. C. 198. A.
Montsorel , seigneurie , VII. 833. C.
Montsou , seigneurie , II. 189. B.
Montfur , seigneurie , II. 175. B.
Montsures , VIII. 283. C. seigneurie , VIII. 642. A.
Montsuzain , seigneurie , II. 208. D.
Montvalat , I. 370. B.
Montvé , comté , VI. 498. B.
Montvert , V. 362. D.
Montvillier , seigneurie , II. 121. B.
Montyon , seigneurie , VI. 537. C.
Monvaliens , seigneurie , VII. 787. A.
Monville , seigneurie , II. 440. D.
Monyoux , seigneurie , II. 241. D.
Moolain , IV. 823. C. 832. C.
Mora , marquisat , I. 644. B.
Morache , IX. 451. C.

Moraché , seigneurie , VIII. 328. E. 329. A.
Moradas , VII. 818. D.
Moraie , V. 424. A.
MORAINVILLE (Seigneurs de) I. 443. & suiv.
Morainville , IV. 672. A. VIII. 237. B. seigneurie , I. 439. A. IV. 711. A B. V. 148. F. VI. 503. B. VII. 63. B. VIII. 802. A.
Morainvilliers , VI. 540. B. VII. 550. B. VIII. 795. D. 804. A.
Morais , II. 426. B. 429. D. 430. A. V. 146. C. 150. E. seigneurie , I. 232. C.
Morales , seigneurie , II. 353. E.
la Morallerie , VII. 230. E.
Moran , seigneurie , VI. 541. B.
Morançais , seigneurie , III. 586. B.
Morancourt , seigneurie , VI. 697. B.
Morancy-la-Tour , seigneurie , IV. 408. A.
Morand , VI. 486. A. VII. 429. B. 494. E.
la Morandaye , seigneurie , IV. 804. B. V. 382. C. VII. 526. B. 530. A.
la Morandiere , seigneurie , IV. 731. A. VII. 477. C.
Moranger. Voyez Meolette.
Morangers , marquisat , II. 138. D.
Morangis , seigneurie , IV. 843. A. VI. 483. B. 586. B.
Morangles , seigneurie , VIII. 557. A.
MORANT , Thomas , grand trésorier des ordres , IX. 321. B.
Morant , II. 105. C. V. 160. F.
Moras , III. 584. B. seigneurie , I. 308. E. V. 289. D. VII. 290. D. 507. A.
Moravie , marquisat , I. 248. E. 406. B. duché , I. 46. D.
Moray d'Abercairny , IX. 412. C.
MORBECQUE (Marquis de) III. 593. & suiv. Voyez Montmorency.
Morbecque , seigneurie , III. 611. B. 613. A. VI. 705. B. comté , VIII. 41. C.
Morchesne , VII. 878. B.
Morchies , seigneurie , V. 234. B.
Morcipont , III. 577. D.
Morcourt , seigneurie , III. 909. E. V. 240. B D. VI. 52. C.
la Mordelais , seigneurie , IX. 473. E.
Mordelles , vicomté , VII. 651. D.
Mordington , seigneurie , IX. 409. C.
More , VII. 636. A.
Moré , baronie , IX. 69. A.
Moreau , II. 448. C. IV. 642. A. 764. D. VI. 552. C. VII. 494. B. 855. C. VIII. 802. D. IX. 382. A. de Fiennes , VIII. 854: A. de la Possonniere , III. 645. A. Voyez Bernard.
Moreaumes , II. 731. C.
Moreaumez , seigneurie , VI. 168. D.
Morecourt , seigneurie , II. 269. B.
la Morée , principauté , I. 397. A. 413. C. 417. B. 478. A B. 547. C D. II. 21. B. 163. D. 600. B. 781. A E. 782. D. 783. D. 868. B.
Morejan , seigneurie , II. 642. E. 643. A.
Moreil , seigneurie , I. 327. A.
Morel , V. 92. B. 149. F. 407. B. VI. 642. D. VII. 150. D. 388. C. 574. D. 636. C. 741. B. VIII. 855. E. IX. 311. B.
la Moreliere , seigneurie , IV. 159. B. VI. 189. A. 198. D.
Morelle , VI. 259. C.
S. Moren , seigneurie , VII. 487. A.
Morennes , seigneurie , I. 443. A. 444. A.
Mores , seigneurie , II. 440. D.
Morestel , II. 16. A. 22. C. VIII. 908. E.
Moret , IV. 900. A. VI. 120. A. 591. A. VIII. 261. A. seigneurie , IX. 451. C. comté , I. 150. D. II. 87. E. 88. A. IV. 569. D. 570. B. VI.

B. VI. 546. A. VII. 852. D.
Moreton, VII. 342. C. 792. B. VIII. 920. A.
Morette, seigneurie, VII. 495. D.
MOREUIL, Bernard, maréchal de France, VI. 715. B. Bernard VI. du nom, grand queux de France, VIII. 829. B.
MOREUIL (Genealogie de la maison de) VI. 715. & suiv.
Moreuil, III. 915. C. V. 831. B. VI. 173. D. 285. A. VII. 560. C. VIII. 504. D. 653. D. 736. B E. 791. B. 808. E. seigneurie, II. 502. A VI. 49. C. 113. B. 173. D. 715. C. 784. A. VII. 100. A. 823. E. VIII. 13. B. 154. A. 573. B. 623. C. 789. E. Soissons, VIII. 630. E.
Moreul, VI. 722. B.
Morf, II. 509. B C. IV. 370. A.
Morfontaine, seigneurie, II. 129. B. IV. 413. A. VII. 63. A. IX. 340. B. marquisat, VI. 155. D. VII. 617. D.
Morgan, VII. 748. E.
Morganock, baronie, II. 486. E. 487. A.
Morges, II. 132. E. VIII. 934. D.
Morgon, seigneurie, III. 60. A.
Morhem, seigneurie, III. 628. A.
Morhier, I. 458. B. VI. 503. A. VII. 889. D. 902. D. VIII. 891. E.
Moriac, VIII. 497. C.
Moriamez, seigneurie, II. 332. A. III. 724. A. VII. 829. A. VIII. 32. A C.
Moric, seigneurie, II. 124. A.
Mories, seigneurie, VII. 70. D.
Morigny, seigneurie, V. 135. A. VI. 410. B.
Morillon, VII. 159. B. VIII. 821. A. seigneurie, VII. 45. A. 149. C.
MORIN, Guillaume, aumônier, du Roy, VIII. 226. B. Mathurin, heraut roy d'armes des ordres, IX. 345. C.
Morin, I. 437. D. III. 496. B. IV. 269. D. 603. A. 793. A. V. 155. E. 771. A. VI. 190. D. 191. A. 453. B. 481. C. 489. C. 514. D. 581. A. VII. 493. C. 509. C. VIII. 181. A. IX. 229. B.
la Moriniere, seigneurie, VI. 481. A. 509. A. VII. 494. A.
Morinville, seigneurie, VII. 473. B.
S. Moris, II. 212. B. 386. A.
MORIZET, François, intendant des ordres, IX. 342. A.
Morlaine, VI. 69. C.
Morlaines, seigneurie, VII. 718. B.
Morlay, V. 77. F. seigneurie, III. 502. C. V. 78. A B C. VIII. 563. E. 852. A.
la Morlaye, seigneurie, VI. 496. A.
Morlet du Museau, IX. 417. B.
Morley, seigneurie, V. 511. A. VIII. 532. B. 533. A. baronie, VII. 837. D.
Morlhon, IV. 890. A. IX. 92. C.
la Morliere, seigneurie, V. 835. E. VII. 834. B. Voyez la Moreliere.
Mormaison, seigneurie, VII. 109. A.
Mormans, seigneurie, VI. 402. D.
MORMANT (Seigneurs de) VI. 548. Voyez le Fevre de Caumartin.
Mormant, seigneurie, III. 589. A. VI. 548. B. baronie, III. 591. B.
Mormanton, seigneurie, VIII. 169. B.
Mormez de S. Hilaire, IX. 282. A.
Mormoyrac, seigneurie, VIII. 889. D.
Mornac, seigneurie, I. 119. C. IV. 176. B C. VIII. 99. C. baronie, VII. 347. E. comté, VI. 598. C.
Mornaix, IV. 22. A.
Mornas, seigneurie, IV. 265. D.
Tome IX.

MORNAY, Pierre, chancelier de France, VI. 278. D. Estenne, chancelier de France, VI. 306. A. Jacques, grand louvetier de France, VIII. 784. C. Pierre, chevalier du S. Esprit, IX. 112. C. Henry, chevalier du S. Esprit, IX. 230. C. Charles, chevalier du S. Esprit, IX. 242. B.
MORNAY (Genealogie de la maison de) VI. 279. & suiv.
Mornay, II. 86. B. 849. E. IV. 473. A. V. 246. E. VI. 279. A. 485. D. 675. B. 680. C. 722. C. VII. 83. E. 509. B. 573. D. VIII. 89. E. 857. B. seigneurie, I. 245. A. II. 160. E. V. 246. F. VI. 279. A. d'Acheres, VIII. 584. B.
la Morniere, seigneurie, VI. 597. B.
Moroger, seigneurie, VII. 48. B.
Moroges, VII. 7. B. 645. A. seigneurie, VI. 530. B. VII. 645. A.
Morogues, VII. 561. D. 588. A. 770. E. seigneurie, I. 505. A. II. 857. A. 862. E. IV. 654. A.
Morot, III. 645. E.
la Morousiere, seigneurie, IV. 55. C.
Morrand, VIII. 794. D.
Morrone, comté, I. 419. A.
Mors, comté, IV. 212. A.
MORSAN (Seigneurs de) VI. 582. Voyez le Tellier.
Morsan, seigneurie, IV. 731. A. 764. B. VI. 432. C. 582. D.
Morsant, seigneurie, IV. 727. A D. 728. A B C. 729. A D. 733. A.
Morsberg, comté, II. 65. C.
Morselede, III. 906. B.
Morstein, comté, IV. 269. B.
S. Mort, VII. 377. B.
Mortaga, seigneurie, I. 655. A. 657. A.
MORTAGNE, pairie, érigée en 1406. pour JEAN de France, Dauphin de Viennois, III. 253.
MORTAGNE, Gautier, évêque de Laon, II. 96. B.
MORTAGNE (Barons de) VII. 21. Voyez Montberon.
Mortagne, VI. 56. D. 89. A. 107. A. 169. B D. 276. C. VII. 121. A. VIII. 767. A. seigneurie, I. 214. C. II. 775. B. 794. A. IV. 195. C. 651. E. 675. B. V. 135. F. VI. 56. D. 156. D. 704. C. 713. C. VII. 21. C. 555. B. 861. B. VIII. 189. D. 272. B. IX. 60. A. baronie, I. 353. B. VIII. 133. C. 735. C. comté, II. 466. A. 470. C. IV. 65. D. VI. 802. D. principauté, IV. 168. D E. 375. C. 376. B. V. 385. D. 386. C. 389. C. VII. 355. A. 408. A. 846. B. 936. B. VIII. 34. E. 35. A. sur l'Escaut, seigneurie, IV. 211. D. sur Gironde, seigneurie, V. 16. A. Voyez Landas.
Mortagoa, seigneurie, I. 583. B.
Mortaigne, III. 74. E. 87. B. 306. A B. 307. C. 308. A E. 425. C. 630. A. VIII. 863. E. baronie, III. 899. B D. comté, III. 313. B. 314. D. principauté, III. 502. A C. Voyez Mortagne.
MORTAIN, comté-pairie, érigé en 1317. pour PHILIPPES comte d'Evreux & PIERRE d'Evreux, dit de Navarre, III. 103. Nouvelle érection en 1407. & en 1408. pour LOUIS de France, III. 254. Autre érection en 1465. pour CHARLES de France, III. 433.
Mortain, II. 495. A. 520. A. 875. C. VI. 21. A. VIII. 568. A. seigneurie, I. 287. D. comté, I. 80. B. 122. C. 147. D. 212. D. 213. A. 235. C. 271. D. 283. B D. 286. B. 354. E. 356. C. 357. A. 358. B. II. 685. B. 839. A B. III. 289. B. 291. A. 429. C. V. 134. E. VI. 26. D. 94. B. 249. D. 270. C. VIII. 344. B.
Mortanga, seigneurie, I. 664. B.

la Mottayere, seigneurie, V. 357. E.

Morteaux, VI. 681. A.

Mortefontaine, seigneurie, III. 581. C.

la Mortellerie, seigneurie, VII. 565. D.

MORTEMART, duché-pairie, érigé en 1650. pour GABRIEL de Rochechouart, IV. 645. *Pieces concernant cette érection*, ibid. & *suiv.*

MORTEMART (*Seigneurs & Ducs de*) pairs de France, IV. 675. & *suiv. Voyez* Rochechouart.

Mortemart, IV. 183. C. VIII. 70. D. seigneurie, II. 46. A. III. 72. A. IV. 124. E. 651. B. 685. D. V. 11. E. 243. E. VI. 117. C. 635. D. VII. 23. D. 38. C. 125. A. 303. C. 552. D. VIII. 71. C. 113. D. baronie, III. 41. B. IV. 714. E. VI. 538. A. 772. D. VII. 254. C. vicomté, III. 86. A. marquisat, V. 386. B. duché, IV. 723. A. pairie, V. 182. A. VIII. 325. D.

Mortemer, I. 80. D. II. 708. B. IV. 439. C. 442. C. 448. D. V. 18. F. 768. B. VI. 396. A. 633. C. 690. A. 697. C. VII. 87. D. seigneurie, II. 876. A. VI. 633. C. VII. 512. B. VIII. 154. E. 922. A. baronie, IV. 679. B. 680. C. 714. E. VI. 467. A. VIII. 142. D. 481. D.

la Morteraye, seigneurie, IV. 83. B.

Mortier, VII. 231. A. seigneurie, VIII. 80. C. *Croulle*, seigneurie, IV. 59. AB. 70. A. VI. 189. C. 203. A. baronie, IV. 61. C.

Mortieres, seigneurie, VIII. 903. B.

MORTON (*Comtes de*) IX. 412. (*Juste des Comtes de*) IX. 413. *Voyez* Douglas.

Morton, comté, V. 594. A. IX. 407. A. 413. B. 414 C.

Morvant, seigneurie, VI. 65. B.

Morville, seigneurie, IV. 223. C. V. 487. E. 488. A. VI. 605. B. VII. 549. D.

MORVILLIER, *Jean*, chancelier de France, VI. 490. A.

MORVILLIER (*Genealogie de*) VI. 491.

Morvillier, VI. 467. A. 491. A. 514. B.

MORVILLIERS, *Pierre*, seigneur de Clary, chancelier de France, VI. 409. B.

Morvilliers, VI. 349. C. 409. C. 559. C. seigneurie, III. 915. A. V. 620. A C. 621. A C. VI. 746. D. 786. A. 789. A. VII. 5. D. 741. C. 823. B. VIII. 171. E. baronie, III. 730. D.

Mos, marquisat, I. 257. B.

Mosant, seigneurie, VI. 68. D.

Moscoso-Osorio, I. 632. B. 639. C. 640. A.

Moscron, seigneurie, VII. 832. B.

Moslay, seigneurie, IV. 460. A.

Mosnac, V. 14. BC. 15. B. seigneurie, V. 17. B.

Mosnier, VI. 684. C.

Mosteriis, II. 242. E.

la Mota, I. 985. B.

MOTEL, *Adrien*, huissier des ordres, IX. 351. B.

Motet, VIII. 150. C. seigneurie, II. 184. B.

LA MOTHE (*Seigneurs de*) d'Escars, II. 233. & *suiv.*

la Mothe, II. 172. E. III. 364. D. 611. A. IV. 482. B. 666. C. V. 14. E. 764. CE. 765. C. 827. E. 928. B. VI. 209. C. 450. D. 451. C. VII. 531. D. 547. C. 562. E. seigneurie, I. 526. A. II. 221. A. 232. B. 708. E. III. 613. A. IV. 676. B. 878. C. 879. E. VI. 210. A. 501. D. 511. A. 528. C. 740. C. VII. 271. A. 331. D. 426. C. 550. B. 804. C. 860. A. 900. B. IX. 431. E. vicomté, VII. 709. B. marquisat, VII. 533. A. *Achard*, seigneurie, IV. 169. D. 558. B. 559. A C. 560. B C. V. 569. A. *Angot*, II. 84. C. *d'Aubencourt*, seigneurie,

VI. 383. D. *d'Aumont*, seigneurie, IV. 792. E. *Castillonez*, seigneurie, V. 754. B. *S. Claude*, seigneurie, VI. 528. A. *de Corberé*, seigneurie, IV. 750. A. *Fenelon*, seigneurie, IV. 470. D. *Feuilly*, seigneurie, I. 376. A C. VII. 138. D. *S. Heraye*, V. 243. C. seigneurie, V. 243. E. 575. D. VI. 62. D. *Groin*, seigneurie, I. 261. D. *Houdancourt*, I. 180. E. IV. 19. D. 33. B. 67. D. 541. D. 879. A. 892. A. V. 770. C. *Humain*, seigneurie, VII. 342. C. *S. Jean*, seigneurie, I. 490. E. II. 853. A. *Mourgon*, seigneurie, V. 364. D. *Nouailly*, seigneurie, VII. 697. B. 700. B. *sous Nouastre*, seigneurie, V. 764. D. *de Pendu*, seigneurie, VII. 583. D. *S. Romain*, baronie, V. 610. A. *Romaincourt*, seigneurie, II. 106. C. *Rousseau*, seigneurie, V. 771. C. *du Sac*, seigneurie, II. 86. D. *en Sanserre*, seigneurie, VII. 112. A. *S. Sexes*, seigneurie, II. 219. C. *Thibergeau*, seigneurie, IV. 749. D. *Tilly*, comté, IV. 793. D. *Trichasteau*, seigneurie, II. 230. C. *de Vaux*, seigneurie, IV. 751. B. *Villeneuve*, seigneurie, VI. 518. C. *d'Usseau*, seigneurie, II. 85. A B. *Voyez* la Motte.

LA MOTHE-BARDIGUES (*Seigneurs de*) VII. 454. *Voyez* Esparbes.

LA MOTHE-HOUDANCOURT, *Philippe*, maréchal de France, VII. 530. D. *Henry*, commandeur du S. Esprit, IX. 184. A.

LA MOTHE HOUDANCOURT, (*Genealogie de*) VII. 531.

LA MOTHE-MAZURIER, (*Seigneurs de*) VII. 495. *Voyez* Coeffier.

Motheux, seigneurie, VIII. 893. A.

Motica, comté, I. 422. B.

MOTIER, *Gilbert*, seigneur de la Fayette, maréchal de France, VII. 56. A.

MOTIER-LA-FAYETTE (*Genealogie de*) VII. 57. & *suiv.*

Motier, VII. 57. D. 713. A. 810. D. VIII. 170. D. 191. D. 816. B. *la Fayette*, VII. 221. C. 434. E. 714. B. VIII. 711. B. 889. A.

LA MOTTE (*Seigneurs de*) barons de Rochechouart, IV. 674. & *suiv.* (*autres Seigneurs de*) VII. 345. *Voyez* Hautefort.

la Motte, II. 175. B. 291. D. 619. A. 655. B. III. 368. D. 422. A. 580. D. IV. 80. C D. 139. B. 308. B. 407. C. 803. B. 804. E. V. 15. B. 90. F. 140. E. 385. C. 401. A. 402. E. 412. D. 425. C. 493. B. VI. 296. C. 595. A. 795. A C. VII. 93. B. 155. D. 261. D. 310. A. 730. B. 854. D. VIII. 14. D. 84. B. 130. B. 161. D. 165. E. 243. C. 540. E. 552. D. 563. A. 701. A. 753. B. IX. 90. A. 383. C. seigneurie, II. 123. B. 124. A B D. 253. A. 651. A. 671. D. 672. B. 861. A B D. 874. A. III. 391. A. 617. C. 621. E. 622. A. 778. B. IV. 185. B. 216. C. 374. A. 575. B. 611. C. 678. C. 730. C. 829. B. 847. C. 863. D. V. 12. F. 81. F. 149. F. 175. E. 176. A. 177. A. 263. A. 417. E. 646. B. 749. D. 845. D. VI. 175. C. 176. B. 355. D. 387. C. 388. A. 415. D. 440. C. 509. D. 571. D. 675. A. VII. 6. D. 30. C. 36. B. 97. D. 271. D. 283. A. 340. A. 345. A. 382. D. 415. D. 500. A. 501. C. VIII. 117. E. 120. E. 139. C D. 141. C. 141. A C. 151. C. 174. C D E. 279. D. 280. E. 306. D. E. 307. B. 323. A. 341. A. 524. B. 525. D. 556. D. 615. D. 809. *E. 823. B. 858. C. 889. D. 902. A. 918. A. IX. 126. B. 229. B. 416. C. baronie, II. 174. A C. IV. 667. C. V. 147. E. 638. B. vicomté, VI. 322. C. comté, III. 816. B. IX. 243. A. marquisat, V. 152. B C.

IX. 392. E. *Achard*, seigneurie, VIII. 569. B. *d'Aubigné*, seigneurie, II. 447. E. *Auger*, seigneurie, VI. 196. C. *sur Ayne*, seigneurie, VI. 557. C. *Bacouel*, seigneurie, VII. 429. A. *Baignaux*, II. 386. B. *Balon*, seigneurie, VII. 224. A. 227. D. *Bardinges*, seigneurie, II. 176. C. 181. D. 184. B. *Beauçay*, seigneurie, IV. 656. C. 657. C. 658. C. 659. CD. 660. B. VII. 569. B. VIII. 922. C. *le Bignon*, seigneurie, VI. 197. A. *Bigot*, seigneurie, IV. 653. C. *Blequin*, VII. 467. B. VIII. 161. D. *Bonnot*, seigneurie, VIII. 239. D. 240. A. *Bordiguez*, seigneurie, VII. 281. A. *Bouchans*, seigneurie, VII. 224. A. VIII. 92. A. *Boutier*, seigneurie, VII. 382. A. *Bureau*, seigneurie, VIII. 139. D. *Canillac*, vicomté, VII. 714. D. *Cesny*, V. 149. A. seigneurie, V. 139. C. baronie, V. 146. A. B. 147. CD. 148. E. VI. 634. C. marquisat, V. 150. B. *lez-Champignelles*, seigneurie, I. 483. E. 488. C. *Choisy*, seigneurie, VII. 700. B. *Colas*, seigneurie, V. 409. B. *Corbery*, seigneurie, IV. 675. A. *sur Dive*, seigneurie, IV. 660. A. *d'Ebreuil*, seigneurie, IV. 124. C. VII. 303. A. *d'Egry*, seigneurie, VIII. 797. D. *Eve*, VIII. 190. A. *de l'Exploit*, seigneurie, IV. 711. C. *Favieres*, III. 648. C. *Fenelon*, seigneurie, IX. 68. A. marquisat, III. 642. C. *Ferchant*, seigneurie, VIII. 728. C. *Feuilly*, VI. 214. D. *Flomond*, seigneurie, VII. 348. D. *Fouqué*, II. 36. C. *Fouque*, VIII. 212. A. *Fouqué*, II. 666. D. seigneurie, V. 140. E. *Fonquerem*, seigneurie, IV. 453. C. *de Gaën*, seigneurie, IV. 456. E. *Galaure*, seigneurie, VIII. 926. D. 927. A. 936. A. *Gardanne*, seigneurie, IV. 502. A. *de Gennes*, seigneurie, VI. 192. C. 771. A. *Glin*, seigneurie, IX. 321. C. *Gondrin*, seigneurie, III. 390. B. *de Grigny*, seigneurie, IV. 31. B. *au Groing*, seigneurie, IV. 366. B. VIII. 141. A. C. 143. B. vicomté, VIII. 143. CD. *Guerse*, VIII. 594. ***** B. *Gurcy*, seigneurie, II. 126. B. E. VII. 891. B. *Harcourt*, marquisat, V. 151. A. *Sainte Heraye*, seigneurie, III. 637. A. C. VIII. 69. D. 765. C. baronie, III. 638. C. 639. B. IX. 66. A. marquisat, VIII. 166. B. IX. 178. A. *Hermart*, seigneurie, VI. 554. C. *Houdencourt*, VIII. 121. A. 760. C. marquisat, VIII. 166. C. *Husseau*, seigneurie, VIII. 178. A. *Hussou*, seigneurie, VI. 200. D. VII. 389. A. *Jarry*, seigneurie, VII. 415. C. S. *Jean*, seigneurie, VII. 151. B. 156. D. VIII. 319. C. 446. A. comté, VIII. 639. B. *sur Indre*, seigneurie, V. 346. F. *Jolivet*, seigneurie, V. 572. E. *Jousserand*, seigneurie, III. 649. B. VII. 370. A. 438. C. *d'Isaut*, VI. 156. B. *sur Leret*, seigneurie, VIII. 19. CD. *de Loriat*, seigneurie, VII. 329. C. *au Loup*, seigneurie, V. 417. C. E. S. *Lubin*, seigneurie, VII. 587. B. S. *Luc*, seigneurie, VII. 273. D. *Maisnas*, baronie, VII. 286. A. *Marcilly*, seigneurie, IV. 862. C. *Merlin*, seigneurie, VIII. 647. B. *Messire Raoul*, seigneurie, I. 496. D. *de Montpeyran*, seigneurie, VII. 303. B. *Morlet*, seigneurie, IV. 41. C. *de Nangis*, seigneurie, VII. 892. D. *d'Oisemoux*, seigneurie, IV. 407. C. *d'Orsan*, seigneurie, VIII. 893. D. *Palnan*, seigneurie, VIII. 113. B. *du Parc*, seigneurie, V. 397. A. C. *Pelley*, seigneurie, V. 156. A. *en Perigord*, seigneurie, V. 354. A. *lez-Poivre*, seigneurie, VIII. 893. D. *Puiseaux*, seigneurie, II. 122. D. *de Quesmy*, seigneurie, II. 123. D. *en Santerre*, seigneurie, IV. 182. C. *Saugy*, IV. 850. B. *Serrant*, seigneurie, II. 125. E. *Sols*, seigneurie, V. 333. F. *Sonzay*, seigneurie VII. 853. B.

Sully, seigneurie, VII. 99. B. VIII. 838. C. *le Tillet*, seigneurie, VI. 355. C. *Tilloy*, seigneurie, VIII. 776. D. *Tilly*, seigneurie, V. 838. C. VIII. 720. C. *Toisy*, VI. 601. C. *Turfanne*, seigneurie, IV. 896. B. *Vavicler*, VI. 770. B. 772. D. *Verdon*, seigneurie, VIII. 593. ***** B. *Verlintun*, seigneurie, VIII. 851. D. *de Vernod*, seigneurie, VII. 330. C. *au Vicomte*, seigneurie, VII. 719. A. *Vouson*, seigneurie, VII. 307. C. *Voyez* la Mothe.

LA MOTTE-LEZ-ENNORDRE (*Seigneurs de*) VII. 547. *Voyez* Estampes.

LA MOTTE-GONDRIN (*Seigneurs de*) V. 186. & *suiv. Voyez* Pardaillan.

la Motte-Gondrin, seigneurie, V. 186. C. 196. A. baronie, V. 186. F. marquisat, V. 187. B.

LA MOTTERIE (*Seigneurs de*) VIII. 80. *Voyez* Lannoy.

la Motterie, seigneurie, VIII. 76. D. 80. A.

Motteville, seigneurie, VII. 729.

Mottier, III. 837. A. *Voyez* Motien

Moucan, seigneurie, VII. 916. D.

du Mouceau, VII. 14. E. seigneurie, IV. 673. A. IX. 451. * C. *de Nollans*, IX. 107. B.

Moucel, seigneurie, VI. 369. B.

Mouchan, seigneurie, V. 177. C.

Mouchart, baronie, II. 874. D.

la Mouche, VII. 867. D.

Mouchet, VI. 475. A. seigneurie, VI. 385. C. *de Batefort*, III. 585. C. IX. 163. B.

la Mouchettiere, seigneurie, VIII. 891. E.

Mouchy, VI. 351. B. VIII. 34. B. seigneurie, VII. 598. E. VIII. 945. B. *la Gache*, seigneurie, V. 11. D.

Mouçon, VIII. 870. E.

Moucron, seigneurie, III. 610. A.

MOUCY (*Seigneurs de*) VII. 666. *Voyez* Trie.

Moucy, II. 150. C. VI. 59. D. 259. C. 662. C. VIII. 660. C. seigneurie, III. 155. D. VI. 667. A. 668. B. 690. B. VIII. 201. A. 776. A. comté, I. 225. A. 226. C. E. 441. E. marquisat, VIII. 800. A. *le Chastel*, IV. 408. D. seigneurie, I. 442. B. VI. 253. A. 662. B. 674. B. *le Neuf*, seigneurie, VI. 55. B. 253. D. 258. D. 259. A. VIII. 798. A. 881. D. *le Perreux*, seigneurie, IV. 871. E. VI. 740. B. *le Vieil*, seigneurie, IV. 222. B. VI. 259. B. 433. D. VIII. 798. A.

Moudon, baronie, II. 165. C.

Movet-Bemainson, seigneurie, VI. 708. B.

Mouffle, *Louis-François*, trésorier general du marc d'or, IX. 364. A.

Mouffle, VI. 296. C. *de Champigny*, VI. 435. B. IX. 363. C.

la Moujatiere, seigneurie, VII. 29. B.

Mouillebert, seigneurie, III. 640. C. 641. A.

Mouilleron, baronie, IX. 315. C.

Moulac, seigneurie, VI. 496. A.

Moulaines, seigneurie, I. 523. A. 524. C. 525. D.

Moulan, seigneurie, VII. 600. C.

Moulat, II. 385. E.

Moulbaix, seigneurie, VIII. 85. C.

Moule, seigneurie, VIII. 697. A.

Moulhart, seigneurie, VII. 385. B.

Moulieres, seigneurie, VII. 765. B.

du Moulin, II. 108. B. III. 619. E. IV. 398. C. V. 836. A. 845. D. VI. 389. D. 510. C. VII. 13. D. 434. C. 565. D. VIII. 81. B. seigneurie, II. 307. C. VI. 537. A. 626. B. VII. 167. C. 502. E. *d'Arnac*, seigneurie, VII. 334. C. *Chapelle*, seigneurie, II. 427. D. 432. B. VII. 514. B. VIII. 176. E. 260. E. 261. A.

Choiseau, seigneurie, VIII. 266. A. 785. B.
Fontenay, II. 300. C. Grand, seigneurie, VIII.
882. C. Neuf, seigneurie, VIII. 771. A. du
Pont, seigneurie, VIII. 495. C. Tison, seigneu-
rie, VII. 722. C.
Moulinblocq, seigneurie, IV. 687. C.
Moulinblot, seigneurie, IV. 804. E.
Mouline, seigneurie, IX. 453. A.
Moulineau, seigneurie, VII. 429. B.
Moulineaux, VI. 433. D. seigneurie, IX. 355.
A.
Moulines, duché, VI. 186. B.
Moulinet, VI. 537. B. VII. 100. D. 477. C. IX.
168. A. seigneurie, III. 907. A. 919. C D. V.
490. E. VIII. 53. B.
Moulinets, seigneurie, VIII. 891. A.
Moulinfrant, seigneurie, VII. 544. C.
Moulinieres, IV. 802. C.
MOULINS, Philippes, évêque & comte de Noyon,
pair de France, II. 414. B. François, grand-
aumônier, VIII. 253. A.
MOULINS (Genealogie de) VIII. 253. B. (sei-
gneurs de) VI. 722. Voyez Moreul.
Moulins, II. 414. B. III. 583. A. IV. 432. C.
671. A. V. 596. C. VI. 505. C. VII. 170.
A. VIII. 791. D. seigneurie, I. 501. A. II. 36.
A B. 129. B. III. 309. D. V. 9. A. 569. C.
645. A. VI. 722. B. VII. 50. C. 83. C. 587.
A. 591. D. VIII. 112. E. 132. B. 133. A.
Moulinvieux, seigneurie, VII. 253. E.
Moulle, seigneurie, VIII. 80. E.
Moulmout, seigneurie, VIII. 150. C.
Moulton d'Egremont, II. 490. C.
Mounte-Hermet, II. 486. D.
Moura, seigneurie, I. 602. C. 666. A. 683. B.
Corte-Real, I. 639. D. III. 354. D.
Mourande, VIII. 704. B.
Mouray, comté, II. 876. E.
Mouret, VI. 676. A. IX. 392. B.
Mourier, seigneurie, V. 846. C. 847. B. VI.
177. B. VIII. 698. C.
Mourlhon, II. 231. E.
Mourmoirac, seigneurie, II. 140. E.
Mourousiere, seigneurie, VIII. 159. C.
Mourville, baronie, V. 13. A.
Mouscron, seigneurie, VIII. 77. C.
Mouslan, seigneurie, VII. 763. D.
Mouson, comté, V. 505. C E. 506. A D. 507. C.
508. A. Proiny, seigneurie, II. 707. B.
Moussay, seigneurie, VI. 573. A.
LA MOUSSAYE (Seigneurs & marquis de) V. 394.
& suiv. Voyez Goyon.
La Moussaye, IV. 803. B. V. 395. E. 405. D.
VII. 718. E. seigneurie, V. 396. A. VIII. 361.
B. IX. 455. C. marquisat, V. 397. A B E.
IX. 96. A.
la Mousse, I. 376. B. seigneurie, III. 650. A C.
Mousseaux, seigneurie, VI. 374. A.
la Moussetière, seigneurie, I. 497. D.
Moussion, VI. 444. B.
Mousson, seigneurie, VII. 63. A. comté, II. 840.
D.
Moussu d'Andillou, III. 583. A.
Moussy, III. 89. C. IV. 171. B. 452. B. VII.
507. B. baronie, IV. 391. C. marquisat, VII.
506. D. la Contour, I. 376. B.
Moustelard, IX. 465. C.
MOUSTIER, Etienne, vice-amiral, VII. 759. B.
Moustier, II. 118. A. IV. 753. A. VIII. 504. D.
793. B. du Porret, seigneurie, VIII. 668.
B.
DES MOUSTIERS, Philippes, maître de l'écurie du
Roy, VIII. 466. B.

des Moustiers, II. 99. E. 241. D. 434. A B. seigneurie, II. 36. A. 428. A. VI. 190. A. VIII.
233. B.
Moustoulac, III. 825. E.
du Moutier, seigneurie, II. 425. B. 417. C.
Moutet, seigneurie, VII. 455. B.
Mouton, IX. 445. B. seigneurie, VIII. 558. C.
de Cluys, seigneurie, VI. 597. C. Voyez Mauquenchy.
Moutonneau, seigneurie, IV. 451. A.
la Moutonniere, VII. 456. D. seigneurie, II.
425. B. 426. B. 427. B E. 428. A.
Moutonvilliers, seigneurie, VI. 782. A. VII.
856. C.
Mowbray, II. 484. D. 485. E. VI. 28. C. VII.
88. C.
Mouy (Marquis de) issus des ducs de Mercœur,
III. 795. & suiv. (Seigneurs de) VIII. 526.
Voyez Soyecourt.
Mouy, II. 420. C. III. 624. C. V. 148. B. VI.
259. D. 370. D. VIII. 644. D. 746. B. IX.
322. A. seigneurie, I. 441. D. 442. A. IV.
542. B. 873. B. VIII. 522. B. 523. D. 526.
B. IX. 330. A. 464. B. comté, II. 386. C.
marquisat, II. 86. D. III. 839. D. V. 624. C.
VII. 692. D.
Mouzé, vicomté, VI. 602. A.
la Mouzie, seigneurie, VII. 143. B. VII. 324. C.
Moxenté, seigneurie, I. 655. C.
Moxica, V. 527. E.
Moxior, seigneurie, VII. 687. A.
MOY, Charles, vice-amiral, de France, VII. 882.
B. Jean, vice-amiral, VII. 885. A. Jean, che-
valier du S. Esprit, IX. 75. A. Jacques, che-
valier du S. Esprit, IX. 102. A. Louis, che-
valier du S. Esprit, IX. 173. C.
Moy (Marquis de) VIII. 38. Voyez Ligne.
Moy, I. 55. A. II. 80. B. IV. 395. C. V. 609.
D. VI. 388. A. 634. D. 638. B. 662. B. 747.
A. 748. C. VII. 48. B. 62. D. 179. C. 183. D.
474. A. 516. A. 755. A. VIII. 264. E. 651. A.
794. A. 803. B. seigneurie, I. 435. A. II. 119.
E. VI. 52. A. 114. D. 745. D. 747. A. VII. 13.
C. 132. A. 756. D. VIII. 36. E. baronie, VII.
474. A. VIII. 98. D. marquisat, VIII. 38. B.
de Riberpré, V. 87. D. Voyez Mouy.
Moyan, seigneurie, VII. 657. E. 659. C.
MOYENCOURT (Seigneurs de) VI. 748. Voyez
Hangest.
Moyencourt, V. 92. C. seigneurie, III. 577. E.
IV. 410. C. 413. B. VI. 719. A. 748. C. VII.
6. D. 172. C. 516. A. 560. D. VIII. 523. E.
623. A.
Moyen-Lui, II. 54. C.
Moyenville, seigneurie, V. 239. D. VI. 549.
B. VIII. 106. B.
Moyes, seigneurie, VIII. 772. D.
Moymont, seigneurie, IV. 413. B.
Moyneaux, seigneurie, V. 846. A.
Moyon, seigneurie, V. 638. A C. VIII. 91. B D.
92. D. baronie, I. 327. A. II. 411. A.
Moyria, VIII. 917. C.
Mozellane, ou haute Lorraine, duché, I. 69. D.
la Muce, V. 396. E. 398. D. IX. 241. A. mar-
quisat, IX. 96. B.
Muce-Ponthus, seigneurie, III. 630. A. IV. 560.
B.
Mucidan, seigneurie, IV. 425. E. 448. B D. 614.
A. VI. 222. A. 321. A. comté, IV. 474. D.
475. A.
Mucident, seigneurie, VIII. 104. D.
Mudasous, seigneurie, III. 829. A B.
Muessy, seigneurie, VIII. 99. A.

le Muet.

le Muet, VI. 387. C. 675. A.
la Muette, seigneurie, IV. 409. B.
Munde, seigneurie, IV. 630. A.
Muis sur-Seine, seigneurie, IV. 713. B.
MUISON (Seigneurs de) II. 280. C.
des Mules, VII. 839. A.
Mulet, VI. 717. B.
Mumein, seigneurie, VII. 538. D.
Mumont, V. 191. F.
Mun, IV. 305. B.
Muneville, seigneurie, VII. 629. E.
MUNIER, Jean, évêque & comte de Noyon, pair
de France, II. 435. C.
Muniere de Spinefort, VI. 789. C.
Munis, I. 575. A. 605. D. 655. A.
Muñós, I. 571. A.
Mur, VI. 599. D. seigneurie, IV. 76. A. V. 397.
A C. VI. 599. C. VIII. 361. B. baronie, V.
396. D. comté, VI. 599. D. des Barrés, sei-
gneurie, II. 669. A.
Muraçabal, seigneurie, II. 844. B.
Murais, seigneurie, V. 365. D.
Murant, II. 233. E.
MURAT (Seigneurs de) IV. 546. & suiv. Voyez
la Tour.
Murat, IV. 548. C. VI. 301. A. VII. 66. C.
415. D. 589. B. VIII. 146. C. 373. E. 854.
A. 855. B. 859. A. IX. 81. C. 238. B. sei-
gneurie, II. 182. E. 399. E. 650. B. IV. 134.
B. 653. A. VI. 453. C. 483. C. VII. 312. C.
502. B. IX. 115. B. baronie, II. 236. D. III.
822. C. V. 181. E. VII. 61. A. 358. E. IX.
588. C. vicomté, I. 313. B. 316. B. 317. A.
III. 427. A B. 419. A. 832. B. IV. 526. B.
V. 182. D. VIII. 899. B. comté, III. 831.
E. Larabe, seigneurie, IV. 786. A. Lestang,
II. 32. E.
Muraud, VII. 335. B.
Murault, seigneurie, IV. 287. B. V. 332. D.
Muraut, V. 365. A.
Murauvaux, baronie, IV. 844. B.
Muray, II. 508. A.
Murca, seigneurie, I. 692. D.
Murdrac, V. 149. F. VIII. 171. C.
la MURE, Matthieu, pannetier du Roi, VIII. 607.
B.
la Mure, seigneurie, VII. 643. D.
Mureaux, seigneurie, II. 409. A. 411. C. VI. 221.
D.
Mureil, seigneurie, II. 193. C. V. 261. B D. 263.
A.
Murenet, VIII. 642. A.
Muresseaut, seigneurie, IV. 861. D.
Muret, III. 620. B. VIII. 268. C. seigneurie, I.
333. B. II. 43. A. 118. A. 630. B. 638. B.
700. D. 703. D. III. 622. E. IV. 213. C. V.
49. C. 174. A. VIII. 12. A. 13. A D. 14. A
B. 474. C. 537. A. comté, IV. 217. C. 220.
A. VIII. 185. E. sur Quasres, seigneurie, IV.
526. D.
Murgieres, seigneurie, VII. 446. D.
Murhenuen, seigneurie, IX. 455. C.
Murinais, II. 29. D. 30. B D. VIII. 936. B. Voyez
du Puy.
S. Muris, seigneurie, VIII. 936. D.
Murol, VII. 59. B. VIII. 817. C. 819. C. 820.
B. seigneurie, IV. 438. B. 888. E. V. 895. D.
Murole, marquisat, IX. 274. B.
Murray, IX. 404. A. 412. A. seigneurie, VII.
907. C. comté, IX. 405. A. de Cokpol, IX.
402. B.
Murs, seigneurie, II. 243. B. V. 106. B. VI. 326.
D. VII. 14. B.

Tome IX.

Mursault, seigneurie, II. 209. D.
Murviel, III. 366. A. VII. 215. C. 217. B. 462.
B. IX. 471. C.
Muscorno, II. 603. E.
Museau, II. 78. E. III. 582. D. IV. 640. A. V.
763. C. VI. 437. D. 547. C. VIII. 287. A.
Musent, V. 847. B.
Musey, seigneurie, II. 43. A.
Musigny, baronie, IX. 451. * C.
Musinod, VIII. 937. C.
Musnier, III. 331. A.
le Musseau, seigneurie, IV. 387. B.
Mussigny, comté, IX. 378. D.
MUSSY, Guillaume, pannetier du Roi, VIII. 607.
C.
MUSSY-LA-FOSSE; (Seigneurs de) VI. 478. Voyez
Montholon.
Mussy, II. 116. C. VI. 733. A. VIII. 148. C.
607. C. 837. B. seigneurie, IV. 873. C. l'Evê-
que, baronie, II. 143. E. la Fosse, seigneurie,
VI. 479. A. baronie, VI. 530. C.
Mustel, VI. 353. C D. 368. D.
Musy, VIII. 915. C. seigneurie, I. 436. C. 440.
D. 441. C D. VII. 450. A.
Muti, V. 463. E.
Mutio-Attendula, VIII. 503. B.
Muy, seigneurie, II. 60. B.
Muzard, III. 585. B.
Mylendonck, III. 841. E.
Myolans, VII. 37. C.
Myon, seigneurie, II. 211. B. VII. 644. B.
Myons, seigneurie, VII. 51. C.
Myron, V. 613. C. VIII. 373. C.

N

NADAILLAC, V. 337. B. seigneurie,
IV. 793. E. V. 337. C. IX. 310. B.
Nadal, II. 368. D.
NADES, (Seigneurs de) VIII. 817. Voyez Mont-
morin.
Nades, seigneurie, VII. 61. C. VIII. 815. C. 817.
B.
Nacelles, VIII. 232. B.
Naeltwick., seigneurie, V. 641. D. VII. 171. B.
Nagera, seigneurie, VII. 761. D.
Nages, seigneurie, VII. 785. E.
Nagle-Monnanemie, IV. 542. A.
NAGU, François, chevalier du S. Esprit, IX. 165. C.
Nagu, III. 768. B. V. 267. B. VI. 477. B. VII.
201. A. 666. A. VIII. 333. B C. 336. B. 337.
B. 338. A. seigneurie, IV. 42. B.
Naguet, VI. 354. B. 356. B.
Nahé, seigneurie, V. 140. F.
Najera, comté, I. 585. B. duché, I. 293. A. 651.
C. 672. A. 683. A.
Nailhac, III. 90. B.
NAILLAC, Jean, grand-pannetier de France, VIII.
665. A.
NAILLAC, (Genealogie de la maison de) VIII.
665.
Naillac, IV. 369. C. 563. A. V. 572. E. 893. B
VI. 105. C. 345. D. VII. 123. C. VIII. 13. E.
141. C. 370. E. 481. A. 765. B. seigneurie, V.
571. E. VII. 328. C. 373. D. 579. C. VIII.
370. C. 665. B.
Nailliers, seigneurie, VIII. 765. B.
le Nain, VIII. 809. * * E.
Nainville, baronie, IX. 123. B.
NAMBU, Philippes, huissier des Ordres, IX. 348.
B.
Nambu, VI. 503. D. 509. A. VIII. 254. E.
Nampon, seigneurie, III. 594. A.

P 3

Nampont, seigneurie, VI. 796. C. VII. 556. B. 559. C.

NAMPS, (Seigneurs de) VIII. 154. Voyez Bournel.

Namps, seigneurie, III. 914. D. 915. A B C. IV. 690. A. VIII. 152. D. 253. A. 254. B.

Nampsel, seigneurie, III. 615. B.

NAMUR, (Comtes de) issus des comtes de Flandres de la maison de Dampierre, II. 745. & suivantes.

NAMUR, (Anciens Comtes de) II. 755. & suiv.

Namur, I. 88. E. II. 96. D. 334. A. 723. E. 784. B. III. 569. A. 722. A. V. 228. F. 507. A. 508. D. 510. B. VI. 97. C. VII. 815. C. VIII. 654. C. 864. C. 866. B. 867. E. comté, I. 39. C. 241. D E. 245. C. 297. B. 385. D. 480. B. 534. D. II. 721. D. 771. C. 776. A. 783. C. 787. A. 791. C. V. 133. C. 228. F. 510. B. 514. A B. VI. 136. B. VIII. 838. A. marquisat, I. 80. E. 475. C. 477. B. II. 724. C. 730. D. 759. C. 777. A. 791. C. 841. E.

Namy, VII. 201. A.

Nan au comté de Bourgogne, seigneurie, V. 673. A.

Nançay, VII. 566. A. IX. 396. B. seigneurie, V. 572. B. VI. 118. B. comté, V. 769. C. VI. 560. B. VII. 387. C.

Nancel, seigneurie, VIII. 792. D.

Nancey. Voyez Nancy.

Nancray, seigneurie, IV. 669. C. 670. C.

Nancré, comté, III. 612. C. IX. 316. A.

Nancuise, VII. 160. A. seigneurie, VII. 810. C. VIII. 353. C.

Nancy, II. 52. E. 56. E. 69. A. 191. B.

NANGIS, (Genealogie des Marquis de) VII. 838. Voyez Brichanteau.

Nangis, seigneurie, I. 74. D. III. 91. B. 624. B. 625. A B. IV. 438. E. V. 222. A. VI. 139. C. 627. C. VII. 892. C. VIII. 605. B. 786. A. marquisat, I. 225. E. II. 130. C. 440. E. III. 625. C. IV. 434. B. VI. 262. C. 419. D. VII. 617. D E. 667. A. 894. E. VIII. 809. + * C. Voyez Brichanteau.

Nans, seigneurie, VIII. 297. B.

Nanse, seigneurie, III. 896. C.

Nant, seigneurie, VII. 147. D.

Nantere, II. 106. A. 437. D.

Nanterre, VIII. 138. D.

Nantes, I. 192. C. comté, II. 510. E. 848. A. III. 44. D E. 49. A. 52. A. IV. 190. A. VI. 20. C.

NANTEUIL, Renaud, évêque de Beauvais, comte &' pair de France, II. 265. B. Thibaud, évêque de Beauvais, comte & pair de France, II. 270. B. Frere Jean, amiral VII. 752. C. Jean, chambrier de France, VII. 405. A.

NANTEUIL, (Genealogie des Seigneurs de) II. 265.

NANTEUIL-LA-FOSSE, (Seigneurs de) VIII. 354. Voyez Neufchastel.

Nanteuil, III. 819. B. IV. 11. C. VI. 111. B. 160. B. 323. B. 672. A. VII. 141. B. VIII. 614. C. 749. B. seigneurie, II. 208. B. 265. C. 266. D. 270. B C. 345. E. IV. 11. A. 211. A. 821. A. VI. 122. C. 684. C. VII. 340. C. comté, II. 59. C. 60. B. 380. D. IV. 334. B D. 430. C. 601. B D. 603 A. 757. A. 793. A. VII. 444. E. VIII. 187. A. 192. A. la Fosse, seigneurie, II. 262. A. III. 322. C. VI. 92. D. 140. C. 144. C. VII. 110. C. VIII. 354. D. 868. D. 869. C. 884. B. le Haudouin, seigneurie, II. 168. C D E. VI. 31. E. comté, II. 58. C D E. III. 650. D E. IV. 64. C. 335. B. 600. C. VII. 100. B. 336. E. 470. B. Notre-Dame, seigneurie, VI. 291. A.

Nantia, comté, VIII. 592. C.

Nantiac, seigneurie, VIII. 164. C.

Nantilly, seigneurie, II. 386. C.

Nanton, VII. 199. D. VIII. 325. C. seigneurie, VII. 442. A. 446. C. 646. C. VIII. 321. D.

Nantouillet, I. 53. B. VI. 116. A. seigneurie, I. 469. B. III. 575. A. IV. 408. B. 450. A. V. 243. C. 244. A. 895. B. VI. 454. A. 566. B. VII. 134. D. 709. A. VIII. 344. A. marquisat, II. 444. A.

NAPLES, (Rois de) I. 393. & suiv. (Suite des Rois de) I. 407. & suiv. (Derniers Rois de) I. 419. & suivantes.

Naples, II. 604. E. royaume, I. 83. B 100. C. 102. C. 227. A. 229. D. 230. B. 231. B. 236. C D. 250. A. 320. E. 321. A. 404. A. 409. E. 412. A. 416. A. 479. D. II. 599. C. 735. B. IV. 818. B. V. 138. D. 523. E. 530. E. VI. 104. A. 129. B. 131. D. VII. 74. D.

Napolon, IV. 495. B.

NARBONNE, Aymery, amiral de France, VII. 759. D.

NARBONNE, Genealogie des vicomtes de) VII. 760. (Anciens vicomtes de) VII. 778.

NARBONNE-PELET, (Vicomtes de) VII. 780.

NARBONNE, (Vicomtes de) III. 377. & suiv. Voyez Foix.

Narbonne, II. 135. B. 362. B C D E. 365. B. 619. B. 623. D. 655. B C. 664. C. 673. D. 700. C. III. 345. A. 832. B. 838. C. IV. 21. B. 26. B. 43. A. 135. C. 534. B. 790. A. V. 179. C. 748. B. 891. C. 896. A. VI. 120. A. 301. A. 344. D. VII. 70. A. 213. D. 313. E. 927. E. VIII. 476. A. 477. A. 814. D. IX. 217. B. 390. A. 394. A. vicomté, I. 208. E. II. 163. E. 188. 2. C. 366. B. 695. A. 696. A. 705. D. 858. C. III. 345. E. 346. C. 420. E. 657. A. 815. B. IV. 24. D. VI. 322. D. VII. 70. A. 761. A E. 766. B. 778. B. comté, II. 686. C. duché, II. 684. B. 685. C. 687. C. 688. B. 690. A. III. 569. B. VII. 761. B. Caylus, VII. 486. C. 770. A. Fimarcon, III. 385. A. IX. 93. C. Lomagne, VI. 579. A. IX. 203. B. Salelles, VII. 927. E. Taleyran, IV. 24. C. VII. 765. A.

Narcey, VI. 35. C. 739. A. VIII. 9. A. seigneurie, VI. 741. A. 742. A.

Nargonne, I. 203. C. IV. 129. B.

Nassay, VII. 498. B. seigneurie, VII. 510. B.

Nassau, I. 336. B. 355. E. 612. A. 672. D. II. 326. D. III. 610. D. 730. B. IV. 539. B C. V. 641. A. 737. A. VII. 155. B. VIII. 37. B. 38. C. comté, IV. 171. A C. VIII. 424. A. 533. B. Dillembourg-Siegen, I. 612. D. Orange, IV. 433. C. V. 397. C. Sarbruck, VII. 154. C. comté, V. 649. A. Sieghen, VIII. 639. B. comté, VIII. 36. D E. Ussing, V. 648. E.

Nassoigne, seigneurie, II. 751. D.

Nassovie en Pomeranie, principauté, V. 644. A.

Nat, VI. 446. C.

Natalie, seigneurie, IV. 139. C.

Nau, VI. 478. C. 527. A.

Navailles. III. 350. B. 393. C. seigneurie, III. 371. D. VII. 323. A. 439. A. baronie VII. 606. A. duché, I. 126. C. III. 494. C. IV. 120. B. 141. B. 473. C.

Naval-Marquendé, marquisat, I. 644. B.

NAVARRE, (Rois de) I. 279. & suiv.

Navarre, I. 88. E. 145. B. 151. D. 271. D. 271. C. 273. D. 292. E. 389. A. 417. E. 451. D. 465. C. II. 517. A. 660. B. 736. C. 840. E. III. 81. A. 352. D. 375. B. 383. B. 421. D. 428. A. IV. 56. D. V. 512. C. 528. B. VI. 48. C. 84. D. 189. D. 213. A. VII. 762. A. VIII.

344. B. 411. B. 423. A. IX. 377. E. royaume,
I. 86. D. 90. D. 92. A. 105. A. 108. C. 127.
E. 136. A. 143. B. 144. B.211. A.277. A C.
281. E. 292. E. 320. E. 329. A. 344. A. 382.
C. 447. D. 453. C. 545. D. 548. B. 558. C.
II. 17. C. 150. E. 519. C. 611. D. 689. B. 797.
E. 842. D. III. 160. B. 308. C. 349. D. 373.
B. 374. C. 376. A. 383. C. 384. D. 423. A.
424. A. 657. A. IV. 55. D. 57. B. 71. D. 168.
B. 4 23. D. V. 654. A. VI. 84. D. 215. B. 216. C.
Navarre de L'upé, IX. 454. E.
Navarres, marquisat, V. 524. C.
Navarron, seigneurie, VII. 287. C.
Naucaze, VII. 344. B. IX. 92. B.
Naudet, VI. 436. A.
Navigny, II. 124. A.
Navintaultde-la-Durandiere, II. 127. E.
Naulette, seigneurie, VIII. 658. B.
Nauroix, seigneurie, IV. 841. A.
Nauflay, seigneurie, III. 640. A.
Nay, seigneurie, IV. 42. B.
Nayes, seigneurie, VII. 491. B.
Nazac, seigneurie, VI. 458. D.
S. Nazaire, II. 196. B. 248. D E. seigneurie, II.
182. B. 187. E. 198. C E. 202. D. 205. A.
243. A. 296. D. V. 159. E. 264. B. 265. A D.
266. A. VI. 767. A. VII. 790. C. vicomté, I.
469. D. 470. C. 471. A. V. 141. EF. comté,
VIII. 364. E.
Neaufle, III. 663. B. seigneurie, I. 225. B C.
457. D. 546. D. V. 217. A. VI. 170. D.
360. C. 631. D. VII. 806. D. baronie, I. 224.
C. 225. B E.
NEAUFFLE-LE-CHASTEL, Simon, connêtable
de France, VI. 44. B.
Neauffle-le-Chastel, seigneurie, IV. 871. C. VI.
44. B. VIII. 107. B.
Nebechen, VIII. 716. C.
Nebian, seigneurie, VII. 768. D. 769. B.
Nebouzac, seigneurie, VII. 56. A. 58. E. vicomté, VII. 237. C.
Nebouzan, seigneurie, II. 289. B. III. 375. D.
vicomté, I. 469. B. IV. 662. C.
Nechin, comté, V. 234. B.
S. NECTAIRE, Henry, maréchal de France, VII.
567. D. François, chevalier du S. Esprit, IX.
84. C. Henry I. du nom, chevalier du S. Es-
prit, IX. 164. A. Henry, chevalier du S. Es-
prit, IX. 190. A. Henry, chevalier du S. Es-
prit, IX. 278. A.
S. NECTAIRE (Genealogie de la maison de) IV. 887.
& suiv.
S. Nectaire, I. 370. E. II. 423. A. III. 775. A.
IV. 19. D. VII. 139. D. 202. E. 222. A. 343.
A. 370. D. 533. C. VIII. 493. D. 818. D.
IX. 115. B. 238. B. 303. D. seigneurie, III.
638. C. IV. 218. B. VII. 553. A. 704. E. 709.
C. VIII. 815. A D. 816. B. Brinon, III. 775. C.
Voyez Senneterre.
Nederwert, seigneurie, I. 257. E.
NEDON (Seigneurs de) VIII. 660. Voyez Mailly.
Nedon, seigneurie, VIII. 627. B. 660. A.
Nedonchel, VI. 794. B. VII. 182. D. VIII.
83. D. 174. C. 275. C. 277. C. 278. B. 279.
A. 631. B. 657. B. 695. B. 697. D. 738. D.
seigneurie, V. 92. B. 229. B. VI. 661. A. VII.
747. A. VIII. 152. B. 698. B.
NEELLE, Guy, seigneur de Mello, maréchal de
France, VI. 723. C. Jean, queux de France,
VIII. 830. A.
NEELLE (Seigneurs de) VI. 47. Voyez Clermont
en Beauvoisis (Marquis de) VIII. 638. Voyez
Mailly.

Neelle, I. 424. C. II. 150. B D. 271. E. 284. C.
329. D. 849. B. III. 69. E. 621. D. 654. B
D. IV. 212. A. V. 131. C. 510. C. 652. D.
VI. 49. D. 158. D. 334. B. 339. A. 639. B.
667. D. 674. A. 691. A. 694. A. VII. 13. A.
121. B. 561. B. VIII. 15. A. 89. D. 93. B. 277.
A. 279. A. 280. B. 544. E. 630. C. seigneurie,
I. 426. E. 431. C. II. 121. D. 122. A. 151.
B. 262. D. 270. E. 339. E. 742. E. 744. A
B. 776. D. III. 82. A. 155. B. 516. C. 623.
B. 735. C. IV. 164. C. 677. C. VI. 47. D. 76.
B. 90. A. VII. 111. A. 121. A. comté, II.
441. A. 783. D. VII. 709. A. marquisat, IV.
61. B. VII. 291. C. VIII. 425. B. 637. C. 638.
B. d'Offemont, II. 281. E. VI. 114. A. VIII.
343. E. en Tardenois, seigneurie, I. 431. A.
VI. 617. C. Voyez Nesle.
Neer, seigneurie, V. 652. C.
Neez, V. 605. C.
Neffra en Portugal, comté, II. 208. D.
Neffiac, seigneurie, IX. 438. C.
Negrepelisse, seigneurie, III. 384. B. IV. 613.
B. VI. 209. A. VII. 187. C. baronie, IV. 22.
D. comté, IV. 539. A. VII. 379. B. 386. B.
IX. 67. A.
Negron, seigneurie, VII. 510. B.
Nehon, seigneurie, VII. 48. B.
Nehou, seigneurie, V. 128. A. 129. C. 134. B.
baronie, V. 144. B D. 145. B.
Neillac. Voyez Naillac.
Neiran, seigneurie, VII. 767. B.
Neiry, seigneurie, II. 198. D.
Nel, seigneurie, VII. 715. B.
NEMOURS, duché-pairie, érigé en 1404. pour
CHARLES III. Roi de Navarre & BERNARD
d'Armagnac comte de Pardiac, III. 247. Pieces
concernant cette érection, ibid. Nouvelle érection en 1461. pour le même Bernard, III. 397.
Pieces concernant cette érection, ibid. Autre en
1507. pour GASTON de Foix, III. 453. Pieces
concernant cette érection, III. 454. Autre en 1515.
pour JULIEN de Medicis, III. 472. Autre en
1524. pour LOUISE de Savoye, III. 475. Pieces
concernant cette érection, ibid. Autre en 1528.
pour PHILIPPES de Savoye, III. 503. Pieces concernant cette érection, ibid. Duché, érigé en 1515.
pour JULIEN de Medicis, & PHILBERTE de Savoye sa femme, V. 538. Duché, érigé en 1528.
pour PHILIPPES de Savoye, comte de Genevois,
& CHARLOTTE de Longueville, V. 548. duché-pairie. Nouvelle érection en 1661. pour
PHILIPPES de France, duc d'Orleans, V. 29.
NEMOURS, Philippes, évêque & comte de Châlons,
pair de France, II. 314. C. Etienne, évêque &
comte de Noyon, pair de France, II. 390. D.
Gautier, maréchal de France, VI. 624. D. Philippes II. du nom, chambellan de France, VIII.
438. C.
NEMOURS (Ducs de) III. 427. & suiv. Voyez
Armagnac. (autresissus des Ducs de Savoye) III.
512. & suiv.
NEMOURS (Genealogie des Seigneurs de) VI. 625.
Nemours, II. 314. C. 847. B. V. 222. D. 214.
D. VI. 619. C. VIII. 605. C. 836. A. seigneu-
rie, II. 390. E. VI. 619. C. 625. B. duché,
I. 107. C. 187. C. 189. B. 190. E. 197. E.
198. B. 210. D E. 214. D. 218. E. 222. E.
225. E. 275. B. 277. A. 287. B. II. 91. C.
III. 376. A. 377. C. 427. A. 475. A. 486.
A. 492. B. 793. C. IV. 69. C D. 72. A. VI.
215. B. pairie, I. 287. D. 288. C. 289. C.
312. A. 320. E. 431. C. VIII. 220. B.
Neogarde, principauté, V. 643. A.

Neomalet, seigneurie, VIII. 587. A.
sainte Neomoye, seigneurie, IV. 448. B.
Neptun de Brouchantel, VII. 889. A.
Nepveu, VII. 855. C.
Nerac, baronie, III. 431. E.
Nerbonnez, seigneurie, IV. 16. E.
Nereford, VI. 28. E.
Nerestan, seigneurie, VII. 334. C.
Nerestang, marquisat, VIII. 799. D.
Nereux, seigneurie, VIII. 493. C.
Nerlieu, seigneurie, II. 429. A.
Nerola, principauté, IX. 209. B.
Neron, seigneurie, IV. 640. C.
Neronde, seigneurie, VIII. 596. A. 594. *** B.
IX. 377. C.
Neronville, seigneurie, VII. 822. A.
Nerpo, VII. 194. D.
Nerpol, seigneurie, II. 30. BD.
Nerpos, seigneurie, VIII. 927. B.
Nerveux, seigneurie, VII. 544. B.
Nervieu, seigneurie, IV. 41. C.
Nerville, seigneurie, VIII. 804. D.
Nery, II. 118. A. VI. 266. C. VIII. 945. C.
seigneurie, III. 160. A.
NESLE, *Simon*, évêque & comte de Châlons, pair
de France, II. 393. E.
NESLE (*Marquis de*) V. 9. *& suiv. Voyez* sainte
Maure.
Nesle, III. 293. D. 304. C. IV. 195. E. VI. 401.
A. 624. A. 706. C. 716. C. 738. B. 739. C.
745. B. VIII. 11. A. 402. B. 527. E. 621. A.
746. E. seigneurie, I. 423. A. II. 151. C. 334.
B. 341. D. 499. CDE. 506. C. III. 622. BC.
636. B. IV. 408. A. V. 10. D. 131. D. 486.
E. VI. 110. C. 401. B. 671. D. VIII. 7. D.
93. E. 728. B. 789. B. 896. E. baronie, VI.
155. E. VII. 811. A. comté, III. 638. B. VIII.
118. A. 279. A. 717. B. marquisat, II. 39. D.
III. 638. C. 639. B. IV. 616. D. 877. A. V.
13. C. VI. 455. C. 484. C. 493. C. 508. A.
533. C. 769. A. VII. 76. A. 128. D. 159. B.
557. D. *la Gilberde*, seigneurie, VII. 892. D.
Testart, marquisat, VII. 76. A. *Voyez* Neelle.
du Nesme, VI. 368. A.
Nesmond, IV. 679. E. V. 153. C. VI. 586. B.
IX. 204. A. *la Tranchade*, VII. 863. B.
Nestes, seigneurie, VII. 211. C.
Nestez, seigneurie, I. 367. C. 369. E. II. 622.
D. III. 417. A. 424. B.
Netanville, seigneurie, III. 795. D.
Netherwende, comté, II. 429. B.
Nets, VIII. 823. E.
NETTANCOURT, *Jean*, chevalier du S. Esprit, IX.
163. A.
Nettancourt, II. 64. B. IV. 827. D. 837. C. VII.
467. A. 469. B. seigneurie, IX. 169. A. *Bet-*
tancourt, VII. 469. B. *Vaubecourt*, II. 429. B.
III. 585. C.
Nevaire, IV. 371. D.
Neublans, VIII. 426. B. seigneurie, II. 224. D.
VII. 795. B. 796. B. 802. D.
Neubosc, seigneurie, VIII. 161. C.
Neubourg, VII. 866. C. seigneurie, II. 408. E.
409. E. 410. B C. V. 141. E. VIII. 96. A. mar-
quisat, VI. 787. C. *Voyez* Neufbourg.
Neuchezes, VII. 254. B. 388. C.
Neucourt, seigneurie, VII. 903. E.
Nevelet, VI. 572. B. IX. 198. A.
Nevelle, III. 905. B. 920. A.
NEVERS, comté - pairie , érigé en 1459. pour
CHARLES & JACQUES de Bourgogne, III. 395.
Pieces concernant cette érection, ibid. confirmé
en 1505. pour ENGILBERT de Cleves, III. 442.

Pieces concernant cette érection, III. 443. Nouvelle érection en 1566. pour LOUIS de Gonzague, III. 667. *Pieces concernant cette érection*,
ibid. duché-pairie, nouvelle érection en 1660.
pour JULES Mazarini , cardinal, V. 915. Nouvelle érection en 1660. pour le même, & en
1676. pour PHILIPPES-JULES Mazarini-Mancini , & en 1700. pour PHILIPPES-JULES-FRAN-
çois Mazarini-Mancini son fils aîné, V. 426.
Pieces concernant cette érection, ibid. *& suiv*.
NEVERS, (*Anciens Comtes de*) III. 195. (*Autres*
de la maison de Cleves) III. 449. *& suiv*. (*de*
la maison de Gonzague , depuis ducs de Man-
toue, III. 712. *& suiv*.
Nevers, I. 253. E. II. 319. C. III. 152. E. 317.
C. V. 573. A. VI. 10. B. 84. B. VIII. 13. E.
722. B. IX. 416. E. seigneurie, I. 425. B. comté , I. 72. D. 82. A. 85. C. 95. C. 113. A.
239. B. 241. B. 243. D. 251. BE. 253. A.
324. E. 384. D. 390. C. 397. C. 425. D. 452.
B. 475. C. 476. A B. 527. C. 534. B. 538. B.
539. D. 544. ABC. II. 148. B. 199. A. 479.
B. 698. A. 712. BC. 725. C. 735. B. 738. B.
739. C. 741. D. III. 161. AB. 171. A. 200.
A. 317. C. 380. A. 449. E. 862. B. V. 573.
A. 574. A. 582. D. VI. 94. A. 134. B. 213.
A. 217. D. 218. AB. 727. B. 728. C. 729.
A. VIII. 54. C. 417. D. 545. D. 567. A. 634.
E. 722. B. pairie, VII. 126. A. marquisat, II.
511. D. 512. A. duché, I. 210. B. 222. A. II.
88. E. III. 450. E. 486. D. 490. C. 491. A.
IV. 602. C. 721. A. 793. D. V. 464. *BC.
466. A. 639. D. VIII. 325. E. 914. A. pairie,
I. 252. A D. 327. D. 330. E. 355. E. V. 464.
D. VII. 168. E. VIII. 182. A. *Craon*, III.
318. A.
Neves, seigneurie, I. 376. A.
Nevet, V. 388. D. IX. 276. B. seigneurie, VIII.
359. E. baronie & marquisat, V. 388. D.
Neufbourg, III. 659. A. IV. 480. D. VI. 220.
B. 633. A. VII. 337. B. seigneurie, II. 405.
A. V. 128. D. 158. C. VIII. 792. E. baronie,
III. 304. A. V. 139. D. 244. F. VI. 774. A.
VII. 584. C. VIII. 420. B. *Voyez* Neubourg.
Neufcarre, VI. 117. B.
NEUFCHASTEL, *Thibaut*, grand maître de France,
VIII. 347. A. *Jean*, grand bouteiller de Fran-
ce, VIII. 576. A.
NEUFCHASTEL, (*Genealogie de la maison de*) VIII.
347. *& suiv*.
Neufchastel, II. 225. D. 289. A. IV. 215. C. VI.
67. B. 99. C. 696. A. 742. C. VII. 37. A D.
46. AE. 802. C. 810. C. VIII. 415. E. 651.
C. 719. D. 884. B. IX. 177. D. 467. D. sei-
gneurie, I. 556. B. II. 211. D. 224. E. 331.
DE. 333. C. 404. E. V. 144. E. VI. 32. BD.
VII. 6. A. 35. A. 166. A. 168. B. 801. A. 809.
B. VIII. 348. A. 416. B. 428. A. 536. C.
vicomté, III. 648. A. VIII. 264. BE. 265. A.
IX. 316. B. 317. A. comté, I. 219. B. 220.
B. II. 211. D. III. 512. C. V. 741. B. VII.
36. B. VIII. 452. A. principauté, III. 589.
C. souveraineté, I. 217. C E. 218. A B D. 219.
D. 221. E. 222. C. 223. B D. 352. B C. *Mon-*
tagu, VII. 466. E.
Neufchelles, seigneurie, VII. 426. D.
Neufcheze , IX. 236. A. 442. B. 446. A. sei-
gneurie, IX. 442. A.
Neuflise, seigneurie, II. 280. D.
Neufmarché , seigneurie, II. 88. A. VI. 659. A.
Neufmoulin, seigneurie, II. 265. B.
Neufmoustier, seigneurie, VIII. 789. A.
Neufons, seigneurie, III. 912. B.

Neufvelles,

Neufvelles, feigneurie, VIII. 716. B.
Neufvic, feigneurie, VII. 699. B.
Neufville, Jean, maréchal de France, VI. 753.
C. Nicolas, maréchal de France, VII. 541. C.
François, maréchal de France, VII. 623. D.
Nicolas, aumônier du Roy, VIII. 226. C.
Charles, chevalier du S. Esprit, IX. 125. D.
Charles, commandeur du S. Esprit, IX. 182.
A. Nicolas, chevalier du S. Esprit, IX. 189. A.
François, chevalier du S. Esprit, IX. 221. B.
François-Paul, chevalier du S. Esprit, IX.
263. B. Nicolas, chevalier du S. Esprit, IX.
267. A. Nicolas, grand-tresorier des Ordres,
IX. 320. B.
Neufville-Villeroy (Genealogie de la maison
de) IV. 639. & suiv.
Neufville, I. 362. B. 477. D. II. 322. A. III.
500. D. 590. A. IV. 211. E. 217. A. 273.
B. 286. D. 291. D. 325. A. V. 86. C. 154.
F. 850. B. 851. B. VI. 559. D. 574. B. 580. C.
660. D. 716. B. 783. D. 803. A C. VII. 131.
A. 400. C. VIII. 155. A. 501. C. 712. C.
803. B. IX. 77. A. 99. B. feigneurie, II.
129. B. III. 607. C. IV. 367. C. 636. E.
767. C. 871. E. VII. 15. E. 26. A. 417.
A. 748. C. VIII. 523. A. 874. C. d'Aumont,
feigneurie, IV. 870. C. près Bar-le-Duc, fei-
gneurie, VI. 264. A. Bourjenval, V. 92. D.
Gambetz, feigneurie, VII. 100. C. en Laon-
nois, feigneurie, VI. 53. C. Magnac, V. 644.
D. le Roy, VII. 644. C. Villeroy, I. 641. B.
700. E. II. 68. D. 383. C. III. 389. C. 857. C.
IV. 499. B. 793. B. V. 86. B. VI. 527. D. 580.
B. VII. 513. C. VIII. 946. C. Voyez Neufville.
Neufvillette, feigneurie, IV. 59. C. 82. C. 83.
A. VIII. 160. C. vicomté, VII. 388. C.
Neufvis, IV. 669. C. VIII. 119. C.
Neufvify, feigneurie, VIII. 232. E. 233. A. 873.
C.
Neufvy, feigneurie, I. 485. C E. 496. E. 497. D.
498. A. IV. 439. C. V. 741. D. VI. 754. B.
VII. 854. E. VIII. 492. B. Banegon, feigneurie,
IV. 439. A. fur-Loire, feigneurie, IV. 663.
C. VIII. 495. B. Pailloux en Berry, feigneurie,
VI. 256. E. 258. C. 259. A. Voyez Neuvy.
Neuhot, VIII. 552. D.
Nevil, I. 246. C. VII. 837. C.
Neuillan, feigneurie, III. 641. C. comté, VII.
607. D. 671. A. IX. 178. C.
Neville, feigneurie, VII. 756. D. VIII. 344. A.
Nevilliers, II. 118. E. feigneurie, II. 117. E.
Neuilly-le-Noble (Seigneurs de) IV. 458. Voyez
la Rochefoucaud.
Neuilly, VII. 586. D. VIII. 169. B. feigneurie,
II. 344. A. VI. 291. B. VII. 48. A. fur-Marne,
feigneurie, IX. 318. B. le Noble, feigneurie,
IV. 452. B. VI. 426. A. VII. 23. A. en la
Vallée d'Aillan, feigneurie, I. 500. B.
Neukirchen, baronie, II. 50. B. VIII. 42. B.
Neulles, feigneurie, V. 16. D.
Nevoy, feigneurie, IV. 422. E.
Neuport, I. 305. E.
Neuforga, feigneurie, IV. 333. C.
Neuvac, feigneurie, II. 138. D.
Neuvevre, feigneurie, I. 262. B.
Neuvi, feigneurie, II. 182. D.
Neuvic, feigneurie, VII. 24. E. Voyez Neufvic.
Newil, VII. 88. A E. 89. A.
Neuville, V. 81. B C. 82. B. VI. 752. D. VIII.
74. D. 77. D. 471. C. 633. C. 697. C. 735.
E. feigneurie, II. 323. A. III. 581. A. 616. A
B D. 642. A. V. 22. C. 620. A. 624. A. VI.
291. E. 369. D. 406. A. 681. D. VIII. 90. C.
Tome IX.

255. E. 236. B. 636. C. 901. D. 917. A. IX.
280. B. 328. B. 342. B. fur-Anneuil, feigneu-
rie, V. 82. F. aux Bois, II. 63. B. feigneurie,
IX. 396. E. au Cornil, feigneurie, VIII. 738.
D. Gambets, feigneurie, IX. 138. C. en Laon-
nois, feigneurie, II. 764. C. VIII. 342. C. 343.
E. Magnac, VIII. 648. D. le Roy, feigneurie,
VI. 94. C. 743. C. VIII. 178. C. 633. B.
Voyez Neufville.
Neuville-d'Aumont (Seigneurs de la) III. 599.
Neuville-Wistace (Seigneurs de) III. 611.
Voyez Montmorency.
Neuville-Wistace, III. 609. B.
Neuvillers, feigneurie, IV. 674. D.
la Neuvillette, feigneurie, IX. 445. A.
Neuvilliers, feigneurie, II. 37. A.
Neuvreze, IX. 238. B.
Neuvron, baronie, II. 62. E. 63. D. IV. 827. D.
Neuvy, Pierre, maître fauconnier du Roi, VIII.
744. C.
Neuvy-lez-Pailloux (Seigneurs de) III. 584. &
suiv.
Neuvy, feigneurie, IV. 729. A D. 730. A. 731.
A. VI. 591. A. fur Loire, comté, IX. 247. B.
Voyez Neufvy.
Nexou, feigneurie, VII. 336. A.
Neyrac, VIII. 813. D. 814. B.
Neyret de la Ravoye, VIII. 593. A.
Neys, VII. 538. C.
Nez, V. 406. E.
Nezement, feigneurie, VI. 491. B. 514. B.
Nice, évêché, I. 27. B.
Niceron, II. 307. C.
Nicey, I. 495. A. 504. A. VII. 253. B. IX.
113. C. feigneurie, IV. 827. D. 846. A.
VIII. 787. B.
Nichin, comté, VIII. 37. A.
Nicolai, I. 224. E. II. 88. B. 123. D. 126. B.
140. A. III. 619. D. IV. 569. D. V. 621. D.
VI. 556. B. 575. B. VII. 369. E. 583. E.
VIII. 296. E. 804. B. IX. 377. A.
Nicolas, II. 305. E. 306. C.
Nicolas, garde des sceaux de France, VI.
272. A.
S. Nicolas, feigneurie, II. 603. A. VI. 643. E.
Nicollon, VI. 425. A.
Nicorp, feigneurie, VII. 628. C.
Nictares, III. 362. B.
Niebla, comté, IX. 295. A.
Niecourt, feigneurie, V. 626. A.
Nielle, feigneurie, VI. 370. A. baronie VII.
182. B.
Nielles, VIII. 67. C. 696. E. feigneurie, VIII.
155. C.
Nienhove, feigneurie, II. 733. E.
Niennes, feigneurie, II. 782. A.
Nieppe, feigneurie, II. 735. D. 736. B. V. 512.
Niettes, feigneurie, V. 828. D.
Nieva, comté, I. 288. D.
Nieut-Capelle, feigneurie, III. 608. A. 610. C.
Nieucheze, VIII. 82. A.
las-Nieves-Giron & Sandoval, III. 355. C.
Nieuil, feigneurie, VIII. 923. A.
Nieul, feigneurie, VII. 97. D. baronie, VII. 19.
C.
Nieunaërt, comté, III. 579. A.
Nieuport, vicomté, III. 909. D. 910. A B. V. 641.
D. 642. B. VIII. 40. D.
Nieurlet, (Seigneurs de) issus des seigneurs de
Piennes, III. 916.
Nieurlet, feigneurie, V. 836. D. VIII. 154. B.
baronie, VI. 803. C.

Nieuls, seigneurie, VII. 600. C.
Nieustrie, seigneurie, III. 607. D.
Niewnaër, I. 263. B.
Nieuwerslet, II. 768. E.
Nigenne, seigneurie, II. 279. A.
Niherne, seigneurie, VII. 373. A.
Nike, seigneurie, VI. 140. C.
Nillac, seigneurie, II. 175. C.
Nimes, comté, II. 685. C. 686. C.
Niño, I. 683. A.
Niolet, seigneurie, VI. 453. C.
Niort, seigneurie, I. 273. B. II. 428. B.
Niozelles, seigneurie, II. 242. E.
Nisy-le-Comte, seigneurie, VIII. 14. A. 536. C.
Nithsdale, comté, IX. 406. C. 410. A.
Nitray, seigneurie, VIII. 441. A.
Nivelle, II. 768. D. VI. 774. C. seigneurie, III. 574. D. IV. 218. D. V. 231. D. 654. C. VI. 748. C.
NIVERNOIS, comté-pairie, érigé en 1347. pour LOUIS II. du nom, comte de Flandres, III. 193. Pieces concernant cette éreſtion, III. 194.
NIVERNOIS (Ducs de) pairs de France, V. 462. & ſuiv. Voyez Mancini.
Nivernois, duché, I. 257. E. IV. 412. A. V. 463. E. pairie, V. 465. B. IX. 336. A.
Nixie, archiduché, II. 603. E.
Niza, seigneurie, II. 650. D.
Nizi-le-Comte, seigneurie, I. 332. D.
Niziet, VIII. 495. B. 694. B.
Noaillac, seigneurie, II. 655. C. IV. 135. E. 784. B C. 785. A C. 786. A D. 788. A. 789. A. 793. E. VII. 313. C. 620. B. baronie, IV. 790. C.
Noaillan, VII. 286. A. IX. 388. E. seigneurie, II. 664. C. IV. 667. B. VII. 406. C. IX. 92. C.
NOAILLES, duché-pairie, érigé en 1663. pour ANNE de Noailles, comte d'Ayen, IV. 775. Pieces concernant cette éreſtion, ibid. & ſuiv.
NOAILLES, Louis-Antoine, évêque & comte de Châlons, pair de France, II. 387. B. Jean-Baptiste-Louis-Gaston, évêque & comte de Châlons, pair de France, II. 387. D. Anne-Jules, maréchal, de France, VII. 633. D. Antoine, amiral de Guyenne, VII. 885. B. François, chevalier du S. Esprit, IX. 167. C. Anne, chevalier du S. Esprit, IX. 193. A. Anne-Jules, chevalier du S. Esprit, IX. 222. C. Louis-Antoine, commandeur du S. Esprit, IX. 248. A. Adam-Maurice, chevalier du S. Esprit, IX. 268. B.
NOAILLES (Genealogie de la maison de) IV. 782. & ſuiv. (Enfans naturels du nom de) IV. 795. & ſuiv.
Noailles, III. 583. D. IV. 128. D. 129. A. 271. B. 324. B. 412. B. 880. A. V. 107. A. 183. E. 464. *E. 495. F. 858. E. 842. B. VI. 581. B. VII. 306. A. 307. C E. 387. C. 652. D. 774. A. VIII. 917. B. IX. 228. C. 410. C. 458. D. seigneurie, IV. 127. B. 135. B. VII. 313. C. 406. D. VIII. 919. B. baronie, III. 372. A. marquisat, IV. 376. B. duché, I. 176. E. 224. E. II. 387. B. III. 500. E. IV. 604. B. 617. C. pairie, II. 655. C. V. 107. A. 183. E. 464. * E. 495. F. 838. E. VI. 581. B. VII. 387. C. 652. D. IX. 235. A.
Noalhan, IX. 460. C D.
le Noble, V. 668. A.
Noblens, seigneurie, V. 672. A.
Noblet, VI. 447. C. 457. B. 530. B.
Nocey, V. 19. A. VI. 647. B.
la Nocherie, seigneurie, V. 149. C D E.
la Nocle, seigneurie, IV. 889. A. VII. 428. C. baronie, VI. 390. A.

Nodimo, seigneurie, II. 782. A.
Noe, II. 369. B. 372. B. 664. C. III. 362. E. VII. 775. A. VIII. 473. A. seigneurie, V. 416. B E. Seche, seigneurie, VII. 529. A.
NOE' ou NOER, Hugues, maître de l'écurie du Roi, VIII. 472. B.
NOE' (Genealogie de) VIII. 473.
Noecourt, seigneurie, VIII. 808. A.
Noeix, VIII. 718. B.
Noel, chancelier, VI. 269. C.
Noel, II. 128. A. VI. 383. D. de Dampierre, VIII. 694. A.
Noelle, V. 134. D.
Noellet, seigneurie, VI. 190. A.
Noemy, VI. 267. B.
Noerat, seigneurie, VI. 717. C. VIII. 390. B. 789. D.
Noes, VIII. 45. A.
Noès, seigneurie, VI. 680. D.
Noette, seigneurie, VII. 729. D.
Nogarede, VII. 790. A.
NOGARET, Guillaume, chancelier de France, VI. 299. A.
NOGARET DE LA VALETTE, Jean-Louis, duc d'Epernon, amiral de France, VII. 887. A. Bernard, amiral de France, VII. 904. A. Jean-Louis, colonel general de l'infanterie Françoise, VIII. 219. A. Bernard, colonel general de l'infanterie Françoise, VIII. 220. A. Jean-Louis, chevalier du S. Esprit, IX. 74. B. Bernard, chevalier du S. Esprit, IX. 80. C. Louis, cardinal, commandeur du S. Esprit, IX. 158. A. Henry, chevalier du S. Esprit, IX. 161. A. Bernard, chevalier du S. Esprit, IX. 162. A.
NOGARET (Seigneurs de la Valette, ducs d'Epernon, pairs de France, genealogie de) III. 853. & ſuiv.
Nogaret, II. 182. C E. 569. C. 615. A B. IV. 127. E. 306. A. 805. D. V. 181. E. 888. A. 894. A. VI. 299. D. 317. A. VII. 488. D. VIII. 167. D. 219. C. IX. 69. A. 81. C. Calvisson, II. 242. D. Cauvissons Trelans, VII. 415. A. Trelans, VII. 339. D. 410. C. la Valette, II. 236. E. III. 386. A. 488. C. 731. B. 816. B. 839. C. 846. A. 914. B. Nogent, seigneurie, II. 149. C 338. A B D E. III. 306. A B. 603. E. 619. B. VII. 72. D. 73. A. 695. B. VIII. 140. A. 270. A. 399. D. 790. A. baronie, I. 330. B. V. 397. B. vicomté, VI. 673. D. comté, IV. 64. D. 128. B. 221. B. 481. A. VII. 863. C. VIII. 69. A. l'Artaus, seigneurie, I. 287. D. 463. C. IV. 186. A. VII. 515. E. baronie, VIII. 762. A. sur Avon, seigneurie, VII. 434. A. sur Loir, seigneurie, V. 397. A. baronie, V. 397. D. IX. 276. B. sur Oise, seigneurie, II. 300. B. le Rotrou, seigneurie, I. 344. A. II. 736. B. III. 313. B. 314. B. 319. C. 320. BE 430. BD. IV. 207. C. V. 513. D. 513. E. VI. 140. B. marquisat, IV. 220. A. VIII. 185. E. le Roy, seigneurie, I. 119. B. 280. A. 287. D. II. 425. C. VII. 193. A. VIII. 271. B C. IX. 375. A. vicomté, VI. 674. B. 680. A. VIII. 261. C. comté, VII. 168. C. sur Seine, seigneurie, I. 287. D. IV. 793. E.
Nogentel, II. 306. B.
Nohans, seigneurie, III. 622. C.
la Nohe, seigneurie, IV. 751. A.
Noillette, seigneurie, V. 81. B C 82. B.
Nointel, seigneurie, III. 642. D. 653. B. 654. A C. IV. 327. A. 455. B. VIII. 279. C. 281. A B.
le Noir, II. 372. B. IV. 803. C. VII. 525. E.

529. B. VIII. 810. * *. C. IX. 463. B D.
Noirat, VI. 562. B.
Noircarmes, seigneurie, III. 576. D. 910. A. 911.
A. V. 229. E. VL. 175. B. VIII. 75. B. baronie, V. 843. A.
Noirfontaine . VI. 384. B. seigneurie, VII. 590.
A.
NOIRMOUSTIER, duché-pairie, érigé en 1650. pour
Louis de la Tremoille II. du nom, marquis de
Noirmoustier, V. 866. Pieces concernant cette
érection, ibid. & suiv.
NOIRMOUSTIER, (Marquis & Ducs de) IV. 176.
& suiv. Voyez la Tremoille.
Noirmoustier, seigneurie, IV. 170. A. baronie,
IV. 176. B. V. 610. E. VII. 503. A. marquisat, IV. 176. B. VII. 439. D. VIII. 286. E.
duché, IV. 175. E. 177. D. Royan, IX. 332.
C.
Noiron, seigneurie, VIII. 369. E.
Noirtet, VI. 475. A.
Noirtoud, , seigneurie, VIII. 155. D.
Noison, seigneurie, VII. 736. D.
NOISY, (Seigneurs de) VI. 264. Voyez Bouteillers.
Noisy, seigneurie, V. 264. B. VIII. 312. A. le
Sec, seigneurie, II. 107. C. VII. 712. A. VIII.
239. C. 943. B.
Noizelle, seigneurie, IX. 86. D.
Nolay, seigneurie, I. 561. A. IV. 874. A C E.
875. A. VI. 66. A. VII. 246. E. 501. E. 802.
C. marquisat, II. 427. D. IV. 875. D. 878. C.
879. E. VI. 508. C.
NOLE, (Comtes de) VI. 77. Voyez Montfort-l'Amaury.
Nole, comté, VI. 78. B. 131. D. duché, V. 672.
C E.
Nolent, IV. 409. B. VI. 359. A.
Nolhan, seigneurie, VII. 93. B.
Nollant, VII. 474. B. 478. A.
Nolle, comté, IV. 889. C.
Nollent, V. 143. C. 155. D. VIII. 793. A.
NOMAING, (Seigneurs de) III. 598. Voyez Montmorency.
Nomaing, VIII. 83. E. seigneurie, III. 579. C.
580. B. VIII. 698. C.
Nomeny, marquisat, III. 793. A. 794. D.
Nompar de Caumont, V. 193. C.
Nonancourt, seigneurie, I. 385. B. 480. B E. 481.
A. II. 849. E.
Nonant, seigneurie, VI. 644. C. baronie, VI. 386.
B. VII. 475. C. VIII. 775. E. marquisat, IV.
66. A. 547. A. 647. C. VIII. 778. B. IX. 309.
A.
Nonettes, seigneurie, VII. 496. A.
Nonieres, seigneurie, II. 252. A.
Nonnette, seigneurie, VIII. 814. E.
Nonneville, seigneurie, VI. 518. B.
Nontron, seigneurie, VIII. 247. C.
Nonville, seigneurie, VIII. 156. B.
Nonvilliers, seigneurie, VIII. 174. B.
Norante, seigneurie, II. 288. C.
Nores, IV. 370. C.
Norfolck, comté, VI. 27. B.
Noriz, II. 602. D.
Normainville, seigneurie, IV. 450. A. baronie, IV.
228. A.
Normand, III. 617. B. V. 424. D. VII. 601.
E.
NORMANDIE, duché-pairie, II. 461. & suiv. Pieces
concernant ce duché, II. 541. & suiv. duché-
pairie, érigé en 1465. pour CHARLES de France, III. 435.
NORMANDIE, Rollon (duc de) II. 462. Guillaume I. du nom, (duc de) 463. E. Richard I. du
nom, (duc de) 464. E. Richard II. du nom,
(duc de) 467. C. Richard III. du nom, (duc
de) 468. E. Robert II. du nom, (duc de) 469.
D. Guillaume le Bâtard, (duc de) 470. D. Robert III. du nom, (duc de) 472. E. Henry
d'Angleterre (duc de) 475. D. Mahaud d'Angleterre, (duchesse de) ibid. E. Henry II. roi
d'Angleterre, (duc de) ibid. Richard I. roi
d'Angleterre, (duc de) 476. A. Jean Sans-terre,
roi d'Angleterre, (duc de) ibid. B. Henry III.
roi d'Angleterre, (duc de) ibid. tous du même volume II.
Normandie, VIII. 410. D. vidamé, I. 438. D.
444. A. 538. B. VIII. 161. B. duché, I. 35.
E. 49. E. 69. D. 72. D. 73. A E. 76. E. 105.
D. 117. E. II. 25. E. 26. D E. 414. C. 521.
D. 716. B E. 720. D. 797. D. 836. A. 837.
D. 838. E. III. 45. E. 46. C. 49. D. 287. B.
299. A. VI. 18. A.
Normanville, II. 429. A. III. 644. A. VII. 373.
B. VIII. 25. E. seigneurie, III. 575. A. V. 243.
C D. 244. A E F. 245. A B. VI. 376. A.
389. B. VII. 477. B. 515. C. VIII. 93. B. 161.
C. 265. B. 645. A. 811. * A. baronie, III. 640.
B. marquisat, IX. 96. B.
Norogna, III. 355. A D. seigneurie, I. 590. C.
Noroña, I. 600. C. 615. B. 616. D. 630. B. 639.
A. 654. A. 655. B. 674. A. 678. A B. 679. B.
681. A D. 683. C. 690. E. 695. E. 699. C.
700. B.
Noronde, seigneurie, V. 155. E.
Noroy, I. 236. A. II. 61. B. IV. 290. A. VIII.
118. A. 372. E. seigneurie, II. 106. A IV.
640. B. VII. 560. A. 796. A.
Norroy, seigneurie, VIII. 715. D.
Norry, I. 113. B. VI. 284. C. 323. B. IX. 470.
B. seigneurie, VI. 323. B. 474. B.
Nort, VIII. 703. B.
Nottfolck, comté, II. 783. E. duché, VII. 88.
C. 90. A.
NORTHAMPTON, (Comtes de) VI. 268. Voyez
Bouteillers.
Northampton, vicomté, II. 485. E. comté, II.
876. D. VI. 268. C.
Northimpton, comté, II. 470. E.
Northombre, comté, III. 54. C.
Northout, seigneurie, V. 647. A. baronie, V.
647. B.
Northumberland, comté, VII. 89. A. duché, V.
623. A. IX. 409. E.
Norvege, royaume, II. 849. B.
Norville, comté, VII. 476. E.
Norwich, VII. 836. D.
Nory, IV. 532. A.
des Nos, V. 406. E. 409. B. 424. A. IX. 460.
A. seigneurie, V. 408. A.
Nosieres, seigneurie, IV. 895. E.
Nossay de la Forge, VIII. 487. C.
Nossey, IX. 176. D.
Nostemberck, VIII. 527. C.
des Nots, VI. 194. A. seigneurie, VII. 505. E.
Nottinghan, seigneurie, II. 472. D. comté, III.
80. B.
Notz, seigneurie, II. 417. C D E. 418. A. 419.
A.
Nouailly, VII. 202. E. seigneurie, II. 456. C.
IV. 535. A. VII. 195. D. 196. A. la Ferriere,
IV. 41. C.
NOUANS, (Seigneurs de) IV. 449. & suiv. Voyez
la Rochefoucaud.
Nouans, seigneurie, IV. 448. C. VII. 20. A. 385.
A. VIII. 71. A.

la Novataye, seigneurie, VII. 572. E.
Novaire, duché, VII. 291. E.
Nouastro, seigneurie, IV. 60. E. 61. B. 424. C.
425. A. V. 8. B. 637. A. VII. 172. A. VIII.
98. B. 571. C E. 572. D. comté, IV. 70. B.
Novatelle, seigneurie, IV. 539. A.
la Noüe, VI. 121. A. VII. 417. A. IX. 138. C.
seigneurie, II. 125. D. 450. A. III. 636. E. VI.
551. A. VIII. 83. C. 706. D.
la petite Noüe, seigneurie, II. 455. B.
Nouée, seigneurie, IV. 51. D.
Nouel, VII. 135. A.
la Novel de Presle, seigneurie, VIII. 425. A.
Novelle, seigneurie, II. 49. E.
des Noües, VI. 183. C. seigneurie, II. 453. B.
IV. 473. A B. de la Tubatiere, IV. 750. C. IX.
229. B.
Novesan, seigneurie, VIII. 423. C.
Noueux, seigneurie, VI. 335. D.
Nougeret, seigneurie, IV. 659. E.
Novidalle, IV. 323. G.
Noviant, VI. 483. A. VIII. 138. D. 344. A.
seigneurie, I. 437. C. II. 764. C. VI. 116. A.
VII. 740. D. VIII. 341. C. 343. E. 344. A. 729.
E.
Noville, seigneurie, V. 106. F.
NOVION, (Seigneurs de) IV. 766. & suiv. Voyez
Potier.
Novion, seigneurie, I. 235. E. III. 430. B. IV.
215. B D. 216. B. VI. 97. B. 478. B. VIII. 98.
A. 356. C. 688. A.
Noulette, seigneurie, V. 132. A. 135. D.
Novoa, seigneurie, I. 699. A.
Nourey, seigneurie, VI. 643. B.
Nouriou, seigneurie, VI. 421. B.
Nouroy le Veneur, seigneurie, II. 55. D.
Nourron, seigneurie, II. 228. E.
Noutry. VIII. 328. E. 329. A.
Noury, VI. 254. D.
NOUVEAU, Jerôme, grand-tresorier des ordres, IX.
324. A.
Nouvillier, seigneurie, VII. 890. C.
Nouvion, VIII. 627. A. seigneurie, VIII. 87. D.
Nouyers, seigneurie, VI. 675. A.
Nouyon, VI. 348. C.
Nouzieres, seigneurie, II. 376. D.
Noyan, seigneurie, VII. 508. D. comté, VII. 340.
D.
Noyant, III. 587. A.
Noyelle, VI. 708. C. VII. 566. C. seigneurie, I.
255. E. V. 132. A. comté, I. 264. B. le Go-
dant, seigneurie, VIII. 736. A. Wyon, seigneu-
rie, VIII. 75. B.
Noyelles, III. 596. D. IV. 459. B. 597. A. V.
647. B. 836. C. VI. 718. D. 740. C. 802. A.
VII. 21. E. 747. C. 832. B D. VIII. 81. C.
154. E. 633. C. 657. C. 739. A. seigneurie,
III. 300. B. 594. D. V. 81. B. 90. D E. 841.
B. VI. 173. B. 177. A. 719. A. 804. C. VIII.
75. B. 79. D. 660. A. les Annequin, seigneurie,
VI. 174. D. sur Mer, seigneurie, IV. 304. D
E. 305. B. V. 135. D F. 136. D. 137. C. ba-
ronie, V. 138. D.
Noyellette, seigneurie, V. 132. A. 135. D.
Noyen, seigneurie, VII. 49. B.
Noyer, V. 615. D. seigneurie, I. 444. B.
NOYERS, Miles, maréchal de France, VI. 648.
D. Miles VI. du nom, porte-oriflamme, VIII.
201. B. bouteiller de France, VIII. 521. A.
NOYERS, (Genealogie de la maison de) VI. 650. &
suivantes.
Noyers, I. 124. A. 219. B. 352. B C. 511. A.
550. D. II. 199. D. IV. 180. A. 196. C. 652.

D. 655. B. 669. A. 821. C. 822. B. 831. D.
836. B C. V. 227. B. 510. B. VI. 66. E. 69.
C. 106. D. 109. B. 110. A. 170. B. 304. D.
670. B. 695. C. VII. 33. D. 36. D. 800. A.
VIII. 424. D. 427. B. 428. B. 471. C. 719.
A. seigneurie, II. 132. E. 343. D. 761. C. IV.
388. C. 821. D. 825. D. VI. 109. B. 139. D.
650. A. 695. C VII. 45. A. 149. C. 651. C.
813. A. VIII. 71. D. 201. A. 202. B. 832. B.
934. D. comté, III. 589. C. IV. 270. A. de
l'Orme, VII. 873. D.
NOYON, évêché, comté-pairie, II. 389. & suiv.
Pieces concernant cet évêché, II. 459. & suiv.
Noyon, seigneurie, III. 60. B. VI. 625. D. sur
Andelle, seigneurie, II. 408. E. 409. D. III.
304. E. 620. A IV. 54. B. 55. E. 56. C. V.
128. D. VII. 856. B
la Noyraye, seigneurie, VI. 120. B. 588. D. 589.
B. VII. 694. D.
Noyset, VIII. 238. B.
Nozay, seigneurie, II. 107. A. VI. 158. A. 334.
C. 762. B. 764. B. la Ville, seigneurie, VII.
870. E.
Nozerolles, seigneurie, IV. 289. A. V. 340. C.
VII. 133. C. 136. B. 139. B. 496. A. IX.
449. * B.
Nozeroy, seigneurie, VIII. 424. B.
Nozieres, seigneurie, II. 438. A. IV. 793. E. Voyez
Nosieres.
Nuaillé, seigneurie, VII. 616. B. comté, IV.
445. D. VIII. 755. D.
Nubieres, seigneurie, IV. 897. B. VIII. 818. D.
S. Nudey, seigneurie, V. 415. A.
Nucil en Limosin, seigneurie, V. 148. D.
Nueilly, seigneurie, II. 343. D. VIII. 428. A.
Nuez, seigneurie, I. 645. A.
Nugno de Potez-Enriquez de Guzman, V. 528.
A.
Nugno de Portugal Colomb, V. 166. D.
Nuisement, seigneurie, VI. 444. A.
Nules, seigneurie, V. 525. B.
Nullemant, seigneurie, I. 378. C.
Nully, seigneurie, I. 489. D. 490. B. Saint-Front,
seigneurie, VIII. 656. C.
Nundray, seigneurie, I. 70. D.
Nuñes I. 571. D E. 574. E. Voyez Muños.
Nuñes de Goez, I. 689. D.
Nunez, VI. 163. C.
Nuño Henriquez de Ribera, I. 645. A.
Nuño de Ribera de Villambroja, I. 645. A.
Nupces, VII. 282. E. de Maussan, ibid.
la Nusle, seigneurie, II. 181. D. 184. B.
Nygent, seigneurie, IX. 455. C.
Nyon, seigneurie, VIII. 919. C.

O.

O, François, chevalier du S. Esprit, IX. 91. A.
Jean, chevalier du S. Esprit, IX. 97. B.
O, II. 87. B. IV. 876. A. V. 150. E. VI. 341.
C. VII. 14. A. 438. C. 474. E. 527. D. 747.
C. 852. D. VIII. 586. A. 758. C. 913. D. IX.
89. A B. 282. A. 418. C. 455. B. seigneurie,
VIII. 728. B. IX. 59. A. marquisat, II. 427.
C. IV. 267. D. VI. 566. B. IX. 275. A.
Obbert, V. 241. E.
Obeaux, seigneurie, VII. 827. B.
Oberbruck, seigneurie, IX. 300. B.
Objac, seigneurie, IV. 785. E. 789. C.
Obier, IV. 549. B. VII. 359. A.
Obilly, vicomté, VI. 384. C.
Obisy, seigneurie, V. 831. C.
Obregon, III. 356. D. 357. A.

Obremont,

Obremont, seigneurie, VII. 564. D.
Obreuil, seigneurie, VIII. 270. A.
Obrien de Clare, IX. 319. D.
Obionville, seigneurie, III. 730. D.
Obterre, seigneurie, II. 418. E. *Voyez* Aubeterre.
Oby, seigneurie, III. 599. B.
Occagnes, seigneurie, VII. 570. B.
Occalen, seigneurie, VII. 671. B.
Occoch, V. 90. D. VIII. 34. B. 649. D. 657. C.
Occoich, VII. 561. A. seigneurie, VIII. 250. E.
Ockeampton, seigneurie, VII. 840. D. baronie, VII. 838. B.
Ocle, seigneurie, VII. 830. D.
Ococh, seigneurie, VII. 181. A D. 182. B.
Ocoche, VIII. 79. A.
Ocoich, seigneurie, IV. 367. C.
Ocquerre, seigneurie, IV. 765. C. VI. 557. B.
Octeville, II. 77. A D. 83. B. seigneurie, II. 76. C D E. 78. A.
Odan, seigneurie, VI. 63. C.
O D A R T, *Jacques*, grand pannetier de France, VIII. 671. A. *Jacques*, grand fauconnier de France, VIII. 754. B.
O D A R T (*Genealogie de*) VIII. 671.
Odart, IV. 861. E. VII. 544. D. VIII. 99. B. 571. E. 671. C. 706. C. *de Curfay*, VII. 215. D.
O D E M I R A (*Comtes de*) sortis des ducs de Bragance, I. 654. *& suiv.*
Odemira, comté, I. 641. A B. 663. A. III. 359. A. V. 524. D.
Odier, II. 419. A.
Odrilon, III. 818. C.
Odoard, II. 250. D. IV. 502. D.
Odoart, VII. 856. C.
Odolric ou *Odalric*, chancelier, VI. 245. B.
Odouar, VI. 265. B.
Odrehem, marquisat, VII. 601. D.
Oès, seigneurie, I. 690. E.
Offainville, seigneurie, VIII. 169. A.
S. Offange, VII. 374. C. seigneurie, II. 450. B D.
Offelenson, IX. 336. B.
O F F E M O N T (*Seigneurs de*) VI. 49. *Voyez* Clermont en Beauvoisis.
Offemont, seigneurie, II. 150. D. 764. C. III. 603. E. 621. D. 654. B D. V. 652. D. VI. 49. A. 52. E. 53. A. 158. B. 401. A. 640. D. 661. A. 667. D. 717. D. 745. B. 749. A. VII. 13. A. VIII. 277. A. 279. E. 280. B. 398. A. 527. E. 621. A. 630. C. comté, III. 605. B. 606. D. VI. 538. C. VII. 480. C. *Voyez* Neelle.
Offendelt, III. 909. C
O F F I C I E R S de l'Ordre du S. Esprit, IX. 301.
Offignies, III. 581. A. 587. B. VI. 123. A. seigneurie, VI. 369. D.
Offilenson, VIII. 640. C.
Offrainville, seigneurie, I. 327. A. III. 573. C.
Oger, VII. 726. A. *de Savillan*, IV. 504. C.
Ogeron, II. 454. E.
Ogery, seigneurie, II. 269. C.
Ogevilliers, baronie, III. 915. C.
Ogier, V. 362. C.
Ogierville, seigneurie, V. 247. C.
Ogievilliers, VIII. 353. D.
Ogilvy de Finlater, IX. 414. B.
Ogimont, seigneurie, IV. 60. E. V. 836. D. VI. 748. C. VII. 166. B. VIII. 80. A B C.
Oginvillier, seigneurie, V. 643. B.
Ogle, VII. 89. E. baronie, *ibid.*
Ogletorp, IV. 65. C.
Ognano, duché, III. 490. C. VIII. 325. E.

Ognas, V. 525. B. 527. D.
Ognate, comté, VII. 118. A.
Ognies, I. 441. C. II. 87. D. III. 610. D. 613. A. 906. D. 909. A. IV. 272. B. V. 239. E. 647. A. 657. A. 841. A. VI. 174. A. 175. D. 711. D. 712. C. VII. 828. E. seigneurie, III. 596. C. 609. E. 906. A. 917. B. V. 647. A. VI. 711. D. comté, V. 770. A. *Channes*, II. 662. C. V. 657. A B. *Voyez* Ongnies.
Ognon, seigneurie, VIII. 524. D.
Oherville. *Voyez* Herville.
Oicuin, seigneurie, VIII. 86. B.
Oiffac, seigneurie, IV. 473. C.
Oignans, seigneurie, VII. 811. A.
Oignies. *Voyez* Ognies.
Oignon, seigneurie, III. 615. A. V. 232. B. VI. 129. D. VIII. 850. C. 885. C. baronie, VIII. 851. B.
Oilençon, II. 83. E.
Oilly, IV. 361. B.
Oing, seigneurie, II. 456. E. vicomté, II. 457. A B C. comté, IX. 72. A.
Oinval, seigneurie, I. 379. E.
Oinville, IV. 397. D. IX. 168. A. seigneurie, II. 121. C. VIII. 236. B.
Oinzé, seigneurie, VII. 616. C.
Oiran, seigneurie, IV. 192. A.
Oiré, seigneurie, VII. 619. E.
Oirey, IV. 744. B.
Oiron, V. 83. D. 346. A B. 365. A. 617. C. VIII. 101. A. seigneurie, III. 575. A. V. 182. D. 349. B. 607. C. 609. C E. 611. A. baronie, V. 611. C. 612. A.
Oirvau, seigneurie, VII. 511. C. baronie, VII. 168. A.
O I S E (*Barons d'*) V. 286. *Voyez* Brancas.
Oise, seigneurie, II. 242. C. IV. 504. A. V. 277. D. 278. B E. 279. F. 280. A. 286. E. 288. B. baronie, III. 838. D. IV. 600. B. marquisat, V. 289. C.
Oiseau-Mesle, seigneurie, VIII. 917. C.
Oisel, seigneurie, VI. 559. D.
Oiselay, II. 871. C.
Oiselet, II. 765. A. VI. 68. C. 414. D. 415. A. VII. 35. A. 45. E. 643. A E. 808. B. VIII. 355. A. 718. B. seigneurie, IV. 820. C. 836. C. VII. 35. D. 796. D. VIII. 413. A. baronie, IV. 834. A.
Oisery, seigneurie, VI. 259. B. 455. A. VII. 395. E. 710. C. VIII. 99. C. 880. A.
Oisleu, seigneurie, VI. 583. A.
Oisilier, VIII. 693. E. 817. A.
Oislery, seigneurie, VI. 115. C.
Oison, seigneurie, VI. 515. A.
Oisonville, seigneurie, II. 126. E. 423. A. IV. 673. A.
Oissery, seigneurie, III. 573. C.
O I S Y, *Gillet*, louvetier du Roi, VIII. 782. A.
Oisy, II. 209. E. VI. 778. A. seigneurie, I. 432. A. II. 722. C. 846. A B. III. 156. A. 612. A. 727. A. 728. A. IV. 68. C. 214. A. V. 514. C D. 515. A B. VI. 125. A. 226. C. 617. C. 778. A. VIII. 543. D. comté, VIII. 700. C.
Oixant, marquisat, VI. 771. B. 773. D.
sainte Olalila, seigneurie, I. 577. A.
Olans, seigneurie, II. 206. D. 211. B.
Olbreuse, seigneurie, VII. 27. D.
Olé, seigneurie, IX. 447. A.
Oleançon, VII. 574. D.
Olede, seigneurie, III. 919. B.
Olehain, VIII. 651. B. 659. B. seigneurie, VIII. 67. C. 68. C.

Olequin, seigneurie, III. 907. B.

Oleron, marquisat, VII. 513. E.

Olpais, IV. 121. B. VII. 297. D.

Olham, V. 90. F. VII. 181. B. 182. A. seigneurie, VII. 278. E. VIII. 78. C. 696. E. *en Artois*, V. 826. C.

Olier de Bourzeis, VI. 583. A.

Olier de Nointel, IX. 201. A.

la Oliere, IX. 383. A.

Olieres, II. 142. D. seigneurie, VIII. 305. C. baronie, II. 296. C.

OLIERGUES (*Seigneurs d'*) IV. 533. *Voyez* la Tour.

Oliergues, II. 233. D. 400. A. 673. D. VI. 305. B. seigneurie, I. 309. D. 362. A. IV. 526. E. 529. A. 552. A. VI. 321. B. 322. A. VII. 58. B. 61. A. 331. C. 768. A. VIII. 245. B. 317. D. baronie, II. 239. D. comté, IV. 544. A. 545. A.

Olignies, seigneurie, I. 265. C.

Olignon, seigneurie, VIII. 873. C.

Olinville, seigneurie, VII. 61. C.

Oliolis, II. 293. A B.

Olioules, seigneurie, II. 241. D. 243. A. 248. D. 292. A. 297. D. IV. 502. E. baronie, II. 244. C.

Oliphant, IX. 409. B. 414. B.

Olily, IX. 458. A. seigneurie, VI. 483. C. VII. 549. B. VIII. 534. D.

Oliva, comté, I. 655. B. V. 515. B C. 516. A D.

Olivarez, comté, I. 294. A B. V. 529. C. duché, III. 354. D.

l'Olive, seigneurie, VII. 507. B.

Olivença, comté, I. 637. B. 638. A. 664. D. 668. B. 691. D.

Olivet, IX. 88. A. seigneurie, II. 386. B. III. 619. C. 627. B C. 633. A. 634. A. IV. 69. C. 717. B. VI. 443. C. VIII. 729. A.

OLIVIER, *François*, seigneur de Leuville, chancelier de France, VI. 482. B.

OLIVIER (*Genealogie d'*) VI. 483. B.

Olivier, II. 32. E. 441. D. IV. 20. A. 283. C. V. 13. D. 766. A. VI. 194. B. 510. C. 560. C. 566. B. VII. 132. A. 330. C. 494. E. 562. B. 854. E. IX. 451. * A. *de Leuville*, VI. 293. A. VII. 494. E. 573. D. VIII. 793. E. IX. 321. B. *de S. Maur*, IX. 345. A.

Olizy, seigneurie, III. 615. D. 616. A.

Ollainville, seigneurie, IV. 721. C. 765. D. VI. 557. A. IX. 207. B.

Ollandon, VIII. 710. A. baronie, VII. 474. B.

Ollay, VI. 468. D.

Ollée, seigneurie, II. 61. E.

Ollehaim, III. 905. D E.

Olliac, seigneurie, VII. 767. B. de Nointel, VII. 53. E. 260. B.

Ollier, VI. 573. D.

Ollignies, seigneurie, VIII. 30. B. 34. D. 36. A. 37. A.

Ollivier, VIII. 810. D.

Ollo, comté, I. 600. C.

l'Olmie, seigneurie, VII. 699. B.

OLONDE (*Seigneurs de*) V. 142. *& suiv. Voyez* Harcourt.

Olonde, V. 140. D. 142. C. seigneurie, V. 132. B. VI. 691. B. VII. 399. C. baronie, V. 142. D. IX. 454. C.

OLONNE (*Comtes d'*) IV. 174. *& suiv. Voyez* la Tremoille.

Olonne, seigneurie, III. 737. B. VI. 508. B. baronie, IV. 174. A. vicomté, IV. 178. B. comté, II. 432. A. III 591. B. 645. D.

Ombeque, seigneurie, V. 240. D.

Ombret, seigneurie, III. 830. D.

Omenescourt, seigneurie, VI. 708. C.

Omer, vicomté, VII. 435. E.

S. Omer, II. 594. A. 768. E. 769. B. III. 598. A. 615. A. 908. B. 916. A. 917. B. V. 648. A. 657. A. 826. A. VI. 167. D. 704. B 705. B. 713. B. 779. C D. VII. 100. A. 831. D. 832. A. VIII. 77. B. 401. D. 542. B. seigneurie, I. 381. A. *Moerbeke*, III. 565. D.

Omerville, seigneurie, VIII. 784. C. 888. B.

Omeyrac, seigneurie, IV. 441. A.

Omicourt, seigneurie, V. 239. D. 241. E.

Omlede, seigneurie, II. 767. B.

Omni-Sancti, V. 462. D. *Mancini de Lucii*, V. 463. A.

Oms, III. 394. C.

Oñano, marquisat, IX. 130. A. Duché, IX. 210. A.

Oñate, comté, I. 672. D. III. 355. B. VIII. 37. E. IX. 295. B.

Onay, vicomté, VIII. 332. B.

Oncieres, seigneurie, IV. 365. B.

Ondeauville, seigneurie, IV. 424. E. VIII. 87. C. 98. A.

Ondelainville, seigneurie, IV. 405. B.

Oneil, I. 257. A.

Oneille, marquisat, IV. 493. C.

Ongenies, VIII. 156. A.

Onglé, seigneurie, VII. 508. A.

Onglée, seigneurie, VI. 545. A.

Ongney, seigneurie, II. 211. E.

ONGNIES, *Charles*, chevalier du S. Esprit, IX. 100. B. *Louis*, chevalier du S. Esprit, IX. 121. B.

Ongnies, IV. 290. D. 323. D. VI. 406. B. 719. D. VII. 182. D. 549. C. 741. D. VIII. 36. A. 77. D. 82. B. 834. B. 558. A. 642. A. 646. C. 924. B. seigneurie, VIII. 81. B. *Voyez* Ognies.

Onhaz, seigneurie, II. 363. E.

Onveville, seigneurie, VIII. 19. D. 21. B D.

Onville, seigneurie, VIII. 283. B.

ONZ-EN-BRAY (*Seigneurs de*) VI. 660. *Voyez* Beaumont.

Onz en-Bray, seigneurie, II. 381. E. IV. 28. C D E. V. 83. A. VI. 32. D. 51. B. 400. C. 659. B. VII. 110. E. VIII. 97. A.

Onzain, seigneurie, VII. 123. C. 141. B. comté, VI. 507. A. VIII. 667. A. 943. D.

Onzerceaux, seigneurie, IV. 40. C.

Oosterhout, II. 796. E.

Oostfrise, I. 266. A. II. 211. E. VII. 52. D. VIII. 26. D. 44. B. comté, IX. 208. B.

Opalinski. *Voyez* Bnin.

OPPEDE (*Barons & Marquis d'*) VIII. 300. *Voyez* Forbin.

Oppede, seigneurie, II. 244. A. baronie, II. 295. B. marquisat, VIII. 302. A.

Oprebaix, seigneurie, I. 361. B.

Opsonville, seigneurie, VI. 532. D.

Oradour, IV. 183. B. 548. C. VII. 66. E. seigneurie, IV. 687. D. comté, I. 377. C. *Saint Gervaly*, VIII. 593. *** E. *Voyez* Bermondet.

Oraison, II. 142. E. 296. D. V. 281. E. VII. 153. D. 926. C. VIII. 198. A. IX. 86. B. 93. C. baronie, III. 387. C. marquisat, VIII. 301. B.

Oran, seigneurie, I. 655. B. V. 524. D. marquisat, I. 293. D. 675. A. V. 528. C.

ORANGE (*Princes d'*) VIII. 420. *Voyez* Chalon.

Orange, VI. 188. C. seigneurie, VII. 585. B. principauté, I. 262. B. 308. B. 336. B. 355. E. 463. C. 612. A. II. 20. A. 158. E. 163. A C. 188. D. 240. B E. 689. D. III. 424.

A. 729. B. IV. 171. A. 180. B. 539. B.
863. D. V. 641. C. VI. 63. A. VII. 153. B.
800. E. VIII. 311. A. 412. D. 638. B. 691. A.
ORBE (*Seigneurs d'*) IV. 455. *& suiv. Voyez*
la Rochefoucaud.
Orbe, seigneurie, VI. 126. A. VIII. 350. B. 411. E.
Orbec, IV. 229. A. VI. 358. C. 644. D. 645. B.
VII. 477. B. 561. D. seigneurie, II. 480. B
D. V. 159. D. VII. 556. E. baronie, III. 648.
C. VI. 645. B. 720. B. VII. 435. B. VIII. 265.
B. 889. C. vicomté, I. 161. C. 262. C D. VII.
477. C. comté, VII. 291. D. VIII. 180. B.
marquisat, IV. 471. A.
Orbessan, II. 653. D. III. 361. C. 855. A. IV.
305. D. 306. A. VII. 293. D. 924. B. VIII.
474. A. seigneurie, VII. 216. A.
Orbeville, seigneurie, IV. 526. A.
Orbiex, V. 12. F.
Orbigny, seigneurie, VI. 543. D.
Orcan, seigneurie, VIII. 857. A.
Orcau, baronie, V. 843. D E.
Orcelore, VIII. 941. B.
Orcet, baronie, VII. 135. C.
Orchampton, baronie, II. 491. A E. 493. A.
comté, II. 877. D.
Orcheghem, seigneurie, III. 628. A.
Orches, seigneurie, IV. 767. D.
ORCHEUX (*Seigneurs de*) VI. 385. *Voyez*
Marle.
Orcheux, seigneurie, I. 501. E. VI. 385. C.
Orchies, seigneurie, IV. 398. A.
Orchimont, seigneurie, II. 751. D.
Orcisses, VII. 230. A.
Ordan, seigneurie, II. 617. E. 628. A. 671. C.
III. 430. D. 434. D. VI. 221. B.
ORDENGE (*Seigneurs d'*) II. 336. B.
Ordre, VIII. 659. B.
Ordres, baronie, V. 834. E.
Orduno, seigneurie, I. 582. C.
Orel, seigneurie, II. 187. A.
Oreille, II. 333. B. 334. A.
Orellan, seigneurie, I. 692. D.
Orellana, marquisat, I. 680. B.
Orenge, seigneurie, II. 408. B.
S. Orens, seigneurie, V. 190. C. VII. 450. E.
Oreul, VIII. 83. C.
Orey, VIII. 874. C.
Orfeuil, seigneurie, V. 491. B. 493. C D E.
Orfeuille, seigneurie, VIII. 493. D.
l'Orfevre, VI. 406. A. 784. D. VII. 370. A.
433. E. 438. C. VIII. 492. D. 792. A.
Orfons, seigneurie, VIII. 313. A B.
Orge, VIII. 314. C. seigneurie, IX. 89. B.
Orgelet, seigneurie, VII. 44. D. VIII. 424. B.
ORGEMONT, *Pierre*, chancelier de France, VI.
336. D.
Orgemont, II. 118. B C. 119. C E. 124. C.
127. B. 428. E. III. 574. E. 580. D. 601. A.
IV. 401. C. 874. B. V. 10. E. 11. A D. 608.
C. VII. 337. C. 407. A. 795. C. VIII. 13.
B. 93. C. 775. A. IX. 98. A.
Orgeres, seigneurie, IV. 684. A C. 685. A. 731.
C. 749. A. VI. 537. A. VII. 571. A.
Orgereux, seigneurie, IV. 410 A. VIII. 777. C.
Orgeru, seigneurie, II. 119. D.
Orgerus, seigneurie, VI. 293. C.
Orges, seigneurie, VII. 48. B.
Orgessin, VIII. 887. A.
Orgeval, seigneurie, VII. 544. D.
Orgeuil, marquisat, IV. 137. A.
Orgeville, seigneurie, VII. 86. A. VIII. 795. D.
811. * D.
Orgimont, VIII. 32. B. seigneurie, VIII. 73. B.

Orgilles, VI. 358. B.
Orglandes , II. 36. D. VII. 632. A. baronie,
V. 391. C. VII. 680. C.
Orgon, III. 501. C. comté, VIII. 451. E.
l'Orgue, VII. 201. E.
Orgul de Langlée, baronie, IX. 82. A.
Orjault, VIII. 716. D.
Orienville, seigneurie, VII. 889. G. 891. B.
Orieux , seigneurie, IV. 60. C.
Origné, seigneurie, VI. 190. A.
ORIGNY (*Seigneurs d'*) V. 23. *Voyez* Sainte-
Maure.
Origny, II. 199. A. 320. D. 775. A. VI. 571.
C. 572. B. VIII. 914. C. seigneurie, V. 23. D E.
606. E. VI. 530. C. VII. 255. C. VIII. 537. C.
Orillac, VIII. 661. D.
Oringian, VII. 688. E.
Oriocourt, seigneurie, VIII. 355. C.
Oriol, baronie , V. 105. E.
ORIOLLE, *Pierre*, seigneur de Loiré, chance-
lier de France, VI. 411. D.
Orival, seigneurie, IX. 396. D.
Oriville, VIII. 584. D.
ORKNEY , comté, IX. 404. C.
Orlac, seigneurie, III. 838. A.
Oilancourt, seigneurie, VI. 803. B.
Orlat, VI. 453. C. seigneurie, IX. 424. D.
ORLEANS, duché-pairie, érigé en 1344. pour
PHILIPPES de France, III. 175. *Pieces concer-*
nant cette erection, III. 176. *& suiv.* duché-
pairie donné en appanage à *Gaston Jean-Baptiste*
de France en 1626. IV. 340. nouvelle érec-
tion , en 1661. pour PHILIPPES de France
frere du Roy Louis XIV. IV. 578.
ORLEANS, *Louis* batard , évêque & comte de
Beauvais , pair de France, II. 276. C. *Jean-*
Philippes, grand-prieur, general des galeres de
France, VII. 940. A. *Louis* , colonel general
de l'infanterie Françoise, VIII. 220. B. *Henry*,
chambrier de France, VIII. 430. C. *Charles*,
chambrier de France, VIII. 430. B. *François*,
grand-chambellan de France , VIII. 450. A.
François II. grand-chambellan de France, VIII.
453. B. *Louis* I. du nom, grand-chambellan de
France, VIII. 454. A. *Charles* , grand-chambellan
de France, VIII. 454. B. *Louis* II. du nom ,
grand-chambellan de France , VIII. 454. C.
François III. du nom , grand-chambellan de
France, VIII. 454. D. *Jean*, bâtard, grand chambellan de France, VIII. 447. B. *Payen* , Bouteiller
de France , VIII. 515. B. *Gaston-Jean-Baptiste*,
chevalier du S. Esprit , IX. 134. B. *Henry*,
chevalier du S. Esprit IX. 159. B. *Philippes*,
chevalier du S. Esprit, IX. 181. B. *autre Phi-*
lippes , chevalier du S. Esprit, IX. 213. A.
Louis , chevalier du S. Esprit , IX. 261. B.
LONGUEVILLE, *Henry, chevalier* du S. Esprit ,
IX. 106. C. S. PAUL, *François* , chevalier du
S. Esprit, IX. 107. A.
Orleans, I. 97. E. 119. E. 179. B. 180. C. 185.
A. 191. D. 122. D. 116. A. 131. E. 133. B.
134. E. 137. E. 147. A E. 177. A. 185. C D.
186. B. 187. C. 189. A. 205. A. 217. A.
273. D. 277. C. 313. B. 358. B. 406. B.
461. C. II. 215. C. 253. C. III. 310. C. 318.
C D. 376. B. 442. A. 837. B. IV. 57. A. 471.
C. 707. A. V. 137. F. 138. E. 142. A. 386.
D. VI. 153. D. 216. B. 262. C. 266. D. 638.
D. 639. B. VII. 375. C. 607. E. 787. C. 846.
C. 897. B. VIII. 120. B. 221. A. 413. C.
535. D. 868. C. IX. 379. A. vicomté , VI.
4. C. comté, I. 33. D. 59. A. II. 465. D.
duché, I. 104. A. 114. D. 121. D. 126. A.

131. E. 133. B. 134. E. 137. E. 147. A E. 177. A. 185. CD. 186. B. 187. C. 189. A. 205. A. 217. A. 273. D. 277. C. 313. B. 358. B. 406. B. 462. C. II. 25. A D E. 26. E. 273. D. 276. C. 847. AB. III. 377. B. 421. A. 489. D. IV. 57. A. 531. B. V. 137. F. VIII. 220. D. royaume, 1. 4. E. Angoulême, II. 229. D. IV. 168. E. Longueville, I. 275. B. 327. D. 328. E. 335. A. 338. A. 351. A. III. 318. D. 425. C. 430. B. 485. D. 503. B. 512. C. 514. C. 713. B. 793. C. 897. A. IV. 69. E. VII. 226. D. 444. E. VIII. 173. C. Montpensier, I. 192. D. S. Paul, II. 234. E. Rothelin, I. 226. E. IV. 222. B. IX. 59. B. 106. A.

Orleans de la Cour de Ligny, IV. 728. C.

Orlencourt, seigneurie, VI. 795. B.

Orley, VII. 677. E.

Orlionach, VIII. 167. A.

Orly, seigneurie, III. 654. B C. VI. 51. C. 114. C.

l'ORME (Seigneurs de) VI. 61. Voyez Mello.

l'Orme, seigneurie, IV. 180. B. 863. D. VI. 61. C. 135. C. VII. 234. C. 496. B. 735. C. VIII. 425. A. IX. 474. D. baronie, V. 13. A. VIII. 717. B. IX. 292. B.

Ormeaux, seigneurie, VII. 823. B.

Ormegnies, seigneurie, VIII. 36. A.

Ormelles, seigneurie, IV. 326. A. 855. G. V. 487. D.

Ormes, I. 275. E. II. 53. E. 54. B. VI. 466. B. seigneurie, II. 62. B. IV. 161. A. VII. 140. B. baronie, II. 63. B. S. Martin, baronie, VI. 604. C.

Ormesson, VIII. 809. * D. seigneurie, VIII. 264. B D.

Ormeville, seigneurie, VIII. 238. A.

Ormond, comté, VII. 88. C.

Ormoi, seigneurie, II. 67. A. 81. C. IV. 826. A. 830. B. VI. 538. C. 676. A. VII. 892. A. VIII. 552. D. 715. A. 858. B. 904. B. IX. 324. B. comté, V. 391. C. le Dauvien, seigneurie, IX. 397. A.

Ornacieux, marquisat, VIII. 921. B.

Ornaison, VII. 198. D. Chamarande, V. 153. E.

ORNANO, Alfonse, maréchal de France, VII. 391. A. Jean-Baptiste, maréchal de France, VII. 471. A. Alfonse, chevalier du S. Esprit, IX. 118. B. Jean-Baptiste, chevalier du saint Esprit, IX. 141. C.

ORNANO (Genealogie d') VII. 391. Voyez Corse.

Ornano, I. 641. C. II. 457. D. III. 496. A C. V. 288. D. VI. 391. C. 452. B. 774. B. IX. 86. B. 232. D. seigneurie, VII. 391. C. marquisat, VII. 407. A.

Orne, VII. 466. B. seigneurie, IV. 825. A. baronie, IV. 837. C. IX. 163. A. marquisat, VII. 159. A. 712. E.

Ornelas, I. 655. B.

ORNESAN, Bertrand, general des galeres, VII. 924. A.

ORNESAN (Genealogie de la maison de) VII. 924.

Ornesan, I. 368. E. II. 178. B C. 231. D. 235. B. 623. A. 649. E. 657. A. 663. B. IV. 304. B. 615. B. 790. D. V. 186. C. 757. A. VII. 268. B. 276. A. 334. C. 406. C. 773. D. 775. B. 924. B. IX. 398. B. seigneurie, IV. 126. A. B. 141. B. 433. B. 472. A. 790. B. V. 735. A. VII. 305. A. 323. A. VIII. 594. **** D. d'Aurade, VII. 406. A. IX. 227. B. S. Blancard, IV. 664. C. IX. 93. C.

Onhac, IV. 785. B D.

Oroczo, III. 356. A.

OROPESA (Comtes d') sortis des Ducs de Bragance, I. 626. & suiv.

Oropesa, V. 530. A B. comté, IX. 297. A. marquisat, V. 529. A.

Orose, baronie, VII. 202. B. VIII. 499. A.

Orotier, seigneurie, VIII. 693. A. le Vougis, seigneurie, VIII. 399. D.

Orpe, IV. 171. A.

Orpiere, seigneurie, II. 21. A. VIII. 423. C.

Orquainville, seigneurie, VIII. 25. E.

Orry, VII. 505. B. seigneurie, VI. 759. A.

Orsan, II. 230. D. IV. 876. E. IX. 98. C. 99. B. seigneurie, II. 251. B.

Orsans, VII. 345. B C. seigneurie, II. 656. C.

Orsay, seigneurie, VI. 286. B. 433. D.

S. ORSE EN GUYENNE (branche des Seigneurs de) VII. 353. Voyez Biron & Gontaut.

sainte Orse, seigneurie, IV. 144. B C. VII. 334. D. 336. B. 340. A. 348. C. 354. C.

Orsec, seigneurie, IV. 524. A.

l'ORSIGNOL (Seigneurs de) VIII. 652. (suite des Seigneurs de) VIII. 656. Voyez Mailly.

l'Orsignol, seigneurie, VIII. 523. C. 628. D. 632. C. 652. C. 656. B.

Orsini, V. 464. D.

Orson, seigneurie, VIII. 646. C.

Orsonville, seigneurie, IX. 354. B.

Orsonvilliers, V. 84. A. 617. C.

Ortay, seigneurie, VIII. 340. D.

Orte, seigneurie, V. 141. E.

Ortegon, I. 647. B.

Ortes, seigneurie, II. 177. C.

Ortey, seigneurie, II. 65. B.

Ortez, vicomté, III. 348. E. 392. C. de Zuniga, IX. 378. B.

Orthe, vicomté, VII. 267. D.

Orthez, vicomté, IV. 60. E. V. 178. B.

Ortillon, IV. 830. B.

Ortis de Žuniga, I. 288. D.

Ortyes, seigneurie, V. 496. C. VI. 388. B.

ORVAL (Comtes & Ducs d') IV. 210. Voyez Bethune (Seigneurs d') VI. 217. Voyez Albret. |

Orval, II. 229. A. seigneurie, I. 253. CD. II. 856. D. 857. B. 858. D. III. 380. A. 450. D E. 451. B. 737. B. IV. 217. D. 529. D. V. 607. A. VI. 211. C. 213. B. 217. B. VII. 142. B. 168. E. comté, VIII. 810. ** A. duché, IV. 473. A.

Orves, seigneurie, II. 257. A. 295. D.

ORVILLE, (Seigneurs d') VI. 264. Voyez Bouteillers.

Orville, seigneurie, II. 118. D. III. 619. D. IV. 597. B. VI. 265. A. VIII. 883. C. marquisat, VII. 35. D. 433. A.

Orvillé, seigneurie, IV. 398. B.

ORVILLIERS, (Seigneurs d') II. 385. & suiv.

Orvilliers, seigneurie, II. 384. D. III. 914. D. VII. 479. A. VIII. 524. D.

Ory, seigneurie, V. 748. B.

Orze, seigneurie, V. 524. A.

Osber de Brucheville, V. 140. E.

Osmond, VII. 570. D. 575. A.

Osmont, III. 645. C.

Osmonville, seigneurie, VIII. 96. B.

Osnay, VII. 654. C. 655. C.

Osny, seigneurie, VII. 9. A.

Osorio, I. 293. E. 613. A. 630. A. 685. A D. III. 352. E. Voyez Tolede-Osorio.

Osorno. Voyez Manrique.

Ossainville, seigneurie, IV. 847. C. VI. 392. C.

Ossandon, VII. 409. D.

Ossay, seigneurie, V. 495. A.

Ossencourt, I. 444. A.

Ossera,

Offera, marquifat, I. 688. A.

Offone, comté. III. 350. A. duché, I. 620. 635. A. 669. C. III. 355. C. IX. 289. B. 297. A. Voyez Tellez.

Offonvilliers, III. 587. B. IV. 166. A. VII. 788. C. feigneurie, VIII. 369. A.

Offun, II. 646. D. VII. 604. E. Voyez Auffun.

Oftel, feigneurie, II. 504. B. VI. 555. D. vicomte, II. 503. D. VI. 678. B.

Oftenhove, VIII. 83. B.

Ofterel, VII. 801. D. VIII. 83. C.

Ofticux, feigneurie, VII. 643. C.

Oftove, V. 82. B. VIII. 659. D. feigneurie, III. 920. A. VIII. 155. C.

Oftrel, IV. 870. B. V. 80. C. 240. D. VII. 834. A. VIII. 635. E. 659. D.

Oftrevant, feigneurie, II. 335. D. comté, I. 89. A. 114. C. 249. D. 416. C. 534. B. II. 722. B. 725. E. 793. E. 774. E. 775. A. 776. A. 778. C. 783. B. III. 199. D. VII. 105. D.

OSTROGOTS, (Rois des) I. 4. B. 16. A.

Oftrohoue, feigneurie, V. 851. B.

Oftun, VII. 3. B.

Othes, feigneurie, VI. 351. A.

Othon, IV. 459. D.

Otizel, feigneurie, III. 908. D.

Ottabiano, feigneurie, VI. 493. B. 494. B. 495. D. VII. 116. C.

Ottelinguen, II. 279. C.

Otterghen, feigneurie, II. 741. B.

Ortignies, feigneurie, III. 907. B.

Ottoboni, VIII. 291. E.

Ottrepe, feigneurie, II. 334. E.

Ovan, feigneurie, VII. 741. B.

S. Ouant, comté, VIII. 487. B.

Ouarty, IV. 12. B. feigneurie, VI. 286. A. 288. A.

Ouarville, feigneurie, IV. 712. B. VI. 282. B. VII. 505. D.

Ouchain, VIII. 697. D.

Ouches, feigneurie, VIII. 134. A. 749. A.

Ouchies, vicomté, VIII. 656. C.

OUCHY, (Vicomtes d') VI. 148. & fuiv. Voyez Conflans.

Ouchy, vicomté, VI. 146. B. 148. B. 407. D. VII. 741. D.

Oucques, feigneurie, IV. 35. B. VII. 437. A.

Oudale, feigneurie, VII. 875. C.

Oudard, II. 45. A.

Oudart du Biez, IX. 203. C.

Oudelande, feigneurie, VII. 831. A.

Oudenarde, II. 334. B. 733. E. feigneurie, II. 503. A. 756. A. 776. A.

Oudenens en Caftre, feigneurie, III. 596. B.

Oudeuil-le-Chaftel, feigneurie, VIII. 746. E. 747. C.

Oudeville, feigneurie, V. 106. E.

Oudon, feigneurie, VII. 17. E.

Ovedhan, VII. 767. B.

Saint Oüen, chancelier de France, VI. 239. B.

S. Oüen, V. 144. D. VI. 295. B. feigneurie, I. 444. C. IV. 773. C. 774. A. V. 139. D. 140. A. 142. E. 144. A. VI. 599. C. VII. 875. C. VIII. 26. B. 162. D. 504. D. baronie, V. 140. C E F. 142. C D. du Breuil, feigneurie, VIII. 812. B.

Overkerque, principauté, VIII. 38. A.

Overffche, feigneurie, II. 798. D.

Ouge, feigneurie, VIII. 852. E.

Ougney, II. 212. D.

Ouhoas, feigneurie, VII. 860. A.

Ouille, feigneurie, IV. 408. C. 409. B. 410. A.

Ovilliers, feigneurie, VI. 477. D.

S. Oüin, feigneurie, III. 771. E.

Oulches, feigneurie, VII. 195. E. 201. E.

Oulchy-le-Chaftel, vicomté, V. 829. A.

Oulens, feigneurie, II. 386. D.

OULMES, (Seigneurs d') VIII. 767. Voyez Vivonne.

Oulmes, VI. 118. E. feigneurie, IV. 562. A. VII. 25. B. VIII. 763. B. 766. B.

Oulon, feigneurie, IV. 683. C.

Oultre, II. 741. A. la Voye, IV. 387. C.

Ourceau, VII. 510. C.

Ourchegem, feigneurie, III. 628. A.

Ourches, feigneurie, II. 188. B. 246. D.

Ourem, feigneurie, I. 582. B. comté, I. 390. B. 614. A. 619. D. 664. A.

Ourges, feigneurie, III. 613. B.

Ouroüer, comté, IV. 375. A.

S. Ours, IV. 143. A. VII. 324. C.

Ourfel, IX. 363. C.

Ouyton, feigneurie, VIII. 697. D.

Oufchamps, IV. 745. C. 746. B C D. 747. D. 748. C. 749. A. 750. A. feigneurie, VIII. 720. B.

Ouffiere, feigneurie, II. 311. C.

Outre, feigneurie, II. 209. E. baronie, II. 210. B D. 211. A. VII. 156. B.

Outrebois, feigneurie, VI. 781. A. VIII. 653. B.

Outrelavoye, VII. 512. E.

Outreleau, III. 643. D. VI. 720. D. feigneurie, VII. 834. A.

Outremaincourt, feigneurie, VII. 182. C.

Outremepuis, V. 93. D.

Outre-Meufe, feigneurie, I. 252. E.

Outre-Saône, comté, VIII. 409. B.

Outrevoifin-feigneurie, IV. 402. C. 403. D. 405. A.

Outtigny, feigneurie, IV. 840. D.

Ouvert-lez-Baffée, feigneurie, VIII. 633. B.

Ouville, VI. 369. A. VIII. 95. A. feigneurie, V. 125. E. VI. 375. C.

Owringhem, feigneurie, V. 835. B. 835. A E.

S. Oüyn, VIII. 642. D. feigneurie, VI. 791. A. baronie, VI. 796. C.

Ouyneau, III. 89. B.

Ouzereaux, feigneurie, VI. 428. C.

Ouzonville, feigneurie, VII. 566. B.

Ouzouer, feigneurie, IV. 707. E. 710. B. 711. C. 715. C. le Breuil, feigneurie, IV. 709. B.

Ox, feigneurie, VIII. 474. B.

Oxford, comté, II 490. E. VI. 28. C. VII. 838. C. VIII. 545. D.

Oye, feigneurie, VIII. 33. A.

Oyelbruge, VIII. 45. E.

Oyembrughe, I. 465. D. Duras, I. 264. A. 265. D.

S. Oyen, II. 124. A. feigneurie, II. 128. A.

Oyenbrugghe, feigneurie, VIII. 46. B.

Oyron, III. 89. D.

Oyfel, feigneurie, IV. 334. E.

Oyfonville, feigneurie I. 495. A. VI. 431. C. marquifat, VI. 431. D.

Oyffery, feigneurie, V. 160. D.

Oytrehun, feigneurie, VI. 690. C.

Oza, feigneurie, III. 354. C.

Ozane, VIII. 137. E.

Ozekarzowice, IX. 283. A.

Ozillac, feigneurie, IV. 442. C. V. 16. E. 768. D. VII. 17. E. 457. B. 860. E. marquifat, V. 17. A. VII. 458. E.

Ozon, feigneurie, IV. 309. A. VI. 571. C. 584. C. Voyez Auzon.

Ozoüer-le-Vougis, feigneurie, VII. 432. C.

P

PACE', seigneurie, I. 425. B. III. 582. B.
Pach, VIII. 643. E.
Pacheco, *Don Juan Francesco*, nommé chevalier du S. Esprit, IX. 296. D.
Pacheco, I. 619. C. 688. B 690. C. III. 353. B. *d'Arragon-Velasco*, I. 628. A. *d'Ascalona*, VII. 153. E. *Gomez-de-Sandoval-Giron*, I. 628. B.
Pacy, (*Seigneurs de*) III. 630. *Voyez* Montmorency.
Pacy, II. 269. D. 413. E. 849. E. VI. 122. C. 652. C. VII. 14. C. VIII. 136. C. 471. B. 555. B. 604. A. seigneurie, I. 236. A. 280. A. 301. A. II. 208. B C. 276. A B. III. 627. B C. 650. E. 652. B. IV. 78. D. 642. A. VI. 67. A. 122. C D. 565. C. 614. B. VII. 18. D. 129. C. 157. D. 400. C. VIII. 202. B. 539. A. IX. 163. C. *sur Marne*, seigneurie, VI. 137. B. *en Nivernois*, IV. 290. B. *en Valois*, seigneurie, II. 58. C. E. VI. 390. B. baronie, II. 60. A B.
Padilla, I. 651. C. *& Bobadilla*, I. 673. B.
S. PAIR, (*Seigneurs de*) II. 406.
S. Paer, VII. 48. C. VIII. 712. A. seigneurie, VI. 677. D.
Paez de Lima, I. 571. D. *de Ribera*, I. 577. B.
Pagaler, seigneurie, V. 376. B C.
Pagalie, seigneurie, VII. 607. C.
Pagan, II. 176. A. III. 763. B.
Pagas, seigneurie, VII. 539. C.
Pageso, III. 860. A.
Pagnano, VII. 115. C.
Pagney, seigneurie, VII. 591. A.
PAGNY, (*Seigneurs de*) VII. 806. *Voyez* Vienne.
Pagny, seigneurie, I. 245. A. II. 160. A. 224. E. 225. A C D. 229. D. III. 493. B. IV. 571. C. 572. B. V. 630. B. 631. D. VII. 41. B. 242. B. 794. C. 806. A C. VIII. 416. B. 426. B.
Pajavos, seigneurie, I. 688. A.
Paignot, baronie, II. 874. D.
Paigny, VII. 46. C. 47. B.
Paillard, III. 615. B. seigneurie, III. 898. B.
Paillarois, seigneurie, VIII. 166. B.
PAILLART, (*Seigneurs de*) VI. 54. *Voyez* Clermont en Beauvoisis.
Paillart, II. 208. B C. IV. 398. B. VI. 338. B. VII. 245. D. VIII. 525. C. 559. C. 746. A. 883. D. seigneurie, V. 620. A. 828. D. VI. 55. C. 291. A. 334. A. 786. A. VII. 819. C. 823. B.
Paillas, baronie, II. 660. C. vicomté, II. 635. B. comté, II. 638. A C D. 642. C D E. 643. A. IX. 397. D.
Paille, seigneurie, VII. 23. C. 27. B.
la Paillerie, seigneurie, IV. 732. B.
Pailley, IV. 836. A.
Paillez, baronie, III. 364. E. comté, IV. 665. A.
Paillonnet, VIII. 591. D.
Paillu, IX. 463. D.
Pailly, seigneurie, VIII. 254. A.
Paimpoul, I. 467. A.
Pain d'Avoine. *Voyez* Pillavoine.
Painel, V. 160. B. VII. 382. D. 524. B.
Painelle, seigneurie, III. 918. D.
le Painteur, VII. 631. B.
Pajot, II. 107. E. VI. 463. C. IX. 275. A.
PAIR DE FRANCE, (*Premier*) II. 33. C.
S. Paire, seigneurie, VIII. 822. E.
PAIRS ECCLESIASTIQUES, II. 1. *& suiv.*

PAIRS Laïcs, II. 459. & tomes III. IV. & V.
PAÏS-BAS, (*Princes des*) I. 118. E. 135. C.
Paisnel, II. 407. A. 411. A.
Palado, VII. 260. A.
Paladru, VIII. 925. B. seigneurie, VIII. 910. A. 912. E.
Palafox, I. 636. B.
Palaines en Brabant, seigneurie, II. 754. A.
Palais, seigneurie, II. 175. E. 176. C. 178. B. 181. A E. 184. A. 451. D. 695. A E. V. 364. C. VIII. 155. A B. 494. B. marquisat, V. 549. B. VII. 135. C. 258. C. VIII. 592.
S. Palais, II. 852. B. IV. 31. C. VI. 327. A. 345. C. seigneurie, IV. 42. B. VI. 147. C. VII. 6 C. 61. B. 373. C. 770. C. 771. B. VIII. 942. D.
Palaiseau, seigneurie, V. 148. F. IX. 319. B. marquisat, III. 583. B. IV. 220. A. VII. 102. *Voyez* Paloiseau.
Palan, seigneurie, VII. 699. A.
Palange, seigneurie, IV. 160. C.
Palant, V. 642. C. seigneurie, I. 255. B. 263. E. 264. A.
Palas, VII. 269. B.
Palatin, I. 194. B. 201. B. III. 713. E. VII. 147. C.
Palatine, principauté, V. 837. C.
Palatins du Rhin, I. 110. E. 188. D. 230. D.
Palavicini, II. 290. E. IV. 497. B. VII. 116. E. VIII. 504. A.
Palay, seigneurie, VI. 518. B.
Paleologue, I. 275. B. 593. E. II. 600. B. 603. C. 606. A. 618. D. 634. B. III. 628. B. 712. A. V. 514. C. 574. B.
Paleoti, VII. 91. D.
Palerne, seigneurie, VI. 462. D. 463. A.
Palestrine, principauté, VIII. 291. A B C D.
la Palice, seigneurie, IV. 438. B. V. 230. D. VI. 485. A. VII. 19. E. 81. D. 102. D. 118. D. 238. B. 444. D. 445. C. 476. C. 710. A. VIII. 116. D. IX. 469. D. comté, VII. 441. A.
Palieres, seigneurie, VII. 490. B.
Palisse, IV. 889. B. VII. 196. C. 201. A. VIII. 499. D. seigneurie, VIII. 191. E.
Pallemont, seigneurie, VIII. 803. B.
Pallés, VIII. 474. A.
Palliano, duché, IX. 210. B. principauté, III. 355. D. V. 463. B C.
la Palliere, seigneurie, III. 599. B. VI. 190. A.
Palliez, baronie. I. 368. E. IV. 307. A. *Voyez* Paillez.
Pallot, VI. 503. A.
Palluau, V. 10. A. VI. 476. D. VII. 587. B. VIII. 113. B. seigneurie, I. 462. A B. III. 628. C. IV. 714. A. V. 575. B D. 610. B. VI. 104. C. 203. C. VII. 20. A. VIII. 119. D. 179. C. baronie, II. 454. D. V. 575. D. 613. C. VIII. 476. C. IX. 151. A. comté, IV. 721. C. VII. 476. D. 582. A.
Palma, seigneurie, I. 633. B.
Palme, VIII. 811. * C.
Paloiseau, seigneurie, IV. 34. A. 873. A. VI. 406. C. 506. D. VIII. 711. A B. 795. A. IX. 123. B. marquisat VIII. 821. B. 309. B.
Palol, II. 604. B.
Palomino Hurtado de Mendoza, I. 685. D.
la Palu, V. 673. A. VI. 423. B. VII. 44. C. 161. C. 251. B. 501. A. VIII. 570. A. 574. C. 777. C. VIII. 75. D. 76. A. 325. A. 353. A. 474. D. 890. B. 919. B. IX. 238. A. 477. D. seigneurie, II. 212. A. III. 598. A. VII. 149. A. 926. B.
la Palué seigneurie, III. 598. A. V. 409. D.

Paluel, seigneurie, IV. 141. A. V. 749. D. VII. 322. D.

Palvoisin, I. 125. C.

Pamel, seigneurie, V. 656. A. baronie, V. 65. A. 828. E.

Pamele, II. 576. A. 595. C. 699. C.

Pamers, seigneurie, VIII. 251. D.

Pampelone, seigneurie, VII. 489. A.

PAMPON, (Seigneurs de) VI. 367. Voyez du Bosc.

Pampon, seigneurie, VI. 367. C.

Pan, seigneurie, V. 495. A. VIII. 642. A. 644. A.

PANASSAC, (Branches des Seigneurs de) II. 654. Voyez Cominges.

Panassac, II. 624. B. seigneurie, II. 622. DE. III. 366. D IV. 17. D. 790. A. VII. 777. D.

Panat, IV. 22. B. VII. 785. C. seigneurie, IV. 44. B. baronie, IX. 428. A. vicomté, IV. 22. C. de Pujols, seigneurie, II. 370. C.

Pancalier, seigneurie, III. 894. E. marquisat, II. 165. E. 166. DE.

Pances, seigneurie, II. 191. A.

S. Panctaee, seigneurie, VII. 340. C.

Pandé, seigneurie, VII. 563. E.

Pandin, comté, II. 244. D.

Panele, seigneurie, II. 795. C.

Panfou, seigneurie, IX. 303. A.

PANJAS, (Seigneurs de) V. 192. Voyez Pardaillan. (Autres Seigneurs de) V. 195. Voyez idem.

Panjas, seigneurie, V. 194. C. 195. A. VII. 861. B. IX. 178. A. baronie, V. 196. A. comté, II. 623. E. IV. 19. B. 473. C. V. 196. B.

Panilleuse, seigneurie. VIII. 247. A.

Panissieu, seigneurie, VII. 197. D.

Panmure, comté, IX. 411. C.

Pannard, VII. 229. C. IX. 484. A.

Pannat, baronie, V. 896. A. de Pierrebrune, VII. 772. Voyez Panat.

la Panne, seigneurie, VI. 480. D.

les Pannes, seigneurie, VIII. 771. B.

PANNETIERS DE FRANCE, (Histoire genealogique & chronologique des grands) VIII. 603. & suiv.

Pannevere, VII. 516. C.

Panneville, baronie, VI. 774. B.

Panoyas seigneurie, I. 583. C. 587. B.

S. Pantali, seigneurie, VII. 340. A.

Pantaria, principauté, II. 285. C.

Pantene, VIII. 242. D.

Panthouf, VII. 570. B.

Pantin, II. 448. D. VI. 194. B.

Pantloup, seigneurie, III. 651. B.

Pany, VI. 555. D.

Papacoda, VIII. 75. D. IX. 290. C.

Paparel, II. 139. B.

Pape, II. 733. E.

la Papelardiere seigneurie, V. 490. B. baronie, V. 490. D. 491. B.

Papillon, IV. 862. E. VIII. 335. A. 481. D. de la Gataffiere, VIII. 932. D

Parabere, VII. 672. A. seigneurie, V. 19. A. comté, II. 623. B. V. 196. D. IX. 178. A. marquisat, VIII. 761. A.

Paracy, seigneurie, IV. 669. A.

Parada, seigneurie, I. 577. B.

Parade, seigneurie, II. 257. B.

Parançais, seigneurie, VIII. 922. C.

Parasa, seigneurie, VII. 188. B.

Parasan seigneurie, VII. 767. B.

Parassier, seigneurie, VII. 496. A.

Parat, VII. 552. C. IX. 361. A.

PARAY, (Seigneurs de) VII. 375. Voyez la Châtre.

Paray, VII. 431. C. seigneurie, VII. 375. A. IX. 304. B.

Parc, II. 77. B. 127. A. VI. 541. A. VII. 382. D. 725. E. seigneurie, II. 408. D. 427. E. 455. A. III. 60. C. VI. 198. D. VII. 122. E. VIII. 83. A. 102. B. 322. D. IX. 126. A. baronie, IX. 313. A. d'Archiac, seigneurie, IV. 449. B G. 451. A. 452. A C. d'Avançour, seigneurie, II. 408. C. de Locmaria, VII. 719. A. Maintenon, seigneurie, II. 422. E. Vieil, seigneurie, I. 496. B.

PARC d'ARCHIAC, (Seigneurs du) IV. 459. Voyez la Rochefoucaud.

Parcé, seigneurie, II. 636. A. V. 159. D.

Parcene. Voyez Persan.

Parcevaux, IV. 802. B. V. 378. D. VII. 719. E.

Parcouf, seigneurie, II. 330. C. V. 347. A.

Parcoul, seigneurie, V. 15. E.

PARDAILLAN, Pierre, évêque duc de Langres, pair de France, II. 258. C. Hector, chevalier du saint Esprit, IX. 95. C. Antoine-Arnaud, chevalier du S. Esprit, IX. 171. B C. Louis-Antoine, chevalier du S. Esprit, IX. 269. B.

PARDAILLAN, , (Genealogie de la maison de) V. 174. (Seigneurs de) V. 175. (Autres Seigneurs de) V. 192.

Pardaillan, II. 651. C. 657. A. 672. D. III. 364. D. 778. A IV. 397. B. 308. A. VI. 239. B. VII. 93. B. 266. D. 270. A. 389. E. 390. C. 302. A. 457. C. 698. D. 775. A. IX. 178. A. 390. D. 396. B. seigneurie, II. 174. E. III. 393. A. V. 175. C. VI. 369. E. 434. B. VIII. 164. C. baronie, IV. 479. A. V. 195. D. 196. B. vicomté, II. 624. B. comté, VIII. 761. A. marquisat, I. 371. B. d'Antin, I. 176. E. IV. 793. B. Bellegarde, IX. 337. C. Gondrin, II. 182. E. 236. E. 258. D. III. 590. D. IV. 375. D. 667. A. 681. A. IX. 116. C. 204. A. en Guyenne, V. 174. B. Panjas, V. 187. B. 196. A.

Pardeilhan, VII. 861. B. IX. 417. A. baronie, V. 194. D. Reibezé en Armagnac, V. 274. B. Voyez Pardaillan.

Pardeillan, seigneurie, VII. 604. E. Voyez idem.

PARDIAC (Comtes de) II. 626.

Pardiac, comté, I. 276. B. 288. C. 320. A E. II. 471. C. III. 377. A. 421. C. 427. A. 428. D. 429. A. 430. D. 431. B. 434. CE. 818. D. V. 175. E. 729. B. VI. 222. B. IX. 383. D. marquisat, IV. 19. B.

Pardieu, II. 87. A. VIII. 19. D. 137. E. 261. C. 264. D. 746. D. 811. A. seigneurie, III. 893. A. VII. 651. A.

Pardo, I. 260. B. 626. B. V. 92. B. VII. 335. C. IX. 290. A.

S. Pardoux, seigneurie, III. 385. A. IV. 537. C. 654. A. VII. 699. C. VIII. 483. B. 923. B.

PARÉ, Guy, cardinal, archevêque de Reims, II. 4. B.

Paredes, comté, I. 686. B.

la Parée, seigneurie, II. 665. D.

Parensais, V. 16. F.

Parent, V. 83. A. VI. 194. B. 585. C. VIII. 812. * B. 889. B.

Parenti, V. 851. B.

Parentis, seigneurie, I. 373. A B C.

Parey, seigneurie, VIII. 170. E.

Parfondrué, seigneurie, III. 845. A.

Parfouru, seigneurie, V. 144. D. 156. D.

Pargny, seigneurie, IV. 833. A. 854. B. VII. 336. D. VIII. 638. B.

Parigny, seigneurie, V. 15. VII. 15. B.

Parilhac, seigneurie, II. 182. B.

Parillé, seigneurie, VI. 481. C.

Paris, II. 41. B. 295. E. 298. C. 733. E. VI.

261. A. 603. A. 606. B. seigneurie , V. 264.
E. comté , I. 32. B. 62. B. II. 465. D. VI. 3.
E. VIII. 722. A.

S. PARISE (*Seigneurs de*) VI. 67. *Voyez* Mello.

S. Parife, IV. seigneurie, 182. A. 822. E. 873.
A. V. 68. A. VIII. 322. C. 326. ABC. 327.
A. 718. B.

Parifel, IV. 746. B.

Parifon, II. 295. E.

Parifot, seigneurie, IV. 135. D. VIII. 263. E. IX.
81. C.

Parify, VIII. 635. A. *Fontaine*, seigneurie, VIII.
884. D.

Parkead, IX. 407. B.

Parmain, seigneurie, VIII. 788. D.

Parme, seigneurie, II. 598. E. III. 419. C. IV.
80. A. duché, I. 186. A. 190. C. 603. C. IX.
289. A.

le Parmentier, VI. 358. C. VIII. 810. D. 812. C.

Parnac, seigneurie, III. 585. B.

la Parniere, seigneurie, II. 452. B.

Parnour, seigneurie, IV. 821. D. 825. A.

Parois, II. 152. E.

la grande Paroiffe, seigneurie, VI. 429. A.

Paroufet, seigneurie, II. 651. D.

Paroy, seigneurie, II. 129. B. VI. 489. C.

Paroye, II. 54. D. 55. A. seigneurie, II. 62. B.

Parpaille, VII. 688. D.

Parpaillon, seigneurie, II. 204. E.

Parpes, VIII. 555. D.

la Parpladiere, seigneurie, VIII. 922. B.

Parquy, seigneurie, II. 374. E.

Parr de Kendal, VII. 89. C.

Parroy, II. 861. D. *Voyez* Paroy.

Parroye, seigneurie, VII. 254. B.

la Part Antique, seigneurie, V. 393. A.

Parthenay, III. 631. A. IV. 60. C. 72. B. 164.
D. 217. D. 651. C. 653. B. VI. 203. C. 749.
VII. 11. A. 45. C. 153. A. 499. D. 517. C.
VIII. 419. E. 441. B. 705. C. 764. C. 922.
A. IX. 57. A. seigneurie, I. 213. D. 214. B.
215. B. 217. D. 434. C. 459. B. III. 74. C.
IV. 194. C. 421. A. 560. B. 625. A. V. 8.
F. 130. E. 137. E. 138. D. 227. D. VI. 235.
E. 732. B. VII. 121. E. *l'Archevêque*, III. 633.
B. *Soubife*, VII. 23. D. *Voyez* l'Archevêque.

Particelle, IX. 314. A. 335. A. *d'Hemery*, IV.
685. A.

Parvis, seigneurie, III. 656. C.

Pas, III. 600. C. IV. 615. D. VII. 63. C. 559.
B. seigneurie, VI. 791. D. VIII. 616. B. *Feuquieres*, III. 617. A. 777. D. V. 284. A. VI.
283. B. 529. C. 581. D. VIII. 737. E. 801.
D.

Pafcal Lavernet, VII. 563. D.

Pafchal, VII. 770. E.

Pafché, seigneurie, VII. 26. A.

Pafchendale, seigneurie, III. 906. B.

Pafchey, seigneurie, VII. 811. C.

Pafcht, seigneurie, II. 374. E.

Paflay, baronie, V. 594. A.

Pafquier, VI. 537. C. *de Franclieu des Bergeries*,
III. 774. A.

Pafquin, VI. 711. C.

Paffac, VII. 81. D. 547. D. seigneurie, VI. 323.
B.

Paffage, seigneurie, VIII. 923. A. comté, IX.
177. B.

Paffat, VIII. 149. C.

PASSAVANT (*Seigneurs de*) VIII. 236. *Voyez*
Dauffy.

Paffavant, VII. 241. D. VIII. 580. A. seigneurie,
I. 214. C. II. 64. B. III. 77. C. 420. A. 430.

B. IV. 853. A. V. 613. C. VI. 626. C. VII.
176. D. VIII. 117. C. 234. A. 236. D. 272.
B. 373. C. baronie, V. 606. B. comté, I. 254.
D. V. 610. C. marquifat, V. 614. C. *Voyez*
la Haye.

Paffemar, II. 370. D.

Paffery, VII. 689. D.

Paffetiere, seigneurie, I. 507. A C.

Paffey, IX. 442. C.

Paffis, V. 178. D.

Paffy, seigneurie, II. 107. A. VI. 292. B. 391.
B. IX. 77. A. *Voyez* Pacy & Vitard.

PASTE', *Ferry*, maréchal de France, VI. 622. C.

PASTE' (*Genealogie de*) VI. 622.

Pafté, II. 323. C. VI. 622. D.

les Paftis, seigneurie, IX. 444. C.

la Paftoreffe, V. 568. B. VI. 207. A.

Pafton, VII. 89. D.

S. Paftou, VIII. 477. C.

S. Paftour, II. 651. E. 653. C. IV. 304. C. IX.
175. D. seigneurie, VII. 560. B.

Paftourel, VIII. 876. A.

Paftrane, duché, I. 294. B. 636. A. 655. C.

la Pafture, VII. 560. B.

Patalin, seigneurie, I. 694. A. 698. A. *Voyez*
Carvallo.

Patarin, IV. 263. B. VI. 522. A. VII. 666. A.
894. D.

Patau, VII. 484. B. *de Roujan*, VII. 483. B.

Pathay, IX. 110. B.

S. Pathus, seigneurie, III. 573. C. V. 160. D. VI.
115. C. VIII. 880. A.

Patin, VIII. 918. D.

Patoufleau, IV. 373. E. VII. 415. D.

Patras, II. 601. A. VI. 601. D. duché, II. 606.
A. VI. 130. C.

la Patriere, seigneurie, IV. 368. A.

Patrique, marquifat, IX. 210. B.

Patrix, VII. 872. B. VIII. 150. D. IX. 476. A.

Patry, VIII. 94. D. IX. 381. A. *de Villeray*, V.
388. D.

Pattkul, VII. 658. C.

PATU, *Emery*, treforier general du marc d'Or,
IX. 362. B.

Patu, IX. 361. C.

Pau, seigneurie, VII. 699. A.

S. Pau, seigneurie, II. 437. A. VIII. 634. E.

la Pava, seigneurie, III. 394. B.

Pavan, seigneurie, II. 58. B.

Pavans, seigneurie, VI. 719. A.

Pavant, seigneurie, VIII. 758. C.

Paudric, seigneurie, V. 347. A.

Paudy, seigneurie, I. 483. D E. V. 337. A. VIII.
144. C.

Pavenay, VI. 291. A.

Pavia, seigneurie, I. 687. B.

Pavie, seigneurie, VIII. 644. B. *Fourquevaux*,
III. 828. B.

le grand Pavillon, seigneurie, VIII. 719. A.

Pavilly, seigneurie, I. 438. D. 439. B. 441. C
D. baronie, VI. 262. B.

Paviot, I. 524. E. IV. 669. C D. VI. 378. B. 391.
C. 392. D. VIII. 399. D. 471. C.

Paul, seigneurie, VII. 529. E.

S. PAUL, (*Comtes de*) iffus des seigneurs de Ligny,
III. 725. *Voyez* Luxembourg.

S. Paul, I. 364. A. 368. E. II. 311. A. VI. 125.
A. 248. A. VIII. 88. E. 526. D. seigneurie, II.
649. A. 664. A. 705. B. III. 297. C. IV. 307.
A. 662. B. V. 130. A. 193. E. 359. E. 360.
E. VII. 268. A. 270. B. 778. A. 925. C. VIII.
708. A. IX. 398. B. baronie, II. 624. C. comté,
I. 102. B. 219. C. 220. B C. 221. C. 223. D.

235. D. 248. D. 249. E. 325. E. 326. AC.
327. C. 330. C. 382. B E. 449. A. 461. C. 477.
A. II. 113. E. 234. E. 500. B. 506. D. 714.
BCD. 744. A. 792. B. 846. A. III. 82. B.
161. A. 293. B. 301. C. 723. BC. 724. B. IV.
281. C. 471. C. V. 12. A. 229. D. 386. D.
508. C. 514. B. 515. B. 638. C. 653. C. VI.
45. B. 93. E. 94. A. 95. B. 106. B. 135. A.
169. D. 223. B. 226. C. 656. C. 743. D. VII.
13. C. 868. D. VIII. 92. D. 543. C. 544. C.
marquisat, V. 361. B. en Bove, I. 373. B. en
Foix, seigneurie, III. 361. A. 363. B. le Froid,
vicomté, III. 821. B. Voyez S. Pol.
Paulagnac, seigneurie, IX. 468. D.
Paulazne, VII. 105. D.
Paule, 1. 312. B. 324. E. II. 366. A. V. 461. C.
seigneurie, VII. 443. B.
Pauléon, seigneurie ; VII. 17. E. baronie, IX.
101. A.
Pauleí, IX. 438. D.
Paulhac, seigneurie, II. 437. A B. 438. B. VII.
348. B.
Paulhan, seigneurie, IX. 86. A.
Pauliac, seigneurie, VIII. 714. A. 815. B. 819. E.
Paulian, VII. 54. A. seigneurie, III. 771. D. VII.
54. A.
S. Paulian, seigneurie, II. 192. B.
Paulignan, seigneurie, VII. 787. D.
Paulin, seigneurie, II. 353. E. 354. C. 355.
A.
la Paulinie, seigneurie, VII. 282. E.
Paulliac, seigneurie, IV. 480. A.
Paulmier, VI. 643. C. seigneurie, II. 354. C.
Paulmiz. Voyez Paulmy.
Paulmy, VI. 593. C. seigneurie, VI. 512. A.
VIII. 483. D. vicomté, VI. 425. B. 697. B.
marquisat, III. 771. D. en Touraine, seigneu-
rie, III. 771. D.
Paulte, V. 21. C.
Paulthe, V. 754. D.
Paulus, VIII. 156. D.
Paumard, VII. 507. B.
Paumart, II. 452. C D. VIII. 584. B.
Paumier, VIII. 299. A. 300. A. 810. * C.
Paumis, seigneurie, VI. 593. D. Voyez Paulmy.
Paumoy, seigneurie, VIII. 95. E.
Pausade, II. 177. B. VII. 404. C.
Pausaguel, seigneurie, II. 653. A.
la Paule, IV. 531. A.
Pauthe, VII. 699. D.
Pautrieu, VIII. 943. A.
le Pauvre, IV. 185. B.
Payen, I. 441. E. II. 185. 2. E. III. 763. D.
IV. 602. A. V. 613. B. VI. 504. B. VII. 420.
C. VIII. 25. C. 909. A. IX. 314. B.
Payenniere, seigneurie, I. 441. E.
Payens, seigneurie, VI. 653. B.
Paynel, III. 50. D. 574. E. V. 140. D. 354. A.
378. E. VI. 338. C. 690. D. 691. B. VIII.
13. B. 91. B. 95. D. 210. E. 157. C. 580.
A. IX. 455. C. de Moyon, VI. 338. C.
Payot, VIII. 192. B.
Peyre, seigneurie, VII. 305. C. baronie, IV. 126.
B.
Pays de Bray, seigneurie, I. 493. B.
Payva, I. 691. E.
Paz, VI. 664. D.
du Paz, VIII. 809. * A.
la Paz. Voyez Haro-Guzman.
Pazayat, seigneurie, VII. 333. D.
Pazzi, VIII. 194. B. 298. B.
du Pé, III. 915. B. V. 895. B. 896. C. VII. 368.
A. 530. C.

S. Pé, seigneurie, II. 653. A. VII. 279. E. 406.
E.
Peage, seigneurie, VII. 335. B.
Pean, IV. 677. B. VIII. 701. D.
Peanier, VII. 620. B.
la Peanniere, seigneurie, VII. 228. C.
Peaudeloup, VII. 278. B.
Peberac, VIII. 4. C. seigneurie, IV. 481. D.
Pecalvary, IV. 321. B. VIII. 120. E. 251. B.
903. D.
Peccat, VIII. 936. B.
Pech Caunez, V. 748. B.
Pecherie, seigneurie, VII. 769. A.
Peches, baronie, VIII. 644. A.
du Pechin, I. 314. D.
Pechmourier, seigneurie, V. 747. E.
PECHPEIROU DE COMINGES, Guillaume, chevalier
du S. Esprit, IX. 207. C.
Pechpeirou, III. 391. D. IV. 136. A. V. 748.
B.
Pecoil, IV. 327. B. de la Villedieu, VI. 583. D.
Pecoux, baronie, IV. 753. E.
Pecques, seigneurie, VI. 712. VII. 828. E. 829.
B.
Pecquigny, V. 81. C. 636. A. VI. 651. D. VIII.
561. A. 653. B. seigneurie, V. 136. A. 634.
C. VIII. 634. B. baronie, V. 846. A. Voyez
Piquigny.
Peennes, seigneurie, VI. 779. C.
Peer, seigneurie, II. 353. E.
Pegnafiel, duché, III. 376. D. Voyez Peñafiel.
Peguilhem, VII. 214. B. 216. A. seigneurie, I.
368. E. II. 231. A. IV. 305. A.
Peguillon, seigneurie, VII. 137. A.
Pejaz, seigneurie, II. 339. A.
Peiche, baronie, VIII. 698. D.
Peichen, III. 599. B.
Peichpeirou de Cominges, VII. 427. C. Voyez
Pechpeirou.
Peigné, VIII. 22. B.
Peignée, dite de Vieuxville, I. 325. C.
Peillan, seigneurie, IV. 75. C D.
PEILLE' (Comtes de) II. 290. A.
Peillon. Voyez Isnardi.
Peinte, VI. 350. D.
Peiramont, seigneurie, V. 359. E.
Peirat, II. 400. B.
Peiraux, seigneurie, VIII. 243. D.
Peire, seigneurie, II. 135. D. III. 366. D.
Peirebrune, vicomté, IX. 428. A.
Peirefite, seigneurie, IX. 416. B.
PEIRILLE (Seigneurs de) III. 854. D.
Peirolieres, VII. 267. E.
LA PEIROUSE (Seigneurs de) VI. 461. Voyez du
Bourg.
la Peirouse, VI. 196. C. seigneurie, VI. 461. B.
Peiruis, seigneurie, II. 297. C.
Peisat, seigneurie, VIII. 149. C.
Pelain, IX. 344. A.
Pelamourgue de Couffour, III. 833. D. VII.
712. D.
Pelap, V. 889. C. seigneurie, II. 656. C.
Pelault, VII. 22. D.
Pelegrin, II. 250. B. Voyez Pellegrin.
Pelegrue, VII. 292. A. Voyez Pellegrué.
Pelerin, VII. 484. C.
Pelet, II. 689. A. 700. B. III. 587. B. VII. 64.
C. 483. E. 781. A. IX. 422. B. Combas, VII.
490. B. Voyez Narbonne.
Peletane, baronie, VII. 453. D.
Peletanges, seigneurie, V. 338. D. 340. E. 344.
B. 345. B. 894. C. baronie, V. 349. B.
Pelette, VII. 690. D.

Pelhac, seigneurie, VIII. 243. C.
Pelisac, seigneurie, VIII. 943. A.
Pelisles, seigneurie, V. 354. D.
Pelisson, VII. 504. A.
la Pelissonniere, seigneurie, VII. 619. C.
Pellan, seigneurie, V. 425. D.
le Pellé, VI. 571. B.
Pellesguet, seigneurie, II. 663. C.
Pellegrin, VII. 416. C. 489. A. VIII. 163. E. Voyez Pelegrin.
Pellegrue, II. 172. A C. III. 388. A. IV. 471. D. 479. C. VI. 487. D. VIII. 595. A. 765. E. Voyez Pelegrue.
Pellegry, II. 674. B. V. 747. D. 750. B.
Pellemonstier, seigneurie, VI. 572. D.
Pellemoton, seigneurie, II. 673. A.
Pelleporc, seigneurie, II. 673. A.
le Pelletier, II. 385. B. III. 581. A. VI. 282. D. 553. A. 562. C. 606. A. VIII. 229 D. IX. 463. E. de Chasteaupoissy, IX. 350. B. de la Houssaye, VII. 256. C.
LE PELLETIER DE LA HOUSSAYE, Felix, prevôt & maître des ceremonies des ordres, IX. 318. C.
Pelletot, VIII. 25. B C.
PELLEVE', Nicolas, cardinal, archevêque de Reims, II. 74. D.
PELLEVE' (Genealogie de) II. 76.
Pellevé, II. 86. E. III. 581. C. IV. 62. A. 403. A. VII. 560. C. VIII. 642. C. 747. D E. 775. E. 795. C. Robets, V. 831. B.
Pellissari, IV. 403.
Pellorde, VI. 421. A. 449. D. Voyez Pelorde.
Pellot, VII. 21. D. Voyez Pelot.
Peloquin, II. 223. B.
Pelorde, VIII. 693. A. Voyez Pellorde.
Pelot, II. 141. B. Voyez Pellot.
la Peloussiere, seigneurie, VIII. 922. B.
Peloux, V. 263. A D. VIII. 936. C. Gourdan, VII. 787. E. seigneurie, II. 255. A.
la Pelouziere, seigneurie, IV. 685. C.
Peltot, seigneurie, VI. 356. A. en Caux, seigneurie, 261. B.
Peluys, seigneurie, IV. 222. A.
Pelys, III. 89. A.
PEMBROCK (Comtes de) II. 481. (Autres comtes de (issus des seigneurs de Lesignem, III. 81.
Pembrock, VI. 106. C. VII. 89. B. comté, II. 405. A. 481. A. 485. A. 729. E. 783. D. 875. D. 877. B. III. 288. E. 567. E. V. 622. B. 928. E. VI. 27. B. 48. C. 77. C. VII. 88. B. 90. A.
Pemmedy, seigneurie, IX. 88. D.
Pena, VII. 62. B.
Penacors, seigneurie, II. 874. A.
Penacova, seigneurie, I. 656. A. 681. A.
Penafiel, seigneurie, VI. 163. D. Voyez Pegnafiel.
Penaguiam, comté, I. 641. C. 679. A. 694. C.
Penaguin, seigneurie, I. 583. B.
Penalva, seigneurie, VIII. 352. E.
PENANCOET DE KEROUALLE (Genealogie de) V. 926.
Penancoet, V. 622. B. 926. A. de Keroualle, V. 614. D. 622. B. 926. B.
Penautier, seigneurie, VII. 486. E.
Penchoet, III. 431. B.
Penciat, seigneurie, V. 320. A.
Pende, seigneurie, III. 614. A.
Pendé, III. 616. A.
la Pene, marquisat, IX. 209. B. Voyez Peane.
Penella, comté, I. 646. A.
Peñes. Voyez Vento.
Penenver, seigneurie, VII. 724. B.
Penevern, seigneurie, VII. 724. D.

Penfentenio, IX. 345. A.
Penheur, seigneurie, V. 415. A.
Penhoat, V. 926. A. Voyez Penancoet.
Penhoet, IV. 58. C. VII. 723. B. seigneurie, VII. 501. B. 719. C. VIII. 357. C. IX. 345. A. Voyez Porhoet.
Penieres, baronie, IV. 793. D.
Penna-Ramiro, comté, I. 294. B. IX. 296. B.
Pennafiel, seigneurie, I. 669. C. comté I. 588. E. 619. D. duché, I. 288. E. 289. B. 588. B.
Pennancoet de Keroualle, I. 377. E.
Pennarenda, seigneurie, VI. 818. E.
Penne, II. 651. A. IV. 305. B. V. 891. A D. VII. 414. E. seigneurie, II. 361. E. 366. A. VII. 414. E. Voyez Pene.
le Pennec, VII. 525. D.
Pennemarch, VII. 845. E.
Pennes, seigneurie, II. 175. B. 195. B. 675. C. IV. 24. D E. VII. 766. C. VIII. 296. A. baronie, IV. 43. C.
Pensac, seigneurie, II. 399. E. 400. A.
PENTHIEVRE, duché-pairie, érigé en 1569. pour SEBASTIEN de Luxembourg, III. 715. Pieces concernant cette érection, III. 716. nouvelle érection en 1658. en faveur de FRANÇOISE de Lorraine & de CESAR duc de Vendôme, V. 28. Autre érection en 1697. pour LOUIS-ALEXANDRE de Bourbon, prince legitimé de France, comte de Toulouse, V. 49. Pieces concernant cette érection, ibid.
PENTHIEVRE (Comtes de) issus des anciens ducs de Bretagne III. 56. (Autres comtes de) VI. 103. Voyez Chastillon.
Penthievre, VI. 202. C. seigneurie, IV. 124. C. VII. 303. A. comté, I. 241. A. 253. B. 450. D. 467. B. III. 52. A. 376. B. 637. C. 737. A. IV. 470. D. 529. D. V. 378. A. 573. B E. 574. D. 575. B. 576. A. 583. A. 610. B. 654. A. VI. 103. B. 204. A. 768. B. VII. 74. D. VIII. 52. E. 424. B. 579. E. 724. D. duché, I. 176. A C. 196. C. 197. A. 198. C. 200. B. 701. A. III. 794. D. 795. A B. VIII. 217. A. pairie, VII. 910. B. 912. A. 939. A.
Pepin, VI. 196. D. 375. D. 568. C. IX. 462. E.
Pepiniere, seigneurie, IX. 27. B.
Pequigny, II. 321. A. 508. B. III. 301. E. seigneurie, II. 876. B. IV. 214. B. 272. A B. vidamé, IV. 643. A. baronie, I. 442. A. III. 650. B. comté, IV. 270. B. 271. B. duché, IX. 229. C.
S. Per, seigneurie, III. 392. C.
Perain, seigneurie, II. 334. E.
Peralta, I. 286. D. 292. D.
Peralte, II. 628. D. III. 356. B. 434, C. V. 661. D. IX. 460. C.
Perapertusa, V. 843. A. seigneurie, V. 843. C. Vilade Manti & Cruylles, V. 843. A.
Perard, VI. 447. B. VIII. 323. C.
Peraset. Voyez Pere.
Peraud, seigneurie, II. 136. E.
Perault, baronie, III. 606. D.
Peraut, seigneurie, V. 358. A B.
Peray, V. 612. B. seigneurie, IV. 710. B. VII. 344. C.
Perçay, seigneurie, IV. 660. A.
Perceil, seigneurie, IV. 844. D.
Percevault, V. 409. D.
Percey, seigneurie, VII. 654. C.
la Perche, seigneurie, IV. 125. E. 480. A.
PERCHE, Rotrou, évêque & comte de Châlons, pair de France, II. 312. E. Guillaume, évêque & comte de Châlons, pair de France, II. 313. E.

Perche (*Comtes du*) iffus des anciens comtes d'A-
lençon, III. 306.

Perche, III. 293. B. VI. 17. E. feigneurie, VII.
67. A. 304. E. 600. D. vicomté , I. 271. E.
comté, I. 99. A. 135. A B 269. B. 270. C.
271. B. 272. B. 273. B. 274. C. 276. B. 423.
A. 424. B. 448. A. 539. B. II. 313. A. 480.
E. III. 282. D. 310. E. IV. 55. D. V. 134. A.
138. C. VI. 17. E. 140. A. VII. 121. C. VIII.
344. B.

Perchegoet , feigneurie , II. 736. C. III. 161.
A B.

le Percher , VI. 363. A. 369. A.

Percheran , VI. 517. C.

Perchéron , I. 233. E.

Percilliers , feigneurie, VII. 666. A.

Percin , II. 373. A D. IX. 416. B.

Perck , feigneurie , VIII. 45. C.

Percon, VII. 617. A.

Percy , II. 787. D. VI. 27. B. feigneurie , VI. 28.
B. VII. 60. B. 89. A. *d'Alnwike*, batonie, II.
490. C.

Perdant , feigneurie, V. 750. A.

Perdeilhan. *Voyez* Pardaillan.

Perdillan , feigneurie , III. 765. D. *Voyez* Pardaillan.

Perdreauville , feigneurie, II. 121. E.

Perdriel, I. 323. E. II. 107. B. III. 574. C. IV.
409. B. 669. A. VII. 392. E.

Perdrier, IV. 35. C.

la Perdrilliere , feigneurie, VII. 587. A.

le Pere , VIII. 945. D.

Peré , feigneurie , I. 369. B.

S. Pere, VII. 493. A. 495. C. feigneurie, III. 630.
C. VIII. 257. E. IX. 472. A. *Avy* , feigneurie,
IX. 110. A.

Perecave, feigneurie, IX. 391. B.

Perefixe, *Hardonin*, chancelier des ordres, IX.
307. C.

Pereilhie, vicomté, IV. 24. A.

la Pereilherie, feigneurie, II. 452. D.

Perella, I. 594. D. 614. A. 638. A. 659. A. 691.
C. *de Berredo* , I. 664. C. *Pimentel* , I. 641. B.
663. A. *Portugal-Mello* , [. 663. A. 666. C.
III. 496. B. 501. A.

Pereiras, feigneurie, I. 577. B.

Perelles, feigneurie, V. 843. C.

Perellos, VII. 758. D. vicomté , *ibid. de Rocaful,*
VII. 759. A. *Voyez* Perilleux.

Perenel, VIII. 20. D.

Perennot de Granvelle, IV. 37. A.

Pererel, VII. 836. C.

Sainte Pereufe , feigneurie, I. 560. B. 561. A D.
IV. 658. E. 659. A.

Pereux , feigneurie, I. 559. C. II. 194. A.

la Pereuze, VI. 356. B.

Perez, I. 614. A. 690. C. VI. 163. A. feigneurie,
VIII. 331. C. *del Canto* , I. 698. C. *de Caftro,*
I. 580. A. *de Guzman* , IX. 289. B. *de Trava,*
VII. 760. C.

Perez de Guzman, don *Jean* Claro Alonfo, nommé chevalier du S. Efprit, IX. 295. A.

Pergedat en Perigord , feigneurie, V. 754. C.

Perget, feigneurie, III. 860. C.

Perhoet, feigneurie, VIII. 364. B.

Periac, feigneurie, IV. 75. C D.

Pericard, III. 647. A. VI. 572. A. VII. 632.
B.

Pericault, VII. 648. C.

Perier, IV. 57. C. 75. E. feigneurie , VII. 280.
C. *de Pregafte* , feigneurie, III. 638. A. *Voyez*
Perrier.

S. Perier , feigneurie , III. 643. D.

Perieres , feigneurie , V. 119. F.

Perignac , feigneurie , V. 354. A C E. 355. B.

Perignan , feigneurie, III. 832. B. VII. 767. B.

Perignat , feigneurie, VI. 398. D. VIII. 818. E.

Perigné, V. 16. C.

Perigneux , feigneurie, V. 267. C.

Perignicourt , feigneurie, VII. 430. A.

Perigny , feigneurie, II. 454. B. IV. 43; A. VI.
388. B. 675. A. VIII. 331. B. 803. C. 804.
C. *Voyez* Perrigny.

Perigord, comté-pairie , érigé en 1399. pour
Louis de France, duc d'Orleans, III. 237.

Perigord , (*Comtes de*) premiere Race , III. 123.
feconde Race , fortis des anciens comtes de la
Marche , III. 70.

Perigord, II. 361. C. III. 349. D. IV. 164. D.
423. D. V. 324. B. 733. A. VI. 57. B. VII.
18. C. VIII. 50. B. comté, I. 205. A. 209.
C. 212. E. 417. B. 419. A. II. 172. E. 173.
B C. 516. E. 519. B. 609. E. 669. C. 683. B.
684. E. III. 69. A C 123. A. 347. C. 369. E.
376. C. 419. B. 432. A. 637. C. IV. 57. A.
470. B. 481. C. 529. D. 651. B. V. 523. C.
654. A. 733. A. VI. 57. B. 104. E. 213. D.
214. B 215. B. VII. 845. C. VIII. 727. B. *Voyez*
Tallerand.

Perilhes, VII. 771. C.

Perille, feigneurie, IV. 137. B. VII. 313. D. VIII.
587. C.

Perilles, III. 571. D. V. 177. F. vicomté , II. 672.
C.

Perilleux , *François*, amiral , VII. 753. A.

Perilleux, VIII. 419. E.

Perinhan , feigneurie, V. 301. A. VII. 776. C.

Peritz, II. 844. D.

Perles, feigneurie, III. 896. C.

Perlin, VIII. 808. D.

Pernant, feigneurie, II. 68. D. V. 265. D. baronie II. 211. D.

Pernaux , vicomté, VI. 359. C.

Pernay, feigneurie, III. 450. C.

Perne , feigneurie, II. 181. D. VIII. 831. E.

Pernes , IV. 852. C. VIII. 626. A. 916. A. feigneurie , V. 828. D. 830. A. 837. D. VI. 169.
baronie, VIII. 698. B. 700. C. IX. 456. E.

Pernftein, V. 528. A.

la Perochere, feigneurie, IX. 453. A.

Peroges, feigneurie, II. 161. A. VII. 145. B.

Perolz, VI. 723. A.

Peron, feigneurie, V. 393. A.

Peronne , feigneurie, I. 48. C. 389. A. 533. A.
IV. 211. D. VII. 36. C. 712. A. comté , II.
721. D.

Perot, V. 613. C.

Peroufe, VII. 706. C. feigneurie, V. 571. A. 572.
D. 573. B. VII. 65. C. 71. C.

Peroufte, feigneurie , V. 673. A.

Perousseaux, (*Seigneurs de*) VI. 476. *Voyez* Montholon.

Peroufteaux, feigneurie, VI. 476. B.

Perouffet , feigneurie, II. 652. E.

du Peroux, VIII. 495. C.

Peroy , feigneurie, II. 127. B.

Perpetufe, feigneurie, III. 393. D.

Perques, feigneurie, V. 140. C D.

Perras, VIII. 853. D.

Perrault, VIII. 592. E.

Perray, feigneurie, VI. 565. D. VIII. 182. E. 485.
C. 636. B. 753. A B. 799. C. 809. C. 810.
D. 811. E. 812. A B.

Perré , feigneurie, III. 582. C. VII. 741. A.

Perreau V. 143. A. VI. 371. A. VII. 473. B C
VIII. 119. C. IX. 450. * B.

Perreaux, VIII. 688. B.

Perrenot, II. 211. A. de Granvelle, VIII. 76. A. Voyez Perenot.

Perretti, III. 607. A.

Perreule seigneurie, III. 430. D. VI. 382. B.

Perreux, seigneurie, II. 852. A. III. 155. A. VI. 318. B. 733. C. VIII. 320. B. 807. B. 808. C D E. Voyez Anthonis.

PERRIEN, Pierre, grand-échanson de France, VIII. 586. A.

Perrien, VII. 721. B. 852. B. 853. A.

Perrier, V. 151. B. 383. A. VI. 521. C. VII. 75. D. 176. D. 385. B. 724. B. VIII. 190. D. 579. D. 702. D. seigneurie, IV. 80. C. VII. 76. B. Voyez Perier.

LA PERRIERE, (Seigneurs de) II. 449.

la Perriere, II. 871. D. VII. 85. C. 654. B. seigneurie, II. 869. A. IV. 185. C. 528 B. VI. 277. B. 734. B. 771. D. VII. 444. A. 446. C. 852. D. 396. D. V. III. 316. B. 519. D E. 320. B. Voyez Perriere.

Perrieres, VII. 810. D.

Perriers, VII. 515. D. seigneurie, II. 450. E.

la Perrigne, seigneurie, VII. 233. E.

PERRIGNY, (Seigneurs de) IV. 752. Voyez du Plessis-Liancourt.

Perrigny, seigneurie, IV. 745. A D. 746. C D. VII. 545. Voyez Perigny.

Perrin, VII. 770. C.

PERRINE, (Seigneurs de la) IV. Voyez du Plessis-Liancourt.

la Perrine, seigneurie, IV. 745. C. VI. 194. B. VIII. 20. D.

Persinet, seigneurie, VIII. 236. A.

PERRON, (Seigneurs du) ducs de Rets, pairs de France, III. 893. Voyez Gondy.

le Perron, seigneurie, II. 227. D. VII. 255. C. 640. C. 651. C.

du Perron. Voyez Davy.

Perronay, seigneurie, VI. 197. A.

Perrot, VI. 516. C. 585. C. 802. D. seigneurie, V. 652. C.

la Perrouffe, seigneurie, VII. 664. D. Voyez Perrouffe.

Perroux, seigneurie, VIII. 764. E.

la Perrufe, seigneurie, VII. 503. C.

Perry, VIII. 487. B.

Persac, seigneurie, IX. 318. B. Voye Peschart.

PERSAN, (Seigneurs de) VIII. 398. Voyez Beaumont-sur-Oise.

Persan, II. 150. D E. VI. 304. D. 442. B. 792. B. VII. 35. A. 581. C. 806. D. 808. D. 809. D. VIII. 398. A. 804. D. baronie, VI. 484. B. VII. 439. C.

Persigny, seigneurie, VII. 63. B. VIII. 889. A.

Persil, VI. 596. B.

Persin, VII. 506. E.

la Personne, I. 438. B. VI. 52. A. 56. D. 158. B. 623. D. VIII. 871. A.

Perth, comté, IX. 410. A.

Perthe, seigneurie, III. 777. D.

Pertuis, IV. 403. B. VI. 150. C. VII. 825. E.

Pertus, seigneurie, II. 174. C. VIII. 818. D.

Pervandoux, seigneurie, VII. 335. D.

la Peruche, seigneurie, VI. 282. D.

Peruciere, seigneurie, V. 267. E.

Peruse, IV. 124. A. seigneurie, VII. 93. C.

Peruffe, II. 175. B. 225. C. 228. B. IV. 139. C. V. 894. E. 895. A. VII. 18. E. 302. D. VIII. 244. A. seigneurie, II. 862. E. IV. 290. B. 388. C. 571. C. 650. E, 675. B. 825. A. 826. A. V. 127. F. 334. E. 347. E. 764. B. 765. C. VI. 66. A. VIII. 298. C. baronie, V. 347.

D. 349. B D. 356. D. 612. D. IX. 207. A. lex Champfroy, V. 346. A. d'Escars, IV. 40. C. 215. E. 470. B. 471. A. 536. A. VII. 23. D. 58. A. 83. D. 203. D. 304. E. 331. C. VIII. 931. B. Voyez Perruffe.

Peruffis, VIII. 300. D. 302. C.

Perweis, seigneurie, II. 331. E. 507. E. 733. E. 738. A. 789. B. V. 652. B. baronie, VIII. 40. A. 42. A D.

Peruys, baronie, VIII. 296. A.

Pery, IV. 688. D.

Pescaire, marquisat, VII. 118. C. VIII. 76. B.

Peschadoires, seigneurie, VIII. 60. D.

Peschart, V. 407. A. VII. 506. D. 726. A.

Pesché, seigneurie, VI. 406. D. VII. 169. E. VIII. 588. B.

Pescher, seigneurie, IV. 785. C. VII. 333. D.

Pescheray, seigneurie, III. 645. D.

Pesché, seigneurie, III. 582. B. VIII. 707. C.

Pescheseul, seigneurie, III. 650. C.

le Peschier, seigneurie, III. 818. E. V. 357. E.

Peschin, II. 863. D. IV. 165. D. VI. 105. B. 217. C. 323. C. 345. C. 782. C. VII. 704. D. 668. C. seigneurie, I. 300. E. IV. 526. C. V. 257. C.

Pesmes, seigneurie, IV. 28. B. VII. 41. A. 807. D. VIII. 349. D. baronie, VII. 52. E. 55. A. 257. C.

Pesora, VI. 446. C.

la Pesseliere, seigneurie, IV. 669. A. VII. 425. B. VIII. 324. C.

Pesselieres, seigneurie, IV 375. A. VII. 9. E. VIII. 693. A.

Pesteilh, seigneurie, IV. 535. B.

Pestel, H. 367. D.

Pestels, IV. 17. D. VII. 344. B. seigneurie, III. 817. E. IV. 44. B. 790. B. baronie, VII. 191. E. de Levis & de Morlhon, IX. 169. B. Voyez Caylus.

Pestillac, seigneurie, V. 750. E. 751. B.

Pestivien, seigneurie, IV. 54. C.

Petau, VI. 430. B.

Peter de Ingerston, VII. 90. C.

Petersein, seigneurie, V. 230. C.

Petersfeild, duché, V. 928. D.

Peth, baronie, III. 841. E.

Petignicourt, seigneurie, VII. 49. C.

Petinghen, seigneurie, II. 732. E. 749. B C. 756. A. VIII. 867. E.

PETIT, Jean, general, maître des artilleries de France, VIII. 130. C.

Petit, II. 121. A. IV. 366. B. VI. 193. B. 437. C. VII. 873. C. VIII. 295. B. 641. E. 672. B. 677. B. 811. A. de la Guserche, II. 454. E. de Paffy, IX. 124. B. de Ravannes, IV. 435. A. de Verno, IV. 324. B.

Petit-Bois, seigneurie, IV. 458. E. V. 425. D.

Petit-Bourg. Voyez Seinemont

Petit-Château, seigneurie, III. 638. A.

Petit-Veau, V. 490. E.

Petiviers, seigneurie, II. 121. C. 268. B. 338. A B.

Petré, VI. 646. D.

Pettorano, principauté, V. 86. A. IX. 294. A.

Peuch, seigneurie, VII. 348. A.

Peuchaut, V. 364. A.

Peudry, seigneurie, VIII. 592. A.

Pevellia, seigneurie, III. 344. A.

Peveranges, seigneurie, IV. 837. E.

Peverel, VI. 261. B. VII. 839. B. VIII. 811. *

Peynier, VIII. 302. D.

Peyrac, seigneurie, III. 80. C. de Jugeals, VIII. 595. * * * * D.

Peyrat.

Peyrat, seigneurie, II. 419. A. IV. 22. A. VIII. 163. E. baronie, IV. 24. A.
la Peyrate, seigneurie, V. 131. A.
Peyrault, seigneurie, VIII. 927. A.
Peyre, II. 243. B. 675. A. III. 838. B. V. 341. D. VII. 71. A. IX. 398. B. seigneurie, III. 769. C. 835. C. 836. A. IV. 39. B. 611. D. 887. C. V. 341. D. VII. 309. A. 488. B C. IX. 419. E. baronie, II. 675. A. III. 814. E. 823. B. IV. 471. D. comté, IV. 893. B. VII. 539. C. IX. 392. B.
Peyremale, seigneurie, VII. 783. B.
Peyrenc de Moras, IX. 462. B.
Peyreuse, III. 834. A.
Peyrieu-la-Cour, seigneurie, VIII. 336. A.
Peyrins, seigneurie, II. 252. C.
Peyrol, III. 361. B. VII. 708. E.
Peyrolles, seigneurie, VIII. 299. C. 301. C. 302. A.
Peyronenc, I. 370. E. 371. A. V. 748. C. 754. B. 758. A.
Peyroux, seigneurie, VIII. 817. D.
Peyruis, seigneurie, VIII. 303. C D. 304. B.
Peyrusse, seigneurie, V. 748. E.
Peyssac, II. 176. A. 177. A.
Pezanne, seigneurie, VIII. 167. D.
Pezard, II. 122. D.
Pezaro, seigneurie, V. 523. E.
Pezé, IV. 732. B. seigneurie, IX. 66. B. marquisat, IX. 228. C.
Pezenas, seigneurie, VII. 769. B. comté, I. 345. A. 346. C. 347. C. 348. D. 387. C. VI. 137. E.
Pezene, seigneurie, VII. 482. A.
Pezennes, seigneurie, VII. 413. C.
Pezeux, seigneurie, IV. 846. B.
S. Phale, I. 505. B. VII. 586. D. 891. E. seigneurie, VI. 147. A. marquisat, VIII. 778. C. 779. C.
Phalempin, seigneurie, III. 722. C.
Phaltzbourg, principauté, IV. 486. C. VII. 50. E.
PHELIPPEAUX, Louis, comte de Pontchartrain, chancelier de France, VI. 586. D. Louis, prevôt & maître des ceremonies des ordres, IX. 314. A. Jerôme, prevôt & maître des ceremonies des ordres, IX. 317. Baltazar, greffier des ordres, IX. 235. A. Louis, greffier des ordres, IX. 335. C. autre Louis, greffier des ordres, IX. 336. B. Jean-Frederic, greffier des ordres, IX. 339. A.
Phelippeaux, IV. 435. A B. 642. A. 685. A. 856. E. V. 350. D. 769. B. VI. 100. D. 531. B. 563. A. VII. 666. C. VIII. 640. B. IX. 197. B. 322. C. 448. D. 455. D. d'Herbauls, VII. 369. B. 426 D. VIII. 193. A. IX. 151. A. de Villesavin, VII. 585. C. de la Vriliere, V. 350. D.
Philadelphie, duché, III. 312. E.
Philbert, seigneurie, V. 143. B.
Philebois, seigneurie, V. 488. A.
S. Philibert, VIII. 555. C. seigneurie, VIII. 937. D.
S. Philippe-Landt, seigneurie, I. 258. D.
Philippes, VI. 568. A. principauté, I. 539. D.
Philippie, V. 345. E.
Philippier, IV. 432. B C. 445. C.
Philippilain, seigneurie, VII. 831. B.
Philippot, VII. 729. A.
Philipson de Crooke, VII. 91. B.
Phregibert, seigneurie, VI. 147. C.
Piadeles, seigneurie, II. 176. C.
la Piagerie, seigneurie, IV. 457. A.

Piancourt, VII. 730. B. VIII. 810. * C.
PIANEZZE (Marquis de) II. 247. D.
Pianezze, II. 252. C. marquisat, IV. 498. C.
S. Piat, seigneurie, VI. 450. D.
Piau, VI. 54. A.
Pibrac, seigneurie, II. 708. E. V. 515. B. VII. 545. C.
Pic, VII. 118. D. de la Mirande, IV. 427. D. 428. A. 436. A. 660. C. IX. 14. C. 289. A. 290. C.
Picamille, II. 250. D.
Picamilly, IV. 502. C.
PICARD, Jean, maître des arbalêtriers du Roi, VIII. 2. E.
Picard, I. 439. C. II. 107. A. VI. 350. D. 382. B. 432. B. 439. B. 449. C. 460. D. 471. A. 525. D. 526. B. 533. D. 583. A. 784. B. VII. 749. A. VIII. 245. D. 272. B. 855. A C. de Radeval, VIII. 260. A. de Talende, VII. 705. D.
la Picardiere, seigneurie, VII. 509. E. IX. 343. A.
PICART, Guillaume, commis au gouvernement de route l'artillerie, VIII. 160. B.
PICART (Genealogie de) VIII. 160.
Picart, IV. 323. A. 763. B. V. 491. E. VI. 231. D. 435. E. 467. B. 476. B. 507. C. 529. E. 556. E. VIII. 259. C. 640. B. 752. C. 947. A. de Perigny, VII. 256. B. IX. 318. C. Radeval, V. 749. A. Voyez Picard.
Picauville, seigneurie, III. 655. A. 657. B. 658. C. 660. A. VI. 276. B. VIII. 686. C.
Picher, II. 377. A.
Picheron, seigneurie, V. 897. A.
Pichon, VI. 432. C. 548. C. seigneurie, IX. 447. A.
Picoil, seigneurie, I. 52. D.
Picoleon, seigneurie, VII. 164. A.
Picolomini, IV. 69. D. IX. 210. C.
Picon, II. 256. D. VII. 469. B.
Picot, I. 508. B. II. 385. C. III. 601. A. VI. 431. C. 463. C. VII. 890. C. seigneurie, VIII. 260. A.
PICQUE, dit de Bezançon, Richard, archevêque de Reims, II. 37. B.
Picque, II. 37. B.
la Picquenaye, seigneurie, VI. 196. A.
Picquet, IV. 409. D. 803. A. V. 87. A.
Picquigny, VI. 108. B. 114. A D. 628. A. 739. C. 780. A C. 781. B. 792. A. VIII. 10. A. 399. C. 526. D. 542. B. 655. B. 867. D. seigneurie, VI. 75. D. 135. B. VIII. 15. B. 616. B. 906. B. Voyez Pecquigny.
Picquiny, VIII. 64. B. 104. B. baronie, VIII. 153. E.
Pidoux, II. 376. D. 377. A. IX. 88. D.
la Pie, VI. 267. B.
Piedefer, II. 106. A. 306. C. 308. A. 457. B. IV. 572. B. VI. 261. A. 335. A. 429. A. 433. D. 437. D. 570. B. VII. 10. B. 15. E. 588. B. VIII. 777. E. 785. B. 893. C. 894. A. IX. 449. B. seigneurie, VI. 541. C. 585. C.
Piedelou, VIII. 14. A.
des Pieds, seigneurie, IV. 683. C.
Piegut, seigneurie, VII. 376. B. VIII. 247. D.
Piemont, comté, I. 227. A. 231. B. 232. B. 400. C. 407. A. 409. E. 576. A. VI. 730. A. VIII. 416. B. principauté, I. 132. B. 188. C. 478. B. II. 163. D. 189. C. 599. E. V. 574. VI. 731. C.
Pienne, VI. 351. A. VIII. 641. C.
PIENNES (Seigneurs de) III. 911. Voyez Halwin.
Piennes, III. 582. C. VIII. 851. A. seigneurie,

d. 753. E. III. 804. C. 896. B. 908. B D. IV. 132. B. 565. B. V. 219. E. 615. D. 764. E. VI. 533. B. 719. D. VII. 112. C. VIII. 39. C. 67. D. 785. A. marquisat, II. 430. B. IV. 879. C. V. 151. F. VI. 119. C. 418. A. 419. D. IX. 201. B.

Piepape, seigneurie, V. 666. C. VII. 247. C.

Pierpont, VII. 89. D.

Pierre, surnommé Lorseleves, chancelier de France, VI. 247. A. chapelain du Roi, VIII. 224. D. aumônier du Roi, VIII. 225. C.

PIERRE (Seigneurs de) VII. 648. Voyez Bouton.

Pierre, I. 212. C. IV. 835. D. V. 279. F. 280. B. 827. E. VI. 709. A. VII. 499. E. seigneurie, II. 211. A. VI. 375. C. 414. C. 415. A. 596. B. VII. 300. B. 507. C. 509. A. 651. D. 642. E. 648. A. VIII. 149. D. baronie, V. 279. F. VII. 468. A. IX. 236. A. en Jourdain, seigneurie, IV. 122. D.

S. Pierre, IX. 451. D. seigneurie, II. 183. B. V. 137. C. 142. D. 144. A. 155. D. VI. 326. D. 413. D. VII. 176. A. VIII. 102. D. 258. B. 854. D. baronie, II. 362. marquisat, IX. 89. C. duché, IX. 298. C. 326. B. 454. D. Voyez Spinola. d'Albigny, seigneurie, IV. 875. B. à Armes, seigneurie, VII. 622. C. Bans, seigneurie, III. 610. C. de Burres, seigneurie, II. 198. E. en Caux, seigneurie, IV. 770. AB. le Châtel, vicomté, I. 443. de Chuzelles, seigneurie, II. 345. A. Eglise, VII. 597. A. des Estenfs, seigneurie, VII. 374. C. de la Faye, seigneurie, VII. 388. A. d'Iblet, seigneurie, VII. 767. B. du Jonquiers, seigneurie, II. 432. A. de Maulimart, seigneurie, VII. 583. E. Mont, seigneurie, II. 323. D. le Monster, seigneurie, I. 297. D. en Vaux, seigneurie, VIII. 338. B.

Pierre-Besse, seigneurie, III. 820. A.

Pierre-Brune, seigneurie, III. 590. C. VII. 61. B. 158. A. 714. A. VIII. 772. B. IX. 110. A. vicomté, IV. 22. BC.

Pierre Buffiere, II. 229. B. 234. E. III. 92. A. 818. D. IV. 16. E. 124. C. 116. B. 131. A. 135. B. 422. A. 472. C. 566. A. 676. C. 788. B. V. 327. D. 332. D. 333. E. 355. A. 398. C. 895. A. VII. 20. C. 303. A. 305. C. 309. C. 313. C. 579. A. 588. C. VIII. 113. D. 902. C. seigneurie, IV. 654. B. V. 341. B. baronie, I. 376. C. Chasteauneuf, IV. 547. A. V. 346. A.

Pierre-Cave, seigneurie, II. 175. C E. 176. A C D. 177. B. 178. A BC. 181. E. 184. A.

Pierre-ès-Champs, seigneurie, I. 493. B.

PIERRE-CHARLOT, évêque & comte de Noyon, pair de France, II. 392. B.

Pierre-Charuë, seigneurie, II. 165. B.

Pierre-Clos, seigneurie, VII. 199. E.

Pierre-Cloux, V. 665. B.

Pierre Coupe, seigneurie, III. 430. C.

Pierre-Court, VIII. 106. D. seigneurie, I. 439. D. 440. D. 441. C D. 441. A. VI. 370. B. VII. 110. C. 251. B. VIII. 919. B. IX. 102. A.

Pierrefaite, seigneurie, IV. 834. A.

Pierrefeur, seigneurie, VIII. 303. C.

Pierrefite, VII. 570. B. 877. B. seigneurie, IV. 215. D. V. 320. A. 490. D. 510. A C. VII. 130. D. marquisat, IX. 99. B. Sainte Honorine la Guillaume, seigneurie, VII. 279. E.

Pierrefond, seigneurie, II. 498. B D. 500. D.

Pierrefonds, seigneurie, III. 567. B. 666. B.

Pierrefons, seigneurie, VI. 93. D. vicomté, IV. 601. B.

Pierrefort, IV. 470. E. 471. A. seigneurie, II.

54. E. 62. D. 65. A. V. 510. D. VII. 41. A. 71. A. 797. E. VIII. 532. A. 533. E. baronie, II. 64. E. 65. A.

Pierregourde, VIII. 910. E.

Pierrejus, seigneurie, IV. 834. A.

Pierrelatte, seigneurie, II. 135. D. 186. 2. C. 289. D. VII. 930. B.

Pierremale, seigneurie, II. 155. C.

Pierremont, seigneurie, III. 322. C.

Pierrepertuis, seigneurie, VII. 653. A. baronie, V. 12. F.

Pierrepertuise, seigneurie, I. 485. D. VII. 736. A.

Pierrepertuse, seigneurie, VII. 761. C.

PIERREPONT (Seigneurs de) suite des comtes de Roucy, VIII. 865.

Pierrepont, seigneurie, I. 233. E. 332. D. II. 343. C. 750. C. 764. E. IV. 435. B. V. 509. A. 510. A. VI. 124. C. 160. B. 356. C. 651. D. 719. D. 784. B. 793. A. VII. 48. A. 337. A. 339. D. VIII. 14. A C. 99. B. 402. C. 426. D. 427. C. 534. B. 558. A. 614. C. 635. A. 865. D. baronie, IV. 433. C. 435. D. V. 737. C. Taillade, seigneurie, VIII. 164. C.

Pierrerüe, seigneurie, IX. 86. D.

Pierrevive, III. 893. A. VI. 392. D. 437. C. VII. 651. A. VIII. 917. B. 942. D. 945. C.

des Pierres, IX. 445. C.

les Pierriaux, seigneurie, VII. 27. D.

Piethon, seigneurie, I. 56. A.

Pietin, V. 157. C.

Pietre, IV. 795. A. IX. 255. A.

Pietresson, VIII. 649. B.

des Piez, seigneurie, VIII. 894. A.

Pigace, VII. 434 A. 477. E.

Pigache, VI. 564. C.

Pigedon, seigneurie, VII. 59. C.

Piger, VII. 291.

Pignans, seigneurie, VII. 238. C.

Pignard, II. 434. A.

Pignatella, V. 531. B. d'Arragon, V. 530. B.

Pignatelli, V. 530. B. 739. A. VIII. 42. D. Bisaccia, V. 739. E.

la Pignelaye, V. 419. E.

Pigny, seigneurie, VII. 419. A.

la Pihalliere, seigneurie, VII. 478. C.

Piis, II. 369. C. IV. 23. C. VIII. 503. C. seigneurie, VI. 210. A.

Pilate, VI. 303. A.

la Pile, seigneurie, III. 582. C.

PILLAVOINE (Branche de) VI. 679. Voyez Trie.

Pillavoine, VI. 42. C. 291. B. 661. D. 675. A. 679. C. VII. 730. B. IX. 481. D.

Pillemy, seigneurie, III. 582. C.

PILLES (Seigneurs de) VIII. 593. ***** Voyez Gironde.

Pilles, seigneurie, II. 775. B. VIII. 594. ***** A. marquisat, II. 297. C.

la Pillette, seigneurie, VI. 645. D.

Pillois, VII. 472. C. 473. A.

Pillonniere, seigneurie, VIII. 333. B C. 336. A.

Pilloque, VIII. 566. D.

Pilly, seigneurie, V. 748. E.

Pilmont, V. 94. B.

Pimentel, I. 626. A. 617. A C. 634. B. 640. B. 649. A. IX. 295. A. de Cordane, IX. 296. B. de Fonseca, V. 529. C. de Guzman, I. 635. C. de Ibara, V. 526. C. de Quiñones, V. 526. E. 530. B.

PIMENTEL DE QUIÑONES, Don Francisco Casimiro Antonio Alfonso, nommé chevalier du S. Esprit, IX. 295. B.

Pimon, seigneurie, IX. 126. B.

Pimond, seigneurie, VIII. 68. A.
Pimont, VIII. 68. A. seigneurie, II. 870. E. VII. 134. B.
Pimorin, VIII. 467. C.
Pimpean, seigneurie, IV. 369. C. 374. C.
Pin, IV. 215. B. 687. B. VI. 470. D. 773. C. seigneurie, I. 376. E. II. 138. A. IV. 276. A B. VII. 389. A. 504. B. 601. A. VIII. 165. C. 589. C. 767. A. baronie, VII. 648. C.
Pinard, I. 441. E. V. 491. A.
Pinart, IV. 32. B. VI. 149. C. 262. B. 561. A. VII. 169. D. 529. B. VIII. 712. C.
Pincé, VI. 335. D. 435. D.
la Pincerie, seigneurie, I. 500. B.
Pinchaste, VI. 260. B.
Pinchon, III. 495. D.
la Pinçonniere, seigneurie, VII. 102. B.
Pineaux, seigneurie, VII. 102. C.
la Pinede, seigneurie, III. 834. D.
Pinel, VI. 369. B. VII. 669. C. 878. C.
Pinella, seigneurie, I. 582. C.
Pinet, VIII. 440. D. seigneurie, II. 14. C. 16. C. 206. E. 207. A. baronie, IV. 156. C.
Piney Luxembourg, duché-pairie, érigé en 1581. pour François de Luxembourg, III. 868. *Pieces concernant cette érection*, III. 869. Nouvelle érection le 10. Juillet 1620. pour Leon d'Albert, seigneur de Brantes, IV. 327. *Pieces concernant cette érection*, ibid. Continuation en 1661. pour François de Montmorency, comte de Bouteville, IV. 578. *Pieces concernant cette continuation*, IV. 579.
Pinay (*Ducs de*) pairs de France, sortis des seigneurs de Brienne, III. 731. *Voyez* Luxembourg, (*autres Ducs de*) III. 587. *Voyez* Montmorency, (*autres Ducs de*) pairs de France, IV. 274. *Voyez* Albert.
Piney, baronie, III. 729. A C. 730. C D. duché, III. 491. D. 605. A. 794. A. 840. B. IV. 269. B. 644. C. 771. A. VIII. 914. B. pairie, V. 183. F.
Pinkigny, VI. 704. C. *Voyez* Pecquigny.
Pinock, V. 652. C.
Pinon, II. 385. C. seigneurie, II. 776. D. III. 322. C. VI. 55. A. VII. 110. C. VIII. 538. A. 866. D. 868. D.
Pinos, V. 524. C.
Pinot, VI. 457. A. IX. 464. B.
Pinquet, IV. 840. E.
Pins, II. 173. E. 175. B. IV. 469. D. IX. 382. E. 383. C. 398. A. seigneurie, IV. 731. A D. 753. C. VII. 46. D. VIII. 719. A. 775. C. 776. A B D.
Pinson, VI. 471. A. seigneurie, VII. 709. E.
Pinsonat, seigneurie, IV. 828. D.
Pinthereau, IX. 465. A.
Pinto, I. 583. C. IX. 229. B.
Pioche, VII. 62. B. 663. D. *de la Vergne*, VII. 62. B.
Pioger, IX. 141. A. 279. C.
Piolaine, seigneurie, V. 416. C.
Piolans, seigneurie, VII. 619. E.
Piolenc, II. 296. C. VIII. 301. E.
Piolet, comté, VII. 116. A.
Piombino, principauté, VIII. 291. E.
Pionzac (*Comtes de*) VII. 139. *Voyez* Chabannes.
Pionzac, comté, VII. 139. C. VIII. 493. C. IX. 115. B.
Piopera, marquisat, II. 651. B.
Piosel, VII. 776. C.
Pioz, seigneurie, III. 352. E. 356. D.
Piozin, seigneurie, II. 295. E.

Pipemont, VI. 370. A. seigneurie, VII. 746. D.
Pipenpoy, II. 796. D.
Piquecos, seigneurie, VII. 187.
Piqueny, II. 151. E. IV. 371. A. *Voyez* Pecquigny.
Piquigny, seigneurie, I. 245. A. 253. A. II. 749. A. V. 229. D. VII. 554. A. seigneurie, V. 128. D. 237. C. VII. 447. D. IX. 190. B. 425. A. baronie, VII. 112. A. *Voyez* Pecquigny.
Piquet, VII. 484. A. seigneurie, VIII. 598. **** D.
Piramont, vicomté, VII. 258. B.
Piremail, baronie, VII. 508. D.
Pirez, I. 586. A.
Pis, seigneurie, VII. 460. B.
Pisani, III. 774. B. seigneurie, VIII. 769. C. marquisat, II. 416. E. 427. A B. III. 772. C. V. 19. F. 20. C.
Pisançon, seigneurie, II. 186. 2. C. 196. B. 202. D. 206. E. 207. D. 256. C.
Pischard, VI. 722. B.
Piscina, VII. 498. C.
Piscop, seigneurie, V. 340. B. 381. D. 410. B.
Piscopion, baronie, II. 602. C.
Pisot, seigneurie, VI. 439. C.
Pispoe, *Guillaume*, maître de l'écurie du Roy, VIII. 465. C.
Pisdoe, V. 136. F.
Pise, III. 356. B.
Pisey, seigneurie, VII. 199. D.
Pisseleu, *Jean*, fauconnier du Roi, VIII. 745. C.
Pisseleu (*Genealogie de la maison de*) VIII. 745.
Pisseleu, I. 334. A. 449. B. 460. C. II. 60. A. 80. A. III. 643. A. 892. A. IV. 72. A. 566. C. 663. A. V. 82. C. 141. F. 576. A. 623. A. *736. A. VI. 338. C. 390. B. VII. 370. G. 595. D. 757. E. VIII. 119. C. 265. C. 523. E. 644. C. seigneurie, IV. 669. B. VIII. 747. D E. *Helly*, V. 830. A.
Pissot, VIII. 254. B.
Pissy, seigneurie, V. 87. A.
Pistorius, baronie, VII. 660. B.
Pisy, seigneurie, VI. 533. C. VII. 6. B.
Pitard, VII. 878. D.
Pithou, IV. 444. C. 568. A. VI. 431. C. 572. D.
Pitigliano, seigneurie, VI. 78. C.
Pitiviers, seigneurie, II. 837. A.
la Pitre, II. 306. B.
la Pivodiere, seigneurie, VII. 641. C. 648. A.
Pizé, seigneurie, IX. 461. C.
Pjzy, seigneurie, III. 638. C.
la Place, IV. 228. A. 640. B. 759. B. V. 344. F. VI. 362. D. 446. B. VIII. 811. ** D. IX. 437. D. seigneurie, IV. 364. E. VII. 547. C.
les Places, seigneuris, III. 92. A. VIII. 992. B.
Placeton, II. 690. A.
S. Placide, *Pierre*, aumônier du Roy, VIII. 226. E.
Placky, seigneurie, V. 88. F.
Placy, seigneurie, VI. 690. C.
la Plaigne, seigneurie, II. 406. E.
la Plain, VII. 495. B. 496. B.
Plainbosc, VIII. 261. A. 272. D.
Plaine, III. 918. B. VII. 217. C.
Plaines, I. 360. D. VI. 174. D. VII. 644. B. VIII. 75. A. seigneurie, V. 133. D. VII. 90. E.
Plainval, seigneurie, VIII. 636. E.
Plainville, II. 410. C. VI. 676. A. VII. 475. D. VIII. 311. A.
Plainvilliers, IV. 745. A. 746. C. seigneurie, VII. 553. D.
Plais (*Seigneurs de*) VII. 376. *Voyez* la Chatre.
Plais, VII. 509. E. seigneurie, VII. 376. E.

Plaisance, seigneurie, I. 376. B. duché, I. 603. C. IX. 289. A.

du Plaisir, II 119. B.

Plaissié, VI. 143. B.

Plaissier de Pompone, seigneurie, II. 269. C D.

Plaix, VI. 438. C.

S. Plancard, seigneurie, III. 365. A. Voyez S. Blancard.

S. Plancat, seigneurie, II. 623. A. Voyez ibid.

PLANCHAS (Seigneurs de) IV. 549. B C. Voyez la Tour.

Planchas, seigneurie, III. 822. D. VII. 358. E.

la Planche, IV. 731. C. VIII. 647. B. seigneurie, IV. 78. C. 82. A. 821. D. VII. 620. B. Hubert, seigneurie, V. 12. F. Jumelle, seigneurie, VIII. 159. C. vicomté, IX. 313. A.

Planches, VI. 358. C VII. 596. A. seigneurie, II. 410. E. IV. 374. A. V. 127. C. 157. E. 158. A B. VI. 641. D. 644. C. 677. D.

la Planchette, IX. 345. C.

les Planchettes, seigneurie, IV. 711. A.

Plancoet, seigneurie, IV. 80. A. V. 375. D. VI. 184. A D.

Plancy , I. 434. B. VI. 66. D. 68. B. 156. D. VII. 4. C. 736. B. seigneurie , I. 494. B D E. 495. C. 497. D. 498. A. 512. D. II. 866. A. III. 665. C. V. 742. D. VI. 341. B. 450. C. 742. C. VIII. 355. D. 884. B. baronie, I. 500. C. VI. 437. C. 538. A. VIII. 798. D. marquisat, IV. 854. A. V. 85. A. IX. 306. B.

la Plane, seigneurie, II. 140. E.

Planet , VIII. 501. B. seigneurie , VII. 150. C.

Plangnes, seigneurie, VI. 172. C.

Plannes, seigneurie, I. 441. D. V. 140. F. VII. 395. D. 867. B. VIII. 110. D. 251. A. 272. C D. 790. A. baronie, VIII. 121. A. marquisat, VIII. 122. A.

Planquay, seigneurie, VI. 288. C.

la Planque, I. 261. C. VII. 827. C.

Planques, seigneurie, IV. 721. B. 784. B. 793. D. VII. 555. B. IX. 154. A.

Planquieres, seigneurie, IV. 181. A.

Planta de Wildenberg, baronie, VII. 658. E.

Plantade, seigneurie, VII. 66. B.

Plantadis, VII. 61. E.

Plantaire, seigneurie, III. 584. B.

la Plante, seigneurie, V. 129. D. 131. A.

Plantegenest, III. 192. A.

Planterge, seigneurie, V. 888. C. 890. B C. baronie, V. 898. E.

des Planciers, seigneurie, II. 142. A.

Plantin, seigneurie, VIII. 697. C.

Plantis, IV. 83. A. VII. 102. E. 553. B. 584. A. seigneurie, IV. 321. B. VI. 193. C.

Planzac, seigneurie, VIII. 50. A.

Plas, VII. 135. E.

Plassac, VIII. 594. ***** B. seigneurie , I. 376. C. IV. 125. A. baronie , VIII. 220. A.

Plassy, seigneurie, V. 89. A.

Platany, seigneurie, II. 603. B.

Platbuisson, seigneurie, VII. 377. B. IX. 332. C.

Plateaux, seigneurie, IX. 90. A.

Platecorne, VI. 160. B.

Platen , VIII. 640. C. IX. 336. B.

LA PLATIERE , Imbert , seigneur de Bourdillon , maréchal de France , VII. 210. A.

LA PLATIERE (Genealogie de) VII. 210. (Branche du nom de) IX. 471.

la Platiere, III. 639. A. IV. 897. B. VI. 493. C. VII. 60. D. 110. D. 427. C. 434. E. VIII. 329. A. 816. B. Bourdillon , VII. 128. D.

les Plats, seigneurie, VII. 487. B.

Plaud, IV. 368. A.

Plausac, seigneurie, VI. 86. E.

Playotre, seigneurie, VI. 143. D.

Plays, seigneurie, II. 877. E.

le Playt, seigneurie, IV. 373. D.

Pleaux, seigneurie, VII. 334. C. baronie, VII. 389. B.

Pledran, seigneurie, VII. 383. E. vicomté, IV. 83. D. VII. 390. B.

Pleepape VII. 241 D. seigneurie, I. 514. B.

Plegades, seigneurie, II. 426. B.

Plehebel , vicomté, IV. 75. E.

Pleix, VIII. 889. D.

Plelo, seigneurie, IV. 774. A. comté, IX. 336. B.

Pleneuf, seigneurie, VII. 122. C.

Plengroax , VIII. 363. B.

Plenofollo , seigneurie, VII. 451. C.

la Plesse, seigneurie, III. 641. A B. IV. 565. A. 686. C. VII. 508. E. 582. B. 583. A. 719. A C. VIII. 945. D. baronie, VII. 407. E. marquisat, III. 642. A B C D. Clerembault , seigneurie, IV. 686. E.

Plessian, seigneurie, I. 377. A. baronie, IX. 72. A.

Plesseys, IV. 862. B. Voyez Plessis.

PLESSIR (Seigneurs du) IV. 406. Voyez Rouvroy. (Autres Seigneurs du) V. 88. Voyez Boufflers. (Autres (Seigneur du) VIII. 10. Voyez Roye.

Plessier, VIII. 156. B. seigneurie , II. 426. B. III. 213. B C. Boulancy , seigneurie , VI. 260. A. Choisel-lez-Senlis , seigneurie , I. 53. B. VI. 561. A. VIII. 806. C. Choisent , seigneurie, IV. 406. A B. 410. B. Gobert , seigneurie , VII. 339. B. S. Just , seigneurie , IV. 395. C. 396. A C. 397. B. Roye , seigneurie, VIII. 6. B. 10. B.

PLESSIS (Seigneurs du) VI. 569. Voyez Seguier. (Autres Seigneurs du) VI. 666. Voyez Trie. (Comtes du) IV. 854. Voyez Choiseul.

PLESSIS-LIANCOURT (Genealogie de la maison du) IV. 744.

PLESSIS-RICHELIEU (Genealogie de la maison du) IV. 361.

PLESSIS-RIDEAU (Seigneurs du) VI. 439. Voyez Briçonnet.

PLESSIS-LIANCOURT , Charles , chevalier du S. Esprit , 83. C. Roger , chevalier du S. Esprit, IX. 179. B.

PLESSIS-RICHELIEU , Armand-Jean , duc de Richelieu , grand-maître , chef & sur-intendant general de la navigation & du commerce de France, VII. 908. A. Alfonse-Louis, grand-aumônier de France , VIII. 289. B. François , chevalier du S. Esprit , IX. 95. A. Alfonse-Louis, cardinal , commandeur du S. Esprit, IX. 157. A. Armand-Jean , cardinal , commandeur du S. Esprit , IX. 157. Louis-François , chevalier du S. Esprit, IX. 288. A. Voyez Vignerot.

Plessis, I. 437. C. II. 36. B. 263. D. III. 635. D. IV. 323. D. 374. C. 450. A. 673. C. 765. B. 805. B. 847. A. V. 24. D. 126. A. 134. D. 141. F. VI. 348. C. 632. D. VII. 98. C. 386. D. 459. D. 484. A. 527. D. 545. A. 551. D. 579. C. 619. B. 856. C. VIII. 173. B. 251. A B. 265. B. 364. D. 720. B. 791. D. IX. 243. A. 464. A. seigneurie, I. 360. E. 485. D. 504. B. II. 377. C. III. 622. E. 641. A. 906. C. IV. 41. C. 42. A C. 68. C. 229. D. 377. A. 616. B. 614. D. 640. C. 751. B. 804. D. 852. C. 853. A. V. 85. A. 403. D. 407. A. E. VI. 47. C. 51. C. 110. B. 184. A. 197. A. 318. C. 340. B. 421. B. 432. B. 433. C. 475. D. 485. C.

512. A. 569. C. 645. B. 664. A. 669. D. 674. A. 710. A. 781. A. VII. 472. E. 574. E. 583. A. 848. B. 851. A. 854. E. VIII. 142. A. 320. B. 805. AB. IX. 306, B. comté, VII. 873. B. *Anger*, seigneurie, IV. 55. C. VII. 216. B. 501. A. *Balisson*, seigneurie, VII. 176. D. VIII. 579. D. *Barbe*, seigneurie, I. 523. B. *Barbery*, seigneurie, VII. 892. C. *Barjot*, seigneurie, VI. 598. B. *Baudouin*, seigneurie, VII. 500. A. *Beaubois*, seigneurie, VII. 720. B. *Beaugran*, seigneurie, VII. 509. B. *Belleville*, seigneurie, IV. 854 AB. VI. 521. A. *Belliere*, seigneurie, IV. 294. A. marquisat, IV. 271. B. *Bergeret*, seigneurie, VIII. 706. B. *Bernard*, seigneurie, III. 635. C. 640. A. *Bertrand*, seigneurie, VI. 183. D. 772. A. VII. 381. B. comté, IX. 128. B. 292. B. *Biache* IV. 400. B. seigneurie, VIII. 792. D. *Billebauls*, seigneurie, VI. 791. D. *Biron*, seigneurie, VIII. 176. B. *aux Bois*, seigneurie, II 125. D. VI. 122. A. 516. A. 589. B. IX. 354. B *Bonnay*, VII. 509. A. *Boureau*, seigneurie, VII. 583. E. *Bourré*, seigneurie, VII. 386. D. *Briars*, seigneurie, VIII. 809. C. 810. C 810. ** D. 811. E. 812. AB. 812. * C. *Brion*, VI. 630. C. *Brochard*, seigneurie, VII. 227. B. *Budes*, seigneurie, VII. 523. C. *Cachelen*, seigneurie, II. 152. A. III. 621. CDE. 622. A. VI. 50. B. 64. A. *Chastel*, baronie, VIII. 645. D. *Chatillon*, VII. 547. A. IX. 309. A. *au Chat*, seigneurie, VIII. 551. E. *Chatelain*, seigneurie, VII. 631. B. *en Chypre*, seigneurie, IV. 370. B. *Choisel*, seigneurie, III. 771. C. *Clerembault*, seigneurie, III. 641. A. IV. 565. A. *le Comte*, seigneurie, VI. 552. D. *de Cosme*, VII. 224. D. *Cyran*, seigneurie, VI. 597. B. *d'Echelles*, seigneurie, VI. 604. C. *aux Eventes*, seigneurie, VII. 49. E. *Feucherolles*, seigneurie, VI. 435. E. *Fougeres*, seigneurie, V. 147. A. *Francou*, I. 502. C. *Fromentieres*, seigneurie, VIII. 809. * B. 810. D. *Garnier*, VIII. 936. D. *Gassot*, seigneurie, VII. 665. B. VIII. 653. E. *Giffart*, seigneurie, VII. 226. C. *Girard*, seigneurie, V. 490. D. *Gobers*, seigneurie, VI. 549. B. *de Godehaut*, seigneurie, VIII. 191. B. *Godebouss*, seigneurie, VIII. 725. E. *Guerif*, seigneurie, III. 631. B. VII. 583. E. *Haret*, seigneurie, III. 635. B. *S. Just*, VI. 346. D. *Karembourg*, seigneurie, IV. 60. D. *Kerlec*, seigneurie, VI. 772. C. *Kersalion*, seigneurie, VII. 724. D. *Launay*, seigneurie, VIII. 789. C. *Liancourt*, III. 494. C. IV. 428. D. 430. A. 435. A. VI. 528. A. 580. C. VII. 10. A. IX. 57. A. *lez-Ligny*, seigneurie, II. 151. B C. V. 131. C. *au Maire*, seigneurie, VII. 503. C. *Marcé*, seigneurie, VI. 117. D. VII. 900. B. *Marly*, seigneurie, II. 86. B. IV. 473. A. 714. D. VI. 283. A. *Marolles*, IX. 59. B. *S. Martin*, seigneurie, IV. 731. AB. 732. ABCD. 733. A. *Menart*, seigneurie, IV. 727. AD. 728. A. 729. A D. 730. AB. *Moreuil*, seigneurie, VIII. 265. C. *Morvant*, seigneurie, VII. 569. B. *Orbec*, baronie, VI. 646. C. *des Ousches*, seigneurie, VI. 390. C. *Onschamps*, VII. 160. B. *Paffy*, seigneurie, IV. 640. B. *Pasté*, seigneurie, I. 224. C. VI. 623. B. VII. 25. C. VIII. 98. D. IX. 59. B. *Picquet*, seigneurie, IV. 624. C. VI. 340. C. VII. 532. A. *Pilet*, seigneurie, VII. 229. D. *Placy*, seigneurie, VI. 259. B. *Poilchien*, seigneurie, VI. 280. C. *Praslain*, comté, V. 495. B. VII. 539. D. *au Prevost*, seigneurie, V. 493. E. *Rafflé*, seigneurie, III. 634. C. VII. 500. D. *Richelieu*, I. 339. D. IV. 624. B. 663. C. VII. 227. A. 517. A. *Rideau*

seigneurie, VI. 439. D. 450. C. 466. D. *de la Rocheguyon*, IX. 165. B. *Rosinvilliers*, seigneurie, VIII. 851. E. *Savonnieres*, IV. 686. B. VI. 504. A. *de la Touche*, II. 447. B. *aux Tournelles*, seigneurie, I. 275. C. IV. 177. B. V. 245. B. VIII. 239. D. *lez-Tours*, baronie, I. 495. D. *Tremblay*, seigneurie, VI. 312. A. *lez-Viry*, seigneurie, I. 497. B.

Plessoy, I. 519. A.
Plestin, vicomté, V. 927. C.
Pleveno, III. 52. C.
Plevenou, seigneurie, V. 375. D.
Pleugriffet, seigneurie, VII. 720. C. baronie, VII. 725. C.
Pleumartin, marquisat, IX. 80. B.
Pleun, seigneurie, V. 380. A.
Pleure, II. 385. A. seigneurie, VII. 36. C.
PLEURRE, (*Seigneurs de*) II. 344.
Pleurre, seigneurie, II. 342. B. 343. C.
Pleurs, seigneurie, II. 871. B C. 872. B. baronie, III. 371. A.
Pleuvaut, seigneurie, I. 237. D. IV. 167. B. 656. B. V. 768. C. VI. 414. B. 509. D. VII. 644. C. VIII. 119. B. baronie, IV. 42. C. marquisat, II. 873. B. IV. 849. A. VI. 416. D. *Voyez* Rochefort.
Pleuveron, seigneurie, VI. 472. D.
Pleuville, seigneurie, VIII. 486. B.
du Plex, seigneurie, VII. 84. A.
Plexeis, I. 96. C.
la Pleynie, VII. 217. C.
Plieux, seigneurie, IV. 663. B.
Plissac, baronie, III. 857. A.
la Plisse, seigneurie, VI. 477. A.
Plivain, II. 592. E.
Ploesquelec. *Voyez* Plusquelec.
Ploeuc, V. 928. C. VI. 773. D. VII. 506. D. 530. A. seigneurie, VIII. 359. B. 360. E. baronie, V. 928. C. comté, VI. 599. D. marquisat, VII. 506. D. *du Timeur*, V. 622. B.
Ploich, VII. 154. A. seigneurie, II. 781. E. 782. A C. VIII. 627. B. 633. C.
Ploirault, seigneurie, VII. 590. B.
Plois, seigneurie, VI. 708. B.
Ploisy, VI. 665. A. seigneurie, VI. 155. A.
Plomb, seigneurie, III. 766. B. 769. B. baronie, VIII. 175. A.
Plongere, seigneurie, VIII. 211. E.
Ploreth, vicomté, III. 641. C.
Plotard, VIII. 902. B.
Ploubalance, seigneurie, VII. 156. A.
Plouer, seigneurie, V. 386. B. comté, V. 396. B. 367. A C D.
Ploufragan, seigneurie, VII. 529. D.
Plouick, seigneurie, V. 830. B. 831. A B. 839. C.
Plouider, vicomté, VI. 769. B. VII. 383. B.
Plouis, seigneurie, VI. 348. C.
Plouver, seigneurie, VIII. 169. B.
Plouvigné, seigneurie, VII. 724. B.
la Plouziere, seigneurie, IV. 654. D.
Ployer, IV. 576. C.
Pluchard, II. 455. D.
la Plumassiere, seigneurie, VIII. 594. *** D.
Plumes, VIII. 237. C.
Plumet, VIII. 237. D.
Plumion, seigneurie, VIII. 31. D.
Plumoson, seigneurie, VII. 741. C. 823. C.
Plusqualec, II. 871. E.
Plusquelec, III. 731. A. VII. 506. B. VIII. 358. B E. IV. 60. B. 75. E. 802. E.
Pluravet, baronie, II. 872. C.
Pluveau, seigneurie, VII. 27. D. *Claveau*, ibid.

Pluvier, seigneurie, VII. 671. D.

Pluviers, VII. 170. B C. seigneurie, VI. 479. C.

Pluviez, VII. 420. A.

Pluvinel, VI. 435. E.

Poancé, VII. 528. D. seigneurie, III. 320. B. VI. 186. D.

Poart, VI. 467. C. 512. C.

Pobinas, seigneurie, VII. 289. D.

Pocancy, seigneurie, V. 851. C. VI. 604. C D. VIII. 753. D.

Pocé, II. 848. A. seigneurie, V. 10. E.

Pocey, comté, IX. 418. B.

Pochelle, IX. 198. B.

Poco, seigneurie, III. 356. D.

Pocquieres, IV. 162. B. 183. A. 860. D. VII. 82. D. 441. E. VIII. 330. C. 339. E.

Poctevin, V. 185. C.

Podenas, II. 443. C. VII. 269. A.

Podensac, III. 370. E.

Podentel, seigneurie, I. 689. D. 690. A.

Poderanche, seigneurie, III. 430. C.

Podocastor, II. 602. E.

Poelworde, II. 739. C.

Poenfac, seigneurie, VI. 89. C.

Poet, seigneurie, V. 285. C. VIII. 305. C. 306. B. la Poge, VII. 616. E.

Pogy, seigneurie, VI. 139. C.

Poictevin, VIII. 134. C.

Poignant, II. 127. B.

le Poigneur, VII. 472. D. VIII. 809. * A.

POIGNY, (Marquis de) II. 429. Voyez Angennes.

Poigny, seigneurie, II. 425. B. VII. 516. B. marquisat, VI. 119. C. IX. 312. C.

Poillé, seigneurie, VII. 669. B.

Poillevache, seigneurie, II. 745. E. 747. B. 751. C. V. 508. D.

Poilly, V. 80. C. VII. 251. A. seigneurie, VI. 155. B.

Poilvilain, VI. 372. A. VII. 629. E. 743. D. VIII. 68. A. 859. B.

Poinçons, seigneurie, VIII. 351. D. 354. B.

Poincy. Voyez Poyet.

S. Point, seigneurie, VII. 332. C. comté, VI. 528. C.

la Pointe, seigneurie, III. 452. C. VII. 431. C.

Pointeau, III. 649. A.

Poinville, seigneurie, IV. 367. A. 368. D.

Poipes, seigneurie, VII. 195. A.

Poirier, V. 144. E.

la Poiriere, VI., 558. D. seigneurie, VI. 561. C.

Poiseux, seigneurie, VI. 69. A. 415. C. VII. 896. D.

Poisieu, seigneurie, IV. 186. A.

Poisieux, II. 117. D. VII. 247. B. seigneurie, V. 765. A.

Poisle, VII. 636. C.

la Poissonniere, seigneurie, V. 768. A. VII. 651. D.

Poissy, II. 409. A. III. 620. A. 659. A. IV. 12. A. 13. B. V. 128. D. VI. 34. C. 41. C. 504. B. VII. 12. A. 14. B. VIII. 9. B. 368. D. 729. A. 888. A. seigneurie, VI. 41. B. 418. A. VII. 762. E.

Poisy, seigneurie, I. 514. D. 515. A.

Poitevin, IV. 420. D.

Poitier, VI. 545. C.

Poitiere, III. 599. B.

POITIERS, Louis, évêque & duc de Langres, II. 185. E. Guillaume, évêque & duc de Langres, II. 216. B. Charles, évêque & duc de Langres, II. 218. E.

POITIERS, comtes de Valentinois, (Genealogie de) II. 186.

Poitiers, I 113. A. 559. C. II. 18. A. 20. A D. 159. E. 216. D. 219. B. 374. B. 445. A. 669. B. 701 E. 874. B. III. 491. B. 763. E. 766. B. 768. A. 770. B. 812. B. IV. 18. A. 34. A. 39. B. 191. E. 527. E. 580. C. 715. E. V. 279. F. 505. D. 653. B. 741. B. VI. 85. B. 92. C. 138. B. 316. D. 317. A. 518. B. 326. C. 344. D. 376. B. 670. D. 725. D. 735. D. 755. A. VII. 34. A. 70. D. 131. C. 156. B. 168. C. 373. E. 648. B. 764. E. VIII. 51. B D. 74. C. 203. E. 272. B. 320. B. 416. C. 728. A. 910. C. 911. A. 912. D. 913. C. 919. A. 929. A. IX. 256. A. 300. B. comté, I 35. B. 82. C. 93. B. 106. C. II. 23. D. 612. A. 692. A. III. 122. C. IV. 461. C. VI. 244. A. de Rye, I. 272. A. de Rye d'Anglure, II. 212. D. V. 741. D. de Vadans, VII. 55. C. Valentinois, II. 30. D. 31. B. S. Vallier, II. 234. D. VII. 168. E.

POITIERS-VADANS, (Seigneurs de) II. 208.

POITOU, comté-pairie, érigé en 1315. pour PHILIPPES de France, III. 61. Pieces concernant cette érection, ibid. Nouvelle érection en 1369. pour JEAN de France, III. 233.

Poitou, comté, I. 70. B. 76. B. 106. C. 114. A. 538. D. II. 270. B. 463 B. 685. B. 836. B. III. 122. B. IV. 191. E. VI. 14. B.

Poitrin, seigneurie, VI. 494. B.

Poitronville, seigneurie, II. 127. C.

Poivilliers, seigneurie, IV. 12. A.

Poix, duché-pairie, sous le nom de Crequy, érigé en 1652. pour CHARLES de Crequy, IV. 689. Pieces concernant cette érection, ibidem.

Poix, Jeanne, amiral de France, VII. 820. B.

Poix, I. 268. C. II. 429. E. III. 595. C. IV. 79. D. 182. B. V. 88. F. 225. C. VI. 173. B. 348. A. 718. D. 784. C. VII. 174. A. 181. A. VIII. 13. B. 34. B. 74. A. seigneurie, VI. 112. A. 113. B. 718. D. VII. 746. C E. 819. E. 821. A. VIII. 154. A. 808. C. vicomté, VIII. 654. A. principauté, IV. 284. B. 290. D. 291. B. 293. B. VI. 784. A. VII. 462. C. Tyrel, VI. 786. A. Voyez Tyrel.

Pol, VIII. 400. B.

S. Pol, VI. 778. B. VII. 181. C. VIII. 596. * * B. IX. 465. A. seigneurie, VII. 501. B. comté, I. 252. A. II. 377. A. 776. D. 847. A. III. 603. A. IV. 211. A. 424. B. V. 234. B. VI. 704. B. 778. B. VII 846. A. en Foix, IV. 478. B. de Villiers-Ontrelean, VII. 610. C. Voyez S. Paul.

Polaenen, seigneurie, II. 798. C.

Polaillon, V. 184. F.

Polastron, I. 374. A. VII. 215. E. 774. D. seigneurie, VIII. 476. C.

le Poldre, seigneurie, I. 258. D.

LA POLE, Guillaume, amiral de France, VII. 835. C.

LA POLE-SUFFOLK, (Genealogie de) VII. 836.

la Pole, VII. 836. C. Suffolk, III. 383. A. 387. A. 424. D. VI. 214. D.

Polecinge, I. 507. A.

Polemieu seigneurie, II. 255. B.

Polentru, seigneurie, VIII. 348. B.

Polestres, seigneurie, IX. 438. C.

Polet, seigneurie, VI. 89. A.

Polhay, VI. 348. A.

Polheim, seigneurie, II. 105. B.

POLIGNAC, Gaspard-Armand, chevalier du S. Esprit, IX. 169. B. Louis-Armand, chevalier du S. Esprit, IX. 201. A. Melchior, cardinal, commandeur du S. Esprit, IX. 300. A.

Polignac , I. 211. B C. 309. D. III. 385. E. IV.
29. C. 228. C. 427. A. 439. C. 441. A. 501.
E. 534. D. 538. A. 573. B. V. 16. F. 673. A.
754. C. VI. 323. A. 327. A. VII. 60. A. 65.
D E. 125. D. 126. A. 152. B. 154. A. 222. C.
457. B. 764. C. 851. C. VIII. 14. C. 54. B.
170. D. 176. A. 216. B. 483. A. 499. E. 704.
C. 711. B. IX. 72. A. 115. B. 440. E. fei-
gneurie, III. 836. E. IV. 501. B. vicomté, II.
192. A. 195. E. 203. E. 206. D E. 207. A.
225. C. III. 810. D. 812. A C. 815. B. IV.
28. D. 529. A. 532. B C. 890. B. VI. 304.
B. 318. C. 323. A. VII. 54. B. 141. B. VIII.
50. A E. 52. D. 245. B. 640. D. 820. A. 912.
E. 933. B. IX. 202. C. marquifat , IX. 201.
A. Efcoyeux , IV. 456. B. VII. 700. A.
Poligny, VI. 606. A. 697. A. feigneurie, I. 514.
D. 515. A. II. 68. A. IV. 29. B. 34. A B. 36.
B. V. 288. F. 297. E. VI. 532. D. VII. 386. A.
IX. 276. B. 453. C. baronie, IV. 34. C E.
VII. 225. D. VIII. 706. E. marquifat , IV.
35. B C. le Bois , feigneurie , VIII. 316. B. le
Bon , feigneurie, VI. 591. A.
Polin, feigneurie, VII. 64. C.
POLISY , (Seigneurs de) VIII. 718. Voyez Dinte-
ville.
Polify, feigneurie, IV. 686. B. 748. B. 822. C.
837. E. 839. C. 873. A. VI. 701. A. VII.
160. B D. VIII. 718. A.
Pollans, feigneurie, VII. 806. A.
Pollapufins , feigneurie , VII. 51. B.
Pollet de la Combe, IV. 899. A. IX. 431. A.
Polliatt , VIII. 493. B.
Pollienas , feigneurie, VIII. 927. A.
Pollienay , baronie, VIII. 338. D.
Pollio, III. 92. A.
Polmignac , feigneurie , II. 699. C.
Polnic feigneurie, VI. 772. B.
Pologne , V. 508. B. royaume, I. 139. D. 182.
B. 341. A. 403. C E. III. 383. D. 713. D. 793.
B. IV. 543. D. VII. 374. B. 439. C. IX. 199.
B.
Pomairols, VII. 484. E.
POMARC , Hugues , évêque & duc de Langres , II.
215. E.
Pomarc , II. 215. E.
Pomaret , feigneurie, II. 663. C.
Pombeiro, feigneurie, I. 590. B. 659. B.
Pomeraine , V. 643. B. duché , ibid.
Pomereuil , vicomté , I. 443. A.
Pomerols, baronie, IX. 82. A.
Pomeufe, VI. 758. B. feigneurie, IV. 724. A.
Pomier, VII. 477. C.
Pomiers , feigneurie III. 370. E. 894. D. V. 239.
E F. 240. B.
Pommard , II. 870. B.
Pommardel , feigneurie , II. 372. C.
Pommart , feigneurie , VII. 804. C.
le Pommelier, II. 423. A.
la Pommeliere, feigneurie, VII. 233. A.
la Pommerais, IX. 473. D.
Pommeraux , feigneurie, VIII. 482. C.
Pommeray , VIII. 157. C. 159. E.
la Pommeraye, VI. 496. A. feigneurie , I. 444.
D.
Pommereu , VI. 450. D.
Pommereuil , II. 427. D. 432. B D. VI. 371. A.
VII. 514. B. VIII. 449. C. feigneurie , I. 444.
A. VI. 282. B. 682. B. VIII. 260. D.
POMMEREUL , Jean , maître de l'artillerie, VIII. 176.
B.
Pommereul , feigneurie , VIII. 37 A.
Pommereux , VII. 500. E. 512. C. VIII. 850. B.

feigneurie, III. 634. B C.
Pommerie, feigneurie, VIII. 148. C.
Pommerith, vicomté , IV. 60. D. 79. B. 83. D.
N. 396. C D. 397. A C. VI. 775. B. VII. 390.
A. VIII. 361. A.
Pommerol, feigneurie, VIII. 166. B.
Pommeroy, feigneurie, V. 88. B.
Pommëry , feigneurie , VIII. 871. A.
Pommieres, vicomté , VI. 153. D.
Pommiers, VI. 209. D.
POMPADOUR, Geoffroy, grand-aumônier, VIII. 241.
A. Philibert , chevalier du S. Efprit , IX. 164.
B. Jean , chevalier du S. Efprit , IX. 202. A.
POMPADOUR, (Genealogie de la maifon de) VIII.
242.
Pompadour, I. 179. C. II. 63. C. 266. E. IV. 215.
D. 364. E. 471. B. 480. B. 572. C. 682. A.
V. 17. C. 19. F. 359. D. 749. A. VII. 234. A.
205. C. 304. D. 329. C. 335. C. 458. A. 476.
B. 586. B. 607. E. VIII. 225. B. 707. E. 712.
A. IX. 232. D. feigneurie, II. 139. E. 223. C.
232. A. 234. B. IV. 426. B. 536. A. 688. A.
V. 359. D. 749. D. VII. 337. C. VIII. 161.
B. 259. C vicomté , IV. 62. B. VII. 445. A.
VIII. 246. A. marquifat , IV. 687. A. VIII.
246. E.
S. Pompain , feigneurie, VI. 309. D.
Pompiac , feigneurie , IV. 666. B. marquifat , IV.
687. A.
Pompiat, feigneurie, IX. 416. B.
POMPIGNAC, (Seigneurs de) VII. 409. Voyez Rof-
quelaure.
Pompignac , feigneurie , VII. 409. C.
Pompignan , feigneurie , II. 139. E. VII. 267. E.
Pompinhac, IX. 395. B.
Pomponne, VI. 116. A. 267. D. 268. A. VIII.
789. D. feigneurie, II. 40. B C. 41. B E. 42. B.
VI. 125. B. marquifat VII. 102. A. IX. 124.
A. 309. C. Voyez Arnauld & Plaiffier.
Ponac, feigneurie , IV. 141. D. VII. 323. D.
Ponat, VII. 547. D.
Poncaiec, VII. 226. B.
Ponçay, feigneurie , II. 424. A.
Poncé , VII. 513. B.
Ponce de Leon, I. 293. D. 294. A. 672. B. 685.
C. V. 516. B. IX. 296. B.
Ponceau, feigneurie, VIII. 490. A.
Poncel, III. 356. C. VI. 436. B.
Poncet, II. 384. A. IV. 283. B. 287. A. VI. 151.
D. VII. 807. C. 891. A. de la Riviere , VII.
647. E. 873. E.
Ponceton de Varax, VII. 647. A.
Ponche, vicomté, IV. 717. B.
PONCHER, Etienne , chancelier de France, VI. 449.
D.
PONCHER , (Genealogie de) VI. 449.
Poncher II. 82. E. IV. 401. C. VI. 292. A. 427. C.
440. A. 449. C. 505. C. 506. A. 509. C. 510.
A. VIII. 776. A.
Ponches , VII. 473. A. VIII. 294. B. 746. C.
feigneurie, V. 81. F. 82. F. 83. C E F. 84. C. 85.
A. 133. E. VIII. 98. A. vicomté , V. 82. D. 84.
E. 85. F. 86. B. Voyez Ponche & Boufflers.
Ponchon, feigneurie, VI. 288. C. 795. B. VIII.
857. B.
Poncie, feigneurie, V. 356. B.
Poncius, II. 21. E. feigneurie, VII. 196. C.
Ponço, I. 687. B.
Pondis, feigneurie, II. 851. A.
le Pondix, feigneurie, VII. 897. D.
Poneius, comté, III. 37. B.
Ponghes, feigneurie , IV. 66. A.
Ponhault, VIII. 131. C.

Ponnard, VI. 429. B.

Ponnerean, IV. 373. D.

Ponoille, VII. 10. A.

Pons, *Antoine*, chevalier du S. Esprit, IX. 57. A.

Pons, (*sires de*) *sortis des comtes* d'Armagnac, *de la maison de* Lorraine, III. 502.

Pons, II. 174. B. 188. 2. B. 361. D. III. 834. D. IV. 64. E. 125. A. 143. B. 428. D. 446. B C E. 756. C VI. 208. D. VII. 20. C. 65. B. 67. A. 125. E. 303. D 324. D. 445. C. 580. C. 605. C. 846. A. 860. D. VIII. 102. D. 173. B. 242. C. 593. ** D. 596. C. 704. D. 805. D. 824. B. IX. 390. D. seigneurie, I. 52. C D. II. 630. B. 634. D. III. 71. B. 73. A. 74. B. 80. D. 382. A. 614. C. IV. 164. D. 375. D. 481. D. 536. B. 652. B. V. 148. D. 180. E. 225. E. 269. A. 349. E. 387. B. 389. C. 742. C. 895. C. VI. 209. A. 220. A. 221. A. VII. 17. E. 408. A. 595. E. 596. B. VIII. 211. E. 573. C. 769. B. IX. 57. A. 116. C. baronie, IV. 417. D. marquisat, I. 179. C. 376. C. 469. A. *de Castelnau*, VIII. 164. A. *de la Grange*, III. 834. D. *de Gumera de Montclar*, VII. 701. D. *de S. Mesgrin*, VII. 19. C. *Mirambeau*, I. 371. B. *en Saintonge*, V. 267. D. seigneurie, II. 701. A B.

Pons de Guimera, *Joseph*, chevalier du S. Esprit, IX. 231. C.

S. Pons, seigneurie, II. 189. A. VIII. 921. A.

Ponsat, seigneurie, VII. 59. E.

Ponsonas, seigneurie, V. 263. C.

Pont, III. 583. B. IV. 54. C. 60. B D. 502. A. 844. C. VI. 262. D. 363. D. 481. A. VII. 28. B. 539. A. 719. B. 844. B. VIII. 287. A. 359. A. 360. D. 559. C. IV. 346. C. 449. * C. seigneurie, II. 123. D. V. 18. D. VI. 316. C. VII. 279. E. VIII. 329. C. baronie, IV. 60. A. 72. B. V. 382. B. VII. 383. C. marquisat, II. 218. C. V. 512. D. 513. B D. 575. A. VI. 132. A. VIII. 304. C. *l'Abbé*, seigneurie, III. 383. D. VIII. 360. D. *de l'Arche*, VIII. 22. A. vicomté, IV. 712. C. *Marquis*, VIII. 777. A. seigneurie, VII. 427. B. *à Mouçon*, marquisat, I. 122. C. 231. C. 232. A. VII. 253. B. *S. Pierre*, seigneurie, II. 775. B. IV. 55. E. 56. C. V. 131. C. VI. 695. C. 749. D. VII. 86. A. VIII. 19. A. baronie, I. 379. A. II. 85. D. III. 912. C. V. 131. E. 611. D. VI. 116. B. 743. D. 750. A. VII. 474. B. marquisat, VII. 630. E. *de Royans*, seigneurie, VII. 196. E. baronie, IX. 72. B. marquisat, V. 269. B. VII. 200. A. *sur Seine* seigneurie, I. 287. D. III. 664. C. IX. 322. B. *de Vesle* , comté , VIII. 893. A.

Pontac, I. 376. E. II. 231. C. III. 777. D. V. 185. E.

Pontaillé, VII. 244. B.

Pontailles, seigneurie, V. 132. A.

Pontaillier, VI. 416. D.

Pontaix , seigneurie, II. 201. C. 207 A B C.

Pontalais, seigneurie, VII. 486. D.

Pontallier, (*Seigneurs de*) II. 869.

Pontallier, II. 190. E. 211. B. III. 731. A. IV. 42. C. 180. B. 571. D. 573. B. 827. E. 860. A. V. 668. A. VII. 7. E. 35. C. 36. D. 39. B. 40. B. 52. C. 253. C. 255. B. 258. A. 644. C. 802. D. 809. E. VIII. 716. C. 719. D. seigneurie, II. 868. C D. 869. A. VIII. 321. E.

Pontantou, comté, IV. 770. A.

Pontarcy, VIII. 868. C. seigneurie, I. 423. A. 424. C. 425. C. 445. A. 447. E. III. 155. B. VI. 95. A. 109. B. 124. B. VII. 168. B. VIII. 537.

A. baronie, VII. 169. C.

Pontarion , seigneurie, II. 400. B. V. 327. A. 338. D. 340. E. 341. A D. 894. C. IX. 175. C.

Pontas, seigneurie, II. 185. 2. B.

Pontatrouvé, seigneurie, I. 256. D.

Pontaudemer . I. 284. E. 436. B. *Voyez* Ponteaudemer.

Pontaverne, seigneurie, IV. 396. C. 397. B D. 398. D. 399. A C. 400. A B.

Pontaujar, seigneurie, II. 194. E.

Pontavice, seigneurie, VII. 526. C.

Pontault, IV. 400. A. VII. 276. B. 359. D.

Pontbelain, seigneurie, III. 643. A.

Pont-Bellanger, seigneurie, II. 36. C D. V. 146. C. VII. 562. A.

Pont du Biez, seigneurie, V. 240. A.

Pontblanc, seigneurie, IV. 60. B.

Pontbrecel, seigneurie, V. 411. C.

Pontbriant, IV. 140. E. V. 148. D. VII. 322. A. VIII. 25. D. IX. 388. B. seigneurie, VIII. 562. E. *de Camaret*, VII. 420. C.

Pontcalier, comté, IX. 440. C.

Pontcallain, seigneurie, III. 645. A.

Pontcarne, seigneurie, II. 370. E.

Pontcarrat, seigneurie, V. 751. B.

Pontcarré, seigneurie, IV. 440. D.

Pontchartrain, VI. 538. B. comté, IV. 453. A B. VI. 563. A. IX. 335. C. 455. D.

Pontchâteau, seigneurie, III. 637. C. IV. 57. B. baronie, III. 499. C. 638. A. 651. D. 858. C. IV. 56. C. 368. C. 388. C. 805. A. 806. C. 807. B. VII. 75. D. marquisat, IV. 807. A. IX. 277. A.

Pont du Château, seigneurie, VI. 323. C.

Pontchentut, seigneurie, I. 374. A.

Pontchevron, VIII. 896. D. seigneurie, II. 36. C. VIII 804. C.

Pontcourlat, seigneurie, V. 131. B.

Pontcourlay, seigneurie, IV. 369. C. 372. A B. 373. B D. 374. A B E. 375. C. 376. B. 391. D. marquisat, VII. 936. B. *Voyez* Wigneror. D.

Ponte, VI. 494. A. IX. 440. E.

Ponté de Scarnafis, VI. 498. C.

Ponteaudemer, VII. 750. C. seigneurie, II. 405. A. 406. A C. comté, IV. 770. A. vicomté, VII. 711. E. *Voyez* Pontaudemer.

Pontecroix, marquisat, IV. 75. B.

Pontejac, baronie, IX. 471. C.

Ponteriau-sur-Oise, seigneurie, VIII. 20. A.

Pontevez, I. 470. E. II. 239. D E. 241. A D. 243. A. 244. A C. 245. A B. 246. E. 247. C. 248. D. 250. A. 253. B. 256. D. 292. C. IV. 494. C. 497. A. V. 280. C. 495. C. VII. 190. E. 452. B. 617. C. VIII. 295. C. 297. A. 299. B. 301. D. 304. B. 305. A. IX. 72. B. 86. A B D. 419. C. seigneurie, II. 242. B. 293. A. VIII. 294. C. *Agoult*, II. 242. A. *Buoux*, VIII. 303. B. *Carces*, VIII. 295. E. 298. C. 307. C.

Pontferon, seigneurie, IV. 576. C.

Pontferré, seigneurie, VII. 902. C.

Pont-Gibault, VIII. 144. D. seigneurie, I. 310. C. III. 837. A. IV. 334. D. 546. B. V. 765. E. VII. 56. A. 58. C. 222. C. 810. D. VIII. 56. D. 175. E. 176. A. 188. B. 191. D E. 711. B. 814. B. comté, VII. 407. B. 695. A. VIII. 192. A.

Pontglou, seigneurie, VII. 526. B.

Ponthean, seigneurie, VII. 901. C.

Pontd'herisson, seigneurie, IV. 373. C.

Ponthieu , comté-pairie , érigé en 1710. pour Charles

CHARLES de France, duc de Berry, V. 108. Pieces concernant cette érection, ibid.

PONTHIEU (Comtes de) fondus dans la maison des anciens comtes d'Alençon, III. 295. II. race, sortis des Comtes d'Alençon, III. 299. III. race, III. 304.

Ponthieu, II. 410. A. 877. E. V. 132. A. VI. 75. E. 678. C. VII. 28. A. 110. B. VIII. 544. D. 633. D. 727. comté, I. 77. D. 95. C. 115. E. 136. D. 202. A B. 203. E. 204. C. 230. E. 318. A. 319. C. 388. A. 427. A. 429. E. II. 507. D. 692. E. 796. C. 856. D. III. 83. B. 291. A B. 292. A. 489. C. 569. D. IV. 211. A. V. 507. B. VI. 76. B. 108. A. 138. B. 164. D. 168. B. 663. A. VII. 28. A. 110. C. VIII. 88. E. 402. B. 866. E.

Ponthieux, V. 16. C.

Ponthivel, seigneurie, VI. 260. B.

Ponthois, seigneurie, VIII. 37. A.

Ponthon, VII. 458. E.

Ponthou, seigneurie, VIII. 359. B. 360. D.

Ponthus, seigneurie, VI. 396. E. 398. D.

Pontillaut, seigneurie, VIII. 792. E.

Pontiou, seigneurie, V. 17. D.

PONTLO (Seigneurs de) VII. 728. Voyez Coëtlogon.

Pontlo, seigneurie, VII. 728. A.

Pont-Saint Maixance, III. 773. B. IV. 410. A.

Pontoraury, seigneurie, II. 366. A. du Petit Roelle, seigneurie, II. 361. E.

Pont de Meez, seigneurie, IV. 615. A.

Pontmenard, seigneurie, IV. 806. A. V. 405. E.

Pontminiac, seigneurie, V. 425. D.

PONTMOLAIN, Jean, maître enquesteur des eaux & forêts du Roy, VIII. 859. C.

Pontmolin, V. 241. E. VI. 338. B.

Pontmur, seigneurie, VII. 117. D.

Pontnormand, seigneurie, V. 407. C. 415. D.

Pontoile, seigneurie, VII. 563. E.

Pontoire, seigneurie, VII. 6. D.

Pontoise, II. 455. E. seigneurie, III. 567. E. comté, II. 95. E. 265. C. 266. C. 268. A. III. 170. A.

Pontous, seigneurie, VII. 606. D.

Pontpierre, seigneurie, V. 416. A.

Pontpinan, seigneurie, III. 587. C.

Pontpincé, seigneurie, VII. 474. A.

Pontquellec, seigneurie, IV. 60. C.

Pont de Rennepont, IV. 858. B.

Pontrincourt, seigneurie, VII. 556. D.

Pontrohart, seigneurie, IV. 211. C. VII. 181. A.

Pont-Rouaut, seigneurie, II. 429. D. VII. 22. C.

Pont de Ruau, seigneurie, VII. 619. A.

Ponts, seigneurie, VIII. 946. A.

les deux Ponts, seigneurie, V. 511. B. comté, V. 637. D. duché, IV. 72. D E.

Pontsal, seigneurie, IX. 76. B.

Pont de Salazer, comté, VII. 51. D.

Pontval, seigneurie, V. 395. E.

Pontvallain, IX. 418. C.

PONT-DE-VAUX, duché, érigé en 1623. pour CHARLES-EMMANUEL de Gorrevod, comte de Pont-de-Vaux, V. 662. Pieces concernant cette érection, V. 663.

PONT-DE-VAUX (Comtes, puis ducs de) V. 668. (suite des Comtes de) V. 671. Voyez Gorevod.

Pont-de-Vaux, comté, V. 667. C. 669. A. 671. C D. VII. 51. D. duché, I. 264. C. V. 670. A.

Pontvere, seigneurie, VI. 354. D.

Pont-de-Vie, II. 452. C.

Pontvilain, seigneurie, VIII. 643. B.

Pontville, I. 237. E. IV. 426. D. VIII. 2. C. 720.

Tome IX.

D. 771. A. 787. A. seigneurie, IV. 654. D. 678. D. 685. C. VIII. 595. C. sur-Tonne, seigneurie, I. 287. D.

Ponveli, seigneurie, III. 909. B.

Poole, VII. 91. A. seigneurie, ibid.

Poolin, VI. 354. A.

la Popeliniere, marquisat, VII. 632. C.

Popian, seigneurie, II. 135. B.

Popillon, IV. 409. BC. 890. A. VII. 198. A. VIII. 181. B. 493. D. 661. D. du Rian, IV. 898. D. VII. 198. A. 369. B.

Popin, VII. 743. A.

Popincourt, IV. 459. A.

Popoli, duché, V. 86. A. IX. 294. A. Voyez Cantelmi.

la Poquetiere, seigneurie, VII. 509. E.

le Porc, VII. 508. E. 723. D. IX. 243. A. de la Porte, IV. 176. B. V. 610. E. VII. 502. E. 503. C. de la Porte de Vezins, IX. 88. D.

PORCEAN (Comtes de) VI. 109. Voyez Chastillon.

Porcean, VIII. 15. B. seigneurie, IV. 213. D. comté, I. 212. D. 432. A. II. 150. A. 156. D. 282. B. 315. C. 757. C. 761. B. III. 736. D. IV. 68. C. V. 637. D. 638. B C. 639. B C. 640. B. 641. C. 642. B. 654. B. VI. 90. E. 109. C. 110. C. 111. B. 130. D. 157. D. 671. A. 731. C. VII. 33. E. 107. A. 127. B. VIII. 40. D. 91. E. 314. A. principauté, V. 639. D. VIII. 41. A. 42. C.

Porcelet, VI. 484. A. VIII. 304. D. IX. 86. D.

Porcelets, V. 279. A. 281. F. 284. C. VIII. 920. B. de Maillane, V. 22. B. 743. C. d'Ubaye, V. 285. D.

Porcellet, II. 257. C. IV. 772. B.

Porcey, seigneurie, VIII. 174. E.

Porche, seigneurie, VII. 156. A.

LE PORCHER, Simon, maître enquêteur des eaux & forêts, du Roy, VIII. 847. B.

Porcher, I. 149. A. VIII. 810. * * D. seigneurie, VIII. 811. E.

la Porcheresse, IV. 754. B. 859. B CDE. 860. A C E. 861. C E. 862. A. VII. 6. D. 366. D. 552. C. VIII. 334. C. 425. A.

les Porcherons-lez-Paris, seigneurie, II. 105. C. 107. B C. 108. A B C E. 109. A. VIII. 239. C D.

Porcherot, IV. 838. C.

Porcheux, I. 225. B. seigneurie, VIII. 888. C.

Porcien, seigneurie, VIII. 369. B. Voyez Porcean.

Porcin, seigneurie, VI. 323. C.

Porcon, VII. 126. C. 714. A. VIII. 98. D.

Porcy, seigneurie, VII. 832. B.

Pordeac, seigneurie, VII. 404. E. baronie, VII. 406. E. 864. A. IX. 425. C. marquisat, IX. 438. C.

Pordiac. Voyez Pordeac.

Pordic, seigneurie, VII. 766. A.

Porée, V. 22. A. VI. 138. D. Eon, V. 22. A.

Porhoet, III. 431. B. IV. 58. C. 73. A C. 77. A. VIII. 389. B. seigneurie, IV. 68. C. VII. 107. A. vicomté, III. 513. D. IV. 51. B C. 53. B. 56. B. comté, I. 269. C. 270. C. 371. B. 458. B. III. 45. D. 50. E. 80. A. IV. 56. C E. 57. C. 58. B. 69. A. 711. B. 217. D. 569. A D. 570. B. V. 134. A. 138. C. 233. D. 384. C. VI. 201. B. 203. D. 253. C. 767. A. VI. 74. C. VIII. 580. B.

Poris, seigneurie, II. 408. D.

Pormorant, seigneurie, VI. 438. A.

le Pornich, seigneurie, IV. 74. C.

le Potquier, IX. 444. E.

Porreaux, seigneurie, VIII. 445. A.
Y 2

Potrieres, feigneurie, II. 244. C. 293. D.
Pors, feigneurie, IV. 458. C D.
Porfac, baronie, VI. 555. A.
DU PORT, Pierre, maître enquêteur des eaux &
forêts du Roy, VIII. 847. C.
Port, IV. 675. A. feigneurie, II. 307. E. 408.
D. VIII. 297. B. IX. 218. A. l'Aîné, baronie,
II. 874. D. David, feigneurie, II. 241. B.
Sainte Marie, feigneurie, III. 351. A. 352. A
B. VI. 163. A. comté, III. 352. C. 353. A C.
354. A B C E. fur-Saône, feigneurie, II. 873.
E. VII. 34. C. VIII. 350. B. fur-Seille, feigneu-
rie, VII. 466. D. de Ville, feigneurie, V. 83. F.
S. PORT (Seigneurs de) VI. 547. Voyez le Févre
de Caumartin.
S. Port, feigneurie, VI. 547. B. 789. A. baronie,
VI. 544. A.
Portail, VIII. 809. ** E. feigneurie, VI. 194.
B. Cottchet, VI. 194. B.
Portal, feigneurie, VII. 23. E. 26. A.
Portalegre, feigneurie, I. 582. B. 585. A. comté,
I. 637. C. 638. B. 639. D. 659. C. 671. B C.
Portaleon, VI. 132. B.
Portas, VI. 555. C. Henriquez, I. 645. A.
Portau, feigneurie, II. 64. E. VI. 428. A. 433.
B.
Portaut, feigneurie, VII. 855. B.
LA PORTE, Charles, duc de la Meilleraye, maré-
chal de France, VII. 519. C. idem, maître de
l'artillerie de France, VIII. 187. C.
la Porte, II. 255. E. 400. D. 448. D. IV. 143.
E. 221. A. 324. B. 368. B. 624. & fuiv. 669.
A. 751. A. 765. B. 793. C. V. 463. * D. 466.
A. VI. 369. A. 465. D. 766. A. 796. A. VII.
17. B. 83. E. 137. D. 354. A. 377. C. 425. B.
494. C. 517. A. 552. D. 620. B. 652. C. 714.
D. VIII. 150. A. 188. A. 289. B. 808. A. IX.
343. C. 441. B. 451. * D. 458. C. feigneurie,
II. 233. C. IV. 401. B. V. 159. F. VI. 190.
D. VII. 699. A. VIII. 698. B. d'Artois, V.
393. A. Beraule, feigneurie, IV. 728. C. Ber-
trand, baronie, VI. 316. C. de Chavagnieu,
VIII. 333. D. de la Guyonnie, feigneurie, II.
229. A. Lefignat, VII. 354. C. Mazarin, III.
775. B. IV. 67. E. 377. B. 625. & fuiv. V.
738. A. VII. 598. B. 639. D. 640. C.
IX. 272. B. de la Meilleraye, V. 463. * D.
463. E. d'Offan, I. 371. E. d'Offan, IX. 147.
A. de Peffeltere, VI. 455. C. VII. 425. B. 431.
B. IX. 116. A. de Vertot, feigneurie, II. 81.
A. Vezins, IV. 324. B. 749. D.
LA PORTE DE LA MEILLERAYE, Charles, cheva-
lier du S. Efprit, IX. 172. B.
le Porteau, feigneurie, VI. 26. D.
Portejeu, feigneurie, IV. 749. A E.
Portel, I. 583. D. II. 190. C. Sonfa, I. 585. C.
Portella, baronie, VI. 765. A.
Porteneuve, feigneurie, VIII. 364. C.
Portes, II. 255. C. 256. C. VII. 439. B. fei-
gneurie, II. 775. B. III. 810. B D. 837. D. V.
399. D. 412. D. VI. 708. D. VII. 157. E. 529.
E. VIII. 12. D. IX. 423. E. baronie, VI. 317. D.
VIII. 920. B. IX. 421. B. vicomté, III. 605.
C. marquifat, I. 347. B. 348. E. III. 486.
D. IV. 410. B. 411. A. IX. 154. C. Bertrand,
feigneurie, II. 134. C D.
Portien, vicomté, IX. 124. B. comté, I. 205.
A. III. 727. B. principauté, III. 451. C. 486.
D. IV. 377. Voyez Porcean.
le Portier, VI. 311. E.
Portiere, VIII. 71. A.
PORTO-CARRERO, don Louis-Emmanuel-Ferdinand,
cardinal, nommé commandeur du S. Efprit,
IX. 297. B.

Porto-Carrero, I. 185. B. 586. A. 632. B. 636.
B. 650. A. 687. C. III. 354. C.
Portol, feigneurie, VII. 767. B.
Porto-de-Moz, feigneurie, I. 664. C.
Porto Seguro, marquifat, I. 673. A. 674. A.
le Portric, feigneurie, IV. 55. C.
Porfmouth, duché, V. 622. B. 928. D E.
PORTUGAL (Rois de) I. 569. & fuiv. 600. &
fuiv. 610. & fuiv. 620. & fuiv.
Portugal, I. 80. D. 132. C. 243. E. 585. A. 594.
A. 600. C. 606. A. 614. B. C. 616. C. 617. B.
619. A. II. 600. C. 727. A. III. 353. A. V.
514. A. VI. 164. A. VII. 87. E. VIII. 37. D.
IX. 376. B. royaume, II. 723. B. III. 515. A B.
VI. 163. A. VII. 87. E. VIII. 402. A. Alen-
caftro, I. 618. D. Bragance, I. 600. A. 618.
C. 619. B. 668. B. 676. B. Caftro, I. 618. C.
651. A. 652. A. 664. C. Colomb, I. 634.
B. V. 166. D. Farò, I. 641. A. 671. C. 686.
B. Ferreira, I. 664. D. Gelves, I. 651. A.
Lancaftre, I. 294. A. Norona, V. 524 E. Pe-
reira, IX. 380. C. Pereira-Mello, I. 624. D.
Vifeo, I. 616. C.
Porville, feigneurie, VIII. 84. C.
Porzay, comté, VII. 652. D.
Pofnanie, palatinat, I. 182. B.
Pofols, feigneurie, VII. 709. C.
Pofquieres, vicomté, VIII. 915. C.
Poffe, VII. 283. C. feigneurie, II. 84. A.
Poffeffe, VII. 753. C. feigneurie, VI. 33. D. 34.
A C. 35. A. VIII. 866. E. 870. B. IV. 328.
D. Voyez Garlande.
Poffonniere, feigneurie, III. 636. C.
Pofte-Saint-Denis, feigneurie, II. 408. D.
Poftel, I. 515. A. II. 67. A. 85. A. III. 915. B.
VI. 312. A. VII. 567. A. 844. E. VIII. 133.
A. feigneurie, VII. 763. D.
Poftic, I. 244. D.
Pot, Guillaume, prevôt & maître des ceremonies
des ordres, IX. 310. B. autre Guillaume, pre-
vôt, & maître des ceremonies des ordres,
IX. 311. A. François, prevôt & maître des
ceremonies des ordres, IX. 311. B.
Pot, I. 203. C. II. 118. E. 147. D. 249. D. 417.
E. 438. E. 863. A. III. 89. D. 497. D. 603.
A. 772. A. IV. 184. C. 289. C. 388. B. 553.
A. 659. B. V. 345. C. 351. B. VI. 562. B.
VII. 13. C. 76. B. 152. E. 238. A. 370. B.
371. B. 376. B. 440. A. VIII. 180. B. 655.
D. 712. C. 753. D. de Plenoche, VIII. 892.
D. de Rhodes, IV. 499. C. 805. E. VII. 25.
C. 578. E. IX. 279. A.
Potard, VIII. 635. D.
Potart, III. 581. A. IV. 408. A.
Potel, feigneurie, VI. 436. C.
Potelet, II. 120. C.
Potencia, comté, VIII. 76. B.
Potengy, feigneurie, IV. 408. A.
Potereau, feigneurie, V. 246. A.
POTERIE (Seigneurs de la) V. 156. Voyez Har-
court.
la Poterie, feigneurie, V. 156. F. VI. 389. A.
VIII. 210. D. 211. D.
Poteries, feigneurie, VII. 509. D.
POTIER (Genealogie de la maifon de) d'où font for-
tis les ducs de Tresmes & de Gefvres, pairs de
France, IV. 763.
POTIER, René, évêque & comte de Beauvais,
pair de France, II. 303. C. Auguftin, évêque
& comte de Beauvais, pair de France, II. 304.
C. René, chevalier du S. Efprit, IX. 143. B.
Leon, chevalier du S. Efprit, IX. 222. B. autre
Leon, commandeur du S. Efprit, IX. 263. A.
François-Bernard, chevalier du S. Efprit, IX.

268. A. *François-Joachim*, chevalier du S. Esprit, IX. 286. B. *Antoine*, greffier des ordres, IX. 332. A. *Nicolas*, greffier des ordres, IX. 334. B. *André*, greffier, IX. 338. B. *Estenne-René*, évêque de Beauvais, pair de France, IX. 393. D.

Potier, II. 304. C. 307. B. III. 732. A. IV. 876. E. VI. 478. B. 555. C. 557. B. 589. D. VII. 256. D. 259. E. IX. 127. A. 165. B. 417. D. *de Blancmesnil*, VIII. 800. B. *Gesvres*, IX. 235. B. *Novion*, VIII. 916. D. *d'Ocquerre*, VII. 694. *de la Terrasse*, IV. 137. A. VII. 315. B. *de Tresmes*, VII. 255. E.

Potiers, VII. 50. D.

Potigny, seigneurie, V. 126. C. 127. CF. 128. A.

Potin, IV. 731. BC. VII. 547. D.

Poton de Lamensan, III. 381. A. *de Xaintrailles*, II. 229. A.

Potonville, IV. 306. D. seigneurie, VI. 785. C. des Potots, VII. 741. B.

la Potriere, seigneurie, II. 126. E.

Potrincourt, seigneurie, I. 225. C. VI. 294. B. 436. B. 589. B.

Potronne, seigneurie, IV. 706. D. 707. B.

Pottes, I. 56. E.

Pouailly, seigneurie, I. 502. D. VI. 385. D.

Pouancé, II. 447. D. seigneurie, I. 273. B. 274. C. III. 712. B. VI. 137. C. VIII. 568. B. 569. C. baronie, IV. 325. B. V. 130. C. *Voyez* Poancé.

S. Pouanges, seigneurie, VI. 579. A. IX. 327. A.

Poucelin, VIII. 361. C.

Poucey, seigneurie, III. 620. B.

Poucket, seigneurie, II. 767. A.

Poudenas, seigneurie, VIII. 165. E. *de Villepinte*, III. 365. B.

Poudens, marquisat, VII. 539. A.

Pouderham, seigneurie, VII. 839. C.

Poufauges, seigneurie, VII. 175. B.

Pouffier, VI. 479. C. VII. 8. C.

Pougemin, seigneurie, IV. 454. B.

Pouget, III. 833. C. V. 337. BC IX. 310. B. seigneurie, VII. 20. D. 189. D. VIII. 593. *** C.

Pougnant, VI. 686. A.

Pougné, seigneurie, IV. 457. A.

Pougues, VI. 685. B.

Pougy, seigneurie, III. 729. A C. 730. C. baronie, IX. 312. B.

Poujeols, seigneurie, VII. 347. A.

Poujet, seigneurie, VII. 333. D.

la Pouillaude, seigneurie, III. 361. D.

la Pouille, duché, I. 227. A. 293. A. 397. E. 407. A. 409. E. II. 590. C. 729. A. 840. E. VI. 129. B. VIII. 864. A.

Pouillé, seigneurie, VIII. 487. D.

Pouillenay, seigneurie, VII. 194. C.

Pouilly, II. 321. A. 662. C. III. 842. C. VII. 155. B. VIII. 873. D. 874. B. IX. 392. D. seigneurie, II. 77. D. IV. 180. A. VI. 36. B. 502. D. 653. B. VII. 653. A. VIII. 804. B. *d'Esne*, IX. 99. A. *sur Saone*, seigneurie, VII. 795. E. VIII. 416. B.

Poujol, seigneurie, VII. 786. E.

Poujols, VII. 312. A.

Poulage, seigneurie, I. 515. B.

Poulain, IX. 463. D. 464. A.

Poulaines, seigneurie, IV. 751. A.

Poulangy, seigneurie, VII. 428. E.

Poulans, seigneurie, VII. 642. D.

Poulauzic, seigneurie, II. 660. B.

Pouldavid, seigneurie, V. 388. D.

Poulduc, seigneurie, IV. 76. B C. *Voyez* Polduc.

Poule, seigneurie, VII. 258. C.

Poulignat, seigneurie, IV. 688. C.

Poultgny, II. 872. C. *Voyez* Poligny.

Poulziguin, seigneurie, VIII. 364. A.

Poulmic, VIII. 360. B. seigneurie, VII. 389. D. comté, VII. 652. D.

Poulpry, VII. 526. E.

Poulques, seigneurie, II. 742. A.

Pouls, seigneurie, VII. 490. D.

Pouly, seigneurie, II. 68. E.

Povoa, seigneurie, I. 683. C.

Povos, seigneurie, I. 691. C.

Poupaincourt, IV. 747. C. VIII. 720. B. *Voyez* Popaincourt.

la Poupardiere, seigneurie, VI. 596. C.

Poupet, VII. 250. A. seigneurie, VII. 149. A. 641. C. VIII. 911. A.

Pouques, III. 607. C. VI. 781. C.

Pourcairagues, seigneurie, V. 894. D.

les Pourcelets, IX. 72. B.

Pourcharie, seigneurie, VII. 862. D.

la Pourcherie, seigneurie, VIII. 590. B.

Pourcioux, seigneurie, VIII. 295. B.

Pourieres, seigneurie, VIII. 295. B. 304. B.

Pourlain, seigneurie, VII. 35. A.

Pourpeuse, VIII. 555. D.

Pourpointier, I. 571. B.

Pourpris, seigneurie, II. 110. E. 122. C.

Pourqueitragues, seigneurie, IX. 427. D.

Pourquerolles, seigneurie, VIII. 303. C.

Pourques, VIII. 84. A.

Pourroy, II. 256. A.

Pourtent, VII. 862. C.

Pousadella, seigneurie, I. 577. D.

Pousan, V. 191. A.

POUSAUGES (*Seigneurs de*) IV. 196. *Voyez* Thouars.

Pousauges, seigneurie, III. 632. B. IV. 194. D. 622. D. V. 575. D. 610. B. 613. C. VI. 67. B. 651. C. VIII. 730. A B. baronie, V. 609. D.

Pousenac, seigneurie, VI. 388. D.

Pousieux, seigneurie, VII. 375. B.

Poussin, seigneurie, II. 185. 2. D. 187. C.

Pousols, seigneurie, VII. 482. A. 483.

Poussan, seigneurie, VII. 366. C.

Poussard, IV. 125. E. 446. B. 457. A. VI. 220. B. 221. A. VII. 304. E. 580. C.

Poussart, I. 471. A. IV. 475. D. VIII. 212. A. 755. B. IX. 163. B.

Pousse, seigneurie, VI. 411. A.

Poussé, seigneurie, V. I. 467. C. VIII. 775. D. 786. A. baronie, VI. 571. C. VIII. 777. C. marquisat, VIII. 810. ** B. 811. C.

Poussemothe de l'Etoille, III. 583. C. IV. 793. C. VII. 652. E.

Poussepain, VI. 789. D.

Pousserme, VII. 484. C.

le Poussin, seigneurie, II. 189. A. 193. E. 195. B. 198. E.

Powis, baronie, VII. 91. A.

Pouvreau, V. 606. C. IX. 145. C.

LA POUVRIERE (*Seigneurs de*) VIII. 148. *Voyez* le Groing.

Pouvriere, seigneurie, VIII. 144. B. 148. A.

Poux, V. 317. A. seigneurie, V. 362. BCDE. 363. BDE. 364. BC.

Pouy, V. 178. E. VIII. 476. E. seigneurie, III. 362. D. seigneurie, VII. 559. D.

Pouyminet, seigneurie, VII. 461. C.

Pouzauges, seigneurie, VII. 870. D. *Voyez* Pousauges.

Pouzols, VII. 300. D. *Voyez* Pousols.

Pouzin, feigneurie, II. 415. B.

la Poyade, VII. 278. D. feigneurie, VI. 602. D.

Poyanne, VII. 289. D. feigneurie, VII. 271. B. IX. 127. B. baronie, IX. 167. D. marquifat, V. 185. D. VII. 529. B. IX. 204. A.

Psye, feigneurie, VII. 849. E.

POYET, Guillaume, baron de Beyne, chancelier de France, VI. 469. B.

POYET (Genealogie de) VI. 470.

Poyet, II. 79. E. VI. 470. B. IX. 461. E. feigneurie, IX. 113. C. de Pouncy, feigneurie, II. 428. C.

POYLOBON (Seigneurs de) VII. 269. Voyez Montefquiou.

Poylobon, VII. 264. C. feigneurie, VII. 269. A.

Poynfon, feigneurie, VI. 28. C.

Poyfieu, VII. 434. D. VIII. 458. C.

Poyfieux, VII. 300. D.

Pozeaux, feigneurie, VII. 365. C.

Pozols, VII. 300. D.

Pozzo, II. 290. B. IX. 238. A.

Pra-Balezeau, IV. 846. B.

Pracontal, I. 371. A. VI. 286. D.

Pracontel, VIII. 328. B.

Pradas, feigneurie, VII. 768. E.

Prade, feigneurie, III. 830. A. comté, I. 413. A.

Pradeilles, vicomté, IV. 24. A.

Pradel, VIII. 428. C.

Pradelles, feigneurie, III. 810. B. 908. C. IV. 27. B. VII. 315. B. IX. 424. A.

Prades, II 643. D. feigneurie, VI. 305. A. VII. 412. C. VIII. 815. A.

Pradine, IV. 848. B.

Pradines, VIII. 872. C. 874. C.

Pradmer, feigneurie, VII. 695. A.

PRADO (Comtes de) fortis de la maifon de Soufa, I. 699. Voyez Portugal.

Prado, comté, I. 681. C D. IV. 643. C.

Prael, VII. 473. B.

Praeiles, IV. 366. B. VIII. 141. C.

Praefles, feigneurie, VII. 873. C. VIII. 427. D.

PRAET (Seigneurs de) II. 766. Voyez Flandres.

Praet, I. 52. C. 55. A. III. 918. B. VI. 715. C. feigneurie, I. 244. B. 256. C. III. 905. C. 919. B.

Prahec, feigneurie, II. 859. A.

Prajons, feigneurie, VIII. 484. C.

Pramenoux, feigneurie, VII. 140. B.

Prandt, VIII. 81. B.

Prangey, feigneurie, VII. 253. B.

Pranlac, feigneurie, IV. 61. E. V. 140. D. VIII. 755. B. 923. B. maquifat, II. 232. E. IX. 592. D.

PRASLIN (Seigneurs de) IV. 852. Voyez Choifeul.

Praflin, feigneurie, IV. 229. D. 827. BC. marquifat, IV. 857. C. 858. AB. VII. 336. D. 545. D.

DU PRAT, Antoine, feigneur de Nantouillet, chancelier de France, VI. 452. B.

DU PRAT (Genealogie de) VI. 453.

du Prat, I. 218. C. 469. B. II. 444. A. III. 770. C. IV. 223. A. 408. B. V. 665. B. 895. B. VI. 518. B. 566. B. VII. 134. D. 395. E. 460. A. 709. A. 711. C. VIII. 558. E. 938. B. IX. 464. B. feigneurie, IV. 492. A. baronie, VII. 925. B. Nantouillet, VI. 740. C. VII. 156. C.

Pratello, feigneurie, VIII. 75. D.

Prats, baronie, IV. 493. C.

Pravier, feigneurie, IX. 470. C.

Pravieux, VIII. 333. D.

Praville, feigneurie, II. 78. E. VI. 437. B. VIII. 287. A.

Pravin, feigneurie, VIII. 338. D.

Pray, feigneurie, II. 127. B.

Prayens, VIII. 539. D.

Pré, I. 496. B. IV. 216. C. VI. 422. A. feigneurie, V. 83. C. VI. 646. C. VIII. 142. C. 232. E. 237. B. baronie, IX. 343. A. du But, feigneurie, IV. 823. A. VII. 811. D. de Seigle, feigneurie, IX. 360. C.

Preau, feigneurie, VII. 189. E. 332. D. VIII. 704. B.

Preauvé, VII. 526. C.

PREAUX (Seigneurs de) I. 364. Voyez Bourbon.

Preaux, II. 406. D. 502. A. V. 130. C. VI. 50. E. 738. A. VIII. 539. D. IX. 243. A. feigneurie, I. 203. E. 162. E. 272. E. 322. A. 323. C. II. 83. D. 406. A. HI. 80. B. 840. B. IV. 452. B. V. 131. D. 146. A. VI. 369. B. 379. A. 634. C. 639. A. VII. 868. B. VIII. 89. B. 546. B. 820. A. 869. A. 896. E. IX. 469. C. baronie, III. 603. E. VI. 775. A. VII. 900. B. marquifat, IV. 67. C.

la Prebandiere, feigneurie, VII. 425. B.

la Prebeya, VIII. 596. C.

Precaire, feigneurie, V. 143. A B.

PRECHAC (Seigneurs de) VII. 287. Voyez Montefquiou.

Prechac, feigneurie, II. 181. D. VII. 287. C.

Prechan, VII. 405. D.

Precigné, feigneurie, III. 649. B. 650. A C. VI. 63. A. VII. 225. A. VIII. 568. E. 571. E. 575. B. Voyez Precigny.

PRECIGNY, Renaud, maréchal de France, VI. 630. D.

PRECIGNY (Seigneurs de) IV. 829. Voyez Choifeul.

Precigny, V. 10. C. 279. A. 570. D. 572. B. VI. 626. D. 754. B. VII. 121. B. VIII. 836. D. feigneurie, I. 232. E. II. 61. C. 62. E. III. 636. E. 651. A C. IV. 562. E. 827. B. 832. D. V. 7. E. 8. A B. 9. B. VII. 36. C. 237. A. 393. B. 715. A. 853. C. VIII. 270. E. 889. B. baronie, VII. 237. B. 511. A. VIII. 117. C.

Precy, IV. 396. B. VI. 157. B. 454. C. 739. C. VII. 430. A. VIII. 399. C. 711. A. 893. D. feigneurie, I. 53. B. II. 306. D. 849. E. III. 588. A. 590. A E. IV. 406. A, 407. D E. 408. B V. 12. D. 226. A. 895. B. VI. 110. C. 157. B. 454. B. 506. B. 566. B. 671. B. VII. 49. A. 707. D. 708. E. 709. A. 870. C. VIII. 425. B. baronie, VI. 527. D.

Predubus, feigneurie, VI 405. D. Voyez Pré-du-but.

Prée, feigneurie, I. 237. C. VIII. 94. D.

Prépeape, feigneurie, IX. 475. B. Voyez Pléepape.

Préet, VIII. 85. A B.

Préfontaine, feigneurie, IV. 571. C.

Pregilbert, feigneurie, VII. 6. C.

Pregontier, feigneurie, VIII. 808. A.

Preignan, feigneurie, VII. 404. A.

Preiner, comté, I. 263. E.

Preiffac, II. 175. B. 677. D. IX. 416. A.

Prela, feigneurie, II. 288. E. 289. A.

Prélat, feigneurie, II. 437. B. 438. B.

Prelatte, feigneurie, II. 286. C.

Prelle, I. 254. C.

Prelles, feigneurie, II. 334. E.

Prely, feigneurie, VII. 428. E.

Premartin, feigneurie, IV. 180. A. V. 227. B. VI. 654. A.

Premeau, feigneurie, V. 24. B.

Premeaux, feigneurie, II. 109. A. VII. 645. A.

Premont, VII. 829. E. feigneurie, II. 384. D. IX. 227. C.

Premoran, seigneurie, V. 411. C.
Prenay, seigneurie, I. 499. A C.
Preagy, seigneurie, VIII. 656. C.
Prepape, seigneurie, II. 66. D. *Voyez* Preepape.
Preschat, seigneurie, IX. 145. A.
Preschereau, VIII. 799. C.
Preseau, seigneurie, VIII. 80. B.
Presilly, VII. 161. B. seigneurie, VII. 51. B.
Presle, I. 244. E. seigneurie, I. 224. E. 312. IV. E.
455. B. VI. 416. A.
Presles, VII. 544. E. seigneurie, II. 126. B. III.
638. C. VII. 384. C. VIII. 100. C. 329. B.
717. A. 891. A. marquisat, IX. 377. A.
la Presonniere, seigneurie, III. 638. A.
Pressac, II. 44. B. seigneurie, II. 170. B. E. 218.
699. E. III. 364. B. IV. 183. A. VII. 455. A.
VIII. 693. C.
les Pressacgnis, seigneurie, II. 80. D.
Pressain, baronie, III. 432. B. 434. A.
Pressat, seigneurie, V. 356. E.
Pressay, IV. 560. A.
la Pressaye, seigneurie, IX. 320. C.
Presse, VI. 446. B.
Presseins, seigneurie, V. 263. D.
Presses, seigneurie, III. 642. D.
Pressia, V. 667. B.
Pressignac, seigneurie, IV. 688. D.
Pressigny, seigneurie, IX. 442. C. *Voyez* Pre-
cigny.
Pressin, seigneurie, VII. 170. B.
Pressins, baronie, VIII. 915. B. *Voyez* Fleard.
Pressoir, seigneurie, VI. 795. D. VII. 99. E.
Pressoüer, seigneurie, II. 81. E.
Presly, III. 619. B. seigneurie, II. 165. B C. III.
818. B. IX. 66. A. *Voyez* Precy.
Presteval, VIII. 888. C. seigneurie, IV. 407. C.
baronie VIII. 277. A.
Pret, VIII. 80. B C.
Pretot, seigneurie, II. 36. D. V. 852. B. VII. 876.
C.
LE PRETRE, *Sebastien*, seigneur de Vauban, ma-
réchal de France, VII. 653. A. *idem*, cheva-
lier du S. Esprit, IX. 255. B.
LE PRETRE, (*Genealogie de*) VII. 654.
le Prêtre, VI. 437. C. 564. C. 568. A. VII. 235.
D. 654. A. 729. B. *de Vauban*, IX. 477. A.
Preteval, I. 444. B. VIII. 810. D. seigneurie,
VIII. 810. * C.
Preval, VII. 633. B.
Preudeville, seigneurie, I. 378. C.
Preudhomme, III. 609. A. V. 370. C. *Voyez* Prud-
homme.
Prevel, IX. 444. C.
Preveranges, seigneurie, VI. 359. B. VII. 376.
D. VIII. 492. C.
Prevert, seigneurie, VII. 377. B.
la Previere, seigneurie, IV. 859. B.
S. Preuil-Jussac, IX. 449. E.
Preville, IV. 459. D. 752. A. VII. 513. D. 595.
C E. 596. B. VIII. 25. C.
Preuilly, II. 113. B. III. 315. E. VIII. 370. E.
481. A. 672. A. 723. D. 827. E. seigneurie,
IV. 161. D. 306. D. 438. A C. VIII. 114. E.
IX. 79. C. baronie, V. 769. D. VI. 548. D.
VII. 127. A. 598. E. 672. C. VIII. 193. A.
479. C. 481. B. 668. B. IX. 99. C. 319. D.
marquisat, V. 769. B C.
Preullay, V. 134. F.
Preumont, seigneurie, VIII. 12. C.
PREVOST, *Louis*, dit *de Sansa*, grand-fauconnier,
VIII. 756. B.
Prevost, I. 175. D. II. 452. E. 663. E. III. 199.
A. 616. A. IV. 185. B. 447. A. 764. B. V.

354. A. 493. E. 609. A. 613. C. 771. A. VI.
424. C. 431. C. 435. D. 457. A. 522. C. 526.
B. VI. 26. B. 198. A. 230. B. 655. C. VIII.
327. C. 358. D. 363. A. 594. A. 812. * A.
IX. 438. A. 442. C. 483. B. *de Basterode*, VI.
708. D. 712. B. *de Beaulieu*, VIII. 484. C. *de
la Croix*, VIII. 914. D. *de Sansac*, IX. 467.
C. *de Touchimbert*, VII. 21. B.
la Prevôté, V. 395. F.
Preure, I. 255. A. V. 833. B. VII. 555. E. VIII.
94. D. seigneurie, III. 574. D. VI. 719. C.
VIII 573. B.
Preures, seigneurie, IX. 303. C.
SAINTE PREUVE,) (*Seigneurs de*) VIII. 538. *Voyez*
Sarrebruche.
sainte Preuve, seigneurie, VIII. 538. B. 637. B.
Preux, seigneurie, V. 80. E. 94. C. *aux Bois*, V.
94. C.
Prey, seigneurie, VII. 479. C.
des Preys, V. 834. D. seigneurie, *ibid. Voyez* des
Prez.
PREZ, (*Genealogie des*) VII. 185.
DES PREZ, *Jean*, évêque & duc de Langres, II.
214. E. *Guy*, évêque & comte de Noyon,
pair de France, II. 393. B. *Guillaume*, grand-
fauconnier de France, VIII. 751. A. *Jean*, huis-
sier des Ordres, IX. 350. B.
des Prez, II. 44. B 152. E. 393. B C D. III.
452. A. 490. A. 619. B. IV. 41. E. 373. D E. 505.
A. 614. B. 705. C. 771. D. VI. 785. B. VII.
183. C. 185. A. 188. D. 238. A. 259. D. 431.
C. 581. A. VIII. 704. C. 772. A. seigneurie,
V. 831. A. *de Montpezat*, VII. 386. E. IX. 74.
B. *en Paul*, VII. 60. B. VIII. 170. B. *Voyez* Lettes & Montpezat.
Pricelle, seigneurie, VIII. 120. C.
PRIE, *Aymar*, grand-maître des arbalestriers de
France, VIII. 109. *Jean*, grand-pannetier de
France, VIII. 664. B. *Antoine*, grand-queux
de France, VIII. 840. A. *Louis*, grand-queux
de France, VIII. 840. D. *Louis*, chevalier du
S. Esprit, IX. 273. A.
PRIE, (*Genealogie de la maison de*) VIII. 109.
Prie, I. 362. E. II. 864. A. IV. 33. B. 166. E.
669. C. 863. D. 864. D. 879. A. 892. A. V.
12. F. 230. D. 763. D. VI. 371. A. 415. D.
735. C. VII. 19. E. 47. E. 48. A. 123. A E.
131. C. 141. E. 395. D. 533. C. 710. A. VIII.
666. D. 837. E. 903. A. IX. 66. D. 333. B.
seigneurie, IV. 290. C. 676. C. V. 9. A. 509.
B. C. VII. 221. A. 122. D. 274. B. 427. A
C. IX. 472. A.
Priego, comté, I. 684. C. marquisat, III. 355.
A. V. 526. D. IX. 414. E.
Priepape. *Voyez* Preepape.
Priesac, IX. 98. C.
S. Priest, I. 123. B. III. 837. B. IV. 439. E. VI.
68. D. VII. 190. A. 197. A. VIII. 148. B. 919.
B. 930. A. seigneurie, I. 375. D. II. 341. C.
IV. 41. E. VII. 707. D. VIII. 333. D. 491.
D. 925. E. baronie, II. 248. D. vicomté, VII.
258. B. marquisat IV. 42. B. VI. 456. B. *d'Es-
pinac*, VIII. 928. B.
Prignac, baronie, VII. 20. C.
S. Prignan, seigneurie, VII. 486. B.
la Primaudaye, I. 495. D. VIII. 101. C.
Primbot, seigneurie, IV. 264. D.
Primery, seigneurie, IV. 368. C.
Primoult, VIII. 26. A.
Prinçay, marquisat, IX. 379. A.
Princé, seigneurie, III. 627. D. V. 771. A.
le Prince, VI. 503. A. VII. 891. E.
la Princerie, seigneurie, VII. 586. B.

Pringret, VIII. 738. C.
Pringry, seigneurie, VI. 114. A.
Priouly, VII. 726. C.
Prisay, seigneurie, II. 870. B.
S. Prix, seigneurie, V. 128. B. VI. 57. E. 58. D. Voyez S. Bris.
le Prispe, seigneurie, IV. 686. B.
Privas, seigneurie, II. 185. 2. A. 188. A C. 189. A E. 193. A D. 195. A B E. 198. E. 202. B. 204. D. 205. B D. 206. B E. VII. 342. C. baronie, III. 775. C, comté, IV. 893. B.
S. Privas, seigneurie, VI. 326. A. Voyez S. Privat.
Privasac, seigneurie, II. 675. C. IV. 43. A C. VII. 771. D.
S. Privat, seigneurie, II. 370. E. III. 821. B. VII. 66. E. IX. 440. C. baronie, IV. 494. B. le Vieux, seigneurie, VII. 783. C.
S. Privé, seigneurie, V. 516. D. VIII. 323. B. en chalonois, IX. 480. B.
S. Prix, seigneurie, III. 645. E. comté, IX. 154. C.
Proanne, II. 196. C.
Procéne, marquisat, IX. 210. A.
Procita, V. 524. D.
de Procope, seigneurie, IV. 75. C.
Prodaffama, VII. 330. A.
Prodigues, V. 383. C.
Proengey, seigneurie, VII. 252. D.
Proesk, II. 334. C.
PROFATE, Pierre, aumônier du Roi, VIII. 230. A.
Prohana, IX. 440. E.
Prohynes, VI. 326. A. seigneurie, ibid.
S. Project, seigneurie, IV. 134. C. VII. 312. E. VIII. 162. A. 163. D. marquisat, IX. 392. C E.
Proisfart, seigneurie, VIII. 573. B.
Proiffy, II. 80. D.
Proisy, I. 456. B. VI. 112. A. 512. B. VII. 825. C. VIII. 580. B. 659. C. IX. 462. C. seigneurie, VI. 155. D. VIII. 78. D.
Prondines, seigneurie, V. 365. B.
Prondre, IV. 435. A.
Propiere, VII. 258. C.
Prosart, VII. 807. C. VIII. 110. E.
Proseno, marquisat, IX. 130. A.
Prou, IX. 88. D.
Provana, IV. 502. A E. VI. 498. D. VII. 260. B.
Provence, I. 547. B. II. 675. A. 716. D. 717. C. 844. A. III. 196. E. VI. 95. A. 162. B. comté, I. 42. A. 43. E. 71. E. 84. E. 227. A. 229. D. 230. D. 231. B. 232. B. 236. C. 393. A. 396. A. 397. E. 400. D. 407. A. 409. E. 448. D. 479. D. 537. A. II. 239. B. 240. B C. 241. A. 683 A. 684. B. 687. B. 696. D. 735. B. III. 343. E. VI. 8. B. VII. 781. D. VIII. 48. E. 410. C. marquisat, II. 187. A. 188. A. 683. E. 685. D. 686. B. 687. C. 688. D. 690. A. royaume, I. 43. C. II. 770. C.
Provenchieres de Vares, III. 831. D. IV. 548. C.
Provencio, seigneurie, I. 685. A.
Provency, seigneurie, V. 23. D E. 24. A.
Provensac, V. 304. A.
Prouës, seigneurie, VIII. 647. B.
Prouhec, IV. 547. C.
Prouilly, III. 844. A. seigneurie, III. 615. B.
Prouin, VIII. 107. D.
Provinlieu, VIII. 858. C.
Provins, VI. 266. D. seigneurie, IV. 831. B.
Proviseux, seigneurie, VIII. 865. C.
PROULIAC, (Seigneurs de) V. 752. Voyez Durfort.

Prouliac, seigneurie, V. 752. A.
Prouny, VIII. 543. D.
le Prevost, VI. 706. B.
la Proustaye, seigneurie, VI. 196. A.
la Proustiere, seigneurie, VI. 470. D.
PROUVERVILLE, Pierre, aumônier de France, VIII. 228. A. Hugues, maître enquêteur de toutes les forêts, VIII. 875. B.
Prouville, V. 91. F. VIII. 525. D. seigneurie, VIII. 892. C.
Prouzel, V. 83. F. le Mont, seigneurie, ibid. Leval, seigneurie, ibid.
de Proye, II. 69. B C.
Prudhomme, II. 87. C. III. 844. D. IV. 646. D. 641. E. V. 758. C. VI. 523. B. 527. B. 556. A. 560. A. VII. 550. A. VIII. 777. E. 808. A. Voyez Preudhomme.
la Prugne, VI. 398. D. seigneurie, VII. 13. A.
Prulay, VI. 675. A. VII. 866. D.
la Prunaudaye, VI. 117. B. seigneurie, VI. 491. C.
Prunay, VII. 567. A. seigneurie, VII. 687. A. VII. 893. C. le Gilon, seigneurie, II. 124. D.
Pruneaux, seigneurie, VI. 421. A. VII. 579. E.
Prunelé, I. 225. E. 441. E. III. 644. D. IV. 170. C. 401. B. 712. B. 728. C. V. 148. 159. C. F. VI. 194. A. 262. B. 282. A B. 370. D. VII. 113. C. 478. A. 505. D. 897. B. VIII. 259. B. IX. 379. D. seigneurie, VI. 590. B. IX. 327. B.
Prunes, seigneurie, VI. 283. B.
Prunevaux, marquisat, IX. 167. B.
Prunier, II. 254. A. VI. 522. A B. VIII. 896. D. 942. E.
Pruniers, seigneurie, I. 496. C. VII. 544. E.
Pruvault, VII. 890. B.
Pruynes, III. 824. C. seigneurie, III. 919. A. IV. 763. B.
Psaucourt, seigneurie, VI. 341. B.
Psimolopha, seigneurie, II. 603. A.
Ptolomea, VIII. 76. B.
Puçay, seigneurie, VIII. 790. B.
la Pucelle I. 116. B.
Pucelle, IX. 462. B.
S. Pucelle, seigneurie, VIII. 4. D.
Puch, seigneurie, IV. 481. C D. 482. B. VII. 290. A D. de Montant, seigneurie, VII. 288. D.
Puché, baronie, VI. 150. C.
Puchot, VI. 788. A. VII. 427. B. 474. A. VIII. 211. D. 212. A. 819. * C. de Gerponville, VII. 294. C.
Puebla, comté, IX. 290. B. de Montalvan, III. 353. B. d'Orcajada, seigneurie, I. 684. B.
Puech, II. 136. D. seigneurie, II. 137. D. III. 824. C. 831. A. Begon, seigneurie, II. 351. E, 359. A. de Cendras, seigneurie, II. 136. D.
Puechariol, seigneurie, VII. 276. B.
Puecharnaud, seigneurie, VIII. 484. B.
Puechcalvet, vicomté, VIII. 594. ***** D.
Puechlicon, seigneurie, VII. 188 A.
Puechsieura, seigneurie, VII. 695. A.
Puget, III. 291. C E. 294. C. 295. E. IV. 494. C. de la Ferre, VIII. 639. B.
Puibasque, III. 362. D.
Puibeliard, baronie, V. 151. D.
Puig, III. 393. D.
Puigirault, seigneurie, VIII. 119 D.
Puigné, seigneurie, V. 18. D. F. 19. A C. baronie, V. 19. F.
PUIGUILHEM, (Seigneurs & Comtes de) II. 659. Voyez Cominges.
Puiguilhem, II. 664. B. seigneurie, II. 650. A. VII. 695. A. comté. II. 860. B. marquisat,

III. 642. B. V. 740. B. *Voyez* Puyguilhem.
Pëilaché, seigneurie, VII. 767. A.
Puilly, seigneurie, VIII. 493. B.
Puimignon . seigneurie, V. 889. A.
Pujol, seigneurie, II. 138. A. VII. 210. D. 769. C.
Pujols, IV. 134. A. VII. 188. C seigneurie, III
363. A. 830. A. IV. 16. E. 125. A. V. 175.
E. 734. D. 735. C. 736. A D. VI. 487. A. VII.
267. E. 274. A. 303. D. VIII. 441. D. baro-
nie, IV. 30. B. 736. E. 737. B. 739. B. VII.
339. E.
du Puis, VIII. 27. B. seigneurie, IV. 847. D.
de Brunet de Castelpers & de Levis, IX. 207.
B.
Puisagut, seigneurie, VII. 376. B. 707. D. baro-
nie, II. 57. D.
Puysaye, seigneurie, I. 238. B. 428. E. II. 429.
A. V. 509. D. 512. B D. 513 F. VII. 152.
A. 734. B.
PUISEAUX, *Hugues*, chancelier de France, VI.
270. C.
Puisegur, seigneurie, II. 176. C. 233. A. 653.
A.
Puiservet, II. 658. A.
Puiset, II. 757. A. VI. 141. D. VIII. 864. C. sei-
gneurie, I. 512. D. III. 289. D. IV. 179. E.
VI. 42. C. IX. 168. A. baronie, IV. 714. D.
767. A.
Puiseul, VIII. 94. A.
Puiseuls, V. 11. E. 12. A. VI. 401. B.
PUISEUX, (*Seigneurs de*) II. 280. C. (*Autres*
Seigneurs de) VIII. 791. *Voyez* Isle.
Puisieux, II. 118. C. VI. 666. C. VII. 12. E. sei-
gneurie, II. 82. A. VI. 152. A. 384. C. 477.
D. 717. B. 795. D. VIII. 152. B C. 154. B.
484. E. 787. E. 794. E. 795. A B C. IX. 483.
B. *le Petit*, seigneurie, VI. 474. B. VIII. 945.
C.
Puisieux, seigneurie, V. 148. F. VI. 455. A. 526.
B. VIII. 808. C. vicomté, VII. 545. E. 550.
A. marquisat, IV. 429. B. 641. E. IX. 452.
A.
Puissale, seigneurie, VII. 23. E. 26. A. 27. C.
PUISSERGUIER, (*Seigneurs de*) VII. 485. *Voyez*
du Caylar.
Puisserguier, seigneurie, VII. 765. A. 768. B. 776.
C.
Puivançon, seigneurie, IX. 447. C.
Puivert, VII. 768. D.
Pulligny, VII. 466. B.
Pully, seigneurie, II. 164. B. 165. C.
Pulmitz, IV. 334. A.
Pulmoison, seigneurie, VIII. 323. B.
Puly, seigneurie, II. 279. A.
Pumbecque, seigneurie, VI. 711. C.
Punchis, seigneurie, II. 657. E. 658. A.
Pundorfille, IV. 476. C.
Puntour. seigneurie, VII. 605. C.
Purgent, seigneurie, VIII. 337. C.
Purgeot, seigneurie, VII. 802. D.
Purnon, seigneurie, I. 309. E. V. 895. A.
Pusley, seigneurie, II. 873. E. 874. B.
Pusignan, seigneurie, VIII. 942. D.
Pussaguet, seigneurie, VII. 864. B.
Pussac, seigneurie, V. 10. D.
Pussay, seigneurie, VI. 121. C. IX. 461. D.
Pusse, seigneurie, V. 606. B. 607. A.
Pussey, VIII. 261. C. seigneurie, VI. 548. A.
Pussort, IX. 231. A. 314. B.
Putanges, seigneurie, VII. 636. C. marquisat,
VII. 574. D.
Puteaux, II. 306. E.
Putelanges, seigneurie, III. 724. A.

Putot, VIII. 812. B. seigneurie, VII. 478. A.
en Auge, VII. 477. C.
Putte, seigneurie, II. 743. C.
Puvanson, seigneurie, VII. 415. D.
Puvelin, seigneurie, V. 262. B.
DU PUY, *Jean*, grand-maître des eaux & forêts
de France, VIII. 901. A.
DU PUY (*Genealogie de*) VIII. 901.
du Puy, I. 373. A. 376. D. II. 141. E. 447. D.
448. B. 862. D. III. 92. A. IV. 228. B. 284.
C. 291. D. 438. C. 443. C. V. 15. B. 262. B.
334. C. 362. E. 363. C. VI. 326. D. 350.
D. 415. D. 596. A. VII. 84. A. 85. B. 138.
B. 512. A. 645. B. 655. A. 670. A. 714.
A. 855. B. VIII. 116. C. 145. C. 254. C. 372.
B. 652. B. 693. B. 799. A. 803. B. 929. C.
IX. 80. A. 448. A. 464. B. 465. B. seigneurie,
II. 593. A. III. 363. A. IV. 422. E. V. 346.
F. 355. F. 493. C D. VI. 594. D. VII. 755. B.
VIII. 888. C. baronie, II. 362. B. comté,
VIII. 49. D. *Voyez* Puech.
le Petit Puy, seigneurie, IV. 366. B. 367. A C.
Puy d'Aldran, seigneurie, II. 708. A.
Puy d'Amboise, VIII. 574. A.
Puy-d'Amour, seigneurie, VI. 468. B.
Puy S. Astier, seigneurie, VII. 620. B.
Puy d'Attilly, seigneurie, VI. 597. C.
Puy-Bacle, seigneurie, I. 237. E.
Puy-Baillard, I. 376. B.
Puy-Barbé, seigneurie, IV. 459. C.
Puy-Bardin, seigneurie, VIII. 146. C. 148. A.
Puy-Beliard, seigneurie, II. 453. A. IV. 193.
C.
Puy-Berland, VIII. 771. B.
Puy-Bernard, seigneurie, VIII. 163. C.
Puybersac, VII. 273. C.
Puybeton, seigneurie, IV. 124. C. 125. B D. 130.
B. 131. A. V. 514. C. VI. 515. A. VII. 303. E.
309. A. baronie, V. 750. A.
Puy-le-Borreau, seigneurie, VII. 14. B.
Puy-Boudry, seigneurie, V. 166. B.
Puy-Bouillard, seigneurie, IX. 397. A.
Puy-Boulard, seigneurie, VII. 507. B.
Puychemin, seigneurie, VIII. 706. B.
Puycornet, baronie, III. 773. A.
Puy du Coudray, seigneurie, VI. 118. E.
Puy du Coudray-Monin, V. 16. C.
Puy-Daniel, VII. 775. B.
Puy-Dauphin, seigneurie, IV. 477. A. 478. B
D. 479. A B C D.
Puydeval, seigneurie, IV. 788. D.
Puydorat, seigneurie, VII. 410. A.
Puy-du-Fou, II. 64. E. 429. D. III. 641. C. 650.
B. IV. 19. D. 24. B. 166. B. 438. B. 892. B. V.
15. C. 89. D. 615. C. 734. B. VI. 118. C.
523. C. VII. 98. B. 132. B. 505. B. 584. D.
VIII. 755. D. IX. 69. A. 178. D. 233. A.
seigneurie, IV. 169. B. 808. A. VII. 102.
D. VIII. 706. A. 707. C.
Puyfrancon, seigneurie, III. 832. B.
Puygabil, seigneurie, VII. 586. B.
Puygaillard, VII. 468. C. seigneurie, III. 854.
D. VII. 212. D. 271. B. 516. A. IX. 69. A.
baronie, VII. 776. E.
Puy S. Galmier, seigneurie, VIII. 147. B. baro-
nie, VIII. 146. A.
Puygarreau, seigneurie, III. 641. A. IV. 453.
A. 456. D. 458. C. 567. B. VII. 850. C. VIII.
181. D. baronie, III. 590. C.
Puygirault, V. 140. A. 742. C. 764. A.
Puygiron, seigneurie, II. 206. B.
Puygontault, seigneurie, II. 707. B.
Puygreffier, seigneurie, IV. 169. B. 3124 A.

Puy-Guilhem, seigneurie, II. 174. B. 175. B. V.
731. C. VI. 208. A. VII. 212. C. 407. B. baronie, IV. 479. A B C D. 611. D. marquisat, IV.
480. A D. 481 E. *Voyez* Puiguilhem.
Puyguillin, seigneurie, VIII. 591. E.
Puyguillon, seigneurie, III. 738. A. VII. 714.
B. *Voyez* Beaucaire.
Puy S. Guymier en Auvergne , V. 358. B.
Puyguyon, seigneurie, IV. 565. D.
Puylaval d'Avignon, II. 250. E.
Puylausens, seigneurie, IV. 387. C. 388. A B C.
V. 345. A. VII. 568. B. IX. 310. B. duché,
IV. 805. E. pairie, IV. 388. C. *Voyez* Aiguillon & l'Age.
Puylobier, seigneurie, II. 243. D.
Puymartin, seigneurie, VII. 333. D.
Puy S. Martin, seigneurie, II. 251. A. VII. 930. C.
Puymaufroy, seigneurie, VII. 102. C.
Puymaurel, IX. 384. C.
Puymejean, seigneurie, VII. 790. B.
Puymerla, seigneurie, V. 359. E.
Puymichel, seigneurie, II. 244. E. 256. D.
VIII. 303. C D.
Puymielan, comté, VIII. 247. D.
Puymielau, seigneurie, IV. 477. A B C. 478. A
B D. 479. A B C D. 480. A.
Puymisson, VII. 416. D.
Puy-Montbazon, seigneurie, VII. 505. B.
Puy-Montbrun, II. 254. E.
Puy de Murinaix, VII. 507. A.
Puymurol, seigneurie, II. 705. E.
Puynodin, seigneurie, IV. 422. D.
Puynormand, seigneurie, II. 669. E.
Puypardin, baronie, IX. 175. C.
Puy-Paulin, seigneurie, III. 369. D. 370. A E.
VII. 862. B.
Puyphelip, seigneurie, II. 219. A.
Puy S. Pierre, baronie, II. 368. A.
Puy-Rampion, seigneurie, II. 174. A. 175. B.
Puyrenaut, seigneurie, VI. 390. C.
Puy-Ricard, seigneurie, II. 243. A. VI. 308. D.
Puyrigault, VIII. 824. B.
Puy-Robert, seigneurie, IV. 452. E.
Puy de la Roche, seigneurie, VII. 186. E.
Puy-Roger, VII. 79. B.
du Puys, VII. 428. E. *Voyez* du Puis.
Puysac, seigneurie, I. 419. B.
Puysagut, seigneurie, I. 375. B D. baronie, I.
363. A. IV. 41. A. *Voyez* Puisagut.
Puysars, seigneurie, VII. 854. A.
Puysaye, seigneurie, III. 255. C. 570. A. 643.
B. 644. A. 819. B. comté, II. 736. B. *Voyez*
Puysaye.
Puyseguin, seigneurie, VIII. 587. B.
Puysegur, seigneurie, III. 778. B. IX. 398. A.
Voyez Puisegur.
Puyset, III. 664. C. *Voyez* Puyset.
Puyseuls, seigneurie, III. 735. C. IV. 565. B.
Voyez Puiseuls.
Puy du Tour, seigneurie, V. 765. B.
Puy de Tournon, IV. 473. C.
Puy de Vatan, V. 363. C. VI. 437. D. VII.
236. E. VIII. 776. B. IX. 100. A.
Puy-Vauban, VII. 655. A. *Voyez* le Prêtre.
Puyvert, seigneurie, III. 838. C D. V. 287. B.
VII. 357. A.
Puyvidal, seigneurie, III. 674. A. 675. D.
Puy de Villaines, seigneurie, V. 768. B.
Pybrac, seigneurie, II. 705. B. 709. D. *Voyez*
Pibrac.
Pylifer, II. 795. C.
PYMONT (*Seigneurs de*) VII. 801. *Voyez* Vienne.
Pymont, IV. 599. B. seigneurie, II. 763. A. III.

730. D. VI. 323. A. VII. 147. C. 795. D.
801. B. VIII. 355. C. 418. E. 419. D. *Voyez*
Pimont.
Pymorin, seigneurie, I. 483. D.
Pymperne, seigneurie, II. 487. B.

Q

QUAERVERDEN, V. 653. B.
Quaerbecke, II. 333. B.
Quailus, II., 231. E. seigneurie, III. 836. A. IV.
17. C. comté. IX. 169. B. *Voyez* Kailus &
Quelus.
S. Quaire, seigneurie, IV. 753. B. VIII. 326.
C.
QUAIRES, (*Seigneurs de*) IV. 546. *Voyez* la Tour.
Quaires, baronie, III. 822. C. VII. 358. E.
Quairossa, seigneurie, III. 392. D.
Quarante, seigneurie, VII. 767. B.
Quaremont, seigneurie, III. 610. C.
Quarrées, seigneurie, VII. 4. D.
Quarroubles, III. 611. C.
Quartier dans Blois, seigneurie, VIII. 254. B.
Quartiers-Roger, seigneurie, II. 864. A.
QUATREBARBES, *Hyacinthe*, chevalier du S. Esprit,
IX. 243. A.
Quatrebarbes, VI. 102. A. VII. 224. B. 228. B.
583. C.
Quatrechamps, seigneurie, II. 322. E.
les Quatre Faveris, seigneurie, V. 155. E F.
Quatre livres, VI. 466. B.
Quatremares, seigneurie, V. 134. F.
Quatresols, VI. 54. D.
QUATREVAUX, (*Seigneurs de*) VII. 528. *Voyez*
Budes.
Quatrevaux, seigneurie, VII. 527. C. 530. D.
Quatrevoyes, seigneurie, VI. 184. D.
le Quay, VI. 461. C.
Queant, seigneurie, VI. 782. A.
Queauvilliers, seigneurie, VIII. 662. D.
Queaux de la Coste, seigneurie, VIII. 482. B.
Quebienfait, VIII. 658. D.
Quebriac, VII. 367. D. baronie, IV. 377. B.
626 B.
Queensberry, comté, IX. 402. E. duché, IX.
403. C.
Quehenguy, VII. 824. C.
Quehillac, seigneurie, IV. 226. B. 562. D.
la Queille, II. 234. B. III. 768. D. IV. 547. A.
VI. 346. A. VII. 140. B. 258. B. VIII. 322.
D. IX. 471. A. seigneurie, I. 245. B. 375. B.
377. B. IV. 40. C. VII. 813. B. VIII. 167. B.
419. A. 815. A.
Queiratie, IV. 495. D.
Queissac. *Voyez* Caissac.
Quelain, IV. 377. A. VI. 569. A. VIII. 134. C.
IX. 463. A.
Quelaines, seigneurie, VIII. 159. C.
Quelen, II. 235. C D. IV. 803. D. V. 423. B.
VIII. 363. D. 364. C. 810. ** D. IX. 240.
A. seigneurie, VIII. 360. A. 364. A. du Broussay,
VII. 728. C. d'Esthuer, de Caussade, I. 377. D.
du Quelin, VIII. 811. E.
Quellenec, IV. 72. B. V. 382. B. 407. D. 419.
D E. VII. 383. C. 526. C VIII. 360. D. seigneurie, VIII. 364. E.
Quelrelin, VII. 6. D.
QUELUS (*Barons & Comtes de*) IV. 43. *Voyez* Lévis.
Quelus. VII. 863. B. seigneurie, II. 675. C. IV.
38. C. baronie, II. 233. C. IV. 40. A. 43.
A. V. 894. D VII. 128. A. 189. E. comté,
IV. 43. C. *Voyez* Kailus & Quailus.
Quemonville, seigneurie, VIII. 233. B.

la Quene,

la Quene, seigneurie, IV. 412. D.
Quenehean, VII. 844. A.
Quenenghen, seigneurie, III. 909. A.
Quenequen, VI. 192. A.
de Quenet, II. 124. B.
Queneville, seigneurie, IV. 79. A B C. 82. A B.
83. C D.
Quenezelles, seigneurie, III. 920. B.
Quenin de Suares, V. 285. C.
Quenoilles, VI. 350. D.
Quenonville, VIII. 18. D. 19. B.
Quenouille, VI. 683. A.
Quentilly, seigneurie, II. 849. E.
Quentin, VI. 546. A. de Richebourg, VI. 546.
A. IX. 335. C. de la Vienne, IX. 361. C.
S. Quentin, abbaye, I. 25. A.
S. Quentin, II. 106. A. 873. C. VI. 151. B. 504.
B. VIII. 927. B. seigneurie, I. 48. C. 274. A.
V. 194. C. 195. A. 360. E. VI. 405. C. 420.
A. VIII. 594. ***** B. comté, I. 538. B. II.
721. B. 839. C. III. 199. D. le Verger, sei-
gneurie, VIII. 803. C.
Quer, seigneurie, II. 638. C.
Queralcuc, VII. 616. A.
les Querdes, seigneurie, IV. 182. A. V. 615. C.
VI. 173. C. 175. C. VII. 111. D. 880. B. VIII.
13. E. 15. E. 106. E. Voyez des Cordes.
Querenain, seigneurie, VIII. 739. C.
Quereques, IV. 597. C. V. 89. A.
Quergrois, seigneurie, IX. 453. B.
Querguelin, seigneurie, IX. 76. B.
Querieu, VIII. 573. A. seigneurie, VI. 782. C.
marquisat, V. 89. E.
Querigut, vicomté, III. 345. B.
Queriperez, seigneurie, IV. 83. D. VIII. 702. D.
Querlavoine, VI. 423. A.
Querquebus, seigneurie, VIII. 171. C.
Querriez, VIII. 522. A.
Quersalio, seigneurie, VII. 718. A.
Querville, seigneurie, II. 35. D E. 36. A B.
Quesigny, seigneurie, VI. 374. A.
Quesmeghen, seigneurie, V. 833. A.
Quesmy, seigneurie, II. 123. B C D.
Quesnay, VII. 875. B. seigneurie, II. 407. C.
408. A C D. VI. 360. D. le Husson, seigneurie,
VII. 179. A.
Quesne, VI. 360. D. VIII. 86. B. seigneurie,
VII. 327. A.
Quesné, seigneurie, II. 83. D.
Quesneel, seigneurie, VI. 665. A. 666. D.
Quesnel, III. 387. C. IV. 223. D. 439. E. 663.
A. VI. 288. C. VII. 100. C. 711. B. VIII.
525. D. 857. B. 905. B. 912. E. 913. D. IX.
91. A.
Quesnes, III. 622. A. 613. A. V. 160. F. VI. 116.
A. VII. 746. C. 819. E. 823. E. VIII. 77. A.
654. A. seigneurie, VI. 719. A. 784. A. 792.
C.
Quesnon, VI. 681. C.
QUESNOY (Seigneurs du) V. 830. Voyez Bournon-
ville, (autres Seigneurs du) VII. 747. Voyez
Quieret (Seigneurs & Marquis du) VIII. 643.
Voyez Mailly.
Quesnoy, VIII. 86. A. 658. B. seigneurie, II.
127. B. III. 613. B. 614. B. IV. 413. B. V.
828. E. 829. B. 830. B. 831. A B. VI. 562.
B. 674. B. 704. D. 721. B. VII. 560. C. 597.
C. 748. B. VIII. 155. D. 277. A C. 641. A.
642. A. 643. C. 736. E. marquisat, V. 658.
A. VIII. 643. D. sur Aresnes, seigneurie, III.
654. D. VI. 51. C. sur Blaru, seigneurie, VI.
674. B. sur la Deule, seigneurie, V. 239. E.
Quessede, seigneurie, VIII. 154. C.
Tome IX.

Questel, I. 306. A.
Quester, baronie, VIII. 943. A.
Queteville, seigneurie, V. 141. E.
Quetier, II. 106. C. VIII. 285. C.
Queval, VI. 362. A.
LA QUEUE (Seigneurs de) II. 408. E.
la Queuë, III. 621. A. VII. 14. D. VIII. 397. C.
seigneurie, II. 409. A. V. 158. C. VI. 676.
B. VIII. 96. A. 139. A. 229. D. 893. A. aux
Bois, seigneurie, III. 841. B. VIII. 652. D. en
Brie, baronie, III. 304. E.
la Queuille, VII. 706. A.
Quevilly, seigneurie, VII. 755. A. 756. D. 824.
C. VIII. 809. * D. 887. A. marquisat, VIII.
21. B.
Quevrain, VI. 88. C. seigneurie, II. 331. D.
Quevremont, seigneurie, VI. 124. A. 665. A.
Quevrin, VIII. 83. B.
la Queute, vicomté, VII. 564. A.
Queuvre, seigneurie, IV. 707. E.
QUEUX (Histoire Genealogique & Chronologique des
Grands) VIII. 825.
Queux, seigneurie, VII. 182. A.
Queyrane, seigneurie, II. 251. A.
Quiedeville, VII. 818. E.
Quiembre, VIII. 45. A.
QUIERET, Enguerrand, seigneur de Fransu, ami-
ral de France, VII. 753. B. Hugues, amiral
de France, VII. 744. C.
QUIERET (Genealogie de) VII. 745.
Quieret, V. 130. D. VI. 705. A C. 782. A. VII.
110. C. 181. A. 745. B. 823. E. VIII. 9. A.
Quiericy, seigneurie, V. 82. B. VIII. 93. C.
Quievrain, seigneurie, V. 652. A. baronie, V.
653. A. Voyez Quevrain.
Quierville, II. 35. C.
la Quieze, VIII. 683. A.
Quilfistre, V. 413. D.
Quillart, seigneurie, II. 439. E.
Quillebeuf, seigneurie, I. 319. D E. VI. 410.
C. VIII. 161. A. 245. C.
Quillec, seigneurie, V. 408. B.
Quillo, seigneurie, VII. 728. C. 729. B.
Quimaques, vicomté, III. 768. A.
Quimper, vicomté, III. 641. C.
Quinaut, VI. 417. D.
Quincé, VI. 194.
Quincennes, seigneurie, I. 245. B.
Quinchy, seigneurie, VIII. 659. A.
Quancieu, V. 259. D E. 260. A B. seigneurie, VI.
521. C. VIII. 927. A.
Quinçonnas, II. 31. B. 32. B.
Quincy, II. 485. D. VIII. 13. B. 137. A. 493.
C. 717. B. seigneurie, I. 423. A. 424. C. 425.
C. 426. B. 431. A. 433. C. III. 155. B. V.
508. E. VI. 339. A. 429. B. 787. A. VII.
587. D. 637. C. 640. D.
Quindoley, seigneurie, VIII. 712. B.
Quindray, seigneurie, VI. 596. B. VII. 544. B.
Quingey, VII. 251. C. seigneurie, II. 867. D.
Quingo, seigneurie, V. 423. C.
QUINQUEMPOIX (Seigneurs de) VIII. 692. Voyez
Gamaches.
Quinquempoix, II. 60. B. III. 622. A. IV. 806.
A. VIII. 654. A. seigneurie, I. 495. A. III.
726. D. IV. 673. A. VI. 434. B. VIII. 541.
A. 692. C. 903. E.
Quinquet, I. 490. A. 499. C.
Quinsson, IX. 138. B.
Quint, seigneurie, II. 185. 2. B. 207. B.
Quintana, marquisat, V. 528. A.
Quintenat, marquisat, I. 645. A.
Quintinat, V. 383. A. VIII. 190. D. seigneurie,
A 4

IV. 57. B. 80. C. V. 383. B. comté, IV. 57.
C. 61. B. 197. B. 539. D. V. 397. C. VII. 75.
D. 156. B. VIII. 172. E. *Lorges*, duché, IV.
481. B. IX. 317. A.
QUINTIN LORGES, duché, érigé en 1691. pour
GUY-ALDONCE de Durfort, comte de Lorges,
maréchal de France, V. 772. *Pieces concernant
cette érection*, V. 773.
S. Quintin, VIII. 964. A. IX. 398. E. *Blet*, VII.
577. B.
Quinville, seigneurie, VIII. 711. D. 712. B.
Quiqueran, IV. 804. B. VIII. 303. C. 304. B.
Beaujeu, III. 387. B. V. 281. C D.
Quitieu, II. 28. B.
Quirra, marquisat, V. 526. B.
Quiry, seigneurie, II. 76. B. 77. D. VI. 374. C.
740. C.
Quissarmes d'Anzay, V. 16. E.
QUITRY, (*Généalogie des Seigneurs de*) du nom
de Chaumont, VIII. 885.
Quitry, seigneurie, II. 80. E. VI. 378. B. VIII.
106. C. 794. B. 895. B.
Quivry, seigneurie, II. 76. C.
Quodillac, seigneurie, IV. 804. B.

R.

R A, VIII. 181. A.
Rabanieres, seigneurie, VIII. 769. C.
Rabaste, V. 606. A. 607. A. VII. 98. E.
Rabasteins, III. 361. B.
Rabastehere, seigneurie, II. 232. A. V. 493. B.
VIII. 247. C. vicomté, V. 493. B.
Rabastens, II. 654. C. seigneurie, II. 354. B.
689. C. *de Malsac*; II. 372. A.
RABAT (*Barons & Comtes de*) III. 357. *Voyez*
FOIX.
Rabat, seigneurie, II. 644. B. 645. D. V. 735.
A. VII. 532. A. 769. C. IX. 397. E. baronie,
III. 363. B. IV. 23. B E. V. 181. A. 736. G.
vicomté, III. 363. D. IV. 663. D. VI. 488.
B. comté, III. 364. C. IV. 664. D. 667. A.
V. 181. A.
Rabateau, II. 220. D. VIII. 769. A.
Rabault de Beauregard, VII. 376. B.
Rabaynes, IV. 896. A.
Rabeau, VII. 66. A.
Rabecourt, seigneurie, VIII. 634. E.
Rabellion, VIII. 85. C.
Rabestan, seigneurie, IV. 616. B. VI. 770. A.
Rabia, seigneurie, II. 618. D.
Rabigeois, VI. 465. C.
Rabin, II. 600. A.
Rabodanges, II. 432. A. VII. 54. A. 573. C. sei-
gneurie, I. 108. D. VIII. 170. C. comté, IV.
871. D. marquisat, II. 431. E.
Rabodenghen, seigneurie, VIII. 154. C.
Rabot, VI. 522. A. 523. C. VIII. 563. B. 799.
C.
le Raboys, seigneurie, VI. 491. D.
Rabus, seigneurie, VIII. 20. A.
Rabutin, I. 562. D. II. 871. C. IV. 859. E. 860.
B C. V. 12. F. VII. 442. A. 663. C. VIII. 262.
A. 324. C. 356. B. 712. D. IX. 110. B. 113.
B. 255. B. 275. A. *de Chantal*, 233. A.
Racan, seigneurie, VII. 854. C.
Racault, IX. 472. D.
la Racenelliere, seigneurie, VI. 597. C.
Rache, seigneurie, VIII. 698. C.
Raches, principauté, VII. 278. E.
Raconis. *Voyez* Abra.
Racquier, IX. 443. D.
Rada, II. 844. D. seigneurie, VII. 763. D.

la Radde , VI. 721. A. VIII. 641. C.
Radebrune, seigneurie, II. 183. D.
Radelisse, II. 491. B.
Rademont, seigneurie, VIII. 264. B. IX. 237.
D.
RADEPONT (*Seigneurs de*) VI. 358. *Voyez* du Bosc.
Radepont, seigneurie, IV. 55. E. 56. C. VI. 297.
A. 358. B. VII. 748. A.
Radeval, seigneurie, VI. 676. C. VII. 467. B.
VIII. 160. B. 161. B C. 646. B.
Radinghen, seigneurie, VII. 181. D. VIII. 644.
D.
Radon, chancelier, VI. 140. D.
Radrets, I. 323. C. II. 125. E. IV. 715. A. VIII.
649. D.
Radzewil, VII. 428. B. IX. 211. B.
Radzewilkleski, IV. 224. D.
Raes, III. 576. A.
Rafetot, seigneurie, IV. 408. B. baronie, IV. 854.
VII. 395. B. marquisat, IV. 616. D.
Raffin, IV. 322. B. 709. VIII. 251. B. 693. C.
903. D. IX. 66. B. 80. A.
Ragimont, VII. 312. D.
Ragnafrede, chancelier, VI. 239. D.
Ragny, IV. 860. B. seigneurie, VI. 416. A. 493.
C. VII. 222. A. 809. A. VIII. 329. A. mar-
quisat, III. 896. C. IV. 292. A. VII. 803. E.
VIII. 323. D. IX. 113. A. 146. C.
le Ragois, VII. 198. E. VIII. 811. A. *de Bre-
tonvilliers*, VIII. 809. ** D.
S. Ragond, seigneurie, VII. 565. C.
Ragoeau, VII. 434. C. VIII. 694. D.
Raguenel, VI. 186. A. 768. A. VII. 77. A. 176.
C. VIII. 359. D. 580. A.
Raguier, I. 211. B. 874. B. IV. 216. C. 752. C.
754. B C. 862. A. VI. 381. B D. 382. C. 410.
B. 419. B. 440. C. 466. D. 467. C. 509. D.
VII. 6. D. 7. D. 15. E. VIII. 524. D. 720. C.
775. D. 777. C. 785. B. 786. A. 810. ** B.
811. C. 893. C. IX. 443. D. *d'Esternay*, IV.
568. C.
Ragusse, marquisat, IV. 495. B.
Ragy, seigneurie, VIII. 921. C.
Rahers, I. 331. B.
Raichy, seigneurie, VII. 815. A.
Raigecourt, IV. 844. B.
Raigny, VIII. 425. A. seigneurie, I. 500. B. VII.
4. C.
Raillac, seigneurie, V. 559. E.
Raillard, VI. 121. C. VIII. 130. B.
Raillart, II. 431. D. IV. 845. D.
Raillay, VIII. 583. B.
Railly, VIII. 583. B.
Raimbaucourt, VII. 560. E. VIII. 713. C. sei-
gneurie, IV. 397. B. 398. A. 406. A. 408.
C. 409. C.
LA RAIMBAUDIERE (*Seigneurs de*) V. 415. *Voyez*
Goyon.
la Raimbaudiere, VI. 471. B. seigneurie, V.
415. E.
RAIMBOVAL, (*Seigneurs de*) VI. 793. *Voyez*
Crequy.
Raimboval, seigneurie, II. 441. C. III. 580. D.
VI. 778. C. 803. B. VII. 31. A. 565. A. VIII.
105. C. 154. D.
Raimond, II. 106. A. IX. 167. B. 243. D.
RAINCHEVAL (*Seigneurs de*) VI. 177. *Voyez* Fiennes.
Raincheval, seigneurie, VI. 177. D. 721. A.
Raincy, seigneurie, IX. 321. C.
RAINEVAL, *Raoul*, pannetier de France, VIII.
613. B.
RAINEVAL, (*Genealogie de la maison de*) VIII.
614.

Raineval, II. 282. A. III. 623. A. V. 136. A. VIII.
17. C. 98. A. 207. A. 209. A. 629. D. 797. B.
833. B. feigneurie, III. 650. B. 723. B. IV.
214. B. 272. AB. V. 237. C. VIII. 545. A.
614. C. 634. B. marquifat, IV. 272. B.
la Rainville, VII. 15. B. feigneurie, VII. 823. A.
Rais, feigneurie, V. 401. F. VII. 841. C. 842.
A. 844. D. VIII. 574. A. Voyez Rez & Retz.
Raifue, baronie, V. 646. C.
Raiffac, feigneurie, III. 828. C.
Raiffonneau, feigneurie, VIII. 482. C.
Raix, baronie, I. 217. B. Voyez Raix.
RAIZ, (Seigneurs de) III. 651. Voyez Montmo-
rency-Laval.
Raiz, VI. 187. E. feigneurie, IV. 450. D. Voyez
Rais & Retz.
Rallu, VII. 550. E.
Ramades, feigneurie, III. 736. D.
Ramatuelle, feigneurie, II. 245. A. de Baudnen,
feigneurie, II. 291. C. Voyez Vitalis.
la Rambaudiere, feigneurie, VI. 117. C. 118. A.
Rambercourt, feigneurie, VII. 254. B. aux Pots,
feigneurie, VIII. 354. D.
Rambert, marquifat, III. 513. E.
S. Rambert, feigneurie, II. 165. B.
Rambovel, feigneurie, V. 82. C.
RAMBOUILLET, duché-pairie, érigé en 1711. pour
LOUIS-ALEXANDRE de Bourbon, prince légitimé
de France, comte de Toulouse, V. 197. Pieces
concernant cette érection, ibid.
Rambouillet, feigneurie, II. 422. C. 423. A E.
414. C. 425. B C. 426. B E. 427. B. 849.
A. II. 914. A. VI. 75. C. VII. 229. C. VIII.
170. E. 769. D. marquifat, III. 772. C. V.
19. F. duché, I. 176. A. pairie, VII. 912. A.
Ramburelles, feigneurie, VI. 721. A.
RAMBURES, David, maître des arbaleftriers de Fran-
ce, VIII. 65. A. Charles, chevalier du S. Efprit,
IX. 150. C.
RAMBURES, (Genealogie de la maison de) VIII. 65.
Rambures, V. 645. B. VI. 174. C. VIII. 23, C.
332. C. 636. D. 696. E. 697. E. IX. 201. A.
feigneurie, I. 238. B. 380. A. III. 912. C. V.
136. B. VI. 782. B. VII. 172. B. 291. C. VIII.
105. B. IX. 316. B marquifat, VIII. 69. A.
Rambureau, feigneurie, VIII. 335. D.
Ramé, IV. 75. C. 576. C.
Rame, VIII. 306. B. feigneurie, VIII. 160. C.
Ramecourt, feigneurie, VII. 182. C. 745. D.
VIII. 738. D.
Ramée, V. 15. C. feigneurie, VIII. 94. D. 95.
A. 136. C.
RAMEFORT, (Branche des Seigneurs de) II. 652.
Voyez Cominges.
Ramefort, feigneurie, II. 648. E. 649. E. 659.
E. IV. 613. A. VII. 925. C.
Rameronne, feigneurie, V. 606. C.
RAMERU, (Seigneurs de) VI. 139. Voyez Brienne.
Rameru, feigneurie, I. 74. D. 474. E. II. 319. C.
339. D. 772. E. 841. A. 849. C. III. 308. B.
571. D. V. 45. C. 127. D. 139. C. 144. C.
650. D. 693. C. baronie, III. 729. A C. 730.
C. 732. B. comté, II. 311. E. III. 197. E.
VI. 117. D. VIII. 862. C.
RAMES, (Seigneurs de) VIII. 94. Voyez Eftouteville.
Rames, II. 653, A. feigneurie, I. 529. B. II.
495. B. III. 83. C. V. 129. E. 161. F. VI.
22. B. VIII. 80. D. 89. A. 90. A. 94. B.
98. D. 102. C. 210. A E. 231. C.
la Ramiere, VIII. 484. A.
Ramilly, pairie, II. 744. A C.
Ramon, V. 748. B. Folch, V. 524. C. Folch d'Arragon & de Cardonne, III. 354. E.

Rantoncourt, feigneurie, VII. 746. D.
Ramplatie, feigneurie, V. 290. E.
Ramplatti, IV. 504. A B D.
Rampon, feigneurie, II. 370. B.
Ranay, VIII. 726. A.
Ranbon, feigneurie, II. 872. C.
Rance, III. 644. B. VII. 579. E. 580. B. 600.
D. VIII. 246. B.
Rancé, feigneurie, VII. 198. B. IX. 322. B.
Ranchault, feigneurie, II. 165. E. 166. C.
Rancher, feigneurie, VI. 534. D.
Rancheres, feigneurie, IV. 711. A.
Ranches, feigneurie, VI. 297. C.
Ranchicourt, I. 367. C. V. 836. C. feigneurie, V.
836. C. 837. A. 839. D. 841. B. VIII. 697. A.
RANCIERES, (Seigneurs de) VI. 263. Voyez Bou-
teiller.
Rancieres, feigneurie, VI. 263. B.
Rancon, III. 77. A. 79. D. IV. 558. A. V. 8. F.
VI. 23. D. VIII. 113. A. 569. B. feigneurie,
III. 81. C. VI. 48. C. VII. 17. A.
Ranconnet, VII. 340. B. 863. C.
Ranconnieres, feigneurie, VIII. 719. E.
Rancornet, IX. 166. C.
RANDAN - FOIX, duché-pairie, érigé en 1661.
pour MARIE-CATHERINE de la Rochefoucaud,
marquise de Senecey, MARIE-CLAIRE de Bau-
fremont, comtesse de Fleix fa fille, & JEAN-
BAPTISTE de Foix-Candalle fon petit-fils, IV.
735. Pieces concernant cette érection, ibid.
RANDAN, (Comtes de) IV. 436. Voyez la Roche-
foucaud.
Randan, feigneurie, IV. 427. A. 660. C. VII.
851. C. VIII. 216. B. comté, IV. 428. A. VIII.
289. A. duché, IV. 273. B. IX. 143. C. pairie,
IV. 437. A B. VII. 407. D.
Randoe, feigneurie, IV. 526. A.
Randon, feigneurie, II. 700. B. VI. 317. A. IX.
169. B. comté, VIII. 640. D.
Randonnat, feigneurie, III. 810. D.
Randron, feigneurie, II. 449. C.
Ranes, baronie, VIII. 271. E. 946. B. Voyez
Rannes.
Rangé, feigneurie, IV. 726. B.
Rangis, feigneurie, V. 129. F.
Rangon, feigneurie, VII. 360. A. marquifat, VI.
498. A.
Rangueil, VIII. 853. A.
Ranipont, III. 845. B.
Rannes, feigneurie, IV. 669. A. V. 141. D. 146.
B C. IX. 99. A. baronie, II. 38. marquifat,
IV. 64. D. Voyez Ranes.
Rannou, VII. 361. D.
Rans, feigneurie, II. 165. E. 166. C. 868. D.
VII. 643. B. 810. E.
Ranfart, III. 608. B. 910. A.
Ranffatt, feigneurie, V. 656. B.
Ranft, II. 798. D. VI. 101. C.
Rantigny, feigneurie, II. 426. A. VI. 451. A B.
Rantilly, feigneurie, II. 585. A.
Ranton, feigneurie, II. 621. C.
RANTZAU, Josias, maréchal de France, VII. 540.
C.
Rantzau, VII. 790. C.
Raon, feigneurie, II. 224. A C D. 225. B D.
IV. 179. E. 848. A. VII. 4. E. 46. C. 47. B.
797. E. 807. D. Voyez Rans.
Raoul, fenechal, 29. A. autre du même nom,
chambrier de France, VIII. 403. A.
Raotil, IV. 869. B. VIII. 166. C.
Raoulin, VI. 675. A.
Raoulhieres, feigneurie, VI. 190. C.
Raoulx, VIII. 294. B. 297. D. 361. E.

Raouffet, II. 296. E. feigneurie, VIII. 297. B.
Rapine, VII. 495. C.
Rapiouft, VI. 443. A.
Rapoüel, VI. 483. C.
Raquin, feigneurie, IV. 671. C.
Raray, feigneurie, II. 127. B. VIII. 850. B. baronie, II. 432. VI. 285. C.
Rafan, feigneurie, VII. 334. C.
Rafcas, VIII. 305. B.
Rafcol, baronie, III. 641. C.
Rafcbeck, III. 904. C.
la Rafiliere, feigneurie, V. 607. A.
Rafilly, IV. 362. A.
Rafiné, VII. 505. C.
Rafoir, VIII. 282. B.
LA RASOIRE (*Seigneurs de*) VII. 346. *Voyez* Hautefort.
la Rafoire, feigneurie, VII. 346. B.
Raffan, VI. 585. B. feigneurie, VIII. 707. B.
RASSE (*Seigneurs de*) IV. 406. *Voyez* Rouvroy.
Raffe, II. 334. C. VI. 406. B. VII. 531. E. 741. D. VIII. 32. E. 524. B. 870. C. IX. 100. B. feigneurie, I. 53. B. III. 771. C. 915. C. IV. 182. B. 397. B. 398. A. 406. A. *de la Hargerie*, VIII. 646. C.
Raffenghien, feigneurie, III. 595. A. 608. C. IV. 211. B.
Raffenhiem, feigneurie, VIII. 33. D.
Raffials, V. 354. B. 747. C. VIII. 163. E. 166. E.
Raftelane, VI. 321. B.
Raftignac, feigneurie, VII. 333. D. marquifat, VIII. 165. B.
la Raftre, feigneurie, VII. 505. E.
Rat, VI. 444. B.
Ratault, II. 453. E. VIII. 766. B. 768. A.
Ratgut, II. 44. B. III. 619. C. VII. 13. D. 24. D. 98. B.
Ratbod, chancelier, VI. 243. D.
la Ratonniere, feigneurie, V. 606. C. 607. D.
Ratta, VIII. 504. B.
Ratville, VIII. 699. A.
Ratzebourg, principauté, III. 589. A.
Ravail, VII. 493. A.
Ravanelles, VIII. 35. C.
Ravannes, feigneurie, VI. 586. B.
Ravard, IX. 437. C.
Ravat, feigneurie, II. 650. B D.
Ravault, feigneurie, III. 636. A.
Raucourt, feigneurie, III. 737. B. VII. 193. A. 562. C. principauté, IV. 539. A. 540. A. VII. 361. A.
la Raudiere, feigneurie, VII. 229. B.
Rave, VII. 678. A.
Ravel, feigneurie, III. 730. A. IV. 437. C. 438. A B. 533. B. 538. A. 825. C. V. 639. D. VII. 125. C. 803. C. VIII. 54. A. vicomté, VIII. 820. C. IX. 432. A.
Ravendal, II. 593. A.
Ravenefontaine, feigneurie, IV. 847. C.
Ravenel, II. 426. A. IV. 540. C. 842. B. 857. B. VI. 118. C. 148. C. 150. D. 151. B. VII. 210. A. 559. D. feigneurie, IV. 400. B. *de Rentigny*, VIII. 561. C.
Ravenfberghe, feigneurie, VIII. 633, A C. 641. B.
Ravenftein, VIII. 349. D.
Ravenfthein, I. 594. B.
Raventun, feigneurie, VI. 801. C.
Raveftein, IV. 215. C. feigneurie, I. 245. A. VII. 106. D.
Ravefteins, III. 577. A. feigneurie, III. 728. B.
Raveton, VI. 533. A. VII. 669. D.

Raveul, VII. 507. B.
Raufrais, IX. 448. B.
Ravieres, feigneurie, I. 511. A. 512. A C. 513. A B D E. 514. B D. VII. 151. E.
Raviers, VI. 478. A.
Ravigné, feigneurie, VII. 229. C.
LA RAVILLAYS (*Seigneurs de*) V. 410. *Voyez* Goyon.
la Ravillays, feigneurie, V. 410. C.
Raville, II. 69. B. V. 642. C. VII. 467. A.
Raviniere, feigneurie, II. 386.
Rauleon, feigneurie, V. 423. A.
Raulin, VII. 166. C. 468. E. *de Beauchamp*, II. 456. E.
Raulot, feigneurie, VI. 50. D.
Raux, feigneurie, II. 774. D.
Ray, II. 61. E. 165. C. 233. D. 871. B. 874. C. IV. 832. D. VI. 851. B. VII. 36. C. 39. C. 40. B. 807. C. 809. D. VIII. 355. A. feigneurie, IV. 819. D. VII. 33. B. VIII. 350. A. baronie, IV. 827. B.
Raybe, VII. 704. E. VIII. 499. D.
Raye, feigneurie, IV. 452. A. VIII. 333. C.
Raymond, V. 356. C. 560. E. VII. 386. E. 392. A. 490. D. 550. E. 862. B. VIII. 484. B. 594. ***** IX. 92. B. *de Modene*, IV. 807. B. *de Mentlor*, VII. 392. D. IX. 86. B. *Voyez* Raimond.
Raynaud, évêque & comte de Noyon, pair de France, II. 390. B.
Raynel, feigneurie, V. 639. C. marquifat, V. 639. B. *Voyez* Refnel.
Rayneval, VI. 51. A. 160. B. 172. C. 276. B. 718. B. 758. A. 793. A. feigneurie, VI. 160. B. VII. 447. D. *Voyez* Raineval.
Raynier, II. 309. C. 432. A. IV. 571. C. 891. C. VI. 598. B.
Razatte, VIII. 587. C.
Razergues, feigneurie, V. 744. C.
Razés, IV. 388. A. V. 346. A. 352. B. VIII. 244. D. IX. 311. C. feigneurie, III. 344. A. IV. 161. D. comté, II. 682. A.
Razieres, VI. 711. C.
Razilly, VIII. 917. C.
Real, feigneurie, VI. 372. A.
del Real, comté, I. 686. B.
Realmont, feigneurie, I. 371. B. II. 362. D.
Rean, feigneurie, II. 254. E.
S. Rean, VIII. 333. D.
Reaup, VII. 774. C.
Reaute, feigneurie, VI. 351. C.
Reauville, VII. 133. A.
Reaux, IV. 455. D. VI. 391. A. VII. 50. B. 286. A. feigneurie, III. 844. B. IV. 446. C. 456. B. V. 16. B. VI. 392. C.
Rebais, feigneurie, III. 581. C. IV. 403. A.
REBE', *Claude*, commandeur du S. Efprit, IX. 158. B.
Rebé, VII. 198. B. 701. D. feigneurie, IX. 158. B. marquifat, VI. 220. D. VII. 701. D. IX. 232. A.
Rebecque, VIII. 55. A. 658. E. 697. D. feigneurie, V. 284. A. VIII. 28. C. 29. C D. 657. B. principauté, VIII. 41. A.
REBENAC (*Marquis de*) VI. 581. *Voyez* le Tellier.
Rebenac, feigneurie, IV. 132. A. VI. 529. C. 581. D. VII. 310. D. comté, V. 284. A. VI. 582. A.
Rebertenghe, VI. 806. B.
Rebertrangles, feigneurie, VIII. 154. D.
Rebets, feigneurie, II. 75. E. 77. E. 78. D E. VI. 369. B. *Voyez* Rebais.

Rebolledo,

Rebolledo , I. 636. B.
Reboulas , seigneurie, VIII. 364. D.
Rebourguil , seigneurie , VII. 769. E.
le Rebours , V. 350. D. 741. A. VII. 631. E.
    IX. 327. B.
la Reboursiere , seigneurie , IV. 809 D.
REBRACHIEN , *Guillaume*, pannetier du Roi , VIII.
    607. B.
Rebranne , seigneurie , VIII. 523. B.
Rebreviettes , seigneurie , VI. 708. B.
Rebreuves , seigneurie , V. 841. B.
Rebut , VIII. 890. C.
Rechem , baronie , V. 618. C. comté , V. 618. B.
Rechiguevoisin , VIII. 483. C. 484. D. 772. B.
Reclaine , IV. 862. D.
Reclainville , seigneurie , IV. 683. C.
Recoin , seigneurie , VIII. 910. A.
Recordier , seigneurie , IV. 287. C.
RECOURT , *Charles*, dit *de Lens*, amiral de France,
    VII. 826. A.
RECOURT (*Genealogie de la maison de*) VII. 826.
Recourt , I. 256. C. V. 646. A. 648. A. VI.
    712. C. VIII. 658. A. 696. E. IX. 448. C.
    459. D. 476. D. seigneurie , II. 444. C D E.
    VII. 473. B. 826. B. 831. D. VIII. 29. D.
    152. D. baronie , V. 648. A. *Lens-Licques* ,
    VII. 713. C.
la Recouse , seigneurie , IX. 422. D.
Recoux , seigneurie , III. 814. C. 815. A. 818.
    C.
Reculat , seigneurie , V. 571. B.
LA RECULE'E (*Seigneurs de*) VII 430. *Voyez* la
    Grange.
la Reculée , VIII. 168. B. seigneurie , VII. 424.
    C. 431.
Recusson , seigneurie , II. 65. A. VIII. 888. E.
le Redde , seigneurie , IV. 708. A.
Reddement , II. 190. C.
Redeghem , I. 256. E. V. 525. C.
Redessan , seigneurie , VII. 767. B.
Redeville , IV. 745. C. 746. B.
Redmont , VI. 350. D.
Redon , VII. 454. B. IX. 392. D.
Redondo , comté , I. 631. B D. 670. A.
Redvers , II. 492. B C. 493. B. 838. C.
la Rée , VI. 369. C. seigneurie , V. 260. B.
Reelinghem , seigneurie , V. 239. F.
Reffieres , seigneurie , II. 363. B.
Reffin , V. 91. D.
Refuge , II. 83. E. 84. A. 183. B. 306. D. 386.
    A. III. 91. A. IV. 399. D. 669. A. V. 927.
    A. VI. 285. C. 383. C. 502. C. VII. 505. D.
    551. D. 845. B. VIII. 251. B. 363. A. 560.
    A. 890. A. seigneurie , VIII. 871. B. marqui-
    sat, II. 299. E.
Regalados , seigneurie , I. 689. B.
Regale , seigneurie , II. 408. D.
des Regas , I. 683. B.
Regello , seigneurie , IX. 438. C.
Regemfroy, chancelier , VI. 241.
Reges , seigneurie , VI. 463. D.
Reggio , duché , I. 128. E. V. 466. E. 523. E.
    VIII. 291. C.
Reginard , chambrier de la chambre Royale du
    Roy , VIII. 394. D.
Regnard , VI. 685. A. VIII. 811. C.
REGNARD DE CLERBOURG , *Louis* , controlleur du
    marc d'or , IX. 365. C.
Regnart , VII. 644. B.
Regnaud , V. 392. C. 401. A.
Regnault , II. 108. A. III. 583. D. IV. 688. C.
    VI. 350. C. 390. C. 568. A. 585. B, de *Du-
    chy* , IV. 768. B.
    Tome IX.

Regnauville , seigneurie , V. 847. B. VI. 177. B.
Regnaux , seigneurie , VII 644. B.
Regne , seigneurie , IV. 752. D.
Regneau , IV. 809. C.
Regneoville , seigneurie , VIII. 106. D.
REGNIER , *Lubin* , premier Queux du Roy , VIII.
    839. C.
Regnier , II. 123. C. 433. E. VI. 176. C. 443.
    D. 645. C. VII. 7. D. 511. A. 544. E. 546.
    B. 655. D. 811. D. 895. E. VIII. 332. A.
    771. A. *Droué de Montmoyen* , VII. 648. D.
Regniercluse , seigneurie , VIII. 523. E.
Regnierville , VIII. 18. C.
Regnoult , VIII. 274. A. seigneurie , IV. 873.
    A.
Regny , seigneurie , II. 872. B.
Regolieres , seigneurie , VII. 213. C.
Regusse , II. 197. E. seigneurie , II. 288. C.
Reignac , seigneurie , VI. 105. D.
Reil , VII. 519. C.
Reilhac , IV. 565. A. 640. A. V. 16. E. 768. B.
    VI. 416. A. 423. C. VII. 699. D. VIII. 281.
    B. 481. E. seigneurie , VIII. 163. D. 164. D.
Reillane , vicomté , VIII. 295. A.
Reillânet , seigneurie , VIII. 175. A.
la Reimbertiere , seigneurie , VII. 508. E.
Reimplasso , seigneurie , IX. 441. A.
Reims , comté , I. 36. E. 37. A B. II. 2. C. 771.
    B. 772. D. VIII. 410. A. 861. B. archevêché ,
    duché-pairie , II. 1. A. *& suiv.*
REIMS (*College de*) à Paris , II. 43. A.
REIMS (*Université de*) II. 71. D.
Reims-la-Brulée , seigneurie , III. 733. C.
Reinac , seigneurie , VIII. 764. E.
Reinach , VI. 263. C. VIII. 340. C.
Reinaud , VII. 493. B. 494. A.
LA REINE , *Jeanne*, nourrice d'une fille de Fran-
    ce , I. 118. C.
Reinex , VII. 466. A.
Reinfeld , duché , VIII. 411. C.
Reingleser , IV. 214. A.
Reinier , IV. 314. A.
Reinsfeld , comté. *Voyez* Reinfeld.
la Reinville , II. 120. E. seigneurie , II. 121. C.
Reiskum , seigneurie , VII. 657. C.
Relay , seigneurie , VI. 595. B.
Relingues , seigneurie , VIII. 644. B.
Relly , seigneurie , V. 229. D.
Rely , VIII. 34. A. 106. D. 657. B.
Remalart , vicomté , VIII. 706. C.
Remaucourt , seigneurie , VI. 66. E.
Remaugies , seigneurie , IV. 872. D. VI. 65. C.
    VIII. 524. D. 635. C. 638. B. 650. D. 833.
    A.
Remaugis. *Voyez* Remaugies.
Remauville , seigneurie , VII. 466. D.
Remefort , seigneurie , VI. 189. C. 203. A.
Remerangles , seigneurie , VIII. 788. B.
Remerrenges , VI. 806. A.
Remerville , seigneurie , II. 54. C.
S. Remese , comté , IX. 72. B.
S. REMESY (*Branche des seigneurs de*) du nom de
    Chateauneuf-Randon , IX. 421.
S. Remesy , seigneurie , III. 813. A. IV. 27. D.
    VII. 788. B. IX. 421. C. comté , VII. 392.
    C.
Remeulle , seigneurie , VII. 796. D.
Remezan , VIII. 306. D.
Remicourt , VI. 417. A. VIII. 791. B. seigneurie ,
    II. 429. B.
REMIENCOURT (*Seigneurs de*) V. 83. *Voyez* Bouf-
    flers.
Remiencourt , seigneurie , V. 83. C. 88. E.
    B 4

Remignicourt, feigneurie, II. 5. C. 501. C.

Remigny, V. 613. E. VII. 8. E.

Remilly, baronie, VI. 691. A.

Remiremont, comté, VII. 468. A.

Remolar, vicomté, VII. 279. B.

Remond, II. 86. E. VI. 372. E. VII. 66. A. VIII. 708. A. vicomté, IV. 29. E. VII. 84. A. VIII. 495. B. 692. D. 903. E. de Modene, VIII. 713. A. Voyez Raimond.

la Remonde, VIII. 850. A.

la Remort, feigneurie, VII. 597. C.

Remonville, feigneurie, II. 322. E.

Removille, marquifat, III. 915. C.

Remoulins, feigneurie, III. 772. C. 836. C. baronie, III. 773. A.

Remring, feigneurie, VIII. 873. D.

S. Remy, archevêque de Reims, II. 1. A.

S. Remy (Seigneurs de) VI. 150. (Marquis de) VI. 152. Voyez Conflans.

S. Remy, IV. 61. E. VII. 252. D. VIII. 93. C. 95. D. IX. 332. B. feigneurie, I. 136. D. 232. D E. 378. C. II. 668. E. 669. C. III. 913. B. IV. 710. C. 841. A. V. 764. E. VI. 146. C. 148. B. 150. C. 334. E. 571. C. VII. 663. A. VIII. 304. B C. 305. A B C. 594. * * * D. 656. C. IX. 383. E. marquifat, V. 494. A. VI. 151. B. 152. A. VIII. 712. A. C. de Mirambel, feigneurie, VII. 348. D.

S. Remité, feigneurie, VII. 176. C.

Renac, feigneurie, VII. 176. C. VII. 359. D.

Renais, feigneurie, II. 748. B E. 754. A. 784. B. V. 128. F.

Renaix, feigneurie, IV. 37. A.

Renancourt, feigneurie, IX. 227. C.

Renard, I. 122. E. 491. D. V. 491. B.

Renaud, chancelier de France, VI. 245. C. autre de même nom, chambrier de France, VIII. 395. A. autre, chambrier de France, VIII. 402 D. autre, Bouteiller de France, VIII. 514. C.

Renaud, VI. 547. B. 585. A. VII. 619. E. 654. C. VIII. 319. A.

LA RENAUDIE (Seigneurs de) IV. 457. Voyez la Rochefoucaud.

la Renaudiè, VIII. 589. A. feigneurie, II. 230. E. 232. B. baronie, II. 232. C. IV. 456. D. la Renaudiere, IV. 324. A.

Renault, VIII. 563. C.

Renaut de S. Tropes, IV. 503. C.

Renay, feigneurie, VII. 399. D.

Rence, IV. 687. B.

Rencourt, III. 581. A.

Rencefent, feigneurie, VI. 707. D.

RENDAN, (Ducs de) III. 387. Voyez Foix & Randan.

Reneck, V. 508. B. feigneurie, II. 327. D. 789. B. comté, II. 328. E. 330. D.

Renel, VI. 175. B. baronie, IV 825. C. marquifat, II. 872. B. V. 166. B. VI. 466. D. IX. 195. B. 326. B.

Renembourg, III. 578. D. feigneurie, VIII. 35. E.

Reneffe, III. 610. D. V. 641. A. 656. B. VIII. 79. C. feigneurie, II. 327. A. Wartufée, V. 649. A.

RENGUESSENT, (Seigneurs de) V. 832. Voyez Bournonville.

Renguessent en Boulonois, feigneurie, V. 832. B.

Renias, feigneurie, IV. 130. C. VII. 309. B.

Renier, II. 121. D. VIII. 658. B.

Reninghes, feigneurie, VIII. 543. D.

Renneberg, comté, I. 255. B.

Rennepont, feigneurie, IV. 844. C. 858. B. VI. 263. D.

Rennes, vicomté, IV. 175. A. VII. 356. B. comté, III. 45. A. 48. A. VI. 8. B.

Renneville, feigneurie, V. 125. C E. 226. C. 117. C. VI. 477. B. VIII. 651. E.

Renou, VI. 518. B.

RENOUARD, (Seigneurs de) VII. 401. Voyez Souvré.

Renouard, VI. 522. A. VIII. 942. E. feigneurie, II. 252. D. III. 651. C. IV. 642. A. VII. 399. E. 401. B.

Renouardiere, feigneurie, II. 452. A.

la Renoufiere, feigneurie, IV. 184. C.

Rentigny, feigneurie, VIII. 35. C.

Renty, II. 124. B. 426. A. 441. A. IV. 846. D. V. 825. C. 828. A. 834. A E. VI. 121. B D. 405. B. 466. D. 495. B. 805. A. VII. 741. C. 747. B. 823. C. 828. C. VIII. 35. C. 265 B. 274. C. 323. A. 645. A. 696. C. 506. B. feigneurie, I. 257. A. 267. A. III. 727. B. V. 636. A C. 637. D. 638. B. 639. B. 656. B. 657. C. VI. 333. D. VIII. 153. C. 451. B. 571. B. marquifat, V. 640. B D E. 641. A. 644. C. 650. B. 654. B. 656. B C. VI. 99. C.

Renyez, feigneurie, VIII. 164. A.

la Reolle, feigneurie, II. 665. D. 666. A. 675. D. IV. 664. C. baronie, IV. 135. D. 444. A. VII. 314 A.

Reomet, feigneurie, VI 768. C.

Reortier, feigneurie, II. 28. D.

Repaire, V. 356. C. 747. D. feigneurie, II. 233. E. 234. A. IX. 166. C. marquifat, VIII. 810. * * E.

le Repas, feigneurie, V. 149. F.

Repentigny, VIII. 778. A. feigneurie, V. 140. F.

Repichon, VII. 631. D.

la Reporte, feigneurie, VII. 894. C.

Repouffé, feigneurie, VIII. 337. B.

Requart, feigneurie, I. 262. E.

Requeil, feigneurie, VIII. 643. B.

Requeixo, feigneurie, I. 690. E.

Requens, comté, I. 688. A.

Reques, feigneurie, IV. 212. C.

Requefens, II. 285. C. 601. E.

Requignies, feigneurie, VI. 124. B.

Requifta, vicomté, IX. 428. A.

S. RERAN, (Seigneurs de) VIII. 339. Voyez Damas.

S. Reran, feigneurie, VII. 251. E. 700. B. baronie VIII. 340. C. marquifat, II. 65. B. VIII. 340. C.

Rere, feigneurie, I. 496. B. 497. B.

Refcuffons, feigneurie, VI. 261. C.

Refigny, feigneurie, VIII. 855. C.

Refnel, feigneurie, VII. 8. B. marquifat, VII. 238. C. Voyez Renel.

Reffancourt, VII. 394. D.

Reffcins, feigneurie, VII 46. D.

Reffis feigneurie, I. 317. B.

Reffons, baronie, VI. 727. A.

Reffy, feigneurie, II. 255. A.

Reftant, V. 405. E.

Refteau, VIII. 85. D. 86. A.

la Refteliere, feigneurie, II. 226. D.

RESTINCLIERES, (Seigneurs de) VII. 490. Voyez S. Bonnet.

Reftinclieres, feigneurie, VII. 488. B. 490. A.

Reftmeur, feigneurie, VII. 526. D.

Reftourtour, VIII. 927. E.

Reftrimare, feigneurie, VIII. 27. B D.

du Retail, II. 88. E.

RETHEL, comté-pairie, érigé en 1347. pour Louis II. comte de Flandres, III. 193. Pieces concer-

nant cette érection, ibid. Nouvelle érection en
1405. pour ANTOINE de Bourgogne, duc de
Limbourg , III. 251. Pieces concernant cette
érection , ibid.
Rethel, II. 590. E. 729. E. VI. 130. A. VIII. 866.
B. comté, I. 94. C. 239. C. II. 96. D. 151.
C. 199. A. 319. C. 339. D. 737. A C D E.
738. B. 739. D. 741. D. 757. C E. III. 314.
C. 380. A. 449. E. 450. A D E. 451. B. 664.
C. V. 574. A. VI. 21. B. 140. B. 213. A.
217. D. 218. A B. VI. 142. B. VIII. 862. A.
pairie, I. 248. C. 251. E. 252. D. 253. C. 452.
D. duché, I. 222. A. III. 713. A. Mazarini,
duché, IV. 67. E. VIII. 640. C.
RETHELOIS, duché-pairie, érigé en 1573. pour
Louis de Gonzagues, III. 862. Pieces concernant cette érection, III. 863.
Rethelois, duché, III. 712. A. 713. B D.
714. A. duché, IV. 625. D. 626. E. pairie, V. 463. E. 463. *D. 738. A B. VII.
598. B.
RETHELOIS-MAZARINI, duché-pairie, érigé en
1663. pour ARMAND-CHARLES de la Porte-
Mazarini, IV. 617. Pieces concernant cette érection , ibid.
Retonvillier, seigneurie, III. 616. A.
la Retteloire, seigneurie, VII. 587. C.
RETZ, duché-pairie, érigé en 1581. pour ALBERT
de Gondy, III. 882. Pieces concernant cette
érection, III. 883. Nouvelle érection en 1634.
pour PIERRE de Gondy, comte de Joigny, IV.
383. & suiv.
RETZ, (Genealogie des Ducs de) III. 890. Voyez
Gondy. (Barons de) IV. 559. Voyez Chabot.
Retz, seigneurie, II 852. E. IV. 197. C. VII.
18. A. 72. B. VIII. 569. B. 730. A. 735. B. ba-
baronie, III. 628. A. 895. B. VI. 691. C. VII.
177. A. 179. B. 882. D. VIII. 923. D. marquisat, III. 318. D. duché, III. 590. D. 607.
A. 914. B. IV. 292. B. 325. A. pairie, I. 221.
C. VII. 176. C. 216. D. VIII. 173. A.
Reveillon, IV. 734. B. VIII. 809. *D. seigneurie,
IV. 730. C. VI. 417. C. VII. 894. C. baronie,
IV. 186. A. VII. 222. D. 427. C.
Revel, VI. 160. C. VII. 751. B. VIII. 686. C.
seigneurie, II. 217. B C. IV. 527. B. VI. 64.
C. 112. C. 115. B. 160. C. 274. D. 275. D.
302. A C. VII. 121. A. VIII. 52. B. 312. D.
319. E. comté, IV. 773. A. VI. 499. B. VII.
693. B. en Auvergne, seigneurie, VI. 110. C.
Reverand, baronie, V. 105. E.
Reverend de Bougy, VII. 863. D.
Revermont, seigneurie, II. 15. A. 16. A. 18. B.
VII. 144. B.
Revett, IX. 86. D.
REVEST, (Seigneurs de) IV. 504. Voyez Grimaldi.
Revest, seigneurie, II. 253. E. 256. D. 294. A
D E. 295. E. 298. C. 299. A. IV. 502. D. VII.
716. C. VIII. 306. A. 307. B. IX. 441. A.
Revesti, seigneurie, V. 290. E.
Revestisson, seigneurie, III. 89. C D. 90. A.
Revet, seigneurie, VII. 791. A.
Reveyrolles, seigneurie, VII. 64. C.
Reugny, IV. 860. C. en Touraine, seigneurie, V.
136. E. 490. D. 491. B. 493. C.
Revigny, IX. 380. A. seigneurie, I. 516. B C.
517. C. 518. B D. 519. A.
Reuil, seigneurie, II. 119. D. VIII. 13. A.
Reuilly, seigneurie, VI. 290. D. 294. A. 292. C.
294. B.
Revin, souveraineté, I. 257. D.
Reule, VIII. 478. B. seigneurie, VII. 450. B.
Reuley, seigneurie, VI. 530. C.

Reume, seigneurie, V. 657. D.
Reuneval, III. 622. B.
Revois, VII. 195. B.
Revol, seigneurie, VIII. 75. A.
Rey, VII. 546. C. seigneurie, III. 90. B.
Reyghersulier, II. 767. A.
Reymersvalle, III. 607. B.
Reynault, VI. 526. A.
Reynel, seigneurie, VII. 126. C.
Reyner, VII. 7. D.
Reyneville, seigneurie, VI. 529. A. 534. C.
Reynies, seigneurie, VIII. 94. D.
Reynofa, III. 352. E.
Reyrevignes, seigneurie, VIII. 164. A.
Rez de Bressolles, III. 830. A.
Rez Villaret, VII. 831. C.
Rezay, IV. 75. C. seigneurie, V. 493. E. VII. 82.
D. VIII. 115. D. 834. A. vicomté, VII. 383.
E.
Rezé, seigneurie, VII. 895. B. VIII. 621. C.
Rhangy, seigneurie, I. 522. B.
Rhé, seigneurie, IV. 169. A. 170. A. 194. A.
195. A E. VII. 880. A.
Rhedon, IV. 61. E. Voyez Redon.
Rhée, seigneurie, VI. 476. D.
Rheingrave, VIII. 44. A. 167. C. 354. B.
Rheon, seigneurie, I. 259. E.
RHIN, (Palatins du) I. 340. D. 613. C. (Comte
Palatin du) II. 792. E.
Rhin, palatinat, IV. 541. B. 543. A D. comté,
V. 507. C. VII. 173. B.
Rhingraf, V. 643. B.
Rhingrave, II. 37. A. V. 507. C. 648 E. d'E-
guinfeld, VII. 610. C. du Rhin, V. 644. B. de
Salms, VII. 100. E.
Rhingrave, comte palatin du Rhin, III. 768. E.
de Rhins, II. 64. C.
Rhodes, V. 193. B. seigneurie, I. 203. C. II.
863. A. IV. 388. B. VI. 562. B. VII. 370. B.
371. B. 440. A. IX. 310. B. comté, VII. 766.
B. 767. B. 784. B. marquisat, II. 249. D. IX.
312. A. Voyez Rodes.
Rhodez, comté, I. 276. B. 288. C. II. 632. C.
VIII. 51. D. marquisat, VIII. 712. C.
Riable, seigneurie, VII. 853. A.
Rians, II. 428. B. III. 582. C. 632. B. V. 410.
D 468. C. VI. 423. B. VII. 400. E. IX. 59. B.
marquisat, II. 257. D.
Riati, IX. 207. A. 215. A.
Riau, seigneurie, VIII. 493. D. baronie IV. 898.
B. VIII. 181. D.
Riaucourt, seigneurie, VI. 350. B.
Riba de Vifello, I. 583. D.
Ribadaria, comté, I. 631. D.
Ribadeo, comté, I. 304. E. 305. A B. III. 352.
B. V. 530. A.
Ribagorça, comté, II. 598. D. V. 524. C. 528.
A. duché, III. 376. A.
Ribaupierre VII. 815. D. comté, VIII. 353.
C.
Ribautes, seigneurie, II. 136. E.
Ribauvilliers, seigneurie, VI. 384. C.
Ribecourt, seigneurie, VI. 174. A. VIII. 278. B.
281. A.
Ribehan, baronie, VI. 405. D.
Ribehem, seigneurie, VI. 121. D. VII. 741. C.
Ribeira, seigneurie, I. 585. 688. E.
Ribeira-grande, comté, I. 681. C. 694. A. 695.
A.
Ribeire. Voyez Riviere.
Ribemont, VIII. 791. B. seigneurie, II. 335. D.
775. A. VIII. 864. C
Ribera, I. 262. A. Voyez Henriquez.

Ribera-grande, comté, IV. 67. B.
Riberac, seigneurie, V. 196. A. vicomté, III.
  385. D. 388. D. VII. 860. C D. IX. 116. C.
Ribercourt, seigneurie, VIII. 278. A D.
Ribercourt, seigneurie, VI. 746. D.
Ribero de Vasconcellos, I. 689. B.
Riberpré, seigneurie, II. 78. E. 80. B. VII. 183.
  D. VIII. 161. C.
Ribes, VI. 458. D. VII. 770. D. IX. 461. C.
  seigneurie, IV. 265. C.
Ribeyre, IV. 767. C. IX. 277. A.
la Ribeyrie, II. 398. E.
Ribier, VI. 555. C. VII. 532. A.
S. Ribier, IX. 385. A. seigneurie, IX. 384. C.
Ribieres, baronie, III. 838. B.
Ribonnet, seigneurie, VIII. 478. A.
Riboteau, IX. 447. B.
Ribou, II. 450. B.
Riboulle, VII. 175. B. 384. B. 500. A. VIII.
  100. C.
Ribourdin, seigneurie, IX. 451. * C.
Ricamez, IV. 24. B. VI. 708. D. VIII. 700. A.
  seigneurie, VI. 708. D.
RICARD, Jacques, maître visiteur & general re-
  formateur de l'artillerie de France, VIII. 162.
  A. autre Jacques, maître de l'artillerie, VIII.
  175. A.
Ricard, V. 554. B. 755. D. de Genoüillac, VII.
  698. B.
Ricartoun, baronie, IX. 411. A.
Ricarville, seigneurie, I. 441. A. IV. 325. A.
  VIII. 161. A.
la Riccia, principauté, IX. 130. B.
RICEY (Seigneurs de) VI. 790. Voyez Crequy.
Ricey, seigneurie, VI. 735. D. 783. D. 790. B.
  VII. 189. C. VIII. 280. B. 787. B. 915. A.
Richard, III. 826. D. VII. 642. E. Castel, sei-
  gneurie, VII. 87. B. de Clevans, V. 153. B.
  VI. 534. A. VII. 592. B. Mesnil, seigneurie,
  II. 65. E. 66. A. IV. 843. A. VI. 263. B. VII.
  254. B. S. Priest, VII. 195. C.
Richardeau, V. 416. A.
la Richardie, VIII. 594. *** C. seigneurie, VIII.
  147. C.
la Richardiere, seigneurie, V. 393. A.
Richardot, II. 167. C.
Richarville, seigneurie, IX. 110. C.
le Riche, II. 41. B.
RICHEBOURG (Marquis de) V. 236. Voyez Melun.
Richebourg, seigneurie, I. 237. C. II. 731. D.
  743. A B. III. 384. B. 723. A C. 725. A. 726.
  A. V. 229. C. 230. D. 231. A C. 655. D. VI.
  48. B. 132. A. 350. C. 546. A. VI. 30. B.
  marquisat, III. 615. A. V. 232. A B C E. 236.
  A. 838. C. 841. B. 842. B. VII. 563. A.
Richecourt, II. 61. B D. 62. B E. 78. B. sei-
  gneurie, VII. 35. A. VIII. 799. C. 874. C.
RICHELIEU, duché-pairie, érigé en 1631. pour
  ARMAND-JEAN du Plessis, cardinal de Riche-
  lieu, IV. 353. Pieces concernant cette érection,
  IV. 354.
RICHELIEU (Seigneurs & Ducs de) pairs de France,
  IV. 366. (Marquis de) IV. 376. Voyez du
  Plessis & Vignerot.
Richelieu, I. 551. E. seigneurie, III. 635. D. 775.
  B. IV. 367. A. 374. C. 614. B. 663. C. 765.
  B. 805. B. VII. 517. A. VIII. 251. A. marqui-
  sat, IV. 626. B. duché-pairie, IV. 375. C. 791.
  D. 792. A. VI. 220. B VII. 908. A. 936. B.
Richelin, III. 426. C.
RICHEMONT (Ducs de) V. 929.
Richemont, seigneurie, II. 212. A. VI. 384. B.
  595. D. VII. 161. C. comté, I. 113. E. 115.

C. 241. E. 445. A. 447. C. 448. B E. 449.
  C E. 452. A D. 454. C. 457. D. 459. B. HI.
  50. E. 53. A E. 726. D. IV. 52. A. VI. 95. A.
  225. E. pairie, VI. 213. A. duché, V. 928.
  E. 929. C.
Richer, IX. 332. B.
Richeriis, III. 606. B.
Richiere, IV. 283. C.
S. Richin, seigneurie, VIII. 651. B.
Richolt, baronie, V. 618. B.
Rickeniers, VI. 710. A.
Ricon, seigneurie, VI. 554. C.
la Ricordaye, seigneurie, V. 413. A.
Ricouard, VI. 391. C.
Ricourt, seigneurie, III. 595. D.
Rideau, II. 376. B. seigneurie, VI. 334. B.
Ridel, II. 377. D. VI. 265. C.
Ridolfi, VII. 207. B.
Rie d'Aisnay, seigneurie, VIII. 764. E.
Riegot, seigneurie, IV. 860. C.
Rielan, seigneurie, VIII. 42. A.
Riencourt, III. 845. A. VII. 99. C. VIII. 854.
  A. IX. 396. D. seigneurie, III. 613. A. VIII.
  155. E. IX. 89. B. Moutilon, VIII. 853. D.
Rietperg, comté, VII. 52. D. 55. A.
Rieucale, V. 748. E.
Rieulay, seigneurie, VIII. 74. C D.
RIEUX, Jean II. du nom, maréchal de France, VI.
  762. B. Pierre, dit de Rochefort, seigneur d'A-
  cerac, maréchal de France, VI. 806. D. René,
  chevalier du S. Esprit, IX. 127. C.
RIEUX (Genealogie de la maison de) VI. 763.
Rieux, III. 586. A. 606. E. 897. B. IV. 62. C.
  83. D. 166. C. 572. D. 680. A. V. 13. D.
  138. C. 738. E. 739. B. 402. D. 581. E. 928.
  C. VI. 484. C. 538. A. 763. B. VII. 15. B. 77.
  A. 112. B. 155. C. 184. A. 216. D. 501. D.
  711. D. VIII. 361. B. seigneurie, I. 209. E.
  354. D. 378. C. 379. A. 458. D. 463. A. III.
  492. B C. IV. 57. A. 60. B. 80. A. 216. D.
  V. 134. B C. 380. B. 575. A. 581. B. VI. 203.
  C. 262. A. 389. A. 440. C. 511. B. 763. D.
  VII. 75. E. 156. B. 501. E. VIII. 174. B. 579.
  E. 640. A. 775. A C. 776. A B C. 777. A. ba-
  ronie, III. 770. C. IV. 22. A. 664. C. V.
  159. E. 160. A. VII. 775. B. 776. B. 926.
  C. IX. 93. C. comté, III. 493. A C. 496.
  A. IV. 809. B. 854. A. V. 85. A. 288. D.
  VII. 775. C. IX. 203. B. d'Acerac, IX. 139.
  A. Châteauneuf, IV. 64. B. Sourdea, VII. 506.
les Rieux, seigneurie, V. 83. A.
petit Rieux, seigneurie, V. 239. F.
Riez, seigneurie, II. 285. B.
Riffardeau, seigneurie, VIII. 900. A.
Riffredo, marquisat, II. 65. B.
la Rigale, seigneurie, VIII. 593. B.
Rigaud, II. 438. B. 658. A. VII. 415. C. 773.
  A. 925. E. de Vaudreuil, II. 368. C. 372. A.
Rigaudi, seigneurie, IV. 500. B.
la Rigaudiere, seigneurie, II. 437. B. IV. 81. B.
  456. C. 457. A.
Rigault, VII. 426. A. seigneurie, V. 742. E. de
  Millepeds, VII. 585. A.
Rigna, seigneurie, VII. 161. A.
Rignan, principauté, VIII. 291. D.
Rigney, VII. 35. A. 809. B. seigneurie, II. 875.
  E. VII. 34. E. VIII. 349. D.
Rigny, VII. 547. D. 797. E. seigneurie, II. 871.
  C. le Feron, seigneurie, VI. 68. B. 511. D.
  VIII. 887. C. 892. B.
RIGNY-LE-FERON (Seigneurs de) VIII. 892. Voyez
  Chaumont-Quitry.

Rigond,

Rigord, VI. 155. B.
Rilhac, marquisat, IX. 392. C.
RILLAC (*Seigneurs de*) VIII. 818. *Voyez* Montmorin.
Rillac, seigneurie, VI. 327. B. 398. B. VII. 767. D. VIII. 593. *** E. 814. A C. 815. B. 818. B.
la Rillardaye, seigneurie, V. 395. F.
Rillé, VII. 505. C. seigneurie, II. 452. C D. VII. 501. C. VIII. 584. B.
RIMAUCOURT (*Seigneurs de*) VI. 655. *Voyez* Noyers.
Rimaucourt, VIII. 735. A. seigneurie, IV. 831. D E. VI. 655. A. 744. D. baronie, II. 871. E. S. Rimault, seigneurie, IV. 756. A.
Rimbert, VI. 121. C.
Rimerswalle, VII. 473. C.
Riminy, seigneurie, II. 164. C.
Rimont, VI. 447. C. VIII. 332. A. 335. D. seigneurie, VIII. 323. C.
Rimval, seigneurie, V. 151. C.
petit Rin, seigneurie, VIII. 154. E.
Ringelheim, I. 37. A.
Ringleset, V. 228. E.
Rinquessen, seigneurie, VIII. 156. A.
Riolé, IV. 751. B.
Rion, seigneurie, VIII. 282. D.
Rions, seigneurie, VI. 221. D. VII. 863. C.
Rionville, seigneurie, VII. 748. D.
Riotiers, seigneurie, VII. 147. D.
Riou, II. 450. D. IX. 89. A. 444. A. seigneurie, VI. 512. C. VII. 99. A. *Martin*, seigneurie, II. 436. E. 437. B.
Riovalem, V. 927. E.
Rioult de Douilly, VII. 436. A. VIII. 122. C. 821. C.
Riouperoux, VII. 294. A.
Rioux, VIII. 932. C.
Riparfonds, seigneurie, V. 23. A. VIII. 584. D. *Voyez* Gabriau.
Riperda de Solms, V. 614. C.
Ripert, II. 243. D.
Rippia, VIII. 16. C.
Rippon, seigneurie, VI. 596. C. baronie, IX. 403. E.
la Riptiere, seigneurie, II. 83. D.
Riquarville, seigneurie, V. 829. A.
Riqueboure, seigneurie, II. 347. A.
Riquelien, seigneurie, VIII. 651. B.
Riquet, VII. 604. C. VIII. 810. ** A. IX. 416. B.
Riquety, VI. 512. B.
S. Riquier, abbaye, I. 29. C.
S. Riquier, VI. 120. B.
Ris, seigneurie, IV. 536. A. VIII. 245. A. IX. 319. D. baronie, VIII. 247. C D. marquisat, V. 19. F. *Voyez* Faucon.
Risaucourt, seigneurie, VIII. 716. C.
Risbourg Bournonville, marquisat, V. 842. B. *Voyez* Richebourg.
Risbrouck, seigneurie, VII. 829. A.
Risnel, VI. 695. B. VIII. 532. A. seigneurie, VI. 694. D. 695. B. VIII. 349. E. 552. C. comté, VIII. 863. E.
Riloir, seigneurie, VIII. 45. C.
Risse, VIII. 295. C. seigneurie, III. 651. A.
Ritberg, comté, II. 211. E.
Rivarennes, seigneurie, V. 10. C. 11. D. 12. C. 13. C. 493. A. VII. 848. B. VIII. 584. C.
Rivarolles, seigneurie, II. 248. A.
Rivas, seigneurie, VIII. 942. D.
Rivau, II. 451. D. seigneurie, III. 587. C. IV. 450. C. 714. D. V. 491. E. VI. 481. C.

599. B. VIII. 755. D. baronie, VII. 435. E. marquisat, IX. 278. B. *de la Barge*, seigneurie, VI. 597. C.
les Rivaudieres, seigneurie, IV. 731. B.
Rive, II. 124. B. seigneurie, II. 656. C. IX. 438. C.
Rivedieu, comté, VI. 264. D.
du Rivel, VI. 644. C.
Riverelles, seigneurie, III. 650. B.
Rivers, II. 485. A. *Voyez* Redvers.
Rivery, V. 637. B. VI. 785. C. VIII. 12. D. 277. B. seigneurie, III. 430. C D. IV. 364. B. VIII. 912. C.
Rives, IX. 314. B. seigneurie, V. 637. B.
Rivet, II. 509. A.
LA RIVIERE, *Charles*, grand maître des eaux & forêts de France, VIII. 895. D.
Riviere, I. 203. C. 234. A. 364. B. 444. B. 491. B. 503. A. II. 123. A. 174. C D. 655. A. 663. C. 873. A. III. 450. C. 841. A. IV. 164. C. 598. B. 611. D. 612. A. V. 178. B. 403. D. 415. E. 416. C. 735. A. 744. D. VI. 100. D. 112. C. 261. C. 277. C. 385. C. 417. C. 515. A. 599. D. 639. A. 722. C. VII. 29. B. 101. A. 136. C. 212. C. 226. B. 257. D. 424. C. 456. D. 565. C. 605. C. 748. A. 768. E. VIII. 102. B. 168. A. 174. A. 274. A. 326. C. 546. B. 552. C. 622. C. 643. B. 647. D. 717. B. 803. C. 858. B. IX. 113. B. 309. B. 461. E. seigneurie, II. 255. D. 386. C. 429. E. 642. E. III. 418. E. 410. B. IV. 60. C. 181. B. 728. D. 750. A. 821. D. 825. A. V. 190. F. 382. C. 742. D. VI. 112. C. 470. D. 512. A. 551. A. 634. C. 672. A. VII. 36. A. 136. C. 232. B. 277. B. 337. D. 516. D. 586. B. 601. B. 636. A. 647. E. VIII. 322. B. 445. A. 592. E. 890. B. 895. B. IX. 176. B. 465. C. baronie, IV. 848. E. VI. 484. C D. comté, IV. 849. B. *d'Abarets*, seigneurie, III. 600. A. 601. B. *de l'Abatut*, II. 659. B. III. 393. B. V. 195. A. *Bellegarde*, seigneurie, V. 266. D. *Bonnoeil*, IV. 567. B. seigneurie, III. 771. B. V. 17. D. 899. D. VI. 423. D. *Bourdet*, seigneurie, VIII. 887. D. *Breton*, seigneurie, V. 493. E. *de Corps*, seigneurie, VI. 390. B. *Jegon*, seigneurie, V. 412. D. *de Montigny*, VII. 854. E. *Rumblay*, seigneurie, V. 240. A. *de Thibonville*, seigneurie, VI. 150. A. *du Tiersan*, baronie, V. 495. A. *Vandurant*, seigneurie, V. 415. A. *de Vaux*, seigneurie, IX. 481. B. *Voyez* Barbier.
Riviers, II. 877. D. VIII. 893. C. seigneurie, III. 726. D. VII. 190. A. VIII. 893. C.
Rivoire, IV. 549. B. V. 364. C. 673. A. VII. 44. A. 61. B. 135. C. seigneurie, VII. 161. B. *du Palais*, VII. 65. C.
Rixenfart, seigneurie, I. 257. A.
Rizaucourt, seigneurie, VII. 51. C.
Roaix, III. 859. B.
Roanne, seigneurie, VI. 86. B. 89. C. VII. 678. A. VIII. 319. D.
Roannez, duché, IV. 167. A. 176. B. 322. B. 572. B. *Voyez* Rouannois.
Roarthais, V. 246. D.
ROASCHE (*Comtes de*) VI. 499. *Voyez* Birague.
Roasche, comté, VI. 499. D.
Roat, marquisat, II. 247. B D. 248. A.
Robais, seigneurie, VIII. 371. B.
Robecourt, seigneurie, VI. 407. C.
ROBECQUE (*Princes de*) III. 593. *Voyez* Montmorency.
Robecque, seigneurie, III. 916. A. principauté, V. 658. A. VIII. 41. C.

LA ROBERIE (*Seigneurs de*) VI. 188. *Voyez* du Guefclin.

la Roberie, feigneurie, IV. 59. A. VI. 188. C. 190. A.

Robermez, feigneurie, VI. 802. D. IX. 428. B.

Roberfart, I. 361. B. VIII. 78. C.

Robert, fénéchal de France, VI. 29. B. *autre du même nom*, chancelier, VI. 239. C. *autre du même nom*, queux de France, VIII. 825. B.

Robert, IV. 34. C. VI. 549. C. 582. B. 606. C. VII. 334. C. VIII. 779. A. 794. B. IX. 271. C. *de Liguerac*, IV. 547. D E. IX. 479. A.

Robertet, III. 912. B. IV. 41. E. 175. A. 566. C. 599. C. 641. E. 716. E. 876. B. 891. A. VI. 437. C. 463. A. 509. C. 533. A. 560. A. VII. 20. E. 168. A. 370. A. 553. B. VIII. 167. C. 182. A. 704. D. 943. B. 946. B. IX. 77. A. 97. A. 100. A.

Robertot, feigneurie, VIII. 20. E. 21. D.

Robian, VII. 528. D. feigneurie, VII. 767. B.

la Robie, II. 306. E.

Robillard, VI. 606. A.

Robin, IV. 673. B. VI. 597. A. VIII. 170. A. IX. 313. B.

Robineau de Fortelle, VI. 511. B.

Robins de Gravefon, II. 440. B. III. 894. C.

Robion, feigneurie, II. 243. D. 250. A. V. 283. A.

Robles, VII. 830. D. comté, V. 843. D.

Roboller, baronie, V. 843. C.

Robot, VII. 431. A.

Roc, feigneurie, III. 903. B D. V. 356. E.

Roca, V. 721. E.

Rocafort, II. 359. D.

Rocafteroni, IV. 501. A.

la Rocatelle, feigneurie, VII. 7. B.

ROCAVIONE (*Marquis de*) VI. 500. *Voyez* Birague.

Rocavione, marquifat, VI. 500. B.

Roce, feigneurie, V. 177. D.

Roch, VII. 486. E.

Rochambault, feigneurie, VI. 503. C. VII. 514. C.

Rochas d'Aiglue, II. 253. E.

Rochave, feigneurie, IX. 436. E.

LA ROCHE (*Seigneurs de*) iffus des feigneurs de S. Dizier, II. 765.

LA ROCHE EN RENIER (*Seigneurs de*) IV. 25. *Voyez* Levis.

la Roche, II. 69. B. 233. A. 359. C. 361. B D. 419. C. 675. E. 676. C. 756. E. 782. C. 849. B. III. 653. C. 836. C IV. 183. B. 190. B. 372. A C. 822. A. V. 127. E. 320. E. 364. D. 623. B. VI. 87. A. 109. D. 116. C. 130. C. 189. D. 317. A. 487. B. 518. D. 597. D. 679. D. VII. 59. D. 97. A. 128. D. 203. B. 292. C. 360. B. 415. C. 579. B. 584. D. 585. A. 708. D. 729. C. 750. C. 849. D. VIII. 69. A. 211. B. 729. C. 768. C. 819. B. IX. 82. B. feigneurie, I. 325. E. 326. B. 328. B. 416. B. 436. A. 499. A. II. 230. C D. 232. C. 448. D. 758. B. III. 252. A. 582. D. 820. B. IV. 15. E. 16. A. 17. B. 459. D. 533. B. 688. B. 726. B. 730. B. 749. A. 804. C. 833. B. V. 280. B. 490. D. 491. A. 626. B. VI. 323. C. 779. B. VII. 34. E. 57. E. 63. C, 133. B. 136. B. 211. B. 337. D. 644. B. 648. C. 727. C. VIII. 243. E. 331. E. 549. E. 814. B. 819. C. 941. C. IX. 60. A. vicomté, VII. 67. C. comté, II. 203. A. 211. E. 212. A. 799. E. V. 509. A. VII. 34. C. VIII. 44. C. 203. E. 225. A. 353. B. *Abeille*, feigneurie, II. 399. D. VII. 854. B. *Agnel*, feigneurie, VII. 618.

B. *d'Agoux*, II. 862. D. feigneurie, II. 399. E. 400. A. IV. 534. E. 546. B. V. 326. C. VI. 86. A B. 89. C. VII. 58. E. VIII. 175. E. IX. 115. B. *fur-Aifne*, feigneurie, II. 874. B C. *Alais*, feigneurie, V. 18. F. VI. 421. C. baronie, IV. 126. C. VII. 305. B. *Alard. Voyez* Gouffe-Saint-André, III. 600. A. *Andry*, I. 495. E. II. 85. C. IV. 125. E. VII. 24. D E. 304. E. 699. D. VIII. 770. C. IX. 66. A, feigneurie, IV. 479. E. *en Ardenne*, comté, I. 254. C D. V. 508. D. VIII. 75. C. *Auberin*, feigneurie, VI. 423. B. *des Aubiers*, II. 386. B. 449. A. feigneurie, IV. 219. A. 321. D. VI. 506. C. VII. 227. B. 618. C. VIII. 672. B. comté, IX. 305. B. *Aymand*, V. 323. E. 325. D. 343. C. 344. D. 347. B. 360. B. VII. 712. B. 895. E. 592. A C. 593. ** * B. feigneurie, III. 91. B. VIII. 902. E. comté, VII. 730. B. *Aymond de Barmont*, IV. 548. B. *Aynard*, feigneurie, IV. 683. B. *Ayraut*, feigneurie, VII. 175. D. *aux Bains*, feigneurie, VI. 424. A. *Baraton*, feigneurie, II. 453. B C D. 454. A C. V. 12. C. VIII. 583. B. *Bardoul*, feigneurie, V. 22. F. *Beluffon*, feigneurie, VII. 616. E. *Bernard*, IV. 53. D. 77. A. VIII. 215. B. feigneurie, III. 628. A. 629. C. IV. 80. A. 183. B. 726. B. VII. 73. C. VIII. 190. D. 570. A. baronie, III. 651. D. IV. 57. C. 805. B. 806. C. 807. B. *Bourdeille*, feigneurie, VI. 591. A. *en Breny*, feigneurie, VII. 641. E. *en Bretagne*, feigneurie, V. 626. B. *Brufillet*, feigneurie, IV. 457. A. *Cerviere*, feigneurie, IV. 557. C. 558. A B D. V. 569. A. *Clermant*, feigneurie, I. 309. E. V. 895. A. *Colombe*, feigneurie, IV. 275. C. VII. 66. B. *Diré*, feigneurie, IV. 80. C. 176. B C. 177. B D. VI. 765. D. VII. 381. B. *des Efparres*, feigneurie, VII. 213. C. *Fontenilles*, II. 675. E. III. 777. A. VII. 213. C. *de Gennes*, feigneurie, VI. 595. A. vicomté, VI. 596. D. 597. B. *Goyon*, feigneurie, V. 375. C E. 378. B. 379. B D E. 380. C. 381. B. 383. D. 384. A. 385. B D. 391. B. 400. F. VII. 315. A. VIII. 170. E. *Jagu*, feigneurie, VII. 854. B. baronie, III. 641. C. comté, IV. 375. E. *Jacquelin*, feigneurie, IV. 374. B. VII. 228. B. VIII. 755. D. *Mabille*, feigneurie, III. 293. C. VI. 506. D. VII. 584. B. baronie, III. 896. B. VII. 387. A. IX. 87. B. *du Maine*, feigneurie, VI. 118. C. VII. 399. D. 506. E. *Maffelin*, vicomté, VII. 134. C. *Moyen*, feigneurie, VII. 853. C. *Moyfan*, feigneurie, IV. 55. A. 59. A. 60. A. 61. A B. 81. B. VI. 189. D. 767. B. *Nolay*, I. 561. A. VII. 798. D. feigneurie, VII. 809. D. *Voyez* Rochepot. *Pichemer*, feigneurie, VII. 386. B. *du Puy*, feigneurie, V. 489. D. *Rabafte*, feigneurie, IV. 637. C. VII. 505. C. *en Renier*, II. 30. E. VI. 325. C. feigneurie, IV. 38. B. 527. A. baronie, I. 312. C. 316. C. 355. A. IV. 31. B. *Roué*, VII. 704. C. *Ronffe*, feigneurie, IV. 806. D. *Ruffin*, feigneurie, III. 637. A. V. 243. E. VIII. 69. D. 71. B. *Savine*, feigneurie, IV. 526. C. VII. 257. D. VIII. 57. D. *fous Sainte Severe*, feigneurie, V. 571. C. *Simbalde*, marquifat, V. 661. C. IX. 294. B. *Teffon*, V. 127. D. feigneurie, V. 385. B. 386. C. VI. 75. C. 147. B. 178. C. 186. D. 659. A. *Tarnoelle*, VII. 58. B. *Tullon*, feigneurie, VII. 388. D. *Turpin*, feigneurie, VI. 481. B. IX. 139. C. *du Vanel*, VII. 789. C. feigneurie, VII. 46. B. 148. B. *de Vaux*, feigneurie, VII. 386. C. *fous Vicry*, feigneurie, VI. 675. B.

la Roche-Baladé , seigneurie, IV. 4¢2. D.

Rochebaron, III. 580. D. 914. D. IV. 399. B.
441. B. 825. A. 861. E. 876. A. V. 143. C.
VII. 35. C. 182. A. 358. A. 556. B. 561. B.
VIII. 324. C. 524. A. IX. 201. A. seigneurie,
I. 242. C. IV. 31. B. 41. C. 535. A. VIII. 51.
A. 331. C. baronie, III. 819. E. vicomté , IV.
876. A. marquisat, IV. 441. B.

Rochebaudin, seigneurie, VIII. 919. C¢

Rochebeaucourt, IV. 445. C. 567. D. V. 19. C.
VI. 802. A. VII. 293. B. IX. 145. C. 166.
C. baronie , V. 19. C.

la Rochebelloum , VIII. 481. C.

Rochebertier, seigneurie, VII. 17. A.

Rocheblaine, seigneurie, VI. 729. D.

Rochebonne, seigneurie, VII. 217. C.

la Roche des Bors, baronie, IX. 240. C.

Rochebourdet , seigneurie, I. 351. B.

la ROCHE-BOURDEUIL (Seigneurs de) VII. 510.
Voyez Maillé.

la Roche-Bourdeuil, seigneurie, VII. 510. B.

la Rocheboureau, seigneurie, IV. 452. A. 458.
A C.

la Rochebreaud, IV. 888. C.

la Rochebreteau, seigneurie, VII. 595. B.

Rochebriant, IV. 548. C. VII. 704. E. VIII. 819.
A. seigneurie, VII. 139. D.

Rochebrune, seigneurie, V. 16. E. VI. 504. B.
VII. 145. E. 217. C.

la Roche-Chabot , baronie, III. 638. C.

la Roche-Chalais, marquisat, IV. 446. D. Voyez
la Roche-Baladé.

la Roche-Châteauneuf, I. 505. C.

la Roche - Chemerault, seigneurie, IX. 94. C.
315. C.

Roche-Chevreux, seigneurie, VII. 578. A.

Rochechinard, seigneurie, II. 205. A. VIII. 919.
B. 936. A.

ROCHECHOUART, Foucaud, évêque & comte de
Noyon, pair de France, II. 395. E. Louis-
Victor, duc de Vivonne, maréchal de France,
VII. 611. idem, general des galeres, VII. 937.
B. Louis, general des galeres, VII. 938. A.
René, chevalier du S. Esprit, IX. 69. B. Gabriel,
chevalier du S. Esprit, IX. 172. C. Louis, che-
valier du S. Esprit, IX. 267. B.

ROCHECHOUART (Genealogie de la maison de) IV.
649. (Vicomtes de) de la maison de Pontville,
IV. 685.

Rochechouart, I. 237. B. 496. E. 524. E. 525.
B. 561. C. II. 46. B. 60. C. 219. C. 625. B.
647. B. 862. E. III. 362. D. 364. E. 495. C.
637. B. 641. B. 861. B. IV. 34. B. 36. C. 124.
E. 167. B. 184. C. 288. C. 293. C. 368. B.
436. C. 449. A. 526. C. 564. B. 567. A. 624.
B. 712. E. 713. D. 714. E. 723. A. 754. A.
805. B. 837. E. 839. C. 874. C. V. 11. E. 15.
D. 151. E. 182. A. 243. E. 333. B. 339. B.
341. C. 343. E. 382. B. 386. B. 736. C. VI.
117. C. 152. C. 156. E. 538. A. 635. D. 772.
D. VII. 19. B. 21. A. 23. D. 25. B. 38. C.
125. A. 160. D. 254. C. 255. A. 285. C.
303. C. 371. A. 425. E. 428. D. 447. A.
477. A. 552. A D. 584. A. 588. B. 803. A,
811. A E. VIII. 71. C. 113. D. 119. C. 211.
C. 255. E. 280. C. 322. E. 324. C. 325. D.
492. A. 717. C. 720. D. 746. D. 766. C. IX.
127. A. 207. B. 210. A. 314. A. 325. A.
449. B C. vicomté, I. 237. E. 434. C. II.
228. C. 396. B. 399. D. 858. B. III. 72. A. 86.
A. 124. B. IV. 421. C. 455. B. 426. D. 678. D.
VII. 337. D. 476. E. 584. C. VIII. 247. B.
720. D. comté, I. 377. C. S. Amand, VII.

100. C. Barbasan, III. 364. C. VII. 285. C.
Barbasan Astarac, VII. 135. D. de Fandoas,
V. 185. C. Jars, V. 765. A. VI. 222. B.
Mortemar , II. 234. A. 235. B. V. 16. A.
464. * D. VI. 560. D. VII. 22. A. IX. 60. A.
66. A. 75. C. 278. B. 325. A. 328. A. Pont-
ville, marquisat, II. 232. D. Tonnay Charente,
IV. 682. D. IX. 324. B.

Roche-Clerambault , seigneurie, III. 642. A.

Roche de Cluy, seigneurie, II. 185. 2. D. 198.
E. 204. B.

Roche-au-Comte, baronie, I. 377. A.

Rochecorbon, II. 154. D. VII. 533. B. seigneurie, I. 237. C. II. 794. A. III. 637. C. 6 8. B.
639. B. IV. 164. B. 195. A. 426. A. V. 180.
F. VI. 187. C. 508. B. 766. B. VII. 121. D.
501. A. VIII. 570. B. 573. C. 837. D. baronie, IV. 60. D. 270. A. marquisat, II. 432. D.

Rochecot, seigneurie, II. 418. D E.

Rochecourt, seigneurie, VI. 476. E.

la Rochedagu, seigneurie, III. 837. A.

la Rochederien, seigneurie, III. 57. A. V. 378.
A. VI. 202. C.

Rochedragon, V. 363. E.

Rochedronion, seigneurie, VIII. 358. B. 362.
E.

la Roche d'Eglan, seigneurie, II. 187. D.

la Roche Elerman, seigneurie, III. 635. D.

la Rochefardiere, seigneurie, VII. 509. A.

la Rochefaton, IV. 450. B. 452. A. 472. B.
900. B. seigneurie, II. 377. A. IX. 88. D.

LA ROCHFERRIERE (Seigneurs de) II. 455. B.

la Rocheferriere, seigneurie, VII. 22. C.

Rochefixe, VII. 414. B.

Rochefolle, seigneurie, VIII. 146. D. 373. E.

la Rochefordiere, seigneurie, VII. 22. D.

ROCHEFORT, Garnier, évêque & duc de Langres,
II. 145. D. Guy, évêque & duc de Langres, II.
154. E. Jean, évêque & duc de Langres, II.
167. D. Pierre, évêque & duc de Langres, II.
213. Guillaume, seigneur de Pleuvaut, chancelier de France, VI. 411. D. Guy, chancelier , VI. 441. A. René, chevalier du S. Esprit,
IX. 79. A.

ROCHEFORT (Genealogie des Seigneurs de) VI. 413.
(Comtes de) issus des seigneurs de Montlhery,
III. 666. (autres Comtes de) V. 284. Voyez
Brancas.

Rochefort, I. 49. B. 117. B. 209. E. 237. D. 252.
C. 495. E. 505. C. 512. D. II. 42. B. 145. E.
147. C. 155. B. 167. E. 213. B. 320. B. 334.
E. 427. E. 455. A. 371. A. 873. B. III. 627.
D. 816. A. 833. B. IV. 11. B. 54. A. 75. C.
179. E. 472. E. 526. B. 561. A. 656. B.
669. C. 846. A. 889. B. V. 134. C. 151. F.
330. C. 333. E. 380. A. 381. B. 613. D. 768.
C. 891. A. VI. 30. A. 31. A. 60. C. 83. B.
203. A. 262. C. 334. A. 413. B. 458. A. 509.
D. 727. C. 765. C. VII. 83. B. 121. D. 166.
B. 380. C. 389. C. 473. D. 643. D. 644. C.
648. A. 708. B. 896. C. VIII. 119. B. 145. E.
336. B. 373. B. 501. B. 574. A. 579. C.
596. ** A B. 668. B. 763. B. 767. B. 814.
B. seigneurie, I. 300. D E. 324. D. 354. D.
361. E. 362. B. 363. A. 428. B. 484. B. 513.
D. 543. D. II. 110. E. 121. A. 122. C. 161.
C. 186. 2. B. 189. A. 201. C. 205. B. 230.
C. 335. D. 405. D. 865. A. III. 494. A. 972.
A. 573. A. 617. D. 840. C D. IV. 18. E. 57.
A. 60. B. 80. A. 167. B. 169. A C. 184. B.
285. A. 455. A. 528. A. V. 18. F. 134. B C.
262. B. 575. A. 607. C E. VI. 62. D. 64. E.
86. A. 112. C D. 141. C. 413. B. 505. C. 731.

D. 765. C. VII. 75. E. 77. A. 166. BD. 332.
D. 501. E. 615. D. 646. B. 704. A. 801. C.
848. A. VIII. 50. BC. 51. D. 53. D. 171. C.
253. B. 260 C. 413. A. 418. A. 496. D. 500.
A. 541. C. 836. C. 867. C. 895. D. 896. D.
IX. 427. C. baronie, II. 165. E. IV. 289. B.
V. 347. A. 894. D. VII. 26. A. 132. B. VIII.
916. A. comté, I. 424. A. 544. D. III. 496.
A. 767. D. 770. D. IV. 31. A. 61. C. 62. C.
65. B. 70. B. V. 13. D. 235. B. 284. C. VI.
31. A. 48. C. 73. CD. VII. 20. C. 190. D.
714. E. VIII. 172. C. 203. B. 863. A. IX.
72. C. marquisat, III. 652. A. IV. 434. B.
VII. 897. E. d'Ailly, II. 457. C. VI. 528. C.
VIII. 148. A. de S. Angel, V. 152. D. sur
Armençon, seigneurie, IV. 852. A. VI. 419.
B. en Berry, seigneurie, IV. 162. C. marquisat, VIII. 761. A. Blangy, V. 160. F. la Crot-
sette, VII. 617. D. IX. 201. B. Engaravagues,
VII. 927. E. sur Loire, seigneurie, IV. 165.
BC. en Mirebalass, seigneurie, III. 583. A.
en Saintonge, seigneurie, I. 119. C. de Salvert,
II. 428. A. de Theobon, V. 152. D. en Yveline,
seigneurie, IV. 164. C. comté, I. 74. E. IV.
63. A. VI. 19. D. 83. C. 124. C. Voyez le
Blanc.
LA ROCHEFOUCAUD, duché-pairie, érigé en 1622,
en faveur de FRANÇOIS, comte de la Rochefoucaud, IV. 414. Pieces concernant cette érection, IV. ibid.
LA ROCHEFOUCAUD, Antoine, general des galeres
de France, VII. 929. A. Charles, colonel general
de l'infanterie, VIII. 216. B. François, grand
aumônier de France, VIII. 288. D. François VII.
du nom, grand veneur de France, VIII. 379. E.
François VIII. du nom, grand veneur de France,
VIII. 740. B. Charles, chevalier du S. Esprit,
IX. 55. A. François, cardinal, commandeur
du S. Esprit, IX. 132. A. François V. du nom,
chevalier du S. Esprit, IX. 155. B. François
VI. du nom, chevalier du S. Esprit, IX. 187.
C. François VII. du nom, chevalier du S. Esprit, IX. 219. C. François VIII du nom, chevalier du S. Esprit, IX. 266. B. Alexandre, che-
valier du S. Esprit, IX. 285. C.
LA ROCHEFOUCAUD, (Genealogie de la maison de)
IV. 418.
la Rochefoucaud, I. 149. C. 376. D. III. 91. B
C. 388. C. 389. B. 642. D. 822. C. IV. 60.
E. 62. B. 167. B. 169. B. 172. A D. 335. A.
339. D. 564. A. 567. C E. 568. A. 572. A.
575. B C. 657. A. 660. C. V. 244. B. 267.
A. 328. C. 737. C. 742. C. 772. A. VI.
118. C. 419. D. 426. A. 455. A. 528. A 607.
B. VII. 17. A. 20. A. 23. A. 25. B. 102. D.
125. E. 128. E. 132. B. 134. A. 172. B. 305.
D. 358. A C. 385. A. 445. A. 491. D. 515.
D. 632. C. 714. D. 803. C. 894. E. VIII. 71.
A. 98. B. 161. B. 265. B. 271. A. 483. E.
502. A. 707. C. 770. C IX. 143. C. 147. A.
167. A. 169. B. 175. E. 437. B. seigneurie,
III. 369. E. IV. 526. C. 651. C. 654. C. VII.
17. A. 79. C. 501. E. VIII. 571. E. comté,
III. 385. E. 766. D. IV. 126. C. 426. B. 686.
A. VI. 174. A. VII. 851. C. VIII. 14. C. 216.
B. 345. D. 281. A. duché, III. 773. E. IV. 756.
C. 757. B. pairie, VI. 528. A. 580. C. VII.
491. D. VIII. 766. D. Barbezieux, II. 130.
C. IV. 800. A. VI. 174. A. 485. A. VII. 444.
D. Estissac, IV. 567. E. Langheac, IV. 548. B.
549. C. Montendre, IV. 570. A. de Roissac, IV.
64. E. VIII. 166. D. de Roye, VI. 563. B.
VIII. 915. E.

Rochefourcha, seigneurie, V. 266. E.
la Roche-Giffard, VIII. 326. A. seigneurie, IX.
453. D.
la Roche-Girard, seigneurie, IX. 453. A.
la Roche-Giron, seigneurie, II. 245. E. 248. E.
la Roche de Gland, II. 186. 2. E. 189. B. 193.
C.
la Rochegluy, seigneurie, II. 207. A.
Rochegonde, baronie, VIII. 444. E.
Rocheguille, seigneurie, IX. 340. B.
la Rocheguillebault, seigneurie, V. 344. A.
LA ROCHEGUYON, duché, érigé en 1679. pour
FRANÇOIS de la Rochefoucaud, V. 705. Pieces
concernant cette érection, ibid. duché-pairie,
érigé en 1643. pour ROGER du Plessis, seigneur
de Liancourt, IV. 738. Pieces concernant cette
érection, ibid. 739. Autre érection en 1621.
pour FRANÇOIS de Silly, comte de la Rocheguyon, V. 856.
LA ROCHEGUYON, Guy, grand-pannetier de France, VIII. 620. A.
LA ROCHEGUYON, (Genealogie de la maison de)
VIII. 620. (Seigneurs & Comtes de) VIII. 171.
Voyez Silly. (Ducs de) pairs de France, IV.
755. Voyez du Plessis-Liancourt.
la Rocheguyon, III. 634. C. VI. 53. E. 213. D.
673. D. VII. 36. A. 225. E. VIII. 97. D. 895.
B. seigneurie, I. 327. A. 362. E. III. 653. C.
IV. 70. B. 322. B. 430. C. 573. B. V. 611. B.
638. A. VI. 620. A. 674. A. 691. C. VII. 76.
C. 179. B. VIII. 91. D. 171. C. 210. C. 620.
B. 897. A. comté, VIII. 494. C. IV. 756. C.
V. 387. B. VIII. 172. E. duché IV. 335. A.
430. BCD. 431. C. V. 387. B. VII. 491. D.
VIII. 173. B. 805. D. IX. 436. C. pairie,
VI. 580. C.
la Rochelle, seigneurie, II. 408. C. 873. E. VIII.
814. B.
Rochemaure, seigneurie, III. 812. B. 816. A.
VII. 763. A.
Rochemeaux, seigneurie, IV. 355. A. vicomté,
II. 230. C. V. 15. E. 347. A.
Rochemilay, seigneurie, II. 345. E. III. 587.
A C. IV. 63. D. VIII. 53. A. comté, V. 106. D.
Rochemilet. Voyez Rochemilay.
la Rochemoliere, seigneurie, IV. 888. B.
Rochemon, seigneurie, VI. 385. A.
Rochemonluc-Cessac-Cazillac, IX. 316. B.
Rochemontmaur, baronie, III. 826. C.
Rochemore, VII. 790. E. IX. 382. C.
Rochemur, VII. 548. A. VII. 488. E.
Rocheneuve, seigneurie, VII. 652. D.
LA ROCHENOYANT, (Seigneurs de) VII. 234.
Voyez Scepeaux.
la Rochenoyant, seigneurie, VII. 234. B. IX.
474. D.
la Rochepicher, seigneurie, II. 377. A.
la Rochepimer, seigneurie, VII. 459. D.
la Rocheposay, seigneurie, III. 644. B. IV. 161.
D. 334. C. VIII. 481. B. 668. B. 837. E.
903. B. 904. A. IX. 79. C. Voyez Chasteigner.
Rochepot, VII. 247. A. seigneurie, III. 602. A.
603. BE. V. 611. B. VI. 52. E. VII. 13. C.
VIII. 172. E. 280. B. comté, II. 430. D. III.
898. B. IV. 322. B. V. 611. B C. VI. 590. D.
VII. 720. C. VIII. 173. A.
la Rochequentin, seigneurie, IV. 373. D.
Rocher, V. 402. D. 403. A. seigneurie, V. 409.
D. 423. C D. VII. 695. A. Portail, seigneurie,
VII. 720. C.
la Rochere, seigneurie, IV. 726. D. VI. 418. A.
VII. 515. A. VIII. 134. A.
Rochereau, III. 844. C.

la Rocherie,

la Rocherie, seigneurie, IV. 862. D.
la Rocherousse , V. 10. E.
Rochers, seigneurie, III. 619. C. VI. 191. B.
ROCHES, (Seigneurs des) VII. 552. Voyez Estampes.
ROCHES-BARITAUT , (Genealogie des Seigneurs des) VIII. 705. Voyez Châteaubriant.
les Roches, 246. E. III. 316. B. 636. B. IV. 677. C. V. 11. A. VI. 76. C. 134. A. 401. B. VII. 583. C. VIII. 568. E. 575. A. seigneurie , I. 238. C. 368. A. 431. B. II. 874. C. IV. 374. C. 678. A. 713. D. 752. C. V. 16. A. 491. B. 605. B. VI. 281. B. 421. D. 514. C. 742. C. VII. 22. A. 35. C. 277. C. 420. C. 436. C. 543 C. 552. D. 595. C. VIII. 483. D. 668. C. comté , VIII. 494. B. sur-Aisne , seigneurie ; VIII. 716. C D. Baritaut, seigneurie , IV. 808. A. V. 10. A. 19. D. VII. 849. B. VIII. 705. B. 755. D. comté, II. 454. C. VIII. 247. C. près Loudun , seigneurie, V. 764. D. S. Quentin , III. 771. B. seigneurie, II. 304. A. V. 768. C. Tranchelyon , seigneurie, VII. 516. A.
Roche S. Segret, II. 191. B. seigneurie, II. 187. 2. C. 191. C.
Rocheserviere, IX. 453. C. seigneurie, IV. 83. B.
Rochefferie, I. 119. A.
Rochester, comté, IX. 403. E.
Roche-Talbot , seigneurie, III. 640. A.
Rochetaillée, seigneurie, II. 174. A. VIII. 837. E. baronie, IV. 878. C. 879. E.
la Rochetangny, seigneurie, VII. 723. E.
Rochette , III. 648. B. V. 362. E. seigneurie , II. 42. B. 228. E. 255. C IV. 286. A. 642. C. 654. A. V. 268. C. VII. 45. A. VIII. 287. B. 323. C. 332. A. 483. B. IX. 399. A.
ROCHETTES ,(Seigneurs des) V. 417. Voyez Goyon.
les Rochettes, seigneurie, III. 586. B. V. 407. C. 417. C. VIII. 667. C.
Roche du Vanneau, VIII. 911. B.
Roche du Vaoel, I. 555. A.
Roche de Vaux-Corbuon, seigneurie, VIII. 643. D. IX. 309. B.
Rochevert, seigneurie, VI. 537. B.
Rochevoisin, seigneurie, II. 189. A.
Rocheux, seigneurie, II. 80. D. IV. 683. B.
LA ROCHESURYON, Jacques de , évêque & duc de Langres, II. 226. B.
LA ROCHESURYON, (Prince de) II. 226. B D E.
la Rochesuryon , seigneurie , III. 840. C. I V. 193. C D. VII. 499. B. VIII. 573. C. principauté, I. 147. D. 315. E. 323. C. 324. D. 341. C. 353. B D E. 347. B. 348. B C. 354. E. 356. C. 357. A. 358. B. III. 516. C. VI. 769. A.
Rochier, VII. 343. C.
Rochon, VI. 476. C.
Rocles, seigneurie, VII. 343. C.
Rocourt, VI. 803. B.
Rocozel, seigneurie, VII. 486. C. 770. B.
Rocque, V. 106. E. d'Anteron, seigneurie, VIII. 294. E. de Varangeville, IV. 795. B. V. 106. E.
Rocques, seigneurie, VII. 600. C.
Roqueville, baronie, V. 640. C.
Rocres, seigneurie, VIII. 334. C E.
Rocumelin, seigneurie, VII. 727. A.
Rodalues, VII. 843. D. 844. A.
Rodar, VII. 834. B.
Rodarel VII. 864. B. de Fressenet , V. 742. B.
Rodde, vicomté, III. 371. D. VII. 758. A D.
Rode, vicomté, II. 672. C. V. 177. F.
la Rode, seigneurie, IV. 526. A.

Rodelinghen, seigneurie, VII. 829. B.
Rodemach, VII. 4. E. 166. D. VIII. 100. D. 551. C. seigneurie, VI. 114. B.
la Roderie, seigneurie, V. 619. A.
RODL's , (Anciens comtes de) II. 694. (Vicomtes de) devenus comtes de Rodés par acquisition, II. 695.
Rodés, II. 687. B. IV. 151 A VI. 208. D. 209. B. 303. D. seigneurie, III. 89. D. 772. A. IV. 289. C. vicomté, II. 651. A. comte , II. 188. 2. A B. 684. D E. 685. C. 686. D. 692. E. III. 415. C. 416. A. 418. C. 420. A. 421. A. 422. B. 423. A. 424. B. 432. B. 810. C. IV. 527. B. VIII. 54. C. Voyez Rhodés.
Rodes, VII. 495. B. seigneurie, V. 345. C. 351. C. marquisat, II. 247. D.
Rodessan, seigneurie, VI. 300. C.
Rodez. Voyez Rodés.
RODIER, Pierre, chancelier de France, VI. 310. C.
Rodoan, I. 268. D E.
Rodon, seigneurie, II. 223. B C. VI. 502. C. 565. D.
Rodriguez, I. 260. A. de Sa, I. 260. A.
Rodulf, V. 282. B. VII. 170. D.
Rodulfe, IV. 266. A.
Rodulphe de Limans, VIII. 306. A.
la Roe, seigneurie, VI. 676. B.
de la Roere, II. 289. A. VI. 417. D. 731. C. VII. 7. D. Voyez la Roüere.
ROEUX, (Seigneurs de) V. 645. (Comtes de) V. 645. 647. & suiv. Voyez Croy.
Roeux, I. 248. D. III. 724. B. VI. 89. B. 713. B. VIII. 29. A. seigneurie, II. 332. A. V. 231. A. 645. A. VI. 89. B. VIII. 32. B. 33. B. comté, V. 231. A. 646. A. 655. E. VII. 828. C. en Artois, seigneurie, V. 838. C.
Roffey, V. 12. E. VI. 404. C. seigneurie, VIII. 203. E.
la Roffie , seigneurie, VII. 620. C.
Roffignac, II. 400. C. 429. B. IV. 753. B D. 786. A. 898. B. V. 342. E. 353. C. 606. D E. 749. D. VII. 416. C. 620. C. VIII. 326. C. 587. B. seigneurie, VII. 606. B. 772. E.
Rogemont, IX. 477. D. de la Liegue, VIII. 341. A.
Roger, évêque de Beauvais, II. 259. D.
Roger , chancelier, VI. 244. A. Autre du même nom, chancelier, VI. 246. A. Autre , chancelier, VI. 247. B. Autre , aumônier du Roi, VIII. 224. D. Autre , maître de l'écurie du Roi, VIII. 463. B.
Roger, III. 582. E. 584. A. 585. B. 816. B. IV. 528. B. VI. 300. D. 317. D. 734. C. VIII. 52. A. 57. B. 808. E. IX. 338. A. de Beaufort , IV. 527. D. Portail, seigneurie , IV. 324. A. Voyez Rogier.
la Rogerie, seigneurie, II. 452. C.
Rogerolles , IV. 309. C.
des Rogers , IV. 307. D.
ROGIER , Pierre , chancelier de France, VI. 314. C. Eugene , prevôt & maître des ceremonies des Ordres, IX. 315. B.
Rogier, II. 195. A. 197. B. IV. 460. A. VI. 315. A B 418. B. seigneurie, VIII. 295. E. de Beaufort, II. 194. E. Voyez Roger.
Rogiez, seigneurie, IX. 86. A.
Rognée, VII. 850. C.
Rogres, V. 488. A.
Rogué, VIII. 713. A.
Rogueys, seigneurie, VII. 83. C.
la Roguiniere, seigneurie, III. 60. C.
Rogy , seigneurie, III. 580. D. VI. 795. C. VIII. 154. D.

ROHAN, duché-pairie, érigé en 1603. pour HENRY vicomte de Rohan, IV. 202. *Pieces concernant cette érection*, ibid. Nouvelle érection en 1648. pour HENRY de Chabot, seigneur de S. Aulaye, époux de MARGUERITE duchesse de Rohan, IV. 550. *Pieces concernant cette érection*, ibid.

ROHAN, Pierre, maréchal de France, VII. 107. A. *Armand-Gaston-Maximilien*, grand-aumônier de France, VIII. 308. A Charles, premier échanson du Roi VIII. 582. B. Hercules, grand-Veneut de France, VIII. 733. B. Louis, grand-veneur de France, ibid. Autre Louis, grand-veneur de France, VIII. 734. A. Hercules, chevalier du S. Esprit, IX. 117. C. Louis, chevalier du S. Esprit, IX. 138. B. Alexandre, chevalier du S. Esprit, IX. 154. A. Armand-Gaston maximilien, commandeur du S. Esprit, IX. 260. A.

ROHAN-GUEMENE', Armand-Jules, archevêque de Reims, I. 93. E.

ROHAN, Genealogie de la maison de) IV. 51. (Ducs de) pairs de France, IV. 71. A. 568. & suiv. Voyez Chabot.

ROHAN-ROHAN, duché-pairie, érigé en 1714. pour HERCULES de Rohan, prince de Soubise, V. 211. Pieces concernant cette érection, ibid.

ROHAN-ROHAN, (Ducs de) pairs de France, IV. 66.

Rohan, I. 194. D. 219. B 456. A. 470. E. 471. C. 694. E. II. 439. C. III. 431. A B. 487. A. 637. C. 638. B C. 650. D. IV. 60. B. 61. A. 65. A C. 165. D. 266. D. 267. C. 268. B. 335. B. 425. A. 541. D. 542. C. 568. A. 714. C. 789. C. 803. A. V. 138. C. 233. F. 235. A. 269. D. 395. B. 575. A. 624. B. VI. 105. B. 189 B. 204. A. 213. B. 494. A. 508. B. 767. A. 769. B. 772. C. 802. D. VII. 74. C E. 75. D. 76. B. 107. C. 111. C. 172. B. 380. E. 383. C. 436. A. 501. D E. 503. B. 722. A. 846. C VIII. 92. B. 172. D. 246. D. 360. D. 361. A. 420. C. 579. D. 917. A. vicomté, I. 209. D. 270. D. 283. E. 454. A. 458. B. III. 53. D. 60. B. 376. C. 513. D. IV. 51. & suiv. 71. A B. 217. D. V. 384. C. VI. 189. D. 203. D. 204. A. 213. B. 215. C. 767. A. VII. 153. A. 501. B. VIII. 451. C. 580. A. duché, I. 224. D. II. 88. B. IV. 217. D. V. 233. D. pairie, IV. 66. A. 73. A. V. 233. D. VII. 373. E. 407. E. Chabot, I. 695. A. II. 88. B. IV. 568. A. VII. 173. E. 404. E. Gié, II. 83. E. VII. 370. C. 709. C. Guemené, II. 59. D. 83. E. IV. 70. C. VIII 792. E. IX. 149. B. Montbazon, I. 569. E. II. 59. D. 94. A. IV. 68. A. 444. E. V. 841. D. VI. 552. B. 566. C. Rohan, duché, IV. 626. D. pairie IV. 33. B. V. 234. A. 269. D.

Robaut, II. 127. D.
Roibous, VII. 197. E.
Roibu, VII. 197. E.
Roigny, I. 488. A.
Roillac, seigneurie, II. 650. B.
Roillanette, marquisat, V. 282. F.
Roillard, VI. 571. D.
Roinville, VI. 510. C.
Roirand, VII. 235. C. du Villars, V. 106. C.
Roisin, VIII. 45. C. 79. A. 83. A. 281. B. seigneurie, III. 599. A. V. 229. B. VI. 804. B.
ROISSAC, (Seigneurs de) issus des seigneurs de Montendre, IV. 446. Voyez la Rochefoucaud.
Roissac, seigneurie, IV. 426. A B. 442. C. 448. D.
Roissan, VII. 729. C.

Roissy, I. 439. A. IV. 681 B. seigneurie, II. 118. B. 406. B. 408. E. 409. D. III. 304. E. 566. D. VI. 405. A. VII. 291. D. VIII. 737. B. IX. 168. A. 316. C.
Roisville, seigneurie, VII. 569. B.
Roitheleux, seigneurie, VII. 796. B. 803. A.
Roitortillot, seigneurie, III. 352. E.
Roland, II. 109. B. IV. 678. A. 711. A. 764. B. V. 17. D 281. F. VII. 543. D. 590. D. 609. A. IX. 363. A.
ROLLAINCOURT, (Seigneurs de) VIII. 76. Voyez Lannoy.
Rollaincourt, seigneurie, VI. 112. A. 277. C. VII. 745. D. 816. A. 822. D. VIII. 46. C. 47. A. 74. B. 77. E.
Rolland, VII. 71. A.
ROLLANS, (Seigneurs de) VII. 808. Voyez Vienne.
Rollans, VII. 757. D. seigneurie, II. 152. E. 275. E. 765. A. VI. 304. D. VII. 35. A. 791. A. 806. A. 808. B. VIII. 350. B.
Rollat, VII. 714. C. VIII. 702. B.
Rollay, seigneurie, VI. 357. D.
Rolle, seigneurie, III. 369. C. 370. E. 381. C. baronie, III. 367. D. 368. A.
Rollecourt, seigneurie, IV. 409. D. VII. 181. B. VIII. 651. E.
Rolleghem, seigneurie, III. 909. A.
Rolier, I. 376. C. VI. 294. B. seigneurie, II. 418. E.
Rollette, VII. 595. D.
Rollin, I. 361. C. IV. 40. B. V. 12. F. 231. C. 238. C. VII. 642. C. 643. B. VIII. 260. C. 428. B.
Rollot, VII. 873. D.
Rolly, V. 652. C.
Roltay, seigneurie, VIII. 100. E.
S. Roma, seigneurie, V. 753. B.
LA ROMAGERE, (Seigneurs de) VIII. 149. Voyez le Groing.
Romagnano, VII. 237. B.
Romagne, IV. 496. C.
Romagneu, seigneurie, VIII. 915. C.
Romain, II. 119. B. 443. C. VI. 581. B. 456. A. VIII. 775. D. seigneurie, IV. 811. D. VI. 122. A. baronie, IX. 99. A. Bourguignon, seigneurie, VII. 55. A.
S. ROMAIN, (Seigneurs de) VII. 62. Voyez Motier la Fayette.
S. Romain, II. 865. A. VIII. 137. A. seigneurie, I. 444. D. III. 821. D. V. 10. F. VII. 52. E. 56. A. 62. D. 195. A. 877. E. VIII. 36. D. 130. C. 594. *** D. 711. B. 889. A. 942. D. 943. C D. baronie, VIII. 264. E. le Bois, seigneurie, VII. 712. A. en Gié, seigneurie, V. 107. F.
ROMAINS, (Rois des) II. 792. B.
Romainville, seigneurie, II. 40. C. 41. E. 42. B. IV. 714. D. 726. C. VI. 116. A. 125. B. baronie, IX. 76. C.
S. Romaise, comté, III. 496. A. 497. A D. V. 288. D.
Romalart, seigneurie, I. 319. D. 322. A. vicomté, V. 136. C.
S. Roman seigneurie, IV. 283. C. V. 284. C D.
Romanet, VII. 601. E.
ROMANIE, (Despotes de) I. 412. A C. 418. A. 513. C.
Romanie, seigneurie, VIII. 299. D.
Romans, seigneurie, IV. 834. C. VIII. 911. B.
Romare, II. 876. B.
Romaux, seigneurie, VI. 52. A. VII. 13. C.
Romaziere, seigneurie, VII. 25. A.

Romecourt, VIII. 851. E. seigneurie, VI. 263.
B.
Romedaine, seigneurie, VIII. 644. A.
Romefort, IX. 428. A. seigneurie, II. 863. C.
864. C. 865. A B C. III. 88. E. IV. 59. A B.
679. C. 875. B. VII. 79. C. VIII. 53. B. IX.
66. A.
Romelin, VII. 719. D.
Romeny, seigneurie, VI. 51. D. 158. B. ¡VIII.
543. E. 616. C.
Romerie, seigneurie, I. 507. C. VI. 89. A. VIII.
735. C.
Romersval, I. 263. B.
Romesnil, seigneurie, VIII. 26. B.
Romeux, seigneurie, II. 122. A.
la Romigniere, seigneurie, II. 135. E.
Romillé, VII. 438. A. 526. B. 632. A. VIII.
738. A. seigneurie, III. 629. B. 633. B C. 634.
A. IV. 59. C. 60. A. VII. 73. D. de la Chef-
nelaye IV. 773. A. V. 395. C. Voyez Romilly.
Romilly, II. 876. E. VII. 726. C. VIII. 779. B.
seigneurie, IV. 78. E. 79. A B E. 81. A B. 446.
A. V. 382. C. VII. 856. D. VIII. 823. B. Voyez
Romillé.
Romoet, seigneurie, III. 92. A. VIII. 902. E.
Romont, comté, I. 316. B. III. 723. C.
Romorantin, seigneurie, I. 141. C. VI. 97. D.
comté, I. 150. E. 210. E. 212. E. II. 88. E.
III. 487. CD. VII. 100. E.
Rompst, seigneurie, VIII. 546. A.
Ronay, seigneurie, VI. 153. C. baronie, I. 226.
A. comté, III. 499. A. 605. A. IV. 35. A.
Roncé, seigneurie, VI. 598. D.
la Ronce, seigneurie, II. 38. B C. 122. E.
Ronceaux, seigneurie, VIII. 527. D.
Roncenay, seigneurie, VI. 573. A.
la Roncerte, V. 376. D.
Ronchal, seigneurie, VI. 735. D.
Roncheres, seigneurie, II. 63. B. vicomté, IV.
129. B.
Roncherolles, I. 379. A. II. 85. D. 86. C. 87.
A B. 263. D. III. 912. C. V. 621. C. VI. 750.
A. VII. 474. A. 550. B. 557. B. 565. D. 584.
C. 639 E. VIII. 18. A B E. 19. A. 20. A. 261.
B. 710. A. 823. D. seigneurie, V. 131. E. VI.
116. B. VIII. 641. C.
Roncheville, seigneurie, V. 638. A. VIII. 91. D.
171. C. vicomté, I. 327. A. VI. 674. A. 690.
B. VIII. 92. D. 621. D.
Ronchevol, III. 337. A.
Ronchivol, IX. 469. D.
Roncon, II. 595. C.
Roncourt, seigneurie, VIII. 641. D.
Rondeau, IV. 454. A.
la Rongere, seigneurie, VI. 192. A. marquisat,
IX. 243. A. Voyez Quatrebarbes.
Rongeres, seigneurie, VIII. 50. B.
Rongerie, seigneurie, VIII. 133. E. 134. A B C.
Rongnac, seigneurie, IV. 229. A.
Rongnies, seigneurie, 79. A.
Rongy, VIII. 45. C. seigneurie, V. 229. B.
Ronmasieres, seigneurie, II. 234. A.
Ronnes, seigneurie, V. 231. F.
Ronquerolles, VII. 109. B D. VIII. 278. B. 281.
A. seigneurie, VI. 174. A. 667. C. 678. C.
Ronsard, V. 768. A.
Ronsart, II. 78. A.
Ronserolles, seigneurie, II. 385. E.
Ronsoy, seigneurie, III. 912. C. 913. D E. V.
615. D. VIII. 785. A.
Ronssart, I. 359. B. 360. B. III. 636. D. IV. 755.
B.
la Ronssaye, I. 275. D.

Ronzieres, seigneurie, VI. 152. D.
Ronzoy, seigneurie, II. 150. B D.
Roode, VI. 126. A.
Roodes, seigneurie, V. 512. D. 515. A.
petit Roolle, seigneurie, II. 366. A.
Roos, I. 680. A.
Rooinel, VIII. 540. C.
Roost, baronie, II. 336. B.
du Roq, V. 753. A.
Roquance, marquisat, IX. 209. B.
LA ROQUE (Seigneurs de) VIII. 297. Voyez Forbim
la Roque, II. 77. B D. 660. E. 663. E IV. 130.
B. VI. 117. B. 505. A. 712. A. VII. 309. A.
565. B. 605. D. 617. B. VIII. 93. D. 167. A.
712. B. IX. 480. B. seigneurie, I. 371. A. II.
250. E. 369. E. 370. D. 643. C. III. 362.
C. 391. C. IV. 223. E. 308. B. 494. C. 610.
C. 611. A B C. V. 835. B. VI. 358. D. VII.
335. B. 348. A E. 410. B. VIII. 148. D. 297.
A. baronie, III. 364. D. Coignax, seigneurie,
VII. 461. C. de Lanzac, seigneurie, VII. 312.
C. Navailles, seigneurie, VII. 606. E. Seve-
rac, VII. 360. A. de Thuit, seigneurie, VIII.
795. B. Toyrac, VII. 312. C. seigneurie, IV.
134. A. de Varengeville, seigneurie, VI. 359.
D. Vigneron, seigneurie, VII. 344. B.
la Roque - Balzergues, seigneurie, III. 418. D.
Voyez Roquevalzerque.
Roqueblanc, seigneurie, VII. 312. A.
Roquebonne, seigneurie, II. 291. A.
Roqueboüillac, V. 749. B.
Roquebrou, V. 757. B. seigneurie, VI. 70. C.
IX. 392. C. baronie, I. 469. A. II. 231. D E.
232. A. III. 777. C. V. 896. A. VII. 406.
C. 927. C.
Roquebrune, seigneurie, II. 286. C. 287. A. IV.
490. B. VI. 754. D.
Roquecerviere, V. 607. C. 735. A. seigneurie,
V. 606. D. 608. A.
Roquecorn, seigneurie, VIII. 595. **** B.
Roquefere, baronie, VI. 488. B.
Roquefeüil, II. 229. A. 233. C E. 243. D. 293.
E. 196. B. 655. D. 675. A E. III. 810. C. 835.
A B. IV. 40. C. 125. D. 136. C. 663. B. V.
355. B. 748. D. 891. D. VII. 23. D. 70. E.
159. A. 304. D. 416. B. 712. E. 767. A C.
770. B. 784. B. 785. D. 787. D. 790. B. 791.
A. VIII. 245. E. 501. A. IX. 421. B. 423. E.
424. B. 468. D. seigneurie, II. 632. C. 700.
III. 424. B. 813. A. 816. A. V. 891. D. 893.
C. VII. 787. C. baronie, II. 134. E. 701. D.
IV. 537. B. V. 891. B. VII. 189. D. vicomté,
III. 432. B D E. 434. B. marquisat, IX. 123.
C. 483. C.
ROQUEFORT (Seigneurs de) II. 663.
Roquefort, II. 370. C. 661. C. III. 360. C. IV.
18. D. 305. A. 664. C. 665. B. seigneurie,
II. 182. A B C E. III. 392. C. VII. 266. D.
271. A. 405. A. 580. D. 776. D. VIII. 164.
E. 248. D. baronie, II. 676. D. V. 181. D.
comté, IV. 64. E. 446. E. Marquain, III.
366. A.
ROQUELAURE, duché-pairie, érigé en 1652. pour
GASTON JEAN-BAPTISTE de Roquelaure, mar-
quis de Biran, V. 904. Pieces concernant cette
erection, ibid. Nouvelle érection en 1683. pour
ANTOINE-GASTON, de Roquelaure, maréchal
de France, V. 919.
ROQUELAURE, Antoine, maréchal de France, VII.
401. D. Antoine-Gaston-Jean-Baptiste, maréchal
de France, VII. 695. A. Antoine, chevalier du
S. Esprit, IX. 109. A. Gaston-Jean-Baptiste, chevalier du S. Esprit, IX. 191. A. Antoine-Gaston-

Jean-Baptiste, chevalier du S. Efprit, IX. 284. B.

ROQUELAURE (*Genealogie de la maifon de*) VII. 402. (*autres branches du nom & des armes de*) VII. 409.

Roquelaure, II. 177. B D. 233. A. 235. B. VII. 291. D. 392. B. 774. B. IX. 240. A. 277. C. 416. A. feigneurie, III. 776. A. IV. 19. C. 615. B. 790. C. VII. 402. B. 927. B C. marquifat, IX. 420. D. duché, III. 389. D. 502. D. 542. B. IV. 570. B. VII. 695. A. VIII. 192. C. pairie, VII. 407. B. *S. Aubin*, VII. 217. A. *de Pompignac*, III. 831. B.

Roquemattine, feigneurie, V. 286. A.

Roquemont, feigneurie, VIII. 807. A. 808. E.

Roquemorel, feigneurie, VIII. 164. B.

Roquenadel, feigneurie, V. 751. AB. 753. A.

Roquencourt, VIII. 138. D. 650. D. 853. C. 888. E. feigneurie, IV. 409. A.

Roquepine, baronie, IV. 474. B. 475. A. marquifat, IV. 667. C. VI. 535. B.

Roques, feigneurie, V. 178. B D. VI. 538. B. VII. 92. B. 833. C.

Roque Secondat, VI. 552. A. IX. 151. A.

Roquefel, feigneurie, VII. 771. B.

ROQUE SERRIERE, (*Seigneurs de*) III. 859. C.

Roque-Serriere, feigneurie, III. 853. A.

Roque-Taillade, feigneurie, IV. 482. B.

la Roque-Thimbaut, feigneurie, V. 757. B.

la Roquette, feigneurie, III. 817. E. VII. 789. C. IX. 82. A.

Roquevalfergue, feigneurie, II. 688. A.

Roquevieille, feigneurie, IV. 895. E.

Roret, feigneurie, III. 387. B.

Roricon, I. 31. B.

Rotthays, II. 453. B.

Ros, IX. 231. C.

Ros-Andofielle, VII. 926. D.

Rofan, feigneurie, V. 734. D. 735. B. VII. 303. D. *Voyez* Rozan.

Rofas, VII. 818. A.

Rofay, feigneurie, II. 306. B. III. 650. A. V. 637. D. VII. 401. B. 818. C. VIII. 17. B. 174. C. 770. B. 824. A.

ROSBARCH, *Jacques*, louvetier du Roy, VIII. 782. E.

Rofbeck, feigneurie, III. 904. C D. 905. A B C. 906. A B C D.

Rofburgh, vicomté, IX. 400. D.

Rofe, VIII. 809. ** E. feigneurie, VIII. 85. C. 811. B.

Rofebeque, feigneurie, II. 766. E.

Rofel, VII. 771. A. feigneurie, VIII. 856. C.

Rofemberg, baronie, V. 657. C. VIII. 296. B.

Rofemont, feigneurie, VIII. 82. A. 691. B. 838. C.

ROSEN, *Conrad*, maréchal de France, VII. 656. A.

ROSEN-GROS-ROPP (*branche de*) VII. 659. D.

ROSEN-HOCH-ROSEN (*branche de*) VII. 660. D.

Rofen, VII. 657. C. IX. 300. B. *Gros-Ropp*, VII. 658. C.

Rofendale, feigneurie, III. 607. D.

Rofes, feigneurie, II. 664. B.

Rofés, feigneurie, II. 442. C.

Rofet, VII. 416. A. feigneurie, VII. 161. A.

Rofette, IV. 134. B.

Rofey, feigneurie, VI. 311. E.

Rofguigrean, feigneurie, VIII. 364. E.

la Rofiere, VI. 556. A. VIII. 657. C. 808. C. feigneurie, I. 437. D. III. 586. A. 643. B. VI. 556. B. VII. 879. A. VIII. 250. A.

Rofieres, II. 53. B C. 437. B. III. 609. A. V. 669. D. VI. 108. D. VII. 770. D. VIII. 264.

A. feigneurie, IV. 838. A. V. 382. B. VII. 64. D. 369. B. VIII. 94. A.

Rofiers, feigneurie, IV. 783. C. V. 401. A. VI. 315. C. 321. D.

Rofilles, IV. 441. A.

Rofimbos, VI. 705. B. 740. C. VIII. 658. C.

Roflan, feigneurie, VII. 530. B.

Rofmadec, IV. 60. C. V. 928. B. VI. 496. A. 770. D. 772. D. VII. 135. E. 530. A. 844. A. VIII. 358. A. feigneurie, VII. 583. C. VIII. 360. E. comté, VII. 952. D. marquifat, VI. 772. D. VII. 528. A. *de Molac*, IV. 75. B.

Rofmar, II. 478. B. VII. 516. E. 724. E.

ROSMENIL (*Seigneurs de*) VI. 722. *Voyez* Moreul.

Rofmenil, feigneurie, IV. 276. B. V. 147. A. VI. 722. C.

Rofmaur, feigneurie, V. 417. D.

ROSNAY, duché-pairie, érigé par brevet de l'an 1651. pour FRANÇOIS de l'Hopital, maréchal de France, V. 902. *Pieces concernant cette érection*, V. 903.

Rofnay, feigneurie, VI. 156. B. comté, II. 844. D. III. 732. B D. VII. 439. B. 533. D. *Voyez* Ronay.

Rofne, feigneurie, II. 55. C. baronie, VIII. 182. E.

Rofniée, feigneurie, V. 648. D.

ROSNIVINEN, *Jean*, premier échanfon du Roy, VIII. 580. C. *Guillaume*, premier échanfon du Roy, VIII. 580. D.

Rofnivinen, II. 408. D E. VII. 723. D.

Rofny, I. 126. A. V. 229. A C. 231. A. 237. A D. IX. 398. D. feigneurie, II. 8. A. 32. E. 125. E. 851. C E. III. 304. E. 305. A. V. 160. B D. VI. 61. C. 253. C. 678. C. VII. 652. A. 789. E. 880. A. baronie, IV. 141. E. 216. B C D. V. 160. E. 230. A. 653. B. VI. 162. A. VII. 322. E. 711. E. VIII. 186. B. 775. E. marquifat, I. 506. B. IV. 217. C E. 218. B E. 291. D. 891. A. VI. 567. B. VIII. 185. E.

ROSOY, *Roger*, évêque & duc de Laon, II. 96. B.

Rofoy, VI. 146. C. feigneurie, I. 253. D. II. 41. C. 96. D. 757. D. III. 425. B C V. 573. A. VI. 124. B. 148. B. VIII. 13. E. 572. C D. 864. D. barohie, III. 450. E.

Rofpe de Foz, VII. 769. D.

Rofpredent, feigneurie, I. 450. C.

Rofquigeau, feigneurie, VIII. 763. C.

Rofs, IX. 401. A.

Roffefontaine, feigneurie, VI. 294. D.

Roffet, IV. 286. C. 642. C. IX. 478. B. feigneurie, IV. 494. B. IX. 86. D. *la Martirte*, II. 252. C.

Rofley, comté, IX. 414. A.

Roffignol, IV. 459. D. 752. A. VI. 435. A. VII. 595. C. feigneurie, VII. 543. B. 802. B.

Roffilles, IX. 424. D.

Roffillon, V. 261. D. VII. 253. A. 443. B. VIII. 334. A. 911. D. feigneurie, III. 786. D. VI. 729. A. 730. A. baronie, V. 287. C. comté, VI. 417. B. VII. 761. C. *fur Bru*, feigneurie, IV. 783. A. *Voyez* Rouffillon.

Roffis, VIII. 504. C.

Roffy, III. 892. B.

ROSTAING, *Triftan*, grand-maître des eaux & forêts de France, VIII. 940. B. *idem*, chevalier du S. Efprit, IX. 77. B.

ROSTAING (*Genealogie de*) VIII. 941. (*Marquis de*) VIII. 943.

Roftaing, II. 457. B. III. 771. D. 821. D. IV. 41. E. 175. A. 267. C. 792. A. VII. 387. A. 506.

506. D. 712. A. marquisat, VI. 508. B.
Rostembe/ck, VI. 52. A.
Rostemberg, VIII. 527. C.
Rosthüyne, seigneurie, I. 267. B.
la Rostide, seigneurie, IX. 479. C.
la Rostige, seigneurie, VII. 791. E.
Rostock, seigneurie, III. 589. A.
Rostrenan, IV. 55. C. 77. A. V. 402. B. VI. 204.
A. VII. 380. E. 501. B. III. 383. D. IV. 54.
C. 60. E. 74. C. VII. 172. B. 383. C. VIII.
360. D. baronie, IV. 60. A. 72. B.
Rotangy, seigneurie, II. 263. B. VIII. 369. E.
Rotemberg, comté, VIII. 644. B.
Rotgez, seigneurie, VII. 283. E.
Roth-Hausen, VII. 658. A.
Rothelanges, seigneurie, VII. 806. A.
ROTHELIN (Comtes de) I. 225. B C.
Rothelin, seigneurie, VII. 801. A. VIII. 452.
A. marquisat, I. 217. CE. 218. B. 219. B D.
224. C. 225. B E. 335. A. III. 512. C. IV.
69. E. 221. B. VI. 153. D. 262. C. VII. 607.
E. 897. E.
Rother, comté, IX. 408. A.
Roti, VI. 287. D.
Rotier, IV. 753. B. VII. 395. E. 545. A.
Rotilia, seigneurie, VII. 664. C D.
Rotiz, vicomté, II. 202. C.
Rotlechs, I. 80. A.
Rotou, I. 701. C. IX. 377. A.
Rotours, VI. 643. B. 644. A.
Rots, seigneurie, VIII. 735. B.
Rotrou, VII. 515. B. baronie, VII. 132. A.
Rotselaer, seigneurie, II. 733. B. 798. C. V.
638. D. 641. C. 652. B.
ROTTEMBOURG, Conrad-Alexandre, nommé che-
valier du S. Esprit, IX. 300. B.
Rottembourg, comté, VII. 658. D.
Rottes, seigneurie, VII. 27. A.
Roualle, VIII. 809. ** E.
Rouanne, baronie, V. 609. C. 610. A. Voyez
Rouannois.
ROUANNOIS, duché, érigé en 1566. pour CLAUDE
Gouffier, grand écuyer de France, V. 604. du-
ché pairie, érigé en 1519. pour ARTUS Gouf-
fier, grand-maître de France, VII. 796. nouvelle érection, en 1612. pour LOUIS Gouffier,
duc de Rouannois, V. 855. Nouvelle érection
en 1667. pour FRANÇOIS d'Aubusson, comte
de la Feuillade, V. 292. Pieces concernant cette
érection, V. 293.
Rouannois, I. 317. B. baronie, V. 607. B. duché, III. 493. B. V. 349. B C. 350. B. 357.
A. 575. E. 609. E. 610. A. 611. A. 612. B
C. VI. 747. A. VII. 503. A. 683. D. pairie,
V. 612. B C. VI. 119. A. VII. 715. C. VIII.
286. D. 730. E.
la Rouardaye, seigneurie, V. 380. E.
la Rouardiere, seigneurie, VII. 227. C. 510. D.
ROUAULT, Joachim, seigneur de Gamaches,
maréchal de France, VII. 95. D. premier
écuyer du corps, & maître de l'écurie du Roy,
VIII. 489. D. Nicolas-Joachim, chevalier du
S. Esprit, IX. 206. C.
ROUAULT (Genealogie de la maison de) VII. 97. A.
Rouault, II. 59. E. 454. A. III. 614. A. 619.
C. IV. 438. B. 567. B. VI. 537. B. 710. B.
VII. 97. A. 132. B. 434. C. 440. B. VIII.
261. B. 481. C. 492. C. 706. B. IX. 89. A.
303. B. de Gamaches, VII. 437. C. VIII. 560.
B. IX. 310. A. 312. B.
Roubais, III. 384. B. V. 230. D. 637. D. 655.
D. seigneurie, I. 263. A. III. 726. B C. V.
231. B D. 637. D. VI. 705. C. 710. C. VII.

38. E. VIII. 33. D E. 34. C. 76. D. marqui-
sat, V. 231. C D. 232. E. 233. C E. 288.
C. VIII. 36. A C. 37. A.
Roubecq, VI. 169. B.
Roubiac, seigneurie, VIII. 305. A.
Roubin, VII. 419. E.
Roubion, III. 734. D. seigneurie, V. 279. F.
280. A. 287. A.
Rouch, VII. 770. B.
la Rouciere, seigneurie, VI. 356. C.
ROUCY, Jean, évêque de Laon, II. 111. B.
Bruno, évêque de Langres, II. 143. E. André,
évêque de Châlons, II. 311. E. Robert II. du
nom, souverain maître des eaux & forêts,
VIII. 861. A.
ROUCY (Genealogie des Comtes de) VIII. 861.
(autres Comtes de) IV. 433. Voyez Roche-
foucaud.
Roucy, II. 33. E. 311. E. 315. C. 316. C. 339.
C. 481. D. 517. E. 863. E. III. 631. B. 841.
C. IV. 827. D. V. 507. B. VI. 35. B. 42. C. 45.
C. 52. C. 92. B. 115. C. 124. C. 127. D. 141.
D. 150. C. 209. C. 510. C. 651. D. 652. A.
693. C. 714. A. VIII. 90. C. 397. B. 402. B.
637. B. seigneurie, VIII. 154. C. 544. D.
comté, I. 37. C. 50. D. 70. B. 73. D. 212.
C. 214. D. 219. B. 323. A. 333. B. 366. A.
425. B. 428. E. II. 111. B. 343. C. 750. A.
772. D. 851. E. III. 83. B. 308. B. 573. B.
730. B. 735. C. IV. 126. C. 427. C D. 437.
A. 438. A 539. D. V. 230. A. 509. D. 737.
C. 899. B. VI. 35. B. 45. C. 58. C. 92. D.
124. C. 209. C. 379. A. 628. B. VII. 125.
E. 168. B. 172. B. 305. D. 617. E. VIII. 14.
A B C. 99. C. 172. C. 410. A. 535. C. 569.
D. 655. E. 863. B. 866. C. 868. B. IX. 335.
C. 459. C.
la Roue, III. 837. C. IV. 888. C. V. 262. B.
VIII. 318. E. 320. D. seigneurie, II. 441. A
C. VI. 327. A. VII. 704. C.
Rouelle, seigneurie, IV. 455. C.
Rouen, VI. 364. D. archevêché, I. 23. A. 24.
E. vicomté, II. 35. C.
la Rouere, IV. 178. C. 494. C. IX. 56. B.
S. Severin, VI. 497. D. d'Urbin, II. 165. C.
Royerie, VII. 490. D.
Rouerte, seigneurie, VIII. 86. A.
les Roues, seigneurie, IV. 468. D.
Rouveseau, VII. 729. C.
Rouesse, seigneurie, III. 896. B.
Rouet en Poitou, seigneurie, I. 144. D.
Rouez, VII. 233. A.
Rouffiac, seigneurie, VI. 602. D. comté, VI.
602. C D.
Rouffignac, VIII. 594. ***** A. IX. 178. B.
Rougé, IV. 55. C. 271. B. 294. A. 879 A. VI.
765. D. VII. 499. E. VIII. 579. D. seigneu-
rie, VI. 765. D. 768. A. VII. 77. A. 381. A.
le Rouge, VII. 719. D. 723. E.
LE ROUGEAU, Gilles, louvetier du Roy, VIII.
781. B.
Rougeaux, VI. 369. B.
Rougemont, I. 559. E. IV. 448. C E. 831. D.
VI. 255. C. 414. C. 426. B. 594.
D. 658. D. VII. 37. B. 199. E. 296. E. 807.
C. 808. B. VIII. 353. B. 424. D. seigneurie,
II. 122. E. 211. B D. IV. 859. A. 874. A. V.
572. B. VI. 255. C. 513. A B. 628. D. VII.
6. E. 37. B. 80. A. VIII. 412. C. 424. B. 836.
B. 837. E. IX. 300. B. baronie, IX. 313. B.
comté, IX. 198. B.
Rougeon, seigneurie, VII. 648. C.
Rougier, VI. 287. A. VII. 29. B. IX. 427. B.

le Rougnon , feigneurie , V. 607. C. 615. C.
Rougny , feigneurie , VI. 150. C.
la Rouhardaye , IV. 76. D.
Rouhaud , IV. 169. D. 195. D.
Rouhaut , III. 487. D. IX. 138. C.
la Rouhe , feigneurie , VII. 665. C.
Rouhy , III. 89. C.
Roujan , feigneurie , VII. 482. A.
Roviliafch , feigneurie , III. 688. D.
ROUILLAC (Seigneurs de) II. 175. Voyez Goth.
Rouillac , II. 182. ABCD. feigneurie , II. 175. E.
176. ACDE. 177. ABE. 178. ACE. 181.
ABE. 184. A. 646. A. III. 366. D. V. 181. E.
VII. 215. C. 273. A. 404. C. VIII. 473. A.
baronie , II. 236. E. marquifat , II. 183. A B
E. 386. A. III. 855. BC. IV. 223. C. V. 234.
F. VII. 549. D.
Roville , feigneurie , VII. 473. A.
Rouillé , III. 773. C. IV. 173. B. 376. A BC.
791. D. VI. 359. D. VII. 598. C. IX. 90. A.
271. B. 533. B. 417. D. de Meflay , VII. 671.
D.
Rouilly , feigneurie , V. 131. B.
Rovinham , IX. 460. B.
Roujou , feigneurie , VII. 513. D.
Roulat , baronie , IX. 238. B.
Roulaye , marquifat , VIII. 166. C.
le Roulier , III. 575. B.
Roulle , feigneurie , II. 747. E.
Roullebec , feigneurie , V. 129. C.
Roulleboife , feigneurie , I. 442. B. IV. 408 D.
VI. 281. C. 388. B. 674. B. 679. D. VIII.
645. D.
Roullers , feigneurie , II. 745. C. 754. A. III.
909. A. 916. D. 917. A. vicomté , III. 611. C.
612. B C.
Roullet , II. 124. D.
Roulon , feigneurie , VII. 434. D.
Roumare , VIII. 22. C. 23. B.
Roumegoux , feigneurie , I. 371. B.
Roumelin , VII. 529. E.
Roumiers , VII. 654. 655. D.
Rounel , feigneurie , IV. 237. C.
Rovorée , VII. 645. D.
Rouperreux , feigneurie , III. 650. A C.
la Roupit , marquifat , V. 843. C.
ROUPY , (Seigneurs de) III. 598. Voyez Mont-
morency.
Roupy , feigneurie , III. 579. C. VI. 87. C. VIII.
699. D.
la Rouquette , feigneurie , IV. 287. C.
Rouray , IX. 332. C.
Roure , IX. 72. B. feigneurie , VII. 65. B. comté ,
II. 138. D. 141. D. IV. 128. D. 474. A. VII.
392. C. IX. 202. C. marquifat , III. 646. D.
VII. 307. C. de Forceville , VII. 590. D. Voyez
Beauvoir & Grimoard.
Rouret , feigneurie , VIII. 301. C.
Roufel , V. 845. B.
Rouffard , VII. 228. D.
la Rouffardiere , IX. 474. C. feigneurie , VII. 228.
D.
Rouffay , VIII. 852. A. feigneurie , V. 605. C.
607. B D. VII. 664. C.
Rouffé , VI. 789. A.
Rouffe , II. 240. D.
Rouffeau , II. 121. B. 418. B. VII. 506. A. VIII.
772. A. du Mefnil , II. 443. E.
Rouffeaulx , III. 908. A.
Rouffel , VI. 340. C. 358. B. 369. C. VII. 562.
E. VIII. 161. C. 594. * * * D. feigneurie , VII.
250. A.
ROUSSELET , Raoul , évêque de Laon , II. 102. C.

François-Louis , maréchal de France , VII. 650.
Idem , chevalier du S. Efprit , IX. 255. A.
ROUSSELET , (Genealogie de) VII. 650.
Rouffelet , II. 102. E. III. 318. D. 583. D. 894.
E. 895. A. IV. 793. B C. V. 393. C. VII. 651.
A. Voyez Roullet.
LA ROUSSELIERE , (Seigneurs de) VII. 102. Voyez
Rouault.
la Rouffelzere , feigneurie , II. 454. A. VII, 97.
A. 102. B.
Rouffelin , VI. 562. B.
la Rouffelle , feigneurie , II. 257. C.
Rouffelot , V. 394. E. VIII. 578. E. 579. A.
Rouffeloy , feigneurie , VII. 560. D. VIII. 642.
C. 851. A.
Rouffes de Serroni , VII. 360. B.
ROUSSET , (Seigneurs du) VIII. 337. Voyez Damas.
Rouffet , VIII. 145. D. 303. A. 336. A. feigneu-
rie , I. 490. E. II. 250. E. 257. C. 372. D.
VII. 151. A. 156. D.
la Rouffette , V. 230. C.
Rouffeville , feigneurie , III. 843. A.
la Rouffiere , IV. 186. A V. 397. E. feigneurie ,
II. 455. A. IV. 732. B. VIII. 490. B.
Rouffille , feigneurie , III. 829. A. V. 345. E. com-
té , VII. 135. E.
Rouffillon , II. 17. D. 31. D. 162. E. 197. C.
200. C. 202. E. III. 763. C. IV. 31. A. 827.
B. VII. 195. A. 204. A. 222. A. VIII. 836. B.
909. A. feigneurie , II. 187. 2. B. IV. 135. B
D. VI. 68. D. VII. 23. E. 313. D. 430. D.
VIII. 168. A. baronie , II. 624. B. IV. 136.
A B D. VII. 8. C. IX. 378. D. comté , I. 44.
B. 123. A. 124. A. 305. D. 308. C. D. 309.
B D. 311. C. II. 132. E. III. 588. B. 603. B.
IV. 32. D. 67. C. 166. E. 428. A. 533. A. 538.
A. 642. D. V. 167. A. 895. A. VII. 132. C.
141. C D. 857. D. VIII. 934. D. 935. B. IX.
169. B. 228. A. marquifat , IX. 99. C.
Rouffin , VIII. 795. B.
Rouffines , feigneurie , II. 233. E.
Rouffon , feigneurie , II. 138. B. 142. A. VII.
782. B.
ROUSSY , (Seigneurs de) II. 319.
Rouffy , feigneurie , II. 319. E. 320. A B. 743. B.
III. 722. A B. 723. A C. VI. 511. C. comté , I.
245. A. 332. D. III. 491. D. 605. A. 729.
A C. 730. A. 731. B C. 732. B. 794. A. Voyez
Roucy.
la Route , feigneurie , VI. 680. A.
Routot , III. 495. D. feigneurie , V. 134. F.
la Rouvelle , VII. 398. C.
ROUVEREL , (Seigneurs de) V. 86. Voyez Bouf-
flers.
Rouverel , feigneurie , IV. 412. D. V. 82. D. 83.
C. 86. F. VI. 796. A. VII. 183. C.
Rouvcrou , feigneurie , V. 147. F. 245. A.
ROUVILLE , Louis , grand-veneur de France , VIII.
708. B.
ROUVILLE , (Genealogie des Seigneurs de) VIII.
709.
Rouville , IV. 412. D. 546. B. V. 148. F. 149.
A. VI. 116. B. 370. B. 566. C. VII. 60. E.
368. D. 560. E. 810. D. 870. C. VIII. 10. B.
22. A. 795. A. 808. D. IX. 480. B. feigneurie ,
II. 83. D. IV. 874. B. VII. 740. E. 818. E.
870. C. VIII. 251. E. 709. A. marquifat , IV.
224. A. de Clinchamp , IX. 312. A. Voyez Cha-
telliers & Gougeul.
ROUVRAY ou ROUVROY , Renaud , maître des arbalêtriers du Roi , VIII. 2. C.
Rouvroy , II. 409. C. VI. 355. B. VIII. 17. E.
18. E. 19. A. 691. A. 693. A. feigneurie , IV.

750. A. 848. E. VII. 871. C. VIII. 133. E. baronie, VI. 551. C. marquisat, IX. 280. B. 328. B.

la Rouvraye, V. 413. A E. seigneurie, V. 422. D.

Rouvre, *Robert*, évêque de Montpellier, I. 117. E.

Rouvre, III. 843. C. IV. 370. A. seigneurie, VII. 586. C. 803. D. VIII. 592. E.

Rouvres, seigneurie, II. 762. C D. 763. C. VI. 530. D. VIII. 414. D. marquisat, VI. 532. A.

Rouvroy, I. 257. E. II. 78. E. III. 619. D. 771. C. IV. 182. B. V. 465. A. 618. E. VI. 561. A. 746. A. VII. 114. B. VIII. 2. C. 356. C. 635. D. 651. D E. 654. E. 884. A. 920. B. seigneurie, IV. 395. B. VII. 726. C. 894. B. VIII. 523. C. 656. D. *S. Simon*, I. 53. B. III. 580. D. 581. C. 606. A. 646. E. V. 618. B E. 619. A. 842. B. 895. B. VI. 261. C. 454. B. 527. C. 786. C. 795. C. VII. 13. E. 475. C. 544. D. VIII. 355. E. 534. E. 777. D.

Rouvroy-S.-Simon, *Claude*, chevalier du S. Esprit, IX. 171. B. *Charles*, chevalier du S. Esprit, IX. 179. C. *Claude*, évêque & comte de Noyon, pair de France, IX. 397.

Rouvroy-S.-Simon, (*Genealogie de la maison de*) IV. 395.

Roux, I. 442. A. II. 129. B. 386. B. 448. E. IV. 219. A. 283. A. 322. D. 764. C. V. 284. E. VI. 194. B. 261. B. 354. B. 364. C. 365. C. 373. A. 417. D. 475. E. 485. A. 506. C. 514. B. 522. D. 564. D. VII. 29. E. 218. B. 227. B. 348. B. 510. C. 618. C. 891. E. VIII. 159. C. 211. D. 249. B. 283. B. 298. C. 327. A. 671. B. 811. B. 809. * E. 892. B. 947. A. IX. 305. B. 330. A. 361. B. *de Cor*, IV. 286. A. *de Montauban*, VII. 489. D. *Montet*, IV. 667. D. *de la Roche des Aubiers*, V. 764. A. VI. 507. A. VII. 443. B. *de Touffreville*, VIII. 810. * B.

Rouxel, *François*, de Medavy, nommé évêque & duc de Langres, II. 237. D. *Jacques*, comte de Grancey, maréchal de France, VII. 568. C. *Jacques-Leonor*, comte de Medavy, maréchal de France, VII. 696. A. *Jacques*, chevalier du S. Esprit, IX. 190. C. *Jacques-Leonor*, chevalier du S. Esprit, IX. 258. A.

Rouxel-Medavy, (*Genealogie de la maison de*) VII. 569.

Rouxel, V. 401. A. 402. A. VI. 293. B. VII. 54. A. 395. D. 558. A. 569. B. 588. C. IX. 231. A. *de Grancey*, VII. 564. C. *de Marey*, IX. 99. D. *de Medavy*, IV. 225. A. 825. E.

Rouxelin, IX. 304. A.

Rouxellé, III. 587. C. IX. 243. A.

la Rouxiere. *Voyez* la Roncerie.

Rouy, IV. 889. C. VI. 148. B. VII. 367. A. 595. A. 741. D. seigneurie, V. 841. B.

Rouyeres, IV. 364. E. VIII. 144. E.

Rouzel, seigneurie, IV. 140. B. vicomté, VII. 321. B.

Rouzet, VII. 312. C.

Roxas, I. 261. E. III. 354. A. V. 525. A.

Roxol, seigneurie, VI. 408. C.

1e Roy. *Guyon*, vice-amiral de France, VII. 881. C. *François*, grand-aumônier, VIII. 249. C. *Jacques*, grand-louvetier, VIII. 786. C. *François*, chevalier du S. Esprit, IX. 56. A.

1e Roy, (*Genealogie de la maison de*) VIII. 249. le Roi, I. 437. D. 444. D. 470. B. II. 386. C. 451. C. III. 649. A. IV. 322. B. 367. C. 663. C. V. 149. F. 608. B. 652. C. VI. 191. A. 427.

C. 791. A. VII. 428. E. 435. D. 495. C. 505. D. VIII. 98. B. 156. D. 272. E. 537. C. 538. D. 712. A. 787. A B. IX. 122. A. *Chavigny*, IV. 538. B. IX. 66. B. 379. D. *la Grange*, IX. 113. C.

Roy-S.-Nicolas, seigneurie, I. 129. B.

Royan, (*Marquis de*) IV. 174. *Voyez* la Tremoille.

Royan, seigneurie, I. 119. C. baronie; III. 737. B. IV. 174. A. VII. 580. B. comté, IV. 169. A. marquisat, II. 452. A. III. 591. B C. IV. 174. C. 178. B. VI. 508. B. 580. A. VIII. 944. A. duché, IV. 178. B.

Royan-Noirmoustier, duché, érigé en 1707. pour Antoine-François de la Tremoille, V. 790. *Pieces concernant cette érection*, ibidem.

Royanes, V. 259. E.

Royans, seigneurie, II. 187. E. 189. B. V. 265. D. 266. A. VIII. 99. C.

Royas de Sandoval, I. 633. E. 634. A.

Royaucourt, seigneurie, VIII. 757. C.

Royaulx, *Hugues*, premier queux du Roi, VIII. 838. C.

Royaumont, seigneurie, III. 912. C.

Roybours, VII. 642. B

Roye, *Guy*, archevêque de Reims, II. 41. C. *Albert*, évêque de Laon, II. 103. B. *Nicolas*, évêque de Noyon, II. 391. D. *Matthieu*, II. du nom, dit, *le Flament*, maître des arbalétriers, VIII. 6. B. *Barthelemy*, chambrier de France, VIII. 404. A. *Pierre*, maître des eaux & forêts de France, VIII. 846. B.

Roye (*Genealogie de la maison de*) VIII. 7. (*Comtes de*) IV. 433. *Voyez* la Rochefoucaud.

Roye, I. 55. C. III. 314. C. 912. D. IV. 170. B. 182. A. 185. B. 212. B. 213. BC. 437. A. 530. A. 872. D. V. 573. A. 829. C. VI. 35. C. 69. A. 74. D. 80. B. 113. B. 114. A. 123. B. 140. B. 178. A. 276. B. 339. A. 623. D. 633. B. 639. A. 705. C. 719. B. 739. A. 742. B. 744. A. 781. D. VII. 753. C. VIII. 93. C. 370. C. 537. A. 546. B. 625. C. 654. D. 726. C. 833. A. 869. D. seigneurie, I. 253. E. 332. B. II. 41. C. 43. A. 103. C. 118. A. 150. D. 282. A. 392. A. 507. A. 508. B. III. 293. D. 622. B. IV. 126. C. 427. D. V. 573. A. VI. 35. C. 74. D. 125. B. 174. A. 339. A. 660. D. 719. B. 740. B. 745. C. 781. D. VIII. 7. A. 93. C. 655. E. comté, IV. 539. D. V. 737. C. 899. B. VI. 563. B. *S. Nicolas*, seigneurie, VII. 825. A. *de la Rochefoucaud*, V. 899. B. VII. 617. E. 898. B. IX. 96. A. 335. C. 339. A.

Royen, I. 268. B.

Royer, IV. 829. C. V. 288. F. VI. 434. C. VII. 504. C. IX. 324. A. 344. A. 483. E.

Royere, V. 356. A. 359. B. VII. 330. B. *de Peyrauls*, VII. 346. A.

Royers, VI. 194. B.

Roymont, seigneurie, VIII. 283. A.

Royon (*Seigneurs de*) VI. 804. *Voyez* Crequy.

Royon, seigneurie, VI. 778. C. 804. B. comté, IX. 456. E.

Royrand, II. 449. B.

Roys, seigneurie, IV. 363. B C. 364. A B. *le Dignan*, VII. 791. C.

Rozan, seigneurie, III. 361. A. IV. 125. A. comté, V. 736. DE. 737. A B. 739. B. VII. 339. E. *Voyez* Rosan.

Rozandal, comté, VII. 474. A.

Rozanne, seigneurie, VII. 560. B.

Rozay, seigneurie, II. 67. D. marquisat, VI. 454. C. *S. Albin*, seigneurie, VI. 149. B.

Roze de Cartabalau, IX. 247. B.

Rozel, seigneurie, VI. 783. A.

Rozen, Conrad, chevalier du S. Esprit, IX. 255. C. Voyez Rosen.

Rozen, IV. 840. B.

Roses, IV. 223. D.

Roziere, VII. 398. B. seigneurie, III. 644. A D. 645. C. VII. 399. A. VIII. 595. D. 596. A.

Rozieres, seigneurie, IV. 821. D. IX. 243. B.

Rozimont, seigneurie, VII. 138. C.

Rozoy, seigneurie, VI. 124. B. VII. 84. B.

du Ru, IV. 732. E. VI. 449. D. 502. D.

Ruau, seigneurie, IV. 710. B. V. 489. D. Persil, seigneurie, IV. 458. A B C. VI. 595. C.

Ruaudin, seigneurie, IV. 724. C. 728. B C D E.

Ruault, VIII. 121. B.

Ruaux, baronie, VI. 566. A.

Rubantel, VI. 551. A. VII. 636. C.

Rubecourt, I. 96. C.

Rubelles, seigneurie, III. 645. E. Voyez Bonneau.

Rubempré, I. 260. C. 265. C. 378. A C. 379. B. II. 321. E. III. 576. D. 609. D. 913. A. IV. 599. B. V. 615. D. 637. B. 646. C. 648. A. VI. 99. B. 174. A. 175. B. 356. D. 720. B. 783. B. VII. 62. D. 112. B. 126. A. 556. A. 741. B. 832. A. VIII. 164. E. 281. C. seigneurie, II. 323. D. III. 907. B. V. 637. B. VII. 557. B. VIII. 174. C. 281. C. 640. A. 655. B. IX. 377. C. principauté, IX. 377. D.

Rubentel, IX. 88. E.

Rubigny, seigneurie, III. 839. E.

Rucoin, seigneurie, VII. 531. E.

Rudel, IV. 652. B.

Ruë, I. 285. C. IV. 167. B. VIII. 663. B. 888. C. seigneurie, V. 358. F. 359. A C. 360. A. VIII. 286. C.

la Ruë franche, seigneurie, VII. 692. B.

Ruë S. Pere, seigneurie, VII. 15. E.

Ruechandon, seigneurie, VII. 674. B.

la Ruées, seigneurie, VI. 256. C.

Rueil, IV. 748. A. VI. 382. B. 584. D. 680. C. seigneurie, VIII. 283. C. 654. C.

Rueilly, seigneurie, VI. 485. D.

Ruel, III. 450. C. seigneurie, VI. 291. B.

Ruellan, IV. 117. C. 324. A. 375. A. 625. C. VIII. 306. C. 720. C. 725. D. IX. 243. A.

la Ruelle, II. 651. E.

Ruës, VIII. 648. A.

Rufé, baronie, VIII. 325. C.

Ruffault, VIII. 85. D.

Ruffe, IV. 450. A.

Ruffec, IV. 558. D. seigneurie, I. 118. B. III. 124. B. IV. 450. C D. baronie, IV. 83. D. 679. D. VII. 99. C. 127. A. VIII. 588. E. marquisat, IV. 411. B C D. 680. A. VI. 560. D. VIII. 191. B. IX. 75. B.

Ruffen, seigneurie, VII. 324. C.

Ruffey (Seigneurs de) VII. 801. Voyez Vienne (Comtes de) VIII. 338. Voyez Damas.

Ruffey, II. 224. VI. 467. VII. 797. E. seigneurie, I. 559. E. II. 219. D. III. 730. B. IV. 438. B. VI. 323. A. VII. 39. B. 46. D. 134. B. 801. D. VIII. 353. B. 355. C. baronie, II. 308. C. VI. 457. C. VII. 803. B. comté, VIII. 338. D.

Ruffier, V. 394. E. VI. 185. C.

Ruffiers, marquisat, VIII. 340. D.

Ruffignac, seigneurie, VII. 321. A.

Ruffin, seigneurie, IV. 142. C. 143. B.

Rufflay, VII. 728. C. seigneurie, VII. 526. C.

Ruffly, seigneurie, II. 411. A.

Ruffo, I. 235. D. II. 202. B C. IV. 39. B.

Rufosse (Seigneurs de) VIII. 812. * Voyez Bailleul.

Rufosse, seigneurie, VIII. 810. B D. 812. * A.

Ruglen, comté, IX. 411. A.

Rugles, seigneurie, VIII. 257. B. 342. C. 343. E. baronie, III. 842. A. V. 838. D. VIII. 324. E. 757. C. 758. C D. 761. D.

Ruilher, VII. 65. B.

Ruille (Seigneurs de) VII. 514. Voyez Maillé.

Ruillé, seigneurie, VII. 512. C. 514. C.

Ruilly, V. 264. C. VIII. 556. D. seigneurie, II. 225. A. baronie, IV. 861. D. Voyez Reuilly.

Ruis, I. 645. B.

Ruiz de Castro, VII. 761. D.

Rullant, seigneurie, VIII. 700. B.

Rulleror, II. 191. C.

Ruloy, VIII. 81. C.

Rumbeck, comté, V. 648. C.

Rume, seigneurie, III. 608. B.

Rumen, seigneurie, II. 738. A.

Rumesnil (Seigneurs de) VIII. 645. Voyez Mailly.

Rumesnil, seigneurie, IV. 409. A. V. 657. A. VII. 856. B.

Rumieres, seigneurie, VIII. 523. D.

Rumigny, V. 510. VI. 110. A. 570. A. VIII. 31. B. IX. 463. D. seigneurie, II. 315. C. 504. C. 748. A. 774. E. V. 134. B. 510. A. VI. 125. C. 696. A. 778. A. VIII. 862. B.

Rumilly, seigneurie, II. 158. A E. V. 90. C. VI. 780. C. VIII. 697. B.

Ruminghen, seigneurie, II. 734. C. V. 231. A. VI. 166. B. baronie, VI. 134. A. 168. C.

Rummes, seigneurie, II. 333. B. 334. A. VIII. 74. A.

Rumont, VIII. 32. B. seigneurie, VI. 517. A. VIII. 492. E. 799. A.

Rumps, seigneurie, IV. 213. A.

Rumpt, seigneurie, II. 743. A.

Runckel, seigneurie, VII. 172. D.

Runcourt, V. 635. C.

Rune, VIII. 283. B C. 561. A.

Runemberg, seigneurie, V. 237. C.

Runes, VII. 557. A. 601. C. VIII. 888. B. 917. D. 918. B.

Ruotger, chancelier, VI. 243. D.

Rupalley, seigneurie, V. 150. B.

Rupelmonde (Comtes de) VII. 830. Voyez Recourt.

Rupelmonde, comté, VII. 713. C. VIII. 448. C.

Rupereux, seigneurie, I. 500. C. VI. 582. B. VIII. 798. D. baronie, VIII. 777. E. 779. D.

Ruperoux, seigneurie, VIII. 593. **** D.

Rupiere, II. 183. D. IV. 65. A. V. 147. D. 234. F. VII. 564. A. seigneurie, VII. 756. C.

Rupt, seigneurie, II. 871. A B. VII. 127. B. 802. D. baronie, V. 166. B. IX. 195. B.

Rurangé, seigneurie, VII. 700. A.

Rusquec, VII. 364. C.

Russan, VII. 774. D.

Russicourt, seigneurie, III. 623. B.

Russi, seigneurie, IV. 750. B.

Russie, II. 268. B. VI. 45. D. royaume, I. 734. B. 531. A.

Russignies, seigneurie, III. 607. C. 608. A B. 609. D. 611. A C. 612. B.

Russilly, seigneurie, VIII. 738. D.

Russio, IV. 309. C.

Rustel, II. 140. D.

Rustiques, seigneurie, VII. 484. C.

Rute, seigneurie, IX. 452. * C.

Rutel, seigneurie, VI. 116. D.

Ruthere (Seigneurs de) VIII. 659. Voyez Mailly.

Ruthere, seigneurie, VII. 659. C.

Ruthin, baronie, VII. 90. A.

RUTHYE,

RUTHYE, *Bernard*, grand aumônier de France, VIII. 267. A.
RUTHYE (*Genealogie de*) VIII. 267.
Ruthye, seigneurie, VIII. 268. AC.
Rutland, comté, VII. 89. D.
Ruvere, VII. 690. D.
Ruyau, baronie, IV. 861. E.
Ruye, seigneurie, IV. 708. A. 709. E.
Ruynat, baronie, V. 266. F.
Ruysbrouck, seigneurie, II. 789. B.
Ruysselet, VIII. 596. ** A.
Ruzay, seigneurie, II. 426. E.
Ruzé, *Antoine*, grand maître de l'artillerie, VIII. 187. B. *Martin*, grand trésorier des ordres, IX. 320. C.
Ruzé, II. 106. C. 107. A. VI. 421. C D. 417. D. 486. A. 505. D. 584. D. VII. 493. E. VIII. 285. B D. IX. 170. A. *d'Effiat*, IV. 625. C. V. 463. * D. VIII. 188. A. *Voyez* Coeffier.
Ruzerac, VIII. 593. **** C.
Ry, seigneurie, III. 839. D. VI. 388. A. VIII. 832. A.
Rybeirac, seigneurie, II. 701. A. *Voyez* Riberac.
Rye, II. 211. BCE. 212. A. 225. DE. 874. B. III. 493. B. IV. 860. E. 861. D. 572. C D. V. 669. C. VII. 40. A. 47. C. 53. A. 160. B. 147. A. 250. C. 447. A. 641. C. 801. A. 807. D. VIII. 76. A. 130. C. 332. A. seigneurie, VII. 249. D. *Longwy*, II. 211. D. VI. 508. D. *Voyez* Poitiers.
Rymerstede, seigneurie, II. 733. E.
Rys, seigneurie, III. 795. D. VIII. 668. D.
Ryvoire, IV. 41. B. VII. 202. B. VIII. 499. D. 592. E. *Voyez* Rivoire.

S

SAA-MENEZES, I. 641. C. 679. A. 694. C. 698. B.
Saavedra, I. 671. B.
Sabarros, seigneurie, V. 744. D E.
Sabatier de Vaureas, II. 153. A.
Sabazac, VIII. 146. B. seigneurie, VIII. 148. A B.
Sabionette, seigneurie, VIII. 504. B. duché, I. 293. D.
SABLE' (*Seigneurs de*) VIII. 574. *Voyez* Craon.
Sablé, II. 846. E. III. 317. C. 318. A. seigneurie, II. 744. C. III. 197. A. 316. B. 430. B D. V. 9. C. VI. 63. A. 125. B. VIII. 567. A. 568. D E. 569. A C D. 570. B. 572. A. 574. B. 867. B. marquisat, III. 651. A C D. 652. A. IV. 218. E. 806. A. VI. 567. B. VII. 400. B E. IX. 305. B 308. D. 326. C.
la Sabliere, seigneurie, VII. 343. C.
Sablon, seigneurie, VI. 418. A. VII. 509. E. VIII. 930. C.
Sablonieres, VII. 30. A. seigneurie, I. 493. B. IV. 857. B. VI. 118. C. 148. C. VIII. 702. B.
Saboulies, seigneurie, VII. 925. B.
Sabran, I. 564. B. II. 141. D. 242. E. 243. A D E. 250. A. 252. B. III. 154. A. 811. D E. VI. 131. D. VII. 147. E. VIII. 300. C. 306. C. 425. D. seigneurie, II. 137. B. 140. A. 204. A D. IV. 265. A B. 276. A B C. marquisat, III. 365. B. *Castellard*, VI. 76. A.
Sabrevois, II. 384. D. IV. 223. A. VII. 150. E. 711. D.
Sacco, VIII. 296. A.
Sacé, seigneurie, IV. 79. A. baronie, VII. 526. B.
Sacey, seigneurie, V. 149. D E. *Tillon*, ibid.
Tome IX.

Sachaut, seigneurie, VI. 445. A.
Saché, seigneurie, III. 587. C. baronie, VII. 619. A. marquisat, IX. 243. A.
Sachot, IX. 331. A.
Sacierges, seigneurie, II. 863. E. 864. A B.
Saconay, VII. 61. C. seigneurie, VIII. 912. B.
Saconnin, VII. 139. A. VIII. 333. D.
Sacquainville, VIII. 880. A. seigneurie, I. 434. D E. IV. 872. A. VIII. 94. C. 499. C.
Sacquespée, II. 106. D. III. 395. D. VI. 343. D. VII. 583. D. 831. D. VIII. 154. C.
Sacremore, VII. 495. A.
Sacy, seigneurie, VII. 531. E. *le Grand*, seigneurie, VI. 339. A. VIII. 13. B.
Sada, seigneurie, IX. 378. B.
Sade, II. 254. C. IV. 493. E. VIII. 286. E. 299. D. 303. D. IX. 440. D.
Sades, IV. 177. A.
Sadirac, VII. 273. D. 276. A. 287. B. comté, VI. 220. D.
Sado, IV. 276. B.
S. Saën, seigneurie, II. 475. C.
Saffembourg, seigneurie, IV. 570. A. VII. 173. B.
Saffre, VII. 144. B. seigneurie, II. 871. C. III. 631. B.
Saffres, seigneurie, IV. 821. E. 824. C. VII. 663. B.
SAGET, *Renaud*, aumônier, VIII. 226. D.
Sagne, VII. 804. C.
Sagnes, baronie, III. 820. A.
Sagonne, seigneurie, II. 850. D. 852. E. IV. 194. D. VI. 783. D. VII. 18. A. 80. C. 119. A. 123. E. 851. A. VIII. 52. C. 836. D. baronie, IV. 716. E. VIII. 180. C. 182. A. comté, IV. 169. D. 411. A. 599. C. VI. 560. B. VII. 168. E. VIII. 182. D E. 494. C.
Sagriez, seigneurie, IV. 165. A B.
Saguette, IV. 286. A.
Saguier, VIII. 737. E.
Sahuguet, III. 842. C.
Sahus, seigneurie, II. 403. D. 405. A. 406. A B. 409. D. 410. C. V. 158. C. VI. 690. C.
Sajas, seigneurie, II. 653. A.
Sajette, seigneurie, II. 593. A. 600. A. VI. 79. C. 129. C.
SAIGNES (*Seigneurs de*) III. 834. *& suiv. Voyez* Apchier. (*Comtes de*) VII. 136. *Voyez* Chabanes.
Saignes, V. 279. F. 341. D. 750. A. VII. 133. b. seigneurie, IV. 35. B. 289. B. V. 279. F. VII. 136. B. 332. D. baronie, IX. 82. A. comté, IV. 31. A. 36. A. V. 765. D. VII. 168. E. VIII. 191. E. 776. B. *Voyez* Contour.
Saignon, seigneurie, II. 239. A B C. 240. C E. 241. A. 243. B.
Saigny, IV. 824. C. *le Bois*, VIII. 322. B.
Saillans, VI. 458. B. VIII. 498. D. seigneurie, IV. 861. B. VI. 460. A. VII. 335. B. baronie, VI. 459. C. *Voyez* Estaing.
Saillant, VIII. 143. E. 593. **** C. seigneurie, IV. 785. D. V. 365. A. VIII. 244. C. marquisat, IX. 231. B. 432. A. *de Pompadour*, VII. 348. D.
SAILLENAY (*Seigneurs de*) VII. 806. *Voyez* Vienne.
Saillenay, seigneurie, I. 528. A. 560. B. VII. 806. A. *Voyez* Seignelay.
Saillenel, seigneurie, VIII. 645. C.
Saillens, seigneurie, III. 816. A.
Sailleville, VIII. 368. B. seigneurie, V. 141. E.
SAILLY (*Seigneurs de*) VI. 700. *Voyez* Joinville.
Sailly, I. 500. C. 501. B. 512. B. III. 594. D. VI. 356. C. 802. A. VIII. 657. B. 718. A. sei-

gneurie, IV. 821. B. 844. A. V. 81. D. 235.
C. VI. 142. B 296. B. 700. B. 802. B. VII.
41. A. 182. D. 560. C. 645. C. VIII. 156.
C. 655. C. baronie, V. 141. C. VIII. 739.
C. vicomté, VII. 692. B. *au Bois*, feigneurie,
VIII. 738. D. 739. A C.
Saimpy, feigneurie, III. 726. G.
Sain, VII. 166. B.
le Sainct, IX. 354. B.
Sainctot, IV. 549. A.
Saineville, feigneurie, VIII. 906. B.
Sainghin, feigneurie, VIII. 659. B.
Sainguin, feigneurie, III. 722. C.
Sainpigny, II. 56. D.
Sains, III. 614. D. IV. 169. D. 407. C V. 80.
F. 771. C. VI 123. B. 177. A. 312. B. 795. B.
VII. 475. B. 544. D. 559. C. 851. B. VIII.
10. C. 156. A. 650. C. 659. C. 735. E. IV.
873. B. VI. 53. C. 114. D. 794. C. VIII. 276.
D. *lez-Froffin*, feigneurie, VI. 778. C. *en Ternois*,
feigneurie, VIII. 738. D.
Sainfens, V. 621. C.
Sainffantin, feigneurie, III. 821. D.
Saint, feigneurie, VI. 596. B.
Saintan, IV. 547. C.
Sainteny, feigneurie, II. 434. B.
Saintes, VII. 217. E. IX. 471. C.
Sainthuin, feigneurie, VIII. 652. C.
Saintines, feigneurie, VI. 254. D. 258. D. 259.
A. 260. A. 266. C. VII. 562. C. VIII. 372.
A. 792. C.
Saintonge, baronie, IX. 418. E.
Saintoux, IV. 142. B. 143. A. VII. 324. C.
SAINTRAILLES, (*Seigneurs de*) IV. 308. *& fuiv.*
Voyez S. Lary. (*Autres Seigneurs de*) VII. 283.
Voyez Montefquiou.
Saintrailles, feigneurie, II. 176. B. III. 391. A.
IV. 665. B. VII. 212. A. 267. C. 283. B.
Saintray, IV. 708. B. 750. A.
Sainty, feigneurie, V. 617. A.
Sainxe, VIII. 238. A.
S. Saire, feigneurie, VII. 715. B. VIII. 857. C.
SAIS, (*del*) II. 20. C.
Saifonaille, baronie, II. 651. D.
Saiffac, II. 353. A C. feigneurie, III. 657. B.
809. A.
Saiffeval, VIII. 156. B.
Saify, feigneurie, VII. 736. D.
Saix, I. 377. B. II. 211. B. VII. 46. D. 148. E.
161. A. VIII. 333. C. 941. C. feigneurie, IV.
286. C.
Sala, comté, VIII. 504. A. *Voyez* Guillen.
Saladin de Savigny, VIII. 181. E. 182. F.
SALAGNAC, (*Seigneurs de*) VII. 309. *Voyez* Gontaut.
Salagnac, II. 230. C. IV. 506. D. 650. B. V.
196. A. 347. A. 356. B. 748. D. 749. E. VII.
302. D. 309. B. 320. C. 321. A. VIII. 243.
D. feigneurie, IV. 676. B. V. 343. F. VII.
415. D. 579. A. 777. D. 861. A. baronie,
VII. 309. C. *Voyez* Salagnac.
Salaignac, baronie, IV. 793. C.
Salaigny, V. 666. A.
Salaizon, feigneurie, VII. 490. B.
Salancy, feigneurie, IV. 215. B. VI. 384. A.
VII. 135. B. 741. D.
Salanier, feigneurie, I. 214. A.
Salans, feigneurie, V. 669. A.
SALART, *Olivier*, grand fauconnier de France, VIII.
752. B.
SALART, (*Genealogie de*) VIII. 752. *& fuiv.*
Salart, VIII. 946. C.
Salas, feigneurie, IV. 134. B.
Salat, VI. 444. A. VIII. 181. A.

Salavas, feigneurie, III. 818. A. 820. C.
Salazar, IX. 450. * E. comté, I. 256. E. VII.
832. C.
Salazart, I. 523. C. IV. 266. B. VII. 544. E.
VIII. 116. E. 117. B. 119. B. 370. D.
Salbourg, comté, I. 263. E.
Saldane, I. 698. A.
la Sale, feigneurie, II. 135. B. *Voyez* la Fare.
Salegourde, feigneurie, V. 360. F.
Saleignac, VII. 81. D.
SALELLES (*Seigneurs de*) VII. 777. *Voyez* Narbonne.
Salelles, feigneurie, VII. 70. C. 486. E. 767. B.
773. C. 777. A.
Salemanque, VI. 682. B.
Salemard, I. 360. E. V. 666. A.
Salendrengue, feigneurie, II. 135. B. 136. A.
137. A. 139. C.
Salendrenques, feigneurie, VII. 768. E.
Salendres, feigneurie, VII. 488. B C.
Salengres, feigneurie, II. 136. C.
Salenon, VII. 596. D.
Salenove, VI. 549. B.
Salenque, feigneurie, II. 653. B.
Salentin, VIII. 40. C.
Salerm, feigneurie, VIII. 477. C.
Salerne, feigneurie, II. 292. D. IV. 501. B. IX.
440. E. principauté, I. 297. E. 400. D. V.
523. E.
Salers, feigneurie, I V. 44. B. baronie, VIII.
588. D.
Sales, feigneurie, IV. 131. B. V. 364. B. comté,
III. 774. B.
Salet, V. 149. F.
Salezon, feigneurie, VII. 420. A.
Salhans, feigneurie, II. 186. 2. B.
Salieres, feigneurie, VII. 791. B.
SALIGNAC, *Bertrand*, chevalier du S. Efprit, IX.
68. A.
Salignac, III. 642. C. 766. C. IV. 184. B. 455.
B. V. 18. F. 331. E. 344. D. 750. E. 767. C.
VII. 25. D. 444. C. 457. B. 507. B. 616. B
DE. VIII. 163. C. 702. C. feigneurie, IV.
470. D. 678. C. VI. 515. A. VII. 92. B. 934
C. VIII. 307. D. *Voyez* Salagnac.
SALIGNY (*Seigneurs de*) VII. 156. *Voyez* Coligny.
Saligny, VII. 707. D. feigneurie, I. 490. E. II.
853. A. VI. 303. A. VII. 151. A. 156. D.
445. B. VIII. 327. E. IX. 450. * B. comté,
IX. 123. C. *fous Champagne*, feigneurie, VII.
513. A.
Salinas, comté, I. 305. A. V. 330. A.
Salincourt, feigneurie, IV. 402. C.
Salindre. *Voyez* la Fare.
Salindres, feigneurie, VII. 783. C.
Salines, comté, III. 352. B.
les Salines fur mer, feigneurie, III. 641. A.
Salinieres, feigneurie, III. 837. B.
SALINS, (*Vicomtes de*) V. 668. *& fuiv.* 671. *&*
fuiv. Voyez Gorrevod.
Salins, II. 197. C. IV. 180. B. 848. A. VI. 419.
C. VII. 36. C. 37. B. 145. B. 149. A. 247.
C. 251. A. 640. B. 641. C. 643. B. 810. E.
VIII. 776. A. 911. A. feigneurie, I. 242. E.
245. D. 246. E. 426. B. 484. D. 548. C. 549.
A D. II. 160. B. 186. 2. D. III. 153. D. 154.
A. 156. D. IV. 819. C. V. 511. B. 668. A.
VIII. 411. D. 416. C. 425. C. vicomté, V.
669. A. 672. C. comté, V. 670. A. 671. A.
de la Fin, VI. 390. A.
Salis, V. 726. A.
Salifbery, baronie, I. 424. B.
Salifbury, V. 849. C. feigneurie, II. 478. B. comté, III. 292. B. 310. B. V. 849. C.

Salittes, seigneurie, II. 363. B D.

Salive, VII. 160. D. 648. B.

Sallazar, IV. 408. A. VII. 5. D. IX. 431. C.

la Salle, IV. 309. C. V. 148. F. 287. F. VI. 108.
D. 477. D. 484. B. VIII. 337. C. IX. 470. C.
seigneurie, II. 449. A. 454. D. 848. E. 849.
A. 858. D. III. 643. B. IV. 650. C. 657. A.
731. B. 745. B. V. 246. E. 247. ABCDE.
VI. 280. C. 522. C. 640. B. VII. 197. D. 268.
A. 399. B. 354. A. 584. D. 587. E. 619. C.
769. A. VIII. 146. AB. 232. E. 233. A. 332.
C. 793. E. baronie, II. 137. B. 140. B. marquisat, VIII. 935. C. IX. 227. C. Ancien, seigneurie, IV. 426. A. de Casaux, seigneurie,
VII. 273. E. lez-Clory, seigneurie, IV. 60. D.
713. D. 714. A. 715. C. 716. B. 717. A D.
baronie, IV. 719. B. 721. C. 723. C. de Lan-
dreffe, VII. 537. D. de Mantza, seigneurie,
VII. 43. C. de S. Pé, VII. 607. C. la Rongerie,
VIII. 134. B D. de Vic, seigneurie, VII. 312.
C. des Vieux Ponts de Morenzel, seigneurie, IV.
731. A.

Sallebœuf, seigneurie, VII. 28. E.

Sallebris, seigneurie, IV. 678. A. 711. A. 853.
D. VI. 505. C. VII. 542. C. 543. C.

Sallemar, II. 255. A.

Salleneuve, seigneurie, VII. 44. A.

Sallenove, IX. 168. B.

SALLES (Seigneurs de) VII. 275. Voyez Montesquiou.

Salles, II. 429. A. III. 830. A. VII. 230. E.
286. B. VIII. 945. D. IX. 455. A. seigneurie,
I. 263. B. 496. B. III. 777. D. IV. 439. C.
442. C. 443. A. 610. C. 840. D. V. 19. A
BC. VII. 170. C. 272. A. 275. E. 287. A.
309. E. 894. C. 927. A. VIII. 595. ***
A. IX. 235. B. baronie, V. 19. F. VII. 419.
A. IX. 167. A. d'Algans, II. 368. C. Comtaux,
seigneurie, II. 188. 2. A. en Guyenne, V.
185. E.

Sallevert, seigneurie, I. 505. C.

Salleux, seigneurie, VIII. 564. A.

Salligny, seigneurie, II. 861. B.

Sallo, II. 454. C. VIII. 707. D.

Sallonier, VII. 138. C.

Salluye, seigneurie, IV. 686. E.

Salm, VII. 155. E. comté, V. 644. B. 648. E.
VII. 155. E. VIII. 259. D.

Salmart, I. 217. B.

Salme, baronie, I. 451. C.

Salmeron, seigneurie, I. 582. A.

Salmes, I. 148. A. II. 331. B. seigneurie, IV.
574. B. 822. C. comté, III. 724. A. IV. 831.
B. V. 506. B. 509. B. VI. 697. C. VII. 35.
D. principauté, II. 37. A.

la Salmoniere, seigneurie, II. 450. A.

Salms, V. 236. C. comté, VIII. 44. A. 533. A.
principauté, VIII. 38. A. Ransgravias, III.
487. D.

Salomez, baronie, VIII. 698. C.

Salomon, II. 80. D. VIII. 307. C.

Salon, seigneurie, VIII. 589. C.

Salotnay, VI. 82. D.

Salsangis, IV. 859. E.

Saltini, VI. 376. B.

Saltuh, V. 768. A. seigneurie, VII. 385. B.

Salvagnac, seigneurie, II. 689. C. V. 758. B.
VII. 776. C. baronie, IX. 396. A.

Salvaing, II. 206. A. V. 169. B. VII. 646. A.

Salvaizon, seigneurie, VII. 416. C.

Salvamon, baronie, IV. 305. A.

Salvat de Montfort, IV. 19. D.

Salvatierra, comté, I. 293. C D E.

Saluces, I. 123. A. 229. D. II. 852. D. IV. 306.
B. 492. B. V. 278. E F. 652. D. VI. 52. C. 755.
A. VII. 13. A. 95. B. 128. A. 211. A. 238. C.
VIII. 340. D. 499. E. marquisat, II. 21. B.
49. D. 161. B. III. 383. B. VI. 52. C. VII. 95.
B. 179. B. VIII. 172. D. 868. D. Cardé, IV.
532. C. VII. 80. A. 216. B.

Saludie, seigneurie, VIII. 196. B.

Salvert, VII. 99. D. seigneurie, I. 495. E. II.
377. C. 427. E. VIII. 144. C. 498. A.
902. D. Voyez Rochefort.

Salverat, seigneurie, VII. 281. E.

S. Salvi, VII. 449. B.

Salviac, seigneurie, V. 730. A. 747. D. VIII.
163. A.

Salvian, seigneurie, IV. 125. D. V. 894. C. IX.
417. D. baronie, VII. 304. D.

Salviati, VII. 170. A.

S. Salvy, seigneurie, II. 674. C.

Salz, comté, VII. 240. A.

Salza, duché, III. 494. E.

Salzac, VII. 196. B.

Saman, II. 653. B. IX. 92. A. seigneurie, II. 653.
E.

SAMARAN (Seigneurs de) VIII. 478. Voyez Noé.

Samaran, seigneurie, VIII. 473. C. 477. C.
478. D.

Samathan, seigneurie, II. 630. B. 638. B.

Samazan, seigneurie, IV. 468. E. 469. A. 470.
A B. 471. A. VIII. 593. ** A. baronie, IV.
474. D.

Samblançay, seigneurie, V. 227. D. 341. B. 610.
D. VI. 48. C. 505. D. VIII. 285. A C D. baro-
nie, IV. 176. C. 177. A B. 270. A. VIII. 286.
D E.

Simboim, marquisat, VIII. 852. B.

Sambourg, seigneurie, VIII. 716. A.

Sambuc, seigneurie, II. 296. B.

Samois, seigneurie, II. 219. B.

Sampayo, I. 697.

Samson, VI. 370. A.

S. Samson, seigneurie, VIII. 524. D.

Samvillier, seigneurie, VIII. 647. A.

Sanac, seigneurie, III. 91. B.

San-Bueno, principauté, IX. 210. C.

Sanceau, seigneurie, IV. 851. A.

Sancenyer, seigneurie, V. 669. B.

SANCERGUES (Seigneurs de) II. 865. & suiv.

Sancergues, seigneurie, II. 861. A D. baronie,
IV. 897. C.

SANCERRE Louis, connétable de France, VI. 204.
C. Louis, maréchal de France, VI. 759. D.
Estienne, I. du nom, bouteiller de France,
VIII. 517. B.

SANCERRE (Comtes de) II. 847. & suiv.

Sancerre, II. 501. C. 732. A. IV. 169. D. 528.
A. 872. E. V. 129. E. 223. F. 224. B. 247.
A. 571. A. VI. 60. A. 111. A. 115. A. 279. B.
308. A. 628. B. 633. B. 652. C. 671. A.
728. D. 734. A. VII. 366. B. 800. D. VIII.
53. A. 320. B. 836. D. IX. 178. A. 398. D.
seigneurie, II. 835. E. comté, I. 119. D. 305.
A. 314. B. 474. E. 484. C. 487. A. II. 259.
E. 836. C. III. 80. D. 91. B. IV. 194. D.
427. A. 529. A. 560. E. V. 223. F. 571. A.
VI. 105. A. 115. A. 139. D. 792. D. VII.
18. A. 847. A. 849. D. VIII. 52. C. 585. B.
867. D. de Meneton-Salon, VII. 80. C.

Sanchemarans, seigneurie, I. 371. A.

Sancourt, seigneurie, I. 267. B.

Sancta-Cruz, marquisat, I. 674. C. Voyez Cruz.

Sanctes, seigneurie, VII. 830. D.

SANCY (Seigneurs de) VIII. 802. Voyez Harlay.

Sancy, seigneurie, I. 223. E. VI. 349. B. 467.
A. VIII. 356. C. 798. B. 802. A. baronie,
IV. 642. A.

Sanda, I. 673. B.

Sandenbourg, seigneurie, VII. 104. B.

Sandick, VII. 104. B.

Sandon, seigneurie, VIII. 536. E.

Sandoval, I. 640. A. 648. A. 676. A. III. 352.
A E. V. 525. A. 526. E. IX. 297. A. Giron, I.
628. B. de Lerme, I. 621. A. Zuniga, I. 634.
A.

Sandouville, VIII. 19. D E. seigneurie, VII. 875.
E. VIII. 449. C.

S. Sandoux, seigneurie, IV. 526. A.

Sandrans, seigneurie, IV. 45. B.

Sandray, seigneurie, VII. 365. E.

Sandré, seigneurie, VI. 546. D. VII. 370. A.

Sandrent, seigneurie, II. 165. D.

Sandres, V. 828. B. VII. 489. B.

SANDRICOURT (Marquis de) IV. 402. & suiv.
Voyez Rouvroy-Saint-Simon.

Sandricourt, seigneurie, III. 580. D. 581. C. IV.
398. E. 402. C. VI. 786. C. VIII. 777. D.
920. A.

Sane, seigneurie, VI. 508. D.

Sanes VII. 99. C. seigneurie, II. 354. C.

Sanfort, IV. 361. B.

Sangatte, seigneurie, III. 915. C. V. 660. C.
VIII. 29. D. 543. C. 658. A. 696. D.

Sanghin, seigneurie, IV. 211. D.

la Sanglée, seigneurie, VIII. 717. A.

Sanglier, III. 635. C. IV. 62. B. 567. B. 415.
E. 448. C E. VI. 118. B. VII. 368. B. 501.
E. VIII. 420. B. 903. C. de Boisrogues, VII.
367. D.

Sangois, VII. 280. C.

Singriede, VII. 274. A.

Sangueville, seigneurie, IV. 181. A.

Sanguhar, IX. 401. C.

SANGUIN, Antoine, grand-aumônier, VIII. 263.
A. Louis, chevalier du S. Esprit, IX. 271.
C.

SANGUIN (Genealogie de) VIII. 263.

Sanguin, II. 107. A. IV. 721. A. V. 244. E. 576.
A. VI. 350. B C. 391. C. 567. D. VII. 62. D.
VIII. 223. B. 747. A. des Mazis, IV. 671.
A.

Sanguinette, II. 371. B.

San-Istevan-del-Puorto, comté, I. 685. C.

San-Lucar, seigneurie, IX. 295. A.

Sannat, seigneurie, VII. 610 C. VIII. 7   C.

Sanne, VII. 433. E.

Sannes, II. 369. B.

Sansac, II. 306. C. VI. 526. A. seigneurie, VII.
26. B. 391. A. 516. C. 860. A. VIII. 147. B.

San-Salvador de Ayres, seigneurie, I. 688. B.

Sansay, VIII. 558. D. comté, III. 573. E. VIII.
178. C.

Sanselles, seigneurie, VI. 537. C.

Sansoin, seigneurie, II. 745. E. 747. E.

Sanson, II. 450. A. VII. 509. D.

S. Sanson, VII. 110. A. seigneurie, IV. 404. A
B. V. 84. B. 87. B. VIII. 775. B.

la Sansonniere, seigneurie, VI. 682. C.

Santafiore, comté, III. 490. C.

Santar, marquisat, IX. 256. B. de Canas-de-Sabu-
gosa, seigneurie, I. 697. B.

Santena, VII. 687. B. seigneurie, IV. 878. E. VII.
689. E.

Santene, seigneurie, VII. 290. D.

Santenoiges, seigneurie, VII. 48. B.

Santeny, seigneurie, VI. 590. D.

SANTES, (Seigneurs de) VIII. 76. Voyez Lannoy.

Santes, seigneurie, VIII. 72. C. 76. C.

Santigné, VII. 509. B.

Santillana, marquisat, III. 352. B.

S. Santin, seigneurie, VIII. 320. A.

Santilvan, comté, V. 526. E.

Santivelde, seigneurie, II. 741. B.

Santons, seigneurie, VII. 787. E.

Santoyn, seigneurie, V. 831. B.

Santrailles, seigneurie, VII. 164. E. Voyez Saint-
trailles.

Sanvensan, seigneurie, VII. 315. C.

Sanvensian, seigneurie, IV. 137. B.

Sanzay, VI. 118. A. VII. 377. B. seigneurie, VI.
416. B. comté, IV. 196. A. 600. B.

Sanzeilles, baronie, I. 257. D.

SANZELLES, (Seigneurs de) VIII. 76. Voyez Lannoy.

Sanzelles, seigneurie, VI. 474. C. VIII. 74. C D.
75. C.

Sanzillon, VII. 341. D.

Saonne, seigneurie, I. 529. B. II. 185. 2. B. VIII.
89. E. 91. A. 927. B.

outre-Saone, VI. 694. B.

Sap, seigneurie, II. 483. A. 491. E.

Sapieha, IV. 214. D.

Sapignies, VIII. 10. C.

Sapin, VI. 423. B. IX. 59. B. seigneurie VI. 316. A.

Saponay, seigneurie, II. 152. C. 153. A. V. 829.
A. VI. 146. B. 407. C. VIII. 656. D.

la Sappiniere, seigneurie, IV. 834. C.

Saquainville, V. 134. E. 160. D. 161. E.

Saradan, seigneurie, II. 663. C.

Saravilliers, III. 617. D.

Sarazac, seigneurie, VII. 348. D.

Sarbruck, comté, V. 648. E.

Sarcarlatte, VIII. 808. D.

Sarcé, VII. 587. B.

Sarcelles, seigneurie, IV. 747. C D. 755. A. V.
161. C D E. VII. 337. C. 703. E.

Sarcilly, VII. 570. A.

Sarcou, seigneurie, VII. 28. C.

Sarcus, VIII. 663. B. seigneurie, VIII. 746. C.
IX. 89. A.

Sardaigne, royaume, I. 185. A. 188. C. III. 515.
A. V. 514. A.

Sardini, IV. 537. B. VII. 170. A.

Sardy-lez-Forges, seigneurie, VIII. 326. C. 327.
A.

Sarguettes, seigneurie, II. 239. A C.

Sariac, I. 374. A. VII. 273. C. 287. C.

Sariette, IV. 185. A.

Sarigné, seigneurie, III. 641. C.

Sarlabous, IV. 130. A. VII. 308. D.

Sarmiento, III. 352. A. 356. A. V. 526. D. com-
té, I. 257. B. 305. A. de la Cerda, IX. 295.
C. Mendoza, I. 631. D. de Silva, V. 530. A.
Villandrado, I. 305. B.

SARMISELLES. Robert, pannetier du Roi, VIII.
610. B.

Sarmont, seigneurie, VI. 674. B.

Sarno, comté, VIII. 291. C.

Sarnoise, VIII. 760. E.

Saron, seigneurie, VIII. 895. B. sur-Aube, seigneurie, VIII. 356. A.

Sarpeze, seigneurie, VII. 392. D.

Sarragosse, seigneurie, IV. 753. A. VII. 138. D.
VIII. 793. B.

Sarran, VII. 453. A.

Sarras, IV. 265. E. baronie, V. 105. E.

Sarrafin, II. 119. B.

Sarraute, III. 391. C.

Sarrazac, seigneurie, VIII. 143. D.

SARRABRUCHE, Jean, évêque & comte de Châlons,

lons, pair de France, II. 374. E. *Jean* II. du nom, bouteiller de France, VIII. 529. A.

SARREBRUCHE, (*Genealogie de la maison de*) VIII. 530.

Sarrebruche, I. 214. D. II. 375. A. III. 735. C. 911. A. IV. 70. B. 398. B. V. 230. A. 653. B. VI. 114. C. 653. D. 695. C. 698. B. 744. D. 746. A. 783. D. VII. 76. C. 111. D. 124. E. 125. E. 168. B. 172. B. 179. B. VIII. 14. A. 153. E. 172. B. 272. B. 279. B. 427. D. 530. C. 884. A. comté, III. 730. B. V. 511. A. VI. 695. C. VIII. 530. D. *Commercy*, IV. 182. B.

Sarred, VI. 539. D.

Sarret, VII. 487. B.

Sarrey, VII. 272. B.

Sarria, VII 830. C. marquisat, I. 632. A C. 633. D. 634. A C. 635. C D. 636. B.

Sarrigny, seigneurie, VII. 648. D. VIII. 716. B.

Sarriquier, seigneurie, VIII. 744. D.

Sarrobé, seigneurie, II. 56. E.

Sarron, seigneurie, VI. 557. C.

Sarros, seigneurie, VII. 286. D.

SARS, (*Marquis de*) V. 844. *Voyez* Bournonville.

Sars, III. 608. A. seigneurie, V. 839. B. 840. E. marquisat, V. 840. E. 844. A.

Sarsfield, V. 165. E.

du Sart, I. 497. D. V. 742. D. VI. 384. A. VII. 829. E. seigneurie, VIII. 81. B. *de Germaincourt*, II. 127. C.

Sarte, seigneurie, VI. 708. D.

Sarte d'Espagnac, VII. 485. D.

Sartoux, seigneurie, III. 387. C.

Sarwerden, comté, V. 648. E.

Sarzay, seigneurie, III. 90. A. IV. 367. C. VII. 373. C.

Sascé, seigneurie, IV. 889. B.

Saslac, seigneurie, VII. 702. C.

Sasne, seigneurie, I. 262. D E.

Sassangy, seigneurie, VIII. 323. B. comté, VIII. 323. D.

Sassegnies, seigneurie, VIII. 84. B.

Sassenage, II. 21. C. 31. E. 32. B C D. 205. A. 651. C. V. 12. C. VII 46. B. 196. E. 200. A. VIII. 325. C. 419. A. 912. A. 919. D. 926. C E. IX. 72. A. 86. B. seigneurie, I. 122. A. 309. B. II. 30. E. 201. A. VII. 44. E. baronie, V. 269. B. VII. 200. A. comté, IV. 269. B. marquisat, V. 269. B.

Sassenay, seigneurie, VIII. 321. B.

Sassigny, seigneurie, IV. 840. D.

Sassy, seigneurie, VII. 630. D. IX. 126. B.

Saternault, seigneurie, V. 836. A.

Sathenat, VIII. 255. A.

S. Saturnin, seigneurie, II. 399. A. IV. 526. A. 531. A. VII. 783. C.

Savage, VII. 91. C.

Savailhan, seigneurie, VII. 925. E.

Savaillan, VII. 403. D. seigneurie, II. 621. B C D. 623. A.

Savary, II. 450. A. III. 587. C. IV. 640. B. V. 766. A. VI. 412. A. 485. B. VII. 398. C. 619. A. VIII. 329. C. 595. *** A. seigneurie, VII. 511. A. *Lancosme*, IV. 387. C. V. 345. A.

Savasse, seigneurie, II. 186. 2. C. 195. A.

Saubertier, seigneurie, VII. 160. C.

Saubeuse, seigneurie, IX. 382. E.

Saubiac, seigneurie, III. 362. D.

SAUBOLE, (*Seigneurs de*) II. 661. D. *& suiv.*

Saubole, seigneurie, II. 651. E. 652. C.

Saubolle, VII. 217. C.

Saucerobe, IV. 845. C.

Tome IX.

Saucey, seigneurie, V. 127. C.

Sauchel, seigneurie, VIII. 14. D.

Sauchey, VIII. 278. D.

SAUCHOY, (*Seigneurs de*) VI. 53. *Voyez* Clermont en Beauvoisis.

Sauchoy, VIII. 10. D. seigneurie, V. 635. B. VI. 53. C. 334. B. 674. A.

Sauchy le Caucher, seigneurie, III. 577. A C D.

Saucieres, IV. 840. D. VII. 305. B.

Saucourt, seigneurie, V. 80. C.

Saucy, VII. 466. B.

S. Saudous, VIII. 269. B.

Saveill, vicomté, V. 929. E.

Savecilles, seigneurie, IV. 450. B. 472. B. 900. A. VII. 21. B. IX. 441. A.

Savelli, II. 417. A. VII. 207. C. VIII. 769. E. IX. 130. B.

Savenay, seigneurie, V. 140. F. VI. 190. C.

Savenc, seigneurie, VI. 321. D.

Savenhac, VII. 603. B.

Saveniere, seigneurie, VII. 305. B.

Savenne, seigneurie, VIII. 149. A.

Savepiére, seigneurie, IV. 126. E.

SAVERDUN, (*Seigneurs de*) III. 357. *& suiv.*

Saverdun, seigneurie, III. 345. B. V. 722. C. 727. A D. 728. A C.

Savere, seigneurie, VIII. 474. C.

Savert, VII. 273. D. 274. E.

Savese, seigneurie, II. 630. E.

Saveuse, III. 612. C. 916. A. IV. 182. E. VI. 54. A. 113. B. 283. D. 638. D. 706. C. 708. B. 720. A. 783. C. VII. 111. A. 741. B. 833. A. VIII. 77. D. 108. B. 561. B. 645. B. 659. A. 697. A. seigneurie, I. 391. A. III. 598. C. VI. 783. C. VII. 99. D. 797. A. IX. 89. A. *Bonquainville*, V. 738. C.

Saveuses, VIII. 155. B.

Savez, seigneurie, II. 637. E. 638. A B C.

Savezi. *Voyez* Savez.

S. Sauflieu, III. 608. A. V. 91. B. VI. 738. D. VIII. 66. E. 790. D. seigneurie, III. 915. C. VI. 634. D. VII. 110. D. VIII. 281. A. 888. A.

Sauftberg, seigneurie, II. 209. E.

Saugeon, seigneurie, VI. 151. C. baronie, IV. 375. C. 376. B. VII. 936. B.

la Saugere, VI. 481. D. VII. 228. C. seigneurie, IX. 453. C. 474. C.

Saugette, VIII. 555. E.

Saugniac de Belcastel, VIII. 593. **** C. 593. ***** B C.

Saugre, baronie, VII. 496. C.

Saugy, seigneurie, VII. 63. B.

Savias, seigneurie, IX. 451. *D.

Savie, seigneurie, VI. 708. D.

Savieres, seigneurie, VI. 382. C. VIII. 776. A.

Saviezy. *Voyez* Savoisy.

SAVIGNAC, (*Seigneurs de*) V. 357. *& suiv. Voyez* Aubusson.

Savignac, II. 367. D. 619. E. IV. 611. C. VI. 212. D. VII. 603. C. IX. 444. A. seigneurie, II. 231. B. 639. A. V. 185. C. 357. E. VII. 214. B. 335. D. 348. E. 767. B. 917. E. VIII. 919. A. baronie, IV. 663. B. V. 185. C. marquisat, III. 778. A. V. 185. C.

Savigné, seigneurie, I. 360. B.

SAVIGNIES, (*Marquis de*) VII. 182. *Voyez* du Biez.

Savignies, seigneurie, VII. 183. C.

SAVIGNY-SUR-ARDRE, (*Seigneurs de*) II. 280. C.

Savigny, I. 136. D. 423. A. 554. D. II. 55. C. 63. D. IV. 844. A. VI. 401. A. VIII. 182. E. IX. 163. A. 467. D. seigneurie, II. 162. C.

G 4

225. A. 316. E. IV. 273. D. 573. C. 850.
B. 863. A. VI 51. B. 69. B. 384. A. 442. C.
VII. 79. C. 195. E. 640. A. 646. B. 665. D.
692. B. 797. B. 813. B. VIII. 53. B. 419. D.
446. A. 642. D. 864. D. 882. D. vicomté,
VII. 139. B. IX. 469. C. comté, IX. 479. B.
marquisat, V. 87. D. IX. 203. C. fur-Orge, VI.
389. D. en Revermont, seigneurie, VII. 46. B.
VIII. 325. C.
Savilly, seigneurie, VIII. 10. C.
S. Savin, seigneurie, IV. 453. A. VII. 455. D.
la Savinaye, seigneurie, III. 600. A.
S. Savine, seigneurie, I. 514. D. 515. A.
Saujon, VII. 845. B. seigneurie, II. 666. C. IV.
174. A.
du Saulce, IX. 88. C.
Saulcey, seigneurie, VIII. 356. A.
Saulcis, seigneurie, II. 54. D E. 61. D. VII. 167.
B.
Sauleis. Voyez Marley.
Saulemont, seigneurie, II. 60. B.
Sauliers, seigneurie, VII. 775. A.
Saulieu, I. 252. C. VIII. 419. A.
Saulman, seigneurie, II. 676. B.
Saulmery, seigneurie, II. 431. D.
Saulnay, seigneurie, IV. 686. E.
Saulnieres, seigneurie, II. 431. E. VII. 305. B.
Saulsay, seigneurie, VIII. 811. ** B.
Sault, seigneurie, II. 239. B D E. 241. C. V. 287.
C. VII. 790. A. 902. B. baronie, IV. 31. A.
comté, IV. 284. D. 291. A C. 292. A B. 644.
D. VII. 53. B. 392. A. 461. C. IX. 94. A. en
Provence, seigneurie, VII. 152. B.
Saultray, seigneurie, V. 11. D.
Saulty, seigneurie, V. 228. F. 229. A. 231. D.
SAULX, Nicolas, évêque & comte de Châlons,
pair de France, II. 388. B. Gaspard, seigneur
de Tavannes, maréchal de France, VII. 238.
D. Guillaume, chevalier du S. Esprit, IX. 94.
B. Charles-Henry-Gaspard, chevalier du S. Es-
prit, IX. 280. C.
SAULX, (Genealogie de la maison de) VII. 239.
SAULX-TAVANNES, (Vicomtes de) VII. 256.
Saulx, II. 62. B. 67. A B. 388. C. 434. C. IV.
679. D. V. 386. B. VII. 39. D. 49. A. 239. B.
805. B. VIII. 340. A. 716. D. 717. C. sei-
gneurie, II. 213. D. 215. A. comté, II. 144.
C. le Duc, seigneurie, VII. 305. B Tavannes,
IV. 849. B. VII. 54. B. VIII. 81. C. IX. 75.
C. 127. A. 235. B. vicomté, VII. 256. D. Tor-
pes, II. 63. C. Voyez Saux.
Saumanes, seigneurie, II. 245. E.
Saumery, seigneurie, VIII. 233. C D. IX. 195.
B.
Saumont, seigneurie, VI. 389. A. VII. 268. A.
Saumoulcey, seigneurie, II. 62. B E.
Saumouffay, seigneurie, III. 636. C. 638. C. IV.
367. B. VII. 511. C. baronie, VII. 496. C.
Saumur, seigneurie, II. 836. C. V. 6. E.
Saunat, seigneurie, VII. 140. D. VIII. 819. D.
IX. 470. A.
Saunay, seigneurie, VII. 552. C.
SAUNIER, Pierre, échanson, VIII. 520. B.
Saunier, V. 365. A.
Saunies, seigneurie, IV. 283. C.
Savoesy. Voyez Savoisy.
SAVOISY, Pierre, évêque de Beauvais, comte &
pair de France, II. 277. B. Charles, grand-échan-
son de France, VIII. 548. A.
SAVOISY, (Genealogie de la maison de) VIII. 548.
D.
Savoisy, I. 115. B. II. 277. D. 766. B. V. 242.
D. VII. 4. E. 47. C. 892. A. VIII. 100. D. IX.

459. C. seigneurie, VII. 41. A. VIII. 203. A B
E. 549. A.
Savonne, marquisat, II. 49. D E. 50. B D. 52.
B. 192. D. VIII. 42. B.
Savoniere, seigneurie, VI. 63. A.
SAVONNIERES, (Seigneurs de) IV. 751. & suiv.
Voyez du Plessis.
Savonnieres, V. 9. B. VI. 770. C. IX. 59. A. 139.
A. seigneurie, IV. 562. E. 746. D. 747. D.
748. C. 749. A. VII. 99. C.
SAVOYE, Honorat, marquis de Villars, maréchal
de France, VII. 237. A. Idem, amiral, VII.
884. C. René, bâtard, comte de Villars, grand-
maître de France, VIII. 385. D. Thomas-Fran-
çois, prince de Carignan, grand-maître de
France, VIII. 390. B. Honorat, chevalier du
S. Esprit, IX. 53. B.
Savoye, I. 84. E. 89. E. 107. A. 178. C. 180. B.
181. A. 217. E. 277. A. 313. C. 326. B. 351.
A. 396. A. 467. B. 473. A. 478. B. 576. A. II.
16. A. 17. A. 18. E. 19. B. 21. B. 23. B. A. 49.
D. 97. D. 161. D. 163. B D. 167. B. 187. 2.
D. 188. B C. 189. C. 247. E. 289. B. 345.
D. 518. C. 600. B. 687. E. 727. C. 752. D.
782. A. III. 384. A. 386. A. 388. A. 436. A.
465. A. 472. A. 486. B. 490. A. 492. B. 503. B.
604. A B. 713. B. 714. A. 727. B C. 730. D.
737. A. 793. C. 894. E. IV. 31. C. 170. B.
322. A. V. 133. C. 142. A. 226. C. 463. * C.
505. D. 514. B. 574. E. 575. D. 653. D. VI.
62. D. 80. B. 97. C. 110. A. 136. A. 163. D.
634. B. 699. A. 730. A. 731. C. 733. C. VII.
75. E. 132. A. 168. D. 190. B. 207. E. 431.
B. 799. C. 801. D. 815. D. VIII. 279. E. 291.
C. 414. D E. 416. B. 418. A B. 423. B. 500.
D. 532. E. 545. C. 570. B. IX. 440. C. seigneurie, VII. 84. B. comté, I. 75. B. 107. E.
299. D. 300. B. 366. A. 450. C. 541. A. 548.
A. II. 16. E. 18. B. 20. D. 26. B. 157. E. 158.
A. 160. C. 161. B D E. 162. A C D. 163. A.
196. E. 687. B. 722. C. 795. B. 797. B. E. III.
153. A D. 421. E. 568. D. VI. 63. A. 84. A.
VIII. 318. D. 425. D. duché, I. 118. C. 122.
A. 132. B. 148. C. 149. B. 185. A. 188. C.
210. D. 215. B. 230. D. 240. E. 308. B. 320.
B. 593. E. 603. D. II. 163. B E. 197. B. 201.
D. 599. E. III. 515. A. 728. B C. IV. 496.
C. 530. D. 538. D E. 614. B. 819. C. V. 574.
A E. VII. 237. B. Tende, III. 855. B. VI.
406. C. 785. B. VII. 259. D. 368. B. Vaud,
V. 511. A. VIII. 419. B. 421. B. 909. C. Vil-
lars, III. 839. A.
SAVOYE-NEMOURS, Henry, archevêque de Reims,
II. 91. C.
Savoye-Nemours, I. 198. B. 218. E. 221. E. 623.
A. II. 91. C.
Savoyé, seigneurie, VII. 425. D.
Savoyeux, seigneurie, II. 166. C.
Saurange, seigneurie, VII. 250. A.
la Sauraye, VII. 718. D.
Saure, IV. 138. A. VII. 319. B.
Savresac, seigneurie, V. 341. C.
Saurias, VIII. 50. A.
Sauroy, IX. 432. A.
Sausay, seigneurie, II. 75. E. 76. A. 79. A. 80.
C. 81. C. 82. B. 83. A. 123. E.
Sausetisse, VII. 286. D.
Sauset, seigneurie, II. 186. 2. D.
Sausfan, seigneurie, VII. 786. B.
du Saussay, VII. 179. A. seigneurie, VII. 273.
E. 560. C.
LA SAUSSAYE (Seigneurs de) IV. 672. Voyez Ro-
chechouart.

la Sauffaye, II. 223. B. IV. 751. B. VI. 465. B.
473. C. 491. D. seigneurie, II. 411. A. III.
55. D. IV. 457. A. 559. C. V. 126. C. 127.
BC. 128. CD. 129. F. 132. ABD. 133. F.
134. B. VIII. 465. B. 485. C. IX. 464. A.
Sauslemesnil, seigneurie, VIII. 169. B.
Saufleron, VI. 444. C.
Sauslet, seigneurie, VIII. 299. C.
Sausleuil, seigneurie, VIII. 872. B.
Sauslignac, seigneurie, IV. 446. C. 480. A. 662.
B.
la Saussiniere, seigneurie, VI. 470. C.
Saussons, comté, VI. 210. D.
Saussous, seigneurie, VII. 276. B.
du Saussoy, VIII. 696. C.
Saussy, seigneurie, IV. 573. C.
Sautaing, seigneurie, III. 593. C. 594. A. 595.
A.
Sautant, VII. 416. A.
Sautonne, seigneurie, VII. 175. B.
Sautour, IV. 846. A. 889. A. VI. 419. C. 455.
A. VII. 545. B. 811. C. 896. C. seigneurie, I.
150. E. VII. 439. B. VIII. 178. C. 558. C.
707. D. 803. C.
Santray, seigneurie, VIII. 191. A. baronie, VIII.
190. B.
Sauvage, III. 631. B. IV. 458. B. 565. A. V.
93. C. VI. 426. A. VII. 583. E. 633. B. 654.
B. VIII. 260. C. seigneurie, VII. 561. D.
Sauvagere, seigneurie, II. 376. A.
Sauvagnac, seigneurie, VIII. 903. B.
Sauvan, VI. 390. D. seigneurie, VIII. 356. A.
Sauvat, II. 309. B. IV. 855. C. seigneurie, VI.
222. A.
Sauve, II. 689. B. seigneurie, II. 187. D. 449.
C. 669. B. IV. 366. E. 368. C. VII. 763. B.
781. D. 782. A.
S. Sauve, II. 776. B.
Sauveboeuf, II. 231. B. seigneurie, IV. 789. C.
Sauvement, I. 558 C.
Sauves, seigneurie, IV. 177. A. baronie, VIII.
286. E.
Sauvetat, seigneurie, II. 174. A. IV. 480. A.
Sauveterre, seigneurie, II. 622. ABCD. 623. A.
VII. 95. B. 128. C. 188. C. 170. C. 372. E.
491. C. 925. E. baronie, V. 751. C. VII. 278.
C.
S. Sauveur, seigneurie, II. 206. B. 431. E. III. 838.
C. 840. A. V. 127. CE. 152. B. 287. A. VII.
227. A. 776. D. vicomté, I. 212. D. V. 117.
EF. 128. A B. 129. CF. 130. A D. marquisat,
II. 432. D. en Puysaye, seigneurie, VI. 387.
B. le Vicomte, V. 130. A D. VIII. 541. B. sei-
gneurie, VI. 659. A.
Sauvignargues, seigneurie, VII. 490. C. 783. C.
Sauvigny, seigneurie, IV. 843. C.
Sauvilliers, seigneurie, VI. 543. C.
Sauvion, II. 139. C.
Sauvoigny le Burvart, seigneurie, VII. 3. D.
S. Sauvy-la-Reolle, seigneurie, II. 674. A. 675.
D.
Sawyle de Barowby, VII. 89. E.
Saux, I. 577. C. III. 841. D. 843. C. IV. 503.
A. 572. C. 684. A. 766. A. 771. D. VI. 530.
C. 538. A. 697. D. 772. D. VII. 190. E. VIII.
95. E. 325. A. de Tavannes, III. 641. B. IV.
573. B. Voyez Saulx.
Sauxurre, seigneurie, IV. 821. D.
Sauz, seigneurie, VII. 796. D. comté, VII. 239.
C. Voyez Saulx.
Sauzay, III. 451. A. VII. 426. B.
Sauzet, seigneurie, VII. 922. AB.
Sauzin, seigneurie, IV. 401. A.

la Sauziniere, seigneurie, III. 642. A.
Saxe, II. 465. D. 756. D. 787. A. 836. D. VIII.
411. D. 861. C. 864. C. comte, II. 792. C.
duché, I. 9. E. 37. A E. 45. C. 47. BE. 50. A.
69. B. 74. B. 612. A. II. 715. B. 718. D. 771.
A. III. 313. D. Gotha, V. 661. A. Jena, du-
ché, IV. 171. D. Lawembourg, I. 191. C.
Wesmar, IV. 171. D.
Saxefontaine, seigneurie, VII. 113. E. baronie,
VII. 126. D.
Saxembourg, seigneurie, IV. 333. C.
Saxetor, seigneurie, V. 126. E.
SAXONS, (Rois des) I. 3. CD.
Say, seigneurie, II. 405. A.
Sayas, seigneurie, IV. 304. BC.
Sayre, seigneurie, II. 372. A.
Sayve, VI. 457. B.
Sazilly, VII. 120. B.
le Scaft, VIII. 364. A.
Scaglia, IV. 268. C.
Scalihes, seigneurie, V. 188. D.
la Scala, I. 229. D.
la Scale, I. 418. A. III. 419. C. IX. 417. A. sei-
gneurie, II. 568. E.
Scales, VII. 839. A.
Scandaleon, II. 509. C.
Scandriglia, principauté, IX. 130. B.
Scarampi del Cairo, VI. 498. C.
Scarnafici, seigneurie, IV. 502. A.
Scarnafigi, seigneurie, IX. 440. E.
Scarron, VI. 586. A. de Vaures, IV. 878. A. VI.
579. C. VII. 692. C.
Scatou, IX. 410. B.
Scaupon, seigneurie, IX. 396. C.
Sceaux, VIII. 884. E. seigneurie, IV. 770. B. 876.
E. IX. 165. B. 324. B.
Scelles, VIII. 795. A.
SCEPEAUX, François, maréchal de France, VII.
223. A.
SCEPEAUX, (Genealogie de la maison de) VII. 223.
Scepeaux, III. 606. E. 897. B. 899. C. IV. 325.
A. 438. E. 717. B. VI. 149. A. 199. C. 481.
C. 772. B. VII. 223. D. 741. D. VIII. 706.
D. 797. D. IX. 73. A. 474. D. seigneurie, II.
225. B. 421. B. VII. 214. A. VIII. 92. A.
Scey, seigneurie, I. 144. E. II. 212. D. 225. B.
230. B. VI. 479. A. IX. 98. A. marquisat, VII.
810. D. sur Saone, seigneurie, IV. 858. C. 859.
A. baronie, I. 559. D.
Schans, seigneurie, II. 334. E.
Schaumbourg, comté, VII. 171. B.
Schawembourg, comté, VII. 165. C.
Scheif, I. 256. E.
Schellandt, VIII. 33. A. Voyez Scolland.
Schellemberg, VII. 140. A. baronie, VII. 339. C.
Schendelbeck, II. 767. A.
Schets, V. 236. D. 844. B.
Schiaffenati, VI. 494. B.
Schilders, VIII. 651. B.
Schleiden, seigneurie, VII. 173. A. baronie, VIII.
33. B. comté, IV. 570. A.
Schoënboust, II. 334. D.
SCHOMBERG, Henry, maréchal de France, VII.
469. C. Charles, maréchal de France, VII. 519.
A. Frederic-Armand, maréchal de France, VII.
609. B. Henry, grand maître de l'artillerie,
VIII. 187. A. Henry, chevalier du S. Esprit,
IX. 141. C. Charles, chevalier du S. Esprit,
IX. 161. B.
SCHOMBERG, (Genealogie de la maison de) IV. 333.
& suiv.
Schomberg, III. 857. D. 904. D. 914. B. IV.
64. C. 268. B. 430. C. 568. A. 757. A. V.

235. B. VII. 336. D. 444. E. 610. B. VIII. 192. A. comté, VII. 609. B. Wefel, VII. 610. B.

Schonau, feigneurie, IV. 333. C. 334. A.

Schonove, feigneurie, II. 505. B. VII. 172. A.

Schoonhoven, I 257. C.

Schoutete, III. 610. A. VI. 802. D. IX. 428. B. d'Erp, VI. 802. D. VII. 832. A.

Schouteten, II. 741. B.

Schuiflen, VII. 831. A.

SCHULEMBERG, Jean, maréchal de France, VII. 589. C. idem. chevalier du S. Efprir, IX. 196. B.

SCHULEMBERG, (Genealogie de) VII. 590. A.

Schwmberg, VII. 811. C.

Scinclytique, II. 603. E.

SCLAVES-BOHEMIENS, (Ducs des) I. 29. A.

Sclis, feigneurie, V. 824. D.

Scollant, VIII. 33. A.

Sconcodeur, feigneurie, VII. 75. B.

Sconhoue, II. 798. B.

Scorailles, feigneurie, II. 699. B C. 701. C. de Rouffille, VII. 135. E.

Scorbian, feigneurie, III. 568. A.

Score, feigneurie, VII. 831. B.

Scot de Bucklugh, IX. 401. E.

Scotich, VI. 28. B.

Scrope, baronie, VII. 836. D. 837. D.

dello Scuto, V. 463. D.

Seans, feigneurie, IV. 873. B. en Othe, feigneurie, III. 571. D. VI. 140. C. VIII. 529. A.

Seauve, feigneurie, VII. 139. A.

Seaux, VII. 851. E.

Sebaftotrator, II. 592. C.

Sebazun, feigneurie, VII. 486. D.

Sebeville, VI. 353. E. marquifat, VII. 597. A.

Sebillotte, IV. 126. E. VII. 305. B.

Sebourg, feigneurie, II. 776. C D. VIII. 74. A B. 78. A.

Sebouville, feigneurie, IV. 186. A.

le Sec, VII. 856. B.

Secart, VIII. 811. * C.

SECHELLES, (Seigneurs de) VII. 824. Voyez Poix.

Sechelles, VI. 112. A. VII. 822. C. feigneurie, I. 268. C. II. 429. E. VI. 112. B. 784. C.

Seches, feigneurie, II. 174. A. 175. B.

Secondat, VII. 600. E. VIII. 476. D.

Secondigny, feigneurie, I. 214. B. IV. 625. B. comté, III. 604. D. IV. 321. C. 322. A. 626. C. V. 611. B C. VII. 435. D. VIII. 251. B.

Secq, VIII. 166. B.

Secretain, VII. 178. D. VIII. 211. B.

S. Secundo, comté, VIII. 504. C.

Sedathe, VIII. 147. A.

Sedan, feigneurie, II. 54. E. 61. D. V. 139. D. VI. 55. E. VII. 166. B E. 193. A. 819. A. principauté, I. 355. D. III. 451. B. 605. B. 730. C. IV. 171. C. 433. C. 539. A. 540. A. V. 397. C. 464. * A. VII. 169. A. 361. A.

Sedburgh, vicomté, IX. 410. C.

Sediere, VII. 347. B.

Sedieres, V. 345. E. 653. C. 758. B. VIII. 592. A. vicomté, IV. 789. D.

Sedilhac, II. 677. C.

Sedillac, II. 176. A. 178. B. 674. A. VII. 404. D. IX. 126. B. feigneurie, II. 175. D.

Sedullac, feigneurie, II. 643. B.

Seel, II. 749. B.

Sées, feigneurie, V. 135. D. VII. 865. A. 867. A. comté, II. 289. D.

Seferat, feigneurie, IV. 468. D.

Seghizo, VI. 357. C.

Seglan, II. 651. D.

Segnelay. Voyez Saillenay.

Segni, duché, VIII. 325. E. IX. 130. A. 210. A.

Segonzac', feigneurie, VII. 59. C.

Segorbe, duché, I. 654. B. III. 354. E. 355. C. V. 526. B. VIII. 38. A.

Segraye, feigneurie, VII. 587. C.

SEGRE', (Seigneurs de) VIII. 728. Voyez Vendôme ancien.

Segré, feigneurie, III. 329. B. VI. 138. C. VII. 12. B. 19. B. VIII. 568. B D. 728. A.

S. Segrée, feigneurie, VIII. 561. C.

Segrie, VIII. 746. C.

Seguenville, feigneurie, II. 673. A.

SEGUIER, Pierre, duc de Villemor, chancelier de France, VI. 563. D. Pierre, chancelier des ordres, IX. 304. C.

SEGUIER (Genealogie de) VI. 564.

Seguier, I. 147. D. 150. C. 469. B. II. 223. B C. 377. A 384. A D. 385. C. 441. D. III. 651. D. IV. 218. C. 267. B. 616. C. 806. A. VI. 455. D. 457. A. 511. D. 564. C. VII. 617. E. VIII. 192. D. 293. A. 793. E. d'O, VII. 387. C.

Seguin, VI. 208. B.

Seguiran, VIII. 302. D.

Segur, IV. 265. C. VI. 546. C. VII. 21. E. VIII. 164. D. IX. 60. A. feigneurie, II. 219. B C. 230. C D. 232. B C. IV. 143. B. VII. 347. A. VII. 324. D. 329. C. VIII. 242. A B. vicomté, VII. 336. A. de Theobon, IX. 68. A.

Seguy, feigneurie, VII. 699. C.

Seiches, baronie, VII. 620. B.

Seichez, VIII. 477. C.

Seiglier, VI. 545. C.

Seigliere, IV. 773. C. VIII. 737. D.

Seignan, feigneurie, II. 651. E.

la Seigne, V. 15. B.

S. Seigné, VIII. 334. A. 923. C. feigneurie, VII. 250. E. IX. 323. B.

SEIGNELAY (Seigneurs de) VIII. 550. Voyez Savoify.

Seignelay, VII. 798. D. feigneurie, II. 277. B D. V. 242. D. VII. 4. E. 47. C. VIII. 100. D. 548. A. 550. B. 717. B. baronie, VI. 417. C. comté, VII. 307. D. marquifat, III. 502. B. 591. A. IV. 128. E. 268. E. 722. C. V. 389. C. VII. 712. E. IX. 324. B. 325. B.

Selgnerofles, feigneurie, IV. 459. A.

Seigneville, feigneurie, VII. 153. D.

le Seigneur, VIII. 809. * B.

Seigneuret, IX. 415. C.

Seilhan, feigneurie, IV. 21. B.

Seille, feigneurie, II. 336. B.

Seilles de Rocquefec, VII. 214. D.

Seilles. Voyez Seichez.

Seillon, II. 243. B. feigneurie, II. 296. D. VIII. 242. A.

Seillons, VI. 471. C.

SEILLOUX (Seigneurs de) VI. 462. Voyez du Bourg.

Seinchentin, feigneurie, IV. 468. D.

Seinemont, feigneurie, IX. 305. A.

Seintein, feigneurie, IX. 300. B.

Seirgan, VII. 218. A. IX. 471. D.

Seiffiac, VI. 326. A. feigneurie, II. 192. B.

Seiffes, VII. 404. E. 408. B. feigneurie, II. 654. C D. 655. B C.

SEISSONS (Seigneurs de) II. 297. A.

Seiffons, feigneurie, II. 296. A B.

Seixploé, comté, VII. 506. C.

Selans, feigneurie, VII. 796. B.

Seligny, feigneurie, VII. 640. A.

Selincourt, feigneurie, II. 106. D. VII. 563. D.

Selkirke,

Selkirke, vicomté, IX. 400. D. comté, V. 595. C.

la Selle, VIII. 143. A. feigneurie, IV. 143. D E. IX. 123. B. *Guemant*, feigneurie, VII. 21. B.

Sellerot, feigneurie, VII. 20. C.

SELLES (*Marquis & Comtes de*) IV. 222. *& fuiv. Voyez* Bethune.

Selles, I. 265. E. V. 833. B. VII. 395. D. VIII. 120. A. feigneurie, I. 383. C. 481. A. 482. B C. 483. B. III. 172. B. IV. 713. D. V. 855. B. VI. 75. C. 794. A. VIII. 418. D. comté, II. 183. D. IV. 217. A. 600. C. 718. D. VI. 261. A. VII. 428. B. 549. D. VIII. 713. D. 778. C.

le Selleur, VII. 903. B.

le Sellier, IV. 459. E. V. 88. F. VI. 213. A.

Selligny, feigneurie, VI. 602. C.

Selly, feigneurie, VI. 474. A.

Seloine, feigneurie, IV. 409. D.

Selongey, feigneurie, VII. 48. B. VIII. 352. A.

Selve, IV. 439. C. V. 196. C. feigneurie, II. 370. B.

Selveffe, VI. 167. B.

Semblant, feigneurie, VII. 785. C.

Semelles, V. 832. B.

Semengue, feigneurie, IV. 373. B.

Sementron, feigneurie, V. 24. D.

Semieraldi, VIII. 663. C.

Semiers, feigneurie, VIII. 821. E.

Semilly, feigneurie, VI. 708. A.

Seminghen, feigneurie, VI. 794. A:

Semoine, vicomté, I. 500. C. IV. 854. A. VI. 211. A. IX. 307. A.

Semonville, feigneurie, IV. 767. A.

Sempill, IX. 409. C.

Sempuy, feigneurie, VII. 290. A.

SEMPY (*Seigneurs de*) V. 655. *& fuiv. Voyez* Croy.

Sempy, V. 834. E. VIII. 154. C. 883. D. feigneurie, III. 694. C. V. 641. B. 646. B. 652. B. 655. C. VI. 804. B.

SEMUR (*Seigneurs de*) II. 344. *& fuiv.*

Semur, V. 669. B. VI. 416. C. VII. 51. D. 195. E. feigneurie, I. 297. A. 538. A. 541. A. II. 342. B D. 345. C. VI. 85. A. 732. A. VII. 399. A. 496. C. VIII. 56. D. 61. D. 323. B. 333. A. 411. A. IX. 87. B. baronie, II. 235. A.

SENAILLY (*Seigneurs de*) IV. 833. *& fuiv. Voyez* Choifeul.

Senailly, II. 871. E.

Senales, feigneurie, V. 345. E.

Senan, feigneurie, VII. 417. B. 428. E.

Senancourt, feigneurie, VI. 677. A.

Senanque, II. 240. B.

Senantes, feigneurie, II. 65. B. VI. 121. C. VIII. 340. D.

Senaret, VII. 415. D. feigneurie, IV. 18. B.

SENARPONT (*Seigneurs de*) VII. 561. *Voyez* Monchy.

Senarpont, VIII. 34. B. feigneurie, II. 36. C. V. 236. B. VI. 282. C. 390. A. 484. C. VII. 555. C. 561. A. VIII. 906. C. marquifat, VI. 486. B.

Senas, baronie, II. 297. E.

Senautes, III. 391. C.

Senay, I. 311. A.

Sencey, II. 434. A.

Sendret, VIII. 931. C.

Senecé, marquifat, IX. 228. C.

Senecey, VII. 147. A. feigneurie, II. 870. D. VII. 37. A. 40. C. 127. A. baronie, VII.

666. A. 894. D. marquifat, III. 389. B C. IV. 273. C. 437. B. VII. 407. D. IX. 143. C.

le Senéchal, IV. 75. A B. 750. A. VI. 283. C. VII. 601. C. 668. C. VIII. 729. C. *Voyez* Kercado.

SENECHAUX DE FRANCE (*Hiftoire genealogique & chronologique des*) VI. 1. *& fuiv.*

Seneché, feigneurie, I. 237. C. 238. A C.

Senegas, feigneurie, II. 361. B.

Seneghen, feigneurie, VIII. 697. B. comté, VII. 127. B.

Senehen, feigneurie, V. 636. A C. 638. B. 641. C. comté, V. 639. C. 642. B.

Senemont, IX. 89. B.

Senen, feigneurie, I. 525. C.

Seneres, I. 242. C.

Seneret, III. 366. D. IX. 421. D. feigneurie, VII. 788. B.

Senery, feigneurie, IV. 827. A.

Senevieres, feigneurie, VII. 415. B.

Senevoy, feigneurie, VI. 263. D.

Senezargues, feigneurie, II. 700. D.

Sengeners, V. 723. C.

Senicourt, VII. 549. B. VIII. 793. C. 918. C.

Senillac, feigneurie, VII. 490. D. IX. 243. B.

Senilly, feigneurie, VIII. 111. A.

SENLIS, *Barthelmy*, évêque de Châlons, II. 311. E. *Etienne*, chancelier de France, VI. 250. B. *Guy* II. du nom, bouteiller de France, VIII. 515. B. *Louis*, bouteiller de France, VIII. 515. D. *Guillaume* I. du nom, bouteiller de France, VIII. 515. E. *Guy* III. du nom, bouteiller de France, VIII. 516. A. *Guy* IV. du nom, bouteiller de France, VIII. 516. C.

Senlis, II. 875. D. VI. 33. A. 46. A. 150. D. 662. C. VII. 181. B. VIII. 441. B. feigneurie, V. 830. A. VI. 151. A. VIII. 9. E. 626. A. comté, I. 48. D. II. 265. E.

Senneterre, I. 310. C. *Voyez* S. Nectaire.

Senneton, VIII. 936. B. 941. D. 946. B.

Senneville, VIII. 791. B. feigneurie, VI. 375. A. VIII. 20. D. 339. E.

Sennevois, feigneurie, VIII. 493. B.

Senoenfa, baronie, IX. 82. A.

Senon, feigneurie, IV. 364. B.

Senoncheaux, feigneurie, I. 139. D.

Senonches, feigneurie, I. 436. A. 437. A B. III. 289. C. 620. A. 712. B. V. 128. B. VIII. 729. E. marquifat, IV. 773. A. VI. 499. B. VII. 685. B. 693. B.

Senozan, VI. 563. B. feigneurie, II. 32. E. VIII. 321. D. IX. 126. A.

Sens, feigneurie, III. 634. A. IV. 82. B C. 83. C. VI. 186. A. baronie, VIII. 588. E. IX. 75. C. vicomté, III. 567. E. 665. C. comté, VI. 127. A. 248. B. 692. D. VIII. 861. C.

Senfac, feigneurie, VI. 212. D.

Senfas, feigneurie, VII. 408. C.

S. Septin de Caumont, feigneurie, III. 819. B.

Sepmes, feigneurie, VIII. 178. A. 214. A.

Sepoix, feigneurie, IV. 671. A.

Septfons, feigneurie, V. 510. D. VII. 151. B.

Septimanie, duché, II. 680. B. 682. D. III. 123. A.

Septmons, II. 117. B C.

Septoutre, feigneurie, V. 81. E.

Septurier, VIII. 335. C.

S. Sepulcre, feigneurie, VI. 404. C.

Sepuze, feigneurie, VII. 212. C.

Sequeville, feigneurie, II. 83. C.

Serain, feigneurie, VI. 468. D. VII. 172. C. 173. B.

Seran, VII. 575. A.

Seranqui, seigneurie, IX. 378. B.

Serans, VII. 878. A. seigneurie, VIII. 369. D.

Serant, IV. 83. A. seigneurie, VII. 512. C.

Seraucourt, IV. 833. C. 834. A C. 836. C. VIII. 130. C. IX. 99. A. seigneurie, I. 56. C. Voyez Serocourt.

Serches, seigneurie, VIII. 545. E.

Sercy, V. 669. D. seigneurie, VII. 665. C.

Sere, vicomté, IV. 664. A.

SERENS, Jean, fauconnier du Roy, VIII. 745. B.

Seretz, seigneurie, III. 584. B.

Serezat, seigneurie, VII. 203. A.

Sergines, seigneurie, VI. 389. D. VII. 891. D. IX. 451. * A.

Sericourt, seigneurie, VIII. 94. D.

Seriers, VI. 463. A.

Seriet, VI. 462. B.

SERIFONTAINE (Seigneurs de) VI. 672. Voyez Trie.

Serifontaine, seigneurie, I. 442. B. IV. 408. D. 567. B. VI. 53. E. 672. C. 674. B. VII. 813. D. 869. D. VIII. 62. B. 621. D. 645. D. 791. B.

Serignac, VII. 215. E. seigneurie, IV. 19. A. 24. D. V. 754. B.

Serignan, VII. 486. B. seigneurie, II. 202. CD. 205. B D. 206. E. 207. A. VII. 169. C. 485. A. baronie, II. 204. D. IV. 539. A. V. 151. C. comté, V. 738. C. Voyez Lor.

Serillac, VII. 290. C. 406. A. VIII. 280. E. seigneurie, II. 126. A. IV. 785. C. IX. 116. B. 126. B. baronie, VII. 461. E. de S. Leonard, VII. 177. A.

Serinhac, seigneurie, IV. 890. A. Voyez Serignac.

Seris, VII. 578. C. VIII. 143. B. 465. B.

Serizier, seigneurie, VI. 471. C.

Sermentot, seigneurie, II. 407. C E. 408. C D.

SARMEROLLES, (Seigneurs de) VI. 439. Voyez Briçonet.

Sermerolles, seigneurie, VI. 438. C. 439. B.

Sermoise, seigneurie, II. 279. A.

Sermoises, VI. 259. A. seigneurie, VI. 254. D. VIII. 521. B.

Sermonette, principauté, VIII. 291. D.

Sermoyé, seigneurie, V. 670. A. 672. C. VII. 45. B. 46. B. VIII. 71. D. baronie, V. 669. CD. 671. A.

Sernac, VIII. 775. E.

Sernay, VIII. 465. A.

Sernhac, seigneurie, III. 773. A.

S. Sernin, seigneurie, V. 669. D. 749. C. VII. 282. B. comté, VII. 655. B. IX. 477. A.

Serny, seigneurie, V. 831. A.

Serocourt, V. 150. A. seigneurie, IV. 404. B. V. 139. D. Voyez Seraucourt.

Seros, VII. 160. D.

Serot, seigneurie, IV. 504. B.

Seroty, seigneurie, IV. 501. B. Voyez Serot.

Serpa, seigneurie, I. 578. C. 602. C.

des Serpens, II. 457. B. IV. 42. A. 441. B D. V. 347. B. VII. 152. D. 158. C. 200. A. 445. A. VIII. 943. C. IX. 201. A.

Serpese, seigneurie, II. 255. E.

Serquigny, seigneurie, I. 441. B. 493. C. V. 161. F. VI. 644. D.

Serra, VII. 118. B.

Serracave, VII. 406. D.

Serracaut, II. 655. A.

le Serrain, II. 408. B C.

Serral, VIII. 249. B.

Serrant, IV. 849. A. seigneurie, I. 434. E. comté, IX. 231. A.

A SERRE, (Seigneurs de) VII. 272. Voyez Mon-

tesquiou. (autres Seigneurs de) VII. 324. Voyez Gontaut. (Barons de) VII. 455. Voyez Esparbez.

la Serre, IV. 283. C. 286. B. VII. 269. B. 274. B C. seigneurie, II. 763. D. V. 190. F. VII. 272. A. 282. A. 324. D. 348. C. 455. D. 456. B. 604. D. VIII. 102. A. baronie, VII. 448. A. 456. C.

Serrelles, seigneurie, V. 768. A.

Serres, II. 54. C. 55. B. 60. E. 62. A. 64. D. 65. A. 417. E. VIII. 121. B. seigneurie, IV. 827. D. sur-Saône, seigneurie, VIII. 864. A.

Serriere, seigneurie, II. 635. C. 636. E.

Serrieres, seigneurie, III. 372. A. baronie, IV. 67. C. vicomté, II. 634. D E. VII. 94. B.

Serry, seigneurie, III. 916. A.

Sers, VI. 786. D.

Sertez, seigneurie, V. 743. A.

Seru, seigneurie, VI. 741. A.

Serval, III. 734. C. VII. 20. D. seigneurie, VII. 559. C. de la Vergne, V. 356. E.

Servan, II. 106. D.

Servenay, seigneurie, VI. 148. B. 150. C. 262. B.

la Servette, seigneurie, IV. 828. B. VII. 643. E.

Serviat, IX. 468. B.

SERVIEN, Abel, chancelier des ordres, IX. 305. B.

Servien, IV. 218. E. 720. B. 807. A VI. 507. A. IX. 314. B. Montigny, IV. 273. D.

Serviennois, seigneurie, IV. 399. A. 490. A. 402. C. 403. D. 404. A.

Servient, IX. 116. C.

Serviere, seigneurie, II. 135. C. 136. C.

Servieres, seigneurie, III. 836. A. IV. 473. B. 535. E. V. 364. B. 365. A. C D. IX. 425. D.

Serviez, seigneurie, II. 567. E. VII. 282. B. baronie, VII. 213. D.

Servigny, seigneurie, II. 66. A B.

Serville, seigneurie, VII. 892. C.

Servilley, seigneurie, II. 221. B.

Servin, VIII. 68. C. 332. C.

Servissac, seigneurie, IV. 537. C. 538. C. 539 A. 540. A. VI. 321. D.

Servissas, seigneurie, II. 195. F.

Servon, seigneurie, VI. 803. A. VII. 724. A.

Scry, seigneurie, IV. 718. A. 719. B. VII. 424. A.

Sesa, duché, IX. 296. B.

Sesanne, seigneurie, I. 203. B E. comté, V. 152. E. 153. B. Voyez Sezanne.

Sesmaisons, VI. 470. C. VII. 407. E. seigneurie, III. 642. A.

Sesne, VI. 644. D. de Menille, IX. 304. A.

Sessa, marquilat, I. 469. B. duché, I. 653. A. V. 524. A.

Sessac, VI. 209. D. seigneurie, II. 708. E. 709. A. III. 768. A IV. 138. B. marquisat, IV. 455. D.

SESSE, au royaume de Naples archiduché, érigé en 1495. pour GILBERT de Bourbon, comte de Montpensier, V. 931. Piece concernant cette érection, ibid. & suiv.

Sesse, duché, I. 235. D. V. 513. E. 526. E. archiduché, I. 315. B C.

Sesseval, seigneurie, VII. 549. B. VIII. 793. C.

Sessons, baronie, V. 755. D.

Seste, VII. 482. C.

la Sestiere, seigneurie, IV. 444. A.

del Sesto, duché, III. 355. B.

Sestre, VIII. 493. C.

Setchecoin, III. 392. C.

Settrington, baronie, V. 929. C. 930. A.

Serugal, comté. I. 696. A.
Sevaing, baronie, IV. 570. A.
Sevans, seigneurie, VI. 86. B.
Sevaroli, V. 461. * B.
sainte Sevayre. Voyez sainte Severe.
Seve, II. 108. C. 184. C. 309. D. 457. E. IV. 37. B. 674. A. V. 103. D. VI. 151. D. 431. D. VII. 258. D. VIII. 338. D. 921. B.
Seveirac, seigneurie, II. 437. B.
Seveiran, seigneurie, VII. 787. C.
Sevelinges, seigneurie, VI. 448. A. VII. 182. D. VIII. 738. D.
Sever, seigneurie, I. 694. C.
S. Sever, seigneurie, I. 357. A.
SEVERAC, Amaury, maréchal de France, VII. 68. A.
SEVERAC, (Genealogie de) VII. 69.
Severac, IV. 83. B. V. 895. A D. VII. 282. A VIII. 593. *** C. seigneurie, III. 423. D. IV. 408. B. 440. A. V. 894. B. 895. A. VI. 454. B. VII. 69. C. 764. B. VIII. 370. D. 668. B. baronie, V. 152. E. 893. A D. 895. A. 896. A C. 897. A. VII. 69. B. VIII. 52. A. marquisat, IV. 435. D. V. 898. AE. 899. C. VII. 417. A. Voyez d'Aberlenc.
SAINTE SEVERE, (Seigneurs de) V. 570. Voyez Brosse.
Sainte-Severe, seigneurie, II. 850. E. IV. 184. A. 289. C. 290. C D. 528. A. V. 131. C. 570. A. VI. 105. E. VII. 81. C. VIII. 13. E. 97. E. 668. C. 675. B.
la Severie, seigneurie, III. 641. C.
Severin, VIII. 172. D.
S. SEVERIN, Galeas, grand-écuyer de France, VIII. 502. B.
S SEVERIN, (Fragment de Genealogie de la maison de) VIII. 503.
S. Severin, I. 219. B. 229. B. 419. A. II. 244. D. III. 725. A. IV. 182. C. 714. C. V. 326. D. VI. 131. E. VII. 192. B. VIII. 503. A. 793. B. 917. A. seigneurie, IV. 69. D. baronie, II. 666. D.
Severy, seigneurie, I. 500. C.
Seveux, seigneurie, II. 871. C. baronie, II. 872. A B. 874. B.
Sevigné, seigneurie, II. 251. E. 430. A. VI. 191. B. 547. D. VII. 383. A. 389. C. IX. 233. A. 315. B. seigneurie, III. 619. C VI. 191. B. VIII. 584. A. baronie, IX. 88. A. marquisat, III. 641. C.
Sevignon, comté, VIII. 332. A.
Sevigny, seigneurie, VIII. 855. A.
Sevillac, seigneurie, VII. 343. B.
Sevilley, seigneurie, II. 36. C. IX. 381. A.
Sevin, VI. 432. C. 537. A. 540. D. VII. 232. B. VIII. 808. A. de Miramion, IX. 482. A.
Sevinhac, II. 176. A.
Seul, seigneurie, VI. 446. D.
Sevre, VII. 778. A.
Seure, VIII. 264. D. seigneurie, VI. 349. B. 568. B Voyez Bellegarde.
Seurin, seigneurie, V. 330. C.
Seurre, I. 494. C. VIII. 791. D. seigneurie, VII. 796. E. 799. B.
Sevry, VII. 552. D. seigneurie IV. 805. C. VI. 567. B.
Seusles, seigneurie, VIII. 145. D.
Seutres, IV. 495. B.
Seuvray, seigneurie, V. 140. F.
Sexach, VII. 761. C.
Sey, seigneurie, II. 872. B.
Seymer, VII. 438. D.
S. Seyne, baronie, VI. 544. C.

Seyssel, II. 164. D. 188. 2. A. VII. 39. B. 45. A. VIII. 910. E. 911. D.
Seytouis, VIII. 338. C.
Sezanne, seigneurie, III. 767. A. VII. 591. A. comté, VII. 592. B. Voyez Sesanne.
SFORCE, Alexandre, chevalier du S. Esprit, IX. 150. A.
Sforce, II. 51. D. V. 523. E. VII. 118. A. VIII. 325. E. 503. B D. Conti, IX. 130. A.
Sforze, III. 490. C. VIII. 503. C.
Shakerlay, VII. 89. C.
SHREWBURY, (Comtes & Ducs de) VII. 90. Voyez Talbot.
Shrewbury, vicomté, II. 483. E. comté, III. 287. C E. 289. D. VII. 86. B.
Siadoux, seigneurie, IV. 129. C. VII. 508. A.
Sibas, VIII. 268. C.
Sibault Pinieu, VI. 196. D.
Sibbald de Balgony, IX. 406. A.
Sibert, II. 373. E.
Sibour, VII. 159. C. IX. 275. A.
SICART, Guillaume, queux du Roi, VIII. 828. C.
Sichard, V. 150. B.
Sicile, I. 101. C E. 101. C. 291. D. 298. E. 389. A. 404. B D. 409. C D. 411. A. 413. A. 414. B. 415. B. 417. D. 419. A. 420. E. 450. A. 538. A. II. 782. E. 784. A. III. 73. B. 198. D. 383. A. VI. 96. C. 131. B. 164. A. VII. 737. D. VIII. 54. C. comté, II. 478. B. 686. B. VIII. 49. D. Duras, I. 414. D. Tarente, I. 292. C. VI. 131. B.
SICILE, (Rois de) I. 393. & suiv.
Sicile, royaume, I. 90. E. 100. C. 101. C. 117. C. 122. C. 185. A. 188. C. 227. A. 229. D. 230. B. 231. B. 232. A. 236. C D. 242. A. 275. A. 289. A. 320. D. 321. C. 322. A. 397. E. 402. A. 404. A. 407. E. 419. C. 411. A C. 457. D. 479. D. 539. E. 544. D. II. 218. C. 241. A. 597. E. 599. C. 606. B D. 689. B. 735. B. 750. B. 840. E. III. 428. A. IV. 818. B. V. 138. D. 514. A. 530. E. VI. 104. A. 129. B. 249. C. VII. 74. D. 75. E. VIII. 451. C.
Sicleers, III. 576. B.
Siclier, VIII. 324. C.
Sieulfe, chapelain du Roi, VIII. 124. B.
Sidney, VII. 90. A.
Sidon, seigneurie, I. 529. B. VI. 24. A.
Sierray, baronie, V. 149. D. 150. B. 644. D. VIII. 501. C.
le Sieur, IV. 749. D.
SIEVRAC, (Seigneurs de) V. 190. Voyez Pardaillan.
Sievrac, seigneurie, V. 190. D. 191. A.
Sieurac, seigneurie, VII. 405. D.
Sieurray, VII. 178. C.
Siffrevast, VIII. 169. A.
Siffreville, seigneurie, V. 137. A.
Sigmaringen, duché, VIII. 41. D.
Signac, VII. 345. B. seigneurie, IV. 183. A.
le Signe, II. 241. D. 242. B. 292. A.
Signier, II. 295. E.
Signis, VI. 570. C.
Signy, seigneurie, IX. 319. A. le Petit, seigneurie, III. 610. C.
Sigognac, seigneurie, VII. 600. D.
Sigogné, VII. 595. D.
Sigognes, seigneurie, IV. 683. B.
S. Sigolaine, seigneurie, VII. 683. D.
Sigon, seigneurie, VI. 335. D. VII. 13. E. 16. A.
Sigoniac, seigneurie, VIII. 595. ***** C.

Sigonneau, VIII. 133. A. 902. A.

Sigournay, feigneurie, IV. 166. A. baronie, III. 590. C. V. 151. D.

Sigourac, feigneurie, VII. 333. D.

Sigoyer, feigneurie, VIII. 306. B.

Sigoygne, VI. 594. B.

Sigy, feigneurie, VI. 416. C. 417. C. VII. 644. C. 891. E. VIII. 892. B.

Silefie, I. 241. D.

Sillac, III. 823. C. feigneurie, VII. 370. A.

Sillan, feigneurie, V. 269. D.

Sillans, IV. 62. B. IX. 86. D.

Sillé, III. 632. A C. IV. 654. C. VII. 175. E. VIII. 574. A. feigneurie, VII. 174. B. le Guillaume, VII. 850. B. feigneurie, IV. 625. B. VII. 175. E. 501. A.

SILLERY, (Seigneurs de) II. 280. C.

Sillery, feigneurie, VI. 523. A. 526. B. VIII. 777. E. marquifat, IV. 429. B. 641. E. VI. 534. C. VII. 545. E. 550. A. IX. 452. * A.

Sillol, IV. 285. A.

Sillons, I. 122. E.

SILLY, Jacques, maître de l'artillerie du Roi, VIII. 168. B. François, grand-louvetier de France, VIII. 805. D. Henry, chevalier du S. Efprit, IX. 97. C. Antoine, chevalier du S. Efprit, IX. 111. A. François, chevalier du S. Efprit, IX. 154. B.

SILLY, (Genealogie de la maifon de) VIII. 169. & fuiv.

Silly, I. 369. A. II. 34. D. 35. D. 430. D. 431. B. 439. A. III. 375. A. 898. A. 918. B. IV. 70. B. 140. D. 322. B. 573. B. 714. B. 756. C. V. 385. C. 387. B. 611. B C. 636. C. 636. C. 829. A. VI. 89. B. 503. B. VII. 60. B. 76. C. 156. B. 179. B. 312. B. 503. B. 569. C. 853. D. VIII. 134. B. 194. B. 621. E. IX. 57. A. 399. B. feigneurie, II. 79. A. 218. A. 275. C. III. 619. C D. IV. 765. A. 793. E. 824. D. VI. 53. D. 88. A C D. 89. A. 333. B. 334. A. 541. B. 694. D. VII. 63. C. 498. B. VIII. 169. A. 356. C. 660. C. 883. D. IX. 481. A. marquifat, IX. 277. B. de Jan-de-Sauncours, IV. 842. A. de la Rochequyon, IV. 61. C. VIII. 536. E. lex-Tillart, feigneurie, V. 657. B. VIII. 645. C. Voyez Vipart.

Silva, III. 353. A. 354. A. V. 528. C. Mendoce, IX. 189. B. 295. A. 296. C. Ribera, IX. 290. B. Tolede de la Cerda, IX. 296. C.

S. Silvain, feigneurie, VI. 451. A.

Silveira-Castro, I. 643. B.

Silvera, I. 641. B.

Silveras, feigneurie, I. 577. A.

Silveri, V. 462. * A.

la Silvestrie, feigneurie, VIII. 596. **** D.

Simard, feigneurie, VIII. 921. C.

Simari, comté, V. 527. E. 531. A.

S. Simeon, feigneurie, V. 144. D E.

SIMIANE, Louis-Marie-Armand, évêque & duc de Langres, II. 238. B. Guillaume, chevalier du S Efprit, IX. 165. A. François, chevalier du S. Efprit, IX. 197. A. François, chevalier du S. Efprit, IXe. 281. B.

SIMIANE, (Genealogie de) II. 238. & fuiv. (Derniere branche de) dite d'Aix, II. 256. & fuiv.

Simiane, I. 470. E. II. 294. B. III. 812. B. IV. 498. C. 501. B C. 502. C. V. 166. D. 291. C. 890. C. 899. A. VI. 300. C. VII. 200. A. VIII. 294. B D. 295. E. 297. D. IX. 122. A. 312. A. feigneurie, II. 241. B. de Cafe Neuve de Gordes, II. 294. E. de la Cofte, III. 606. C. de Gordes, II. 299. C. VIII. 299. B. 920. C. IX. 279. A B. de Montcha, IV. 543. B. de Trucibienn, IX. 233. A.

Simié, IX. 476. B.

Simmeren, comté, V. 637. B.

Simon, II. 237. D. IV. 459. D. VIII. 265. C. 747. A.

Simon, chancelier, VI. 269. B.

Simon, chancelier, VI. 269. E.

S. SIMON, duché-pairie, érigé en 1635. pour CLAUDE de Rouvroy, feigneur de S. Simon, IV. 389. Pieces concernant cette erection, ibid. & fuiv.

S. SIMON, Claude, grand louvetier de France, VIII. 806. A. Louis, chevalier du S. Efprit, IX. 284. A.

S. SIMON, (Ducs de) pairs de France, IV. 406. & fuiv. Voyez Rouvroy.

S. SIMON, (Seigneurs de) I. 52. & fuiv.

S. Simon, I. 55. A. II. 445. A. V. 86. F. VI. 282. A. VII. 637. C. IX. 89. B. feigneurie, III. 580. D. 614. C. IV. 182. B. 396. A. 501. E. V. 16. D. 618. E. VI. 746. A. VIII. 884. A. marquifat, III. 646. E. 771. C. duché, I. 257. E. IV. 325. B C. 618. A. pairie, V. 465. A. 740. B. 842. B. VI. 561. A. VIII. 806. A. IX. 155. A. de Courtomer, IV. 474. A. Sandricourt, II. 78. E.

S. Simond, feigneurie, IV. 683. B.

Simondy, VII. 420. B.

Simonet, feigneurie, VII. 258. D.

Simonetta, II. 51. B.

Simonette, VII. 117. C.

S. Sumphorien, V. 733. D. VIII. 498. A. feigneurie, II. 296. D. V. 282. B. VIII. 500. C.

Simple, VII. 505. D. 619. B. VIII. 251. B.

Sinarias, comté, V. 528. C.

Sinclair, IX. 404. C. 405. A.

Sindes, feigneurie, IV. 370. C.

Sindin, comté, I. 613. D.

Sinery, VIII. 938. C.

Singly, feigneurie, VII. 590. D.

Sinieres, VII. 80. A.

Sinople, comté, IV. 490. A.

Sintra, feigneurie, I. 582. B. comté, I. 699. B.

Sinzelles, III. 829. D. feigneurie, III. 824. A.

Sion, feigneurie, II. 663. C. comté, IX. 453. C.

Siqueville, feigneurie, VII. 513. E.

Siqueyra, I. 699. B.

Sireuil, IX. 386. A.

Sirgan, IV. 667. A. VIII. 476. C.

Sirna, feigneurie, II. 602. E. 603. A.

Sirol, IX. 386. A.

Sirvinge, VI. 448. A.

SISSONNE, (Seigneurs de) VIII. 537. Voyez Sarrebruche.

Siffonne, feigneurie, VI. 510. C. VIII. 537. B. 637. B. comté, VIII. 538. C.

Siffy, feigneurie, VI. 381. C.

Siftel, VI. 463. B.

Sitteville, VI. 353. E.

S. Sivié, VII. 462. A. IX. 398. A.

SIVIGNON, (Seigneurs de) VII. 446. Voyez la Guiche.

Slvignon, feigneurie, VII. 446. C.

Sivtac, feigneurie, IV. 534. A. IX. 386. A.

Sivran, feigneurie, II. 353. D.

Sivras, II. 652. E.

Sivray, feigneurie, III. 82. B. 83. A.

Sivria, VII. 150. E.

Sivrieu, IV. 648. E. 749. A.

Sivry, IV. 833. C. feigneurie, II. 313. D. IV. 851. A. VII. 643. E.

Six, VI. 175. C.

S. Sixte, III. 606. B.

β. Sizies.

S. Sizier, baronie, VII. 336. B.
Slava, seigneurie, IX. 378. B.
Slhesusen, III. 905. C.
Smergate, seigneurie, II. 496. C.
Smilz, III. 920. A.
Smith, I. 258. B.
So, II. 648. C.
Soallans, seigneurie, I. 683. C DE.
Soana, seigneurie, VI. 78. C.
SOBIESKI, Jean, roi de Pologne, chevalier du S. Esprit, IX. 211. B. Alexandre, chevalier du S. Esprit, IX. 249. B. Constantin-Philippes-Uladislas, chevalier du S. Esprit, IX. 250. A.
Sobieski, IV. 543. A D. VII. 428. B.
Sobolle, seigneurie, II. 87. D.
Sobrevié, VI. 296. C.
Soceirat, seigneurie, VIII. 164. A.
Sockburn, seigneurie, VII. 91. C.
Soderini, VII. 207. D.
Soesmes, seigneurie, II. 849. D. 850. AB, VII. 544. D.
Soctern, VIII. 700. B.
Soglio, principauté, IX. 209. B.
Sogneville, seigneurie, III. 904. C.
Sognier, VII. 861. D.
Sohier, VII. 93. C.
Soignelles, seigneurie, VI. 643. B.
Soilly, seigneurie, VII. 692. B. 806. D.
SOISSONS, comté-pairie, érigé en 1404. pour LOUIS, duc d'Orleans, III. 241. Nouvelle erection en 1505. pour CLAUDE de France, III. 453.
SOISSONS (Comtes de) I. 350. & suiv. (Comtes de) sortis des comtes d'Eu, II. 497. (suite des anciens Comtes de) issus de la maison de Nesle, II. 499. (Seigneurs de) établis outremer, II. 508. & suiv.
Soissons, II. 507. E. 842. A. III. 303. E. 911. B. IV. 370. C. 371. A. V. 214. B. VI. 49. C. 113. B. 160. A. 173. D. 276. B. 633. C. 678. B. 716. C. 717. D. 738. B. 784. A. VII. 823. A. VIII. 13. B. 154. A. 397. C. 523. E. 573. B. 623. C. 653. 789. E. 791. B. seigneurie, VIII. 596 A. vicomté, IV. 599. C. 601. B. 602. C. V. 617. D. VI. 716. C. VIII. 184. B. comté, I. 50. B. 128. D. 205. A. 222. E. 251. C. 252. A. 296. D. 325. E. 326. A. 327. D. 328. B. 330. B. 331. C. 424. C. II. 117. B. 150. B. 164. A. 317. D. 752. B. 776. D. 783. C. 848. A. III. 567. A. 569. C. 589. C. 727. A. 728. AC. IV. 68. C. 194. B. 214. A. 853. BC. V. 142. A. 463. * C. 514. D. 515. A B. 638. C. VI. 76. A. 96. D. 97. B C. 160. A. 694. A. 716. C. 738. B. VII. 815. C. Morenil, III. 614. A.
SOISY, Jean, maître general de l'artillerie de France, VIII. 129. C.
Soisy, III. 620. B. VI. 256. B. seigneurie, I. 492. B. 516. C. II. 340. E. 341. A C. VI. 748. C. VII. 344. D. 580. E. 636. C. 667. A. VIII. 810. D. 811. A aux Loges, seigneurie, VII. 431. E. VIII. 399. E. 809. ** A.
Soixans, seigneurie, IV. 574. A.
Solages, VII. 70. C. 419. B. IX. 235. B. Fredeault, II. 137. A.
SOLAN (Seigneurs de) II. 657. & suiv.
Solan, seigneurie, II. 641. B C. 659. C D. vicomté, IV. 667. A C. VII. 281. A.
Solare, seigneurie, II. 288. D. Voyez la Fontaine.
Solas, IV. 264. E. marquisat, V. 393. C.
Solaix, seigneurie, V. 195. C.
Soleigny, seigneurie, VIII. 615. A.
Solempniac, seigneurie, VII. 703. A.

Solene, seigneurie, VII. 453. B.
sainte Solenge, seigneurie, VII. 83. E.
Solera, marquisat, III. 355. B. V. 526. E. IX. 290. A.
Soleto, comté, VI. 131. D.
Soleure, seigneurie, VIII. 352. A.
Solfarino, duché, I. 294. A.
Solier, VII. 403. C. seigneurie, IV. 363. A. 503. C. VII. 374. B. VIII. 18. A. 143. B. marquisat, VII. 54. A. près Magnac, V. 344. C.
SOLIERS (Seigneurs & Marquis de) VIII. 303. C.
Soliets, seigneurie, I. 232. E. IV. 184. C. 504. A. VIII. 294. A B. 303. C. marquisat, III. 771. D.
Solignac, seigneurie, VIII. 50. B. baronie, VIII. 921. A.
SOLIS DEL ARIO, Alonso-Manrique, chevalier du S. Esprit, IX. 290. B.
Solivay, comté, IX. 403. E.
Sollaines, seigneurie, I. 237. B.
Sollier, I. 685. A. seigneurie, III. 821. B.
Soloignac, II. 188. C.
Solon, seigneurie, II. 184. C. VII. 699. A.
Solorgues, VII. 491. D. seigneurie, VII. 785. E.
SOLRE (Comtes de) V. 655. & suiv. Voyez Croy.
Solre, seigneurie, III. 608. B. V. 642. A. 656. A. VI. 99. C. VIII. 78. C. comté, I. 261. D. III. 597. C D. V. 641. B. 644. C. 656. B. 841. A. le Château, VIII. 79. B E. seigneurie, VIII. 78. C D. 79. E.
Solterre, seigneurie, III. 588. D.
Soluveilz, seigneurie, I. 308. E.
Soly, II. 306. C.
Soma, seigneurie, VII. 116. D.
Somaglia, comté, VIII. 41. A.
Somain, VIII. 35. A.
SOMBERNON, (Seigneurs de) I. 556. & suiv.
Sombernon, VII. 242. D. seigneurie, I. 514. B. 553. B. II. 224. C. 230. B. III. 150. A. VI. 734. A. VII. 3. E. 161. D. 810. D. VIII 348. B. baronie, II. 871. B. IV. 856. D.
Sombrain, seigneurie, III. 577. C.
Sombref, baronie, VIII. 36. A. 82. B.
Sombresle, seigneurie, V. 637. B. VIII. 73. D.
Sombrin, seigneurie, IV. 398. C. VIII. 80. C. 632. E.
Some, duché, I. 633. A.
Somerghen, seigneurie, II. 738. A.
Sommaïa, III. 891. A.
Sommailles, seigneurie, V. 512. A.
Sommain, seigneurie, VII. 669. E.
Sommart, VII. 377. D.
Sommelonne, seigneurie, VII. 255. A. VIII. 717. C.
Sommepy, I. 317. C.
Sommeraise, seigneurie, I. 306. A.
Sommerance, seigneurie, II. 323. D.
Sommerdick, seigneurie, I. 244. D. 261. C. 262. A. 263. E. 264. B. baronie, V. 670. C.
Sommerive, comté, III. 490. A B. IV. 127. D. VII. 207. E. 237. A B. 306. C. 884. C. VIII. 500. C.
Sommerset I. 121. D. 458. A. IV. 58. B. VII. 105. A.
Sommevelle, seigneurie, II. 153. B C. IV. 824. D. VI. 144. C. baronie, VI. 148. B.
Sommieres, IV. 842. E. IX. 393. A. 425. E.
SOMMIEVRE, (Seigneurs de) II. 280. D.
Somievre, VI. 533. A. IX. 81. B. 113. C.
Sompuis, seigneurie, II. 760. B D. 761. B. VI. 110. A. 276. D. 277. C. VII. 504. A. 816. A. VIII. 46. C. IX. 305. B.

Sonnterre, baronie, III. 691. B.
Son, IX. 423. C. 479. B. vicomté, III. 345. B.
Sohac, seigneurie, VIII. 164. D.
Sonaūs, seigneurie, II. 193. E. 198. C.
Sonay, seigneurie, V. 607. C. 608. C.
Sondes, V. 737. B. seigneurie, VII. 478. B.
Songey, seigneurie, VII. 809. A.
Songy, seigneurie, VII. 222. A.
Sonhoven, seigneurie, II. 333. A.
Sonine, principauté, IX. 210. B.
Sonneville, seigneurie, VI. 390. C.
Sonnier de la Borie, VII. 340. C.
Sonning, VII. 873. D. IX. 476. E.
Sonnotte, seigneurie, VIII. 914. D.
Sonnoys, seigneurie, VII. 75. A.
Sons, VIII. 652. B. 870. E. 872. A.
Soquedaux, VII. 453. B.
Soquense, seigneurie, I. 526. BD.
Sora, duché, VIII. 291. E.
Sorainville, VII. 823. C.
la Soraye, seigneurie, VII. 882. E.
Sorbieres, VII. 579. E.
Sorbiers, VII. 375. A. VIII. 900. A.
Sorbonne, seigneurie, VII. 437. E.
Sorcy, seigneurie, IV. 824. A B. VIII. 661. B.
Soreac, VII. 213. B.
SOREAU, Jean, grand veneur de France, VIII. 701. A.
SOREAU, (Genealogie de) VIII. 701.
Soreau, I. 119. A. III. 766. C. VII. 123. C. 444. C. VIII. 183. B. 191. E. 146. C. 540. E. 701. B.
Sorede, seigneurie, III. 394. BC.
Sorel, I. 119. A. VII. 845. E. 850. E. VIII. 108. B. 272. A. 560. C. 562. A. 703. B. seigneurie, II. 153. B. III. 614. B. IV. 399. D. 400. B. VI. 565. B. VII. 747. C. VIII. 895. A. marquisat, VI. 455. D. S. Subry, seigneurie, III. 616. B.
Sorelette, seigneurie, II. 153. B.
Sorenc, VII. 757. B.
SORES, Raoul, maréchal de France, VI. 629. D.
Sores, I. 485. C. VI. 630. B. 664. C.
Sorges, seigneurie, V. 347. B. VIII. 592. A.
Sorgues, seigneurie, VII. 486. D.
Soria, duché, V. 638. D E. 640. C. VII. 191. A.
S. Sorlin, seigneurie, VII. 145. C. baronie, VII. 49. B. marquisat, III. 512. B. 513. E. 514. BD.
Sormery, seigneurie, VI. 455. A. VIII. 558. B.
S. Sornin, seigneurie, VIII. 150. B.
Sorraine, seigneurie, VII. 571. A.
Sortella, comté, I. 676. B. 677. A. 683. C.
Sorteville, seigneurie, VII. 597. A.
SORVILLIER, Jean, maître de la fauconnerie du Roy, VIII. 749. C.
Sosay, seigneurie, VI. 68. B.
Sotinges, seigneurie, VI. 122. B. 155. A.
Soto, I. 600. B.
Soto-Mayor, I. 637. B. Mendoza, I. 636. C. Zuñiga, I. 636. A.
Sottenghien, VI. 89. B. seigneurie, II. 743. C. III. 723. A. 735. B. 736. C D. IV. 211. B. V. 226. B. 228. C. 229. D. VI. 162. C.
Sotteville, seigneurie, V. 140. C D. 142. C. 153. A. VI. 55. A. VIII. 18. C.
Sotuenvester, seigneurie, II. 406. A.
Sou, seigneurie, VI. 571. D.
Souabe, VIII. 413. C. 426. C. duché, I. 49. A. VIII. 411. E.
Souastre, I. 259. C E. seigneurie, III. 916. B. V. 836. D. VIII. 80. C. comté, VI. 803. B. VII. 314.

Soubez (Seigneurs de) VII. 422. Voyez Lauzières.
Soubez, VII. 413. D. seigneurie, VII. 422. B. IX. 422. C.
Soubessens, seigneurie, VII. 274. B C.
Soubeyran, VII. 289. D.
Soubiette de Singla, VII. 218. C.
Soubiranne, II. 646. A. VIII. 242. C.
SOUBISE (Princes de) IV. 66. & suiv. Voyez Rohan.
Soubise, seigneurie, III. 653. B. IV. 72. B. 217. D. 653. B. VII. 19. B. 24. C. 122. E. 153. A. 553. B. VIII. 705. C. 769. B. principauté, I. 694. E. IV. 65. C. 569. B. 626. D. V. 233. F. 269. D. VIII. 308. B.
la Soubradiere, seigneurie, VI. 496. A.
Soubran, seigneurie, IV. 567. D E.
Soubray, seigneurie, VII. 65. E.
Soubreuil, seigneurie, IX. 97. A.
Soubs, seigneurie, VI. 189. C. 203. A.
Soucanton, seigneurie, VII. 491. A. 789. C.
Soucelles, VII. 399. D. 508. C. IX. 460. A.
Soucey, baronie, I. 377. A.
Souche, VIII. 144. C. IX. 470. C.
Souché, seigneurie, IV. 459. A B D. VII. 21. D.
Souchere, seigneurie, VIII. 142. C.
Souchet, VIII. 142. B. seigneurie, III. 586. B. des Douffets, IX. 432. B. de Lemautine, V. 246. B.
Souchon, II. 307. E. VIII. 305. C.
Souclage, seigneurie, VIII. 248. B.
Soucy, seigneurie, VIII. 563. B.
Souday, seigneurie, VI. 506. B.
Soudeilles, V. 345. E.
Soudre, seigneurie, VIII. 791. E.
Souef, VIII. 891. D.
Soverosa, I. 577. A.
Souffin, seigneurie, VIII. 647. D.
Soufflot, VI. 647. A.
Soufreignat, seigneurie, IX. 438. A.
Sougey, seigneurie, VII. 35. D.
Sougez, seigneurie, II. 152. E.
Souglant, seigneurie, IX. 466. C.
Souglaut, seigneurie, VI. 646. D.
Sougnoles, seigneurie, VII. 897.
Souhé, baronie, VIII. 328. C.
Soubey, seigneurie, II. 872. C.
Sovica, VI. 493. A.
Souil, seigneurie, II. 701. D.
Souillac, VII. 548. D. 700. A. 772. D. VIII. 246. C. IX. 178. B. d'Asserac, V. 355. E. de Rouillac, V. 352. B.
Souilles, vicomté, VII. 217. C.
la Soviniere, seigneurie, IV. 324. A.
Souis, VI. 457. C.
Soulaines, II. 56. C.
Soulan, vicomté, VI. 152. C.
Soulange, comté, IX. 378. D.
Soulangé, seigneurie, II. 450. A.
Soulangis, seigneurie, VII. 427. B. baronie, IV. 671. B. 673. B. vicomté, VII. 428. D.
Souldet, I. 310. E.
Soule, vicomté, IV. 469. B.
Soulé, seigneurie, II. 652. E.
Souleaux, seigneurie, V. 12. E.
Sainte Soulene, seigneurie, VII. 672. A.
Soulerie, seigneurie, VI. 375. D.
Soules, vicomté, II. 173. D.
Soulfour, VI. 335. D.
Soulgé le Bruan, seigneurie, VII. 583. E.
Souliaux, seigneurie, VI. 651. C.
Soulieres, seigneurie, IV. 827. A.
Souliers, seigneurie, V. 345. B. 351. A.
Soulignac, VII. 700. D.

Souligny, feigneurie, IV. 854. B. VII. 336. D.
Soulle, vicomté, VII. 258. B.
Soullers, feigneurie, VI. 473. C.
Soully, vicomté, VII. 222. D.
Soulonge, baronie, IX. 451. C.
Soumazan, feigneurie, VIII. 795. A.
Sounier, VII. 341. A.
Souper, feigneurie, II. 385. D.
Soupir, feigneurie, VI. 149. B.
Soupis, VII. 292. C.
S. Souplet, comté, VI. 390. B. 624. A. IX. 163. B.
S. Souplex, feigneurie, VIII. 138. B C D.
Soupy, feigneurie, V. 636. C. VI. 333. C. 343. B.
Sourbier, VII. 274. A.
la Source, feigneurie, VI. 438. B.
Sourches, feigneurie, IV. 755. C. baronie, VI. 506. D. marquifat, IX. 197. Voyez du Bouchet.
SOURDEAC (Seigneurs de) VI. 775. Voyez Rieux
Sourdeac, feigneurie, VII. 771. D. 773. A. marquifat, V. 928. C.
Sourdés, VII. 417. A.
Sourdeval, VI. 360. A. feigneurie, I. 440. C. V. 928. C. VIII. 91. C.
la Sourdiere, feigneurie, VI. 491. C.
Sourdis, feigneurie, II. 453. C. V. 246. B. VII. 506. D. 670. A. VIII. 373. A. baronie, VIII. 943. D. comté, IX. 327. A. marquifat, I. 470. E. II. 147. C. IV. 62. D. 441. C. VII. 293. E. 494. C. VIII. 914. B. IX. 170. A. 259. B. Voyez Escoubleau.
Sourdon, feigneurie, I. 332. D. baronie, VIII. 647. B.
Sourdrille, VI. 200. B. VII. 389. A.
Sourdun, feigneurie, VII. 30. C.
Sourlan, feigneurie, VII. 770. D.
Sourvilliers, feigneurie, II. 38. B. 41. E. IV. 563. B. VI. 116. A D. 151. B.
Sousa, I. 577. B. 583. A B C D. 585. A C. 624. A. 644. A. 654. A. 660. A. 664. B. 681. C D. 683. E. 687. A. 692. A. II. 208. D. IV. 643. C. VIII. 37. D. 44. C. 352. E. Contino, I. 667. A. Lobo, I. 689. C. Mendoza, IV. 67. B. Tavarez, I. 667. A. 693. B. Tavara, I. 697. B.
Sous-Carriere, feigneurie, IV. 307. D.
Souse, I. 444. D.
Sousel, feigneurie, I. 689. A.
Sousmain, VII. 596. A.
Sousmartres, feigneurie, VII. 771. B.
Sousmoulins, VII. 619. A. feigneurie, V. 15. B.
Soussey, baronie, VIII. 328. B.
Soustelles. Voyez la Fare.
Sousternon, feigneurie, VIII. 500. A.
Soustour, feigneurie, I. 515. A.
Soutesrain, feigneurie, IV. 862. D.
Southeske, comté, V. 594. E.
Southwalles, feigneurie, II. 481. A.
Soutwel, V. 623. A.
Souvain, feigneurie, VI. 114. C. 123. A. VII. 12. C.
Souvans, feigneurie, II. 208. A C. 209. D E. 210. B D E. baronie, II. 211. B D.
Sowch. Voyez Zouche.
la Souveraine, III. 724. D.
Souverain-Moulin, feigneurie, III. 916. A. VI. 166. B. 788. C. VIII. 155. B. 658. E. 697. A.
Souvigné, II. 451. D. feigneurie, IX. 442. C.
Souvigny, VII. 468. E. feigneurie, I. 136. D.

II. 67. A. IV. 765. C. VI. 557. C.
SOUVRÉ, Gilles, maréchal de France, VII. 397. D. Gilles, chevalier du S. Efprit, IX. 90. C. Jean, chevalier du S. Efprit, IX. 152. A.
SOUVRÉ (Genealogie de la maison de) VII. 398. (Marquis de) VI. 581. Voyez le Tellier.
Souvré, III. 649. A. IV. 431. A. 644. A. 806. A. V. 142. D E. VI. 193. D. 579. D. VII. 400. E. 713. C. VIII. 120. E. IX. 66. B. III. 651. C. 652. B. IV. 642. A. VII. 398. B C. marquifat, V. 283. F. VI. 519. G. 581. D. IX. 466. A.
Souzay, feigneurie, IV. 454. A.
Soyans, feigneurie, II. 191. A B. 200. B. 206. D. 207. C.
Soye, feigneurie, IV. 859. A.
SOYECOURT, Gilles, échanson de France, VIII. 521. B.
SOYECOURT (Genealogie de la maison de) VIII. 522.
Soyecourt, I. 435. A. IV. 873. B. V. 831. C. VI. 52. A. 114. D. 623. D. 745. D. VII. 13. C. VIII. 636. C. 644. C. 851. D. feigneurie, VIII. 178. C. 522. A. 645. B. 656. D. 746. B. marquifat, VIII. 737. A GD.
Soyer, VI. 449. D. IX. 362. B.
Soyon, principauté, III. 770. D. 771. E. 772. C. 773. A. 821. D.
Spadine, III. 660. C.
Spanheim, II. 750. D. V. 510. B. VI. 102. D. baronie, IV. 444. D.
Spatin, feigneurie, VIII. 76. D.
Speaux, Voyez Scepeaux.
Spencer, VII. 839. A. IX. 411. D.
Spenfer, II. 486. D E. VII. 89. B.
Spifame, II. 107. A. 108. B. VI. 335. C. 383. B. VII. 456. D. VIII. 240. B. IX. 140. A.
Spigno, feigneurie, II. 50. A.
Spinelli, I. 613. C. V. 526. C.
SPINOLA, François-Marie, duc de S. Pierre, nommé chevalier du S. Efprit, IX. 298. C.
Spinola, II. 248. C. III. 355. B. 492. B. 597. B. IV. 228. B. 490. C. 498. B. 616. D. V. 465. C. VI. 493. B. VIII. 35. C. 41. A. IX. 325. C. 326. B. 454. D.
Spirat, feigneurie, VI. 398. B. VIII. 818. B.
Spiring, VIII. 83. C.
Splauch, IV. 440. C. VII. 660. C.
Spolette, marquifat, I. 42. A. duché, I. 43. E. 46. B. 48. B. II. 261. C.
Spondeillan, V. 889. A.
Spondillan, feigneurie, VII. 482. C. 483. A. 770. C. 786. E.
Spontin, I. 267. B.
Sposkeshone, feigneurie, III. 906. C.
Spoy, feigneurie, II. 874. C. V. 13. A. VII. 35. C. VIII. 715. C. 716. C E. 717. B. baronie, IX. 274. B.
Spremont, feigneurie, II. 791. D.
SQUILLACE (Princes de) V. 530. Voyez Borgia.
Squillace, comté, I. 401. B. 433. A. II. 17. B. VI. 80. B. marquifat, I. 274. A. principauté, V. 527. D E. 530. E.
Stade, feigneurie, VI. 706. B.
Stafort, VII. 88. B E. 837. B.
Stain, VIII. 800. A.
Stainville, III. 586. C. IV. 684. A. VII. 39. D. 155. E. 255. A. 468. C D. 805. A. VIII. 717. G. 721. C. marquifat, IV. 840. C. 841. A. VII. 468. D.
Stamberge, feigneurie, V. 136. D.
Stambole, IV. 371. C.
Stancarbon, VIII. 477. A.

Stang, VIII. 363. E.

Stanley, IV. 171. B.

Stantunie, seigneurie, V. 125. D.

Stapleton, VII. 89. A.

la Stardie, VI. 193. C.

STATUTS des chevaliers Commandeurs & Officiers de l'ordre du S. Esprit, IX. 1. & suiv.

Stavayé, VIII. 537. D. seigneurie, IV. 34. B.

Stavelle, III. 596. A. 609. B. 907. B. 917. A. V. 230 A. 653. B. 655. D. VII. 828. A. VIII. 39. C. 655. B. seigneurie, II. 209. C. III. 909. A. V. 230. A. 653. B.

Stavesant, seigneurie, VII. 831. A.

Stauga, VII. 116. A.

Steelant, III. 920. B.

Steembreck, seigneurie, III. 908. C.

Steenbeck, seigneurie, V. 618. C.

Steenberghe, comté, I. 254 C.

Steenhause, seigneurie, III. 736. C.

Steenhuse, principauté, II 767. B.

Steich, seigneurie, VII. 41. C.

Stein, seigneurie, II. 329. B C.

Steinkerque, seigneurie, II. 334. D. III. 610. D. VI. 173. B.

Steivort, seigneurie, II. 327. A.

le Sterr, seigneurie, V. 928. A.

Sterling, comté, IX. 409. D.

Streuil, II. 127. C.

Stienhuvse, seigneurie, VII. 104. D. principauté V. 841. A. VIII. 108. D

Strigliano, principauté, I. 293. D. IX. 210. C.

Stirling de Keirth, IX. 406. B.

Stivet, seigneurie, V. 928 A.

Stolberg, VII. 173. B. seigneurie, IV. 333. C.

Ston, V. 281. A.

Stoppa, III. 892. B.

Stors, seigneurie, VI. 562. A.

Stourton, baronie, VII. 837 D.

Strachan de Thorntoun, IX. 409. A.

Strade, seigneurie, VII. 832. B.

Stracelles, seigneurie, VIII. 427. D.

Straete, seigneurie, VIII. 84. C.

Stramboni, III. 494. E.

Straten, seigneurie, II. 766 E. III. 905. C.

Strathern, comté, VI. 28. D. IX. 404. C.

Stratmer, comté, IX. 406. D.

Stretefons, baronie, VII. 698. C.

Streynen, seigneurie, II. 743. C.

Strienbergue, seigneurie, VIII. 644. B.

Striguil, comté, II. 482. E.

Strongbowe, II. 483. A.

Stroppiano, comté, VI. 497. D.

STROZZY, Pierre, maréchal de France, VII. 206. A. Leon, general des galeres de France, VII. 931. A. Philippes, colonel general de l'infanterie Françoise, VIII. 218. A. Philippes, chevalier du S. Esprit, IX. 61. C.

Strozzy, III. 584. C. VII. 206. C. 238. C. VIII. 218. B. 769. E. IX. 56. B.

Stryen, comté, II. 771. B.

STUART, Jean, connêtable, VI. 225. B. Robert, comte de Beaumont-le-Roger, maréchal de France, VII. 142. A. Jean, duc d'Albanie, surintendant general des galeres, de France, VII. 930. E.

Stuart, I. 132. A. 137. C D. 274. A. 324. E. 330. D. 458. A. II. 439. C. III. 485. D. 817. E. IV. 58. B. 322. B. 530. C. 531. A. V. 165. E. 593. A. VI. 225. C. 564. C. VII. 435. A. 851. E. VIII. 326. C. 424. B. IX. 400. E. 401. A. 404. C. 405. C. 406. E. 413. E. de Carr, VIII. 803. C. de Caussade, II. 233. A. de Lennox, IX. 409. E. 410. A.

Stuert. Voyez Estuert.

Stugard, seigneurie, III. 589. A.

Stwart d'Aubigny, III. 648. C.

Suabe, II. 730. B. 792. B. V. 505. C. VI. 95. C. VII. 737. D.

Suabe ou Sueve, duché, I. 29. B. 382. B. 408, A. 541. B. 564. D. 584. B.

Suarez, V. 28 : F. de Figueroa, III. 352. B.

Suasse, VII. 529. D.

Suaube, VIII. 413. C. duché, VIII. 531. A. 864. C.

SUBLET, Michel, grand-louvetier de France, VIII. 822. E. Idem, intendant des ordres du Roi, IX. 340. A.

SUBLET, (Genealogie de) VIII. 823.

Sublet, II. 65. C. VI. 432. A. 503. C. 683. B. VII. 339. B. IX. 481. D. d'Heudicourt, VI. 576. D. VII. 9. A.

Subligny, seigneurie, IV. 223. E.

la Suchiere, VI. 458. C.

Sucigny, seigneurie, VIII. 752. C.

Sucquet, V 835. D. de Sapignies, ibid. Voyez Lucquet.

Sucuye, seigneurie, II. 183. D.

Sudbury, seigneurie, II. 487. B.

Sudleye, baronie, VII. 88. E.

Sudoyer, seigneurie, VI. 682. B. 684. B.

Suede, royaume, II. 750. D.

Sueres, IV. 409. D.

Sueve, VIII. 62. A.

Suevich, seigneurie, V. 837. E. 841. B.

le Sueur, II. 307. A. IV. 765. B. VI. 678. C. VII. 9. A. d'Osny, II. 377. B.

Suffolck, V. 734. A. comté, VII. 836. D. duché, I. 129. A. III. 383. A. V. 734. A. VII. 835. 837. C.

Sugny, V. 266. C. VII. 197. D. 200. A. VIII. 336. A. 500. C. 870. D. 871. E. IX. 120. B. seigneurie, III. 841. C. V. 265. B. VII, 417. B. VIII. 493. E. vicomté, VIII. 873. A.

Suhart, VI. 375. D. VII. 818. A. VIII. 101. B.

Suilly, seigneurie, VI. 417. C. VII. 255. C. 259. D. baronie, VII. 254. A. Voyez Sully.

Sujo, seigneurie, I. 695. D.

Suiry, seigneurie, IX. 88. E.

SUIZY, Etienne, chancelier de France, VI. 278.

SULLY, duché-pairie, érigé en 1600. pour MAXIMILIEN de Bethune, IV. 206. Pieces concernant cette érection, ibid. & suiv.

SULLY, Henry IV. du nom, bouteiller de France, VIII. 520. C.

SULLY, (Seigneurs de) II. 853. & suiv. (Anciens Seigneurs de) III. 378. & suiv.

Sully, I. 107. B. II. 347. E. III. 79. C. IV. 15. C. 21. A. 195. C. 448. A. 529. C. 560. C. 571. A. 654. A. 826. C. 847. C. 852. C. 875. B. V. 158. C. 214. E. 247. D. 569. C. 764. B. 767. C. 68. B. 211. C. 304. A. 379. A. 625. D. 691 B. 735. BC. VII. 79. B. 81. A. 82. A. 84. D. 373. D. 710. E. 765. B. VIII. 115. D. 313. B. 372. B. 836. C. 870. A. IX. 399. A. seigneurie, I. 298. C. 427. A. 430. A. 483. A. 561. D E. 562. D. II. 495. D. 849. D. III. 150. C. 157. E. 171. C. 217. A B. 373. C. 629. A. IV. 163. C. 164. A. 169. A. 170. A. 185. A C. 186. A. 530. B. 571. E. 652. E. V. 12. F. 158. C. 224. E. 247. D. VI. 86. C. 135. C. 211. C. 691. B. VII. 111. E. 707. E. VIII. 205. A. 427. D. 570. D. 726. E. baronie, IV. 164. D. 166. C. 167. C. 196. A. VII. 880. A. VIII. 524. C. duché, I. 150. C. 340. A. IV. 19. B. 73. C. 616. C. 807. A. VIII. 192. D. pairie, I. 506. B. IV. 217. C.

473. A. VI. 510. B. 567. B. VIII. 185. BE.
IX. 328. C.
Sullye, II. 877. D.
SULMONT, (Princes de) VIII. 75. Voyez Lannoy.
Sulmont, principauté, VIII. 75. D. IX. 290. C.
S. SULPICE, (Marquis de) III. 776. & suiv.
S. Sulpice. IV. 43. A. seigneurie, III. 771. A. V.
354. C. 894. E. VI. 424. A. 642. B. VII. 222.
A. 293. B. 371. B. 416. E. VIII. 164. A. baronie. III. 385. A. IV. 125. E. VII. 304. D. 415.
E. IX. 67. A. comté, III. 772. C. marquisat, VII. 129. A. IX. 420. D.
Sultzbach, comté, II. 757. D. palatinat, IV. 545.
C.
Sumeraine, seigneurie, IX. 88. A.
Sumermont, VII. 430. A.
Sunderland, comté, IX. 411. D.
S. Suplet, seigneurie, II. 744. A C.
S. Suplis, seigneurie, VI. 642. A.
Supplainville, IV. 753. A.
S. Supplice, seigneurie, II. 564. A
Sur, seigneurie, II. 592. D. 593. A. VI. 80. D.
SURDELLE, Renaud, évêque de Laon, II. 97. B.
Sureau, VI. 359. A. 368. D. 369. C. VII. 182.
C. 562. A. 567. A.
Suresnes, seigneurie, VII. 571. A.
SURGERES, (Seigneurs & Marquis de) IV. 442.
& suiv. Voyez la Rochefoucaud. (Autres Seigneurs de) VIII. 921. Voyez Clermont - Tonnerre.
Surgeres, III. 633. B. IV. 461. A. 560. A. 634.
C. 685. C. V. 134. C. VI. 105. C. VII. 80.
A. 501. B. VIII. 584. C. 764. C. 836. C. 922.
B. IX. 97. A. seigneurie, I. 211. B. II. 215.
C. IV. 197. A. 322. E. 443. D. 632. D. V.
134. C. VI. 209. A. VII. 18. D. VIII. 198.
D. 579 E. 921. D. baronie, III. 637. B. IV.
28. D. 566. A. IX. 80. A. marquisat, IV.
432. C. 567. E. VI. 607. B.
Surguin, VI. 470. D.
Surice, seigneurie, VIII. 644. A.
Surjeu, seigneurie, VIII. 942. D. 943. D.
Surinedu, seigneurie, VII. 907. C. IX. 255. A.
Surpaliz, seigneurie, IX. 451. * A.
Surraine, seigneurie, I. 506. A.
Surre, VII. 194. D.
SURREY, (Comtes de) bâtards d'Anjou, VI. 26.
Surrey, comté, I. 532. E. II. 404. C. 839. C.
III. 79. C. 292. A. V. 511. E. VI. 26. C.
Surtainville, VII. 619. A.
Surti, VII. 705. D.
Survié, seigneurie, V. 234. F. 235. A.
Surville, V. 770. A. seigneurie, IV. 290. E. VII.
337. A B. 338. D. 475. D. VIII. 747. E.
marquisat, III. 645. B. V. 739. D. VII. 420.
E.
Survilliers, seigneurie, VI. 436. D. 719. A. baronie, VII. 631. D.
Sury, seigneurie, IV. 441. C. VIII. 62. B. 692.
C.
Sus, seigneurie, VII. 606. D.
SUSANNE, Jean-Jacques, chevalier du S. Esprit, IX. 77. C.
Susanne, II. 86. D. III. 795. D. 839. D. V. 669.
B. VI. 155. A. VII. 562. C. seigneurie, VI.
441. A. VII. 338. B. VIII. 526. B. de Cardaillac, VIII. 855. D.
Sainte Susanne, seigneurie, V. 582. E. 583. A B
C. 584. B. VI. 137. A. baronie, I. 471. A. V.
130. C. VI. 137. C. vicomté, II. 503. A. V.
582. C. du Maine, seigneurie, III. 197.
D.
Tome IX.

LA SUSE, (Seigneurs de) VIII. 573. Voyez Craon.
Suse, III. 769. B. VII. 13. C. 63. A. 562. B.
VIII. 889. A. 906. B. IX. 126. B. seigneurie,
II. 186. 2. A. III. 632. C. V. 624. C. VII.
121. D. 175. E. VIII. 300. B. 490. B. 569. C
D. 573. C. 867. B. comté, III. 640. B. IV. 31. B.
433. B. V. 245. B. 397. A. VII. 154. B. 190.
D. 386. E. 532. E. IX. 71. C. 96. A. 128.
A. marquisat, II. 49. D. 518. C. V. 505. D.
Susennes, seigneurie, IV. 403. D.
Sussex, comté, II. 787. B. III. 79. C. V. 511.
E. VI. 27 C.
Susy-aux-Bois, seigneurie, VI. 549. D.
Sutherland, comté, IX. 410. B.
Suttant-d'Oglethorp, VIII. 39. B.
Sutton-Dudley, VII. 610. A.
SUVRAE, (Seigneurs de) II. 660. & suiv.
Swartzembourg, VII. 833. D.
Suzay, seigneurie, VI. 369. D.
Suzanne. Voyez Susanne.
Suze. Voyez Suse.
Suzemont, seigneurie, II. 153. D. IV. 840. E.
Sy, seigneurie, VIII. 757. C.
Sydon, VI. 22. B.
Sylva, I. 293. D. 638. B. 639. D. 646. A.
654. B. 655. A C. 656. C. 657. B. 659. C.
666. C. 667. A. 669. B. 671. B C. 683. D.
690. B E. 691. D. 692. A. 693. D E. 697.
B. Contiño, I. 698. D. Freyre, I. 693. B.
Mendoza, I. 305. B. 636. A. la Cerda, I. 294.
B. Menezes, I. 657. A. Portugal, I. 675. A.
Tellez Menezes, I. 678. B.
Sylveira, I. 663. A. 676. B. 677. A 678. B. 689.
C. 692. C D. 699. C. 700. C.
S. Symphorien, seigneurie, VII. 340. D. IX. 478.
D.
Synotte, IV. 840. C.
Syon, IV. 459. D. seigneurie, III. 631. B. VI.
765. A.

T

TABARA, marquisat, I. 640. B.
Tabarie, seigneurie, II. 597. C. 693. E. principauté, I. 74. E. III. 84. A.
Tablerier, VI. 372. A.
Taboit, VI. 485. A.
Tabouret, II. 454. D.
Tabouriere, seigneurie, VI. 283. C.
Tabux, VII. 687. E.
Tachainville, seigneurie, I. 442. B. VIII. 606.
A. baronie, VII. 21. A.
Tache, V. 284. E. VIII. 303. B.
Tachy, seigneurie, VI. 417 D.
Tachys, seigneurie, VII. 891. E.
Tadei, IV. 878. A.
le Taé, VI. 376. B.
Taenhoche, VII. 106. D.
Tagen, seigneurie, II. 231. E.
Tagliacozzo, duché, III. 355. B.
Tagny, seigneurie, VII. 563. B.
Taigny, seigneurie, VIII. 888. C.
Tail, seigneurie, IV. 746. B. VII. 195. B.
Tailhac, VII. 358. A.
Taillac, III. 821. B. IV. 439. D. 440. B. seigneurie, VI. 327. A. VII. 708. D
Taillacot, duché, VIII. 291. B.
Taillade, seigneurie, IV. 275. C. IX. 72. C.
les Taillades, seigneurie, V. 279. F. 280. A. 287.
A. VIII. 300. B.
la Taillanderie, seigneurie, VI. 803. A.
TAILLANVILLE, (Seigneurs de) VII. 874. Voyez Malet.

Taillanville , seigneurie , VII. 872. A. 874. A C.
IX. 476. A.
la Taille , IV. 669. A. VI. 390. A. VIII. 232. C.
234. A D. 236. B D.
Taillebourg , seigneurie , III. 77. A. 79. D. 632.
B. 633. B. 729. C. IV. 469. D. V. 653. C. VII.
73. E. 122. E. 842. A. 845. B. VIII. 99. C.
569. B. 705. C. baronie , IV. 474. D. 475. A.
comté , I. 210. A. IV. 168. D E. 169. A. 170.
A. 171. D. 173. A B.
Taillefer , VII. 64. B. 526. C. de Barriere , V.
355. E.
Taille-Kavat , seigneurie , II. 233. A.
Taillepied VII. 38. D. IX. 454. C.
Taillerand , seigneurie , II. 673. D.
Taillet , seigneurie , IX. 472. C.
Taillevis , IV. 753. D.
Taillis , seigneurie , IX. 445. D.
Tailly , seigneurie , VIII. 857. A. 891. C.
Tajon , seigneurie , II. 676. D.
Taisey , seigneurie , VII. 665. B.
Taisly , seigneurie , V. 622. D.
TAIX , Jean , maître de l'artillerie , de France VIII.
177. B. Jean , colonel de l'infanterie Françoise ,
VIII. 214. A.
TAIX , (Genealogie de) VIII. 177.
Taix , VIII. 558. A. 645. B. seigneurie , VIII.
177. D. 524. C.
TALAIRAN , (Barons de) VII. 767. Voyez Nar-
bonne. VII. 771. Voyez ibid.
Talairan , seigneurie , VII. 767. B. baronie , VII.
771. C. Voyez Taleyran.
Talante , III. 393. B.
Talange , seigneurie , VIII. 118. B.
Talanges , IV. 853. A.
Talansac , VIII. 704. D.
Talaru , II. 456. C D. 457. A. IV. 41. C. 53?.
A. V. 153. E. VII. 161. A. 194. C. 195. D.
196. A. 202. E. VIII. 919. B. IX. 122. A.
Talassac , III. 390. C.
Talaye , VI. 297. C.
TALBOT , Jean , maréchal de France , VII. 83. D.
TALBOT , (Genealogie de) VII. 86.
Talbot , I. 117. A H. 406. A. VIII. 26. B. ba-
ronie , VII. 840. A.
Talcoetmur , seigneurie , VII. 529. A.
Talcy , seigneurie , IV. 730. B. 733. D.
Taleant , seigneurie , III. 777. C.
Talec , V. 928. A.
Talens , seigneurie , II. 868. E.
Talenfac , VII. 153. E. 815. D.
Talet , seigneurie , VII. 530. A.
Taleyran , II. 173. B. 669. C. IV. 178. B. 336.
A. 682. A. V. 179. C. VII. 579. C. VIII. 245.
A. 246. E. 593. D. IX. 250. C. seigneu-
rie , II. 623. B. 643. C. IV. 21. B. 551. B.
baronie , II. 700. C. IV. 21. C. 573. B. V. 891.
C. de Chalais , VII. 861. B. VIII. 590. A. de
Grignols , VII. 292. D. VIII. 485. D. 594. A
C. de Perigord , II. 364. C. Voyez Talairan.
Talhouet , VIII. 647. D. IX. 76. B.
Talguerne , V. 421. E.
Taliacôt , duché , V. 463. * C. IX. 210. B.
TALLARD , (Comtes de) V. 268. & suiv. Voyez
Hostun.
Tallard , seigneurie , III. 769. B. vicomté , II.
206. C III. 451. B. 770. B. IV. 286. BD.
642. C. 714. C. 715. E V. 265. A. 268. D.
VII. 268. E. VIII. 182. A. 420. B. 912. C.
914. A. comté , V. 268. C. VII. 674. R. de
Tarascon , III. 854. B.
Talmas , VII. 563. C. seigneurie , VI. 781. A.
VIII. 13. A. 628. D. 652. C.

Talmey , seigneurie , II. 868. E. 869. BE. 870.
A C E. 871. A B D. 872. A B. IV. 180. D. VII.
36. D. 37. A D. 40. B. 255. B. 809. E. VIII.
719. D.
TALMOND , (Princes de) IV. 173. Voyez la Tre-
moille.
Talmond , seigneurie , III. 60. B. IV. 194. A C D.
195. A B D E. 196. A. V. 131. D. 575. C. VI.
135. B. baronie , II. 426. E. comté , III. 351.
A. VI. 163. A. principauté , IV. 166. C D. 167.
C. 168. D. 169. A. 170. A B D. 171. C E. V.
523. D. VII. 76. A. 122. A. 846. C. 880.
A. IX. 334. A. sur Gironde , V. 18. C. comté ,
V. 19. F.
Talnay , seigneurie , VII. 247. C. IX. 475. B.
Talon , VI. 576. B. 589. C. 789. A. VII. 682.
D. VIII. 918. E. I X. 329. A. 335. C. 337.
C. seigneurie , IX. 451. * D.
la Talonniere , seigneurie , VII. 513. B.
Talou , comté , II. 468. B. III. 299. A.
Talsi , seigneurie , VII. 170. A.
Talto , chambrier du Roy , VIII. 394. B.
Talvois , seigneurie , VI. 418. C.
Talvoye , seigneurie , VI. 595. D.
Taluz , seigneurie , IV. 216. D.
Tambonneau , VI. 598. D.
Tamerlet , seigneurie , VI. 299. A. 300. B.
Tamise , seigneurie , V. 837. E. 839. D 841. B.
842. B. VII. 823. C.
Tamisier , IX. 362. C.
Tampierre , seigneurie , IX. 140. B.
Tana , IV. 878. B. VII. 691. D.
Tanais , VI. 704. D.
Tanay , seigneurie , V. 418. B. VI. 358. C.
Tancarville , V. 215. E. VI. 690. C. 744. B. VII.
866. D. seigneurie , I. 203. E. II. 409. D. VI.
311. D. VII. 104. D. baronie , VI. 632. D.
vicomté , VI. 690. G. comté , I. 214. B. 215.
A D. 216. A. 217. C. 218. A B. 219. D. 221.
E. 222. C. 388. D. 430. D. IV. 56. E. 566.
C. V. 136. B. 137. E. 138. B D. 226. E. 227.
A D. VI. 176. D. 313. B. 634. A. 654. A. VII.
74. C. 122. B. 370. C. VIII. 314. B. 315. A.
451. D.
Tancos , seigneurie , I. 682. A C.
Tancouet , seigneurie , VII. 217. D.
Tancrede , VIII. 157. A.
Tancalfe , chambrier du Roy , VIII. 394. B.
Tanecy , seigneurie , III. 920. A.
Tangis , seigneurie , I. 583. A.
Tangry , seigneurie , II. 123. D. III. 577. A.
Tanieres , seigneurie , III. 581. C. 608. A.
TANLAY , (Seigneurs de) I. 511. & suiv.
Tanlay , VI. 700. C. seigneurie , I. 473. A. 474.
A. 527. D. 518. A. 558. D. VI. 60. B. 139.
D. 650. D. 700. C. VII. 3. E. 151. E. 155. E.
VIII. 215. B. 558. C. marquisat , IX. 314. A.
335. A.
Tannay , VIII 767. B. seigneurie , VII. 832. A.
Tanné , VI. 499. E.
Tanneguy , VI. 574. A.
Tannere , VI. 742. C. VIII. 555. E. seigneurie ,
I. 492. A. 496. B. 510. B. 512. D. III. 915.
B. V. 895. B. 896. C. VII. 368. A.
Taanté , seigneurie , V. 485. E.
Tanquert , seigneurie , VII. 139. D.
Tanquis , Colart , maître de l'écurie du Roy , VIII.
469. A.
Tanques , VII 115. A. seigneurie , VII. 112. A.
VIII. 469. B. 504. D. 736. B.
Tanton , II. 150. C.
Tantonville , seigneurie , II. 249. B. IV. 835. A.
comté , IV. 844. A.

Taquil, III. 394. C.

Tarabras, seigneurie, VII. 491. B.

Taramesnil, VI. 568. D. IX. 463. C. seigneurie, VI. 570. C.

Tarasteix, seigneurie, VII. 278. A. 538. C.

Tarazena, marquisat, V. 526. B.

Tardes, I. 441. D. VI. 749. A. VII. 48. B.

Tardieu, II. 385. C.

Tardif, IV. 765. C. IX. 464. C.

Tardinghen, seigneurie, V. 832. C.

Tarentaise, vicomte, II. 165. A.

TARENTE, (Princes de) I. 412. & suiv.

Tarente, principauté, I. 101. E. 129. B. 298. D E. 397. E. 404. E. 409. D. 411. A. 418. A. 422. D. II. 606. D. III. 377. C. 436. A. IV. 169. A. 170. AD. 171. BE. 172. BC. 173. A. VI. 129. B. 131. BD. VII. 62. C. 75. E.

Targé, VII. 505. A. seigneurie, IV. 290. ACD.

Targer, VII. 683. D. IX. 463. B.

Tarifa, marquisat, III. 354. D.

Taris, seigneurie, V. 742. E.

Tarlet, V. 667. B. IX. 478. C.

TARLO, Michel, chevalier du S. Esprit, IX. 283. A.

Tarneau, IV. 61. E.

Tarode, VII. 584. E.

Taron, seigneurie, VI. 281. D.

Tarouca, comté, I. 662. A.

Tarouca-Linares, I. 577. C.

Tarques, II. 297. A.

Tartas, III. 717. D. VI. 207. C. vicomté, I. 300. C. 463. C. II. 706. D. III. 80. D. 381. A. 383. D. 432. B. IV. 57. A. VI. 105. B. 205. B. 207. BC. 208. D. 215. B. VIII. 92. B. 580. B. 593. ** E.

la Tartiere, seigneurie, VII. 708. B. VIII. 819. D.

Tartifumes, seigneurie, IV. 660. A.

TARTIGNY, (Seigneurs de) III. 644. Voyez Montmorency-Laval. (Autres Seigneurs de) VI. 54. Voyez Clermont en Beauvoisis.

Tartigny, seigneurie, III. 643. B. VI. 55. C. 659. B. VII. 478. A. 819. C.

le Tartre, seigneurie, IV. 640. E.

Tarvoy, II. 117. E. 118. A.

Tary, marquisat, III. 354. E.

Tasnieres, seigneurie, II. 506. B.

Tassancourt, VI. 370. A.

Tassillé, seigneurie, VI. 190. A.

la Taste, VIII. 158. B.

Tatzameronguen, III. 611. C.

TAVANNES, (Marquis & Vicomtes de) VII. 252. & 257. Voyez Saulx.

Tavannes, II. 63. C. VII. 253. E. IX. 457. B. seigneurie, IV. 679. D. VII. 49. A. 190. D. vicomté, VI. 530. C. comté, VII. 684. A. 766. A. 771. D. marquisat, I. 377. C. II. 388. C. 872. CD. VII. 257. C.

Tavarez, I. 690. E.

Tauberge, seigneurie, I. 238. B.

Taveau, IV. 679. B. 680. C. 714. E. VI. 467. A. VII. 512. B. VIII. 142. D. 480. D. 481. D. 482. B. 487. D. 755. C. de Mortemer, VIII. 484. A.

Tavel, VI. 433. C. Pudesta de Milan, ibid.

Tavera, IX. 290. A. marquisat, I. 635. C.

TAVERNY, Adam, queux du Roy, VIII. 828. C.

Taverny, seigneurie, III. 568. D. 570. B. 574. D. 576. A.

Tavers, VI. 539. D.

Taulane, seigneurie, III. 387. C.

la Taule, V. 609. D. seigneurie, V. 131. E. VI.

745. A. 749. C. VIII. 63. D. 281. B.

DES TAULES, Oudart, maître de l'écurie du Roy, VIII. 466. B.

Taulignan, seigneurie, II. 186. 2. B. 187. 2. CE. 188. C. 194. D. 198. C. 246. C. 251. C. VII. 929. A.

Taumassin, seigneurie, VII. 399. A.

Taunay, IV. 193. CD. seigneurie, V. 571. C. VIII. 328. E. 329. A. Boutonne, seigneurie, VII. 18. D. VIII. 672. A. 922. E. Charante, seigneurie, II. 396. B. Voyez Tonnay.

Taunier, IX. 362. B.

Tavora, I. 471. B. 631. C. 642. A. 664. BD. 678. A. 681. AB. 683. E. 693. E. IX. 380. E. seigneurie, I. 585. B. comté, I. 641. E. 661. A. 677. B. marquisat, I. 666. B. 696. A.

Taupier, II. 450. A.

le Taur, IV. 373. B. seigneurie, IX. 396. A.

Tauria, VII. 274. D.

Tauriac, seigneurie, V. 188. C.

Taurisano, duché, I. 634. C. 635. A C. 636. B. 652. A.

Tauzelles, IV. 787. B. VI. 321. D.

Tayac, seigneurie, VII. 335. B. 410. B.

Tayan, seigneurie, IX. 389. A.

Tayole, seigneurie, II. 666. C.

Tayrac, seigneurie, VII. 274. A.

Teczen, IX. 283. A.

Tegra, seigneurie, V. 749. C.

Tehillac, V. 415. E. seigneurie, VII. 720. A.

Teiada, V. 525. C.

du Teil, IV. 367. C. seigneurie, I. 319. D. II. 407. A. VII. 334. B. 342. A. baronie, VIII. 712. B.

Teillay, seigneurie, VII. 551. C.

la Teillaye, II. 852. A. VI. 466. A. seigneurie, IV. 79. A.

Teissier de Salras, VII. 343. D.

Teissiere, seigneurie, IV. 275. B.

Teligny, III. 643. B. VI. 786. B. seigneurie, III. 640. A. 650. A. VII. 13. C. 153. B.

Telleis, seigneurie, IV. 161. C.

TELLEZ-GIRON, Joseph-Marie, duc d'Ossonne, chevalier du S. Esprit, IX. 289. B.

Tellez-Giron, V. 530. B. IX. 299. A.

Tellez-de-Menezes, I. 577. C. 679. A B. 680. B. 682. B. 688. C.

LE TELLIER, Charles-Maurice, archevêque de Reims, II. 92. B. Michel, marquis de Barbesieux, chancelier de France, VI. 578. B. Charles-Maurice, commandeur du S. Esprit, IX. 215. B. Louis-Nicolas, chevalier du S. Esprit, IX. 271. B. François-Michel, chancelier des Ordres, IX. 307. D. Louis-François-Marie, chancelier des Ordres, IX. 308. C. Michel, grand-tresorier des Ordres, IX. 325. C.

LE TELLIER, (Genealogie de) VI. 578.

le Tellier, II. 92. E. III. 591. D. IV. 294. C. 431. A. 543. B. 603. C. 604. A. 643. E. 793. D. 878. D. V. 153. A. 154. F. 388. E. 389. A. 464. * E. VI. 432. C. 529. C. 551. B. 578. B. VII. 400. E. 491. D. 713. C. IX. 227. B. 475. D. de Louvois, III. 773. E. V. 86. B C. 154. F. de la Luthumiere, III. 502. B. IX. 325. B. de Rebenac, V. 283. F. VIII. 779. B. de Tourneville, V. 153. A. VI. 574. A.

Temericourt, seigneurie, VI. 295. A.

Temple, baronie, VII. 708. A.

Templeux, II. 128. D. VI. 549. C. seigneurie VII. 337. A B. VIII. 84. B. 86. B.

Tenance, I. 497. B. seigneurie, IV. 861. B. baronie, IV. 840. D. comté, VII. 374. B.

Tenant, VII. 689. E.

Tenarre, I. 377. A. IV. 862. D. VII. 247. A. 645. C. VIII. 354. B. seigneurie, IV. 860. C. comté, VII. 666. D.

Tenay de S. Christophe VIII. 337. D.

Tencin, seigneurie , II. 255. D.

TENDE (Comtes de) de la maison de Savoye , VII. 237.

Tende , II. 284. A. comté , III. 384. A. 588. A. 490. A. 604. B. IV. 493. A D. 538. D. VII. 132. A. 207. E. 237. A B. 884. C. VIII. 500. D. Voyez Lascasis.

Tendos, seigneurie, VI. 353. C. 354. B.

Tendu , seigneurie , IV. 387. C.

Tenelieres , seigneurie , VIII. 720. A.

Tenelles, seigneurie , II. 152. A. VIII. 495. A.

Teneques, V. 833. A.

Teniers, II. 871. E.

Tenoignes , seigneurie , VI. 697. D.

Tenon, VI. 419. C. seigneurie , VII. 133. D.

Tenques, seigneurie, VI. 173. C. 720. D.

TENREMONDE , (Seigneurs de) sortis des comtes de Flandres, de la maison de Dampierre, 742. & suiv.

Tenremonde, IV. 840. A. VI. 94. B. VIII. 738. D. seigneurie, l. 544. C II. 730. C. 731. D. 742. D. III. 316. C. IV. 210. C. 211. A B C. V. 10. D. 652. C. VI. 48. B. 806. A. VII. 121. A. VIII. 546. A. Voyez Flandres.

Tenseque, II. 739. A.

Tentemonde, seigneurie, VIII. 57. A.

Tentugal , comté , I. 618. A. 638. A D. 639. C. 640. A D. 642. B. 668. B.

Terasson , seigneurie , IV. 793. E.

Terchamp, vicomté, V. 398. C. VII. 383. B.

Terlozzi , comté, I. 419. B.

TERMES (Marquis de) V. 284. Voyez Pardaillan. (Seigneurs de) VII. 216. Voyez la Barthe.

Termes, IV. 306. A B. 322. C. VII. 854. C. seigneurie, III. 842. C. IV. 306. C. 307. A. VII. 214. B. 216. A. VIII. 869. D. 874. B. baronie, IV. 307. C D. 574. C. V. 181. A. 191. A. marquisat, V. 184. C.

Ternac , seigneurie , VIII. 588. A. baronie , VII. 862. D.

Ternant, IV. 185. B. 860. E. VI. 413. C. VII. 4. B. 157. A. seigneurie , II. 874. A. VII. 367. D. VIII. 13. B.

Ternas, seigneurie , VII. 827. E.

Ternat, seigneurie , I. 362. C.

Ternay, VIII. 173. B. IX. 478. A. seigneurie, III. 636. E. IV. 755. B. marquisat , VII. 585. B.

Ternes, seigneurie , VIII. 373. A. 857. A.

Ternier, II. 164. B.

Terouenne, vicomté, I. 259. C.

la Terrace, seigneurie, II. 246. C D.

la Terrade, seigneurie , VII. 213. A. 268. A.

Terragnon , seigneurie, II. 617. C.

Terrail , V. 264. B. IX. 432. A. seigneurie , I. 297. A. IV. 438. B. VIII. 820. C.

Terrasson , seigneurie , VII. 321. D. VIII. 245. C.

TARRAT, Gaston-Jean-Baptiste, grand-tresorier des ordres , IX. 329. B.

Terrat, IX. 322. C.

Terre, VIII. 294. E.

Terrebœuf, seigneurie, VII. 560. B.

la Terrefont, seigneurie, II. 418. E.

Terrendol, seigneurie, II. 252.

Terre-Neuve, duché , I. 274. A.

TERRIDES (Seigneurs de) II. 673. & suiv.

Terrides, II. 711. E. IV. 15. E. VII. 605. C. seigneurie , II. 644. A B C. 703. E. 704. A.

V. 359. B. VII. 267. D. baronie, IV. 18. C D. vicomté , II. 672. E. 673. B. IV. 19. A. VII. 407. A. Audobert , II. 674. A.

Terrien, IV. 459. C.

TERRIER (Seigneurs du) II. 280. D.

la Terriere, seigneurie, VIII. 795. D.

la Terrisse , seigneurie, VI. 461. A.

Terron, seigneurie, VI. 456. B.

Tersac, VII. 276. D. Montberant , I. 370. E.

Terlanes , seigneurie , V. 344. E.

Terssan , seigneurie, VII. 767. B.

du Tertre, I. 285. C. VII. 477. C. 560. B. 834. C. VIII. 794. D. 888. A. IX. 467. A. seigneurie, III. 636. D. V. 82. F. 833. A. VII. 234. C. IX. 474. D.

TERTRE-JOUAN (Seigneurs de) VII. 528. Voyez Budes.

Tertre-Jouan, seigneurie, VII. 528. B.

LA TERZA (Seigneurs de) VII. 737. C. Voyez Tocy.

la Terza, seigneurie, II. 594. A B. VII. 737. C comté , I. 400. E.

Terzé, seigneurie, VIII. 336. D.

Terzona, VIII. 503. B.

Tescourt, seigneurie , VII. 852. D.

Tessard, IV. 572. E.

Tessé, seigneurie, VI. 191. A. VII. 669. D E. VIII. 101. A. comté, VII. 387. A. 667. C.

Tesson, V. 127. E. VI. 634. B. 663. B. 690. A. seigneurie, VI. 690. A.

Tessonnieres , seigneurie, VIII. 487. D.

Tessy, seigneurie, VI. 373. A.

Teste, VI. 476. D.

Testu, V. 489. E. VI. 584. D. VII. 493. E. IX. 320. C. de Balincourt , IV. 688. C.

Teuffley, VII. 748. A.

Texier, VII. 564. B. 573. C. IX. 120. B.

Teyrargues , vicomté, I. 347. B. 348. E.

Teyssonnac, IX. 479. A.

TEYSSONNAT (Seigneurs de) VIII. 596. **** Voyez Gironde.

Thaboureaux, seigneurie, I. 499. C. IV. 834. D.

Thais , seigneurie, III. 837. B. IV. 600. B. V. 382. B.

Thalemas, seigneurie, VII. 739. C.

Thalie , seigneurie, VIII. 258. B.

Thaloushof, seigneurie, II. 769. B.

Thaon , seigneurie, VI. 376. A.

THAUMATS (Seigneurs de) V. 422. & suiv. Voyez Goyon.

Thaumats, seigneurie, V. 404. E. 422. E.

Thauny , seigneurie, VII. 739. C.

Thebes, seigneurie, VI. 130. C.

Theilliat, VIII. 595. ***** B.

Theis, I. 211. C. seigneurie, I. 214. A.

Theligny, IV. 749. C. VIII. 756. A.

Thelis, VIII. 333. C.

Themericourt, seigneurie, IV. 413. B. VI. 434. D. Voyez Temericourt.

Themines, VII. 300. A. seigneurie, VII. 414. E. 415. C. VIII. 167. D. IX. 67. A. baronie, VII. 271. E. marquisat, IV. 32. E. 136. A. 601. A C D. 602. C. V. 899. A. VII. 293. B. 314. C. 339. D. 411. A.

Thenare , baronie, IX. 292. B.

Thenay, V. 167. C.

Thené , seigneurie , VII. 895. B.

Thenelles , seigneurie , III. 622. A. VI. 533. D. VIII. 735. D.

Thenissey, seigneurie, IV. 852. B.

Thenon, seigneurie, VII. 318. B. 327. A.

Thenye, seigneurie, VII. 98. B. 367. E. VIII. 706. A.

Theobon,

Theobon, marquisat, IV. 272. E. V. 752. D.
Theocourt, seigneurie, V. 643. B.
Theodoric, chambrier du Roy, VIII. 394. D.
Theon, IX. 303. B. seigneurie, II. 665. B. IV. 663. A. VII. 22. A. 100. C.
Theophilo, V. 463. * A.
Therouenne, seigneurie, VI. 670. C.
THESART, *Louis*, archevêque de Reims, II. 34. B.
THESART (*Genealogie de*) II. 34.
Thesart, V. 146. C. VII. 582. A. VIII. 169. C D.
Thesme, seigneurie, IV. 228. B. VIII. 805. C.
Thesmillon, seigneurie, VIII. 128. C. 119. E. 121. A C. baronie, VIII. 121. A.
THESSALIE (*Despote de*) II. 606. A.
Thessalonique, royaume, I. 398. D. 418. B. 478. B. 547. A C. 548. C. II. 781. E. 782. D.
Thessilly, seigneurie, VI. 367. C.
Thesut, VIII. 921. C.
THEVALLE, *Jean*, chevalier du S. Esprit, IX. 73. A.
Thevalle, IV. 369. C. VII. 227. A. 516. E. VIII. 584. A. seigneurie, IX. 73. A.
Theudon ou *Theoton*, chancelier, VI. 142. B.
Theve, seigneurie, VIII. 834. A.
Thevenet, IX. 351. C.
Thevin, IV. 444. B. VI. 470. C. VII. 291. D. 407. B.
Theuray, seigneurie, II. 431. C.
Thieuville, seigneurie, VIII. 20. E. 753. A. *les Maillois*, seigneurie, VIII. 811. A. 811. * B.
Theys, II. 192. C.
Theysé, seigneurie, VIII. 333. C.
Thezan, VII. 483. E. 769. C. 786. E.
la Thiaize, VIII. 883. D.
THIANGES (*Marquis de*) VIII. 324. *Voyez* Damas.
Thianges, I. 257. E. 435. A. 489. B. 497. B. 505. B. II. 347. E. 861. B. VI. 237. A. 745. D. VIII. 145. D. 493. C. IX. 398. E. 472. C. seigneurie, IV. 658. B. VIII. 322. D E. 324. C. 330. B. comté, VII. 200. B. marquisat, IV. 680. E. V. 464. * D. VII. 701. B. VIII. 324. D. 805. B. IX. 210. A. 453. G.
Thiaho, principauté, V. 524. A.
Thiant, I. 259. C. comté, VIII. 82. A.
THIARD, *Claude*, chevalier du S. Esprit, IX. 236. A. *Henry-Pons*; commandeur du S. Esprit, IX. 262. B.
Thiard, VI. 445. B. 448. A. VII. 258. A. 492. C. 643. D. 648. D.
Thiart, V. 669. D.
Thiaucourt, IV. 833. A.
Thibaud, VII. 388. D. 903. D.
la Thibaudaye, seigneurie, V. 420. B.
Thibaudeau, IX. 446. C.
Thibaudiere, seigneurie, VI. 597. C.
Thibault, IV. 669. C. VI. 430. A. VIII. 804. A. *de la Carte*, IV. 892. B. *de Puffey*, IV. 851. B.
S. Thibaut, seigneurie, VII. 251. B. 811. A. VIII. 328. B. 672. A.
Thibeauville, V. 80. D.
Thibergeau, IV. 749. D.
Thiboust, VI. 382. A. 468. A. *du Orbe*, VII. 371. B.
Thibout, V. 143. A.
Thibouville, VI. 635. A. marquisat, VI. 435. B.
Thieblemont, seigneurie, III. 734. A.
Thiembronne, seigneurie, V. 230. B. 637. C. VI. 796. C. VII. 535. D. VIII. 152. B C. 153. A B C. 156. C. 278. A. baronie, VIII. 153. E.

Thiembrune, seigneurie, IV. 567. B. V. 79. C. VI. 175. C. 720. B. VII. 22. B. 100. A. VIII. 261. B. IX. 503. B. *Valence*, IV. 130. A. VII. 368. C.
Thiethen, baronie, I. 265. D.
Thienget, VIII. 726. C. seigneurie, VIII. 373. E.
Thienne, seigneurie, IV. 182. B C.
Thiennes, V. 627. A. 648. B. VIII. 35. A. 81. B. seigneurie, V. 618. A B. VI. 174. C. VII. 111. D. VIII. 70. B. 783. A.
Thierache, seigneurie, VI. 110. A.
Thiercelen, seigneurie, IV. 728. C.
Thiercelin-Saveuse, VII. 456. E.
THIERN (*Barons de*) VI. 452. *Voyez* du Prat. (*Vicomtes de*) VIII. 58. *Voyez* anciens vicomtes d'Auvergne.
Thiern, III. 199. B. 200. A. IV. 163. A. VI. 83. A. 84. B. VII. 130. B. VIII. 155. A. 319. B. 903. B. baronie, I. 354. E. 425. D. VI. 451. B. 454. C. 456. D. IX. 464. B. vicomté, I. 274. D. 539. D. VI. 728. C. VIII. 58. A. 319. B.
Thierry, II. 429. D. VI. 502. A. VII. 22. C. 291. E. 516. D. VIII. 337. A. seigneurie, V. 396. B. S. Thierry, seigneurie, I. 513. E. 514. D.
Thiers, seigneurie, II. 265. B. III. 645. B. baronie, IX. 336. A.
Thiersault, IX. 198. A. 318. C.
Thierstein, comté, VIII. 353. D.
Thieslin, VII. 504. A.
Thieville, II. 411. A B. VI. 645. A.
Thieuloye, seigneurie, III. 353. B. VIII. 657. A. 658. B. vicomté, V. 240. C.
Thieuville, IV. 731. C. V. 144. B. 381. E. VII. 569. D. VIII. 264. C. IX. 381. A. seigneurie, V. 382. A. VIII. 495. D.
Thieuvy, seigneurie, VI. 787. A.
THIEUX (*Seigneurs de*) VIII. 556. *Voyez* des Essars.
Thieux, VI. 267. C. 455. A. seigneurie, VIII. 556. A. 943. B.
THIL (*Genealogie des Seigneurs de*) VIII. 417. *Voyez* Chasteauvillain.
Thil, IV. 164. C. VI. 733. B. VII. 181. B. seigneurie, II. 310. D. IV. 873. C. VI. 64. A. 474. A. 733. B. VII. 48. A B. 800. A. VIII. 102. B. 417. A. 776. D. 820. A. baronie, VII. 804. C. comté, VII. 438. A. *sur-Arro*, seigneurie, II. 344. & *suiv. en Auxois*, seigneurie, II. 343. D. *en Beaujollois*, seigneurie, I. 312. D. 559. D.
Thilé, seigneurie, V. 234. B.
Thillard, seigneurie, IX. 481. A.
Thimbroil, seigneurie, VII. 511. A.
Thin, seigneurie, I. 238. C.
Thinieres, VI. 303. A. 317. C. 398. B. seigneurie, VIII. 814. E.
Thionville, seigneurie, IV. 752. C. VI. 381. C.
Thiouville, seigneurie, VIII. 18. C.
Thiopola seigneurie, V. 523. E.
Thiverny, seigneurie, II. 128. D. VI. 351. C.
Thiville. *Voyez* Thieuville.
Thivray, seigneurie, V. 131. F.
Thoarcé, seigneurie, VII. 173. B.
Thoeis, I. 267. C.
Thoeny, VI. 249. A. seigneurie, *ibid.*
Thoiny, seigneurie, III. 767. A.
Thoire, II. 15. A C E. seigneurie, I. 305. D. 308. D. 543. B. II. 30. A. 163. C. IV. 27. A. V. 133. B. VI. 68. D. 731. D. VII. 146. B. 148. E. 795. E. 799. C. 801. D. VIII. 416. A. 419. B. 903. E. *de Villars*, IV. 27. A.

Thoiry, seigneurie I. 317. A. VI. 664. B.

Thois, (*Marquis de*) V. 620. *Voyez* Gouffier.

Thois, VIII. 101. A. seigneurie, IV. 182. B C. V. 616. B. 617. A. 620. A. VI. 174. C. 634. D. VII. 110. E. 880. B. VIII. 748. A. 783. A. marquisat, I. 377. E. V. 614. C. 621. E. 928. E. VII. 550. B.

Thol, seigneurie, II. 505. B.

Tholon, II. 251. A. IV. 286. C. VIII. 920. A. seigneurie, IV. 215. B D. 227. C. 228. A.

Tholosani, VIII. 235. C.

Thomacella, I. 422. E.

THOMAS, *Nicolas*, maître fauconnier du Roi, VIII. 748. C.

Thomas, II. 295. A D. 298. C. IV. 24. A. 494. D. V. 145. B. VI. 370. A. 586. A. VII. 486. D. 518. B. IX. 437. C. *de Boismorin*, IX. 116. C.

Thomasse, IV. 283. A.

Thomassin, I. 376. D. II. 431. C. 872. D. III. 841. C. IV. 684. B. 771. D. VII. 40. A. 183. B. 190. C. 258. A. VIII. 302. D. IX. 127. A. 195. B.

Thominas, VI. 462. A.

Thomme, seigneurie, II. 767. A.

Thonins, seigneurie, VII. 502. B. baronie, I. 377. D. II. 235. D.

Thons, seigneurie, IV. 825. B. 826. A. IX. 98. B. marquisat, IV. 876. E.

Thony, IX. 466. D. seigneurie, VII. 730. B.

Thor, seigneurie, II. 400. B CD. marquisat, II. 247. B.

Thoraine, seigneurie, VIII. 101. A.

Thoraise, seigneurie, II. 210. E.

Thorangy, seigneurie, VIII. 946. A.

THORAS, (*Seigneurs de*) III. 822. *& suiv. Voyez* Apchier.

Thoras, seigneurie, III. 820. C. 821. B. V. 279. F.

Thoré, seigneurie, III. 601. A. 603. A. 604. A D. 605. A. 732. C. IV. 32. A. 274. A. VIII. 279. E.

Thoreau, VI. 428. B. VIII. 906. A.

Thoreil, IX. 444. B.

Thotel, VIII. 811. ** B.

THORIGNY, (*Comtes de*) V. 390. *& suiv. Voyez* Goyon. (*Seigneurs de*) VI. 54. *Voyez* Clermont en Beauvoisis.

Thorigny, VII. 97. A. 903. A. seigneurie, II. 405. A. III. 74. C. 161. A B. 502. B. V. 128. D. 381. C E. VI. 54. D. 338. B. 561. C. 641. D. VII. 806. D. VIII. 571. B. 883. D. baronie, V. 381. B. 382. D. 383. C E. 385. B. VIII. 170. E. comté, I. 104. B. IV. 58. C. 499. B C. V. 150. D. 385. D E. 386. C E. 387. B C. 388. E. 390. D E. 391. E. 393. C. VII. 335. A. 444. D. VIII. 173. C.

Thoron, II. 591. E. 604. E. VI. 23. D. seigneurie, II. 592. C D. 841. E. IV. 654. A. VI. 24. C. 79. E. 80. C.

Thorote, II. 764. C. III. 625. B. V. 829. A. VI. 49. A. 64. A. 93. B. 110. D. 140. C. 144. A. 146. D. 638. B. 717. D. VIII. 32. A. 88. E. 198. B. 369. A. 398. A. 571. E. 751. A. 789. B C. 881. B. seigneurie, VI. 49. A. 158. B. *Offemont*, VI. 745. C.

Thors, IV. 558. D. seigneurie, IV. 446. C. 562. A. V. 572. E. VI. 105. D. 203. A. VIII. 579. A. 763. B. baronie, VII. 20. B C.

Thory, VIII. 53. C. *sur-Allier*, seigneurie, VI. 326. D.

Thosny, seigneurie, VIII. 869. B.

Thou, I. 145. D. III. 639. C. IV. 175. A. 572. A,

D. 640. B. 875. E. VI. 382. B. 434. A. 508. A. 586. C. VII. 368. C. VIII. 712. D. 799. B. 801. A. 944. A. seigneurie, I. 505. B C. II. 60. C. 443. B. 444. A. IV. 363. A C. 364. A B. 365. A C. *sur-Marne*, seigneurie, VI. 383. D.

Thouarcé, seigneurie, IV. 576. B. baronie, VIII. 182. D. marquisat, II. 426. D. IV. 325. B. VI. 770. C. IX. 139. A.

THOUARS, duché-pairie, érigé en duché pour LOUIS sire de la Tremoille en 1563. & en pairie pour CLAUDE de la Tremoille, duc de Thouars en 1595. IV. 145. *Pieces concernant ces érections*, IV. 146. *& suiv.*

THOUARS, (*Anciens vicomtes de*) à la tête desquels se trouvent deux lettres de M. Besly à M. du Chesne, IV. 187. *& suiv.*

Thouars, II. 502. E. III. 573. E. 609. A. 626. C. 632. B. IV. 293. B. 461. B. 562. C D. V. 131. D. 380. F. VI. 50. E. 67. B. 187. C. 276. C. 559. D. 651. C. VII. 12. A. 17. C. 73. E. 80. C. 121. B. 175. D. 499. B. VIII. 46. A. 199. B. 730. A. 836. D. seigneurie, II. 425. A. V. 10. B. VII. 121. A. 187. C. vicomté, I. 112. C. 170. D. 389. B. 430. A. 446. C. 447. A. II. 520. B. 794. B. 850. D. III. 55. E. 57. C. 60. B. 75. C. 76. B D. 79. D. 605. A. IV. 55. D. 166. C. 167. C. 169. A. 189. *& suiv.* 656. B. V. 11. A. 131. D. 138. C. 380. F. 523. D. VI. 60. E. 135. B. 415. A. 651. C. 766. B. VII. 76. A. 97. A B D. 111. B. 503. A. 851. D. 880. A. VIII. 570. C. duché, I. 336. A. III. 605. A. IV. 170. A. 539. C. 542. D. 543. A. VII. 156. D. pairie, V. 397. C. VI. 558. A. VII. 62. C.

Thoüen, VII. 274. C.

Thoula, seigneurie, V. 107. F.

Thoulongeon, IV. 859. B. VIII. 149. A. seigneurie, IV. 614. A B. V. 736. B. comté, IV. 615. C. *de Traves*, VI. 742. C. *Voyez* Toulongeon.

Thoulousaines, seigneurie, II. 655. B.

THOURAS, (*Seigneurs de*) VII. 357. *Voyez* Apchier.

Thouras, seigneurie, IV. 548. B. 549. C. VII. 357. C. 358. C. baronie, IV. 548. D.

Thouriers, seigneurie, IV. 425. B. D. 426. E.

Thouront, seigneurie, II. 754. A. *les Winendales*, seigneurie, II. 745. C.

THOURY, (*Comtes de*) VIII. 917. *Voyez* Clermont-Tonnerre.

Thoury, VII. 373. A. 714. C. seigneurie, IV. 710. B C. 711. C. 713. B. 714. A C. VIII. 95. D. 917. A. baronie, IV. 69. E. VI. 452. B. 454. C. comté, VIII. 917. C.

Thoux, comté, II. 326. C.

Thoynard, IX. 470. D.

Thressonville, seigneurie, VI. 590. A.

Thuanet, V. 743. A.

THUBBAUVILLE, *Jean*, maître de la venerie du Roi, VIII. 688. A.

Thubieres. *Voyez* Caylus.

Thucé, seigneurie, VII. 99. B.

Thudesquin, VI. 513. B.

Thueil, seigneurie, VI. 338. B.

la Thuille, VIII. 648. B.

Thuillay, seigneurie, VI. 564. D.

Thuilleries, VIII. 130. A. seigneurie, IV. 639. A.

Thuillier, II. 308. A.

Thuillieres, IV. 824. C. VI. 121. B. seigneurie, IV. 755. A. 832. B.

Thuisseau, seigneurie, VIII. 180. C. 181. B. 182. A.

Thuify, IX. 414. E. marquifat, VI. 545. D. IX.
163. C.

Thulin, feigneurie, VIII. 36. A. 792. D.

Thomaïde, feigneurie, VIII. 32. A. 33. A B.

Thumery, VI. 380. A. 583. B. VII. 50. A. feigneurie, VIII. 595. *** B.

Thun, (Seigneurs de) VIII. 738. Voyez Belleforiere.

Thun-S.-Martin, feigneurie, VIII. 736. A. 738.
C.

Thuré, feigneurie, VIII. 481. B.

Thurey, II. 709. A. IV. 14. A. VII. 45. A. 149.
C.

Thurin, VI. 511. D. VII. 588. C. VIII. 286.
B.

Thuringe, Roger, évêque de Châlons, II. 311.
D.

Thuringe, comté, II. 311. D. landgraviat, I. 40.
E. 79. E. II. 370. B. 792. CD. royaume, I.
3. C E. 7. D

Thury, feigneurie, I. 364. A B C. 365. C. III.
580. E. IV. 874. A. V. 131. D. VI. 634. B.
690. B. VII. 374. C. VIII. 896. B. baronie,
V. 150. B. VI. 379. B. VII. 494. D. marquifat, III. 581. E. 582. D. 583. A B. 586. A.
V. 148. C. 151. A B. 152. B C. VI. 770. B.
VIII. 255. A. 287. A.

Thuyer, Jean, aumônier du Roy, VIII. 240.
C.

Thy, feigneurie, II. 433. E. le Château, feigneurie, VIII. 36. C.

Tibergeau, VI. 528. C.

Tibiron, (Seigneurs de) III. 819. & fuiv.

Tibivilliers, feigneurie, II. 88. A.

Tibouville, II. 407. C. feigneurie, V. 146. A.

Tiefrie, feigneurie, VI. 175. C.

Tielmont, feigneurie, VII. 49. D.

Tier, III. 830. D.

Tiercelin, Adrien, chevalier du S. Efprit, IX.
89. A.

Tiercelin, II. 842. B. IV. 687. B. V. 493. B.
VI. 118. C. VII. 99. E. 506. E. 574. 580.
B. VIII. 174. E. 327. D. 372. E. 564. A.
IX. 250. C. feigneurie, V. 401. B. de Rance,
VIII. 374. A. de Saveufe, IX. 467. A. Voyez
Thiercelin.

Tiercent, feigneurie, IV. 83. B.

Tierceville, feigneurie, VI. 686. A.

le Tiers d'Angeville, feigneurie, II. 425. B. 427.
C. 428. A.

Tierfant, feigneurie, VII. 720. C.

Tierville, feigneurie, VII. 552. C.

Tiefenhaufen, VII. 657. D.

Tiesferias, Catherine, I. 161. C.

Tievre, feigneurie, VIII. 627. A.

Tifauges, feigneurie, II. 502. E. IV. 191. B. 192.
A. 194. A. 196. C E. 652. D. VI. 276. C.
VII. 121. A. baronie, VIII. 730. E.

Tige, feigneurie, VIII. 872. B.

Tigeoire, feigneurie, III. 636. E.

Tigeon, III. 636. E.

Tigerville, feigneurie, VI. 674. B.

Tigery, feigneurie, II. 223. B. III. 583. A. VI.
514. A. vicomté, VII. 255. B.

Tigué, VII. 512. B. VIII. 481. B.

Tignieres, III. 420. E.

Tignonville, feigneurie, I. 275. D. V. 196. C.

Tigny, (Seigneurs & Marquis de) II. 454. &
fuivantes.

Tigny, II. 450. D. VIII. 170. E. feigneurie, III.
636. E. IV. 853. A. VIII. 117. C.

Til-Chaftel, baronie, II. 61. E. VIII. 903. C.

Tilh, feigneurie, V. 734. A. 735. D.

Tillac, feigneurie, VII. 273. C.

Tilladet, VII. 406. A. feigneurie, VI. 579. A.
VII. 773. B E. marquifat, IX. 227. A.

Tillart, feigneurie, IV. 793. E. VIII. 660. C.

Tillay, IV. 712. B. feigneurie, II. 121. C. IV.
563. D. V. 491. E. 672. A. VII. 544. A C.
VIII. 810. E.

Tillencourt, (Seigneurs de) VI. 803. Voyez
Crequy.

Tillencourt, feigneurie, VI. 803. A.

Tilleport, feigneurie, IV. 178. A.

Tillet, IV. 137. A B. VI. 386. A. 455. D. 456.
C. 544. B. 566. A. VII. 315. C. 428. C. feigneurie, VIII. 809. * * C.

Tillette, VIII. 563. D.

Tilleul, feigneurie, II. 68. D.

Tillier, II. 377. C. III. 385. B. IX. 391. A.

Tillieres, IV. 708. A B. VIII. 260. A. feigneurie,
II. 481. C. IV. 747. C. VI. 632. B. VIII. 257.
C. 258. A. baronie, II. 282. B. VII. 176. E.
VIII. 245. E. 259. C. comté, IV. 572. C. VI.
120. C. VII. 100. C. 467. C. VIII. 261. C E.
262. C. 712. A. marquifat, VII. 469. A. VIII.
261. E.

Tilloloy, V. 831. C. VI. 543. C. feigneurie, VI.
719. A. VII. 499. C. VIII. 524. B. 645. B.
736. D. 737. A. 854. B. comté, VIII. 737. A
C D.

Tillon, VIII. 707. A. IX. 453. A. feigneurie, III.
826. E. VII. 496. C.

Tilloy, feigneurie, III. 616. A. 915. C. V. 93.
C D. 660. C. VI. 690. D. VII. 822. C. VIII.
654. B. vicomté, VII. 100. D.

Tilly, II. 41. D. III. 724. B. V. 83. E. 139. C.
141. E. 146. A. 156. D E. VI. 55. E. 374. C.
775. A. VII. 820. A. 869. D. feigneurie, I V.
216. C. 764. C. V. 139. B. 141. C E. 143.
D. 144. A. 161. C. VI. 280. C. 440. C. 509.
D. 659. A. 794. B. VIII. 275. C. 556. D. baronie, V. 140. B. IX. 304. B. comté, I. 266.
A. III. 597. A.

Timbrune, III. 777. A.

Timeur, feigneurie, VIII. 359. B. marquifat, V.
928. C. VI. 773. D.

Tincke, II. 741. C.

Tingtos, baronie, VII. 392. A.

Tingry, (Princes de) iffus des ducs de Montmorency-Luxembourg, III. 592. & fuiv.

Tingry, VI. 168. A. VIII. 401. D. feigneurie, II.
734. C. III. 730. C. V. 227. B. VI. 166. B.
168. A. VIII. 543. C. baronie, VI. 167. A.
134. A. 168. B. principauté, III. 491. D. 589.
B. 590. A E. 605. A. 731. C. 732. B C. 733.
A. IV. 32. A. 274. A. VIII. 800. C.

Tinhof, II. 372. D.

Tinieres, II. 655. A. III. 366. C. IV. 889. A.
VI. 322. D. VII. 707. E. 765. D. 766. B. fei-
gneurie, VII. 136. B. baronie, VIII. 499. A.
Château, IV. 526. A.

Tinmouth, I. 652. C. comté, V. 166. D.

Tinnerelle, feigneurie, III. 650. D.

Tinteniac, III. 58. C. 629. B. 633. B C. 634.
A. feigneurie, VI. 186. B. VII. 73. D.

Tiorandiere, feigneurie, IV. 459. C.

Tiors de Montclar, feigneurie, VII. 289. D.

Tirabeau, II. 455. C D.

le Tirant, VI. 706. C. VIII. 870. E. 888. A.

Tiraqueau, III. 641. C. VII. 607. D. 672. A. IX.
178. D.

Tirbous. Voyez Soyecourt.

Tirconel, comté, I. 257. A.

Tirel, Guillaume, premier queux du Roy, VIII.
840. C.

Tirel, VI. 112. A. 718. D. VII. 746. C.E. VIII. 494. D.
Tirepied, seigneurie, VIII. 159. C.
Tiret, seigneurie, IV. 501. D. 504. B.
Tiron, seigneurie, V. 734. A.
Tironaille, seigneurie, VIII. 896. D.
Tirouelle, seigneurie, VI. 86. A.
Tissy, seigneurie, IV. 733. D. 734. A.
Tisdegen, seigneurie, II. 756. A.
Tison, II. 232. C. IV. 16. E. V. 16. F. seigneurie, VII. 83. B.
Tissard, VII. 340. B.
Tissart, VI. 351. A. 531. D.
Tisson, V. 18. E.
Tiverlan, seigneurie, VIII. 360. E.
Tiviere, seigneurie, VIII. 902. D.
la Tivoliere. Voyez d'Orgeville.
Tixier, II. 433. A. VI. 510. B. VIII. 338. B.
Tizon, II. 44. B.
Tocco, I. 414. E.
Toccy, VIII. 323. E.
Tocqueville, seigneurie, VIII. 91. A.
Tocy, Orbon, amiral de France, VII. 734. A.
Tocy, (Genealogie de la maison de) VII. 734.
Tocy, I. 77. E. 400. E. 485. DE. II. 594. AB. 743. B. IV. 823. A. VI. 62. D. 155. C. VII. 4. D. 78. C. 79. B. seigneurie, II. 730. B. III. 155. C. 570. A. V. 509. C. VII. 734. B. 797. E. VIII. 416. E.
Todon, seigneurie, II. 296. AB. 397. C. IV. 501. D.
Toeny, seigneurie, II. 478. C. 775. A. 875. D. III. 658. B. VI. 73. A.
Toffailles, II. 176. D.
Tofflet, seigneurie, VII. 563. D.
Toignel, VIII. 871. B.
Toignet, VI. 405. D.
Toigny, seigneurie, I. 496. C.
Toillac, III. 765. A.
Toillé, seigneurie, I. 442. A.
le Toillier, VI. 351. B.
Toiras, (Seigneurs de) VII. 487. Voyez du Caylar.
Toiras, seigneurie, VII. 129. A. 487. D. 488. C. 490. A. marquisat, IV. 432. A. VII. 491. C.
Toiré, seigneurie, I. 470. D. IV. 62. D.
Toisny, III. 584. C.
Toison d'Or, ordre de chevalerie, I. 243. B.
Toissay, seigneurie, III. 893. A.
Toisy, V. 895. B. baronie, II. 83. A.
Tolaquier, VII. 787. A.
Tolede, (Duc d'Albe, genealogie de) I. 293.
Tolede-Osorio, Dom Fabrique, nommé chevalier du S. Esprit, IX. 296. B.
Tolede, I. 293. BCDE. 585. D. 626. A. 646. B. 652. B. III. 353. A. 354. C. VII. 818 D. de Beaumont, I. 293. CD. Osorio, I. 294. B. Ponce de Leon, I. 294. A. Sylva, ibid.
Toligny, seigneurie, VI. 291. A. 295. A.
Tollay, seigneurie, IV. 862. A.
Tollet, VII. 426. B. VIII. 694. A.
Tollevast, baronie, VIII. 260. D.
Tolmer, VIII. 24. B.
Tolon, III. 826. C.
Tolonjac, seigneurie, VII. 187. E.
Tolosani, IV. 444. A.
Tomatatia, V. 464. BC.
Tombe, seigneurie, VIII. 136. B.
Tombebœuf, seigneurie, IV. 477. AC. 478. A BD. 479. ABCD.
Tomberel, seigneurie, VI. 289. D.
Tombes, seigneurie, VII. 182. C.

Tomblaine, seigneurie, III. 502. C.
S. Tomé, seigneurie, VII. 342. B.
Tommeson de Remenecourt, VI. 264. A.
Toneville, VI. 565. A.
Tonguedit, vicomté, VIII. 363. B.
Tonlieu d'Aire, seigneurie, VI. 785. A.
Tonnay-Boutonne, seigneurie, II. 668. D. IV. 889. A. IX. 428. E.
Tonnay-Charente, (Seigneurs de) IV. 684. & suiv. Voyez Rochechouart.
Tonnay-Charente, VI. 538. A. seigneurie, IV. 425. BD. 652. B. 654. CD. 675. B. 676. A. 678. C. 679. A. 685. C. VII. 255. A. VIII. 717. C. baronie, IV. 679. C. marquisat, IV. 684. C. IX. 314. A. principauté, IV. 682. B. 683. AC. 723. A.
Tonnaye, II. 424. A.
la Tonne, seigneurie, V. 557. ABC.
Tonneins, seigneurie, IV. 471. A. V. 345. F. VII. 406. D. baronie, IV. 474. D. 475. A. IX. 240. A. marquisat, IV. 472. D.
le Tonnelier de Breteuil, François-Victor, prevôt & maitre des ceremonies des ordres, IX. 319. B.
le Tonnelier, VI. 429. B. 339. C. 548. CD. de Breteuil, V. 621. B. VII. 672. B. VIII. 761. A.
Tonnerre, (anciens Comtes de) III. 260. & suiv. (Autres Comtes de) du nom de Clermont, VIII. 417. & suiv.
Tonnerre, II. 23. BC. 61. II. A. V. 582. D. VI. 727. C. comté, I. 119. E. 397. C. 473. C. 476. AB. 511. B. 544. ABD. 547. D. 548. A. II. 148. B. 149. B. 154. B. 155. D. 161. C. 167. D. 258. A. 445. D. III. 152. E. 161. AB. 197. AC. 198. BD. 199. B. 200. B. 759. B. IV. 28. B. 60. D. 164. D. 167. B. 434. C. 713. D. VI. 84. B. 94. A. 127. B. 134. B. 346. A. 654. B. 791. A. VII. 45. C. 161. E. 353. A. 759. A. VIII. 54. C. 182. A. 417. C. 418. B. 913. A. IX. 465. A.
Tonnoy, seigneurie, II. 55. C.
Tonquedec, vicomté, V. 396. D. 397. AC. 399. E. VII. 176. D. 719. B. VIII. 361. B.
Tonquidy, seigneurie, III. 641. C.
Tontignies, seigneurie, VIII. 655. C.
le Tor, II. 509. C. IV. 371. A. baronie, III. 770. C.
Toraise, VII. 46. B. seigneurie, IV. 825. E. VII. 572. B. 811. E. VIII. 416. A.
Toralva, seigneurie, I. 636. B.
Toranne, seigneurie, II. 193. C.
Torbolton, baronie, V. 929. C. 930. A.
Torcenay, II. 322. C. VI. 743. A. seigneurie, VII. 65. C. IX. 168. A.
Torchart, VIII. 772. D.
Torche-Felon, II. 165. D.
Torchy, (Seigneurs de) VI. 804. Voyez Crequy.
Torchy, seigneurie, VI. 778. C. 804. B.
Torciore, comté, IX. 210. A.
Torcy, (Seigneurs de) VIII. 96. Voyez Estouteville.
Torcy, IV. 216. C. VI. 151. B. VII. 101. E. 437. C. 440. B. 563. A. VIII. 283. C. seigneurie, I. 413. A. 414. D. 425. C. 426. B. II. 276. B. 410. B. IV. 215. A. 424. E. 850. A. 851. B. V. 131. C. 508. B. 509. B. 511. C. VI. 400. D. 759. C. VII. 6. B. 25. A. 444. B. VIII. 14. D. 87. C. 89. D. 96. A. 99. D. 105. B. 272. A. 729. D. IX. 59. B. 472. D. baronie, I. 224. C. marquisat, IX. 308. D. 326. C. 481. A.
Tord, IX. 234. B.

Torettes, VIII. 769. C.

Torfontaine, seigneurie, VII. 833. B.

Torigny, VI. 254. B. seigneurie, III. 289. D. IV. 771. A. 772. D. VI. 605. D. comté, I. 221. C. IV. 680. B.

Torija, vicomté, I. 686. B.

Torlon, VIII. 167. A.

Tormanil, VII. 177. D.

Tornaboni, III. 890. C.

Tornac, marquisat, II. 141. A C. Voyez la Fare.

Tornecoupe, seigneurie, III. 385. A.

Tornel, seigneurie, II. 242. E. V. 265. E. VI. 322. D.

Torniel, seigneurie, VII. 59. D.

Tornielle, IV. 857. A. VII. 467. D. vicomté, IV. 496. B. comté, I. 631. D.

Tornier, III. 361. C.

Tornoel, VII. 416. B.

Torote, Robert, évêque de Laon, II. 101. B. Robert, évêque & duc de Langres, II. 149. B.

Torote, (Genealogie de) II. 149. & suiv.

Torote, I. 414. B. II. 101. C. Châtellenie, II. 345. A. baronie, II. 153. D. Voyez Thorote.

Torpes, seigneurie, II. 434. C. VII. 46. B. 251. B.

Torralva, III. 353. E.

la Torre, I. 260. B.

Torté, seigneurie, VIII. 726. E.

Torrebien, seigneurie, II. 671. E.

Torrens, seigneurie, II. 181. C.

Torrés, I. 685. A D. 698. D. III. 352. E. Novas, seigneurie, I. 668. A. marquisat, I. 669. A C. duché, I. 294. A. VIII. 37. D. Portugal, V. 528. B.

las Torrez. Voyez Medina.

Tors, seigneurie, VIII. 906. C. baronie, VII. 580. D.

Torsac, IV. 362. C.

Torsanne, VIII. 268. E.

Torsay, Jean, maître des arbalêtriers de France, VIII. 69. D.

Torsay, (Genealogie de) VIII. 70.

Torsay, III. 86. A. IV. 449. C. 677. D. V. 243. E. 144. B. VII. 23. D. 125. A. 385. A. 552. D.

Torsy, seigneurie, VIII. 522. B.

Tortal, V. 266. E.

Tortfontaine, seigneurie, VIII. 524. A.

Torthorad, IX. 401. C.

la Tortiniere, seigneurie, IX. 343. A.

Tortonne, seigneurie, VIII. 306. A.

Tortose, seigneurie, II. 593. E. VII. 762. E. marquisat, I. 588. C.

Torville, seigneurie, II. 406. A. V. 124. D.

Toscane, marquisat, I. 42. A E. 43. E. II. 682. E. grand duché, I. 146. D. 148. C.

Tosel, vicomté, VII. 607. B.

Tossia, seigneurie, VII. 160. A.

du Tot, VI. 371. C. VIII. 812. B. seigneurie, VII. 473. B. VIII. 810. * E. 812. * B.

Tovar, I. 629. A. V. 530. B.

Touarçais, seigneurie, I. 462. B.

Touarcé, seigneurie, II. 454. C.

Touaruela, seigneurie, I. 685. C D.

Touchard, VII. 229. A.

la Touchardiere, seigneurie, VII. 229. A.

la Touche, VI. 118. A. VII. 231. B. 506. B. 507. B. 516. A. 616. B. 618. B. VIII. 558. B. 589. C. seigneurie, III. 430. B. 601. B. 641. C. VI. 121. C. VII. 505. A. 514. D. VIII. 158. D. 480. D. Baron, seigneurie, VII. 224. A. 227. D. Bureau, seigneurie, VIII. 583. B, Gelés, Tome IX.

seigneurie, VII. 583. C. 584. C. Hilari, seigneurie, VII. 529. B. Huet, seigneurie, VII. 382. A. Imbert, seigneurie, IV. 457. A. Limonsiniere, seigneurie, I. 237. E. 470. D. de Lin, seigneurie, VII. 510. A. Moreau, seigneurie, IX. 453. A. Trebry, IX. 455. D.

Touchebœuf, V. 750. A. seigneurie, VII. 416. A. de Clermont-Vertillac, V. 750. A.

Toucheprés, seigneurie, IV. 576. B.

Toucher, VII. 91. B.

Toucheronde, seigneurie, I. 313. D.

les Touches, V. 16. C. VII. 853. C. seigneurie, VI. 594. C. VII. 29. A. VIII. 171. B.

Touchet, Marie, maîtresse du Roy Charles IX, I. 139. B.

Touchet, I. 150. A. II. 439. E.

la Touchetiere, seigneurie, IV. 373. A.

Touchimbert, IX. 467. C. seigneurie, IX. 438. A.

Toucy, baronie, IV. 669. C. VI. 415. D. VIII. 109. A. 118. E. 119. BCE. marquisat, VII. 395. D. 533. C. VIII. 120. D. 121. A.

Toufflers, seigneurie, VIII. 81. E.

Touffou, seigneurie, II. 417. E. III. 644. B. VII. 511. A.

Touffreville, seigneurie, VIII. 93. D. 94. A. 811. B. 809. * E.

Touges, II. 664. C. IV. 667. B. VII. 217. B. IX. 92. C. seigneurie, III. 362. D. Noalhan, VII. 774. C.

Tougés de la Hage, VII. 215. C. IX. 471. B.

Touillemont, seigneurie, VI. 155. B.

Toulemor, seigneurie, VI. 384. C.

Toullemont, seigneurie, VIII. 632. E.

Toulongeon, I. 245. A. II. 870. D. IV. 181. C. VII. 36. D. 51. B. seigneurie, VI. 341. B. VII. 803. B. Voyez Theulongeon & Toulonjon.

Toulonjac, seigneurie, IV. 134. D. VII. 313. A.

Toulonjeon, André, grand maître de l'écurie du Roy, VIII. 471. D.

Toulonjeon, VIII. 331. A. Voyez Toulongeon.

Toulonjon, V. 609. E. comté, IX. 483. D. Voyez Toulongeon.

Toulouse, (anciens Comtes de) II. 678. & suiv.

Toulouse, (Comtes de) Chorson-Torsin ou Torson, II. 678. E. S. Guillaume, I. du nom, 679. B. Beranger, 680. A. Bernard, 680. B. Guillaume, II. du nom, 681. A. Fredelon, 681. C. Raimond, I. du nom, 681. E. Bernard II. du nom, 682. A. Odon ou Eudes, 682. B. Raimond II. du nom, 682. C. Raimond III. du nom, 682. D. Raimond IV. du nom, 683. A. Pons II. du nom, 683. C. Guillaume III. du nom, 683. D. Pons III. du nom, 684. B. Guillaume IV. du nom, 684. E. Raimond V. du nom, 685. C. Alfonse I. du nom, 686. C. Raimond VI. du nom, 687. C. Raimond VII. du nom, 688. B. Raimond VIII. du nom, 690. A. Jeanne, 692. A. Tous dans le même Tome.

Toulouse, II. 16. D. 350. E. 361. D. 591. A. III. 191. D. VII. 69. C. 145. D. comté, I. 42. E. 75. E. 82. C. 83. A. 176. A. 539. B. II. 185. 2. A. 187. A B. 188. [A E. 519. D. 520. A. 630. D. 703. C. 704. B. III. 70. E. 79. D. 113. A. 569. B. IV. 191. E. 194. C. 793. B. V. 183. E. VI. 726. C. VII. 781. E. 782. A. 912. A. VIII. 48. C. de Lautrec, II. 372. B.

Tounon, baronie, II. 165. C.

la Tour, Bernard, évêque & duc de Langres, II. 116. E. Henry, maréchal de France, dit le maréchal de Bouillon, VII. 361. A. Henry, vicomte de Turenne, maréchal de France, VII. 534. C. Emanuel-Theodose, grand-aumô-

M 4

nier de France, VIII. 292. A. *Godefroy-Maurice*, duc de Bouillon, grand-chambellan de France, VIII. 458. B. *Louis*, grand-chambellan de France, VIII. 458. C. *Emanuel-Theodose*, grand-chambellan de France, VIII. 459. A. *Frederic-Maurice-Casimir*, grand-chambellan de France, VIII. 459. A. *Charles-Godefroy*, grand-chambellan de France, VIII. 459. B. *Emanuel-Theodose*, commandeur du S. Esprit, IX. 209. A.

LA TOUR (*Genealogie de la maison de*) IV. 524. & *suiv.*

LA TOUR (*Seigneurs de*) bâtards d'Auxy, VIII. 108. A.

LA TOUR DU PIN (*Genealogie de*) II. 13. & *suiv. Voyez* Dauphins de Viennois.

LA TOUR-QUARRE'E (*Seigneurs de*) issus des ducs de Medina-Celi, III. 356. & *suiv.*

la Tour, I. 134. C. 253. D. 303. A. 309. D. 312. B. 324. D. 335. A. 352. B. 362. A. 469. A. 488. A. 561. C. II. 32. A B D E. 54. E. 61. A. 111. A. 198. D. 205. B. 217. B C. 233. C. 249. D. 400. A. 426. B. 653. A. 673. D. 863. D. III. 605. A. 822. C D. 837. B. IV. 18. A. 34. A. 132. B. 289. B. 364. E. 433. C. 472. B. 476. A. 565. A. 658. D. 661. C. 888. E. 895. E. V. 131. C. 151. C. 234. C. 327. D. 356. E. 397. C. 464. * A. 610. E. 737. A. VI. 64. E. 105. B. 214. B. 217. C. 277. B. 303. B D. 321. B. 322. A. 323. A C. 406. D. 580. B. 709. D. 782. C. VII. 44. E. 58. B. 61. A. 79. C. 81. C. 105. A. 125. E. 126. A. 132. C. 133. B. 169. C D. 196. E. 197. B. 282. A. 310. E. 331. C. 358. E. 409. D. 606. B. 768. A. 771. B. VIII. 41. C. 52. E. 55. B. 57. D. 245. B. 252. B. 265. D. 292. A. 319. E. 421. C. 488. A. 594. ****D. 893. B. 916. B. 924. B. 929. E. IX. 388. C. seigneurie, I. 314. C. D. 562. D. II. 29. B C D. 55. C D. 124. B. 134. B E. 135. C. 140. D. 141. E. 142. A. 174. E. 228. E. 229. B C. 296. D. 297. D. 299. A. 419. B. 440. B. 502. B. 761. B. III. 577. E. 894. B. IV. 165. D. 194. B. 422. A. 547. A. V. 230. B. 282. B. 321. A. VI. 76. A. 110. A. 194. A. 217. C. 276. D. 291. C. 303. D. 316. D. 317. A. 443. A. 782. C. 803. A. VII. 101. E. 134. A. 159. B. 437. C. 440. B. 467. C. 511. A. 544. A. 591. C. 690. D. VIII. 51. D. 107. A. 108. B. 283. C. 306. B. 324. C D. 325. B. 327. D. 639. B. 698. C. 822. C. baronie, II. 11. D. 18. B. 21. A. 25. B. III. 841. A. 892. A. IV. 660. D. 661. C. VIII. 537. D. *d'Aignes*, seigneurie, II. 242. E. V. 290. C. IX. 94. A. *d'Anthonis*, seigneurie, VI. 350. C. *d'Anval*, seigneurie, VII. 59. B. *S. Aoustrille*, seigneurie, VIII. 901. C. *d'Argy*, VIII. 287. A. seigneurie, III. 582. D. VII. 494. D. VIII. 286. B. *en Auvergne*, IV. 14. E. 15. A. V. 355. A. 571. D. IX. 212. A. 330. B. seigneurie, II. 195. A. 217. D. 632. C. 701. C. VI. 64. E. 80. B. VIII. 319. E. *des Bains*, VII. 790. D. *Barivel*, seigneurie, V. 487. A. *de Baron*, seigneurie, VIII. 301. B. *de Bars*, seigneurie, II. 233. E. 234. A. *au Begue*, seigneurie, II. 77. D E. 81. C D. *Blanche*, seigneurie, VIII. 776. A. baronie, V. 21. D. VII. 21. A. 368. C. *du Bois*, VIII. 702. B. *S. Bonnet*, seigneurie, VII. 13. D. *du Bos*, seigneurie, VII. 7. B. *de Bouillon*, I. 371. C. III. 494. C. IV. 33. B. 65. B. 171. C. 172. C. 173. A. 434. B. 681. C. V. 737. C. *de Boulogne*, III. 372. C. 603. B. IV. 168. B. 538. A. *de Brillac*, seigneu-

rie, IV. 896. A. *Brillebault*, seigneurie, IV. 878. *de Brouer*, seigneurie, IV. 454. A. *Brunetel*, VII. 533. B. seigneurie, II. 457. A. *de Caduin*, VII. 284. A. *Chabot*, seigneurie, VIII. 764. C. 768. D. *de la Chasse*, baronie, I. 101. A. *en Champagne*, seigneurie, III. 819. B. *de Chaumont*, seigneurie, II. 80. C. III. 573. D. 574. A D. 579. C. 580. C E. VII. 11. D. comté, II. 82. B. 83. A. *aux Conjoints*, seigneurie, VIII. 487. D. *de Creancy*, seigneurie, IV. 851. A. *de Fenouillet*, seigneurie, III. 838. C. *de France*, seigneurie, IV. 667. D. *de Germigny*, seigneurie, VII. 22. C. *de Gouvernes*, II. 252. E. III. 778. B. IV. 900. A. VII. 342. D. IX. 420. C. 451. C. *Goyon*, seigneurie, VII. 64. B. VIII. 930. A. *d'Illins*, VIII. 72. B. 420. A. seigneurie, VII. 45. A. *de Laguna*, marquisat, I. 644. A. *Landry*, II. 61. C. 449. A. IV. 564. B. 653. B C. V. 610. E. VI. 783. C. VII. 19. A. 21. C. 502. A B. 583. D E. VIII. 270. E. 286. E. seigneurie, IV. 70. B. 565. A. 712. E. baronie, IV. 176. B. V. 610. E. *Limenil*, IV. 266. C. *Limosiniere*, seigneurie, VII. 770. A. *Loran*, seigneurie, VIII. 326. C. 327. *du Loup*, seigneurie, III. 361. A B. 362. C. 363. B D. 364. C. IV. 667. A. *de Mailly*, seigneurie, V. 669. D. *Maleragues*, II. 141. A. *Marcade*, II. 128. C. *sur-Marne*, V. 636. C. seigneurie, V. 651. B. 655. E. *Maubourg*, comté, VII. 683. C. marquisat, VIII. 760. D. *de Montgascon*, I. 309. C. III. 819. E. VIII. 499. E. *de Murat*, III. 831. E. VIII. 358. C. *Occors*, VII. 54. E. 160. B. *d'Oire*, seigneurie, VIII. 481. B. *d'Olvergue*, II. 456. D. IV. 426. D. VII. 131. E. 708. C. VIII. 161. B. *de Paissac*, seigneurie, IV. 446. D. *de Peil*, seigneurie, III. 737. A. *du Pin*, VI. 63. A. seigneurie, I. 541. E. 567. B. II. 30. B. 32. B. 158. D. VI. 726. C. 730. A. VII. 145. E. VIII. 55. B. 927. C. *du Pré*, seigneurie, VIII. 633. E. *de Replonge*, seigneurie, VII. 44. D. *Roland*, seigneurie, VII. 434. A. *de Sabran*, V. 287. A. *Saffenage*, IV. 286. B. *de Souastre*, seigneurie, III. 577. C D. *Taxis*, IV. 129. A. VII. 307. D. IX. 325. C. *Tersague*, VI. 495. B. *de Tine*, seigneurie, IV. 27. D. IX. 421. C. *Turenne*, VII. 107. E. 238. C. 579. C. 771. C. *S. Vidal*, VIII. 332. B. IX. 303. D. 424. C. 432. A. *Vigery*, seigneurie, VIII. 139. B C. *Voyez* Vidaud.

DU TOUR, *Jean*, aumônier du Roy, VIII. 225. D.

du Tour, baronie, II. 280. D.

Tourails, seigneurie, III. 818. E.

Tourailles, seigneurie, IV. 839. B.

TOURAINE, duché-pairie, érigé en 1360. pour PHILIPPES de France, III. 229. Nouvelle érection en 1416. pour ARCHAMBAULT, comte de Douglas, III. 322.

Touraine, duché, I. 104. A. 114. A. 115. E. 135. A. 205. A. 210. E. 227. A. 228. B. 230. B. 240. A. 459. B. II. 276. E. 784. D. VI. 104. A. 213. A. 225. E. VII. 106. A. IX. 404. B.

TOURAUDE (*Seigneurs de*) V. 399. *Voyez* Goyon.

Touraude, V. 395. E. seigneurie, V. 396. B. 399. B.

Tourbes, seigneurie, II. 287. D.

Tourcoing, seigneurie, III. 608. B. 909. B.

Toureil, seigneurie, III. 74. D. VIII. 571. C.

TOURETTE (*Seigneurs de*) IV. 504. *Voyez* Grimaldi.

Tourette, II. 291. D. seigneurie, III. 387. B.

IV. 502. D. V. 290. E. VIII. 303. D. baronie, III. 858. A. IV. 496. B. marquifat, III. 827. B.

Tourettes, feigneurie, VI. 287. A. VII. 29. B.

Tourgouf, feigneurie, IV. 60. B.

Touriers, feigneurie, IV. 430. E. VIII. 571. E.

Tourin, VII. 236. B.

Tourlande, feigneurie, VI. 793. A.

Tourlis, feigneurie, VIII. 270. A.

Tourly, feigneurie, II. 127. B. IX. 465. A.

Tourmignies, feigneurie, VIII. 80. B.

Tournac, feigneurie, II. 136. E.

Tournanfuye, feigneurie, III. 439. A. III. 625. A. VI. 625. B. VIII. 159. B. 344. C.

Tournas, feigneurie, III. 417. A.

Tournay, III. 612. A. feigneurie, IV. 211. D. d'Affigny, VIII. 700. A.

Tournebelle, feigneurie, III. 630. A B.

Tournebeuf, VIII. 237. B.

Tourneboue, feigneurie, IV. 730. B.

Tournebu, I. 441. E. IV. 745. C. V. 134. E. 139. D. 146. C. 160. C. VI. 264. D. 740. A. VII. 756. A. feigneurie, VI. 634. C. 659. A. VII. 473. A. VIII. 621. C. baronie, II. 36. CE. 37. A.

Tournebulle, VIII. 753. A.

Tournecoupe, VII. 406. C. feigneurie, II. 178. B. IX. 416. A.

Tournefuye, feigneurie, V. 224. D.

Tournegon, V. 404. D.

TOURNEHAN) Seigneurs de) VI. 33. Voyez Garlande.

Tourneban, feigneurie, V. 160. E. VI. 33. C. VIII. 789. A.

Tournehem, feigneurie, I. 255. A. 256. E. 258. C. II. 571. A. 666. B. V. 525. C. 641. B.

TOURNEL (Seigneurs du) en Gevaudan, III. 811. & fuiv.

Tournel, II. 354. C. feigneurie, III. 765. D. 809. C. IX. 419. A. 411. D. baronie, II. 136. E. VII. 788. B. IX. 154. C. 440. C. vicomté, III. 826. B. marquifat, IX. 421. D.

LA TOURNELLE (Seigneurs de) VII. 644. Voyez Bouton.

la Tournelle, II. 151. C. VII. 35. C. 50. D. 254. C. 738. D. VII. 640. A. VIII. 21. A. 493. A. 521. B. feigneurie, III. 621. C. V. 131. A. 241. E. VI. 50. D. 384. A. 530. B. 738. D. VII. 136. A. 645. B. V. 849. B. vicomté, VI. 407. B. marquifat, IX. 124. A.

TOURNELLES (Seigneurs des) VI. 432. Voyez Briçonnet.

les Tournelles, feigneurie, III. 621. B C. 612. B. 765. D. IV. 408. B. VI. 351. C. 432. E. VII. 198. E. 646. E. IX. 120. B. les Petites, feigneurie, VIII. 636. A.

Tournemine, III. 52. E. 895. B. IV. 60. B. 62. A. 71. C. 74. C. 130. B. 323. D. 802. E. VI. 184. C. 787. C. VII. 48. C. 77. A. 155. D. 176. D. 179. B. 381. A. 383. E. 390. A. 724. A. 726. A. 728. A. 844. B. VIII. 172. D. 360. C. 792. E.

Tournemice, VII. 309. A. feigneurie, III. 366. D. Voyez Tournemine.

Tourneville, feigneurie, V. 142. D. 153. A.

le Tourneur, VI. 354. C. 355. A.

Tournhan, feigneurie, II. 657. E. 658. A.

la Tourniole, feigneurie, V. 395. A.

la Tournoelle, feigneurie, IV. 408. B.

Tournoilles, baronie, V. 263. E.

Tournois, VII. 789. D.

TOURNON, Juft-Henry, chevalier du S. Efprit, IX. 173. B.

Tournon, II. 202. A. 211. C. 437. D. III. 765. A. 840. C. IV. 286. D. 572. E. 615. D. V. 107. D. 267. A. 495. C. VI. 327. A. 344. D. 736. A. VII. 49. B. 54. B. 126. A. 141. E. 152. B. 162. A. 190. A. 197. A. 445. C. 476. C. 553. A. 584. C. 714. D. VIII. 331. A. 371. A. IX. 86. A. 147. A. 166. A. 201. A. 425. D. feigneurie, II. 30. E. 32. A C. 185. 2. A C. 188. A. 189. A. 193. A. 195. A B C. 198. C. 205. B. 288. C. III. 159. B. 588. B. 837. C. IV. 29. C. 31. B. 428. A. 538. B. 686. B. V. 771. A. VI. 327. A. VII. 94. A. 132. C. 444. D. VIII. 928. A. IX. 169. B. baronie, V. 267. A. comté, IV. 31. E. 32. D. 67. C. 273. B. 641. D E.

Tournouelles, feigneurie, VII. 203. B.

Tournoy-Anglois, VII. 567. A.

Tourny, feigneurie, II. 80. C D E. VI. 312. B. VII. 560. C. VIII. 795. C. baronie, II. 81. G D. 82. B. 83. A. 86. E. marquifat, VII. 575. A.

Touronec, V. 928. A.

Tourouvre, feigneurie, VI. 506. D.

Tourpes, VII. 911. B. feigneurie, IV. 604. A. comté, IV. 603. A. 793. A. VII. 621. D.

la Tourreliere, feigneurie, IX. 461. E.

Tourry, baronie, III. 819. B.

TOURS, (Seigneurs de) VII. 747. Voyez Quieret.

Tours, VII. 412. D. 587. C. VIII. 336. D. feigneurie, II. 165. E. V. 130. D. VII. 744. C. 745. B. 747. D. 823. E. vicomté, III. 637. C. IV. 176. C. 177. ABD. V. 7. A B. VI. 505. D. VII. 501. C D. VIII. 285. C. 286. D E. comté, II. 259. E. 338. A. 680. A. 835. E. 836. C. 837. B. 838. A. IV. 267. A. 270. A. VIII. 48. E. en Bourdelois, feigneurie, V. 742. E.

las-Tours, VIII. 245. B. feigneurie, IV. 115. C.

Tourfé, feigneurie, VII. 6. D.

la Tourtaniere, IX. 317. B.

Tourves, baronie, II. 294. D. 295. C D. 296. C. IV. 502. E. marquifat, IX. 282. B.

TOURVILLE, (Comtes de) VII. 632. Voyez Coftentin.

Tourville, feigneurie, VII. 628. C. IX. 748. A. 423. B. baronie, VIII. 899. B. comté, IV. 444. A. V. 742. C. VII. 627. D. 632. B.

TOURVOYE, (Seigneurs de) VII. 29. Voyez Montaberon.

Tourvoye, feigneurie, VII. 29. D. VIII. 893. A.

Toury, feigneurie, IV. 789. C. VI. 681. B. baronie, VIII. 119. C.

TOURZEL, (Seigneurs de) marquis d'Alegre, VII. 705. & fuiv.

Tourzel, II. 57. D. III. 362. B. 818. A. IV. 41. A. 164. C. 889. C. V. 12. D. VII. 131. D. 705. B. 870. D. VIII. 425. B. feigneurie, III. 817. D. VII. 706. D. marquifat, VII. 702. A. d'Alegre, VIII. 716. B.

LA TOUSCHE, (Seigneurs de) II. 451. & fuiv.

la Toufche, feigneurie, II. 431. E. 448. D. IV. 364. B. 422. B. 686. A. d'Aubigné, feigneurie, II. 454. D. Jouffeliniere, feigneurie, VII. 584. E. Lemonfiniere, feigneurie, IV. 75. C. Voyez la Touche.

Toufchemoreau, V. 18. E.

Toufin, I. 380. C.

Touffenay, VIII. 133. C.

Touftain, VII. 871. B. VIII. 173. C. d'Aix, VIII. 761. A. 809. * B.

Touftaint, VII. 546. A.

Toutainville, VII. 472. B.

Toutenant, feigneurie, IV. 874. A.

Toutencourt, seigneurie, V.828. E. 829. E. VII.
557. B. VIII. 637. C.
Toutens, VII. 273. B.
Touteprez, VII. 15. B.
Toutessan, VIII. 706. A. 767. D.
Tout-Outre, I. 519. B.
Towadie de Drumlezer, IX. 402. A.
Touvoy, seigneurie, VII. 478. E.
Touyouse, VIII. 593. **** E. IX. 416. B.
Toyet, seigneurie, II. 622. C.
Tracesson, seigneurie, IV. 78. C.
Tracona, seigneurie, II. 603. B.
Tracy, VI. 625. B. seigneurie, II. 76. CE 83. B
CDE. IV. 60. A. 62. A. 710. C. 711. C.
713. B. VIII. 650. E. IX. 114. A. 472. B.
baronie, II. 84. AB.
Traignac, vicomté, V. 338. E.
Traigny, seigneurie, VIII. 647. D.
TRAINEL, Jean, pannetier de France, VIII.
612. A.
Trainel, I. 543. A. V. 223. F. 224. D. VI. 60. A.
123. A. 160. C. VII. 32. C. VIII. 427. A.
791. D. seigneurie, II. 344. D. V. 508. C.
VI. 142. B. 280. C. VII. 32. C. VIII. 792.
C. 793. D E. baronie, VI. 735. C. VII. 169.
E. marquisat, III. 730. D. VI. 342. B. IX. 123.
B. 309. D.
Trais, VII. 290. D.
Traisignies, IX. 456. B.
Trallebosc, seigneurie, IV. 453. A.
Tramaye, seigneurie, VIII. 335. D.
Tramelay, seigneurie, I. 483. D. VIII. 419. A.
la Tramerie, V. 649. A.
Tramoso, marquisat, I. 613. C.
Trampaudiere, seigneurie, VIII. 143. D.
la Tranchade, seigneurie, IV. 679. E.
Tranchant, V. 408. A. 424. D. IX. 448. B.
la Tranchée, VI. 518. B.
Tranchelion, IV. 714. A. VII. 20. A. 84. A.
VIII. 170. C. 245. A. IX. 464. B.
Tranchelen, II. 85. B.
Trancy, seigneurie, II. 206. E. Voyez Baume.
Trans, seigneurie, V. 279. F. marquisat, III.
387. A B. 388. A. IV. 493. E. 494. C. VI.
487. D. VII. 238. C. VIII. 165. C. 295. C.
304 E. 306. C.
Transault, seigneurie, VII. 595. E.
Transilvanie, II. 165. C.
Transport de Flandres, seigneurie, I. 332. D.
Trantes, IV. 542. A.
la Trape, seigneurie, II. 453. B.
Traquair, comté, IX. 402. E.
de Trasetis. Voyez Trassy.
TRASIGNIES, Gilles, connétable de France, VI.
87. B.
TRASIGNIES, (Genealogie des Seigneurs de) VI. 88.
Trasignies, I. 244. B. V. 649. A. VI. 108. D.
VII. 55. B. VIII. 107. B. 339. B. 374. B. sei-
gneurie, VI. 87. B. 88. A. 89. B. 110. D. 694.
D. 780. B. baronie, VIII. 34. B. marquisat,
VII. 55. B.
Trassereux, seigneurie, VIII. 792. D. 793. C.
Trassy, II. 197. C.
Trastamare, comté, I. 571. D. VII. 760. C. 761.
B.
Trastemare, duché, III. 634. A.
Travasay, seigneurie, VII. 618. A.
Travers, VI. 417. D. seigneurie, VI. 512. D.
marquisat, IX. 329. B.
TRAVES, (Seigneurs de) IV. 858. Voyez Choiseul.
Traves, IV. 290. C. V. 11. F. VI. 415. D. VII.
48. A. VIII. 341. B. seigneurie, I. 426. B. IV.
614. A. V. 608. A. 609. E. 736. B. VI. 341.

Traville la Roquefort, seigneurie, VIII. 93. E.
Traulen, seigneurie, V. 928. A.
Traun, comté, I. 263. D.
la Trayne, seigneurie, III. 370. E.
Traynel. Voyez Trainel.
Trazettes, seigneurie, VII. 195. D.
Treal, VII. 382. D. 383. C. 720. A. VIII. 584.
A. seigneurie, IV. 74. A. 75. D. VIII. 359.
B.
Trebaldou, seigneurie, VIII. 487. B.
Trebillane, seigneurie, II. 294. A. 196. A. VIII.
307. A.
Trebit, seigneurie, VII. 382. D.
Trebrit, seigneurie, VII. 530. A.
Trechardaye, seigneurie, V. 410. C.
Treff, seigneurie, V. 424. D.
Trefforet, seigneurie, VIII. 93. E.
Treffort, marquisat, IV. 284. C.
Treffours, IX. 443. A.
Trefolles, seigneurie, VII. 591. A.
Trefort, seigneurie, VII. 145. C.
Tregalet, seigneurie, IV. 75. C D E. 76. A.
Tregot, seigneurie, IV. 11. C.
Tregouvoy, baronie, VII. 846. B.
Treguier, comté, III. 52. E. 57. A. IV. 52. A.
V. 378. A. 583. A.
Tregus, IV. 804. D.
Trehoult, seigneurie, VI. 177. A.
Treignac, seigneurie, VIII. 146. D. 150. B. baro-
nie, V. 749. A. VII. 26. A. VIII. 245. C.
246. A B E. 247. A B. vicomté, VIII. 541.
C.
Treigny, I. 52. C. seigneurie, II. 441. D. VI.
566. B. VIII. 778. A.
Treilhes, seigneurie, VIII. 248. C D.
Treilhis, seigneurie, VII. 767. B. 775. C.
la Treille, seigneurie, III. 587. C.
deux Treilles, seigneurie, VIII. 80. C.
la Treine, seigneurie, III. 387. A.
Trelaban-lès-Querogé, seigneurie, IX. 474. D.
Trelans, vicomté, II. 369. C. V. 894. A. VII.
488. D.
Trelauny, VII. 840. G.
Trelles, seigneurie, VII. 188. C.
TRELON, (Seigneurs de) VI. 98. Voyez Châ-
tillon.
Trelon, VI. 527. A. seigneurie, III. 594. C. V.
642. A. VI. 98. C. 123. B. VIII. 39. C. 79. C.
282. A. 356. C. 651. A. IX. 321. B. mar-
quisat, II. 661. E. VII. 592. C. VIII. 41. A.
Trelou, II. 273. A.
Tremargues. Voyez Gelin.
Tremblay, I. 440. B. II. 613. E. VI. 257. B.
VII. 432. E. VIII. 399. E. 823. B. seigneu-
rie, II. 308. C. 309. C D. 428. A. 643.
D. III. 622. C. IV. 753. B. V. 24. D. VI.
445. C. 508. D. VII. 63. B. 672. A. 710. C.
VIII. 97. E. 129. B. 158. D. 238. B. 802. D.
810. C. 812. * C. vicomté, IV. 860. C. VIII.
99. D.
la Tremblaye, seigneurie, VI. 100. B. Robin, sei-
gneurie, VI. 597. B.
Tremeau, VIII. 255. E.
Tremediern, seigneurie, VI. 775. A.
Tremelan, seigneurie, VII. 703. D.
Tremereuc, V. 381. A. 405. E. seigneurie, VII.
389. B.
Tremesent, V. 835. B.
Tremilly, seigneurie, II. 434. B. VIII. 718. B.
LA TREMOILLE, Louis II. du nom, amiral de
Guyenne, VII. 880. A. Guy V. du nom, porte-
oriflamme, VIII. 205. B. Georges, grand-cham-
bellan

bellan de France, VIII. 448. B. *Guy* IV. du nom, grand-pannetier de France, VIII. 611. C. *Georges*, general réformateur des eaux & forêts de France, VIII. 880. B. *Gilbert*, chevalier du S. Esprit, IX. 119. B. *Henry*, chevalier du S. Esprit, IX. 160. B. *Charles-Belgique-Hollande*, chevalier du S. Esprit, IX. 218. A. *Joseph-Emmanuel*, cardinal, nommé commandeur du S. Esprit, IX. 297. C.

LA TREMOILLE, (*Genealogie de la maison de*) IV. 160. & *suiv.*

la Tremoille, I. 207. B. II. 205. B. 224. C. 432. A. 870. C. III. 91. D. 379. D. 591. C. 605. A. 724. D. 737. B. 818. B. 911. B. IV. 539. C. 542. D. 543. A. 572. B. 656. B. 686. A. 713. D. 750. A. 863. D. V. 234. C. 344. D. 351. B. 397. C. 575. E. 610. A E. 661. B. VI. 65. C. 69. A. 173. C. 174. C. 415. A. 508. B. 580. A. 654. C. 673. C. 719. D. 782. B. VII. 4. E. 36. D. 62. C. 67. D. 80. D. 102. D. 111. D. 112. A. 121. E. 133. B. 141. D. 156. D. 168. A. 439. D. 583. A C 615. D. 616. D. 707. E. 846. C. 851. D. VIII. 74. B. 106. B E. 116. E. 286. E. 419. E. 420. B. 424. D. 427. C. 449. A. 887. A. 896. E. 913. A. 944. A. IX. 209. B. 332. C. 334. A. seigneurie, I. 108. B. 237. D. 314. E. 336. A. 376. A. 562. B. II. 163. D. 636. D. 859. D. IV. 18. B. 60. D. 81. B. 196. A. 293. B. 398. D E. 530. B. V. 523. D. VI. 65. C. 136. A. 211. C. 558. A. 802. B. VII. 76. A. 124. C. VIII. 57. B. 205. B. *Noirmoustier*, III. 591. C. IX. 294. B. 340. B.

la Tremoille, fief à Paris, III. 645. E.
Tremoilles, VI. 463. A. VIII. 39. C.
Tremolet, seigneurie, VII. 925. E.
Tremollet, VIII. 889. D.
Tremons, seigneurie, VIII. 313. B.
Tremont, seigneurie, II. 65. A. V. 669. B. VII. 877. C.
Tremoulet, II. 140. E. seigneurie, VII. 415. C.
la Tremouliere, seigneurie, III. 828. C.
Trena en Milnie, seigneurie, IV. 334. A.
la Trene, seigneurie, II. 666. B.
Trente, comté, VII. 192. A.
Treny, seigneurie, IV. 229. A C.
Trescloux, II. 21. A.
Tresen seigneurie, III. 381. C.
Tresevanou, seigneurie VII. 724. D.
TRESLON, (*Seigneurs de*) II. 280. D.
Treslon, marquisat, IX. 306. B.
TRESMES, duché-pairie, érigé en 1648. pour RENA' Potier, IV. 758. *Pieces concernant cette éreÇtion*, ibid. & *suiv.*
TRESMES, (*Seigneurs, Comtes, puis Ducs de*) pairs de France, IV. 769. & *suiv. Voyez* Potier.
Tresmes, seigneurie, III. 619. B. C. IV. 765. A. 769. A. VI. 143. D. 149. B. VIII. 543. E. 884. E. duché, III. 732. A. pairie, VI. 545. C. VII. 259. E.
Tresnay, seigneurie, VIII. 172. C.
la Tresoriere, VII. 743. A.
GRANDS TRESORIERS DES ORDRES DU ROI, IX. 310.
Tressades, seigneurie, II. 509. B.
Tressan, seigneurie, VIII. 166. C. marquisat, VI. 535. B.
Tressant, seigneurie, IV. 60. C.
Tressemanes, VIII. 302. C.
Tressonville, seigneurie, IX. 313. B.
Tressy, seigneurie, VIII. 814. D.
Trestondant, VII. 252. A.
Treteaux, seigneurie, VII. 59. E. VIII. 47. C. 53. A.
Tome IX.

Trethersé, VII. 840. C.
Tretonne, seigneurie, VII. 383. E.
Trets, II. 239. D. 241. D. seigneurie, II. 243. B. baronie, VIII. 305. B.
Tretz, seigneurie, IX. 427. C.
Treves, seigneurie, III. 641. A B. IV. 686. E. VI. 795. C. VII. 584. B. baronie, I. 339. D. IV. 680. A. marquisat, III. 641. B.
Trevet, VI. 468. D.
Treufles de Hupy, VII. 174. B.
Treuil aux Secrets, seigneurie, VI. 430. A.
Treville, seigneurie, VIII. 855. D.
Trevifet, seigneurie, IX. 474. D.
Trevoux, seigneurie, III. 606. C.
Trezeau, seigneurie, I. 500. A. IV. 708. C.
Trezeguedy, seigneurie, VI. 772. C.
Trezeguidy, seigneurie, III. 587. A.
S. Trial de Houssemagne, seigneurie, V. 424. C.
Triaù, VII. 764. C.
Trianon, VI. 474. D. seigneurie, II. 120. A. VIII. 809. * D.
Trians, VIII. 912. A.
Triart, VIII. 944. C.
Trichasteau, seigneurie, VII. 805. B. marquisat, VII. 572. C. IX. 98. B. 392. D.
Trichasteaux, IV. 821. D. marquisat IV. 825 B D.
Tricot, seigneurie. VI. 174. C.
les Tricots, seigneurie, VIII. 594. *** B.
TRIE, *Guillaume*, archevêque de Reims, II. 102. E. *Regnaud*, maréchal de France, VI 661. C. *Matthieu*, maréchal de France V I. 687. C. *Renaud*, seigneur de Serifontaine, amiral de France, VII. 813. D. *Renaud*, maître des arbalêtriers de France, VIII. 62. B. *Matthieu* souverain maître de l'hôtel du Roi, VIII. 311. A. *Matthieu* II, du nom, chambellan de France, VIII. 442. B. *Matthieu*, pannetier de France, VIII. 607. A.
TRIE, (*Genealogie de la maison de*) VI. 661. & suivantes.
Trie, II. 11. A. 338. E 410. B E. 503. E. 744. C. 851. C. III. 656. A. IV. 164. C. V. 101. D. 158. C. VI. 32. A. 33. A. 34. C. 51. C. 53. E. 66. C. 93. C. 111. A. 115. A. 124. A. 144. C. 253. A. 281. C. 388. B. 634. C. 679. C. 682. A. 690. B. 791. D. VII. 34. A. 121. B. VIII. 93. C. 621. D. 746. C. 832. A. 896. E. seigneurie, I. 80. D. 220. B. 327. A. 347. B. 428. A. 429. E. 435. D. 485. C. 499. A. III. 661. C. VI. 32. A. 42. C. 253. A. 661. D. 690. B. VII. 336. B. 798. B. 869. A D. VIII. 401. D. 788. C. *le Bardoul*, seigneurie, II. 339. B C D. *Dammartin*, II. 193. E. *Magny*, seigneurie, VI. 674. B. *Pullavoine*, VI. 683. D. *la Ville*, seigneurie, VI. 661. D.
Triel, seigneurie, VI. 533. D.
Trieres, seigneurie, VIII. 872. A. vicomté, VIII. 915. C.
Triest, I. 259. C.
Trigause, seigneurie, II. 254. B.
Trigliana, comté, VIII. 44. C.
Trignac, II. 399. D. IV. 653. A. seigneurie, VIII. 244. C.
Trignan, seigneurie, II. 288. C.
Trigny, seigneurie, VIII. 777. E.
Trihale, II. 657. E. 658. A.
Trillebardoul, seigneurie, VI. 655. A.
Trime, seigneurie, VI. 697. B.
Trimouillere, seigneurie, II. 448. E.
S. Trimoul, seigneurie, VIII. 586. A.
la Trinitat, seigneurie, VI. 323. C
Trion, IV. 367. seigneurie, VII. 619. A B.

Triots, seigneurie, VIII. 929. D.
Tripenisnie, seigneurie, II. 603. A.
TRIPOLY, (Comtes de) II. 692. & suiv.
Tripoly, vicomté, IV. 371. B. comté, I. 74. E.
　539. B. II. 598. B E. 599. C. 602. D. 604.
　E. III. 291. D. VI. 137. A.
Tripote, seigneurie, VIII. 416. A.
TRISTAN , Gentian , amiral de France, VII. 742.
　C.
TRISTAN , (Genealogie de) VII. 743.
Tristan, VI. 468. B. 516. C. VII. 743. A.
Tristecaire-la-Greffe, VII. 489. B.
Tristemare en Castille, VI. 178. C.
Trisy, seigneurie, VIII. 148. D. 149. A.
Trivart, seigneurie , II. 547. B.
S. Trivel, VII. 704. A.
S. Trivier , VI. 734. A. VII. 46. C. 645. B. VIII.
　333. C. seigneurie, VII. 45. B. 813. B. comté,
　VII. 52. B. 198. B. marquisat , II. 248. B.
Trivieres, seigneurie, VII. 830. C.
TRIVULCE , Jean-Jacques , maréchal de France ,
　VII. 114. C. Theodore , maréchal de France ,
　VII. 164. A.
TRIVULCE , (Genealogie de) VII. 115.
Trivulce , IV. 497. D. 498. A. VI. 493. C. VII.
　115. C.
Trizac, seigneurie, IX. 469. D.
Trobodec, seigneurie , VII. 719. D.
Trochiennes , seigneurie, III. 907. A. C. 908. B
　C D.
Troesny, seigneurie, II. 851. A.
Troheon, seigneurie, V. 927. D.
S. Trojan, seigneurie , IV. 456. E.
Trojano, comté , II. 244. D. IV. 501. A.
la Troiehe, seigneurie, IV. 710. C. 711. C.
Trois-Pierres, seigneurie , V. 129. C.
Trois Sereux, seigneurie, II. 342. A.
Troissy, seigneurie, II. 41. E. VI. 92. C. 93. A.
　109. B. 113. C. VIII. 15. B. 314. A. 344.
　A. 423. B.
Tromarsin , seigneurie, VII. 529. C.
Tromesson, seigneurie, IV. 860. C.
Tromeur, seigneurie, IV. 83. A.
Tronay, II. 282. A. seigneurie, III. 622. B. 623.
　A.
Tronc , marquisat, IX. 483. A.
Troncallou , seigneurie, III. 627. D.
Tronchay, VIII. 99. A. seigneurie, IV. 726. A B.
　VIII. 706. D.
la Tronchaye, VII. 721. A.
Tronchet, seigneurie, I. 437. D. III. 584. A. IV.
　671. A.
Tronchiennes, seigneurie, I. 259. D. II. 769. A.
Tronchines, seigneurie, VIII. 76. D. 77. D. 78.
　A B.
Troncillon, I. 305. E.
Tronçon, VI. 473. C.
Troncos, marquisat, I. 613. C.
Trongnon, seigneurie, II. 65. A.
Trongoff, VIII. 524. D.
la Tronquetiere, seigneurie, IX. 444. A.
Tronquoy, seigneurie, VI. 34. A. 174. C. 369.
　A. 780. D. VII. 112. A. VIII. 275. C.
Tropont, seigneurie, VII. 721. A.
Troissy, VI. 56. C.
Troüan, seigneurie, II. 53. E.
TROUART, Robert, louvetier du Roy, VIII. 782.
　C.
la Trouée, seigneurie, VI. 674. B.
Troveschoar, VII. 718. D.
Trouhans, seigneurie, VII. 804. C. 809. B.
Trouigny, seigneurie, IX. 470. D.
la Trouilliere, seigneurie, VIII. 493. D.

Trouillart, VII. 560. E. VIII. 808. B.
Trouillet, IV. 402. D.
Troumelin, seigneurie, VIII. 359. B.
Trousilet, seigneurie, VII. 844. B.
Troussart, VI. 565. A.
la Trousse, V. 771. B. seigneurie, VI. 485. B.
　559. B. IX. 390. E. marquisat, IX. 237. D.
TROUSSEAU, Pierre, archevêque de Reims, II.
　44. D.
Trousseau, I. 434. B. II. 44. E. 45. A. 282. B.
　643. D. VI. 422. B. VII. 373. C. VIII. 142.
　D. 258. D. 691. B. 838. B.
Trousseauville, II. 282. C. III. 644. C. V. 383.
　F. 384. A. VI. 366. C. VII. 179. A. 472.
　D. seigneurie, V. 139. D. VII. 820. A.
Troussebois, IV. 669. C. VII. 158. C. 425. C.
　VIII. 373. E. de Villegenon, II. 419. C.
Trousseschien d'Estampes, VIII. 847. A.
Troussetle, VII. 373. C.
Troussset de Salins, VII. 38. E.
Troussier, IV. 804. A. 806. A. V. 928. B.
LA TROUSSIERE, (Barons de) VII. 388. Voyez
　Beaumanoir.
Troussies, VII. 526. A.
Troutbeck, VII. 90. B.
la Trouverie, seigneurie, VI. 754. A.
Trouville, seigneurie, V. 155. D.
Trouy, seigneurie, II. 366. A.
Troye de Montison, VI. 504. C.
TROYES, Guillaume, commis à l'exercice de maî-
　tre de l'artillerie, VIII. 132. A.
TROYES, (Vicomtes de) issus des seigneurs de
　Montmorency, III. 664. & suiv.
Troyes, II. 124. A. 128. A B. VI. 752. D. 438.
　D. vicomté, II. 339. A. III. 154. D. VI. 30.
　B. 159. C. comté, I. 35. B. 36. B. 49. A. 63.
　A. 68. B. 73. A. 74. C. II. 259. E. 590. D.
　836. A B C. 837. B. 838. C. 867. A. 875. B.
　VI. 7. D. VIII. 48. E. 412. B.
Trubleville, seigneurie, VII. 472. D.
TRUCHENU, (Seigneurs de) II. 250. & suiv.
Truchenu, seigneurie, VIII. 919. C.
Truchet, V. 364. D.
Truchiac, seigneurie, VIII. 661. B.
Truchinaye, seigneurie, VI. 87. A.
Truchis, VI. 448. B.
Truchot, VI. 789. D.
Truchses, VIII. 41. D.
Trucier, IV. 502. B.
Trudaine, VI. 110. B. 485. C. 590. D. VII. 694.
　D.
Truf, II. 448. B.
Truilheux, seigneurie, VII. 767. B.
Trumelet, III. 843. C.
Trunes , baronie, VIII. 640. D.
Truon, IX. 462. A.
Trusches, VII. 713. C.
TRUSSY, (Seigneurs de) VII. 138. Voyez Cha-
　bannes.
Trussy, seigneurie, I. 376. B. V. 765. C. VII.
　136. C. l'Orgueilleux, seigneurie , VII. 138.
　D.
Tserclaes, III. 597. A. comté, I. 166. A.
Tserrats, VIII. 659. B.
Tuaut, seigneurie, IV. 731. A B.
Tubeauville, seigneurie, VIII. 563. C.
Tubieres, VII. 418. E. de Grimoard Pestels de Levis,
　VII. 592. C. de Levis Caylus, IX. 479. A. de
　Maubuisson, II. 136. E.
Tubize, V. 646. C.
Tubœuf, IV. 767. C.
Tucé, VII. 17. E. 385. C. 512. B. 849. E. VIII.
　707. A. seigneurie , I. 436. C. 138. A C.

VIII. 837. D. IX. 96. C. 128. A. baronie, VII. 670. C.

Tuchenays, seigneurie, V. 8. F.

la Tude, IV. 440. C. VII. 416. D. IX. 436. D.

Tudenham, seigneurie, II. 480. C. 481. B. 482. B E.

TUDERT, *Jean*, évêque & comte de Châlons, pair de France, II. 375. C.

TUDERT, (*Genealogie de*) II. 375. & suiv.

Tudert, VI. 566. D.

Tuebœuf, VI. 478. A.

du Tueil, II. 228. C.

Tueleu, VI. 443. C. 484. A. 508. A. VIII. 799. B.

Tuffet, IV. 445. D.

les Tufficres, seigneurie, VII. 336. A.

Tuffreville, seigneurie, VI. 569. C.

Tugaret, seigneurie, VII. 790. A.

Tugny, seigneurie, III. 796. C. baronie, V. 669. B.

Tuillay, seigneurie, VII. 901. D.

la Tuillerie, VI. 540. B.

Tuissignol, seigneurie, V. 129. F.

le Tuit, seigneurie, V. 135. D. 146. A.

Tule, seigneurie, IV. 306. C.

Tulles, vidamé, IV. 541. C.

Tulleu, VII. 368. C.

Tulley, seigneurie, VIII. 159. D.

Tullins, seigneurie, V. 261. C E. VIII. 915. B. 925. B.

Tulton, VII. 388. D.

Tully, seigneurie, VIII. 641. C.

Tulvois, seigneurie, IV. 861. E.

Tumbes. *Voyez* Lattre.

Tumbridge, seigneurie, II. 480. B C. 483. B.

la Tumeliere, seigneurie, IX. 442. A.

Tumery-Boislise, VII. 901. A.

Tun, seigneurie, V. 82. B.

Tunes. *Voyez* Launay.

Tupignies, VII. 740. B.

Tupigny, seigneurie, VIII. 633. E. baronie, IV. 600. B. comté, VIII. 737. B.

TUR, *Guillaume*, évêque & comte de Châlons, pair de France, II. 377. E.

le Tur, II. 378. A. VI. 383. A.

Turbilly, seigneurie, IV. 186. A. VII. 503. C. comté, IX. 243. A.

Turbinghem, seigneurie, V. 856. A.

Turcoing, seigneurie, V. 656. A. VIII. 79. B C. baronie, V. 644. D.

Turcy-la-Guerre, seigneurie, VII. 3. D.

TURENNE, (*Vicomtes de*) IV. 535. & suiv. *Voyez* la Tour. (*Autres Vicomtes de*) VI. 320. *Voyez* Roger & Beaufort.

Turenne, II. 144. E. 700. A. IV. 142. A. 481. D. V. 320. D. 323. C. 568. B. 750. A. VI. 207. A. VII. 324. A. 416. A. VIII. 165. D. 167. A. 596. C. 595. **** E. vicomté, I. 309. D. 469. A. 539. D. II. 229. C. 235. D. 464. D. 634. C D. 673. D. 701. A. III. 127. A. 308. D. 412. B. 605. A. IV. 164. D. 171. C. 472. B. 516. B. 533. A. 650. A. 652. C. 787. C. V. 320. C D. VI. 135. B. 317. D. 321. D. 734. C. VII. 17. E. 61. A. 125. E. 169. C. 334. C. 561. A. 860. C. VIII. 55. E. 57. B. 245. B. 252. B. principauté, IX. 212. A. *Aubepeire*, IV. 141. D. VII. 323. D.

Turet, seigneurie, IV. 501. A.

Tureret, seigneurie, VII. 926. D.

Turgay, seigneurie, V. 607. A.

Turgis, IV. 125. D. V. 749. C. VII. 304. C. seigneurie, VIII. 893. D.

Turgot de S. Clair, VI. 552. D.

Turgoville, seigneurie, VI. 50. E. VIII. 93. B D. Turie, seigneurie, II. 354. B.

Tutigny, seigneurie, VIII. 451. * D.

Turin, II. 425. C. III. 893. B.

Turinge, II. 773. B C. 774. C.

Turkestin, baronie, III. 502. C.

LA TURMELIERE, (*Seigneurs de*) IV. 575. & suiv. *Voyez* Chaboc.

Turmenies, III. 642. D. IV. 435. B. *Nointel*, IV. 435. D.

Turnhout, seigneurie, II 798. A.

Turpin, I. 457. B. II. 78. E. 447. D E. 852. D. III. 320. E. 573. D. 634. C. 636. A. IV. 196. A. 290. B. 565. A. 677. C. 878. D. V. 91. F. 572. E. 764. E. 766. C. VI. 118. A. 345. D. 551. B. 579. B. 597. D. VII. 183. C. 374. C. 401. A. 515. B. 859. E. VIII. 95. C. 172. A. 182. C. 373. E. 374. A. 621. E. 668. B. *de Crissé*, V. 11. E. VIII. 91. D. 642. C. IX. 236. A. *de Vauvredon*, II. 92. E.

la Turpiniere, seigneurie, VII. 385. E.

Turquan, II. 115. D. IV. 403. B. VI. 525. D. VII. 566. C.

Turqueraye, seigneurie, V. 124. D.

Turquet de Mayerne, IV. 473. B.

Turqueville, seigneurie, II. 494. A. V. 124. D.

Turriana, VI. 494. C.

Turres, seigneurie, II. 294. C.

Turriers, seigneurie, II. 292. E.

Turries, seigneurie, II. 294. D.

Turriez, seigneurie, VIII. 297. A.

Turriz, seigneurie, II. 296. A.

Tursac, seigneurie, V. 359. E. VII. 321. A.

Tursis, duché, I. 671. D.

Tuffaguet, VII. 264. B.

Tuffé, baronie, VII. 379. B.

Tweedale, marquisat, IX. 403. B. 411. C.

Tyder ou Tudon, chevalier, I. 115. B.

Tymple, I. 160. C.

Tymur, VII. 509. C.

Tyne, seigneurie, II. 234. B.

Tyr, seigneurie, II. 596. B. 597. D. VI. 79. D E. principauté, II. 841. E. VI. 24. A C.

Tyrconnel, comté, VII. 92. A. duché, VII. 91. E.

TYREL, (*Genealogie de la maison de*) du surnom de Poix, VII. 820.

Tyrel, VII. 819. E. 821. A. comté, III. 714. B.

V

S. VAAST, VIII. 811. ** C. *Voyez* S. Waast.

Vabre, seigneurie, I. 371. B.

VABRES, (*Seigneurs de*) III. 823. & suiv. *Voyez* Apchier.

Vabres, VII. 698. G. IX. 391. E. seigneurie, III. 814. C. 815. A B. 816. C. 817. A. 818. A. VI. 317. A. vicomté, IX. 422. C. *de Castelnau de Treissons*, VII. 607. A.

Vabrette, seigneurie, III. 824. B.

la Vacaresse, seigneurie, VII. 786. B.

LA VACHE, *Pierre*, maître de l'artillerie du Roi, VIII. 127. E.

Vache, II. 255. E. V. 264. D. VIII. 811. ** B. seigneurie, II. 204. E. 209. B.

Vacheres, seigneurie, II. 243. C. 244. B. 294. E. III. 605. C. V. 265. D E. IX. 154. C.

Vacheresse, seigneurie, VI. 435. D.

Vacheresses, seigneurie, II. 432. E.

la Vacherie, seigneurie, II. 67. E.

Vacherolle, seigneurie, VII. 342. D.

Vacheul, VI. 794. C. VIII. 278. B.

Vachon, III. 585. A. VI. 522. B. VII. 645. E.

Vacqueras, seigneurie, VII. 930. C.

la Vacquerie, IV 407. E. seigneurie, III. 913. D. VI. 177. A. VII. 111. D.

Vacueil, seigneurie, III. 795. D. 839. D. VIII. 832. A.

Vadancourt, seigneurie, VI. 146. D.

VADANS, (Seigneurs de) II. 209. Voyez Poitiers.

Vadans, II. 200. B. seigneurie, II. 193. E. 198. CE. 212. A B D. VII. 34. A baronie, II. 210. & suiv. 874. B. VII. 648. B. comté, I. 372. A.

Vadeslivas, seigneurie, I. 582. A.

Vaduz, comté, VII. 339. C.

Vaerick, VI. 102. B.

la Vaerriere, seigneurie, IV. 83. B.

Vaesc, II. 198. A.

Vagena, III. 125. D.

Vagneniere, III. 920. A.

Vaillac, V. 354. B. seigneurie, V. 747. C. 755. D. VIII. 166. E. comté, III. 388. B. IV. 809. B. VII. 25. A. 533. A. VIII. 164. D. 165. A. marquisat, VIII. 165. D.

Vaillant, VI. 684. A. VII. 567. A. de Guelis, III. 583. A. VI. 422. C. 582. D. VIII. 254. D

Vaillars, seigneurie, VII. 287. E.

Vaille le Pin, seigneurie, VI. 597. D.

Vailly, seigneurie, II. 852. A. V. 80. C. 244. F. VI. 734. A. VII. 847. D. VIII. 320. B. 585. B. baronie, VII. 851. B. Voyez Wailly.

Vainaisin, comté, II. 185. 2. A. 188. 2. D.

VAINI, Guido, chevalier du S. Esprit, IX. 249. A.

Vaixi, IX. 294. B.

Vains, seigneurie, II. 411. A.

du VAIR, Guillaume, garde des sceaux de France, VI. 535. C.

du Vair, VI. 535. D.

Vairat, VII. 54. A. de Paulian, III. 771. D. VI. 599. VIII. 305. B.

Vaires, seigneurie, I. 376. A. IX. 446. A.

Vairoles, seigneurie, IV. 133. C. VII. 312. A.

Vairols, IV. 135. B. VII. 313. D.

du Vaisset, IV. 549. B.

la Vaissiere, seigneurie, III. 830. A.

Vaivres, IV. 838. C.

Vaizeron, seigneurie, VII. 551. D.

la Vaizouziere, V. 399. C.

Val, I. 215. D. III. 583. A. IV. 598. A. 772. B. VI. 349. C. 364. C. 562. A. VIII. 73. B. 798. E. 799. A. 809. * C. 811. * B. IX. 168. A. 325. C. seigneurie, V. 103. B D. VI. 173. B. 322. D. VII. 383. A. 385. B. 630. A. 725. A. 765. D. VIII. 917. C. baronie, III. 420. E. d'Ardenne, seigneurie, II. 294. A E. 295. A. en Artois, baronie, VIII. 635. E. d'Auligny, seigneurie, VII. 4. D. 736. D. Beauchesne, seigneurie, II. 243. C. de Corneia, seigneurie, VII. 818. E. de Dampierre, IX. 235. B. des Eles, seigneurie, II. 158. A. de Fuentes, marquisat, I. 673. A B. 674. A D. d'Isere, seigneurie, VIII. 920. C. baronie, II. 165. A. S. Julien, seigneurie, VII. 259. D. de Kerrel, seigneurie, VI. 772. C. de Masso, seigneurie, IV. 500. A B C. 501. A B C. 502. A. baronie, IV. 502. C. 503. A. de Mercy, seigneurie, IV. 754. A. VII. 5. D. 9. E. Miellé, seigneurie, VIII. 812. C. d'Orquaire, seigneurie, VIII. 923. A. en Paulxer, seigneurie, II. 763. D. de See, seigneurie, VIII. 172. A. de Sigoyer, seigneurie, VIII. 306. B.

Va ade, V. 729. E. seigneurie, V. 335. E. 354. E. 355. A. VII. 620. B. VIII. 243. D.

Valady, seigneurie, IV. 136. C. VII. 314. E.

Valadye, seigneurie, VII. 771. D.

Valain, VI. 483. C.

Valan, VIII. 596. * * * C.

Valangouja, seigneurie, IX. 319. C.

Valat, VII. 484. D.

Valavoire, seigneurie, VIII. 305. A.

Valaure, IV. 275. B.

Valaury, seigneurie, VII. 341. D.

Valbelle, II. 257. D. 296. D. V. 282. B. VII. 200. C. VIII. 299. C.

Valboc, VIII. 121. B.

Valbonnais, seigneurie, VII. 44. E.

Valbonne, baronie, II. 12. D. 25. B.

Valbreque, seigneurie, II. 203. D. 204. A D. 206. E.

Valbrun, IX. 351. B.

Valclerieu, seigneurie, II. 188. 2. E.

Valcourt, seigneurie, II. 753. C. 756. E. IX. 342. B.

Valdares, I. 687. B.

Valdeterra, IV. 497. C.

Valdueza, marquisat, I. 294. B.

Valecourt, seigneurie, IV. 827. D. VII. 567. A.

Valeirac, seigneurie, II. 188. E.

Valemet, vicomté, VII. 153. D.

Valenay, seigneurie, VIII. 490. C. 494. D.

Valençi, marquisat, I. 666. C.

VALENÇAY, (Seigneurs & Marquis de) VII. 548. Voyez Estampes.

Valençay, seigneurie, II. 91. A. VI. 505. C. VII. 371. A. 544. A. 548. C. 558. B. VIII. 417. D. marquisat, III. 588. D.

Valence, II. 729. E. VI. 106. C. 512. D. VIII. 661. C. seigneurie, II. 307. A. III. 81. C. IV. 669. A. VI. 48. C. 511. D. VII. 290. A. IX. 364. A. comté, II. 186. B C D E. 202. D E. III. 773. B. marquisat, III. 777. A. IV. 130. A. VII. 308. C. royaume, I. 230. B. 231. B. V. 513. F.

Valencey. Voyez Valençay.

VALENCIA DE CAMPOS, (Duc de) bâtard de Portugal, tige des seigneurs de Eza, Cascaës, comtes de Penela, du surnom de Vasconcellos, I. 672. & suiv.

Valencia, marquisat, I. 664. A.

Valencienne, IV. 671. C.

Valenciennes, seigneurie, II. 505. B. 783. C. VI. 96. D.

Valencourt, I. 56. B. seigneurie, V. 135. F.

Valengin, seigneurie, IV. 859. A. VII. 37. D. VIII. 349. B. 425. A.

Valenglard, seigneurie, VIII. 561. A.

Valenne, seigneurie, VII. 848. B. 849. B.

Valens, IV. 895. E.

Valentigny, seigneurie, VIII. 716. D.

VALENTIN D'EGUILLON, Jean, huissier des ordres, IX. 351. A.

Valentine, seigneurie, III. 814. E.

Valentiné, seigneurie, VII. 655. D.

Valentinien, chancelier, VI. 238. B.

VALENTINOIS, duché-pairie, érigé en 1642. pour HONORE' Grimaldi, prince de Monaco, IV. 485. Pieces concernant cette érection, IV. 486. & suiv. duché, érigé en 1548. pour DIANE de Poitiers, veuve de Louis de Brezé, comte de Maulevrier, V. 596. Piece concernant ce duché, ibid. & suiv. duché, érigé en 1498. pour CESAR, de Borgia, V. 516. Pieces concernant cette érection, V. 517. & suiv. duché-pairie, nouvelle érection en 1715. pour JACQUES-FRANÇOIS-LEONOR Goyon, sire de Matignon, V. 366. Pieces concernant cette érection, ibid. & suiv.

VALENTINOIS, (Ducs de) pairs de France, IV. 496.

495. & *fuiv. Voyez* Grimaldi, (*autres Ducs de*) pairs de France, V. 390. & *fuiv. Voyez* Goyon.

Valentinois, VII. 763. B. comté, II. 18. A. 20. A D. 159. E. 187. A C. 216. D. 219. A. 514. D. 701. E. IV. 527. E. V. 521. D. VI. 85. B. 138. B. 317. A. 318. B. 670. D. 725. D. 733. C. VII. 34. A. 764. E. VIII. 51. BD. 416. C. duché, I. 376. A B. II. 248. C. 491. B. 501. A. III. 773. C. IV. 168. B. 616. D. V. 522. B. VI. 214. D. VIII. 272. B. pairie, V. 391. BC. VII. 117. D.

Valenton, *feigneurie*, VIII. 471. C.

S. Valerian, *feigneurie*, VIII. 405. B.

S. Valerien, *feigneurie*, IV. 228. B. VIII. 776. B DE. 799. A. 803. D.

Valerne, vicomté, III. 434. A. VI. 317. B. 323. A.

VALERY, *Erard*, chambrier de France, VIII. 405. B.

Valery, *feigneurie*, V. 222. A. VIII. 406. A. comté, I. 332. C. 335. C. *Voyez* Vallery.

S. Valery, I. 431. A. 515. D. 544. A. VI. 627. C. *feigneurie*, I. 388. B. 389. B. 390. D. 426. E. 427. A D. 428. B. 429. BD. 430. A C. 435. A. II. 469. D. 856. D. III. 300. B C D. IV. 195. C. comté, VII. 101. B. marquifat, IX. 303. C.

Valefcourt, *feigneurie*, VIII. 850. D. 905. B.

Valefnes, *feigneurie*, VII. 426. A. 505. C.

Valefve, *feigneurie*, VIII. 584. C.

LA VALETTE, duché-pairie, érigé en 1622. pour BERNARD de Nogaret, IV. 378. *Pieces concernant cette érection, ibidem.*

LA VALETTE, *genealogia des Nogarets, Seigneurs de*) III. 853. & *fuiv.* (*Marquis de*) bâtards des ducs d'Epernon, III. 861. & *fuiv.*

VALETTE, *François*, chevalier du S. Efprit, IX. 81. C.

la Valette, I. 150. E. 358. A. IV. 134. D. 135. D. VII. 423. B. 510. A. VIII. 173. E. *feigneurie*, I. 323. E. II. 182. C. 251. A. III. 731. B. 820. E. 825. A. 831. B. 859. C. IV. 306. A. VII. 359. D. 904. A. VIII. 147. A. 501. B. baronie, VIII. 119. C. marquifat, II. 183. A. 253. E. 625. B. VIII. 219. C. 594. ***** B. IX. 416. B. duché, I. 150. E. IV. 805. D. VIII. 220. A. *Cornuffon*, III. 859. B. *Parifot*, IV. 136. A. VII. 313. A.

Valfbegh, VI. 712. B.

Valflou, *feigneurie*, III. 360. C.

Valfons, *feigneurie*, II. 135. E.

Valgrand, *feigneurie*, IV. 131. C. VI. 489. C. 514. D. VII. 30. C. 310. B.

Valhain, comté, VIII. 79. E.

Valicourt, *feigneurie*, IV. 674. C.

Valien, *feigneurie*, VIII. 179. A. 180. B.

S. Valier, *feigneurie*, IV. 18. A. VIII. 684. E. *Voyez* Cochet & S. Vallier.

Valieres, *feigneurie*, II. 354. B. IV. 714. D. VII. 495. D. IX. 88. E.

Valieu, *feigneurie*, IV. 596. B. 598. A. 599. A.

Valigny, *feigneurie*, VIII. 149. D.

la Valiniere, *feigneurie*, IV. 366. A B.

Valjoüan, *feigneurie*, VII. 892. C.

Valiquerville, *feigneurie*, VIII. 794. D. 832. E.

Valify, *feigneurie*, II. 384. B C.

Vallac, marquifat, III. 364. D.

Valladarez, I. 583. A. 588. D. *feigneurie*, I. 689. B.

Valladolid, *feigneurie*, VII. 761. D.

Vallans, *feigneurie*, VIII. 765. B.

Vallavoire, *feigneurie*, VIII. 295. A.

Valle, VII. 350. B.

Tome IX.

Valleaux, VI. 194. D.

LA VALLE'E, (*Seigneurs de*) V. 845. & *fuiv. Voyez* Bournonville.

la Vallée, III. 582. B. 645. D. V. 410. C. VII. 586. B VIII. 261. C. 753. E. 777. C. *feigneurie*, III. 89. B. IV. 453. A. 454. C. 491. A. V. 89. E. 845. D. VI. 263. C. 642. D. 683. A. VII. 473. B. 575. A. 632. A. VIII. 283. A. 525. C. 812. * A. IX. 445. A. *de Ayora*, *feigneurie*, V. 525. B. 527. D. *de Barlongue*, *feigneurie*, II. 659. E. *de Beauchamp*, V. 280. B. *de Maffouins*, *feigneurie*, IV. 502. D. *Mifolane*, principauté, VII. 17. E. *d'Oife*, *feigneurie*, II. 241. A. *de Vitrolles*, ibid.

LA VALLE'E-FOSSEZ, *Gabriel*, chevalier du S. Efprit, IX. 168. A.

la Vallée-Foffez, IV. 681. B. IX. 66. C.

les Vallées, *feigneurie*, VII. 477. D.

les Vallées du Maro, marquifat, VI. 499. B.

Vallemagne, *feigneurie*, VII. 164. A.

Vallemont, *feigneurie*, I. 327. A. III. 573. C. IV. 214. D. V. 133. B. 638. A. VI. 213. D. 691. A. VIII. 88. DE. 89. A B.

Vallengoujart, VII. 12. D. *feigneurie*, II. 118. E. VII. 13. C.

Vallercey, *feigneurie*, VIII. 159. C.

Valleron, IV. 804. D.

Vallery, VI. 123. A. *feigneurie*, VI. 745. D. VIII. 526. C. *Voyez* Valery.

Vallet, VIII. 136. D.

la Vallette. *Voyez* la Valette.

Valley, *feigneurie*, VIII. 349. D.

Vallidays, *feigneurie*, VII. 525. D.

Vallidolis, I. 258. B.

Vallier, IX. 204. A.

S. VALLIER, (*Seigneurs de*) II. 198. & *fuiv.*

S. Vallier, II. 210. A. VIII. 702. B. *feigneurie* I. 123. A. II. 185. 2. C. 186. 2. D. 187. 2. ABCE. 196. B E. 197. A BD. 204. E. 205. A C D. 206. E. 219. B. 374. B. IV. 34. A. 39. B. 530. C. VI. 344. D. 755. A. 131. C. VIII. 205. E. 273. B. 416. C. comté, I. 372. A. III. 491. C. 492. B. 513. E. 514. A. VIII. 921. B. *Voyez* S. Valier, Poitiers & Cochet.

LA VALLIERE, duché-pairie, érigé en 1723. pour CHARLES-FRANÇOIS de la Baume-le-Blanc, marquis de la Valliere, V. 474. *Pieces concernant cette érection, ibid.* & *fuiv.*

LA VALLIERE (*Ducs de*) pairs de France, V. 489. & *fuiv.* (*Seigneurs & Marquis de*) ibidem.

la Valliere-la-Baume-le-Blanc, maîtreffe du roy Louis XIV. I. 175. D.

la Valliere, V. 361. C. 488. C. 489. D. *feigneurie*, I. 175. DE. 292. D. marquifat, IV. 856. C. V. 494. C D. duché, IV. 793. A. pairie, V. 494. C. 495. E F. *Vanjour*, duché-pairie, I. 175. D. *Voyez* la Baume & le Blanc.

Vallieres, *feigneurie*, IV. 854. B. VI. 391. B. 470. B. VII. 336. D.

Vallieu, *feigneurie*, I. 379. C.

Valliquerville, VI. 679. D. *feigneurie*, VI. 261. C. 434. B.

Vallix le Preftrat, VII. 570. D.

Vallon, VIII. 164. C. *feigneurie*, III. 817. C. 818. A.

Vallory, I. 121. A. VI. 603. B.

Valmaifon, *feigneurie*, III. 777. A.

Valmerange, *feigneurie*, V. 642. C.

Valmondois, *feigneurie*, II. 300. B. III. 603. E. 619. D. 659. E. 660. A B. V. 642. C. VI. 276. B. VII. 12. C. VIII. 315. B. 399. E. 789. E.

Valmont, *feigneurie*, VIII. 154. C. 870. B.

Valmonton, principauté, IX. 130. A.

Valogne, seigneurie, I. 287. D. 308. C.

Valognes, vicomté, IV. 717. D. 719. B.

Valoines, seigneurie, II. 489. C D.

VALOIS, comté-pairie, érigé en 1344. pour PHILIPPES de France, III. 235. duché-pairie, érigé en 1406. pour LOUIS duc d'Orleans, III. 252. autre érection en 1498. pour FRANçois d'Orleans, comte d'Angoulême, III. 442. autre érection en 1516. pour JEANNE d'Orleans comtesse de Taillebourg, III. 474. duchépairie, donné en appanage l'an 1630. à GASTON-JEAN-BAPTISTE de France, IV. 352. ché-pairie, nouvelle érection en 1661. pour PHILIPPES de France, frere du roy Louis XIV. IV. 578. A.

VALOIS, Charles, chevalier du S. Esprit, IX. 136. B. Louis, chevalier du S. Esprit, IX. 160. A.

Valois, I. 110. B. 148. D. 404. B. 405. C. 414. B. 415. B. 417. D. II. 606. D. 797. E. III. 305. C. 489. B. 605. C. 772. A. IV. 55. D. V. 132. E. 226. E. 228. F. 387. A. 512. B. VI. 96. C. 137. E. 163. D. 211. A. 295. A. VII. 371. B. 444. E. 845. E. 850. E. VIII. 52. C. 99. C. seigneurie, III. 199. D. VIII. 397. E. comté, I. 48. D. 51. B. 73. C. 85. C. 88. C. 93. C. 99. A. 104. A. 205. A. 207. E. 299. C. 387. A. 397. B. 400. D. 406. A. 409. B. 413. B. 450. A. 480. A. 531. A. 532. A C. 533. A. 534. B. 544. C. II. 266. D. 267. B. 268. A. 338. D. 389. E. 722. B. 735. B. 748. E. 784. A. 838. A C. 839. C. 847. A. VI. 16. D. 36. C. 45. D. 96. C. 106. C. 115. D. 164. A. duché, I. 128. E. 129. E. 136. A. 147. A B. 148. B. 187. C. 188. B E. 189. E. 190. E. 210. A. III. 474. A. VII. 846. C. pairie, VIII. 210. B. d'Alençon, I. 280. E. de Villette, VIII. 640. A. 821. D.

Valon, VII. 458. D. IX. 169. A. seigneurie, III. 646. D.

Valory, IV. 185. C. d'Estilly, IV. 459. E.

Valou, IV. 549. C. VII. 358. E.

Valourue, IX. 331. A.

la Valouze, seigneurie, VII. 340. C.

Valpergue, II. 166. D. 248. B. 290. E. IV. 501. A. VI. 52. C. 408. A. 498. B. VII. 116. C. comté, II. 289. A. de Masse, VI. 498. C.

Valpuiseux, seigneurie, VI. 518. C.

Valromey, seigneurie, VI. 80. B. 84. D. 136. B. VIII. 501. A. marquisat, IV. 37. A B. 899. A.

Valrose, baronie, IX. 243. B.

Vals, seigneurie, III. 826. A.

Valsangie, VII. 487. C.

Valsassine, IX. 325. C.

Valsemé, seigneurie, IV. 855. B. VII. 872. B. marquisat, IX. 476. E.

Valsergues, IX. 437. A.

Valsou, seigneurie, V. 608. A.

Valstede, seigneurie, III. 910. A.

Valthusen, V. 642. B.

Valverde, seigneurie, I. 683. A.

Valusin, seigneurie, IV. 28. B. VII. 41. D. 43. B. VIII. 6. A. 420. A.

Valzergues, VII. 154. A.

Van-Abroide, VII. 104. A.

Van-Beringhar, III. 648. A.

Van-Boden, VII. 104. A.

Van-Capelle, III. 909. B.

Van-Cath, VII. 106. D.

Van-Esche, III. 576. B.

Van-Hoëde, I. 267. C.

Van-Hulphen, II. 798. C.

Van-Hophen, II. 798. E.

Van-Schote, I. 267. B.

Van-Stelandt, VII. 830. A.

Van-Vene, II. 798. B D.

Vanbelle, III. 978. B.

Vançay, VIII. 888. E. seigneurie, I. 278. A.

Vandal, VII. 440. B.

VANDALES (Princes de) III. 589. A.

Vandalmar, chambrier du Roy, VIII. 394. A.

Vandegre, seigneurie, VIII. 148. A.

Vandein-Einden, IX. 210. C.

Vandelicourt, seigneurie, VIII. 278. D. 279. A. 281. A.

Vandelle, seigneurie, VI. 573. D.

Vandenberghe, VIII. 107. D.

Vandenesse, seigneurie, II. 437. D. VI. 591. A. VII. 131. C. 132. B. VIII. 328. E. IX. 467. E.

Vandeoerschen, I. 267. C.

Vander-Aa, II. 329. B.

Vander-Baerse, I. 267. B.

Vander-Bisse, II. 739. A.

Vander-Esckoute, II. 739. D.

Vander-Gracht, III. 610. A. 909. A. 910. A. V. 655. D. VIII. 40. A.

Vanderhulpen, II. 798. C.

Vander-Insel, VIII. 45. C.

Vander-Lamen, seigneurie, II. 333. C.

Vandermoer, III 576. B.

Vander-Noote, VIII. 46. B.

Vander-Ryne, I. 267. B.

Vander-Spout, II. 798. D.

Vander-Tymple, I. 260. C.

Vanderval, VIII. 108. A.

Vandeuil, seigneurie, IV. 542. B. VIII. 11. C. 546. B. IX. 330. A.

VANDEUVRE, Hilduin, évêque & duc de Langres, II. 146. B.

Vandeuvre, seigneurie, II. 146. C.

Vandieres, seigneurie, V. 244. B. IX. 231. A. 231.

Vandigné, VII. 229. D.

S. Vandrille, abbaye, I. 13. A.

S. Vandrille, seigneurie, IV. 753. E.

Vandussen, VIII. 107. D.

Vandy, seigneurie, VI. 151. B.

Vanecy, VII. 366. A. VIII. 836. D.

Vanel, VIII. 932. C.

Vanhalle, V. 652. C.

Vanheuze, VI. 295. C.

Vanier, seigneurie, II. 323. D.

Vanlay, seigneurie, IV. 748. B. VIII. 717. C. 720. A. 721. A.

Vanley, seigneurie, VII. 160. B.

Vanne, VI. 371. B.

Vannes, baronie, II. 64. C. comté, III. 44. A. IV. 51. B.

Vannier, VIII. 20. A.

Vannoil, seigneurie, IV. 874. A.

Vanoise, seigneurie, IV. 861. D. VIII. 333. B D. 334. C D.

Vanosa. Voyez Vanotia.

Vanotia-Catanea, V. 522. C.

Vanquentin, I. 267. B.

Vanrich, I. 368. B.

Vans-Haute, III. 906. C.

Vanspeill, III. 905. B.

Vanssay, VII. 399. E.

Vantenne, seigneurie, III. 585. B.

Vanteuil, seigneurie, IV. 186. A.

Vanvres, seigneurie, IX. 332. A.

Vanzwehen, VII. 828. C.

Vaque, V. 190. A.

Vaquerie, seigneurie, I. 378. A.

Vaqueyras, seigneurie, II. 251. A.

Var, III. 825. A.
Varacieu, seigneurie, I. 563. C.
Varadier, VIII. 295. C. 299. D. IX. 86. C.
Varages, seigneurie, II. 292. B. 293. B. VIII. 301. C. 302. A.
Varagne, seigneurie, VIII. 475. D.
Varagre, seigneurie, VII. 771. D.
Varaignes, baronie, IX. 240. A.
Varaires, baronie, VII. 415. D.
Varaise, vicomté, V. 772. C.
Varambon, VIII. 353. D.
Varanes, seigneurie, IX. 453. A.
Varanze, III. 606. D.
Varastre, seigneurie, VI. 483. C.
Varaville, seigneurie, VII. 393. A.
Varax, VII. 46. B. VIII. 911. B. comté, II. 211. CE. 212. A. IV. 572. D E V. 673. D. VII. 447. A. VIII. 76. A.
Vard, seigneurie, VIII. 561. C.
Vardes, seigneurie, II. 85. E. 87. A. IV. 569. D. 715. A. VI. 283. A. marquisat, I. 150. D. II. 87. D. 88. A. VII. 174. A. 527. D. 852. D. IX. 398. B. Voyez Marais-Verdier.
Vareignes, seigneurie, II. 234. A.
Vareigny, seigneurie, VII. 18. E.
la Vareille, seigneurie, V. 730. C.
VAREILLES (Seigneurs de) bâtards d'Auxy, VII. 107. A.
Vareilles, seigneurie, III. 825. E. 826. A. VI. 148. B. VII. 666. A. VIII. 107. A. IX. 421. B.
la Vareine, seigneurie, IX. 468. E.
Varelles, IV. 324. A.
Varelme, seigneurie, VII. 856. A.
Varembon, seigneurie, VII. 44. C. marquisat, II. 211. D E. 212. A. IV. 572. D. VII. 447. A.
la Varene, seigneurie, II. 455. B.
Varenges, IV. 845. D.
Varengeville, seigneurie, V. 106. E.
Varenguebec, seigneurie, II. 477. E. VI. 170. D. 313. B. 631. D. 654. A. VIII. 314. B. baronie, I. 224. C. 225. B. 226. C. VI. 162. C. 633. C.
la Varenne, VII. 103. A. VIII. 334. A. seigneurie, I. 508. A. VI. 635. B. VII. 496. C. 849. C. VIII. 269. D. 270. A. 273. A. 330. D. 332. C. 341. C. 579. A. 730. C. marquisat, I. 471. A. 532. E. VII. 671. B. de Confolens, seigneurie, IV. 526. A.
VARENNES, Jean, maréchal de France, VI. 639. C. Florent, amiral de France, VII. 732. D.
VARENNES (Comtes de) bâtards d'Anjou, VI. 26. A.
Varennes, II. 185. 2. A. 404. E. 503. A. III. 621. C. 625. B. VI. 678. A. VII. 527. A. VIII. 83. C. 92. E. 159. C. 206. C. 617. A. 739. C. seigneurie, II. 48. B. 129. B. 426. E. 839. C. 863. C D. III. 160. A. 362. D. 590. C. 610. D. 727. E. 768. B. 912. C. IV. 60. C. 214. B. V. 846. A. VI. 50. C. 117. B. 144. B. 208. C. 418. D. 428. A. 496. C. 616. D. 637. C D. 785. C. VII. 388. A. 556. D. 657. B. 616. C. VIII. 98. D. 100. B. 283. A. 285. C. 342. A. 637. C. 747. A C. 793. B. 944. A. IX. 323. B. comté, III. 79. C. 292. A. VI. 26. C. marquisat, V. 267. B. VI. 477. B. VII. 666. A. IX. 165. C. S. Sauveur, VII. 640. A. Surrey, III. 54. C.
Varenquebec, baronie, V. 137. E. 138. B D. Voyez Varenguebec.
S. Varens, seigneurie, VII. 25. B.
Varettes, VIII. 440. D.
Varey, IV. 286. B. V. 104. E. seigneurie, II.

159. D. 160. C. 161. A B C. 165. C. VI. 699. A. 732. B. VII. 41. A. 145. C. 204. B.
Vareyres, seigneurie, II. 675. C. IV. 43. A.
Vareze, VIII. 765. A.
Vargonier, VIII. 18. C.
Varice de Valieres, VIII. 592. A.
Varie, IV. 215. E. VI. 405. C. 411. E. VII. 334. B. VIII. 119. C. 481. D. 490. B.
Varignies, VIII. 211. D. seigneurie, V. 144. B.
VARIGNIEZ, Jean, chevalier du S. Esprit, IX. 148. A.
Vatigny, II. 862. D.
Varillettes, seigneurie, VII. 589. B.
Varin, VI. 367. C.
Varizelles, comté, IV. 408. B.
Varne, III. 606. C.
VARNES (Rois des) I. 15. B.
Varnesperg, seigneurie, VIII. 531. D.
Varneville, seigneurie, VIII. 812. B.
Vars, seigneurie, II. 363. B.
Varsea, seigneurie, I. 585. B.
Vasceuil, seigneurie, VI. 780. D.
Vasco-Sanchez, I. 571. D.
Vasconcellos, I. 646. A. 676. C. 688. C. IV. 67. B.
Vasmeil, seigneurie, VI. 388. A.
Vasnau, seigneurie, VIII. 866. B.
Vasnes, seigneurie, VIII. 86. B.
Vasqueil, seigneurie, VIII. 90. A.
Vasqueshal, VI. 708. D. seigneurie, ibid.
Vasquez, I. 583. B.
Vassadel, II. 251. A. VII. 930. C.
Vassal, IV. 142. C. V. 747. C. 755. B. de Pérignac, V. 752. B. du Brignac, VII. 325. A.
Vassale de Fauria, VI. 499. B.
Vassalieu, II. 199. D. VII. 43. B. 194. C. VIII. 6. A. seigneurie, II. 32. A. VII. 43. B. 49. B. VIII. 927. D.
Vassals, VII. 693. D.
Vassan, VI. 150. C. 384. C. VII. 136. A. VIII. 777. A. IX. 483. B.
VASSE, Jean, chevalier du S. Esprit, IX. 87. B. Lancelot, chevalier du S. Esprit, IX. 150. B.
Vassé, IV. 405. B. V. 766. B. 770. A. VI. 506. D. VII. 387. A. seigneurie, III. 896. B. IX. 87. B. comté, V. 770. A. marquisat, VII. 339. A. IX. 66. C. 128. C.
Vasselieu, VIII. 595. ** C. 596. ** B.
la Vasselle, baronie, III. 640. B.
Vasselot, VII. 28. A.
Vassenaer, IV. 545. B. VIII. 573. B.
Vassengy, seigneurie, VII. 253. B.
Vasset, VII. 64. D.
le Vasseur, II. 120. C. IV. 600. A. V. 16. D. 239. C. VII. 100. C. 748. E. VIII. 82. A. 156. B. 265. C. IX. 138. C.
les Vasseux, seigneurie, IX. 84. B.
Vassieux, seigneurie, VII. 692. B.
VASSOIGNE, Jean, chancelier de France, VI. 273. D.
la Vassolerie, seigneurie, III. 617. C.
LE VASSOR, Etienne, controlleur du marc d'or, IX. 365. B.
le Vassor de Courdy, IV. 672. D.
Vassy, II. 36. A. 427. D. 432. B. VIII. 210. B D. seigneurie, I. 254. C. IV. 60. A V. 131. B. 143. B. VII. 47. D. 692. A. 872. A. VIII. 260. B. Brecé, IV. 223. E.
Vasto, marquisat, VII. 118. E.
Vatace, II. 286. B.
Vatan, seigneurie, I. 376. D. IV. 438. C. V. 334. C. VI. 415. D. VIII. 371. B. baronie, VII. 670. A. marquisat II. 108. D. VIII. 809. ** E. IX. 430. D.

Votel, VII. 562. D.

VATETOT, (*Seigneurs de*) VIII. 812. * *Voyez* Bailleul.

Vatetot, seigneurie, VII. 580. E. 667. A. 897. A. VIII. 812. * C. 891. C.

Vateville, seigneurie, IV. 713. B.

Vatilieu, II. 29. E. 30. B. seigneurie, II. 30. B D. 32. E. 255. E.

Vatronville, IV. 836. D.

Vatteville, IX. 336. A. seigneurie, VI. 358. A.

Vattilieu, seigneurie, VIII. 933. E.

Vatz, seigneurie, V. 754. C.

du Vau, IV. 445. B.

la Vau, seigneurie, V. 147. A.

Vau de Chavanes, IV. 324. A. seigneurie, VII. 509. C.

Vau-saint-Germain, seigneurie, VI. 121. B.

Vau de Lux, seigneurie, IV. 185. B.

la Vau de Memes, seigneurie, III. 90. A.

Vau de Rieu, seigneurie, IV. 74. C.

Vau-Ruffier, seigneurie, VI. 185. C.

le Vavasseur, II. 125. C D. III. 896. B. V. 16. D. 239. C. IX. 87. B.

VAUBAN, (*Seigneurs de*) VII. 655. *Voyez* le Prêtre.

Vauban, seigneurie, VII. 653. A. 654. A. 655. C.

Vaubans, seigneurie, VI. 719. A.

Vaubecourt, seigneurie, VII. 467. A. comté, IV. 837. C. IX. 163. A. 174. B. *Voyez* Nettancourt.

Vaubercourt, seigneurie, VIII. 278. A.

Vaubercy, seigneurie, VI. 572. A.

Vauberger, IV. 186. A.

Vaubexy, seigneurie, VIII. 354. A.

Vaubison, seigneurie, VII. 385. B.

Vaubonnais, seigneurie, I. 212. C D. *Voyez* Valbonnais.

Vauborel, seigneurie, IV. 229. B.

Vaubourg, VI. 590. C. seigneurie, II. 430. C.

Vaubrun, seigneurie, VI. 674. B. marquisat, IV. 602. B.

Vaubservot, seigneurie, III. 896. C.

Vaucarte, seigneurie, VII. 29. C.

Vaucelas, seigneurie, IV. 217. C. VI. 510. B. 560. C. baronie, IX. 149. B. comté, IV. 65. A.

Vaucelles, VIII. 703. A. seigneurie, III. 636. A. VII. 569. C. IX. 393. D.

Vaucenay, VII. 99. B. seigneurie, IX. 599. A.

Vauches, baronie, V. 268. C.

Vauchettes, seigneurie, VIII. 942. C.

Vauchier, V. 754. B.

Vauchonvilliers, seigneurie, IV. 828. D.

Vauchreine, III. 920. B.

Vauclauffe, seigneurie, IX. 72. B.

Vaucler, seigneurie, V. 385. C. VI. 123. A. 160. C. VII. 155. D. VIII. 612. C.

Vauclerc, seigneurie, II. 344. D. IV. 80. D. 803. B.

Vaucluse, seigneurie, VIII. 349. D.

Vaucluye, seigneurie, IV. 286. A.

VAUCOULEURS, (*Seigneurs de*) VI. 697. *Voyez* Joinville.

Vaucouleurs, seigneurie, I. 527. B. II. 69. A. III. 80. D. VI. 89. A. 694. A. 697. B. VIII. 530. A.

Vaucouronne, seigneurie, IV. 802. A.

Vaucquelin, VII. 630. D.

Vaud, seigneurie, V. 133. C. 514. B. VI. 80. B. 97. C. 136. B. 699. A. VII. 815. D. VIII. 414. E. 532. E. baronie II. 752. D. comté, II. 157. D.

Vaudampierre, seigneurie, IV. 412. D. V. 87. A. VI. 285. B.

Vaudancourt, seigneurie, II. 81. C. 82. B. 85. A.

Vaudanes, seigneurie, VIII. 907. D.

Vaudegleu, seigneurie, II. 123. C.

la Vaudelle, seigneurie, VII. 459. D.

Vaudemont, II. 268. D. 340. A. V. 506. E. VI. 45. E. 695. C. VIII. 401. B. seigneurie, IV. 842. C. VIII. 532. A. comté, I. 122. C. 141. A. 148. A. 231. B. 232. A. 236. D. 275. A. 540. A. II. 162. D. III. 491. D. 512. C. 723. B. 732. B. 793. A. IV. 57. B. V. 134. B. 138. D. 506. E. 514. A. 637. D. VI. 110. A. 693. C. 695. C. VII. 33. E. VIII. 350. A. 416. B. 451. A. 551. B.

Vaudereuil, seigneurie, VIII. 68. E.

Vaudetart, V. 225. C. VII. 439. C. VIII. 804. D. *Persan,* IX. 127. A.

Vaudeuil, seigneurie, VIII. 858. C.

Vaudilones, seigneurie, VII. 777. A.

la Vaudoire, seigneurie, VI. 568. B. VII. 112. D.

Vaudoré, seigneurie, V. 395. A B C E. 396. B D. VII. 24. E.

Vaudray, II. 119. E. V. 83. E. 245. B. VIII. 527. B. seigneurie, VII. 40. B.

VAUDRE, (*Seigneurs de*) VII. 346. *Voyez* Hautefort.

Vaudre, seigneurie, VII. 346. B.

Vaudrets, VIII. 273. B.

Vaudreuil, seigneurie, VI. 674. B. VII. 415. C. 925. E. VIII. 809. * *E. baronie, VII. 773. A. *Voyez* Rigaud.

Vaudrey, VII. 251. E.

Vaudricourt, I. 379. E.

Vaudrieres, seigneurie, III. 42. A.

Vaudun, seigneurie, VIII. 870. D.

VAUDURAND, (*Seigneurs de*) V. 414. *Voyez* Goyon.

Vaudurand, seigneurie, V. 412. C. 414. E.

Vauffin, seigneurie, III. 896. C.

Vaugaillard, seigneurie, VII. 530. C. vicomté, IV. 400. C D.

Vaugeau, seigneurie, VIII. 265. E.

Vaugelé, seigneurie, VII. 587. A.

Vaugenais, seigneurie, V. 489. E.

Vaugerien, II. 153. C.

Vaugicourt, seigneurie, VI. 800. A. *Voyez* Crequy.

Vaugien, seigneurie, VI. 646. C.

Vaugirard, seigneurie, VI. 430. A.

Vaugoubert, seigneurie, VII. 862. D. VIII. 590. C.

Vaugrenan, seigneurie, VI. 530. B. VII. 806. C.

Vaugrenant, II. 211. B D. seigneurie, II. 197. C. 874. A B D. IV. 180. B. VII. 36. C. 37. B.

Vaugris, seigneurie, V. 140. F. 141. A.

Vaugué, IV. 275. C. V. 106. C.

LA VAUGUYON, (*Seigneurs de*) princes de Carency, II. 233. *& suiv.*

la Vauguyon, II. 230. B. seigneurie, I. 363. B. 377. D. II. 228. D E. 233. E. V. 127. F. VI. 193. B. VII. 23. D. VIII. 146. A. 672. D. comté, II. 234. C. IV. 680. B. 687. A. V. 385. A. VII. 406. D. VIII. 913. D. IX. 240. C.

Vaujani, IV. 286. A.

Vavigny, VIII. 661. D.

Vavincourt, seigneurie, VI. 741. B. VIII. 12. D.

Vaujolis, seigneurie, VIII. 95. C. D.

Vaujoly, seigneurie, II. 124. D. 125. B D.

Vaujonnieres, seigneurie, IV. 846. A.

Vaujouan, seigneurie, V. 136. E.

VAUJOUR-LA-VALLIERE, duché-pairie, érigé en 1667. pour LOUISE-FRANÇOISE de la Baume-le-Blanc

Blanc de la Valiere, & MARIE-ANNE légitimée de France sa fille, V. 25. *Pieces concernant cette érection*, ibid. *& suiv.*

Vaujour, seigneurie, II. 107. D. IV. 878. A. VII. 849. B. 852. B. duché, I. 346. E. IX. 420. B.

Vaujours, VIII. 775. A.

Vaujoyeux, VI. 195. D.

Vaul, seigneurie, IV. 363. B.

Vaulancourt, seigneurie, VI. 674. B.

Vaulcey, seigneurie, VII. 579. E.

Vaulciennes, seigneurie, VII. 590. A.

Vaulieze, VIII. 735. C.

Vaultay, seigneurie, VII. 126. D.

Vaulrou, seigneurie, VI. 674. B.

Vaultier, VI. 435. E.

Vauluisant, seigneurie, VII. 710. B.

Vaulx, III. 60. B C. VI. 193. D. seigneurie, VIII. 295. A. 305. A. 322. E. baronie, V. 657. C. VIII. 644. B. *de Chiseul*, seigneurie, VIII. 324. C D. 325. B D. *de Levaré*, VI. 194. A. *Voyez* Vaux.

VAUMAIN, (*Seigneurs de*) VI. 677. *Voyez* Trie.

Vaumain, seigneurie, II. 11. A. V. 158. C. VI. 674. B. 676. A. 677. C. VIII. 311. A. 885. C.

VAUMELOISEL, (*Seigneurs de*) V. 409. *& suiv. Voyez* Goyon.

Vaumeinil, seigneurie, VIII. 945. C.

Vaumiers, seigneurie, IX. 469. D.

Vaumin, seigneurie, I. 429. E.

Vaumondois, seigneurie, V. 16. D. *Voyez* Valmondois.

Vaunaveys, seigneurie, II. 192. B.

Vaunavez, seigneurie, VIII. 919. C.

Vaupendant, seigneurie, VI. 351. A.

Vauperreux, seigneurie, III. 581. D.

Vaupilliere, seigneurie, VIII. 211. B.

Vaupillon, seigneurie, VI. 487. D.

Vauquelin, IX. 126. B.

Vauray, seigneurie, VII. 126. D.

Vaure, VIII. 244. B. seigneurie, II. 419. B. *d'Argentine*, IX. 166. C.

Vaureal, seigneurie, II. 433. A.

Vaureas. *Voyez* Sabatier.

la Vaurenard II. 440. D. VII. 678. A.

Vaures, seigneurie, IV. 878. A.

Vauricher, VI. 353. C.

Vaurillé, seigneurie, VI. 289. A.

Vaurin, seigneurie, II. 741. D.

Vaurion, seigneurie, VIII. 486. D.

le Vauriou, seigneurie, IV. 802. E.

VAUROUAUT, (*Seigneurs de*) V. 405. *& suiv. Voyez* Goyon.

Vaurouaut, seigneurie, V. 404. C.

Vauruse, seigneurie, IV. 59. A.

VAURUZE', (*Seigneurs de*) VI. 188. *Voyez* du Guesclin.

Vauruzé, seigneurie, 184. D. 188. C.

Vausalmont, VIII. 237. C.

Vauseche, V. 266. C.

Vausérée, seigneurie, VIII. 12. A.

Vaussay, II. 80. D. seigneurie, I. 323. C.

Vausserre, seigneurie, II. 204. C. VIII. 920. E.

Vaussin, V. 24. B.

Vaussine, VIII. 887. D.

Vauteau, seigneurie, IV. 754. B. 861. B C E. 862. A C D. 863. A. VII. 6. D. VIII. 323. C.

Vautorte, seigneurie, VI. 531. B. VIII. 159. D.

VAUTOURNEUX, (*Seigneurs de*) VIII. 171. *Voyez* Silly.

Vautourneux, seigneurie, VIII. 134. B. 171. A B. baronie, VII. 855. A.

Vautravers, II. 165. D. 874. A. VI. 414. B.

Vauvert, seigneurie, III. 837. B. IV. 28. B E. 30. D. 31. B. 78. B. 82. A. IX. 424. C. baronie, IV. 31. D. IX. 427. A. comté, IV. 32. A.

Vauvillars, seigneurie, II. 58. A. VII. 811. D. IX. 98. B. marquisat, IV. 768. A. VIII. 916. C. souveraineté, IV. 825. B E.

Vauville, seigneurie, VII. 633. B.

Vauvineux, seigneurie, IV. 217. C. comté, IV. 64. A. VI. 560. C. IX. 149. B. *Voyez* Cochefilet.

Vauvré, IX. 303. C.

Vauvredon, VI. 551. B. 579. B.

Vauvreville, seigneurie, VIII. 692. D. 693. A.

VAUVRY (*Seigneurs de*) VII. 648. *Voyez* Bouton.

Vauvry, baronie, IX. 236. A.

VAUX (*Seigneurs de*) V. 425. *Voyez* Goyon.

Vaux, IV. 716. A. V. 82. B F. 337. A. VI. 68. C. 282. B. 359. C. 692. D. 796. D. VII. 84. D. 556. E. 590. A. VIII. 108. B. 265. D. 328. A. 372. A. 792. C. 927. A D. IX. 362. B. seigneurie, I. 263. D. 287. D. II. 429. B. 431. B. 432. A B C. 871. C. 872. B. 873. A. 874. C. III. 578. A. 614. D. 653. C. IV. 181. B. 364. B. 399. E. 403. D. 409. A. 410. A. 443. B. 713. B. 714. A. 718. D. V. 87. D. 141. E. 179. F. 385. C. 425. C. 618. E. 638. A. VI. 174. C. 175. C. 263. C. 281. D. 363. D. 388. A. 476. D. 491. D. 503. B. 522. C. 526. D. 532. D. 675. B. 686. D. 786. B. VII. 22. C. 27. B. 59. C. 99. C. 111. B. 138. A. 477. C. 562. C. 699. A. 903. C. VIII. 91. B. 142. A. 169. D. 170. B. 281. A. 337. A D. 610 B. 651. D. 668. B. 701. A. 716. C. 837. D. 874. C. 887. C. 895. B. 901. B. 917. C. 936. D. baronie, VII. 494. C. VIII. 919. B. vicomté, IV. 226. B. V. 106. E. VI. 335. D. 510. B. VII. 222. C. 434. E. 437. A. comté, III. 778. A. *Apeny*, seigneurie, VIII. 943. B. *lez-Boulencourt*, seigneurie, VIII. 276. D. *en Bresse*, seigneurie, V. 267. C. *sous Corbie*, seigneurie, VIII. 277. A B. *sur Essone*, seigneurie, VIII. 470. D. *de Laubselle*, seigneurie, II. 128. D. *sur Meulent*, seigneurie, III. 771. C. IV. 401. A. vicomté, IV. 400. C D. *Pacey*, seigneurie, VIII. 168. B. *la Reine*, seigneurie, II. 105. C. 107. B E. *la Ville*, seigneurie, IV. 711. A. *Voyez* Vaulx.

les Vaux, seigneurie, V. 224. C.

Vauxlor, VI. 463. A.

Vauxperreux, seigneurie, VI. 350. D.

Vauxrumen, seigneurie, V. 399. B.

Vay, VII. 22. C. 508. A.

le Vayer, II. 69. B. III. 634. C. IV. 804. B. V. 926. C. 928. A. VI. 318. C. VII. 22. D. 122. E. 500. D.

Vayre, seigneurie, VI. 323. C.

la Vayrie, seigneurie, VII. 669. C.

la Vaissiere, seigneurie, II. 438. B.

Vazeilles, III. 814. E. 815. A. seigneurie, III. 817. A. baronie, III. 813. C. vicomté, III. 772. A. 819. C. 820. C E. 821. B D. VII. 359. E.

Vazieres, IX. 116. A.

Vaziers, seigneurie, III. 736. A.

Vazois, seigneurie, IV. 162. E. 163. A.

Ubaye, seigneurie, V. 281. F. marquisat, V. 284. C. 285. D.

Ubexey, seigneurie, II. 61. E.

Ubixy, seigneurie, VIII. 717. B.

Ucé, VII. 175. B.

Uceda, duché, IX. 256. B. 289. B. 296. D.
Uchier, seigneurie, IV. 548. C.
Uckull, VII. 657. D.
Uclais, vicomté, III. 597. A.
Vé, VI. 630. A. VIII. 351. A. 428. A. 586. C. seigneurie, VIII. 686. B.
le Veau, VI. 549. C. 568. A.
Veauce, IV. 534. D. VIII. 54. A.
Veauche, seigneurie, VII. 59. A.
Veaulce, V. 363. C. VI. 387. D.
Veausse, II. 862. D. IV. 186. A. 654. A. VII. 82. C.
Veauville, seigneurie, VIII. 20. E. sur les Baons, seigneurie, VIII. 18. D. l'Escarbot, seigneurie, VIII. 19. E. l'Eschelle, seigneurie, VIII. 16. C.
Veaux, seigneurie, VIII. 854. B.
Vedderburgh, IX. 406. D.
Veelu, VI. 391. B. VIII. 711. D.
Veens, comté, IX. 403. C. 410. B.
Véet, VIII. 545. D.
la Vega, III. 352. B. V. 529. A. duché, I. 625. B. 653. A. V. 166. D.
Veicors, seigneurie, V. 159. E. 161. B D.
Veilhans, de Penacors, IX. 250. C.
Veillan, II. 873. A. 874. A. seigneurie, VIII. 326. C.
Veillanet, seigneurie, IV. 18. D.
Veillard, VI. 518. B.
Veines, seigneurie, II. 369. D.
Veires, seigneurie, VIII. 25. A.
Veirieres, seigneurie, VII. 312. D.
Veirignac, seigneurie, V. 752. A B.
Velaine, seigneurie, VI. 100. B.
Velamos, seigneurie, III. 356. D.
Velan, seigneurie, III. 777. A. IX. 410. E.
Velasco, I. 256. E. 290. E. 293. D. 617. B. 620. A. 628. A B. 629. A. V. 525. C. 528. B. 530. B. VII. 832. C. IX. 297. A.
Veldents, comté, V. 637. E.
Velers, seigneurie, VII. 412. C.
Velez, VII. 118. A.
Velez de Guevara, III. 891. B. IX. 295. B.
Velez-Ladron-de-Guevara, I. 672. D. VIII. 37. E.
Vellay, comté, II. 514. A.
Velle, seigneurie, VI. 777. C.
Vellefin, seigneurie, VII. 811. A.
Velleghem, seigneurie, III. 909. B D.
Velleron, seigneurie, III. 606. B C. marquisat, VIII. 296. B.
Vellerot, seigneurie, VIII. 338. B.
Velleffon, seigneurie, VII. 35. D.
Vellii, V. 462. * E.
Velliis, V. 463. B.
Vellors, seigneurie, VI. 680. D.
Vellu, seigneurie, V. 91. C. 93. C.
Velly, VI. 356. A. seigneurie, VI. 372. E.
Velor, IV. 28. D. VIII. 922. D.
Velpont, seigneurie, VII. 51. B.
Velsas, seigneurie, II. 135. E.
Velu, VI. 292. E. 681. D. VIII. 559. A
Vely, seigneurie, VII. 645. E.
Velzarguy, IV. 472. B.
Velzie, seigneurie, IV. 441. A.
Vemars, seigneurie, IV. 549. A.
Venaissin, comté, II. 683. D. 684. A.
S. Venant (Seigneurs de) VI. 53. Voyez Clermont en Beauvoisis (Autres Seigneurs de) VI. 706. Voyez Waurin.
S. Venant, VI. 173. A. VIII. 441. B. seigneurie, III. 172. D. V. 640. D. 641. C. 652. D. 654. A B. VI. 53. C. 54. A. 334. B. 674. A. 703. C. 706. A. VII. 868. A. comté, VI. 175. D.

Venasque, seigneurie, IV. 500. A. V. 282. D.
Vence, VIII. 303. D. baronie, II. 293. B. 296. B. IV. 494. B. 496. C. V. 281. C. 285. C. 290. E.
Vendat, II. 400. A. seigneurie, I. 362. A C. 363. A B. II. 234. C. IV. 554. D. IX. 471. B.
Vendegies, VI. 59. A. seigneurie, III. 577. A. 593. C. 594. A C.
Vendege, seigneurie, VIII. 145. A.
Vendel, IV. 59. B.
Vendemian, seigneurie, VII. 189. D.
Vendet-Mersen, III. 905. B.
Venderesse, III. 618. B.
Vendes, château, IV. 526. D.
Vendeuil, seigneurie, II. 508. B. IV. 212. B C. 213. A C. V. 228. C. 515. B. VI. 110. D. VIII. 13. C. 15. A. Voyez Vandeuil.
Vendeville, III. 611. B.
Vendeuvre, seigneurie, I. 523. C. II. 340. E. IV. 439. A. 831. D. V. 227. B. VI. 66. E. 304. D. 651. C. 653. B. 655. A. 695. C. VII. 436. C. VIII. 201. B. baronie, III. 732. D.
Vendieres, seigneurie, IX. 324. B.
Vendo, VIII. 299. A.
Vendomaise, I. 360. B.
Vendôme, duché-pairie, érigé en 1514. pour Charles de Bourbon, III. 466. duché-pairie réérection en 1598. pour Cesar, fils legitimé d'Henry IV. IV. 89. Pieces concernant cette réérection, IV. 90. & suiv.
Vendôme (Cesar, duc de Beaufort, sur-intendant de la navigation & commerce de France, VII. 910. B. François, sur-intendant du commerce & de la navigation de France, VII. 911. A. Louis-Joseph, general des galeres de France, VII. 939. A. Louis, grand-veneur de France, VIII. 721. D. Jacques, grand-maître des eaux & forêts de France, VIII. 900. B. Cesar, chevalier du S. Esprit, IX. 136. A. Louis, chevalier du S. Esprit, IX. 186. A. François, chevalier du S. Esprit, IX. 186. B. Louis-Joseph, chevalier du S. Esprit, IX. 118. B.
Vendôme (Comtes de) I. 322. & suiv. (Genealogie des anciens comtes de) VIII. 721. & suiv.
Vendôme, I. 177. C. 436. B. 437. C. II. 124. D. 414. A. 422. D. 599. D. 861. E. III. 60. C. 419. B. 618. B. 632. B. 659. C. IV. 15. C. 197. C. 582. E. 564. B. V. 139. B. 158. A C. 463. * B. 581. D. 609. D. 733. A. VI. 10. B. 67. B. 114. D. 116. C D. 138. C. 288. C. 281. A B. 642. A. 691. B. VII. 11. B. 19. B. 93. C. 384. C. 497. D. 498. C. 741. B. 870. D. VIII. 100. C. 158. D. 171. D. 313. C. 399. E. 649. D. seigneurie, V. 8. D. VII. 180. A. VIII. 189. D. comté, I. 107. D. 312. B. 319. A B C. 322. A. 323. C. 353. B. 359. A. 451. D. II. 114. E. 857. E. III. 56. E. 73. D. 171. A. 196. C. 305. D. 315. A. 318. D. 376. C. 450. B. 485. B. 728. C. 840. D. IV. 531. A. V. 158. A. 581. D. VI. 10. B. 11. D. 80. B. 93. C. 138. B. 245. D. 744. A. VII. 74. A. VIII. 92. D. 344. B. 722. B. 868. E. duché, I. 143. D. 196. C. 198. C. 200. B. 216. A. 215. B. 277. A. III. 451. B. 514. E. 728. C. 738. B. 795. B. V. 463. * B. VIII. 14. B. pairie, I. 328. C. 341. C. 344. A. V. 463. * B. VI. 216. C. Bâtard, IV. 599. B. Ligny, VII. 567. A.
Vendomois, I. 359. B. IV. 534. E. 599. B. 895. A. VI. 516. B. VII. 854. D.
Vendran, II. 252. D.
Vendy, seigneurie, III. 841. C VI. 556. B. VIII. 870. D. marquisat, IV. 857. A.

DE L'HISTOIRE GENEALOGIQUE.

Venejan , seigneurie, IX. 86. A. baronie , III.
770. C.
Venelles, seigneurie, VIII. 299. A.
S. Venerand, seigneurie, III. 825. C. baronie,
III. 826. C D. 827. B.
Venes, seigneurie, I. 469. B. Calera, seigneu-
rie, I. 685. D.
Venevelles, seigneurie, V. 398. D.
LE VENEUR, Jean, grand-Aumônier du Roi, VIII.
256. A. Jean, maître veneur du Roy, VIII.
683. B. Robert, veneur du Roy, VIII. 684. B.
Jean, veneur du Roy, VIII. 684. C. Jean,
maître des eaux & forêts, du Roi, VIII. 842.
C. Robert, maître des eaux & forêts du Roy,
VIII. 842. D. Jean, maître enquêteur des
eaux & forêts du Roy, VIII. 843. C. Tanne-
guy, chevalier du S. Esprit, IX. 74. C. Jacques, chevalier du S. Esprit, IX. 103. A.
LE VENEUR (Genealogie de la maison de) VIII.
256. & suiv.
le Veneur, II. 282. B. III. 644. D. IV. 572. C.
V. 146. B. 149. B. 152. A. 418. D. VI. 120.
B. 407. D. VII. 100. C. 176. E. 459. A.
467. C. 587. A. VIII. 245. E. 280. A. 712.
A. IX. 56. B. Tillières, I. 341. E.
GRANDS-VENEURS DE FRANCE (Histoire genealogi-
que & chronologique des) VIII. 683. & suiv.
Venez, seigneurie, II. 353. E. 354. A D E.
356. B. 359. C. 360. A. 361. A D. 362. A B.
366. A. 367. B.
le Venier, V. 424. C. VIII. 94. A.
Venisse, V. 83. A.
Venisy, seigneurie, I. 74. D. 485. A. II. 375.
A. 842. A. VI. 139. C. 140. A. 144. C. 467.
C. 650. D. 698. B. VIII. 172. B. 414. C.
533. C.
Vennier, VIII. 231. C.
Venours, seigneurie, VI. 309. D.
Venouse, duché, I. 229. B. III. 727. C.
Venquerre, comté, III. 727. C.
Venquevre, comté, VIII. 453. A.
Vensaguelle, seigneurie, VII. 117. E.
Ventabren, seigneurie, II. 294. A C. 296. A.
VENTADOUR, duché-pairie, érigé en duché pour
GILBERT de Levis en 1578. & en pairie pour
le même, en 1589. IV. 1. Pieces concernant ces
éreclions, IV. 2. & suiv.
VENTADOUR, (Comtes, puis Ducs de) pairs de Fran-
ce, IV. 29. & suiv. Voyez Levis.
Ventadour, I. 180. E. II. 228. B. 672. A. III.
159. E. IV. 180. B. 528. E. V. 323. C. 330.
B. 733. B. VI. 69. B. 317. A. 654. B. VII.
141. B. 813. A. VIII. 56. D. 244. A B. 321.
C. 326. B. vicomté, IV. 526. B. 650. A. V.
323. C. VI. 86. C. 137. C. comté, III. 152.
B. 767. D. 818. D. IV. 30. C D. VI. 69. B.
86. C D. 312. A. 654. B. VII. 128. C. 133.
E. VIII. 57. D. 71. B. 331. D. duché , III.
605. A C. 732. C. IV. 67. D. 541. D. VI. 86.
B. pairie, IV. 31. C. V. 738. A. VII. 416. E.
445. E. 533. C.
Ventavon, seigneurie, VIII. 934. D.
Ventelet, seigneurie, II. 139. A. VI. 475. C. 569. C.
Venterol, seigneurie, IV. 275. B.
Venterolle, seigneurie, II. 58. E.
Ventes, seigneurie, VII. 755. C.
Ventimille, V. 531. B. seigneurie, IV. 496.
B.
Vento, VIII. 296. A. seigneurie, VIII. 307. A.
Ventos, seigneurie, VIII. 101. B.
VENTOUX, (Seigneurs de) VII. 247. Voyez Saulx.
Ventoux, seigneurie, VII. 39. D. 241. E. 247.
B D. 805. B. VIII. 346. A.

Ventranges, seigneurie, VIII. 873. D.
Ventroule, seigneurie , VI. 193. D. VII. 399. C.
VIII. 729. B.
la Ventrouffe, seigneurie, IX. 116. B.
Venuse, duché, VII. 191. A. VIII. 453. A.
Veny, VI. 454. A. 555. A. d'Arbouze, IV. 408.
B. V. 895. B. VII. 700. D. 769. B. VIII. 147.
C. 590. B.
Venzelles, seigneurie, VII. 65. A.
Vequigny, seigneurie, VI. 356. D.
Ver, II. 450. D. III. 617. C. VI. 282. D. 296.
B. seigneurie, II. 40. C. 41. A E. III. 586. A
B. 643. A B. 644. A. VIII. 345. A. 485. B.
747. B.
Verac, IX. 86. A. seigneurie, IV. 473. D. 677.
A.
VERAGUAS, (Ducs de) sortis des comtés de Gelves.
I. 550. & suiv.
Veraguas, duché, I. 634. B. 635. B. 646. B.
V. 166. D.
du Verail, IX. 110. C.
Verain, comté, III. 588. A.
S. Verain, I. 488. D. II. 151. D. V. 242. C.
571. C. VI. 63. C. 66. C. 145. A. 413. C.
652. C. 655. C. 693. C. VII. 4. B. 123. C.
664. A. VIII. 414. E. 667. C. 668. A. 922.
B. seigneurie, II. 279. A. VI. 62. B. VII. 122.
D.
Verahes, seigneurie, II. 80. B.
Veran, seigneurie, IX. 424. C.
Verberie, II. 265. B.
Verbois, seigneurie, V. 129. F. 130. A.
Verbose, seigneurie, VII. 868. E.
la Vercantiere, seigneurie, IV. 124. A. VII. 302.
A. 416. A.
Verchieres, VII. 410. A.
Verchin, seigneurie, VI. 638. D. VII. 38. D.
baronie, V. 135. F.
Vercos, seigneurie, IV. 287. B.
Verdalle, seigneurie, II. 362. E. 363. E. VII.
486. B. baronie, V. 896. E. 897. C. IX. 92.
B. 395. B. comté, V. 896. E.
Verdelot, VI. 512. B. VIII. 718. C. seigneurie,
IV. 842. B.
Verdembourg, comté, VIII. 352. B.
Verderenne, seigneurie, VIII. 697. E.
Verderie, seigneurie, II. 68. E. VII. 619. D.
Verderin, seigneurie, IV. 480. C.
VERDERONNE, (Seigneurs de) VI. 581. Voyez l'Au-
bespine.
Verderonne, seigneurie, VI. 561. C. 718. D.
VII. 25. C. VIII. 632. E. marquisat, VI. 552.
A. 562. D. IX. 335. C.
Verdezun, seigneurie, VII. 488. E.
Verdier, II. 453. D. IV. 865. A. VI. 712. A.
VII. 373. A. 453. A. seigneurie, VIII. 942.
B. vicomté, IV. 895. A. la Bruyere, seigneurie,
II. 362. B.
la Verdiere, seigneurie, II. 245. A. 250. B. 291.
E. 293. A D. 294. C. VIII. 301. B. 302. A.
Verdigny, seigneurie, V. 607. B.
Verdine, seigneurie, VIII. 694. B.
Verdon, seigneurie, II. 129. A.
Verdon de Haddon, VII. 88. D.
Verdoncy, VIII. 937. B.
Verdonnet, seigneurie, VII. 65. A.
Verdrel, seigneurie, VIII. 697. C.
Verdu, III. 891. B.
VERDUN, (Comtes de) V. 264. Voyez Hostun.
Verdun, VI. 582. A. VII. 698. D. seigneurie,
II. 362. B. 367. B. 368. A. V. 166. C. VII.
305. B. 359. A. 813. B. VIII. 419. B. baronie,
IX. 110. B. comté, II. 715. B. V. 166. F. 269.

A. 505. E. 506. D. VII. 198. C.

Verdufan, V. 193. E. VI. 369. E. VII. 290. A. 402. C. 451. C. 566. D feigneurie, V. 176. E.

Vere, II. 484. B. 490. D. IV. 171. B. VI. 28. C. VII. 88. B. 838. C. 839. D. feigneurie, I. 255. D. 256. B. 314. E. II. 767. E. III. 919. A. V. 640. E. VII. 103. C. 104. A. 829. C. VIII. 77. C. marquifat, I. 256. C E. 257. C D. 258. C. 263. G. V. 525. C. 641. B. d'Oxford, V. 511. E.

Veré, VII. 643. D. Germales, VII. 254. A.

Verecourt, feigneurie, IV. 818. C. 821. D. 829. B. 833. C. 834. E. 837. E.

Veres, II. 126. B. IV. 566. C. VI. 147. C. VII. 892. C. feigneurie, I. 434. B. VI. 468. B.

Veret, feigneurie, IV. 717. B.

Verets, baronie I. 495. C. VIII. 101. C.

Vereynes, feigneurie, VI. 259. D.

Verez, feigneurie, II. 44. E.

Verfeuil, V. 748. E. feigneurie, VI. 323. C.

Vergagne, principauté, V. 465. B C. IX. 325. C.

Vergé, feigneurie, III. 587. C.

VERGER, (Seigneurs du) VII. 137. Voyez Chabannes. (Autres Seigneurs du) du nom de Houdetot, VIII. 27.

Verger, IV. 372. C. VII. 502. D. feigneurie, II. 439. C. III. 639. A. 640. C. 654. B C. IV. 59. B. 61. B C. 62. C. 64. A B. 68. C. 70. A B. 213. A B. V. 405. D. 406. C. 418. A. 419. E. 765. D. VI. 110. D. 424. C. 749. D. 772. C. 783. A. VII. 107. A. 136. C. 137. D. 516. A. VIII. 12. C. 119. C. 246. D.

Verges, VII. 160. A. feigneurie, ibid.

Vergefac, feigneurie, III. 824. B.

Vergetot, feigneurie, VII. 876. C. marquifat, VII. 598. A.

le Vergeur, IV. 617. B. V. 840. E. VI. 391. B. 624. A. IX. 163. B.

Vergié, V. 667. B.

Vergier, IV. 374. B. feigneurie, VII. 158. C.

Vergigneul, feigneurie, IV. 408. C.

Vergiles, VII. 792. A.

la Vergine, feigneurie, IV. 478. A.

la Vergne, II. 367. E. III. 606. D. VI. 457. A. 535. B. 544. B. VII. 785. C. VIII. 271. E. 767. D. IX. 464. B. feigneurie, IV. 547. C. VII. 28. C. 62. B. VIII. 243. D E. de Guilleragues, VII. 474. E. IX. 282. A. de Montenard, VII. 533. A. VIII. 166. C.

Vergnes, feigneurie, II. 399. A.

Vergny, feigneurie, VIII. 560. A.

Verguigneul, feigneurie, IV. 407. E.

VERGY, Antoine, maréchal de France, VII. 31. B.

VERGY, (Genealogie de la maifon de) VII. 31. & fuiv.

Vergy, I. 244. E. 256. D. 308. A. II. 67. B. 147. B. 149. B. 152. E. 156. A. 161. B. 193. E. 224. B C D E. 225. D. 760. D. 765. B 870. B C E. 872. A. 873. E. 874. A. III. 81. B. IV. 527. E. 572. D. 821. C. 827. E. 834. B. 836. C. V. 13. A. 231. B. 510. E. VI. 110. A. 651. B. 670. B. 699. D. 733. D. VII. 46. A. 48. A. 149. B. 251. C. 708. C. 798. B. 803. A. 805. A. 806. D. 807. B. 808. C VIII. 203. A. 350 C. 354. A. 355. A. 406. C. 422. C. 621. D. 716. E. 719. D. 884. B. feigneurie, I. 262. B. 362. D. 543. A. IV. 179. E. 180. B. 678. C. VII. 32. A. VIII. 42. A. 61. D. 410. B. 708. A. de Cufance, II. 50. C.

VERHUSE, (Seigneurs de) VI. 101. Voyez Chaftillon.

la Verie, feigneurie, VI. 391. C.

Verigneux, feigneurie, VII. 6. A.

Verigny, VI. 536. A. feigneurie, V. 150. E. VIII. 758. C.

Verines, VIII. 136. B.

Verjon, feigneurie, VII. 160. D. IX. 83. A.

VERMANDOIS, Simon, évêque de Noyon, II. 389. E. Raoul I. du nom, fénéchal de France, VI. 36. C. Hugues, chancelier, VI. 145. A.

VERMANDOIS, (Comtes de) I. 48. D. (Derniers Comtes de) I. 531. & fuiv.

Vermandois, I. 36. B. 39. D. 64. A. 68. D. II. 265. E. 404. C. 482. A. 515. D. 854. B. III. 45. C. 124. C. 568. A. VI. 7. D. 26. D. 45. D. 74. A. VIII. 397. E. 722. B. comté, I. 73. E. 75. D. II. 259. D. 268. A. 389. DE. 464. D. 498. A. 521. D. 714. E. 721. D. 722. B. 723. E. 771. A. 776. A 835. B. 836. A. 838. C. 839. B. III. 171. C. 199. D. V. 507. B. VI. 12. A. 26. D. 36. C. 45. D. 245. A. VII. 911. C.

Vermeille, feigneurie, VI. 173. A.

Vermeilles, I. 298. C. VII. 827. B. feigneurie, II. 858. C. vicomté, II. 858. B.

Vermenton, feigneurie, I. 481. A. 483. B. 484. B.

Vermillon, feigneurie, IV. 711. A B.

Vern, feigneurie, VII. 175. E.

la Vernade, VI. 174. A. 437. D. 720. D. VIII. 13. E. 798. C. feigneurie, VIII. 672. B.

Vernaffal, feigneurie, VII. 358. E.

Vernay, feigneurie, IV. 754. B. 860. D. 861. B C E. 862. A C. VI. 522. A. 594. D.

la Verne, VIII. 692. D. 693. A.

Verné, feigneurie, VII. 365. C.

Vernede, IV. 177. C VII 271. A. feigneurie, VI. 504. B.

Vernegue, feigneurie, III. 606. B.

Vernembourg, comté, VII. 166. D. 171. B.

Verneques, feigneurie, VII. 458. D.

DU VERNET, Jean, dit le Camus de Beaulieu, grand-maître de l'écurie du Roi, VIII. 488. B.

Vernet, I. 505. A. VII. 768. D. feigneurie, II. 650. C. IV. 266. B. VII. 170. D. VIII. 148. A B.

la Vernette, feigneurie, IV. 719. B.

VERNEUIL, duché-pairie, érigé en 1652. pour HENRY de Bourbon, évêque de Mets, IV. 588. Pieces concernant cette érection, ibid. & fuiv.

VERNEUIL, Ferry, maréchal de France, VI. 631. Ferry, échanfon de France, VIII. 518. C.

Verneuil, VI. 660. B. feigneurie, I. 136. D. 269. A. 271. B. 271. B. 273. B. 274. C. 276. B. 309. D. 317. A. 500. C. II. 655. C. III. 513. E. 655. A. 657. A. IV. 562. E. VI. 530. A. 749. A. VII. 334. D. 376. A. 516. A. 762. E. VIII. 106. A. 571. D E. 587. C. vicomté, II. 443. A. 445. A. IV. 751. A. VIII. 399. A. 526. E. marquifat, II. 439. A. II. 439. E. III. 858. A. duché, I. 150. A. II. 439. E. IV. 218. C. pairie, VI. 567. B. fur-Marne, feigneurie, VI. 110. C. 157. C. 671. B. en Perigord, feigneurie, V. 355. E. en Touraine, feigneurie, V. 83. D.

Vernhe, VII. 312. C. 773. C. feigneurie, IV. 134. A.

Verai, II. 509. C. 604. B.

Vernie, baronie, VII. 667. C. 669. D.

la Verniere, feigneurie, VII. 7. A.

Vernieres, feigneurie, VII. 139. B.

Vernines, feigneurie, V. 895. D.

Verniole, V. 758. C.

VERNODE, *Louis*, pannetier du Roi, VIII. 618. A.

Vernoeil, VI. 594. A.

Vernol, VIII..163. E.

VERNON, *Raoul*, grand-fauconnier de France, VIII. 754. C.

VERNON, (*Généalogie de*) VIII. 755.

Vernon, II. 406. D. 411. D. III. 90. D. 771. A. V. 609. B. VIII. 707. A. 770. D. seigneurie, I. 119. A. 135. B. 443. B. VII. 247. C. 251. A. IX. 423. E. vicomté, I. 178. D. III. 513. E. comté, VIII. 410. E.

Vernou, IV. 162. B. 567. B. V. 17. D. 361. C. 899. C. VI. 423. D. *de Bonnoeil*, V. 899. C. IX. 176. B.

Vernouillet, seigneurie, VII. 761. E.

Vernoules, seigneurie, VIII. 931. C.

Vernoux, seigneurie, VIII. 769. A. baronie, III. 827. B.

Vernouzes, seigneurie, VII. 160. C.

Vernoy, II. 166. C. seigneurie, V. 487. A. VIII. 891. C.

Verny, seigneurie, VII. 415. D.

Veroing, VII. 251. E.

Verolles, seigneurie, V. 143. D. 144. A.

Veroncourt, IV. 833. A.

Verone, principauté, I. 418. A.

Verot, VII. 258. D.

Verpeil, baronie, VII. 624. D.

VERPEL, (*Seigneurs de*) II. 312. B. (*autres Seigneurs de*) III. 844.

Verpel, vicomté, III. 841. C. 843. C.

Verperay, seigneurie, VII. 171. E.

Verpilliere, seigneurie, II. 433. E. VI. 638. C. 795. C.

VERPRE', (*Seigneurs de*) VIII. 332. *Voyez* Damas.

Verpré, seigneurie, IV. 861. D. VIII. 333. A.

Verquetot, seigneurie, VIII. 101. D.

Verre, VIII. 858. B.

Verner-Quintin, IX. 363. C.

la Verrerie, seigneurie, VII. 723. D.

LA VERRIERE, (*Seigneurs de*) bâtards de Senne-terre, IV. 898. (*autres Seigneurs de*) IX. 464. *Voyez* Seguier.

la Verriere, seigneurie, II. 385. C. III. 830. E. 831. A. IV. 411. C. 898. D. 749. B. VI. 457. A. 545. C. VII. 822. E. VIII. 942. E. 946. B. IX. 464. A. 465. B.

Verrieres, IV. 400. B. 687. D. 828. D. VIII. 571. E. seigneurie, IV. 672. B. 714. E. VII. 507. C. 544. D. VIII. 671. C. 900. A.

Verrines, VI. 463. D.

Verrouliere, seigneurie, VI. 191. A.

Verrude, VIII. 337. C.

Vers, seigneurie, II. 250. E. IX. 478. A.

Verfen, II. 370. C.

Versigny, seigneurie, I. 502. D. VI. 381. B. 385. B. 433. C.

la Versine, seigneurie, I. 444. D. IV. 410. A. VI. 562. D. VII. 13. C. 63. A. 562. B. VIII. 647. A. 906. B.

Verson, seigneurie, VII. 17. C.

Versoris, VI. 474. C. 588. D. VIII. 945. C.

Versoy, marquisat, IV. 307. C.

Verssy, comté, II. 119. B.

Vert, seigneurie, II. 308. C. baronie, IV. 767. C.

Vettain, V. 646. C. VI. 113. A. seigneurie, VIII. 278. A. 281. A. comté, VI. 648. A.

Vertaing, seigneurie, III. 609. D. VIII. 13. B. comté, VII. 831. B.

Vertaut, seigneurie, VIII. 237. B.

le Vertbois, seigneurie, V. 836. A.

Tome IX.

Vertbolc, baronie, V. 149. A.

VERTEUIL, (*Seigneurs de*) VI. 211. *Voyez* Albret.

Verteuil, seigneurie, VI. 208. C. 221. D. VII. 211. D. VIII. 593. **E.

Verteville, seigneurie, VI. 438. B.

VERTHAMON, *François-Michel*, greffier des ordres, IX. 337. A.

Verthamon, II. 232. E. 664. E. IV. 325. C. V. 183. C. 352. C. VI. 545. B. 552. A. 588. D. 603. D. VII. 427. D. 601. B. IX. 208. A. 315. C.

Vertignoeul, comté, V. 648. A.

Vertillac, seigneurie, V. 750. A. VII. 863. B. VIII. 163. C.

Vertilly, seigneurie, III. 592. A. IV. 754. A.

Vertolaye, VII. 359. D.

Verton, VI. 517. A. VII. 890. C. seigneurie, VIII. 523. A. 851. D. *de Gurcy*, seigneurie, VII. 890. C.

Vertrie, seigneurie, VII. 491. D.

Vertron, seigneurie, II. 126. B D E. VII. 891. D.

VERTUEIL, (*Seigneurs de*) IV. 447. *& suiv. Voyez* la Rochefoucaud.

Vertueil, seigneurie, II. 628. E. III. 369. E. 420. A B C D. 421. A B D. 425. E. 426. A. 427. C. 428. A. 430. A. 564. A. VII. 501. C. baronie, IV. 416. E. 428. E. 430. B. 478. B D. 479. A B C D. 480. A E.

S. Vertunien, seigneurie, IV. 675. B.

VERTUS, (*Comtes de*) bâtards de Bretagne, I. 467. *& suiv.*

Vertus, seigneurie, VI. 698. A. VII. 288. A. comté, I. 108. E. 205. A. 207. A. 212. E. 241. E. 462. A C. 463. E. 504. D. II. 440. D. 620. B. IV. 62. D. 63. B. V. 141. F. 574. E. VIII. 192. C. 252. B. 747. B.

Vervais, VIII. 589. E.

Verville, seigneurie, VII. 63. C.

Veruë, comté, IV. 168. C.

Vervin, seigneurie, II. 151. E. 331. C. *Voyez* Coucy.

VERVINS, (*Marquis de*) II. 661. *& suiv.*

Vervins, seigneurie, II. 87. D. 729. E. 764. C. 776. D. V. 335. C. 657. A. VI. 405. B. 665. B. 792. C. VII. 181. E. 740. D. VIII. 343. E. 646. C. 736. A. marquisat, III. 844. A B. VII. 592. B.

la Verune, seigneurie, III. 587. B. VII. 483. E. 784. E. 786. A. IX. 421. B.

la Vervoliere, seigneurie, IV. 361. A C. 362. B C. 366. A B. 367. A C. 368. B D. VIII. 142 C.

Very, II. 252. C.

VERZENAY, (*Seigneurs de*) II. 280. C.

Vesc, II. 651. B. IV. 284. D. VII. 342. B. 792. B. VIII. 919. D. seigneurie, IX 94. A.

Vese, III. 372. A. 433. D. VI. 389. D.

Vesenoble, IX. 382. A.

Vesigneux, seigneurie, VII. 434. E.

Vesins, seigneurie, II. 655. A.

Vesle, VII. 654. A. seigneurie, VIII. 535. E.

Vesly sur-Aine, II. 37. C.

Vesomobre, seigneurie, II. 136. E.

Vesoul, vicomté, VII. 799. B.

la Vespierre, VII. 825. E.

Vesque, VI. 122. B. 155. A.

la Vessiere, seigneurie, II. 135. C.

la Vesure, seigneurie, VI. 444. D. VIII. 334. A.

Vevre, seigneurie, VII. 253. B. 424. C.

Veteris, II. 256. D. VII. 726. C.

Veteul, seigneurie, V. 160. E.

Vetteyen, VIII. 647. D.

Vevay, seigneurie, III. 737. A.

Q 4

la Veahe, VIII. 942. D. 943. D.
Venilly, feigneurie, II. 764. E. comté, IX. 483. B.
Veulles, feigneurie, H. 406. A.
Vevre, feigneurie, VII. 3. D.
Vexin, II. 266. BC. 267. B. comté, I. 48. D. 77. B. 176. A. 292. C. II. 265. C. 263. A. 403. E. 404. C.
Wexurie, feigneurie, III. 906. B.
Wey, feigneurie, II. 406. B. V. 143. B.
le Veyer, VIII. 559. B. 703. B. Voyez le Voyer.
Veymars, feigneurie, VI. 381. B. VIII. 807. B C. 808. A.
Veynes, IV. 285. A. 285. A. feigneurie, II. 195. B D. 196. A C. 202. B. 370. A.
Veyrez, feigneurie, III. 369. E. VI. 208. C. 221. D.
Veyrieres, II. 232. B. 233. A. IV. 457. A. VII. 600. C. feigneurie, VI. 453. D. 458. A.
Vezaines, III. 172. D. VIII. 442. C.
Vezançay, III. 87. C.
Veze, VI. 209. A. feigneurie, IV. 548. B.
Vezelay, Henry, chancelier de France, VI. 273. C.
Veziant, VIII. 236. B.
Vezigneul, baronie, I. 376. E. 377. B C.
Vezigneux, feigneurie, VII. 61. A.
Vezilly, (Seigneurs de) VI. 145. & 153. Voyez Conflans.
Vezilly, VI. 122. B. 145. C. feigneurie, IV. 839. C. VI. 148. B. 153. C. baronie, VI. 122. B.
Vezines, feigneurie, VIII. 894. D.
Vezineul, feigneurie, VIII. 154. B C.
Vezins, feigneurie, II. 448. D. IV. 749. D. VI. 766. A. IX. 442. B. baronie, IV. 176. D. V. 510. E. VII. 501. E. 503. C. 508. E. comté, IV. 863. C. marquifat, IV. 324. B.
Vezquilvade, III. 906. B.
Vezure, feigneurie, IV. 574. A. 862. D. 863. A. VIII. 168. A.
Ugny, feigneurie, III. 614. B.
Viaire, VI. 144. C.
Vialard, feigneurie, III. 825. B.
VIALART, Felix, évêque & comte de Châlons, pairs de France, II. 383. D.
VIALART, (Genealogie de) II. 383. & fuiv.
Vialart, II. 183. B. VI. 564. B. IX. 464. C.
la Vialate, feigneurie, V. 330. E.
Viale, feigneurie, VIII. 488. A.
Vialoles, feigneurie, VII. 312. A.
Vials, IX. 382. B.
Vianna, comté, I. 683. D. marquifat, I. 627. D. IX. 295. C.
Vianden, II. 328. E. 743. A. comté, I. 477. E. II. 531. E. 733. E. 750. C. V. 510. B. 770. A.
Vianne, feigneurie, I. 371. B. V. 136. D. 195. A. 228. E. 242. C. VII. 105. B. 827. C. comté, II. 750. D. V. 510. B. principauté, I. 118. D. 289. C. III. 352. D. 375. C. VI. 215. B. Voyez Vianden.
Vianges, baronie, III. 845. B.
Viart, VIII. 254. B.
Vias, feigneurie, III. 773. A. VII. 788. A.
VIAU, René, chevalier du S. Esprit, IX. 116. A.
Viau, VI. 455. C.
Viaulnay, VII. 228. B.
Vibrac, feigneurie, IV. 852. A.
Vibraye, feigneurie, III. 622. C. V. 130. E. 131. D. 146. A. VI. 451. C. 505, A. VII. 19. D. IX. 88. A. marquifat, VI. 506. D. IX. 233. A.
Vic, Mery, feigneur d'Ermenonville, chancelier de France, VI. 539. B.

Vic, (Genealogie de) VI. 539.
Vic, III. 487. D. VI. 539. D. 548. D. VII. 159. D. feigneurie, II. 356. D. 434. D. 699. C. VI. 417. D. VII. 789. A. VIII. 243. D. baronie, V. 347. B. comté, III. 892. C. Fezenzac, baronie, III. 412. B.
Vican, feigneurie, VIII. 163. E.
Vicaroffe, vicomté, I. 373. B.
Vicemonte, IX. 383. B.
Vicenobre, IV. 275. B.
Vicentelo, I. 634. A.
Vichi, II. 248. E. III. 817. D. IV. 164. C. V. 669. D. VI. 78. D. 86. E. 531. C. VII. 290. A. 707. D. feigneurie, IV. 869. C. VII. 494. D.
la Vichte, feigneurie, III. 905. B.
Viclars, feigneurie, III. 896. C.
Vicmont, VII. 404. E. 406. C.
Vicoigne, feigneurie, VIII. 697. D.
le Vicomte, V. 161. D. 417. C. VI. 648. B. VIII. 97. E. 158. D. du Tremblay, IV. 726. B.
Vicouare, principauté, IX. 209. B.
Vicoze, IV. 136. A. 472. E. VII. 314. D.
Vicquefnes, feigneurie, VII. 824. B.
S. Victor, feigneurie, II. 204. D. VI. 194. B. VIII. 93. D. 884. E.
S. VICTOUR ET BRINON, (Comtes de) IV. 894. & fuiv. Voyez S. Nectaire.
S. Victour, feigneurie, IV. 894. C. V. 161. E.
S. Victurien, marquifat, IV. 679. E.
Vidal, II. 367. E. IV. 572. E.
S. Vidal, feigneurie, II. 457. C. III. 837. B. VII. 196. E. 197. B. VIII. 332. B.
Vidard, III. 391. B.
Vidauban, feigneurie, II. 297. C.
Vidaud de la Tour, II. 256. B.
Videl, V. 414. B.
Videville, feigneurie, VI. 486. C. IX. 339. B.
Vidieres, feigneurie, VII. 66. C.
Vidigueyra, comté, I. 664. D. 681. B.
le Vidonnat de Bounes, feigneurie, II. 164. A.
Vidouville, feigneurie, V. 143. E.
la Vie, VIII. 51. E. 801. D. feigneurie, II. 175. A. de Villemur, III. 816. D. IV. 322. D.
la Viefville, III. 914. D. 916. A. IV. 183. B C. V. 140. A. 620. A. VI. 178. B. 281. D. 675. B. 783. C. VII. 111. D. 479. A. VIII. 172. E. 174. C. 735. B. 783. B. feigneurie, VII. 555. B. 741. C. VIII. 660. A. marquifat, II. 322. D. III. 842. A. 843. C.
Viegas, I. 575. A. 577. C.
le Vieil, VII. 570. C.
Vieilchenin, feigneurie, VII. 547. C.
la Vieille, VI. 334. C.
Vieillevigne, feigneurie, VIII. 767. B. marquifat, IX. 453. C.
VIEILLEVILLE, (Seigneurs de) VII. 226. Voyez Scepeaux.
Vieilleville, feigneurie, IV. 717. B. V. 359. E. VII. 226. E. comté, VIII. 864. B.
VIEIL-MAISONS, (Seigneurs de) VI. 145. Voyez Conflans.
Vieil-Maifons, VII. 151. A. 153. B feigneurie, II. 153. A. V. 829. A. VII. 407. C. VII. 6. C. en Brie, feigneurie, VI. 145. C. le Vidame, feigneurie, VI. 151. A.
Vieilmanoir, feigneurie, VI. 364. A.
Vieilmarché, feigneurie, I. 450. C.
Vieil-Moulin, feigneurie, II. 419. A B C.
Vieil-Moulins, feigneurie, IX. 237. D.
Vieilmur, feigneurie, II. 350. B.
Vieil-Verger, feigneurie, IV. 666. C.
Viel, VIII. 941. E.

Viela, seigneurie, V. 198. D E.
Vielains, seigneurie, VI. 655. B.
Violar, III. 392. B.
Vielarcy, seigneurie, VIII. 11. E.
Violbourg, VIII. 801. C.
Vielchaftel, IV. 754. A. 862. B C. VI. 541. C.
VII. 10. A. seigneurie, VIII. 360. A.
Viellard, VIII. 493. C.
Vielval, seigneurie, VII. 330. C.
Vielvic, IX. 421. B.
Vienne, Jean, archevêque de Reims, II. 11. B.
Philippes, évêque & duc de Langres, II. 119.
D. Guillaume, évêque de Beauvais, comte &
pair de France, II. 275. E. Jean, seigneur de
Rollans, amiral, de France, VII. 793. A. Jean
chevalier du S. Esprit, IX. 85. B.
Vienne Genealogie de la maison de) VII. 794.
(Comtes de) VIII. 425.
Vienne, I. 519. A. 559. D. 561. A. II. 65.
D. 157. D. 160. A. 163. E. 219. D. 224. A
D E. 230. B D. 275. E. 343. B. 763. A. 765. A.
853. A. 870. E. 873. C. 874. C. III. 153. D.
154. A. 156. D. 588. D. 730. B. IV. 218. A.
438. B. 659. B. 825. E. 874. B. V. 510. D. 466.
C. VI. 66. A. 84. D. 304. D. 323. A. 607. A.
732. D. VII. 6. A. 9. A. 34. B. 35. A. 39. B D.
41. B. 47. B. 48. E. 55. B. 60. E. 134. B. 145.
B. 147. C. 149. B. 154. C. 248. B. 251. C. 254.
C. 352. E. 443. D. 456. E. 550. D. 692. C. 795.
C. VIII. 52. D. 90. C. 321. E. 328. D. 338.
D. 339. B. 350. B. 353. B. 355. C. 416. A B.
418. E. 419. B. 422. C D. 532. A. 546. A.
632. E. 719. D. 759 E. IX. 90. A. 98. A. 113.
B. 108. B. 332. B. seigneurie, II. 707. B. 708.
E. V. 136. E. 140. F. VII. 46. C. 53. B. 892.
C. baronie, VI. 749. A VII. 894. B. comté,
I. 58. B. 416. A. II. 12. D. 16. A. 25. B.
188. B. 842. B. VI. 84. A D. 728. B. VII.
242. B. 395. C D. VIII. 411. A. 414. C.
425. C. IX. 147. A. royaume, II. 24. C. en
Brie, seigneurie, VI. 265. A. VIII. 312. B.
le Chaftel, seigneurie, IV. 291. A. baronie,
II. 58. B. Chandenay, VI. 303. D. Clervaut,
IV. 846. A. VI. 419. C. Liftenois, VII. 157.
E. VIII. 191. D. Pymont, VII. 157. A. de So-
ligny, IV. 35. B.
Viennois (Dauphins de) issus des ducs de Bour-
gogne, I. 563. & suiv.
Viennois (Genealogie des Dauphins de) VI. 724.
& suiv.
Viennois, II. 187. 2. D. 319. E. VI. 76. A.
694 C. 725. D. 730. A. VIII. 50. A. 421.
C. seigneurie, II. 27. E. comté, I. 49. D. II.
16. D. 18. E. VI. 726. B. Dauphiné, I. 94 D.
103. B. 109. C. 112. E. 181. A. 183. A. 299.
E. 402. B. 461. A. 541. C. II. 187. A. 189.
C D.
Vicreville, seigneurie, IV. 717. B.
Vierge, seigneurie, I. 378. A.
les deux Vierges, baronie, III. 587. B.
Vierme, VIII. 850. B.
Viermes, seigneurie, VIII. 851. A.
Vierne, seigneurie, II. 64. A.
Vierfac, VIII. 552. C.
Vierfat, seigneurie, VIII. 146. C.
Vieruës, baronie, III. 612. A.
Vierville, V. 147. D. VI. 766. B. VIII. 210. E.
seigneurie, II. 749. B.
Vierzon, IV. 194. D. V. 224. D. 571. A. VI.
401. B. 628. A. seigneurie, II. 794. A. 835.
E. 836. C. 850. B. 857. C. III. 157. E. IV.
195. A. V. 130. A. VI. 46. C. 628. A. VIII.
835. D.

Viesque, VII. 723. D.
Viette, V. 213. A.
Vieubourg, VII. 374. A.
Vieuchamp, seigneurie, IV. 180. A.
la Vieville, I. 250. B. VII. 105. B. 569. B. mar-
quisat, VII. 532. E. en Artois, seigneurie, I.
255. A.
Vieure, VII. 370. B. 587. E.
Vieusac, seigneurie, VII. 604. E.
LA VIEUVILLE, duché-pairie, érigé en 1650. pour
CHARLES de la Vieuville I. du nom, grand-
fauconnier de France, V. 867. Pieces concer-
nant cette érection, ibid. & suiv.
LA VIEUVILLE, Robert, grand-fauconnier de
France, VIII. 757. C. Charles, grand-faucon-
nier de France, VIII. 761. D. Robert, cheva-
lier du S. Esprit, IX. 118. C. Charles, che-
valier du S. Esprit, IX. 153. A. Autre Charles,
chevalier du S. Esprit, IX. 226. C.
LA VIEUVILLE EN BRETAGNE (Genealogie de la
maison de) VIII. 758. & suiv.
la Vieuville, IV. 792. B. V. 648. B. 838. D.
VI. 369. D. VII. 828. B. VIII. 261. A. 324.
E. IX. 147. A. 178. C. seigneurie, V. 404. C.
618. C. VIII. 273. C. marquisat, VII. 672.
C. VIII. 757. C. 758. C. duché, V. 838. D.
VII. 811. A. VIII. 758. D. IX. 340. B. pairie,
VIII. 759. C. -62. A.
Vieux, IV. 272. D. VII. 855. C. VIII. 934.
D. seigneurie, VII. 472. D. VIII. 871. C.
Vieux-Champs, seigneurie, VII. 7. B.
VIEUX-CHASTEL (Seigneurs de) VII. 430. Voyez
la Grange.
Vieux-Chastel, IV. 823. C. 836. B. seigneurie,
VII. 425. A. 430. D. VIII. 364. A.
Vieux-Château, seigneurie, VI. 553. A.
Vieux-Chenet, seigneurie, II. 186. B.
Vieux-Maisons, VIII. 793. E.
Vieux-Moulin, seigneurie, VI. 439. B.
Vieuxpont, II. 124. C D. 125. C. 126. B. IV.
770. B. V. 139. D. 244. F. VI. 385. C. 547.
C. 676. D. 774. A. 787. C. 788. C. VIII. 178.
D. 385. B. 399. C. 566. B. 584. C. 825. D.
875. E. 893. C. VIII. 68. E. 95. C. 100. D.
283. B. 791. E. 844. A. IX. 321. B. seigneu-
rie, V. 139. D. VIII. 420. B. 729. C. baro-
nie, II. 127. B. VI. 788. C. VII. 562. C.
marquisat, VIII. 779. A. IX. 228. C.
Vieuxvy, seigneurie, VI. 186. A.
Vievy, seigneurie, VIII. 725. C.
Viezry, seigneurie, II. 849. A.
Viezvy, seigneurie, II. 858. D. V. 246. E. 247.
A B C D E. VI. 280. C.
Vigammes, seigneurie, V. 142. E.
Vigan, seigneurie, V. 750. E. VII. 416. C.
Vigarany, IX. 348. A.
Vigean, seigneurie, VI. 210. B. VII. 580. C.
VIII. 704. C. baronie, IV. 375. D. VII. 20.
E. marquisat, IX. 163. B.
Vigeiffulier, III. 965. A.
la Vigerie, V. 747. D. seigneurie, IV. 132. C.
VII. 311. A. VIII. 483. B.
Vigeriie, IX. 384. C.
VIGEVE (Marquis de) VII. 118. Voyez Trivulce.
Vigier, II. 182. D. IV. 64. E. 363. B. 446. D
E. 456. C. 785. B. V. 316. D. 330. C. 332.
B. VIII. 155. A. IX. 384. C.
Viglena I. 669. B.
Vignacourt, III. 916. B. IV. 791. B. VIII. 634.
B. comté, IV. 270. B.
Vignas, seigneurie, V. 135. D.
Vignau, IV. 686. E. VII. 29. C. seigneurie, III.
391. C. IV. 576. C. VII. 672. A. IX. 389. A.

Vignaux, seigneurie, VI. 283. B.
VIGNAY (Barons de) VI. 516. Voyez Hutault.
Vignay, seigneurie, VI. 514. D. VIII. 791. B C.
   baronie, VI. 516. C.
la Vigne, II. 141. E. VII. 422. C. VIII. 591.
   B. seigneurie, V. 24. B. baronie, IV. 548.
   A.
Vignemont, seigneurie, VII. 745. A. VIII. 9. E.
   278. D. 279. A.
du Vigneron, IV. 751. B. VIII. 139. B.
VIGNEROT, François, general des galeres de France,
   VII. 936. A. Armand-Jean, duc de Richelieu,
   general des galeres de France, VII. 936. B.
   François, chevalier du S. Esprit, IX. 172. A.
   Armand-Jean, chevalier du S. Esprit, IX. 219.
   B.
VIGNEROT (Genealogie de la maison de) IV. 372.
   & suiv.
Vignerot, IV. 369. C. du Plessis, IV. 616. B.
   791. D. 792. A. du Plessis Richelieu, IX. 99. E.
des Vignes, VIII. 791. D. 794. D. seigneurie,
   V. 132. A. VII. 494. A.
Vigneu, seigneurie, IV. 75. C.
Vigneul, III. 841. C.
Vigneules, VIII. 873. D.
VIGNEUX (Seigneurs de) II. 280. D.
Vigneux, seigneurie, VI. 383. D.
Vignier, II. 445. D. IV. 273. B. 308. A. 574.
   C. 643. A. VI. 791. A. VIII. 915. A.
Vignoles, V. 897. A. seigneurie, V. 360. F.
la Vignolle, I. 232. C.
VIGNOLLES, Bertrand, chevalier du S. Esprit, IX.
   145. A.
Vignolles, I. 491. A. IV. 432. D. VII. 770. D.
   VIII. 694. B. 858. A. IX. 420. C. seigneurie,
   V. 16. D. VII. 600. C. baronie, VII. 926. B.
   marquisat, VII. 293. B. IX. 145. A. la Hire,
   VII. 926. B. IX. 175. D.
Vignon, IV. 284. C. 291. D. 292. A.
Vignory, II. 312. C. VI. 128. A. 693. A. VIII.
   474. D. seigneurie, I. 362. D. 538. E. II.
   379. E. 762. C D. 764. A D E. 849. E. V.
   510. C. VI. 49. B. 693. A. VII. 35. D. 112.
   D. 126. D. VIII. 532. E. 865. C. baronie,
   II. 58. C. 380. D. IV. 61. D. 815. C. V. 146.
   C. comté, II. 59. C E. 60. B. IV. 806. A. VI.
   390. B. VIII. 747. D.
Vignoy, seigneurie, VIII. 532. C.
Vigny, VIII. 492. A. seigneurie, III. 604. A.
   VI. 681. A.
Vigon, seigneurie, VII. 799. C.
Vigonne, seigneurie, II. 46. B.
S. Vigor, seigneurie, VIII. 16. D. 95. A. 208.
   C. 209. A. 210. A.
Vigoureux, II. 872. C.
Vigouroux, seigneurie, VIII. 899. B.
la Viguerie de Talmond, seigneurie, V. 15. A C.
Vihers, VII. 374. C. seigneurie, II. 502. E. III.
   573. D. 634. C. V. 766. C. VI. 135. B. ba-
   ronie, V. 764. E. vicomté, VIII. 374. A.
Vihiers, seigneurie, IV. 192. B. 194. A B. 196.
   A. 677. C.
Vilain, VII. 563. A. 831. D.
Vilalnoul, seigneurie, I. 506. A.
Vilambis, VII. 216. A.
Vilanove, seigneurie, V. 278. F.
la Vilate, seigneurie, I. 444. C.
Vilauions, seigneurie, VII. 810. D.
Vilblain, seigneurie, II. 129. B.
Vilheres, V. 177. B. 179. C. VII. 927. A.
VILIERS, Hue, maître d'hôtel du Roi, VIII. 310.
   C.
Villabry, seigneurie, VI. 522. C.

Villac, (Seigneurs de.) V. 353. Voyez Au-
   busson.
Villac, seigneurie, IV. 537. C. V. 353. B. 341.
   E F. 353. B. VIII. 164. A. 587. B. 594. B.
Villacerf, seigneurie, VI. 534. D. IX. 327. A.
   marquisat, III. 775. C. IV. 895. D.
Villacis, III. 353. B.
Villa-del-Conde, seigneurie, I. 577. B.
Villacoublay, seigneurie, II. 107. B. VI. 349. B.
   579. C. 582. A.
Villada, marquisat, III. 354. C.
Villadepor, seigneurie, VII. 767. B.
Villaflans, baronie, II. 211. E.
Villafranca, marquisat, I. 294. B. 660. B. IX.
   196. B.
Villagrand, seigneurie, III. 368. A. 369. C.
   381. C.
Villahermosa, duché, I. 600. B. V. 524. C. 528.
   A C.
Villain, II. 208. E. III. 575. C. 576. A. 595.
   A. 608. C. 905. D. V. 236. A. 656. A. VIII.
   74. C. Rassenghen, III. 909. A.
Villaine, seigneurie, III. 914. D. 915. B. baro-
   nie, III. 640. B. la Juhez, seigneurie, I. 237. C.
Villaines, II. 237. D. VI. 264. D. VII. 123. C.
   373. C. seigneurie, IV. 671. C. VI. 312. B.
   330. A. 383. D. VII. 383. A. 849. C. VIII.
   709. B. 808. B. marquisat, VI. 549. C. IX.
   89. C. 128. A. 483. E.
Villalobas, VI. 162. D.
Villalonga, seigneurie, V. 522. A.
Villalpando, I. 688. A.
Vililalva, comté, I. 632. A C. 633. D. 635. C D.
   636. B.
Villa-Manrique, marquisat, I. 293. E. III. 355.
   A.
Villamor, comté, V. 525. C.
Villanant, marquisat, V. 843. D.
Villance, seigneurie, II. 319. E.
Villandrado, I. 304. D. 305. A. V. 530. A.
Villandrau, seigneurie, V. 732. A. 733. B D.
   734. C. dans le Bourdelois, V. 735. B.
Villandreau, seigneurie, II. 171. D. 175. B. 657.
   B.
Villandry, seigneurie, VI. 685. B. marquisat, II.
   455. A.
Villanglose, seigneurie, VI. 219. D.
Villanova, seigneurie I. 577. A. comté, I. 677. B.
   IX. 256. B. marquisat, I. 651. B. de Portman,
   comté, I. 678. B.
Villanuera, seigneurie, I. 689. C. 690. A. de Cer-
   veira, vicomté, I. 681. B. de Freino, marqui-
   sat, I. 680. B. del Rio, marquisat, I. 293. G
   D
Villanueva, marquisat, IX. 296. B.
Villa des Ports, seigneurie, VII. 188. C.
Villar, seigneurie, I. 492. A. 493. D. 494. B E.
   495. C. 496. D. 497. D. comté, V. 843. E.
   marquisat, I. 627. D.
VILLAR DOMPARDO, (Comtes de) bâtards de Por-
   tugal, I. 684. & suiv.
Villar-Dompardo, comté, V. 528. B.
Villaran, seigneurie, VII. 767. B.
VILLARCEAUX, (Seigneurs & Marquis de) VI. 290.
   Voyez Mornay.
Villarceaux, seigneurie, IV. 684. A. 753. B. VI.
   191. B. 434. C. 485. D. 537. D. 672. C. 674.
   B. 679. D. 680. A. 770. D. VII. 573. D. VIII.
   784. C. marquisat, VI. 293. B.
Villarcels, seigneurie, IV. 752. B.
le Villard, seigneurie, III. 827. B. V. 280. B.
Villardis, IX. 238. B.
Villareal, I. 577. C. comté, I. 616. B. 683. B.
                       marquisat,

marquifat , I. 600. A, 631. A. 669. A, V. 526.
E. duché , I. 615. D. 657. B.

Villaret, feigneurie, III. 814. E. 815. A. 816,
C. 820. E. V. 767. B.

Villargeans, feigneurie, VII. 247. C.

Villar-Major, comté, I. 641. A. marquifat, I.
686. B.

Villarroel, I. 685. B.

VILLARS, duché-pairie, érigé en 1705. pour LOUIS-
HECTOR marquis de Villars, V. 95. Pieces concernant cette érection, ibid & fuiv.

VILLARS, Louis-Hector, maréchal de France, VII.
637. D. Pierre, chevalier du S. Efprit , IX.
232. C. Hector , chevalier du S. Efprit , IX.
254. B.

VILLARS, (Ducs de) pairs de France, V. 101.
& fuiv. (Comtes de) IV. 25. Voyez Levis.
(Marquis de) de la maison de Savoye , VII.
237.

Villars, I. 555. A. II. 15. A C D E. 21. E. 31.
A. 162. D E. 163, A D. 197. C. III. 360. C.
VII. 34. C. 45. A. 148. E. 597. B. 665. C,
795. E. 798. D. 799. C. 801. D. VIII. 334.
A. 349. C. 416. A. 908. E. 911. B. feigneu-
rie, I. 305. D. 308. D. II. 39. A. 163. C.
III. 360. C. IV. 22. A, 27. A. 504 A. 714.
B. V. 16. A. 133. B. 287. A C, VI. 304. B.
731. D. VII. 83, B. 348. D. 427. B. 428. E.
795. E. 906. A. VIII. 119. D. 419. B. 485.
D. 493. E. 594. D. 595.** A. IX. 392. E.
baronie, IV. 27. D. V. 286. E, comté, I. 311.
C. II. 289. B. III. 694. B. 730. D, VI. 401.
B. VII. 45. D. 132. A. 237. B. VIII. 922.
D. marquifat, III. 384. A, 490. A. IV. 614.
B. V. 107. A. 288. A. VII. 190. B, 597. B,
IX. 72. B, duché, II. 68. C. IV. 600. B. 795,
B. 863. B. V. 283. E. pairie, V. 106. D. 288.
A E. 289. B D, en Auxois, feigneurie, I. 496.
C. IV. 837. B. en Breffe, feigneurie, I. 543.
Cerify. Voyez Villiers-Seixel, Chavin, baro-
nie , II. 871. D. de Montrevillon, feigneurie,
IV. 830. A. fur-Sey. Voyez Villiers-Seixel, fous-
Treffort, feigneurie, VII. 49. C.

VILLARS BRANCAS, érigé en duché en 1627. pour
GEORGES de Brancas, marquis de Villars , puis
en pairie en 1652. & en duché-pairie en 1716.
pour LOUIS-ANTOINE de Brancas , V. 170. Pieces concernant cette érection , ibid, & fuiv.

VILLARS-BRANCAS, (Ducs de (pairs de France,
V. 286. & fuiv.

Villary, feigneurie, II. 327. C. 336. C.

Villa-Santa, principauté, IX. 299. C.

Villatale, feigneurie, II. 289. D.

la Villate d'Arzillieres , baronie, VIII. 759. E,

Villatte, III. 817. C.

Villaubon, feigneurie, II. 850. D.

Villaudé, feigneurie, II. 306. D,

Villaverde, feigneurie, I. 689, D. comté, I. 695. E,

Villaufans, feigneurie, III. 348. E. 353. C.

Villaviciofa, marquifat, I. 615. A. 616, A, 619,
A D.

Villaumur, feigneurie, VIII. 537. A.

Villautrayes, IX. 175. E.

Villautrays, V. 766. A.

Villautroys, feigneurie, VI. 604. C.

Ville, II. 58, A, 164. C, 208. E. 379, E. IV.
837. B, V. 334. B. 344. C, VI. 368. A. VII.
218. B, 466. C, 689. B, VIII. 19. B, 14. B.
74. C. 726. C. IX. 332. C, 417. C. feigneurie, I. 255. B. II, 58. C. 776, D, III. 650. E.
756. A B. VI, 110, D, VII, 565, B, 852, D.
VIII. 34. E. 35, E. 369. A. 713, A, 850. C.
874. B. IX. 168, B, baronie , IX, 417. C.

comté, IV. 845. B. V. 22. A.

la Ville-Anne, feigneurie, VI. 184. D.

Ville-Arnoul, feigneurie, VI. 283. B. VII. 3. C,
443. B. 811. C. Voyez Jaucourt.

la Ville-Aubrun, feigneurie, IV. 388. C.

Villebagues, feigneurie, V. 383. C.

Villebaudon, feigneurie, II. 408. D.

VILLEBEON, Gautier I. du nom, chambellan de
France, VIII. 438. A. Gautier II. du nom,
chambellan de France, VIII. 438. B. Adam ,
chambellan de France, VIII. 439. A. Pierre,
chambellan de France, VIII. 439. B. Voyez
Nemours.

Villebeon, II. 314. D. 390. E. VI. 109. C, 254.
D. 260. A. 625. B. 627. B. VIII. 441. C,
feigneurie, I. 432. A. V. 224. D, VI, 625. B,
627. B. VIII. 384. C.

Villebernier, feigneurie, II. 447. D.

Villebert, feigneurie, IX. 319. B.

Villebertain, feigneurie, VI. 573. A.

Villebertin, comté, VII. 655. D.

Villeblanche, II. 125. C. VII. 176, D. 199. B,
227. E. 385. B. VIII. 169. D, 756, A,

Villeblouin, VI. 254. D.

Villebois, feigneurie, I. 238. C D E. II, 347, B,
IV. 377. A. V. 140. D. VII. 20. E. baronie ,
I. 443. B. VII. 26. B. duché-pairie fous le nom
de la Vallette, III. 857. C.

VILLEBON, (Seigneurs de) VIII. 99. Voyez Eftouteville.

Villebon, VII. 586. C. VIII. 479. A. feigneurie,
II. 86. D. 125. C. III. 632. A. IV. 705. C,
V. 389. D, VI. 388. D. 674. B. VII. 376. A.
VIII. 89. E. 96. D. 100. B. 574. A. 729. E.
comté, IV. 217. C. 220, A, VIII, 185. E. mar-
quifat, V. 221. B.

Villebonnelle, feigneurie, VII. 368. C.

la Villebonnette, feigneurie, V. 401. F,

Ville-Boucaye, feigneurie, IV. 803. D.

VILLEBOUCHE, (Seigneurs de) VIII. 144. Voyez
le Groing.

Villebouche, feigneurie, VII. 494. A. 714. D,
VIII. 144. A.

Ville-Bougaut, feigneurie, VII. 529. C,

Villebouquaye, feigneurie, VI. 411. B.

Villebourg, feigneurie, VI. 588. B.

Villebrefme, IV. 730. A. VI. 501. D. 513. A B,
VII. 512. E. 513. A. 551. C. VIII. 254. B,

Villebroffe, feigneurie, VI. 555. C.

Villebroux, feigneurie, VIII. 818. D,

Villebrune, feigneurie, II. 368, D,

Ville-le-Bruflé, feigneurie, VII. 642. D,

Ville-Buffiere, feigneurie, V. 346. F.

Villecarrée, feigneurie, VII. 521, C,

Villecharte, VIII. 138. C.

Villechauve, feigneurie, V. 413. B,

Villechevreux, feigneurie, VIII. 646. D,

Villechol, feigneurie, VIII. 651. E.

la Ville-aux-Clers, feigneurie, I. 225, B. II. 234,
C. IV. 574. C. V. 351. C. IX. 312. B.

Villecoy, feigneurie, VIII. 776. A. 889. B,

Ville-Croze, feigneurie, VIII. 304. D,

Ville-Dieu, feigneurie, IV. 184. B. V. 156. A,
344. B. 609. C. 758. C. 771. A. VI. 258. C,
259. A. 416. AB. 735. A. VII. 20. D. VIII,
100. D. 373. B. 642. E. de Combles, VIII. 771, C,

Villedomble, feigneurie, VI. 428. C.

Villedon IV. 457. B. VIII. 260. B.

VILLEDONNE', (Seigneurs de) VII. 429, Voyez la
Grange.

Villedot, VII. 469. B.

Villedou, feigneurie, VII. 19. C,

Ville-d'Eauze, feigneurie, V. 196. A,

LA VILLE-L'EVESQUE, (Seigneurs de) II. 386.

la Ville-l'Evesque, seigneurie, II. 183. B. 384. D.

Villefalier, baronie, VII. 772. C.

Villefalier, seigneurie, IV. 710. C. 713. C. 714. A. 715. C.

Villefargeau, seigneurie, VII. 542. C. 545. A. baronie, V. 393. A.

Villefaveuse, seigneurie, II. 107. A.

Villefavien, seigneurie, IV. 402. A.

Villefermoy, seigneurie, V. 211. A.

Villefin, seigneurie, VIII. 118. A.

Villeflix, seigneurie, VII. 646. E.

Villefort, seigneurie, VII. 20. A.

Ville-aux-Fouriers, seigneurie, IV. 599. B.

VILLEFRANCHE en Rouergue, comté-pairie, érigé en 1480. pour FREDERIC d'Arragon, prince de Tarente, III. 436.

Villefranche, I. 523. B. seigneurie, II. 708. E. III. 385. A C. IV. 490. B. VII. 10. B. IX. 390. B. baronie, VII. 340. D. marquisat, III. 364. D. en Lomagne, seigneurie, II. 176. C.

Villegagnon, seigneurie, VI. 527. A.

Villegas, I. 685. A B.

Villegast, seigneurie, IV. 80. D. V. 83. E.

Villegaye, seigneurie, V. 768 A.

Villegenon, seigneurie, IV. 669. C. Voyez Trouslebois.

Ville-Gomblain, seigneurie, IV. 731. B.

Villegoriot, seigneurie, V. 405. C.

Villegourdan, seigneurie, IV 803. D.

la Villegourée, seigneurie, V. 406. A C. 407. B. 408. B.

Villegourio, seigneurie, V. 419. E.

Villegous, seigneurie, V. 406. B.

Villeguillaume, seigneurie, VI. 195. D.

Villehardouin, I. 77. E. 397. A 416. C. 478. A B. 547. C. II. 597. D. 781. E. VI. 60. C. 80. D. 109. B. 651. C. 733. C. VII. 33. E. 736. C. 737. B. seigneurie, VII. 227. C.

la Ville-Harlé, seigneurie, V. 468. B

la Ville-Haudran, seigneurie, IX. 383. C.

la Ville-Helene, seigneurie V. 425. D.

la Ville-Helion, seigneurie VII. 383. E.

Ville-S.-Jacques, I. 497. D.

Ville-sur-Illon, VII. 466. D. seigneurie, II. 58. A.

Villejouhan, seigneurie, IV. 726. C.

Ville-Julienne, seigneurie, V. 419. D.

Villejumelle, seigneurie, VIII. 812. E.

Villelaure, seigneurie, VIII. 294. E. baronie VIII. 295. A C D.

la Villeleon, VII. 529. C. 725. E.

Villeles, seigneurie, VI. 487. A C.

Ville-Longue, II. 845. A.

Villelouet, seigneurie, III. 583. A. VI. 505. D.

Villelusant, seigneurie, VI. 502. D.

Villelume, II. 64. A. 872. B. III. 585. B. VII. 344. B. 579. D. VIII. 246. B. seigneurie, IV. 388. C.

Villemade, seigneurie, II. 674. A. VII. 460. A.

Ville de Magne, seigneurie, V. 843. C.

Villeman, seigneurie, III. 513. E.

Villemancy, seigneurie, IV. 729. C. 730. E. VI. 491. C.

Villemandie, seigneurie, VII. 888. C.

Villemanoz, seigneurie, VII. 437. E.

Ville Marechal, seigneurie, VI. 481. C.

Villemareuil, seigneurie, III. 498. A. IV. 601. A. VIII. 136. B.

Villemarion, seigneurie, III. 641. C.

Villemartin, seigneurie, V. 742. E. 766. C.

Villemaur, seigneurie, IV. 135. B C. VII. 313. E.

Villemayeu, II. 56. C.

Villembon, seigneurie, II. 852. B.

Villemenand, seigneurie, VII. 427. B.

Villemenant, seigneurie, IV. 839. D.

Villemenard, seigneurie, VII. 427. B.

Villemeneust, seigneurie, V. 411. B E.

Villemenon, VIII. 264. D. seigneurie, VI. 509. C.

Villemeroy, VIII. 555. D.

Villemesle, seigneurie, VI. 487. D.

Villemeux, seigneurie, IX. 227. C.

Villemoin, seigneurie, VIII. 726. A.

Villemomble, seigneurie, III. 627. B. 628. C. 136. A. 140. A. baronie, VIII. 943. B.

Villemont, seigneurie, VIII. 44. B C.

Villemontée, VII. 901. A. IX. 169. A. Voyez Haultier.

Villemontry, seigneurie, VIII. 757. C. 758. B.

VILLEMOR, duché, érigé en 1650. pour PIERRE Seguier, chancelier de France, V. 863. Pieces concernant cette érection, ibid. & suiv.

Villemor, VII. 30. A. VIII. 634. B. seigneurie, III. 388. B. IV. 574. C. 726. B. V. 576. A. VI. 487. C. VII. 142. B VIII. 779. A. baronie VI. 791. A. duché, I. 150. C. III. 651. D. IV. 218. C. 806. A. VI. 567. A.

Villemoron, seigneurie, VI. 572. D.

Villemort, seigneurie, VIII. 146. D.

Villemur, I. 368. E. II. 649. E. 656. E. 660. C. 664. A. III. 361. A. 363. D. IV. 23. B. 307. A. 574. E. 663. D. 665. A. V. 181 A. 736. C. VI. 277. A. VII. 70. E 268. A. 293. C. 854. C. 925. C. IX. 398. B. seigneurie, VIII. 51. E. 320. A. vicomté, II. 362. B. 329. D. III. 373. A. 378. D. 379. A. IV. 169. C. 653. B. VI. 218. C. VII. 860. A. Paillez, II. 623. C. Riotor, VII. 485. D.

VILLENA, (Seigneurs de) I. 680. A.

Villena, I. 262. A. 638. B. 657. A. 664. D. 667. A C D. 696. A. III. 353. E. VIII. 37. D. seigneurie, VI. 163. D. marquisat, I. 668. A. Mello, I. 637. B. Sousa, I. 644. A. 693. A. Sylva, I. 644. A.

Villenauxe, seigneurie, IX. 169. A.

Villeneant, seigneurie, V. 421. E.

Villeneau, seigneurie, IX. 449. C.

Villenesle, seigneurie, VI. 552. C.

LA VILLENEUVE, (Seigneurs de) V. 336. & suiv. Voyez Aubusson.

VILLENEUVE, (Barons de) V. 285. & suiv. Voyez Brancas.

Villeneuve, II. 236. D. 249. E. 250. C. 251. E. 253. B. 291. D. 293. B D. 296. B. 370. D. 453. A. III. 387. A B. 394. A. 853. C. 914. A. IV. 266. C. 454. B. 459. E. 493. D. 496. B C. 500. B. V. 22. F. VI. 487. D. VII. 238. C. 282. A. 409. C. 518. A. VIII. 160. C. 239. D. 295. C. 303. A. 702. B. 817. C. IX. 72. B. seigneurie, II. 164. B. 177. E. 178. A. 289. A. 341. C. 425. B. 426. B. 427. C. 428. A. 638. C. 646. C. 675. B. III. 600. A. IV. 13. D. 17. C. 43. A. 178. D. 228. B. 373. B. 490. A. 492. A. 493. B. 624. B. 808. B C. 809. D. 889. C. V. 278. F. 279. F. 281. A C. 285. C. 290. E. 336. A. 424. A. 927. C D. 928. A C. VI. 68. C. 149. B. 197. A. 590. B. VII. 66. A. 289. D. 400. E. 489. B. 589. B. 643. B. 701. C. 738. C. VIII. 47. A. 143. B. 320. A C. 355. C. 372. B. 418. B. 820. D. 858. B. 891. D. 903. B. 927. D. 934. D. 937. B. IX. 310. B. 332. C. baronie, IV. 43. C. 548. C. V. 282. A. 285. D. comté, IX. 210. A. 315. B. d'Aix, VII. 360. A. sur-Beuvron,

seigneurie, IV. 804. B. *près Chamberry*, seigneurie, V. 264. F. *en Chevrie*, seigneurie, IV. 216. BD. V. 228. F. 229. A. *au Comte*, seigneurie, V. 346. A. *la Comtesse*, seigneurie, IV. 450. D. *la Cornué*, seigneurie, I. 497. D. 500. A B. VII. 586. D. *la Cremade*, seigneurie, IV. 40. A V. 894. C. VII. 196. C. 708. B. IX. 417. D. marquisat, IX. 207. B, *Flamaran*, II. 569. C. *en Forez*, II. 250. A. *des Genets*, seigneurie, I. 483. E. 487. C E. *la Murée*, seigneurie, IV. 724. A. *Languedonë*, seigneurie, VIII. 233. B. *près Mante*, seigneurie, V. 237. D. *sur-Mezieres*, seigneurie, VI. 292. E. *Mons*, VIII. 307. D. *en Provence*, baronie, V. 285. A. *de Riviere*, seigneurie, II. 648. C. *le Roy*, seigneurie, VI. 536. A. *de Trans*, II. 653. A. VIII. 297. A. *de Vence*, IV. 493. C. *sur-Vigenne*, seigneurie, IV. 846. A.
Villenisan, seigneurie, V. 410. C. 425. C.
Villenomble, seigneurie, VII. 712. A.
Villenosse, II. 339. E. 341. D.
Villenou, seigneurie, VIII. 483. C.
Villenoyer, IV. 632. C. seigneurie, IV. 82. A.
Villenstras, seigneurie, VI. 6. A.
Ville-Oiseau, seigneurie, VI. 277. B.
LA VILLE-AUX-OISEAUX, (*Seigneurs de*) V. 412. & *suiv. Voyez* Goyon.
la Ville-aux-Oiseaux, seigneurie, V. 412. C.
la Villeon, seigneurie, V. 407. C. 419. E.
Villeparisis VIII. 807. C. seigneurie, IV. 334. C. 473. B. VI. 559. D.
Villepaslans, VII. 487. D. seigneurie, VII. 767. B.
Villepepin, seigneurie, VII. 383. E.
Villeperque, seigneurie, VI. 436. D.
Villepert, seigneurie, VI. 487. D.
Villepescle, seigneurie, VIII. 264. A. 854. A. 855. B.
Villepierre, seigneurie, V. 417. E.
VILLEPINTE, (*Seigneurs de*) VI. 267. *Voyez* Bouteillers.
Villepinte, V. 84. D. VII. 215. A. seigneurie, III. 365. B. VI. 46. A. 151. B. 267. A. 404. B.
Villeplane des Camps, III. 394. C.
Villepoix, VIII. 525. B. seigneurie, V. 88. F.
Villepré, seigneurie, III. 825. A.
Villepreau, seigneurie, III. 89. D.
VILLEPREUX, *Philippes*, maître des eaux & forêts du Roi, VIII. 842. D.
Villepreux, seigneurie, I. 275. C. 436. B. 474. E. II. 107. C. 227. B. III. 618. A. 893. C. 898. A. V. 139. D. VIII. 138. A. 239. B C. 140. A. 729. A C D. comté, VII. 430. B.
Villeprouvée, VII. 583. E. 584. B.
Villequeno, seigneurie, VIII. 359. D.
Villequenot, seigneurie, VII. 176. C.
VILLEQUIER, *René*, chevalier du S. Esprit, IX. 59. A. *Claude*, chevalier du S. Esprit, IX. 60. A. *Georges*, chevalier du S. Esprit, IX. 101. B.
Villequier, IV. 656. A. 770. C. V. 337. A 341. B. 894. C. VI. 105. C. 509. A. VII. 21. E. 172. C. 849. D. VIII. 210 A. IX. 91. A. 139. A. seigneurie, I. 467. A. 491. C. IV. 29. A. 898. A. 876. E. V. 159. E. 160. E. 341. B. VI. 105. C. VII. 542. A. VIII. 95. A. baronie, II. 230. C. VIII. 541. B. marquisat, I. 242. C. IV. 877. C. 878. C.
Villequoy, seigneurie, IX. 116. C.
Villeragut, II. 51. C.
Villeran, seigneurie, VI. 537. A B D. VIII. 808. A.
Villeray, II. 422. D. seigneurie, III. 582. C. 652. B. VI. 423. B. VII. 384. B. IX. 59. B. 276.

B. marquisat, II. 428. B.
Villeraye, seigneurie, VII. 181. A.
Villereau, seigneurie, IV. 729. A. 732. B. 733. A. VII. 14. E. *de Briare*, seigneurie, II. 123. A.
Villeregis, seigneurie, VI. 438. B. VIII. 778. A.
Villerenart, seigneurie, IV. 216. B.
Villeret, baronie, VI. 511. D.
Villerets, VIII. 174. C.
Villereverfure, seigneurie, VII. 43. C.
Villergies, seigneurie, VI. 100. B. VIII. 81. B.
Villermin, IV. 828. B.
Ville-Robert, seigneurie, II. 193. E.
Villerobin, seigneurie, V. 423. A B.
Villerogon, seigneurie, V. 407. B D.
Villeromain, seigneurie, VII. 504. D. 505. B.
Villeron, seigneurie, III. 619. D. IV. 398. B. VIII. 265. D. 752. C. 883. A. 884. C.
Villerondier seigneurie, IV. 709. B. 710. B.
Villerot, seigneurie, VII. 892. E. VIII. 338. B.
la Villerouaut, seigneurie, V. 404. D.
VILLEROY, duché-pairie, érigé en 1651. pour NICOLAS de Neufville, maréchal de France, IV. 633. *Pieces concernant cette érection*, IV. 634 & *suiv.*
VILLEROY, (*Seigneurs de*) VI. 476. *Voyez* Longuejoue.
Villeroy, seigneurie, IV. 539. A. VI. 450. B. 467. B. 559. D. marquisat, IV. 641. C. VI. 527. D. VII. 400. D. VIII. 803. B. duché, III. 500. D. 897. C. IV. 273. B. 291. D. 325. A. V. 86. BC. pairie, I. 700. E. IV. 642. C. V. 154. F. VI. 580. C. *Voyez* Neufville.
VILLEROYE, (*Seigneurs de*) III. 616. & *suiv.*
Villeroye, VIII. 250. E. 251. A. seigneurie, III. 614. B C. 616. A.
Villers, II. 120. C. III. 841. A. V. 832. C. VI. 351. C. VII. 590. D. VIII. 632. E. 810. * * B. 852. C. seigneurie III. 594. D. 599. B. IV. 767. D. V. 135. F. 510. B. VI. 543. B. 749. C. VII. 48. B. 811. C. VIII. 13. B. 281. A. 539. A. 586. A. baronie, VII. 645. B. VIII. 37. A. *sur-Authie*, seigneurie, VI. 178. A. *au Bois*, seigneurie, III. 594. D. *au Boscage*, seigneurie, VI. 781. B. 786. C. *Brulin*, marquisat, VI. 803. B. *en Cambresis*, seigneurie, V. 90. C D. *près Cathenoy*, seigneurie, VI. 339. A. *sur-Caussars*, seigneurie, VIII. 174. B. *Chappel*, seigneurie, VII. 150. E. *en Corneil*, seigneurie, V. 384. A. *aux Corneilles*, seigneurie, VII. 122. D. *aux Etables*, seigneurie, VIII. 636. E. *Faucon*, seigneurie, VI. 784. B. *la Faye*, II. 468. D E. 211. D. VII. 437. B. 646. A. seigneurie, I. 377. A. 457. C. VIII. 332. E. *S. Frambourg*, seigneurie, VIII. 850. C. *Francon*, seigneurie, VII. 253. C. *Monroyer*, seigneurie, VIII. 427. D. *Notre-Dame*, seigneurie, VIII. 36. A. *en Picardie*, seigneurie, V. 624. A. *les-Pottés*, II. 127. C. 128. C. 129. A C. *sur-Saux*, seigneurie, VI. 388. D. *le Sec*, seigneurie, IX. 396. E. *Sexel*, VII. 34. C. 809. E. comté, II. 212. A. *sur-Tertre*, seigneurie, VI. 562. D. *Voyez* Villiers.
VILLERVAL, (*Seigneurs de*) VIII. 76. *Voyez* Lannoy.
Villerval, VI. 708. C. seigneurie, II. 769. A. V. 229. B. VIII. 76. C. 556. D. 735. E.
Villerville, seigneurie, V. 150. A. VII. 475. C.
Villesavin, seigneurie, IV. 713. E. IX. 322. C. marquisat, IX. 323. B.
Villesavoir, VIII. 545. A. 616. C. 632. A.
Villesauveftre, seigneurie, III. 625. B.
Villescas, marquisat, I. 644. A C. 694. A.

Villefçavoir, VI. 749. C.

VILLESEQUE, (Seigneurs de) VIII. 248. Voyez Pompadour.

Villefeque, feigneurie, V. 758. C. VII. 767. B. VIII. 244. C. 248. B.

Villefery, feigneurie, IX. 323. B.

Villefine, VIII. 255. A.

Villefocq, feigneurie, IV. 401. A.

Villeftellon, feigneurie, VII. 689. B.

Villetain, VI. 682. D.

Villetaneufe, feigneurie, V. 288. F. VI. 434. C. IX. 324. A.

la Villetartre, feigneurie, VIII. 794. D.

Ville-Tertre, feigneurie, VI. 261. C. 290. A. 674. B.

la Ville-Thibaut, feigneurie, V. 406. E.

Villeton, feigneurie, VII. 92. B.

Villetremaife, feigneurie, VII. 227. E.

VILLETTE, (Seigneurs de) VIII. 873. Voyez Roucy.

Villette, VII. 671. A. VIII. 166. B. 791. C. 873. B. feigneurie, V. 148. D. 241. E. VI. 285. A. VII. 50. D. 258. D. 825. D.

Villettes, feigneurie, VI. 522. D.

Villevodé, feigneurie, VIII. 265. D.

Villevrard, I. 300. C. feigneurie, VI. 552. A. IX. 318. B.

Villevrat, feigneurie, VI. 525. D.

Villey, VII. 648. C.

Villier le Morhier, feigneurie, IV. 793. E.

VILLIERS, Pierre, feigneur de l'Ifle-Adam, porteorifla ne, VIII. 204. B. Pierre, fouverain maître de l'hôtel, VIII. 315. B. François, grand louvetier de France, VIII. 786. B. Guillaume, maître des eaux & forêts du royaume, VIII. 846. C.

VILLIERS-L'ISLE-ADAM, Louis, évêque & comte de Beauvais, pair de France, II. 283. D. Charles, évêque & comte de Beauvais, pair de France, II. 300. B. Jean, feigneur, de l'Ifle-Adam, maréchal de France, VII. 10. C.

VILLIERS-L'ISLE-ADAM, (Genealogie de) VII. 11.

Villiers, II. 34. C. 58. E. 118. E. 124. D. 284. C. 300. C. III. 619. D. 622. A. 630. C. 643. C. 648. C. 650. D. 842. B. 843. A. IV. 60. B. 407. B. 412. C. 836. D. V. 148. C. 229. A. 848. C. VI. 52. AC. 114. D. 312. A. 340. C. 436. A. 718. D. VII. 15. 50. E. 82. E. 113. C. 176. D. 399. B. 512. D. 641. A. 825. A. VIII. 36. D. 133. E. 152. C. 399. E. 527. E. 658. CD. 775. C. 784. B. 789. C. 790. A. 883. B. IX. 361. B. 365. B. 411. B. 414. C. 443. C. feigneurie, I. 56. C. 233. E. 435. C. 493. A B. II. 408. D. IV. 458. AC. 748. E. 854. B. V. 147. A. 382. AB. VI. 147. D. 254. C. 281. C. 434. C. 565. D. 674. B. 675. B. 676. A. 717. D. VII. 11. C. 52. D. 111. A. 336. D. 770. E. 822. E. 903. B. VIII. 219. C. 121. D. 204. B. 232. B. 316. A. 333. A. 459. D. 540. D. 562. A. 634. C. 698. A. 808. E. 870. E. 888. A. IX. 303. D. 354. B. baronie, II. 874. D. Athée, feigneurie, II. 874. D. le Bel, feigneurie, III. 603. E. VII. 10. C. 11. C. VIII. 368. B. 850. C. 883. C. Bonneuil, feigneurie, VI. 149. B. aux Bofcages, feigneurie, III. 623. A. le Bretonneux, feigneurie, VI. 721. C. Brulin, feigneurie, IV. 598. B. Cauchy, feigneurie, VIII. 7. B. le Chaftel, feigneurie, VI. 281. B. 282. C. Jan Chefne, feigneurie, VI. 697. D. aux Corneilles, feigneurie, I. 500. A. IV. 186. A. Cul de Sac, feigneurie, VI. 522. C. VIII. 710. E. 711 CE. Faucon, feigneurie, II. 321. A. VI. 108. B. 787. A. la Faye, feigneurie, VIII. 334. A. 339. D. 340. A. 934. D. S. Georges, feigneurie, VI.

512. B. VIII. 718. C. du Hommet, IV. 60. D. 83. D. VI. 775. B. Houdan, feigneurie, II. 82. A. l'Ifle-Adam, III. 603. A. VII. 63. A. 438. C. 562. B. VIII. 161. A. 906. B. fur Lez, feigneurie, I. 265. E. Lienas, feigneurie, VII. 3. C. le Morhier, feigneurie, I. 458. B. VII. 902. D. la Noné, feigneurie, VI. 282. A. fur Orge, feigneurie, VII. 651. C. les Patolx, feigneurie, VIII. 333. E. S. Paul, IV. 770. C. 876. E. VI. 147. A. 148. B. IX. 165. B. Plouch, feigneurie, V. 94. C. VIII. 651. B. fur Port, feigneurie, I. 443. C. fur Romon, feigneurie, II. 345. B. les Salles, feigneurie, IX. 304. B. fur Saone, feigneurie, I. 554. D. le Sec, feigneurie, II. 342. A. III. 573. D. 583. A. V. 131. E. VIII. 650. E. fur Seine, feigneurie, VIII. 552. E. Sexel, I. 559. CD. feigneurie, VI. 655. C. Sexel, II. 224. C. comté, II. 203. A. Scyffel, VIII. 203. E. 428. A. fur Tonne, feigneurie, VIII. 798. D. Voyez Villers.

VILLIERS-HAGUENON, (Seigneurs de) VI. 297. Voyez Mornay.

Villiers-Haguenon, feigneurie, VI. 297. C.

Villon, baronie, VIII. 916. A.

Villoifeau, feigneurie, IV. 710. C.

Villorceaux. Voyez Villereau.

Villorieux, feigneurie, V. 424. B.

VILLOSC, (Seigneurs de) V. 290. Voyez Brancas.

Villofc, feigneurie, V. 277. D. 290. B. baronie, V. 288. E.

Villotrein, feigneurie, IV. 755. C.

Villouet, VIII. 254. C. feigneurie, VIII. 255. A.

Villoutreys, IV. 432. C. 445. C.

Villy, VI. 498. A. feigneurie, VII. 816. A. le Marechal, VI. 571. C. le Mouftier, feigneurie, VIII. 340. B. fur Saone, feigneurie, VIII. 406. D.

Vilmefnil, feigneurie, VIII. 810. CD.

Vilnevotte, feigneurie, IX. 319. B.

Vilvorde, II. 798. B.

Vimeur, VI. 503. C.

VIMIERO, (Seigneurs de) fortis des comtes d'Odemira, I. 658. & fuiv.

Vimiero, feigneurie, I. 654. A. 686. B.

VIMIOSO, (Comtes de) iffus des ducs de Bragance, I. 664. & 667.

Vimiofo, comté, I. 637. C. marquifat, I. 666. A.

Vinacourt, feigneurie, VIII. 617. A. 634. B. Voyez Wignacourt.

Vinantes, feigneurie, VIII. 138. E.

VINAY, (genealogie des Seigneurs de) de la maifon de la Tour du Pin, II. 29. & fuiv.

Vinay, V. 363. C. feigneurie, II. 29. BCD. 31. B. 32. CE. VIII. 419. A. 925. B. 927. C. 929. E. baronie, II. 457. C. IX. 72. A.

Vincelles, feigneurie, VII. 640. B. 691. B. VIII. 716. C.

Vincende, VIII. 151. C.

Vinceneau, III. 826. E. IX. 422. C.

Vincens, VIII. 296. D.

Vincent, IX. 122. A.

S. Vincent, III. 843. C. VIII. 871. C. feigneurie, II. 42. A. 193. E. 195. B. 198. E. IV. 494. D. 562. B. V. 730. B. VI. 369. E. VII. 183. E. 545. A. 875. E. VIII. 815. E. baronie, VIII. 893. B. vicomté, VII. 10. B. de Barre, feigneurie, II. 189. A. 202. B. de Leyne, II. 193. A.

Vincentelo, I. 649. A.

Vincy, I. 518. E.

Vindé, feigneurie, IV. 857. B.

S. Vinemer, feigneurie, VII. 151. E. VIII. 558. C.

Vineuil,

Vineuil, seigneurie, IV. 222. B. VI. 257. B. 259.
B. VIII. 776. A. 777. D.
Vinicecal de Concorrege, VI. 494. A.
Vinotio-Rivalba, VII. 690. D.
Vinoux, seigneurie, VI. 690. C.
Vins, seigneurie, II. 297. E. VIII. 298. C. 304.
C. marquisat, VIII. 295. D. IX. 393. C.
Vinsobres, seigneurie, VIII. 920. A.
Vinterhu, seigneurie, V. 845. C.
Vintimigle, VIII. 291. E.
VINTIMILLE, Charles-Gaspard-Guillaume, commandeur du S. Esprit, IX. 263. C. Charles-François, chevalier du S. Esprit, IX. 272. C.
VINTIMILLE, (genealogie des Comtes de) II. 285.
& suiv. (Seigneurs de) établis en Provence, II.
291. E. Voyez Lascaris.
Vintimille, II. 245. A. 253. E. IV. 502. E. V.
182. C. 285. A. VIII. 298. C. 299. B C. comté, II. 239. B. 244. C. 285. D. des Comtes de Marseille, IX. 453. D. Turriez , VIII.
295. B.
Vintron, II. 354. B.
Vinzelles, seigneurie, VII. 181.D. baronie, I. 303.
E.
Violaines, seigneurie, II. 118. A.
Violé, III. 645. B.
la Violette, II. 655. B.
Violle, VI. 386. A. 570. B.
Violles de S. Remy, VII. 65. A.
Vioreau, seigneurie, VII. 76. E.
la Vipardiere, seigneurie, VII.ª 178. C. 394. D.
VIPART-SILLY, Jacques-Joseph, chevalier du S. Esprit, IX. 277. C.
Vipart, II. 79. A. V. 147. B. VII. 178. C. 394.
D. 395. A. 514. B. VIII. 26. A. de Sainte Croix, IX. 275. A.
Vir, VIII. 864. A.
Virazeil, seigneurie, IV. 477. A. 478. BD. 479.
A B C D. 480. A.
Vircoville, VI. 642. C.
Vire , vicomté , IV. 68. C. Chatel , seigneurie ,
II. 211. B.
Vireaux, seigneurie, VIII. 725. A. IX. 77. A.
Vireville, seigneurie, V. 264. D. la Tivoliere , comté, V. 268. E.
Virey, seigneurie, V. 269. B.
Virieu, V. 266. A. 672. B. VIII. 419. B. seigneurie, II. 16. C. 254. A. VI. 110. A. 731.
C. VIII. 908. C. 910. A. baronie, VI. 104. E.
644. D. marquisat, VIII. 296. D. le Grand ,
VIII. 501. A.
Virifet, V. 665. D. seigneurie, ibid.
Viriville, seigneurie, II. 106. B. IV. 18. A. VIII.
260. C. 499. C. 911. B. 919. A. comté, VI.
563. B. marquisat, II. 32. E.
Vironceaux , seigneurie , V. 80. F. 81. A. VIII.
659. C.
Viroucey, seigneurie, VI. 522. D.
Viroux, seigneurie, VI. 591. A.
Virville, seigneurie, II. 202. E. 203. A.
Viry , seigneurie, II. 152. E. 164. E. III. 625. B.
VI 444. A. 533. B. VII. 38. D. 43. D. VIII.
369. B. S. Loepart, seigneurie, VI. 261. A.
Visargent, seigneurie, VII. 643. B.
Vische, III. 908. B.
Vischery, III. 577. C.
Visconti, I. 108. E. 112. C. 206. C. 229. D. II.
157. B. 598. E. 752. D. III. 419. C. IV. 80.
A. V. 382. C. VI. 136. B. VII. 115. D. 116.
B. 870. B. VIII. 41. A. Borromée, VII. 117.
A. Milan, V. 236. C.
Visdelou, V. 407. D. VII. 174. A. 529. C. 715.
E. VIII. 364. C. IX. 452. * B.
Tome IX.

Viseo, duché, I. 594. D E. 599. C. 616. C.
Visloc, seigneurie, II. 254. D.
Vismes, seigneurie, VII. 555. C. 561. A. baronie, V. 235. E. VII. 563. B.
Viso , marquisat, I. 674. C.
VISQUE (Comtes de) VI. 497. Voyez Biragues.
VISSAC, Estenne, chancelier de France, VI. 324.
D.
VISSAC (Genealogie des Seigneurs de) VI. 325.
Vissac, II. 185. 2. E. IV. 586. B. VI. 304. A.
VII. 49. B. VIII. 818. C. seigneurie, VI. 325.
B.
Vissaert, IV. 597. B. seigneurie, II. 798. D.
Vissec, VII. 787. E. baronie, V. 287. E.
Vissoc, IV. 229. D.
le Viste, II. 437. D. VI. 428. C. 437. C. VII. 201
A. 131. C.
Vistengen, seigneurie, V. 643. B.
Vit, marquisat, V. 360. B.
S. Vit, seigneurie, IV. 787. A.
S. Vital , VIII. 504. A.
Vitalis de Ramatuelle, II. 297. A.
Vitard de Passy, II. 129. D.
VITEAUX (Barons de) VI. 456. Voyez du Prat.
Viteaux, seigneurie, I. 546. D. II. 163. B. IV.
180. B. 863. D. V. 12. D. VI. 454. C. VII.
134. D. 801. C. VIII. 415. B. 421. A. baronie , V. 12. D. VI. 63. A. 456. D. VII.
708. E. 769. A.
Vitel, VI. 483. C.
Viteliere, seigneurie , VI. 367. A.
VITERMONT (Seigneurs de) VIII. 282. Voyez Humieres.
Vitermont, seigneurie , VI. 371. B. 373. A.
VIII. 260. E. 277. A.
Viters, seigneurie, II. 155. B.
Vitrac, seigneurie, V. 241. C. baronie, V. 755.
D. Roffignac , seigneurie, IV. 688. D.
Vitray, seigneurie, II. 422. A.
Vitré, III. 56. C. 320. E. 570. A. IV. 192. B C.
VI. 764. C. 779. B. VIII. 725. D. seigneurie,
I. 323. B. III. 319. E. 626. C. 627. B. 628.
A B C. 629. A B. IV. 61. B. 560. B. VI. 137.
B. VII. 73. D. VIII. 567. C. 570. D. 852. E.
baronie , IV. 173. A. V. 138. C. comté, V.
13. D. 574. E.
Vitrezais, seigneurie, IV. 410. C. VIII. 806. A.
Vitreze, seigneurie, VII. 455. D.
Vitrolles, II. 369. D. VII. 282. D. seigneurie ,
II. 242. C. 294. A B. 295. B. V. 280. A.
283. B. 284. C. baronie, V. 285. A.
VITRY , Conon , évêque & comte de Châlons ,
pair de France, II. 324. D.
VITRY (Marquis & ducs de) VII. 438. Voyez l'Hopital.
Vitry, II. 46. B. VI. 381. D. 403. D. 434. B.
VII. 18. D. VIII. 774. D. 797. D. 862. A.
866. B. seigneurie, II. 167. B. 385. E. IV.
224. A. V. 129. A. VI. 65. D. VII. 11. D.
156. A. 370. A. 438. C. VIII. 778. B. comté, VII. 609. B. marquisat, VI. 533. A. VII.
439. A. 894. A. duché, IV. 35. A. 177. B.
pairie, VII. 432. A. 439. D. en Brie , seigneurie, III. 573. B D. 574. A C. 575. A
V. 608. C. le Croisé, seigneurie, III. 567. A.
VIII. 718. B. 887. C. le Donjon , seigneurie,
VII. 259. D. sur-Seine , seigneurie, II. 139.
B. VI. 574. A. VIII. 883. E. IX. 322. A. la
Ville, seigneurie, VI. 148. B. 150. C.
Vittinghoff, VII. 657. E.
Viu, comté, VI. 498. B.
Vivaldi, II. 290. B.
Vivant, IV. 473. C. VIII. 234. C. 235. C D.
S 4

Vivaret, seigneurie, VI. 683. B.
Vive, seigneurie, IV. 214. A.
Viverers, seigneurie, VI. 682. C.
Viverez, seigneurie, VII. 631. B.
Vivero, IX. 290. B. d'Azareira, I. 687. C.
Viveros (Seigneurs de) VII. 713. Voyez Alegre & Tourzel.
Viveros, seigneurie, VII. 61. D. 707. B. 713. D.
Vives, seigneutie, III. 829. B.
Vivez, seigneurie, IV. 822. A.
Vivien, VI. 646. C.
Vivier (Seigneurs du) du nom de Chabot, IX. 443.
Vivier, seigneurie, III. 89. D. IV. 373. D. VI. 443 D. 475. A. VII. 231. A. 714. B. VIII. 248. C. 271. E. IX. 437. D. 443. A. de Bandebourg, baronie, VIII. 259. D.
Viviers, seigneurie, II. 441. C. VII. 591. A. 927. B.
Vivonne, André, grand-fauconnier de France, VIII. 762. B. Jean, chevalier du S. Esprit, IX. 79. B. Charles, chevalier du S. Esprit, IX. 102. B. Autre Charles, chevalier du S. Esprit, IX. 149. A.
Vivonne (Genealogie de la maison de) VIII. 762. & suiv.
Vivonne, II. 426. E. III. 85. C. 895. B. IV. 36. C. 424. D. 429. C. 471. D. 558. D. 565. A. 567. A. 651. A. 661. A. 757. B. 874. B. V. 134. C. 151. E. 334. B. 572. E. 573. E. 612. A. 765. A. 771. A. VI. 105. D. 118. E. 203. A. VII. 21. A. 25. B. 503. B. VIII. 70. D. 190. B. 579. A E. 595. B. 755. B. 923. C. IX. 232. D. 168. A. seigneurie, IV. 677. B. 678. A. 679. A. 680. B. VIII. 762. C. baronie, IV. 679. C. Mortemart, duché, III. 495. C. IV. 293. C. pairie, VII. 937. B. Savelly, V. 20. C.
Vize, VII. 116. D. seigneurie, VII. 562. D.
Vizil, seigneurie, I. 308. E.
Ulack, seigneurie, VII. 831. B.
Ulamerdingue, seigneurie, I. 244. A.
Ulamertinghe, seigneurie, II. 741. A. 767. D.
S. Ulface, seigneurie, IV. 711. A.
Ulissinghes, seigneurie, I. 255. A.
Ullac, seigneurie, II. 669. E.
Ullaid, VI. 633. B.
Ulloa, I. 632. A. V. 525. A. IX. 290. A.
Ulmarino, seigneurie, I. 689. B.
Ulmes, seigneurie, III. 344. A.
Ulston, comté, II. 847. B D.
Ultre, VI. 487. B.
Unaud, II. 638. A.
Unchair, VI. 145. D. vicomté, II. 280. D.
Une, baronie, VIII. 640. B.
Unflin, seigneurie, VII. 434. E.
Ungaco, V. 725. C.
Ungern, VII. 657. C.
Uñon, seigneurie, I. 657. A. 664. D. 678. B. comté, I. 662. C. 679. A B. 697. B.
Unzeins, seigneurie, VII. 927. D.
Vodoy, seigneurie, I. 502. C.
Voëcht, II. 333. E.
Voerne, seigneurie, II. 331. B.
Vogelsanck, II. 332. E.
la Voglia, VII. 435. D.
Vogliera, marquisat, IX. 238. A.
Vogué, comté, VII. 66. B.
Vojard, seigneurie, I. 502. C.
Void, seigneurie, VIII. 355. A.
Voile, seigneurie, VIII. 172. A.
Voilhon, baronie, VIII. 180. C. 182. A.

la Voirie, VIII. 672. B.
la Voirie de la Grange, VI. 587. C.
Voise, seigneurie, IV. 712. B.
Voisenon, seigneurie, VI. 468. B.
Voisin, Daniel-François, chancelier de France, VI. 588. B. idem, Greffier des ordres du Roi, IX. 336. C.
Voisin (Genealogie de) VI. 588.
Voisin, VI. 485. C. 588. D. VII. 694. D. IX. 148. A. 315. C. 317. A. 337. A.
Voisine, IX. 465. C.
Voisseres, V. 10. F. VI. 337. C. VIII. 142. B. seigneurie, VI. 484. C. VII. 509. D. 595. A.
Voisinlieu, seigneurie, VI. 384. B. VII. 900. B.
Voisins (Genealogie de) IX. 394.
Voisins, I. 518. C. II. 362. A. 366. B C D. 372. B. 435. A. 641. B. 646. A. 675. E. 676. A. III. 768. A. 838. C. 854. C. 860. A. IV. 17. A D. 132. B. 809. B. V. 180. B. 287. A. VII. 128. B. 271. C. 292. C. 310. E. 368. C. 404. B. 461. A. 763. C. 776. D. VIII 166. A. 475. A. 594. *** B. 931. D. IX. 175. A. 419. C. 439. A. seigneurie, VIII. 265. E. 808. A. Lautrec, IX. 394. C. de Montant, VII. 454. C. IX. 178. A.
Voisny, seigneurie, VII. 507. D.
Voissay, seigneurie, VII. 28. A.
la Voivre, seigneurie, II. 58. A. baronie, II. 60. A.
Voix, VI. 422. C. 438. B seigneurie, II. 208. D. VI. 653. B. sur-Barbusse, seigneurie, VI. 335. C.
Volable, seigneurie, VIII. 50. B.
Volage, VI. 471. D.
Volant, VIII. 849. C.
Vollant, VIII. 809. A.
Volcé, seigneurie, VII. 579. B.
Volfard, chancelier, VI. 240. B.
Volfée, seigneurie, VII. 413. B.
Vollasten, seigneurie, II. 480. C.
Volluciennes, VII. 595. B.
Volnay, seigneurie, VII. 795. A.
Volore, seigneurie, III. 817. D. VII. 158. E. VIII. 59. E. 319. B. 499. D. 812. ** C. 810. B. baronie, III. 820. D.
Volpiliere, V. 334. C. VII. 707. A.
Volpilleres, seigneurie, IX. 438. C.
Volué, seigneurie, V. 749. E.
Volvestre, seigneurie, II. 631. A.
Volvire, Philippes, chevalier du S. Esprit, IX. 75. B.
Volvire, I. 118. B. III. 766. C. IV. 83. D. 411. B. 450. C D. 452. D. 679. B E. 680. A. VI. 560. D. VII. 97. D. 99. C. 127. A. 434. C. VIII. 191. B. 588. E. 767. B. 771. C. 805. C. seigneurie, VIII. 798. B. Ruffec, VIII. 483. E.
Volun, seigneurie, VIII. 921. D.
Vomas, seigneurie, VIII. 326. C.
Vone, seigneurie, II. 863. A. IX. 393. D.
Vonnes, II. 419. A. VII. 508. D. VIII. 487. D. seigneurie, VII. 21. E.
Voraville, seigneurie, IV. 711. C.
Vorbourg, principauté, VIII. 35. B.
Vorchester, comté, II. 406. C.
Vore, IV. 749. D. 753. A.
Voreppe, seigneurie, I. 563. C.
Vorteuil, seigneurie, II. 671. D.
Vos, III. 920. B.
Vosrieres, seigneurie, IV. 751. B.
Vosse, comté, I. 700. B.
les Vosseaux, seigneurie, IV. 403. B.

Vot, seigneurie, V. 346. F.
Vou-de-Bures, IX. 59. B.
Vouchot, IV. 861. C. VIII. 149. A.
Voudenay, II. 861. C. VI. 50. A. VII. 366. C. VIII. 838. C. seigneurie, IV. 213. B. VI. 160. D. baronie, IV. 851. A.
la Vove, VII. 507. C. IX. 450. A. seigneurie, VIII. 313. A.
la Voüé, seigneurie, VI. 502. C. S. Agil, seigneurie, IV. 753. E.
Voues, VII. 30. B.
Voves, I. 523. C.
le Vouet, VII. 377. C.
Vouga, seigneurie, I. 689. D. 690. A.
Vougy, baronie, IV. 42. B.
Vouhec, seigneurie, IV. 162. E. 183. A. 184. B.
Vouhet, II. 865. B. IV. 186. B. 388. A. 850. A. V. 334. B. 344. C. 345. B. 347. C. VIII. 143. B. seigneurie, V. 344. C. VIII. 903. B.
Vouillac, seigneurie, VI. 390. C.
Vouillé, seigneurie, IV. 678. B.
Vouillier, seigneurie, II. 58. A.
VOUILLON, (Seigneurs de) II. 863. & suiv.
Vouillon, seigneurie, II. 861. D E. IV. 826. C 827. C. VI. 735. B. VII. 82. A. VIII. 115. E. 313. B. 870. A.
Vouley, seigneurie, VIII. 755. B.
Voulte, seigneurie, V. 750. E.
Vourey, seigneurie, V. 269. B.
Vouson, seigneurie, II. 852. B.
Voussienes, seigneurie, V. 223. F.
LA VOUTE, (Barons de) IV. 29. & suiv. Voyez Levis.
la Voute, VIII. 594. **** B. seigneurie, II. 187. C D. 189. C. 192. D. 240. E. III. 367. B. 761. C. IV. 28. A. VI. 86. D. 303. A. 479. C. VII. 45. D. 375. C. baronie, III. 767. D. comté, IV. 67. C.
Voutron, seigneurie, IX. 438. A.
Voutron, seigneurie, VI. 280. C.
Vouvin, VII. 618. C.
Vouvant, seigneurie, III. 77. A B C. baronie, IX. 315. C.
Vouvent, V. 129. D. seigneurie, I. 214. B. IV. 557. A B E. 558. A. 562. B E. VIII. 767. B.
Vouzy, VII. 548. A.
Voxfrie, seigneurie, III. 905. E.
Voye, seigneurie, IX. 318. A.
VOYER DE PAULMY, Marc-René, marquis d'Argenson, garde des sceaux de France, VI. 591. B.
VOYER DE PAULMY D'ARGENSON, (Genealogie de la maison de) VI. 593. & suiv.
Voyer, III. 91. C. 532. B. 617. D. 771. D. IV. 452. E. VI. 435. B. 512. A. 593. C. VII. 526. A. 852. B. VIII. 483. D. 494. A. 604. A. de Lignerolles, VII. 336. A. de Paulmy, VI. 545. D.
Voyon, II. 124. A.
la Voyerie, seigneurie, II. 209. D.
Voysin, II. 430. C. VI. 520. B. 553. B. IX. 363. B. Voyez Voisin.
Voyssenc, seigneurie, II. 256. A.
Upian, seigneurie, II. 185. 2. A. 187. B.
Upie, IX. 177. B.
Urain, seigneurie, II. 353. E.
S. Urain, seigneurie, VIII. 530. B.
Uram, seigneurie, II. 361. D.
Vraucourt, seigneurie, III. 609. B. 610. C.
Urbin, comté, II. 164. C. duché, I. 134. C. 324. E. IV. 168. B. 531. B. VIII. 503. C. Voyez la Rovere.
Urbise, seigneurie, V. 739. B.

Urbois, seigneurie, VIII. 159. D.
Urcé, seigneurie, VII. 138. B.
des Urcieres, IV. 276. C.
S. Urcize, seigneurie, VI. 323. C.
Uréchocq, V. 80. C.
Uremde, seigneurie, II. 798. D.
Urena, comté, I. 669. C.
Urenville, seigneurie, IV. 403. A.
URFE', Pierre II. du nom, grand écuyer de France, VIII. 496. D.
URFE', (Genealogie de la maison de) VIII. 497.
Urfé, III. 820. D. 838. B. V. 644. D. 889. B. VII. 197. D. 202. B. VIII. 819. E. 933. B. seigneurie, II. 289. B. 438. D. VII. 238. C. VIII. 497. C. comté, IV. 440. B D. marquisat, IV. 127. D. VII. 306. C. VIII. 648. D.
Urgel, VIII. 925. E. comté, I. 576. B. 593. C. II. 634. D. 706. D. III. 345. E. 373. C. VII. 761. D.
Uriage, seigneurie, VII. 239. E. IX. 72. B.
Uriec, IV. 321. A.
Uriege, seigneurie, V. 261. B.
S. URIEGE, (Seigneurs de) IV. 863. Voyez Choiseul.
Uriel, seigneurie, II. 850. E. marquisat, I. 472. A.
Urigny, seigneurie, IV. 674. C.
la Vrillaye, seigneurie, V. 489. E.
la Vrilliere, seigneurie, III. 601. A B. IV. 685. A. IX. 314. A. 335. A. 336. B. marquisat, V. 350. D. IX. 448. D.
S. Urin, seigneurie, V. 625. D.
Urle. Voyez d'Oreille.
Urocourt, seigneurie, V. 81. E. 82. A B D. 83. C E. 84. C E.
Uroimont, seigneurie, VIII. 6 6. E.
Vrolant, VI. 803. A. seigneurie, III. 577. C. V. 657. E. 659. B.
Urre, II. 58. E. 146. D. 251. A. 252. C. VII. 150. B. Voyez Eurre.
Ursay, seigneurie, VII. 395. C. VIII. 769. A.
Ursel, V. 236. D. comté, V. 844. B. duché, V. 236. D. 844. B.
Urselle, seigneurie, II. 741. A.
URSIN DE SANTO GEMINI, Jean-Antoine, chevalier du S. Esprit, IX. 130. B.
Ursin, I. 554. D. IX. 130. B. de Bracciane, IX. 130. A. de Gravine, ibidem.
Ursines, seigneurie, VI. 451. C. VIII. 775. A.
URSINI, Flavio, chevalier du S. Esprit, IX. 209. B.
Ursini, III. 607. A. IV. 178. B. Voyez Ursins.
URSINS, (Jean-Jouvenel des) évêque de Beauvais, comte & pair de France, cardinal, II. 280. E.
Ursins, I. 185. C. 421. D. 491. A. III. 607. A. IV. 824. E. VI. 78. C. 121. D. 131. D. 403. D. 747. B. VIII. 75. D. 280. A. 281. B. 769. E. Voyez Jouvenel.
Urson, chancelier, VI. 250. A.
Urville, seigneurie, II. 77. B. 762. C. 763. D. V. 151. B.
Urvilliers, seigneurie, VIII. 650. E.
Urvoy, VII. 851. B. VIII. 586. A.
Usa, seigneurie, VI. 213. A.
Usages, III. 633. A.
Usaiges, II. 424. B. IV. 448. C. VIII. 71. A.
Us d'Amours, VIII. 858. E.
Usel, VIII. 666. D. seigneurie, VII. 382. E.
Useville, seigneurie, III. 126. C.
Usier, seigneurie, VII. 807. C.
Usomare, II. 51. B.
Usse, III. 513. E. seigneurie, VI. 788. C.

Uffé, marquisat, VII. 655. D.
Uffel, IV. 547. DE. V. 344. A. VIII. 818. D.
   seigneurie, I. 302. D. 304. E. VI. 730. C. VIII.
   414. E.
Usson, VII. 307. B. 765. A. 768. B. seigneurie,
   I. 308. E. IV. 896. A. VII. 28. B.
d'Usson, IV. 128. C.
Utkerke, seigneurie, III. 905. C.
S. Waast, VIII. 758. A. IX. 102. A. seigneurie,
   VII. 180. A.
Uvache, seigneurie, II. 159. E.
WACQUEN, (Seigneurs de) I. 259. & 260.
Wacquen, baronie, I. 260. B. comté, ibid.
Wadimont, seigneurie, III. 839. E.
Waelbeke, seigneurie, II. 794. B.
Waencourt, VII. 181. B.
Waert, seigneurie, II. 795. C.
Waes, seigneurie, II. 716. A. 722. E. 729. B.
   776. E. III. 569. A. comté, II. 721. D.
Waesbroeck, seigneurie, VII. 830. B.
Waglip, VI. 182. B. Voyez du Guesclin.
Wahwire, seigneurie, II. 796. C.
WAILLY, (Seigneurs de) III. 917. & suiv.
Wailly, VII. 467. E. seigneurie, IV. 596. B.
   V. 135. F. 137. C 660. C. VI. 722. B. mar-
   quisat, V. 661. B.
Waincourt, seigneurie, V. 512. A.
WAISIERES, (Seigneurs de) VI. 707. Voyez Wau-
   tin.
Waisieres, VI. 455. B. VIII. 735. A. seigneurie,
   VI. 707. B. VII. 869. D.
Waissieres, II. 282. C. VIII. 650. B.
Walbec, seigneurie, V. 129. F. 130. A.
Walcburt, seigneurie, II. 336. A. VI. 694. B.
Waldeck, V. 238. B. comté, VII. 173. A.
Walden de Erithe, VII. 89. B.
Walefale, II. 199. D
Waleim, seigneurie, I. 255. E.
Walencourt, seigneurie, VI. 744. B.
Walenderode, comté, VII. 173. D.
Walengin en Suisse, souveraineté, I. 219. C D.
   220. B. 221. E. 222. C. 223. D. 352. C.
Waleran, chambrier, III. 395. A.
Waleran, VIII. 77. D.
Wales, I. 267. B.
Walhain, seigneurie, V. 640. B. comté, V. 231.
   E. 640. A.
Walincourt, VIII. 617. A. Voyez Valincourt.
Walkembourg, principauté, VIII. 35. B.
Wall, VIII. 46. A.
la Walla, III. 907. C. 917. C.
Wallau de Craigi, IX. 405. B.
Walle, VIII. 46. A. Voyez la Walla.
Wallengin, seigneurie, IX. 376. E.
Wallengoujart, VI. 52. C.
Wallenrode, IV. 570. A.
S. Wallery, seigneurie, III. 664. C.
Wallincourt, seigneurie, 638. D. 639. A. 752. D.
Wallinghem, seigneurie, V. 831. A.
Wallon-Capelle, V. 645. A. VII. 832. A.
Walquier, seigneurie, VIII. 257. E.
Walsingam, seigneurie, II. 487. B.
Wamereville, vicomté, III. 842. C.
Wamin, seigneurie, VI. 795. A.
Wancourt, VI. 794. B. seigneurie, III. 607. C.
   608. A B. 609. B. 610. C D.
Wandaile, seigneurie, IX. 410. B.
Wandegies, seigneurie, III. 594. A B.
Wander-Ziippe, II. 739. A.
S. Wandrille, seigneurie, VII. 878. D.
Wandringhem, VIII. 697. B.
le Wantier, VI. 802. D.
Warcheville, seigneurie, IV. 405. B.

Warck, seigneurie, II. 332. A. 334. B C. VII.
   166. A.
la Ward, II. 490. A.
Wardes, seigneurie, VI. 312. C.
Wareghien, VI. 712. A.
Warelles, seigneurie, VI. 100. C. 101. A.
Warem ou Worm, comté, II. 326. A.
Warendin, seigneurie, VIII. 735. B.
Warenguebec, seigneurie, V. 226. E. 227. A
   C. baronie, V. 227. D.
Warfusée, seigneurie, V. 259. C.
Wargnies, seigneurie, VII. 13. B.
Warignies, VII. 446. B. VIII. 258. D. 523. A.
Warlain, seigneurie, II. 767. B.
Warlaincourt, VIII. 738. C.
Warlaing, seigneurie, III. 577. E.
Warlet, VI. 544. A.
Warlozel, III. 616. B.
Warlus, seigneurie, III. 596. D. VII. 823. B.
Warlusel, V. 830. B.
Warlusier, seigneurie, III. 577. C.
Warluy, seigneurie, VIII. 647. B.
Warluzel, VIII. 526. A.
Warmaise, seigneurie, VI. 374. C.
Warmoise, seigneurie, VIII. 793. C.
Warneck, marquisat, V. 648. E.
Warneston, seigneurie, III. 729. A C. VIII. 354.
   C.
Warneton, seigneurie, II. 731. D. V. 512. D.
   515. A. VI. 126. A.
Warnewick, II. 209. E.
Warny, VII. 740. B. IX. 459. D.
Warren, VI. 28. E.
Wars, seigneurie, IV. 785. E.
Wart, VIII. 663. A. seigneurie, IV. 825. A. VI
   652. B.
Wartenberg, comté, V. 236. C.
Warthon, baronie, VII. 89. A comté, V. 647. E.
Warty, III. 769. B. VIII. 280. E. IX. 116. B.
   seigneurie, VII. 562. B. IX. 126. B. mar-
   quisat, IX. 116. C. duché-pairie, VII. 679. A.
   Voyez Fitz-James.
WARVICH, (Comtes de) II. 404. A.
Warwich, comté, III. 308. C. IV. 361. A B.
   VII. 87. B. 88. B.
Wasemale, II. 329. B.
Wasnes, III. 907. B. 915. C.
Wasnes, seigneurie, VIII. 81. C E.
Vasqueshal, V. 93. E. seigneurie, V. 836. C.
   837. A E. 839. D. 841. B. VI. 638. B.
Wassemberg, seigneurie, II. 332. E. 791. D.
Wassemberge, seigneurie, II. 775. A.
Wassenaer, VII. 106. A. 172. E. baronie, III.
   911. B. VI. 719. D. VIII. 36. A. principauté,
   VIII. 35. B D.
Wassenaere, III. 594. B.
Wassignies, seigneurie, VI. 752. A.
Wast, II. 493. B.
S. Wast, seigneurie, II. 36. B. VII. 132. A. Voyez
   S. Waast.
Wastesale, seigneurie, VI. 652. B.
WASTINES, (Seigneurs de) III. 593. & suiv.
Wastines, III. 738. C. seigneurie, III. 579. C.
   580. B. V. 656. A. VI. 99. A. 341. A. VII.
   831. D. comté, VIII. 647. B.
Watene, seigneurie, III. 609. E. 906. A. 909.
   A.
Watenes, seigneurie, V. 823. B D.
Waterfort, comté, VII. 85. D. 86. B.
Wateroule, seigneurie, III. 908. B.
Wateville, seigneurie, VIII. 169. A. baronie, IV.
   835. A. marquisat, IX. 377. D.
Watewliet, seigneurie, III. 908. D.
                      Wathines;

Wathines, seigneurie, VIII. 78. A.
Watines, seigneurie, VIII. 100. B.
Watou, seigneurie, I. 250. B.
Watronville, VII. 466. C.
Watferbourg-Hall, comté, II. 328. B.
Wavans, seigneurie, VIII. 627. B.
Wavant, VIII. 657. C.
Waubercourt, seigneurie, VI. 794. B. 804. C.
Waudricourt, VII. 556. B. 558. A. 559. C.
    VIII. 80. A. seigneurie, III. 594. A. VI. 796.
    C. VIII. 696. B.
Waugien, seigneurie, VIII. 369. A.
Wauguenelle, seigneurie, III. 912. D.
Waurain, seigneurie, V. 652. B.
Waurans, VII. 827. A. VIII. 657. C.
Waure, seigneurie, V. 640. B.
WAURIN, Robert, maréchal de France, VI. 702.
    D.
WAURIN, (Genealogie de) VI. 703.
Waurin, I. 52. C. 55. A. VI. 54. A. VII. 747.
    B. 868. A. seigneurie, IV. 211. D. 398. A. V.
    652. D. VI. 703. B. 782. A. VIII. 369. E.
Wautier, V. 129. B.
Wazier, VIII. 700. B.
Wechelin, seigneurie, II. 798. A.
Wedelghen, seigneurie, II. 739. A.
Weestbroeck, seigneurie, VII. 105. C.
WEIL (Seigneurs de) VI. 513. Voyez Hurault.
Weil, seigneurie, II. 417. E. VI. 419. B. 450.
    C. 505. A. 509. C. 513. A. Argenson, comté,
    VI. 604. C. le Mesnil, seigneurie, VI. 601.
    A. baronie, VI. 602. C.
Weillebourg, comté, VIII. 533. B.
Weinvasser, baronie, VIII. 42. B.
Weisvasser, baronie, II. 50. B.
Weldine, seigneurie, II. 741. A.
Weldre, comté, V. 644. B.
Welles, baronie, VI. 395. A.
Wemelinghe, seigneurie, VII. 831. A.
Wendeck, seigneurie, VII. 165. C.
Vendegies, seigneurie, V. 656. A.
Wendeville, seigneurie, VI. 175. A. VII. 832.
    D.
Wendin, comté, VIII. 647. B.
Wenelghen, seigneurie, I. 259. D.
Wentour de Hundington, VII. 91. B.
Werchin, I. 256. D. III. 579. B. 615. A. 726.
    C. V. 641. B. 642. A. VIII. 36. C. 37. A.
    77. B. seigneurie, II. 776. B. III. 724. A.
    736. C. V. 231. B. 234. B. baronie, I. 263.
    A. 265. C. VIII. 36. A.
Werchoute, II. 741. C.
Werdeghen, II. 741. C.
Werdt, III. 579. A.
la Were, II. 795. C.
Werlaby, baronie, V. 929 E.
Wernembourg, comté, V. 638. A.
Werquinoze, III. 726. D.
Werreycken, I. 257. C. V. 465. A.
Werftford, seigneurie, III. 81. C.
Wert, seigneurie, I. 257. E. II. 406. D. III. 578.
    C.
Wertein, comté, V. 649. A.
Werthain, comté, I. 260. C.
Wertheim, comté, VII. 173. B.
Wertingen, comté, IV. 267. C.
Wes-Caplo, seigneurie, I. 258. C.
Wesemaële, seigneurie, III. 791. B.
Wesemale, II. 333. B.
WESEMALE, Arnoul, souverain maître de l'hôtel
    du Roi, VIII. 310. A.
Wesquineul, seigneurie, V. 239. C.
Wesseghen, seigneurie, II. 741. A.
Tome IX.

West-Capelle, seigneurie, I. 256. E. V. 725.
    C. VII. 832. A.
Westcaple, seigneurie, III. 909. B.
Westerloo, marquisat, V. 647. B.
Westhove, seigneurie, III. 909. B D.
West-Walles, principauté, II. 484. D.
Wetem, III. 917. B.
Wetenhal de Eastperkam, VII. 91. B
Wevelghen, seigneurie, VII. 830. D.
Weymart, duché, IV. 171. C.
la Weze, VI. 709. D.
Wicant, VIII. 84. A.
Wicdane, VII. 172. D.
Wicestre, comté, III. 736. C.
Wich, III. 608. A.
Wiche, seigneurie, VIII. 45. D.
Wichingham, VI. 395. A.
Wicquinhem, seigneurie, VI. 788. B. 789. A.
    baronie, VI. 785. D.
Wicht, seigneurie, I. 259. E.
Wide, comté, VIII. 531. B.
Widebien, VII. 563. C.
Widevile, VII. 840. D.
Wielopolski, comté, VII. 428. C.
Wiermes, seigneurie, VI. 54. D. 792. A.
Wignacourt, V. 618. E. 659. C. VI. 803. A.
    VII. 15. E. VIII. 44. 696. C. 697. D. 698.
    B. 700. C. seigneurie, VI. 780. B. VIII. 628.
    D. Voyez Vinacourt.
Wignerot, VI. 210. B. Richelieu, III. 775. B.
    Voyez Vignerot.
Wignihont, VI. 790. A.
Wigt. Voyez Wert.
Wigtoun, comté, IX. 402. C. 405. B.
Wituhet, II. 196. D.
Wilde, II. 741. B.
Wildins, seigneurie, II. 767. A.
Wilerval, seigneurie, II. 761. C.
Willa, marquisat, II. 682. E.
Willadt, III. 910. B.
Wille-Cardé, II. 248. D.
Willem, seigneurie, V. 657. D.
Willens, seigneurie, II. 164. B, 165. D.
Willerval, V. 239. A. VIII. 282. B. seigneurie,
    VI. 113. B. 794. C. VII. 556. A. VIII. 275.
    B. 276. E. Voyez Vilerval.
Wilts, IV. 840. A. comté, IV. 857. C.
Wimes, seigneurie, III. 574. D. 575. C. 576.
    A E. 578. A.
Wimy, seigneurie, III. 577. A D. 578. A. 579. A.
Winarmonr, seigneurie, VIII. 663. A.
Winchester, comté, II. 405. A. VI. 74. A.
Windecke, seigneurie, II. 795. B.
Windegies, seigneurie, III. 611. D.
Windsor, III. 568. A.
S. Winemer, seigneurie, I. 512. C D. 513. A B
    E. 514. A B D.
Winendale, seigneurie, II. 754. A.
Wineville, VI. 789. C.
Wingefeld, VII. 837. A.
Winghene, seigneurie, II. 767. A.
Wingles, VIII. 738. D. seigneurie, V. 228. F.
    231. A. VI. 707. C.
S. Winimer, seigneurie, VII. 736. B.
Wirtemberg, VIII. 545. D. seigneurie, IX. 318.
    B. comté, I. 230. D. duché, VII. 154. B. VIII.
    44. B.
Wistivier, seigneurie, VII. 828. A.
Witaert, seigneurie, II. 769. A B.
Wisch, III. 909. B.
Wisebroucq, seigneurie, V. 834. E.
Wisel, VI. 392. C.
Washart de Pitavow, IX. 409. A.

WISIGOTHS , (Rois des) I. 3. B. 4. C. 9. A B. 17. B D.

WISSAC, (Barons de) VII. 66. Voyez Motier.

Wiſſaert, ſeigneurie , VIII. 77. B.

Wiſle , VII. 466. C. de Gerbevillers , II. 69. B.

Wiſſekerke , ſeigneurie , VII. 830. A. baronie , VII. 713. C.

Wiſſel , VII. 374. C.

Wiſſem, ſeigneurie , I. 257. E.

Wiſlocq , I. 244. B. II. 768. E. III. 599. A. 916. B. V. 93. C. VI. 147. D. 407. C. VII. 556. C. 832. A. VIII. 154. B.

Wit , ſeigneurie , II. 733. E.

Witace, ſeigneurie , III. 607. C.

Witebeuf, ſeigneurie, II. 411. C. 412. A.

Witchpach , ſeigneurie , II. 328. B.

Witgenſteim , comté , V. 651. B. VII. 166. B.

Wittenhorſt , V. 618. A.

Witthem , III. 909. E. V. 232. E. 647. B. VI. 712. C. VII. 818. D. VIII. 40. E. 42. A. 78. E. ſeigneurie, II. 796. C.

Wlcob , VII. 587. D.

Wlfric , ſeigneurie , IX. 458. C.

Woerden, ſeigneurie, II. 780. D.

Woeſte, ſeigneurie , II. 767. D.

Woeſtine, V. 236. B. ſeigneurie, I. 258. A. II. 766. E. 767. A B C D E.

Wolaſton, ſeigneurie , II. 481. A. 482. B E.

Wolfeg , comte , VII. 831. B. VIII. 41. D.

Wolfey , IX. 476. A.

Wommelghen, ſeigneurie, VIII. 77. C.

Wonnes , ſeigneurie , VIII. 80. D.

Woquelaire , V. 688. C.

Worſt , ſeigneurie, VIII. 651. C.

Worwershill , ſeigneurie , VII. 90. C.

Woude , ſeigneurie, II. 333. B.

Woueſtine , ſouveraineté , II. 36. E.

Woufflans , VII. 36. B.

Wourdreton , I. 285. C.

Woutey , VI. 414. D. VII. 643. D. 648. A.

Wourling , ſeigneurie , VI. 394. D.

Wratervuliet , VIII. 651. B.

Wravans , ſeigneurie , VIII. 654. E.

Wrolant, ſeigneurie, VIII. 697. A.

Wrotcham , ſeigneurie , VII. 86. D.

Wyeres en Boulonois , ſeigneurie , V. 848. B.

Uxelles , marquiſat , VIII. 810. E. IX. 292. B.

Uxué , baronie , IX. 378. B.

Uza , ſeigneurie , VIII. 643. D. vicomté , V. 21. C.

Uzay , ſeigneurie , IV. 892. B.

Uzeda , III. 357. A.

Uzel , ſeigneurie , IV. 74. B 792. E. VI. 185. C. VII. 523. C. 718. D. 719. E. vicomté , I. 224. E.

Uze's , duché-pairie , érigé en 1565. & 1572. pour JACQUES de Cruſſol , III. 739.

Uze's , (Vicomtes de) III. 774.

Uzés , II. 32. C. 195. B. VI. 300. D. 318. B. VII. 162. A. ſeigneurie , II. 32. A. vicomté , II. 194. D. III. 767. C D. 768. C E. 810. D. 813. B. 836. C. IV. 26. B. 38. B. V. 279. A. VIII. 167. B. IX. 395. C. comté , VII. 54. A. VIII. 305. B. 811. ** D. duché , III. 768. C. 821. D. 822. A. IV. 410. B. 431. A D. pairie , IV. 39. C. V. 20. D. 283. B. VI. 424. A. 580. A. VII. 129. A. 184. D. 371. B. IX. 67. B.

X

XAINTES , comté , II. 514. E. Voyez Saintes.

XAINTRAILLES , Jean , dit Poton , maréchal de

France, VII. 92. B. Idem , grand-maître de l'é-curie du Roi , VIII. 488. C.

Xaintrailles , IV. 828. E. ſeigneurie , VII. 93. C. Voyez Saintrailles.

Xamaïca , marquiſat , I. 650. A. 651. A. 652. B. 653. A B.

Xarandilla, marquiſat , I. 626. A. 627. A C. 628. A D.

Xerica , ſeigneurie , I. 401. B. duché , V. 165. D. 166. D. pairie , VII. 679. A.

Ximene. Voyez Eyſſemene.

Y

ſaint Y , ſeigneurie , IX. 304. B

Y-ſur-Thil , ſeigneurie , II. 65. D E. 66. D E. 67. B.

Yaucourt , IV. 409. A. V. 82. C. VIII. 178. C. 469. B. 524. D. 645. B D. 746. D. ſeigneurie, IV. 668. C. 669. B. VI. 114. A. VIII. 15. B. 211. C. 644. D.

S. Ybar , ſeigneurie , II. 233. C D E. IV. 536. A.

Ybelin , II. 593. E. 595. E. 596. A D. 597. C D E. 600. A. 602. D. 605. E. III. 83. C. VI. 80. D.

Ybouvilliers , ſeigneurie , VIII. 792. A B. 793. E. 794. A.

Ydeghen , VIII. 45. C.

Yebles , VII. 373. A.

Yenville , ſeigneurie , II. 871. B. VI. 742. A.

Yerland , ſeigneurie , VII. 46. C.

YERRE , (Seigneurs de) I. 516. & ſuiv.

Yerre , ſeigneurie , VI. 112. C. 657. C. VIII. 897. A.

Yerrick , ſeigneurie , VI. 201. B.

Yeſmes , vicomté , II. 140. D. comté , I. 50. E. II. 469. D. 493. E. 497. D. V. 124. D.

Yeſter , IX. 406. C.

Yevre-le-Châtel , VIII. 847. A. ſeigneurie , III. 582. B. IV. 673. A.

S. Ygué , ſeigneurie , VI. 369. B.

Yguet , V. 399. B.

Ylins , ſeigneurie , II. 255. E.

Ymelcourt , ſeigneurie , II. 321. D.

Yoin , ſeigneurie , VIII. 333. C.

Yoing , VII. 195. A. 204. A.

Yon , VIII. 834. C.

S. Yon , I. 513. C. 515. A. baronie , VI. 589. C.

Yonque , II. 666. E.

Yorck , IX. 406. E. duché , I. 124. A. 246. C. II. 490. D. VII. 837. C.

Ypre , VII. 567. B. VIII. 543. D. ſeigneurie , IV. 688. B.

Ypres , vicomté , II. 718. D. 741. A. 767. A. III. 609. E. 610. D. IV. 861. B.

Ypreville , ſeigneurie , VIII. 25. B.

Yrier , ſeigneurie , VIII. 855. A.

S. Yrier de Gelas , ſeigneurie , VII. 320. D.

Yron , ſeigneurie , VIII. 633. E.

Yſalguier , VII. 292. B.

Yſarn , II. 372. D.

Yſeaux , ſeigneurie , V. 269. C.

Yſenghien , ſeigneurie , III. 595. A.

Yſeron , ſeigneurie , II. 32. A.

Yſeue , ſeigneurie , VIII. 854. D.

Yſnel , VIII. 810. * A.

Yſoré , VIII. 182. C.

Ythier , IV. 890. A.

Ytier , VII. 65. E.

Yvelin , II. 61. D. IV. 603. A. 767. B. IX. 219. B.

Yvergny , VII. 561. B.

Yverny , ſeigneurie , VI. 440. D. 464. B. VIII. 777. C.

S. Yvers, seigneurie, V. 260. B.
Yvert, VI. 477. D.
Yves, III. 596. A. 916. A.
S. Yves, VIII. 810. ** A. seigneurie, IV. 283.
E.
les Yveteaux, seigneurie, V. 149 F.
Yvetot, seigneurie, V. 771. B C. VII. 200. D.
849. C. principauté, I. 470. E. II. 78. A. 426.
D. IV. 62. C. VI. 770. C. VII. 201. D. 368.
C. 386. A. VIII. 19. E. 182. D. 913. B. IX.
59. A. 139. A. 396. B.
Yvette, VII. 281. A.
Yville, seigneurie, I. 499. A. 505. A. VI. 674. B.
Yvor, seigneurie, I. 224. E. II. 88. B. 117. E.
118. A B C D. 124. C. 125. B D. 126. B. VII.
12. E. 893. C.
Yvoy, seigneurie, I. 434. C. IV. 653. D. 655. A
C. 656. A C. 658. B. V. 341. C. VIII. 899.
B.
Yvrencheul, seigneurie, IV. 409. D.
Yvrée, marquisat I. 42. A. VIII. 409. B.
Yvrigny, seigneurie, VIII. 645. B.
Yvry, Charles, souverain maître & réformateur
des eaux & forêts de France, VIII. 879. B.
Yvry, seigneurie, VI. 449. D. 796. C. VIII. 551.
C. 790. A. 849. B. baronie, VIII. 428. 880.
A. le Temple, seigneurie, VII. 13. C. VIII.
792. C.
S. Yvry, seigneurie, VII. 777. A.

Z

ZACHARIE, Benoît, amiral, VII. 738.
A.
Zaerverden, comté, III. 579. A.
Zakliczen, comté, IX. 283 A.
Zamet, Sebastien, évêque & duc de Langres, II.
236. B.
Zamet, II. 182. D E. 236. D E. V. 181. E.
Zamoski, principauté, VII. 428. B.
Zandik, seigneurie, I. 258. D.
Zante, comté, I. 413. C. 414. E.
Zapata de Alarcon, III. 356. A.
Zapata de Ayala, III. 353. A.
Zarate, III. 356. C.
Zazenbergue, seigneurie, III. 628. A.
Zea, I. 600. B.

Zebrico la Torré, I. 261. E. seigneurie, I. 680. A.
Zecalus, seigneurie, V. 92. B.
Zech, baronie, IX. 392. D.
Zeeghers, VIII. 45. E.
Zegouvarde, seigneurie, I. 264. A.
Zelande, seigneurie, V. 514. B. vicomté, I. 256.
C. III. 610. E. VII. 829. C. comté, I. 100. E. 240.
D. 241. D. 242. D. 245. D. 246. E. 249.
C. II. 732. E. 783. A E. 782. B C D.
Zelleghem, seigneurie, III. 908. D.
Zenée-Bergue, seigneurie, III. 595. B.
Zeni, VIII. 291. E.
Zerban, II. 604. B.
Zeringen, V. 505. E. duché, II. 157. C. 721.
A. 757. E. VIII. 402. A. 411. E. 413. D.
Zetoud-Lumay, baronie, VIII. 698. C.
Zevenbergue, baronie, V. 641. D.
Zeveneule, seigneurie, I. 263. E.
Zevenwissen, baronie, I. 264. A. 265. D.
Zewemberghe, seigneurie, VIII. 31. E. 34. A. baro-
nie, VIII. 40. C. comté, VIII. 40. E.
Zimberghe. Voyez Isberghe.
Zinghen, seigneurie, III. 909. B.
Ziwindrecht, seigneurie, III. 576. A.
Zolfarina, VII. 117. D.
Zolkiewiski, IX. 211. B.
Zorzalamy, II. 603. E.
la Zouche, II. 487. A.
Zouray, seigneurie, VII. 151. B.
Zucarel, marquisat, II. 50. C.
Zujada, I. 684. B.
Zuitland, seigneurie, VIII. 79. C.
Zulen de Nievelt, VI. 102. A.
Zuniga, I. 288. D. 292. C. 293. E. 305. A. 632. A.
III. 352. E. 353. E. V. 524. D. 526. E. VIII.
44. C. IX. 295. C. de la Cueva, I. 644. B.
Requesens, I. 627. A D. Sandoval, I. 633. B.
Zuninghen, seigneurie, VIII. 697. A.
Zurlauben, V. 22. A. comté, IV. 845. B.
Zutphen, comté, I. 242. E. 245. D. II. 734. A.
VIII. 402. B.
Zuvengle, seigneurie, III. 905. E.
Zwevenghem, seigneurie, II. 766. III. 905. C.
906. B C.
Zwire, seigneurie, II. 333. A
Zuwarghem, seigneurie, III. 905. D.
Zuylen, seigneurie, VII. 105. C.

Fin de la Table generale des Matieres.

ADDITIONS

Survenuës pendant l'impreſſion de la Table Generale.

Tome I.

Page 503. lettre C. ligne 8. *ajoutez*, mort à Paris le 5. may 1733.

P. 624. lettre B. ligne 7. *ajoutez*, elle mourut à Lisbonne au mois de décembre 1732.

Tome II.

Page 299. lettre E. ligne 8. *ajoutez*, épouſa le 16. mars 1733. *Aymard-Jean* marquis de Nicolaï, conſeiller au Parlement, premier preſident en ſurvivance de ſon pere de la Chambre des Comptes de Paris, fils d'*Aymard-Jean* Nicolaï, marquis de Gouſſainville, premier preſident de la Chambre des Comptes, & de *Marie-Jeanne* de Lamoignon.

Tome III.

Page 503. lettre A. ligne 3. *ajoutez*, épouſa le premier mars 1733. Joachim de Zuniga, comte de Belalcazar, fils de don *Jean-Emmanuel-Diego-Lopez* du Zuniga, ſotomayor Mandoza, & Guzman duc de Bejars, de Plovizance, marquis de Gibra-leon, &c. grand-juſticier hereditaire des royaumes de Caſtille & de Leon, chevalier de l'ordre de la Toiſon d'Or, grand-maître de la maiſon du prince des Aſturies, & de feuë *Raphaele* de Caſtro, ducheſſe de Bejars.

P. 591. lettre A. avant le §. VI. *ajoutez* :

Marie-Françoise-Sophie de Montmorency - Luxembourg, née le 6. novembre 1732.

P. 773. à la fin, *ajoutez* :

Emilie de Cruſſol S.-Sulpice, née le 16. octobre 1732.

Tome IV.

Page 67. lettre E. ligne 7. *ajoutez*, elle mourut à Paris au commencement du mois de mars 1733. dans ſa 38e année.

P. 178. lettre C. ligne derniere, *ajoutez*, il mourut à Paris le 18. janvier 1733. dans ſa 82e année.

P. 221. lettre C. ligne premiere, *ajoutez*, il prêta ſerment en qualité de duc de Sully, pair de France, & prit ſéance au Parlement le 19. mars 1733.

P. 411. ligne antepenultiéme, *ajoutez*, il épouſa la nuit du 21. au 22. janvier 1733. *Marie-Jeanne-Louiſe* Bauyn d'Angervilliers, veuve de *René-Jean* de Longueil, marquis de Maiſons, preſident à mortier au Parlement de Paris, & fille unique de *Nicolas-Proſper* Bauyn, ſeigneur d'Angervilliers, miniſtre & ſecretaire d'état, & de *Marie-Anne* de Maupeou.

P. 412. lettre A. ligne 10. *ajoutez*, il prêta ſerment & prit ſéance au Parlement en qualité de duc & pair le 12. janvier 1733.

P. 435. lettre A. ligne 10. *ajoutez*, elle mourut ſans enfans à Londres le 21. novembre 1732.

P. 542. lettre A. ligne 2. *ajoutez*, il mourut à Paris le 28. juin 1733. dans ſa 62e année.

Ibidem, ligne 8. *ajoutez*, il mourut à Paris le 16. may 1733. âgé de 7. ans & 9. mois.

P. 544. lettre C. à la fin de la ligne 5. *ajoutez*, il prêta ſerment pour la charge de premier aumônier du Roy le 18. décembre 1732. & fut reçû commandeur du ſaint Eſprit le 24. may 1733.

P. 626.

P. 626. à la fin de la page, *ajoutez*, épousa *Emmanuel-Felicité* de Durfort de Duras, duc de Durfort.

P. 644. lettre C. ligne 7. *ajoutez* : Il mourut à Paris le 26. décembre 1732. dans sa 33ᵉ année.

P. 683. lettre A. ligne première, *ajoutez* : Il épousa le 10. février 1733. *Eleonore-Gabrielle-Louise-Françoise* de Crux, fille d'*Armand-Gabriel* de Crux, marquis de Montaigu, & d'*Angelique-Marie-Damaris-Eleonore* Turpin de Crissé.

P. 841. lettre B. ligne 5. *ajoutez* à la fin, enseigne de Gendarmerie, & lieutenant general des provinces de Champagne & Brie.

Ibidem, ligne suivante, femme de *N.* de Bassompierre, *lisez*, Charlotte-Elizabeth.

Ibidem, ligne suivante, *lisez*, Jacques de Choiseul-Beaupré, né le 5. octobre 1732.

Tome V.

Page 154. lettre B, ligne 111. *ajoutez* : Il a été élû le 30. janvier 1733. doyen de l'église metropolitaine de Paris.

P. 166. lettre B. ligne 12. *ajoutez* : De ce mariage est née entr'autres enfans *Diane-Jacquette-Louise Henriette* de Clermont-d'Amboise, le 21. mars 1733.

P. 269. à la fin, *ajoutez* : Il épousa par contrat signé par le Roi le 7. décembre 1732. celebré le 21. du même mois *Marie-Victoire* de Prie.

P. 288. lettre A. à la fin de la ligne 12. *ajoutez*, elle mourut à Paris le 7. mars 1733. âgée d'environ 63. ans.

P. 737. lettre C. ligne 4. *ajoutez* : Il a épousé le 31. may 1733. *Charlotte-Antoinette* de Mazarin-la-Porte, fille de *Guy-Paul-Jules* duc de Mazarin, pair de France, & de *Louise-Françoise* de Rohan-Rohan.

Tome VI.

Page 531. ligne 10. après ce mot, Versailles, *ajoutez*, né le 3. may 1638, tout de suite, mourut au mois de décembre, *lisez*, le 19. novembre 1688. Deux lignes plus bas, après ce mot, Chahu, *ajoutez*, fut mariée le 20. mars 1664.

Ibid. lettre D. avant le degré, IX. *ajoutez* alinea :

3. FRANÇOISE Briconnet, née le 30. août 1668. entra à Hautes-Bruyeres au mois de septembre 1678. y prit l'habit de religieuse le 19. octobre 1683. y fit profession le 20. d'octobre 1684. & y mourut le 14. février 1733.

P. 534. lettre C. ligne première, *ajoutez* : Il mourut dans son château de Genlis, âgé d'environ 85. ans au commencement de l'année 1733.

P. 535. lettre B. ligne 7. à la fin, *ajoutez*, elle mourut à Paris le 13. février 1733. âgée de 63. ans.

P. 582. lettre C. ligne 2. à la fin, *ajoutez*, elle mourut à Paris le 16. décembre 1732.

P. 586. lettre B. ligne 12. à la fin, *ajoutez*, elle mourut au château de Morangis le 15. mars 1733. dans sa 69ᵉ année.

P. 606. lettre A. ligne 14. *ajoutez*, il mourut à Orleans le 10. juin 1733. âgé d'environ 72. ans.

Tome VII.

Page, 101. lettre E. ligne première, *ajoutez*, il mourut à Rome le 28. avril 1733. dans sa 43ᵉ année.

P. 307. lettre E. ligne 5. à la fin, *ajoutez*, il prêta serment & prit séance au Parlement en qualité de duc & pair de France le 19. mars 1733.

P. 314. à la fin, *ajoutez*, il mourut à Paris le 15. décembre 1732. âgé d'environ 67. ans.

P. 344. lettre E. ligne première, *ajoutez*, elle mourut à Paris le 21. février 1733. dans sa 60ᵉ année.

P. 446. lettre B. ligne 9. *ajoutez* à la fin, elle mourut à Paris le 8. février 1733. âgée de 78. ans; elle avoit été dame du Palais de la Reine.

P. 673. lettre B. ligne 4. à la fin, *ajoutez* : Le Roi le nomma au mois de décembre 1732. son ambassadeur auprès de la Republique de Venise.

P. 682. à la fin de l'article du maréchal de Bezons, *ajoutez*, il mourut à Paris le 22. may 1733. dans sa 88ᵉ année, & fut enterré dans l'église paroissiale de S. Cosme.

P. 695. lettre A. ligne 6. à la fin, *ajoutez*, elle mourut à Paris le 12. janvier 1733. dans sa 88ᵉ année.

P. 702. à la fin de l'article du maréchal d'Alegre, *ajoutez*, il mourut à Paris le 9. mars 1733. âgé d'environ 80. ans.

Tome IX.   V 4

Tome VIII.

Page 38. lettre A. ligne 10. *ajoutez à la fin :* Il avoit été nommé au mois de novembre 1719. pour aller prendre possession au nom de l'Empereur des villes & châtellenies de la barriere de Flandres, qui venoient d'être cedées à l'Empereur par les Etats Generaux.

P. 39. lettre B. *effacez depuis ce mot*, fut nommé, jusqu'à la fin de l'article.

P. 122. lettre D. ligne 2. *ajoutez*, elle épousa par contrat signé par le Roi le 7. décembre 1732. celebré le 21. du même mois, *Louis-Charles* duc d'Hostun.

P. 779. lettre B. ligne 3. *ajoutez*, elle mourut à Paris le 16. décembre 1732. dans sa 26e année.

P. 811. * lettre D. ligne antepenultiéme, *ajoutez :* Il est mort à Mets en 1733.

Tome IX.

Page 99. lettre C. à la fin de la ligne 11. *ajoutez :* De ce mariage est né le 11. avril 1733. *Victor Esprit* du Chastelet.

P. 203. lettre A. ligne 2. avant ce mot, épousa, *ajoutez*, mourut en son château de Barsac le 24. avril 1733. âgé de 86. ans & 7. mois.

P. 270. à la fin de l'article du maréchal de Bezons, *ajoutez :* Il mourut à Paris le 22. may 1733.

P. 274. lettre B. ligne 14. *ajoutez*, laquelle mourut à Paris le 19. may 1733. âgée de 37. ans.

P. 277. à la fin, *ajoutez*, elle mourut à Paris le 18. mars 1733. dans sa 50e année.

P. 284. lettre C. à la fin de la ligne 2. *ajoutez*, il mourut à Paris le 9. mars 1733. âgé de 80. ans.

P. 289. lettre B. ligne 3. *ajoutez*, il mourut à Madrid le 18 mars 1733. âgé de 49. ans.

P. 290. lettre C. à la fin de la ligne 5. *ajoutez*, il mourut à Seville le 6. may 1733.

P. 293. à la fin, *ajoutez :*

Promotion faite dans la Chapelle Royale du Château de Versailles, le premier Janvier 1733.

P R E L A T.

Fascé d'argent & de gueules.

MELCHIOR de Polignac, cardinal-prêtre, du titre de Notre-Dame des Anges, archevêque d'Auch, &c. *Voyez ses qualitez même tome IX. p.* 300.

C H E V A L I E R.

De France, à la bordure de gueules, & un bâton de gueules en bande.

LOUIS-FRANÇOIS de Bourbon, prince de Conty, duc de Mercœur, pair de France, &c. *Voyez tome I. de cette histoire*, p. 349.

Promotion faite dans la Chapelle Royale du Château de Versailles, le 24. May 1733.

P R E L A T S.

I.

D'azur, à la croix d'or.

ARMAND-PIERRE de la Croix-Castries, archevêque d'Alby, &c. Il est fils de *Rene-Gaspard* de la Croix, marquis de Castries, chevalier des ordres du Roi, & d'*Elizabeth* de Bonzy. *Voyez ci-devant*, pages 207. & 281.

I I.

Ecartelé, au 1. de la Tour, au 2. de Boulogne, au 3. de Turenne, & sur le tout parti d'Auvergne & de Bouillon, brisé en chef d'un lambel de gueules à trois pieces, & est sur le tout.

HENRY-OSWALD, de la Tour-d'Auvergne, archevêque de Vienne, &c. premier aumônier du Roi. *Voyez tome IV. de cette hist..* p. 544.

P. 309. lettre B. à la fin, *ajoutez*, *Marie-Tabitte* Colbert de Croissy, née le 23. may 1733.

P. 376. lettre A. ligne 9. à la fin, *ajoutez*, il mourut à Versailles le 7. avril 1733. vers les neuf heures du matin. Son corps fut porté le même jour au soir au palais des Thuilleries à Paris, & le 9. vers les sept heures du soir à l'abbaye de S. Denis, & son cœur au Val de Grace.

Ibidem, ligne 12. *ajoutez à la fin*, elle mourut le 19. février 1733. à Versailles. L'abbé de la Garlaye, aumônier du Roi en quartier, lui avoit suppléé les ceremonies du Baptê-

me en préfence du Curé de la paroiffe du château de Verfailles, & elle avoit été nommée *Louife-Marie* par les duc & duchefse de Tallard. Son corps fut porté le 23. à l'abbaye de S. Denis, & le même jour fon cœur à celle du Val de Grace.

Ibid. Après la ligne 13. *ajoutez alinea ;*

N. de France, née le 11. may 1733. à Verfailles à fept heures & un quart du foir, & ondoyée par l'abbé de Bellefonds, aumônier du Roi en quartier.

P. 379. lettre A. à la fin de la ligne 12. *ajoutez :* Il a eu au mois de janvier 1733. le regiment de cavalerie du feu duc d'Alincourt.

P. 397. lettre C. à la fin de la première ligne, *ajoutez*, il prêta ferment & prit féance au Parlement en qualité de comte & pair de France le 12. janvier 1733.

P. 428. lettre B. *effacez la ligne 10. toute entiere, où fe trouvent ces mots*, a époufé en 1729. N. du Breil de Rays.

P. 441. lettre E. ligne 2. *ajoutez*, il époufa le 30. janvier 1729. *Tonne-Silvie* du Breil de Rays, dont il a eu *Louis-Antoine-Augufte* de Rohan-Chabot, né le 20. avril 1733.

P. 451. lettre A. ligne 6. à la fin, *ajoutez*, dont un fils *N.* Potier, né le 9. may 1733.

P. 467. lettre C. à la fin de la ligne 10. *ajoutez*, & *Marie-Sufanne* de Bourdeille, née le 27. avril 1733.

F I N.

---

tances, comme auffi à tous Imprimeurs, Libraires & autres, d'imprimer, faire imprimer, vendre, faire vendre, débiter ni contrefaire lesdites Hiftoires ci-deffus fpécifiées en tout ni en partie, ni d'en faire aucuns extraits fous quelque prétexte que ce foit, d'augmentation, correction & changement de titre ou autrement, fans la permiffion expreffe & par écrit dudit Expofant ou de ceux qui auront droit de lui, à peine de confifcation des Exemplaires contrefaits, de trois mille livres d'amende contre chacun des contrevenans, dont un tiers à Nous, un tiers à l'Hôtel-Dieu de Paris, l'autre tiers audit Expofant, & de tous depens, dommages & intérêts; à la charge que ces Préfentes feront enregiftrées tout au long fur le Regiftre de la Communauté des Libraires & Imprimeurs de Paris, & ce dans trois mois de la datte d'icelles; que l'impreffion de ces Ouvrages fera faite dans notre Royaume & non ailleurs, & que l'Impetrant fe conformera en tout aux Reglemens de la Librairie, & notamment à celui du dixiéme Avril 1725. & qu'avant que de l'expofer en vente le manufcrit ou imprimé qui aura fervi de copie à l'impreffion dudit Ouvrage, fera remis dans le même état où l'Approbation y aura été donnée ès mains de nôtre très-cher & feal Chevalier Garde des Sceaux de France le Sieur Fleuriau d'Armenonville, Commandeur de nos Ordres, & qu'il en fera enfuite remis deux Exemplaires dans notre Bibliotheque publique, un dans celle de notre Château du Louvre, & un dans celle de notredit très-cher & feal Chevalier Garde des Sceaux de France le Sieur Fleuriau d'Armenonville, Commandeur de nos Ordres: le tout à peine de nullité des Préfentes. Du contenu defquelles vous mandons & enjoignons de faire jouir l'Expofant ou fes ayans caufe, pleinement & paifiblement, fans fouffrir qu'il leur foit fait aucun trouble ou empêchement. Voulons que la copie defdites Préfentes, qui fera imprimée tout au long au commencement ou à la fin dudit Ouvrage, foit tenuë pour dûëment fignifiée, & qu'aux copies collationnées par l'un de nos amez & feaux Confeillers-Secretaires, foy foit ajoûtée comme à l'Original. Commandons au premier notre Huiffier ou Sergent de faire pour l'execution d'icelles tous actes requis & néceffaires, fans demander autre permiffion, & nonobftant clameur de Haro, Charte Normande & Lettres à ce contraires: Car tel eft notre plaifir. Donné à Paris le premier jour du mois d'Août l'an de grace mil fept cens vingt-fix, & de notre Regne le onziéme. Par le Roy en fon Confeil, .

DE S. HILAIRE.

Je fouffigné Claude Robuftel, reconnois avoir fait part au droit du préfent Privilege aux fieurs Guillaume Cavelier pere, Henry Charpentier & Compagnie, pour en jouir avec lefdits Sieurs fuivant les traitez faits entre nous. A Paris ce deuxiéme Août mil fept cens vingt-fix, ROBUSTEL le jeune.

Regiftré, enfemble la Ceffion, fur le Regiftre VI. de la Chambre Royale des Libraires & Imprimeurs de Paris, n°. 655. fol. 369. conformément aux anciens Reglemens, confirmez par celui du 28. Fevrier 1723. A Paris le 2. Août 1726.

D. MARIETTE, Syndic.

Le préfent Livre fe trouve à Paris, chez les Libraires cy-après.

CHARPENTIER, au Palais.
NYON, au Pavillon du College Mazarin.
DANMONEVILLE, Quay des Auguftins.
DAVID l'aîné, Quay des Auguftins.
CAVELIER, ruë Saint Jacques.
LECLERC, Quay des Auguftins.
BARBOU, ruë Saint Jacques.
SAUGRAIN, Quay de Gefvres.
MOUCHET, Grand' Salle du Palais.
PRAULT, Quay de Gefvres.
DAVID, ruë de la Boucleric.
DIDOT, ruë du Hurepoix.
HUART, ruë Saint Jacques.
QUILLEAU, ruë Galande.
DAVID, ruë du Hurepoix.
SAUGRAIN fils, au Palais.
DENEULLY, au Palais.

M. DCC. XXXIII.

CPSIA information can be obtained
at www.ICGtesting.com
Printed in the USA
BVHW091222140119
537769BV00010B/185/P